U0511521

汪平 著

中国古代
政治制度研究

ANCIENT POLITICAL SYSTEM
OF CHINA

（上册）

上海三联书店

总　　序

西周通过武力获得国家权力，新君主并不认为武力无所不能，政治在侵略性和温文尔雅两者之间迅速转换，新君想要通过最大的政治善意来谋求国人的高度理解，从而实现国家的稳定与社会的和睦发展。

周文王、周武王、周公旦认为礼是自然与社会的本真，颠扑不破，分封的诸侯只是用来作监督守礼之用，即展示礼的美好，监督礼的执行或者运行效果，其他问题都会在守礼的前提下得到解决。在一个隆德崇礼的社会，每个人都被礼模块化了，懂礼守礼的儿子们授官封爵与其他任何人授官封爵对社会的意义完全一样，都会是礼的守护者。礼制的策划者们遵从了伟大的召唤，相信人类有基本的理性，精神上天然追求崇高，这种认识是国家制度创制的基础。

礼制判断人类必须群居而且需要宗族、职事等不同类型的合理组合，社会可以保持稳定、进步。礼制旨在防御极端的自私摧毁自己的国家和毁灭个人行为的正当性，作为人性变化的动态刻度，利用它形成的共识与提供的现成工具缓冲矛盾乃至避免矛盾集中而剧烈地爆发。当私欲膨胀到最大，无法约束时，灵敏而无处不在的礼制能够及时广泛地示警，唤醒全社会共对自然的疑难与社会困局。礼制在国家管理中取得了辉煌的成就，它总体上积极开放，旨在打开人在社会中的通天大道，鼓励高尚行为，严禁个人分裂社会。礼制是个精心构造的平台，可能形成限制人与社会主动性的无形藩篱，产生最佳的自我制约效果。

礼制对人的本性以及其追求完美的负面效应缺乏充分认识，也没有不断发现可以自我纠错与更新的机制，国家层面对无能和落后缺乏预防体系的这一短缺对国家的损害更为致命。礼制将君主作为一个功能相对固定、具体化的履职者，为了鼓励其积极作为以及维护权威，对君主及其国家权力可能出现的无能与落后相对忽略。在礼制的思想精髓中，君王是理所当然想要做对事的人，而国君实际履职能力以及出错频率缺乏外部（舆论监督）与机构应对处置。礼制没有着力于量化管理，在需要精准判断力的地方时常思绪纷繁，批评精神被礼制包罗万象的庞大躯体完全遮掩。事实证明：比起歉收、欠税的农民和商人，手艺不精的工匠,不称职的普通官吏等问题国人,政治决策上的无能与落后对国家的毁损力其实大很多,且比预计中的大,在无能与落后主导的时代,再优越的体制也一筹莫展。其次,礼制对个人身份定位趋于静态化,个人在社会中地位与作用见解武断,以及不合格者合理取得职位常态化。

"高尚的情操"与"社会满足"两者的关联性是如此紧密,互动中的冲突又是如此之大,这是礼制的设计者无法预测的发展局面,礼制成长越是趋于完善,现实需求就越是逼近高端。换言之,一个形成最大容量礼的社会,社会需求的尺寸会更大一些。礼是必需品,没有替代品,并不想失去礼的春秋人寻求既合礼又带来满足的生活,即使时值战国中后期,当时的人们仍不可能因为单纯公开鄙视道德与礼仪就广受尊重,必须有一个现实的理由,这个理由有时会被以为礼的本质或原先未曾被发现的礼,比如撤分、兼并一个管理不善的诸侯国家。是有不少人相当于肆无忌惮,那是因为生存不能得到保障而无暇顾及其他,道德心却从未丧失、泯灭。只是令人缺乏安全感的社会现状激活了本性,思维越来越精细化、个人化,希望优化社会的心理让人们不安于现状,想要尝试既符合礼又适应生存的新社会,这个伟大的期冀促使个人、诸侯更多地认识自己、改善自己,丰富自己,寻求个性满足的人们中有一些先天条件很优越,更多则很匮乏,需要测试达到目的的方式与工具,其中有一些做法难免过头。

两周期间不存在一个"礼崩乐坏"清晰、明确的依次衰减过程,从来没有成功先例的周礼国家一直处于实践过程当中。很多人,包括长时间在位或者刚刚登基的新君,他们或由于家教、学养或由于兴趣与侧重点不同,对礼的重视程度有差异,他们不断地在熟悉周礼的精神和仪式,这已经是分量很大的工作。一些被运用的周礼也是根据不同当事人的理解在执行,之间差异会比较大。周礼看起来荒疏的主要原因是经济对这种社会结构失去支撑力,部分周天子的以及一些诸侯的贫穷状况引起了对周礼制度普遍而深层的忧虑。诸侯国家不断地小型化(如三家分晋、三桓等)以及败亡(如"田齐代姜")等现象就是因为局部的地理优势,采邑土地的好收成,相对仁慈的地方领主变得强大甚至更懂得礼、尊重礼仪的缘故,也有少部分是政治野心家的成功谋划或者周天子分封的诸侯后裔渐行渐远,周王对之失去控制力的反映。

东周不是一个礼崩乐坏的社会,在一个真实的世界,人们已经变得更为客观理性,每个国家专注于自己的最真实、合理的存在,本身就是在维护西周礼制的基础。当时人的思想行为本质上并没有偏离礼制的核心内涵,他们追求客观现实而不是笼统的礼制,认为优化自身现实的存在原本就是礼制的一部分。

两周失败的症结是由于权力的因循，而不是礼崩乐坏，周礼是用于维护现状的，但是其生产关系不能支撑其官方哲学体系。按西周、东周制度，各国诸侯有自己专属的权利和辖区，自然环境与当地民智的开发先后不一，区域各自的发展进度注定会很不平衡，总是需要一种平衡力量协调各国各种关系，不断有强大的方伯分管、替代权威失落中之周天子的过程，长时间跌宕起伏，却绵延不绝，表明这种平衡力量是此类制度存在的关键所在。当每个诸侯国家都专注于自己的发展强盛时，该君主对其国家的重要性自不待言，但不是每个君主都能在国家的发展中捍卫自己的权力，国家兴与衰中，君王们都可能面临权威动摇的时刻，废立君主既有原始的冲动——偏爱或成年子嗣对继承权的主张与破坏行为；也会有理性的判断——贤明的臣子们总是期待最有作为的君王出现，为国家带来繁荣、安全、尊严、荣耀，引领国家达到高峰，也为自己的工作环境更为安全、稳定。不论是原始冲动还是理性思维都可能导致修改制度，理论上修改的余地并不大，实践中往往产生巨大的差异化效果。

尽管礼制的瑕疵产生过重大的弊端，实践中遇到无法预测的问题，周文王、周武王、周公设计出来的周礼是如此雄心勃勃，如此伟大，寻求理性，又客观地审视人性，具有穿透力。首先，家庭全方位的意义在周礼中已经完全开发出来，家庭的重要性在今天的时代仍被高度重视，周礼对家庭的强调达到了极致，无出其右。

第二，它既可以让个人具有丰富的自我意识，无穷的扩充自我，也可以让人迅速形成明确的社会边界概念，迫使人们自由而且必然地选择共同的方向，足以呈现人类的各种潜质。

第三，诸侯国是一个个面积相对小而结构齐全的国家，划分出如此多的小国以及设计各种可能形成的理论与行为的支点提供了竞争的最好平台，看他们各自以何种方式得以脱颖而出，为国家的长治久安，个人思想以及行为效果提供充分的概算数据，发生在这些国家，这个时代的各种案例为后世治理准备了丰富的参照物。哪些组件会苗壮成长？哪些会成为国家的致命伤？从发展的进程与方向看，秦逐渐生成了诸多优势，具有了两周国家结构中缺乏的关键要素，是一个必然统一天下的国家，若非秦，不会被齐、晋、楚以及其他与两周高度同质化的诸侯国家统一，正是因为具与周国家的巨大差异而形成统一所需的全部伟力，秦国所储积的客观性大于两周国家已有的客观性，秦国的正确性在周礼规定的竞争中胜出，因此统一是周礼预置的一种后果。礼制蕴含对人心向善逻辑的合理推导，秦制是周礼的产物也是周礼的一部分，而礼是伟大的设计，工艺有瑕疵，但无损于其伟大的特质。

周文王、周武王、周公等深知人性,用预先制订的制度来约束劝告他们的后裔控制非分之想,驾驭自己的野心。这是一种经过反复权衡,缜密思索,极具前瞻性的制度,因为不愿子民们生活在一个一成不变的世界,从而充满惰性。他们在设计中留下伏笔,为这个制度设计了时空维度,达到这个时空点,这个制度将自行解体。

礼制的社会被设计在一个分封诸侯的范畴,而不是一个统一的国家,本身就具有实践性。周国家的开国者们胆识过人,当时社会发展水平不均衡,人民普遍受教育有限,开化程度低,却敢于倡导礼教,乐观地相信人民的理性会一点一点地累积,天子还自动限制自己直接管理的辖区,让地方享有很大的自治权。分封的诸侯国家同时有个明显的缺陷,周天子没有统一控制国家军队,诸侯的军队在边境面临蛮族的入侵时,可能会各自行动,做不到彼此及时救援。出于对周王室的尊重,自身安全与荣誉,诸侯的不断强大不仅合乎逻辑,而且是现实需要,但是子孙们实际面临的问题十分巨大。他们如果想要富裕、强大,尤其仅凭自己即可匡扶周王室,他们就必须改变自己的国家的边界,最大宗的财富人口、土地不可以买到,但可以抢到,因此他们中有诸侯完全自我释放下来,为了目的无所不用其极。

诸侯国家产生的竞争原动力之外,经济规模支持不平衡的发展,产生无法遏止的竞争。

家庭也是社会竞争的原因和利器,如同一柄最好的剑。代表家的利刃曾经无坚不摧,但是剑刃的另一端也映射出以家为中心的社会弊端具有毁灭性。毁灭的前端通常是梦幻般的景象,周礼竭力让天下的每个家庭都能看到它。

人本能的竞争力让卓越者脱颖而出,在周礼这样一个注重合理性、稳定性的社会,真实性是天然的伴侣,寻求它的冀望与实践,挫折与喜悦,都会积聚成巨大能量直至在社会上空爆炸。

建立周王朝的先贤们在遥远的天庭注视着自己的子孙能否始终克制欲望或者恰当地顺应人的本性而寻求发展生存,不管是在摩肩接踵的街市,还是葱绿馨香的田园,粗鲁和文雅的竞争都是日夜不停。

秦国的发展与倡导法制息息相关,法律虽然不无偏颇却精细入微,准备好的制度足以顶替君主、贤臣等的空缺,但是由法律明确个人的责任所产生的优势被刑罚培植的专制残暴所抵消。一个由刑罚不计后果维护的帝王崛起,其对秦国美好的未来而言,秦始皇的本人就是多余的,只要秦国的法能够保持正常运转,秦国必然会成为一个伟大的国家。

在一切政治假设中,伟大睿智的君王有可能做好一切事,现实中的平庸君主们则多数无论如何也不会相信自己好的愿望不能实现,居万人之上,大权在握,谁要做违命的人?即使无一人不服从,何以国王的权力还是不能保证完全兑现自己的主张?其根源在于本身:错误的思想与决策无法产生持续有益的结果。世界上的平庸人包括君主都更容易接受与自己相仿的人,信任对他们百依百顺的人,这就造成平庸君主的政府中的大多数的人都习惯于看眼色行事。这些人仅仅是平庸还好,会忠于良知,循规蹈矩,中庸守成。问题在于他们通常与自己平庸的君王一样,绝对不愿意承认自己平庸,甚至从未想到自己如此不够格。他们毫无例外总是直接进入自己最优越的模式:思想、行为、地位以及财富等,即使他们的能力和品行完全不能与其占有欲匹配,也会佯装毫无察觉。这类人充斥的政府不会一事无成,因为思想低俗与迟钝者适合作为爪牙,推动新旧计划时会异常凶狠。但是,平庸君王的国家一定会充斥失败,在于比之更为平庸的政府官员因为理解力、个人执行力以及个人愿望都无法对君主的哪怕是好的愿望起正面作用,不当的欲望就更不用说了。这类君主的好的或坏的主意都可能在执行中变差乃至更坏。于是,平庸的君主在察觉不到原因所在时通常会迁怒于百姓愚蠢或者有意不合作,加上民意从来就不会完整、恰当和正确,从而与民意形成重大对立。很少有人胆敢当场明确无误地指出君王的此类瑕疵,于是所有的错误都会像宿命一样持久延续。值得强调的是:平庸的君王不是完全无法欣赏出类拔萃者,也不是从未有过机会遴选这些人到自己的体系中,成为自己政权中的主导力量,而是他们天生会提防、妒忌优异者,在对卓越者的敌意日夜烧灼之下,平庸者终将扭曲自己,国家最需要的人随之不复存在。没有最好的他们,就没有国家最好的方案,而坏主意总是会有坏结果。

专制国家中的危险在于:如果大权在握者个人有真才实学,国民生活就会尚有慰藉之处;如果官吏无能,尤其是君主恣意妄为时,官吏一定无能且社会一定弊端丛生。因为即使诏令明显有错也照章办事的通常是为了自利的人,担任公职只是出于自私,帝王的命令即使正确也会被执行者扭曲以便自己受益。自利者在任何条件下都可获利,前提一定是欲壑难填、损人利己。

秦始皇的神灵启发了他,人类不能在纯道德的基础上群居,天启根本不仅止于此,秦始皇的思想一度无比锐利、精深,行动逻辑简洁,国家一跃而上,达到巅峰。但是对法律的理解不可以停留于仅依赖现有的知识,社会发展会导致法律需要不断跟进,需要社会关系的不断优化。

周文王、周武王,秦始皇或出于善良的愿望,或着眼于长远的大局,勇敢地创立制度,将人民组织起来,产生惊人的效果。礼的思想对中国的发展影响巨大,在法家以及本土和外来宗教成熟之前,礼的影响力无与伦比。他们创立的社会是明确标明一些人受益而另一些人不会受益。无论用礼还是法作为尺度,都是深谋远虑的。礼、法各自具有大致完备的体系,其中大部分内容具有客观基础的同时具有可操作性,另有一些长期停留在纯理论上,具体操作的意义不大或者难以顺利贯彻执行,那些看起来有价值的理论没有得到有效支撑却依然存在,可能是因为:1. 经济上的成本过高。2. 以一些概念高尚为由特意保护其模糊性,降低社会理解上的差异和矛盾,以对社会整体向善起长期激励作用。3. 以此作为一种尺度,令社会具有相对稳定可控的变化范围。无礼或者非法成为国家政权以及个人的行为边界,令绝大部分人都可以得到约束。

周朝的建立者竭力让人具有充分理性,秦始皇则让自己的子弟为匹夫,没有私属土地,显示出制度优越高尚的一面。尽管这个朝代一度失之于残暴,但后世还是基本承续了其制度。两周和秦帝国的思想与制度卓越的长处,至今仍没有被一一超越。周文王、周武王、周公旦、秦孝公、秦始皇及其最贤明的谋士们希望他们的后裔也能承袭这种不断进取的精神,但总有一些懒惰,习惯于坐享其成的后裔们喋喋不休责怪前人不够完美。

两周是等级社会,没有清晰、大规模的不同阶级之争。推动社会进步是在礼制整合下的血缘、美德、学养、野心以及必要合理的生存需求等。

周礼侧重家庭,家庭既是国家也是个人,无论是公共场所还是私属领地,家庭既可与国家价值内涵等量齐观,也可因为个人遭际无限分解。在各级官署、土地上,法律中,以及个人私密生活里,宗法、家庭都置身其中。秦始皇的国家是一个等级社会,商君以来的法理体制下,社会的最小单元很多情况下从家庭转移至个人,社会流动性更大、更快,个人承担比以往更多的社会责任份额。秦始皇的国家已经走近了个人主义的边界,个人的理性引导社会的情况在当时常见,社会的理性则是一种间断的能量,两者并非天然的对手,竞争却在他们之间长期激烈展开,社会理性不能排除个人理性的必要性,但它经常是终结者。

周文王、秦始皇谁更敏锐?思想更为通透?目标更久远?两个如此不同的人如果面对面时可能水火难容、以死相搏,但两者精神的交集却如此契合,密切相关,互相需要。是命运的播弄?还是人类社会发展的理性选择?从《左传》的意境来看,当时人一直生活在连贯的思维中,没有春秋与战国的划分,他们一直希望用已有的制度、思想、道德解决面临的一切问题。他们中多数人没有发现,随着时间的推移,制度内涵出现断层、短缺,尽管他们已经非常努力,不断迁就制度的本意,社会的需求还是对权力构成越来越多的挑战,因此肯定,秦孝公接受商鞅的思想既非随意之举,也不需要伟大的灵感,只是顺应了现实需求。国家的运行与发展总是比任何一种思想都更为复杂,一种思想能以完整、全面、创新而成就圣贤,国家却不能因为圣贤的产生而不再出现棘手问题,世界上智力天赋不足之人左右国家的事实层出不穷。世界经常会被不行的人掌控其实有缘由,隽永的思想固然可以激活实践理性并且持久,但对几乎任何一个时代,它都不是足够的。经过验证有效的中国思想中无不夹杂多种成分,在中国历史各个时期产生多样性的效果,很多在后世看来是必不可少的。

是一种灵感还是一套历久弥新的制度让国家有成就?制度的作用已经可以明确,只有它能让一个社会保持良好鲜活的竞争性,更重要的是,制度的健康存在可以让一切灵感、技术、艺术发挥出最大的效用。周文、武王、周公旦以及秦孝公、秦始皇听到了伟大的召唤,启发了崇高的理想、理性,勤奋努力实现伟大的超越,勇敢的选择提高了人类的价值,也让其本身的生命永不磨灭。

混合制社会是将周礼与法治融合在一起运作的尝试,一部分人对两者都半信半疑。混合之下,中国的等级社会延续了下来,当等级高低完全是以功劳大小决定时,它是合理的设计,但是这样的等级社会整体形成后,自然地也会趋向保守,高等级的人可能从事与他们能力不相称的职业,一位战功卓著的将军管理国家日常事务时可能力不从心,尤其是当他们没有意识到自己缺乏相关专业知识时,他们就很可能对自己所处的等级社会构成破坏性,等级越高的人,就可能涉及越多不同的管理国家专业领域,只有运气好时才可以做对事,国家的健康运行需要的则是真知灼见。高等级者为维护等级秩序不计后果,乃至妨碍社会进步,即使是个渐进的过程,也可能成为等级社会本身最大的风险。

道家在两周的影响非常薄弱,只有孔子、惠施等少数人认识到老子、庄子等人的价值。道家观点新颖,概念抽象,实用价值则还不具体,但它传播很快,汉文帝时代就开始影响国家决策,王莽对西周的模仿建立在一个误解之上,认为这套制度可以脱离个人影响力单独存在。其实,它必须建立在一个具有非凡个人魅力的基础之上,王莽依靠秦制本可以更好地从根本上整饬国家,他欲望无边,却急于求成,倒是可能与秦国后期任法的极端做法有关。秦制更强调人的个人性,社会地位与个人能力、成就相关,这使得人们失去了西周人奋斗的清晰目标:家族的利益、人际关系秩序,以及控制国家权力的诸多传统优势。简言之,家人、子嗣、土地、世禄的模式在秦帝国不再通畅可行,北魏汉化和北周的周官制度的再现都是降低私人想象空间的秦制之后的一种复辟,国家成为事事优先的巨灵。

而大量丧失个性化的社会是空心化的社会,个人的理性主导社会的情况在两汉以后仍属常见,但更换了方式。秦国家的隆妆重彩正被老子、庄子之手从背后剥离,个人、国家的理性都成为间断的能量。礼制社会时,在崔杼的利刃下前赴后继的齐国史官兄弟,唐雎让秦王敬畏"布衣之怒",牧羊的苏武、强颈令董宣,他们都将对国家的忠诚衍化为对个人职责的尊重,这是忠诚的不同类型,是高级形式,是最为到位的忠诚,令国家整体上受益,也提升了人的价值,这是文明与国家进步的最重要推手。

中华文明是原生文明,它有清晰的发展脉络,在争论、融入与抵抗中成型,它不容易稳定,也不容易出现根本改变,这不是因为它厌恶新的事物,而是害怕失去。周礼的精髓确实卓越,秦律中量化的尺度非常精微。

中国制度发展的三个主要阶段:1. 西周社会的着眼点:有尊严、合理——礼的生存。西周社会维护现状一度十分有效,但是因为囿于守成抑制了发展而导致巨变。2. 秦的崛起彰显"发展"是社会迫切性的方向选择,是正确而必然的选择,但是其执行的方法需要完善。从严酷的刑罚支撑的发展模式,到与民休息的文景之治。汉武帝则从国家、人民人身、财产安全的宏观角度选项,拓展国家发展空间为优先。3. 外来人口和外来文化,即知识不断深入参与、决定社会的发展模式以及持续性。它更多的时候是一个动态的模式。

上述制度在管理国家链接中有一个巨大缺口:这就是对经济发展的重视程度远低于管理个人行为的程度,这是礼制和法则等单项制度看起来似乎已经精深入微,但组合效用欠佳,是最贤明的君王即使殚精竭力,社会仍始终动荡不止的根本原因。

建立制度是积极进取而不是颓废的象征,这个种族从两种制度中长期获益,从平凡到特殊,具有坚韧的生命力。需要特别指出的是,礼制和法制两种体制是在没有借鉴的前提创造出来的,是理想规划与实际需要的产物。假若没有上述两种制度,中国社会将会如何演绎? 完全凭借种族与生俱来的能量与思辨以及社会实践中经验与知识积累从而创立的制度架构何种更为可靠? 两者间或有一个相得益彰的时期,持续时间长短不一,逐渐形成一个相对完整的文明拼图,从而长期乃至不断地影响其生存与发展,从历史上看,能够让人类社会保持发展的是理性,现有制度虽然不是完全理性的产物,却是推进人类理性不断进步的最重要因素,这也是人类最好的前景。

周礼与秦律共同的特性是对人类行为尽可能精准量化,虽然各自选取的工具有所不同,视角有异,以此建立起了它们各自所认为的合适活动程式与范围,但都是出于对国家和政权最有益而不是从顺乎人性,使之得到适时、合理、必要的伸张的目的。一个国家的伟大与弊端随之都变得自然而然,具有相应固定的轮廓,它们不是天然的存在,也不是不可以回避,从何种程度接受周礼和秦律的人群一定有不同的反应,他们处于紧密或者松散联系的状态,以各自能接受的方式存在,直到一种决定性的力量令其在社会中定性,最终这些制度影响下的文明趋势,个体的支持者、背叛者以及局外人都会在制度中有其位置。

中国人喜欢制度,而且容易被制度化,但因为通常并非大众主动的选择,面对不恰当的制度或者制度的弊端时,往往束手无策乃至坐以待毙。而制度的合理化程度取决于人民的自主性,只有被给予了相关权利的人民在运用和适应制度时反应灵敏、深刻而且有度,他们的意见具有无法替代的作用。如果相反,人民没有必要的独立性、自由以及相关免责条款,他们就会因为被概念化而失去批判能力,权力、国家不会因为人民丧失这种能力而受益。那些并非由人民赋权给政府,而是由政府向人民赋权的社会,给人民赋权时,一定不能做到面面俱到,保持动态合理,因为掌权人没有积极合理赋权的动因,那会令执政者变得拘束,更重要的是掌权者无一例外地偏好于自己的私利,国家的合理性无法也从来未被真正完整地认识。

中国社会的形态不完全是以制度的形式体现出来,原因是它不是一个长期保持边界稳定的国家,它的扩展与收缩经常不是通过谈判、置换、交易以及外交手段实现的。部族的头领以及地区的君主不断尝试达到控制力的层次,西周的礼制就是其中之一,礼制的建立者相信通过礼可以达成共识,礼虽然是一种理想,它产生了良好的战争效果,但是礼制不能保障涵盖生活的全部刚需,礼制碎片化的过程不是它失效引起的后果,而是一种自我增减,礼制有其永恒的成分,无论你是否曾见到。战国时期是一个直抒己见的时代,这是礼制自我纠错的一种结果。战国时代既在破坏又在维护礼制,比如从三军扩充到五军的诸侯不是要破坏礼,而是要通过五军来让自己具有维护礼的能力,诸侯的理想的境界是成为最好的诸侯之长,而不是取周天子而代之。

周礼对家庭价值的推崇达到了详备,这个体制下的社会没有背离开放性、独创性,其不同主体竞争力交替上升,带动社会整体实力持续累积,这种效应需要予以特别注意。秦国人的法治原本是要与其它大诸侯一样具有一流的竞争力,法治却将其带到一个事先未曾预料到的领域,法治是一种全新的动能,中原诸侯以及秦国自己都未能准确预判到它的能量。秦国因为法制改天换地，又因为丢失法治精神而轰然倒下。

本书分为三大部分：1. 西周以来的礼仪社会的兴盛衰亡原因。2. 秦国任法而产生的快速发展过程。3. 混合制度社会。

这是本探索制度价值的书，制度的偏好不会必然导致否定个人作用，杰出人士可能是制度破坏者，也可能是制度创立者，或者自动融入已有的良制成为一部分。人类建立和改善制度、改变自己的过程惊心动魄，只要专注，就可以感知。普通人普通不是由于他们只能做专门适应制度的人，他们普遍接受、适应并自动维护制度中的集体能量是良制运作不可或缺的部分。第三种社会似乎更加务实，反而相对更不稳定，减少或缺乏还是多出了何种因素？缺乏的是内部的持续竞争，如果没有机制保障最优秀的人安置在最适合的位置上，正确理解、执行以及调整制度的寓意，制度所能产生的一切后果都将如期而至。

该书经过长时间的写作，主旨不是一开始就确定、清晰，并具有既定目的，事实经常会导致发生改变。收集到的资料越丰富，作出判断时就会越详细、谨慎。阅读中可能会意识到已经有答案，也可能认为有多种答案，亦幻亦真，飘忽不定，但它仍然是真实的历史。实际发现的问题比解决的问题要多，不过不影响作出基本的结论：人类的活动如果井然有序、合理适度，渐入佳境，必然与良制相关。

这本书不同于直接记载历史的原始资料，也不同于前人对历史已有的诠释，它可能是未经发现的历史，从中可以了解到部分业已还原的真实，借助其可以透视业已定格历史的不同点和面，站在这个基点上，感受自己的历史与别人的历史会有更加确切、可靠之感，通过这本书可以看到一个不一样的中国，以及人与社会的远景。

阅读建议：

阅读本书可以一方面接受其中自己认为客观、可靠的事实和结论，另一方面通过该书所提供的可靠事实而不接受作者在本书中的推导与判断，得出自己更愿意接受的结论。

作者序

2016 年 3 月 1 日

总目录

第一编　两周制度模块——单一制（一）/ 1

第一章　先于国家存在的玄想、礼仪、规则及其传承 / 3

第二章　政府制度与社会关系 / 116

第三章　诸侯 / 227

第四章　诸侯国家内部管理 / 267

第五章　土地、农业、经济、金融 / 292

第六章　法律与法治 / 326

第七章　军队 / 339

第八章　政府行政 / 359

第九章　西周、东周诸侯各国的发展 / 420

第十章　整体关联的春秋 / 448

第二编　战国时代（单一制）/ 469

第十一章　周天子的极限生存 / 476

第十二章　精英的背叛 / 485

第十三章　作为一个整体的战国 / 535

第十四章　不同时段的战国 / 573

第十五章　不同方向的战国诸侯 / 590

第十六章　战国形成的原因 / 614

第三编　单一制秦国（单一制）/ 627

第十七章　秦国族源和大位传续 / 629

第十八章　经济与法 / 642

第十九章　滚动的制度 / 679

第四编　两汉模块——（混合制）/ 719

第二十章　两汉的信仰与文化 / 722

第二十一章　汉代司法 / 744

第二十二章　两汉经济 / 791

第二十三章　两汉军队 / 806

第二十四章　职官体系 / 809

第二十五章　国家行政的具体运作 / 858

第二十六章　来自周礼的错误——各种身份、利益、
　　　　　　愿望构成的集团 / 887

第二十七章　两周秦汉三代的生活消费简略比较 / 917

第五编　北魏卷（混合制）/ 943

第二十八章　先进制度的诱惑 / 945

第二十九章　北魏政治运作附属的礼仪、经济和安全 / 983

第三十章　北魏政治运作 / 1023

第六编　北周卷（混合制）/ 1051

第三十一章　北周政经变革 / 1053

第三十二章　北周政治运作的附属条件：国家礼仪、
　　　　　　经济、法律与安全 / 1091

第三十三章　北周政治权力的组合与运作 / 1111

第七编　隋杨时代(标准混合制) / 1227

第三十四章　隋朝的政经改革 / 1229

第三十五章　国家哲学礼仪教育经济与安全 / 1285

第三十六章　隋代政治的运作 / 1524

第三十七章　专制制度下的个人、家庭、种族、组群 / 1541

第三十八章　一个古代中国人的属性 / 1588

第八编　李唐部分(解体中的混合制) / 1623

第三十九章　李唐的政经变革 / 1625

第四十章　唐制附属的礼仪法制与安全 / 1667

第四十一章　实际的制度运作 / 1722

第四十二章　唐开元以后政治归纳 / 1828

第四十三章　中国制度论 / 1850

第一编

两周制度模块——单一制

第一部分　西周

春秋时代的人们关注生活的细节,随时可能为之爆发,对由它们酿成的大事则习以为常。

你不能冀望道德能解决一切问题,但道德问题能引发诸多事情。

是谁制造了差别?制度还是能力?

——作者

第一章　先于国家存在的玄想、礼仪、规则及其传承

如此繁复的礼仪,无论你是谁,国王还是平民,学者还是不识字的人,是否能一一遵守?它就在那里,看得见或看不见,即使你毫无恶意,还是会因为遗忘疏漏而冒犯典制,错过就不能弥补,你是否应该在做每个决定前事先祭祀、占卜,你应该接受谁的指引?

礼制的制定者事先无法估计到礼制有如此好的稳定作用,以至于社会在因循守旧中停滞,这不是设计者愿意看到的,就像一座城市最初的设计容量已经被远远超过,这是这个城市有吸引力,得到垂青,城市快速发展的后果,不能因为容量危机而否定发展。繁复的礼制可能令那些最一丝不苟,最厚道恭敬,最认真的人不堪重负,受累最大。这种体量的礼制越是完备,对生产力越是高度强度的制约。在这个背景下,该礼制不可能在保持原貌原样中发展,必然会开裂、爆炸成有用的碎片,衍生新的体系。礼制在破坏中进步,其中破坏力损伤了一些不应该被破坏的,更多地是破坏了那些应该被破坏的。

第一节　制度的渊源——远古至西周之前

一、制度的兴起

在西周之前,生活中的一切制度主要源自两个方面:1. 自然的规律:"天叙

有典,敕我五典五惇哉! 天秩有礼,自我五礼有庸哉! 同寅协恭和衷哉! 天命有德,五服五章哉! 天讨有罪,五刑五用哉!"《尚书·皋陶谟》。2. 是出于实用的需要,可分为:一、统治者的政治理想。二、民意。"天聪明,自我民聪明;天明威,自我民明威,达于上下。敬哉有土!"《尚书·皋陶谟》。政治选项的优劣当时已经有多种先例,西周的政治领袖大致可以从历史中看出自己的未来。"王曰:呜呼! 我生不有命在天? 祖伊反曰:呜呼! 乃罪多,参在上,乃能责命于天? 殷之即丧,指乃功,不无戮于尔邦!"《尚书·西伯戡黎》。治理好国家是一个漫长过程,会遇到各种困难,需要一直有人无条件鼎力支持,甚至好主意也需要有人正确理解、支持直到完全兑现后才会被广泛认同。因此,大规模的分封制其实是这个国家立国者及辅助尤其赞同他们的精英们经过理性的思考,认真确定的政治起点,但是平庸甚至品行欠佳的君侯们的理解往往相距甚远。

西周之前的礼仪并不详备,不过透过零星的记载,一些典礼和祈祷仪式的轮廓还是显示远古时代人们已经在试图借助于个人想象力和集体智慧完成自身无法企及的行为和心愿。成套仪式的要件大致包括:庆典与祭祀的主体或对象:参加者——器具(包括礼乐、设施、祭品)——程序——时间——目的。当时的人没有设计对祭祀的验证程序与工具,这是特别的安排还是有意的遗漏无法断定。上述特定的礼仪整体上已经或陆续得到规范,尽管可能并不严格遵循,原因是:1.编排不够合理成熟。2.仪式的主办人解释的差异。3.缺乏必要的物质而省略某些程序。4.礼仪的内涵规模等处于动态的发展过程等。此类礼节的发展很快,从开始到形成定式之间似乎有一个空档期,如何被迅速复杂化的过程缺乏记载,或者是周礼始所规定,或是陆续有一些受到信任的人自行的编排,或者是直接挑选一些已有的民俗由官方加以确认。结构整体上有一定缺陷,内容芜杂、重叠,操作时易于与原理抵牾。无论是从道德精神维度还是实践价值而言,思想高度强势的西周礼仪体系其实来之不易,非经精神的电闪雷鸣,断无葱郁清新之文明芳草地,不论是否亲历激烈变化的过程,感知制度进步的延绵馨香,礼制都在以有形或无形的方式影响当地人的生活。它长期存在,或因其浑然天成、经天纬地的高尚而成为牢固的理想,或因其纵横交错、坚如磐石的原理(结构)而阻遏随时变换的偏差,其发现创新之美并无定式,而美德之能量凭此得以无间断发散,丰润个体之精神,裨益于群居之社会,贤哲们取精用弘,藉之为本土文明推波助澜,堪称古代成就之典范。

1. 广义的礼仪

人们的信仰具有复杂诱因,尽管得到验证的情况多有不同,信仰增加了人们的客观性以及探索未知的主动性,认识累积的过程与国家、君主、制度产生的过程几乎是一致的。在国家没有出现时已经产生了相关的仪式,相同地方的仪式也可能是简单而且不一致。国家出现后,宗教类型的礼仪大致稳定下来,作为信仰的具体化措施,祭祀表达国家和个人的诉求,支付相关费用变得合理,规模不一的祭祀也是权力得到确认,划分地位等级的一种政治谋略。人类的活动不可能只具有单一目的,通过信仰给自己定位,这个动态的定位决定一个人、国家与外部的关系。礼仪是人类智力活动必需品,礼仪的合理性决定文明程度的高低。

两周国家礼仪的蕴含极其宽泛,一切规则均涵盖其中。历法及其调整被认为是礼,这是强调礼与自然现象契合的一个节点,与科学精神的需要无关。一年中的每个月都可以置闰,由于阴历和太阳运行的周期存在差距,因而要适时增加阴历的月数,阴历每月 29.53 天,地球绕太阳一周为 365.2422 天,平均划分为十二个月,每月就是约 30.4369 天,与太阳年相比,阴历一年要少近 11 天,如果不通过人工处理,三年内太阳历会有三十七个多月,而阴历则只有三十六月,古代中国弥补阴历与阳历之间的岁差的办法是为某年增加一个月,即规定某一年有十三个月,其中某个月是重复的,比如一个八月外还有一个闰八月,正确的置闰方法不为多数人所掌握,置闰却是一件国家大事。遇有闰月,国家不能懈怠,要及时履行确认、公告朔日的责任,这属于日常礼仪。当时规定把一年第一月第一天称为正朔,朔指当天月球和太阳的黄经相等,月球运行到太阳与地球之间,太阳、月亮同时出没,地球上看不到月亮。当时人观测到了这一自然现象,既领悟到其定时方面的价值,也产生了很多抽象甚至不必要的联想,其中部分至今仍无法摆脱。正朔的"正"大致是正当、合适、平衡之意;"黄赤道相交之点为春分、秋分点。黄赤道相距最远之点成为夏冬至点。"冯秀藻、欧阳海《廿四节气》P11。春分、秋分、冬至、夏至的月份为四个春夏秋冬季节的中月。即夏历二、五、八、十一月。比如春分,时值春季三个月共九十天的中分点,即第四十五天,这天太阳直射地球赤道,昼与夜时间长度均等。

春分等也被称为中气,除闰月之外,每个月皆有中气。太阳以黄经零度为起点,沿着黄经逆时针年运行 360°,每运行 15°,需 15 天,"日行一度,十五日为一节"(《廿四节气》P8)所经历的时日定为一个节气。在二十四节气里,分为十二节气(立春处于 315°处、惊蛰、清明、立夏、芒种、小暑、立秋、白露、寒露、立冬、大雪、小寒)和十二中气,即二十四节气中的其他十二节气。

中、节二气不仅在气候变化中是不同的标志,也用于月份的时间标段中,比如:节为月之始,气的最后一日为月之终。置闰之前的月份,中气在晦日;即本月最后一天。置闰后的月份,中气在朔日,即第一天。初晦则指正月的晦日,即一年的第一个晦日。中国置闰的历史在西周之前早已开启,它的农业价值一如既往,政治价值难免受到质疑。

前 655 年(鲁僖公五年),"春,王正月辛亥朔,公既视朔,遂登观台以望,而书,礼也。凡分、至、启、闭,必书云物,为备故也。《春秋左传正义·卷 12》P92。周惠王二十二年正月初一,冬至日,鲁僖公在太庙听政之后,登上灵台,观望气象。《春秋》对此加以记载是合礼的,因为凡是春分、秋分、冬至、夏至、立春、立夏、立秋、立冬,都是重要的观测天象的时刻,内行的观测可以提供一些未来气象变化走向的信息,预先准备应对极端情况。鲁文公六年(前 621 年)十一月"闰月不告朔,"被指责为"非礼也。"理由是"闰以正时,时以作事,事以厚生,生民之道于是乎在焉。不告闰朔,弃时政也,何以为民?《春秋左传正义·卷 19 上》P143。"闰月不告月,犹朝于庙。"杜预注曰:诸侯每月必告朔听政,因朝宗庙。

鲁文公元年(前 626 年)"于时闰三月,非礼也。先王之正时也,履端于始,举正于中,归余于终。履端于始,序则不愆。举正于中,民则不惑。归余于终,事则不悖。"意思是这年闰三月不合礼制,先王端正时令,年历推算从冬至开始,春分、夏至、秋分、冬至的月份为正四时的中月,把剩余的日子归总在最后。《春秋左传正义·卷 18》P134。文公以闰月非常月,故阙不告朔,怠慢政事,虽朝于庙,则如勿朝政,故曰犹。犹者,可止之辞。《春秋左传正义·卷十九上》P141。鲁文公认为闰三月不合常规,所以没有告朔听政。

告朔至少有两种意思:1. 周天子每年冬季把第二年的历书颁发给诸侯为告朔。2. 每月朔日行告庙听政之礼。告朔又称告月,是一系列程序:每月朔日告神;告朔之后,听治此月的政事,叫听朔(亦称视朔)。3. 听朔之后,祭于诸庙,叫朝庙。参见《礼记·玉藻》。为何如此重视朔日?应该是重起始、开端之意,更有君王与天安排国民的行止,人们顺从君王,也就是顺从自然。君王不赞成这句话被理解成顺从自然,也就是顺从君王。鲁文公十六年(前 611 年)夏五月,公四不视朔,疾也。鲁文公四次没有在朔日听朔是因为他生病的缘故。鲁文公的告朔故事说明他有主见,但是对告朔这类形式不大经意。"国家和人生的目的就是实现礼。"即使没有这么一个完全对等的官方明确说法,但要反驳这个观点有难以克服的障碍。两周日常生活与政治决策都事关礼,制定国家经济制度就是礼的重要部分。鲁昭公十三年(前 529 年)八月,平丘会盟"及盟,子产争承……曰:昔天子班贡,轻重以列……列尊贡重,周之制也……卑而贡重者,甸服也……郑,伯男也。而使从公侯之贡……惧弗给也。敢以为请……仲尼谓:"子产于是行也,足以为国基也矣。《诗》曰:'乐只君子,邦家之基。'……'子产,君子之求乐者也。'且曰:'合诸侯,艺贡事,礼也。'《春秋左传正义·卷46》P370。以上是郑国子产参与晋等国结盟仪式,争论进贡礼品的轻重次序时说的话。与诸侯盟会,严格按等级制定贡赋的限度,是礼之核心组成部分。郑定公本年刚刚即位从中午辩论到晚上,终于说服了晋昭公。从中可以看到礼到处存在,或者能找出各种事物与礼的关联。"文公欲驰孟文子(即伯谷)之宅以广其宫。"鲁文公(前626—前609年在位)为了扩大自己的宫殿,曾经准备要拆除鲁国大夫孟文子的旧官邸,国君答应为之另建大宅。孟文子立即拒绝,"夫位,政之建也(建立政事);署,位之表也(是官爵的标志);车服,表之章也(是彰明标志的);宅,章之次也(是有明显标志的有爵位的人的住处);禄、次之食也(是居住于此的人所食用的);君议五者以建政,为不易之故也。今有司来命易臣之署与其车服(改变我的标志以及与之相应的车马服饰),而曰:'将易而次(改变你的住址,为宽利也(更宽敞的地方去)。'夫署,所以朝夕虔君命也,君立先臣之署,服其车服,为利故而易其次,是辱君命也。不敢闻命。若罪也,则请纳禄与车服而违署,唯里人所命次。政事的规范;官署的面积、地点,车服,都是官爵的标志;明显标志爵位等级,何人所居住;俸禄是国君发放给居住于此之人服务于王事的报酬,上述这些都是有效合理的政治定式,不会轻易改变。今有官员通知我改变我的标志以及与之相应的车马服饰,表示要让我获得'更宽敞的居所。'可我认为,爵位、署、车服、宅、禄是配套的,有牢固的规则,现在君王任意改变官邸大小,这不合礼。结果"公弗收。"鲁文公没有收取他的官邸。鲁文公盯上的还有鲁国大夫郈敬子宅邸"公欲驰郈敬子之宅,亦如之。对曰:先臣惠伯(其高祖)以命于司里(司里,司空下属,掌分配人民住所,受司之命住居于此。),尝、禘、蒸、享之所致君胙者(胙:祭肉。天子祭祀后将祭肉赐予诸侯称致胙,臣子祭祀后将祭肉奉献给君王也称致胙。郑玄的相关解释是:诸侯祭祀进其余肉,归胙于王。),有数矣。出入受事之币以致君命者(接受君王命令出访、回国、携带聘问礼物传达君主的意图也有数代),亦有数矣。今命臣更次于外,为有司之以班命事也(现在命令我更换官邸到外面去住,如果主管官员按爵位任命职事于我,而我又住在外面,莫不是远了,不方便吗?)无乃违乎! 请从司徒以班徙次。公亦不取。"《国语正义·卷第四·鲁语上》P427。从我高祖惠伯起,受司里(他是司空下属,掌分配人民住所),掌管为君主赐臣下的胙肉有好些年了。天子四季的祭祀,春季的叫享,夏季的禘,秋季的尝,冬季的蒸,祭祀完毕后将祭肉赐予诸侯,称致胙;臣子祭祀后将祭肉奉献给君王,也称致胙。郑玄就是如此解释:"诸侯祭祀进其余肉,归胙于王。"遵从君王命令出访、携带聘问礼物,传达君主的意图也有数代,现在命令我更换官邸另寻居处,如果主管官员按爵位任命职事于我,而我又住在与职务不配套的地方,那就不是我身份适合的居所。请主管里宰政事的司徒按爵位迁徙我的住所。"公亦不取。"《国语正义·卷第四·鲁语上》P427。他们拒绝君主的命令、维护自己的权益依据的是礼制而不是别,鲁文公接受了他们意见,停止征收,如果不接受,他还是可以强征的。他被提醒后意识到礼的存在,尊重礼或者慑于礼的威严,他不得不调整自己的欲望,控制自己的情绪。

鲁昭公十三年(前529年),平丘会盟,晋国叔向认为诸侯之间产生了嫌隙,可能影响会盟订立盟约,应该加以警示。于是晋国安排八月四日检阅军队,"建而不旆"升起的旗帜没有加上饰带;次日,"复旆之"又加上了饰带。达到了"诸侯畏之"的效果。军队于道路上行进时以及检阅中一般不展开旗帜上的饰带,但受命准备作战时,饰带就预先展开。晋国的威慑法起到了效果。包括周王室的代表刘献公,晋昭公、齐景公、宋元公、卫灵公、郑定公等十三国参加达成盟约,晋为霸主。晋国通过一种有形无声的礼仪,迫使诸侯听命于自己。

广义的礼是指与正确保持完全契合的道德心,与自然高度和谐的思想与行为。在古代中国,人类从无知到有知的过程,就是从不知礼到动静有礼的过程,这是一个广泛接受的文明演进过程。

礼是一种灵敏的衡量标准,"夫先王之制,邦内甸服(邦畿之内甸服),帮外侯服(邦畿之外叫侯服),侯卫宾服(从侯到卫,统称宾服),蛮夷要服(蛮夷之地称为要服),戎狄荒服(戎狄之地称为荒服),甸服者祭(属于甸服的供奉日祭),侯服者祀(侯服的供奉月祀)。宾服者享(宾服的按四时供奉物品),要服者贡(要服的每岁纳贡),荒服者王(荒服的一世一朝王),日祭、月祀、时享(按四时进献)、岁贡(一年一次)、终王(终生一朝王),先王之训也。有不祭则修意,有不贡日祭的,王就要修养思想),有不祀则修言(王就要修明号令),有不享则修文(修治礼法)。有不贡则修名(岁不贡的就要修治名分)。有不王则修德(不来朝王的就要修治文德),序成而有不至则修刑(以上五者按序列修治完成了而不来尽责的就要使用刑罚)。于是乎有刑不祭,伐不祀,征不享,让不贡,告不王。据韦昭注:日祭于祖考,月祀于曾高,时享于二祧,岁贡于坛墠。(于是乎有施刑于不日祭的,攻伐不每月贡祀的,征讨不按四时进献的,谴责不纳岁贡的。通报不来朝王的。《国语正义·卷第一·周语上》P323。墠指郊外经过平整除草的土地,用于祭祀。这个时候的礼显示了其强势的一面。

本节参考阅读:陈遵妫《中国天文学史》

2. 狭义的礼

可以划分为两个部分,对神的礼遇,通过计算周礼中祭祀的对象来确定当时人是如何在一个不确定性很大的世界上通过主动的方式捍卫自己的安全、财富以及信仰;其次是日常生活中的规范。

1) 为何祭祀

有时是祭祀的专门术语,祭祀是人类重要的活动,是一直照耀当时人生活的远古传统。部分内容是自发的,或因为遭际,或被灵感激发;其部分形式是不假思索就直接继承,源自官方典藏或口口相传。祭祀对象处于不断被甄别中,从其灵验或效用获得许可、编制以及规范,祭祀是人类与外部世界的重要接触界面。它是必要的但不一定是正确的,祭祀整体上介于正确与荒谬之间,人们可能由它得到正确的结果,端正心境,为一个公正无误的天神效命,成就一个高尚有益于社会的人生;也可能得到错误的结果,执拗于天神的偏爱而索取无度。精神扭曲,完全忽略神明的存在而恣意妄为,也可能感觉须臾也不能离开而丧失自我。

万物有灵与宗庙产生于仰慕、无助、感恩以及对未来的期盼,"黄帝葬,群臣有左彻者,感思帝德,取衣冠几杖而庙飨之。诸侯大夫岁时朝焉。《今本竹书纪年疏证·卷上》P41。精神的追念是祭祀的一个重要源头,具体仪式的形成与演变的过程各有不同。五帝、天地、先王是天然要祭祀的对象,没有特殊诉求时也要按时祭祀。有一些祭祀用于对一些关乎公共利益的事进行预测和指引,有些则是为一个利己的目的所设。

楚昭王(平王之子,前 515—前 488 年在位)问楚大夫观射父《周书》所谓重、黎实使天地不通者,何也? 若无然,将能登天乎?(《尚书·周书·吕刑》)是否就是命令重和黎禁止民人与天地万物之神互相感通,神与民再不能通过升降往来了?

对曰:非此之谓也,古者民神不杂,民之精爽不携贰者而又能齐肃衷正,其智能上下比义其圣能光宣朗,其明能光照之,其聪能彻听之……在男曰觋,在女曰巫,是使制神之处位神主,……于是乎有天地神民类物之官,是谓五官,各司其序,不相乱也。……民神异业,敬而不渎。及少皞之衰也,九黎乱德,民神杂糅,不可方物。夫人作享,家为巫史,无有要质。民困于祀,而不知其福……颛顼受之,乃命南正重司天以属神,命火正黎司地以属民,使复旧常,无相侵渎,是谓绝地天通。《国语正义·卷第十八·楚语下》P1141。观射父告诉他的君王,古代人、神界限泾渭分明,思维最为犀利、清澈、灵敏的人被选出来,男性称为觋,女性称巫,他们为神灵所喜,分毫不差地接受使命,按神灵的规则建立制度,日夜传递新神谕的人,人类接受神明的指引,获得丰厚报偿,又回馈神明,一切都在神明的掌控中,世界与生活完美无缺。观射父解释,随着坏时代到来,由于人的品德沦丧,失去了灵慧之初心,不称职的人充斥,觋、巫进入每个家庭,好像神与人类混居在一起。人人都祭祀,本质却已经变样,神谕无人能正确理解,天神于是拒绝直接与人类交往,因此人类缺乏上天精神指引和物质馈赠,以致灾祸连连。伟大颛顼恢复秩序,命令南正重主管天事而与天神交往;任命火正黎掌管地事与人民交往,人与神互不干涉,隔绝了天与地的通路。观射父的意思是颛顼之后,官方重新恢复了祭祀的主导地位,确定祭祀对象以及天神的旨意,唯一对神谕具有解释权的是官方。

观射父还似乎是不经意地提到一个重点,在周代,重黎的后代有个程伯休父担任司马官,"宠神其祖先,以取威于民。"程伯休父和他的后裔高度尊崇其祖先,令其神化,从而在其国民中建立威信。在他的口中,这个世俗化的目的似乎是祖先崇拜的唯一的原因和目的。从祖先崇拜的发展来看,官方无法控制祖先崇拜的目的多样化。

必须假定神具有人性。鲁襄公十四年(前559年),出亡中的卫献公在边境上命令国家祝告官即向宗庙报告自己正在出逃,声明自己无罪,卫献公的嫡母定姜大不以为然:"无神何告?若有,不可诬也。有罪,若何告无?舍大臣而与小臣谋,一罪也。先君有冢卿以为师保,而蔑之,二罪也。余以巾栉事先君,而暴妾使余三罪也,告亡而已,无告无罪。《春秋左传正义·卷32》P255。她指责儿子亲近佞臣而远离贤能,不像个国君;暴虐尊长,不像个儿子,又气又恨的定姜不明白卫献公要向哪一位神抱怨求援,没有神会帮他这种人。

国家和私人为什么进行祭祀?对于其理性原因鲁国柳下惠有全面的解释:臧文仲祭祀一种名叫"爰居"的海鸟,展禽(鲁大夫,就是柳下惠)认为他超越了礼仪"夫圣王之制祀也,法施于民则祀之,以死勤事则祀之,以劳定国则祀之,能御大灾则祀之(能够防备大灾的祭祀他),能扞大患则祀之,非是族也,不在祀典……此五者国之典祀(这五种祭祀是国家法定的祭祀)。加之以社稷山川之神,皆有功烈于民者也;及前哲令德之人,所以为明质也;及天之三辰,民所以瞻仰也;及地之五行,所以生殖也(地上的五行,是生殖万物的);及九州名川山泽,所以出财用也。非是不在祀典。《国语正义·卷第四·鲁语上》P404。

柳下惠的意见可以归纳为:1."禘、郊、祖、宗、报"这五种祭祀是国家法定的祭祀。2.天上的日、月、星。百姓因为其有实际的效用和激发想象力而敬仰;及地之五地上的金木水火土五行生殖万物,提供生活所需;九州各地的名山大泽出产各种特产,社稷山川之神,又有灵验。3. 祖先。4. 制定了礼法的贤人,为国献身的人,为国事殚精竭力的人,让国家免于大灾难的人,关键时刻挺身而出,帮助国家人民走出困境的人,对人民有巨大功绩,前代贤哲有美德的人。目的是用来作为指向引导人们向上向善;不是以上这些不在祭典当中)臧文仲以前并不知道这些,认为他说的对,记下来分给司空、司徒、司马三卿各一策,统称三策,策是指重要的记事册。

这里的五种国家祭祀对象可分为三大类:天地自然与上帝,祖先、美德,即所谓报德之祭祀。

臧文仲(? 一前617年)即鲁卿臧孙辰,历事鲁庄公、鲁闵公、僖公、文公四君,他阻止人焚巫尪,善于接受意见,有作为,开明,不拘常礼,比臧文仲晚一百多年的孔子批评他有两点:1. 臧文仲居蔡(大龟名,盛产于蔡),山(山的形状)节(斗拱)藻(雕刻水草纹饰)梲(房梁上的柱子,这是装饰天子宗庙的做法),其如何知也?(说得上有智慧吗?)《诸子集成·论语·卷六·公冶长第五》P101。为占卜用的大龟建庙宇是越礼的做法。2. 不举人才。孔子说"臧文仲其窃位者与?知柳下惠之贤,而不与立也。《论语·卷十八·卫灵公第十五》P340。

臧文仲对上述礼节基本空白,反映出来的问题就比较多:1. 礼崩乐坏是一个逐渐加剧的过程吗? 2. 鲁国的政治要人根据何种制度规范生活? 3. 臧文仲被孔子批评的地方并不正确,虽然没有提拔柳下惠,但尊重他的知识。

3. 国家的神灵,与个人崇拜的神不一致

"夫圣王之制祀者,法施于民则祀之,以死勤事则祀之,以劳定国则祀之,能御大灾则祀之,能捍大患则祀之。非是族也,不在祀典……凡禘、郊、祖、宗、报,此五者,国之典祀也。加之以社稷山川之神,皆有功烈于民者也;及前哲令德之人,所以为明质也(祭祀他们是用来作为明信的,即美德令人敬仰,吸引人们向善);及天之三辰,民所瞻仰也;及地之五行,所以生殖也;及九州名山川泽,所以出财用也,非是不在祀典。"《国语正义·卷第四·鲁语上》P425。

两周祭祀的对象众多,柳下惠提到国家祭祀对象包括:天、地、日、月、星辰、金、木、水、火、土,名山大泽,各行业的鼻祖,即圣贤的灵魂。举例:周始祖弃,作为谷神、共工名为后土的儿子因为善于治理九州土地,作为土地神祭祀,圆丘指祭天专用的圆坛,在那里祭天,叫禘。禘黄帝,是说祭天以黄帝配食。同时让黄帝接受祭祀。举行朝会、庆典大典之处称明堂,在此处祭上帝叫做祖。祖颛顼是说在明堂祭上帝,以颛顼配食,让颛顼同时接受祭祀。在郊外祭祀天地曰郊。郊尧,是说以尧配食,让尧同时接受祭祀,宗:也是一种祭祀,与祖相似,但配食的

人辈分较晚。报：是指报恩的祭祀。上述五种祭祀是国家法定的祭祀,鲁襄公十一年(前562年)七月,齐、晋、宋等十二国诸侯结盟,盟书上写明:违反该盟约者"司慎、司盟,名山、名川、群神、群祀,先王、先公。七姓十二国之祖(参与盟会的七姓十二国),司慎以下所列这些都是祭祀的对象,他们都被赋予超自然的权力,"明神殛之,俾失其民,队命亡氏,踣其国家。"《春秋左传正义·卷三十一》P248(杜预注二司为天神)。这里出现了司慎、司盟二位天神,而且诸侯的太祖、诸侯的始封君都具有神力,顺便加上与会的七个姓共十二国的祖先。他们至少在公开场合承认自己对上述祭祀对象深信不疑。总体而言,需要祭祀的神灵基本可查,但没有一个稳定的数字,有些神在某些时间某些地方不被认同,遭到冷遇,也不断会有新的神灵加入。鲁庄公三十二年(前662年),有神降于虢国的莘地界内,周惠王咨询内史过,得到的回答是,"国之将兴,明神降之,监其德也;将亡,神又降之,观其恶也。故有得神以兴,亦有以亡。"他的意思是,神在一个地方出现到底是预示好还是坏,要看这个国家本身是好还是坏,他建议周惠王祭祀这个陌生的神,内史过被特派前往祭祀。神灵在虢国滞留六个月,虢公请求神灵赐予他土地,派太祝、宗人、太史主持祭祀,据称虢公说动了神灵,答应赐予他新土地。虢公的野心遭到内史过咒骂:这个暴虐的人,见到神至,还以为是机会,完全不懂,一个将亡的国家,出现神不是为其增加福分,而是来清点其罪过,将行惩办。虢国的太史同样认为虢公贪婪、糊涂,不知死活,"国之将兴,听于民;将亡,听于神"。神明辨是非,根据不同人的品行给予不同的所得,虢公缺少的是德行,虢公却要求更多的土地。鲁僖公五年(前655年)神借晋献公之手灭虢国。虢国的灭亡表面看起来与虞国的贪婪自私,晋献公的奸诈狠毒有关,实际上被舆论认为是虢国君王治国无方所致。

国家法定祭祀对象细分:

1)天、地、日、月、上帝之祭

2)木火土金水之祭

因为气候异常而启动物质之祭祀。鲁桓公五年(前707年),秋,大雩(求雨祭祀),书不时也。凡祀,启蛰而郊,龙见而雩,始杀而尝,闭蛰而蒸。过则书。《春秋左传正义·卷6》P46。意思是按礼,春、夏、秋、冬之际例行分别举行郊、雩、尝、蒸之礼,因为一般在夏天举行的雩礼而在秋天举行,即不按时举行的祭祀,《春秋》就会记载。鲁襄公八年(前565年)秋九月,大(大型的)雩,旱也。《春秋左传正义·卷30》P237。鲁昭公二十五年(前517年)秋,"《书》再雩,旱甚也。"《春秋左传正义·卷51》P407。(《春秋》记载连续两次大规模雩礼,因为旱太厉害。)

应对干旱最重要的办法就是祈雨,周人对自然的反常现象总有对应的解决办法。当天旱持续不雨时,国家的巫师将举行祈雨之祭,规模的大小取决于干旱的程度。届时司巫会以奇特的装束在一个特定的地点带领群巫起舞,这种舞从编排到内容自然是以取悦于上帝,以及一切有关的神灵为主,这是相当有节制地思想宣泄方式,此后人们就开始了新一轮不计后果的等待。

诸侯国家规模相对较小,重视程度却别无二致,祈雨仪式会有预演,观众中允许有女性:鲁庄公三十二年(前 662 年)"雩,讲于梁氏(梁家),女公子观看之。圉人荦自墙外与之戏。子般怒,使鞭之。"鲁庄公建议杀掉。认为荦力气惊人,不要留下隐患。子般没有接受。他犯了致命的错误,即位不久被荦所杀。鲁庄公三十二年(前 662 年)八月鲁庄公逝世,子般继位,十月,共仲(庆父)使圉人荦贼子般于党氏(党氏家中)。《春秋左传正义·卷 10》P81。演习中圉人荦发现子般的妹妹,气质非同一般,立即心生爱慕,子般是鲁庄公与孟任所生之子,这是鲁国的严重旱灾引发的一个王室悲剧。

鲁昭公十九年(前 523 年),郑大水,龙斗于时门之外洧渊,国人请为之禜(禳灾的祭祀)焉。子产弗许。曰:我斗,龙不我觌也。龙斗,我何独觌焉? 禳之,则彼其室也。吾无求于龙,龙亦无求于我,"乃止之。《春秋左传正义·卷 48》P386。这可以是祭祀的一个名目,只是子产似乎不大上心。子产煞有介事地对那些请求祭祀的人说,龙没有围观我们人类的打斗场面,我们也就不必要为它们的活动捧场。

3) 祭祀山川水泽

鲁襄公十八年(前 555 年)秋,晋侯伐齐,将济河,献子以朱丝系玉二瑴(本作珏,双玉)而祷曰:……唯尔有神裁之。沈玉而济。《春秋左传正义·卷 33》P263。

鲁昭公十三年(前 529 年)初,楚共王无冢適,有宠子五人,无適立焉,乃大有事于群望,而祈曰:请神择于五人者,使主社稷。乃徧以璧见于群望曰:当璧而拜者,神所立也。谁敢违之? ……(叔向)曰:取国有五难:有宠而无人,一也;有人而无主,二也;有主而无谋,三也;有谋而无民,四也;有民而无德,五也。《春秋左传正义·卷 46》P368。没有嫡长子、在五个宠爱的儿子之间无法取舍的楚共王祭祀群山,希望神明给予答案。

为何要祭祀一座山? 因为在古代中国人的意识中,山有生命。梁山(晋国的山)崩,以传(驿车)召伯宗,遇大车当道而覆,立而辟之,曰:避传。对曰:传为速也,若俟吾避,则加迟矣,不如捷而行。伯宗喜,问其居,曰:绛人也。伯宗曰:何闻?曰:梁山崩而以传召伯宗。伯宗问曰:乃将若何? 对曰:"山有朽壤而崩,将若何? 夫国主山川,故川涸山崩,君为之降服、出次、乘缦、不举、策于上帝,国三日哭,以礼焉。虽伯宗亦如是而已。其若之何? (就是伯宗也不过如此而已,将怎么办?)"问其名,不告;请以见,不许。伯宗及绛,以告,而从之。《国语正义·卷第十一·晋语五》P869。晋国的梁山发生大规模崩塌现象,君王派驿车召回伯宗,一辆车倾翻在道,其赶车的是绛人,问赶车人听到有什么事发生,回答:听说梁山崩,用驿车召伯宗回都。伯宗问他应当如何应对,车夫回答说:山川出现崩塌和干涸现象,国君要改穿差布料的衣服,离开华丽的宫殿到郊外住暂,乘用车不加彩饰,不奏乐,还要专门写篇文章向上帝报告发生的事,全国哭泣三日,以礼待神灵。伯宗能做的也就是如此,别无他法。伯宗问此人的名字,车夫不肯讲;邀请一起去见一见君主也不同意,伯宗见到国君后,提出上述应对措施得到同意。《国语正义·卷第十一·晋语五》P869。

祭祀的有效范围。鲁哀公六年(前489年)……初,昭王有疾,卜曰:"河为崇。"王弗祭。大夫请祭诸郊。王曰:三代命祀,祭不越望,江、汉、睢、漳(四水均在楚国),楚之望也。福祸之至,不是过也。不谷虽不德,河非所获罪也。"遂弗祭。孔子曰:楚昭王知大道矣。其不失国也,宜哉!《春秋左传正义·卷58》P460。望是古代祭祀山川的专称。

祭祀物品的变更。祭祀的物品中规定使用动物,但人不在内。不知是必然结果还是极端的例子,或者至少看起来有因果关系,最坏的情况还是发生了。祭祀使用不寻常的物品,人体乃至活人用于祭祀中:鲁昭公十年(前532年)七月:平子(季平子,? 一前505年,鲁国大夫)伐营取郧,献俘,始用人于亳社。臧武仲在齐,闻之曰:周公其不飨鲁祭乎? 周公飨义,鲁无义。在鲁国的亳社用人祭祀,季平子把人像牲口一样使用,臧武仲气愤之至,指责这种做法实在过分,上天绝不会因此赐福于这个国家,这样做的人。《春秋左传正义·卷45》P357。季平子一生极为廉洁,但是个跋扈的执政,也是个宗教狂。类似的事情楚灵王也在做。鲁昭公十一年(前531年)冬十一月,楚子灭蔡,用隐大子于冈山。申无宇曰:不祥。五牲不相为用,况用诸侯乎? 王必悔之。《春秋左传正义·卷45》P358。楚灵王杀蔡灵公立的储君祭祀楚国的冈山。楚灵王是个昏聩暴虐的君王,罪恶招致的报应来得很快。前529年楚灵王到了人生末路。申无宇预言准确,但不幸的是他的家人竟然要分担楚灵王暴虐的后果,他的儿子申亥不仅尽心款待流亡落魄的楚灵王,还在楚灵王自缢身死后让自己的两个女儿为他殉葬。

4) 神明祖先

鲁僖公十年(前 650 年),晋国大夫狐突在曲沃见到居住在那里的太子申生,太子告诉他,"夷吾无礼,吾德请于帝矣,将以晋畀秦,秦将祀余。对曰:臣闻之,神不歆非类,民不祀非族,君祀无乃殄乎? 且民何罪? 失刑乏祀君其图之。君曰:诺,吾将复请,七日新城西偏,将有巫而见我焉。许之,遂不见。及期而往,告之曰:帝许我罚有罪焉,敝于韩。《春秋左传正义·卷 13》P99。晋太子申生因为夷吾对之无礼,被气昏头脑,声称已经请求上天并得到同意,将晋国归并于秦国,以后秦国人就会祭祀他。晋狐突对太子申生说他种打算不会奏效,因为"神不歆非类,民不祀非族。"《春秋左传正义·卷 13》P99。但这个原则是有例外的。鲁昭公七年(前 535 年,晋平公 23 年,晋平公于 26 年逝世)晋平公患病,诉说梦见黄熊入门,到访的子产从韩宣子那儿听此情况后建议晋国人祭祀鲧,于是"韩宣子祀夏郊,晋侯有间,赐子产莒之二方鼎。"《春秋左传正义·卷 44》P347。疏言中提示"晋平公祀夏郊,董伯为尸。五日,晋侯疾间。"找一个与祭祀的外族同姓的人为尸主,也立即产生好效果。黄帝次子昌意生颛顼,颛顼生鲧,鲧生禹,为夏后启之父,颛顼的后裔中有董姓。姬姓的晋平公显然接收到了董姓的神灵以间接的方式在不同姓氏之间所传递过来的神秘力量,借之驱逐了病魔,久治不愈的晋平公大喜过望,慷慨地赐予子产珍贵的礼品。宁武子也有类似见解,鲁僖公三十一年(前 629 年)冬,狄围卫,卫迁于帝丘,卜曰三百年,卫成公梦康叔(卫国始祖)曰:"相(夏后帝启之孙,住在帝丘)夺予享。"公命祀相。宁武子不可,曰:鬼神非其族类,不歆其祀。杞、鄫(都是夏后启的后代)何事? 相之不享于此久矣,非卫之罪也。不可以间周公成王之命祀。请改祀命。(卫成公是否接受无下文。)《春秋左传正义·卷 17》P130。

5) 普通鬼神

因为不知礼而不祭被指责,严重的还会因为祭祀中的缺失而引发了亡国之祸。鲁僖公二十六年(前 634 年),夔(夔与楚同姓,为楚之后)子不祀祝融与鬻熊(楚之祖先),楚人让之,对曰:我先王熊挚(楚王嫡子,有病不得立,别封为夔子)有疾,鬼神弗赦而自窜于夔,吾是以失楚,又何祀焉? 秋,楚……师灭夔。《春秋左传正义·卷 16》P119。

对待鬼神的思想中也有相对理性的,鲁庄公三十二年(前 662 年)秋七月,有神降于莘。周惠王问内史过曰:是何故也? 对曰:国之将兴,明神降之,监其德也;将亡,神又降之,观其恶也。故有得神以兴,亦有以亡,虞、夏、商、周皆有之。

王曰：若之何？对曰：以其物享焉，其至之日，亦其物也。王从之。内史过往，闻虢请命（请求神灵赐予土田之命），反曰：虢必亡矣，虐而听于神。"神居莘六月，虢公使祝应、宗区、史嚚享之。神赐之土田。史嚚曰：虢其亡乎！吾闻之，国将兴，听于民；将亡，听于神。神，聪明正直而壹者也，依人而行。虢多凉德，其何土之能得？《春秋左传正义·卷10》P81。史嚚的想法直抒胸臆，不像是那个时代的一个在职公职人员。

鲁成公五年（前586年），因为证实赵婴（赵盾的异母弟）与侄儿媳妇赵庄姬（晋成公之女，赵朔妻，朔谥号庄，乃赵盾之子。）伤风败俗。赵同、赵括要把赵婴放逐齐国，赵婴梦天使谓己曰：祭余，余福女。使问诸士贞伯。贞伯曰：不识也。既而告其人曰：神福仁而祸淫，淫而无罚，福也。祭其得亡乎？祭之，之明日而亡（被放逐）。《春秋左传正义·卷26》P199。其实此前（鲁庄公十四年，前680年），鲁国大夫申繻就直截了当地说过：……妖由人兴也，人无衅焉，妖不自作。人弃常则妖兴，故有妖。《春秋左传正义·卷9》P69。

鲁襄公四年（前569年），鲁襄公生母定姒薨，不殡于庙，无椁，不虞匠庆谓季文子曰：子为正卿，而小君之丧不成，不终君也。君长，谁受其咎？初，季孙为己树六楸于蒲圃东门之外，匠庆请木，季孙曰：略。匠庆用蒲圃之木，季孙不御。没有在祖庙停放灵柩，没有内棺，没有举行虞祭。季孙在自己的蒲圃种六棵楸树，大匠庆请求季孙给木，季孙说要简略点，匠庆用了木，季孙没有阻止。

6）无处不在的神

国家明确规定的主神之外，还有更多的神在活动，当时虔诚的中国人可能满眼皆神，因为神的多样性与复杂性在生活中可能过得异常紧张，谨小慎微，小题大做。路神不在国家祭祀之典内，但是存在。鲁昭公七年（前535年），楚王建好章华台之后，希望诸侯们来参见落成祭祀大典。鲁昭公先并不准备前往，后被楚太宰薳启疆说服，改变初衷。临行前"梦襄公祖。梓慎曰：君不果行。襄公之适楚也，梦周公祖而行，今襄公实祖（祭祀路神），君其不行。子服惠伯曰：行！先君未尝适楚，故周公祖以道之，襄公适楚矣，而祖以道君，不行，何之？鲁昭公最后接受了子服惠伯的意见。前往楚国。《春秋左传正义·卷44》P346。出行之前梦见已故的父亲鲁襄公为其祭祀路神。鲁国大夫梓慎拿不准凶吉如何，劝国君放弃赴楚，子服惠伯提示鲁襄公过去前往楚国前，梦见周公为其祭祀路神。《史记·鲁周公世家》一章倒是没有鲁襄公去楚国的记载。

鲁文公十六年（前610年），夏五月，有蛇自泉宫（曲阜南部郎地）出，入于国，如先君之数（鲁自伯禽至僖公共十七君，也就是共有十七条蛇）。秋八月辛未，声姜(鲁僖公夫人,鲁文公之母)薨,毁泉台(泉宫之台)。《春秋左传正义·卷20》P156。这可能是中国人对任何现象都殚精竭虑加以比附、揣测的一个原因,世上的万事万物,各种迹象都不是偶然的。天人之间存在一个玄妙交流渠道,不拘形式,由神灵向虔诚、敏锐的人传递乐靠的信息。天人感应思想来自一个系统文化,一种自圆其说的宇宙观,有无垠的丰饶土壤,作物在春天一片青绿,秋天金黄,清香四溢。思想成熟的过程则没有如此简单。时间对思想的这类过程作用不及对作物那样有效。

燕饮前的祭祀,叔孙穆子食(设宴招待)庆封(齐国执政之一),庆封氾祭(先遍祭诸神,古代饮食必先祭祀,但在此不是庆封应该做的,不知礼。)穆子不悦,使工为之诵《茅鸱》亦不知。《春秋左传正义·卷38》P298。这里因为错误使用礼节而遭到利用抨击内心不敬的诗歌讽刺。

4. 私人的祭祀

国家祭祀外,还有国家允许的私人祭祀。为个人利益而举行的祭祀都称为私人祭祀,不论他的身份是国君还是普通人。

鲁隐公十一年(前712年),公(鲁隐公)之为公子也,于郑人战于狐壤,止焉,郑人囚诸尹氏,贿尹氏(郑国大夫)而祷于其主(尹氏的祭主)钟巫(神名,指尹氏家立的祭主神的名)遂与尹氏归而立其主。(即在鲁国立钟巫为神主),十一月,公祭钟巫,齐(斋戒)于社圃,馆于寪氏(寪氏为鲁国大夫)。羽父派人在这里杀死了鲁隐公。《春秋左传正义·卷4》P35。鲁国大夫羽父曾向鲁隐公建议,自己去杀掉已经长大的太子,即鲁惠公的儿子姬允,鲁隐公就有机会继位,条件是让自己做太宰,遭到鲁隐公拒绝,认为自己原本是因为鲁桓公年幼才做了摄政,后来成为鲁国君主,自己现在要将君位还给鲁桓公。羽父转而向鲁桓公诬陷隐公。鲁隐公曾被郑国人囚禁,他认为是自己向尹氏家的祭主神钟巫祈祷而应验,得以归国,于是在鲁国继续公开祈祷。这不是鲁隐公被杀的原因,羽父指使的凶徒利用鲁隐公前去向尹氏的祭主神钟巫祈祷的机会,在途中弑君,对鲁隐公一向灵验的钟巫这次让人失望。

有些祭祀是否需要还取决于人做出何种选择。当值得祭祀者以非常规形象出现时,需要明辨。鲁昭公七年(前535年),郑子产聘于晋,晋侯有疾,韩宣子逆客,私焉曰:寡君寝疾,于今三月矣,并走群望(应该祭祀的山川都祭祀过了),有加无瘳,今梦黄熊入于寝门,是何厉鬼也?对曰:以君之明,子为大政,其何厉之有?昔尧殛鲧于羽山,其神化为黄熊,以入于羽渊,实为夏郊,三代祀之。晋为盟主,其或者未祀之乎?韩之祀夏郊(夏代郊祀配享之神),晋侯有间(病愈),赐子产莒之二方鼎。《春秋左传正义·卷44》P346。

因时因人选择祭品,屈到(楚卿子夕)嗜芰(菱角),生病后召宗老而属之,曰:祭我必以芰。及祥。宗老将荐芰,屈建(屈到之子,又称子木)命去之。宗老曰:夫子属之,子木曰:不然,夫子承楚之政,其法刑在民心而藏在王府,上之可以比先王,下之可以训后世,虽微楚国,诸侯莫不誉,其祭典有之曰:国君有牛享,大夫有羊馈,士有豚犬之奠,庶人有鱼炙之荐,笾豆、脯醢则上下供之,不羞珍异,不陈庶侈。夫子不以其私欲干国之典。遂不用。《国语正义·卷第十七·楚语》P1090。

5. 如何进行祭祀——具体步骤

楚平王的庶子公子结,也称司马子期,祭祀已故的父亲楚平王后将祭肉送给弟弟楚昭王(前515—前489年在位)。楚昭王问楚国大夫观射父祭祀用牲的标准,观射父具有相关的全面知识:"祀加于举,天子举以太牢,祀以会;诸侯举以特牛,祀以太牢;卿举以少牢,祀以特牛;大夫举以特牲,祀以少牢;士食鱼炙,祀以特牲;庶人食菜,祀以鱼。上下有序,则民不慢。

王曰:其大小何如? 对曰:郊禘不过茧栗,蒸尝不过把握。王曰:何其小也? 对曰:夫神以精明临民者也,故求备物,不求丰大。以一纯、二精、三牲、四时、五色、六律、七事、八种(八种乐器,金、石、土、革、丝、木、匏、竹)、九祭(九州助祭)、十日(甲乙丙丁戊己庚辛壬癸)、十二辰(子丑寅卯辰巳午未申酉戌亥,十日和十二辰是指选择吉时)以致之,百姓、千品(每姓十名,百姓就有千名就是千品)、万官(天、地、神、人民和辨别事物的官员千品,每品又有十名属员,千品就有万官,每官所属十类,万官就有亿类,天子的田九畡〔说文:畡同垓,指万万(亿)。十万谓亿,十亿谓兆,十兆谓经(京),十经谓垓。〕、亿丑、兆民、经入、畡数以奉之。明德以昭之,和声以听之,以告遍至,则无不受休,毛以示物,血以告杀,竭诚拔取以献具为齐敬也,敬不可久,民力不堪,故齐肃以承之。

王曰:刍豢几何? 对曰:远不过三月。近不过浃日。

王曰:祀不可以已乎? 对曰:祀所以昭孝息民,抚国家,定百姓也,不可以已。夫民气纵则底,底则滞,滞久而不振,生乃不殖,其用不从,其生不殖,不可以封。是以古者先王,日祭、月享、时类、岁祀,诸侯舍日,卿大夫舍月,士、庶人舍时。天子遍祀群神品物,诸侯祀天地、三辰及土之山川,卿、大夫祀其礼;士、庶人不过其祖。国于是乎蒸尝,家于是乎尝祀,……天子禘郊之事,必自射其牲,王后必自舂其粢;诸侯宗庙之事,必自射牛,刲羊,击豕,夫人必自舂其盛。况其下之人,其谁敢不战战兢兢,以事百神! 天子亲舂禘郊之盛,王后亲缫其服。自公以下至于庶人,其谁敢不齐肃恭敬致力于神! 民所以摄固者也,若之何其舍之也?

王曰:所谓一纯、二精、七事者,何也? 对曰:圣王正端冕,以其不违心,帅其群臣精物品以临监享祀,无有苛慝于神者,谓之一纯,玉、帛为二精,天、地、民及四时之务为七事。王曰:三事者,何也? 对曰:天事武,地事文,民事忠信。王曰:所谓百姓、千品、万官、亿丑、兆民、经入、畡数,何也? 对曰:民之彻百官,王公之子弟之质能听彻其官者,而物赐之姓,以监其官,是为百姓,姓有彻品,十于王谓之千品,五物之官,陪属万为万官,官有十丑,为亿丑。天子之田九畡,以食兆民,王取经入焉,以食万官。《国语正义·卷第十八·楚语下》P1141。

这次重要的对话可归纳为四个部分:

1. 祭祀者内心需要"纯",即对神灵的绝对忠诚,具有坚定持久的信仰。

2. 规定祭祀者祭祀的范围:天子祭祀天地万物群神;诸侯祭祀天地日月星辰以及它们领地上的山川;卿大夫祭祀金木水火土之神和他们的祖先;士和平民只祭祀祖先。

3. 祭祀的规格要高于重大节日,比如天子年节时使用牛、羊、猪各一头,祭祀时就要用各三头;诸侯年节时用一头牛,祭祀时用牛、羊、猪各一头;卿年节用羊、猪各一头,祭祀时用一头牛,大夫的年节用猪,祭祀就要另外加上一只羊;士年节用腌制的鱼,祭祀用猪,平日只能吃蔬菜的平民,祭祀时必须用鱼。天子祭天时一定要亲自射杀祭牛,诸侯亲自杀牛、猪、羊,祭祀用的牲畜必须是没有残缺的个体,体型小,祭天的牛也要求选用年幼的活体,当场宰杀。王后不仅亲自选取原料制作祭服,还要亲自舂祭祀用米,诸侯夫人也是如此。需备全赤、黄、青、白、黑五色农作物,农作物标准份每样则很少,碧玉、布帛与其他祭品一同摆放,演奏祭祀音乐的乐队,九州助祭,意思可以做两种理解:1. 君王祭祀时,全国各地提供祭祀必要的物品和场所。2. 全国各地同时参与助祭。神明对祭物的要求不在体大量多而在完备,必有的一应俱全。

4. 天子有年祭、季度祭、月祭、日祭;诸侯有日祭;卿大夫有月祭;士和平民有季度祭,一年四季的各种祭祀都需要慎重选定良辰吉日。自天子以下,所有参加祭祀的人都要整洁祭祀场所室内外环境,备好过滤过的酒,穿上规定的祭祀服装,带领家人一同参加祭祀。

为何人君有求于上天万物? 观射父明确提出最为直接的原因:因为祭祀是办成任何事的前提,国家需要上天的指引,给机会和监管,君王任命的卿、大夫、士称达官,也就是显贵官员,任职于王宫有姓氏者以百官之名构成国家运行的基本架构,为之起辅助作用的众多僚属则十倍于王者的百官;数以千计;全国各地管理天、地、神、民、物五事的官人数上万，万官管理上亿人口，天子用管辖的九州养活上亿的人口，不能靠自己一个推动国家运行，而是从全国人口中收取租税，养活全体当官的，使他们同心协力。君王受到上天委托，责任重大，但是可求助于上天，"神明洞悉人类，从祭祀时间是否合适，不早不迟？祭物是否一应俱全？人们是否积极参与祭祀等重要环节体察人类是否出自本心，从而决定是否响应人类的企盼。"观射父谈话的主旨是希望楚昭王有敬畏之心，天子、诸侯都要服从一个有道德感的上天，和无处不在的各种神灵，人类的活动受到其密切的监督，是否动静适中，合情合理？迄今为止，人类得到的奖赏和惩罚都与之有关。观射父的话让人听起来不是假设而是不可辩驳。他以当时最有智慧的心智之一引导楚昭王为人君，振兴国家，造福大众。

这段对话既显示观射父祭祀知识渊博，充满激情，也反衬楚昭王相关知识匮乏，他的父亲楚平王惨遭掘墓鞭尸，从他与观射父的对话中表现出的谦恭与求知欲，表现出一个积极进取的君王重建信仰的强烈意识。复仇和礼仪在这里奇特平衡，楚昭王成为一代中兴之主。

6. 祭祀的参加者

1）国家的祭祀

祝与史都是主管祭祀的官。卿大夫家置有祝史，宗祝疑乃祝史之长。

鲁闵公二年（前660年），北方的狄人进攻卫国，卫懿公战死，狄人俘虏史华龙滑和礼孔，两人是卫国史官，被逼迫随狄人军队追击逃跑的卫国人，二人谋划后对狄人说：大史也，实掌其祭，不先，国不可得也。"《春秋左传正义·卷11》P86。二人告诉狄人，他们是国家的掌管祭祀的，谎称应该释放他们回去祈祷，否则，卫国不会归顺。狄人信任了他们，二人返归卫国都城后，报告了狄人实力，卫国为保存实力选择全城撤离。

除了君主代表国家举行的祭祀外，还有多种类型的祭祀，当君主举兵亲征，大司马要亲临出兵吉凶的卜筮，带领有关人员亲自去祭祀军中随行的庙主和社主，并且要用牲血涂祭军器。都宗人主管城邦都城中的祭祀仪式，大夫采邑的家族祭祀仪式，有家宗人管理操办。为祈祷市场物阜民丰，购销两旺，内宰在开市时要以妇人之礼祭祀市社。祭祀的类型决定祭祀仪式的主持者与其他参加者。

鲁定公四年（前506年）春三月，周王室的刘文公在召陵会合诸侯，商议伐楚。卫国大夫子行敬子知道这类大会涉及诸多利益，预判争议会很大，建议卫君带学识渊博、能言善辩的祝佗同行。卫国大夫祝佗觉得这个安排超出了他的责权，他想推辞，对卫灵公说，按传统规定他只处理有关祭祀的事，完成本分尚且需要尽心竭力、全力以赴,否则难免差错。如果承担业务之外的事,恐犯大罪。他解释自己只是土地神和谷神役使的仆从,土地神不出动,祝不出境,这是制度规定的。国君亲征事先祭祀,在鼓上涂抹牲血,祝奉社主随军行动,军队开拔出国,祝才能离开国境。若是行嘉礼朝会等喜庆之事,国君亲往,有一师军队随从;卿出行,则一旅军队跟随,就都不需要我小臣随伺。卫灵公说:你说得很对。但这次例外,还是要祝佗一同前往。《春秋左传正义·卷54》P431。由于祝佗的努力,结果在与蔡侯争夺歃血排序时卫国实现逆转,卫灵公获得了想要的排序。

2) 规定的祭祀地点

圆丘、明堂、郊外、亳社,以及亲临山川等特定地点。

按礼,多半宗教、半世俗以及世俗活动如颁爵命赐等典礼仪式均在祖庙进行。鲁宣公三年(前606年)冬,郑国大夫石癸与孔将鉏、侯宣多做主接纳了跟随晋军攻打郑国的公子兰,“盟于大宫(祖庙)而立之。”(立公子兰为郑国国君)《春秋左传正义·卷21》P166。夷宫是周宣王祖父周夷王的庙,周宣王任命鲁孝公为州伯的仪式就安排在夷宫。这也显示周王之庙并非仅用于家庭祭祀,也用于国家大事。这是家、国紧密联系的一种人为政治设计。《国语正义·卷第一·周语上》P81。

3) 规定的祭祀时间

(1) 例行仪式:周宣王二十九年(前799年),初不藉千亩。《今本竹书纪年疏证·卷下》P97。这类礼仪不考虑举办者资格以及仪式效果,但是君王的参与是意义重大的象征,标记其乃是国家级别的礼仪,以此表明一种姿态,提示或鼓励某些行为。这种仪式不具有抽象、神秘色彩,但是它是与宗教同类的,虔诚而且直接地与自然对话。鲁襄公七年(前566年)夏四月,鲁国三次占卜是否可进行郊祭,结果都是否定的,孟献子总结说,郊祭礼是祭祀后稷祈祷丰收的礼仪,应该在家惊蛰时即约在三月初举行,举行完毕后开始耕作,现在已经耕作还去占卜郊祭的最佳时间,结果当然不利。

祭祀有规定:开始的时间不能随意改动。鲁闵公二年(前660年)夏,“吉禘于庄公,速也。”即指礼仪时间违规提前。古代郊祭、终王、时祭,都称禘祭。吉禘,可能是因为庄公新死的缘故,大祭时加个“吉”字。规定居丧三年然后大祭,而鲁庄公死后二十五个月即举行禘祭,所以注明“速也。”速,应该是指擅自将祭祀活动时间提前。《春秋左传正义·卷32》P272。祭祀时间也不能随意延长,鲁宣公八年夏,“有事于大庙,襄仲卒而绎,(连续两天举行祭祀)非礼也。”《春秋左传正义·卷22》P171。有些祭祀的具体时间需要临时占卜,“鲁僖公三十一年,四卜郊，不从，乃免牲，非礼也。犹三望，亦非礼也。《春秋左传正义·卷17》P129。

（2）应急仪式时间随机：当发生某种异常现象或自然灾害时，比如，鲁襄公五年(前568年)秋，大雩，旱也。在秋天举行雩祭，是想赶快求到降雨。

（3）特殊需要而举办的仪式：盟约、军事行动等。

为裁决争议而祭祀。如果契约发生诉讼，司约就取牲血祭祀，然后开库取出契约核查，对一般违约者判墨刑，经过会同六官，对严重违背盟约者判死刑。《周礼注疏·卷三十六·司约》P242。

最为警示作用的专门设置，《春秋》记载，鲁哀公四年(前491年)，六月辛丑，亳社灾。注者曰：亳社，殷社也，诸侯有之，所以戒亡国。《春秋左传正义·卷五十七》P456。按照《春秋》笔法，天火曰灾，估计是这个庙宇遭到雷击，疏者进一步解释：亳是殷商王朝的都城。亳社就是殷社，武王伐纣，以其社班赐诸侯，使各各立之，所以戒亡国也。其社有屋，故火得焚之。

7. 祭祀道具与歌舞

有关祭祀的学问千丝万缕、汗牛充栋。祭祀所用的礼器有颜色的要求，苍色玉璧礼天神，黄色玉琮礼地神，青玉圭礼东方神，赤红的玉璋礼南方，牺牲根据祭祀对象有不同要求；祭天和宗庙的阳祀，用纯赤色的牲；祭地和社稷的阴祀，用纯黑色的牲。祭五岳四镇四渎的望祀，选用代表各方颜色的纯毛牲，凡四时固定的小川林泽百物等小祀，必须用纯毛色的牲；凡不定时山川百物小祀和田猎的貉祭，用杂色牲；凡用于风、雨、山川百物的散祭祀的牺牲由充人准备。用吉礼来奉事国家的天神、地祇，"用禋祀来祭昊天上帝。用实柴祀礼祭祀日月星辰，以槱燎之礼祭祀司中、司命、风师、雨师，以血祭礼祭祀社稷、五祀、五岳。以貍沉之礼祭山林川泽，用疈礼祭祀四方百物，以肆献祼享先王。以馈食享先王，以祠春享先王，以礿夏享先王，以尝秋享先王，以烝冬享先王。《周礼·春官·宗伯》。其次，各种礼仪中，对车、旗、服装、位置、色彩、饰物等有严格的要求。《周礼·春官·巾车》。既神秘又不失机械，配伍与对称是极其重要的方法，有时本身就是结果。

除宗庙外，天地、山川、四方社稷、五岳诸神祭祀的祭物烹割统一由外饔掌理。国家有明文规定：家祭所采用的祭品应以自己的种养收获为来源，不养牲的人，祭祀不能用牲，不种田者不能用谷，余者类推。国家祭祀用的衣饰，由王后率领宫内九嫔世妇、女御祭宫卿大夫、士之妻在北郊植桑养蚕得到原料，这是主要的来源，不足的或当地不能生长的则大致需要采购。在总共分为吉、凶、宾、军、嘉五大类的礼仪中，上述不过是沧海一粟。完全精通这些礼仪的专业人员对国家来说极其珍贵也可能在当时亦属罕见,尽管他们不是人人皆能说出各种礼仪的不同意义,但他们仍能庄重、耐心、准确、甚至是幸福地操办完成具体程序,这不能不说是国家需要与个人愿望的完美结合。以上是见于《周礼》闾师、内宰等条目的记载。

鲁襄公二十二年(前550年),尝酎:用新酒尝祭,杜预注:酒之新熟,重者为酎,尝新饮酒为尝膰。与执燔:指参与祭祀,是助祭。"膰"是祭祀宗庙之肉的专有名词,而祭祀社稷用肉称"脤"。《春秋左传正义·卷35》P272。

祭祀中用歌舞,它来自伟大的传统:

帝颛顼二十一年,"作《承云》之乐。"《今本竹书纪年疏证·卷上》P45。

帝舜元年,"作《大韶》之乐。"《今本竹书纪年疏证·卷上》P46。

帝启十年,帝巡狩,舞《九韶》于大穆之野。《今本竹书纪年疏证·卷上》P50。

这些舞乐不一定用于祭祀,包括祭祀在内的不同礼仪活动中适用不同的舞乐。成汤二十一年,大旱;二十二年,大旱;二十三年,大旱。二十四年,大旱,王祷于桑林,雨。成汤二十五年,作《大濩》乐。《今本竹书纪年疏证·卷上》P63。

周代诸王间或也有类似的传世之作,周武王十二年"作《大武》乐。《今本竹书纪年疏证·卷下》P80。成王八年,作《象舞》。《今本竹书纪年疏证·卷下》P82。鲁隐公五年九月,考(祭祀名)仲子之宫(即庙),将万(舞名,包括文舞和武舞,文舞执籥与翟;武舞执干与戚,也叫干舞。羽数,执羽的人数)焉,公问羽数于众仲,对曰:天子用八,诸侯用六,大夫四,士二。八即八佾,八行舞人。《春秋左传正义·卷3》P25。古乐舞八人为一列,叫佾。祭祀活动的参与者出现意外时的处置办法可参见鲁昭公十五年,"将禘于武公(即鲁武公)……梓慎(鲁国大夫)曰:禘之日其有咎乎!再见赤黑之祲(妖气)非祭祥也,丧氛也。其在涖事(主持祭祀的人)乎?二月癸酉,叔弓涖事,籥入(奏籥的人进入时)而卒,去乐卒事(撤去音乐把祭祀完成),礼也。《春秋左传正义·卷47》P375。主持祭祀的人到位,奏籥的人进入时突然死亡,去乐卒事撤去音乐,在没有音乐伴奏的情况下完成祭祀,同样符合礼仪。在一些场合,有一些舞乐被严厉禁止。殷商成汤十九年,大旱。二十年,大旱,禁弦歌舞。《今本竹书纪年疏证·卷上》P62。这里指的应该是全国范围内,各种场合下一律禁止。这个时候的舞乐仅仅被当作欢乐、消遣的象征。鲁庄公二十一年(前673年),"郑伯(郑厉公)享王(周惠王)于阙(城楼)西辟(西边),乐备(即六代舞乐齐备)。《春秋左传正义·卷9》P72。乐舞是为周王在宴饮中助兴。而祭祀时所用的音乐具有更丰富的意义,既有祭祀者的心绪表达,也有出于营造氛围的乐章。

鲁昭公二十五年(前 517 年)将禘于襄公(将要在襄公庙举行祭祀),万者二人(只有两个人跳万舞,按礼应该有三十六人。),其众万于季氏(大量的人在季氏那里跳万舞)。臧孙(即臧昭伯,鲁国大夫)曰:"此之谓不能庸先君之庙也。(这就叫做不能酬功于先君之庙)"大夫遂怨平子(季平子,鲁国正卿,国相)。《春秋左传正义·卷51》P407。

8. 祭物

鲁桓公六年(前 706 年),楚武王袭击随国,随国被派去前往请求和谈的少师被楚武王制造的假象所迷惑,"毁军而纳少师"就是故意让军队看起来军容不整,不堪一击。少师汇报出访见闻,随侯听到后准备立即攻击楚国,随国贤臣季梁劝阻,随侯认为自己祭祀时一直慷慨,应该能够得到神的帮助,季梁不同意,"民,神之主也,是以圣王先成民而后致力于神,是以奉牲以告曰:'博硕肥腯'谓民力之普存也,谓其畜之硕大蕃滋也。谓其不疾瘯蠡也,谓其备腯咸有也。(奉献牺牲时祝告说,'牲畜又大又肥'是说百姓财力普遍富足,牲畜肥壮无疾病。认为政修人和上下同心,国人富足的国家的敬奉,鬼神才会接受,否则祭祀再丰盛也无效。随侯接受了他的意见,楚国也没有进攻。《春秋左传正义·卷6》P48。

9. 祭祀程序

祭祀前必须做相应准备工作。"鲁昭公十五年(527 年)春,将禘于武公,戒百官。"《春秋左传正义·卷四十七》P375。告诫百官做准备并斋戒。二月癸酉,即在二月十五号举行。"礼不常祀,而卜其牲日,(牺牲和日期,先卜牲,后卜日期,卜牲,即卜用此牛吉利否,卜日,卜在某日举祀吉利否。),牛卜日曰牲(牛在占卜日到吉日后改称牲),牲成而卜郊,上怠慢也。可以看到,使用作为祭品的动物是否适用事先也要占卜。

为何会测不准?因为顺序出现倒置。鲁襄公七年(前 566 年),夏,三卜郊(郊祭)不从(不吉利),乃免牲。(于是免除使用牺牲)。孟献子曰:吾乃今而后知有卜筮(占卜和占筮),夫郊,祀后稷以祈农事也,是故启蛰(即惊蛰)而郊,郊而后耕,今既耕而卜郊,宜不从也(占卜不利是应该的)。"《春秋左传正义·卷30》P236。

祭祀活动的用品在礼仪活动完毕会按身份等级分配,鲁成公十三年(前 578 年),成子(成肃公)"受脤于社,不敬。"刘子(刘康公)曰:"吾闻之,民受于天地之中以生,所谓命也。是以有动作礼仪、威仪之则,以定命也。能者养之以福,不能者败之以取祸。是故君子勤礼,小人尽力。勤礼莫如致敬,尽力莫若敦笃,敬在养神(供奉神灵),笃在守业,国之大事,在祀与戎,祀有执膰(祭祀完后,给相关人员分祭肉),戎有受脤,神之大节也。今成子惰,弃其命矣,其不反乎?《春秋左传正义·卷27》P209。成肃公接受祭祀社稷后的祭肉)于社,这里的社指社神庙,也就是社稷之庙,国家准备将出兵作战,君主要前往社神之庙接受祭肉,成肃公不知为何表现出不恭敬的行为。成肃公为何会表现出不敬?刘康公没有说明,他认为,是否敬神和是否忠于职守存在因果关系。成肃公因为在人与神灵的交往过程中缺乏专注,相当于背弃天命。这次他跟晋侯等一起去攻打秦国,有可能难以返回。

一些程序是必不可少的,例如,没有祭祀天而单独祭祀山川就不符合礼仪。鲁宣公三年(前606年),"春,不郊(祭天.)而望(祀山川),皆非礼也。望,郊之属也,不郊亦无望,可也。《春秋左传正义·卷21》P166。鲁僖公三十一年(前629年),"望,郊之细也,不郊亦无望可也。《春秋左传正义·卷17》P129。这说明有些程序不可以颠倒次序,也不可省略,有主次之分,如果没有祭祀天,山川也就没有必要单独祭祀。

10. 祭祀的误区

1) 不正确的祭祀

鲁大夫夏父弗忌担任宗伯,祭祀祖先擅自改变礼仪,准备升鲁僖公的神位到鲁闵公之上。宗伯下属的一个无名官员说,这不是昭、穆的顺序。夏父弗忌说:我任宗伯,有美德的人为昭,其次为穆。昭、穆有什么固定制度?下属说:升僖公的神主,就是以有美德的亡父神主放在先,将先于僖公的闵公神主放在后,……商周的祭祀,不曾将汤、文王、武王的神主升在他的父祖之前,是为了不超越顺序。夏父弗忌不听,将僖公神主升到前面。展禽认为那位下属的话合理。《国语正义·卷第四·鲁语上》P432。左丘明也同意柳下惠的观点,鲁文公二年(前624年),八月丁卯,"大事于大庙。跻僖公,逆祀也。《春秋左传正义·卷18》P137。因为鲁闵公与鲁僖公同为鲁庄公之子,但鲁僖公是鲁闵公之弟。鲁文公出于父子之情提升僖公神位于闵公之上,将自己的父亲神主提升在伯父之上,也就是弟弟排位在哥哥之前,所以说是逆祀。鲁文公没有在规定时间内制作亡父神主,遭到舆论批评,他允许宗伯这样做,是想有个补偿。其实错得更多。

2) 不必要的祭祀

展禽(即柳下惠,柳下季鲁国大夫)劝说臧文仲不要祭祀一只名叫"爰居"的海鸟,一是认为海鸟虽罕见,但不过是来避风的;二是认为不在常规祭祀之列,是越礼,臧文仲接受他的劝阻。《国语正义·卷第四·鲁语上》P425。

3)不道德的祭祀

用祈祷致人死亡,鲁成公十七年(前 574 年)夏五月……晋范文子(士燮)反自鄢陵,使其宗祝祈死。曰:君(国君)骄侈而克敌,是天益其疾也,难将作矣!爱我者惟祝我,使我速死,无及于难,范氏之福也。"六月戊辰,士燮卒。《春秋左传正义·卷 28》P219。范文子让宗祝祈祷自己早点死去,如果宗祝确实做了让范文子早死的祈祷,是否会因此认为这是他超自然能力的一次明证?大肆张扬?范文子本人是否采取了其他相关措施实现自己的速死愿望不得而知。至少范文子相信祈祷对达成某种目的绝对有效。

4)野蛮的祭祀

前 640 年,宋襄公邀请藤、曹、邾、鄫会盟,鄫子迟到二日。鲁僖公十九年(前 641 年),宋襄公使邾文公用鄫子于次睢之社,欲以属东夷。司马子鱼曰:古者六畜不相为用,小事不用大牲,而况敢用人乎?祭祀以为人也。民、神之主也。用人,其谁飨之?今一会而虐二国之君,又用诸淫昏之鬼,将以求霸,不亦难乎?得死为幸。《春秋左传正义·卷十四》P107。宋襄公此前拘押了滕宣公,夏天又命令邾国国君在东夷人的神社次睢杀鄫国国君祭祀。公子目夷是宋桓公的庶长子,宋襄公的庶兄,对此极为不满,痛斥这种极不人道的行为:1. 祭祀用的动物都有规定,不能混用。2. 小事,不能使用超规格使用大牲。3. 人民是神的主人,祭祀也是为了人,祭祀他们是告诉他们如何为人服务,你用人作为祭品,谁有资格享用?4. 为了一个荒谬没有灵验的鬼神,致邾文公、鄫子两个国君一个将痛苦活着,一个立即屈辱地死去。5. 您想以此震慑齐鲁东部沿海的夷族归顺,称霸中原,根本就办不到,自己能够善终就不错了。宋襄公的人生中出现过人性的闪光点,这次他展示的是其人格的另一面,不幸的鄫子被窒息而死后肢解烹调后作为人牲祭祀。

在全部上天与人交流,以及由此而演变的人与人交流史与方法中充满了人对自然与未知的谦卑之情,臣服的主要因素之一是屈服于自然的武力,人在这种心态下再无法腾出精力去了解自然的真相,千变万化的自然所产生的各种后果让人疲于奔命,费尽猜测。但仍未能把握住自然汹涌奔腾的脉搏,变得对自然充满依赖,生活以此为中心,思想也是如此。除各种祭祀之礼外,凶、丧、荒、吊、禬、恤之礼,饮食之礼、婚冠之礼、宾射之礼、饷燕之礼、脤膰之礼、贺庆之礼。这些礼仪主要用于世俗生活,更紧密规范人的一举一动,本意是给人提供方便,俾诸事有序,但很快就遭到滥用,在这个问题上它的主要制造者们没有任何防范。它的信仰者希望它无可争议而且永久适用。这是人出于对自然的恐惧抑或人在模仿想象中的众神的生活方式？认为人的全部意义都在严谨与节制之中？或者兼而有之？至今并无一致的结论。极力压抑个人情绪的自然流露是否就更接近于自然？其次，如此繁多礼仪之间在实际操作中是否会有矛盾，尽管这是不言而喻的，但反对的声音如此微弱，思想与行为的一切不便不是由于制度而是由于人，而人的问题则有待于根本解决，无庸讳言，根本解决不是一个特定瞬间而是一个过程。它就像所有看似无法克服的矛盾，充满诱惑和挑战性。

周国家实际上公认万物有神论的思想，这种思想的基础在于相信生命的精华经过自然的锤炼会实现不灭，他们中有些会以各种形态附着于自然界的各种物质之中，参与人类社会的运行，有时会未经预先提示就强烈地干扰人的日常生活，从而改变人的思维方式和生活习惯，人们突然发现已与传统产生断层，封闭进一步被打开，生活的新领域尽管不是一片明媚，但它的多样性激活了人的潜意识，导致人们重新认识自己以及所面临的世界，由于假象的蒙蔽可使人们获得错误的结论，但并不足以阻止人类知识的增进，然而从已知的比例与未知的比例的大小来看，前者仍相形见绌。因此，日益丰富的思维既可以更准确预测一个事件的后果，也易于进入超验境地对之作更深层次的探索，这是很自然的。复杂的未知世界足以让人们不断地感知神灵在冥冥中的作用，相信他们无所不在，无所不能。人类欲幸福的生活就无法漠视它们的存在。这是许多人深信不疑的。国家祭祀的另一重要作用是通过加深对自然现象的认识掌握气候变化，从而帮助人们的实现丰产的生活要求。这应该是祭祀作用中最早、最重要的两点，但没有什么能限制人与神灵持续而不断扩大的交流，随后祭祀被应用于各个领域。除了天、地、远古传说中半人半神的偶像、家族的先辈等外，比较典型的是采用不同田野土质所适应生长的树木作为田神所凭依的大树。（大司徒）这样会使祭祀的对象具有随意性。若到被灭亡国家的土地神社去祭祀，战胜国的士师就充当受祭的尸，也就是本国神主。（士师）实际上是相信自己祭祀的神灵在战争中克敌制胜的决定性作用，以此表达自己的感激之情。尽管作为尸的人在祭祀典礼中会一言不发，但这已经被认为又一次完成了人类与上帝的对话，而且彼此心满意足。

为改变现状而作的各种祈祷一定不可胜数，人们心中各合理与不合理的愿望都需要有一个神或一群神来支持，有很多不可示人。有些对祭祀的神抱有过分的愿望，因而不免失望乃至绝望，但神灵如此之多，或许会诱惑一些人不知疲倦，本末倒置，将个人的努力置于次要位置，以致国事、家事、人事举步维艰，事事难成。有多少是通过祭祀获得神示指引功成名就？但是祭祀或者信仰有它的正面作用：人们思想更为丰富，辩证，谦恭而且信仰持久。

第二节　历法、天象和民俗、神秘术

一、历法

帝颛顼十三年"初作历象"。《竹书纪年》。历象由君王颁发，一方面是官方的正本便于推行；另一方面代表圣贤所为，具有权威性。

从春秋末战国（战国始于前 476 年，至前 221 年）初开始使用《古四分历》。古代《古四分历》的岁实是 365.25 天为一年（回归年）。朔策，即一个朔望月的长度，大约是 29.27—29.83 天之间变动。与真值相比，大约三百多年差一日。历法以月亮运动或月亮的圆缺作为记月的单位，朔望月（月球连续两次合朔，日、月处于同宫、同度，或者说太阳和月亮在天球上处于同一经度，此时日、月的黄经差为零，合朔时，太阳、月亮、地球接近处于同一直线，谓之合朔。朔，一般指夏历每月初一。回归年和朔望月已经掌握得相当精密。准确测量冬至才能准确预报季节。测得相邻两次冬至的时刻，就能求得回归线的长度。中国最早观测冬至的时间是鲁僖公五年（前 655 年）和鲁昭公二十二年（前 522 年）。《古四分历》规定十九年置七个闰月，春秋末期出现《古四分历》，但是它所推的气朔逐渐落后于实际天象，为改变误差，两汉人通过改元，东汉末的刘洪泽减小岁实，南北朝祖冲之改进观测冬至的方法，提高测量冬至的精度，中国古代将一年的第一天称为正，一月的第一天称为朔，将一年第一个月第一天合称为正朔。春分、秋分、夏至、冬至的月份称为四时的中月。另有一说认为正朔之月为中，即一年第一个月第一天称为中，一说中是指中气而言。一年二十四节分立春、惊蛰、立夏、芒种、小暑、立秋、白露、寒露、立冬、大雪、小寒为节气；而雨水、春分、谷雨、小满、夏至（日北至，太阳在南天位置最高的一天，日影最短）、大暑、处暑、秋分、霜降、小雪、冬至（日南至，一年中太阳在南天位置最低的一天，日影最长）、大寒为中气，二十四节气是节气和中气的通称。每个普通月皆有中气，唯闰月没有中气，闰前的月份，中气在晦日，闰后的月份，中气在朔日。以没有中气的月份置闰，可以更为准确地设置闰月。参阅冯秀藻、欧阳海《廿四节气》P52。

鲁桓公十七年（前 695 年），"天子有日官，诸侯有日御。日官居卿以底日，礼也。日御不失日以授百官于朝。"杜预注曰：日官，天子掌历者，不在六官之数，而位从卿。故言居卿也。《春秋左传正义·卷七》P57。

鲁文公元年(前626年)"于时闰三月,非礼也。先王之正时也,履端于始(年历从冬至开始),举正于中,归余于终"。春分、秋分、夏至、冬至为正四时的中月,把剩余的日子归总在最后。《春秋左传正义·卷18》P134。杜预的注释指出应该在鲁僖公末年,错误地在今年三月置闰。计算错误的情况不少见,鲁僖公十五年(前645年),夏五月,没有记载朔日,是史官的失误。所谓"官失之也。"《春秋左传正义·卷14》P103。鲁襄公二十七年(前546年)十一月乙亥朔,日有食之,晨(晨星,即斗柄)在申(申星,当时斗柄指向申星),司历过也(由于司历的过错),再失闰矣(缺少了两次闰月)。《春秋左传正义·卷38》P296。鲁哀公十二年(前483年)冬季十二月,季孙因为蝗灾咨询仲尼,仲尼曰:丘闻之,火(大火星)伏(杜预注释曰火伏在今年十月)而后蛰者毕,今火犹西流,司历过也。认为是历官失闰一月。《春秋左传正义·卷59》P469。

鲁昭公二十年(前522年)春,王二月乙丑,日南至。梓慎望氛。这是古代中国人测量冬至的一个早期记载,观测冬至以及月亮运动,得出比较真实的结论,测定准确的时间对一个农业国来说至关重要,将颁布正确历法与政治联系在一起并无不恰当,正确的历法推行贯彻时需要强制力,但是梓慎等人因为观测冬至而得出气象之外的其他政治预言,具有附会的性质,或是为当时知识的结构所误,或者是想渲染自己的超常能力。

二、日食

日食的天象是古代中国人最为关注的重点之一,天子设有日官之职。称为太史;诸侯的同类官员称日御。鲁桓公十七年(前695年),冬十月朔,日有食之。不书日,官之失也。天子有日官,诸侯有日御,日官居卿以厎(至,犹言推算)日(日官居卿位置推算历象),礼也。日御不失日(不遗漏历象),以授百官于朝。《春秋左传正义·卷7》P57。会出现记载遗漏和推算错误。鲁僖公十五年(前645年),夏五月,日有食之,不书朔与日官失之也(初秋没有记载朔日和日食的具体日子,是史官的失误)。《春秋左传正义·卷14》P103。

发生日食的对策,鲁文公十五年(前612年)六月辛丑朔,日有食之,鼓(击鼓),用牲于社(在土地神庙用牺牲祭祀),非礼也。日有食之,天子不举,伐鼓于社(击鼓于社);诸侯用币于社,伐鼓于朝,以昭事神、训民、事君。示有威等,古之道也。《春秋左传正义·卷19下》P153。这里指出日食出现时,天子应该安排在土地神庙击鼓,而不是用牺牲祭祀,诸侯则可以使用物品在土地神庙祭祀,击鼓的地点是朝廷。鲁昭公十七年（前525年）这段记载大致相似："夏六月，甲戌朔（六月初一），日有食之。祝史（祝与史都是祭祀的官，常连用）请所用币（请问该用什么物品祭社），昭子曰：日有食之，天子不举（不进食丰盛的菜肴），伐鼓于社（在土地神庙击鼓）；诸侯用币于社（诸侯在土地神庙用物品祭祀），伐鼓于朝（在朝廷上击鼓）。礼也。平子御之（平子禁止这样做）。曰："止也。唯正月朔，慝（阴气）未作，日有食之，于是乎有伐鼓用币，礼也。其余则否（其他时候不这样做）。太史曰：在此月也，日过分而未至，三辰有灾（就是这个月，太阳过了春分而没有到夏至，日月星于是有灾殃）。于是乎百官降物（百官穿上素服），君不举（不食用丰盛菜肴），辟移时（离开正寝躲过日食的时辰），乐奏鼓（乐工击鼓），祝用币，史用辞（祭官用祭品，史官辞令来祈祷消灾去祸）。故《夏书》曰：'辰不集于房（辰，指日月交汇，不集于房指日月交汇不在正常的位置上），瞽奏鼓，啬夫弛，庶人走。（啬夫驾车疾驶，百姓奔跑）'。此月朔之谓也。当夏四月，是谓孟夏，"平子弗从。昭子退曰：夫子将有异志，不君君矣。（昭子，叔孙豹之庶子，又名叔孙婼、叔孙昭子、叔孙。）《春秋左传正义·卷48》P380。

对有些日食，人间可以不采取任何措施，有些则需要应对。鲁庄公二十五年（前669年），夏季六月初一"日有食之，鼓，用牲于社，非常也（不合常礼）。唯正月之朔，慝未作，日有食之，于是乎用币于社（这时用玉帛祭祀土地神庙），伐鼓于朝。秋，大水。鼓，用牲于社，于门（祭祀城门门神），亦非常也。凡天灾，有币无牲（祭祀时用玉帛就不用牺牲）。非日月之眚（不是日食月食的灾异），不鼓（不击鼓）。《春秋左传正义·卷10》P78。

鲁昭公二十一年（前521年）秋七月，壬午朔，日有食之，鲁昭公问梓慎（鲁国大夫）曰："是何物也，祸福何为？"曰："二至（冬至、夏至）、二分（春分、秋分），日有食之，不为灾。日月之行也，分，同道也；至，相过也。其他月则为灾，阳不克也。故常为水。"于是叔辄（即子叔，鲁国大夫）哭日食，昭子（叔孙豹之庶子，叔孙昭子）曰：子叔将死，非所哭也。八月，叔辄卒。《春秋左传正义·卷50》P396。鲁昭公二十四年（前517年）夏五月乙未朔（五月初一），日有食之，梓慎与昭子对天象出现矛盾的判断：梓慎曰："将水，"昭子曰：旱也。日过分而阳犹不克，克必甚，能无旱乎？阳不克莫，将积聚也。《春秋左传正义·卷51》P404。意见抑或知识的程度差异产生对天象矛盾的判断？怀疑是真知的开端。鲁昭公七年（前535年）夏四月甲辰朔（四月初一），日有食之。晋侯（晋平公）问士文伯曰：谁将当日食？对曰：鲁、卫恶之（受其凶恶）。卫大鲁小。公曰：何故？对曰：去卫地，如鲁地（日食的时候离开卫地的分野，到了鲁地的分野）。于是有灾。鲁实受之。其大咎，其卫君乎！鲁将上卿。(卫国君主承担，鲁则是上卿)公曰：《诗》(《诗经·小雅·十月之交》)所谓'彼日而食，于何不臧'(那太阳发生日食，看看是哪个地方出了问题?)者，何也？对曰：不善政之谓也。国无政不用善，则自取谪于日月之灾。故政不可不慎也。务三而已：一曰择人，二曰因民，三曰从时。《春秋左传正义·卷44》P346。士文伯的意见是政治的优劣可以从日食的是否出现加以评估，人做得不好，就会从本来就有的自然灾祸领受应得的份额。楚昭王对这种学识有自己独立的判断，鲁哀公六年(前489年)，是岁也，有云如众赤鸟，夹日以飞，三日。楚子(楚昭王)使问诸周大史。周大史曰：其当王身乎！若禜(襄祭仪式，祭祷后可能有消灾之功。)之，可移于令尹、司马。"王曰：除心腹之疾，而置诸股肱，何益？不谷不有大过，天其夭诸？有罪受罚，又焉移之？遂弗禜。《春秋左传正义·卷58》P459。这番话明智而且仁慈，当时在位有二十七年之久的楚昭王对人生和政治已经有足够的认知。前489年是他在位的最后一年，他决定不再随波逐流，虽然有点迟，在当时的人文环境下仍属难能可贵。智者区别对待一般规律与事物的偶然性。鲁昭公七年(前535年)十一月，季武子卒，晋侯谓伯瑕曰：吾所问日食，从之，可常乎？对曰：不可。六物不同，民心不壹。事序不类，官职不则。同始异终，胡可常也？……公曰："何谓六物?"对曰：岁、时、日、月、星、辰是谓也。"公曰：多语寡人辰，而莫同。何谓辰？对曰：日月之会是谓辰，故以配日。《春秋左传正义·卷44》P349。晋平公对晋国大夫伯瑕说，我所问日食的事，应验了，可以作为一种常规看待吗？士文伯很明智，认为具体问题应该具体分析。

　　很早以前，世事由天命还是人本身决定的问题人们无话可说，只归咎于天命。随着时间的推移，人们不再意见一致，渐渐有人开始倾向于后者。鲁昭公二十年(前522年)春，王二月乙丑(二月初一)，日南至。梓慎(鲁国大夫)望氛(即望气)曰："今兹宋有难，国几亡，三年而后弭(今年宋国又动乱，国家几乎灭亡，三年后才得平息)。蔡有大丧。叔孙昭子曰：然则戴(戴，戴族，华氏)、桓(桓，桓族，向氏)也！汏侈无礼已甚，乱所在也。《春秋左传正义·卷49》P388。楚昭王和叔孙昭子都显得十分明智。梓慎、叔孙昭子对日食截然相反的判断大概是怀疑的开始，晋平公提及得到的有关"辰"的解释各有不同，反映说明相关知识仍没有一致的定义，很可能是这天文知识整体上不确定性造成的。

　　只有日食和月食才击鼓，玉帛和牺牲不能同时用。祭祀的对象、地点包括：土地神庙，城门神。因为日食击鼓、祈祷等一系列的宫廷活动从来就没有确切、有效的结果，更多地是在自动地沿袭传统习俗，追求一种精神平衡。对日食的传统处理方式应该有个从民俗到官方程序化的过程。

三、分野与星象

分野是中国人的一种重要宇宙观,(周天分为十二星次),天空的划分大小不等固定的区域,二十八宿分布四方,每方七宿。对应不同的国家,星辰的移动对应地上的人民和国家祸福兴衰,安危存亡。文字记载如果属实,根据分野观测天象得到的预示有些相当准确。鲁襄公二十八年(前545年)春,郑国大夫裨灶曰:今兹周王(周灵王)及楚子(楚康王)皆将死(他们确实是当年逝世的,裨灶说话时,等待正式入座的周景王和楚王郏敖都已经站在宫廷的门口了)。岁弃其次,而旅于明年之次(次,星次。岁星失去它应在的星次,而在明年的星次上,危害了鸟尾星),以害鸟帑(即鸟尾星。鹑火、鹑尾,周楚之分,故周王楚子受其咎。杜预注:岁星所在,其国有福。失次在北,祸冲在南,南为朱鸟,鸟尾曰帑。),周、楚恶之。《春秋左传正义·卷38》P297。鲁襄公三十年(前543年)公孙挥与裨灶路过伯有(伯有为人奢侈,一度出逃国外)家,"其门上生莠。子羽曰:'其莠犹在乎?'于是岁在降娄(也称奎娄),降娄中(中,指在天空的中部,奎娄在天空中部,天就亮了)而旦。裨灶指之曰:'犹可以终岁(还可以等岁星绕一周,不过活不到岁星再到这个星次了),岁不及此次也已'。[终岁,即岁星绕一周,以岁星在降娄(地支配子)推算,须经过大梁(丑、沈实(寅、鹑首(卯)、鹑火(辰)、鹑尾巳)、寿星(午)、大火(未)、析木(申)、星纪(酉)、玄枵(戌)、娵訾(亥),再到降娄为一岁终,当时人认为这个过程需要十二年]及其亡也,岁在娵訾之口,其明年,乃及降娄"。(等到伯有被灭,岁星正在娵訾的口上,明年,才到达降娄)裨灶预见准确。《春秋左传正义·卷40》P311。鲁昭公十年(前532年)春正月,裨灶再次发出准确预言,晋平公将不久于人世。"有星出于婺女(二十八宿中的女宿),郑裨灶言于子产曰:七月戊子(七月初三),晋君将死。《春秋左传正义·卷45》P356。子产意见如何并无下文。这反衬出裨灶对自己掌握的知识信心十足,晋平公确实七月初三逝世。无独有偶,鲁襄公二十八年(前545年)春季,鲁国大夫梓慎预言宋、郑将出现饥荒,"无冰。梓慎曰:今兹宋、郑其饥乎?岁在星纪,而淫于玄枵(岁星应该在星纪,而却超越到了玄枵)。以有时菑(天时不正的灾荒),阴不堪阳(阴不能胜阳。寒冷为阴,温暖为阳,应该有冰而无冰,就是应该寒冷但却温暖),蛇乘龙(岁星为木,木为青龙,玄枵相当于女、虚、危三宿,虚、危古以为蛇。出于虚危宿下,龙在蛇的下面,就是蛇乘龙)。龙,宋、郑之星也。宋、郑必饥。玄枵,虚中(虚宿在中间也)。枵,耗名也(消耗的名称)。土虚而民耗,不饥何为?《春秋左传正义·卷 38》P296。秋天,与宋国接壤的鲁国出现旱灾。郑简公派游吉出使楚国,楚国人不满"宋之盟,君实亲辱。"(宋之盟指鲁襄公二十七年(前 546年),宋平公在位,在宋国召集的弭兵大会。当时郑简公亲自参加)游吉解释说,是因郑国"以岁之不易。"大意就是有饥荒。所以此次郑简公在国内处理救灾,是以他本人没有来而委派了自己。《春秋左传正义·卷 38》P297。这证实了梓慎的预测。

中国人认为岁星公转需要十二年,实际上是 11.86 年,接近真值,但存在的误差也使得岁星的运行在他们的观测中经常会迟到,因此就产生各种各样的问题,中国人的一些重要思维节点都由此衍生出来。

水与火也是有灵性的:鲁宣公十六年(前 593 年):夏,成周宣榭(土台上的厅堂式建筑,用以习射讲武的地方)火,人火之也。凡火,人火曰火;天火曰灾。《春秋左传正义·卷 24》P186。借助于水火,对未来的预测居然可以看到五十年后。鲁昭公九年(前 533 年)夏四月,陈国的一场大火照亮了裨灶的大脑深处。他对子产说"五年,陈将复封,封五十二年而遂亡。(五年以后,陈国将重新封建,封建五十二年后就会灭亡)子产问其故,对曰:陈,水属也(陈国,颛顼之后,故为水属,是水的隶属),火,水妃也(火是水的配偶)。而楚所相也(相,治,楚之先为祝融,主火,楚所相即楚所治)。今火出而火陈,逐楚而建陈也(陈兴则楚衰)。妃以五成(妃,合也),故曰五年。岁五及鹑火,而后而陈卒,楚克有之,天之道也,故曰五十二年。(阴阳五行用五相配,所以说五年。岁星五年到达鹑火,然后陈国最终灭亡,楚国战胜而据有它这是天之道,所以说是五十二年)《春秋左传正义·卷 45》P355。根据臆测的国家物质属性联系群星的移动的动态图像来预测国家的衰亡,精确到年份,裨灶肯定是在胡说,但这是当时受到的高等级教育,能产生巨大的社会影响,这类观象经验得出的结果也作为可靠知识正式予以记载。

人的智慧并不整体与时代同步,一些明智的见解出现时并不契合他们的时代,认为自然界的变化与人世的关系并不确切,吉凶主要取决于人,这声音十分刺耳。鲁僖公十六年(前 644 年)春,陨石于宋五,陨星也(宋国从天上掉下五颗石头,这是天上的星星)。六鹢退飞过宋都,风也(是由于风的缘故)。周内史叔聘于宋。宋襄公问焉,曰:是何祥也?吉凶焉在?对曰:今兹鲁多大丧,明年齐有乱,君将得诸侯而不终。退而告人曰:君失问。是阴阳之事,非吉凶所在也。吉凶由人,吾不敢逆君故也。《春秋左传正义·卷 14》P106。

鲁昭公二十六年(前 516 年),"齐有彗星,齐侯(齐景公)使禳之。晏子曰:无益也,祗取诬也(只能招来欺骗)。天道不谄(疑惑,怀疑),不贰其命(天道不可怀疑，天命没有差误）。若之何禳之？且天之有彗也，除秽也。君无秽德，又何禳焉？若德之秽，禳之何损？……若德秽乱，民将流亡，祝史之为，无能补也。公说，乃止。《春秋左传正义·卷52》P413。明智的认识。

鲁昭公十七年（前525年）冬，"有星孛（星孛，指彗星。）于大辰（大火星）西及汉。（彗星的光芒扫过大火星，往西一直达到银河）。鲁国大夫申须曰：慧所以除旧布新（扫除旧的散布新的星辰），天事恒象（天上发生的事常常象征凶吉），今除于火（现对大火星清扫），火出必布焉（大火星再出现一定散布灾殃）。诸侯其有火灾乎？"梓慎认为宋国、卫国、陈国、郑国一定发生火灾。郑国的裨灶对子产说，宋、卫、陈、郑将在同一天发生火灾，"若我用瓘斝（祭祀用的酒器）玉瓒（玉制的勺），郑必不火。子产弗与。"《春秋左传正义·卷48》P382。拒绝为预防火灾而祈祷。

周内史叔服本人思想摆摇明显，认为星辰运动充满玄机：鲁文公十四年（前613年）"有星孛入于北斗，周内史叔服曰：不出七年，宋、齐、晋之君皆将死乱。"《春秋左传正义·卷19下》P151。即便如此，周内史叔服与晏子、子产等仍属于是有主见的人，他们在巨大的未知苍穹下敢于声张可贵的理性。

晋文公在狄国滞留十二年，接受狐偃建议决定前往齐国。"过五鹿卫国（五鹿是卫国边境城邑，今河南濮阳县南）地，乞食于野人，野人举块以与之，公子怒，将鞭之。子犯曰：天赐之，民以土服，又何求焉？天事必象，十有二年，必获此土。二三子志之，岁在寿星及鹑尾，其有此土乎！天以命矣，复于寿星，必获诸侯，天之道也，由是始之，有此。其以戊申乎！所以申土也。再拜稽首，受而载之，遂适齐。"鹑尾与寿星是相联接的两个辰次，重耳在卫国时，时值在鲁僖公十六年（即公元前644年，岁星在寿星，过十二个年头，就是鲁僖公二十七年（公元前633年）。岁星在鹑尾，晋文公伐卫夺取了五鹿，岁星在寿星空域是得土的年，岁星在鹑尾是得土的年。岁星再到寿星，就到了鲁僖公二十八年（公元前632年）。这一年，晋在城濮战胜楚，在践土会集诸侯，向周王献俘，受王的册封。戊与五行相配，属土，戊：茂也；申：身也。茂与申皆增益之义，故知申广土地也。《国语正义·卷第十·晋语四》P743。

前637年（周襄王十五年），惠公死，怀公立，秦乃召重耳于楚而纳之。晋人杀怀公（惠公之子子圉）于高梁（今临汾市东北），而授重耳，实为文公。《国语正义·卷第九·晋语三》P733。十月惠公死，十二月，秦伯送公子重耳回国，晋大夫董因在黄河边迎接文公，董以星象的位次吉利回答文公，增加其信心，预言他的事注定办得成。重耳即位后在晋国高梁地方刺死怀公。《国语正义·卷第十·晋语四》P792。

星象有时不由专业人员观测而得之于童谣：鲁僖公五年(前655年)八月，晋侯(时为晋献公二十二年)围上阳(虢国都)，问于卜偃曰：吾其济乎？对曰：克之。公曰：何时？对曰："童谣云：'丙之晨，龙尾伏辰，均服振振，取虢之旂。鹑之贲贲，天策焞焞，火中成军，虢公其奔。'其九月、十月之交乎！丙子旦，日在尾，月在策，鹑火中，必是时也。冬十二月丙子朔，晋灭虢，虢公丑奔京师。师还，馆于虞，遂袭虞，灭之，执虞公及其大夫井伯(虞国大夫)，以(井伯)媵秦穆姬(晋献公之女，嫁秦穆公)。《春秋左传正义·卷12》P93。这是个可怕的童谣，预测出相关事件的时间、结果。稚气未脱的声音颂唱的是成熟的政治设计，具有强烈的心理暗示、引导作用，但绝对不是事件预定或者必然发展的方向。

四、地震

鲁僖公十五年(前645年)，震夷伯(展氏之祖，晋国大夫)之庙，罪之也。于是展氏有隐慝焉。(从此看展氏有别人不知道的罪恶)《春秋左传正义·卷14》P106。鲁昭公二十三年(前519年)八月，南宫极震(南宫极被地震压死)，苌弘谓刘文公(伯蚠)曰：君其勉之，先君之力可济也。周之亡也，其三川震(周室灭亡时，泾水、渭水、洛水一带发生地震。今西王(指王子朝)之大臣亦震，天弃之矣，东王(周敬王居狄泉，在王城之东，故曰东王)必大克。《春秋左传正义·卷50》P400。这年八月地震让苌弘兴奋起来，他对伯蚠说您努力吧，你父亲所致力的事就要成功了，王子朝的支持者南宫极在地震中死亡，意味着他们的事业将会失败。苌弘在当时不算是牵强附会，而是学识宏博，观察精微。前520年四月，周景王(？—前520年，周灵王之子)逝世，刘国君主刘献公随后也逝世，刘献公无嫡子，单穆公等立庶子伯蚠为刘文公，他们与周景王的宠臣宾孟(宾起)不和，宾起支持周景王的儿子王子姬朝。五月，单穆公、刘文公杀宾起，立周景王长子王子姬猛为周悼王，毛伯得、尹文公、召庄公支持王子朝，将周悼王、刘文公、单穆公驱逐，十一月周悼王姬猛逝世，其弟周敬王姬匄立。刘文公、单穆公、周敬王与毛伯得等支持的王子朝作战三年。鲁昭公二十六年(前516年)，在晋国赵简子等的支持下，周敬王一方获胜，王子朝等逃往楚国，王子朝指责刘文公等废长立幼，十二月，周敬王入王城，吴王阖庐攻打楚国，刘文公等策划联合诸侯攻打楚国，在召陵会合十七国诸侯以及齐国大夫国夏。刘文公不久后逝世。苌弘是刘文公所属的大夫，他支持刘文公。上述人等多年厮杀大战，就是为了强调既重大又细微的区别：嫡、庶，长幼，亲疏等关系各不相让，周景王太子寿早夭，后立嫡次子姬猛为太子,宠爱的却是庶长子姬朝。周景王要宾孟立姬朝,王子朝未及立为嗣君,周景王即死去。周景王子排序:太子寿,嫡长子,周景王王后所生,早夭。姬猛,嫡次子,后立为太子,周悼王。王子朝,庶长子。王子猛是周敬王(姬匄)同母兄,被王子朝所杀。王子匄是周悼王之同母弟,得到晋国支勤王,得以即位以及复位都有晋国军队围绕。周敬王出居狄泉,王子朝入王城,这是二王并存。

五、气候

记载物候的一般规则:"鲁隐公九年(前714年)"凡雨,自三日以往为霖,平地尺为大雪。《春秋左传正义·卷4》P32。鲁庄公二十九年(前665年),"凡物,不为灾,不书。"《春秋左传正义·卷10》P80。即在《春秋》中记载的,灾害性天气,一般造成了实际损失,尽管损失多大没有具体加载。

鲁文公十三年(前614年)秋七月,大室之屋坏,书不共也。(大室指太庙之室,周公之庙)《春秋左传正义·卷19下》P150。大室之屋坏是有原因的,《春秋》记载是因为臣下不恭敬招致的惩罚。

鲁昭公四年(前538年),"大雨雹,季武子(即季孙宿)问于申封(鲁国大夫)曰:雹可御乎? 对曰:圣人在上,无雹,虽有,不为灾。《春秋左传正义·卷42》P331。这是最为典型的天人感应观,申封也可能是在吓唬季友,是对季友立三军、立昭公不满。

合理的应对措施可以改变负面的天象,鲁僖公十九年(前641年)秋,卫人伐邢,以报菟圃之役。于是卫大旱,卜有事于山川,(为祭祀山川而占卜)不吉。宁庄子(卫国大夫)曰:昔周饥,克殷而年丰。今邢方无道(正当邢国无道),诸侯无伯,天其或者欲使卫讨邢乎? 从之,师兴而雨。《春秋左传正义·卷14》P108。为祭祀山川而占卜,不吉利,宁庄子想出一个化解的办法,当时在位的卫文公算是有作为的君侯,菟圃是卫国地名。前642年冬,邢人伙同狄人进攻卫国,包围了菟圃。危机之时,卫文公一度想让位于兄弟或者朝廷中的大臣,众人反对作罢,卫君在訾娄列阵,狄人退却。《春秋左传正义·卷14》P107。卫文公听从宁庄子的建议,对问题严重的邢国用兵,结果卫国军队出征之日卫国就开始下雨。但是这场雨的代价不小,因为卫国对邢国用兵,引起了齐国、狄国的注意,他们在次年(前640年)秋在邢国会盟,决定联合对付卫国的入侵。

鲁僖公二十一年(前639年),夏大旱。公(鲁僖公)欲焚巫尪(女巫)。臧文仲曰:非旱备也(这不是防旱备灾的方法)。修城郭、贬食、省用、务穑、劝分(劝勉施舍),此其务也。巫尪何为? 天欲杀之,则如勿生,若能为旱,焚之滋甚。公从之。是岁也,饥而不害。(有饥荒而没有伤害到百姓)《春秋左传正义·卷14》P109。若非臧文仲的意见,鲁僖公就会找出无辜的女人施以火刑,以达到让鲁国辖区下雨的目的。臧文仲让鲁僖公采取的积极行动极大地抵消了旱情的影响,国家平稳度过了一个粮食减产的年份。

自然的一切变化,正常或者反常的都被利用起来,当时人置政治于生活之顶端,穷尽一切努力让政治的功能丰满。

本节参考阅读:

陈久金《中国古代历法成就》

陈遵妫《中国天文学史》

六、神秘术

1. 占卜的目的——人们因各种理由而进行卜筮

各国都有专门的管理占卜的官,鲁僖公十五年(前645年)提到的为秦穆公的军队占卜出征晋国的凶吉的卜徒父即秦国的占卜官,卜筮的工具有《周易》这本书。鲁庄公二十二年(前672年),"周史(成周太史)有以《周易》见陈侯(陈厉公)者,陈侯使筮之。《春秋左传正义·卷9》P73。占卜是《周易》的一种主要作用。鲁闵公元年(前661年),初,毕万筮仕于晋,遇《屯》之《比》,辛廖(晋国大夫)占之。《春秋左传正义·卷11》P84。有精准到玄乎的占卜,鲁闵公二年(前660),成季(季友)之将生也,桓公(鲁桓公)使卜楚丘之父卜之(掌占卜的大夫楚丘的父亲占卜),曰:男也,其名曰友,在公之右,间于两社(鲁有两社,一为周社,一为亳社,两社之间朝廷执政所在)为公室辅。季氏亡,则鲁不昌。"又筮之,遇《大有》之《乾》……及生,有文在其手,曰:"友",遂以命之。《春秋左传正义·卷11》P85。命相之术几乎无所不能,一些鲜活的例子昭示命运天定:鲁昭公五年(前537年)春,"初,穆子(叔孙豹)之生也,庄叔以《周易》筮之。"《春秋左传正义·卷43》P338。他的未来已经被说得很详细,预示其人生坎坷,最后会饥饿而死。结果也是如此。

晋惠公六年(前646年),秦穆公攻晋,晋惠公对庆郑说,秦国深入国境,如何办?庆郑当即指出是他违背向秦国割让土地的诺言,晋国饥荒时,秦送来粮食,秦国饥荒时晋不但不救援,反而还要袭击秦国。入侵都是咎由自取。晋惠公在占卜驾车与近卫人选时,庆郑都合适,但晋惠公认为他不恭顺,改用他人。在韩原交战时,晋惠公马陷入泥中,秦兵迫近,惠公呼唤庆郑救援,庆郑认为他没有遵循占卜的引导,失败是注定的,便自行离开了。《史记·卷三十九·晋世家第九》

P1653。庆郑觉得自己理由非常充足，一方面是理性的分析，另一方面是对占卜术的充分信任与尊重。

鲁僖公十五年(前 645 年)因为晋不愿意卖粮食给秦国度饥荒，故秦伯伐晋。"卜徒父筮之，吉。涉河，侯车败，诘之。对曰：乃大吉也，三败必获晋君。其卦遇《蛊》曰：千乘三去，三去之馀，获其雄狐，夫狐《蛊》，必其君矣……我落其实而取其材，所以克也。实落材亡不败何待？"三败及韩。《春秋左传正义·卷 14》P103。晋军三次挫败，退至韩地。鲁僖公十五年(前 645 年)九月十三日，秦晋两国在韩原开战，晋惠公危急时呼唤庆郑来救援，庆郑责曰：愎谏违卜(不听劝谏、不依卜筮)，固败是求，由何逃焉？遂去之。《春秋左传正义·卷 14》P104。庆郑的意思是，晋惠公实在是自求失败，哪里可以逃脱？于是不顾晋惠公求援而离开，韩原之战中晋惠公终被秦所擒获。

上述几个例子都是根据《周易》得出结论。

与周易不同的《连山》、《归藏》分别是夏朝的和殷朝的经典，"公子亲自卜筮，尚有晋国(即"祈求领有晋国"之意)，筮的结果是得屯卦变至豫卦，都是八占优势的卦(八居多，八是阴爻，不变的，少阴。阳爻是可变的)，筮人[占卜的官，他没有采用周易分析，而是用连山(夏易)，归藏(殷易)来分析]分析，都是不吉利的卦，闭塞不通，可变得爻无所作为。司空季子(即胥臣，又称臼季，后官职司空)认为吉利。(他是用《周易》来分析)"《国语正义·卷第十·晋语四》P752。《周易》与前朝的易有一定区别。

使用不同的工具——龟甲，这种中国占卜术中重要的组成部分。鲁昭公二十五年(前 517 年)，……初，臧昭伯如晋，臧会窃其宝龟(占卜时使用的大龟壳)偻句(宝龟名)，以卜为信与僭(臧会用来占卜应该诚实还是不诚实哪一种好些，结果测得不诚实好)，僭吉。臧氏老(臧氏家臣)将如晋问，会请往。昭伯(即臧昭伯，臧会是他的堂弟)问家故，尽对；及内子与母弟叔孙，则不对。再三问，不对。归及郊，会逆。问，又如初。至，次于外而察之，皆无之。执而戮之。逸奔郈(鲁国邑名)，郈鲂假(郈邑邑宰)使为贾正(官名，掌物价)焉。计于季氏，臧氏使五人以戈楯(兵器。滕牌)伏诸桐汝(里名)之间，会出，逐之。反奔，执诸季氏中门之外。平子怒曰：何故以兵入吾门？拘臧氏老，季、臧有恶，及昭伯从公，平子立臧会。会曰：偻句不欺余也。《春秋左传正义·卷 51》P408。听说过上述如此精准预测案例的人，只要还有理性，就没有人能够能够拒绝这种术数。

不确切的工具：鲁僖公十七年(前 643 年)，晋惠公之在梁也，梁伯妻之，梁嬴孕过期。卜招父与其子卜之。其子曰：将生一男一女。招曰：然，男为人臣，女为人妾。故名男曰圉，女曰妾。及子圉西质，妾为宦女焉。（宦女即官婢，侍女。）《春秋左传正义·卷 14》P107。占卜准确。

　　卜筮是决疑的工具，是知识的渊薮，几乎可以用在任何地方，总之神乎其神。卜筮对未来预测具有高度准确性，重大的国事：立储君、军事行动、结盟等需要事先占卜，有众多的例子被记载下来：鲁僖公十五年（前 645 年）"晋侯使郤乞（晋大夫）告瑕吕饴甥，〔或称瑕甥、阴饴甥，瑕吕饴甥，吕甥子金，阴、瑕、吕都是他的三个采邑（封地），饴，是他的名，甥是指晋侯的外甥，字子金，乃晋国大夫〕且召之，子金教之言，曰：朝国人而以君命赏。且告之曰：孤虽归，辱社稷矣。其卜贰圉也（你们可以用卜筮来决定如何辅助太子圉即位。）。众皆哭。《春秋左传正义·卷 14》P104。晋惠公拥有多个采邑的外甥名饴，字子金，他是的晋国大夫，还是个有谋略的人，他在秦国让晋大夫郤乞向国内的人表达晋惠公的思想，身为晋君，被俘虏后释放回国，已经不堪承担国家社稷，让国内的大臣们卜筮决定太子即位以及国家新政。子金很有煽动性，晋惠公的这番话的重点不是卜筮，而是振兴晋国。鲁襄公七年（前 566 年），夏四月三卜郊不从。三次占卜结果都不吉利。祭祀前也需要占卜是否适当。

　　占卜的事由各式各样，占卜的范围和细节是出乎一般人意料的，兵车上具体安排哪一个人，需要占卜。鲁僖公十五年（前 645 年），晋惠公对庆郑说"寇（秦军）深矣，若之何？对曰：君实深之，可若何？公曰：不逊（斥责其出言不逊）。卜右（占卜谁适合做晋惠公兵车的右卫）庆郑吉。弗使。（换了别人。）《春秋左传正义·卷 14》P104。又比如要不要追击失败的敌人等，战场上占卜一下也有好处。鲁襄公十年（前 563 年，也是卫献公十四年）六月，郑国接受楚国命令进攻卫国，卫国人不确定是否应该追逐郑国军队。"孙文子（卫国执政大夫）卜追之，献兆于定姜（定姜是卫定公之妻，卫献公之母，即把卜兆献给定姜），姜氏问《繇》（即卜兆的占辞），……征者丧雄，御寇之利也。大夫图之"。定姜分析占辞后认为对卫国有利。得到神灵的鼓舞的卫人俘虏了领兵前来的郑国大夫皇耳。《春秋左传正义·卷 31》P216。这个记载实在极不寻常，让国君的母亲定姜参与军事决策，相当于当时卫国军队已停下来在等待上面下达命令。鲁文公十一年（前 616 年），鄋瞒侵齐，遂伐我，（鲁）公卜使叔孙得臣追之，吉。（派叔孙得臣追击是否吉利）。《春秋左传正义·卷 19 下》P148。鲁襄公二十四年（前 549 年），晋、鲁、郑等国进攻齐国，楚国为救齐而攻击郑，晋国派军与楚作战，向郑国求取驾车的人，"郑人卜宛射犬（宛射犬，郑国公孙，食邑于宛，郑国人为派遣宛射犬占卜）吉。《春秋左传正义·卷 35》P278。一位郑国人是否适合作为驾车的人去支援晋军,事先占卜一下比较稳妥。

在平时,选择公职人员也有事先占卜的,鲁哀公十七年(前 478 年)三月,楚王与叶公枚卜(枚卜:意为——占卜,古代选官占卜,故泛指选官为枚卜)子良(楚惠王之弟)以为令尹,沈尹朱(即子朱,楚国太宰)曰:吉,过于其志。(他的志向超过国相)"叶公曰:王子而相国,过将何为? 他日:改卜子国(子国,即宁,子西之子)而使为令尹《春秋左传正义·卷 60》P477。嫁娶中的占卜司空见惯。鲁僖公十五年(前 645 年)"初,晋献公筮嫁伯姬(晋女,嫁秦穆公)于秦,遇《归妹》之《睽》,史苏占之曰:不吉。……及惠公在秦,曰:先君若从史苏之占,吾不及此夫。韩简侍,曰:龟,象也;筮,数也。物生而后有象,象而后有滋,滋而后有数。先君之败德,及可数乎? 史苏是占,勿从何益?《诗》曰:下民之孽,匪降自天,僔沓背憎,职竞由人(当面奉承背后憎恨,都是由于人们竞争造成的)。《春秋左传正义·卷 14》P105。上述例子中,当时人得到的卦象几乎万无一失,没有偏见的人都能从中得到准确的结论,不会受到个人情绪、立场、利益的影响,即使是把攻击行动的卜兆给将被攻击者判定,结论也不会有任何的差异。鲁襄公二十八年(前 545 年)九月,"卢蒲癸、王何卜攻庆氏,示子之(庆舍)兆,曰:或卜攻雠,敢献其兆。子之曰:"克,见血。"《春秋左传正义·卷 38》P298。"有人准备攻击自己的仇人,您看看卦象所示结局如何?"庆舍蒙在鼓里,还为卦象做出了判断。他看到的卦象是对攻击者有利的,却看不出被攻击者竟是自己,庆舍的确后来被杀。这是出于经办者个人谨慎的性格? 还是国家已经整体沉溺于迷信? 不论对此持否定还是肯定态度的人,做出选择时都不会轻松。

占卜和占筮是两种技术,卜与筮有时会有不一致的结果,鲁僖公四年(前 656 年),初,晋献公欲以骊姬为夫人,卜之,不吉;筮之,吉。公曰:从筮。卜人曰:筮短龟长,不如从长。且其繇曰:专之渝,攘公之瑜……弗听,立之,生奚齐。其娣生卓子。《春秋左传正义·卷 12》P91。对同一卜或筮的结果可能会有不同解释:鲁襄公二十五年,齐棠公之妻,东郭偃之姊也,东郭偃臣崔武子,棠公死,偃御武子以吊也焉。见棠姜而美之,使偃取之。偃曰:"男女辨姓,今君出自丁(齐丁公,崔杼之祖先,齐桓公,东郭偃之祖先,同为姜姓),臣出自桓,不可。"武子(崔武子)筮之,遇《困》☵☱ 之《大过》☰☳,史皆曰,吉。示陈文子(齐国大夫),文子曰:夫从风,风陨妻,不可娶也。且其《繇》曰:困于石,据于蒺藜,入于其宫,不见其妻,凶。困于石,往不济也。据于蒺藜,所恃伤也。入于其宫,不见其妻,凶。

无所归也。"崔子曰：嫠(寡妇)何也害？先夫(前夫已经承担)当之矣。遂取之。《春秋左传正义·卷36》P281。崔杼在鲁襄公二十五年春季娶了棠姜，五月十七日，齐庄公因为与棠姜私通而被崔杼等派人射杀。《春秋左传正义·卷36》P281。

　　对待卜筮的理性精神：鲁襄公九年(前564年)，始往而筮之，遇《艮》之八䷳史曰：是谓《艮》之随䷐，《随》其出也。君必速出。姜曰：亡。……今我妇人而与于乱，故在下位而有不仁，不可谓元，不靖国家，不可谓亨。作而害身，不可谓利，弃位把姣(淫乱或美丽)，不可谓贞。有四德者，《随》而无咎，我皆无之，岂《随》也哉？我则取恶，能无咎乎？必死于此，弗得出矣。《春秋左传正义·卷30》P240。

　　占卜的影响力巨大，即使对占卜存有疑虑的人，即使持有比较明智理性可靠的意见与方法，都必须设法与占卜的结果配合起来，以期改变相反的意见，多数人在平时或应急之时都可能寻求卜筮的指点，也可能更倾向于相信卜筮的结果，不论是公共事务还是个人意向，占卜都是重要的工具、手段与几乎不可或缺的参照物。神秘的预测术与可操作性：

　　鲁昭公十二年(前529年)季平子立(又称季孙意如，季平子之父季悼子为鲁国大夫)而不礼于南蒯(南蒯，南遗之子，季氏费邑邑宰，季平子是姬姓，季氏)，南蒯谓子仲(即公子憖，姬姓，名憖，鲁卿、晋悼公幼子，另一个是长子晋平公，晋昭公则是晋平公的儿子)：吾出季氏，而归其室于公，子更其位，我以费为公臣。子仲许之，南蒯语叔仲穆子(姬姓，叔仲氏，名小)曰，且告之故。季悼子之卒也，叔孙昭子(名婼)以再命为卿(诸侯之卿以三命为最高)。及平子伐莒，克之，更受三命。叔仲子欲构两家谓平子曰：三命逾父兄，非礼也。平子曰：然。故使昭子。昭子曰：叔孙氏有家祸，杀适立庶，故婼也及此。若因祸以毙之，则闻命矣，若不废君命，则固有著矣。昭子朝而命吏曰：婼将与季氏讼，书辞无颇。季孙惧，而归罪于叔仲子。故叔仲小、南蒯、公子憖谋季氏。憖告公，而遂从公如晋，南蒯惧不克，以费叛如齐。……南蒯枚筮之(乏筮，无命辞之筮，也就是不提出所问事情的占筮)遇坤䷁之比䷇曰："黄裳元吉"以为大吉也。示子服惠伯曰：即欲有事，何如？惠伯曰：吾尝学此矣，忠信之事则可，不然必败。外强温，忠也。和以帅贞，信也。故曰："黄裳元吉"……外内倡和为忠，率事以信为共，供养三德为善，非此三者弗当。且夫《易》不可以占险，将何事也。且可饰乎？中美能黄，上美为元，下美则裳。参成可筮。犹有阙也，筮虽吉，未也。《春秋左传正义·卷

45》P360。季氏费邑邑宰南蒯对季平子不满，撺掇公子憖没收费邑充公，得到后者的同意，南蒯又吸引鲁国宗族叔仲穆子加入，叔仲穆子对叔孙昭子与季孙氏不满，于是蓄意离间两家的关系。当时这个反季平子的联盟中，南蒯和子仲先后逃往齐国，南蒯把占卜的结果给子服惠伯看，后者表示占卜的结果要配合行为的动机，忠诚、信用、恭敬，是三大要素，如果占卜的结果很好，行动本身却缺乏三要素的支撑，事情也不会成功。子服惠伯理性，事情的发展与他判断大致吻合。鲁昭公十三年，叔弓围费，弗克，败焉。平子怒，令见费人执之以为囚俘。区冶夫（鲁国大夫）曰：非也。若见费人，寒者衣之，饥者食之。为之令主，而共其乏困。费来如归，南氏亡矣。民将叛之，谁与居邑？若惮之以威，惧之以怒，民疾而叛，为之聚也。若诸侯皆然，费人无归，不亲南氏，将焉入矣？平子从之，费人叛南氏。《春秋左传正义·卷46》P367。季平子启用的叔弓虽然无能，区冶夫的才华还是让南蒯的大吉卦象灰飞烟灭。

也有直接在乎不预测之术的人，鲁桓公十一年（前701年），楚国司马（莫敖），将应对郧、随、绞、州、蓼五国军队的进攻，与郧军交手迫在眉睫时，司马心存疑虑，希望提前知道战场结果，提出"卜之。"楚国大夫斗廉曰："卜以决疑，不疑何卜？"斗廉意志坚定，遂击败郧军。《春秋左传正义·卷7》P53。

鲁昭公十三年（前529年），初，灵王卜，曰："余尚得天下"，不吉。投龟诟天而呼曰："是区区者不余畀，余必自取之。"民患王之无厌也，故从乱如归。《春秋左传正义·卷46》P368。野心勃勃的楚灵王原本指望得到想要的卜筮效果，发现不如意时随即决定与神示对着干。从他的结局看，可以算是一个失败的君主。

事无巨细都可能安排占卜，是当时人受比率很高的成功例子所鼓舞，还是生活中可用于救助的工具稀少而普遍缺乏自信？人们为求开拓思路而乞灵于经常出错但聊胜于无的占卜？不能排除通过长期且多次的占卜可帮助国人积累越来越多的经验，即使占卜本身无关事情的发展，但人们的思维能力在应用开发这门技术中增强，伴随思想与其他知识的丰富，占卜本身逐渐在决策与预测中被边缘化。

医学和巫术的区别及其统一

鲁文公十八年（前609年，鲁文公在位的最后一年）春，齐侯（齐懿公）戒（命令）师期（出兵日期），而有疾，医曰：不及秋，将死。公（鲁文公）闻之，卜曰："尚无及期（希望他不到出兵日就死）"。惠伯（即叔仲，鲁国大夫）令龟（即命龟，在卜前把要占卜的事告诉龟甲），卜楚丘占之，曰："齐侯不及期，非疾也。君（这里的君指鲁文公）亦不闻。令龟有咎（告令龟甲的人有灾祸，指惠伯）。"二月丁丑，公薨。《春秋左传正义·卷20》P159。而齐懿公也被二个齐臣所杀，确实不是死于疾病。

　　鲁成公十年(前 581 年),"晋景公梦大厉……公觉,召桑田(虢地,后归晋)巫,巫言如梦(巫所言鬼怒的状貌与晋景公描绘一致)。公曰:何如? 曰:不食新麦矣!"晋景公十分不愿意接受这个结果,向秦桓公求援,秦君派出了名叫缓的良医来到晋国,他也认为晋景公的病情危殆,晋景公一方面认为他说的无可辩驳,赠以厚礼。一方面又希望出现奇迹,当颗粒饱满金黄、清香的新麦进奉到朝廷来时,晋景公从桑田召来那个神巫,把新麦做成食品给他看,随即将其处死。但是晋景公正要吃新麦饭时,因为腹痛而死。这个排斥巫术的人或许是出自理性,但是他身后事却让他具有浓厚的反理性色彩"公卒后,以小臣为殉。"《春秋左传正义·卷 26》P204。

　　鲁昭公元年(前 541 年)晋平公求医于秦,晋平公的疾病惊动不少诸侯国家。得知晋平公有疾,秦景公派医和为平公治疗,"出曰:不可为也。……良臣不生,天命不佑,若君不死,必失诸侯。赵文子闻之曰:武从二三子以佐君为诸侯盟主,于今八年矣,内无苛慝,诸侯不二,子胡曰:良臣不生,天命不佑? ……吾子不能谏惑,使至于生疾,又不自退而宠其政,八年之谓多矣。何以能久? 文子曰:医及国家乎? 对曰:上医医国,其次医人,固医官也。是岁也,赵文子卒,诸侯叛晋。十年(前 532 年,鲁昭公十年,晋平公二十六年),平公薨。《国语正义·卷第十四·晋语八》P969。

　　秦伯使医和切问后根据古典医学理论有详细解释,曰:疾不可为也,是谓:'近女室,疾如蛊'非鬼非食,惑以丧志。……公曰:女不可近乎? 对曰:节之。先王之乐,所以节百事也,故有五节。迟速本末以相及,中声以降,五降之后,不容弹也矣。于是有烦手淫声,慆堙心耳,乃忘平和。君子弗听也。物亦如是,至于烦,乃舍也已。无以生疾,君子之近琴瑟,以仪节也,非以慆心也。天有六气,降生五味,发为五色,徵为五声,淫生六疾,六气曰:阴阳风雨晦明,分为四时,序为五节。过则为灾,阴淫寒疾,阳淫热疾,风淫末疾,雨淫腹疾,晦淫惑疾,明淫心疾。女,阳物而晦时,淫则生内热惑蛊之疾。今君不节不时,能无及此乎? 出告赵孟,赵孟曰:谁当良臣? 对曰:主是谓也……今君至于淫以生疾,将不能图恤社稷,祸孰大焉! 主不能御,吾是以云也。……赵孟曰,'良医也,'厚其礼而归之。赵孟鲁昭公元年十二月初七逝世。《春秋左传正义·卷 41》P323。

　　医和认为是晋平公个人生活习惯造成的,子产则认为应该调整祭祀对象。鲁昭公元年(前 541 年),晋侯(晋平公)有疾,郑伯使公孙侨如晋聘,且问疾。叔向问焉,曰:"寡君之疾病,卜人曰'实沈、台骀为祟。'史莫之知,敢问此何神也? 子产曰:昔高辛氏有二子,伯曰阏伯,季曰实沈……后帝不臧,迁阏伯于商丘,主辰,商人是因,故辰为商星。迁实沈于大夏,主参,唐人是因,以服事夏、商,……由是观之,则实沈,参神也。昔金天氏有裔子曰昧,为玄冥师,生允格、台骀……由是观之,则台骀,汾神也。抑此二者,不及君身。山川之神,则水旱疠之灾,于是乎禜之,若君身,则亦出入、饮食、哀乐之事也。山川星辰之神,又何为焉?侨闻之,君子有四时,朝以听政,昼以访问,夕以听令,夜以安身。于是乎节宣其气,而勿使雍闭湫底,以露其体,兹心不爽,则昏乱百度。今无乃壹之,则生疾焉。侨又闻之内官不及同姓,其生不殖,美先尽矣。则相生疾。君子是以恶之。故《志》曰:'买妾不知其姓,则卜之。'违此二者,古之所慎也。男女辨姓,礼之大司也。今君内实有四姬焉,其无乃是也乎?若由是二者,弗可为也已。四姬有省犹可,无则必生疾矣,"叔向曰:善哉!肸未之闻也。此皆然矣。《春秋左传正义·卷41》P321。

郑简公使公孙成子(郑国执政子产,又名公孙侨,成子是谥号)来聘,平公(晋平公)有疾,韩宣子赞授客馆,客问君疾,对曰:寡君之疾久矣,上下神祇无不遍谕,而无除。今梦黄熊入于寝门,不知人杀乎?抑厉鬼邪?子产曰:以君之明,子为大政,其何厉之有?侨闻之,昔者鲧违帝命,殛之于羽山,化为黄熊,以入于羽渊,实为夏郊,三代举之。夫鬼神之所及,非其族类,则绍其同位,是故天子祀上帝,公侯祀百辟,自卿以下不过其族。今周室少卑,晋实继之,其或者未举夏郊邪?宣子以告,祀夏郊,董伯(晋大夫)为尸,五日,公见子产,赐之以莒鼎。《国语正义·卷第十四·晋语八》P977。晋平公应该是因为子产建议调整祭祀对象后,病情有好转,出于感激,赐予其一只从莒国出土的鼎。子产本身也不过是一个在抽象虚幻的世界里内心相对强大的人。

内心强大的人可能被一个理性的目标所驱使,于是又有勇气在神圣问题上造假:鲁僖公二十八年(前632年)十一月,晋文公生病,"曹伯之竖(本指童仆,此指小臣)侯獳货筮史,使曰:以曹为解(把晋侯生病说成是因为灭亡了曹国)。齐桓公为会而封异姓,今君为会而灭同姓。曹叔振铎,文之昭也;先君唐叔,武之穆也。且合诸侯而灭兄弟,非礼也;与卫偕命,而不与偕复,非信也;同罪异罚,非刑也。礼以行义,信以守礼,刑以正邪,舍此三者,君将若之何?公说,复曹伯。遂会诸侯于许。《春秋左传正义·卷16》P125。侯獳竟然贿赂晋国占卜官员,编造占卜辞,诡称晋文公的病与灭同姓的曹国有关,只要加以改正,疾病就自动销声匿迹,晋文公很高兴有这么个捷径让身体康复,于是恢复了曹伯君位,让他在许以诸侯身份参加诸侯会盟。

2. 相术

是卜筮之外另一门可使预言实现的技巧,以下是成功预见的例子:"鲁文公元年(前 626 年)春,王使内史叔服(叔氏,服名。)来会葬(鲁僖公之葬)公孙敖闻其能相人,见其二子焉(让两个二子来见)。叔服曰:縠(文伯)也食子(供养您),难(惠叔)也收子(安葬您),縠也丰下(下颔丰满),必有后于鲁国。(自縠以下,其后世代为鲁卿,称孟氏)《春秋左传正义·卷18》P134。叔服说:文伯一定会保障您衣食无忧,安葬您的则是惠叔,縠有丰满圆润的下颔,一定会在鲁国光大您的家系,自文伯以下,其后累世鲁卿。

鲁文公元年,"初,楚子将以商臣为大子,访诸令尹子上,子上曰:君之齿未也,而有多爱,黜乃乱也。且是人也,蜂目而豺声,忍人也,不可立也。弗听。既而又欲立王子职(楚成王庶子,商臣异母弟)而黜大子商臣……。商臣的师傅听说商臣不愿侍奉王子职,也不愿逃,倒愿意干大事,于是商臣用太子宫的兵力包围楚成王,使其上吊死。商臣为楚穆公。《春秋左传正义·卷18》P135。君侯的年龄尚未老,多个儿子都喜爱,现在立了将来改换定会产生祸乱,楚国立太子的习惯是常常立少子。子上描绘了商臣的外貌,认为他不合适。被楚成王拒绝,结果被自己所立的太子商臣逼迫上吊自缢身亡。

鲁文公十年(前 617 年):初,楚范巫矞似谓成王、子玉(职令尹)、子西(职工尹)曰:"三君皆将强死"。城濮之役,王(楚成王)思之,故使止子玉曰:毋死。不及(为城濮之战败)。止子西,子西缢而县绝,王使适至,遂止之。……子西又与子家(又称仲归)谋弑穆王(楚穆王)。穆王闻之,五月,杀斗宜申(即子西)及仲归。《春秋左传正义·卷19 上》P146。

叔向同母弟叔鱼(即羊舌鲋,后为晋大夫)诞生,叔向之母察看他,曰:是虎目而豕喙,鸢肩而牛腹,谿壑可盈,是不可餍也,必以贿死。遂不视。《国语正义·卷第十四·晋语八》P936。

杨石我(叔向儿子伯石)诞生,叔向之母闻之,往,及堂,闻其号也,乃还,曰:其声,财狼之声,终灭羊舌之宗者,必是子也(一种文化)。《国语正义·卷第十四·晋语八》P936。

3. 人神对话中的主动与被动

鲁昭公元年(前 541 年),天王使刘定公(即刘夏,周大夫)劳赵孟于颍,……刘子曰:微禹,吾其鱼乎!吾与子弁冕(弁冕指卿大夫的礼帽)端委(古礼服)以治民临诸侯,禹之力也。子盍亦远绩禹功,而大庇民乎?(赵孟)对曰:"老夫罪戾是惧,焉能恤远。吾侪偷食,朝不谋夕,何其长也?刘子归以语王曰:谚所谓老将至而耄及之者"其赵孟之谓乎!为晋正卿,以主诸侯,而侪于隶人,朝不谋夕,弃神人矣。神怒民叛,何以能久?赵孟不复年矣。神怒,不歆其祀;民叛,不即其事。祀事不从，又何以年？赵孟后来见秦桓公之子秦后子时也说过：朝夕不相及，谁能待五"后子出而告人曰：赵孟将死矣。主民，玩岁而愒日，其与几何？《春秋左传正义·卷41》P319。赵孟此后其实仍保持清醒头脑，医和为晋平公治疗，认为是不节欲所致，不是鬼神，不是饮食的缘故。赵孟曰："良医也。"厚其礼而归之。阴阳学说天有六气，降生五味。《春秋左传正义·卷41》P322。

4. 诅咒的用途

鲁定公五年（前505年）六月，季平子卒。"阳虎将以玙璠敛，仲梁怀弗与，曰：'改步改玉'。阳虎欲逐之，告公山不狃（即子泄，鲁国大夫）。不狃曰：彼为君也。子何怨焉？他此次没有接受阳虎的意见，但是仲梁怀对季桓子（季孙期。鲁国大夫）有不敬的行为时，不狃又开始认同阳虎的意见。《春秋左传正义·卷55》P437。九月二十八日，阳虎因季桓子及公父文伯（鲁国大夫）而逐仲梁怀……十月庚寅，大诅（聚众祭神以加祸于某人）。《春秋左传正义·卷55》P437。迷信还是开明获胜？

鲁定公六年（前504年）八月，阳虎又盟公及三桓于周社（鲁国雉门外的周社），盟国人于亳社，诅于五父之衢。《春秋左传正义·卷55》P439。这是一种严肃的盟约。

鲁僖公二十四年（前636年）正月秦穆公派军队护送重耳回晋国，行至黄河边上，子犯将一块宝玉献给重耳，表示服侍公子走遍全国，一路上主仆龃龉不少，现在公子度过了最困难时期，即将登基，子犯则有了强烈的不安全感，现在请求公子允许他离开。公子手里拿着宝玉，指着黄河水赌咒说："所不与舅氏同心者，有如白水。"说完将宝玉投入河中。他的意思是不会记恨子犯过去对他的任何冒犯行为，发誓回国为君后不会对子犯有任何不利的行动。这是一个完整的发誓行为，黄河是重要的祈祷对象，宝玉则是重要的祭品。

中国人的神秘术并非在全国各地均四处通用，不同的地方各有不同，与当地人思维方式关联，更为重要的是各自的生活环境。

两周时代的神秘术对国家政策是否构成重大影响？对个人的日常生活影响应该更为广泛。对君王的个人生活、情绪有影响，就势必影响君王和国家官员决策，案例尽管不多，确实无时不能忽略这方面的因素。由此而论，当时政治必然具有很大的不确定性。人们在服从理想还是服从灵感之间难以取舍。

5. 鬼的存在

除此之外，周人也依靠其他办法来预测未来，保章氏主管观察星象，以推测凶吉。龟甲也是周人爱不释手的，他们忍受烟尘熏炽，不知疲倦地趴在地上，长年累月地观察、争执、分析,经常都在焦急等待理想裂纹的形成。并确信已找到一整套方式,用来解释经过烧灼的龟甲裂纹蕴含怎样的玄机。经过整理,玉兆、瓦兆、原兆是龟甲烧灼后出现纹路的三大类型,各有其特征。在周人看来,这其中包含着自然的一切变化,和人类的福祸吉凶。因此不仅准确而且神圣,其方法与原辅材料都受到国家悉心的保护。

当官职名为方相氏的官员戴上某种特殊面具后,他就有了一部分驱魔的作用,如果再配之以一定驱邪仪式,那他驱除家庭中的邪魔与疫病的效果就会特别明显。至少国家肯定并推广这一点。对于天体出现的罕见现象,国家会及时组织它的人民有所反应,当出现日月蚀时,人民会尽可能地找到更多的鼓来敲打,不一定要求整齐划一,只求敲击声能淹没一切,以便这震耳欲聋的声音会上达天庭,吓跑在吞食太阳或月亮的天狗之类的畜牲。在这样悉心的保护下,遂使人类必需的太阳和月亮从形态和功能上保证了其基本完整。在祭天神时,人们则会演奏黄钟,歌唱大石,跳云门舞。优美的乐器声、奇妙的歌喉、与翩翩舞姿,共同构成一副美仑美焕的画卷,藉此以表达全体人类的表示崇敬之情。《大司乐》亲临其景,人人定深深感动,天神也是如此。

周人相信上帝对人类眷顾的另一个证明是:以某种形象的方式,给人以提示,当一个人在睡眠中梦见某种物体,无论它是多么奇特,都是一种象征,一个启示,一个预言,它可能仅仅预言你个人某个微小的变化,也可能涉及整个家庭乃至整个国家。预言中有些是比较直观的。例如,梦见某种庄稼长势良好,就意味着梦者个人在今后一段时间内有较好的经济收益,有些则比较抽象,一个矮小的人进入人体器官深处,意味着梦者病入膏肓。这是天人感应理论的基础之一,周国家的一个著名政治口号"敬天保民"是寓意深刻的,虽然它出现时还是一个进步的口号,但国家的决心最终不是敬天也不是保民,确切地说,兢兢业业的政治家看出这是一个前人未用过的方法,要使欲望驱使下的一切行为趋于有益甚至合理,任何办法都值得一试。对这种口号曾经令一个国家欣喜若狂、神魂颠倒,然而它仍只是提供了机会,没有诺许。

鲁昭公七年(前535年),"及子产适晋,赵景子闻焉。曰:伯有犹能为鬼乎?子产曰:能。人生始化曰魄,既生魄,阳生魂,用物益多,则魂魄强。是以有精爽,至于神明。匹夫匹妇强死,其魂魄犹能冯依于人,以为淫厉。《春秋左传正义·卷44》P348。

鲁僖公十五年(前645年)九月十三日,秦晋两国在韩原开战,……秦获晋侯以归,晋大夫反首(头发散乱盖脸。)拔舍(拔舍同茇舍,指露宿杂草中。)从之,秦伯使辞焉,曰:二三子何其戚也?寡人之从君而西也,亦晋之妖梦是践,岂敢以至。(《左传》鲁僖公十年记载,晋大夫狐突不寐,遇见太子申生的鬼魂,斥责晋惠公无道并预言晋惠公将在韩原被秦军大败)秦穆公话的大意是我随晋君西行,不会伤害他,不过是要抑制那个不祥的梦。(狐突的梦竟然都传到了外国而且被秦穆公巧妙利用。《春秋左传正义·卷14》P104。

鬼神理论与影响十分广泛,恭敬崇信有民意基础,官方以及官员经常利用这种意识形态达到某种政治目的。鲁昭公七年(前535年),郑人相惊,以伯有(即良霄,郑国大夫,襄公三十年被杀)曰:"伯有至矣!"则皆走,不知所往。铸刑书之岁二月,或梦伯有介而行,曰:"壬子,余将杀带也。明年壬寅,余又将杀段也。"及壬子,驷带卒,国人益惧。齐、燕平之月壬寅,公孙段卒,国人愈惧。其明月,子产立公孙泄及良止以抚之,乃止。子大叔问其故,子产曰:"鬼有所归,乃不为厉,吾为之归也。"大叔曰:"公孙泄何为?"子产曰:说也。为身无义而图说。从政有所反之(执政的人对礼仪有所违背),以取媚也。不媚,不信。不信,民不从也。"《春秋左传正义·卷44》P347。

6. 感知异常的征兆

鲁僖公三十二年(前628年)冬,晋文公逝世。庚辰,将殡于曲沃,出绛,柩有声如牛,卜偃(即郭偃)使大夫拜,曰:君命大事,将有西师过轶我(从后超过,经过我,晋位于秦、郑之间,指秦攻郑必经过晋)击之,必大捷焉。《春秋左传正义·卷17》P130。结果次年晋军在殽山击败秦军。经历过这件事的人应该会从此相信征兆,鲁昭公八年春,石言于晋魏榆(晋地)。晋侯问师旷曰:石何故言?对曰:石不能言,或冯焉,不然,民听滥也。抑臣又闻之:作事不时,怨讟动于民,则有非言之物而言。《春秋左传正义·卷44》P350。

晋献公田猎时,见翟柤(国名)之氛("不祥之气"之意),归寝不寐。郤叔虎(晋大夫)上朝时,献公说起失眠的事,不承认是床不好以及因为骊姬不在侧,献公让郤叔虎问烦了,赶他出来。出来遇见士蒍,说:翟柤的国君贪财,国家一片混乱,国君如果征伐这样的国家,一定获胜,我没说,你去说。献公听了很高兴,于是伐之。获胜。《国语正义·卷第七·晋语一》P636。

第三节　行为礼仪——允许行为与禁止行为

一定身份的人在根据不同的时间、地点遵循一定行为规定、仪表,规范自己的行为,士人与平民履行礼的等级有所不同,所需要贯彻的礼之精神则是一致的。

一、地点

天子当依(斧依设在户牖之间,天子背对斧依南乡而立,以俟诸侯觐见)而立,诸侯北面见天子,曰觐;天子当宁而立,诸公东面,诸侯西面,曰朝。《礼记·曲礼下》。朝与觐是两种不同的礼节,"诸侯前朝,皆受舍于朝,同姓西面北上,异姓东面北上。"《仪礼·觐礼第十》。朝礼时,同来的诸侯可以同时对天子行朝礼;觐礼中,诸侯不能同时进入,而是单独谒见天子。诸侯行觐见礼时,天子的摈者承担传话的任务。

鲁成公十八年(前573年)八月己丑(初七)公薨于路寝。言道也。(这是说合于君薨之道的)《春秋左传正义·卷二十八》P223。杜预注释提示:"在路寝,得君薨之道。"路寝是天子、诸侯处理政事的宫室,又称正寝。终于路寝意味着一个君王至死都勤于政事,心系民生。礼统一而且刻板地要求所有君侯都一致行动,尽管是被动、弱势的监控,也不失为利大于弊。鲁庄公三十二年(前662年)"八月癸亥,公薨于路寝。"《春秋左传正义·卷十》P81。鲁庄公的生母是鲁桓公夫人文姜,鲁桓公死于齐国,文姜未随丧归,鲁庄公即位时,文姜也尚未回到鲁国。鲁庄公是齐公子小白和公子纠争夺君位时的重要参与者,公子纠的母亲来自鲁国,鲁庄公派人护送公子纠回国即位,不想被小白抢先赶在前面,在齐国的压力下,鲁庄公杀公子纠,管仲先与公子纠一同来鲁国,齐桓公要求归还管仲,是否应该让一位能力超群的人回到齐国,未来成为鲁国的危险敌人? 鲁国君臣意见不一,鲁庄公没有接受施伯杀死管仲的建议,管仲得以归国,一颗耀眼的政治巨星从此冉冉升起。鲁庄公听从曹刿的意见,在长勺大败齐桓公的军队。他没有嫡子,立庶子子般。他算是一位称职的君位,他的人生轨迹在路寝终止是真实自然的反映,又符合礼制对君主终身的约束。是不是薨于路寝的君王都是明君? 这应该不是绝对的。

宗邑的一种说法是宗庙所在之处。另一种说法见于鲁庄公二十八年(前666年)。"凡邑,有宗庙先君之主曰都,无曰邑。邑曰筑,都曰城。"修建邑的专有名词是"筑",修建都的专有名词是"城"。先君之主,指的是先君的神主。都:都邑。杜预注:《周礼》四县为都,四井为邑。然宗庙所在,则虽邑曰都,尊之也。《春秋左传正义·卷10》P80。由于先君很多,先君神主不一定都放在一起,故宗邑可能有多处。先君神主安放在庙中,祧即祖庙,其实凡是庙都可称为祧。杜预注:诸侯以始祖之庙为祧。《春秋左传正义·卷三十》P238。所有的邑,立有宗庙和先君神主者概称之为都。鲁庄公三十二年(公元前662年,即齐桓公二十四年)春,城小穀(即穀,齐国邑名,今山东东阿县,一说为鲁国邑名),为管仲也。(齐国在小穀筑城,这是为管仲所建。杜预注:鲁庄"公感齐桓之德,故为管仲城私邑")《春秋左传正义·卷10》P81。称之为"城",不是为管仲建都城之意,而是单纯的建筑私邑之城墙,另一方面也有确定这个私邑的大小范围的作用。

特定的场合一些人受到限制。鲁庄公二十三年春,"公如齐观社,非礼也。曹刿谏曰:"不可。"《春秋左传正义·卷10》P76。鲁庄公为何不能前往齐国观看祭祀社神?曹刿没有直接说,与诸侯会见有比较固定的事由和时间。

二、时间

鲁隐公九年夏,城郎(鲁国在郎地筑城),书(《春秋》)不时也。《春秋左传正义·卷4》P32。《春秋》认为在夏天兴造妨碍了农时因此不合礼仪。

鲁庄公二十九年(前665年)春,新作延厩(厩指马房,延则是该马房之名)书不时也。凡马,日中而出(春分时放牧),日中而入(秋分时入圈)。(日中:春分与秋分)。《春秋左传正义·卷10》P80。

鲁庄公二十九年(前665年)冬十二月,城诸及防(修建鲁邑诸和鲁邑防两地),书时也。凡土工(土木之事),龙(苍龙,星宿名)见而毕务(在周正十一月),戒事也(准备土木工程之事);火(大火,即心星,星宿名,早上出现的东方)见而致用(将工具放到工地上),水(大水,定星营室,星宿)昏而正栽(栽指筑墙立版,即打夯筑墙)。十月黄昏时,营室出现在正南方,即要筑墙立版,日至而毕。指冬至必须全部完工。《春秋左传正义·卷10》P81。限定时段完工是力争动静顺时,非为利役人减工时。

三、事由

鼓励的行为:接受天子赐物有规定的礼节,特许的除外,即使获得特许,仍礼节周到。鲁僖公九年(前651年)夏,会于葵丘,寻盟,且修好,礼也。王使宰孔周赐齐侯胙,曰:天子有事于文武,(祭祀周文王、周武王)使孔赐伯舅胙。齐侯将下拜,孔曰:且有后命。天子使孔曰:以伯舅耋老,加劳,赐一级,无下拜。对曰:天威不违颜咫尺,小白余敢贪天子之命,无下拜?恐陨越于下(不下拜恐在下面颠坠于礼,让天子蒙羞),以遗天子羞,敢不下拜?下,拜;登,受。《春秋左传正义·卷十三》P98。得到齐桓公鼎力支持,排除周惠王宠爱的幼子王子带的威胁,刚刚即位的周襄王姬郑出于善意,允许时年六十五岁的齐桓公受赠时不要行下拜礼,齐桓公婉转表示不能例外,一丝不苟地完成了接受天子礼物的全套正式礼节。齐桓公的行为或许是矫揉造作的行为,或许是出于进取心,受到普遍赞扬。这是带动他壮丽事业的一个要素吗?

使用礼节方式差异可能产生各种后果。日常事务中,礼节的欠缺或者是遗忘,或者是故意疏忽,因为一些程序的缺少或改变,鲁昭公二十七年(前515年)冬,因为内乱,(鲁昭)"公如齐(前517年),鲁昭公(鲁昭公母亲齐归是胡国人,敬归是她姐姐。归是姓。齐归于昭公十一年已经逝世,昭公毫无悲色,被人预料将流亡)因为讨伐季孙氏失败,逃往齐国。这里说的季孙氏是三桓之一,鲁定公继鲁昭公之后继位时,鲁国仍被季孙氏、叔孙氏、孟孙氏三桓所控制。鲁定公五年(前505年),鲁国最大的权臣季平子逝世,季桓子继承父亲的季氏宗主之位,比较软弱,以致其家臣阳货一度凌驾于宗主。鲁昭公要提振公室,抑制三桓是他的使命,作为一个君主这是不得已的必要行动,人们将他的出逃与他对亡母的冷漠态度联系起来也并非无稽之谈,因为鲁昭公如果处事得体,就会受到尊重,得到更广泛的帮助,或者不至于要逃往齐国那么狼狈。但是鲁昭公母亲在鲁昭公十一年即已去世,鲁昭公逃往齐国是在昭公二十七年(前515年)。时间间隔有点长,但在乎礼的人不会在乎时间偏长。

鲁昭公二十七年(前515年),冬天鲁昭公被孟懿子、阳虎击败,安排子家子去晋国,应该没有谈妥。这是有后果的,当年(前667年)十二月,晋国大夫籍泰"致诸侯之戍于成周,鲁人辞以难。"晋组织各诸侯戍守的兵马戍守成周,鲁国以发生祸难为由推辞不参加。鲁昭公随即到齐国,齐侯(齐景公)请飨之(请用享礼招待他)。子家子曰:朝夕立于其朝(每天都在他的朝廷上),又何飨焉? 其饮酒也。乃饮酒,使宰献而请安(请求自安,即离席而去)。子仲(公子慭,鲁国大夫,驱逐季氏未成,逃奔齐。重是人名,是子仲的女儿)之子曰重,为齐侯夫人,曰:"请使重见。"子家子乃以君出(子家子就领着昭公出去了)。《春秋左传正义·卷52》P415。鲁国人认为齐景公举止失礼,鲁昭公败于季孙氏后,先滞留齐国,后到晋国,晋国曾想送鲁昭公回国,鲁国不接纳。乾侯是晋地。按礼节,诸侯饮酒,身份相等,应该自己向客人敬酒,如果君宴请臣下,应该使宰向客人敬酒,现在齐侯使宰臣向客人敬酒而自己请求退席,是齐侯以齐臣对待鲁昭公。鲁昭公与齐景公、晋顷公展开了礼仪博弈。鲁昭公二十八年(前514年),"公(鲁昭公)如晋,将如乾侯,子家子曰:有求于人,而即其安,人孰矜之? 其造于竟。"子家子建议鲁昭公还是到边境去的好。"弗听,使请逆于晋。晋人曰:天祸鲁国,君淹恤在外,君亦不使一个,辱在寡人,而即安于甥舅,其亦使逆君? 使公复于境而后逆之。晋国人表示，鲁国国王避难在外，应该派一个使者来问候晋后，尽管齐、鲁通婚较多，各自视为甥舅关系，晋国人还是不乐意让他安安稳稳住在甥舅的国家里等迎客的仪仗，晋国人根本没准备派人到齐地去迎接他，而是通知昭公回到鲁国、齐国的边境上，晋人再派人迎接。《春秋左传正义·卷52》P415。鲁昭公二十九年（前513年）春，鲁昭公从晋国的乾侯这个邑来到鲁国的郓邑，齐侯使本国大夫张高（即高昭子）看望鲁昭公，称主君。主君是卿大夫家臣称其所属卿大夫的专用术语。于是子家子说："齐卑君矣，君祇辱焉。（齐君小看君王了，君王是自取其辱）"公如乾侯。鲁昭公就回乾侯去了。《春秋左传正义·卷53》P420。三年后，鲁昭公逝世后。他弟弟鲁定公继位（前509—前495年在位）鲁昭公可以不再在外国蒙受各种无礼的待遇了。

更为严峻的情况是，纠正违背礼仪的人遭到惩罚，鲁昭公二十八年（前514年）"晋祁胜与邬臧通室（祁盈的家臣祁胜、邬臧交换妻子），祁盈（晋国大夫）将执之，访于司马叔游（晋国大夫）。叔游曰："《郑书》有之曰：恶直丑正，实蕃有徒。……""无道立矣，子惧不免。姑已，若何？"意思是厌恶直率正派的人很多，不要追究了。盈曰："祁氏私有讨，国何有焉？"（意即对国家无碍）遂执之，祁胜赂荀跞，（荀跞当时是六卿，还不是执政，前501年正卿士鞅死后他成为执政），荀跞为之言于晋侯，晋侯执祁盈。祁盈之臣曰："钧将皆死，愁使吾君闻胜与臧之死也以为快。"乃杀之（杀了祁胜和邬臧）。夏六月，晋杀祁盈及杨食我（后者乃叔向之子，羊舌氏，又称伯石，晋国大夫，杨是地名，乃是叔向的食邑），食我，祁盈之党也，而助乱，故杀之，遂灭祁氏，羊舌氏。《春秋左传正义·卷52》P416。鲁昭公二十八年秋季，晋魏献子为政，"分祁氏之田以为七县，分羊舌氏之田以为三县。《春秋左传正义·卷52》P416。

鲁成公十二年（前579年），秋，晋厉公的使者郤至"如楚聘，且莅盟（同时参加结盟），楚子（楚共王）享之，子反（即公子侧，楚国司马）相，为地室而县焉。郤至将登，金奏作于下，惊而走出。子反曰：日云莫矣，寡君须矣，吾子其入也！宾曰："君不忘先君之好，施之下臣，贶之以大礼，重之以备乐，如天之福，两君相见，何以代此？下臣不敢，"子反曰：如天之福，两君相见，无亦唯是一矢以相加遗，焉用乐？寡君须矣，君子其入也。宾曰：若让之一矢，祸之大者，其何福之为？世之治也，诸侯间天子之事，则相朝也。于是乎有享宴之礼，享以训共俭（享礼用来教训恭敬节俭），宴以示慈惠（宴礼用于教导慈爱）。共俭以行礼（恭敬节俭用来推行礼仪），而慈惠以布政（慈惠用于施行政教）。政以礼成（政教用礼仪来完成），民是以息（百姓因此得到休息）。百官承事，朝而不夕（百官承受政事，早上朝见晚上就不朝见),此公侯之所以扞城其民也。(这就是公侯捍卫百姓的办法)……天下有道,则公侯能为民干城,而制其心腹,乱则反之。今吾子之言,乱之道也,不可以为法。然吾子,主也,至敢不从?遂入,卒事,归以语范文子,文子曰:无礼必食言,吾死无日矣夫!《春秋左传正义·卷27》P208。楚国人为晋国客人在地下室建乐室,悬挂乐器,晋国客人大惊失色,公子侧劝说天色已晚,楚国君王还在等着您,请进去吧。晋国使者还是无法接受这种规格待遇,提出如果两国国君晋厉公、楚共王有幸会面,还有什么更高级的礼节可以替代这个?作为相礼的楚国人公子侧对礼满不在乎,他略带威胁地说,如果上天降福,两君相见,也只能用一支箭彼此相赠,哪里用得着奏乐?他的意思是晋楚两国国君大概只能在战场上见。晋人还是拒绝,辩称,天下大治的时候,诸侯完成天子使命的空暇,就相互朝见,在这个时候就有享宴礼仪,认为和平。郤至说子反的做法容易引起混乱,不能作为准则,但是郤至认为主人的意思不可违背,违心地参与这场享宴之礼。回国后郤至马上告诉范文子自己遇到的事,后者由此推断,无礼者一定不会遵守诺言,晋国可能面临灾难。十二月,晋厉公与到访的楚公子罢在晋国的赤棘结盟。

鲁僖公十六年(前644年),重耳一行从卫国经过,卫文公(前659—前635年在位)因为有狄、邢国入侵,不能以礼接待,宁庄子对卫文公说:夫礼,国之纪也;亲,民之结也;善,德之建也。此三者,君之所慎也。他指出,卫国始祖康叔,是文王的儿子,晋国始祖唐叔是武王的儿子,武王为周朝的领有天下功勋第一,现在晋国虽然无道,但天庇佑有德之人,重耳是目前的晋国后裔最有德的人,应该可以让晋国得到诸侯拥护。他将讨伐无礼,君王最好早做安排,卫国如果这次失礼,将来或就在被讨伐之列,我不敢隐瞒,把这种意见说出来。《国语正义·卷第十·晋语四》P752。这里的德十分宽泛,重耳之所以能够成为晋国君主,是相对较好的继承人,他有他的弱点,但如果未来重耳成为君主,现在对其不敬就是悖德,宁庄子说出这些说明他是个有预见力的人,这是一种实用主义的观点,他为了自己的君主不因小失大,不要因为情绪化增加一个不必要的敌人,起到特别强调之意,将德与重耳混为一谈当然缩小了德的内涵,将其仅仅只是等于晋国目前比较而言最合适的君主候选人,他一心希望卫文公重视重耳,不要因为重耳暂时落魄而忽略他,卫文公百忙之中,确实不能事事专注,卫文公没有接受宁庄子的好言相劝,但没有造成不良后果。

重耳在曹国遇到同样的情况,曹共公(前652—前618年在位,曹国始封是叔振,伯爵。周文王之子)认为流亡的公子很多,都是些无礼的人,不需要对他们有礼节。曹国大夫僖负羁的妻子对丈夫说"吾观晋公子贤人也,其所从者皆国相也(他的随从人都是可以做国相的人,国相是统领国内所有官吏,协助国王处理事务的高级官员)。以相一人,必得晋国(用一个国相就定能获得晋国),她丈夫按这个意见试图说服卫文公,但卫文公不接受。重耳经过宋国时,宋国司马公孙固与之交好,公孙固劝说下,宋襄公赠送八十匹马。经过郑国,郑国君郑文公也不以礼对待访客,不接受郑国大夫叔詹善待客人的劝说,于是叔詹善劝郑文公杀掉重耳,文公也不听从。重耳在楚国得到楚成王待之以上公之礼,宴会中享有九献。所谓九献是:宴会中主人敬酒称献,宾客回礼称酢,主人再敬叫做酬,一献一酢一酬叫做一献。九献就是反复九轮。感激之余,重耳表示如果晋楚将来有战争,一定退避三舍。令尹子玉(成得臣)当时就建议楚成王杀死重耳,楚成王表示反对:楚国如果害怕重耳的晋国时,一定是我不修德行,我不修德,杀掉他有何用? 天让他兴旺,谁也不能废弃他,对楚晋都是如此。况且杀了重耳:冀州(晋属古冀州地)之土,其无令君乎? 子玉又请求扣留狐偃,被拒绝。此时,晋怀公从秦逃回晋国,秦伯派人到楚国召晋公子,楚厚礼送重耳到秦国去。《国语正义·卷第十·晋语四》P752。实践中的难度超出了礼仪制定者的预想,一个笃定获利的决策可能因为不合礼而受到质疑;而合乎礼的思想行为可能令国家错失良机,或者无所作为,宋襄公是一个例子。

营建是否适当,不在于其安全性、美感、造价等,而首先在于是否符合礼仪。构筑城堡至少有一个专用名词:栽。《左传·鲁哀公元年》有载,城墙的高度宽度必须统一,"广丈,垒宽一丈,高倍。"垒高加倍,即二丈高。郑国在其远郊所建的大门称为桔柣,外郭门称为纯门,而悬门,又称为县门,指的是内层的闸门。这些建筑都根据其爵位标准建立。城门道路桥梁管理严格"凡启塞,从时。"城门、道桥叫启;城郭、城墙、护城河叫塞。一说启塞指城门和门闩。

春秋时期,诸侯设有东宫、西宫、北宫。鲁襄公十年。P810。西宫的朝廷,指郑伯宫中听政的地方。

君子将营宫室,宗庙为先,厩库为次,居室为后。《礼记正义·卷四·曲礼下第二》P30。

鲁隐公元年,鲁国"新作南门,不书,亦非公命也。"《春秋左传正义·卷2》P16。

鲁成公六年(前585年),二月,季文子(季孙行父,姬姓,季氏,谥号文。前601—前568年鲁国执政,前568年逝世)以鞍之功立武宫(表示武功的纪念建筑),非礼也。听于人以救其难不可以立武,立武由己,非由人也。(杜预注:今鲁依晋之功,又非霸主,而立武宫,故讥之。《春秋左传正义·卷26》P200。齐晋鞌之战在前589年(鲁成公二年,齐顷公十年,晋景公十一年),晋国赢得了这场战争,鲁国季文子为何要特别立宫?原因是齐国最先攻击的是鲁国,赶来增援的卫国也被打败,鲁卫于是向晋国求援,晋景公派郤克、范燮、韩厥、栾书帅八百辆战车增援,面对强敌,骄纵的齐顷公声言要"灭此朝食"结果险些被生擒,以晋国胜利告终。鲁国季文子要专门营建场所以炫耀鲁国武功是不恰当的,鲁国虽然参战,但决定胜利的是晋国军队。

对行为的褒贬大量依据礼仪或者道德感,即使普遍性不高,仍然是一种好的社会倾向,这是一种增进社会共识、秩序的有效途径。有益的批评也可以预防各种过误,但是纯碎的道德感有可能忽略乃至蔑视社会急需,客观性与务实精神被视如敝履。

四、器物

鲁文公元年(前626年),夏四月,天王使毛伯来锡公命。锡者何?赐也。命者何?加我服也。《春秋公羊传注疏·卷十三》P72。周襄王的使节为新即位的鲁文公而来,带有周天王赐予的物品,这些原本普通的物品因为来自天子而具有特殊意义,是确认合法的标志。

君王有专属的器物:鲁定公九年夏,阳虎归(送回)宝玉大弓。书曰:"得",器用也。凡获器用曰得,得用焉曰获。(凡是获得器物用具称为得,用器物获得生物曰获。)《春秋左传正义·卷55》P442。刘勰《文心雕龙·指瑕第四十一》中的"宝玉大弓,终非其有"指的就是阳虎盗窃后又归还的该宝玉大弓。

鲁昭公二十年(前522年)十二月,齐侯田于沛,招虞人以弓,不进。公使执之。辞曰:"昔我先君之田也,旃以招大夫,弓以招士,皮冠以招虞人,臣不见皮冠,故不敢进。"乃舍之。仲尼曰:"守道不如守官(遵守道义不如遵守官职),君之趣(认为对)之。"《春秋左传正义·卷49》P391。由于齐侯使用"弓"而不是"皮冠",用错了既定的礼节,齐侯很及时地接受礼仪的权威,确认抓错了人。

鲁庄公二十四年(前670年),"刻其桷(鲁桓公之庙内方形的椽子),皆非礼也。"鲁国大夫御孙谏曰:"臣闻之,俭,德之共也;侈,恶之大也。先君有共德,而君纳诸大恶,无乃不可乎!"秋,哀姜至,公使宗妇觌,同币,非礼也。御孙曰:男贽,大者玉帛,小者禽鸟,以章物也。女贽,不过榛、栗、枣、脩,以告虔也。今男女同贽,是无别也,男女之别国之大节,而由夫人乱之,无乃不可乎?《春秋左传正义·卷10》P77。鲁庄公的审美情趣没有得到鼓励,而是否定。以上二例子说明鲁昭公被认为是不懂礼或者是不守礼。

器物的制作具有寓意，鲁襄公十九年（前 554 年）春，季武子以所得于齐之兵，作林钟而铭鲁功焉，臧武仲谓季孙曰：非礼也，夫铭，天子令德，诸侯言时计功，大夫称伐。今称伐则下等也，计功则借人也，言时则妨碍民多矣，何以为铭？且夫大伐小，取其所得以作彝器，铭其功烈以示子孙，昭明德而惩无礼也。今将借人之力以救其死，若之何铭？小国幸于大国，而昭所获焉以怒之，亡之道也。《春秋左传正义·卷 34》P226。

赵文子即赵武，又称赵孟，嬴姓，赵氏，谥号献文。赵盾孙，赵朔子，母为晋成公之姊赵庄姬，赵武建造宅邸，"斫其椽而砻之，张老晚间去时见到后没有进赵宅就回去了，赵武听说后认为一定有一个原因，专程去拜访张老，张老的解释说：天子之宫，斫其椽而砻之（磨光），加密石焉；诸侯砻之，大夫斫其之，士首之。备其物，义也；从其等，礼也。今子贵而忘义，富而忘礼，吾惧不免，何敢以告？文子归，令之勿砻也，匠人请皆斫之，文子曰：止，为后世之见之也。其斫者，仁者为之，其砻者，不仁者为之。《国语正义·卷第十四·晋语八》P965。赵武建造宅邸，作为椽的木料经过精细的砍削和磨光等工序，张老见后没有进赵宅就回去了，赵武听说后认为一定有一个原因，专程去拜访张老，张老解释说：用于天子的宫殿的木料，其椽尺寸要求准确，表面平整光滑，最后还要用细磨石精心打磨，共三道工序；诸侯同样部位的用料有第二道磨光工序；大夫的只要求木料长短厚度准确，士使用的木料只砍削椽的两头，齐整便于安装，中间部分保持木料原状。必备之物备齐，叫义；严守等级，称为礼。您因为身份高贵忘义，富有而忘礼，我担心受牵连，所以避而不谈。赵武回家后，下令不要再打磨木料，匠人好意请求砍削原已打磨过的椽以免遭受非议，赵武说：不要，留下作为一个警示，好让后人看到后有个比较：治砍削木料者，是尊礼守法者；打磨木料的人，是破坏制度的人。《国语正义·卷第十四·晋语八》P965。

周襄王姬郑"使太宰文公（即周王卿士王子虎）及内史兴赐晋文公命。（这里的命指的是命服）《国语正义·卷第一·周语上》P121。晋惠公与晋文公对周襄王赐与命服的态度大不相同，前者倨傲，后者"上卿逆于境，晋侯郊劳馆诸宗庙，馈九牢（猪牛羊三牲齐备为一牢，上公食九牢），设庭燎（设大烛照明）。及期（接受命服的那天），命于武宫（晋文公祖父武公庙），设桑主（桑木所做的神主，人死葬后，还在停尸的地方祭祀，叫做虞。虞祭时用桑木神主，满一年祭，称练祭。练祭时改用栗木神主，当时献公已经死去很久，晋文公设桑木神主，是表示自己没有继承惠公、怀公的位，自认为是子继父位，行父死未满一年的礼）布几筵，太宰临之,晋侯端委以入(穿戴黑色礼服,黑色礼帽进来)。太宰以王命命冕服(以襄王的命令赐给他大帽鷩服,鷩服是诸侯祭祖和乡射时的服装,也是侯伯的命服,帽子上有七旒),内史赞之(内史帮助他完成礼节),三命而后(太宰以襄王的名义三次命赐,晋侯三次礼让后来到面前接受礼服)即冕服。既毕,宾、飨、命、饯如公命侯伯之礼(设宴、赠送礼物郊外饯别的礼节,如同公受王命,以侯伯相待的礼仪)。而加之以宴好(加上气氛和乐友好)。《国语正义·卷第一·周语上》P121。

礼似乎是一种可以预测行为后果的依据? 鲁僖公三十三年(前627年),周共王之玄孙王孙满年龄尚幼时,"见秦师出征过周北门时,左右免胄而下,超乘(跳上车)者三百乘。曰:"秦师轻而无礼,必败。轻则寡谋,无礼则脱。《春秋左传正义·卷17》P131。晋惠公即位之前以重利诱惑别人支持自己即位,登基后又失信于人,接受周襄王赐予时态度不恭,包括在场赞礼吕甥、郤芮大概是同样的表现,他们后来试图谋杀重耳,被秦国所杀,晋惠公与晋文公的个人成就也不能相提并论。

鲁昭公元年(前541年)三月,楚公子围(即楚康王,楚共王之子,公子围系楚共王次子。勒杀侄儿郏敖自立)参与齐、晋等国的结盟,"楚公子围陈设国君的服饰,还有两个持戈的卫士左右侍卫,见到此景的人都表达了自己的意见。鲁国大夫叔孙穆子曰:楚公子美矣,君载!(楚公子围陈设国君服饰和两个持戈卫兵的保卫)楚国伯州犁解释说这是公子围向楚国君辞行时借来的,蔡国大夫公子归生(即子家)说楚国国君的离宫蒲宫前不是有两个持戈侍卫? 郑国行人挥(即子羽)说借了就不会还了。伯州犁讥讽行人挥应该多考虑如何化解子皙(公孙黑,郑穆公之孙)不接受伯有委派还准备攻打伯有诸如此类的行为吧。子羽说,公子弃疾(楚共王之幼子,排行第五,后继楚灵王——公子比(即訾敖,灵王之弟)而立为楚平王还在,借了不还,您难道没有忧虑吗? 卫国大夫齐子(即齐恶)说,我替公子围和伯州犁而为担心。陈国大夫司徒招(公子招)说不忧何成,二子乐矣。齐子说苟或知之,虽忧何害? 宋合左师曰:大国令,小国共。吾知共而已。晋乐王鲋曰:《诗经·小雅·小旻》之卒章(战战兢兢,如临深渊,如履薄冰。)退出会场后,子羽对子皮说,叔孙绞而婉(切当而婉转),宋左师简而礼(简洁有礼),乐王鲋字而敬(自爱而恭敬),子与子家持之(持其两端不偏颇),皆保世之主也。齐卫陈大夫不其免乎? 国子代人忧,子招乐忧(以乐代替忧),齐子虽忧弗害(有忧虑却不当做危害),夫弗及而忧(不涉及自己而乐),与可忧而乐,与忧而弗害(忧虑不当做危害),皆取忧之道也,忧必及之。《春秋左传正义·卷41》P318。在场的人对公子围的排场议论纷纷,从是否循礼的意见分析,心态各异,可以看出他们受同样的教育,对同样的事反应却迥异,礼制不能制约人选择不同的行为方式,这显示其已有的规范和标准在发展的社会中已经不够用。作为一个行为标准,礼仪与胜败得失存在必然关系,但不排斥为实用而修改礼仪。鲁僖公三十三年(前627年,也是晋襄公元年),(晋)先轸曰:秦不哀吾丧而伐吾同姓(郑、滑、晋都是姬姓国),秦则无礼,何施之为?……遂发命,遽兴姜戎。子(因为晋文公未葬,故称晋襄公为子)墨(凶服恐不利于军队,故染黑原本白色的丧服)衰绖,……败秦师于殽。……遂以墨葬晋文公,晋于始墨。(从此晋改用黑色丧服)《春秋左传正义·卷17》P131。

鲁成公二年(前589年),齐顷公侵鲁,齐军取得了一些进展,卫穆公派孙良夫等率军增援鲁国,已经回师的齐军与卫军在卫地相遇,大致在卫鞫居(河南封丘县)。新筑(河北大名县。大名、封丘两地相距甚远)的邑大夫仲叔于奚救援孙良夫,使其免于失败,事后卫穆公赐予仲叔于奚奚城邑,仲叔于奚没有接受,请求卫穆公赐予"请曲县,繁缨以朝",许之。曲县是诸侯所用的乐器,繁缨则是诸侯专用的马饰。孔子对此情节的反映代表正宗的礼仪精神,他认为:器与名,即马车饰物与爵位名号,应该永久由君主掌管,随便给予与其身份不相称的人,就等于放弃了自己的权力。孔子认为卫穆公的正确做法是多给仲叔于奚一些城邑,孔子明显更重视礼仪中抽象的价值,似乎愿意为维护制度与规则而不计成本。

五、服饰

黄帝"初制冕服。"《今本竹书纪年疏证·卷上》P1。在宫廷内不同的人制作不同的宫廷服饰,公父文伯(季悼子的孙子)的母亲说,王后亲自织黑色的纮(它是冠上系瑱的带,瑱是挂在头两旁塞耳的玉),公侯妇人除了织纮外又织紞(帽丝带)、綖(覆盖于冠冕上的饰品),卿的嫡妻织祭服上的大丝带,大夫的妻子织缝祭服,天子的士之妻子除了织缝祭服外还加上缝制朝服,从下士至庶人的妻子都缝制衣服给丈夫穿。《国语正义·卷第五·鲁语下》P506、P126。服饰是一个重要标志,精致的服饰重要的作用之一就是礼制的需要。襄王使太宰文公(即王子虎,周王卿士)及内史兴赐晋文公命。《国语正义·卷第一·周语上》P121。命指天子所赐表明等级的制服。

公父文伯(季悼子的孙子)的母亲说:"是故天子大采朝日(穿大采礼服早晨朝日),与三公九卿祖识地德;日中考政,与百官之政事,师、伊维旅、牧、相宣序民事;少采夕月(穿少采礼服祭月),与大史、司载纠虔;日入监九御,使洁奉禘,郊之粢盛,而后即安,诸侯朝修天子之业命,昼考其国职,夕省其刑典,夜儆百工,使无慆淫而后即安。卿大夫朝考其职,昼讲其庶政,夕序其业,夜庀其家事,而后即安。士朝受业,昼而讲贯夕而习复,夜而计过无憾,而后即安。自庶人以下,明而动,晦而休,无日以怠。"《国语正义·卷第五·鲁语下》P506。1. 大采礼服:指玄冕之服,(上衣无纹,裳刺以黑、青相间纹)《国语正义·卷第五·鲁语下》P506。《周礼注疏·卷二十一春官·司服》P143。《周礼》中不同场合不同着装的硬性要求是来真的,不是言行不一,说说而已的官样文章,包括天子参加大、小型祭祀的大采礼服等共有六种正式礼服,大裘是天子祭天时的礼服,其他还有:祭祀先王时的衮冕,祭祀山川等时的毳冕,祭祀社稷等时的希冕,祭享先公,饗射时的鷩冕。以上天子参加仪式的吉服,面料、色彩、图案等均不同。《周礼注疏·卷二十一春官·司服》P143。天子朝日,"主播大圭,执镇主,腰带上插三尺长的玉圭,手执镇圭一尺二寸。"《周礼注疏·卷二十春官·典瑞》P138。圭用五彩垫板承托。"缫藉五采五就",缫藉就是衬垫,五采指五种颜色,五就的解释中有一种认为是将五种不同颜色相间画一次为一就,五采五就是同样的方式在玉圭的衬垫上画五次,公侯伯子男各级贵族的或三采三就,或二采一就不等,衬垫的配色与画法是这个等级社会贵贱高低重要标识,也是服饰所具有的象征意义的一个逼真缩影。2. 少采礼服:祭祀月亮着少采礼服,黑白丝绣有斧形纹。

而简朴的服装也在很多情况下被推崇。鲁闵公二年十二月,"卫文公大布之衣(穿粗布衣服),大帛之冠(戴鉬帛做的帽子。以此告诫全国人民节俭勤劳。),务财训农,通商惠工,敬教劝学,授方任能,元年革车三十乘,末年乃三百乘。"《春秋左传正义·卷十一》P87。卫文公元年时兵车三十乘,末年时已有三百乘。卫文公前659—前635年在位,共二十五年。卫文公治下国家不能说是飞速的发展,但属于稳步前进。在一些特定的场合,一些服饰纯属象征性的物品,没有普通服饰防寒保暖、美观的作用。而主要是情绪和身份的象征。鲁襄公十七年(前556年,也是齐灵公二十六年),齐晏桓子(晏弱,晏婴之父)卒,晏婴粗缞斩(粗布丧服),苴绖(头腰都系麻带),杖(柱竹杖),菅屦(草鞋),食鬻(喝粥),居倚庐(住草棚),寝苫(睡草垫),枕草。其老曰:"非大夫之礼也。"曰:"唯卿为大夫。"《春秋左传正义·卷33》P262。家臣之长认为这不是大夫遵循的礼,晏婴认为只有卿才是大夫,谦认自己不够大夫身份。

齐桓公好紫衣,齐灵公好女扮男装。国王的偏好往往成为时尚,引起普遍的追随,甚至刺激社会产生畸形的消费观。当时的正统思想认为这很危险。

六、冠礼

鲁襄公九年(前 564 年),鲁襄公送晋侯,晋侯为鲁襄公在黄河边设宴,问起襄公的年岁,晋侯听说鲁襄公十二岁了,说"十二年矣,是谓一终,一星终(岁星运行一圈)也。国君十五而生子,冠而生子,礼也。君可以冠矣,大夫盍为冠具?(大夫何不准备冠礼的用具?)"季武子说:"君冠,必以裸享之礼行之,以金石之乐节之,以先君之祧(祖庙,凡是庙都可以叫祧)处之。今寡君在行,未可具也。请及兄弟之国而假备焉。晋侯曰:诺。公还及卫,冠于成公(卫成公)之庙。假钟磬焉,礼也。裸:也作灌,用配合香料煮成的酒祭奠祖先或赐饮用宾客之礼。裸享:即裸享的礼义。《春秋左传正义·卷30》P241。冠礼上当事人会受到祝福,但是每个祝福者着眼点不同:

赵文子冠(赵武,当天行冠礼)见栾武子(晋卿栾书),武子曰:美哉!昔吾逮事庄主(庄主,即庄子,赵朔,赵朔曾统领下军,栾书做过他的副帅,所以称主),华则荣矣,实之不知(不知是否能结实),请务实乎!栾武子赞叹赵武体格健美,马上开始讽刺赵武父亲赵朔华而不实。

见中行宣子(晋大夫荀庚),宣子曰:美哉!惜也,吾老矣。(你发育良好,都已经长大成人,看来我是真的老了。)

见范文子,文子曰:而今可以戒(警惕)矣。夫贤者宠而益戒,不足者为宠骄。故兴王赏谏臣,逸王罚之。吾闻古之王者,政德既成,又听于民。……先王疾是骄也。告诫赵武谨慎、周到。

见郤驹伯(晋卿郤锜),驹伯曰:美哉,然而壮不若老者多矣。(年轻人俊美,然而老年人比你们优势更多。)

见韩献子,献子曰:戒之,此谓成人。成人在始与善,始与善,善进善,不善蔑由至矣;始与不善,不善进不善,善亦蔑由至矣。如草木之产也,各以其物,人之有冠,犹宫室之有墙屋也,粪除而已,又何加焉!(提请年轻人慎重交友。)

见智武子(晋卿荀罃),武子曰:吾子勉之,成(成子是赵武曾祖赵衰)、宣(赵武祖父赵盾)之后而老为大夫(到老还是个大夫),非耻乎!成子之文,宣子之忠,其可忘乎!夫成子导前志以佐先君,导法而卒以政,可不谓文乎!夫宣子尽谏于襄、灵,以谏取恶,不惮死进。可不谓忠乎!吾子勉之,有宣子之忠,而纳之以成子之文,事君必济。激励赵武传承先辈的长处,要胸怀大志,成就伟业。

见苦成叔子(晋卿郤犨),叔子曰:抑年少而执官者众,吾安容子?(年少而当官者不少,我怎样安排你才合适呢?)

见温季子(晋卿郤至,温是他的食邑),季子曰:谁之不如,可以求之。

见张老(晋大夫张孟)而语之,张老曰:善矣,从栾伯之言,可以滋(受益);范叔之教,可以大;韩子之戒,可以成。物备矣,志在子,若夫三郤,亡人之言也,何称述焉! 智子之道善矣,是先主覆露子(先人对你的荫庇)也。《国语正义·卷第十二·晋语六》P876。冠礼中,有激励年轻人积极进取的祝福,有严肃的告诫,三郤态度冷淡,郤犨认为赵武有点多余,郤至尤其过分,贬低赵武能力不行,要学会退让。郤、赵两家在晋国举足轻重,两家族恩怨不断,对稚气未脱,满怀期待前来领取祝福,郤氏尊长居然一个比一个言辞刻薄。

这段记录中,到场者规格高,没有酒,没有馈赠礼品。

紧急冠礼,鲁成公于前590年即位,次年,鲁成公二年(前589年)即与晋国盟约攻击齐国(时值齐顷公十年)。前589年春,齐顷公率兵攻击鲁国北部,占领了龙邑并南进攻击巢丘。卫穆公出兵攻齐,与鲁成公同年即位的楚共王决定援助齐国,十一二岁的楚共王此次没有随军出征。)楚国大夫彭名御戎,即作为驾驭战车的人位置在车的中间,"蔡景公为左,许灵公为右。二君弱,皆强冠之。"《春秋左传正义·卷二十五》P195。二位君主当时都没有成年,提前紧急给他们举行了冠礼。

第四节　婚姻

"尧闻舜贤,征之草茅之中,……妻之以皇,媵之以娥。这是《太平御览·卷八十一·皇王部六》P378引《尸子》的资料,记录了尧舜时代姐妹同嫁一人的传说,对两姊妹的身份区别官方还是很认真的,前者为正妻,后者为陪嫁,正式的地位低于妻。

元妃:指一国君主和诸侯的原配妻子。

为什么帝王需要多个女子为妻,这是模拟自然,"帝喾有四妃,以象后妃四星,其一明者为正妃,三者为次妃也,九嫔。夏后氏增以三,三而九合十二人。"汉·蔡邕《独断·卷上》P6。

"天子一娶十二女,象十二月,三夫人,九嫔;诸侯一娶九女,象九州,一妻八妾;卿大夫一妻二妾;士一妻一妾。"蔡邕《独断·卷上》P6。这些对两周前的君王的婚姻大致描绘,解释了王者为何能娶九到十二个妻子,可以同时娶姐妹二人。蔡邕想象力丰富,但并未因此遭到有冲击力的批评。有学问的人基本都接受他的解释,但是形成这种一夫多妻制度的原因肯定不完全如此抽象、神秘甚至崇高。

儒家经典中的天子的女人分为五等"天子有后,有夫人,有世妇,有嫔,有妻,有妾。"《礼记正义·卷四·曲礼下》P33。

"古者天子后立六宫,三夫人,九嫔,二十七世妇,八十一御妻。"《礼记·卷六十一·昏义第四十四》P453。

诸侯的四等:"公、侯有夫人,有世妇,有妻,有妾。"《礼记正义·卷五·曲礼下》P39。

这被两周人基本接受,实践中的婚姻习惯与婚姻礼仪基本一致,姊妹从嫁者的形式并非一种惩罚或者被迫。鲁隐公三年(前720年),卫庄公娶齐国庄姜,因为庄姜无子,又娶陈国女称厉妫,其妹妹戴妫从嫁,戴妫生桓公,庄姜把桓公当作自己的儿子。《春秋左传正义·卷3》P22。

并非只有诸侯可以有妹妹从嫁,一百年后,即鲁文公七年(前620年),鲁国大夫孟穆伯(公孙敖)娶于莒国,两姐妹中的姐姐曰戴己,生文伯;其娣声己,生惠叔。戴己、声己姐妹二人都为穆伯生子,戴己逝世后,穆伯又到莒国行聘,莒人以声己还在为由,拒绝穆伯再娶莒女的要求,但穆伯提出为东门襄仲聘莒女,得到了莒国同意。后来为参加盟会穆伯再次来到莒国,同时也为东门襄仲迎接莒女到鲁国。一见面,发现莒国安排与东门襄仲定下婚事的莒国女子美丽动人,意乱情迷的穆伯随即将其占为己有。东门襄仲是鲁国公族,鲁文公逝世后权倾一时的人,愤怒不已的襄仲为此准备率兵攻打穆伯,夺回女子和尊严。鲁文公一度支持东门襄仲,但是另外有人说服襄仲放弃莒女,也迫使穆伯也将莒女送回莒国,两人似乎都做出让步,暂时避免了激烈争斗。

一次嫁同一男子的女子数量可达五人,鲁僖公二十三年(前637年),"秦伯纳女五人,怀嬴与焉。"(秦穆公将宗女五人嫁给重耳,秦穆公自己的女儿怀嬴也在其中)《春秋左传正义·卷19上》P144。重耳是否事先知道哪五个女子将成为自己的妻妾? 有可能相关仪式后才知道各位姑娘的名字。制度上有以是否履行必要的仪式来确定婚后女性的身份等级的安排,"聘则为妻,奔则为妾。"《礼记·内则第十二》。明媒正娶的才算是妻子,私奔的则只能算是妾。强调应该明确高低身份,主次必须分明。鲁桓公十八年(前694年,即周庄王三年,周桓王在前697年已经不在位,应该是以前的对话),周王室大夫辛伯谏周桓王曰:"并后、匹嫡、两政、耦国(媵妾等同王后,庶子等同嫡子,二卿同时掌权,国都和大城一样)乱之本也。"《春秋左传正义·卷7》P57。但是在特殊情况下,类似的事情不仅发生而且看起来并非有何不妥。鲁僖公二十四年(前636年),晋文公将自己的女儿嫁给赵衰,生原同(即赵同,原为封地)、屏括、楼婴。"赵姬(即晋文公之女)请逆盾与其母,子余(赵衰)辞。姬曰:'得宠而忘旧,何以使人? 必逆之!'固请,许之,来。以盾为才,固请于公,以为嫡子,而使其三子下之,以叔隗为内子,而己下之。狄人纳二女:叔隗、季隗。赵盾是赵衰与狄女季隗之子。(重耳比赵衰年幼,所以选了年幼些的姑娘季隗,重耳与季隗生伯儵、叔刘。)赵盾是赵同的同父异母之兄。《春秋左传正义·卷15》P115。叔隗是赵衰跟随重耳流亡狄国时得到的女子,赵姬贵为晋文公之女,愿意让赵盾在自己的儿子地位之上,自己本人也以叔隗为尊,让叔隗为第一夫人。赵姬因此被当时所称道。称道她的原因是谦让与明智。如果她与叔隗争高下,赵姬时间上虽然在叔隗之后,但她在婚姻手续上应该更正式、完备。

婚姻对象有时会发生错乱,可能是一些人过于任性,也可能是当时的风俗制度没有明确的禁止。怀嬴先是晋怀公子圉的妻子,子圉曾在秦国为质,立为怀公,怀嬴氏是因为秦国的嬴姓。怀嬴是重耳的侄儿媳妇,重耳还是她的第二个丈夫。

已婚的妇女等级有升降:鲁哀公二十四年,(前471年)鲁哀公庶子公子荆之母受到哀公宠爱,哀公准备将其立为夫人。《春秋左传正义·卷60》P479。虽然遭到公开反对,认为立妾为夫人不合礼,但哀公坚持立了这个夫人。

一、婚礼有一定程序

聘:鲁昭公元年(前541年)春,楚公子围聘于郑,且娶于公孙段氏(赐姓丰氏),伍举为介(椒举。介:副使)。《春秋左传正义·卷41》P317。定亲的第一道手续。

迎:请墠(墠:古代用于祭祀的经过清除的地面,此指子产欲除地为墠,代替丰氏之庙,行迎亲之礼)听命(听取您的命令)。《春秋左传正义·卷41》P317。迎亲的礼仪不容忽略:鲁文公四年(前622年),逆妇姜于齐,卿不行,非礼也。君子是以知出姜之不允于(不善终)鲁也。《春秋左传正义·卷18》P138。

鲁庄公十八年(前676年),"虢公、晋侯、郑伯使原庄公(周王卿士)逆王后于陈,陈妫归于京师,实惠后(就是以后的惠王后)。《春秋左传正义·卷9》P70。郑伯为周惠王订婚于陈是出于私心,因为不朝见齐国,郑国的执政大臣郑詹被齐拘押,郑伯希望周天子给自己支援,郑伯以此取得周天王的欢心。

男方不一定要亲自迎接,前文鲁大夫穆伯代替同僚东门襄仲前往莒国迎亲即是例子。

诸侯国之间的婚姻有规定的礼节,鲁桓公三年,凡公女嫁敌国(地位实力相等的国家),姊妹则上卿送之(如果是国君的姊妹),以礼于先君;公子则下卿送之(如果是国君的女儿);于大国,遂公子亦上卿送之;于天子,则诸卿(六卿)皆行,公不自送;于小国,则上大夫送之。《春秋左传正义·卷6》P44。

凡公室女子嫁地位实力相等的国家,如果是国君的姊妹,派上卿送亲。如果是国君的女儿,则派下卿送亲;如果是大国,国君的女儿也需要安排上卿送亲;如果天子娶,则六卿全体出动,国君不需要亲自送;嫁到小国,安排上大夫送亲。

"凡诸侯之女行,唯王后书。"《春秋左传正义·卷7》P52。诸侯女儿出嫁的只有成为王后的,《春秋》才加以记载。周王的妻、妾贯以王字,比如王姚,王姚是周庄王的妾,姚是其母的姓。《春秋左传正义·卷9》P71。女子可以以其母姓记载。

贵族女性有机会自行决定婚姻,鲁定公五年(前505年),楚昭王准备嫁妹妹季芈,"季芈辞曰:所以为女子也,远丈夫也。钟建负我矣。"(在楚昭王出逃时是钟建一直背负着季芈)以妻钟建,以为乐尹。《春秋左传正义·卷55》P438。这看似一桩以尊重男女间道德礼节为理由而结成的婚姻,其实主要是出于女方的主动愿望,因为贵为楚昭王之妹,季芈不嫁钟建不会有任何问题。同样,没有媒妁之言,男方主动、积极追求得到允诺的例子也有:鲁庄公三十二年(前662年),"鲁庄公筑台,临党氏,见孟任(党家之女),从之,闳(闭门拒绝),而以夫人许之。割臂盟公,生子般焉。"《春秋左传正义·卷10》P81。这桩婚姻中以势压人的情况并不明显。有些则带有一定强迫性,鲁宣公五年(前604年)春,鲁宣公"如齐,(齐国大夫)高固(高宣子)使齐侯止公,请叔姬焉。(强行留住鲁宣公要求鲁国姑娘叔姬嫁给他)夏,公至自齐,书过也。(《春秋》记载他有过错,这是个什么过错? 没有事先征求叔姬的意见,屈服于别人的压力,有失君侯之尊? 都不是,而是以不合礼仪的方式限制了鲁宣公。)秋九月,齐高固来逆女,自为也。故书曰:"逆叔姬"。卿自逆也。冬,来,反马也。高固和叔姬婚后来鲁国,反马即返马。(礼节,大夫以上者娶妻时,驾乘女家之车马,女方留下车马,是自谦若未称意于夫家而被休弃,便于孤身归家乘用。结婚三个月后,若夫家派人送还马,表示丈夫愿与之终身谐好。)《春秋左传正义·卷22》P170。

鲁昭公元年(前541年)郑徐吾犯的妹妹才貌出众,"公孙楚(即子南郑国下大夫)聘之矣,公孙黑(子皙,郑国上大夫,是子南的堂兄,年长。)又强委禽焉。犯惧,告子产。子产曰:"是国无政,非子之患也。唯所欲与。(她愿意嫁谁就是谁)"犯请于二子,请使女择焉。皆许之。子皙盛饰入,布币而出。子南戎服入,左右射，超乘而出，女自房观之，曰：子皙信美矣，抑子南夫也……。适子南氏。《春秋左传正义·卷41》P320。适：指女子出嫁。这是一桩完全由女方决定夫君的例子。

鲁庄公二十八年（前666年），"楚令尹子元欲蛊（诱惑）文夫人，为馆于其宫侧，而振万焉。夫人闻之，泣曰：先君以是舞以习戎备也，今令尹不寻诸仇雠，而于未亡人之侧，不亦异乎？御人以告子元，子元曰：妇人不忘袭雠，我反忘之。"文夫人即息妫夫人，楚文王的夫人，也就是著名的桃花夫人，以美貌著称。楚文王和子元都是楚武王的儿子，楚文王逝世后，庄敖继位，但他担心自己的弟弟熊恽，想杀掉熊恽，没有办成，熊恽逃出，后回国杀庄敖。立为楚成王。楚成王让自己的叔叔子元为令尹。子元爱上楚成王的母亲，也是自己的嫂嫂。在她的宫边修建了房子，在铃声的伴奏下跳万舞。文王夫人认为万舞是用来演习战备用，子元应该记住国家还有仇恨未报。言下之意，这位著名的美人认为子元缺乏男子气。文王夫人没有直接评判子元的做法是否合礼，求爱者本人显然认同她的说法。作为楚国的令尹，子元有权力调动军队出国作战，当年秋，"子元以车六百乘伐郑。"这是一场在楚文王寝宫旁展开，延续到了郑国远郊的求爱，子元伐郑没有成功。《春秋左传正义·卷10》P79。

名门女子是婚姻的一种高级选择，勇敢的青年有意立功之后迎娶名门望族女子牺牲后的礼仪：鲁定公九年（前501年）秋，齐侯伐晋夷仪，敝无存之父将室之，辞，以与其弟，曰：此役也不死，必娶于高、国，"先登，求自门出，死于霤（屋檐）下，……齐师之在夷仪也，齐侯谓夷仪人曰：得敝无存者，以五家免（赏赐五户并且免除劳役）。乃得其尸，公三襚之（三次为尸体穿衣服），与之犀轩与直盖（有犀牛皮装饰的卿大夫车和长柄高盖伞）而先归之（先送遗体回国），坐引者，（跪着拉灵车的人）以师哭之（全军吊哭），亲推之三。《春秋左传正义·卷55》P442。敝无存是个有抱负的青年，已经到了婚龄，选择去战场上立功，好日后能娶名门之女，他勇敢冲锋，结果壮烈殉国。

女方完全可以向男方提亲。鲁隐公七年（前716年），陈、郑两国国君歃血为盟之后，陈侯似乎还觉得不够稳妥，"郑公子忽在王所，故陈侯请妻之（要求将女儿嫁给他）。郑伯（郑庄公）许之，乃成昏。《春秋左传正义·卷4》P30。

而在已经娶了陈侯之女九年之后，即鲁桓公六年（前706年），鲁桓公尚未娶齐国文姜时，齐侯欲以待字闺中的文姜嫁郑大子忽，大子忽推辞。他的理由是：齐是大国，郑是小国。求福要靠自己而不能依赖大国。比较他与陈国公主在婚礼中的率性而为的过往，郑公子忽不是没有激情的人，公子忽是变得比以前稳重？是与已经风闻文姜美人名声不大妥当有关？还是觉得对象魅力四射，婚后不好管理？均不得而知。《春秋左传正义·卷6》P48。鲁桓公十一年（前701年），公子忽（庄公所娶邓国之女所生）"败北戎，齐人将妻之。"齐僖公再次主动说媒，郑国大夫祭仲劝他接受，理由是郑庄公的妻妾很多，君位预期竞争激烈需要大国的援助，其他的三位公子子突（宋国大夫雍氏是宋庄公宠臣，其女雍姞生公子突即郑厉公，郑国第五君，宋庄公迫使祭仲废郑昭公立厉公）、子亹、子仪皆是君位有力竞争者。公子忽仍没有答应。《春秋左传正义·卷7》P33。公子忽的理由是，"今以君命奔齐之急，而受室以归，是以师昏也，民谓其我何？遂辞诸郑伯。《春秋左传正义·卷6》P48。自己受君父的命令援助遭到北戎攻击的齐国，然后带妻子回去，是用刀兵为婚，郑国的民众如何议论此事？他如此在意社会舆论显得不太真实，他假借郑庄公的命令推辞齐僖公。文姜后来还为被公子忽拒绝长久介怀？祭仲是一个阅历丰富的官员，他的预见其后基本都变为现实。

违背婚礼常规的情况时有出现。鲁隐公八年（前715年）四月，郑公子忽如陈逆妇妫（陈国为妫姓）。……陈针子（陈国大夫）送女。先配（同房）而后祖（告祭祖庙）。针子曰：是不为夫妇，诬其祖也矣，非礼也，何以能育？《春秋左传正义·卷4》P31。因为公子忽颠倒了婚礼顺序：本该先到祖庙庄重、严谨地祭祖，然后夫妻同房。公子忽与陈国公主则是先同房，后祭祖。针对"先配而后祖。"的事实，此事被专程送亲的陈国大夫陈针子发现后气愤不已，简直就是破口大骂，欺骗祖先，违背礼节，既不能算是正式夫妻，也不会生育孩子。虽然没有粗话，但措辞严厉。如同诅咒的语言改写了公子忽的人生？还是他自己性情所致？《春秋左传正义·卷4》P31。

伯姬是鲁僖公长女，鲁僖公九年（前651年）七月伯姬卒。《春秋公羊传注疏·卷十一》P58—P60。公羊春秋载：伯姬前许邾娄，季姬为之媵，伯姬尚未出嫁而亡故，妹妹季姬还是要前往邾娄为媵，鲁僖公十四年（前646年）六月，季姬前往邾娄途中与鄫子遇于防地，两情相悦，季姬让鄫子前往鲁国求婚，请求娶自己为夫人。得到鲁僖公的允许。季姬与鄫国国君一见钟情，女方因为努力而改变了自己的命运。

有些贵族妇女不仅自由选择身份等级相似的人结婚，还为爱选择与身份卑微的人在一起。鲁哀公十五年（前480年），卫孔圉（即孔文子，卫国大夫）取大子蒯聩（即卫庄公，卫灵公之子）之姊（即孔伯姬），生悝（孔悝）。孔氏之竖（竖：童仆之类）浑良夫，长而美，孔文子卒，通于内（内：指孔圉之妻，蒯聩之姊孔伯姬）。大子在戚（戚地），孔姬使之焉，大子与之言。两人几乎无所不谈，蒯聩希望浑良夫能帮助其即位，承诺事成之后"服冕乘轩（冕轩分别指大夫的衣帽和车）"让他担任大夫，免其三死，允许他娶孔伯姬，显然事先得到伯姬的同意。为支持太子，孔伯姬身为贵妇，竟然"杖戈先行，太子与五人身披皮甲，抬着公猪跟在后面，胁迫卫卿孔悝支持太子。听说有人叛乱，孔悝的家臣之长栾宁通知孔氏邑宰子路，他们已经准备侍奉卫出公逃奔鲁国，子路执意到孔宅邸看看，遭遇蒯聩的人，因抵抗被杀。蒯聩的儿子卫出公被赶走，蒯聩成为卫庄公。《春秋左传正义·卷59》P473。

二、婚内生活

婚姻不会一帆风顺，但永远有受宠的女子，时间长短不一。鲁哀公八年（前487年）春，（先前）"齐悼公之来也，季康子以其妹妻之。即位而逆之。季鲂侯（季康子的叔父）通焉。女言其情，弗敢与也（该女子把情况告诉了季康子，季康子不敢把她送到齐国）。齐侯怒。夏五月，齐鲍牧帅师伐我，取欢及阐（都是鲁国地名）。……秋，及齐平，九月，臧宾如（臧会之子，鲁国大夫）如齐莅盟（参见结盟）。齐闾丘明（齐国大夫）来莅盟，且逆季姬（季康子之妹）以归，嬖（得到齐侯的宠爱）。……冬十二月，齐人归欢及阐，季姬嬖故也。《春秋左传正义·卷58》P462。齐侯知道或者不知道季姬婚前的过往，但是她显然受到宠爱。齐悼公的政治人生不堪回首，想不到此人在日常生活中也浑浑噩噩。

当时人的婚姻生活因为涉及范围远超婚姻本身而充满不确定性，有人因为各种原因由于婚姻关系而受牵连：鲁哀公三年（前492年），刘氏（周卿士）、范氏（晋大夫）世为婚姻，苌弘事刘文公，故周与范氏（所以周王室亲近范氏），赵鞅以为讨（因此讨伐）。六月癸卯，周人杀苌弘。"刘文公与晋国范氏世代为婚，晋国六家纷争中范氏与中行氏被灭，晋国赵氏、智氏等四家因为范氏与刘文公家族的婚姻关系以及周室明显与范氏亲近的缘故而疑虑难消，刘文公地位崇高，故暂时没有列入算计目标，一向清高的叔向亲自来到周王室，他的设计精巧而成功，离间了苌弘与刘文公、周敬王，使得刘文公建议周敬王诛杀他，周敬王亦被晋人诡计迷惑，决定将其流放，致使苌弘委屈自杀，苌弘的死消除了诸侯对周室可能再度振作的疑虑，此人完全忠于周敬王，有意与刘文公一起振兴周室，而诸侯王国的一些人认为周室已经过时，苌弘等人的努力纯属徒劳，又妨碍他们施展才华。卫大夫彪傒意见则更为具体，认为是苌弘策划为成周修城墙而导致的结局。《春秋左传正义·卷57》P456。

简单的日常活动也会牵扯到政治。鲁僖公十四年（前646年），鄫季姬（鲁僖公女儿)来宁,公怒止之。以鄫子之不朝也。夏,遇于(鄫国国君和鄫季姬在房地见面)房(鲁地),而使来朝(让鄫国国君到鲁国朝见)。《春秋左传正义·卷13》P101。鲁僖公女儿鄫季姬通报将回娘家,鲁僖公不让她回来,这是由于不满鄫国国君不来朝见。在季姬的劝说下,鄫子前来朝见,鲁僖公利用鄫季姬回娘家的家务事达到自己的政治目的。

一些是因为不经意的行为冒犯了夫君,蔡姬生性天真活泼,鲁僖公三年(657年)"齐侯与蔡姬乘舟于圃,荡公,公惧变色,禁止不可。公怒,归之,未之绝也(让她回娘家即把她休弃了,并未正式休弃)。蔡人嫁之。《春秋左传正义·卷12》P90。婚姻中的等级升降,多与个人的行为、品行等有关。鲁哀公二十四年(前471年),公子荆(鲁哀公庶子)之母嬖,将以为夫人,使宗人衅夏献其礼(准备派宗人衅夏献上立夫人的礼),对曰:无之(没有这样的礼节)。公怒曰:女为宗司(即宗人),立夫人,国之大礼也,何故无之? 对曰:周公及武公娶于薛(薛国姓任),孝、惠娶于商(指宋国,子姓),自恒以下娶于齐,此礼也则有。若以妾为夫人,则固无其礼也。"公卒立之。而以荆为大子。国人始恶之。《春秋左传正义·卷60》P479。

已婚女子可能会因为各种原因被休弃,有一套专业术语描绘不同的婚姻状态:鲁庄公二十七年(前667年),凡诸侯之女归宁曰来;出曰来归。夫人归宁曰如某,出曰归于某。《春秋左传正义·卷10》P78。回娘家叫来,被夫家休弃叫来归,国君的夫人回娘家叫如某,被休弃称归于某。古代无妻子或无丈夫都可以称为寡。一种是从未婚配,这种情况较少,一种是失去了丈夫,丈夫遗弃或者故世。鲁文公十二年春(前615年),杞桓公来朝,始朝公也。且请绝叔姬(嫁给杞桓公的鲁国女子)而无绝昏(不断绝两国的婚姻关系)。公许之。二月。叔姬卒,不言杞,绝也,书叔姬,言非女也。(说她已经不是未嫁的女子了)《春秋左传正义·卷19下》P149。鲁宣公十六年(前593年):"秋,郯伯姬(鲁国嫁给郯国国君的女子)来归(回来),出(被遗弃)也。"《春秋左传正义·卷24》P186。郯国国君与鲁国女离婚。

即使婚礼规定严格,仍然有禁止之事发生。鲁哀公十一年(前484年)冬,卫大叔疾(世叔齐,卫国大夫)出奔宋。初,疾娶于宋子朝(在卫国为官的宋国人,时为卫国大夫)其娣,嬖。子朝出,孔文子(孔圉,卫卿)使疾出其妻而妻之(让他和妻子离婚而把自己女儿嫁给他)。疾使侍人诱其初妻之娣(前妻妹妹),寘于犁(卫国邑名),而为之一宫,如二妻。文子怒,欲攻之。仲尼止之,遂夺其妻(孔文子夺回女儿)。或淫于外州(卫国邑名),外州人夺之轩以献(夺取他的车献给国君）。耻是二者。故出。卫人立遗（遗，大叔疾之弟），使室孔姞（把孔姞娶为妻室，即娶其嫂，是孔文子之女）。疾臣向魋（宋国大夫，疾做了他的家臣）纳美珠焉，与之城鉏（本为宋邑，后属于卫）。宋公求珠，魋不与，由是得罪。及桓氏出，城鉏人攻大叔疾，卫庄公复之，使处巢（居住巢地），死焉，殡于郧，葬于少禘（地名）。初晋悼公子慭（晋悼公之子）亡在卫，使其女仆而田。大叔懿子（太叔仪之孙，卫臣）止而饮之酒，遂聘之，生悼子（即太叔疾，）。悼子即位，使夏戊（悼子的外甥）为大夫。悼子亡，卫人剪夏戊。孔文子之将攻大叔也。访于仲尼，仲尼曰：胡簋（古代礼器名）之事，则尝学之也矣；甲兵之事，未之闻也。退，命驾而行，曰：鸟则择木，木岂能择鸟？文子遽止之。曰：圉岂敢度其私，访卫国之难也。（防止卫国的祸患）将止，鲁人以币召之（鲁国邑财物召请孔子），乃归。《春秋左传正义·卷58》P465。卫国大夫太叔疾的生母是晋悼公的儿子慭的女儿，太叔疾娶宋子朝女儿，但生活中受宠爱的是她的妹妹，宋子朝因故逃亡出国后，卫卿孔文子让太叔疾抛弃原配宋子朝之女，孔文子想好了要将自己女儿嫁给他。太叔疾表示同意，但私下将心爱的前妻妹妹安置在另外一个地方，秘密与之生活在一起，由于太叔疾经常也与孔文子女儿在一起，局外人以为他有两个家。孔文子最终还是发现了太叔疾的伎俩，武力抢夺回了女儿。但太叔疾又在一个不同的地方爱上了另一个女子，当地人抢走了太叔疾的专车献给国君，实际上是揭露太叔疾的风流韵事，太叔疾也真的为此感到颜面尽失，于是逃亡出国，新妻子也抛在家里。卫国人让太叔疾的弟弟名叫遗的娶孔文子之女，即他的嫂嫂孔姞为妻，似乎没有任何规则和风俗妨碍这件事实施。

三、逾越婚姻的男女们——看得见的秘密

当时人与现代人不同，上流社会对一些可怕的不伦之事似乎毫不隐讳，鲁文公十六年（前611年），宋公子鲍（即宋文公，宋成公之子，宋昭公之弟）礼于国人，宋饥，竭其粟而贷之。……公子鲍美而艳，襄夫人（亦称夫人王姬，因为是周襄王之妹，宋襄公夫人，也是公子鲍之祖母）欲通之，而不可，乃助之施，昭公无道，国人奉公子鲍以因夫人。《春秋左传正义·卷20》P157。鲁成公四年（前587年）十一月"晋赵婴通于赵庄姬。"赵婴即赵婴齐、楼婴。是赵盾异母弟，晋国大夫。赵庄姬：晋成公之女，赵朔之妻，赵朔谥号"庄"，故曰庄姬。赵朔是赵盾之子，此时当已经死亡。赵婴与赵庄姬是丈夫叔辈与侄媳的不伦关系。《春秋左传正义·卷26》P199。

鲁庄公二年（前692年），夫人姜氏会齐侯于禚（齐国地名，为齐、鲁、卫三国

分界之地)P112。鲁庄公二十八年(前666年)"晋献公娶于贾,无子,烝于齐姜(晋献公父亲晋武公之妾),生秦穆夫人(秦穆姬)及大子申生。P162。鲁闵公二年(前660年)十二月,"初,卫惠公(卫懿公是卫惠公儿子,卫惠公是卫宣公之子)即位也少(指即位时年轻),齐人使昭伯(卫宣公之子,卫惠公之庶兄),烝于宣姜(卫宣公夫人,齐僖公之女,本为卫宣公之子急子之妻,被卫宣公截留娶),不可,强之。生齐子、戴公、文公、宋桓夫人(宋襄公之母),许穆夫人(著名诗人)。《春秋左传正义·卷十一》P86。

鲁文公七年(前620年)秋,穆伯(公孙敖,又称孟穆伯,鲁桓公之孙,庆父的儿子,姬姓,孟孙氏,名敖,谥穆,时为鲁国大夫)为襄仲聘于莒。(东门襄仲,名遂,鲁僖公之弟,鲁庄公的儿子,因住在东门,因此称东门遂、公子遂、仲遂,谥号襄)。迎亲过程中,穆伯不顾一切地让这个莒国人成为自己的女人,愤怒的襄仲得到鲁文公同意准备攻打公孙敖,大臣叔仲惠伯似乎善于说服人,他的建议让两人停止了争斗。由于鲁庄公是鲁桓公的儿子,东门襄仲是鲁庄公的儿子,孟穆伯与东门襄仲是堂兄弟关系。《春秋左传正义·卷19上》P144。他们的血统绵延,两人的纠葛也继续缠绕,一年后,鲁文公八年(前619年),秋,(周)襄王崩。冬,穆伯如周吊丧,不至,以币奔莒,从己氏(即莒女。跟从莒国己氏去了)焉。《春秋左传正义·卷19上》P144。本来是用于周襄王吊丧用的财物,被穆伯占为己有,他想用这些国家财产和莒女去过幸福的生活。

父与子因为婚姻中不良行为导致血案的一个例子:鲁襄公三十年(前543年)四月,蔡景侯为大子般娶于楚,通焉,大子弑景侯。《春秋左传正义·卷40》P310。虽然生活在一个时代、环境、国家,对婚姻的看法多种多样,人们对尊严、荣誉、爱、资产的属性理解不同,因此对婚姻关系的变化与得失有各种各样乃至迥然不同的应对方式,一些顺其自然,一些惊天动地。

破坏婚姻的人可能受到的惩罚。鲁庄公元年(前693年),不称即位,文姜出故也。鲁桓公的夫人(生子姬同、姬季友),庄公之母,因为与齐襄公(同父异母之兄)的私情害死了鲁桓公,也未随鲁桓公的丧归,留在齐国。鲁庄公即位时仍未归国,鲁庄公元年(前693年),三月夫人孙于齐,不称姜氏,绝不为亲,礼也。三月夫人到了齐国,《春秋》没有称姜氏是由于断绝了母子关系,这是合于礼的。《春秋左传正义·卷8》P60。鲁庄公二年冬,夫人姜氏会齐侯于禚(齐地),书奸也。《春秋左传正义·卷8》P61。破坏道德会遭到舆论的谴责。也有更为严厉的情况,"僖公元年(前659年)夫人氏(有阙文,"姜",指哀姜)之丧至自齐,君子以齐人之杀哀姜也为已甚矣,女子从人者也。(女子本来就是听从夫家的人)。

《春秋左传正义·卷 12》P89。鲁庄公夫人哀姜没有生下鲁庄公的孩子，想立与之秘密相爱的庆父为国君，于是杀死了鲁庄公与自己妹妹叔姜的儿子鲁闵公，引起国人暴乱。庆父逃往莒国，一度对继位的鲁僖公的宽大抱有希望，代他求情的子鱼绝望的哭声让他回国的梦想破灭，庆父于中途自缢。哀姜先逃至邾国，后被齐国引渡至齐杀死，给鲁国送回了哀姜的遗体。

也可能不会受到惩罚，鲁国大夫叔孙侨如又称宣伯，通于穆姜（鲁成公母亲）《春秋左传正义·卷 28》P217。"鲁成公十六年（前 575 年）十月，出叔孙侨如而盟之，侨如奔齐。记载的是叔孙侨如与鲁成公母亲穆姜私通，第一步是驱逐叔孙氏和孟孙氏，其次是自己在鲁国专权。鲁成公十六年，晋伐郑，诸侯在柯陵会师（柯陵在郑西部，今许昌市南。）。参加盟会的鲁成公回国后，驱逐叔孙侨如出国。叔孙侨如原本想利用于鲁成公母亲的关系扩大自己的权力，他的政治抱负虽然遇到挫折，爱情之花却再一次绽放。十月宣伯被逐出鲁国，后自己去了齐国。同年十二月，这个人几乎是立即就与齐顷公夫人相识相知，"齐国声孟子（她来自宋国，乃齐顷公夫人，齐灵公之母）通侨如，使立于高、国之间。"（高氏、国氏是齐国世袭上卿）虽然侨如沉寂许久的理性苏醒比较突然，令声孟子措手不及。不过，在失去叔孙侨如后，声孟子并没有一蹶不振，齐顷公早已不在人世，在位的齐灵公是个有政治抱负的君侯，可能比较迁就自己的母亲。声孟子与新男友庆克的不道德交往几乎半公开化，鲁成公十七年载，"齐庆克（庆封之父）通于声孟子，与妇人蒙衣乘辇（穿妇人衣服，是男扮女装，齐灵公喜欢看女扮男装）而入于闳（宫中的夹道门），鲍迁（鲍叔牙的曾孙）见之，而告于国武子（即国佐，齐国上卿，宾媚人）。国佐找来庆克训斥，声孟子知道后，捏造国佐、鲍迁、高无咎，（齐高固之子，齐国上卿）图谋废齐灵公而改立公子角，齐灵公立即对鲍迁处以肉刑，从此再也无法行走，"高无咎逐。无咎奔莒，高弱以卢叛（高无咎子，卢是高氏的封邑）。齐人来（鲁国）召鲍国（鲍迁之弟）而立之。"《春秋左传正义·卷 28》P219。

卫宣公儿子太子伋、昭伯是夷姜所生，夷姜原是卫宣公之父卫庄公之妾。卫惠公朔、公子寿是卫宣公与宣姜所生。卫宣公为太子伋从齐国定亲，是齐僖公长女宣姜，次女为文姜，两人都是美貌出众的女子，卫宣公贪图美色，将宣姜占为己有，宣姜和儿子朔还鼓动卫宣公憎恨自己的儿子，卫宣公失去了理性，他派出的杀手错杀了为哥哥的遭遇抱不平的公子寿，最终贤明仁慈的太子伋也被杀。不道德的卫惠公即位后，看着他的母亲与自己的庶兄沦为政治牺牲品，齐国人让昭伯与宣姜行夫妻之事，昭伯原本拒绝，后在齐国人威胁下屈服，昭伯与宣姜一共生下了兄妹五个，齐子、戴公、文公、宋桓夫人、许穆夫人。鲁闵公二年（前 660

年)记载。当时齐国是齐桓公在位,迫使昭伯与父亲的夫人宣姜同居生子的不伦事齐桓公是否知情?诸儿、公子纠、小白均是齐僖公之子,齐僖公逝世后,儿子诸儿即位,即齐襄公,他与宣姜、文姜同父异母,齐桓公则是齐襄公的异母弟弟,齐桓公是宣姜的兄弟,为了捍卫与卫这个邻国的政治关系,他不惜让自己的姐妹处于舆论的狂澜中?还是他们齐国吕氏有离经叛道的基因?

四、父亲与丈夫的伦理难题

鲁桓公十五年(前 697 年),郑厉公忌惮祭仲,私下命令其女婿雍纠杀之,雍姬于是将所知道对父亲和盘托出,其父杀雍纠,迫使郑厉公携带雍纠尸体逃亡蔡国。"祭仲专,郑伯(厉公)患之,使其婿雍纠杀之,将享诸郊,雍姬知之,谓其母曰:父与夫孰亲?其母曰:人尽夫也,父一而已,胡可比也?遂告祭仲曰:雍氏舍其室而将享子于郊,吾惑之,以告。祭仲杀雍纠,尸诸周氏之汪。公(厉公)载以出,曰:谋及妇人,宜其死也。夏天,郑厉公逃亡到蔡国,六月二十二日,郑昭公回到郑国。冬天时,鲁桓公、宋公、卫侯、陈侯在宋国会面,谋伐郑,将纳厉公也,弗克而还。上述几国十六年夏出兵伐郑。《春秋左传正义·卷7》P56。雍纠的岳母认为,父女关系优于夫妻关系,父亲只有一个,丈夫则可以选择。这不是孤立的例子,一个半世纪后,鲁襄公二十八年(前 545 年),齐国卢蒲癸"臣子之(子之即庆舍),有宠,妻之。(庆舍把女儿嫁给他)《春秋左传正义·卷38》P298。……鲁襄公二十八年(前 545 年)。庆舍的女儿骗取了丈夫的信任,知道丈夫将对自己父亲不利,提前告诉父亲卢蒲癸等人的谋划,庆舍却完全不相信。结果被卢蒲癸与另一个忠于齐庄公的人——王何(齐庄公被杀时他逃往莒国,卢蒲癸召他回来,同样得到庆舍的信任。)亲自动手杀死。《春秋左传正义·卷38》P298。卢蒲姜完全没有道德困惑,她谎称要将父亲诱出以帮助丈夫成功,后者信以为真,于是她有机会脱身告诉父亲。

在鞍之战(前 589 年)中侥幸返回的齐顷公遇到的女子首先问的是君侯的安全,其后才是自己的父亲,受到齐顷公赐予土地奖励之事对比,可以认为当时人对君父的关系的意见因人而异。

婚姻是两周人生活中的大事,可以引发各种状况,当时人低估了婚姻对政治的影响力,婚姻是政治的重要决定性因素,是婚姻的不确定性决定了政治的走向。他们规范了婚姻,却没有足够的实力加以维护,不仅破坏健康正当爱情的婚姻,有问题的婚姻规则也在伤害因为知识积累而变得更有自尊的男人和女人们。

第五节 家族

一、诞生与血亲

1. 姓氏的来源

鲁隐公八年(前715年)无骇人听族,羽父请谥与族。"鲁隐公问族于众仲,众仲曰:天子建德。因生以赐姓,胙之土以而命之氏。诸侯以字为谥,因以为族,官有世功,则有官族,邑亦如之……《春秋左传正义·卷4》P31。依照出生地赐予姓,分封的土地赐予氏,诸侯以字作为谥号,后人以此为氏族,累世为官有立功者,以官职为氏族,也有以封邑为氏族的。这是一个概括性的说法,但是基本区分了人的姓氏名称的几个组成部分:姓、氏、字、谥号。

姓:同姓来自一个始祖父亲,司空季子曰:同姓为兄弟,黄帝之子二十五人,其同姓者二人而已。唯青阳与夷故皆为己姓。……凡黄帝之子,二十五宗,其得姓者十四人,为十二姓。姬、酉、祁、己、滕、箴、任、荀、僖、姞、儇、依是也。……异姓则异德,异德则异类。《国语正义·卷第十·晋语四》P770。从前叙可见,兄弟也可能不同姓。有一种说法是有官位才能赐姓,德行相同,姓才能相同。这种见解确实可以解释部分姓氏的渊源。观射父告诉楚昭王"民之彻百官,王公之子弟之质能听彻其官者,而物赐之姓,以监其官,是为百姓,姓有彻品,十于王谓之千品。五物之官,陪属万为万官,官有十丑,为亿丑。天子之田九畡,以食兆民,王取经入焉,以食万官。《国语正义·卷第十八·楚语下》P1141。观射父的大意是:民众呈上名字做官的有上百,王公子弟有能力的呈上名字做官,根据他们的功劳职事赐予姓名,让他们监守自己的官职,这叫做百姓。

同姓是重要的关系,比异姓具有更多的共同利益,但是在现实中可信度因人因事而异。鲁僖公五年(前655年)春,晋献公准备借道虞国(虞国始封君是周太王古公亶父之子仲雍曾孙虞仲)而伐虢(虢国始封君为周文王之弟)国,虞国大夫宫之奇表示反对虞公这样做:"(虞)公曰:晋,吾宗(都是姬姓国)也,岂害我哉?对曰:大伯(太王长子)、虞仲(太王次子),大王之昭(宗庙位次设在左边的谓昭,右边的为穆。即昭生穆,即昭位的儿子在穆位;穆生昭,即穆位的儿子在昭位,太王在周的宗庙中居穆位,穆生昭,故太王的儿子在昭位)也。大伯不从,是以不嗣。虢仲、虢叔(虢的开国始祖,王季的次子和三子,文王的弟弟),王季(王季是太伯、虞仲的同母弟,文王、虢仲、叔仲的父亲。王季在周的宗庙中居昭位,昭生穆,故虢仲、虢叔为王季之穆)之穆也,为文王卿士,勋在王室,藏于盟府,(晋国还是)将虢是灭,何爱于虞? 且虞能亲于桓(桓叔是晋献公的曾祖)、庄(庄伯是晋献公的祖父)乎,其爱之也? 桓、庄之族何罪,而以为戮,不唯偪乎? 亲以宠偪,犹尚害之,况以国乎? 公曰:吾享祀丰絜,神必据我,对曰:臣闻之,鬼神非人实亲,惟德是依。故《周书》曰:皇天无亲,惟德是辅。又曰:黍稷非馨,明德惟馨。又曰:民不易物,惟德繄物。如是,则非德民不和,神不享矣。神所冯依,将在德矣。若晋取虞,而明德以荐馨香,神其吐之乎?《春秋左传正义·卷12》P93。不料宫之奇白说了一气,虞公不接受劝谏,满足了晋国借道的要求,宫之奇随即带领自己整个家族离开了虞国,他预言晋国将利用灭虢国的军队灭虞国,事实后来验证他正确。

同姓诸侯称为"兄弟",异姓称为"甥、舅",女子称兄弟之子为侄,男子谓兄弟之子为从。《公羊春秋》认为这些是与习俗、礼一致的官方规定,意见具有权威性。

2. 氏

姓与氏之间的相关性在于:1. 姓之下分氏,使得氏成为姓的支系,同姓的人再分出不同的氏。先秦男子用氏而没有用姓是合乎规则的做法,比如臧孙许,即臧宣叔,臧文仲之子。这里称臧孙某某是仅对宗主的尊称、一般称臧某,臧孙许为臧氏,不是臧孙氏。臧宣叔之子臧武仲,姓姬,臧氏,名纥;谥武。臧孙纥则是尊称或者是宗主的标志。不称姬纥而称臧纥,就是当时用氏而不用姓的习惯。

仲孙蔑,姬姓,名蔑,世称仲孙蔑,谥献。他是孟文伯的儿子,孟氏的第五代宗主,注意他不是长子。类似的另一个例子:(见于鲁昭公四年,前538年),季武子又称季孙宿,季孙中"孙"为尊称,季孙并非氏,称季孙某只限于对宗主的称呼,宗族一般成员只能称季某。故季孙宿为季氏,而非季孙氏。季武子父亲是季文子,姬姓,季氏,名宿。谥武,乃鲁国正卿。《春秋左传正义·卷42》P331。

也可以通过正式手续自行改称为别的氏。智宣子将以智瑶为后(继承人),智果(与智宣子同族,又称智过,后改氏为辅,称辅果)曰:不如宵(智宣子的庶子)。宣子曰:宵也很(凶狠)。对曰:宵之很在面,瑶之很在心,心很败国,面很不害。瑶之贤于人者五,其不逮于人者一也。美鬓长大则贤,射御足力则贤,伎艺毕给则贤,巧文辩惠则贤,强毅果敢则贤。如实而圣不仁,以其五贤令人陵人,而以不仁行之,其谁能待? 若果立瑶者也,智宗必灭。弗听。智果别族于太史为辅氏(到太史那里另立氏族,名为辅氏),及智氏之亡也,唯辅果在。(此条显示:立嫡子、庶子都允许,经过合法手续,改名换姓也可。)《国语正义·卷第十五·晋语九》P1015。改氏的手续似乎很简单,只要在太史那里备案即可。

3. 名

叔仲惠伯名彭生,其孙子叔仲昭伯,名带。爷孙姓姬,叔仲氏。

姓、氏、名是血缘关系的标志,人与人之间的亲疏关系一般通过姓氏名即可一目了然,即使有些改动,也可以通过官方文件查实。

取名字有下列禁忌:按鲁国大夫申繻在鲁桓公六年(前 706 年)说的意见,不能用于取名事物的包括:1. 本国之号。2. 官职。3. 本国山川。4. 疾患。5. 牲畜。6. 礼器玉帛。

在某些情况下书写和称呼名字具有轻视的意味:鲁桓公七年(前 705 年)夏,穀伯绥来朝、邓侯吾离来朝。《春秋左传正义·卷七》P51。左丘明对春秋经为何如此记载解释说:"名,贱之也。"前者是穀国国君,伯爵,嬴姓,名绥,后者是邓国国君,侯爵,曼姓,名吾离。因为两位都是失国亡土的人,前来寄居,鲁国曾经与之以诸侯的礼仪交往,现在仍保持这种等级的礼仪仅仅是出于鲁国的仁厚,史官则需要按专业常规,对经营国家失败的人用文字表示褒贬。

二、父子的稳定与变动

父子关系是重要的家庭关系和政治关系,父亲与长子尤其如此。父亲在任何时候都要对子女的行为负责。所以当时人严密监督儿子是很自然的行为。晋国朝臣范文子一次退朝晚,其父范武子问原因,回答说,当众展示了自己的过人才华。范武子立即将这个已经成年的儿子痛打了一顿。《国语正义·卷第十一·晋语五》P862。这一方面是教导儿子在残酷的社会中生存的方式,也是父权的明证。

儿子中有嫡子和庶子之分,嫡妻所生的其他儿子,即嫡子的同母弟称余子。长子与其他儿子的身份区别很大。鲁桓公六年(前 706 年)九月,子同(同,鲁庄公之名,)生,以大子生之礼举之。接以太牢(接见夫人时用太牢),卜士负之(通过占卜选择士人背太子),士妻食之(士人妻子给他喂奶),公与文姜、宗妇命之。《春秋左传正义·卷 6》P48。文姜是鲁桓公的夫人,姬同是鲁桓公的嫡长子,一出生毫不犹豫地就给予其太子的待遇,一系列隆重的礼仪反映出这种因果关系虽非一律自动确认但有制度化的基础。庶子天生属于次要人物,但他们各自有何种的主动性决定不同的未来,受宠的庶子也可能具有与众不同的活动能量。鲁隐公四年(前 719 年)春"卫庄公的庶子公子州吁,嬖人之子,有宠而好兵,公弗禁,卫庄公的夫人庄姜(齐国太子之妹,与卫庄公无子)恶之,她喜爱的是卫庄公从陈国娶来的厉妫、戴妫两姊妹中的妹妹戴妫所生育的卫桓公姬完。贤明的卫国大夫石碏不喜欢卫庄公这样纵容州吁的性情,庄公不听,石碏自己的儿子石厚与州吁也交往甚密,石碏严厉禁止,亦未起到任何作用。卫桓公继位后,石碏立即选择退休。后来州吁、石厚合谋杀死了卫桓公(州吁异母兄),州吁自立,但民心不稳,其密友石厚私下询问其父石碏,后者建议,陈国与周天子关系密切,尝试通过陈得到周天子确认。于是州吁、石厚前往陈,石碏事先密告陈国杀死二人。陈按照吩咐扣留二人,卫国派名丑的右宰前往陈杀州吁,石碏又派自己的家臣到陈国杀死自己的儿子石厚,他的这一行动被赞为"大义灭亲",对国家的忠超越了父子关系。《春秋左传正义·卷3》P23。石碏杀死自己的儿子在当时有复杂的理论支持。卫庄公庶子州吁的情况比较常见,他们既是距离机会最近也是距离机会最远的人,几乎很少能避免被权力巅峰的景致所诱惑,他们想改变宿命的想法是自然的。

郑文公(前672—前645年在位)曾淫乱叔父郑子仪的夫人陈妫,生下子华、子臧两个儿子,这两个儿子先后又被郑文公自己杀死。

1. 过继

宋景公无子,取公孙周之子得与启,畜诸公宫,未有立焉。《春秋左传正义·卷60》P480。宋景公是宋元公之子。宋景公没有儿子,抱养了公孙周的儿子得和启兄弟二人,公孙周即子高,是宋元公之孙。

2. 兄弟

孝悌尽管是重要的守则,但理性有时也会战胜礼仪。兄弟之间的矛盾很容易造成国家大混乱,鲁桓公十年(前702年),"初,虞叔(虞国虞公之弟)有玉,虞公(虞国是公爵国,故称其君为公)求旃(求之之意),弗献,既而悔之,曰:周谚有之:匹夫无罪,怀璧其罪。吾焉用此? 其以贾害也! 乃献之。又求其宝剑。叔曰:是无厌也,无厌,将及我,遂伐虞公,故虞公出奔共池。《春秋左传正义·卷7》P53。被自己的哥哥贪婪惹火的弟弟于是攻击身为国君的兄长,导致其出逃。鲁昭公二十一年(前521年)宋国大司马华费遂生了华貙(即子皮,宋国大夫)、华多僚、华登。貙为少司马,多僚为御士,与貙相恶,乃谮诸公(宋元公)曰:貙将纳亡人。亟言之。华费遂知道后与宋元公商议驱除华貙,后华貙等杀死华多僚,劫司马以叛。冬十月,华登以吴师救华氏。与齐、宋联军对敌,宋元公一度因为危险想逃亡,最后还是齐、宋军队击败华氏与吴国军队。后晋国、曹国、卫国、齐国、宋国一道进攻华氏,大败华氏,华登、华貙等逃亡楚国。《春秋左传正义·卷50》P395。本是兄弟之间的嫌隙,导致诸侯间的战争。

皇麇是个难以捉摸的人,他竟然夺取自己兄长的土地给朋友,这在当时的时代是个另类的事,鲁哀公十七年(公元前 478 年),宋皇瑗(宋国右师)之子麇,有友曰田丙,而夺其兄郧般(麇之兄)邑以与之。郧般愠而行(含怒出走),告桓司马之臣子仪克(告诉了桓魋的家臣)。子仪克告诉夫人(宋景公之母),皇麇准备接纳宋国大族之一的桓氏。宋公就此事问计于子仲。(即皇野,宋国大夫,皇瑗之兄)。此前,子仲准备将自己妻子杞姒生的儿子非我作为嫡子,麇表示反对,认为应该立长子,并强调那是一个良才。子仲对此很生气,没有接受,到现在仍余怒未消,所以这次对宋公说,"右师(皇瑗)则老矣,不识麇也。"他的意思是作为父亲的皇瑗老迈,皇麇则是难管的儿子,宋公于是逮捕了麇,他的父亲皇瑗出逃晋国,宋国又把他召回来,次年宋国杀了皇瑗,随后担任右师职位的是皇缓,他是皇瑗的侄子或侄孙辈。《春秋左传正义·卷 60》P478。宋戴公有一子名充石,字皇父,其后世以皇父或皇为氏,上述皇氏即其后人。

胜利者利益巨大经常引发矛盾的层次进一步细化,兄弟之间的矛盾造成国家的混乱:鲁昭公二十一年(前 521 年),宋华费遂(宋国大司马)生华貙(即子皮,宋国大夫)、华多僚、华登。貙为少司马,多僚为御士,与貙相恶,乃谮诸诸公(宋公)曰:貙将纳亡人。亟言之。华费遂知道后于宋公商议驱除华貙,后华貙等杀死华多僚,劫司马以叛。冬十月,华登以吴师救华氏。《春秋左传正义·卷 50》P395。与齐、宋联军对敌,宋公一度因为危险想逃亡,最后还是齐、宋击败华氏与吴国军队。后晋国、曹国、卫国、齐国、宋国一道进攻华氏,大败华氏,华登、华貙等逃亡楚国。《春秋左传正义·卷 50》P397。

三、家族的宗主及宗主继立的审批权

宗主指一个姓的继承人。鲁昭公二十七年,楚国沈尹戌令尹子常说,楚平王杀了郤宛、阳令终、晋陈三个无辜的人,鄢将师矫令尹子常之命还要灭掉郤氏、阳氏、晋陈氏三个家族。某氏即可以称族,对家族宗主替换、确立,需要诸侯国家政权核准,诸侯的执政有权决定一个家族的宗主。鲁桓公有四子,长子鲁庄公、次子庆父,孟孙氏之祖,叔牙是第三子,叔孙氏之祖,四子季友,季孙氏之祖。以叔牙为例,他是叔孙氏第一代宗主,第二代是其长子公孙兹,他的儿子公孙得臣为第三代,公孙得臣的长子公孙侨如(叔孙豹之兄)为第四代,叔孙豹接着哥哥公孙得臣成为第五叔孙氏宗主,叔孙豹的儿子叔孙婼(即叔孙昭子,约排行第四)是第六代宗主,叔孙婼的儿子叔孙不敢(即叔孙成子)成为叔孙氏第七代宗主,叔孙不敢的儿子叔孙州仇(谥武,又称叔孙武叔)为叔孙氏第八代宗主。宗主之位是儿

子继立,也有兄弟继立,既有长子继立,也有非长子继立。宗主有封邑,不止一处,而宗庙所在地称宗邑,也称为都。

立新宗主一事主要由宗主决定,第八代宗主的继立遇到周折,鲁定公十年(前 500 年),初,叔孙成子(即叔孙不敢,姬姓,谥成,鲁国大夫,叔孙氏第七代宗主)欲立武叔(叔孙成子之子,鲁国司马,也是三桓之一)。公若藐(鲁国宗室,叔孙氏所有的郈邑之宰)曰:"不可"。成子立之而卒(立了武叔之后死去)。公南(一说为叔孙家臣,武叔之党,一说为鲁宗室。)使贼射之,不能杀。武叔因为公若反对自己父亲立其为继承人派名叫公南的人试图射杀公若藐,未能得逞,继而又派侯犯杀公若藐,侯犯的管马人设计一个杀公若藐的方案,公若藐被击中毙命。《春秋左传正义·卷 56》P446。叔孙武叔成为第八代宗主再也没有反对声,看来父亲一方或现任宗主的决定极为重要。

"是岁(鲁昭公十九年,前 523 年)也,郑驷偃(即子游,郑国大夫)卒。子游娶于晋大夫,生丝,弱。其父兄立子瑕(即立为宗主的继承人,子瑕即驷乞,郑国大夫,公子夏之子?驷偃是驷乞的侄子),子产憎其为人,且以为不顺,弗许,亦弗止,驷氏耸。子产对晋国人的解释是其子幼弱,其一二父兄,惧队宗主,私族于谋而立长亲。"《春秋左传正义·卷 48》P385。子产模糊的态度让驷乞左右为难,想要出逃,子产禁止其逃走。子产与公子夏为同宗兄弟,时为郑国相,具有审批权,但他有意拖延下去(子产于郑定公八年,即前 522 年逝世)。驷丝母亲是晋国人,晋国派人来过问立宗主的事,子产解释说,驷偃逝世,儿子年幼,几位父兄驷氏以驷丝年幼,兄长们担心宗主断绝,立了家族中年长的人。他要晋国不要干涉家族继承人这类事,这相当于干涉一个对等的诸侯国家。子产的话虽婉转却很重,晋国人也就不再追问。

孟孙(即孟庄子)恶臧孙(臧纥),季孙爱之。羯是孟庄子的庶子,又称孝伯,孺子秩是羯之兄,本该是孟氏继承人,季武子之子公鉏出于个人目的,假托孟庄子有遗嘱,欺骗父亲季武子,季孙曰:孺子长。公鉏曰:"何长之有?唯其才也。且夫子(指孟庄子)之命也。"遂立羯,孺子秩逃奔邾国。《春秋左传正义·卷 35》P275。伪造遗书,立庶子为宗主。

鲁襄公二十三年(前 550 年)秋"季武子(鲁国正卿)无适子,公弥(公鉏,季武子之子)长,而爱悼子(名纥)(二人都是季武子姬妾所生。),欲立之(古礼,无适而立长)。访于申丰(杜预注为季氏属大夫,也就是家臣),曰:"弥与纥,吾皆爱之,欲择才焉而立之。"申丰拒绝表态。季武子转而去问臧纥(鲁卿,臧宣叔的铸国妻子生下臧贾、臧为两兄弟后逝世,臧宣叔后与鲁宣公夫人穆姜妹妹之女再婚,生臧纥,又称臧武仲,臧武仲深受鲁宣公夫人喜爱,故能得以立为臧氏家族继承人,季武子问到他,大概是与自己的身世有关,因此他主张季武子立他认为有才能的次子悼子),臧纥建议立悼子。季氏以公弥为马正(即大夫家的司马),公弥在别人的劝说下接受了这个职务,并得到季武子的大量的财物。《春秋左传正义·卷35》P275。他立了自己所喜爱的年幼庶子。

宗邑是宗庙所在地,必须由宗主领有。鲁襄公二十七年(前546年),"齐崔杼生成及强而寡,娶东郭姜,生明,东郭姜以孤(前夫所生子)入,曰棠无咎。与东郭偃(东郭姜之弟)相(辅佐)崔氏。崔成有疾而废之,而立明。成请老(退休养老)于崔(崔是地名,崔氏始封之地),崔子许之。偃与无咎弗与。曰:崔,宗邑也,必在宗主。(他们认为崔氏之宗邑应该归继承崔氏的宗主崔明)成与强怒,将杀之。九月庚辰,崔成、崔强杀东郭偃,棠无咎于崔氏之朝。(崔氏的朝廷,崔氏办事的地方)"两个儿子的激烈行为让崔杼本人也陡然变成孤单一人,无家可归,最后自杀,因为有立宗主的失败这个诱因,招致了崔氏的重大损失,庆封以帮助崔杼恢复家庭正常为名,摧毁了崔家,崔成、崔强被庆封所杀,崔杼妻子自缢身亡,崔明逃奔鲁国。《春秋左传正义·卷38》P295。崔成、崔强系崔杼原配所生,东郭偃、棠无咎舅甥野心勃勃,立崔明虽然明显不合理,庆封不仅摧毁了崔氏的政治前途,夺取崔氏的人口和财产,随即自己成为齐国执政。

四、公子、公室、公族以及它们之间的矛盾

公子是君主的儿子,公室是诸侯君主的家庭成员,和国君同族、同姓的子弟但非嫡系的叫公族,他们是血亲,但是利益与见解的差异令其各有主张,导致国家局势改变。

公族是巨大的集合体,郑穆公(前627—前606年在位)有十三个儿子,其中公子夷和公子坚先后为郑灵公、郑襄公。子孔(公子嘉)死于内乱,子然(然氏,无官职记载)和士子孔(公子志)的儿子受牵连出奔外国,士子孔本人官职为大夫,儿子子良官职亦为大夫。子羽(公子挥,官职:大夫)不为卿。其余七个儿子、子罕(公子喜,官职:当国)、子驷(公子騑。官职:执政)、子丰(公子平,丰氏始祖。官职:卿大夫,儿子公孙段郑卿)、子游(子偃,官职:卿)、子印(公子舒,印氏始祖,官职:大夫,子公孙黑肱官职卿)、子国(公子发,官职:司马,儿子子产,卿相)、子良(公子去疾,官职:卿),及其后代被称为七穆,罕、驷、丰、游、印、国、良七大氏。逐渐控制郑国政权,春秋末期,其他五家被排挤逐渐衰落,子罕和子驷最强。鲁国三桓:鲁桓公(前711—前694年在位)有四子,嫡长子鲁庄公继立,

庶长子庆父谥号共,后称共仲,又称孟氏和孟孙氏。庶次子叔牙,又称叔孙氏,嫡次子季友,称季孙氏。)父子关系的嫡、庶、爱、恨是国家政治的驱动力。

晋国著名的三郤也属于其中,郤氏出自姬姓,是晋公族。鲁成公十五年,(前576年)晋三郤[(其一为郤锜,郤氏,郤克之子。)郤犨(其二郤犨,苦成氏,出自郤氏,郤扬之子,蒲城鹊居、步招之幼弟,郤克堂弟,)、郤至(其三郤至,郤氏,蒲城鹊居之子)。姬姓,原为晋公族,叔虎因公封郤邑,别出晋宗别立宗邑庙。郤克是冀缺嫡子,)]害伯宗(晋国大夫),潜而杀之,及栾弗忌(晋国贤大夫,连累到栾弗忌,伯州犁(伯宗之子)奔楚。韩献子曰:善人,天地之纪也,而骤绝之,不亡何待? 初,伯宗每朝,其妻必戒之曰:盗憎主人,民恶其上,子好直言,必及于难。《春秋左传正义·卷27》P212。辈分是1.郤扬。2.郤克、蒲城鹊居、步招之、郤犨。3郤至。

像天王会面临强势的诸侯一样,诸侯也会面临强大的家族对公族构成威胁。

鲁庄公二十三年(前671年),晋桓、庄之族偪,献公患之。士蒍曰:去富子则群公子可谋也。公曰:尔试其事。士蒍与群公子谋,谮富子而去之。《春秋左传正义·卷10》P77。曲沃桓叔、曲沃庄伯、晋武公祖孙三代没有懈怠,前678年,曲沃封君终于消灭了晋国公室。

曲沃桓叔、庄伯家族子孙众多,势大强劲,威逼公族,晋献公虽然是曲沃武伯即晋武公之子,也是桓叔、庄伯子孙中的一员,但是他现在是统一的晋国君主,不能让曲沃武伯之事再度发生。晋献公忧患这件事,让士蒍拿主意。后者让他去掉其中最强者,其余的就可以从容以对,结果进行得很顺利。

公族大夫是职官名,掌宗族子弟教育。魏犨子,又名厨武子,因被封于吕,又称吕锜,其父魏犨,魏犨又是毕万之子,毕万是姬姓,鲁宣公十二年(前597年),……晋魏锜求公族(公族大夫)未得而怒,欲败晋师(希望自己国家即晋国的军队被楚人打败好让自己解恨)请致师,弗许;请使,许之。魏锜请求领兵向楚开战,不许,请求出使楚国,获批。他竟然"请战而还"就是说服了楚庄王与晋国打一仗。)……赵旃(晋赵穿的儿子)求卿未得……对晋国让楚国派来挑战的人返回而生气,先是请求前去向楚国挑战,没有得到允许,随后请求前往楚国说服楚国人来与晋国盟约,获准。对二个对自己国家心怀不满被派往楚国,晋国上军副将郤克预测只会加深两国的敌意,战争不可避免。邲之战,楚庄王让晋景公的军队经历了一场惨败。《春秋左传正义·卷23》P179。晋魏锜、赵旃因为争权未尝所愿,被愤怒冲昏头脑,给晋国带来灾难。

公族大夫也可以由不是公族的人担任。鲁宣公二年(前607年)秋九月载:"初,骊姬之乱,诅无畜(发誓不准收容)群公子,自是晋无公族。(这里的公族指官职名,即公族大夫的简称。杜预注:'无公子,故废公族之官')及成公即位,乃宦卿之適而为之田,以为公族(让卿的嫡子为官并给他们土地,让他们做公族大夫)。又宦其余子,亦为余子。(余子即嫡妻所生嫡子之外的其他儿子,余子又是官名。)其庶子为公行。(公行是官名)晋于是有公族、余子、公行。赵盾请以括(即赵括亦称屏季,他是赵盾的异母弟,赵姬中间的儿子)为公族(公族大夫),曰:君姬氏之爱子也,微君姬氏,则臣狄人也(赵衰随晋文公在狄先娶叔隗,生赵盾,赵衰返晋后,晋文公将女儿嫁给赵衰,即赵姬,君姬氏[她是晋成公之姊,晋成公(前606—前600年在位)]。赵姬坚决要求迎回赵盾、叔隗回晋国,并将赵盾立为嫡子。公许之,冬,赵盾为旄车(旄车为公行之官)之族,使屏季(赵括)以其故族为公族大夫(赵括统率旧族做公族大夫)。《春秋左传正义·卷21》P165。赵是嬴姓,晋成公是姬姓,赵括以晋成公外甥,担任公族大夫。

　　竞争职务、利益致使同宗内斗被不时点燃。不同的家族之间争一日之长,此消彼长。家族内部对不能接受的人和事也会采取自我清除措施,鲁昭公二年(前504年)"秋,郑公孙黑(驷氏)将作乱,欲去游氏(游吉,公孙楚,郑穆公的孙子,公子偃的儿子,他是游氏宗主,游氏是郑国大族之一)而代其位。伤疾作而不果。(公孙黑与公孙楚争夺徐无犯之妹,被公孙楚所伤)。驷氏(公孙黑之族)与诸大夫欲杀之。《春秋左传正义·卷42》P327。游吉和公孙黑都是郑穆公后代。

五、家族的纷争

　　家族是一个宽泛的概念,团结是一个巨大的势力,一旦分裂兆始,就很难预测对立的双方。

　　宋武氏(宋武公的后代)之族道(引导)昭公子(宋昭公之子),将奉司城须(宋文公之弟)因作乱,鲁文公十八年(前609年)十二月,宋公(宋文公)杀母弟须及昭公子,使戴(宋戴公)、庄(宋庄公)、桓(宋桓公后代的族人)之族攻武氏于司马子柏(即华耦)之馆,逐武穆之族,使公孙师(宋庄公之子)为司城,公子朝卒,使乐吕(宋戴公之孙)为司寇,以靖国人。《春秋左传正义·卷20》P161。

　　人的欲望使得利益处于动态分配之中,有些家族十分庞大,甚至亲属间彼此互不认识,即使知道是血亲也因为各种嫌隙而疏远,乃至互相厌恶,因此家族的纷争几乎难以回避。

　　鲁文公八年(前619年),宋襄夫人(宋襄公乃宋成公之父,宋成公系宋襄公前嫡妻所生,嫡妻死后续娶宋襄夫人),襄王(周襄王)之姊。昭公(宋昭公,其父宋成公)不礼焉。夫人因戴氏(宋国的公族)之族,以杀襄公之孙孔叔、公孙钟离及大司马公子卬,皆昭公之党也。《春秋左传正义·卷19上》P144。祖母因为不被孙辈待见,于是杀死了孙辈。其中或有很多隐情,估计无论怎样周文王、周武王周公等都会对此深感失望。

鲁文公七年(前620年),"宋昭公(宋成公之子,宋成公是宋襄公之子)将去群公子(主要是宋穆公、宋襄公的族人,是宋昭公要去掉的公族),(司马)乐豫曰:不可,公族,公室之枝叶也。若去之,则本根无所庇荫矣。……(宋昭公)不听。穆、襄之族,率国人以攻公,杀公孙固、公孙郑于公宫(昭公的宫里)。六卿和公室(六卿与公室讲和),乐豫舍司马以让公子卬(宋昭公之弟),……书曰:宋人杀其大夫,不称名,众也。且言非其罪《春秋左传正义·卷19上》P143。这是一次骇人听闻的暴行,没有记载死者名字是因为被杀者太多,尤其是并非他们有罪。

鲁文公十八年(前609年),宋武氏(宋武公的后代)之族道(引导)昭公子(宋昭公之子),将奉司城须(宋文公之弟)因作乱,(鲁文公十八年)十二月,宋公(宋文公)杀母弟须及昭公子,使戴(宋戴公)、庄(宋庄公)、桓(宋桓公后代的族人)之族攻武氏于司马子柏(即华耦)之馆,逐武穆之族,使公孙师(宋庄公之子)为司城,公子朝卒,使乐吕(宋戴公之孙)为司寇,以靖国人。《春秋左传正义·卷20》P161。这还不是彻底的讲和。鲁成公十五年(前576年)秋八月,葬宋共公,于是华元为右师(执政大夫),鱼石为左师,荡泽为司马、华喜为司徒,公孙师为司城,向为人为大司寇,鳞朱为少司寇,向带为太宰(主管公室内外事务),鱼府为少宰(除华元、华喜是宋戴公后代,司城公孙师是宋庄公后代外,其他六人皆出桓族,即宋桓公后裔)。荡泽弱公室(公室指诸侯家族,也指诸侯政权),杀公子肥(宋文公之子? 或宋共公太子)。他们不时陷于吵架,华元华喜、公孙师杀荡泽,左师、二司寇、二宰都逃奔楚国。《春秋左传正义·卷27》P212。

亲疏是一个重要的概念。鲁昭公七年(前535年)九月,单献公(周朝大夫)弃亲(亲族)用羁(外来者,外来的客臣)。冬十月辛酉,襄、顷之族杀献公而立成公(单献公弟弟,周朝大夫)。《春秋左传正义·卷44》P349。前535年九月,周朝大夫单献公没有优先录用亲族,而开始用任用外来的客臣。冬十月,单襄公、单顷公的族人杀献公而立单献公弟弟单成公。《春秋左传正义·卷44》P349。杀人者们认为单献公破坏了规矩。

家与国之间存在明白无误的交集。前542年十二月,郑国执政子皮提出让尹何担任自己封地的邑宰,子产反对任命一个没有任何行政经验的人,指出这对私邑相当危险,对国家亦是如此。他把罕虎比拟为国家支柱,他的私人封邑出问题,可能导致国家支柱坍塌,作为国家官员的子产等亦会被活埋。罕虎接受了子产阐述的这个家、国的逻辑关系,并将自己家族的事务以及国家执政的事务一并委托子产。《春秋左传正义·卷40》P314。

六、家臣的社会定位

家臣在政治生活中有官方规定的地位,鲁昭公二十五年(前517年)季公鸟是鲁国宗族,在齐国鲍文子家娶妻生子,季公鸟死后,季公亥(即公若)和鲁国宗室公思展以及季公鸟的家臣申夜姑治理季公鸟家。季公鸟的妻子季姒与家臣中的"飨人"即管理饮食名叫檀的人私通,激情之后的季姒不仅基本恢复了理性,而且很害怕丧失自己原有的家庭幸福,她可怜的头脑只能想出虐待自己的方式来补救,忍受剧痛让自己的婢女鞭打自己,然后跑到鲁国大夫秦歇的妻子秦姬(她是季公鸟的妹妹,也是她的小姑)那里诉苦,说是受到季公亥的强迫才屈从,否则就暴力相向,有性命之虞。又向季平子之弟,鲁国大夫公甫诉说公思展和申夜姑对她施加压力,试图控制她。秦姬把自己听到的告诉了公之(也是季平子之弟,名鞅,鲁国宗室)。公之和公甫告诉季平子,季平子拘留了公思展并逮捕了申夜姑,准备杀掉他。季公亥为之痛哭,想要为之求情,季平子不允许其进见,季公亥对季平子非常怨恨。季平子后来因为在郈氏那里扩建自己的住宅,又扣留臧氏老(即臧氏家臣的总管)而招致了鲁国大夫臧昭伯的仇恨,季公亥等人计划谋杀季平子的事通过寺人(即宦官,乃鲁昭公侍从)僚柤报告了鲁昭公,结果导致昭公攻打季氏,公之、郈昭伯(昭公询问过的人中,他支持昭公对季平子采取行动,臧昭伯,子家懿伯即子家子,子家羁鲁国大夫,均不支持)先后被杀,鲁昭公出逃齐国。《春秋左传正义·卷51》P407。

家臣理论上忠于宗主,晋平公时(前557—前532年在位),以乱党名义驱除栾氏,栾怀子(栾盈)出奔,执政命令栾氏的家臣不要跟随,否则将陈尸示众。栾氏家臣辛俞还是跟随栾氏,被抓回,平公问:国有大令,何故犯之?对曰:臣顺之也,岂敢犯之?执政曰:'无从栾氏而从君'是明令必从君也。臣闻之曰:'三世事家,君之(三代事大夫之家,以大夫为家);再世以下,主之(两代以下,以大夫为主)。事君以死,事主以勤,君之明令也。自臣之祖,以无大援于晋国,世隶栾氏,于今三世矣,臣故不敢不君。今执政曰:'不从君者为大戮',臣敢忘其死而叛变其君,以烦司寇?"公说,固止之,不可(坚持制止他跟栾氏走),厚赂之(不肯听从晋平公的命令,于是晋平公送给他很多财物),辞曰:臣尝陈辞矣(臣已经陈述了我的志向),心以守志(心意坚持志向),辞以行之(言辞实施志向),所以事君也(这是事奉君的方式)、若受君赐,是堕其前言。君问之陈辞(君问的时候说一套),未退而逆之(转身就违背这些话),何以事君？君知其不可得也,乃遣之。(晋平公说不过辛俞,只好让他走。)《国语正义·卷第十四·晋语八》P936。

不忠于宗主的人可能是因为面临困难的选择,鲁昭公二十五年(公元前517年)叔孙昭子与季氏相攻,叔孙昭子得到鲁昭公支持,叔孙氏之司马鬷戾言于众曰：若之何,莫对。又曰：我家臣也。不敢知国,凡有季氏与无,于我孰利？皆曰：无季氏,是无叔孙氏也。鬷戾因此决定支援季平子攻击鲁昭公的亲随。鲁昭公后来出奔齐国,叔孙昭子在齐国见到鲁昭公,叔孙昭子如何对待与自己行动不一致的家臣司马鬷戾,没有下文。《春秋左传正义·卷51》P407。

鲁成公十七年(前574年),鲍叔牙的曾孙鲍牵因为发现庆克与声孟子男女私通的秘密,反被声孟子先声夺人,诬告而使得鲍牵遭齐灵公砍断双脚,齐人来召鲍牵之弟鲍国而立之。"初,鲍国(鲍文子)去鲍氏而来(离开鲍氏前来鲁国)为施孝叔臣(家臣)。施氏卜宰(占卜立家宰,宰属于是大夫的家臣,但居于家臣之长)匡句须吉。施氏之宰有百室之邑,(一百家的采邑)与匡句须邑,使为宰,以让鲍国,而致邑焉。《春秋左传正义·卷28》P219。致邑是指退回采邑。匡句须将家宰的职位让给了从齐国来鲁的鲍国,自己退还了采邑。家宰可以用外人,而且可能拥有采邑。家臣首先服务于自己主人,由于贵族或大家族在自己食邑的权力巨大,家臣管理的不仅仅是家事,邑宰等重要的家臣实际等于参与地方管理,有些家臣的权势膨胀大权在他们的实际控制之中,令其宗主也不得不设法加以控制。前517年,鲁昭公在于三桓的争斗失败,逃亡齐国,三桓立鲁昭公之子为鲁定公,季孙氏的家臣阳虎在三桓与鲁昭公的战争中实际掌握季孙氏军权,季孙氏的季平子(前505年逝世)死后,季孙斯继立,但大权被家臣阳虎把持,"鲁定公五年(前505年),阳虎因季桓子及公父文伯。(即鲁国大夫公父歜),六年,阳虎强使孟懿子往报夫人之帛。(意思是向晋国夫人回送财礼)六年八月,阳虎又盟公及三桓于周社……。(周社在鲁国)鲁定公七年(前503年),齐人归郓、阳关,阳虎居之以为政"意思是在阳关主持鲁国政事。鲁定公九年平定阳虎。阳虎不过是个家臣,居然与鲁定公三桓即三位宗主共同盟誓,叔孙武叔父亲立其为宗主时,郈邑宰公若藐公开反对宗主的意见,即可见一斑。

鲁定公十二年(前498年),孔子的学生仲由成为季氏宰,提议堕三都。(季孙氏之费邑,叔孙氏之郈邑,孟孙氏之成邑的合称。)也就是鲁国三桓的宗邑,背景是时任鲁司寇摄相事(前500年起任此职务)的孔子力图强公室,抑私家。为摧毁自己宗邑——郈邑的城墙,叔孙州仇居然需要动用军队才达到目的,季孙氏也将跟随堕自己的费邑,公山不狃(费邑宰)、叔孙辄帅费人以袭曲阜,鲁定公一度处境危险。孔子力命鲁国大夫申须句、乐颀击败公山不狃、叔孙辄所帅费人武装,公山不狃、叔孙辄败逃齐国,季孙斯等帅军队摧毁了费邑防护墙,眼看成邑亦将面临摧毁,公敛处父(成邑宰)对孟孙(孟孙氏第九代宗主,又称孟懿子或仲孙何忌)说,成邑是对外防御齐国入侵的第一道屏障,对内则是孟孙氏家业之保障,他让孟孙本人回避,以在出现最坏的情况时好假装毫不知情以脱责,而由他公敛处父公开抵制摧毁成邑。三桓一度为控制家臣势力过度强势同意堕三都,孟孙氏思想发生改变后,季孙氏和叔孙氏立即转而支持孟孙氏。前498年十二月,鲁定公的军队攻打成邑,没有攻克,堕三都的计划半途而废。叔孙州仇对孔子既爱又恨,他原本想利用孔子强公室的主张打击不羁的家臣,后又从自己切身利益的立场上反对国家的堕都计划。他积极诋毁孔子的思想,贬低其社会价值。

最直接、最简单的改变国家、个人以及政治的方式是婚姻。如果说战争是春秋战国的重要线索,婚姻则是更重要的线索。

第六节　交际——会见、服饰、宴会等集会礼仪

具体礼仪在政治交往与日常生活中的用途,鲁襄公元年记载,"凡诸侯即位,小国朝之,大国聘焉。以继好、结信、谋事、补阙,礼之大者也。"《春秋左传正义·卷29》P226。这个过程涉及复杂的交往、行为礼仪。没有社会的进步,就不会有礼仪的需要。礼仪紊乱的可能是因为确实不知道相关礼仪的存在,或者明知故犯,以及为了政治的目的有意改变礼仪规则,鲁庄公十八年(公元676年)春,"虢公、晋侯朝王。王飨醴,命之宥(向主人敬酒),皆赐玉五瑴,马三匹。非礼也,王命诸侯,名位不同,礼亦异数,不以礼假人。《春秋左传正义·卷9》P70。周惠王、晋献公都是作为君主的第一年,可能是忙中出错,也可能是更为器重晋国国君的作用,有意给予相同的赐赏,礼仪方面的行家批评这种礼仪,指出虢国是公爵,晋侯爵,待遇不能对等。鲁襄公十年(公元563年),宋公享晋侯于楚丘,请以《桑林》,(殷天子之乐,宋国沿用此乐。他是殷后裔)荀罃辞(推辞)。《春秋左传正义·卷31》P245。宋国现在已经不是天子而是诸侯,待遇理应降等,宋是公爵,晋是侯爵,荀罃的谦让推辞显然是适当的。

一、着装

鲁哀公七年(前488年),夏,公会吴于鄫(地名),太宰嚭(吴国太宰)召季康子,康子使子贡辞。太宰嚭曰:国君道长(从吴国到鄫地路途千年,而鲁哀公从

曲阜到郯亦有四百余里），而大夫不出门，此何礼也？对曰：岂以为礼，畏大国也。大国不以礼命于诸侯，苟不以礼，岂可量也？寡君既共命焉，其老岂敢弃其国？大伯（周太王之长子，吴国始祖太王欲立幼子季历，太伯于弟仲雍同避江南，二人区别对待当地风俗，玄端是祭服，端冕、端衣、端委皆朝会、祭祀之礼服。太伯来到尚未开发的江南，没有变装。）"端委以治周礼"仲雍嗣之，断发纹身，裸以为饰，岂礼也哉？有由（有原因）然也。（是有原因才这样做的）"《春秋左传正义·卷58》P460。

鲁僖公二十四年（公元前636年），郑子华（郑国宗室）之弟子臧（当时逃亡在宋国）好聚鹬冠（鹬羽毛，非法之服），郑伯闻而恶之，将其诱杀。君子曰：'服之不衷，身之灾也。《诗》曰：'彼己之子，不称其服。' 子臧之服，不称也夫。宋成公来到郑国，郑伯问待客礼仪，郑卿皇武子说：宋，先代之后也，于周为客，天子有事，膰（祭祀用的烤肉）焉；有丧，拜焉。丰厚可也。郑伯从之，享宋公，有加，礼也。《春秋左传正义·卷15》P116。

二、规定的礼仪当用器物

楚公子弃疾（即蔡公，楚共王之子，楚灵王之弟即位后改名居）如晋，报韩子也。过郑，郑罕虎、公孙侨、游吉从郑伯以劳诸柤（郑地名）、辞不敢见，固请见之。见。如见王（如同见楚王）以其乘八匹私面，见子皮如上卿，以马六匹。见子产，以马四匹。见大叔，以马二匹。禁刍牧采樵，不入田，不樵树，不采蓻，不抽屋，不强匄。誓曰：有犯命者，君子废（免职）小人降（等级）舍不为暴行，主不恩宾。往来如是，郑三卿皆知其将为王也。《春秋左传正义·卷43》P342。

三、宴会

"鲁僖公二十二年（公元前638年）十一月初九，楚子入享（享礼）于郑，九献，庭实旅百，加笾，豆六品（六件食品）。享毕，夜出，文芈（二姬之母）送于军，取郑二姬以归。叔詹曰：楚王岂不没乎！为礼卒于无别，无别不可谓礼，将何以没？诸侯是以知其不遂霸也。《春秋左传正义·卷15》P112。鲁宣公十六年（前593年），"为毛、召之难故，王室复乱，王孙苏奔晋，晋人复之。（恢复他的执政卿士之位）冬，晋使士会平王室，定王享之，原襄公相礼（赞礼），殽烝。武子（士会）私问其故。王闻之，召武子曰："季氏（即士会），而弗闻乎？王享有体荐（把半个牲体放在俎内叫房烝，又称体荐），宴有折俎，公当享，卿当宴，王室之礼也。"武子归而讲求典礼，以修晋国之法。《春秋左传正义·卷24》P186。

晋国派士会成功协调周王室卿士之间的矛盾,周定王享礼款待,周王室大夫原襄公相礼,殽烝。是一种加工肉食的方法,殽指有骨有肉,肉骨砍切成块后放在俎内,叫殽烝,也称折俎。把整个的家畜(杀牲)放进俎内加工的方式,叫烝。

说明某些礼仪当时已经不为一些诸侯国或某些公职人员所知。一个享礼与宴礼混淆的例子:鲁桓公十五年(前697年),郑厉公因为祭仲专权,派祭仲的女婿雍纠杀掉他,"将享诸郊,"意思郑厉公雍纠计划在郊外宴请祭仲时动手。祭仲的女儿告诉父亲"雍氏舍其室而享子于郊,吾惑之,以告。《春秋左传正义·卷7》P56。女婿职位低于祭仲,不称宴而称享。

鲁襄公二十六年(前547年),秋七月,齐侯(齐景公)、郑伯(郑简公)为卫侯故如晋(卫侯当时被晋国所扣留),"晋侯兼享之。晋侯赋《嘉乐》,国景子(即齐国大夫国弱)相齐侯,赋《蓼萧》(晋卫为兄弟之国,诗歌喻晋君恩及诸侯),子展相郑伯,赋《缁衣》(诗歌意不敢违背晋国,同时请求晋国答应其要求)。叔向命晋侯拜二君曰:寡君敢拜齐君之安我先君之宗祧也。敢拜郑君之不贰也。《春秋左传正义·卷37》P288。晋侯亲自感谢齐国帮助安定晋国,感谢郑国的忠实。

祭祀、朝会、比赛、宴会、会议等公共场合,文化是交往中的重要载体,鲁昭公二年(公元540年),晋侯使韩宣子来聘,且告为政而来见,(同时报告他掌管国政因,而来进见),礼也。见《易》(周易爻辞与卦象)、《象》(悬挂与象魏的政策法令)与《鲁春秋》,曰:"周礼尽在鲁矣。吾乃今知周公之德,与周之所以王也。《春秋左传正义·卷42》P327。韩宣子通过鲁国所重视的书籍而感叹文化底蕴与政治文明的重要,鲁国的书与成文政令陈设摆放的时间、地点是偶然的吗？集会上的文化氛围深浅代表一个社会的稳定程度,只有人们因为对自身的了解而赋予信心时,交流才会变得充分有效。形式越是多样化越是符合礼仪的精神,交流才会成为解决各种问题的主要渠道而且持续。交流中常见的具体交流表达形式:

1) 诗

郑穆公前628年即位。前627年,秦穆公将军孟明视、西乞术、白乙丙率领的秦军准备突袭郑国,被郑国机智勇敢的商人弦高所误导,郑国避免了一场迫在眉睫的战争。前627年,楚国令尹斗勃送逃往楚国的郑穆公同父异母兄子瑕回国与郑穆公争夺君位,在攻打郑国远郊的城门时,子瑕意外溺水而死。经过两场危机,郑穆公稳定了自己的君位,但是危机感却没有散开。鲁文公十三年(前614年)冬,鲁文公前往晋国,旨在加强与晋国的同盟关系,归国途中在卫国与卫成公相见,卫侯请求鲁文公利用与晋关系帮助晋、卫媾和,途径郑国,郑穆公在棐地宴请鲁文公,郑国大夫子家(即公子归生)赋《诗经·小雅·鸿雁》,寓意请鲁文公帮助郑国与晋修复关系。鲁国大夫季文子(又称季孙,季孙行父)表示自己的君主处理微妙的鲁、晋关系亦极属不易。季孙行父随后赋《诗经·小雅·四月》借诗人因行旅逾时,思归本国,鲁文公近期不会再次朝晋,似乎有婉拒之意。子家赋《诗经·鄘风·载驰》之四章,来表达目前郑国弱,亟待鲁国帮助其协调与强晋的关系。文子赋《诗经·小雅·采薇》之四章,他被季孙行父的诚意所感,应该是在与鲁文公商议后,向穆公君臣表达鲁文公愿意为郑、晋两国的和平尽心尽力。得到承诺的郑穆公施礼谢拜,鲁文公还礼答拜。《春秋左传正义·卷19下》P151。这是两个诸侯国君一次临时宴会,郑国君臣情绪紧张,对未来不安,如此紧迫、重要的国事,为何不直截了当说出?全因为当时人的社交礼仪的核心是彼此尊重。郑穆公有求于鲁文公,他们之间的交流以各自的大臣为中介,即使提出的要求被拒绝,也因为有个缓冲而不至于过分尴尬。宴会在鲁文公十三年冬季,当时雄心勃勃的秦穆公已经逝世,秦穆公的儿子秦康公连续败于晋国,所以卫、郑以及鲁都在设法与晋国靠近。约一百年前,郑庄公时代的郑国还风头十足,周桓王剥夺郑庄公卿的位置,并将部分封地收回己有。郑庄公不再朝见周天子。前707年,繻葛之战,郑庄公与周桓王率领的陈、蔡、虢、卫等进攻郑国的军队对阵时,郑国的箭射中周桓王。郑庄公从此成名,郑国也俨然为区域强国,时过境迁,晋国不久前打败了秦穆公的强大军队,郑穆公君臣谦恭地请求鲁文公的帮助,鲁文公的君主生涯平庸。鲁庄公十一年(前616年),北方的长狄鄋瞒国进攻鲁国,长狄的国君侨如被鲁国大夫富傅终生所杀,鲁文公履行了对卫、郑两国承诺。

2) 乐舞

晋国在前571年联合齐、鲁、宋攻击郑国,晋的荀罃即知武子接受鲁国人仲孙蔑的建议,在郑国边境筑城,加深了郑国人的危机感,因此归附晋国,晋国与鲁国变得热络,鲁襄公四年(前569年)"穆叔(叔孙豹,立德、立功、立言三立思想的创立者)如晋,报知武子之聘。晋侯享之,金奏《肆夏》(乐名)之三,不拜;工歌《文王》(《诗经·大雅》之三),又不拜。歌《鹿鸣》之三,三拜。韩献子使行人子员问之,曰:子以君命,辱于敝邑,先君之礼,藉之以乐,以辱君子。君子舍其大,而重拜其细,敢问何礼也?对曰:三《夏》(即肆夏,之三),天子所以享元侯也,使臣弗敢与闻;《文王》,两君相见之乐也,使臣不敢及;《鹿鸣》,君所以加寡君也,敢不拜加?(《鹿鸣》诗三篇:《鹿鸣》《四牡》《皇皇者华》)。《四牡》,君所以劳使臣也,敢不重拜?《皇皇者华》,君教使臣曰:'必咨于周'(忠信为"周",一定要向忠信的人咨询)。臣闻之,访问于善为咨(访问善人叫咨),咨亲为询(咨询亲戚或者咨询他人亲历的事为询。），咨礼为度（咨询礼仪叫度），咨事为诹（咨询政事叫诹），咨难为谋（咨询困难为谋），臣获五善（臣得到这五样善事），敢不重拜？《春秋左传正义·卷29》P229。《国语·鲁语下》记载的知武子与叔孙豹问略有区别：敢问何礼也？对曰：夫先乐金奏《肆夏》——《樊》（肆夏一名樊）、《遏》（韶夏一名遏）、《渠》（纳夏一名渠），天子所以飨元侯也。夫歌《文王》（诗经·大雅·文王）、《大明》（《诗经·大雅·大明》）、绵《诗经·大雅·绵》，则两君相见之乐也。其他部分大意与《左传》基本一致。

叔孙豹是个有独立思维能力的人，他对礼节分寸的拿捏反衬出知武子等晋国人相关知识的欠缺，晋悼公是当时政界的旷世英才，与知武子、韩厥等能人贤臣戮力合作，魏绛在鲁襄公四年提出的"和戎狄"主张得到晋悼公的支持与推动，作用明显，国力持续强劲上升，年青的晋悼公引领晋国成就霸业之新高。叔孙豹这样的知识渊博的人虽然在宴会上自信满满，广受晋人尊重，但是晋国勃兴的政治气象与自己鲁国对晋国亦步亦趋的处境相比，难免会心生疑窦，为什么不是他所在的鲁国而是晋国正在成为诸侯领袖？决定性的力量是文化层次的高低？还是有单纯的务实精神即可？

鲁庄公二十年（公元674年）冬，周庄王与王姚之子王子颓得到其父的宠爱，养成犯上作乱的个性。太子周惠王即位后，周惠王分别夺取了周王室大夫蒍国、边伯、石速、詹父、子禽的土地、房子和园圃，这五个侍奉王子颓攻击周惠王。不胜。苏氏（周大夫，周桓王曾夺取其十二个邑给郑国。自此以来遂不和。），享五大夫，乐及徧舞，郑伯闻之，见虢叔（周大夫），曰：寡人闻之，哀乐失时，殃疚必至。今王子颓歌舞不倦，乐祸也。夫司寇行戮，君为之不举，而况敢乐祸！奸王之位，祸孰大焉？临祸忘忧，忧必及之。《春秋左传正义·卷9》P72。郑厉公、虢叔看到王子颓不顾及礼数，认为这比周惠王夺取大臣土地的错误还要严重，两人因此转而支持周惠王。问题是他们也犯同样的错。

鲁庄公二十一年（前673年），夏。郑厉公和虢公分头攻入王城，郑伯享王于阙西辟，乐备。王与之武公之略，自虎牢以东。原伯（原庄公）曰：郑伯效尤，其亦将有咎。五月郑厉公卒。《春秋左传正义·卷9》P72。攻入王城杀死王子颓后，大喜过望的郑伯在宫门的西边城楼上设宴祝贺周惠王取得决定性胜利，周惠王赐予他郑武公时代的疆土，自虎牢以东之地。君臣自己毫无察觉，原庄伯却发现了严重的问题：郑武公像王子颓一样六代的乐舞齐备，这是过失。

3）投壶

晋昭公于前531年即位。前530年夏，齐景公、卫灵公、郑定公到晋国朝见晋国新君。……晋侯享诸侯,子产相郑伯辞于享,请免丧而后听命。晋人许之,礼也。晋侯以齐侯宴,中行穆子相。投壶,晋侯先,穆子曰:'有酒如淮,有肉如坻(水中高地),寡君中此,为诸侯师。'中之。齐侯矢曰:有酒如渑,有肉如陵。寡人中此,与君代兴。亦中之。伯瑕谓穆子曰:子失辞,吾固师诸侯矣,壶何为焉?其以中俊也,齐君弱吾君,归弗来矣。穆子曰:吾军帅强御,卒乘竞劝,今犹古也。齐将何事?公孙傻趋进:日旰君勤,可以出矣。以齐侯出。《春秋左传正义·卷45》P360。

晋昭公即位后,晋昭公招待来客,由于郑简公是本年三月逝世,郑国还是居丧期,子产请求郑国君臣不参见享礼,获准。投壶时晋昭公先投,晋国名将中行穆子在旁,颂词助兴,"酒如淮水流淌,肉如水中的高山,我主投掷入壶,定成诸侯的领袖。"晋昭公投中入壶。轮到齐景公时,齐侯举着箭说:酒如渑水肉如陵,寡人中壶,接替晋兴。士文伯对荀吴说,你说的不对,我国已经是诸侯领袖,不用投壶争先了,如果最终齐君投壶领先,就会自以为未来属于齐国,不会再来屈尊朝见。荀吴则说,我国将军卓越,士气高昂,一如既往,相比之下,齐不会有大作为。齐国大夫公孙傻快步进来,借口天色已晚,和齐景公一同离开了宴席。

4)射箭

礼制中的射即射箭。射箭可以作为一种仪式,可以用于祭祀、选官以及娱乐活动。诸侯举行大射,先要行燕礼,卿、大夫、士人举行乡射之前,行乡射酒礼,娱乐是其中的一个目的,最重要的目的是在各个场合中强调社会等级秩序及其合法性,"天子以《驺虞》为节,诸侯以《狸首》为节,卿大夫以《采蘋》为节。士以《采蘩》为节。《驺虞》者,乐官备也(赞美百官齐备),《狸首》者,乐会时也(赞颂诸侯按时朝见天子)。《采蘋》者,乐循法也(称颂尽职尽责)。……"是故古者天子以射选诸侯、卿、大夫、士。射者男子之事也,因而饰之以礼乐。《礼记·射义第四十六》。唱诗是作为射箭时间的节度,每歌结束为一节。天子以《驺虞》一诗为节;诸侯用到的曲乐是《狸首》,孤、卿、大夫用《采蘋》。士用《采蘩》为节。

整套射礼器具及过程如下:王以六耦射三侯(二人一组为耦,即六对配射,射熊、虎、豹三个靶,天子与诸侯之间),三获三容(三个报靶人,隐藏于三个容身处),乐以《驺虞》,九节(靶后立系有九重析羽的九节杆,一说为演奏九遍,)、五正(靶上画五色环,一说为先熟悉五遍;诸侯以四耦射二侯(诸侯与诸侯之间),二获二容,乐以《狸首》七节,三正(靶心画三色环。应先熟悉三遍);孤、卿、大夫以三耦射一侯(诸侯与卿大夫之间);一获一容,乐以《采蘋》五节,二正(靶心画二色环,按五、三、一递减的习惯,二应该为一。)士以三耦射豻侯,一获一容,乐以《采蘩》五节(五节杆),二正(靶心为二色环,应为一,即先听一遍)。《周礼注疏·卷三十·夏官·射人》P207。君王射时有六个陪射,射熊、虎、豹三个靶,奏《驺虞》曲;诸侯四个陪射,射熊、豹两个靶,孤、卿、大夫三位陪射,射一个靶。士也有三个陪射,射豻靶。

射礼有四种:1. 大射,天子选参加祭祀的诸侯举行的射礼。2 宾礼。诸侯朝见天子或诸侯之间相会时的射礼。3. 燕射。平时燕息之时举行的射礼。4. 乡射。是地方官举荐贤士举行。大射前后常有燕饮,乡射常与乡饮酒礼同时举行。不是一种单纯的娱乐活动,"是故古者天子以射选诸侯、卿大夫、士。……故曰:射者,射为诸侯也,是以诸侯君臣尽志于射,以习礼乐。"《礼记·卷六十二·射义第四十六》P459。射完之后要计算射中环数。

射礼是一种优良的设计:1. 它设计精当,可保游戏公平。2. 具有真正的娱乐性。3. 可鼓励国人参加必要的体能锻炼。4. 前奏与尾声中安排的类似美酒节的活动具有高度吸引力,扩大参与度和影响力。

四、精确的排序与行为规范

制度包括礼仪的细化是一个社会稳定的重要指标之一,西周的礼仪中一些专用的术语说明了当时相对安稳的生活,"郊劳"是一种隆重的礼节,指在郊外迎接、慰问宾客。"与之齿",指的是安排一批身份等级相似的宾客座次并列。"旅",指按次序敬酒,"一献"指主人向宾客敬酒一次。"既献",主人向宾客献酒完毕。

鲁僖公二十二年(公元前638年)十一月初八早上,郑文夫人芈氏、姜氏;劳楚子于柯泽(郑地名)。楚子使师缙示之俘馘(所杀敌人之左耳)。君子曰:非礼也。妇人迎送不出门,见兄弟不逾阈(门槛),戎事不迩女器。"《春秋左传正义·卷15》P112。这些还真不是繁文缛节,任何事情都可以加以规定,使人民行止有度,规定得不好,不是不要规定的充分理由。

制度规定的排序,要求按照社会等级分先后在任何地方都加以体现。鲁成公二年(前589年)齐晋鞌(齐地)之战,齐顷公有英勇的行为,他为寻找逢丑父两次冲入晋军的盟友狄人、卫人的军队,后来齐顷公从战场上逃回齐国都城,迎面遇到一群女子走在路中,随从的军士命令女人们为齐顷公让路,一个女子问:"君免乎?曰:免矣。曰:锐司徒(官名,主管锋利武器的官,是她父亲)免乎?曰:免矣。曰:苟君与吾父免矣,可若何!(本意"怎么办",此处乃无具体意蕴之惊叹词。)乃奔。齐侯以为有礼(先问君后问父亲)。既而闻之,辟司徒(主管军中营垒的官)之妻也。予之石窌。(石窌,齐国邑名)"(《春秋左传正义·卷25》P193。这个女子的父亲和齐国君主同在战场,未知生死存亡,她关心的首先是君,其次才是自己的父亲,在当时的伦理体系中,将君排列在父亲之前是公开、明确、合礼的。

范文子一次退朝晚,范武子问原因,回答说,因为秦国来的客人在朝廷上给出谜语,"大夫莫能对也,吾知三焉。武子怒曰:大夫非不能也,让父兄也。尔童子,而三掩人于朝,吾不在晋国,亡无日矣。击之以杖,折委笄。《国语正义·卷第十一·晋语五》P862。这在当时不能算是过分谦让,范文子虽然维护了国家的尊严,但在一个彼此信任度很低的社会,各种才华的展示都可能招致嫉恨,范武子警醒儿子,一味倚赖智力而轻视经验很危险,具有这种理性谦让意识很重要。范文子确实天资聪颖,立即将礼仪精神转化为行为,周定王十八年(前589年),齐、晋之间发生靡笄之战,遭齐军进攻的鲁、卫两国向晋求援,晋景公派郤克进攻齐国,齐军败,晋郤献子的军队凯旋,范文子有意排在部队尾部,最后进城。担心儿子安危的范武子对范文子说,你知道我在急切盼望你回来吗?范文子回答说:军队是郤子率领的,仗打得好。如果我先进城,恐怕全国都会注意我,所以不敢在先。范武子欣喜地说,我知道我可以免祸了。《国语正义·卷第十一·晋语五》P866。礼让在当时成为一种良好的生存方式,对个人的安全和未来的规划都是必须考虑到的重要因素。在当时,有经验的官员都掌握了这种生活技巧。鞍邑之战(前589年)后,郤献子觐见国君,郤献子战场负伤,晋景公高度评价他的功绩,郤献子认为是听从了君王的命令并向三军发布,三军服从命令,勇敢作战的结果。晋景公称赞第二个进见的范文子为国家带来了胜利,范文子表示否定,认为自己只是从中军接受命令,上军将士全体用命,功劳不在自己。晋景公对第三个进见的栾武子说:打败齐军是您的功劳。栾武子解释自己从上军接受命令,即使有功劳也应该归功于下军将士用命。《国语正义·卷第十一·晋语五》P866。这本是一种制度在起作用,但是晋景公将它提升到礼仪高度,将他能干的将军大臣们的道德层次大幅升华。

有一种礼仪乃明确的政治技巧。齐桓公二十三年(前663年),"山戎伐燕,燕告急于齐桓公,桓公救燕,遂伐山戎,至于孤竹而还。燕庄公遂送桓公入齐境,桓公曰:非天子,诸侯相送不出境,吾不可以无礼于燕,于是分沟割燕君所至与燕,……。诸侯闻之,皆从齐。"《史记·卷三十·齐太公世家》P184。齐桓公解除了燕国的外患,充满感激的燕庄公恋恋不舍地相送,久久不忍告别危难中出手相助的齐国人,两位国君在亲密交谈中不知不觉已经并辇进入齐国国境。齐桓公突然脸色大变,似乎一下子意识到了什么,燕庄公受惊不小,还以为是自己冒犯了神灵,小心询问后才知道这个刚刚打了胜仗的大国君王依然保持平常心,他风尘仆仆却事无巨细了然于胸,为了不违背诸侯相送不出境的礼仪制度,齐桓公表示要在燕君身体所及的齐国土地上挖出一条沟来,作为燕、齐之间的新边界,燕庄公身后的齐国土地都划归燕国了。齐桓公用自己的行为表示,周天子的权威是否衰落不是他的能力所能决定,但是对国家的礼仪的尊重却出自他的本心,违背礼节与规则与冒犯神灵同样不可为,这样乐意助人、慷慨大方又心地高尚的大国与君王,无法避免其他诸侯疯狂追随,周惠王如何理解齐桓公的非凡行为?蓄意收买人心,博取声名,以谋求更多的土地?还是纯属矫揉造作?要知道这是一个刚刚率军队追逐凶狠的山戎令其四处逃散勇猛过人的大国君主,刚下战场,情感就变得如此细腻?周惠王在位期间目睹了齐桓公东征西伐,心如刀剑,突然谨小慎微、循规蹈矩,在姬阆这样贪婪且名声欠佳的天子看来这是一种残酷的对比,不免令人担心,简直就是对王权蓄意挑衅。齐桓公是知礼的人吗?在同年六月,齐桓公将捕获的山戎给鲁庄公送去一批,鲁国人十分冷淡,认为是无礼的行为,礼仪中有明确的规定,诸侯对四方夷狄用兵成功,战利品只能献给周天子,让天子对四方加以警示之用,诸侯之间不能互相赠送俘虏。

　　鲁成公二年(前589年)六月,齐、晋鞍之战之时,晋国韩厥追上齐顷公乘的车,"韩厥执絷马前,再拜稽首,奉觞加璧以进(韩厥拿着绊马索站在齐侯马的前面,先拜而后稽首,捧上一杯酒,一块美玉献给齐侯,曰:寡君使群臣为鲁、卫请,曰:'无令舆师陷入君地。'下臣不幸,属当戎行,无所逃隐,且惧奔辟,而忝两君,臣辱戎士,敢告不敏,摄官承乏!"这段奇论因为代表一个时代的精神标志被后世引用无数次,大意为,我国国君命令全体参战群臣为鲁、卫向您请求,(鲁季孙行父、卫孙良夫、晋郤同时在晋被齐顷公羞辱,齐顷公又进攻卫、鲁两国,它们向晋求援)我们君主说'不要让兵车深入齐国',下臣不幸,列为参战人员,我不可以擅自走避或隐蔽,如我现在逃离,既会因为没有发现您亲临战场而侮辱您的勇气,也会因为我渎职令本国国君蒙受用人失察的讥讽。我不算是一个合格的晋国战士,不是智慧出众的人,皆因敝国人才奇缺暂时轮到我代理此职,因为职责所在,不得不俘虏您。)当时有先见之明的齐国大夫逢丑父与齐顷公调换了位置,恰恰韩厥不认识齐顷公,逢丑父冒充君王令齐顷公去取水,使得齐顷公得以逃脱。逢丑父则被韩厥当作齐侯俘虏。《春秋左传正义·卷25》P192。这可能是世界上有过的最复杂、最客套、最周到、最经典的捕捉前奏,俘虏一个敌人需要如此多的准备,正式俘虏前委婉、庄严,如同和平时期履行一个重要仪式。如果有人觉得韩厥俘虏齐顷公的过程滑稽、伪善或者过于情绪化,那也有其道理,因为战争是暴力,通常是倚强凌弱为能,另有一部分战争本是当事方的理智在和平的前提下完全无法解决问题后的绝望行为,凌辱与任意对待失败者是一种自然的反应,重要的俘虏会引起欢呼是因为就此可以结束战斗或者获得重赏。不过,韩厥绝对是认真的在做他认为必须做的事,对手也没有因此发笑失态,意味着他们认为这样完全正常。必须强调的是,中国古典礼节将激烈的战场局部变得相当温情的场面是出自理性而非矫揉造作,一位交战国的将军俘虏人君时的礼节反映当时社会虽然矛盾尖锐但属于进取性的社会——混乱与冲突中礼节仍然无处不在,俘虏一个敌人尚且如此认真、恭敬的国家或人,处理其他事务也大致会有序进行,他们必然在维护制度中发展。颓废型的社会则总是在力图省略一切结构。其次说到的更重要:当时社会以君王为核心体系,君王享有特权,在任何时候都需要被尊重,即使他已经是一个失败者或俘虏。但是,礼仪资源并非专属,由所有人共享,谁有更好的理解、使用,谁就有更好的未来。制度越是明确精细,就越是容易发现问题。

制度细化严谨的负面作用就是执行时容易因为遗忘、醉酒以及傲慢等忽略其中的细节,有问题的宴饮、着装以及举止不仅招致批评,而且引发灾难性后果:

鲁襄公二十七年(前 546 年):"诸侯盟,小国必有尸盟者,楚为晋细,不亦可乎?"尸是主管、主持仪式之意,尸盟即主盟,一般由较小的一国担任。但事情未必尽然,鲁哀公十七年(前 478 年)鲁哀公会齐侯(齐平公),盟于蒙,孟武伯(鲁国大夫)相,鲁国大夫孟武伯"问于高柴曰:诸侯盟,谁执牛耳?(杜预注:执牛耳,尸盟者)季羔曰:鄫衍之役(哀公七年,前 488 年,鲁哀公会吴于鄫),吴公子姑曹(时值吴王夫差强大);发阳(即郧,鲁哀公十二年,前 483 年,参与者有鲁哀公、卫出公、宋国的皇瑗)之役,卫石魋。武伯曰:然则彘也。《春秋左传正义·卷 60》P477。鲁哀公十四年,田成子杀齐简公,立其弟为齐平公,孔子请求鲁哀公和三桓进攻齐国的弑君者没有得到响应,从此齐国田氏在齐专权,齐平公比鲁要弱势一些。鄫衍之役时吴鲁会盟,吴国强大,鲁国明显弱势,尸盟者却是吴国人,现在哀公与齐平公会盟,孟武伯之所以认为是自己,想到的不是按规则而是按实力。

鲁哀公十七年(前 478 年),哀公会齐侯(齐平公),盟于蒙,孟武伯(鲁国大夫)相,齐侯稽首,公拜,齐人怒。武伯曰:非天子,寡君无所稽首。《春秋左传正义·卷 60》P477。齐平公叩头,鲁哀公鞠躬拜谢。为何没有对等礼节?只能解释为齐平公在国内受到田氏巨大压力,有求于鲁哀公,所以对鲁哀公施以重礼,但是孟武伯解释并非鲁哀公有意矮化齐平公,因为鲁国是重视礼仪的,按礼,只能对天子叩头,齐平公对鲁哀公叩头是个错误,鲁哀公就不能再错了。齐人对此耿耿于怀,鲁哀公二十一年(公元474年)秋八月,公及齐侯(齐平公)、邾子盟于顾,齐人责稽首(杜预注释:责问十七年齐侯为公稽首之事,不见鲁人正面回应。),因歌之曰:"鲁人之皋(皋当读为呺),数年不觉,使我高蹈。唯其儒书。以为二国忧。(认为鲁国拘泥于儒书,竟然不答齐平公稽首礼,使两国不和睦)。"《春秋左传正义·卷60》P479。国君叩头是隆重的礼节,齐平公为何当时有如此的举动,令其国人数年后仍无法释怀,没有记载。但是即使在姜姓的齐国存在的尾声时,纯粹的礼节上仍为大众所重视。显示当时礼节仍然是公认判断是非的重要标准。

鲁哀公七年(前488年,吴王夫差八年),吴人来征百牢,子服景伯对曰:先王未之有也。吴人曰:宋百牢我,鲁不可以后宋。且鲁牢晋大夫过十。吴王百牢,不亦可乎?景伯曰:晋范鞅贪而弃礼,以大国惧敝邑,故敝邑十一牢(猪牛羊各十一头)之。君若以礼命诸侯,则有数矣。若亦弃礼。则有淫者矣。周之王也,制礼,上物不过十二,(上等物品,王礼不过十二之数)以为天之大数也。今弃周礼,而曰必百牢,亦唯执事。吴人弗听,景伯曰:吴人亡矣,弃天而背本。不与,必弃疾于我,乃与之。强者对礼的背叛与弱者倚赖于礼在晋人与鲁人之间,吴人与鲁人之间,表现得很自然,吴王夫差此后仍然叱咤风云,时间很长,吴王夫差执政很久,而不是像子服景伯所说就要灭亡了。

郤缺之子郤献子,即郤克,晋卿,不良于行(是个跛子),受命出使齐国。齐顷公接见使臣时让宫内的妇女们围观,她们按照上天赋予她们的审美观很自然地对这位来自外国,扭曲着身体行走的贵宾大声发笑,惹得郤献子大怒,归国后请求国君立即起兵伐齐。晋正卿士会(即范武子)退朝后对儿子燮(范文子)说:"干人之怒,必获毒焉(意思是别人发怒的时候去触犯他,一定会受害)。夫郤子之怒甚矣,不逞于齐,必发诸晋国。不得政,何以逞怒?余将致政焉,以逞其怒,无以内易外也。尔勉从二三子,以承君命,唯敬(你听从君命,好好与同僚合作。)乃老(告老退职)。"《国语正义·卷第十一·晋语五》P860。范武子非常敏锐,他告诉儿子范文子,郤克在齐国蒙受耻笑,莫大的怨气需要宣泄,如果不能及时对齐国发泄,就会发泄晋国自己身上。他如果没有当上执政,一定怒气难消。自己决定让出执政大权,为的是要让怒气可以宣泄到国外而不是国内,叮嘱儿子国家利益至上,他自己则立即退休,为郤克让道。郤克成为晋君统帅,在靡笄之战中身负重伤,虽然一度软弱,但在晋大夫张侯的鼓舞下坚持冲锋在前,直到打败齐军。

战后第二年,齐顷公朝晋,献之以得殒命之礼。(晋用对待被俘虏的国君之礼馈送食物)(郤克对齐侯说)曰:寡君使克也(叫我郤克),不腆弊邑之礼(因为君的来临,胆敢用敝国菲薄的礼物,献给君的低级官员,"为君之辱,敢归诸下执政,以愁御人"(让贵国的女流之辈安静)。苗棼皇(楚臣,奔晋为晋大夫)曰:郤子勇而不知礼,矜其伐而耻国君,(齐顷公不是俘虏,他在战场上也曾勇敢为营救自己的一位属下连续冲入晋国的盟友狄人、卫人的军队,因为战败来表示服从晋国,所以苗认为郤克失礼。)其几与何?(一定不会有几个人赞同他)《国语正义·卷第十一·晋语五》P868,齐顷公严重的失礼行为在先,郤克打败齐国凯旋后在晋景公面前表现相当有分寸,但他对齐国宫廷里男女声夹杂在一起的笑声显然余怒未消,过于纵容自己的情绪。礼节在这里成为一种精准的尺度,度量出齐顷公、范武子、晋景公、郤克等的见识和人品的差异。

不屈从于命运而又对礼仪条规谨小慎微发生在同一个人身上时会产生怪异的结果,现实社会中一个的人主动性本来产生巨大的能量,可以让好运一直有美德、智慧结伴;恶运变得不是那么肆无忌惮、凶险、难以捉摸,从而提高人类的尊严。但是人类在自己制定的条文面前都显得拘谨,不服从天意而尊重人的约定是否是一种更为理性的心态?鲁僖公二十二年(公元前 638 年)楚人伐宋以救郑,宋公(宋襄公)将战,大司马(子鱼)固谏曰:天之弃商(宋为商后)久矣,君将兴之,弗可,赦也已(不与楚国作战为好)。弗听。"宋襄公不接受子鱼消极的想法,坚持为宋国竭力正确利益,因为见敌人没有过河列阵而不出击,宋襄公本人在战斗中腿部受伤,在二十三年(公元前 637 年)五月因此伤而辞世。《春秋左传正义·卷 15》P111。吴王夫差不遵守礼仪,宋襄公恪守礼仪两个人做个相反的事,结果却不一样,类似的例子虽然不少,可以证明礼仪的内涵还不包括人类发展最关键不可或缺的要素。

人心向善是一个严谨的命题?一个伪命题?是或者不是都有待各自严谨逻辑链的最终形成,人们或以孤立的事件或者汇聚不同时代的相似例子加以论证,可能会看到想要的结果。向善如果没有成本,人们大多会有良好表现,但不同社会经济背景的人承受力不同,向善对部分条件下的部分人构成巨大压力。还是当时逾越礼制的后果已经对人们构成普遍的压制?晋灵公无道,忠诚的赵宣子多次进谏,晋灵公反而派一个名叫鉏麑的力士去刺杀他,清晨前往,见赵宣子已经穿戴整齐准备上朝,只是时间尚早而假寐,麑退而叹息:"赵孟(即赵盾)敬哉!夫不忘恭敬,社稷之镇也。贼国之镇不忠,受命而废之不信,享一名于此,不如死。触庭之槐而死。晋灵公将杀赵盾,不克,盾族弟赵穿在桃园攻杀灵公,立公子黑臀为君,即晋成公。《国语正义·卷第十一·晋语五》P858。鉏麑对礼的理解至少有三个层面:1. 恪尽职守。2. 忠诚。3. 信用。当三者无法协同一致时,应该让最重要价值部分得以保留。

有些行为的禁止或允许与否出自完全一种抽象的思维,"梁山崩,以传召伯宗,赶车的是绛人,问赶车人听到什么,回答:听说梁山崩,用驿车召伯宗回都。伯宗问将如何应对?对曰:山有朽壤而崩,将若何?夫国主山川,故川涸山崩,君为之降服,出次(出宫到郊外),乘缦(无彩饰的车)、不举(不奏乐),策(写文字报告)于上帝,国三日哭,以礼(待神灵)焉。虽伯宗亦如是而已。其若之何?问其名,不告;请以见(君主),不许。伯宗及绛,以告,而(国君)从之。《国语正义·卷第十一·晋语五》P869。车夫提到的相关礼仪伯宗心里是否清楚不得而知,但是相关行为是时人对天的一种人性化解释,认为相关行为是对尚不能完全理解的自然变化的最大尊重。

第七节　哀礼

应该死对地方,不是在规定统一的死法,这是礼提出一种要求,是君主责任的一种界定。鲁僖公三十三年(前 627 年),"鲁僖公薨于小寝。即安也。"《春秋左传正义·卷 17》P132。天子以及诸侯君主在朝仪后,都要去路寝继续听取政事,处理政务,路寝也称正寝。在路寝的公务处理完毕后,君主退至燕寝休息。小寝,则是夫人的寝室,"即安"是讥讽鲁僖公没有终于路寝,而是死在夫人的寝室里,是个追求安逸的君主。

鲁昭公因为斗鸡事件发生内乱,流亡齐、晋。前 510 年,鲁昭公在晋国的乾侯逝世,书曰:"公薨于乾侯"言失其所也。《春秋左传正义·卷 53》P426。这是指没有在适合于君侯的地方逝世。

天子、诸侯、大夫、平民各有安处。鲁僖公四年(前 656 年),许穆公(男爵)卒于师,葬之以侯。礼也。凡诸侯薨于朝会,加一等;死王事,加二等。于是有以衮敛。《春秋左传正义·卷 12》P91。衮是天子的礼服,上公也穿衮服,但稍有不同,公、侯加等时,可用衮衣装敛。许穆公由男爵到侯爵,等于哀礼规格上调了三级。

鲁哀公二年(前 493 年),赵简子(赵鞅)誓曰:志父无罪,君实图之。若其有罪,绞缢以戮,桐棺三寸,不设属辟,素车朴马(使用无装饰的马匹和车),无入于兆(古代同族人丛葬一处,其范围称兆域),下卿之罚也(这是对下卿的惩罚)。

《春秋左传正义·卷57》P454。

鲁哀公二年(前493年),晋国将与郑国交战,战前,赵鞅宣誓承诺在与郑国作战中,我赵鞅如果战场立功,君主赏赐;如果有罪,可以处我以绞刑,装入三寸厚的桐木棺材中,不加衬版和外椁,以无装饰的马匹和车运送棺材,不与同族人葬在一起,这是对违法的下卿惩罚的规格。桐棺易于腐朽,本为庶人所用,规定周天子享有四重棺,诸公三重,诸侯两重,大夫一重,士不重,但可用大棺。天子的大棺材厚达八寸,大夫六寸,庶人四寸。参见《礼记正义·卷八·檀弓上》P65。赵鞅说的不设属辟就是不用外棺。不加衬版和外椁,虽说是有罪的下卿,其实部分还不如庶人。

鲁襄公十二年(前561年)秋:吴子寿梦卒,临于周庙,礼也。凡诸侯之丧,异姓临于外(城外),同姓于宗庙。同宗于祖庙(始封君之庙),同族(高祖以下的族人)于祢庙(父庙)。是故鲁为诸姬,临于周庙,为邢、凡、蒋、茅、胙、祭,临于周公之庙。(上述六姓都是周公之支子,别封为国,共祖周公,周公出于文王,故鲁立周文王庙)《春秋左传正义·卷31》P249。周庙即宗庙,指周文王之庙。姬姓的鲁襄公到周文王庙哭泣吊唁,是因为逝者吴国君主也是姬姓。

吊唁和下葬是两个程序,吊唁者与送葬的距离也分等级,诸侯因为周天王的丧事需要派大夫前往吊唁。鲁哀公十九年(前476年)冬,叔青(鲁国大夫)如京师,敬王(周敬王)崩故也。《春秋左传正义·卷60》P478。有时会人为地降低吊丧的级别。鲁襄公二十九年(前544年),葬(周)灵王,郑上卿有事(因为郑伯在楚国,上卿子展守国,不能离开。),子展使印段往,伯有曰:"弱(即太年轻),不可"。子展曰:与其莫往,弱不犹逾乎?……王事无旷,何常之有?(有何常规不常规的?)遂使印段如周。《春秋左传正义·卷39》P303。

安葬之后就要准备漫长的祭祀。具体的葬仪有规定的时间,"天子七月而葬,同轨毕至(诸侯全部参加);诸侯五月,同盟至(同盟的诸侯参加);大夫三月,同位至(官位相同的参加);士愈月,外姻至(过一个月,姻亲参加)。《春秋左传正义·卷2》P15。这是指逝世到下葬之间间隔的时间。服丧期间的王侯有专门的临时称呼:凡在丧,王曰小童,公侯曰子。(凡在丧事期间,周王称"小童",诸侯称"子"。《春秋左传正义·卷13》P98。

一、周天王

鲁文公十四年(前613年)春,顷王崩,(前618—前613年在位,共六年)。周公阅与王孙苏争政,故不赴(不发讣告)。凡崩、薨,不赴则不书(不发来讣告

《春秋》就不记载)。祸、福,不告亦不书(不来报告,《春秋》也不记载)。惩不敬也。"《春秋左传正义·卷19下》P151。周顷王姬壬臣在位六年,当政的大臣一方面忙于争权夺利,更重要的是周王室财政窘,京师竟然没有发出讣告。周王室支付能力捉襟见肘由来已久,周顷王接手时,周天子的府库就已经空空如也,能否按礼节安葬周襄王还是个未知数,姬郑于前619年秋逝世,冬天,本来鲁国派穆伯(鲁国大夫公孙敖,庆父之子,后后裔耻庆父名改孟氏,又名孟穆伯)送给周王室一份财物,可支付葬礼的部分开销。穆伯为人相当情绪化,当穆伯见到自己为堂弟襄仲(东门遂,鲁庄公子,鲁庄公即鲁桓公的嫡长子公子同,庆父是鲁桓公与妾所生。)所聘的莒女很漂亮时,据为己有,二人闹翻,最后接受调解,都放弃莒女,兄弟和好。《春秋左传正义·卷19上》P144。事情算是暂告一段落。不过穆伯最终还是干出最为离经叛道的事。鲁文公八年(前619年)秋,(周)"襄王崩。穆伯如周吊丧,不至,以币奔莒,从己氏(即莒女)也。"《春秋左传正义·卷19上》P144。被爱情冲昏头脑的穆伯居然完全放不下慷慨的鲁国官方为已故周襄王准备的吊丧财礼,携代这笔公款私逃,到莒国找他个人的幸福去了。次年正月,周王室派毛伯卫专程来鲁国求黄金,说是为了用于安葬周襄王。《春秋》记载周襄王在周襄王三十三年秋八月戊申那天去世,次年二月辛丑安葬。基本上是按礼仪规定的七个月安葬制度行事。鲁国为何要为周襄王的葬事支付两份赙赠,是周王室收入的一个写照。周顷王故世时诸侯没有及时通报,应该与经济窘迫有关,周顷王在位仅六年,不可能使周室的财政得到重大改观,不发讣告应该与财政拮据有关。这种情况仍在继续,鲁襄公二十八年(前545年),十一月癸巳(二十日),天王(周灵王在位27年)崩,未来赴(未给鲁国发来讣告),亦未书(《春秋》也未记载),礼也。……王(周王室)人来告丧,问崩日,以甲寅(十二月十六日)告,故书之,以徵过也。《春秋左传正义·卷38》P299。周天子的使者告知的逝世日期与实际不符,故意推迟了。还有更悖礼的事,前719年,周桓王姬林被郑庄公和周公黑肩立为天子,周桓王时代的郑国过于强势。前707年,周王再也无法抑制住自己的不满,周、郑公开交恶并开战,姬林被郑国人祝聃射中肩膀。周天王威信的损伤程度还不止如此,在位二十三年的周桓王于前697年去世,鲁庄公三年(前691年),夏五月,葬桓王(安葬周桓王),缓也。《春秋左传正义·卷8》P61。此时已经是周庄王六年,距离周桓王驾崩时间已经六年之久后周桓王才得到安葬,周庄王是恶意的遗忘还是卑劣的懈怠? 姬佗是周桓王的长子,但不为其父所喜,周桓王遗嘱周公黑肩立姬克,在周庄王三年时,周公黑肩准备执行这一计划,杀姬佗而立姬克。消息被泄,周公黑肩被周庄王所杀,王子克逃往外国。周庄公对周桓王爱恨交加,导致葬仪时作时辍。

二、诸侯

对于诸侯逝世,诸侯之间有往来规则,儿子应该参加父亲葬礼,但特殊情况会改变原有礼仪。鲁隐公元年(前722年)冬十月,"庚申,改葬惠公,公(隐公)弗临。惠公之薨也有宋师,太子少,葬故有阙,是以改葬。卫侯来会葬,不见公。……杜预注为,以桓为大子,故隐公让而不敢为丧主。"《春秋左传正义·卷2》P16。鲁惠公打败宋国军队不久后逝世,鲁隐公即位后与宋国订立和平盟约,因为宋国军队导致鲁惠公葬仪没有按礼节完成,第二,隐公认为自己是摄政,临时性的,不敢以正式继位的国君身份主持丧礼,他是出于谦让而不是无礼。鲁闵公元年(前661年)春,不书即位,乱故也,(子般被杀,成季奔陈国)……夏六月,葬庄公。乱故,是以缓。(鲁庄公死于去年八月,至此已经十一个月。按礼,诸侯死去最多五个月而葬,而据《春秋》记载,多是三个月而葬。故称庄公葬为缓。)《春秋左传正义·卷11》P84。

一般情况下,诸侯之间应该派等级合格的官员参加。鲁文公六年(前621年)冬十月,鲁国公子襄仲(即公子遂、东门遂)如晋,参加晋襄公葬礼。《春秋左传正义·卷19上》P142。实际情况复杂很多,参加丧仪官员的人数、等级要看具体情况。鲁昭公三十年(前512年)夏六月,晋顷公卒,秋八月,葬,郑游吉吊,且送葬。魏献子使士景伯诘之曰:悼公之丧,子西吊,子蟜送葬。今吾子无贰何故?对曰:诸侯所以归晋君,礼也。礼也者,小事大。大字小之谓也。事大在共其时命,字小在恤其所无。以敝邑居大国之间,共其职贡,与其备御不虞之患,岂忘共命?先王之制,诸侯之丧,士吊,大夫送葬。唯嘉好聘享三军之事(只有朝会、聘问、宴享、战争的事),于是乎使卿。晋之丧事,敝邑之间(间指闲暇),先君有所助执绋矣。若其不间,虽士大夫有所不获数矣。大国之惠,亦庆其加,而不讨其乏,明厎(致)其情,取备而已。以为礼也。灵王(前545年崩)之丧,我先君简公在楚,我先大夫印段实往,敝邑之少卿也。王吏不讨,恤所无也。今大夫曰,女盍从旧。旧有丰有省,不知所从。从其丰,则寡君幼弱,是以不共(恭敬);从其省,则吉在此矣,唯大夫图之。"晋人不能诘。《春秋左传正义·卷53》P423。吊丧的和送葬的人应该是不同的人。现在您一人身兼两职,晋国人对郑国人表示不满。游吉解释,如果政局平稳,时有闲暇,我们郑国的君主也曾经参加晋国国君送葬,当时亲持挽灵柩大绳子;周灵王逝世时,郑简公在楚国,参见周灵王丧礼的印段只是个少卿。周王室也没有责怪。晋国人接受了游吉的说辞。

鲁成公十八年(前573年)春,晋栾书、中行偃派程滑杀死晋厉公。仅用葬车一辆,即没有使用君礼,诸侯葬车应该有七乘。《春秋左传正义·卷28》P221。

诸侯之丧,异姓临于外,同姓于宗庙,同宗于祖庙,同族于弥庙。《春秋左传正义·卷三十一·襄公十二年》P249疏。

送葬的人身份不同,送葬的长短距离不同。前544年四月,葬楚康王,鲁襄公及陈侯、郑伯、许男送葬,至于西门之外;诸侯之大夫皆至于墓。《春秋左传正义·卷39》P302。

因为特殊原因,不能完成全部仪式,也是为礼仪所允许。晋惠公即位后(惠公前650年即位),改葬共世子(太子申生。谥共君),臭达于外,……郭偃说:善之难为也!君改葬共君以为荣也,而恶滋章。夫人美于中,必播于外,……恶亦如之……。《国语正义·卷第九·晋语三》P711。鲁定公十五年(前495年),秋七月,葬定公,雨,不克襄事(不能办完事情),礼也。《春秋左传正义·卷56》P450。鲁襄公二十五年(前548年)崔氏侧庄公于北郭(没有把庄公的棺材殡仪于庙就放在城北郭外,不殡而埋葬),丁亥,葬诸士孙之里(郭外小地名,士孙为人名),四翣(丧车之饰,诸侯六翣),不跸(禁止行人,开路清道),下车七乘(下车指送葬之车,依公礼为九车,有兵甲),不以兵甲(降礼了)。《春秋左传正义·卷36》P282。崔氏草草埋葬了齐庄公,目的不是惩恶扬善,鲁襄公二十五年(前548)秋,齐崔庆新得政。将求善于诸侯。《春秋左传正义·卷36》P283。本年五月,崔杼杀齐庄公,结束了庄公与崔杼的妻子棠姜的婚外生活。棠姜是东郭偃的姐姐,东郭偃则是崔杼的家臣。棠姜原是棠公的妻子,丈夫去世后,崔武子不惧棠姜是寡妇,认为这个女人的凶运已经被前夫全部承接走了。崔杼冒着生命危险娶回新妻,当然是爱胜于生命,棠姜也爱意充溢,只是不如她丈夫专注,问题出在她和齐庄公彼此相见如此迷恋,到了一点也不掩饰两人亲密交往的程度。崔武子很自然地把家仇升级为国恨,违背惯例,将一位被弑的国君安葬在出乎人们意料的地方,不是进一步确认齐庄公的罪恶,也不是从经济角度着眼,而更多地可能是从个人安全考虑而草草了结齐庄公的后事。齐庄公生前放荡形骸,崔武子这样做的理由似乎很充分,至少可以说服自己。

诸侯拒绝参加一位诸侯葬仪是重大事件,"无禄(不幸),文公(晋文公)即世,穆(秦穆公)不为吊,蔑死我君……"。这是鲁成公十三年(前578年)晋厉公派魏相(晋大夫魏锜子)作为使者,到秦国去绝交,就因为秦侯蔑视我已故的文公,魏相这里说的是秦国的过失之一,也是首恶,魏锜子数落的有关秦国的其他内容这里略去很多。《春秋左传正义·卷27》P209。秦穆公熊心虎胆,竟然没有应付一下晋国的大丧,所以晋国要断绝两国关系。

鲁襄公二十七年(前546年),卫献公母弟子鲜逝世后,"公丧之,如税服,[(卫献公死于鲁襄公二十九年(前544年)夏,子鲜死于其前,古代丧礼,天子、诸侯对兄弟死不服丧,)]终身。(服丧直到卫献公自己死亡)。《春秋左传正义·卷38》P293。税服就是补行服丧之。税服又叫穗服,古代丧礼规定的追服,按郑玄的解释,死者治丧时间已过,从听闻其丧而服丧服称为税。

叔孙豹非正常死亡的葬礼。鲁昭公五年(前537年),王正月,鲁国执政季孙氏制作一份策书让叔孙氏的家臣杜泄向叔孙豹(逝世于前538年)的棺材报告裁撤中军的事,被杜泄拒绝。随后叔仲昭子等又进一步为杜泄设置陷阱:叔仲子谓季孙曰:带受命于子叔孙曰,葬鲜者自西门。季孙命杜泄。杜泄曰:卿丧自朝,鲁礼也。吾子为国政,未改礼,而又迁之,群臣惧死,不敢自也。既葬而行。《春秋左传正义·卷43》P338。

叔孙豹的庶子竖牛不喜欢杜泄,贿赂叔仲昭子和季氏的家臣南遗,帮助其设计除掉杜泄,叔仲带对季孙宿诡称:我得到过叔孙豹的指示,因为他是被饿死的,埋葬非寿终的人要从西门出去。季孙宿命名杜泄照此执行,杜泄说,卿的丧礼从朝门出去,这是鲁国礼仪。您担任国家执政,没有改礼制,现在却不按礼制,我不敢冒着犯死罪的危险服从您的这个命令。他在葬礼结束后立即逃走。

往生者被安葬后就要举行相关祭祀,鲁僖公三十三年(前627年)"葬僖公,缓作主,非礼也。凡君薨,卒哭而祔,祔而作主,特祀于主,烝、尝、禘于庙。《春秋左传正义·卷17》P132。1. 四时之祭外,祭于群庙为禘,五年一次P376。安葬逝者完毕后,就要停止不定时的号哭,并把新死者的神主附祭于祖庙。应该及时制作神主。凡是附祭,就要制作神主,家人单独向死者的神主祭祀,以后就在祖庙中和其他祖先一道接受烝祭、尝祭、禘祭等。烝(冬祭名)、尝(秋祭名)、禘(夏祭)1. 祀天地于郊,以其始祖配之。谓之禘,此为大禘。2. 四时享先王,夏商称夏享曰禘。周改称为礿。天子诸侯宗庙之祭,春曰礿,夏曰禘,秋曰尝,冬曰烝。郑玄认为:此盖夏殷之祭周则改之,春曰祠,夏曰礿。以禘祭为殷祭。祠、礿、烝、尝,此周四时祭宗庙之名。

鲁文公二年(前625年)二月二十日,"丁丑,作僖公主(制作鲁僖公神主),书不时也。P388。指出时间不适合。秋八月丁卯,大事于庙,跻僖公(将僖公提升至前任鲁闵公之前),逆祀也。于是夏父弗忌为宗伯,尊僖公,且明见曰:吾见新鬼大,故鬼小(鲁闵公逝世时年纪尚小),先大后小,顺也。跻圣贤,顺也。明、顺,礼也。"君子以为失礼,礼无不顺。祀,国之大事也。而逆之,可谓礼乎? 子虽齐圣,不先父食久矣。《春秋左传正义·卷18》P136。

鲁文公元年(前626年)载,晋文公广受尊重,在其末年时诸侯仍频繁朝见晋国,卫国是个例外,且不断入侵郑国。"晋襄公既祥。"鉴于晋文公是鲁僖公三十二年(前628年)冬逝世,至前626年四月,不到两周年,晋襄公举行的是晋文公周年祭,父母丧周年称小祥,两周年为大祥。随后晋襄公派人遍告相关诸侯组织伐卫,接着在温地朝见周天子。鲁文公元年六月(前626年),晋军攻占卫邑戚地,俘虏卫国大夫孙昭子。《春秋左传正义·卷18》P135。祭祀时间有规定,不能超时。襄仲是执政大臣,非诸侯,可以参照。鲁宣公八年(前601年),有事于大庙(太庙,周公之庙),襄仲(即公子遂,鲁执政大夫,曾经杀子般)卒而绎(死于垂地,他六月时还奉命出使齐国,到黄地就返回了,是生了病,但出国的使命已经完成。《春秋》载,他是辛巳日去世。《春秋谷梁传》P398),连续两天举行祭礼为绎),非礼也。《春秋左传正义·卷22》P171。

三、突破身份限制的葬仪具有特殊性

国君参与大夫葬礼,需要注意的是场合的选择。鲁襄公二十三年(前550年)年末,齐侯攻打莒国,齐大夫杞梁战死,齐国和莒国随后达成和解,齐侯归国,"遇杞梁之妻于郊,使吊之,辞曰:殖(即杞梁)之有罪,何辱命焉? 若免于罪,犹有先人之敝庐在,下妾不得与郊吊。"齐侯吊诸其室。《春秋左传正义·卷35》P276。杞殖的妻子不接受齐庄公在郊外吊唁她的亡夫,齐侯转而前往她的家里吊唁。鲁哀公二十七年(前468年),夏四月,季康子卒,(鲁哀)公吊焉,降礼。《春秋左传正义·卷60》P481。季康子是鲁国正卿三桓之一,鲁哀公到场吊唁,礼节降低等级。

一些强悍的诸侯偶尔对宾客会有些比较过分的要求。公元前545年十一月,楚康王卒,次年即鲁襄公二十九年(前544年),王正月,"楚人使公亲襚,公患之。"即楚国人让六十四岁高龄的鲁襄公亲自为楚康王遗体穿衣服,他与楚康王年龄应该比较接近,襄公深感为难,但最后还是照做了。鲁襄公没有得到楚国人的礼遇。

顺道或者突发的情况,参加吊唁的人不是本国君主安排的人选,晋国三位将军领兵归国途中遇到卫穆公薨,于是临时加入自行参与吊唁。鲁成公二年(前589年)九月,卫穆公卒,晋三子自役吊焉,哭于大门之外,卫人逆之,妇人哭于内门,送亦如之。遂常以葬。(晋国三位将领从战地领兵回国路上去吊唁,在大门外哭泣,卫国人迎接他们,妇女在内门哭泣,送客时也是同式,别国官员来吊唁就

仿照此例，直到下葬完毕。《春秋左传正义·卷25》P194。

诸侯逝世天子应派员吊唁，周天子崩，诸侯会葬；诸侯薨，周天子按礼也需要派人参加。"鲁文公元年(前626年)春，王使内史叔服来会葬。夏四月丁巳(四月二十六日)，安葬鲁僖公。《春秋左传正义·卷18》P135。鲁隐公(前722—前712年在位)元年(前722年)秋七月，"天王使宰咺来归惠公、仲子之赗。缓。(惠公葬在春秋前，鲁惠公在周平王48年即前723年)薨，(公元前722年为鲁隐公元年，故此说来迟)，且子氏未薨，故名(仲子还没有死，所以春秋记下宰咺的名字)。……"赠死不及尸，吊生不及哀，豫凶事，非礼也。"《春秋左传正义·卷2》P15。有三条主要禁忌：1. 赠送死者东西没有赶上下葬；2. 向生者吊唁没有赶上葬后哭丧；3. 人没有死先送礼物。说明周天王比较疏忽或者是不在乎礼节。周天王为死去的诸侯赠送物品，诸侯之间也需要相似举措。礼品有时会随着经济的好坏起伏，也因不同的诸侯之间的关系有分量高低。鲁昭公十年(前532年)九月，葬(晋)平公也，郑子皮将以币行。子产曰："丧焉用币？用币必百两(百两车拉)，百两必千人，千人至将不行。不行，必尽用之。几千人而国不亡？……子皮固请以行。既葬，诸侯之大夫欲因见新君，叔孙昭子曰："非礼也。"弗听。叔孙昭子辞之曰：大夫之事毕也，而又命孤，孤斩焉(哀痛的样子)而又在衰经之中，其以嘉服见，则丧礼未毕，其以丧服见，是重受吊也。大夫将若之何？"皆无辞以见。"《春秋左传正义·卷45》P356。子产心高气盛，不主张送礼，但是在老练务实的子皮坚持之下，还是妥协了。

丧期不能听音乐。鲁襄公二十三年(前550年)晋平公在舅舅治丧期间不撤除音乐，这是禁止行为。《春秋左传正义·卷35》P273。

诸侯葬礼的器用有统一规定，任何变更一般都是自行主张，鲁成公二年(前589年)八月：宋文公卒，始厚葬，用蜃炭(蚌蛤烧成的灰)，益车马(增加车马)，始用殉(开始用人殉)。重器备(增加器物)，椁有四阿(椁有四面坡)，棺有翰桧(棺两旁和盖上都有装饰)，君子谓，华元、乐举，于是乎不臣，今二子者，君生则纵其惑，死又益其侈。是弃君于恶也，何臣之为？《春秋左传正义·卷25》P194。

四、王室成员诸侯家属们

鲁文公四年(前622年)冬，鲁文公的祖母成风薨。五年春，王使荣叔(周大夫)来含且赗，召昭公(周王卿士)来会葬。礼也。《春秋左传正义·卷19上》P140。周襄王派周大夫送来含玉和其他丧葬用品，周王室卿士参加鲁文公祖母的葬事，合乎礼仪。鲁文公九年(前618年)，秦人来归僖公、成风之襚，礼也。诸侯相吊贺也,虽不当事,苟有礼焉,书也,以无忘旧好。《春秋左传正义·卷19上》P145。鲁僖公在鲁文公元年(前626年)四月安葬,成风在前631年安葬,秦国的使者居然迟至前618年才来赠送死者的衣衾,仍然合礼,虽然不及时,但只要符合礼仪《春秋》就加以记载。

因为姓氏产生礼节上的差异。鲁哀公十二年(公元483年)夏五月,昭夫人孟子卒(鲁昭公夫人,孟子,吴女,与鲁国同姓,若称"吴姬"或"孟姬"是违背"同姓不婚"之礼,故改称"吴孟子")。昭公娶于吴,故不书姓。死不赴(同讣,讣告),故不称夫人,不反哭(安葬后不回到祖庙号哭),故不言葬小君(古代称诸侯的妻子)。孔子与吊,适季氏,季氏不绖。放经而拜。《春秋左传正义·卷59》P468。绖指丧服中脱帽扎发,以麻布缠头的装束。不绖,指不脱帽;绖指丧服中系腰和头部的麻带,这里指丧服。季氏不脱帽,非丧礼之礼节,所以孔子脱下丧服回拜。

身份是礼节等级区别的另一个原因。鲁隐公母声子是继室,桓公母是惠公夫人。继室与夫人待遇明显不同。鲁隐公三年(前720年)夏,君氏卒声子也。不赴于诸侯,不反哭于寝,不祔于姑,故不曰薨,不称夫人,故不言葬。不书姓,为公故,曰君氏。《春秋左传正义·卷3》P20。

《春秋经》中,杜注曰:隐不敢从正君之礼,故不敢备礼于其母。君氏即声子。不向同盟的诸侯发讣告,安葬后不再返回祖庙行哭泣礼,死者的神主也不能放在公婆的神主旁不祔(附属)故所以不称薨,不称为夫人,也不记录葬礼。不书写其姓。声子为子姓,依惯例应该记载为"子氏卒"考虑隐公为国君。声子为其母,称君氏以别于普通妾媵,又因为鲁隐公的缘故,称之为君氏。《春秋左传正义·卷3》P20。

鲁襄公四年秋,定姒(鲁襄公的生母,鲁成公的妾)薨,不殡于庙,无椑(内棺)不虞(葬后拜祭为虞),匠庆谓季文子曰:子为正卿,而小君之丧不成,不终君也。君长,谁受其咎?《春秋左传正义·卷29》P230。

个人生前生活影响身后事。文姜在鲁庄公二十一年(前673年)逝世,鲁庄公二十二年春正月,葬我小君文姜。《春秋公羊传注疏·卷八》P42。"小君,非君也。其曰君,何也?以其为公配,可以言小君也。《春秋谷梁传注疏·卷六》P21。"寡小君"也是一国向其他诸侯通报时的一种谦称。鲁国人以礼安葬文姜,是认为身份比行为重要?文姜是齐僖公的女儿,鲁桓公的夫人,鲁庄公以及季友的母亲。鲁庄公八年(前686年),齐襄公被国人所杀,齐桓公即位。前684年,齐国进攻鲁国,在长勺大战,鲁国获胜。文姜的儿子庄公在这场战事中的表现完美无缺。或者是出于对庄公的尊重,还是她本人遥控鲁国,帮助庄公有三十二年的君王时期。在位时间仅次于僖公的三十年,与昭公同以三十二年名列鲁国君主在位时间第二。文姜虽然饱受争议,"父仇不共戴天"的礼训,鲁庄公实难从命。她在鲁庄公心里永远是母亲,庄公胸襟宽阔,没有让仇恨蔓延,因为父亲的不幸而惩罚母亲。

鲁定公十五年(前 495 年)秋七月壬申,姒氏(鲁定公夫人)卒,不称夫人(指《春秋》不称为夫人),不赴(发讣告),不祔(新死者附祭于先祖)。《春秋左传正义·卷 56》P450。鲁定公十五年,秋七月,(注意:定公十五年夏五月壬申,定公薨。定公葬在前,同月葬。)"葬定公,雨,不克襄事,礼也"。葬定姒。不称小君,不成丧也(不称小君,是因为没有按照夫人的葬礼来安葬)。《春秋左传正义·卷 56》P450。因为大雨的缘故没有完成必要仪式。

鲁僖公八年(前 652 年)秋,"禘而致哀姜焉(举行宗庙合祭,并把哀姜的神主放在太庙里),非礼也。凡夫人(凡是夫人),不薨于寝(寝指正房),不殡(停棺)于庙,不赴于同(不向同盟国发讣告),不祔(祔:陪祭,新死者陪祭于先祖)于姑(姑,丈夫的母亲,此指祖姑),则弗致也。(就不能把神主凡放在太庙里。)《春秋左传正义·卷 13》P97。因为自然灾害,缺乏礼仪所定的器材,改用替代物,并不违背礼。鲁宣公八年(前 601 年)冬,葬敬嬴(鲁宣公之母)。旱,无麻,始用葛茀(牵引棺材的绳索)……雨,不克葬,礼也。礼,卜葬,先远日,辟不怀也(先占卜较远的日子,避免人们认为不怀念死者)。《春秋左传正义·卷 22》P172。因为没有麻制作绳索,就最新用葛茀,作为牵引棺材的绳索。

死亡是否合礼的课题已经有比较专门的划定办法,非常具体,但是也会有不同的问题出现。鲁襄公三十年(前 543 年)甲午(五月初五)宋大火,宋伯姬(宋共公夫人,寡居三十四年,此时已经六十左右)卒,待姆(保姆,杜预注释姆为女师)也。君子谓:宋共姬,女(即闺女)而不妇。(是奉行闺女的守则而不是媳妇的守则)女待人,妇议事也。(闺女应该等待保姆,媳妇可以根据情况行事,认为应该逃离火场,据此以共姬的行为为不当)。《春秋左传正义·卷 40》P310。

五、开明与野蛮的仪式

1. 可怕的人殉

除器物外,残酷的君王还会事先要求或由后裔强行决定人殉,殉葬的人数没有规定。前 621 年,即鲁文公六年,"秦伯任好(秦穆公之名)卒,以子车氏三子奄息、仲行、针虎为殉,皆秦之良也,国人哀之,为之赋《黄鸟》。P404。君子曰:"今纵无法以遗后嗣,而又收其良以死,难以在上矣。"君子是以知秦之不复东征也。"

《春秋左传正义·卷19上》P142。

公父文伯死,其母(即敬姜)对他的妾说:吾闻之:'好内,女死之;好外,士死之,今吾子夭折死,吾恶其以好内闻也。二三者之辱共先者祀,请无瘠色,无洵涕,无摇膺,无忧容,有降服,无加服,从礼而静是昭吾子也。"孔子高度评价。《国语正义·卷第五·鲁语下》P516。我听说喜欢女色的,女人为他死,喜欢结交朋友的,士为他死,我敬姜不喜欢我夭折的儿子以喜欢女色闻名。你们几个中委屈自己供奉先人的祭祀请不要毁损了面容,哭泣时不要抽泣,不要捶胸,不要面带愁容,丧服要减少等级,不要加等级,举止有礼保持安静。敬姜不是独出心裁,违背上述公式化的做法,做母亲的一般对自己儿子是否好色心情复杂,她们本能地希望自己儿子身体、心理健康,有好的闺房情趣;一方面又憎恨沉溺其中不能自拔的人,敬姜的儿子早夭,她在伤痛之余,不忘儿子身后的名声,完全适度的情感与理性,这是礼制长期的熏陶养成的品格,敬姜早上哭她的丈夫穆伯,傍晚哭她的儿子文伯,孔子认为她懂礼。这是一个贵族家的女性的正常做法,说明礼节在当时已经系统化而且相当成熟。《国语正义·卷第五·鲁语下》P516。

申亥葬楚灵王(前540—前529年在位)将自己两个女儿殉葬。《国语正义·卷第十七·楚语上》P238。申亥在行使父权,法律不会因为他迫使两个女儿死去而追究他。

鲁定公三年(前507年),郱子因为意外伤重而死"先葬以车五乘,殉五人。"《春秋左传正义·卷54》P430。

2. 移风易俗的人

开明的人对葬仪相对省俭,鲁襄公时代的季孙行父乃一代名臣,廉洁的执政,在襄公五年(前568年)逝世,临终前遗嘱请求薄葬。

3. 肯定不合礼仪的事包括

1) 治丧期演奏、欣赏音乐。晋平公在其母兄亦即其舅舅治丧期间依然按平时的规格生活是不道德之事,鲁襄公二十三年(前550年)春,杞孝公卒,晋悼夫人丧之(为之服丧,她是晋悼公夫人,晋平公之母,杞孝公之妹),平公不彻乐,非礼也。礼,为邻国阙(彻乐)。《春秋左传正义·卷35》P272。意思是因为邻国有丧事,就应该撤除音乐。

2) 举行大型与丧仪无关的典礼仪式。鲁昭公十一年(前531年)五月,齐归薨。她是鲁襄公妾,鲁昭公生母薨,"大蒐于比蒲(鲁国地名)。非礼也。……九月,葬齐归,公(鲁昭公)不戚,……晋士之送丧者,归以语史赵,史赵曰:必为鲁郊(别国的郊外,不能保有国家)。侍者曰:何故? 曰:归姓(姓,儿子,齐归的儿子)也,不思亲,祖不归也。《春秋左传正义·卷45》P358。鲁昭公母亲去世,鲁昭公竟然举行大规模阅兵,这是祖先不庇佑的人,叔向后来为此这样解释:"鲁公室其卑乎!君有大丧,国不废蒐。有三年之丧,而无一日之戚、国不恤丧,不忌(害怕)君也,君无戚容,不顾亲也。国不忌君,君不顾亲,能无卑乎?殆将失国。《春秋左传正义·卷45》P358。

3) 违规饮食与行为。鲁成公十四年(前577年)冬十月,卫定公卒,夫人姜氏既哭而息(休息),见大子之不哀也,不内酳饮(父死,儿子守孝不食而饮水是表示悲哀。看见大子不悲哀,也不肯饮水),叹曰:是夫也,将不唯卫国之败,其必始于未亡人!呜呼!(必定会从我开始)天祸卫国也夫,吾不获鱄(卫献公的同母弟)也使主社稷。(我不能获得鱄来主持国家)大夫闻之,无不耸惧(这话让听到的大夫感到惊怕)。《春秋左传正义·卷27》P211。鲁昭公母亲齐归逝世时他毫无悲色,被人预言将会逃亡,后来确实因为对三桓开战失败而去国。

4. 诸侯对臣属的礼仪

荀盈是姬姓,是周文王第十七子的后裔。荀盈与晋平公血缘相对疏远,但同出姬姓,又是重要臣属,这类双重身份的人被晋平公所疏略,在于诸侯个人偏好。鲁昭公九年(前533年)四月,"晋荀盈如齐逆女,还,六月,卒于戏阳,殡于绛。"未葬,晋侯设宴奏乐饮酒,膳宰屠蒯快步进来,获准帮助敬酒,他先向乐工敬酒,责备其为君主之耳,但"辰在子卯,谓之忌日。君撤宴乐,学人舍业,为疾故也"。甲子、乙卯日历史上发生过亡国大事,当时人视为忌日。这种日子正常情况下国君会停止奏乐,乐工也会停止演习,年仅三十出头就亡故的荀盈乃国家卿佐,是君主的股肱之臣,折损股肱,于家国皆痛心之事,这天还要奏乐,不是耳聪的表现。第二为宠臣嬖叔敬酒,以其为君主的眼睛,有责任帮助君主明辨,"服以旌礼,礼以行事,事有其物,物有其容,今君之容,其非物也。而汝不见,是不明也。"礼仪是行为的规范,事物以内涵区分种类,种类则各有其外观。今君主的外观,与其种类不符,你没有发现,如同盲人。自己饮酒一杯,"臣实司味,二御失官,而君弗命,臣之罪也。"我主管调和口味,两位侍臣失职,而国君没有下令治罪,是我提供给君主的饮食不妥,没有让君主的气血充分流通,发出及时而必要的命令。晋平公听出这番旁敲侧击的话是针对自己,这位政治上比较有作为的君主仍很高兴,撤走了宴乐。《春秋左传正义·卷45》P355,晋平公原先准备撤荀盈之职而换上自己的宠臣,听了这些话后也放弃了。

中国对葬仪的高度重视,一方面是感恩父母,尊重君长,更重要的原因是认为死者是有知的。鲁昭公五年(前537年),季氏以策书的形式使杜泄(叔孙豹家臣之长)告于殡(向叔孙豹的棺材报告),曰:"子固欲毁中军,既毁之矣,故告。"杜泄曰:"夫子固不欲毁也。故盟诸于僖闳(鲁僖公庙的大门),诅诸五父之衢(地名)。"受其书而投之,帅士而哭之。叔仲子(即叔仲带,叔孙昭子,鲁国宗族)谓季孙曰:带受命子叔孙(叔孙州仇,鲁国大夫,我从叔仲子接到命令)曰,葬鲜(鲜,指非自然死亡)于西门。(埋葬不是寿终的人从西门出去)"季孙命杜泄,杜泄曰:卿丧自朝(朝,朝门。卿的丧礼朝门出去),鲁礼也。吾子为国政,未改礼,而又迁之。(没有改变礼仪,现在加以改变)群臣惧死,不敢自也(不敢听从)。既葬而行。《春秋左传正义·卷43》P338。中国人的相关礼仪复杂而耗费巨大,时间漫长。普通人无力支付开销者居多,但是中国人坚持下来,得到官方和民间的一直支持,将其变为一种悠久而独特的民俗,一个重大的目的是强化稳定等级社会。

第八节 礼仪的逻辑结构

信仰、礼仪、现实是否会互相撕裂?祭祀由比较固定的礼仪枝干搭建而成,其中很多愿望却不是礼仪的内涵,一个祈祷自己未来变得越来越强的诸侯无异于不满等级社会现状,他或许能或许不能通过礼让自己变得强大富足优越,完美的礼仪能否决定祭祀的目的达成?现实中谁需要祭祀、礼仪?谁是改变祭祀、破坏礼仪的人?比较确定的认识定义:礼是虚拟的构想又是真实的存在,礼的效用具有广阔的边际,礼仪是现实与未来的桥梁,是人人可以把握的行为尺子,不同的人如何接受这些解释差异很大,祭祀与礼仪、现实都有交集,但是祭祀与礼仪、祭祀与现实、礼仪与现实都不是并集。

一、礼制是专横的

这是礼仪内在的基础,礼仪由天赋予,必然符合人本性,也符合生存需求。必须无条件接受,否则必至于罪过。实际的情况是,有些礼仪本身即含有负面的因素,比如丧仪因为耗费财力、时间巨大,一些会面过程过于繁琐,容易出错。

过分高估自己礼制优越的人可能对别人庄重的礼仪嗤之以鼻,造成歧视与不必要的矛盾。鲁僖公二十七年(前633年)春,礼仪体系迥异直接引起了战争。"杞桓公来朝,用夷礼,故曰子。(《春秋》称他为子)(鲁桓)公卑杞,杞不共也。(认为杞不恭敬)秋,鲁公子遂率兵进攻杞国,责无礼也。《春秋左传正义·卷16》P120。

被放大的礼,小题大做流行的现象可能是一个社会本身或许仅仅是局部社会思维相对稳定的反映,是社会运行中的修炼过程。鲁成公十三年,(前578年)晋侯使郤锜来乞师,将事(将事,指办事)不敬,孟献子曰:郤氏其亡乎?礼,身之干也;敬,身之基也。郤子无基。且先君之嗣卿也(郤克是晋景公的上卿,郤克的儿子又是晋景公的儿子晋厉公的卿,故言嗣卿),受命以求师,将社稷是卫。而惰,弃君命也。不亡何为?《春秋左传正义·卷27》P209。礼本身已经被赋予了神秘的力量。但是不兑现和兑现的例子都有。鲁成公十三年(前578年)成子[成肃公,成肃伯,即姬珶,前578年刚即位。成国始祖是周文王之子,周武王弟叔武。姬姓的伯爵诸侯,鲁庄公八年(前686年),鲁国与齐国联合攻击成国,成国向齐投降。鲁国的仲庆父对此不满,要求伐齐,被鲁庄公拒绝,率鲁军回国。成国地处齐、鲁之间,前616年成国国君逝世,太子逃往鲁国,得到鲁文公帮助,即位为成国君,代价是沦为鲁国附庸,国君成为鲁国大夫。成国也成为孟孙氏的采邑,成君受制于孟孙氏,前408年齐宣公攻占成,成失国。]受脤(王侯祭祀社稷的肉,即祭肉)于社,不敬。刘子(刘康公)曰:"吾闻之,民受天地之中以生,所谓命也。是以有动作礼仪威仪之则,以定命也。能者养之以福,不能者败以取祸。是故君子勤礼,小人尽力。勤礼莫若致敬,尽力莫若敦笃。敬在养神(养指供奉神灵),笃在守业(各安本分尽职),国之大事,在祀与戎,祀有执膰(祭祀完毕后将祭肉分给大家的工作,一说执膰是指祭祀时贡献熟肉的仪式。用的是熟肉?),戎有受脤(社指社神庙。出兵前在社神庙前接受祭肉的仪式,用的是生肉?),神之大节也(这是合神灵交往的大节)。今成子惰,弃其命矣,其不返乎?《春秋左传正义·卷27》P209。左丘明一口气说了两个有关违"敬"的案例,强调对礼的态度十分重要。鲁成公十六年(前575年),晋楚鄢陵大战,晋厉公击败楚共王获胜,楚国的失败与其不敬有关,因为他们的军队管理不专注,组织指挥与晋国的灵活、及时、周密安排相差甚远,但晋之所以胜利更重要的因素是他们战术得当,及时的信息以及判断正确的人。成肃公的不敬是否立即引起严重后果没见记载,成国的国亡要到延至前408年。

二、部分礼是商榷的结果

或者有商量的余地。鲁昭公五年(前537年)夏,莒牟夷(莒国大夫)以牟娄及防、兹来奔(都是莒国地名,献给鲁国)。非卿而书,尊地也。莒人愬(诉)于晋,晋侯欲止公(晋侯准备扣留当时在晋国的鲁昭公)。范献子曰不可,人朝而执之,诱也。讨不以师,而诱以成之,惰也。为盟主而犯此二者,无乃不可乎?请归之,间而以师讨焉。乃归公,秋七月,公至自晋。《春秋左传正义·卷43》P340。晋国人认为鲁昭公这样做不对,但囿于礼制,因此未对其采取行动。因为在别国君侯来朝见期间加以扣留是类似设置陷阱,而对应该予以讨伐者则需要直接、公开使用军队。六年(前536年)夏季,季孙宿如晋,拜莒田也(这是为感谢晋国没有讨伐鲁国占取莒国土地一事)。晋侯享之,有加笾(犹言加菜)。武子退(即季孙宿退出),使行人告曰:小国之事大国,苟免于讨,不敢求贶,德贶不过三献,今豆有加,下臣弗堪,无乃戾也(不敢当,恐怕是罪过)。韩宣子曰:寡君以是为欢也(我国君主以此取得您的欢心)。对曰:寡君犹未敢,况下臣,(我君主尚且不敢,何况下臣)君之隶也,敢闻加贶?(岂敢听到额外的加赏)固请彻加而后卒事,晋人以为知礼,重其好货(重赏赐大量礼物)。《春秋左传正义·卷43》P342。或者为了某种更重要、迫切的利益自动放弃礼制赋予的自身现有部分权益。鲁襄公三年(前570年),鲁襄公"如晋,始朝也。夏,盟于长樗(晋地名)。孟献子相,公稽首,知武子[姬姓,知氏,名罃。荀首(史称荀庄子)之子,智氏出于荀氏,也称荀罃,武为谥号。始祖是荀首,知氏第二代宗主,是晋悼公恢复霸业的最大功臣,智罃去世后其子智朔早逝。智罃之孙智盈继承智氏家主之位。]曰:天子在,而君辱稽首,寡君惧矣。(有天子在,而有辱贵君行叩头大礼,寡君感到害怕)。孟献子曰:以敝邑在东表,密迩仇雠(敝邑地在东边,紧挨着仇敌),寡君将君是望,敢不稽首?(寡君要唯贵君是望,敢不行叩头大礼?)《春秋左传正义·卷29》P228。不能说这是为了利益而行的过分礼节,它就是一个有可以商量的尺度。

各种场面的礼都是生活标准,熟悉礼仪的人可以其作为一种衡量标准,在当时,许多情况下生活中的礼与政治优劣存在实实在在的关系并昭示未来。礼对守礼的人具有庇护作用。鲁襄公三十年(前543年),六月,子驷氏欲攻子产,子皮怒之曰:"礼,国之干也。杀有礼,祸莫大焉。"乃止。《春秋左传正义·卷40》P311。这是礼的认识的最高级级别。

三、基于礼而产生的个人之责任与义务

1. 礼制——从稳定到破碎

当时社会的宏观规划与微观管理均有开创性,礼制体量巨大,无所不在,比法律更丰富,比天性更具体。它顺情所致,是自然的摹本;周密审慎,是丰产的思想。斟字酌句的礼制既柔情蜜意又严格精细,因为它承载着人们无限的希望。

礼制的稳定期不一定是社会的上升期,有段落时间上的稳定和具体的个人身上体现出来的稳定两种。公父文伯(季悼子的孙子)比季康子长两辈(季康子为鲁正卿,季悼子的曾孙,季平子之孙,季桓子之子。)。公父文伯母亲去季氏办

公室,季康子在他内朝(朝:指议事治事之地。)的办公室与她讲话,她不出声;跟着他到了内室寝门(通往内室的门),她仍不出声。进入内室见她,说:我没听到您的吩咐,莫不是有罪吧?公父文伯母亲回答:您没有听说吗?天子及诸侯决定政事是在外朝;决定祭祀的事,是在内朝。从卿以下,完成官吏的职事是在国君的外朝;完成大夫自家的职事,是在大夫的内朝。寝门之内,是妇人做他们的事的地方,天子以下都相同,在外朝,您处理官职以内的事;在内朝,您治理季氏家政,这些都是我不敢说话的地方。《国语正义·卷第五·鲁语下》P495。

公父文伯母亲(名敬姜,季悼子是敬姜的公公)是季康子的叔祖母,季康子到她家,她打开寝门与之说话,都不跨过门槛,祭祀季悼子时看康子参加祭礼,向她敬酒,她不亲自接受,祭祀完毕,她就撤除祭品不与康子晏饮,主持祭祀的宗臣不都在场,她就不参与第二天的续祭,参与续祭,宴饮未完就退下,仲尼听了认为她懂得男女区分的礼节。《国语正义·卷第五·鲁语下》P510。与敢作敢为、无法无天、伤风败俗的声孟子、文姜等相比,她们是生活在完全不同的意境中。

上述人物的关系比较复杂,鲁桓公有四子:鲁庄公、庆父、叔牙、季友。庆父、叔牙、季友都出于桓公,故称三桓,即著名的鲁国三桓。

季友的后裔称季孙氏。季友之孙季文子(季孙行父,执政,有廉洁名),季文子之子季武子(季孙宿、季孙夙,前562年作三军),季武子之庶子季悼子(纥,系妾所生),季悼子之子为季平子(季孙意如,定公时执政),季平子之子是季桓子,季桓子之子季康子。敬姜是公父穆伯之妻,季康子之从叔祖母,季桓子之弟的母亲。公父文伯是敬姜之子,季康子之从叔。

这种礼节需要一个人完全理性,记忆力不出错且具有一定的经济条件,否则就不能稳定。普天之下,情绪化的人格类型更为常见,或者是学养、或者是生活中的遭际,他们很难刻板地执行一套行为规范,而且人类喜欢新事物的天性,趋利避害,当礼节帮助他们获得时,他们很容易遵守,当妨碍人们的利益时,他们就会愿意冒险逾越礼仪的藩篱。鲁襄公二十八年(前545年),齐国"卢蒲癸臣子之(子之即庆舍),妻之。(庆舍把女儿嫁给他)庆舍之士谓卢蒲癸曰:男女辨姓,子不辟宗,何也?曰:宗不辟余,余独焉辟之?赋诗断章,余取所求焉,恶识宗?《春秋左传正义·卷38》P298。卢蒲癸、庆舍都是姜姓。他这样是为被庆封、崔杼所杀的齐庄公复仇心切。

鲁隐公五年(前718年),鲁隐公主持太子也就是鲁桓公母亲陵寝落成典礼,舞六佾。(执羽舞者八人一列,六行)按礼,隐公只是摄政,陵寝主人不是他生母,不该他主持典礼。2.天子八佾、诸侯三公六佾,诸侯四佾,士大夫二佾。隐公身为诸侯却舞六佾，是僭越礼制。从而《春秋》记载为初献六羽，始为六佾。这里使用'初'和'始'来刺讽隐公率先违背礼制，后来孔子听闻季孙氏在自己家里舞八佾时，既心痛又愤怒：八佾舞于庭，是可忍，孰不可忍？

鲁定公十五年（前495年），春，邾隐公来朝，子贡（端木赐）观焉。邾子执玉高，其容仰。公受玉卑，其容俯。子贡曰："以礼观之，二君者，皆有死亡焉。夫礼，死生存亡之体也。将左右周旋，进退俯仰，于是乎取之。朝祀丧戎（朝会祭祀，丧事征战），于是乎观之。今正月相朝，而皆不度，心已亡矣。嘉事（朝礼）不体（不合礼仪），何以能久？高仰，骄也；卑俯，替（衰废）也。骄近乱，替近疾，君为主，其先亡乎。"……夏五月壬申，公（鲁定公）薨。仲尼曰：赐不幸而言中，是使赐多言者也。《春秋左传正义·卷56》P450。

正是因为礼制经天纬地、纵横交错，盘根错节，不是人人都懂得正确使用，在完备礼制的作用下，当时人经常不知道自己从血肉疆场上带回的战功或殚精竭虑达成的政治成果是一个成功还是一个失败，因为战场上的胜败可以直接评估，一场战争的得与失与礼仪评判给出的优与劣并不一致，比如对待战争的结果需要考虑诸多方面，战争对象的血缘亲疏是重要的指标评估。鲁成公二年（前589年）十一月，晋景公打败齐顷公，"晋侯（晋景公）使巩朔（晋国大夫，又称士庄伯）献齐捷（捷，指战利品，齐捷指齐国的俘虏，秦捷则指秦国俘虏），王（周定王）弗见，使单公辞焉，曰：蛮夷戎狄，不式王命，沉湎毁常，王命伐之，则有献捷。王亲受而劳之，所以惩不敬，劝有功也。兄弟甥舅，侵败王略，王命伐之，告事而已。不献其功，所以敬亲昵，禁淫慝也（敬重亲戚昵爱，禁止邪恶淫乱）。今叔父克遂（能成功），有功于齐，而不使命卿（即天子命卿，大国三卿，皆命于天子）镇抚王室（安定王室），所使来抚余一人（委派来安抚我的仅仅巩伯一人）而巩伯实来，未有职司于王室。（而巩伯在王室中没有担任职务）又奸先王之礼。（指献齐捷违背了先王礼节）余虽欲与巩伯（接受巩伯献捷），其敢废旧典以忝叔父？夫齐，甥舅之国也，而大师（太师姜尚）之后也，宁不亦淫从其欲以怒叔父，抑亦不可谏诲人？……"士庄伯不能对，王使委于三吏（把接待的事委托给三公），礼之如侯伯克敌使大夫告庆之礼。降于卿礼一等（比接待卿的礼节降一等。巩朔本非卿也）。王以巩伯宴，而私贿之，使相（相礼）告之曰："非礼也。勿籍（不要记载史册）。"《春秋左传正义·卷25》P196。晋国为姬姓，与周天子同姓，齐国是姜姓，与周天子甥舅相称，这些国家之间关系紧密，戎狄就相对疏远，晋国战胜齐国，礼制规定不应该给天子献俘虏，且派来的使者级别较低，天子对此不满。于是采取了降低接待仪式的办法。但私下又对巩伯十分殷勤，赠品超过礼制的规格。天子一方面认为自己的做法必要,晋国不符合明文规定的礼,两者都有逾越礼之处。精神围绕着礼,行为却大于礼所既定的半径。

政治策划的结果也是如此。政治交易的成或败,得与失经过礼制称量时,可能有很不相同的结论。因为礼制是开放的,它不专属于某个等级、职业、性别、年龄等,理解不易,严格执行更难,只有赞同礼的人才会有共同语言。违背周定王思想的事却照样出现。鲁成公三年(前588年),诸侯国伐郑,郑国在丘舆打败诸侯联军,郑国大夫皇戌被派往楚国进献俘虏。这次楚国好像没有说什么。

晋国大夫知罃也称知武子,系荀首之子,前597年在邲之战中被楚国俘虏。鲁成公三年(前588年)春,当时已经被囚禁九年,正要被交换回国。对于这个被楚庄王囚禁七年,又被自己囚禁了二年的人,楚共王突然发现有满脑子的问题要问。"晋人归公子谷臣与连尹襄老之尸于楚,以求知罃。……王(楚共王)送知罃曰:子其怨我乎?对曰:二国治戎(兴兵交战),臣不才,不胜其任。以为俘馘,执事不以衅鼓,使自归戮(没有杀掉我用我的血涂鼓),君之惠也。又谁敢怨?王曰:然则德我乎?对曰:二国图其社稷,而求纾去民,各惩其忿以相宥也,两释累囚以成其好。二国有好,臣不与及,其谁敢德?(臣下没有参与其事,又敢感激谁的恩德?)王曰:子归,何以报我?对曰:臣不任受怨,君亦不任受德,无怨无德,不知所报。王曰:虽然,必告不谷(虽然这样,你也必须告诉我)。对曰:以君之灵,累臣得归骨于晋,寡君之以为戮死且不朽。若从君之惠,而免之,以赐君之外臣首(首指荀首,外臣,臣子对别国君主称呼本国的臣),首其请于寡君而以戮其宗(以戮其宗,即处死于宗庙,古代宗法赋权,可以家法的名义在宗庙里定罪杀人)亦死且不朽,若不获命(假如我父亲得不到"杀我于宗庙"之命令,即晋君不准我父亲这样做)而使嗣宗职,次及于事,(而让臣下继承祖宗的职位,以次序让我承担军事要职),而帅偏师以修封疆,虽遇执事(遇到您的将帅),其弗敢违(不敢违礼回避),其竭力致死,无有二心,以尽臣礼,所以报也(这就是我报答君王的。王曰:晋未可与争。重为之礼而归之。《春秋左传正义·卷26》P198。《左传》P619,这是一段有关礼与责任,德与怨,忠诚与情谊的精彩对话,知罃不卑不亢,有礼有节,视死如归的情操。楚共王清醒练达,重视人才的君王风范都充分展示了出来。不能假设楚共王事先知道或者不知道知罃所表达的礼与责任等相关概念的准确含意,但他至少是被说服,从而清楚知罃是一个有如此观念的人,与对楚共王的恭敬相比,知罃的个人性格更为强烈,对自己尊严的维护毫不含糊。楚共王尊重这种意识,尽管回味中不时会有刺痛感。

礼仪并非事无巨细都有明确规定,人的品行与教育背景、社会地位、经济基础等都影响到他们对礼仪的选择,经常要根据当时的情况,个人情感的发散状况,作出是非判决,采取相应行动。

礼相当于一条明确的起点线,如果不是有竞争,就不是必要的,因为有礼或无礼,社会给你相应的待遇。因为时代背景的限制,整体上礼本身总是只有部分具有实质价值,它是那个时代给定静态的道德外观和内在标准,社会和人的内涵却是动态发展的。

是礼崩乐坏导致两周侵渔不断? 与无序有区别吗? 臧武仲的例子可以作为否定的一个类型。可以确认礼整体上不是永恒的,它的部分内容在不同的时代背景下需要更新,当缺乏合法的制度更新体系时,就会出现暴力的乃至野蛮的破坏秩序现象,这些改动有些是必要而且恰当的,有些则是过度甚至荒谬的。

礼是当时人们生活的重心,赋予了丰富的内涵:

1. 懂礼是一门专业知识,能够给出新的适当的礼仪解释相当于给社会一种发展方向,这种人正常情况下受到尊重。

2. 规定向对社会贡献巨大的人物礼拜是崇尚美德,引导人们向善的政治安排。

3. 国家对礼的解释、裁量权意味着国家掌握最高级知识,必然享有国家管理权。

4. 礼的部分价值一直在探讨中,一部分肯定是虚构的,只为方便国家整齐日常生活起见。

在礼的思维环境下,国家整体上始终没有离开幻觉意境中,它也让国家一直只是部分被抽象的学术控制?

如同上所述,礼之如此重要,足以见微知著,但是礼具有全面掌控力的时代实际上不存在,它基本上总是在局部或者某些时间,某个环境中起作用,在一些情况下,礼制放纵了人性中的不良嗜好。人们如此重视礼制,同时又有如此多的违背礼制的在发生,社会的基本面不能支撑之外,另一个原因是制定君王、主人、家长、男人等行为方式的人更强调社会等级的差异而忽略人的共性,造成很多人在遵守礼制的过程就是自己不断被削弱的过程,尊重别人权力的过程是自己持续丧失尊严的过程。生活中的强者会为满足自己的心愿选择遵循还是违背礼,生活中的弱者对礼的态度也相仿,大致会更倚赖礼的庇护,礼能构造出人的依托或者纰漏,礼的核心价值在于其精神崇高,而非其林林总总的细节,悟其精髓进取,固守条规者困厄。

第二章　政府制度与社会关系

完全以家为中轴的王国，一切是非（最大的问题）都会与家庭关联。

立一人废多人不是预先的设置，也不是传统，不同的运作过程与时代背景却通常会出现同类结果。

上帝是所有人的上帝，国王不是所有人的国王。

——作者

第一节　君主的起源

一、传说与历史

国家元首与社会关系是最重要的。轩辕黄帝通过武力取代神农氏成为首领，黄帝与西陵国女子嫘祖育有二子：玄嚣与昌意，黄帝传位给了次子昌意之子，其孙高阳，即帝颛顼，颛顼之后继位的是帝喾，他是玄嚣之孙，黄帝曾孙，帝喾传位于子帝挚，挚传位于同父异母的弟弟放勋，即帝尧。《史记·卷一·五帝本纪第一》P15。尧"乃命羲、和，历象日月星辰，敬授人时。……神农氏末，诸侯相侵，暴虐百姓，……分命羲仲……申命羲叔……分命和仲……申命和叔各自观测东南西北四个方位。《尚书·尧典》。尧对希望提拔的重要官员会事先征询属下，他拒绝提拔共工以及儿子丹朱，虽然对鲧的人品不认可，但是，大家的意见以及四岳的意见还是让尧违心地任命鲧担任一个他可能不能胜任的职位，结果显示鲧确实不能达到预期。

尧是一代明君，是道德高尚，胸怀大志的人，举贤与揖让的传说中广为流传的是尧、舜的关系，之前尧帝曾想要让位于四岳，被后者婉拒，在尧帝的引导下大家推荐继位的人，结果乐官瞽叟的儿子，穷困潦倒的舜得到了公认。

帝曰：咨！四岳。朕在位七十载，汝能庸命，巽朕位！

岳曰：否德忝帝位。

曰：明明扬侧陋。

师（众人）锡（赐，献言）帝曰：有鳏在下，曰虞舜。《尚书正义·卷二·尧典》P11。

这段简单的对话是一种制度的起源——选贤任能与揖让制。这里出现的是最正面最理想的一种情况：最为贤明的君王主动将王位传给天下最有能力的人接掌。它不是制度常态，而是制度容许的一个合理的异常情况，是理想与现实的最完美结合。单纯从政治角度而言，这是一种无与伦比的境界，但模仿者以及拙劣的模仿者们演绎出各种版本，东汉的王莽和曹丕各自采用不同的方法获得君位，王莽让这种制度荒诞化，而曹丕的方式则过于血腥。尽管差异明显，他们仍有共同特性：过分地重视形式。事实上只有形式上的形同，其他的要件：愿望、背景、背书人和被背书人等都是伪造的。

舜经过三年试用期，正式接受了禅让。舜与尧的治理路路径相同，《皋陶谟》记载君舜与主管法务的大臣皋陶，水务主管大臣禹讨论政事的情景，《史记·卷二·夏本纪第二》P51。舜同样有最高的任命权，但属下的意见十分重要。长期在位后有意退休的舜此前曾准备传位于皋陶，不料未及传位皋陶即逝世。舜最终选择传位于禹，禹传位于益，"禹荐益于天，七年禹崩，三年丧毕，天下归启。……帝启即位于夏邑。二年，费侯伯益出就国。《今本竹书纪年·卷上》P49。益传位于禹的儿子启，贤明的启受到诸侯的拥戴，继承帝位。益与启的传承关系存在自愿与争斗不同的两种记载，"帝启二年，费侯伯益出就国。"《今本竹书纪年疏证·卷上》P49。"益干启位，启杀之。"《古本竹书纪年辑校》。夏启之后，揖让制不复存在，有扈氏公开质疑新制度，结果被夏启举兵讨伐。《尚书·甘誓》。"三代之世内禅，惟不降实有圣德。"《今本竹书纪年·卷上》P56，夏代第十一代君主姒不降认为儿子孔甲性格乖僻，不适合继承君位，传位于自己弟弟扃，兄弟相传称为"内禅"，这改变了夏启以来父子相传的传统。

文王姬昌是个伟大的政治家，具有罕见精神张力，思维高度独立，不会对一种看起来特别高尚的制度过分虔敬而忽略管理国家时所需要的客观与审慎，对其做最全面的评估尤为重要。"尧闻舜贤，征之草茅之中，与之语政，至简而易行；与之语道，广大而不穷。于是妻之以皇，媵之以娥，九子事之，而托天下焉……"。《太平御览·卷八十一·皇王部六·帝舜有虞氏》P378 所引《尸子》一书语。舜有好声誉，但治国能力尚未展示。尧亲自会面测试，发现其政治观念清晰、务实；又是个思想丰富、深刻的人，认定舜可以信任是合适的继任者。

为何揖让制度在西周没有延续？稀世之才不世出，可遇而不可求。国事完全委托给一个看起来很好的个人在西周的先辈看来可能并不足够,一个人因为最卓越,很容易变得势单力薄。对涉及多种利益关系的国家而言,一个最杰出的个人不可能比利益攸关集体的形成的合力更稳妥、保险。文王或者相信的是一个大家族如果密切合作,完全可保国家无虞,因此没有接受举贤制度。这位历经政治惊涛骇浪,老练、务实的爵爷很自然地将君位传给自己的儿子,周武王取得全国胜利后,被重新赋予崇高政治内涵的分封制在整体上得到落实。周礼是站在家的层面上看国家,认为不同类型的亲情具有相当稳定的蕴涵,在周王心中,忠贞、孝悌、节、义等充分反应他们所认识到的这个世界的各种社会关系,而建立一个以家族为主轴的国家政体最为可取,这是西周立国者们的坚定信念。周大夫富辰对周王说的以下这段话是对周文王、周武王、周公等为何建立西周分封制一个比较具体的诠释:

鲁僖公二十四年(前 636 年),"郑公子士(郑文公之子)、泄堵俞弥(郑国大夫)帅师伐滑,王使伯服(周大夫)、游孙伯(周大夫)如郑请滑(请不要攻打滑),郑伯(郑厉公之子郑文公)怨惠王之入而不与厉公爵也,又怨襄王之与卫与滑也(当时在位的周襄王偏袒卫与滑)。故不听王命而执二子(扣留伯服、游孙伯)。王怒,将以狄伐郑。富辰(周室大夫)谏曰:不可。臣闻之:大上以德抚民,其次亲亲,以相及也。昔周公吊二叔之不咸(感伤蔡叔、管叔二人不得善终),故封建亲戚以蕃屏周。管、蔡、郕、霍、鲁、卫、毛、聃、郜、雍、曹、滕毕、原、酆、郇,文之昭也(文王的儿子)。邘、晋、应、韩,武之穆也(武王的儿子)。凡蒋、邢、茅、胙、祭,周公之胤也。召穆公思周德之不类,故纠合宗族于成周而作诗,曰:'棠棣之华,鄂不韡韡,凡今之人,莫如兄弟。'其四章曰:'兄弟阋于墙,外御其侮。'如是则兄弟虽有小忿,不废懿亲。今天子不忍小忿以弃郑亲,其若之何?庸勋、亲亲、暱近、尊贤,德之大者也。即聋、从昧、与顽、用嚚,奸之大者也,弃德、从奸,祸之大者也。郑有平、惠之勋,又有厉、宣之亲,弃嬖宠而用三良,于诸姬为近,四德具矣。耳不听五声之和为聋,目不辨五色之章为昧,心不则德义之经为顽,口不道忠信之言为嚚。狄皆则之,四奸具矣。周之有懿德,犹曰'莫如兄弟',故封建之。其怀柔天下也,犹具有外侮;扞于侮者,莫如亲亲,故以亲屏周。召穆公亦云。今周德既衰,于是乎又渝周、召以从诸奸,无乃不可乎?民为忘祸,王又兴之,其若文武何?王弗听,使颓叔、桃子出狄师。"《春秋左传正义·卷十五》P115。周王没有接受,派颓叔、桃子率领狄人军队进攻郑国。说明文、武王、周公的意见在当时已经不那么容易理解、接受了。或者因为周襄王原本就是刚愎的人,狄人占领郑国的临时都城后,接受颓叔、桃子的提议以狄人首领之女隗氏为王后,周襄王一向信任的大臣富辰认为狄人可能成为周室大患,周襄王不听劝阻。隗后确实辜负了周襄王的爱情,她又与周惠王的幼子甘昭公热恋,而周襄王是周惠王的长子,甘昭公也是王子带与嫂嫂伤风败俗的关系败露后,周襄王废了隗后,颓叔、桃子担心狄人迁怒于他们,于是奉王子带率狄人攻击周襄王,大败周军,周襄王只好逃往郑国。

《左传》中出现的人们没有系统进入《礼记》中的生活,按部就班,亦步亦趋、循规蹈矩地生存,而是介于遵守与违背礼制之间,或利用礼制寻求机会;有不经意中获得超越者,有因为突破成规而得到自身的解放或者毁灭。另一部分原因是年轻的一辈不知道礼仪的存在或者由于时间久远失去了政治记忆。

二、一级君主——天子及其辖区

1. 天子辖区

黄帝旁行天下,分建万国。……至于唐虞,别为五等,曰:公、侯、伯、子、男。——夏制与唐虞同。《通典·卷31·职官十三》P445。

帝尧“八十七年,初建十有二州。”《今本竹书纪年疏证·卷上》P47。

三十三年春正月,夏后受命于神宗,遂复九州。《今本竹书纪年疏证·卷上》P47。

弼成五服,至于五千(五千里之意),州十有二师(三万劳力)。外薄四海,咸建五长,各迪有功。《尚书·皋陶谟》。王畿外围的侯、甸、绥、要、荒五服,另一种是以侯、甸、男、采、卫为五服四方五千里。

殷制:天子之田方千里;公侯百里;伯七十里;子男五十里。不能五十里者,不合于天子,附于诸侯。郑玄云:此地殷所因夏爵三等之制。“凡海之内九州,州方千里,州建百里之国三十,七十里之国六十,五十里之国百有二十,凡二百一十国,名山大泽不以封,其余为附庸闲田。凡九州,千七百七十三国。千里之外设方伯,五国以为属,属有长;十国为连,连有帅;三十国为卒,卒有正;二百一十国为州,州有伯;八州八伯,五十六正,百六十八帅,三百三十六长。八百各以其属。属于天子之老二人,分天下以为左右,曰二伯。千里之内曰甸;千里之外曰采。《通典·卷31·职官十三》P445。

杜佑认为黄帝时已经在诸侯国“置左右大监,监于万国。”《通典·卷31·职官十三》P445。

九州和十二州,州方千里,州内分别建三十个百里之国,六十个七十里之国,五十里的国家一百二十个。一州之内二百一十个国家。九州之内合计一千七百七十三国。这意味着州的大小不一,有些州内的诸侯国家数目低于标准数。一千七百七十三国也是"万国"的笼统说法。

服制:

五百里甸服:百里赋纳总(禾稾曰緫),二百里纳经(禾穗),三百里纳秸服(带秆的谷,秸即谷壳),四百里粟,五百里米。

五百里侯服:百里采,二百里男邦,三百里诸侯。

五百里绥服:三百里揆文教,二百里奋武卫。

五百里要服:三百里夷,二百里蔡。

五百里荒服:三百里蛮,二百里流。《尚书正义·卷六·禹贡》P41。

以上是高度影响两周的制度和惯例:1. 不同辖区的人民不同责任的具体制度。2. 不同地区都必须认同周天子是最高国家元首,接受周天子的思想。3. 认同宗周。宗周是丰京、镐京的合称,在今长安沣河两岸,文王所建丰京在河西,武王所建镐京在河东。西周的东都称洛邑。西周(至前771年止)的都城是镐京。成周是周公所筑,在洛阳王城东,周成王五年迁都于此。即西周的东都洛邑,在今河南洛阳市东郊。周王室直接控制周八师,每师二千五百人,二万人戍守成周。

王城,在洛阳城西,建有宫寝,东面是成周,宗庙所在。一说王城在成周城内。

前770年周平王时,将宗周迁往洛邑(今洛阳市),定都王城。洛邑又称王城,曾是西周的东都。成周和王城两个不同的地方都称为洛邑。是国家不同时期的都城,王都所在地都称为宗周,称宗周是因为周天子是全部所封诸侯国家的宗主。周敬王时,王子朝之乱,周敬王从洛邑王城迁至成周。

2. 西周

1. 西周区划

国都

即王城(京城,方九里)	——国都的土地用作居宅
近郊(距王城五十里)	——用作宅田、士田、贾田。
远郊(距王城一百里)	——用作官田、牛田、赏田、牧田。
公邑(远郊之外,甸地之内)	——公邑的农田
甸(距王城百里外,二百里内)	
稍(距王城二百里外,三百里内)	——大夫采邑的农田

县（距王城三百里外，四百里内）——作卿采地的农田

都（距王城四百里外，五百里内）——作公的采地，域王同母弟及王之庶子所食邑的农田。

王畿（京城方千里之内，即王畿，呈正方形。）

九畿的概念在《周礼·夏官·大司马》中解释为"方千里曰国畿；其外方五百里曰侯畿；又其外方五百里曰甸畿；又其外方五百里曰男畿；又其外方五百里曰采畿；又其外方五百里曰卫畿；又其外方五百里曰蛮畿；又其外方五百里曰夷畿；又其外方五百里曰镇畿；又其外方五百里曰蕃畿。杜佑称侯、甸、男、采、卫、蛮、夷、镇、藩为九服。《通典·卷31·职官十三》P445。服即服事天子或周国家。畿与服是有关连的两个概念，前者是以距离为标准的区域划分，后者则以与周天子亲密程度为准。一般须向周王敬献所在地的特产，朝见天子的时间次数也有严格限制，从每年一次到终生一次不等：

侯服：每年朝见一次，贡牺牲苞茅。

甸服：两年朝见一次，贡接待宾客之物。

男服：三年朝见一次，贡尊彝等物品。

采服：四年朝见一次，贡丝麻布帛。

卫服：五年朝见一次，贡玉石金木。

要服：六年朝见一次，贡龟贝。

蕃国：国王去世，太子即位时朝见一次。《周礼·夏官·职方氏》。

这种时间规定贡献的频率在不同的文献中常有不同的记载。也有研究指出，荒服的首领终身只须一贡，侯服则要每月一贡，而甸服的贡奉是随机的。这与相关的礼制实践比较接近。

畿、服并称时可以看作周国家一级地方政府的格局代称，周天子直接管理的只有王畿，或国畿。对其九服实施差异化管理，服制不是周国家的创建，夏朝就有五服的概念。分别为甸、侯、绥、要、荒服。邦内甸服，邦外侯服，侯卫宾服，蛮夷要服，戎狄荒服。《国语正义·卷第一·周语上》P32。这里称天子畿内千里之内曰甸。邦畿之外五百里之地谓之侯服，从侯到卫总称宾服，蛮夷称要服，戎狄称荒服。《尚书》所称的绥服在这里变成了宾服，而甸的位置已经从《尚书》五服排序的第二列为第一，排在侯之前，它又是王畿的代称。按对五服各自的命名，以及对周天子的责任与义务，侯服应该是指周天子所封各级诸侯，宾服是指世代保留下来的方国？要、荒都应该是指异族聚居地区。他们与周天子的关系不稳定。如果他们定期朝见，贡献特产，他们就会近似周天子的一部分。如果他

们随心所欲,周天子可能置之不理,有实力时会采取程度不同的强硬措施。

"诸公之地,封疆方五百里,其食者半;诸侯之地,封疆方四百里,其食者参之一,诸伯之地,封疆方三百里,其食者参之一,诸子之地,封疆方二百里,其食者四之一,诸男之地,封疆方一百里,其食者四之一。"《周礼注疏·卷第十》P66。公爵有五百里的封地,公爵诸侯可以收取二分之一的税收,侯爵收取三分之一,伯爵收取三分之一,子爵收取四分之一;男爵收取四分之一。公爵封地之内收成的二分之一可以自行处理。

地方政权自主划分,在管子基层制度中:五家为轨,轨有长;十轨为里,里设司里,四里为连,连有连长,十连为乡,乡有良人。与此相关建立军事制度:五家为轨,所以五人为伍;由轨长率领;十轨为里,所以五十人为一乘兵车。由司里率领;四里为连,所以两百人为卒,由连长率领,十连为乡,所以两千人为旅由乡良人率领;五乡为帅,所以万人为军,由五乡的帅率领。共三军(公一军,国子左军,高子右军)。民众不能任意迁徙。君有此士也三万人,以方行于天下,以诛无道,以屏周室,天下大国之君莫之能御。《国语正义·卷第六·齐语》P564。

郊外制定行政组织制度:三十家为邑,邑有司邑;十邑为卒,卒有卒帅,十卒为乡,乡有乡帅,三乡为县,县有县帅,十县为属,属有大夫设立五大夫,使其各治理一属,设立五正,使其各管理一属。是故正之政听属;牧政听县,下政听乡。(即正管属,属管县,县管乡)《国语正义·卷第六·齐语》P569。

管子把国都划为二十一乡,工商聚居的乡六个,(即二十一个乡中六个安排工商从业者聚居,余下类推)士聚居的乡十五个,桓公直辖五乡作中军,国子管五乡,高子管五乡。把国家大体分三部分,划定界域,作为农、工、商的地区,为群臣设立三卿,为工匠设立三乡,为商贾设置三乡,为泽设立三虞,为山设立三衡。《国语正义·卷第六·齐语》P564。

诸侯对自己封地权限很大,管子在齐国的政治实践就是例子。

3. 模糊的边界——夷夏之间

1) 夷夏的思想

夷夏指不同的族属,人们重视人种间的差异,种族关系是个有丰富层次的关系,一是指人种的差异,包括肤色、语言等;二是生活习俗的差异;三是唯我独尊的统治者们以居留地距离中央政权的远近来决定是文明人还是野蛮人,其实,对于文明程度孰高孰低,中原人与夷狄各有自己的见解。鲁襄公十四年(前559年),"将执戎子驹支,范宣子亲数诸朝。……对曰:昔秦人负恃其众,贪于土地,逐我诸戎,惠公蠲其大德,谓我诸戎是四岳之裔胄也,毋是翦弃。赐我南鄙之田,狐狸所居,豺狼所嗥。我诸戎除翦其荆棘,驱其狐狸、豺狼,以为先君不侵不叛之臣,至于今不贰。《春秋左传正义·卷32》P253。秦惠公之前,以戎人为异族加以驱赶,实为强占土地,秦惠公之后,这种情况得到了改变,自我辩护的人认为,他们已经是与秦等诸侯一样地位的人。但是,厚此薄彼的情况还是比比皆是。文化乃至姓氏的区别经常也被无限放大。

主要政治家与思想家对夷狄的个人见解是有差异的,鲁闵公元年(前661年),狄人伐邢,管敬仲言于齐侯曰:戎狄豺狼,不可厌也,诸夏亲昵,不可弃也。宴安鸩毒,不可怀也。《诗》云:'岂不怀归,畏此简书。'简书,同恶相恤之谓也。请救邢以从简书(遵循竹简上的军令救邢)。齐人救邢。《春秋左传正义·卷11》P84。蛮夷的概念有时候会比较宽泛,鲁成公四年(前587年),……史佚(周文王大史)之《志》有之,曰:非我族类,其心必异。"楚虽大,非吾族类,其肯字(爱)我乎? 这是鲁国名臣季文子对鲁成公说的话。《春秋左传正义·卷26》P199。这里将楚国视为异族,是因为它与周不同姓,非同族类,一定难以融洽。公元前529年,晋将讨鲁,在平丘(河南封县东四十里)集会,与会的有晋、宋、齐、卫、郑、曹等。晋昭公(前531—前526年在位)派叔向拒绝鲁昭公,不肯与之结盟。子服惠伯(鲁国大夫孟椒,子服椒)说:晋国信任蛮夷(指莒国)而抛弃兄弟之国,其执政贰也。《国语正义·卷第五·鲁语下》P488。莒国是己姓国家,属于淮夷。子服惠伯所以说晋国人背离了周诸侯国家的规则,做了错误的事。

孔子的中外观很权威:鲁定公十年(前500年)夏,鲁定公与齐景公在祝其也就是夹谷这个地方会盟。"孔丘相,犁弥言于齐侯曰:孔丘知礼而无勇,若使莱人以兵劫鲁侯,必得志焉。齐侯从之。孔丘以公退,曰:士兵之! 两国和好,而裔夷之俘,以兵乱之,非齐侯所以命诸侯也。裔不谋夏,夷不乱华,俘不干盟,兵不逼好,于神为不祥,于德为愆义,于人为失礼,君必不然。"齐侯闻之,遽辟之。《春秋左传正义·卷56》P445。齐侯原本准备劫持鲁定公,不料孔子已有防备,听到命令的鲁国军队立即出现准备迎战,见难以达到目的,齐侯连忙让设伏的莱地人撤离。他认为华夏与夷狄应该互不干涉,孔子的思想比管仲温和多了,与社会发展进步,人类更为理性有关? 魏绛践行孔子的这一思维,晋悼公五年(前568年),"……戎狄无亲而好得,不若伐之。"晋悼公对臣属说了自己的想法,魏绛劝悼公不要向戎、狄用兵。曰:"劳师于戎,而失诸华,虽有功,犹得兽而失人也。安用之? 且夫戎狄荐处,贵货而易土,予之货而获其土,其利一也;边鄙耕农不儆,其利二也;戎狄事晋,四邻莫不震动,其利三也。君其图之!"公说,故使魏绛抚诸戎,于是乎遂伯。《国语正义·卷第十三·晋语七》P921,晋悼公成为受益者。虽然从结果上看魏绛指对了方向,但他的意见就完全正确？鲁成公二年(前589年),齐晋鞍之战,狄人与晋军联手。齐顷公为逢丑父"入于狄卒,狄卒皆抽戈楯冒之。"狄人用手中兵器掩护齐顷公,他们中可能有人对为寻找一个下属不顾自己生死的君主感动,不惜违背自己上司之命,背叛自己的盟友晋国,否则,齐顷公全身而退只能是奇迹。《春秋左传正义·卷25》P193。不是如同豺狼而是有明确的是非感。战场上,晋国的盟友卫国军人对齐顷公大致做了同样的事,狄人与中原人的道德感也有机会如此相同,从行为上难以区分是不同种族。

2)与周天王的关系

鲁昭公二十三年(前519年),沈尹戌曰：古者天子守在四夷。天子卑,守在诸侯;诸侯守在四邻。诸侯卑,守在四竟。四方的异族成为周天子守卫时,与周王室应有地位相称;天子地位降低时,守卫缩小至于诸侯国。诸侯的守卫本该在四方的邻国,诸侯地位降低时,就会在自己四面边境布防。《春秋左传正义·卷50》P401。当时理论上认为周王室权力无边无际,无所不及,但异族是其权力不确定的一部分。天子与戎狄的关系本来是各自发展中不可避免的关系,两者之间的距离变得双方不舒服或者是一方轻举妄动,或者是由于某个轻狂的天王或者周室大臣举止失措,野蛮或倨傲将两者变得疏远。周穆王姬满(前1054—前949年,在位55年)准备征伐犬戎,祭公谋父是周公的后裔,穆王的大臣。劝阻周王,认为应该自己修德,未成,结果,从此荒服的人不来朝王。《国语正义·卷第一·周语上》P23。

鲁隐公七年(前716年,周桓王姬林四年)初,戎朝于周,发币于公卿,凡伯(周王室世卿)弗宾。冬(鲁隐公七年)王使凡伯来(鲁国)聘,还,戎伐之于楚丘以归。《春秋左传正义·卷4》P30。戎人因为记恨凡伯对他们傲慢,戎人伺机在路上截击凡伯,将其捕获回去。与之相反,鲁定公元年(前509年),"周巩简公弃其子弟,而好用远人。《春秋左传正义·卷54》P430。巩简公是周王室卿士,喜欢任用异族人。鲁定公二年(前507年)夏四月,巩氏之群子弟贼简公。《春秋左传正义·卷54》P430,巩简公被自己弃用的家族子弟所杀。宁愿冒被同族人仇恨也要使用异族人,在巩简公眼中,被任用的异族人总比同族人要优秀。

因为王权式微,周天王的一些诸侯与夷狄之间形成复杂的亦敌亦友关系：鲁襄公五年(前568年)春,王使王叔陈生愬戎于晋,晋人执之,士舫如京师,言之贰于戎也。《春秋左传正义·卷30》P234。天子派使者向晋提供戎人的不是,晋人扣押周天王使者,派人到天王处报称周王室卿士王叔陈生与戎有勾结。实际上可能是晋人与戎有私下交往,此举是给想要结交的戎人一个承诺,或者是一个掩耳盗铃的举措。

3）戎与诸侯的关系

鲁闵公二年（前660年）春，"虢公败犬戎于渭汭。（指渭水注入黄河处）舟之侨曰：无德而禄，殃也。殃将至矣。遂奔晋。《春秋左传正义·卷11》P85。在舟之侨看来，获胜者品行不好，打败戎人是在为打败自己做准备。他的意思可以进一步引申为，品行不好的政权与人获得成就由于与其品行不匹配，只会加速他们的灭亡。

鲁闵公二年（前660年）北方的狄人进攻卫国，卫懿公被杀，狄人进入卫国都，鲁僖公元年（前659年）春，诸侯救邢。邢人溃（邢国军队已经溃败），出奔师（指诸侯军队），师遂逐狄人……。《春秋左传正义·卷12》P89。僖公二年（前658年），封卫于楚丘（卫地，在河南滑县东，卫在这里建立新都），邢迁如归，卫国忘亡。（受到北方狄人强大压力的两个国家都是在诸侯的帮助下在新地方获得安置。）《春秋左传正义·卷12》P89。救患是诸侯之间必须履行的礼，一种责任。然而确实没有永久的敌人。僖公十八年（前642年）冬，邢人、狄人伐卫，围菟圃（卫国地名）。《春秋左传正义·卷14》P107。僖公十九年（前641年）秋，卫人伐邢，以报菟圃之役。《春秋左传正义·卷14》P108。僖公二十年（前640年）秋，齐、狄盟于邢，为邢谋卫难也。于是卫方病邢。《春秋左传正义·卷14》P109。齐国、邢国狄人在邢国盟会，共同为邢国策划如何对付卫国人入侵。鲁僖公二十五年（前635年），春，卫人伐邢，正月丙午，卫侯煅（即卫文公，原名辟疆）灭邢，同姓也，故名（所以记载卫侯的名字）。《春秋左传正义·卷16》P118。

任、宿、须句、颛臾、风姓也，实司太皞与有济之祀，以服事诸夏。邾人灭须句，须句子来奔，因成风也。成风为之言于公曰：崇明祀。保小寡，周礼也。蛮夷猾夏，周祸也。若封须句，是崇皞、济而修祀，纾祸也（是和缓祸患）。这发生鲁僖公二十一年（前638年）冬。《春秋左传正义·卷14》P109。

伏羲又称大皞或太皞，传说上述四国出于大皞，主持大皞与有济的祭祀，以服事中原诸侯。邾人灭须句，须句国君来鲁国，是来投奔成风的。须句是成风的娘家，成风是鲁庄公妾，鲁僖公之母，成风对鲁僖公说：崇明祀，保小寡，周礼也。蛮夷扰乱中原，是周天子之祸。保留须句国，延续对太皞，济水神的祭祀，可以遏制祸乱的蔓延。成风说服了鲁国君，僖公二十二年（前637年）春，伐邾，取须句，反其君焉。礼也。《春秋左传正义·卷15》P111。鲁僖公论公论私都该这么做。邾人因为鲁国帮助须句出兵，鲁僖公因为它弱小轻视邾国，臧文仲劝说应该战战兢兢，如履薄冰（《诗经》中语），鲁僖公不听，八月初，鲁邾在升陉（鲁国地名）作战,鲁国大败,邾甚至获得鲁僖公的头盔挂在邾国的城门上。《春秋左传正义·卷15》P111。鲁宣公八年(前601年),春,白狄及晋平。夏,会晋伐秦。《春秋左传正义·卷22》P171。白狄与晋国联合进攻秦国。但是另外的狄人还是晋国与周天子的敌人,鲁宣公十五年(前594年),晋侯使赵同(又称原同、原叔,晋国大夫)献狄俘于周……《春秋左传正义·卷24》P186。后来晋国与狄人的战事显然扩大。鲁宣公十五年(前594年)七月,晋侯赏桓子(即荀林父)狄臣(狄人的奴隶)千室。《春秋左传正义·卷24》P186。鲁宣公十五年秋七月:秦桓公伐晋,次于辅氏(晋国地名)。壬午,晋侯治兵于稷,以略狄土。立黎侯而还。《春秋左传正义·卷24》P186。获得狄人俘虏又攻占狄人土地。

前589年的齐、晋鞍之战,狄人与晋军联手与齐国作战。齐顷公亲自深入狄人阵地,冒死要拯救自己的属下,狄人没有伤害齐顷公,反而集体掩护安全脱离战场。《春秋左传正义·卷25》P193。

鲁哀公十七年(前478年),卫庄公登楼远眺,远远望见在卫国境内的戎人居邑戎州地界内,卫庄公问随行的人那是什么地方,得知是戎人的居邑,庄公说我们姬姓的国家,为什么还有戎人居住,立即派人毁平了戎州。

4. 天子

1) 独裁者

周襄王十三年(前639年),郑国攻打滑国,周襄王派游孙伯请求不要攻打滑国,郑文公姬捷扣留了使节,周襄王怒,准备对郑用兵,周大夫富辰劝阻:郑伯与天子,情同兄弟。郑国郑武公、郑庄公、郑厉公对周王室贡献很大。襄王不从。十七年(前635年),周襄王调狄兵攻打郑国。襄王感激狄军的帮助,准备让狄王的女儿为王后,富辰再次劝阻,襄王不听,立狄后。十八年,襄王因子带私通狄后而废除狄后,狄人前来责罚,杀掉了周大夫原伯毛(谭伯),富辰率领自己的徒属与狄兵作战而死。颓叔奉子带引导狄人攻周,周襄王出逃居郑。董增龄《国语正义·卷第二·周语中》P131。

周大夫富辰对周襄王来说就是个摆设,其他大夫也是如此,周襄王的任性导致富辰死亡。

2) 政治的手段与目的

管理国家的思想,越王勾践即位三年(前495年),而欲伐吴。范蠡进谏曰:夫国家之事:有持盈,有定倾,有节事。王曰:为三者,奈何?对曰:持盈者与天,定倾者与人;节事者与地。《国语正义·卷第二十一·越语下》P1283,范蠡概括了天子治国的三大法则:1. 如果效仿天也就是自然规律,可以让国家的发展保持旺盛；2. 如果顺应民意，就会化险为夷；3. 如果认清大地万物生长的规律，因地制宜，行为就会有节制。范蠡认为，战胜敌人必须具备三个条件：1. 自己富强。2 敌人匮乏。3 敌人出错。勾践没有接受范蠡的意见，这些意见对所有的君王都适用。接受并能严格履行者少之又少。

晋阳之围，张谈对赵襄子说："先主为重器也，为国家之难也。盍姑无爱于宝于诸侯乎？襄子曰：吾无使也。张谈曰：地也可。襄子曰：吾不幸有疾，不夷于先子，不德而赇。夫地也求饮吾欲，是养吾疾干吾禄也，吾不与皆毙。襄子出，张谈建议赵襄子将以前置办的各种贵重礼器用于贿赂诸侯，从而得到诸侯援助，赵襄子以自己品德不够优越，现在用高级礼品寻求帮助恐怕得不到诸侯礼遇，不是所有诸侯都为钱办事。张谈继而推荐的使者一位名叫"地"的人，赵襄子认为他只要顺从他赵襄子之意，什么都肯做，只要赵襄子喜欢，错的说成对的，主人不喜欢的，对的也成了错的，如此就为谋取俸禄，这种人不能办成正事，反而养成了我的坏习惯。赵襄子甚至不愿与之一起逃亡。赵襄子拒绝逃往地名为长子的晋邑，虽然那里有最厚的城墙，它是穷尽当地人财力所修建，他一去，又要迫使那些本已筋疲力尽的当地人一起守卫；不去府库充实的邯郸，那是千方百计榨取到的粮食财物，要迫使当地人与压榨他们的人一起守卫也不可能，他最后选择去晋阳，尹铎在那里实行仁政，深得民心，后来即使被智伯以水灌城，当地人仍与之一起抗敌，无人背叛。《国语正义·卷第十五·晋语九》P1023。智伯，即智瑶，智宣子的儿子襄子，又称为智伯。晋三卿之一，即智襄子、韩康子、魏桓子。公元前453 年，智伯联合韩、魏围攻击晋正卿赵无恤，即赵简子之子赵襄子，后者在晋阳得到支撑，后韩、赵、魏三家反而合力诛杀智伯。

赵襄子所倚赖的"尹铎之所宽也，民必和矣"是治国的永恒守则。

3）具有至高无上的权力

鲁闵公元年（前 661 年），晋国掌卜大夫郭偃曰：天子曰兆民，诸侯曰万民。《春秋左传正义·卷11》P84。大意是天子是统治天下所有人的首领，诸侯根据其指派统治特定地方和人群。赋予天子权力的是天，或曰君权神授。鲁僖公二十八年（前 632 年），楚成王曰：天之所置，其可废乎？《军志》曰：'允当则归。（适可而止）'又曰：'知难而退。'又曰：'有德不可敌。'《春秋左传正义·卷十六》P122。鲁宣公三年（前 606 年），楚子伐陆浑之戎，遂至于洛，观兵（陈宾）于周疆。定王使王孙满劳楚子。楚子问鼎之大小轻重焉。……对曰：周德虽衰，天命未改，鼎之轻重，未可问也。《春秋左传正义·卷 21》P166。天人关系的基本逻辑认定获得君位的人是预先的决定，但是君主的行为方式取决于不同的个人偏好，不过很多好行为或坏行为并非天子所为,不时会有冒用周天王的名义行为。鲁桓公十年(前702年)春,周王卿士虢仲"谮其大夫詹父(属大夫)于王,詹父有辞(即有理),以王师伐虢,夏,虢父出奔虞。虢仲为周王卿士,设有属大夫。《春秋左传正义·卷7》P53。

鲁桓公二年(前710年),师服(晋国大夫)曰:吾闻国之立也,本大而木小,是以能固。故天子建国,诸侯立家,卿置侧室,大夫有贰宗,士有隶子弟,庶人、工、商各有分亲,皆有等衰,是以民服其上而下无觊觎。《春秋左传正义·卷5》P42。天子管理一个层次分明,权利大小悬殊的社会。这个社会理论上崇尚德,这是一个涵盖正义但远比"正义"宽泛的概念。以升序排列形成社会的各个等级,天子是一级,天子与诸侯有不可逾越的等级,诸侯对天子自称"臣",诸侯的大夫对天子自称为"陪臣"。

诸侯是天子的臣属不仅在伦理上有严格的规定,在制度上也有明确的安排,诸侯在周天子处担任一定官职很常见。"鲁桓公五年(前707年),王夺郑伯政,郑伯不朝。秋,王以诸侯伐郑。郑伯御之。"《春秋左传正义·卷6》P46。鲁文公九年(前618年),受周顷王委派,在周王室任职的毛伯卫来鲁国为凑集安葬周襄王的费用,这里提到的毛伯卫,就是毛国国君。

卫国祝佗说,蔡叔被流放后,"其子蔡仲,改行帅德,周公举之,以为己卿士。"周公旦时为执政,有权任命卿。周公为太宰,康叔为司寇,聃季为司空,五叔无官,岂尚年矣?《春秋左传正义·卷54》P431。周武王上述三个弟弟因为品行出众担任要职,但还有五个弟弟没有得到任命,年龄大小不是是否入职的唯一考量。

君与臣关系以多枝共干的形状延伸,密国康公(姬姓)随从周穆王之子恭王旅游,康王的母亲私下建议向恭王奉献三位美女,"夫粲,美之物也。众人一美物归女,而何德以堪之?"她的意思是,虽然你拥有康国,但最终所有权属于周天子,与天子之子恭王相比,你身份卑微,最好的东西应该归天子,属于你是个错误,而且危险。董增龄《国语正义·卷第一·周语上》P43。康王没有接受这个建议,一年后,恭王灭掉了密国。恭王的权利是周天王权利的自然延伸。

天子的国土是一切发现与未曾发现的土地,天子的人民是一个政治词汇还是一个统计学词汇?天子的人民包括同种的人,也应该包括不同种的人,但后者接受或者拒绝存在不确定性,有时候甚至更为复杂,是一种双向的选择选项。

4)夷夏之间

(1)种族关系:

　　种族关系是个有丰富层次的关系：一是人种的差异，二是生活习俗产生的差异，三是唯我独尊的统治者们以居留地距离中央政权的远近来决定是文明人还是野蛮人。夷狄自己的见解，鲁襄公十四年（前559年），"将执戎子驹支，范宣子亲数诸朝。……对曰：昔秦人负恃其众，贪于土地，逐我诸戎，惠公蠲其大德，谓我诸戎是四岳之裔胄也，毋是翦弃。赐我南鄙之田，狐狸所居，豺狼所嗥。我诸戎除翦其荆棘，驱其狐狸、豺狼，以为先君不侵不叛之臣，至于今不贰。《春秋左传正义·卷32》P253。秦惠公之前，以戎人异族加以驱赶，实为强占土地，秦惠公之后，这种情况得到了改变，自我辩护的人认为，他们已经是与秦等诸侯一样地位的人。但是，厚此薄彼的情况还是比比皆是。乃至文化乃至姓氏的区别也被放大，主要政治家与思想家的个人见解是有差异的。鲁闵公元年，（前661年）狄人伐邢，管敬仲言于齐侯曰：戎狄豺狼，不可厌也，诸夏亲昵，不可弃也。宴安鸩毒，不可怀也。《诗》云：'岂不怀归，畏此简书。'简书，同恶相恤之谓也。请救邢以从简。齐人救邢。《春秋左传正义·卷11》P84。鲁成公四年（前587年），史佚（周文王大史）之《志》有之，曰：'非我族类，其心必异。'楚虽大，非吾族类，其肯字我乎？不是同族，强国对弱国的'爱'真假难辨，鲁大臣季文子对鲁成公说的语义基本是否定的。《春秋左传正义·卷26》P199。孔子的中外观很权威：鲁定公十年（前500年）夏，公（鲁定公）会齐侯于祝其，实夹谷。孔丘相，犁弥言于齐侯曰：孔丘知礼而无勇，若使莱人以兵劫鲁侯，必得志焉。齐侯从之。孔丘以公退，曰：士兵之（战士们冲锋之意）！两国和好，而裔夷之俘，以兵乱之，非齐侯所以命诸侯也。裔不谋夏，夷不乱华，俘不干盟，兵不逼好，于神为不祥，于德为愆义，于人为失礼，君必不然。"齐侯闻之，遽辟之。《春秋左传正义·卷56》P445。孔子的思想比管仲温和多了，不关乎与社会发展进步的程度，主要是思维理性与行为理性之间的区别。

　　（2）蛮夷的概念：

　　公元前529年，晋将讨鲁，在平丘（河南封县东四十里）集会，与会的有晋、宋、齐、卫、郑、曹等，晋昭公（前531—前526在位）派叔向拒绝鲁昭公，不肯与之结盟。子服惠伯说：晋国信任蛮夷（指莒国）而抛弃兄弟之国，其执政贰也。《国语正义·卷第五·鲁语下》P488。

　　"戎狄无亲而好得：不若伐之。悼公说。但魏绛劝悼公不要向戎、狄用兵。曰：劳师于戎，而失诸华，虽有功，犹得兽而失人也。安用之？且夫戎狄荐处，贵货而易土，予之货而获其土，其利一也；边鄙耕农不儆，其利二也；戎狄事晋，四邻莫不震动，其利三也。君其图之！公说，故使魏绛抚诸戎，于是乎遂伯。《国语正义·卷第十三·晋语七》P921。

(3) 与周天王的关系

天子与戎的关系历来是各自发展中不可避免的关系,两者之间的距离变得双方不舒服或者是一方轻举妄动,或者是由于某个轻狂的天王或者周室大臣举止失措,野蛮或倨傲将两者变得疏远。就像前文所叙,前716年戎来周拜谒时遭到周天子大臣凡伯怠慢,当年,戎人得知凡伯因公出使鲁国,在其返程中设伏俘获了他。戎人因为凡伯对他们的傲慢刻骨铭心,因此也就不在乎他的身份。戎人认为凡伯的漠视是反常的,不认为戎人比周人低一等,他们之间应该平等以礼相待。至少他们这样想。与之相反,鲁定公元年(前509年)周巩简公弃其子弟,而好用远人(异族人)。《春秋左传正义·卷54》P430。鲁定公二年夏四月,巩氏之群子弟贼简公。《春秋左传正义·卷54》P430。因为王权式微,周王诸侯与夷狄之间形成复杂的亦敌亦友关系:鲁襄公五年春,王使王叔陈生(王叔陈生是周王卿士)愬(诉)戎于晋,晋人执之,士鲂如京师,言之贰于戎也。《春秋左传正义·卷30》P234。晋人扣押周天王使者,派人到天王处报称王叔陈生与戎有勾结。实际上可能是晋人与戎有私下交往,此举是给想要结交的戎人一个承诺?

(4) 戎与诸侯的关系

鲁闵公二年(前660年)春,"虢公败犬戎于渭汭(渭水入黄河处,今陕西华阴县东北)舟之侨曰:无德而禄,殃也。殃将至矣。遂奔晋。《春秋左传正义·卷11》P85,在舟之侨看来,获胜者品行不好,打败戎人是在为打败自己做准备。

僖公元年(前659年)春,诸侯救邢。邢人溃,出奔师(指诸侯军队),师遂逐狄人,具邢器用而迁之。师(军队)无私焉。夏,齐桓公迁邢于夷仪,诸侯城之,救患也。《春秋左传正义·卷12》P89。僖公二年(前658年),封卫于楚丘,邢迁如归,卫国忘亡。(受到外地狄人的压力,两个国家都是在诸侯的帮助下在新地方安置。《春秋左传正义·卷12》P89。僖公十八年(前642年)冬,邢人狄人伐卫,围菟圃(卫国地名)。《春秋左传正义·卷14》P107。僖公十九年(前641年)秋,卫人伐邢,以报菟圃之役。《春秋左传正义·卷14》P108。僖公二十年(前640年)秋,齐、狄盟于邢,为邢谋卫,难也。于是卫方病邢。《春秋左传正义·卷14》P109。鲁僖公二十五年(前635年)春,卫人伐邢,正月丙午,卫侯燬灭邢,同姓也,故名。《春秋左传正义·卷16》P118。任、宿、须句、颛臾、风姓也,实司大皞与有济之祀,以服事诸夏。邾人灭须句,须句子来奔,因成风也。成风为之言于公曰:崇明祀。保小寡,周礼也。蛮夷猾夏,周祸也。若封须句,是崇皞、济而修祀,纾祸也。这里记载的发生在二十一年冬。《春秋左传正义·卷14》P109。

任、宿、须句、颛臾、都属于风姓,太皞或大皞,即伏羲,传说中,上述四国乃大皞之后,太皞或大皞,即伏羲,主持大皞与有济的祭祀,以服事中原诸侯。邾人灭须句,须句国君来投奔鲁,因为须句是成风德娘家,而成风是鲁庄公妾,鲁僖公之母。成风为母国求助于鲁僖公说:按国家是规定祭祀。保护弱小,这是周礼的精神;蛮夷侵渔中原,周天下之祸;若让须句复国,就是延续太皞、济水的祭祀,是遏制祸乱蔓延。《春秋左传正义·卷14》P109。她的话起了作用,鲁僖公二十二年(前659年)春,伐邾,取须句,反其君焉。礼也。《春秋左传正义·卷15》P111。鲁僖公论公论私都该这么做。邾人因为恼怒鲁国帮助须句,出兵,鲁僖公因为它弱小而轻视邾国,臧文仲引用《诗经》劝说应该战战兢兢,如履薄冰。鲁僖公不听,八月初,鲁、邾二国在鲁国名叫升陉的地方作战,鲁国大败,邾人甚至获得鲁僖公的头盔,挂在邾国的城门上。《春秋左传正义·卷15》P111。

鲁宣公八年(前601年),春,白狄及晋平。夏,会晋伐秦。《春秋左传正义·卷22》P171。白狄与晋国联合进攻秦国,但是另外的狄人还是晋国与周天子的敌人。鲁宣公十五年(前594年),晋侯使赵同(又称原同、原叔、系,晋国大夫)献狄俘于周……《春秋左传正义·卷24》P186。后来晋国与狄人的战事显然扩大,出现了大量俘虏。鲁宣公十五年七月,晋侯赏桓子狄臣千室。《春秋左传正义·卷24》P186。荀林父获赐一千家的狄人俘虏,这是一个惊人的数目。鲁宣公十五年秋七月:秦桓公伐晋,次于辅氏(晋国地名)。壬午,晋侯治兵于稷,以略狄土。立黎侯而还。《春秋左传正义·卷24》P186。晋景公的军队战胜狄人,获得俘虏又攻占狄人土地。

5) 获取职贡是天子的权利

(1) 职贡是指各级诸侯每年给天子例行的赋税贡奉,但是也有临时的摊派。诸侯相当于独立法人对周天子负有职供,赋役之功。鲁昭公十三年(前529年),子产曰:昔天子班贡,轻重以列,列尊贡重,周之制也。卑而贡重者,甸服也。《春秋左传正义·卷46》P370。"令诸侯春入贡,秋献功。王亲受之。"《周礼注疏·卷三十七·小行人》P255。

鲁僖公七年(前653年)秋,盟于宁母,谋郑故也。"齐侯修礼于诸侯,诸侯官受方物。"(齐桓公接受管仲的意见以礼待诸侯,诸侯掌管供赋的官员将贡给周天子的各地特产缴纳给齐国。《春秋左传正义·卷13》P96。原本要贡给周天子的方物转送给强大的诸侯,可能是一个临时的行为,但说明贡奉周天子是常规。

诸侯的爵位高者赋税较高,以下是一种与诸侯供奉并列的国税"邦畿方千里,其方外五百里,谓之侯服,岁壹见,其贡祀物。又其方外五百里,谓之甸服,二岁壹见,其贡嫔物。又其方外五百里,谓之男服,三岁壹见,其贡器物。又其方外五百里,谓之采服,四岁壹见,其贡服物。又其方外五百里,谓之卫服,五岁壹见,其贡材物。又其方外五百里,谓之要服,六岁壹见,其贡货物。九州之外,谓之蕃国,世壹见。各以其所贵宝为挚。"《周礼注疏·卷三十七·大行人》P254。

鲁僖公四年(前656年),齐桓公纠集鲁、宋、郑、陈、卫、许、曹等国联军伐楚,管仲对赶来讨问理由的楚国使者说的第一点就是:"尔贡包茅不入,王祭不共,无以缩酒。《春秋左传正义·卷12》P90。包茅是一种植物,是楚国特产,当时用于祭祀活动过滤上供的酒。

刘文公(王卿士,名卷)与苌弘(周大夫)想在成周修筑城墙,周敬王十年(前510年)八月,周天王的使者至晋国,提出诸侯帮助修葺成周城墙。晋国魏献子(即晋正卿魏舒,魏绛之子)当政,喜欢苌弘,同意这个要求,准备集合诸侯来做。卫国的大夫彪傒来周,对单穆公说:"《周诗》有之曰:天之所支,不可坏也;其所坏,亦不可支也。……今苌、刘欲支天之所坏,不亦难乎? 自幽王而夺天之明,使迷乱弃德,而即慆淫,以亡其百姓,其坏也久矣,而又将补之,骄不可矣。……谚云:从善如登,从恶如崩。彪傒认为自从幽王以来,他们失去了君王的德行被天所抛弃,而且失去民心,成周的城墙是天所毁坏,修复它违背天意。彪傒告诉单穆公,刘文公、魏献子和苌弘逆天而行,结果一定不会好。《国语正义·卷第三·周语下》P365。尽管有异议,次年工程还是得以开工。鲁定公(亦称公子宋,鲁定公是鲁昭公弟弟)元年(前509年)春,晋国魏舒在狄泉会合诸侯国的大夫准备增筑成周城墙。彪傒上次只是对单穆公私下说,这次是公开批评魏舒:"魏舒涖政(指监临,主持),卫彪傒曰:"将建天子,而易位以令(将为天子筑城而改变自己的地位来发号施令),非义也。大事奸义必有大咎。晋不失诸侯,魏子其不免乎?"《春秋左传正义·卷54》P429。卫彪傒为何对此大为光火? 就因为"魏子南面(指魏献子面朝南,以卿而处南面君位。)《春秋左传正义·卷9》P72。)彪傒想象力丰富,认为城垣的完整与残破是政治命运而不是建筑质量决定,第二次质疑的是工程主管者的礼仪问题。魏舒的确不是稳妥的人,"是行也,魏献子(魏舒把事情交给韩简子和原寿过办理)属役于韩简子及原寿过,而田于大陆(地名)。"当年魏献子打猎时意外被火烧死,"范献子去其柏椁,以其未复命而田也。"《春秋左传正义·卷54》P429。彪傒对几个倡议者的预测均有一定准确度,苌弘(前497年)卷入晋大夫范吉射、中行寅叛晋之事,被杀。贞定王(姬介,前?—前441年)时刘氏灭亡。《国语正义·卷第三·周语下》P365。

"王令甲政司成周三方责,至于南淮尸:旧我晦人,毋敢不出其帛、其责、其进人。"《兮甲盤》兮甲被委任主管成周及南淮夷部族赋税的征集,淮夷以前就向周天子贡赋,有丝帛、粮草、劳役之贡。参见《观堂集林·观堂别集·卷二·兮甲盤跋》P1206。

筑城的过程也不无曲折,鲁国孟孙氏第九代宗主"孟懿子会城成周,庚寅,栽。宋(宋仲几)不受功,曰:"滕、薛、郳,吾役也。(是为我们服役的)"薛宰曰:宋为无道,绝我小国于周,以我适楚,故我常从宋。晋文公为践土之盟,曰'凡我同盟,各复旧职。'若从践土,若从宋,亦唯命。"仲几曰:"践土固然。"薛宰曰:薛之皇祖奚仲,居薛以为夏车正。奚仲迁于邳,仲虺(奚仲的后代)居薛,以为汤左相。若复旧职,将承王宫。何故以役诸侯? 仲几曰:三代各异物,薛焉得有旧。为宋役,亦其职也、士弥牟曰:晋之从政者新,子姑受功。归,吾视诸故府。仲几曰:纵子忘之,山川鬼神其忘诸乎? 士伯怒,谓韩简子曰:薛征于人,宋征于鬼。宋罪大矣。且己无辞而抑我以神,诬我也。启宠纳侮,此其之谓矣。必以仲几为戮,乃执仲几以归,三月,归诸京师。

城三旬而毕,乃归诸侯之成。孟懿子安排立墙夯土,宋国的仲几不接受分配给的工作量,辩称:滕、薛、郳,是为我们服役的,应该算进我国的工程量内。"齐高张后,不从诸侯,晋女叔宽曰:周苌弘、齐高张皆将不免,苌叔违天,高子违人,天之所坏,不可支也。众之所为,不可奸也。《春秋左传正义·卷54》P429。迟到的齐国高张也不接受筑城任务,在为周天子增筑成周三十天的工程中,有失职的人,有推诿不愿接受分配工作量的。处置都比较严厉,迟到的齐国人受到舆论的谴责,接受分配到的此类工程是诸侯对天子的无偿义务。

随着周天子的衰微,有些国家自行中止对周天子的纳贡,燕国就是其中之一。齐桓公二十三年(前663年),"……命燕君复修昭公之政,纳贡于周如成康之时。"《史记·卷三十·齐太公世家》P184。齐国之所以能命令燕国这样做,是因为对燕国有恩惠,当时的齐国是个强国,齐桓公恩威并重,燕庄公或许会引起重视。

6）分封诸侯

分封诸侯周天王的固有权力,"君权神授"的论断在中国的文化中具有一个完整逻辑链:神灵、权力、时令、人品密切关联。神明赋予君王权力,是否始终根据时令的变化合理履行各种权力,这是一个比君主的能力更重要的人品问题。鲁文公六年(前621年)十一月,可能出现了"闰月没有告朔的事例",而正常情况下每月必须例行告朔,"犹称告月"。每月朔日告神。告朔之后,听治此月的政事,叫听朔,听朔之后,祭于诸庙叫朝庙。即先告朔,然后听朔,然后朝庙)。闰以正时,时以作事,事以厚生,生民之道于是乎在焉。不告闰朔,弃时政也,何以为民? 对闰月不告朔的做法直接指出为"非礼也。"《春秋左传正义·卷 19 上》P143。君主独一无二,鲁昭公七年(前 535 年)芊尹(官名)无宇(楚国大夫),即申无宇。"楚公子(楚灵王)之为令尹也,为王旌以田。宇尹无宇断之曰:一国两君,其谁堪之?"《春秋左传正义·卷 44》P345。他认为"⋯⋯天子经略,诸侯正封。"天子经略天下,诸侯管理封地。芊尹无宇砍断旌旗说:一国有两个君主,这真是忍无可忍。申无宇的行为极其大胆,现场鸦雀无声,他的话大家均无异议,对野心勃勃楚公子或者是个大触动,一个地位如此崇高,为所欲为的君主是何等的具有诱惑力? 申无宇尊重王权的话语可能加速了他篡权的步伐。

周天子可直接干预一个诸侯国家的废立,鲁武公带两个儿子括和戏朝见王,宣王立戏为鲁太子。宣王卿士樊仲山父劝诫:不按长幼顺序立太子,会造成鲁国混乱,宣王坚持立戏。鲁侯(前 825—前 816 年在位)归国后死去,戏(即懿公,前 815—前 807 年在位)为国君,懿公兄长括之子伯御与鲁人攻杀懿公而自立(前 806—前 797 年在位)董增龄《国语正义·卷第一·周语上》79。

宣王三十二年(前 796 年),宣王讨伐鲁国,废伯御(鲁人杀懿公而立伯御),立懿公的弟弟孝公为鲁君(前 796—前 769 年在位),诸侯从此与宣王不亲。宣王要在国子(与王同姓贵族子弟)中立一个州伯,即管一方的诸侯长,樊穆仲建议立鲁孝公,宣王同意。在夷宫即宣王祖父夷王的庙策,策命鲁孝公为州伯。董增龄《国语正义·卷第一·周语上》P81,按例,颁爵命赐均在祖庙。

鲁哀公十六年(前 479 年),卫侯(卫庄公蒯聩)使鄢武子告于周,曰"蒯聩得罪于君父君母,逋窜于晋,晋以王室之故,不弃兄弟,寘诸河上,天诱其衷,获嗣守封焉(得以继承保有封地)。使下臣肸敢告执事。王使单平公对曰:"肸以嘉命,来告余一人,往谓叔父,余嘉乃成世复尔禄次,敬之哉。方天之休,弗敬弗休,悔其可追?蒯聩赶走儿子卫出公,自己成为卫庄公,得到周敬王的认同。《春秋左传正义·卷 60》P475。

分封诸侯是历代天子享有的权力,不论是天子想要分封的人,还是天子不想要分封的人。鲁庄公十六年(前 678 年),周僖王"使虢公命曲沃伯(即曲沃武公,此时已经完全吞并晋国)以一军为晋侯。"《春秋左传正义·卷九》P68。这是正式封晋武公为晋君。天子后来变成一个象征,威烈王二十三年(前 403 年),王命晋卿魏氏、赵氏、韩氏为诸侯。《今本竹书纪年疏证·卷下》P117,他这里只是在履行手续,以示魏氏、赵氏、韩氏地位合法并公诸于世,今天的诸侯地位是魏氏、赵氏、韩氏自己争取来的,不是周威烈王的无缘无故的恩赐。

封人社壝(《公羊春秋》增),"诸(侯)受命于周,乃建大社于周中,其壝(坛之堳埒,即坛四面的矮墙。)东责(青)土,南赤土、西白土、北骊土,中央叠以黄土。将建诸侯,凿取其方一面之土,苞以黄土,苴以白茅,以为社之封。故曰受列土于周室。"《逸周书彚校集注·卷五·作雒解第四十八》P534。封人是地官的属员,在壝举行土地祭祀仪式,诸侯受命于周,需要在国中建立大型太社,其坛四周砌有矮墙。东方用青土、南方用赤土、西方用白土、北方用黑土,中央以黄土。将建诸侯,凿取其方一颜色土壤,以黄土覆盖,苴(藉)以白茅,以为社之封。"大意是新封的诸侯在哪一方,就凿取哪一方的一小块土,采取中央的黄土覆盖其上,以白茅包裹,赐予该诸侯,诸侯到达自己的封国后建社,将土安放其中。整个仪式至此结束。这段描叙将相关仪式具体的程序简化,但其中的寓意很清楚,诸侯得到了周天子出让的一部分,它仍然在天子的辖区。《周礼·卷十二·地官·封人》P82。

蔡叔之子蔡仲"见诸王而命之以蔡。其命书云:'王曰:胡,无若尔考之违王命也。'"《春秋左传正义·卷54》P431。蔡仲见到周天子,获封于蔡。周天子颁发的命书勉励勤政恭顺,专门警示避免走上其父蔡叔违命被废黜的道路。

天子使其大夫为三监,监于方伯之国。《礼记正义·卷13·王制》P126。代表天子监督每州的方伯,每州三个大夫。(另一种意义的三监:周武王将商王畿的一部分封给了商纣之子武庚,在武庚封区附近建立卫、鄘国、邶三国,把管国的管叔鲜改封在卫,蔡国的蔡叔度(排行第五)改封在鄘,霍国霍叔(排行第八)处改封在邶,三位与周武王、周公旦都是同父同母的兄弟,管叔(排行第三)年长于周公旦(文王第四子)其他二位年幼与周公旦,严密监督武庚及其殷商后裔定居点,他们虽然口头上已经臣服,但反叛的种子还在,管理上需要特别配置。管、蔡、霍三个人既是王官,还是地方诸侯。武庚的具体封区有二种以上的说法。周武王、周公其实有先见之明,武王逝世后,13岁的姬诵继立,周公掌管全国大权,管叔、周公旦、蔡叔、霍叔兄弟之间变得失去信任,三监成为最早的反叛者之一,武庚可能是被裹挟其中的,也可能是内心真实的想法。

三恪是一种礼遇,西周兴起时,灭伯益后裔之嬴国,并未保留国,降等为邑。

在被封的土地内,诸侯本人有权支配。鲁隐公八年(前704年),春,郑伯请释泰山之祀而祀周公,以泰山之祊易许田。三月,郑伯使宛来归祊,不祀泰山也。《春秋左传正义·卷4》P31。郑庄公向鲁桓公提出要放弃祭祀泰山而祭祀周公,以郑国过去安排祭祀泰山的祊邑用来交换鲁国的许田。三月,郑伯派郑大夫宛鲁国办理祊地移交手续,不再祭祀泰山。《春秋左传正义·卷4》P31。

7）诸侯定期朝觐天子

同姓大国则言伯父；其异姓，则曰伯舅。同姓小邦，则曰叔父；其异姓小邦，则曰叔舅。《仪礼·卷27·觐礼第十》P148。

春见曰朝，夏见曰仲，秋见曰觐，冬见曰遇。时见曰会，殷见曰同。《周礼注疏·卷十八》P121。有多人同时觐见时，一般是同姓在西面，异姓在东面排列。

鲁庄公想要去齐国观看祭祀社神，曹刿表示异议，"夫礼，所以正民也。是故先王制诸侯，使五年四王、一相朝（五年之中，四次朝王，一次互相会见），终则讲于会（朝见结束在会上演习礼仪），以正班爵之义（端正爵位等级尊卑的道理），帅长幼之序，训上下之则（遵循长幼顺序，理顺上下规矩），制财用之节，其间无由荒怠（规定财用的节度，朝会之间无从荒淫怠慢）鲁庄王要到齐国观看祭祀社神，那里同时还展览武器装备。《国语正义·卷第四·鲁语上》P382。

8）任命王官

周天子既可以分封诸侯，也可以任命王官，成王元年，成王即位，"命冢宰周文公总百官。《今本竹书纪年疏证·卷下》P81。这是一个摄政的周公，成王七年，周公复政于王。P82。十年，周文公出居丰。P83。二十一年，周文公薨于丰。《今本竹书纪年疏证·卷下》P84。

部分诸侯会在周天子的宫中担任官职，没有轮流担任的机制。

9）颁布策命是周天子的专属权力。

鲁庄公十二年（前682年），宋闵公被积怨在心的宋国勇将南宫长万所杀，前者擅自立公子游为宋君，宋萧邑大夫萧叔大心与宋前任的五个国君子孙联合曹国，"杀子游于宋，立桓公。"《春秋左传正义·卷九》P68。周庄王也在前682年去世，姬胡齐为周釐王（亦称周僖王）。

前681年，齐桓公的霸主地位得到包括周僖王的公认。周惠王十年（前667年）再次予以确认，"赐齐桓公为伯。"《史记·四·周纪》P20。

前680年（鲁庄公十四年）春，诸侯伐宋，齐请师于周，夏，单伯会之，取成于宋而还。冬，会（齐、宋、卫、郑）于鄄（卫国邑名），宋服故也。十五年春，复会（五国重新会见，）焉，齐始霸也。《春秋左传正义·卷九》P69（齐国人欲崇天子，假王命以示大顺耳。请求周王出兵，夏，单伯领兵于诸侯相会，与宋媾和而还。）前677年，周僖王于此年去世，子周惠王即位。齐桓公带领诸侯请周釐王确认已经在位三年的宋桓公的君位，得到确认。

前678年，周僖王"使虢公命曲沃伯以一军为晋侯。"《春秋左传正义·卷九》P68。

　　鲁庄公二十七年(前 667 年,周惠王十年),"王使召伯廖锡齐侯命。"召伯廖是周王卿士,"锡齐侯命",杜预注为命为侯伯。《春秋左传正义·卷 10》P79,鲁庄公二十七年(前 667 年),且请伐卫,以立其子颓也。《春秋左传正义·卷 10》P79。因为卫国支持立王子颓为周天子。

　　鲁僖公二十八年(前 632 年),晋国为首的诸侯打败楚国,五月,周襄王命卿士尹氏及王子虎。内史叔兴父策命晋侯为侯伯。《春秋左传正义·卷十六》P123,

　　鲁文公元年(前 626 年)四月,安葬鲁僖公后,王(周天子)使毛伯卫(周王卿士)来锡公命(命即策命),叔孙得臣(鲁国大夫)如周拜。《春秋左传正义·卷 18》P437。是否有周王的策命至少在相关文献上区别很大,榖梁传《春秋经》对僖公二十九年所载诠释"春,介葛卢来。"指出"介,国也;葛卢,微国之君,未爵者也。其曰来,卑也。"范宁集解,杨士勋疏《春秋谷梁传注疏·卷九》P38。因为没有经过周王赐封爵位,所以受到轻视。

　　《春秋》经八年载,鲁文公八年(前 619 年)秋七月,天子使昭伯来赐公命。注曰:诸侯即位,天子赐以命圭与之合瑞,八年乃来,缓也。《春秋左传正义·卷 26》P202。鲁文公八年是周襄王三十三年,也是周襄王在位的最后一年,是突然想起还有这件事未做,他的君王生涯一波三折,他废黜来自翟国的王后,招惹翟人举兵攻入周,他逃到郑国,弟叔带被立为周天王,并娶了被废的翟人皇后。晋文公派兵诛杀叔带,襄王得以复位。还是故意不做?完全根据个人好恶决定是否履行职务?天子的锡命姗姗来迟,迟到八年之久,居然还予以补办,说明这个过程很重要。

　　天子通常参与诸侯重要聚会,接受朝觐。鲁宣公七年(前 602 年),郑及晋平,公子宋之谋也。故相郑伯以会,冬,盟于黑壤,王叔桓公临之,以谋不睦。《春秋左传正义·卷 22》P171。郑、晋和解,是郑国大夫公子宋的策划。所以公子宋做郑伯的相礼参见盟会,在晋国结盟时,周王卿士叔桓公到场,有受周天王委派监督盟会之意,确保晋成公为核心的盟会成功。子叔姬是齐昭公的夫人,生太子舍,即齐君舍。鲁文公十四年(前 613 年),齐昭公之弟吕商人(母密姬)弑侄子齐君舍之后,鲁国大夫襄仲派人告于周天王,"请以王宠求昭姬于齐。曰:"杀其子,焉用其母?请受而罪之。鲁国使节请求周顷王用天王的尊贵的身份向齐国为鲁国求情,想要被杀的齐君舍母亲子叔姬回鲁国。已经杀了她的儿子,还留着他母亲在齐国没有作用,请求周顷王命令齐国将子叔姬送回鲁国予以论罪,这是为拯救子叔姬的托词。周顷王接受了鲁国的请求,鲁文公十四年,冬,单伯如齐,请子叔姬,齐人执之,又执子叔姬。鲁文公十五年(前612年)六月。齐人许单伯请而赦之,使来致命。……秋,齐人来归子叔姬,王故(周天王有命令的缘故)也。《春秋左传正义·卷19下》P152—P153。鲁国人希望将三个月之内连续失去丈夫、儿子的子叔姬弄回鲁国而转弯抹角、煞费苦心,周天王的使者周大夫单伯一度在齐国被捕,子叔姬也被囚,二人同时失去自由约有半年时间,天王权威虽然经历了一个曲折的过程,在次年即前612年,齐懿公可能觉得自己君位已经稳定,不再担心齐君舍事件发酵,齐国对周王室和鲁国的政策有了变化。六月,齐国人释放单伯,并派他前来鲁国传达齐国的善意,鲁国感激这位为鲁国遭受了磨难的周天王特使。秋季,齐国人送回子叔姬,齐国人解释是受周天王之命这样做的,尽管只是个姿态,周天王的威信在起伏中好歹还是得到部分尊重。鲁国要回子叔姬是一种保护措施,叔姬最后有个好的结果。八年后,鲁宣公五年(前604年)春,齐国大夫高固利用鲁宣公前往齐国的机会,请求齐侯留住设法留住鲁宣公,强行要求子叔姬嫁给他。九月,子叔姬成了高固的新妇。冬季时,这对幸福的新人还一同返回鲁国履行相关礼节。《春秋左传正义·卷22》P170。周王的威信如同大自然中的花卉,得时鲜艳,失时黯淡。前600年(鲁宣公九年)春,王使来征聘(要求鲁宣公去聘问)。夏,孟献子(鲁国重臣)聘于周,王以为有礼,厚贿之。《春秋左传正义·卷22》P172。周定王派人来鲁,要求鲁宣公去聘问。夏季时,鲁国派重臣孟献子前往周朝见,周定王对鲁国人很满意。不过,周定王已经在为获得这种应有的礼仪与尊重而需要事先派人去诸侯国提醒,对如期到来的还要特别馈赠礼品。尽管如此,子叔姬这件事还是密切了周天子与鲁国的关系。

鲁襄公十四年(前559年),周灵王使刘定公锡命齐侯,'今余命汝环(齐灵公)兹帅舅氏之典,纂乃祖考,无忝乃旧,敬之哉!无废朕命。'《春秋左传正义·卷32》P256。警告齐灵公要孜孜不倦研究齐国的常法,弘扬祖先,不要辱没自己的先人。要保持恭敬之心,不要忽略周天子的命令。最后一句好像是附带说的,其实是策命的核心。这种事情已经多次发生,周天王得时时提醒诸侯们重视他的存在,诸侯们的记忆力则时好时坏。

10) 周天子所到之处,各地诸侯都需要向周天王直接回报本国政事

天子适诸侯曰巡狩,巡狩者,巡所守也。诸侯朝于天子曰述职,述职者,述所职也。《诸子集成·孟子·卷十二·告子章句下》P495。

"天子无出"意思是所有地方都是天子的,离开王城到别的诸侯国也不能说是出国。鲁僖公二十四年(前636年)冬,周襄王避母弟王子带,离开都城居住在郑地氾,分别派人周王室大夫简师父告于晋(晋文公),左鄢父(周王室大夫)告于

秦,以及使者通报鲁僖公。郑文公得到通报后,带领郑国大夫孔将鉏、石甲父、侯宣多抵达汜,"而后听其私政"。周天子虽然是逃亡在郑国,但人在郑国,就等于在诸侯国巡狩,郑伯必须向其汇报郑国的政事。《春秋左传正义·卷15》P116。

11)君王享有最高司法权

西周晚期的《亻朕匜》157字铭文中,完整记录了一场审判,在上宫,周天子亲自到场,亻朕为原告,牧牛是被告,出现了四位见证人,主审的司寇伯杨父以牧牛告自己的上司,定他诬告罪,牧牛服从判决并发誓遵守,伯杨父从轻判处鞭刑一千下,后折算为罚金三百锾。

鲁昭公七年(前535年)……及即位(楚灵王),为章台之宫,纳亡人以实之。无宇之阍入焉。无宇执之,有司弗与,曰:执人于王宫,其罪大焉。执而揭诸王,王将饮酒,无宇辞焉曰:今有司,女胡执人于王宫,将焉执之?周文王之法曰:有亡荒阅。所以得天下也。吾先君文王,作《仆区》之法,曰盗所隐器,与盗同罪。所以封汝也。若从有司,是无所执逃臣也。逃而舍之,是无配台也。王事无乃缺乎?昔武王数纣之罪,以告诸侯曰:纣为天下逋逃主,萃渊薮,故夫致死焉。君王始求诸侯而则纣,无乃不可乎、若以二文之法取之,盗有所在矣。王曰:取而臣以往,盗有宠,未可得也。遂赦之。《春秋左传正义·卷44》P345。楚国大夫申无宇的守门人逃入楚灵王的章华台,无宇想要捉拿他,在章华台任职的官员按照楚灵王的旨意接纳叛逃者,于是拒绝无宇的要求。反而以无宇在王宫中抓人,将其逮捕,送到楚灵王处,无宇辩称天下是周天子的天下,应该执行周文王周武王的法令,这是一个等级社会,每个人都有自己的责任,奴隶脱离职守逃亡时,周文王采取大搜捕的方式,维护了秩序,所以得到了天下。商纣是失败者,他的一个重大错误就是窝藏逃犯。楚灵王说不过他,虽然他在畅饮,但没有醉糊涂,让无宇领走自己的遭到追捕的看门人,坚持留下了投奔章华台中的其他受宠者。类似楚灵王游离于西周的司法思想的情况在诸侯国家比较普遍,齐景公则是比较极端的例子,此人一度比较疯狂,政治层次起伏比较大。前539年,齐景公对晏婴说:

"子近市,识贵贱乎?对曰:既利之,敢不识乎!公曰:何贵何贱?"于是公繁于刑,有鬻踊者。故对曰:踊贵屦贱。既已告于君,故与叔向语而称之。景公为是省于刑。《春秋左传正义·卷42》P329。

由于肉刑盛行,出售假肢已经成为一种相当赚钱的行业,任意施行酷刑与西周司法精神大相径庭,好在齐景公听到实情后还是有所触动。

鲁庄公二十九年(前665年)十二月,樊皮叛王。樊皮是周王室大夫,樊是其采地。皮是名。《春秋左传正义·卷10》P80。次年春,王命虢公讨樊皮,虢公入樊,执樊仲皮归于京师。《春秋左传正义·卷10》P80。虢公攻入樊国,将生俘的樊皮押送京师。作为周王室大夫的樊皮擅自离开职守,周天子还只能兴师动众地命令一支军队前去捉拿,因为自己的采邑就是自己的天下。天王的礼制如此规定,这可能是周天子都面临而且难以排解的难题。

怎样对待没有收到周天王逮捕令的诸侯?卫成公(前634—前660年在位)不认可晋国为霸主,又杀死弟弟叔武,他的臣子元咺向晋文公控告他,公元前632年,在温地的诸侯大会上,晋国拘留了卫成公,将他押送到周京城洛邑,押送京师处理的做法有两种目的:1. 出于对天子的司法权的尊重,由天子亲自处理一位在霸主看来有问题的诸侯。2. 捕捉行动没有事先得到周天子的授权,也没有擅自处理,而是送至京师请求天子定夺。是一位新晋霸主想要在周天子那里测试自己的份量。晋文公与卫国本有宿怨,卫成公又拒绝借道前往援助宋国,晋文公请求天子杀卫成公,周襄王表示拒绝:

"夫政自上而下者,上作政,而下行之不逆。故上下无怨。今叔父作政而不行,无乃不可乎?夫君臣无狱,今元咺虽直,不可听也。君臣皆狱,父子将狱,是无上下也。而叔父听之,一逆矣。又为臣杀其君,其安庸刑?布刑而不用,再逆矣。一合诸侯,而有再逆政,余惧其无后,不然,余何私于卫侯?晋人乃归卫侯。《国语正义·卷第二·周语中》P161。

周襄王表示反对,理由是:1. 命令必须自上而下。天子发令,诸侯执行。逮捕卫成公是晋文公发布的,我来执行。不合程序。2. 元咺告发卫成公,是臣子告君,鼓励这种事,与鼓励父子相互诉讼一样。导致君臣父子上下等级制度颠倒。3. 他直接否定晋文公对卫成公有司法审理权。周襄王的判决是让晋国人释放卫成公,感觉受到卫成公冒犯的晋文公暂时只能忍气吞声,天子的命令立即得到了执行。

下门子是周大夫,也是王子猛的傅,周景王嫡长子太子寿早夭,嫡次子姬猛被立为太子,周景王后又想改立庶长子姬朝为太子,周大夫宾孟是王子朝的傅,在左右周景王思想上起了很大作用。周景王于是想先折断王子猛的羽翼,所以先杀猛的傅下门子。这只是周景王杀戮计划的开始,景王动身到巩地去打猎,要求公卿都随同,准备杀单穆公,未成而景王逝世。《国语正义·卷第三·周语下》P362。周天王可以根据自己的需要处决人,即使是下门子这样无辜的人。

12)战争权以及授权

诸侯,赐弓矢,然后征;赐铁钺,然后杀。天子将出征,类乎上帝,宜乎社,造乎祢,祃于所征之地,受命于祖(告祖也,在祖庙中告祖),受成于学(兵定谋也,在大学制定谋略)。出征执有罪,反,释奠于学,以讯馘告。《礼记正义·卷十二·王制》P104,获周天子赐弓矢者才有权讨伐叛逆;斧钺然后可以自行决定诛杀。天子出征讨伐叛逆,先要祭祀天地和宗庙,在祖庙中告祖,在军队驻扎地为士兵祈祷,在祖庙中接受命令,在大学制定谋略,战胜而返后在大学举行释奠之礼向诸位圣贤先师报告战果。

5. 对周王的限制

有明文规定天子的行为受到限制,鲁庄公二十七年(前 667 年)载:"天子非展义不巡守,诸侯非民事不举,卿非君命不越境。"《春秋左传正义·卷 10》P78。与天子类似,诸侯不是为了百姓的事不出行。天子从权力上受到限制是人们思维认识上的是一次巨变,但限制不是一次形成的,是一个漫长、不断优化的过程。一个礼节性的天子是动静有度、循规蹈矩之典范,但是一个有作为的天子,他的行为尺度自己也无法做到不逾矩。礼制有时会与做正确的事不一致。对周王的另一种制约来自诸侯与周王内部,一些大臣之间矛盾是否能得到及时解决取决于周天王的协调功能。

被认为错误的指令即使来自周王也难以得到执行:1. 诸侯对某位周王失去尊重,会令周天王命令得不到贯彻,鲁僖公二十四年(前 636 年),郑国军队攻打滑国,周襄王听说后派出大夫伯服、游孙伯劝说郑文公停止军事行动,郑文公因为周惠王对功劳卓著的郑厉公不够慷慨等予以拒绝,并逮捕了两位周室使者。周襄王一怒之下要联合狄人攻打郑国,大夫富辰认为郑国自郑桓公以来一直鼎力支持周王室的兄弟之国,并劝阻天王采取激烈的行动,但是周襄王还是命令颓叔和桃子领狄军攻取两座郑国重要城池。2. 叛逆者。王子带(甘昭公)是周惠王与惠后之子,得到母亲宠爱,对嗣君的位置野心勃勃,但惠后未立他就逝世,王子带招惹周襄王新从狄人取来的隗后,做丈夫的周襄王无法忍受弟弟与妻子之间的情义,废隗后之举将盟友狄人变成仇人,结果周襄王在变节的大臣颓叔、桃子,兄弟王子带,曾经的盟友狄人的联合打击下逃往郑国。

对君主的另一种限制相对抽象,君主权力受到正确性的限制,它既是玄妙的精神,又是实际的存在。

前 637 年九月,晋惠公逝世,怀公立,命无从亡人。期,期而不至,无赦。狐突之子毛及偃从重耳在秦,弗召。冬怀公执狐突曰:子来则免。对曰:子之能仕,父教之忠,古之制也。策名委质,贰乃辟也。今臣子之命在重耳,有数年矣,若又召之,教之贰也。父教子贰,何以事君? 刑之不滥,君之明也,臣之愿也。淫刑以逞,谁则无罪?臣闻命矣。乃杀之。卜偃称疾不出,曰:《周书》有之:'乃大明服'。已则不明,而杀人以逞,不亦难乎?民不见德而唯戮是闻,其何后之有?《春秋左传正义·卷15》P112。

晋惠公逝世后,怀公即位后命令所有晋臣不准跟随流亡在外的人,逾期不返回国的不予赦免。狐突之子狐毛、狐偃跟随重耳在秦国,拒召归国。冬季时,怀公拘捕狐突,说:你让你儿子们回来就可以释放你。狐突回答说:儿子担任公职,父亲要教育他们忠诚,这是源远流长的礼制。入仕者的名字写入国家的简策上,三心二意就已经是犯罪。微臣儿子被重耳录用数年,名字已在简策登录,我现在召回他们就是教育他们对主人怀有二心,父亲教儿子不忠,我还有何资格侍奉君王?用刑合理,是君主的贤明,也是臣下的意愿。如果任意施刑,那就人人都会有罪。狐突表示不会照怀公的命令去做。于是被杀。卜偃借口有病不上朝,他对别人说:《周书》说过:君主贤明臣民才会顺善。君主自己昏暗,还一心想以杀人达到目的,不是太难以接受吗?人民看不见其美德而只听说其杀戮事例,这样的人怎么会有未来?《春秋左传正义·卷15》P112。

不是所有的人都能洞悉正确性的全貌,正确性不是一种立即见效的规律,有时,不尊重正确性、规律也可以有成效,一些例子中的君主们要错很久之后才会有后果,等到他们自己发现,完全切身体会个中感受,还要迟一些。不过有些君主的错误尽管被精心地加以掩饰,但是最终仍然无法逃避惩罚。正确性规律对普通人也适用。

6. 周王权力的流失

如同周天子一样拥有如此多权力的人本该变得越来越强,变得越来越差的例子则很多见,天子变弱的原因主要有二:1. 权力的误用。2. 竞争者比他更优秀。这两点都可能与周天子无法接受建议有关。3. 坚守或不遵循制度的结果。权力流失中常见的政治行为大致可分为五类:

1) 国人的反叛。厉王(前878—前841年在位,在位37年)十二年,厉王亡奔彘。……国人围王宫,执昭穆公之子杀之。《今本竹书纪年疏证·卷下》P93。厉王十三年,王在彘,共伯和摄行天子事。二十六年,共伯和归其国。《今本竹书纪年疏证·卷下》P93。

2) 诸侯干预周王室。景王(姬贵)二十五年(前520年),晋顷公(前520年即晋顷公六年)平王室乱,立敬王(前519年,即姬匄)。《今本竹书纪年疏证·卷下》P11。

3) 诸侯进攻周天子,显王二十七年(前342年),九月秦卫鞅伐我西鄏。……十月王攻卫鞅,我师败逋。《今本竹书纪年疏证·卷下》P123。

4)家族内反叛,鲁僖公二十四年(前636年)、周襄王被其弟王子带赶走,次年(前635年)晋文公派兵救襄王,杀王子带,送襄王归国复位,安定周襄王的王位。《春秋左传正义·卷16》P118。

5)夷的进攻

"后徐夷潜号,乃帅九夷以伐宗周,西至河上。"《后汉书·卷八十五·东夷传》P2808。

鲁文公十四年(前613年),周顷王去世,周王室的两位重要卿士周公阅、王孙苏因为忙于争权夺利,百忙之中竟然忘记为已故的周顷王向诸侯发送讣告。与其说是大臣太疯狂,不如说是周天子威望已大不如前。鲁成公十一年(前580年),周公旦之后周公阅之子周公楚担任周大夫期间,"恶惠、襄之逼也,且与伯与争政,不胜,怒而出,及阳樊,王使刘子(又称王季子)复之,盟于鄇(周邑名)而入,三日,复出奔晋。《春秋左传正义·卷27》P207。鲁成公十二年(前579年)春,王使以周公(周公楚)之难来告。书曰:"周公出奔晋。"凡自周无出,周公自出故也。《春秋左传正义·卷27》P208。凡是从周外逃的不能叫出。周公楚擅自离职,原因是周公楚与周惠王、周襄王族人有积怨,同时与周王另一个卿士伯与争夺权力,结果大失所望,一怒之下自行出走。周简王派大臣刘康公请他回来,不料订立一个盟约后,周公楚随即又前往晋国。周公楚的事例显示周简王不是一般的被动。而在那些上升期的诸侯面前,王权几乎是跌宕起伏,天子有求于诸侯时,不是直接下令,而是不得不降尊纡贵。前文所叙前510年诸侯修葺成周事,鲁昭公三十二年(前510年)秋八月,"王使富辛与石张如晋,请城成周。天子曰:天降祸于周,是我兄弟并有乱心,以为伯父忧。我一二亲昵甥舅,不皇启处(无暇安居)。于今十年,勤戍五年,余一人无日忘之,闵闵焉如农夫之望岁。惧以待时。……昔成王合诸侯,城成周,以为东都,崇文德焉。今我欲徼福假灵于成王,修成周之城,俾戍人无勤,诸侯用宁,蟊贼远避,晋之力也。委诸伯父,使伯父实重图之。俾我一人无征怨于百姓,而伯父有荣施,先王庸之。"类似期期艾艾的周天王需要看强大诸侯的脸色行事。好在范献子和魏献子有共识,出于不同原因而表面上都愿意迎合周王,于是"使伯音(韩不信,也称韩简子,晋国大夫)对曰"天子有命,敢不奉承。以奔告于诸侯,迟速衰序,于是焉在。"冬十月,晋魏舒、韩不信如京师,合诸侯之大夫于狄泉,寻盟,且令城成周,……乙丑,士弥牟营成周,揣高卑,度厚薄,仞沟洫,物土方,议远迩,量事期,计徒庸,虑材用,书糇粮,以令役于诸侯,属役赋丈,书以授帅(帅,指诸侯大夫),而效诸刘子,韩简子临之,以为成命(以为既定方案)。《春秋左传正义·卷53》P425。成周的城墙虽然得到了整固,周天子的威望却明显已经残缺。天子虽然近似拥有无限的权力,但是必须十分慎重,无理由侵夺私人财产可能遭致反抗。鲁庄公二十年(元674年)冬,周惠王在位,陆续分别夺取了蒍国、边伯、石速、詹父、子禽的土地、房子和园圃,这五个周王室大夫联合王子颓武力进攻周惠王。另一个周大夫苏氏在周桓王时代曾被夺走其十二个邑给郑国,他闻讯立即公开对五位大夫表示支持。《春秋左传正义·卷9》P72。卫国、燕国军队攻打成周,立周庄王和王姚所生儿子子颓为周天子,鲁庄公二十一年(前673年),在郑厉公等攻入王城杀王子颓及五个大夫后,周惠王返回王城。这件事发生前674年(《春秋左传正义·卷9》P72),比前面几个案例都早,显示周天王的威望不是逐渐下落的。

7. 周天王们自行决定的不同失败方式

1) 禁止国人说话的天子

周厉王姬胡(前879—前843年在位)在位时间长,"厉王虐,国人谤王。……防民之口,甚于防川。"董增龄《国语正义·卷第一·周语上》P46,周厉王喜欢贪婪出名的荣夷公,芮良夫表示,荣公得到重用,周就一定会衰亡,厉王坚持任命荣公为卿士,这使得诸侯不来朝献,周厉王昏乱,邵公将国人对厉王的批评转告厉王没有导致其反省而是导致其怒不可遏,他找到一个卫国的巫人,按这个人的指引,厉王肆意处死对国王有意见的人,结果国人都不敢说话,在路上相遇也只能使用眼神,邵公反对这样做。厉王不听,三年后国人暴乱,人民切齿痛恨的厉王被流放到彘地。是为"王流于彘。"董增龄《国语正义·卷第一·周语上》P55。

2) 权力失控的周天子

周惠王姬阆,(前676—前652年在位)三年(前674年),三位周大夫边伯、石速、蒍国将惠王赶出来,立子颓(周庄王的小儿子,妾王姚所生)为王,惠王在郑国呆了三年。郑厉公(郑国国君姬突,前679—前673年在位)会见周王卿士虢叔以子颓酷爱音乐歌舞,是不良倾向为由,谋划助惠王复位,虢叔同意,次年,郑伯侍奉惠王从王城南门入王城,虢叔从北门入,杀王子颓与支持他的三位大夫,惠王入王宫。董增龄《国语正义·卷第一·周语上》P94,如果不是借助诸侯力量,周王室的虢叔独力难支,也没有好的行政手段制约边伯、石速、蒍国三位大夫。

3) 失礼渎职的天子

两位衰落时的西周父子天子确实疏于本职,周宣王前827年即位,"宣王即位,不籍千亩。"董增龄《国语正义·卷第一·周语上》P62,不参加一个例行的劝农仪式,虢文公(西虢的国君,周文王弟虢叔的后代,宣王时他的封地在畿内)予以劝告,宣王不接受,周宣王三十九年(前789年),宣王在千亩(山西介休县南)被姜姓西戎击败。"宣王既丧南国(南国指江汉之间的一些诸侯国家)之师(在南方诸侯的军队),乃料民于太原,仲山父劝阻,宣王不听,继续在当地实施大规模人口统计,因为事发突然、意图不明使得人民惊恐。到宣王儿子周幽王时(前781—前771在位)周灭亡,董增龄《国语正义·卷第一·周语上》P83,周幽王在位时有些自然现象造成了心理压力,他即位第二年,西周三条河流(泾、渭、洛)干枯,岐山崩塌。十一年(前771年),幽王乃灭。周幽王最致命的错误是废黜申后的王后身份及其所生嫡子宜臼的太子身份,而立宠爱褒姒为后,其子伯服为太子,这是对礼制的严重破坏,叛民们中有些人其实不在乎礼,但在乎这个机会。周王被申侯、缯国、犬戎联军击败杀死于骊山,继位的周平王宜臼将国都向东迁徙,定都洛邑,自此史称东周。前771年也是春秋时期开始之年。董增龄《国语正义·卷第一·周语上》P88注:申,姜姓侯爵。传为伯夷的后人,郑桓公姬友是周宣王的异母弟,周厉王只有这两个儿子,他是周幽王的叔父,在周幽王的宫廷里担任高官,前771年犬戎攻克镐京时战死,郑桓公之子姬掘突成为郑国第二代君主,郑武公在前761年娶申侯之女为妻。生庄公。"初,郑武公娶于姜,曰武姜。"这见于鲁隐公元年,时值前722年。郑武公联合秦晋卫击退犬戎,护送周平王迁都,他在位期间郑国得到迅速扩展,一度引起了周平王的疑心,郑武公不得不将都城从洛阳东北方荥阳南迁新郑。

4) 君主因为无知或者疏忽造成的过失

君主的有些行为与国家的治乱盛衰似乎并无直接关系,但一些判断过于专业令一些君主的思维完全跟不上,以为是牵强附会,周景王二十一年(前524年),将铸大钱,单穆公表示反对,王不接受,终于铸大钱。周景王二十三年,将铸造无射钟,造大林钟覆盖其上。单穆公表示反对,王不听,终于铸造大钟,二十四年钟铸成,伶州鸠认为,国君干了违背民意的事,铸造消耗钱财,人民困乏,所谓钟声和谐是不可求的,"且民所曹好,鲜其不济也,其所曹恶,鲜其不废也。"单穆公、伶州鸠二人宏观的思维中,政治纰漏会造成社会对立,很多社会问题的真正原因往往不那么直接,有人高度欣赏的产品之所以会遭到高度的抵触,是因为生活背景差异太大。周景王从自己的立场认为大钱、大钟刻不容缓,他单穆公考虑的是物价失控,伶州鸠说钟声会具体而敏感贴切地体现出社会问题是一种婉转且近乎玄乎的说法,周景王完全不能理解,认为伶州鸠、单穆公迂腐荒谬,二十五年,景王逝世,他花大价钱铸造的钟在行家听来声音也不和谐。《国语正义·卷第三·周语下》P275。大钱的效果会由社会得到检验,钟的质量只能是铸造工艺和材料问题。

"周平王立,东迁于雒邑,辟(避)戎寇。平王之时,周室衰微,诸侯强并弱,齐、楚、秦、晋始大,政由方伯。《史记·周本纪第四》P149,周天子的衰弱与规定要受到的制约应该区别开来,前者是相关政权运行中的挫折,或者纯属自己的失误与过恶。鲁庄公二十一年(前673年)郑厉公等战胜王子颓等,帮助周惠王重返王城,恢复了原有的权利。对于一个如此有功于周王室的人,周惠王却有失分寸,"郑伯之享王也,王以后之鞶鉴与之,虢公请器,王予之爵。郑伯(郑厉公子郑文公,鲁庄公二十二年立。)由是始恶于王。《春秋左传正义·卷9》P72。周惠王赐予郑伯一条王后用的装饰有镜子的皮质腰带,给予功劳相等的虢公一尊青铜酒器,比鞶鉴贵重,它理想化政权的组成部分。

王子朝、宾起有宠于景王。王与宾孟说之。欲立之。刘献公之庶子伯蚠(即刘蚠)事单穆公,恶宾孟之为人也,愿杀之。又恶王子朝之言,以为乱,愿去之。……夏四月,王田北山,使公卿皆从,将杀单子、刘子,王有心疾。乙丑,崩于荣锜氏。戊辰(四月二十二日),刘子挚(刘献公)卒,无子,单子立刘蚠。五月庚辰(初四),见王,遂攻宾起,杀之,盟群王子于单氏。《春秋左传正义·卷五十》P398,丁巳,葬景王,王子朝因旧官百工之丧职秩者,与灵、景之族以作乱。帅郊、要、馈之甲,以逐刘子壬戌,刘子奔扬,单子逆悼王于庄宫以归。王子还(周景王子,王子朝同党)夜取王以如庄宫。二十二年十一月十六日,周敬王即位,住在子旅氏家里。

事情起源于周景王嫡长子王子猛不是景王理想的继承人,而长庶子王子朝(姬朝,后又称西王)被看好,周景王遗诏改立王子朝为太子,宾起(即宾孟)系周大夫,当时为子朝之傅,为辅。鲁昭公二十二年(前520年)夏四月乙丑(十八日),周景王姬贵因心脏病在周大夫荣锜之家去世。四月二十二日,刘献公去世,因为没有嫡子,单穆公立了他的庶子伯蚠。

五月初四,支持嫡长子的单穆公(即单子,单旗,周大夫)等刺杀宾孟,和王子们在单穆公那里结盟。立王子猛,是为周悼王。

六月十一日不顾礼节地尽快埋葬了景王,显示朝政已经极为混乱。

六月十一日王子朝发动叛乱,进攻伯蚠,十六日单穆公将周悼王王子猛迎接到自己家里。王子朝的党羽周景王的儿子王子还又将周悼王带之庄宫,即周王宫。十七日,单穆公逃亡。单子杀还、姑、发、弱、鬷、延、定、稠(都是周王子)。

二十二年(前520年)十一月十二日,王子猛卒,不成丧也。王子猛的身后事情况更糟,因为没有举行周天王的丧礼,《春秋》也不称王崩。

二十二年乙丑(十一月十六日),周敬王(姬匄)即位,住在子旅氏家里。《春秋左传正义·卷50》P398。

王子朝(西王)、宾起、周景王的同党:

1. 旧官百工失去职位和俸禄的人

2. 灵王、景王的族人

3. 王子还,周景王之子,王子姑、王子发、王子弱、王子鬷、王子延、王子定、王子稠,均是周王子。

4. 召庄公即召伯奂,周大夫。

5. 巩简公,周卿士

6. 甘平公,周卿士

7. 鄩肹,被俘后被在市场烧死。

8. 鄩罗,鄩肹之子,周大夫。

9. 司徒丑(周大夫)

10. 南宫极,周大夫,(二十三年,前519年八月被地震压死)

11. 尹辛,周大夫

12. 尹圉,周大夫

13. 楚国

中立者:

不列出

王子猛(死后敬王立,住在子旅氏的家里)、伯蚠(即刘大公、刘狄)、单穆公的同党:

1. 挚荒,周大夫。

2. 王子处,周景王之子。

3. 与百工结盟。后百工叛变。

4. 樊顷子,即樊齐,周大夫。

5. 周敬王(东王),周景王次子。

6. 刘佗周,大夫,刘蚠族人。

7. 苌弘。

8. 阴不佞,周大夫,带温地人袭击王子朝。

9. 晋国,晋藉谈(晋国大夫)帅九州之戎(即陆浑一带的少数族)送周天子(周悼王)回王城。鲁昭公二十二年(前520年)《春秋左传正义·卷50》P398。

10. 周敬王元年(前519年),在晋国人退回国后,敬王无法抵挡王子朝攻击,退居王城东的狄泉(故称东王)。前516年,郑定公访晋,商议定王室,次年晋、鲁、宋、卫、郑、藤、薛、曹、大邾、小邾在黄父即黑壤会盟,决定支持周敬王,次年在晋军攻击下,王子朝逃往楚国。

鲁昭公二十三年(前519年):单子、伯蚠(或称刘子)攻取周邑。尹圉(尹文公,周大夫)杀刘伦(刘蚠族人,周敬王同党)即位(姬匄,周悼王弟,又称东王,周敬王在位44年)。《春秋左传正义·卷50》P399。

鲁昭公二十六年(前516年),王子朝派人向诸侯通报坚持自己有理:昔先王之命曰:'王后无適,则择立长,年均以德,德均以卜。'王不立爱,公卿无私,古之制也。穆后及太子寿早夭即世,单、刘赞私立少,以间先王,亦唯伯仲叔季图之。

闵马父闻子朝之辞,曰:文辞以行礼也,子朝干景之命,远晋之大,无私甚矣,文辞何为?《春秋左传正义·卷52》P412。最先对王子朝发放给诸侯的长篇大论做出反应的是担任周大夫的鲁国人闵马父,他错误地认为王子朝是负面的一方,第一干扰了周景王的立储计划,第二疏远强大的晋国,第三不顾一切谋求天子之位。为自己辩护的文辞说出来很考究,行为中礼仪却少有顾及,对国家的伤害很大。

诸侯基本上与闵马父的观点一致,诸侯尤其是强大的晋顷公军队的直接支持,使得王子朝,周敬王之间的天平完全倾斜,但是分析王子朝的轨迹,他亦占有一些正当的点位,其观点还是有不少人同情。鲁定公五年(前505年),周敬王的人在楚国杀死了王子朝,但是他的影响力还在,时隔十二年,周敬王被迫离开王城的事情在鲁定公六年(前504年,周敬十六年)四月又一次发生可以证明。

周朝大夫儋翩"率王子朝之徒,因郑人将以作乱于周。郑于是乎伐冯、滑、胥靡、负黍、狐人、阙外(以上均周朝地名)。六月,晋阎没戍周,且城胥靡。……冬十二月,天子处于姑莸(周朝地名),辟儋翩之乱也。《春秋左传正义·卷55》P439。鲁定公七年(前503年)二月,周儋翩入于仪粟(周邑名)以叛。七年冬十一月,单子、刘子逆王于庆氏(庆氏,周朝大夫,守姑莸的大夫),晋籍秦送王,己巳,王入于王城,馆于公族党氏(党氏是周朝大夫),而后朝于庄宫(意思是到庄宫朝拜)。《春秋左传正义·卷55》P152。

王子朝和王子猛都没有过错,周景王也没有,一群无过错的罪人为何以死相拼长达十余年? 这个制度条款的内涵如此宽泛,没有人能最为正确,于是大家都争斗比较正确的位置,正是因为太子寿的早夭,原本完美无瑕的天穹突然现出一条缝隙,有想象力的人都看到那里挂着一张绚丽的天梯。

鲁文公三年,凡民逃其上曰溃,在上曰逃。《春秋左传正义·卷 18》P138。人民背井离乡,远离其统治者,称为溃散,君王本人被迫离开国家称为逃离。

鲁宣公十八年,凡指内虐其君曰弑,自外曰戕。《春秋左传正义·卷 24》P188。国内的人致其君王死亡,称为弑君;外部力量导致君王死亡称为戕害。

鲁成公十八年(前 573 年),"凡去其国,国逆而复之,曰入;复其位曰复归;诸侯纳之曰归;以恶曰复入。《春秋左传正义·卷二十八》P222。天子、诸侯家族中的人离开自己的国家,本国人迎接并立他为国君,称为入;恢复君王原来的位置,称复归;诸侯护送回国的,称为归;使用武力的护送叫复入。

这些专门的术语用于区别不同的场景,一个重要目的是将政治生活高度专业化,以便以准确的方式记载与理解君王与政治的行为动因、运行及其结果。

第二节　二级君主——诸侯

一、诸侯的来源——任命的程序

前 506 年,刘文公合诸侯于昭陵,卫国祝佗有关天子与诸侯关系的见解归纳起来有三大概念:

1. 为何分封诸侯

"以先王观之,则尚德也。昔武王克商,选建明德,以藩屏周。……于周为睦。诸侯是武王精心所选贤德的人加以分封,作为周王室的藩屏诸。这些诸侯具有良好的能力和人品,管理好各自的封地,同时与周王室保持和睦。鲁国始封君周公旦、康叔、唐叔,"三者皆叔也,而有令德,故昭之以分物,不然,文武成康之伯犹多而不获是分也,唯不尚年也。"

2. 天子的命令与诸侯的职事

"故周公相王室,以尹天下。……以法则周公,用即命于周。是使之职事于鲁,以昭周公明德。"周公辅助王室,统摄天下,诸侯国获得周天子授权,包括鲁国在内所有诸侯国内的人口都通过不同的行业服务于各自的国家,全体人民在不同封地内遵循周公的命令,以彰显周公所敬奉的周王室美德。为何需要听周公的政令? 武王之母弟八人,周公为太宰,康叔为司寇,聃季为司空,其他五人无官职,授予官职不根据年龄而是德能。

3. 诸侯的土地人口

分鲁公殷民六族:条氏、徐氏、萧氏、索氏、长勺氏、尾勺氏,以帅其宗氏,辑其分族,将其丑类。分之土田陪敦,祝、宗、卜、史,备物典策,官司彝器。因商奄之民,命以伯禽,而封于少皞之虚。

分康叔以大路、少帛、綪茷、旃旌、大吕。殷民七族:陶氏、施氏、繁氏、锜氏、樊氏、饥氏、终葵氏,封畛土略,自武父以南,及圃田之北竟,取于有阎之土,以共王职。取于相土之东都,以会王之东蒐,聃季授土,陶叔授民,命以《康诰》,而封于殷墟皆启以商政,疆以周索。

分唐叔以大路、密须之鼓、阙巩、沽洗、怀姓九宗,职官五正,命以《唐诰》而封于夏墟,启以夏政,疆以戎索。《春秋左传正义·卷54》P431。

祝佗作为一个低级官员,他的意见主要来自历史,部分是自己的推导。上述见解中的核心是,周王室选择有才能者分封为诸侯,执行周王室的规则,管理他们各自小块土地、人口,当地的人民服务于诸侯,但诸侯必须随时接受执行周天子的指令,并与其他诸侯保持和睦。

第一代的诸侯系周天子所任命,侯牧是诸侯的另一个称呼。鲁隐公八年(前715年),鲁隐公问族于众仲,众仲曰:天子建德……《春秋左传正义·卷4》P31。众仲告诉鲁隐公,天子立有德之人为诸侯。或确切地说,分封诸侯及诸侯的继立均需得到周天子的正式任命,这种制度从周分封以来开始实施,不仅分封诸侯,对诸侯的卿大夫天子也享有任命权:"诸侯有上大夫卿、下大夫、上士、中士、下士,凡五等。诸侯之大夫,不世爵禄。公国孤一人——大国三卿,皆命于天子;次国三卿,二卿命于天子,一卿命于其君。小国三卿,一卿命于天子,二卿命于其君。大国之卿不过三命,下卿再命,小国之卿于大夫一命。次国之上卿位当大国之中,中当其下,下当其上大夫。小国之上卿位当大国之下卿,下当其下大夫。"《通典·卷31·职官十三》P447。

4. 除有德的本人立为诸侯,还奖励他们的后代

"武王追思先圣王,乃褒封神农之后于焦,黄帝之后于祝,帝尧之后于蓟,帝舜之后于陈,大禹之后于杞。"《史记卷四·周本纪第四》P127。

鲁昭公二十八年(前514年),晋国大夫成鲤武王克商,光有天下,其兄弟之国者十有五人,姬姓之国者四十人。《春秋左传正义·卷52》P417。

鲁襄公二十九年(前544年,晋平公十四年),虞、虢、焦、滑、霍、扬、韩、魏皆

姬姓也,杜预注:八国皆晋所灭,焦在陕县。《春秋左传正义·卷三十九》P304。

晋平公,杞出也。故治杞,六月,知悼子合诸侯之大夫以城杞,郑国子大叔与卫国大夫大叔文子谈到这个事,文子认为晋平公筑杞很过分,子大叔曰:若之何哉?晋国不惜周宗之阙,而夏肆是屏。其弃诸姬,亦可知也。诸姬是齐,其谁归之?吉也闻之,弃同即异,是谓离德。《春秋左传正义·卷三十九》P303,晋平公的母亲是杞国人,所以为杞国修城。子大叔也认为晋平公过分,为什么呢?晋国灭掉八个姬姓国,却帮助夏禹的后裔封国加固城池。

鲁僖公二十三年(前637年),认为陈在楚、宋两个在争执的国家之间搞平衡,楚成得臣取焦、夷(皆陈国邑名),城顿而还。顿是国名,姬姓子爵,鲁定公十四年被楚灭。

鲁昭公二十八年(前514年),"夫举无他,唯善所在,亲疏一一。"《春秋左传正义·卷52》P417。

"天子之县内诸侯,禄也;外诸侯,嗣也。"《礼记·王制》。周天子王畿内分配给公卿的土地,作为禄田,终身享用,死后归还;王畿外分配给诸侯的土地,世袭。即所谓"凡诸侯世子世爵,大夫不世爵,使人以德,爵以功。未赐爵,视天子之元士(即上士),以君其国。"《通典·卷31·职官十三》P445。

分封之后的君位更替一般由各诸侯内部自行安排,实际运作中君王本身的意见极为重要,得到正式封爵需要周天子形式上的认可。天子的任命是一个重要程序,诸侯的地位是否经过天子正式任命,会有高低之分,在重要文献上特别记载。鲁隐公元年(前722年),三月,"公及邾仪父盟于蔑,邾子克也,未王命,故不书爵。"《春秋左传正义·卷2》P13,邾仪父就是邾子克,邾国始封君曹挟。邾仪父尚未受到周天王正式策命的爵位。侯爵的鲁隐公是大国,邾国则是鲁国的附庸,与还未受正式策封爵位的邾国君主盟约是刚继位的鲁隐公寻求支持汇集力量的笼络手段。鲁庄公五年(前689年),"郳(即小邾,一地二名,附庸国),犁来(犁来是其国君)来朝(来鲁国),名,未王命也。"《春秋》记载他的名字,是因为他还没有得到天子的封爵。《春秋左传正义·卷八》P62。《左传》称邾为郳,《公羊传》庄公五年称倪,始封君是邾文公之子曹友,封于倪。宋国的附庸。周惠王二十四年(前653年),邾国国君倪犁被周天子封为子爵,其君因与邾国同宗,改称小邾,邾古称邾娄,《春秋公羊传》庄公五年称小邾为小邾娄,鲁穆公时以邾娄的合音改称邹。参见《春秋大事表列国爵姓及存灭表譔异》P244,鲁僖公二十九年(前631年),经:二十有九年,春,介葛卢来。传:介,国也,葛卢,微国之君,未爵者也,其曰来,卑也。《春秋谷梁传注疏·卷9》P38。小邾与介的情况相似。

诸侯的分封不是一次性的,周武王封周公旦于鲁,周公旦在朝掌权,让他的儿子伯禽就国,伯禽就成了始封君。周成王封商纣庶兄微子启于宋,以嗣殷后,以微子启作为宋国的始封君,宋国是三恪之一。三恪指封前三代王室后裔,这是新国家对它们的特别礼遇。宋国人可以继续祭祀殷商的祖先,传习其文化,兄终弟及的储位制度也得以延续。例如:宋宣公有自己的儿子,他舍弃太子与夷传位于弟宋穆公,宋穆公也有自己的儿子,他命儿子子冯前往郑国,传位于宋宣公之子与夷,即宋殇公。子冯后来被华督立,史称宋庄公。不仅君主执行兄终弟及之规,臣民也认同:宋国大夫萧叔大心杀南宫长万立的宋君子游后,立宋闵公之弟公子御说为宋桓公。

前 771 年(周幽王十一年),周幽王被犬戎所杀,周平王封秦襄公为诸侯,秦国开始被封为诸侯。《史记卷三十八·宋微子世家第八》P1607。这是分封比较迟的第一代诸侯。

如前所述,天子分封第一代诸侯,对侯任的诸侯任命亦有干预权,"鲁武公(前 825—前 816 年在位)带二个儿子:长子括与中间的儿子戏,去见周宣王,周宣王立戏为鲁太子,周王的卿士樊仲山父认为不按长幼顺序立太子极为不妥。但周宣王坚持任命,鲁武公死后,姬戏成为鲁懿公,括之子伯御与鲁国人共杀鲁懿公,伯御自立为鲁君。周宣王三十二年(前 796 年),周宣王讨伐鲁国,废掉伯御,立鲁孝公姬称,他是鲁懿公的弟弟,按顺序是鲁国第十二代君主。《国语正义·卷第一·周语上》P79。

诸侯国家的统治者不是一成不变的,内部的变化有时过于剧烈,周天子也只能适应变化。权利的替代是个持续的过程,只是相对而言时而快速,时而缓慢。不在周王室计划内的诸侯时而会冒出来,是王权心有旁骛? 王室力量已小于诸侯? 还是制度需要一个理论上公平的裁判? 实际情况要复杂得多。

晋文侯和成师都是晋穆侯的儿子,晋昭侯是晋文侯的儿子,他将成师封于曲沃,称为曲沃桓叔,其子称曲沃庄伯,曲沃武公就是他的儿子。前 709 年,曲沃武公借故攻打晋国都翼,俘虏国君晋哀侯(前 717—前 710 年在位)次年曲沃武伯派人杀晋哀侯,晋国人立晋哀侯之子小子为君,鲁桓公七年(前 705 年)冬,曲沃伯诱晋小子侯,杀之。八年(前 704 年),曲沃伯灭翼(冀邑)。冬,周桓王"命虢仲立晋哀侯之弟缗为晋侯。"《春秋左传正义·卷七》P52。周桓王立晋哀侯的弟弟缗为国君,前 678 年杀晋侯缗,兼并晋全境,公元前 679 年,得到曲沃武伯厚礼的周僖王武承认曲沃武伯为晋君,列为诸侯。姬称追求君位不顾一切,一生杀了三位晋国君主,君位似乎不适合曲沃武公,在位仅两年,前 677 年去世。《国语正义·卷第七·晋语一》P613。他的行为只遭到虢国、荀国、贾国、芮国、梁国等小国的抵制,一些未参与的国家可能认为曲沃武伯的行动只是家事,一个旁支在晋国强势崛起。

晋国命运多舛,曲沃武伯鸠占鹊巢,国土还算是完整地颤栗在同姓的利爪下,接下来分割晋国的加进了外姓人。周贞定王姬介(前 468—前 441 年在位,前 441 年逝世)十六年即前 453 年,晋国的三家大夫中韩康子、魏桓子都源自姬姓,赵襄子可是嬴姓,共同击灭原本最为强大的姬姓智氏后,意味着铲除了晋国所有的其他有竞争力的贵族,赵、韩、魏从瓜分智氏家族产业开始,逐步将瓜分整个晋国,前 433 年即位的晋国国君幽公反而要向他们朝贡。周威烈王姬午在位时的前 403 年,根据这三家的联合提议,周威烈王不得已分封赵、韩、魏为诸侯国家,三家分晋,始封为诸侯。其中魏惠王是毕万的后裔,周文王的庶子姬高封于毕,称毕高公,毕万是毕高公后代,毕万十一世孙魏斯在前 403 年勇敢地参加与赵、韩共三家分晋,成为魏文侯,其子魏武侯,其孙魏惠王最为出色,他也是孟子提到的梁惠王,之所以又称梁惠王,是因为后来魏国迁都大梁。他在位五十年,成就了魏国鼎盛时期。其失误也直接导致了两周分封制结构的崩裂,主要是一个错误,其第一部分是没有听从朝臣公孙座劝告重用商鞅;第二部分是没有接受公孙座的建议杀掉商鞅;第三部分是让商鞅自由离开了魏国。这个错误是如此重大,对整个诸侯国家集团以及后世都构成长期影响。

诸侯之长是诸侯中比较强大的诸侯代替天子监管一个区域内的各诸侯国。州伯既是自己受封土地的君长,也是一方数个诸侯国的领袖,由天子选定,选定州伯的标准不一:1. 成功者。鲁僖公二十八年(前 632 年)五月十四日,周襄王"命尹氏及王子虎、内史叔兴父,策命晋侯为侯伯。即书面任命晋文公为诸侯之长,因为他在城濮之战中打败楚国。诸侯之长也称侯伯。"侯伯,州长也。凡侯伯,救患、分灾、讨罪,礼也。"《春秋左传正义·卷 16》P123。2. 出众的人品。"宣王欲得国子之能训导诸侯者,樊穆仲(即樊仲山父)曰:鲁侯孝。王曰:何以知之? 对曰:肃恭明神,而敬事耆老;赋事行刑,必问于遗训而咨于故实;不干所问,不犯所咨。王曰:然则能训治其民也。乃命鲁侯(即鲁孝公)于夷宫。《春秋大事表列国爵姓及存灭表撰异·壹·鲁》P3。《国语正义·卷第一·周语上》P81(周宣王想要从姬姓人的贵族子弟中选定一个州伯,结果选定了以孝敬出名的鲁孝公)。

伯可以起到周天子的作用,没有伯对小国尤其危险。前 526 年(鲁昭公十六年)正月,晋国人扣留了鲁昭公。齐景公攻打徐国,徐国求和,徐子、郯人、莒人和齐国在蒲隧结盟,"赂之以甲父之鼎。叔孙昭子曰:诸侯之无伯,害哉! 齐君之无道也,兴师而伐远方会之有成而还,莫之亢者,无伯也夫。《诗》曰:宗周既灭,靡所止戾。叔孙昭子的意思是,齐国齐景公随心所欲地对待弱小的诸侯,迫使徐国求和,徐、郯、莒国还向齐国奉献了甲父国的鼎,签订了齐国满意的盟约。诸侯没有领袖或霸主,就像《诗经》中说的宗周衰灭,乱无止息。对小国尤其有害。《春秋左传正义·卷47》P377。

周桓王十六年,楚武王三十八年(前703年),巴国人想要与邓国人结好,事先要经过楚武王的同意。但是邓国南部的鄾人抢劫了楚国和巴国的联合使团,导致楚国、巴国联军与邓国大战,大败邓国。《春秋左传正义·卷七》P52。

诸侯对周天子而言是臣,在自己封地是君,这是个重要的位次,是王官与不同等级诸侯之间的一种相互参照关系。鲁昭公二十三年(前519年)"列国之卿,当小国之君,固周制也。"《春秋左传正义·卷50》P399。各国的卿相当于小国国君。鲁僖公二十九年(前631年),在礼,卿不会公、侯,会伯、子、男可也。《春秋左传正义·卷17》P128。诸侯的卿不能参与公、侯的会见。与伯爵以下的小国会见则符合礼仪。除爵位高低外,诸侯的身份地位还有一个先后获封的区别,鲁隐公十一年(前712年)春,滕侯(姬姓,侯爵)、薛侯(任姓,侯爵)来朝(鲁国),争长。薛侯曰:我先封。滕侯曰:我周之卜正也,薛,庶姓也,我不可以后之。鲁隐公派人单独给薛侯解释"周之盟宗,异姓为后。寡人若朝于薛,不敢与诸任齿。"规定中,凡是不与盟主同姓的诸侯位次排在后,我如果去您薛国朝见,自然不敢与你的同姓诸侯争先。薛侯认为鲁隐公的意见很对,于是让滕侯的位置在自己之先。《春秋左传正义·卷4》P33。同姓诸侯存在礼节上的优势。根据相关礼仪和当时习惯,书面文字和口头语言中,周天子对同姓诸侯称伯父或叔父。同姓诸侯年龄相差不大的不分行辈,通称叔父。对异姓诸侯称伯舅。诸侯之子,凡是未立为太子或立为太子尚未继承君位的,都称为公子。公子之子称公孙,公孙之子便以父亲的字为氏。杜预的注释说"臧僖伯,公子驱也,僖,谥也。"乃鲁隐公之叔,字子臧,此僖伯上加臧字,是因为僖伯是臧氏之祖。这载于鲁隐公五年(前718年)。另有华父督的例子:此人系宋戴公之孙,仁慈的君主宋戴公为子姓,宋氏,周宣王赐予谥号为"戴",儿子宋武公继位。宋武公弟弟子文的后裔以宋戴公谥号为姓而姓戴。华父督即太宰(专掌行政的行政之首长)督,名督,字华父,以字为氏。参见鲁桓公元年(前711年)。

5. 诸侯为自身利益的活动经常被冠之以对周天子的功劳,自认为利益一致

"王夫差既退于黄池,乃使王孙苟(吴国大夫)告劳于周。……周王(周敬王,前 519—前 476 年在位)答曰：苟,伯父令女来,明绍享余一人。若余嘉之。昔周室逢天之降祸,遭民之不祥,余心岂忘忧恤,不唯下土之不康清。今伯父曰：戮力同德伯父若能然,余一人兼受而介福。伯父多历年以没元身,伯父秉德以侈大哉!《国语正义·卷第十九·吴语》P1243。

吴王夫差的功劳有三件：1. 与楚昭王在中原地区的柏举大战获胜。2. 以齐简公不恭敬周室而与之作战,击败齐军。3. 在淮水开凿运河。若非文王、武王降福,夫差的吴国不会有如此大的成就。来向周敬王通报,实际上是周敬王更加尊重吴国。姬丐对吴国使者说：吴王伯父派你来说明他有意继承先王的礼仪,拥戴周王室,我十分赞赏。王子朝裹胁民众作乱,致使我流离失所,经历过的苦难让我从未敢忘记忧患,诸侯地方是否安宁我也时刻记挂,现在伯父愿意与我一德同心,若真能做到这样,是我莫大的福分。伯父的功德伟大! 祝愿伯父延年益寿。周敬王显然认为夫差的政治、经济、军事都是在为自己考虑,派使者给自己禀告那些只是让自己的行为更有合理性,拔高自己,从周王室得到实惠。也争取周王室选边。

诸侯国土面积一般是天子决定的,土地辖区并非一成不变,面积增大、减小的原因主要是弱肉强食,兼并与侵占。

1) 侵占一方分给第三方等

晋文公(前 636—前 628 年在位)解(削分)曹地以分诸侯,鲁僖公派臧文仲前去接受,在鲁国重(今山东鱼台县)地的一个候馆(官办提供食宿的馆舍),馆人建议臧文仲"吾子不可以不速行,鲁之班长(等级尊贵)而又先,诸侯其谁望之? 若少安,恐无及也。从之,获地于诸侯为多,反既复命,为之请焉,地之多也,重馆人之力也。臣闻之曰：善有章,虽贱,赏也；恶有衅,虽贵,罚也。今一言而辟境,其章大也。请赏之。乃出而爵之。《国语正义·卷第四·鲁语上》P402。在晋文公分配曹国土地时,鲁国派臧文仲前去接受自己的那份,官办旅店的人建议尽快赶在前面,结果鲁国分到了土地。

2) 直接从对手获取

陈侯与楚联手攻击郑国,郑简公的军队击败陈国,鲁襄公二十五年(前 548年),时值晋平公在位。"郑子产献捷于晋,……晋人曰：何故侵小? 对曰：先王之命,唯罪所在,各致其辟。且昔天子之地一圻,列国一同,自是以衰。今大国多数圻也矣。若无侵小,何以至焉?"《春秋左传正义·卷 36》P283。

天子一圻折合方千里之地,诸侯国一同是方百里之地,往低下等级的土地更小。但现在的大国辖区远远超过天子,都是侵占吞并得来的,所以郑国攻击陈国是合理的。晋国人对子产的强势解释没有异议。子产顺利地完成了自己的使命。

诸侯之间一般不献捷,诸侯战胜蛮夷,规定应该向天子献捷:鲁襄公二十五年(前548年),陈侯与楚联手攻击郑国,郑击败陈国,同年,郑子产献捷于晋,戎服将事。……晋人曰:何故戎服? 对曰:我先君武、庄为平、桓卿士,城濮之役,文公布命曰:'各复旧职'命我文公戎服辅王,以授楚捷。不敢废王命故也。士庄伯不能诘,复于赵文子,文子曰:其辞顺,犯顺不详。乃受之。《春秋左传正义·卷36》P283。士庄伯问子产为何身着戎装,子产解释曰:我国先君郑武公、郑庄公为周平王、周桓王卿士,城濮之役,晋文公代周襄王发布命令,我国先君郑文公就是听命身着戎装,接受楚国俘虏献给周天子。我不过是遵循先例。晋国人接受了他的意见。

3)因为诸侯有功天子另行赐予

前674年,郑厉公、虢叔在打败王子颓及五大夫,帮助周惠王复位后,郑厉公从周惠王获得虎牢以东的大片土地,这是一块失而复得的土地,周平王以郑武公有功于王室赐予虎牢以东的土地,后来失去,现在周惠王重新赐予。

4. 诸侯可以将自己的土地转赠

诸侯本身拥有的财产大体上可以自由支配,用于赏赐等。鲁襄公二十六年(前547年),郑简公奖赏进攻陈国的有功人员,执政卿子展获赐八个邑,官位排第四的子产获赐六个邑。子产认为赏赐超过了礼制的规定,推辞君侯给的城邑,郑简公坚持命令其接受,子产接受三个邑。《春秋左传正义·卷37》P287。

鲁宣公十五年(前594年),晋侯赏桓子(荀林父)狄臣(奴隶)千室。亦赏士伯(晋国大夫)以瓜衍之县。《春秋左传正义·卷24》P186。诸侯在自己的封地内对财物有支配权。

宋闵公因为生气的时候称南宫长万为"鲁囚",被南宫长万殴击致死,宋大夫仇牧、太宰华督均被南宫长万击毙。南宫长万随后立子游为宋君,宋国萧邑大夫萧叔大心联合曹国杀子游,处死南宫长万,立宋闵公之弟公子御说为宋桓公。前682年,宋桓公让有功的萧叔大心的封邑改为国,成为宋国附庸。《春秋左传正义·卷九》P68。此事发生在鲁庄公十二年(前682年)。鲁宣公十二年(前597年),萧因为擅自处死了楚国人质被楚所灭,但是萧国所在的土地仍属于宋国。

6. 周天子陆续分封的诸侯国共209个

鲁国:侯爵,姓姬,始封周公子伯禽,顷公二十四年,灭于楚。《春秋大事表列国爵姓及存灭表撰异·壹·鲁》P3。楚考烈王八年取鲁,十四年,灭鲁。P7。

封周公旦于少昊之虚,是为鲁公,周公不就封,⋯⋯而使其子伯禽代就封鲁。《春秋大事表列国爵姓及存灭表撰异·壹·鲁》P3。

蔡：侯爵,姬姓,始封：文王子叔度,蔡侯齐四年,灭于楚。P10。

曹国：伯爵,姓姬,始封：文王子叔振铎。曹伯阳十五年,灭于宋。《春秋大事表列国爵姓及存灭表撰异·叁·曹》P17。

卫国：侯爵,姬姓,始封：文王子康叔封。秦二世元年,灭卫君角。《春秋大事表列国爵姓及存灭表撰异·叁·曹》P24。

滕国：侯爵,姬姓,始封：文王子叔绣。越王朱句二十年灭滕。P28。当战国时周考王之十二年复国后的藤国再次被宋康王灭。P27。另一说是齐灭滕。

晋国：侯爵,姬姓,始封武王子叔虞。静公二年,为魏、韩、赵所灭。

郑国：伯爵,姬姓,始封：厉王子友。康公二十一年（周烈王元年）,灭于韩。P104。

吴国：子爵,姬姓,始封：太王子太伯,灭于越。P115。

北燕国：伯爵,姬姓,始封：召公奭。燕王喜三十三年,灭于秦。P128。

齐国：侯爵,姜姓,始封：太公尚父。田氏篡齐。康公二十六年,亡。P138。

秦国：伯爵,嬴姓。始封：伯益后非子。P157。

楚国：子爵,芈姓,始封：颛顼后熊绎。楚王负刍五年,秦将王翦、蒙武灭楚。P193。

宋国：公爵,子姓,始封：殷后微子启。宋王偃四十三年,灭于齐。P203。

杞国：侯爵,姒姓,武王克殷,求禹之后,得东楼公,封于杞。P205⋯⋯【楚惠王之四十四年,】简公元年,灭于楚。P213。

陈国：侯爵,妫姓,始封舜后胡公,周敬王四十一年,灭于楚。P218。

薛国：侯爵,任姓,始封,黄帝后奚仲,或曰齐灭之。P223。

邾国：子爵,曹姓,始封,颛顼苗裔挟,春秋后八世,楚灭之。

莒国：子爵,己姓,始封少昊之后兹兴期,获麟之后五十年,灭于楚。

小邾国：子爵,曹姓,邾文公子友,楚灭之。

许国：男爵、姜姓,始封：伯夷后文叔。战国时灭于楚。

宿国：男爵、风姓,始封：太皞后,庄十年,宋人迁宿。后入齐,为邑。

祭国：伯爵,姬姓,始封：周公子。存灭不清楚。

申国：侯爵,姜姓,始封：伯夷后。庄六年,楚文王伐申,后入楚,为申邑。

东虢国：爵阙,姬姓,始封文王底虢仲。春秋前灭于郑,为制邑。

共国：伯爵,姓氏：阙。始封：阙,或曰与周同姓,周王之孙。P288。存灭：隐元年见,后地入于卫。

纪国：侯爵,姜姓,始封：阙。隐元年见,庄四年,灭于齐。

夷国：爵阙,妘姓。始封阙,存灭,隐元年见。

西虢国：公爵,姬姓,始封文王弟虢叔。僖公五年,灭于晋。其小虢,于庄七年,灭于秦。

向国：爵阙,姜姓,始封阙。存灭：隐二年之向,为莒所灭。子姓之向,疑为宋所灭。P318。

极国：爵:附庸。姬姓,始封阙、存灭,隐二年见。经曰入,传曰灭。其实一也。P322。

邢国：(以上未标记其他者均为国。)侯爵,姬姓。始封周公子靖渊。僖二十五年灭于卫。

郕国：伯爵,姬姓。始封文王子叔武、存灭不详。

南燕国：伯爵,姞姓。始封,黄帝后。定公十年,南燕尚存。

凡国：伯爵姬姓,始封周公子,存灭,隐七年见。

戴国：爵阙,子姓,或曰微子之后,或曰姬姓之后,未详。隐十年尚见,不知何年灭于宋。

息国：侯爵,姬姓。郑、息,同姓之国也。始封阙。庄十四年为楚所灭,为息邑。

郜国：子爵,姬姓,始封文王子,存灭,不详。

芮国：伯爵,姬姓,始封阙,僖二十年,灭于秦。

魏国：爵阙,姬姓,始封阙。闵二年为晋所灭。以赐毕万为邑。

州国：公爵,姜姓。始封阙。桓五年,州公如曹,后以自己国家危险,未返,后地入于杞。

随国：侯爵,姬姓,始封阙。终春秋时犹存。

穀国：伯爵,赢姓。始封阙。桓七年见,后地入于楚。

邓国：侯爵,曼姓。始封阙庄十六年,灭于楚。

黄国：爵阙,赢姓。始封阙,僖十二年灭于楚。

巴国：子爵,姬姓,始封阙。战国时灭于秦。

鄾国：子爵,姓阙,始封阙。桓九年见,不知何年灭于楚。

梁：伯爵,赢姓,始封阙。僖十九年灭于秦以其地为少梁邑、文十年晋人取少梁地遂入晋。

荀国：侯爵，姬姓，始封阙。桓九年见，后为晋所灭。

贾国：伯爵，姬姓，始封阙。桓九年见，不知何年为晋所灭。

虞国：公爵，姬姓，始封仲雍后虞仲。僖五年，灭于晋。

贰国：爵阙，姓阙，始封阙，桓十一年见，不知何年灭于楚。

轸国：爵、姓、始封均阙，桓十一年见，不知何年灭于楚。

郧国：子爵，姓阙，始封阙，桓十一年见，不知何年灭于楚。

绞国：爵、姓、始封均阙，桓十一年见，不知何年灭于楚。

州国：爵、姓、始封均阙，桓十一年见，不知何年灭于楚。

蓼国：爵、姓、始封均阙，桓十一年见，不知何年灭于楚。

罗国：熊姓，爵、始封均阙，桓十二年见，不知何年灭于楚。

赖国：子爵，姓、始封均阙，昭四年，灭于楚。

牟国：爵：附庸。姓、始封均阙，桓十五年见。

葛国：伯爵，赢姓，始封阙，桓十五年见。

於于丘国：爵、姓、始封均阙。存灭：庄二年见。

谭国：子爵，子姓，始封不详。庄十年见，为齐所灭。

萧国：爵：附庸。子姓。始封：萧叔大心。宣十二年灭于楚，后扔入宋为邑。

遂国：爵阙，姓妫，始封阙，庄十三年见，为齐所灭。

滑国：伯爵，姬姓，始封阙。僖三十三年，灭于秦，旋入晋，后又属周。

原国：伯爵，姬姓，始封文王子僖公十五年，王以其地赐晋，晋迁原伯贯于冀。

权国：爵阙，子姓，始封阙，庄十八年见，不知何年灭于楚。

郭国：爵、姓、始封均阙，庄二十四年《经》书：郭公。胡传：郭亡也。

徐国：子爵，赢姓，始封：伯益后。昭公三十年，灭于吴。徐子奔楚，楚城夷一处之，后仍为楚所灭。

樊国：侯爵，姓阙，姬姓？P512，始封仲山甫。

郭国：爵：附庸（齐国附庸），姜姓，始封阙，存灭：庄公三十年，齐人降郭。

耿国：爵阙，姬姓，始封阙。闵公元年为晋所灭，赐予赵岚为邑。

霍国：侯爵，姬姓，始封文王子叔处，闵公元年见，为晋所灭，赐予先且居为邑。

阳国：侯爵，姬姓，始封阙，闵公二年，齐人迁阳。P532。

江国：爵阙，赢姓，始封阙，文公四年，灭于楚。

冀国：爵、姓、始封均阙，僖公二年见，后地入于晋，为郤氏食邑。

舒国：子爵，偃姓（通作嬴），文二十三年，楚子孔执舒子平，疑自此后灭于楚。

弦国：子爵，隗姓，始封阙，僖公五年见，为楚所灭。

道国：爵、姓、始封均阙，昭公十一年，楚灵王迁之于荆，平王即位而复之。

柏国：爵、姓、始封均阙，存灭：僖五年见。路史等云为楚所灭。

温国：子爵，已姓，始封：司寇苏公。（苏为祝融之后。P549）庄十九年，苏子已复国。

鄫国：子爵，姒姓，（禹为姒姓）始封：禹后。襄六年，灭于莒。昭四年，地入于鲁。

厉国：爵阙，姜姓，始封：厉山氏后。昭四年，为楚所灭。

英氏国：爵阙，偃姓。始封：皋陶后，僖十七年见，后灭于楚。

项国：爵、姓、始封并阙，僖十七年灭项，后为楚地。

密国：爵阙，姬姓。始封阙，僖十七年见。

任国：爵阙，风姓，始封：太皞后。僖二十一年见。按：任即仍，详见仍。

须句国：子爵，风姓，始封：太皞后。僖公二十一年为邾所灭，二十二年，一度复国，后复灭于邾。文公七年，为鲁取之。

颛臾国：爵：附庸，风姓，始封太皞后。僖二十一年见。

顿国：子爵，姬姓，始封阙。定公十四年，灭于楚。

管国：爵阙，姬姓，始封：文王子叔鲜，春秋前已经绝封。P604。

毛国：伯爵，姬姓，始封文王子叔鲜，昭二十六年，毛伯奔楚。

聃国：爵阙，姬姓，始封文王子季载，不知何年灭于楚。

雍国：爵阙，姬姓，始封文王子。僖二十四年见。

毕国：爵阙，姬姓，始封文王子，僖二十四年见。春秋前，不知为谁所灭。

酆国：侯爵，姬姓，始封文王子，僖二十四年见。

郇国：侯爵，姬姓，始封文王子，僖二十四年见。不知何年灭于晋。

邘国：爵阙，姬姓，始封武王子，不知为谁所灭。

应国：侯爵，姬姓，始封武王子。僖二十四年见。不知何时绝封，地入周。

韩国：侯爵，姬姓，始封武王子，春秋前为晋所灭，后以封大夫韩万为邑。

蒋国：爵阙，姬姓，始封周公子。僖二十四年见，不知何年灭于楚。

茅国：爵阙。姬姓，始封周公子，僖二十四年见。

胙国：爵阙，姬姓，始封周公子。僖二十四年见。

郜国：爵阙，姓阙，始封阙。文五年，秦人入郜，盖自是南徙，为楚附庸。

夔国：子爵，芈姓，始封熊挚，僖二十六年见，为楚所灭。

桧国：爵阙，妘姓，始封祝融后。春秋前为郑所灭。

沈国：子爵，姬姓，始封阙，定四年，为蔡所灭，后属楚。

六国：爵阙，偃姓，皋陶后。文五年见，为楚所灭。

蓼国：爵阙，偃姓，始封：皋陶后。文五年见，为楚所灭。

偪国：爵阙，姞姓。始封阙，存灭：文六年见。

麇国：子爵，姓阙，始封阙，文十年见，不知何年灭于楚。

巢国：伯爵，姓阙，始封阙。昭二十四年，灭于吴。

宗国：子爵，姓阙，始封阙，文十二年见。

舒蓼国：爵阙，偃姓，始封：皋陶后。宣八年，灭于楚。

庸国：爵阙，姓阙，始封阙，文十六年见，为楚所灭。

崇国：爵、姓、始封均阙，存灭：宣元年见。

郯国：子爵，己姓。始封：少昊后。终春秋世犹存。

莱国：子爵，姜姓，始封阙，襄六年，灭于齐。

越国：子爵，姒姓，始封夏后少康子，先被楚破，朝服于楚，秦皇二十五年，灭于秦。

刘国：子爵，姬姓，匡王子。（周定王，匡王子；王季子，定王母弟。一说定王系匡王弟）存灭：贞定王时绝封。

唐国：侯爵，祁姓，始封尧后。定五年，灭于楚。

黎国：侯爵，姓阙，始封阙。宣十五年见，周桓王时为狄迫逐，至鲁宣公时，赤狄乃夺其地。

郕国：爵：附庸，姓、始封阙，成六年见，为鲁所灭。

州来国：爵、姓、始封均阙，昭十三年，灭于吴。

吕国：侯爵，姜姓，始封阙，不知何年并于楚。

檀国：伯爵，姓阙，始封阙，成十一年见，为卫所并。

钟离国：子爵，姓阙，始封阙，昭二十四年，灭于吴。

舒庸国：爵阙，偃姓，始封阙，成十七年见，为楚所灭。

偪阳国：子爵，妘姓，始封阙，存灭：襄十年见，晋灭之以予宋。

邿国：爵、姓、始封均阙，襄十三年见，为鲁所灭。

铸国：爵阙，祁姓，始封：尧后，存灭：襄二十三年见。

杜国：伯爵，祁姓，始封尧后。春秋前已绝封。

舒鸠国：子爵，偃姓，始封阙，襄二十五年，灭于楚。

胡国：子爵，归姓，始封阙，定公十五年，灭于楚。

焦国：爵阙，姬姓，始封阙，襄二十九年见，不知何时灭于晋。

杨国：侯爵，姬姓，始封阙，襄二十九年见，不知何年灭于晋。

邶国：爵阙，姓阙，始封阙。襄二十九年见，不知何年并于晋。

庸国：爵、姓、始封均阙，襄二十九年见，不知何年并于晋。

沈国：爵阙、姓阙、始封：（少昊）金天氏苗裔台骀之后，（台骀、皋陶、伯益都是少昊子孙）襄二十九年见，不知何年并于晋。

姒国：爵阙、姓阙，始封金天氏苗裔台骀之后，昭元年见，不知何年灭于晋。

蓐国：爵阙，姓阙，一说为嬴姓。始封金天氏苗裔台骀之后。昭元年见，不知何年灭于晋。

黄国：爵阙、姓阙，始封金天氏苗裔台骀之后。昭元年见，不知何年灭于晋。

不羹国：爵、姓、始封并阙，昭十一年见，不知何年灭于楚。

房国：爵、姓、始封并阙，昭十三年见，前二年，楚灵王迁之于荆，至是平王复之。

鄣国：子爵，妘姓，始封阙。昭十八年，邾人入鄣，十九年，宋公伐邾，尽归鄣俘，不知何年地入于鲁。

钟吾国：子爵，姓、始封阙。昭三十年，吴子执钟吾子，疑遂亡。

桐国：爵阙，偃姓，始封阙。定二年见。

戎国：爵、姓、始封均阙，都城位于今山东曹县一带。隐二年见，后地入于卫，所谓戎州也。

北戎国：爵、姓、始封均阙，都城在今直隶永平府境。庄三十年，齐人伐山戎，即此。

庐戎国：子爵，姓阙，始封：南蛮，一说为舜后。都城在湖广襄阳府南漳县。桓十三年见，后灭于楚。

大戎国：爵阙，姬姓，始封：唐叔后，今陕西延安府境内，庄二十八年见。

小戎国：爵阙，允姓，始封：四岳后，庄二十八年见。

骊戎国：男爵，姬姓，始封阙。都城在今陕西临潼一带。庄二十八年为晋所灭。

山戎国：爵、姓、始封均阙，存灭阙。庄三十年见齐人伐山戎。

狄国：爵、姓阙，始封：有白狄、赤狄二种。都城阙。存灭：庄三十二年见。

犬戎国：爵阙，姓阙，始封：西戎之别在中国者。都城：今陕西凤翔府境。

存灭：闵二年见。

东山皋落氏国：爵、姓阙，始封：赤狄别种。都城：今山西垣曲县皋落镇。闵二年见，后灭于晋。

扬拒泉皋伊雒之戎国：爵、姓、始封阙，都城在今河南府境，灭之年不可考。

淮夷国：爵、姓、始封阙，都城在今徐州一带。僖公十三年见。

陆浑之戎国：子爵，允姓，始封：即小戎之徙于中国者。都城：陆浑，即瓜州，后迁伊川，今河南嵩县有陆浑城。僖二十三年，秦、晋迁之伊川，仍以陆浑为名，昭十七年，为晋所灭。

膚咎如国：爵阙，隗姓，始封：赤狄别种。都城阙。僖二十三年见。

介国：爵、姓阙，始封：东夷国。都：山东莱州。僖二十九年见。

姜戎国：子爵，姜姓，始封：四岳后，陆浑之别部。襄十四年，晋执戎子驹支。

白狄国：爵、姓、始封阙，都：陕西延安府境。僖三十三年见。

鄍瞒国：爵阙，漆姓，始封：防风氏后。宣十五年灭于晋。

群蛮国：爵、姓、始封均阙，战国时灭于楚。

百濮国：爵、姓阙，始封：西南夷。文十六年见。

赤狄国：爵、姓、始封均阙，宣三年见。

根牟国：爵、姓阙，始封：东夷国。都：今山东沂州。宣九年见，为晋所灭。

潞氏国：子爵，姓阙。始封：赤狄别种，都：今山西潞安府潞城县，宣十五年见，为晋所灭。

甲氏国：爵、姓阙，始封：赤狄别种，宣十六年见，为晋所灭。

留吁国：爵、姓阙，始封：赤狄别种，宣十六年见，为晋所灭。

铎辰国：爵、姓阙，始封：赤狄别种，宣十六年见，为晋所灭。

茅戎国：爵、姓阙，始封：戎别种。成元年见。

戎蛮国：子爵，姓阙。始封：戎别种。都：河南汝州。哀四年，灭于楚。

无终国：子爵，姓阙。始封：山戎国。襄四年见。

肃慎：爵阙，姓阙，始封：东北夷。昭九年见。

亳国：爵、姓阙。始封：西夷。都：今陕西北境。隐十年为秦所灭。

鲜虞国：爵阙，姬姓，始封：白狄别种。获麟一百八十六年，灭于赵。

肥国：子爵，姓阙。始封：白狄别种。昭十二年见，为晋所灭。

鼓国：子爵，祁姓。始封：白狄别种。昭二十二年为晋所灭。

以下为古国？

有莘国：爵阙，姓阙，始封：夏商时国。僖二十八年见。

有穷国：爵阙，姓阙，始封：夏时国。襄四年见。

寒国：爵、姓阙，始封：夏时国。襄四年见。

有鬲国：爵阙，偃姓，始封：夏时国。襄四年见。

斟灌国：爵阙，姒姓，始封：夏时国。襄四年见。

斟郡国：爵阙，姒姓，始封：夏时国。襄四年见。

过国：爵阙，姓阙，始封：夏时国。襄四年见。

戈国：爵阙，姓阙，始封：夏时国。襄四年见。

豕韦：爵阙，彭姓，始封：夏、商时国。僖二十八年见。P1224第三册。

扈国：爵阙，姓姒，始封：夏时国。昭元年见。

姺国：爵阙，姓阙，始封：商时国。昭元年见。

邳国：爵阙，姓阙，始封：商时国。昭元年见。

奄国：爵阙，嬴姓，始封：商时国。昭元年见。

仍国：爵阙，姓阙，始封：夏时国。昭四年见。

有缗国：爵阙，姓阙，始封：夏时国。昭四年见。

邰国：爵阙，姓阙，始封：夏时国。存灭：后稷封于邰，即此。昭九年见。

岐国：爵阙，姓阙，始封：夏时国。昭九年见。

蒲姑国：爵阙，姓阙，始封：商时国。成王灭之，以其地益封齐。昭九年见。

逄国：爵阙，姜姓，始封：商时国。昭十年见，其地后为齐国。

昆吾国：爵阙，已姓，始封：夏时国。昭十二年见，春秋时，其地属许、卫二国。

密须国：爵阙，姞姓，始封：商时国。文王伐密，即此。昭十五年见。

阙巩国：爵阙，姓阙，始封阙。昭十五年见，武王灭之。

甲父国：爵阙，姓阙，始封：古国。昭十六年见。

飂国：爵阙，姓阙，始封：古国。昭二十九年见。

豢夷：爵阙，董姓，始封：虞、夏时国。昭二十九年见，其地后为曹国。

封父国：爵阙，姓阙，始封：古国。定四年见。

有虞：爵阙，姚姓，始封：夏商时国。哀元年见，武王封其后于陈。

以上《春秋大事表列国爵姓及存灭表撰异》

补记：

蔡国：资料阙

吴国：资料阙

北燕：资料阙

齐国：资料阙

邾国：资料阙

莒国：资料阙

極国：资料阙

郕国：资料阙

郜国：资料阙

随国：资料阙

邓国：资料阙

牟国：资料阙

遂国：资料阙

樊国：资料阙

柏国：资料阙

郤国：资料阙

奄国：资料阙

补余：

北燕：资料阙

楚国：资料阙

宋国：资料阙

滑国：资料阙

韩国：资料阙

沈国：资料阙

以上《春秋大事表列国爵姓及存灭表撰异》

氐、羌国：爵阙，姜等姓，始封：炎帝后或曰有扈氏后。东汉时代，犹大为西北边患。

蜀国：爵或曰王，或曰侯。姓阙，始封：或曰黄帝后，未详。秦惠王更元十一年，灭为郡。

闽芈国：爵阙，芈姓，始封：祝融后。存灭郑语见。

孤竹国：爵诸侯，姓或曰墨胎，姓墨。始封，或曰炎帝后，或曰殷后分封。存灭：未详。

秽国：爵、姓阙，始封武王封箕子，濊，朝鲜东境一部族。或与之有关。汉武帝元朔元年秋降。

貊国：爵阙，姓阙，始封：盖秽别种。秦汉以后，其国尚存。

令支国：侯爵，始封阙，战国时尚存。

不屠何国：爵、姓、始封阙。战国时已灭。

舒龙国：子爵，偃姓，始封：皋陶后，存灭不详。

瞿祖国：爵、姓、始封均阙，鲁庄二十八九年，为晋所灭。

其（上为己字）国：爵阙，姜姓，始封不详。战国初为楚所灭。

亳国：爵王，子姓，始封：殷商后裔而变成戎者。秦宁公三年伐亳，亳王奔戎。

厹国：爵、姓不详，存灭：战国时为知伯所灭。

彭戏氏国：爵、姓、始封阙，秦武公元年伐之，远窜华山，自是不复见。

周国：公爵，姬姓，始封：周公旦，存灭，考王时绝封。P105。

蒲国：爵阙，姓隗或嬴，始封，或曰赤狄或曰秦氏，未详。庄二十八年前为晋献公所灭。

西戎国：爵王，姓、始封阙。文三年左传：秦缪公遂霸西戎。

縣诸之戎国：爵、姓、始封阙。秦缪公三十六年霸西戎，遂服属于秦。

绲戎国：爵、姓、始封阙，存灭：秦缪公三十六年霸西戎，遂服属于秦。

翟貌（右为原）之戎国：爵阙，或姓姜，始封或曰炎帝后。孝公元年斩原（貌右为原）王。

义渠国：爵王，姓、始封阙，秦昭王三十五年，灭义渠。

大荔国：爵王，姜姓，始封：盖四岳后，秦厉共公十六年，伐大荔取其王城。

乌氏之戎国：爵姓始封阙，秦惠王取之，置乌氏县。

朐衍之戎国：爵姓始封阙，存灭：秦穆公霸西戎，服属于秦。

林胡国：爵、姓阙，始封，或与匈奴同种，未详。战国时属于燕，P148。

楼烦国：爵、姓阙，始封，或与匈奴同种，未详。战国时属于燕，西汉初，为匈奴冒顿并。

东胡国：爵、姓阙，始封未详，秦始皇为匈奴所灭。

圭国：爵阙，妫姓，始封舜后，襄十九年左传见。

妢胡国：爵王，姓阙，始封：盖西戎。春秋时尚存。

召国：公或伯爵，姬姓，始封：召公奭。存灭：昭二十九年尚有昭伯盈。

郐国：爵或曰附庸，嬴、姬或风姓，未详。始封未详。昭元年，鲁伐莒，取郐。

复国：公爵，媿姓，始封不详。或曰灭于夔，或曰灭于楚。

费国：伯爵，姓未详，始封未详，战国时存。

甘国：公爵，姬姓，始封：周惠王子带。昭二十四年后不复见。

麇国：侯爵，姓芈或嬴，始封未详，一说为楚所灭，未详。

阳夏国：爵、姓、始封阙，楚庄王时见。

尹国：公或子爵，姞姓或姬姓。始封未详。定七年，单武公、刘恒公败尹氏，自是不复见。

小虢国：爵阙，姬姓，始封：或曰羌别种，秦武公三十一年，灭之。

裨国：爵、姓、始封均阙，见于文十六年。

鯈国：爵、姓、始封均阙，见于文十六年。

鱼国：爵、姓、始封均阙，见于文十六年。

邽戎国：爵阙，姓未详，始封或曰舜后，或曰炎帝后，秦武公十年见，初县之。

冀戎国：爵阙，姓未详，始封未详，秦武公十年见，初县之。

九州戎国：爵、姓、始封均阙，昭二十二年见。

陰戎国：爵阙，姓允，始封颛顼子梼杌之苗裔。存灭不详。

鞏国：伯或公，未详。姬姓。始封：周分族。显王二年，疑已绝祀。

复藁国：爵、姓、始封均阙，存灭，齐桓公时见。

戎国：爵、姓、始封均阙，见于文十六年。

棠国：公爵，或姓姜，始封：或曰齐国别封。襄六年见。

夷虎国：爵、姓、始封均阙，哀四年见。

代国：爵，王。姜姓，始封：翟犬者，代之先也，华夏人所统。赵襄子元年平代地。

东夷国：爵、姓、始封阙。哀十九年见。

邢国：爵、姓、始封均阙，庄元年见，齐迁之，盖其实灭之。

鄑国：爵、姓、始封均阙，庄元年见，齐迁之，盖其实灭之。

郚国：爵、姓、始封均阙，庄元年见，齐迁之，盖其实灭之。

皖国：公或伯，偃姓，始封：或为皋陶第三子封偃后，春秋时，楚灭之。

暴国：或公，或曰诸侯，或姓姬，始封：高辛后。成十五年暴已入郑。

聊国：爵、姓、始封均阙，或云为晋所灭。

阮国：爵、姓、始封均阙，或云为晋所灭。

梁国（一）：爵、姓、始封均阙，齐桓公时见。

梁国（二）：爵或曰伯爵，姓或曰姬，始封：或曰平王次子，或灭于齐或曰楚。

坎国：爵、姓、始封均存灭均阙。

诸国：爵阙、姒姓，始封阙，存灭，不详。

纵国：爵阙，姬姓，始封平王次子精。存灭不详。

宋国：侯爵或子爵，子姓，始封不详。战国时已为赵邑。

周国：爵阙，姬姓，始封：平王少子秀。十九世，为秦所并。

姚国：子爵，子姓，始封：商后。存灭不详。

箕国：爵阙，姚姓，始封：箕伯。存灭：入晋时间不详。

庾国：子爵，姓、始封、存灭、均阙。

逢国：爵伯，姬姓，始封：周之余族，存灭：僖六年见。

郓国：爵阙，姬姓，始封敬王子中栢，威王八年，赵伐齐取郓。

以上资料来源《不见于春秋大事表春秋方国表》

这其中不排除有些诸侯国家对周天子惟命是从，但也有些国家对周天子的分封满不在乎，听之任之，抑或一无所知。周天子理论上是天下的君王，有权力分封天下的每一寸土地，实际上这种理论并不是天下所有的人都一致赞同。语言障碍是一个方面，竞争意识是另一个方面，统治力是更重要的因素。

天子的王畿内还有一种分封，鲁定公四年周大夫刘卷逝世，《春秋》本不该记载他的逝世，因为他"是寰内诸侯也（天子畿内，大夫有采地者，谓之寰内诸侯），非列土诸侯。"解释他只是在京畿内有封地的大夫，并不是天子分封在四方的诸侯。他们是天子大夫诸侯。范宁集解杨士勋疏《春秋谷梁传注疏·卷十九》P80。王畿内的大夫采地是终身的还是世袭的。

西周设立诸侯国家本意是希望他们和平共处，但由于规则没有细化，诸侯国之间形成局部竞争，如果周天王能保持公平裁决人地位，这是一个非常好的局面，鼓励了竞争和优先。但是周天王的应对措施和能力都不能支持这种需求。

本节参考书：

陈槃《春秋大事表列国爵姓及存灭表撰异》

方诗龄《中国历史年表》、万国鼎《中国历史年表》

《史记》

7. 诸侯国家最后的归属

1）秦国所灭国家：

亳国（前713年），彭戏氏国（前697年），小虢国（前687年）。朐衍之戎国（前659—前621年之间）。芮（前640年），滑国（前627年），緜诸之戎国（前624

年)、绲戎国(前 624 年)、西戎国(前 624 年)、都国(前 622 年)、邦戎国:(前 688
年成为秦国的县)。冀戎国:(前 688 年成为秦国的县),大荔国(前 461 年),翟
之戎国(前 361 年),乌氏之戎国(前 337—前 311 年,秦惠文王),蜀国(前 314
年)。义渠国(前 272 年)。西周(前 256 年),东周(前 249 年),韩(前 230 年),魏
(前 225 年),楚(前 223 年)、赵(前 222 年),燕(前 222 年),齐(前 221 年)北燕,
卫(前 209 年),巴(战国灭于秦),灭于秦。虽国:姜姓,战国时为秦所灭。周国:
爵缺,姬姓,始封平王次子秀,秦灭之,年份不详。

2) 楚所灭国家

息国(前 680 年),邓(前 678 年),息(前 680 年),黄(前 648 年,僖公二十
年),聃国(前 597 年),舒鸠(前 547 年),赖国(前 538 年),道国(鲁昭公十一年,
前 531 年,楚灵王迁之于荆,平王即位而复之)。房国,楚灵王迁之于荆,平王复
之(前 529 年)。群蛮国,战国时灭于楚。毛国,(前 516 年,毛伯奔楚)。徐国(灭
于吴、楚,前 512 年后),戎蛮国,胡国,归姓,(前 495 年)。鲁哀公四年(前 491
年)灭于楚。陈国(前 460 年),蔡(前 447 年,蔡侯齐四年),杞国(前 445 年),莒
(前 431 年),鲁(鲁顷公二十四年,前 256 年,楚考烈王)、邾国(邹国,前 281 年
后)、许国(前 400 年? 一说灭于魏)、鄅国(不知何时灭于楚。),贰国(灭于楚,年
份不明),郧(年份不知)、绞(年份不知)、州国(年份不知)、罗国(年份不知)、蓼
(年份不知)、縠国(地入于楚时间不详),柏国,为楚所灭。英氏国灭于楚。鲁昭
公四年地入于鲁,鲁昭公四年灭于楚。顿国,鲁定公十四年灭于楚。管国,春秋
前已经灭绝。权国,不知何年灭于楚。江国(前 623 年),嬴国,(前 623 年)鲁文
公四年灭于楚。舒国,子爵嬴姓,前 657 年灭于徐,鲁文公十二年(前 615 年),楚
子执舒子平,再次灭于楚。

弘国,隗姓,灭于楚。蒋国,灭于楚,年份不详。蔃国,子爵,芈姓,为楚所灭。
六国,偃姓(皋陶后)灭于楚,年份不详。蓼国,偃姓(皋陶后),灭于楚,年份不详。
麇国:灭于楚,年份不详。庐戎国,灭于楚,年份不详。不羹国:灭于楚,年份不
详。复国:公爵,隗姓,灭于蔃或楚。皖国:公或者伯,偃姓,春秋时,楚灭之。

3) 鲁国所灭国家:极国(前 721 年),项国,鲁僖公十七年(前 643 年)灭项,
后为楚地。须句国,(前 631 年)鲁僖公二十一年为邾所灭,一度复国,鲁文公七
年(前 620 年)取之。鄟国(前 565 年)。郓国:附庸? 姬、嬴或风姓,鲁昭公元年
(前 541 年)鲁伐莒,取郓。颛臾(风姓,春秋初期成为鲁国附庸)、诗国? 鄑国:
爵、姓皆阙。春秋时鲁灭之?

4) 宋所灭国家:宿国(前 684 年灭于宋)曹,曹伯阳(公元前 487 年,时值宋

景公 30 年)滕国[前 414 年被越王朱勾灭,复国,被宋康王(前 328—前 286 年在位年)]所灭。

5)齐所灭国家:邢国,(爵、姓皆阙。前 693 年齐襄公迁之,实灭之)。谭国,子姓,前 684 年为齐桓公所灭,曾对流亡齐桓公不礼。遂国,(前 681 年灭于齐)。郭国,姜姓,鲁庄公三十年(前 664 年),齐人降郭。阳国,鲁闵公二年(前 600 年),齐人迁阳。北戎国:鲁庄公十三年(前 681 年),齐人伐山戎。部国:爵、姓皆阙。齐迁之,实灭之。梁国(前 641 年灭于秦,以其地为少梁邑。前 617 年晋取少梁)。薛国(任姓,黄帝后。前 298 年灭于齐湣王),宋(灭于前 286 年)。

6)晋所灭国家:蒲国:隗姓或嬴姓,(或曰赤狄或曰寿氏),鲁庄公二十八年(前 666 年)为晋献公所灭。骊戎:男爵,姬姓,前 666 年为晋所灭。瞿祖国,前 665 年为晋所灭。北虢国(前 655 年),梁国(秦)。荀国(灭于晋国,年份不知)。虞国(鲁僖公五年—前 655 年灭于晋)魏国[鲁闵公二年(前 660 年)为晋国所灭]耿国,鲁闵公元年(前 661 年)为晋所灭。冀国,约前 658 年左右地入于晋。为郤氏食邑。霍国,姬姓,始封:文王子叔处(前 655 年灭)。姜戎国,姜姓(四岳之后),前 559 年,晋国执戎子驹支。陆浑之戎国,前 525 年为晋所灭。郇国,灭于晋,春秋年份不详。鼓国,白狄别种,前 520 年为晋灭之。鲜虞国:前 489 年灭于晋。韩国,春秋前为晋国所灭。焦国,姬姓,灭于晋,年份不详。邘国,并于晋,年份不详。沈国,(少昊之后)并于晋,年份不详。杨国,姬姓,灭于晋,年份不详。似国(少昊之后),年份不详。蓐国(嬴姓?少昊之后)灭于晋。黄国,少昊之后,灭于晋,年份不详。鄋瞒国,漆姓(防风氏后),鲁宣公十五年(前 594 年)灭于晋。根牟国,灭于晋,不知年份。潞氏国,灭于晋,不知年份。甲氏国,灭于晋,不知年份。铎辰国,灭于晋,不知年份。潞氏、甲氏、铎辰三国都是赤狄别种。肥国:晋灭之,年份不详。厹国,战国时为晋知伯所灭。聊国,爵、姓皆缺,或云晋灭之。阮国、爵、姓皆缺,或云晋灭之。庚国:姚姓(始封箕伯),入晋时间不详。

7)卫所灭国家:邢国,侯爵,姬姓。(前 635 年)。

8)灭于徐国的国家:甲父,爵、姓缺,西周时灭于徐。

9)灭于越国的国家:郯国,黄帝之子,嬴姓,子爵。吴国:(前 473 年灭于越)。

10)吴国所灭国家:巢国:前 518 年灭于吴。徐国,嬴姓,鲁昭公三十年(前 512 年)灭于吴。钟吾国,子爵,鲁昭公三十年(前 512 年)吴人执钟吾子。

11)韩所灭国家:郑(前 375 年,韩哀侯入郑)。

12)为郑所灭国家:桧国,春秋前为郑所灭。暴国,公或诸侯,姬姓,始封高辛后,前 576 年暴国已入郑。戴国:子姓(春秋经鲁隐公十年,前 713 年)。

13)为蔡国所灭国家:沈国,子爵,姬姓,鲁定公四年,前 506 年,为蔡所灭

14)赵国所灭国家:棠国:公国,或姓姜,(翟戎也,代之先也)赵襄子元年(前 475 年)平代地。中山(前 296 年)。鄩国:爵缺,姬姓,始封,敬王子中栢,威王八年,赵伐齐取鄩。

15)杞所灭国家,州国(公爵,姜姓,地入于杞,时间不详)。淳于国:州国复国后称为淳于国,灭于杞。

16)为卫国所灭国家:戎国,地入于卫,年份不详。

17)为邾国所灭国家:鄅国,子爵,妘姓,鲁昭公十八年(前 524 年),邾人入鄅。

18)燕国所灭国家:林胡国,匈奴别种?战国时属于燕。楼烦国,战国时属于燕,西汉时为匈奴冒顿所并。

19)灭于莒国的国家:鄫国(前 567 年),鲁襄公六年灭于莒。焦国,姜姓,约东周时灭于陈。

20)周天子所灭:尹国,公爵或子爵,姞姓或姬姓,鲁定公七年(前 503 年)单武公、刘定公击败尹氏,自是不复见。

21)下列国家存亡时间不详:温国(子爵,己姓)前 650 年被狄国所灭。苏子已复国。密国、任国。颛臾(附庸),雍国。原国,伯爵,姬姓。鲁僖公二十五年(前 635 年),王以其地赐晋(天子取消其封国?)郭国,?樊国、毕国、鄏国、邢、应、茅、胙、偪、宗国。大山戎,姬姓(唐叔后)。小山戎,允姓(四岳后)、犬戎国、东山皋落氏国、杨拒泉皋伊雒之戎国、淮夷国、膚咎如国、姜国。杜国,祁姓,子爵,春秋前绝封。桐国?偃姓、白狄、百濮国、赤狄、茂戎国、无终国、肃慎国、闽芈国(芈姓,祝融后)、孤竹国(墨姓)、不屠何国,战国时已灭。舒龙国,东胡国,秦始皇时为匈奴所并。圭国:妢胡国、召国姬姓,公或伯爵。费国:伯爵,存灭不详。甘国:姬姓,公爵,鲁昭公二十四年后不见。麋国,侯爵、芈或嬴姓,一说为楚所灭,未详。阳夏国、裨国、鯈国、鱼国、九州戎国、阴戎国、鞏国(姬姓)、复薰国、戎国、东夷国,鲁襄公十九年尚见。梁国(1)坎国、诸国、纵国:姬姓(平王次子精?)姚国,子爵、子姓,存灭不详。逢国:伯爵。姬姓。

22)汉以后仍存在之国:氐国、羌国(姜姓,炎帝后或曰有扈氏后,东汉时犹为边患。)秽国:武王封箕子,汉武帝元朔元年秋降。貊国:秦汉以后其国尚存。令支国,战国尚存。

23)绝封的国家:周国,公爵,姬姓(始封周公旦,周考王时绝封)。

国家分类：

1. 姬姓国家：郑国、沈、费、藤、茅、郜、西虢、焦、东虢、胡国、滑国、邗、周（周公旦）、召、刘、单（?）毛、原、应、凡、胙、祭、甘、井、雍、西周国、东周国、随国、鲁、蔡、曹、卫、晋、郑、北燕、极（附庸）、邢、息、唐、巴、丰、毕、南、成、芮、韩、杨、耿、魏、霍、虞、邢、郇、贾（周武王之子唐叔虞，叔虞生姬公明，公明封于贾，为周附庸）骊戎、肥、鼓、仇由、鲜虞（中山）沈国，(60)

2. 姜姓国家：齐、许、申、纪、向、郇、淳于、夷、吕、许、矢国，散国（姜或姬姓?）黎（帝尧之后，黎姓? 姜姓?）(12)

3. 偃姓国家：舒、舒蓼、舒庸、舒鸠、舒龙、舒龚、宗、巢、皖、桐。英国、六国(12)

4. 嬴姓国家：徐、钟离、薄姑、郯、莒（己）、兔裘国、秦、江、黄国（嬴姓侯爵）、梁(10个)

5. 己姓国家：昆吾、顾、苏、有穷、董、蓐国（姜姓）、姒?（7）

6. 隗姓国家：胡国（另有一胡国为姬姓）、皋落氏、廧咎如、潞、甲氏、留吁、铎辰(6)

7. 妘姓国家：鄅、邬、逼阳、夷、郐(5)

8. 风姓国家：防风、任、宿、颛臾(4)

9. 姒姓国家：杞、有莘、鄫、褒(4)

10. 彭姓国家：豕韦、诸稽国、彭国(3)

11. 子姓国家：萧、宋(2)

12. 妫姓国家：遂国、陈国(2)

13. 祁姓国家：房、杜(2)

14. 任姓国家：薛、谢(2)

15. 曹姓国家：邾国、小邾国(2)

16. 董姓国家：鬷(1)

17. 熊姓国家：罗(1)

18. 秃姓国家：舟（丹?）(1)

19. 芈姓国家：楚(1)

20. 漆姓国家：鄋瞒?（1）

21. 曼（嫚）姓国家：邓(1)

22. 姓氏不详国家：钟吾、甲父、蓼、辄沐、邗、极、介、根牟、诗、鄣、河、洛、西陵、敝、补、依、鲧国（黑旁?）、华、戴、谭、郭、莱、于余丘、阳国、共、向、尹、权、卢戎、贰、轸、绞、州、郧、缯、谷、道、柏、弦、厉、历、赖、东不羹、炎人国、盘古、缚娄国、阳禺、驩兜、蜀、苴、丹、犁、西戎、荡、彭戏氏、冀、杜、郑(陕西华县)、小虢、鱼(弓旁)、翟相国、冀、俪、霸、低(车旁)、代(代狄、代戎)、肃慎、东胡、秽貊(70)

合计 205 国

以灭国先后为序:

焦国:前 775 年灭于虢石父(周幽王佞臣)。一说灭于晋。

郐国:前 769 年灭于郑武公。

敝国:前 767 年灭于郑武公。

东虢国:前 767 年灭于郑(郑武公)。

补、舟、依、鲧、历、华、胡国皆于前 767 年灭于郑武公。

淳于国:前 715 年。

夷国:前 721 年灭亡,不知为谁所灭。

极国:前 721 年灭于鲁隐公。

向国:前 721 年灭于莒。

戴国:前 713 年,灭于郑庄公。

亳:前 713 年灭于秦宁公。

荡社:前 713 年灭于秦宁公。

兔裘国:前 712 年之前灭于鲁。

荡氏,前 704 年灭于秦宁公。

彭戏氏:前 697 年灭于秦武公。于余丘,前 692 年灭于鲁。

纪:前 690 年灭于齐襄公。

邽:约前 688 年灭于秦武公。

冀:前 688 年灭于秦武公。

杜:约前 688 年灭于秦武公。

郑:约前 688 年灭于秦武公。

小虢国(西虢国?):约前 688 年灭于秦武公。

申:约前 688 年灭于楚文王。

鄀:约前 688 年灭于楚文王。

吕、申?:约前 688 年灭于楚文王。

息:申?:约前 683 年灭于楚文王。

谭国:前 684 年灭于齐桓公。

遂国：前 681 年灭于齐桓公。

息：前 680 年灭于楚。

邓：约前 678 年灭于楚。

夷国：前 678 年灭于晋武公。

郇：前 677 年灭于晋武公。

董、贾：皆前 677 年灭于晋武公。

骊戎：前 672 年灭于晋献公。

鄣国：前 664 年灭齐桓公。

杨：约前 661 年灭于晋献公。

耿：约前 661 年灭于晋献公。

魏国：约前 661 年灭于晋献公。

皋落氏：前 661 年灭于晋献公。

霍：前 661 年灭于晋献公。

阳国：前 660 年灭于齐桓公。

冀：约前 658 年灭于晋献公。

邢国：前 655 年灭于卫文公。

西虢国（北虢国？）：前 655 年灭于晋献公。

虞：约前 655 年灭于晋（晋献公？）。

弦：前 655 年灭于楚成王。

樊，前 654 年灭于虢公丑。

黄：前 648 年灭于楚成王。

英国：约前 646 年灭于楚。

梁：前 641 年灭于秦穆公。

芮：前 640 年灭于秦穆公。

邢：前 635 年灭于卫。

介国：前 631 年灭。

滑国：前 627 年年灭于秦。

江：前 623 年灭于楚穆王。

蓼：前 622 年。

苏：前 617 年后,灭者不详。

鄋瞒(长狄)：前 616 年灭于卫成公。

舒：前 615 年。

宗国：前 615 年。

舒庸：前 574 年。

舒蓼：前 601 年。

根牟：前 600 年,灭于鲁宣公。

萧：前 597 年灭于楚。

沈：前 596 年灭于蔡昭侯? 万诗龄《中国历史纪年表》推断沈国前 506 年灭于蔡。

潞：前 594 年灭于晋景公。

甲氏：前 593 年灭于晋景公。

留吁：前 593 年灭于晋景公。

铎辰：前 593 年灭于晋景公。

郑：前 585 年灭于鲁成公。

巢：前 584—前 574 年之间。

鄅：前 567 年灭于莒。

莱国：前 567 年灭于齐灵公。

舒庸：前 574 年。

逼阳国：前 563 年灭于晋悼公。

郱国(诗国?)：前 560 年灭于鲁襄公。

廧咎如：前 558 年灭于晋景公。

铸：前 550 年灭于何者不详。

胡：前 549 年。

赖：前 538 年灭于楚灵王。

东不羹,前 534—前 531 年灭于楚灵王。

西不羹：前 534—前 531 年灭于楚灵王。

肥：前 530 年灭于晋昭公。

州来：前 529 年灭于吴。

鼓：前 520 年灭于晋顷公。

钟吾：前 518 年灭于吴。

巢：前 518 年灭于吴。

郾国：前 523—前 493 年灭于邾国。

徐：前 512 年灭于吴、楚。

桐：前 508 年之后。

沈国：前 506 年灭于楚。

唐：前 505 年灭于楚昭王。

郯：前 504 年灭于楚。

顿：前 496 年灭于楚。

胡：前 495 年灭于楚。

曹国：前 487 年灭于宋。

陈国：前 478 年灭于楚。

蔡：前 477 年灭于楚。

仇由：前 475 年灭于智瑶。

吴国：前 473 年灭于越。

杞国：前 445 年灭于楚。

前 414 年灭于越王朱句。

莒：前 431 年。灭于楚。

许：前 400 年？灭于楚（一说魏或郑）。

齐国：前 379 年灭于田氏。

郑国：前 375 年灭于韩。

西周国：前 440 年周考王弟揭建立。前 356 年灭于秦昭王。

晋：前 369 年灭于韩、赵、魏。

越：前 333 年灭于楚。

巴：前 316 年灭于秦惠文王。

蜀：前 316 年灭于秦惠文王。

苴：前 316 年灭于秦惠文王。

越：前 306 年？灭于楚。

中山：前 296 年灭于赵。

滕国：前 286 年灭于宋。

宋：前 286 年灭于齐。

郯国：前 281 年后灭于齐、越。

邾国(邹)：前281年灭于楚(考烈王?)。

小邾国，前261—前255年灭于楚考烈王。

鲁：前256(万国鼎认为前250年。)年灭于楚。

西周：前440—前256年灭于秦。

东周国：前367—前249年。西周威公子根建立，前249年秦庄襄王灭之。

韩：前230年灭于秦。

魏：前225年灭于秦。

楚：前223年灭于秦。

燕国：前222年灭于秦。

赵：前222年灭于秦。

田：前221年灭于秦。

齐(田齐)：前221年灭于秦。

卫：前209年灭于秦。

东胡：前206年灭于匈奴冒顿。

被撤销的封国：

丰：周成王十九年被撤封国。

毕：西周末年失去封国。

灭亡时间不确切国家：

甲父：西周时灭于徐。

舒龙：约春秋时。

舒龚：约春秋时。

钟离：春秋时灭于吴。

州来国：约春秋时灭于吴。

彭：约西周时灭于徐国。

诸稽国：约西周时灭于越国。

薄姑国：约春秋前期灭于吴国。

有穷国：灭于夏少康。

防风氏：灭于夏禹。

郯国：子爵，嬴姓，灭于楚。

郭国：春秋时灭于齐桓公。牟，灭于春秋时期。

费：战国时灭。

任：战国时灭。

宿：约春秋时灭。

须句：春秋中后期灭。颛臾春秋中后期。

藤国：战国中期。

薛：战国之间灭于齐、楚。

茅国：春秋时灭于邾国。

应国：时间不详。

郜国：春秋时灭于宋。

西陵国、有莘国、河国、洛国灭亡时间均不详。

昆吾：灭于商汤。

顾国，灭于商汤。

韦国：灭于商汤。

豕韦国：灭于商武乙。

共国：春秋初年灭于卫国。

有燕国：春秋初年灭于卫。

逼国：存灭不详。

邘国：存灭不详。

周国（公旦）：春秋中后期灭亡。

召国：春秋后期。

刘：春秋战国之际。

单国：春秋后期。

檀、荣、毛、均不详。

原国：春秋战国之际，灭之者不详。

应、凡：不详。

胙国：西周封国，南燕据之？

祭、尹、甘、井、雍国：皆存灭不详。

权国：存灭不详。

罗国：约灭于楚武王末期。

卢戎：存灭不详。

随国：战国时灭于楚。

贰国：春秋初年灭于楚文王。

轸：春秋初年灭于楚文王。

绞：春秋初年灭于楚文王。

州国：春秋初年灭于楚文王。

蓼国：春秋初年灭于楚文王。

郧：春秋初年灭于楚文王。

谢国：约西周后灭于周宣王。

谷国：约灭于楚文王、楚武王。

房：祁姓，灭于楚成王。

道：灭于楚成王。

柏：灭于楚成王。

厉：存灭不详。

许：约春秋战国之际灭于楚。

炎人国：存灭不详。

盘古国：存灭不详。

缚娄国：灭于秦始皇。

阳禺：灭于秦始皇。

驩兜：灭于秦始皇。

丹：存灭不详。

犁：存灭不详。

南国：灭于春秋时期。

成：灭于战国初。

韩：约春秋初灭于晋国。

杜国：西周后期灭于周宣王。

褒：西周后期灭亡。

矢：约西周时灭亡。

鱼（弓旁）、散：皆约西周时灭亡。

沈：西周到春秋初年亡于晋。

姒、蓐、黄国皆西周到春秋初年亡于晋。

翟柤国：春秋时灭于晋献公。

霍：存灭不详。

俪国：春秋时灭于晋国。

霸：春秋时灭于晋。

氏(右加车旁)国:存灭不详。

黎国:春秋时灭于晋。鲜虞:前295年灭于赵武灵王。代:灭于赵襄子。肃慎:不详。秽貊:存灭不详。皖、辄沐、邗三国皆存灭不详。

以陈槃《春秋大事表列国爵姓及存灭表撰异》诸侯国家存灭时间为准,万国鼎《中国历史纪年表》为补充。

第三节　现实中的诸侯与天子

一、上下臣属关系

天子同姓,谓之伯父,异姓谓之伯舅。自称于诸侯曰天子之老,于外,曰公,于其国,曰君。《礼记正义·卷三·曲礼下》P36。天子与诸侯首先是亲缘关系,同姓的血亲和异姓的姻亲以及世代友好可以称兄道弟的朋友。

制度上天子和诸侯是永恒的君臣关系,诸侯需要在规定的时间内朝见周天子。鲁僖公十三年(前647年)春,“齐桓公使仲孙湫聘于周。”至少春季是聘问周天子的时间段。《春秋左传正义·卷13》P100。夏天也合乎礼。鲁宣公九年(前600年)春,“天王的王使来前来提醒鲁国前往朝见天子。夏季,孟献子朝见周定王,时值定王在位第七年。《春秋左传正义·卷22》P172。诸侯按期到王室聘问是一种责任,在规定的时间没有见到鲁国使者,并非所有类似的逾期事件都能像周王室和鲁国这样圆满解决,周天子可以发动诸侯讨伐违命者,以期矫正其行为。鲁隐公九年(前722年),宋公不王,郑伯为王左卿士(周天子最高执政之一),以王命讨之。伐宋。……秋,郑人以王命来告伐宋。《春秋左传正义·卷4》P32。宋穆公不朝觐周天子。周王的左卿士,周王室最高执政之一郑厉公以周王的名义伐宋,秋季还派人来鲁国传达周天子对宋穆公发动军事行动的命令,鲁隐公、郑厉公、齐僖公先期会合攻宋,蔡、卫、郕三国则不接受周天子攻宋的命令,郕国因此遭到郑、齐军队的攻击。

天子与诸侯同时是征税与纳税人之间的关系。诸侯负有职贡之责,指缴纳赋税,也用于指进贡。鲁隐公六年(前717年)冬,京师来告饥,公(鲁隐公)为之请籴于宋、卫、齐、郑,礼也。《春秋左传正义·卷4》P29。鲁隐公自己的粮食无法满足京师需求,向宋、齐、郑、卫等买粮食补充急需。但是周天子不能随意支配诸侯国的一切财物等。鲁桓公十五年(前697年),“天王(周桓王)使家父来鲁求车,非礼也,诸侯不贡车服(车辆和礼服),天子不私求财。”《春秋左传正义·卷

7》P56。鲁文公九年(前 618 年),毛伯卫来求金。非礼也。不书王命,未葬也。《春秋左传正义·卷 19 上》P145。任职在周王室的毛伯卫前来鲁国求取金安葬周襄王,《春秋》没有记载是奉周顷王之命,因为周襄王尚未安葬。

诸侯在经济方面享有高度的自主权,齐、鲁两国的第一代诸侯各自选择的地方发展道路决定日后两个区域的不同发展趋势与强弱,在交通不便以及其他诸侯国的阻隔下,天子与诸侯的沟通并不通畅,强悍的诸侯很容易坐大,与天子实力对比上发展明显偏转。但如果诸侯国对天子保持忠诚,同时天子的能力与人品保有诸侯的爱戴,诸侯的发展与壮大不会妨碍与天子的关系,天子的国家魅力无限,前途一片光明,分封制的设计者也可以说是在为国家的极盛提前规划。但是,上述前提很少同时存在甚至都不存在,因此理论上对王权体贴入微的分封制很容易令其支离破碎。

鲁隐公五年(前 718 年)春,曲沃庄伯以郑人、邢人伐翼(翼又称绛),王使尹氏、武氏助之,翼侯(即鄂侯)奔随(随,晋地名)。曲沃是晋别封给成师的邑名,周天子为何要帮助曲沃攻击翼?冀是晋都。司马迁的记载与之不同,曲沃武伯对冀进攻,但周天子的军队迫使曲沃武伯退回曲沃。周天子本有权力直接对翼侯和曲沃武伯下令他们干什么或不干什么,但这里记载的两种情况都说明天子的行政命令失效,对冀和曲沃武伯都失去控制,必须直接出动军队干预;或者是另一种情况,新登基的周桓王为了提振王室震慑诸侯不惜小题大做。鲁隐公五年(前 718 年)六月,曲沃叛王,秋,王命虢公伐曲沃,而立哀侯于翼。《春秋左传正义·卷 3》P25。前 718 年 6 月曲沃庄伯背叛周桓王,王命虢公伐曲沃,而立被赶出了冀都的鄂侯之子为晋哀侯于翼。周桓王派武氏、尹氏帮助曲沃庄伯攻击晋的合法君主鄂侯,致使其出逃,又因为曲沃庄伯背叛而号召诸侯进攻他。

鲁隐公十年(前 713 年),"蔡人、卫人、郕人不会王命。"《春秋左传正义·卷 4》P33。周天子的命令已经被公开抵制,不按周王的命令会师讨伐宋国。周天子可以自行处置诸侯性命,"周夷王三年(前 885 年),王致诸侯(让诸侯一起前来围观),烹齐哀公于鼎。"这是因为周天子听信了纪侯谗言,周夷王姬燮以齐哀公对自己不够尊重而不能控制自己的愤怒。齐哀公的结局是周王行为任意性的一个个案,不代表与诸侯集体矛盾尖锐化。《古本竹书纪年辑校·周·夷王》P15。但也不是周天子最有威望的时期,"觐礼,天子不下堂而见诸侯,下堂而见诸侯,天子之失礼也。由夷王以下。"郑玄注曰:"夷王……时微弱,不敢自尊于诸侯。"郑玄注,孔颖达疏《礼记正义·卷二十五·郊特性第十一》P219。

　　周天子对诸侯国的控制是一个逐渐衰减的过程还是一个起伏不定的过程？结果基本不能从最初设置的预期和天子的愿望中一致地体现出来，实际有效管理层次、时间上都极其有限。西周整体而言是一个松散型的国家模式，这不是西周的决策者们的主观愿望，广泛的分封限制了王权，天子拥有的土地也不是最为肥沃的地方，经过齐侯开发的齐国地理就似乎更为得天独厚。天子追求的土地是整个国家正中心地带，印证国家哲学的梦想之处。除天子的准确位置得到落实，形成一种不可争辩的权威外，天子的个人能力与责任心也是天子对诸侯控制力程度的要素。康王九年，"晋侯作宫而美，康王使让之。"《今本竹书纪年疏证·卷下》P85。这是"成康之世，天下安宁，刑错四十年不用。"在这个背景下，谴责已是比较严重的情况。晋献公二年（前675年），与晋献公同年即位的"周惠王居于郑，郑人入王府多取玉焉"。《古本竹书纪年辑校·晋》P18。郑厉公的郑国人为何失控？晋文公五年（前632年），周襄王会诸侯于河阳。《古本竹书纪年辑校·晋》P19。"淮夷入寇，王命虢仲征之，不克。"《古本竹书纪年辑校·周·厉王》P15。如果说以上还只是天子与诸侯间的小摩擦，以下则是天子与诸侯关系变坏的例子：昭王时"十六年（前951年），伐楚、荆，涉汉……十九年……丧六师于汉。昭王末年，……其王南巡不返。《古本竹书纪年辑校·周·昭王》P13。穆王只好迁都，穆王元年（前947年），"筑祇宫于南郑。自周受命至穆王百年，穆王以下都于西郑。"《古本竹书纪年辑校·周·穆王》P13。周代替殷商至穆王时已经有百年，穆王以后周诸王以西郑为都城，这个描叙语气不免让人感觉悲凉，给人迫不得已的印象。鲁隐公三年（前720年），郑武公、郑庄公（先后）为平王卿士（王卿之执政者），王贰于虢（另一个卿士虢公），郑伯怨王，王曰：无之。故周郑交质。王子狐为质于郑，郑公子忽（郑庄公长子，后来的郑昭公）为质于周，（周平）王崩，周人将政畀（授予）于虢，四月，祭足帅师取温（周邑名）之麦。秋又取成周之禾。周郑交恶。《春秋左传正义·卷3》P21。周天子为了让一个诸侯国释疑，同意与之交换人质，两者从臣属关系变为对等关系。

　　王权的弹性会因为周天子的个人禀赋发生强弱变化，这点倒是极其重要，曾经颠沛流离的周襄王在强大无敌的晋文公面前维护制度的时候就比平时更像一个天子。

　　"晋文公既定周襄王于，王劳以地，辞。请隧焉，王不许。曰：昔我先王之有天下也，规方千里以为甸服，以供上帝山川百神之祀，以备百姓兆民之用，以待不庭不虞之患，其余以均分公侯伯子男，使各有宁宇，以顺及天地，无逢其灾害，先王岂有赖焉？内官不过九御，外官不过九品，足以供神祇而已，岂敢猒纵其耳目心腹以乱百度？亦唯是死生之服物采章，以临长百姓而轻重布之，王何异之有？今天降灾祸于周室，余一人亦仅守府，又不佞以勤叔父，而班先王之大物以赏私德，其叔父实应且憎，以非余一人，余一人岂敢有爱？先民有言曰：'改玉改行'。叔父若能光裕大德，更姓改物，以创制天下自显庸也，而缩取备物以镇抚百姓，余一人其流辟旅于裔土，何辞之有与？若由是姬姓也尚将列为公侯，以复先王之职，大物其未可改也。叔父其懋昭明德，物将自至，余何敢以私劳变前之大章，以忝天下？其若先王与百姓何？何政令之为也？若不然，叔父有地而隧焉，余安能知之？文侯遂不敢请，受地而还。《国语正义·卷第二·周语中》P151。

晋文公帮助周襄王回到洛邑王城重坐王位，襄王赐地给晋文公，后者推辞，请求在其死后用隧礼，也就是天子葬礼安葬，襄王断然拒绝，这是一段有关君权概念最具实践意义的重要论述。周襄王豁达地看待天子大位，"余一人仅亦守府"，清晰表明君王只是个看守府库的人。他坦言晋文公如果德能昭彰，改朝换代，必能缩取备物。缩是引用、接管之意；备物指隧礼之类的各种既定制度。整体接管制度转而为自己所用，一切最高的待遇都是为您而准备的，隧礼也会适时自动而至，他本人也会坦然接受流放偏远之地的命运。但如果叔父您还是姬周的列侯，我姬郑的意思就是还要遵循周礼，比如：佩何种玉，就走什么节奏的步伐，一切都应该谨守定制。隧礼如此重大的制度绝不能在我这里改变，我不能因为别人对我个人有勤劳之功就拿重大制度作为谢礼。假设我这样做，必令天下敬礼守法的臣民蒙羞，我还有何资格发布政令？更不敢与先王、百姓见面。叔父您在自己的属地内自行实施隧礼制度，无人可阻，并做到晋国之外无人知晓，包括我在内。他的意思是叔父可以做任何自己想做的事，但只要我知道其中有不合礼的部分，都不会得到我的赞同。周襄王不卑不亢，简直是义正辞严，认为晋侯的要求是在破坏制度，摧毁国家，当时的晋文侯应该极不自在，却又无言以对。周襄王的陈辞核心是君主位置与德的关系，君位的得失与美德的厚薄关系密切，而且美德中包含才能。

周天王的威望、虽时有恢复，实力总体上是持续下降之态势，随着时间的推移，以致原有的周天王概念在越来越多的诸侯眼中显得陈旧、破碎，乃至一些最有作为的诸侯交替代行天子的大部分职务。1.是因为天子方面行为出错。鲁隐公六年（前717年）冬，郑伯（郑庄公）如周，始朝桓王（周桓王）也。王不礼焉。周桓公言于王曰："我周之东迁，晋、郑焉依，善郑以劝来者，犹惧不蔇，况不礼焉？郑不来矣。《春秋左传正义·卷4》P29。态度傲慢地对待郑庄公，让黑肩为周桓王不明智的做法深感忧虑。阴差阳错中,类似的遭遇再次落在郑国头上,郑厉公所亲历,前 673 年,周惠王赐予功劳大的郑厉公的礼物比赐予功劳较小的虢公的礼物等级低,"郑伯由是始恶王。"《春秋左传正义·卷 9》P72。鲁庄公十九年(前 675 年)载,周惠王无礼夺取周大夫蒍国(他也是周庄王宠妾所生王子颓的老师)、边伯、子禽祝跪、詹父等四位周朝大夫的田地物业,以及停发膳夫石速的俸禄。他们五位联合先前被周桓王夺走十二邑给予郑国的周大夫苏子,他们尊奉王子颓进攻周惠王。没有获胜,但引来齐国、燕国攻打成周,并立王子颓为周天子。《春秋左传正义·卷 9》P71。2. 天王实力不济。鲁成公元年(前 590 年),"春,晋侯使瑕嘉平戎于王,单襄公如晋拜成。《春秋左传正义·卷 25》P190。晋景公派晋国大夫调解周天子和戎人的冲突,达成协议,周王卿士专程前往晋国拜谢调解成功,显示天子的高度衰微。

周王室被大国环绕,原本是为其设置坚强的屏障,但时势巨变,地缘政治位置俨然有天然的弱势,周天子必须习惯大国的发展以及强势,周天子很容易变得十分封闭,一是规定其对诸侯国的访问需要满足一定条件,二是天子本身对诸侯国的兴趣不确定。鲁昭公十一年(前 531 年),周景王问周大夫苌弘曰:"今兹诸侯,何实吉,何实凶?"他想知道现在的诸侯国家中,哪些地方治理得好,比较安全稳定;哪些地方管理混乱,危险且需要回避?《春秋左传正义·卷 45》P357。他问到的如果是一个消息灵通,比较精明负责的人,周天王就可能掌握一些真实的情况,否则,他对外部的理解可能是完全离谱的。

专断与服从是每个称职的诸侯都必须具备的双重人格,不论其拥有的土地一望无际还是巴掌大的地方,受封的诸侯都是这里的主宰。必须承认那些善于审时度势、左右逢源的诸侯经常最大限度地盘活自己的资源,可以过上称心如意的日子,证实封地的大小并非决定一切。不过,世事无常,人类,包括一切万人之上的君主都必须顺应自然的规律,总有些人跟不上时代的脚步,天子或者诸侯,他们的命令或者行为令人疑窦丛生,执行或者拒绝?判断力不时会有不够用的时候。君王兴替是大小君主的宿命,身份转换的理性与非理性同在,是一个长期而且不确定的现实存在,显示本土文化的灵活性与致命欠缺。

二、诸侯君位继承

与周天子相似,诸侯选择继位者是棘手的问题,立一个国君的艰难过程,甚至让现任君主付出巨大代价,有几种社会认同的君权转换:

一是血缘亲疏,它支配绝大多数诸侯国君的正常废立。

1. 儿子即位

太子地位特殊,但充满竞争,地位经常可能不稳固。太子的位置可能因为君主的意见出现变动,有些很明确,鲁桓公十一年(前 701 年)春,当时郑庄公为国君,其长子(后来的郑昭公)打败北戎,齐僖公要将女儿许配给他,昭公辞谢,郑国大夫祭仲说,您一定要娶她,"君(指的是郑庄公)多内宠,子无大援,将不立,三公子皆君也。弗从。"三公子指的是昭公的弟弟子突、子亹、子仪。结果是郑庄公之妾所生子突得以立为厉公,昭公奔卫国。不知是郑昭公对自己继位的可能性过于自信?只忠于自己的爱情?还是不赞同祭仲的意见,他为自己的拒绝付出了代价。《春秋左传正义·卷 7》P53。鲁文公十八年(前 609 年),"莒纪公生大子仆,又生季佗,爱季佗而黜仆。且多行无礼于国。仆因国人以弑纪公,以其宝玉来奔,纳诸宣公。(鲁宣公)公命之与邑。曰:今日必授。季文子使司寇出诸竟。曰:今日必达。公问其故。季文子使大史克对曰:'先大夫臧文仲,教行父事君之礼,行父奉以周旋,弗敢失队。曰:将有礼于君者,事之如孝子之养父母也;见无礼于君者,诛之如鹰鹯之逐鸟雀也。'先君周公制周礼曰:'则以观德,德以赴事,事以度公,功以食民。'作《誓命》曰:'毁则为贼,掩贼为藏,窃贿为盗,窃器为奸。主藏之名,赖奸之用,为大凶德。有常无赦。在《九刑》不忘。'行父还观莒仆,莫可测也。孝敬忠信为吉德,盗贼藏奸为凶德,夫莒仆,则其孝敬,则弑君父矣;则其忠信,则窃宝玉矣。其人则盗贼也,其器则奸凶也。保而利之,则主藏也。以训则昏,民无则焉。不度于善。而街在于凶德,是以去之。《春秋左传正义·卷 20》P159。太子仆因恃宠,且其父亲行为昏乱,因此杀了其父,带出本国的珍宝逃到鲁国,鲁国国君准备赐予其土地,鲁国大夫季文子要将其驱除出境,他解释说是因仆的行为不符合道德,接受这个人或者礼物只会抹黑鲁国,国家国君得不偿失。鲁闵公二年(前 660 年)十二月,晋献公使申生伐东山皋落氏,晋国大夫里克谏曰:大子奉冢祀、社稷之粢盛,以朝夕视君膳食者也,故曰冢子,君行则守,有守则从,从曰抚军,守曰监国。古之制也。夫帅师,专行谋,誓军旅,君与国正之所图也。非大子之事也。师在制而已,禀命则不威,专命则不孝。故君之嗣适,不可以帅师。公曰:"寡人有子,未知其谁立焉!"不对而退。见大子,大子曰:吾其废乎?对曰:"告知以临民,教之以军旅,不共是惧,何故废乎?且子惧不孝,无惧弗得立,修己而不责人,则免于难。"晋献公这时还拿不定主意在儿子当中选择谁成为储君,里克其实也没有把握,只是劝慰了太子申生一番。《春秋左传正义·卷 11》P86。这里适与嫡意义相同,里克希望保住嫡子。有些待遇的变化十分微妙,任何一个太子都需要特别留意。前 660 年十二月稍后,晋献公启动进攻皋落氏的方案，"大子申生帅师，公衣之偏衣，佩之金玦。"先有曰：衣身之偏，握兵之要。在此行也。子其勉之！偏躬无慝，兵要远灾，又何患焉?"：衣身之偏大意是太子的服装一半是按国君衣服颜色、款式定制的。偏躬，即分出国君身上衣左右两边的一半颜色，寓意君王权力的一半或代表半个君主，是君王善意的表现，太子既享有君王的善意，又握有兵权，太子前途看好。除先友积极乐观外，多数大臣理解相反，认为太子穿上衣左右异色的衣服是被疏远的象征。即使太子运气好，杀尽敌人，国内的嫌隙已经形成，太子应有厄。一个名叫先丹木的大臣甚至说疯子也不会愿意穿成太子那样，有人直接鼓动太子择机逃往外国。狐突的话是比较系统的归纳：时，事之征也；衣，身之章也；佩，衷之旗也。故其事则命以始，服其身则衣之纯，用其衷则佩之度。今命以时卒，闷其事也；衣以尨服，远其躬也；佩以金玦，弃其衷也。服以远之。时以闷之，尨凉冬杀，金寒玦离，胡可恃也衣还强调衣之远其躬也。尨服即杂色的衣服。《春秋左传正义·卷11》P86。宣布命令在年终，是有意令其不顺，尨服是疏远之意，金玦意味放弃初衷。与先有个人的意见不一致者居多，先有之所以鼓励太子申生，也可能是他虽然对晋献公的意图有所察觉，但只想暂时为太子打气，或许会出现转机。

天子为自己中意的人预留位置或因外部干预出现变动，周僖王姬胡齐是周庄王姬佗的长子，但周庄王宠爱的是王姚所生之子姬颓，周僖王逝世、周惠王即位后，王子颓与五个不满周惠王的大夫发动叛乱，没有获胜而败逃，卫国、燕国军队攻打成周，前675年，立子颓为为周天子，鲁庄公二十一年（前674年）夏，郑伯（郑厉公）、虢公（虢公丑，周大夫）攻打王城，杀王子颓及五个大夫。《春秋左传正义·卷9》P72。周庄王的换储的愿望不仅落空，反而让王子颓送了性命。

为何一些君主要换太子？因为有些庶子更有智慧，品行更好。鲁宣公九年（前600年），"楚子为厉（地名）之役故，伐郑。晋郤缺救郑，郑伯败楚师于柳棼（楚地），国人皆喜。唯子良忧曰：是国之灾也，吾死无日矣。《春秋左传正义·卷22》P172。郑襄公击败楚庄王，郑国人欢欣鼓舞，郑穆公庶子公子去疾，即子良却看到一个潜在的危机。他是郑襄公的弟弟，原本国人要立子良，子良却坚持让位哥哥。他的预判很有见地，次年楚庄王进攻郑国，子良决定背晋从楚。聪明的庶子很容易吸引有抱负的君侯以及多数人时常为人品而冒犯制度。前文载"莒纪公第一个儿子是大子仆，季佗排行第二，却因为季佗废黜了仆的太子身份。莒纪公在国内的多数举措也被人侧目，废太子仆在国人的帮助下以弑纪公，太子仆的地位却没有因此稳固。诸侯国的卿大夫也经常会面临类似的选择：鲁襄公二十三年（前550年），初，臧宣叔娶于铸，生贾及为而死。继室以其侄，穆姜之姨子也,生纥,长于公宫,姜氏爱之,故立之。《春秋左传正义·卷 35》P276。臧宣叔即臧孙许,也称臧纥之父,是鲁国大夫,娶铸国名女子为妻,生臧纥之兄臧贾、臧为,铸国女子生两个儿子后去世,臧宣叔又娶了鲁宣公夫人穆姜妹妹的女儿即侄女为继室,生臧纥,臧纥在鲁国宫中长大,深受鲁宣公夫人穆姜的喜爱,于是这个幼子得以立为臧宣叔的继承人,宗主、卿,以及世袭的司寇职位,这是个正确的选择,臧武仲后来被誉为圣人。

庶子们往往是最有进取心的一群人,在通往王位的幽径中奋不顾身,捕捉通往王位的每一个机会。王子带食邑在甘,又称甘昭公,惠后是周惠王之后,惠王五年,惠后生叔带,又称大叔带,叔带,大叔,甘昭公是周襄王之同母弟。鲁僖公二十四年(前 636 年),初,甘昭公有宠于惠后,将立之,未及而卒。昭公奔齐,王复之,又通于隗氏。王替(废掉)隗氏,颓叔、桃子曰:"我实使狄,狄其怨我。(是我们指使狄人这样子做,狄人会怨恨我们)"遂奉大叔,以狄师攻王,王御士将御之,王曰:先后其谓我何? 宁使诸侯图之。王遂出(周襄王离开王城,到达坎欿(属周,河南巩县东),周人将襄王接回去。秋季颓叔、桃子奉大叔与狄人进攻周"大败周师,获周公忌父、原伯、毛伯、富辰(均周襄王近臣)。王出适郑,处于汜,大叔以隗氏居于温。《春秋左传正义·卷 15》P116。惠后准备立王子带,没来得及就逝世,王子带于是逃往齐国,周惠王死后,太子姬郑继位为周襄王,他让自己的弟弟回来,后发现弟弟与嫂子隗氏有不正常往来,周襄王于是废黜隗氏。朝中之臣颓叔、桃子出于自私的目的帮助大叔引领狄人进攻周襄王,周襄王出于对自己母亲的尊重不愿与弟弟对阵,决定留下他们兄弟之间的问题让诸侯们去解决,随即他离开王城到郑国,王子带与隗氏则不顾舆论同住在周王室所属的温地。

鲁襄公二十九年(前 544 年),吴公子札即季札,吴王寿梦之少子。寿梦死后,国人欲立之,季札固辞不受,后到不少国家访问,与新立的君王建立新关系。来鲁国聘问时,主动请观周乐,显示其高深的品味。在齐国,劝晏平仲早日归回封邑和政权,以免涉及动乱,"无政无邑,乃免于难"后者接受后,避开了鲁昭公八年(前 534 年)栾氏(子雅)高氏(子尾)祸乱。在郑国与子产一见如故,在晋国与赵文子、韩宣子、魏献子、叔向等成为密友。《春秋左传正义·卷 39》P306。季札的三位兄长诸樊、余祭、夷昧因为深知季礼贤明而指明让位于季礼,均被其辞谢。这个少见的缺乏政治野心者的兄长们原本都愿意为尊重才华而谦让的大位。

昭公二十六年(前 516 年)四月,单子如晋告急,五月戊午,刘人(伯盆部下)败王城(王子朝的人)之师于尸氏。戊辰,王城人、刘人战于施谷,刘师败绩,七月己巳,刘子以王(带周天王)出,带出四处辗转,晋知跞、赵鞅率领军队接纳周天子、冬十月,周天子进入成周,晋国在成周留下戍守的军队就大部队撤回,十二月,周天子进入庄宫。王子朝向诸侯提供了一份措辞华丽的报告,重点着落在继承权问题上:……昔先王之命曰:'王后无適,则择立长,年钧以德,德钧以卜。'王不立爱,公卿无私,古之制也。穆后及大子寿早夭即世,单、刘赞私立少,以间先王,亦唯伯仲叔季图之。闵马父闻子朝之辞,曰:"文辞以行礼也,子朝干景之命,远晋之大,以专其志,无礼甚矣,文辞何为?《春秋左传正义·卷52》P411。没有嫡子立年长些的,年龄相同则立品行好的,前面条件相同就占卜决定。君王应该根据上述规则,不能有所偏爱,大臣也应该出于公心。王子朝认为自己是在维护制度,是个受害者,博学而刚直的闵马父对他的野心与智力都嗤之以鼻。

2. 弟弟继位的情况

"凡大子之母弟,公在曰公子,不在曰弟。"太子的同母弟弟,当他们的父亲在世时,称他们为公子,父亲逝世后,称为弟弟。

鲁宣公十七年(前592年)冬,公弟叔肸(鲁宣公同母弟)卒,"公母弟也。凡大子之母弟,公在曰公子,不在曰弟。凡称弟,皆母弟也。《春秋左传正义·卷24》P187。凡是太子的同母弟弟,国君在曰公子,国君逝世后称弟弟,凡是称弟弟的,都是指同母弟弟。兄弟有嫡庶之分,弟弟继位有四种情形:

1)因为君王无子

鲁桓公十七年(前695年),蔡桓侯卒,蔡人召蔡季于陈。秋,蔡季自归于陈,蔡人嘉之也。《春秋左传正义·卷7》P57。蔡季是蔡侯之弟,杜预注:桓侯无子,故召蔡季而立之。第二个原因是蔡季还享有国人拥戴。

2)因为嫡子年幼

鲁隐公和鲁桓公的情况即是。鲁隐公、鲁桓公都是鲁惠公的儿子,但前者不是正室所生,群臣以鲁桓公姬允年幼,以鲁隐公为鲁君。后鲁隐公被羽父所杀,弟弟鲁桓公为鲁君。鲁隐公为国君原本乃权宜之计。

3)君王生前的意愿

宋宣公有太子与夷,宋宣公十九年(前729年)宣公病,让其弟和,曰:父死子继,兄死弟及,天下之通仪也。我其立和。和亦三让而受之。宣公卒,弟和立,是为穆公。《史记·卷三十八·宋微子世家·第八》。宋穆公在位九年。将君位让宋宣公子与夷,安排自己的儿子到郑国居住。

鲁宣公三年(前606年),郑穆公逝世,初,"郑文公与贱妾燕姞生穆公,名兰。文公报郑子之妃,曰陈妫生子华、子臧,子臧得罪而出,诱子华而杀之南里,使盗杀子臧于陈、宋之间。又娶于江生公子士,朝于楚,楚人酖之,及叶而死。又娶于苏生子瑕、子俞弥。俞弥早卒,泄驾恶瑕,文公亦恶之,故不立也。公逐群公子,公子兰奔晋,从晋文公伐郑。郑国大夫石癸说:"吾闻姬、姞耦,其子孙必蕃。姞,吉人也,后稷之元妃也。今公子兰,姞甥也,天或启之,必将为君,其后必蕃,先纳之可以亢宠。"他与郑国大夫孔将鉏、侯宣多等决定同意公子兰归国,姬兰得以立为郑君,即郑穆公。《春秋左传正义·卷21》P166。

这里记载的是郑文公与地位低贱的女子生下郑穆公姬兰。郑文公又与郑文公的叔父子仪的一个名叫陈妫的妃子生下子华、子臧,这两个儿子后来都被郑文公借故杀死,郑文公又娶江国女子生公子士,公子士作为使节出使楚国,被楚国人毒死,郑文公再接再厉,又娶苏国女子,生子瑕、子俞弥。俞弥早死,郑国大夫泄驾厌恶子瑕,郑文公也不喜欢此子,所以不得立。郑文公驱逐群公子,公子兰奔晋,跟随晋文公伐郑。郑国大夫石癸认为公子兰可以复兴郑国,于是与郑国大夫孔将鉏、侯宣多等决定迎接公子兰归国,姬兰得以立为郑君,即郑穆公。

处理政事的应急方法。宋景公无子,取公孙周之子得与启畜诸公宫。鲁哀公二十六年(前469年)十月,宋景公死于旅游途中,大尹秘密护送国君遗体返回国都的沃宫,使召六子(六卿)曰:闻下(下邑)有师(战事),君请六子画(谋划)"六子至,以甲劫之,曰:君有疾病,请二三子盟。乃盟于少寝(诸侯退庭后休息的内寝)之庭曰:"无为公室不利。"大尹立启(备选二人中的弟弟),奉丧殡于大宫,三日而后国人知之。《春秋左传正义·卷60》P480。但是司城乐茷质疑宋景公之死,宋景公的另一个儿子做了一个获得君位的梦,大司马皇非我,乐茷不信任大尹,且争取到宋国公众的支持,迫使大尹护送启逃往楚国,得获立,为宋昭公。

吴王寿梦长子诸樊让位于弟弟余祭,余祭让位于弟弟夷昧都属于兄弟继位,均属正常。夷昧让位于儿子吴王僚,习惯中断,消失的美德幻觉衍生出激烈的批评精神,诸樊之子公子光谋杀吴王僚而自立为吴王阖庐是否正常就会有争议,他是否必须杀以及必须成为国王? 不会有绝对正确的答案,也不会有绝对错误的答案。

4) 当事人的策划

成功的策划:鲁文公十八年(前609年)文公二妃(文公有二妃,长妃齐女为哀姜,生恶及视,次妃敬嬴,)敬嬴生宣公,敬嬴嬖,而私事襄仲(私下与襄仲结交),宣公长,而属诸襄仲,襄仲欲立之,叔仲(惠伯)不可。仲见齐侯而请之,齐侯新立,而欲亲鲁,许之。冬十月,仲杀恶(太子恶)及视(恶的同母弟)而立宣公。书曰:子卒。讳之也。鲁文公十八年(前609年)(襄仲)仲以君命召惠伯,其宰公冉务人止之,曰:入必死,叔仲曰:死君命可也。公冉务人曰:若君命可死,非君命何听? 弗听,乃入,杀而埋之马矢之中。……夫人姜氏归于齐,大归也。(回娘家不再回夫家,后指被丈夫休)将行,哭而过市曰:天乎,仲不为道,杀适立庶。市人皆哭,鲁人谓之哀姜。《春秋左传正义·卷20》P159。

鲁文公二妃,长妃是来自齐国的哀姜,生恶、视二子,次妃敬嬴生宣公。敬嬴获得鲁文公宠爱,并私下与鲁国权臣东门襄仲结交,鲁文公十八年(前609年)二月,鲁文公死去,襄仲公开支持立宣公,鲁国大夫叔仲表示反对。前608年,齐惠公即位,襄仲出使国祝贺齐侯即位,并请齐惠公帮忙,齐侯有意与鲁国密切关系,同意支持襄仲。同年十月,襄仲杀死爱姜所生的太子恶及恶的同母弟视,立宣公。次年,反对襄仲杀嫡立庶的鲁国大夫惠伯被襄仲谋杀。惠伯的家宰阻止其前往,认为襄仲不过是假托君命,惠伯认为死于君命是光荣的死法,家宰说我不反对您死于君命,但不是君命就不要接受。惠伯坚持前往,结果被杀。鲁文公绝望的夫人姜氏离开了鲁国这个伤心地。她贵为诸侯家眷,却不幸要经历很多常人所不曾经历的痛苦。

王君权运作的典型案例——晋献公诸子的成与败

晋献公进攻骊戎,灭了骊子(骊戎的国君是子爵)俘获骊姬回来,立为夫人,生奚齐,骊姬的妹妹生卓子,骊姬请求让申生(晋太子)主治曲沃,那里是晋宗庙所在,也称宗邑,重耳是申生异母弟,(以后的晋文公)居蒲城(永济县西蒲州),夷吾也是申生异母弟,(后来的晋惠公)居屈(今山西吉县北),奚齐居绛(也称冀,晋国都,今山西翼城东),她解释说这样做的目的是防备戎狄,得到献公认可。《国语正义·卷第七·晋语一》P631。

在晋献公决定娶让自己入迷的女俘虏时,史苏上朝时公开对大夫们说,注意,乱的根源已经产生。人民发现发动百姓是为了自己获得厚利,现在我国君主灭亡了她的父亲,却又蓄养了他的女儿,这是祸乱的根基;蓄养他的女儿,又放纵她的欲望,女儿想要报复父亲的耻辱,一定会败坏国家。《国语正义·卷第七·晋语一》P633。这个预测是准确的。

后来骊姬果确实扰乱晋国,杀死太子,驱逐重耳、夷吾两位公子。以下是废黜三位无过失公子过程中部分真实的细节:

听说晋献公将要废黜太子,立奚齐,三位晋国大夫荀息、里克派、丕郑,都表达了自己的思想:荀息说,作为臣下,应该尽力为君主服务,任何时候都不应该违背君命,君立太子,臣就应该顺从,不可以有二心。

丕郑言辞激烈得多：我丕郑听到的是顺从君主的正确行为，不附和他的惑乱行为，"惑则误民，民误失德，是弃民也，民之有君，以治义也，义以利生，利以丰民，若之何其民之与处而弃之也？必立太子。"大意是对待君主的合理方法，是接受君主的正确意旨，不附和君主的过分行为，君主行为不当会殃及人民，人民不幸就是失德，让人民蒙受苦难，是离弃人民。我支持立申生为太子。

里克语气温和：我才能有限，不能精准地把握正义的尺度，但是我不会盲从谬误，我暂时会静观其变。他强调自己既不敢违背君，也不会违背自己的意志奉承君王意，准备保持中立。

骊姬逐步控制晋献公的思维，"蒸于武公(冬祭)，公称疾，不与，使奚齐莅事。太子申生的臣属一个名叫猛足的人十分敏感，认为晋献公的安排不是一个好征兆，对太子申生说："伯氏不出，奚齐在庙。"意思是晋献公与夫人齐姜生有申生与女儿伯姬二人(伯姬后成为秦穆公夫人)。申生为嫡子，被安排留在家里，重耳夷吾都年长于申生，而用第四子主持祭祀。猛足着急地劝太子应该快想办法应对。太子申生引用大臣羊舌大夫的话：'事君以敬，事父以孝。受命不迁为敬，敬顺所安为孝。弃命不敬，作令不孝，又何图焉？且夫间父之爱而嘉其贶，有不忠焉；废人以自成，有不贞焉。孝敬忠贞，君父之所安也，弃安而图，远于孝也，吾其止也《国语正义·卷第七·晋语一》P635。大意是他决定顺其自然，不会自行谋划。申生根本感受不到骊姬对太子位置万分渴求的心，倒是更信任父亲的理智和自己掌握的常识，完全受到骊姬影响的晋献公倒是越走越远，开始为自己的行动竭力寻找理由。献公十七年(前660年)冬天，献公使太子伐东山，里克请求收回成命，认为这是没有先例的事，君出征，太子在朝，以监国也。君行，太子从，以抚军也。今君居，太子行，未有此也。公曰：非子之所知，寡人闻之，立太子之道三：身均(德行)以年，年同以爱，爱疑决之以卜筮。《国语正义·卷第七·晋语一》P654。真实的父亲理性与太子申生的评估相距甚大，他父亲随时愿意以情绪和卜筮决定行动方向。

骊姬第一步是帮助儿子取得其父亲信任，第二步是让儿子的对手们远离国都、国君，她贿赂晋献公的宠臣东关五、梁五，让他们对晋献公说，曲沃是宗邑所在，蒲与南、北屈，是国家重要防御外敌入侵的地方。派太子等前往镇守，一方面可以威慑敌人，另一方面可以让他们有功于国家，让他们在人民心中树立威信。晋献公接受了，在曲沃、蒲、屈筑城，分别把申生、重耳、夷吾安排在三处居住。《国语正义·卷第七·晋语一》P638。

晋献公十六年，晋献公建立两军，晋献公领上军，申生领下军伐霍。只待出征。虽然君主与太子同时出征符合制度，但大臣士蒍不喜欢这个时候晋国出现这种安排，他辩称：储君是君主之副，这个设置是让国家君主不出现空位，从而导致混乱。现在让储君作为一个助手，等于让太子脱离了他的岗位，改变了自己的职能。晋献公表示不理解国君和储君分领上下两军有何不妥，最后他烦躁起来，声称父亲安排自己的儿子不关外人的事，士蒍争辩说，太子属于国家，做臣子的有权关心其福祸得失。晋献公与士蒍最后也没有达成一致意见。士蒍开始担心申生的太子位置不保。

骊姬第三步是说服晋献公与奚齐之外的其他儿子们决裂。

骊姬如何说服晋献公做到这样有比较详细的记载，骊姬很认真地对晋国史做了研究，加上骊姬善于寻求同谋者，其中之一是献公的俳优名施的人，这个有机会在宫廷内走动的艺人与骊姬有肌肤之亲，施这个男友给予她很多有用的指点，骊姬决定以晋国历史作为切入点，她提醒晋献公：曾祖桓叔，也是晋昭侯的叔父，被晋昭侯封于曲沃，昭侯是个软弱的君主，被晋臣清父所杀，他们迎立桓叔为晋国君主，没有成功。桓叔儿子庄伯攻打晋都翼，杀死晋昭侯的儿子孝侯。庄伯生武公，武公又攻翼，兼并了其土地，杀死孝侯弟弟的儿子哀侯。武公生献公，献公消灭了与自己同时的桓叔、庄伯后人"自桓叔以来，孰能爱亲？唯无亲故能兼翼。"《国语正义·卷第七·晋语一》P650。骊姬含情脉脉地看着丈夫，但是语词近乎残酷：从桓叔以来，每个政治上成功的人，都有一个共同的特点，完全排除亲情对政治抱负的干扰。她最有冲击力的思想是，商纣之所以恶名远播，主要是没有一个好儿子，一个好儿子发现自己的父亲罪孽深重时，会毫不犹豫地杀掉自己的父亲，从而让其不继续为恶，错误不至于天人共怒，也就不会败得那样惨。最后被诸侯杀或提前被儿子杀，都是一死，如果儿子杀了纣王，自己殷商帝系还能延续，家族继续享有帝位。骊姬巧妙地向晋献公暗示：太子申生、重耳、夷吾等都是个好儿子，绝对不会坐等自己家中出现纣王。她确实让晋献公吓出了一身冷汗，追问如何化解，骊姬建议他退位，让太子申生继位，这样可以避免自己被争权夺位的儿子们杀死。但是骊姬深知晋献公贪恋权位，将失宠的儿子们列为竞争对手后，扩大他们之间的嫌隙，头昏脑涨的晋献公接受骊姬献出的应对之策，立即派申生征伐狄人部落。他侥幸打败狄人，对晋献公有益，可以稳定君主威望，太子失败，也没有什么不好。晋献公别出心裁地让太子穿上左右颜色不同的衣服，在朝臣中引起巨大的争议。里克坚决阻止晋献公派太子前往，他认为制度对君主和太子的相互关系有二种安排：1. 君主出征，太子在朝监国。2. 君主出征，太子同行用于抚慰军队。现在"君在朝，太子出征"这种情况史无前例。晋献公认为他少见多怪,谎称是为了测试太子的能力。里克无法说服晋献公,下朝之后遇到正对自己的新制服心神不定的天子,里克非常抽象地劝慰了他一番,给了申生一个他父亲还不是特别刻薄的印象,比较玄乎地指出孝顺和服从有助于妃子关系变好。与狄人相遇后,老练的晋大臣狐突还试图劝太子不要与狄人交战,撤军回去,然后主动放弃储君位,这样可以达到两个目的:1. 避免战场上被狄人杀死。2. 回国后因为远离权力争夺热点而保全性命。老实的申生表示拒绝,宁可执行君主的命令战死沙场。他还是有一定的军事指挥才能,出征获得胜利归来,还不是他独当一面,这次进攻皋落狄则是他为首领军,他的威望提高,骊姬干脆策划杀死申生。她的男友优施故意让里克知道晋献公同意杀申生立奚齐为太子。第二天里克将这个消息转告丕郑并向优施表示自己会中立。丕郑认为他这样说会纵容骊姬,里克问如何可以防止他们的阴谋得逞,丕郑似乎很消沉地说:我们侍奉君主的,以君主的意见为主见,主动权不在我。里克则表示他既不敢为正义伤害君主,也不愿强迫自己接受君主的错误。他本人决定隐退,第二天就称病不朝。一个月后,晋国就发生重大事变。

骊姬亲自出动,让申生向晋献公献上一块事先放了毒的祭肉,被察觉,为此杀死太傅杜原款。晋有人劝申生逃走,后者拒绝说:“去而罪释,必归于君,是怨君也。章父之恶,取笑诸侯,吾谁乡而入?内困于父母,外困于诸侯,是重困也;弃君去罪,是逃死也。吾闻之:‘仁不怨君,智不重困,勇不逃死。’若罪不释,去而必重;去而罪重,是不智。逃死而怨君,不仁;有罪不死,无勇。去而厚怨,恶不可重,死不可避,吾将伏以俟命。”太子怀着必死的信念回到自己镇守的曲沃。杜原款是个正派善良的人,临死前通过小臣圉转告申生,让他将美名置于生命至上。骊姬自己还亲自到曲沃,与申生的对话中强调让自己父亲为难的人不可能被人民喜爱。申生随即自缢身亡,时值前 656 年。

骊姬随后劝晋献公除去重耳、夷吾,晋献公的两位刺客都没有得手。晋献公余怒未消:“尽逐群公子,乃立奚齐焉,始为令,国无公族焉。《国语正义·卷第八·晋语二》P665。所有晋国的公子全部被驱除出境,立奚齐为太子,开始颁布晋国公子即日起不得在国内居住的命令,国内从此没有了国君的族人。晋献公于前 676 年即位,至前 651 年逝世。

圆滑的荀息在奚齐立为太子后被任命为其太傅,晋献公临终时托孤,荀息表示会竭力辅佐奚齐。公元前 651 年,在位二十六年晋献公逝世,里克将杀奚齐,先告诉荀息说,申生、重耳、夷吾三位公子的人将杀死奚齐,你将怎么办?荀息说:国君死了就杀死他儿子,我有死而已,不会顺随他们。他继续解释说,您以前曾问我，臣应该怎样伺奉君主？我说的是"忠贞"是何意呢？可以有利于公族，只要力所能及，没有不做的。这是忠。埋葬死的，抚养活的，死人复生也不会后悔用错了人。对活着的人无愧于心，这是"贞"。我既然已经说过这样的话，岂能要实现我的话又要爱惜我的生命？即使是死，怎能回避？《国语正义·卷第八·晋语二》P689。

中大夫里克又问丕郑，奚将被三位公子的人所杀，他如何有何看法？丕郑向里克问荀息的意见，里克转述荀息说的是为幼主而死。曾经义正辞严的丕郑现在心理发生了变化，表示里克和荀息两位智商一流，一定有各自的理由，他个人倾向选边里克，原本对申生的支持不变，精力转而用于打击故太子的敌人，他有意采取措施，分别促使狄人、秦国滋扰晋国奚齐政权，令其不稳。"立其薄者可以得重赂，厚者可使无入。国，谁之国也！"他的主张立能力差的人为继位者，被立者对我们依赖越大，我们几个获利就会越多；能力强的则不许进入晋国继位。这个说话者的野心是控制国家从而私人获利。里克好像都不认识这个人，与前次说的话完全不同，当然也不赞同，认为奚齐是孩子，无罪，有罪的是骊姬蛊惑君王，扰乱晋国驱逐公子，逼死太子，晋国成为诸侯笑柄，靠杀君致富，不会有好结果："夫义者，利之足也。贪者，怨之本也。废义则利不立。厚贪则怨生。"丕郑表情麻木地听里克说话。见丕郑不再坚持留下争议大的人做君主，里克于是杀奚齐。奚齐被杀时，荀息准备自杀，有人劝他立卓子，他于是立卓子，里克又杀卓子、骊姬，荀息死难，履行了自己的承诺。之后里克、丕郑使屠岸夷告知在狄国的公子重耳国内大臣的选择，重耳告诉舅父狐偃（即子犯）说：里克等想让我回国为君。舅犯的意见有点迂腐："以丧得国，则必乐丧，乐丧必哀生。因乱以入则必喜乱，喜乱必怠德。是哀乐喜怒之节易也何以导民？民不我导，谁长？重耳曰：非丧谁代？非乱谁纳我？舅犯说：丧乱有小大，大丧大乱之剡也不可犯也。父母死为大丧，谗在兄弟为大乱，今适当之，是故难。"重耳接受了舅犯的意见，谢绝了里克使者。另一路人，晋大夫外甥吕甥以及晋臣郤称都是与夷吾关系亲密的人，吕甥、郤称亦使晋大夫蒲城午前往梁国告公子夷吾。说，您或许可以用厚利使秦人同意您归国，我们会成为您的主要支持者。夷吾告诉自己的顾问冀芮（郤芮，封于冀），吕甥来请其归国。后者心态积极，说：国乱民扰，大夫无常（关于立谁为君没有固定想法），不可失也。非乱何入？非危何安？幸苟君之子，唯其索之也，方乱以扰，孰适御我？大夫无常，苟众所置，孰能勿从？子盍尽国以赂外内，无爱虚以求入（即使穷尽一切也无所谓），既入以图聚。夷吾接受他的意见，出去告诉使者自己接受邀请。

吕甥上朝对大夫们说：君死，不敢擅自立一位公子为君，建议向秦求助帮助立君，得到大夫们同意。晋大夫梁由靡被派去见秦穆公（前659—前621年在位，名任好）他答应协助晋国人确立继承人。春秋五霸之一的秦穆公问秦国大夫子明和公孙枝：晋国有祸乱，两位公子中我该立谁？子明说，派絷（秦公子显）前去，絷随机应变，善于分析又有大局观。于是公子絷前往狄见重耳，劝其站出来为国家、国君的事谋划出力。舅犯听到重耳转告后说：父亲未葬而求有利于自己，没有人会以我为仁吧？别的公子都有同样的机会，我以侥幸取胜，谁肯以我为信？不仁不信，将凭什么获得长远利益？重耳于是婉言谢绝秦使者。

公子絷于是前往梁国见夷吾，说了类似的话，夷吾转告冀芮，后者说：洁身自好就办不成大事，贿赂多可以抵消比人望高的优势，公子应该不惜财物，珍惜机会，不惜冒险达到目的。夷吾于是私访公子絷：中大夫里克答应帮助我，我答应给他百万亩田。丕郑帮我。我答应给田七十万亩。君如果帮助我就没有什么天命不天命的，国土多一点少一点关系不大，他一口气承诺给公子絷五座城池，另有黄金白玉赠送给公子的随从。夷吾收买了公子絷。

公子絷返回秦国复命，穆公说，我赞许重耳讲仁义，再拜不稽首，是不贪图为后嗣；起身哭泣，是爱他的父亲，会见完毕退下后不私访，是不求私利。公子絷说，君的话说过了。君如果求得立晋君使自己成名于天下，就不如立不仁不义的公子，使他们内部混乱。"仁有所立，武有所立，讲仁就立有德义的为君，讲武就立服从的人为君，于是立夷吾为君，是晋惠公。《国语正义·卷第八·晋语二》P690。太子和被君主喜爱的人儿子都死去后，如何立一位新君由朝中大臣们决定，甚至不是最有权势的大臣决定，里克及其密友倾向重耳，尽管是重耳本人暂时拒绝。但吕甥、郤称的执行力更有效率，他们与夷吾让秦穆公接受寄居在梁国的夷吾而不是重耳成为晋君，财富起了重要作用，个人志向以及对机会的把握能力都很到位。秦穆公的夫人穆姬与申生都是晋献公与齐姜所生，穆姬是长女，在重耳和夷吾之间，作为姐夫的秦穆公可以选择任何一个内弟为晋君，他本人中意重耳，得到重贿的公子絷巧舌如簧，更重要的是，秦国的利益高于晋国，在秦穆公这种心理的条件下，公子絷达到自己的目的。

晋献公废立太子的事例是一个王权至上的极端例子，因为过度纵容自己的情感，晋献公不惜扭曲制度，杀害嫡子，驱赶全体姬姓公子离开晋国，只为一位三岁的幼儿成为太子，成为君主。在这个过程中，君主的权力不可阻挡，晋献公想要做的任何事，不论是如何背离制度，不近人情，都得到彻底的执行，结果却并不好。晋献公曾经与质疑他制定太子行动计划、服饰、废立等问题的朝臣争辩，或者强词夺理,或者是谎言借口,还曾奚落过问废立的大臣是管到了他的家事。晋献公有很多地方是不知道如何才是正确的,有些地方应该是受了蛊惑,除了自我,实际别无他物。

荀息、丕郑、里克他们在晋献公废立的过程中,个性鲜明,他们的态度、责任、能力、学养让他们看起来真实、丰满。他们三人的那次精彩对话,与他们在随后的个人行为对照,显示了那个时代社会制度有利于个人才智得到释放。荀息和里克完全按照他们的话行动,丕郑语言和行动似乎不一致,但是他是个更老练、审慎的官员,职业的敏锐让他暂时还显得短视、见利忘义。人性中自私在任何时候都可能充分凸显出来,无论是安全稳定时期,还是在国家危难之时,人们误以为制度消失的间隙,是思维自由发挥的机会,所有想得到的,最大胆的可以囊括一切的设想都将成功,即使像秦穆公这样雄才大略的君主,也与此时的丕郑同样,利益成为衡量标准,至少给人的印象或者错觉如此。

当时的政治意境并不一律默认事实,曹成公因为杀了太子而自立遭到围攻。鲁成公十五年(前576年)春“会于戚,讨曹成公也”,执而归诸京师,书曰:“晋侯执曹伯”,不及其民也。凡君不道于民,诸侯讨而执之,则曰某人执某侯,不然则否。《春秋左传正义·卷二十七》P212。晋侯执曹伯是一种相反的情况,曹伯如本身有问题就写“晋人执曹伯”。曹成公(姬负刍),他的哥哥曹宣公(一说为曹宣公之庶子)死后,他杀死兄长(嫡亲长子,太子)而立,在位二十三年。鲁成公十五年年春“诸侯将见子臧于王而立之。”诸侯有意让子臧见周天子而让他做曹国国君,子臧是曹宣公的庶子,他拒绝被推荐为曹国君主,立即逃往宋国。《春秋左传正义·卷27》P212。

3. 让位于儿子之外的人

出于理性的谦让:鲁隐公三年(前720年)宋穆公病,召大司马孔父安排让自己哥哥宣公之子与夷继位,孔父嘉提议让宋穆公之子公子冯继位。穆公说:不可。先君以寡人为贤,使主社稷,若其德不让,是废先君之举也,岂曰能贤?光昭先君之令德,可不务乎?吾子其无废先君之功。随即让公子冯出国到郑国居住,穆公逝世后,宣公子与夷得以继位,是宋殇公。《春秋左传正义·卷3》P21。宋穆公坚持不让对自己寄予厚望的宋宣公的在天之灵感到失望,父死子继,兄终弟及,天下通义也。维护宋国的传统,并以此确认美德的存在。

温馨的礼让。子鱼是宋襄公的庶兄,子姓,名目夷,字子鱼,因曾任司马,又称司马子鱼。鲁僖公八年(前652年),宋桓公疾,大子兹甫(即后来的宋襄公)固请曰:目夷(宋襄公的庶兄,子姓,名目夷,字子鱼,因曾任司马,称司马子鱼)长,且仁,君其立之。公命子鱼,子鱼辞,曰：能以国让,仁孰大焉？臣不及也,且又不顺。遂走而退。《春秋左传正义·卷13》P97。推荐子鱼的理由是年长而且为人仁厚。卫宣公的幼子姬顽被齐襄公逼迫与宣姜所生之女,成为宋桓公的夫人,即宋桓夫人。宋桓夫人生宋襄公,虽然是宋桓公次子,却是嫡子,子鱼居长却是庶子,太子再三谦让,宋桓公也有意目夷,是子鱼坚辞而没有落实。

权臣擅自行动。宋第二十六代君主宋元公(子佐)之孙公孙周有两个儿子,子得、子启。鲁哀公二十六年(前469年),宋元公之子宋景公(子头曼)无子,取公孙周之子得与启(得后为宋公,启乃得之弟,二人系宋景公之侄),畜诸公宫,未有立焉。于是皇缓为左师,皇非我为大司马,皇怀为大司徒,灵不缓为为左师,乐茷为司乐朱鉏为大司寇,六卿三族(皇、灵、乐三族)降听政(共听政)因大尹以达(通过大尹上报君王宋景公),大尹常不告,而以其欲称君命以令(经常不报告,而以自己的意图假称君王之命发号施令)。国人恶之。二十六年十月宋景公死去,大尹扣押六卿立启为君。大尹的行为遭到司城乐茷等多数人反对,大尹奉启逃往楚国,于是得被立为国君。《春秋左传正义·卷60》P480。大尹立年少的启遭到反对,是因为大尹本人不得人心,子得(即宋昭公,宋后昭公)年长应优先也是一个方面。

不成功的正确计划以晋襄公的继承人选的变易比较典型,前621年八月,"晋襄公卒,灵公少,晋人以难故,欲立长君。"当时姬夷皋只有四岁,晋人以国家发生祸难,需要一个强有力者主政的缘故,计划立年长的姬姓后裔为国君,赵孟提议立晋文公之子公子雍,也就是晋襄公庶弟;贾季提议立公子乐,他是晋文公之子,公子雍之弟,怀嬴所生。怀嬴又称辰嬴,晋怀公之妻,怀嬴先为晋怀公(即太子圉,是晋惠公夷吾之子)之妻,称为怀嬴,后又嫁晋文公(晋惠公之兄,故称辰嬴。《春秋左传正义·卷19上》P142。怀嬴先后嫁与伯侄二人。与鲁襄公二十三年(前550年)臧宣叔在妻子死后又娶前妻侄女的情况相似。

狐偃之子贾季(即狐射姑,晋国大夫)的理由："辰嬴嬖于二君,立其子,民必安之。"

赵孟(赵盾,赵衰之子)的理由："辰嬴贱,班在九人(班次在第九位),其子何震(震,即威严)之有？且为二嬖,淫也。为先君子,不能求大,出在小国,辟也。母淫子辟,无威,陈小而远,无援,将何安焉？杜祁(杜国祁姓之女,晋文公第二妻,公子雍之母,晋文公正夫人为文嬴,杜祁本班次第二,偪姞(偪国姞姓之女,晋文公第三妻,晋襄公之母)以君故,故让偪姞而上之;以狄故,让季隗而己次之。故班在四。先君是以爱其子,而仕诸秦,为亚卿也。秦大而近,足以为援。母义子爱,足以威民。立之不亦可乎?”

赵盾和狐射姑的意见都没有得到一致采纳。

赵盾将贾季抛在一边,“使先蔑(即世伯,晋大夫)、士会(士季又称随会、随武子、范会、范武子,晋大夫。)如秦,逆公子雍。

贾季亦使召公子乐于陈,赵孟使杀诸郫(晋邑,公子乐返晋的要道)。《春秋左传正义·卷19上》P142。

两位大夫各行其是,贾季的计划失败,迁怒阳处父在鲁文公六年(前621年)春季时改变晋襄公的任命,将自己的中军帅的位置换给了赵盾,而自己改任中军佐,赵盾才由此掌握国家权力,摧毁自己的计划。晋襄公八月逝世,九月,贾季派续鞫且(续简伯)杀死了阳处父,案子很快告破,九月晋国处死杀害阳处父的续鞫且,贾季逃奔狄人,赵盾委派晋臣臾骈将贾季的家人送往狄国贾季处。《春秋左传正义·卷19上》P142。鲁文公七年(前620年)春,晋国的朝堂上出现一个女性的身影,晋襄公的夫人穆嬴开始每天抱太子至朝廷哭诉,逢人便说太子不应该无罪被废,穆嬴和太子的哭声响彻云霄,她的执着令赵盾以及所有同僚感到畏惧,迫使赵盾及朝臣改变主意,违心地改立姬夷皋为晋君,秦康公派出护送公子雍回国即位的军队出乎意料地遭到晋军的阻击,秦军在令狐地区(今山西临猗地区)被打败,奉命迎接公子雍即君位的晋臣先蔑、士会蒙在鼓里,弄不清是国家、政府还是个别当权者欺骗了自己,只得与败退的秦军一起被迫折返秦国。《春秋左传正义·卷19上》P143。

这真正完整对“黄雀在后”的诠释,穆嬴不仅战胜了男人们,战胜了竞争对手,也战胜了一个诸侯国家的全部理性,成为了王位争夺战中最终的胜利者,晋国的朝臣们审慎的通盘考虑有更多的合理之处,但是穆嬴的激情泛滥,一方面在盲目维护秩序,呵护太子免于被废黜,另一方面无意中让一位最不合适的人成为君王。这场废立之争中,捍卫制度给晋国带来一个坏结果,坏君主,意外即位的晋灵公系晋文公重耳之孙,晋襄公之子,全名姬夷皋,晋襄公立其为太子,晋国臣民为确立新君千辛万苦,晋灵公即位时年幼无知,时间的推移中他的心智似乎从未长大,成为残暴荒淫的典型,前620—前607年在位,拒不接受执政赵盾劝谏,反而多次试图设法谋害其性命,尽管这个令人大失所望的暴君遭到国人唾弃,仍在位十四年,直到被赵盾族人赵穿所杀。

这又是一次代价昂贵的废立,因为这场废立之争直接或间接影响而被杀的人包括阳处父、续鞫且、公子乐,迫使贾季、先蔑、士季三位重臣出逃别国,由于狄人收留了贾季,晋国与狄国不免心存芥蒂,尤其是还引发了与善意护送公子雍回国的秦国的长期战争,鲁文公八年(前619年),秦人伐晋,取武城,以报复令狐之役。十年,晋伐秦,取少梁。夏,秦伯伐晋,取北征。十二年冬,秦康公为令狐之役的缘故攻击晋国,不幸的士会则要为秦国出谋划策来攻击自己的祖国。此次秦军虽然战败,但随后秦军又攻击晋,取得瑕地。十三年,晋国大夫们因为顾忌滞留国外的贾季和士会出色的个人能力会对晋国严重不利,曾热烈讨论是否设法让他们回国,最后决定只召回士会,乃使魏邑大夫魏寿余"伪以魏叛者,以诱惑士会,执其孥于晋,使夜逸。"《春秋左传正义·卷19下》P150。魏寿余逃到秦国后设法向士会传递了祖国的善意,而秦伯则被叛逃者迷惑,晋国最终如愿得到了士会回归。秦晋两个国家怨恨则继续加深。

赵盾等大夫改立年长者为王的做法合理却没有得到贯彻,晋文公出类拔萃,人生高潮迭起,生前是众多女性的最爱,子嗣众多,姬欢之后,由他的另一个儿子承续国祚并无不妥,晋惠公、晋文公就是兄弟。只因没有及时发现变通的最佳切入点,国家的发展顿遭长期迟滞。人们或者有理由责怪穆姬,她政治上一知半解,情绪上更缺乏克制力,罔顾宫廷的礼仪,社会影响,众目睽睽下只顾尽情宣泄,遂使国家权力顶层斟字酌句严肃制定的计划无疾而终。赵国当时的决策们如果将穆姬与鲁国的仲子对比,肯定会感到失落,鲁惠公元配逝世后,娶声子(非宋国正室所生公主)为继室,生鲁隐公姬息姑。又娶仲子,生鲁桓公姬允(前731年生),仲子系宋武公之女,被鲁惠公立为夫人,姬允也就成为储君,鲁惠公(前723年)去世后,姬允时年八岁,但已经比晋灵公大,因为鲁惠公元配孟子无子,鲁国人让鲁桓公庶兄,也是鲁惠公长子鲁隐公摄政,鲁国人的决定并没有遭到仲子的反对,直到鲁隐公十一年(前712年)被羽父所杀,鲁桓公元年(前711年)鲁桓公即位,他当时已经成年。反观晋国,虽然大臣们郑重其事,紧张权衡后拟定储君方案,甚至已经有人为此付出了生命的代价,只因为穆嬴日夜吵闹不休之故,晋国的大臣们就慌忙中迁就她。《春秋左传正义·卷2》P10。

4. 有太子不立为君

郳大子朱儒自安于夫钟(郳邑名),国人弗徇(不顺从他)。鲁文公十二年(前615年)春,郳伯卒,郳人立君,大子以夫钟与郳邾来奔。鲁文公"以诸侯逆之,非礼也。"故书曰:郳伯来奔,不书地,尊诸侯也。《春秋左传正义·卷19下》P149。郳国的太子在夫钟邑定居,国人不接受他,郳国君逝世后,另外立君。太子朱儒逃往鲁国。

鲁哀公二年(前493年),初,卫侯游于郊,子南仆,公曰:余无子将立女。"不对。他日,又谓之。对曰:郢不足以辱社稷,君其改图。君夫人在堂,三揖而下

(指卿、大夫、士在下边)"君命祇辱"(只能辱没了君王的命令)夏,卫灵公卒,夫人曰:"命公子郢为大子,君命也。"对曰：郢异于他子,且君没于吾手(即伺候国君至死),若有之,郢必闻之。且亡人之子辄在。"乃立辄(即卫出公,蒯聩之子)。《春秋左传正义·卷57》P453。蒯聩是卫灵公太子,因为试图谋杀卫灵公夫人南子未遂逃往国外,后住在晋国。卫灵公去世后,卫灵公夫人南子宣布子南即位,子南名郢,卫灵公之子,卫灵公生前私下对子南表示自己无嫡子,有意立他为储,子南拒绝,"君夫人在堂,三揖在下。"夫人,卿、大夫、士,有识之士都会认为我的君主出错,我接受就是让君主蒙羞。

卫灵公夫人当众宣布子南继位是国君之命,但子南还是表示不能接受这个安排,都认为蒯聩的儿子蒯辄是卫灵公嫡孙,身份更合适,于是立蒯辄,即卫出公。但是这个安排遭到外国的间接干涉,晋国的赵简子决定将还滞留在晋国的卫出公之父蒯聩送回卫国,蒯聩是谋杀卫灵公夫人南子未遂而出逃。卫出公担心父亲回来会危及自己的君位,派军队阻击其父及其晋国护送人马,蒯聩只好逃往宿地。蒯聩的姐姐伯姬嫁给孔圉(孔文子)生子孔悝,孔文子有个仆人浑良夫,在孔文子死后因为英俊被蒯聩的姐姐,孔悝的母亲爱上,蒯聩认为这个人可以帮助自己战胜自己的儿子,于是承诺给他很多好处,包括同意姐姐嫁给这个身份低贱的仆人。卫出公十二年(前481年),蒯聩、浑良夫胁迫孔悝联合群臣迫使卫出公逃往鲁国。蒯聩即位为卫庄公,他是个令国人烦恼的君主,卫庄公三年(478年),被国人进攻,卫庄公出逃被杀。

5. 成为储君的其他原因

1)人品——但其社会认同度差异较大。

鲁庄公十一年(前683年),秋,宋国大水,宋闵公对鲁庄公前来慰问的使节表示是因为"孤实不敬,天降之灾"。鲁国的贤臣臧文仲对此高度评价,"宋其兴乎! 禹汤罪己,其兴也悖焉;桀纣罪人,其亡也乎焉。"臧文仲根据宋闵公的这一句话做出的评判,应该不是评判他的过去。前684年、前683年,宋闵公的军队连续二次败于鲁庄公的军队,第一次失败时宋国大夫南宫长万还被俘,后被释放。宋闵公讥笑他的这个经历,致使其前682年被杀。臧文仲应该是在鼓励宋闵公着眼于未来。

后来有传说宋闵公的话是公子御说之辞,臧孙达曰:是宜为君,有恤民之心。《春秋左传正义·卷9》P68。这个评价很精准,宋桓公在位三十一年,的确是个有作为的君主。公子御说即宋庄公之子,宋闵公之弟,后来的宋桓公。臧孙达是臧僖伯之子,臧孙氏,名达。谥哀,故又称臧哀伯,臧孙达与臧文仲有血缘关系,鲁孝公的儿子臧僖伯是臧哀伯的父亲,也是臧文仲的曾祖父,臧孙达是臧文仲的祖父。

鲁隐公四年(前719年)十二月,卫国人从邢国迎接回公子晋,是为卫宣公,书曰:卫人立晋,众也。《春秋左传正义·卷3》P24指出这个决定是大家协商一致的意见,参考卫宣公在位前后的作为,集体作出的这个决定显然是个错误。可见立储君的交易中有合理的和不合理的之分,合理的交易有鲁隐公、鲁桓公的事例,后者年幼是个现实问题,舆论与理性取得一致,以合理代替了礼制,若非羽父为非作歹,鲁隐公鲁桓公兄弟之间能够顺利交接。鲁国虽然是周公旦长子伯禽的封地,周公隐退后自己也居住在鲁国,所主持制定的周礼盛行于世,但是鲁国的实践并非坦途,鲁桓公四子,从大到小次序为:鲁庄公、庆父、叔牙、季友。尽管从出生排序上不是天然的太子,庆父仍是其中一个选择,因为他有抱负,有能力。《春秋左传正义·卷十》P82(鲁庄公三十二年)所载鲁庄公元配哀姜无子,鲁闵公母亲哀姜妹妹叔姜的身份是姐姐哀姜的陪嫁,生姬启,庄公发誓立鲁国大夫党氏女孟任为夫人而得以与之为婚,生子般,庄公宠爱姬般。成风是庄公的另一个妾,生姬申。

鲁庄公三十二年(前662年),公(鲁庄公)疾,问后于叔牙。对曰:"庆父材";问于季有,对曰:"臣以死奉般。成季(即季有)使以君命命僖叔(即叔牙,谥僖)待于鍼巫氏。使鍼季(即鍼巫)鸩之。曰:饮此,则有后于鲁国:不然,死且无后。"饮之。(叔牙)归及逵泉而卒。立叔孙氏。"(季友也确实对叔牙的儿子履行了承诺,立叔牙的儿子。季友为何要毒死叔牙?因为他向庄公推荐过庆父?季友以郑庄公的名义让自己的哥哥叔牙在鍼姓巫家中等待,传来的君命是自动服毒自尽,则可保全自己的后代;否则,灭门。叔牙选择了前者。

同年八月癸亥,公薨于路寝,子般即位。次于党氏。冬十月己未,共仲(即庆父)使圉人荦贼子般于党氏,成季奔陈,立闵公。《春秋左传正义·卷10》P82。

庄公死后,季友遵庄公遗命立姬般即位,在位仅二个月后被庄公弟弟庆父所杀。杀子般后庆父等人经过权衡,没有选择年长的姬申,而让姬启(时年八岁)成为鲁闵公(前669—前660年)。两年后庆父杀鲁闵公,与他未曾公开的女友兼嫂嫂哀姜秘密商定由他本人即位,这条消息一经公布,立即掀起轩然大波,遭到鲁国人普遍反对,庆父丢下女友哀姜逃往齐国,姬申在庄公四弟季友的帮助下成为鲁僖公。

庄公弟弟们对储君的选择自由发挥,随性所至,不断撞击礼的仪轨,且过于血腥,短期内国家的整体行为上虽然规则尚存,却杂乱无章。

2）个人能力——这对能否成为君王有重要作用，但其社会认同度差异巨大。

成为国君的一个经常被忽略的条件——是否胜任？谁是最好的？均不是完全公开、人人可以直抒己见的议题。

鲁成公十八年（前573年），"周子（即晋悼公，名周，晋氏，也称孙周，生于前586年，卒于前558年）是晋襄公姬欢曾孙。桓叔公子捷是晋襄公幼子，桓叔生惠伯公孙谈，惠伯生悼公，孙周也是晋厉公的侄子，孙周早年成名，甚至被晋厉公所猜忌。孙周"有兄而无慧，不能辨菽麦，故不可立"。《春秋左传正义、卷28》P221。这里显示孙周是惠伯的次子。栾书、中行偃派程滑杀晋厉公后，迎接孙周即位，尽管当时他年仅十四岁，但才智过人，受到晋国广泛欢迎。

有时候问题没有如此明确和直观，鲁闵公二年（前660年），晋献公对晋国大夫里克说："寡人有子，未知其谁立焉！"不对而退。《春秋左传正义·卷28》P221。晋献公的儿子确实多，让他选择困难原因全在于他自己。里克无言以对，是一个忠君的智者自然的反映。

在不同的位置上的人可能出现错觉，认为君位与自己之间的距离最短。吴王寿梦有四子，诸樊、馀祭、夷末（即馀昧）、季礼。前542年，"吴子使屈狐庸聘于齐，通路也。赵文子为问焉，曰：延州来季子（延州来是季礼的封邑）其果立乎？巢陨诸樊，阍戕戴吴（即馀祭）。天似启之，何如？"对曰：不立。是二王之命也，非启季子也。若天所启，其在今嗣君（指夷末）乎！甚德而度，德不失民，度不失事。民亲而事有序，其天所启也。有吴国者，必此君之子孙实终之。季子，守节者也，虽有国，不立。"《春秋左传正义·卷40》P313。吴王馀祭巫臣之子屈狐庸作为使者访问齐国，是为了沟通两国的友好往来。赵文子问吴国使者，即吴公子季礼是否能成为吴国国君？吴国国君诸樊死于巢地，看门人弑馀祭，上天似乎为季子打开了成为君主的大门，吴国使者认为现任君主馀昧是合适的君主，不同的人以不同的方式看待机会，季礼独立思想，品行端方，不会因为突然有机会就放弃早已根深蒂固的理想，即使命运让国君之门为季子打开，他也会躲避，一定不会接受君位。馀昧病故后，季礼确实没有像他的三位兄长一样入居君位，馀昧的儿子姬僚成为吴王，诸樊的长子姬光认可叔父继位的合理性，姬僚则是插队者，自己的父亲诸樊以长子身份首先继承祖父的大位，按次序应该是自己，于是他派专诸刺杀吴王僚，自己成为吴王阖闾，公子光、馀昧这对堂兄弟都抓住了自己的机会。君臣各自的位置如果是清楚的，是君主胜任职务的一个确切指标，这里的问题却不在吴国的当事人，而在于文化背景、制度和惯例在这个时点上没有出现交集。

3）天然的缺失——无嫡子

齐桓公的三位夫人王姬（周王室之女，亦称共姬）、徐嬴（徐国之女）蔡姬（蔡国之女），均未诞下儿子，齐桓公也就没有嫡子。鲁僖公十七年（前643年），"齐侯（齐桓公）之夫人三：皆无子。内嬖（宫内受宠的女人或得宠的媵妾，如夫人者，指如同夫人）如夫人者六：

长卫姬：即大卫姬，卫共姬，卫国人。生武孟，即公子无亏，是齐桓公的庶长子。

少卫姬：卫国人，生惠公，即公子元，也是懿公之兄。

郑姬：郑国人，生孝公，即公子昭。郑姬所生公子刁，原名子姜，最为齐桓公所宠爱，因为不是嫡夫人所生，未能立为储君，齐桓公喜爱竖刁，竟然将儿子过继给竖刁，公子刁改姓为刁，名姜。

葛嬴：葛国人，生昭公，即公子潘。

密姬：密人，生懿公，即公子商人。

宋华子：宋国华氏女，生公子雍，未立。

"齐桓公与管仲属（托付）孝公于宋襄公，以为大子。雍巫（即易牙，巫是他的名）有宠于卫共姬，因寺人貂以荐羞于公，亦有宠，公许之立武孟。管仲卒，五公子皆求立，冬十月乙亥，齐桓公卒，易牙入与寺人貂因内宠以杀群吏（诸位执政，诸位大夫），而立公子无亏。孝公奔宋。"齐桓公从十多个儿子中选出郑姬所生姜昭，齐桓公生前与管仲立其为太子，并争取到宋襄公承诺支持姜昭立为齐主。齐桓公病重时，被易牙、卫开方、竖刁禁锢于一室以致饿死，竖刁与易牙违背齐桓公意愿，拥立公子无亏，太子昭逃往宋国。

鲁僖公十八年春，宋襄公联合曹、卫等国攻击齐以图帮助姜昭复位。三月份，易牙、竖刁所立的公子无亏在位仅三个月即被齐大夫国子、高子绞死，姜昭得以回国，"齐人将立孝公，不胜四公子之徒。抵挡不住四公子之徒的激烈反对，四公子即惠公（惠公为齐第十九代君）、昭公（公子潘，孝公弟，齐第十七代君）、懿公，（齐第十八代君）、公子雍（未得立）。

宋襄公率军伐齐，立桓公太子为君，是为齐孝公。《国语正义·卷第八·晋语二》P686。四公子等"遂与宋人战。夏五月，宋败齐师于甗，立孝公而还。《春秋左传正义·卷14》P107。但齐国其他四位公子还是对君位渴望的欲焰难以熄灭，他们迫使姜昭再次逃往宋国，宋襄公第二次出兵击败众公子，使姜昭复位，这是一场代价昂贵的动乱，齐从此衰落，齐桓公的霸业只能成为遥远的回忆："即位数年，东南多有淫乱者，……一战帅服三十一国。……荆州诸侯莫敢不来服,……海滨诸侯莫敢不来服;……今岳滨诸侯莫敢不来服。而大朝诸侯于阳谷(属于齐国的地名),兵车之属六,乘车之会三,诸侯甲不解累,兵不解翳,毁无弓,服无矢,隐武事,行文道,帅诸侯而后朝天子。《国语正义·卷第六·齐语》P589。九合诸侯中用兵六次,修好的三次。他的事业如此辉煌,保持进取,在位末年,他仍未停止。齐桓公四十二年(前644年),齐国为救援徐国而攻打厉国,没有攻克,但是徐国的危难得到了缓解,这个国家去年被臣楚国攻击,这次在厉国的兵锋下得到齐桓公的拯救。前644年秋,狄人趁晋国饥荒占领晋大片土地,狄军达到了昆都(晋地,今临汾县一带),周天子将晋国的情况通报齐国,齐征诸侯而戍周(戍守周都)。前644年十二月,齐侯召集鲁僖公、宋襄公、卫文公、郑文公、陈穆公、许男、邢侯、曹伯,"会于淮(即安徽盱眙),谋鄫,且东略也。(商量鄫国的事同时谋划向东方进攻),城鄫(为鄫国筑城,遭到诸侯反对,没有完成既定目标就各自返国)。《春秋左传正义·卷14》P107。齐桓公召集诸侯为淮之会的次年(前643年)9月管仲,10月齐桓公相继逝世。齐桓公在世间纵横捭阖,不料齐国在他逝世后举步维艰。

齐国的君位继承纷乱并未由此结束,齐桓公之子公子商人(姜姓,名商人,杀齐昭公子舍,为齐懿公,舍是公子商人之侄)主导的废立充满伪善与暴力,他将肆意施舍公私财物收买人心:"子叔姬妃齐昭公,生舍,叔姬无宠,舍无威。公子商人骤施于国,而多聚士。尽其家,贷于公,有司以继之。(鲁文公十四年,前613年)夏五月,昭公卒,舍即位(在位两个月左右)。……秋七月乙卯夜,齐商人弑舍而让元(即齐惠公)。元曰:尔求之久矣。我能使尔,尔不可使多蓄憾。将免我乎? 尔为之! 结果公子商人爽快地答应了,齐懿公骄横好色,夺人之田,掘人之墓,夺人之妻,后被下人所杀,废其子而立公子立元为齐惠公。《春秋左传正义·卷19下》P149。竖刁、易牙、公子商人以及齐国其他抵制储君姜昭的公子们,几乎都是在自由行动,他们或另立君王,或者不接受钦定的继承人,多次需要或招致外国军队干预。

齐桓公是一代霸主,妻妾众多,蹊跷的是三位夫人均未产下男婴,这令齐桓公没有嫡子,他与管仲安排郑姬的儿子姜昭为太子,在庶子中姜昭并不居长,留下了纷争的根源。齐桓公被他的宠臣们禁锢致死后,齐国宫廷立即陷入空前的混乱,所有出于公心和心存杂念的人都质疑新君的合法性,没有任何硬性的规定可以通过谈判或者判决来和平地解决问题,唯有暴力和军队可以指望。

4) 外部社会的影响

齐姜是晋武公的妾,齐桓公的宗室女,齐姜来晋时晋武公已经年迈,齐姜与武公之子晋献公相爱,生申生,齐姜原本为晋武公的妾,由于育有申生,晋献公即位后立齐姜为夫人,申生为太子的合法性得到了基本保证。奚齐和卓子分别是晋献公与骊姬姐妹所生,正在受宠的骊姬设计迫使世子申生自杀,晋襄公临终时遗命荀息立奚齐为太子,里克一向最为看重重耳,他杀死荀息所立之奚齐,荀息转立卓子,里克又杀卓子,晋献公偏爱的骊姬姐妹的儿子们接连倒下,绝望的荀息自杀。晋献公(共八子)剩下的儿子中主要是重耳、夷吾兄弟在继续竞争,重耳是夷吾同父异母的兄长,他们分别是晋臣狐突之女狐季姬、小戎子姐妹与晋献公所生。狐季姬生重耳,小戎子生夷吾。里克虽然属意重耳,但是重耳拒绝了里克的使者,认为此时匆忙回国接受君位是冒险的行为。跟随夷吾的冀芮等似乎对晋国的情况掌握更为精准,他们身处梁国(大致在今陕西韩城一带)比在滞留翟国(大致在今陕西富平耀县一带)的重耳距离晋都绛(山西运城东北)稍近,捷足先登。但是惠公作为君王的道路并不平坦,至少有以下不当或招致非议之处:

1. 以划出晋国河西地区给秦国为交易,得到秦康伯的军队护送回国即位,即位后又觉得自己先前为了得到君位答应给国内外支持者的承诺过于慷慨,可能国内会产生重大异议,他决定概不履行,由于主要是得到秦国的帮助,派人专程到秦国婉转地解释一番:"晋惠公既即位,乃背秦赂,使丕郑聘于秦,且谢之"。《国语正义·卷第九·晋语三》P716。晋惠公为毁约的事道歉,但是为此丧失信誉。丕郑此时又还原为为支持太子申生而大义凛然的那个丕郑,他作为晋惠公的使者来秦国专门致歉,完成使命后,随即向秦穆公建议,扣留晋惠公最得力的吕甥、冀芮、郤克,由秦国派军队护送重耳回国即位,他丕郑在晋国国内作为内应。秦穆公十分重视他的建议,但是吕甥等人怀疑丕郑将对晋惠公不利,丕郑刚回国就杀死了他。他是个选择最终定要站在正确一边的人,一如前文所陈,君主正确的接受,错误的抵制。因为里克和荀息智力出众,这是作对事的重要保证,因此也曾说过要与这种人保持一致,世事复杂,看到里克与荀息渐行渐远,他变得更为警惕,把真实的想法藏得更深,但不改初衷,现在他履行自己的诺言。

2. 申生谥共君,也称恭世子,晋惠公改葬共世子反而引发舆论的不满,"贞不为听信不为诚,国斯无刑。"忠贞如果不是遵循普遍礼仪,诚信如果不是基于美德的诚实,国家就会没有常法。国人缅怀人品好的申生,对比晋惠公加以讥讽。舆论公开期待重耳归来为晋君。《国语正义·卷第九·晋语三》P711。

3. 清理他不喜欢的人,他对里克说:你杀指奚齐和卓子两个国君,一个忠实执行晋献公遗命大夫荀息,"为子君者,不亦难乎?"《国语正义·卷第九·晋语三》P716。奚齐、卓子、荀息之死被认为都是里克引起的,做您的国君困难而且危险,于是将里克杀掉。但随之又后悔杀里克,责怪冀芮出了这个坏主意。到晋文公时冀芮也被杀。丕郑希望重耳归国为君,到秦后确实遵命为迟迟未割土地道歉,同时又做出了背叛晋惠公的事,向秦君建议以厚礼召夷吾的支持者吕甥、郤称、冀芮来秦,扣留他们,让晋惠公失去羽翼,以秦国军队奉重耳为君,他本人在晋国配合,迫使晋惠公流亡国外。秦穆公同意这个计划,以冷至为使节到晋召请吕甥等三位大夫,冀芮敏锐地察觉到危险,对晋惠公说,丕郑到秦国的礼物很少,回报却很丰厚,一定酝酿了一个阴谋,诱使我们去秦。不杀丕郑等,他们定会作乱。晋惠公冀芮等私下决定杀丕郑。丕郑从秦归国后,就听说里克被杀,他问晋下军大夫共华:我是否可以入朝?共华回答说,隶属申生的七舆大夫都与里克关系密切(即七个下军大夫:共华、贾华、叔坚、骓颥、纍虎、特宫、山祁)却安然无恙,没有受牵连,你本人这段时间出使秦国,应该可以。但丕郑一入朝即被杀,看到丕郑的遭遇,共华的族人晋大夫共赐曾对共华说:一定牵连你,快逃。共华说:丕郑入朝,是接受了我的意见,我要等待祸事来临才会心安。共赐说,无人知道您与丕郑交谈的这个过程啊。共华说,不可以,知而背之不信,说而困人不智;困而不死无勇,任大恶三,行将安入?子其行也,我姑待死。"这个视死如归、独立思维的人中充满理性色彩,丕郑之子丕豹比较现实,逃至秦国,对穆公说:"君若伐之,其君必出"。是否应该迫使晋惠公外逃,穆公在这个问题上的思辨力远在丕豹之上:"失众安能杀人?且夫祸唯无毙,足者不出,处者不足,胜败若化。以祸为违,孰能出君?尔俟我!"《国语正义·卷第九·晋语三》P716。共华、丕豹、秦康伯、秦穆公或有大节操,或有大智慧。这都反衬出晋惠公行为失当。

4. 晋国出现饥荒,向秦国买粮食,在秦国的晋国叛臣丕豹建议不要卖给自己的母国。秦穆公说:我憎恨它的君主,它的老百姓又有何罪?随即问公孙枝是否可以卖粮,后者说:您对晋君有恩,晋君对他的百姓无恩,天旱对您真是一个机会,如果您不卖,晋国就只好等待好年成了,如果晋国人对他们的君王不回报秦国的恩惠的事一直不高兴,因为你拒绝救急。晋国君就有话对民众解释,一切不对的事都会安在您身上。如果您不想帮晋君的忙,就应该卖,让晋国人民看到秦国的粮食而高兴,民众高兴就会进一步确认晋君对秦的过失。民意的压力或许会迫使晋君履行对秦的承诺。若晋君还是不听从民意,这才去征伐,晋君即使有心抵挡,又谁跟他一起抵挡呢?秦国因此卖给晋国粮食。秦国出现饥荒时惠公准备令河外地区卖粮食给秦,虢射说:不答应割让土地,又让它买粮食,不能减轻秦对晋的怨恨,对自己的对手却有大帮助。不如不给。惠公也同意。庆郑说:已经获得土地,又不卖给粮食,忘善而背德,虽我必击之。弗予,必击我。惠公不同意这个说法"非郑之所知也。遂不予"。晋惠公在与秦穆公的政治思维能力博弈中明显弱势。

5. 惠公六年(前654年),秦侵入晋国韩原(今山西芮城县境)。在韩原亲临战场的晋惠公战败被俘。郭偃说:众口祸福之门,是以君主省众而动,监戒而谋,谋度而行(接受教训进行谋划,用法度衡量谋划是否恰当),故无不济。内谋外度,考省不倦,日考而习,戒备毕矣。《国语正义·卷第九·晋语三》P709。郭偃婉转地批评晋惠公行为失措,而且并非偶然,信誉不佳而令国家法度大乱。需要每天反复考察,内以智慧而外以法度,这才是完善的戒备意识。

秦穆公归国,在王城(今陕西大荔县)集合大夫商议如何处置这位身份显赫的俘虏:1. 杀掉晋君。2. 驱除出晋国。3. 带回秦国安置。4. 让他继续为君。哪一种更好?

公子縶说:驱逐恐怕诸侯有意见。把他带回秦国,恐怕发现秦国的弱点和过失。让他回晋国后又担心他以此为起点,君臣合作,成为秦的忧患。最好是杀掉。

公孙枝表示,让大国的士兵在韩原遭受屈辱,又杀掉他们的国君,加重他们的屈辱感,儿子想替父亲报仇,臣子想替君王报仇,即使没有秦国,对害人害父的人谁不痛恨?

公子縶说:我们要做的不单是杀他,还要用重耳代替他为君。晋君无道,无人不晓;重耳仁德,也是广为人知。战胜大国,是武;杀无道,立有道,是仁;战胜了没有后患,是智。公孙枝说:使一国将士受到屈辱,还说我把有道的公子送来统治你们,恐怕不好吧? 如果说可以,一定被诸侯耻笑,作战而被诸侯耻笑不可以说是武,杀弟弟立哥哥感激我,忘却他的骨肉之亲,不可以说仁,如果不忘却,那就是两次施恩都不成功,不可以说是智。秦君听了拿不定主意,公孙枝说,不如把晋君带回国,与晋国讲和,恢复他的君位,要他的嫡子来做人质。使儿子,父亲交替居住在秦国,我国也就会相对安全。因而主张放惠公回去,将惠公子子圉作为人质,秦国在河东地区行使管辖权。他的意见得到采纳。

晋惠公在秦为俘虏三个月时听说秦准备同意与晋讲和,就派人告知吕甥,吕甥随后告诉郤乞,向晋国公众如何才能最好地表达出惠公希望得到国人的再次包容、接纳的想法。面对国都的人民,郤乞说:国君让我转告大家,秦准备让我夷吾归国,我是个让国家人民蒙受耻辱的人,请各位改立别的公子,代替我儿子围为君。同时,颁赏众人。大家都让这听起来像夷吾的话打动,很多人因为激动或感伤而哭泣起来。于是创立按亩出车赋的制度(制辕田)。

因为郤乞的演讲效果极佳,吕甥急忙又重复了一次,他召集众人说:国君对韩原失败痛心,不在意自己流亡它国。只为晋国人民操心,我们应该如何? 大家向他追问对策,吕甥趁机说:因为韩原失败,军队瓦解,如果征收赋税,修复军队,辅助幼君,作为对国君的声援是最好不过,即使四邻听说了,君不在国内而国内如同有君,群臣协和,从军的人数在增加,军械充裕,与我国友好的诸侯会感到鼓舞,对我们有恶意的诸侯会感到恐惧,对我们晋国就再好不过了。晋国人的情绪被吕甥激发起来,趁大家高兴之际,官方宣布创立各州自组军队的制度。《国语正义·卷第九·晋语三》P719。二千五百家以州为单位,建立军队,这些从军的人,居住地相邻,需要征召时会快速集拢,彼此熟悉也更容易合作。

极具煽动口才的吕甥到秦国迎回国君,秦穆公问晋国现在是否和谐? 吕甥说,不和。问为什么? 回答说:晋国普通老百姓对国君的罪过倒不在意,哀痛的是他们父兄在战场上战死,不怕为修复军备而纳税,齐心拥立幼主,晋国民意现在宁愿侍奉齐国、楚国,志在复仇。齐、楚也有意增援晋国。国家上层人物则十分想念他们的国君,又知道他有罪过,认为必须躬身侍奉秦国,唯有死而已,别无选择。所以国内民意极不和谐。我和我的同僚们是在设法调和他们的意见,事倍功半,所以抱歉这次来贵国的时间后延太久。秦穆公似乎被他完全蒙蔽了,说:你不来,我也是准备将你们的国君送回国,但我又想知道贵国国内对你们的国君是个什么评价?

吕甥回答说:小人说难逃一死,君子就不这么认为。穆公不理解他为何这样说。吕甥回答道:小人忌恨,不考虑大义,一门心思等着跟他们的君主冲锋陷阵,找秦国报深仇大恨;我国的君子则不这样认为,他们评估的结果是:惠公如果归国,继续为君,是您的恩惠。您能俘虏他,也肯释放他,这是无比的恩德;不送归国,或者废弃不再用,把恩德变成怨仇,您肯定不会这样做。由于我国的君子们认为您是明智的君主,他们对国君的未来还比较乐观。秦穆公认为吕甥的话不卑不亢,对秦晋两国都具有建设性。于是立即下令将晋惠公从囚禁之处转入宾馆安置,送给晋惠公七牢之礼显然不是指送给他牛羊猪各七头,而是开始款待他像个来访的君侯。《国语正义·卷第九·晋语三》P719。

这个过程加上晋文公归国即位被归纳为"晋正于秦,五立而后平。"(晋得秦力,为秦所匡正,秦帮助晋国平定内乱,晋献公死后,曾立奚齐、卓子,都被杀,后立惠公、怀公(晋惠公之子子圉),到晋文公,是五位君主。《国语正义·卷第七·

晋语一》P631。晋是大国,因为储君的问题混乱不堪,继位问题上毫无章法,合法的太子被逼迫而死,始作俑者晋献公临终的荒谬遗命居然得到了执行,说明有一批人唯君命是从,不问是非。又遭到强烈抵制,显示人的理性仍是社会与制度的重要支撑。争储的兄弟按年龄,从长至幼为申生、重耳、夷吾、奚齐、卓子,但是晋国轮位的次序是奚齐、卓子、夷吾、子圉、重耳。

夷吾的儿子子圉在秦国为人质五年,由秦穆公做主娶了秦国公族之女怀嬴,他逃回晋国时这个女子没有跟随,晋惠公病故后子圉继位为晋怀公,经过对比,雄才大略的秦穆公认为重耳是一个更为合适的君主,他的想法是以晋国君位笼络重耳,好让秦晋关系有长期保障,重耳和秦国的大军一起返回晋国,在位一年的怀公外逃,晋文公派人将其刺死,最受国人欢迎的重耳即君位本是一件合理的事,但还是不得不做一件违反规则的事,晋惠公亡故后他唯一的儿子继位是完全合法,重耳却由于国内和国外的舆论与武力支持以武力赶走并消灭了这个年轻的君王,他的父亲在国君位置上是干得不好,但还没有坏到他的继承权完全不合法。

为何会一直面临不知道立哪一个儿子的难题?就是因为当时的"个人感觉"与"现有的制度"不时会自然博弈,一方面取决于公子们个人的主观愿望和能力,另一方面取决于背景因素。诸侯们在君与臣双重身份之外还有一种重要关系,是祖孙、母子关系对他们的废立可能构成的影响,诸侯的前辈,祖母或母亲是君侯决策的一个重大的不确定因素,因为君侯的废立部分事关与她们的身份、个人意愿或能力,成为储君的机会与候选者母系有千丝万缕的关系:

"鲁惠公元妃孟子卒,继室以声子(孟子的侄娣)。生隐公。"《春秋左传正义·卷2》P10。孟元妃系宋国女子,称其为孟子原因有二:1. 宋国为子姓。2. 她在家中排行居长。鲁隐公并非鲁惠公原配所生。隐公母亲后来也没有立为夫人。鲁惠公的另一位正式夫人是宋武公之女仲子,她生了后来的鲁桓公,年龄比鲁隐公小,身份明显优于鲁隐公。《春秋左传正义·卷2》P10。

对君权归属而言,兄弟是最大的不确定性因素,即使是在位的周天王,也需要慎重对待受宠的兄弟。王子带是周惠王与惠后所生,周襄王同母弟。食邑于甘,也称甘昭公。鲁僖公二十四年(前636年)冬,"王使来告难,不穀不德,得罪于母弟之宠带,鄙在郑地汜,敢告叔。臧文仲对曰:天子蒙尘在外,敢不奔问官守。王使简师父(周王室大夫)告于晋,使左鄢父(周王室大夫)告于秦。天子无出,书曰:"天王出居于郑",辟母弟之难也。天子凶服(即素服)、降名(指自称不穀)、礼也。郑伯与孔将鉏、石甲父、侯宣多(均郑国大夫)省视官、具于汜(问候天子的官员和查看天子的器用),而后听其私政。礼也。《春秋左传正义·卷15》P116。

周襄王因为得罪于母弟王子带,离开都城在而居住在郑地氾。身着素服,策书自称不穀。派三路使者分别到鲁国、秦国、晋国通报,天下是天子的天下,无所谓出国,但周襄王确实避到郑国,那也是周天子的地方。周襄王与王子带的对立情况已经比较严重,但鲁国大夫藏文仲只说:天子不能在王城安居,有舟车劳顿之苦,应该赶快去随身奉伺。郑伯带领一群官员抵达天子居所,问候天子的随从以及是否有必备的器物,随后向天子禀告郑国政事。均没有对王子带的行为进行评估,似乎是一件司空见惯的事。《春秋左传正义·卷15》P116。

与周襄王类似遭遇的人还不少,在齐国,前613年,"子叔姬(也称昭姬)妃齐昭公,"叔姬无宠,舍无威。"齐桓公之子齐昭公名潘,从鲁娶的女子子叔姬虽然为他生育了日后的齐君舍,就因为叔姬不受宠爱,齐君舍的君位摇摇欲坠。鲁文公十四年夏五月,"昭公卒,舍即位。"他仅仅在位两个月。"……秋七月,齐商人弑舍而让元。《春秋左传正义·卷19下》P151。齐君舍的悲惨君王生涯与母亲无宠有关。姜元并未接受公子商人的假意谦让,公子商人成为齐懿公,但是他的君王生涯遭到齐国人的否定,被杀,其子亦被废,姜元立为齐惠公。

在宋国,宋成公逝世后,他的弟弟子御杀宋成公太子,被国人所杀,宋昭公得以艰难继位。鲁文公十六年(前611年)"夫人[指宋襄公夫人、周襄王之妹,来自王室,故称王姬。公子鲍(即宋成公之子宋文公,宋昭公之弟)是她孙子,被宋襄公夫人看上,她也是人品不佳的宋昭公祖母)将使公(宋昭公)田孟诸而杀之(杀宋昭公而立公子鲍)。公知之,尽以宝行。荡意诸曰:盍适诸侯?公曰:不能尽其大夫至于君祖母以及国人(不能得到自己的大夫至于自己的祖母及其国人的信任),诸侯谁纳我?且既为人君,而又为人臣,不如死。尽以其宝赐左右而使行。夫人使谓司城(荡意诸)去公(派人告诉司城离开宋昭公),对曰:臣之而逃其难(躲开他的祸难),若后君何?(如何侍奉后来的君主)十六年冬十一月甲寅,宋昭公将田孟诸,未至,夫人王姬使帅甸(有甸地之帅等不同解释。)攻而杀之。荡意诸死之。书曰:宋人弑其君杵臼。君无道也。文公即位……。《春秋左传正义·卷20》P157。

宋襄公夫人是周襄王之妹,来自王室,故称王姬。公子鲍即宋成公之子,后来的宋文公,宋襄公夫人也是人品不佳的宋昭公之祖母,公子鲍系宋昭公之弟,他姿容气质卓尔不群,令宋襄公夫人完全失去自我。宋襄公夫人疯狂爱上公子鲍后,像情窦初开的少女痴迷于她爱的人,开始支持他的每一个想法和行动,不考虑是非，不计后果，只求公子鲍幸福。她最极端的是策划在宋昭公狩猎时杀死他而立公子鲍为宋国君主。宋昭公知道祖母的意图后，将最珍贵的珠宝尽可能地带在身边。宋国司城荡意建议宋昭公到别的诸侯国去。宋昭公的回答多少有些悲凉，不能得到自己的臣属、国人甚至自己的祖母信任，诸侯谁会接纳我？而且我是已经为人君的人，现在要去为人臣，还不如让我死。将携带的宝物赐予随行的人让他们各自离开。宋襄公夫人派人劝谓司城荡意诸离开宋昭公，得到的回答是：为臣的躲开自己君主的祸难，如何侍奉后来的君主？十六年冬十一月甲寅，宋昭公终于被宋襄公夫人派人所杀，荡意诸战死。《春秋》的记载是："宋人弑其君杵曰。君无道也。"文公即位……《春秋左传正义·卷20》P157。宋昭公死亡的直接原因好像是宋襄公夫人为爱疯狂的结果，其实他自己的责任很大，宋昭公至于鄙，谓然叹曰：吾知吾所以亡矣，无朝千人，发政举事，无不曰：吾圣君者。侍御数百人，被服以立，无不曰，吾君丽者。内外不闻吾过，是以至此。由宋君观之，人君之所以离国家失社稷者，谄媚者众也。故宋昭公亡而能悟，卒得返国。《中华野史·新序·卷五·杂事》P126。

　　这次事件招来了诸侯对宋国的围攻。鲁文公十七年（前610年）春，晋荀林父、卫孔达（卫大夫）、陈公孙宁（陈国大夫）、郑石楚（郑国大夫）伐宋。讨曰：何故弑君？犹立文公而还。卿不书，失其所也。《春秋左传正义·卷20》P158。四国大夫确认立宋文公的做法不符合《春秋》的价值准则，所以认为失其所。可以认定，是宋襄公夫人对公子鲍的离奇情感引发了一场宫廷变乱，夫人对公子鲍的爱增加一分，宋昭公就朝向自己的坟墓靠近一步。也不能排除宋襄公夫人理智判断宋昭公对国家的危害达到了临界状态，而唯有倚重公子鲍才能拯救国政，但国内与宋襄公夫人有不同意见的人不少，玉树临风的公子鲍导致了广泛的揣测，而事情又确实是朝最具玫瑰色彩的方向发展。除了玫瑰的馨香，还是可以闻到金钱的味道。公元前608年，"宋人之弑昭公也，晋荀林父以诸侯之师伐宋，宋及晋平，宋文公受盟于晋，又会诸侯于扈，将为鲁讨齐，皆取贿而还。《春秋左传正义·卷21》P163。这还不是鼓孤立的例子，鲁文公杀嫡子恶、视，立庶子为鲁宣公。鲁宣公元年（公元前608年）夏，"季文子如齐，纳赂以请会。会于平州，以定公位。东门襄仲如齐拜成，六月，齐人取济西之田，为立公故，以赂齐也。《春秋左传正义·卷21》P163。季文子受鲁宣公委派前往齐国送礼，请求齐惠公与鲁宣公会面，由鲁宣公前往齐国平州，以稳定宣公居位，齐惠公支持鲁宣公立为国君不是免费的，因此取得济西之地。鲁庄公之子东门襄仲与季文子虽然在这里同时出现，季文子持完全不同的立场，前者权倾一时，季文子暂时将真实的自己隐蔽下来,鲁成公即位时,东门襄仲已经逝世十年,季文子将执政的东门襄仲之子东门归父驱逐出国。

前 542 年,莒犁比公生子去疾(母为齐国人)及展舆(母为吴国人),既立展舆,又废之,犁比公虐,国人患之。十一月,展舆因国人以攻莒子,弑之,乃立。展舆得到国人的帮助,得以自立为君,他的兄长去疾逃往齐国。《春秋左传正义·卷 40》P313。弃疾与展舆,废立之间,谁能预知何人有性命之虞?

鲁哀公五年(前 490 年),"齐燕姬生子,不成而死。诸子鬻姒之子荼,嬖,诸大夫恐其为大子也。言于公曰:君之齿长矣,未有大子,若之何? 公曰:二三子间于忧虞,则有疾疢,亦姑谋乐,何忧于无君? 公疾,使国惠子、高昭子立荼,置群公子于莱。秋,齐景公卒,冬十月,公子嘉、公子驹、公子黔奔卫,公子鉏、公子阳生来奔。莱人歌之曰:景公死乎不与理,三军之事乎不与谋。师乎师乎,何党之乎?《春秋左传正义·卷 57》P457。

齐景公夫人齐燕姬所生之子未成年就夭折了。齐景公妾鬻姒所生之子荼得到宠爱,齐国大夫们担心立荼为大子。遂对齐景公说:您年事已高,未立太子,有安排吗? 国家没有确定储君令朝臣们忧虑,看似乐天派的齐景公安慰他们,其思想核心大致是"永远也不会缺少君王"。齐景公说:你们生活在忧虑中,定会引发疾病,不如自己找些乐趣,不要担忧齐国会缺君主! 齐景公后来生病,命国惠子、高昭子立荼为太子,将其他公子们迁往齐国东部偏僻的莱邑。前 490 年秋天,齐景公逝世。太子荼就是晏孺子。齐景公废长立幼,不满的公子们或因为恐惧新君,或因为对奸诈的齐景公恨之入骨,十月,感到前途迷茫的公子们纷纷出奔外国。齐景公在位 58 年,外形俊美,不止令异姓爱慕,从诳骗大臣立太子事上可见其智力过人,前半生努力振兴国家,后半生迷恋奢华的生活,肆意消费岁入,导致严重的社会矛盾。《论语·齐氏篇》:齐景公有马千驷,死之日,民无德而称焉。因为他,姜姓齐国声誉急剧下降,齐国政权一直是姜姓的吕、国、高、栾等氏在控制,来自陈厉公后人的田氏现在终于获得了崛起的机会。前 489 年,陈乞在掌握国家大权姜姓与其他朝臣们之间巧妙地制造矛盾,利用后者武力击败高氏、国氏,接管了权力。

鲁哀公六年(前 489 年)八月,陈僖子使召公子阳生,阳生驾而见南郭且子(即公子鉏),曰:尝献马于季孙,不入于上乘。故又献之,请与子乘之。出莱门而告之故,阚止知之,先待诸外,公子曰:"事未可知,反与壬也处。"戒之,遂行。逮夜至于齐,国人知之,僖子使子士之母(陈僖子的妾。即将阳生隐藏于自己家里)养之,与馈者皆入。冬十月丁卯,立之。《春秋左传正义·卷 58》P460。

陈僖子召见在鲁国的齐景公子公子阳生,公子阳生在鲁国娶了鲁国正卿季康子的妹妹。阳生驾车去见兄弟公子鉏,说他曾经向内兄季康子献马,但马没有列入于上乘。现在又献一次,邀请兄弟同去试乘。出莱门后才告诉兄弟公子鉏被陈乞召回国的事,阳生的家臣阚止已在城外等待,公子鉏说还不能判断是好还是坏,建议他回国后先和儿子壬住在一起,兄弟互相提示告诫后,公子阳生带着阚止出发,到齐国已经是夜晚,陈僖子将阳生隐藏于自己家里,让自己的妾照料阳生,后来又帮助阳生混入送食物队伍进入国君宫中。十月,立阳生为君。《春秋左传正义·卷 58》P460。荼即晏孺子被废杀,阳生即位为齐悼公,在位四年,被姒姓的齐国大夫鲍牧所杀,立其儿子为齐简公。虽非悄然无息,但也算是相对顺利地将齐国政权从姜姓转移至姒姓的田氏手中。齐景公废长立幼是最直接的原因,但是陈乞等人的精明强干,坚忍不拔,是最重要的致胜要素。人们甚至不能因此责怪齐景公,齐庄公是齐灵公长子,齐灵公曾想改立次子公子牙,崔杼等杀死公子牙母子,致病中的齐灵公闻讯殒命,崔杼等立长子光,齐庄公逝世后,崔杼又立齐灵公第三子忤臼,为齐景公。

嫡子、庶子,长子、幼子,他们之间又有何区别?齐景公作为儿子中机会最小的人,还不是可以稳稳当当地在位五十八年?嫡子、庶子,长子、幼子是人为的排序,并没有天然、神秘的效用,之所以那么多的人维护它,是因为希望相关者人人遵守秩序,避免不必要的冲突;之所以有如此多的人破坏它,就是因为改变后可能更值得期待。这里的破坏与维护并不能事先确定孰是孰非,一切都要等待结果。

5)完全被动或被迫继位的人

前 613 年秋七月,齐公子商人弑齐君舍,先要将君位让与哥哥公子元,元曰:尔求之久矣,我能事尔,尔不可使多蓄憾,将免我乎?尔为之!"你谋求君位很久了,不应该让我。公子商人于是成为齐懿公。"齐公子元不顺懿公之为政,终不曰"公",曰:"夫己氏。"《春秋左传正义·卷 19 下》P151。后者放弃自己的机会,因为他更希望保住自己的性命。公子元还不是完全拒绝,荒诞的齐懿公被杀后,国人废其子,立公子元为君王,即齐惠公。国人因为痛恨齐懿公而废其子的继承权,说明国人的认同与诸侯的认同都十分重要。

鲁桓公十七年(前 695 年)初,郑伯将以高渠弥为卿,昭公恶之,固谏不听。昭公立,惧其杀己也,辛卯,弑昭公而立公子亹。《春秋左传正义·卷 7》P57。

鲁桓公十八年(前 694 年)秋,齐侯师于首止(卫国地名),子亹会之,高渠弥相,七月戊戌,齐人杀子亹而辗高渠弥,祭仲逆郑子(即子仪)于陈而立之。兄弟继立。《春秋左传正义·卷7》P57。郑庄公四个儿子,他们至少有三位是因为郑庄公的错误得以登基,姬忽是他的长子也是太子,郑庄公死后,他继位,但是宋庄公威胁祭仲改立姬突,郑昭公逃亡。姬突为郑厉公。厉公四年(前697年),郑厉公派祭仲的女婿雍纠杀祭仲未遂,郑厉公出逃,郑昭公复位。因为曾经反对郑庄公立高渠弥为卿,高渠弥担心郑昭公对自己不利。前695年高渠弥杀郑昭公,立公子亹,他在位不到一年,参加首止会盟时被齐襄公所杀,高渠弥也被齐人缢杀。祭仲又立子婴,郑庄公四子,郑昭公、郑厉公、公子亹(前695年在位)、公子婴(字子仪,前693年即位,在位14年)。

鲁桓公十八年(前694年),周公欲弑庄王而立王子克,辛伯告王,遂与王杀周公黑肩,王子克奔燕。《春秋左传正义·卷7》P57。

周公黑肩有意杀周庄王姬佗而立周庄王之弟子仪(即王子克),周王室大夫辛伯把这个消息报告了周庄王,随后辛伯就和庄王杀了周公黑肩,王子克逃奔燕国。《春秋左传正义·卷7》P57。周公黑肩立周天子弟弟的目的没有达到。前682年,周庄王逝世后,周庄王的长子姬胡齐得以继位。

晋献公、齐桓公等各自都有好几位儿子轮流为王,这与他们能干的父亲有关。在一个男权至上的社会,以忠孝作为核心的道德观虽然不可能完全回避女性的影响力,但她们明白无误地处于从属地位;但是在一个礼的社会,女性的作用却被一种曲折的方式得以彰显,有时完全取决于她们。女性的政治作用虽然从不确定,但在特定情况下,又几乎无所不至。比如有夫人身份女性诞下的孩子和没有夫人身份女子所产婴儿地位有时有天壤之别,有时则是平等的竞争者。以下反应的是她们行为能力的另一个侧面:

鲁僖公十七年秋(前643年),鲁僖公在齐国时,鲁国军队灭了项国,齐国人认为是鲁僖公策划的,扣留他不准归国,秋天,齐桓公之女声姜是鲁僖公夫人和鲁文公之母,"以公故,会齐侯于卞。九月,公至。《春秋左传正义·卷14》P107。女儿与父亲齐桓公在鲁国的卞邑见了一面后,鲁僖公得以回国。

鲁闵公二年(前660年),鲁庄公之妾,鲁僖公之母成风"闻成季之繇(出生时占卦的卦辞。后来占筮的情况也相当。)乃事之,而属僖公焉。故成季立之(所以成季立僖公为君)。《春秋左传正义·卷11》P87。成风正确地选择了季友作为盟友(并将姬申托付给他),鲁宣公是庄公的第三个儿子,君位对他是飘忽不定的,季友立鲁僖公不一定是成风之托,他需要并且选对了人,鲁僖公对鲁国的贡献巨大。

君权几乎无所不能,但仍有人拒绝君位。鲁宣公四年(前 605 年),郑人立子良(公子去疾,郑穆公庶子),辞曰:"以贤则去疾不足;以顺则公子坚长,乃立襄公。《春秋左传正义·卷 21》P167。公子坚为郑襄公。

鲁襄公十四年(前 559 年)春,吴子诸樊既除丧,将立季礼。季礼辞曰:曹宣公之卒(鲁成公十三年,前 578 年)也,诸侯与曹人不义曹君(指公子负刍),将立子臧(曹国公子欣时)。[鲁成公十五年(前 576 年),诸侯拘捕曹成公,欲立子臧,子臧逃奔宋国。]子臧去之,遂弗为也。以成曹君。君子曰"能守节"君,义嗣也,谁敢干君? 有国,非吾节也,札虽不才,原附于子臧,以无失节。"固立子,弃其室而耕,乃舍之。《春秋左传正义·卷 32》P254。

鲁襄公十四年(前 559 年)春,吴子诸樊(寿梦长子)既除丧,将立少弟季礼。不愿为君,季礼举子臧的例子说:鲁成公十三年(前 578 年)曹宣公逝世后,诸侯与曹国人都厌恶曹成公,因为他是杀太子自立的。将立子臧。鲁成公十五年(前 576 年),诸侯拘捕曹成公,欲立子臧,子臧逃奔宋国。季礼认为子臧是自己的楷模,诸樊坚持立季礼,季礼抛弃家室跑到荒野去耕作度日,诸樊不得不放弃。《春秋左传正义·卷 32》P254。

遇有突发事变时,情急之中,君位也被当做一份奖品,鲁僖公十八年(前 642 年)冬天,邢人、狄人伐卫,包围卫地菟圃,卫文公"以国让父兄子弟及朝众,曰:苟能治之,燬(即卫文公)请从焉。众不可。而后师于訾娄(卫邑)(卫军队在訾娄摆开阵势),狄师还(退回)。《春秋左传正义·卷 14》P107。但是卫文公的巨额奖励可能起了激励作用,几乎每个人的潜意识中,都希望自己就是那个成功捍卫国家而中奖的人。

三、君权存续和弑君的各种理由

君与民的利益关系逻辑有公认的标准,吴国军队进入楚,楚昭王出奔到郧,郧公的弟弟斗怀将杀死昭王,郧公斗辛制止他,斗且说:平王杀吾父,在国则君,在外则仇也。见仇弗杀,非人也。郧公曰:夫事君者,不为外内行,不为丰约举,苟君之,卑尊一也。且夫自敌以下皆有仇,非是不仇。下虐上为"弑"上虐下为"讨"而况君乎? 君而讨臣,何仇之为? 若皆仇君,则何上下之有乎? 吾先人以善事君,成名于诸侯,自斗伯比以来,未之失也。今尔以殃之,不可。怀弗听,曰:吾思父,不能顾矣。郧公以王奔随。《国语正义·卷第十八·楚语下》P1177。昭王是平王之子,父仇是否应该延续下来? 兄弟之间因为道德评估标准不同而分道扬镳。

鲁文公十三年(前 614 年),邾文公卜迁于绎(邾国邑名,迁都于此),史曰:"利于民而不利于君。"邾子曰:苟利于民,孤之利也。天生民而树之君,以利之也。民之利矣,孤必与焉。左右曰:命可长也,君何弗为? 邾子曰:命在养民。死之长短,时也。民苟利矣,迁也,吉莫如之! 遂迁于绎。五月,邾文公卒,君子曰:知命。《春秋左传正义·卷 19 下》P150。邾子的逝世在鲁文公十四年引发了战争,"邾文公之卒也,公(鲁文公)使吊焉,不敬,邾人来讨,伐我南鄙,故惠伯伐邾。P442。……邾文公元妃齐姜,生定公,二妃晋姬,生捷菑,文公卒,邾人立定公,捷菑奔晋。《春秋左传正义·卷 19 下》P151。邾国似乎很强势。后来招致诸侯筹划共同攻击邾,并准备送庶子捷菑归国,同盟者中有晋,不包括齐国。鲁文公十四年,"晋赵盾以诸侯之师八百乘纳捷菑于邾,邾人辞曰:齐出貜且长,宣子(赵盾)曰:辞顺而弗从,不祥。乃还。《春秋左传正义·卷 19 下》P151。邾国申述貜是邾文公元妃齐姜所生,年龄居长,赵盾觉得邾国人的话恳切有理,应该改变初衷。领军撤回,立捷菑的事也不了了之。

各国都出现类似的纷争,产生程度不等的震荡和持久的影响,皆因没有有效监督执行的机制,加上制定的规则有很大的变动空间,因此执行的力度非常不一致。

君主有惊人的权力,在自己的辖区能量也无出其右,如果权力没有妥当使用,危害可能极其巨大,约束君王的方式完全不对称,常见的有以下数种:

1.《春秋》是约束君侯的被动方式,皆因监督君主的方式稀缺,它涵盖国家中发生的具体事务,有些现在看起来是琐事在当时属于要务。因此显得重要。

鲁成公十四年(前 577 年)秋,宣伯如齐逆女,称族,尊君命也。九月,侨如以夫人妇姜氏至自齐,舍族,尊夫人也。故君子曰:"《春秋》之称,微而显,志而晦婉而成章,尽而不汙,惩而而劝善。非圣人谁能修也?"《春秋左传正义·卷27》P210。

宣伯即叔孙侨如,姬姓,叔孙氏,叔孙氏宗主,宣为谥号,是叔孙的臣的长子,故又称叔孙宣伯,他被委派到齐国迎接齐女,叔孙,是其族,记载氏族叔孙,是出于对国君的尊重。九月,侨如从齐国迎回夫人姜氏,只记载名,不记载氏族,是出于对夫人的尊重。

2. 社会评估的正、负面变化

晋惠公在位时争议颇大,人们甚至公开吟诵歌谣对其讽刺,郭偃对晋惠公的评论中引用了流行的歌谣,但晋惠公是可以置之不理的,不过惠公被俘之后,对于顺利返国事先有公关,支持他的大臣在公众中预先试探国人的反应。纯粹是因为能言善辩而为之争取到了民意,惠公不良的信誉以及一错再错的从政经历通过他的谦逊表态得到了部分修补,令其归国道路变得相对通畅。然而社会舆论的标准是从合理、长远、有效等诸方面评估的,比多数君王们对自己的要求要高。能力不能等同于美德,鲁闵公二年(前660年)春,虢公败犬戎渭汭,舟之侨曰:无德而禄,殃也。殃将至矣。遂奔晋。《春秋左传正义·卷11》P85。在渭水入黄河处,虢公十分幸运地打赢了犬戎,却被对他了如指掌的虢国大夫嗤之以鼻,认为是一件坏事,一个品行不良的人偶然干成一份功劳是危险的事,有可能变得志得意满、自我膨胀直到为所欲为。

3. 国人的直接干预

鲁僖公二十八年(前632年)二月,晋文公、齐昭公"盟于敛盂,卫侯(卫成公)请盟,晋人弗许。卫侯欲与楚,国人不欲,故出其君以说晋,卫侯出居于襄牛(卫国地名)《春秋左传正义·卷16》P122。

因为不认同卫成公的选项,于是将卫成公逼出都城,以便取悦于晋国。如果一个国君不具备基本的履职能力,就是一个一无是处的失败者。

鲁文公十七年(前610年),鲁国襄仲从齐国回来,曰:臣闻齐人将食鲁之麦,以臣观之,将不能。齐君之语偷。臧文仲有曰:'民主偷,必死。'《春秋左传正义·卷20》P158。襄仲评估齐昭公具有苟且偷安的心理,国君本人不思进取,就是失职,可能导致最严重的问题后果,这也反衬出在没有国君参与的前提下,已有的制度难以独立运行以维护国家基本的运行。

4. 制度的空缺没有规定候任者确切的排位顺序,具体在位时间

国君的执政时间从未有具体的规定,是一个中性的问题,全靠君王们自己的履职能力决定其在位时间的长短,这可能会激励部分君王努力尽职,也可能令一部分不行的君主继续合法为恶;还可能让一些官员甚至平民冒险直抒己见,因为他们认为一个能力不行、口碑差的君主,不一定有机会惩罚自己的率直。问题是君主不可能完美无缺。

5. 君王直接导致的混乱

君臣交流的困难以及源自忠信观带来的勇气让臣属对君侯动手,一个任性的君王通常是主要诱因。

鲁成公十七年(前574年),"晋厉公侈,多外嬖,反自鄢陵,欲去群大夫,而立其左右。胥童(姬姓,胥氏,胥克之子)以胥克之废也,怨郤氏,而嬖于厉公。郤锜夺夷阳五田,五亦嬖于厉公,郤犨与长鱼矫争田,执而梏之,与其父母妻子同一辕,既矫亦嬖于厉公。栾书怨郤至,以其不从己而败楚师,欲废之,使楚公子茷告

(厉)公曰：此战也，郤至实召寡君，以东师之未至也，以军帅之不具也，曰："此必败，吾因奉孙周。（名周，一名周子，晋襄公的曾孙，因为他出于公孙，故称孙周，厉公被杀，晋人立他为国君。）（厉）公告栾书，书曰：其有焉，不然，岂其死之不恤，而受敌使乎？君盍尝使诸周而察之？郤至聘于周，栾书使孙周见之，公使觇之，信，遂怨郤至。厉公田，与妇人先杀（射猎）而饮酒，后使大夫杀，郤至奉豕，寺人张孟夺之，郤至射而杀之，公曰：季子（郤至）欺余。《春秋左传正义·卷28》P220。厉公多宠幸的大夫，那些有批评精神的官员就变得多余，胥童、夷阳五、长鱼侨以及栾书均出于个人私利而迷惑喜欢谄媚之徒的晋厉公，君主不明，必然政治混乱，国家衰弱，人民受害。

鲁宣公二年（前607年），晋灵公不君，厚敛以彫墙，从台上弹人，以观其辟丸也。宰夫胹熊不熟，杀之，置诸畚，使妇人载以过朝，赵盾、士季见其手，问其故而患之。将谏，士季曰：谏而不入，则莫之继也。会请先，不入，则子继之。三进及溜，而后视之。曰：吾知所过矣，将改之。稽首而对曰：人谁无过？而能改，善莫大焉。……犹不改，宣子（赵盾）骤谏，公患之，使鉏麑贼之，晨往，寝门辟矣，盛服将朝，尚早，坐而假寐，麑退，叹而言曰：不忘恭敬，民之主也。贼民之主，不忠；弃君之命，不信。有一于此，不如死也。触槐而死。《春秋左传正义·卷21》P165。鲁宣公二年（前607年）九月，"晋侯（晋灵公）饮赵盾酒，伏甲将攻之，其右提弥明知之，趋登曰：臣侍君宴，过三爵（三巡或三杯），非礼也。遂扶以下。公嗾夫獒焉。明搏而杀之。盾曰：弃人用犬，虽猛何为！斗且出，提弥明死之。赵盾曾经给饥饿的灵辄一顿饱饭，此时后者在现场服役，他挡住其他追杀赵盾的武士，使其脱险。赵盾踏上逃往路。九月二十七日，赵盾的同族赵穿在桃园杀灵公，赵盾正往外国逃，尚未走出晋国的山界听说灵公被杀就回来。晋大史董狐在史书上记载："赵盾弑其君"以示于朝。宣子曰：不然。对曰：子为正卿，亡不越境，反不讨贼，非子而谁？宣子曰：呜呼！'我之怀矣，自诒伊戚'其我之谓矣！孔子曰：董狐，古之良史也，书法不隐；赵宣子，古之良大夫也，为法受恶。惜也，越竟乃免。孔子的意思是赵盾如果走出了国境线，就可以免除弑君的恶名了。《春秋左传正义·卷21》P165。鲁宣公二年（前607年）秋九月。"宣子使赵穿逆公子黑臀于周而立之，壬申，朝于武宫。《春秋左传正义·卷21》P165。赵盾派人从周辖区迎回文公之子、襄公之弟公子黑臀，即君位，他就是晋成公，祭祀曲沃晋武公之庙后，这才算完成每个晋国国君登基中的必备程序。

鲁僖公三十年（前630年），在诉讼案中败诉的卫成公被晋文侯押送京师，差点被晋文公派来的医生毒死，得益于鲁僖公的帮助，"纳玉于王与晋侯，皆十毂

（即十对）卫侯使赂周歂、冶廑（二人均卫国大臣），曰："苟能纳我，吾使尔为卿。"周、冶杀元咺及卫公子适（即公子瑕）、子仪（公子瑕母弟）公（卫成公）入祀先君，周、冶既服将命，（穿好礼服，准备接受任命）周歂先入，及门，遇疾而死。冶廑辞卿。《春秋左传正义·卷17》P128。

鲁昭公二十三年（前519年）夏四月，莒子庚舆虐而好剑，苟铸剑，必试诸人，国人患之，又将叛齐。乌存（莒国大夫）帅国人以逐之。庚舆逃往鲁国。（遂来奔），齐人纳郊公（回国即位）。《春秋左传正义·卷50》P400。郊公在其父亲莒著丘公（著丘公之父犁比公）逝世时不悲伤，国人对此不满，想要立莒著丘公的弟弟庚舆，郊公因为避祸而逃往齐国，莒国人从齐国接回庚舆成为莒国第十九任君主，即莒共公，但是他令国人大失所望，是个残暴的君主，于是莒国人将其驱逐，重新接回郊公。

6. 动摇君权的叛逆大臣

鲁闵公二年（前660年），鲁闵公是哀姜的妹妹叔姜的儿子，哀姜与庆父私通，想立庆父为国君，闵公被杀，哀姜事先知道。（哀姜）"故孙于邾（逃到邾国）齐人取而杀之于夷，以其尸归。僖公请而葬之。《春秋左传正义·卷11》P85。哀姜虽然没有动手杀人但因为知道阴谋，并逃到邾国，还是被齐国人引渡回到国内的夷邑杀掉。鲁闵公元年（公元前661年），齐国大夫齐仲孙湫到鲁国为鲁国经历的庆父之乱慰问，回国后对齐桓公曰：不去庆父。鲁难未已。公曰：若之何去之？对曰：难不已，将自毙，君其待。公曰：鲁可取乎？对曰：不可，犹秉周礼。周礼，所以本也。臣闻之，国之将亡，本必先颠而后枝叶从之。鲁不弃周礼，为可动也。君其务宁鲁难而亲之。亲有礼，因重固，间携贰，覆昏乱，霸王之器也。《春秋左传正义·卷11》P84。季友以鲁庄公之命毒死欲立庆父的叔牙，鲁闵公随后成为鲁庄公弟庆父杀掉的第二位鲁国国君（第一位是公子子般，季友所立）。季友又立鲁庄公的另一个儿子姬申成为鲁僖公。并迫使庆父自杀。

庆父案例给出一个重要启示：蔑视道德的程度有可能同他们蔑视规则程度的大小一样，结局也往往相似。

宋剔成肝（姓戴，名剔成，剔成肝，宋戴公之子子文之后，前329年逝世。有人认为他就是司城子罕）废其君璧（辟，即宋桓侯，宋辟公，子辟兵，他的父亲是宋休公，子姓，名田）自立。《古本竹书纪年辑校·今王》P33。戴姓取代了子姓在宋的君位。

臣子弑君或者储君的意向居然可以公开摆上桌面。鲁隐公十一年（前712年），"羽父请杀桓公，将以求大宰。（鲁隐）公曰：'为其少焉故也，吾将授之矣。

使营菟裘,吾将老焉'。羽父惧,反谮公于桓公请弑之。公之为公子也,与郑人战于狐壤,止焉。郑人因囚于尹氏,赂尹氏而祷于其主钟巫,遂与尹氏归而立其主,十一月,公祭钟巫,齐于社圃,馆于寪氏,壬辰,羽父使贼弑公于寪氏。立桓公而讨寪氏……《春秋左传正义·卷4》P35。羽父主动向鲁隐公申请前去杀未来的鲁桓公,交换是担任大宰,息姑表示反对说,我暂时居君位,是因为他年轻的缘故,时机一成熟,我就会将君位让给他。我已经在菟裘那里营建起居之地,离职后我会到那儿去养老。一心想当太宰的羽父害怕两兄弟之间有沟涌,便以最快时间赶到储君那儿寻求自己的机会,息姑的弟弟不仅年轻些且心智大为逊色,羽父成功说服了未来的鲁桓公,姬允同意羽父自行处理自己同父异母的哥哥。

公元前710年,宋殇公立(前719年即位),"十年十一战,民不堪命,孔父嘉为司马(掌军事),督为大宰(掌政事),故因民之不堪命,先宣言曰:司马则然。已杀孔父而弑殇公,召庄公于郑而立之。这是鲁桓公二年发生的事,华父督利用人民对频繁战争的反感,杀死宋穆公的托孤大臣孔嘉父和宋殇公,向人民宣称是掌握军事的司马孔父嘉一手造成的。其实华父督的屠杀主要与孔父嘉妻子美而艳有关。《春秋左传正义·卷5》P39。宋殇公也对他杀大臣夺人妻极为愤怒,华父督于是先发制人。随后从郑国迎回宋穆公子为宋庄公,因为宋殇公热爱战争有错在先,华父督没有受到任何惩罚,直到八年后弑君的事件在宋公再次发生。鲁庄公十二年(前682年)秋,宋万(南宫长万)弑闵公(宋庄公之子)于蒙泽,遇仇牧(宋国大夫)于门,批而杀之(用手打死他)。遇太宰督(华督)于东宫之西,又杀之。立子游。……十二月,子游被杀,立宋桓公为国君。《春秋左传正义·卷9》P68。

7. 对君权不确定的外来干预

卫桓公因为是卫庄公从陈国的两姐妹厉妫、戴妫(厉、戴系谥号)中的妹妹与卫庄公所生,卫庄公的原配是齐庄公的女儿,未及即位就已不幸逝世的太子的妹妹,名庄姜,庄姜视桓公如同自己的儿子。公子州吁卫是庄公嬖人所生。桓公、州吁两人同父异母,前者比州吁年长。但州吁有宠,卫桓公即位,前719年,州吁杀卫桓公自立,武力实现了自己的野心,卫桓公死后国人联合陈国杀州吁而立公子晋为卫宣公。《春秋左传正义·卷3》P22。君王过度宠爱庶子或少子是嫡长子制度的重大缺陷。他们与聪明的庶子对本分乃至不胜任的太子共同构成巨大威胁。

鲁哀公十四年(前481年),宋桓魋之宠害于公,公使夫人骤请享焉,而将讨之。未及,魋先谋公,请以鞌(地名,向魋邑)易薄。公曰:不可,薄(公邑),宗邑

（宗庙所在地）也，乃益鞍七邑（把七个邑并入鞍地），而请享公（请求设享礼答谢宋公）。实际上设有埋伏，被宋景公所知，最后桓魋与宋公的矛盾公开化。《春秋左传正义·卷 59》P471。向魋受宠没有使他更忠于宋景公，而是准备谋害宋景公，他向国君请求以自己的鞍邑交换宋景公的薄邑，因为那是宋国宗庙所在，遭拒，宋景公为安抚向魋新赐七个邑给他，不知餍足的向魋却要以答谢宋景公为名设伏谋杀国君。

鲁宣公四年（前 605 年），楚人献鼋于郑灵公，公子宋（字子公，郑大夫）与子家（公子归生，郑大夫）将见，子公之指动，以示子家，曰：他日我如此，必尝异味。"及入，宰夫将解鼋，相视而笑，公问之，子家以告。及食大夫鼋，召子公而弗与也。子公怒，染指于鼎，尝之而去，公怒，欲杀子公。子公与子家谋先，子家曰：畜老犹惮杀之。而况君乎！反谮子家。子家惧而从之。夏，弑灵公。《春秋左传正义·卷 21》P167。鲁宣公四年（前 605 年），书曰："郑公子归生弑其君夷（郑灵公，名夷，郑穆公子）。"权不足也。君子曰："仁而不武，无能达也。"凡弑君，称君，君无道也；称臣，臣之罪也。《春秋左传正义·卷 21》P167。凡是杀掉国君的事件，正史记载国君名字的格式，可理解为是由于国君无道；记载臣下的名字格式，是由于臣下的罪过。

鲁宣公十年（前 599 年）夏，齐惠公卒，崔杼有宠于惠公，齐国主政的家族中的高、国二氏威忌惮他的威势，惠公死后就驱逐他，崔杼奔卫。书曰："崔氏"非其罪也。且告以族，不以名。凡诸侯之大夫违，告于诸侯曰："某氏之守臣某，失守宗庙，敢告。"所有玉帛之使者（友好的国家）则告，不然，则否。《春秋左传正义·卷 22》P173。官方文字记载崔氏二字，是说不是他的罪过，告知诸侯时称族，不称名。诸侯的大夫离开本国，通告诸侯时说：某氏之守臣某人，失守宗庙，禀告。这类的文书表达只发给友好的诸侯国家，其他的不发通告。

鲁成公十八年（前 578 年），"晋国栾书、中行偃使程滑弑晋厉公，"立十四岁的周子（即晋悼公，名周）为君。《春秋左传正义·卷 28》P218。

鲁哀公十四年（前 481 年）六月初五，受到齐简公信用的阚止有意驱逐田氏，这是吕氏齐国的一次重大机会，但田恒先发制人，先后杀死阚止和齐简公。孔丘沐浴戒斋三日，三次请求鲁哀公伐齐，后者认为鲁国长期被齐削弱，您不为齐国的变故高兴，却要急着帮助我们的敌人，我不理解？孔子认为，田氏的做法已经大失人心，至少一半人会支持我国的行动。现在是我们战胜齐国难得的机会。鲁哀公让他说服执政季康子，孔子并非要为齐简公复仇。《春秋左传正义·卷 59》P473。齐陈恒在舒州杀了国君齐简公，孔子斋戒三天，三次请求攻打齐国。

鲁哀公十分不解,问:齐一直在削弱我们路过,您为何要如此坚决为齐国国君复仇呢? 孔子虽然认为弑君是罪恶,非法夺取他人的名位不可容忍,但他不是真的希望弱小的鲁国立即出兵,他位列大夫,有表达意见的责任,行为预期是要达到从道义上抗议弑君者的目的。

一些国君因为自己的勇敢或狂妄、冒失的行为将自己置身不安全的位置,例如晋惠公与秦国、齐顷公在晋、齐鞍之战中等,有一些则完全是因为自己的问题而身处险境。鲁哀公四年(前491年),蔡昭侯将如吴,诸大夫恐其又迁也,承(尾随之意)公孙翩(蔡国大夫)逐而射之,入于家人而卒(蔡昭侯进入百姓人家),以两矢门之,众莫敢进。这个大夫后被另一个蔡国大夫文之锴领人杀死。《春秋左传正义·卷57》P456。

蔡国人抱怨蔡昭侯为报复楚而依附吴国,虽然打败了楚国,(前493年)吴国却将蔡国迁移至州来,前491年蔡昭侯准备去吴国,大夫们担心又要被迁移,尾随忠于君主的蔡国大夫公孙翩,发现了蔡昭侯立即向其射击,中箭后蔡昭侯躲进百姓人家,伤重而死,公孙翩手持两支箭守在门口,无人敢进,蔡国大夫文之锴见其仅剩二支箭,领人齐头并进,认为他最多射杀其中两个人,却一定让公孙翩寡不敌众,公孙翩后被文之锴杀死。《春秋左传正义·卷57》P456。

更有甚者,在国家政局动荡和自己的疾病双重压力下选择极端的做法。陈哀公"有废疾,鲁昭公八年(前534年)夏四月辛亥,哀公缢。《春秋左传正义·卷44》P350。即陈侯妫弱,陈成公之子,国乱且患有久治不愈的病,自缢,在位35年。

第四节　人们为什么追逐更高的社会地位?

社会等级的区别间隔效应,鲁昭公七年(前535年),……楚子之为令尹也,为王旌以田,(用楚王的旗帜在狩猎),芋尹(楚官职)无宇(申无宇,楚国大夫)断之曰:一国两君,其谁堪之? 及即位,为章台之宫,纳亡人以实之,无宇之闍入焉,无宇执之,有司弗与,曰:执人于王宫,其罪大矣,"执而谒诸王。王将饮酒,无宇辞曰:"天子经略,诸侯正封,古之制也。封略之内,何非君土? 食土之毛,谁非君臣? 故《诗》曰:'普天之下,莫非王土。率土之滨,莫非王臣。'天有十日,人有十等,下所以事上,上所以供神也。故王臣公,公臣大夫,大夫臣士,士臣皂,皂臣舆,舆臣隶,隶臣僚,僚臣仆,仆臣台,马有圉,牛有牧,以待百事。《春秋左传正义·卷44》P345。

这里记载的是楚灵王在担任楚国令尹时,在一次狩猎中,使用了楚王的旗帜,楚国大夫申无宇认为,楚王的旗帜竖起的地方,就应该有楚王,但真正的楚王在宫内,楚国不能有两个楚王,申无宇因此大胆地上前阻止熊围,将旗杆砍断,降下了楚王旗。在楚灵王的法律空白区章华台,他以无可辩驳的口吻对楚灵王说:天子、诸侯、大夫、士、皂、舆、隶、僚、仆、圉牧,是成熟社会分出的十个层次分明的等级,各司其职,不能改变。这是申无宇自己对制度的理解,也应该是当时社会制度的基本轮廓,一批像他们一样的既得利益者希望维护这样的社会的稳定。但是人们总是会希望得到改变,等级变得更高。而国家也不可能将一个特定时期的人的等级无限期延续下去,个人的人品和才识决定他们对社会的贡献,贡献大小加上各自的机会大小决定他们等级的黜陟。

一些人因为罪行、债务、战争失败等沦为奴隶。荀林父曾经负罪,晋侯准备处死他,士伯劝晋侯免荀林父罪,得到晋侯同意,荀林父在对狄人作战中获得大量土地,"晋侯赏桓子狄臣千室,"《春秋左传正义·卷24》P186。晋景公赏给荀林父狄人的奴隶一千家,这些应该是晋军俘虏的狄人军民。

等级反应在生活的各个方面,赵武建造宅邸,木料经过精心打磨,他的房子确实因此变得更漂亮些,但他的身份不够,超过了工序,因此遭到朝臣的批评。人们为了审美的需求,也会希望上升到更高的等级。《国语正义·卷第十四·晋语八》P965。

诸侯之爵位不是一次封爵就固定不变,鲁僖公十九年(前641),邾国,曹姓子爵国,因从齐桓公尊周有功,进爵为子。开始受封就是子爵,邾伯鬲显示其似乎一度进爵为伯。

有自行加封的情况。鲁桓公二年(前710年),蔡侯、郑伯会于邓,始惧楚也。楚武王开始僭号称王,欲害中国。《春秋左传正义·卷5》P41。蔡国与郑国与楚国距离近,又都是姬姓。楚武王选择的是非法提升爵位。

周威烈王姬午时代,晋国中的三个姓氏崛起。前403年,周威烈王正式封韩虔(姬姓、韩氏,韩武子从曲沃武伯杀晋哀侯,获韩地)、魏斯、赵籍为诸侯。魏斯,姬姓魏氏,赵籍出嬴姓,赵氏,周威烈王不可能很情愿发出这种封策,曲沃武伯一支在晋国喧宾夺主,还是姬姓人之间的胜负,现在姬姓的土地分割部分给异姓人,他这个天子会有无助感,痛楚的长短大小,看他对时局的前瞻性,越是近视痛苦越是强烈。

奴隶的身份也可以发生改变,因为犯罪可能成为官奴,用红色的字登录在竹简上。"初斐豹隶也,著于丹书(用红字载于竹简上)《春秋左传正义·卷35》

P274。因为自告奋勇杀死栾书名叫督戎的勇士，范宣子免除了斐豹的奴隶身份。陪台：也指奴隶。

"初，郑文公有贱妾曰燕姞。"《春秋左传正义·卷21》P166。后来与郑文公生子姬兰，姬兰成为郑穆公，他的母亲非郑国人，遇到人人都爱的郑文公，诞下儿子而改变了自己的社会地位。

鲁成公十七年，(前574年)"初，鲍迁因为发现声孟子与庆克的私密问题被处刖刑。初，鲍国去鲍氏而来，为施孝叔臣，施氏卜宰，匡句须吉，施氏之宰有百室之邑，与匡句须吉邑，使为宰，以让鲍国，而致邑焉。《春秋左传正义·卷28》P219。

早前，鲍国即鲍文子，离开鲍氏来到鲁国，成为鲁成公第五代后裔施孝叔家臣，施氏占卜立家宰，家宰是大夫的家臣之长，结果显示匡句须是合适的人选，施氏的家领有一百家作为采邑，施氏划出了一百家给与匡句须，让他正式做家宰，匡句须却提出要将家宰职务让给鲍国，而退还一百家的采邑。施氏的人问匡句须为何这样做，因为占卜显示的是他匡句须做家宰会带来好运。后者回答，忠诚能带来的好运气更大，施氏居然接受了匡句须的建议，鲍国卓有成效的履行职责，齐国人亦有耳闻。

鲍国的哥哥鲍牵在齐国，因为发现声孟子与庆克的私密问题被处刖刑，听到鲍国在路过鲁国传出的令誉，齐国人因此召回鲍国，立他做鲍氏宗主。孔子奚落鲍牵不如葵菜，杜预说葵菜是向日葵，葵菜只向人类提供上半身食用，从而保护自己的根部完好。孔子大概是认为鲍牵不应该泄露别人的隐私？

"室老"是卿大夫家臣之长的另一个称呼，也简称"老"。这是一个重要的身份，往往参与国家政治。

因为不当或者失礼的行为可导致象征性的身份的暂时遗失。鲁成公二年(前589年)十一月："鲁文公及楚公子婴齐、蔡侯、许男、秦右大夫说、宋华元、陈公孙宁、卫孙良夫、郑公子去疾及齐国之大夫盟于蜀。……蔡侯、许男不书，乘楚车也，谓之失位。"《春秋左传正义·卷25》P195。《春秋》中没有记载蔡景侯和许男，是因为他们当时乘上楚王的车，而不是自己的车，有失国君身份，所以不能将其名字与其他与会诸侯并列。国君尚且如此，其他臣属也必须行动在正当的位置。身份等级充满吸引力的社会本质上是权力社会，赋予各种身份的不同特权。人们通常利用准许性的礼节获得机会，礼节与等级人人自觉遵循：鲁僖公三十年(前630年)冬，"王使周公阅来聘，飨有昌歜、白、黑、形盐。辞曰：国君，文足昭也，武可畏也，则有备物之飨，以象其德，荐五味，羞嘉谷，盐虎形，以献其功，吾何以堪之？"这种高规格的礼仪只能给予文治武功的君主，周公阅拒绝与自己身份不匹配的款待，是对自己身份的一次确认，也是表示自我认同。因为对某个人特别敬重，可能会以突破禁止性的礼节来表达诚挚的欢迎：

鲁僖公十二年（前648年），王以上卿之礼飨管仲。管仲辞曰：臣，贱有司也（管仲为齐桓公所命，下卿）。有天子之二守国、高在，若节春秋来承王命，何以礼焉？陪臣敢辞。王曰：舅氏，余嘉乃勋，应乃懿德，谓督不忘。往践乃职，无逆朕命！管仲受下卿之礼而还。《春秋左传正义·卷17》P129。

鲁僖公十二年（前648年），周襄王以上卿之宴请管仲。管仲为齐桓公所任命的命，我们齐国的国氏、高氏是天子所策命，世为齐国上卿，如果按节庆来领受王命，他们将接受何种级别的款待呢？我是陪臣，请求回避宴请。周襄王为管仲的谦恭所感动，他对齐国功勋卓著，却始终不忘记自己的身份，即使天子的特别赐予也不敢逾越，管仲尊重规则，就是尊敬周王室，因此周天子接受了管仲的提议，他没有直接奖励管仲对身份问题上的严谨，而是鼓励这个以下卿身份担任执政的人，继续发挥自己的才华。周襄王眼中，这个人的能力已经与他的品行一样卓越，对任何君主而言，管仲的身份都亟待提高。

整体而言社会流动性很小，一方面，人们接受礼制，社会弱势群体需要礼制的庇护，也热切希望礼制能够补偿他们因为等级低下而带来的缺失；另一方面，当他们发现强大的礼制限制他们的各种与高等级人群有可能一致的欲望比如审美、财富、发展机会等时，他们对礼制的不公平无能为力。改变这种固定的等级无望时，他们会破坏礼制，试图改变身份或制度本身以获得平等、公平的机会与利益。一直清晰的等级界线在一些特定的时候也会消失，不论是社会上层还是社会下层都有例子：

社会地位不决定胜负的个案，一场公平的诉讼后引起废立。鲁僖公二十八年（前632年），晋文公主持了一场国君与臣属的诉讼：

晋文公借道伐曹，卫成公不同意，晋国占领卫国五鹿，卫成公想参加晋文公齐昭公结盟被拒绝，有意加强与楚国的关系，卫国人驱逐了卫成公以取悦晋国。晋国后来付出巨大代价攻入曹国都城活捉曹共公，在楚国的争取下，晋国同意卫国、曹国复国，此前，元咺辅助叔武在卫国摄政，在卫成公回国前夕有传言说，元咺已经立叔武为国君，叔武即夷叔，是卫成公之弟。卫成公立即杀了跟随自己身边的元咺之子元角，被孔子赞扬其智可及愚不可及的宁武子立即召集卫国的要人们集会盟约，希望全体卫国人无论留守的还是随卫成公在外的都必须接受国家和解，卫国不能内耗。精心的策划下仍有意外，由于卫成公比约定的时间提前回国,宁武子率领的前队人马最先进入国都,守城的卫国大夫以为是国君的使者,随同宁武子一行前往宫廷,正在洗头的叔武听说国君来到高兴地握着头发跑出迎接,却被卫国大夫公子歂犬、华仲等率领的前队射杀。这并不是卫成公愿意看到的,他为此痛苦不已,杀了领队的公子歂犬,元咺逃至晋国。而这件意外的命案应该是被元咺告到晋文公处,晋文公下令开庭审理:

"卫侯与元咺讼,宁武子为辅,鍼庄子为坐,士荣为大士。卫侯不胜,杀士荣,刖鍼庄,谓宁俞忠而免之。执卫侯,归之于京师,寘诸深室,宁子职纳橐饘焉。元咺归于卫,立公子瑕。《春秋左传正义·卷16》P125。卫成公与食采邑于元,以这个地名为氏的卫国大夫元咺为杀叔武之事发生诉讼,宁武子担任卫侯的诉讼人,鍼庄子为卫侯的代理人,士荣做卫侯的答辩人。卫成公的一方败诉,晋文公的法庭判担任卫成公首席辩护的晋国大夫士荣死刑,判第二辩护人鍼庄子砍断脚的肉刑,宁武子代卫成公出现在法庭,法庭判宁俞忠于卫国,无罪。……随即卫成公被捕送京师,执行的应该是晋文公的逮捕令,关入囚房。指定宁武子为其送衣食。元咺则回到卫国,立公子瑕。这是古代的审判,不是以各方认为合理为准则。

拒绝社会等级提升的道德支持,诸侯将杀太子自立为君的曹成公押送京师后,在鲁成公十五年(前 576 年),听闻诸侯郑重决定要子臧去见周天子而立他为曹国国君,子臧曰:《前志》有之曰:"圣达节,次守节,下失节。"为君,非吾节也,虽不能圣,敢失守乎?遂逃奔宋。《春秋左传正义·卷27》P212。鲁成公十六年(前 575 年)七月。"子臧尽致其邑与卿,而不出。"子臧回国交出封邑,辞去官职,并不再出仕。《春秋左传正义·卷28》P218。

鲁闵公二年(前 660 年)十二月,晋国狐突谏晋献公曰:昔辛伯谂周桓公云:内宠并后外宠二政,嬖子配适,大都耦国,乱之本也。《春秋左传正义·卷11》P87。

晋国狐突提醒晋献公说:从前周大夫辛伯劝告周王室卿士周公黑肩说:宠妾地位比拟王后,宠臣的权力俨然卿大夫之外的另一个朝廷,宠爱的庶子待遇无异于嫡子,大城类似国都的规模,这都是国家混乱之本。《春秋左传正义·卷11》P87。

此乃原则还是实践得出的经验?两周国家的政治实践证实,排序的不确定性可引起极大的政治、社会问题,是个痼疾,却是一种原本由精英们精心设计,万人憧憬的理想,实施中有得有失,社会因之得以运行,但代价昂贵。

第三章 诸侯

末大必折,尾大不掉。

——《春秋左传正义·卷45》P359

围绕家族生成的政体,最终会因为家族的弊端解体。

——作者

第一节 诸侯关系与漫天要价的政府

一、诸侯间的礼节

"诸侯未及期相会,曰遇;相见于郤地,曰会;约信曰誓;莅牲曰盟。"《礼记正义·卷五·曲礼下》P38。郤地指两国交界处。

一切交际都必须有信誉基础,鲁僖公二十八年(前632年),晋文公与楚国在城濮之战前,思想一直都有犹豫,"子犯曰:战也,战而胜,必得诸侯,若其不捷,表里山河,必无害也。公曰:若楚惠何?栾贞子曰:汉阳诸姬,楚实尽之。思小惠而忘大耻,不如战也。"晋文公曾受惠于楚王,承诺有战事将退避三舍。子犯认为晋国胜率很高,即使失败也有极为有利的防御地形——黄河和太行山。栾枝认为汉水以北的诸多姬姓国家都被楚国吞并,您记住楚国人的小恩惠而忘记大耻辱。《春秋左传正义·卷16》P123。晋国大胜楚国。晋文公觉得承诺在任何地方都同样需要遵守,栾枝认为,不同的地方需要区别处理承诺。君臣的思想是整个当时社会的交际的素描。

1. 交流的内容

诸侯间关系的高端设计是通过礼来约束一切活动,诸侯往来的礼节可以分为两个大类:

第一,纯粹的礼节性交流。

朝,指诸侯相互拜会。鲁襄公七年(前566年,也是周灵王六年)春,剡子(少昊后裔,山东剡城)来朝,始朝公也。……小邾[山东枣庄,原称倪国,鲁僖公七年(前653年)国君倪犁被周封为子爵,又认为与邾国同宗,改称小邾,邾古称邾娄,小邾称小邾娄,鲁穆公时以邾娄的合音改称邹,]穆公来朝,始朝公也。《春秋左传正义·卷26》P199。鲁文公元年(前626年),小邾穆公来的时间在夏四月以后,秋季之前。首次指鲁襄公即位以来。《春秋》载小邾国君曾在鲁僖公七年(前653年)夏来朝,自此到第二次来朝已经时隔八十七年。鲁文公十五年(前612年)夏,曹伯来朝,礼也。"诸侯五年再相朝(诸侯每五年一次互相朝见),以修王命,古之制也。"《春秋左传正义·卷19下》P153。

但是,一些重要的变故,如国君新立或故世等,会自动增加诸侯间交往。"凡君即位,卿出宾聘。"《春秋左传正义·卷18》P135。说的是一个国家有新君即位,按礼要派卿大夫到各国通报致意。例如:鲁成公三年(前588年),宋共公子瑕即位。鲁成公四年(前587年),春,宋国执政大臣华元来鲁国聘问,代表继位的新国君向鲁国君民致意。《春秋左传正义·卷26》P199。鲁成公的妹妹伯姬嫁宋共公,所以又称共姬。宋共公当时没有按常规亲迎,伯姬对礼仪形式十分看重,于是拒绝与宋共公圆房,宋共公请送亲的鲁国大夫季孙行父劝说,伯姬怒气才渐得平复。伯姬视礼仪重于生命,在一次突发的大火中,年事已高的她仍坚持一丝不苟遵循礼仪,以致错过逃生机会,火中毙命。《列女传·卷四·贞顺传·宋恭伯姬》P37。

前609年(鲁文公十八年)二月二十三日,鲁文公逝世,"六月,安葬鲁文公。秋,襄仲、庄叔如齐,惠公立故,且拜葬也。《春秋左传正义·卷20》P159。鲁文公逝世后,因为齐派使节参加了鲁文公的葬礼,齐桓公子公子元前608年立,为齐惠公,对去年新即位的齐惠公也应该履行相应礼节,故鲁国派出了以执政东门襄仲为首,鲁国大夫叔孙得臣为副的高级使团前往齐国。襄仲是鲁国最有权势的人物之一,或许有襄仲方面的感染力,襄仲所支持的鲁文公宠爱的次妃敬赢立自己儿子公子馁的愿望,也得到齐惠公的精神支持,为了这个庶子继位的计划顺利落实,襄仲将鲁文公与长妃齐国女子哀姜所生嫡子公子恶、公子规杀死,公子馁得立为鲁宣公,宣公子继立为鲁成公。《史记·卷三十三·鲁周公世家第三》P1536。鲁宣公父子得以为鲁君,东门襄仲、齐惠公是他们应该特别感谢的人。

聘有级别,有小聘,大聘,在《礼记·聘礼》中有规范,宾客从问候主人的范围,到主国接待的等级等都有区别。鲁昭公九年(前533年)所载殷聘礼中不见于《礼记》。"孟僖子如齐殷聘,礼也。"意思是孟僖子到齐国举行盛大的殷聘问,这是符合礼的。杜预注释以为:自叔老聘齐,至今二十年,礼意久旷,今修盛聘,以无忘旧好。孔疏也说："殷聘又当盛于大聘。"《春秋左传正义·卷45》P356。两人都确认殷聘是一种隆重的礼仪。

诸侯之间的活动必须要有守则,盟会得以执行取决于与会者行为是否得体。鲁僖公七年(前653年)秋,鲁僖公、齐侯、陈国的世子款,郑世子在鲁国的宁母这个地方结盟,郑文公让太子华代表郑国与会。郑国的世子子华向齐桓公建议帮助郑国除掉泄氏、孔氏、子人氏三族,因为他们不受郑君约束,子华表示愿意以郑国附属齐国,管仲说:夫诸侯之会,其德行礼仪无国不记,记奸之位,君盟替矣。诸侯会盟的时候,他们的德行、刑罚、道义,每个国家都要加以记载,如果记载了奸邪之人居于会位,君王的会盟就会被废弃了。子华身为太子,又私下求助于大国削弱自己的国家,一定有祸患降其身,管仲劝齐桓公拒绝子华,不要毁了盟会,齐桓公接受了管仲的意见。

鲁哀公十二年(前483年),鲁哀公不愿与吴王的使者太宰嚭重温盟会,派子贡转达自己的意见:"盟,所以周信也。故心以制之,玉帛以奉之,言以结之,明神以要之。寡君以为苟有盟焉,弗可改也已。若犹可改,日盟何益?今吾子曰,必寻盟,若可寻也,亦可寒也。"盟是用来巩固誓言的,所以用诚心来约束它,用玉帛来奉献它,用语言来结成它,用神明来保证它,寡君认为有了盟约,就不能更改了,如果还可以更改,每天盟誓又有何益处?现在您说,一定要重温过去的盟约,如果可以重温,一定也可以冷却下去的。拒绝的理由非常聪明。《春秋左传正义·卷59》P468。鲁昭公夫人孟子逝世后,昭公另娶吴国女为妻,昭公逝世后其弟鲁定公即位,鲁哀公是鲁定公的儿子。鲁国与吴国有婚姻关系,但不是有恃无恐,哀公婉拒重温盟会是对吴国缺乏信任,吴王夫差、太宰嚭声誉欠佳。

鲁隐公七年(前716年),载:"凡诸侯同盟,于是称名,故薨则赴以名,告终称嗣(告诉死去的和继位的)也,以继好息民(过去的友好和安定百姓),谓之礼经(礼的大法)。《春秋左传正义·卷4》P30。凡是结盟的诸侯,都要记载姓名,逝世时则在讣告上写出名字,向盟国通报死者和继位者名讳,以继续过去的友好并安定本国百姓。这是礼的纲要。滕侯死去,是因为他与鲁国没有结盟,《春秋》没有记载他的名字。鲁僖公二十三年(前637年)十一月,"凡诸侯同盟,死则赴以名,礼也。赴以名则书之。不然则否,辟不敏也。《春秋左传正义·卷15》P113。结盟的诸侯,死后会在讣告上写上名字,讣告上写有名字的《春秋》会记载,否则不加以记载。这是礼仪的规定。讣告上有名字的在《春秋》中记载,没有的就不记载,避免误录。鲁襄公六年(前567年)春,"杞桓公卒,始赴以名,同盟故也。"《春秋左传正义·卷30》P235。因为是结盟国,通知鲁国的讣告上书写死者的名字。

平时,诸侯出国行动都属重大事件。鲁桓公二年,(前719年),"凡公行,告于宗庙;反行,饮至,舍爵,策勋焉,礼也。特相会,往来称地,让事也。自参以上,则往称地,来称会,成事也。《春秋左传正义·卷5》P41。按礼节,凡是诸侯外出回来后要告庙,然后宴饮群臣,相互敬酒,把外交的成就刻在简策上。君主单独和别国国君会面,无论在本国还是到他国,都记载地点,这是因为相互谦让会首未定的会面。三个国家以上的君主会面,那么前去别国时就记载会见的地址,别国国君来就只记载会见,这是盟主已定的会面,也是完成了的会面。《春秋左传正义·卷5》P41。杜预的注释说,特相会,公与一国君会也,一次会面必须有会主,但两人相会,互相谦让,会议反而达不成一致意见,所以只记载会面地点。

鲁文公十五年(前612年),凡诸侯会,公不与,不书,讳君恶也。与而不书,后也。《春秋左传正义·卷19下》P154。

凡诸侯会面,鲁国君主没有参与的,春秋不记载,隐讳君主的过误。鲁国君主与会但没有记载的情况,是因为迟。《春秋左传正义·卷19下》P154。有例子可以为证:鲁文公七年(前620年)八月,齐侯、宋公、卫侯、陈侯、郑伯、许男、曹伯会晋赵盾,盟于扈,晋侯立故也。公后至,故不书。凡会诸侯,不书所会,后也。后至不书其国,辟不敏也。(避免误记)《春秋左传正义·卷19上》P144。(前620年)晋灵公继晋襄公为晋国君主,齐昭公、卫成公、陈共公、郑穆公许男、曹伯等在郑国扈邑结盟,鲁文公迟到,没有记载鲁文公的名字。鲁隐公元年(前772年),郑国共叔段叛乱,其子公孙滑逃至卫国,卫国人帮助公孙滑攻打郑国,郑国率领周王室、虢国与本国联军进攻卫国,同时向邾国请求出兵协助,邾国国君与鲁国大夫公子豫商量此事,公子豫请求出兵,鲁隐公拒绝,公子豫自行前往,在邾国的翼地与郑国、邾国结盟。"不书,非公命也"《春秋左传正义·卷2》P16。这件事《春秋》没有记载,因为不是奉鲁隐公之命,所以定为非法的会盟。

十二月,"祭伯来,非王命也。"祭伯是祭国国君,伯爵周王室卿,未奉天子之命来到鲁国,所为何事,没有记载。《春秋左传正义·卷2》P16。

朝见是比会盟更为常见的交际活动,友好款待外国贵宾有等级之别。鲁庄公十八年(前676年)春,虢公、晋侯朝王,王飨醴,命之宥(宥指助饮,又命令加上币帛来助饮)。皆赐玉五毂(本作珏,双玉为毂)马三匹,非礼也。王命诸侯(王对诸侯又策命),名位不同(虢君,不知何爵,称公谓为三公也,周礼,王之三公八命,侯伯七命,是其名位不同也。孔颖达疏)礼亦异数,不以礼假人(不将礼仪随便给人)。《春秋左传正义·卷9》P70。

虢公、晋侯朝王,王飨醴,命之宥,皆赐玉五瑴马三匹。非礼也。王命诸侯,名位不同,礼亦异数,不以礼假人。《春秋左传正义·卷9》P70。孔颖达疏解释说,虢君,不知何爵,称公谓为三公也。周礼,王之三公八命,侯伯七命,是其名位不同也。

虢公与新即位的晋献公朝见周惠王,周惠王以酒款待,随后又加上币帛作为礼品助兴,给虢公和晋献公各赐白玉五对,马三匹。周惠王此举被认为失礼。因为天子策命的诸侯等级有别,虢公或认为是公爵、或认为是子爵、男爵,晋国是侯爵。爵位不同待之以不同的礼节,不能一概而论。周天王与诸侯互相馈赠礼物显得更为正常,晋国羊舌肸(即叔向,主要活动在晋悼公、晋平公时期)到周王室通好致意,赠送礼品给各位朝中大夫们,单靖公也有一份。单靖公回赠的礼物、宴请、送别等皆循礼而行,获得叔向高度赞扬。《国语正义·卷第三·周语下》P265。社交场合举止不当的情况很常见:鲁桓公九年(前703年)冬,曹大子来朝,宾之以上卿,礼也,享曹大子,初献,乐奏而叹,施父曰:"曹大子其有忧乎! 叹非所也。"《春秋左传正义·卷7》P52。第一轮敬酒时,音乐响起,曹国太子却发出一声叹息,敏锐的施父认为曹大子在这个场合举止不当,一定有某个原因。

鲁文公九年(前618年)冬,楚子越椒(子越椒,即斗椒,令尹子文的从子)来聘,执币傲。叔仲惠伯曰:是必灭若敖氏之宗也。傲其先君,神弗福也。《春秋左传正义·卷19上》P145。斗椒手里拿着礼物,神情傲慢,叔仲惠伯看得很清楚。《礼记聘礼》规定执币者应该有比较规范合理的表情,傲慢与礼不合。

卫孙文子是姬姓,孙氏,字林父,谥文。卫国世卿,执政大夫孙良夫之子,是位个性强悍的人,鲁襄公七年(前566年),受卫献公指派,卫孙文子来鲁国聘问,"公登亦登。"鲁国大夫叔孙穆子简直不相信自己的眼睛,按礼,他应该在鲁襄公上两级之后,再跟着上一级台阶,保持一级的距离。叔孙豹只好直接上前请他留步,对此"孙子无辞,亦无悛容。"即没有解释也没有悔意。事后叔孙豹用很重的话说他"孙子必亡。为臣而君,过而不悛,亡之本也。"《春秋左传正义·卷30》P236。

诸侯之间就是因为这些硬性规定礼节而产生必要的交流,诸侯履行规定的礼节是义务,一直就有诸侯认为这些礼节要求过高,因为日常生活中的各种偶发事件很多。事件财力上安排总会出现冲突、拮据的时候,完全履行困难随时存在,在对自己无碍的情况下,多数会沿袭传统。梁惠成王(魏惠王)十四年(前356年),鲁共侯、宋桓侯、卫成侯、郑厘侯来朝。《古本竹书纪年辑校·梁惠成王》P27。魏惠王也就是孟子中的提到的梁惠王,称梁惠王是因为后来魏迁都于大梁,他在位长达五十年,给魏国带来鼎盛时期。但他也有一个重大失误,没有接受公孙座劝告杀掉商鞅而是让他离开魏国,后来给魏国带来无穷的烦恼。魏惠王十四年所载的诸侯来魏,这是魏国所执行的政治路线初步效果。前356年,周显王、秦孝公、赵成侯、韩昭侯、楚宣王、燕文公在位,田齐的齐威王在这年刚刚即位。为什么会有鲁、宋、卫、郑四国君主会面?前374年,田剡杀第二代田齐君主,田剡与孺子喜自立为齐桓公(第一代为田和),遭到诸侯的围攻,处境被动,十八年的努力,局势有所扭转,并在他在位的最后一年(前357年)创立稷下学宫。魏惠王此前确定以齐国为主要敌手,与秦国缓和关系,与其他国家密切关系的三线并行的政治路线,为营造良好的政治地缘关系,笼络其他诸侯,魏惠王慷慨地馈赠款待别人,赢得了一些盟友。

从另一个角度而言,政治的运作规则也可以有其他用途,魏惠王时代的诸侯互相朝见依然是诸侯们基本的外部交流方式,是出国游历,摆脱宫廷琐事的一种变通途径,集体朝见依然是崇拜强者的明确信号,西周的制度表面尚存,但是本质已经有大变化。

鲁昭公二年(前540年)七月,鲁昭公准备去晋国吊唁少姜,途中遇到晋平公派来的使者,使者转告晋平公的话说"非伉俪也,请君无辱!"意为不是正式的配偶,您不必过礼。鲁昭公随即折返,次年(前539年)正月,郑国正卿游吉(子大叔)到晋国参见晋平公嬖宠少姜之葬礼,晋国的大夫梁丙、张趯等认为这过于隆重。按游吉的说法,"君薨,大夫吊,卿共葬事。夫人,士吊,大夫送葬。"今贵君侯宠爱的人逝世,大家一阵紧张,派超出嫡夫人礼仪规定的人前来是因为不敢得罪晋国,尽管他们内心觉得不当,但又不得不这样做。游吉进而表示说:"昔文、襄之霸也,其务不烦诸侯,令诸侯三岁而聘,五岁而朝,有事而会,不协而盟。"从前晋文公、晋献公作为诸侯领袖时,他们的事情不烦劳诸侯。三年一次聘问,五年一次朝见,有事就会见,有了敌人就结盟。霸主的行为围绕礼制,临时的命令也只是应对突发事件,除此之外,对结盟的诸侯并无额外命令,也容易接受服从。游吉认为这种好时候已经不再,他预测自己还会来回跑,因为齐国还会向晋君提供新夫人,他不能不亲自来贺喜。游吉在当时的场合说出来明显有愤懑,但是引起了张趯等的共鸣,他们把自己君主比作天空正中央的大火星,已经处于极点。晋国正在失去诸侯信任,面临必然的衰落。鲁昭公三年(前539年)四月,郑国的郑简公和郑国大夫公孙段(即伯石)来晋国,公孙段深受晋平公赏识,"授之以策。"《春秋左传正义·卷42》P329。杜预注:策,赐命之书也。这是一位霸主锡命一位外国大臣,具体赐与物不得而知。

另外有一种结盟,是人与人之间的,属于私人性质,但由于国君的参与,变成国家的大事,鲁庄公在位最后一年,三十二年(前662年)载,以前,鲁庄公所筑的高台临近党氏之宅,他们家的人在院子中走路都可以看得很清楚,鲁庄公看中了出现在院内的鲁国大夫任姓党氏的女儿孟任,后者闭门推辞,庄公当场许诺立其为夫人,"割臂盟公"(孟任割破臂膀),生子般焉。《春秋左传正义·卷10》P81。子般在八月鲁庄公逝世后继立,十二月被庆父派人刺杀于党氏之家。

第二,事务性往来

鲁僖公元年(前659年)春,"凡侯伯,救患、分灾、讨罪,礼也。"《春秋左传正义·卷12》P89。前659年春,"诸侯救邢。邢人溃,出奔师,师遂逐狄人,具邢器用而迁之。师无私焉。夏,齐桓公迁邢于夷仪,诸侯城之,救患也。《春秋左传正义·卷12》P89。诸侯军队驱逐入侵邢国的狄人,将邢国的器用全部迁走。各国军队没有私下占有危难之际的邢国礼器。"夏,齐桓公迁邢于夷仪,诸侯城之,救患也。"《春秋左传正义·卷12》P89。夏季,齐桓公将邢国国都迁至夷仪。诸侯联合为之筑城。救患是方伯的义务。先轸曰:"定人之谓礼",意即主动前去安定别人的国家符合礼的准则。《春秋左传正义·卷16》P122。

宋昭公于前619年即位,前611年为其弟弟宋文公所杀。赵宣子向晋灵公建议派军伐宋,晋灵公认为不是晋国的急务,"对曰:大者天地,其次君臣,所以为明训也,今宋人戮其君,是反天地而逆民则也,天必诛焉。晋为盟主,而不修天罚,将惧及焉。公许之。……赵宣子曰:今宋人弑其君,罪莫大焉!明声之,忧恐其不闻也。……乃使旁告于诸侯,治兵振旅鸣钟鼓,以至于宋。"《国语正义·卷第十一·晋语五》P856。于是晋国使节四出,将宋国发生的事遍告诸侯,讨伐的军队敲着钟鼓一直到宋国。

诸侯之间对遇到困难者予以帮助,鲁襄公三十年(前550年),因为宋国大火"诸侯之大夫会,以谋归宋财。"鲁国、齐国、晋国、宋国、郑国、宋国、小邾国会于澶渊,来的都是各国上卿,敲定如何给遭灾的宋国提供物质帮助。《春秋左传正义·卷40》P311。对不端行为予以弹压是礼也是责任。

鲁定公八年(前502年)夏,齐国夏(国夏,即齐国大夫国惠子)、高张(齐大夫,姜姓,高氏,名张,亦称高昭子、高偃子)伐我(鲁国)西鄙,晋士鞅(范献子)、赵鞅、荀寅(中行文子)救我。公会晋师于瓦(卫国地名)范献子执羔,赵简子,中行文子均执雁,鲁于是始尚羔(羔羊)。《春秋左传正义·卷55》P440。齐国的国夏、高张率领齐国军队入侵鲁国西部边境。晋国出兵救援鲁国,鲁军与晋军在卫国瓦地会师,三位前来救援的晋卿范献子带着羊羔,赵简子、中行文子带着雁作为礼物献给鲁定公。

2. 诸侯之间敌友转换可能来自外部因素

1）周天王的决定

鲁隐公八年（前704年），郑庄公以祊邑向鲁桓公交换许田。虽然有强行交易的嫌疑。但郑鲁两国由此逐步建立起同盟关系，而郑庄公的跟进行为彻底扭转了舆论的评价。

鲁隐公九年（前714年），宋公不王，郑伯为王左卿士，以王命讨之，伐宋。鲁隐公十年，蔡人、卫人、郕人不会王命。

鲁隐公十年（前702年）六月，公会齐侯、郑伯于老桃，壬戌，公败宋师于菅，六月庚午（六月十五日），郑师入郜（宋国的邑名），辛未（六月十六日），归于我；庚辰（七月初五），郑师入防（鲁国地名），辛巳，归于我。君子曰：郑庄公于是乎可谓正矣，以王命讨不庭（不朝见天子的），不贪其土以劳王爵，正之体也。《春秋左传正义·卷4》P33。

宋殇公不朝见周天子，郑庄公以天子之命征讨。宋、郑两国此前恩怨交替，时和时战，郑国有机会以天子之命号召诸侯一致行动时，一些国家不能确认郑国是出于公心，执行的的确是周桓王主动下的命令，还是在假借王命来报私怨。蔡国、卫国、郕国都明确拒绝按"周天子之命"参加郑国征讨行动。鲁隐公十年（前702年）一个联军还是形成，鲁隐公、齐僖公、郑庄公在宋国的老桃这个地方会盟。六月初七，鲁隐公打败宋国军队，六月十五日，郑国军队攻入宋国郜邑名，十六日宣布此地归鲁国；二十五日，郑军占领防地，二十六日，将防地管辖权移交鲁国。郜、防两地都在宋国都城的北部，距离鲁国近，郑国远，郑庄公的此举得到广泛赞扬，认为合乎礼仪，公正无私，听从周天子之命讨伐对周王室不敬的人和国家，自己不贪其土而将获得的土地奖赏受天子爵位的诸侯，这体现政治的精义。

就因为郕国没有遵循王命，鲁隐公十年，郑国、齐国军队进攻郕国。因为无视周天子的命令，本来与郑、齐没有战争冲突的郕国成为郑、齐的敌人。

2）订立双方平等协商的结果。

有些天子和个别诸侯国之间另有具体的盟约，比如周王室与齐太公的那份就藏于周天王的朝廷府库中，由兼领司盟的太师监管。鲁僖公二十六年（前634年）夏，……齐孝公伐我（鲁）北鄙，……公使展喜犒师，（鲁大夫）……齐孝公问，鲁人恐乎？对曰：小人恐矣，君子则否。齐侯曰：室如县罄，野无青草，何恃而不恐？对曰：恃先王之命。昔周公、大公（指姜太公）股肱周室，夹辅成王，成王（前827—前782年）劳之而赐之盟曰：'世世子孙，无相害也。'载在盟府，大师职之。

桓公是以纠合诸侯，而谋其不协，弥缝其阙（弥补他们的缺失），而匡救其灾。昭旧职也。"展喜表示鲁国人相信齐桓公也会继续遵循至少一个半世纪以前订立的盟约，他奉承齐孝公会像齐太公一样维护公义，鲁国完全无辜，所以恃此以不恐。《春秋左传正义·卷16》P119。这个盟约是否真实存在，具体内容怎样，无法予以确认，展喜利用自己的学识和机智让齐孝公心满意足地撤回了军队。

诸侯之间如有友好盟约，应该相互扶持，鲁僖公九年（前651年）秋，齐侯盟诸侯于葵丘，曰：凡我同盟之人，既盟之后，言归于好。《春秋左传正义·卷十三》P98。当时参加的诸侯包括鲁僖公，齐侯、宋子、卫侯、郑伯、许男、曹伯以及周天子代表宰孔周。

出乎道义也是诸侯之间互相监督、互助的一个原则。但是实力和对道德感的各自理解差异，也难免出现对此义务冷漠的例子：

鲁哀公十四年（前481年）六月初五，"齐陈恒弑其君壬于舒州。孔丘三日齐，而请伐齐三。"（齐陈恒在舒州杀了国君壬，即齐简公。孔子斋戒三天，三次请求攻打齐国）。公曰：鲁为齐弱久矣（鲁被齐削弱已经很久了），子之伐之，将若之何？ 对曰：陈恒弑其君，民之不与者半。以鲁之众，加齐之半，可克也。"公曰："子告季孙"。孔子辞。退而告人曰：吾以从大夫之后也（因为位列大夫之末），故不敢不言。"《春秋左传正义·卷59》P471。

鲁哀公十四年（前481年）六月初五，齐陈恒在舒州杀了国君壬，即齐简公。孔子斋戒三天，三次请求攻打齐国。鲁哀公说：鲁被齐削弱已经很久了，您要伐齐国，有多大把握？ 孔子说：陈恒弑国君，齐国人反对者至少有一半。以全体鲁国人，加上半个齐国人口，一定可以战胜陈恒。"哀公说：您去同季康子谈这件事吧。季康子是执政，对孔子也比较客观，但孔子很失望，认为齐国的荒谬是提振鲁国的机会，外部干预有了充足的理由，弑君的乱臣贼子会成为众矢之的，鲁国振臂一呼，必将群起而响应。他将此事叙述给别人听后特意补充说，我曾经担任鲁国公职，现在虽已经离任，我仍然要像在职是一样，将自己的意见说出来，履行我对国家的责任，我无法决定君主如何评估我的意见，但我已经尽心尽责。

处理诸侯国家之间的关系应该以合理的方式，有些处理方式饱受争议。

鲁宣公四年（前650年），公与齐侯平莒及郯，莒人不肯，公伐莒，取向，非礼也。平国以礼不以乱，伐而不治，乱也。以乱平乱，何治之有？ 无治，何以行礼？《春秋左传正义·卷21》P167。

鲁宣公与齐惠公策划莒国、郯国两国媾和，莒人反对，鲁宣公伐莒，攻占了莒国的向地，这是不合礼的行为，居中协调两国媾和事宜，应该以礼而不以暴力，征伐而不能有序,就是混乱。没有秩序,就没有礼。这是处理问题的方式不合理。

3) 诸侯间的盟会——盟会的类型与盟约的订立

诸侯国间的盟会有级别差异,鲁昭公元年(前 541 年),春,祁午谓赵文子曰:……子相晋国以为盟主,于今七年矣! 再合诸侯(指鲁襄公二十五年合诸侯于夷仪,二十六年合诸侯于澶渊。)三合大夫(鲁襄公二十七年会和大夫于宋,三十年会合大夫于澶渊,昭公元年会合大夫于虢)服齐,狄,宁东夏,平秦乱。《春秋左传正义·卷38》P294。晋国大夫祁午对赵武说,曰:您辅佐晋侯做盟主,至今已历七年! 二次会合诸侯,鲁襄公二十五年(前 548 年)合诸侯于夷仪,二十六年(前 547 年)合诸侯于澶渊。三次会合大夫:即鲁襄公二十七年会和大夫于宋,三十年会合大夫于澶渊,昭公元年(前 541 年)会合大夫于虢《春秋左传正义·卷38》P294。祁午总结说这些会盟都取得正面的结果,是因为主导会盟的精神合乎礼。

鲁僖公二十年(前 640 年)秋,齐、狄、邢国在邢国结盟,邢国是小国,这次却由其主盟,是因为鲁僖公十八年宋国、卫国进攻齐国时,邢国为首与狄国进攻卫国,以援救齐国。这种盟主显然是对一种高尚行为的奖励。参见《春秋谷梁传·鲁僖公二十年》。对比《左传》,邢国对宋卫作战时间有差别。

诸侯参与的盟会和大夫参与的盟会需要区别记载:鲁襄公三十年冬十月:"诸侯之大夫会,鲁国叔孙豹会晋赵武,齐公孙蛮、宋向戌,卫北宫佗、郑罕虎及小邾之大夫,会于澶渊,既而无归于宋,(没有援助给宋国什么财物)故不书其人。澶渊之会,卿不书,不信也夫!"是因为会见了而不守信用,所以不记载上卿们的名字。因为宋国火灾,原本商量好诸侯们要给予援手,却没有兑现。《春秋左传正义·卷40》P310。来与会的都是各诸侯国大夫。

参与盟会的身份有可能不对等,鲁僖公二十六年(前 634 年)鲁僖公会莒兹丕公、宁庄子(即卫国大夫宁速)盟于向(莒国地名)。《春秋左传正义·卷十六》P119。

鲁文公七年(前 620 年)八月,鲁文公与"齐侯、宋公、卫侯、陈侯、郑伯、许男、曹伯会晋赵盾,盟于扈(郑国邑名),晋侯(晋灵公)立故也。《春秋左传正义·卷19 上》P144。赵盾是晋国执政大臣,晋灵公即位时年龄尚幼,原本也不是赵盾想要立的国君,赵盾出面与各诸侯国君主在郑国会见,身份上并不对等。

《春秋》经中鲁成公十五年(前 576 年)载:鲁成公会晋侯、卫侯、郑伯、曹伯、宋世子成(当时宋共公病重不能与会,派宋太子参加,即后来的宋平公)、齐国佐、邾人,同盟于戚。这是为讨伐曹国。因为在鲁成公十三年,五月曹宣公逝世。

秋,曹宣公的弟弟公子负刍杀太子自立,即位为曹成公《史记卷三十六·管蔡世家第五》P1572。诸侯纷纷要求兴师问罪,晋厉公五月份与秦国有麻隧之战,虽打败秦国,但国家急需休整,提议暂时搁置。他可能还考虑到曹宣公参加了诸侯攻秦,且死于军中,有理由为他延后进攻曹国,鲁成公十五年(前576年),即二年后诸侯再提曹成公的问题。诸侯在戚会盟后,将曹成公押送京师。书曰"晋侯执曹伯"不及其民也。凡君不道于其民,诸侯讨而执之,则曰某人执某侯。不然则否。《春秋左传正义·卷27》P212。曹成公应该没有受到过重的处罚。《春秋》经十七年(前574年),"夏,公会尹子(周王卿)、单子(周王卿)、晋侯(晋厉公)、齐侯(齐灵公)、宋公(宋平公)、卫侯(卫献公)、曹伯(曹成公)、邾人(邾国人)伐郑。六月,同盟于柯陵,此即柯陵之盟。《春秋左传正义·卷28》P219。戚之盟与柯陵之盟都是既有君侯又有上卿参加的会盟,周王室的卿在柯陵之盟中有两位同时到会。这里列出曹成公,说明他的君主地位得到恢复。

诸侯间临时性的约见应该很频繁,鲁庄公三十一年(前664年)夏六月:

齐侯来献戎捷,非礼也。凡诸侯有四夷之功,则献于王。王以警于夷,中国则否,诸侯不相遗俘。《春秋左传正义·卷10》P81。齐桓公多少有点炫耀地将自己抓到的山戎俘虏送到鲁国来展示,但是鲁国人认为这不合礼。俘虏四夷之人只能献给周天子,诸侯之间不能这样做。去年,即鲁庄公三十年,鲁庄公与齐桓公在流经齐、鲁的济水鲁国辖区地段内曾有一次会晤,《榖梁传》对"公及齐侯遇于鲁济。"有自己的理解,指出"及"指此次会晤是应鲁庄公的提议,"遇"指鲁庄公、齐桓公二人意见一致。公羊传对"遇"的解释是不期之会,杜预的意见大致是志在称霸的齐桓公主动约见鲁庄公,决意进攻山戎,理由是山戎在威胁燕国。《春秋左传正义·卷10》P80。《春秋》也记载了是齐国单独出兵。鲁国既没有与齐国联手进攻山戎,对齐桓公的俘虏也十分拒绝,《榖梁传》的解释缺乏说服力。诸侯间的活动必须目的明确,行为得体。鲁成公二年(前589年)记载,之前,鲁宣公在世时曾派使者至楚盟好,但适逢楚庄王逝世,随后鲁宣公也逝世,两国关系没有沟通好,鲁成公即位次年,与晋国盟约攻击齐国,楚国决定援助齐国,楚国精锐军队和楚共王的护卫部队全部出动,当时楚共王大约十一二岁,没有随军出征。

彭名御戎,蔡景公为左,许灵公为右。《春秋左传正义·卷25》P195。一个楚国大夫在车的中间位置驾驭战车,两旁的蔡国、徐国国君也随楚军行动。鲁成公二年(前589年)十一月:鲁文公及楚公子婴齐、蔡侯、许男、秦右大夫说、宋华元、陈公孙宁、卫孙良夫、郑公子去疾及齐国之大夫盟于蜀。卿不书,《春秋》没有记载卿的名字)匮盟也,于是乎畏晋窃与楚盟(因害怕晋国而私下与楚国结盟),故曰匮盟(所以说结盟缺乏诚意)蔡侯,许男不书,乘楚车也,谓之失位。(失掉君王的身份)《春秋左传正义·卷25》P195。

匮盟指结盟缺乏诚意,齐、宋、郑、卫等背着一方与第三方私下结盟。亦即在没有知会晋国的情况下,一些诸侯与楚国结盟。他们是因为害怕晋国而私下与楚国结盟,故曰匮盟,没有记载与会诸卿的名字,蔡侯,许男不书,乘楚车也,谓之失位。是失掉君王的身份。

楚国大夫彭名驾驶战车,站位在战车中间,蔡景公在其左边,许灵公在右。《春秋左传正义·卷25》P195。蔡国、徐国国君当时均未成年,临时行冠礼后随楚军行动。鲁成公二年(前589年)十一月:鲁文公、楚公子婴齐、蔡侯、许男、秦右大夫说、宋华元、陈公孙宁、卫孙良夫、郑公子去疾及齐国之大夫,在蜀地结盟。《春秋》没有记载卿的名字,蜀地之盟有勉强之嫌,因为晋国与楚国私下结盟的可能性很大,结盟者多有疑虑,所以说本盟约缺乏诚意。蔡侯,许男没有记载是因为没有乘自己国家的车而是楚国车,没有和诸侯一道,而是与外国的臣下并列,这有失国君身份。《春秋左传正义·卷二十五》P195。

还有一种结盟,不是出自礼仪的规则而是权宜之计,更类似派系活动。鲁襄公三十年(前543年):"夏四月,郑伯及其大夫盟,君子是以知郑难之不已。"因为酗酒出名的郑简公是个弱势的君主,所以要和臣子结盟。当时国内良氏、驷氏争斗。七月,郑伯及其大夫盟于大宫,盟国人于师之梁(师之梁门)之外。《春秋左传正义·卷40》P310。

4)盟与和成区别与关系

(1)平与成

鲁宣公四年(前605年)冬,楚子伐郑,郑未服也。六年冬,楚人伐郑,取成而还。《春秋左传正义·卷22》P170。

鲁宣公六年(前603年)冬,"楚人伐郑,取成而还。"《春秋左传正义·卷22》P170。双方媾和,这就是厉之役,当时郑伯一度窘迫,战场与媾和地点在厉地。

鲁宣公十年(前609年)六月,郑及楚平,诸侯之师伐郑,取成而还。《春秋左传正义·卷22》P173。

鲁宣公十年(前599年)十月,楚子伐郑,晋士会救郑,逐楚师于颍北,诸侯之师成郑。《春秋左传正义·卷22》P173。时隔四年,楚庄王的军队再次进攻郑国,郑国得到诸侯之师及时的援助。鲁宣公十一年春,"楚子伐郑,及栎(郑地名)。"子良做主与楚在辰陵(陈地名)接受盟约。"厉之役,郑伯逃归。自是楚未得志也。郑既受盟于辰陵（陈国地名），又缴事于晋。《春秋左传正义·卷22》P173。郑既与楚国结盟又请求晋国保护。辰陵之盟似乎没有起作用，鲁宣公十二年春（前597年），楚子围郑，旬有七日，郑人卜行成，不吉。卜临于大宫，且巷出车，吉。国人大临，守陴皆哭。楚子退师，郑人修城，进复围之。三月，克之。

被围困的郑国派人与楚国求和，占卜不吉。占卜到祖庙大哭是否有用，以及兵车陈列在里巷，准备迁徙，结果是吉利的。于是郑国人涌向郑国祖庙大哭，守城军民皆哭。不知就里的楚国人为保险起见突然后撤，郑人紧急维修受损的城墙。哭于宗庙的作用是短暂的，楚国人重新进逼包围都城。郑国都城终被攻克，郑襄公光着肩膀牵羊迎接军队。楚庄王同意同郑国讲和，"楚军退三十里，而许之平。"楚国大夫潘尪与郑国定盟，郑国派子良去楚国作人质。《春秋左传正义·卷23》P176。这里的平与盟具有大致一致的内容，经过了两道手续。

鲁昭公六年（前536年）十一月：齐侯如晋，请伐北燕也。……晋侯许之。十二月，齐侯遂伐北燕，将纳简公，晏子曰：不入，燕有君矣，民不贰。吾君贿，左右谄谀，作大事不以信，未尝可也。《春秋左传正义·卷43》P343。简公即北燕伯，齐景公打算将鲁昭公三年（前539年）逃至齐国的燕简公送回国复位，这个应该没有落实，鲁昭公七年，"王正月，暨齐平，齐求之也。"《春秋左传正义·卷44》P345。按齐国的提议，北燕和齐国媾和。但随后齐景公的军队又开到北燕国的边境，"燕人行成曰：敝邑知罪，"北燕人谦恭地寻求媾和，二月，北燕与齐国在濡上盟约，将燕姬嫁给齐景公，赠送齐侯一批珍贵礼器，齐军撤离回国。

鲁文公十七年（前610年）六月，"晋侯蒐于黄父，遂复合诸侯于扈，平宋也。"由于晋灵公怀疑郑穆公与楚国私下交往拒绝与之见面。郑国大夫子家给晋国赵宣子的书信中提及，鲁文公四年鲁'获成于楚'《春秋左传正义·卷20》P158。扈在郑国境内，晋灵公再次在扈地会合诸侯，是为了与宋国媾和。当时齐懿公的军队攻打鲁国北部边境，六月，鲁国东门襄仲在谷地刚刚与齐国结盟，没有参加晋灵公在扈地举办的诸侯会盟，谷地盟在扈地盟之前。

前610年六月，于是晋侯不见郑伯，以为贰于楚也。郑子家使执讯而与之书，以告赵宣子（赵盾）……晋巩朔行成于郑，赵穿、公婿池为质焉。冬十月，郑大子夷、石楚为贯于晋。《春秋左传正义·卷20》P158。

晋灵公因为怀疑郑穆公与楚国人私下往来，拒绝与其相见。根据《春秋》记载，这次会盟没有成功。郑国重视与晋国的关系，郑国致政大夫子家与晋国赵宣子同姓沟通后，晋国大夫"巩朔行成于郑，赵穿、公婿池为质焉。"十月，郑国大子夷即后来的郑灵公、大夫石楚被安排到晋国为人质。子家信中提到的郑国获成于楚,就是与楚国达成媾和,土庄伯行成于郑意思是晋国寻求与郑国媾和。

申胥即伍子胥,名员,申胥是因为他在吴为臣时,赐与他申地,申胥反对与越国讲和,在越王使节的积极游说下,开始时主意不定的夫差又同意他们提出的讲和。"吴王既许越成",答应与越国讲和,同时吴国整军将进攻齐国。前484年,艾陵之战,夫差取得对齐作战的胜利,吴王以此讥讽申胥,后者继续向吴王进谏,曰:……王其盍亦鉴于人,无鉴于水!……吴王曰:大夫奚隆于越,越曾足以为大虞乎,若无越,则吾何以春秋曜吾军士?乃许之成,将盟,越王又使诸稽郢辞曰:"以,盟为有益乎,前盟血口未干,足以结信矣;以盟为无益乎,君王舍甲兵之威以临使之,而胡重于鬼神而自轻也?吴王乃许之。荒成不盟。《国语正义·卷第十九·吴语》P1213。

申胥举楚灵王的例子,劝夫差王应该以人为镜,吴王反而认为他夸大越国的实力,断言越国不可能成为心腹大患。吴国的军威还要越国这样的观众畏惧、仰慕。于是同意越国求和,将要结盟时,越王派使节表示,此前结盟不久,足以保证两国互信,不用多此一举,越国人另有打算,不愿订盟约,吴王不知是计,满不在乎的同意越国只讲和,不结盟的提议。

鲁文公十三年(公元前614年)冬,(鲁文)公如晋朝,且寻盟,卫侯(卫成公)会公于沓(卫国地名)请平于晋(请求与晋媾和)。公还,郑伯会公于棐,亦请平于晋,公皆成之。(都达成和议)《春秋左传正义·卷19下》P151。处理诸侯之间的关系时需要倚赖某些善于交际或有威信的诸侯作为中间人。鲁文公似乎很乐意担任这个角色。与"成"一样,"平"是媾和。鲁成公二年(前589年),冬,楚进攻鲁国,进入鲁国属地蜀地,鲁国执政大夫孟孙(孟献子,仲孙蔑)"请往略之,以执斲(木工)执针(女工)、织纴(织布人)皆百人,公衡(衡父,鲁国大夫)为质,以请盟,楚人许平(同意媾和)。《春秋左传正义·卷25》P195。

孟献子送给楚军木工、缝纫工、织布工各一百人,鲁国大夫衡父为人质,请求与楚国结盟,楚国只答应媾和。

鲁隐公六年(前717年),郑人来渝平也。《春秋左传正义·卷4》P29。渝平是一个专有名词,指抛弃旧怨开始结好。鲁隐公为太子时,与郑国战于狐壤,被郑国所俘,逃归。因此结怨。更成,就是渝平之意。

"平"、"成"多用于两国之间媾和,媾和的等级低于盟,平或成是达成一种意向,相当于双方口头商定,盟则是两方以上至多方签订的有具体事项的书面誓约。

5)诸侯会见的仪式

标准的会盟仪式程序：一个诸侯出国活动礼节性交流或事务性往来，1. 首先要到祖庙报告，并祈祷行程顺利。2. 可以随带仪仗、随从。3. 部分情况下会互赠礼物。4. 部分盟会签订盟约后共饮血酒，以示庄重；会盟如无盟约，不论是否有共识，不饮血酒。4. 君王归国后要举办群臣参加的宴会。5. 如实纪录取得的成果。6. 结盟者之一（多为主动提出为某事结盟达到目的的一方）会在稍晚时候去另一方拜谢结盟成功。

（1）盟会的地点

鲁僖公二十八年，盟诸侯于王庭；鲁成公十三年，盟于大庙；鲁昭公七年，齐侯与燕国盟于濡水岸边；昭公二十二年，齐侯与莒子盟于稷门之外；鲁哀公二十六年，晋国赵武、齐国国弱等在虢地会盟。非国与国之间的盟约地点更为灵活，定公六年，阳虎、鲁定公、三桓盟于周社，阳虎与国人又盟于亳社；昭公十一年，鲁国大臣孟僖子与邾庄公于清丘之社（类似土地庙）；鲁哀公二十六年，宋国君与六卿盟于少寝之庭，（即小寝外的庭院）。昭公元年，罕虎、公孙侨、游吉等郑国大臣私盟于闺门之外（即城门之外私下结盟）。昭公二十二年盟群王子于单氏，在私宅。

有关组织盟会的过程。歃血的先后次序，在第二次"弭兵之盟"时记载有比较完整的会盟过程：

宋向戌善于赵文子，又善于令尹子木，欲弭诸侯之兵以为名。

鲁襄公二十七年（前546年）六月丁卯，宋向戌如陈，从子木言成于楚。子木谓向戌曰："请晋、楚之从，交相见也"。戊辰，向戌复于赵孟，赵孟曰：晋、楚、齐、秦，匹也。晋之不能于齐、犹楚之不能于秦也。楚君若能是秦君辱于敝邑，寡君敢不固请于齐？壬申，左师复言于子木，子木使馹（谒诸王，王曰：释齐、秦，他国请相见也。秋七月戊寅，左师至，是夜也，赵孟及子皙盟以齐言。庚辰，子木至自陈，陈孔奂、蔡公孙归生至，曹、许之大夫皆至。以藩为军，晋楚各处其偏。伯夙曰：楚氛甚恶，惧难。赵孟曰：吾左还入宋，若我何。辛巳，将盟于宋西门之外，楚人衷甲，伯州犁固请释甲，子木曰：晋、楚无信久矣都，事利而已，苟得志焉，焉用有信？"

季武子使谓叔孙以公命曰：视邾、滕。既而齐人请邾、宋人请滕，皆不与盟。叔孙曰：邾、滕、人之私也。我列国也，何故视之？宋、卫、吾匹也，乃盟，固不书其族，言违命也。

晋楚争先，晋人曰"晋故以为诸侯盟主，未有先晋者也。楚人曰：子言晋楚匹也。若晋常先是楚弱也。且晋楚狎主诸侯之盟也久矣。岂专在晋？叔向谓赵孟曰：诸侯归服晋之德只，非归其尸盟也。子务德，勿争先，且诸侯盟，小国固必有尸盟者，楚为晋细，不亦可乎？乃先楚人，书先晋，晋有信也。《春秋左传正义·卷 38》P293。

鲁襄公二十七年（前 546 年），宋向戌利用自己与晋赵文子（晋国执政）、楚令尹子木（屈建）有友好的关系，谋划通过平息诸侯之间的战争以博取名声，"欲弥诸侯之兵以为名"，向戌在诸侯之间奔走联络，分别前往晋、楚、齐、秦等主要大国，除了齐略有些勉强，四国都答应参加停止战事的盟会，这些大国又分别通知与他们关系紧密的小国。

地点：宋国，西门之外。

参加者到达日：五月二十七日，晋国赵文（赵武）到达，二十九日，郑国良宵（大夫）到达，六月初一，宋国设享礼招待赵文，叔向是赵文随行的副职，宋平公对晋国使臣的单独款待"司马置折俎，礼也。"（司马把煮熟的牲畜拆碎后放到礼器中。）"仲尼使举是礼也，以为多文辞。"（孔子看到这次礼仪的纪录，认为修饰的辞藻太多。）六月初二，叔孙豹（鲁国大夫）、齐国庆封（当年为齐国执政）、陈须无（齐国大夫）、卫国石恶到达。初八，晋国的另一个与会者荀盈（晋卿）到达。初十，邾悼公到达，十六日楚公子黑肱（楚庄王子）先到达。二十二日滕成公到达。七月初二，向戌（宋国左师）到达。初四，"子木至自陈，陈孔奂（陈国大夫）、蔡公孙归生（蔡国大夫，与楚国伍举关系密切）至，曹、许之大夫皆至。由于路途长短不同，交通不便，诸侯齐聚需要很长时间，而且不确定。最先达到宋国的赵孟与最后达到的曹、许两国的大夫相隔一个月有余。

到达先后次序：赵武、叔向、良宵、叔孙豹、庆封、陈须无、石恶、荀盈、邾悼公、公子黑肱、屈建、滕成公、向戌、孔奂、公孙归生、曹国大夫、许国大夫。秦国参见了此次弭兵大会，但未列出其代表。

所代表诸侯国：晋、郑、鲁、齐、卫、邾国、楚国、滕国、宋国、陈国、蔡国、曹国、许国、秦国十四国。

正式使节总人数：十七人。秦国未计。

（2）会盟仪式的组成部分：

1. 事先征求意见：六月十六日，楚公子黑肱先至，成言于晋，即与晋国赵孟商议有关事宜。六月二十一日，向戌到陈国，和令尹子木商定楚国对此次盟约的内容。屈建给向戌提出楚国的要求：受晋国庇护，向晋国朝贡的诸侯盟约后也要向楚国朝贡，同样，追随并向楚国朝贡的诸侯也要向晋国朝贡。二十四日，向戌转达子木的意见给赵孟，赵孟觉得不妥，说：晋、楚、齐、秦是对等的国家，晋不能指挥齐,就像楚不能指挥秦一样。楚君若能让秦君到我国去,我国君主定冒昧请求齐君前往楚国。二十六日,向戎与楚国令尹讨论赵文子的意见,无法定夺,子木特意前谒见楚康王。楚康王做出决定:齐、秦之外,其他诸侯国要按令尹子木的意见,向楚、晋两方朝贡。

1. 拟定盟约内容:七月初二夜,赵孟、楚王子子皙整理审定最后的盟誓文本。

2. 盟会的前夜,晋军驻地处于各诸侯国最北端,楚在最南端,晋国副使荀盈提醒赵武楚国驻地气氛异常,赵武表示有预案。荀盈的判断没有错,七月初五,将要在宋国的西门外结盟,楚国人的外衣内穿着皮甲,伯宗之子,为三郤所迫逃往楚国的晋国人伯州犁,现在是楚国太宰,要求脱掉皮甲,令尹子木认为晋、楚彼此长期都存在信誉问题,做对自己有利的事,达到目的比信誉重要。楚国人内着皮甲的事让赵孟担心,叔向得知后认为宋国可以信赖,楚国失去信誉比阴谋得逞更可悲。

3. 地位等级先后次序 季武子派人以鲁襄公的命令告诉公孙豹不能接受对我们如同对待邾、滕一样。公孙豹向大会申诉:邾、滕是别人的私属。我是诸侯国,怎能如此?鲁国应该与宋国、卫国同等待遇。完成盟誓后,《春秋》未记载叔孙豹的氏族,认为他违背盟会既定次序命令。齐国人要求把邾国当作自己的属国,宋国人请求把滕国当作自己的属国,结果邾、滕两国皆不参加结盟。

4. 歃血前必须斋戒 鲁昭公元年(前541年)三月,鲁国季武子伐莒取郓,莒人告于会(盟会)。楚告于晋曰:寻盟未退,而鲁伐莒,渎齐盟,请戮其使。"《春秋左传正义·卷41》P318。楚成王的人对晋惠公的人说,经过斋戒——歃血程序的盟约神圣不可亵渎,鲁国背盟,应该斩杀它的使者,被鲁国大夫叔孙豹机智化解。

5. 歃血盟誓 晋、楚争论先后次序,晋人认为自己一直为盟主,不应有诸侯排列在晋国之前歃血。楚国人认为主盟的事随时间在变化,近来是晋楚交替为盟主,晋国不应该坚持定式思维,固定排位第一。叔向劝说赵孟,诸侯归顺晋,是敬拜晋国的德,而不是晋国做主盟这个形式,避免本末倒置,错失这个展示晋国谦让美德的机会。其二,诸侯会盟,尸盟者即主持会盟的具体事务的人,通常是小国的人员,不如让楚国先歃血,他的身份就变成了晋国尸盟者,楚国因此也就礼仪制度上的小国。晋国虽然排在楚后,位置却更为尊贵,得失一目了然。赵孟接受了叔向的意见,同意楚国人先歃血。但《春秋》记载位次晋在先,是因为晋国表现出诚信。《春秋左传正义·卷38》P293。

这是有比较完整记载的一次盟会,参加者、时间、地点、盟会的前期准备,预案,盟约,歃血过程等均有记录。从晋楚、齐秦四个大国在大会中地位看,国家实力成为最重要的因素。这次大会上晋楚两强似乎在享有平分霸权的幸福。唯一不足的是没有盟誓的具体内容,这里将鲁僖公二十八年(前632年)五月,周襄王卿士王子虎盟诸侯于王庭的盟誓内容录入作为参照:

要言曰:皆奖王室,无相害也。有渝此盟,明神殛之。俾队其师,无克国祚,及而玄孙,无有老幼。《春秋左传正义・卷十六》P124。

盟者,杀牲歃血誓于神也。……盟之法为,先凿地为方坎,杀牲于坎上,割牲左耳,盛以珠盘。又取血盛以玉敦,用血书写盟书,书成,乃歃血而读书。盟书正本置于牲上掩埋。《礼记正义・卷五・曲礼下》P38。参与结盟的各方应该有盟约的副本。以上是孔颖达对盟所做的疏。

在郑国的践土,晋文公为周襄王前来慰问诸侯而临时修建的王宫内,周襄王卿士王子虎主持诸侯结盟。盟约要求:结盟的诸侯必须忠于周襄王,结盟的诸侯之间不许相互争斗,违背誓言的诸侯定会遭到神明的惩罚,其军队会覆灭,国家会灭亡,祸及其玄孙一代的男女老幼。舆论认为这次盟约条件合乎标准规范,程序正确,盟约有效。

前541年,参与宋国第二次弭兵大会的部分诸侯在虢地重温旧盟,《春秋》经载:鲁昭公元年,"正月,(鲁昭)公即位。"正月十五"叔孙豹、晋国赵武、楚公子围、齐国国弱、宋国向戌、卫齐恶、陈国公子招,蔡国公子归生,郑国罕虎、许人、曹人,于虢。"《春秋左传正义・卷41》P317。

并非所有的晋国人都同意叔向、赵武在歃血排序中对楚国的谦让。五年后,晋臣祁午重提此事,仍然心情沉重,谓赵文子曰:宋之盟,楚人得志于晋。今令尹之不信,诸侯之所闻也。子弗戒,惧又如宋。子木之信称于诸侯,犹诈晋而驾焉,况不信之尤者乎?楚重得志于晋,晋之耻也。子相晋国以为盟主,于今七年矣。有令名矣,而终之以耻,午也是惧。文子曰:然宋之盟,子木有祸人之心,武有仁人之心,是楚所以驾于晋也。今武犹是心也,楚又行僭,非所害也。且吾闻之"能信不为人下"。《春秋左传正义・卷41》P317。赵武解释了自己当时让楚国居先,是因为他希望从细节上着手为晋国建立信誉,他认为这样会让晋国受益最大,变得更强大。他现在仍坚持这种思想,显示他内心充满力量。五年后许多老面孔在虢地重温宋国的会盟过程中,晋国表现出了领袖气质。陈设冒用楚国君服制,骄纵的楚国令尹围请求使用牺牲,宣读鲁襄公二十七年盟会在宋定制的盟约,以及把盟约放置在祭品上的三项要求虽然都得到满足,但事先经过晋国赵武的审核才获准执行。"楚令尹围请用牲，读旧书，加于牲上而已，晋人许之。"
《春秋左传正义·卷41》P318。

会盟中排序是个长期存在的问题，爵位的等级，力量的消长，参与者的智慧
等都会导致改变排序。（前506年），春，刘定公在召陵会合诸侯，谋划进攻楚国，
蔡昭侯、卫灵公与会。

"蔡侯私于周苌弘以求长于卫，卫使史鳅言康叔之功德，乃长卫。《史记卷二
十五·管蔡世家第五》P1568。

史鳅与祝佗、子鱼是同一个人。左丘明更为详细地记载祝佗的博学雄辩。
鲁定公四年（前506年）春三月，卫灵公带卫国大夫祝佗一同前往参加召陵大会，
大会安排蔡国在卫国之前歃血，卫灵公不满，祝佗因此有下列陈述：

周公旦、康叔、唐叔"三者皆叔也，而有令德，故昭之以分物。不然，文、武、
成、康，之伯犹多，而不获是分也，唯不尚年也。管蔡启商，惎间王室，王于是乎杀
管叔而蔡蔡叔，以车七乘，徒七十人。曹，文之昭也，晋，武之穆也。曹为伯甸，非
尚年也。今将尚之，是反先王也。晋文公为践土之盟，卫成公不在，夷叔，其母弟
也，犹先蔡。其载书云：'王若曰：晋重、鲁申、卫武、蔡甲午、郑捷、齐潘、宋王臣、
莒期。'藏于周府，可覆视也。吾子欲复文、武之略，而不正其德，将如之何？"苌弘
说，告刘子，与范献子谋之，乃长卫侯于盟。《春秋左传正义·卷54》P431。

蔡昭侯之所以想要排在卫国之前歃血，就是因为蔡叔在武王同母弟中排行
第五，康叔排行第九。卫国祝佗陈述康叔封于武王畿内的康国，虽然比蔡叔年
幼，但功德显赫，应该以祖先对国家的贡献和个人声誉作为标准。周公旦、康叔、
唐叔都是周天子的弟弟，因为有美德，所以赐予一些珍贵的器物来彰显他们的令
誉，否则，文王、武王、成王、康王，兄长们还有很多，但没有获得分同类赏赐，就是
因为赏赐不是根据年龄。管叔、蔡叔误导殷商遗民，谋逆周王室，周天子于是杀
管叔而流放蔡叔。曹国是文王的后代，晋国是武王的后代，曹国以伯爵为甸服，
就不是以年龄为衡量标准。如果现在以年龄作为标尺，无疑是违反先王的做法。
晋文公召集践土会盟时，卫成公不在，他同母弟夷叔，排序就列在蔡国之前。其
盟书记载：'天子说：晋国重、鲁国申、卫国武、蔡国甲午、郑国捷、齐国潘、宋国王
臣、莒国期。'盟书在成周的府库收藏，可以查阅。如果有人想要恢复文王、武王
的仪制，却又不先端正德行，恐怕难见成效，苌弘很认同他的见解，与刘子、范献
子商量后，盟约时的正式排序将卫国列在蔡国之前。《春秋左传正义·卷
54》P431。

爵位曾经是界定诸侯的行为规范、活动范围的主要依据，需要严格遵从。鲁

哀公十三年（前556年）七月有载，"吴人将以公（鲁哀公）见晋侯，子服景伯对使者曰：王合诸侯，则伯帅侯牧以见于王；伯合诸侯，则侯帅、男以见于伯。自王以下，朝聘玉帛不同。则敝邑之职贡于吴，有丰于晋，无不及焉，以为伯也。今诸侯会，而君将以寡君见晋君，则晋成伯，敝邑将改职贡。鲁赋于吴八百乘，若为子、男，则将半邾以属于吴，而如邾以事晋。且执事以伯召诸侯，而以侯终之，何利之有焉？吴人乃止，既而悔之，将囚景伯。《春秋左传正义·卷59》P469。

典命是周官体系中的职位之一："掌诸侯之五仪、诸臣之五等之命。上公九命为伯，其国家（都城）、宫室、车骑、衣服、礼仪皆以九为节。侯伯七命，其国家、宫室、车骑、衣服、礼仪皆以七为节。子男五命，其国家、宫室、车骑、衣服、礼仪皆以五为节。王之三公八命，其卿六命，其大夫四命。及其出封，皆加一等（若出封在外，都加一等）。其国家宫室车骑衣服礼仪亦如之。凡诸侯之适子，誓于天子，摄其君则下其君之礼一等；（诸侯的世子已呈报天子经过核准的，代替他们的国君，比照他们国君的礼仪低一等），未誓，则以皮帛继子男（未经过核准的诸侯世子，代表他们的国君，那就执持皮帛，在子男之后）。公之孤四命，以皮帛眡小国之君。（上公的孤卿四命，执持皮帛，礼仪与小国国君子男相同）其卿三命（上公的卿三命），其大夫再命，其士壹命，其国家、宫室、车骑、衣服、礼仪各眡其命之数。侯伯之卿、大夫、士亦如之。子男之卿再命，其大夫一命，其士不命，其国家、宫室、车骑、衣服、礼仪各眡其命之数。《周礼注疏·卷二十一·春官·典命》P142。这只是一种美好的回忆，在鲁昭公时，爵位高低明显已不是礼仪规格高低的唯一考量标准。

鲁昭公元年（前539年）三月，楚公子围参与齐、晋等国的结盟，晋、楚、齐、鲁、宋、郑、卫、陈、蔡等国的代表在虢（河南郑州市北古荥镇）集会，重申前546年在宋的盟约。"楚公子围设服离卫。叔孙穆子曰：楚公子美矣，君载！（楚公子围陈设国君服饰和布置两个持戈卫兵保卫的等级）《春秋左传正义·卷41》P318。这可能是楚公子想提高本国在结盟中的地位的一种逾越举措，招致了非议。公元前541年，（《国语》中该年份与《左传》记载有误。）楚国的令尹公子围出场时，让两个人拿戈在他前面引导，叔孙穆子（即鲁国大夫叔孙豹）对蔡国代表和郑国代表说，楚公子的服饰仪仗很壮观，不像大夫了，倒像个国君。郑国的罕虎（子皮，当时已经主动将执政大臣位置让与子产。自己为辅）说，二人持戈在前，我十分疑惑。蔡国子家（公孙归生）可能想劝二人不需要过于拘泥：楚是大国，公子围是令尹，有这种仪仗在前引导，没有问题吧。（有执戈之前，不亦可乎？）穆子说：不对，天子有虎贲（天子卫队），是用来练习军训的，诸侯有旅贲（出巡是护车勇士,持戈挟车而行),是用来防灾祸的,大夫有副车,是准备接受办事命令的,士有陪车(随从的车),是传告使命的。今大夫都陈设诸侯的服饰仪仗,是有篡国的心了,如果没有,敢于陈设诸侯服饰仪仗见各诸侯国的大夫吗? 他将不再回国为大夫了。楚国国君郏敖(公元前544年即位,在位四年。)生病时被公子围缢死,公子围做了国君。《国语正义·卷第五·鲁语下》P482。几位对这个场面的评价不同,但公子围在虢地引人注目的仪仗准确预示了他的政治未来。

参与盟约的各国一般会歃血为盟,鲁隐公七年(前716年),陈及郑平,十二月,陈五父如郑莅盟,壬申(初二),及郑伯盟,歃如忘。《春秋左传正义·卷4》P30。陈国的五父在歃血时忘记誓词,郑国大夫泄伯评论说:五父会面临灾祸,他显然没有意识到歃血仪式对一个国家的重要意义。

而"胥命"是个专有名词,指诸侯相见会谈而不歃血。具体形式至少有两种:1. 没有形成盟约。鲁桓公三年(公元前709年)夏,齐侯、卫侯胥命于蒲(卫国地名),不盟也。《春秋左传正义·卷6》P44。大致是双方没有完全谈妥而没有结盟,齐侯、卫侯相见的目的何在没有跟进的记载。2. 有完全的共识。鲁庄公二十年(前674年),郑伯曰:……盍纳王乎(让周惠王复位)? 虢公曰:寡人之愿也。《春秋左传正义·卷9》P72。鲁庄公二十一年(前673年春),胥命于弥。(弥是郑国地名)《春秋左传正义·卷9》P72,指郑伯和虢叔在弥地会谈。郑厉公与虢叔在去年冬(鲁庄公二十年,前674年)就达成共识,次年再次在弥地确认,夏季同伐王城。

正常情况下,诸侯间大型与重要活动应该有周天子的影子,鲁宣公七年(前602年),郑及晋平,公子宋之谋也,故相(相礼者)郑伯以会,冬,盟于黑壤,王叔桓公临之。以谋不睦。《春秋左传正义·卷22》P172。郑国和晋国在黑壤结盟,周天子派卿士王叔桓公当场监督。不知是否因为有周王室的人出现,晋成公没有虐待郑襄公。下面的场合单顷公的出现也不偶然,鲁襄公三年(前576年),"六月,鲁襄公会单顷公及诸侯,己未,同盟于鸡泽,晋侯使荀会(晋公族大夫)逆吴子于淮上,吴子不至。"《春秋左传正义·卷29》P228。单顷公即周王室大臣单子与鲁襄公等诸侯盟于鸡泽,晋厉公派晋大夫迎接吴国君主寿梦,可能是旅途耽搁没有及时赶来。

周天子有影响力的在职官员主持召集诸侯大规模集会符合礼制规定:

鲁僖公二十八年(前632年)五月,王子虎盟诸侯于王庭,在郑国的践土,晋文公为周襄王前来慰问诸侯而临时修建的王宫内,周襄王卿士王子虎主持诸侯结盟。《春秋左传正义·卷十六》P123。

刘献公的庶子伯蚠,也称刘卷、刘文公,刘献公无嫡子,刘卷得以立,姬姓,子爵。刘国国君,在周任职,《谷梁传》认为刘文公不是列土诸侯,只是京畿内的寰内诸侯。鲁定公四年(前 506 年),春正月,"刘文公合诸侯于昭陵,谋伐楚也。……沈人不会于昭陵,晋人使蔡伐之。夏蔡灭沈,秋,楚为沈故,围蔡。《春秋左传正义·卷 54》P431。据《春秋》记载:三月在昭陵参会的诸侯包括鲁定公、刘子、晋定公、宋景公、蔡昭公、卫灵公、陈子即尚未继位的陈怀公、郑献公、许男(许元公)、曹伯(曹隐公)、莒子(莒郊公)、邾子(邾隐公)、顿子(顿国国君)、胡子(胡国国君)、藤子(滕顷公)、薛伯(薛襄公)、杞伯(杞悼公)、小邾子(小邾穆公)、齐国的国夏。他们在昭陵会盟准备攻击楚国。周景王驾崩后,刘文公、单穆公立周景王长子猛为周悼王。毛伯得等支持周景王另一子王子朝,驱除周悼王、单穆公、刘文公,立王子朝。周悼王逝世,弟立为周敬王,他得到刘文公、单穆公的支持,与王子朝一方在王畿附近作战三年。鲁昭公二十六年(前 516 年),在晋国的支持下,周敬王一方打败王子朝,王子朝、毛伯得、尹文公逃往楚国。王子朝谴责刘文公等废长立幼。鲁定公四年,吴王阖庐与楚开战,刘文公与周大夫苌弘、晋国有才华但贪婪的范献子谋划攻打楚国,在昭陵会合诸侯。为何说他是有影响力的人? 前 506 年七月,刘卷(即刘蚠刘文公)卒。《春秋谷梁传》鲁定公四年(前 506 年)载:刘卷卒,"此不卒而卒者,贤之也。寰内诸侯也(天子畿内,大夫有采地者,谓之寰内诸侯),非列土诸侯,此何以卒也? 天子崩,为诸侯主也。"

这是地位等级上本不应该记载他去世消息的人而记载了是因为他贤德。他只是在京畿内有封地的大夫,并不是天子分封在四方的诸侯,为何记载他逝世呢? 因为周景王逝世时,他以王室的主人身份接待前往吊唁的诸侯。范宁集解,杨士勋疏《春秋谷梁传注疏·卷十九》P80。

两个诸侯国之间因为其他目的达成协议,也是盟会的一种形式。鲁恒公元年(前 711 年),"夏四月丁未,公及郑伯盟于越,结祊成也。盟曰:渝盟无享国""……冬,郑伯拜盟。"《春秋左传正义·卷 5》P38。祊即祊田,原为郑国祭祀泰山之地,现郑提出改祭祀周公,希望以祊田交换鲁国的许田。郑国为交易成功另外主动增加了一块玉璧。结祊成就是完成交换祊田的事项,这是一个比较正式且标准的会盟,郑、鲁自愿两国交换一块土地,在越地举行了仪式,盟誓之辞中注明对于违背盟约的人,天要令其丧失自己的国家。冬天,郑庄公还经过曹国或者卫国直线距离最短的两条线路前来鲁国,感谢鲁庄公与其成功结盟,当然这也是对该盟约的一次确认。

有些盟约看起来小题大做,过于敏感,并非必要。鲁襄公十六年(前 557

年），晋侯与诸侯宴于温，使诸大夫舞，曰："诗歌必类！"齐高厚之诗不类，荀偃怒，且曰：诸侯有异志矣！使诸大夫盟高厚，高厚逃归，于是叔孙豹、晋荀偃、宋向戌、卫宁殖、郑公孙虿、小邾国之大夫盟曰：同讨不庭。《春秋左传正义·卷33》P261。晋悼公与诸侯在温地欢宴，让各国诸侯在场的大夫跳舞，要求所颂诗歌必须与舞蹈的节奏、意境协调一致，齐国大夫高厚的诗与舞蹈不一致，晋国荀偃竟然由此判定诸侯对晋国有异心，要求诸侯国大夫与高厚宣读对盟主表示忠诚的盟誓，高厚逃回齐国。于是鲁国叔孙豹、晋荀偃、宋向戌、卫宁殖、郑公孙虿、小邾国之大夫盟誓，保证对不忠于晋国的诸侯同仇敌忾。

盟会迟到是违背礼节和习惯的行为，严重的可能招致战争，鲁文公八年（前619年）秋，晋人以扈之盟来讨，冬，襄仲会晋赵盾，盟于衡雍，报扈之盟也。《春秋左传正义·卷19上》P144。因为扈地盟会鲁文公迟到，晋国前来攻打鲁国。冬，襄仲与晋赵盾会面，在衡雍地盟约，确认鲁国接受扈地盟会的盟约内容。晋国人把入侵鲁国当作礼恢复正常的积极行为。最为危险的会盟要数宋襄公的邀约，前640年，宋襄公借口鄫国国君参会迟到，居然将其掳死后煮熟用于祭祀，不是因为煮熟的人祭祀后有特别的效果。

榖之盟不是一个平等自愿基础上的盟约。鲁文公十七年（前610年），"四月，齐伐我北鄙，襄仲（即公子遂或东门襄仲，鲁庄公之子）请盟，六月，盟于榖。《春秋左传正义·卷20》P158。鲁文公在齐国军队的刀剑下被迫与之签订了盟约。齐懿公的军队对鲁国的这次入侵导致另一次盟会流产。鲁文公十七年（前610年），晋、卫、陈、郑伐宋，同样在六月，时间在鲁、齐签盟之后。"晋侯蒐于黄父，遂复合诸侯于扈，平宋也（为了与宋国媾和）。公不与会，齐难故也。书曰："诸侯"，无功也《春秋左传正义·卷20》P158。晋灵公在扈地会合诸侯，是为了与宋国媾和，鲁文公没有参加扈地会盟是因为齐国入侵。《春秋》对这次会盟只记载"诸侯"，讥讽这是一次流产的会盟。

鲁成公二年（前589年）十一月：鲁文公及楚公子婴齐、蔡侯、许男、秦右大夫说、宋华元、陈公孙宁、卫孙良夫、郑公子去疾及齐国之大夫盟于蜀。卿不书，匿盟也，于是乎畏晋窃与楚盟，故曰匿盟。《春秋左传正义·卷25》P195。

匿盟指结盟缺乏诚意的盟约，鲁、齐、宋、郑、卫等背着一方与第三方私下结盟。亦即在没有知会晋国的情况下，一些诸侯与楚国结盟。他们害怕晋国追责而遮遮掩掩地私下与楚国结盟，缺乏诚意。所以称匿盟。鲁、卫等国不久前与晋国有盟约，并且联合晋国伐齐，与齐国有约的楚国发动阳桥之役，鲁、卫遭到楚国令尹子重的猛烈攻击，招架不住的鲁国执政仲孙蔑不得已纳贡请盟，得到允许。与楚国签订盟约是权宜之计，能否执行订约双方都将视情况而定，对于这类盟会，春秋不记载与会诸卿的名字。

（3）履约的保障

鲁襄公十一年（前562年）七月，郑简公，与齐、宋、晋、卫等诸侯于亳缔结盟约，载书曰："凡我同盟，毋蕰年，毋雍利，毋保奸，毋留慝，救灾患，恤祸乱，同好恶，奖王室。或间兹命，司慎、司命，名山、名川，群神、群祀，先王、先公，七姓十二国之祖，明神殛之，俾失其民，墬命亡氏，踣其国家。"《春秋左传正义·卷三十一》P248。这是记载比较完整的盟词之一。这不是一个具有具体目的的盟约，但是为了保障盟约得以执行，基本上祭出了所有可能对受盟者心理有约束力的神灵，但是这个盟约签订尚未足月，盟约即被结盟者之间的战争——郑与宋，诸侯与郑之间的战争破坏。

不履行或部分不履行盟约的情况不少见，因此，为了保障盟约的履行，交换人质是比较习惯的做法。会盟者的信用加上人质来维系、巩固盟约是常见的做法。鲁隐公三年（前720年），周天子和郑国互相交换人质，作为对双方签订的盟约的抵押物，这是一种信任度很低的盟约。周平王宜臼于本年三月逝世。四月周、郑即交恶。不仅天子与诸侯这样的臣属关系需要人质，大国小国互相派人质的情况也多见，如前文中晋国赵穿、晋侯女婿公婿池到郑国为质，郑国大子夷大夫石楚到晋国为贯，即到晋国为人质就是例子。

盟会的后果是《春秋》考察的重要指标：

"鲁宣公十二年（前597年）晋原縠、宋华椒、卫孔达，曹人同盟于清丘，曰："恤病、讨贰。"于是卿不书，不实其言也。宋为盟故，伐陈。卫人救之，孔达曰：先君有约言焉，若大国讨，我则死之。

鲁宣公十三年春，齐伐莒，莒恃晋而不事齐故也。

夏，楚子伐宋，以其救萧也。君子曰：清丘之盟，唯宋可以免焉。

秋，赤狄伐晋。晋人归罪于先縠而杀之，尽灭其族。

清丘之盟，晋以卫之救陈也讨焉。使人弗去，曰："罪无所归，将加而师。"十四年春，孔达缢而死。卫人以说于晋而免。卫人以为成劳，复室其子，使复其位。《春秋左传正义·卷23》P181。

清丘之盟的背景：前597年冬，楚庄王攻击宋国的附庸萧邑，宋国大夫华椒率蔡国军队救援，萧邑人在战场上抓到了楚国的将军熊相宜僚、公子丙，楚庄王重视这两个人，以撤军为条件请萧邑人不要杀他们，但萧邑人杀死了他们，愤怒的楚庄王激励军队击溃了萧邑。稍后晋原縠（又称先縠、彘子）、宋国大夫华椒、卫国执政大夫孔达以及曹国人在卫国的清丘结盟，盟约内容是："互相救济有难的国家，讨伐有背离盟约的国家。"《春秋》上没有记载这次盟会与会三国卿大夫的名字，是因为他们没有履行盟约上的誓词。宋国因为履行盟约，讨伐陈国。卫国人又救援陈国。卫国执政孔达辨释说：我们先君曾经和陈国有过约定，如果大国攻打我们，我们两国并肩作战，直到战死。以前卫成公与陈共公有旧好，所以孔达要背盟救陈，但是后果很严重：次年（鲁宣公十三年）春，晋的保护国莒国遭到齐国入侵，夏，因为宋国救援萧邑的事，楚国伐宋。冬季，晋景公派人前来指责卫国救援陈国，强悍的晋国使者在卫国坐等卫君惩办责任人，否则以战争相威胁。孔达愿意承担责任，鲁宣公十四年，孔达自缢而亡，卫国以此取悦晋国并向相关诸侯通告对孔达的处理以求免责，同时卫穆公又因为孔达有辅佐先君的功劳，为孔达的儿子娶妻，并且令其继承其父官职。《春秋左传正义·卷23》P181。

清丘之盟可以说是一个不吉祥的盟会，宋国能够遵守盟约救援萧国，但次年（鲁宣公十三年），因此遭到楚国的攻击，舆论以此认为宋是唯一可以免除指责的国家。十三年齐入侵莒，作为莒的庇护者，晋国不免卷入。秋天，赤狄进攻晋国，兵锋达到晋国的清原，赤狄是先縠所招致，杜预解释先縠这样做是因为"邲战不得志，故召狄欲为变。"晋国随即杀先縠，灭其族。卫国孔达被逼自尽，与会者受益者寡，受其害者大。

（4）盟会的破坏

鲁成公元年（前590年）春，晋侯派大夫瑕嘉成功调解周王室与戎人的矛盾，王室特使单襄公专程到晋致谢。但是王室刘康公仍然希望冒险用军事行动打败戎，周天子的内史叔服"背盟而欺大国，此必败。"刘康叔坚持对茅戎开战，三月，茅戎送给了违背盟约的周王室军队一次惨败，秋天，周王室派人到鲁国通告了这一战事结果。

受到质疑的盟会有可能是涉及第三方利益，鲁僖公二十五年（前635年），卫国出面协调莒国与鲁国和好。鲁僖公二十六年（前634年）"王正月，鲁僖公会莒兹丕公、宁庄子（即卫国大夫宁速），盟于向（莒国地名），寻洮（鲁国地名）之盟也。（在向地结盟，重温洮地盟会的旧好）齐师侵我西鄙（西部边邑），讨是二盟也（抨击洮、向二次盟会）。夏，齐孝公伐我北鄙，卫人伐齐，洮之盟故也。"齐国人认为鲁、卫、莒的盟约有问题，齐国军队开到了鲁国边境，行动迅速的卫国人已经按与鲁签订的盟约对齐采取军事行动，鲁国的使者对齐孝公强调，齐国应该遵守周成王与齐太公签订的盟约，永远都要按其中条款对待所有诸侯国家，鲁国有资格从该盟约中获得利好。《春秋左传正义·卷十六》P119。齐孝公反对鲁国与卫国结盟可以查究到原因：王子颓即姬颓，是周庄王庶子，姚姬所生。周庄王对王子颓的宠爱是一种不确定因素，宠爱的合法性可以被当事人与利益攸关方无限放大。周庄王逝世后，长子姬胡齐为周釐王，周釐王执政五年故世。前677年，子姬阆即位为周惠王，但周惠王是个问题天子，在位之初即频繁侵占别人土地。周惠王虽然是王子颓的侄子，但父亲的偏爱让王子颓充满力量，以至于对时常胡闹的侄儿不满。鲁庄公十九年（前675年），他终于爆发，与不满周惠王的几个大夫联手对周惠王发起进攻，失败后王子颓逃往卫国。卫惠公在位之前称公子朔，他竟然有办法让自己的父亲卫宣公杀死太子伋，立自己为太子，对此不满的左右公子废卫惠公，立公子黔牟（前695—前687年在位），他与太子伋都是夷姜所生，而卫惠公是宣姜所生，卫惠公比公子黔牟年长，公子黔牟与周庄王同年即位。齐襄公率军攻击卫国，使卫惠公复位，公子黔牟逃奔周，得到周天子的庇护。看到如同惊弓之鸟一脸恐慌的王子颓出现在眼前，卫惠公立即下决心让周惠王继承自己对周桓王、周庄王、周釐王的三代国王（也依次是周惠王的曾祖父、祖父、父亲。）的怨恨。卫惠公支持王子颓。这段历史发生在周桓王、周庄王时代，收留公子黔牟的是周庄王，明知卫惠公与异母弟公子黔牟势若水火，而周天王却收留他，因此卫惠公积怨在心，也等到了机会。前675年，卫惠公的卫国以及燕国共同立王子颓为周天子。鲁庄公二十七年（前667年），周惠王策命齐桓公为侯伯，并提出齐领头伐卫。《春秋左传正义·卷10》P79。前669年，在位31年的卫惠公逝世，儿子卫懿公继位。鲁庄公二十八年（前666年），"齐侯（齐桓公），伐卫，战，败卫师，数之以王命，取赂而还。《春秋左传正义·卷10》P79。齐孝公于前642年继位，齐、卫两国虽然都换了新君，仇恨却延续下来。"恶其胥余"，齐国的怒火甚至蔓延到鲁国，齐孝公责怪鲁国与卫国的盟约，并不是说一个诸侯没有签订盟约的自主权，而是这个盟约可能不利于齐国。展喜不是让齐孝公的思路从向、洮两个盟约转移，而是强调周成王与齐太公的约定，强调鲁国虽然没有直接与周天子和齐国签订展喜说的盟约，但辩称它是普遍适用的。坚持对一个与自己没有直接关系但可能不利于自己的盟约（即桃盟）表示异议并采取反制行动？还是根据礼制遵守相关盟约精神并惠及一个没有直接参与该盟约的诸侯？这对齐孝公是一个需要厘清的问题，但他的选择显示礼制仍然具有一定约束力。同年冬季，鲁僖公随即与楚对齐作战，攻入齐国土地，齐孝公次年去世。

鲁昭公元年（前541年）三月，鲁国季武子（姬姓，季氏）伐莒取郓，莒人告于会(盟会)。楚国人暴跳如雷,要求晋国严厉处罚这种背盟行为。《春秋左传正义·卷41》P318。

前651年,齐国在同一地点葵丘召集了两次诸侯大会,一次在夏天,一次在秋天。秋天诸侯在葵丘盟会,晋献公前往赴会,路遇到宰周公,即周王室任太宰的宰孔,后者劝他"君可无会也。"他的意见是,齐桓公喜欢笼络人,但将施惠视同放债,一旦不能一一回收,就会以怨恨结束。晋献公接受了他的意见而返回国。随后,宰孔对他的驾车人说,晋国"景霍以为城,汾、河、涑、浍以为渠,戎狄之民实环之,汪是土也,苟违其违,谁能惧之?"今晋侯不考量齐国的德行是否丰厚,不测度诸侯的形势,舍弃他守卫国土的政策,轻率地出征,失去他的初衷了,失去初衷的君王,"君子失心,鲜不昏夭。"是岁,献公卒。《国语正义·卷第八·晋语二》P686。

宰孔的意思是,晋献公活不长了,晋以霍山为天然的城墙,汾、河、涑、浍为天然的护城河,有效地隔开了四方的戎、狄之民,晋有广大的土地,只要保持行为正确,谁也不能威胁它的安全。今晋侯不考量齐国齐景公的人品和政治理念,不周密考量诸侯各国的大局,舍弃他守卫国土的政策,轻率地出征,失去他原有的理性与明智。一个人行为失常,多半是生命力衰败的前兆。晋献公的确逝世于这一年。《国语正义·卷第八·晋语二》P686。

盟约是专门就一件重要的事项互相约定或者一种笼统的相互关系的彼此约定,诸侯之间的相处与生存之道要比文字和口头盟约复杂得多,虢国大夫舟之侨说:吾闻之:"大国道,小国袭焉,曰服;小国傲,大国袭,焉曰诛。""民疾君之侈,是以遂于逆命。"他是有远见的人,率领族人离开虢国去秦,六年后,虢国灭亡。虞国大夫宫之奇也是如此有预见,鲁僖公五年(前655年),虞公认为晋国与虞国是同宗,受到晋献公宫甘言诱惑,准备第二次借道给晋前往伐虢,宫之奇劝虞国君不要借道给晋伐虢国,虢国是虞国的屏障,唇亡齿寒。他举例说,周太王的长子大伯,次子虞仲,知道太王要将王位传给小弟弟王季,于是出走。王季是太伯、虞仲的同母弟弟,是文王(长子)、虢仲、虞叔的父亲,晋国始祖唐叔虞是武王姬发的儿子,晋、虞、虢三国的亲缘关系比盟约更厚实,事实却证明盟约和同宗关系都不完全可靠。意见没有被接受,宫之奇随即带领家人离开国都,到偏僻的西部山区居住。三个月后,原想损人利己的虞国灭亡。《国语正义·卷第八·晋语二》P677。

(5)朝会的危险

朝会有双向性的危险,没有履行诸侯间规定的义务就是失礼,遭到处置的方式多样。

1. 不参与的危险

鲁庄公十七年(前 677 年),齐人执郑詹,郑不朝也。《春秋左传正义·卷9》P70。郑人因未朝见齐国,执政大臣竟然被齐国所拘押。

鲁宣公七年(前 602 年,时值晋成公五年),晋侯之立也,公不朝焉,又不使大夫聘,晋人止公于会,盟于黄父,公不与盟,以赂免,故黑壤之盟不书,讳之也。《春秋左传正义·卷22》P171。晋成公前 606 年即位,姓姬,名黑臀,他是晋文公子,晋襄公异母弟,晋灵公叔,晋景公之父,因为鲁宣公没有亲临晋成公即位典礼,加上没有派大夫到晋国聘问,诸侯盟会时鲁宣公居然在结盟地点黑壤被晋国扣留,还要国君缴纳贿赂才放归国。春秋没有记载黑壤之盟,旨在隐瞒鲁国的耻辱。鲁襄公、晋平公时代晋鲁关系已经非常不对称。鲁襄公二十九年(前 544 年)时晋平公在位,晋国大夫司马女叔侯(即女齐)说"……鲁之于晋,职贡不乏,玩好时至,公卿大夫相继于朝,史不绝书,库无虚月。"这已经不像是平等的诸侯君主关系。

2. 参与的危险

危险的另一方面是,按礼节行事者被不按礼节行事所困,鲁昭公六年(前 536 年)九月:徐国之君徐仪楚到楚国聘问,楚国囚禁了他,他逃回徐国,楚王害怕他背叛,派楚国大夫薳泄讨伐徐国,吴国救援徐国,令尹子荡攻打吴国,结果被吴国打败,子荡将责任推到薳泄之上,将其杀死。《春秋左传正义·卷43》P343。

非正式的朝会同样具有很大的不确定性,前 507 年,唐成侯聘楚,被子常勒索良马不与,被扣,唐成侯的大夫窃得马以献,唐成侯才得以归国。他遇到的是无妄之灾。

蔡昭侯在其兄蔡悼侯逝世继位(前 518—前 491 年在位)他的君主生涯是被勒索的生涯。鲁定公三年(前 500 年)"蔡昭侯朝楚,持美裘二,献其一于楚昭王而自衣其一。"因为拒绝楚相子常(即囊瓦)向其勒索,被扣留三年,蔡侯后来得知唐成侯的遭遇,"乃献其裘于子常,蔡侯归而之晋,请与晋伐楚。"经过汉水时,气愤难平的昭侯取下佩玉,投入水中,向大河发誓不再南来这"……夏,为晋灭沈,楚怒,攻蔡,蔡昭侯使其子为质于吴,以共伐楚。"与诸侯会盟伐楚,因为拒绝晋将荀寅索贿,晋师不出,转求于吴国。在柏举之战获胜后,与吴进入郢都(江陵),吴国离开后楚昭王复国,二十六年,楚昭王伐蔡,蔡昭侯求救于吴,吴国认为蔡国距离远,希望他迁都靠近自己,以便相救。蔡昭侯没有与大夫商议就答应下来。

昭侯二十六年,吴将蔡国都城从吕亭(今河南新蔡)迁于州来(安徽凤台),听说又要迁都,"蔡人皆怨。二十八年,蔡侯将朝吴,蔡人恐其复迁,令贼人射昭侯,已而杀贼,立昭侯子为成侯。《史记·卷二十五·管蔡世家第五》P1568。《春秋左传正义·卷 54》P430。

二、诸侯之间等级地位——大小强弱关系在周礼中的意义

诸侯国家等级高低以及强弱之别,一是决定于始封时的等级,二是决定诸侯国家自身的发展现状。大、中、小三等诸侯国家的官员之间的待遇有个换算公式:"——次国之上卿位当大国之中,中当其下,下当其上大夫。小国之上卿位当大国之下卿,下当其下大夫。《通典·卷 31·职官十三》P447。这个公式的公开存在说明诸侯之间等级大小之别是人为设计的,周朝的礼制决定他们之间不应该平等。诸侯国家之间不平等是一种大家接受的规定:

鲁昭公元年(前 541 年),宋合左师曰:"大国令,小国共,吾知共而已。"(大国下令,小国恭敬)《春秋左传正义·卷 41》P318。大国下令,小国恭顺。我保持恭顺。

鲁襄公三十一年(前 542 年)十一月,"郑子皮使印段如楚,以适晋告,礼也。《春秋左传正义·卷 40》P313。郑国派使者去楚国,先向晋国报告,杜预注释为:"得事大国之礼。"

鲁襄公七年(前 566 年),郯子来朝,始朝公(鲁襄公)也。……小邾穆公来朝,亦始朝公也。《春秋左传正义·卷 30》P236。

但是每个国家都有机会发展成大国并以此寻求平等或者特权,对此周礼没有明文禁止,但它是不言自明的。享有土地人口、军队、财物的诸侯是力量、礼制的象征、解释者、维护者,也是矛盾的集约地。虽然礼制规定不同等级的诸侯土地大小、军队规模、城垣的高低、诸侯的仪仗,祭祀的场所等均有差等,但是这些都不能限制各诸侯实力的增减,逐渐有一些诸侯的国家实力与个人威望从小到大开始替代天王部分特权,在强弱或利益大小起伏不定的影响下,有一些诸侯见面的场合是随机的,其中礼制的成分视相关诸侯能力强弱而有无。

鲁文公元年(前 626 年),"晋文公之季年,诸侯朝晋,卫成公不朝,使孔达侵郑,伐绵、訾,及匡。晋襄公既祥。使告于诸侯而伐卫。晋侯朝王于温。《春秋左传正义·卷 18》P135。

晋文公末年,诸侯俱朝见晋,卫成公不朝,使卫国大夫孔达侵略郑国,郑国的绵、訾、匡等地都遭到入侵。晋襄公举行晋文公逝世周年的祭礼后,晋襄公派人通告诸侯将讨伐卫国。开始进攻前,晋襄公专门前往在温地朝见了天子周襄王。《春秋左传正义·卷 18》P135。

强大国家的标准中,除军队战斗力强,另外一种理性的认识是国家治理有条理,鲁襄公九年(前564年)时值晋悼公九年,秦景公使者与楚联系进攻晋国,得到楚共王的同意。楚国官员子囊曰:"不可。当今吾不能与晋争,晋君类能而使之,举不失选,官不易方,其卿让于善,其大夫不失守,其士竞于教,其庶人力于农穑,商工皂隶,不知迁业。……魏绛多功,以赵武为贤而为之佐。君明臣忠,上让下竞,当是时也,晋不可敌,事之而后可,君其图之!"楚共王表示已经答应秦国,虽然比不上晋国,还是决定出兵助秦,秦国攻晋,晋国难以抵抗。《春秋左传正义·卷30》P240。子囊的意见确有道理。但秦军面临的是一个正面临饥荒的晋国,秦军优势明显。

因为强大而拥戴的盟主并不是仅仅是名义上的领袖,被赋予具有多种权力,可以干预盟约国的内部事务。鲁成公十五年(前576年),许灵公为逃避郑国威胁,将许国国都从许昌一带迁往叶地(河南叶县),从此成为楚国的附庸,但是楚国附庸的日子也着实难熬。鲁襄公十六年(前557年),晋侯与诸侯宴于温,使诸大夫舞……,许男请迁于晋诸侯遂迁许。许大夫(许国的大夫们)不可,晋人归诸侯(让诸侯各自回国,自己单独伐许)。……夏六月,……伐许。《春秋左传正义·卷33》P261。

许男想迁离楚国而靠近晋,向晋国请求迁移许都,在温地和晋景公会面的各诸侯都同意许男的迁都计划,但是许国的大夫们反对,晋厉公让诸侯回国。六月,晋国攻打许国。晋厉公站在许国君主一边。

盟主国家的人的地位也会相应提高,鲁襄公二十四年(公元前549年)二月,郑伯朝晋,为重币故也,且请伐陈也。郑伯稽首,宣子辞,子西相,曰:以陈国之介恃大国,而凌虐于敝邑,寡君是以请罪焉。敢不稽首?《春秋左传正义·卷35》P277。

郑厉公为求减轻向晋缴纳的朝见财物,以及请求晋国讨伐陈国,向晋国执政范宣子跪地叩头,范宣子赶快回避,在场的郑国大夫子夏劝范宣子接受这种重礼,表示陈国倚仗楚国对我郑国蛮横,我的君主请求盟主治陈国罪,恢复公道,满足这样的要求是一份很大的人情,我国君这样行礼很恰当。

弱者顺从强者,低爵位尊重高爵位,不仅是礼的宗旨,可能会有意外的回报:
齐、鲁都是侯爵诸侯。齐太公女儿邑姜为周武王夫人,周成王生母。鲁宣公时代的鲁国与齐国实力已经悬殊,"十年(前599年)春,(鲁宣)公如齐,齐侯以我服故,归济西之田。《春秋左传正义·卷22》P173。济西之田原属鲁国,鲁宣公元年(前608年)载,宣公初立,为贿齐以请会,"齐人取济西之田"。《春秋左传正义·卷 21》P163。十年后失而复得,不过不是以国家优势实力夺回,而是类似笼络施舍。

礼仪规格的高低已经是目前自身力量等级的度量,这是对一个诸侯能力的肯定与否定的象征。由于礼的平衡作用失去,如果找不准自己的位置,权力得失是瞬息万变的。

鲁僖公七年(前 653 年),孔叔言于郑伯曰:既不能强,又不能弱,所以毙也。《春秋左传正义·卷 13》P96。这听起来已经是一个纯粹靠实力说话的时代,或至少近似。有现成的例子,鲁襄公十八年(前 555 年)夏,晋人抓获卫行人石买和孙蒯。"为曹故也。"《春秋左传正义·卷 33》P263。原因是孙蒯在鲁襄公十七年(前 556 年)春,越境到曹国打猎,在曹国的重丘饮马,损坏了器物,遭到当地人责备,于是石买、孙蒯二人夏季攻打曹国,占领了重丘。曹国本身无能为力,于是向晋国投诉此事。曹国受到晋国的保护不是免费的,鲁文公四年(前 623 年)曹伯如晋,会正。《春秋左传正义·卷 18》P138。曹伯专程前往晋国主要是讨论缴纳赋税问题,这里似乎还有讨论的余地。

获得礼物多寡是国家威望与强大的象征,因为无法避免与强国并存,弱者必然面临如何适当地表达敬意又达到自己的目的问题,但是基本上无法阻止越来越强大的诸侯将其变为重负,有些强国会强大到有权力规定朝聘礼物数量的美好时候。

鲁襄公八年(前 565 年)春,公如晋朝,且听朝聘之数。五月,会于邢丘,以命朝聘之数,使诸侯之大夫听命。季孙宿(鲁国大夫)、齐高厚(高子,齐大夫)、宗向戎(向戎,宋国大夫)、卫宁殖、邾大夫,郑伯献捷于会,故亲听命,大夫不书,尊晋侯也。《春秋左传正义·卷 30》P237。

鲁襄公朝晋,听取晋国要求鲁国朝贡财物的数目,五月的邢丘大会上,鲁、晋、郑、齐、宋、卫、邾国派员参加,晋国公布了由它规定的各诸侯国朝贡的数字,郑简公适逢到场进献蔡国战俘,所以亲临会场,听到了晋国做主安排下来的各国贡奉数目。

对霸主或盟主的权限,大小诸侯缴纳分配的合理性的质疑一直存在,从开始只是有人窃窃私语,直到终于有人对此不再沉默。

鲁襄公二十四年(公元前 549 年),范宣子为政,诸侯之币重,子产寓书子西,以告宣子,曰"子为晋国,四邻诸侯不闻令德,而闻币重,侨也惑之。……夫令名,德之舆也;德,国家之基也。有基无坏,无亦是务乎!有德则乐,乐则能久。毋宁使人谓子,'子实生我,而谓子浚我以生乎?'……宣子乐,乃轻币。《春秋左传正义·卷35》P277。

晋国范宣子执政时,诸侯朝见晋国时需要缴纳的礼太重,郑国子产让随从郑简公出访晋国的郑国大夫公子夏带去自己的亲笔信,让他转交范宣子,信中说"您在晋国执政,四方的诸侯听不到晋国的美德,只听到其相互转告应缴纳给贵国的财物过于沉重,我不胜困惑。……美好的名声是美德的载体,美德则是国家的基础,维护基础的完好,是政治的要务,美德给人人带来快乐,国家才能长治。您不会愿意终于有人对您说,好像是您养活了我,可实际上维持我生命的必需品一直是您从我自己身上榨取的。……范宣子很高兴子产说得这样直接、中肯,郑厉公甚至还有出乎意料的行动,范宣子立即下令减轻朝见晋国的缴纳物。《春秋左传正义·卷35》P277。

范宣子之所以接受子产的意见,是因为他判断诸侯们可能与子产的意见大致一致,尤其是,"感谢您养活了我,感谢您榨干我的财物养活我。"之类的舆论刺耳,可能让他觉得有必要显得仁慈一些。郑厉公本人来到晋国有两个目的:解决陈国侵扰郑国问题和降低摊派,子西为郑厉公向晋平公之外的晋国人行稽首礼巧如簧舌,但这种罕见的恭敬与晋国最终降低摊派应该有关。平心而论,盟主不应该只是对结盟者们负有责任,他们为主持公道维护安全需要支出,尤其是战争,在任何时代都是代价昂贵的支出,收取一定的盟会会费合乎情理,不仅可以保障盟约得到执行,也可以提高盟主履职的积极性。但是越是需要盟约保护的弱小诸侯可能支付越是有限,盟誓因为利益关系不断地在改变而削弱,一些盟会因为过时而解体,一些新的利益前景衍生新的盟会,这也是当时诸侯国家之间的矛盾重重叠叠的原因。唯一不变的是,实力强大的诸侯握有主动权,只是如何消费自己的权力的方式不同,一些实力符合盟主身份的诸侯对主持公道兴趣不大,对个人声誉也不在意,而是毫不隐晦地将利益置于首位,以下的份额已经不是礼品而是勒索:

鲁哀公七年(前488年),夏,鲁哀公会吴于鄫(地名),吴来征(吴国来求取)百牢(牛、猪、羊各一百头),子服景伯对曰:先王未之有也。吴人曰:宋百牢我,鲁不可以后宋。且鲁牢晋大夫过十。吴王百牢,不亦可乎?景伯曰:昔范鞅贪而弃礼,以大国惧敝邑,故敝邑以十一牢之,君若以礼命于诸侯,则有数矣。若亦弃礼,则有淫者矣。周之王也,制礼,上物不过十二,以为天之大数也,今弃周礼,而曰必百牢,亦唯执事。"吴人弗听。景伯曰:"吴将亡矣,弃天而背本。不与,必弃疾(即加害)与我。"乃与之。《春秋左传正义·卷58》P460。

子服景伯为人温和开明,但看到吴国的开具的货物清单还是大惊失色,他说我们是送给晋国十一牢的礼,是因为晋国的范鞅贪婪无礼的人,鲁国在暴力威胁下不得已之所为。周天子的礼仪规定,上等物品不能超过十二这个数,这是个极限,贵国现在抛弃周礼,要求百牢,我平生第一次听您说。时代环境与子产时代已经大不相同,景伯的话无人接受,鲁国屈服于吴国,破例奉送以满足吴国索求。

强国的特征发展到一定高度时,需要特别提防,它会类似暴徒。前 633 年,卫成公因为不给晋国借道卫国去救援宋国,也不同意晋国在卫国征调军队,与卫大夫元咺矛盾激化,被元咺赶出卫国,立公子瑕为卫君,晋国又侵入卫国,与宋国分其地。鲁僖公二十八年(前 632 年),温地盟会,一直心怀不满的晋人扣押在场的卫成公,他当时已经是个失业的国君,将其送至京师的晋文公请周襄王杀卫成公,被周襄王婉言拒绝。

鲁僖公三十年(前 630 年),晋侯使医衍酖卫侯,宁俞货医,使薄其酖,不死。公为之请,纳玉于王与晋侯,皆十毂,王许之。秋,乃释卫侯。《春秋左传正义·卷 17》P128。

鲁僖公三十年(前 630 年),晋文公下令让医衍安排用饮品毒杀卫成公,卫国大夫宁武子贿赂了医生,使其饮品中的毒性减少至只有微量,卫成公逃脱一死。鲁僖公为之求情,向周襄王、晋文公各自献上十对玉纳玉,鲁僖公慷慨援手,长期生活在齐桓公、晋文公这些霸主的阴影下的周襄王一时间好像突然重新找回天子身份,赢得了尊严,光洁无瑕,润如盈月的碧玉在一个绿意盎然的夏日照亮了卫成公的生命,周襄王同意宽恕卫成公,晋文公估计也不好公开反对周天子,不过卫成公要捱到"菡萏香销翠叶残,西风愁起绿波间。"的季节时才被释放。

鲁哀公十三年(前 482 年),吴王夫差"欲伐宋,杀其丈夫,而囚其妇人。大宰嚭曰:"可胜也,而弗能居也",乃归。《春秋左传正义·卷 59》P470。惹得吴王杀性陡升的原因是什么? 其实几乎可以忽略,仅仅是因为宋景公没有参见黄池之会。幸亏大宰嚭很会说话,他恭维他的国王可以战胜一切,不惧仇恨汹涌而来,而人不能生活在仇恨之中。于是吴王黄池之会结束后便意犹未尽地回国。鲁哀公十二年、十三年,郑国和宋国之间有几块无主之地,"宋郑之间有隙地焉,曰弥作、顷丘、岩、玉畅、戈、锡"共六块。《春秋左传正义·卷 59》P469。郑国子产曾经向宋表示不要这些地方,宋平公、宋元公的族人避难逃到这些地方后,郑国为其在此修筑城邑,导致宋、郑交战,郑国在岩地全歼宋军,把六个城邑都洗劫一空,这些地方重新变成宋、郑两国都不理会的无主之地。《春秋左传正义·卷 59》P469。

实力确实强大的诸侯不免自然流露,干出霸道的行为,即使是天王本人,也需要对面临强大的诸侯威胁有准备。

鲁僖公二十八年(前632年)冬,会于温,讨不服也。……是会也,晋侯召王。以诸侯见,且使王狩。仲尼曰:"以臣召君,不可以训。"《春秋左传正义·卷16》P125。晋、鲁等国在温地盟会,准备针对卫国、许国采取军事行动,晋文公请周襄王到场,率诸侯觐见。并安排周天子狩猎。孔子认为臣指挥天子的行动,违背礼制,开了一个恶例。周天王的情况如此,诸侯更是如此,国家的归属可能会出现变化,诸侯国面临削弱和被兼并的可能性。

鲁襄公五年(前568年)夏,穆叔觌(带领)鄫大子于晋,以成属鄫。书曰:"叔孙豹、鄫大子巫如晋。"言比诸鲁大夫也。《春秋左传正义·卷30》P235。叔孙豹带领鄫国太子巫到晋国朝见,完成了鄫国归属于鲁国的手续。《春秋》以平淡开放的口吻记载此事,按照春秋笔法,鄫大子排序地位相当于鲁国大夫。

鲁襄公六年(前567年)秋,莒人灭鄫,鄫恃赂(仗仗贿赂)也。……晋人以鄫故,来(鲁)讨曰:何故亡鄫? 季武子(即季孙宿,鲁国大夫)如晋见,且听命。《春秋左传正义·卷30》P235。

鄫国系鲁之属国,有供奉之赂于鲁。鄫国自恃对鲁国恭敬,缺乏武备,都城被莒国、邾国联军占领。晋悼公派人前往鲁国,责问为何失去了鄫国之地,鲁国大夫季武子亲自前往晋国,代表鲁国向晋国表示谢罪。到晋平公即位后,莒国、邾国占有的鄫国土地才重新划归鲁国。

鲁襄公六年十一月,齐灭莱,莱恃谋也。《春秋左传正义·卷30》P235。莱国有过一个贿赂齐国寺人夙沙卫的计划,他们竟然把整个国家的希望都寄托在这个计划上。

鲁襄公十七年(前556年)春,宋庄朝伐陈,获司徒卬,卑宋也。《春秋左传正义·卷33》P261。由于轻视宋国,所以陈国吃了败仗。

晋昭公十五年(前527年),晋荀吴帅师伐鲜虞,围鼓,鼓人或请以城叛,穆子弗许。使鼓人杀叛人而缮守备。围鼓三月,鼓人或请降,使其民见,曰:犹有食色,姑修而城。鼓人告食竭力尽,而后取之,克鼓而返,不戮一人,以鼓子鸢鞮归。《春秋左传正义·卷47》P375。

荀吴是个伟大的将领,他围攻鼓国时,有鼓国的叛国者愿意带领城里的内应开城叛变,荀吴不接受,他的副手们不理解有晋国军队不需亲冒矢石就可以得到城邑的机会,主将为何拒绝。荀吴表示不愿意与叛逆合作。通知鼓国人杀死叛国者,修缮城墙备战。经过三个月围城,鼓国有人请降,荀吴让鼓国平民见面,从他们的面貌判断城内食物尚可支撑,不许降。他的属下将领们又一次大惑不解,为何放弃可以获得的城池,让围城的晋国军人保守辛苦,损坏装备?荀吴想到的是让鼓国人从内心而不是在压力下永久接受晋国。当鼓国报告国人筋疲力尽,粮食也倾尽所有时,晋军才开进城内,鼓国已经被荀吴折服,无人抵抗,这场战斗无人被杀,鼓国国君鸢鞮被带往晋国。鼓子鸢鞮很快被释放回国,鼓国本属于鲜虞,他选择与自己的同族在一起。鲁昭公二十二年(前 520 年)六月,荀吴"袭鼓灭之,以鼓子鸢鞮归。"《春秋左传正义·卷 50》P398。鼓国国君或者没做错过任何事,甚至对晋国格外恭敬,但他生来就是狄人,是晋国的异族;荀吴没有错,皆因兼并鼓国在晋顷公的国家发展计划之内;晋顷公没有错,皆因他就生活在一个谨慎、猜疑、弱肉强食的大背景中。

弱小的国家或者实力不济,或者缺乏应有的警惕,甚至对未来抱有不切实际的幻想。他们在大国、强国的夹缝中艰难生存,血缘和礼制都无法保护他们免于兼并、灭亡。

三、诸侯间的干预行为以及君臣的转换——诸侯利益间的矛盾类型

由于周天王的平衡作用失效,诸侯之间相对平等的关系演变成实力博弈关系是很自然的。但是单纯的武力胜出和局部胜利不一定是安全的保障,鲁襄公八年(前 565 年)四月,郑国子国、子耳入侵蔡国获胜,"郑人皆喜,唯子产不顺。曰:小国无文德而有武功,祸莫大焉!楚人来讨,能勿从乎?从之,晋师必至。晋、楚伐郑,至今郑国不四五年,弗得宁矣。子国怒曰:尔何知,国有大命,而有正卿,童子言焉,将为戮矣。《春秋左传正义·卷 30》P237。子产是子国之子,又名公孙侨,子美,是这个种族的杰出者,当时子产从蔡国是楚国保护国的角度分析,认为楚国随后一定会为蔡国进攻郑国,如果郑国顺服楚国,晋国就会不满,军队就会到来。假如晋、楚两国军队攻打郑国,郑国就不得安宁了。惟命是从的子国认为这贬低了他的功绩,认为国家大事乃正卿谋划,不会出错,他威胁子产,虽然还是孩童,说错话还是会危及性命的。同年的冬季,楚国子囊因为郑国侵略蔡国伐郑。

1. 诸侯间冲突的爆发及其理由

1) 有理由的攻击行为

鲁文公三年(前 624 年),秦伯伐晋,取王官及郊。晋人不出,遂自茅津济,封殽尸而还,遂霸西戎。用孟明也。《春秋左传正义·卷 18》P138。秦国从此走出了殽之役战败的阴影,在强强对话中取得优势,成为一方霸主,这是秦国家的抱

负,是当时一切诸侯国家正确发展的必然。虽然此后秦晋各有胜负,但竞争的平台以及对其他诸侯国家生活的扰动已经今非昔比。

鲁僖公四年(前 656 年)春,"齐侯以诸侯之师伐蔡,蔡溃,遂伐楚,楚子使与师言曰:君处北海,寡人处南海,唯是风马牛不相及也。不虞君涉吾地也,何故?管子对曰:昔昭康公命我先君大公曰:'五侯九伯,女实征之,以夹辅周室,'赐我先君履:东至于海,西至于河,南至于穆陵,北至于无棣。尔贡包茅不入,王祭不共,无以缩酒,寡人是征;昭王南征而不复,寡人是问。对曰:贡之不入,寡君之罪也,敢不共给?昭王之不复,君其问诸水滨!齐桓公陈诸侯之师,对楚国使臣屈完说:以此众战,谁能御之!以此攻城,何城不克!对曰:君若以德绥诸侯,何敢不服?君若以力。楚国方城以为城,汉水以为池,虽众,无所用之!屈宛及诸侯盟。《春秋左传正义·卷 12》P90。齐桓公全盛时代,管仲没有选择战争,楚成王的国家确实有问题可以追究。他明智地认为,与楚国这样一个大国作战,理由还需充足一些。

鲁成公三年(前 588 年)春,许恃楚而不事郑,郑子良伐许。《春秋左传正义·卷 26》P198。郑国执政大夫公子去疾的这个理由就比较勉强,但是攻击一个弱小的国家风险较小。

鲁宣公八年(前 601 年),楚为众舒叛故,伐舒、蓼,灭之。楚之疆之。及滑汭(水的弯曲处)盟吴、越而还。《春秋左传正义·卷 22》P171。因为舒国、蓼国背叛自己,就可能壮大敌人,于是楚国灭掉了这两个国家。

鲁成公十年(前 581 年),卫子叔黑背侵郑,晋命也。《春秋左传正义·卷 26》P204。卫定公弟卫穆公子对郑国的入侵完全是受到晋国指使。

2) 诸侯间无理由的攻击:

鲁昭公十八年(前 524 年)六月,郧人藉(巡行踏勘)稻,邾人袭郧,郧人将闭门,邾人羊罗摄其首焉。遂之。尽俘以归。御子曰:'余无归矣,从帑于邾。'郧庄公反郧夫人,而舍其女。《春秋左传正义·卷 48》P384。

郧国国君在田地视察农作物时,邾国人趁其城门因为国君在外尚未关闭突然袭击,守将闭门之际,被邾国人斩首,邾国军冲入城内,全城劫掠一空,郧国国君转眼失去一切,准备到邾国投降与被俘房的妻子女儿团聚,邾庄公送还了他的妻子。郧国国君夫人是宋国向戌之女,所以向戌之子,宋国大夫向宁向宋国国君请求出兵,获准。次年(前 523 年)二月,宋公伐邾,围虫(邾国地名),三月,取之,乃尽归郧俘。《春秋左传正义·卷 48》P385。一个短暂时间的疏忽,郧国即告崩溃,可见当时小国生存状态相当恶劣。好在郧国国君内兄说服宋元公出兵解救所有鄅国全部被俘者。

鲁文公三年(前624年)楚师围江,晋先仆伐楚以救江。《春秋左传正义·卷18》P138。

鲁文公四年(前623年),楚人灭江,秦伯为之降服,出次,不举,过数。大夫谏,公曰:同盟灭,虽不能救,敢不矜乎? 吾自惧也。《春秋左传正义·卷18》P138。

秦穆公为江国被楚国灭亡身穿素服,改换小居所,减少膳食品种且不奏乐,大夫们认为秦穆公不该如此,秦穆公认为江国是秦国的盟国,他要警示自己从江国吸取教训。舆论对秦穆公的做法持批评态度,认为没有救援是第一个错,超出礼节之规定则是第二个错。

鲁襄公三年(前576年)六月,晋国、鲁国周王室代表单顷公等同盟于鸡泽,……楚子辛为令尹,侵欲于小国。陈成公使袁侨如会求成……秋,叔孙豹及诸侯之大夫及袁侨(陈国大夫)盟,陈请服也。"就因为陈国参加鸡泽会盟,请求和好,导致楚国入侵。"楚司马公子何忌侵陈,陈叛故也。许灵公事楚,不会于鸡泽,冬,晋知武子帅师伐许。《春秋左传正义·卷29》P228。楚国令尹子辛本来就有侵略小国的癖好,听说陈国前往鸡泽,于是发兵陈国。许灵公因为不参加鸡泽会盟,晋国又大兵压境。

鲁襄公二十六年(前547年),许灵公如楚,请伐郑,曰:师不兴,孤不归矣! 八月,卒于楚。楚子曰:不伐郑,何以求诸侯? 冬十月,楚子伐郑。《春秋左传正义·卷37》P290。许灵公达到了自己的要求,但是付出了生命的代价。

3) 战争与理性

鲁宣公十七年(前592年)春,晋使郤克徵会于齐,齐顷公帷妇人,使观之。郤克登,妇人笑于房。献子怒,出而誓曰:所不此报,无能涉河。献子先归,使栾京庐待命于齐,曰:不得齐事,无复命矣。郤子至,请伐齐,晋侯弗许;请以其私属,又弗许。《春秋左传正义·卷24》P187 郤克前往齐国约请齐侯与晋侯会面,齐顷公以非礼的方式对待晋国使臣,郤克请求国家出兵,请求率领自己宗族攻打齐均被晋景公否定,若非晋景公的强硬与及时,晋、齐两国之间难免一次战争。

道义有时在难以察觉的地方产生至关重要的作用。晋惠公时期,晋国曾连年发生灾害。前647年冬,晋国派人到秦国购粮,公孙枝、百里奚都认为卖给晋人为好,丕郑的儿子丕豹避难在秦国,要求秦穆公趁机伐晋,穆公曰:其君是恶,其民何罪? 秦于是乎输粟于晋,自雍及绛相继,命之"泛舟之役"。《春秋左传正义·卷13》P101。世事无常,鲁僖公十四年(前646年),秦饥,使乞籴于晋,晋人弗与。晋国大夫庆郑和虢射各持己见，前者认为，背施无亲，幸灾不仁，贪爱不详，怒邻不义，四德皆失，何以守国？后者认为"皮之不存，毛将安傅？无损于怨而厚于寇，不如勿与。"晋惠公接受了虢射的意见。《春秋左传正义·卷13》P101。导致十五年秦晋开战。《春秋左传正义·卷14》P103。晋惠公被秦军生俘。

鲁昭公十一年（前531年），周景王问苌弘曰：今兹诸侯，何实吉，何实凶？对曰：蔡凶，此蔡侯般（蔡灵侯）弑其君之岁也。岁在豕韦，弗过此矣，楚将有之，然壅也。岁及大梁，蔡复楚凶，天之道也。楚子在申，召蔡灵侯。……三月丙申，楚子伏甲而飨蔡侯于申，醉而执之，丁巳，杀之，刑其士七十人。公子弃疾帅师围蔡。《春秋左传正义·卷45》P357。

鲁昭公十一年（前531年），韩宣子问于叔向曰：楚其克乎？对曰："克哉！蔡侯获罪于其君，而不能其民，天将假手于楚以毙之，何故不克？"楚与蔡国本来实力悬殊，叔向还要包装一下，认为是天的公平精神在决定事情的结局。他对楚国的评估也是不正确的："然肸闻之，不信以幸，不可再也。楚王奉孙吴（陈惠公）以讨于陈曰，将定陈国，而遂县之。今又诱蔡而杀其君，以围其国，虽幸而克，必受其咎，弗能久矣。桀克有缗以丧其国，纣克东夷而陨其身，楚小位下，而亟暴于二王，能无咎乎？天之假助不善，非祚之也，厚其凶恶而降之罚也。且譬之如天，其有五材而将用之，力尽而敝之，是以无拯，不可没振。《春秋左传正义·卷45》P358。楚国确实不是诸侯中最后的胜者，但是楚国与对待陈国、蔡国的处置没有必然关系。鲁昭公十二年（前530年）春，齐高偃纳北燕伯款于唐，因其众也。《春秋左传正义·卷45》P359。鲁昭公三年记载了这个原委。前539年八月，"燕简公姬款多嬖宠，欲去诸大夫而立其宠人，冬，燕大夫比以杀公之外嬖，公惧，奔齐。书曰：北燕伯款，出奔齐。罪之也。"《春秋左传正义·卷42》P330。鲁昭公六年（前536年），齐景公到访晋国，商议伐北燕，得到晋平公的支持。十二月齐国出兵，打算把燕简公送回国复位。但是晏子告诉齐景公，燕国已经立了新君，他得到燕国百姓的支持。鲁公七年，周历正月，齐国提议北燕与齐国媾和，燕国人随之前来求和。齐国人获得一批珍宝，以及燕国美女一名，没有交战也没有战争胜果。燕简公遥望故国而不得入，随齐国人返回。六年后，齐国人将燕简公安置在唐地，当地人欢迎他。燕简公归国遥遥无期。

鲁定公四年（前506年），沈人不会于昭陵，晋人使蔡伐之。夏，蔡灭沈，秋，楚为沈故，围蔡。《春秋左传正义·卷54》P434。沈国是嬴姓国家，楚的属国，昭陵是楚国地名。由于沈国违背了晋国意志，晋国指使蔡国灭沈，楚国又以沈国为托词,包围蔡国。

鲁定公六年(前 504 年),郑灭许,因楚败也。《春秋左传正义·卷 55》P438。这是因为楚国与中原诸侯作战失败,不能救援它。许国的问题是它缺乏独立存在的能力,当时也没有中立的概念。

4）存在政治现金交易

鲁成公十六年(前 575 年)春,楚子自武城使公子成以汝阴之田求成于郑。郑叛晋,子驷(郑国公子,子驷曾为郑执政,甚暴,被杀。)从楚子盟于武城。导致卫侯伐郑,至于鸣雁,为晋故也。《春秋左传正义卷 28》P215。人在楚国武城的楚共王派公子成以汝阴之地向郑国求和,郑国于是背叛晋国,郑国执政子驷马与楚共王在武城结盟。卫献公因此对郑国开战,这是晋国的意图,晋厉公随后也兴兵伐郑。"郑人闻有晋师,使告于楚……楚子救郑……过申,楚国司马,楚共王的叔父子反会见居住在那里的楚国老臣申叔时,曰:师其如何? 对曰:德、刑、详、义、礼、信,战之器也。德以施惠,刑以正邪,详以事神,义以建利,礼以顺时,信以守物。民生厚而德正,用利而事节,时顺而物成。……此战之所由克也。今楚内弃其民,而外绝其好,渎齐盟而食话言,奸时以动,而疲民以逞,民不知信,而进退罪也。人恤所底,其谁致死? 子其勉之,吾不复见子矣。……六月,晋、楚遇于鄢陵,子反后因战败自责,虽然楚王力阻,但他自己坚持自杀而死。《春秋左传正义·卷 28》P215。

私欲本身看来秀色可餐,对所指向的其他国家财产和安全的危害则无边无际。

鲁襄公二十六年(前 547 年)十二月,"齐人城郏之岁,其夏,齐乌余(齐大夫)以廪丘(齐邑名)奔晋。袭卫羊角(卫邑名)取之,遂袭我(即鲁国)高鱼,……克而取之。又取邑于宋。于是范宣子卒,诸侯弗能治也。及赵文子为政,乃卒治之。文子言于晋侯曰:"晋为盟主,诸侯或相侵也,则讨而事归其地。今乌余之地,皆讨类也,而贪之,是无以为盟主也。请归之。"公曰:诺。孰可使也? 对曰:"胥梁带能无用师。"晋侯使往。二十七年,春,胥梁带使诸丧邑者,具车徒以受地。必周。使乌余具车徒以受封。乌余以其众出,使诸侯伪效乌余之封者,而遂执之,尽获之,皆取其邑而归诸侯,诸侯是以睦于晋。《春秋左传正义·卷 37》P29。

遭晋国绑架的卫成公后被押送京城,成功躲过谋杀,鲁国大夫臧文仲(曾任执政,正卿)启发鲁僖公(前 659—前 627 年在位)说:如果诸侯中有人提出请求,晋侯必定免释卫侯。晋侯得到鲁僖公慷慨馈赠后,释放了卫侯,卫侯知道臧文仲对自己释放起了关键作用,派使者送礼物给臧文仲,表示婉拒:"外臣之言不越境,不敢及君。"我的话作用不能超越我国国境,不敢和国君您相交。这部分等级社会部分是礼制对人的行为约束的效果,但最重要的可能是出于对保有卫侯这个社会关系的长远考虑。《国语正义·卷第四·鲁语上》P398。

第四章　诸侯国家内部管理

恶之来也，己则取之。

——《左传·鲁宣公十三年》

第一节　诸侯权力

一、诸侯管理自己的封地

荀林父曾经负罪，晋侯准备处死他，士伯劝晋侯免荀林父罪，得到晋侯同意。荀林父在对狄人作战中获得大量土地，晋景公赏赐荀林父的同时，没有忘记士伯。前 594 年"赏士伯瓜衍之县。"《春秋左传正义·卷 24》P186。晋景公要赐给士伯县邑。

鲁隐公元年(前 722 年)，夏四月，费伯率帅师城郎。不书，非公命也。《春秋左传正义·卷 2》P13。这位费伯是鲁国大夫。郎，则是鲁国一个邑，《春秋》没有记载是因为费伯的行动不是奉鲁隐公之命。

二、自行任命官吏

有一种理论支持君王是所有其他人的主宰。鲁宣公四年(前 605 年)，楚箴尹即谏官克黄出使齐国，归国途中听闻国内发生叛乱，他的随员劝其为了自身的安全不要进入国内，克黄回答曰：君，天也。天可逃乎？《春秋左传正义·卷 21》P168。

君王重于自己的生命，必须惟命是从。这是被动的服从，是君臣关系神秘化之后的君臣位置的确定，但是君臣关系还有主动性的一面，禄与优质服务的意义被高度看重是现实的反应，鲁襄公二十六年(前 547 年)载："臣之禄，君实有之。义则进，否则奉身而退。专禄以周旋，戮也。《春秋左传正义·卷 27》P287。取得禄的前提应该是美德与为社会服务的才能。

三、诸侯的人事权制度安排与周天子分享

部分诸侯国执政大臣兼最高军事长官。卿中当权者,称正卿,也可说正卿就是众卿中为首的卿。在某些诸侯国,执政的上卿是君主之外权力最大的人。部分国家未设正卿。郑国以罕虎当国,即总管国事,子驷(公子騑,郑穆公之子)为政,主管政事部分事务,另外还有主管军队的司马。罕虎居上卿,说明是几位卿分块合作管理全国的事。上卿又称卿老,子产为执政卿,执政者也称卿士,卿士被诠释为总领诸卿的执政大臣。

鲁国司徒,司马,理论上司徒为上卿,主管内政;司马为次卿,主管征伐。上卿、次卿与正卿有时候是相似的概念,他们分管范围不同,职务不能作为绝对区别他们哪一个最不重要的标志。

晋三军中的中军、上军、下军三军中的将、佐都是卿,即六卿,通常中军将担任正卿。春秋时的上卿、下卿,战国时的亚卿、客卿都是周天子、诸侯的高级职位,至于它们各自的地位,一般情况下上卿地位高于下卿,正卿高于卿,但如果君主信任一个下卿,他的实际作用就会变大,超过正卿或执政卿,职位大小的区别,实践中更取决个人能力和君主的信任度细微的变化。

鲁成公二年,齐晋鞌之战,晋景公对齐国作战的军队人数是八百辆军车的战士,郤克统率中军,士燮佐上军,栾书带领下军,韩厥担任司马。二年七月,鲁成公"赐三帅先路三命之服,司马、司空、舆帅、侯正、亚旅,皆受一命之服。郤克、士燮、栾书三位元帅得到的是同等待遇,司马主管甲兵、司空主管营垒,主管兵车的舆帅、担任警戒的侯正,低于卿的亚旅都是大夫级别,比三位元帅低两个等级。

诸侯任命权虽然不完整,但是完全无碍于诸侯国家的管理。但是诸侯的权力有时还必须与臣属分享。鲁襄公七年(前566年)十月,"晋韩献子将告老,公族穆子有废疾,将立之,辞曰:……无忌不才,让其可乎?请立起也!……恤民为德,正直为正,正曲为置,参合为仁,如是,则神听之,景福降之。……使宣子朝,遂老,晋侯谓韩无忌仁,使掌公族大夫(公族大夫之长)。《春秋左传正义·卷30》P236。晋国韩献子将告老退休,韩无忌虽然身体有残疾,晋悼公已经注定让韩无忌接替韩献子正卿的位置,但是韩无忌推辞,表示要愿意让位给自己的弟弟韩起,即韩宣子,晋悼公接受提议,让韩宣子为卿,代替正式推卸的韩献子,韩无忌被晋悼公认为具有仁慈的美德,任命其担任首席公族大夫。君王的人事权被予以神化,获得权力是君王个人的恩赐,更多地强调君王对被任命者的器重,治理好国家需要具体的合格执行者的一面则被淡化,被任命者是否胜任,实际操作

者差异很大。权力过界,也可能导致国君自寻烦恼,鲁昭公三年(前 539 年)九月:"燕简公多宠嬖,欲去诸大夫而立宠人。冬,燕大夫比以杀公之外嬖。公惧,奔齐。《春秋左传正义·卷 42》P330。燕国大夫们聚集起来合谋杀了燕简公的宠臣们,燕简公吓得逃往齐国。

四、诸侯国行政的方式

前 621 年,晋襄公去世后,太子夷皋还是婴儿,正卿、中军将赵盾有意立年龄长些的公子雍,他在秦国官至亚卿,亚卿、中军佐狐射姑想立得到国君宠爱的公子乐。赵盾认为公子乐的母亲辰嬴地位低。两种意见都没有说服另一边,赵盾派先蔑、士会去秦国迎接公子雍,狐射姑派人前往陈国迎接公子乐。但太子的支持者迫使赵盾改变主意,赵盾派人杀公子乐,又拦截归国的公子雍,先蔑、士会逃到秦国。这时的正卿显然不能约束亚卿。

鲁文公十三年(前 614 年),晋人患秦之用士会也,夏,六卿相见于诸浮。《春秋左传正义·卷 19 下》P150。士会作为先蔑的副手前往秦国迎接公子雍,后滞留秦国。晋国的主要大臣了解士会的能力,六卿密会要到晋国都城之外的地方,因为议题重大,没有到专门的公务场所办公,而是选择僻静的地方。

1. 行为有基本自由

交流和个性化审美标准的要求遇阻时,接受意见还是坚持自己的行为自由重要?自行其是的君王们虽然出自各种考量,结果还比较一致。鲁庄公计划到齐国观看祭祀社神,曹刿劝阻说:不可!夫礼,所以正名也。是故先王制诸侯,使五年四王、一相朝。(五年之中,四次朝王,一次互相会见)……土发而社(土气发动祭祀社神,是为了帮助人们按时耕作),助时也,收攟而蒸,纳要也(谷物收藏之后举行蒸祭是为了接受登记五谷的文书)。今齐社而往观旅,废先王之训也。天子祀上帝,诸侯会之受命焉。诸侯祀先公、先王,卿大夫佐之受事焉,臣不闻诸侯相会祀也,祀又不法,君举必书,书而不法,后嗣何观?公不听,遂如齐。《国语正义·卷第四·鲁语上》P382。

哀姜嫁到鲁国,鲁庄公命大夫,同宗大夫的妻子见哀姜时用同等的礼物作为见面礼,宗伯夏展父说:非故也。庄公曰:君作故。对曰:君作而顺,则故之。逆,则亦书其逆也。臣从有司,惧逆之书于后也,故不敢不告。夫妇贽不过枣、栗,以告虔也,男则玉、帛、禽、鸟,今妇贽币,是男女无别也,男女之别,国之大节也,不可无也。"公弗听。《国语正义·卷第四·鲁语上》P388。

权力与传统争执起来,夏展父认为前代留下的传统是大夫、同宗大夫的妻子的见面礼有区别,鲁庄公则执意改变,认为君主的言行就是制度,任何新创建也都是未来的传统,后者主要是强调男女之间礼品必须有区别,结果夏展父无法说服不拘小节的鲁庄公。

2. 国君管理思维与行为的合理性

鲁庄公要将自己父亲桓公的庙漆成红色,在椽上雕花,匠师庆说:今先君俭而君侈,令德替矣。公曰:吾属欲美之。对曰:无益于君,而替前之令德,臣故曰庶可已矣。公弗听。《国语正义·卷第四·鲁语上》P387。匠师庆说:您父亲崇尚节俭,而您偏好奢侈,恶德替换了美德。鲁庄公解释说,就是因为我对父亲的美德充满敬意,所以要美化他的庙宇啊。匠师回答说:这无益于为人君,以此为托词浪费反而抵消了先君主张的节俭之德。他呼吁停止这样的美化工程,鲁庄公拒不接受。

晋文公出国流亡,竖头须——守藏者也,不从。公入,求见不被接受:"从者为羁绁之仆,居者为社稷之守,何必罪居者? 国君而仇匹夫,惧者众矣。谒者以告,公遽见之。《国语正义·卷第十·晋语四》P808。竖头须没有随重耳流亡,重耳归国后拒绝见竖头须,后者让人转告晋文公,指责他不理解国家公职人员分工的意义,不能所有的人都跟随未来的君主流亡,留守者负有的责任也是国家运行之所需,只要各自都忠于职守,对国家有益,他们的忠诚并无轩轾。

鲁昭公二十四年(前518年)春,召简公(召庄公之子,周大夫)南宫嚚(南宫极之子,周大夫)、甘桓公(甘平公之子,周大夫)见王子朝。刘子谓苌弘曰:甘氏又往矣;对曰:何害? 同德度义。《大誓》曰:纣有亿兆夷人,亦有离德;余有乱臣十人,同心同德。此周所以兴也。君其务德,无患无人。戊午,王子朝入鄏(本郑地,为周所占有)!《春秋左传正义·卷51》P403。

前518年,三位周大夫召简公、南宫嚚、甘桓公一起去见王子朝表示效忠。他们的对手刘子忧虑王子朝的支持者增加,他的主要盟友苌弘认为同心同德者,可以以少胜多,周王室就是这样从弱者借助美德的辅助变成强者的。他的上述观点近似"人心向善"的概念。只要品德高尚,就会得到绝大多数人的支持。《春秋左传正义·卷51》P403。

3. 诸侯在领地内理论上拥有完整的司法权

鲁成公十八年(前573年),"齐侯使士华免以戈杀国佐于内宫之朝,师逃于夫人之宫。书曰"齐杀其大夫国佐。""弃命、专杀,以毅叛故也。使清人杀国胜,国弱来奔,王湫奔莱。庆封为大夫,庆佐为司寇。既,齐侯反国弱,使嗣国氏,礼也。《春秋左传正义·卷28》P221。

齐灵公命令齐国大夫士华免用戈将国佐杀死在齐侯内宫。国佐丢掉性命的原因春秋有记载：有三条：1. 弃命。指抛弃伐郑之命而擅自返回。2. 专杀。杀死庆克。3. 以穀叛故也。以穀地叛。齐灵公又使清地的人杀国胜。国胜的弟弟国弱逃往鲁国，国佐的支持者王湫逃往莱国。庆封成为执政大夫，庆佐为司寇。不久，齐侯反让国弱回国，继承国氏宗主。

齐灵公直接派士华免斩杀国佐，为什么没有审判机构出现？因为齐侯本身就是审判机构，更重要的是认为一切都是一目了然的，直觉和常识都可以判断。

太子的司法权是君权的延伸。太子是过渡性的职位，需要做得好和运气好才能扶正，一个被看好的太子是君侯权力的延续。鲁哀公十七年（前 478 年），卫侯为虎幄于藉圃，成，求令名者与之始食也，大子请使良夫，良夫乘衷甸两牡，紫衣狐裘。至，坦裘，不释剑而食，大子使牵以退，数之以三罪而杀之。《春秋左传正义·卷 60》P476。

鲁哀公十七年（前 478 年），卫庄公建造了一个有虎纹装饰的建筑物，完工后，邀请有好声誉的人和他在这里吃第一顿饭。太子疾约请了浑良夫，后者乘坐两匹公马拉的一辕车，紫衣狐裘。到达后可能是因为路途颠簸，他敞开衣服散热，不释剑而食，佩剑没有解下就开始吃饭，大子派人带他退下，列出其三条罪状而杀之。太子此前已经曾劫持卫侯强行与之达成协议，其中一项就是要求杀掉浑良夫，卫侯表示自己以前曾与浑良夫盟誓，会赦免他的三次死罪，这次太子疾一次罗列出浑良夫的三条罪，逻辑上偷换了概念，还让卫庄公没有食言的感觉，立即处死浑良夫。《春秋左传正义·卷 60》P476。

忠信思想与守法的精神具有很大的相似性，惠公将要归国，尚在途中，晋大夫蛾析对庆郑说，国君被俘，是您的罪过，你为何还不逃生，等什么呢？

庆郑曰：君败，死之，君止，死之。二者不行，又重之以误人，而丧其君，有大罪三，将安适？君若来，将待刑以快君志。君若不来，将独伐秦，不得君，必死之。此所以待也。臣得其志而使君蒉，是犯也。君行犯，犹失其国，而况臣乎？惠公到国都绛的郊区，闻庆郑止，派家仆徒召之：曰：郑也有罪，犹在乎？庆郑曰：臣怨君始入而报德，不降；降而听谏，不战；战而用良，不败；既败而诛，又失有罪，不可以封国。臣是以待即刑，以成君政。君曰：刑之！庆郑曰：下有直言，臣之行也；上有直刑，君之明也。臣行君明，国之利也，君虽弗刑，必自杀也。蛾析曰：臣闻奔刑之臣，不若赦之以报仇。君盍不赦之，以报于秦？梁由靡曰：不可，我能行之，秦岂不能？且战不胜，而报之以贼，不武；出战不克，入处不安，不智；成而返之，不信；失刑乱政，不威；出不能用，入不能治，贼国且杀孺子，不若刑之。

君曰：斩之，无使自杀！家仆徒曰：有君不忌，有臣死刑，其闻贤于刑之。梁由靡曰：夫君政刑法，是以治民，不闻命而擅进退，犯政也；快意而丧君，犯刑也；郑也贼而乱国，不克失也！且战而自退，退而自杀，臣得志也。君失其刑，后不克用也。君令司马说刑之。司马说进三军之士而数庆郑曰：夫韩之誓曰：失次犯令，死；将止不面夷，死；伪言误众，死；今郑失次犯令，而罪一也；郑擅进退，而罪二也；女误梁由靡，使失秦公，而罪三也；君亲止，女不面夷，而罪四也；郑也就刑！庆郑曰：说！三军之士皆在，有人能坐等待刑，而不能面夷？趣行事乎！丁丑，斩庆郑，始入绛。《国语正义·卷九·晋语三》P733。

从秦国释放回来的晋惠公审判庆郑，判他死刑，大夫蛾析认为庆郑没有逃跑，主动认错，可以考虑赦免，让他领兵去与秦国作战报晋惠公被俘之仇，梁由靡认为触犯刑法者一定要用国法加以惩处，好让国民感觉到国法的作用的无处不在，没有侥幸思想，绝对不允许庆郑自杀，那是对国法的一种羞辱。家仆徒发表自己的意见，如果结果是国君宽宏大量摒弃前嫌，罪臣未死；有罪的臣子对判以死罪心悦诚服，不愿逃避刑罚。是不是好？也值得考虑。他的想法是赦免庆郑。梁由靡认为庆郑的罪达到极刑标准，如果可以免罪，人人都会轻视国法，不愿守法。国家就会混乱。为了国法的尊严，根本就不应该讨论给予其他处置方式。于是惠公命令司马说执行死刑，司马说当着三军将士的面宣读庆郑罪行，然后执行斩首。晋惠公随后进入绛城。

也有是出于理性而权力所不及，鲁文公（前 626—前 609 年在位）打算扩建自己的宫殿，规划需要拆除孟文子（鲁桓公庶长子庆父之子公孙敖又称孟穆伯，孟穆伯有子孟文子，系鲁国大夫，这一枝称孟孙氏，前 619 年立孟文子为孟孙氏宗主。鲁桓公的另外二子，叔牙、季友，其后裔分称叔孙氏、季孙氏，三家（三桓）共同对鲁公室构成威胁，但"三桓"各自利益不一致。鲁文公的退让可以看作是公室忌惮三桓，也可以理解为孟文子在正确利用制度制衡权力。前 616 年，鲁文公在宗教热情的鼓舞下击败可怕的鄋瞒（长狄）入侵，对三桓的野蛮生长却畏首畏尾，是三桓的方向已让旁人感到正确，因而听之任之？还是现存社会让人难舍难分，令人患得患失？可社会发展规律是要让每一次真正的进步都要付出代价，维持现状需要各种力量保持高度平衡稳定，这与人类喜新厌旧的本性有冲突。）的官邸，告诉孟文子为方便他，准备让他住到更宽大的地方去。孟文子表示反对，认为爵位、署、车服、宅、禄是配套的，有一定的规则，现在君王任意改变官邸大小，这不合礼。结果"公弗收。"鲁文公欲以同样理由收郈敬子之宅也遇到婉拒后，"公亦不取。"《国语正义·卷第四·鲁语上》P427。

前 567 年，宋华弱与乐辔是朋友，……子荡怒，以弓梏华弱欲朝，平公见之。曰：司武而梏于朝，难以胜一！遂逐之。夏，宋华弱来奔(奔来至鲁国)司城子罕曰：同罪异罚，非刑也，专戮于朝，罪孰大焉？亦逐子荡。子荡射子罕之门，曰：几日而不我从？(要不了多久你不也和我一样?)子罕善之如初。《春秋左传正义·卷 30》P235。

宋国大夫华弱与宋国大夫乐辔都出自宋戴公一脉，是亲密的发小，长大后也无话不谈，但是有一天华弱玩笑开过度，子荡大怒，在朝廷的大殿内用弓套在华弱的脖子上，好像罪犯带着枷，宋平公见到后极为不满，说：我国管军事的司马被人套住脖子，国家以后遇到战事会难有一胜。于是驱逐华弱，华弱逃到鲁国。宋国司空子罕说，华弱和子荡有同样的罪行，惩罚却不同，这不符合刑罚的精神，子荡犯有在朝廷上羞辱同僚的大罪，宋平公于是也驱逐子荡。子荡用弓箭射击子罕的家门，大声说：要不了多久你也会和我一样被驱逐。子罕可能觉得自己不应该对子荡与华弱之间的玩笑过度解读，于是在宋平公自我纠偏，否则子荡就不可能呆在国内。

一个诸侯如果自己也发现错办了案，没有一种世俗的权力可以按程序处理这种错误。唯有天能够处理。晋惠公杀死里克后很后悔，说："芮也，使寡人过杀社稷之镇。郭偃闻之，曰：不谋而谏也，冀芮也；不图而杀者，君也；不谋而谏，不忠；不图而杀，不祥。不忠，受君之罚，不祥，罹天之祸。受君之罚，死戮；罹天之祸，无后。志道者勿忘，将及焉！及文公入，秦人杀冀芮而施之。《国语正义·卷第九·晋语三》P714。郭偃的意思是，君主的错只能留待神明处置，人间不可能加以制裁。而晋惠公的反省只是自己说说而已，没有对冀芮采取措施，后来冀芮谋杀文公重耳未遂，被秦人诱捕，处死，将尸体摆在人多处示众。

4. 诸侯完整权力的挑战与分散

任何时候，诸侯都面临权力觊觎者的问题。鲁哀公二十七年(前 468 年)，夏四月"公患三桓之侈，欲以诸侯去之。三桓亦患公之妄也，故君臣多间。《春秋左传正义·卷 60》P481。鲁国季孙、孟孙、叔孙的势力已经与鲁哀公相颉颃。

晋人杀晋厉公(前 580 即位，在位七年被杀)，报告鲁成公，鲁成公在朝堂上说：臣子杀死君王是谁的过错？里革说是君王的过错，本来君王被赋予巨大权力，可是因为过错太多导致威望下降，丧失而被杀。夏桀被汤击败逃奔南巢，商纣被周武王攻击而败亡，周厉王被流放，周幽王被杀等，都是自己过失多而权威荡尽的缘故，"夫君者，民之川泽也，行而从之，美恶皆君之由，民何能为焉？"百姓

273

是鱼,君王是江湖,哪里有水,鱼就在哪里生存,生活的品质高低,都仰仗君王,百姓本身能力十分有限,不能自己决定。《国语正义·卷第四·鲁语上》P451。

周宣王十二年(前816年),齐人弑其君厉公无忌,立公子赤(《今本竹书纪年疏证·卷下》P96,即齐文公。二十一年(前807年),鲁公子伯御弑其君懿公戏。《今本竹书纪年疏证·卷下》P96。周宣王四十三年(前785年),晋穆侯费生薨,弟殇叔自立,世子仇出奔。《今本竹书纪年疏证·卷下》P98。大致是四年后,幽王元年(前781年),晋世子仇归于晋,杀殇叔,晋人立仇,是为文侯。《今本竹书纪年疏证·卷下》P98。晋文侯于前780年即位。

卫侯(卫襄公)在楚,北宫文子(即北宫佗)见令尹围(公子围,楚康王之弟,又称王志围)之威仪,言于卫侯曰:"令尹似君矣,将有他志,虽获其志,不能终也。……公曰:子何以知之?对曰:"诗曰(《诗经·大雅·抑》):'敬慎威仪,惟民之则。'令尹无威仪,民无则焉。民所不则,以在民上。不可以终。"公曰:"善哉!何谓威仪?"对曰:"有威而可畏谓之威,有仪而象谓之仪。君有君之威仪,其臣畏而爱之,则而象之,故能有其国家,令闻长世。臣有臣之威仪,其下畏而爱之,故能守其官职,保族宜家。顺是以下皆如是,是以上下能相固也。《卫诗》曰:'威仪棣棣,不可选也。'言君臣、上下、父子、兄弟、内外、大小皆有威仪也。……纣囚文王七年,诸侯皆从之囚,纣于是乎惧而归之,可谓爱之,文王伐崇,再驾而降为臣,蛮夷帅服,可谓畏之,文王之功,天下诵而歌舞之,可谓则之。文王之行,至今为法,可谓象之。有威仪也。故君子在位可畏,施舍可爱,进退可度,周旋可则。容止可观,德行可象,声气可乐,动作有文,言语有章,以临其下,谓之有威仪也。《春秋左传正义·卷40》P314。

卫襄公在楚,北宫佗见楚康王之弟令尹公子围的仪仗后,对卫侯说:"楚国令尹排场好像楚国君主,一定是个有野心的人,不过即使他达到自己的目的,也不能善终。卫襄公不能理解他为何如此肯定,北宫佗说,统治者的举止为百姓所效法,令尹逾越规则,老百姓就会无所适从。人民行为混乱,他们的统治者自然难以有好结局。卫襄公追问威仪的含义,回答说:令人感到必须服从的权力称为威;能够引导人效法的仪则称为仪,君有君的威仪,他的臣民畏惧但敬爱,以为自己的行为准则而效法,保卫国家,溉泽后世。臣子有臣子的威仪,能让他的下属诚实遵守,人人忠于职守,利国兴家。这是国家巩固的基础。北宫佗的中心意思是,国家合理运行的前提,是君臣都需要清楚自己的界线,遵守规矩,各司其职。

鲁襄公二十六年(前547年),楚、秦君攻击郑国,"皇颉败于楚军,穿封戌囚皇颉,公子围与之争之。正于伯州犁。"听囚徒谎称自己是败于王子之手,"戌怒,抽戈逐王子围,弗及,楚人以皇颉归。"《春秋左传正义·卷37》P287。

鲁襄公二十六年(前547年),楚、秦君攻击郑国,戌守城麇的郑国大夫皇颉败于楚军,楚国一个名叫穿封戌的县尹俘获了皇颉,楚共王之子公子围也是未来的楚灵王与穿封戌夺皇颉,请楚国太宰伯州犁评理,伯州犁明确告诉皇颉,王子围是楚康王宠爱的弟弟,而穿封戌不过是楚国名叫方城山外的一名县尹。听囚徒说自己是败于王子之手,穿封戌大怒,提戈追逐王子围,没有追上,楚国人把皇颉带回楚国。《春秋左传正义·卷37》P287。穿封戌为什么有胆量提兵器追杀现任楚君的爱弟?当时没有人惩罚穿封戌,可能是公子围、伯州犁心知肚明,道理在穿封戌一边,在这个问题上,至少在公开场合,官职、权势不能翻云覆雨。穿封戌的事业之门或就此打开。鲁昭公八年(前534年)十一月,灭陈,使穿封戌为陈公。楚国、宋国灭陈为县,楚灵王派楚国大夫穿封戌为县公。现在的楚灵王特意和穿封戌谈到城麇两人争夺俘虏的事,楚灵王欣赏当时穿封戌没有谄媚,对穿封戌说,那时你要知道我会做到今天这一步:成为楚王、又器重你,你一定会让我吧?穿封戌说:我要知道你当时能做到今天这一步,'臣必致死礼,以息楚国',意思是我一定拼死维护礼制,让楚国更繁荣。《春秋左传正义·卷44》P351。

鲁襄公三十一年(前542年)六月,鲁襄公薨,……立胡女敬归之子子野,秋九月癸巳,……卒,毁也。《春秋左传正义·卷40》P312。立敬归之娣齐归之子公子裯,穆叔不欲,曰:"大子死,有母弟则立之,无则立长。年钧择贤,义钧则卜,古之道也。非适嗣,何必娣之子?且是人也,居丧而不哀,在慼而有嘉容,是谓不度。不度之人,鲜不为患。若果立之,必为季氏忧。武子不听,卒立之。比及葬,三易衰,衰衽如固衰,于是昭公十九年矣,犹有童心,君子是以知其不能终也。"《春秋左传正义·卷40》P312。

鲁襄公三十一年(前542年)六月,鲁襄公逝世,立胡女敬归之子子野为鲁君,(杜预注:胡是归姓之国,敬归是襄公之妾,排位在季氏之后,九月,子野哀伤过度而逝世。《春秋左传正义·卷40》P312。随即立敬归的妹妹齐归之子公子裯为君。穆叔表示反对,说:"嫡长子逝世,应该立其同母弟弟,没有嫡子就立庶子中年龄最大的,年龄相同的话选择其中贤明的,如果同样有好名声就通过占卜决定。这是自古以来通用的规则。公子裯不是鲁襄公嫡子,为何要立敬归妹妹的二儿子呢?而且这个人居丧期毫无哀容,别人悲伤时他看起来像是遇到喜事,不知道他心里在想什么,难以测度的人,多数都会作乱。如果坚持立公子裯是一定会成为季氏的忧患。季武子不接受意见，随即立公子裯。到鲁襄公葬礼时，新立的储君三次更换丧服，丧服的衣襟像旧的一样已经褪色而且很脏，当时鲁昭公已经十九岁，思维行举止还像个孩子，重视礼的人据此判定他不能善终。公子裯即鲁昭公，在位32年。通过衣服的整洁度等判断一个人的未来似乎过于玄乎，但最后的结果证明准确。《春秋左传正义·卷40》P312。

鲁国的两个顶级人物在是否应该立鲁昭公问题意见相左。叔孙豹是杰出的思想家，在鲁昭公五年（前537年）时去世。季武子则是鲁国正卿之首，在鲁国有着三十三年漫长的执政岁月，直到前535年结束。他们两人争论之际正值他们思想阅历经验都最为成熟的时候。权力与思想的博弈中权力占压倒性优势，但叔孙豹的意见其实更为合理，鲁襄公一共三个儿子，子野死后，只能在公子裯和公子宋兄弟之间选择，叔孙豹认为前者虽然年龄稍长，但后者更为明智。季武子为何要坚持选择能力明显差的公子裯？很可能不是对这个人一无所知，而是出于私心。一个不那么有进取心，不那么明事理的国君有可能更利于季孙氏这些鲁国顶级大家族的发展。鲁昭公果然按叔孙豹的预测，成为一个失败的君主。鲁昭公十七年（前517年），鲁昭公不敌季孙、孟孙、叔孙三家的进攻，失败后逃往齐国，再也没有回国，最终在晋国逝世。

如果按照叔孙豹的意图，立公子宋，那鲁国就具有极大的想象空间，孔子生于前551年，即鲁襄公二十二年，如果鲁昭公在位的三十二年是公子宋在位，存在着这样一种可能：更早启用孔子治理鲁国。鲁国公室虽然在鲁宣公时代已开始衰弱，宣公十五年听信季文子的建议离开时初税亩，开垦私田，使得更多的百姓归附季氏，民只知季氏而不知国君。鲁襄公十一年，执政季武子设三军，季武子、叔孙穆叔、孟献子各主一军，各自收取军赋，三桓强于公室。襄公十二年，三桓十二分其国民，三家共得十二分之七，鲁君得十二分之五，鲁国人口已经大半不属鲁君，公室进一步降低，三桓进一步上升。昭公五年（前537年），执政季武子（季孙宿）罢中军，三军改为二军，四分公室，季孙氏得二分，孟孙、季孙各得一分，三家自取其税，国人实际上已经不再属于公。

如果孔子被公子宋重用，三桓可能受到更早、有效遏制，鲁昭公的无能与三桓的发展是成正比的。叔孙豹虽然是三桓之一，但是不像为首的季武子那样咄咄逼人。鲁昭公本来在前517年九月对季平子一度取得优势，可惜优柔寡断，没有立即处决季平子，而令三桓拆散。反而让叔孙救出季平子，形势一下彻底反转，鲁昭公反而要逃亡。但是如果有时年三十四岁的孔子在鲁国任职，叔孙豹可能会支持他，那么季平子就不会死而复生，即使季平子带头侵渔，公室力量也会变弱。

有些问题来源于君侯自身。鲁昭公二十年(前 522 年),"宋元公无信多私。而恶华、向。"华定、华亥与向宁谋划,曰:亡逾于死,先诸。华亥伪有疾,以诱群公子,公子问之,则执。夏六月丙申,杀公子寅、公子御戎、公子朱、公子固、公孙援、公孙丁。拘向胜、向行于其廪。公如华氏请焉,弗许,遂劫之。癸卯,取大子栾与母弟辰、公子地以为质。公亦取华亥之子无慼、向宁之子罗、华定之子启,与华氏盟以为质。《春秋左传正义·卷 49》P389。宋元公不讲信誉,过于自私,对华氏、向氏公开责难,华氏、向氏决定鱼死网破,结果诸多公子被华氏、向氏诱骗,绑架杀害,随之相互劫持人质,最后又不得不各自妥协。

鲁昭公二十年(前 522 年),卫国大夫公孟絷鄙视另一个卫国大夫齐豹,"夺之司寇与鄸,有役则反之,无则取之。"剥夺他的司寇职务和封邑。那边有战事时就派他回去,平息了就又把地方收回。公孟絷也是一个大夫,他这样做应该借助了卫君的权力。

鲁襄公(名午,前 572—前 541 年在位。楚康王,名昭,前 559—前 545 年在位)朝见楚康王,行至汉水时,传来楚康王的死讯,襄公想折返,叔孙仲伯说:您去楚不是为了楚康王本人,而是因为盟主名位,那里土地广阔,军事实力雄厚,现在康王死去,他的盟主地位并未改变。于是他们按事前计划前往。返回时,传来季武子袭取卞邑据为己有的消息,襄公想返回楚国。请楚国出兵打击鲁国的季氏政权,鲁大夫荣成伯(荣驾鹅)表示反对,他分析说:君王不能在自己国内顺畅地发号施令,令行禁止,而不得不依靠外部势力帮助维持自己的统治,其他的诸侯国君就不会尊重他。其次如果楚国攻打鲁,鲁国官员过去不反对季孙凤袭取卞邑,现在必然听命于他,用心防御;如果楚国军队胜鲁,各姬姓国家都会不敢面对楚国,何况您呢?楚国会将他们的同姓安置在鲁国使东夷宾服,而极力排斥华夏诸国,倒是不会排斥统一整个中国,这于您有益?难道会把卞邑归还给您?回答都是否定的。如果楚不能胜鲁,您借用蛮、夷的力量攻打了鲁,又要回到国内为君,必定不可兼任俱。不如将卞地给季孙凤侍奉你,不敢不改过去的不是之处。您还是直接回国为好,鲁君接受了这个建议。《国语正义·卷第五·鲁语下》P474。季武子先派季冶在路上迎接国君,随后又派人追上来交给他一封密封的信件,信中谎称"卞地人准备背叛,我的平叛军队刚刚占领了卞地。襄公看后,没有出声,荣成伯对来者说,你在实际管控国家,只要你认为必要,可以自行其是。攻打叛变,是你职责,何必报告?季冶回国后向季武子交还采邑,拒绝出来做官,"因为您让我欺骗了君王,我不敢继续享受他的禄位和继续在朝堂上做官。《国语正义·卷第五·鲁语下》P480。鲁襄公的权力此时受到内部与外部势力的双重牵制,看起来是不正常的,其实是必然的,由国家的权力结构设计所决定,相似的问题由来已久。鲁隐公元年(前 722 年),夏四月,费伯(鲁国大夫)师师城郎(鲁邑名),不书,非公命也。《春秋左传正义·卷 2》P13。春秋没有记载鲁国大夫费伯在郎地筑城的事,是因为鲁隐公没有下这道命令。

鲁襄公二十七年,公与免余邑六十,辞曰:唯卿备百邑,臣六十矣,下有上禄,乱也。公孙免余是卫大夫,卫献公一次给他六十个邑。

鲁襄公二十五年,七月,郑国子产献捷于晋。

5. 霸主的出现

周天王权力的存在与流失都与诸侯有关,当诸侯共同拥戴或享有实力强大的诸侯拥戴时,天王有尊严,当诸侯背离时,天王失去权威。鲁僖公二十七年(前 637 年)载,鲁僖公二十五年,即前 635 年是晋文公回国为君的第二年,晋文公就想动用国力对外用兵,狐偃(即子犯)告诉他应该先做人后作战,帮助周襄王安定王位,改善人民生活,取得内外信誉后,"于是乎大蒐以示之礼,作执秩以正其官。"执秩:掌管爵禄秩位的官。城濮之战,晋文公一战而霸,被归功于晋国的人文综合进步,具体细节可分为:1. 鲁僖公二十四年(前 639 年),周襄王被其弟王子带赶走,二十五年晋文公派兵救襄王,杀王子带,送襄王归国复位,安定周襄王的王位。2. 二十五年,伐原城时晋军准备三天粮食,三天后原城人不投降,文公命令撤退,有谍报原城人已经准备投降,请文公修改撤退命令以待其投降,文公以信誉为重,坚持撤退以不失信用,退兵三十里。3. 举行一些礼仪活动,比如大型阅兵典礼广泛宣讲礼仪,明确相关礼制对国家的重要性。提高国家黜陟制度的专业性,让官员和人民都有章可循,国家的政策也因此容易得到贯彻。《春秋左传正义·卷 60》P121。这被认为是晋文公称霸的原因。这是当时人普遍认同的观点。

鲁昭公四年(前 538 年)楚子(楚灵王)问于子产曰:晋其许我诸侯乎? 对曰:许君。晋君少安,不在诸侯。其大夫多求,莫匡其君。……。王曰:诸侯其来乎? 对曰:必来。从宋之盟,承君之欢,不畏大国,何故不来? 其鲁、卫、曹、邾乎? 曹畏宋,邾畏鲁,鲁、卫偪于齐而亲于晋(受到齐国的压力而跟晋亲近),唯是不来,其余,君之所及也谁敢不至? 王曰:然则吾所求者,无不可乎? 对曰:求逞于人(从别人身上取得快乐),不可。与人同欲,尽济。《春秋左传正义·卷 42》P331。

前 538 年,楚灵王问子产:晋国会承认我称霸诸侯吗? 子产答:一定会同意。晋平公贪图小的安逸,志向不在称霸诸侯。他属下的有实权的大夫又很贪婪,心思不在如何匡扶其君主。楚灵王又问:诸侯会听从我的召唤吗?子产说:一定会来。子产为楚灵王分析说,曹国在鲁、卫、宋三国之间,曹国比较担心的是宋国,与邾国接壤的最大国家是鲁国,因此邾国畏惧鲁国,卫国领土分别靠近齐、晋两国,而鲁国与齐国接壤。鲁国和卫国都畏惧齐国,从而不得不非常小心顾及晋国的想法。卫国、楚国之间隔着我们郑国,鲁国还比卫国靠后。楚国没有对他们构成直接的威胁。您对曹、卫、鲁、邾国这四个国家的影响还不够令他们不顾一切地与楚国亲近,其他国家则都会因为有您的庇护感到安心。这番话有让楚灵王想立刻飞起来的冲动,他急切地问,那么我现在是否可以做我想做的任何事呢? 子产对一个霸主耳提面命,提示楚灵王国家力量使用合理时可以做很多事情,比如成为霸主,实现自己的个人价值。但是又理性而冷静地提示,有求必应的境界至少有两种类型:1. 是不计后果地得到过多,快速失去一切。2. 多数人都因为你得到而欢悦,因为他们也同时有所得。作为一个自由空间巨大的君王,楚灵王没有子产那份来自弱国、臣属者所常有的审慎与服从的心理特性,不会把结构如此复杂甚至说得上是沉重的政治模型一丝不苟地用于政治实践中。

　　周襄王(前 651—前 619 年在位)派邵公过、内史过赐给晋惠公命服,吕甥、郤芮作晋侯的礼赞,态度不敬,晋惠公拿着信圭的手放在胸以下,回拜使节时头不至地。内史过当场默不出声,返回后对襄王说:他们如此失礼,预示着晋国要灭亡或者晋侯将没有后代。襄王三年(前 649 年)立晋侯,八年(公元 644 年)秦攻打晋国,晋兵败于韩原,秦人俘获晋惠公。前 637 年惠公逝世,惠公儿子子圉立为国君,周襄王十六年(前 636 年),晋国人杀了继位的晋怀公姬圉,晋怀公没有后嗣,秦穆公送公子重耳回晋国即君位。同年秦人杀了子金即吕甥、子公即郤芮,二人不是因卫在晋惠公接受周天子命服典礼上傲慢无礼,而是因为企图谋杀重耳,未遂逃跑,结果被秦穆公诱杀,内史过的预测似乎完全兑现。董增龄《国语正义·卷第一·周语上》P106。

　　与之完全相反的例子是夷吾的哥哥重耳的命服典礼,其(前 636—628 年在位)因其父立少子为嗣而出奔,晋怀公死,由秦帮助回国即位。周襄王派太宰文公和内史兴赐给晋文公命服,晋国上卿在边境之外迎接,晋文公本人在都城的郊外迎接,换装冕服的仪式中晋文公自始至终礼节备至,相应器具准备臻于完美。内史返回后对襄王表示,晋国必须善待,因为他一定会称霸,礼节完备是道德的准则。这样晋侯就一定会获得诸侯的信任。襄王听从这个意见,不断派使节前往晋国以示亲近,后遭遇子带之乱,周大夫颓叔、桃子奉子带,借狄兵伐周,襄王避难于郑,是晋侯派兵平乱,子带为晋所杀,晋送襄王归国复位。董增龄《国语正义·卷第一·周语上》P121。人们可能会对礼节的作用感到疑惑,它真的能在现实生活中具有如此神奇支配力作用? 实际上晋惠公的人品是真有问题,他对秦国食言就是一例,在公开场合中,能否有分寸地对待别人,比如来自周天子身边的亲信大臣,能否保持恰当的礼节是一个能力问题,王室使者远道而来,隆重地为新君举办规定的仪式,确认新君的资格,不仅应该庄严而且神圣,当事人理应一丝不苟完成规定的程序,可能是对礼节满不在乎,或者心不在焉,于是举止失措。周王室比晋国有更大的社交圈,周王室对一个诸侯的印象,很容易传播而且影响别人。当然,纵观晋惠公的君主生涯,他的遭遇主要源自个人能力问题。对礼的态度结果也是负面的。

所谓敬人者人恒敬之。周襄王二十一年(前631年),晋文公带领诸侯在郑国的衡雍地方朝见被王子带和戎人赶出来的周襄王,晋文公毫无骄矜之色,并向王室进献与楚国作战所获战利品,随之在践土与诸侯会盟,从此开始称霸。董增龄《国语正义·卷第一·周语上》127。霸主与有礼好像是一对矛盾,但是它们在重耳身上交汇在一起,一个人可能因为能力出众而成为领袖,另一个则可能是因为声誉好而得到多助广受推崇,如果一个具有两种能力,无疑会出类拔萃。不过礼节有可能在被认为其作用被用完之后遭弃。晋文公也不例外。

齐桓公即位为君数年,一战使三十一国服从。…兵车之属六(主持,作战的会议六次),乘车之属三(修好的会议三次),隐武事,行文道,帅诸侯而朝天子。《国语正义·卷第六·齐语》P589。所谓文道"桓公知诸侯之归己,故使其轻其币而重其礼诸侯之使垂橐而来,稇载而归。教大成,定三革(革指铠甲等,泛指不使用兵器),隐五刃,朝服以济河而无怵惕(意即无所畏惧)焉,文事胜矣。《国语正义·卷第六·齐语》P596。

齐桓公是个高效的君主,为君数年,一战使三十一国顺从,九次会合诸侯,主持军事行动的大会六次,签订友好合约的盟会三次。

齐桓公作为霸主帅诸侯朝见天子,一个经常需要威慑乃至武力获得拥戴的诸侯转型礼制的维护者可以并不矛盾,转型过程有具体的记载:齐桓公努力减低诸侯之间的武装冲突,诸侯之间关系更多地通过协商谈判解决,社会政局趋于稳定,齐桓公减少诸侯对齐国的贡献,让来朝见的诸侯使节空橐而来,满载而归。积极扶弱济困,救灾平乱但不占领别人土地,保护商品流通但不征税,强化对异族入侵的防御设施。封存大量军械,齐桓公渡过黄河时穿着朝服,他显然沿途受到欢迎，无需担心人身安全，这是上叙文教的基本内涵。

公元前 651 年夏的葵丘大会期间，周襄王祭祀文王、武王后派宰孔给齐桓公送来祭肉。"使孔致胙于桓公且后有命曰：以尔自卑劳，实谓尔伯舅，无下拜。宰孔还带来周襄王的教命，伯舅齐桓公集谦逊的美德和卓越的功勋于一身，周天子特许接受祭肉与其他赐物时无需按惯例下拜。桓公召管子讨论对策，"管子对曰：为君不君，为臣不臣，乱之本也。桓公惧，出见客：天威不违颜咫尺，小白余敢承天子之命曰："尔无下拜"恐陨越于下，以为天子羞。遂下拜，升受命。赏服大辂、龙旗九旒、渠门赤旂。"诸侯称顺焉。《国语正义·卷第六·齐语》P598。赐予并批准齐桓公使用诸侯最高规格的乘用车，有九条垂饰的龙旗，军门两边树立的大旗。

"越灭吴，上征上国，宋、郑、鲁、卫、陈、蔡执玉之君皆入朝。《国语正义·卷第十九·吴语》P1263。

越王的霸主时期，越王灭吴，北上征伐中原诸侯国，宋、郑、鲁、卫、陈、蔡等国国君都执玉圭前往朝见越王。

6. 信用产生的霸主

"文公伐原，令以三日之粮，三日而原不降，公令疏军而去之。谍出曰：原不过一二日矣。军吏以告，公曰：得原而失信，何以使人？夫信，民之所庇也，不可失。乃去之，及孟门（原的属地）而原请降。《国语正义·卷第十·晋语四》P823。

文公四年（前 633 年），楚成王伐宋，文公率领齐、秦伐曹、卫以救宋。宋人使门伊班告急于晋，公告大夫曰：宋人告急，舍之则宋绝，告楚则不许我。我欲击楚，齐秦不欲，其若之何？先轸曰：不若使齐、秦主楚怨。使宋舍我而赂齐秦，借之告楚。我分曹卫之地以赐宋人。楚爱曹卫必不许齐、秦，齐秦不得其请，必属怨焉。然后用之，蔑不欲矣。公说。是故以曹卫田赐宋人。令尹子玉使宛春来告曰：请复卫侯而复曹，臣亦释宋之围。舅犯愠曰：子玉无礼哉！君取一（解除宋的围困），臣取二（复卫，封曹是两件事），必击之。先轸曰：子与之。我不许曹卫之请，是不许释宋也，宋众无乃强乎！是楚一言有三施，子一言而有三怨，怨已多矣，难以击人，不若私许复曹、卫以携之，执宛春以怒楚。既战而后图之。公说。是故拘宛春于卫。《国语正义·卷第十·晋语四》P824。

晋文公四年（前 633 年），楚成王伐宋，晋文公率领齐、秦伐楚国的盟国曹、卫以救宋。宋人使本国大夫门伊班到晋告急，晋文公对大夫们说：宋国人告急，不接受就会失去与宋国的关系，请求楚国停止对宋国的军事行动楚国肯定不会答应。我想攻击楚国,齐、秦两国又不愿意,究竟应该如何应对? 先轸说:不若设法让齐、秦两国开始憎恨楚。让宋国不要管我们,而是转而去贿赂齐、秦,依托齐秦请楚国不要攻击宋国。我们将占有的曹、卫两国的土地划分给宋国人。楚珍惜曹、卫,一定不会答应齐、秦,齐秦的要求没有满足,必然和曹国产生怨恨。我们然后利用秦齐,一定能达到我们的目的。晋文公很赞赏这个意见。随即分曹、卫之田给宋国。楚国令尹子玉派使者宛春带来提议:晋国恢复恢卫侯、曹君的身份职位,楚国就撤走对宋国的包围。舅犯很生气地说曰:子玉无礼! 用解除宋的围困一个条件,换取复卫,封曹两个要求。拒绝。先轸认为应该接受楚国条件:晋文公表示同意先轸的意见。不过楚使节宛春被拘留在卫国。《国语正义·卷第十·晋语四》P824。

子玉释宋围,从晋师,楚既陈,晋师退舍,军吏曰:以君避臣,辱也。且楚师老矣,必败,何故退? 子犯曰:二三子忘在楚乎? 偃也闻之:战斗,直为壮,曲为老。未报楚惠而抗宋,我曲楚直,其众莫不生气。不可谓老。若我以君避臣,而不去,彼亦曲矣。退三舍避楚,楚众欲止,子玉不肯,至于城濮,果战,楚众大败,君子曰:"善以德劝。《国语正义·卷第十·晋语四》P826。楚国军队撤除对宋国的包围追上晋军,楚军列阵,为了回报楚国曾释放的善意,后退九十里,最终在城濮重创楚军。

晋文公因为在流亡郑国时,郑国人曾围观自己的连片的肋骨而讨伐郑,拒绝郑以奇珍求和,因为重耳流亡时经过郑国,詹伯曾经请求郑文公礼遇重耳,郑文公不能接受,于是请郑文公杀掉重耳亦不能接受,这次晋文公要求郑卿叔詹伯以交换退军,郑文公不同意而詹伯主动要求交换,詹伯坚持请求,"一臣可以救百姓而定社稷,君何爱于臣也?"他说服了郑文公。晋人声威胁要将他整个煮熟。詹伯充分施展了自己的辩论才华,晋文公如此贤明,会认同我的"尊明胜患,智也;杀身赎国,忠也。"的想法,"乃就烹,据鼎耳而疾号曰:自今以往,知忠以事君者,与詹同!乃命弗杀,厚为之礼而归之。郑人以詹伯为将军。《国语正义·卷第十·晋语四》P828。晋文公明智地放弃初衷,释放仇人,詹伯得以重生,忠君者得以提振。

鲁昭公九年(前533年),晋国大夫与周王室大夫争夺一块本属于周的土地,两位晋国人率领晋军还攻击另一块周颖地。这两件事叠加在一起让周景王的愤怒渐渐失控,变得有点孤注一掷,他派使者斥责晋国人忘本,子产听说这件事后对晋国执政韩宣子说"文之伯也,岂能改物? 翼戴天子加之以共。自文以来,世有衰德而暴灭宗周,以宣示其侈,诸侯之贰,不亦宜乎?《春秋左传正义·卷45》P354。

子产的大意是,晋文公成为霸主,岂能变更礼制? 只是拥戴天子更加恭敬,自晋文公以后,道德代代衰减,对周王室轻慢无礼,还有意暴露他们何等自我放纵,诸侯们怀有二心,不是很应该吗?子产勾勒的类似晋文公这样的霸主,堪称理想的霸主。

二、诸侯内部的离析

1. 延绵不绝的君臣矛盾

鲁成公十七年(前574年),厉公将作难,胥童曰:必先三郤,族大多怨,去大族不偪,敌多怨有庸。公曰:然。郤氏闻之,郤锜欲攻公,曰:虽死,君必危。郤至曰:人所以立,信、知、勇也。信不叛君,知不害民,勇不作乱。失兹三者,其谁与我?死而多怨,将安用之?君实有臣而杀之,其谓君何?我之有罪,吾死后矣!若杀不辜,将失其民,欲安得乎?待命而已!受君之禄是以聚党。有党而争命,罪孰大焉?

前574年,多外嬖的晋厉公准备杀掉群大夫,胥童说:三郤族大,对公室危害大,应该从三郤着手。得到晋厉公的同意。这个可怕的消息传了到郤氏那里,郤锜准备立即进攻晋厉公,说要用自己一族人的死亡让国人看清晋厉公的真相。郤至反对这样:人生靠信、知、勇三者立身。有信誉是不背叛君主,才能出众但不害人,有勇气但不作乱。忠君、利民、止乱三者是每个人的生存的基本原则,失去三者,谁愿意与我们同道?君杀自己的臣下有两种结果!君杀本来有罪的人,现在才死已经算是清算来迟;如果国君杀无辜的人,一定会失去国民的支持,心理也不会得到安宁,枉杀者自己不过是等死而已!从国君那里得到俸禄才能聚集宗主,利用宗主势力抗命国君,真是莫大的罪过。郤至的理论很华丽,结果很悲惨。结果郤锜、郤犨以及临时改变了主意的郤至均中刃,他大呼"冤枉死不如逃命",拼命躲避的郤至三个大臣都被长鱼矫等所杀。栾书、中行偃也被胥童劫持,长鱼矫请求不要杀他们,厉公也表示一天之内已经倒下了三个国卿,不忍心再杀大臣,二人得以免死。但栾书、中行偃不久后得到一个机会抓住厉公,晋国大夫士匄(即范宣子)和韩厥都不愿参与栾书一致行动,但栾书、中行偃还是杀死胥童。《春秋左传正义·卷28》P22。胥童是胥克之子,被郤缺所废,胥童深恨郤氏。是晋国朝中喋血的始作俑者之一。晋厉公依靠的胥童、夷羊五、长鱼侨、清沸魋都是自己的嬖臣。次年正月,栾书、中行偃使晋国大夫程滑弑厉公。葬之于冀东城之外,车一乘(诸侯葬礼车七乘),立晋襄公曾孙周子,即后来的晋悼公。《春秋左传正义·卷28》P221。晋厉公为什么会失败?可能的原因是:当国君寻求顺从自己为首选这个原则委任官员,以顺从自己的程度高低来分配权力时,这个君主所得到的支持者智商会逐渐降低,对恣意妄为者不满的人通常有更高的智慧抑制并消灭他们厌恶的人。

以下的例子证明晋厉公政治起点很低,晋景公是鲁成公十年(前581年)六月逝世。

"秋,公如晋,晋人止公,使送葬。于是籴茷(晋国大夫,尚在楚国,杜预注:是年春晋使籴茷至楚结成,晋谓鲁贰于楚,故留公,须籴茷回来验证)。冬,葬晋景公,公(鲁成公)送葬,诸侯莫在,鲁人辱之,故不书(所以《春秋》没有记载),讳之也。《春秋左传正义·卷26》P205。

"秋,鲁成公到晋,晋国人强行要鲁成公留下,为晋景公送葬。晋国大夫籴茷当时尚在楚国,他是本年春被晋景公派往楚媾和的,晋国认为鲁国在晋、楚两个之间私下搞平衡,因此不准鲁成公回国,要等籴茷从楚国回来验证传言真伪。结果冬天时安葬晋景公,诸侯国君中唯有鲁成公被逼送葬,鲁国深感耻辱,举国憎恨晋厉公。

鲁昭公十一年(前531年),"此蔡侯般(蔡灵侯)弑其君之岁也。"《春秋左传正义·卷45》P357。蔡灵侯杀的是自己生父蔡景侯,在他看来,他父亲人品非常差劲,居然与来自楚国的儿媳行为不端,无法忍受的儿子不得不取他性命。

鲁国大夫孟孙氏、叔孙氏、季孙氏,都是鲁桓公的后代,所以称之为三桓。前609年鲁文公逝世后,三桓势力日强,分领三军,实际掌握鲁国政权,形成了三桓与公室抗衡的政局,公室即诸侯国家的政权被严重削弱。

儿子直接接替父亲的官职,鲁宣公四年(前605年),初,楚国司马子良生子越椒,时为令尹的子良之兄子文对这个新生儿感觉不好,告诫他的弟弟,曰:"必杀之,是子也,熊虎之状,而豺狼之声,弗杀,必灭若敖氏也。……子良不可。及令尹子文卒,斗般(即斗班,字子扬,令尹子文之子)为令尹,子越为司马,蒍贾为工正,谮子扬而杀之,子越为令尹,己(蒍贾)为司马。子越又恶之,乃以若敖氏之族(于是带领若敖氏的族人),围伯嬴(蒍贾)于轑阳而杀之。遂处烝野(楚国邑名),将攻王,王(楚庄王)以三王(楚文王、楚成王、楚穆王的子孙)之子为质焉,弗受,师于漳澨。鲁宣公四年(前605年)七月。楚子与若敖氏战于皋浒。……灭若敖氏。《春秋左传正义·卷21》P167。

前605年,此前,楚国司马子良生子越椒,时为令尹的子良之兄子文,对这个新生儿感觉不好,告诫他的弟弟,说:一定要杀死这个孩子,他外形雄壮,声音恐怖,熊虎之状,如果不赶快杀掉,一定会毁灭我们若敖氏。子良对兄长的话置之不理。令尹子文逝世时,令尹子文之子斗般(即斗班,字子扬)担任令尹,子越担任司马,工正蔿贾诬陷子扬并杀了他,子越升任令尹一职务。阴险的蔿贾被任命为司马。子越憎恨蔿贾,于是带领若敖氏的族人杀蔿贾,子越在烝野邑集合反叛者,为攻击楚庄王做准备,楚庄王以楚文王、楚成王、楚穆王三王的子孙为人质求和,子越不接受。前605年七月,楚庄王与子越率领若敖氏战于皋浒,若敖氏惨遭灭顶之灾。子文之孙,子扬之子克黄担任楚国箴尹因为出使齐国没有被牵连,但是归途中听到家族的噩耗后还是决定回国,自动到司败那儿请求囚禁,楚庄王顾念子文在楚国的政治成就,认为如果这样一个人都绝嗣,就无法开口鼓励人民向善。他恢复克黄的官职,家族得以延续。

楚庄王是春秋时期楚国最有成就的楚国国君,在与令尹子越的战斗中他聪明地利用楚文王攻克息国得到的三支箭的题材振奋战士心理,逆转战局,获得胜利。子越被自己的伯父判为天生的罪犯,现实中至少是属于有叛逆心理的人,他造成危害不是因为国家或君主本身的问题,而是他管不好自己。

2. 臣子之间的矛盾

邯郸午出自嬴姓,邯郸氏,乃赵氏旁支,也称赵午。鲁定公十三年(前497年),赵鞅谓邯郸午曰:"归我卫贡五百家,吾舍诸晋阳"。午许诺,归告其父兄,父兄皆曰:卫是以为邯郸,而置诸晋阳,绝卫之道也,不如侵齐而谋之。赵鞅因为邯郸午家族拒绝自己的命令,杀邯郸午,……"赵稷、涉宾以邯郸叛,夏六月,上军司马籍秦围邯郸,邯郸午,荀寅之甥也。荀寅,范吉射之姻也而相与睦,故不与围邯郸,将作乱。……秋七月,范氏、中行氏伐赵之宫,赵鞅奔晋阳,晋人围之。范皋夷(即士皋夷,晋国大夫)无宠于范吉射,而欲为乱于范氏。梁婴父嬖于知文子,文子欲以为卿,韩简子与中行文子相恶,魏襄子亦与范昭子相恶。故五子谋,将逐荀寅而以梁婴父代之。逐范吉射而以范皋夷代之。荀跞言于晋侯曰:"君命大臣,始祸者死。载书在河。今三臣始祸,而独逐鞅,刑已不钧矣,请皆逐之。冬十一月,荀跞、韩不信、魏曼多奉公以伐范氏、中行氏,弗克。二子(范氏、中行氏)将伐公,齐高强曰:三折肱知为良医。唯伐君为不可,民弗与也。我以伐君在此矣。三家未睦,可尽克之。克之,君将谁与? 若先伐君,是使睦也。"弗听,遂伐公。国人助公,二子败,从而伐之。丁未,荀寅、士吉射奔朝歌,韩、魏以赵氏为请,十二月辛未,赵鞅入于绛,盟于公宫。《春秋左传正义·卷56》P448。

前497年,晋国赵鞅因为荀寅(即中行文子,中行寅)的外甥邯郸午家族拒绝赵鞅的"归还卫国进贡的五百家人口,我要将他们迁移到晋阳"命令,杀邯郸午,赵氏家臣赵稷(赵午之子)、晋国大夫涉宾在邯郸发动当地人反叛,夏六月,上军司马籍秦包围邯郸。荀寅是邯郸午舅舅。荀寅与范吉射是儿女亲家，荀寅、范吉射没有参与包围邯郸，而是准备谋叛，七月，在范氏、中行氏进攻下，赵鞅逃往晋阳，晋阳被晋人包围。晋国大夫范皋夷（范氏旁支）一直不被范吉射器重，准备在范氏内部发动叛乱。梁婴父深得荀跞（知文子）赏识，后者有意安排梁婴父（智氏宠臣）为卿。韩简子（名不信）与荀寅不睦，魏襄子（魏曼多晋国大夫）与范吉射互相不满。范皋夷、梁婴父、荀跞、韩简子、魏襄子谋划将荀寅驱逐而以梁婴父取代，驱逐范吉射而以范皋夷代之。知文子对晋定公说，君主命令大臣，开始发动祸乱的人处死，这个盟书沉入黄河的现在又有三个大臣发动祸乱，现在只驱逐赵鞅，律法没有达到公平，荀跞、韩不信、魏曼多以晋定公的名义以伐范氏、中行氏，失败。范氏、中行氏准备攻打晋定公。在晋国服务的齐国人高强劝二人不要攻击自己的国君被拒，结果，国人帮助晋定公打败范氏和中行氏，荀跞、韩不信、魏曼多三家也随后攻打他们，范吉射和荀盈逃往朝歌，韩氏、魏氏为赵氏求情，赵鞅从晋阳回到都城绛。《春秋左传正义·卷56》P448。但是赵鞅不同意五子所密谋的新六卿计划。他想要打破六卿分权的局面，维护公室集权。

范吉射、荀寅不是无能的人，他们争取到齐景公、鲁定公、卫灵公以及狄人的支持。次年，即前496年冬十二月，晋国人在潞地击败范、中行氏之师，俘获籍秦、高强。籍秦原本是范氏、中行氏的秘密盟友，虽然受赵鞅之命包围邯郸。却随时为邯郸方面提供情报，他率领的晋军曾经包围邯郸，后来公开与中行氏范氏一致行动，直到被俘。晋国军队又在白泉击败郑声公与范氏的军队。《春秋左传正义·卷56》P449。前494年，八月齐景公、卫灵公、鲁哀公以及鲜虞人联合增援邯郸，攻取晋国的棘蒲。由于范吉射与刘文公时代婚姻，周大臣苌弘与刘文公亲近，所以周敬王的王室倾向于范氏，赵鞅进攻周，迫使周王室处死苌弘。前491年，在赵鞅的攻击下，邯郸投降。荀寅、范吉射逃往齐国。这场赵鞅与邯郸午家族争执引起的内乱衍生而成广泛持久涉及多国的战事长达八年。

晋昭公（前531—前526年在位）时代：

中军将　韩起　　中军佐　荀吴

上军将　魏舒　　上军佐　士鞅

下军将　荀跞　　下军佐　赵鞅

前493年

上军将　赵鞅　　上军佐　韩不信

下军将　魏侈　下军佐　荀申

这是赵鞅刚刚起步时的晋国六卿,经过漫长的二十余年,赵鞅成为晋国执政。实际上晋国历史就围绕这些人展开。起源于邯郸午与赵鞅之间的冲突而酿成的旷日持久的诸侯之间的战争可以做多种解读:1.赵氏大宗与旁支的争斗。2.婚姻关系影响力。3友情的范氏与中行氏友好关系延续了几代人。4.雄才大略的齐景公干预晋国的内政?5价值观的选边。6纯碎权力的博弈。7国人的力量。8被边缘化的晋定公。最后可以归纳为礼制的绝对控制力所衍生。

鲁哀公六年(前489年),齐陈乞伪事高、国者,骗取他们的信任。夏六月陈乞、鲍牧(齐国大夫)以及诸大夫领甲士进入鲁哀公的宫殿,与高张、国夏以及齐侯作战,后者被打败,国人追逐他们,失败者逃往鲁国。《春秋左传正义·卷58》P459。鲁哀公六年(前488年)十月,齐立公子阳生为国君,和诸大夫盟誓后,鲍子(即鲍牧,齐国大夫)"使胡姬(胡国之女,齐景公之妾)以安孺子(孺子,公子荼。安指什么?)如赖,(齐国邑名)去妠鬻,杀王甲,拘江说,囚王豹于句窦之丘(是齐国地名),王豹、王甲、江说都是齐景公的宠臣,公子荼之党。《春秋左传正义·卷58》P460。

齐陈僖子把自己伪装成高、国者的崇拜者,骗取了他们的信任。夏六月陈乞、齐国大夫鲍牧以及诸大夫领甲士进入齐侯的宫殿,与高张、国夏以及齐侯作战,后者被打败,国人追逐他们,失败者逃往鲁国。《春秋左传正义·卷58》P459。公子荼是齐景公幼子,高张、国夏受齐景公之命所立。

鲁哀公六年(前488年)十月,齐人立公子阳生即齐悼公,和诸大夫盟誓后,安排齐景公之妾来自胡国的女子胡姬带着安孺子去如赖邑居住,后被杀,在位十个月。安排给妠鬻的去处不为人知,杀王甲,逮捕了江说,王豹则被囚禁在齐国的句窦之丘这个地方。王豹、王甲、江说都是齐景公的宠臣,均公子荼之党。他们执行齐景公生前的命令,立公子荼。并无差错,问题是其生母芮姬出身低贱,声誉不佳,虽然受齐景公所宠爱,诸大夫却都唯恐公子荼立为国君,但在齐景公病重时,即安排驱逐公子荼的其他兄长,公子阳生也逃到鲁国。代表理性思维的陈僖子、鲍牧等大夫拒绝这种疯狂的遗命,不得不与惟命是从的同僚高张、国夏刀兵相见。这种不好的政治遭遇,却因为制度的原始赋权而令冲突无法回避。

三、诸侯的兴亡

鲁昭公十三年(前529年),楚之灭蔡也,灵王迁许、胡、沈、道、房、申于荆焉,平王即位,既封陈、蔡,而皆复之,礼也。《春秋左传正义·卷 46》P371。楚国灭蔡国时,楚灵王将许国、胡国、沈国、房国、道国申国人口全部迁往楚国境内。楚平王即位后,恢复陈国、蔡国,让两国的太子各自归国。楚共王子皆庶出,楚平王弃疾是楚灵王之弟。

废立:鲁昭公十四年(前 528 年),秋八月,莒著丘公(莒国君)卒,郊公(著丘公之子)不慼。国人弗顺,欲立著丘公之弟庚舆(莒共公,著丘公之弟),蒲馀侯(即莒国大夫)恶公子意恢(莒国公子)而善于庚舆,郊公恶公子铎而善于公子意恢,公子铎因蒲馀侯而与之谋曰:"尔杀意恢,我出君而纳庚舆。"许之。……冬十二月,蒲馀侯兹夫杀莒公子意恢,郊公奔齐,公子铎逆庚舆于齐。《春秋左传正义·卷 47》P374。因为莒国国君著丘公逝世后其子郊公不孝,国人不满,准备改立著丘公弟弟庚舆继位。莒国大夫蒲馀侯厌恶莒国公子中的公子意恢而喜爱庚舆,郊公厌恶公子铎而与公子意恢亲近。公子铎于是向蒲馀侯兹夫提议:你杀意恢,我就赶出郊公而迎立庚舆。得到同意,后者杀了公子意恢,郊公出奔齐国。公子铎从齐国迎回庚舆。

不学的人大行其道,这是一个比较难以察觉又实实在在的危险信号:

鲁昭公十八年(前 524 年)秋,葬曹平公,往者见周原伯鲁,与之语,不说学。归以语闵子马。闵子马曰:"周其乱乎? 夫必多有是说,而后及其大人。大人患失而惑,又曰:可以无学,无学不害。不害而不学,则苟而可。于是乎下陵上替,能无乱乎? 夫学,殖也,不学将落,原氏其亡乎?《春秋左传正义·卷 48》P348。

前 524 年秋,曹平公葬礼时,鲁国使者在前往参加葬礼的人中见到了周朝大夫原伯鲁,与他谈话时却发现,此人对学问很不感兴趣。使者归国后与鲁国大夫闵马父谈到了此事。闵子马说:"周王室要动乱了吧? 不爱学习的人一定有很多之后,才会影响到当权的人。大权在握的人迷恋权力却又不明事理,又辩称不学习也能生活、工作,不学习没有害处。以为没有害处就不学习产生的问题会很严重,不学习的人其实会变得辨别力降低,渐渐丧失责任心、进取心。这种人为官时一定会造成上不作为而下级侵权的局面,国事能不混乱吗? 学习,就像种植,没有开垦、耕种、培管,田园就会荒芜,原氏要败亡了!《春秋左传正义·卷48》P348。

国家的根基——周王室的命运开始被越来越多的冷漠。游离于外的思想在社会中蔓延:

鲁昭公二十五年(前 517 年)夏,会于黄父(即黑壤,晋地),谋王室也。鲁国叔诣,晋国赵鞅,宋国乐大心,卫国北宫喜,郑国子大叔,曹人、邾人、滕人、薛人、小邾人在黄父会见,谋划安定王室,赵鞅命令诸侯的大夫向周天子输送粮食,准备好戍守的兵车,明年送天子回去。《春秋左传正义·卷51》P405。宋乐大心曰:我不输粟,我于周为客,若之何使客? 晋士伯曰:自践土以来,宋何役之不会? 而何盟之不同? 曰同恤王室,子焉得辟之? 子奉君命,以会大事,而背宋盟,无乃不可乎? 右师(指乐大心)不敢对,受牒而退。《春秋左传正义·卷51》P407。

鲁昭公二十四年(前518年)六月:郑伯如晋,子大叔相,见范献子,献子曰:若王室何? 对曰:老夫其国家不能恤,敢及王室,抑人亦有言曰:嫠不恤其纬,而忧宗周之陨。为将及焉。今王室实蠢蠢焉,吾小国惧矣。然大国之忧,吾侪何知焉,吾子其早图之。……王室之不宁,晋之耻也。诗曰:瓶之罄矣,唯罍之耻。"献子惧,而与宣子(韩宣子)图之。乃征会于诸侯,期以明年。《春秋左传正义·卷51》P404。老妇人不担心自己的纬线,而忧虑宗周的陨灭,就是担心祸事将落在自己头上。子大叔将强大的晋国比作盛酒的大坛,将周王室比作酒瓶,又用纺纱的嫠妇危机感警示范献子这类可以改变现状的人行动起来。

诸侯间的大部分活动看起来是无效的? 封建之初衷其实是维护现状,各诸侯存在的意义也还比较明确,随时间的推移,最初因功勋获得封建的人已经逐步消亡,另外一些袭封的人看似与他们的前任毫无关系,他们行为乖戾,只是为维护政权而存在,对国人的利益漠不关心,于是社会就只能在武力挟持下延续。

鲁昭公三十一年(前511年)春,王正月,公在乾侯,言不能外内也。晋侯将以师纳公。……季孙意如会晋荀跞于適历,荀跞曰:寡君使跞谓吾子,何故出君? 有君不事,周有常刑,子其图之! 季孙练冠麻衣跣行,伏而对曰:"事君,臣之所以不得也,敢逃刑命? 君若以臣为有罪,请囚于费,以待君之察也。亦唯君。若以先臣之故,不绝季氏,而赐之死。若弗杀弗亡,君之惠也。死且不朽。若得从君而归,则固臣之愿也。敢有异心? ……子家子曰:君以一乘入于鲁师,季孙必与君归。公欲从之,众从者胁公,不得归。《春秋左传正义·卷53》P424。鲁昭公三十一年(前511年)春,王正月,鲁昭公滞留乾侯,他处于既不能去国外又不能回国内的尴尬境地。晋定公准备以武力送其回国,范献子和鲁国的季平子私下商量好了如何让鲁国避免遭晋国军事打击的办法后,季平子按约定来晋国。晋国大臣荀跞问季平子:我国君主命令我请教您为何要将自己的国君赶出? 没有按礼侍奉君主,周礼中对此有规定的刑罚,请您解释原委! 季孙头戴练冠,身穿麻衣,赤脚行走,伏身回答:"侍奉君主,是为臣所求之不得的事,有渎职行为绝不敢逃避刑罚！君王如果认为我有罪，请求将我囚禁于费地，然后再仔细考察，处理结果惟君命是从。若以先臣为国家奔走的缘故，不绝季氏血脉，赐臣下一个人死，若不对臣下处极刑，也不判处流亡，这就是国君的仁慈，恩德会永世长存。若是能侍奉君主鞍前马后归国，则是一直以来的愿望。从来不敢有异心。夏季四月，季平子跟荀跞到乾侯，荀跞以晋侯的名义慰问鲁昭公，并说季平子愿意承担任何责任，请昭公同意回国。昭公表示坚决不见季平子，当场发重誓。荀跞捂着耳朵跑出，告诉季平子昭公的怒气未消，但表示晋国同意让季平子回鲁国继续摄政。子家子曾建议鲁昭公乘一辆车进入鲁国军队中，季平子就一定会和君王同归。鲁昭公一度有意这么做，但身边的随从们仍然觉得高度缺乏安全感，鲁昭公随即放弃。

赵简子问于史墨曰："季氏出其君，而民服焉，诸侯与之，君死于外，而莫之或罪，何也？"对曰："物生有二、有三、有五，有陪贰。故天有三辰，地有五行，体有左右，各有配耦。王有公，诸侯有卿，皆有贰也。天生季氏，以贰鲁侯，为日久焉，民之服焉，不亦宜乎？鲁君世从其失，季氏世修其勤，民忘君矣。虽死于外，其谁矜之？社稷无常奉，君臣无常位，自古以然。……三后之姓，于今为庶，主所知也。……鲁文公薨，而东门遂（即东门襄仲）杀适立庶，鲁君于是乎失国，政在季氏。于此君也，四公矣。民不知君，何以得国？是以为君，慎器与名，不可以假人。《春秋左传正义·卷53》P426。

赵简子就鲁昭公的遭遇向史墨表达自己的疑惑：季氏赶出了自己的君主，本国人民表示接受，诸侯与他保持交往。国君死于国外，没有人找相关的人兴师问罪，这是为什么？史墨回答说："万物生成有其规律，有的成对，有的三个成组，有的一类五种，有的有辅佐。所以天有日、月、星三辰，地有木、火、土、金、水五行，四肢分左、右，每人都有配偶。天王有三公，诸侯有卿，都有副职。上天生了季氏，辅助鲁侯，已经历很长时间，人民只服从季氏不是很自然吗？鲁国君主世代安逸，季氏个个勤勉，人民已经忘记君王的存在。所以鲁昭王死了，谁会怜悯，社稷没有固定的祭祀者，君臣的位置也会有变化，自古以来都是如此。三王的后裔，现在为庶人，您也是知道的。……鲁文公驾崩，东门襄仲杀嫡子立庶子，鲁君于是失去权柄，政事掌握在季氏之手。从鲁文公开始，四代君主，都被季氏的光焰所掩，人民忘却君主的存在，民不知君，君主凭什么拥有国家，所以作为国君，国家重器与名位，不可以托付给别人。《春秋左传正义·卷53》P426。

鲁僖公二十六年（前634年），齐国的穀地被鲁僖公引领的楚军占领，齐孝公次年去世,齐桓公的七个儿子逃奔楚国,楚国尽封为上大夫。《春秋左传正义·卷16》P120。接受不同诸侯国的人作为自己的高级官员可能有各种目的。一个郑国人或者其他国的人接受楚国或其他诸侯等的命令进攻别国,这是当时社会的很普遍现象。

鲁宣公二年(前607年),"郑公子归生受命于楚,伐宋,宋华元(华督曾孙,为宋国右师,前后执政四十年,历三代君主,当时为抗敌统帅)乐吕(宋国司寇)。御之。战前,华元杀羊犒劳士兵,他的车夫意外没有吃到,开战后,车夫故意将华元驶往敌人密集的地方以致其被擒获。宋军大败。后来华元自己逃脱回来。战后担任国家工程监管,役人用歌谣嘲笑他被俘的经历,他也让跟随自己车上的士兵反齿相讥,役人齐声嘲笑,华元曰:"去之,夫其口众我寡。"公子归生和华元车夫有一个共同点,个人利益和愿望是第一位的。不知是战争的开导还是原本就比较明智,华元似乎没有强行压制普通老百姓说真话。《春秋左传正义·卷21》P164。

前607年,郑国公子归生根据楚国的命令伐宋,宋右师华元,司寇乐吕领兵御敌。战前,华元杀羊犒劳士兵,他的车夫意外没有吃到,开战后,车夫故意将华元驶往敌人密集的地方以致其被擒获。宋军大败。后来他自己逃脱回来。战后担任国家工程监管,役人用歌谣嘲笑他被俘的经历,他也让跟随自己车上的士兵反齿相讥,役人齐声嘲笑,华元曰:"去之,夫其口众我寡。"公子归生和华元车夫有一个共同点,个人利益和愿望是第一位的。不知是战争的开导还是原本就比较明智,华元似乎没有强行压制普通老百姓说真话。《春秋左传正义·卷21》P164。

第五章　经济——土地、农业、经济、金融

第一节　国家预算——岁入部分

天官主管周天子国家的经济，"大府掌九贡、九赋、九功之贰。"《周礼注疏·卷六·天官·大府》P39。"司会掌邦之六典（治典、教典、礼典、政典、刑点、事典，分属天地春夏秋冬六官，天官统御）、八法、八则之贰。……以九贡之法致邦国之财用（接受各国诸侯进贡财物），以九赋之法令田野之财用（接受四郊田野的税赋），以九功之法令民职之财用（征收万民从业所得的赋税）。以九式之法均节邦之财用。（分配调节国中货财的支出）"《周礼注疏·卷六·天官·司会》P41。司会是个重要的职务，国家大宗物资财富的收支都需要通过司会。其中司会下属的"职内"实物征收，"职岁"专管实物支出，"职币"专管货币收支，司会为中大夫，职内、职岁、职币的职位都是上士。国家岁入可以用征税范围和征税对象划分，以下是征税范围：

1. 中央政府可以在国都乃至五百里以内的全部范围内征税。

2. 征收市场税、关税。

3. 山林水泽征税等。

4. 公用所剩余财物归国有。

5. 受取九贡，这是来自公、侯、伯、子、男五等爵位诸侯国的贡献。也称邦国之贡。名目是：1. 祀贡，2. 嫔贡（宾客之事所需），3. 器贡制造器具所需材料），4. 币贡（馈赠所用物品），5. 材供（木材之类），6. 货贡（金玉龟贝之类），7. 服贡（缝制祭服之类所需材料）8. 游贡（玩好之类）9. 物贡（各地特产）《周礼注疏·卷二·天官·大宰》P10。

周王室的国家的财政收入可以分为两大块：一，一般国民向王室缴纳租税。二，诸侯向王室贡纳。

一、九贡：五等贵族的封地面积与纳税比率如下：

爵位	封地	税率
公爵：	500 里	封地面积的二分之一
侯爵：	400 里	三分之一
伯爵：	300 里	三分之一
子爵：	200 里	四分之一
男爵：	100 里	四分之一

《周礼注疏·卷十·地官·大司徒》P64。

爵位越低，免税条件越好。诸侯另有职贡（常贡）和朝贡两种支出，负担实际很重，都是贡奉给周天子。

二、九赋

"以九赋敛财贿，一曰邦中之赋（国中的地税），二月四郊之赋（距离国百里的四郊六乡的地税），三曰邦甸之赋（距离国百里至二百里的六遂公邑的地税），四曰家削之赋（距离国二百里到三百里公邑及采邑的地税），五曰邦县之赋（距离国三百里至四百里的地税），六曰邦都之赋（四百至五百里的地税），七曰关市之赋（司关司市所征税），八曰山泽之赋（山林川泽的地税），九曰币馀之赋（公用所剩的余财）。"《周礼注疏·卷二·天官·大宰》P10。国、以及距离国五百里的郊、乡、遂国君直接管辖的公邑和世袭的私邑、山泽、关市等都要向当地官府缴纳地税。甸服以内的土地是周王直辖，之外的土地分封给诸侯，周王的甸服与诸侯的领地又分给大夫（采邑），大夫亦可将名下的土地转赐家臣。天子以下，层级皆有税赋。

三、九功

周国家收入的第二大块——普通人民上税。

九功也称万民之贡。九功的收入：收取农、林、牧、工等九种行业的赋税。这其中一部分属特产税。例如种瓜果草木的园地和一般住宅地按二十分之一征税，近郊田地十分之一，远郊田地二十分之三；甸、稍县、都田地不超过十分之二，漆林二十分之五。凡房宅前后不种桑麻的，按二十五家税额缴纳罚金，农田荒废不耕的按三家税额纳罚金，无正常职业，罚百亩的地赋并服徭役。《周礼注疏·卷十三·地官·载师》P86。税以实物税为主，耕田者供谷物，园圃者供瓜蔬，工匠供器物,商人供货贿,牧人供鸟兽,良家妇女供布帛,山林水泽的居民供特产,凡无固定职业的人交纳一个成年人的税。《周礼注疏·卷十三·地官·闾师》P89。对于有劳动能力而游手好闲不事生产的人最严重的惩罚是将他们关进监狱集中起来教育至致惩罚性的劳动。《周礼注疏·卷三十四·秋官·大司寇》P232。

国家栈房出租的租金,非法买卖的罚没、罚金,诉讼费,破案获得的财产,牲畜,十天无人认领规定充公的财物,抓获的逃亡奴隶如果已经是成年人交送官府。这些都是国家财产的来源之一。纳税者对周王室等承担的税赋有个模糊的下限:"古者聚货不妨民食之利,聚马不妨民财之用,国马足以行军……公货足以宾献,家(应该指的是邑)货足以供用,不是过也。"《国语正义·卷十八楚语下,斗且居见令尹子常》P268。这段话的意思是,可以征税的债权人不能以合法征税的名义让纳税人失去基本的生活费。

政府有权规定和修改赋税。鲁国的两次税法改革都闻名于世。鲁宣公十五年(前594年),初税亩。这是一种根据田地的实际亩数纳税的规定。这个改变遭到了批评,不是因为它在技术上的问题,而是修改了周天子的规定。"非礼也,谷出不过籍。以丰财也。"《春秋左传正义·卷24》P186。

舆论认为这是违背礼的做法。礼法上规定征集谷物不应超过藉法所规定的。殷周的井田制中包括公田和私田两个组成部分,按杜预的说法:在周代,国人每耕种的一百亩土地中,有十亩为公田,民众在公田劳动就相当于缴税,此即所谓藉法。藉,就是借民力而完成作物栽种、管理、收割以及缴纳至官府指定的地方。"彻田为粮"与"藉"具有相同的意义,同一井的农人在同一井的土地上耕作,收成"计田而分",指将土地的全部收成按公(官方)占百分之十,民(个人)得百分之九十的固定比例分成。这是国家规定的积累财富的办法,除此之外,国家不准在劳役地租之外额外向国人征缴。初税亩则是一次很大的改动,制定了按亩征税的新规。

鲁成公元年(前590年)为齐难故(鲁晋为盟,以齐为敌,防御齐国),作丘甲。《春秋左传正义·卷25》P190。一丘出一定兵赋,四邑为丘。《周礼·司徒·地官》。这是周井田制之外另开征的新税。

鲁昭公四年(前538年),子产作丘赋,国人谤之曰:其父死于路,已为虿尾。……。子产曰:何害?苟利社稷,死生以之。……。子宽(即浑罕,游速,郑国大夫)曰:国氏(指子国、子产之族)其先亡乎;君子作法于凉,其敝犹贪,作法于贪,敝将若之何?……政不率法,而制于心。民各有心,何上之有?《春秋左传正义·卷42》P333。

郑国子产所制定的丘赋也是一种军赋，杜预认为丘赋是按田亩征发，"方一里为井。十六井为丘，每丘出戎马一匹，牛三头。郑国大夫子宽反对子产的方案，认为该法令的订制缺乏足够的道义支持，会产生贪婪的流弊，以贪婪为目的产生的法规，其弊端一定失控，他认为郑国很快会灭国，因为它制定法规不依据礼而是按自己个人的愿望，如果每个国人都只以自己的想法为重，就不会考虑服从君主了。

租的原始含义是劳役地租，赋指按田亩确定应缴纳的军需包括徒卒。军赋以对土地征课，后来包括山林水泽、关市，力役的税收，鲁、郑国丘赋是租（地租）、赋（赋税）分离的先导。季康子在开征田赋之前，派人咨询过仲尼，仲尼私于冉有曰：……先王制土，籍田以力，……有军旅之出则征之，无则已。其岁，收田一井，出稷禾、秉刍、缶米，不是过也，先王以为足。《国语正义·鲁语下·季康子欲以田赋》P534。专横的正卿季康子没有接受。"哀公十二年（前483年）春用田赋，丘赋之法因其田财通共出马一匹，牛三头，今别其田及家财各为一赋，故言田赋。"《册府元龟·卷四百八十七·邦计部·赋税》。

四、征税对象

周宣王准备不籍千亩，虢文公大觉不妥，劝周宣王说，人民的大事在于农，祭祀上天、人口的繁衍，君王的收入，政府的运行，国家的安宁，人民的康健和好教养都与农作物的多寡密切相关。"先时九日，太史告稷曰：至今至于初吉，阳气俱蒸，土膏其动，"稷以告王曰：史帅阳官命我司事曰：'距今九日，土其俱动，王其祗祓，监农不易。'"王乃使司徒咸戒公卿、百吏、庶民，司空除坛于籍，命农大夫咸戒农用。先时五日，瞽告有协风至，王即斋宫，百官御事，各即其斋三日，王乃淳濯飨醴，及期，郁人荐鬯，牺人荐醴，王裸鬯，飨醴乃行，百吏、庶民毕从，及籍，后稷监之，膳夫、农正陈籍礼，太史赞王，王敬从之，王耕一坂，班三之，庶民终于千亩。其后稷省功，太史监之。司徒省民，太师监之。毕，膳夫陈飨，膳宰监之，膳夫赞王，王歆大牢，班尝之，庶民终食。《国语正义·卷第一·周语上》P62。

虢文公向周宣王解释籍田的程序：立春的前九天，太史告诉农官说：从今天起至立春日，阳气上升，土壤的肥力开始移动，"农官禀告君主说：太史率领阳官命令我们履行职责说：'立春距今只有九天了，土壤脉动需要宣泄，请我王沐浴斋戒为农事祈福，监督落实种植因地制宜的原则'。君王于是命令司徒遍告百官和耕种籍田的农民，司空在籍田附近整理出祭坛，命令司农大夫备齐农具。开耕前五日,乐师长预告有熙风吹至,君王随即入宫内斋戒,百官各自在房内一同戒斋三日,之后君王要沐浴饮酒,到预定开耕的日子,郁人进献郁鬯酒,牺人进献甜酒,王将郁鬯酒浇在地上,甜酒一饮而尽,于是动身,百官庶民跟随,及到籍田之上,农官作为监督者,膳夫、农正逐一宣读籍田礼,太史在前引导君主,君主恭敬相从。王用单铧犁掀起土块,百官顺次耕地,各自耕的数量是前面耕的三倍,君王只需要动用犁翻动一次土地,公卿按等级三次,九次,最后耕种籍田的农夫将这千亩藉田耕完。其后稷计算清点数字,太史监督。司徒督导庶民,太师监督。礼仪结束后,膳夫呈上准备好的食物,膳宰清点是否按规定种类、数量备齐,膳夫引导王,用太牢祭祀神灵,祭祀结束,百官按顺次尝这些祭祀用的肉食,随即全部分发给百姓享用。《国语正义·卷第一·周语上》P62。以上即所谓藉田礼,君主本人在水泄不通的围观者们崇敬的目光中象征性在田地上挖几下土,以示亲耕。随后,为一场全国型春耕拉开序幕。似乎这样就能带来风调雨顺、五谷丰登、国泰民安,当然还有劝农的作用。国王的藉田由甸师率其部属耕种。

虢文公白说了一气,周宣王不听,周宣王也没有出现在当年的籍田礼现场。

藉田的数量有限,它是国王与民同耕的象征。王后率内宫九嫔、世妇、女御、公卿大夫、士之妻等一些女流之辈在北郊采桑养蚕的行为同样也具有象征性。桑树需要长期悉心管理才能顺利成活。养蚕则更是需要专业技术。王后等平时劳动较少,更无时间上的保证,所以她们的蚕桑应该另有专人管理,她们的劳动主要是一种礼节性活动。周宣王二十九年(前799年),"初不藉千亩。"《今本竹书纪年疏证·卷下》P97。出现了不藉千亩的宣王是个重大事件,宣王或许是过于迟钝或许是胆大妄为,竟然连这种神圣的半宗教半政治、悠久传统、在全国有影响的大型活动也懒得参加,不是他真正认清了形式主义的本质,而对之深恶痛绝,而纯粹是由于麻木和任性。

周宣王中断了这个仪式,显然不是想让人民不从事耕作,或者是认为这流于形式,或者是完全缺乏责任感。更不能因为鼓励参加籍田礼而认为国王与官方不满足于赋税。如果人民尊重他们的君王,就会踊跃农耕,应缴纳的赋税就不会有欠缺。一个稍有常识的君主会积极鼓励农民耕作,受田的平民积极耕作是增加国家财富的重要途径,田地的税收按其家庭总人口和劳动人口综合情况决定授田面积和土地的肥薄划分。一家七口,其中有三人能胜任劳役的授上等土地。上等土地每年耕种三分之二,另外三分之一作休耕用。一家六口,除一位家长,还剩下五口,两个半人胜任劳役授中等土地。或征用时每两家出五人,中等土地每年耕种二分之一。一家五口,二人胜任劳役,授下等土地。耕种三分之一。

(参见《周礼注疏·夏官》)土地的赋税至少有两种类型：1.国人以实物交纳十分之一的税，这不是固定不变的。野人则在分为公田和私田两部分的井田日出而作，日落而息，他们承担劳役地租。以在公田的劳动向国家纳税，这是一种定量、受严格监督、绝对强制的劳动。私田的收获则用来糊口。在王畿（王城周围千里之内）内的甸地（甸是指距离都城一百里之外，二百里之内），不在六遂（遂：京城外百里之外，二百里之内分六遂。六遂是：邻、里、鄼、鄙、县、遂。遂人掌邦之野。周礼中，地官司徒属下的遂人掌邦府之野，这里的野指甸、稍、县、都。《周礼注疏·卷十五》P102。

九人为一井，四井为一邑，四邑为一丘，四丘为一甸，四甸为一县，四县为一都。

乡与遂：百里外为六乡，外为六遂。《周礼注疏·卷九·》P59 郑玄注。

六遂：五家为邻，五邻为里，四里为鄼，五鄼为鄙，五鄙为县，五县为遂。《周礼注疏·卷十五》P102。

对应六乡：比、闾、族、党、州、乡。

周王室六乡六遂，大国三乡三遂，次国二乡二遂，小国一乡一遂。《文献通考·卷一百四十九·兵一》P1301。公国为大国，（侯伯国为次国，子男国为小国。六乡为正军，六遂为副军。而正卒都出于乡，乡一军，故周王六军，大国三军，次国二军，小国一军。管辖范围内的土地由周王派专职的大夫管理，这里的劳作者成份复杂，可能包括战俘，罪人，雇佣的人？天子收取赋税。

载师掌任土之法（根据土壤的区别安排农事），以廛里任国中之地，以场圃任园地，以宅田、士田、贾田任近郊之地，以官田、牛田、赏田、牧田任远郊之地，以公邑之田任甸地，以家宅之田任。《周礼注疏·卷十三·地官·载师》P86。廛里是居宅的合称，庶人、农、工、商、所居之地谓之廛，士大夫所居谓之里。他们居住地是分开的。

耕作土地除需要缴纳实物税外还有力役，力役又称公旬，舆人是役人、役、卒、众人的同义词。国都中二十岁到六十岁，郊野自十五岁到六十五岁都有为国家服力役的义务。可免役的对象包括国都中高级官吏、品德高尚的人、有杰出才能者，有公职的人，超过六十岁的老人，有严重疾病的人。他们将由乡师登记造册，并需按时将有关材料上报大司徒。根据年成的好坏：丰年，公事力役，每人每年征用三日；中等年景，公事力役，每人每年征二日。欠年，公事力役，每人每年征一日。《周礼注疏·卷十四·地官·均人》P92。即国家对征用每人一年不超过三日。国家对丰欠年有如下标准：每人每月有四釜可食，为上等年成；每人每月有三釜可食,为中等年成;每人每月只有两釜可食,为下等年成;每人每月不足两釜,则令百姓迁徙他处就食。《周礼注疏·卷十四·地官·廪人》P111。凡召用百姓从事徒役,每家不能超过一人,此人被称为正卒。如果家里还另有劳动能力的人,可以作为"羡卒"。田猎、追外寇,捕盗时,正卒、羡卒都出动。贵族子弟亦须服役,他们通常被安排把守内外城墙、沟壕、护城河、防卫林带等防御工事。《周礼注疏·卷三十·夏官·掌固》P205。凡役法、战法、田法都已正式形成书面文字。

五、免征赋税的条件

1. 荒年与疫病流行的年份,免力征即不再征用民用交通运输工具和牵引畜力,免财税,免山泽园圃税,也不平计土地赋税。《周礼注疏·卷十四·地官·均人》P92。

2. 如果国有凶丧事,市场上免除征税。并采取增加货币投放量的方式作为救济手段。实际上就是使货币贬值。这样一方面可以抬高物价,刺激生产,抑制消费,另一方面又因为人民的蓄积转瞬即逝、荡然无存而很容易引起社会动荡。这样的处理经济与社会问题效果怎样?是否出现事与愿违的结果?周景王(名贵,前544—前520年在位)二十一年(前524年),铸造大额面值的新钱代替原有小额面值的货币在国内流通。周卿士单朝即单穆公提出类似异议:"民患轻,则为重币以行之,于是乎有母权子而行,民皆得焉。若不堪重,则多作轻而行之,亦不废重,于是乎有子权母而行,大小利之。今王废轻而作重,民失其资,能无匮乎?若匮,王用将有所乏,乏则将厚取于民。民不给,将有远志,是离民也。《国语正义·卷三·周语下》P275。周王没有采纳。至于这次币制改革结果如何,民间和官方的资料都没有记载。周景王本人属正常死亡,大钱至此已流通五年。他死后国家的混乱不是由于新币制,而是受他没有处理好储君人选的直接影响。《史记·卷四·周本纪第四》P156。他不是发明而只是沿袭了周的国家制度。通货膨胀既可能是经济危机前兆,也可能政治混乱的必然结果,它是与政治互为因果的。以当时的社会承受力而言,通货膨胀意味着国家信用急剧下降,整个国家的人民集体遭到洗劫。一个原本纯经济的问题不可避免地会被政治化,一位周王如果不假思索地遵循遗留的制度,他定会遇到问题,如果他斗胆冒犯这神圣的礼仪,拒不理睬,他就会遇到更大的问题。这是涉及经济的一部分周礼中比较突出的矛盾。复杂的经济问题以礼仪的形态存在,就像以静态的方式看待一个婴儿,正常情况下,他不得不成长,但他一直在破坏精心包装、业已形成的印象、好感等,当维护这种形象的决定压倒一切时,也就其生命终止的时候。

第二节　国家的预算——岁出部分

一、国家财政执行"量入为出"的原则

冢宰制国用,必于岁之杪,五谷皆入,然后制国用。用地大小,视年之丰耗,以三十年之通制国用,量入以为出。"《礼记·王制》P106。

大意是以三十年内的丰年、灾年作为一个周期考察,制定岁入方针。

1. 税种与用途分类

(1)关市所征税,供周王膳食衣物。

(2)国中的地税,供招待宾客使用。

(3)四郊大乡的税,供养牛马的费用。

(4)公邑、采邑的税,供周王赐群臣财物使用。

(5)六遂、公邑的税"以公邑之田任甸地(以甸地用作公邑的农田),以家邑之田任稍地(以稍地用作家邑的农田)。"《周礼注疏·卷十三·地官·载师》P86。甸地内除六遂管辖的75000户外,天子派大夫治理,所收租税供冬官百工造器物用。

(6)邦县(四百里)的税,供聘问布帛用。

(7)邦都税,作祭祀用。

(8)山林水泽税,作丧事吊祭用。

(9)公用财物有多余者,供王者恩赐群臣。

(10)九贡收入,用作吊祭诸侯丧事用。

(11)九功收入,充实府库,收入与支出相抵尚有节余时,供王者购置玩好器物。

(12)周王,王后做衣的费用,不作统计。《周礼注疏·卷六·天官·外府》P86。

国家储蓄的余财,供周王施恩赏赐,乡里的余财,供救济贫乏者,街市的余财,供抚恤阵亡将士的眷属,郊里的余财,供招待宾客,野鄙的余财,供招待暂时寄居的客民,县都的余财,供荒年作救济之用。所谓余财,应是指国家各级的税收完成上缴份额后,自己支配的部分。以上详细的规定,体现了专税专用的原则。

国中一切费用,例如凡官府和采邑的官吏及奉命临时执事人员都可以按规定到大府处领取财物。大府收支年终向太宰汇报。《周礼注疏·卷六·天官·大府》P39。

国家支出缺乏必要的制约,君王很容易也往往倾向于破坏制度,箕子谈到了这个逻辑关系:"箕子者,纣之亲戚也。纣始为象箸,箕子叹曰:彼为象箸,必为玉柸,为柸,则必思远方珍怪之物而御之矣。舆马宫室之渐自此始,不可振也。"有象牙筷子后,会希望有玉杯配套,之后车马宫室都会以奢华为务。《史记·卷三十八·宋微子世家第八》P1609。

2. 赋税的变化

赋税的变化分为两大类:

一、按自己喜好、随意的变动。鲁襄公二十二年(前551年)春,臧武仲如晋,雨,过御叔,御叔在其邑,将饮酒,曰:焉用圣人? 我将饮酒,而已雨行,何以圣为? 穆叔闻之,曰:"不可使也,而傲使人,国之蠹也。令倍其赋。"《春秋左传正义·卷35》P272。

执政安排臧武仲专程向晋侯感谢他对鲁君到访晋国的款待。鲁襄公二十二年(前551年)春,鲁国大臣臧武仲前往晋国途中遇到下雨,经过御邑,顺道探访过鲁国御邑大夫御叔,御叔正准备饮酒,曰:我原以为一件小事哪里用得着臧武仲这样的圣人亲自前往? 我正要品酒,而他冒雨而行,是聪明的做法么? 这句牢骚话传到穆叔那里,听者十分气愤:"他自己不配作为使者。还傲慢地非议使者,真是浪费国家的俸禄。下令将御叔的赋税增加一倍。"《春秋左传正义·卷35》P272。注疏说:采邑的收入,三分之一上缴,受邑者得三分之二,加倍指上缴三分之二。《春秋左传正义·卷35》P272。穆叔即叔孙豹,他曾任鲁国司马,执政,有权加税。但是,值得注意的是,穆叔仅仅是凭传话人的转述,可能未经核实即实施惩罚性的征税,尤其是只因为不满的语言,而非不法的行为。

第二种是必要的变化:鲁哀公十一年(前484年)冬,季孙欲以田赋使冉有访诸仲尼,仲尼曰:"丘不识也。"三发,卒曰:"子为国老,待子而行,若之何子之不言也?"仲尼不对。而私于冉有曰:"君子之行也,度于礼,施取其厚,事举其中,敛从其薄。如是,则以丘亦足矣。若不度于礼,而贪冒无厌,则虽以田赋,将又不足。且子季孙若欲行而法,则周公之典在。若欲苟而行,又何访焉?"弗听。《春秋左传正义·卷58》P465。十二年春"王正月,用田赋。季康子想按田亩征收赋税,让自己的家臣冉有征求孔子的意见,孔子当着在场其他人的面沉默不语,后来私下对冉有说:先王定土地的等级,收土地税按劳力受田计算,根据田土远近加以调整,使负担均衡,市面上收税按收入多少,估量他们的财产多少决定,派劳力以一个壮劳动力为计算单位。老幼加以减免,鳏、寡、孤独、残疾不征税服役,适合服役的人只有在有军事行动时征用,没有就不征用。一个赋税年份,田一井,出一稯禾,一秉喂牲口的草,一缶米,不超过这个数,孔子认为季康子的想法是在违背周公土地的税法。孔子这次非常坚持,俨然是个拒绝任何变化的人。季孙显然没有被孔子吓到。"收田一井,出稯禾,秉刍,缶米,不是过也,先王以为足。"《国语正义·卷第五·鲁语下》P534。对上述数字具体换算:六斗为缶,十缶为秉,一秉六斛,一斛四十斤,一秉二百四十斤,一稯九百六十斤。一夫授田百亩,一井为九百亩。摊派到一个劳力身上,年交一百零六斤米。这个税率很低。

鲁襄公二十五年(前548年),蒍掩为司马,子木使庀赋,数兵甲,蒍掩书土田,度山林,鸠薮泽,辨京陵(京、陵都是高地),表淳卤,数疆潦,规偃豬(含水多的地段),町原防(原防为小块田地),牧隰皋(可放牧的沼泽地),井衍沃(平恒肥美土地),量入移赋,赋车籍马(赋籍都是交税),赋车兵、徒兵、甲楯之数。即成,以授子木,礼也。《春秋左传正义·卷36》P283。楚康王的令尹子木指派司马蒍掩调整军赋,蒍掩对全国的自然资源和土地做了新的统计:1.根据收入制定赋税。2.让百姓缴纳车马税。3.开征兵器税。让百姓缴纳兵器装备抵税。值得注意的是蒍掩保护井田并在合适的地区继续划分新的井田给受田者。井田制下的楚国似乎仍旧过得舒舒服服,楚康王即位五年内没有战争,晋国忙于与楚国的盟友齐、秦作战,楚国只是打击一下晋国的扈从郑国。前546年,在宋国向戌的协调下,晋国赵文子、楚国子木在宋国参加诸侯大会,作出了理性的决定,弭兵大会很成功,大会仪式中楚国形式上略占上风,两国实力并无分轩轾,晋楚争霸持续一个世纪,未决出胜负,倒是先迎来和平,次年楚康王逝世,楚国井田基础上社会经济结构无碍于其竞争力,但是六十多年后,礼制的样本鲁国已经决定无论如何也要从井田制的藩篱中走出来。

3. 贪婪的代价

1)临时加税

鲁哀公十一年(前484年)夏,陈辕颇出奔郑,初,辕颇为司徒,赋封田(封邑内的土地)以嫁公(国君之女)女;有余,以为己大器,国人逐之,故出。道渴,其族辕咺(其属下)进稻醴、粱糗(精小米干饭)腵脯焉。喜曰:"何其给也?"对曰:"器成而具。"曰:"何不吾谏?"对曰:"惧先行。"《春秋左传正义·卷58》P464。辕咺直抒己见,头脑发热过后冷静下来的辕颇觉得讽刺的话也如此中听:

"今天为什么如此丰盛啊?"辕颇的言下之意是这顿饭好像是精心准备的。

"你的大铜礼器造好时就备好的。"辕咺眼睛直视着对方,一脸淳朴。

"为什么不劝阻我征税聚敛?"辕颇若有所思。

"害怕先被你赶走。那就既不能为您准备饭食,也不能在今天还陪伴着您。"这个有先见之明的人语气轻松,神态凝重地回答说。

前484年,陈国的辕颇逃往郑国。之前,辕颇担任陈国司徒,征收封邑内土地的赋税为国君女儿出嫁筹集费用;将剩余的钱为自己铸造大型铜制礼器,遭国人驱逐,出逃途中感到饥渴难耐,随行的族人辕咺向其进献稻谷酿成的甜酒,小米干饭,腌肉干。辕颇喜出望外,大快朵颐之际不免心生疑窦,所以二人有以上有趣的对话。《春秋左传正义·卷58》P464。辕咺没有说的话是,你因为罔顾民众生死存亡横征暴敛,众叛亲离,如果我劝阻您这样做,或被你赶走,或被你所杀,你一定会变得孤立无援,如果我也抛弃你,到你急需帮助的时候就会无人问津。

第三节　土地归属于转让与产权关系

土地获得来自周天王,也来自诸侯君主以及诸侯政权,三者都可以处置土地的权益归属。土地是当时人所能认识到的最大宗的财富。生存期间的绝大部分活动都是围绕他们旋转。有些君主一生从未提到生产或者经济进步,有些君王可能提到了但没有记载,君主们对土地的热爱就直截了当得多,取货,也指取得土地会令绝大多数君主兴奋,他们热切希望土地增多,但是他们主要集中在土地面积增加,对增产几乎毫无概念。

1. 领地权属的转让可以通过周天王的特许而实现

鲁僖公二十五年(前635年),秦伯师于河上,将纳王。狐偃言于晋侯曰:"求诸侯,莫如勤王。诸侯信之,且大义也。继文之业而宣于诸侯也,今可为也。"使卜偃卜之,曰:吉,遇黄帝战于阪泉之兆。公曰:吾不堪也。对曰:周礼未改,今之王,古之帝也。公曰:"筮之。"筮之,遇《大有》之《睽》卦,曰:吉。遇'公用享于天子'之卦。战克而王享。吉孰大焉?……晋侯辞秦师而下,三月甲辰,次于阳樊,右师围温,左师逆王。夏四月丁巳,王入于王城。取大叔于温,杀之于隰城戊午,晋侯朝王,王享醴,命之宥,请隧,弗许。曰:王章也。未有代德而有二王,亦叔父之所恶也。与之阳樊、温、原、攒茅之田。晋于是始启南阳。《春秋左传正义·卷16》P118。

晋文公希望通过勤王提升,占卜得到了吉利的卦象,于是帮助周襄王打败王子带,护送天子复位,赐予他黄河以北,太行山以南的大片原周王室土地,这是晋国首次在南阳开辟疆土。

虽然是天子的命令,被转让的领地居民仍有自己的主张:"阳樊不服,围之。……冬,晋侯围原,命三日之粮,原不降,命去之。……退一舍而原降,迁原伯贯于冀。赵衰为原大夫,狐溱(即狐偃)与(做之意)温大夫。《春秋左传正义·卷16》P119。武力和礼节交替使用,周天子的命令在移交出去的土地上才得以落实。

鲁昭公二十四年(前518年),周大夫阴不佞带领温地人袭击王子朝,夺回了成周的宝珪,它是不久前王子朝为祈祷神灵庇佑而沉入黄河,又被船夫捞起。阴不佞原准备卖掉宝珪,却发现它已经变成石头,安定周敬王后,阴不佞将它献给天子,天子不知是不辨真伪、忙中出错还是只想笼络人心,将周王室所有的东訾之地赐予了他。《春秋左传正义·卷51》P404。

2. 诸侯君主

"初,州县栾豹之邑也。及栾氏亡,范宣子、赵文子、韩宣子皆欲之。文子曰:温吾县也。二宣子曰:自郤称(晋国大夫)以别,三传矣。晋之别县不唯州,谁获治? 文子病之,乃舍之。二子曰:吾不可以正议而自与也。皆舍之。及文子为政,赵获曰:可以取州矣。文子曰:退! 二子之言,义也。违义,祸也。余不能治余县,又焉用州? 其以徼祸也。君子曰:'弗知实难,知而弗从,祸莫大焉。有言州必死。《春秋左传正义·卷42》P330。

州县是晋国一地名,原为栾豹的采邑,栾氏灭亡后,范宣子、赵文子、韩宣子一度激烈争辩州县这块土地属于自己,范宣子、赵文子、韩宣子即韩起,他非嫡长子,因为韩厥的长子韩无忌以自己略有残疾谦让而推荐韩起,他幸运地成为韩氏家族的宗主。由于皆欲之。文子曰:温是我们赵氏的邑。二位宣子不同意:自从郤称将温县和州县划分开来以后,已经三次转手了。晋国划分出的县不只是唯州县,不能归位到原来的辖区了。赵文子很内疚,于是放弃对原邑思维诉。范宣子和韩文子也说:我们不可以公正评判后自己拿到这块土地。都放弃了土地所有权申请。到赵文子担任执政时,赵文子之子赵获建议他父亲拿回州县,受到赵武斥责,范宣子、韩文子二子的意见完全正确,违背正确的意见就是自取灾难,他命令儿子滚出去。这件事发生在前539年。

三位晋国大夫自动放弃的这块土地赠与了郑国大夫公孙段,外国人公孙段为何会得到这块地? 与韩起有关,他在晋平公面前为公孙段争取到的,公孙段来晋国就住在韩氏家,二人可能相处较好,但韩起这样做不是为了公孙段,而是希望通过这个过渡,寻机得到州县。

"鲁昭公三年(前 539 年)夏四月:郑伯如晋,公孙段相(即伯石,郑国大夫,为相礼),甚敬而卑,礼无违者。晋侯(晋平公)嘉焉。授之以策曰:子丰(公孙段之父,郑国大夫)有劳于晋国,余闻而弗忘,赐女州田(州县的土地),以胙乃旧勋。伯石再拜稽首,受策以出。《春秋左传正义·卷 42》P329。

郑国的大夫伯石在随郑国国君到访晋国期间举止得体,得到晋平公赏识,伯石的父亲也曾经对晋国有贡献,晋平公将对父子二人的感激合并一起,赠与州县土地。当即赐予了土地转让证书。

鲁昭公七年(前 535 年),子产为丰施(即子旗,公孙段之子,郑国大夫)归州田于韩宣子,曰:"日(昔日,以前)君以夫公孙为能任事,而赐之州田,今无禄早世,不获久享君德,其子弗敢有,不敢以闻于君,私致诸子。"宣子辞。子产曰:施将惧不能任其先人之禄,其况能任大国之赐?纵吾子为政而可,后之人若属有疆场(田界、疆界)之言敝邑获戾,而丰氏受其大讨。吾子取州,是免敝邑之戾,而建置丰氏也。敢以为请。宣子受之,以告晋侯。晋侯以与宣子,宣子为初言,病有之,以易原县(晋国邑名)与乐大心(宋国大夫)。《春秋左传正义·卷 44》P347。

丰施即子旗,公孙段之子,时为郑国大夫。子产非常了解韩宣子的心思,对韩宣子说,从前晋国国君为奖励公孙段父子的功绩赐予州县,公孙段逝世早,他的儿子不敢继承这份来自大国的馈赠,又不敢返还给晋侯,现在私下转赠给您。看到韩宣子扭捏了一下,子产连忙劝说,您接受州县,可以免除我国因为土地归属引起的纠纷而不堪重压,你领有州县,不仅可以帮助郑国国家稳定,也是在扶助丰氏。子产非常婉转,韩宣子无法推辞,他上报晋平公后获准归自己所有。经过一番周折,韩宣子还是如愿拿到了州田。但是他四年前与赵文子、范宣子三人的约定言犹在耳,他想了个变通的方式,用州县交换乐大心(即桐门右师)的原县。

自己拥有的土地或者食邑也可能出于各种考虑而放弃。鲁襄公二十二年(前 551 年)九月,郑公孙黑肱有疾,归邑于公。召室老、宗人立段,(即子石)而使黜官薄祭。祭以特羊,殷以少牢。足以共祭,尽归其余邑。曰:吾闻之,生于乱世,贵而能贫,民无求焉。可以后亡。敬共事君与二三子,生在敬戒,不在富也。《春秋左传正义·卷 35》P272。

公孙黑肱有强烈的危机感,在感觉自己不久于人世后,召集家臣之长,宗人立自己的儿子为继承人,下令减少家臣人数,祭祀从简,普通祭祀用特羊即一只羊,殷,即大的祭祀用少牢,又称大牢,用羊和猪。杜预注:四时祭,以一羊;三年盛祭,以羊豕。最特别的是主动提出将其余的封邑悉数归还给郑国国君。

3. 诸侯国政权的土地处置权

执政者有权力将国家的土地赠送给国人,鲁襄公三十年(前543年),子产为政,有事伯石,赂与之邑,子大叔曰:"国皆其国也,奚独赂焉? 子产曰:无欲实难。皆得其欲,以从其事,而要其成。非我有成,其人在乎? 何爱于邑,邑将焉往? 子大叔曰:若四国何? 子产曰:非相违也,而相从也,四国何尤焉?《郑书》有之曰:'安定国家,必大焉先'姑先安大,以待其所归。既,伯石惧而归邑,卒与之。伯有既死,使大史命伯石为卿,辞,大史退,则请命焉。复命之,又辞,如是三,乃受策入拜。子产是以恶其为人也,使次己位。《春秋左传正义·卷40》P311。

子大叔认为子产做得不对,郑国是郑国人的国家,为何唯独用国土笼络伯石? 子产认为应该给办事好处,再说邑还在郑国境内,又不会跑掉。子大叔浮想联翩,表示外国可能不理解这种做法,子产不为所动,将邑划归伯石,伯石因为担心而推辞,子产坚持让他接受。良宵被杀后,子产任命伯石为卿,后者反复推辞三次后才接受任命,子产让他作为自己的副手,但子产内心也自此开始厌恶他。

鲁昭公九年(前537年)二月,"楚公子弃疾迁许于夷,实城父,取州来、淮北之田以益之。伍举授许男田,然丹迁城父人于陈(陈是楚国地名),以夷濮西田益之,迁方城(楚国地名)外人于许。《春秋左传正义·卷45》P354。

楚国公子弃疾将许国迁往夷邑,那个地方其实就是城父,划州来、淮北的土地作为新许国的辖区。伍举经手授权给许悼公上述土地。楚国大夫然丹(即子革)将城父人迁往陈地,划出夷濮族群居住地以西的一些土地作为补偿,再将方城山之外的人口迁到许国居住。

强国有改变土地归属的权力。鲁僖公二十八年(前632年),先轸对晋文公说:"……我执曹君而分曹、卫之田以赐宋人。……公说,执曹伯,分曹、卫之田以畀宋人。……子玉使宛春告于晋师曰:"请复卫侯而封曹,臣亦释宋之围(撤走围困宋国的军队)子犯曰:子玉无礼哉! 君取一,臣取二,不可失矣。"先轸曰:子与之,定人之谓礼。楚一言而定三国,我一言而亡之,我则无礼,何以战乎? 不许楚言,是弃宋也。救而弃之,谓诸侯何? 楚有三施,我有三怨,怨仇已多,将何以战? 不如私许曹、卫以携之,执宛春以怒楚,既战而后图之,"公说,乃拘宛春于卫,且私许复曹、卫,曹、卫告绝于楚。《春秋左传正义·卷16》P122。

鲁僖公二十八年(前632年),中军主帅先轸建议晋文公分曹、卫的土地给宋国来缓解楚国对宋国的攻势。晋文公认为很对,当即扣押了曹共公,分曹、卫的土地给宋国。楚国令尹子玉派楚国大夫宛春转告晋国："贵国恢复已经被赶走的卫成侯,恢复曹国的封疆,我们就撤走围困宋国的军队。子犯与先轸意见相左,晋国人内部经过辩论后决定私下告知曹、卫愿意恢复两国的原状,晋国扣留宛春,表示晋文公更愿意与楚国战斗而不是讨价还价。倒霉的宛春本来是带着楚国和解意见来与晋国商量的,想不到被扔进卫国囚室,曹、卫两国果然也立即与楚国绝交。这是先轸的主意,他计划的前半部分是唆使宋国用重礼向齐、秦求援,让受贿的齐、秦向楚国提出撤宋国之围的要求,晋国则蹂躏楚国盟友曹、卫,楚国不愿放弃曹、卫,也就不会接受齐、秦的建议。齐、秦很快就会卷入战争与晋国站在一边,晋国君臣都有意在战场上打败楚国。分割曹、卫土地虽然是权宜之计,但占领者确实可以行使这样的权力。

4. 诸侯国之间土地的归属变化途径有协商的结果

鲁昭公七年(公元前 535 年),……晋人来治杞田。季孙将以成与之。谢息为孟孙守,不可。曰:"人有言曰:虽有挈瓶之知,守不假器,礼也。夫子从君,而守臣丧邑,虽吾子亦有猜焉。"季孙曰:"君之在楚,于晋罪也。又不听晋,鲁罪重矣。晋师必至,吾无以待之,不如与之,间晋而取诸杞。吾与子桃成反,谁敢有之。是得二成也。鲁无忧而孟孙益邑,自何病焉? 辞以无山,与之莱、柞,乃迁于桃,晋人为杞取成。《春秋左传正义·卷 44》P347。

昭公七年(公元前 535 年),……晋人划定鲁国和杞国界。鲁国正卿季孙宿,即季武子,考虑成地本是杞国的地方,后为鲁国孟氏邑。准备将成地给予杞国。孟孙氏的家臣谢息当时负责为孟孙镇守成地,表示反对,负责守卫的物品一分也不能失去。这是头脑正常的人都能理解的礼,我不希望别人怀疑我的忠诚。季武子解释说,我们国君人在楚国,对晋国来说这已经是罪行。如果有拒不执行晋国的指令,鲁国的罪就更沉重。如果晋军攻打鲁国,我们也守不住成地,不如先给晋国,等有晋国和杞国松懈时,我们可以重新从杞国得到它。我现在给你桃地,等到成地回归后,鲁国也没有人跟孟孙氏争它,等于就有了两块成地。鲁国减低风险,孟孙氏增加封邑。季武子巧如簧舌,谢息无法不动心,他算得上是谈判的行家,抱怨说桃地过于平坦,没有山地而推辞,急于达到自己目的季武子立即划出莱山、柞山给他,谢息于是迁移成地人口财物到桃地,季武子他们明显感到晋国人为杞国争取到成地以后看鲁国人的眼神也变得温和些。

鲁昭公九年(前 533 年),周甘人与晋阎嘉争阎田,晋梁丙、张趯率阴戎伐颍。王使詹桓伯辞于晋。曰:……文、武、成、康之建母弟以蕃屏周,亦其废队是为。……我在伯父,犹衣服之有冠冕,木水之有本源,民人之有谋主也。伯父若裂冠毁冕,拔本塞原,专弃谋主,虽戎狄其何有余一人？……王有姻丧,使赵成如周吊,且致阎田与襚(赠送给死者的衣衾),反颍俘。(王亦使宾滑执甘大夫以说晋,晋人礼而归之。《春秋左传正义·卷45》P354。

前533年,甘大夫襄是周王室的一位在职大夫,与晋大夫阎嘉争夺一块叫阎的地方,这块地归属于周。晋梁丙、张趯率阴戎进攻周属的颍地。周景王派使者詹桓伯谴责晋。说:……文、武、成、康建立同母兄弟的国家以蕃屏周,保护周室免于受损。伯父与我的关系,就像衣服有冠冕,木水有本源,百姓有领袖。伯父扯碎冠冕,挖断树根,堵塞水源,禁闭领袖,即使是戎狄心里也不会再有我这么个天子。周景王的话很重,韩宣子引起了重视,后来王室有姻亲王亡故,韩宣子派赵成前往周室吊唁,送还阎田的产权证契,赠送给死者的衣衾,放还了在周颍地俘虏的周人。周景王也派周大夫宾滑逮捕甘大夫取悦晋国人,晋国人礼貌地接待后释放了甘大夫襄。《春秋左传正义·卷45》P354。

范宣子与晋国治理和邑(地名)的大夫为田的划分一直争执不下,范宣子想攻打和,问羊舌职儿子羊舌赤(即铜鞮伯华,时任中军副尉),伯华曰:外有军,内有事。赤也,外事也,不敢侵官。且吾子之有心出焉,可征询也。问于孙林甫(卫国大夫,卫内乱,来晋为臣),孙林甫曰:旅人,所以事子也,唯事是待。问于张老(张孟,时任上军统帅),老也以军事承子,非戎,则非吾所知也。问于祁奚(平公元年,又出任公族大夫),祁奚曰:公族之不恭,公室之有回,内事之邪,大夫之贪,是吾罪也。若以君官从子之私,惧子之应且憎也。问于籍偃(上军司马籍游),籍偃曰:偃也,以斧钺从于张孟,日听命焉,若夫子之命也,何二之有？释夫子而举,是反吾子也。问于叔鱼(叔向弟弟),叔鱼曰:待吾为子杀之。

叔向闻之,曰:闻子与和未宁,遍问于大夫,又无决,盍访之訾祏？訾祏实直而博,……且吾子之家老也,(家老,又称室老,家臣之长)吾闻国家有大事,必顺于典刑,而访之耇老,而后行之。司马侯(晋大夫汝叔齐)见,曰"吾闻子有和之怒,吾以为不信,诸侯皆有二心,是之不忧,而怒和大夫,非子之任也。祁午见,曰:晋为诸侯盟主,子为正卿,若能靖端诸侯,使服听命于晋,晋国其谁不为子从,何必和？盍密和,和大以平小乎"、问于宣子问于訾祏:……您的祖先隰叔子、武子、文子有功于晋,赖三子之功而飨其禄位,今既无事矣,而非和,于是加宠,将何治为？宣子说,乃益和田而与之和。这是人人各安其职的一个好结果还是政治共识？《国语正义·卷第十四·晋语八》P943。

范宣子与晋国治理和邑的大夫为田块的划分一直争执不下,范宣子想攻打和邑,问羊舌职儿子,当时任中军副尉的羊舌赤(即铜鞮伯华),伯华说:外有军事,内有政事。我的责权范围是军事,不敢超越权限。您如果是想垂询出征的事,您可以召见我。范宣子询问因为内乱到晋国任职的孙林甫,他原为卫国大夫。孙林甫说:我不过是个游子,是来侍候您的,我只能做侍候您的事。问于时任上军统帅的张老(即张孟),他回答是范宣子的下级,从范宣子那儿接受命令,除军事方面之事,其他一概不知。问公族大夫祁奚(晋平公元年,前557年始担任此职),祁奚曰:公族中有不恭敬的事,公室中发生奸邪之事,朝内不端,大夫贪婪,发生这些我要负监管不当之责。如果我以国君的官职为您办私事,恐怕您对我会表面客气内心憎恶。范献子又转问于上军司马籍偃(即籍游),籍偃曰:我是个军人,背负斧钺跟随张孟惟命是从,若张孟下令,我立即执行。但背着他行动,就等于是违背您的命令。问于叔向弟弟叔鱼,叔鱼直截了当,说:让我为您把和邑大夫杀掉吧。

叔向听说后对范宣子说:您与和邑没有达成一致,逐个询问晋国大夫,也不能做出决定,您去询问訾祏吧,訾祏耿直博学,又是您的家臣之长(家老和室老,都是指家臣之长),范宣子还没有见到訾祏,晋大夫司马侯(即汝叔齐)就来求见,他说"我听说您与和邑大夫互相生气,我还以为是误传,原来是真的。诸侯意见纷纷,您不为之考虑解决办法,倒是沉湎于与和邑大夫的纠纷,这不是您的职掌。祁黄羊的儿子祁午来见范献子,说:晋国是诸侯盟主,您是国家正卿,若能稳定协和诸侯,愿意听命于晋国,晋国的每个人都会服从您,不要在意一个和邑大夫。他建议范宣子与和邑大夫达成和解,以大德抚平小怨。审慎的范宣子仍然不厌其烦的问于訾祏:……您的祖先隰叔子、武子、文子有功于晋,您赖三子之功而飨其禄位,现在没有内忧外患,却与和纠缠不清,您可以选择您觉得称心的办法处理和大夫,但如果君王现在赋予您更大的权力,您会如何治理国家?范宣子很高兴听到各种建议,随后把与和大夫有争议的土地让与和邑,并与和邑大夫言和。这个好结果得益于人人各安其职?还是杰出的人物尽管思维独立,却往往具有高度一致的政治共识?可能兼而有之。这也反映当时的晋国群英荟萃。《国语正义·卷第十四·晋语八》P943。

也有协商不成功的。鲁襄公二十九年(前544年),"晋侯(晋平侯公)使司马女叔侯(司马女叔侯即女齐,晋国大夫)来治杞田,弗尽归也。晋悼夫人愠曰:"齐也取货,先君若有知,不尚取之!"公(晋平侯)告叔侯。叔侯曰:虞、虢、焦、滑、霍、扬、韩、魏,皆姬姓也,晋是以大。若非侵小,将何所取?武、献以下,兼国多矣,谁德治之?杞,夏余也(夏朝的后代),而即东夷;鲁,周公之后也,而睦于晋。以杞封鲁犹可,而何有焉?鲁之于晋也,贡职不乏,玩好时至,公卿大夫相继于朝,史不绝书,府无虚月。如是可矣,何必瘠鲁而肥杞?且先君而有知也,毋宁夫人,而焉用老臣?《春秋左传正义·卷 39》P303。

前 544 年,晋平公派司马女叔侯(司马女叔侯,即女齐)来鲁国处理让鲁国归还杞国土地的事,没有完全归还。晋平公之母是杞国人,晋悼公的夫人生气地说:女齐一定收取了鲁国的贿赂,晋悼公若听到此事,一定不会让他办这件事。晋平公把这话告诉了叔侯。叔侯说:虞、虢、焦、滑、霍、扬、韩、魏,都是姬姓国家,晋先后将它们兼并才变得如此辽阔。如果没有侵占弱小,能从哪里获取?武公、献公以后,兼并国家越来越多,哪个国家得到恢复、治理?(都不是通过德治获得的)。杞国,夏朝的后代,靠近东夷。鲁国是周公之后,而与晋国和睦。就是将杞国封给鲁国也并无不妥,为何要把土地归还给杞国?鲁对我们晋国,贡职从不缺少,珍玩经常送来,公卿大夫频繁来访等等,恭敬尽心,几乎面面俱到,为何要损减鲁国而充实杞国?如果先君有知,不如让夫人去鲁国办理此事,远比我去适合。《春秋左传正义·卷 39》P303。大胆的意见可能让晋平公觉得更实在。

土地的争论处理可能是诸侯或者大土地所有者之间一件日常事务,既常见又重要,为了土地几乎无所不至。最为令人惊讶的是一位陪臣居然敢与周天子争夺土地,而周天子居然将裁决权交给这个陪臣的所在国——晋国处理。

鲁成公十一年(前 580 年),晋郤至与周(天子)争鄇田(鄇是温的别邑,原有封地,另外因功追加的封邑称别邑,也是第二食邑。),王命刘康公(即王季子,周王室大臣、单襄公,又称单子,周王室大臣)讼诸晋,郤至曰:温,吾故也。故不敢失。刘子、单子曰:昔周克商,使诸侯抚封(抚有封地,抚,抚有,占有),苏忿生(周王室大臣,周武王司寇苏公)以温为司寇(居有温地作了司寇),与檀伯达(周王室大臣)封于河(封在黄河边上),苏氏即狄〔投靠敌人是在鲁僖公十年时(前 650 年)〕,又不能于狄(不能处于狄地)而奔卫,襄王劳文公(晋文公事见鲁僖公二十五年)而赐之温,狐氏(指狐溱曾为温大夫,阳氏即阳处父,晋国大夫,温地曾为阳处父采邑)而先处之,而后及子。若治(推问)其故,则王官(周王室的官员)之邑也,子安得之?晋侯使郤至无敢争。《春秋左传正义·卷 27》P207。两位周王室大臣追溯根源,其实可以认定温地已经至少属于晋。鲁僖公二十五年(前 635 年),晋文公护送周襄王进入王城,周襄王在温地抓获太叔带。为此将温等地赐予了晋文公,不知何故,刘子、单子温地原本是周王室所有的意见被晋侯接受,下令郤至放弃。

前 580 年,晋郤至与周简王争鄇地,鄇是温的别邑,某人因为有功在原有封地之外被追加的封邑,称别邑,如果是第一次追加就称第二食邑,以此类推。王命周王室大臣刘康公(即王季子)、周王室大臣单襄公(又称单子)到晋国提起诉讼,晋厉公在场。郤至陈述说:温地,是我故地,所以不敢丢失。刘子、单子说:从前周征服商,使诸侯占有封地,周武王司寇苏忿生据有温地,被任命为司寇,与周王室大臣檀伯达封在黄河沿岸。前650年,苏氏投靠狄人,又无法长期居留在狄地,于是前往卫国。苏氏的所有权被褫夺,温或许有一段时间是无主之地。前635年,晋文公护送周襄王进入王城,周襄王在温地抓获太叔带。为此将温等地赐予了晋文公。狐毛之子狐溱是晋国第一任温地大夫,他逝世于前629年,估计温地随后也被转手,所以单子说,温地也曾是晋国大夫阳处父的采邑,他们对温地的所有关系都排在郤至之前,如果进一步追溯,则是周王室的官员封邑,您如何能得到它?本年刚刚即位的晋厉公严令禁止郤至一切争夺该地块的行为。《春秋左传正义·卷27》P207。两位周王室大臣追溯根源极力争取郿地的产权,但他们不得不承认温地被周襄王赐予晋国的史实,晋君后来将温地作为郤氏的采邑,郤至想要确认拥有温地的人同时也拥有郿地,他思路没有不妥,但不知何故,刘子、单子"温地原本是周王室所有,郿地因此属于周王室"论点虽然没有提出相关证据,却被晋侯接受,听到新君给自己的禁止令,郤至一定相当错愕。

有时候土地的争夺因为君主失察或者放任处于完全混乱状态,弱肉强食,鲁闵公二年(前660年)"初,公傅夺卜齮田,公不禁。秋八月辛丑,共仲使卜齮贼公于武闱。《春秋左传正义·卷11》P85。武闱是君王宫中正殿两旁的小门,又叫虎门,鲁闵公纵容自己的师傅强行霸占鲁国大夫的土地,结果自己在大庭广众下遭到杀身之祸。共仲即庆父,他与鲁庄公夫人哀姜觊觎君位,早有不臣之心,看到卜齮怒不可遏,庆父出面唆使他弑君。鲁闵公是哀姜妹妹的儿子,庆父的亲侄儿,卜齮利令智昏加上这两个人的疯狂,虽然目的不同,还是让一块土地燃烧起来。

鲁昭公十年(前532年)陈敬仲后代陈桓子攻打齐惠公后代高氏、栾氏后,与鲍氏分了他们的家产,"凡公子、公孙之无禄者,私分之邑。国之贫约孤寡者,私与之禄。《春秋左传正义·卷45》P357。陈桓子与鲍氏类似明火执仗。

鲁哀公二年(前493年),伐邾,将伐绞,邾人爱其土,故略以漷、沂之田而受盟。《春秋左传正义·卷57》P453。鲁国准备出兵攻打邾国的绞邑,邾国人不想失去这块地方,把漷、沂两地无偿划给鲁国,鲁国同意终止出兵。武力恫吓政策如此有效,鲁哀公和孔子有密切的往来。前478年,孔子逝世,鲁哀公亲诔孔子,诔文显示彼此理解。鲁哀公刚即位不久即兵不血刃,出猎成功,前途似乎一片光明,到晚年,自己却成了三桓的猎物,只好到外国四处躲藏。

5. 君侯品德能力与封邑的转移成败密切相关

土地归属转移的特殊例子：鲁文公十三年（前 614 年），晋国大夫们为了让士会回国，"乃使魏寿余伪以魏叛者，以诱惑士会，执其孥于晋，使夜逸，请自归于秦，秦伯许之。"《春秋左传正义·卷 19 下》P150。

晋国大夫们为了让士会回国，让毕万后人魏邑大夫魏寿余假装以自己管辖的魏邑叛降秦国，达到自己与士会会见的目的，晋国人拘押魏寿余的家属，让魏寿余连夜逃往秦国，叛国的魏邑大夫向秦伯建议把自己所在的魏邑（其治所在今山西万荣，当时最靠近秦国的晋地之一）置于秦国保护下。那块土地产权归属于邑大夫，只是因为魏寿余表面上是率魏邑人叛变，他的目的是让秦康公信任他。秦伯答应了他。《春秋左传正义·卷 19 下》P150。最后晋国得到了士会回归。

鲁襄公三十年，（前 543 年）晋悼公夫人食舆人之城杞者，……"遂仕之，使助为政，辞以老。与之田，使为君复陶，以为绛县师，而废其舆尉。《春秋左传正义·卷 40》P310。

鲁襄公三十年（前 543 年），出生于杞国的鲁悼公夫人赐予为杞国修筑城墙的仆役，其中有一个绛县人因为无子而自己前来服徭役，大家后来得知他已经七十三岁，执政大夫赵孟还发现老人的县大夫是他的下属，老人谈吐不凡，活得如此健康，一定有独到的智慧，这个人在自己的辖下湮没如此之久，赵孟心怀内疚，于是提出想要让这位老人来辅助自己的工作，被其以年事已高而谢绝。赵武给予他土地，任命为主管国君衣服的官，兼任绛地的县师，而撤销了主持征役舆尉职务。《春秋左传正义·卷 40》P310。

因为卫成公没有像其他诸侯朝见晋文公，前 626 年，晋军攻占卫邑戚，俘虏卫国大夫孙昭子。"秋，晋侯疆戚田，故公孙敖会之。"《春秋左传正义·卷 18》P135。戚是孙昭子的食邑，戚地在濮城一带，靠近鲁国边境，所以鲁国大夫公孙敖受邀参加划定戚地疆界。

周代的税收相当稳定，初税亩时已经实施了数百年，鲁国用税收取代井田上的劳役地租，是小国或弱国自我提升试图赶上大国强国的举措，是积极的进取而不是德道颓废。鲁国在适应变化，变革的目的首先是去适应社会，而不是改变整体制度，或者是在对制度的本质进行割裂。晋惠公作丘甲的例子也是如此，惨败后的晋国为寻求积极的措施改变对秦国的弱势，改变制度细节是自我超越而不是为了彻底背叛礼制。

6. 产权关系

1) 产权关系比土地归属和税制更为模糊、紊乱。

产权主人与管理者具有未规定的不同权利。鲁哀公十四年(前481年),初,孟孺子泄将圃马于成。成宰公孙宿不受,曰:"孟孙为成之病,不圃马焉。"孺子怒,袭成,从者不得入,乃反,成有司使,孺子鞭之。秋八月辛丑,孟懿子卒,成人奔丧,弗内,袒免哭于衢,听共,弗许,惧,不归。《春秋左传正义·卷59》P472。十五年春,成叛于齐,武伯(孟武伯)伐成,不克,遂城输。《春秋左传正义·卷59》P472。

前481年,初,孟懿子(即仲孙何忌)之子孟孺子泄(孟武伯,姓仲孙,名彘,武是谥号。)要在成地养马,成地是鲁国孟氏封邑,成地长官公孙宿(即公孙成)不接受,说:前辈奏宗主因为成地贫困,早就指定不得在这里养马。孺子十分愤怒,率人袭击成地,被阻击在成地之外,于是返回。此后,成地派来通融的使者也被孺子鞭打。八月,孟懿子逝世,成地人来奔丧,由于孺子不准入内,他们就赤裸上身在大路上痛哭,表示愿意听从孺子驱使,包括在成地养马,孺子仍不答应,成地吊唁的人一时间进退两难,不能完成使命,也不敢回成地。前480年,迫不得已的成地叛鲁降齐,孟武伯率军进攻,没有攻克,于是在靠近成的输地筑城。

成地人没有冒犯孟武伯的权力,但是孟武伯却过度使用自己的权力,当他的父亲在世,自己没有接管家族的时候,成地长官接受封邑主人意见理所应当。成地人归属感还是很强烈的,他们试图对未来的邑主妥协,对孟懿子情真意切,但是在万不得已的时候,他们也勇敢捍卫自己最基本的权力,用极端的方式集体否认属于过于暴虐的孟武伯的财产。

2) 财产处置、转移

财产合理使用前541年(鲁昭公元年),齐、楚、晋、鲁、宋、陈、卫、蔡、郑,在虢地(河南郑州古荥阳镇)的集会,重申前545年在宋的盟约。诸侯、与会大夫重申前盟的集会尚未结束,季武子已经伐莒取郓,莒人投诉于会,楚人处决鲁国代表叔孙穆子。晋国大夫乐桓子(即乐王鲋)向穆子索贿,说是可以向楚王说情不杀穆子,穆子断然拒绝。穆子的家臣梁其踁劝他出点钱财免祸保身,亦遭到否定,理由是:1. 我奉君命参加大会,这是公事;我用财货免除自己的灾祸,这是私事。以后会有人举我为例,诸侯的卿曾经这样,并沿用旧例。那么因为我自求安全,成了诸侯用财货免祸效法的恶例。2. 君子在意行为的合理性,盲从不当行为,是对这类行为的肯定。我不吝惜财物,但是厌恶不当行为。3. 我没有罪,但被杀戮,这对义有什么害处?他正气凛然,"余非爱货,恶不衷也。""罪非我所犯,我被杀戮,为戮何害?"清晰而坚定的声音郏敖的人胆寒,楚国人释放了叔孙豹。《国语正义·卷第五·鲁语下》P485。

将被认定有罪而处决的大夫的家产归为己有。鲁襄公十九年(前554年)，秋八月，齐崔杼杀高厚于洒蓝(齐地名)而兼其室(室指财货，采邑)，书曰："齐杀其大夫"从君于昏也。(顺从昏聩的国君的原因)《春秋左传正义·卷34》P267。

鲁襄公十九年(前554年)，郑子孔之为政专也。国人患之。……子展、子西率国人伐之，杀子孔而分其室。……郑人使子展当国，子西听政，立子产为卿。《春秋左传正义·卷34》P267。

因为自己的原因主动将自己的封邑转赠别国，鲁襄公二十一年春(前552年)，鲁襄公如晋，拜师及取邾田也。邾庶其以漆、闾丘来奔。……庶其非卿也，以地来，虽贱必书，重地也。《春秋左传正义·卷34》P268。

鲁襄公二十一年春，鲁襄公前往晋国，为两件事登门拜谢：前555年齐国进攻鲁国北部，晋国出兵伐齐并取得邾国的土地，齐国率领十二国诸侯击退齐军，前554年诸侯在督扬结盟后，大会拘留了邾悼公，这是对前556年冬天邾国军队对鲁国南部边境发起进攻的事问责，随即晋国主持了划定邾、鲁两国接壤地区的边界，一部分邾国土地被划归鲁国。鲁襄公前往晋国就是为此二事感谢晋国。前552年，邾国大夫邾庶其以漆、闾丘二邑投奔鲁国。庶其虽然不是邾国的卿，但带来了土地，身份虽然不高但《春秋》一定会记载，这是因为看重土地这样的大宗财富。《春秋左传正义·卷34》P268。

自愿馈赠的对象可以是家族以外的人。鲁定公十年(前500年)，"宋公子地嬖蘧富猎，十一分其室。而以其五与之。公子地有白马四，公嬖向魋欲之，公取而朱其尾与鬣以与之，地怒，使其徒挟魋，而夺之。魋惧，将走。公闭门而泣之，目尽肿。母弟辰曰：子分室以与猎也，而独卑魋，亦有颇焉。子为君礼。不过出竟，君必止子。公子地出奔臣，公弗止。辰为之请，弗听。辰曰：是我迋吾兄也。吾以国人出，君谁与处？冬，弟辰暨仲佗、石驱出奔陈。《春秋左传正义·卷56》P447。鲁定公十一年(前499年)春，宋公母弟辰暨仲佗、石驱、公子地入于萧以叛，秋，乐大心从之。大为宋患。宠向魋故也。《春秋左传正义·卷56》P447。

前500年，宋国的公子地嬖宠爱宋国人蘧富猎，将其财产分成十一份，其中的五份赠与蘧富猎。公子地有四匹白马，宋景公宠爱宋国大夫向魋，这个人对公子地的白马爱不释手，宋景公拿到这些白马后将马尾和马鬣染上红色后给予了向魋，公子地怒火中烧，使命令其手下鞭打向魋，夺回了马。向魋惊恐想要逃走，宋景公阻止，对向魋痛哭乃至眼睛红肿。宋景公的同母弟辰对公子地说：您把近一半的家产赠与了蘧富猎，而独独忘记向魋，也有过分的地方。不过您对国君还算有礼子为君礼，最多你提出出国去，君主一定会挽留你的。公子地出奔陈，宋景公没有挽留。辰为公子地求情,也不接受。辰说:是我欺骗了我哥哥。可一旦我出了国,君主就会更孤独。后来辰与宋国大夫仲佗、石驱逃奔陈国。《春秋左传正义·卷56》P447。鲁定公十一年(前499年)春,宋公同母弟辰暨仲佗、石驱、公子地进入萧地宣布不再服从宋景公,秋天,宋国大夫乐大心也加入了他们,成为宋国的心头之患,这与宋景公信任向魋有关。《春秋左传正义·卷56》P447。

秦后子来仕,其车千乘,楚公子干(楚恭王的庶子公子比、楚公子围杀君自立,公子干投奔到晋,其车五乘,)叔向为太傅,实赋禄韩宣子(韩起,代赵文子在晋执政)问二公子之禄焉,对曰:大国之卿,一旅之田,上大夫,一卒之田。夫二公子者,上大夫也,皆一卒可也。宣子曰:公子富,若之何其钧之?对曰:夫爵以建事,禄以食爵,德以赋之,功庸以称之。若之何以富赋禄也?夫绛之富商,韦藩木楗以过于朝,唯其功庸少也。而能金玉其车,文错其服,能行诸侯之贿赂,而无寻尺之禄,无大绩于民故也。且秦、楚,匹也,若之何其回于富也?乃均其禄。《国语正义·卷第十四·晋语八》P974。

秦后子是秦桓公儿子秦景公同母弟,秦景公三十六年(前541年),其母安排他来晋国住了四年。来时有千乘车跟随。楚共王的庶子公子比,他的哥哥楚子围杀君自立,公子干投奔到晋,带来五辆车,二人在晋国都得到了任命。叔向担任太傅时,由他发放俸禄,代赵文子在晋执政的韩起问到上述两位异国公子的俸禄时,叔向说:大国的卿,一旅五百项田赋的俸禄,大国的上大夫,一百项田赋的俸禄。秦、楚来的二位公子,相当于上大夫,一百亩顷田赋的俸禄比较恰当。韩宣子说:秦国的公子很富裕,为什么让两个人的接受一样多的俸禄?叔向说,爵位是职事等级安排,俸禄是履职的报酬,按照德行发放俸禄。功劳和品德应该相称为何要提贫富与俸禄的关系?……秦、楚是规模相似的国家,富裕些的公子更多的俸禄不合理,韩起对此没有异议,叔向于是安排秦后子、楚公子比同等的俸禄。

鲁定公十二年(前498年),仲由为季氏宰,将堕三都。于是叔孙氏堕郈,季氏将堕费,公山不狃、叔孙辄帅费人以袭鲁。公与三子入于季氏之宫,登武子之台。费邑人攻之,弗克。入及公侧,仲尼命申句须、乐颀下伐之,费人北。……二子奔齐。遂堕费,将堕成。……冬十二月,公围成,弗克。《春秋左传正义·卷56》P447。

孔子任职于鲁,前期得到季孙氏的高度信任,几乎言听计从,孔子认为大夫家室中不藏兵甲,封邑不允许建百雉之城,天子千雉、公侯百雉,伯七十雉,子男五十雉的礼制在任何时候都应该有效,私人的不动产需要按礼制进行管理,规模标准和封邑非武装化必须得到严格保证。执政的季孙氏应该是接受了他的提议,同意毁掉有百雉城邑的建筑。具体操办的是孔子学生子路。子路是鲁定公十二年(前498年)成为了季氏的家臣之长的,鲁国的费、郈、成三邑的城墙高度都逾越了礼制,达到了百雉,超过了君侯的耐受力,鲁定公十二年,子路传达了拆毁三都城垣的指令,叔孙氏宗主叔孙州仇最先拆毁郈邑城墙,季桓子准备拆毁费邑城墙,但费邑的情况比较失控,季孙氏在费邑的家臣也是邑宰公山不狃,叔孙州仇的儿子叔孙辄,他在自己家族叔孙氏中失意,二人联手率领费邑人袭击鲁国都。鲁定公与季桓子、叔孙州仇、孟懿子三人进入季氏的宫内,登上武子台。费邑人进攻季氏宫没有得逞。但是兵锋曾接近鲁定公的位置,孔子命两位鲁国大夫申句须、乐颀从武子台冲杀下来,瓦解了费人的攻势。……为首叛逆的公山不狃、叔孙辄逃往齐国。费邑的城墙得以拆毁,冬十二月,鲁定公率领的军队包围成邑,准备拆毁其城墙,成邑抵抗坚决有效,鲁定公铩羽而归。

鲁襄公三十年(前543年)七月,子皮授政子产,"子产使都鄙有章,上下有服,田有封洫,庐井有伍。大人之忠俭者,从而与之;泰侈者,因而毙之。……从政一年,舆人诵之曰:取我衣冠而褚之,取我田畴而伍之,孰杀子产,吾其与之。及三年,又诵之曰:"我有兄弟,子产诲之;我有田畴,子产殖之,子产而死,谁其嗣之?"《春秋左传正义·卷40》P311。

这段史料显示在国家政局相对稳定时,财产的私有化程度也会比较普及。前543年七月,子皮授政移交执政权力给子产后,子产对郑城市和农村进行统一规划管理,下令各等级身份的穿规定样式、色彩的服装,土地大小权属,住宅面积都严格按礼制落实。从执行一年后的情况来看,强制情况比较普遍,一些自己身份与礼制不匹配的服装竟然被没收。根据丈量的结果,一些存在兼并侵占的土地也被清理,这触犯了很多人的利益,舆论中有公开买凶行刺子产的内容流传。但是三年之后,人民得到子产公平管理国家的实惠,更多的人表示接受子产的国家管理思想与政策。这基本可以证明,阶级斗争只会发生于管理相当不善的地方。

农业耕作纯技术的变革也在悄然发生,其伟大作用由于被多数大权在握的政治人物所忽略,所以它们多半是惊鸿一瞥转瞬即逝,只留下无尽的猜想,或者是形单影只,生活中从此不能缺少,却难得成为青少年研习开发应用的不断得以丰富发展的课题。鲁庄公二十八年(前666年)记载一项已经在应用的新技术,"晋人谓之二耦"。即二五耦:二人各持一耜,并肩耕作,称为耦。《春秋左传正义·卷10》P79。这些技术不一定是当时的发明，得到广泛应用经历很长的时间，资金、当地当权者的观念，环境与土地条件等，大面积应用并产生良好效益，有必然的需求，亦可能仅仅是出于偶然，主要是完全缺乏制度推进作保障。因为政治的目的不是物质积累，不是人口生活质量普遍提升，而是如何维护自己尤其是自己生存下来。

诸侯们对经济的关注不可谓不经心，他们知道财富的作用无可比拟，但在当时，获得财富的最佳方式不是直接生产、经营，人们有充足的理由说服一切有才华或者武艺精湛的年轻人首选为诸侯贵族效劳，获得公职，继而获得财富。从另一个重要的角度而言，当时人们的心中如何最佳地调配财富，被认为政治的最终目的，也是最高尚的事业之一。因此，在诸侯国家的盛世，大量的精力都投入权力争夺之中，你甚至不能指责贵族们，他们中其实不少人胸怀远大，理想崇高，坚定地践行礼仪的精神，其中不乏永恒的法则。但是他们中的绝大多数缺乏专业精神。这种指责可能令当时那些对权势孜孜以求、舍生忘死的人绝对难以接受。

第四节　金融——财富

一、铸币以及货币的用途

成汤二十一年，大旱，铸金币。《今本竹书纪年疏证·卷上》P63。大旱年景铸币是为了用来到有粮食的地方交易，以拯救有急需的人。

最具类似现代货币意识的人是春秋时期的管子，他认为市场应该"终身不定"，保持动态。《管子·卷二十四·轻重乙》P403。他认为政府可以为获利操纵市场，管子认为货币数量是一个重要的工具：1.国家放出政府将大量采购粮食的风声，会导致市场粮价大幅攀升。粮价大幅上涨后，又发布官府先前从民间借贷的欠款将以粮食折算。这样引起粮价下跌，币值上升。2.如果国家大量抛售贵重商品，致使流通中货币的百分之九十流入官方掌控中，流通中剩余的存量货币只有以前的十分之一，他预计这会导致币值上升，廉价商品价格水平大幅降低，如果这时国家又适时大规模抛出货币大量收购商品，流通中的货币急剧增加，商品（必需品）绝大部分被国家控制后会产生一个效果，就是商品价格会整体攀升。国家可以将此前低价收购的商品加价卖出大幅盈利。《管子·卷二十二·山国轨》P363。尽管使用了政策工具配合操纵物价，管子对货币以及投放量的变化对物价影响的认识管理水平在当时还是很超前，不过需要相对稳定的国力。得益于管仲(他可能与《管子》中构造的人物是同一个人,或者具有他思想的主体结构)的赚钱能力,管仲主政的齐国是个积极消费的国家,支出中桓公的外交经费占三分之二,国用只占三分之一。齐国财力雄厚,也使得齐桓公召集的诸侯大会比较有吸引力,不过管子的货币思想没有形成可广泛操作的完整体系,而是被扭曲、肢解为多种碎片。周景王二十一年(前 524 年),周景王准备铸大钱,单穆公阻止他这样做,他认为,钱轻物重时,就要在流通中增加大钱,钱重物轻时,就应该增加小钱。他这里说的是官方投放的货币币值的大小而不是总量。实际上,周景王在铸大钱的同时废止小钱。单穆公要极力要阻止的情况是,流通中只剩下单一的大面值货币导致大量低收入家庭破产,市场崩溃。

二、经济——对财富的一种新见解

周宣王四十年(前 784 年)料民于太原。《今本竹书记年疏证·卷下》P585。周宣王准备实施人口重新登记,想要获得自己的那份税收。有人建议他暂时忽略自己的这份权力,但是这位贫困的君主一天也无法等待,坚持主张自己的权力,结果遭到强烈反对。古代中国人对财富的看法是矛盾的,一方面财富有多种用途,礼制要求对不同的人在不同的场合必须使用不同量和等级财富才算合礼,但是又认为忍受贫穷是一种美德。

公父文伯名歜,是公父穆伯与敬姜之子,敬姜来自莒国。季桓子生季康子,敬姜是季桓子弟弟的母亲。所以公父文伯是季康子的从叔父。季康子是鲁国正卿,比他父亲强势得多。公父文伯后面提到季孙就是指季康子。"公父文伯退朝,朝其母,其母方绩,文伯曰:以歜之家而主犹绩,惧忏季孙之也。其以歜不能事主乎? 其母叹曰:鲁其亡乎,使僮子备官而未之闻也。居,吾与女:昔圣王之处民也。择瘠土而处之。劳其民而用之。故长王天下。夫民劳则思,思则善心生;逸则淫,淫则亡善,忘善则恶心生也。沃土之民不材,淫也。瘠土之民莫不向义,劳也。《国语正义·卷第五·鲁语下》P506。

公父文伯是季悼子的孙子,他的母亲是季康子的叔祖母,公父文伯一天退朝回家,看到母亲在纺织,表情不悦,说:凭我们家的身份,您还亲自纺织,季康子知道了一定生气,认为是我没有侍奉好您。他母亲听到后十分不安,说:鲁国是不是要衰败了? 让懵懂无知的人在朝廷上充数,让我告诉你我要亲手纺织的原因吧:从前圣王安顿百姓,特意挑选贫瘠的土地居住,就是要让老百姓一生勤劳。老百姓劳累了就会重视节俭,节俭就会向善。这是圣王能够长久统治天下的原因。生活在肥沃土地上的民众中为什么会产生很多一无是处的废物? 就是因为那些人太过安逸，生活安逸就会失去向善的心；贫瘠土地上的百姓一心向善，就是因为日夜辛劳。《国语正义·卷第五·鲁语下》P506。她的逻辑是，人民驯服，王位就会永久享有，但是她没有提到如何面对外部社会的竞争。

叔向见到晋国正卿韩宣子（韩起，史称韩宣子，前541年，继赵武为正卿），后者抱怨自己经济拮据，叔向表示祝贺。韩宣子大惑不解：我有卿之名，其实难副，经济上跟不上同僚们，我以此感到忧虑，我不理解你的祝贺。叔向说：从前栾武子没有一百顷田，其家族祭祀器具也不能完备，但是他发扬美德，遵循宪令，并施行欲于诸侯之中。得到诸侯敬重，戎、狄人的怀念。治理晋国，公正司法。到后来栾武子杀晋厉公虽有争议，但是他功勋卓著却清廉，在晋悼公时代人受到重用。叔向婉转地说，栾书弑君是个重罪，可是他廉洁奉公才能，得免于难。夫郤昭子（郤至，拥有相当于公室一半的财富，他的家族掌握了国家一半的军队，恃其富有和国君的宠幸，享受国人难以企及的奢华生活，但是他身体被在朝廷上示众，其宗族悉数毁灭。不然的话，八位郤姓高官，五位大夫，郤锜、郤犨、郤至三位卿，多大的荣宠，顷刻之间就灰飞烟灭，令人叹息。郤氏的结果主要是不看重道德的意义。您韩宣子像过去栾武子一样贫困，我相信您会有他一样的功德，所以祝贺您。假若不在意美德的积累，只想着如何获利，吊唁都来不及，哪里轮得着接受祝贺？

（栾书之子栾黡又称桓子，奢侈贪欲，放贷收贿，因为栾书的余温，使之也能免于祸难。栾黡是怀子栾盈的父亲，栾黡娶范宣子女儿叔祁，叔祁与人私通，反而到执政大臣范宣子那儿告儿子的状，说栾盈想造反。母亲首告，舅舅作证，外公判决，栾盈遂遭逐，流亡楚国。有德者枉被重罪，叔向误认乃栾黡贪婪奢侈殃及，实则栾黡曾因弟弟战死迁怒士匄、士鞅父子，与之结仇，后又与之结亲，两家旧怨未消，又遇叔祁、士鞅姐弟心术不正，范宣子公权私用。）

韩宣子感谢叔向的开导：如果不是得到您的及时拯救，我本是就要灭亡的人，我们韩氏整个家族从桓叔以来的列位先辈都将感谢您的恩义，桓叔是韩万的父亲，韩万最先受封于韩为大夫，是韩氏的始祖。叔向更多地侧重于警示奢侈的后果，但是对于严重匮乏的人群，获得财富可以延续人的生命，保障基本尊严，好处很多，利大于弊。明智的人也能够管理大量财富，财富并不必然等于荒谬与犯罪，贫穷也不会必然导致杰出。叔向对财富与贫困的理解不在一个平行的基点，尽管得到想要的结论，却不尽客观。且三郤之死是由于晋厉公为头领的公室权力与侈卿的一场政治内耗，与郤氏的经济背景关系是次要的。

记载叔向财富观的另一个例子是他曾经劝晋国大夫董叔不要娶富有的范氏

女子为妻,否则这个男人将来在家庭中的位置会很尴尬,董叔拒绝了叔向,还是娶了范宣子的女儿,范献子的妹妹范祁,以此作为自己未来的政治进阶。结果因为范祁告诉她哥哥董叔不尊重她,被内兄范献子吊在大树上作为惩罚。这一难堪的一幕很多人都看到了。叔向当众取笑董叔,原来就希望有人提拔他的社会地位,现在整个人的躯干真的被吊了起来,也算是另一种得偿所愿。《国语正义·卷第十四·晋语八》P981。此例中范祁对丈夫的态度完全是富家女目中无人的必然结果,董叔一开始不是出于爱而是为了利益追求他的妻子,范家女可能发现了这个情节,一心憧憬纯洁美好爱情的女青年因为失望以及被利用的愤怒导致兄妹二人同仇敌忾。

季文子是季友之孙,也称季孙行父。季文子或许是与叔向思维模型类似的人鲁襄公五年(前568年),季文子卒,家无衣帛之妾,厩无食粟之马,府无金玉,以相三君,君子曰:季文子廉忠矣!《史记·卷三十三·鲁周公世家第三》P1538。季文子对财富极为节制,只有权力让几代季氏魂不守舍。他选择为追求权力放弃物质,或者是权力上支配国家,比家宅内装满珍宝精神与心理上更为兴奋的类型。

晏婴的财富思想温和客观得多。鲁襄公二十八年(前545年)齐景公"与晏子邶殿,其鄙六十。弗受,子尾曰:富,人之所欲也,何独弗欲?晏婴曰:且夫富如布帛之有幅焉,为之制度,使无迁也。夫民生厚而用利,于是乎正德以幅之,使无黜嫚,谓之幅利。利过则为败。吾不敢贪多,所谓幅也。《春秋左传正义·卷38》P299。齐景公将齐国的邶殿赐予晏婴,另外赐予晏子六十个邑,晏子拒绝接受,子尾大惑不解:富裕,是人的自然欲望,为何您与众不同?晏子说富裕就像布匹一样,有它规定的尺寸,它是固定不变的。人们生活变好且物质丰富后,就要用美德规范他们,使其既不懈怠也不狂妄,这是规范利益令其合理。过度获利就要败亡,我不敢贪多,是谨守规则。晏婴更为理性,他看清了权力财富好的一面,也看清了财富有害的一面。

礼制倡导道德,启发人的良知,锤炼了许多像季文子、晏婴这样的廉洁自律的人,但多数人或由于饱受贫乏之苦、或缺少教育,或天性顽劣,缺乏自我节制能力,更倾向于巧取豪夺。鲁昭公十三年(公元前529年),楚子之为令尹也,杀大司马蒍掩(即蒍掩)而取其室。及即位(楚灵王,前540—529年5月),夺蒍居田。《春秋左传正义·卷46》P367。

楚灵王的令尹子之是个霸道的执政,蒍掩在担任司马时,对楚国田制与军制都有独到的思想和计划。前529年,子之将其杀死,将其家产据为己有。后又夺取了楚国大夫蓬居的土地。

另一个楚国令尹更为贪婪,囊瓦是楚庄王的孙子,子囊的儿子,字子常,他担任令尹时,有一次向楚国大夫斗且问到如何快速"蓄货聚马"。斗且回家后对其弟弟说:"楚其亡乎? 令尹问蓄聚积实,如饿财狼焉。……夫古者聚货不妨民衣食之利,聚马不妨民之财用,国马足以行军,公马足以称赋,不是过也。公货足以献宾,家货足以共用,不是过也。夫货、马邮则阙于民,民多阙则有离叛之心,将何以封矣?"作为国家执政,若果是为国家考虑积累财物未尝不可,但如果是为个人打算,斗且的话就有道理,他发现子常谈到聚敛购物时目光凛凛,犹如饿狼,所以他对子常完全持批评态度,他解释为何鄙视政府首脑令尹子常:

"昔斗子文三舍令尹,无一日之积,恤民之故也。成王闻子文之朝不及夕,于是乎每设脯一束,糗一筐,以羞子文,至于今秩之。成王每出子文之禄,必逃。王止而后。人谓子文曰:人生求富,而子逃子,何也? 对曰:'夫从政者,以庇民也。民多旷也,而我取富焉。是勤民以自封也,死无日也、我逃死,非逃富也。'故庄王之时灭若敖氏,唯子文之后在,至于今处郧,为楚良臣,是不先恤民而后己之富乎? ……期年,乃有柏举之战,子常奔郑,昭王奔随。"《国语正义·卷第十八·楚语下》P1168。

斗且对子常急于聚敛的想法相当反感,他说,过去令尹子文三次担任令尹,却无一日私人储备,主要是因为怜惜民众困苦,楚成王听说子文吃了上顿无下顿,于是逢朝见时就准备一束肉干,一筐粮食送给子文果腹,到现在这已经成为惯例,每当楚成王提及要给子文提高薪俸标准,他总是回避,楚成王同意不谈此事他才会回来履职。有不少人因为不解而问子文,人活着不是为了富贵吗? 他的回答说:"从事政治的人,应该为人民造福,现在国家很多人穷困,而假如我独自享受富贵的话,这就是在驱使人民劳作来扩张我个人的收益,开始这样做的人死期也不会远了。我逃避高俸禄,是想保住性命,而不是逃避富贵。"斗且还说,所以楚庄王时若敖氏灭族,唯独子文的后裔得以留存,其中不乏楚国栋梁之材。这是一个为大家服务然后自己也受益的例子。现任令尹子常是子囊的后代,担任执政,国家盗贼遍野,饿殍满目,却不考虑如何治理,急民之所需,而是一心想着如何聚敛,聚集的财富越多,积累的仇恨就越广泛,这样的人不会等到幸福,只会等到恶死。楚成王、楚灵王因为罔顾人民,全体国民都抛弃他们,就像行人无心脚印,子常做得比他们还差,有何力量应对必至的混乱? 一年后,发生柏举之战,楚国大败于吴,令尹子常失败后逃往郑国,楚昭王逃往随国。

但是极度匮乏的普通人却不能像晏婴、季文子、子文等一样可以自由选择。

他们的人生高度受制于财富的影响力。国家支持的富民方案奏效,鲁襄公九年(前 564 年)"晋侯归,谋所以息民,魏绛请施舍,输积粟聚以贷,自公以下,苟有积者,尽出之,国无滞积,亦无困人。公无禁利亦无贪民。祈以币更,宾以特性,器用不作,车服不给,行之期年,国乃有节,三驾而楚不能与争。《春秋左传正义·卷30》P242。

晋悼公让大臣讨论如何让人民休养生息。魏绛提出一个比较涉及君王与平民的经济复兴计划,晋悼公批准执行了相关方案,大致内容是:1. 人民需要一个安全、安宁的生产生活环境才能专注于产业。2. 将全国的每个家庭的储备粮食全部集中起来,用于施舍借贷,国家财物完全流通,国家利用其积极借贷给人民种粮、钱物,缓解急需。3. 鼓励人民赚钱积累财富,官方不实施利益垄断行为,禁止官方与人民争利。4. 降低祭祀成本,祭祀时不杀牲畜,用金玉等财物代替。这样做一是保障农业生产时有必要的畜力;二是财物可以反复使用。5. 接待宾客一律从简,只用一种肉类作为菜肴。6. 官方只使用必不可少的车马服饰,禁止奢华。

这不是魏绛的创见,应该是受到周礼的启发,周礼比较系统地设置了社会福利与救济制度,国家设有专门的救济管理机构,福利救济工作主要由大司徒负责兼管。在平时,大司徒主要监督六策的执行情况:1. 敬老爱幼。2. 助孤寡。3.救贫穷。4.免残疾人力役。5. 均平徭役。6. 安定富人。在饥馑的年份,大司徒可通过下列政策免于人民流离失所:1. 贷给种子。2. 减农业税。3. 宽刑。4. 免役。5. 开放山泽之禁。6. 免市场税。7. 简化吉礼。8. 简化丧礼。9. 取消演奏活动。10.减少婚礼花费。11.除盗。12. 祈福活动。荒年时借贷给贫民的钱物,要有券书为凭证,在借贷者有收成时归还本金,并收取一定利息。对外地迁来者,政策上给予优惠,在一定时期免除他们的税收。《周礼注疏·卷十六·地官·旅师》P107。如果某个诸侯国家出现疫病、饥荒水灾、兵寇,其他诸侯国家应给予力所能及的帮助,这不仅是义务,也是责任。乡里的余财,主要要用于周济穷人,街市的余财要用于抚恤殁于公事者的遗属,县都的余财供荒年救济之用。《周礼注疏·卷十三·地官·遗人》P90。官吏对救灾济贫未尽职责,工作不力者,严重的将受到刑事处罚。

晋悼公九年的经济方案的显著成效,计划实施一年后,国家就出现盈余,三次出兵,楚国都处于下风。这既可以说是政令及时、得当的效果,也可以认为是社会经济起点低,极度匮乏的人们很容易被激发起来。

第五节　制造与农牧业

周国家的经济基础已不是采集与农牧鱼业为主，行业分类已呈复杂化趋势。但仍然以粗放，不计成本与效率为重要特色。周国家经济生产大致可作下列分类：1. 农业。2. 林业（经济林）3. 渔业。4. 野生植物采集。5. 纺织业。6. 工艺品雕琢。7. 商业买卖。8. 鸟兽养殖业。9. 家传技艺，这些应包括医疗、卜筮等。10. 充当雇工。11. 在官府从承担事务性工作。12. 在校学生。

周已注意到土质对收成的影响，国家有专门主管监督改善土壤质量的官员——草人。萍氏主管国家的水禁，雍氏主管田沟渠池塘方面禁令。以上二位前者主管整体，后者主管局部水力资料的分配与调节。周国家的燃料以木柴干草为主，已出现设计较好的贮藏室，其中有些是地下的，密封效果也不错，不仅贮存准备过冬的干菜瓜果，甚至能将冬天采集的冰块贮存到夏季，供有条件的人享用。

对荒芜了耕地而导致百姓流离逃亡的诸侯削去封邑，官吏去职。不种养，不参加劳动者仍需纳税且有针对性地加以限制：不放牧养殖者祭祀时不能用牲，不种田者祭祀时不能使用谷物，不植树者死后用棺不能用椁。不养蚕者不能穿丝织品等等，这些都是对庶人的约束。《周礼注疏·卷十三·地官·闾师》P89。

国家将重要矿产资源如金、玉、锡、石、朱砂、空青收归国有，对矿产征税，由秋官掌理。

第六节　商品流通与市场

在国都由国家设立市场，由王后主管而内宰为其主要助手，另有专职市官处理市场日常事务，管理官员自成体系，对市场进行全方位的管理。不同行业的按市肆划分，每肆任命肆长进行管理，每二十个肆又设立胥师领导的主管部门，管理者有重叠之嫌，但周人认为这是合乎礼的。对消费者的保护体现在货物质量与价格的审定、对契约合同的保护，对生产者和商家的保护则嫌不够，至少是失之于明确。投诉部门除了国家机构外，别无监督，赋予了相关机构很大权力，这至少带来一个副作用，生产者和商家均无法免于不良管理者的盘剥。或者不法商人与受了贿的官吏狼狈为奸、以次充好，欺骗消费者。

市场中的实际主宰为内宰，他是否必为受宫之人充任不得而知。主管市肆的规划,商品种类的划分,货物的陈列代表国家制作尺、斗、斛等度量衡器。规定作为商品的布匹幅宽与匹长。与市场兴旺有关的宗教仪式也由内宰领头具体操办。周人的眼中市场与女性有千丝万缕的关系,不仅以王后名义设立市场,主要助手亦是主管内宫的内宰,而且祭祀市社也以妇人之礼。司市管理市场中人口政令贯彻并对衡器实施专项管理。他还与司虣共同维护市场秩序,具有一定的司法权。市场中所交易的货物价格受国家官员质人的监督管理,这些商品中既有一般低值易耗品,也有昂贵物品如牛马、车辇乃至珍稀物品,还有兵械、奴隶这样的特种商品。通过贾人核定价格后,国家容许上述物品自由交易。国家委派廛人对成交或未成交的生意征收市场税,对后者征收的实为摊位费。

第七节 就业与行业

周国家人口的就业单元并非以个人而是以家庭甚至家族为主,主要是传续原生家庭维持生活模式,世卿世禄的家族代代担任公职,王国内的其他人口或成为农业人口,商人、医工等各行各业,比如史官、工匠等世代相传,有一部分人因为个人意趣或因为犯罪等从自己家庭祖辈从事的行业中脱离出来,转而从事新的行业。所有行业中有些有相对自由,比如行医者;有的只有部分自由,比如农耕者,因为劳役地租和徭役,在一定的时候需要服从官方的安排;从事某种职业的人和自己家人经济待遇不同,一个从事商业活动的贾人自己不授田,他的家人授贾田,另外有大量完全不自由的行业或职业,因为战争、宫廷、各级地方政权的需要失去个人自由,离开本土甚至改变隶属关系以及国籍。他们在宫廷内外,矿山、建筑工地、作坊,从事开采、搬运、制作兵器、奢侈品与日用品等,他们的工作需要技能需要培训、但他们是半自由人或完全的奴隶,危险的职业让他们没有安全感,个人行动自由受限,被当时划入不体面行业从业者的压抑感甚至超过不安全带来的负面情趣,他们寻求进入体面的行业,但正规的渠道很少,军功是一个重要途径。很多隐形的职业尽管国家和社会生活都不可缺失,但是在一个政治至上的权力社会,很多需要特殊训练甚至天分的职业都被归入非管理者类,被污化,受到社会无理性蔑视。

现代通常按其职能将社会大致划分为十三大部分:

1. 工业企业。2. 信息产业。3. 公用事业。4. 交通运输业。5. 银行业。6. 保险业。7. 投资业。8. 新闻事业。9. 法律。10. 教育。11. 基金会。12. 民间和文化组织。13. 军事机构。这些的行业部门的出现意味着社会作为一个有机体在不断自我充实与趋向完善,不论这些行业存在对人类发展有何影响,最终结果如何,但它们现时对人的作用是不可或缺的,从周王国家明显存在或仅有雏形的行业门类来看,除了2、4、5、6、7四项功能部门基本空缺外,其他部门均或多或少以类似的方式存在,但它的经济落后是显而易见的,在国家广泛推行粗放经营的前提下,实际满足于以劳役地租为主,实物地租为辅的生产关系,这是一个货币匮乏的国家,或者不如说微乎其微的货币量只能在国家全年的交易中起点缀作用,这些作为货币象征的物品以天然的金属块(其中有些经过粗加工后成为商品或货币),海洋生物的硬壳为主,最先的意义是这些物品本身有装饰品的作用,其次它们质地坚硬,易于长期储存。国家并不发行这类的货币,而是在民间首先得到部分应用、认同,随后得到国家的默认,作为一种通货,它有难以逾越的障碍:1. 国家没有与它有关的一笔资本支持这类货币的出现流通。2. 它无法标示出准确、为各种人接受的价值符号,而它本身的价值又被不同的人给予不同理解。一堆金属或贝壳有时完全可能被蓄意给出令人怀疑或完全离谱的报价,缺乏准备的人在欺骗和武力的双重压力下接受交易的事屡见不鲜。君主完全不能,恐怕也没有想到要对同一袋"货币"强行统一其购买力。另外不便于携带的问题也长期得不到解决。不难看出,这是一种相当差劲的交换方式,但是在当时人看来,它得到神的首肯,近乎完美。

受专制政体高压的新闻业只能屏息静气,国家的管理完全不需要非管理者思考,怀疑政府就是犯罪。相比之下,产业方面是幸运的,那就是国家投入与产出完全不成比例,大量的奴隶与受高度控制的平民只需要为其付出很少的报酬就可以迫使其长期从事高强度的工作。这些人遍布国家各个生产领域,尽管设备原始、管理水平低劣,技术粗糙,但在大量劳动力最低生活要求都得不到保证的情况下,效益仍然可以说是惊人的。与后世持虚无主义态度的政府比较,在国家的总人口中,尽管它可能只有更少的奴隶,但他的国家的总收入会低于将奴隶制美化或合理化很成功的国家。奴隶制可以说是一种不顾后果的严格有效管理,如果仅从效率的角度来看,它的优越性是不容忽视的。西周大量的繁文缛节、职能重叠、数量惊人的各级官吏(礼崩的节点主要就是在这些部分),以及可以准确量化、不断增长的人口所需要的大量生活必需品,这是任何一个只要具有常识的政府都能感觉到的巨大压力。除了少数从战争中掠夺而来,主要则来源于债务、刑罚、奴隶的子嗣以及诸如此类不断充实的奴隶人口通常过量的劳动,他们在田间、作坊、山中、深海——不知疲倦地劳作,伴随着持久的饥寒,栖息在低矮的过道,发霉的厩舍,堆积如山的货物旁以生命的代价获得品质最优、最大量的产品。当他们的劳动不尽人意，或不能再劳动时，他们可能会被主人随便杀掉而不受任何惩罚。因此，他们生活的全部意义就是拼命劳动来获得更多自己永远不能享用的各种产品。除了生命终结，没人能阻止这种事情在一个奴隶身上发生。求生本能则驱使奴隶满足主人任何、哪怕是最疯狂的愿望，主仆均不知人的劳动与忍耐潜力的真正尽头，需要人性的干预，法律支持这种环境。人性无所作为。不敢触犯这种令国家得以延续的现状。这充分说明，在社会总生产力低下的大环境下，奴隶制是维持政府运行的惟一选择。即使这是一个精炼的政府，它仍需要大量的物质满足完全缺乏制约的国家最高上层无度的消费心理，以及对外扩张所需，而这是任何一个政府都从未真正满足过的。在对那些制度的真正受害者给予同情之时，又不能不承认对本国家和种族而言，这不失为一件好事，一部分人的巨大牺牲，创造、积累了巨大的社会物质财富，它使一个国家或种族具有必要的凝聚力，同时，国家与人，人与人的相互认同以及归属感使他们万众一心抗衡暂时的挫折、强敌。他们作为一个整体，在这种协同抗争中会逐步变得成熟、强大，最终创造自己本民族的文明，这种文明与一个国家的存在价值以及它今后地位密切相关。一个没有血腥历史、缺乏献身者的国家就意味着尚未真正引入竞争，它注定会以各种形式落后。它的人民更易于陷入平庸和堕落。残酷的现实不会妨碍这里的生活者认识文明的真谛，而是会给予他们最真实的感觉并愿意对一切现象授诸理性。理性并非认知的唯一通道，但它是文明中最可靠的成分。

　　所有具体的经济实施活动都是由人生自由受限制程度不等的人承担的，这种制度的效率十分可疑，甚至可以肯定，不是礼制的误用导致了两周的混乱，而是经济无法承载这种以争权夺利为要务的制度体系。一些职业的人口人身没有自由。鲁成公二年(前 589 年)，冬，楚进攻鲁国，鲁国执政大夫孟献子即仲孙蔑主动请求派自己前往与楚国疏通关系，木工，女缝纫绣工，织布人各一百人为礼品，鲁国大夫公衡作为人质，要求结盟以请盟，接受礼品后楚人同意媾和。《春秋左传正义·卷 25》P194。他们的生存条件十分成问题，他们类似于工具和牲口，被随意转让役使。

第六章　法律与法治

一、两周之前的刑与法

"荒度作刑,以诘四方。……制以刑,惟作五虐之刑曰法。杀戮无辜,爰始淫为劓、刵、椓、黥刑。越兹丽刑并制,罔差有辞。"

"两造具备,师听五辞,五辞简孚,正于五刑,五刑不简,正于五罚,五罚不服,正于五过。五过之疵:惟官、惟反、惟内、惟货、惟来。其罪惟均,其审克之!"

"五刑之疑有赦。五罪之疑有赦,其审克之,简孚有众,惟貌有稽,无简不听,具严天威,墨辟疑罪,其罚百锾,阅实其罪。劓辟疑赦,其罚惟倍。阅实其罪。刵辟疑赦,其罚倍差。阅实其。宫辟疑赦,其罪罚六百锾,阅实其罪。大辟疑赦,其罪罚千锾,阅实其罪。墨罚之属千,劓罚之属千,剕罚之属五百,宫罚之属三百大辟之罚其属二百,五刑之属三千。"《尚书正义·卷十九·吕刑第二十九》P135。

二、两周国家司法概略

1. 周礼中律法思想的要素

国家立法,设立监狱并从上而下有一个严密而庞大的司法体系,目的在于禁暴止乱,它的司法信念建立在确认等级社会合法的基础上,等级包括臣属,亲属尊长关系形成的宗法权力体系。《琱生簋铭文》记载琱生因为土地纠纷寻求同宗召伯虎的帮助,召伯虎又按自己父母意见处理此案。法的设置方式、目的均与这个社会结构密切相关,维护这个社会制度是第一位的,通过征服、兼并等类型的战争成就来分享政治权利,通过法来维持这种权利。尽管此后的和平年代中战争气氛大大淡化,但法与其对象基本是比较固定,他们之间,战争的影子还是时隐时现。通过维护个人或少数人的最大利益的初衷,使法的形式与内容的完善同时成为可能,这是《周礼》法的主要内涵。社会上层与最底层的人都对此寄以希望。正相反,它有危险的倾向,这种努力有可能与法的健全发展是背道而驰的。它使得个人身份的优劣在法中被过分强调,这种适得其反的后果的一个例子是《周礼》多处声称人民有机会上诉,但又自相矛盾地表示至少不赞成个人积极主张自己的权利，甚至为合法的行为设置障碍，"以两造禁民讼，入束矢于朝，然后听之。"《周礼注疏·卷三十四·大司寇·》P232。一百支箭对一般平民也是一笔财产，对地位更卑微的奴隶而言，就显得有点高不可攀了。当然肺石是一个弥补，不过它只出现在遥远、森严的京城。国家更喜欢默不出声的人民。永远把国家看得比自己更重要。但它与遗忘人民最基本的利益乃至生死存亡常常是同义语。他的政府不可能逾越自己设置的自我保护的屏障。

两周是一个有密探的国家，主要由秋官大司寇下辖的禁暴氏扮演这个不太光彩而又神圣的职务，他可以根据自己的判断指证任何人撒谎以及奴隶非法集会等，而对之控告，或自行处置。《周礼注疏·卷三十六》P246。国家使其权力可以膨胀到惊人程度，这种畸形的权力会让任何人时刻感到危机四伏，毫无安全感可言。

2. 两周断断续续存在着国家统一的制定法

每年正月初一到初十，例行在阙门上悬挂国家法，这些法实际包括宫禁、官禁、国禁、野进、军禁，以便普通人了解其内容，小司徒及其属下还出现在现场，解释刑法，强调这是永久性而非临时性的法，而且全国适用。随后，各级地方也会开展这方面地方宣传，流动普法主管是布宪。《十三经注疏·周礼注疏·卷三十六·秋官·布宪》P246。他的足迹遍四方，边远的少数民族地区也不例外。可见国家十分重视法令的一致性。诸侯在当地的司法原则理论上不能违背国家的大法，实际上依法不执法的情况是屡见不鲜的。从事实的角度来看，地方的自治在司法实践中是最鲜明而突出的。当时齐、鲁两国开国君主在礼、法治的不同选择预示了他们的国家的发展道路。"齐之所不如鲁者，太公之贤不如伯禽。伯禽与太公俱受封而各之国。三年，太公来朝，周公问曰：何治之疾也？对曰：尊贤，先疏后亲，先义后仁也，此霸者之迹也。周公曰：太公泽及五世。五年，伯禽来朝，周公问曰：何治之难？对曰：亲亲，先内后外，先仁后义也，此王者之迹也。周公曰：鲁之泽及十世。《说苑·卷第七·政理》P169。周的法理思想中的重要特点是公正比平等更为重要，不是以罪过而是以身份来决定被告适用法的范围，地域也是适用何种法的重要依据，对诸侯用轻、中、重三种刑，这对诸侯国家而言，是将国家视作一个刑罚整体。这三刑是婉转地指有可能受到惩罚的新、乱、旧三种现状的封建诸侯国。对诸侯国家之间的诉讼，所适用的法是六典。对卿大夫用八法，对平民用八成。后两者前文已提到，前者即治、教、礼、政、刑、事六典。这些都是国家的制定法。

3. 有限民法和无限适用的刑罚

诸侯国家出现的无论是行政问题还是礼仪纠纷等，都可以用刑法来处理。

对民众用野、军、乡、官、国五刑。一般认为,当时民刑不分,这有其理由:1.因为不存在独立的民法典,刑事与民事合并处理。2.单纯的民事纠纷可能会遭到严厉的刑事处罚。民事诉讼中的败诉者的确可能与刑事被告一样被判以徒刑,而犯有刑事罪过亦可能免除刑罚。例如出土于陕西的《曶鼎》记载:在西周第八位君主周孝王时,贵族匡季属下臣仆共二十人参与抢劫了另一贵族曶的稻禾10秭,为首分子的名字也已查明,这是一件证据确凿的抢劫案,曶自诉于法官东宫(井叔)。东宫要求匡季"求乃人,乃弗得,女匡罚大"这句话是要求交出全部参与抢劫的人犯,返还抢夺的粮食,还是在首先进行调解,令被告设法取得原告谅解存在理解上的异议,随后出现的情况是:匡寄向曶跪地请求宽恕,并主动提出以五田及四夫(注明了奴隶各自的姓名,是为了防止调换羸弱的代替者?)作为补偿,同时向主审法官声称难以查明真相并交出全部抢劫者,如有不实,愿受鞭刑。原告拒绝,坚持其退还十秭稻谷。有鉴与此,东宫进行了判决:匡季退还抢得的十秭稻,另加十秭。二年还清。否则,另加罚四十秭稻给曶。这个判决没有得到执行,两造私下达成一个协议:曶被抢走的稻失而复得,另外还得到了七田、五夫的补偿。当时正遇荒年,所以曶坚持要回粮食而以田产和奴隶为次要。

司约掌诸侯国以致百姓的契约合同,监督与神定的契约的履行情况,即是否按时祭祀,如果契约发生诉讼,司约先杀一只鸡祭祀,然后开库取出契约核查,对一般违约者判墨刑;经过会同六官判断,对严重违背盟约者可以处死刑。《周礼注疏·卷三十六·司约》P242。

对违约现象理论上只有上述两种处理规定,执行时还是比较灵活的。曶鼎是周恭王(周共王)时代的青铜器物,周恭王是西周第七代天子周懿王(约前899—前892年在位)之父,周恭王本人在位时间不详,在《曶鼎》上记载另一件与曶有关的诉讼,大致情况是:曶与限二人约定以一匹马,一束丝的代价换取限的五名奴隶,前者按约支付了马和丝,但限反悔,指使某甲,某乙两个仆人分别退换了马和丝,而另与曶的臣下某丙定约,以铜百锊换取五名奴隶。但限再次单方面毁约,退还买方已支付的铜。曶因此起诉,法官邢叔对此案作出如下判决:1.契约合法。2.判限全部履行合约。3.判被告方给胜诉方箭五束。每束为一百支。由此看到,上述周国家的合约制度恐怕未得到严格执行,既未以一般违约判败诉方墨刑,更未以严重违约判处死刑,不知是否因双方贵族的身份改变了本案的性质。只执行了罚金。双方都接受了这个判决。案件始终没有提到诉讼费用。而它是周司法重要一环。"以两造禁民讼,入束矢于朝,然后听之。以两剂禁民狱,入钧金,三日乃致于朝。然后听之。"《周礼注疏·卷三十四·大司寇》P232。涉及财产小额度争议需要当事双方到场,缴纳一百支(韦昭说一束为 12 支,朱熹有五十支之说。)箭于法庭,然后进行审理。涉及可判处入狱罪行大额度争议,不仅要求双方当事到场,还要求出具相关文字证据,缴纳三十斤铜作为诉讼费,三日之后到庭听审。实际上此两案的审判条件还缺乏一个要件,"凡以财狱讼者,正之以傅别、约剂。《周礼注疏·卷三十五·士师》P236。正式借贷的合同是判决的重要依据。

"凡有责者,有判书以治,则听。"《周礼注疏·卷三十五·朝士》P239。这可能是为简略记载,也可能是后来才得到补充。口供在审判中成为主要证据,这也许因为双方陈述事实一致,没有异议,事实清楚,无须提供新的更详细的线索就可以终审。这是一件从开始到结局更近似于现代民事纠纷的案例,部分反映了司法原则与实际操作的距离。真正代表两周司法真象的可能反映是这种差异的历史记载,而不是确切的文字制度,司法实践上应用刑法更为常见,也更为得心应手。

但仅凭此两点既不充足也不确切。因为同时也存在着这样的规则:大量的民事诉讼由特定的官员审理的前提下,主管部门官员的司法审判功能被严格予以界定,至少在理论上是如此。以小司徒为例,他主管闾里之间的争讼,听断土地纠纷。太宰审理百姓关于赋税,役使方面的争议。其二如媒氏"媒氏掌万民之判。"《周礼注疏·卷十四·媒氏》P94。注释"判"为"半"的意思,得耦为合,媒氏是个掌握嫁娶的官员。他的主要责任在于督促国民在规定的年龄段嫁娶,有故意提前或拖延嫁娶者,媒氏有权给予处罚,但对于在男女关系上构成犯罪者,他只能交司法机关。司救的权力也与此类似,对罪行严重者无权擅自处理,而必须移交司法机关。其三涉及债务诉讼有下列要求:1 须有合同凭证才受理。2. 国家规定借贷可以收取利息。《周礼注疏·卷三十五·朝士》P239,《周礼注疏·卷三十五·士师》P236。3. 借贷方有一人死亡,委托他人代为索取引起的诉讼,要有附近的人做证才受理。一般而言除非涉及经济诈骗,这类的纠纷不会产生刑事处理结果,否则都会在官府调解下达成和解。民事诉讼的一个要素是契约。它既可以在上、下级官署分别处理如士师(秩为下大夫)、朝士(秩为中士),又可在几个平行的官署管理、仲裁,如司约、司盟(秩同为下士)。如果有契约副本受到司盟监管,盟诅的订立带有很强的神秘色彩,盟诅是重要约定和一般约定的合称,会邀请当地人带来肉酒作为祭祀用品,并以证人身份参与仪式,另一个重要证人是天。司盟会让盟约双方发誓无欺骗行为,口头契约人人都听得见,文字契约的副本则会密藏在司盟官署,当出现纠纷时,诅咒会立即起作用的。

另一个特殊点是：大司徒按周礼规定也只能处理诉讼里的小罪，够上判五刑：墨、劓、宫、刖、杀的案情，必须交给司法主管司寇或士师判决。由此推论：天官、地官、春官、冬官有权处理涉及自己所管范围的普通的违禁和民事纠纷，而只有独立的司法系统才能判处主刑。但《周礼》或记载有误，或者时间的变化严重影响了法律的稳定与连续性，甚至改动得相互矛盾，在地官小司徒条款中，确定他主管间里之间的争讼，听断土地纠纷。同时又依法赋予了他诸如施行赏罚，诛杀或责罚触犯禁戒的权力。地官属下的乡师、调人、司虣也有相近的权力。这样的责权连他们的直接长官大司徒也未被明文赋予。但总体而言，非专业司法人员的司法权仅限于类似：小刑，书写其罪布告；中刑，在市场上游街；大刑，加以鞭笞。这样一些是非分明，而且轻微的案件。《周礼注疏·卷十四·司市》P96。其他行业行政执法管理人员也是如此：地官系统的山虞对偷砍树木的人加以惩罚，春官系统的墓大夫受理为墓地而起的争讼。重大、有影响的案情则必须交国家司法机构。触犯刑律构成犯罪者只能由司寇审判，这不是严格意义的民、刑分离，但它是分离的雏形。

4. 主要罪名

不孝、不睦、不姻、不弟、不任，不恤，乱民。《周礼注疏·卷九·大司徒》P59。造谣生事、风化罪、淫声、奇装异服、出售违禁品、无节过关、偷伐林木、无正当职业、游逛、越狱、间谍罪、叛乱、出卖国家机密、违王命、假冒君命、盗窃国家宝藏、结党拉帮、诬告、杀五服、杀王亲、强盗、间谍、弄虚作假、侵占、诡辩、扯谎、非法集会等。大司徒职掌内未一一列出，它们零散分布，见于在周礼各个组成部分。所谓礼治不过是优先强调礼治，而法治的手段准备得相当充分。

5. 主要刑罚

髡、墨、劓、宫、刖、死。后者包括车裂腰斩等（参见掌戮、条狼氏）据称可判墨、劓、宫、刖、死。适用于五个刑种的罪名各有五百条之多。《周礼注疏·卷三十六·司刑》P243。

处以上刑种者并受相关附加刑：受墨刑者守门第；受劓刑者守关卡；受宫刑者充内宫守卫；受刖刑者守养禽兽；受髡刑者看守仓库。《周礼注疏·卷三十六·掌戮》P245。对犯有诸如强盗罪被捕者，将会收缴其赃物，这些财物十天内无人认领就充公。强盗罪名成立的人其家属将被收为奴隶，男性为宫奴，女的服劳役。但有爵位，或年满七十和未换牙的幼童都不罚坐作奴隶。换言之，不在以上年龄段内且无爵位的人犯有以上罪名将会沦为奴隶。而被处以极刑者，一律在通衢闹市中暴尸三天。特殊的如强盗，间谍会被处以腰斩，杀害五服内亲属的处死后将其尸体焚烧,杀害国君亲属者处死后车裂尸体(参见掌戮)。国王的同族和有爵位者被办了死罪后则可免此类羞辱,由司烜氏(秩下士)负责指派人于当夜挖坑掩埋犯人遗体,但要在上树立木桩,写出其姓名罪状。

允许资财赎罪,"制重罪赎以犀甲一戟,轻罪赎以鞼盾一戟,小罪谪以金分,宥间罪。索讼者三禁而不可上下,坐成以束矢。美金以铸剑戟,……恶金以铸锄、夷、斤、斸。"《国语正义·卷第六·齐语》P582。

规定重罪以犀牛铠甲和一支车戟赎罪,轻罪用带有绣文的皮盾和一支车戟赎罪,小罪处以罚金,赦免嫌疑罪。要求诉讼者经过再三劝阻仍坚持主张的,准许立案,但要求双方各出一束箭,(一束十二支),好的金属用来铸剑、戟,品质差的金属用于铸锄、夷、斤、斸,大小不等的农具,锄头等。

6. 审判机构

(1)周天子、诸侯的君主对国人有最高处置权。

"晋平公射鴳,不死,使竖襄博之,失。公怒,拘将杀之。叔向闻之,夕(晚上去朝见君),君告之,叔向曰:"君必杀之。……昔吾先君唐叔射兕于徒林,一箭毙命,皮做成上等铠甲,受封于晋地。您是唐叔后嗣"射鹤不死,博之不得,是以扬吾君之耻也,君其必速杀之,勿令远闻!"君扭怩,乃趣赦之。《国语正义·卷第十四·晋语八》P952。

晋平公射鴳,没有立即毙命,于是使命令竖襄去抓受伤的鸟,却空手而返。晋平公大怒,囚禁了竖襄并准备处死他。叔向听说此事后,晚上去朝见君,晋平公转告了事情的原委,叔向说:"您一定要杀死他。……从前我们先君唐叔在徒林射击射野牛,猎物应弦而倒。皮革制成上等铠甲,受封于晋地。您是唐叔的后裔,射鹤鸟没有射中要害,抓也抓不到,无疑是在宣扬我们国君的耻辱,您赶快杀掉竖襄,不要让远方的人都知道这件事!"晋平公变得扭怩不安,赶快释放了。《国语正义·卷第十四·晋语八》P952。感到不自在的晋平公理解叔向的苦心,接受了劝导,事情得到妥善解决。但是,如果他不接受,竖襄会因为没有捕获已经被晋平公射伤的猎物而被杀,是一个没有完成君侯命令的罪人,连一只受了伤的鸟都不能逮住,遑论逮一个国家的罪人,他的死是合法的?部分社会舆论可能会认为这个处罚比较重,但在君侯合法的权力之内。

(2)乡士、遂士、县士、方士、讶士分别掌管六乡四郊、六遂、野地、公邑、公卿大夫采地、四方诸侯的诉讼,以乡士为例,作为六乡范围内的初审官员,他首先对各类案件进行分类,他有权判处最轻刑罚直至死刑,对重大案件,他的审判意见必须上报司寇,十天之后,按三刺的制度在外朝听取公议,司寇、士师、乡士、司刑等司法官悉数参加。所谓三刺,即:一曰讯群臣,二曰讯群吏,三曰讯万民。《周礼注疏·卷三十四·大司寇》P232。司寇参考各方意见审理、判决。公卿和大夫采地的诉讼在当地由方士初审,三个月后,呈报王朝大司寇,士师、乡士都参与审理。都士、家士判不了的疑案,方士上报司寇判决。野地公邑的诉讼,县士初审,三十天之后上报司寇,士师、乡士、司刑参加审判。国君如果想赦免罪犯,就派六卿参加公议。对四郊、六遂的诉讼也是如此。只是体现国君个人意愿的代表规格更高,改为三公,这是国君享有最高司法权的明证。讶士管理诸侯国的诉讼,诸侯国有案件讯问士师时,须经讶士转达,诸侯国如有大案,须在士师那里判决。士师是重要的司法官员,他主管全国司法日常事务,王宫、官府、国都、田野、军队的法治,主管各地上诉,交司寇判决。对于诉讼时效作了如下规定:发生在都城里的案件十天内起诉;近郊二十天;远郊三十天;公卿大夫采地三个月;诸侯国内发生的案件一年内起诉,逾期不予受理。《周礼注疏·卷三十五·朝士》P239。大笔买卖用长券,兵械用短券,处理契券的纠纷争讼时间上有下列规定:国都十日之内;郊区二十日之内;野,三十日之内;都,三个月之内;诸侯邦国,一年之内。《周礼注疏·卷十五·质人》P99。质人受理平民诉讼,过十天宣读判决书《周礼注疏·卷三十五·小司寇》P235。设立肺石,容许对地方判决不服的平民越级向国家最高司法机构上诉,任何妨碍申诉官员和行为的都将受到严惩,当发现一个人坐在肺石上时,这个人至少是自人认为有怨情,国家最高司法机构的官员将会接待他或她,随后可望又其真象大白,水落石出的时候,肺石是一种矿石,通常为赭色。它主要是作为一种上下沟通的象征,也意味着中央政府享有最高司法解释权,以及对国人的至高无上的权威。与肺石功用相仿的是路鼓,在皇宫议事大厅的门外,置鼓一面,有冤情的人可以击鼓以闻,值班的人员有责任将他们的基本情况通过大仆转告君王。《周礼注疏·卷三十一·太仆》P213。国家精心设计多种预防措施,设法避免冤狱。司职禁杀戮者的功能之所以比较特殊,因为它是作为前者的补充部分设计。作为一个下士,他的具体责任是侦破既未提出自诉,官方又未发现的刑事案件,特指故意伤人致使对方流血又企图隐瞒真情而不向官府自首者,其二是查处基层经办人员无理拒绝人民要求立案的主张,又以威胁或蒙哄的方式阻止人们向上级申诉的人。将他们的情况上报司寇,根据相关律法办他们的罪。

7. 审判原则

1) 审判的最高原则是公正

"中行穆子(又称中行伯,晋卿荀吴)率师伐狄,围鼓,鼓国人或请以城叛,穆子不受，军吏曰：可无劳师而得城，子何不为？穆子曰：非事君之礼也。夫以城来者，以将求利于我。夫守而二心，奸之大者也；赏善罚奸，国之宪法也。许而弗予，失吾信也；若其予之，赏大奸也。奸而盈禄，善将若何？且夫狄之憾者以城盈愿，晋岂其无？是我以鼓而教边鄙贰也。夫事君者，量力而进，不能则退，不以安贾贰。傲将攻之，未傅而鼓降，中行伯既克，以鼓子苑支来。令鼓人各复其所，非僚勿从。

　　荀吴的军队包围鼓国时，鼓国的叛国者私自逃出来向晋军寻求合作以谋求报酬，被荀吴断然拒绝，他对本国的质疑者说，不忠于职守，排序在一切恶行之首，惩恶扬善是国家的宪法，如果我答应他们的条件同意与其合作，事后就必须兑现，如果没有履行承诺，我就失去诚信；如果兑现，就是奖赏最不忠诚的人。见利忘义的人获得奖赏，善良的人就将无处藏身。

　　他的这套理论立即遭遇现实的强烈挑战。荀吴攻克鼓国后，将鼓国国君苑支带往晋国，他下令非在职官员一律不得跟随其国君，鼓国的一个名叫夙沙厘的官员，违令带着自己妻子儿女同行，被晋国军人发现将其扣押，夙沙厘争辩说：我服务的我国君主，而不是鼓国的土地。有君臣上下关联的理论，哪有土地和人臣从属的说法？现在我国君主迁往异乡，我们做臣民为何要留在鼓国的土地上？荀吴劝慰他说，鼓国现在已经有了新君，我也帮你们建立了制度，你回去侍奉鼓君，同样获得俸禄。夙沙厘回答说：我效命于狄人所有的鼓国，不是献身隶属于晋人的鼓国。我听说，作为别人的臣下，名字登于君主颁发的正式文件上，从此就要忠贞不二，至死不变。君主有威名，臣子也应该忠勇。我不敢有任何的私心，威严的律法传统令我保持敬畏，否则，任何惩罚都可能会降临。此节原文如下：

　　鼓子之臣夙沙厘，以其帑行，军吏执之。辞曰：我君是事，非事土也。名曰君臣，岂曰土臣？今君实迁，臣何赖于土鼓？穆子召之，曰：鼓有君矣，尔止事君，吾定而爵禄。对曰：臣委质于狄之鼓，未委质于晋之鼓也。臣闻之：委质为臣，无有二心，委质而策死，古之法也。君有烈名，臣无叛质。敢即私利，以烦恼司寇而乱旧法？其若不虞何？穆子叹而谓其左右曰：吾何德之务而有是臣也？乃使行，既献，言于公，于鼓子田于河阴，使夙沙厘相之。《国语正义·卷第十五·晋语九》P987。

　　荀吴赞美这个人的品德，谦逊地认为自己需要做得更好才配有这样的同僚。晋君知道此事后，尽可能地满足了夙沙厘的愿望。

　　这里有中国古代的一个难题，如果国君很正确，臣子的忠诚就很值得。如果不是如此,一个诸侯国家的司法审判以对君王是否忠诚为准则?其实很难行得通,因为法律中存在大量的技术性问题,比如:契约的条款、合同履行的方式、订立合同是否出于公平自愿等涉及的专业技术,这不取决于法律制度是否完善,生活总是比法律复杂,好的法律让生活更有分寸。

2)严谨的审讯方法与灵活的减刑条件

审讯时提倡注重对受审者察颜观色,广泛采用上述三刺的办法:讯问群臣,讯问群吏,讯问百姓,讯问到的多数人说杀掉就杀掉。减刑条件是相当多的,八议指"议亲、议故、议贤、议能、议功、议贵、议勤、议宾"(《周礼注疏·卷三十五·小司寇》P235),是君主对国家重要组成部分中的主要成员或上层人物赋予的特权,在刑事审判中是从轻的条件,但这并不就意味着他可以随时免于刑罚,重罪真正得以豁免,在很大程度上取决于君主的个人意愿,假设他对某个被定罪的人犯有良好的印象,如果人犯属于八议之列,即使此人严重危及国家安全,也很容易被减刑或免于刑罚。普通过失的平民会判处五刑,如是诸侯国君、夫人、世子、公卿大夫及妻可以罚金减免。《周礼注疏·卷十四·司市》P96。他们中也不是人人都如此好运,国家极刑会命中任何时运不济的人。有爵命的或与国君同族的人被判死刑,交甸师执行。《周礼注疏·卷四·天官甸师》P24。而甸师不是司寇系统的属员,凡有爵位的男子和有封号的妇女,不亲自坐在地上受审,君王家族的成员有罪,不在市朝公开施刑。不管是徒刑还是死刑,上述人犯都由甸师最终处理。审判明确有两个系统。三宥三赦也是周国家减免的重要依据,一般而言,其对象着重于平民。三宥指:1 认识不清楚产生的误杀。2 非主观意愿而造成的过失罪。3 遗忘造成的罪。三赦指:1. 未成年人(未换牙者)。2. 老年人(年满七十)。3. 精神失常者。疫病流行和灾荒之年也属于减刑的条件,这不是从实施司法公正的角度而是为了营造政治仁慈的氛围。

以下是一个相对完整、规范的审判记载:士景伯(即士弥牟,管刑法的司寇,)如楚,叔鱼(叔向之弟,羊舌鲋)为赞理,邢侯与雍子争田,雍子纳其女于叔鱼以求直,及断狱之日,叔鱼抑刑侯,邢侯杀叔鱼与雍子于朝,韩宣子患之,叔向曰:三奸同罪,请杀其生者而戮其死者。宣子曰:若何?对曰:鲋也鬻狱,雍子贾之以其子,邢侯非其官也而干之,夫以回鬻国之中,与绝亲以买直,与非司寇而擅杀,其罪一也。邢侯闻之,逃。遂施邢侯氏而尸叔鱼与雍子于市。《国语正义·卷第十五·晋语九》P985。

前527年,因为晋国司寇士弥牟到访楚国,叔向之弟羊舌鲋(即叔鱼)暂时代理他的职务。此前,楚国人巫臣投奔晋国被封于邢,这个邢侯是巫臣之子。另外楚国夫夫雍子也是投奔晋后受封于鄐。叔鱼代理司寇时,邢侯与雍子争夺土地一案正要进入审理程序,雍子将自己的女儿嫁给于叔鱼谋求判决对自己有利,叔鱼一向贪婪。前529年叔鱼代理司马,率军跟随晋昭公在卫国平丘参加会盟时就曾向卫国人索贿。到宣判那天,叔鱼明显偏向雍子,愤怒的邢侯当即将叔鱼与雍子杀死于朝堂上。韩宣子对此案深感棘手,叔向说:三个人犯同样的罪,可以处死仍然活着的,对死者出具死罪判决。韩宣子表示不解,叔向说:叔鱼因为受贿违法司法公正,雍子以其女儿行贿,邢侯无权用刑却擅自杀人,为私欲枉法裁判;贿赂司法官员企图改变判决结果;非经司法授权杀人,这三种罪行都是一样的重。邢侯听到这个信息后逃走,韩宣子随即下令追捕邢侯家族,将叔鱼与雍子的尸体置于市场上示众。

韩宣子要追捕邢侯家人是合法的举措,执行的是连坐法,不仅刑事案件中适用,在普通的民事纠纷中也采用。前574年,晋国权臣郤犨与长侨鱼争土地,郤犨将长侨鱼拘押囚禁,当时长侨鱼的父母、妻子也被囚禁,郤犨下令将长侨鱼和他的父母、妻子同拷在一根车辕上。

由于郤氏家族强大而且司法处理合乎常规,当时没有对郤犨有影响,要到长侨鱼获得鲁成公宠爱之后才有后果出现。

3) 同罪异罚,非刑也

有新典、中典、重典之分。认为在不同时期同样的罪处以不同的罚是合适的。司法平等不是周礼的特性,但仍有一些平等的思想"凡王之同族,有罪不及市"《周礼注疏·卷三十四·小司寇》P235。现实中存在个案,鲁僖公二十八年(前632年)晋文公生病时,曹共公的小臣侯獳贿赂晋国筮史,让他告诉晋文公生病是因为晋国灭了曹国。提示齐桓公主盟时封了姬姓的卫国和邢国,晋文公主盟时却灭同姓国家。曹国的先祖苏振铎是周文王的儿子,晋国先君唐叔是周武王的儿子,灭掉兄弟之国不合礼仪,而且曹国和卫国一同得到君王复国的命令,却不能兑现,这有悖于诚信:"同罪异罚,非刑也。"《春秋左传正义·卷十六》P125。侯獳煞费苦心,希望在神明的影响力之下,晋文公能像齐桓公一样看重公正。侯獳这样做的原委,是五年之前(前637年)晋公子重耳流亡时经过曹国,被曹共公无礼对待。为此耿耿于怀的晋文公在鲁僖公二十八年(前632年)发兵攻打曹国。卫国位于曹国的西北,晋国向卫国借道,需要纵贯整个卫国,被拒绝,晋文公同时攻击曹、卫两国。三月,曹国经过顽强抵抗后国都失陷,曹共公被俘,卫成侯也被赶走。晋国将曹、卫两国的土地分出部分给了宋国。楚国子玉让使者宛春传话给晋国:"请复卫侯而封曹(恢复卫侯的君位,恢复曹国的疆土),臣亦释宋之围。"《春秋左传正义·卷十六》P122。晋狐偃反对这个提议,但先轸的意见晋文公接受了,他扣留宛春,又私下答应曹、卫恢复他们的原样。曹、卫于是与楚国绝交。前632年,卫大夫元咺之子角是跟随卫成公出奔的人之一,而元咺在始封侍奉卫成公弟弟叔武(即夷叔)在国内暂时处理事务,因为有流言说元咺已经立叔武为国君,卫成公随即杀了元咺的儿子。六月晋文公让卫成公归国,正在洗头的叔武听说卫成公回来,握着湿头发就跑出来迎接,结果被跟随卫成公出奔的另一个卫国大夫宁武子率领的前部人员射杀。卫成公为叔武无辜而死极为痛苦。卫成公及其随员两次误杀导致了卫成公与元咺的君臣间一场诉讼。卫国大夫宁武子为辅(代替卫侯参加诉讼的人),卫国大夫鍼庄子为坐(卫侯的代理人),卫国大夫士荣为大士(杜预注为治狱官,这里应该是答辩人),卫侯败诉,鍼庄子被处刖刑(砍掉了脚),士荣被杀,宁武子因为被认为忠诚被赦免,卫成公被押送到京师囚禁起来,元咺立公子瑕(卫公子适)曹共公的小臣侯獳贿赂晋国的卜筮的官,可以说是在拿神圣事开玩笑,但是他的意见比较合理。此案的最高的审判者不是卫国的一个专门机构,不是周天子,而是晋文公。

4)行政干预司法

行政干预司法的情况经常出现,有些是权力之内的干预,有些则是非法干预。梗阳人有狱,将不胜,请纳赂于魏献子,献子将许之,阎没谓叔宽曰:与子谏乎?吾主以不贿闻于诸侯,今以梗阳之贿殄之,不可。二人朝,而不退。献子将食,问谁于庭,曰:阎明,叔褒在。召之,使佐食,比已食,三叹。既饱,献子问焉,曰:人有言也曰:唯食可以忘忧。吾子亦食之间而三叹,何也?同辞对曰:吾小人也,贪。馈之始也,惧其不足,故叹。中食而自咎也,曰:岂主之食而有不足?是以再叹。主之既已食,愿以小人之腹,为君子之心,属餍而已,是以三叹。献子曰:善,乃辞梗阳人。《国语正义·卷第十五·晋语九》P995。

梗阳是魏氏所属的邑,有个梗阳人面临一场诉讼,自忖不在理,于是贿赂晋正卿魏舒,魏献子准备同意帮他。听到一些风声的晋国大夫阎没对叔褒说:你我二人是否要一起去劝谏魏献子?我们的上司一向以廉洁闻名于诸侯,今天梗阳人的贿赂可要败坏他一生清名,二人都觉得不能让这种事发生。于是一同朝见魏献子,例行礼节结束后还不退身,献子准备进餐时,远远看到有人在庭内伫立,得知是阎明、叔褒。召来一同进餐,吃一顿饭的时间里他们三次发出叹息,进餐完毕后,魏献子想要查明其故,对二位大夫说:大家都说,唯有进餐可以忘记忧愁。你们为什么在进餐时三次发出叹息?两个人一个说一个补充回答道:我们是卑微的人,着实贪心。刚开始进餐时,担心吃不饱,所以叹息一声;吃到一半时心生内疚,我主岂能不提供充裕的食物? 于是再次发出叹息;我主进餐完毕,我们又想,但愿我们小人的胃口,也像君子的心一样,只要吃饱就知足,那就好了。所以第三次叹息。魏献子听出了弦外之音,完全被他们说服,立即推辞了梗阳人的请托。魏献子几乎枉法,但是他的下属聪明地帮助他阻止了罪行的发生。从另一个方面考虑,梗阳是一个邑,不可能让晋国正卿亲自判基层地方发生的案件,如果接受贿赂,魏献子一定是暗中操纵司法审判。由于阎明、叔褒的责任心,阻止了晋国发生一起冤案,但法律绝不会每次都如此幸运。

5) 正当防卫概念

符合正当防卫的前提时,杀死人也是无罪的。

6) 连坐与血亲复仇

五家为比,十家相联;五人为伍,十人相联。四闾为族,八闾相联。刑罚庆赏,互相连及。《周礼注疏·卷十二·族师》P80。如果一家犯罪,那么十家同罪;一人有罪,那么十人受罚。二十五家为一闾。即一家有罪,最远可涉及二百家的人口的生死存亡。株连的前提包括杀人、危及国家安全、严重违背社会公认伦理道德等重罪,也包括造谣生事这样一些当局认为影响国家稳定的行为,不排除其中有些言论是对政府善意而正确的批评。但由于与政府的思想不尽一致,在国家稳定的借口下很容易遭到贬斥。对话者被疑虑丛丛、信心不足的政府变成了对抗者。可以相信,血亲复仇与连坐有密切的联系,本家族的人为邻更易于相处,这是因为经济与家族利益更为接近,家族中高龄、德高望重通常比较富裕的人往往会被尊为族长,在基层,族规或乡规民约是国家法律的重要组成部分,不仅国家法律默认它,在实际生活中的可操作性也很强,人们习惯并能容忍族规中的陋习。在闭塞和边远地方,族规甚至覆盖国家的全部法律制度,当国法与家法有冲突时,两者力量的对比常常势均力敌。国家只好对其采取放任态度,或者多重标准,这使得家族的强大与持续封闭变成一种现实。国家主张血亲复仇,如果复仇者事先报告了司法官员,并按有关复仇的规则行事,杀人者是无罪的,对违规者,调人得到上级批准后可以捕杀。

7) 治安处罚与重罪

对乡里有危害,但尚未触犯刑法者,以礼法拯之,三次斥责而未见成效者,就加以挞击之类的惩罚,三次惩罚而不改者交给司寇。脱去冠饰,把他的罪恶写在方版上,挂在背后,让他坐嘉石,然后交给司空服劳役。由轻至重有下列规定:

一:坐在官府门外示众三天　　　服劳役三个月
二:坐在官府门外示众五天　　　服劳役五个月

三：坐在官府门外示众七天　　　　服劳役七个月

四：坐在官府门外示众九天　　　　服劳役九个月

五：坐在官府门外示众十二天　　　服劳役十二个月

《周礼注疏·卷三十四·大司寇》P232

处罚时间期满后,必须有受罚者当地人担保其从此远离过恶,然后才能予以释放。三次这样的惩罚后不改者,就交给司寇送牢狱。《周礼注疏·卷十四·司救》P93。在判决前后已入狱者,都必须加带刑具,有桎(脚镣,一脚一木)、梏(手铐,一手一木)、拲。(两手共一木)重罪同时用三种刑具,次等用桎、梏,轻罪只加桎,王族无论何罪,只用拲,有爵位者则只动用梏。(参见掌囚)。被判处徒刑者,重犯最高须服劳役三年,轻犯二年,最少一年。试图逃避改造而断然越狱者一律处死。禁止对狱中犯人施肉刑。被罚劳役者,不在处罚金。(参见司圜)被释放出狱后,不齿三年。即三年内不能完全恢复一般平民享有的权力。在这段时间内不能参加重大的礼仪活动,不能被国家机构录用,实际上就是暂时关闭了他们进入主流社会的去路。《周礼注疏·卷三十四·大司寇·》P232。

两周以礼治国,视刑罚为礼的一部分,强调个人天生具有自尊感和羞耻心,认为只要二心充分发挥,就可以避免争执和刑罪。但生活中争执不可避免,比如合同纠纷,或是因为对标的物和行业特性不了解,契约中的语言组合有失严谨,或是格式的瑕疵,或因年代久远社会变迁,这些争执起因并不涉及道德,而是需要专业权威的裁定与审判,周礼对此并没有深入关注,很容易导致以行政或刑法解决一切问题。

第七章　军队

鲁成公十三年，国之大事，在祀与戎。祀有执膰，戎有受脤，神之大节也。

——《春秋左传正义·卷27》

第一节　国家的军队

一、兵的作用

军队直观的作用是威慑内外敌人、治乱和使人顺从，鲁襄公二十七年（前546年），宋左师请赏，曰：请免死之邑。公与之邑六十。以示子罕。子罕曰：无威则骄，骄则生乱，乱生必灭，所以亡也。天生五材，民并用之，废一不可，谁能去兵？兵之设久矣，所以威不轨而昭文德也。圣人以兴，乱人以废，废兴存亡昏明之术，皆兵之由也。削而投之，左师辞邑。《春秋左传正义·卷38》P295。左师即向戌，他因为弭兵之功向宋君请求赏赐，宋君批准给他六十个邑。他兴奋地拿着命策去给子罕看，子罕在宋平公时担任司城，也就是司空，位列六卿，极其贤明。子罕认为兵永远不能取消，关键看什么样的人掌握。他将宋平公赐予向戌的简策上的文字削去，投掷于地上，向戌因此没有接受六十个邑的赏赐。

子罕认为必须建立国家的威慑力量，用以防爆止乱，抵御侵略。

但实际意义与范围广泛得多。鲁宣公十二年（前597年），楚（成王）子曰：……夫武：禁暴，戢兵，保大，定功，安民，和众，丰财者也。《春秋左传正义·卷23》P180。

楚成王列出了武力的七种功能：禁暴，戢兵，保大，定功，安民，和众，丰财，因此鼓励军功。

鲁哀公二年（前493年），赵简子誓曰：克敌者，上大夫受县，下大夫受郡，士田十万，庶人工商遂，人臣隶圉免。志父无罪，君实图之。若其有罪，绞缢以戮，桐棺三寸，不设属辟，素车朴马，无入于兆，下卿之罚也。《春秋左传正义·卷

339

57》P454。

由于范氏和中行氏，想要在晋国独揽国家大权，谋逆晋国国君，他们得到郑国支持，赵鞅虽然认为正义在自己一边，却不能预测胜负，鲁哀公二年（前493年）八月初，赵鞅宣誓承诺，晋国参战将士在与郑国作战中"战胜敌人者，上大夫可以得到县，下大夫得到郡，士十万亩，庶人工商可以录用作官，人臣隶圉免为平民。我赵鞅如果战场立功，君主赏赐；如果有罪，可以处我以绞刑，葬仪低于惩罚有罪下卿惩罚的规格。《春秋左传正义·卷57》P454。高诱为百县所作注曰："周制，天子地方千里，分为百县，县有四郡。"《诸子集成·淮南子·卷五·时则训》P76。这里的县大于郡，所以赵鞅那样说。

前493年八月，赵简子巡列曰：毕万，匹夫也。七战皆获，有马百乘（四百匹），死于牖下（即在家里善终）。《春秋左传正义·卷57》P454。毕万原来只是普通人，因为七次参战皆有斩获，后来家产增加到马四百匹，在家里终老。赵鞅这次不再提正义与非正义，主要以个别胜利者的光明未来激励他的战士们，正邪的模糊性是战争的一个常态。

前684年的长勺之战之前，鲁国人曹刿问鲁庄公依靠什么与齐国作战，从鲁庄公所给的三个支点分析：1. 周济穷苦。2. 恭敬神明。3. 司法公正。曹刿认为打赢战争社会公正是最重要的，足以为凭。战争以鲁胜齐败告终。《国语正义·卷第四·鲁语上》P379。从结果上看，鲁国统帅在战场上对节奏的把控，精准指挥的才能也十分重要，而且当时是齐桓公即位的第二年，齐侯尚未站稳根基。中国政治精英对军队的意见褒贬不一，子罕等一方认为它能除暴安良、匡扶正义；另一方认为它耗费巨大的财力往往导致国家贫乏，甚至成为倚强凌弱的工具。

二、国家的防务的来源——编制——现役与预备役——防御对象——军法的运用

1. 兵的由来

凡国家军队的组成，有正卒（国家军旅大事，召集六乡之正卒）和羡卒之分。（大灾和敌寇入侵召集羡卒）《周礼注疏·卷十一·小司徒》P729。贵族和平民同样服兵役。《周礼注疏·卷三·宫伯》P20。不管是现役还是预备役，都具有义务兵的主要性质，他们需自备兵械，车辆、马匹、粮草乃至旗鼓等，在乡师、族师、县师、县正、鄙长、稍人等各级地方官员的率领下前往指定地点报到，全副武装随时等待君主的召唤，除此之外，国家另有武库，兵器、戈盾、弓矢分别由司兵、

司戈盾、司弓矢收藏与发放。周王的军队编制为：

五人为一伍

五伍为一两

四两为一卒

五卒为一旅

五旅为一师

五师为一军

12500 人为一军，军的统帅称为将，全部以卿充任。2500 人为一师，师的长官为帅，都是中大夫，500 人为旅，其长官称旅帅，以下大夫充任。100 人为卒，卒的统领为卒长，以上士充任，25 人为一两，两的统领为两司马，中士充任。5 人为一伍。以伍长为首。周王拥有的总兵力可达六军，即 75000 人。大的诸侯国可达三军，37500 人；中等规模诸侯国二军，25000 人；小国一军。这是国家的法律，任何人不得逾越。诸侯的军队平时由诸侯管理维持，重大战事则受君主调动，而实际上，强大而桀傲不驯的诸侯会寻找各种理由拖延、减少乃至按兵不动，这一部分原因是居心叵测的诸侯保存实力。另一个主要原因是不断有胡作非为的君主令人丧失信心，最终断送了臣民的忠诚。国家在下列情况下可调动使用军队：祭祀、狩猎、王崩、追捕盗贼、征伐、外敌入侵等。周王亲征，由师氏和保氏率近卫部队保卫君主安全，当外敌入侵时，大司徒召集六乡万民保卫宫廷。实施戒严，封锁道路。小祝、都宗人一是要到社庙和祖庙告祭，祝祷平息兵乱和灾变，二是有责任保卫众神祭坛不被玷污与完整。士师在战时另需兼职，掌管官府、王宫、国都、田野、军中的禁令。在大型军事行动中，士师察禁违反军令之人，对迟误军机、临敌畏葸等严重违令的军士，士师有权处以极刑，在军社予以诛戮者，大司寇要亲自临刑。对作战不力的单位和个人另案处理外，还要追究都司马和家司马的责任。由遗人和槁人管理对阵亡将士的抚恤工作。处理一切善后事宜。

一支常备军开销巨大，因此也容易遭到抨击。鲁襄公二十七年（前 546 年），韩宣子曰：兵，民之残也；财用之蠹，小国之大菑（灾难）也。《春秋左传正义·卷38》P293。

2. 兵源

1. 私卒，指各将领的家兵。这是一批与领军将领有血缘关系或依附关系的人组成的部队。

2. 义务服役的人。

各国军队的具体构成综叙：

兵种：1. 步卒。2. 车兵，御者一人，左右甲士各一人，骖乘：同坐一车者。乘车在车右陪乘的人叫骖乘。3. 骑兵。4 水军。

鲁僖公二十八年（前 632 年），"王（楚成王）怒，少与之师，唯西广、东宫与若敖之六卒实从之"，《春秋左传正义·卷 16》P122。这句话中，若敖氏是楚国祖先的名号，这里作为一支军队的名称，拨付若敖军所属的六百人给子玉指挥。楚国令尹子玉是斗伯比之子，芈姓，成氏，名得臣，字子玉，若敖氏后裔，子文之弟。前632 年，子玉因在与晋、齐、秦国军队在城濮之战中失败自杀。楚国军队分左、右广，西广即右广，东广为左广，即左、右两军。楚军制分东宫另有一支专属部队。楚军以一百人为卒，六卒指六百人。卒偏之两：指每卒又下属有偏和两的单位：五十人为偏，二十五人为两。

周制，车一乘，有甲士 3 人，步卒 72 人，兵车十五乘为广，一广兵员总数是1125 人。楚制的每广又有一百七十五人作为后备。总数是 1300 人，两广是2600 人。

一驷为四匹马，而四匹马为一乘。车二十五乘为偏，车二十七乘为参，车五十乘为两，车八十一乘为专，车一百二十五乘为伍。一次出动七百乘兵车的战斗，标准配置计算，就共有战士 52500 人。

前 541 年（晋平公十七年），杰出的军事家荀吴率军与山戎的无终部落交战之前，魏舒提出，在山地作战，兵车因为道路崎岖转运不灵活，应该改以步战。"魏舒曰：比徒我车，所遇又阸，以什共车必克。……请皆卒（去车步卒），乃毁车以为行，五乘为三伍（乘车者车三人，五乘十五人，今改去车，更以五人为伍，分为三伍。"《春秋左传正义卷·四十一》P321。五乘为三伍：五辆兵车的十五个甲士改为三个伍的步兵。伍，五人为一伍。荀吴接受了魏舒的建议，晋军最终以密集的步兵三角阵型在大原大败山戎。这是晋国的一次重要军事改革。

秦国实行义务兵制，达到服兵役年龄者，即"傅"龄，均需服役。约在十六至二十岁之间，免役在五十六（无爵）至六十岁（有爵）之间。

楚国军队兵源：鲁成公二年（前 589 年）鲁成公、晋景公联手攻击齐国，楚国决定助齐顷公，楚共王接受令尹子重的意见，"乃大户，已责、逮鳏、救乏、赦罪，悉师，王卒尽行。"《春秋左传正义·卷二十五》P195。

全面清理户口，免除国家债务，施舍鳏夫，救济贫困人口、赦免罪犯之后楚国军队开拔，国家军队和楚共王的护卫部队全部出动，楚国相当于倾巢而出，楚共王父亲逝世时他大约十岁，即位第二年约十二岁，这次他没有随军出征。……是行也，晋辟楚，畏其众也。《春秋左传正义·卷二十五》P195。由于楚军声势浩大,晋国军队不得不设法规避楚军锋芒。楚军中可能有清理户籍时强制入伍的大量人口,大批的未经基本军事训练军队也因为人多势众起到了震慑作用,他们实际可能是一群乌合之众。

鲁国军队构成:原本二军,鲁襄公十一年(前 562 年):季武子扩军增加了中军,三桓给他们属下的士兵不同的身份:1. 三桓的私家军事人员。2. 有出兵役义务的城邑人员入伍者。2. 奴隶身份的军人。

3. 军队器械与编制

前 559 年,"成国不过半天子之军,周为六军,诸侯之大者,三军可也。《春秋左传正义·卷 32》P255。成国就是诸侯中的大国,可以拥有三军。

凡制万有二千五百人为军,王六军,大国三军,次国二军,小国一军。《周礼注疏·卷二十八·夏官司马》P192。按制度,12500 人为一军,周天子可以拥有六军,共75000 人,大国三军,37500。次国二军,25000 人。小国一军,12500 人。鲁庄公十六年(前 678 年),"王使曲沃伯以一军为晋侯。《春秋左传正义·卷 9》P70。曲沃武公此时已经完全吞并晋国,故周天子命其为晋侯,建立一军。周僖王姬胡齐对武公仍有戒备,只是正式允许他有最小规模的军队。

到周惠王时,武公的继任者晋献公经过十六年的准备,在前 661 年扩为二军,分上下军,"公将上军,太子申生将下军,伐霍国(姬姓)。"士蒍对一群同僚就此发表自己的意见,太子是国君的候任者,只准备继位,"今君分之土而官之,是左之也。"现在国君分给他土地又让他担任官职,是当外人看了。士蒍对献公说:下不可以做上的副,太子是国君的副,却率领下军,恐怕不行。献公辩解说,下军是上军的副,我在上,申生在下,又什么不可以呢? 士蒍说:古代建军,分左、右军,战场上互相支持,而下军为上军之副的话,就不会有这个效果。士蒍本质上比较混乱的话让献公无法接受,说,我自己的儿子自己安排,不用你操心。士蒍表示这是献公要换太子的前奏,太子危险,不如出走,这样既可以让他父亲换太子的意愿得逞,也可以让自己免于一死。就像吴太伯(周文王的伯父,见父亲想传位于王季,于是出走)一样。逆来顺受的申生感激士蒍替他谋划,但自己更愿意按父亲的意思去做,他受命出征,战胜了霍国。《国语正义·卷第七·晋语一》P643。

鲁僖公十五年(前 645 年),晋惠公经历了被秦国俘虏的重挫,"晋于是乎作爰田。……晋于是乎作州兵。"《春秋左传正义·卷 14》P104。晋国被秦国重创,这是个重要的诱因。加上出现了有远大抱负的人,使得晋国扩军的步伐从未停止,晋文公时已有中、上、下三军,每军各置将、佐一,中军将称元帅,为晋执政,与其余五人管理晋国政治军事。晋文公一度增加了新上军和新下军四卿,晋襄公恢复为三军六卿,鲁成公三年(前588年)十二月甲戌,时值晋景公十二年,晋景公扩为六军十二卿。这是骇人听闻的举措,与经典制度大相径庭。"天子建六军,诸侯大国建三军。"《春秋左传正义·卷26》P199。晋厉公(前580—前572年在位)合并新中军、新上军、新下军为新军,共四军八卿,似乎有所收敛,但是却是暂时的。晋献公开启逾越礼制的扩军在天纵睿智的晋悼公(前572—前558年在位,在位十五年)在位的倒数第二年(前559年)才得到克制,前559年"师归自伐秦,晋侯舍新军,礼也。《春秋左传正义·卷32》P255。这个是个重要时点,出现了客观原因要撤掉新军:前560年,荀罃、士鲂(本士氏,封邑于彘,故为彘氏)二卿同年逝世。他们带来的问题是没有适龄的继任者。前566年,荀盈刚出生,其父知朔即去世,他由祖父荀罃抚养。前560年,荀罃逝世,荀罃(智武子)去世时是晋国中军将,正卿。因为知武子的强大影响力,智氏与荀氏自此各自发展,荀盈为姬姓,智氏,又为知氏,知氏为荀氏旁支,所以又称荀盈。年仅六岁的荀盈虽得到叔父六卿之一的荀偃鼎力支持,但荀盈年龄尚幼,不能立为卿。彘鲂的情况也相似。前559年,"新军无帅,故舍之。"《春秋左传正义·卷32》P256。

晋悼公恢复六卿建制,也有主观的原因:当时在位的周灵王、鲁襄公、齐灵公、楚康王(前559年登基,前任楚共王在位三十一年)、秦景公、宋平公、吴王寿梦,这些大国君主都在位已有时日,有人循规蹈矩,安于现状;有人辗转反侧,决意图变。他们中有人专注于晋悼公。他已经功成名就,是不忘周礼还是继续晋献公的扩军事业?晋悼公失去荀罃、士鲂二位重臣,必须重组诸卿,而荀罃、士鲂的继任者都尚年幼,经过充分讨论酝酿,晋悼公任命新的六卿:

中军将　荀偃　　　中军佐,士匄(范氏是士氏旁支,士匄即范宣子)

上军将　赵武　　　上军佐　韩起

下军将　栾黡　　　下军佐　魏绛

与包括新军时共八军领军者名单对比:

中军将　智罃　　　中军佐　士匄

上军将　中行偃　　上军佐　韩起

下军将　栾黡　　　下军佐　彘鲂

新军将　魏绛　　　新军佐　赵武

因为智罃、士鲂同年逝世,晋悼公没有新提拔二卿,现有六卿只是做了位置上的调整,这里避免了士氏同时有士匄、士鲂两卿,荀氏同时有智罃、荀偃两卿,士氏、荀氏实力明显厚实的不安,各姓氏实力至此得到相对平衡,晋悼公将新军编入下军由栾餍统领，充实了栾氏。因此恢复六卿不是为恢复礼制，不排除晋悼公可能考虑了舆论因素，也不是客观条件限制，而是主要是出于现实需要。

晋平公（前557—前532年在位）以后，公室逐渐丧失对军队的直接控制，六卿被赵、韩、魏、智、范、中行六大家族垄断，以后六卿专指这六家。智罃逝世后知氏宗主位置由同出荀氏的程郑代理，前548年，已经十八岁的荀盈代程郑为下军佐，复入六卿。这年十二月，程郑去世。

晋定公（前511—前475年在位）时，范氏、中行氏被诛，取消中军，六卿改为四卿。晋出公（前474—前452年在位）时，赵氏、韩氏、魏氏三家联合打败智氏，三家瓜分晋。

晋国是军事强国，它的六军曾经有辉煌的战绩，但是这个在军制上三心二意，尊重周礼的诸侯国家显然也是被不断整形的军事体制所摧毁。

相比之下鲁国军队属性出现的是质变，两部重要的典籍《国语》《左传》都记载了这件大事。季文子的儿子季孙夙，即鲁卿季武子，做主建立三军，时值鲁襄公十一年（前562年）。

晋国的六卿可能是受了三桓的启发。鲁襄公十一年（前562年）春，"季武子将作三军，告叔孙穆子曰：请为三军，各征其军。"鲁国执政季武子首先向叔孙穆子提出增一军，叔孙穆子即叔孙豹，叔孙氏世代为鲁国司马，掌握军政，季武子建立三军需要知会他。季氏、叔孙氏加上孟孙氏是鲁国著名的三桓，孟孙氏是庆父之后，庆父字共仲，年龄大于鲁庄公。他与叔牙、季友，加鲁庄公都是鲁桓公的儿子。庄公与季友为一母所生，庆父与叔牙为一个母亲。共仲、叔牙、季友，是三桓的始祖。建三军的目的是孟孙、叔孙、季氏三家将公室的军队分成三个军，各掌一军。

建立三军是为鲁国还是季武子自己他不准备掩饰，他以轻松的口气通知本国司马时，遭到叔孙豹强烈反对：

"天子作师，公帅之，以征不德。元侯作师，卿帅之，以承天子。诸侯有卿无军，率教卫以赞元侯。自伯、子、男有大夫无卿，帅赋以从诸侯。是以上能征之，下无奸慝。今我小侯也，处大国之间，缮贡赋以共从者，犹惧有讨。若为元侯之所，以怒大国，无乃不可乎？弗从，遂作中军，自是齐、楚代讨于鲁，襄、昭皆如楚。"《国语正义·卷第五·鲁语下》P425。

天子的军队，由在王室担任卿大夫的诸侯率领，征讨败坏制度、道德者；大国的军队，由卿率领，听命天子征伐，次一等的诸侯由天子赐爵的卿，没有三军，如果大国需要，派训练有素的军事人员辅助大国，从伯、子、男这类的小国他们有大夫但没有天子赐爵的卿，他们率领从自己国家征召的兵车与大国协调行动。大国纠正改错，小国恭顺守制。我们鲁国目前已经是个小国，处于齐、楚之间，收税征兵，保障大国对我们的后勤基本所需还担心无法满足，倘若像大国一样建立三军，一定会激怒大国，有这个必要吗？

叔孙豹的权力与见解都无法阻止季武子新建立中军，鲁国正式将原有二军增至三军，《左传》记载了三军编制的细节。鲁襄公十一年（前562年）正月，作三军，三分公室而各有其一，三子各毁其乘（原有的车兵编制），季氏使其乘（私家的车兵）之人，以其役邑（役邑：提供兵役的乡邑）入者，无征；不入者，倍征。孟氏使半为臣，若子若弟。叔孙氏使尽为臣。不然，不舍。《春秋左传正义·卷31》P248。

鲁建立三军，将公室的军队分成三个军，三桓各掌握一军，三家都解散自己的私人军队，这些人员原本是三桓各自采邑的人口，此前被编制成为自己私家军队，季氏让来自其私邑的入伍者，免赋税；没有被征者，加倍征收税赋；孟氏把他私邑内士兵一半，子或弟，作为奴隶兵，也就是自己的私属；叔孙氏将私邑的士兵全部编为奴隶兵，这些人既是兵，又是需要纳税，如同奴隶，叔孙氏坚持这样做，否则就不将这批奴隶兵编入其所分得的公室军队中。

鲁国按其国家规模本无中军，只有上军、下军，都属于公室所有，出征时，由三卿统领二军。季武子建立三军，造成季孙氏、叔孙氏、孟孙氏三家分割公室军队，三家各掌握一军，鲁襄公是本国的最高军事统帅，却眼睁睁地失去了军队权柄，鲁国军队失去了统一性。一些诸侯国家针对季武子僭越行为直接发动军事进攻，齐、楚更替不断地讨伐鲁国。

鲁昭公五年（前537年），王正月，舍中军，卑公室也。毁中军于施氏，成诸臧氏，初作中军，三桓三分公室而各有其一。季氏尽征之，叔孙氏臣其子弟，孟氏取其半焉。及其舍之也，四分公室（公室的军队一分为四），季氏择二，二子各一。皆尽征之，而贡于公。（季氏）以书使杜泄告于殡（棺材），曰：子固欲毁中军，既毁之矣，故告。杜泄曰：夫子唯不欲毁也，故盟诸僖闳（鲁僖公庙的大门），诅诸五父之衢（地名）。受其书而投之，帅士而哭之。《春秋左传正义·卷43》P338。

昭公五年（前537年），周历正月，二十五年前力主增设中军的季武子又决定裁撤中军，目的是削弱公室。在施孝叔那里开始讨论裁撤，在臧氏那里达成协议。当初建立中军，三分公室而各有其一。季氏掌握的军队采取征兵或征税的方式,叔孙氏让壮丁成为奴隶兵,老弱成为自由民,孟氏则把一半作为奴隶兵一半为自由民。到裁撤中军时,公室的军队一分为四,季氏掌控四分之二,叔孙氏、孟孙氏各控制四分之一,全部征兵或征税,而向昭公缴纳供赋贡。裁撤结束后,季孙宿制作以份策书命令杜泄向叔孙豹的棺材报告:您一直想裁撤中军,现在取消了中军,特意向您报告。他遭到杜泄的反驳:认为叔孙豹后来没有裁撤中军的想法,为此与您在鲁僖公庙的大门口与你盟约,在五父之衢发誓。他将季武子的策书摔到地上,痛哭不已。因为叔孙豹现在已经逝世,季武子却还在。季武子大权在握,叔孙豹智力超群,也无法起来与之争执。从鲁国军制的变化来看,叔孙豹可能确实从一个反对增设中军的人像杜泄说的已经成为一个反对裁撤中军的人,按新的鲁国军队规模对比,季氏已经是一家独大,三家各掌握一军时,叔孙一家想要维护公室时,还可以独立于季氏抗衡。

　　为什么说裁撤中军导致了公室进一步削弱?孔颖达解释说:襄公十一年(前 562 年),初作三军,十二分其国民,三家得七,公得五,国民不尽属公,公室已是卑矣。废除中军后,重新划分具体方案是"四分公室、季氏择二,二各一,尽皆征之,而贡于公。《春秋左传正义·卷 43》P338。孔颖达的意思是,鲁国君主在增设中军后还有十二分之五的份额,人口赋税被君主直接控制,裁撤中军后鲁国君主需要的兵源和赋税都需要经过三桓之手。

　　公室为何会变得进一步衰弱,不称职的君主是一个原因,鲁襄公逝世后,太子姬子野即位,但三个月后即逝世。鲁昭公与太子不同母,并非嫡嗣,且在太子丧期毫无悲伤之容,已经是十九岁成人的年龄,却举止幼稚反常,叔孙豹本不想立他,因为季武子坚持,他成为鲁昭公,后来在本国无法立足,流亡国外,并在晋国去世。

　　军制的变化是一个重要的拐点,晋、鲁两个姬姓国家本该是周礼在地方的最好样本,但是军制的变化在这两个国家都渐渐失控,公室被空心化,国家实力被分散到矛盾重叠的不同家族中,结果三家分晋,鲁国的三桓也导致公室威信扫地。

4. 训练基地与兵械

　　固定的训练场:鲁宣公十六年(前 593 年):夏,成周宣榭(土台上的厅堂式建筑,用以习射讲武的地方)火,人火之也,凡火,人火曰火,天火曰灾。《春秋左传正义·卷 24》P186。

　　鲁成公十六年(前 575 年),鄢陵大战前,楚共王登巢车查看晋军动向。巢车指带有瞭望楼的车,称为巢车大概是形容像鸟巢一样高。这是一种重要的战争装备,很少国家配备得上。

5. 作战的基本路径

驻扎:鲁庄公三年(前691年),凡师一宿为舍,再宿为信,过信为次。(军队在外过一宿为舍,住两宿为信,超过两宿为次。)《春秋左传正义·卷八》P61。

鲁庄公二十九年春,(前665年)"凡师,有钟鼓曰伐,无曰侵,轻曰袭。"《春秋左传正义·卷10》P80。强调战争的不同类型。

鲁成公十六年(前575年),楚子登巢车以望晋军,令尹子重使大宰伯州犁侍于王后,王曰:驰而左右,何也?曰:召军吏也。皆聚与中军矣!曰:合谋也。"张幕矣!曰:虔卜于先君也。彻幕矣!曰:将发命也。"甚嚣,且尘上矣!"曰:将塞井夷灶而为行也。皆乘矣,左右执兵而下!曰:听誓也。战乎?曰:未可知也。"乘而左右皆下矣!曰:"战祷也。"《春秋左传正义·卷28》P216。

以上是一段有关战前军队活动基本程序描写。前575年晋、楚鄢陵之战前,二十五岁的楚共王站在楼车上眺望远处晋军的阵地,他将自己用肉眼看到的情形准确地口述出来,伯州犁乃晋国人伯有之子,前年从晋国来楚国,他对自己祖国军队的规定程序十分熟悉,因此在楚共王身后做同步解释:

楚共王:晋国人在向左向右地奔跑,是在干什么?

伯州犁:是在召集官佐。

楚共王:都集合在中军了。

伯州犁:那是在开战前会议。

楚共王:晋人开始陈设帷帐。

伯州犁:这是在虔诚向先君占卜凶吉胜负。

楚共王:撤去帐幕了。

伯州犁:快要发布命令了。

楚共王:晋军一片喧哗,而且尘土飞扬。

伯州犁:这是在填井平灶并摆开战阵。

楚共王:晋军都登上战车,战车左右的将佐又带着武器下车了。

伯州犁:这是要听主帅发布训词。

楚共王:随后就要开战了吗?

伯州犁:还不能确定。

楚共王:晋军又都上车,战车上左右两旁的将、士又一次下车。

伯州犁:这是战前祈祷神明庇佑。

这些程序不是每个诸侯国家都完全一致,比如很多国家没有中军,但应该是大同小异，年轻的楚共王目光锐利，一览无余，没有遗漏对面军队活动中的任何一个重要细节，但这是他最后一次向世界展示如此好的视野，这位冲锋陷阵的君主不幸在这场战争中失去一只眼睛。

并非所有的战斗都像晋楚鄢陵之战如此有条理。鲁成公二年（前589年）六月齐晋两国军队在鞍对垒，"邴夏御齐侯，逢丑父为右，晋解张御郤克，郑丘缓为右，齐侯曰：余姑剪灭此而朝食不介马而驰之。"《春秋左传正义·卷25》P192。齐国大夫邴夏为齐侯驾战车，逢丑父担任车右。晋国解张为郤克驾车，郑丘缓为车右。齐顷公急于求成，大呼大家消灭敌人后再吃早餐，自己没有给马佩戴铠甲就驱马冲向敌人。

摆阵：有鱼丽之阵等等。

致师：指挑战。

致师之法，估计是有系统规定，但是，记忆中的该法已经有所不同。战场上的规范与礼节以及任务的量化？个人和小股部队的行动一般准则。鲁宣公十二年（前597年）"楚子又使求成于晋，晋人许之，盟有日矣。"楚许伯御乐伯，摄叔为右，以致晋师。许伯曰：吾闻致师者，御靡旌摩垒而还。乐伯曰：吾闻致师者，左射以菆，代御执辔，御下，两马掉鞅而还。摄叔曰：吾闻致师者，右入垒，折馘、执俘而还。"皆行其所复而还。晋人逐之，左右角之。乐伯左射马而右射人，角不能进，矢一而已。麋兴于前，射麋丽龟，晋鲍癸当其后，使摄叔奉麋焉。曰：以岁之非时，献禽之未至，敢膳诸从者！鲍癸止之，曰：其在善射，其右有辞，君子也。既免。"《春秋左传正义·卷23》P179。

鲁宣公十二年（前597年）楚国与晋国为争夺对郑国的控制权对阵，其间楚国向晋国寻求和解得到同意，虽然订立盟约的日期已经都选定好了，但是楚国人似乎不愿遵守协议。楚大夫许伯是为楚大夫乐伯驾车，大夫摄叔为车右，前来向晋国挑战。许伯说：我听说向敌军挑战的人，应该快速驾车，斜举军旗，使它摩擦敌人的军类，然后回来。乐伯说：我听说向敌人挑战的人，应该从车左射出菆矢，替驾车的执着缰绳，驾车的人故意下车，马两两排列整齐，又调整马颈下的皮革，从容不惧地回来。摄叔曰：我听说向敌人挑战的人，作为车右应该进入敌人的营垒，割掉一个敌人的左耳，俘虏一个俘虏，然后回来。三人都按照自己听说的"致师之法"做了一遍然后回来，晋人追击他们，展开左右两翼，从两旁夹攻楚国致师者，乐伯左射马，右射人，使敌人左右两翼夹攻不能前进，乐伯只剩下一支箭了，前面出现了一头麋鹿，乐伯射中了它背脊中央的最高处，晋将鲍癸正在后面追赶，乐伯使摄叔把麋鹿献给鲍癸，说，还不到每年献禽兽的季节，献禽兽的人还没有来,我冒昧地把这只麋鹿献给您的从者作为膳食之用吧。鲍葵停止了追击,说,他们车左善射,车右善于讲话,是君子,许伯三人尽得全身而退。

致师之法是一种展示勇气的游戏,但在很多情况下都不会出现。突发的战事中礼制规定的很多环节都会免去,就像齐顷公做的那样。

6. 指挥者

鲁僖公二十八年(前632年),二月,晋郤縠卒,原轸将中军,胥臣佐下军。上德也。(任命职务的一个原则——德行)《春秋左传正义·卷16》P122。

鲁宣公七年(前602年),公与齐侯伐莱,不与谋也。凡师出,与谋曰及,不与谋曰会。事先参与谋划称为“及”;事先没有参与谋划的称为“会”。

凡师,能左右之曰:“以”。(能随意指挥军队曰“以”。)《鲁僖公二十六年(前634年)》杜预注释“左右”:谓进退在己。

“成行”是指完成退兵的准备。

鲁襄公二十四年(前549年),夏,楚子(楚康王十一年)为舟师以伐吴,不为军政,无功而还。《春秋左传正义·卷35》P278。杜预注为不设赏罚之差,应该是军队管理混乱。

前589年的晋、齐鞍邑之战,又称靡笄之战,靡笄是当地的一座山名,获胜后的中军主将郤献子觐见国君,晋景公曰:是您的功劳!郤献子回答曰:臣听了您的命令向三军发布,三军听从命令,勇敢作战,臣哪有功劳。见上军主将范文子觐见,晋景公对他说:胜利是您的功劳。范文子回答:臣从中军接受命令,用来命令上军,将士用命,臣哪有功劳。下军主将栾武子第三个觐见,晋景公说:打败齐军是您的功劳。他回答:臣从上军接受命令,用来命令下军,将士用命,臣哪有功劳?《国语正义·卷第十一·晋语五》P866。这是一种制度在起作用。当时郤献子、范文子、栾武子分别为晋中军、上军、下军将,命令从君主——中军——上军——下军一级一级传递,他们各自按自己的等级先后如此描述。

三、一万种战争的理由

1. 原始的战争冲动

当时的战争有非常自由的空间,如何让战争合乎德也是经常面临的问题。鲁哀公七年(前488年),季康子欲伐邾,乃飨大夫以谋之,子服景伯曰:小所以事大,信也;大所以保小,仁也。背大国,不信,伐小国,不仁。民保于城,城保于德。失二德者,危,焉将保?孟孙曰:“二三子以为何如?恶贤而逆之。”对曰:禹合诸侯于涂山,执玉帛者万国。今其存者,无数十焉。唯大不字小,小不事大也。

知必危,何故不言? 鲁德如邾,而以众加之,可乎? 不乐而出。《春秋左传正义·卷 58》P461。

如何让战争合乎德? 鲁哀公七年(前 488 年),季康子准备伐邾国,于是召集大夫一起聚餐,同时商议伐邾国的事。子服景伯认为:小国服侍大国靠诚信;大国要以仁爱之心保卫小国。背弃大国,失去诚信;征伐小国,属于不仁。民众利益受益于城池的保护,城池的存亡又在于德行。失去诚信和仁慈两种美德的人,会变得极其危险,如何让国家安全? 孟孙曰:"各位意见如何? 采纳认为是正确的意见。在场的有人这样说:从前大禹在涂山会合诸侯,与会的诸侯数以千万计,现在只有几十个了,原因何在? 无非是大国想要兼并弱小,小国又不总是甘心被大国控制,明知这样兼并有危险,却不提及,鲁国没有比邾国优越的地方,却要动用军队对待他们,合适吗? 会议不欢而散。《春秋左传正义·卷 58》P461。尽管缺乏理由,季康子的意志还是起决定性作用,当年秋季时候,鲁国军队攻入邾国国都。

鲁哀公九年(前 486 年),郑武子縢(字子姚,亦称罕达。)之嬖许瑕(武子縢属下)求邑,无以与之。请外取,许之,故围宋雍丘。宋围困了许瑕的这支入侵者,二月,子姚救援许瑕,结果参战的郑国军队被全歼。晋国赵鞅为是否救援郑国占卜,晋国史官史龟解释卦象不吉利后赵鞅决定不采取行动。《春秋左传正义·卷 58》P463。

文公即位第二年,前 535 年,欲用其民,子犯曰:民不知义,盍纳天子以示之义。乃纳襄王于周。公曰:可矣乎? 对曰:民不知信,盍伐原以示之信? 乃伐原。公曰:可矣乎? 对曰:民未知礼。盍大蒐,备师尚礼以示之? 乃大蒐于被庐,作三军,使郤縠将中军,以为大政。郤溱佐之。子犯曰:可矣,遂伐曹、卫,出穀(齐地。前 634 年,楚攻齐,夺取穀,派军驻守。次年晋攻击曹卫,前 632 年,楚撤除在穀驻军)戍,释宋围,贼楚师于城濮,于是乎遂伯。即称霸。《国语正义·卷第十·晋语四》P846。

晋文公想要征伐敌人,子犯建议晋文公:1. 送周襄王复位,让人民理解您的仁义。2. 讨伐原让人民理解信实。原地是周襄王赐予晋文公的。原地人曾经反抗新主人,晋文公进攻原地前下令军队带三天口粮,三天没有攻下,晋文公就下令撤军,见于元帝已经支持不住,有随行人员提出让晋文公改变原定三天的攻击计划,晋文公表示"信,国之宝也,民所以庇也。得原失信,何以庇之,所亡滋多",军队回撤三十里时,原地人为晋文公的诚信所感,开城投降。周王室派驻原地戍守的大夫原贯伯被迁到冀,这原本是一个国家,现在已成为晋地。赵衰为原大夫,郤溱为温大夫。原、温两地都在晋国管辖之下,这都是周襄王最新赐予晋文公的土地。3. 整顿扩编军队。随后在城濮战胜楚国。

2. 以周天子利益的名义

前656年,齐桓公以诸侯之师(其中包括鲁、宋、郑、陈、卫、许、曹等国联军)伐楚,楚成王的使者来到齐军中,表示齐楚距离遥远,"风马牛不相及",不理解齐国伙同其他诸侯为何进攻楚国。管仲辩解道:"昔召康公(即召公奭,与周公并相王室,康是谥号)……命我先君大公'五侯九伯,汝实征之,以夹辅周室。'……尔贡包茅不入,王祭不共,寡人是征'昭王南征而不归复,寡人是问。对曰:贡之不入,寡君之罪也,敢不共给?昭王之不复,君其问诸水滨!师(诸侯联军)进,次于陉(地名,属于楚)。《春秋左传正义·卷12》P90。管仲认为召公奭赋予给齐国始封君的权利是可以世袭的,这是一种严格意义上的征伐权。具有这种权利的诸侯,战争的理由可有可无。他搜索枯肠,代表周王室找了两条理由。楚国也做好了准备,不害怕开战,软硬兼施,最后楚与齐桓公率领的诸侯联军签订了友好盟约,避免了战争。

失礼的行为导致国家遭受军事打击:

前706年,北戎伐齐,齐侯(齐僖公)使乞师于郑,郑大败戎师,……于是诸侯之大夫戍齐,齐人馈之饩,使鲁为其班,后郑,郑忽以其有功也,怒,故有郎之师。《春秋左传正义·卷6》P48。郑国纠合齐、卫侵鲁郎邑。在左传桓公十年。

北戎人进攻齐国,齐僖公向郑庄公求援,郑国军队大败北戎人,随后不少诸侯国皆派军队前来帮助齐国戍边。北戎还被称为山戎,是强大的匈奴人分支,这本来是中原人抵御匈奴人入侵的一次集体行动,却因为一个细节横生枝蔓。感激不尽的齐国人为此安排大量馈赠,不知何故委托鲁国人安排先后次序,对礼制心悦诚服、赤胆忠心的鲁国人早已决心将礼制一点一滴都推广至天下的每一个角落,这次也没有落下,鲁国安排领取馈赠的先后是以诸侯地位高低排序而不是以功劳,这让率领郑国军队一马当先打败北戎的郑庄公世子姬忽极为不满。他在前700年即位之后,纠合齐国、卫国进攻鲁国郎邑。这期间鲁国一直是鲁桓公在位,对此事原委应该了解,不过,鲁国人至此仍认为道理在自己一方。他们对礼节的态度给人以至死不渝的感觉。

鲁庄公十年(前684年),……齐侯之出也,过谭(谭国),谭不礼焉,及其入也,诸侯皆贺,谭又不至。(十年)冬,齐师灭谭,谭无礼也。《春秋左传正义·卷8》P65。无礼是被攻击的重要理由。

前684年,齐桓公即位的第二年,冬天,齐桓公灭掉了谭国,原因只有一条,谭国对齐国一向比较疏远。当年公子小白流亡的时候,经过谭国,谭国人没有以礼相待。小白立为齐国国君,诸侯都来祝贺,谭国却没有来。齐国人认为谭国傲慢。所以毁灭它,谭国的国君侥幸得以逃往与之有同盟关系的莒国。《春秋左传正义·卷8》P65。

鲁庄公十年(前684年),蔡哀侯娶于陈,息侯亦娶焉。息妫(息国国君的妻子,将归(归指出嫁)过蔡,蔡侯曰:吾姨也(妻姐曰大姨,妻妹曰小姨)止而见之,弗宾(没有像宾客对待),息侯闻之,怒,使谓楚文王曰:伐我,吾求救于蔡而伐之。楚子从之,秋九月,楚败蔡师于莘(蔡国地名)以蔡侯献舞(蔡哀侯,名献舞)归。(以,有解释可以任意指挥的意思,这里解释为俘虏)《春秋左传正义·卷8》P65。

鲁庄公十年(前684年),蔡哀侯、息侯娶陈国两姐妹为妻。息国国君的妻子出嫁路过蔡国,蔡侯说:新娘是我姨妹,让送亲的队伍停下来与小姨见面,这言行却有失礼的地方,息侯听说后十分愤怒,于是派使者对楚文王说:贵国向我国进攻,我向蔡求援,您再去进攻蔡国。楚文王接受了他的提议,九月,楚君在蔡国莘地击败蔡国,俘虏了蔡哀侯姬献舞,带往楚国。《春秋左传正义·卷8》P65。

大国可以通过类似方式获取利益,弱国可以此借助大国泄恨,诸侯国家大小不等,利益迥异,因此不免相互利用,战事也就司空见惯。息侯维护了礼仪,楚文王得到战果,蔡侯是否明白自己为何会摊上这场战事不确定但很重要,因为他的君主生涯还有十年。这是一场成功操控的战争。

鲁宣公十七年(前592年)晋侯使郤克徵会于齐。齐顷公帷妇人,使观之郤克登,妇人笑于房献子怒,出而誓曰:所部此报,无能涉河。他立即回国,让副使栾京庐刘在齐国,等待齐国的回复。"郤子至,请伐齐,晋侯不许,请以其私属,又弗许。"尽管郤克负气而提前离开齐国,齐顷公还是应晋国之邀派出四位使者,其中一位在晋国中途逃走,其余三位被晋国人一一捕捉。楚国人斗椒(斗氏即若敖氏)的儿子逃奔到晋国受封于苗,被称为苗贲皇,他劝说晋景公"昔者诸侯事吾先君,皆如不逮。举言群臣不信,诸侯皆有贰志。齐君恐不得礼。故不出而使四子来。"《春秋左传正义·卷78》P187。从前诸侯追随我们国君,都急得怕追不上,现在诸侯间流传晋国诚信不嘉的坏话,诸侯们都变得举棋不定。这四个人为齐晋两国友好冒险而来,本该以礼相待,我们却囚禁他们。晋景公于是放松了对齐国使者的监督,齐国使者们都逃走了。有一种说法是,齐顷公过于情绪化,他为了让自己母亲在丧夫之后悲伤的心得到缓解,经常设法让母亲开心。听说晋国大夫郤克一只眼睛失明,鲁国大夫季孙行父是个秃子,卫国大夫孙良复是个瘸子,曹国公子首是个驼背,各自受命同期前来齐国聘问,齐顷公于是设计让他们看起来碰巧同时出现。齐顷公为了让母亲开心,事先让母亲前来旁观自己接受到访宾客的朝见,四位有身体缺陷使臣联袂出现的情景引发了他母亲及身边侍女欢声大笑,令四位尊贵的使者倍感屈辱,孝顺的齐顷公因此招致了齐晋鞍之战,惹怒郤克等人只是齐晋爆发大战的一个原因,这两个国家的许多问题交织在一起最终在鞍地得以宣泄。

不顺服大国:

鲁僖公十一年(前649年),黄人不归楚贡,冬,楚人伐黄。鲁僖公十二年,黄人恃诸侯之睦于齐也,不共楚职,曰:自郢及我九百里,焉能害我?(鲁僖公十二年)夏,楚灭黄。《春秋左传正义·卷13》P100。黄国人倚仗诸侯以及与齐国关系友好拒绝向楚国进贡,并说了一些傲慢无知的话比如楚国与黄国相距九百里,楚国不可能危害黄国等,这话是这年春天里说的,夏天楚国的军队就灭亡了黄国。

前645年春,楚人伐徐,徐即诸夏故也。三月,鲁僖公、齐侯、宋公、陈侯、卫侯、郑伯、许男、曹伯"盟于牡丘,寻葵丘之盟,且救徐也。……秋,伐厉,以救徐也。《春秋左传正义·卷14》P103。楚国人因为发现徐国在靠拢中原诸侯的缘故进攻徐国,齐鲁等九国在牡丘结盟,均表示继续遵守葵丘的盟誓。鲁国宗室,庆父之子孟穆伯,即公孙敖帅鲁国军队及各诸侯国军队前往救援徐国。秋天援军采取了攻打亲近楚国的厉国的方式来迫使楚国撤军。此次诸侯践行盟约还是真心实意的。

鲁僖公二十三年(前637年),齐侯伐宋,围缗,以讨其不与盟于齐也。《春秋左传正义·卷15》P112。因为拒绝前往齐国参与会盟,齐孝公攻打宋襄公的军队。

家庭琐事也可以导致战争:

前657年的冬季一天,齐桓公携夫人蔡姬乘船游玩,可能是阳光温暖,室外空气新鲜,景色令人心旷神怡,夫人变得至情至性、活泼好动,因为开心夫人故意摇晃船只,齐桓公几乎落入冬天的湖水中,吓到了齐桓公,一位君主的威严的形象能被一个任性的女子扭曲在齐桓公看来是一件严重的事,他一怒之下将夫人送回蔡国,看起来是要休弃她。当时蔡穆侯在位,蔡国人没有全面评估齐桓公的意图,没有在乎他的感受,也没有等到齐桓公正式宣布与蔡姬离异,就将蔡姬另嫁他人。齐桓公或许有点措手不及,对此极为不满。前656年,齐桓公纠集鲁、宋、郑、陈、卫、许、曹等攻打蔡国并击溃蔡国军队。《春秋左传正义·卷12》P90。

3. 无需理由的战争，或战争越来越不道德吗

赤裸裸的强盗行为：

鲁哀公九年（前 486 年），郑国武子腾（字子桃，亦称罕达。）所宠幸的属下许瑕请求得到封邑，一时没有合适的地方赐予。许瑕要求准许从国外夺取，许之，许瑕因此围攻宋国雍丘。宋国大败子桃。武子腾、许瑕率领的郑国军队被全歼。晋国赵鞅为是否出兵救援郑国而占卜，史龟解释卦象不吉利后赵鞅决定不采取行动。《春秋左传正义·卷 58》P463。

鲁僖公十八年（前 642 年）"梁伯益其国而不能实也，命曰新里，秦取之。《春秋左传正义·卷 14》P107。梁国国君开拓疆土，建筑好城邑，命名为新里，百姓尚未迁入时，秦国占领了它。

鲁僖公十九年（前 641 年）春，宋人执滕宣公。《春秋左传正义·卷 14》P108。

乘人之危：

鲁文公十六年（前 611 年），楚大饥，戎伐其西南，至于阜山，师于大林。又伐其东南，至于阳丘，以侵訾枝，庸人帅群蛮以叛楚。麇人率百濮聚于选，将伐楚。《春秋左传正义·卷 20》P157。因为楚国在当年发生饥荒，戎人大肆攻打楚国，庸人率领群蛮，麇人率百濮之人都开始背叛、进攻楚国。

取乱侮亡：前 575 年的鄢陵之战后果，其一：鲁成公十七年（前 574 年）五月，周大夫尹武公、单襄公、鲁成公、晋厉公、齐灵公、宋公、卫侯、曹伯、邾人等国攻郑。《春秋左传正义·卷 28》P219。

其二：鲁成公十七年（前 574 年）冬，诸侯伐郑，十月庚午，围郑，楚公子申救郑，师于汝上十一月，诸侯还。《春秋左传正义·卷 28》P219。

4. 战争中的礼节和禁忌

鲁庄公八年（前 686 年），治兵于庙，礼也。《春秋左传正义·卷 8》P63。在太庙给军队发放武器。

战前的私人祷告，战场无情。卫灵公的太子蒯聩，因为得罪卫灵公出奔晋，前 480 年归国即位为卫庄公。前 493 年，晋国范氏、中行氏与赵氏在卫国的铁地发生，即铁之战。当时蒯聩以赵简子的车右参战，战前他自己相当虔诚地祷告，从祷告内容可以看出他相当紧张："曾孙蒯聩以谆赵鞅之故，敢昭告于皇祖文王，烈祖康叔，文祖襄公，昭考灵公，夷请无筋无骨，无面伤，无败用，无陨惧，死不敢请。赵简子曰：志父寄也。《国语正义·卷第十五·晋语九》P1005。

"曾孙蒯聩因为辅助赵鞅的原因，向太祖文王，始封君康叔，祖父襄公，父亲

灵公祷告,恳请保佑我在战场上不要伤到筋骨,不要毁伤我面容,兵器保持完好,不要出现被击落下车的可怕情况,生死就不敢劳烦祖先神灵了。赵简子听得很清楚,觉得他的祷告很到位,对蒯聩说:我就拜托你一同祷告了。

鲁成公十六年(前575年)六月,晋、楚遇于鄢陵。……甲午,晦,楚晨压晋军而阵,军吏患之。……郤至曰:"楚有六间(弱点),不可失也。"其中之一是"陈不违晦……以犯天忌讳。我必克之。《春秋左传正义·卷28》P215。

鲁成公十六年(前575年)六月,晋、楚遭遇在鄢陵。六月二十九日是六月最末的一天,楚军这天早晨逼近晋军布阵。晋军官忧虑处于不利地形。郤至曰:"我们不能失去这个时机,楚有六个弱点,其中之一就每月最后一天出师布阵是犯了天忌,所以我军必胜。

郤至"三逐共王卒,见王必下奔退。王使工尹襄问之以弓,曰:方事之殷也,有韎韦之跗注,君子也,属见不谷而下,无乃伤乎?……郤至甲胄而见客,免胄而听命。曰郤说:君之外臣至,以寡君之灵,间蒙甲胄,不敢当拜君命辱,为使者故,敢三肃之。《国语正义·卷第十二·晋语六》P882。鄢陵之战中,郤至多次追赶楚共王的军队,遇到楚共王就下车退后,楚共王注意到这个情况,派人给他送一副弓,问他是否受伤。郤至全副武装接见楚使者,脱下头盔听使者传达楚王的话,自称外臣郤至,受敌国先君的恩佑,允许成为一名披坚执锐的战士,身份卑微不敢接受高贵君主的垂询,请允许我向您使者肃拜三次。他没有行最为隆重的跪拜之礼,得到的评价是"勇以知礼"。

鲁襄公十九年(前554年),晋士匄侵齐及穀(齐地名)闻丧而还,礼也。《春秋左传正义·卷34》P266。听闻齐国有丧事,齐灵公逝世,立即停止进攻班师回国。

鲁成公二年(前589年)齐晋鞍之战,齐顷公为逢丑父"入于狄卒,狄卒皆抽戈楯冒之。以入于卫师,卫师免之。《春秋左传正义·卷25》P193。

鲁成公二年(前589年)齐晋鞍之战,齐顷公为寻找掩护自己的逢丑父冲入狄军阵形中,狄国虽然是晋军盟友,但狄国的军人皆用手中兵器掩护齐顷公。齐顷公冲入晋国的另一盟友卫国人的军队中,卫国士兵们也保障了齐顷公安全出入。《春秋左传正义·卷25》P193。

逢丑父、狄军、卫军,无论朋友还是敌人,都给予了齐顷公保护。一部分是出于对君王的礼节,一部分可能与齐顷公为人有关。齐顷公是位重情义的君主,鲁成公二年(前589年)齐顷公攻打鲁国北部边邑龙城时,齐侯宠爱的卢蒲就魁(卢蒲是氏,就魁是名字,他是姜姓)攻城门时被俘,齐顷公急忙传话,只要鲁国人不杀卢蒲就魁,他愿意定盟退兵。倔强的龙邑人还是杀了卢蒲就魁并暴尸城墙之上。深受刺激的齐顷公亲自击鼓,以三天时间攻陷龙邑。

5. 战果的区别

凡克邑,不用师徒曰取。《春秋左传正义·卷42》P333。指有人以自己的地方叛降归附。鲁昭公四年(前538),鲁国取鄫,就是因为鄫国叛而来。

鲁文公十五年(前612年)六月,凡胜国,曰"灭之",获大城焉,曰"入之"。

战胜一个国家,称为:灭之;攻进一个大城,称为:入之。

鲁襄公十三年(前560年),凡书(指《春秋》)"取"言易也。用大师焉曰:"灭",弗地曰:"入","取"是指得来容易,使用大量军队称为"灭",攻下城池但不占领它称为"入"。

千乘:地方十里为成,每成出兵车一乘,马四匹,牛十二头,步卒七十二人,甲士三人,千乘就是千成。国语P364注解。

鲁哀公二年(前493年),春,伐邾,将伐绞(邾国邑名),邾人爱其土,故略以漷、沂之田而受盟。《春秋左传正义·卷57》P453。

鲁国对邾国开战,进攻地点首选的是邾国的绞邑,但邾国人对这块土地有特殊的感情,将漷、沂两块地方划给鲁国。两国签约,鲁国停止进攻,邾国从而保住了绞邑。这不是鲁国第一次尝到战争的甘甜,鲁僖公二十二年(前638年)春伐邾,取须句。反其君焉,礼也。《春秋左传正义·卷十五》P111。攻入须句,将须句国国君送回须句,这是合礼的。

鲁僖公二十二年(前638年)"邾人以须句故出师,公卑邾,不设备而御之。臧文仲曰:国无小。不可易也。无备虽众不可恃也。先王之明德,犹无不难也。无不惧也。况我小国乎!君其无谓邾小。蜂虿有毒,而况国乎!弗听。八月,公及邾师战于升陉,我师败绩,邾人获公胄,县诸鱼门。《春秋左传正义·卷19上》P143。

邾国人因为鲁国恢复须句国的原因进攻鲁国,鲁僖公对邾军毫不在意,没有为即将到来的战争做准备。鲁国大夫臧文仲提示说:国家没有大小,不能轻视比自己弱小的为国家,没有精心整顿军备,国大人多也难以依靠。我们鲁国本算是小国,请国君不要认为邾小而疏忽。黄蜂、蝎子体型小,剧毒却足以致命,何况一个国家?鲁僖公不以为然,后来鲁僖公与邾国军队在鲁国的升陉交战,鲁国竟然被打败,亲临战场的鲁僖公竟然丢失了甲胄,被邾国带回去悬挂在他们的城门上。

鲁文公七年(前620年)春,公伐邾,间晋难也。三月甲戌,取须句,寘文公子焉。非礼。《春秋左传正义·卷19上》P143。利用晋襄公逝世,晋国为立储激烈争执打斗的机会,鲁文公进攻邾国,攻入须句地,将叛逃在鲁国的邾文公的儿子安置在须句作为守邑大夫,没有让须句复国而是吞并了须句,鲁国这样做被认为有违礼制。

作为姬姓的鲁国，与周礼具有最直接的关系。他们以脆弱的国力感知战争作用反复时，他们可能更倾向于发现、挖掘礼的力量作为自己的处世之道或者宇宙观；当他们发现战争的作用如此高效时，难免对礼制产生疑虑，鲁哀公的军队尚未交战，战果已属辉煌，战争已经结束。鲁国有礼时一无所获，不讲礼时反而可以看到收益。为何要在意一些人言行上的细节之处呢？战争增加国家的土地后人民会过得更为幸福。美德能够帮你轻松赢得外国的土地吗？无疑，战争始终都是一种必备的工具，用于抵御外侮，捍卫国土安全，开疆拓土、扶弱济贫、除暴安良等的工具，但是，它在一些情况下也是凶器，怎样让战争工具变得锐利有效？战争的决定权掌握在何种人的手中？每个有责任心的君主都必须全面客观评估它的价值。

晋定公十五年（前497年）在晋地下邑，赵简子为一方，荀寅、范吉射为一方发生战斗。"下邑之役，董安于多，赵简子赏之，辞，固赏之，对曰：方臣之少也，进秉笔，赞为名命，称于前世，立义于诸侯，而主弗志；及臣之壮也，耆其股肱以从司马，苛慝不产。及臣之长也，端委韠带以随宰人，民无二心。今臣一旦为狂疾，而曰"必赏女"与余以狂疾赏也，不如亡！趋而出，乃释之。《国语正义·卷第十五·晋语九》P997。赵简子家臣董安于立有战功，赵简子感谢他的付出，坚持要赏赐他。他的拒绝耐人寻味：当我年青时，在朝廷负责处理文档，撰写文告命令，在晋顷公朝代得到称赞，各诸侯国皆有一定声望，但被主上忽略；当我盛年时，竭尽全力服务于军中，晋军治理得井井有条；到我老年，身穿隆重礼服与主官一切处理国内事务，民心顺服，却无人留意，到我为战争变得疯狂起来时，却听到必须接受赏赐的命令。与其因为疯癫症获赏赐，还不如辞职回家。见他意志坚定，赵简子放弃了初衷。董安于是在指责赵简子行政失措引起国家内乱？还是在抨击所有战争都是疯狂的产物？他以战争获胜为疯狂，可能是对晋国现实深感不满，当一个国家的内部问题需要战争或者只能由战争来解决的时候，并不是政治陷入绝境或者一无是处，有许多战争都是不得已的必要选择。但是晋国的情况面临不好的预期，即使看起来不可避免的战争，也于事无补。战争的胜负都会带来弊大于利的结果。他文化修养好，管理能力出色，平生兢兢业业，卓越奉献却被认为理所当然，默默无闻，无人喝彩，他讽刺只有战争才容易令人出人头地，扬名立万。他如履薄冰的勤勉工作大半生，还不如一场侥幸获胜的战争让他感觉到自己的存在。董安于对分享战争胜利的反映揭示了人们为何热衷于战争。这可能是失望的董安于对战争措辞激烈的原因。

第八章　政府行政

出类拔萃人随时都会出现，政治体制上需要有最杰出的人及时得到量才录用的机制，保持有效，否则被鄙夷、排斥、遗漏的伟大才智之士就会摧毁现制度，此乃是政治现状最大的风险。

——作者

第一节　国家行政组织结构设置

一、天子的辖区内的区域组织

王者之制禄爵，公、侯、伯、子、男，凡五等，诸侯之上大夫卿，下大夫、上士、中士、下士凡五等，天子之田方千里，公侯田方百里，伯七十里，子男五十里，不能五十里者，不合于天子，附于诸侯曰附庸，天子之三公之田视公侯，天子之卿视伯，天子之大夫视子男，天子之元士视附庸。《礼记正义·卷十一·王制第五》P94。

京城外百里以内设六乡，由司徒掌政令。

六乡——四郊

郊有近郊、远郊之分。在王城百里之内。相对精确的说法是在王城五十里之内为近郊，另五十里之内的为远郊。

五家为比，五比为闾。

四闾为族，五族为党。

五党为州，五州为乡，一乡共 12500 户。

乡设乡师：掌本乡教化。

乡大夫：掌本乡政令。

州长：掌本州教令。

京城百里之外，二百里之内，指的是州或甸地。分为六遂。由遂人掌政令。

六遂——邦甸

五家为邻，五邻为里。

四里为酂，五酂为鄙。

五鄙为县，五县为遂。一遂共 12500 户。

遂大夫：中大夫，掌一遂政令。

县正：　掌本县政令。

里宰：　下士，掌一里之政。

酂长：　掌本赞政令。

鄙师：　上士，掌一鄙政务。

邻长：　掌本邻事务。

六遂政务由遂人主管，遂人为中大夫，与其副手遂师（下大夫）处理遂中行政事物。（地官）遂士不仅主理六遂诉讼，四邻诉讼也在其管辖之下。《秋官·遂士》。

周　王——中　央　政　府——方　伯——州　牧——诸　侯　国——乡——遂——县——里。

鲁成公十八年（前 573 年），晋悼公时，"凡六官之长，皆民誉也。举不失职，官不易方，爵不愈德，师不凌正，旅不偪师，民无谤言，所以复霸也。《春秋左传正义·卷 28》P222。

二、位及百官的确认与变更

虞舜七十五年，司空禹治河。七十六年，司空伐曹、魏之戎，克之。《今本竹书纪年疏证·卷上》P45。

时有空位时期：1."自禹至桀十七世，有王与无王，用岁四百七十一年。《今本竹书纪年疏证·卷上》P61（这个数字不准确）。2. 唯一的宫廷政变者恰恰是一个被完全颠覆的形象，可能是出于不同认识，不同角度的一种解释，"太甲帝元年，卿士伊尹"放太甲于桐，乃自立。七年，王潜出自桐，杀伊尹。"《今本竹书纪年疏证·卷上》P64。3. 共伯和干王位。……共和十四年，伯和篡位立。……其年周厉王死，宣王立。《古本竹书纪年辑校·周》。4. 晋文侯十年，伯盘（幽王与褒姒之子，时已立为太子）与幽王俱死于戏。先是申侯、鲁侯及许文公立平王于申，幽王既死，而虢公翰又立王子余臣于携，周二王并立，自武王灭殷，以至幽王，凡二百五十七年。晋文侯二十一年，携王为晋文公所杀。《古本竹书纪年辑校·晋》P18。

三、西周政治框架结构

1. 中央政府体系——宫廷与中央政府

以周王为首的中央政府有权管理诸侯国家的事务,管理范围的大小理论上无所不及,实际上则取决于周王的个人能力和影响,国家基本法规定,中央政府对君主国家全方位管理,通过六卿具体实施,他们对周王负责,接受君主的咨询,后者有权有选择地接受或否决,并随时进行人事调整,行使绝对的任免权力。国家高级官员理论上享受国家定期俸禄,不仅给君主提供智力上的服务,实际上他们的人身自由也相应受到约束,必要时要付出生命的代价。他们的来源主要是重要贵族、功臣以及有影响的知识分子。

三公:太师、太傅、太保。

三孤:少师、少傅、少保。

六卿

天官大冢宰　首长是大冢宰。主管行政、人事、立法,对周天王负责。

地官大司徒　首长是大司徒。主管户籍、教育等

春官大宗伯　首长是大宗伯。主管祭祀及宗族事务。

夏官大司马　首长是大司马。主管防务、军队。

秋官大司寇　首长是大司寇。主管司法、治安。

冬官大司空　首长是大司空。主管国家建设,制造业。

天子三公九卿,二十七大夫,八十一元士。

王左右常伯、常任、准人、缀衣、虎贲、任人、准夫、牧,作三事。虎贲、缀衣、趣马、小伊、左右携仆、百司、庶府;大都、小伯、艺人、表臣、百司、太史、尹伯、庶常吉士、司徒、司马、司空、亚旅;夷、微、卢烝;三亳阪尹。《尚书正义·卷十七·立政》P119。在各诸侯国,周官的职务名称被移植一部分,另有一部分是独创。

分封的各国,大国小国互相连系,周王设立各国事务的主管官员——牧。由于所有的诸侯国按地域的不同划为九州,据《周礼·职方氏》记载九州为:冀、兖、青、徐、扬、荆、梁、雍、豫。所以管理一方诸侯的牧又叫州牧,方伯是它的另一个称呼,同样是指一方诸侯之长。参见《夏官·职方氏·大司马·量人》。方伯的作用是独特的,一各区域内的大小诸侯国对其州牧的信任与服从建立在其国力,与周天子血缘的亲疏、个人人格魅力等这样一些不确定、复杂、时有矛盾的基础之上。

公父文伯的母亲敬姜认为勤劳等于人心向善,普通民众勤劳是国家稳定的

基础,天子百官也同样应该如此,根据她对天子百官职责的理解,可以看到国家例行行政运作的基本路径:"是故天子大采朝日,与三公九卿祖识地德;日中考政,与百官之政事,师、伊维旅、牧、相宣序民事;(于三公九卿以下的官员一般官员管总的官员,处理常务,民政,官的副职等安排百姓的政事)少采夕月,与大史、司载纠虔天刑;日入监九御(太阳落土视察宫内女官),使洁奉禘,郊之粢盛,而后即安,诸侯朝修天子之业命,昼考其国职,夕省其刑典,夜儆百工,使无慆淫而后即安。卿大夫朝考其职,昼讲其庶政,夕序其业,夜庀其家事,而后即安,士朝受业,昼而讲贯夕而习复,夜而计过无憾,而后即安。自庶人以下,明而动,晦而休,无日以息。"《国语正义·卷第五·鲁语下》P506。天子每天身穿大采礼服早上祭祀太阳,和三公九卿讨论土壤的类型关注农事;中午考察政事,与三公九卿以下各级官员,在牧、相管监督下等安排百姓的政事。穿少采礼服祭祀月亮,恭敬地与大史、司载观测、研讨天象。太阳落土,视察宫内女官,命令她们保持贡奉天地祖先器皿、米的洁净,而后才去安寝。诸侯早上谋划执行天子的命令,白天考虑自己国家政事,傍晚审查法律的执行情况,夜晚警戒百官,令其不要懈怠职分,贪图淫乐。然后去安歇。卿大夫早上考察自己的职事,白天处理政事,傍晚安排下一天的工作,夜间处理自己家事,然后休息,士早上在朝内接受课业,白天研习,傍晚复习,夜间还要自省是否有疏忽错误,然后休息。自庶人以下,天亮后开始劳作,天黑以后休息,每天都不能懈怠。她最后强调从王后到民女都不能例外。敬姜认为公父文伯淡漠传统,贪图安逸的心理倾向很不好,有夭折的迹象,后来公父文伯果然年轻即去世,以致不幸的敬姜早上哭亡夫,晚上哭亡子。

大采礼服是指玄冕之服(衣无纹,裳刺黑青相间纹),腰带上插玉圭长三尺,手执镇圭一尺二寸,圭用五彩垫板承托。少采礼服指黑白丝刺绣如斧形的礼服,所执玉用三采垫板承托,这是一个全国人各安其职又井然有序的结构,出于一个女性之口,可能是一种固定的模式,不是她临时杜撰出来。

2. 诸侯国政制

国君(诸侯)

封君(卿大夫)

家臣(士)

大国三卿,皆命于天子。下大夫五人,上士二十七人。

次国三卿,二卿命于天子,一卿命于其君,下大夫五人,上士二十七人;

小国二卿,皆命于其君;下大夫五人,上士二十七人。《礼记正义·卷十一·王制第五》P97。参见《通典·卷三十一·职官十三》P446。元士即上士。

诸侯国不论大小,除小国少一卿外,其余重要官员都是额定数量,基本一致。这意味着形式主义受到官方的青睐。对小国而言,不得不养活大量的冗员。

周王室官员与诸侯国官员的等级的换算公式:诸侯国分为三等,公国为大国,侯国为次国,子、男为小国。春秋以后,一切都以实力。鲁成公三年(前588年)冬十一月,"次国之上卿当大国之中,中当其下,下当其上大夫,小国之上卿当大国之下卿,中当其上大夫,下当其下大夫。上下如是。古之制也。"《春秋左传正义·卷26》P198。鲁昭公七年(前535年)"卿违(违指离开本国),从大夫之位。(随大夫的班位)。朔(即罕朔)于敝邑,亚大夫也。其官,马师也,获戾而逃,唯执政(指韩宣子,当时为晋中军帅)所置之。"《春秋左传正义·卷44》P348。

三、职、爵、禄

大国国君十卿禄,卿禄四大夫,大夫倍上士,上士倍中士,中士倍下士,下士与庶人在官者同禄。"庶人在官者"是对未命为士但又担任一定公职的庶人的称呼,这是赵歧的说法。《通典·卷三十五·职官十七》P509。大国国君十倍卿的一位卿相当于四位大夫的收入。上士是收入是大夫的二分之一;中士是上士的二分之一;下士是中士的二分之一。担任公职的庶人与下士相等,但下士额定收入数是个谜。

鲁襄公二十七年(前546年)春"公与免余邑六十,辞曰:"唯卿备百邑,臣六十矣,下有上禄,乱也。臣弗敢闻。且宁子唯多邑,故死。臣惧死之速及也。"公固与之,受其半。《春秋左传正义·卷38》P293。

前546年,卫献公要给予卫国大夫公孙免余六十个邑,后者推辞说:"只有卿才能拥有一百个邑,臣已经有六十个邑了,处于低级职位的人拥有上等职务者才配有的土地数,扰乱了制度。臣不敢被人这样议论。而且宁喜就是因为占有的邑数过多而死,臣不愿死亡来得太快。在郑简公的坚持下,他接受了三十个邑,没有达到卿配置的数额。

前573年,晋悼公在位,指出凡是各部门长官,都应该是受民意好评者。举荐的人适得其所,任官不改变常规,爵位与品德相配,旅、师、正,从下而上,下级服从上级,人民无怨言。

四、周天子与诸侯的政务关系

诸侯国从形式上看是政治上的独立单元,具有优越的地方自治条件,但在扩大化的家族统治意识发展起来的政治体制中,周王与诸侯不存在平等的外交,他们之间是从属关系,王室家族的主要成员以及极少数功臣与现任周王分享政治成就的好处,其中包括颁布政令、司法解释权、土地、人口、资源、贵重生产资料、祭祀器具以及其他大宗固定或流动资产。诸侯国的人口、规格不同的车辆、旗帜、祭礼以及城墙的规模都由国家统一制定,国家的主干道由国家修筑和养护。中央政府的史官记载各诸侯国里所发生的大事。诸侯之间的社会关系大致可分为三类:同姓、姻亲、异姓。他们有拱卫国家的责任。诸侯国家的国君由周王决定,这是一道重要手续。而且,如前所述"大国三卿,皆命于天子,次国三卿,二卿命与天子,一卿命于其君;小国三卿,一卿命于天子,二卿受命于其君。"《通典·卷三十一·职官十三》P446。中央政府代表周王任命大诸侯国的三卿和辅佐政治的五大夫、众士、府史胥徒。在各诸侯国,其封君、两卿和五位大夫均需得到周王室的批准。《礼记正义·卷十一·王制第五》。

中央的六卿:宰、司徒、宗伯、司马、司寇、司空对诸侯各自从下列方面实施垂直管理:治职、教职、礼职、政职、刑职、事职。诸侯定期晋见周王,在春天称之为朝,夏天称作宗,秋曰觐,冬曰遇。周天子有事约定时间会见诸侯称为会,各方诸侯一齐会见称为同,天子有事,诸侯派臣子聘见曰问,诸侯定期派臣子来看望称为视。不同季节的召见有不同的谈话内容。春让诸侯朝见是为商议大事;夏天的召见是让诸侯陈述对国事的政见;秋天安排诸侯朝见是考核诸侯的政绩;冬天让诸侯集聚王都,则主要是协调诸侯间的关系。周王对诸侯还有不定期的召见,一是为了应付突变,二是以示对某个诸侯特殊恩宠。除此之外,天子为了推行将要在全国实施的政令,以及安抚诸侯,会派使臣到各诸侯国视察、慰问,召集各国译员学习,召集各国乐师、大吏、小吏学音乐、文化,派使臣协调各国节符、统一度量衡。诸侯向上的奏事,由大仆或朝大夫转呈周王。若六服以内诸侯有兵寇派人来告急时,天子派大行人接受礼物,听他们的报告,并采取相应措施。君主往往花费巨额的开销招待诸侯。(掌客)至于诸侯国与国之间的邦交,大致形成这样的成规:每年派使臣互致问候,过几年派官员进行一次较隆重的聘问,新君即位时,派官员到小国聘问,到大国朝见。秋官属下的小行人在诸侯国或地方政府之间起重要作用。由他向诸侯发布通令,让其春天交纳贡品,秋天送来考核政绩的述职报告,如果某诸侯国有疫病,就以周王的名义下令让其他诸侯国解救帮助;如遇荒年,则代表周王下令让其他诸侯国给予物质支援。诸侯国以下采邑、乡邑祭祀的范围和采用的礼仪都由天子规定,这是儒家"礼乐征伐由天子出"思想的本源。中央政府对诸侯国的国政保持监督,凡分封的各国,大国小国互相联系,君主设立各国的主管官员称之为牧。通常由比较亲近或有实力的诸侯充任。(职方氏)三公中有上德的上公受九命之仪为伯,以九为节度;侯伯受七命之仪,数为七;子、男受五命,数五;王的三公受八命,卿受六命;大夫四命,受封外出,都加一等。诸侯的嫡长子,得到天子的任命,代行国君责,仅比其国君低一个等级,未经任命,则比子、男爵低一个等级。公爵的卿受三命之仪,大夫受二命,士受一命。子、男的卿受二命,大夫受一命,士受不命之仪。诸侯享有最高的命仪,这是因为诸侯多出自周王的家族,而周王之官优于诸侯之官。法则规定:凡派人办事,天子的头等大事,让诸侯掌管,次一等的让卿掌管,再次大夫,又次士,末等的庶子掌管。同姓兄弟之国的友好往来称之为脤膰之礼,异姓甥舅的国家亲善称之为贺庆之礼。(春官)。显示两周之官亲疏之别,内外之别的实际存在。重亲、重内的特点。当诸侯与天子、诸侯与诸侯之间有不和谐之事,由夏官属下的司盟召集会盟。涉及诉讼和司法权力,中央政府设立了最高立法和司法机构,最高长官是大司寇,每年的正月初一,向诸侯宣布国家刑法,凡诸侯间的诉讼,据六典审理,具体管理者是讶士,一方面,对犯有罪的王亲国戚、贵族、故旧、贤良、才能、功臣、勤勉、宾客可根据情况执行减免刑罚的相关条款,对犯有重罪的诸侯,周王的大司马可以入境缉拿犯人,禁止其与邻国交往,乃至削去封邑,消灭其国君。但凡有爵位和年满七十或年幼未换牙的,都不因有罪而沦为奴隶。(司厉)凡卿大夫之间的诉讼,按八法来审理,即官属、官职、官联、官常、官成、官法、官刑、官计。这些主要涉及的是国家供公职人员的守则和奖惩制度。主管者是方士。凡平民的诉讼,按八成来判决。主管者是士师。犯有下列八种罪行:1.窃取国家机密。2向外国泄露、出卖国家机密。3.组织、参加叛乱。4.违背王令。5.伪称王命以行不法事。6.盗卖国家重要资源和物品。7.结党营私。8蓄意诽谤君王、高级官员以及国家现行政策。《周礼·秋官·士师》。处理上述罪行时均可参照相关判例,对在当地得不到公正审理且贫困的诉讼者来说,他们还有最后的办法:自己坐在中央政府设立的肺石上,这样很快就会引起国家最高审判机关的注意,换言之,国家最高司法机关接受越级申诉。宗主国具有最高司法机构的另一特征是周王司寇属下的司约主管诸侯国之间以致百姓的契约合同。中央高度集权的重要特征之一是当疫病流行,人口大量死亡时周王的政府就会毫无例外地下令诸侯、采邑、四等公邑考虑减刑。减刑的对象应该是将未判决和已判决的人犯都包括在内。就这些现象来看,中央实际享有最高的行政权、立法权、司法权,有常设的上诉终审机构。地方的权力是相当有限的,中央主动分散的权力与不堪制约的地方千方百计争夺得来的权力,不管在使用还是理解上都大相庭径。用道义实现高度而长期的束缚不是理化的办法。问题得到解决或缓解的出口在于：以墨守成规而自傲，目空一切而又短视的中央政府对地方经常缺乏真正的了解，其有效管理同样与理论上有距离。这种距离随时间的推移在不断拉大。当然其中不乏出现极个别有抱负的君主力挽狂澜，一度缩小了距离，但中央与地方的这种政治关系暴露出诸多弊病，一直并无确实有效的解决办法，否定这种制度的时机一旦成熟，就必定最终导致国家的分裂与崩溃。

第二节　行政运作

恺悌君子，神所劳矣。

——《诗经·大雅·旱麓》

一、制度设置——天子、诸侯权力的设置与等级

1. 概念解释

路寝：君王处理政事的地方称路寝，或正寝。

公族：诸侯的同族或诸侯同族的子弟，公族大夫是专门为公族子弟教育设置的官职。

公室：主要是诸侯政权的代称，或者指诸侯君主之家直接掌握的政权、军队和财富。

但是君主缺乏专注或能力不够时，公室就不再是权力的发源地，一些诸诸侯国家的君主被架空丧失大部分权力时，公室就只是一个象征。公室与路寝是两个有关联的词汇。都具有权力的概念，路寝是一个实物，公室则是一个严格意义上的抽象概念。

2. 行政职务

1）王室事务官和王朝政务官的区别

等级社会的核心，是整个社会，每个人都为王服务，鲁昭公七年（前535年）申无宇曰：……天有十日，人有十等，下所以事上，上所以共神也。故王臣公，公臣大夫，大夫臣士，士臣皂，皂臣舆，舆臣隶，隶臣僚，僚臣仆，仆臣台。马有圉，牛有牧，以待百事。《春秋左传正义·卷44》P346。天有甲、乙、丙、丁、戊、己、庚、辛、壬、癸十日，人有王、公、大夫、士、皂、舆、隶、僚、仆、台十个等级，低等级的人侍奉高等级的，最高级的人侍奉神灵。他眼中的社会结构清晰明确，但他没有说清楚的是谁决定等级高低？

三公是重要的官吏,因为是即天子之吏,所以也称为三吏,国家的各级部门人员称为诸司,与群司同义,即诸有司,各主管部门的官吏。

卿分为三等:上、中、下,亚卿:即中卿。也说为次卿、副卿。卿所乘礼车称为先路。

大夫也有三等:上、中、下。亚大夫即中大夫,嬖大夫即下大夫。

前573年二月,晋悼公一次任命下列官员:

四位卿:魏相、士鲂、魏颉、赵武

四位公族大夫:荀家、荀会、栾黡、韩无忌

太傅:土渥浊

司空:右行辛(即贾辛)

御戎:弁纠

车右:荀宾

中军尉:祁奚

中军佐,羊舌职

中军司马:魏绛

中军侯奄:张老

上军尉:铎遏寇

上军司马:籍偃

乘马御:程郑

晋悼公明显违背了大国三卿的规则,他对卿的任命是否要报请周王室审批方能生效? 他可能不需要批准,周天王也默不出声。霸道的做法与晋悼公再次称霸有关。

2) 有世袭的卿,前559年,与宁殖一起驱逐卫献公的孙林父乃卫武公之后,世袭卫卿。

卿有命之区分。鲁昭公十二年(前530年),季悼子之卒也,叔仲昭子以再命为卿,既平子(十年平子伐莒)伐莒,克之,更受三命。《春秋左传正义·卷45》P360。叔仲穆子对平子说"三命超过了父兄,非礼也。"平子认为他的话有道理。要求叔仲昭子辞谢三命。后者表示拒绝,认为不是家庭发生祸乱,杀嫡立庶,本该就有他的位置。表示为此事将与季平子诉讼。季平子对此感到害怕。

卿的任命可以一步到位,鲁昭公二十七年(前515年),专诸刺吴王成功,阖庐让专诸的儿子为卿。《春秋左传正义·卷52》P414。专诸是个刺客,为完成了公子光赋予他的使命献身,公子光即位后立即将专诸之子立为上卿,这是提拔卿的破格举措，不是常规。一般都需要政治阅历的积累。例如，前546年，卫献公因为公孙免余帮助解决专横的宁喜有功，"以为少师，公使为卿，辞曰：大叔仪不贰，能赞大事，君其命之。"乃使文子为卿。《春秋左传正义·卷38》P293。卫献公让公孙免余担任少师，还要命其为卿，公孙免余推荐大叔仪，说：此人忠贞不二，胸怀大局，是个合适的人选。卫献公于是任命即大叔仪为卿。大叔仪在前559年就已经担任官职。

鲁襄公二十二年十二月，郑国卿游贩（子明）奉命前往晋国，还未出国境时，遇郑国人送亲的队伍，这个人兽性大发，攻击新郎将新娘据为己有，不久，新郎带人返回将游贩杀死，夺回妻子。子展废黜了游贩的儿子良，立游贩的弟弟游吉（字太叔）。"国卿，君之贰也，民之主也，不可以苟，请舍子明之类。"《春秋左传正义·卷35》P273。游吉人品好，能力出众，是子产的支持者，前522年接替病故的子产执政。

卿族，晋国的六卿。晋文公（前635—前627年在位）时的中军将、佐、上军将、佐、下军将、佐，地位从上到下，处理国家政治军事，之后军的而设置或多或少，到晋悼公（前572—前557年在位）时，定位三军六卿，都是卿族执政。晋平公（前557—前532年在位）以后，晋六卿被范、韩、魏、智、赵、中行氏，这就是六个家族把持。范氏、中行氏衰落后取消中军，晋出公（前474—前452年）时，赵韩魏三家联手打败执政的智氏，最终是由这三家分晋。

3）有高级行政职务的一般兼有军职

正卿也称冢宰，正卿是部分诸侯国的执政大臣兼最高军事长官，兼上卿与执政卿于一身，权力仅次于国君。诸侯之卿以三命为最高，杜预注：三命，上卿也。《春秋左传正义·卷44》P349。

有些诸侯国未设立正卿一职，有些诸侯国上卿和执政卿是分开的。如前544年，郑国执政良宵被七穆之一的驷带所杀。郑简公让郑穆公曾孙，公孙舍之的儿子罕虎主政，前543年，罕虎主动让位于子产，子产成为执政，子皮仍位居上卿。郑穆公之孙郑国大夫丰卷请求猎取野兽祭祀，子产认为只有国君才能当时猎取新鲜动物肉作为祭品，一般人只能用普通祭品的话阻止他。一言不合，暴躁的丰卷即准备召集兵力攻打子产，子产想要逃往晋国，被罕虎阻止，罕虎驱逐了丰卷，稳定了子产地位。作为子产副职的罕虎仍显得对国家政治很有控制力和主动性。罕氏源出子展的父亲。子展是姬姓、郑氏、名舍之，字子展。又名公孙舍之，乃郑穆公之孙，公子喜（即子罕）之子，后辈以子罕之字为氏，是为罕氏。子展为罕虎之父。前554年起为郑国执政卿，七穆之一，七穆是七家卿大夫家族的合称,均系郑穆公的后代。

郑简公出生于前 570 年,前 565 年即位。前 554 年郑国执政子孔因为专权被杀,八月,鉴于郑简公年龄只有十六岁,郑国人让子展当国,也就是摄政,子西听政,立子产为卿。子产在郑国职位居第三。前 551 年,子产官居少正,相当于亚卿。前 548 年,为还击陈国与楚国联合对郑国的进攻,六月,郑国子展、子产率七百乘进攻陈国。攻入都城,俘获陈国国君。前 547 年,"郑伯赏入陈之功,三月甲寅朔,享子展,赐之先路,三命之服,先八邑,赐子产次路、再命之服,先六邑。子产辞邑,曰:"自上以下,降杀以两,礼也。臣之位在四,且子展之功也。臣不敢及赏礼,请辞邑。"公固予之。乃受三邑。公孙挥曰:子产其将知政矣。让不失礼。《春秋左传正义·卷 37》P287。

郑简公因为攻打陈国的胜利论功行赏,赐郑国执政子展高级乘用车——先路,卿大夫最高等级的礼服——三命之服,更为贵重的赏赐是给予公孙舍之八个邑。赐子产规格略低子展的次路、次于子展礼服的再命之服,六个邑。子产推辞土地,说:"自上而下,按礼节一般是以二数递减。臣的职位排在第四,主要功劳是子展的。臣不敢接受赏赐,请求退还邑。"郑简公坚持,于是接受了三个邑。在场的公孙挥评论说:子产一定会成为执政,因为他谦让时保持礼节周到。子产为什么说自己职位排第四,在陈国宫廷清点战利品时,参与交接仪式上出现了郑国司徒、司马、司空的职官,参加陈国之战的人中还有那些重要官员没有名字记,但是子产和郑简公结果还是达成了妥协,确实是按子产说的职位排位第四的份额赐予邑的数目,应该是八、六、四、二递减,低于第三位的四个邑,高出第四位的二个邑。

鲁僖公二十二年(前 638 年)历事庄公、闵公、僖公、文公的臧文仲家族是鲁国世袭司寇,因为准备祭祀一种叫"爰居"的海鸟,展禽(柳下季)认为他无故增加了祭典,有违政事的常规。臧文仲接受他的意见,"使书以为三筴。"《国语正义·卷第四·鲁语上》P425。三筴,是鲁国重要的策书,同样的记载誊录三份,分属司徒、司马、司空三卿,所以叫三筴。臧文仲当时应该是以司寇主政。此外,季武子想要增设中军时,事先征求了司马叔孙豹的意见,尽管叔孙豹有异议,季武子仍设立了中军,执政显然实施某个计划不需要得到一致同意。季武子为司徒时,叔孙豹之子叔孙昭子为司马,季氏为正卿主管国内,叔孙氏次卿主外交,季氏自季文子起,五代都曾为正卿。由此可见,有些职务具有世袭的特性,并不是说该家族的子弟仕途起步就接任家族的职官,比如司寇,但是经过一定的历练,他们担任家族传统职位的机会非常大。

4）陪臣

国君之臣的家臣，对国君自称陪臣。鲁襄公二十五年（前 548 年）齐庄公的侍从贾举率人服从崔杼的命令围攻齐庄公，他们拒绝齐庄公的全部请求，说"君之臣杼疾，不能听命。近于公宫，陪臣干掫有淫者，不知二命。"贾举带领的一帮人对窘迫中的齐庄公自称陪臣，说君王的臣崔杼正在患病，不能前来接受您的命令。这里靠近王宫，我们这些您臣子的属下接到的命令是捉拿奸夫，没有听到其他的命令，结果齐庄公被他们射杀。《春秋左传正义·卷 36》P281。贾举曾被齐庄公鞭打，他对齐庄公自称陪臣，就是说明他贾举直属崔杼管辖，只服从直接的上司。

5）家臣

家相当于一个权力组织，有专门的议事地点。前 546 年，崔杼之子崔成等杀东郭偃、棠无咎就是在崔氏之朝。这个"朝"，与天子和诸侯的朝廷类似，主要处理家族处理事务，相当于家族事务办事大厅。《春秋左传正义·卷 38》P295。

家臣是卿大夫的臣属，卿大夫的宗族和私邑称为家，家族和封邑内的事务总管称"宰"。宰臣，是卿大夫的臣，管理家族事务。家臣不世袭，也不一定来自本家族同姓氏者，由卿大夫自行任免。"初，鲍国去鲍氏而来（鲁国）为施孝叔（鲁惠公五世孙）臣，施氏卜宰，（这里是用过占卜选择大夫的家宰，即家臣之长），匡句须吉，施氏之宰，有百室（一百家的采邑）之邑，与匡句须邑，使为宰，以让鲍国，而致邑（致邑，指退回采邑）焉。施孝叔曰：子实吉。对曰：能与忠良，吉孰大焉？鲍国相施氏忠。《春秋左传正义·卷 28》P219。

鲍迁弟鲍国曾经离开鲍氏封邑到鲁国，成为鲁惠公五世孙施孝叔的家臣，施氏占卜家宰人选，匡句须很吉利。施氏的家宰有一百家的食邑，将一百家食邑交割给匡句须，让他担任家宰之职，匡句须要将家宰职位让给鲍国。而退还食邑。施孝叔说占卜显示你担任这个职位很吉利。匡句须回答，让位给忠良之人，这才是大吉。施孝叔结束了匡句须的推荐，鲍国对施氏也忠心耿耿。

鲁昭公十二年（前 530 年），季平子立而不礼南蒯，南蒯维子仲曰：吾出季氏，而归其室于公，子更其位，我以费为公臣。子仲许之。《春秋左传正义·卷 45》P360。南蒯是季氏费邑邑宰，子仲即鲁国大夫公子慭，南蒯因为季平子对自己失礼就要背叛自己的属主，将季氏财产充公，更换执政。利令智昏的子仲竟然同意他的想法，但是他随后与鲁昭公去了晋国。南蒯权衡不如季平子强大率费邑叛齐，听闻南蒯叛的消息后归国途中的子仲也逃往齐国。

6）职事官

官员职责各自基本固定,数人担任同一级别职位的有轮流当值的情况。前547年,秦伯之弟鍼如晋修成,叔向命召行人子员,行人子朱曰:"朱也当御。"三云,叔向不应。子朱怒曰:"班爵同,何以黜朱于朝?"抚剑从之。叔向曰:秦、晋不和久矣,今日之事,幸而集,晋国赖之。不聚,三军暴骨。子员道二国之言无私,子常易之。奸以事君者,吾所能御也。"埤衣从之。人救之。(晋)平公曰:晋其庶乎! 吾臣之所争者大。师旷曰:"公室惧卑,臣不心争而力争,不务德而争善,私欲已侈,能无卑乎?"《春秋左传正义·卷37》P287。

前547年,秦伯之弟鍼(即伯车)到晋国重温盟约,晋国大夫叔向下令命召唤晋国行人子员前来,行人子朱说:今天是在当班,连说了三次,叔向都不回答。子朱愤怒地说:"我和子员职位等级相同,为什么要在朝堂上贬我?"手按着剑跟上叔向。叔向解释说:秦、晋不和持续很久了,今天的谈判对晋国极为重要,能够达成盟约,是晋国之幸;协商不成,三军难免死伤。子员谈起二国的事总是合理可靠,您则常常违背原意。行为方式对君侯不利的人,我只能抵制。说完叔向提起衣服迎向子朱手里的剑,二人被在场的人劝阻了。晋平公说:晋国要得到大治理吗? 我的臣子争论的都是大事。"师旷说:是公室的地位怕要卑微了。臣子不是通过智商竞争而是用力量在争;不修炼德行而争执是非。个人欲望太多,公室地位能不下降吗?"

行人子朱认为与秦国盟约是自己的职分和荣誉,主管此事的叔向弃之不用,反而舍近求远,派人通知当天不在班的子员与会,子朱怒气冲冲对叔向提出质疑,受到子朱过激行为的刺激,叔向措辞激烈地反击,若非周围同僚阻拦,二人难免交手。属下对自己上司看起来不恰当的指派当面提出异议,晋平公对此感到欣慰,以此认为自己的臣属皆专注于国事。

8) 临时职务

上介:第一副使。芊尹,官名。盖:陈国大夫。上介芊尹盖对曰:……且臣闻之曰:"事死如事生,礼也。"《春秋左传正义·卷59》P472。

介:副手。鲁昭公十五年(前527年)十二月,晋荀跞如周,葬穆后,籍谈(即籍父,晋国大夫)为介。被周景王斥责为数典而忘祖。《春秋左传正义·卷47》P375。

9) 史官的职责

鲁襄公二十五年(前548年),春,崔杼立齐灵公之子,齐庄公庶弟齐景公为国君,"崔杼立而相之,庆封为左相盟国人于大宫,曰:所不与崔、庆者,晏子乃仰天叹曰:"婴所不为忠于君、利社稷者是与,有如上帝!"乃歃。辛巳,公与大夫及莒子盟,大史书曰:"崔杼弑其君、"崔子杀之,其弟嗣书而死者二人。其弟又书,乃舍之。南史氏闻大史尽死,执简以往,闻既书矣,乃还左传 P94。鲁襄公二十五年,辛巳,公与大夫及莒子盟,太史书曰:崔杼弑其君,崔子杀之,其弟嗣书而死者二人。《春秋左传正义·卷 36》P282。

鲁襄公二十五年(前 548 年),春。崔杼立齐灵公之子,齐庄公庶弟齐景公为国君,崔杼为正卿,庆封为仅次于正卿的左相,在太庙与国人盟誓,誓词是所有人都应该顺从崔杼、庆封。当时盟誓应该还未念完晏婴就插言宣示"晏婴发誓支持忠君爱国者,上帝为证!"他的誓言巧妙地纠正崔杼、庆封设计的忠于他们二人的誓词。对此次盟誓,太史如此记载:"崔杼弑其君"。崔杼看到后将这个太史杀掉并毁坏了记载,其弟继续如实书写,又被杀。第三个弟弟坚持同样记载,崔杼无可奈何,于是释放了这个太史。南史氏听说太史们连续被杀,以为全被杀了,就自己带着竹简前往准备继续他们未完的事,听说有人已经完成记载,于是才返回。史官是一种专业性很强的职业,多系家学,职务父子、兄弟相传。不过南史氏与上述太史应该没有亲缘关系,他是齐国史官中的一个。

鲁襄公四年(前 569 年),魏绛对晋悼公说,"昔周辛甲之为大史也,命百官,官箴王阙。"《春秋左传正义·卷 29》P231。辛甲是周太史,提议百官发现王的过失与不足时应该写下来,说出来,让王知道,改进。

10)太子官

正仆人:即仆人正,仆人之长。杜预为正仆所做的注释是太子的近官。

以上为身体健全者担任的职位。

11)非健全人官职

寺人:即阉人,宫中供使唤的小臣,相当于后来的宦官。"厉公田,……郤至奉豕,寺人孟张夺之,郤至射而杀之。公曰:季子欺余。"《春秋左传正义·卷 28》P220。晋厉公反而怪罪郤至,认为是郤至夺了张孟的豕,既可能是误会,也可能是出于偏心。

巷伯:是一个正式职务,只能用阉人,是主管宫中巷寝门户的小臣。

司宫:阉人之长称为"司宫"。鲁襄公九年记载宋国有这一官号。

他们中不乏人品、智力俱佳者,任职于晋献公晋文公时代的晋国寺人勃鞮(又称伯楚)对晋文公说:事君不贰是谓臣,好恶不易是谓君。君君臣臣,是谓明训。明训能终,民之主也。《国语正义·卷第十·晋语四》P802。具有公正无私的品德,爱憎不受私人情感左右,君主和臣子各尽其责并坚持不懈,造就这样社会的人堪称人民的君王。鲁僖公二十五年(前 635 年)载:"晋侯对新得到的原地大夫的人选征询了勃鞮。《春秋左传正义卷16》P119。他对赵衰的成功推荐在晋国发展史上意义深远。有些人使用的方法比较间接,但效果也明显,比如僚柤。由于鲁国正卿,国相季平子执政中有不公平之处,鲁昭公二十五年(前517年),鲁国宗室季公亥、公为、公果,鲁国公子公贲等人计划杀季平子,派侍人(即宦官)僚柤转告鲁昭公,鲁昭公用戈打僚柤,他跑掉,昭公口里喊逮住他,但没有下正式命令,僚柤因为害怕,几个月不敢见昭公,昭公也没有对此生气,再次派僚柤去说,昭公又拿戈吓唬他,他再次跑,第三次又派僚柤去,昭公表示"非小人之所及也。"最后要公果自己去说,昭公才认真对待。《春秋左传正义·卷51》P407。

男性必须生理非正常化处理后方能担任的国家公职,主要服务于宫廷。将一些人的生殖功能去掉,以免其冒犯君侯的利益,是一种什么哲学思想在合法地让一些正常人致残而自己又可以心安理得? 这个制度或许对被周到侍奉的君主能够起到的作用寄望太高。于是不惜违背自然来取悦于君主,相信欲望得到异乎常人满足的君主能够最终令国家整体受益。

3. 世禄

（1）世卿世禄

生来就是国家官员而且公职要一代又一代地延续下去的主张其实在长期执行,鲁襄公二十四年(前549年)春:穆叔如晋,范宣子逆之:问焉,曰:"古人有言曰:'死而不朽'何谓也? 穆叔未对,宣子曰:昔匄之祖,自虞以上为陶唐氏,在夏为御龙氏,在商为豕韦氏,其是之谓乎?"穆叔曰:以豹所闻,此之谓世禄,非不朽也。……豹闻之,大上有立德,其次有立功,其次有立言。虽久不废,此之谓不朽。若夫保姓受氏,以守宗祊(祊,宗庙之门),世不绝祀,无国无之。禄之大者,不可谓不朽。(穆叔的意思这是世禄。)《春秋左传正义·卷35》P277。他认为范宣子所说是世禄,在叔孙豹的眼中,只有立德、立功、立言才可以称为不朽功绩,至于使家族繁衍,宗庙世世代代祭祀不绝,每个国家都有这样的家族,获得顶级的禄位,不能称之为不朽。叔孙豹这里基本上清楚地解释了世禄,即家族世代担任公职接受俸禄爵位。

2）官职与封邑的取消:

"教不善则政不治,一再则宥,三则不赦。"对于官员的管理原则。《国语正义·卷第六·齐语》P579。当时人们认识到了一个人受到的教育与执政能力有密切关联,强调官位与财富,官位与责任高度对称,鲁哀公五年(前490年)载:郑驷秦富而侈,嬖大夫也,而常陈卿之车服于其庭,郑人恶而杀之。子思曰:

《诗》曰：'不解其位,民之攸墍。'不守其位,而能久者鲜矣。《春秋左传正义·卷57》P457。駟秦是个下大夫,却经常在自己的家庭院中陈列卿的车马服饰,他的官职还没有达到这种级别,却迫不及待地为自己准备了向往的官职配置,虽然没有完全公开,却因此丢了性命,不过事先没有提出任何警告。

失去官位的条件并不苛刻,有时简直是无妄之灾。鲁昭公十六年(前526年)九月,郑大旱,使屠击、祝款、竖柎有事于桑山,斩其木,不雨。子产曰:有事于山,藝山林也,而斩其木,其罪大矣。夺之官邑(官爵和封邑)。《春秋左传正义·卷47》P378。屠击、祝款、竖柎三位郑国大夫受命在桑山祭祀,在山上砍树,还是没有下雨。遭到子产痛斥,他认为祈雨应该是种植树木,下令剥夺三位大夫的官爵和封邑。

二、政治变革的主体——君主(天子、诸侯)与权臣

1. 执政者

1) 天子朝廷的执政者

敕:唐虞之际,内有百揆,庶政惟和,至于宗周,六卿分职,以昌九牧。《旧唐书·卷十一代宗纪》P42。

周天子的执政卿士不是一个人,可能是出于对专权的防范,但是这没有导致权力平衡,执政者们并没有因此协商办事,分权的结构也不能防范权力滥用。

郑桓公,名友,是周厉王的小儿子,周宣王的异母弟,宣王封之于郑(今陕西华县一带)。幽王八年(前774年),郑桓公为周司徒,他是周幽王的叔叔可能是一个原因。九年,王室开始骚乱。幽王十一年(前771年),郑桓公死。周平王自前770年登基,到前720年逝世,居周天子在位时间之冠,仅次于在位64年的齐庄公。周平王末年,秦、晋、齐、楚交替强大,秦景公,秦襄公开始侵占西周的领地作为秦的国土,晋文侯有力的肩膀一度稳定周天子摇摇欲坠的王位,齐庄公、齐僖公在当时开始主持小规模诸侯会盟,楚蚡(即蚡冒,也称熊率,前757—前741年在位)是从那时开始帮楚国西南的一个濮人部族开疆拓土。《国语正义·卷第十六·郑语》P1075。

《史记·郑世家》中记载,前771年,幽王被犬戎杀死在骊山下,并杀郑桓公,其子郑武公继立。鲁隐公三年(前720年),郑武公没有因为娶申侯之女,而申侯曾联络犬戎灭亡西周受牵连,都继续在周平王朝中做卿士(卿士,杜预注为王卿之执政者。二人相继做过司徒官)《春秋左传正义·卷三》P21。由于周平王怨恨郑伯专权,暗中让虢公分掌郑伯的权利,郑伯对自己不能享有专宠明确表示不

满,平王予以否认,于是周天子与郑国决定交换人质,王子狐为质于郑,郑公子忽为质于周。前720年(鲁隐公三年)春,周历三月二十四日,在位五十一年周平王逝世。"周人将畀虢公政。四月,郑祭足帅师取温,(周邑名)之麦。秋,又取成周(周邑名,即洛邑)之禾。周、郑交恶。《春秋左传正义·卷三》P21。三月,周王准备将部分朝政交托给虢公,如果说平王元年迁都洛邑以避开犬戎是软弱的行为,那么他积极引入对郑伯的制衡力量则看来更像寻求主动进取的君主,他没有顺利完成行政权力转移,周平王对郑伯长期的退让还有一个不幸的后果,周平王逝世后,在郑国为人质的太子姬狐因为长途奔丧尤其哀痛之至而亡,其子姬林继位。鲁隐公八年夏(前715年,是周桓王五年,郑庄公二十九年),拥有公爵爵位的西虢国国君虢公忌父"始作卿士于周。"《春秋左传正义·卷四》P31。当时郑庄公承袭其父郑武公在朝廷的卿士位置,周桓王正是按其祖父周平王的生前思路推进,利用虢公加以平衡国家权力,不过他十分小心,动作比较慢,花五年时间才让虢公为卿士。周王朝廷里的诸侯卿士因为自己拥有土地、人口、军队,有时候还有因为辈分高在周王面前享有很大的自由,也很容易变得专制,经常不为周天子所能左右,这些争权夺利的人一方面可能确实在为国事精打细算、周密筹划,另一方面也不排除是纯属自以为是或者私欲。周王室的混乱与这种制度设计密切相关。因为相似的例子不少:鲁宣公十五年(前594年)六月。"王孙苏(周王室卿士)与召氏(又称召氏、召戴公,周王室卿士)、毛氏(周王室卿士)争政,使王子捷(周王子王礼子)杀召戴公及毛伯卫(毛伯,周大臣),卒立昭襄。"周室大臣昭襄是昭戴公之子,杀其父之后即立他儿子为执政卿士。《春秋左传正义·卷二十四》P186。

鲁襄公十年(前563年)十一月,"王叔陈生与伯舆争政,王右伯舆,王叔陈生怒而出奔,及河,王复之,杀史狡以说焉。不入,遂处之。晋侯使士匄平王室,王叔与伯舆讼焉。王叔之宰与伯舆之大夫瑕禽,坐狱于王庭,士匄听之。……范宣子曰:天子所右,寡君亦右之;所左,亦左之。使王叔氏与伯舆合要,王叔氏不能举其契,王叔奔晋。……单靖公为卿士,以相王室。《春秋左传正义·卷三十一》P247。

前563年,因周王卿士王叔陈生与伯舆争政,周灵王偏袒伯舆,王叔陈生怒而出走,到达黄河,周灵王派人通知他恢复职务,处决了王叔陈生憎恶的史狡以取悦于他。王叔陈生不接受,就在当地住下来。晋悼公派使士匄来解决王室争议,王叔与伯舆分别提出诉讼,各自的代理人王叔的家宰与伯舆的属大夫瑕禽,在周天子的王庭辩论,士匄审问。……士匄表示:天子支持的,晋国君主也支持;天子抵制的,晋国君主也抵制。让王叔氏与伯舆合按双方的讼辞提交物证,王叔氏无法提供,逃往晋国。周王室新任命单顷公之子单靖公为卿士,替代王叔执政。《春秋左传正义·卷三十一》P247。

鲁昭公十八年(前524年)春,王二月乙卯,周毛得(即毛伯得,周大夫)杀毛伯过(周大夫),而代之。《春秋左传正义·卷48》P383。

鲁僖公九年(前651年),葵丘之会,晋献公将如会,遇到宰周公,也称宰孔,时任周王室太宰,当时周王室主要执政者之一。他参加了会议,但会议尚未完即先行回周都。途中遇到前往与会的晋献公,宰周公劝其不要参加。"夫齐侯好示,务施与力而不务德,…吾闻之,惠难遍也,施难报也,不遍不报,卒于怨仇,夫齐侯将施惠出责,是之不果奉,而暇晋是皇?《国语正义·卷第八·晋语二》P684。宰周公认为齐桓公喜欢夸饰,帮助别人视作放债;不能回报的,终归会成为怨仇,报怨复仇,齐桓公是不会放过的。这样他就没有闲暇关照晋国的事,宰周公的意思是,最好不要受惠于齐桓公,认为他从事匡扶正义不是出于道德感而是为实现个人目的。献公听从了他的建议。宰周公是个敏锐的人,也有点搬弄是非,这与他作为盟会参加者身份不符。

2. 权利控制与替代——王室权威小于诸侯还是双方都需要公平的第三者?

1)诸侯国元首以及所有者

国君是封地内的实际执政。莒国国君纪公生儿子名仆,立为太子,后又废掉,仆怀恨杀父,携带国家的玉器投奔鲁国,鲁宣公(名倭,前608—前591年在位)派仆人拿亲笔的字条告诉鲁正卿季文子(季孙行父),莒太子敬重我,杀其君携宝投奔而来,替我赐予他采邑,今天一定授予,不要违反我命。鲁太史克(即里革)碰到传命的仆人,擅自修改了手书:莒太子弑君盗宝,替我将他流放到东夷,今天一定要到达,勿得违命。第二天,处置太子仆的官员依照假命令复命处理完毕,仆人以里革的手书汇报,鲁宣公逮捕里革,判其违君命者斩,里革辩称:"毁则者为贼,掩贼者为藏,盗宝者为宄,用宄之财者为奸。"使国君成为藏奸的命令,不能不去掉,臣违反君主命令的也不能不杀。明白过来的宣公说:我确实贪婪,不是您的罪过。释放了里革。《国语正义·卷第四·鲁语上》P438。

是否能够接受正确意见取决于诸侯个人,一般与制度无关。鲁宣公夏天放网在深水中捕鱼,里革断其网而扔掉,指出当下"鱼方别孕,不教鱼长,又行罝罟,贪无艺也。"宣公闻之曰:吾过而里革匡我,不亦善乎!是良罟也,为我得法。使有司藏之,使吾未忘谂。在国君旁侍候的乐师存建议,"藏罟不如寘里革于侧之不忘也。"《国语正义·卷第四·鲁语上》P441。鲁宣公吩咐有关人员将里革扯破的网收藏起来,乐师存建议鲁宣公将里革安排在自己身边担任职务。

晋卿赵鞅在晋君的命名为蝼的苑囿里狩猎,简子的史官史黯听说后,"以犬待于门。简子见之,曰:何为?曰:有所得犬,欲试之兹囿。简子曰:为何不告?对曰:君行程不从,不顺,主将适蝼而麓不闻,臣敢烦当日?简子乃还。"《国语正义·卷第十五·晋语九》P1007。太史墨带着一只犬在门口等待,赵简子见到后问:准备去做什么?他说:新得这只犬,想在园林里试一试它的本事。赵简子说:为何没有听到报告?君有所行动,臣如果不跟进,那就是不顺。主将来蝼打猎,园囿官都不知道,为臣怎么敢叨扰您的值日官?太史墨劝谏的手法高级,赵简子只能接受,至于为何要赵简子放弃狩猎,愉快地享受一段户外闲暇时光,太史墨没有说。

可以自动让出官职:少室周为赵简子之右,闻牛谈有力,请与之戏,不胜,致右焉。赵简子许之,使少室周为宰曰:知贤而让,可以训矣。《国语正义·卷第十五·晋语九》P1006。少室周为赵简子之车右,听说牛谈天生力量非凡,提出与之比赛,少室周输了,要将车右的职务让给他,得到赵简子同意,另外任命少室周为家宰,认为让贤具有榜样作用。

庄公十九年,晋大夫壮驰兹对赵简子说:臣闻之,国之将兴也,君子自以为不足;其亡也,若有余。《国语正义·卷第十五·晋语九》P1006。晋国大夫壮驰兹这样说是因为赵简子问他"东方之士孰为愈?"他认为这是赵简子有意在晋国之外访求贤能,因此祝贺他。壮驰兹认为最有能力的人对国家的兴盛最为重要。

并不是所有上级都总能接受部属的意见,上传意见一是要保证意见的正确合理性,二是需要特别审慎,以免冒犯君王的权威,"初,鬻拳强谏楚子,楚子弗从,临之以兵,惧而从之,鬻拳曰:吾惧君以兵,罪莫大焉。遂自刖也。楚人以为大阍,谓之大伯,使其后掌之。《春秋左传正义·卷9》P71。

鬻拳是与楚国同姓的人,在楚国担任管理章城门的官,曾向楚文王提出谏言,后者一开始并不接受,为了让楚文王接受自己的劝谏,急切中他以刀刃对准楚王,直到君主因为恐惧而接受意见。事后鬻拳自忖:我用兵器威胁君主接受我的意见,真是莫大的罪过,自行对自己处以砍脚的肉刑。楚人赞赏他的品行,让他担任保卫都城安全的官,谓为大伯,楚国君主还让这个职务变成世袭的。

不同意见经常被诠释为敌意的表征,往往代价昂贵。

不接受任务委派的臣属有时也不会受到即时的惩罚,鲁成公二年(前589年),冬,楚进攻鲁国,进入鲁国属地蜀(今山东泰安一带),鲁国大夫臧宣叔被安排前往楚军求和,他不愿前往,理由很婉转"楚远而久,固将退矣。无功而受名,臣不敢。"他的意思是鲁军远离本国时间已经很长,已经快要退兵了。我没有功劳,不敢领受这份退走楚军的荣誉。最后是鲁国执政大夫孟孙(孟献子,仲孙蔑)主动前往,以一位鲁国大夫去楚为人质,赠送楚军三百名工匠为代价才拿到了停战退兵的盟约。《春秋左传正义·卷25》P195。

一个在职官员有本职工作,或有临时差遣。鲁成公十八年(前573年),"齐侯使士华免(齐国大夫,一说士是掌刑职官,华免是名字)以戈杀国佐于内宫(齐侯燕居之地)之朝(朝,指前堂,即内宫的前堂),……《春秋左传正义·卷28》P221。

2)诸侯国内的执政者

诸侯国的执政通常是拥有卿级别的官职,其他各级官员服从于他们。魏国正卿魏舒有可能受贿而枉法裁判,二位晋国大夫阎没、叔宽决心阻止这种事情发生,曰:……吾主以不贿闻于诸侯,今以梗阳之贿殃之,不可。"可见"主"是对卿大夫的尊称,称诸侯为君,或者国君。《国语正义·卷第十五·晋语九》P995。

上卿有权任命上大夫,鲁国的季文子辅佐宣公、成公掌管国家,权倾内外,自己家里却没有穿绸缎的妾,没有吃粮食的马。仲孙它(姬姓,孟孙氏,名它,字子服。他是孟献子即仲孙蔑的儿子)劝说:作为鲁国上卿,您这样会让人误以为您吝啬,国家也不光彩。季文子表示,德行才能荣耀国家。仲孙蔑从季文子那里听到儿子的言论,将其禁闭了七日,子服或者因此得到了感悟,从此变得节俭,处处仿效季文子,季文子看到他改过,认为此人不仅机敏而且果决,能够胜任大事,于是任命他为上大夫。"子为鲁上卿,相二君矣。……"季文子跟进了仲孙它思想的变化,考察后决定"使为上大夫。"《国语正义·卷第四·鲁语上》P455。那些终日兢兢业业,流血流汗,勤于王事的人可能会认为季文子仅仅凭一个人行为的某种改善就得以破格晋升,实在有失公允。

晋平公时,叔向决定与秦景公弟弟伯车议和改变了晋国公职人员办事习惯,当班的外交官员之朱因此与叔向拔刀叔向为坚持自己的意见也愿意与自己的下属决斗,在晋平公时代,叔向职位的起点是太傅,官至正卿。历事悼公、平公、昭公三世。做出这样的调整是出于国家利益,很正常。相比之下,子朱的职位很低,但是维护规则时理直气壮,这显示当时晋国规定的办公程序十分严谨,人们对自己的责任可能建立了普遍的荣誉感。《国语正义·卷第十四·晋语八》P954。

上下级之间发生叔向与至朱类似的情况还算轻微的纠纷,最为严重的后果出现在郤缺罢黜胥克的职务这一决定上。鲁宣公八年（前601年）晋国执政郤缺因胥克有食物中毒，而罢黜了胥克，任命赵朔代替胥克担任下军佐的职务，胥氏因此衰落，所以胥克之子胥童怨恨郤氏。胥童也是著名的臼季曾孙子。他在晋厉公时代等到了机会，郤氏因为专权被晋厉公仇恨，胥童利用晋厉公消灭了郤氏家族。

专制者通常是有能力的人，他们却有个共同的弱点：相信可以完全根据自己的判断，让自己保持行为得体，恰到好处，可对他们这个群体来说，有个总是会出现的时间点，那时他们产生现幻觉，以为自己所想，所做值得、必要而且都绝对正确。鲁襄公二十五年（前548年），庆封与崔杼杀了齐庄公，心怀不满的卢蒲嫳有目的地投靠庆封，一心伺机挑拨庆封与崔杼的关系，各个击破。他设法鼓动庆封杀崔氏，迫使崔杼自杀。至此，庆封就以为这是自己的胜利，根本按捺不住，似乎觉得自己业已控制大局。鲁襄公二十八年（前545年），庆封让儿子庆舍代为理政，自己搬到口蜜腹剑的卢蒲嫳家住下来，这使得齐国官员忘记了办公的朝堂而纷纷改前往这里来朝见。《春秋左传正义·卷38》P298。庆封是一个名副其实的专制者，他过度自信，结果必然出乎他的意料之外。因为专制而丧命的还有卫国的执政者宁喜。鲁襄公二十六年（前547年）二月，宁喜杀卫殇公及太子角。杀掉卫殇公父子的宁喜不知是出于恐惧还是出于狂妄变得十分专横，卫献公对之惴惴不安。前546年，善解人意的公孙免余向卫献公请求杀死宁喜。卫献公说："我能够继位，得到过宁喜的帮助，我本人已经和宁喜说过，'卫国的政事由您把握，祭祀之类的事则由我办理'的话，你想做的事成败难测，不成功就会铸成恶名，卫献公建议停下来，公孙免余却下定决心，他让卫献公不参与也佯装不知道此事，公孙免他行动积极彻底，最终杀死了宁喜等。卫献公同母弟子鲜，（名鱄）十分不满："驱逐我的人上卿孙林父逃亡，接纳我的人宁喜被杀，赏罚混乱，如何能惩恶扬善？君没有信用，国家也没有法制，令人进退失据。而且是我让宁喜表现强势的，他心情颓丧，无法待在祖国，于是逃亡晋国。卫献公派人追上挽留他，被拒绝。子鲜后来终身不仕。他过世后卫献公哀痛至极，一直为之服丧，直到卫献公自己死亡。卫献公对公孙免余杀宁喜充满感激，赐予他大量的土地。还计划给他更高官职，被后者婉拒。

鲁国正卿，国相季平子执政中专横、自私，认为伤及自己利益的鲁国公族季公亥，鲁国公子公贲、公为（即公叔务人，又称务人）、鲁国宗室公果等人计划杀季平子，派宦官僚柤转告鲁昭公，鲁昭公用戈打僚柤，后者逃走，昭公口里喊逮住他，但没有下正式命令，僚柤因为害怕，几个月不敢见昭公，昭公也没有见责。密谋的人再次派僚柤去说,昭公又拿戈吓唬他,他再次跑开,第三次又派僚柤去,昭公表示"非小人之所及也。"公果自己去说,昭公把公果的意思转告臧孙,臧孙认为难度大,郈邵伯听说后则鼓励鲁昭公行动,子家子羁,(又称子家子,子家懿伯)认为:"且政在焉,其难图也。"认为权力掌握在季平子手中,鲁昭公难以成事,否则反而还会因为侥幸行事蒙受恶名。昭公还是开始攻击季氏,杀平子之弟公之,季平子要求昭公查自己都有何罪,不许,请求囚禁在季氏的采邑费地,不获准,请求带五辆车逃亡,均不答应。子家子劝昭公接受季平子的要求,郈邵伯建议杀季平子,昭公都未接受,季氏后来得到叔孙氏,孟孙氏的增援打败鲁昭公,郈邵伯被杀,昭公逃往齐国。《春秋左传正义·卷51》P407。鲁昭公死后被季平子另外单独埋葬在一个隐秘的地方,对于一位君主的身后事而言,这属于比较极端的处置。

有节制的专制比举棋不定的君主要好,阳处父等人就是因为君主的踌躇失去生命,只能归咎于晋襄公的个性,与制度没有根本的关联。早在前629年,晋文公建立五个军以抵御狄人,五军各有帅和佐,共十卿,即先轸、郤溱、先且居、狐偃、栾枝、胥臣、赵衰、箕郑、胥婴、先都,到鲁文公时他们多已不在,有调整卿的必要。晋襄公七年(前621年)在为夷地阅兵做准备时,"晋蒐于夷,舍二军"。《春秋左传正义·卷19上》。晋襄公准备提拔箕郑父、先都,而使士縠、梁益耳将中军,即士縠担任中军将,顶替已经逝世的先且居,梁益耳为中军佐。箕郑父为上军将,先都为上军佐。不满的先克对晋襄公曰:'狐、赵之勋不可废也。'从之。《春秋左传正义·卷19上》P145。先克遂对晋襄公提及狐氏赵氏之功,启发晋襄公对自己先辈先轸、先且居的回忆。晋君当即改变主意,让狐射姑(狐偃之子,即贾季)担任中军将,赵盾为中军佐,阳处父来后,极力推荐赵盾,"阳处父至自温,改蒐于董,易中军。阳子,成季之属也,故党于赵氏,且谓赵盾能。曰:使能,国之利也。"是以上之,宣子于是乎始为国政。"《春秋左传正义·卷19上》P142。阳处父建议改在董地阅兵,并调整中军主帅。阳处父是赵衰的属大夫,所以倾向于赵氏,并且高度评价赵盾的才能。说:使用杰出人才,利于国家。"因为阳处父的游说,优柔寡断的晋襄公再次改变计划,让赵盾居上位,任中军将,狐射姑成为中军佐,变成赵盾的副手。

这个人事布局本来是不错的。鲁文公六年(前621年),赵盾在晋国掌权,制定法度。制事典,正法罪,辟狱刑,董逋逃,出质要,治旧污,本秩礼,续常职,出滞淹,……以为常法。《春秋左传正义·卷19上》P141。执政赵盾制定一系列条规,包括行政、刑法、民法等成文法,授权大傅阳子与大师贾佗在晋国普及实施。

阳处父个性虽被讥讽为华而不实,但是阳处父的上述建议显然是公私兼顾,既回报了赵氏对自己的好意,又为国家选定了一个适合的执政。但是负面的问题也在发酵,晋襄公已经安排了人事,处父又说服君主改变,让狐射姑失去了官职,阳处父的行为可以认定为侵官。晋襄公原准备狐射姑中军将,赵盾中军佐,阳处父建议晋襄公两者对换,晋襄公接受这个建议,但又透露给了狐射姑,后者当时看似毫无异议。前 621 年,狐射姑对得而复失的中军将职位始终无法释怀,派续鞫居杀了阳处父。《春秋谷梁传注疏·卷 10》P42。七年十一月,晋国杀了续简伯(即续鞫居),操纵者狐射姑逃往狄国。晋悼公如果发现阳处父的建议是出于与赵氏的私交,他故意泄露隐情的心机令人震撼;如果完全是无意的疏忽,算得上是一个不应该的错误。就阳处父的建议而言,是相比之下最好的。

先克顶替贾季为中军佐的任命是个悲剧。前 619 年"先克夺蒯得田于堇阴,故箕郑父、先都、士縠、梁益耳、蒯得作乱。"蒯得是晋国大夫,身份不低,刚刚进入晋国政治核心层的先克竟然强夺其土地,一群在政治上失意的人很快找到蒯得密谋。前 618 年,他们派人杀死了先克,公开武力对抗晋政权,"晋人杀先都、梁益耳、箕郑父、士縠、蒯得。《春秋左传正义·卷 19 上》P145。晋襄公的举棋不定造成晋国官员巨大损失,先都、梁益耳、箕郑父、士縠、蒯得、阳处父、先克、续简伯丧生,贾季出逃。

晋国人事安排有规定的顺序,但是调整空间很大,晋楚鄢陵之战发生在前575 年,即晋厉公十六年,晋国使者时任晋新军佐的郤至到周天子告庆。郤至认为这场仗获胜主要归功于自己的才华,周大夫王叔子等人奉承郤至一定会在晋国为相,还呼吁周王室众卿在晋厉公面前多为郤至美言,意思帮助了有真才实学的人,二是有助于周王室树立在晋国的势力。周王卿士邵桓公与晋国使者郤至有一段对话,邵桓公后来转述给单襄公听,邵桓公说"吾曰:子则贤矣,抑晋国之举也不失其次。吾惧政之未及子也。谓我曰:何次之有?昔先大夫荀伯自下军之佐以政赵宣子未有军行而以政,今栾伯自下军往。是三子也,吾又过于四之无不及。若佐新军而升为政不亦可乎?将必求之。《国语正义·卷第二·周语中》P212。

邵桓公告诉单穆公,我是这样对郤至说的:你确实对晋国有功,但是贵国人事安排有规范的排序,我担心短期内轮不到您担任执政。郤至问我:有什么先后次序呢?从前荀伯从位居第六卿下军之佐直接升为正卿;赵盾在晋襄公七年被任命为中军佐,第二卿,没有军功,同年升为正卿,现在栾书主管下军,位居第五卿,直接升任政正卿。这三个人,我郤至与他们相比的话,只有优势,没有弱点,加上又有鄢陵之战的大功,从新军佐升为正卿是言之成理,我一定要尽力争取。《国语正义·卷第二·周语中》P212。邵桓公把他与郤至的话转述给单襄公,后者认为晋国在鄢陵的胜利原因一是楚国的本身问题累积,二是晋国举国协力的成就,郤至却是贪天之功为己功。而且郤至目前地位在七人之下,想要一跃超越前面七人,他们本来都是在等着轮到自己执政,就会产生七个怨恨,单穆公认定郤至是个刀已经架在脖子上还浑然不觉的人。

到底是按照资历还是才能黜陟是个难题,郤至有想法,有野心并非突发奇想,无章可循,郤至正确评估晋国人事制度,有突出的贡献,没有考虑到的是,君主的利益总是大于臣子的利益。只有你的利益与之契合,你个人才会被适时放大。处于竞争状态的诸侯国家对个人的才能多数处于饥渴状态,统一后的国家才会产生尘埃落定,才能已非必备的幻觉。与诸侯国家相比,周王室人才严重匮乏,类似周公旦等早期的精神领袖后继乏人。

姬周的制度结构重叠,利益重叠,运行中产生易于扭结,若无强势的个人做主,形成中轴,大家或变得各自为政,或者无所适从,必然需要主导,有专制需求,他们是一个活跃的群体,或者是因为卓越或者是因为得到信任,他们的行为会更多地抒发个人情感而不是紧贴制度,这在诸侯国更是一个常见的景象。鲁文公七年(前620年),狄国的相酆舒问逃亡在狄国的贾季:"赵衰、赵盾孰贤?对曰:赵衰,冬日之日也;赵盾,夏日之日也。"《春秋左传正义·卷19上》P144。赵衰、赵盾父子都是晋国重臣,前者执政风格如同冬天的太阳,带给人温暖;后者则像夏季的烈日,令人畏惧。这不仅彰显不同的个性,也揭示个人的作用经常可能高度抑制国家制度的作用。

3) 执政具有司法权力

确切地说,司法权是行政权的一部分,执政者不会也不必要解释自己是在行政还是在司法。鲁昭公十三年(公元前529年),楚子之为令尹也,杀大司马薳掩而取其室。及即位,夺薳居田。《春秋左传正义·卷46》P367。楚灵王还在担任令尹的时候,杀大司马薳掩并没收了他的家产。即位之后,又夺取大夫薳居的土地,他认为自己有权这样做,不幸的司马生前被称为善人。申无宇抨击这种粗暴的做法,但是制度无法预防制约,要纠正问题总是要等机会。

徐吾犯妹妹接受了公孙楚的聘礼,这位美丽非凡又明智的姑娘爱的也是文武兼具的公孙楚,但是公孙黑也强烈地爱上了那位美女,他天性中竞争意识瞬间爆发,他求爱的行为方式比较粗鲁,年青人的率真与直接展露无遗,如果二人适可而止,本该是一段佳话,公孙黑与公孙楚家事兵车动用兵器并且有人受伤,行

为让官方震怒,随后官方的介入改变了两个年轻人的命运。所有的求婚都这样不斯文,社会就会混乱。子产亲自参与这个案件的判决:

判词中指出,任何郑国人都应该遵循:1. 畏惧君主,2 听从君命,3 尊重上级,4 孝顺长者,5 奉养亲戚。子产判公孙楚完整违背上述五条:在国都动用兵器,是不敬畏君主;触犯法纪,这是不听从命令;子晳是上大夫,你是下大夫,这是不敬重上级;公孙黑年长于公孙楚,这是不恭顺长者;用兵器对准堂兄,这是不恶劣地对待亲戚。《春秋左传正义·卷四十一》P320。"直钧,幼贱有罪,罪在楚也。"即理据相等,年幼的和身份低的有罪。结果公孙楚被判处流放。事在鲁昭公元年,即前541年四、五月间。

鲁昭公二年(前504年)郑国公孙黑即子晳被子产列举的罪行有三条:1. "尔有乱心,……专伐伯有。2. 昆弟争室。3. 薰隧之盟,女矫君位。有死罪三,何以堪之,不速死,大刑将至。……女罪之不恤,……不速死,司寇将至。"《春秋左传正义·卷42》P327。

子产给出的三条罪名:

1. 擅自攻打伯有。郑大夫伯有即良宵,姬姓,良氏,字伯有。他确实有个悲惨结局,但不是因为公孙黑,他是被郑卿驷带所杀。驷带,姬姓,驷氏,名子上。民间伯有死后化成厉鬼的传闻至少对郑国都城产生了震动,甚至造成了风声鹤唳的气氛。

2. 昆弟争室。(公孙黑、公孙楚的堂兄弟间的纠纷,子产判公孙楚流放的事在鲁昭公元年四、五月间。现在是昭公二年秋,距离判处公孙楚流放已经一年。此次又对一桩已经审结的案子重新审判,这次认定公孙黑在此问题上有罪。

3. 女矫君位。前541年,六位郑国政界要人共结薰隧之盟,事先没有通知公孙黑,他是闻讯后强行加入的,公孙黑假托君位(大概是声称代表郑简公)。包括子产、公孙黑在内共有七人与会。

野心勃勃的公孙黑因为想得到更高职位准备付诸武力,因为被公孙楚戈刺中后留下伤病复发,身体不适而中止,郑国的官员获悉后控制了他。子产闻讯从郑国边境地区急忙赶来,让官员对公孙黑宣布其罪过,强调以上三条都是死罪,迫使公孙黑自行上吊而死,暴尸在该国的交通要道,尸体上放上书写其罪状的木片。他没有逮捕公孙黑,没有让司寇审判他,但是迫使公孙黑在遭逮捕之前自行了断,暴尸大路,官方写明罪状公诸于世,仍是一种合理的司法途径。《春秋左传正义·卷42》P327。

这是一桩判两个当事人都有罪的案件,一个被处以流放刑,另一个被处以死刑。这又是同一案件经过两次审理判决的案例。公孙黑若非后来没有发起为去掉游氏取代其职位的未遂叛乱,公孙黑与公孙楚争夺妻子的案子本已经审结,被无罪释放,否则他后来不可能参与子产等共七人盟约的薰隧之盟。蹊跷的是,子产迫使公孙黑自缢的判词中没有提及公孙黑对游氏动武未遂的罪行。

4) 执政大夫与大夫之间的矛盾

赵武之孙赵鞅,又称赵简子,与其子赵无恤(即赵襄子)并称简襄之烈。晋定公十五年(前497年),晋国内乱,赵简子杀邯郸大夫赵午,这是混乱的开始。赵午亦嬴姓,先祖赵穿封于邯郸,立为邯郸氏,乃赵氏旁支,是赵简子同族叔伯辈或者兄弟,赵午也是中行寅的外甥。战端起因是赵简子要求把卫国进贡的五百户人口迁到晋阳,被赵午拒绝,赵午于是被杀,赵午子赵稷及其家臣公开以邯郸叛。赵午舅舅荀寅(中行寅,又称中行文子)、范吉射(即范鞅、范献子之子,也与赵午有亲)攻打赵简子,赵简子一度处于劣势,赵简子避入晋阳。知、韩、魏三家支持赵鞅,攻打荀寅、范吉射。晋地下邑之役,赵简子为一方,荀寅、范吉射为一方。这场内乱最后以中行氏、范氏逃往国外,封地被其他四卿瓜分为结局。《国语正义·卷第十五·晋语九》P997。

晋定公至晋昭公时,晋国公族更弱,卿家更强。赵简子试图维护公族利益,但这是一个十分复杂的局面,公室弱是因为晋国家君王不完全称职,因此权力被卿大夫侵吞,如果不称职的君王在控制大权的话,他也可能胡作非为。如果被割裂的话,这必然引起竞争,其归属性也一定构成道德问题。但是一个强势可以维护公室体面的卿大夫必然对其他卿大夫有高度制约能力,由于不能被君主赋权,必须由自己建立,那他必然是一个破坏制度的人。这种人太容易被群起而攻之了。类似赵简子的强势人物们如果得不到君主密切配合,也不能保障国家政治具有不间断的合理性。赵简子是郡县制的推动者,这也是强化公室的一种有效途径,对他的后辈李悝、商鞅的变革应该有影响。

具体的权责:

责任区块:靡笄之战,管军法的司马韩献子将斩杀人,晋执政郤克驾车往救,到达时人已经被处决,郤献子请求将被斩的人尸体示众。他的仆人不解,先是心急火燎地来救这个人,现在又要将他暴尸通衢,两种完全不同的行为,这是出自同一个人吗?仆人觉得面前的人完全陌生。郤献子解释说:"敢不分谤乎?"《国语正义·卷第十一·晋语五》P863。郤献子原本认为韩献子杀人不当,他赶来的目的是阻止他犯错,但既然杀了,错误已经铸成,他虽然没有共同错杀,但做了一种类似错事,这样如果将来认定错误划分负责时,他就可以与韩献子共同分担,减少韩献子的压力,郤克将死刑犯的首级示众。可以认为这是在寻求合礼。

有些高官在诸侯国之所以盛气凌人不是因为理由充分或握有大权,而是具有不可阻挡的力量。鲁昭公十年(前532年),陈敬仲后代陈桓子攻打齐惠公后代高氏、栾氏后,与鲍氏分了他们的家产,"凡公子、公孙之无禄者,私分之邑。国之贫痌孤寡者,私与之禄。《春秋左传正义·卷45》P356。虽然分割方式有好的倾向,但毕竟是私自做主处置抢来的财富。

3. 先进的行政理念

鲁成公六年(前585年)六月,晋国栾书救郑国,在郑国的境内与楚国军队相遇,楚军撤离。晋国临时决定入侵蔡国,楚国人救蔡,晋、楚两国军队在蔡国桑隧相遇,赵同、赵括提出与楚国战,栾书准备同意,知庄子、范文子、韩献子都表示反对,栾书接受了三个人的意见,撤军。当时求战的人很多,事后有人对栾武子说:圣人与众同欲,是以济事。子盍从众? 子为大政,将酌于民者也。子之佐十一人,其不欲战者,三人而已,欲战者可谓众矣。求战的是多数。《商书》曰:'三人占,从二人。'众故也。武子曰:善钧,从众;夫善,众之主也。三卿为主,可谓众矣。从之,不亦可乎?《春秋左传正义·卷26》P201。与大众保持一致,是圣人成就功业的原因。为何不听从多数人意见?您作为执政大臣,应该听从民意,十一个部属中,只有三个人不同意出战,《商书》说,三个人同时为一件事占卜,应该听从两个有相同结果人的意见,因为他们是多数。栾武子回答:二种以上的好建议,听凭大众选择;建议中只有一个好,考虑多数的主张。三卿有同样的主张,称得上多数,可以接受他们的建议。他的语言显示他的思维是一个强势有能力且自私的人,但是他明显不适应变化,栾武子的强势不为高视阔步的晋悼公所喜,终被其废黜。

前548年十二月,子产问政于然明"对曰:视民如子。见不仁者诛之。如鹰鹯之逐鸟雀也。子大叔问政于子产。产曰:政如农工功,日夜思之,思其始而成其终。朝夕而行之,行无越思,如农之有畔(田界),其过鲜矣。《春秋左传正义·卷36》P284。子产的行政思想核心在于专注,勤于思而敏于行。这可能是罕虎赏识他的原因。前537年,郑罕虎如齐,娶于子尾氏,晏子骤见之,陈桓子问其故,对曰:能用善人,民之主也。《春秋左传正义·卷43》P340。罕虎在前544年被郑简公任命为执政,次年让执政之位给子产,罕氏(罕虎)、国氏(公孙侨)、游氏(游吉)三家让郑国达到最好时期。晏婴强调的不是他的行政管理能力而是鉴赏力。鲁昭公二十年(前522年),郑子产有疾,谓子大叔曰:我死,子必为政,唯有德者能以宽服民。其次莫如猛。夫火烈,民望而畏之,故鲜死也焉。水懦弱,民狎而玩之,则多死焉。故宽难。"大叔为政不忍猛而宽,郑国多盗,取人于萑苻之泽,大叔悔之曰:吾早从夫子,不及此。兴徒兵以攻萑苻之盗,尽杀之,盗少止。仲尼曰:善哉! 政宽则民慢,慢则纠之以猛。猛则民残。残则施之以宽。宽以济猛,猛以济宽。政是以和。及子产卒,仲尼闻之,出涕曰:古人遗爱也。《春秋左传正义·卷49》P392。这是选取政策的刚猛、柔和各自之利弊:一位称职的执政基本上可以自主行事权力最为理性、老练的执政者,他们的一个共同特点是将个人或国家能力与行为实际产生的效果进行关联评估。赵简子的儿子赵无恤又称赵襄子,是晋正卿,派新稚穆子(即新稚狗)伐狄,胜左人、中人邋人来报,赵襄子将食,专饭有恐色,侍者曰:狗之事大矣,而主人之色不怡,何也? 襄子曰:吾闻之,德不纯而福禄并至,谓之幸。夫幸非福,非德不当雍,雍不为幸。吾是以惧。《国语正义·卷第十五·晋语九》P1015。

晋大夫新稚穆子征讨狄人获胜,夺取了左人、中人两个邑。传递快信的人来报捷,赵襄子正准备用餐,将米饭捏成团时面带恐惧之色,侍者不解:新稚狗那边传来大好消息,为何主人神色不安? 襄子说,一个人获得了他的能力与品德不匹配的荣耀,那是出于侥幸,侥幸不能当着幸福来享受,真正的快乐不应该来自侥幸,所以我有恐惧感。《国语正义·卷第十五·晋语九》P1015。

鲁昭公五年(前537年),"仲尼曰:……周任(古代良史)有言曰:'为政者不赏私劳,不罚私怨。'"《春秋左传正义·卷43》P338。一位执政如何平衡不同意见? 体谅民意? 或者执行何种政策选项?

政治可以实现多种目的,"出于公道"是古老的理想,是崎岖坎坷又引力常在的方向。公道的意义可以暂时抵消,完全否定它又会随时产生诸多弊端。这是古代中国已经认识到政治的本质,周任的观点虽然被孔子所认同,对不少执政者却没有构成任何正面影响,因为社会现实比理论更为复杂,往往是需要立即解决的现实细节问题已经令君王疲于奔命,他们再也无法顾及稍显抽象的宏观理想。

三、权利分散的原因和类型

1. 不当手段获得权力

前604年,叔孙得臣去世,年仅十余岁的叔孙侨如(姬姓、叔孙氏,名侨如,谥宣。又称叔孙宣伯。叔孙氏宗主)继立为卿。当时是鲁宣公五年。位居季孙行父(季氏宗主)、臧孙许(臧氏宗主)、仲孙蔑(孟氏宗主)之下,列第四位,位居诸卿末位。侨如想改变这个状况,十多年来,诸卿其实未尝松懈,各自牢牢地捍卫自己的权力,宣伯只能孤注一掷。"宣伯通于穆姜"。《春秋左传正义·卷28》

P217。记载的言语可以看成叔孙侨如与鲁成公生母穆姜坠入爱河。从过程看女方非常投入,为了满足自己的男友不惜威胁儿子鲁成公,警告鲁国国君如果不照办就要做好被自己两个庶弟取代的准备,她像个被爱情冲昏头脑的女学生,一点也不明白叔孙侨如看似随意地托她帮忙驱逐的两位有权势的鲁国卿士对鲁国政治意味着什么。但是叔孙侨如想的比女方要多,他个人计划的第一步是借助于鲁成公母亲的势力驱逐叔季文子和孟献子,攫取他们的家庭财富,随即扩大自己的权利,乃至在鲁国专权。鲁成公十六年(前 575 年),晋伐郑,诸侯在柯陵会师(柯陵在郑西部,今许昌市南。)参加盟会的鲁成公回国后,驱逐叔孙侨如出国。"鲁成公十六年十月,出侨如而盟之,侨如奔齐。"《春秋左传正义·卷 28》P218。鲁成公十七年(公元前 574 年),"齐国声孟子(齐顷公夫人,齐灵公之母,宋国之女)通侨如,使立于高、国之间(高氏、国氏使是齐国世袭上卿),……奔卫,亦间于卿(位在卫国各卿之间)。《春秋左传正义·卷 28》P218。叔孙侨如被鲁国开缺,对齐、卫毫无功绩,却能身居高位,得益于他优雅于形,身份尤其社会背景优越。他的气质如同利刃轻易切开齐、卫两块黄油,身心融入其中,仓促离开齐国时并没有带走一切,鲁襄公二十五年(前 548)记载,"叔孙宣伯之在齐也,叔孙还(齐国公子)纳宣伯女于灵公,嬖,生景公(景公名杵臼,灵公子,庄公庶弟)。崔杼立而相之,庆封为左相。《春秋左传正义·卷 36》P281。齐景公前 547 年即位时值鲁襄公二十六年。叔孙侨如在鲁成公时为卿,叔孙尪、叔孙穆叔都是他弟弟。叔孙侨如虽然自私、无情,声孟子似乎从未恨他,齐国永远是他的庇荫之地,他的家。值得一提的是,齐灵公是齐顷公儿子,宣伯女儿的美丽一定配得上她夫君的尊贵身份,她与齐灵公所育儿子继位为齐景公。齐景公外表英俊异常,令人如痴如醉,或许得益于母系优异的基因? 宣伯本人也多半是因为容颜端丽甚于智慧而到处被贵妇们快速亲近,宣伯女儿与齐灵公的婚姻是否与声孟子爱屋及乌有关则不得而知。

晋厉公七年(前 574 年),晋国杀死三郤,这是由晋厉公发动得到外嬖们支持的结果,郤锜、郤犫、郤至同为晋卿,都是郤豹后代。晋厉公八年(前 573 年),(正月,栾书、中行偃使程滑弑晋厉公,葬仪中诸侯礼制要求的七乘改为用车一乘。对晋厉公表示出极大的蔑视。《国语正义·卷第三·周语下》P221。晋厉公不是一个口碑好的君王,"晋厉公侈,多外嬖,欲尽去群大夫,而立其左右"。《春秋左传正义·卷 28》P222。杀死权臣,亦即"侈卿"(侈卿指重臣,大臣。单襄公说"今郤至在七人之下而欲上之,是求盖七人也其亦有七怨,怨在小丑,犹不可堪,而况乎在侈卿乎? 其何以待之。"《国语正义卷·第二·周语中》P213。晋国是卿族控制大权的泥淖。减轻诸卿对公室的危害可以巩固自己权力是晋厉公的一种主观推测,事与愿违,他只达到一半的目的,栾书诬告郤至私通楚国,厉公尚能忍受,说其亲于孙周。晋厉公刻对郤至痛下杀手。这个在鄢陵之战提出出奇制胜的战术打败楚国的才智之士被自己的国人阴险的谋杀。周简王十三年(鲁成公十八年,前573年),晋厉公低估了晋国之所以成为卿族快乐土地的成因,被杀,这不是必然的失败,却是诸侯无法拒绝的结果。二月晋悼公即位。栾书弑君是一件震撼诸侯的罪过,但是他做的另一件事同样也会震撼各国:立孙周为晋国之主。孙周乃姬姓、晋氏、名周,又称孙周,周子,前586年出生)晋厉公之侄,乃一代英主。栾书认为孙周贤明年幼时两个长处,提议立周,得到晋国众卿同意。孙周的出现不是临机处置,不是权宜之计,而是被一致看好,是深思熟虑的策划,符合立贤的礼制精神,不符合立长的原则,他即位只有十三岁。晋悼公思想独立,有创意,成就了他挥洒自如的政治人生,二十六岁即称霸中原。

1) 行政权滥用

对国家权利转移的理性解释多种多样:1. 后起的政治人物之间权力相互竞争。宣伯出自姬姓,系叔孙氏、名侨如,因为谥号宣,又称叔孙宣子。鲁成公十六年(前575年)宣伯使告郤犨曰:"鲁有季、孟,犹晋之有栾、范,政令于是乎成。今其谋曰:'晋政多门',不可从也。宁事齐、楚,有亡而已,蔑从晋矣。"若欲得志于鲁,请止行父而杀之,我毙蔑也事晋。蔑有贰矣,鲁不贰,小国必睦,不然,归必叛焉。《春秋左传正义·卷28》P218。

鲁成公十六年(前575年),鲁成公时正卿叔孙氏侨如,秘密联络晋国郤犨说:鲁国季氏、孟氏与贵国的栾氏、范氏一样专权,国家政令都出自他们之手。眼下季文子,孟献子二人商议说:'晋国政令出自各大卿家族,晋君无力掌控,我国不能与晋国结盟,齐、楚是更好的盟友,不论有多大代价,有亡而已,不能与晋国同盟。叔孙侨如说,如果晋国在意鲁国,建议郤犨扣留季文子并杀死他,他本人杀仲孙蔑(即孟献子),这样可以让鲁国顺从晋国。郤犨同意他的意见,扣留季文子。鲁成公从战场回国后,派子叔声伯到晋国找郤犨要人。子叔声伯是郤犨的内兄,五年前,郤犨来鲁国求亲,子叔声伯的同母异父妹妹已经嫁给了施孝叔,子叔声伯令其另嫁郤犨。郤犨希望自己的内兄参与贯彻自己和叔孙侨如的计划,许以重利,子叔声伯坚定拒绝。晋国的范文子和栾武子干预后,与鲁国媾和并释放了季文子。鲁国放逐叔孙侨如,郤犨后来与季文子结盟。宣伯利用外部势力达到自己目的的计划没有得逞在于利益涉及面太广,最关键的人未被发现。

2) 君王个人行为失常。鲁昭公四年(前538年)正月,楚子使椒举如晋求诸侯……。晋侯欲勿许，司马侯曰：不可，楚王方侈，天或者欲逞其心，以厚其毒而降之罚，未可知也。其使能终，亦未可知也。晋、楚唯天所相，不可与争，君其许之。而修德以待其归。若归于德，吾犹将事之，况诸侯乎？若适淫虐，楚将弃之，吾又谁与争？……《春秋左传正义·卷42》P321。

前538年，楚灵王派伍举到晋国征求诸侯的拥护，晋平公准备拒绝晋侯，晋国大夫司马侯阻止晋平公这样做。楚王开始显露出野心了，这可能是因为神明故意让他志得意满，增加人民对他的仇恨而降下惩罚。也许他也能够善终，不能揣测。晋、楚的未来掌控于天，晋国不可与之竞争，主上应该答应楚国，自己提升道德等待结果。如果楚国德行更优越，我国还要服从它，其他诸侯就更不用说了。如果楚灵王不知节制，就是楚国将会抛弃他，那时谁还能与我国竞争？《春秋左传正义·卷42》P321。

与之类似的权力分散还来自具有包容的特征的政治思想，这种分散是一种主动的接纳异议，不会令权力弱化、碎片化以及降低执行力。"郑人游于乡校，以论执政，燃明谓子产曰：毁乡校何如？子产曰：何为？夫人朝夕退而游焉，以议执政之善否。其所善者，吾则行之；其所恶者，吾则改之。是吾师也，若之何毁之？我闻忠善以损怨，不闻作威以防怨，岂不遽止？然犹防川，大决所犯，伤人必多，吾不克救也；不如小决使道，不如吾闻而药之也。"然明曰：蔑也今而后知吾子之信可事也。小人实不才，若果行此，其郑国实赖之，岂唯二三臣？仲尼闻是语也，曰：以是观之，人谓子产不仁，吾不信也。《春秋左传正义·卷40》P314。他的包容思想为郑国带来了好处。

郑僖公五年（前566年），子驷不知是出于公义还是私怨，派人刺死郑僖公，立郑僖公五岁儿子，即郑简公。郑僖公一贯傲慢无礼，子罕、郑穆公儿子子丰，以及郑国执政大臣子驷（即公子騑）都曾领教过，印象深刻，侍奉郑僖公的人屡次劝说郑僖公，反倒被僖公诛杀。《春秋左传正义·卷30》P236。子驷弑君招致了莫大的仇恨，一批郑国公子们计划杀他，预先得到消息的子驷毫不手软，一次杀了四位公子，另外两位仓皇逃走。子驷的敌人却没有因此减少，倒是随着他履职时间延续而增加。

鲁襄公十年（前563年），"初，子驷与尉止有争，将御诸侯之师而黜其车，尉止获，又与之争，子驷抑尉止曰：尔车非礼也。遂弗使献。初，子驷为田洫，司氏、堵氏、侯氏、子师氏皆丧田焉。故五族聚群不逞之人，因公子之徒以作乱。于是子驷当国，子国为司马，子耳为司空，子孔为司徒，冬十月戊辰，尉止、司臣、侯晋、堵女父、子师仆帅贼以入，晨攻执政于西宫之朝，杀子驷、子国、子耳，劫郑伯以如北宫。子孔知之,故不死。书曰:"盗"言无大夫焉。《春秋左传正义·卷31》P246。

前563年,子驷与郑国的名叫尉止的人发生纠纷,在准备对外国作战时子驷减少了尉止的战车,尉止抓到俘虏获,子驷又和他争抢,以尉止的战车超过额定数目不让他献俘虏。当初,子驷主持划分田间水沟的地界时,司氏、堵氏、侯氏、子师氏都丧失了原有土地。所以五个宗族的一些失意的人聚集起来,依靠公子的族党作乱。当时子驷执政,子国为司马,子耳为司空,子孔为司徒,十月,尉止、司臣、侯晋、堵女父、子师仆率领叛乱的人攻打郑国朝廷的西宫,杀子驷、子国、子耳,将郑简公劫持到北宫。司徒子孔事先得到信息知之,暂时逃过一死。春秋记载:"盗"。就是说没有大夫级别的人参加叛乱,尉止等五人都是士。《春秋左传正义·卷31》P246。鲁襄公十九年,子孔还是被追究,如果他不是过分专权,过去了近十年的事也就被淡忘了。反对他专权的人为了有更直观的托词,就溯及既往,将西宫之乱这件陈年往事的加以渲染、追究子孔不忠于君,对同事不义的不良过往也理应追究。

2. 君权神授逻辑链条断裂

1) 原因之一——人品

齐庄公八年(前548年),齐国位置仅次于正卿的左相庆封与执政大夫崔杼杀了齐庄公,卢蒲嫳的哥哥卢蒲癸是齐庄公信任的人,他逃到晋国,一心为齐庄公复仇的卢蒲嫳设法得到庆封的信任,先利用庆封重挫崔氏。前546年,利用崔氏家族内乱,庆封迫使崔杼自缢而亡。忘乎所以的庆封本来就"好田而嗜酒",打猎着迷且酗酒。鲁襄公二十八年(前545年)九月,庆封甚至把执政的权利交给自己儿子庆舍(即子之)打理,"则以其内实(宝物和妻妾)迁于卢蒲嫳氏,易内(交换妻妾)而饮酒,数日,国迁朝焉。(官员改到这里来朝见)。《春秋左传正义·卷38》P298。庆封带着自己的贵重物品、妻妾迁居于卢蒲嫳氏之处,过起交换妻妾、醉饮的荒淫生活,很快国家办公的地点改换到私人的宅邸,官员改到这里来上朝履职。此前,卢蒲嫳召回了在国外逃亡的哥哥卢蒲癸,后者也得到庆舍信任,甚至成了庆舍的女婿,"卢蒲癸臣子之,妻之。"庆舍让女婿做自己的贴身侍卫,鲁襄公二十八年(前545年)。P1013。齐庄公的忠臣们成功复仇。庆舍被杀,崔杼的尸体被重新挖掘出来暴尸于市场。庆封逃至鲁国、吴国,定居朱方,楚灵王军攻破朱方,大众广庭之下,斥责庆封是弑君的人,庆封反齿相讥,楚灵王下令杀死庆封,灭族。庆封荒诞的换妻只是他失败的一个诱因,庆舍骄横独断,目中无人,最重要是庆氏父子低估了卢蒲嫳、卢蒲癸、王何等人忠君的意志,代价十分沉重。

2）原因之二——材力

（1）君王能力的典型案例

晋国晋厉公率四军，中军将栾书，中军佐士燮，上军将郤锜、上军佐荀偃、下军将韩厥，新军将郤犫、新军佐郤至，下军佐荀罃被留在国内。

楚国楚共王，司马子反中军，令尹子重将左军，右尹子革将右军。郑成功领兵参战。

鄢陵之战发生在前575年，晋厉公计划从楚国手里夺取对郑国的控制权，楚共王增援郑国。范文子不同意这个计划，"曰：臣闻之，为人臣者，能内睦而后图外，不睦内而图外，必有内争。盍姑谋睦乎？考讯其阜以出，则怨靖。"《国语正义·卷第十二·晋语六》P885。

范文子说：我听说，作为人臣，先需要努力使国内和睦，然后才能向外拓展。国内矛盾重重时而向外扩张，必然产生内部争斗。为何先不考虑解决国内问题呢？做必要的实地的考察了解真实的民情物产多寡，然后再参与外部竞争，国内的怨毒才能平息。他将国内稳定与向外发展解释成因果关系，范文子的第一次表达的独立意见没有被接受。《国语正义·卷第十二·晋语六》P885。

大部分晋国卿大夫们求战心切的时候，范文子仍然能够静下心来，不愿与楚国交战，他进一步说："君人者刑其民，成，而后振武于外，是以内和而外威。今吾司寇之刀锯日弊，而斧钺不行。内犹有不行刑，而况外乎？夫战，刑也，刑之过也。过由大，而怨由细，故以惠去怨，以忍去过。细无怨而大不过，而后可以武。刑外之不服者。今吾刑外乎大人，而忍于小人，将谁行武？武不行而胜，幸也。幸以为政，必有内忧。且唯圣人能无外患，又无内忧，讵非圣人，必偏而后可。偏而在外，犹可救也。疾自中起，是难。盍姑释荆与郑以为外患乎？"《国语正义·卷第十二·晋语六》P885。

君主用法度治理国家，人民习惯法治生活之后方能对外用兵，因此能做到国内和睦而诸侯畏惧。现在我国刑罚过度，惩罚平民的刀锯刑具都因为用得过多而损坏，惩罚特权阶层的斧钺却没有使用，在国内尚且不能对有些应该施以刑罚的人动用刑罚，对国外就更不用说了。战争，就是惩罚，用来惩罚过错的。过错源自大臣，怨恨来自普通人，所以要以恩惠消除怨恨，尽力禁止大臣的错误，小民就没有怨恨。这之后方能用战争惩罚对我们有敌意的对象。现在我们国家的惩罚不能施加于罪臣，却残忍对待平民，哪有威武可以施加呢？威武未释放而获得胜利，只能是侥幸。以侥幸从事政治，必有内忧。只有圣人既无外患，又无内忧。

如果不是圣人,必须考虑周全后行事。缺失在外,还是可以补救;如疾病由内而生,就难以救治,为何不放弃楚国、郑国,让他们成为外患呢?他言下之意,解决内忧是比消除外患更紧迫的事。

范文子是有预见能力的人,他说话的时候可能在有些人听来跳跃性大,不着边际,实际上他有不一般的敏感力,预测出战争胜利以及成就感会给晋国带来的恶果。不过他的话还是既没有被普遍理解也没有人响应。

晋国决定讨伐郑国,栾武子为上军将,求战心切;范文子为下军将,受栾武子节制,仍在设法阻止开战。他直接对栾武子说:假如我们战胜郑国和楚国,我们的国君会变得失控,会因此认为自己英明无比,他有如此多的宠臣,这些以取悦君王为能事的心里只有利益,都等着丰厚俸禄、赏赐,他的众多爱妾也都渴望土地,这些大宗开销都要在国君伟大之后才能办到。所以,最希望晋国获胜的就是这些人,战争胜利的战利品只能充当他们的点心,为了取悦那些贪得无厌的宠臣、爱妾,晋厉公会不惜裁减文化教育的支出,会从国内的土地所有者那里巧取豪夺,会增加赋税以使得国君财富暴增,但谁又愿意让自己所有的大块土地,积累多年的钱财平白无故地被掠夺?这就是国家的混乱之源。范文子特别指出,最好是不战,其次是不胜,否则国家面临急难。

范文子唇焦舌敝,栾武子终于理解了范文子,但是他不接受他的主张,他先要帮助范文子恢复记忆,让他知道晋国高官将领中的多数为什么对他的想法不屑一顾,栾武子举例解释:韩原之战,秦穆公大败晋惠公,惠公被俘;邲之战,晋国救援郑国而与楚军开战,晋军被楚庄王痛击;箕之战,先轸的军队虽然大败狄人,但因为先前对晋襄公及其生母怀嬴徇私放走孟明视等三个危险的秦国俘虏强烈不满而对晋国国君与太后严重失礼,冷静后又悔恨不已,始终无法释怀的先轸于是故意不穿铠甲护具冲入狄人阵中,城濮之战的英雄就这样毫无意义地死于狄国的无名小卒之手,没有死得其所。尽管栾武子最后的一条比较勉强,前两项确实令晋国蒙羞,这些都是晋国痛苦的回忆,在晋国执政的人,有责任维护国家的尊严。他表示,现在晋国执政人如果不积极为晋国复仇雪耻,又逃避与蛮夷的作战机会,无疑是在放大已有的耻辱。晋国的领袖们更重视国家的急需,未来会有何忧患他们已无暇顾及。

听到这些话的范文子更加焦虑,第三次直接劝导栾武子:"择福莫若重,择祸莫若轻。"

但他的话音很快被战场上兵器、轮毂的撞击声和军官下达命令以及士卒们尖利的喊杀声淹没。

晋军在鄢陵大胜楚军，范文子站在晋厉公战车马之前告诫自己的国人："'天道无亲，唯德是授'。吾庸知天之不授晋且以劝楚乎？君与二三臣其戒之！夫德福之基也，无德而福隆，犹无基而厚墉也，其坏也无日矣。"天道对人类没有亲疏，唯有德者获好运。我不能确定这个战争结果是天有意不将福分赐予晋国，而以失败来激励楚国。没有德行而福气逼人，如同加厚没有基础的墙体，崩塌的日子转眼就到了。他在偌大的战场上不管不顾地大声疾呼，但他估计是白喊一气，这个有预测能力的立即采取行动"反自鄢，范文子谓其宗、祝曰：君骄泰而有烈，夫以德胜者犹惧失，而况骄泰乎？君多私，今以胜归，私必昭。昭私，难必作，吾恐及焉。凡吾宗、祝，为我祈死，先难为免。《国语正义·卷第十二·晋语六》P892。

范文子从鄢陵战场上回来之后，立即召集自己的宗族，说君主骄侈而有战功，用德行获得胜利还恐怕失去，何况用的是骄侈呢？君主的宠臣爱妾多，今天得胜归来，那些人一定会显赫，他们显赫，灾难一定发生。我不愿意被卷入，我们的宗人和家祝一齐为我祈死，以免首先遭难。晋厉公七年（前574年）夏天，范文子逝世。以上简洁的话语中的大量的信息证实了范文子在鄢陵之战前后的言论是胜败荣辱相互关系的重要思想，具有理性主义的色彩。

被鄢陵之战的战果冲昏头脑的晋厉公逐渐开始失控，"怠教而重敛，大其私暱，杀三郤而尸诸朝，纳其室以分妇人。《国语正义·卷第十二·晋语六》P889。胜利点燃了人格不成熟的晋厉公要全面证明自己的抱负，晋厉公有过自己君主人生的辉煌，在即位的第三年，即前578年，晋国率领诸侯在秦国的麻隧击败强大的秦军，以致因此而一蹶不振的秦桓公次年病故。《史记·卷五·秦本纪第五》P196。时隔三年，又打败了楚共王。但是一位称职君主不仅要有战争胜利的智商，还要善于发现没有统一服装，彼此没有恶语相加的敌人。晋厉公非常不适应变化，他明显失去了自我，自认为平庸的君主会因为循规蹈矩而安分守成，但晋厉公只能将自己归类为英主，盛名的负载令他显然吃不消。范文子担忧的其他事果然也都接踵而至，范文子声嘶力竭又孤单地阻挡一场瘟疫般胜利的举措是何等先见之明：

1. 轻视文教道德。这条没有例证。

2. 增加宠臣的俸禄。没收郤氏家产后分配给自己的爱妾。

3. 被栾书设计迷惑，开始怀疑郤至想拥立晋襄公之孙，孙谈的儿子孙周，晋国规定，公子不能住在国内，当时孙周住成周。因此派人杀郤至、郤犨（又称苦成叔）和郤锜。三人事先得到消息，郤锜对郤至说："君不道于我，我欲以吾宗吾党夹而攻之,虽死必败,君必危,其可乎?"郤至曰:"不可,至闻之:武人不乱,智人不诈,仁人不党,夫利君之富,富以聚党,利党以危君,君之杀我也后矣,且众何罪?钧之死也,不若听君之命。"是故皆自杀。《国语正义·卷第十二·晋语六》P894。三郤的遗体被摆放在朝堂上示众。

晋厉公的三位嬖臣长鱼矫、胥之昧、夷羊五一起参与杀三郤,长鱼矫是他们中最不容易满足的人,也看得最远,杀死三郤后他劫持了栾书、中行偃,对厉公说,不杀死这两位,祸害一定降临。厉公曰:一个早上已经有三卿横死,不能再增加了。长鱼矫对曰:臣闻之,乱在内为宄,在外为奸,御宄以德,御奸以刑。今治政而内乱,不可谓德;除鲠而避强,不可谓刑。德刑不立,奸宄并至。臣脆弱,不能忍俟也。乃奔狄。晋厉公七年十二月,长鱼矫主动结束了与晋厉公的友情,逃往狄国。《国语正义·卷第十二·晋语六》P894。

长鱼矫谦称自己脆弱,不能在隐忍中等到下一个时机,然后一走了之,去了狄国。习惯了长鱼矫甜言蜜语的晋厉公突然发现这个惟命是从的人也可以措辞严厉,说出如此生分的话,长鱼矫刚刚参与完成了卑鄙的策划,逼死了鄢陵战场上英雄郤至等,一下子又转身成为晋国道德与法治唯一捍卫者。他的变化太大,内心太复杂,让晋厉公的余生陷入苦思冥想,莫名其妙的晋厉公就这样痛苦地被长鱼矫无情地丢下,这位并不嗜杀但享乐至上的君主再也没有等到长鱼矫回来,向他奉献异国的珍异与殊丽。在惶惑中度过了三个月(其中有一个闰月),次年正月,厉公等来了刺向自己身体要害的利刃。《国语正义·卷第十二·晋语六》P894。晋厉公总体上是被自己的胜利打败。

3. 晋厉公被何人所弑有两种说法:1)"于是乎国人不蠲,遂弑诸翼,葬于翼东门之外,以车一乘,厉公之所以死者,唯无德而功烈多,服者众也。《国语正义·卷第十二·晋语六》P889。上文说的是人民认为国君行为不当,将其杀死。2)"栾书弑厉公,乃纳孙周而立之,实为悼公。《国语正义·卷第十二·晋语六》P894。这里说的是栾武子杀死晋厉公。晋国本年逝世的重要人物有范文子、郤至、郤锜、郤犨、晋厉公先后在半年内辞世,晋厉公七年(前574年)夏,范文子逝世。十二月,三郤被逼自杀,三个月后,次年周历正月,弑厉公。《国语正义·卷第十二·晋语六》P892。晋国将引来一个朝气蓬勃的时代。

晋人杀厉公后,大夫们在清原迎接悼公。悼公即孙周,名周,是晋襄公的孙子,孙谈的儿子,所以叫孙周,是因为在周朝事单襄公。(参见《国语正义·卷第三·周语下》)悼公对大夫们说:孤始愿不及此,孤之及此,天也。抑人之有元君,将禀命焉。若禀而弃之,是焚谷也。其禀而不材,是谷不成也。谷之不成,孤之咎也;成而焚之,二三子之虐也。孤欲长处其愿,出令将不敢不成。二三子为令之不从,故求元君而访焉。孤之不元,废也,其谁怨?元而以虐奉之,二三子之制也。若欲奉元以济大义将在今日,若欲暴虐以离百姓,反易民常,亦在今日。图之进退,愿由今日。大夫对曰:君镇抚群臣而大庇荫之,无乃不堪君训而陷于大戮,以烦刑、史,辱君之允令,敢不承业。乃盟而入。(君臣结盟的场景)《国语正义·卷第十三·晋语七》P901。

悼公对大夫们说:我本没有想到入继君位,能成为晋君,这是天的意志。但是让国家有君主,就要服从君命,如果立君王后又不接受他的命令,就像焚毁粮食。如果立的君王不称职,如同播种后没有结穗。稻秧没有结穗,是我的问题;粮食有收成了又将其焚毁,是你们的问题。我愿做个你们希望的好主,长久保持理想,审慎理政。你们过去因为命令得不到执行,所以访求好国君。如果我不像个人君,就废黜,不会怨恨谁。如果我称职却不能受到一些人应有的尊重,这就要看各位如何处置了。晋国有伟大的可能,也有破败的危险,他鼓励晋臣做出正确的选择。结果全体大臣同意效忠国君,达成盟约后进入国都。

悼公四年(前569年),会诸侯于鸡丘,魏绛为中军司马,公子扬干乱行于曲梁,魏绛斩其仆,公谓羊舌赤曰:寡人属诸侯,魏绛戮寡人之弟,为我勿失。(替我把他抓起来)赤对曰:臣闻绛之志,有事不避难,有罪不避刑,其将来辞。言终,魏绛至。授仆人书而伏剑,士鲂,张老交止之。仆人授公,公读书曰:臣诛于扬干,不忘其死。日君乏使,使臣狃中军之司马,臣闻师众以顺为武,军事有死无犯为敬,君合诸侯,臣敢不敬?君不说,请死之。公跣而出,曰:寡人之言,兄弟之礼也。子之诛,军旅之事也。请无重寡人之过。反役,与之礼食,令之佐新军。《国语正义·卷第十三·晋语七》P916。对晋悼公的考验不快不慢地来临。悼公四年(前569年),会诸侯于鸡丘,魏绛为中军司马,晋国军队在曲梁一带行军时,晋悼公的弟弟公子扬干的车扰乱了行军队伍,魏绛(也称魏庄子)将其驾车人斩杀。晋悼公对羊舌赤曰:寡人为诸侯君主,魏绛竟然处死了我弟弟的驾车人,替我把他抓起来。羊舌赤回答:我了解魏绛,遇到危险从不躲避,对有罪的人一定惩罚。他一定会来报告情况。刚说完魏绛就来了,他把信件交给随行人员自己将剑架在脖子上,士鲂,张老一起阻止魏绛。魏绛仆人将书信呈递给晋悼公,晋悼公读道:我责备了扬干,也没有忘记自己的死罪。此前我君主缺乏官员,让我勉强做中军司马,我听闻军队以服从为卓越,军事行动中即使是死也不能冒犯秩序。君会合诸侯,臣敢不恭敬?君主对我不满,请让我自裁。晋悼公光着脚就跑出来,说:我有关公子扬干的话,是兄弟之间礼仪;你行诛杀,是军旅之中的行为。您若伤害自己,就是在加重寡人之过。悼公盟会回国后,特意宴请魏绛,提拔他为新军佐。《国语正义·卷第十三·晋语七》P916。

前 562 年,晋悼公伐郑,郑简公为了媾和送来美女、乐师、妾三十人,歌舞女十六人,歌钟二列,及镈磐等乐器、辂车十五乘,一百辆战车的装备。公赐魏绛歌舞乐女八人,歌钟一列。说:你指导寡人与戎、狄和解,以理想的方式和中原诸侯相处,八年以来,七次会合诸侯,我深感满意,请你与我共乐。魏绛推辞,认为是君王的威望运气以及群臣的努力,晋悼公强调魏绛个人的特殊作用,坚持自己的决定。《国语正义·卷第十三·晋语七》P928。《春秋左传正义·卷31》P249。

军尉祁奚准备退休,向晋悼公告辞,悼公问他谁可以继任军尉,他推荐了自己的儿子,他援引:'择臣莫若君,择子莫若父。'这句话作为理据,晋悼公听完他对自己祁午的评价后,任命祁午为军尉,"公使祁午为军尉,殁平公,军无秕政。"《国语正义·卷第十三·晋语七》P918。这件事发生前 570 年,晋悼公在位的第二年。晋平公前 557—前 532 年在位,历 26 年,前 532 年去世,祁午一直将军内的事管理得井井有条。

韩厥告老,使公孙穆子受事于朝,辞曰:厉公之乱,无忌备公族,不能死。臣闻之曰:'无功庸者,不敢居高位。'今无忌,智不能匡君,使至于难,仁不能救,勇不能死,敢辱君朝以忝韩宗,请退也。故辞不立。悼公闻之,曰:难虽不能思君而能让,不可不赏也。使掌握公族大夫。《国语正义·卷第十三·晋语七》P921。

韩厥退休时,让自己的儿子公孙穆子(即韩献子长子无忌)到朝廷去接受任命,公孙穆子拒绝父亲的安排:发生晋厉公之乱时,我无忌与公族同姓,没有为君王尽死节。我也听说过:'没有功劳的人,不应该居居高位。'现在的无忌,智力不足帮助君王纠正过失,使其被弑;仁不足以拯君主危难;勇气不足以慷慨赴死,不敢在君王的朝廷内任职,这也会羞辱韩氏宗族。请求推辞,坚持不任职。晋悼公听闻此事后评论说:君王遇险时虽然没有死难,但有谦让的美德,应该予以奖励。命令他出任公族大夫一职。谦让的儿子拒绝父亲之命,却不能拒绝君王之命。

悼公问晋大夫汝叔齐,说:何谓德义? 对曰:诸侯之为,日在君侧,以其善行,以其恶戒,可谓德义矣。公曰:孰能? 对曰:羊舌肸习于春秋,乃召叔向使傅太子彪。《国语正义·卷第十三·晋语七》P928。司马侯有意推荐叔向,缩小了德义的内涵,诠释为明辨、勇敢。也就是诸侯君主的一切言行,每天在君主身边的人,以他们的善行为尺度,加以实行;以他们的过恶作为警示。这是当时一个合格臣属抽象化了的责任范围。司马侯推荐叔向,叔向出身晋国公族,晋武公后裔,但叔向在五个兄弟中排行第二,若非司马侯推荐,他的机会比较少,太子彪就是后来的晋平公。叔向与司马侯是一生的朋友,司马侯在叔向之前亡故。

3) 原因之三——自命不凡的大国和中原国家数典忘祖,知识落后。

鲁昭公十七年(前 525 年)秋,郯子来朝,公与之宴,昭子(昭子,叔孙豹之庶子,又名叔孙婼,叔孙昭子,叔孙。)问焉,曰:少皞氏鸟名官,何故也? 郯子曰:吾祖也,吾知之。昔者黄帝氏以云纪,故为云师而云名。炎帝氏以火纪,故为火师而火名,共工氏以水纪,故为水师而水名。大皞氏以龙纪,故为龙师而龙名。我高祖少皞挚之立也,凤鸟适至,故纪于鸟,为鸟师而鸟名。凤鸟氏,历正也。玄鸟氏,司分者也。伯赵氏,司至者也。青鸟氏,司启者也。丹鸟氏,司闭者也。祝鸠氏,司徒也。鴡鸠氏,司马也。鸤鸠氏,司空也。爽鸠氏,司寇也。鹘鸠氏,司事也。五鸠,鸠民者也。五雉,为五工正,利器用,正度量,夷民者也。九扈,为九农正,扈民无淫者也。自颛顼以来,不能纪远,乃纪与近。为民师而命以民事,则不能故也。"仲尼闻之,见于郯子而学之,既而告人曰:"吾闻之,天子失官,学在四夷。犹信。"《春秋左传正义·卷 48》P381。

鲁昭公十七年(前 525 年)秋,叔孙豹的儿子叔孙昭子问来访的剡国国君,少皞氏为什么要用鸟作为官职的名称。郯子回答:少皞氏是我们的祖先,所以我可以回答你。从前黄帝以云记事,所以设置的各部门长官以云字命名;炎帝氏的各部门长官官职以火字命名;共工氏的各部门长官的官职以水字命名;大皞氏的各部门长官官职以龙字命名,都是一个道理。我高祖少皞挚即位时,正好有凤鸟来临,所以用鸟纪事,为各部门的长官用鸟字命名。例如:凤鸟氏是掌握天文历法的官;玄鸟氏,主管春风秋分;伯赵氏(伯劳鸟),管冬至夏至;青鸟氏,管立春立夏;丹鸟氏,管冬至夏至。祝鸠氏是司徒之官。鴡鸠氏是司马。鸤鸠氏是司空。爽鸠氏是司寇。鹘鸠氏是主管农业的司事。五鸠是鸠聚人民。五雉为五位管理手工业制作的官,制造和改良器具,制作、维护度量衡,以利于市场公平互惠。九扈是九种管理农事的官,不允许有任何人逃避劳动。自颛顼以来,不能记录远古的事,就从近古的事开始记录。作为百姓的长官而以百姓的事命名,则不能照过去办理了。"仲尼闻讯,觐见郯子而学习古代职官制度,后来告诉别人说:"我听说,天子失去了古代官职,但官职制度的学问在四夷还保留着,我认为属实。"《春秋左传正义·卷48》P381。

君臣换位的结果评估,鲁昭公元年(前541年),赵孟谓叔向曰:令尹自以为王矣,对曰:王弱,令尹强其可载!虽可,不终。赵孟曰:何故?对曰何如?对曰:"强以克弱而安之,强不义也。不义而强,其毙也速。……令尹围王,必求诸侯,晋少懦矣,诸侯将往,若获诸侯,其虐滋甚,民弗堪也,将何以终?夫以强取,不义而克,必以为道。道以淫虐,弗可久已矣!《春秋左传正义·卷41》P319。

前541年,楚国令尹宴请赵孟,赋《诗经·大雅·大明》的首章,这首诗描绘是文武王崛起的经历,全诗分为八章,三、五、六、八章为八句。一、二、四、七章为六句。"明明在下、赫赫在上,天难枕斯,不易为王,天位殷适,使不挟四方。这六句说的天命难测,为君不易,殷受因为嫡出胜过了庶出的长子微子启即位,又因为行为混乱丧失国家"。赵孟赋《诗经·小雅·小宛》之二章,就谦恭得多,诗的中心是生活不易,应该谨小慎微。战战兢兢,如履薄冰一句,就在整首诗的结尾。赵孟就宴会过程与叔向讨论,叔向认为楚国目前令尹强势,国君弱,令尹会达到自己的目的,但不能善终。这个原理是,令尹成为国王之后,会寻求诸侯支持,这会削弱晋国,得到越来越多诸侯拥护之后,他会忽略人民,直到人民不能忍受其暴虐。遭国人反抗者,怎么会善终?叔向的理由听起来有点牵强,但他可能是从楚灵王一些不太稳妥服众的行为中看出端倪。

四、权利合理与不合理转移有各种各样的原因

1. 一位改变大局的霸主从何而来?

以克勤克俭,兢兢业业引领国家走向发展繁荣强盛的执政从哪里来?不是直接的任命,而是得益于个人品德,这些美德可能是纯粹天赋,也可能是权宜之计。当有急切的需要时,信的定义可以很刻板,鲁僖公三十一年(前629年,晋文公八年)晋国饥荒,文公问晋大夫箕郑说:"就饥何以?对曰:信。公曰:安信?对曰:信于君心,信于名,信于令,信于事。公曰:然则若何?对曰:信于君姓,则美恶不逾;信于名,则上下不干;信于令,则时无废功;信于事,则民从事有业。于是乎民知君心,贫而不惧,藏出如入,何匮之有?公使为箕大夫(箕,晋地名),及清原之蒐。(阅兵,从此新创立五军,即原有的上中下三军,加新上军,新下军,共五军)使之佐新上军。《国语正义·卷第十·晋语四》P831。

晋文公问箕郑如何应对饥荒,得到的是一个迂回的回答,认为应该从君主的内心,到政令的制定与执行都应该名副其实,兑现承诺。如果君主的决心与善意被国民接受,他们就不会惧怕眼前的困窘,有长期的计划,稳定下来,不过箕郑还

是有个明确的提议,让晋文公把国家支出视同岁入,积极赈灾,人民有,也就是国家有,不过是将财物粮食挪动了地方,纵使每天支出,晋文公的国家哪里匮乏呢。晋文公认为这些话有价值,任命他为箕地大夫。前629年秋清原阅兵时,又提拔箕郑担任新组建的新军上军副将,成为八卿之一。次年冬天,晋文公逝世了。

晋文公生前咨询赵衰何人可以做晋军中军统帅,赵衰推荐五十岁仍学而不倦的郤縠,晋文公又准备让赵衰担任卿,具体职务是下军将,赵衰一下推荐了三个人。正直细心的栾枝,深思熟虑的先轸,以及阅历丰富的胥臣,晋文公于是让栾枝先轸成为下军的正、副统帅,郤縠逝世后,又任命先轸接替他的中骏统帅位置。然后胥臣接替先轸之下军的副职。晋文公还是要任命赵衰为卿,赵衰这次推荐的是狐偃(城濮之战居功至伟),狐偃以自己的哥哥狐毛更有智慧,而且年龄大些应该先得到任命为由婉拒,文公于是任命狐毛、狐偃兄弟二人为下军正副统帅。狐毛逝世后,文公想要任命赵衰接替他,赵衰有推荐先轸的儿子先且居,认为他在城濮之战中有出色表现。文公于是任命先且居为上军统帅。文公为赵衰的公正无私感动,清原阅兵时让赵衰统领新上军,箕郑为他的副手,胥婴先都为新下军的正副统帅。狐偃逝世后,先且居请求给自己派副职,文派赵衰接替狐偃。文公称赞赵衰:三让不失义,让,推贤也;义,广德也。德广贤至,又何患矣?《国语正义·卷第十·晋语四》P836。他认为赵衰三让都合于义,让,是推荐贤能;义是崇尚美德。美德得到普遍认同,群贤毕至,目前完美无缺。

鲁僖公二十七年(前633年,晋文公四年)冬,被庐新增中军,形成三军规模。《春秋左传正义·卷16》P120。

具体安排是:郤縠中军将,郤溱中军佐,狐毛上军将,狐偃上军佐,栾枝下军将,先轸下军佐。荀林父为晋文公驾驶兵车,魏犫为晋文公兵车右卫。

赵衰和晋文公上述对话是被庐阅兵时君臣研究、任命军队将领的真实记载,这是意义深远的一次人事安排,郤縠成为晋国历史上第一任中军统帅。他是个杰出的军事家,晓畅军务,又是个理性主义者。前632年三月,晋国郤縠统帅晋军攻打楚国的盟国曹国时阵亡。破格提拔了在对楚国的盟国曹卫作战有优异表现的先轸出任中军将,而不是让狐毛、栾枝、郤溱等递补。胥臣接替先轸为下军佐。四月,城濮之战开始,本该担任上军主帅的狐偃虽然让位于自己的兄长,无损于他在城濮之战中展现出杰出的才华,鉴于上述各位的精彩表现,赵衰的推荐可谓实至名归。晋文公信任赵衰也并非没有缘故,鲁僖公二十五年(前635年)载:"晋侯问原守于寺人勃鞮,对曰:昔赵衰以壶飧从,径,馁而弗食。故使赴原。

《春秋左传正义·卷16》P119。

"文公学读书于臼季(即胥臣,也称司空季子),三日,曰:吾不能行也咇,闻则多矣。对曰:然而多闻以待能者,不犹逾也?《国语正义·卷第十·晋语四》P836。经过三天的学习,文公表示,我知道的知识是增加了,但这些我不能实行啊。臼季说:多学点东西等待能实行的机会,不还是比不学习好吗?《国语正义·卷第十·晋语四》P836。

文公问于郭偃曰:始也,吾以治国为易,今也难。对曰:君以为易,其难也将至矣。君以为难,其易也将至焉。《国语正义·卷第十·晋语四》P837。您觉得容易的时候,会遇到很多难题,因为您准备不足;您认为困难的事,往往因为您准备充分,在处理的时候会变得很简单。

文公与胥臣讨论教的意义:后者说到应该因材施教和使用。比如蘧蒢、戚施、僬侥、侏儒、矇瞍、嚚瘖、聋聩和童昏各种生理条件不同的人要不同对待。不能与童昏者讨论重大事务,诸如此类。"质将善,而良善赞之,则济可俟。若有违质,教将不入,其何善之为?"患有鸡胸的人不可以让其附身,驼背不能让其后仰,矮种人不可让其负重,侏儒不可以让其做拉车,盲人不可以让他查找东西,哑巴不能令其演说,聋子不可以让其接受口令。弱智的人不可以用来参与谋划。他列举一系列周文王的天才的成熟行为,说文王出生时母亲没有费力、当学生时,老师没有费力,父亲没有生过他的气等。"若是,则文王非专教诲之力也。"文王的成功基本不是教诲的功效,文公曰:然则教无益乎? 对曰:"胡为文? 益其质。故人生而学,非学不入。《国语正义·卷第十·晋语四》P837。但是他认为,不同特质的人可以通过教育扬长避短,比如一位盲人,可以学习音乐,驼背可以敲钟等。

2. 对命令的选择权

"司马子期欲以妾为内子,访之左史倚相曰:吾有妾而愿,欲笄之,其可乎? 对曰:昔先大夫子囊违王之命谥;子夕嗜芰,子木有羊馈而无芰荐。君子曰:违而道。谷阳竖爱子反之劳也,而献饮焉,以毙于鄢;芋尹申亥从灵王之欲,以陨于乾溪。君子曰:从而逆,君子之行,欲其道也,故进退周旋,唯道是从。夫子木崩违若敖之欲,以之道而去芰荐,吾子经营楚国,而欲荐芰以干之,其可乎? 子期乃止。"《国语正义·卷第十七·楚语》P1136。

楚国大司马司马子期(即公子结)是楚平王的儿子,子西的弟弟,想要把妾扶为正妻。专门咨询左史倚相(左史倚相为楚国大夫,左史是晋、楚都有的官名,不能确定是史官,一说左史是个姓。见鲁昭公十二年),曰:我有爱妾想立为正妻,是否可行？回答说曰：从前楚共王临终前，忏悔自己任内的过失，要求大臣给自己的谥号中用灵或者厉这类贬义词。大夫子囊违背王命改变谥号；子夕（楚卿屈到）嗜好菱角，遗命用菱角祭祀，儿子子木祭祀用羊肉而无菱角。国君用牛、大夫用羊、士用猪狗，平民用腊鱼，其他果品肉类加工品上下都可以共用，但不进献珍稀物作为祭品，也不用礼制规定之外的其他杂物。君子认为：子木虽然违背遗命，但合乎道。晋楚鄢陵之战时，子反的内小臣谷阳因为担心中军统帅子反过劳，给他献上美酒，导致子反因为醉酒而不能前去与已经被射伤眼睛的楚共王商议第二天进攻的事宜，楚共王不得不连夜下令撤军，子反因此自杀。乾溪之乱，申亥接楚灵王到自己家调养，楚灵王见大势已去，于是自缢，申亥用自己的两个女儿殉葬。君子认为：谷阳和申亥是恭顺但违背道的例子。君子的行为以道为指向，一切行动都沿袭道德的路径。子木违背子夕的欲望，以道行事，不用菱角祭祀，您经营楚国，却以私欲违背道行不通吧？子期改变了初衷。《国语正义·卷第十七·楚语》P1136。这里有重要的行政思想：命令和道之间如果不一致时，君子的行为要合乎道，任何情况下，都应该以道为准则。道比命令重要。而且只要是维护道，行为的方式是次要的。自我选择的精神不是左史倚相自创。

五、政治务实

1. 治国的工具——合与同

幽王八年，（前774年）郑桓公为周司徒。周太史史伯说：今王"……去和而取，夫和实生物，同则不继。以他平他谓之和，故能丰长而归之；若以同裨同，尽乃弃矣。故先王以土与金木水火杂，以成百物，是以和五味以调口，刚四支以卫体，和六律以充耳，正七体以役心，平八索以成人，建久纪以立纯德。合十数以训百体，出千品，具万方，计亿事，材兆物，收经入，行姟极。故王者居九畡之田，收经入以食兆民，周训而能用之，和乐如一。夫如是，和之至也。于是乎先王聘王后于异姓，求财于有方，择臣取谏工而讲以多物，务和同也。声一无听，物一无文，味一无果，物一不讲。王将弃是类也而与抟同，天夺之明，欲无弊，得乎？《国语正义·卷第十六·郑语》P1029。

幽王八年（前774年），（郑桓公为周司徒。周太史史伯说：今王"……放弃和协，只求相同，而取得，和协能产生万物，相同则不能持久。以甲类事物协调乙类事物。称为和协，所以能累积增长而且吸引万物；若是以甲类事物与甲类事物简单相加，只会产生量的变化，不能生成新的东西，用途则不断缩小，所以先王以土和木火金水参杂在一起，衍生百种物质，以五味来满足口腹之欲，使四肢生长健全;以六律谱曲,校正七窍服务于心,平息头、耳、目、股、腹、手、足八索构成人形,建立肝、胆、肾、脾、心、肺、胃、肠、膀胱九种器官形成一个有机协调的脏腑体系。用十这个数形成体系的事物很多,变化万千至无穷尽。……因此选择臣属考虑不同的能力、个性,有了多样化,才能和协。声音单一没有音乐,颜料单一没有色彩,味道单一没有美食。事物单一没有对比。君王将要抛弃"和协"寻求"相同",这就像一个人被上天夺去了明辨是非的能力,败亡是必然的结果。

2. 制度

文公元年(前 636 年)春"公属(集合)百官,赋职任功,弃责薄敛,施舍分寡,救乏振滞,匡困资无,轻关易道,通商宽农,懋穑劝分,省用足财,利器明德,以厚民性。举善授能,官方定物,正名育类。昭旧族,爱亲戚,明贤良,尊贵宠,赏功劳,事耆老,礼宾旅,友故旧,胥、籍、狐、栾、郤、柏、先、羊舌、董、韩、实掌近官。诸姬之良,掌其中官。异性之能,掌其远官。公食贡,大夫食邑,士食田,庶人食力,工商食官,皂隶食职,官宰食加。政平民阜,财用不匮。(政治管理)冬天"周襄王因为弟弟昭叔发难到郑国汜,周使者分别向晋秦通报。子犯说:人民亲附,但还不懂得礼仪,君何不送王归国,以此教育人民遵循德义? 如果晋国不送王归国,秦一定会送的,晋国就失去周天子的信任,就难以得到诸侯的拥戴。自己既不能修身,又不能侍奉周天子,人们如何依附你? 像文王、武王一样建立功勋,启土安疆,于此乎在矣。君其务之。公说。乃行赂于草中之狄于丽土之狄,以启东道。二年春,公以二军下,次于阳樊,右叔取昭叔于温,杀之于隰城。左师迎王于郑。王入于成周,遂定于郏。王飨醴,命公胙侑。公请隧,弗许。曰:王章也,不可以二王。无若政何? 赐以土地。《国语正义·卷第十·晋语四》P809。

a) 晋文公即位之后的国家政治制度比较典型

晋文公元年(前 636 年)春"公集合百官,确认职位,委任有功人员。录用长期没有得到任用的有特殊能力的人。

经济方面:取消债务。赋职任功,降低赋税,降低关税,加强对道路的建造维修,打击劫匪强盗,确保道路安全,保障商业贸易运输等人员往来畅通。鼓励农业,要让农民靠农业不仅能够维持日常生活之所需外,还有结余。鼓励改进农具,减低劳动强度,提高效益。国家鼓励个人、各级政权节省开支,确保流动资金充裕。公食用贡赋,大夫食用采邑所获;士食用土地的出产;平民靠劳力为生,工匠和官商接受官廪;皂隶当差获取口粮,家臣以卿大夫的加田为生活来源。创造一个政治清明,人民生活有保障,财富足够储备的社会。

社会救济:穷人,孤寡老弱,包括贫困的国外戎、狄。

提倡教育,倡导社会诚信;建立一个和协的社会生活环境,以便于国民繁衍生息。

建立制度化的录用公职人员制度体系,举荐是一个途径。胥、籍、栾、狐、箕、柏、先、郤、羊舌、韩、董十一个大姓分掌近官,姬姓中出色的人,掌管朝内的职事。其他异姓的人掌管远郊地区的职事。

建立上述制度后,还要有行动加以验证:

前 636 年冬天,周襄王因为弟弟昭叔发难,到郑国氾地避难,周使者分别向晋、秦通报,子犯说:人民亲附,但还不懂得礼仪,君何不送王归国,以此教育人民遵循德义? 如果晋国不送王归国,秦一定会送的,那周王室就会对晋失去好感,用什么获得诸侯的拥戴? 既不能修身,又不能尊重别人,人们为什么要依附您? 像文王、武王一样建立功勋,开疆拓土,这是个重要的机会,您努力吧。晋文公很有振奋。乃向草中的戎人与丽土的狄人分别行贿,以此打开东进的通道。晋文公二年,率领军队在温俘虏昭叔并将其处决,从郑国迎接周襄王。《国语正义·卷第十·晋语四》P809。

3) 人才来源及人事

(1) 教育体系及投入是重要支出。

国家设立大学和小学。所谓国学分别是指设在国中的学和设在乡中的学。大小学两者不是以教学水平而是以年龄为区别,年满十三到十九岁者入小学,二十岁以上者入大学。国学的生源主要来自贵族和现任国家政府中高级的官员。世子以及王公子弟和卿、大夫、元士的子弟尚未出仕的,都要在国子监学习。由大司乐掌管国子学的教学管理、行政、后勤规章制度执行情况。小胥主管国子学士的征召并考察他们的入学资格。师氏教授以至德、敏德、孝德这一类品德方面内容,保氏教授六艺:一,吉、凶、宾、军、嘉五礼。二,云门、咸池、大韶、大夏、大濩、大武等六乐。三,白矢、参连等五射。四,五驭。鸣和鸾、逐水曲、过君表、舞交衢、逐禽左。五,象形等六书。六,方田、粟米等九数。简称礼、乐、射、御、书、数。(参见地官大司徒)六艺的另一种分类与上略有不同:一,祭礼容仪。二,接宾容仪。三,朝廷政事。四,丧事。五,军旅。六,驾驶。国子学中还教授舞蹈,多用于国家宗教、政治与外交活动中。修习舞蹈者的名册由大胥主管。国学学生生活、学习费用由国家负担。周实际上还存在一些低等以及纯粹自费的学校,"三代之道,乡里有教,夏曰校,殷曰庠,周曰序。"《汉书·卷八十八·儒林传序》P333。"古之教者,家有塾,党有庠,遂有序,国有学。"《礼记正义·卷三十六·学记》P293。平民子弟入读这些学校以及私塾。主要学习语言和生活技能,结业后参加国家政治管理的可能性很小,不是周国家教育体系的重点,但这种称之为序的学校数量(虽然规模通常很小)和生源要比国学大得多。从受教育者的对象来看,特权基层的子弟被当作国家权利主要继承者;从内容来看,知识的涉及面相当广,重点则在行政能力的培养,以及礼仪和历史知识等。

各行各业强调父子相传"少而习焉,其心安焉,不见异物而迁焉。"……故士之子恒为士……工之子桓为工……商之子桓为商……农之子桓为农……其秀民能为士者必足赖也。有司见而不以告,罪列五刑之中。鼓励举贤任能。《国语正义·卷第六·齐语》P556。有关方面见到优秀人才不上报,列为刑事罪。

学校应该培养学生什么精神?叶公子高为仁做过诠释:楚庄王玄孙沈诸梁,又称为子高,封于叶,也称叶公子高,职楚国大夫。子高说:……唯仁者可好也,可恶也,可高也,可下也。好之不逼(不会咄咄逼人),恶之不怨恨,高之不骄,下之不惧。不仁者则不然,人好之则逼,恶之则怨,高之则骄,下之则惧。骄有欲也,惧有恶焉,欲恶怨逼,所以生诈谋也。《国语正义·卷第十八·楚语下》P1190。

仁者可以在自己处于好或坏的状态,高或低的社会地位时都保持行为的合理。这种处世态度不能说是积极的,但不颓废。

重视人才是一个多层次,历史悠久的共识。《诗经·周颂·维清》的"无竞维人"意思是强盛莫过于得到贤人。楚大夫王孙圉说:吾闻国之宝六而已:明王圣人能制议百物,以辅相国家,则宝之。玉足以庇荫嘉谷、使无水旱之灾,则宝之;龟足以宪臧否,则宝之;珠足以御火灾,则宝之;金足以御兵乱,则宝之;山林薮泽足以备财用,则宝之。若夫华嚣之美,楚虽蛮夷,不能宝也。《国语正义·卷第十八·楚语下》P1180。王孙圉心目中的珍宝:贤哲,祭祀用的玉,可以预防火灾的珍珠,占卜凶吉的龟甲,金属材料,山林水泽六种。其他如佩玉,即使行动起来声音悦耳,在我们楚国这样的野蛮人看来,也不值一文。

鲁昭公五年(前537年),"晏子曰:能用善人者,民之主也。"《春秋左传正义卷·四十三》P340。这是一个因果关系可以倒置的概念,即一个称职的君王或执政者,合理使用人才是必不可少的能力。民主在晏婴的心目中是崇高的。

鲁文公十二年(前615年),鲁国大夫襄仲对秦国派来报聘的使者西乞术十分器重,曰:不有君子,其能国乎? 国无陋也。《春秋左传正义·卷19下》P149。意指秦国因为西乞术等人的存在而光彩夺目,没有君子的话,这个偏僻的国家不可能这样。

(2)举荐

举荐对诸侯国家整体来说是一场君子之争。君子是指文武兼备有创造性的人。鲁文公十二年（前615年），鲁国大夫襄仲对秦国派来报聘的使者西乞术十分器重，曰：不有君子，其能国乎？国无陋也。《春秋左传正义·卷19下》P149。意指秦国因为西乞术等人的存在而光彩夺目，没有君子的话，这个偏僻的国家不可能这样令人刮目相看。

阳处父如卫，反，过宁，舍于逆旅宁赢氏，赢谓其妻曰：吾求见君子久矣，今乃得之矣，举而从之，阳子道之与语，及山而还。其妻曰：子得所求而不从之，何其怀也？曰：吾见其貌而欲之，闻其言而恶之。夫貌，情之华也，言，貌之机也。身为情，成于中。言，身之文也。言文而发之，合而后行，离则有衅。今阳子之貌济，其言匮，非其实也。若中不济，而外强之，其卒将复，中以外易矣。若内外类，而言反之，渎其信也。夫言以昭信，奉之如机，历时而发之，胡可渎也！今阳子之情谭矣，以济盖也，且刚而主能，不本而犯，怒之所聚也。吾惧未获其利而及其难，是故去之。期年，乃有贾季之难，阳子死之。《国语正义·卷第十一·晋语五》P851。

阳处父前往卫国公干，返回时晋国宁地，在赢氏开办的旅馆中住店，赢氏对他妻子说：我一直希望遇到一位君子，今天看到了，我决定追随他。得到阳处父的允许后与子同行，一路上两人都在交谈，赢氏后来中途回家，其妻感到奇怪：您遇到了仰慕的人为何又放弃初衷？她还以为是他想家了。她丈夫回答说：看见他的面容时，觉得与自己想象中的君子相符，但听到他的谈吐后却产生厌恶感。容貌是情操的画面；言谈是容貌的枢机。人的性情，形成于内心。言论是人身体的纹饰，什么样的言论就出现什么样的纹饰。言语得以正确表达，内心的愿望并据此付诸行动，才能产生有效的结果。言行不一就会产生危难。阳处父外表俨然君子，言论却与之不协调。内心不充实，再有魅力的外表也难掩饰其内心的短缺，只能是表里不一，内心会与外表形成巨大反差。如果内心与外表不一致，而言行背离，就是缺乏诚信。本来言论是彰显诚信的，理应待之如枢机，思考成熟然后表达，怎可以亵渎？现在的阳处父聪慧多智，形成的外表掩饰了他的短板，其实他性情刚愎，骄傲自负，不立足于仁义这个本位办事，不免冒犯他人，由此积聚大量怨怒之气于己身，我跟随这种人可能没有得到其益处反而被其牵连，所以离开他。一年后因为建议将狐射姑从中军将调整为中军佐，阳处父被射姑所杀。

若非自动放弃，赢氏追随阳处父有进入仕途的机会，阳子显然也经过甄别才接受他。阳处父是晋国高官，按制会居住与身份相称的旅店，赢氏身为上等旅店的老板,已婚,富有,仕途对他是一种选项,他是有抱负的人,希望与杰出的人共创未来,他中途离开并非消极,而是观察极其专注,善于发现,事实证明他目光锐利,判断准确,更难得的是他有耐心,没有急于求成,而是明智地选择等待真正属于自己的机会。这种价值观牢固,有真才实学的人没有进入国家公职人员高层,是晋国的损失。宁地(在今河南获嘉县一带)属于晋国,嬴氏不惧怕冒犯国家官吏,完全按自己的想法行事,或者是他胆大,或者是认定官员们有这个气量和见识。

这是一个选择发现君子的典型例子,嬴氏原以为自己发现了君子,那种人中之杰,后来才发现不过是个被仇恨包围的人,于是放弃了担任公职的决定。

对一个特定的国家来说,任用君子和接受君子的建议至关重要。

鲁襄公三年(前539年),"祁奚请老,晋侯问嗣焉,陈解狐,其仇也,将立之而卒。又问焉,对曰:午也可。于是羊舌职死矣,晋侯曰:孰可代之?对曰:赤也可。于是使祁午为中军尉,羊舌赤佐之。君子谓祁奚于是能举善矣,称其仇,不为谄;立其子,不为比;举其偏,不为党。《商书》曰:不偏不党,王道荡荡。其祁奚之谓也。解狐得举,祁午得位,伯华得官,建一官而三物成。能举善也。夫唯善,故能举其类。《春秋左传正义·卷29》P228。

前539年,祁奚请求退休,晋平公咨询谁适合接替他中军尉的职务,祁奚提议他的仇人解狐,尚未上任,解狐不幸逝世。晋平公再次咨询接替者,得到的回答是祁午合适,他是祁奚之子。当时羊舌职(时任中军尉佐之职,是中军尉的副职)逝世,晋平公问是否有合适的人选?他回答说:羊舌职的儿子羊舌赤一定称职。于是祁午为中军尉,羊舌赤成为中军佐。舆论评论祁奚任人唯贤,举荐仇人,不是为了谄媚;推荐儿子,不是出于偏爱家人;举荐属下之子,不是为了结党。《商书》曰:不偏不党,王道荡荡。可以作为对祁奚的评价。祁奚的美德让解狐得到推荐,祁午得以继承父亲的位置,羊舌赤得到任命,因为一个中军尉的职务,促成了三美事。归因于能够举贤任能。只有本身善的人,才能举荐与自己同类的人。《春秋左传正义·卷29》P228。

(3)直接发现选用

晋人患秦之用士会,文公十三年(前614年)夏,晋六卿安排在诸浮秘密聚会。这是晋国都城外的一个地方,因为事关重大,大臣决定在宫廷之外商议此事。经过不少周折,最后设法将其从秦国骗回。《春秋左传正义·卷19下》P150。

臼季出使,在郊外遇见冀芮之子冀缺,见到夫妻相敬如宾,于是带回向晋文公推荐,文公认为臼季的父亲是晋惠公的主要帮手,对他有罪,拿不定主意是否可以信任此人。臼季说:如果是治国的良才,不要计较从前的过恶。他举舜重用禹,齐桓公信任管子的例子。晋文公又进一步问:何以知其贤?对曰:臣见其不忘敬也。夫敬,德之恪也。恪于德以临事,其何不济?公见之,使之为下军大夫。《国语正义·卷第十一·晋语五》P849。臼季认为冀缺恭敬,那一定会忠实职守,具有强大的执行力。晋文公立即召见并任命为下军大夫。

赵宣子(即赵盾,晋正卿)推荐韩献子给晋灵公(前 620—前 607 年在位)任命为司马,河曲(前 615 年,秦伐晋)之战,赵宣子的下属用赵宣子的乘车干扰了军队行列,韩献子将此人杀死。舆论认为,早上提拔,晚上就杀他荐主的人,韩厥一定不得好死。因此赵宣子召请韩献子曰“吾闻事君者比而不党,夫周以举义,比也;举以其私,党也。夫军事无犯,犯而不稳,义也。忠于君主之事的以正义相交而不结党营私,用公义荐举义士,是比。举荐出于私心,称之为党。他认为韩厥做得对,随即对各位大夫说,大家可以祝贺我,因为我推举韩厥没有失误。《国语正义·卷第十一·晋语五》P854。

然而即使是国家公职稀缺,就业不易的时代,人才仍然是一个双向选择问题,楚庄王(前 613—前 591 年在位)任命楚大夫士亹为太子(日后的楚共王)傅,辞曰:臣不才,无能益也。王曰:赖子之善善之也。对曰:夫善在太子,太子欲善,善人将至,若不欲善,善则不用。士亹没有顶住压力,楚王最终还是要他接受了任命。《国语正义·卷第十七·楚语》P1081。

(4)世袭职务

大量实例显示,父亲逝世后儿子继承其父职位的情况是制度规定,有十多岁的少年继承父亲卿位的例子。

4)官职作为对优质服务的一种奖励形式

优先考虑的是相互关系,授奖者的能力倒在其次。前 595 年,卫国执政大夫孔达为消弭晋、卫国之间的嫌隙,自愿承担责任,上吊自尽,避免了晋国进攻卫国。“卫人以为成劳(认为辅佐先君成公有功),复室其子,(为他的儿子娶妻)使复其位。”(接任父亲的官职)《春秋左传正义·卷 24》P183。卫国王室认为孔达辅佐先君卫成公有功,为他的儿子娶妻,任命其接任父亲的官职。

5)选用人时对亲疏态度的不同后果

亲疏是一个重要的概念。前 535 年九月,周朝大夫单献公没有优先录用亲族,而开始任用外来的客臣。十月,单襄公、单顷公的族人杀献公而立单献公弟弟单成公。《春秋左传正义·卷 44》P349。

合适的地方官人选极其重要，鲁襄公三十一年（前542年）十二月，"子皮欲使尹何为邑，子产曰：少，未知可否。子皮曰："愿，吾爱也，不吾叛也。使夫往而学焉，夫亦愈知其治矣。子产曰：不可。人之爱人，求利之也。今吾子爱人则以政，犹未能操刀而使割也，其伤实多。子之爱人，伤人而已。其谁敢求爱于子？子于郑国，栋也，栋折榱崩，侨将厌焉，敢不尽言？子有美锦，不使人学制焉。大官、大邑，身之所庇也，而使学者制焉。其为美锦，不亦多乎？侨闻学而后入政，未闻以政学者也。若果行此，必有所害。譬如田猎，射御贯，则能获禽，若未尝登车射之，则败绩厌覆是惧，何暇思获？子皮曰：善哉！虎不敏。吾闻君子务知大者、远者，小人务知小者、近者。我小人也，衣服附在吾身，吾知而慎之；大官、大邑所以庇身也，我远而慢之。……微子之言，吾不知也。他日我曰：'子为郑国，我为吾家，以庇焉，其可也。'今而后知不足。自今请，虽吾家，听子而行。子产曰：人心之不同，如其面焉。吾岂谓子之面如吾面乎？抑心所谓危，亦以告也。子皮以为忠，故委政焉。子产是以能为郑国。《春秋左传正义·卷40》P314。

子皮欲使尹何担任自己封地的邑宰，子产说：太年轻，不知是否能胜任。子皮说：他很忠实可信，让他到任后好好学吧。慢慢积累治理地方的能力。子产说：不行。人们所喜爱的人，总是希望更好。现在你让偏爱的人从政，是让一个未拿过刀的人去割东西，可能会伤害很多人。对他本人的伤害也会很大。您爱一个人的方法不过是伤害人而已，谁还愿意得到您的爱？您是郑国栋梁，一旦坍塌，我也被压在底下，因此不敢隐瞒我的观点。您有一块美丽的锦缎，一定不会让别人在上面学习绣花。高官、重要的邑，是生命的依托，而让生手打理，与在珍贵的锦缎上学习绣艺是一样的不明智。我听说应该是学习好后才从政，没有听说拿高官、大的城邑作为学习工具的。真的这样做，必定造成损害。就像狩猎，学习过射术驾车者，方能及时抵近并射中猎物，若从未射击与驾车，满脑子担心的是驾驶压到别人，射偏方向，怎能专心瞄准射击，怎能有收获？子皮说：说得太对了！我罕虎太迟钝。我听说君子考虑的是大事，长远的事；一般人则只对细微的事，眼前的利益孜孜以求。我真是小人，御寒的衣服穿在我身上，我知道爱惜；大官、大邑是防护身体的屏障，我却疏忽和怠慢。他请求撤回要求，自今以后，他罕虎家族中的事一切都听从安排。子产补充说，人的思想不同，就如同每个人的容貌不同，开始时我不肯定您与我想法会一致，但是我认为危险的事，一定会告诉您。子皮以为子产诚实，所以将政事移交子产，确保子产在郑国推行自己的治国理念。《春秋左传正义·卷40》P314。

世卿世禄制在国家的政制中所占位置非常重要，其来源的官吏则间或有出类拔萃者。

6）致仕

所有在职的官员都面临退休。鲁宣公十七年（前 592 年）八月：范武子（晋正卿）将老，召文子（范文子即士燮、范叔）曰：喜怒以类者鲜，易者实多。……君子之喜怒，以已乱也。弗已者必益之。郤子或欲已乱于齐乎？不然，余惧其益之也。余将老，使郤子逞其志，庶有豸乎？尔从二三子为敬。乃请老，郤献子为政。《春秋左传正义·卷 24》P187。喜怒合于礼法者少，相反的例子却很多。君子的喜怒，是用于止乱的，如果不阻止就一定会增长祸乱。郤子大概是想阻止齐国的祸乱，如果不是这样，我害怕他会增加祸乱。让郤子满足自己的愿望，祸乱差不多解除了。你跟着诸位大夫唯有恭敬从事。这里指齐国的事，是春天郤克受命前往齐国召请齐国参加诸侯大会，齐顷公违礼让女人也参见觐见并取笑他们的生理缺陷，前 591 年春晋国卫国联军伐齐。

这段话透露出几种思想：1. 执政不可能求全责备。他的个人偏好即使有明确的欠缺处，他是排名最靠前的候选者时，国家也不能选择别人。2. 执政权力有一定的自由空间，很难约束。3. 致仕只代表一个的官场生涯结束。但是，世卿世禄制度使他的身份与权利得到延续。世世代代为官食禄，称世禄。

前 592 年八月：范武子（晋正卿）将老，召文子（范文子即士燮、范叔）曰：喜怒以类者鲜，易者实多。……乃请老，郤献子为政。《春秋左传正义·卷 24》P187。喜怒合于礼法者少，相反的例子却很多。

4）国家政治的几种不确定力量

（1）诸侯兄弟的地位

前 541 年五月，秦后子有宠于桓，如二君于景。其母曰：弗去，惧选。《春秋左传正义·卷 41》P320。

秦后子名鍼，系秦桓公之子，秦景公之弟。秦后子受秦桓公的宠信，在秦景公时他和秦景公如同二君并列。父兄的宠爱是秦后子地位显赫的一个原因，但是一个危险也同时并存，他母告诫：不要离开国家，恐遭放逐。她担心儿子被放逐，于是做了个奇特的决定，让儿子离开秦国前往晋国。前 541 年五月，秦后子带一千辆车到达晋国，秦景公逝世秦哀公继立后返归。他是秦晋之好的缔结者，中止了八十多年的秦晋纷争。秦景公在他眼中是一个无道的君主。《春秋左传正义·卷 41》P320。

鲁昭公元年（前 541 年），薰隧之盟参与者郑简公、罕虎、公孙侨、印段、游吉、驷带、公孙黑，他们多是郑穆公之后。虽然郑简公与公孙黑等关系较为疏远，但仍系血亲。《春秋左传正义·卷41》P321。

鲁昭公元年(前541年)十一月,公子围(楚国公子)至,入问王疾,缢而弑之,遂杀其二子幕及平夏(幕和平夏系楚王二子)。派使者到郑国发讣告,先出使郑国的公子围副手伍举见到使者,问应为后之辞(问使者关于继承人的措辞)。对曰:寡大夫围。伍举更之曰,共王之子围为长。(围为老大)《春秋左传正义·卷41》P323。

前541年十一月,楚共王之子,楚康王之弟令尹公子围外形俊朗,他在出使郑国途中听说楚王生病,立即返回。觐见楚王郏敖,询问楚王的病情,勒死楚王,杀其子幕和平夏。公子围娶郑国公孙段的女儿,派使者到郑国发讣告。公子围副手伍举仍在郑国,见到使者。伍举问使者关于继承人的措辞。回答说:大夫围。伍举特意加以更正:共王之子中除了已故的楚康王,公子围现在最年长的。《春秋左传正义·卷41》P323。楚共王儿子都是庶出,郏敖传出死讯后,公子围的弟弟公子比逃往晋国,另一个弟弟公子黑肱逃往郑国,太宰伯州犁被杀。

(2)宠幸者

鲁昭公八年(前534年),楚、宋灭陈,被陈侯宠幸的下人袁克杀马毁玉为陈侯殉葬。被宠幸的人是宫廷内不可忽略,不确定的政治力量。晋厉公多外嬖,胥童,夷阳五、长鱼矫均嬖于晋厉公,他们身体正常,都是被晋厉公宠幸偏爱的大夫。见于鲁成公十七年。

(3)女人参政

鲁文公八年(前619年),宋襄夫人,周襄王之姊也。昭公(即宋昭公,成公之子,襄公孙,)不礼焉。夫人因戴氏之族,(宋戴公之后)以杀襄公之孙孔叔,公孙钟离及大司马公子印,皆昭公之党也。《春秋左传正义·卷十九上》P144。

宋襄公夫人,是周襄王姐姐。前619年,宋昭公刚刚即位,作为宋襄公之孙,宋成公之子的宋昭公并不尊重这个嫡祖母,宋襄公夫人依托宋戴公之后,杀宋襄公之孙孔叔、公孙钟离及大司马公子印,这三位都是宋昭公党羽。她的力量来自本人还是宋襄公夫人,长辈,还是因为出身周天子之家?或兼而有之?

性别与社会地位不是产生高度政治智慧的必要条件。"初,伯宗每朝,其妻必戒之,曰:盗憎主人,民恶其上。子好直言,必及于难。《春秋左传正义·卷27》P213。

"伯宗朝,以喜归。其妻曰:子貌有喜,何也?曰:吾言于朝,诸大夫皆谓我智似阳子。对曰:阳子华而不实,主言而无谋是以难及其身。子何喜焉?伯宗曰:吾饮诸大夫酒而与之语,尔试听之。曰:诺。既饮,其妻曰:诸大夫莫子若也,然而民不能戴其上久矣,难必及子乎! 盍亟索士慼庇州犁焉? 得毕阳(找到了毕阳)。及栾弗忌之难(前576年),诸大夫害伯宗,将谋而杀之,毕阳实宋州犁于荆(毕阳把伯州犁送到楚国)。《国语正义·卷第十一·晋语五》P873。

伯宗的妻子经常提示丈夫——晋国大夫伯宗,盗贼憎恨财富的主人,人们也厌恶管束自己的人,你喜欢直言,当心得罪别人。伯宗不是每天都能谨记妻子的叮嘱,一天他退朝回家,喜气洋洋的样子让妻子感到与往常大不相同,于是问他为什么。伯宗回答说,我在朝廷发言,诸位大夫都将我与阳处父并列。他妻子说:阳处父徒有华丽的外表,夸夸其谈又缺少谋略,所以遭遇祸难。你为何要高兴呢? 伯宗说:我请诸大夫来家饮酒,你听听谈话内容再对比一下。他妻子同意了,来赴宴的诸位大夫回去后,其妻说:这些大夫真的比不上您,然而国民不真心拥戴主上已经很久了,迟早会波及你! 我们应该早点寻访可靠的人保护我们的儿子伯州犁,夫妻经过查访,对毕阳很中意。前576年,当时为晋厉公四年,三郤枉杀伯宗,牵连到贤明的大夫栾弗忌,幸而毕阳及时护送伯州犁去了楚国。

重耳在齐国,"齐侯妻之,有马二十乘,将死于齐而已矣。曰:民生安乐。谁思其他?

姜氏(齐桓公为重耳娶的妻子)曰:……昔管仲有言:曰:畏威如疾,民之上也;从怀如流,民之下也;见怀思威,民之中也。畏威如疾,乃能威民,威在民上,弗畏有刑。从怀如流,去威远矣故谓之下。其在辟也,吾从中也。……此大夫管仲之所以纪纲齐国,裨辅先君而成霸业者也。……君国可以济百姓,而释之者,非人也。败不可处,时不可失,忠不可弃,怀不可从。…吾闻晋之始封也,岁在大火,阏伯之星也,实纪商人,商之飨国三十一王,瞽史之纪曰:唐叔之世,将如商数。今未半也,乱不长世。……重耳不听。《国语正义·卷第十·晋语四》P743。

流亡中的重耳在齐国得到齐桓公的优厚对待,为重耳娶妻,八十匹马供其使用。重耳一度感到安逸而失去了进取心,他的妻子姜氏用已故的管仲的名言劝勉他:"害怕威势就像害怕疾病,这是人民的上等行为;顺从自己的心情像水往下流,这是人民的下等行为;情感的问题由威势约束,这是人民的中等行为。害怕威势就像害怕疾病一样,这样使人民畏惧,对人民保持威慑,让他们了解不服从就有刑罚降临。听从感情的引导,任情随意,与威严渐行渐远的,称为下等行为,都是在有罪之列。我选择中等行为。"这些也是管仲治理齐国,帮助齐国成就霸业的纲领。姜氏还说,成为国君可以救济苦难中的百姓,见人有难而不施救是不仁慈。时机、忠良都要珍惜,安逸则不应该放纵。我听说晋国阏开始受封时,岁星在大火，大火是伯阙的星，它主导殷商人民的凶吉福祸，商代一共有三十一位君主，史官的书上记载，唐叔传世将和商的世数相同。现在时间过去还不到一半，晋国的祸乱不会无限延续，你一定会拥有晋国，为什么要留恋安逸呢？姜氏为说服重耳预先做了大量的准备，但还是没有重耳对她的爱多，后者不愿与夫人分开。后来齐桓公逝世，齐孝公即位。子犯与姜氏商量齐国不可能帮重耳回国，姜氏杀死了无意中听到他们计划的采桑女，最后将重耳灌醉，带他离开了齐国。姜氏有眼光，有决断，有主动性，克服了一位未来领袖的惰性，改变了重耳的人生。

鲁僖公三十三年（前627年）春，目睹在殽之战中被俘虏的孟明视、西乞术、白乙丙被囚禁，文嬴请求晋襄公释放以上三位将军。她是晋文公夫人，晋襄公嫡母，秦穆公女儿。结果晋襄公同意了。P370。

女性的权利及其制造不必要混乱的能力

与伯宗的贤妻相比，鲁成公的母亲穆姜显得高度情绪化，非常自我。

鲁成公十六年（前576年）宣伯（即叔孙侨如）通于穆姜（鲁成公的母亲），欲去季（季文子叔孙行父）、孟（孟献子，也称仲孙蔑）而取其室。（鲁成公）将行，穆姜送公，而使驱二子（季、孟二人）公以晋难告，曰：请反而听命。姜怒，公子偃、公子鉏（鲁成公的庶弟）趋过，指之曰：女不可，是皆君也。后来叔孙侨如被放逐。奔齐，与齐国声孟子（齐顷公夫人，齐灵公之母）私通，随后逃到卫国。《春秋左传正义·卷28》P217。

鲁成公十六年（前576年）鲍叔牙之孙，叔孙得臣之子叔孙侨如想利用自己与鲁成公母亲穆姜有不道德的爱情这层关系，达到战胜季文子、孟献子并占有其家产的目的。鲁成公服从晋国指令出兵进攻郑国，他母亲就要帮叔孙侨如达到这一目的，鲁成公同意战事完毕后再尊奉母命。穆姜很不满意成公，适逢鲁成公的二位庶弟公子偃、公子鉏经过，穆姜指着二人对鲁成公说：你如果不同意，他们也可能成为鲁国国君，意思要行废立之事。后来叔孙侨如的如意计划没有得逞，被放逐。

叔孙侨如到齐国后。与已故的齐顷公的夫人，也就是齐灵公（当时在位）之母声孟子私通。这位很容易爱上别人夫人的男子似乎觉得自己不能一再犯错，自行终止了与声孟子的爱情生活，逃到卫国。《春秋左传正义·卷28》P217。但是此后重要的人已经不是他而是声孟子，她很容易发现别人的优点，所以很容易爱上。鲁成公十七年（前574年）声孟子后与齐国庆封之父庆克秘密相爱的事意外被发现，"齐庆克通于声孟子，与妇人蒙衣乘辇而入于闳（宫中夹道们，即巷门），鲍牵见之（声孟子似乎被鲍叔牙的幽灵盯上，她与鲍叔牙的孙子相爱过，又被鲍叔牙讨厌的曾孙鲍迁发现新爱的秘密），以告国武子（即国佐）武子召庆克而谓之，庆克久不出，而告夫人曰：国子谪我。夫人怒。国子相灵公（齐灵公，名环）高（高无咎、鲍（鲍牵）处守，及还，将至，闭门而索客，孟子诉之曰："高、鲍将不纳君，而立公子角，国子知之。"秋七月壬寅，刖鲍牵而逐高无咎，无咎奔莒，高弱（无咎之子）以卢（高氏封邑地名）叛，齐人来（鲁国）召鲍国（鲍文子，鲍牵之弟）而立之。鲍国曾在鲁国担任施氏家宰，"鲍国相施氏忠，故齐人取以为鲍氏后。仲尼曰：鲍庄子（鲍牵）之知不如葵（葵菜，古人取叶食用，不伤其根），葵犹能卫其足。《春秋左传正义·卷 28》P219。"……齐侯使崔杼为大夫，使庆克佐之，帅师围卢，国佐从诸侯围郑，以难请而归，遂如卢师，杀庆克，以榖（齐地）叛，齐侯与之盟于徐关（齐地）而复之（恢复其职务）十二月，卢降，使国胜（国佐之子）告难于晋，待命于清（齐邑名）。《春秋左传正义·卷 28》P220。

受到孔子奚落的鲍迁可以分辨是非，却无法测度出一位国君母亲捍卫声誉的决心及其能量边际，国君可以因为一件事仅仅可能是对的就去做，同样，也不会因为一件事尚不确定就不去做。他有完全的自主权，声孟子完好无缺地利用了国君的这种权力，伤害多个无辜者后得到了她想要的结果，虽然错误但正是其所需，如果归咎于声孟子的前任穆姜，整体评估起来，她制造的混乱不是一般的大。

六、家庭、宫廷与政治的关系

1. 诸侯家庭问题的影响不限于家庭

宋元公缺乏信誉而且十分自私，憎恨华亥（华元之孙）、向宁，华亥于前 526 年任宋国右师，即宰相。左师向戌去世后，华亥成为执政。华亥与向宁商量后决定先发制人。鲁昭公二十年（前 521 年），宋国华氏、向氏之乱，公子城等出奔郑国，其徒与华氏战于鬼阎，败子城。子城适晋。冬十月，宋元公杀华、向之质而攻之。《春秋左传正义·卷 49》P390。宋元公杀死向氏、华氏的人质后向宋向氏、华氏发起进攻，华氏、向氏逃往陈国，华登逃往吴国，向宁想要杀死太子，华亥阻止了他，派他的异母兄长少司寇华牼送回三位公子，宋元公接见华牼，恢复他的职务。宋国大司马华费遂有三个儿子：少司马华貙（即子皮）、御士华多僚、华登职务不详。华多僚和华貙兄弟二人不知为何互相憎恨。前 521 年，华多僚在宋元公面前诬告他哥哥华貙，宋元公认为华费遂已经因为他失去了好儿子华登，不想让他又有儿子逃亡。华多僚说，君王如果爱惜大司马，就应该自己逃亡。宋元公派人召来大司马的侍者宜僚，让他转告大司马驱逐华貙。华费遂知道是华多僚在作梗，但自己又无法拒绝君主的命令，他为有一个行为不端的儿子难过，又为自己不能杀他丧气，但还是和宋元公商量好在趁华貙在孟诸打猎时驱逐他，宋元公赠送很多礼品以及随从给华貙，华费遂的赠物不少。华貙的家臣张匄很奇怪，让华貙将剑架在宜僚的脖颈上，宜僚和盘托出，张匄准备杀死华多僚，华貙劝阻他，其父年事已高，华登逃亡已经令其十分伤心，不能加重他的痛苦，华貙选择自己逃走。五月十四日，华貙准备去与父亲道别，遇到华多僚驾车送司马上朝，张匄怒气爆发，与其他两个家臣臼任、郑翩以及华貙杀死了华多僚，劫持其父叛乱，并召集华氏、向氏逃亡的人回来。华氏、向氏回来，乐大心、丰愆、华牼阻击他们，华氏发动南里的人叛变。十月，华登引领吴国军队救援华氏，齐国大夫乌枝鸣帮助宋国防守。齐国、宋国联合打败吴国军队，但是华登带领吴军余部又打败宋师。华氏后来争取到楚平王的帮助，华亥、华貙、华登、华定、向宁等逃往楚国。宋元公任命公孙忌为大司马、边卬为大司徒、乐祁为司城、仲几做左师，乐大心为右师。国民因此稍微稳定下来。

鲁昭公二十年（前521年），"公子朝通于襄夫人宣姜，惧而欲以作乱。《春秋左传正义·卷49》P389。卫国公子公子朝与卫襄公夫人有不当的男女关系，又担心被察觉，结果他加入了反对公孟絷的阵线，这伙人中包括齐豹、北宫喜、褚师圃、公子朝等大夫，他们杀死卫国大夫公孟絷，致使卫侯被迫逃往它处，直到暴乱被平息。卫国大夫宗鲁在此事件中成为一个有争议的人。他是由齐豹推荐给公孟絷做骖乘，齐豹准备对公孟絷有行动时事先告诉了他，卫国大夫宗鲁表示自己得到了公孟絷的信任，虽然对公孟絷的非议有所耳闻，但自己不愿放弃这份工作，所以不会在有难时独自逃生，他决定与公孟絷共进退，后来一同被齐豹杀死。有个名叫琴张的人听说宗鲁死去，准备前往吊唁，仲尼曰：齐豹之盗，而孟絷之贼，女何吊焉？君子不食奸，不受乱，不为利疚于回，不以回待人，不盖不义，不犯非礼。《春秋左传正义·卷49》P390。君子不受恶人的利禄，不参与叛乱，对于邪恶的人与事不因为与私人有关联而伤痛，不以邪恶待人，不为不义之事掩饰；不犯参与违背礼的事。仲尼滔滔不绝，琴张是否接受，没有下文。

忠于君王的逻辑并不是一目了然，晋武公攻打晋国都翼，杀死晋哀侯，"止栾共子（晋哀侯大夫共叔成）曰：苟不死，吾以子见天子，令子为上卿，制晋国之政。栾共子辞曰：民生于三，事之如一'父生之，师教之，君食之。非父不生，非食不长，非教不知生之族也。故壹事之。唯其所在，则致死焉。报生以死，报赐以力，人之道也。臣敢以私利废人之道，君何以训也？且君之成之从也，未知其待于曲沃也。从君而贰，君焉用之？遂斗而死。《国语正义·卷第七·晋语一》P614。晋武公想要晋哀侯的大夫栾共子放下武器，并说你如果同意好好活着，我会带你一起去见天子，任命你为上卿，在晋国执政。栾共子表示拒绝：一个人的存在取决于三个人：父母生育，师长教诲，君王给予俸禄。没有父母不能出生，没有食物不能成长，没有受教不知道人生的道理。所以对这三者要始终如一，只要有需要，就要为这三者而死，这个为人的道理永远不能抛弃。您只看到我如何为晋侯而战，不知道我将来为您如何服务。侍奉君主有二心的人，您还要信任他？于是继续战斗至阵亡。

2. 导致国家混乱的内部矛盾

鲁宣公十五年（前594年）六月，"王孙苏与召氏、毛氏争政，使王子捷杀召戴公及毛伯卫，卒立昭襄。《春秋左传正义·卷24》P186。

前594年六月，周王室卿士王孙苏，与周王室卿士召戴公、卿士毛氏争夺执政权，使周天王子王子捷杀召戴公及毛伯卫，立昭戴公之子昭襄为执政卿士。

鲁昭公十二年（前530年），周原伯绞虐，其舆臣使曹逃。……原舆人逐绞而立公子跪寻，绞奔郊。甘简公无子，立其弟过。过将去成、景之族，成、景之族赂刘献公。丙申，杀甘悼公而立成公之孙鳅。丁酉，杀献大子之傅、庚皮子过，杀瑕辛于市，及公簋绰、王孙没、刘州鸠、阴忌、老阳子。《春秋左传正义·卷45》P360。

周景王时（前544—前520年），周王室宫廷戾气渐浓，杀伐增多：在周任大夫的原伯绞残暴，他的属地的臣民大批逃亡。……原地人驱逐原伯绞而立他弟弟跪寻，绞逃往周地郊。周朝卿士甘简公无子，立其弟甘过。过准备驱逐周大夫成公、甘景公两个家族，成、景两族贿赂了周大夫刘献公（即刘子挚）。于是甘悼公（即甘过）被杀，立成公之孙鳅。随后杀献大子的傅，周大夫庚皮之子过，在街市处死周大夫瑕辛，又杀了周大夫宫簋绰、王孙没、刘州鸠、阴忌，以及甘简公的属员老阳子。《春秋左传正义·卷45》P360。

鲁昭公二十七年（前515年），郤宛直而和，国人说之。鄢将师为右领，与费无极比而恶之。令尹子常贿而信谗，……遂令攻郤氏，且燹之。子恶闻之，遂自杀也。尽灭郤氏之族党。杀中厩尹阳令终与其弟完，及佗与晋陈及其子弟，晋陈之族呼于国曰：鄢氏、费氏自以为王，专祸楚国，弱寡王室，蒙王与令尹以自利也。令尹尽信之矣，国将如何？令尹病之。《春秋左传正义·卷52》P414。"楚郤宛之难，国言未已。进胙者莫不谤令尹。沈尹戌言于子常曰：……"今又杀三不辜，以兴大谤。"……九月"子常杀费无极，鄢将师，尽灭其族，以说国人，谤言乃止。《春秋左传正义·卷52》P415。

楚国左尹郤宛(字子恶)直率而且和气,深受国人敬爱。鄢将师担任右领,与费无极串通一气算计郤宛。令尹子常是个喜好贿赂又相信谗言的人,前515年,由于费无极极为阴险的陷害,郤宛本人自杀,郤氏惨遭灭族。令尹子瑕也就是阳匄之子中厩尹阳令终与其弟完、佗与楚国大夫晋陈及其子弟,晋陈的族人在国都到处高喊:鄢氏、费氏自以为王,祸乱楚国,削弱王室,蒙蔽楚王与令尹以获得私利。令尹完全相信他们,国家堪忧。《春秋左传正义·卷52》P414。楚郤宛事件不断发酵,国内的怨言没有停止,都指向令尹,沈尹戌对子常说,郤宛、阳令终、晋陈被称为三不辜,即三个无罪的人。杀三个无罪的人,民间积累了巨大的怨谤。三个人连自己的罪名都不知道,您却杀了他们,建议他赶快补救。九月,令尹子常感到事态严峻,忙碌起来,杀费无极,鄢将师,灭掉他们的家族,以此取悦国人,令国内甚嚣尘上的怨言才渐渐平息下来。令尹子常的动作是有效的,但必须指出,朝中处理纠纷以动辄杀戮灭族,政治生态显然相当恶劣。早在晋厉公时代(前580—前573年)叔向为接待秦景公弟弟到访与外事官员子朱的争执,给师旷留下的印象就是公室权力下降,导致朝廷内共事的臣子因为意见不合而动用武力。

3. 公权私用的后果很严重以及用自己二女为君王殉葬的人

楚王沿夏,将欲入鄢,芊尹无宇之子申亥曰:吾父再奸王命,王弗诛,惠孰大焉?君不可忍,惠不可弃,吾其从王。乃求王,遇诸棘闱以归。夏五月癸亥,王缢于芊尹申亥氏,申亥以其二女殉而葬之。《春秋左传正义·卷46》P1368。弃疾即位,名曰熊居。

楚灵王十二年(前529年),穷途末路的楚王沿汉水而下,准备去鄢地,芊尹申无宇之子申亥说:我们父二次违背王命,王都没治死罪,恩惠无比。对君王不能过分,恩惠不可忘记,我要追随君王。他在棘闱遇到楚王后带回了自己的家。夏五月,绝望的楚灵王在芊尹申亥氏家中自缢,申亥让自己的两个女儿殉葬。《春秋左传正义·卷46》P1368。申亥的话中透露出楚国政治的轮廓,楚灵王的政权没有制度,对行为缺乏制度管制,即使申亥父亲的两次死罪都因为受到楚灵王的庇护没有及时公正处理,显示政权在个人高度专制情况下已经失控。

小事引发国君丢失性命:鲁定公二年(前508年)邾庄公与夷射姑饮酒,私出,阍乞肉焉,夺之杖以敲之。《春秋左传正义·卷54》P430。夷射姑因事外出。遇门人向其讨肉吃,居然抢夺其杖击打他。这件事随后产生了负面的后果。次年(前507年)春二月,邾子在门台,临廷。阍以瓶水沃廷。邾子望见之,怒。阍曰:夷射姑旋焉。命执之,弗得,滋怒,自投于床废于炉炭,烂,遂卒。先葬以车五乘,殉五人。庄公卞急而好洁,故及是。《春秋左传正义·卷54》P430。邾庄公看见门人用瓶装水泼洒庭院,非常生气,质问门人,门人诡称是夷射姑在这里小便过,所以需要清洗。邾庄公下令将夷射姑抓起来。夷射姑因事外出,邾庄公自己因为性急摔倒严重烧伤终于不治。这个死得毫无意义的人居然要求五个活人为之殉葬。

反抗暴政有时候是一种必要的应激反应,原伯绞被逐还是比较理性,但是周景王十五年(前530年)时周大夫那样成批被杀,实属朝纲悖谬。
国家成败原因论:

楚灵王(前540—前529年在位)与伍举登章华台,伍举说:……臣闻国君服宠以为美,安民以为乐,听德以为聪,致远以为明,……《国语正义·卷第十七·楚语上》P1105。任用贤人,在如此一个奢华的环境下,伍举的言辞在楚灵王听来显得十分不一致。

鲁昭公七年(前535年)楚灵王想让诸侯都来参加章华台落成祭祀典礼,太宰薳启疆愿意前往鲁国说服鲁昭公,鲁昭公开始时并不愿亲行,他设法说服了鲁昭公,临行前鲁国大夫梓慎为昭公圆梦后认为昭公不应该前往楚国,另一位鲁国大夫子服惠伯则支持昭公访问楚国,终于在三月成行。楚灵王很高兴昭公出席典礼,楚王有一命名为"大屈"的良弓,他赠给了鲁昭公,但是很快就后悔。"薳启疆闻之,见公。公语之,拜贺。公曰:何贺?对曰:齐与晋、越欲此久矣,寡君无适与也,而传诸君,君其备御三邻,慎守宝矣,敢不贺乎?公惧,乃反之。"《春秋左传正义·卷44》P346。薳启疆才华出众,他拜见鲁昭公表示祝贺。鲁昭公不明白所为何事,薳启疆说齐国、晋国、越国三个国家曾经很想要这张弓,我国君主重视与您的关系,不在乎得罪了那三个国家,特意赠给您,请您好好保护赠品。鲁昭公听说自己得到这张大弓,同时就得到了三个敌人,深感恐惧,赶快返还了赠品。楚灵王选到了聪明的宰相,但是楚灵王个性反复,他造成的缺失难以一一弥补。

鲁昭公四年(前538年)夏六月,楚合诸侯于申,椒举言于楚子(楚灵王)曰,"臣闻诸侯无归,礼以为归。"《春秋左传正义·卷42》P333。不顺服别的,只顺服礼。但是对于楚灵王这种肆无忌惮,狂妄昏聩的君王来说,即使声音如同晨曦中林中的群鸟鸣啼,百转千回,内容却一无所知。齐桓公是他仿效的偶像。鲁昭公四年(前538年),椒举罗列出各种会盟,灵王选齐桓公的类型,却只能听见自己内心的声音。鲁昭公四年（前538年）夏，诸侯如楚，鲁、卫、曹、邾不会。曹、邾辞以难，公（鲁昭公）辞以时祭，卫侯辞以疾。郑国先待于申（申国，后为楚邑）。六月，楚合诸侯于申……。宋太子佐（后来的宋元公）后至，王田于武城，久而弗见。"椒举劝楚灵王辞谢他，（于是楚灵王找了个理由解释延迟会宋太子会见的原因）……。徐子（徐国之君）吴出（吴国女子所生）也，以为贰焉，故执之于申（则被认为二心遭到拘捕）。"楚王示诸侯侈（显示出骄纵），椒举曰：夫六王二公（启、汤、武、成、康、穆、齐桓公、晋文）之事，皆所以示诸侯礼也。诸侯所由用命。他举夏桀、商纣，周幽王为例，"皆所以示诸侯汰也，诸侯所由弃命也。今君以汰，无乃不济乎？王弗听。子产见左师曰：吾不患楚也，汰而愎谏，不过十年。左师曰：然，不十年侈，其恶不远，远恶而后弃，善亦如之。德远而后兴盛。《春秋左传正义·卷42》P332。

在子产、左师看来，君侯的骄纵，不能接纳意见是重大问题。鲁昭公十三年（前529年），叔向曰：国家之败，有事而无业（贡赋之业），事则不经（经常，正常）。有业而无礼，经则不序。有礼而无威，序则不共，有威而不昭（发扬），共（恭敬）则不明（昭告神灵）。不明弃共，百事不终，所由倾覆也。是故明王之制（裁断决断），使诸侯岁聘以志业，间（每隔两年）朝以讲礼，再朝（而会以示威，再会而盟以显昭明。志业于好，讲礼于等，示威于众，昭明于神，自古以来，未之或失也。存亡之道，恒由是兴。《春秋左传正义·卷46》P369。

推动国家前行的动能是什么？理想、权力还是需求？一个有理想的君主，为让自己的国家强大到某种程度而强行推行一个方案，自己的设想或者群臣们提出自己认可的建议，他既可能以按部就班的方式，也可能以不顾一切的方式去落实计划，推进政治理想的人必须有权力。至于后一种，可能是发现了人民的需求，紧跟这种需求，国家在不断满足需求的过程前行。何种更为优越？已有的例子显示，礼仪昌明，经济进步，政权稳固是国家兴盛的支点。反之则倾覆。

道德感是一个国家兴衰永远无法回避的问题，国家的存亡总是可以从道德的得失找到原因"平公说新声，师旷曰：公室将卑乎？君之明兆于衰矣、夫乐以开山川之风也，以耀德于广远也。风德以广之，风山川以远之，风物以听之，修诗以咏之，修礼以节之，夫德广远而有时节，是以远服而迩不迁。（过度联想？）《国语正义·卷第十四·晋语八》P950。

……籍偃曰：君子有比（合作）乎？叔向曰：君子比而不别。比德以赞事，比也。引党以封己，利己而忘君，别也。《国语正义·卷第十四·晋语八》P954。同心协力，不私结朋党，专注公事，是为比；结帮拉派，贪婪忘义，是为别，别指结党营私。这已经不仅仅是职业精神，而是美德。

赵文子与叔向游于九原，曰：死者若可作，吾谁与归？叔向曰：其阳子(太傅阳处父)乎？文子曰：夫阳子行廉直于晋国，不免其身，其知不足称也。叔向曰：其舅犯(晋文公舅父子犯，也叫狐偃，随晋文公流亡十九年，但到文公将要为君时，一度请求离开文公，以免自己遭到不测，后文见利就是指子犯为自己打算)乎？文子曰：夫舅犯见利而不顾其君，其仁不足称也。其随武子(范武子士会，封于范，封于随)乎！纳谏不忘其师，言身不失其友，事君不援而进，不阿而退。《国语正义·卷第十四·晋语八》P966。受到君主信用而不帮助自己人入朝为官，不阿谀君主，坚决斥退品行不良的人。他认为士会做到这样实属不易，令人钦佩，可以为友。在赵武这样经历人生大起大落的人看来，士会这样功勋卓著，在刀光剑影中善始善终的人生贯彻始终的是道德感，士会始终不渝守护道德一定有其理由，有真知灼见，赵武最终选择士会，在于他相信道德乃人生最有价值之物。

第九章　西周、东周诸侯各国的发展

第一节

一、周王室

1）周与诸侯之间：

约公元前 11 世纪—前 842 年,周武王灭商,建立周王朝,简称西周。武王子成王、成王子康王、康王子昭王,南征江汉,溺水死。

前 817 年,鲁武公与长子括、少子戏朝周宣王。周宣王立戏为太子。周大臣劝阻不听。这种干涉超过了天子与诸侯关系的一般规定。

前 789 年,周宣王与姜氏之戎战于千亩,周师败绩,损失甚巨,周宣王料民于太原,天子最直接的目的应该是统计青壮年的真实数字,想要补足其阙失。统计人口除了有负面的效果,它的正面意义却被忽略。周宣王破申戎,周天子不能提供安全保障,因为击败他们之前,这些原本用于捍卫周王室的封地已经在他们内外有效制造了对周王室及其他地方的滋扰。

前 782 年,周宣王逝世,太子宫涅立,是为周幽王。前 780 年,镐京大地震,泾渭洛断流,岐山崩。这些大的自然灾害对当时人的惊扰非常大,更为严重的是公信力加速丧失。前 779 年,周幽王娶褒姒,烽火戏诸侯。前 778 年,周幽王废其太子宜臼及其母申后,宜臼奔申。周天子已经失去主导性,公元前 770 年,申、晋(文侯)、郑(桓公)等国拥立幽王子,东迁洛邑,是为平王,此后称东周,东周方圆约六百余里。

周天子对诸侯的影响力处于不断削弱的状态,但周天子剩余的作用还是释放,尽管不完全正确。公元前 707 年,桓王率蔡、卫、陈等诸侯伐郑,被郑庄公击败,周桓王负伤。

前 707 年,晋哀侯之子小子侯被曲沃武公诱杀。前 703 年,周桓王命虢仲、芮伯、梁伯、荀侯,贾伯伐曲沃,立晋哀侯之弟姬潘为晋侯。这次周桓王不仅没有受伤,而且掌控了大局。

2) 周畿内

昭王子穆王、穆王子共王、共王子懿王、懿王弟孝王、懿王子夷王,夷王子厉王。王位的传承链上顺滑通畅,按部就班,寂然无声,有一阵子看起来永远不会发生任何意外。公元前841年(共和元年),厉王暴虐,他竟然因为国人反对而流亡,大臣摄政。公元前828年(共和十四年),厉王死于彘,共和行政结束。另一位魂断京畿以外的周天子——溺水而亡的昭王的遭遇是周天子威信的重大挫折,厉王被驱逐则是周王室能力在周天子辖区遭到严重质疑,两起事件尽管仍是西周王室内部问题,但是它们的实际负面影响已经波及整个国家。

公元前696年,周庄王继位,公元前694年,冬,周公黑肩谋杀周庄王而立王子克,庄王杀周公,王子克奔燕。

前677年周釐王死,子立为惠王。前675年,周大臣蒍国、边伯、子禽、祝诡、詹父、膳夫石速奉周釐王弟王子颓以伐王,不克,出奔温。苏子奉王子颓奔卫,卫师、燕师攻王,冬,立王子颓。前673年,郑伯、虢伯攻入周,杀王子颓,奉周惠王复归于王城,五月,郑厉公突卒,子文公捷立。前664年,周大夫樊皮叛惠王,惠王命虢公讨樊皮,四月虢公入楚,执樊皮,送于王城。前652年,周惠王卒,太子郑为襄王。

前613年,周顷王(前618—前613年在位)卒,子班立为周匡王,周室的周公阅与王孙苏争政,诉于晋,晋赵盾听讼,平周乱。这次仍然是借助天子的诸侯力量解决周王室的问题,不过没有授诸武力,用的是文明方法。

前524年,周景王(前544—前520年在位)铸大钱。周景王是个自己使用的日常生活用品都不能自行办齐的天子,大钱本质上有益于市场,但是,联想到周景王的生活窘境,铸大钱对社会产生的负面影响更大。当时有人激烈地反对这么做。

3) 周与外部

公元前827年,大臣拥立厉王子宣王,宣王在位46年,这位中兴之主遭遇的则是来自外部的挑战,外族入侵是非常现实的威胁。前824年,周宣王派秦仲攻西戎,为西戎所杀。秦仲有五子。宣王召五人,破西戎,任西垂大夫,居大骆、犬丘。前823年,严允攻周,周尹吉甫反攻至太原。外部入侵加剧,前771年,申侯联合犬戎破镐京,杀幽王。前636年,狄侵略周,周襄王(前644—前619年在位)出奔,向诸侯告急。

周天子在诸侯社会,畿内,西周辖区之外遇到的问题是一个正常国家都会遇到的问题,没有集中爆发,得益于体制优越,周王室的盟友和敌人因为距离不同,亲疏不同并不是同样容易感受王室的谬误,而诸侯彼此之间严格的区分隔离和交流限制,导致很难形成一致意见,以致所有不同意见,包括正确意见都是以叛逆的方式出现。周王室可以在错误中维持大局,诸侯们以及臣民们则需要让自己跟上天子的思维。政权的真正的危机和失败往往就是从此开始,错误不是错误,而且越来越多,直至肆无忌惮。

周王室外不能自保,内不能自理,皆因周天子辖区、权限等的设置有缺陷。

周的良政与改革
1)周宣王料民于太原
2)铸大钱

变革力度排名
第5名　2项

二、齐

干涉管理别国比管理自己更有成就的诸侯国家

公元前 694 年,齐襄公杀郑子亹(郑庄公第三子,高渠弥杀昭公立郑子亹)和高渠弥,立子亹弟子婴。前 684 年(齐桓公二年),齐军攻鲁,败于长勺。前 679 年,齐桓公会宋、陈、卫、郑等国君,始得诸侯拥戴为霸主。齐桓公二十七年(前 659 年),鲁湣公的母亲哀姜与鲁国公子庆父通奸,庆父杀鲁湣公,哀姜想立庆父,鲁国人立鲁僖公,齐桓公召回哀姜,将其杀死,哀姜是齐桓公的妹妹(也有可能是侄女)。齐桓公这样干预鲁国人的事说明他在道德追求上并不含糊,齐桓公二十九年(前 657 年),齐桓公与夫人蔡姬乘船游玩,活泼好动的蔡姬罔顾不习水性的齐桓公在摇晃不断的船上大惊失色,于是桓公将蔡姬送到蔡国,并未提出离婚,不料蔡侯随后将蔡姬另嫁他人,失去夫人的齐桓公大怒,对蔡国立即刀兵相向。齐桓公不是专一的人,爱过很多女子,但是他重视家庭,哀姜和蔡侯都违背了他的个人偏好。

齐桓公的内心的道德汁液还是很饱满的:

前 663 年,被山戎攻击甚急的燕国向齐国求援,齐桓公的军队追击山戎到了孤竹,几乎要将山戎赶到海里去。

前 656 年,齐桓公率鲁、宋、陈、卫、郑伐蔡、伐楚,楚国求和,同意恢复向周天子纳贡,盟于昭陵。

前 655 年,齐桓公与鲁、宋、陈、卫、郑、许、曹盟于首止,谋平王室之乱。

前 651 年,齐桓公大会诸侯于葵丘,周襄王派大臣祝贺,齐桓公霸业鼎盛。

本国的问题

前 816 年,齐人杀暴虐的齐厉公立厉公子赤,是为齐文公。前 815 年,齐文公诛弑厉公者七十人。

1) 前 686 年,齐臣无知杀其君齐襄公而自立。齐公子纠与管仲奔鲁。鲁侯谋纳公子纠于齐,为齐所败,九月,齐人杀公子纠,而以管仲为大夫。执国政。前 685 年,齐雍廪杀无知。公子小白为齐桓公,听鲍叔牙的建议用管仲,齐国强。

2) 前 548 年,齐崔杼杀其君齐庄公,立庄公弟杵臼,是为齐景公,崔杼连杀直书的齐太史二人,舍其三弟南史闻太史尽死,执简以往。晋会诸侯于夷仪以伐齐。齐归罪于已经亡故的齐庄公,重贿赂晋侯及其百官正长,晋师退。

前 645 年,齐管仲、隰朋先后逝世。

前 643 年,齐桓公死,太子昭与诸弟争位内乱,齐桓公三位夫人,都没有生儿子,六位宠姜,十多个儿子,易牙与寺人貂立公子无亏,即无诡,他生前被齐桓公口头说过要立为储贰。太子昭是齐桓公与管仲生前所立太子,宋襄公受到管仲的顾托,请求帮助太子,因为公子无亏立,太子昭奔宋、宋国派军队送太子归国,无亏方立三个月,齐人杀无亏(他没有封号),齐人准备立太子昭,四公子率军阻拦,被宋襄公打败,太子昭得以立,是为齐孝公。齐桓公儿子中还有三位陆续继位,即昭公、懿公、惠公。齐国经过这样的震荡,大受削弱。

前 613 年五月,齐昭公卒,太子舍立,九月舍被叔父公子商人所杀,商人成为齐懿公。前 612 年,十一月,晋侯会宋、郑、卫、蔡、陈、许、曹,谋划攻齐,刚刚登基的齐懿公贿晋灵公,攻击没有实施。齐懿公集诸多罪过于一身,齐桓公有如此荒淫无耻的儿子,生前居然毫无察觉,没有做预防措施,可以视为其后期昏聩的一个佐证。前 609 年十月齐邴歜父、阎职杀懿公,立桓公之子元,是为惠公。诸如齐懿公之类的不道德行为可能不会立即产生致命的后果,但是违背道德的行为往往会成为严重对抗行为的重要因素。前 548 年,齐崔杼杀其君庄公,立庄公弟杵臼,是为齐景公(前 547—前 490 年在位),崔杼连杀直书的齐太史二人,舍其三弟,南史闻太史尽死,执简以往。崔杼妥协不是因为自己杀人太多,而是意识到自己缺乏继续这样做的合理性,齐庄公爱上崔杼的夫人而丢了性命,显然与其轻视礼制与道德有关。对社会而言,道德感永远都是一种刚性需求,你可以忽略它,但不能轻视它。

后齐桓公时代因为道德的缺失遭到广泛的质疑,既来自国外:前548年,晋会诸侯于夷仪以伐齐。齐归罪齐庄公,重贿赂晋侯及其百官正长。晋师退;也来自国内,前539年,齐晏婴使晋,见晋卿叔向曰:齐政归田氏。叔向亦曰:晋公室卑。他的话有很多证据:前532年,齐陈、鲍二氏打败栾、高二氏,陈氏成为齐国强族。前490年,齐景公卒,遗命立少子荼,是为晏孺子。齐景公未葬而群公子出奔。

而最危险的敌人是田氏,田乞(陈乞也称田乞)曾经成功地扮演了一个道德巨人,道德是他致胜的法宝,田釐子田乞侍奉齐景公(前547—前490年在位),为大夫,向百姓征收赋税时,小斗进,大斗出。齐景公不禁止,田氏深得民心,晏子劝谏,齐景公不听。晏子与出使晋国,与叔向私下说,齐国政权终归田氏。

齐悼公(前488年即位)即位后,田乞为相国,专断齐国政权。

前489年,齐大臣争权,陈氏、鲍氏联合逐国氏、高氏。七月齐陈乞杀君晏孺子荼,立公子阳生,是为齐悼公。

前485年,齐大夫鲍牧杀齐悼公,齐大夫共立悼公子为简公。

前481年,齐陈恒杀齐简公而立平公,专国政。

前476年,齐田常扩大了自己的封邑,面积,大于齐平公自管的地方。

一旦缺乏领袖与杰出人才,争权夺利的公子们就会爆发并失控,自相残杀并失去一切。与田氏比较,吕齐的君主们在道德与智力上都落后于前者,他们好像是在不经意中失去了国家,其实是注定的。

齐国的改良与变革

1) 任用管仲

2) 齐景公时代任用了晏婴

变革力度排名

第5名,2项

三、鲁国

1) 鲁武公九年(前817年),带长子括、少子戏去见周宣王,周宣王喜欢戏,不听劝阻,在武公去世后立戏为鲁懿公(前815年,鲁懿公元年)。懿公九年(前

807年),鲁懿公兄括之子伯御与鲁国人杀鲁懿公,立伯御为君。伯御即位十一年,周宣王出兵杀伯御,立鲁懿公的弟弟称为鲁孝公。但从此以后,诸侯开始越来越多地违抗周天子的命令。

2) 公元前712年,鲁隐公被鲁公子羽父所杀,参与了密谋的其弟姬轨立,即桓公。鲁桓公十八年(前684年),他的夫人与自己的兄长齐襄公的不伦事被鲁桓公发现,心理遭受重创的鲁桓公随后肉体遭受重创,丧失人性的齐襄公指使公子彭生,将鲁桓公谋杀,立鲁桓公的齐国夫人所生的儿子为鲁庄公,庄公做了坏事的母亲留在齐国不敢面对现实,也不敢返回鲁国。

3) 鲁庄公十三年(前681年),鲁庄公与曹沫在柯邑结盟,勇敢的鲁大夫曹劌(史记中的曹沫)劫齐桓公,要求齐国返还侵占的鲁国领土,这可能是弱小的鲁国主张合理权益的唯一办法。齐桓公在管仲的劝导下签订盟约并履行盟约,这不是退缩,而是理性,管仲的理性照亮了齐桓公的人生。十五年(前679年)齐桓公开始称霸。原因:杀死自己过失很大的妹妹,公道,履行盟约守信用,自身强大等。

大国始终是个客观存在,不论你是否是最好的道德标本,何况鲁国还不够完备。干涉与被干涉就像太阳东升西落一样自然。

前796年,周宣王伐鲁,杀伯御,立鲁懿公弟,称为孝公。

前721年,鲁国无骇攻入极国,随后又全军撤退出来,鲁国大夫费庈父(费伯)则跟着攻入,灭掉了极国。春秋中有记载第一个灭人国家的。

前558年,邾伐鲁南鄙。

前583年,晋使鲁归还齐汶阳之田。鲁渐渐对晋二心。

鲁国面临晋国类似的问题,君主比臣属更软弱,国内问题集中在强势的大族鲸吞蚕食公室权力,因为大族很有进取性,也更有智慧。

前662年,鲁庄公死,子般即位,庆父使人杀子般而以公子启即位,为闵公,庄公庶兄庆父执政。

前660年,庆父杀闵公,恐惧出奔,季友奉公子申为鲁僖公,随即迫使庆父自杀。

前627年,鲁僖公卒,子文公立。前609年,鲁文公卒,十月鲁大夫襄仲杀太子恶而立文公庶子,是为宣公。宣公违礼实施"初税亩",无法减缓鲁公室的颓势,三桓强盛。

前591年,鲁宣公卒,子成公继立。鲁成公的儿子姬午是鲁襄公(前572—前542年在位)。继位时只有三岁,前568年有威望的大臣季孙行父逝世,公室更缺乏掌控力。前566年,鲁季氏在私邑费筑城。前562年鲁三桓三分公室,各有其一。鲁作三军。

公元前542年,鲁襄公死,子昭公继立,年十九而有童心。这对个人很好,对国家有害。

公元前537年,鲁国三家再分公室,季氏取二,叔、孟二氏各取其一,鲁舍中军。

前528年春,鲁季氏家臣南蒯以费叛,费人逐之,南蒯奔齐。

前517年,鲁昭公用臧氏、郈氏之众讨伐大臣季氏,孟孙氏、仲孙氏救季孙氏,鲁昭公兵败出奔齐。

前513年春,鲁昭公自乾侯居郓,欲如晋,不果,遂又居乾侯。十月,郓溃(杜预注:民散叛公)。

前511年,晋将以师纳鲁昭公,昭公不肯与季氏同归。

公元前510年,鲁昭公流亡以死,季氏等三家大臣立其弟为定公。

公元前505年,鲁国季氏家臣阳虎(货)专权。前502年,鲁三桓与阳虎冲突,阳虎战败出亡。阳虎后投奔齐,又奔晋国赵氏。

前498年,孔子为鲁国大司寇,弟子子路为季氏宰,执行拆毁三桓私邑的城,即"堕三都"。

前495年,鲁定公死,子哀公立。三桓对其构成重大压力,鲁哀公根本无力化解。

前483年,鲁国"用田赋"。

文化重镇

前551年,孔子出生。

前540年,晋韩起聘鲁,告代赵武为政。韩厥观书于鲁太史氏,"周礼尽在鲁矣!

前481年,《公羊》《谷梁》本《春秋》经文终于本年,孔子修订的春秋到本年为止,之后的由孔子弟子续写。前479年,孔子卒,《左传》本《春秋》经文终于本年。

虽属于文化重镇,但文化并不务实,应用中无法迅速见效,既没有带来优质的管理水平,也没有发展先进的技术,不仅政治思维陈旧落后,经济上也毫无优势,鲁国可能是个生产力低下,供给严重不足的社会。

前 687 年,秋,鲁大水,无麦苗。

前 666 年,鲁国饥,求籴于齐。

前 657 年,鲁大旱,春不雨,至六月始雨。

前 603 年,八月,鲁有蝗灾。

前 602 年,黄河改道。这是最早的记载,此年鲁大旱。

前 596 年,鲁有蝗灾,公元前 594 年,鲁宣公初税亩。鲁饥荒。

前 593 年,冬,鲁国丰收。

前 590 年,鲁国作丘甲。

鲁国的良政与变革

1. 任用孔子为大司寇

2. 用田赋

3. 作丘甲

变革力度排名

第 4 名,3 项

四、郑国

主动性强的君主

前 806 年,周宣王封弟友于郑,是为郑桓公。前 774 年,郑桓公为周王室司徒,知周将亡,言于王,迁其民与雒阳、虢等地,号新郑。

前 761 年,郑武公娶申侯女为夫人,曰武姜。郑庄公元年(前 743 年),封其弟段于京,兄弟争斗不止。公元前 722 年,郑庄公讨伐其弟,后者出逃,庄公加强君权,国势渐盛。公元前 720 年,一生忍气吞声的周平王去世,其孙桓王立。郑庄公二十四年(前 720 年),郑国侵犯周王室的辖区,收割那里的庄稼。公元前 720 年,郑庄公不满平王另用虢公,郑欲控制周室,与周王交换质子,出兵侵周。

郑庄公二十五年(前 719 年),卫国的州吁杀国君卫桓公自立为君,郑庄公和宋国共同讨伐卫国。时宋公子冯亦逃在郑国。(公子冯是宋穆公之子,早年在郑国为人质,后为宋庄公(前 710—前 692 年在位)。前 710 年,华督杀宋殇公,从郑国公子冯立为君。有意强化宋郑关系。

庄公二十七年(前707年),郑庄公去见周桓王,周桓王还在为抢庄稼的事生气,对郑庄公不以礼相待。三十七年(前697年)郑庄公不朝见周天子,周桓王率陈、蔡、虢、卫四国伐郑,周天子的联军大败,周桓王被射中肩膀。

郑简公十二年(前554年),任命子产为卿。

新的强力君主昙花一现。

公元前701年,郑庄公逝世,太子忽与其弟公子突争权位,郑国国势渐弱。前695年,郑高渠弥杀其君昭公忽,立公子亹。前694年,子亹被杀,子婴立。前680年郑厉公入郑都,杀郑子婴复位。郑厉公第二次崛起。前673年,郑伯(郑厉公)、虢伯攻入周,杀王子颓,奉周惠王复归于王城,五月,郑厉公突卒,子文公捷立。

前610年,郑(郑穆公在位)向晋说明,居于晋、楚两大国之间,无法不两面讨好。晋大夫荀林父以诸侯之师攻宋,立宋文公而还。

前605年,执政大臣公子归生以鼋故杀郑灵公,郑大夫们立郑灵公庶弟公子坚,是为郑襄公。

公元前585年,六月郑悼公卒,弟成公立,倒霉的郑成公人生面临不断的战事:

前582年,郑伯(郑成公)、楚公子成会于郑。秋,郑伯如晋,晋执郑伯,晋栾书伐郑,楚子重侵略陈国以救郑。

郑献公在位十三年(前513—前501年在位)逝世,儿子为郑声公,这个时候,晋国六卿强大,侵夺郑土地,郑国衰弱下去,声公五年(前496年),子产逝世。郑国人举国悲哀,他是郑成公的小儿子,毫无疑问,他是郑成公人生最大的成就,子产等一批精英的智慧拯救了郑国。

前554年,郑子产为卿。前543年,郑(郑简公,前565—前530年在位)以子产为执政。

公元前542年郑子产不毁乡校。

前538年,郑国子产作"丘赋"。

公元前536年,郑国子产铸刑鼎。

前524年,郑定公(前529—前514年在位)五月,宋、卫、陈、郑皆有火灾,郑子产以火灾的缘故,大治社,被禳(除凶之祭)于四方,振除火灾。

前522年郑子产卒,子太叔为政。

前501年是郑献公十三年,在位的最后一年,郑国杀邓析,而用其"竹刑"。

郑国的良政与变革：

1. 以子产为执政。

2. 子产不毁乡校。

3. 子产作"丘赋"。

4. 子产铸刑鼎。

5. 杀邓析,而用其"竹刑"。

变革力度排名

第2名　5项

五、晋国

绵延不断的权位之争,整体上说不上有什么理智。

前802年,晋穆侯与北戎战于千亩,有功。生少子,因此取名为成师。前785年,晋穆侯卒,弟殇叔自立,太子仇出奔。前781年,晋太子仇袭杀殇叔自立,是为文侯。前745年,晋文侯卒,晋文侯之子晋昭侯立,昭侯元年,封其叔成师(姬成师,即曲沃桓叔)于曲沃(曲沃地域大于晋君都邑所在地——翼),这埋下了晋国分裂而长期内争的种子。晋昭侯七年(前739年),晋臣潘父杀昭侯,迎曲沃桓叔,桓叔想要径直走上君位,不料遭到晋人有组织的反对而退回曲沃。晋人立昭侯子姬平,即以后的晋孝侯,弑君的潘父被诛杀。前731年,曲沃桓叔成师卒,子鳝立为曲沃庄伯。前724年,曲沃庄伯入翼杀晋孝侯。晋大夫逐曲沃伯,立孝侯子郤,是为鄂侯。前718年春,曲沃庄伯闻晋鄂侯死讯,与郑、邢伐翼(翼、绛同指一地),周桓王使尹氏、武氏帮助曲沃人领头的军队,翼侯(即鄂侯)逃奔随国。秋,曲沃叛周桓王,王命虢公伐曲沃,而立鄂侯之子姬光于翼,是为哀侯。前716年,曲沃庄伯卒,子曲沃武公立。前709年,曲沃武公攻晋俘虏了晋哀侯,晋国人立哀侯之子小子侯。前708年曲沃武公使韩万杀晋哀侯。前705年,曲沃武公杀死小子侯,周天子再次直接干涉晋国内争,周桓王命虢仲、芮伯、梁伯、荀侯,贾伯伐曲沃,迫使曲沃武公退回曲沃,立晋哀侯弟姬缗(也作潘)为晋侯(前704—前679年在位),前679年,曲沃武公灭翼。

当时在位的周釐王(前681—前677年)是周庄王长子,作为长期涉足晋国事务的周桓王长孙,他不能理解祖父的用意? 认为顺应时势更为重要? 或者仅仅是在曲沃武公丰厚贿赂下喜不自胜,不能自持? 周天子姬胡齐封曲沃武公为诸侯,武公兼并了全部晋地,晋国八十年一个国家两个政权的分裂争斗以曲沃人心满意足而暂时结束,但是十年后,血腥的争斗又重启,尽管晋国将要步入强盛。但晋献公并没有因此走上正确的道路。前669年,晋献公(前676—前651年在位)虽然是晋武公之子,接受了大夫士蒍的策划,不希望分裂重演以及各种因素叠加,对同出一系的曲沃人大开杀戒,对曲沃桓伯、庄伯之子杀戮相当彻底,从此晋无公族。曲沃桓叔、曲沃庄伯分别是晋献公的曾祖父、祖父,献公之举是担心曲沃桓叔、庄伯之族过于强大将危及自己?还要与曲沃系强大的反叛基因做一个彻底的切割?实际上晋献公未能达到自己的目的。晋献公残酷地打击公族,却又过分地重用卿族。前661年,晋献公以耿地封赵夙,以魏地封毕万,赵、魏二族喜出望外,紧紧拥抱这从天而降的绝佳机会,如果说曲沃武公是统一的晋国的君主,晋献公则是三国分晋的始作俑者。二百五十余年后(前403年),叛逆者再次无情地切开了这个国家,令其万劫不复。

前655年,晋献公犯下第二个大错,晋太子申生被逼自缢而死,同时致使公子重耳、夷吾皆仓皇出逃。

晋献公在大批无辜被屠杀的亲族尸体面前泰然自若,还是个毫无信誉的人,在繁忙的国内事务之暇,还抽空摧毁了两个小国。前655年,晋献公向虞借道,灭虢国,兵还时灭虞。晋献公死后又引起杀戮,荀息立奚齐,里克杀之;荀息立卓子,里克又杀之。大臣争权,国内混乱,导致外国干预,齐、秦拥立献公之子夷吾为晋惠公(前650—前637年在位)。晋惠公得以继位受益于秦的鼎力支持,他承诺给秦大量的土地,但一直未能兑现。前647年,晋饥荒,秦国运送大量粮食给予晋国,应急的援助行动史称泛舟之役,但秦、晋两国仍未消除戒备。前645年的韩原之战,晋国惨败于秦。晋惠公亦为秦所擒。前644年被释放,晋献黄河以西八城给予秦,不过晋太子圉在秦国为人质,秦穆公将女儿嫁给他之后上述土地都归还了晋国,秦穆公想要与晋建立长期的关系。前637年,晋惠公逝世后公子圉立为晋怀公。但是秦穆公更为看好的是公子重耳,也就是晋怀公的伯父,重耳在秦军的护送下返回晋国即位,成为晋文公(前636—前628年在位),他给晋国带来新气象。前635年,晋文公出兵救周,帮助周襄王复位,获周天子所赐晋阳、樊等四邑之地。前633年,晋文公将军队改编为三军,立即产生了明显效果。晋文公五年(前632年),晋文公率诸侯联军与楚、陈、蔡三国联军在城濮作战,在与楚成王的军队对峙中退避三舍,楚将得臣(子玉)不愿同时后撤。四月,晋、齐、秦、宋等联军在城濮与楚军战,楚军失败,楚成王命其令尹子玉自杀。晋、齐、鲁、宋等国会盟于践土,晋君在践土修建王宫。五月周襄王赴会,晋向周王献楚军俘虏,周襄王策命晋文公为霸主。周王作《文侯之命》,其大意为:你以道义帮助诸侯和睦相处,我需要你的照应,让我继承祖业,永保王位。前629年,晋将军队改编为五军。前628年,晋文公卒,子晋襄公姬欢(前627—前621年在位)继立后,晋国仍然具有强大实力,前627年,晋襄公的军队败秦军于崤山,擒秦孟明视等三将。晋襄公后来还打败了楚国。晋襄公是一个杰出的君主,他的儿子晋灵公(前620—前607年)则是一个纨绔子弟而不是合适的继承人。晋灵公习惯于制造纰漏,赵盾殚精竭虑,也难免百密一疏。前612年十一月,齐进攻鲁国,鲁向晋求援,晋侯会宋、郑、卫、蔡、陈、许、曹七国君主,策划攻齐方略,但齐成功地贿赂了晋灵公,诸侯联军在战斗没有分出胜负时就撤军回国。晋灵公没有直接插手的晋国事务则有积极的效果。前612年六月,晋郤缺以上军、下军伐蔡,攻入蔡国。前610年,晋大夫荀林父以诸侯之师攻宋,立宋文公而还。晋国尽管尚能保持优势,但是晋国的问题还是无情地暴露出来。前607年,晋灵公想要杀尽心辅政、经常秉公直言、让灵公生气的赵盾,盾侥幸得以逃走,但其被惹恼的堂弟赵穿杀死了晋灵公,赵盾从周迎回晋文公之子公子黑臀为成公(前606—前600年在位)。

前600年,成公的儿子晋景公即位(前599—前581年在位)。景公四年(前596年),晋以邲之战失败归罪于先縠,逃亡至翟国的先縠据说想说服翟国进攻晋国,晋国于是毁灭了先縠家族。前594年,楚国与鲁国进攻宋国,在位的宋文公是晋国荀林父领头的诸侯所立,向晋国求援,晋景公爱莫能助,楚同意宋媾和的请求后退兵。虽然要这样对楚国放任,并不妨碍晋国继续展示霸主胸襟:

前593年(晋景公七年),周室复乱,晋卿士会平王室。前592年,春,晋郤克聘齐,齐妇人笑其残疾。秋,郤克在晋执政。前591年,晋卫攻齐,齐(齐顷公在位)以公子彊为质于晋,晋师还。前591年,晋、卫攻齐,齐以公子彊为质于晋,晋师还。

晋景公十一年(前589年),齐顷公讨伐鲁国,鲁成公派人向卫国告急,卫军败于齐后,卫国、鲁国又通过郤克向晋国求助,随后晋(晋景公在位)、鲁(鲁成公在位)、卫(卫穆公本年九月逝世,卫定公继位。)三国联军伐齐,战于鞍(发生在六月),齐军大败,齐顷公受伤逃走,晋君一直追击到齐国都城,并要求齐顷公的母亲萧同叔子(郤克三年前曾经遭到萧同叔子的嘲笑)为人质,齐人拒绝了这个听起来像玩笑的条件,其他条件都一一接受,晋国人最后还是答应与齐国讲和。前588年,晋作六军。晋国军队的变化与他们对外作战的成就具有密切关系。

前587年,鲁成公入晋,因为晋景公待之失礼,导致鲁成公欲与楚国联合,被鲁国重臣季文子阻止。公元前585年,晋自绛迁都新田,号新绛。前583年,晋使鲁国归还齐汶阳之田,这原是属于鲁国的一块膏腴之地,鲁国执政季文子私下对此非常不满,鲁因此对晋二心。

前581年，晋侯帅齐、鲁、宋、卫、曹伐郑。前581年五月，病中的晋景公虽然等来了秦国派来的名医医缓把脉，六月，病入膏肓的晋景公还是散手人寰，儿子晋厉公即位（前580—前573年在位）。前579年，晋、楚因为宋国华元的调停在宋都城西门外结盟弭兵，晋郤至聘楚，楚公子罢聘晋，晋、楚两个大国的和解让双方都得到一段休养生息的时间，有机会打击最优先的目标。前578年，晋厉公率诸侯伐秦，大败秦军。3年后（前575年），晋、楚破裂，在鄢陵大战，楚军惨败，楚共王负伤。楚的盟友郑国参与作战，同样经历重大失败的痛楚，晋国霸业虽然只是与战胜者结伴而来，却因为晋悼公的睿智而变得有文化色彩。公元前573年，晋厉公被杀，悼公立（前573—前558年在位），他是一位年轻君主，罕见的英才，他知道个人的能力有限，善于发现别人的能力，激励臣属，晋悼公（前573—前558年在位）曾说，我自从任用魏绛，九次会和诸侯，安抚戎、翟。令人意外的是，晋悼公将成就归功于别人。

前565年，晋悼公会诸侯之大夫于邢丘，规定诸侯朝聘数目，文、襄恍若重现。晋悼公年仅十四岁即君位，是一位杰出的君主，有领袖的凝聚力，善于发现每个人的长处："吾从用魏绛九合诸侯，和戎、翟，魏子之功也。"《史记·卷三十九·晋世家第九》P1682。其实他的国家聚集了很多类似魏绛的人物，他个人的魄力与他的成就同样密不可分，这是一种相对固定的模型：最为卓越的人物往往对制度建设有贡献。晋悼公年轻为君，是晋文侯之后最有抱负的君主，但是他不是神，前562年晋军在栎地被秦军击败，不过三年后，晋悼公即得以复仇，他联合诸侯大败秦军。次年，即前558年，十一月晋悼公逝世，儿子平公立（前557—前532年在位）。前552年，鲁襄公亲自到访晋国，专门向晋平公就前554年邾国侵鲁时，晋平公出兵抓获邾悼公，勒令其归还所侵占鲁国土地的事致谢，鲁国也返还从邾国获得的土地。前552年十月，晋平公与诸侯在商任盟会，到场的有齐庄公、宋平公、卫殇公、郑简公、鲁襄公、曹伯、莒子、邾子。晋平公的位置比较优越。前532年，晋平公死，子晋昭公立（前531—前526年在位）。晋顷公（前525—前512年在位）晋定公（前511—前477年在位）。

君臣崇尚美德，国家多半会有好气象。君臣一旦纠纷严重，国家一定明显受损：前607年，晋灵公欲杀赵盾，盾逃，赵穿杀晋灵公，从周迎回公子黑臀为晋成公。

晋景公（前599—前581年在位）是继晋文公之后最有成就的晋国君主，但他的国家震荡加剧：前596年（晋景公四年），晋以邲之战失败归罪先縠，杀之，尽灭其族，晋政紊乱。前583年夏，晋杀大夫赵同、赵括，晋国政治更乱。晋景公逝世后,内部政治仍保持惯性。前574年,晋厉公杀其大夫郤锜、郤犨、郤至,以致郤氏灭亡。大族大臣们也攻击君主,公元前573年,晋栾书、中行偃杀晋厉公,立悼公,晋悼公年轻为君,没有成为傀儡。他的成就令诸侯们震撼,这是栾书等人弑君者不可能预测到的结果。悼公对大族的奖掖帮助晋国复兴,但也造就了晋国大族之间相互进攻的基础。前552年秋,晋国栾盈奔楚,当时舆论对栾盈的评价相当负面,范宣子杀箕遗、黄渊、嘉父、司空靖、邴豫、董叔、邴师、申书、羊舌虎,叔罴,囚伯华、叔向、籍偃。以上都是与栾盈关系密切的大夫和领军之人。前551年晋栾盈先自晋奔楚,又自楚奔齐,齐庄公给予庇护,晏婴反对这样做,齐侯没有接受。前550年,晋栾盈返回晋国,自曲沃袭击绛,晋人杀栾盈,尽灭栾氏之族。晋昭公时(前531—前526年在位),范氏、中行氏、赵、韩、魏、知氏六个家族强势,与他们都在晋国军队担任高级职务有关,是同时握有政权、军权的人,在强权面前,公室合理的权力被挤压而加速衰微。昭公之子晋顷公十二年(前514年),"晋之宗家祁傒孙、叔嚮子,相恶于君,六卿欲恶公室,乃遂以法尽灭其族,而分其邑为十县,各令其子为大夫,晋益弱,六卿皆大。《史记·卷三十九·晋世家第九》P1684。六卿本该为公室出力,为了私利要让公室衰弱萎缩,晋诸卿于是以法律的名义灭祁氏、羊舌氏。魏舒执政,分两族的邑为十个县。祁氏之田为七县,羊舌氏之田为三县。六卿各命其子为县大夫。晋公室更弱,六卿势力坐大。前497年,晋六卿之间因为争权发生内乱,中行、范氏二家失败出奔,知(荀)、韩、赵、魏四家主政。前491年,赵鞅率军包围邯郸,邯郸降。前490年,曾与赵鞅共铸刑鼎的荀寅(荀寅,荀偃之孙)以及士吉射(祁姓,范吉射,范献子亦即士鞅之子)等逃往齐国,范、中行二氏及其支持者作鸟兽散,赵氏获胜,晋诸卿冲突远未结束。

与晋景公类似,之后的晋国君主因为其本国的实力,处理外部事务比处理内部事务更强。

干预周天子朝政:

前563年,周王叔陈生与伯舆二位争夺执政权,周灵王支持伯舆,致使王叔陈生负气出奔,晋悼公委派士匄协调王室,以单靖公为周卿士,以相王室。

前517年,晋会诸侯之大夫,谋平周乱。

前516年,十一月,晋师克巩(周),王子朝及召氏之族、毛伯得、尹氏固、南宫嚣奉周之典籍以奔楚。周景王入成周,晋师使成公般帅师戍周而还。

攻击诸侯:

进攻郑国:

前581年,晋侯帅齐、鲁、宋卫曹伐郑。前571年,晋会诸侯大夫于戚,在虎牢筑城,谋攻郑。郑乞和。前565年,郑因为晋、楚连年相侵,宣布实施"牺牲玉帛,待于二境"的方略。晋悼公会诸侯之大夫于邢丘,规定诸侯朝聘数目,恢复文襄霸业。

前564年,晋率诸侯攻郑,郑国屈服,十一月,同盟于戏。但这个盟约没有得到执行。签约之后,楚又发动攻郑,楚郑之间达成互助协议。前563年,秋,晋率诸侯攻郑,鉴于楚增援郑国,诸侯军队撤还。周王叔陈生与伯与争政,晋使士匄平王室,以单靖公为周卿士,在王室执政。

前563年秋,晋率诸侯攻郑,楚救郑,诸侯之师还。

进攻秦国:

前563年,五月晋伐秦。前559年,四月,晋率诸侯之师伐秦,大败秦军,联军推进至棫林后撤军。

前562年,七月,郑与诸侯同盟与亳,载书曰:"凡我同盟,毋蕴年,毋雍利,毋保奸,毋留慝、救灾患,恤祸乱,同好恶,奖王室。"楚从秦请求援军攻郑,郑又与楚攻宋,九月,晋率师攻郑,郑向楚求援,又求援于晋,十二月,郑以重金贿赂了晋国,与晋国议和。冬,秦、晋两国队在栎交战,晋军失败。晋悼公从强者那里看到了不足。前560年,晋中、上、下三军,新军无帅,属于下军(新军将佐后有补齐),晋国焕然一新。前559年,晋士匄及齐、鲁、宋、郑、曹、莒、邾、滕、薛、杞、小邾会吴大夫于向,谋攻击楚。四月,晋率诸侯之师伐秦,"以报栎之役也。"于棫林击败秦国,并追击秦军于泾水。

进攻楚国:

前579年,晋、楚因为华元的调停在宋都城西门外结盟弭兵,晋郤至聘楚,楚公子罢聘晋。

前575年(晋厉公,前580—前573年在位),晋、楚战于鄢陵,楚军大败,楚共王负伤。郑国作为楚的盟友也参与作战,同样经历失败。晋国霸业复兴。

前559年正月(晋悼公,前572—558年在位),晋士匄及齐、鲁、宋、郑、曹、莒、邾、滕、薛、杞、小邾会吴大夫于向,谋攻击楚。为何没有实施进攻原因不明,晋悼公死于前558年冬天。

进攻卫国:

前478年十月，晋攻卫，逐卫庄公而立公孙般师，卫与晋和。

战争是生存的需要，进攻各种对手或抵御外来入侵的手段，晋国希望诸侯通过战争认识到晋国的强大，但更希望它自己是一个有威慑力的国家。

晋国的社会地位

作为一个霸主的责任与权力：

前585年，晋自绛迁都新田，号新绛。

前571年，晋会诸侯大夫于戚，在虎牢筑城，谋攻郑，郑乞和。

前557年，三月，晋侯会诸侯于溴梁，诸侯之大夫盟，晋因莒、邾上年侵鲁，在会上执邾子，莒子归晋，晋率鲁、郑、卫、宋攻许。秋，齐攻鲁，鲁告难于晋。前556年，秋、冬，鲁分别遭到齐、邾的攻击。前555年，晋率诸侯攻齐，围齐国都，讨其侵鲁。前554年，诸侯攻齐，盟于督扬："大毋侵小"晋（晋平公在位）以邾侵鲁，执邾悼公，命邾归鲁田。五月齐灵公卒，废太子光与崔杼杀太子牙自立，是为庄公。前553年，齐表示服从于晋，晋平公与诸侯在檀渊结盟。前553年，鲁襄公如晋，谢晋救鲁，并归邾田。秋，栾盈奔楚，十月，晋会诸侯于商任。前551年，冬，晋侯、齐侯、鲁侯、宋公、卫侯、曹伯、莒子、邾子、薛伯、杞伯、小邾子会于随河。

前549年，晋范宣子为政，诸侯之币重。二月，郑国子产为此向晋国提出申辩，晋国于是减轻诸侯贡奉之财物。八月，晋与诸侯会于夷仪，谋攻齐。冬楚军攻郑以救齐，诸侯救郑。

前548年，秋，晋赵文子（赵武）执政，薄诸侯之币而重其礼。

前545年，齐侯、胡子、白狄等朝晋。

前544年，晋用鲁、齐、宋、郑、卫、滕、莒、薛、小邾人为杞国修城。

前541年，晋赵武，楚令尹子围与鲁、齐、宋、卫、陈、蔡、曹大夫在虢会晤。六月，晋国将军荀吴在大卤（太原）击败狄人于大卤。

前540年，晋韩起聘鲁，告代赵武为政。这是盟主与盟友之间的礼节。

前529年，晋昭公在平丘大会诸侯，以兵车四千乘显示国力。

前517年，晋会诸侯之大夫，谋平周乱。（王子猛乱）。

前513年，春，鲁昭公自乾侯居郓，欲如晋，不果，遂又居乾侯。十月，郓溃（杜注民散叛公）。前511年，晋将以师纳鲁昭公，昭公不肯与季氏同归。

前493年，晋卿赵鞅在对范氏和诸侯联军誓师时宣布：上大夫受县，下大夫受郡，士田十万，庶人工商遂（做官），人臣隶圉免（解除奴隶身份）。赵鞅的这套奖励方案是否得到晋君事先同意？

晋国的良政与变革

1. 前 633 年,晋文公作三军;晋军改编为五军;晋军改编成六军。

2. 前 549 年,晋范宣子为政,诸侯之币重。二月,子产争之,乃轻诸侯之币。前 548 年,秋,晋赵文子(赵武)执政,薄诸侯之币而重其礼。

3. 铸造刑鼎。

4. 晋自绛迁都新田。

5. 晋率诸侯为杞修城。

6. 前 493 年,晋卿赵鞅在对范氏和诸侯联军誓师时宣布有功的上大夫、下大夫、士分别最高可授予县、受郡,田十万的赏赐,庶人、工商与人臣隶圉可以从低等级身份改变为高等级身份。

7. 以邑为县。

8. 魏绛为政。

9. 率领诸侯为周敬王修城。

变革力度排名

第 1 名　9 项。

作为姬姓大国,晋国尽可能地在维护礼仪。前 531 年,晋昭公即位,次年鲁国的昭公前往晋朝嗣君,晋以鲁伐莒,违背盟约,不许,至黄河而还。这其中既尊重了礼仪又是在维护契约精神。

晋长时间很强大,但不是一位贪婪的掠夺者。前 569 年,七岁的鲁襄公入晋听宣布鲁国所需供奉的赋税,鲁国请求将鄫国作为自己的附庸国帮助鲁向晋缴纳贡赋,得到晋批准。此前鄫国被邾国打败,鄫国向鲁寻求庇护,邾国莒国有盟约,共同反对鄫国成为鲁国的合附庸国,但是鲁国策略很得当,得到了霸主晋国的批准。

前 548 年,秋,赵文子(赵武)执政,"薄诸侯之币而重其礼。"以上两例都能说明晋国的执政至少一部分对霸主的身份与权力有比较清醒的认识。

晋国致命错误在于没有控制好卿族,前 514 年,晋诸卿灭祁氏,羊舌氏。魏舒执政,分两族的邑为十个县,祁氏之田为七县,羊舌氏之田为三县,六卿各命其子为县大夫,晋公室益弱,六卿益大。

晋国虽然是姬姓大国,有维护礼制的天然使命,但偶尔也会有激进的行动。前 513 年,晋国(晋顷公在位)铸造刑鼎。虽然比子产的刑鼎晚了 23 年,但晋国是一个大国,维护现状是美德,突破这种思维定式比弱小,处于被没完没了地攻击中的郑国困难得多。

晋国的兴盛是多元化追求的结果,加上它是一个天然的大国。晋国(前1033—前403年)是一流的诸侯大国,灭国时间却比经常被它打得无处可逃的郑国还早。晋国有9条合理的改革,比任何一个诸侯国都多,看起来是因为三家分晋而倾覆。致命的因素一是君主不够专注,二是卿族过于彪悍,最致命的是晋君主的宫廷决策能力降低。

六、秦国

公元前770年,平王封秦襄公为诸侯,秦始列为诸侯。

秦国的错误和正确同时存在,就像一个成长中的儿童,他的性格张扬,个性鲜明,目的明确,有自己比较稳定的价值观偏好,前769年,秦作西畤时,祠白帝。前756年,秦初作鄜畤,用三牢。

父子相继为主,兄终弟及为辅。前676年,德公卒,长子宣公立。

前660年,秦成公死,弟穆公继立。前609年秦康公卒,子共公和立,前604年,秦共公立,子桓公立。前501年,秦哀公卒,太子夷公早卒,立夷子,为惠公。前491年,秦惠公卒,子悼公立。

对县的区划很早就产生了兴趣,前688年(秦武公十年),伐邽、冀戎,初县之,十一年,初县杜、郑。《史记·卷五·秦本纪第五》P182。前687年,秦灭小虢,又以杜、郑为县。

但又是有明显弊端的群落,前678年,秦武公死,初以人殉,殉者六十六人。前621年,秦穆公任好卒,杀一百七十人殉葬。其中贤大夫三人,秦穆公有子四十人,子立为康公。

前746年,秦初用族刑(重刑的起点)。前716年,秦文公卒,孙宁公立,宁公父静公未立而卒。前704年,秦宁公卒,大庶长弗忌、威垒、三父废太子武公,而以宁公幼子为君,是为出公。前695年秦武公诛三父等,夷其三族,为出公报仇。前678年,秦武公死,有子白,白不立,立武公弟德公。前677年徙都雍(凤翔县南一带)。

诛三父并夷三族是个重要措施,震慑了擅自行事的人,秦国继位问题上较少出现、多发重大纠纷或与此有关。

秦国的发展有个缓慢清晰的过程。前636年,秦穆公拥立晋文公。前625年,秦攻晋以报殽山之役,结果在彭衙被晋击败。前624年,秦伐晋,渡黄河,取王宫及郊外。晋师不敢出。秦人封骰尸体而去。

前 623 年,秦穆王伐西戎,灭十二国,开地千里,遂霸西戎。

前 617 年,晋攻秦,拔少梁。秦取晋北徵。前 563 年,五月晋伐秦。

前 505 年,秦哀公应申包胥请求,救楚,败吴军,吴国内乱退兵,楚昭王复国。

秦国有族刑,大量用人殉,具有极其野蛮残忍的特性,但其国家目的明确,寻求政治合理性的倾向明显。一百多年后,一桩人殉的记载意味深长:邾庄公听说有人在宫内便溺,这种无礼的行为让他情绪失控,从床上蹦起来,不料跌入火盆,结果因为烫伤感染而死,这是前 507 年,这个想要维护礼仪的君主有五个人为他殉葬,应该都是被迫的。简单将人殉定义为野蛮或许过于直观,人殉不单是逝世的君主害怕孤独,可能还有想利用这种极端的手法达到所有其它手段都无法达到的某种目之意蕴,尽管这种动机不能抵消其罪恶。

秦国的良政与变革

1. 秦作西祠畤,祠白帝。秦初作鄜祠,用三牢。

2. 伐邽、冀戎,初县之,十一年,初县杜、郑。

3. 支持晋文公。

变革力度排名

第 4 名　3 项。

七、楚国

不论南方北方,姬姓还是异姓,权力的争夺都是相似的。熊霜元年,正逢周宣王(前 827 年即位)即位,熊霜在位六年,去世后,三个弟弟争位,结果大弟仲雪死去,二弟叔堪逃亡,最小的季徇即位,他就是熊徇,熊徇逝世后儿子熊咢即位,熊咢逝世后儿子熊仪即位,即若敖。若敖二十年,周幽王被犬戎所杀,平王东迁。秦襄公开始被封为诸侯。若敖的孙子蚡冒(前 757—前 747 年在位)在位十七年,逝世后,蚡冒的弟弟熊通杀死蚡冒的儿子夺取君位,希望从周平王那里得到封号,被拒,于是自号为武王,即楚武王(前 740—前 690 年在位)。

楚武王十七年(前 724 年),晋国的曲沃庄伯杀害君主晋孝侯,十九年(前 722 年),郑伯的弟弟作乱。二十一年(前 720 年),郑国侵犯周天子的土地。二十三年(前 718 年),卫国杀害了国君卫桓公,二十九年(前 712 年),鲁国杀害了国君鲁隐公。三十一年(前 710 年),宋国太宰华督杀害了国君宋殇公。这些是别人的事,不能说是楚武王在效仿他们或者说中原诸侯的影响力已经足以改变南方楚君们的行为,他们的行为具有相似性不是集体事先的协商,而不过是单独的个人各自按其本性独立采取的行动而已。

楚武王三十五年(前 706 年),楚伐随国,随君说:我们没有罪过,楚王说:我是蛮夷国家,如今中原诸侯都背叛了周天子,相互攻杀,我有军队,又想参见中原事务,请求周王提升我的尊号。他非常想要从周平王那里得到正式的封号,随国人是古老的诸侯,姬姓,有正式的名分,又受到他的挟持,于是被迫前往周室传递楚王心愿,请周王赐予尊号,被周桓王拒绝,楚武王听说后大怒。

前 704 年,楚君熊通称武王。前 704 年,楚武王伐随。战于速杞,随师败绩,随侯逃逸。楚武王五十一年(前 690 年),周庄王七年,庄王召见随侯,谴责他拥戴楚君为王,楚王也怒不可遏,认为是随侯背叛自己,亲自率军伐随,楚武王病死军中,罢兵。楚武王在位期间,还曾灭权国为县。武王子熊赀立,为楚文王。公元前 689 年(楚文王元年),迁都于郢都。楚国熊通没有得到周天子的认可,自立引发一群仿效者:

前 672 年,楚公子熊恽杀君[杀其兄楚王堵敖(前 676—前 672 在位),堵敖、熊恽均楚文王之子]自立,是为成王(前 671—前 626 在位)。楚成王在泓之战中击败宋襄公,后在城濮之战中败于晋国,楚失去了在中原叱咤风云的雄风。前 626 年,楚成王有意废楚太子商臣而改立王子职,商臣立即杀楚成王自立为楚穆王。前 614 年,楚穆王死后,嫡长子庄王继位(前 613—前 591 在位)。楚庄王即位第三年(前 611 年),朝臣们仍不明其来意,因其在政治事务上一直未见发号施令,只顾日夜享乐。听到伍举说理解他,认为他在筹划大的行动后,就像一匹千里马一样,遇到善于驾驭的骑手,终于心情舒畅,于是尽情驰骋,展现全部才华,他果然一鸣惊人。楚庄王八年(前 606 年),讨伐陆浑戎族,到达洛阳,在都城郊外阅兵示威,周定王派大夫王孙满犒劳楚军,楚庄王居然满不在乎地问到周鼎之大小轻重,王孙满说,周道虽衰,天命未改。拒绝回答相关问题。楚庄王已经有取代周朝之势。他纵横卑阖,内外兼顾。前 605 年(楚庄王九年),楚王灭为乱的若敖氏。楚庄王十六年(前 598 年)时他已经变得非常像一个中原君主:

1. 讨陈国,杀夏徵舒,因为他杀死了国君。

2. 楚庄王十七年(前 597 年),攻入郑国都城,郑伯(郑襄公)赤裸上身迎接,楚国群臣不同意保留郑伯的君位,楚庄王独立思考,与郑国签订盟约,郑伯弟弟子良到楚国为人质。晋国救郑姗姗来迟,但还是与楚国大战一场,战于邲,晋军大败。

3. 前 595 年,五月,楚大夫申舟出使于齐,过宋不假道,宋杀之,九月,楚庄王包围宋国。包围宋国五个月,宋人粮食没有了就交换孩子吃。宋人华元将此实情告诉楚庄王,庄王认为他是诚实君子,当时宋的盟国晋也无力救宋。前 594年,楚庄王同意与宋媾和而解围撤兵。

楚庄王是个令人惊艳的君主,为君之时做出了显赫的政治成就,名列春秋五霸之一。

楚共王(前 590—前 560 年)时代是深度介入中原事务的时代。公元前 585年,六月郑悼公卒,弟成公立,秋,楚伐郑,冬,晋栾书率军救郑。前 584 年秋,楚攻郑,晋、齐、宋、鲁、卫、曹、杞、莒、邾之师救郑。八月,晋使巫臣聘吴,教之车战,使吴袭扰楚国。吴始通中原诸侯,吴侵略楚州来。前 570 年,楚令尹子重帅师攻吴,得到的不如失去的,楚人归咎于子重,子重不久逝世。前 568 年,楚共王(前590—前 560 年在位)讨伐陈国,适逢陈成公逝世,儿子哀公弱(前 568—前 534年)继位,楚军因为陈国办丧事,撤军回国。这是楚国政治史上的重要事件,一个一心称霸天下的楚王因为别国的丧事而停止军事行动,这与上述楚庄王的三项善意行动可以媲美,楚国变得越来越像个中原国家。

前 560 年,楚共王卒,楚共王有五个儿子,没有嫡子,共王请神灵决断,后康王因为年长即位。前 545 年,楚康王卒,康王子郏敖立,他的儿子失去王位,前541 年,十一月,楚令尹子围杀侄儿楚王郏敖自立,公子围就是楚灵王(前 540—前 529 年在位)前 529 年,楚公子弃疾自立,是为楚平王。楚灵王兵散自杀。前516 年,楚平王卒,子昭王立。楚国君主的废立明显比中原国家更为血腥。

楚王与他的高官与贵族之间也是刀光剑影:

前 605 年,楚庄王毁灭作乱的若敖氏。前 551 年,楚杀令尹子南于朝。子南系楚庄王之子,因为所亲信的人观起违背礼制,拥有超过他身份等级的车马,被楚康王处死。前 528 年秋,楚平王灭楚养氏之族。

前 538 年,楚杀齐庆封。公元前 537 年,越大夫常寿过,率军配合楚军伐吴。前 535 年,楚为章华之台,纳亡人以实之。前 531 年,楚王招蔡灵侯至楚,杀死了蔡侯。楚公子弃疾围蔡,晋派使者于楚,要求撤蔡围,不许。冬,楚灭蔡,执蔡世子有,杀之以为牺牲。前 531 年,吴王余祭死,弟余昧立。前 530 年,楚灵王围攻徐国,以测试吴国的动向。前 529 年,楚公子弃疾自立,是为楚平王。楚灵王兵散自杀。公子比做了十几天国君,公子皙未即位,即被杀害,这四个儿子都绝祀,只有公子弃疾即位为楚平王(前 528—前 516 年在位)。

前 528 年,秋,刚即位的楚平王灭楚养氏之族。楚平王宠信费无忌,自己娶了原准备给太子娶的秦国女青年,伍奢批评费无忌,费无忌煽动平王杀伍奢与儿子伍尚,另一儿子伍胥逃往吴国。前522年,楚平王信任费无极谗言,欲诛太子建,太子建奔宋,楚平王杀其傅太师伍奢,及其子尚,尚弟伍员奔吴。

楚平王处理不当的另一件事是加深了与吴国的积怨,前518年,吴国边邑卑梁和楚国边邑的钟离采桑的女子发生冲突,导致两家族斗殴,钟离的一家杀了卑梁的全家,卑梁的地方官发兵攻打钟离,楚平王派军队攻占卑梁,吴王派军攻占钟离、居巢两地,迫使楚国加强郢城(已经是都城了)的防务。

楚平王十三年(前516年),楚平王逝世,将军子常认为太子珍年少,其母亲就是楚平王子原本为前太子建(子木)娶的秦国女子(伯嬴),子常建议立平王的庶子,有仁义之声的令尹子西拒绝,立太子珍,他就是楚昭王。楚昭王元年(前515年),楚国人恨费无忌(或费无极),因为是他迫使太子建逃亡,伍奢、伍尚被杀,在逃亡吴国的楚国人影响下,吴国多次袭扰楚国。当了令尹的子常为取悦楚国人杀了费无忌,其族被灭。楚昭王十年(前506年),吴王阖闾伍子胥等率军攻入郢城,鞭打平王尸体。昭王子楚惠王在位时,前487年,令尹子西召回白公胜,封于白。白公胜与楚惠王是堂兄弟,楚王的位置原本归属前者的。楚昭王、楚惠王父子都是有为的君主,白公胜则报父仇心切,他后来领兵杀死令尹子西等,又劫持了楚惠王,认为他们父子的一切不幸都是楚王带来的,楚国大臣叶公子高帅国人击败白公胜,白公胜自缢死。事情发生在前479年。

中原诸侯事务的干预者:

郑国是各大诸侯国一个重要的争夺点。前666年,楚殇王的军队伐郑,威胁中原诸国,齐桓公率诸侯救郑。公元前597年,楚庄王与晋争夺郑,战于邲,大败晋军。前584年秋,楚共王的军队攻郑,晋、齐、宋、鲁、卫、曹、杞、莒、邾之师救郑。前576年,楚违盟约,进攻郑、卫。十一月,晋士燮率鲁、齐、郑、卫、宋、邾的大夫与吴国人会于钟离,这也是吴国首次开始参加中原诸侯的盟会。他们与楚国的敌人结盟,看到了楚国的实力。

前606年,楚庄王伐陆浑戎,领兵过洛邑。饮马黄河,兵临周郊,向周大夫问周鼎之大小轻重,无视礼仪,暴露出急求成,想要取代周天子的野心。

前598年,楚军攻入陈国,夏徵舒被杀,灭陈以其地为县,很快又立陈太子午为陈成公。前478年,楚灭陈。

前595年,五月,楚大夫申舟出使于齐,途径宋而未事先取得宋国的允许履行相关手续,被宋国所杀。九月,楚庄王包围宋国。

攻击吴国：前570年，楚令尹子重率领楚军攻吴，得到的不如失去的多，楚人归咎于子重的无能，子重不久后逝世。前549年夏，楚国水军伐吴，没有取得任何战果而返回。前548年楚灭舒鸠。十二月，吴王诸樊攻楚战死，弟余祭立。前538年，楚灵王伐吴，朱万被攻破，齐国曾经不可一世的权臣庆封当时正躲避于此地，庆封一族大祸临头，遭遇灭顶之灾。前531年，吴王余祭死，弟余昧立，他们与长兄诸樊，幼弟季礼一样，都是吴王寿梦的儿子。前530年，楚灵王围徐国，伺机图谋吴国。

前531年，楚灵王招蔡灵侯至楚，将其杀死。楚公子弃疾围蔡，晋派使者至楚，要求撤除对蔡的包围，被楚国人拒绝。冬，楚灭蔡，被俘的蔡世子又作为祭典中的牺牲被杀掉。

前478年，楚灭陈。

楚武王没有如愿得到周平王的正式封号，没有立即窒息他的进取心，他并不认为被中原诸侯歧视是一件是不可改变的事，周天子的否定也没有妨碍它作为一个有实力的大国加入中原诸侯的争霸。楚庄王后，楚国对中原诸侯都构成严重威胁，这个国家显得急于求成，楚庄王问鼎，灭陈，进攻宋国，楚共王因为入侵郑国不得不面对八个诸侯国家的军队，这个国家没有形成优越的制度，仅凭零星的贤君明臣的仁慈与睿智不足以在诸侯国家中得心应手。

前666年，即楚成王六年，楚伐郑（郑文公七年），威胁中原诸侯，齐桓公率诸侯救郑。楚国已经相当强大，楚成王三十三年（前639年），宋襄公想会合诸侯充当盟主，召见楚成王，感到受辱的成王怒气冲冲，在孟地逮住宋襄公大加羞辱，楚成王无礼而乖戾，不按常理出牌，一向循规蹈矩的宋襄公受到的惊吓不小，很侥幸，成王后来释放并送宋襄公回国，但是成王并未就此作罢，他要在约定的时间、地点公开地面对面摆开阵势与宋襄公一较高下。次年即前638年，楚成王北伐宋国，在孟地楚成王是出其不意，不了解他的宋襄公没有做好准备情有可原，但在泓水，宋襄公就像一个被礼仪之绳捆绑着的人，还是没有准备好，襄公错失良机，被楚军大败，宋襄公中箭受伤，后不治而死，他或者至死都看不懂楚成王为何为了胜利不顾礼仪，楚成王倒是十分理解他。前626年，楚太子商臣风闻其父楚成王意欲改立另一位王子为太子，于是杀楚成王自立，是楚穆王。前614年，楚穆王死，子庄王立。

楚国的良政与变革

1. 用孙叔敖。

2. 楚庄王接受伍举意见。

3. 保留郑襄公的君位。

4. 停止围困易子而食的宋国。

5. 改权国为县,成为第一个县。

变革力度排名

第 2 名,5 项。

八、宋国

前 710 年,宋大夫华督杀大司马孔父与宋殇公,立公子冯,是为宋宣公。前 682 年,宋万杀宋闵公。宋万奔陈,不久被宋人所杀。

"前 683 年,宋大水,鲁遣使吊至。"宋国泛滥的河水在鲁国也引发了水灾,去年在乘丘、今年在鄑,姬同的军队两次击败宋闵公的士兵,鲁国仍然派使者到宋国说,知道贵国的庄稼被淹,所以领命前来慰问。宋闵公认为是自己品德有亏,所以天降灾害,还连累邻国,他感谢鲁庄公的雅量。鲁国的大夫臧孙达高度评价段话,认为把遇到问题首先归咎于自己的君主一般会有上升期,而所有把问题都归咎于别人的君王都失败了。臧孙达后来听说上述言论是出自闵公弟弟子御说之口,就说这个人可以担任国君,子御说就是后来的宋桓公,确实很有作为。宋闵公被杀前心中应该仍有疑惑,自己已经很尊重礼制了,鄑地之战,鲁庄公的军队确实违礼,没等宋军布阵完成就发起进攻,为什么失败的还是自己?

宋襄公的悲喜

前 642 年,宋襄公率诸侯伐齐,齐杀无亏,立太子昭,是为齐孝公。前 641 年,六月,宋襄公盟于曹、邾之大夫于曹南,鄫子会盟于邾,宋襄公使邾人杀鄫子以祭社。前 639 年,宋襄公会诸侯于盂,受楚愚弄,楚执宋襄公以伐宋,宋几乎亡国。前 638 年,宋、楚战于泓水,坚持不鼓不成列的宋襄公坐失战机,兵败身伤。次年卒,子成公立。

前 611 年,宋襄公夫人使卫伯杀宋昭公,立昭公弟公子鲍,是为文公。

前 576 年,楚违盟约,进攻郑、卫。十一月,晋士燮率鲁、齐、郑、卫、宋、邾的大夫与吴国人会于钟离,吴开始参加中原诸侯的盟会。

公元前 546 年,因为宋国向戌协调,晋、楚、齐、鲁会盟于宋,相约弭兵,使小国兼奉晋、楚两霸主,此后大战有所减少。卫杀宁喜,卫侯之弟鱄出奔晋,冬齐庆封灭崔氏,尽俘其家,庆封当国。

前543年,五月,宋都大火。十月,晋、鲁、齐、宋、郑、卫、滕、莒、薛、筑、小邾之大夫会于檀渊,谋恤宋灾。

前487年,宋灭曹。

宋国的良政与变革

1. 发起弭兵运动

变革力度排名

第6名　1项

九、陈国

陈慎公之子陈幽公(前854—832年在位),其子陈釐公,(前831—前796年在位)死后,子陈武公(前795—前781年在位)继位。陈武公之子陈夷公(前780—778年在位)陈夷公的逝世后,陈平公(前777年)继位,陈平公之后是其儿子陈文公(前754—前745年在位)继位,死后儿子陈桓公继位(前744—前707年在位)之后由儿子陈厉公即位,陈厉公的逝世后,其弟为陈庄公(前699—前693年在位)。庄公逝世后由其弟陈宣公继位(前692—前648年在位),陈宣公之子陈穆公(前647—前643年在位)陈穆公之子陈共公(前631—前614年在位)陈共公之子陈灵公前613—前599年)陈灵公之子陈成公(前598—前569年)陈成公之子陈哀公(前568—前534年)哀公之孙,悼太子师(也作偃师)之子为陈惠公(前534—前506年在位)其子陈怀公继位(前505—前502年在位)陈怀公之子陈湣公,(前501—前479年在位)

陈佗(前754—前706年)名佗,字五父。陈文公之子,陈桓公之弟。公元前707年,桓公死。他杀桓公太子免而自立,陈乱。前706年,次年陈佗为蔡人所杀,蔡人立免之弟耀为君,即陈厉公。前705年,陈公子完(字敬仲)诞生。陈完是陈厉公少子,陈又作田,字敬仲,因此亦称田敬仲。前672年,陈宣公杀太子御寇,陈国动荡,陈完担心祸乱,奔齐。

陈共公之子陈灵公(前613—前599年在位)与大夫孔宁、仪行父都跟夏姬通奸。陈灵公唆使孔宁、仪行父杀死了劝阻君臣胡来的良臣泄治。前599年,陈夏徵舒杀陈灵公,自立为陈侯,陈大乱。孔宁、仪行父逃到楚国,陈灵公的太子午逃到晋国。前598年,楚庄王以夏徵舒杀死了陈灵公而率领诸侯讨伐陈国,名义上只要惩办夏徵舒,没有别图,楚军入陈,杀夏徵舒,灭陈为县,楚庄王将陈国作为郡县并占领陈国的做法。被楚国申叔认为不妥,他劝诫楚庄王不能打着正义的旗号干出贪婪的事,楚庄王表示接受,将陈灵公的儿子太子午接回来立为陈成公(前598年即位)。陈成公八年,楚庄王去世,陈成公二十九年(前570年),陈国背叛了与楚国订立的盟约,陈成公三十年(前568年),楚共王进攻陈国的军队,因为陈国为其国君举丧,撤军回国。

前534年,陈哀公的二位夫人为其生有悼太子偃师(有认为是太子师,少子偃二子,实为一人),但陈哀公宠爱庶子留,三月,公子招(陈哀公弟弟,时为司徒)杀太子偃师而立公子留,四月,陈哀公自缢死。公子招立公子留,楚人杀公子招,乘陈乱,灭陈。

陈国是一个情节完整的家国道德悲剧,无良君臣的荒唐行为导致夏徵舒的家庭毁灭,也导致了陈国的毁灭。

陈国的良政与变革
1. 无。

变革力度排名
排名第7 0项。

十、卫国

前660年,狄破卫,杀卫懿公,齐桓公出兵助卫复国。立卫文公(前659—635年在位)继位,减赋税,平冤狱,卫文公在前635年灭邢国。

前559年,卫献公遇到无礼的大臣文子攻击,献公奔齐。卫大夫立献公孙为殇公。

前547年,二月,卫宁喜杀其君剽,卫献公自齐归国复位。秋,晋人抓获宁喜。

卫灵公三十八年(前497年),孔子来卫国,卫灵公给孔子在鲁国时同样的俸禄待遇。

前478年十月晋攻卫。逐卫庄公而立公孙般师,卫与晋和。前478年十二月,齐平公的军队攻卫,俘虏了晋国人所立的卫君公孙般师而归国,立卫灵公之子公子姬起。

卫国的良政与变革

1. 卫文公变革。
2. 重视孔子。

变革力度排名

并列第 5 名　2 项。

十一、春秋吴国

公元前 585 年,吴王寿梦元年,称王。吴王寿梦有四子,诸樊、馀祭、馀昧、季札,寿梦想传位于贤明的季札,季札谦让,于是传位于诸樊。前 548 年,十二月,吴王诸樊攻楚战死,诸樊大位传于弟馀祭。前 544 年,吴阍人杀吴王馀祭,传位于馀昧。前 527 年,吴王馀昧卒,馀昧生前想传位于季札,季札不同意,于是传位于自己的儿子僚,为吴王僚(前 526—前 515 年在位)。

前 544 年,吴季札友好地聘问中原鲁、齐、郑、卫、晋等国,但他的侄子吴王僚则选择了战争的方式对待诸侯:

吴王僚二年(前 525 年),吴、楚战于长岸,失利后大败楚师。为自己的伯父扳回一局,但他的堂兄弟仍然不满。诸樊的儿子光认为其父最先继位,如果不按四兄弟依次传位于季札,就应该传位给自己。前 515 年,吴公子光使专诸刺杀吴王僚而自立,是为吴王阖闾。前 514 年,吴王阖闾重用在前 522 年就已经来到吴国的楚人伍子胥以及伯吉嚭。前 512 年,吴启用孙武为将,为战胜越国储备了人材。公元前 506 年,吴王阖闾率蔡、唐等国联军伐楚,攻占郢都,楚昭王出奔随。公元前 505 年,秦国出兵救楚,击败吴军,吴王弟弟夫概自立为吴王,阖闾击败弟弟,夫概投奔楚国,楚昭王返回郢都复国。前 504 年,吴太子夫差率军大败楚国,迫使其迁都鄀,这是一个震动了诸侯各国的事件。

吴国越国相邻,但是两国殊死相搏。公元前 537 年,越大夫常寿过率军配合楚军伐吴。公元前 510 年,吴军开始伐越国。阖闾十九年(公元前 496 年),吴王阖闾伐越,越王勾践败吴军于檇李,阖闾在与越军作战中伤重而死。子夫差继立。前 494 年,勾践攻吴,吴积极迎战,吴王夫差攻入越都,勾践被围困,眼看要被夫差大军俘虏,越王勾践求和,不顾伍子胥反对,吴王同意勾践求和。

吴王夫差十二年(前 484 年),吴在艾陵之中几乎全歼齐军十万。伍子胥事先反对攻齐,夫差逼其自杀。伍子胥反对中的合理成分没有被吴王参透,艾陵之战让吴国自己的损失也相当惨重,严重削弱了吴国,埋下了其被越国大败的祸根。前482年,吴王夫差与晋定公、鲁哀公等国会于黄池,这三个姬姓的国家难得聚在一起,但还是争执起来,吴、晋争为盟主,已经在通过战胜赢得了名望的夫差十分兴奋,率先歃血,但晋国人以武力威胁,晋国得以成为盟主。越人发现夫差将吴国精锐部队带到黄池,越王勾践趁机发兵袭破吴郡,虏吴太子,吴王夫差归国乞和。前476—前475年,越军加大进攻吴国,473年,迫使夫差自杀。越国与吴国之间,勾践与阖闾、夫差父子之间,十二年之内,发生反转。促成这种变化的不是机缘,不是宿命,而是抱负、智力和耐心。

吴国的良政与变革
1. 通中原诸侯
2. 用伍子胥
3. 用孙武
4. 前486年,吴人筑邗城,开凿运河,沟通江淮。吴开挖长江、淮河间的邗沟。

变革力度排名
第3名 4项
十一,蔡国

前543年,蔡太子般杀蔡献公自立,是为灵侯,前491年,蔡大夫杀蔡昭侯而立太子朔,是为蔡成侯。

蔡国的良政与变革
1. 无。
变革力度排名
第7名 0项

变革力度排名

围绕郑国,以晋、楚为主的战争,晋在郑国以北,楚在郑国以南,周和成周紧邻郑国,郑国是一个天然的战场。
社会变革力度大小排序:1. 晋国。2. 郑国。3 楚国、吴国。4. 秦国、鲁国。5.周、齐国、卫国。6. 宋国。7. 陈、蔡。

第十章　整体关联的春秋

公元前722年(鲁隐公元年),春秋从本年开始记载。两周分西周、东周时期,在东周时期内又分出春秋和战国时期。春秋、战国变革善政以及事件的各种起因:道德感,利益,寻求快感等共同构筑了这个时代。这是个节奏不断加快的时代,快到人们无法讲理,战争代替了语言交流。

第一节　周礼与现实

一、各种统治者:特权贵族、思想精英,宫殿外的其他人。

1. 历代周王尽可能维护自己的特权统治,该过程形成了各种敌对行为

约公元前11世纪—前842年周武王灭商,建立周王朝,简称西周。

武王子成王、成王子康王,康王子昭王,第四代君主勇敢地南征却在江汉宽阔的水域中沉船溺水而亡。伟大的征服者周武王经过三代之后,他的嫡孙周昭王就在征讨不顺从者中殒命。

昭王子穆王、穆王子共王、共王子懿王、懿王弟孝王,懿王子夷王,夷王子厉王。周昭王的不幸命运在他的第六代后裔身上重现,他遇到的是另一种反抗,公元前841年(共和元年),厉王暴虐,国人反对而流亡,空位的国家由重臣摄政。公元前828年(共和十四年),厉王死于彘。共和行政结束,(周昭王、周厉王都遇到了不顺从的问题,一个在王畿之外,直接死亡;另一个在王畿之内,被废黜。厉王的遭遇说明当时除了王权之外国家还有另外一种力量,会因为不合理而整合起来,集中而且有效。可能是以民众形式,可能是以一群大臣的形式,或者是顺从民众意见的大臣在做决定,总之是大小不等的群体,他们的组合是临时的。公元前827年,大臣拥立厉王子宣王,宣王在位四十六年,被称为中兴之主。但是他也不顺利,遇到的困难一部分是好斗者的挑衅:前824年,周宣王派秦仲攻西戎,为西戎所杀。宣王召来秦仲全部的五个儿子,鼓励他们复仇,秦仲之子攻破西戎,周宣王任命其为西垂大夫,居于大骆、犬丘。前823年,严允攻周,周尹吉

甫反攻至太原。外部入侵像自然界中的风雨不请自来,还有部分问题则是自己招惹:前817年,鲁武公与长子括、少子戏朝周宣王。周宣王立戏为太子。周大臣劝阻不听。坚持干涉诸侯的储君人选。前815年,周宣王所立的鲁国太子立为鲁懿公。前807年,鲁懿公兄括之子伯御与鲁国人杀鲁懿公,立伯御为君。前796年,周宣王伐鲁,杀伯御。立鲁懿公弟称,为孝公。他对自己的权限有时会变得模糊。

他的一些行动起初看起来完全没有问题。前806年,周宣王封弟友于郑,是为郑桓公。实际上郑国后来对周王室的抗拒具有很坏的示范作用。后面的西周国、东周国与郑国类似,都是周天子所立,至少是确认。

公元前770年,周平王新封护卫有功的秦襄公为诸侯,秦始列为诸侯。

公元前741年,楚国熊通杀侄(即杀其兄楚厉王之子而自立)而立,希望从周平王那里得到封号,被拒,一怒之下于是自号为武王,他就是要找到与周平王平起平坐的感觉。但是他的感觉无法与周平王一致,这是一种普天之下唯我独尊的感觉。楚武王则是在自娱自乐。

二、集中或分散两种时态的政治权力

1. 周王室内权力的分配

前563年,周王叔陈生与伯与争政,晋使士匄平王室,以单靖公为周卿士,以相王室。

前516年,十一月,晋师克巩(周),王子朝及召氏之族、毛伯得、尹氏固南宫嚚奉周之典籍以奔楚。周景王入成周,晋师使成公般帅师成周而还。

周王室丧失了自理能力,郑庄公射王以来一蹶不振,一直需要晋国排解纠纷。

2. 称霸的和想要称霸的诸侯取得了周天子的部分权力

1) 齐国

前685年,公子小白为齐桓公,在管仲的经营下,齐国繁荣富强。公元前679年,齐桓公会宋、陈、卫、郑国君,开始得到诸侯拥戴。前656年,齐桓公率鲁、宋、陈、卫、郑伐蔡,伐楚,楚国求和,盟于昭陵。前651年,齐桓公大会诸侯于葵丘,周襄王派大臣祝贺,齐桓公霸业鼎盛。前651年,晋献公逝世,大臣争权内乱,齐桓公、秦僖公拥立晋惠公。前643年,齐桓公死,太子昭与诸弟争位内乱,国势减弱。这是春秋时代的齐国荣耀,其治乱都与个人欲望以及制度高度关联。

2）晋国

一度是最称职的霸主：（1）晋国人干涉卫国人。前559年卫献公遇到无礼的大臣文子攻击，献公奔齐，卫大夫立献公孙为殇公。前547年，二月，卫宁喜杀其君剽，卫献公自齐归国复位。秋，晋人执宁喜。公元前546年，卫杀宁喜，卫侯之弟鱄出奔晋。前478年十月晋攻卫。逐卫庄公而立公孙般师，卫与晋和。十二月，齐攻卫，执公孙般师以归，立卫灵公之子公子起。

（2）诸侯的指引者。前541年，晋赵武，楚令尹子围会鲁、齐、宋、卫、成、蔡、曹大夫于虢。六月，晋荀吴败狄于大卤（太原）。前551年，冬，晋侯、齐侯、鲁侯、宋公、卫侯、曹伯、莒子、邾子、薛伯、杞伯、小邾子会于随河。前549年，八月，晋与诸侯会于夷仪，谋攻齐，因为发生水灾而作罢，前551年冬楚军攻郑以救齐，诸侯救郑。齐国本身有遭遇攻击之虞，需要救援之时，齐庄公的人有个异常的举动。前549年，齐人为周灵王（周灵王二十三年）筑王城。可能是去年河洛的大水造成了城墙缺损，很多地方急需复原。

前520年，周景王辞世给周王室带来一场大纷乱，周大夫刘耿，单旗立王子猛，是为悼王。王子朝杀悼王自立，周大乱。晋人攻王子朝，立王子匄，是为敬王。前519年，周王子朝入周大夫尹氏之邑，尹氏帮助王子朝攻王城，敬王出奔刘（周的一个邑），尹氏立王子朝，敬王居狄泉。

前517年，晋会诸侯之大夫，谋平周乱。

相比于晋国的急公好义也好，自以为是也好，晋国在诸侯之间都是领导者级别。

3）越俎代庖的楚国

前605年，楚庄王灭为乱的若敖氏。他们是楚君熊仪（前790—前764年在位）的后裔，芈姓。楚庄王虽然痛下杀手，不计后果，却不能根治国家内部权力斗争中的血腥行为。

这期间的楚国确实很强大，例如：公元前597年，楚庄王与晋争夺郑国土地与控制权，在邲交战，晋军惨败。前595年，五月，楚大夫申舟出使于齐，过宋境未按规矩办理过境手续，被宋国鲁莽地杀死，九月，楚军包围宋国。前594年，得知晋不会及时救援，于是宋向楚国乞求媾和，楚认为达到包围目的而同意退兵。

楚国可能并不认为自己在周鼎的问题上对周天子失礼，这是个不时出现政治幻觉的国家，以为自己是周王室的化身，有权处置各种问题诸侯，它一度尤其关注诸侯的道德问题，一有发现，楚国毫不含糊，立即刀兵相向。前599年，陈国夏姬之子夏徵舒杀陈灵公，自立为陈侯。前598年，趁陈混乱，楚军入陈，杀夏徵舒,灭陈为县,旋立陈太子午为陈成公,个人道德悲剧引起一个国家的败亡。前543年,蔡太子般因为发现父亲蔡景侯被自己美丽妻子吸引而与之有了共同欢娱的时光,一怒之下将父亲杀死,自立为蔡灵侯。蔡灵侯在位期间积极参加中原诸侯包括楚国为首加入的联合行动,攻打吴国,擒杀齐国原执政庆封等,楚国一直若无其事,好像一切罪恶都已经过去,不堪往事被大家遗忘的时候,在蔡灵侯在位十二年后,即前531年的某一天,楚国人似乎突然发现这个常伴左右的人有道德污点而且自己一天也不能再忍受,楚国立即招蔡灵侯至楚,以这件事为由杀死了他,楚公子弃疾还受命包围蔡国,晋昭公派使者至楚,要求解除对蔡国的围困,楚予以拒绝。冬,楚灭蔡,俘虏了蔡世子姬有,杀之作为祭典上的供品。公子弃疾被任命为蔡公,这个楚国人后来(前529年)又杀死委派他担任蔡公的楚灵王,自己立为楚平王,楚平王找到蔡景侯的幼子担任蔡侯,似乎想要让一切恢复原样。

在蔡国发生的事与楚国唯一有关的是蔡灵侯的妻子来自楚国,蔡灵侯固然因为杀父有罪,他的父亲也是因为不像一个父亲有错在先,清算蔡灵侯有理,但蔡世子姬友完全无辜。楚国在纠正别人的错误时,自己也在犯错。

楚国人可能很喜欢营造崇礼形象,严厉追究诸侯们的道德问题,并非单纯要以此取悦周天子,而是以此让自己这个从前的南蛮更像中原诸侯,获得周王与诸侯认同,从而名正言顺地参与中原逐鹿。

3. 诸侯国君主权力的分配

1) 大权旁落的鲁国

前662年,鲁庄公死,子般即位,庆父使人杀子般而以公子启即位,为闵公,庄公庶兄庆父执政。前660年,鲁国庆父杀闵公,恐惧出奔,季友奉公子申为鲁僖公。随即迫使庆父自杀。前627年,鲁僖公卒,子文公立。前609年,鲁文公卒,十月鲁大夫襄仲杀太子恶而立文公庶子,是为宣公。宣公立此后鲁公室衰弱,三桓(仲孙、叔孙、季孙三族均桓公之后)强盛。前566年,鲁季氏在私邑费筑城。前562年,鲁三桓三分公室,各有其一。鲁作三军。公元前537年,鲁国三家再分公室,季氏取二,叔、孟二氏各取其一,越大夫常寿过,率军配合楚军伐吴。鲁舍中军。前532年,晋平公死,子晋昭公立。前528年,春鲁季氏家臣南蒯以费叛,费人逐之,南蒯奔齐。秋楚平王灭楚养氏之族。前517年,鲁昭公用臧氏、郈氏之众讨伐大臣季氏,孟孙氏、仲孙氏救季孙氏,鲁昭公兵败出奔齐。前502年,鲁三桓与阳虎冲突,阳虎战败出亡,阳虎后投奔齐,又奔晋国赵氏。

前498年,孔子为鲁国大司寇,弟子子路为季氏宰,执行拆毁三桓私邑的城,即"堕三都"。前591年,鲁宣公卒,子成公继立。前587年,鲁成公入晋,晋待之失礼,鲁成公欲与楚国联合,被执政季文子阻止。

公元前505年,鲁国季氏家臣阳虎(货)专权。前495年,鲁定公死,子哀公立。

鲁国三桓带来巨大的问题,使得这个国家缺乏执行力。前558年,邾侵入鲁南鄙,鲁国居然被一个弱小的国家入侵。当然他不会在上缴赋税与被入侵中度日,在它比较振作的时候,它的军队会开拨寻找可以打击的对象。前530年,鲁昭公如晋朝嗣君,晋以鲁伐莒,违背盟约,不许,至黄河而还。从礼仪和契约精神上都可以谴责鲁国。

2) 权臣的意志

齐国在诸侯中地位下降的一个重要标志就是齐国更多地局限于应对国内问题。齐庄公五年(前549年)晋会诸侯于夷仪以伐齐,齐归罪齐庄公,重贿赂晋侯及其百官正长。晋退兵。前548年,齐崔杼因为齐庄公与自己的妻子棠姜相爱而杀死了庄公,立庄公弟杵臼,是为齐景公,崔杼连杀秉笔直书的齐太史二人,保留了仍坚持直书的三弟。南史闻太史尽死,执简前往。公元前546年,冬齐庆封灭崔氏,尽俘其家,庆封当国。这是衰落中的齐国,不仅有物证,而且有人证,前545年,齐侯、胡子、白狄等朝晋。前539年,齐晏婴使晋,见晋卿叔向曰:齐政归田氏。叔向亦曰:晋公室卑。他对晋国的评估对齐国也适用,齐陈、鲍、栾、高氏与执政庆封矛盾深刻,庆封在恐惧中决定逃亡,庆封在吴国得到封邑。前538年,庆封封邑被楚国攻克,占领军杀死了他。前532年,齐陈、鲍二氏打败栾、高二氏,陈氏成为齐国强族。

齐、晋两个大国国情不同,问题则是相似的,大势所趋,两位有能力的政治家也似乎爱莫能助。齐国的问题发展得很快。前490年,齐景公卒,遗命立少子荼,是为晏孺子。齐景公未葬而群公子出奔。前489年,齐大臣争权,陈(陈乞也称田乞)氏、鲍氏联合逐国氏、高氏。七月齐陈乞杀君晏孺子荼,立公子阳生,是为齐悼公。前485年,齐大夫鲍牧杀齐悼公,齐大夫共立悼公子为简公。

前476年,齐田常扩大了自己的封邑,面积大于齐平公自管的地方。前481年,齐陈恒杀齐简公而立平公,专国政。

晋国霸业的复兴似乎带来另一个负面效应,即晋国国内矛盾加剧。前574年,晋厉公杀其大夫郤锜、郤犨、郤至,郤氏亡。公元前573年,晋栾书、中行偃杀晋厉公,立悼公。

晋国内部不断加入的敌人——晋国的卿族

前553年,秋,栾书孙,栾黡子栾盈奔楚,他的母亲是范宣子之女,因为与不是丈夫的男人过于亲密,栾祁应该是被栾盈发现,他意乱情迷的母亲诬告栾盈作乱,她弟弟范鞅证明姐姐清白。前552年,袒护儿女的范宣子(士匄)逐栾盈。前551年,冬,晋栾盈先自晋奔楚,又自楚奔齐,齐庄公欢迎栾盈的到来,晏婴认为是个麻烦,齐庄公可能认为栾盈是无辜的,道义上应该予以拯救,拒绝了他最有远见卓识的大臣。

前550年,齐庄公借机将栾盈混入送亲队伍复入晋,自曲沃袭绛,范宣子打败了栾盈,栾氏族党被灭。胜者并非好人,前549年,范宣子担任晋国执政,但对服从他的诸侯征税很重。

前513年,晋顷公在位,晋国铸造刑鼎,晋国似乎想忽略国内的消极因素,努力赶上时代,但晋国没能免俗,内斗升温。前514年,晋诸卿灭祁氏,羊舌氏。魏舒执政,分两族的邑为十个县。祁氏之田为七县,羊舌氏之田为三县。六卿各命其儿子出任县大夫,六卿削弱了晋君的权力范围。前497年,晋六卿的权力争斗白热化,战端四起,中行、范氏二家失败出奔,知(荀)、韩、赵、魏四家主政。前490年,晋诸卿冲突结束,赵氏胜,范、中行二氏逃亡。

三、政权与服从

1) 春秋时代对周天子的服从部分是出于习惯性地崇尚宗主。一旦自认为已具备条件就会对周王权力试探,或讨价还价。公元前720年,郑庄公欲控制周室,与周王交换质子,出兵侵周。公元前707年,桓王率蔡、卫、陈等诸侯伐郑,被郑庄公击败,周桓王负伤。

前614年,楚穆王死,子庄王立。前606年,楚庄王伐陆浑戎,领军过洛邑,兵临周郊,向周大夫问鼎之大小轻重,似乎有取代周朝之势。这是权力欲的膨胀,与他的实力匹配。楚庄王很快证明了这一点。公元前597年,楚庄王与晋战于泌,大败晋军。楚庄王的实力已经超越周天子,他跃跃试跳,但并不急于求成,早先的举措只是在试探周王室的反应强度。

公元前585年,吴王寿梦元年,称王。

前544年,霸主晋还有能力组织鲁、齐、宋、郑、卫、滕、莒、薛、小邾国为杞国修城。晋平公是杞国女子所生,参与出钱出力的诸侯中有些是因为赞赏他的孝顺而愿意接受他指派。

2) 妥协的结果

前569年,七岁的鲁襄公入晋听宣布鲁国所需供奉的赋税,鲁请求鄫国助鲁楚贡赋,得到晋批准。

前554年,郑子产为卿。长期夹缝中生存的郑国终于迎来了一个可以力挽狂澜的人,前549年,晋范宣子为政,诸侯之币重。子产智慧出众,二月,既让晋国执政范宣子接受自己的意见,又没让他难堪,最主要的是为所有有关诸侯国达到了减税的目的。前548年,秋赵文子(赵武)执政,薄诸侯之币而重其礼。以上都是霸主的妥协。

前592年,春,晋郤克聘齐,由于观摩重要国事场合的齐国贵妇们举止失礼,对来访的外国贵宾的残障体貌发出哄笑,秋,晋执政郤克力主对齐国发起进攻,他可能不完全是为个人恩怨,或许从中看到齐国上下缺乏严肃的精神,可以击败。前591年,晋、卫攻齐,失败的齐国经过一番讨价还价,齐以公子疆为质于晋,晋军撤还。人质不能消融两国的嫌隙,缺乏类似周天子、霸主之类的仲裁人监督维护执行力的妥协方案生命力不长。前589年,晋(晋景公在位)、鲁(鲁成公在位)、卫(卫穆公本年九月逝世)联军伐齐,战于鞍(发生在六月),齐军大败。前588年,晋作六军。

3) 以暴力及暴力威胁获得服从的事例最常见

公元前720年,周平王去世,其孙桓王立。公元前720年,郑庄公不满平王另用虢公,郑欲控制周室,与周王交换质子,出兵侵周。从周的盟友到公开以军队对抗,这当然不是当初周宣王封弟于郑的初衷。但问题就是这样无情地发生,周郑之间各有错误。公元前712年,周桓王将属于郑国的邬、刘、蔿、邘等地据为己有,而以温原绵、隰、郕、樊、茅、向、盟、州、陉、隤、怀等地给郑国,作为交换,这些领地早已不服从周的王之命,因此郑也不能立即占领。公元前707年,桓王率蔡、卫、陈等诸侯伐郑,被郑庄公击败,周桓王负伤。郑庄公毫不留情,但周王室自身的问题实际已经很严重。公元前696年,周庄王继位。公元前694年,冬,周公黑肩谋杀周庄王而立王子克,庄王杀周公,王子克奔燕。周已经需要外来的干涉自己内部的问题,周釐(僖)王死,子立为惠王。前675年,周大臣蔿国、边伯、子禽、祝跪、詹父、膳夫石速奉周釐王弟王子颓以伐王,不克,出奔温。苏子奉王子颓奔卫,卫师、燕师攻王,冬,立王子颓。前673年,郑伯、虢伯攻入周,杀王子颓,奉周惠王复归于王城,五月,郑厉公突卒,子文公捷立。前664年,周大夫樊皮叛惠王,惠王命虢公讨樊皮,四月虢公入樊,执樊皮。送于王城。前636年,狄侵略周,周襄王出奔,向诸侯告急。前613年,周顷王卒,子班立为周匡王,周国的周公阅与王孙苏政,诉于晋,晋赵盾听讼,平周乱。

前593年,周室复再次陷入混乱,晋卿士会平王室。

国内的不服从行为如此之多,国外强大的部落暴力对抗周天子即很自然。

前 636 年,狄侵略周,周襄王出奔,向诸侯告急。前 635 年,晋文公出兵救周,襄王复位,赐与晋文公阳樊等四邑之地。

公元前 722 年(鲁隐公元年),春秋从本年开始记载。前 721 年,鲁国无骇攻入极国,随后又全军撤退出来,费庲父则跟着攻入,灭掉了极国。这不是一次与周王室无关的行为,极国是周王室所封,自然也就破坏了周王室的秩序。

以上行为都是对王权的直接挑战,周王权威受到挑衅并不一定都错在挑衅者,理论上统治天下的周王一方面要鼓励诸侯各自良好发展,另一反面要随时准备应对这种成功的发展转而威胁自己。周天王的权力有明确的界限,但不论是任命诸侯担任王室的执政大臣,还是任命对诸侯有部分管理权的方伯,都不是分享权力的举措,而是周王特权的组成部分,周厉王想要将自己的特权无限延伸,结果遭到了忍无可忍的国人无情的抵制,周厉王一定错得离谱,以至于利益不同的各种阶层集体组织了起来。

四、政权的转移

获取权力和交接权力的过程经常火花四溅。

类似周幽王太子宜臼与兄弟伯服的事情在周天子的四周不断发生:前 761 年,郑武公娶申侯女为夫人,曰武姜。公元前 743 年(郑庄公元年),封其弟段于京,兄弟争斗不止。

前 745 年(晋昭侯元年),封其叔成师(姬成师,即曲沃桓叔)于曲沃(曲沃大于晋君都邑所在地翼),这次分封看起来很平常,其实是一个悲剧的开始,晋国分裂而长期内争。前 739 年也就是晋昭侯七年,晋臣潘父杀昭侯迎接曲沃桓叔入主,桓叔欲入,遭到晋人反对,桓叔退回曲沃,晋国人立昭侯之子姬平为君,他们处死了弑君的潘父。但晋国的隐患几乎原封未动。

前 731 年,曲沃桓叔成师卒,子鱓立为曲沃庄伯。前 724 年,心高气盛的曲沃庄伯入翼都弑晋孝侯,曲沃庄伯的行为遭到抵制,晋大夫逐曲沃庄伯,立孝侯子郄,是为鄂侯。

公元前 722 年,郑庄公讨伐其弟,后者出逃,这个经历警醒了庄公,他高度集中管控君权,严禁别人染指,减少无谓纷争的郑国秩序稳定下来,成为高度专制在短期内迅速提升国力的一个例子,开启了他四十三国君生涯中的下半程。

这些周平王都亲眼目睹,从周天子到鲁国、晋国、郑国、楚国,争夺君位的斗争持续存在、激化,出现的问题都看到了,没有人追究制度的欠缺,为什么没有刚性的排位标准,为何没有制约竞争储君的外部的,有效的,甚至是和平的手段,没有人寻求永久解决的办法。每个人都认为自己或者自己支持的人是最优的候选者,他们的这种思维与制度形成永恒的对抗。如果建立制度而又轻易破坏,那制度不仅没有构成秩序,反倒是祸乱之源。

周平王(前768—前718年在位)已经是一个相当脆弱的天子,他在贫困与动荡不安度过了五十年的君主生涯,本来有足够的时间解决储君问题:1. 年龄标准。2. 健康标准。3. 顺位公开。4. 适用范围——周王室和各诸侯国。他的问题是本身可能缺乏必要的控制力,因为外族的入侵无法抵御,周宣王杀害无辜,周幽王戏弄诸侯等诸多荒唐的行为已招致骂声一片,自顾不暇,再也无法对诸侯实现有效监管,约束他们的行动,更谈不上独立思想,保持正确,主持公道,匡扶正义,保境安民。

大臣弑君的类型:前716年,秦文公卒,孙宁公立,宁公父静公未立而卒。前704年,秦宁公卒,大庶长弗忌、威垒、三父废太子武公,而以宁公幼子为君,是为出公。前695年,秦武公诛三父等,夷其三族,为出公报仇。前710年,宋大夫华督杀大司马孔父与宋殇公,立公子冯,是为宋庄公。

公元前701年郑庄公逝世,太子忽与其弟公子突争权位,导致郑国国势渐弱。前695年郑高渠弥杀其君昭公忽,立公子亹。弑君的人招致了齐国的干预。公元前694年,齐杀郑子亹和高渠弥,立子亹弟子婴。郑国的问题远远没有得到解决,前680年,郑厉公入郑都,杀郑子婴复位。

前491年,蔡大夫杀蔡昭侯而立太子朔,是为蔡成侯。

兄弟相杀:公元前712年,鲁隐公被鲁公子羽父所杀,参与了密谋的其弟姬轨立,即桓公。他们的夺位行动只要成功,不论是否合礼合法,就不会受惩罚。公元前694年,鲁桓公在齐国被公子彭生害,子庄公继立。

公元前707年,陈桓公卒,桓公弟佗杀太子免而自立,陈乱。前706年,蔡人杀陈佗,而立陈桓公子躍。这种屠杀没完没了,直到招致灭亡。前534年,陈哀公宠公子留,三月公子招杀太子偃师而立公子留,四月,陈哀公自缢死。公子招立公子留,楚人杀公子招,乘陈乱,灭陈。

前686年,齐襄公堂弟公孙无知杀其君齐襄公而自立。

国人集体弑君:前816年,齐人杀暴虐的齐厉公,立厉公子赤,是为齐文公。前815年,齐文公诛弑厉公者七十人。他似乎是在严厉地告诫后人,弑君的事从他以后绝对不允许再发生。前609年十月,对荒淫的齐懿公不满的齐臣邴歇父、阎职杀懿公,立桓公之子元。是为惠公。

楚国出现了父子、兄弟、君臣相杀：

前704年，楚君熊通杀侄而立，称武王。前690年，楚武王攻随，死于军中。子熊赀立，为楚文王。前672年，楚公子熊恽杀其兄楚君堵敖自立，是为成王。前626年，楚太子商臣杀父亲楚成王自立，是为楚穆王。前614年，楚穆王死，子庄王立。前551年，冬，楚杀令尹子南于朝。前545年，楚康王卒，郏敖立。前541年十一月，楚共王次子令尹子围杀侄子楚王郏敖自立，史称楚灵王。前529年，楚共王的另一个儿子公子弃疾自立，是为楚平王。楚灵王之兵溃散，他自杀。前522年，楚平王信任费无极谗言，欲诛太子建，太子建奔宋，楚平王杀其傅太师伍奢，及其子尚，尚弟伍员奔吴。前516年，楚平王卒，子昭王立。前479年，楚平王嫡孙，太子建之子白公胜作乱，杀令尹子西、司马子期于朝，争位，叶公子高帅国人攻白公胜，白公胜自缢死。

楚国君主更替的成就：

公元前689年（楚文王元年），迁都于郢都。这是楚国上升期的明确标志。前666年，楚伐郑，威胁中原诸国，齐桓公率诸侯救郑。前610年，郑（郑穆公前627—前606年在位）向晋说明，居于晋楚两大国之间，无法不两面讨好。前605年，公子归生以鼋故杀郑灵公。郑大夫立郑灵公庶弟公子坚，为郑襄公。楚康王十一年（前549年），夏，楚以舟师伐吴，无功而返。前531年，吴王余祭死，弟余昧立。前530年，楚灵王在包围徐国的闲暇对吴国的美丽河山兴趣盎然。前527年，吴余昧卒，子僚即位，为吴王僚。楚康王、楚灵王、楚平王兄弟心有灵犀，让吴、楚战火升腾。前525年，吴、楚战于长岸，这是一场大型水战，吴国军队逆转，大败楚平王的军队。前478年，楚灭陈。

宋国一些君主有坚定的价值观，也有可耻罪恶与失败，作为一个国家，它的美德并不突出，这决定它大多数时候都是一个弱国，即使它最强的时间里，也要服从其他更有实力的诸侯。宋国宋湣公（又称宋闵公）八年（前684年），齐桓公联合宋国军队伐鲁，在长勺之战中，强大的齐军却被鲁军击败，宋将南宫长万被俘，后被释放。前682年，宋闵公辱骂南宫长万为鲁囚，羞愧的后者杀宋闵公后逃往陈国，不久被宋人所杀。

前651年，宋桓公死，子襄公立。前642年，宋襄公率诸侯伐齐，齐杀无亏，公子无亏是齐桓公的庶长子，为易牙、竖刁所立，为齐国人所痛恨，借助宋襄公攻齐，齐国人处决了无亏，立太子昭，是为齐孝公。前641年，六月，宋襄公盟于曹、邾之大夫于曹南，鄫子会盟于邾，宋襄公使邾人杀鄫子以祭社。这是宋襄公事业的顶峰，很快就要走下坡路。前639年宋襄公会诸侯于盂，谋求霸权，被楚国愚弄,楚执宋襄公以伐宋,宋几乎亡国。

前638年,宋楚战于泓水,坚持不鼓不成列的宋襄公坐失战机,兵败身伤。次年卒,子成公立。宋襄公执着于礼仪,他的夫人执着于个人感官的需要。前611年,宋襄公夫人使卫伯杀宋昭公,她要立昭公弟公子鲍。她一开始并不是觉得公子鲍的政治能力特别适合君位,而是觉得这个玉树临风的晚辈完全适合作为她个人的伴侣。她的行动得引起了晋国的疑虑。前610年,晋大夫荀林父率领诸侯联军攻宋,但发现公子鲍作为宋文公已经得到多数宋国人的认可,加上宋国给诸侯的馈赠又慷慨大方,已经感到自己是多此一举的诸侯们于是集体干脆确认宋文公地位合法,各国皆大欢喜地撤兵。

权力交接变成引发问题最多的地方之一,可能来自制度错误,还有一个源头是人们追求各种幸福的本性。

五、国家(周王室或诸侯)与个人的关系定义

前785年周宣王杀害有良好声誉的大夫杜伯,他是无辜的,引发社会舆论对周天子的批评。周宣王为此又大幅丧失了宝贵的公信力。前782年周宣王的太子宫涅继位为周幽王。前779年,周幽王娶褒姒,烽火愚弄诸侯,周王室公信力加速丧失。

前718年,春,曲沃庄伯闻鄂侯死,与郑、邢伐翼,刚即位的周桓王没有主持公道,反而助纣为虐,派遣尹氏、武氏协助曲沃庄伯,翼侯奔随。然而这年秋季,曲沃庄伯还是公开背叛周桓王,周天子转而命令虢公伐曲沃,而立鄂侯子光于翼都,是为晋哀侯。前716年,曲沃庄伯卒,子曲沃武公立。前704年,曲沃武公灭翼。前705年,曲沃武公杀小子侯。

周天子对晋国保持干预。前703年,周桓王命虢仲、芮伯、梁伯、荀侯,贾伯伐曲沃,立晋哀侯弟缗为晋侯。其实新的晋国主人已经冒头。公元679年曲沃武公灭晋侯缗,重赂周釐王,周封之为诸侯,是为武公,尽并晋地而有之。晋国八十年分裂局面结束,逐步强盛。

前669年,晋武公之子晋献公可能意识到了曲沃一系精神的危害,壮士断腕,尽杀曲沃桓伯、庄伯之子,从此晋无公族。但是他的错误非常致命,前661年,晋献公以耿封赵夙、以魏封毕万,赵魏二族渐强。

前656年,晋太子申生被逼自杀。前655年,晋献公杀其世子申生,公子重耳、夷吾皆出逃,晋献公向虞借道,灭虢国,兵还时灭虞。前651年,晋献公死,荀

息立奚齐、里克杀之,荀息立卓子,里克又杀之。大臣争权内乱,齐、秦拥立晋惠公。

郑国卓越的子产执政时代相对开放的治理产生了前所未有的效果,给郑国带来了朝气,延续了这个夹缝中国家的生命力。子产短短的二十年执政期,给人类文明,中国历史增添了一股鲜活、隽永的思想,子产精神的核心永远都不会被高估。前543年,郑以子产为执政,公元前542年,郑子产坚持保留自由议论时政的乡校,公元前536年,郑国子产铸刑鼎,前538年,郑国子产作"丘赋",即开征军需品的新税。

前524年,五月,宋、卫、陈、郑皆有火灾,郑子产以火灾的缘故,大治社,被禳(除凶之祭)于四方,振除火灾。前522年,郑子产卒,子太叔为政。

从子产对异议、刑法、新税、大火的反映可以看出,他顺势而治,不会苛求人民的理解力,而是设法让自己的政治服务于社会需要。他不是一味讨好国民,他设法给予国人必需品,精于利用细节让渡权力给国民,而世上很多关键变故都是不起眼的正确或错误所造成。

每个周王或诸侯都认为权力应该全部在自己一边,而责任全部在人民一边。一念之差,地动山摇。他们中也不断有人想做出调整,重新分配君王与人民的权责,让权力达到一个必要的平衡,这种努力往往功败垂成,皆因公权和私权之边界人各不同,不同的需索,不同的世界,权力主体被另一批改头换面更倾向公、私权合二为一,专注集权的人攫取。

六、物质发展水平

这个时代抵御自然灾害的能力低。前683年,宋大水为灾,鲁国派使节使前来慰问宋闵公。

前687年秋,鲁大水,无麦苗。前666年,鲁国饥,求籴于齐。前657年,鲁大旱,春不雨,至六月始雨。前603年,八月,鲁有蝗灾。前602年,此年鲁大旱。前596年鲁有蝗灾,公元前594年,鲁宣公初税亩。鲁饥荒。前593年冬,鲁国丰收。

可能和鲁国史官记录详细有关,灾害多,生产力低,难得有丰年,丰年也只是一个粮食生产周期内挨饿的时日减少,积累是很不确定的。前543年,五月,宋都大火。十月,晋、鲁、齐、宋、郑、卫、滕、莒、薛、杞、小邾之大夫会于澶渊,筹划救济宋火灾灾民,实施经济与道德关怀。秦国、晋国都因为旱情出现饥荒,导致需要大规模赈灾,由于整体生产力水平低下,国家与人民需求的经典设计又是虚拟尤其是静态不变的,而国家和人的需求在不断地主动或被动地被发掘,出现债台高筑的周天子并非意外,一位周天子尚且如此,可想而知,始终处于匮乏状态的贫民为数巨大。社会物质的富足度非常低,财富分配严重缺乏公平。

实施的一些重大的工程,对客观上有利于周边或者沿线的国人,由于主观上的着重点是国家重大利益,因此那些因为重大工程受益的地区又可能面临多样与临时的加税,对普通役夫的生存能力则是重大的考验。前486年,吴人筑邗城,开凿运河,沟通江淮。吴开挖长江、淮河间的邗沟。这些工程浩大,缺乏器械,人民肩挑手提,强迫下为赶工风雨无阻,死亡率极高。从已有的记录看,大部分属于死亡工程。

七、国家如何组织经济生活?

秦国也从很早就尝试改变,他们选择的改变项目中就有井田。前688年,秦武公十年,伐邽、冀戎,初县之,十一年,初县杜、郑。《史记·卷五·秦本纪第五》P182。前687年,秦灭小虢,又以杜、郑为县。前677年秦迁都至雍。

前590年,鲁国作丘甲,前483年,鲁国"用田赋"。

前524年,周景王铸大钱。

经济是计划的,市场非常小而且脆弱。没有稳定的货币以及交换体系,最致命的是对财产的归属长期缺乏明确的定义。

春秋社会是礼制与经济制度不协调的反应,入侵别国的种族和国家都希望增加土地、人口,这是当时人唯一可以理解并且直观的收益,或者不如说是最大宗的商品。如果希望国家强盛,不受入侵,人民可以活到较大年龄,增加土地是唯一见效快的方法,周礼将土地分成多块,限制土地,却不能管控人口。

政府是经济巨人,恃强凌弱,主要通过税收而不是技术提高产量获得财富来增加国家收益。这是个由政权组织设计,经济低水平重复的贫困社会。

八、政权存续时间长度及其稳定度的高低

1. 周王室稳定的要素

1) 齐国曾经带给天下稳定

前686年,荒淫的齐襄公被杀,公孙无知自立后。齐襄公之弟公子纠与管仲奔鲁。鲁侯谋纳公子纠于齐,为齐所败。九月,齐人杀公子纠,而以管仲为大夫,执国政。前685年,齐雍廪杀无知。公子小白为齐桓公(公子纠之弟),得到任用的管仲让齐国发展迅速。

前684年,齐攻鲁,败于长勺。但是随后的齐鲁之战中鲁国连败。前681

年,齐桓公在齐鲁结盟仪式上遭到鲁大夫曹劌(史记中的曹沫)的劫持,从而答应返还所侵占的鲁国土地。但齐桓公的霸业就此开始,这个突发事件甚至带来正面效应,他以退为进,不是一味使用蛮力。公元前679年,齐桓公会宋、陈、卫、郑等国君,始得诸侯拥戴为霸主。在很多地方他确实主持了公道:

前666年,楚伐郑,威胁中原诸国,齐桓公率诸侯救郑。前660年,狄破卫,杀卫懿公,齐桓公出兵助卫复国。

前656年,齐桓公率鲁、宋、陈、卫、郑伐蔡、伐楚,楚国求和,盟于昭陵。

前655年,齐桓公与鲁、宋、陈、卫、郑、许、曹在首止结盟,重点商议平息王室之乱。前652年,周惠王卒,太子郑为襄王。前651年,齐桓公大会诸侯于葵丘,周襄王派大臣祝贺,齐桓公霸业鼎盛。几年后,前645年,帮助齐桓公走向辉煌的管仲、隰朋同年死去。前643年,齐桓公逝世,太子昭与诸弟争位,齐国内乱,易牙与寺人貂立公子无亏,太子昭逃往宋国,齐国失去了往日的强盛繁盛。

齐桓公时代可能是最具周礼精神的时代,符合周文王、周武王、周公旦的初衷,大国尊崇天子,对其他诸侯匡弱扶贫,而且尽量使用和平的方式(也经常使用武力)主持公道,解决问题。但这是唯一的标本,难以复制。

前613年五月齐昭公卒,太子舍立,九月齐桓公妾所生之子公子商人杀齐君舍自立,为齐懿公。前612年,十一月,晋侯会宋、郑、卫、蔡、陈、许、曹谋攻齐,齐侯贿赂晋侯,心存私念的晋灵公阻止了诸侯攻击齐国。

齐国的稳定靠君主政治成就斐然。

2)周期稳定的晋国

前637年,晋惠公卒公子圉立,为怀公。前635年,晋文公出兵救周,周襄王复位,赐予晋国阳樊等四邑之地。前633年,晋文公作三军。晋文公的改革卓有成效,前632年,晋文公率诸侯联军与楚陈、蔡联军在城濮作战,楚国大败,楚成王命令尹子玉自杀。晋、齐、鲁、宋等国会盟于践土,周襄王赴会,策命晋文公为霸主。前629年晋改编军为五军。前628年,晋文公卒,子襄公立。

前627年,晋于崤山大败秦军,擒秦孟明视等三将。此时的晋国军队是一流的军队。前625年,秦攻晋以报殽山之役,结果在彭衙被晋击败。随后互有胜负。前624年,秦伐晋,渡黄河,取王宫及郊外,晋师选择固守防御。秦人封殽尸体而去。前617年,晋攻秦,拔少梁。秦取晋北徵。

十年后,晋国君臣反目。前607年,晋灵公欲杀赵盾,盾逃,赵穿杀晋灵公。从周迎回公子黑臀为成公。前596年晋以晋楚邲之战失败归罪先縠,杀死了他,灭其族,内斗成为晋政重大乱源。晋文公时代是晋国最好的时代,与其他国家一样,它的卿族危害君权已见端倪。

前583年夏,赵盾的弟弟赵婴与侄媳赵庄姬有染,赵庄姬是赵盾之子赵朔的妻子,当时赵朔已经去世,赵朔被赵同兄弟流放,赵庄姬向晋景公诬告赵同兄弟谋反,晋景公杀赵同、赵括,这是继陈国之后个人道德又一次导致一个国家严重的政治紊乱,赵庄姬这只蝴蝶按自然赋予她的本能轻松展翅,却引起了轩然大波。

3）长期稳定的秦国

秦国地处偏僻,有诸多疑虑,前769年,秦作西畤時,祠白帝。前756年,秦初作鄜祠,用三牢。还有野蛮陋习,前746年,秦初用族刑。前678年,秦武公死,初以人殉,殉者六十六人。前621年,秦穆公任好卒,杀一百七十人殉葬。其中贤大夫三人,秦穆公有子四十人,子立为康公。

前678年,秦武公死,儿子白,不立,立武公弟德公。676年,德公卒,长子宣公立。前660年,秦成公死,弟穆公继立。

前645年,秦穆公与晋战于韩原,秦大胜,俘虏晋惠公,后释放,晋实施改革,军力变强。前644年,晋献黄河以西八城于秦。前636年,秦穆公拥立晋文公,前623年,秦穆王伐西戎,灭十二国,开地千里,遂霸西戎。

前609年,秦康公卒,子共公和立。前604年,秦共公立,子恒公立。

前501年,秦哀公卒,太子夷公早卒,立夷公子,为惠公

这些相对稳定的时期：齐桓公、晋文公以及秦穆公时代,都是政治成就斐然的时代。

2. 险象环生,失控的周天下

齐晋鞍之战后。此时是晋国、楚国和齐国此消彼长。前583年,晋迫使鲁汶阳之田归还齐国,鲁开始不信任晋。但晋、楚在郑国地区的拉锯战才是当时人们生活的中心。

公元前585年六月,郑悼公卒,弟继立为政成公,秋,楚趁郑国大丧伐郑。冬,晋栾书率军救郑。晋自绛向西迁都新田,号新绛。前584年,秋,楚军再次攻郑,晋组织了齐、宋、鲁、卫、曹、杞、莒、邾九国军队增援郑。八月,晋使巫臣聘吴,为楚国军队训练车战之法,吴按约定袭扰楚国,这也是吴首次与中原诸侯开始交往,在中原诸侯的鼓舞下,吴入侵楚州来（下蔡）,此地当时处于吴、楚两国都城中间。

前582年,郑国与楚国和解,郑成公、楚公子成会于郑。秋,郑伯前往晋国,晋景公拘禁了郑伯,晋栾书领兵伐郑,楚子重以入侵陈国来救郑。前581年,晋

侯帅齐、鲁、宋卫曹伐郑，五月晋景公六月卒。

前579年，晋、楚因为华元的调停在宋都城西门外结盟弭兵，晋郤至楚，楚公子罢分别作为使节前往对方国家访问。前576年，楚撕毁盟约，分别进攻郑、卫。十一月，晋士燮率鲁、齐、郑、卫、宋、邾的大夫与吴国人会于钟离，吴开始参加中原诸侯的盟会。次年(前575年)，晋楚战于鄢陵，楚军大败，楚共王负伤。郑国作为楚的盟友也参与作战，同样经历失败。

前571年，晋与诸侯大夫大会于戚地，谋攻郑，郑国向晋国等求和。前565年，郑因为晋、楚连年相侵，宣布实施"牺牲玉帛，待于二境。"即对晋、楚都保持友好的方略。杰出的晋悼公会诸侯之大夫于邢丘，规定诸侯朝聘贡献的数目，恢复文襄霸业。但是郑国一厢情愿的政策并不如愿。前564年，晋率诸侯攻郑，郑服，十一月，同盟于戏。但楚又攻郑。前563年，秋，晋国率诸侯攻郑，楚国成为了郑国的坚定盟友，在它的救援下，诸侯军队撤退。前562年七月，郑与齐晋宋卫等诸侯同盟于亳，意欲加强与诸侯的关系，气恼的楚国人子囊说服秦国联手攻郑，郑简公欢迎楚秦军队到来，随后派军与楚人攻宋。九月，发现郑国见风使舵，极不可靠，晋悼公又派兵攻郑，郑则向楚求援，同时上报准备向中原诸侯求和，十二月，郑国向晋贡献大量财宝，晋国赵武入郑与郑简公缔结盟约。

楚国在与晋国争夺郑国的百忙之中，又攻击吴国。前570年，楚令尹子重帅师攻吴，得到的不如失去的多，楚人归咎于子重，子重不久后逝世。前560年，楚共王卒，子康王立。前548年，十二月，吴王诸樊攻楚战死，弟余祭立。

晋则新开辟对秦作战的新战线。前563年五月，晋伐秦。前562年冬，秦师、晋师战于栎，晋师败。前560年，晋中上下三军，新军无帅，属于下军，晋国对之寄望很高。但前559年四月，晋率诸侯军队进攻秦国，却败于棫林。

晋国似乎想在别的地方测试他们的军队改革的效果。前559年，晋士匄及齐、鲁、宋、郑、曹、莒、邾、滕、薛、杞、小邾会吴大夫于向，谋攻击楚。但是在前558年十一月，天才的君主晋悼公逝世，子继位为晋平公。

前557年，三月，新君晋平公会诸侯于溴梁，诸侯之大夫盟，晋因莒、邾上年侵鲁，在会上执拘禁了邾子、莒子带回晋国，五月，晋率鲁、郑、卫、宋攻许国。秋，鲁因为遭到齐攻击，向晋求援。次年前556年秋、冬，鲁分别遭到齐、邾攻击。由于鲁国受到晋国庇护，晋国被动地又开辟了一条新战线。前555年，晋率诸侯攻齐，围齐国都。作为对其侵入鲁的惩罚。前554年，诸侯攻齐，盟于督扬，晋以邾侵鲁，执邾悼公，命邾归鲁田。五月，齐灵公故世，废太子光与崔杼杀太子牙自立为庄公。前553年，齐新君齐庄公向晋求和，晋侯盟诸侯于檀渊。前553年，鲁襄公亲自前往晋国,感恩晋及时援手,并取得郑国的土地。

宋国向戌可以称作一位奇才,公元前546年,因为他的协调,强弱不等的国家都放下武器,脱离战场,使团到宋国集会,晋、楚、齐、鲁会盟于宋,相约弭兵,使小国兼奉晋、楚两霸主,此后大战有所减少。宋虽然崛起了向戌这样的卓越的和平主义者,但并不就从此摒弃战争,前487年,宋灭曹。

公元前542年,鲁襄公死,年十九而有童心的儿子昭公继立。前540年,晋韩起聘鲁,告代赵武为政。韩厥观书于鲁太史氏,"周礼尽在鲁矣"周礼却不能免除鲁国国君的困顿,因为不甘心屈服于越来越强势的三桓,鲁昭公决定起兵攻击季氏,失败。前513年春,鲁昭公自晋顷公安排的居所乾侯前往居郓。十月,郓当地居民反对鲁昭公入住,返回乾侯。前511年,晋准备用军队送鲁昭公返家,昭公不肯与季氏同归。因为晋国主要大臣均被季氏贿赂,鲁昭公既不能去晋,又不能返国,进退维谷。公元前510年,最终在乾侯去世。季氏等三家大臣立其弟为定公。对鲁昭公而言,周礼可能对他有约束力,却不能对三桓有约束力。

前544年,吴季札聘问中原鲁、齐、郑、卫、晋等国。吴阍人杀吴王余祭。前515年,吴公子光使专诸刺杀吴王僚而自立,是为吴王阖闾。楚杀费无极,尽灭其族。

前514年,吴王阖闾重用楚人伍子胥、伯吉嚭。前512年,吴用孙武为将,吴国有三个方向的战争要打:1. 公元前510年,吴军开始伐越国。公元前496年,吴王阖闾伐越,越王勾践败吴军欲檇李,阖闾负伤而死。子夫差继立。前494年,吴王夫差大破越军,越王勾践屈膝求和。

2. 公元前506年,吴王阖闾率蔡、唐等国联军伐楚,攻占郢都,楚昭王出奔随。公元前505年,秦哀公应申包胥请求,救楚,败吴军,吴国内乱退兵,楚昭王复国。

3. 前484年,吴与鲁打败齐军,伍子胥反对攻齐,夫差逼其自杀。

前482年,吴王夫差会晋、鲁等国于黄池,吴、晋争为盟主,吴王先歃血,越王勾践袭破吴郡,虏吴太子,吴王夫差归国乞和。

前507年,邾庄公卒,这个生前默默无闻的君主因为以五人殉葬而有名。前481年,《谷梁》《公羊》本《春秋》经文终于本年,也就是孔子修订的《春秋》到本年为止,之后的由孔子弟子续写。前479年,孔子卒,鲁哀公为其写下了最好的诔文。前479年,《左传》本《春秋》经文终于本年,一个波澜壮阔的时代即将开启。

暴力是国家维护稳定的主要手段,过分的暴力往往是国家不能对新的挑战与需求做出及时以及必要的回应。周王室从分封以后就注定是动荡不定的社会,周天子的初衷是想让诸侯共同发展,但发展就是不平衡。这就是春秋,以及战国。

第二节　春秋时代概述

春秋社会的变轨是礼制与经济制度不协调在实践中的反映,入侵别国的种族和国家都希望增加土地,人口,这是当时人唯一可以理解并且直观的收益,如果希望国家强盛,不受入侵,人民可以活到较大年龄,增加土地是唯一见效快的方法,周礼将土地分成多块,限制土地,却不能管控人口。对那些出于被侵凌、盘剥、控制、蚕食或鲸吞的弱小族群、诸侯、国家以及个人而言,所有那些奉若圭臬的礼节都悉数做到又有何用? 不能减少自然的灾害,不能给土地增产,不能打赢战争,不能逢凶化吉,更不能帮助如愿拥有想要的子嗣,一个可以继位,为自己主祭的儿子,但上述好处都悉数得到的一些人中,有部分确实是人品卓越之人,也有一些肆无忌惮的人,因此,礼的词义看似普通简单,却让很多人终生半信半疑,无所适从。

周天子所具有的神性和礼制所具有的崇高性都不能及时解决社会中不断出现的所有问题,这反映它们两者的内涵中都具有虚拟的成分,当时人尚不能确定具体是哪些部分,于是不可避免地,笼统地具体到权力和制度之上。最大程度地发挥功效(权力)与最佳地履行职责(礼制)本该和谐共振,却因为权力的集中度与对礼制评估的个性化差异巨大,从而使两者构成长期、巨大的冲突关系,高尚的思想与特权社会并存。孕育礼制的高尚思想设计出特权社会的初衷并不邪恶,关键之处在于:该高尚思想对特权社会衍生出来的主要问题无计可施,周天子也是如此。

特权社会为什么不能够持续进步:本质上保守,欲望却不断增升,不是重赋就是战争,开启战争又需要加重税负,而最为困顿的人负载往往最重。生产力却只能是缓慢进步的过程,特权社会无法等待,满足更多欲望只能倾向暴力。越是独裁,越是愚妄,只因为总是倾向于寻求简单快捷的方式最快地见到成效。外面的敌人是必需品,独裁者没有也会虚拟一个外面的敌人,敌人越是强大,就越是需要他的独裁。

一、春秋人的爱欲与节操

1. 伯姬的婚礼

宋共公(前 688—前 576 年在位)不是窝囊的君主,在位期间两次与中原诸侯会盟,都是没有秦国参加的会盟。在位的最后一年,前576年,他参加了麻隧之战,秦晋在前580年相约在令狐和谈,今年刚即位的晋厉公大概是性急,比约定的时间先到,秦桓公因此疑虑,拒绝亲自与会,两国分别另外派使者订立合约,秦桓公还是不信任新君晋厉公,狄人、楚人支持他违背合约,同意与他站在一边与晋国翻脸,二年后的前578年(一说是四年后的前576年),晋国栾书率齐、宋、卫联军在麻隧大败秦军。这样一个对秦国保持清醒,又有勇气还比较成功的君主在自己的新娘拒绝自己的尴尬时候,不是粗暴地动用一个君主,丈夫的权力,而是以合礼的间接的方式——求助于新娘家人细致、耐心劝慰说服,一位尊贵的君主降低姿态才得以弥补自己的过失,才得以圆房。对任何新郎来说,等待新娘认可所花费的任何长短的时间都是漫长的时间。

2. 齐庄公的选择

齐国的将领杞梁战死,齐庄公(前553—前548年在位)发现了在路边哭泣的杞梁妻孟姜,齐庄公下车准备祭拜,遭到孟姜的反对,她要庄公确认为国捐躯的杞梁是否有功? 如果无功,庄公就不需要祭拜;如果有功,以庄公的身份,应该在一个更为正式的场合祭拜。庄公承认杞梁是有功之臣,也赞同孟姜的意见,于是选择到更正式的场合以正规的礼仪祭奠烈士。

3. 鲁昭公的归国路

他听到了孔子对三桓"是可忍孰不可忍!"的怒斥,主动与三桓开战失败,他不愿有国君的名义而在执政者的羽翼下生活,于是颠沛流离,鲁昭公三十二年(前510年)春,王正月,鲁昭公寄居晋国乾侯,有国难回又所用非人的人,思念故国,却不愿与前来接他回国的季氏同行。十二月,鲁昭公生病,赐物给在场的各位大夫,大夫皆不接受。于是赐子家双琥、一环、一璧、品质好的衣服,子家子接受,大夫也跟着接受赏赐。鲁昭公逝世后,子家子将所获赐物退还给国家府库的管理者,说:我不敢违背君王的命令不接受赐物,其他大夫皆返还受赐之物。《春秋左传正义·卷53》P426。鲁昭公、子家子及参与了临终陪伴的诸位大夫尽管与季氏同时代,又是同国人,同样恪守与季氏大相径庭,在当时注定失败的道德。

4. 栾祁的爱人

栾祁在爱情与儿子之间选择了前者,这些婚姻不幸的女子一开始并非心存恶念,她们勇敢地追求爱实属正当,即使是本能的驱使,只为单纯地满足生理的需求的行为也并无不妥。但是她可能无法预测到自己的幸福会给儿子带来不幸,无法预测儿子会有如此惨痛的结局,甚至一个家族的毁灭。她想要保住爱情，她唯一能让儿子的证言不被信任的机会就是儿子遭到君主的憎恨，告儿子背叛可能是能保住自己的办法。她的男友也会发现女友爱自己胜过自己的儿子。

范武子，祁姓，士氏，名会，又称士季，先封于随，后封于范，故又称随会，范会，范武子。儿子士燮，又称范文子，范宣子是士燮的儿子。栾祁是嫁到栾氏，栾枝是姬姓，栾氏。她会因此受到惩罚吗！在她强大的父兄支持下，范宣子、范鞅父子他们本能地庇护祁姓家族的人，他们的逻辑可能是，如果女儿、妹妹得以保住，纵使失去栾盈，栾祁还能生育，况且栾盈还不一定为之丧命。栾祁的父兄能量很大，栾祁没有受到任何惩罚，不论是礼还是法。

有没有两全其美的办法？她的爱情秘密一直得到保存，她的儿子一度安然无恙，随后事业受阻，以悲剧结束生命。栾祁的新爱情如果不是那么幸福，她就不会那样不顾一起。制度的安排下，她的机会很少，所以额外珍惜。

忠诚和爱情、亲情冲突中，是谁先死？理性吗？栾盈是无过错的，栾祁有诬告之错，他们各自的发展自己不可控制。

范献子即范宣子的儿子士鞅，后为晋国执政，曾遍戒其所知曰：人不可以不学也，……人之有学也，犹木之有枝也。木之有枝，犹庇荫人，而况君子之学乎？《国语正义·卷第十五·晋语九》P993。这句话可以成为名言，但他至少在对待栾盈的行为中与君子有距离。

范宣子的父亲是一个重视道德的人，是不是他的儿孙们已经变得不尊重道德？道德已经整体沦丧？其实不然，士会在任何时代都算是一个道德要求很高的人，他同时代的不良之徒比范宣子及其子女时代不会少，范宣子父子所处的时代与士会时代已经有所不同，卿族放眼望去，似乎个个前景一片光明。无法像自己的前辈一样，仍然慢条斯理，无暇顾及刚刚达到目的时使用的是什么方式。

这些是春秋时人的故事，和近代有何区别？这类事每天都在发生，得出大同小异的结果，说明礼制深入人心，仍深刻地影响生活。子产对礼崩乐坏的局面说了很重的话，但他本人就是个严格的人，喜欢以高标准看问题，而不是礼制真的已经一无是处。不是所有的人都会遵守礼制，但也不是所有的人都想要破坏它，总会有那么些节点，道德光焰万丈，时而又如同秋天的落叶。它们都不是常态，人们一直没有找到要彻底抛弃道德的理由，而是不能一直做到道德高尚。

春秋时期人们是因为道德错误还是战争失败而灭亡？这是伯姬的时代，她不是因为鲁宣公的女儿而高贵，而是坚持要求夫君宋共公对礼数周到，遵守规则，即使在大火焚身之际，也要想到如何合礼地离开。这是宋共公的时代，作为一国君主，他对新娘的拒绝没有使用权力以压制，他没有亲迎失礼，但自此后对伯姬的尊重一直像一位大丈夫。这是鲁昭公的时代,与畸形发展起来的三桓相比,他势单力薄,但是他选择抗争,他的遭际不是合礼的现象,但是强大的诸侯君主例如晋国似乎并不急于改变这种现状。这是孟姜的时代,这个一脸憔悴的女子让礼制可以调遣君王。这是一个人们认为需要道德,但维护道德能力欠缺的时代,这个时候的多数人希望行为有依据,但有少数认为为另一种生活方式可以破坏它的时代。这个时代符合人类的共性,他们的现在不论如何,更好的未来仍永远激励着他们。

对那些处于同一个时代,而又被侵凌、剥削、控制蚕食或侵吞的弱小的族群、国家以及个人而言,所有那些奉若圭臬的礼节都悉数做到了又有何用?不能给土地增产,不能减少自然灾害,不能打赢战争,不能逢凶化吉,更不能帮助如愿拥有想要的子嗣,一个可以继位,为自己主祭的儿子。但有些上述好处悉数都得到的人中有些确实是人品优秀的人,也有一些是肆无忌惮的人。因此,礼看似普通简单,却让很多人终生半信半疑,无所适从。他们与伯姬与宋共公不会有同样的心境。

特权社会一度是社会进步的象征,不能够持续进步是因为本质上保守,坐享其成而欲望却不断攀升,生产力进步却只能是缓慢进步的过程,特权社会无法等待,只能倾向暴力。不是重赋就是战争,而特权社会的领袖越是独裁,就一定越是愚妄,只因为总是倾向于寻求简单快捷的方式最快地见到成效,而这种政治妄想只有佞妄之徒才会赞美,事事投其所好,君主在他们的包围下只能变得越来越弱智。独裁者会借重"外面的敌人",没有也会虚拟制造出外敌的存在,敌人强大危险,唯独裁升级可令国家安全,最全面的独裁能给予臣民的还要多。周宣王很符合特权社会独裁领袖的特质,看到周厉王留给儿子的一份府库空虚,信誉缺少的遗产,继位的君主叫苦连天,却一心想靠一己之力打天下,事与愿违,周宣王多次被弱小的族群打得落花流水,但他从未也不能准确反省到问题的真正源头,反思过度专制独裁的天子危害多么巨大。

本章结论:

周礼与现实的比照中,哪些地方践行了周礼其实一目了然,周礼的社会是一个对君权高度制衡的社会,周天子主要成了一位监督者、鼓励者以及可以完全中立的仲裁者。一个国家必须有这样一个机构,社会会因此而变得具有高度竞争性,个人也容易脱颖而出,而这样的社会才能有发展,才能不落后。周礼的制定者鼓励践行礼制,得到的是社会竞争的不断深入演进的场景,这不是南辕北辙,而是局部环境下的礼制决策者们没有预料到的一个正常结果。

第二编

战国时代(单一制)

思想的竞技场,战争的开阔地。

——作者

为何会出现战国时期? 没有一个国家可以提供公共品? 早中期西周时代的礼制,春秋时期的霸主,都能够提供基本或者部分公共品:安全、裁判、扶弱济贫等。当一个弱小诸侯品行端方,与世无争,却仍不断被强大的诸侯蹂躏、侵夺时,没有秉德无私的第三方主持公道,一定会想到自己一定要强大,甚至产生无论付出何种代价也要强大的信念。为了强大而不择手段的局面随之就会常态化。

中华文化特性点状成片,不要从中寻求其系统性,这是灵性的杰作。

看呐,敌人!

一、重要的历史时期和概念——西周、春秋、战国(东周)

1. 西周:前 1046 年—前 771 年,历 275 年。

2. 春秋:前 770—前 476 年,历 294 年。

3. 战国:前 475—前 221 年,历 254 年。

4. 宗周:是西周都城,是丰京、镐京的合称,丰也作酆,打败宗侯虎之后,周文王从岐迁往丰京。周武王则是即位后从丰京迁往镐京,二都隔河相望,丰、镐二京同为都城,丰、镐即指宗周,"诸侯宗之,是谓宗周。"在今西安东南部。

5. 成周:周武王前 1046 年建立周朝,二年后死去,成王即位,周公建立洛邑。"周道始成而王所都也,故谓成周。"成周是西周时的东都,在今洛阳。周敬王之后,东周天子迁出王城至孟津金村一带,亦称成周。

6. 东周:前 771 年犬戎攻破镐京,杀死周幽王,诸侯拥立太子姬宜臼为周平王,前 770 年在西申(宝鸡)即位,从镐京迁往洛邑。东周开始的这一年就是春秋时代的开端。

7. 周贞定王于前 441 年逝世,长子去疾立,是为哀王,立三月,弟叔袭杀哀王而自立,是为思王。思王立五月,少弟嵬攻杀思王而自立。是为考王,三王皆周定王之子。……考王封弟姬揭于河南(王城),是为桓公,以续周公之官职。《史记·卷四·周本纪第四》P158。周考王姬嵬(前 440—前 426 年在位)刚即位,姬揭获封后就成为西周桓公,西周是桓公封邑的号,周公则是他得到的官职。前任周公黑肩死后一直没有再任命。东周天子的王畿已经日渐清减,周考王为何还慷慨急急忙忙地封其弟姬揭? 可能是引哀王、思王、考王自己兄弟三人争位相杀为鉴,早安姬揭之心。

周考王十五年(前426年)姬嵬逝世,子威烈王姬午立。姬午眼见自己的辖区变小会抱怨其父吗?

8. 诸侯东、西周国的划分:姬揭封于王城,地点在今河南洛阳市,又称河南桓公,是西周国的首任君主(前440—前415年在位)。系公爵国,都王城,西周惠公称为河南惠公是因为在王城以东的巩又建立了东周,巩以西的河南指的是雒邑王城,西周公所居。西周公国自前440年至前256年。

9. 前367年,西周威公逝世,西周威公少子根与西周威公太子即后来的西周惠公姬朝争位,姬根得韩、赵支持在巩自立,称东周惠公,姬朝居王城,号西周惠公。

西周威公姬灶是姬揭的儿子,为第二任西周君,姬灶之子姬朝是第三任西周之君,称西周惠公。第四任西周武公,即姬共之。姬咎(?—256年)是第五任西周之君,称西周文公,也称西周君,是西周最后的君主。前256年,参与合纵抗秦,失败,降秦。

此前另有一个姬朝,即周景王庶子姬朝,又称王子朝,为周景王宠爱,立其为太子未果,周景王嫡长子寿早夭。周景王逝世后,周景王嫡次子姬猛为周悼王。姬朝在贵族尹国等的支持下赶走悼王,悼王死,悼王弟姬匄立,为周敬王。王子朝又赶走敬王,自立为王,称西王。前516年,姬朝被晋军打败,逃往楚国,前505年,周敬王派人将王子朝刺死。

两个姬朝之间存在关联,若非王子朝,周敬王不会离开王城到成周。西周惠公姬朝是西周威公太子,他所在的王城并没有真正的周天子居住。他在位时,其父的土地被一分为二。姬朝一世导致出现一个虚拟的周王庭,姬朝二世时代东、西周分治。他们只是各自占有一块封地,并不能代表周天子。

10. 周敬王离开王城后所居的成周在今孟津金村一带,距离洛阳约30公里,洛阳距离巩县约80公里,巩县西北部与孟津毗连,此成周在东周国境内,但距离王城更近。

11. 桓公姬揭之孙西周惠公姬朝又自行封其少子姬班于巩(今河南巩县),因巩在王城之东,故称东周,河南惠公(即西周惠公姬朝)所在的河南(河南,即在夏、商二代的郏鄏旧址所造雒邑。武王迁九鼎,周公营建以为都,是为王城)在王城以西,称西周。一说东周惠公班是西周威公的少子姬根,即东周惠公系西周惠公姬朝之弟。周显王(前368—前321年在位)二年(即前367年),西周国第二任君主西周威公逝世,西周惠公姬朝之弟公子根当时在东部,与兄争位,分周为二,西周分为东周、西周两个小国,东周君和西周君由此而来,东周惠公之后有周昭文君。在西周国灭亡七年后,即秦庄襄王元年(前 249 年),东周文公与诸侯密谋对秦,秦庄襄王命吕不韦攻灭东周,以阳人地赐予周君,奉祭祀。

建都于巩的东周国,是一个公爵位诸侯,不是西周国的附庸。东周惠公在成周秉政,是周王卿士,虽是小国,位过于大国。当时周天子居成周,地在西周境内。周显王三年(前 366 年),赵与韩分周为二,其君分别称为东周君、西周君,成周的东周天子周显王虽仍是天下领袖,却寄居在东周国的领地上,东周最后一位君主周赧王即位后迁回了王城,他于前 256 年逝世,东周随即被秦庄襄王所灭,迁九鼎。《战国策卷一·东周·秦兴师临周而求九鼎》P2。

成周、王城、巩三地的位置与关系:

成周:西周时的东都,即雒邑。周敬王时,从成周王城迁出,到洛阳孟津县金村,晋国人率诸侯在当地为周敬王修城,称成周,与王城分为两城,此后周王均居成周,最后的周王——周赧王才迁回王城。周敬王都成周,号东周。

王城:周公在洛阳建立的东都称成周或雒邑。平王东迁,雒邑为王所居,又称王城。周敬王因王城中多王子朝乱党,迁出王城,徙居东郊原殷顽民所居地,称成周。

河南:战国时对雒邑王城的称呼。

巩,(今河南巩县)因在王城之东,号东周,桓公之孙即西周惠公又自封其少子姬班或称姬根,姬班称为东周惠公,这是东周公国。

东周、西周两国之间也像其他诸侯国家一样,相互竞争、仇恨、交战。

发生在周考王元年(前 440 年)之前的西周事务与西周国无关,因为西周国前 440 年后才存在。发生在东周惠公元年(前 367 年,时值周显王二年)之前的事务与东周国无关。应该都是东周天子周敬王之后的周天子所为。

前 314 年,周赧王姬延立,周赧王在位时东、西周分治,王赧徙都西周。对这个记载,一种认为西周指河南即王城,东周指巩。另一种意见认为西周是河南王城,东周指成周。周赧王结束了周天子客居成周的历史。

虽然东周国、西周国相继出现,天子的居处变得更为褊狭,但是周天子还在努力像周天子行动。前 440 年后的大事记:

1. 前 403 年(威烈王二十三年),命韩、魏、赵为诸侯。

2. 周显王五年(前 364 年),贺秦献公,献公称伯。

3. 九年(前 360 年),致文武胙于秦孝公。

4. 前 344 年,秦会诸侯于周。

5. 前 343 年(周显王二十六年),周致伯于秦孝公。

6. 前 336 年(周显王三十三年),贺秦惠文王。

7. 前 334 年(周显王三十五年),致文武胙于惠文王。

8. 前 314 年,周赧王立,徙都西周。

9. 前 307 年(周赧王八年),秦攻韩宜阳,楚救之,而楚以周为秦故,将伐之。苏代为周说楚王。

10. 周赧王五十九年(前 256 年),西周君奔秦。尽献其邑三十六,口三万,秦接受了人口、土地,归还它的国君回周。周王赧卒。七年后,秦庄襄王灭东、西周。

这段时间新出现三位诸侯,秦献公被策命为伯。十条大事中六条与秦国有关。

以上《史记·卷四·周本纪第四》

战国重要地理地名:

河:1. 祭祀的自然神,2. 黄河。

河东:1. 战国魏国,因其在黄河之东。2. 魏郡名,河东郡治所在安邑。秦的河东郡郡治移临汾。因黄河流经山西省的西南境,山西在黄河以东。秦汉时指河东郡地,指山西运城临汾一带。当时,晋强,西有河西,与秦接壤,北边翟,东至河内。晋在河西拥有五城。河西是黄河西岸之地,当今韩城、大荔等地。

河西:1. 黄河以西。2. 战国时魏国辖地,亦称西河之外。其地在今山西、陕西两省之间黄河南段以西的陕西境内地区。

秦、魏河西争夺战:前 410 年(魏文侯三十六年,秦简公五年),秦军侵占魏国阴晋(魏称为宁秦,即今华阴)。《史记·卷四十四·魏世家第十四》P1841。秦出子二年(前 385 年,魏武侯十一年),《史记》记载晋国又强盛起来,夺取了秦国河西地区。《史记·卷五·秦本纪第五》P200。实际上是魏杰出将领吴起,占领了整个秦国的河西地区。经过 52 年,秦国再次夺回河西地区。阴晋人犀首在秦惠文王五年(前 333 年)时为秦国大良造,他打败魏国,迫使魏国割让阴晋,这里是秦国、魏国一个交界处,也是公孙衍的家乡。秦惠文王七年(前 331 年),公子卬(实为公孙衍)打败魏国龙贾,获得整个河西地区。《史记·卷五·秦本纪第五》P206。这里是重要的粮食集散地。

河内:广义的河内指豫北地区,狭义的河内指河内郡(沁阳)。

河内因处于黄河凹处北岸以东,且位于殷商畿内,故称河内。与河南、河东相对。并称三河,三河分别为夏商周王朝的腹地,亦是中原的代名词。河内、河南以黄河为界,河内、河东以太行为界,同时河内、河南、河东都有狭义和广义之分。狭义分别指河内郡(今河南沁阳市。河内郡所辖的野王邑)、河南郡(洛阳)、河东郡(安邑,禹都安邑)今运城战国属于魏,都安邑。

韩国:疆域有山西东南角和河南中部,介于魏、秦、楚三国之间,成为兵家必争之地。

第十一章　周天子的极限生存

一、持续失去的权力

繻葛之战是一个比周幽王死于犬戎更为重要的事件,起因是周桓王即位后(前 719—前 697 年在位),任命虢公忌父为卿士,削弱了郑庄公权力。前 707 年,免郑庄公卿士职权,郑庄公反映强烈,不再朝拜周天子。当年秋,周桓王率王师与蔡、卫、陈三国伐郑,王师在繻葛惨遭失败,桓王被郑国将军祝聃射中肩部,比肌肤受损更为严重的是周天子威信,诸侯们有些感知到的是周桓王的伤痛,有些则是公开与私下在分享着郑庄公胜利的喜悦。周天子信誉的受损则迟迟难以恢复。64 年前,犬戎杀死周幽王还是野蛮的外族入侵,周幽王因为任性犯下错误。周桓王这次只是在正常履行权力,没有明显犯错。同姓的至亲,有同样的文化背景,王朝的重臣却射来锋利的箭镞,这支箭不仅划开了天子的肌肤,也穿透了周王室的神龛,传来的信息则极其芜杂。对周天子而言,他们没有机会平等地与诸侯参与新一轮的竞争,他的正确和错误只能是维护原状、赠与或被迫失去更好的土地。这是一场周天子注定要失败的竞争,分封、赐予土地是天子神圣的权力之一,这是一种有得有失的权力,履行这种权力的同时必须失去土地。合礼地失去土地以及土地无序的转移在特定的情况下都不反常。他拥有有限的土地,没有合理增多的途径,无法褫夺不守规则诸侯的爵位与土地,面对一些占有土地、人口越来越多,国力越来越强持强凌弱的诸侯,他不得不一次次退让。

在西周桓公(前 440 年)光荣受封之后,周天子的直管辖区图明显卷曲,周敬王离开王城后,周元王(前 476 年即位)、周贞定王(前 468 年即位)、周考王(前 440 年即位)、周威烈王(前 425 年即位)、周安王(前 401 年即位)、周烈王(前 375 年即位)、周显王(前 368 年即位)、周慎靓王(前 320 年即位)八位周天子都居住在成周处理公务,在煎熬中生活。周赧王(前 314 年即位)时才迁回王城。

周考王之后,经过周威烈王、周安王、周烈王时期的孵化,到周显王时代,东周惠公(前 367 年)又破茧而出,再次从周天子的份额中分出土地,东周惠公的诞生展示出一种严肃明白无误的提示:不论天子还是诸侯,愿意还是反对,分封永无止境。周慎靓王姬定(前 320—前 315 年在位)之子姬延,即周赧王(前 314—前 256 年,在位 59 年)姬延即位时,东周周天子辖区只有约四十座城邑,人口仅三万余,这块弹丸之地外的西周国,以及从西周孳生出的东周国,成为两个完全独立的部分,由东周公、西周公分治,与其他诸侯无异。

周敬王被称为东王,王子朝被称为西王。敬王后来打败王子朝并刺杀了王子朝。

东周的天子的土地即使所剩无几还在不断分封新的诸侯国,似乎制度一直都得到充足理由与财力物力的支持,但这是一个绝对的幻觉,天子不仅需要借贷资金而且借用权力维护日常事务的运转,前 293 年,秦昭王的军队在伊阙大败东周、韩、魏联军。周赧王的大臣綦毋恢趁魏国新败,惊魂未定之际设法为周赧王从魏国要来了周赧王喜欢的温囿。《战国策·卷二·西周·犀武败于伊阙》P63。魏昭王虽然让出了温囿,眼中的周天子却已经不是自己君主。周赧王得到温囿可以及时行乐、得过且过。但他依然手头拮据,债台高筑,其贫穷状况是现象级的。值得一提的是他虽然极度匮乏,却在位 60 年,周武王开国以来在位时间最长的君主。前 256 年,周赧王逝世,东周随即覆灭。周平王东迁后的东周世王朝尾声可以看到周天子虽然逐渐隐身,支离破碎、独力难支的制度在解体中发出的撕裂声自始至终,制度已经严重不适应时代,毁坏它的不仅是外部世界的环境,也事关它本身的材质。

经历过大不堪的周王室虽然绵延不绝,境况却始终没有实质性的改善,他手中的克敌制胜的神器不多,因此每天都可能出现更为复杂、棘手情况需要周天子面对,被赋予了神性、权威、财富内涵的鼎时刻吸引着无数目光。九鼎不是一组简单的器物,也不是价值可以衡量,早在前 606 年楚庄王兵临洛水,对周王派来劳军的大臣王孙满要求观看九鼎,他问完之后,周围难免一片惊呼。楚庄王是个直率略显鲁莽急于求成的人,他的这一要求客观分析更多的是仅仅就是一时的突发奇想、钦羡乃至恶作剧地在吓唬人,并非此时他已经准备好取周定王而代之,他本人的确已经是实力的象征,如果周定王有能力,一言不合,定会劈头盖脸地严予训斥,绝不会一直躲在周大夫王孙满背后。周天子的地位,在周礼及法中都是不允许讨论的问题,周王一定会狠狠惩罚楚庄王以及类似无异于亵渎神灵,破坏规则,冒犯传统的人。

似乎摇晃了几下的鼎稳定下来,周慎靓王四年(前 317 年),秦惠文王再次令其剧烈晃动,秦国派兵击败韩宣惠王的军队,趾高气扬的秦兵推进至周地边界,秦惠文王更为直接,要求九鼎。周慎靓王惶遽,谋臣颜率决定到齐国游说,他见到齐宣王,力陈对危难中的国家予以援手会得到好名声,而获得九鼎能带来实惠,表示周王愿意将九鼎转给齐国。齐威王不知道是看重好名声还是被九鼎的象征意义说吸引,立即派陈臣思率领五万齐军增援周,秦因此退兵。齐王随后要求周慎靓王履行承诺,"齐将求九鼎,周君又患之。"颜率又到齐国向齐宣王夸大运输九鼎的困难,声称他经过精心计算,需要八十一万劳工,费用惊人等等,他口若悬河,目的是设法拖着不让出九鼎给诸侯。颜率用他思辨能力让齐王相信颜率是在为齐威王的利益着想,齐宣王信以为真,因此作罢。《战国策卷一·东周·秦兴师临周而求九鼎》P3。

秦国、齐国实力超群,毫不在乎地冒犯君主,这是语言上的,还有行为上的挑战完全不逊色,"赵取周之祭地。周君患之,告于郑朝(周赧王时人,周赧王前315—前256年在位),郑朝曰:君勿患也,臣请以三十金(《国语》说是二十四两一金,也有以二十两为一金)复取之。周君予之。郑朝献之赵太卜,因告以祭地事。及王病,使卜之。太卜谴之曰:周之祭地为祟。赵乃还之。《战国策卷一·东周·赵取周之祭地》P32。赵国在前403年诞生,当时周天子还在成周办公,前367年,西周威公少子根建都巩,号东周惠公。周王所居成周在东周君境内,东周惠公是得到赵、韩支持而得立的,不受韩、赵所喜的姬朝居王城,号称西周惠公。前249年东周君为秦所灭。上述赵国所夺取的祭地是东周天子的,而不是东周国的。

赵国占领了东周的祭祀地,周的大臣郑朝受命私下送赵国太卜三十金,不久后赵王生病,太卜占卜后说是东周的那块祭地作祟,赵王立即下令退还给东周。《战国策·卷一·东周·赵取周之祭地》P32。借助于神圣的占卜术,要回了已被诸侯国占有的土地,那里是专门用于国家祭祀礼仪的地方。西周的创立者天授的神圣使命,纯正血统而赋予的崇高感已经在绝大多人心中淡化,魏安釐王十八年(前259年),鲁仲连对魏国将军辛垣衍说:昔齐威王(前356—前320年在位)尝为仁义矣,率天下诸侯而朝周。周贫且微,诸侯莫朝,而齐独朝之。《战国策·卷二十·赵三·秦围赵之邯郸》P702。鲁仲连向魏安釐王属下将军提到齐威王在位时这样似乎遥远的时代,齐威王看起来仗义的行为是距现在的齐国第五代君主之前发生。鲁仲连应该不能预测到在位的齐王建会有漫长的君主生涯,但是摇摇欲坠的东周大厦将倾他们或许能清楚地感知,周王们他们在为自己的发展谋划时已经竭尽所能。成为胆大的诸侯扩张的工具与泄愤的对象,周因为弱小而无法与强大的诸侯争衡,容忍顺从必然衍生欺凌和战争。前308年秦攻韩国宜阳,杨达谓公孙显曰:请为公以五万攻西周。得之,是以九鼎印甘茂也。不然,秦攻西周,天下恶之,其救韩必疾,则茂事败矣。《战国策卷二十六·韩一·宜阳之役》P946。公孙显与甘茂在秦国争权,杨达建议公孙显进攻西周为自己获得权力优势增添砝码,攻打西周成功,以得到九鼎的功劳而起到抑制甘茂的作用。规模宏大的伊阙之战前,秦军大败东周,但这不过是秦国白起军队的热身,秦昭王十四年(前293年),白起率不足韩、魏军队一半的秦军与韩魏军大战于伊阙,二十四万韩魏联军被屠杀,韩将军公孙喜、魏将犀武被杀,秦军占领伊阙。这是距离洛邑最近的重要军事要冲。《战国策卷二十二·魏一·秦败东周》P812。前290年,东周君朝拜秦国。

权力始终是会发生转移,只是有快慢之分,它就像一棵迷人、枝繁叶茂的金树,各种人都会被吸引,试着去采撷。明智者设置良制尽可能让最合适的人接任,以此设法提高自己执政的能力,权与福泽或一并绵长;愚妄者一定是一味蛮干,必然导致血腥暴力,国祚难免短促而惨烈。

二、适逢其时还是生不逢时的西周、东周君

东周时期先后出现的西周君、东周君是东周周天子的延伸,他们有公爵爵位,地位在其他很多诸侯之上,他们的职官体系也一应俱全,因为社会舆论对相国工师籍不满。东周国第二代君主周昭文君(东周惠公)要免工师籍的职务,任命吕仓代替他。有个人赶紧到周昭文君面前提出异议,用管仲故意自己制造一个比较大的问题以便设法把君王的问题变成小问题的方法,以转移社会的批评锋芒。"齐桓公宫中七室,女闾七百"。在宫内开设七个市场,又在七个市场内弄来七百个歌妓,国人极为不满。"管仲故为三归之家,以掩桓公,非自伤于民也。"《战国策卷一·东周·周文君免士工师籍》P15。也就是管仲有意让齐桓公赏赐给三处采邑,即三归,并允许他私人收取齐国一年租税,用他的贪婪掩盖桓公逐利好色的过失,忠诚的大臣让国人的批评转移到自己身上的事例来劝导周君:批评的舆论针对大臣比针对君主要好,周昭文君既然喜欢工师籍,又在意社会舆论的臧否,不如自己转换思维,从正面的角度理解工师籍,均衡利益关系对待、处理事务和意见,第二代东周君觉得很对,没有免工师籍的相国职务。该事例让周昭文君看起来仍然讲求理性。但是遵循正确的知识甚至理性不一定适应时代,一个当时归属西周的温地人到了东周,东周很排斥,以他是外地人将他抓捕,周君派人问他,你不是东周人,为何谎称自己不是外地人?回答:《诗经》有云:"普天之下,莫非王土;率土之滨,莫非王臣。"今周君天下,则我天子之臣。而又为客哉?故曰'主人'。《战国策卷一·东周·温人之周》P16。所到之处即

为天子之地,我乃天子辖区内的百姓,怎说我是外地人不是本地人? 东周君听起来完全有理,产生幻觉,派人将其释放。温人如果且行且回头,他眼中的东周君一定是心满意足,又脱离实际,滑稽又可悲。东周君虽然只有针尖大小的一块领地,却仍怀有周王天下的大国情怀,俨然君临天下,无疑坐井观天。他们想要自然就会有的尊严已经不能自然获得。他们不能凭借爵位,高级姓氏,血统等平衡新兴势力的冲击。它们国小贫弱,内在的合法性以及合理的运作皆无法抵御外部的负面影响与压力,其遭遇是注定的,但是结果不能被创制者们所能预知,这样的弱国在当时生来就是等着被支配、欺侮。

与周天子命运一样,东周君有一天也会发现无法差遣自己的相国执行公务。楚国人昭獻在韩担任相国,人在韩国的阳翟时,东周君将派自己的相国去见他,相国不愿去。苏厉出于为东周相国帮忙,对周王说,从前楚王和魏王会晤,您派陈封去楚国,派向公去韩国;楚王与魏王见面时,您命令许公去楚国,向公去魏国,陈封、向公、许公这三个人的地位都低于周相国,韩相昭獻又不是国君,而您派相国前往,假如韩国的国君在阳翟,您又派谁去? 周王觉得这个意见很对,于是改换别的人前往。《战国策·卷一·东周·昭獻在阳翟》P10。经过苏厉这么一说,东周相国违命行为倒是完全有理。苏厉虽然是为了东周相国的私利将相国拒绝君主的行为曲解为礼仪上的对等,仍足以显示东周君对自己的国事缺乏支配力。

与东周公处境相似,西周公立太子受到其他诸侯国的强烈影响,西周武公姬朝的共太子死去后,还有五个庶子,西周武公都很喜爱,故尚未确定立谁为太子。楚相国司马翦谓楚王曰:"何不封公子咎(公子咎是西周武公之子)而为之请太子?"左成(楚大臣)谓司马翦曰:周君不听,是公之知困而交绝于周也,不如谓周君曰:'庶欲立之也? 微告翦,翦令楚王资之以地。'"公若欲为太子。因令人谓相国御展子(为楚相国侍卫长)、啬夫(司空属员)空曰:"王欲令若(公子若)为之。此健士也,居中,不便于相国。"相国令之为太子。相国司马翦于是支持立公子咎为太子。《战国策卷一·东周·周共太子死》P34。西周武公之共太子早死,司马翦是楚国相国,楚怀王十四年(前315年)他向楚怀王建议立公子咎为妥,后来西周国确实立公子咎为太子。楚国相国出于私利而不是西周固的利益支持公子咎为西周武公的太子。《战国策·卷一·东周·周共太子死》P34。楚怀王前318年被韩魏等推举为纵约长,楚与齐秦并列当时的顶级强国。

东、西周国处于夹缝之中,从他们身上即可看到左右逢源的诸侯之素描,秦令樗里疾(? —前300年,他是秦惠王异母弟)"以车百乘入周,周君迎之以卒(百人为卒)。甚敬,楚王怒,让周,以其重秦客。"《战国策卷二·西周·秦令樗里疾以车百乘入周》P50。前311年,秦武王派左丞相樗里疾领四匹马拉的兵车一百辆前往西周国都城,西周君派出100人以庄重的仪式迎接秦国使者,楚怀王得知后大怒,责备西周君不应该如此尊重秦国人,西周的大夫游腾前往楚国当楚王面为西周君辩解:西周君鉴于秦国使者的随从人马不同寻常,迎接的人群中持戈者居前,强弩列队在后,名义上是保护,实际上可以随时扣押到访者。西周君爱自己的国家,也珍惜与楚国的关系,所以做万全的准备,避免一旦被秦颠覆,既增强了秦国,又削弱了楚国。正忙于齐、楚联盟以抗衡秦国的楚王听到这样的解释也就不再继续逼问。但有些事情不是如此好搪塞,楚国要求借道东、西两周的国境,从东、西两周之间北上攻击左边的韩国,右边的魏国,周君为此深感担忧。"楚请道于二周之间,以临韩、魏,周君患之。"《战国策卷二·西周·楚请道于二周之间》P59。苏秦为周君分析,楚国借道东、西周攻韩、魏可能是个不能实现的愿望,因为楚国的行动一定会引起齐、秦两国的警惕,与韩、魏联合起来攻击楚国北部边境。如果楚国不能守住自己的边境,一定就无暇攻击韩、魏。另一种情况是,齐、秦对楚国的军事行动没有回应,那不论周君是否同意借道,根本无法阻止楚军通过。虽然无法搪塞楚国,但苏秦的意见是可以设法让秦齐等国引起重视,只要齐、秦预先让楚国知道他们不会听任楚国对韩魏采取行动,楚国就不会轻举妄动。即使答应给楚国借道,楚国也不会使用,也不会因为拒绝而开罪楚国。东、西周国力脆弱,他们只能通过政治智慧延续国祚。另一起可能对西周造成严重安全隐患的交易也是通过间接的手法使其停止的,"韩、魏易地,西周弗利。"《战国策卷二·西周·韩魏易地》P66。韩、魏两国计划交换土地,西周感到对自己不利,忠于西周利益的西周国大臣樊馀对楚王说,西周一定灭亡了,韩、魏两国交换国土,韩得到两个县,魏失去两个县,他们之所以要交换国土,是魏国所得到的土地包括东周、西周的全部国土。魏国交换成功后会对楚国北部构成威胁,韩国也会因为边界调整对赵国不利。他的目的是希望说服楚王阻止这场交易。楚国确实按此行动起来,楚与赵国一起及时阻止韩、魏可怕的土地交易。

西周对秦国更是畏惧如虎。秦国曾邀请西周君到访秦国,"秦召周君,周君难往。"《战国策·卷二·西周·秦召周君》P62。似乎完全是友好的邀请也令西周君畏惧,不敢前往,又不敢明确拒绝,有人给他出主意,让魏国举行军事演习,西周君就以魏军在河南面为托词而不去秦国,秦国也就不会进攻魏国南阳。西周君在周最的劝说下准备前往秦国之前,有人建议周最,把西周国的原邑送给秦太后作为私人的土地,让秦王(秦昭王,前305—前251年在位)、昭王母后都会认为您对秦国友好,秦昭王获得孝敬的美誉。如果西周与秦关系友好,西周君认为是您的功劳;如果关系紧张,西周君此去吉凶不定,劝他访问秦国的人可能会被问罪。《战国策·卷二·周君之秦》P54。这个提建议的人认为西周君前往秦国的旅程不乏风险,送一份厚礼给秦国让西周君的生命安全相对保险。

周赧王十五年(前 300 年),"楚攻雍氏(阳翟雍氏城,时蜀韩),周粮秦、韩,楚王怒周,周之君患之。"《战国策·卷一·东周·楚攻雍氏》P12。韩遭到楚攻击后,得到秦国军队救援,周则给秦提供补给,楚王大怒,周君惶恐。有人替周君说话,提示如果将周吓唬太厉害,它会彻底倒向秦、韩,这无疑增加了楚国对手的实力。不如缓解与周的关系,让楚周关系更加密切,至少不能让周对楚绝望。司马迁也记载周赧王时代类似的事,"楚围雍氏,韩征甲与粟于东周,东周公恐,召苏代而告之。"苏代胸有成竹,告诉东周公,他有办法让韩不再向周征甲于粟,还可以从韩那得到高都(高都、韩邑)这个地方。苏代前往韩国对韩相国说,楚原本准备三个月攻下雍,现在五个月过去了还没有兑现计划,说明楚国已经明显疲惫,但现在如果听说相国要到周征收军备,无疑是告诉楚国,韩国境况更坏。韩相国恍然大悟,又说可我派往周的使者已经出发了怎么办? 苏代告诉他一个补救的办法,那就是立即把韩国的高都转让给周并让楚国人知道。韩相国大怒,我国不向周征收军备粮食就很仁慈了,周凭什么得到我的高都? 苏代说,周得到高都,会坚定地与韩结盟。楚(原文为秦,疑为楚)听说后一定断绝与周的交往,失去高都一块地方而得到一个完整的周,不是很值得? 恍然大悟的韩相国立即就将高都交割给周。《史记·卷四·周本纪第四》P163。《史记》与《战国策》记载的可能是同一件事,在韩国雍氏遭到进攻时,得到了秦国增援,显然韩、秦提供了补给。

东、西周两个年轻又老态龙钟的国家在这个腥风血雨的时代为何能够长期存在? 得益于它们是周制度仍然鲜活的象征? 他们是成周的周天子的延伸,是不可或缺的一部分,强国不愿意给人以口实,加上它们极为虚弱,对他国毫无威胁? 允许东、西周国的存在完全不是能力问题而是技术问题,秦一度的确打算摧毁西周,周最不希望立即见到这种状况,他对秦王说,攻击西周弊大于利,纵使占有西周巴掌大的地方,得到的恶名却遍于天下。《战国策·卷二·西周·秦欲攻击周》P68。秦王接受了这个分析。

东、西周国对大国卑躬屈膝,彼此却相互厌恶。虽有亲密的血缘,政治利益的偏好很容易让他们之间随时疏远、仇恨。西周的官员昌他从西周逃到东周,大量泄露了西周秘密,东周君很高兴,西周君想要立刻杀死他,派冯且用三十金以及一份书信送给昌他，让昌他看起来是与西周君策划送出来的间谍，结果导致昌他被杀。《战国策·卷一·东周·昌他亡西周》P37。诸侯们对此漠然而视，当东、西周国发生战事时，诸侯也自然选边"东周与西周战，韩、救西周。"《战国策·卷一·东周·东周于与西周战》P7。

周天子的土地有用于分封的责任，也有用于赏赐与奖励的需要，还有一种被动的流转方式，西周君前往秦国之前，有人为西周君个人安全起见，建议周最把西周的原邑送给秦太后私人。《战国策·卷二·周君之秦》P54。出于形势紧迫的被迫或者出于感激自愿赠予是当时一种比较常见的情况土地转移方式。周天子的土地以各种方式向强者或做对事（有功）的人方向流转。而他们自身同步增加土地的比率则极低，周天子可能通过战争、红利、转让、赠予等途径获得新的土地，例如：

鲁昭公二十六年，前516年，七月庚辰（二十八日），王入于胥靡，辛巳，王次于滑。《春秋左传正义·卷52》P411。

鲁定公六年（前504年）四月，周儋翩（周大夫）率王子朝之徒，因郑人将以作乱于周。郑于是乎伐冯（洛阳一带）、滑（偃师县南）、胥靡（河南偃师东）、负黍（登封县西南）、狐人（临颖县）、阙外（伊川县北）《春秋左传正义·卷五十五》P439。以上地名位置均在河南地区，当时都属于周。郑国军队与王子朝的叛军跟着周敬王足迹追打至滑等地。滑国建都于费，因称费滑，封建等级为伯爵，姬姓。是一个正式册封伯爵的诸侯国，前627年，秦灭滑，秦穆公三十三年（前627年），秦灭滑，滑、晋之边邑。《史记·卷五·秦本纪第五》P191。后转手于晋，为何滑又从晋转属于周？原来滑国受到郑国保护，它先后依附齐卫两国，郑国要打击这个三心二意的国家，而周天子不惜引入狄国军队攻打郑国，秦国军队在前往攻郑的途中遇到郑国商人弦高，被蒙骗的秦国人折返途中顺道灭滑国，但与秦国遥远的滑国后又转隶属周，秦国就像一个时而技痒的神箭手，随手一箭即射落大雁，却没有弯腰捡起它带走，大雁应该抱怨射手、箭，还是它自己的位置？不得其详。

按上述记载，周将分封出去的滑国土地所有权又收归周天子。但是这个权利不断转移。《孟子·万章下》提到的费惠公，俨然是战国时期的费国国君。孟子生活期间（前372—前289年）出现了一个新的诸侯——费国？还是费国即原先的滑国？费惠公为滑伯之后裔？不是这里的重点，这里提供的信息已经足够判断周天子也会偶有土地等收益。

但总体而言，以天子的名义能够合理索取到土地的情况并不多见。西周国，东周国漫长的衍生过程，将分封制度的长处与致命缺陷一一无情地显示出来，当土地、人口无限地分封下去的时候，虽然被制度允许，却不被时代称许。周考王封其弟是一种仁慈慷慨的行为也好，是一种随波逐流的不负责的心态也好，都是分封制的常规行为，不存在对错。但在战国这个时代节点，分封制已发展到极致，周王合礼的行为破坏了礼制的初衷，听任自己贪婪、自私的行为扭曲国家结构，它让个人的尊严与生活更多地依赖于出身、家族、不劳而获，那些依靠寄食于土地以及相关制度的人越来越多，国家的生产者越来越少，人们获得食品、服装、祭祀品等物质的工具变得更少甚至单一，土地负载越来越沉重，国家和土地所有者途径主要靠获取土地以及更多的土地获取基本所需、囤积以及养活维护自己权力的体制所属的各种机构。土地所有者只图以简单粗暴的方式快速增加土地的数量，而不是通过更精心的田间管理，更多资金的投入以及技术进步增产增收，因此诸侯国家的大多数成就基本与普通臣民的福祉无关，他们对于任何诸侯都是被盘剥、驱使的对象。

西周以来的周天子们既是自己体制的受益者，也是自己体制的受害者，因为即使周天做了完全正确的事，他的政权仍不可避免的会最终变得更为单薄、狭小，同样，自然获得所有权的诸侯、宗主、个人遵守规则的结果是从开始渐渐变得竞争力减弱到最终被兼并。周天王对分裂晋国的赵、韩、魏之类的强人破坏制度的现象无计可施，听之任之，甚至愚蠢地鼓励的行为直接怂恿、培养、鼓励了更多挑衅礼制基础的人。西周制度下必然持续分裂的国土和权力，一定持续刺痛周天子，扰动制度，经常左右为难、控制力不稳，权力大小不等的姬周君主，不管是在成周的周天子，还是王城、巩地的西、东周的君侯，都面临着自我重新认识，重新自我定位的紧迫性，但由于制度的理解一直比较狭隘、固定，他们回旋的余地总体上十分狭窄。后期周天子们的际遇是将该制度优劣悉数摆放出来。制度一直存在，只是合理的部分无法得到保障，不当之处则得不到及时纠正。

东周天子，东、西周国，不论他们以何种规模存在，他们所依托的制度还是基本决定他们的存在形式是一个必定随着时间的推移不断缩小、衰减的模式。

第十二章　精英的背叛

战国不是丧失民意的时代,而是精英背叛的时代。

第一节　站在战国时期的起点及该时期重要的节点

一、社会流动性的美景良辰

水平流动和纵向流动　周冣,又谓周最,系周国之公子,有认为是太子,或曾谋立为太子不成,活动在周慎靓王、周赧王时。有人对他说:魏昭王(前295—前277年在位)把国家委托给您,主要是希望你联合秦国,进攻齐国,薛公田文背叛祖国,抛弃故乡,不顾先祖,而您却一味地专心于忠信,贪求美行,彰明君臣之义,谨守故主之节,誓与攻齐者不共戴天,并迁怒于强秦,这样对魏国不利。《战国策·卷一·东周·谓周最曰魏王以国予先生》P29。田文即孟尝君,齐国人,齐湣王时曾任齐相,前294年任魏相,曾联合其他诸侯攻齐。游说周最的人唾弃美德,因为它与国家利益产生冲突。周最担任魏相在田文之后,总体而言,魏昭王时期的政治牺牲了魏国的安全,魏昭王时代是被秦国蹂躏的时代,在伊阙(前293年),秦白起大败韩魏联军,斩首二十四万。前290年,魏河东地四百里割让给秦,前289年,秦军连续占领魏城池六十一座。前283年,秦军攻至了魏都大梁。这些魏昭王都亲眼目睹,这个人以理性和务实的意见劝周冣面对现实,个人的好恶应该搁置。

韩国于前375年灭郑,二十年后,前355年,原郑国人申不害被韩昭侯任命为相。前340年,秦孝公封原卫国人卫鞅为商君。前328年秦惠文王以魏国人张仪为秦相。前322年,魏惠王任命来魏国的张仪为魏相,因为与张仪不和,前魏相惠施离开魏国前往楚国,后回到家乡宋国,与庄周相遇成为朋友。范雎(?—前255年)通过接待人员王稽来到秦国。"魏人范雎(名雎,字叔,封应侯。范是晋旧姓)给秦昭王的信中说:谚语曰:昏庸的国君奖赏他所喜爱的人,惩罚他憎恶的人；英明的国君就不是如此，奖赏一定要加给有功的人，刑罚一定判给有罪的人。《战国策·卷五·秦三·范子因王稽入秦》P181（王稽是秦谒者令，时使魏还）。秦昭王（即秦昭襄王，前324—前251年）看了范雎的上书之后，使人持车召之，……范雎至，秦王庭迎，……秦王屏左右，宫中虚无人。秦王跪而请曰：先生何以幸教寡人？范雎曰：唯唯！有间，秦王复请，范雎曰：唯唯！若是者三，秦王跽（长跪）曰：先生不幸教寡人乎？范雎随后才开始他的长篇大论。听后秦昭王谓范雎曰：昔者齐公得管仲，时以为'仲父'今吾得子，亦以为父。《战国策·卷五·秦三·范雎至秦》P185。

燕国人蔡泽见逐于赵，在韩、魏都未得到到施展机会。前255年，他利用范雎开始被秦昭王冷淡的时机，获得相位，在秦国执政，因为压力很快辞职，封刚成君。秦王政时，他以秦国使者身份亲自实施、完成了燕太子丹来秦国为质的计划。蔡泽说秦国的商鞅，楚国的吴起，越国的大夫种，他们的结局，也是人们所期望的吗？应侯曰：……此三人是义的顶峰，忠的楷模。《战国策·卷五·秦三·蔡泽见逐于赵》P211。范雎蔡泽的谈话代表当时最高的思辨能力，他们共同的特点是思想通达，语句可能代表他们真实的思想，更多的情况下，谈论是他们获得机会与利益实现目标的纯粹工具。应侯范雎从对蔡泽的戒备、偏见中走出，蔡泽争取到了这个大权在握、有能力影响秦昭王的人，蔡泽在秦国的主要政治成是兼并东周。

王曰：子监门子……。姚贾曰："……管仲，其鄙之贾人也。"《战国策·卷七·秦五·四国为一将以攻秦》。姚贾对秦王政说我虽然是守门人的儿子，但管仲的身份还要卑微，是齐国边远地区的一个生意人。

上述这些曾经起关键作用乃至叱咤风云的人们凭借对正确性、机会、荣誉、野心的持久偏好和敏锐的捕捉能力，或展示了自己，或引领了社会。当时所有的人都在寻找正确的方向，这是本能，也是理性，不容易的是成为一种时尚，整个社会产生了共振，其蝴蝶效应经久不衰。从想要或者以为"做对事"的角度审视，政权也好，个人也好，西周到战国的思想与行为基本同质，其结果也大同小异，不同的是人们的熟练程度和规模。春秋时期，就已经不存在任何神圣事物：君主、礼仪等等，因为面对多数人的匮乏问题时，即使视君主、礼仪如神祇，却基本一切都不能应验。它们主要不是解决这些问题的，但这些问题比它们先存在。

还有一种"做对事"的方式是自私自利。

桓公二十四年（前580年），晋厉公初立，与秦桓公夹河而盟，归而秦倍盟，与翟合谋击晋。以上说的是秦桓公与晋厉公在黄河两岸通过使者传递文书结盟，一回到国内，秦桓公觉得还是攻击晋国对秦更有利，于是立即与翟国策划攻击晋国计划，不知是天意还是晋国实力的原因，在桓公二十六年(前 578 年)遭到晋国率领的诸侯联军进攻，"晋率诸侯伐秦，秦军败走，追至泾而还。"背信弃义的秦桓公兵败一路逃窜，追兵渡过泾河。秦桓公的长子秦景公也遗传了其父基因，为利益不守信用。二十七年(前 550 年)，"景公如晋，与晋平公盟，已而倍之。"《史记·卷五·秦本纪第五》P197。没有受到道德的及时惩罚，秦景公在位三十九年，而且僭用天子葬仪。

秦哀公十五年(前 522 年)，晋公室卑而六卿强，欲内相攻，是以久秦、晋不相攻。《史记·卷五·秦本纪第五》P197。

二、谁开启战国之门？——周天子极限生存的对应物

是君主、时间、历史发展的趋势？还是那些遍地都是的利令智昏、唐突神灵的个人：楚庄王、秦惠文王、齐宣王等？

不同的人面临不同的问题，不同世界：诸侯需要更多的土地、人口，内外的尊重。贵族卿士需要提升的机会，普通人需要糊口的食粮，女人需要丈夫，男人有男人的需要等等，当匮乏时或者机会到来时，人们就会希望做出各种改变。

1. 谁做了正确的事？

1）第一波，被时代激活的个人

2）第二波，被个人新建的制度

3）第三波，新时代的要求与社会朦胧的理想

2. 被时代激活的个人

1）（第一种类型）：天赋异禀的个人

智力或学业背景的优势必然扰动以及改变社会，部分产生了积极的推动力。这些是建立了核心制度或其中一部分的人，这些制度流传下来，持久地影响这个国家。

吴起(约前 440—前 381 年)，他先后求学于曾参、子夏，有儒家文化背景。在周威烈王十四年(前 412 年)，得到鲁元公信任，率鲁军击退入侵的齐国军队。后至魏国，前 409 年，魏文侯重用吴起，屡次击败秦国，得秦河西之地，周安王十三年(前 389 年)，秦国进攻魏，秦、魏阴晋之战，吴起以五万之军，击败十倍于己的秦军。楚国楚悼王(前 401—前 381 年在位)启用吴起为令尹变法，吴起制定法令，只允许楚国的封君爵禄传续三世，缩编行政人员以增加军费，建立训练职

业化的军队,变革让楚国开疆拓土,国家富强。吴起在鲁、魏、楚三地的政治军事活动均取得重大成就,他还是个常胜将军,列入兵家。楚悼王逝世,在楚宗室发起的兵变中被杀。吴起改革中一个要点可能被许多人忽略、被更多的人仇恨,"不如使封君之子孙,三世而收爵禄。"诸子集成《韩非子集解·卷四·和氏第十三》P67。这是吴起与楚悼王讨论时所认真提及的,尽管楚悼王是吴起所遇到最为重视他的君主,楚悼王听来还是会感到过于突然,在他的内心,这种理想与现实过于遥远。吴起建议规定楚国的封君爵禄只能传续三世,改变了无限期传续的传统。这是一种并未颠覆周礼但对周礼的要害问题可以有效制约的灵感,是一项相当重要且极有魄力的改变,如果东周的君主们在王畿甚至全国范围内能够对该方案加以完善并实施这种改变,对王权,对东周乃至对整个中国的历史都将产生巨大的变化。

2) 有身份的人

聪明或愚蠢的执政时常并没有绝对的泾渭分明的界限,只有极少数明显与众不同,既是欲望的奴隶,又是个人、国家乃至整个社会理性的关键所在。

(1) 有先见之明的君主

魏文侯(前445—前396年在位)本人崇尚美德,礼贤下士,有明君之德,"魏文侯与田子方饮酒而称乐,文侯曰:钟声不比乎? 左高。田子方笑。文侯曰:奚笑? 子方曰:臣闻之:君民则乐官,不明则乐音。今君审于声,臣恐君之聋于官也! 文侯曰:善,敬闻命。《战国策·卷二十二·魏一·魏文侯与田子方饮酒而称乐》P780。魏文侯听着觉得钟声不和谐,左边的声音偏高。田子方不客气地说,明君专注政事,昏君爱声色,您对音乐如此内行,大概没时间顾及政事吧? 田子方认为他是不好的君主,田子方的话虽然很尖锐,魏文侯仍然觉得很对,表示能接受。魏文侯听说吴起认为治国不应该只靠地势而应该更多地靠智力和政治清明,十分赞赏其境界。对于这样一个具有平常心的人,同时还很重视信用就很自然。"文侯与虞人人期猎,是日。饮酒乐,天雨。文侯将出,左右曰:今日饮酒乐,天又雨,君将焉之? 文侯曰:与与虞人期猎,虽乐,岂可不一会期哉? 乃往,身自罢之。魏于是乎始强。《战国策·卷二十二·魏一·文侯与虞人人期猎》P779。一个并非缺吃少穿要靠每日的猎物养家的人,且饮酒兴致正浓,却为了兑现一句诺言坚持冒雨出门,前去与一个守园林的卑微小吏一起狩猎。

魏文侯在战国时期能够在位五十年,合理还是运气? 他不是西周初年诸侯中的礼仪典范,却不比任何时代的明君逊色。而即使是在战国这样一个时代,魏文王的诚信仍然能给魏国带来红利,虽然不能因此概括为诚信任何时候都有作用,但可以断定,任何时候都不能低估它的作用。认为战国是个礼崩乐坏的时代是一种相对固定而且过于简单化的思维,持有这种观念的人更多地看到强者为所欲为的例子,实际上品行高尚的人不仅依然存在,也同样能在当时获得成功。魏文侯不是单一的例子,梁惠王魏婴(魏𤮾)是另一个在位50年的君主(即魏惠王,前369—前319年在位),"觞诸侯于范台,酒酣,请鲁君举觞,鲁君兴,避席,择言曰:昔者,帝女仪狄作酒甚美,进之禹,禹饮而甘之,遂疏仪狄,绝旨酒,曰:后世必有以酒亡其国者。齐桓公夜半不嗛,易牙乃煎熬燔炙,和调五味而进之,桓公食之而饱,至旦不觉,曰:后世必有以味亡其国者。晋文公得南之威,三日不听朝,遂推南之威而远之,曰:后世必有以色而往国者。楚王登强台而望崩山,左江而由湖,以临彷徨,其乐忘死。遂盟强台而弗登,曰:后世必有以高台陂池亡其国者。今主君之尊,仪狄之酒也;主君之味,易牙之调也;左白台而由闾须,南威之美也;前夹林而后兰台,强台之乐也。有一于此,足以亡其国。今主君兼此四者,可无戒与!梁王称善相属。《战国策·卷二十三·魏二·梁惠王魏婴觞诸侯于范台》P846。这些事例显示魏王们能够辨认、接受正确的意见,采纳新思想并非易事,李悝的意见中有看起很好理解的部分:鼓励农人精耕细作,增加种植耐寒抗旱少虫害等多样粮食品种,预防灾,国家以保护价收购粮食,在缺粮时国家以平价出售平抑价格,以及第一部成文法典《法经》(成书于约前407年);不容易接受的部分包括:称世袭贵族为淫民,要取消他们的政治经济福利,用于吸收四方杰出人士为魏国服务,只能以战功和卓越才能获取政治地位。他生活在魏文侯在位时期,接受他的意见的不易之处在于系统变革的思想很少先例,商鞅、吴起都还没有出生。

齐宣王(前319—前301年在位,即田辟疆,齐威王田婴齐的儿子)降尊纡贵好意答应面见齐国处士颜斶,竟遇到他未曾预料的情景:

齐宣王见颜斶"曰:颜斶前! 颜斶曰:王前! 宣王不悦,左右曰:王,人君也;斶,人臣也。王曰:斶前。斶亦曰:王前,可乎? 斶曰:"夫斶前为慕势,王前为趋士。与使斶为慕势,不如使王为趋士。王忿然作色,曰:王者贵乎? 士贵乎? 对曰:士贵耳,王者不贵。王曰:有说乎? 斶曰:有……自古及今,而能虚成名于天下者,无有! 是以君王无羞亟问,不愧下学。……《老子》曰:虽贵,必以贱为本;虽皋,必以下为基。是以侯王称孤、寡、不谷,是其贱之本与,孤、寡者,人之困贱下位也,而侯王以自谓,岂非下人而贵士与? 夫尧传舜,舜传禹,周成王任周公旦,而世世称曰明主,是以明乎士之贵也。"宣王曰:嗟乎! 君子焉可侮哉? 寡人自取病耳。及闻君之言,乃今闻细人之行。愿请受为弟子,且颜先生与寡人游,食必太牢,出必乘车,妻子衣服丽都。"……颜斶再拜而辞去。《战国策卷十一·齐四·齐宣王见颜斶》P407。颜斶在齐宣王面前个性张扬,竟然让齐宣王从倨傲转而自愿拜为其弟子,一方面是因为颜斶思辨能力卓越,另一方面是因为齐宣王乐意接受不同意见。颜斶是个不卑不亢、明智高尚的君子,没有接受君主想要赐予的巨大富贵,而齐宣王则是一位难得的能理解、包容、赏识卓越人士的君主。《战国策·卷十一·齐四·齐宣王见颜斶》P407。

让国家开始保持稳定、发展乃至强盛的除美德之外,还有大量其他重要因素,执政能力,对大局的把握能力,政治小技巧,比较重要的个人的独特的抱负、韧性以及灵感:

魏文王思维清晰,方向明确,善于激励,"西门豹为邺令,而辞乎魏文侯(前445—前396年在位),必就子之功,而成子之名。西门豹曰:敢问就功成名亦有术乎?文侯曰:有之,夫乡邑老者而先受坐之士。子入而问其贤良之士而师事之,求其好掩人之美而扬人之丑者而参验之。夫物多相类而非也,幽之幼也似禾,骊牛之黄也似虎白骨疑象,武夫类玉,此皆似之而非者也。《战国策·卷二十二·魏一·西门豹为邺令》P778。魏文侯激励辞行的邺令西门豹说:施展自己的才华,建功立业。在回答西门豹问具体的措施时,魏文侯又给出了相当具体的建议:让当地最有声望的耆老主管诉讼。从外来的人中发现有贤良的君子,一定及时聘用并尊重他们的意见。对被人宣扬缺点的人一定实际考察,不要被似是而非的假象所迷惑。吴起极具开拓精神,强劲的执行力,但是君主前瞻性思想的砥砺对其建功立业不可或缺。

魏惠王时,魏公叔痤对赵作战取得成功,魏惠王要对其予以重赏,公叔痤谦让认为是吴起建立制度训练了军队,以及巴宁、爨襄等人亲力亲为的功劳,魏王于是找到吴起的后人予以重赏。《战国策·卷二十二·魏一·魏公叔痤为魏将》P784。

前329年,时值魏惠王在位,魏国在陉山之役中大败楚国(楚威王,前339—前329年在位),楚恐惧,将太子送去做人质,通过薛公田文与齐国媾和。主父赵武灵王不希望楚齐结盟,想破坏这件事,于是赵与秦、宋联合,并以宋赫出任宋相,派楼缓出任秦相。以秦为主,结成秦、赵、宋三国联盟,楚、齐两国媾和之事因此失败。《战国策·卷二十一·赵四·魏败楚于陉山》P766。魏惠王打败的是一个强大敌人,"楚地五千里。带甲百万。车千乘、骑万匹,粟支十年。《史记·卷六十九·苏秦列传第九》P2259。楚威王七年(前333年),楚灭越国,随即在徐州大败齐国。由于在陉山之战中败于魏国,迫使楚国想要与齐国媾和,随后又衍生赵、秦、宋三国联盟,使得楚、齐媾和计划流产。魏惠王在陉山的胜利引起如此大的连锁反应。秦惠文王、魏惠王、楚威王、齐威王同时在位,都是有成就的人,楚宣王六年时,周天子贺秦献公,秦始复强,而三晋益大,魏惠王、齐威王尤强。《史记·卷四十·楚世家第十》P1720。楚威王继楚宣王位后,面临的大环境有可能激励到他。

赵武灵王十九年(前307年)决定全国实施胡服骑射,赵武灵王的改革具有开拓性,很多人难以理解,赵武灵王没有完全使用权力推行他的变革,他竭力要让国人接受他的思想,他对重臣肥义说:"夫有高世之功者,必负遗俗之累;有独知之虑者,必被庶人之怨。今吾将胡服骑射以教百姓,而世必议寡人矣。"

肥义曰:夫论至德者,不和于俗;成大功者,不谋于众。昔舜舞有苗,而禹袒入裸国,非以养欲而乐志也。欲以论德而要功也。愚者谙于成事,智者见于未萌。王其遂行之。"

王曰:寡人非疑胡服,吾恐天下笑之。狂夫之乐,知者哀之焉;愚者之笑,智者戚焉。

赵文进谏曰:农夫劳力而君子养焉,政之经也;愚者陈意而知者论之,教之道也。臣无隐忠,君无蔽言,国之禄也……王曰:虑无恶扰,忠无过罪。

赵造谏曰:隐忠不竭,奸之属也;以私诬国,贼之类也。犯奸者身死,贼国者族宗。

王曰:古今不同俗,何古之法?帝王不相袭,何礼之循?宓戏、神农教而不诛,黄帝尧舜诛而不怒。及至三王,观时而制法,因事而制礼;法度制令各顺其宜,衣服器械各便启用。故礼节时世不必一道,便国不必法古。……法古之学,不足以制今。"《战国策·卷十九·赵二·赵灵王平昼闲居》P653。赵武灵王前无古人的改革气势磅礴,为赵国带来巨大的利益,对整个中华文明的影响亦经久不灭。

战国时期的道德与任何其他时代一样,没有本质区别,因为文化背景一样,有区别的是准备改变自己的各种人。前273年,魏安釐王准备前往秦国朝拜求和,周䜣等人以秦国凶狠劝阻魏王不要前往,魏安釐王坚持要去,他的想法与西周初期人品好的人一样:不论自己将遭遇多大危险,承诺必须履行。《战国策·卷二十四·魏三·秦败魏于华魏王且入朝于秦》P860。尽管魏王在数人的劝阻下放弃了初衷,但这并非他自己所愿。战国时的道德仍然既有灵魂也有外形,是真实的存在;不同处是去掉了更多的虚饰,意义和用途依旧如故,且都需要适得其所。与春秋时一样,战国时期的道德感支配的言行有些有效、成功,是因为那些成功事例中道德被恰当诠释,一些情况下,道德俨然变成了一种必需品,即使如此,也并不意味着道德即可支配一切,道德区分事物的类型,道德成分的比重越大,越是接近人类的内心的真实愿望图形。战国时期兼并是主旋律,但不能认为都是贪婪本性驱使下所为,不少惨烈的战斗原本出自高尚的情操,初衷并无恶意。

道德与能力经常明显是分离的。魏惠王是一个有争议的明君,热衷于爵位的上升,在称王时间排序上诸侯国中仅次于楚王,是中原诸侯中的另类。在位期间先后在桂陵、马陵败于齐军,晚年更是屡遭秦军攻击,失去了上郡、河西这样一些战略上重要之地。不能说他与赵、楚作战取得胜利时是道德高尚的,在与齐秦作战时就是堕落的,他的儿子魏襄王,被孟子鄙夷"望之不似人君"。前301年,却能与齐、韩组成联军在垂沙大败楚军,占领大量楚国土地。魏、齐、韩三国又并肩勇敢地与秦作战,甚至从秦国夺回部分失地,这似乎可以作为'政治治理比战争中获胜需要更为高级的智商或至少是与之基本不同的能力'。这一判断的一个佐证。

前273年,周诉曾经对魏安釐王说过这样一件事:宋人有学者,三年反而名其母。其母曰:子学三年,反而名我者,何也?其子曰:吾所贤者,无过尧、舜,尧舜名,吾所大者,无大天地,天地名。今母贤不过尧、舜,母大不过天地,是以名母也。其母曰:子之于学者,将尽行之乎?愿子之有以易名母也。子之于学也,将有所不行乎?愿子之且以名母为后也。《战国策·卷二十四·魏三·秦败魏于华魏王且入朝于秦》P860。宋国学者的母亲对刚刚求学回来的儿子见面即直呼其名感到不自然,一下接受不了,对儿子说:如果你打算将你所学全部实施,那就用别的名字来称呼母亲;你学的不准备实施,但愿你可以晚一点直呼自己母亲的名字。这是当时社会发生在周诉身边的一件事或已年代久远区别并不重要,周诉其实说出了所谓"礼崩乐坏"的一个原因,即人们不断探索、发现、思考,知识积累后,战国时期已经可以与君王谈这样的人和事,而且要以这样的例子婉转地说服君主,说明因为掌握积累了知识尤其开始独立思考后的人很自然会质疑很多权威的绝对的事物,包括礼制,礼崩乐坏是集体质疑的结果,对母亲直呼其名已经非常接近质疑,但尚不具有批评精神,也未形成系统否定的能力,他只是急于盘活自己的新知识,希望得到认同,但他即使只是学会了质疑而没有解决问题的具体办法,他仍然已经十分了不起,因为这个知识体系所具有的统治力比其内涵的有效性要强大得多。

(2)后宫内的国家引路人

不论你是否看到,是否在意,是否愿意承认,她们都确实存在。

秦宣太后(?—前265年,楚国人,芈八子,穰侯魏冉的同母异父姐姐。秦惠文王妃,生秦昭襄王(前324—前251年),惠王死后,惠文王后所生的秦武王即位,秦武王逝世后,由武王异母弟秦昭襄王即位,也称秦昭王,(前306—前251年在位)宣太后爱魏丑夫的事非常公开。"《战国策·卷四·秦二·秦宣太后爱魏丑夫》P167。秦宣太后与下臣魏丑夫(本魏国人,任于秦)有私情,宣太后生病自知将死,发出诏令说,要魏丑夫在她死后为其殉葬。魏丑夫非常忧虑,秦臣庸芮决定为他去说服宣太后:您认为人死后还有知觉吗? 宣太后说:不会有了。庸芮另外特别提醒行为张扬的宣太后,假如您不认为人死后不会有知觉,那宣太后已故的丈夫见到妻子和另一个男人甜蜜地在一起,保不准会十分生气。

宣太后心情突然变得复杂,审慎评估后她最后接受了庸芮的意见,收回成命。尽管她发自内心地至死都爱魏丑夫,但宣布不再要求其殉葬。宣太后权力很大,楚国人献则对秦国人公孙消说"公,大臣之尊者也,数伐有功,所以不能为相者,太后(即宣太后,?—前265年)不善公也。"《战国策·卷七·秦五·献则谓公孙消》P272。他挑唆公孙消仕途不畅全都是因为太后不能选贤任能。秦昭襄王的生母在儿子为君的朝廷中产生影响力是正常的事,但宣太后不是一般的太后,秦昭襄王即位时年十八岁,其母宣太后执政,让弟弟魏冉担任秦相,同父的弟弟芈戎为华阳君。宣太后执政确有其事,韩襄王十二年(前300年),楚国包围韩国雍氏城五个月,韩派往秦国的使节络绎不绝,秦不出兵,又派靳尚见宣太后,宣太后向外国使者表示秦惠文王给了她美好的婚姻生活,先君一条腿压在自己身上时令人感觉到压力和不适感,全身压上倒是很快乐,她就是这么说的,意思是韩国想要达到自己的目的应该尽量想办法让秦国舒服,设置先决条件,让事情看起来更像是公平交易而不是纯粹的义务。这是个人感觉与国家利益可以水乳交融的例子。宣太后表现出直率、狂野的一面,为这个铁与铜金属碰撞日趋激烈、战争延绵不绝的时代增添了生气和生命的存在感。靳尚不得要领,悻悻而去。《战国策·卷二十七·韩二·楚围雍氏五月》P969,《史记·卷四十五·韩世家第十五》P1873。

宣太后姐弟的影响力让秦昭王边缘化,直到秦昭王年近花甲时,秦昭王四十一年(前266年),范雎代魏冉为相,前265年,去年已被废黜的宣太后在忧惧中逝世。宣太后的政治成就还是很丰满的,前300年,秦军攻占楚新城,前299年,扣留楚怀王,三年后死于秦。前298年,取楚前析等16城,前256年,齐韩魏联军破函谷关,秦求和,归还韩魏部分土地,在前293年,秦大败韩魏联军斩首二十四万,前290年,从魏获得河东四百里地,从韩获得武遂二百里地,前289年秦又攻取魏六十一城,前287年齐魏韩赵楚五国攻秦,无功而返,秦归还土地求和。前285年,秦攻占齐九城。前278年,楚国在秦的猛烈打击下迁都陈,韩、魏都陆续被白起击败,前269年秦将胡阳被赵国李牧重创。前266年罢魏冉相。在宣太后执政期间,秦国实力已经相当雄厚,除秦国外,没有一个其他国家需要所有主要的诸侯国家联合起来打击的。

与秦国宣太后大致同时的赵威后也很出色。齐王使使者问赵威后(赵惠文王王后,赵孝成王之母,又称孝威王后。约前300—前265年),书未发,威后问使者曰:岁亦无恙乎?民亦无恙乎?王亦无恙乎?使者不悦,曰:臣奉使赵威后,今不问王而先问民与岁,其先贱而后尊贵者乎?威后曰:不然,苟无岁,何以有民?苟无民,何以有君?固有舍本而问末者耶?乃进而问之曰:齐有处士曰钟离子,无恙耶?是其为人也,有粮者亦食,无粮者亦食,有衣者亦衣,无衣者亦衣,是助王养其民者也,何以至今不业也?叶阳子无恙乎?是其为人也,哀鳏寡,恤孤独,补不足,是助其王息其民者也。何以至今不业也?北宫之女婴儿子无恙耶?彻其环瑱,至老不嫁,以养父母是皆率民而出孝情者也,胡为至今不朝野也?此二士弗业,一女不朝,何以王齐国子万民乎?於陵仲子尚存乎?是其为人也,上不臣于王,下不治于家,中不索交诸侯,此率民而出于无用者,何为至今不杀乎?《战国策·卷十一·齐四·齐王使使者问赵威后》P418。

赵孝成王(前265—前245年在位)即位同年,秦宣太后去世,赵孝成王在位初期,母亲赵太后(赵惠文王后,也称慧文后,赵威后)专政,此时秦国即加紧进攻赵国,赵向齐求援,齐要求以赵太后少子长安君为人质,赵太后坚决拒绝,众大臣始终无法劝说。左师触龙声言要拜见太后,最终巧妙地说服了她。《战国策·卷二十一·赵四·赵太后新用事》P768。

齐王使者拜见赵威后,齐襄王的使节带来的国书还没有开启,赵威后(赵孝成王的母亲)就迫不及待地询问她最感兴趣的问题,赵威后先问年成、人民可好,后才问到齐王,使者抱怨自己的国君被冷落,是尊卑次序紊乱,其实赵威后很睿智,轻重明辨,赵威后责备使者舍本逐末。《战国策·卷十一·齐四·齐王使使者问赵威后》P414。赵威后大致专政三年,其间秦赵于赵孝成王四年(前262年),发生不幸的长平之战。

三、历史殿堂的闯入者

他们与吴起、商鞅的区别是:1.前者只为利益,而后者有牢固的价值观。2.

前者没有建立制度,这里指的是宽泛的制度,既有蕴涵道德精神的系统制度,也有蕴涵制度的高尚美德。他们其中有人原本是来自社会底层普通的参与者,为改善生活提高社会地位冒险去碰运气的人,后来成为了伟大的决策者。3. 历史作用较小的人。职业政治家和临时政治家群的崛起,给了君主更多更复杂的思想分层,也就是更多的选择。君主生活似乎变得更游刃有余,

1. 有准备的人

张仪(？—前 309 年)张仪,魏人,始尝与苏秦俱事鬼谷先生学术,苏秦自以不及张仪。《史记·卷七十·张仪列传》P2279。

苏秦(？—前 284 年)在一个喧嚣的时代,张仪、苏秦等喧宾夺主,他们有强烈的自主性,积极的进取精神。

战国是经济发展过程的产物还是智力爆炸的冲击波所形成？——空前绝伦的张仪、苏秦能够提供解决方案。他们高度自信,对未来胸有成竹,浑身是胆,随意出入诸侯各国的大门,他们在一个旧时代横冲直撞,将一个新时代举在头前,进献给有缘人。这是两个真正的历史奇葩,是正义与邪恶的混合物。谁需要变化？是君主们以此证实自己的能力还是张仪苏秦们以此来证明自己的价值？ 张仪苏秦仍是部分答案,张仪、苏秦不是挑起战争的人,是改变现状的重要推手。努力维护一种食利模式的君主们并不清楚,不完全是他们自己不尽心,其实是他们赖以生存的模式已经难以为续。他们多数不以为然,仍在用宝贵的税收打仗和扩张,冀望展现才华,青史留名,可是经济问题不是单纯政治方法可以解决的问题,经济问题在剧烈地动摇现存社会的根基,诸侯中有人察觉到了变化,不过往往认为是神明造就的异常,而没有意识到是人为的。

"张仪苏秦陷阱"——一种通过个人预先的设计造成某种原本可以不如此但实际看起来一定会如此的普遍现象。

2. 少数人的作用

(1) 张仪计划的铺陈

是谁拨动了战国的琴弦？张仪苏秦还是制度决定的社会发展大势？秦灭六国的总体方略:张仪(？—前 309 年)之谋:亲近齐、燕,稳住魏、楚,攻击韩、赵。

张仪与苏秦俱事鬼谷先生。《史记·卷 70·张仪列传》P2279。于秦惠文王(前 337—311 年在位)时先为客卿,秦国对中原诸侯的战略从无序到有序,秦国的总体方略虽然好,但事情没有一直都按秦国的主观愿望发展,张仪规划的前景其实一度迷雾重重,虽然楚、魏同属秦国的二期计划,即非即期作战对象,但他们的利益还是有别于秦国利益预期。

前 329 年,秦惠文王与魏惠王应会面,安排楚国出使秦国的使者景鲤随秦王参加会面,楚王得知后十分气愤。秦王派往楚国侍奉楚王的周公子周冣,他是个精于算计的谋士,不想见到楚国参见会晤,而希望秦、齐联合。而齐当时与楚有旧恨,前 333 年,楚威王在徐州大败齐军。周冣的意见对楚国不利,他的意见没有被采纳。秦王最后还是带楚国使者景鲤与会,这引起了齐威王的猜忌,紧张评估秦、楚之间过于亲近的目的后,由此不与秦国达成结盟的协议。但这是楚怀王期盼的结果,因此景鲤、周冣、秦王人人都让他满意。《战国策·卷六·秦四·楚使者景鲤在秦》P235。这其中或者有张仪参与策划,但是他面临的世界已经是处于一个思想成熟的时代,人们直截了当直奔主题——利益。但是最精心的计划也不能确保测算出结果,张仪在这样一个时代能够站稳脚跟,显示他有过人的智慧和胆魄,这个时代虽然不是他所造成,但是他如鱼得水。张仪的计划中,楚国虽然是秦希望暂时稳定关系的诸侯,但有时也不免心猿意马,秦惠文王因为景鲤是楚王宠爱的人,扣留了景鲤,为索取楚国土地增加砝码。作为囚犯的景鲤本人倒是并不惊慌,他为秦王分析,扣留楚使者就是断绝了秦、楚联合的机会,秦会变得孤立,齐、魏也会重新评估秦国份量,不会给秦割地,而且会联合诸侯对付秦国。这位遭际起伏的使者就这样说服了秦王,被释放归国。《战国策·卷六·秦四·楚王使景鲤如秦》P237。张仪从如此错综复杂的关系中为秦国制定方略,还要大致保持正确,他个人的风险很大,但是他取得了进展。

前 329 年时,楚威王逝世后、魏惠王、楚怀王两国军队在楚国陉山交战,魏国占领了陉山。《史记·卷四十·楚世家第十》P1703。之初,魏国愿意割让上洛之地给秦国,条件是秦不要增援楚国,魏国在南阳战胜楚国后,楚威王因为战场失利而死。秦国要求魏履行承诺割让上洛之地,魏国却不准备履约,秦国人营浅认为,促使其他诸侯之间有问题或者没有问题,都是实现秦国利益重要的手段。建议秦与楚国加强联系,联合攻魏。随后楚怀王公开扬言楚、秦联合已经组成,魏国立即同意割让上洛之地给秦国。《战国策·卷六·秦四·楚魏战于陉山》P233。秦惠文王十年(前 328 年)张仪被任命为秦相国。张仪成为秦王倚重的人。

张仪计划第一阶段:打击赵、韩两国。赵地方二千余里,带甲数十万,车千乘,骑万匹,粟支数年。《史记·卷 69·苏秦列传第九》P2247。

韩、赵两国都与魏相邻,魏国需要平衡与其各自的关系,否则难免摩擦、交战。魏文侯(前 472—前 396 年)时,韩、赵曾对阵,各自借兵求援都被魏文侯所拒,后来才知道魏文侯是为了在两边做彼此言和的协调工作。赵肃侯(前 349—

前 326 年在位)时代,是一个积极进取的时代,横亘在赵国南进道路上的魏国实力与赵国相近,两国地理相邻,心却不在一起。前 370 年,魏武侯逝世,魏惠王在与公子缓争立,韩、赵支持公子缓的努力失败。前 369 年,魏惠王带着对赵国的仇恨登基,魏惠王(前 369—前 319 年在位)"拥地千里,带甲三十六万。"《战国策·卷十二·齐五·苏秦说齐闵王》P442。前 362 年,魏攻取赵皮牢,前 354 年,魏为救卫围攻赵国邯郸。次年攻破邯郸。赵肃侯七年(前 343 年),赵军攻取魏国首垣。自魏文侯以来与赵国多次发生战争,魏强赵弱基本成为常态,虽偶有联盟,魏国对赵的憎恨始终多于友爱。

前 355 年,秦孝公与魏惠王在杜平会盟,但是;两国是天然的对手。前 354 年开始,秦国连续击败魏国,前 351 年,大良造商鞅占领了魏国固阳。前 349 年,秦孝公与魏惠王在彤地会盟和解,但是魏惠王内心的计划与盟约不同,隐忍到前 344 年,魏惠王称王,并与泗河沿岸的十二小诸侯以朝天子为名会盟,原本是要借率领诸侯朝天子之际说服诸侯一致对秦,秦孝公闻讯后派出使者商鞅游说魏惠王,秦能干的使者说应该把秦国作为一个盟友,而齐、楚才是战争对象,魏惠王竟然被说服。魏惠王有天子的野心,相关的宫室、器具都已经备齐,赵肃侯六年(前 344 年),魏惠王在逢泽召集宋、鲁、郑、卫、曹、许、陈、邹盟会,秦国的公子少宫也被秦孝公派来与会,这是出于迷惑魏惠王的目的。相邻的大国韩、赵、齐都未到会,陈国这样需要途径第三国才能出席的小诸侯倒是气喘吁吁地赶来,魏惠王率诸侯朝见了周显王。诚如商鞅所言,上述诸侯均弱小"此固大王之所以鞭箠使也,不足以王天下。"《战国策·卷十二·齐五·苏秦说齐闵王》P442。魏惠王为彰显自己的优越地位对其他诸侯施加的压力后来演化成更为强劲、广泛的反抗动力。两年后,前 341 年,齐在马陵大败魏国,前 340 年秦商鞅俘虏公子卬,大破魏军,前 338 年秦军又在岸门打败魏军,前 339 年秦在雕阴打败魏军,魏献出河西之地。

前 362 年,魏攻取赵皮牢,前 354 年,魏为救卫围攻赵国邯郸。次年攻破邯郸。赵肃侯七年(前 343 年),赵军攻取魏国首垣。自魏文侯以来与赵国多次发生战争,魏强赵弱基本成为常态,虽偶有联盟,魏国对赵的憎恨始终多于友爱,以致前 326 年,在赵肃侯逝世,魏惠王不顾礼仪,联合齐、楚、秦四国各安排精锐军队参与会葬,准备伺机行动。年幼的赵武灵王继位即面临严峻时刻,他不得不坚定并一直梦想强大。赵国的存续实际上得益于赵武灵王(? —前 295 年。前 325—前 299 年在位)的敏感、主动性,赵武灵王强制推行胡服骑射。《战国策·卷十九·赵二·武灵王平昼闲居》P653。军队得到大幅提升,大臣赵燕对穿胡服抵触,因为迟缓遭到赵王重责,警告其不要触犯刑法,赵燕立即改穿。赵王攻下原阳,把它作为骑邑,也是专门驻扎骑兵的城邑,赵国将军牛赞劝赵王不要改变法典,"国有固籍,兵有常经。变籍则乱,失经则弱。"赵王劝他适应变化,赵武灵王自己则力排众议,坚持己见。《战国策·卷十九·赵二·王破原阳》P673。赵武灵遇到的阻力相当大。

燕、赵之间的中山国前406年被魏国所灭,但不久中山桓公复国。前323年中山王还曾与燕、赵、韩、魏五国互相称王,已经让位的主父赵武灵王想攻下中山,收集到的信息是中山国君推崇卓越人士优先的战略导致该国农民普遍懒惰,士兵集体懈怠,这样的国家没有遇到攻击也会自行崩溃。《战国策·卷三十三·中山·主父欲伐中山》P1181。赵惠文(前308—前266年,嬴姓,赵氏)王三年,前296年,主父大举进攻中山,迫中山君投降,灭中山。

赵惠文王准备进攻燕国,苏代提醒赵王,燕、赵争锋,秦会成为渔翁。这句话在战国时期基本上都是对的,普遍适用。赵国奉阳君李兑也曾对公子成说,齐、燕不和,赵国地位提高,齐、燕和,赵国地位降低,在李兑的劝说下,公子成与掌管燕国的苏秦建交。《战国策·卷二十九·燕一·奉阳君甚不取欲苏秦》P1041。他的目的是让赵、燕友好,以此抑齐扬赵。他是一个比较有大局观的人,李兑在赵惠文王时代为赵相,赵惠文王十二年(前287年),李兑联合赵、齐、燕、韩、魏五国攻秦,由于五国预期目标不一致,在成皋一带止步不前,但仍迫使秦昭王去帝号,中止灭亡赵国计划,归还部分所侵赵、魏土地。

秦惠文王接受张仪的大局观,一方面是任命张仪为秦相,另一方面是给他广阔的活动空间,高度信任,君臣对赵国的战略已经达成默契,把赵国列为第一批攻击对象不是因为其国力弱,而是根据其地理位置,国家规模、综合水平做出的决策。继位的秦国诸君也继承了这种战略。随着赵武灵王的崛起,秦国决策者们无法回避赵国实力增长这个现实,赵国吞并中山时张仪已经辞世多年,在任的秦国君臣很难保持冷静,赵国是秦国优先打击对象,可至今还充满活力。赵惠文王前期,廉颇曾屡次击败秦军,挨揍的秦昭王头晕眼花,一度中止张仪制定的连横之策而参与合纵。赵惠文王十四年(前285年)秦昭王与赵惠文王会面,实施合纵,秦、韩、燕、魏、赵联合伐齐,大败齐国。次年,乐毅率领的燕、秦、韩、赵、魏五国联军攻占了齐国都临淄。赵国一大批出色的文臣武将就像会移动的关隘。前287年赵国相国李兑与苏秦发起齐、楚、韩、赵、魏五国攻秦,联军在成皋停止行动。赵准备与秦国签订合约,楚、韩、魏一致响应,只有齐不同意。苏秦设法说服了赵国的奉阳君李兑停止与秦国媾和,迫使秦废西帝称号,归还部分所侵占的魏、赵土地，暂时搁置灭亡赵国的计划。前269年秦攻占赵国蔺、离石、祁拔三地后，赵国要求以焦、黎、牛狐三城交换，并以公子郚为人质，秦国交付蔺、离石、祁拔给赵后，赵惠文王以此交易是赵国大臣背着他干的事，拒不交付焦等三城。愤怒的秦昭王派胡易经过韩国上党进攻赵国阏与（原属韩的一个邑），赵将赵奢与魏公子咎两路夹击，大败秦军。秦军在返回途中进攻魏将魏几，廉颇增援魏军，大败秦军。《战国策·卷二十·赵三·秦攻赵蔺、离石、祁拔》P683。赵惠文王三十年（前269年），秦攻打赵国阏与，赵奢不顾廉颇等反对，受命前往救援，大败秦军，赵王赐号马服君。赵国成为诸侯中少数几个对秦国作战屡有胜绩的诸侯国，捍卫了东方诸侯的安宁。赵国人能征惯战是优势，但弱势也同时存在，赵国不能保持政治清明：

1. 君主破坏规则引起的争端。赵国赵武灵王的太子赵章是韩国宗室女所生，赵何是赵武灵王与惠后吴娃所生，吴娃深受赵武灵王宠爱。（因为赵章之母爱上右效司寇田不礼？正史不见出处）赵章被废黜。前299年，传位于次子赵何。前295年，赵章与田不礼起兵杀相国肥义，反对赵惠文王。兵败后逃至主父居住的沙丘宫，公子成和李兑包围沙丘宫，杀安阳君赵章及其相田不礼。赵惠文王以主父窝藏赵章等下令禁止粮食饮水供应，主父后被饿死。《史记·卷四十三·赵世家第十三》P1814。赵武灵王破坏规则有得有失，以太子与自己生命的代价换来赵惠文王这样一个明主。

2. 君臣之间的信任缺乏稳定，楼缓出使前曾设法让赵王与其达成默契，机智地得到了赵王以口头的形式承诺保持对他的信任。《战国策·卷二十一·赵四·楼缓将使伏事辞行》P747。秦王翦进攻赵国，赵国李牧几次打败秦军，秦收买赵国宠臣郭开，赵国轻率地杀死李牧，抗秦的司马尚被罢官。《战国策·卷二十一·赵四·秦使王翦攻赵》P773。

3. 迟钝懒惰的君主以及谋私利的臣子降低了赵国的竞争力。建信君（类似是赵王的男宠，）靠美色侍奉赵王，茸则靠智力侍奉赵王（赵悼襄王，前244—前236年在位）。有人警告前者，对比之下，美色与日俱衰，智力却能保持常新。建信君在正常情况下竞争不过茸，将首先在赵王前失宠。他给惊慌的建信君一个建议，设法让茸承担繁重工作，日复一日的劳作会令人不堪重负。的确，不到一年，茸就因为不堪重压而逃离。建信君因此持续受到专宠。《战国策·卷二十·赵三·或谓建信君之所以事王者》P718。魏魁则把建信君与赵王的关系看得更为悲观，近似挑拨。他对建信君说，老虎中了套，挣脱中弄断了自己蹄子，不是不爱自己的蹄子，而是生命比蹄子重要。你与赵王的关系还不如老虎与蹄子的关系,必要时赵王会舍弃你建信君这个蹄子的。《战国策·卷二十·赵三·魏魁谓建信君》P722。

4. 国家权力可以通过不合理的方式谋取,适合人选的却不能及时得到任用。翟章从魏国来赵,赵王三次请他担任赵相都被拒绝,田驷表示愿意为柱国韩向去刺杀翟章,田的推导是:翟章死,赵王一定以为是建信君所为,会杀死建信君。建信君死,您一定担任相国。《战国策·卷二十一·赵四·翟章从梁来》。建信君是赵悼襄王(前244—前236年在位)时期的一个曾经十分受宠的政治人物,曾有访客认为赵王喜欢用自己宠幸的人当权,认为这很危险,因为他们不专业,从事着自己不擅长的重大事务。他警告赵王说:提防祸害不发生在所憎恶的人身上,而发生在所爱的人身上。《战国策·卷二十一·赵四·客见赵王曰》P759。赵悼襄王很重视自己的感觉,不是容易说服的人。魏牟提醒赵王留意比较裁缝制出来的帽和其他外行分别制出来的帽子的区别,一个裁缝和一个内行的官员分别处理国事的区别"建信君贵于赵,公子魏牟过赵,赵王迎之,顾反至座,前有尺帛,且令工以为冠,工见客来也,因辟。赵王曰:公子乃驱后车,幸以临寡人,愿闻所以临天下,魏牟曰:王能重王之国若此尺帛,则王之国大治也。《战国策·卷二十·赵三·建信君贵于赵》P714。魏牟只是警示,强调专业人员的重要性,希写则是直接批评赵国政治主次不分,任用不胜任自己职位的人。建信君对赵国人希写说,秦相文信侯吕不韦对他有无礼的举止。希写认为,周文王从前被商纣囚禁,商纣的人头被周武王挂在旗杆上。周武王就是这样对待无礼的人。《战国策·卷二十·赵三·希写见建信君》P721。苦成常也有类似言论,他对建信君说,诸侯纷纷合纵抗秦,为什么秦国偏偏对赵仇恨最深?苦成常解释说,秦臣吕遗被魏国所杀,诸侯纷纷与魏国交好,是因为天下恨秦,吕遗又是在秦国受器重的人,所以杀吕遗成为大快人心的事,只是秦与魏的仇恨也就加深了。现在吕不韦也是秦国要人,如果不能如其所愿,扩大其在河间的土地,这就像魏国杀吕遗一样,秦、赵之间怨恨会加深。他提示建信君,赵国想要收回河间地区固然重要,但这与秦国文信侯吕不韦想要扩大秦在河间地区的意图相悖,不如致力于合纵成功。《战国策·卷二十·赵三·苦成常谓建信君》P719。苦成常对建信君耳提面命,他确实看出建信君思维能力缺乏深度,只会纠结于浮光面影的政治现象,这样的人政治破坏性远大于建设性。然而,像希写一样,忽略了张仪灵魂在秦国存在的苦成常解困的方式实际上不会奏效,秦国为何见到赵国的一切就浑身不适?因为赵国是秦国东进路上挥之不去的障碍,必去之而后快。而秦国变得最强盛乃是秦国的生命力之所在。

前328年张仪为相,前322年魏用张仪为相。前321年,张仪复相秦,前319年魏取消张仪职务,张仪回秦,惠施归魏。前317年秦在修鱼打败韩、赵、魏联军。前316年,秦取赵中郡,西阳。前315年,秦伐赵。败赵将泥。前313年,秦庶长疾攻赵,虏赵将赵庄。前309年,张仪死于魏。前307年赵胡服骑射,秦昭襄王立。前306年楚背齐和秦,前304年与秦王楚王在黄会盟棘,次年魏、齐、韩攻击楚国时,楚以太子到秦国为质,秦救楚。但秦国很快就回到进攻楚国的正轨。前301年,秦、齐、魏、韩在重丘击败楚国。前300年,秦攻取楚国襄城。前298年,魏、韩、齐三国进攻秦于函谷,秦割让河东三城媾和,前297年,楚怀王自秦逃往赵国,被拒之门外,秦追及带回秦国,次年楚怀王逝世,秦与楚绝。"楚怀王走之赵,赵不受,还之秦,即死。"《史记·卷五·秦本纪第五》P210。前293年,秦在伊阙大败韩、魏联军。前287年,苏秦李兑发起齐、魏、韩、赵、楚五国联军伐秦,无功而返前288年,秦取赵梗阳。《史记·卷十三·赵世家第十三》P1816。前282年,拔赵二城。《史记·卷五·秦本纪第五》P212。

在张仪逝世之前,既有包括赵在内的合纵国家的军队主动出击被秦国大败,秦国也进攻占领赵国领土,张仪在前309年逝世后,秦似乎一下失去了监督。张仪对赵的计划似乎被人遗忘。或者说秦、赵之间达成默契,彼此不为敌,赵国不接纳秦国逃出的楚怀王入境,赵国也没有参加过去合纵的盟友魏、齐、韩的一致行动。或者是因为赵武灵王(? —前295年)的胡服骑射的军队让秦国忌惮,尽管秦有秦国的敌人,赵国有赵国的敌人,二十余年间,秦赵两国之间没有战争。

前326年,赵肃侯逝世,为秦、楚、燕、齐、魏五国制造了一次难得的聚集机会,各自率领上万的精锐军队参与会葬,和睦转瞬即逝,前325年赵武灵王即位后当年,魏国对赵国作战取胜。

秦、赵偶尔也会短暂像狮子与羔羊令人惊悚地依偎着憩息,时而宛若亲密无间的挚友一样地在一起嬉戏,各自觅食,秦分击楚、韩、魏。前302年已经开始胡服骑射的赵国则沉迷于中山这块利益。前301年齐匡章、魏公孙喜,韩暴鸢三将进攻楚国方城,楚军在垂沙大败,唐蔑被杀。楚怀王希望通过田文媾和,主父赵武灵王却想要破坏此事,促使秦、赵、宋三国结盟,派赵臣仇郝出任宋相,楼缓出任秦相。以秦国为主结成秦、赵、宋三国盟约。迫使齐、楚媾和失败。《战国策·卷二十一·赵四·魏败楚于陉山》P766。(陉山之战发生前329年,魏国在陉山之役打败楚国,《战国策》这里将魏取楚陉山以及将唐蔑和赵武灵王记在一起,存在年代上的差异,是个错误记载。)赵、齐两国成为朋友比秦、赵两国成为朋友更正常。赵孝成王(前265—前245年)母亲赵太后执政后,秦国攻击赵国,赵向齐求援,齐国提出要人质,左师触龙说服了一度强烈抗拒的赵太后,送去了自己宠爱的儿子长安君为人质。《战国策·卷二十一·赵四·赵太后新用事》P768。估计是看清了赵孝成王的政治意图,合纵的意志已经坚定,虞卿策划为赵孝成王(前265—前245年在位)夺取合纵盟主位置,即以百里之地换取魏安釐王杀死反对赵王为盟主的魏相范座,赵孝成王同意这个方案。被百里之地扰乱了心智的魏安釐王逮捕了他的相国并囚禁起来,祸从天降的范座并未因此失魂落魄,仍然有能力选择正确的方向,他写信给信陵君,后者受到启发,又说服魏王释放了范座。《战国策·卷二十一·赵四·虞卿请赵王》P748。

秦攻打长平过程中,赵向齐国借粮,齐不答应。苏秦对齐王建说,您不如答应给赵国借粮,以此让秦国撤兵。赵对于燕国、齐国就像屏障,是牙齿外的嘴唇,唇亡齿寒。《战国策·卷九·齐二·秦攻赵长平》P360。齐王建六年(前259年),当时苏秦(?—前284年)已经逝世25年,司马迁记载说这句话的是齐国谋臣周子。《史记·卷四十六·田敬仲完世家》P1902。又有人对齐王说,齐国跟随秦国进攻赵、魏是个错误,一旦赵、魏灭亡,秦将向东进攻齐国,那时齐国就得不到诸侯的增援了。《战国策·卷九·齐二·或谓齐王》P362。这些对话分别为齐王揭示了齐国的生存方式和秦国最终的野心。前259年,秦昭襄王发兵进攻赵国领土,赵孝成王表示愿意割让五座城与秦国和好,并结盟攻击齐国,齐王建感到恐惧,同意给秦国十座城与秦和好,赵国决定不落于齐后,赵相国楼缓经手将上党二十四县送给秦以免遭军事打击。《战国策·卷九·齐二·秦攻赵》P357。赵国为获得土地招惹了战争,赵王已经很努力地思想,但赵王做梦也猜不准自己要如何屈服才能达到秦昭襄王的满意程度。

韩国同样日夜妨碍着秦国,是个比赵国单薄得多的国家,七雄中最弱,它紧邻秦国,又受到魏长期的军事威胁。但韩国国内政治治理似乎问题最大:

一、连续出现重大凶杀案

1. 严遂是韩烈侯(韩烈侯系韩景侯子,前399—前386年在位)时的卿,另有说是韩哀侯(前376—374年在位)时的卿,这与韩傀的生卒年不符。韩傀(字侠累,?—前397年,韩景侯的弟弟)任韩国相国时,严遂又称韩严,字仲子,受到韩王重用,但两人水火难容,严遂个性刚直,一天拔剑刺向韩傀后,逃离韩国,发现聂政可能是实现他政治理想的有用工具。

2. 在严遂的指使下,聂政于前397年刺死韩傀。

3. 前374年,韩哀侯为韩严所杀。若确为严遂所杀,说明严遂很喜欢非法使用暴力解决问题。韩哀侯是(前 376—374 年在位),是韩文侯之子,韩哀侯二年(前 375 年),灭郑,并其国,迁都于今新郑,还是有为的君主。

二、韩国在地缘政治上处于不利位置

1. 与强大而野心勃勃的秦国为邻。韩昭侯(? —前 333 年)在前 351 年,用申不害为相,执政十五年而产生奇效,虽然申不害提振了韩国,但韩国注定是秦国的障碍,一个申不害无法有效阻拦秦国的既定政策。有人给韩相公仲(公仲侈在前 317 年秦在修鱼击破韩、赵、魏三国联军时出现过)提出了一个效忠国君,方便于国家,有利于私人的一个系统计划,就是率先与秦国交好。《战国策·卷二十八·韩三·或谓公仲》P1005。这是个误判或者诡计。秦国对韩国的蚕食政策早已开始,之后从未停止,此前的前 335 年,秦取韩宜阳,前 319 年,秦取韩鄢(颍川鄢陵县),前 314 年秦在岸门击败韩军。其间韩釐王曾尝试与秦合作,前 284 年,韩釐王与秦昭王在西周国相会,韩国帮助秦国击败齐国,齐湣王出逃。但是与其他诸侯国一样,韩国逐渐会明白韩国的存在与秦国终极目的不兼容,就像有人对韩王说,即使韩国像儿子孝顺父亲一样孝顺秦国,秦国还是要灭掉诸侯的,他们与"伐无道"的三王五帝、五霸不同,它是吞并诸侯,一统天下,六国必须团结,否则必然被无情灭掉。《战国策·卷二十八·韩三·或谓韩王》P1009。这个人倒是发现秦国的真实目的,不过当时真正理解的并不多。韩国虽然已经习惯于对秦卑躬屈膝,有时也会本能地行动。前 275 年,秦伐魏至大梁,弱小的韩军勇敢的增援魏国,结果被秦军大败。败于秦军,对韩国来说是家常便饭。前 264 年,秦白起攻取韩陉城,前 263 年取韩南阳,前 261 年,秦王龁攻取韩上党。前 249 年,秦取韩成睾、荥阳。

2. 周天子的权位、器物对觊觎者们构成无法遏制的强大引力,连累韩国也变为进攻方向。韩国是成周周天子的北方屏障,诸侯的尊崇总是越过韩国最后落入成周之内,而北方强大诸侯的野心越是膨胀,对挡在路上的韩国的憎恨就与日俱增。

3. 韩国国内政治治理不当,缺乏合格而强有力的人物主政,韩宣惠王(前 332—前 312 年在位)对韩人掺留说,想同时用公仲和公叔执政,回答说晋用六卿执政,国家分裂。但是他个人独断专行也困难重重,前 325 年,他与魏惠王在巫沙会面后称王,称号显然是自封的,也并不等于称谓更尊贵思维就会更合理。他的一些行为明显失当:1. 前 325 年,与魏惠王各自带太子朝见赵,引起齐国愤怒,齐军在平邑战胜赵、韩军队。次年与齐国言和。2. 前 323 年,韩、魏、赵、燕、中山五国相互称王,过早暴露自己的实力倒不可怕,过早暴露自己的野心可能令人厌恶。五年后,即前318年,韩参与魏、燕、楚伐秦,集体称王的诸侯联军在函谷关被打败,僭越的行为对战争能力似乎毫无提高,对手倒是变得更加可怕。前314年,秦在岸门大败韩军,韩国为求和送走太子仓入秦为质。在韩宣惠王最后一年,前312年,楚围攻韩雍氏。这是最靠近韩都城新郑的地方。韩得到秦国支援先后在汉中、蓝田击败楚军。虽然韩国感受到胜利的喜悦,但是有远见的人还是能看出韩国人更多地在帮助敌人推进其梦想。与其说取得对楚国的胜利,不如说是与秦国竞争中的失败。

4. 机会比制度更牢靠 模糊的储君制度的弊端同样给韩国造成致命危险。国家政治容易受到外部势力影响、操纵。韩咎(即太子咎,后来的韩釐王,前285—前273年在位)将立为太子,尚未定,韩咎的弟弟在西周国,周准备用百辆兵车隆重送其回韩国,又担心弟弟回到韩国后,影响到韩咎无法顺利立为太子,西周的大臣綦毋恢说,不如以辆兵车随后从之,韩咎已立,就说是为了戒备;没有立韩咎,就解释为押送罪犯。《战国策·卷二十七·韩二·韩咎立为君而未定》P991。

5. 来自民间的反抗 有人对韩国相国说,听话要听人民的话,不要听贵族的话,街头巷议倒是要重视。对有些权高位重又崇尚权力、无所不能的人来说,人民是一个十分晦涩的内涵,简直可以忽略不计。这个建议多数情况下难以得到及时、合理的关注,但这并不意味着作为整体的人民力量并不存在,只是不容易发现而已。贵族一直掌握权力是制度的一部分,无法回避,无权的人民即使愿望合理,意见正确也很容易被忽略。不过韩国人郑疆充分利用了财富与不同利益方的不同视角,运八百金到秦国,请求秦国攻打秦国的同盟国韩国。秦臣冷向为他出主意,建议用重金让秦王怀疑秦相国公叔暗中帮助楚国,韩楚友好,秦王可能会攻打与自己关系变差的楚国盟国韩国。《战国策·卷二十六·韩一·郑疆载八百金入秦》P943。冷向智力出众,结果怎样没有明确的相关后续记载。郑疆如此仇恨韩国是因为他本郑国公族,韩国灭郑,他对自己的韩国身份完全不能适应。前311年,秦武王即位,向新国君毁损张仪的人很多。郑强是否也直接而成功地加入了设法将张仪从秦国赶走的人群之中不得而知,但他有可能赶上了时候。《战国策·卷二十六·韩一·郑疆之走张仪于秦》P943。张仪享受秦惠王的信任多年,担心喜欢好勇斗狠的秦武王对自己旧恨难消,于是建议秦武王将自己送往魏国,以此诱使特别憎恨张仪的齐国进攻魏国,秦国则趁机攻击韩国,进逼周天子,达到挟天子令诸侯的目的。秦武王将其作为废物利用? 还是在张仪的引导下思维变得极其抽象? 均不得而知,最后是同意了张仪看似荒谬的主意。前 310 年,张仪挤走魏相惠施,自己担任了魏相,但这是他人生最后的辉煌,这个左右逢源的雄辩大师于前 309 年逝世。齐国没有按张仪的预期攻击魏国,倒是在前 308 年魏襄王与秦武王在应地有一次会晤。同年秦丞相甘茂率军攻韩宜阳。郑疆花重金鼓励秦国侵略韩国的目的经过这么一个周折,似乎奇迹般实现了。前 230 年,秦内史腾率军灭韩,俘虏韩安王。郑疆如果泉下有知,是否会感到幸福? 这就是他不惜荡尽家财所要的结果? 秦国的胜利对他这个过于重视自己的血统、籍贯、姓氏的人究竟又有何益? 申不害国籍的变动与郑疆有相同的经历,为何能够活得更有创造性、建设性以及更有价值?

韩国的诸侯地位来源于战争的成就,韩武子之子韩景侯(前 408—前 400 年在位),韩景侯五年(前 404 年),韩、赵、魏合兵攻入齐国长城,三个结伙而来的国家声威远播,次年周天子正式一一策命为诸侯。战争带来正式策命,还带来顶尖人才,申不害就是一份战利品。申不害本郑国人,郑国被韩吞并后,成为韩人。前 351 年,申不害成为韩相国,前 353 年,韩昭侯听从申不害的建议,协同齐军围魏救赵,取得成功。韩、赵、魏与楚国的战争也有悠久的传统。前 391 年,即韩烈侯九年,韩、赵、魏合兵攻楚,连败楚军,楚畏,厚礼贿赂秦,得与三国和解。他们只记得对楚的胜利,没有记住秦国同年攻韩国宜阳,取六邑。秦随后连续攻击魏国,这一方面是秦国扩张的本能,一方面还是齐、楚也在攻击它,让秦国没有顾忌,攻击直接有效。韩国的诞生来源战争,最后又毁于战争,这似乎很合理、正常。

2) 张仪计划的第二阶段,以及将魏国、楚国为重点打击对象。

前 361 年公孙痤病重,对魏惠王(前 369—319 年在位)说,他手下的卫鞅不可多得,要是魏国不能重用就要杀掉,以免被别国任用危害魏国,魏惠王不是魏文侯,他没那么在意公孙痤的话,公孙痤逝世于前 361 年。秦孝公(前 361—前 338 年)得到了卫鞅。《战国策·卷二十二·魏一·魏公叔痤病》P786。这是魏惠王致命的错误。这不仅是因为卫鞅的离开立即让魏国产生了空洞,而且是秦国随后变得更强,商鞅主导下的秦国经过前 356 年、前 350 年两次变法发生质的变化。前 354 年,赵攻击卫国,魏与卫有结盟关系,魏惠王派太子申、将军庞涓升领兵十万前往救援,魏、卫、宋三国联军进攻赵国邯郸,赵向齐求援,齐将田忌、孙膑围魏救赵,进攻魏国大梁,此时魏军已经攻破邯郸,留下部分守军后庞涓率主力增援大梁,齐军在桂陵设伏,庞涓被擒,孙膑却释放了这个仇人。前 341 年,魏国进攻邻居韩国,齐威王派田忌、孙膑领兵救韩,齐、魏马陵之战,太子申被擒,庞涓自杀,魏损失十万大军,国家元气大伤,齐大胜后还杀死了魏国太子申,魏惠王被惠施说服,向齐国臣服。魏惠王在前 344 年在马陵击败韩国,魏国强势上升到齐魏马陵之战,由盛转衰。《战国策·卷二十三·魏二·齐魏战于马陵》P835。《战国策》说赵肃侯、楚威王等认为齐国对魏国的羞辱实属过分,在徐州大败齐军,《战国策·卷二十三·魏二·齐魏战于马陵》P835。楚威王因为孟尝君父亲田婴曾经指使越国进攻楚国,虽然此时楚国已经灭越,楚威王在徐州大败齐国军队的耻辱长久不能释怀,而是对楚国与齐国之间的旧恨。实际上,没有诸侯为魏国的不幸放弃自己看得到的利益。前 340 年,商鞅看到伤痛着的魏国,毫无怜悯之心,率秦、赵联军进攻刚刚经历马陵惨败的魏国,打败魏公子卬率领的魏军,魏割河西之地给秦,迁都大梁。领教了商鞅的冲击力,回忆公孙痤的遗言,魏惠王难免有切肤之痛。经过商鞅时期的秦国变得出类拔萃,成为决定性的力量,大多数情况下具有统治力。对其他诸侯国家而言,秦已经变得更为危险,但是它的对手并未意识到而还在惨烈地彼此消耗。赵肃侯的军队紧随商鞅之后也对魏国实施了攻击。

前 328 年,张仪成为秦相时,商鞅已经造就了一个先进的秦国,张仪则给秦国的未来带来梦幻般的色彩。秦昭王(前 306—前 250 年在位)无法不流露出优越感。他轻视韩、魏,朝廷中随声附和的人很多,有忧患意识的中期与秦昭王展开辩论,中期举晋六卿中为例:知氏最强,却败于韩、魏。他力陈秦昭王轻敌的危害。但是知伯的失败有更深层次的原因,前 455 年,知伯(晋国荀瑶)向魏桓子即魏宣子索要土地,被拒绝,对于魏国大臣任章的质问,魏宣子认为知伯无缘无故,不应理睬。任章认为正是因为知伯表现蛮横因此要给土地,让他遇到更强硬的对手以便大量消耗他。魏桓子被说服,给了一个有一万家户口的邑,知伯变得不知餍足,又向赵国索要,一被拒绝,知伯即进攻赵国,但韩、魏联军从外,赵国由内夹击知伯,知伯终于灭亡。《战国策·卷二十二·魏一·知伯索地于魏桓子》P775。共同起源于晋国的韩、赵、魏因为各自的利益冲突与外部强国的诱惑与压力,就难以彼此密切长期联合。赵肃侯时代赵国与魏国形成反差,前者上升,后者衰落。他们是彼此的机会,彼此是同类,也是食物。

与目的明确的历代秦国君主相比,多数魏王目光迷离。苏秦(? —前 284 年)为赵国合纵亲自前来游说魏王(具体时间不详,大致在担任秦相之后,担任魏相之前),魏王接受苏秦的观点;张仪为秦国利益来说服魏王加入连横,魏王也接受了。他为秦王修建行宫,春秋两季向秦上缴贡品,接受秦国制度,并割让河外之地。张仪想兼任秦、魏两国的相国。《战国策·卷二十二·魏一·张仪欲并相秦魏》P807。魏王准备任命张仪为相国,犀首认为对自己不利,诱使韩国相国韩公叔割让南阳给魏,作为犀首个人的功劳,犀首成功地得到魏国相国任命。《战国策·卷二十二·魏一·魏王将相张仪》P807。但是,犀首只能得逞于一时。前320年,张仪还是被魏惠王任命为魏相。魏国对待西方邻居秦国行为反复,对南方的楚国表现得唯利是图也完全自然。前314年(魏襄王五年),齐国匡章占领燕国全境,杀子之与燕王哙,随后退兵。下列对话估计是匡章退兵之前,楚国准备给魏国六个城,条件是与楚一道进攻齐国,保住燕国。张仪想破坏这个计划。对魏王说,齐国害怕魏、楚、赵联合,一定会退出燕国的土地,魏国从楚国那里得到的只是一块价值有限的飞地,但付出的代价却太大。魏王开始不接受这个意见,后来还是张仪设法达到了目的,拒绝了楚国。楚邀魏进攻齐国的计划失败。

前295年,魏昭王即位,也开启了他向秦国割地的政治生涯,约前288年,魏昭王在秦军的压力下,将葛孽(在马丘)、阴成两地送给赵惠文王为养邑,希望联赵攻秦。魏昭王元年(前295年),秦占领魏襄城。魏昭王二年,魏与秦战,失利。魏昭王三年,魏、韩二十四万联军被秦国白起大败于伊阙。魏昭王六年,割河东地四百里。芒卯(即孟卯,原齐国人)因为狡诈被魏昭王重用。魏昭王七年,魏被秦占大小六十一城。魏昭王九年(前287年),秦攻下魏新垣、曲阳两城。魏昭王十二年(前284年),秦、赵、燕、韩四国大败齐国,齐湣王逃奔外国,燕军攻入临淄。魏昭王十三年(前283年),秦攻占魏安城,军队进入大梁后撤走。(前277年),在位十九年的魏昭王逝世,长子成为魏安釐王,次子即信陵君。《史记·卷四十四·魏世家第十四》P1853。魏昭王在享有宝贵的王位期间,基本上都在承受秦国的打击,他或许很无能,很无助,他有过人的抗打击能力,但是抵受过万般苦痛,魏国仍然每况愈下,魏国的悲剧不仅是恶劣的地缘政治环境,不仅是错过商鞅、不仅是魏昭王更有能力的次子魏无忌不能继位而是迟钝的兄长成为魏王(魏安釐王,前276—243年在位),更在于患得患失,没有一个世代信奉推进的远期目标。魏安釐王继承其父被秦国攻击巧取豪夺的宿命,从元年开始,到十一年,秦国从魏获取的城邑有十一座,魏平均每一年失去一城,其中在安釐王四年(前273年),华阳一战,魏军芒卯所部被秦军斩首十五万。

约前274年,秦赵筹划攻击魏国,魏国将军芒卯向魏安釐王提出了一个拉拢赵惠文王使之与秦国断交的计划。芒卯却又对赵国使者矢口否认有赠地计划,赵国清醒过来时发现不仅因为自己的贪婪一下失去了秦国的友谊,又面临秦魏的合击。不得不忍痛割爱,让出自己的土地以取悦魏国,一致对秦。《战国策·卷二十四·魏三·秦赵约而伐魏》P851。秦邀赵国攻击魏国,魏王对赵王(赵惠文王,前 298—前 266 年在位)说,魏是赵国的虢国,赵是魏国的虞国。伐虢者,亡虞之始也。《战国策·卷二十四·魏三·秦使赵攻魏》P880。联合对秦本该是魏、赵长期的国策,但两个国家只有在不得已时才做得到。但是他们计划的进攻方向显然有问题。前 274 年,秦军在华阳大败魏芒卯,魏军十五万被杀,魏割让南阳。前 273 年,芒卯率领的魏、赵联军进攻韩国。秦军救韩,将军白起先后大败魏、赵军,进攻魏都大梁,迫使魏割地求和。

魏安釐王十一年(前 266 年),秦、魏为同盟国,齐、楚为同盟,齐楚攻魏,魏向秦求救的使者络绎不绝,迟迟没有得到秦国的响应,魏国九十余岁的唐且使秦,告诉秦王不能失去万辆兵车的魏国,秦王决定出兵。《战国策·卷二十五·魏四·秦魏为与国》P911。"魏氏复定"。《史记·卷四十四·魏世家十四》P1856。很显然,魏国转危为安,最后打动秦昭王的不是条约和情谊,而是魏国的资源不能旁落。秦国不是魏国可以指望的,魏国即使在秦国的打击中生活,但面临另一个方向的危险时,它还只能求助于以自己为食的猛兽。

秦、赵长平之战(前 260 年)时,有人对魏安釐王说,最好是帮助秦、赵和解,如果他们不听,执意继续打下去的话,魏国就会被被两国看重,魏国就有可能对秦、赵都具有影响力,既可选择联合齐、赵攻击楚国,也可以选择联系楚、赵攻击齐。这样下去,您定能成为东方之长。《战国策·卷二十五·魏四·秦赵构难而战》P899。魏安釐王居然很欣赏自己还有机会称霸诸侯这种梦幻色彩的想法,实际上魏国的选项很少。前 257 年,秦攻下了魏国的宁邑,魏安釐王希望带头与秦结盟,以换回宁邑。王龁(前 290—前 244 年)对秦王提出应该拒绝与失败的国家谈条件。《战国策·卷二十五·魏四·秦拔宁邑》P905。此前,在秦国还在攻打宁邑时,吴庆担心魏与秦结盟,便对魏安釐王说,秦国攻击魏国不是因为魏国距离秦国距离近,不是因为魏国力不强,而是因为大王您太容易被控制的缘故,性格软弱是可以招致攻击的。《战国策·卷二十五·魏四·秦罢邯郸》P906,《战国策·卷二十一·赵四·秦攻魏取宁邑》P761。不出吴庆所料,魏安釐王一直都在寻求自己终身的依靠,他性格软弱,是缺乏自尊的男人,没有以自己为主,着眼于魏国远大抱负,而是得过且过。前 257 年,秦国围攻赵都邯郸,赵相平原君向自己的内兄弟们紧急求援,魏安釐王的十万援军却一直在等待观望,信陵君只好用非常规方法获得兵权增援赵国,大破秦军。信陵君可能不是出于大局观,而是自己的姐姐嫁平原君赵胜,畏惧秦国的魏安釐王不敢出兵。但是邯郸打败秦军后,胜利面前的魏安釐王倒是一下变得如有所失。他不知道如何对待擅自杀害他高级将领的人,不知道拯救了赵国的胜利给魏国带来的是福还是祸,信陵君也不知道,因为自此滞留赵国十年不归。"秦闻公子在赵,日夜出兵东伐魏。魏王患之,使使往请公子。《史记·卷七十七·魏公子列传》P2383。魏安釐王三十年(前247年),魏无忌从赵国回归魏国,立即被魏王正式任命为上将军,前247年,魏无忌率五国联军攻秦,在河东大败秦军。"败之于河外,走蒙骜。"《史记·卷四十四·魏世家第十四》P1863。遂乘胜逐秦军至函谷关,抑秦兵,秦兵不敢出。《史记·卷七十七·魏公子列传》P2384。前243年,一辈子都在嫉妒自己弟弟的魏安釐王,从小到老声誉都远超自己哥哥的信陵君,一起享受过胜利喜悦又彼此猜忌不断的魏安釐王和魏无忌君臣二人同年逝世。

强盛时的楚国与秦国距离接近,与韩国更近,这是为何秦韩经常联手对付楚国,秦国单独与楚国作战并无问题,但是秦国经常会利用韩国得到针对楚国的机会,楚国对付秦国没有把握,对付韩国胜率很高。

韩宣惠王二十一年,(前312年)秦、韩共攻楚,于丹阳大破楚军斩首八万余人。前301年,韩襄王、秦昭王的军队进攻楚国,击败楚将唐眜。楚国韩襄王十二年(前300年),楚国包围韩国雍氏城五个月,韩派往秦国的使节络绎不绝,秦不出兵,又派靳尚见宣太后,宣太后认为得到援助,靳尚或许大致能听懂宣太后的意思,但他没有得到相关授权,靳尚毫无建树地回国后,韩国另派大臣张翠前来,他威胁甘茂(前309年担任秦相),韩不得已时就投靠楚国。甘茂立即说服秦王出兵。《战国策·卷二十七·韩二·楚围雍氏五月》P969,《史记·卷四十五·韩世家第十五》P1873。

前296年,被秦国扣留的楚怀王逝世于秦国,楚因此对秦恨之入骨。秦楚两国关系形成了死结。

楚人春申君黄歇游说秦王与楚国结盟,否则韩、魏、赵、齐等将利用秦、楚交战之际急剧发展。"一年之后,为帝若未能,于以禁王之为帝有余。"《战国策·卷六·秦四·顷襄王二十年》P254。这些结盟的诸侯自己称帝可能实力不够,但禁止秦王您称帝的能量却有余。黄歇游说和判断都不成功,楚顷襄王二十年(前279年)秦昭王没有接受他的意见,白起对楚国取得一系列军事成就,秦军攻下楚鄢、邓、西陵,而楚将庄蹻率领的一支楚军攻至滇池后,却自行在当地称王,也削弱了楚军。前278年,秦攻克楚国都城郢。迫使楚国迁都于陈。楚国被持续削弱,秦国认为楚国已经成为好的作战对手,准备又一次向南进攻。

秦始皇六年(前241年),朱英对春申君(前314—前238年)说,有人认为楚国本来是强国,而您执政时变弱了。我对此持否定意见,"先君时,秦善楚,二十年而不攻楚,何也? 秦逾黾阨之塞而攻楚,不便;假道两周背韩魏而攻楚,不可。今则不然,魏旦暮亡,不能爱许、鄢陵,魏割以与秦,秦兵去陈百六十里,臣之所观者,见秦楚之日斗也。楚于是去陈,徙寿春命曰郢。《资治通鉴·卷六·秦纪一》P42。魏国的属地许、鄢陵已经无力顾及,秦得到这两块地方,距离楚国都陈就只有一百六十里,秦、楚两国决战时间不远了。楚国随即迁都寿春,命为郢都。最为敏锐的思想能够如此及时转化为政治行为是出于避险考虑,当决策者在安全时,能够将最先进的思想转化为具体的行动的只有极少数能够做到。

楚国的国内问题很多,最主要是分工不明确。史疾为韩国出使楚国,他是列御寇学派弟子,倡导正名,他告诉楚王,你的国家设有柱国、令尹、司马、典令等职,现在却盗贼公行,是因为官员不胜任。乌鸦不是乌鸦,喜鹊不是喜鹊。贵国将乌鸦当成喜鹊,无法不混乱。《战国策·卷二十七·韩二·史疾为韩使楚》P992。

郑袖在楚国是起了负面的作用,但主要还是她的楚王本身的问题。

3) 张仪计划中的第三步——攻击燕、齐

苏秦对燕文侯说:燕国土地方圆二千多里,战士有数十万,战车有七百辆,战马六千多匹,粮食够吃十年。《战国策·卷二十九·燕一·苏秦将为从北说燕文侯》P1039。不利的条件也明显存在,有强大胡人为邻:燕北有东胡、山戎,燕有贤将秦开,为质于胡,胡甚信之,归而袭破走东胡,东胡却千余里,与荆轲刺秦王秦舞阳者,开之孙也。《史记·卷110·匈奴列传第五十》P2885。

第一位燕文公前554—前549年在位,时间是春秋时代,第二位是战国时代的燕文公(前361—前333在位)系燕桓公之子,燕易王(前332—前321年,燕易王十年,五国相王运动中称王)之父。秦惠王将女儿嫁给燕太子为妻。《战国策·卷二十九·燕一·燕文公时》P1044。燕文公死后,太子易即位,齐国在燕国大丧期间发兵,趁机占领燕国十城,燕易王要求苏秦收回失地。苏秦来到齐国,对齐威王先拜贺,后吊唁,他说服齐王归还燕国城池,因为燕国与秦国有盟约,他让齐王相信秦国打算遵守盟约。齐威王慌忙按苏秦的意图归还燕地。《战国策·卷二十九·燕一·燕文公时》P1044。

但是苏秦设法排除燕国人对他的疑虑,重新获得燕王尊重之后,又因为个人隐私败露无法继续待在燕国,苏秦公开是以得罪燕王之名义逃往齐国,苏秦为感激燕易王的宽恕要继续为燕国服务,此去是要私下败坏齐国。齐宣王(前319—前301年在位)一无所知,立即任命苏秦为客卿。《史记·卷69·苏秦列传第九》P2265。燕易王（前332—前321年在位）逝世后，燕王哙（前320—前312年在位）即位，其母即秦惠文王的女儿。燕王哙三年（前318年），燕与楚、赵、魏、韩攻击秦国，失败而归，当时秦惠文王还在位，看到他女婿的燕国也有军队参加攻击自己，一定五味杂陈，或许还有那么一点期许，想看看燕王哙潜力何在，但是他一定不忍直视。燕王曾经向苏厉咨询政治，后者要他信任自己的执政，这个意见被燕王哙引申为可以不计后果地移交权力，子之因此得到空前的重用，喜出望外的子之感谢他的姻亲苏厉，馈赠百金作为酬谢，苏厉的同伙鹿毛寿又鼓动燕王哙将权力全部交给子之，燕王哙还收回了三百石以上俸禄官员的印玺，全部交给子之，实际上同意让子之掌管国家人事。随后出现令人震撼的一幕：子之正式成为燕王，燕王哙退位，成为子之的臣下。燕王哙原本最大的信任会给国家带来最好的变化，结果让燕王大失所望，子之执政三年，燕国大乱，太子平和将军市在齐宣王的鼓动下包围王宫，子之与宗族反攻，太子平、市被均被杀，几万人死去。孟子对齐宣王说，攻击燕国如同文武伐纣。齐威王的将军匡章占领了燕国全境，前314年子之、燕王哙被杀，太子平被子之所杀。前311年，赵武灵王立公子职为国君，他就是带给燕国全盛的燕昭王。苏代、苏厉投奔齐国。《战国策·卷二十九·燕一·燕王哙既立》P1058。苏氏兄弟应该是在燕昭王即位之后离开燕国，他们在齐国得到善待。

　　燕昭王（前311—前279年在位）应该受到苏氏兄弟苏代进取精神的影响，燕昭王在郭槐具体指引下招聘贤才，二十八年后燕国大治，前284年与秦、燕、赵、魏、韩伐齐，燕将乐毅率五国联军攻下齐国七十余城，仅剩下二城未破，燕国鼎盛时期苏秦并未在场，但是他一直都在以各种方式适时参与削弱齐国，他活到了他挚爱的燕国像一朵玫瑰在北方绽放的时候，他死于前284年。燕国玫瑰转瞬即逝，前279年燕昭王逝世，象征燕国的巅峰已过，燕昭王子燕惠王即位（前279—前272年在位）后，误信齐人反间计，导致乐毅出逃，结果齐将田单一下就将燕国打回原形，燕惠王被相国公孙操所杀，立横死的燕惠王之子燕武成王（前271—前258年在位）。由于被各路诸侯进攻，燕国仍无起色。燕武成王子燕孝王在位二年，继任的是燕王喜（前254—前222年）使相国栗腹拿五百金向赵孝成王（前265—前245年）献礼致敬，栗腹发现赵国壮年人都死于长平之战，建议进攻赵国。《战国策·卷三十一·燕三·燕王喜使栗腹以百金为赵孝成王寿》P1121。有人向燕王喜进言，燕王的使者本来是去与赵孝成王结盟的，并赠送了礼，回来后就要进攻盟国，不是吉利的事，不会有好结果。乐毅之子乐间也坚决反对，燕王喜均拒不接受。前251年，燕栗腹、庆秦六十万人二路伐赵，被赵将军廉颇、乐乘十三万军人击败,乐间投奔赵国。燕王喜很在意乐间的离去,写信给在赵国的乐间,希望其归国,乐间像反对燕王喜进攻赵国一样,拒绝回国也同样坚决。前251年,秦昭王逝世,子秦孝文王立,前250年,孝文王逝世,子庄襄王立。前249年,赵进攻燕都,前247年,秦进攻赵,取三十七城,置太原郡。由于信陵君率五国君救援赵,击退秦国。庄襄王卒,秦王政立。前245年赵孝成王逝世。秦、赵结盟,赵攻击燕国,燕王派使者去向秦祝贺秦、赵结盟。秦王说:燕王昏庸无道,我正要灭掉燕国,你祝贺什么?燕国使臣说,赵全盛时,南面的邻国是秦,北面与赵燕靠近,赵国方圆三百里,与秦国相持五十年,不能战胜秦国是因为自己国土面积小,没有外援,现在大王要赵国进攻燕国,如果燕、赵一致,就不会听命于秦,秦王立即出兵救燕。《战国策·卷三十一·燕三·秦并赵北向迎燕》P1126。一个隔山隔水的大国与燕、赵两个紧邻的小国之间的关系就是如此错综复杂,他们之间的战与和看似是由一句话或微小的利益纠纷引起,实际上纠缠于细节正是实现大计划重要的组成部分。

因为个人隐私败露而出奔的苏秦一开始对齐国心存恶念,一度怂恿齐王大肆支出,设法削弱齐国经济,目的是让燕国获利。苏秦时而会自行中止折损齐国,或者是本能或者是为了掩饰,他也不止一次为齐国提出良策,前288年,秦昭王让魏冉约齐湣王(前300—前284年在位,又作齐闵王)同时称帝,自己为西帝,齐为东帝。"苏秦自燕之齐,见于章华南门,齐王曰:……秦使魏冉致帝,子以为如何?对曰:……而患之所从微而生。今不听,是恨秦也;听之,是恨天下也。《战国策·卷十一·齐四·苏秦自燕之齐》P422。他认为齐暂时不称帝为好。让天下的仇恨集中在称帝的秦国之上。

前287年,齐苏秦,赵李兑率赵、楚、韩、魏、齐五国,后燕国加入,攻秦,至成皋,无功而退,秦归还部分所侵占赵、魏土地求和。合纵的策划虽然不尽人意,但由于合纵的效果始终具有未知性,对秦国的行为有一定的约束作用,对合纵国成员而言,算是最后的自我救济手段。齐湣王二十七年(前284年),苏秦被齐国人刺杀死,他在齐国任职的真实意图也渐渐浮出水面,一直信任苏秦的齐湣王没有因此痛苦太久,因为他也在这年逝世。苏秦在燕易王时代离开燕国至齐,至前284年逝世,再也未返回燕国。

前323年,魏国将领犀首发起魏(魏惠王)、韩(韩宣惠王)、赵(赵武灵王)、燕(燕易王)、中山(中山成王,前340—前320年在位)五国互相称王,齐威王对赵、魏说,跟中山并立称王令人羞耻,要废掉中山。《战国策·卷三十三·中山·犀首立五王》P1170。齐自认为万乘大国,中山不过千乘国家,与赵、魏讨论联合各大国讨伐中山,废黜他的王名号。中山国君恐惧,大臣张登带大量钱物到处游说,为中山争取到燕、赵支持它称王。《战国策·卷三十三·中山·中山与燕赵为王》P1174。上述五王中赵武灵王是一代英杰;齐威王建立稷下学宫,重视平民邹忌,学术文明中心从魏迁移到齐,国力取代了魏惠王的魏国;魏惠王重视国家经济,但他的政治错误不少,漠视商鞅的存在轻易致使其流失,先后在石门败于秦献公,尤其在桂陵、马陵被齐国大败,前340年被商鞅大败,次年迁都大梁,前338年又在岸门遭秦重创,国运转衰,在位期间失地不少。韩宣惠王的军队在岸门惨遭秦军屠杀。而中山王确有滥竽充数之嫌。

秦国对诸侯各国并未实施等距离外交,这与张仪密切相关。商鞅专注于秦国本身的强盛,张仪则侧重于如何使用自己的优势区别对待实力不等的其他诸侯。他们是强者,具有强者必胜的思维,秦国君主受到这种激励、集体形成了强者的逻辑:每个比它弱的国家都应该攻击,因为弱就是一种过失,是一种病态,不是其天赋不足,就是自身的错误造成,一个强大的国家如果不打击弱国,他们就会没有畏惧感,就会聚集密谋,妨碍强者达到目的,他们的努力从结果上看往往是多余的,对最终的强者而言,最终的弱者们也没有正确性可言。秦国的君主在自己强大后相信与诸侯相攻击是它的宿命。秦计划攻赵国,有人劝阻,秦王说"寡人案兵息民,则天下必为纵,将以逆秦。"我停止出兵,让人民得到休养生息,诸侯就一定会合纵对抗秦国。苏秦则大包大揽,列举各种理由认为诸侯不会组成合纵。秦王接受了他的意见,这次谈话后,秦军不出国境,"诸侯休,天下安。二十九年不相攻。"《战国策·卷十九·赵二·秦攻赵》P645。苏秦在上文中提到齐国将领田单。前279年即齐襄王五年,齐襄王、田单用反间计使燕惠王改用骑劫代乐毅为将,田单以火牛阵大败燕军,杀骑劫。收复被燕国占领的失地,迎接齐襄王入临淄,田单被任为齐相。力挽狂澜的田单离开齐国后入赵,任赵相国。苏秦说的二十九年不战,是个虚数。苏秦说田单称雄齐国二十四年,但终身不敢入侵秦国。苏秦的大意是,田单无论是作为齐国最杰出的将军,还是赵国的执政,都没有与秦国开战的抱负,合纵如何能够有效存在?但是一个田单的个人能力与偏好不能代表齐国或赵国一个国家的意志。田单并未远离战争,在赵国任职时,他继续攻击燕国。在田单成名的九年后,前269年,赵国名将赵奢大破秦军。但是,赵国的衰弱是整体性的,局部的胜利不足以迟滞秦国胜利的步伐,长平重创之后,前257年,秦国攻击下的赵国摇摇欲坠,魏无忌率兵救赵,先后在邯郸、河东两次大败秦军,迫使秦将郑安平降赵。但是赵国垂死之前似乎突然彻悟,求生意志十分强韧。前251年,廉颇大败燕六十万大军,前241年,赵庞煖组织赵、楚、魏、韩、燕五国攻击秦国,行动虽告失败,却是战国时期最后的合纵。尽管赵国李牧在前233年仍能大败秦军,但此后是秦军的天下,各个击破。上述苏秦与秦王的对话有可能不是苏秦所说,但是这段话中有重要的论点:1. 秦国如果没有主动性,将面临被围攻。2. 合纵是压力的产物,不意味着对秦国保持动态对等的竞争力。前230年内史腾灭韩,俘虏韩安王。前228年,秦攻入邯郸,俘赵王迁。赵公子嘉奔代,称代王。前225年魏亡,前223年,楚亡,前222年,燕亡。前222年,代王嘉被秦所俘虏,赵亡。前221年,齐亡。张仪优先攻击赵韩的措施进展不畅。它们与其他国家并存得益于他们各自的实力还是其他国家对它们存在的需求?战国七雄在秦的打击中几乎在同一时期覆灭,不是秦国没有侧重点所造成,而是利益盘根错节,各诸侯国对秦国的目的与能力判断各异产生的后果。从微观上分析,韩、赵仍可列为第一批,魏、楚为第二批,燕、齐列第三批。韩、赵、燕、魏、楚、齐相继覆灭。不是命运,而是寻求正确性旷日持久的竞争,秦国更为敏锐、明智、坚毅,他们不是因为运气,而是因为主动积累的优势获胜。

前322年张仪相魏,前319年,魏驱逐张仪,用与张仪思想对立的公孙衍为相国,他信奉合纵以抵御张仪的连横术。张仪被逐回秦。前318年,燕、赵、韩、魏、楚、齐合纵攻秦,楚怀王被推举为纵约长,发生函谷关之战。这证实张仪的连横思想并非出自过度揣测,多余的,而是需要强化、精细化。

合纵的诸侯国各自的利益经常会妨碍他们协调一致行动,前314年,秦国相国张仪联合魏攻打韩国,齐国与韩国有同盟关系,齐王准备出兵,齐臣田成思表示反对,认为应该先让那几个国家自己去消耗。燕国燕王哙将君权让给了相国子之,百姓不拥护,诸侯不接受。秦国攻打韩国,赵、楚两国有义务救援韩国。当时赵、楚、韩与秦、魏互相攻击,无心顾及燕王哙身上发生的怪事,只有齐王发现了好机会,他敷衍了韩国来使,不幸的韩王以为齐国会看在两国盟约的份上会派出强大援军飞奔而来,于是自己放心与秦国作战,楚、赵两国也站在韩国一边投入战斗,齐国却火速攻下了燕都蓟,子之和燕王哙都被杀。

前313年,张仪由秦至楚,以割商於六百里地为诱饵,让楚背齐联秦,连横之策使秦"惠王用张仪之计,拔三川之地,西并巴蜀,北收上郡[惠王十年(前328年),魏纳上郡十五县],南取汉中(惠王十三年,攻楚汉中,取地六百里)。包九夷(属于楚),制鄢(宜城县,故鄢)、郢(江陵县故楚郢都)东据成睪(氾水县)之险,割膏腴之壤,遂散六国之纵,使之西面事秦。《史记·卷87·李斯列传》P2542。秦武王即位,被逐到魏,相魏一年而死。前301年,垂沙之役中齐、魏、韩三国在齐将领匡章,魏将公孙喜、韩将暴鸢的率领下进攻楚军,大败楚师于垂沙,杀楚将唐昧。这些本该团结一致的诸侯似乎集体忘记了秦国的存在。前296年,合纵国似乎又粘合在一起,齐、韩、魏三国联合攻秦,又一次攻入了函谷关,秦昭王因情况严重对相国楼缓说准备割让河东三城给齐、魏、韩,楼缓曾经在赵国支持胡服骑射,后来到秦国,是个有阅历的人,担任秦相国也已经一年,需要他的意见却拿不出解决问题的办法,他建议秦昭王去与公子池商议,后者既认为割让河东之地代价太大,又担心不设法停止对方进攻势头会危及咸阳,他有分析能力,没有决断。秦昭王不愿意危及都城咸阳,同意割让河东与三国求和。主张合纵的人其实看到了诸侯国结盟的竞争潜力,如果并肩作战,秦国也不能恣意妄为。前278年,赵、魏、韩、燕、齐联合攻击秦国,在成皋(即虎牢)停战,当时是秦昭王二十九年。《战国策·卷五·秦三·五国罢成皋》P180。秦王嬴政时,燕、赵、吴、楚仍然能有效组织起来结盟为进攻秦国做准备,秦王政召群臣、宾客六十余人讨论应对措施,群臣鸦雀无声,唯有世代为监门卒,出身低贱的姚贾自愿出使四国,阻止其军事行动,姚贾成功说服了四国中止行动,秦王封其食邑千户,以为上卿。韩非诽谤姚贾出身低贱,有盗窃的过往,秦王又找来姚贾核实,但是姚贾还是说服了秦王,韩非(约前280—前233年)则被秦王政所杀。《战国策·卷七·秦五·四国为一将以攻秦》P293。张仪的计划虽然没有得到理想的推进,但是他呈现出的秦国未来发展总体目标还是基本到位。

如果合纵能力自始至终又会如何?这种假设是不存在的,秦与诸侯不是一个和一群的数量问题,而是明确与模糊的脑力问题,是积极与迟疑态度的问题,是个判断力高下的问题。

合纵一开始就不会成功,宋康王的例子十分说明问题:

宋康王(前328—前286年在位)时,国内发现一只小鸟孵出了猛禽,太史占卜以此推断宋将称霸天下,充满神秘感的预言话音未落,康王立即发了疯,从此变得既不信神也不爱民。人们归纳为看见吉祥不行善事,也会变成灾祸的例子。《战国策·卷三十二·宋卫·宋康王之时有雀生(鸟旗)》P1157。前286年,齐湣王、楚顷襄王、魏昭王灭宋,暴虐的宋康王被逐出宋国,死于魏。韩珉是韩国将领,后为齐相,率军参与进攻宋国,秦昭王大怒,我爱宋国,和爱新城阳晋一样,韩珉与我交往,却进攻我至爱的地方,原因何在? 人在齐国的苏秦解释韩珉这样做是为了秦国。因为齐、宋合并,会导致楚、魏惊慌,楚、魏就需要讨好秦国,魏国还会割让安邑给秦。秦昭王相信了。《战国策·卷二十八·韩三·韩人攻宋》

P1006。宋康王做错了事,部分人想要去纠错,部分想借此师出有名,每一个自己强大的机会,就是抵御强敌的一个新支点。诸侯们不能从秦的身上得到补益,就只能通过本该互助的其他诸侯身上获取,秦国的强大不是因为其他诸侯的衰落而提高的,不管诸侯变弱还是变强,秦国自身都会强大,它是依靠自己不断汲取新知识、智慧、制度以及世世代代不懈的努力做到的强大,而不是因为运气好。求知、求新、重视制度、努力不懈的国家在任何时代都将出类拔萃。

三、张仪的倒影——苏秦(?—前284年)

张仪一生理性,最后的死都产生政治与经济效益。苏秦则终身为情所惑,不能自拔,然而并非因为专一钟情。

1) 张仪的镜中人

苏秦始将连横,游说秦惠王(前356—前311年)。苏秦认为秦国"西有巴、蜀、汉中之利,北有胡貉、代马之用,南有巫山、黔中之限,东有肴、函之固,田肥美,民殷富,战车万乘,奋击百万,沃野千里,蓄积饶多,地势形便,此所谓天府,天下之雄国也。"《战国策·卷三·秦一·苏秦始将连横》P78。可以并诸侯,吞天下,称帝而治。他的意见反复上呈,历十次。惠王认为"毛羽未成,不可以高蜚;文理未明,不可以兼并。"惠王一方面认为自己羽毛尚不够丰满,另一方面,秦惠文王认为诸侯各怀私利,难以协调一致,苏秦的六国合纵的方略着实难以实现,简直多此一举。还有一个拒绝的理由是秦孝公死后,"方诛商鞅,疾辩士,弗用。"《史记·卷六十九·苏秦列传》P2242。其三,秦国处士寒泉子推崇张仪,张仪分析商鞅耕耘后的秦国具有下列优势:1. 赏罚分明。2. 国民有强烈的牺牲精神,积极参战,愿意为国冲锋陷阵,舍生忘死。3. 秦国地形优越。张仪为秦惠王的秦国独自做出的政治设计:1. 亲近齐、燕。2. 臣服楚、魏。3. 消灭赵、韩两国。4. 实现霸业。《战国策·卷三·秦一·张仪说秦王》P95。这是一个从北部开始,由近而远,从弱到强的征服计划。寒泉子向秦惠文王建议应该特别重视张仪的见解,认为他能够使六国合纵的图谋失效。惠文王同意他的意见。《战国策·卷三·秦一·秦惠王谓寒泉子》P92。

与张仪意见相同的秦臣冷向对秦惠王说,我有一个建议可以让齐国尊奉君王您,就是秦国帮助齐国攻击宋国。《战国策·卷三·秦一·冷向谓秦王》P94。与齐国亲近是张仪政治计划中的一部分。张仪成功游说秦王,击破合纵,成就霸业。"秦国号令赏罚,地形厉害,天下莫如也,以此兴天下,天下可兼而有也。言所以举,破天下之纵。《战国策·卷三·秦一·张仪说秦王》P110。张仪虽然口如舌簧,但是秦惠文王并非一味盲从,司马错主张伐蜀,张仪主张伐韩的争论中,秦王选择了前者;张仪又诽谤陈轸,秦惠王一度听信了张仪,陈轸以自己的辩才和忠诚说服了秦惠王。张仪欲劝说秦王割汉中献给楚国;建议秦帮助楚国攻击魏国,让魏国听命于秦或者割地,利用楚国、魏国军队缠斗之际,秦国魔幻走位,既像是楚国又像是魏国盟友,敌友身份变化莫测,利用重要地块反复易手的高超手法,逐步接近秦国目标,获得重大利益,秦王完全跟不上他的思维,经常需要他的意见,但不能通过自己的预判而只能通过结果评估建议的好坏。

秦惠王面前的苏秦声嘶力竭,意见还是没有被秦惠王采纳。苏秦没有因为挫折感丧失活力,他后来游说赵肃侯成功,封为武安君,任命为相国,"约纵散横"即组织合纵,瓦解连横。苏秦任赵相时,强秦之兵亦不敢窥视函谷关。苏秦为赵国说秦王曰:臣闻明王之于其民也,博论而技艺之,是故官无乏事而力不困;于其言也多听而时用之,是故事武败业而恶不彰。《战国策·卷十九·赵二·秦攻赵》P643。这是一次极为重要的谈话,苏秦认为秦进攻赵国可能招致诸侯围攻,但秦保持不主动出击,合纵联盟就不会形成。秦王因此松弛,武备军队不出国境,诸侯二十九年无战争,这里说的只是个大概,历史上没有全无战争的二十九年。

诸侯各国的庙堂和各国不少人迹罕至之处都有苏秦的足迹,苏秦从燕至赵,开始合纵。《战国策·卷十九·赵二·苏秦从燕之赵始合纵》P635。他算是合纵的发起人。苏秦说服楚威王(前339—前329年)后,"于是六国纵合而并力焉,苏秦为纵约长,并相六国。苏秦归赵,赵肃侯封为武安君,乃投纵约书于秦,秦兵不敢窥函谷关十五年。"《史记·卷69·苏秦列传第九》P2261。赵肃侯十年(前340年)苏秦为赵国合纵,说服齐王,强国的前景吸引了齐威王(前356—前320年在位)。《战国策·卷八·齐一·苏秦为赵合纵说齐宣王》P337(原文如此,应为齐威王,齐宣王,前319—前301在位)。齐威王本是一个有主动性有抱负的人,齐国去年刚刚在马陵大败魏军,他不知道苏秦如何组合一个齐、赵之外更添加韩、魏等入伙的合纵团队,一旦秦国攻击齐国时,韩、魏会及时抄秦国的后路。但是他乐观其成,只要能让自己的国家强大,他不会拒绝任何人与机会。但前339年秦在岸门大败魏军时,后者似乎没有其他诸侯助阵,前337年,楚、韩、赵前往朝见新即位的秦惠文王,前333年为防备西南的魏国和东南齐国入侵,赵国斥巨资修筑了自己的南长城,前332年齐、魏与赵又打了起来,赵不得不决黄河阻以遏入侵者。随着时间的推移,总体上合纵前提条件更多,难度要比连横大,合纵时间也一般短暂而且参与者随机性很强。

苏秦性格复杂多变,苏秦对齐湣王(前300—前284年在位)说:……善治国者,顺民之意而料兵之能,然后从于天下。……故明主察相,诚欲以伯王也为志,则战功非所先。战者,国之残也,而都县之费也。《战国策·卷十二·齐五·苏秦说齐闵王》P427。这个苏秦像一位谦谦君子。

前299年,楚怀王死在秦国,他个人承受的是国家竞争失败的惨痛结果,楚太子当时正在齐国为人质。苏秦对齐国田文之父田婴建议,宣布扣压楚太子,以此要求楚割让下东国(指楚国东邑,近齐地。)之地,他苏秦愿意为此事前往去楚国游说。苏秦见到楚王时说,齐国现在只是要下东国之地,如果迟疑,太子就不得不加倍割让楚国土地。楚王同意割让下东国。接下来苏秦又和薛公田婴说以立楚太子为君为条件,要求楚国割让更多土地给齐国。《战国策·卷十·齐三·楚王死》P365。这里的苏秦非常卑鄙、贪婪。

他从燕国避祸来齐,胸怀不可告人的目的,佻薄的目光在别人妻儿身上流移。但当齐湣王面临一个称帝的机会难以取舍时,他似乎良心发现:前288年,在齐国的苏秦认为齐王(指齐湣王,前300—前284年在位)称帝既然是秦王提出的应该答应,但并不马上公布,看看秦王称帝后诸侯的反应。《战国策·卷十一·齐四·苏秦自燕之齐》P422。苏秦后来又建议齐王放弃称帝以便亲近诸侯,这样名义上是尊重秦国,实际上加深诸侯对秦国的憎恨。《战国策·卷十一·齐四·苏秦谓齐王》P424。这个苏秦又像是一位良知战胜了私欲的人。苏秦与人妻有染败露令其如此恐惧在当时真正冒犯的是道德还是权力?他努力补偿燕国是社会或个人道德的需要?还是在对权力作可量化的利益补偿?苏秦一生都成为感情的奴隶,若非情感所累,他可能另有一番事业。

张仪、苏秦出身平凡,都是默默无闻的人,原本只想做个普通的参与者,获得好的经济报偿与社会地位,但由于他们思想所具有的叛逆与创新性,他们跑赢了绝大多数思想的竞争者,成为了伟大的决策者,开创了全新的思想与社会局面,张仪、苏秦的时代代表平民有机会和国君平起平坐,共同参与讨论国事的时代,他们谨慎协商,精心挑选,努力实施,共同承担巨大的风险,张仪理论上是魏国公族,为秦国拼尽所有,任职数国,代表了当时最为时尚的家国情怀。

四、臣民参与者

他们中有很多属于作用比其名字更容易被别人记住的人。

贵族和普通人一批批卷入变革的巨浪之中,在政治的核心圈内外出入。他们中有人对政治高度敏感,有人不过是因为偶然——生活所需或者直觉参与并融入了历史,他们多为被动性的,其中有些人的作用却不可替代。由于他们的成就,个人比过去普遍受到更多的尊重。

燕、赵、楚等四国准备联合起来攻击秦国,秦王召集群臣宾客六十余人咨询,"群臣莫对。"姚贾自愿出使四国,秦王划拨大量资金让其按自己的方式开销,改善秦国外部环境,结果打消了燕等四国围攻秦国的计划,转而与秦国建立友好关系,秦王封姚贾食邑千户,尊为上卿。思想家韩非(前280—前233年)的思想在姚贾这里变得扭结,认为姚贾在魏国是一个世代看门的小吏之子,在魏国沦为窃贼,在赵国为臣时被驱除出境。不应该得到重用,"取世监门子,梁之大盗,赵之逐臣,与同知社稷之计,非所以励群臣也。"政治家秦王政最后接受的是姚贾的解释,重用姚,而杀韩非。《战国策·卷七·秦五·四国为一将以攻秦》P295。这里对燕等四国在姚贾的说辞下终止进攻秦国事实的可靠性存疑,但是姚贾食邑千户,尊为上卿的原因可以证实一种职业的存在。

战国四公子的影响力超越常人乃至其君主,其声誉建立在他们的道德感之上,而不是因为其权势。当时的社会评估标准一点也不比春秋以及之前的任何时期低,传统的核心价值观仍受到普遍的支持,这些不会直接产生利益,尤其在价值观体系遭遇冲击与严重质疑之际,不免令人狐疑。不过只要细加辨识,即可发现那些都是人本性之所需,人性之必需品既不会有出现太早之嫌,也不会有延续太久之虞,它们是超越时代的,必将永恒。四君子共同的魅力与社会价值不仅仅在扶弱济贫,急公好义,而在于他们能在普遍的困窘中展示出独立性与批评精神,不论是对社会还是对君主,上述两种特性不论是在保守或者激进的时代都具有领袖气质并能适应变化。

孟尝君、春申君、信陵君、平原君各有其长处和道德瑕疵,孟尝君田文(封于薛,称薛公)是四公子的缩影,他有宽容的心胸。孟尝君有个家人与他的夫人有私情,有人告诉孟尝君此事,认为两个苟且的人十分不道德,建议杀掉此人。一直以来,这都是有地位,有特权的人们处理类似事情的经典做法,但是孟尝君说:看见美貌的人产生爱慕之心,这是人之常情,算了,不要再提了。"睹貌而相悦者,人之情也,其错之勿言也。"《战国策·卷十·齐三·孟尝君舍人有与君夫人相爱者》P381。孟尝君还为冒犯自己的人安全着想,推荐他到卫嗣君那儿任职,这个人后来得到卫嗣君的器重,为报偿孟尝君的宽恕而成功阻止了卫嗣君进攻齐国。孟尝君还曾经得到一份仇恨他的五百个人的大名单,但是他决定不予追究,销毁了名录并彻底忘记名单曾经存在。孟尝君能够接受批评意见,他曾经讨厌家里的一个仆从,一度想要赶走他,鲁仲连劝他不要将无能的人抛向社会,为自己在社会上树立有教无类的名声。尽管理由比较抽象,孟尝君仍能够接受。后来还张贴布告,广泛接受批评意见。正是因为孟尝君的这些优良品质,得到许多人的真心相随。孟尝君以上等食客待遇款待夏侯章,而后者则不遗余力地说孟尝君的坏话。夏侯章为此向大惑不解的人解释说,孟尝君没有诸侯的身份,影响力却如同一位诸侯,他夏侯章不惜自己毁损自己来帮助孟尝君建立更为广泛包容、开明的声誉,为孟尝君打开更大的影响力空间。孟尝君另外的三位朋友也当面表示愿意各自以不同的方式为其效劳:1)一个人愿意为捍卫他不惜自己生命。2)一个人着力于为他宣扬优点,掩饰缺点。3)另一个人要为他网罗天下才俊。当他面临真正的问题时,也确实立即得到很多人的支持,他准备去秦昭王的秦国时,竟然有千余人一致阻止。苏秦还将秦国比作虎口,孟尝君于是取消原定计划。前299年,秦昭王一度任命田文为秦相,后又将其囚禁,有意杀掉。但孟尝君在一帮五花八门、神通广大的朋友们的帮助下得以奇迹般地逃生。孟尝君领有国家重要的城邑,当楚国人进攻孟尝君的封地薛邑时,淳于髡立即向齐王提示齐国宗庙的位置,引起齐王重视,于是发兵救援薛邑。他又是齐湣王时代的齐相,是受到齐国君主信任的人,齐国重要的人。齐湣王七年(前294年),齐国贵族田甲劫持齐湣王(流言说是受孟尝君指使),失败后,孟尝君担心受到牵连逃往封地,又出奔魏固,成为魏相。齐襄王前283年即位后,他返回封地薛。孟尝君担任过秦、齐、魏三国相国,君主们看重个人才华,社会舆论评估及影响力很受重视,君主倾向于任命有名望的人,所以不在意他们的出身和国籍。孟尝君是有血有肉的活过的人,他的思想与生活代表着曾被一种成熟、自信的文明浸润,他参与延续一种卓越文化的生命,又是该文化所衍生之制度的批评者。

孟尝君,齐国贵族,田婴之子,齐湣王时的齐相。诸侯国的封臣称为"君"。执行远交近攻,交接韩、魏与楚、燕为敌。齐襄王即位后(前283—前265年在位),他居住在自己的封地薛邑,设法在各诸侯之间保持中立。

齐国人王斗亦作王升,与名士颜斶个性、身份类似,修道不仕,对齐王说"昔先君桓公有好者五:九合诸侯,一匡天下。天子受籍。立为太伯。今王有四焉。宣王曰:寡人愚陋,守齐国,恐失扰之,焉能有四焉?王斗曰:否,先君好马,王亦好马;先君好狗,王亦好狗;先君好色,王亦好色,先君好酒,王亦好酒,先君好士,是王不好士。宣王岳:当今之世无士,寡人何好?王斗曰:世无麒麟、騄耳,王驷已备矣;世无卢氏之狗,王之走狗已具矣;世无毛嫱、西施,王宫已充矣。王亦不好士也?何患无士?王曰:寡人忧国爱民,固愿得士以士以治之。王斗曰:王之忧国爱民,不若王之爱尺縠也!王曰:何谓也?王斗曰:王使人为冠,不使左右便辟而侍工者,何也? 为能之也。今亡治齐,非左右便辟无使也,臣故曰不如爱尺縠也! 宣王谢曰:寡人有罪国家,于是举士五人任官,齐国大治。《战国策·卷十一·齐四·先生王斗造门而欲见齐宣王》P414。王斗与齐宣王还有一段更为精炼、重要的对话,王斗造访齐宣王,告诉他不是一个爱民的大王,而更爱惜自己的布料,因为怕损坏布料而不让业余的人而是要让熟练的工匠为自己做帽子,但是对人民就不在乎得多,让自己宠爱的但是却不内行的人主政,对国民的爱不如对一尺绉纱的爱。《战国策·卷十一·齐四·先生王斗造门而欲见齐宣王》P414。王斗这个恰当的比喻惊醒了齐宣王的灵魂,他立即行动,用一系列有效措施为齐国带来大治。

齐国杰出的将军田单想要收复被燕国乐毅的部将攻占的齐国聊城,一年多仍未攻下,同为齐国人的鲁仲连致书信于燕将:"吾闻效小节者不能行大威,恶小耻者不能立荣名。"《战国策·卷十三·齐六·燕人攻取七十余城》P451。领兵的燕将看到鲁仲连的长文后立即撤兵。赵孝成王七年(前 259 年),秦包围赵都邯郸,形势急迫。魏将新垣衍受魏王命前来劝赵王尊秦为帝,以谋求解围,鲁仲连认为秦为帝的危害更大。他说服了新垣衍,不再劝赵王尊秦为帝,秦国军队听到这个信息后立即后撤,适逢魏无忌成功夺取将军晋鄙兵权,率魏军援军赶来,救赵攻秦,秦撤退。鲁仲连有功于赵,平原君要封赏他,却被拒绝。鲁仲连能力出众,在一个官职、权力作用巨大的时代却终身不仕宦,其实他的政治倾向并不孤单,"齐人见驺(即田骈,亦称田广,陈骈),曰:闻先生高议,设为不宦,而愿为役。田骈曰:子何闻之? 对曰:臣闻之邻人之女。田骈曰:何谓也? 对曰:臣邻人之女,设为不嫁,行年三十,而有七子,不嫁则不嫁,然嫁过毕矣。今先生设为不臣,訾养千钟,徒百人,不臣则然矣,而富过毕矣。田子辞之。《战国策·卷十一·齐四·齐人见田骈》P420。田骈为何要感谢这个用委婉言辞批评自己的人? 田骈受过道家思想教育,过的却不是清心寡欲的生活;拒绝在官府担任职务,收入却高于官员。不愿为官是因为厌恶官场还是自己一切应有尽有,不需要再借助权力谋取? 田骈曾是孟尝君众多门客中的一个,如今自己已经是一呼百应,令人胆寒的田骈。田骈到底是一个清高的学者,一个自由的富人,还是一个执着忠心的随从? 齐国人短短的一席话却让他看到一个言行不一但更为真实的自己。田骈的生活方式也反应,即使在他们那个身不由己的时代,财富、个人才华也与其他任何时代一样,能够给人带来相当的自由。

楚、齐约定攻击魏国,魏国与秦有互助盟约,魏王求救的使者络绎不绝,秦按兵不动,九十余岁的魏国人唐且自动请缨出使秦国,对秦王说:"……且夫魏一万乘之国,称东藩,受冠带,祠春秋者,以为秦之强足以为与也。"如果魏国不能抵受楚、齐的攻击,必定割地求和,这样秦国就会失去一个万辆兵车的大国盟友。魏臣服于秦,接受秦国的政体,每年春秋两季朝贡秦王,近似秦国的一部分,是因为秦国足够强大可以信赖。如果魏屈服于齐、楚,不仅是秦国实力受损,也让敌手齐楚实力增强。他成功说服秦国出兵,齐楚退军,魏国得到保全。《战国策·卷二十五·魏四·秦魏为与国》P911。唐且是一个缺医少药时代的生命奇迹,他的活力、智慧与勇气同样令人赞叹。

　　田文因为田甲事件在齐国受挫,于齐湣王七年(前294年)离开齐国,后得到魏国相国的任命,田文憎恨齐国,之所以驱逐了魏公子负刍的母亲,就因为她娘家是齐国。韩春听说后立即对秦昭襄王说:您为什么不娶这个齐国女子? 促成齐、秦联合,两国一起进攻魏国,可以获得魏国的上党地区;齐、秦还可联手立齐女之子负刍,因为他的母亲在秦国,这样魏国就会变得像秦国的属县,容易被秦国控制。第二,魏国的臣子韩眠对薛公不满,想利用齐、秦威胁魏国,从而抑制薛公。第三,负刍的庶兄佐想确立弟弟为太子。韩春表示愿意前往与韩眠、佐二人建立联系,以便于秦、齐协调行动。魏国知道后定会感到恐慌,肯定会重新将齐女接回魏国,母亲能够回归家庭,负刍必然以魏国终身感激秦国,齐女回到魏国后,一定会怨恨薛公,一定会以动用自己齐国的影响力设法帮助秦国。《战国策·卷六·秦四·薛公入魏而出齐女》P225。一桩婚姻,韩春一口气归纳出有如此多的政治好处,他显然是老于世故的人,但是四十四岁的秦昭襄王无动于衷(生于前324年,逝世于前251年)。秦昭襄王个人的婚事被如此谋划,竟也不以为忤,他没有接受这个建议。韩春是秦宫廷内的朝臣,历史上的小人物,他为自己的存在争取过,奋不顾身,秦昭王没有感到被冒犯是他的运气。韩春是一个历史上就出现过这么一次的人,但是他会永远地存在下去。与其类似的还有周诉,他的具体身份已经难以确认,他有机会与魏安釐王直接对话。前273年,秦败魏于华阳(秦击败魏、赵联军)魏安釐王准备前往秦国朝拜求和,周诉劝阻魏王勿要一时冲动而做一件没有保障的事。《战国策·卷二十四·魏三·秦败魏于华魏王且入朝于秦》P860。周诉接近于直白地劝说魏王改变自己的决定,几经反复,周诉还是不能说服魏安釐王,魏王局限于自己的承诺,认为自己已经答应范雎,不好失约,近侍支期站出来支持周诉的意见,最终设法说服了魏王终止去秦国的计划。

　　魏安釐王不是毫无主见的人,前276年他刚即位,封自己的异母弟魏无忌为信陵君,这是为了牵制有影响力的孟尝君,信陵君又是平原君赵胜的内弟。前

274 年,魏安釐王四年,孟尝君在推荐芒卯迎战白起失败后,威信大失。芒卯并不是无能的人,在魏昭王六年(前 290 年),秦约赵伐魏,芒卯说服赵国拒绝秦,从赵国获得五个城,随后自己与秦联合伐齐,魏国获得二十二县。《战国策·卷二十四·魏三·秦赵约而伐魏》P851,《战国策·卷二十四·魏三·芒卯谓秦王》P852。魏安釐王后来因为被秦国的离间计所惑,信陵君就此消沉下去。他与魏安釐王同年先后辞世,秦国一听说信陵君去世,立即派蒙骜进攻魏国,占领二十城。《史记·卷七十七·魏公子列传》P2384。信陵君的作用是如此之大,他的声誉像一支强大的军队捍卫着国家,但是魏安釐王的戒心却迫使自己弟弟最终沉迷于酒色。秦昭王五十年(前 257 年),秦军解除对赵国邯郸的围攻,转而攻占魏国宁邑,诸侯国当时都已经活在秦国的阴影下,大势已去,吴国人吴庆还在耐心、细致、不厌其烦地向魏安釐王建议不与秦议和的好处,议和反而更容易遭到进攻。他鼓励魏王勇敢起来,不要因为软弱而任人宰割。《战国策·卷二十五·魏四·秦罢邯郸》P906。季梁是魏国人,与吴庆的意见相左,他从出使赵国归国途中听说赵国邯郸不久前遭到秦国围攻,久攻不下后撤退,魏王想趁赵国疲惫不堪之际进攻邯郸,据为己有。他心急火燎地拜见魏王,魏王见到这位衣冠不整的使臣时难免讶异,季梁衣服因为长时间坐车而满是褶皱也来不及抚平,一头尘灰,一脸倦容,却无比耐心地为魏王讲一个南辕北辙的真人真事。《战国策·卷二十五·魏四·魏王欲攻邯郸》P907。他劝魏王不要梦想想着兵强马壮的军队攻城略地来建立自己的霸王之业,好像必须这样人生才有价值。他不一定是因为消极,而是审慎评估魏安釐王实力不足以与秦国争夺土地。魏安釐王对两个人的意见都部分采纳了。魏安釐王或许是被吴庆激励起来。前 254 年,魏攻占了秦国定陶郡,附属于秦的卫国被灭,但是留下卫国封君的名号,卫国好像依然完好地存在。但是同年"秦昭王五十三年,天下来宾,魏后,秦使摎伐魏,取吴城。韩王入朝,魏委国听令"《史记·卷五·秦本纪第五》P218。这似乎又是季梁指给魏王的生存之道。

楚怀王十一年(前 318 年),苏秦约纵山东六国共攻秦,楚怀王为纵长。《史记·卷四十·楚世家第十》P1722。前 311 年,秦愿意分汉中一半与楚和解,楚怀王表示宁愿得到张仪尽情泄愤而不分得土地。对楚国了如指掌的张仪自愿来到楚国,随即被扣留。张仪先对楚国君臣言辞凿凿以分割商於之地六百里给予楚国,后又诡称是六里,被张仪所骗的楚国颜面大失。整个楚国都因张仪拙劣而公然的骗术而对其恨之入骨。《史记·卷四十·楚世家第十》P1724。恼怒的楚怀王打算先将张仪扣留下来然后再想出能让自己解恨的最终处理办法,神通广大的张仪竟然收买了楚王宠臣靳尚,他为张仪开脱时对楚王说,秦楚交恶,失去秦国这个强援将降低楚国在诸侯中的地位。靳尚又点快速燃了楚王宠爱的夫人郑袖的冲天的嫉妒心,谎称秦王准备用一位绝色美女以及昂贵财物换取秦国的忠臣张仪得以释放,郑袖如果出手相助,她因此可以获得四利:1. 楚王面前不会失宠。2 得到秦国的友谊。3 张仪乐意为其效劳。4. 秦的友好与楚王的宠爱,令其儿子有望成为太子。在靳尚和郑袖的蛊惑下楚王改变主意决定释放张仪。《战国策·卷十五·楚二·楚怀王拘张仪》P528。

举棋不定的楚怀王又担心张仪以后对自己和楚国不利,靳尚因此向他建议,让自己伴随张仪一段时间,一旦发现张仪有不利于楚王的蛛丝马迹,立即将其杀掉。侍奉楚王的一个地位低贱的小臣与靳尚有私人恩怨,听到靳尚与楚怀王的密议后他对魏国人张旄说,张仪对您的前途威胁很大,建议您在途中设法将与张仪同行的靳尚杀死,楚国人会一定以为是张仪所为,会迁怒于秦国,秦、楚为敌,双方都会争取魏国支持,那时您的前途就会一片光明。《战国策·卷十五·楚二·楚王将出张子》P529。郑袖、靳尚对楚怀王起了决定性的作用,被释放的张仪临行时与楚王约定秦、楚结盟,联姻。出使齐国的屈原返回时发现张仪已经被楚怀王礼送离境,说服楚怀王立即捉拿张仪处死,楚怀王派出的人却空手而回。张旄真的派人等到靳尚出现将其杀死。如同楚王阴险的小臣所说,楚国以为是秦国所为,两国开战。魏国受到两国的器重。张旄是位精明的魏国大臣,魏王对张旄说自己想与秦国一起攻打韩国。张旄一连给了魏王四个问句,条理清楚,逻辑缜密,认为魏参与秦攻击韩国会导致韩国与秦结盟,对魏国不利,他要阻止魏国加入攻击韩国的行为。《战国策·卷二十五·魏四·魏王问张旄》P892。按其思维,挑起秦楚两国的矛盾确实对魏有利。引起秦楚交战的是小臣,小人物左右了决策者与大局。楚怀王二十年(前309年),楚国君臣决定"竟不合秦,而合齐以善韩。"不过小人物的作用是短期的,国家运行方向的真正主导是国家的需求。楚怀王二十四年(前305年)"倍齐而合秦",楚怀王二十六年,齐、韩、魏为楚负其纵亲而合于秦,三国共伐楚。《史记·卷四十·楚世家第十》P1726。楚送太子为质与秦,得到秦国援军,三国军队撤离。张旄、小臣等人不希望见到局面重现。郑袖以及靳尚则胜在最后。

对于水利天才白珪,孟子批评他的工程是以邻为壑,纯属苛责。白珪很小心地提醒后者面临的危机,"谓新城君曰:夜行者能为无奸,不能禁狗使无吠己也。故臣能无议君于王,不能禁人议臣于君也。《战国策·卷二十五·魏四·白珪谓新城君》P895。一位在夜间行走没有做坏事的人,不能禁止狗对他吠叫,我能在秦王面前不非议您,但我不能禁止别的人在您面前非议我。芈戎于前299年被封为新城君,他是秦昭王母宣太后的异母弟,曾与异父的兄长魏冉同掌国政,地位尊贵。穰侯魏冉立秦昭王有功,又举荐白起为将。秦昭王四十二年(前266年)范雎游说秦昭王,穰侯被免,范雎接任。大夫须贾为魏国利益游说秦相国穰侯魏冉,其中有与白珪意思相近的话:"《周书》曰:'维命不于常'此言幸之不可数也。……是以天幸自为常也,知者不然。《战国策·卷二十四·魏三·秦败魏于华走芒卯而围大梁》P856。须贾引用《周书·康诰》中的话,天命不是永久不变,天有其本身的运行规律,有智慧的人不会一切顺从天命。以此强调个人应变能力的重要性。一度走投无路的范雎在前266年取代魏冉为秦相,芈戎也在大致同时被免,范雎对他的仕途有直接的负面影响。白圭曾为魏相,白珪与新城君,须贾与魏冉这样社会等级相近的人有这样亲近的谈话,既有友谊也有对未知的惶恐。他们都在惶惑,何况完全无助的普通平民。

而有些只是单纯的批评者。另一位专业人员,伟大的医生扁鹊批评秦武王不明智。"君与知者谋之,而与不知者败之,使此知秦国之政也,则君一举而亡国也矣。"《战国策·卷四·秦二·医扁鹊见秦武王》P147。秦武王与智者筹划,与昏聩者败坏它,就凭这个看秦国,君王您的一举一动都在毁国。

贫民也有机会直接参与政治,但风险巨大。齐国贫民狐咺批评国家,被齐闵王处死,宗室陈举批评也被齐闵王处死,以及司马穰苴执政,齐闵王又处死了他。齐闵王本人被相国淖齿杀死。"齐负郭之民有孤狐咺者,正议,闵王斮之檀衢,百姓不附;齐孙室子陈举直言,杀之东闾,宗族离心;司马穰苴为政者,杀之,大臣不亲,以故燕举兵,以昌国君(乐毅)将而击之,齐军破败。"《战国策·卷十三·齐六·齐负郭之民有孤狐咺者》P447。齐湣王与上述三个人紧迫感的时间点都不同,齐湣王认为是他们做了不合时宜的事。但是齐闵王也无法证明自己正确。有些不良的统治者眼里看到的尽是不顺心的普通人,有些不道德的普通人满眼皆是品行不良、能力不行的君王,一方面是他们各有其生活重点,另一方面是他们总是最在乎自己的感受、利益以及与众不同的生活节奏。善行不能一一被及时彰显,暴行则一定是有后果的,国王也会变为公敌,齐闵王本人后来被他的相国淖齿杀死,齐国被燕国乐毅重创。《战国策·卷十三·齐六·齐负郭之民有孤狐咺者》P447。燕攻齐,取七十余城。《战国策·卷十三·齐六·燕攻齐七十余城》P451。

比狐咺地位更低的也在参与政事,齐王准备进攻魏国,思想家淳于髡(约前386—前310年)不愿有这场战争,将齐国比作一只速度最快的猎犬,在追逐魏国这只速度最快的兔子,当两者都筋疲力尽昏死过去时,秦国就会像旁观的农夫一样毫不费力地得到它们。齐王听说后大惊失色,立即撤兵。《战国策·卷十·齐三·齐欲伐魏》P390。活动于齐威王、魏惠王时期的齐国人淳于髡是赘婿,社会地位卑微,但他激发了齐威王要"一鸣惊人"的政治抱负。尽管齐威王的政治觉醒并不能让他的许多普通国人受益,倒是要承担更为繁重的赋税、劳役乃至战争牺牲,但是一位拒绝沉沦的君主可能成为一个社会的现实信仰。

第二节　冲击力的第二波——新建的制度

一、真正的永动力——制度的创立

1. 新制度的到来是过早或过迟还是否适得其时?

2. 礼制碎片化是因其牢固激发了挑战还是其本身从功能上已经步入暮年?

3. 制度通常至少最初是以接近多数人不知道的速度、形式、作用出现和存在,它就在身边,不是善于妥协退让的至亲与密友,不好商量,不是人人的朋友,但对友好的人友好。

"卫鞅(约前390—前338年)亡魏入秦,孝公(前381—前338年)以为相,封之于商。"《战国策·卷三·秦一·卫鞅亡魏入秦》P75。

"孝公以为相,商君治秦,法令至行,公平无私,罚不讳强大,赏不私亲近,法及太子,黥刑其傅,期年之后,道不拾遗。民不妄取,兵革大强,诸侯畏惧,然刻深寡恩,特以强服之耳。孝公行之八年,疾且不起,欲传商君,辞不受。孝公已死,惠王代后,莅政有顷,商君告归。商君归还,惠王车裂之。卫鞅被处死,而秦人不怜惜。"《战国策·卷三·秦·卫鞅亡魏入秦》P77。

秦孝公任命卫鞅为丞相,分封商地给他,是因为他功勋卓著,商鞅在秦国建立了一整套法规,将生活、生产与军事紧密联系起来行之有效的奖惩制度,极具创意而且实用,极大地提高了秦国的竞争力。商鞅强调法治的有效性和公平性,提高法令实施范围,太子,即日后的秦惠文王违法也不能像从前置身法外,商鞅将其师、傅处以刑。孝公看重商鞅无比强烈的求胜欲望,有传闻秦孝公自己病重时曾打算传位给商鞅,被拒绝。商鞅后被新君惠王处死,原因可能是两人之间的私人积怨,更有可能是因为秦惠文王考虑两人之前的嫌隙,担心商鞅背弃他而其制度在其他国家被成功复制。也可能仅仅是因为秦惠文王心胸狭窄,对陈年旧账始终不能释怀。

　　与商鞅大致同时的韩国相国申不害也是个法家，申不害（前385—前337年）为他的堂兄向韩昭侯（前362—前333年在位）求官，"昭侯不许也，申子有怨色。昭侯曰：非学于子者也？听子之谒，而废子之道乎？又亡其行子之术，而废之谒乎？子尝教寡人循功劳，视次第，今有所求，此我将奚听乎？申子乃辟舍请罪曰：君真其人也。《战国策·卷二十六·韩一·申子请仕其从兄官》P929。这里记载的是申不害设计的一个陷阱？还是韩昭侯理解了法律的精义之所在？他对申不害说，您的学说是用于治理韩国的，但您为堂兄求职的做法有悖于您的学说，公开公平实施您的学说还是接受您的个人私下请求，是非此即彼的选项，让我左右为难。弱小的韩国在申不害的治理下变得相对安全、稳定持续发展，而在韩昭侯刚刚继位的前362年，浍北之战，韩昭侯与赵成侯的军队被魏惠王大败，次年韩昭侯与魏惠王在巫沙会面。但这并未阻止前357年魏攻占韩国朱地，前352年，韩、魏联军在襄陵击败齐、卫、宋三国军队，这是秦孝公、商鞅、田忌、孙膑以及魏惠王活跃的时代。前333年，韩昭侯逝世，申不害与韩昭侯共治韩国，"终申子之身，国治兵强，无侵韩者"。《史记·卷六十三·老子韩非列传第三》P2146。韩昭侯前期确实数被攻击，在韩昭侯在位十年后，倒是有能力打败齐为首的联军。

　　"安邑［安邑是魏惠王九年，前361年，迁都大梁前的魏国都城，魏昭王十年（前286年），魏国献安邑于秦。］之御史死，其次恐不得也，输人为之谓安邑令曰：公孙綦为人请御史于王，王曰：彼固有次乎！吾难败其法。"因遽置之。《战国策·卷二十八·韩三·安邑之御史死》P1032。安邑守令的掌书记的御史逝世，其副手希望能够接任，这个毫无把握的人希望通过间接的方式探知魏王是否会另行任命他人，遭到否定。君王严格遵守制度，让副职按照制度惯例接任而不是君王个人另外任意指定的人。这件发生在安邑的事记载在韩策之内，没有确切的时间，但是不论发生韩国还是魏国，都反映制度维护管理已经是成熟、长期的认识。

　　商鞅变法规定国人不能随意迁徙，经过官府批准迁徙者需前往地方官府备案，称之为更籍"甲徙居，徙数谒吏，吏环，弗为更籍。《睡虎地秦墓竹简·法律答问》P214。

　　法律规定不准自由迁徙在当时具有进步意义，人们稳定的居所是分配土地，缴纳赋税，服役等的重要前提。

二、人还是制度更重要？

　　有些对话内容与生活互动并非如此贴近现实生活，或者相对抽象，但仍然是当时的大事。"魏惠王(前400—前319年)死,葬有日矣。天大淤血,至于牛目,坏城郭,且为栈道而葬,群臣多谏太子者,曰:雪甚如此,而丧行,民必甚病之,官费又恐不给,请驰期更日。太子曰:为人子,而以民劳于管费用之故,而不行先王之葬,不义也。子勿复言。……惠公驾而见太子,曰:葬有日矣!太子曰:然。惠公曰:"昔王季历葬于楚山之尾,栾水啮其墓,见棺之前和。文王曰:'嘻!先君必欲一见群臣百姓也夫,故使栾水见之。'于是出之,为之张于朝,百姓皆见之,三日而后更葬。此文王之义也。今葬有日矣,而雪甚,及牛目,难以行,太子为及日之故,得毋嫌于欲亟葬乎?原太子更日。先王必欲少留而扶社稷,安黔首也。故使雪甚,因驰期而更为日。此文王之义也。若此而弗为,意者羞法文王乎?太子曰:甚善,敬驰期,更择日。《战国策·卷二十三·魏二·魏惠王死》P823。前319年,魏惠王逝世,葬期已经定,适逢大雪,众多大臣希望改期,太子认为不合礼法,惠施(约前370—前310年)劝太子,这是魏惠王想在家多待会儿的意思。太子能接受这种说法,答应改期。

尽管因为各诸侯国依存度不断垒高,生活已经极其需要紧迫感,但是每个人的紧迫感时间点不同,依此可将他们划分为成功者与失败者,既有不良的统治者,也有不道德的普通人,分类还可以更为笼统,大致区别为好人和恶人两类。对制度爱憎取决于他们各自的禀赋。

有制度的好处在于异议不能及时达成共识,可以防止专断并导致致命错误。赵豹对赵孝成王说:"臣闻圣人甚祸无故之利。"但是赵王因为贪图赵国上党之守说的上党人不愿献给秦国而将上党献给赵国的假话,拒绝赵豹的意见,坚持接受上党,招致了长平之战(前262年)。《战国策·卷十八·赵一·秦王谓公子他》P615。执政四十五年的老练的秦昭王对付即位第四年的赵孝成王应该是绰绰有余,后者能干的母亲赵威后已经逝世,已经不能给他提供及时必要的建议,专横的人容易孤立。赵孝成王认为自己固执己见是履行君王的职责。

魏安釐王四年(前273年),魏赵攻韩国华阳,白起救韩,大败魏将芒卯,斩首十五万。《史记·卷四十四·魏世家》P1854。魏安釐王即位后三十年无法摆脱被攻击和失败,在他政治生涯的后期尤其前247年信陵君从赵国返回后,信陵君以打败秦国名将的成就和龙阳君在情感上给他带来慰藉,龙阳君是魏安釐王的暮色中的一抹夕阳,那份色彩与温暖令其难以割舍。随着战事变得频繁激烈,生活变得更加不确定,人们难免软弱,或醉生梦死,或心智失常。魏王(魏安釐王,前?—前243年),与他的同性恋朋友龙阳君同一船而垂钓,龙阳君钓得十多条鱼后潸然泪下。魏王反复问其原因,他回答:臣为臣之所得鱼也。他解释说:臣之始得鱼也,臣甚喜,后得又益大,令臣直欲弃臣前之所得矣。今以臣凶恶,而得为王拂枕席。今臣爵至人君,走人于庭,辟人于途,四海之内,美人亦甚多矣,闻臣得幸于王者也,必褰裳而趋王,臣亦犹曩臣之所得鱼也,臣亦将弃矣。臣安能无出涕乎? 魏王曰:误有是心也,何不相告也? 于是布令于四境之内,曰:有敢言美人者,族!《战国策·卷二十五·魏四·魏王与龙阳君共船而钓》P917。魏安釐王在自己的个人喜好上被激发出绝对的专一,专宠,甚至对招惹受宠者任何行为处以酷刑。这里有最为精到的专制原因、效用,人很容易独断、独裁如何产生运作而且为害。魏安釐王尽管一生被秦昭王等折磨,在魏国他仍是说一不二的人,国人必须承受他失策招致的失败,还必须一丝不苟执行他颁布的每道命令。人们无法等到他享乐之余关注国事,等不到他在纵情欢娱恢复理性再做出决策,信陵君在肯定无法得到他的正确抉择后杀死了无辜的将军晋鄙,臣民实际上来不及在分辨正确还是错误的命令之前就行动,没有人能阻止君王的错误行为,制度面对看不见的错误时则具有抵御能力。

暴君的绝招就是控制人,禁止人们正常说话,更不敢公开反对。专横导致的错误比它带来的效率通常扭结在一起,前者的作用本该早被否定,却因为被肆意放大而常常活力十足。

又有人对燕王哙说:现在大王说是把国家交给了子之,而官吏没有一个不是太子的人,实际上是太子在掌权,燕王因此收回三百石官俸禄吏的印玺,交给了子之,子之因此正式成为燕王。子之和燕王哙都被齐人苏杀。《战国策卷二十九·燕一·燕王哙既立》P1058。

宋康王(? —前286年,即宋君偃)之时,有雀生鹯于城之陬,使史占之曰:"小而生巨,必霸天下。"康王大喜,于是灭滕伐薛,取淮北之地,乃愈自信,欲霸之亟成,故射天笞地,斩社稷而焚灭之,曰:威服天地鬼神。骂国老谏者,为无颜之冠,以示勇,剖伛者之背,锲朝射涉之胫,而国人大骇。齐闻而伐之,民散、城不守,王乃逃倪侯之馆,遂得而死。见祥而不为可,祥反为祸。《战国策·卷三十二·宋卫·公输班为楚设机》P1146。宋康王疯狂的程度与个人的自我预期相符。

赵王喜欢让不专业的人治国,却只让专业的工匠为他制帽,魏国的公子魏牟因此批评他。王斗也这样批评过齐宣王。究竟发生在哪个人身上并不重要,重要的是故事的主旨对每个君王适用。上述有关裁缝与官员谁是最合适的制帽人之言论在《战国策》中出现不止一次,这可能不是作者简单的重复或者疏忽所致,类似的言论或许在当时许多人看来都十分重要,政治中类似的情况也非常普遍地存在,因此在多个场合由不同的人对多个君主提示该言论中蕴涵的意义,以启发君主如何让国家变得更好。

第三节　冲击力第三波——新时代的要求与社会朦胧的理想

一、战国的核心思想

1. 批评性的思想爆发

导致战国时代不是一条条从天而降、字字玑珠、撼人心魄的现成金规玉律,而是不断推陈出新的批评精神,批评精神是全天下顺应时势的个人、国家共同寻求的财富,各自衍生思想,激发能力的源泉。

"苏代谓燕昭王(前 310—前 279 年在位)曰:今有人于此,孝如曾参、孝己,信如尾生高,廉如鲍焦、史䲡,兼此三行以事王,奚如? 王曰:如实足矣。对曰:足下以为足,则臣不事足下矣。臣且处无为之事,归耕乎周之上地耕而食之,织而衣之。王曰:何故? 对曰:孝如曾参、孝己,则不过养其亲耳。信如尾生高,则不过不欺人耳,廉如鲍焦、史䲡,则不过不窃人之财耳。今臣为进取者也。臣以为:廉不与身俱达,义不与身俱立;仁义者,自完之道也,非进取之术也。《战国策·卷二十九·燕一·苏代谓燕昭王》P1071。苏代诠释的仁义不过是一种自我完善的方式,而不是积极的进取行为。所谓仁义不过是坐井观天、循规蹈矩、封闭保守维护现状的生存方式,更多的人有发展的强烈渴望和能力,拒绝被已有的制度思想制约,这是战国时代思想与行为差异产生的原因和动力?

"燕王谓苏代曰:寡人甚不喜䛐者言也。苏代对曰:周地贱媒,为两地誉也,之男家曰"女美",之女家曰"男富"然而周之俗不自为取妻,且夫处女无媒,老且不嫁;舍媒而自衒,弊而不售。顺而无败,售而不弊端者,唯媒而已矣。且事非权不立,非势不成,夫使人坐受成事者,唯䛐者耳。王曰:善矣。"《战国策·卷二十九·燕一·燕王谓苏代》P1074。

燕王告诉苏代他恨骗子,但苏代认为,没有权变就不能办成事,如同媒人一样,他们骗男女双方,总是将他们各自说得太好,但毕竟促成了无数的婚姻。权变就是办成事的能力,他说服了燕王。这不一定是苏代的原创,也绝不会是某个人孤立的思想,不论氏族、血缘、国别,只认同利益和志向,这是苏代等向往的新生活,也是秦国开辟的国家发展新途径,这是与以往不同的生存模式,对主流社会极具吸引力。但是它不能完全取代已有的思想,思想的丰富性是生活稳定、安全的外在形式。

道德是一个无用的概念？一种具有欺骗性的托词？然而即使时至战国晚期，人们还在以道德精神衡量行为，道德精神是一种永久的存在。公输班为楚设计制造机械，准备用来攻打宋国，墨子（前468—前376年）听说后步行上万里的路程前来见公输班，声称要杀人而向其借刀，自认从未杀人的公输班埋头精心制作杀器，根本无法停止。他将墨子引见给楚王，墨子对这位陌生的君主说，楚国的土地方圆有五千里，宋国的土地方圆只有五百里。自己有豪华的车辆，却盗窃邻居的破车，此人肯定是有偷窃癖。墨子说服楚王搁置了进攻宋国计划。《战国策·卷三十二·宋卫·公输班为楚设机》P1146。前284年，齐湣王的生命遽然终结之时还意外产生了一个悲喜剧，前者是父女反目为仇，后者是爱情开花结果。"齐闵王之遇杀，其子法章变姓名，为莒太史家庸夫，……太史敫女与私焉。……共立发章为襄王，襄王立，以太史氏女为王后，生子建。太史敫曰：女无媒而嫁者，非吾种也，污吾世矣。终身不睹。君王后贤，不以不睹之故，失人子之礼也。《战国策·卷十三·齐六·齐闵王之遇杀》P471。太史敫不理解自己女儿人生的激情时刻为什么没有与自己预测的时间点合拍，法章与太史敫之女两个年轻人同时处于他们各自的紧要关头，太史敫却仍徜徉在自己的平常时刻。他们三人各自心怀道德，但在这个节点上突然分叉，不能以此分辨对错，但是道德明显有不同类型。

魏军攻韩国的管城，未能攻下，安陵人缩高的儿子是管的守令，信陵君派使者让安陵君（魏襄王之弟，魏襄王前318—前296年在位）派人告诉缩高，信陵君已经任命他为五大夫，并命令缩高立即去带兵攻他儿子固守的管城。安陵君对这个命令很反感，告诉信陵君的使者，说安陵是魏国的附庸小国，这里不可以随意支使自己的居民，让使者自己去宣布信陵君的命令。缩高断然拒绝这个任命。信陵君听说后大怒，要安陵君逮捕缩高，押送给他，否则将带兵攻打安陵，安陵君认为信陵君的命令有悖礼节，声称虽死不从。以下是他对信陵君使者说的话：安陵君曰：吾先君成侯受诏襄王（即魏襄王）以守此地也，手受大府之之宪，宪之上篇曰：'子弑父，臣弑君，有常不赦。国虽大赦，降城亡子不得与焉'今缩高辞大位，以全父子之义，而君曰'必生致之'是使我负襄王之诏，而废大府之宪也。虽死终不敢行。P720。《战国策·卷二十五·魏四·魏攻管而不下》P913。缩高为了不伤害到安陵国和安陵君，自杀。信陵君听说后猛然省悟，亲自前往吊唁缩高，又派使者向安陵君诚挚谢罪。

燕王喜（前254—前222年在位）致书乐毅之子，昌国君乐间，信中有云

"……语曰:'仁不轻绝,智不轻怨。'……'谚曰:厚者不毁人以自益也,仁者不危人以要名。'故掩人之邪者,厚人之行也;救人之过者,仁人之道也。《战国策·卷三十一·燕三·燕王喜使栗腹以百金为赵孝成王寿》P1121。仁者不轻易绝交,智者不轻易抱怨,他的理论虽然没有说服乐间,燕王喜对仁义思想是推崇的,也想要利用这种思想起到正面作用。

但是在一定的时候美德会受到风尚的压抑,道德精神与现实物质需求互相挤占优越位置,他们两者无论位置主或次,都是社会发展的必然过程。前343年,受到商鞅蛊惑的魏惠王政治抱负急剧膨胀,在九里与诸侯会盟,将恢复周天子之尊。房喜对韩昭侯说不要同意尊周天子,大国不希望有天子,尊周王只对小王有利,若大国不同意,魏王与其他小国办不到。《战国策·卷二十八·韩三·魏王为九里之盟》P1033。九里会盟与逢泽之会是同一件事,魏惠王带领十二中小诸侯以及秦孝公的代表秦公子少官会盟并朝见周显王。但是魏惠王的野心以及对中小诸侯压制行为引起不满,韩昭侯一方面接受了房喜的意见,另一方面也无意执行逢泽之会的相关约定,魏韩之间随即爆发战争,魏国攻韩,齐国援韩,齐田忌、孙膑在马陵大败魏军。

有一种荣誉与羞耻不能等同于对善或恶的选边,它们已经完全超出了道德界域,而是纯粹力量的强弱层次评估:约前274年,秦有意联合赵国攻击魏国,魏安釐王为此十分忧虑,魏国将军芒卯(即孟卯,齐国人)建议派张倚为使者向赵国让出邺邑,赵惠文王接受土地并与秦国断交。芒卯却又对前来接受土地的赵国使者说,我们魏国之所以恭顺赵王,就是为了保全自己的土地,没有说要让出邺这块土地啊。完全不理解我国使者张倚为什么会这样办事?赵国发现自己因为贪婪一下即失去了秦国的友谊,又面临被秦、魏联手攻击,于是割让五个城池给魏国,然后魏、赵签订盟约攻秦。《战国策·卷二十四·魏三·秦赵约而伐魏》P851。道义、情谊、契约、金钱等一切在此都显得十分不可靠。

魏国将军公孙衍。在前323年发起魏、韩、赵、燕、中山,五国互相称王。诸侯自行封王剧情中有这样一个插曲:"犀首立五王,而中山后持。齐谓赵、魏曰:寡人羞与中山并为王。愿与大国伐之,以废其王。《战国策·卷三十三·中山·犀首立五王》P1170。公孙衍是魏人,号犀首,是纵横家,与张仪同时,也是其对手,先后在秦为大良造,在魏为将,主张合纵抗秦,他发起韩五国相互称王是想营造一致对秦的局面,四年后犀首担任魏相。齐威王开始时不了理解犀首的苦心,他在意的是齐为万乘大国,中山为千乘小国,实力完全不在一个档次,中山设法先让赵魏同意它称王并与之结盟,随之与齐断交。齐威王因此封锁关隘要道,不允许中山国使臣通行,还计划割让一些土地给燕国和赵国,让他们出兵攻打中山。在这个重大事件中,称王的五国中不论完全支持者还是部分反对者都对周天子的尊严只字不提。这些礼仪与周天子的叛逆们似乎没有意识自己所做的事对周显王以及继任者周显靓王(前 321 年继位)是何等巨大的冲击,不论强弱,常胜的还是等着被揍的诸侯都已经完全忽略周天子的存在。前 322 年,魏任用张仪为相,他干扰这个合纵群体一致行动。前 319 年,魏驱逐张仪后,五国相王出现一个变种:公孙衍配带齐、楚、燕、魏、韩五国相印。随着齐威王、魏惠王辞世,燕王哙让位子之,不同的君主以不同视角看待这个联合,对秦作战的效果不佳。

2. 专制君主下的思想的独立

张仪在秦国虽然受到秦惠王的信任,但是出现张仪主张伐韩,司马错主张伐蜀两种意见时,秦惠王让二人当面辩论,司马错的意见被秦惠王接受,出兵灭蜀。这是重要的一次决策,秦国因此变得更强更加富有,也更加轻视诸侯,但是张仪却没有因此被轻视。

张仪的思想并不孤立,秦王政曾经礼贤下士,想要与秦臣弱顿见面,弱顿提出见秦王时自己不用行大礼,得到秦王许可。弱顿其实是个张仪主义者,提出连横成功秦可以称帝,若合纵成功则楚国称王的观点。但是他认为张仪的连横思想还需要补充。《战国策·卷六·秦四·秦王欲见弱顿》P238。最终秦王政心悦诚服,拨付弱顿万金,收买、离间各国的精英人物,致使赵将李牧(? 一前 229 年)被赵王迁所杀,齐与魏、赵、楚、燕四国都前往朝秦。

与张仪私人之间有嫌隙的人在秦国上层中其实不少,秦惠王死后,犀首公孙衍要抑制张仪,秦李雠建议他从魏国召回甘茂、从韩召回公孙显,在国内重新启用樗里疾。此三人虽然做了些与张仪相同的事,但都是张仪的敌手。《战国策·卷四·秦二·秦惠王死公孙衍欲穷张仪》P143。张仪在秦惠王时为秦丞相,秦惠王逝世后,连横的思想已经逐步被诸侯理解,张仪同时几乎四处树敌,秦武王即位,张仪说他的对手不仅在国内,诸侯们也憎恨他,他张仪在哪里就会进攻哪里,他认为这个现象倒是可以为秦加以利用。所以他要求到魏国大梁去,好让齐国进攻魏国。齐魏交战时,秦国可以进攻韩国,进而进逼周君,挟持天子,'此王业也'。秦武王接受了他的建议。《战国策·卷九·齐二·张仪事秦惠王》P350。

有人提醒魏冉:1. 要防止楚国被齐国打败,这样秦国就不能与齐国抗衡了。2.如果韩魏倒向齐国,秦国就可能同时遭到三国进攻。3 如果韩魏打败楚国,得到楚国的资源,就足以在没有齐国参与的情况下抗衡秦国。《战国策·卷五·秦三·谓魏冉曰破楚》P178。

秦王想通过联合齐国征服天下,秦客卿造对秦相国穰侯魏冉(以拥立秦昭王有功,为将军。前266年即秦昭王四十二年,被免相。从此退出秦国权力阶层。)说,进攻齐国对秦国和他个人都有利,但主张对赵国议和对他不利。因为如果议和不成一定出兵,带兵的一定是白起,白起战胜赵国,由于魏冉原先主张议和,主战派获胜,当然不利于议和派,如果反而被赵国打败,白起一定只有悖于张仪的筹划。《战国策·卷五·秦三·谓魏冉曰和不成》P176。魏冉实际上与张仪思想并无违背,他执政期间,主体上执行东向扩张政策,白起在他在职期间得到重用。

范雎(? —前255年。前266年,即秦昭王四十一年,为秦相)倒是一个张仪主义者。范雎对秦昭王建议对韩国动手,成就霸业,秦王接受了。他又接受范雎的建议,夺太后权,把穰侯、高陵君、泾阳君驱逐关外专断国事,秦王呼之为叔父。《战国策·卷五·秦三·范雎至秦》P196。范雎虽然面对的是商鞅之后的秦国国君,对周文王兴周的事迹还是高度评价,秦王对自己的制度与周文武王的制度存在的差异全然不顾。

张仪思想能够在秦国枝繁叶茂,是张仪把握了时代的脉搏,因此时常变得仅次于神灵,呼风唤雨,齐、楚曾联手进攻秦国,攻下曲沃,秦王要张仪设法让楚与齐绝交,张仪的活动卓有成效,张仪以割让600里地口头承诺贿赂楚王,楚王可耻地同意与齐断交,齐转而举兵伐楚,秦又组合齐、韩三国在杜陵之战中大败楚军。《战国策·卷八·齐一·张仪为秦连横说齐王》P343。

上述国家都是大国,国内人才济济,因此不会缺少能够识破张仪的人,但是他经常一手遮天,诸侯都着魔般地按他的指向站位。他深通人性,所以其各种主张能在到处引起共鸣,他与秦国的组合,是他与秦国的绝世缘分,魏国同样需要张仪之类的人,但魏国君主容纳他也不会产生张仪在秦国的效果。"张仪走之魏,魏将迎之,张丑谏于王曰:欲勿内,不得于王,张丑退。复谏于王,曰:王亦闻老妾事其主父者乎?子长色衰,重家而已。今臣之事王,若老妾之事其主父者。魏王因不纳张仪。《战国策·卷二十二·魏一·张仪走之魏》P804。魏王认为张丑忠诚而接受其意见,不是因为其意见合理正确而接受。与秦国君主接受张仪的出发点完全不同。

第十三章　作为一个整体的战国

二流的人为什么更容易控制社会？他们能力有限,看不到更远的地方,也就不会有崇高以及过分的追求,他们只会寻求快速见效的办法,追求眼前利益。这种人在社会中基数大,自我危机感强,具有高度的主动性,也容易被比他们差的人理解。

道德总是在寻找理由,而现实一直都更看重机会。

——作者

尊重周礼没有问题,重要的是不能持续无效的行动生活方式,要寻求创立支撑礼的经济基础。

存在一种与周礼并行的世俗文化,没有真正的信仰,认为获胜就是德。

(1. 私人国内生活,个性化的发展(整个社会的缩影社会的引擎),2. 交际与局部冲突。眼前利益和长远利益的矛盾(横向运动)

横向运动及其出路——周元王元年公元前475年起。

——作者

周国家分西周、东周时期,在东周时期内又分出春秋和战国时期。公元前770年,申、晋、郑等国拥立周幽王子,是为周平王,国都东迁洛邑,此后称东周。

第一节　周天子及其辖区的演变

一、周天子

前441年,周定王死,子哀王立。哀王弟姬叔杀哀王自立,即思王。弟嵬杀思王自立,是为考王。前440年,周考王封弟揭于河南,为西周恒公。前426年,周考王卒,子威烈王立。前402年,周威烈王卒,子安王立。周安王于前401年立,前376年周安王死,前375年,子烈王立。周烈王姬喜于前369年卒,弟显王姬扁立(前368年—前321年在位,历48年)周显王卒,子慎靓王立(前320年—前315年在位)。前315,年,周慎靓王卒,子周赧王继立为东周第二十五位天子,周赧王在位五十九年(前314年—前256年在位),这是东周最后的君主在位时间,比当时生活与医疗条件下绝大多数人的寿命长很多。这是只有很少人曾打破的在位时间记录,令人不少君主钦羡、仿效。但是周赧王是个窝囊的君主,西周与周分主政理,各居一都,故曰东、西周。《史记·卷四·周本纪第四》P160

周赧王时东、西周分治,西周,河南也;东周,巩也。西周王城,今河南,东周、成周,故洛阳之地。周赧王即位后从成周迁往王城。西周武公也居住在王城。《史记·卷四·周本纪第四》P160

河南:邑名,即今洛阳周之雒邑王城,战国时称王城。河南洛阳、巩是三个地方明确不同的地点。巩即今巩义县,距离洛阳数十里,是洛阳东大门。西周在河南,周在洛阳,东周在巩。方位自西向东。

雒阳:在今河南洛阳东北,本周之雒邑即成周城所在地,战国改为雒阳,因为其在雒水之北。

雒邑:在今河南洛阳,建东都雒邑,又名成周,平王东迁于此,后形成王城,成周两城。前367年西周威公卒,公子根于东部争立,得到赵、韩支持,西周分裂为东周、西周两个小国。东周都巩。

变革力度大的有较大收益,周天王也鼓励效用大的国家,社会发展与社会道德预期比较一致。

前441年,周定王死,子哀王立。哀王弟叔杀哀王自立,即思王。弟嵬杀思王自立,是为考王。周连续两次发生凶杀后,前426年,周考王卒,子威烈王立。前376年,周安王死,子烈王立。前369年,周烈王卒,弟显王立。前321年,周显王卒,子慎靓王立。前315,年,周慎靓王卒,子周赧王继立。前314年,周赧王姬延即位,前256年,在位五十九年的周赧王去世,他带走了周王室的一切。战国时的周王室能够记载的主要是各位君王如何适应社会、适应变化,何时继位以及死去,周王室可能是在努力遗忘自己伟大祖先,拒绝假设自己的未来中度过战国时期。前440年,周考王封弟揭于河南,为西周桓公(以续周公之官),亦称西周君。它不是周王室,前367年西周威公逝世后,得到赵、韩两国支持的公子根在西周国的东部争立,西周分裂为东周、西周两个小国,东周都巩,东周惠公是第一任君主。榖城、缑氏与河南为西周,洛阳、平阴、偃师与巩为东周,周显王虽然为天子,居洛阳(成周),即在东周国领地内存身。自是王畿七城,始有东周、西周之称。周赧王（前 314 年—前 256 年在位）前 315 年迁都西周国，是东、西周国分治。前 360 年，东周惠公姬根逝世。前 300 年，东周与西周交战，支持姬根自立的韩国增援东周。前 249 年，东周君与诸侯谋秦，秦灭东周，迁其君，周亡。

周元王（前 476—前 469 在位）是战国第一代君主，周贞定王姬介是周元王之子，前 441 年去世后长子姬去疾为哀王，哀王被自己的弟弟周思王姬叔所杀，周贞定王的少子姬嵬在前 441 年杀兄周思王姬叔（周定王次子，周哀王之弟，在位五个月。）自立，姬嵬即周考王，考王封弟姬揭为西周桓公，前 426 年，周考王卒。周天子兄弟相杀，违背了周礼，有损国家形象，但是争夺大位的人已经不想顾及了。

第二节　分化的介质

一、周天子的奖励

哪些情况下会得到或失去来自周天子的封号，荣誉，哪些情况下会被拒绝以及失去。

前 770 年，周平王封秦襄公为诸侯，这是一个正常但很重要的事件，周平王时代出现的这个新诸侯此前一直被其他诸侯视为蛮夷。一个国家很野蛮，就会不受到待见，但是一个诸侯能够打败别的诸侯，它可能会得到承认，赋予相关社会地位，武力是一种能力，秦因为文化层次与中原诸侯不同，视为狄夷，但它打败狄夷后，为周天子提供了安全感，周天子给予封号。周天王的封爵是一项重要的权力，他给一个人何种封号代表着合法性，不论人们是否接受，他是一种标准，周天王如何看待自己的标准，这些标准都会或多或少地影响他本人。

楚熊眴（前 758—前 741 在位）最后的国王年份是公元前 741 年，楚蚡冒之弟熊通，杀其侄，即杀其兄楚厉王（熊蚡冒）之子而立，并希望从周平王那里得到封号，被拒绝，周平王从宗周迁都成周，并没有因为失去国都而对礼制失去尊重，想要从子爵改封提升受挫，熊通并没有灰心而是大胆地自号为武王。熊眴、楚武王都是开疆拓土的君主，却一错再错，让卞和无辜地失去双腿，再也无法行走，直到武王子楚文王才得以发现和氏璧价值连城，有关卞和玉的传说对楚国的未来寓意深刻，这个国家的误读对国家影响深远。前 626 年，楚太子商臣（也是长子）知道楚成王想要改立公子职为太子，迫使楚成王上吊自杀，商臣自立，成为楚穆王，楚穆王帮助楚国从城濮之战惨败的阴霾中走出来，让楚国在江淮地区变得具有控制力,他的儿子楚庄王更为杰出,成为春秋五霸之一,庄王之前,楚国一直被中原诸侯排斥,由于他的楚国强盛,顺利融入中原政治文化核心圈内,楚国内乱似乎乱出了增值效益。

郑庄公的祖父郑桓公是周司徒,郑庄公(儿子忽,后来的郑昭公)与周平王(儿子狐,他是周平王的次子,太子泄父死后立为太子)交换儿子到对方为人质(前720年),对于一个强势的诸侯,周平王没有争锋相对,周郑交质造成严重后果,周平王逝世时,在郑为人质的太子狐被立为周王,他远在异国超过十年,父亲生前无法奉养,这个悲伤过度的太子回国来不及登基即病故,太子泄父的儿子姬林成为周桓王,积怨太深的周郑之间状况不断,桓王三年717年,郑庄公朝拜时觉得受到周王无礼怠慢,后又强行夺走郑国四个邑,前707年,周桓王免其在周朝所任卿职,郑庄公不再按例朝拜周桓王,周桓王带领陈、蔡、虢、卫四国讨伐郑庄公战场被射伤。即使如此,郑国诸侯的爵位没有失去。

前745年,晋昭侯(晋第十二任君主)元年,封其叔成师(姬成师,即曲沃桓叔)于曲沃,曲沃比晋君都邑所在地冀面积还要大,晋国开始分裂而长期内争。晋昭侯七年(即前739年,即晋孝侯姬平元年),晋臣潘父杀昭侯迎曲沃桓叔,桓叔欲入,遭到晋人反对,桓叔退回曲沃,晋人,杀潘父,立昭侯子姬平为君,孝侯为晋国第十三任君主。晋哀侯的儿子小子侯被曲沃武公诱杀后,周桓王立晋侯缗,晋侯缗是晋哀侯的弟弟,公元前679年,曲沃武公灭晋侯缗,曲沃武公随后重金赂周釐王(周僖王姬胡齐),周天子封之为诸侯,史称武公,这是秦襄公以来又一次重要的晋爵,正式确认可以通过武力获取诸侯资格。曲沃武公开同姓封君取代同姓诸侯的先例,曲沃武公运气很好,他遇到了文、武王所建制度的怀疑派周釐王姬胡齐,曲沃武公用抢来的珍宝贿赂了周釐王,前678年周釐王正式册封曲沃武公为晋侯。对此可以有两种理解:1.完全没有考虑后果的周釐王于是开了一个恶例:只要有能力夺取政权,周天子就会承认你的合法性。这种现实主义态度是对规则的重大破坏,也是对礼制思想的重大误解,周礼维护的是一种清晰、严格的合理性,而不是鼓励政治上的越礼违规等霸道行为。2.对周礼的正确诠释。

八十年来,晋国曲沃的封君与冀(绛)都的晋侯分庭抗礼的局面随着武公的崛起而结束,周釐王欢迎一个能够整合晋国的强人,也给这个诸侯国留下无穷后患。作为一个整体晋国可分为三个重要时期:曲沃武公到晋惠公为一期。前645年,秦(秦穆公在位)、晋(晋惠公在位)战于韩原,秦大胜,获晋惠公,后释放。

晋文公(前636—前628在位)至晋平公为强盛期,实施改革后,晋国力增加,前 636 年,秦穆公立晋文公,狄人入侵东周,周襄王出奔,向诸侯告急。前 635 年,晋文公出兵救周,襄王复位,赐与晋侯阳樊等四邑之地。公元前 633 年,晋文公作三军,晋文公的改革卓有成效,前 632 年前晋文公率诸侯联军与楚、陈、蔡三国联军在城濮作战,楚国等大败,晋、齐、鲁、宋等国会盟于践土,周襄王亲自赴会,策命晋文公为霸主,前 628 年,晋文公卒,子襄公立。

晋文公后,晋国对秦、齐、楚大国作战都屡有胜绩,曲沃武公的叛逆行为没有影响其政权的发展,显示外部社会没有严重质疑这个政权的合法性,周天王已经为之背书。晋国作为一个姬姓大国的实力在晋文公时代得到释放、彰显,曲沃武公胜者为王的逻辑在这个国家已经生根开花。这是周礼的错误? 还是周天子们想要的结果? 周天子让你知道,胜利和成功是好的事情,你需要获得成功,无论如何也要成功。这可能不是来源于制度的规定而是周王的直觉。

前 627 年,晋败秦军于崤山,擒秦三将。公元前 589 年,晋(晋景公在位)、鲁(鲁成公在位)、卫(卫穆公本年九月逝世)联合伐齐,战于鞌(发生在六月),齐军大败。公元前 584 年,晋使巫臣聘吴,教之以车战,使吴袭扰楚国。公元前 579 年晋、楚在宋国结盟,相约罢兵,晋郤至聘楚,楚公子罢聘晋。公元前 575 年,晋、楚战于鄢陵,楚军大败,楚共王负伤。公元前 573 年,晋栾书、中行偃杀晋厉公,立悼公(前 572—前 558 年在位)天纵睿智的晋悼公出生于前 586 年,即位时年仅十四岁,晋悼公是少见的天才君主,他的政治成就比肩晋文公。前 458 年,晋荀瑶与赵氏、韩氏分范、中行氏之地以为己邑,愤怒的晋出公向齐国、鲁国诉说自己的遭遇,习惯于维护制度的鲁国准备讨伐智氏、赵氏、韩氏,晋国大权在握的四卿反攻晋出公,可怜的出公仓惶奔齐以示抗议。公元前 546 年,晋(晋平公在位)、楚、齐、鲁会盟于宋,相约弭兵,使小国兼奉晋、楚两大国,得益于两霸主提供的公共产品,此后大战有所减少。

晋平公(前 557—前 532 在位)之后为晋国衰落期,公元前 497 年,晋六卿争权内乱,范、中行两家失败出奔,知、韩、赵、魏四家主政。晋文公、晋悼公这样理想的君主源自曲沃武公这样的政治强人一脉,这颗开枝散叶的大树从它的根茎、树皮、枝干、树冠等每一个部位都带有曲沃武公的细胞,既有叛逆性,又有统合能力。它的政治成就随着其能力的增减而变化,而不是在一个政治理想持续指引下生活。不同凡响的君主是少数,平庸或者做坏事的君主居多,是制度的一部分,曲沃武公那种类型的人制造机会,无论是统合还是解体,都是为了个人的胜利,曲沃武公、周釐王参与开启战国之门。

前 453 年,晋知氏联合韩氏、魏氏合兵攻击赵氏,赵氏反而与韩、魏实施反攻,灭知氏,瓜分其地,进而韩、赵、魏三家分晋。前452年,晋出公奔于楚,敬公立。前434年,晋敬公卒,子幽公立。前433年,晋仅有绛、曲沃等地,反而朝于韩、赵、魏。前416年,晋幽公夜间被"盗"所杀,魏国出兵平息晋乱,立幽公子烈公,这里显示晋国公室已经需要借助外部力量处理内部事务,但极具讽刺性,自暴自弃的晋幽公生前一定认为魏等三家才是晋乱的始作俑者。前403年,继周釐王之后,周威烈王命韩、赵、魏列为新的诸侯。前408年,韩景侯立(前408年—前400年在位)成为第二代韩国诸侯,他是前403年被周天子正式策命为诸侯的晋卿韩武子之子。发生在晋国的几次以下犯上事件成为国家重要的转折点,分裂晋国没有因为成为魏韩赵三国的道德瑕疵,集体仍有能力与一流大国争衡:第一,前404年,三晋(时值魏文侯、韩景侯,赵烈侯在位)伐齐(田齐田和子在位),攻入齐国长城。前400年,三晋伐楚(楚悼王在位),至乘丘而还。《史记·卷四十·楚世家第十》P1720。第二,前391年,三晋伐楚,大破之于大梁、榆关。《史记·卷四十·楚世家第十》P1720。司马迁认为晋国在晋静公俱酒二年,前376年,"静公迁为家人,晋绝不祀。"《史记·卷三十九·晋世家》P202另一种说法是要到七年后,前369年,赵、韩迁晋桓公于屯留,晋绝祀。迁为家人就是贬为平民,因为这个国家彻底失败,失去了土地、人民等,书面上被正式取消其对原有封地和爵位所有权等。

前387年,魏武侯与齐田和会于浊泽,田和求为诸侯,前386年,把齐国从姓姜改为姓田后,田和得到了周安王姬骄的正式策命为诸侯,田和立国,改称本年为元年。齐国田氏于是开异姓单独代替始封君后裔的先例,与田氏相比,三晋相当谦让,晋被三家瓜分,齐国则让田氏一家所独有,三晋是创新,齐国田氏是仿效者,周王没有顾及到还活着甚至还等着公道奇迹降临的齐康公情感,这年齐田氏将已经被废为庶人的康公迁居于海上,有一份可以糊口的岁入,食一城,后来该待遇被取消,生活每况愈下,十一年后(前379年)死去,齐吕氏绝祀。

周平王严予拒绝的行为,周釐王、周威烈王(姬午)、周安王满不在乎地就做了,他们属于不同的时代,做了同样的事,绝非偶然与别出心裁,曲沃武公、晋三家、田和、周釐王、周安王行为是否妥当,当时人就是这样思维,做决定的,对后世影响如何,做决定的人不能预估。

公元前473年越王勾践灭吴,吴王夫差自杀,勾践会晋、齐等国于徐州,致贡于周,周元王使人赐越国胙,命为霸主,成为春秋五霸之一。命为霸主至少需要两个重要指标:1.战场上获胜,2.尊重周天王的权威。周天王以各种方式支持强大的人,以致曲沃武公精神变成一种形式主义,前344年,魏惠王有两场重要外事活动：1.魏惠王始称王,召集秦、韩、宋、卫、鲁等国于逢泽会盟,率十二诸侯以朝周天子。2.魏惠王马陵(前341年)惨败后主动前往拜见齐威王,与齐威王于徐州相会,尊威王为王,威王亦承认惠王为王,史称"徐州相王"。但是魏惠王很失落,前652年,齐桓公主持完成葵丘之盟,刚登基的周襄王立即命令执政宰周公赐齐桓公文武胙,周襄王称齐桓公为伯舅,这是对异姓诸侯的统一称呼,同姓诸侯称伯父、叔父。尽管周王特别指示年事已高的齐桓公可免前两个动作,齐桓公还是一丝不苟第完成程序中规定的四个步骤:"下(台阶)、拜(跪拜)、登(上堂)、受(领受)"。周显王九年(前361年)也曾致文武胙于秦孝公。但是现在,周显王姬扁"致文武胙于秦惠王"《史记·卷四十·楚世家》P206.同时给齐威王赠送了文武胙,就是祭祀了文王、武王的祭肉,以示同受鬼神的庇佑,受颁是重大荣誉。周显王应该是面临快乐的烦恼,得到十二位诸侯集体朝拜,齐威王又是取得大胜的诸侯,祭肉颁给谁颇费斟酌,他最后准备了两份,作为集体朝拜周王的牵头人,徐州相王的发起者,诸侯中最先称王的人,魏惠王两次落空,尊贵的祭肉去了不同的方向,齐威王实至名归,秦惠王是很生猛,继位当年就以骇人听闻的方式毁灭了秦国栋梁商鞅,但仅此而已,魏惠王强烈感到这是个讲求实际的时代,应该主持公道的周王集体变得趋炎附势,他想得到,如果秦孝公、秦惠王和齐威王接受文武胙时没有像齐桓公那样恭敬、严谨、守礼,也不绝会被更偏重实力的周王们嗔怪。祭祀社稷宗庙后的生肉分颁给同姓兄弟之国称为归脤之礼,算是一种例行公事。前325年,秦惠文王成为第一个称王的秦君主,魏惠王与韩宣惠王(韩威侯)于巫沙会面P206,尊韩为王。前323年,魏惠王与齐威王于鄄相会,这距离二人徐州相会已经有十一年,魏公孙衍发起五国(魏、韩、赵、燕、中山)相王。赵、燕、中山始称王。在咄咄逼人,无视周王自行称王运动的时期,周显王仍不忘自己的存在,前319年,周致伯于秦孝公,就是任命其为一方诸侯之长,这是对未经同类册封的群王们公开激励,战国就是这样形成的,战国是一个崇尚积极进取、讲求实效的社会,而不是衰落失败的时代。

　　从魏惠王到集体称王(赵国之前一度拒绝这样做,是自认名实不副。)这样一窝蜂的行为,是诸侯们觉得有共识是一种没有落伍的感觉,其实他们的国家各有各的难处,即使自己想回到从前也办不到,魏惠王称王后,马陵之战大败给还没有称王的齐威王,还不如打起精神让别人觉得自己发展得很好。前369年,宋司城子罕(剔成肝)约于本年或稍后杀宋桓侯(宋辟公)自立。宋君剔成肝(司城子罕)之弟偃攻剔成肝,自立,剔成肝奔齐。宋王偃(前328—前286在位)对齐、魏、楚作战都取得过胜利,滕国曾经被其灭亡,是一个想要努力赶上潮流的人,宋国对内对外有过的攻击性人所共知,五国相王没有邀请他,让这个充满活力,自负甚高的人很不自在,宋王偃(前 328 年—前前 286 年在位)前 318 年自称王,当时齐宣王、赵武灵王、秦惠文王在位,周王不是能够理解所有发生的事,在有些事情上保持沉默。

姬胡齐、姬午、姬骄等对周礼的解释性做法对各诸侯国对整个周天下社会具有定向作用,成为社会各方面援引的判例。

二、王权碎片化的极致

秦国的发展让世界有天翻地覆之感,东周君的理智正常地战胜了自己的理想,前 290 年,东周君朝拜秦,东周君大胆一点,甚至可以自认为是东周之君,是所有诸侯国的宗主,但是他现在只想快一点到达秦国宫殿,向诸侯秦昭襄王行朝拜大礼。前 256 年,秦伐韩,攻取阳城、负黍。诸侯大震,西周君(西周武公)与诸侯孤注一掷,联合一起攻秦,秦攻西周,灭西周,西周君入秦,尽献其邑三十六,口三万,与九鼎宝器于秦,秦王受献,归其君于周,依附于西周武公的周报王和西周武公都逝世于当年,继承武公的是他儿子西周文公,被秦迁居他处居住,249 年,秦灭东周。

西周桓公(周考王弟姬揭,都王城)、西周威公(桓公子姬灶,他死后国分为二,西周国姬朝,东周国姬朝弟姬根)、西周惠公(西周威公太子,姬朝,居王城,又称西周君;姬朝弟姬根居巩,号东周惠公,又称东周君。)、西周武公(西周惠公子)、西周文公(西周武公子),皆出自周定王,周考王是定王幼子,定王又出自周僖王,就是帮助曲沃武公获得正式爵位的周天子,是周平王直系后裔,与武王、文王血脉相承。西周文公 249 年被灭,东周不复存在,他也代表东周国被灭,西周武公只拥有西周国,代表起自西周延续下来之东周天下的是周报王,他死于 456 年,东周国、西周国也可以看做东周的一个组成部分。

周平王严予拒绝的行为,周釐王、周威烈王、周安王满不在乎地就做了,如果说曲沃武公,田和行为是有生存环境的压力,周釐王、威烈王、周安王彼此相距时间漫长,并不是同时具有类似压力,没有人强迫周王们必须为曲沃武公他们的行为背书,但问题复杂的地方是:诸侯国家几乎没有例外的情况,他们不仅在恶劣生存条件下变得容易违反规则,需要时他们不惜唐突神灵,何况神灵在人间之子?周烈王(前 375—前 369 在位)时诸侯违规不朝,被漠视的周天子又有何办法?如果说诸侯、封君以及有能耐的异姓们鸠占鹊巢是错的,那周天子宣布他们合法也是错的,说明周礼有错或者周礼原本是建立在现实主义基础之上,或者人们习惯于规避社会规则，周礼缺乏约束力或鼓励新思想而令其混乱成为常态，人们，包括君主只能将错误视为正常，这里的内部混乱是一种普遍、正常现象，它与制度与生俱来；如果他们可能是对呢？与强者合作一次又如何？周天子就不能机会主义者一下，变通一下，做出自己最喜欢的判断？从直观上看，周国家或许建立在理想、理性之上，却以不正确方式在运行；实际上，周礼建立在理想主义之上，周王们以现实的态度诠释理想，这决定了国家的走向，从西周武公的态度看这不是他想要的结果，但是多大程度上控制局面取决于个人能力，西周武公选择抵御秦军进攻的方式非常幼稚可笑，由此可见他对周礼的精神实质并不理解。

第三节　战国横向运动

一、国家内部和私人的常规生活

周元王（前476—前469在位）是战国第一代君主，周贞定王姬介是周元王之子，前441年去世后长子姬去疾为哀王，哀王被自己的弟弟周思王姬叔所杀，周贞定王的少子姬嵬在前441年杀兄周思王姬叔（周定王次子，周哀王之弟，在位五个月。）自立，姬嵬即周考王，考王封弟姬揭为西周桓公，前426年，周考王卒。周天子兄弟相杀，违背了周礼，有损国家形象，但是争夺大位的人已经不想顾及了。前367年西周威公逝世，公子根在西周国东部争立，得到赵成侯、韩懿侯支持，他们支持的重点不是社会公义和秩序，而是对自己有利。

公元前712年，鲁隐公被鲁公子羽父所杀，参与了密谋的其弟弟姬轨立，即桓公。前662年，鲁庄公死，闵公继立，庄公庶兄庆父执政。前660年，庆父杀闵公后恐惧出奔，季友奉公子申为鲁僖公，随即迫使庆父自杀。公元前517年，鲁昭公讨伐大臣季氏，自己兵败后出奔，前公元前510年，鲁昭公流亡中死去，季氏等三家大臣立其弟定公，鲁昭公败给自己的臣属，说明国家制度形同虚设，现实生活中有不同运作方式。

前471年，鲁哀公（前494年—前468年在位）以嬖妾为夫人，以其子荆为太子的行为违反了礼制，国人普遍反感新储君改变方案。哀公在位期间季孙斯、季孙肥先后任卿执政，前468年，鲁哀公受大臣季氏逼迫，出奔越。前465年，企图借助越国力量反打击三桓，结果三桓公开起兵，迫使鲁哀公流亡，辗转卫、邾、越等国，局势缓和后被国人迎回。前467年，鲁哀公卒，大臣季氏等立其子悼公姬宁（前467年—前437年在位），鲁哀公为之着实折腾了一番的姬荆没有能够继位。三桓可能受到外部社会的影响,可能没有,而是来自三桓的个人理性,他们知道周天王欢迎那些把事情办成的人,在有条件的情况下,没有理由努力不争取一下。鲁哀公强烈第感到三桓让他抬不起头,好像他们身份是颠倒的,这个问题是谁给他的,鲁哀公可能没有答案。

　　齐国可以细分为两个时期姜姓吕氏的齐国君位曾经是周朝天下的一个中心,在作用上是隐性甚至是公开的周天子,前685年公子小白为齐桓公,管仲等才俊治下的齐国无与伦比,公元前679年,齐桓公会宋、陈、卫、郑等国君,得到诸侯拥戴,前656年,齐桓公率鲁、宋、陈、卫、郑伐蔡,伐楚,楚国求和,盟于昭陵。前651年,齐恒公大会诸侯于葵丘,盟约维护诸侯间永久和平,尊王攘夷,奉行周礼等级制等。周襄王派大臣祝贺,齐桓公霸业鼎盛,霸主的典范——部分掩盖了天子的光芒。前651年晋献公逝世,大臣争权内乱,齐桓公、秦僖公拥立晋惠公,齐桓公等的作用等同于周天子,他积极干涉别国内部事务,但作为霸主,他某种程度上得到天子授权。前643年,齐桓公死,太子昭与诸弟争位内乱,国势减弱。以上所有例子都可以说明不存在一个诸侯国家完全好管理的时期,从周代的文武二王反对的朝代殷商到周代自己分封的诸侯,他们被寄予厚望,俾国家兴盛长治,但是诸侯没有被授予绝招,可以应对遇到的一切问题,每个时期、国家都会遇到自己的问题,诸侯们只好或手脚并用,尽兴尽力,或得过且过、听天由命,结果很不一样,有差异就有不同的际遇。

　　发展得最好的诸侯生活就是让周天子恢复权威,维护现存制度延续与社会秩序稳定,这是从前的经典诸侯生活,但是这种情况非常个人化,具有极大的偶然性,很容易被混乱替代。齐桓公的齐国辉煌时期后,齐国再也没有超越、齐景公虽然是历史上在位时间名列前茅的君主之一,在位五十八年,却是一个平庸的君主,政治抱负令人震撼,却更倾心于精致的个人生活。前489年,齐国大臣争权,陈氏、鲍氏联合驱逐国氏、高氏等,齐景公之子齐悼公也是野心勃勃的田乞、鲍牧所立,田氏从此冉冉升起。前488年—前485年在位的齐悼公则命运不济,在位的第四年被鲍牧所杀。齐悼公之子齐简公(前484年在位)在位时,田氏已经是鹤立鸡群,独揽大权的权臣,君主控制力进一步弱化,齐宣公姜积在位时(前455—前405)专权的田氏让他几乎毫无机会,他在位半个世纪,按自己心愿能做的事情并不多。前391年,齐田氏迁其君齐康公于海上,前379年,齐康公卒,卓越的太公望后裔吕氏绝祀。接受田氏来齐的齐国人和信任重用他的齐国人可能没有这种先知先觉,事先察觉田氏会喧宾夺主,鸠占鹊巢,实际上,田氏是干出来的,他们大斗出,小斗进的谋略是惊人的创意,对于绝大多数赤贫的居民而言,田氏带来了惊喜和善意,至于是田氏还是吕氏为君主,对无法主张亦无法拒绝的普通人而言,其实是爱莫能助。战国吕氏齐国多数君主对国内所实施的统治并不足以让人民永远留恋这个家族,他们想要改变,对田氏寄予部分注定是不现实的希望。前 386 年,田和始列为诸侯,改称本年为元年,前 384 年,齐太公田和卒,子郯立,前 374 年,齐田午杀其君田剡和孺子喜自立,号为桓公。不仅不同姓的人之间会仇恨,同姓的人也会杀戮,何况异姓,当时体面自主的生活方式有限,成为君主就是其中之一,人们拼死相争就很自然。前 357 年,齐桓公田午卒,子威王继立。前 320 年,齐威王卒,子宣王立。稷下学宫始于田齐桓公田午在位期间(前 374—前 357),稷下学宫是齐国的高级学府,地点在齐都城临淄,稷是指稷门,也是南门,学宫规模宏大,齐威王(前 356 年—前 320 年)、齐宣王(前 319 年—前 301 年在位)时盛行。齐威王即位初期,委政卿大夫,国家混乱,后受到能干的即墨大夫的启发,齐威王积极寻求自我改变,任命邹忌为相,淳于髡也得到邹忌的任用,孙膑、田婴、田忌改制练兵。齐宣王元年(前 319 年),秦孝公和商鞅的在秦国的治理已经产生广泛影响,商君效应对齐宣王的启发应该很大,"宣王喜游说之士,自如邹衍、淳于髡、田骈、接予、环渊之徒七十六人,皆赐列宫,为上大夫,不治而议论,是以齐稷下学士复盛,且百千人。"《史记·卷四十六·田敬仲完世家第十六》P1895。宣王十九年前 301 年,齐、魏、韩攻楚方城,杀楚将唐昧,破楚军于垂沙,韩、魏得宛、叶以北地。齐宣王卒,子齐湣王立。齐湣王七年,(前 294 年),齐田甲劫王,涉事的孟尝君逃往自己魏国,田文一度担任魏相,齐襄王在位后返回自己的封地,他是大土地所有者,极其富有,可以为数千不从事劳动生产的食客提供丰衣足食的生活。前 283 年,齐湣王子法章在莒即位,是为襄王。

燕国与齐国接壤,两个国家社会趋势具有相似性,与设计规整,方向明确的秦国政治相比,燕国对自己的现在和未来方向的政治理念与行为方式都相对凌乱,公元前 439 年,燕成公卒,文公立,前 379 年,燕简公卒,桓公继立,前 373 年,燕简公卒,他在位四十二年,燕桓公继立,前 362 年燕恒公卒,文公立。前 333 年,燕文公卒,子易王立。公元前 321 年,燕易王卒,子燕王哙立。燕王哙打破常规,突破世袭制,让位于自己认为最适合的家族之外的人,引起太多的不理解,前 318 年,燕王哙让位相国子之,前 315,年,燕国内乱,燕国太子平攻击新的燕国主人子之,前 314 年,燕子之攻杀市被、太子平,齐派匡章攻燕,五十日取得全燕,杀子之及燕王哙,迅速撤兵,赵武灵王派人将燕王哙的另一个儿子燕公子职护送入燕为燕昭王,他很长时间都在外国做人质,燕昭王有三项重要布局:

1. 招揽贤才,人材纷沓而至改变燕国的社会风气。

2. 前300年,燕昭王信任的谋士苏秦约于本年到齐国,他帮助到了燕国。

3. 前295年燕昭王以乐毅为亚卿。

燕国的问题出在燕王哙身上,是因为他对了还是错了人们并不一致,燕昭王对齐国军队在燕国势如破竹印象深刻,精心组建了一支强大的军队,但他管理国家的办法相对简略单调,没有形成完备体系,因此只是短期有效。前279年,燕昭王卒,子惠王立,前258年,燕武成王死,子孝王立。

赵国东北与燕国、東胡接壤,东与中山、齐国交界,南与魏、卫、韩三国为邻,北邻林胡、楼烦,西与韩魏交界,赵国都晋阳,前425年迁都中牟,前386年赵敬侯迁往邯郸,持续达一个半世纪。"赵氏之先,与秦共祖。……其后世蜚廉有子二人,而命其一子曰恶来,事纣,为周所杀,其后为秦。恶来弟曰季胜,其后为赵。《史记·卷四十三·魏世家第十三》P1779,赵国君出自黄帝五世孙伯益(即大费),与秦君侯为同一祖先,周穆王赐季胜后裔造父以赵城,由此为赵氏。自造父以下六世至奄父,奄父救周宣王于千亩之战,奄父生叔带,时周幽王无道,叔带不满周幽王,离周去晋国,侍奉晋文侯(晋穆侯之子姬仇),后成为望族"叔带去周如晋,事晋文侯,始建赵氏于晋国,叔带以下,赵宗益兴。"《史记·卷四十三·魏世家第十三》P1780

秦仲之子嬴姓,赵氏,名其。赵其就是后来的秦庄公,可见秦与赵系出同祖,但在长平之战时,这些都被遗忘或者有意忽略。

前455年,赵国知伯在赵国六卿中最强,联合赵韩魏灭范、中行氏,向赵、韩、魏三家索要土地,唯独赵家不肯割让土地,因而与之开战,知氏被赵、韩、魏联手打败,三家分其地,知伯的头颅还被深仇大恨的赵襄子制成了饮器,前453年豫让为知伯报仇,后者有恩于他,刺杀赵襄子未遂,被捕后以一种荒唐的方式完成夙愿,自杀而死。他与知伯彼此欣赏,视知恩图报为大节,而知伯为土地而死,可见他们都是唯利是图的偏狭之人,不可能管理好国家,也不可能经营好人生。前425年,赵襄子(赵鞅庶子,名无恤)卒,赵襄子所立其兄伯鲁之孙赵浣,被襄子弟弟桓子驱逐,迁都中牟的就是桓子,前424年,赵桓子卒,其子被赵人所杀,赵浣(一说他其实是襄子之子)复归得立,为赵献侯(前423年—前409年在位),前409年,赵献侯卒,子烈侯继立,赵献侯之子赵烈侯是赵国开国之君,嬴姓、赵氏,名籍,从晋国赵氏的封君转为国君,赵烈侯六年,前403年,三家分晋,周威烈王命赵烈侯为侯,与魏、韩同为诸侯。赵烈侯(前408年—前387在位)逝世后,前387年,赵烈侯卒,弟赵武公立(真实性存疑,史记称赵武公)得以立,前387年武公卒,赵武侯逝世后子赵敬侯立,名章(前386年—前375年在位)即位第一年,赵敬侯将都城从中牟迁往邯,赵敬侯之子赵成侯(前374—前350年在位),赵成侯之子赵肃侯(前349—前326年在位),赵肃侯是赵成侯之子(前349—前326在位)肃侯子赵武灵王(前325年—前299年在位),前323年,赵武灵王始称王,前307年赵武灵王实施胡服骑射让赵国军队脱胎换骨,前302年,赵命吏大夫奴迁九原,再次下令命将军,大夫、嫡子、代吏均胡服,习骑射,赵国装束一新与众不同的军队看来非常具有侵略性。

前299年,赵武灵王自行改称主父,废其太子赵章,传位少子赵何,赵何即赵惠文王。舍弃自己的太子而让位于少子,认为是择贤,他这样做不是毫无根据,过去赵简子(即赵鞅)认为自己的长子赵伯鲁资质平庸,让自己的庶子赵毋恤(即赵襄子)继位为宗主,赵襄子认为自己破坏了宗法制度,于是立赵伯鲁的儿子赵周为嗣,封代成君,因赵周不幸早死,又立赵周的儿子赵浣为嗣。太子不同意父亲的做法,前295年赵何之兄公子章争位,失败后逃入主父宫,公子成、李兑围宫,杀公子章,主父饿死。赵惠文王赵何系赵武灵王次子,赵何的生母为赵武灵王所宠爱,这是赵武灵王舍弃太子赵章而立赵何的原因,从结果上看,赵武灵王破坏嫡长子制度是一次正确的决策,赵惠文王是个相当称职甚至令人喜出望外的君主,赵惠文王逝世后,其子立为赵孝成王,前245年,赵孝成王卒,子赵悼襄王立,赵悼襄王之次子赵王迁继位,被秦国所俘,流放,其兄赵嘉后来有代王之称,但真正的赵国已经不复存在。

赵国的横向运动方式显示,它在不受外界干扰相对封闭的前提下,君主对国家有主观意识,有影响的前辈做出的决定可能影响深远,赵鞅改立根据合理性而不是单纯血统,很大程度上决定了赵国国运,国家自身有能力时,会自发地想要优化,但只有好的想法带来国力的扩张,赵武灵王实施胡服骑射给了赵国勇气,但是这项伟大的改革并不是立即取得最佳成效,赵国肯定因此有了一支优质的军队,对中山之战完全可以作为验证,只是军事成就对一个国家的生存与发展来说只是一个要件,远远不能满足全社会的需求,加上诸侯家族成员天赋参差不齐,如果没有稳定的良制,坏的主意迟早会成为优先选择,个人、社稷以及社会相对自主的内部生活即使完全没有外部负面影响,也会走上歧路。

前414年,中山武公(前414年—前406年在位)初立,他之前的中山文公可能是中山国的始祖,中山成公(约前340—前320年在位)则是让中山国为天下聚焦的人,他们的国家有一个天然的缺陷,邻近赵国,而赵国又非常喜欢攻击它。中山成为赵国积极扩张,在别处遇挫后发泄愤懑,以及实现不可明喻之伟大抱负的首选之地,这是一种无法逃避的命运,让他们父子其后裔永难释怀,不过它并没有因此放弃自己的追求,中山成公之子中山王䍐鼎铭记了这个国家在王䍐即位后(约前322年),任用贤明的相邦司马賙,他亲率中山军队出征燕国,新得土地数百里的史实,如果不是无端被赵国长期攻击,中山国人相信自己会有更大作为。有可能曾亲眼目睹过中山国占领者的燕昭王(前311年—前279年在位)即位当年立即接受郭隗建议,不惜重金招贤纳士,他们看到了司马賙、商鞅的作用,希望得到一个自己的商鞅。在当时,不论地理环境有多大不同,多数国家内部现状同质化严重,需要开天辟地的人,商鞅是大家共同的期盼,不是因为他事事正确,而是他的思想让人人(无论高贵贫贱)觉得发生的变化必定与自己有关。由于实际得到的指引不同,有些出于理性的改变为国家带来良好预期,有些蓄意的改变是随性而变,而卫国的意愿背离潮流,与众不同。

卫国的始封君康叔是周武王之弟,卫昭公(前445年—前440年在位)时,在强大的三晋面前,卫国如同低等级的小诸侯国,附属于魏国,它与魏、赵、齐接壤,选择侍奉魏国,至少有一个可能的原因是因为赵、齐是异姓而魏是同姓,早期的魏国也更强大。前439年,卫公子亹杀其父卫昭公而自立,为卫怀公(前439年—前429年在位)。卫怀公后被卫慎公所杀,后者前428年—前387年在位,卫慎公之子卫声公(前386—前376年在位)时代,卫国似乎有些起色,不是像自己想象的那样弱,前382年,齐、魏助卫伐赵,卫取赵刚平,攻至赵故都中牟,但在卫成侯时(前376年—前346年在位),前356年国势再次急剧下滑,自感跟不上其他诸侯的步伐,主动贬号为侯。卫嗣君(前337年—前296年在位)时,卫君根据自己的情况采取了它一厢情愿的防御措施,就是缩减自己的目标,乃至把自己隐藏起来,前330年,卫国只剩下濮阳一地,卫嗣君自贬号曰君,这既不能增加它的潜力,也不能免于被威胁,他没有想把恐惧和伤害留给儿子,但是儿子卫怀君(前296—前266年在位)是在朝拜魏安釐王时变成了魏国囚徒,死在他乡。

卫国坚定与世无争的态度确实让诸侯各国忽略了它的存在,卫怀君就默不出声地在位三十年,卫嗣君在位四十一年,本有足够长的时间思考国家改良,但是卫国认为国家发展前进是别人的事,自己就是要在一个贫穷落后的地方保持不变,国家在他们懦弱的君主引领下在低水平重复中延续,旁观秦灭六国,卫因确实因为示弱而被忽略、留存下来,直到前209年,秦二世贬卫国第44代君主卫君角为庶人。在一个完全竞争的社会,卫君有他自己与众不同的大局观,依附于人或者退求其次的措施不能获得永久的同情,不能让国土完整、国人获得真正的安全,可以赢得时间想解决办法,只是他们一直没有想到其它高招扭转大局,卫国一味地退让,自行贬低降级,始终是他们首选的自保良方,他们天天卑躬屈膝,偶然抬头,幸福地发现曾经那么崇敬以成为其被保护国为荣的魏国十六年前就已灰飞烟灭。

魏国的始祖是周文王的庶子毕公姬高,毕万在晋献公时成为魏地的封君,魏斯参与三家分晋封为诸侯,即魏文侯(前449年—前396年在位)。魏、赵出于不同的姓氏,这并不意味他们之间更容易对立,他们南北比邻而居,现实的需求更为真实,变化中的社会又决定他们合作与敌对均属自然。前496年,魏曾灭中山,前408年魏以乐羊为将,越赵境伐中山,前408年魏伐宋,前329年,魏攻取楚国的陉山,前393年,魏伐郑,筑城于酸枣。

前382年,魏相商文死,公叔为相,潜吴起,吴起离开魏国到楚。前322年,魏用张仪为相,驱惠施。魏武侯(前390年—前370年在位)魏文侯长子,武侯卒,子魏惠王立,前319年,魏惠王卒,子襄王立。前296年,魏襄王卒,子昭王立。前277年,魏昭王卒,子魏安釐王立。前243年,魏安釐王卒,子魏景湣王立。前228年,魏景湣王卒,子假继立。魏王假是最后一代魏王,魏属于战国兴起的国家,战国期间八代魏君,全部父子相继。

古老的郑国是周宣王弟弟姬友(郑桓公)的封地,郑桓公(司徒)、武公、庄公都是周王朝的卿士,周宣王封弟没出任何问题,郑庄公封弟就有状况,公元前743年郑庄公元年,封其弟段于京,兄弟争斗不止。公元前722年,郑庄公讨伐其弟,后者出逃,庄公收拢权力,国力和个人野心一并急剧膨胀,郑国人曾遵命侵入周王本人的属地,盗割成熟麦子,被周桓王免去世袭卿职后,庄公从此不去朝拜周王,他甚至大败周桓王率领的诸侯军队,战场上指挥军队的周王中箭受伤。公元前701年郑庄公逝世后,郑国再次出现兄弟相争的事件,太子忽(郑昭公)与其弟公子突争权位,姬突赶走郑昭公侯成为郑厉公,郑国国力开始衰减,郑声公于前464年逝世,儿子为哀公,哀公八年(前457年),郑国人杀哀公,立声公弟弟姬丑为郑共公,郑幽公是郑共公子,即位当年(前423年)被进攻郑国的韩武子所杀,前398年,郑国将实施严刑苛法引起民怨的相国子阳处死,子阳之党反抗,楚进围郑。另一种说法是,楚国进攻郑国,郑繻公(郑幽公弟,前422—前396年在位)为取悦楚国望其退兵,杀死与楚国关系不好的子阳。前396年,弑君的历史再次重演,郑子阳之党杀死在位已经二十余年的郑繻公,郑幽公的另一个弟弟成为郑康公,他在位二十一年(前395年—前375年在位)最后一任郑国君主,被哈韩哀侯所灭。

从郑庄公开始,兄弟争位影响了郑国稳定,郑昭公、郑子亹(昭公弟)、郑厉公

(昭公弟)争夺厉害,郑成公是郑悼公弟,郑共公是郑声公弟,郑繻公、郑康公皆幽公弟,二十二位郑国君主中,弟弟挑战兄长,弟弟继位的事例成为郑国宫廷的一个特色。在相对封闭不受外部干扰的环境下,这个国家可能低水平发展,但不可以持久延续,像郑国非长子非法寻求身份改变,普通人改善生活的愿望均属人性本能,控制局面固然是国家的本能,郑繻公希望国家安全,子阳希望国家稳定,这都是国家政治的基础,如果诸侯和大臣缺乏应对变化的能力,使用高压手段成为惯性,这通常是国家衰弱、失败的主因。

韩、郑两国相邻,郑成为韩国的主要兼并目标,是积怨还是价值评估让其这么做? 韩之先与周同姓,姓姬,其后裔事晋,得封韩原,曰韩武子,武子后三世,有韩厥,从封姓为韩氏《史记·卷四十五·韩世家第十五》P1865。前 425 年,韩康子卒,子武子立。前 415 年,韩建都于平阳,前 409 年,韩武子卒,子景侯继立,前 408 年,韩景侯立(前 408 年—前 400 年在位)晋卿韩武子之子,前 403 年被周天子正式策命为诸侯。前 400 年,韩景侯卒,子烈侯立,前 387 年,韩烈侯卒,子文侯立,前 377 年,韩文侯卒,前 376 年韩文侯之子韩哀侯立(哀侯前 376—前 374 年在位),前 374 年,韩卿韩山坚(韩严,严遂)因为与韩相侠累(韩廆)争权,雇佣聂政刺杀韩相,意外杀死了韩哀侯,其子懿侯立。前 363 年,韩懿侯卒,子昭侯立。韩昭侯比祖父幸运,前 355 年挑到真才实学的申不害担任韩相,申不害任期长达约十五年,任内"国强兵治,无侵韩者。",前 340 年,韩相申不害卒,前 333 年,韩昭侯卒,子宣惠王(威侯)继立。前 332 年,韩昭侯之子韩宣惠王立(前 332—前 312 在位,宣惠王又称韩威侯)。韩宣惠王逝世后子韩襄王立,前 296 年,韩襄王卒,韩襄王子韩釐王立(前 295—273 年在位)。前 273 年韩釐王死,子恒惠王立。前 239 年韩桓惠王(韩釐王子,前 272—239 年在位)卒,子安继立。前 238 年,韩王安立(前 238—前 230 年在位)。韩国君位父子相传,没有遇到任何问题,但是国家不可能因此得到保证,可以无限地这样延续下去,社会发展有问题会变成国祚延续的问题,这个国家有区位劣势,前 403 年,三国肢解晋国时,欢欣鼓舞的韩景侯可能心中只有城濮之战和鄢陵之战的优越感,全然不知自己是三个新晋国中最小的一个,唯独只有它的南方边境上每天都需要面对全副武装的楚国军人。

楚国与韩接壤,在韩国以南,前 432 年,楚惠王(前 488 年—前 432 年)卒,子简王立,前 408 年,楚简王卒,子声王继立,前 402 年,楚声王为"盗"所杀,子悼王立,前 381 年楚悼王卒,子肃王继立,前 379 年,楚肃王卒,弟宣王立,前 340 年,楚宣王死,子威王立,前 330 年,楚威王卒,子怀王立,前 296 年,楚怀王死于秦,前263年,楚顷襄王卒,子考烈王立,前238年,楚考烈王卒,子幽王立,前228年,楚幽王卒,弟郝继立,郝庶兄负刍又杀郝自立。十二位楚君,其中两位兄终弟及,一位兄长杀弟继位。

一些楚国杰出人物有相似的遭遇,前382年,楚悼王任吴起为令尹,前381年,信任吴起的楚悼王逝世,吴起改革中有徙贵人于边境的政策,对吴起变革不满的楚贵族们趁机攻杀吴起,新立的楚肃王大刀阔斧地处死暴乱的贵族,不过,吴起的改革也随吴起而夭亡,楚国的命运很像吴起的改革,只有一个君主支持的一场没有完成的社会变革,可能正因为改革半途而废,楚国虽然地域辽阔,但每个楚王各行其是,以致国运蹇滞,曾经有过的伟大机会和它实际带给人们的失望同样大。前339年,屈原生于本年(前339年—前278年)楚怀王不听屈原劝说,而偏信子兰,入秦被扣留至死,屈原目睹国家残破,自沉于江。前262年,楚以黄歇为相,封春申君,内乱被谋杀。伍子胥是一个与楚国有深仇大恨的楚国人,楚平王无辜处死他的父兄,楚君主郏敖叔父令尹子围(后来成为楚灵王)弑君,楚国太宰伯州犁同时被杀,他孙子伯嚭逃亡吴国,后来伍子胥、孙武、伯嚭联袂攻入楚都。这些人在楚国均壮志未酬,内心想要在楚国成功的强烈情感与对楚国的怨恨变得如此一致。

秦悼公(前492年—前477年在位)前443年,秦厉共公(前476年—前443年在位,秦悼公之子)卒,子躁公立。前429年,秦躁公卒,弟弟怀公立。前425年,秦怀公被庶长鼌等包围,自杀,其孙灵公立。前415年,秦灵公卒,国人废其子而立其季父悼子是为简公,简公辈分上是灵公叔父(前414—前400年在位)秦简公逝世后其子秦惠公立(前399—前387年在位),前387年秦惠公卒,子出子继立(前387—前385年在位)由于出子即位时仅两岁,其母与宦官执政,引起不满。前385年,秦大庶长菌改杀其君出子及其母,立灵公太子师隰(公子连夺回本属于他的君位。),是为献公(前384年—前362年在位前383年,秦以栎阳为都城。前362年,秦献公卒,子孝公立,孝公逝世子秦惠文王立,前311,年,秦惠文王卒,子武王立。前307年,秦武王死,无子,异母弟立为秦昭襄王,年少,太后听政,前305年,秦庶长壮及诸公子作乱,魏冉杀群公子,逐太后,专国政。前261年,在位五十六年的秦昭襄王死,子柱立,是为孝文王,前250年,秦孝文王卒(孝文王元年死),子庄襄王立,前247年,庄襄王逝世,子秦王政立。

父子相继:

前477年,秦悼公逝世,子秦厉共公即位,前443年,秦厉共公卒,子秦躁公立。秦惠公逝世,子出子立。秦献公继位使得君位重归秦厉公一系。秦献公逝世子秦孝公即位,孝公逝世子秦惠文王立,秦惠文王逝世子秦武王立。昭襄王逝世后子立为孝文王,孝文王逝世后子庄襄王立。庄襄王逝世子秦王政立。

兄弟相继:

前429年,秦躁公卒,弟弟怀公(前428年—前425年在位)立。当时庶长立秦怀公,也是庶长迫使其自杀。秦武王是因为无子,立异母弟为秦昭襄王。

祖孙相继:

前425年,秦怀公被庶长鼌等包围,自杀,太子早卒,大臣立其孙为秦灵公。

旁系:

秦灵公逝世,秦简公(秦怀公子)即位。出子(前388—前385年,秦惠公子)逝世由堂兄弟秦献公即位。

秦国嫡子继位是主流,战国时的秦基本遵循了周礼,战国期间秦国历十五位君主,其中有一位君主的弟弟,一位是已故君主的孙辈,二位是已故君主的叔父继位。跟楚国大同小异,跟中原诸侯亦无本质差异。

前422年,秦建上下畤,上畤祭祀黄帝,下畤下祭祀炎帝。秦国信仰中也有陋习:前417年,秦初以君主妻河伯史记索隐:谓初以此年,取他姓女为君主,君主犹公主也,妻河伯,谓嫁之河伯。不过还是可以揭示秦国有它特有的前瞻性,前409年,秦穆公元年,穆公好贤人,以公仪休为相,秦令官吏佩剑剑。前390年,秦改建陕为县,前384年,秦"止从死"废止人殉。前378年秦"初行为市",即设立固定的私营交易市场和专门管理机构,

前376年,秦为户籍相伍(户籍五户为一保,兵农一体。承担赋役兵役,法律上五户连保连坐,承担共同责任。),以上国人并非事事顺意,但是国家受用。它的大目标:郡县制、户籍制等在有条不紊地推行中,前390年秦改建陕为县,前379年,秦改建蒲、蓝田、善、明氏为县。前361年,秦孝公元年,下令求贤。这些间接的变化让它进步,秦国的变革既有突变也有渐变,十年内保持稳健与连续性,让国家很成功,但是主要变革者结局中有的很惊悚,前356年秦任卫鞅为左庶长,下令变法。前338年,商鞅被车裂。前266年,秦罢魏冉(昭王母宣太后异母弟,),魏冉发现了白起,但是昭王被范雎说服,让范氏自己代替魏冉为相,魏冉被放逐陶邑,死在那里,前255年,创立了远交近攻战略思想的秦相范雎辞职,郁郁而终,因接连受到两件事的打击:替代白起的郑安平前557年围困赵都邯郸,反而被增援赵国的魏、楚军队包围,郑降赵,河东郡守王稽被秦昭襄王处斩,两人都是范雎的救命恩人,他们的职位都是应侯向秦昭襄王保荐的。

左右开弓,忙于战争的秦国同时有些作战之外的事也让其上心,秦国的生产

力因为投入、完成了一些伟大的工程后劲十足,战场秦军大胆泼辣,攻势凌厉,一片血雨腥风中,服饰各样,倒毙的士卒一望无际,令人不忍直视,不过回头望望,大片被充足的水源灌溉过的土地生机勃勃,绿茵碧海,流向遥远的地平线,前251,李冰做蜀守,筑都江堰。前246年,是秦王政元年。郑国为秦凿泾水为渠,灌田四万余顷,收皆亩一钟。得益于水利技术进步的秦日益富饶。不过,农业是一个系统工程,需要时有能力引水灌溉农田只是其中一个环节,气候的影响是第一位的,前244年,秦大饥,大饥指五谷不熟,境内蝗灾、冰冻、水旱灾、地震、瘟疫等各种灾害备至,此时十五岁的秦王政尚未掌权,都是老练的相国吕不韦在应对,国家大局基本稳定。前243年,七月,秦蝗灾,大饥,命百姓纳粟千石,拜爵一级。这种政商跨界交易对政府买方来说都是非常合算的买卖,政府没有拿一个铜板,就得到急需的粮食;而有余粮的家庭,可以轻松得到爵位,有些人血满征衣、九死一生才可以拥有爵位。郑国渠为秦国造就了一个大粮仓,仍未能让秦国免于当年的大饥荒,这是因为灌溉面积已经扩大,秦国国土面积也在日益增大,国家对政治具有绝对管控力,仍不足以让国家粮食供给能力抵御严重自然灾害,当时人认为自然而然,他们认为解决问题的方式是获取更大面积的土地、人口,实际上这种想法越是强烈,越是无济于事,因为它是一个单纯的技术问题,一些最有话语权的人认为军事胜利可以解决,秦国是为长期的战争做了最好准备的国家,它的经济情况没有它的军事实力那么好,秦国军事解决了很多问题,最主要的社会问题中,经济问题是单纯用军事手段永远也不可能解决的问题之一,当时的秦国人没有并不认为是如此,很多国内问题都被军事胜利所掩盖,但技术匮乏与技术落后在社会发展进程中产生的问题就是会发生,只是迟早的事。

宋景公在前506年参加过晋定公以周王室的名义召集的昭陵会盟,前487年他的军队灭曹国,前451年,宋景公(宋元公子,子姓名头曼)卒,宋元公庶出的曾孙子特攻杀宋景公太子自立为宋昭公(前450年—前404年在位),他没有受到质疑,在位四十六年,从微子启受封于宋,宋国在宋昭公离世时已经延续约711年,到齐湣王十五年(前286年)灭宋,这个公爵诸侯国延续近八百三十年,它处于文明中心圈内,诞生过声名显赫的圣贤,但是在春秋战国之交发生的事与其它诸侯国(无论姬姓与外姓)发生的事好像出自同一个模式,大同小异,对外征服与反侵略,争斗君位,灭于好勇斗狠被外国军队赶出自己国家死于自己盟国军人之手的齐湣王,清晰说明它正处于一个社会急剧发展的过程中,社会的复杂性必然代替简单性,事态的演进真实但不完全正当,而真正的正确性就要到来。

二、横向运动一交际

行为模式的重要标志是从内而外的活动由主要根据被动接受的制度规范行动,转为根据自身客观需要选择行动,人们的主要精力开始更多且主动探索外部社会。

前 475 年,周元王二年,是年蜀人通使于秦。前 474 年,姒姓的越国开始与中原姬姓的鲁国正式往来,就此开始通好中原诸侯。他的邻国吴国在七十年前就完成与鲁国的首次友好交往,次年(公元前 473 年)越王勾践灭吴,吴王夫差自杀,勾践会晋、齐等国于徐州,越致贡于周,周元王使人赐越国胙,命为伯(诸侯之长),勾践获得如此巨大的政治成就后变得不能像从前那样客观地对待意见,对他的霸业居功至伟的大臣范蠡离开越国,另一能力出色的大夫文种则因为直抒己见被杀。

正常的交际被视为管制品,能少尽少,一个正常渠道沟通少的社会,不仅说明隔离状态严重,而且容易因为误解而发生严重冲突。

诸侯间温情的关系如果是越国与鲁国封闭的空间中发展,意义就很普通,交往的结果是对还是错,也只会限定在两国之间,对别的国家不会构成威胁,也不会因为两国是否结盟而改变整体格局,更不会导致激烈的社会变革,但在开放的社会,越、鲁的友好交往就会成为国际行为。

前 362 年赵成侯与韩昭侯会于上党。前 356 年,鲁共公、宋桓侯、卫成侯、韩昭侯朝见魏惠王,赵成侯、齐威王、宋桓侯会于平陆,魏、鲁、卫、宋、韩想要干什么? 其实他们是在组织一个联盟,前 356 年,宋桓侯既参加朝拜魏惠王,又参加了齐威王主导宋、赵两国参加的平陆会晤,在对立的双方都有他出现,他是个有活力的君主,但有点无所适从,需要得到强者的支持,前来寻求国家庇护与君位安稳,他没有如愿,却祸起萧墙,宋桓侯(也称宋辟公,前 362 年—前 356 年在位)被其臣宋剔成君(司城子罕)所废,剔成君(前 355 年—前 329 年在位),逝世后弟宋康王继位,宋桓侯在与外部社会交往中如何自我定位显得举棋不定,是夹缝中的弱小诸侯国家的真实写照。

前 326 年,赵肃侯卒,子武灵王立,诸侯更看重的是赵肃侯,而不是赵武灵王,秦、楚、燕、赵、魏各自派出上万精锐士兵,参与赵肃侯葬礼,这是一场罕见的盛会,赵肃侯的死似乎缓和了赵国与魏等国的紧张关系,成千上万人生死存亡取决于上述诸侯的一笑一颦,快节奏的战国时代非常需要交际,对处于弱势地位人来说,沟通可以减少误解,增加友情,维系和平,增加缺乏自我保护能力的人生存机率,强者们则嗤之以鼻,他们无论如何都要强大,要成功,这是他们与周礼、周王、社会达成的和解与共识。前325,秦惠王君开始始称王,魏惠王与韩宣惠王会于巫沙,尊韩为王。前323年,魏惠王与齐威王于鄗相会,这距离二人徐州相会已经有十一年。魏公孙衍发起五国(魏、韩、赵、燕、中山)相王。赵、燕、中山始称王。秦派张仪与齐、楚大臣于啮桑会盟,很显然这是对集体称王的五国予以高度戒备的措施之一。前318年,宋王偃自称王。前288年,秦(秦昭王)约齐(湣王)并称帝,齐为东帝,秦为西帝,从燕国来的苏代(应为苏秦)认为帝号将秦齐捆绑一起,天下憎恶,齐撤帝号后天下就只憎恶秦国了,合纵抗秦齐国才有未来,齐湣王接受意见,秦避免成为众矢之的,也去帝号。

赵惠文王(前298年—前266年在位)与秦昭王(前305—前251在位)的一次商品交易是当时社会信誉的一种逼真的反映,秦昭王发出要约,愿意以十五座城市购买赵国和氏璧,赵国君臣首先评估的不是交易是否等值,而是交易或不接受交易各自的政治风险,将商品移交对方后,可能对方不付费,不接受交易可能刺激对方通过战争来抢夺,赵国的蔺相如认为,有人想买你的物品,你不卖错在你,如果我方交付商品,对方未付款,那就错在对方,当时秦强赵弱,这不是一个公平交易有道德裁判的社会,我方不能错,要让对方错,才不至于招致战争。蔺相如愿意前往现场去洽谈交易,临机处断,赵惠文王接受了这个冒险建议,蔺相如让秦昭王君臣验收商品,满意但没有付款的迹象,就提出交易的条件:从地图上画出交易的十五座城池的具体位置,对方接受。2,如果买方试图武力抢夺商品,蔺相如表示会毁坏自己手中的和氏璧,他本人也会在秦国宫廷内自杀,让秦国得不到无价之宝,秦国声誉也会严重受损。这个交易条款让买方觉得成本太高,愿意公平交易。蔺相如的第三条件是交易前举行宗教仪式,以示庄重。虽然得到买方同意。但实际上他完全不信任秦国,蔺相如秘密送和氏璧回赵国,五天后的成交仪式上,蔺相如告诉秦昭王,秦国自秦穆公以来二十多位君主,没有一个诚信,孟明视、商鞅、张仪的欺骗行为曾导致晋、魏、楚三国重大损失,赵国不能成为第四个,为避免秦国增多一次欺骗实例,我个人选择欺骗秦国一次,和氏璧已经回到了赵国,今天隆重的成交仪式只好取消,请您处罚我的欺骗行为。体验了受骗感觉的秦昭王仍然有理性,觉得杀掉蔺相如无益,让他作为一个胜利者安然回国双方没有损失。秦、赵两国达成的仍然算是一个对等协商、公平的结果。前279年秦昭王与赵惠文王在渑池相会,宴会上,秦昭王让赵王弹奏乐器为大家助兴,并让史官详细记载赵惠文王受命弹瑟的时间过程,以此羞辱赵国;蔺相如也迫使秦王击缶,同样让史官记下细节,秦国群臣鼓噪让赵国献出十五座城为秦王祝寿,蔺相如则提议秦国献出咸阳给赵国,两位国君在场的宴会上双方以实力地位争锋相对,随时都有可能大打出手,这是当时诸侯间交际中很常见的现象。

前251年,燕王喜派相国栗腹前往赵国与其结盟约定和平友好,并赠送五百镒黄金为赵孝成王祝寿,燕国使臣回国后力主立即进攻赵国,因为他在赵国看到的幼儿远多于成年男子,长平之战让这个国家损失了大量男丁,他们的孩子们长大成人还需要很长时间,见利忘义的燕王居然派栗腹率军对赵国发起进攻,燕国昌国君乐间,大夫将渠都反对燕王喜这样做,燕王喜还是自恃燕对赵有五比一的数量优势,结果他庞大的军队遭到赵国杰出的将领廉颇的迎头痛击,栗腹被斩杀,燕国都城被围,割让五城给赵求和。当时人不会责备这类交际活动的内容与形式,很多情况下人们无法区分智慧与破坏诚信的做法有和区别,而认为后者是时尚生活。

所有的战争都是失败的交际,但充满战争的战国时代不是一个失败的社会,要从一个无解的社会与生活模式中转型,人类灵感是一种救济方式,另一种是精神与行为的砥砺,帮助人们反复确认以及周知,激烈的精神、行为碰撞必不可少,博弈有胜负成败,每一项伟大的成功都是无数失败的尝试与实验累积。如果一个社会到处都成功,必定是一个因循和抄袭的社会。

三、类横向运动——局部偶发性碰撞　不会造成理想与国家的巨大改变

诸侯的弹性空间是有商鞅或没有商鞅的秦国参与的争斗,即使没有战斗中的秦国,诸侯之间的战争仍会发生;魏国没有启用商鞅,在一个封闭的时代,魏国不会有丝毫的损失,魏国人会在习惯的生活方式中重复,不会影响国家一成不变地继续存在,魏国因为李悝而改观,多大程度影响商鞅不能确定,但是智力的竞争加速改变社会之势已不可逆转,不管社会是否同意,更多的李悝和商鞅已经参与进来,实施普通人不理解,让他们受益或受害的谋略,相对弱势的群体根本无法拒绝,诸侯们也是如此。

前458年,晋荀瑶与赵氏、韩氏自行分割范氏、中行氏的封邑以为自己所有,晋出公对此很气愤,诉于齐平公,在三桓面前如同附庸的鲁悼公对此也大为不满,准备冒险讨伐违制的智氏、赵氏、韩氏等,晋国跞扈四卿联手攻击晋出公,出公逃往齐国,荀瑶立晋哀公,自己控制国家大权,出公后归国,而公室的势力已经被严重削弱。前453年,晋知氏联合魏、韩攻赵氏,知氏反而被赵无恤、魏驹、韩虎三家所灭,瓜分其地,三家分晋。前452年,晋出公奔于楚,于同年逝世,得胜的家族立晋昭公曾孙姬骄为晋敬公(又称晋哀公)前434年,晋敬公卒,子幽公

立。前433年，晋幽公仅仅有绛、曲沃等地，其余尽归三家，反朝于韩、赵、魏。前448年，晋大夫智宽率领自己的邑人投奔秦，这可能是个有先见之明的人，后来晋国发生的事证明晋国在走向分裂，作为一个诸侯和作为三个诸侯的主要行为方式仍在延续。

韩国对是郑国志在必得，前423年，韩伐郑，杀郑幽公，（韩景侯前408—前400）前408年，韩伐郑，取雍丘。前415年，韩建都于平阳，前407年，郑败韩于负黍，前408年，韩攻占郑雍丘，郑国联手齐国攻占卫国重镇，前407年郑在负黍打败韩国，前400年郑军包围韩国阳翟。前403年韩被封为列侯显然是一种单纯的政治荣誉，和国家综合实力无关，面临外部竞争时风险很大，册封前后都败于正在面临灭亡的郑国。韩烈侯（前399＝前387年在位）前397年，聂政刺杀韩相侠累。

韩还有些其它的敌人，前394年，负黍叛郑，重归韩，但负黍随即被楚国占领。前394年，韩为了救鲁，不惜得罪攻击鲁的齐国。次年在楚国入侵韩国时，韩得到赵、魏增援，击败了楚国。前391年秦攻韩宜阳，取六邑，时值韩烈侯九年。在前390年，齐、秦国分别入侵魏国时，前389年秦国也在攻击魏国，魏国的援军中却不见韩国身影，韩国受到秦的恫吓？或者对秦作战难有斩获，很长时间魏韩没有共同行动，魏韩不可能既不是盟友也不是敌人，前385年，前385年，韩伐郑，取阳城，韩军攻入宋国彭城，俘获了宋君，但很快释放，鉴于韩军单独都如此有成就，三家联合是否更为犀利？前380年，魏、赵、韩联军攻击齐国，确实也击败齐军，这是三晋地区作为盟友的能量，彼此作为对手有如何？前375年韩哀侯二年，韩灭郑，从阳翟迁都新郑，完成这件大事，韩哀侯本人次年因也意外过世（史记说是韩严所杀）。韩懿侯（前374—前363在位）前373年韩军在马陵被魏军打败，前370年韩懿侯与魏武侯在宅阳坐在一起的那次可能是一次失败会面，前369年，韩、赵助公子姬缓与其兄姬䓨争夺魏国大位，没有得逞，这年成为魏惠王䓨元年，不过赵、韩还是撇开魏国合伙将晋桓公从新绛（今侯马）迁东北方向不远的屯留，致晋从此绝祀。前366年，韩又在浍水败于魏军，前367年，西周威公逝世，公子根在西周国东部争立，得到赵成侯、韩懿侯支持，使得西周国分裂为东周、西周两个小国，东周都巩。西周桓公（以续周公之官）——威公——惠公。惠公封少子于巩，以奉王，号东周惠公。榖城、缑氏加上王城为西周国，平阴、偃师与巩为东周，周显王虽然为天子，居洛阳（成周）以东周以存身，自是王畿七城，始有东周、西周之称。

因为魏、韩这些的分歧，人们看到韩、魏军人在一起互相攻击就很自然，前

362 年,韩、赵联军在浍北被魏军打败,前 358 年在西山败于秦,前 357 年,宋夺取韩国黄池,魏夺韩朱邑,魏又围宅阳,连遭挫败的韩昭侯(前 363 年—前 333 年在位)与魏惠王在巫沙会盟,应该是对魏惠王有妥协的承诺,魏军解除对宅阳的围困。

前 350 年申不害担任韩相,这个凶杀盛行的国度很快就面临一桩扑朔迷离的案件,前 348 年国君韩悼公被人所杀,刺客韩姬是男人还是女人至今众说纷纭,精于法治的申不害十二年后逝世前也没给后世留下明确回应,不过瑕不掩瑜,韩昭侯时代是韩国最好的时代,国家变得相对稳定,韩宣惠王(前 332—前 312 年在位)受申不害启发,前 328 年积极宣布张仪担任韩相,希望让秦国风生水起的人给韩国带来起色,似乎效果没那么直接,前 325 年,魏军打败韩国将军韩举,韩宣惠王与魏惠王在巫沙面谈,似乎得到后者鼓励,韩宣惠王小心翼翼地称王,十月朝魏,又与魏惠王各自携太子朝拜赵国,先后朝拜魏、赵的行动引起了齐威王(前 320 年逝世)的激烈反应,齐国人大败韩、赵联军,不过齐威王展示自己的才华后心情变得平和,次年,忐忑不安的韩宣惠王被允许与齐君会晤,亲耳听到齐威王告诉他事情都过去了。齐威王八年前被楚军打得狼狈不堪,八年后又可以把赵、韩联军打得无地自容,诸侯们都会因为胜利高兴,遭失败恼火,个人的喜怒成为国家的喜怒,敌友、胜负、得失一切都在变化中,这是战国的真实写照,其中总有些你知道或并不真知道的理由。

前 322 年,韩宣惠王与赵王在区鼠相会。前 312 年,近些年来,差不多年年遭受秦国打击,几乎毫无还手之力,在秦国面前委曲求全的韩宣惠王卒,子襄王继立(前 312—前 296 年在位),他面临的困难还要大,正面面临秦楚的两线反复攻击,参与合纵行动的诸侯中它最为弱小,但处于最前线。

韩釐王(前 295—前 273 年在位)前 293 年,韩、魏联军在伊阙惨败,291 年韩国宛城被西边的入侵者占领,前 284 年釐王子韩桓惠王(? —前 239 年在位)十年,韩上党降赵,韩桓惠王逝世前国土基本丢失殆尽,给继立的儿子韩王安(前 238—前 230 年在位)的主要遗产是帮助他得到了快速成熟的宝贵时机,韩王安真正完成的可能就是在韩国生死存亡之际选择韩非作为使者火速派往秦国,韩非想要不辱使命,秦国不允许。

魏国、赵国、韩国同出于晋,是很多条约上的盟友,不过他们都不抱怨其中很多只是一纸空文,没有秦国这条巨鲶,他们之间的战争也会类似这样绵延不断,自然产生。

赵国有很多仗要打,中山是天然的征服对象,前 386 年,赵从中牟迁都邯郸,距离北方的中山更近了一步,前414年,中山武公初立,三十余年内赵国好像还比较好相处,前377年赵突然变得狰狞,伐中山,战于房子(地名),前376年,赵又伐中山,战于中人(邑名),前369年,中山不得不修筑长城防御入侵,前306年,赵伐中山至宁葭,距离中山都城灵寿还有一段距离的地方,赵军突然兵锋转向西北,"攻略胡地,直至榆中。"进展也很成功,赵国对中山攻击的时间间隔变短,前305年赵武灵王亲率三路大军进攻中山,得到中山八座城同意中山求和,前303年,前301年,前300年,赵密集地进攻中山,中山国均未应弦而倒,中山是与赵国同档次的国家,因为中山王有资格参与五国相王行动,或许稍弱于赵等四国,但是面对入侵,它以逸待劳,因此即使是面对强大的赵国军队,因为其远道而来,有给养供应不及时之虞,固而中山人仍显得难以制服,直到前296年,赵才终于打垮中山,将中山王迁往肤施。

赵魏曾是联手制服知伯的盟友,赵敬侯和魏武侯是联手共同夺取原主人政权的人,赵国还可以跟大部分时候是盟友的魏国互相攻击,前382年赵敬侯五年,因为魏武侯占领赵国的刚平,前381年赵向楚借兵伐魏,楚救赵伐魏,战于州西,直至黄河。赵攻取魏棘蒲、黄城。赵国面临复杂的地缘政治关系,赵分割了原晋国北部的土地,与田齐接壤,赵是异姓诸侯,后者是新崛起的诸侯,他们之间的生存方式被各自的现实条件决定。赵成侯(?—前350年)是赵敬侯之子,都邯郸,称邯郸君(前374—350年在位),赵成侯三年(前372年),赵以太戊午为相,伐卫(一说为魏)取卫乡邑七十三,魏在蔺击败赵军,赵成侯五年,前370年攻齐,前350年,齐扩建堤防为长城,前334年齐、魏称王,前333年,赵肃侯(前349年—前326年在位)筑南长城以防备齐的入侵。

齐国需要特别防备吗? 前481年,齐简公被田常所杀,孔子请求鲁哀公讨伐齐,被哀公拒绝,次年鲁哀公派一个使团到达齐国,儒家优等生子贡是成员之一,齐相田常归还了齐侵占的部分鲁国土地,479年孔子逝世前不知是否厘清了田常乖戾的行为:为何一个不顾情面与国君争夺土地的人,会轻松地向一个弱国归还土地。齐简公弟齐平公(前480年—前456年在位)时,田常专政,自行将大片土地划为自己的封邑,比齐平公实际拥有的土地面积还要大。齐宣公姜积(前455—前405年在位)的齐国于前418年,408年分别灭薛国、郳国,看起来有能力,但它曾经被晋国打败过,前405年,齐田悼子死,田氏内乱,引起三晋(前405年三家分别得到周王承认,正处于政治上升期的三家联手。)与齐大战,齐被击败。齐宣公卒,子康公立,前394年齐伐鲁,取最,鲁国的朋友韩国需要借道魏国但是也曾赶来增援鲁国。不过到齐威王(前356—前320在位)初期,齐国跌落谷底,该王即位以来,九年之间诸侯并伐:齐威王六年,前351年,鲁伐我,入阳关;晋伐我,至博陵,七年(前350年),卫伐我,取薛陵。无可奈何的齐人只好暂时忍气吞声,闷声不响地大兴土木,扩建堤防改为长城防御,九年,前348年赵伐我,取甄。《史记·卷四十六·田敬仲完世家第十六》P1888。鲁、卫这样的弱小国家也攻击齐国,简直是人见人欺,所幸齐威王突然获得政治灵感,整饬国政后,陆续击败赵、卫、魏惠王,齐威王十六年(前341年),齐田忌、孙膑在马陵大败魏军,俘虏太子申,魏将庞涓自杀。马陵之战更是让齐国声威远播,诸侯各国二十余年不敢对齐用兵,二十年内,赵肃侯构建南长城很有必要,他的都城距离齐国边境很近,需要坚固的屏障。二十年后,国家实力已经与前不同,齐宣王三年前317年,齐联合宋攻魏,破魏军于观泽,前314年,齐派匡章攻燕,五十日取得全燕,杀子之及燕王哙,迅即退兵。但前312年齐宣王在濮水之上遭到惨败,一位齐国知名将军被生俘。前301年,齐宣王联合魏、韩深入楚地,占领楚国土地,锐意进取齐宣王卒,子齐湣王立,齐湣王七年,(前294年),国内出现了劫持齐王的叛逆之举。齐国陨落的惨状令人瞠目,前283年,燕将乐毅下齐国七十余城,齐仅保莒、即墨二城,望不尽的城阙残颓,人民离散。前279年,齐田单反攻,大破燕军于即墨,一举收复齐国失地七十余城。

赵、韩两国之间算是比较稳定的友好关系,超出大多数诸侯国家间的关系,他们被魏国隔开,之间没有边境摩擦,赵与大国魏、齐、秦接壤,韩与秦、楚、魏接壤,都面临三方的压力,同出于晋国等,相似点较多的两国更容易有相似的共情能力,但是每个君主在不同背景选取的解决办法会不同,韩赵利益的背离成为对手,前273年,与秦国结盟的韩国遭到赵、魏联军攻击。最杰出的赵国君主赵武灵王即使是在去世之后,赵国仍然是一个军事强国。前251年,赵国平原君公子赵胜卒,想要火中取粟的燕王派栗腹、庆郑率六十万人伐赵,为赵将廉颇、乐乘打得风声鹤唳,赵军包围燕都,前250年,赵廉颇再围燕都,前249年,赵军三围攻燕都。前245年,赵孝成王卒,子赵悼襄王立,新王派乐乘代廉颇统帅赵国大军,迫使廉颇流亡魏国、楚国。前244年,赵以李牧为将,前242年,燕剧辛攻赵,赵庞煖率军迎敌,两位好友战场相见,庞煖破燕军,两万燕军人被俘,剧辛被杀。

前227年,燕太子丹派荆轲入秦,未成功,这是一个发誓逆天改命的储君为拯救即将失败的国家所想出来的最后办法。

与东方国家同样在努力寻求机会的越国崛起很快,随着勾践的辞世国家变得相对沉寂,勾践子鹿郢(前464年—前459年在位),前448年,勾践的孙子越王盲姑被太子所杀,(鹿郢之子盲姑,亦称不寿,前458年—前448年在位)子朱句(史记载为王翁)立,与其让国人安居乐业的父王相比,《竹书纪年》所载朱句(朱勾)是一个强势越王,灭吴六十年后,前414年,越灭滕,前413年,越灭郯国,这两个国家都在越国北方,滕国距离鲁国都城曲阜已经比较近,前412年,越王朱句卒,殖民滕国约三十余年后,越人离开这个被占领国,滕国得以复国,战国时的滕文公是个贤明的君主,治国有方。

后勾践时代与被周天子命为诸侯之长那样辉煌的时代已是无法相比,这是个像颗大流星一样在天空划过的国家,一位英雄的国王,既有伟大的抱负,无可比拟的坚韧,又像一个最普通的人一样本能地犯下大错,当他是一位胸怀若谷、谦恭包容的君主时,他的国家完成了伟大的功业;当他只相信自己、专横独裁时,他的国家迅速走向平庸、衰落。与越国相比,鲁国应该具有沧桑感,它是最早一批的诸侯,又最多地承载着整个周王国的传统文化与历史,但它仍像当时其它相对弱小的国家一样,因为具有两面性而精神扭曲,在比自己更弱的诸侯面前色厉内荏,对强者曲意相逢,对传统亦步亦趋,又高度具有现实感,鲁哀公为孔子所作的诔文意境深刻,措辞得体,可能是最贴切,最具有穿透力的同文体文字,孔子在当时代表先进创新的思想,但是鲁哀公不仅认识到他的现在,也预测到他的未来,这受益于鲁国深厚文化的底蕴,又对这个文化具有批评精神。

另一个南方国家楚国比越国具有更大的影响力,前447年,楚惠王灭蔡,前431年,楚简王灭莒,前408年,楚简王卒,子声王继立。前402年,在位六年期间几乎一事无成的楚声王被不明身份官方称为"盗"的人所杀,以这么一个不幸的结局让楚国人记住他曾经存在,官方史官努力为一个国君个人、家族的体面掩饰,但他的谥号还是透露这位君主在位期间诸事错谬,国家不振。其子悼王立。他与乃父完全不同,具有主动性,主动攻击过周、韩两国,前393年,楚伐韩,取负黍,前391年,三晋伐楚,大破之于大梁(今开封西北)、榆关,楚肃王的楚国从此对三晋心存畏惧,即使当时的晋国已经实际分为三个国家。现在,楚国害怕的还有蜀国,前381年,赵求助于楚,楚救赵伐魏,战于州西,直至黄河,借机赵反攻取魏棘蒲、黄城。楚悼王卒,子肃王继立,一些疯狂不满吴起的贵族射杀了这位想要成就事业的人,这是个重大事件,楚悼王前391年败于三晋后做了一个富有想象力的决策,开始任用吴起,楚国得以开疆拓土,吴起改革计划流产不仅令楚国丧失了重大机会,而且保守派的胜利只会令楚国变得更封闭。前377年楚肃王四年,蜀伐楚,取兹方,楚筑扞关以御之。蜀国能够威胁楚国迫使其修建针对蜀军入侵的固定防线,可能与吴起被杀后引起的混乱与疑虑有关,当时约有七十余家楚国贵族遭到夷三族的重罚,内乱严重耗损了楚国的实力。前375年,魏武侯的军队又进攻楚肃王,前370年觉得生活充满恐惧的楚肃王逝世,他再也不需要害怕了。肃王弟宣王立,前340年楚宣王死,子威王立,这是一个有城府,心怀大志的人、君王,楚国是一个大国,从吴起被杀后的政治动荡中恢复元气后仍有一流诸侯的实力,楚威王七年(前333年),楚围攻齐徐州,大败齐军,当时是齐威王在位第二十四年,这是一次强强对话,但是更为精彩的是齐威王与魏惠王在郊外打猎时的对话,魏惠王炫耀自己拥有能够照亮前程的硕大夜明珠,齐威王以自己四个贤能的臣子檀子、盼子、黔夫、种首为国宝,魏惠王好像突然看到了精神上的巨人和侏儒都在自己的视野中,满脸羞愧,悻悻而去。不同的价值观或者人生追求,是社会竞争无穷的力量,不是每次竞争都会立即带来好的结果,楚庄王开启了春秋时期楚国的强大之门,楚悼王(前401—前381年在位)改革,楚宣王(前369—前340年)、楚威王时是楚国强盛时期,三位战国时期的楚国君主在位合计有六十年的时间,是楚国比较好,比较上进的时期,整个战国时期历二个半世纪,战国期间楚国只有不到四分之一的时间比较好,一个活到四十岁有格调的楚国人,以国家的兴与衰为自己的幸福与悲伤,那么他四分之三(三十年)的时候都在悲伤,他个人可能是个很满足的人,不在乎悲伤远多于幸福的生活,但对一个想要领先、成功、独步天下的国家就远远不够。屈原是个活得更长的真实例子,超过六十岁,宣王子楚威王前339年—前329年在位,屈原很享受,诞生的时候适逢威王即位年份,十一年后威王辞世,屈原有十一年幸福地活在威王时代,接下来与威王子楚怀王(前328—前299年在位)共度揪心的三十一年,楚怀王流年不利,一生跌跌撞撞,怀王子楚顷襄王(前298—前363年在位)在即王位前是个提心吊胆的秦国人质,即位后在秦军的打击东躲西藏、灰头土脸,忧伤的屈原为楚顷襄王魂牵梦萦,壮志难酬,焦虑痛苦中过了二十年。楚国的国运为何忽冷忽热、一惊一乍? 原因是楚王的产生按血统排序的,遇到好的楚王全靠运气。与忠贞不渝的屈原想法不同的人远远超过相同的人,他们不在乎谁是楚王,不在乎谁是君王,不在乎为谁出力,他们只想自己能够和家人一起活着甚至还幸福。

前306年,楚灭越,置江东郡,前301年,楚爆发庄蹻(与下述楚将领同名同姓)率平民起义,这支衣冠不整武器各式各样的队伍曾经攻至楚都郢,哪一个楚王听到这类战报都会感到匪夷所思、大发雷霆,其实也有君王爱听的内容:前279年,楚将庄蹻通过越国黔中郡,一直攻至滇池,于滇称王,前276年,楚顷襄王西进,一边迁都陈,一边收复江南,得十五邑,用以建郡,作为抗击秦的基地,前256年,楚灭鲁,迁封鲁君于莒,上述战果实实在在,只是这些胜利对楚国的未来于事无补。

诸侯眼中的西方之国秦是大家的问题，但秦确实有它西部的问题，魏国是其东向运动最直接的对手，它们之间以亦敌亦友的方式博弈。

赵国是秦国最为顽强的敌人，相比之下，没有任何其他诸侯如此强烈有效地抵御过秦国大规模阵地战，即使在惨绝人寰的长平之战后，赵国的将军与士兵们仍然敢于面对恶魔般的秦军，组织起有效的反击，赵国军民殊死拼搏的精神与赵武灵王对赵国军队的改造密切相关，在战国后期，赵国是诸侯中对秦国最主要的抵抗力量。比起赵国激动人心、惊天动地的大集群军队作战规模，燕国人形单影只，燕太子丹代表整个时代失败的一方集体最后的一跳，求生的意志可以越过险山恶水，但即使成功击杀秦王，他们仍不能逾越谬误，拥抱正确，仍然会留在错误一边，一群迷失的雄鹰被一直向前的时代无情地击落。

部分诸侯灭亡时间：

西周前 256 年。

前 241 年秦使卫君角居于野王，为秦附庸。

韩，前 230 年；赵，前 228 年；魏，前 225 年；楚前 223 年；燕，前 222 年；田齐，前 221 年。

前 403 年魏文侯被周威烈王册封为侯，花了四十年才鼓足勇气，于前 344 年自封为王，前 225 年，被秦灭。

前 385 年田和被周安王封为列侯，前 221 年，灭于秦。

由上可见，完全没有秦国的世界同样战争不断，各种骚乱，战争到处发生，因为诸侯中有像魏惠王一样喜欢珠宝，有的像齐威王喜欢治理，有的喜欢快节奏的生活，有的喜欢长寿，有的花样翻新，有的喜欢倒退。他们时而友好地在一起，有的时候又互相厌恶，有些人彼此刚刚熟悉就分手，有些互相厌恶的人又不得不每天彼此忍受，成为一生的敌人。他们动态地地构成一个世界，假如秦国被中途囚禁，他们中会必然会出另一个一个秦国吗？他们不会，因为不是所有魏惠王只能接受一个李悝，赵武灵王偏爱一支所向披靡的军队，齐威王齐宣王的稷下学宫没有给齐国带来全方位的变革，燕昭王的黄金台只想找到点石成金的人。

横向的局部碰撞与纵向运动的区别在于，横向运动是否可以产生充足的正确性，有可能产生绝对的正确，但只有很小几率，那里的正确可能被错误抵消，可能被延误的时间掩埋，可能被消极错过，因为不能持续接受真正的正确，这些国家中不可能另外产生一个秦国，而秦国是一种时尚，是持续不久的新潮。

战国时的横向运动是指诸侯国之间在一定空间内的交往，在这个封闭空间，政治上不思进取，经济活动低水平重复等被认为是正常，天命如此，无关大局等，诸侯各自的行为可以多选,不是必须正确,比如一个诸侯可以决定三个人为自己殉葬,也可以临时改为五个,但不能说他更不正确,他仍是权力允许范围。在纵向运动中,国家关系的不只关乎两个密切相关国家而是整个平行社会,契约或战争的双方不能完全决定结果,社会评估会直接或间接干预,这种交往不要求必须正确才有效,一个诸侯国家履约参加或背约没有参加一次会盟,参与或缺席联合攻击一个诸侯的集体行动,并不一定是一个错误,也不一定是对的选项,而仅仅是一个自我选择,包括其它多样性选择,只有最终结果证明孰对孰错。又比如蔡国和齐国王室有一场婚姻,他们的姻亲关系是两国人员、物资交流,和平相处的一个正面因素,但如果这桩婚姻失败,可能既不是蔡国的错误,也不是齐国的错误,不会导致两国恶语相向甚至交战,两个国家可能继续保持正常往来。纵向运动就不同,它是现在到未来的时间向前推移的过程,它不可逆,不可以重新调整,错的必定受挫、失败,每个国家的生命力都取决于其做出正确决定的能力,成功是一次次正确的累计或者一次决定性正确选择的结果,毁灭可能是因为唯一的一次错误,纵向运动的个体只能正确,否则就是自我否定的运动。

周文王、周武王、周公旦的英灵如果在他们自己创立的基业上空俯瞰,会感赞美变化顺乎其意还是感叹造物的神奇,周武王时一千多诸侯,为何现在容不下两个? 是向前推进的时间带来的正确性只让一位正确,还是不同土地上的出产的资源决定了思想的优劣,他们当时的决定正确还是错误? 把同样的人在不同的制度下重新来过,这个地方是否另有一番景致?

第四节　战国时诸侯国家改革力度排名:

一、战国时东、西周国

1. 前五十年

前 606 年楚庄王进攻陆浑戎,问鼎,周定王(姬瑜,前 606—年前 658 年)的使者王孙满睿智又耐心,告诉他评估德的标准很复杂,你肉眼看起来周国家有些问题,但哲学意蕴显示天命未改。警告这个跃跃试跳的人做自己力所能及的事。王孙满说得很对,楚庄王八年后已经死去,周国家一百年以后仍然存在,只是问题越来越多了。周元王(前 476 年—前 469 年)姬仁是周敬王的儿子,越王勾践征服吴国,向元王朝贡,元王赐勾践胙,命为伯。前 458 年晋出公(前 474—前

452年在位)旁观了知伯与魏、赵、韩四家私分中行氏、范氏领地据为已有,前453年,同样未经晋出公事先许可,魏、赵、韩瓜分了知氏土地。战国以胜者瓜分败者土地的模式开启,晋出公、周定王(姬介,又称贞定王,前468年—前441年在位)都亲眼目睹,但无能为力。前433—前416年在位的晋幽公只剩下曲沃和绛两个邑归自己拥有,已经开始要朝拜魏、赵、韩三家,周朝分封的诸侯受出自同一个君主,诸侯接受这个君主为共主。战国时则不同,大家都在尝试摆脱某个既定的君主,大家不接受一个共主,希望自己就是那个共主,这是西周与战国的区别。出公不知是接受还是不接受现实,自暴自弃,淫人妻女被杀。周定王逝世后长子姬去疾成为周哀王,在位三个月的哀王被弟弟姬叔杀死,姬叔自立成为周思王,周思王在位五个月,被幼弟姬嵬所杀,即位成为周考王(前440—前426年在位)。三位都是周定王之子。周考王担心哥哥的命运落在自己身上,他君主生涯的重大行动就是在前440年封弟姬揭于河南,划王畿范围内的河南之地封弟弟姬揭,为西周桓公,亦称西周君,都王城(今河南洛阳西)。

2. 中期的一百年

周考王之子威烈王姬午前425—前402年在位立,威烈王传子周安王,周安王(前401年—前376年在位,)传子周烈王((前376—前369年在位))姬喜,周烈王时诸侯已经开始不来朝拜天子,周烈王在位时间不长,来不及想办法扭转局势。周安王子烈王弟显王姬扁立(前368年—前321年在位)但是周显王在位时间很长,有48年,他看到秦国高歌猛击,但周天子无法调整到秦国那样的状态。周显王只能做自己所能作的,将王畿之地封给公子根后,周王仅剩下成周王宫,周显王虽为天子,居洛阳成周城一带以存身,寄居于西周国,多方仰仗西周君周全得以存续,后续继位的周天子亦如此,自是王畿七城,始有东周、西周之称。王畿七城:河南、洛阳、新城、偃师、巩、平阴,缑氏《通典·卷一百七十七·州郡七》P2435,穀城(新城)、河南、王城(洛阳)为西周,平阴、偃师、缑氏、巩为东周。

雒邑在今河南洛阳,雒邑是东都,后来形成王城、成周两城,雒邑、王城战国时称河南。周敬王以后的周王都居成周,最后的周王周赧王迁回王城。

413年,西周桓公卒,这是西周国简短的谱系:西周桓公(续周公之官)——西周威公——西周惠公姬朝——西周武公——西周文公。西周武公降秦逝世后,继立的西周文公被秦强行迁往他处,直到前249年东周被灭。

西周惠公弟姬根于东部争立,得到赵、韩支持,前367年封西周威公少子(班或根)于巩,以奉王,号东周惠公,东周都巩,公子根成为东周惠公,西周分裂为东周、西周两个小国。

前 360 年,东周惠公卒,前 321 年,周显王卒,子慎靓王立。前 315,年,周慎靓王(前 320—前 315 年在位)卒。前 300 年,东周与西周战,韩救东周,前 290 年,东周君朝秦。

3. 后期的六十年

周慎靓王子周赧王(前 314 年—前 256 年在位)继立,周赧王有充足的时间谋其国家的变革,但他不可能像秦国那样改变周礼,他显然是宁愿坐以待毙也要与周礼共存亡的君主,周礼是周天子的生命力,他对秦国军队充满敌意。周赧王继位后,东、西周分治,他从成周迁到王城。战国时期历十一位周王,连续有两位弟弟杀兄继立,周显王是在其兄周烈王逝世后继位的。前 256 年,西周公和周赧王两个几乎赤手空拳的人表现出坚定的抗秦意识,前 249 年,东周君与诸侯谋秦,秦灭东周,迁其君,周亡。

前 256 年,西周武公向秦将军摎投降的队伍中有周赧王混迹其中,他应该不是觉得有罪恶感才决定参加投降仪式,动身前是否还能找到一双合脚的鞋给自己穿上? 周天子的贫困状况令见到实情的人胆寒,周天子没有因为满足私欲而奢侈浪费,也会变得一无所有,债台高筑,本身就是一种罕见的政治情况,一群周天子悲惨的生活仅仅是循例分封所致? 战国时已经病态的分封只是担心子弟谋逆? 兄弟子侄可以弑君,周王就不可以这样对他们? 周天子中有令人失望乃至失败的君主,但作为一个整体,它奉行一种高尚的思想,周王的终结是无私,天下为公思想成功实践的结果? 周赧王应该不用躲闪,若非周礼给周天子如此精准设计,让周德与财富的增减完全不存在制度性的同步,让周天子无法集中必要的人力物力消灭国家和制度的背叛者们,秦得以各个击破,秦国的成功可能还需一百年。受降的秦将看来明白事理,善待了周天子和诸侯,只是对周赧王、西周武公呈上的人口土地簿册过目,就发还给他们,西周武公和周赧王本可以继续活下去,但是二位在最后时刻都在努力捍卫制度的人同年离世。

一个国家不能无休无止地分封下去,周朝就像一个被抽干了血的巨人最终无力地倒下,应该是这个制度造成的,很少有诸侯将自己的土地敬献给周天子,虽然法定周天子拥有一定面积的土地,但周天子却要主动或被动地无限分封下去,直到自己一无所有,即使没有战争侵占兼并,周朝的辖区也将随时间的推移而越来越小,这是制度的宿命。

战国东、西周的良政和改革:

1) 无。

甘德(鲁国人或齐国人)、石申测定的恒星记录,约在前 350 或前 360 年完成。这是一项杰出的工作,是最古老的恒星表。但当时没有产生效果,也没有被人认识。

二、战国秦

信仰肉身成神的人,前 422 年,秦作上下畤,上畤祭祀黄帝,下畤下祭祀炎帝。也有野蛮的习俗,前 417 年,秦初以君主妻河伯。《史记》索隐:谓初以此年,取他姓女为君主,君主犹公主也,妻河伯,谓嫁之河伯。沿用前代的礼节,礼节与前 335 年,秦惠文王举行冠礼,前 238 年,秦王政行冠礼。总体上是世俗国家。

秦国的良政或改革:

1. 前 422 年,秦灵公作上下畤,上畤祭黄帝,下畤祭炎帝。

2. 前 409 年,秦开始允许官吏随身带剑,,前 408 年,普通秦国人也享有这份权力。

3. 前 408 年,秦"初租禾"。初租禾是指男子成年后独立门户,以人口计算赋役。

4. 前 390 年秦改建陕为县,秦改建蒲、蓝田、善、明氏为县。

5. 前 384 年,秦"止从死"废止人殉。

6. 前 378 年秦"初行为市"。

7. 前 375 年,秦"为户籍相伍"。

8. 前 361 年,下令求贤。前 359 年,商鞅为左庶长,辅助秦孝公变法。前 352 年秦拜卫鞅为大良造。

9. 前 350 年,秦从雍迁都咸阳,并普遍设县,置令丞,废井田,开阡陌。

10. 前 349 年,秦在县初置秩史。

11. 前 348 年,秦"初为赋。"

12. 前 237 年,秦王废逐客令。

13. 前 336 年,秦"初行钱"

14. 前 231 年,秦初令男子书年龄。

15. 前 328 年,秦始置邦相,任张仪为秦相。

16. 前 325,秦惠王君始称王。

17. 前 309 年。秦初设丞相,以樗里疾、甘茂为左右丞相。

18. 前 307 年,秦昭襄王(秦昭王)立,秦时始置将军,以魏冉为将军。

19. 商鞅变革。

20. 前 261 年,李冰做蜀守,筑都江堰。

21. 前 246 年,郑国为秦凿泾水为渠,灌田四万余顷,收皆亩一钟。秦益富饶,是秦王政元年。

秦国(条数 21),排位第一。

三、战国晋国

晋的良政或变革

无。

晋国国变革力度排名:

无排位。

4. 战国赵国

赵国的良政与改革

1. 前 307 年,赵武灵王实施胡服骑射。前 302 赵命吏大夫迁九原,再次下令命将军,大夫、嫡子、代吏均胡服,习骑射,战国时仅次于商鞅变革,意义深远的改变。

2. 前 299 年,赵武灵王称主父,废其太子章,传位少子何,即赵惠文王。

3. 前 283 年,赵蔺相如完璧归赵,以相如为上大夫,廉颇为上卿。前 279 年,任蔺相如为上卿。

4. 赵以齐田单为相。

赵国变革力度排名:

4 条,位第

五、战国魏国:

魏国的良政和改革:

1. 前 361 年魏从安邑徙都大梁,从此魏亦称梁。

2. 前 339 年,魏于大梁北开大沟,以引通圃田水灌溉,是为开凿鸿沟之始。

3. 前 406 年,魏文侯之臣李悝有《法经》六篇,其"行地力之教"的主要内容是国家将荒地分给农民,国家得以增税,鼓励多品种种植,预防不同灾害,避免绝收,深耕细作。

4. 前 405 年,任用吴起。

5. 前 360 年,魏开大沟（运河）沟通黄河入圃田（河南中牟西的一个湖泊），又从圃田开大沟,引水灌溉。为蜀国兴修水利,魏瑕阳人从岷山开导青衣水,使东与沬河相合。

6. 任用惠施。

7. 任用信陵君。

魏国变革力度排名：
魏国 7 条,位第二

六、战国韩国

前 425 年,韩康子卒,子武子立。前 423 年,韩伐郑,杀郑幽公,前 415 年,韩建都于平阳前 409 年,韩武子卒,子景侯继立。,,前 408 年,韩伐郑,取雍丘。前 397 年,聂政刺杀韩相侠累,前 389 年,韩烈侯卒,子文侯立。前 385 年,韩伐郑,取阳城,又伐宋,入彭城,执宋君,旋释之。前 377 年,韩文侯卒,子哀侯立。前 374 年韩山坚（韩严）杀韩哀侯,子懿侯立。前 375 年,韩灭郑,迁都新郑。前 363 年,韩懿侯卒,子昭侯立。前 362 年,赵成侯于韩昭侯会于上党。前 355 年,韩昭侯用申不害为相（一说为前 351 年用申不害为相）。

前 355 年,韩从亥谷以南筑长城,前 352 年魏、韩于襄陵击败齐、卫、宋联军。

前 337 年,韩相申不害卒。前 333 年,韩昭侯卒,子宣惠王（威侯）继立。

前 314 年,秦伐韩,败之于岸门前 312 年,韩宣惠王卒,子襄王继立。前 300 年,东周与西周战,韩救东周。

前 296 年,韩襄王卒,子韩厘王立、魏襄王卒,子昭王立。前 273 年,韩厘王死,子恒惠王立。前 233 年,韩非入秦,秦杀韩非。

韩王请为臣。韩灭郑,韩昭侯用申不害的韩国最为强大,韩国都阳翟,灭郑国后迁往新郑。

（今许昌禹州市）前 230 年,韩国在战国七雄中最先灭于秦国。韩弩是强大的武器。

韩国的良政和改革：

1. 前 351 年,韩昭侯用申不害为相。

2. 迁都新郑。

3. 任用韩非。

4. 制作最先进的武器韩弩。

韩国变革力度排名：

4 条,位第

七、战国楚国

楚国的良政和改革

1. 开发滇地

2. 启用吴起

楚国变革力度排名：

2 条,并列位第

八、战国齐国

齐国的良政和改革

1. 任用孙膑、田忌。

2. 任用田单。

齐国变革力度排名：

2 条,并列位第

九、战国燕国

燕国的良政和改革

1. 燕昭王建黄金台纳贤。

2. 让国位于子之。

3. 任命乐毅。

4. 任用苏秦。

燕国变革力度排名：

4 项,位列第

十、战国鲁国

前 471 年,鲁哀公以嬖妾为夫人,以其子荆为太子,国人恶之。前 468 年,鲁哀公受大臣季氏逼迫,逃往越国。前 467 年,鲁哀公卒,大臣季氏等立其子悼公。前 412 年,齐伐鲁,攻取莒、安阳。前 409 年,鲁穆公好贤人,以公仪休为相。前

394 年,齐伐鲁,取最,韩救鲁。

鲁国的良政和改革:

1. 任命孔子。

2. 任用公仪休为相。

2 项,,位列第

鲁国变革力度排名:

2 项,位列第

十一、战国越国

前 474 年,越聘于鲁,始通中原诸侯。公元前 473 年越王勾践灭吴,吴王夫差自杀,勾践会晋、齐等国于徐州,致贡于周,周元王命为霸主。范蠡去越,越杀大夫文种。越致贡于周,周元王使人赐越国胙,命为伯(诸侯之长)。

前 448 年,越王不寿被杀,子朱句立。

前 414 年,越灭滕,不久,滕复国。前 413 年,越灭郯。前 412 年,越王朱勾卒。

越国的良政和改革

1. 前 474 年,越聘于鲁,主动与中原交往。

2. 征服吴国。

3. 开发滕国。

越国变革力度排名:

3 项,位列第 6

十二、战国宋国

战国宋的良政与改革:

1. 司城子罕整饬国政,振兴国家。

宋国变革力度排名:

1 条,位列第 6

十三、战国郑国

郑国良政与改革:

无。

郑国变革力度排名：

无排名。

十四、战国卫国

卫国良政与改革：

无。

卫国变革力度排名：

无排名

统计：

位列秦国第一(21 项)，第二名魏国(7 项)，第三名韩国、赵国、燕国并列(4 项)，第四名越国(3 项)、第 5 名齐国、鲁国、楚国并列(2 项)，第六宋国(1 项)

东周、西周国、东周国、晋国、、郑国、卫国均无变革，不列入。

不论是春秋还是战国时期，变革最多的国家最强盛。

所有诸侯接受大致相同的文化，处于差异巨大的不同地域，思想行为能力与政治、经济、军事条件要接受统一标准的评估，寻求改革或不寻求改革的都可以理解，他们都不想自己错，实际上他们努力实施的思想与行动中很多一开始就错，有些中途或结果出错，谁都不想是错的，但往往只有一个对得最多。

春秋战国是礼制成功延续下来的实践，春秋战国是礼制模式最好的时代，集体产生了中国最伟大的群体，不论是将军还是思想家都堪称世界一流，具有隽永的价值。

第十四章　不同时段的战国

秦国的改革是诸侯中最为全面、综合的改革,其它国家只想打赢仗这仗,国家满足于战争胜利时的时候,秦国人可以通过战争赢得一系列的改善,秦国的变革给与普通的人最多,参与度更广,实际的效果会最大,强于坐以待毙,杀敌换购身份是一种改天逆命的机会,人们可以通过自己的勇敢、力气、服从变成上等人,与贵族平起平坐,尽管一切用武力成果来评判人的价值后续的问题很严重,但是足够以此取得对诸侯国的胜利。秦国的胜利来自长期稳定的政策,并非来自绝对的正确。并非所有诸侯都及时意识到了秦国的危险,不理解集体行动的要素,没有意识到个人获利不等于集体获利,他们就是以自己能理解的利益左右下偏离正确方向,这些国家都缺乏系统的综合国力,他们实际上在等待秦国来解决他们的问题。

——作者

第一节　长期的理性与理想最终成功的行动称为纵向运动

按周僖王对曲沃武公的裁定、周威烈王、周定王等人援引案例对周礼的诠释,秦国是周礼精神(非条款)最忠实的执行者。

普通人赚钱不易,战争需要经费,用于战争就不能用于社会福利,再说战争后遗症多,打完别人的人即使全身而退,他们也会因为战争的荣耀以及噩梦左右终生。

真正的巨人——秦国

如果你感觉自己总是处于要求服从的境地,你是在被奴役中;如果你明确感到自己有自我做主的空间,你是享有部分自由。如果你感到被成功的权力吸入失去自控,你兑现了你的价值,这也是商鞅之前的军队和社会(前段),商鞅存续之间(中段),商鞅之后(后段)的三种镜像。社会不存在阶级之间泾渭分明的大规模、系统争斗,权力在上层社会不断地调整转移,多数人被排除在外,甚至感觉不到与自己有关,历史也就如此推进的。

一、前 470—前 385 年魏国对秦国优势

秦国有天然的攻击性,前 444 年,秦灭游牧的义渠国,执其君以归,这次并未毁灭这个国家,前 430 年,义渠攻秦,至渭阳。义渠人攻击到了渭水之北,说明义渠国覆灭的可能只是其中一个部落。秦既跟边境周边的异族作战,也跟自己的邻居姬姓国家作战,姬姓国家间也是如此,前 423 年,韩伐郑,杀郑幽公,前 420 年,晋幽公夜间被"盗"所杀,一说是晋夫人秦嬴杀公于高寝之上,魏文侯用兵平晋乱,立幽公子烈公。

三晋不约而同大兴土木,前 419 年,韩武子定都平阳。赵氏在泫河边构筑城池,城泫氏,这是后来秦赵大战的地方。魏氏在黄河西岸筑少梁城,魏与秦国发生冲突,前 418 年,秦越过魏长城,与魏战于魏地少梁,前 413 年,魏败秦国于郑。齐伐魏,攻毁黄城,包围阳狐,楚伐魏,至上洛。但魏国似乎掌握如何与秦作战的要诀,前 412 年,魏破秦繁庞,此地变为空城,因为魏迁出当地全部居民,前 409 年,魏伐秦,筑临晋、元里两城,前 408 年,魏伐秦,完全占领黄河以西,北洛水以东的地区。韩郑仍在交战,韩占领了郑国雍丘,次年,郑在负黍击败了韩国。被周威烈王正式承认后的魏国意气风发,魏国陆续得到了一批真才实学的人:乐羊、西门豹、翟璜、李悝前 406 年,魏文侯(卒于前 396 年—一说为前 397 年卒)之臣李悝著《法经》六篇,行地力之教,李悝曾经是中山相,魏武侯时,以商文为相,以吴起守河西。无所畏惧,前 408 年,魏以乐羊为将,越赵境伐中山、伐宋,而吴起所率魏军长驱直入,秦退守洛水,前 406 年,魏灭中山。前 404 年,三晋伐齐,入齐长城。前 403 年,周威烈王命韩、赵、魏为诸侯。(司马光以此年为战国之始,战国初年,魏为最强,至秦孝公魏惠王时,魏渐弱而秦强。)前 402 年,周威烈王卒,子安王立。前 401 年,秦军攻打魏国,一直打到阳狐。前 400 年,三晋伐楚,至乘丘而还,郑围攻韩阳翟。

前 396 年,魏文侯(前 472 年—前 396 年)卒,子武侯立。前 394 年,前 394 年齐伐鲁,占领最地,韩为了增援鲁不惜与齐交战,而负黍叛郑,重归韩。前 393 年,魏加入争夺郑国土地的战争,入侵郑国,在酸枣筑城,楚国见到韩国得到了负黍,攻击韩国,夺取了负黍,尽管有竞争者加入,韩国还是出于理性需要反复攻击郑。前 393 年魏败秦于汪,前 391 年,秦攻韩宜阳、取六邑,前 390 年,齐军攻取魏国襄陵,秦与魏也在其东北部遥远的武城交战,次年,秦攻击魏阴晋。前 387 年,秦伐蜀,取南郑,蜀国似乎有一定的抗击打能力,前 377 年蜀还有能力伐楚,

攻取其兹方。

前387年,魏武侯与齐田和会于浊泽,田和求为诸侯。前385年,韩伐郑,取阳城,又伐宋,入彭城,执宋君,随即又予以释放。这年,秦大庶长菌改杀其君出子,立献公,秦武力改易国君,国家不稳,魏趁机入侵秦,魏筑安邑、洛阴、王垣城,这三地纬度相近,大致在一条线上,很像是要继续向西拓展,针对秦国,可攻可守。这是李悝(前455—前395年)、吴起和魏文侯变革后的魏国,对秦战场上处于优势地位。前382年,魏相商文死,公叔为相,潜吴起,吴起奔楚,楚悼王任为令尹,吴起在楚国的改革中有徙贵族于边境的政策,遭到嫉恨。魏国的敌人也在增加,前381年,赵因为魏的威胁求助于楚,楚救赵伐魏,战于州西,直至黄河,前进中的赵军占领了魏棘蒲公、黄城。前375年,韩文侯终于在诸侯中拔得头筹,灭郑,迁都新郑。

秦、楚以及新出现的国家不断地在不同的战场开战,测试自己的战斗力,也检验战争的影响与后果,魏与秦、齐、楚三国大国都发生战事,败于齐、楚,战胜秦国。

二、前372—前318年——从均势开始的时代

前372年,赵成侯任命大戊午为相,大戊午曾为法家翘楚申不害之师,认为君权应该受到限制,这个法家渊源并没有让当时的秦赵两者亲近,赵、秦接壤,前371年,秦、赵战于高安,秦战败,在与中山、魏国、秦国作战时赵国都取得胜绩,显示赵成侯的军队能力很强,秦已五次被魏国打败,只赢过一次,但是秦对相对弱的义渠、韩国、蜀作战获胜,从上述这些记载中看到的只能说秦当时只是一个很平常的诸侯国家。前370年,魏武侯卒,子罃与公子缓争立过程中,韩、赵支持公子缓,未成功,前369年饱受入侵的中山开始构筑长城,这年是魏惠王罃元年,赵、韩迁晋桓公于屯留,晋绝祀。

魏、秦之间实力对比在魏惠王时代,具体在前364年出现出现重要拐点,这年秦破魏于石门,斩首六万,这是秦国对魏的第一次大胜,由于赵国及时救魏,秦不能扩大战果,退兵,周显王甚至专门派人祝贺秦国的胜利。前363年,秦攻魏军事重地少梁,赵军赶来救魏,赵国俨然对秦很有办法,赵国增援魏国,或是盟约或是默契,它们让秦国处于两条线作战态势,但是,它们之间的关系不是只限于如何专门针对秦这样单纯的关系,这是魏、赵彼此走错的原因,它们当时肯定不会有明确的判断,只有集中所有的力量应对秦的发展,才是生存之道,它们还以为在其它地方的胜利能够丰富强大他们。外部的诱惑如此强烈,甚至认为彼此

削弱也是一种强身方式,败于秦国后,魏国转而与去年的盟友开战,前362年,魏于浍北大破韩、赵联军,取赵皮牢,这一战只有一个积极意义,让秦看清三晋国家还没有因为失败而形成共识,建立彼此快捷沟通协调行动的渠道,可以各个击破。消极影响就很多,让赵国知道魏不是稳定的盟友,下次需要赵国时需要慎审掂量,更重要的是,魏国目的是否明确?

前362年赵成侯与韩昭侯于上党会晤,前361年,魏惠王与韩昭侯于巫沙相会,他们谈得不是太好。这年秦灭獂(西戎),杀獂王,解除了一个后顾之忧后变得更专注,而它的东方对手可能因此误认为秦的注意力转向西部而自己变得心有旁骛,这是一个致命误判。前361年,魏国陷入因为卫国引起的诸侯持续混战,同年魏从安邑徙都大梁,从此魏亦称梁,这是一次重大的选择,魏国新旧都城大致在相同纬度上东移,离秦国更远,显然更倾向到更安全的地方。巫沙相会后魏军终止了对韩国城邑的围攻,这两个国家并没有因此变得完全释怀,只是相对而言,魏、韩变得比前更为紧密。前360年,魏开大沟(运河)沟通黄河入圃田(河南中牟西的一个湖泊),又从圃田开大沟,引水灌溉。前358年,魏将龙贾在河西构筑防范秦国的长城,前357年,魏攻韩取朱,又围宅阳,韩昭侯急急忙忙与魏惠王第二次会盟于巫沙,魏国撤除了对宅阳的包围。前357年,一段时间内斗比外斗多的宋国百忙之中伐韩,攻取黄池。前356年,鲁共公、宋桓侯、卫成侯、韩昭侯朝见魏惠王,赵成侯、齐威王、宋桓侯(这是宋桓侯人生尾声,宋司城子罕(剔成肝)约于本年或稍后杀宋桓侯自立。)会于平陆,又与燕文侯会于阿。魏国在与韩、赵的和解中似乎找到乐趣,同时又在寻求与危险的秦国和解,而智穷力竭的卫成侯见卫国渐变赢弱,自行从公爵贬号为侯,他根本不想积极的措施,后来居然反复使用自我贬低的方式进行自我保护。他可以辩称有几个国家相隔,看不到遥远的秦国同年发生的事与之多么不同,这些人的主观想法与相应行动会对国家、个人产生多么大的影响。秦有一项本国的人事任免,但涉及全部诸侯国家的生死存亡,前356年秦任卫鞅为左庶长。

朝见魏国的小诸侯和平陆会盟诸侯形成不同的集团,对魏国而言,这又是一个错误的盟约,前355年,魏惠王与秦孝公又在杜平会晤,他没有看到和解中隐藏的危险。

甘德、石申测定的恒星记录,约在前350或前360年完成,这个透过层层叠叠战争硝烟发现的伟大成就无人问津,与真实的战争相比,当时人觉得这些过于虚妄,完全没有意识到它才能改变世界。

前354年,赵伐卫,取漆、富丘,卫被迫前往朝拜赵成侯(前374—前350年在位,),魏惠王派军救卫,包围赵都邯郸,秦国看好这个机会,利用部分魏军东方激战正酣时,派兵攻取了魏最西部的少梁。前353年魏破赵都邯郸,赵惠文王主要精力忙于攻打中山,到前353年,已经连续三年没有参加齐、韩、魏联军对秦的行动,赵国的自私行为是重大错误,破坏了诸侯的团结和凝聚力,集体偏离正确方向。

赵延续自己的错误,求救于平陆盟主,齐以田忌为将,孙膑为军师救赵,一军直驱魏都大梁,另一部精锐则于桂陵设伏,魏军大败,主将庞涓被俘。前352年,目睹魏国惨败,见风使舵的大梁盟约成员中的卫、宋已经成为齐国的盟友,魏、韩于襄陵击败齐、卫、宋联军,然而,魏河东遭到秦军进攻,旧都安邑为秦军所占。前351年,魏军撤出赵邯郸,魏、赵于漳水之畔结盟,似乎又开始向正确靠拢。而秦于商构筑军事要塞,得胜的军队余兴未尽,又攻取魏固阳。前350年,魏反攻秦,围定阳,时隔五年秦孝公在彤地再次会晤魏惠王,这是一次有效的会晤,秦归还了部分从魏夺取的河西之地以及安邑。赵成侯之子赵肃侯(前349年—前326年在位)即位次年,前348年,赵肃侯与魏惠王会于阴晋,这位缺乏大局观的君主长期与魏以及齐攻战不断。前344年,魏惠王始称王,召集秦、韩、宋、卫、鲁等国于逢泽会盟,率十二诸侯以朝周天子,这应该算是他人生的高峰,随即变得举止无常,前342年,魏、赵攻韩,齐国为解韩急出兵,前338年秦败魏于岸门,俘其将魏前。前341年,齐出兵,在马陵大败魏国,46年前,即前387年,魏武侯与齐田和会于浊泽时,田和还在向魏武侯请求代为向周天子正式册封为诸侯,现在魏与田齐成为劲敌,他们真正的敌人正在出现,前340年,秦商鞅攻魏,魏国将军公子卬应老友商鞅之邀结盟,商鞅设伏生俘公子卬,大败魏军。

前339年,魏于大梁北开大沟,以引通圃田水灌溉,是为开凿鸿沟之始。

前337年蜀与楚、韩、赵等诸侯因为秦惠文王立前往朝贺,维系友谊的方式要比偶尔可能得会面复杂得多,和平时间不长,赵肃侯(前350年赵成侯逝世后子赵肃侯立)是个重要的赵国君主,他提升了赵国在诸侯中地位,前335年赵建寿陵,也就是为当时还健在的赵肃侯建立陵墓。"邯郸以寿陵困于万民。"《诸子集成·吕氏春秋·卷第十四·孝行览第二·本味》P145,显示工程巨大,赵肃侯还有十年才会需要这个陵寝。前336年,魏惠王与齐宣王在平阳南有一次会晤,前335年,在魏惠王在齐国甄邑拜会齐宣王,比起去年二人在平阳南的会晤,魏惠王显得更为谦恭,魏与齐结盟对付秦国,这是他要的结果。而在秦伐韩,取宜阳,现在的秦国基本扭转了前期对魏作战的力量对比,魏国经过齐、秦分别的打击后,竞争力大失,在与秦、齐对弈中遭到如此可怕的失败后,魏惠王似乎从从惨败得到了如何与强者相处的教训,前334年,惠施为魏相,他主张连齐,这年魏惠王主动前往拜见齐威王,魏惠王与齐威王于徐州相会,尊威王为王,威王亦承认惠王为王,史称"徐州相王"。魏国齐国的政策出现了连续性,这是君主、学者与现实的共同促成,现在就看是否有执行力。

秦国的邻居们似乎一夜之间发现了一个凭空而降的猛兽,大梦初醒的诸侯开始认真考虑要集体防御,但是他们瞻前顾后,虽然发现了最可怕的共同对手,但彼此之间仍高度戒备,目光不仅迷离而且游移不定,相互之间仍争斗不停前334年时,魏惠王、齐威王徐州会盟中可悲第出现约定共同进攻楚国的条款,前333年,楚国大军围攻齐国徐州,大败齐军,而赵国以漳水,滏水堤防为基础,筑南长城,构筑永久工事以防御魏,这时候的赵肃侯虽然已经差不多摆脱专国政的李兑对苏秦的偏见,在开始接受合纵抗秦的思想,楚威王被赵肃侯尝试接触甚至接受为新朋友都很正常,但是,秦以外诸侯国整体上思想还是混乱,个人利益则更为清晰,由于这条长城以及前333年楚出兵围攻齐国徐州,大败齐军,两位君主终于还是联手。次年,前332年,齐威王、魏惠王的军队联手进攻赵,赵决黄河水阻兵,齐、魏军撤回,惠施连齐计划的缺陷在真正的对手加入竞争后显露出来,它是局部联合,让秦的进攻有更多理由和攻击点,前331年,秦公子印与魏战,擒魏将龙贾,斩首八万。魏国的盟友齐国在哪里? 在等待明年剔成肝的到来? 宋君剔成肝(司城子罕)之弟偃攻其君剔成肝,自立,前330年,被推翻的君主投奔齐寻求庇护。秦加大力度攻魏焦、曲沃,魏独力难支,献河西地予秦,这块宝贵的战略要地再次转手秦国显示魏国严重偏离正确坐标。

秦国的强大促使新的思想形成体系,纵横学派就是研究诸侯联合遏制秦国可行性的学派,前330年,公孙衍离开秦国到魏国,三年前他还是秦国的大良造,他带着他的思想来到可能成为合纵牵头人的魏国,尽管此前已经数次被秦国痛击,魏国仍是一个有分量的大国,巧合的是,他思想的敌人,魏国人张仪则正是这年辗转来到秦国碰运气,魏国人低估了张仪的价值。魏国没有集中精力设计应对主要的威胁,在秦国凌厉的攻势下节节败退的魏国在楚国那里找到一点慰藉,攻取楚了陉山,这年楚威王卒,子怀王立,魏国是否事先了解楚怀王是个可以蒙哄的君主? 比起魏惠王漫无目的的行动,秦国知道事情有主有次,而且比魏国专注度高,前329年,魏河东汾阴、皮氏、焦、曲沃被秦军占领。前328年,秦始置相邦,任张仪为秦相,张仪是魏国贵族,不过他不是凭本能和传统行事的人,他的人生目标就只为成功,他给魏国带来了战争,魏惠王的直觉让他远离深谋远虑的张仪,魏惠王的视力有点问题,先选择齐国为主要对手后又选择齐为核心盟友,都是错的，他选择大错的还有其它事例。前328年，秦攻魏，魏献上郡十五县给秦，前327年，秦将所占魏河东地还给魏国（焦与曲沃），这不是为了结束秦魏之间的战争让两个邻居相对安稳的保障，而是争战升级的预演。前326年，赵肃侯卒，子武灵王立，秦、楚、燕、齐、魏各出精锐部队万人，这些有新仇旧恨的国家聚在一起，平静地参与赵国大葬。

　　前325年，秦惠王君始称王，形式主义者魏惠王与韩宣惠王于巫沙会面，尊韩为王。前323年，魏惠王会齐威王于鄄，魏公孙衍的努力还是卓有成效，发起五国（魏、韩、赵、燕、中山）相王动议并得以实施，赵、燕、中山始称王，公孙衍似乎要建立一个平等结盟的集体，方便以后付诸集体行动，这些动向似乎促成了秦特使张仪与齐、楚大臣于啮桑会盟，准备视五国情况变化协调行动，秦寻求可能合作的盟友，即使是临时的。中山成公在前323年还有幸与强大的赵国等发起了五国相王活动，一脸淳朴，热情地和赵国站在一起，但是赵国很冷酷，对中山的最终目标历经数代君主从未改变。

　　前322年，秦为破坏合纵实施了一个新的计划，免去张仪相国之职，如获至宝的魏国人立即用张仪为相，将主张合纵抗秦的惠施驱逐，惠施先到楚，后在宋与庄周相遇，经过砥砺，两位的哲学思想都更趋成熟，而合纵思想是否成熟完全不影响秦国的战斗力，前322年，秦伐魏取曲沃、平周。

前319年—前221年——于事无补的合纵

　　前319年，魏惠王在逝世，子襄王立，孟轲不喜欢襄王的气质，变得十分挑剔，公开说他没有人君的气质，但是魏襄王作为一个君主有孟子不具备的素质，对张仪有自己的评估，逐张仪回秦，齐、楚、燕、赵、韩等国支持公孙衍为魏相，惠施也回到魏国，合纵大业似乎蔚为大观，魏国先后用主张合纵的惠施、公孙衍实施合纵计划，魏国君主及其盟友们不是太清楚如何做比较好，患得患失，情绪比较反复。前319年，秦伐韩取鄢，面对明白无误的挑衅，次年诸侯才能做出反应，魏、赵、韩、楚、燕五国合纵攻秦于函谷，失利，魏国及其盟友脆弱的第一次集体反击不是他们真正的实力，前318年，虽然宋王偃在此年自称王，他的称呼没有得到其它诸侯的认同，他的国力甚至被忽略。司马迁记载宋剔成君是宋辟公儿子，新发现的资料说二人系君臣关系，戴偃赶走兄长，前318年自称宋王，宋康王对魏、齐、楚作战都有胜绩，还吞并滕国，他国内的敌人密布，皆因其残暴无行，招致齐国军队灭宋，说明国家有变化还不行，还要变化合理，宋国政治的重心在内斗而不是国家行为的正确性。前317年秦破魏、赵、韩、燕、齐、义渠人联军于修鱼，斩首八万二千。联军不仅败于秦国,也败于自己,宋王偃对合纵集体有天生的破坏性,此公击败过楚、魏、齐,滕国的灭亡也是他的杰作,他的这份能力得到齐宣王重视,两国决定联手攻魏,破魏军于观泽,结束了魏惠王与齐威王建立的脆弱互信,(东方国家之间的互斗,在当时并没有让他们自己觉得与秦国争斗有何区别,燕王哙似乎感到了秦国惊人变化的真正原因—国家有能力出众的人,前318年燕王哙燕让国君之位给国相子之,自己屈身为臣,或者是他的国人误读了他,或者是他看错了人,这次变动超出了国人心理的承受力,给国家带来了一场动乱。秦国在品味合纵国家的失败同时继续打击合适的对象,前316年,秦取赵中都、西阳、安邑,削弱合纵成员的个人利益就是削弱合纵集体的整体利益,可以令其分化,行有余力同时也做了点别的事,前316年,秦司马错和轻松灭蜀,灭苴及巴。前314年,燕国储君反抗子之而与之同归于尽,太子之弟姬职被拥立,是为燕昭王。而秦仍然兢兢业业从事它的攻城略地,前314年,秦伐义渠,得二十五城,秦伐韩,败之于岸门。秦国在以张仪为中心实施的一个新计划中,楚国蒙受重大打击,前313年,为延续在魏国的未竟事业张仪去秦相楚,以赠土地设局欺骗楚怀王,劝楚怀王与齐绝交,前312年,被骗的楚国恼羞成怒中实施了不理智的行动计划,攻秦大败,时运不济的楚国,在转而进攻韩国人寻求平衡的时候又遇到秦军,楚围韩雍氏,秦助韩大破楚军于丹阳,有一种最为夸张的说法是被俘虏的楚将士达到七十万人,斩首八万,这是极言这场战事规模惊人,双方投入兵力巨大,秦楚双方在这里进行了一场事关国运盛衰的决战,因控制不住的情绪而不是深思熟虑准备充分而开战的楚国损失惨重,楚怀王十七年(前312年)的丹阳失败空前绝后,秦取楚汉中地,后又败楚于蓝田。虽然韩宣惠王于此年逝世,但继位的儿子韩襄王联合魏乘楚惨败继续攻楚,合纵诸侯国家集体头脑发昏,之间陷入一片混战:韩魏攻楚;魏攻齐;魏秦攻燕;秦、韩攻楚;赵攻魏,从这里可以看到魏襄王不仅继承了其父的君位,也继承了他的错误。秦攻击的是燕、楚两国,秦与楚国接壤,而进攻燕国需要借道、绕道他国。前311,年,秦惠文王卒,子武王立,新秦王不喜欢张仪,前310年,非凡的张仪又让魏襄王信任他,神奇地谋得魏国的相位,其破坏合纵的计划与实施均完美无缺,这位对为秦国的强盛居功至伟的人落叶归根,于此年死于魏国。前309年,秦初设丞相,以樗里疾、甘茂为左右丞相。前307年,天才的甘茂攻破韩宜阳,斩首六万。秦武王无子,死后立异母弟为秦昭襄王,因为年少由太后听政,太后以魏冉为将,卫咸、严君疾为相,前305年,秦庶长壮及诸公子作乱,魏冉杀群公子,逐太后专国政。于去年(前306年)楚吞并越国,以其地为江东郡,战争胜利的楚国犯下致命的政治错误,背弃与齐国的盟约而私下与秦达成协议(前305年达成),前304年,秦、楚又于黄棘会盟,秦以上庸归还楚,楚为蝇头小利陶醉时,离正确越来越远。

前303年,秦连拔魏三城,韩一城,受到抢劫的韩、魏不向秦国复仇,韩、魏反而与齐联手伐秦的盟友楚国,楚心急火燎第让太子到秦为人质,从秦讨得援军,秦、楚的盟友关系并没有能保护楚国的平安,前301年,齐、魏、韩攻楚方城,败楚于重丘,杀楚将唐昧,破楚军于垂沙,韩、魏得宛、叶以北地。楚国接连二三的失败让国家丧失信誉,楚庄蹻聚众起事,反叛者占领了不少地方,庄蹻身份不清,很可能是一个平民,他率领的人反抗的是让人失望透顶的楚国政权。

四、前300年—前221年秦与各国——难以捕捉的正确性

在邻国大战之际,赵国的态度十分另类,它一心一意地针对中山,前303年,赵攻中山,前300年,赵伐中山,好像独自置身事外才能成功,是等待最佳机会切入还是单纯的冷漠? 无法判断。秦樗里疾卒,魏冉为相,在这个成功的楚国人心中完全没有个人故国的位置,失去利用价值的秦、楚脆弱同盟随之破裂,秦进攻楚,克新城,杀楚将景缺。既轻信又执着的楚怀王成为诸侯围观取笑的对象,楚怀王在前299年被秦昭襄王相约在武关会面,他当场拒绝要挟,坚决反对割地换自由的,楚怀王在那里被扣留,可怜的楚怀王成为被张仪他们嘲笑的对象,之前怀王这样两次愚弄过韩宣惠王,愚弄过魏、赵、燕的君主以及才智出众的公孙衍,智力与规则在一些人心中变成了一对矛盾,楚怀王反复破坏人际交往基本规则——诚信,并非单纯对局势的误判或利益至上,而是他的智力无法适应一个各种价值概念剧变中的社会,压力下无法判断正确方向。智力巨人一点一点地挤占‘诚信空间’、‘个性化空间’、‘和睦相处,彼此包容、扶持、享受生活的空间’是智力竞争获胜必须付出的代价? 这种发展规则让每个社群都要仔细权衡优劣,分清主次的地方。"

楚国立怀王子为楚顷襄王,赵国也有了一个新王,赵武灵王将王位传给幼子赵何,立即开始主管国家政事,而自己改称主父,掌管国家军事。公元前298年,秦攻取楚十六城邑,被秦的实力震撼如梦初醒的诸侯魏、齐、韩这次应该是出动了精锐,联军攻秦,至函谷关,公元前297年,齐、韩、魏联军继续攻秦,不屈的楚怀王逃出秦地,逃至赵国,被仍然想要置身事外的赵武灵王拒绝其入境,秦人抓获后重新关押。前296年,齐、魏、韩联军攻破秦函谷关,秦求和,以河外及武遂归还韩,以河外及封陵归还魏。这是合纵集体部分成员第一次取得对秦作战的

大胜,但只是局部的胜利,没有撼动秦国基石,秦国的反应或许是为赢得时间调整战略。

前296年至前295年,有四位大国诸侯新立,楚怀王死于秦,赵武灵王逝世,赵惠文王立;前295年,韩襄王卒,子韩厘王立;魏襄王卒,子昭王立。齐湣王早在前300年已经继位,这些新锐的君主具有不同的人生抱负,处于相同的生存环境,面临的现实问题却不尽相同,合纵的事业会如何,这些不确定性这给秦国赢得了时间带来了机会。前295年,赵废太子章争位,失败后逃入主父宫,公子成、李兑围攻主父宫,太子章被杀,主父则因饥饿而死,需要以宠爱自己的父亲、同父异母的哥哥生命的代价才能让自己的君位能得以稳定,赵惠文王这样的新君无法不重新审视所处的世界。

前295年,秦与楚粟五万石。楚怀王逝世的次年,也是楚怀王归葬的这一年大量的秦国粮食为何要一起来到楚国?秦国为何要给?与楚怀王死于秦国有关?秦国人或者认为自己过分,或者是因为秦昭襄王母亲宣太后系楚人,秦昭襄王舅舅魏冉在秦国为相,两个重要楚人的影响和情面,或以此向长期的敌国炫耀秦国富庶,笼络、吸引其它断粮的诸侯顺从,两者兼而有之?这是战国时期诸侯国之间有记载的数额最大的一笔物质馈赠,给楚大量粮食让军事上节节败退的政权有喘息之际,有资敌之嫌,必得君主首肯才得以实施,从政治趋势看,这不是为了与楚国成为永久的朋友,而是让其在恐惧中活着,成为一个想用就用,想打就打的灵活角色,楚顷襄王在位(前298年—前263年)时期,秦加大了对楚国的打击力度,秦国这样令人迷惑,罕见大手笔的真实意图或者纯属仁慈的行为,一个战场上大开杀戒人,经常需要宗教精神自我对冲。

赵国虽然经历内乱,经过赵武灵王彻底改造的赵国军队战斗力似乎没有受到影响,赵国在未与秦国大战前攻击齐国显得很轻松。前294年,齐相孟尝君田文指使齐贵族田甲劫持齐湣王(前300年—284年在位),田地是很有侵略性的一位齐国君主,但个性桀骜不驯,对国人和外人一样任性,国内国外都有广泛批评者。田文、田甲没有达到自己的目的,前者出奔逃至自己的封邑薛地。(多年之后,田文与齐湣王和解,前286年孟尝君田文被齐湣王任命为魏国相国。)

魏、韩继楚之后变成了秦国的肆虐对象,秦国前293年,秦拔韩伊阙,白起大败韩、魏联军,斩首二十四万,俘虏魏将公孙喜。前292年,秦相魏冉免,客卿寿烛为相,前291年,寿烛免相,复以魏冉为相,不论谁为相,战略都比较稳定:前291年,秦攻韩,拔宛,前290年秦赵相约伐魏,芒卯告诉赵国贪财的君王,谎称如果只要赵国不加入攻魏,就会得到一块齐国土地,结果成功说服赵国拒绝秦国的邀请,魏国倒是得到了一些齐国土地。恶劣的时局条件下,想要努力适应变化的东周君前往朝见秦昭襄王,魏主大脑一片空虚,以河东地四百里予秦,韩以武遂地二百里予秦。芒卯相魏,这是个恰当的人选,魏襄王对他极其吝啬,仍然不改其对魏国的忠诚,为捍卫魏国利益他前往楚、齐、秦、韩,以其勇气和雄辩让诸侯们接受和平比战争更可贵的观点,魏国的安全因为他受益,但这只有短期效应,看重社会趋势的人们不会坐等。

前289年,秦以大良造白起、客卿错伐魏,取魏六十一城。齐湣王十三年(前288年),秦约齐并称帝,齐湣王为东帝,秦昭王自称为西帝。齐接受苏秦建议,自去帝号,合纵摒秦,秦昭王也撤去帝号。前287年,齐国苏秦和赵国李兑发动赵、韩、魏、齐、楚五国伐秦,燕亦派兵加入齐军,联军至成皋,无功而退。诸侯集体作为一种新力量再次让秦国停下前进的步伐,随后归还部分所侵赵、魏土地求和。秦需要停下来评估这种新型力量是否无懈可击,结果很快就发现这个组织具有致命缺陷:集体是由个体组成,他们有各自的利益,各自的利益无限延伸必定会形成冲突点,前286年,齐灭宋,宋王偃(康王)奔魏,死于温地。赵国也在争夺宋国的队列中,结果齐湣王成为魏、赵、楚等主要竞争者中的胜利者,但是齐王得不偿失,前285年,秦昭王和楚顷襄王会于宛,与赵惠文王会于中阳,谋攻齐,原本自己的盟友者与秦组成联军,齐遭到五国沉重的打击,秦蒙武攻齐,取九城,以其地设九县,楚乘人之危,趁乱占领齐大片土地。宋康王土地归宿的变迁是一个可以说明"不是一切胜利都是好的。"的例子。

前284年,这年是齐湣王在位的最后一年,齐湣王终于发现苏秦到齐国来是为燕国服务的,暴怒之下将其车裂,田齐开国君主的进取性与人文精神在齐湣王、齐襄王逐渐丢失,齐王建时代则丧失殆尽,前284年,燕乐毅率燕、秦、韩、赵、魏联军伐齐,前318年时这些军队基本都愿意为合纵而战,现在怒气冲冲的军队却向齐国方向全速前进,楚将淖齿率军救援齐国,病急乱投医的齐湣王没见面就任命其为齐国相,乐毅破临淄后,齐湣王逃投楚国,他白跑了一趟,被楚淖齿所杀,楚收复淮北地。前283年,齐湣王子法章在莒即位,是为襄王,乐毅风卷残云据有齐七十二座城,仅剩莒、即墨二城还在齐掌控中。前281,魏冉相魏,不久复相秦,延续了他对楚国的打击政策,前280年,秦伐楚,拨黔中郡,楚献汉北、上庸予秦。前279年,秦昭王与赵惠文王在渑池相会,秦伐楚,开长渠引水灌鄢,秦破鄢、邓、西陵。这年燕昭王卒,子惠王立。不知是燕惠王时运不佳还是领导不力,当年齐田单实施反攻,大破燕军于即墨,一举收复齐国失地七十余城。前279年楚将庄蹻越过黔中郡,一直攻至滇池,在滇称王。前278年,秦白起伐楚,破楚都郢,烧夷陵,东进至竟陵,南进至洞庭湖一带,在江南置南郡,楚迁都于陈,楚国大夫屈原沉江而亡(前 340—278)他以对自己的君主和国君忠贞不渝而著称,但是魔鬼般的命运让楚怀王不断接受错误的判断,致使国家烽烟四起,前 277 年,秦派蜀守张若再度攻击楚,取巫郡与黔中郡,楚顷襄王二十四年(前 276 年),楚国一度很有起色,楚国西进收复江南十五邑,但只能说是楚国这个时期生活中的一个亮点,秦与楚国原本两个整体实力接近的诸侯国家如今力量悬殊,楚国抱头鼠窜,秦国越打越强,前 275,无情的魏冉兵锋直抵魏大梁,韩国暴鸢率军救魏,为秦军大败,魏献温地秦求和,战国前期对秦处于优势的魏国现在割让土地成了保命的良方,但是并没有因为失败变得良善,尽管韩军为救魏被秦军大败,魏军还是很快就忘记这份付出,前 273 年,与秦国结盟的韩国遭到赵、魏联军攻击,两军围攻韩国东北边境的华阳,秦派将白起救韩,在华阳大破魏军,随后又击败赵军,秦围攻魏大梁,魏献南阳予秦求和。韩厘王死,子桓惠王(前 272—239 年在位)立。他是范雎远交近攻政策的主要受害者之一,后来韩陉城、南阳、野王接连被秦攻占,受困于范雎思想还有游牧种族,前 272 年,秦灭义渠。前 272 年,燕相公孙操杀燕惠王,拥立武成王(前 271—前 258 在位),不幸的新燕王立即要面临韩、魏、楚联军的攻击,前 271 年,赵蔺相如攻齐至平邑,赵军即使是对付秦国也打得很有自信,前 270 年,秦派胡阳率兵借道韩上党郡进攻赵阏与,秦派客卿灶率一军伐齐,攻取刚、寿。秦的其它军队灭义渠,秦开始在陇西、北地、上郡筑长城以阻拦游牧人种骑兵的攻击。

前 269 年,进攻阏与的秦军被赶来增援的杰出将领赵奢统领的赵军痛击,秦军死伤惨重。不是所有战场都有赵奢,前 268 年,秦占领魏怀邑。前 267 年在魏国当人质的秦太子死于魏国,前 266 年,秦罢魏冉,用范雎为相,秦攻占魏国郪丘,前 265 年,秦宣太后卒,秦攻赵,赵惠文王逝世后,其子赵孝成王似乎失去了独当一边的勇气,新立的赵孝成王(前 265 年—前 245 年在位)使长安君为质子送至齐国以寻求齐国援军救赵,前 265 年,当时齐襄王已经逝世,子齐王建下令齐师救赵,秦军战略性地撤退。这个时间段两个国家不止战场上互助,还有大宗买卖成交,前 264 年齐王建元年,赵国人欣赏田单的军事才华,以五十七座城邑,其中有三座大城,从齐国换来田单,赵以齐田单为相。两个国家亦敌亦友,间或有一些友好行为让战争中断彼此得有喘息之机,直到最后灭亡双方彻底和解。前 264 年,秦派白起攻韩,取陉城,次年,秦白起攻韩,取南阳,韩国都城新郑与上党郡的道路也被秦军切断,上党太守冯亭违背韩桓惠王的意图,不降秦而降赵,祸水北引,赵国君臣对天上掉下来的上党郡是否应该幸福感激地接受有争论,但是田单交易中失去大量土地的赵国人对土地的执念战胜了理性。前263年,楚顷襄王卒,太子完从秦逃归,为考烈王,次年,楚考烈王以黄歇为相,封春申君,这是一位名士,其实干能力现在面临严峻考验。前261年,上党郡这份不祥的礼物给赵国带来莫大的灾难,秦派王龁攻取原本属韩,应该属于秦,现在属于赵的上党,赵廉颇与秦白起、王龁相持于长平,前260年,缺乏主见的赵孝成王任命轻狂的赵括代替身经百战的廉颇为将,白起大败赵军于长平,活埋降卒四十万,发生这样惨绝人寰的大屠杀有很多现实理由,但是所有理由都不具有正当性。

参战双方军士中很多人是为自己的一份口粮、份地,以及社会地位上升的机会,有些人还知道个人拿起武器是国家急需他们出力,他们中经常有人亟需国家公平回应时,国家却一声不吭。尽管如此,绝大多数被征召者是还是兴高采烈地冲向前方,寻早陌生的敌人,但是生命的代价并非其中多数人所愿,普通人活着的信念比雄才大略的君王们任何抱负都更为优先,在他们心中,和心爱的女子生儿育女,躬耕田亩,伺候长者才是天经地义的事,召唤四处嬉闹的儿女回家,全家人一起进餐才是幸福。君王们想要的边境安宁、城阙完好,君主令行禁止,鼓励成为英雄,愿意隆重祭奠烈士,士卒的境与进取的君王思想看似有模糊的一致性,实际上天壤之别,就是有这么大的距离,但是前者毫不愧疚,不在乎落后。然而他们多数生于一个必须跟上巨人步伐的时代,他们命中注定是献身的群体,这其中的意义从伟大到悲哀各有所持。

前259年,秦兵攻占上党郡,攻取太原、武安,秦派将军王陵攻赵都邯郸,因为久攻不下,

前258年,秦以王龁代替王陵攻邯郸,同样不能取得进展,前257年,魏信陵君魏无忌率魏军救赵,大破秦军于邯郸城下,秦将郑安平被围,降赵,秦随后又在河东大败,赵国俨然成了横亘在秦国面前的崇山峻岭。

前256年,自顾不暇的楚考烈王(前262—前238在位)仍展现出专制国家的本性,毁灭北方的鲁国,迁封鲁君于莒。这年秦继续伐韩,攻取阳城、负黍,西周君与诸侯在一片惊慌中缓过劲来后,手忙脚乱地勉强召集一支联军,主动开启了无效的进攻,秦攻西周,西周君入秦,尽献其邑三十六,口三万,与九鼎宝器于秦,秦昭王受献,归其君于周,周赧王卒,周不再称王。前255年,燕孝王死,子喜立,秦相范雎免职死亡,接替他的是蔡泽。前254年,魏安釐王的军队借助在信陵君河东的胜利带来的力量,攻占秦于东方的定陶郡,灭卫。前254年,韩王朝秦,前253年为避秦军锋芒,楚君不得不将楚都临时南迁,自陈徙都于巨阳。前249年,东周君与诸侯谋秦,秦灭东周,迁其君,周亡。秦蒙骜伐韩成皋、荥阳,置

三川郡。前 247 年,秦蒙骜伐赵,取榆次、狼孟等三十七城,置太原郡。前 247 年秦攻魏,魏信陵君率五国兵败秦军于河外(黄河以西、以南地区),这是魏国最后的胜利。前 243 年,魏安厘王卒,子魏景愍王立,魏信陵君卒。前 242 年,秦蒙骜攻取魏酸枣等二十城,置东郡。前 241 年,秦使卫君角居于野王,绥靖主义者最终沦为秦附庸,秦保留他是希望其他诸侯也像他一样接受命运的安排,毫无尊严地活着,心有不甘的赵国庞煖组织最后一次合纵,率精疲力尽的赵、楚、燕、魏、韩五国联合组成了一支精锐之师,楚考烈王为纵约长,军队到达了秦地蕞邑(临潼),被击退,这支合纵理想组织起来的军队在失败面前失去了方向、理想以及理性,庞煖的赵军转而攻击齐地,夺取了饶安(河北盐山),五年后,庞煖的赵军已经在燕地攻城略地,燕国是合纵的盟友,他们曾发誓并肩作战,现在却不能相容,秦国以燕国遭到入侵的名义不断对赵国实施进攻。即使秦国分兵多路作战,诸侯仍被各个击破,节节败退的楚为避秦,从郢都(今湖北荆州地区)往东北方向迁都寿春(今安徽寿春),仍称郢,这年考烈王逝世。前 241 年,秦攻占魏朝歌、次年汲地被秦攻占,秦王政八年(前 239 年)秦王政弟长安君成蟜被安排进攻赵上党郡以立功,这位算是战国时最缺乏前瞻性同时又是最善于发现的人,当时天下人都知道秦是第一强国,天下将归于秦,但他从秦国的万丈光焰中发现赵国仍有秦国所不具有的长处,这位身份显赫的贵族于屯留裹足不前,随后降赵,受赵封于饶。长安君的背叛对秦、赵之间的强弱区位毫无改变,。前 239 年魏桓惠王卒,子安继立前 238 年,秦攻占魏垣、蒲阳、衍三地。楚春申君为李园所杀,这位楚国执政参与信陵君救援赵国邯郸的行动,也亲自布局灭亡鲁国。李园妹妹原本与春申君有孕,这位女子又被春申君转送给当时尚未生子的楚考烈王,所生儿子被立为太子,其母为楚后,李园专楚国政就得益于此,他担心春申君泄露这个秘密,因此谋杀春申君,楚幽王立。秦国经常敌人环伺,但它的朋友可以随机生成:前 337 年,秦惠文王元年,楚、韩、赵、蜀赴秦朝新君,前 236 年,秦王翦攻赵,取阏与等九城,漳水流域之地全部被秦占有,赵悼襄王深受打击而逝世,其子赵迁继立,继续抵抗秦国的事业。前 336 年,周天子贺秦新君,朝拜者无不战战兢兢,当时的秦国特别有威胁性,诸侯们老老实实等待属于自己的奇迹,即使它变得相当危险后,各国对它既戒备又还抱有侥幸心态:前 234 年,秦恒齮攻赵,破赵于平阳,杀赵将扈辄,十月,赵将李牧大破秦军,赵封李牧为武安君。前 233 年,秦桓齮继续进攻赵赤丽、宜安,被赵将李牧大败于肥,桓齮奔燕。韩王安应该看到了李牧的胜利,但是与自己无关,请求臣属于臣,他现在只想活下去。前 232 年,秦大举攻赵,一军攻至邺,一军从太原取狼孟,攻至番吾,被赵李牧击退。赵国的连续胜利恐怕对秦国国内的秩序造成了破坏性,在秦为质的燕太子丹可能受到邻国胜利的鼓舞,竟然设法成功逃回燕国。

前233年,韩国人韩非入秦,秦人杀死韩非。这位杰出的学者在一个错误的时候出现在错误的地方,时值大局已定,韩非存韩的思想与天下大势不合。秦国无情地否定韩非的主张,前230年,秦内史腾灭韩,俘虏韩王,韩安的愿望时隔三年后终于以耻辱的方式实现,在又一个三年后被处死。秦以韩地置颍川郡。前229,高视阔步的秦王政派王翦率上党兵攻赵井陉,派杨端和率河内兵攻邯郸,被无敌的李牧击退,秦王及其国人被李牧杰作才华所震慑,但赵王迁在秦国的智力魔法下忽然失去理性,脆弱的心智经受不起谗言的折磨,杀害了秦国无数军队也无可奈何的伟大将军李牧。前228年,秦大破赵军,攻入邯郸,俘赵王迁,赵公子嘉奔代,自称代王。李牧个人的军事天才毋庸置疑,但绝对不是他一个人能抵御秦国虎狼之师,赵武灵王对赵国军队的改造应该还在起作用,赵国因此成为特例,同期秦国对其它诸侯作战相当顺利,前228年,楚幽王卒,弟郝继立,郝庶兄负刍又杀郝自立。前228年魏景愍王卒,子假继立。前227年,燕太子丹派荆轲入秦,未成功。前226年,秦王翦伐燕,入燕都蓟,迫使燕杀太子丹,燕王喜迁都辽东,前226年,秦王贲伐楚,取十余城。前225年,秦王贲伐魏,决河与大沟水灌大梁,大梁城坏,魏王假降,魏国灭亡。秦伐楚至城父,为项燕所破破,秦复使王翦伐楚,秦置北平郡,渔阳郡、辽西郡。前224年,秦王翦、蒙武六十万人攻楚,大破楚军,楚将项燕自杀,秦置上谷郡,广阳郡。前223年,秦军破楚都寿春,俘楚王负刍,楚亡,秦置楚郡。前222年秦王贲伐辽东,俘燕王喜,燕亡。前222年,秦平定楚江南地,降百越之君,置会稽郡。齐王建即田建,齐襄王法章之子,他的生存极具特性,其在位四十四年,一向对秦国采取绥靖政策,希望秦国网开一面,但是事与愿违,前221年,秦王贲从燕南伐齐,入齐都临淄,齐王建投降攻入齐都临淄的秦军后,齐王建被幽禁,因为秦人没有给这个俘虏提供食物,他在消化从前对秦国成堆的幻想中因饥饿而亡,以大斗出小斗进度量粮食的奇思崛起之田氏齐国灭亡之时竟然与还是粮食有关,实属巧合。

前255年,秦相范雎免、死,蔡泽代之。前249年吕不韦为秦相,封文信侯。食洛阳十万户。他的食邑人口相当于西周君的三倍,后者仅仅三万户。这件事在前文中反复提及,是想反复强调:战国时期的君主已经不是最有钱的职位,这不是一个政治噱头,礼制下的社会就是这样发展的,这是默认的方向之一。从张仪、魏冉等任职情况看,这真是一个才智之士幸福的时代,他们流动很大,几乎有机会在任何地方担任任何职务,他们有时是国家政治的工具,有时国家则是他们个人理想抱负的工具,不论其个人结局如何,至少他们曾经有大量的机会。

前 221 年,这一年是个重要的时刻,韩、赵、魏、楚、燕、齐这个时间已不复存在,燕与赵、齐接壤,赵与魏、齐、燕接壤,韩与楚魏接壤,除宋国在前 286 年被魏、齐、楚瓜分外这六个诸侯国有超过半个世纪的时间来共同讨论自己如何免于宋国的命运,这些国家间可以都不受秦国的干扰很方便地往来互访,美酒美食享受人生,他们有足够的空间,时间、物资、人口、杰出人才来共同化解消除来自秦国的威胁,但是他们之间的横向交流从结果上看显然是无效的,他们的智力水平加起来没有等六,实际上也不等于一,因为即使不能说这六个国家都可以做到秦国,除最弱的韩外,偏弱的燕国,其它四个国家都有个机会,这说明不正确的一群人,不论这个群体多大,都无济于事,纵向发展的趋势中,正确的只有一个,那些逃避发展,逃避趋势,只愿意活在自己主观世界的人和国家是横向生活,横向生活中发展是次要的,生活相对封闭,因为开放就会导致竞争和质疑,这都不利于因循守旧,这里的社会运行就是互相迁就,不思进取,在低水平重复,可能有少数的天才有创新,但作用往往是偶然的,不会对基本制度尤其社会结构与现状构成威胁。横向运动的成员可能有一个人意见正确,很难说服其它的四个,如果说服其他诸侯接受了自己的理想,他们各自的利益又可能作梗,妨碍其集体行动。纵向则是尊重客观现实的生活选择,尊重现实,并不妨碍有崇高理想,纵向运动是持续的运动,秦国就是历代君主价值观牢固,什么使战国时国家间的纵向运动很快变得剧烈,生活变得紧迫? 是个人的智力得到快速扩展,向前急速行驶的社会压缩了横向运动的空间,横向运动是诸侯间的常规日常交往,节奏和缓,充满惰性,被边缘化,而变化大的社会在加速进步同时会导致很多的短期行为,哪些因素在妨碍社会横向或者多样化和睦有序的发展? 原因很多:智力的差异,价值观的不同,信息不对称,交通不变,经济背景,货币、语言文字以及国家实力的强弱造成的交际屏障等,战国真实力凸显了礼制的基础缺陷,礼制认为血缘是维系天下稳定的绝对可靠保障,实际上,血缘在政治上效用非常抽象,一脉相承的它不意味着相同的智商、偏好以及运气,同胞兄弟之间天性或禀赋、体格以及教养的巨大差异让分封制很难永久存续。战国中,是战争而不是体贴商量和平等契约主导社会进程,显示分封与血缘的社会与个性化、技术的社会在实践中无法并存,为何看到的战争远多于温情,那是因为智力竞争密集开始,人们在意的是胜负得失。一个智力竞争的时代必然是一个性化时代,"

统一中国的秦多次以一敌众,终于实现最后解决,但是义渠与中原诸侯不同,是秦西北方的一个特殊政权,前 444 年,秦一度俘获了其君押送秦都,中原认为君主不存国家不存,但十四年后,容颜不改的义渠漫山遍野的骑兵深入秦境,前314年,秦进攻的义渠人居然在城内中生活,秦国占领的二十五城可能是农耕人口被侵夺的城市,前272年,秦军似乎再一次毁灭了义渠,这是其中一个部落,所以前270年,秦所灭之义渠是另一个部落,秦知道他们还有更多的部落等待时机冲入秦国疆域抢掠,他们是马上种族,来去迅疾,防不胜防,于是在陇西、北地、上郡筑长城,抵御这些骁勇善战的族群,他们更是智慧过人,依附或者征战,永远有自己的神,也有骄傲的心。

　　为什么会有战国时代?　如果有人找到了正确,就会成为环境中的敌人(大敌)。其同类会因为这个人试图跟大家不同,改变大家长期习惯的规则、现状,以及这个人有与大家不同的预期而遭到各种质疑、反对以及仇恨,这种正确越是精准,越是不易被多数人理解,更无法与之同步。

第十五章　不同方向的战国诸侯

没有方向的时代,起点可能就是终点。拥有一切不等于必然有方向,失去方向将失去一切。

——作者

孟子是战国时代的主要批评者,他判断自己所处的就是被各种欲望挤满的时代,一个以战争为沟通语言,不是以和平为目的而是以其作为谋生手段的战争发起者和参加者越来越多,占有欲—集中于土地、人口、资源而不是崇高理想成为绝大部分战争的诱因和后果,但是人口众多、物资基础更为丰富的国家为什么节节败退,支持这场旷日持久战争的不仅有制度本身,也有气候、区位等的影响。

气温的变化

从公元前 770 到前 476 年,战国时代开启前是处于第二温暖期:鲁桓公十四年,(前 698 年)春正月,无冰。鲁成公元年(前 590 年)春二月,无冰。《诗经·陈风·墓门》中有:"墓门有梅,有鸮萃止。"陈国都宛丘,陈风指在河南中东部淮阳一带流传整理的诗歌。在秦岭以北,纬度比淮阳地区更高的终南山有梅,"终南何有,有条有梅。"《诗经·秦风·终南》类似的佐证有不止一个来源:大致成诗于春秋末期的《召南》也有提到梅,"摽有梅,其实七兮。"《诗经·召南·摽有梅》,雍州包括西北数省,涵盖其中的召南指岐山以南地区。《尔雅》指出梅即楠"梅,柟"《尔雅义疏下·释木》P2。柟同楠,梅也是它的名字。《诗经》成书于西周——春秋时期,这是第二温暖期。"江南出柟梓"。《史记·卷一百二十九·货殖列传》P355,就像身处寒冷期的司马迁说的,这种蔷薇科的落叶乔木现在分布在长江以南地区。

战国时经济区的形成有鲜明特色的北方田齐和南方的荆楚。

楚在西周时立国,熊绎是楚国始封君,子爵。经过春秋时代诸侯竞争,楚国兼并周围小国,前 703 年,楚武王伐随(姬姓),随曰:我无罪。楚曰:我蛮夷也,今诸侯皆为叛,相侵或相杀,我有敝甲,欲以观中国之政,请王室尊吾号。随人为之周,请尊楚王室,不听。《史记·卷四十·楚世家》P204。前690年,楚武王死于伐随途中,前678年,楚文王灭邓国(襄樊一带,曼姓。),前531年,楚灵王灭蔡(姬姓),蔡后来复国,楚惠王在前447年再次灭蔡。在中原与晋争霸,晋景公三年,庄王十七年(前597),荀林父率领的晋军在邲(今河南荥阳北)与楚军接战,晋楚邲之战以晋败北结束,为楚庄王奠定春秋霸主基业。战国时楚已是一个幅员辽阔的国家,楚国的疆域大致包括今湖北、湖南、浙江、福建、安徽、江西、江苏大部,贵州、广西、山东、陕西的部分土地,约一百多万平方公里,楚威王(前339—前329年)最为强大,公元前278年,楚顷襄王二十一年,城都郢失守,都城迁往陈,这是河南淮阳一带。这说明在楚走向衰落时,河南仍有部分土地牢牢掌握在楚军手中。而春秋时思想家老子就出生在苦县(今河南鹿邑东),战国时此地仍属楚,楚威王时的将军庄蹻曾率兵荡平滇地,由于当时适逢秦国占两巴、蜀,滇池与楚的交通被切断,庄蹻遂称滇王。《史纪·卷116·西南夷列传》p329.这为当地人引入了楚国特色的先进文化、技术。进一步开发了滇地。在春秋晚期逐步开始形成,以滇池为中心发展起来的滇文化是受包括楚文化在内的多种外来文化持续影响而发展起来的。由上可见,楚的实际控制区在一百平方公里以上,尽管对某些地方的控制时间长短不一,起止不同,整个国家的仍不是松散性而是中央集权的,官方控制国家商业贸易活动,这从鄂君启节的作用以及其内容中反映出的楚君主对全国税收严格而细致的管理中就可以看到。

楚国可以说是一个传统意义上的南方人国家,作为现代中国地理上的一条天然分界线,秦岭、淮河在中国气象学上的作用与战国时有大致相似的意义,中国全境一月份平均气温在秦岭、淮河以西以北低于摄氏零度,愈往北气温愈低,以南则在零度以上,愈往南气温愈高。按竺可桢先生的见解,我国春秋、战国、秦帝国至到西汉,都处于我国五千年历史中的的二个温暖期。动、植物的变迁的记载也证实了这一点。除上已提到梅的生长地域变化,楚怀王曾对张仪说:"黄金、珠、玑、犀、象出于楚,寡人无求于晋国。"《战国策·卷十六·楚策三·张仪之楚贫》P540 犀牛、象这类的热带动物在当时云南甚至安徽等地大量活动,说明当地的气候时候它们生存,而当时的气温总体上是有利于农作物的生长,楚国辖区广阔,有地区间的气候差异,处于季风区的东部、东南地区温暖湿润,深处欧亚大陆腹地的北部则明显气候干燥,缺乏降水。在长江流域,大小湖泊、湿地密布,楚国多数人以稻米为主食,海产品,尤其是淡水产品在其居民日常生活中作用不可替代,盛产于南方的丰富蔬菜、水果是餐饮重要来源。

二、考古学意义上的南北关系

仰韶文化：分布以中原地区为中心，北至长城沿线及河套地区，南达鄂西北，东到豫东，临西临甘、青接壤地带，是中国分布率最广（西北、华北、中南九个省区），最为强劲的史前文化，年代约相当于公元前5000年—前3000年，分半坡、史家、庙底沟、西王村等八个类型，种植粟、藜、猪、狗以及鸡成为家禽。该文化早中期是母系社会，晚期过渡到父系社会，裴李岗文化、磁山文化，大地湾文化、李家村文化被称为'前仰韶'时期的新石器文化是因为仰韶文化是由其传承、发展而来，它与大汶口文化，大溪文化互相影响。

新石器时代的文化中，在长江流域的浙江省余姚县，发现的河姆渡文化可能稍早于半坡文化（仰韶文化早期，新石器时代母系社会），时间是约前5000年，已经有经驯化的猪、狗、牛。种植水稻。以南京北阴阳营遗址得名的北阴阳营文化分布在江苏省宁镇地区和安徽省东南部，年代约为公元前4000—前3000年，当地也是种植水稻的居民，与北部的大汶口文化（山东泰安大汶口遗址分布在山东省及江苏省淮北地区），西部的薛家岗文化，东端的马家浜文化存在联系。良渚文化以浙江省余杭县良渚遗址得名，分布在钱塘江北岸至江苏常州一带的太湖地区，时间约在前3300—前2200年，种植粳稻、籼稻，那里还有最早的家蚕丝织物，由崧泽（上海青浦县一带）文化发展而来，良渚文化与大汶口文化，山东龙山文化相互影响，与珠江石峡文化也有联系。

时间上稍晚的屈家岭文化由湖北省京山县屈家岭遗址得名，分布在江汉平原为中心的湖北地区。后期年代在前3000—前2600年文化特征时种植粳稻、有鱼猎采集，猪、狗成为家畜。该文化向西扩展至豫西南与中原的末期仰韶文化和早期龙山文化互有影响，有认为它源于大溪文化（重庆巫县大溪），分布东起鄂中南，西至川东时间前4400—前3300与仰韶文有交互影响。有人认为二者属于不同文化系统，与之相似的有分布在鄱阳湖周围赣江中下游的山背文化，居民种植稻为主，兼营渔猎。

在黄河流域，主要有偃师二里头文化，郑州二里岗文化，庙底沟二期文化逐渐衍变成河南龙山文化，后者是广义上的龙山文化的一个分支，其中还有山东龙山文化、陕西龙山文化等。杭州湾区龙山文化亦称良渚文化（有独特的黑色磨光陶），也有认为两者是相互影响的不同文化。在河南省渑池县仰韶村发现的仰韶文化有一个广阔的分布带，以中原地区为中心，北至长城沿线及河套地带，南达鄂西北东到豫东西临甘、青接壤地带。时间约在前5000—前3000年。居民种植粟、黍(即黄米)。家畜仅有猪、狗,鸡或已成为家禽,渔猎是重要食物来源。以彩陶著称。6000 年前,中国已能烧出实用美观的彩陶,以仰韶和半坡出土物为其代表,现代技术检测证明这些陶器的原料是高岭土,经 1200 左右摄氏度高温烧成,胎质坚硬,不透明、吸水性弱,特性已接近瓷器。该文化由前仰韶时期新石器文化(裴李岗文化、磁山文化、大地湾文化、李家村文化)发展而来,在中原地区演变为庙底沟二期文化,在渭水地区经中间类型过渡陕西龙山文化合齐家文化,与黄河下游的大汶口文化,长江中游的大溪文化以及黄河上游河北方地区的原始文化关系密切,互有影响。

大汶口文化(彩陶文化)早于龙山文化(黑陶文化),而分布范围大致相同,山东地区的史前文化序列:

地点	时间	文化特征
一：青莲岗文化	前 5400—前 4400 年	粗糙的红陶
二：大汶口文化	4300—2500 年	彩陶
三：龙山文化	2500—2000 年	黑陶

山东龙山文化是一个孤立发展的序列,既不同于中原地区,也不同于江浙地区,黄河中下游有东、西相对的两个文化圈,与仰韶文化相对的是大汶口文化,而不是龙山文化,后者自有其发展序列。

长江中游新石器时代的大溪文化,约公元前 4400 年—前 3300 年,分早、中、晚三期,分为鄂东、川西和洞庭湖北岸、西北岸、西岸两个地方类型。居民稻作农业为主,渔猎采集为辅,打制的石锄石铲,饲养狗、猪、牛、羊、鸡,有以整条鱼陪葬的墓葬。早期陶器为红陶,以圆形、长方形和新月形戳印纹,白陶和薄胎彩陶的印文精美,该文化与北仰韶文化交互影响,大溪文化发展为屈家岭文化,还是两者分属不同系统,都有人主张。

三、夷狄之论

1. 中原对楚国的评价:

《左传》鲁成公四年载,前 584 年,鲁成公在晋国受到怠慢,鲁成公想要与楚国媾和而背弃晋国,季文子引用史佚《志》一书中的话劝阻:"非我族类,其心必异。楚虽大,非我族也。"劝阻鲁成公,"楚虽大,非吾族也,其肯字我乎?"季文子认为不是同族的人,不会捍卫鲁国利益。

鲁僖公四年(前 656 年),齐侯伐楚,楚子使与师言曰:君处北海,寡人居南海,唯是风马牛不相及也,何故?管仲着实开导了他一番,楚成王的应对刚柔兼济,齐桓公又让楚国使者看诸侯阅兵,威胁说所带诸侯军队擅长攻城略地,在他的指挥下不可抵挡。血气方刚屈完表示只要有人发起进攻,楚国一定能利用各种有利地形打好防御战。诸侯没有进攻,而是与楚国使者签订了盟约。《春秋左传正义·卷十二·鲁僖公四年》P90

孟子称楚人许行为"南蛮鴃舌之人,非先王之道……鲁颂曰:戎狄是膺,荆舒是惩。"《孟子正义·卷五·滕文公章句上》P223。不知是喜欢这句诗的平仄,还是喜欢诗的意境,司马迁在另一个场合也郑重引用过,太史公曰:诗之所谓:"戎狄是膺,荆舒是惩。"《史记·卷一百一十八·淮南衡山传》P338。孟子和司马迁在这认知上具有相同意见。

何休对楚国人措辞最为严厉:"楚有王者则后服,无王者则先叛,夷狄也,而亟病中国。南夷与北狄交,中国不绝若线,桓公救中国,而攘夷狄,卒怙荆。"何休《春秋公羊传注疏·卷十》P55 何休认为楚人是不同的种族,其依据不详,何休批评楚国人从自己利益的角度灵活选边。

2. 本国人对自己的定位:

周厉王(前?—前828年)的楚国君熊渠,生子三人,皆封其为王,熊渠曰:我蛮夷也,不与中国之号谥。《史记·卷四十·楚世家》P203 熊通(前740—前690年在位)说:"我蛮夷也,……欲以观中国之政。"《史记·卷四十·楚世家》P204,楚怀王(前328年—前299年在位)说:"楚,僻陋之国也。"《战国策·卷十六·楚策三》P540。在长达五百余年之间,一直都有楚国君在说自己是野蛮落后的异族,提醒别人可能他们一系列的错误造成的结果,自己苦大仇深,亟待以公平的名义补偿。前311年,秦惠王逝世时,'齐湣王欲为纵约长'。《史记·卷四十·楚世家》P206,还在为如何能当上纵约长煞费苦心时,七年前,即前318年,所谓僻陋之国的蛮夷之人楚怀王已经过担任纵约长了。其实从始至终以来,没有人不重视楚这个大国,倒是楚国人以自己文化的特性为荣,到处强调自己国家想要优先,具有要大家都让着楚国的偏执。

屈原是正直、诚实的人,其《离骚》中承认"帝高阳之苗裔兮,朕皇考曰伯庸。"朱熹在《楚词集注》中考证,屈原与楚同姓,是王族三姓昭、屈、景之一。"楚之先祖,出自帝颛顼、高阳,高阳者,黄帝之孙,昌意之子。"高阳即传说中的五帝中的颛顼,他被认为是黄帝之孙,封国于高阳。他的著名后裔中包括:女脩,因吞食玄鸟蛋而生大业,此人被秦、赵两国公族奉为祖先;穷蝉,颛顼之子,帝舜的高祖;称,颛顼之子,楚国宗族祖先,祝融,颛顼之孙,在黄帝曾孙帝喾高辛时代曾任火正,被尊为火神。《史记·卷四十·楚世家》P203 最先的楚国国君为芈姓,这个姓可追溯到黄帝第七代孙即颛顼帝的玄孙陆终,他六子皆剖腹产,第六子季连,芈性。其后裔中有鬻熊者,事周文王有功,周成王时鬻熊曾孙熊绎被封于丹阳,这就是春秋战国时的楚国发祥地。熊绎子孙以熊为氏,极富传奇色彩的长寿典范彭祖曾为殷商大夫,可见屈原与楚王一脉相承,这种承传关系的类型在楚与中原诸侯是不可置否的,他们祖先理论上有亲密的血缘关系,属同一种族,生活也相互影响,除语音、语调上有区别外,同为非字母书写民族。所以史学权威司马迁对屈原炽热的爱国情感有不同寻常的看法并不反常,太史公"又怪屈原以彼其材,游诸侯,何国不容? 而自令若是!"《史纪·卷八十四·屈原列传》P281。在司马迁看来,思想相同比国籍相同更为重要,但很多人都不会同意这个特别是对屈原个人而言有些标新立异的观点。人们纪念他忧国的精神,这有深厚的现实基础,他们没办法不看重国与国之间的差异,任何细微的不同都极易视作对立的东西。不良的政治理念让人们变得反常,人们可以独立思考的时间太短,加上经济上的有效控制,人们易于受到操纵,变得盲从。

楚与中原诸侯的关系的真实情况是,如果从前新石器文化中看到的总体上交互影响,局部独立,文明程度难分伯仲的背景来看,熊通、楚怀王对自己国家上述的贬抑之词,如果不是在竭力谋求政治效果,或者有口无心,那就是对自己所处的地方一无所知,不知脚下踩着辉煌的历史,而自己国家与族人有过的辉煌都与之有关。实际上楚王室这种错误惯性也发生在对事物真假的判断上,开疆拓土的楚武王与楚文王在同样的愤怒中对称地砍掉了卞和的双脚,直到楚文王子楚成王才彻底纠正这一错误。秦国对自己被中原诸侯"夷狄待之。"同样感到愤懑,秦、楚从来都不拒绝与中原的完全融合,伟大的爱国诗人屈原也从未拒绝这种最终的发展趋势。现实中,君主们根本不想以消灭别国文化为优先,最想要的是土地、人口、动产,平息意识形态上的敌意甚至甚至消除反抗隐患倒在其次。秦楚两个试图想充分证明自己的诸侯国家最终都发生了巨大变化,当然一个是成功的典范,一个是永久的遗憾。

文化的类型可能是一种比人种类型更重要的融合因素。龙山文化在三个地方,山东、甘肃、河南留下烙印,与这种气势磅礴、持久的文化相应的是这三个地方都曾有当时高度文明的居民,它和国家有关,但适度的文明才是国家的催化剂,齐鲁出现孔子而楚国出现过老子,不能说山东龙山文化比屈家岭文化更为优越。倒是可以认放心地说,文化造成的差异比人为政治造成的差异要小得多,政治有良好的隔断功能,这也应是它最初的功能。极端种族主义把种族利益当做一切政治行为合法性与正确性的尺度,鼓励对陌生族群充满敌意,甚至以文化的细微差异证明这种敌意的必要性,而战争有时的确是因为人们过于疏远难以沟通而产生,有时则是由于过于靠近,后者往往被忽略。地理环境的多样性给所有故意强调差异的人提供了取之不尽的源泉。衣饰、饮食、方言,宗教可以成为战争的导火索。贪婪不公的君主们即使经过精心神化,也不能被完全掩饰。楚怀王如果不是受来历不明的六百里土地的强烈诱惑,他就不会成为别人的囚徒。楚国不是因而其实力而更象是因为其文化使这个国家常常无所适从。贪婪使它犯错,变得丧失了绝大部分进取心,少部分的道德感(不能苛求楚国,前 328 年楚威王逝世,魏惠王一听说楚国有丧事,立即发兵夺取了楚国陉山),全部的预测与基本的判断力。两个实力大致雷同国家在竞争中,如果它的决策者抓不住往往稍纵即逝的良机,那就有可能失掉一切。文化是否有集体优越感远不如现时人民是否强壮、安全、有良好生活习惯、审美观以及自有工艺技术直观。最有实战意义的是个人在一个社会中是否大致总是可以通过合理的途径证实自己的真正价值,这样的社会往往存在简明扼要、朴实无华的公平竞争机制,有时你根本不能感觉到它的存在,这样的社会才是最生气勃勃,成熟,可以持续优化、最有竞争性的。

四、三个大国三个方向

前 476 年到前 100 年,气温下降。前 476 年到前 100 年,气温下降。人们在很多可以感觉得到的方面在变得困难:好收成、行旅、以及办事进展减缓等。

1. 楚国有经济优势

楚威王在位期间,吴越都不复存在楚国已经南有巴渝,江南有黔中、巫郡。苏秦游说楚威王说:楚地西有黔中、巫郡,东有夏州、海阳,南有洞庭、苍吾,北有汾陉之塞、郇阳。地方五千里。《战国策·卷十四·楚一》P500 苏秦说的这个土地面积与墨子一致:子墨子曰:荆之地,方五千里,宋之地,方五百里。《墨子·卷第十三·公输》P108,宋国土地十余万平方公里,楚国十倍于它,有一百多万平方公里。

楚国物产丰富,"寿春、合肥受南北潮,皮革、鲍木之输,亦一都会也。……吴东有海盐章山之铜,三江五湖之利,亦江东之一都会也。《汉书·卷二十八下·地理志下》P160

"荆有云梦,犀兕麋鹿满之,江汉之鱼鳖鼋鼍,为天下富。"《墨子·卷第十三·公输》P108,除苞茅这样独特、稀缺物产,楚国还有广受欢迎的产品丝绸,齐桓公"遂南征伐楚。济汝,踰方城,望汶山,使供丝于周而返,荆州诸侯莫不来服。

《国语正义·卷第六·齐语》P589

战国前期,很多土地无人耕种,"楚四境之田,旷芜而不可胜辟。"《墨子·卷十一耕柱》P95。境内经济经济管理粗放,"楚越之地,地广人稀,饭稻羹鱼,或火耕而水耨,果隋嬴蛤,不待贾而足;地势饶实,无饥馑之患,以故呰窳偷生,无积聚而多贫。是故江淮以南无冻饿之人,亦无千金之家。"《史记·卷一百二十九·货殖列传》P355,楚国官方商业贸易活动在经济中权重很大,鄂君启节就是官商的一种过境凭证,持节具有各种优惠。楚国自给自足相对封闭,存在与中原诸侯不同的货币,中原以圆形方孔的圜钱为主要货币。楚币分为两种,1),爰金。它是一种用黄金制成,形状扁平的小方块,爰是重量单位。2),蚁鼻钱。形状如贝壳,铜质,亦称铜贝,前朝也确实用贝壳作为货币。那些不待贾而足,无积聚而多贫的人,不拥有也不需要使用爰金,便于携带的大额货币在大规模,大笔交易的官营商业长途贸易活动倒是很需要,不过这种经济模式长期延续绝非好事,但是技术的进步弥补了楚国农业人口习俗的弊端。春秋中叶时的铁器在品质上有了改观,但比较广泛的使用是在春秋末战国初。楚国是铁器比较广泛使用的国家,"宛之钜铁,钻如蠭虿。"《史记·卷二十三·礼书》P154 所谓钜铁,现在被认为它比普通常见的铁硬度大,可能是火候不够的钢,春秋战国时代楚国青铜的产量占诸侯各国总产量的百分之八十以上,楚军装备精良"楚人鲛革犀兕,所以为甲,坚如金石。《史记·卷二十三·礼书》P154 这些材质制作精良铠甲,制作工艺比较复杂,楚国丰富的物产资源,矿藏品种多样,为先进制作、冶炼技术提供了可能。楚国的青铜技术的代表作越王勾践剑以及曾侯乙编钟的工艺水平堪称杰出,楚国的髹漆技术精湛,无与伦比,马王堆出土的素纱禅衣薄如蝉翼,发掘出直裾和曲裾两种款式,这些代表楚国辉煌的顶级工艺技术,难以超越。

土地深耕与人工合理施肥是战国时农业技术的重大变化:耕者之所获,一夫百亩,百亩之粪,上农夫食九人,上次食八人,中食七人,中次食六人,下食五人。《孟子正义卷十·万章下》P407。孟子应当是对当时农田管理水平情况的一个大致划分,如果施肥和田间管理做得最好的农夫一百亩土地的产量可以养活九人,排位最后的也可以养活五人。楚国是水资源丰富的地区,前605年"孙叔敖决期思之水,而灌雩娄(今庐江)之野。"《淮南子·卷十八·人间训》P326 期思陂是一个复杂的水利灌溉工程,前601年,在楚令尹任内的孙叔敖建筑了芍陂,地点在今淮南地区,是可灌田万顷的大型灌溉工程,这些都给农田单位面积产量提高打下良好的基础。农业技术和条件的优化是农业经济发展的前提,也增加军备的来源,是进行大规模持久战事的先决条件之一。越王勾践(前497—

前 464 在位)曾强制实施人口政策,鼓励生育"令壮者无娶老妇,令老者无娶壮妻。女子十不嫁,其父母有最;丈夫二十不娶,其父母有罪。将免者以告,公令医守之,生丈夫,二壶酒,一犬;生女子,二壶酒,一豚。生三人,公与之母;生二人,公与之饩;当室者死,三年释其政(免其家三年赋役),支子死,三月释其政。…令孤子、寡妇、疾疹、贫病中,纳官其子。《国语正义·卷第二十·越语上》P1277 通国这种积极鼓励生育抚恤战殁者家庭的的政策越王勾践时代越国人口有迅速增长,楚威王后,越国人口变成楚国征服红利。楚都城郢人口密度应该是最大的,桓谭新论提到:楚之郢都,车毂击,民肩摩,市路相排突,号为朝衣新而暮衣弊。《全后汉文·卷十四·桓子新论中·谴非第六》P543。这与齐都临淄的再现。苏秦说楚威王曰:带甲百万,车千乘,骑万匹,粟支十年,此霸王之资也。《战国策·卷十四·楚策·苏秦为赵合纵说楚威王》P500,楚国经济总量对冲了整体经济质量的劣势,楚官方在诸侯国家中相当富有,秦国在打垮楚国的决定性战役中出动军队六十万,这是在对其他诸侯国家时没有的大集团作战。

在战国时,政治力量对比发展成主要以秦、齐、楚三国为主轴,商鞅的耕战思想中重农时其主要成份,活动在春秋时齐国的执政大臣管仲也奉行"仓廪实而知礼仪"的政治经济学原则。而重农学派的主要思想家之一许行则是楚国人,所以三国经济软环境好,在战国时仍保持其强国地位有各自不同因素,但对经济的重视程度及其发展都是诸侯中一流。

楚国物产丰富,基本上无后顾之忧。可这个国家传统上有妄自尊大的毛病,仅有的一次比较大型的改革发生在战国时代,由外国人吴起发起,吴起被杀后所有的改革都被剔除,名义上七十多户贵族因为吴起而被摧毁,实际上是养尊处优、世卿世禄的贵族想要延续他们的生活牺牲吴起,但这牺牲的是楚国的未来。这次广泛而不彻底的改革对楚国的影响很快就消失了,楚威王的努力成就在楚怀王时基本上化为泡影,雄才大略的荀况也没能进入中央决策机构,甚至屈原这样的公族也不被信任。楚国被中原文化逐步同化的过程中变得丧失国家特性,国家上层对中原的强烈占有欲与苟且偷安的心理同时存在,这使这个国家显得既贪得无厌又毫无信用,遇事往往举棋不定而心地狭窄。错误认为自身的强大就足以遏制别国的发展,战国后期的楚国已是一个腐朽的庞然大物,它越来越不可救药、迷信地认为决定胜负的就总是它自己的长处,楚国人一直停留、生活在自己熟悉最熟悉的时代,楚怀王继位时已经是前 328 年,怀王与张仪的谈话中还顽固地称魏、赵、韩为"晋国",前 403 年周天王已经册封魏、赵、韩三国各为诸侯。

前 473 年越王勾践灭吴,前 333 年,越王无疆本来攻齐的军队突然被一个诡异的说客说服,转而攻楚,遭到致命打击,时值楚威王在位,越国从此一蹶不振,分崩离析,前306年被楚所灭,但这只是日后楚国一个地区而言,楚国人口密度要小于中原主要诸侯国。

2. 齐国的区位优势

传统强国齐的疆域在今山东、江苏一带,与楚国家基准于国家地理的实力架构不同,制度对它的影响是首要的。

鲁公伯禽初受封之鲁,三年后而报政周公,周公曰,何迟也,伯禽曰:变其俗,革其礼,丧三年然后除之,故迟。"太公亦封于齐,五月而报政周公。周公曰,何疾也,?曰,吾简其君臣礼,从其俗为也。"及闻百禽报政迟,乃叹曰:鲁后世其北面事齐也矣!夫政不简不易,民不有近,平易近民,民必归之。"《史纪·卷三十三·鲁周公世家》P187

齐国自然地理条件有利有弊,但政策使之到了最大弥补"太公以齐地负海舄卤,少五谷而人民寡,乃劝以女工之业,通鱼盐之利,而人物辐凑。"《汉书·卷二十八下·地理志下》P159。齐桓公时,管仲等人戮力经营,齐国成为最有影响,工商发达,人才辈出的国家。"故其俗弥侈,织作冰纨绮绣纯丽之物,号为冠带衣履天下。至今其土多好经术,矜功名舒缓阔达而足智,其失夸奢朋党言与行缪虚诈不情,急之,则离散,缓之则放纵。实施荒谬的人口政策。令国中民家长女不得嫁,名曰巫儿,嫁者不利其家,民至今以为俗。痛乎!昔太公始封,周公问何以治齐,太公曰:举贤而尚功,周公曰:后世必有篡杀之臣。陈公子完有罪来奔齐,齐桓公以为大夫。《前汉书·卷二十八下·地理志下》P159英明一世的人无意中引狼入室。

楚成王(前671—前626年在位)认为与齐桓公风马牛不相及,主要是表达对周王室完全蔑视态度,但是也间接显示他们之间确实接触少,阻隔他们的不仅有位置距离也有文化背景意识,管仲指责其"尔贡苞茅不入,王祭不共,无以缩酒,寡人是征。"还提起周昭王在伐楚荆途中溺亡的沉痛往事,一种说法是周昭王的远征很成功,大军路过一座桥时,缴获的物品过于沉重,桥体断裂,周昭王正在桥面上,坠河遇难。另一种说法是周昭王所乘船只经过当地抵抗人员人为技术处理,划行到水中央时船自行解体,乘员溺亡,周天子与楚是否因而埋下仇恨的种子。

苏秦对齐宣王说:……临淄之中七万户,臣窃度之,不下户三男子,三七二十一万。不待发于远县,而临淄之卒固已二十一万矣。临淄甚富而实,其民无不吹竽鼓瑟,弹琴击筑,斗鸡走狗,六博蹋鞠者。临淄之涂,车毂击,人肩摩,连衽成

惟,举袂成幕,挥汗成雨,家殷人足,志气高扬。《史纪·卷六十九·苏秦传》
P258。这说明战国时代,南北都已形成大的都会,齐和楚是旗鼓相当的大国,南
吞宋国后,齐湣王时期是齐国疆域最为辽阔的时期,危险也接踵而至。

姜姓齐王室在春秋战国之交能力大幅收缩,齐悼公(前 488—前 485 年在
位)任内与吴国矛盾突出,齐简公(前 484—前 481 年在位)时代伐鲁,招致吴、鲁
联军干涉,齐大败。齐平公(前 480—前 456 在位)齐宣公(姜积前 455—前 405)
两位时逢田氏专政时代。与晋国不同,田氏独揽齐国人口土地,由晋国蘖变成
魏、赵、韩三国对齐国应该是利好,齐国利好变成利空的过程不是硬实力所致,齐
国的主要邻国有魏、赵、楚、燕,三晋三国比较齐心时,例如在与楚争夺郑国土地,
三国就曾联合作战在大梁战胜楚军,魏国占领大梁,此地成为它后期的政治中
心,韩哀侯二年,韩灭郑。田齐如何处理外部问题有它的思维惯性。

齐桓公(田午前 400 年—前 357 年)五年,秦、魏攻韩,韩求助于齐,齐国大
臣,孤立主义者邹忌说不应该救援,段干木说如果韩如果失败,资源就会归魏,应
该救。田忌认为,楚、赵会救援韩,齐不应该立即救援,楚、赵、韩与秦、魏对峙,让
齐国机会从燕国那里有所获得。齐桓公接受了这个意见,他让韩国使臣相信齐
国一定会增援,请韩国一定要待齐军的到来,韩国因此殊死抵抗,楚、赵果然救援
韩国,齐军也出动了,不过不是南下韩国,而是北向攻击燕国,占领了燕国的桑
丘。为了这块土地,齐不惜失去韩、赵、楚对自己的基本信任,信任危机也会传
导,甚至秦、魏以及其它诸侯对齐国的所谓信誉引起警觉。

齐威王元年(前 356—前 320 年在位)韩、赵、魏趁齐桓公新丧,攻击齐国灵
丘,前 354 年,齐国进攻燕国,在沟水,齐军遭遇大败。前 351 年,鲁军攻入齐国
阳关,前 350 年,卫国攻占齐国薛城,前 348 年赵国攻占齐国甄城。遭到多国进
攻并不全是齐国信誉招致,早期的齐威王玩世不恭,一个诸侯如果长时间无精打
采,国家就会有气无力,好勇斗狠的其它诸侯如何会错过打赢的机会,这也是战
国日常生活。齐威王振作起来后,最先对赵、卫发起进攻,他还打败魏军,包围魏
惠王,使其割让观城求和,赵国也归还了占领的齐国长城。前 341 年,魏惠王包
围赵国邯郸,赵向齐求援,邹忌置身事外不理睬赵的观点确实是与齐国优越政治
地缘位置相称,段干木认为赵被魏打败对齐国不利的分析打动了齐王,威王下令
齐军进攻魏国襄陵,邯郸被魏攻陷,齐主力进攻魏,在桂陵重创魏军,齐国拯救了
赵国,诸侯力量对比纸面上得到了平衡,齐威王和齐国人都很享受自己的成就,
这种处世哲学也延续下来,前 333 年燕文公逝世,齐国的文臣猛将策划下趁燕国
大丧,给文公儿子燕易王一个措手不及,占领了十座城,但不久后自动撤走,这应

该是报复洰水之战失利的报复。齐宣王元年(前319—前301年在位),前318年魏进攻赵,赵与韩友好,赵、韩攻魏,赵在南梁失利,再次向齐求援,坚定的孤立主义者邹忌还是觉得齐国不应该管别国的事,田忌力主救援,孙膑认为应该让赵魏在战场上大量消耗后,齐再介入,魏国这次攻击力度大,似乎下了决心,想要打垮韩、赵,韩、赵军队与魏的连续五次作战都告负,但是强大的齐军在马陵重创魏军,杰出的军事指挥艺术名垂青史,魏国元气大伤,齐军对三晋地区诸侯战场上保持优势。前314年,燕国内乱,齐国匡章率领的军队占领燕国全境后撤出,两次主动撤离可能都是迫于外部压力。前312年,齐楚联合对秦魏韩作战,被击败。前309年,齐、魏联手攻赵,赵泄洪水抵敌,齐、魏退兵,这是一个平手。同年,齐遭到楚进攻,这是楚怀王的军队,两年前秦国军队大败楚国,诸侯间这种凌乱的组合显示他们的国家行为随机性很强。

齐湣王在宣王之后继立(前300年—前284年在位)前300年,秦昭王的同母弟泾阳君到齐国为人质,是因为秦王想要齐国的信陵君到秦国任职,信陵君被秦任命为相,次年泾阳君返回秦,前298年信陵君回归齐国任齐相,信陵君组织齐、魏、韩三国攻秦,前296年,函谷关被攻破,秦给韩武遂,给魏封陵求和,齐相这次是一个胜利两个错误:信陵君浅尝辄止,其二是听他人之言,与秦议和;信陵君的兵锋转向燕,大败燕军。前295年,齐的盟友魏国的襄城在秦尉错攻击下颤抖不已,而齐国在变化,前294年,秦五大夫吕礼投奔齐,湣王任用这个叛臣为齐相,他主张齐秦合作,齐湣王重用吕礼的用意很明显,田文不喜欢这个人,齐田甲劫持湣王的行为可能与田文有关。这年齐与宋国合攻魏国,不知是否是吕礼所主导,秦似乎在配合行动,前293年白起击败韩、魏军于伊阙,不幸的韩、魏两国二十四万军人被杀,与秦国有深仇大恨的楚顷襄王与秦国签订了一个和议,国家相当于在正确与错误道路之间加速来回往返。前290年,赵齐攻韩。前289年,秦进攻魏国,齐、秦、韩当时俨然一个同盟,当楚攻韩时,韩得到了秦的增援,秦军打败楚将屈丐,前288年,秦邀请齐湣王一同称帝,秦昭襄王称西帝,齐湣王称东帝,相约攻赵,共分赵地。齐相苏秦出使秦国,做了让秦不高兴的事,苏秦随后回到齐国,劝信任他的齐湣王背秦,他的合纵主张让一个反秦联盟形成,苏秦为纵约长,首先是齐、赵准备联合攻秦,这是一个交易,齐参加反秦,赵则同意齐同时进攻宋国,前287年,苏秦、李兑(赵国)组织齐、燕、韩、赵、魏共同进攻秦国时,齐国可能只是挂名没有实际参与,它急于攻下宋国。秦昭王对齐进攻宋国十分恼火,说宋国是他喜欢的国家,进攻宋的齐国将领韩聂又是他友人,苏代说齐国强大对秦国有利,因为齐国获得宋国后楚魏会恐惧齐,就会对秦国友好。秦昭王说,齐国在连横与合纵之间左右逢源令人气愤,他们认为既然楚、韩、赵、魏不喜欢齐、秦联合,现在最好是做让他们烦恼的事,秦昭王于是放手齐国攻宋,前287年,赵、魏攻齐行动,前286年,齐灭宋,从前288年起历时三年。

齐湣王灭宋后精神膨胀,"齐王,长主也,而自用也,南攻楚五年,蓄积散,西困秦三年,民憔瘁,士罢弊。北与燕战,覆三军…。"《战国策·卷二十九·燕策一·苏秦死其弟苏代欲继之》P1056,齐湣王十五年(前286年灭宋)齐国攻占宋国后,又攻打韩、赵、魏,还想吞并周室,泗水一带的诸侯邹、鲁都向它称臣,另有一批诸侯抵制齐国,前285年,秦王先后会见楚王,赵王,为攻齐做准备,秦蒙骜攻齐拔河东九城,前284年,秦、燕、韩、魏、赵五国攻齐,乐毅为主将,乐毅攻入齐都临淄。

赵国,处四战之地,燕国背部有匈奴、林胡,马陵的阴影萦绕在魏王心中,宋国惶惑中每天等待自己的征服者,齐国觉得自己区位优越,永远不在乎秦,自己想干什么就干什么,加入合纵讨价还价、集体行动三心二意,为宋国浪费了宝贵的三年时间,为乘人之危攻击燕国的行为遭到疯狂报复让局外人看来很公平,很应该。邹忌极度自私,不觉得在这个急剧变化的时代让国家努力适应变化,融入主流社会,寻求正确的方向,田忌是个没有政治远见的战术大师,想到的就是如何打胜仗,没有顾及战争后果。齐国误以为自己区域大国格局由天而定,不会改变,本质上只想经营好自己的小天地,想不到给齐国灭顶之灾的是弱小的燕国。

楚简王(前431年—前408年在位)八年,魏、赵、韩被封诸侯。儿子楚声王逝世后,儿子楚悼王(前401—前381年)熊疑即位,新崛起的国家就对楚国新君构成威胁,前400年,韩、赵、魏伐楚,到乘丘就撤回去,这不是他们之间战端的自动终止而是开启,前398年,楚国伐周,九年伐韩国,前391年,赵、魏、韩伐楚,在大梁、榆关打败楚,楚使用贿赂手法与秦国讲和,以免它成为狼群的头狼。大致在前387年,吴起来到楚国,受到楚悼王的热忱欢迎,命其以令尹职位主持变法,悼王逝世前看到变法的效果,楚国不再是连续失地和求和,而是接连而三地征服。随着楚悼王和吴起的去世一同而去的还有吴起的社会变革以及楚国的上升趋势,肃王(前380年—前370年在位)前377年,楚遭到蜀国攻击,前370年,魏国占领楚国鲁阳。肃王死后弟弟熊良夫继位为宣王(前369年—前340年在位),前366年,宣王心酸地看到周天子向强盛的秦国,秦献公致贺,赵、魏、韩变得强势,而魏惠王、齐威王的国家兴兴向荣。随着商鞅达到了事业高峰,前340年商鞅获封商地,秦军进攻楚国。前334年,楚威王(前339年—前329年)重复了一次父亲的酸楚,周天子送祭肉的特使走在秦国的路上,前去拜见秦惠王。前

333年,楚威王攻打齐国,在徐州战胜了齐军,要求齐国必须驱除田婴,当时齐国正准备给田婴一块封邑,楚威王认为是齐国孟尝君的父亲田婴,策划了魏惠王和齐威王在徐州相互称王,伤害了楚国利益,田婴派来的使者张丑私下劝楚王,赶走田婴是一件坏事,比如这次被楚国打败的齐国主将就是田婴安排的,而且,齐国分出一大块封邑的土地会降低齐国实力,没有必要干预分封田婴,分封对楚国是否有益一望可知,听到这里,楚威王沉默了,再也未提及此事,张丑接下来还说了别的不干预理由,反正楚威王相信什么,张丑就说什么,他算是摸透了楚王的思维模式。估计楚王已经不再相信自己的直觉,觉得田婴真的不再重要。威王逝世后儿子继位的儿子楚怀王(前328年—前299年在位)遗传了他的很多优点,少数缺点也继承下来了,其中包括轻信。魏听闻楚有丧事,立即出兵,夺取楚国泾山。楚怀王登基时咄咄逼人的商鞅已经死去十年,怀王以为秦国变得会好相处一些,实际上,他最危险的敌人刚刚担任秦国最高行政职务,怀王元年,张仪被秦惠王(前337—前311年在位)任命为国相,楚国的军队其实很有实力,前323年楚柱国攻魏,在襄陵打败魏军,夺取八邑,但是决策者的实力面临严峻考验。张仪与齐、楚、魏结啮桑之盟,这是张仪的连横策略,主要目的是孤立魏国,然后让它成为附庸。不过每个国家都有自己的如意算盘,到前318年,苏秦合纵六国攻秦,怀王为纵约长,在函谷关,秦军出兵迎击六国,齐国军队最后撤退,前317年,秦与齐为争霸,齐打击赵、魏,秦打击魏,显示连横、合纵都被搁置。前313年,秦攻击齐,而齐、楚有约,秦惠王撤销张仪的职务不是张仪不称职,而是方便张仪到楚国游说,他劝楚怀王与齐断交,可得商於六百里土地,陈轸说张仪不可以信任,楚王无法忘记申包胥连续七日哭诉于秦庭的陈年往事,秦楚的友好能够以不同方式延续,他迫切建立个人外交伟业,派一位将军到秦接受土地,因为没有土地可以交接,怀王发怒与秦断交,同时决心转而建立个人军事功勋,攻秦,秦军积极迎战,前312年在丹阳大败于秦,又在蓝田大败,楚国损失之大前所未有,韩、魏两国听到楚败,结伴攻击楚,楚怀王从战场撤回来,亲眼目睹从前线到后方,他的国家在他的努力下失去太多,积累的问题太多,变故让他阅历变得更丰富,对自己的思维能力更自信。前311年,秦又提议与楚和好,准备将汉中的一半退还给楚,楚怀王说希望得到张仪不要土地,秦王和张仪为来秦楚和约满足了他的要求,张仪到楚国后买通楚怀王夫人郑袖,她的政治智商让怀王很赞赏,张仪毫发未损回到秦国,这一年秦惠王逝世。前309年,齐潘王想当纵约长,也不愿看到秦与楚结盟,写信给楚王,联合韩、赵、魏、燕,尊从周室,一起攻秦。楚王倾向于与秦讲和,看到齐潘王信又觉得可信,犹豫不决,大臣有的赞同,有的反对，楚怀王选择与齐联合。前305年，楚背叛齐国与秦联合，304年，怀王与秦昭王会盟，从这些变化可以看出楚怀王被张仪欺骗后产生了后遗症，对别人高度缺乏信任感，让别人也不信任他。前303年，齐、韩、魏攻击合纵的盟友楚国，楚国火急火燎地派太子到秦国为人质。前301年，秦国大夫因私怨恨与楚国太子发生了斗殴，楚国太子应该是失手杀死他，逃回国。秦联合齐、魏、韩一起就此事讨伐楚，大败楚军，楚国派太子到齐国讲和，不能平息秦国的怒火，前299年，秦攻占楚八个邑后，秦昭王约楚怀王见面，楚臣昭雎劝怀王不要去，儿子子兰不知出于何种心理劝父亲前往，怀王被扣，齐放回的楚太子横被立为顷襄王（前298年—前263年）。前298年，秦攻占楚十五城，前293年白起杀韩国军人二十四万，写信与楚国决战，心情沉重的楚王一心重新与秦议和，但是秦国眼中的大国不是它，前288年，齐、秦称帝。前287年，苏秦等组织楚、齐、韩魏、赵五国合纵伐秦，一支燕国军队编入齐军参加行动，联军无功而返，秦规划部分赵魏土地求和。前285年，秦与楚、赵谋划攻齐，秦军作为先头部队连占齐九城，前284年，乐毅率领秦、燕、赵、韩、魏五国军队伐齐，攻陷齐都，齐湣王被所谓援军来自楚国的将军所杀，物伤其类，楚顷襄王听到这个战报惊惧中不觉跳起来。

能征善战，一度看似无比牢固坚挺的齐国残破之后楚顷襄王仍然有很多梦想，前281年，想与诸侯重新合纵，遭到秦军队的攻击后，楚王既想与齐、韩联手攻秦国，又想吞并周室那块巴掌大的地方，妄想通过这一捷径号令天下，但是秦国似乎看清了他的内心，不给他喘息之机，前280年，秦伐楚，楚败，前279年，白起在楚国土地上开辟的战场上接连胜利，前272年，楚王出兵帮助魏、韩、赵伐燕，又忙着与秦国讲和，只有一件事未做，就是从此再也没有胜过秦。四十七年后，前225年，楚王负刍（前227年，楚哀王庶兄负刍杀哀王自立）的将军项燕大败秦将李信统领的二十万大军，这是楚国最后的胜利，已经无关大局，于事无补，前223年负刍被俘，楚国不复存在。

楚国的贪婪是这个经济大国的突出特性，但不是楚国灭亡的决定性因素，让楚国消失的是楚国的思维方式，他们在可选择的决定面前通常选择错误的那种，实在是令人不知所措。

三、秦国的正确思维

秦地于禹贡时跨雍、梁二州，诗风兼秦、豳两国，……其民有先王遗风，好稼穑，务本业，故豳诗言农桑衣食之本甚备。有鄠杜竹林，南山檀柘，号称陆海，为九洲膏腴。《前汉书卷二十八下·地理志第八下》P157

苏秦始将连横,说秦惠王曰:大王之国,西有巴蜀、汉中之利,北有胡貉、代马之用,南有巫山、黔中之限,东有殽、函之固。田肥美,民殷富,战车万乘,奋击百万,沃野千里,蓄积饶多,地势形便,此所谓天府,天下之雄国也。《战国策·卷三·秦一·苏秦始将连横》P78

按今天的行政区划,战国早中期时的秦国大致拥有今陕西、甘肃、四川大部,加上山西、内蒙古、河南的部分土地,一百多万平方公里土地的地区。

早期秦国的弱点比上述两国要明显而且多,它的一些地方或降水量少土地相对贫瘠,或者冬季寒冷时间过长,从卑微的身份发展起来,全国上下以夷狄身份为耻辱,为证明自己,公室形成强烈的进取心,这个国家绝大多数君主都执行相似的政策,这种政策的精髓就是重视杰出的人和不惜一切走强国路。它不受传统思想的束缚,是一个胸怀大志的国家,实际上这个国家的大部分制度讲究实用,许多是离经叛道的,其主要成份的贯彻不取决于君主或执政的变化,也可以说,它是唯一有法治的的国家,虽然程度不高,但这已为国家将劣势转变为优势创造了基本条件。锲而不舍的君主们对强国梦的渴求先是耐心后是智慧给世人深刻映象。这个粗犷带有野性的国家,最后给整个中国带来和平是合乎逻辑的,因为它的政治最具批评精神,更注重效率,尽管可以说是最不易接受,仍给这个国家绝大多数人最大的收益。

秦国的优势

1. 有牢固的集体共识

秦武王(前 310—前 307 在位)在与秦国辨士、琴师中期的争论中处于下风,秦武王大怒,但是琴师没有惶恐而是平静的离开。在场的人感叹中期遇到了明主,若在桀纣时代,中期早已丢了性命。《战国策·卷七·秦五·秦王与中期争论》P271。类似这样容许别人说话的秦国君主前后不止一位,秦国的君主尤其战国时代君主,不论个性何等独特,总有一致的政治共性。

在鲁国、宋国、卫国的君主忙于朝见魏惠王,赵国、宋国与齐国的君主在在平陆讨论结盟时,孤独的秦国在专注一项任命,前 356 年(一百年后灭西周国)秦任卫鞅为左庶长,下令变法,前 341 年,感念新法的效用,秦封商鞅于商,商鞅着力于打击、消灭其它诸侯,现在拥有了自己的封邑,成为天子的陪臣,这个以秦国为中心对周天王权威步步紧逼的人并不认为自己在冒犯周王,因为进步的本身就是惩恶扬善,这也是周王室安身立命的根基,周王室不停步,商鞅亦未止步,惠文王想要止步,他有单纯的个人恩怨,可能是政治领袖身边出谋划策的人制造这种突出矛盾,他们让君王知道,商鞅的影响力发散失控,一个出价更高的诸侯会不会让商鞅的能力孵化出一个更好的秦国?用更精彩的招数让独一无二的秦国黯然失色?商鞅必须离世,而必须让其制度保持鲜活,一刻也不停止运行,对此历代秦主有高度的默契。

2. 制度优势

商鞅从前359年开始颁布《垦草令》变革到前350年开始废井田、设郡县,统一度量衡,什五编民、迁都咸阳等完成第二轮变革,适合并满足一个过渡时期的社会,更有能量的体系只能用于不同背景的社会,这不是说商鞅应有尽有,他的体系只是比较正确,不会偏离秦国夺取天下的主旨。其它诸侯或缺少体系的完整,或有失于适当性。

为什么秦国要用一种恐怖的方式处死商鞅,警告其它国家现在的和未来的商鞅,不要做商鞅在秦国做的事,否则可能面临同样的结局?秦把商鞅思想与身躯体的价值用到了极致,远远超出其制度之外。

3. 方向竞争胜出

战国时期最具有历史方向感的人中一定有张仪和苏秦,他们深刻影响了君王们,张仪在前328年被秦用为客卿,前309年去世;苏秦在334年被燕文公启用,到前284年逝世,二人合计有半个世纪的时间作为诸侯国中一种显性或隐形,飘忽、又稳定有力的存在,这是一种智力的优势,没有人可以不在乎这种智力。方向是否正确在于二人竞争中是否拼尽全力,张仪引导周天下,最集中体现智慧的高点就是最正确的地方,虽然仅仅是战国时代的正确,是一种比较正确。在没有张仪、苏秦的时候,各位诸侯已经在寻求致胜的原理,张仪、苏秦各自的正确带给了他们紧迫感和现实精神,从此理想有了边界,各自的国家变得具体甚至自洽。

方向感是人的心智中维护、提升自我辨识度的要素,人被社会忽略以及人生的失败都是从失去方向感开始,秦国君主们为何愿意放弃自己个性化的方向而集体接受张仪的方向?这本身就极不寻常,难能可贵,正确的方向只有一个,错误的则五花八门,在一个容易迷失的时代,有些本注定被忽略的人却因为他们的主动争取而被历史记载下来,前301年,楚爆发庄蹻起兵,这个姓庄的普通人像张仪、苏秦一样以自己的方式发出了一个声音,他是否正确?这个问句与他的人一样之后就永久沉寂下去,而张、苏二人的正确性竞争则会在每当各种社会问题有增无减,智力需求激增时响起来,提醒人们最为可怕的匮乏是智力短缺。

张仪的方向胜出,秦方向总体正确,诸侯是否正确过?魏、赵等面临从前单独可以打败秦国时因为没有远大理想,看不见打垮秦国的意义,被迫组织起来合纵是诸侯第二次机会,赵武灵王不是诸侯的机会,因为秦国实施的是全面的社会变革,赵武灵王局限于军事,燕王哙让位相国子之并非疯狂之举,为了燕国的延续与强盛他是什么办法都要试一下,荆轲不是,韩非也不是正确的机会,现实很无情,丹阳之战是楚国倾国之战,前270年时,秦国已经不在乎敌人数量上的增加。

秦国为何要杀死另一个可能的商鞅——韩非?这与秦重用商鞅是一个道理,商鞅的才华为秦国打开帝国的大门,开辟明确的方向,秦国的君主惊讶地看到了思想的伟力,现在有一个可能至少同样杰出的人指出要保存韩国——韩非的方向背离商鞅的方向,尽管天下大局已定,已经稳超胜券的秦王政仍然不敢有任何懈怠,不论韩非是否有能力做到商鞅曾经做到的事,在另一个地方再造一个秦国,一个精神强势的君主要求确保自己控制局面,他舐舐过法则的刀锋,知道法家是锐利的思想,韩非的思想已无法消灭,至少不能让活下来的韩非为别国而与秦为劲敌,甚至轻微地扭动偏离一下秦国正确的方向。

4. 使用战场和土地的优势

前370年,齐桓公田午五年,秦献公十五年,魏武侯二十六年(在位最后一年)秦献公是秦灵公之子,过去也称公子连,秦灵公逝世时,他只有五岁,秦灵公的叔父夺取君位,公子连从魏文侯四十八年(前399年)起流亡到魏国,一直受到魏国善待,其中有十一年是魏武侯为君主之时,韩哀侯在前375年灭郑国,次年为韩严(严遂)所杀,儿子韩懿侯继位。秦献公即位后秦、魏之间一直未有大的敌对行动,这次秦献公与魏武侯这一对天然的竞争者又联合侵韩,很可能都与秦献公想要回报魏国对自己个人曾经有过的善意相关。齐桓公田午五年,前370年,

秦、魏攻击下的韩国求救于齐,齐桓公召集大臣议论,提出早点出兵救还是晚一点出兵救援哪一种选择对齐国更有利,段干朋认为韩国受损有利魏不利齐,应该快速救援。田臣思(即田忌)认为这是上天给齐国攻击燕的一次良机,贪婪不公的齐桓公采纳了后一种意见,田午还卑鄙地让韩国拼死抵抗,诸侯无暇分心之际,齐占领燕国土地。为一小块土地,田齐桓公损坏自己的声誉,是在单纯在寻求利益最大的机会,成为锱铢必较的守财奴。秦献公当然不是在寻求道德升华,他把战场和土地等当做实现国家最终目的之工具,何时放弃或占领一块土地,打赢或放弃一场战争大部分时候都是理性行为,而不是在乎一得一失,秦国多次让出土地,并非不得不如此,而是着眼于大局、未来,为国家最终胜利积累。

楚国梦想的意外之财把楚国变称战场,楚怀王为何要计较六百里土地而漠

视自己面临的危险？是贪得无厌的天性？还是他的思维已经从此被张仪控制，再也无法从中跳出？他已经有诸侯中最大的国家，仍然想要更多。

5. 集体的优势与弱势

诸侯集体的优势是形成优势兵力，获得舆论广泛支持，合纵的国家的联军曾迫使秦国割地。弱势是自利的个体很有破坏性，魏国对秦国有压倒优势时没有彻底打垮它，养虎遗患，不是出于仁慈，而是没有看到未来，只有胸怀大志的人才有远见卓识。前 317 年，在张仪的游说下，魏襄王退出合纵，前 314 年，魏背弃与秦国的盟约，参加合纵。前 313 年，齐楚本来约好共同参与合纵行动，但楚怀王被秦国的利益诱惑，撕毁了与齐国的盟约。前 311 年，楚秦结盟，之前它与合纵诸侯共同抗击秦国约定现在全部作废。齐国在合纵国集体对秦采取行动时，忙于攻击宋国。秦惠王逝世，诸侯听说张仪与继位的秦武王（前 310—前 307 在位）关系不融洽"武王为太子时，不说张仪。…诸侯闻张仪有却武王，皆畔衡，复合纵。"《史记·卷七十·张仪传》P261 都放弃了连横计划，改为实施合纵方略，其实张仪的意见秦武王很愿意接受。前 287 年，苏秦李兑的合纵部队前进到成皋后，决定解散，秦拿出一部分土地给魏、赵，这是一次巧妙的设计，离间了合纵成员，次年齐灭宋国，齐国的占领军已经非常靠近赵、魏、韩三国的都城邯郸、大梁、新郑，让三国抓耳挠腮，秦昭王对这件事也很上心，他分别会见楚顷襄王、赵惠文王组成连横实体，前 284 年，秦、魏、赵、韩、燕都加入反齐同盟。

秦各个击破，征服兼并各国并没有一个特定的模式，完全不靠运气，胜得很精彩，既很应该，也很公平、合理。生命力长的诸侯延续八百年有余，时间那么久，普通人生存质量却是低水平重复，宋国出现多位圣贤，但没有给他们实现抱负的平台，没有创造与存续时间相称的社会价值，这些诸侯国家社会上层在鱼肉人民，普通人的生活没有得到改善，这样的国家应该灭亡。

6. 智力的优势

晋、齐两个大国都在内生的变化中发生质变，权力转移，是运气所致？更像是智力高低的博弈，田氏小斗进大斗出的方略，的确是一件政治大杀器，晏婴为此劝谏齐景公提防田氏，迟钝的齐景公毫无反应，晏婴只好说给听得懂的晋国人叔向听，于事无补。对比之下，齐景公是愚昧落后的象征，他拒绝接受晏婴敏锐观察力的发现，没有及时清除国家的后患，感受到自己先辈智力优势效用的田午时代兴起学宫很正常，因为距离时间并不久远。另一个例子中，智伯原是晋卿族四家中最强者，时为执政的智伯以国家安全的名义向韩康子、魏桓子索要土地，二人都在压力下将归属于自己的万家之邑给予了智伯，同样的要求则被赵襄子拒绝,智伯向赵襄子开战。"智伯戏康子而侮段规(韩智谋之士)。"智伯贪婪、无礼、狂妄自大,赵襄子好学、谨慎、仁慈,人心所向,结果最强大的智氏家族被联合起来的韩、魏、赵三家打败,土地人口被瓜分。"智伯之亡也,才胜德也,夫才与德异,而世俗莫之能辨,……夫聪察强毅谓之才,正直中和谓之德。才者德之资也,德者,才之帅也。《资治通鉴·卷一·周纪一》P3。寻求幸福是要注意其合理性以及方法,不过总有一些时段,德与才都处于匮缺状态,使得暴力盛行,这里的暴力有三种类型:1.国家之间矛盾无法协调。2.存在必须以暴力抗击的暴政。3.彼此智力相等方向不同。

战国是个崇尚武力的时代,但是最有价值,决定性的胜利都是智力的功效。

前448年,晋大夫智宽率领自己的邑人投奔秦国,这是个先见之明,后来晋国发生的事证明晋公室在强势三家的竞争下脚步踉跄,走向衰落,是什么对智宽产生了吸引力,如果是只是单纯想躲避战火,秦国是尚武的诸侯国,且当时秦国尚未变革,只能说,智宽和他的邑人可能感觉到秦国的上升趋势。

一些自认为比别人(国)优越甚至更好的人与国之间容易发生激烈冲突,而智力悬殊的两者之间即使是产生巨变也往往会悄然无息,田氏以最小的代价,取得了几乎是对各方都好的结果:享受过田氏大小斗的纳税贷款人受益;不称其职,对接踵而至的社会矛盾疲于奔命、穷于应付,已经明显不适应时代的吕氏齐国君主受益,没有遭遇血腥杀戮,齐国社会避免了权力交接造成的社会动荡,当然,智力高人一等的田氏家族是最大的受益者。自由思想的学宫为齐威王的治理提供了帮助,数代田齐君主程度不等地维护学宫的作用,从吕氏转移齐国的权力以及国家的大治,这都是田氏处心积虑想要的结果,齐国政权在不同姓氏中和平转移和稷下学宫的出现,这是战国时期的两件大事,田齐获得权力的途径有诸多不道德之处,学宫与文明进步激活君主并带来了国家的整饬是无可非议的道德成就,这是道德与不道德互相影响的例子,文化兴盛伴随着国力的增进,齐威王、齐宣王的成就,其中一些业绩令人唾弃,让赵肃侯,魏惠王这些著名君主逊色。

前266年,秦罢魏冉,夺太后权,用魏人范雎为相,前249年吕不韦为秦相,封文信侯,食洛阳十万户,他的食邑人口相当于西周君的三倍,后者仅仅三万户。这件事强调:战国时期的国君已经不是最有钱的职位,这不是一个政治噱头,礼制下的社会就是这样发展的,这是默认的方向之一。从商鞅、信陵君、张仪、苏秦、魏冉、吕不韦等任职情况看,这真是一个才智之士幸福的时代,他们流动性很大,几乎有机会在任何地方担任任何职务。他们有时是国家政治的工具,有时国家则是他们个人理想抱负的工具。不论其个人结局如何，至少他们有大量的机会。

7. 文化类型选择

前 468 年，墨子约生于本年（前约 468—前 376 年），墨子是宋国或鲁国人，是一个战国人，是一个主张非攻，兼爱，礼贤，节俭的人，他的思想受到时代的启发，仍然是一个独立思考的天才人物，他是这个时代的见证人，是有影响力的人，不过他无法改变社会趋势，墨子反对战争，水深火热中的人民感激他这么帮他们但束手无策，掌权的人认为唯有最大规模的战争可以迅速止大恶，战争胜利之时最接近于幸福，人民的诉求非国家之急需。墨子的主张在弱势群体、国家看来各有合理的成分，不过要说服经常获胜的强者甚至自以为是的人都难度巨大。兼爱没有成为社会思想主流反映了社会对战争的意蕴更直观，更容易理解，社会整体的理解力在此平面驻留，即使是看似掌控国家的君主们，多数也身不由己、随波逐流。这是一个思想在最大程度主导、掌控局面的时代，战国时代是一个你个人可以产生任何大级别影响力的时代，你多大程度被接受，是你多大程度走进别人心中的真实反映。

庄周（前 369—前 286 年）在宋国担任漆园厉，没有接受楚威王的任用，终身未仕。

惠施（前 370—前 310 年）宋国人，名家鼻祖，是坚定的合纵主义者，担任过政府最高职务。

屈原约生于前 339 年，他是学识渊博的贵族，想象力丰富的天才，与商鞅看到的是完全不同的世界景致，商鞅的世界更为鲜活，更容易被平民理解，尽管商鞅为他们规范的人生旅途充满凶险，但是仍有机会。屈原能够慰藉人们的心灵深处，但能够给予的现实利益十分缥缈，就像他奇幻的诗歌一样。

学者尸佼成功逃离，商鞅也选择逃离，两个有思想的人选择一致，结果不同，蜀地接受了尸佼，他是商鞅的门客，是商鞅的师或友，是一个等待机会的人，魏国则不能包容已经名震天下的人，拒绝商鞅的确切原因未知，担心秦国的阴谋？担心秦国的报复？真正的原因不是来自秦国军队，此时的商鞅已无人能读懂他的思想，其实商鞅不仇恨具体的某个诸侯国，一个诸侯个人的具体意见可能同样不被商鞅理解，人们沟通中很大部分内容都需要对方猜测，然后按自以为理解的内容去解释、行动，商鞅已不是魏国等其它诸侯国家忌惮或有求于他的商鞅，商鞅也不是秦国的商鞅，他是时代大势的商鞅，所欺骗、所征服、所屠杀，并非他所喜，他看到的终极目标对多数人友好。

对三个几乎机会均等的国家,为什么不是齐、楚而是秦国完成统一? 复杂背景中仍可离析出几个主要原因:就齐国而言,它所存在的问题是由田氏取代姜姓之后,经过齐威王、齐宣王等君主的励精图治,在战国时代已逐渐摆脱了田氏代齐的身份合法性在现实中困扰和阴影,尤其是齐宣王时代,稷下学宫的兴盛,极大地扩大齐国的影响促进了国民教育的普及。但总体上这个国家执行不明确的国策,相邻而又弱小的鲁国不是亡于齐而是亡于楚就可以显示,齐国君不明了对外扩张在当时的政治环境中对他的国家是多么重要,齐文治有一个良好的开端,武备则显不够。齐威王制造的稳定给齐国带来的好处没有被后续的君臣变成可持续发展的优势。齐国和平的居民看不到均势下的潜在危险,人们慢慢丧失了应有的忧患意识,燕国乐毅连下齐七十余城的三个主要原因中乐毅卓越指挥艺术是其中之一,齐国人占有两条:1. 齐湣王出错。2. 齐国人对外来侵略缺乏心理准备,这是最重要的。而就是他们,后来仅凭借即墨孤地就成功地组织起对燕的反攻,这与当时燕国重大人事变动有关,但齐国人殊死抵抗的精神确实也震慑了各国侵略者。这个国家丧失机会的另一关键是文化思想的丰富、活跃导致了他们选择上的困难,国家没有形成共识,没有可持续执行的强国政策,加之君主的个人素又参差不齐,这使得这个国家的政治努力大起大落,最后不可避免地成为失败者。

魏国迁都大梁之后,心理上已经丧失了竞争力,秦、赵两个同姓的国家在战国后期是战斗力最强的国家,他们之间的对抗等级也最为惨烈,战国人从精神属于周礼世界,实际上否定一切。诸侯们为何不能像游牧种族那样生存,但是像游牧种族一样战斗? 为何战争烈度等级升级生活没有改变? 诸侯们只忙于用战争改变现状,用战争能改变的并不是人们生活中所要的样子,人们想要的现状不能随战争胜利一同而来。

齐国有区位优势,存在文化优越感却没有远见卓识。

楚国过分强调自己的地方性变得狭隘以及短视,追求财富成为生存原则。

秦国为何在诸侯中唯一获得正确性? 商鞅学说的国际竞争力战胜了其它思想,只有他而不是其它学说在能战国成功,没有商鞅思想,秦国的君主们会劳而无功。个人机会、国家成败与你掌握的知识是否有国际竞争力在战国时代具有最直接的关联,当时有些学问只适合在封闭环境中存续,战国时墨家、儒学、道学都尚未全面成熟,不具有国际竞争力,屈原的忠诚也是如此。纵横家之外,商鞅是唯一有国际竞争力有体系,是可以复制结果的学问,至少从实践结果可以看到。

秦国以可怕的方式杀害商鞅的重大弊端只会在秦国成功后显现：秦国的成功只是商鞅法优势的应用，其弊端只有他本人明晰或者他本人亦无法拆解。以法律的名义非法地对待商鞅，让国民看到的不再是稳定透明的法律而是巨大的不确定性，军事胜利的王权将肆无忌惮。秦国的本质与正在秦国打击下消失的诸侯没有区别，秦国的一些经济措施可能归类为军事措施，经由并无匮乏之忧的人计划，不为多数人理解，有些则是无心之举，国家事无巨细悉加控制在战争结束后对秦国家作用转为负面，秦国主人自始至终可能都不明白这一点。秦国把战争当做盈利产业，战后盈利能力戛然停止，没有新的盈利空间，秦国不良预期导致它不稳定。执政者只在意自己的感觉得失，无法灵敏地感知到自己的人民嗷嗷待哺，饥寒交迫，有一时之急需，人类社会中需求一直在起决定性作用，君主、人民对它的灵敏度不一致，是受到没有任何制约之特权阶层的阻隔，而任何不受制约的权力都有害。需求是民意的符号，忽略它就是忽略自己的未来。

本章结语

战国是诸侯与周天子对抗的结束期，公开的不敬以及暴力相向并非来自制度的缺陷，而是发展的急需。公元前 720 年，郑庄公欲控制周室，与周王交换质子，出兵侵周。公元前 707 年，桓王率蔡、卫、陈等诸侯伐郑，被郑庄公击败，周桓王负伤，这是一件大事，说明这时的周天子只能召来弱国的军队，还有被臣子射杀的风险。前 636 年，狄侵略周，周襄王出奔，向诸侯告急，前 635 年，晋文公出兵救周，襄王复位后赐与晋文公阳樊等四邑之地。说明诸侯的服务需要支付费用购买。前 614 年，楚穆王死，子庄王立。前 606 年，楚庄王伐陆浑戎，兵临周郊，言语中已有有取代周朝之势，楚庄王实力不比欲望小，公元前 597 年，楚庄王与晋战于泌，大败晋军。公元前 585 年，吴王寿梦元年，他是第一个称王的吴国君侯，他也是首先开始与中原诸侯国交往。友好是短期现象，战争是必然的，现实需求则是长期的。这是春秋，也是战国，战国是春秋的延续，别无二致。

卫国延续不止八百年，却是个不断退步的社会，卫君这样做是为自己的宗庙血食永续，多数越来越缺乏机会，最有名的文化政治经济创新只有在战国大氛围下才能产生价值，各个诸侯国在自己的家天下只能做有限的整改，继续延续旧生活，这是他们的使命。收到商鞅之辈蛊惑的秦与之不同，秦想要的是全新的生活，新的政治、经济、社会、秩序等等，这是主观愿望，实际上做不得，经济基础不支持，诸侯君主只有少数出现错乱，食利的社会可以延续，但国家只有少数让你活着，秦的正确：与人人有关，错误制度比没有制度好，但必须要可以允许修改，商鞅为何被以恐怖的方式处决,是警告其它国家内现在的和未来的商鞅不要做商鞅在秦国做的事。商鞅已经做得够好,不能再多。

战国时代平民的痛苦难以计数,你不能指望异国的军队在经过庄稼地时总会文明无害地通过,不能指望贵族们会保持仁慈,在歉收的岁月及时减少税收,在一个壮丁自己有病痛或家人急需照顾时缓征入伍,这是一个主要由营养不良、衣不遮体、面黄肌瘦终日在井田上劳作的农民、建工地筑与工棚内施工的工匠以及各种贱民支撑起来的时代,他们没有参加政治讨论的权力,但是,工匠和农民、士以及国人等身份的人都曾经赶走过暴虐的君王,刺杀过专横的权臣,这是他们的政治参与,虽然有限,但绝对是一个持久的威胁,对所有想要为所欲为的人来说他们是友好或战争,不能忽略。而社会精英即使没有被任用,精英及其思想在任何位置都在引导、影响政治与政权,温和或激烈。他们对社会的影响力通常有向前推进的作用。

本章参考书目:

千家驹《中国古代钱币史》

夏鼐《中国文明的起源》文物出版社 1985 年 7 月第 1 版

第十六章　战国形成的原因

一、进步的前提

1. 战国是道德原型的碎片化还是批评精神的勃兴

为了自己要坚守的忠义不惜与社会大势对敌,结果忠诚的初衷变为可悲的闹剧。晋毕阳之孙豫让得到知伯的信任,知伯被赵襄子所杀,以头颅为饮器。"豫让乃变姓名,为刑人,入宫涂厕,欲以刺襄子,"被赵襄子察觉,被捕,豫让声称要为知伯报仇,"左右欲杀之,襄子曰:彼义士也,吾谨避难之耳。且知伯已死,无后,而弃臣至为报仇,此天下之贤人也。"卒释之。后来豫让继续刺杀赵襄子,被捉获后,赵襄子让人拿自己的衣服给豫让刺杀,以象征豫让实现了自己的计划,豫让随后自杀。《战国策·卷十八·赵一·晋毕阳之孙豫让》P597。知伯被杀发生在前453年,这是战国早期的一个案件,豫让的忠诚类似的事件在战国的任何一个时间段都可以发现,魏有隐士侯嬴,年七十,家贫,为大梁夷门监者,公子闻之,往请,欲厚遗之,不肯受,曰,臣修身洁行数十年,终不肯以监者困故而受公子财。但是信陵君给了他足够的尊重。前257年,在赵国遭到秦国猛攻,紧急向魏求援之间,侯嬴为信陵君制定了一套完整的救援方案,获得成功。侯嬴因为年事已高,不能随信陵君一同前往,但因为受到信陵君的恩惠,决定一同承担风险,侯嬴在信陵君实施计划的同时自杀,以示向对自己有知遇之恩的信陵君奉献全部的忠诚以及生命。《史记·卷七十七·魏公子列传》P3478。豫让与侯嬴生活的时代相距超过二百年,社会已经发生巨变,但他们的思想完全相通,如果他们互换,侯嬴会做与豫让完全相同的事,豫让也一定是如此。因为人的品质不同,有些人会被时代变好或者变坏,有些则不能。

有人因为思想狭隘而沦为著名暴徒,前397年,"东孟之会,韩王及相皆在,……聂政直入,上阶刺韩傀,韩傀走而抱烈侯,聂政刺之,兼中烈侯,左右大乱,聂政大呼,所杀者数十人。《战国策·卷二十七·韩二·韩相韩傀》P998。聂政被人收买刺杀韩相国,被刺中之际韩傀抱住侄儿韩烈侯,或者是韩傀以为聂政不敢对韩烈侯下手,但不仅韩傀仍被刺死,韩烈侯也被刺伤,韩王的卫兵近侍被杀数十人。这本不需要让如此多的人伤亡,杀得性起的聂政变得失去控制,原本淳朴的心智完全屈服于疯狂的欲望。主父赵武灵王为进攻中山派李疵前往考察,李疵返回后表示应该立即进攻中山,赵武灵王问原因,实地考察后的李疵指出:中山君礼贤下士,为拜访士人,愿意到任何穷街陋巷。这种观点让极具变革精神的主父也十分惊讶,驳斥如此贤明君主怎能攻击。他对明君的意识仍十分传统,不仅不应该攻击,师出无名,而且攻击一个好的君主难以取胜。李疵说,不对,如果任用士人,百姓就会致力于扬名,而不是耕作,如果专注访贤者,农夫就会懒惰,士兵就会偷生。这样的国家即使没有遇到攻击,也会自己衰落。《战国策·卷三十三·中山·主父欲伐中山》P1181。赵惠文王三年(前296年),主父大举进攻中山,迫中山君投降,灭中山。赵武灵王努力想要适应时代,在服饰、储君都主动突破传统的藩篱,但在李疵面前仍然不够全面,最终还是接受了李疵听起来离经叛道的思想,在自己生命的倒数第二年摧毁了中山。但是他的精神保留有古典的空间,正好容纳自己的长子公子章。当他被同父异母的弟弟赵惠文王打败时,主父像一个最传统的父亲一样收留了他,全然不顾自己因此置身于危险之中。

后期赵国的决策层是一个缺乏信任的集体,这与他们君主比如赵悼襄王的个人品行有关,一位君主不能受到普遍的尊重,就会缺乏凝聚力。这似乎不应该成为战国时的政治问题,但即使是在类似战国的功利化社会,道德仍可能随时起作用。

邹忌入见齐威王(前356—前320年),今齐地方千里,百二十城,宫妇左右,莫不私王,朝廷之臣,莫不畏王,四境之内,莫不有求于王由此观之,王之蔽甚矣!王曰:善。乃下令:群臣吏民,能面刺寡人之过者,受上赏;上书刺寡人之过者,受中赏;能谤议于市朝,闻寡人之耳者,受下赏。《战国策·卷八·邹忌修八尺有余》P324。邹忌和齐威王的这次对话套用在任何一个时代,任何一对明君与贤臣身上都是得体的,谈话中看不出是西周初年的圣君名臣还是战国时代急功近利的君臣在讨论。

十五岁就侍奉齐闵王的王孙贾在听闻齐相国淖齿弑君后,立即自行在市场上募集了400人,找到淖齿并将其杀死。《战国策·卷十三·齐六·王孙贾年十五事闵王》P450。淖齿有复杂的身份,他本是楚国将军,乐毅攻打齐国时,楚顷襄王命其领军援助齐国,齐湣王出于对楚国的感激以及对淖齿本人的器重,任命其为齐相。由于此人野心勃勃,想与燕国瓜分齐国,因此以迅雷不及掩耳之势给信任他的齐湣王背后一刀。王孙贾了结主要弑君者的行为对这个国家的政治算是一种清算,但算是矫枉过正。王孙贾的行为完全合理。他处死的是以违背自己楚国君主的命令,辜负齐国君主信任的叛国不义的弑君者,但是他为之复仇的却是一个骄恣横暴遭到诸侯围攻的君主,他可能没有考虑自己是否值得这样做,对于一个受到君主信任的忠臣而言,复仇是他义不容辞的使命。这件事发生在前284年。

苏秦深受燕易王的倚重,却对其不敬,燕易王的母亲"与苏秦私通,燕王知之,而事之加厚,苏秦恐诛,乃说燕王曰:臣居燕不能使燕重,而在齐则燕必重。燕王曰:"唯先生之所为。"苏秦以得罪燕王之名义逃往齐国,齐宣王(前319—前301年在位)以为客卿。《史记·卷69·苏秦列传第九》P2265。不仅燕易王能够包容,齐宣王还给予他重要任命。

整个战国时期,高尚的道德与践踏道德的行为或交替发生或同时并存,与一个智力高发展期的社会现状是相称的,道德的增减对社会的运行方向没有构成决定性的影响。

2. 利益当头

前262年,秦两路进攻韩国,韩上党太守要以上党投赵国,赵孝成王组织大臣讨论此事。平阳君赵豹对赵孝成王说:"臣闻圣人甚祸无故之利。"《战国策·卷十八·赵一·秦王谓公子他》P615。平阳君赵豹认为该笔财富不是正当收益,不应该接受。这个极具道德感的意见被立即否决;赵王认为是外国人诚挚的归顺,无法拒绝的厚礼。在论证中最具有蛊惑性的意见是,通过战争获得如此大片的土地要牺牲赵国很多战士宝贵的生命。赵孝成王很快批准了上党归属变更意向。韩国的上党太守有意将祸水东引,上党这个不祥之物导致后来的长平之战,无异于承接了一场旷世罕有的惨剧。《战国策·卷十八·赵一·秦王谓公子他》P618。前261年,秦将白起赵将廉颇在长平对峙。前260年,秦白起大败赵括,重创赵国。

秦占领上党后,前259年派王陵进攻邯郸。进攻赵国邯郸前,秦昭王有意让秦武安君白起领兵,白起认为赵国已经恢复元气,暂时不宜进攻,秦昭王又派应侯范雎前去说服白起,也没有奏效,秦王先后派王陵、王龁作为秦军统帅,包围赵国邯郸长达八、九月,都遭到失败。秦王强迫白起接受任务,面对愤怒的秦昭王,白起坚持己见,没有退缩。《战国策·卷三十三·中山·秦昭王既息民缮兵》P1185。后来的邯郸之战中秦军亦失败。秦国没有使用恰当的将领,没有选择恰当的时间以及赵国人同仇敌忾都是邯郸之战决定胜负的原因。

利益至上,赵孝成王否定平阳君赵豹的意见,秦惠文王否定白起的意见,二次正确的意见都得不到接纳。君王们不计成本,显然达到了目的。

苏代对燕昭王(前311—前279年在位)谈孝顺的曾参、孝己,信义者如尾声高、廉洁的鲍焦、史鳅,以及兼有这三种品德的人来侍奉大王,感觉会怎样?燕昭王表示会很满意。苏代说你满意,我将无事可做、只好回家耕种养家。燕昭王问原因,苏代回答,上述三人只是爱惜名声,而我是要有所作为,为进取可以付出一切代价。《战国策·卷二十九·燕一·苏代谓燕昭王》P1071。苏代也曾对燕王说,没有权变就不会有成就,这也就是欺骗好的一面。《战国策·卷二十九·燕一·燕王谓苏代》P1075。

韩珉为齐相时,曾率领齐军进攻宋国,秦昭王大怒,我爱宋国,和爱新城、阳晋一样,韩珉与我交好,却进攻我至爱的地方,居心何在?苏秦为齐国辩解,说韩珉这样做是为了秦国。因为齐、宋合并,会导致楚、魏惊慌,楚、魏就需要讨好秦国,魏国还会割让安邑给秦。秦昭王顿时安静下来。《战国策·卷二十八·韩三·韩人攻宋》P1006。荒淫昏聩的宋康王是个应该被攻击的诸侯,但是秦昭王的第一反应是对此极为不满。他的心中没有是非曲直,只有利益得失。苏秦去齐国的目的就是要削弱齐国。他一直也是这样做的,这次为韩珉攻打宋国辩护,着重点应该是韩珉个人。秦昭王不喜欢违背自己情感的行为,但更不喜欢违背自己利益的行为,苏秦预测魏国会割让安邑打动了他。

利益至上也是一种非理性行为,利益不代表一切,这是一个简单的道理,却总是不被很多人认同。

3. 充足的理性

赵国人希写见到赵王的宠臣建信君时,建信君愠怒地对他说,秦相文信侯吕不韦曾明确对之无礼。希写说,现在的执政者连商人都不如。建信君大怒,说他不应该贬低执政者而抬高商人。希写否认,他解释自己的意思是高明的商人不会去与人在价格上锱铢必较、纠缠不休,而是低买高卖,把握大的时机。《战国策·卷二十·赵三·希写见建信君》P721。

段干越对新城君(即芈戎,先封华阳君,前299年秦攻占楚国新城,封新城君,秦昭襄王宣太后同父弟弟。与异父兄长魏冉同为执政,前266年被免。)说,千里马能行千里,各种马具等用常用工具都很重要,如果缰绳太长也会受到影响。无能的人也可能起到万分之一的作用。《战国策·卷二十八·韩三·段干越谓新城君》P1036。

封为应侯的范雎建议秦王权力应该由一个人控制,不能分割。《战国策·卷五·秦三·应侯谓昭王》P197。

魏冉在秦昭王十四年(前293年)举荐白起,白起立即在伊阙打败韩魏。《史记·卷七十二·穰侯列传》P2325。范雎代替穰侯为相,范雎终以谗言杀白起,因为在长平之战后白起要求立即乘胜攻击赵国,范雎选择与赵议和。随后他任用对他有救命之恩的郑安平为将攻击赵国,郑氏失败投降,"秦之法,任人而所不任善者,各以其罪罪之。于是应侯罪当受三族。秦昭王恐伤应侯之意,禁止国中有人谈起郑安平之事,同时加赐相国,以顺其意。秦攻赵国邯郸十七个月未下,秦王想杀领兵的河东郡守王稽及范雎。因为范雎是王稽引进秦国的。秦王被范雎说服,反而给予更好的礼遇。《战国策·卷五·秦三·秦攻邯郸》P208。郑安平事件两年后,王稽还是因为私自交通诸侯被处决。早年,魏国人范雎想见魏昭王,家贫无以自资,即无力筹措路费,后事魏大夫须贾被误解、毒打,命垂一线之际,遇到出使魏国的秦谒者王稽并被其带至秦国。王稽对应侯不仅有救命之恩,也有知遇之恩。《史记·卷七十九·范雎蔡泽列传》P2417。范雎因为自己与王稽的关系忧惧交叠,辞职后病故。

卫灵公(前534—前493年在位)时已经成名的孔子在前497年、前493年两次来卫国,孔子的理性都未能打动他,卫灵公均不能见用,他宠爱宦官雍疽和宠臣弥子瑕,赏识他们的智力,两人挟持君权,蒙蔽左右。有个技艺人,以梦见太阳、梦见灶,引喻人君被人蒙蔽隔离,卫灵公得到启发,废黜了前两人,任命司空狗担任要职。卫灵公随性而至,间或有灵感,政治生涯中仍有一定的成就。

4. 公开的欺诈被普遍接受

这不是战国的新生事物,夏商以来很多人都有这种行为。约前274年,秦有意联合赵国攻击魏国,魏安釐王(前276—前243年在位)闻讯后为此十分忧虑,魏国将军芒卯(即孟卯,原齐国人)建议派张倚为使者向赵国让出邺邑,赵惠文王接受土地并与秦国断交。芒卯却又对前来接受土地的赵国使者说,我们魏国之所以恭顺赵王,就是为了保全自己的土地,何曾说过要让出邺这块土地?芒卯一脸诧异,表示完全不理解我国使者张倚为什么会这样办事?赵国发现自己因为贪婪而失去了秦国的友谊,又面临被秦、魏联手攻击,于是割让五个城池给魏国,然后魏、赵签订盟约攻秦。《战国策·卷二十四·魏三·秦赵约而伐魏》P851。赵国人不能谴责遭遇,似乎只能下次小心;因为有求于魏国,还得强颜欢笑。

为何会出现战国局面?曾有人对韩王说,从前秦穆公在韩原取得大胜,于是就得以称霸西方;晋文公在城濮之战中获得胜利,就得以定天子之位,这都是以一次胜利建立霸权、成名的例子。春秋时代动用军队的行动何尝不是为了立霸业成就功名于天下?"然而《春秋》用兵者,非以求主尊成名于天下也。……昔先王之政,有为名者,有为实者。为名者攻其心;为实者攻其形。"吴国打败越国,又同意文种求和,这是攻其心,令其心服口服;越王打败吴国,拒绝吴国求和,俘虏夫差,这是攻其形,兼并吴国的土地。能攻其形者是实力远超对手,直接武力征服;能攻心者则具有更高的品德和智慧。现在韩国既不能攻心,也不能攻形,却出现了与国力不相称的野心,浮躁急于求成。"君臣上下、少长、贵贱,毕呼霸王,臣窃以为犹之井中而谓曰:我将尔求火也。",如同掉入井里的人还对人说要为其寻找火来。"昔齐桓公九合诸侯,未尝不以周襄王之命。然则虽尊襄王,桓公亦定霸矣。九合之尊恒公也,犹尊其襄王也。今日天子不可得而为也,虽为恒公吾弗为云者,岂不为过谋而不知尊哉!《战国策·卷二十八·韩三·谓郑王》P1012。齐桓公纠合诸侯而诸侯尊重齐桓公,是由于齐桓公尊重周襄王的缘故。"今日天子不可得而为也,虽为桓公吾弗为云,岂不过谋而不知尊哉!"现在的周天子不可能像周襄王那样受尊重了,如果还像原来那样有威望,选择终身做他的一个忠诚的诸侯也很好。我之所以不再这样想,是因为现在说出诸如此类的言论,岂不是要犯不知变通的错?《战国策·卷二十八·韩三·谓郑王》P1014。他的意思是现在的霸主是秦国,韩国应该像齐桓公尊重周襄王一样尊主秦王,才有可能找到自己的一席之地。这位无名氏劝韩王应该根据自己的实力认准韩国的发展方向,他的长篇大论的核心是:周王室的影响力已经式微,秦国是最强有力、最合适的后任者,韩国寻求齐桓公与周襄王的模式或许有一线希望。他的思想顺应时势,犹如晴天霹雳警示君侯,却具有不忠的实质。为何要匿名记载这段话?或者是因为它揭示的现实过于残酷,会导致许多不愿放弃幻想以及传统的忠实守护者过于痛苦,从而因为完全不能接受而疯狂攻击思想者?匿名而保护思想者?这样重要的思想需要高度的敏锐与前瞻性,预见力惊世骇俗,震耳发聩,令人印象深刻,忘记或忽略其姓名实属蹊跷。

5. 制度是如何被破坏的?

鲁桓公八年(前704年)楚武王伐随,战于速杞,随师败绩,随侯逃逸。鲁庄公十八年,即前676年(楚堵敖元年),也是周惠王元年,"初,楚武王克权,使斗缗尹之,以叛,围而杀之。迁权于那处(楚地名),使阎敖尹之。《春秋左传正义·卷九》P71。灭权为邑,斗缗为长。楚武王(前740—前690年在位)设立县,但经历了波折。地方长官斗缗在当地反叛时,被楚王派出的军队围歼。权地的人口迁往那处后,重新任命阎敖担任当地长官。诸侯获得土地,一方面是按照天子把土地分给诸侯,诸侯把土地分给大夫,大夫送给农人耕种纳税的制度运作,上述土地所有权已经转移,不受君主控制;另一方面,诸侯需要不断增加自己可以直接掌握土地,用于分封、奖励以及增加自己的赋税收入。有抱负或者野心的诸侯们已经开始设想的扩大自己的直接管辖区域,从而加强公室的集权。楚武王在权地设置县的初衷可能无意改变分封制的本质,但是他急切地想要让自己地位更尊贵,得到更多。

二、战国时期完成了人类社会的三大验证

1. 一个社会不可能因为开始正确就一直正确

周天子先后批准秦国成为诸侯,曲沃武公代替始封君领有晋国,认同姜齐被田齐替代,这其中有些并不在制度的事先设计之中,显示周天子是积极开放的,并非执意抱残守缺。周天子这样做的真正动机和目的是什么?迫不得已还是意味深长?诸侯们或许永远也不会清楚,但是他们前面的想象空间显然已经被打开:这是一个可以尽情利用武力、智力、运气等实现理想与适应生存的时代,是一个完全竞争的时代,无限挖掘个人潜力的时代,只要不以消极的态度看待变化,个人智力上乘,不仅可以活得理性、有道德感,有创意、而且可以赢得几乎一切。

西周制度的初衷是建立一个思想上正确的社会,一个不变的社会,一个食利者的社会。掌权者理解的天下是一个已知的世界,社会的不确定性乃是自己的行为所引起。制度的设计者告诫有关的人要思想行为正确,制订了实践礼仪的细节,但是他们对自己的认识有限,导致经典与变化需要长期博弈。

2. 制度的优越性具有不可替代的作用,但是保持其正确性关乎成败

遵守制度礼仪绝对有益的大好时光是如此短暂,人们很快发现,用武力几乎可以得到一切、为了公道而强大,为了贪欲而强大?两者时常混为一谈,两者可以同行很长的路,甚至未到终结仍难辨其异同。诸侯们各自有国家,有军队,有理想,有野心,绝对不会甘愿无所事事、默默无闻。不论大国还是小国,强者还是弱者,感兴趣的主要是人口和土地,这些是当时能评估的大宗财富,所拥有人口和土地决定自己的尊贵、地位、权力增减的尺度。诸侯们不论目的何在,统一以国家为面具。谁是凶狠致命的敌人?谁是扶世导俗的旗手?很少人能够把握自己的命运。把握国家和天下的命运的力量产生于正确与谬误的夹缝之间。

秦国原为蛮夷,又是最典型的法制国家,嫡长子制度等周礼却被延续下来,即使是战国时代,它也仍然很传统,除非不得已,它没有随意改变,这不是礼崩乐坏,也不是为首的破坏者,而是在努力适应发展,不是专门针对礼制的发展。

当所有的异议都不复存在的时候,不仅精神,更重要的是行为上也可以为所

欲为。但是社会发展的空间在于多样化。因此,排斥异见而形成的政治宫殿的政治注定会被异见挤垮。

愚蠢可以喧嚣于一时,却终将被抛弃。

3. 人类的本性中具有爱美、创新的基因。任何力量都不能永久将其阻止和泯灭。人能创立国家也能摧毁国家

宋殇公在位十年,十年十一战,几乎连年被打败,太宰华督无心于国事,大司马孔父嘉"美而艳"的妻子却让他废寝忘食,于是诡称宋国打败仗是孔父嘉所引起,领头杀死了孔父嘉,抢到了其妻子,宋殇公对这种行为不满,华督以"十年十一战,民不堪命"为由弑君,他以同一个理由杀死了对于华督来说问题完全不同的君臣二人。孔父嘉的儿子逃往鲁国,孔子是其后裔。华督立了宋穆公之子冯为宋庄公。《春秋左传正义议·卷五》P38。此事发生在鲁桓公二年(前710年)。在位时比较有作为的宋庄公逝世后,其儿子子捷成为宋闵公,因为揭了南宫长万的短,后者曾被鲁庄公俘虏过,南宫长万立即将其打死,随后一路杀向宫门,大夫仇牧以及华督均被其一击毙命。激情犯罪的南宫长万立子游为宋君后变得头脑更为简单。被驱逐国外乃至醉酒后被拘,宋国萧邑大夫萧叔大心联合曹国杀子游、立宋闵公之弟公子御说为宋桓公,南宫长万也死于一种可怕的酷刑。前682年,宋桓公让有功的萧叔大心为封君,萧叔的封邑改为国,为宋国附庸。《春秋左传正议·卷九》P68。此事发生在鲁庄公十二年(前682年),华督的个人意趣改变了宋国历史,这基本无关制度、礼仪,即可以认为他是被感情冲昏了头脑,也可以认为是个人的潜能的爆发。无法对爱美或创新等的冲动一概而论。它们均可能产生好的后果或者不良的后果。制定新制度、礼仪或者维护现成制度、礼仪时都必须尊重审美意识、创新意识的能量。

秦国杀死最杰出的两个法家人物,商鞅、韩非。他们都死非其罪,它还是一个法制国家吗?秦国的法制是理论公正、程序公正还是实体公正?

个人的能力有两种主要的体现方式:1. 建立思想体系或者国家制度。2. 个人的综合魅力。

秦国杀害商鞅是严重的罪行,使得与商鞅类似的人考虑自己的才华可能毁灭自己的生命,从而对现实社会望而却步,在失去商鞅的指导下,法律公平精神渐渐被一一剥离,而只剩下惩罚功能。秦国从一个优势国家转化为一个弱势国家不是它的武器一次交给了敌人,而是它自己已经拿不起武器。

三、战国是德与强天然和现实的边界最为清晰时期

战国的苍穹上,德与强如同两轮太阳,昼夜辉耀,助战事可以日夜不停,人们一边彬彬有礼,一边嗜杀,两者都属于所需,均不能放弃。个人野心的曦光乍泄,让巨变中的人们感到温暖,人们发现国家利益不是他们的全部,国运蹇涩让众人身处逆境,自我觉醒的能量则可以改变自己,不必与失败的国家一起沉沦,个人很重要,甚至超过一切。

周幽王八年(前 774 年),郑桓公姬友担任周王室司徒,"甚得周众(西周之民)与东土(陕以东)之人,问于史伯曰:余惧及焉,其何所可以逃死?史伯对曰:……蛮芈蛮矣,唯荆实有昭德,若周衰,其必兴矣。姜、嬴、荆芈,实与诸姬代相干也。(他们与姬姓各国更替强大,互相干犯。)姜,伯夷之后;嬴,伯翳之后,伯夷能礼于神以佐尧者,伯翳能议百物以佐舜者,其后皆不失祀而未有兴者,周衰其将至矣。

……公曰:若周衰,诸姬其孰兴?臣闻之:武实昭文之功,文之祚尽,武其嗣乎!武王之子,应、韩不在,其在晋乎!距险而临小,若加之以德,可以大启。公曰:姜、嬴其孰兴?夫国大而有德者近兴。秦仲、齐侯,姜嬴之隽也,且大,其将兴乎?

……公说,乃东寄帑与贿,虢、郐受之,十邑皆有寄地。

周文王的福祚竭尽,理应周武王接续,应、韩两国的始封君都是武王之子,应、韩二侯已经不在,最被看好的是晋国,守险要、临近小国,如果有美德,可以大开疆土。姜、嬴两氏中国土广大富有美德的将会兴旺。秦仲齐侯是杰出人士,有广大的国土,大概会兴旺。郑桓公听进了史伯的话,向东方提出存寄家眷财物,虢、郐同意接受,在虢、郐、鄢、补、睬、蔽、舟、依、历、华十个邑都存放有,后来郑武公夺取了这些邑。《国语正义·卷第十六·郑语》P1029。

鲁隐骇的姓,是因为无骇灭掉与鲁国同姓的姬姓极国,因此贬低无骇,《谷梁传》还认为,直接称无骇名字的原因,是没有得到隐公封赠爵位;《公羊传》认为,是痛恨他为首灭人之国家。所以终其一生不灭称其氏。P45。《春秋》相关段落中可能确实存在与《谷梁传》以及《公羊传》中提示的相同思想,但是鲁国君臣并不认为如此,重视无骇的贡献,鲁隐公八年(前 715 年),无骇卒,羽父请谥与族(即氏)公(隐公)问族于众仲,……公命字为展氏。《春秋左传正义·卷四》P32。前 796 年周宣王杀伯御,立鲁孝公。鲁孝公的儿子公子展是无骇的祖父。诸侯之子称公子,公子之子称公孙,公孙之子以王父字为氏,无骇,公子展之孙,故为

展氏。《春秋左传正义·卷四》P32 注疏。无骇是《春秋》一书中有记载的第一个占领同姓国家的人,《春秋》重视这个事件。无骇在前 721 年攻入极国,随后又全军撤退出来,费庈父则跟着攻入,灭掉了极国。费庈父即费伯,鲁隐公元年(前722 年),四月,费伯率师城郎。不书,非公命也。《春秋左传正义·卷二》P13。费伯是鲁大夫,郎是鲁邑名(今山东鱼台)。两条有关费伯的记载都显示他非循规蹈矩之人,他在郎地筑城时事先没有得到鲁隐公的命令,吞并极国应该也不是奉鲁隐公的命令。

　　鲁成公二年(前 589 年),感觉在齐顷公那里蒙羞的郤克终于获得机会以主帅身份率领晋、鲁、卫联军攻打齐国丘舆、马陉等邑,齐顷公派使者以土地和珍宝向晋国交换和平,不依不饶的郤克要求附加两个要求:1. 要求齐顷公的母亲萧同叔子(萧是萧国,同叔是萧国国君的字,子即国君之女)作为人质前往晋国。2. 要求将齐国的农地的田垄由南北向改为东西向。"必以萧同叔子为质。而使齐之封内尽东其亩。"对曰:萧同叔子非他,寡君之母也。若以匹敌,亦晋君之母也。吾子布大命,于诸侯,而必质其母以为信,其若王命何? 且是以不孝令也。诗曰:孝于不匮,永锡尔类。若以不孝令于诸侯,其无乃非德类也乎? 先王疆里天下,物土之宜而布其利,故诗曰:我疆我理,南东其亩。(或南或东,从其土宜《诗经·小雅·信南山?》)今吾子疆理诸侯,而曰尽东其亩而已,唯吾子戎车是利。无顾土宜,其无乃非先王之命也乎? 反先王则不宜,何以为盟主。《春秋左传正义·卷 25》P193。鲁成公、卫穆公认为,"齐、晋亦唯天所授,岂必晋?"齐、晋都是大国,乃天意所赐,晋国不会总能胜利吧?"郤克接受劝说,放弃了附加条件,在距离齐都不远的爰娄与齐签订了盟约。

　　历史是预定的? 前 374 年(周烈王二年),周太史儋见秦献公曰:始周与秦合而别,别五百载复合,合十七岁而霸王者出焉。《史记·卷四·周本纪第四》P159。太史儋的意思是,秦未得到分封时,原本周与秦是合在一起的,后来秦被周平王分封为诸侯后分开了,分开五百年后注定要再次合在一起,秦会灭周。合在一起十七年后,成为霸主的人将会出现,他是统一天下的人。

　　从战国的历史来看,这个结论是荒谬的,秦国的胜利得益于自身的努力,一些诸侯国家基础条件远远强于秦国,他们也有很多机会成为终结者。

　　战国是强大的个人性得到昭示的时代,不要妄想一种思想、思潮可以改变人性,一个国家政权、一种制度、一项新技术,一种时尚等也是如此,只有一点一滴地适应复杂的人性,思想才有归属,社群可获共性,人性比任何一种思想都丰富、完整得多,强大的社会就是规整的人性,健康的社会一定是综合强盛,若有明确缺陷,一定难以长存。秦国的强只是实现了人性中一种偏好,人性中的其他特性大量欠缺,无法满足大量有不同偏好的需求,也就不是人们想要维护的制度,它败得很快实属正常。

两周以礼约束人民的行为,为何还是会绵延不绝地产生暴力的行为?这是因为人们需要受尊重;也需要让不同的才华比如力量等各种不同奇技异能展示出来并以此获得最大利益;第三是两周制定等级,认为尊卑秩序应该永久不变才能使国家永泰,这是一个致命的错误,因为这种自私的理想至少缺乏一个可靠的经济基础支撑。

靡不有初,鲜克有终。《诗经·大雅·荡》。敷政优优,百禄是遒。《诗经·商颂·长发》。乱离瘼矣,爰其适归?《诗经·小雅·四月》。上述三段诗歌勾勒出政治的三个阶段:起步期、上升期、衰落期。两周时期经过充分的实践,确认不可能通过战胜一个国家、一种思想,一个强大的人或人群来改变整个社会的整体生存条件。它们同时也揭示,国家政治的优越是取决于个人的伟大与耐心,还是良制?从开始时的雄心壮志,到控制局面,最后陷入迷途,很像是对普遍的人性与心理发展曲线的客观描画。人品、能力、时间决定某个人不可能一直保持正确,同样,也不能说某个阶层、某个种族、某个国家、某个群体永远正确,绝对不需要外部的干预纠偏。周礼有美好的初衷,希望激发人们最美好的品德。但是人的禀赋的差异,年龄大小、生存环境等的差异决定人的美德不可能总是可以同时对等地表现出来。而社会由不同职业的人群构成,他们互相需要、弥补,成就一种职业人群必须牺牲另一种职业人群的理论缺乏基本的客观性。

两周的人也不是完全弄错了自己争斗的对象,因为他们需要在争斗过程中真正发现自己的本质,甚至已经发现了部分正确的原理,社会最好的发展模式的形成取决于人与人之间最密切的合作而不是彼此伤害,你死我活的争斗发生在陌生人之间,也发生在亲属之间,战争之密集令人无法喘息,所有人和睦相处的方式根本没有,武力征服看起来是有点正确的道路,技术进步实际上更为正确、有效,武力确实能让纷争安静下来,但诸多纷争非武力一揽子所能解决,武力带来的安宁因而总是短暂。

战国时代的现实性:

《战国策》一书,共498段落或者话题,其中有部分看似重复的对话内容,可能是因为那些内容有价值而重复,从该书的言论与行为划分礼或利的标准是:

1. 判定某一言论和行为是归属礼还是利,取决于其核心的思想以及行为的目的、结果是在维护礼还是利益至上。

2. 语焉不详者,参考了其他相关史料。

《战国策》一书,分析其言论与行为,可以分为利与礼两大类,利指言论与行为的目的指向是趋利避害;划归礼的言论与行为具有共同的特性,即试图用礼的思想与礼制规范言行。它们各自达到何种结果并不予以考虑。(剔除内容重复部分。)大致符合礼类型的共 117 次对话、思想或者行为,其他 381 条符合利益的类型,分别约占 23%,76.5%,这是否是一个合理的比律? 生存比合理的生存具有更为直接、迫切的动因,国家或个人的生存都是如此。可以判断,这里得出的比率是一个常态,并不比任何一个时代更贪婪。倒是生活条件变得急剧复杂而唤醒了人们的责任心,以及帮助他们变得成熟。他们的理性不是抛弃理想而产生的,而是理想在特定时代,特定地点提炼而成。

经常都是王权额外获胜后国家开始急速失败的? 周文武二王、周公和秦始皇都是理想主义者,而人民却是现实主义者,人民需要周礼,而它又不能事事依赖,这是为什么周礼从来没有被超越,也没有失去原理。它在制度框架下震荡的主要原因是单一发展能力缺乏支撑力,秦、晋、齐等国发展到一定程度时,人口必然增长,需求必然增加,它们本身的抱负也越来越高,成为有威望的方伯,体现智慧,主持公道等等。它们必须取得胜利,联合或者打击,大部分君主没有找到问题的症结,也就忽略了发展对任何国家和时代都是攸关的。

比起春秋,战国看起来更不像礼制,但仍是个成功的礼制。没有伟大的生活,不会产生伟大的人。不是君主的错误,军人的成败,自然变迁,时间的推移在决定国家的变化,而是思想的大师们冲破了礼制的原型,发现了国家真正之所需,其中部分就是礼制的要件,另有一部分与礼制迥然不同。思想带给这个国家如此大份福祉,禁锢思想才是国家所做的事中最坏的事。

战国是正确性才能获胜的年代,不能靠身份、地位,也不能靠虚构、神话。为什么礼制模型中能够衍生出一个正确性决定一切的社会? 诸侯国家因为礼制的原因必须在一个开放的社会共存,国家必须在保持开放中寻求生机,否则将落后。封闭的国家肯定可以在造假与迷信中自我陶醉,但是礼制社会既不允许也无法封闭。

从春秋战国的状貌中可以看到礼制的原型,而且该时期最接近其思想的精义,并可以长期保持其理想的延续。

汪平 著

中国古代
政治制度研究

ANCIENT POLITICAL SYSTEM
OF CHINA

（下册）

上海三联书店

总目录

第一编　两周制度模块——单一制（一）/ 1

　　第一章　先于国家存在的玄想、礼仪、规则及其传承 / 3

　　第二章　政府制度与社会关系 / 116

　　第三章　诸侯 / 227

　　第四章　诸侯国家内部管理 / 267

　　第五章　土地、农业、经济、金融 / 292

　　第六章　法律与法治 / 326

　　第七章　军队 / 339

　　第八章　政府行政 / 359

　　第九章　西周、东周诸侯各国的发展 / 420

　　第十章　整体关联的春秋 / 448

第二编　战国时代（单一制）/ 469

　　第十一章　周天子的极限生存 / 476

　　第十二章　精英的背叛 / 485

　　第十三章　作为一个整体的战国 / 535

　　第十四章　不同时段的战国 / 573

　　第十五章　不同方向的战国诸侯 / 590

　　第十六章　战国形成的原因 / 614

第三编　单一制秦国（单一制）/ 627

第十七章　秦国族源和大位传续 / 629

第十八章　经济与法 / 642

第十九章　滚动的制度 / 679

第四编　两汉模块——（混合制）/ 719

第二十章　两汉的信仰与文化 / 722

第二十一章　汉代司法 / 744

第二十二章　两汉经济 / 791

第二十三章　两汉军队 / 806

第二十四章　职官体系 / 809

第二十五章　国家行政的具体运作 / 858

第二十六章　来自周礼的错误——各种身份、利益、
　　　　　　愿望构成的集团 / 887

第二十七章　两周秦汉三代的生活消费简略比较 / 917

第五编　北魏卷（混合制）/ 943

第二十八章　先进制度的诱惑 / 945

第二十九章　北魏政治运作附属的礼仪、经济和安全 / 983

第三十章　北魏政治运作 / 1023

第六编　北周卷（混合制）/ 1051

第三十一章　北周政经变革 / 1053

第三十二章　北周政治运作的附属条件：国家礼仪、
　　　　　　经济、法律与安全 / 1091

第三十三章　北周政治权力的组合与运作 / 1111

第七编　隋杨时代(标准混合制) / 1227

第三十四章　隋朝的政经改革 / 1229

第三十五章　国家哲学礼仪教育经济与安全 / 1285

第三十六章　隋代政治的运作 / 1524

第三十七章　专制制度下的个人、家庭、种族、组群 / 1541

第三十八章　一个古代中国人的属性 / 1588

第八编　李唐部分(解体中的混合制) / 1623

第三十九章　李唐的政经变革 / 1625

第四十章　唐制附属的礼仪法制与安全 / 1667

第四十一章　实际的制度运作 / 1722

第四十二章　唐开元以后政治归纳 / 1828

第四十三章　中国制度论 / 1850

第七编

隋杨时代(标准混合制)

政治如果只是少数人能够懂的技巧时，那一定是专制的时代；如果是多数人都能理解的一门学问，生活中的常识时，造就这种局面的个人、制度或时代至少接近于开明。

——作者

第三十四章　隋朝的政经改革

第一节　政治结构

一、对大统六官制的颠覆

杨坚即位后作出大幅度结构调整。"崔仲方曰：晋为金行，后魏为水，周为木，皇家以火承木，得天之统，又圣躬载诞之初，有赤光之瑞，车服骑牲，并宜用赤，又劝上除六官，请依汉、魏之旧。上皆从之。"《隋书·卷六十·崔仲方传》P173。这不能说国家的新主人喜欢完全汉、魏制度。君王的要求，执笔者们个人喜好或价值观以及现实的条件都是重要的前提，任何其其他外部的偶然因素都可能影响宪制各细节的最后敲定，君王看起来是公开的也是最终的决策者，崔仲方的相关建议他是全部接受了，他不可能一一清楚自己接受的全部内容，这是制度随时会被打乱的主因。另一个重要的执笔者裴政的情况也很典型，他亲历两代制度的变更，他是宇文泰执政时的员外散骑侍郎，"引事相府，命与卢辩依周礼建六卿，设公卿大夫士，并撰次朝仪，车服器用，多遵古礼，革汉、魏之法，事并施行。开皇元年，裴氏转率更令，加上仪同三司。诏与苏威等修定律令。政采魏、晋刑典，下至齐、梁，沿革轻重，取其折衷，同撰者有十余人，凡疑滞不通，皆取决于政。"《隋书·卷66·裴政传》。开皇时裴政显然没有参与政治制度制订，他只是参加了第二次修律，他目睹自己制定的北周制度被替换。

1."受命以来，改周制六官，其所制，名多依前代之法。置三师三公及尚书、门下、内史、秘书、内侍等省，御史、都水等台，太常、光禄、卫尉、宗正、太仆、大理、鸿胪、司农、太府、国子、将作等寺,左右卫、左右武卫、左右武候、左右领、左右监门、左右领军等府分司统职焉。三师不主事,不置府僚,盖与之坐而论道也,三公参议国家大事,置府僚,无其人则阙。《隋书·卷28·百官志》P102。

静帝大定元年二月杨坚称帝。改元称开皇元年,时值公元581年,当月即宣布彻底废除周六官,以汉、魏制度为摹本,组建尚书等五省,御史等二台,太常等十一寺、左右卫等十二府,又置勋官、散官、改侍中为纳言。

二、制度模型

开皇元年中央政府结构原型
三师三公

现任职称	姓名	原阶职爵
太师	李穆	上柱国、并州总管
太尉	于翼	上柱国、幽州总管《北史卷23》
太傅	窦炽	上柱国、邓国公
太子太师	田仁恭	观国公
太子太保	柳敏	武德郡公
太子太傅	未见记载。	
太子少傅	孙恕	济南郡公
太子少保	苏威	开府
太子少师	未见记载。	

以上是开皇元年配置,开皇三年,太尉于翼去世。开皇四年八月,太傅窦炽去世。六年八月,太师李穆去世。九年二月,杨广为太尉。九年八月,任命杨雄为司空。这些职称经常空位,完全按照古训行事,必须要授予恰当的人选,否则宁可不补。

内史省

职务	人名	原阶职爵	
内史令	李德林	原相国内郎	赵芬（东京左仆射）
内史监、吏部尚书	虞庆则	原相国司录	
内史侍郎			
内史舍人	于宣道	周上士	
通事舍人			

周内史下大夫、使持节、大将军、仪同三司牛弘,开皇初迁授散骑常侍、秘

书监。

以上是开皇元年配置,三年四月,尚书右仆射赵煚兼内史令;十年七月,纳言杨素为内史令;十二月,蜀王杨秀接替杨素为内史令,兼右领军大将军(仁寿二年十二月秀被废);十九年六月,豫章王杨暕为内史令;仁寿元年正月,晋王杨昭为内史令,考虑到他年轻,给他安排著名学者薛道衡为内史侍郎辅佐。《隋书·卷66·房彦谦传》P187。

内史省负责草拟诏敕,经门下省审核后交尚书省执行。它还负责向皇帝转递来自全国各级的奏章等一切书面文件。

外事管理是内史省和门下省的共同职责,委派本部门属官作为对外使节执行外事任务,开皇八年三月,兼散骑常侍程尚贤、兼通直散骑韦恽使陈,十一年三月通事舍人若干洽出使吐谷浑。与门下省一样,任职内史省亦需要较好的受教育背景。

门下省

职务	人名	原阶职爵
纳言	高颎(兼)	苏威(元年三月,苏威兼纳言、吏部尚书)
黄门侍郎	未见记载	
给事黄门侍郎	杨达	内史下大夫,杨雄弟。
给事黄门侍郎	陈茂	上士
散骑常侍	牛弘	仪同三司
散骑常侍	韦冲(兼)	汾州刺史

以上是开皇元年配置,九年六月,荆州总管杨素入掌门下省为纳言。仁寿二年十月工部尚书杨达为纳言。

门下省其他官职配置:

周吏部中大夫令狐熙,高祖受禅之际,熙以本官(吏部中大夫)行纳言事,寻除司徒左长史、加上仪同,爵郡公。《隋书·卷56·令狐熙传》P166。家世微寒的陈茂当时还是隋国公时的杨坚引为心腹僚佐,官至上士。581年,拜给事黄门侍郎,每典机密。周河内太守刘知本,581年征拜谏议大夫,检校治书侍御史,不久升任黄门侍郎,从御史台返回了开皇初任职的部门门下省。给事黄门侍郎可以是一种跨部门兼职,杨素的从叔父杨文纪就曾以宗正卿兼给事黄门侍郎。《隋书·卷48·杨素传》P153。

周纳言中士、学者魏澹在北周与李德林俱修国史,581年出为行台礼部侍郎,不久为散骑常侍;其他早期任职于内史省得官员还包括:通直散骑常侍魏澹

(开皇三年十二月);通直散骑常侍豆卢实(四年),通直散骑常侍许善心(九年)。门下省属员允许兼职,兼散骑常侍曹令则(开皇三年十二月),四年兼散骑常侍薛道衡。

杨坚努力建立一个可靠的政策审核机构,与内史省权力制衡,后者的初期建设期并未充分配置,除正职长官及主要助手外,主要是以熟悉文字和条令默默无闻的专业人员,而不是那些功成名就、立刻有锦绣前程的人。

尚书省

职务	人名	原阶职爵
尚书左仆射、兼纳言	高颖	原相国司马
尚书左仆射　兼内史令	赵芬	东京左仆射
尚书右仆射	赵煚	大将军、郡公
尚书右丞	张煚	司成中大夫

以上是开皇元年配置,开皇四年四月吏部尚书虞庆则升任尚书右仆射,九年五月吏部尚书苏威升任尚书右仆射,十二年七月,尚书右仆射苏威与礼部尚书卢恺坐事除名。十二年十二月,内史令杨素为尚书右仆射,替代苏威。十九年八月尚书左仆射高颖坐免。仁寿元年正月,以尚书右仆射杨素为尚书左仆射,纳言苏威为尚书右仆射。

六部

职位	人名	原阶职爵
吏部尚书	虞庆则(兼)苏威兼(三月)韦世康(十二月)	
吏部侍郎	韦师	宾部大夫
度支尚书	杨尚希	上仪同、司会　苏威　(兼)
礼部尚书	韦世康	上开府、县公
兵部尚书	元岩	开府、民部中大夫
兵部侍郎	皇甫诞	仓曹参军
都官尚书	元晖	上开府、县公
都官侍郎	赵绰	仪同,高祖即位大理正,寻迁都官侍郎
工部尚书	长孙毗	(上仪同、司宗)

开皇初毛州刺史刘仁恩因政绩全国第一,升任刑部尚书,郭均、冯世基先后为兵部尚书,库狄钦民部尚书。《隋书·卷46·张煚附传》P151。但时间不详。

以上是开皇元年二月以来的任命,吏部、兵部、刑部三个部有副职记载。开皇二年六月苏孝慈为兵部尚书(前任任期十四个月),十月贺娄子干为工部尚书

(前任二十个月),三年秘书监牛弘接掌礼部尚书《北史·卷72·牛弘传》P266。十二月苏威从刑部尚书调任民部尚书(替代杨尚希,杨在民部任职三十四个月),刑部尚书缺位三个月后由毛州刺史刘仁恩接掌。四年四月,从礼部外放瀛州刺史的杨尚希又从地方回到中央,担任兵部尚书。开皇六年二月山南等地水灾,遣前工部尚书长孙毗前往赈灾,仁寿二年九月,工部尚书杨达前往河南北诸州赈灾,这是工部职责所在,十月调任纳言。六部尚书之间平行调动很常见,六年十月兵部尚书杨尚希调任礼部尚书(在兵部任期三十个月),次年四月,民部尚书苏威调任吏部尚书(在民部四十个月)。从本部副职升任正职的例子是,九年二月吏部侍郎宇文弼升任刑部尚书。(刘仁恩任职长达58个月,近五年。)也有跨部的情况,九年六月,吏部侍郎卢恺升任礼部尚书。九寺与六部间人员流动也属畅通,九年二月,宗正少卿杨异任工部尚书,十九年九月太常卿牛弘拜吏部尚书。勋官的品级应该与所拟任官职相称:十一年二月)苏孝慈进位大将军后(正三品的勋官,十二卫的大将军亦正三品军事长官)转工部尚书。地方向中央互相流动是一种升迁,高祖族子杨达,入隋为给事黄门侍郎,后出为数州刺史,平陈之后,杨坚按一定标准将地方官员一一排名,天下牧宰,达为第一。赐杂采五百段,加以金带,擢拜工部尚书,加位上开府。十二年七月,礼部尚书卢恺与尚书右仆射苏威坐事除名。五个月后(十三年元月),信州总管韦世康接替吏部尚书,卢恺的礼部尚书一职似乎一直没有合适人选,未见替补,空位至炀帝即位后。十五年四月赵州刺史杨达为工部尚书(杨异在此职位上连续任职六年二个月,杨达在此位置上创纪录地任职十年,直到新君给他新职),仁寿三年九月,营州总管韦冲为民部尚书。行政部门首长军府官员转向的例子有虞庆则,开皇初他担任过内史监,吏部尚书,京兆尹、四年,尚书右仆射,九年先后转为右卫大将军、右武侯大将军,不过再未返回行政系统,高颎也有历任尚书左仆射,左卫大将军的经历。

九　寺

职务	人名	原职阶爵
太仆卿	元晖(兼)	
宗正卿	杨雄	上柱国
宗正少卿	杨异	宁都太守行济州事
鸿胪卿	李雄	司会中大夫
太府卿	苏孝慈	工部上大夫
太常卿	元亨	洛州刺史
大理正	赵绰	掌朝大夫、仪同

光禄寺

卫尉寺

司农寺

将作寺

国子寺

中央的三省六部制度经过开皇元年一年调整,三省长官均系专职,六部完备,师保傅及九卿尚未配齐,六部首长中元晖在九寺有兼职。以上是开皇元年九寺的配置,二年将作大匠刘龙,礼部尚书牛弘自开皇六年主持太常寺。《隋书·卷49·牛弘传》P156(4右),直到开皇十九年九月,拜吏部尚书。(当年杨素击败达头,临行前与牛话别)担任太常卿长达十三年。杨坚时为十一寺,杨广时改为九寺二监。杨文纪担任过宗正卿,时间不详。《隋书·卷四十八·杨素传》P153。

尚书省所属其他职官任命:

陆彦师:以孝闻,周少纳言。隋立,拜尚书左丞。《隋书·卷七十二·陆彦师》。

宇文弼:周刺史。开皇初,入为尚书右丞。《隋书·卷五十六》。

韦师:韦师略涉经史,尤工骑射,周宾部大夫。581年拜吏部侍郎。《隋书·卷四十六·韦师传》、《北史·卷64·韦师传》。

卢恺:周东京吏部大夫。开皇初,加上仪同三司,除尚书吏部侍郎。

杨汪:周夏官府都上士。杨坚即位,尚书司勋、兵部二曹侍郎。《隋书·卷五十六·杨汪》。

吕衡:周司玉中士,曾与周大宗伯斛斯征修礼令。开皇初,拜尚书祠部侍郎。

裴矩;齐高平王文学,及齐亡,不得调。高祖为相,召补书记室。581年,迁给事郎(属吏部),奏舍人事(通事舍人归内史)。隋开皇二年于尚书吏部置给事郎,为散官番直。炀帝罢吏部给事郎,取其名于门下省置,唐改名为给事中。〈辞典〉矩一类低级官员受到重视是隋成功的一个原因? 陈与裴是从低至高干上来的。

段文振:周天官都上士,司马消难是580年奔陈,也是开皇元年的前一年,文振时任卫尉少卿,兼内史侍郎,寻以行军长史从达奚震讨判蛮,(郧州巴蛮帅,仍是580年)平之,加上开府,岁余,迁鸿胪卿。《隋书·卷六十·段文振》。

开皇初兼职情况多见，581 年三月，太子少保苏威兼纳言、吏部尚书，理论上在三个不同部门履行三份不同职务，情况特殊。在 581—588 年间，历内史侍郎领左卫长史、左右庶子、给事黄门侍郎、尚书左丞摄行部尚书等职，北周末，宇文诸王对杨坚恨之入骨，却在李圆通严密防范下无从下手，李因此深得杨坚信任。可能是初试新制，频繁调整人员是为考察他们优势所在及各自最适合的部门，同时也需要苏威、李圆通这样值得信赖的人实地进入不同不断了解、反馈各部门的功能和相互关系，职业选择机会也是对偏爱者的一种奖励。但兼职一直存续，成了缺乏恰当人选时的主要的调剂手段，许善心开皇十七年除秘书丞（正五品上），仁寿元年摄黄门侍郎（正四品上），二年加摄太常少卿（正四品上），直到大业元年转礼部侍郎后可能才结束这种横跨三个不同部门的兼职生活。

尚书省的首长不是单纯的文职官员，必要时领兵出征，仁寿四年七月杨坚去世，八月并州总管杨谅反，被尚书左仆射杨素平定。

司法系统人员配置：

司法系统一部分从属于行政系统，中央另有专门司法、监察机构，地方政府也享有部分司法权。分属刑部、大理寺，各级地方官署。

大理寺

周掌教中士赵绰，杨坚为相时迁掌朝大夫。581 年，授大理正，寻迁尚书都官侍郎，（都官掌奴隶部曲等各类贱民，闲职）不久转刑部侍郎。

刑部

周掌朝大夫张衡 581 年拜司门侍郎，归刑部。

监察系统

御史台

开皇四年，上柱国杨素拜御史大夫（正三品？），该职隋秩在正四品到从四品之间？，秦朝为副相。

周武藏大夫梁毗，开皇初拜治书侍御史（从五品下，配置二人）。《隋书·卷六十二·梁毗传》。

侍御史（从七品下，配置八人）殿内侍御史（正八品下配置十二人，曾名殿中侍御史）监察御史（从八品上，配置十二人）。

配合人数和品级在不同时期略有不同。

内侍省

周上仪同三司杨约是杨素弟，为野兽所伤，竟为宦者，担任隋首任长秋卿，管内侍省。《隋书·卷 48·杨素传》。

秘书省

职务	人名	原职爵
2）秘书监	牛弘	使持节、仪同大将军

三师指的是太尉、司徒、司空。尚书省是行政首脑,置左右仆射各一人。总吏部、礼部、兵部、都官、度支、工部六曹。这就是高贵的"八坐"。六部各部有一或二个侍郎不等,左右丞是他们的属官。杨坚在他中央行政体制中创造性地设立三省六部格局,州郡县三级行政体系缩减为州县,六品以下官员任命权也由中央决定,这个变革使九品中正制等旧制的弊端得到一定遏制,亦使得日后以科举制为主管道的人事任命制度成为可能。

这种制度经过盛唐时期的衍化,形成三省六部,这是我国历史上进入实质性操作的格局最为合理,权利分配相对平衡的中央政府体制。

炀帝时代的中央地方

大业三年（607 年）四月改官制,始行新令,有三台、五省、五监、十二卫,十六府。《通典·卷 19·职官一》P242。

设殿内、尚书、门下、内史、秘书五省。

三台：谒者、司隶、御史。

五监：少府、长秋、国子、将作、都水。

原有的王、公、侯、伯、子、男爵位中,留王、公、侯,废伯、子、男三等。

也有因个人关系特别修改制度,率官一直是第四品上,由于任命宇文述为左卫率,以述素贵,遂进品第三。《隋书·卷 61·宇文述》P175。或者是因为一个职位的重要性降低而降品,"崔弘升,高祖受禅,进爵为公,授骠骑将军。"（正四品,统领府兵）炀帝后骠骑将军改称鹰扬郎将,降为正五品）《隋书·卷七十四·酷吏·崔弘升传》P203。

军职

十二卫

开皇元年,杨广为武卫大将军,伊娄彦恭为左武侯大将军,均属十二卫之一：左右卫大将军、左右武卫大将军、左右骁卫大将军、左右领军大将军、左右武侯大将军、左右侯卫大将军各卫长官为大将军一人,正三品。隋十二卫长官是陆续任命的：

职位	人名	原职
右卫大将军	杨惠（元年任命）	上柱国

左武侯大将军	伊娄彦恭	上开府、济阳侯
右武侯大将军	窦荣定(元年)	洛州总管
上大将军	达奚长儒(元年任命)	大将军
右卫大将军	杨弘(开皇元年)	上开府
大将军	虞庆则(元年任命)	石州总管
领左右将军	杨爽　元年	蒲州刺史
右卫大将军	宇文述(开皇初)	英果中大夫
左武卫将军	宇文庆(开皇初)	上大将军
右武卫大将军	秦王俊(二年任命)(开皇三年李礼成,三年十二月窦荣定得到同样任命)	
左武侯大将军	窦荣定(开皇二年四月)	

担任军事要职的其他人

杨坚从祖弟杨弘,及上受禅,拜大将军,进爵为公,其年立弘为河间王,拜右卫大将军。《隋书·卷43·杨弘》。

田仁恭:周上开府、郡公,幽州总管,杨坚即位进上柱国,拜太子太师,不久拜右武卫大将军,他是受坚信重的人。

达奚长儒:周太祖引为亲信。……上开府……大将军,……581年进位大将军,封郡公。达奚长儒有杰出的军事才能,在开皇时以二千人对突厥十万人,杀敌万人,自己损失一千八百人,仍有约两百人生还,堪称奇迹。

独孤陀:周胥附上士,坐父徙蜀郡十余年,护诛后,始归长安。杨坚即位,拜上开府,右领左右将军。《隋书·卷七十九·独孤陀传》P214。

燕荣:周开府仪同三司爵县公。581年进大将军,爵郡公。《隋书·卷七十四·燕荣传》P203。

杜整,宇文泰引为亲信,后事宇文护子中山公训,周勋曹中大夫,杨坚为相,开府,即位,武卫将军。《隋书·卷54·杜整传》P163。

于翼是于谨之子,年十一,尚太祖女平原公主,北周大象初大司徒,尉迟迥叛时为幽州总管,开皇初拜太尉。《周书·卷三十一·于翼传》P50。于寔子于仲文宣帝时是东郡太守,杨坚称帝,拜柱国,河南道大行台,《隋书·卷六十·于仲文传》P174。

于翼子于玺,宣帝右勋曹中大夫,寻领右忠义。隋文帝受禅,加上大将军,进爵郡公,历汴邵二州刺史,后检校江陵总管。《北史·卷二十三·于玺传》P93。

于宣道,北周小承御上士,杨坚为相,引为外兵曹。践祚,迁内史舍人。《北史·卷二十三·于宣道传》P93。

于宣敏,周右侍上士,迁千牛备身。杨坚践祚拜奉车都尉。《北史·卷二十三·于宣道传》P93。

于寔子于颛(于翼是他叔父,于仲文是其弟)杨坚为相,拜吴州总管,后因为滥杀,隋文帝免其死罪,贬为开府,开皇七年任命为泽州刺史。《隋书·卷六十·于仲文传》P174。

于翼弟于义,北周明帝时邵州刺史,于义在王谦叛乱时接受杨坚调遣平乱,他没有等到杨坚即位就已经逝世,北周的望族于谨家族在北周生死存亡之时,集体选择了权力而非忠诚。

十二卫地位崇高,开皇三年十二月,上柱国窦荣定为右武卫大将军,开皇五年,以尚书左仆射高颎为左领军大将军,上柱国宇文忻为右领军大将军,九年正月,尚书右仆射虞庆则为右卫大将军,九年十一月,右卫大将军虞庆则为右武侯大将军(十七年十二月在该任上被处决),右领军将军李安升为右领军大将军,十一年五月,右卫将军元旻进左卫大将军(二十年十月被杀),十二年二月,蜀王杨秀为内史令,兼右领军大将军,汉王杨谅为雍州牧,右卫大将军。不论中央职位如内史令,还是地方职位如雍州牧,都可以带军府职。

仁寿四年九月,以备身将军崔彭(开皇十八年始置左右备身府,左右监、左右备身府当时皆不领府兵。)为左领军大将军,十二月右武卫大将军来护儿为右骁卫大将军,以柱国李景为右武卫大将,以右卫率周罗睺为右武侯大将军。

炀帝大业三年,十二位改为十六府:左右翊卫、左右骁卫、左右武卫、左右屯卫、左右御卫、左右侯卫、左右备身府、左右监门,禁军规模扩大。

散官、爵、勋、品的关系

仅具有文武散官、勋官名号的人可以安排相应等级的职事官职位,勋官最高等级的上柱国不仅可能被直接任命为御史大夫,也可去地方担任总管,柱国、上柱国等勋官,最高级别的文武散官,比如开府仪同三司,军职十二卫的将军等都可以直接被任命为总管,开皇十五年四月开府仪同三司韦冲(《隋书·卷二·高祖纪》P8,《隋书·卷四十七·韦冲传》P152)、十七年五月左卫将军独孤罗云、仁寿七月大将军(十二卫,每卫大将军一人,将军二人)段文振分别从本职上调任营州、凉州、云州总管。开皇十六年五月,以蔡阳县公姚辩为灵州总管。这是只记载爵位而任职地方要员的一个例子。担任职事官和地方官的人经常带有散位,公元581年(开皇元年),北周淮州刺史李彻加上开府、转云州刺史。学者鲍宏任职萧梁,江陵平后归周,引为麟趾学士,遂伯下大夫。曾被王谦属下俘虏,不屈。581年杨坚即位后加开府、利州刺史。

　　北周的官员在隋高祖即位后一般都安排平行的职位,周刺史田式,581年拜襄州总管,后来成为一个以残酷出名的官吏。581年,周御饰大夫柳裘进大将军,拜许州刺史。周刺史梁彦光被隋任命为歧州刺史,兼领歧州宫监。周吏部下大夫李孝贞,开皇初拜冯翊太守。

　　也有出现降级、废黜的情况,房恭懿是参加过尉迟乱的人,废于家。开皇初,由于吏部尚书苏威推荐,授新丰令,政为三辅之最,超授泽州司马,再迁德州司马后,卢恺奏恭懿政为天下最,帝赐大量物品。集诸州朝集使说他是当今天下官员之楷模。坚准备任命他为刺史,但是国子博士何妥奏恭懿尉迟之党,不当仕进,威、恺二人朋党,曲相荐。杨坚大怒,恭懿竟得罪,配防岭南。《隋书·卷73·循吏·房恭懿传》P201。

　　宇文护内兄,周司宪大夫元孝矩,杨坚"重其名,娶其女为房陵王(杨勇)妃,杨坚为相,拜少冢宰,进位柱国。时房陵王镇洛阳,隋立国,立为皇太子,令孝矩代镇。既而立其女为皇太子妃。"元孝矩从一个有强烈结义之心的人一下变成一个随遇而安的人,这种变化是耐人寻味的。每次都是用婚姻平息他怒火,他的斗志、忠诚在利益起伏中消磨殆尽。

　　左右仆射——纳言—令监——各部尚书——九卿——军府将领——总管——刺史之间转移频繁,主要任命对象是亲族、功臣、著名学者以及他们的子弟。

　　个人杰出政绩,可能成为被破格提拔的主要依据,开皇十一年二月,临颍令刘旷治术优异,代理莒州刺史。樊叔略581年加位上大将军,爵郡公,有政绩,迁刺相州后,政为当时第一。杨坚以书面表彰,赐织物三百段,米三百石,不久又调任司农卿。《隋书·卷73·循吏·樊叔略传》P201。但同类情况有胜有负,周宣纳上士、畿伯大夫柳俭在新国家历任广汉太守、蓬州刺史、邛州刺史。在职十余年,萌(即老百姓)夷悦服。纳言苏威,吏部尚书牛弘评为清名天下第一。《隋书·卷73·柳俭传》P202。除得到一些物资奖励,杨坚还令全国朝集使送至本郡作为一种特殊荣誉,但没有提升职务。

　　职事官会因为才德被随时提升,散位则是需要日积月累。

　　隋代始定散官名称,杨坚设置上柱国、柱国、上大将军、大将军、上开府仪同三司(从三品)、开府仪同三司(正四品,炀帝改为从一品,)、上仪同三司(从四品)、仪同三司(正五)、大都督、帅都督、都督总十一等,以酬勤劳。特进、左右光禄大夫,金紫光禄大夫(从二品散官,炀帝改为正三品)银青光禄大夫(正三品散官,炀帝改为从三品)、朝议大夫、朝散大夫并为散官,以加文武之德声者,并不理事。六品以下,又有翊军等四十三号将军,品凡十六等,为散号将军,以加泛授。居曹有职务者为执事官,无职务者为散官,凡上柱国以下为散实官,军为散号官,诸省既左右卫、武候领左右、监门府为内官,自余为外官。《隋书·卷28·百官下》P103。大业三年四月,改柱国以下官为大夫,炀帝名义上废除上柱国系列,实际上是合并上述两个系列,保留光禄大夫系列:分光禄大夫、左光禄大夫、右光禄大夫、金紫光禄大夫、银青光禄大夫、正议、通议、朝请、朝散大夫九级。《隋书·卷28·百官志下》P103。在文散官的名称下,增加了散实官(即戎秩,军职,在唐代的正式称呼是勋官)的功能。勋号与等级匹配,最高十二转,匹配的是上柱国,视正二品,'转'相等于'次',军功每加一等,则官爵随升一级,称一转。最低的是一转。

炀帝时代光禄大夫分五级:光禄大夫(从一品,是炀帝时代增加)、左光禄大夫(正二品)、右光禄大夫(从二品)、金紫光禄大夫(正三品)、银青光禄大夫(从三品)他普遍地将光禄大夫系列称号授予内、外官,光禄品级与职事官的品匹配:

左右仆射,正二品

左右武卫、左右武候、领左右等大将军为正三品

上开府仪同三司从三品

骠骑将军(正四品,后改正五品)、开府仪同三司等,正四品。

炀帝改定官制,十二卫府每卫置护军四人,掌副贰将军,寻改护军为虎贲郎将正四品,虎牙郎将六人,从四品。《资治通鉴·卷183·隋纪七》P1217。随着战事频发,炀帝的军队变得庞大,具有同样职级的人比以前更多,增加品阶可相对避免大量资历不同的人拥挤在同一品佚内,让资历最深者感觉待遇不公,政务系统也是如此。

炀帝创设了光禄大夫职称,他个人对这个职务的功能很期待:

司空、京兆尹、光禄大夫、观德王杨雄。

光禄大夫贺若弼、梁默、韩寿、段达、裴仁基。

纳言领(即兼管)左武卫大将军时,苏威进光禄大夫。

吏部尚书、左光禄大夫牛弘。

太常卿、左光禄大夫苏威,司农卿、光禄大夫赵元淑。

将作监、光禄大夫李敏。

金紫光禄大夫、兵部尚书李通
银青光禄大夫、民部尚书长孙炽
银青光禄大夫张世隆。

左武卫大将军、光禄大夫郭衍
右卫大将军、左光禄大夫郑荣
左屯卫大将军、右光禄大夫姚辩
开府仪同三司、左翊卫大将军、光禄大夫宇文述
右骁卫大将军、光禄大夫李浑
左屯卫大将军、左光禄大夫麦铁杖

　　樊子盖在平陈之后为上开府，炀帝即位时，樊子盖为银青光禄大夫（炀帝从正三品改为从三品散官）、武威太守（上郡从三品，中郡从正四品，下郡从四品），大业三年，进金紫光禄大夫（正三品），太守如故（当年全国实施州改郡，一个大郡太守品级正三品）。五年右光禄大夫（从二品），太守如故；六年，进民部尚书；七年，进左光禄大夫，尚书如故；九年，进光禄大夫，尚书如故。这也是他一生中最高的任命。《隋书·卷 63·樊子盖传》P178。樊氏是完整经历从光禄系列升迁的过程的典型，是由低到高升至光禄系列一级一级达到光禄大夫的人。陈棱的次序就有点省略，他是炀帝即位时的骠骑将军，大业三年武贲郎将，大业六年与朝请大夫张镇周同征流球后进右光禄大夫，武贲如故；后者进金紫光禄大夫，大业七年，参加辽东之役，陈棱进左光禄大夫；击败孟让，进光禄大夫，击杜伏威有功，从武贲郎将超拜右御卫将军，这是他在隋最后的职务。《隋书·卷 64·陈棱传》P182。十二卫的右御卫将军（从三品）与武贲郎将（正四品）联系起来，级别上是一次晋升。光禄大夫代表荣誉的巅峰，光禄大夫杨雄同时拥有司空、王爵、京兆尹，光禄大夫苏威既是政府三省首长之一，同时又领（即兼管）左武卫大将军。

　　仪同（正五品散官）裴仁基因为有阻止杨谅背叛中央被谅囚禁的经历，被炀帝超拜护军（正四品），改授武贲郎将，后陆续以功进银青光禄大夫、金紫光禄大夫、左光禄大夫、光禄大夫，但他的职事官并未同步提升，仍是武贲郎将，这是他作为隋官的最后任命。《隋书·卷 70·裴仁基》P196。其他如樊子盖、陈棱，他们的职事官没有随功绩跟进，并不说明皇帝不重视他们，只能解释为，光禄大夫

系列已经具有职事官的部分功能,炀帝即位后就考虑改变当时一直主要以有战功者任职,"牧州领郡者,并带戎资"的现状。《隋书·卷73·酷吏传·柳俭传》P202。希望他的政府变成一个良吏世界,于是将文散官加以实用,大业五年因工程质量问题斩朝散大夫(从五品下散官)黄亘,九年十二月,因参与叛乱被车裂的玄感弟杨积善,也只提及其文散官之职—朝请大夫(从五品上散官),大业十二年朝散大夫黄衮受命为炀帝在西苑内人工湖上按古代水上游乐方式布景,制造一批水面机械,包括安放在自行船上的仿真人、可自动演奏的乐器、等,全部用木制成《资治通鉴·卷183·炀帝下》P1215。雁门之围后,炀帝为奖励参战有功的鸿胪少卿(正四品上)苏夔,进位通议大夫(正四品下,此前文散官位是朝散大夫)《《隋书·卷41·苏夔传》P143。勇敢的左屯卫大将军张定和在与吐谷浑作战中身先士卒,阵亡,炀帝悲不自胜,赠光禄大夫。《隋书·卷64·张定和传》P181。不论是日常事务还是战场,或者作为赠品,炀帝时期光禄大夫系列官员使用频繁出于一种良好的本意,但它对三省六部制相对平衡、制约的结构形成拉曳,因为光禄大夫的影响力一路走高,不管是行政首官员还是军队将领,兼有此职往往意味与皇帝之间特殊的感情和一种私人关系,各官员个部门对自己的责任范围越来越不清晰,随时等待来自皇帝临时的委派,皇帝对中央人事控制就更有深度,炀帝全面参与国家政治的目的是达到了,国家权力却失去了必要的制衡,比较之下,这似乎得不偿失。

比较唐代文官散阶

一品到九品共二十九阶,各品分正从,正四品以下有正从之外,又分上下。1为第一阶,从一品,开府仪同三司,文官散阶中最高,2为特进,正二品,3为光禄大夫从二品。

唐代武官散阶

从一品到从九品下三十一阶。各分正从,正三品后分上下。1是从一品的骠骑大将军。

唐爵号九个等级,等级一,王,正一品,食邑万户。等级二,嗣王、郡王,从一品,食邑五千户等级三,国公,从一品,食邑三千户。以下是:开国郡公、开国县公、开国县侯、开国县伯、开国县子、开国县男。最低食邑三百户。

唐代勋级

转(即等级)从最高十二转到最低一转。勋号上柱国,十二转,视正二品。柱国(十一转),视从二品。上护军(十传)视正三品,护军(九转),视从三品。

唐代职位爵位书写方式是散、职、勋、爵。

开皇元年的官职以及任职安排显示隋代对北周相当决绝,这是一个整体上一次性解决方案,所有官署名称文件器具用品标识都需要立即弃旧制新,一段时间内工部和受雇的民间的女工、工匠们等应该是马不停蹄地为各级府衙需要的一切物品赶工,但是府兵制名号是个例外。

三、区划的变更

隋室复兴经济的措施既有被动的应付也有主动的改革方案,"苏威是废郡的主要倡导者,开皇元年,其郡的废止议案遭到李德林反对,后者认为反复改易有悖国家律令的严肃性,指责苏威:"修令时,公何不论废郡为便? 今令才出,其可改乎!"然高颍同意威意见,"称德林狠戾,多所固势。"由是高祖尽依威议。《隋书·卷42·李德林传》P144。其实度支尚书杨尚希的意见是书面的而且更为系统,杨氏"以天下州郡过多上书说,今郡县倍多于古。或地无百里,数县并置;或户不满千,二郡分领。具僚以众,资费日多,吏卒又倍,租调岁减。清干良才百分无二,动须数万如何可觅所谓民少官多十羊九牧,他建议"存要去闲、并小为大"国家则不亏粟帛,选举则易得贤才。帝览而嘉之,于是遂罢天下诸郡。《隋书·卷46·杨尚希传》P150。隋以前州大于郡,一州或有数郡,开皇二年十二月,诏"罢天下诸郡(为州)。"到开皇三年得到真正落实,"高祖受终,惟新朝政,开皇三年,遂废诸郡,泊于九载,廓定江表,以户口滋多而析州县。"《隋书·卷29·地理志上》P106。通过裁减郡、县数目,把州、郡、县三级改为州(郡)、县两级制,保留的郡与州平级,州郡辖县。这是重要的举措,涉及人口管理、赋税、土地半私有化。郡县区划时隋政治的一个成就,俭省人员和政府开支,提高工作效率。

总管辖境有一州至数州以上,总管之职被授权管理当地军政大权,有的大总管辖区范围包括几十个州,相当于大区。开皇时期,乞伏慧担任荆州总管,又领潭、桂二州,总管三十一州诸军事。《隋书·卷55·乞伏慧》P165。首都长安行政长官京兆尹职务上相当于内史监、吏部尚书等级别,任职者多数为皇亲国戚,或者享有皇帝的特殊信任。总管、刺史、郡守、县令长都具有保卫安全、发展经济的双重任务,对有些军人来说,是完全陌生的责任,尽管如此,不少人还是取得了成就。地方政府在管理辖区行政事务上有一定自主权,但人事权在中央政府,任命、监督、黜陟,这取决于个人政绩、主管机构评审、君王个人意图。杨秀任益州刺史时总管二十四州,他认为辖区的蓬州刺史柳俭很优秀,但他也要经上报后,柳俭才得到一个更大的州刺史职务。

1) 并州总管　　　　　　　杨广

2）雍州牧　　　　　　　杨爽

3）徐州总管　　　　　　杨素

4）襄州总管　　　　　　吐万绪、田式。

5）淮州总管　　　　　　卫玄

6）安州总管　　　　　　元景山

7）楚州总管　　　　　　贺若弼

8）庐州总管　　　　　　韩擒虎

9）定州总管　　　　　　窦毅

10）金州总管　　　　　尔朱敞

11）陕州刺史　　　　　李礼成

12）利州刺史　　　　　鲍宏

13）汴州刺史　　　　　于玺

14）汴州刺史　　　　　樊叔略（与于玺前后任）

15）歧州刺史　　　　　梁彦光

16）许州刺史　　　　　柳裘

17）云州刺史　　　　　李彻

18）华州刺史　　　　　张宾

19）京兆尹　　　　　　虞庆则（兼）

以上是开皇元年任命的部分地方长官,开皇二年置行台尚书省,行台首长为尚书令,高于总管,河北道行台尚书令杨广,河南道行台尚书令杨俊,西南道行台尚书令杨秀。雍州是京畿所在,雍州牧是重要的地方长官,通常任命至亲任职,杨坚即位不久被任命其弟、同安郡公杨爽为雍州牧,四年,滕王杨瓒为雍州牧,六年十月,以行台尚书令并州总管杨广为雍州牧。行台尚书令和雍州牧都只授予近亲。

中央职事官调任地方很正常,开皇四年,四年六月鸿胪卿乙弗寔调任冀州总管。九年二月,原礼部尚书韦世康担任襄州总管已有时日,本月调任安州,随后又转任信州总管。十二年九月,工部尚书杨异任吴州总管,为何苏孝慈上任十九不可能同时有两人担任同一职务,或许是前任新职几经更改,迟迟未能下达,等候在此直到得到新任命,另一种是身体欠安滞留于此。十五年十月吏部尚书韦世康为荆州总管（十七年八月去世）。仁寿二年二月,宗正卿杨祀为荆州总管,卫玄在北周武帝时进开府仪同三司,太府中大夫,治内史事,仍领京兆,宣帝时以忤旨免官。581年迁淮州总管,封郡公,坐事免。未几,拜岚州刺史,属于降级使用。开皇十九年二月并州总管长史宇文弼任朔州总管是升职。地方州郡分上、中、下三等,京兆、河南设尹,正三品,上州(郡)长官正三品,下郡郡守从四品。地方长官有一套自成体系的办公系统,一人统管大局,只受上级监管。地方享有的司法权是地方政府治权中最宽泛的部分,蓬州刺史柳俭仁明著称,"狱讼者庭遣,不为文书,狱无系囚。蜀王秀时镇益州,列上其事,迁邛州刺史。《隋书·卷73·柳俭传》P202。得以前往邛州任职是一个奖励,邛州人口数倍于蓬州,辖区更大,也更接近区域政治经济中心成都。

制定法律的人却不一定是司法官署在编人员。裴政亲历两代制度的变更,宇文泰时,以员外散骑侍郎七品上的低级官员被北周太祖破格安排与名臣、尚书右仆射卢辩等一同改制,去汉魏之法,引周礼为政体摹本,方案得以实施。"寻授刑部下大夫,转少司宪。……参定《周律》,簿案盈几,剖决如流,用法宽平,无有冤滥。囚徒犯极刑者,乃许其妻子入狱就之,至冬,将行决,皆曰:裴大夫致我于死,死无所恨。"政判案始终坚持两原则:一察情,二据证。《隋书·卷66·裴政传》P186。司法公正严谨,北周宣帝时以忤旨免官,杨坚为相后复职,开皇元年,以率更令之职与苏威等修定律令,进位散骑常侍,转左庶子,卒于襄州总管任上。裴政在北周已经成名,这样一个对立法和司法都有研究和成就的人,除了在地方辖区附带处理审判外,在杨坚时代从未在中央司法机构从事重大专业审判与管理工作,说明杨坚还没有意识到司法不断专业化的重要性。

四、隋制度中与周礼共有的要件

1. 皇室:天子及其直系亲属,一些关系紧密的旁氏,后宫等。

2. 储君

东宫配置取决于皇帝对该储君的重视程度。杨坚为提高杨勇太子的社会威望,多令大臣领其职:明克让:周露门学士,司调大夫,伯爵。杨坚即位,拜太子内舍人,转率更令,进爵侯。《隋书·卷58·明克让传》P171。

陆爽:周宣纳上士。杨坚即位,转太子内直监,寻迁太子洗马。《隋书·卷58·陆爽传》P170。右庶子刘荣。《隋书·卷66·裴政传》P186。周少司宪裴政,581年为率更令,历散骑常侍、左庶子,多所匡正,见称纯悫,东宫凡有大事皆以委之。《隋书·卷66·裴政传》P186。左庶子正四品上,右庶子正四品下,日后分别相当于门下省纳言,内史省内史令责权。上述明、陆、周三人都是学者型的官员,太子左庶子宇文恺才华出众,干练的兵部尚书(二年六月的任命)苏孝慈领(兼管)太子右卫率。开皇四年,苏与宇文恺在完成广通渠工程后,又受命为右庶子,转左卫率,但是他仍是尚书省的重要成员,每天有大量政务需要处理,在东宫兼职的情况一直持续到开皇十八年,当时这个国家的权力核心正酝酿废黜太子杨勇,耽心苏孝慈是个妨碍,于是外放苏为襄州刺史,杨勇因为失去苏而极为不满,不顾一切地争论了一番,东宫权与皇权完全不能抗衡,虽属徒劳,却看出杨勇当时还不是自甘堕落的人。《隋书·卷46·苏孝慈传》P151。杨坚精心为他的太子配备的辅佐班子,当然是希望他按自己的理想生活,按国家的需要工作但是两者各自的内涵具有很大差异,杨勇就因为在对未来职位的渴望中精神偏离日常生活轨道。584 年(开皇四年)三月洛阳男子高德上书,要求不满四十三岁的杨坚(541 年 6 月生—604 卒)(581—604 年在位)为太上皇,传位于早已年满二十岁的太子,杨坚以要为国人日夜服务,不学近代君主宣帝、齐武成帝那样自求享乐为由断然拒绝。杨坚一次明确表示已不爱首任太子,对高颎说:晋王妃有神告之,言晋王必有天下。颎曰:长幼有序,不可废止。《北史·卷72·高颎传》P266。杨坚虽然暂时中止,却并非从此放弃。开皇二十年八月最终还是逾越了礼法,皇太子勇及诸子一并废为庶人,十一月以晋杨广为太子。仁寿四年正月,诏赏罚支度,事无巨细,并付皇太子。杨勇从未得到过这样的信任,不妨加以比较:杨坚受禅,立勇为太子,军国政事及尚书奏死罪以下皆令勇参决。《隋书·卷45·房陵王勇传》P147。杨广从亲王到皇储,完成了困难的计划,他富有想象力,比乃兄具有更优质的沟通能力。《隋书·卷一·高祖纪》P78。

太子有部分任免权,因为对左庶子裴政刚直性格心存不满,杨勇出裴政为襄州总管。《隋书·卷 66·裴政传》P168。但是他的人事权事先应该报批,得到皇权许可,否则,尽管他极力挽留某个人也不能遂意。

3. 封建

周千牛备身、隋奉车都尉于宣敏(于义次子宣敏,于谨孙)建议:理须树建藩屏,封植子孙,继周汉之宏图,改秦魏之覆轨,抑近习之权势,崇公族之本枝。……"高祖纳其言。《隋书·卷三十九·于宣道传》P137。几乎可以说所谓"深纳其言"不过是以被动的姿态接受了迎合他思想的意见,他在获得北周的努力中对家族的依赖需要警告他家族的藩屏不可或缺。"高祖初即位,每惩周代诸侯微弱,以致灭亡,由是分王诸子,权侔王室。以为盘石之固,遣晋王广镇并州,蜀王秀镇益州。二王并幼弱,于是盛选贞良有重望者为之僚佐。"《隋书·卷 62·元岩》P176。所以他很快就下达了相关诏书"皇弟邵国公慧为滕王,同安公爽为卫王,皇子雁门公广为晋王,俊为秦王,秀为越王,谅为汉王。(以上为第一批)陈留郡公杨智积为蔡王,兴城郡公杨静为道王。(第二批)开皇二年五月,封杨雄为广平王,杨弘为河间王,越王秀为益州总管,改封蜀王。(第三批受封王爵的人)汉王杨谅一度相当受宠,开皇十七年出为并州刺史,'五十二州尽隶焉。特许以便宜,不拘律令。蒲州刺史(山西永济县蒲州镇)河间王杨弘,每晋王广入朝,弘辄领扬州总管,及王归藩,弘复还蒲州。《北史·卷71·隋宗室诸王传》P264。与实封的地区相比,享有行政权的辖区可以任意扩大,俨然州郡县之外的另一级相对独立政府。选派元岩等一批德高望重者与所封之王随行,辅佐王公的是艰难的任务,元岩以耿直出名,杨坚对他说,"公宰相大器,今屈辅我儿,犹曹参相齐之意也,命为益州总管长史。总管、蜀王杨秀多行不法,但岩可以制约,开皇十三年元岩辞世之后,秀变得肆无忌惮,竟行其志,渐致非法,造浑天仪、司南车、记里鼓、凡所被服,拟于天子。又共妃出猎,以弹弹人,多捕山獠,以充宦者。《隋书·卷62·元岩传》P176。在子女教育这个特殊问题上,杨坚几乎一开始就跟周武帝一样弱智,企图以杰出人士个人的魅力影响、改变一个已被权利腐蚀的人。这些人理论上都是候补的君主,却不是个个都做好了准备,对未来有把握,前途不明确性会令人冒险、乖戾以及与家族利益分道扬镳。

隋炀帝不愿与崇尚周官制度的北周甚至乃父共用十二卫,与其说是他目无尊长的天性所决定,不如说是理性的认知,国家在他令人望尘莫及的傲慢思维治理下内忧外患,穷于应付,不得不扩充军队,他选用十六卫没有受任何玄学思维的影响。

对隋代制度结构的评估

"高祖践极,百度伊始,复废周官,还依汉、魏,唯以中书为内史,侍中为纳言,自余庶僚,颇有损益。炀帝嗣位,意存稽古,建官分职,率由旧章。"《隋书·卷二十六·百官上》P95。北周的裴政、卢辩做过与以上相反的事,这种从整体上反复对二套政制调换的方式可能是一种反复确认过程,但更像没有发现两套体制中各自的具体问题。当一套不太灵验,使用效果不佳时,不是以具体、精细量化的方式个别处理,而是冀望于一揽子解决,新启用的不同体制的优点被放大,它的问题则会一直存在,直到形成障碍,积累问题后与这套制度一同被废弃。

第二节　隋代的行政规则

1. 组织行为法

1）一般规定

任免权的改变,"吏部总州郡之权"《通典·卷18·选举六·杂议论下》

P225。开皇三年(583年),"罢郡,以州统县……别置品官,皆吏部除授。"《隋书·卷二十八·百官志》P105。公元583年规定可以理解为九品以上地方官一律由吏部任免。此前地方官在人事任免上享有很大自主权。

2)中央为主的人事任免制度实践

(1)吏部任命

一般情况下,吏部是全国人事主管部门,开皇三年,韦孝宽族人韦世康拜吏部尚书,开皇七年,到地方担任刺史、总管,开皇十三年复职。前后十余年间,多所进拔,朝廷称为廉平。于是出拜荆州总管,时天下唯置四大总管,并、扬、益三州,并亲王临统,唯荆州委于世康,世论以为美,治下无诉讼。《隋书卷47·韦世康传》P151。地方的推荐仍很重要,开皇七年,齐州刺史韦艺强力推荐房彦谦,吏部尚书虞恺对他面试后十分满意,擢受承奉郎,很快升任监察御史,(推荐)迁秦州总管录事参军。古典文化学者刘炫的录用属于自荐,此前他在三省都工作过,参与修订编撰等工作。然而"炫虽遍值三省,竟不得官。为县司责其赋役。"这个被逼急了的人忙碌起来,"于是自陈于内史,内史送诣吏部,吏部尚书韦世惠问其有何特长,答声称精通十三经及天文律历,精通公函文牒,写一手好文章。不过吏部可能觉得玄乎,"竟不详试,然在朝知名之士十余人联保明炫所陈不谬,于是任命殿内将军。《隋书·卷75·儒林传》P206。经过这周折,刘炫总算免除有关赋役,不幸的是这个职务在开皇三年即废除。(自荐加联名推荐)除上述推荐、自荐外,还有文化考试途径,崔廓子崔颐,开皇初,秦孝王荐之,射策高第。(推荐加抽签命题考试,对策相当于命题考试。)——《隋书·卷77·隐逸·崔颐传》P210。"刘焯举秀才,射策甲科,得员外将军"。"开皇初,窦威举秀异,射策甲科,拜秘书郎。"《旧唐书·卷61·窦威传》P284。

吏部权力受到监督、牵制,仁寿时,刑部尚书摄御史大夫事梁毗(大业六年逝世)就曾抨击左仆射杨素。《隋书·卷48·杨素》P153。"所私皆非忠说,所进咸是亲戚,子弟布列,兼郡连州,天下无事,容息奸图;四海稍虞,必为祸始矣。《北史·卷77·梁毗传》P280。吏部人事权受到左仆射的支配严重。开皇八年卢恺为礼部尚书,摄吏部尚书事。国子博士何妥与右仆射苏威不和,控告他们结党营私。皇帝将卢恺交付司法部门查办,被除名为平民,不久死于家中。《隋书·卷56·卢恺》P166。任命制度的问题在于缺少公平标准,主管部门的权力大受牵制,尤其是君王身边信任的人带有偏见时更是如此。理论上"大小之官,悉由吏部,纤介之迹,皆属考功。海内一命以上之官,州郡无复辟署矣。《通典·卷14·选举二·历代制中》P166。上述任命中规定:州县的主官再无权任免辅官,辅官的候选人不准任用当地士人，一律用外地人。而且任期三年后必须更换，不许连任。蜀王杨秀开皇十二年官居内史令，就是这样一个高级官员，就因为在一支作战部队中为自己宠幸的某个人安排了一个职位而遭到文帝训斥，并降低了他部分权利。《隋书·卷45·杨秀传》P149。此事看起来印证了上述人事权尽归吏部的意见，其实没有得到确实执行，相反的例子很多，信都昌亭人刘焯，以儒学知名，为州博士。两次被州（冀州辖信都郡。刺史赵煛引为从事。隋称从事为参军）县（昌亭县令韦之业引为功曹）任命，均非出自吏部，时间分别是开皇中和仁寿元年左右。

更为重要的是任命制中皇权的作用居主导作用，由于当时战争仍是国家的首要责任，皇帝直接对有功将领给予行政职务是一种常见情况，开皇二年，上开府贺娄子干在兰川对突厥作战取得重大胜利后，隋文帝非常高兴，于是"册授上大将军（从二品勋官），征授营新都副监，寻拜工部尚书，开皇十四年病逝前，已官至云州总管。"《北史·卷73·贺娄子干传》P269，《隋书·卷53·贺娄子干》P162。针对隋文帝时刺史多武将，类不称职的情况，治书侍御史柳彧上表曰：伏见诏书以上柱国和干子为杞州刺史。其人年垂八十，钟鸣漏尽。前任赵州，闇于职务，政由群小，贿赂公行。百姓吁嗟，歌谣满道，乃云：老禾不早杀，余种秽良田。干子弓马武用是其所长，临人莅职非其所解，如谓优老尚年，自可厚赐金帛；若令刺举，所损殊大，臣死而后已，敢不竭诚？上善之，干子竟免。《北史·卷77·柳彧传》P280。和干子如果不是政绩很难看，他其实可以继续干下去，因为有年龄比他高的在任职事官。而且一直以来，杨坚的职位已经在当作奖品，此外，只要皇帝兴趣所在，各种规定都会让路，临颍令刘旷清名善政，经考察评估为天下第一，尚书左仆射高颎向高祖回报了他的情况，于是下优诏，擢拜莒州刺史。《隋书·卷73·刘旷传》P202。陈太学博士陆知命，陈灭归隋，以功拜仪同三司，赐以田宅。"文帝一时高兴，"复用其弟陆恪为汧阳县令（今陕西千阳）。知命以恪非百里才，上表陈让，朝庭许之。"《北史·卷77·陆知命传》P280。从下述人事制度的一个花絮中反映出皇权在人事行为中绝对领先"开皇初，周宣帝后封乐平公主，（就是杨坚长女杨皇后，她对坚辅政没有异议，因为静帝年幼，需要帮助。得知杨坚对君位有异图，意颇不平，及行禅代，愤惋愈甚，坚内甚愧之。静帝母朱皇后，年长宣帝十余岁，吴人，本非良家子，其家坐事没入东宫。班亚杨皇后《北史·卷14·后妃传》P58）杨丽华生有女儿娥英，嫁给李穆侄孙李敏（父李询），敏起家左千牛，即宿卫士兵。由愤怒变得实际的公主对李敏说"我以四海与至尊，唯一女夫，当为汝求柱国，若授汝余官，汝慎无谢。"看到李敏连续拒绝仪同、开府,杨坚的反应富有人情味,"公主有大功于我,我何得向其女婿而惜官乎? 遂于坐发诏,授柱国(十一转,视正二品),以本官宿卫。几分钟内,相当于从一个白丁,跳过仪同、开府等多阶直到柱国。规定凡是九品以上职位皆带散位。散位虽按门荫给品,但需要按劳考进叙,谓之叙阶。柱国虽系文散官,但列正二品。散官与职事官存在紧密的关联,职事官比散位低者称行,(意即代理),职事官比散位高者称守(相当于试用),为李敏打通仕途大道,后历多处刺史,多不临位,常留京师,往来宫内侍从,赏赐超于功臣。《隋书·卷37·李敏传》P135。开皇中通过科举考试担任公职的韦云起曾当面批评杨坚,因为宠爱其女婿柳述,尽管柳是以父荫担任公职,且不懂军事,却任职于兵部为副长官。杨坚虽对韦云起大加赞赏,却没有因此而改变对柳述的任命。《旧唐书·卷75·韦云起传》P316。韦师在杨坚即位后官居吏部侍郎,也兼过晋王杨广司马。其族人世康,为吏部尚书,与师素怀胜负。开皇六年晋王为雍州牧,盛存望第,以司空杨雄、尚书左仆射高颎并为州都督,引师为主簿,而世康弟世约为法曹从事。世康恚恨不能食,耻世约在师之下,召世约数之曰:"汝何故为从事?"遂杖之。《隋书·卷46·韦师传》P150。这个任命显然不是出自吏部,因为吏部尚书韦世康事先一无所知,而且不喜欢这个任命,这份任命显然出自君王。当他的朝臣有机会评议行使这项权利时,皇帝往往对自己决定的合理性怀有不切实际的自信,不同的意见被采纳的概率一向不高。开皇十二年十二月,贺若弼因为对杨素从内史令升任尚书右仆射的人事任命不满,结果下狱,公卿共奏当死,幸亏弼及时上书杨坚,提及平陈功劳,结果获得减罪免死,但褫夺公职(除名),一年之后才有机会恢复爵位,即使很低级的官员升迁,也受到皇权的监督。

当时人所有的非理性观念在人事任命中会不时起作用,大理少卿赵绰,仁寿中死于任上时年六十三。一生公允执法,对杨坚的司法观有重要影响,他比其上司,执法以情的大理卿薛胄更专业,更有名望,但是对于赵绰的提拔问题,皇上持有一个偏执的意见,杨坚曾当面对绰表示,你工作无可挑剔,对你,我没有什么职位不舍,不过我有顾忌,主要是看到你的骨相不应当富贵。《隋书·卷62·赵绰传》P178。这决定他官运不畅,以正四品上的大理少卿终其一生,与其才华和对国家的贡献相差甚远。在当时的文化氛围下,相信赵也能够理解,于是他一生辛劳化为泡影。具有讽刺意味的是,这个充满理性的人,从事一份严格讲究逻辑性的工作,到头来却只能怪自己运气不好,这显然文化本身带来的矛盾。还有比赵绰差很多的人,侯白好学有捷才,性滑稽,尤辩俊。举秀才,为儒林郎,通俊不恃威仪,好为诽谐杂说,人多爱狎之。所在之处,观者如市……。高祖闻其名,召与语,甚悦之。……令于秘书修国史。每将擢之,高祖辄曰:"侯白不胜官。"而止,后给五品食,月余而死。《隋书·卷五十八·侯白传》P170。侯白完全能胜任工作,但每当吏部准备提拔,就会遭到杨坚阻拦,因为皇帝研究了侯白的骨相,根本就拒绝他入门:"侯白不胜官。"任命就此被否决。后给侯白相当于五品的俸禄,不过他只领了一个月就去世。《隋书·卷58·二陆爽侯白传》P170。由于皇帝认为需要或偏好,出现一个人在多个部门兼任主官的情况也时有所见:苏威太子少保,俄兼纳言、民部尚书,寻复兼大理卿、京兆尹、御史大夫。治书侍御史梁毗考虑威身兼五职,一是工作量过大,二是不举贤自代。上表弹劾,结果被杨坚断然拒绝。《隋书·卷41·苏威传》P142。

拒绝任命是严重的事,研究儒家经典研究达到当时顶尖水平,以"二刘"合称的刘焯、刘炫,都有类似遭遇。刘焯社会影响很大,因遭嫉妒诽谤,被除名为民,在乡下以教书糊口,业余著述。后来太子勇有意让他来东宫工作,二人尚未见面,又接到杨坚诏令,命其服务蜀王,由于对蜀王缺乏好感,一再拖延报到时间。蜀王闻而大怒,遣人枷送于蜀,配之军防。《隋书·卷75·刘焯传》P206。刘炫由于伪造经典被遣返回家以教书为业,太子杨勇问而召之,既至京师,敕令事蜀王秀,迁延不往,蜀王人怒,枷送益州,既而配为帐内,每使执杖为门卫,俄而释之,典校书史。及蜀王废(仁寿元年),与诸儒修定《五礼》,授旅骑尉。《隋书·卷75·刘炫传》P206。刘炫确有不顺从的情绪流露,只是处罚他们的不是法律,而是暴躁成性的蜀王。

吏部正常的黜陟规则被干扰的主要因素:1. 皇权的任意性强制性。2. 相关部门监督不力。

二、炀帝时代皇帝与吏部人事权

1. 最高人事权

杨坚时,刑部尚书梁毗(大业六年逝世)就曾抨击尚书令杨素(自仁寿初开始任左仆射,大业元年尚书令,二年司徒。《隋书·卷48·杨素传》P153。二年七月逝世)任命中不是以人的人品能力而是以亲疏个人爱憎,这种情况从中央政府到地方州县成为常态。《北史·卷77·梁毗传》P280指出当时吏部人事权受到上级干扰,为何大业初年吏部多不称职,与杨素这类上级严重干扰吏部正常运作有关,梁毗的话显示权力分配不尽合理,争夺相当严重。如果社会监督不完整、不连续,人事任免还是会弊端重重。杨素逝世后,这种情况有所改变,牛弘、高构主持吏部,牛弘深得炀帝信任,享有炀帝持久的友谊,杨广还是储君时,数有诗书遗牛弘,弘亦有答。及嗣位之后,尝赐诗曰:"晋家山吏部,魏世卢尚书,莫言先哲异,奇才并佐余。学行敦时俗,道素乃冲虚,纳言云阁上,礼仪皇运初。彝伦欣有叙,垂拱事端居。……隋室旧臣,始终信任,悔吝不及,唯弘一人而已。"《隋书·卷49·牛弘传》P156。牛弘不像杨素那样专横跋扈。高构非常有才华,薛道衡才高当世,薛道衡的文章也要请高构事先过目然后才公开。仁寿初年,高构司职吏部侍郎,以公事免,炀帝立,召令其复位。时为吏部者多以不称去职,唯最高构有能名,以善于遴选人材著称。以老病解职后,牛弘以吏部尚书主持全国人事,一旦将有所擢用,就派人带上名单拜访高宅,请高构指导遴选。《北史·卷77·高构传》P280。从上述牛弘对日常事务的审慎态度,牛弘没有滥用君王信任,但是,炀帝对个人能力的过份偏爱也反映了本应制度化的事务严重个性化的时代特征,组织人事形式上由个人独占变为集体操盘后也没有改变问题的本质,大业二年七月时的吏部首长牛弘并没有完整的人事权,钦定须与其他人分享,纳言苏威、左翊卫大将军宇文述、左骁卫大将军张瑾、内史侍郎虞世基、御史大夫裴蕴、黄门侍郎裴矩共同参掌选事,世人谓之选曹七贵。虽七人同坐,与夺之笔,虞世基独专之,受纳贿赂,多者,超越等伦;无者,注色而已。《资治通鉴·卷180·隋纪四》P1198。吏部管辖的人事变成许多不同部门多头管辖,这并未减少类似杨素那样个人都独揽大权的现象。

举荐制度不再是任命制的主要组成部分,但一直存在类似方式作为录用的重要部分。总管、刺史和皇帝的姻亲宇文述一生中从未担任过吏部职务,不过仍是个强有力的推荐者,"凡述所荐达(举荐),皆至大官,赵行枢以太常乐户,家财亿万,述谓为兄,多受其贿。称其骁勇,起家为折冲郎将。《北史·卷79·宇文述附赵行枢传》P283。宇文述甚至能左右像杨广那样自大的皇帝,敬肃在炀帝嗣位后,"迁颍川郡丞,大业五年,朝东都,帝命司隶大夫薛道衡为天下群官之状,道衡状称肃曰:心如铁石,老而弥笃"时左翊卫大将军宇文述当途用事,其邑在颍川,每有书属肃,肃未尝开封,辄令使者持去。述宾客有放纵者,以法绳之,无所宽贷,由是述衔之。大业八年,朝于涿郡,帝以其年老有治名,将擢为太守数矣,辄为述所毁,不行。"大业末请求退休,"优诏许之,去官之日,家无余财,终于家。"《隋书·卷73·柳俭附敬肃传》P202。即使至尊的意图也不能实施,宇文述自己还不觉得过分。这个影响皇帝、吏部任命的人具有复杂的社会背景,南阳公主为炀帝长女,十四岁嫁宇文述子士及。开皇二十年十月,晋王为皇太子,以述为左卫率。旧令,率官第四品,上以述素贵,遂进述品为第三,其见重如此。《隋书·卷61·宇文述传》P175。因个人关系友好特意将一种官职的级别提高,受益者应该感激，炀帝即位后，宇文述建议杀死被废的太子杨勇所有子孙，这些炀帝都答应了。

宇文述只是个案，得益于君王对他特别信任忍让。制度上炀帝实际上具有至高无上的人事权，皇帝直接任命是帝国组织人事中的一个重要组成部分，仁寿四年（604 年），汉王谅举兵反，尚书左丞（从四品）元寿作为左仆射行军元帅杨素的长史参战，因功授太府卿（正三品），骠骑将军（正四品）赵元淑也因战功进柱国，升任太守（上郡的从三品），大业中担任尚书兵曹郎的斛斯政，（兵部侍郎正四品下、郎中从五品上，被炀帝改为兵曹郎）是炀帝赏识的人，辽东之役，兵部尚书段文振去世，侍郎明雅复以罪废，帝弥属意，寻迁兵部侍郎。《北史·卷 49·斛斯政传》P192，《隋书·卷 70·斛斯政传》P195。大业初，炀帝为了赶制自己出行所用仪仗用品，交待完任务后，当场将主管的太府丞何稠提升为太府少卿。《隋书·卷 68·何稠传》P191。颍川太守赵元淑当即任命为司农卿，也是皇帝急于改变全国粮食征收缓慢的现状的断然举措。《隋书·卷 70·赵元淑传》P194。薛世雄个性严谨，凡所行军破敌之处，秋毫无犯，帝由是嘉之，时为通仪大夫（正四品下文散官）。炀帝一天告诉群臣：我欲举好人，未知诸君识不？群臣咸曰：臣等何能测圣心。帝曰："我欲举者薛世雄。"大家一致赞同，于是破格提拔右翊卫将军（炀帝改左右为卫为左右翊卫，将军为从三品）。《隋书·卷 65·薛世雄传》P184。一个众望所归的人晋升要皇帝点名之后才能获得，而不能通过现有制度自动完成，这也正是皇帝沾沾自喜的地方。当时人没有认为它是制度的缺陷，正相反，是他们制度的优越处。隋时选人，十一月集，至春而罢。（参阅《资治通鉴·卷 198·唐纪八·贞观元年）P1288。七年二月，帝王和他流动的政府在平稳的巨轮上欣赏沿岸美丽自然风光时，数千徒步的等待公职的候选者象狗一样紧随船队，为了一年度最后的任命机会，饥饿劳累中死亡率高达百分之一、二十，这是完全可以避免的资源浪费。"帝颇惜名位，群臣当进职者，多令兼假而已。"《资治通鉴·卷 180·隋纪四》P1198，大业二年七月）炀帝虽然有避免滥用人事权的良好动机，却破坏了职位权力分散制衡原则，君主的职责在整个行政体系中是最大的未知数，与宇文述、裴蕴、裴矩、虞世基一样受宠的光禄大夫郭衍劝帝五日一朝，免得像高祖过于劳累，并没有因此会减少炀帝做出决定机会而被拒绝，反而受到信任，因为重大问题必须君主参与，批准或者否决，秘密或者公开，且没有时间的限制，这种权力分配方案给予张扬个性极大空间，任何自负的皇帝都不会拒绝，后来炀帝经常不在办公场所与群臣定议，而是偏爱私下对虞世基口授谕旨，正是这种自负专制发展到极致的表现，对异议的处理方式决定炀帝命运,也决定了王朝的命运,他所享有的权利与个人的正确选择能力相比悬殊。

"往者州唯置纲纪,郡置守丞,县唯令而已。其所具僚,则长官自辟,受诏赴任,每州不过数十。今则不然,大小之官,悉由吏部,纤介之迹,皆属考功"。《隋书·卷75·刘炫》P206。这是刘炫与牛弘在大业年间的一次对话,刘炫认为中央政府官员的工作量比前代急剧增大与中央吏部开始统一录用、管理全国各级官吏事务有关。

2. 身份与资格

候选者必须通过资格审查,门阀士族与寒门庶人站在录用是区别对待,高祖受禅,陆彦师拜尚书左丞,……岁余转吏部侍郎。隋承周制,官无清浊,彦师在职,凡所任人,颇甄别于士庶。论者美之。《隋书·卷七十二·孝义·陆彦师传》P199。

必须出身于非工商业家庭,本人也不是工、商从业人员。开皇十六年六月制,"工商不得进仕。"《隋书·卷二·高祖纪》P8。具有良好的个人能力、品行。十七年六月,诏京官五品以上总管、刺史以志行修谨,清平干济二科举人。功臣、官吏子弟可以通过世禄原则担任公职,十七年四月,诏李穆等十七人茂绩殊勋,"宜弘其门绪,与国同休。其世子世孙未经州任者,宜量才升用,庶享荣任,世禄无穷。《隋书·卷二·高祖纪》P8。大业五年二月,宣布原魏、周官员不得为荫,即他们的子孙不能因父祖辈在北魏、北周担任公职而自然获得官爵封赐,这说明此前北魏、北周官员的身份地位一直得到认同,他们的子嗣直到隋朝立国近三十年后仍然享有世袭官爵的待遇。

个人生理缺陷只要不妨碍工作,并不影响担任公职资格评估,杨素异母弟杨约儿童时因为爬树坠地,为野兽所伤,丧失了生育能力。杨坚即位后,一度抱有成见,安排他的职位是主要由宦官担任的长秋卿,管理皇后事务。后来还是改变观念,任命他去地方担任行政首脑,邵州刺史,奉调进京,先后任宗正少卿、大理少卿等要职。樊叔略受父亲牵连,幼龄时被高齐政权施以宫刑,并未影响他投奔北周后的仕途,在隋,杨坚非常器重他,以司农卿参督九卿事。《隋书·卷73·樊叔略传》P201。担任公职前必须经过严格身份甄别,但是也有例外的情况,李景是杨忠辖下的一名军士(府兵),李圆通是李景与家僮黑女所生非婚子,景一直不予承认,因此圆通身份微贱,长期在杨家为家仆,杨坚在北周进爵隋国公时,授圆通参军事,此后历并州总管、刑部尚书,炀帝时进兵部尚书。《隋书·卷64·李圆通传》P180。

杨广对公职人员身份的管理有所改变,司马德戡父为周都督,他去世时德戡年龄还很小,一个与其母半公开地生活在一起的沙门教他读写,很年轻就开始以屠猪卖肉糊口,开皇中期从军,从侍官(即府兵)逐渐升任大都督,最后的职位是武贲郎将,"领左右备身骁果万余人。"他的清况不是孤立的例子,这说明杨坚工商不得为官的制度在杨坚时代就未得到严格全面执行,在炀帝时,他们已经获准进入核心机构担任要害职务。《隋书·卷85·司马德戡》P226。

3. 俸禄

中央政府三省六部九寺等政府主要官员,地方总管、刺史、二佐,太守、县、令长有固定俸禄,京官正一品禄 900 石,其下每以百石为差。至正四品为三百石,从四品 250 石,其下每以五十石为差,至正六品为百石,从六品为 90 石,以下每以十为差。至从八为 50 石。食封及官不判事者并九品皆不给禄。其给禄皆以春秋二季,刺史太守县令则计户而给禄,各以户数为九等之差:大州 620 石,其下每以四十石为差,至于下下则三百石。大郡 340 石,其下每以 30 石为差,至于下下则 100 石。大县 140 石,其下每以 10 石为差,至于下下则 60 石。其禄唯及刺史、二佐、郡守、县令。《隋书·卷 28·百官志》P104。裴政在担任襄阳总管时,所得俸禄散发给吏民。《隋书·卷 66·裴政》P186。梁彦光也是用自己俸禄兴学。刺史、太守俸禄丰厚,足以让他们如此慷慨,特别是梁彦光几次得到皇帝慷慨赏赐。但职务相同的人因为所在地区的经济状况人口数不同收入也不同,最好的县,上上县、令长月俸 140 石。最差的下下县、令长也可以拿到六十石。十升为一斗,十斗为一石。按每日平均消费一斗二升算,个人可以丰衣足食。但他们人人都需要养家乃至亲族,以及其他交际、医疗个人家庭开销,开销不可低估。因此一个清廉的地方官多半需要谨慎理财方可免于饥馁,柳俭任邛州刺史十余年,蜀王秀被宣判有罪后,俭坐与交通,丢掉官职,及还乡里,乘敝车羸马,妻子衣食不赡,见者咸叹服。《隋书·卷 74·酷吏·柳俭传》P202。此人平生俭约,此次仅处免职并未被没收财产,除非他周济穷人导致入不敷出,否则就是他的正常收入本来就只能维持一个比较拮据的生活水准。开皇初年,贝州刺史库狄士文,性清苦,不受公料(即公物),家无余财。《隋书·卷 74·酷吏·库狄士文传》P203。高级官员收入与一般职务差距较大,不全在于俸禄差异,更在于他们供职的部门,家庭经济背景、灰色收入等,司农卿樊叔略"性颇豪侈,每食必方丈,备水陆。"意思是满桌都是精美丰盛的佳肴,山珍海味具备,每餐如此。这是隋代经济勃兴整个朝廷的象征? 还是仅仅与司农卿大人权力范围有关?

官职不仅领取俸禄,还享有免租权。早期西魏时期,官府在职人员家庭可以免租,只需纳调,租与调分离,他们被合称为台资,享受一种间接的俸禄。但大统十三年的资料中有例外,户主荡寇将军刘文成家为台资,仍需要纳租、纳调,夫妻二人租四石,布一匹,麻两斤,按西魏大统十三年纳税标准,应缴租、布、麻,均未见减少。唐耕耦、陆弘基编《敦煌社会经济文献真迹释录》第一辑。至隋,公职人员减免赋役这种优惠政策相对规范化,刘炫虽临时工作在政府部门,但不是在编的公职人员,接到户籍所在地官府征调其租庸的通知后,就通过知名人士向吏部联合举荐的方式在政府谋得殿内将军一职,获得减免资格。《隋书·卷七十五·儒林刘炫传》P206。王孝籍则没那么幸运,开皇中他被召入秘书省,协助王劭修国史,由于不是正式在编公职人员,在省多年,而不免输税,向吏部尚书牛弘写信也没能解决问题。《隋书·卷75·王孝籍传》P206。

职分田是国家公田,不属于某个私人。官员领取的俸禄来自配置的土地的产出,官员离职后移交给继任者。

京官给职分田标准:一品者给田五顷,每品以五十亩为差;至五品,则为田三顷;六品,二顷五十亩;其下每品以五十亩为差,至九品为一顷。外官亦各有职分田。《隋书·卷24·食货志》P89。

4. 政府经费

政府部门有专门办公经费预算,中央政府大致在开皇元年即拨给了公廨钱。"先是京官及诸州并给公廨钱,迥易取利,以给公用。至十四年六月,工部尚书平安郡公苏孝慈等以为所在官司因循往昔,以公廨钱物出举兴生唯利是求,烦扰百姓败损风俗,莫斯之甚。于是奏给地以营农,迥易取利一皆禁之。《隋书·卷二十四·食货志》P91。这个方案被立即采纳。开皇十四年六月诏:省、府、州、县皆给公廨田,不得治生,与人争利。《隋书·卷二·高祖纪》P8。但是在运作中出现问题,开皇十七年十一月再次下诏,"在京及在外诸司,公廨在市迥易及诸处兴生并听之,唯禁出举收利云。"《隋书·卷二十四·食货志》P91。恢复了公廨钱,除禁止被用于放债收息外,其他商业贸易行为都允许依照以前的惯例,其实土地也可能出现利用行政权让人无偿耕种的问题。商业贸易的收益比农业耕作的收益高而且稳定,所以公廨钱制度经过苏孝慈的道德洗礼,转为公廨田制度,经过三年多的挣扎,重新大致恢复原状。

5. 任期

开皇三年,罢郡,以州统县……"别置品官,皆吏部除授,每岁考殿最,刺史、县令三年一迁,佐官四年一迁。"《隋书·卷二十八·百官志》P105。州县长三年一换,佐使在开皇十四年同样改为三年。十四年十一月立格:州、县佐使,三年一代,不得重任。《隋书·卷二·高祖纪》P8。禁止连任政策理论上一直沿用到炀帝时代。

任何职务都有工作年限，秦州总管录事参军房彦谦以秩满迁长葛令，秩满是指一届的任期届满，但可以重新任命，既可以是原地提拔也可能是调任他职。他的任职情况符合一般规定，规定并不对人人适用，杨坚时代，河间王杨弘任蒲州刺史，在州十余年，风教大洽。《北史・卷71・隋宗室诸王传》P261。邛州刺史柳俭在职十余年，地方被管理得井井有条。《隋书・卷73・柳俭传》P202。尽管不一定指的是在这一个州，却一定在某个地方超期任职，因为他此前只在广汉、蓬州、邛州三地工作，按照三年一调的原则，逾越了规定时限。考绩黜陟外，正常的升迁调动以工作年限为依据，但去留之际，个人愿望可作为一种参考意见，开皇初，窦威拜秘书郎，秩满当迁，而固守不调，在秘书省一直工作十余年，这个好学的人因此利用秘书省良好学习条件使自己学业精进。另一种是受制于外因，陈宣帝子陈叔达在本国担任过都官尚书，国破入隋，可能由于陈皇族不利背景，职务很久不得调整，直到在大业中期出任绛郡通守。《旧唐书・卷61・窦威陈叔达传》P284。但是例外的情况很多，在杨坚的政府组织结构分析中已经见到。

担任公职的下限通常是十四岁，上限则因人而宜，大业五年十月下诏，年七十以上，疾患沉滞不堪居职，即给赐帛，送还本郡。其官至七品以上者，量给廪，以厌终身。《隋书・卷3・炀帝纪》P11。这是对年事已高的现任或离任退休者的最新指示，要求提高他们的薪俸、医疗等基本待遇，行动不便者，可以减少或就近参加一些礼节性的活动。徐州总管乞伏慧以年逾七十请求退休未获准，后来一直工作到炀帝时代。《隋书・卷55・乞伏慧传》P165。公孙景茂在任上去世时已经八十七岁。

另外一种特殊情况是荣誉性地授予职务，大业七年二月，皇帝下令年九十以上"版授"太守，八十授县令。《隋书・卷3・炀帝纪》P11。版授是封衔，而非实授，当时年龄活到八十以上者相当少，看似在规划全国性的长寿比赛，实则出于鼓励敬老爱幼的社会风尚而作出的一种姿态。

6. 异地任职原则

出生地与任职地方具有一定的限制，限制部分公职人员在同一地连任时间。具体可归纳为三条：1. 州县地方官（主官）不得再原籍任职。2. 主官三年为一任，佐官四年为一任。3. 不得在一个地方连任同级官职。

对异地任职者家属随同前往人员有具体限制。开皇四年，总管、刺史父母及子年十五以上，不得将之官。《隋书・卷一・高祖纪》P6。开皇十四年十月诏，外官九品以上，父母及年十五以上，不得将之官。《隋书・卷一・高祖纪》P6。诏令得到严格甚至超预期地执行，隋文帝任命裴政任襄阳总管时，除子女外，竟然夫人也未随同裴政前往。《隋书·卷六十六·裴正传》P186。不免有过分严苛之感。

大业五年二月颁布一条重要规章：听随子之官。《隋书·卷3·炀帝纪》P11。实际上是对他父亲的另一条相关法令解禁,现在,如果儿子异地任职,不论官职高低,父母都可以随迁,显得相对人道。

7. 上下级关系

隋文帝时御史台(主官御史大夫,从四品)是国家的中央监察机构,大业三年新置司隶台,巡察之事转由司隶大夫(正四品)主官,其下置别驾二人,专门主管京城和东都的巡察事务。每年二月出巡,十月返京入奏。大业三年设置的谒者台(主官为从四品的谒者大夫,),也有出巡察问的责任,有受理地方冤狱的权力,相当于对地方的一种监督。由于功能相近,故御史台、谒者台、司隶台合称三台。

国家对官员采取的公开和私下双重监督措施,炀帝时代规定地方首长另外可以秘密呈报属下的工作情况,这种贴身监督的一个正面效果是有助于提高工作效率和保持对君主忠诚,无疑也会产生出一些谨小慎微的人。杨坚在位时,"晋王杨广出镇并州,盛选僚佐,以张虔威为刑狱参军,累迁为属,晋王甚美其才,与河内张衡俱见礼重,晋邸称为二张。"《隋书·卷66·张虔威传》P187。炀帝即位后,因为这种关系张虔威得到谒者大夫任命,一次淮南太守杨綝与十余人来谒见炀帝,至大殿,炀帝问威为首立者何人,威下殿就视,然后才回答。炀帝奇怪地问,你是谒者大夫,为何不认识参见者是何人？回答说,不是不认识,但顾虑有所不慎,所以不敢轻对。《北史·卷43·张虔威传》P170。张虔威有许多事需要小心,因为他长期与炀帝相处,了解君王的个性。其次家族长期的仕途经历令他本人历练很深,张父齐兖州刺史,自己则主要在中央政府机构服务。历齐太常丞,周宣纳中士。杨坚为相,引为相府典签,三个不同王朝的磨砺养成了特殊性格,当面对炀帝这样人,不易掌握的规定时,难免会高度紧张,如同郎茂一样,"见帝忌刻,不敢措言,唯窃叹而已。"《隋书·卷66·郎茂传》P186。由于不能保证每个上司都正派、客观,秘密上报的内容时或真假难辨,规定很快就变成一种弊端。"大业五年正月,太守每岁呈上属官景迹。"《隋书·卷三·炀帝纪》P11。这个简单的句子造成的心理压力可以无限大,实际上不止于此,来自另一面的压力更为久远：主管官员对属员有一定自主处罚权。开皇十七年三月诏,"若所在官不相敬惮,多自宽纵,事难克举,诸有殿失,虽备科条,或据律乃轻,论情则重,不即决罪无以惩肃,其诸司论属官,若有愆犯,听于律外斟酌决杖。"《隋书·卷二·高祖纪》P8。这个制度得到执行,开皇二十年,元弘嗣被任命为幽州总管长史,新上司虽未谋面，却早以残暴闻名于世，元弘嗣担心自己是否能活着回来，上任之前就甚至设法得到皇帝许诺，后者已向暴躁的总管燕荣下诏，燕荣如果发现元弘嗣犯下达到一次可以杖击十下以上的过失，都必须先上报皇上审批获准，方可用刑。但燕荣精心研究专门给自己的诏令后，想出对策，他每次鞭挞二、三下，一天多次。这种情况持续几乎一年，恣意肆虐，"嗣每被笞辱，心不伏，荣遂禁嗣于狱，将杀之，适逢荣自己因故被杀，嗣幸免于死。"《隋书·卷74·酷吏·燕荣传》P203。一位下级如果不是百分之百顺从类似燕荣这样暴虐的上司，就必须有充分的准备承受皮肉的痛楚，炀帝时代担任公职的危险加倍，上级即可以肉体折磨的方式取人性命，而且任何一份不利密报都可能摧毁一位下级官员的一切努力。这实际上已涉及隋国家管理的另一个具体问题：有法不依，行政问题刑事化，于是"上下相驱，迭相捶楚，以残暴为能干，以守法为懦弱。"《资治通鉴·卷一百七十八·隋纪二》P1182。皇帝本人亲自加入体惩，这位异想天开的皇帝要他的臣民相信，对于为自己服务的人施刑也是在依法行事。杨坚"尝怒一郎，于殿前笞之。"路过的黄门侍郎刘行本见到一位皇帝在公开场合下亲自动手打人，不免大惊失色，连忙上前劝说：此人素清廉，其过又小，请求少宽假之。"浑身是汗的皇帝没有理睬他，继续挥鞭。"行本于是正当上前，曰：陛下不以臣不肖，置臣左右，臣言若是，陛下安得不听；臣言若非，当致之于礼，以明国法。岂得轻臣而不顾也，臣所言非私。因置笏于地而退，上敛容而谢之，遂原所笞者。"《隋书·卷62·刘行本传》P177。刘是性格倔强的人，他走上前说，我是您正式任命的重臣，如果我所表达是正确的，您就应接受；如果是错误的，就应该处置我，以明国法。对我不理不睬，不仅是蔑视我职责，也羞辱了我本人。于是愤怒地将手中的记事手板掷于地而掉头离开现场，他的大胆行为震住了皇帝，立即停止了鞭笞，那个不幸的郎官因此得救，但是法治的精神并没有同时得到拯救，从此杜绝此事是不可能的，在杨氏朝廷里，此类事不仅正常而且继续经常发生。

　　上下级之间恶劣的关系与皇帝对地方主官的严苛也有关。地方主官对辖区内的一切事务负全责，即使属下特定细微的过失也必须负连带责任，开皇十八年九月，"敕舍客无公验者，坐及刺史、县令。"《隋书·卷二·高祖纪》P8。一个住宿的旅人如果没有随身携带官方开具的相关证件，当地的刺史、县令都会被追究连带责任。

　　中央政府上下级之间因为经常就某个问题有不同意见也容易形成派系或敌友关系，有时，下级出于本能对上级有问题的行政命令选择抵制，直接向皇帝申请取消获准，受挫的上司中有些人不认为这是出于公心，而是专门针对自己个人的话,事情就不会以合理的方式结束。"时尚书右仆射苏威(威担任此职时已到仁寿初年)立条章,每岁责民间五品不逊。(上报五种品行不端的人。)或答者乃云:管内无五品之家。不相应领,类多如此。郎茂(时任民部侍郎)皆以为繁纡不急,皆奏罢之。"以事情发展至此为止评判,算得上是古代廷议制度的卓越范例:人人畅所欲言,专业的下级否定上级的错误议案,君主明智开放,做出了正确的选择,君与臣,上与下之间完全没有瑕疵。从上例看,中央政府上下级官员之间不像地方上下级之间那样恶劣。但事情没有结束,郎茂并没有胜利,后果其实严重,他后来因为被人奏"朋党,附上罔下"诏遣纳言苏威、御史大夫裴蕴杂治之。茂与二人素不平,因深文巧诋,成其罪名,帝大怒,及其弟司隶别驾楚之皆除名为民,徙且末郡。《隋书·卷66·郎茂传》P186。郎茂受罚,还连累到他无辜的弟弟。

8. 忠诚与信任相等

一位有正常思维能力的君主不会假设他的臣民都必然忠诚,所以在他的臣属中分亲疏,观德王杨雄(杨惠),迁右卫大将军,参预朝政。雄时贵宠,冠绝一时,与高颎、虞庆则、苏威称为'四贵'。《隋书·卷四十三·杨雄传》P146。这四贵是得到隋文帝亲信的人。

炀帝即位,苏威为纳言,"与左翊卫大将军宇文述,黄门侍郎裴矩,御史大夫裴蕴、内史侍郎虞世基参掌朝政,人称'五贵'"。《隋书·卷四十一·苏威传》P142。

大业十三年,炀帝被杀后,东都立越王侗为君,"以段达为纳言,右翊卫大将军、摄礼部尚书;王世充亦纳言,摄吏部尚书;元文都内史令,左骁卫大将军;卢楚亦内史令;皇甫无忌兵部尚书,右武卫大将军;郭文懿内史侍郎,赵长文黄门侍郎,委以机务,为金书铁券,藏之宫掖。于时洛阳称段达等七人为"七贵"。《隋书·卷五十九·越王侗传》P172。

皇帝的信任对仕途进步最为重要,上述四人、五人、七人组不全是以最重要的职务而是因为与皇帝最亲近变得重要。朝臣们面对四贵、五贵、七贵时可能心情复杂,贵宠之外的大臣怎么办? 他们的权力会被缩小,承担责任时又会靠前。但这是一个常态,越是专横的君主,朝廷被冷落的人就会越多。君主的偏好虽然至关重要,但是由于他可能缺乏客观性,他的行为经常是盲目的。君王可能亲近有才能而忠诚的人,可能相反。尽管信任的人中或许有社会名望和真才实学的人,他们受到重用的目标是执行皇帝的旨意,所以还是会经常出错。如果皇帝一直用自己喜欢的人主政,也不一定全错,因为君王可能给予亲信很大权限自我发挥,但问题在于,一切都存在不确定性,所有事情的结果与君主自己主张一致的机率很小。

臣属必须假设君主圣明,不论君主是否亲重,是否圣君,臣民都要具有忠诚之心。现实中,忠诚一定会分出层次:

1) 意识忠诚:北周上大将军王世积,亲历高祖受禅过程,积"尝密谓高颎曰:'俱周之臣子,社稷沦灭,其若之何?'颎深拒其言,未几,授蕲州总管。"《隋书·卷四十·王世积传》P140。他们选择顺应大趋势。人生总要不断地面临选择,很难从个人得失评估忠于价值观还是利益的优劣。

行为忠诚:长孙晟长子行布,"起家为汉王谅库真,甚见亲狎。后遇谅于并州起逆,率众南拒官军,乃留行布城守,遂与豆卢毓等闭门拒谅,城陷,遇害。"《隋书·卷五十一·长孙晟传》P160。作为王府属官,受到信任并委以重任,他选择忠诚之后,就成为国家的敌人,最终以叛逆身份死去。杨谅是隋文帝与独孤皇后第五也是最小的儿子,不满杨广起兵失败,囚禁至死(大业元年605年卒)。宇文行布假设汉王杨谅行为正确,于是忠于职守。

天竺胡人骨仪在开皇初为侍御史,炀帝即位时迁尚书右司郎。当时朝政渐趋于乱浊,货贿公行,凡当要枢之职,无问贵贱,并家累金宝,天下士大夫莫不变节。而仪立志守常,介然独立,帝嘉其清苦,超拜京兆郡丞,公方弥著。时刑部尚书卫玄兼领京兆内史,此人为性格狡猾,听说李渊父子兵至,"玄恐祸及己,遂称老病,无所干预。"阴寿之子阴世师时任左翊卫将军,奉命与代王留守京师。骨仪与左翊卫将军阴世师拼死抵抗,父子并诛,其后遂绝。这是正派人反倒受害的一个例子,他按教材选择结果却不正确。《北史·卷73·骨仪传》P271。

许善心是丰产作家,大业十四年,宇文化及杀逆之日,隋官悉数前往朝堂谒贺,善心独不至。同僚也是侄子的许弘仁(他是化及为首的叛乱者之一)驰告之曰:"天子已崩,宇文将军摄政,合朝文武莫不咸集。天道人事,自有代终,何预于叔而低徊若此!"善心怒之,不肯随去。弘仁反走上马,泣而言曰:宇文将军与叔全无恶意,忽自求死,岂不痛哉! 还告。化及同党唐奉义如实上报,化及派人从许宅执善心至朝堂,化及下令释放,善心转身就走,不是许善心倔强的个性而是其简慢态度最终还是激怒了叛军首脑,重新缚绑,"骂云:我好欲放你,敢如此不逊!"于是许善心被杀。许的忠诚是出于诚实还是书生气? 不可能发生有一致评价。他似乎准备妥协,他并不想一直与宇文化及为敌,他相当于死于意外。长孙行布、阴世师、骨仪与许善心的价值观有差异,都是自己主动所选择,满朝文武都立即开始侍候新主人,人们显然已经厌倦了被神话又重现原形的主人,神话即使不得不持续,也要换个新人,已经不在乎是谁。即使是一个名声很不好的皇帝,许善心的忠诚仍广受称道。许母认同许善心的选择,"善心母范氏博学有高节,及善心遇祸,范氏年九十二,临丧不哭,抚柩曰:能死国难,我有儿矣。"绝食而死。《隋书·卷58·许善心传》P171。

差异化选择了自己的道路,其实是一个新的利益集团正在形成的特征。坚持把生命与一个垂死王朝的命运连在一起的实属少数,"天下士大夫莫不变节"从人性上看是合乎逻辑的。礼部尚书杨玄感于涿郡南渡河,从乱者如市,在竞致牛酒的澶、洛父老中,在被杨玄感演讲鼓动、笑逐颜开的人中,在"诣辕门请自效者,日有千数。"的人中,不能断定所有人都正确理解杨玄感的真实意图,《隋书·卷70·杨玄感传》P194。梁士彦、蜀王杨秀、玄感、善心、范氏、骨仪各有理由,炀帝也好,他的臣民也好,都在做自己的选择,对发展判断错误,对自己估计错误,不管是否在压力下做出,多半会首当其冲地承受后果。

忠诚履职的人可能会面临重大社会转变的时也跟不上君王的变化,炀帝时代的判断与选择归纳为两大类:1. 选择自己了解、赞同的意见。2. 选择自己深信不疑的意见。当他清醒时,接受意见的方式灵活,主动比被动接受的情况占多,对意见类型的选择也比较灵活,甚至自己反对的意见,这其中的一项重要指标是他能够与不同类型的人共事,夺储前的专注与明智是炀帝成功的原因,这有赖于他的判断力。晋王广镇守并州,王韶除行台右仆射,韶性刚直,王甚惮之,每事咨询,不至违于法度。《隋书·卷62·王韶传》P176。杨坚父子的同乡杨素(均为弘农华阴人)与晋王一度密切共事,开皇二十年晋王为灵朔道行军元帅,素为长史,为上下级关系。当时,晋王非常谦卑,卑躬以结交素,能够成为太子,全靠杨素谋划,杨素立晋王为太子的重要贡献也换来特别信任,当值守候在病重杨坚身边的三个人,尚书左仆射杨素、兵部尚书柳述(帝婿,炀帝妹夫)、黄门侍郎元岩(无亲属关系,人品正直。)杨素最受皇储信任,鉴于素对杨广的个人前途有重大贡献,大业元年迁尚书令,寻拜太子太师,明年,拜司徒。《隋书·卷48·杨素传》P154。随着权力归属已定,他不再自我约束,听凭感情用事时,对待信息的处理依据相对固定原则,即以顺耳或自己信任者的意见为准。大业四年三月,倭王多利思比孤致书:日出处天子致日落处天子无恙。帝不高兴对鸿胪卿说,蛮夷书无礼者,勿复以闻。《资治通鉴·卷181·隋纪5》P1201。大业中期炀帝还只是一个有点过于固执的年轻人,大业七年,太史局官员耿询对攻辽事提出异议,认为一定失败,触怒君王,若非他的朋友何稠苦苦哀求,耿询难免一死。平壤之败后,帝又以耿询事先的判断正确,提拔他守太史丞。《北史·卷89·艺术·耿询传》P316。忠诚观偏离幅度巨大是自大情绪最终控制了他,头脑灵活的内史侍郎虞世基摸透了炀帝心理,大业末期,"以帝恶闻盗贼,诸将及郡县有告败求救者,世基皆抑损表状,不以实闻。但云鼠窃狗盗,郡县捕逐,行当殄灭,愿陛下勿以介怀。帝良以为然,或杖其使者,以为妄言。由是盗贼遍海内,陷灭郡县,帝皆弗之知也。《资治通鉴·卷183·隋纪七》P1218。皇帝认为虞世基这才是忠诚,他在这种人为制造的信息不对称环境中感到很惬意,让人觉得他高度固执己见的情况也急剧增多,大业十二年(616年)四月,魏刀儿所部将甄翟儿复号历山飞,众十万转寇太原。这些人素质不高,生活理想也不会高尚,他们传达信息的方式就是尽可能地让在遥远大业殿的皇帝震惊,将军潘文长前往镇压,结果反被所杀。七月炀帝准备前往江都,可能是既想要远离战火,又对江南风光充满期待,临行前下令让十二岁的孙子越王杨侗等主持京城事务。"奉信郎崔民象以盗贼充斥,于建国门上表,谏不宜巡幸。上大怒,先解其颐,乃斩之。"炀帝是将对盗贼的满腔愤怒径直发泄在崔身上,否则就搞错了对象,但盗贼没有被炀帝的残暴击退,不但有人在加入,高凉通守冼瑶也感风云际会,越来越多的国土变得极不安全。当皇帝的大队人马'次汜水'时,奉信郎王爱仁实在按捺不住,"以盗贼日盛,谏上请还西京。"上怒斩之而行。《隋书·卷4·炀帝纪》P13。大业十二年的国家已十分混乱,帝承认有人憎恨他,亲自问到造反者具体数量时,宇文述回答说不到以前的十分之一了,苏威则说看不清多少,但知道越来越近。此前,皇帝在雁门时曾同意不再对高丽作战,看到好战的炀帝满不在乎地违背诺言,苏威措词激烈、不顾一切,辛辣地讽刺说,不过此次完全不要派正规军出征,只要赦免国内盗贼,很容易得到几十万人,这些人一拥而上,高丽立时瓦解。一向看主上脸色行事的御史大夫裴蕴给他的罪名是滥用人事权,勾结突厥,叛国,判死刑。皇帝怜悯苏威,仅将子孙三代除名。《资治通鉴·卷183·隋纪七》P1215。值得庆幸的是,高丽之战时高颎早已被处死(607年,大业三年),再也不可能再有所作为,苏威虽然跟不上他朋友高颎的步伐,但最终走上了同样的道路,成了皇帝的罪人。炀帝本人和他所有的敌人一样,至少暗自窃喜,这种与对手同时双赢的政治在炀帝时代是很常见的。

宇文化及与宇文泰家族的关系并未复杂到足以影响到他选择自由,宇文士及化及兄弟均系宇文述之子,述代郡武川人(今内蒙古武川西南)本姓破野头,是一个勇敢善战的将军,在北周为上柱国,入隋后以行军总管实施征服陈国计划,又是对吐谷浑作战中的常胜将军。与杨素一起说服杨广夺太子位,与苏威主管选举,击败杨玄感。对高丽作战不利,一度被免职。广收贿金,家僮千人,深得炀帝信任,宇文兄弟二人在隋末担任高官。(618)义宁二年三月,右屯卫将军宇文化及、武贲郎将司马德戡、元礼,监门直阁裴虔通、将作少监宇文智及、武勇郎赵行枢(乐户子)、鹰扬郎将孟景、内史舍人元敏,符玺郎将李覆、牛方裕、千牛左右李孝本、孝本弟孝质、直长许弘仁、薛世良、城门郎唐奉义、医正张恺等以骁果作乱,杀帝。《隋书·卷4·炀帝纪》P14。化及的行为直观上看是在恰如其分地为宇文氏复仇,但是化及更多地是着于未来,他深信自己的行为跟宇文护、杨坚别无二致,符合基本的政治理念。功败垂成的原因则被他忽略了:尽管他的行为差强人意,也成功策划并把握住了一次机会,但他来得及没有产生足够的影响力,使人们确信他就是当时最恰当的人选。化及曾称帝,为窦建德擒杀。士及归唐后,其妹为唐高祖昭仪,本人唐太宗时担任过中书令。在价值观紊乱的时代,臣民中存在更多的选择禁忌:忠诚与反智,规范与叛逆。在传统、潮流以及对君权的敬畏作出有限选择,方式可能多样化,结果几乎都相差无几。忠诚、反叛具有同样结果,就是他们同样作出了错误选择。选择是思维的理性反射,不是个人感情的任意展开,进化中的理性是一个复杂的问题,理性的复杂性正是它不断进化的结果之一。人是如何为适应环境形式而改变个性的? 从结果来看经常是在冒险,并不总是成功。高颎以外未进入或被排斥于权利中心的人,为他们实现他们的自我的重新定位所做的努力绝大多数融入服务的对象中,他们并没有一个共同的国家,他们咫尺天涯,看到的世界完全不同。这也是高颎等与被冷漠边缘化的其他同事难以相互理解的原因。

9. 考绩

左仆射高颎制定考课标准,目的是为督促公职人员忠于职守,管理方法却难以奏效。秦州总管、录事参军房彦谦指出,地方标准不一,真伪混淆,贤不得奖,恶不得退;四方悬远,未可详悉。他抨击二中取一,只求足熟数,不管质量的办法:"唯量准人数,半破半成,徒计官员之少多,莫顾善恶之众寡,欲求允当,其道无由。但是他提出的办法似乎是求全责备,财力和人力上都难以满足:唯愿远布尔目,精加采访,褒秋毫之善,贬纤介之恶。《隋书·卷66·房彦谦》P187。结果没有被采纳。

根据差额选拔原则,政绩是重要条件,广汉太守柳俭是考绩政策的受益者,"时高祖初有天下,励精思政,妙简良能,出为牧宰,以俭仁明著称,擢拜蓬州刺史(四川营山)。此人精于治人,善于各种化解矛盾,他的上司当时总管二十四州的益州刺史蜀王杨秀,对他十分满意,上报其事,迁邛州刺史。(今四川邛崃)《隋书·卷73·柳俭传》P202,《隋书·卷45·杨秀传》P149。开皇时人刘仁恩,初为毛州刺史,治绩号天下第一,擢拜刑部尚书。(冯翊郭均、上党冯世基,相继为兵部尚书。代人厍狄嵚,官至民部尚书。但上述四人事迹均遗漏。)《隋书·卷

46・张嶷附传》P151。杨坚即位不久，大理丞赵绰因处法平允，考绩连最，转大理正，寻迁尚书都官侍郎，未几转刑部侍郎。《隋书・卷62・赵绰传》P178。仁寿中，杨坚令持节使者巡省州、县，察长史能不，以长葛县令房彦谦为天下第一，超授鄀州司马。鄀州久无刺史，州务皆归彦谦。内史侍郎薛道衡一代文宗，尤重彦谦。《隋书・卷66・房彦谦传》P187。开皇八年，杨坚亲自考核百官，以吏部侍郎摄尚书右丞卢恺政绩为上等，卢谦让，杨坚表示，这个评估既是大家的公议，也符合我个人对你的了解。坚持列为上等，次年即任命卢主掌礼部，摄吏部尚书事。《隋书・卷56・卢恺》P166。开皇十五年，公孙景茂年已七十七岁，由于"年终考校，独为称首。"上悦而下诏：宜称戎秩，兼进藩条（囗刺史之意）。陛下言行一致，公孙氏得到了上仪同三司、伊州刺史任命。次年，公孙景茂要求退休，没有批准。直到大业初死于任上，时年已八十七。开皇时，李文博供职于秘书内省，居校书郎（正九品上）典校坟籍。虽衣食乏绝，清操逾厉，非常自律。吏部侍郎薛道衡并不是他得直接上司，出于个人好感，知道他家庭十分困难，经常私人接济他。尽管薛侍郎知道他的才华，去无法阻止吏部一个错误的任命，外派文博去地方担任县丞（从七品上至正九品下不等），文博商略古今，治政得失，如指诸掌，然无吏干。遂得下考，数岁不调。《隋书・卷58・李文博传》P172。这个正直、清廉有成就的学者为坚持个人原则而生活窘迫，也不为周围人所理解，后经改任司隶大夫的薛道衡力荐，方得任命为从事。《隋书・卷58李文博》P172。开皇元年梁彦光为歧州刺史，杨坚视察歧州，"……奏课连最，为天下第一。后数年，居相部（相州刺史）如歧州法。邺都杂俗，人多变诈，为之作歌，称其不能理化，上闻而谴之，竟坐免。岁余为赵州刺史，他主动要求去相州，初齐亡后，衣冠士人多迁关内，唯技巧、商贩及乐户之家移实州郭，由是人情险诐，妄起风谣，诉讼官人，万端千变，彦光欲革其弊，乃用秩俸之物召至山东大儒，每乡立学，非圣贤之书不得教授，最后达到预期效果《隋书・卷73・梁彦光传》P201。私人自愿出资办学，改变当地人的观念后改善秩序，这也是考绩的正面效果之一。但是考绩的问题也很容易罗列：前来考察的人可能只咨询极少数地方公职人员，或者范围更小；可能只倾向于接受官员们的意见，将照章办事等同于人民的首肯；永远不排除带有偏见的考察者，他们或受上级压力、金钱诱惑、舆论左右、个人见识等的影响，最终带回与真实情况完全不同的结果返京复命。

　　大业二年七月制，百官不得计考增级，必有德行、功能显著者擢之。（唐虞三年一考，后世一年一考）《隋书・卷3・炀帝纪》P12。考指对在职官员考核，新规定要求除政绩外，个人品行，实际工作能力应该合并考查，不能单纯因为年资升职。有人因此认为炀帝是出于吝啬，"帝颇惜名位，群臣当进职者，多令兼假而已，虽有阙员，留而不补。《资治通鉴·卷 180·隋纪四》P1198。其实增多几项提拔标准，慎重考察，有助于提高公职人员质量，对杨氏子孙也有相似要求，大业六年下诏，"自今以后，子孙唯有功勋乃得赐。"《隋书·卷 3·炀帝纪》P12。这是在仿效汉高祖，原则上根据德行、才能、功劳黜陟，但并不轻而易举。开皇初，宇文述拜右卫大将军，到大业元年，拜左卫大将军，封国公。这些年间，文武足备的宇文述很勤奋：1. 以行军总管身份参加平陈。2. 后梁萧瓛、萧岩据东吴之地拥兵拒，述统水陆三路进攻，迫使瓛降。3. 与杨素合里力谋划，助杨广夺太子位进而称帝。能够完成三件事者可见不是一个平庸之辈，可从官职右到左还是经过二十年奋斗。此后他的功绩仍有增加：1. 大败吐谷浑，占领赤水城。俘虏王公、尚书、将军二百人，其主南逃。2. 与苏威常典选举。3. 还是一个出色的工艺设计师。4. 杨玄感事件，被从辽东战场召回，大破玄感，斩之。除短时期被炀帝免职外，他一直受炀帝信任，甚至放纵，不过他的职务并未实际提升，最后的职务在左卫大将军上静止。比较之下，杨素就大不一样，开十二年，素代苏威为尚书右左仆射，到仁寿元年任命为尚书左仆射仅八年时间。宇文述职务的左右移动，比杨素从尚书右左仆射到左仆射时间长一倍以上。《隋书·卷 61·宇文述传》P175。可能是因为对仕途不畅，宇文述变得极其贪婪。对于精力旺盛的人来说，必须有一件事可以持续吸引其注意力，消耗其精力，值得一提的是，不少贪婪者比清廉者的残暴行为要少。

开皇十五年十二月，"诏文武官以四考交代。"《隋书·卷二·高祖纪》P8。四考指的是一年一小考，三年一大考。督促在职官员克尽职守。在前任与后任的交接中都要出具官方对相关人员的政绩评估，相当于一次离任审计。一说四考指八年任期，隔年一考，八年内四次考核，一个人在一处担任一个职务最多只能担任八年就需要调离。这与主官三年一任，不得在同一地重任的规定相悖。

10. 弹劾制度

大业十二年(616 年)，治书侍御史韦云起弹劾内史侍郎虞世基、他的直接上司御史大夫裴蕴"职典枢要"却隐瞒信息。大理卿郑善果，奏云起诋誉名臣，所言不实，非毁朝政，妄作威权。从御史台副手降为大理寺司直，寺内司直共有十人。《资治通鉴·隋纪 7·卷 183》P1218。弹劾制度是一种监督政府合法行政的制度，但是指出问题与解决问题距离很大。陆知命在炀帝即位后被任命为治书侍御史，以严厉著称，百僚所惮，帝甚敬之。后坐事免官，一年多后复职。"时齐王暕颇骄纵，昵近小人，知命奏劾之，暕竟得罪，百寮震慄。《北史·卷 77·陆知命传》P280[2]。不过吏治只是一种工具，这种情况下大快人心的事往往断断续续。按制度，县令无故不得出境，有伊阙令皇甫诩幸于齐王杨暕，违禁将之汾阳宫。《隋书·卷59·齐王暕》P173。这不过是陆列出的齐王罪状中一条，其实只是他的一个小问题，倒霉的齐王当时已经失宠，在炀帝的儿子中他排行第三，而且太子已育有三子，君主之梦完全难以为续，导致他举止失措。治书侍御史陆知命弹劾齐王成功还是引起轰动，因为亲王享有的特权，一向不在法治管辖内。《隋书·卷66·陆知命》P280。

11. 黜陟

"初，李德林称父为太尉咨议，以取赠官。内史侍郎李元操（见《隋书·卷69·王劭传》P192，与陈茂（杨坚即位任给事黄门侍郎，每典机密，在官十余年。《隋书·卷64·陈茂传》P181）等阴奏之曰：德林父终于校书，妄称咨议。"杨坚甚衔之，加上又当庭忤违背君意，（就是在乡正问题上与苏威、高颎、皇帝意见相左，皇帝发现自己因为想有所改动就有被比做王莽之虞，大怒。）皇帝因数之曰：公为内史，典朕机密，比不可豫计者，以公不弘耳，宁自知乎？又謟冒取店，妄加父官，朕实忿之而未能发，今当以一州相遣而尔。"因出为湖州刺史，时值开皇十年。此后的情况更糟，不久从富庶的湖州转为贫瘠的怀州刺史（河南焦作一带）后，州内遭到严重旱灾，"课民掘井溉田，空自劳扰，竟无补益，为考司所贬。李德林少以才学见知，及位望稍高，颇伤自任，争名之徒，更相潛毁，所以运属兴王，功参佐命，十余年间竟不徙级。《隋书·卷42·李德林传》P144。对乡正的废立未保持与皇帝一致，伪造其父任职履历以及在孝经问题上与皇帝的差异使得李德林被降职，而非法占人店铺事出有因，错不在他。所有在职人员中不可能人人都清楚自己的黜陟理由何在，也有原因不明的降级使用，文武兼备的乞伏慧担任齐州刺史后，积极进行户籍管理，得隐户数千，迁寿州总管，当年又左转为杞州刺史。《隋书·卷55·乞伏慧传》P165。

档案有瑕疵对仕途十分不利，杨坚大量吸纳周的人力资源同时，也十分注重甄别道德有污点的敌国人员，开皇九年平陈后，查实陈都官尚书孔范、散骑常侍王瑳、王仪、御史中丞沈观引诱恣恿其君王陈叔宝背离道德，恣意妄为，以致君为囚徒，国家灭亡，四人一概处以流放。《隋书·卷2·高祖下》P7。仁寿中，颜师古在县尉职上因事免职，回到长安后十余年赋闲，整个炀帝时代再未得到新任命，只好以教书授徒养家糊口。《旧唐书·卷73·颜师古》P312。

炀帝时代任用与升迁标准中，道德感依然存在，独孤楷在益州担任总管时取得一些政绩，炀帝即位，转并州总管，因病失明，上表情求退休。帝曰：公先朝旧臣,历职二代,高风素望,卧以镇之,无劳躬亲簿领也,遣其长子独孤凌云监省郡事。《隋书·卷55·独孤楷传》P165。由于看重个人才华而不顾其健康现状与年龄继续留用,并让其子代行公务,并非出于不得已,而是尊重人才的一种灵活态度,独孤凌云是否称职并不是优先考虑。炀帝的道德感并非停留在口头上,大业五、六年之间,工部尚书宇文恺、右翊卫大将军于仲文因为竞争河东银窟的事被尚书左丞郎茂以最高道德标准弹劾:贵贱殊礼,士农异业,所以人知局分,家识廉耻。分铢之利,知而必争,何以贻范庶僚,示民轨物?《隋书·卷六十六·郎茂传》P186。炀帝完全被郎茂的道德感折服,"恺与仲文竟坐得罪。"

柳俭在卬州刺史任上时受蜀王秀牵连免职,杨广即位立即重新启用他。"于时以功臣任职,牧州领郡者,并带戎资,唯俭起自良吏。帝嘉其绩用,特授朝散大夫,拜弘化太守,赐物一百段而遣之。皇帝并未看错人,大业五年,柳俭入朝,郡国毕集。帝谓纳言苏威、吏部尚书牛弘:"其中清名天下第一者为谁?"威等以俭对,帝又问次,威等以涿郡丞郭绚、颍川郡丞敬肃等二人对。帝赐俭帛二百匹,郭、敬二人各一百匹。令天下朝集使送至郡邸,以旌异焉,论者美之。后俭听到杨广死讯,不计后果地举哀恸哭,不久后卒于家。《隋书·卷73·柳俭传》P202。郭绚后与窦建德战死。道德感很快就出现经常性的错乱:

清名排位第一的柳俭听到杨广死讯,不计后果地举哀恸哭,不久后卒于家。《隋书·卷73·柳俭传》P202。排名第二的郭绚参与镇压窦建德时战死。

排名并列第二的敬肃在杨坚时历县令、州司马、州长史、能力出众。在炀帝嗣时代,长期在颍川郡丞位上埋头苦干,这个以廉洁奉公、刚直不阿闻名的人本该有机会晋升为太守,可直到退休也没有实现。《隋书·卷73·敬肃传》P202。皇帝意愿和制度惯例都在个人干扰面前退却。辛公义的情况稍好,他在开皇元年任主客侍郎(从五品上),代理(摄)相当于五品的内史舍人,历刺史等职,仁寿元年,追充扬州道黜陟大使。杨广即位,"原扬州长史王弘入为黄门侍郎,因言公义之短,竟去官。吏人守阙诉冤,相继不绝。后数岁,帝悟,除内史侍郎。"问题总算得到纠正。辛公义在漫长的二十多年仕途得到的高官厚禄一方面反映了君主一手遮天的人事管理可能出现的问题,另一方面还是表现出知错就改、重视人才在炀帝早期还比较明显。《北史·卷86·辛公义传》P308。但是皇帝公务繁多,这种情况挂一漏万,604年(仁寿四年),代州总管司马(五、六品)冯孝慈就是李景麾下骁勇善战将军。《隋书·卷65·李景传》P183。大业三年,铁勒寇边,帝遣将军(从三品)冯孝慈出敦煌击之,不利。九年十一月,将军冯孝慈讨张金称败死。《资治通鉴·卷182·隋纪六》P1211。《北史》有传,仅见目录》时隔六年之久，仍未见冯将军有黜陟，最终在将军职上结束了他的政治人生，他的情况可能是受制于个人能力，也可能是因为运气不好被其人事主管遗忘。

12. 行政程序

在尚书省之内，以及尚书省与门下、内史省（中书省）之间的业务是区别，例如门下省对尚书省行使监督权，尚书省凡有奏事，给事黄门侍郎柳雄亮多所驳正，深为公卿所惮。"《隋书·卷 47·柳雄亮传》P152。柳雄亮职位正四品上，对公卿构成威慑，在于他任职的门下省是中央审议机构。各部门之间的权限不明主要是因而兼职、特殊信任以及越权行为造成。仁寿中，柳述判吏部尚书，述虽职务修理，为当时所称，然不达大体，暴于驭下，又怙宠骄豪，无所降屈。右仆射杨素时称贵幸，朝臣莫不詟惮，述每陵侮之，数于上前面折素短。判事有不合素意，素或令述改之，辄谓将命者曰："语仆射，道尚书不肯"素由是衔之。俄而杨素被疏忌，不知省务（不再管理尚书省）。述任寄逾重，拜兵部尚书，参掌机密。（即遇到重大事情部分授权参掌机密的人可以参与，这对制度可能有补益可能有破坏，）述谦让不受，上许之，令摄兵部尚书事。仆射不能管理下属的尚书。并不是出于体制，也不是杨素背景孤寒"时杨素贵宠日隆，其弟约，从父文思、弟文纪，及族父异，并尚书列卿。诸了无汗马之劳，位至柱过、刺史。家僮数千，后庭妓妾曳绮罗者以千数。第宅华侈，制拟宫禁。……亲戚故吏布列清显，素之贵盛，近古未有。……朝廷有违忤者，虽至诚体国，如贺若弼、史万岁、李纲、柳彧等，素皆阴中之。若有附会及亲戚，虽无才用，必加进擢。朝廷靡然，莫不畏附。但柳述是隋文帝女婿，兰陵公主在前夫王奉孝逝世后改嫁柳述，杨素在仁寿初为尚书左仆射，尚书左右仆射与吏部尚书上下级关系，柳述为人干练精通业务，身份特殊，皇帝内兄也十分迁就他。于是出现了上述看似无理性的抗命行为。柳述之外，大理卿梁毗抗表杨素作威作福。"上渐疏忌之，于是终仁寿之末，不复通判省事。"《隋书·卷 48·杨素传》P153。在这种非制度监督与压力下，宰相之一的杨素受到有力遏制。而述以吏部尚书兼兵部尚书事反映他已经具有仆射的部分职能，隋炀帝后期，隋左右仆射的权力已经大不如前。有些没有明确兼职，实际工作的范围则有扩大，樊叔略自从担任司农卿，凡种植，叔略别为条制，皆出人意表。他可能召募到一批有农业专长的人，或者本人热爱农业耕作技术并积累了经验，他缺乏系统教育，但处事专注、合理、得体，不论是挑剔多疑的皇帝，出类拔萃的高颍，还是霸道的杨素都对其抱有好感这直接导致他以司农卿（正三品）身份参督九卿事。《隋书·卷 73·循吏·樊叔略传》P20。开皇三年，牛弘拜兵部尚书，奉敕修撰《五礼》，勒成百卷，行于当时。显然是礼部责任。除此以外，跨省兼职业也时有所见,辛公义于开皇元年,除主客侍郎,摄内史事。主客侍郎为尚书省礼部第四司主客司长官,从五品上,兼内史省的事情。兼职会对行政法实践产生严重困扰,结果那里的程序法前途黯淡,行政出位现象的普遍化必定导致权责不分,从而冲击正常运行中的国家体制。

高颎、苏威、虞庆则、杨雄并称"四贵"并不反常,从四人的职位来看,他们占据了国家政策法规从草拟(内史省)审核(门下省)执行(尚书省)三个主要部门,高颎以尚书左仆射兼纳言,虞庆则内史监兼吏部尚书。杨雄以其皇族身份和显赫功绩与其他三人并称是合适的——封建专制,这正好说明权力制衡思路带来新政治格局,与北周五府总于天官容易导致专权和急变相比,权利分配让政治变得相对稳健。从另一方面看,它仍属粗放,或者称之为实验初期,与上述四人职位相称者还有其他人,却不能与之平等参与分享权力,这些权利被皇权所攫取,君主的个人偏好,就这是皇权触角之所在。

反常的是他们四个人被重视因为他们的职务而是他们与皇帝的关系。四位实际权臣中,英俊的观德王杨雄或杨惠,杨坚族子。隋立国除左卫将军,兼宗正卿,不久迁右卫大将军,由于深受信任,指定参预朝政。

苏威的个人才华一直受到杨坚的追逐,他在周宣帝时拜开府,杨坚为丞相时,"高颎屡言其贤,高祖亦素重其名,召之。及至,引入卧内,与语大悦,居月余,威闻禅代之议,遁归田里。高颎请追之,高祖曰:此不欲预吾事,且置之,"杨坚为君,征拜太子少保,不久兼纳言、民部尚书。威上表陈让,诏曰:舟大者任重,马俊者远弛。以公有兼人之才,无辞多务也。"威乃止。《隋书·卷41·苏威传》P142。威是属于君主特别中意,破格提拔的人,高颎本人足智多谋,能够影响别人,深受隋文帝器重,当时杨坚还相当开明。虞庆则文武兼备,杨惠宽厚包容,开皇三年大胜突厥沙钵略可汗。以上四人,任何朝代的明智君王都会重用。

有人反对由几个特别信任的人总揽全局,只是苦于没有现成的合法途径,庞晃在周武帝时官居太守,又成功对高祖实施精神疗法,鼓舞、帮他进一步接近人生理想。他个性强悍,时广平王杨雄当途用事,势倾朝廷,晃每凌辱他,与高颎也合不来。二人合力扭曲、打击庞晃,致使庞氏宿卫十余年,官不得进。《隋书·卷50·庞晃传》P158。庞氏在北周时思想不失活跃、敏锐,但进入隋朝已逐渐不适应形势,逐步脱离了主流集团,最终成为了一个失败者。

元魏后裔元谐少与杨坚同受业于国子,任北周为大将军,杨坚即位时晋上大将军。当时广平王杨雄、左仆射高颎二人左右政事,元谐急于改变这种情况,不惜任意诠释天象:左执法星动已四年矣,状一奏,高颎必死。又言;太白犯月,光芒相照，主杀大臣，杨雄必当之。他的预言并未让杨坚上当。后谐以口出狂言，冒犯尊长被诛。《隋书·卷 40·元谐传》P140。这是一项不需要证据的罪名，杨坚不惜以动用法律来维护君主对制度的破坏。

越位现象绝非仅见于上述四人，樊叔略在开皇中虽为司农卿，却"往往参督九卿事。"职位是一个方面，个人能力更为重要，这种情况下不给换相关工作而是直接引入权利核心，它超出制度规定，却在皇权容许范围。正因为皇权仍然如此重要，它的弊端也立即无情地暴露出来：部分人事任命主要具有礼仪和装饰性质。开皇元年，率更令裴政受皇帝临时指派，离开东宫事务，大多数时间与苏威等人讨论立法，他最后起了技术权威的作用。周司赋上士师源在杨坚即位后得到尚书考功郎（吏部领吏部、主爵、司勋、考功四司）的任命，"仍摄吏部，朝章国宪，多所参定。"他的实际工作也超出了职务范围，与他的情况相似的有很多，他们虽然品位尚低，但是已经在某些方面表现过人的能力，因此从事超出他们权力范围之外的工作。但是，其中有人名不副实，辜负了君王的期望，或者君王以为一些他们偏爱的人被委以重任后会爆发出过人的能量，实际不堪重任。另外还有些临时委派只是为方便工作，或者君王一时的兴致使然，适度时无关紧要，但如果过多过频，势必造成职位权限的混乱，人事人命张冠李戴的屡见不鲜，法律权威裴政终身都没有进入全国最高司法部门。

总体而论，开皇时期的职务与职能的关系比较结构规范，运作比较正常，一些偶然的、突发事件的干扰没有改变制度的大局。

第三节　隋炀帝时代政体结构与运作

一、与前任对比

文帝仁寿年间政府结构：

内史省（中书省）

内史令：　　　晋王杨昭

内史侍郎　　　薛道衡

门下省

纳言：　　　杨达（达仁寿二年十月为纳言）

尚书省

尚书左仆射： 杨素

尚书右仆射： 苏威(仁寿元年正月,纳言苏威为尚书右仆射。)

六部

吏部尚书： 牛弘

民部尚书： 韦冲

礼部尚书： (十二年卢恺被除名后未见新任命)

兵部尚书： (六年十月兵部尚书杨尚希为新礼部尚书,十年去世,此后兵部未见新任命)

刑部尚书： 宇文弼(开九年的任命,大业三年去世。)

工部尚书： 杨达(杨达仁寿二年十月调任后未见后任者,杨达大业八年去世。)

行政、立法三省中,虽缺礼部尚书、兵部、工部尚书三部长官,但杨坚给后任留下一个基本完整的政府。

二、炀帝大业元年在职与新任命的官员

1. 大业元年 改元,立萧后,立晋王昭为皇太子

三师

太子太师 尚书令杨素

太子太保 河间王杨弘

太子太傅 安德王杨雄

三公

太尉——

司徒——杨素(606年,大业二年六月,以尚书令、太子太师杨素为司徒,七月杨素死。)

司空——杨雄

2. 东宫

炀帝像杨坚那样经营东宫,没有给太子配置强大的支援团队,比较知名的苏夔在东宫也是来去匆匆,大业三年(607年)太子洗马、司朝谒者。大业三年,因高颎案其父苏威免职,夔亦去官,后转任鸿胪寺。

炀帝早期:大业1—4年,中央、地方、军事体系配置:

中央政府

1. 起草机构——内史省　草拟诏敕

内史令　　　　晋王杨昭

内史侍郎　　　虞世基[内史舍人(正六品上)虞世基在607年后顾遇弥隆,不久迁内史侍郎(正四品)]

2. 审核机构——门下省　审核诏敕

纳言　杨达　　三年九月,以民部尚书杨文思为纳言,正三品)

黄门侍郎　　　王弘(大业三年更给事黄门侍郎为黄门侍郎,正四品上)裴矩(三年十月任命)

原冀州刺史,杨素堂叔杨文思大业三年九月为纳言(正三品),从地方向中央的流动。

3. 行政机构——尚书省　执行部门

尚书令　　　　杨素

尚书左仆射　　苏威

尚书右仆射

4. 六部

吏部尚书　　　牛弘

吏部侍郎　　　高构

民部尚书　　　韦冲(仁寿三年九月韦冲为民部尚书。大业元年五月卒)

礼部尚书　　　崔仲方(仁寿时代州总管)、宇文弼(大业三年三月刑部尚书宇文弼为礼部尚书,四个月后被杀)

礼部侍郎　　　许善心(大业十七年除秘书丞,仁寿元年摄黄门侍郎,二年加摄太常少卿,大业元年转礼部侍郎)

兵部尚书　　　李圆通(炀帝即位时任命)。

刑部尚书　　　宇文弼(仍持节巡省河北)、梁毗。

工部尚书　　　卫玄、宇文恺(四年三月后)

尚书度支郎　　游元

九卿：

太府卿　　　　元寿、元文都

太府少卿　　　萧吉　尤精阴阳算术,607年为太府少卿

鸿胪卿　　　　杨玄感(四年元月离任后由史祥接任)

太仆卿　　　　史祥(仁寿四年八月重创汉王杨谅叛军后任命,大业四年元

月离任,北周传奇将军史宁之子)

　　大理卿　　　　长孙炽　（大业二年前为梁毗）

　　守大理卿　　　杨汪

　　大理少卿　　　源师

　　太常卿　　　　高颎

　　太常少卿　　　郎茂（茂607年为雍州司马,（五、六品不等),寻转太常少卿。裴蕴。

　　卫尉卿　　　　卫玄　刘权

　　司农卿　　　　赵元淑

　　司农少卿　　　元文都。历司隶大夫,寻拜御史大夫,坐事免,未几,授太府卿。帝渐任之,甚有当时之誉。《隋书·卷71·元文都传》

　　将作大匠　　　宇文恺(四年三月前)

　　秘书省：

　　秘书监　　　　柳辩

　　地方：

　　豫州牧　　　　豫章王杨暕

　　冀州刺史　　　杨文思　大业二年四月转任为民部尚书。

　　凉州刺史　　　樊子盖《隋书·卷63·樊子盖传》

　　宜州刺史　　　张定和

　　冀州刺史　　　崔弘　历信都太守,进为金紫光禄大夫,转涿郡太守。

　　张掖太守　　　阴世师

　　大业元年正月废诸州总管府,九月,以齐王暕为河南尹,开府仪同三司。

　　军职十二卫：左右卫、左右武卫、左右骁卫、左右屯卫、左右武侯、左右领军卫。

　　上柱国宇文述为左卫大将军,延寿公于仲文为右卫大将军

　　上柱国郭衍为左武卫大将军,右武卫大将军李景。

　　右骁卫大将军　　　来护儿

　　右武侯大将军　　　周罗睺

　　左领军大将军　　　崔彭

　　左屯卫大将军　　　姚辩

骠骑将军　　　　　　陈稜（骠骑将军,正四品,统领骠骑府兵之长官）

　　国家教育部门的首长是国子祭酒。高祖时的国子祭酒苏威、元善、何妥都是综合素质出众的人,辛彦之则是最博学的祭酒。高祖时崛起的杨汪年少时凶顽,成年后折节向学,成为《左传》专家。炀帝即位时为大理卿（正三品）,大业二年左右,任命为国子祭酒（从三品）,炀帝欣赏他时,他有银青光禄大夫职衔;炀帝怀疑他时,出为梁郡通守（位次于太守）,在与李密作战时有功,他在每个位置都可以干得很优秀。高祖时的太常博士房远晖、马光都是学者,没有担任祭酒,或因学问没有好到担任祭酒的程度。炀帝时代还有一批更有名望的学人：刘炫、诸葛颖、褚辉、褚亮、欧阳询等均太常博士,虞绰被炀帝引为学士,潘徽是京兆郡博士,王胄以文词为炀帝所重,学者庾自直特为帝所爱。但是炀帝时的儒学大家,著作家等纯粹的学人,治学方面可能最为内行的人,也是最有可能把教育管理专业化的人,却很少有担任国家主管教育的首长国子祭酒,隋代著名学者明克让之子,著名诗人明庆余在炀帝死后,其孙越王侗的朝廷倒是立即给了他国子祭酒的任命。这个现象可以作为炀帝时代对职位专业化高度缺乏认识的一个重要论据。

　　仁寿元年（601 年）罢国子学,唯立太学一所,置博士五人,学生七十二人。大业三年,博士减至二人,刘焯在大业三年（607 年）迁太学博士,不久以疾去职。太学博士是学者的最高职称,这是给顶尖学者的位置。炀帝时,"征天下儒术之士,悉集内史省。相次讲论,辉（褚辉）博辩,无能屈者,由是擢为太学博士。"《隋书·卷 75·褚辉传》P206。类似竞争上岗。

　　封建：

　　大业二年六月进豫章王为齐王,七月皇太子昭薨,八月封皇孙俫为燕王,侗为越王,侑为代王。九月,立秦孝王俊子浩为秦王。大业元年七月,滕王伦、卫王集同时夺爵徙边。

　　大业元年二月,尚书左仆射杨素为尚书令,这是一个改革,以前并无尚书令一职。大业初,裴蕴以考绩连最,炀帝闻其善政,征为太常少卿成为高颍副手,高颍大业三年（607 年）拜为太常卿,虽然是降级使用,炀帝意图令人猜疑,开明或者忽略;一个权宜之计或者陷阱,因为高颍与已故太子杨勇为儿女亲家,勇女是颍儿媳。大业二年五月金紫光禄大夫、兵部尚书京师留守李圆通因为在一桩土地纠纷案中作出了一个对宇文述不利但正确的判决,炀帝宠幸宇文述,不允许这种事发生,于是忠心耿耿的李圆通被免职,五个月后,灵州刺史段文振为新的兵部尚书。作为政体结构权力核心的三省六部看起来正得到补充,其实很快就遭重创,三年七月一次杀光禄大夫、右武侯大将军贺若弼、礼部尚书宇文弼、太常卿高颎三位大臣,尚书左仆射苏威同时被免职,这几乎是半个内阁。这些人有可能在一起议论过炀帝,不满新政,不是同被处死的唯一原因,炀帝高度自信,想要更多地参与行政,而他们威望太高,功劳太多,思维也太旧,不是急需的人材,很难说服,不如清除。炀帝可能有与这一模一样的念头,他年轻,急于求成,而且思想并不完全是错的。将作大匠宇文恺四年三月接替转任军府右侯卫大将军的卫玄为新工部尚书后,机构的空缺要留到五年以后填补。宇文恺可能才是这时段他最需要的人,东都、西苑、运河、长城大量的工程等着开工,而大将军刘方所率军队在林邑进展顺利,贪婪的炀帝对林邑的富庶抱有不切实际的期望。三年十月裴矩为黄门侍郎,四年七月,裴矩说服铁勒人大破吐谷浑,四年元月,工部尚书卫玄为右侯卫大将军,他在资州刺史任上(仁寿初)管理山民十分成功。大业四年四月,河内太守张定和拜左屯卫大将军,(次年五月张定和被降级为右屯卫大将军。《隋书·卷3·炀帝纪》P11。这可能是错误记载,与张氏传记有矛盾)。大业四年七月左翊卫大将军宇文述(炀帝儿女亲家)破吐谷浑。这些都是对炀帝说一不二,一贯忠顺的人,按资历,上升空间还很大,个人能力也并不差。张定和出身寒微,作战奋不顾身,从一个赤贫的府兵打拼出来,仪同、上开、骠骑将军、上柱国、武安县侯。炀帝嗣位后历宜州刺史,河内太守,左屯卫大将军,五年五月,对吐谷浑时作战时阵亡。《隋书·卷64·张定和传》P181。杨素、元寿、史祥、李景(时检校代州总管,其司马冯孝慈等并骁勇善战。《隋书·卷65·李景传》P183。等都参加对杨谅作战,是为维护炀帝而立有战功的人,而外向型思维的裴矩在炀帝心中,比得上十个守旧的高颎。这是整个隋朝正走向全盛的前期,人口、幅员、经济水平共同形成的综合国力已具备了世界强国水平。

晋王与述情好益密,命述子士及(述次子)尚南阳公主(炀帝长女)。炀帝嗣位,拜左卫大将军(正三品)。改封许国公,大业三年,加开府仪同三司。敕左卫大将军述与苏威常典选举,参与朝政、述时贵佞,言无不从,势倾朝廷,左卫将军张瑾(从三品)与述连官,尝有评议,偶不中意,述张目叱之,瑾惶惧而走,文武百僚莫敢违忤。《隋书·卷六十一·宇文述传》P175。就因为和宇文述友好,就让这个没有文官职事官职位的将军宇文述与苏威主管选举。

由上可见,大业中后期,炀帝已经拆散了制度结构,基本上都是一个不专业、残缺的政治体系与炀帝本人在做决定。

炀帝中期

大业 5 年—8 年官职排序

内史省：

内史令——元寿（原太府卿），大业四年拜内史令，八年正月内史令元寿卒。

内史侍郎——虞世基

门下省：

纳言——杨文思（原民部尚书，八年五月纳言杨达卒。）、苏威

黄门侍郎——裴矩

尚书省：

尚书令——

尚书左仆射——

尚书右仆射——

吏部尚书——牛弘

民部尚书——长孙炽（四年元月大理卿长孙炽为民部尚书）樊子盖（原武威太守七年五月任命），检校民部尚书韦津。

礼部尚书——杨玄感。（四年元月鸿胪卿杨玄感为礼部尚书）

兵部尚书——段文振（二年十月任命。）

兵部侍郎——斛斯征、明雅

刑部尚书——梁毗、卫玄（八年正月任命）

工部尚书——宇文恺

太府卿——元寿、元文都

司农卿——赵元淑。

鸿胪卿——杨玄感、史祥

太仆卿——杨义臣（大业五年五月，太仆杨义臣）

大业五年起尚书省的长官的职务就开始空位，其他重要职务另作他用的情况也很常见。大业四年七月，吐谷浑遭裴矩重创，为打击吐谷浑王伏允，帝命内史令元寿南屯金山，兵部尚书段文振北屯雪山，太仆杨义臣东屯琵琶峡，将军张寿西屯泥岭四面包围。五年六月，光禄大夫梁默、右翊卫将军李琼在追击吐谷浑时被杀。内史令和太仆卿亲自领军作战，显然是认为二人有军事才华，临时派遣，他们的本职仍然保留。尚书省首长缺位，会影响到中央政府执行力，加上草拟、审核部门首长不时有临时差遣，中央政府制度性运作被打乱，皇帝虽然会自动填补机构的功能，极大地降低了履职的专业性。

十二卫编制：

大业六年三月以鸿胪卿史祥为左骁卫大将军。八年正月，兵部尚书段文振为左侯卫大将军，右侯卫大将军卫玄又执掌刑部尚书，都是兼职。

武贲郎将杨玄纵、鹰扬郎将（正五品）杨万硕、武卫将军（禁军）屈突通。《隋书·卷70·杨玄感传》P194。

御史台：

御史大夫——张衡

御史大夫——裴蕴

封建世袭：

大业六年二月诏，自今以后唯有功勋乃得赐封，仍令子孙承袭。六年二月改封安德王杨雄为观王，河间王杨庆为郇王。

地方

大业六年三月制江都太守秩同京尹。

大业七年十二月，王薄、窦建德、翟让起兵。

隋朝的政治成就与国际威望在炀帝中期达到巅峰，国家政治的主要特点是开拓型与国际化，国际性的商业流通市场，主要策划人是裴矩，炀帝、元寿、宇文述、裴蕴等贯彻了他的思想，但是炀帝的战术有胜有负，国家从这里开始走下坡路，这也国家重臣损失巨大的时期。大业六年十月刑部尚书梁毗，民部尚书、银青光禄大夫长孙炽，十二月左光禄大夫、吏部尚书牛弘相继去世；大业七年正月，左武卫大将军，光禄大夫真定侯郭衍卒，三月右光禄大夫、左屯卫大将军姚辩卒；大业八年正月内史令元寿卒，二月司空、京兆尹、光禄大夫观王杨雄为逝世；三月，兵部尚书、左侯卫大将军段文振卒，左屯卫大将军、左光禄大夫麦铁杖等战死，五月纳言杨达卒，七月；右屯卫将军辛世雄死战，十月工部尚书宇文恺卒，十一月光禄大夫韩寿卒，尚书左丞刘士龙被处决。重要位置空缺：内史省、门下省、吏部、民部、工部五部门长官，司空、左武卫大将军、左屯卫大将军、左屯卫大将军、右屯卫将军、光禄大夫、尚书左丞各一位，已被解职的前御史大夫张衡也于大业八年被逼令自杀。虽然炀帝的支持核心还在，但在炀帝个人名利欲急剧膨胀的前提下，裴矩等人对他的影响力极大地减弱，他支持炀帝高丽战争，却不能制止改变炀帝自杀式的战术。宇文述也相当消沉，缺乏进取心，变成贪财、贪图享乐的庸人并卷入一场诉讼。政府架构残缺不齐，实际上已可有可无，炀帝本人既是立法机构、审核机构又是执行机构，还是一位战场统帅。他的冒险实践却无情证明，如果获得执政权就等于拥有一切，经济垄断、随意司法等，那绝对是不良的政治设计，对于拥有这个国家的人和属于这个国际的人都是一场灾难。

　　尚书左右仆射空位，纳言杨达、内史令元寿、御史大夫张衡、吏部尚书牛弘、司空杨雄相继去世的情况下，后任纳言苏威、黄门侍郎裴矩、后任御史大夫裴蕴、内史侍郎虞世基与左翊卫大将军宇文述同掌朝政是很自然正常的，政府结构还是基本保持正常，没有出现越位情况，他们被称为五贵。《隋书·卷4·苏威传》P142。好像是一个小的利益集团，纯属社会对他们的误解，其实因为职务与工作关系让他们之间有比较多的联系，他们之间人品和个人能力差异很大。

大业后期：9—13年
纳言——苏威（十二年除名）

刑部尚书——卫玄
民部尚书——樊子盖
兵部侍郎——斛斯征
司农卿——赵元淑（光禄大夫赵元淑九年八月以与杨玄感有牵连被诛。）

九年三月，以右骁骑将军李浑为右骁卫大将军。府兵中其他著名将领还有左武卫大将军李景、左翊卫大将军宇文述、左侯卫将军屈突通；九年六月杨玄感叛乱，八月，杨玄感被从高丽战场临时调回的宇文述（时任左翊卫大将军）以及来护儿镇压；八月，右侯卫将军郭荣晋升右侯卫大将军，右卫大将军、左光禄大夫郑荣同月逝世。十一月，右侯卫将军冯孝慈讨张金称时战死；大业十年六月，由郑文雅牵的头一支乱军攻陷建安郡，该太守杨景祥殉职；十一年二月滑国公左武卫大将军李景破斩贼帅杨仲绪；五月，右骁卫将军、光禄大夫李浑，将作监、光禄大夫李敏被杀，并族灭其家；七月，光禄大夫、右御卫大将军张寿去世；十二月，命民部尚书樊子盖发兵关中，讨伐绛郡的叛乱者敬盘陀等，直到十二年七月樊子盖逝世也未能完成这一任务。樊子盖的死让炀帝对那里的局势感到绝望，有意放弃一团乱麻的河东地区。七月，炀帝决意前往江都，留光禄大夫段达，太府卿元文都、检校民部尚书韦津、左武卫将军皇甫无逸、右司郎卢楚总留后事，此前纳言苏威已于十二年五月被除名为民。十二年十月炀帝最坚定的盟友之一，开府仪同三司、左翊卫大将军、光禄大夫许公宇文述逝世;十二月来护儿为开府仪同三司、行左翊卫大将军,他是接替宇文述的职务的理想人选,后被宇文化及所杀。十三年(617年),二月梁师都反,银青光禄大夫张世隆击率军前往平叛,反为所败。三月左屯卫将军张镇州在庐江击败乱军李通德,光禄大夫陈稜由于往往克捷,超拜右御卫将军;四月,光禄大夫裴仁基、淮阳太守赵佗叛李密。五月甲子,李渊父子于太原起兵,第三天太原即遭数千突厥攻击,被李氏守军击败,十一月李渊入京师,遥尊炀帝为太上皇,立代王为帝,改元义宁。(618年)义宁二年三月,宇文化及等杀炀帝。

区划变更

大业元年,废诸州总管府。二年正月,遣使裁并州、县。三年四月改州为郡。五年正月改东京为东都。大业六年六月制,江都太守秩同京尹。十一年正月,诏民悉城居,主要是全国不满的起事者此起彼伏,户口逃亡,郡、县、驿、亭、村、坞皆筑城,国家基础组织功能损失大半。

大业九年以后:
地方
淮阳郡太守——赵佗(叛)
建安郡太守——杨景祥(战死)

因病逝世者:
司空杨雄。
纳言杨达。
民部尚书、光禄大夫樊子盖。
兵部尚书、左侯卫大将军段文振。
工部尚书宇文恺。

光禄大夫、右御卫大将军张寿。
右卫大将军、左光禄大夫郑荣。
开府仪同三司、左翊卫大将军、光禄大夫、许国公宇文述。
左武卫大将军,光禄大夫真定侯郭衍。
右光禄大夫、左屯卫大将军姚辩。

十一月：光禄大夫韩寿。

被杀者

司农卿、光禄大夫赵元淑以罪诛。

右骁卫将军、光禄大夫李浑。

将作监、光禄大夫李敏并族灭其家。

斩尚书左丞刘土龙。

战殁者：在东方战场，左屯卫大将军、左光禄大夫麦铁杖。右屯卫将军辛世雄战死。

被除名免职者：苏威。

大业十三年，越王侗为君的政府里，最有权势的七人组由两纳言，两位内史令，加兵部尚书一人、内史侍郎一人、黄门侍郎一人组成，炀帝以后的左右仆射地位一路走低，最后不复存在的路径还明确、清晰。

炀帝的政府相对老化，大业中后期重要官员中领死刑者 6 人，因公殉职者 7 人。而病逝者 16 人，在辞世的总数 29 人中为 55％，占绝大多数。

三、隋代君主人事任命中君臣关系概括

1. 皇帝具有主要任命权。

2. 支持君主的任何行动者必定升迁。

3. 特别胜任工作的人多数升迁。

4. 两者兼而有之者有机会升迁。

5. 得到君主宠信而能力稍逊者基本可以升迁。

6. 有能力而不支持君主的人肯定贬黜。

7. 任命不当的人是一个常态。

制度运作中的基本模式：

1. 职务与职能密切相关。

2. 职能超出职务范围一定会发生。

3. 受到信任者越权现象普遍。

4. 约束性和禁止性法令均在一般行政管理中广泛适用。

炀帝个性强悍，自负性情既令其无视制度，又蔑视民智民愿，炀帝时的制度

监督与舆论监督都开始紊乱,行政效率已经出现问题,一个重要的表征是人浮于事。牛弘对此大惑不解,曾问刘炫:案《周礼》士多而府史少,今令史百倍于前,判官减则不济,其故何也?炫对曰:古人委任则成,岁终考其殿最,案不重校,文不繁悉,府史之任,掌要目而已。古今不同,若此之相悬也,事繁政弊,职此之由。弘又问:魏、齐之时,令史从容而已,今则不遑宁舍,其事何由?炫对曰:齐氏立州不过数十,三府行台,递相统领,文书行下,不过十条,今州三百,其繁一也。往者州唯纲纪,郡置守丞,县唯令而已。其所具僚,则张官自辟,受诏赴任,每州不过数十。今则不然,大小之官,悉由吏部,纤介之迹,皆属考功,其繁二也。省官不如省事,省事不如清心。官事不省而望从容,其可得乎?"。他的分析前半部分有理,比如,一,现时对官吏监督官吏程序化、量化程度比以前高。二,隋比前代国家幅员更大。最后有关如何解决问题的建议则是在开历史倒车,因为随知识的积累,社会的进步,人们对生活的预期会不断丰富提高。君主的欲望虽然经常是过度的,但其中一定有部分也是人民的欲望,君主希望有好的住宿条件,更安全的生活环境等,不仅是合理的,而且是与生俱来的,因而启动各种大工程。人民没有与君主同步实施,不是因为他们没有类似欲望,而是被主流哲学压抑以及被自身经济条件所限,刘炫的所谓省心就是减少征发、营造、人事监管等重大政府行为,自然是脱离实际的。言谈中他似乎是不经意地提出的"事繁政弊"概念,倒是很重要,是事繁导致了政治的弊端?还是政治的弊端导致事繁,刘炫语焉不详。政治的弊端引发了不必要的烦扰,可能是对炀帝时代最精当的概括。牛弘赞同他的意见,却根本不能采用实施,于是炫"为执政所丑,由是官途不遂。"《隋书·卷75·刘炫》P206。这个比较曾经在隋文帝关闭学校之后提出反对意见,比较耿直的人没有具体指出问题的症结——高层决策失误增多,以及公职人员个人能力变差。一些有杰出政绩的人和类似刘炫学养较高的人没有被及时调整职位以便更大地发挥他们的作用,而是让具有更丰富社会人际关系资源的人取代了他们应有的位置,这种情况被越来越多的人感到习以为常后,交易成本也在不断扩大,从而令组织人事制度的影响逐渐超出其本身而社会化。人事变更发生的巨大变化已经不是一个政治观念的变化可以涵盖,不管是军人、官员还是办事以是非当头的学者,不管是否在权利核心,对政权、国号的更迭多不在意或者态度冷漠,至少是因为新的政权中或许有自己的政治未来。统治者总是先低估个人对自身可能有过的最高期望,既而对体制失望的,随之转变为过分依赖个人才华,炀帝即位,虞世基为内史侍郎,帝重其才,亲礼逾厚,专典机密,与纳言(门下省,正三品)苏威、左翊卫大将军(正三品)宇文述、黄门侍郎(门下省,给事黄门侍郎,正四品上)裴矩、御史大夫(从三品)裴蕴等专参掌朝政。于时天下多事,四方表奏日有百数,帝方凝重,事不廷决,入阁之后,方召世基口授节度,世基至省,方为敕书。《隋书·卷六十七·虞世基传》P188。公元 611 年辽东之役开始,虞世基位金紫光禄大夫,直到 618 年被化及所杀,官职没有变动。《隋书·卷 67·虞世基传》P188。所有敕书肯定直接变成政策甚至制度,三省六部中央体制决策程序是因为君王个人一时兴趣的发生动摇和变异,而不是在激烈争辩以及大动荡后集体商议产生的结果。此乃是这里的制度特性,没有什么君主不能做。大业末期,炀帝的宫廷内曾有过一次罕见的集体讨论,当时全国四方出现战场,在江都的炀帝考虑迁都丹阳,召开百官会议,在场的百官都揣摸炀帝心意,异口同声表示完全赞同,只有门下录事李桐客提出异议,一片惊讶的目光下,他孤单的声音十分刺耳,从自然环境说到人文地理,论证迁都弊大于利。不管意见是否全部正确,都是在替国家、皇帝着想,结果却被御史以"诽谤朝政"提起公诉,差点被判罪名称成立。个人异议本来是六部制与廷议制度的核心之一,异议入罪是国家的制度运作中的重大故障,它断断续续,已经可有可无。《旧唐书·卷 185上·李桐客传》P577。炀自从灾难性地长别西京后,三个首都并存使看似齐整的中央权力制衡解构,这是一种永久性的破坏,完整的政府被人为分隔,各部大臣长期不能齐聚,有些不得不跟随炀帝的大臣可能长期没有家庭生活,在没有尽头的流寓日子令人烦躁不安,积怨渐深,对制度的伤害尤甚。

炀帝时代执政成本已属不低,柳俭在大业五年作为综合政绩考评全国第一的地方官,赏帛 200 匹,相当于 200 户一年的调。最多可以换回 16600 斛粮食,最低也有 5142 斛。当时物价一直波动,公职人员的收入准确但不稳定,会随物价的波动发生变化,以下是一些日常用品的基本参考值:一匹绢相当于 750—900 文钱,丰年时一斛粮食的价值约 9—35 钱,马一匹二万钱左右,羊 1500 文,牛 30000 钱,一等品锦价一匹合 8000 文,黄金一斤 100000 钱,锦与绢的换算:一等品锦一匹合绢九匹,二等七匹,三等四匹。炀帝很愿意花大价钱用到能解决问题的人,问题是,他本人就是主要制造问题的人,他自己倒是没有意识到,发现了的人则不敢说,愿意为问题不断的人工作的受薪者一般不会有太高的智商。

很显然,是皇帝自己一直看重的人抽调了皇帝的凳子,让皇帝摔成了致命伤,尽管炀帝的生活充满错误生死存亡之时,他的思想还是立即紧急运作,这样一个体魄强健的人最后能做的只是选择出自己认为比较体面的死亡方式,而齐王暕、赵王杲、燕王倓、开府仪同三司右翊卫大将军宇文协、内史侍郎虞世基、御史大夫裴蕴、行给事郎许善心同时被杀。《隋书·卷 5·恭帝纪》P14。不管是否是皇帝的精神同路人,也与皇帝承担了相应的后果,虞世基明知虽王朝危在旦夕,不设法援手,不惜制造假象换取帝王的欢心,以保住必定不长久的高官厚禄,结果付出生命的代价。这些人肯定不认为自己应该有这样的结局。但是他们中也不知道是应该归咎于君主还是自己。

在新环境中灌装旧观念,动机与结果容易错位,令忠诚得不到报赏,过恶的结果也不尽相同。炀帝有才华,体魄强健,富有,生于文化背景厚实,制度选项丰富的社会,但仍然成为了失败者,说明一切先天条件或者优越的条件只有在被聪明人或合适的人支配时才能产生正面作用,被愚笨或自大者支配时则会产生负面的效果。

本节参考资料：

宋敏求《长安志》

(宋)释志磐《佛祖统纪》江苏广陵古籍刻印社　1992年3月第1版

(美)阿瑟·霍普特等著,高元祥译《简明国际人口手册》中国社会科学出版社　1982年6月第一版

《广弘明集·卷十·叙任道林辨周武帝除佛法诏》

《续高僧传》

(唐)道世《法苑珠林》上海古籍出版社出版　1991年6月第一版

(宋)张君房《云笈七签》蒋力生等校注　华夏出版社出版　1996年8月北京第一版

(清)严可均《全上古三代秦汉三国六朝文》中华书局　1958年12月第一版

吕澂《中国佛学源流略讲》中华书局　1979年8月第一版

第三十五章　国家哲学、礼仪教育、经济与安全

第一节　宗教、哲学与玄学

杨坚即位，召崔仲方、高颎商议正朔、服色问题，仲方认为：晋为金行，后魏为水，周为木，皇家以火承木，得天之统。又圣躬载诞之初，有赤光之瑞，车服旗牲，并宜用赤。又劝上除六官，请依汉、魏之旧。上皆从之。《隋书·卷60·崔仲方传》。给建议的人"进位上开府，寻转司农少卿，爵县公。"崔仲方的政治更替理论并无新意，以阴阳五行为基础，重要的是有个人提出来，而且杨坚没有异议。邹衍理论盛行于汉，有过的诠释则五花八门。

卢贲奏改周代旗帜的建议也被采纳，更为嘉名，其青龙、驺虞、朱雀、玄武、千秋万岁之旗，皆贲所创也。建议者"寻拜散骑常侍，兼太子左庶子，左领军，右将军。"后因谋行废立而被废于家。《隋书·卷38·卢贲传》P137。

隋文帝的多重的文化造就他复杂的心理背景，社会选择了杨坚，杨坚本人也与当时社会发展观合拍，其中天命意识是重要组成部分，不管是精心策划还是胆大妄为，主要的精神支柱来源于宿命思想。杨坚身份低微时，曾让来和给自己看相，得到极大的鼓舞，大象二年杨坚得势后让命相大师进位开府（开府仪同三司是文官散阶中的最高级别），来和有入隋的良好条件，但没有职事官任职记载，开皇十五年时他仍思想活跃，在本领域享有盛誉。《北史·卷89·来和传》P216。道士张宾等在杨坚臣于北周时，私下告诉坚前景一片光明，结果灵验，张宾成为新国家的华州刺史，这是有行政权的职事官，杨坚即位后很自然地将预测术引入政治决策中，张宾的学术与政治成就并非偶然而是厚积薄发的结果。杨坚时代的人民普遍相信有鬼神，隋文帝开皇时，高劢拜楚州刺史，"先是，城北有伍子胥庙，其俗敬鬼，祈祷者必以牛酒，至破产业。叹曰：'子胥贤者，岂宜损百姓乎？'乃告谕所部，自此遂止，百姓赖之。"《隋书·卷五十五·高劢传》P164。高劢虽然中止了人们祭祀鬼神时的攀比之风，并没有消灭人民心中的鬼神。君主与他的人民内心的畏惧别无二致，杨坚一直嫌台城制度迮小，又深信宫内多鬼

妖,苏威曾经劝搬迁,没有采纳。太史根据对天象的观测报告,上报意见中迁都是注定中的事。杨坚顾虑重重。太师李穆上表:"所居,随时兴废,天道人事,理有存焉。"希望他把握时机,"运顺天人,取决卜筮,时改都邑,光宅区夏。上遇太史奏状,意乃惑之,至是省穆表,上曰:天道聪明,已有征应,太师民望,复抗此请,则可矣。"遂从之。《隋书·卷37·李穆》P134。杨坚算不上是一个听得进意见的人,他听从上天的呼声和在意个人名望,苏威理智的建议则置之脑后。虞部侍郎许善心作《神雀赋》,献给即位初期处于怀疑舆论声浪中的杨坚,"夫瑞者符也,明主之休征;雀者爵也,圣人之大宝。"声称符瑞的出现与杨坚的兴起息息相关,新君愉快地接受了这种解释,当然对心态的稳定起作用。李德林在他给圣上的《天命论》一文中写道:帝王神器,历数有归,生其德者天,应其时者命,确乎不变,非人力所能为也。他似乎忘记此人在谋取执政过程中有过的疑虑、退缩,表示相信杨坚是被选定,"皇帝载诞之初,神光满室,具兴王之表,韫大圣之能。《隋书·卷42·李德林传》P144。顺便也小心翼翼地表达了"有命不恒"意见。《隋书·卷42·李德林传》P145。它对理性管理国家有提示作用,当高颎成为心中的问题时,宪司上报对高颎侦查另有发现,报告指出,有沙门真觉曾对高颎说,明年国有大丧。尼令晖补充说"十七八年皇帝有大厄,十九年不可过。"杨坚以此引发有关篡位的奇特联想,并得出这样的结论:仅仅凭个人的智慧和愿望并不足以得到君位。他激情地诠释,大圣之才的孔子"作法垂于后代,宁不欲大位邪?天命不可耳!"他发自肺腑地说,"帝王不可力求!"《隋书·卷41·高颎传》P142。如此劝诫高颎觊觎帝位的危险性。面对"有命不恒"的命题既明显逃避,又过于敏感。负有神圣使命者不断降临,在职的皇帝都会担心与新来者迎面相遇,与皇位捍卫者静态的天命观不同,宇文忻就曾对"怨望,阴图不轨"的梁士彦说"帝王岂有常乎? 相扶即是。"《隋书·卷40宇文忻传》P139。从事实来看,对天命观的这种描绘更简明扼要,切合实际。开皇十年高智慧在江南造反,苏州平民顾子元响应,进攻苏州刺史皇甫绩,相持八个月。皇甫绩给子元的信中写到:皇帝握符受箓,合极通灵,受揖让于唐、虞,弃干戈于汤、武。"以牺牲事实为代价神化所服务的君主,尽管理所当然地没有说服子元,却等来了杨素援兵。《隋书·卷38·皇甫绩传》P136。显然,皇帝受命于天的思想从中央到地方是畅通的,既是默契也是共识。杨坚和他的思想不是处于孤岛,因此他的迷信又可能被自认为才华。杨坚对经典文化的态度是动态、分裂式的,他心目中儒家经典是人人必备之物,辛彦之成为新政府太常少卿,改封郡公,进位上开府,寻转国子祭酒,一年以后升任礼部尚书,与秘书监牛弘撰《新礼》,与他博涉经史有关。《隋书·卷75辛彦之》。开皇三年，牛弘拜兵部尚书，奉敕修撰《五礼》，勒成百卷，行于当时，五礼即吉、凶、军、宾、嘉。仁寿元年，刘炫第二次与一群儒生修定《五礼》，授旅骑尉。杨坚对《孝经》有一定认识，视《孝经》为最高级经典，开皇三年曾亲临释奠活动，倾听撰有《孝经注》等书的刑部尚书宇文弼与博士讨论，话题主要涉及礼制与孝道，"词致清远，观者属目，"杨坚似乎完全听懂了他们的讨论，十分高兴，"朕今睹周公之礼制，宣尼之论孝，实慰朕心。《隋书·卷56·宇文弼传》P166。当即向参与者发放了一批礼物。开皇五年，著作佐郎王頍受命于国子讲授，高祖又亲临释奠，国子祭酒元善讲《孝经》，"王頍与相论难，词义锋起，善往往见屈。高祖大奇之，超授国子博士。"《隋书·卷76·王頍传》P207。开皇初，高祖亲幸国子学，王公以下毕集，山东大儒马光升座讲礼，启发章门，已而诸儒生以次论难者十余人，皆当时硕儒。马光剖析疑滞，虽辞非俊辨，而义理弘赡，论者莫测其浅深，咸共推服，上嘉而劳焉。《隋书·卷75·马光传》P206。马光以朴实的语言，勾勒孝道的本体结构，难免有幻化之感，杨坚尽管象在场多数人一样，没听清其中奥妙，还是与听众一起激情赞颂，可见，杨坚在建国早期并未表现出对知识界持有预先的成见，而是一度热心文化教育，"引致天下名儒硕学之士"，所有从北周转过来的学者，除非事先有特殊贡献或者不为当局所喜，基本上都安排相应职务。何妥是周武时太学博士，隋初除国子博士，加通直散骑侍郎，爵公。《隋书·卷75·儒林传·何妥传》P209。研究《左传》的专家元善，开皇初拜内史侍郎，这是正四品的重要职务，但比在北周为太子宫伊（正三品），太子老师的职务略有降低，北魏宗室后裔的身份在任命中并未起特殊作用。周小学下士房晖远系儒术名家，太常卿牛弘经常赞为"五经库房，"经吏部尚书韦世康推荐，授太常博士（从七品下）之职，后擢为国子博士。《隋书·卷75·房晖远传》P205。杨坚曾好奇地问群臣曰：自古天子有女乐乎？杨素以下莫知所出，遂言无女乐。晖远进曰：臣闻'窈窕淑女，钟鼓乐之。'此即王者房中之乐，著于《雅颂》，不得言无。他让那些忠实文字本意解释经典的人张口结舌，只有皇帝喜形于色。《隋书·卷75·房晖远传》P205。这是儒家理论与君主实际需要达成共识的一个例子，条件之一是有投其所好的学者与自负的君主。这批家世、教育俱佳，有仕途阅历，练达的职业公务人员在朝廷上可以过得比较自在，那些更为纯粹的学者在宫廷中就困难得多，仕途上一知半解的学者和成为一个领域中公认的权威大师付出的代价不同，智力不同，对学术知识进步的贡献差距巨大，他们也更不容易被理解。开皇初，征山东义学之士，马光、张仲让、孔笼、窦士荣、张黑奴、刘祖仁等俱至，并授太学博士，时人号为六儒。然而这些饱读诗书的人或者经济拮据而衣冠不整，或者是平时自由散漫一下适应不了宫廷内的礼节,也不排除是不问世事的率真性格,言语无忌,无意中招惹、伤害了别人,结果均未受到朝廷尊重。"皆鄙野无仪范,朝廷不之贵也",心情不佳的窦士荣不久病故,孔笼、张黑奴、刘祖仁随后被打发回原籍,张仲让不久亦告归乡里,发愤著书十卷,完成之际,过度的劳动损坏了他的健康,头脑已经变得十分混乱,大概是罹患妄想症之类,"自云此若奏,我必为宰相,又数言玄象事。"州县官方没有区别对待,公诉书上详列其状,冷漠的官府认认真真地开庭,实实在在地判决,这个一心等待人生第二次奇迹不幸的知识分子竟惨遭斩首之刑。硕果仅存的马光因学术上的杰出表现受到杨坚的亲自褒奖,山东《三礼》学者,自熊安生后,唯宗光一人,享有崇高的学术地位,哲人如斯,也一直没有获得什么显赫职位。《隋书·卷75·马光传》P206。纯粹学者个人气质令人失望外,经典知识自由解释度过于宽泛,缺乏交流也使得同类知识地域化、门派化现象严重且亟待解决,开皇中,杨坚曾在一个公开场合下令:"国子生通一经者,并悉荐举,将擢用之"。策问过后,作为评委的博士们却不能一直裁定优劣,祭酒元善疑惑不解,向晖远提问,回答说:江南、河北,义例不同,博士不能遍涉。学生皆持其所短,称己所长,博士各各自疑,所以久而不决也。"元祭酒于是"令晖远考定之,晖远览笔便下,初无疑滞。或有不服者,远问其所传义疏,辄为始末诵之,然后出其所短,自是无敢饰非者。所试四五百人,数日便决。诸儒莫不推其通博,皆自以为不能测也,于是奉诏预修令式。《隋书·卷75·房晖远传》P205。但要在全国真正杜绝此类标准不一,自我发挥、互不买帐的学术争议,一个房远晖根本不够。毋庸讳言,传统知识培养出不少愚妄人,而不管是真才实学的还是滥竽充数者,或者个性倔强,或者言行乖戾,对当时还沉浸于个人巨大社会成就的杨坚都还能够容忍,但时间一长,这些思想、行为举止与社会严重脱节的人与事不可能给他什么好的回忆。因此,大规模裁减学校,对杨坚而言已不是反常之举,触发杨坚时代教育崩盘的却是牛弘与杨坚对《孝经》认识上的龃龉,"朕方以孝治天下,恐斯道废阙,故立五教以弘之。公言孝由天性,何须设教,然则孔子不当说《孝经》也。《隋书·卷49·牛弘传》P155 认为孝是一种天性,设教就是确认,并鼓励人人发挥这种天性。这是对孟子人性善观点的一种发挥。杨坚可能认为人性本恶,只有规范、长期的后天教育才能令人理解孝的意义并遵循它,所以当牛弘认为孝是天性时惹恼了他。费解的是,杨坚认为人性本恶,需要教育,却采取了相反的行为。大幅裁减学校的理由是精简,刘炫听说后心急火燎递上一表,情理甚切,言学校不可废,没有被采纳。仁寿元年六月宣布,本着办校应少而精,反对多而滥的宗旨,裁减学校及在校学生数。唯置太学博士十二人，国子仅留学生七十二人（取孔子学生贤人数？），太学、四门及州县学并废，次月改国子为太学。值得注意的是，在废学当日，他下令向各州颁发舍利子，四方虔诚佛门信徒陷入宗教狂热之际，正是全国儒家学子痛心疾首之时。这种安排寓意深远，绝非巧合，两者之间一定有内在关联。《隋书·卷1·高祖纪》P8。隋立国二十年以来，国家教育学术环境总体上逐步恶化，普及教育呈直线下降态势，学生锐减，高水平的教师也多离开。张文诩时游太学，著名学者房晖远等莫不推伏，学内翕然，咸共宗仰；治书侍御史皇甫诞一时朝彦，恒执弟子之礼。到仁寿末，学废，文诩策仗而归，灌圆为业。《隋书·卷77·张文诩传》P211。这是皇帝对其认识发生变化而造成，当高祖偶尔也能从文化与教育的成就中感受快乐时，或者就会引起读书人集体阵发性的激动，无限放大看到一线希望。多数情况下，在被神化的帝王时代，智力运气都莫出其右，对学术的宽容总体上是对一类人的施舍，他们有替代品，创新以及权威性是带刺甚至是有毒的，因此学术生涯不会给学者带来安全、富裕以及有自尊的生活。王孝籍在开皇中召入秘书省协助王劭修国史，不仅要天天忍受王劭的傲慢，而且经济负担日益加重"在省多年，而不免输税"一个终日勤勉的人成为家庭的经济负累，孝籍无奈，给吏部尚书牛弘写信，"弘亦知其有学业，而竟不得调。"实际上一直没有得到吏部的任命，"后归乡里，以教授为业"或许从此能够自食其力，家庭竟因此有起色也未可知，"终于家。"牛弘再也不会收到他求助的信笺了。《隋书·卷75·儒林传·王孝籍传》P207。儒家学者中虽然不乏王劭那样对传统文化生吞活剥的人。《隋书·卷69·王劭传》P192。但是受过儒家正统教育的人仍是国家公职人员的主要来源，来自儒家的人文知识及哲学观、人生观对管理国家有实用价值，因此尽管杨坚的精简行动为多数国人所不解，但是对知识需求却不能揎断，一些学校、学生与教师转入民间甚至地下，就像王孝籍、刘焯等所作的一样。另外一些人或生性恬淡，或生不逢时，生活中充满失败记录。孙万寿在隋初被藤王杨瓒引为文学，"坐衣冠不整，配防江南。《隋书·卷76·孙万寿传》P208。这对一个生活随意、不修边幅、不问世事的人无疑当头一棒，行军总管宇文述由于需要一个处理军中文字的人，召他主管军中书案，这种任用对一个不喜欢从军，也不喜欢做随从的典型书生不过是一种新的烦恼，在郁闷、刻板的军营中他以写诗排解烦恼，诗作在民间流行，深受欢迎，后返回乡里，十余年没得到升迁，直到仁寿初受命运眷顾，拜豫章王长史，官至大理司直。《隋书·卷76·孙万寿传》P208。信都郡人刘焯以儒学知名，为州博士。开皇中，冀州刺史赵煚（死于开九年）引为从事，（地方官可以任命辅官）刘焯举秀才，射策甲科，授职员外将军，后与一批儒生于秘书省考定群言。因假还乡里,县令韦之业引为功曹,寻复入京,与左仆射杨素、吏部尚书牛弘,国子祭酒苏威"与国子共论古今滞义,前贤所不通者,每升座,论难锋起,皆不能屈。"杨素等皆服其精博。但就是不可能以其卓越的学术水平,填平他们之间无边的鸿沟。开皇六年,运洛阳《石经》至京师,文字磨灭,莫能知者,刘焯奉敕与刘炫(名望仅次于刘焯)等成功完成释读,后因国子释奠,刘焯与炫二人在学术论争中"深挫诸儒,咸怀妒恨,遂为飞章所谤,除名为民,于是优游乡里,专以教授著述为务。"学生一律收费,否则不许听课。当时舆论认为数百年以来,"博学通儒,无能出其右者。"只有因贫穷诱发的贪婪令人非议。蜀地之行是他人生的一次挫折,他在那里历任囚犯、新兵、编辑、云骑尉,其中不乏侮辱性的职务。他是下一任皇帝任命的太学博士、国策顾问,但大业六年去世后,刘炫为之请谥,遭到朝廷断然拒绝。一个知识分子的哀荣遭遇皇权,与生前的命运一样,往往有胜有负、喜忧参半。《隋书·卷75·儒林传·刘炫传》P206。建国早期的杨坚给世人的印象是热爱知识,喜欢学者,其实他对两者都知之甚少。"高祖引至天下名儒硕学之士,其房晖远、张仲让、孔笼之徒,并延之以博士之位。……仁寿末,学废。"《隋书·卷七十七·隐逸·张文翊传》P211。高祖对学术的兴趣也就是到此为止。

本土文化浸润精神的同时无形地支配他的部分行为,它是皇帝伦理观的基石,从对外来文化的态度看,他迷信却不狭隘。杨坚与佛教有深厚的渊源,他诞生于佛寺,一度被身份神秘的女尼抱养,他的时代基本奉行宗教宽容,开皇元年先后下诏,于相州战地建伽蓝一所,立碑纪事,五岳山下各置僧寺以及境内之民任听出家。仍令计口出钱,营造经像,而官方、虔诚的信徒等纷纷出资大量出版佛书,民间佛经数量多于《六经》数十倍。洛州刺史辛彦之崇信佛、道,于城内立浮图二所,并十五层。他上述雄伟的营建在开皇十一年前已基本完成,官方应该没有专门用于佛寺建筑的预算,他个人不可能如此富有,估计是征擅自打开了国库或开发了新税种。《隋书·卷75·儒林传·辛彦之传》P204。开皇时期,全国寺院众多,在长安:智永住西明寺,昙延住延兴寺;洛阳:智果住慧日寺;天台山:修禅寺。灵隐山,天竺寺。蒋州有奉诚寺,荆州有导因寺。《全隋文·卷32—35》P4204—P4233。长安大兴善寺是杨坚敕造寺院,后来有许多中外高僧应招而来,讲研佛学,翻译佛学经典。北天竺人那蓝提黎邪舍即是大兴善寺中高僧之一。《全隋文·卷34》P4224。释法经是开皇时专门从事翻译的沙门。《全隋文卷·35》P4234。在开皇十七年,在译场工作的专家费长房在不耽误本职工作同时,完成了名著《历代三宝记》。鸿胪寺的崇玄署有国家任命的俗人专门管理国家佛教事务,在首都长安和地方各州都有僧人接受不同等级僧官任命,他们管理僧尼及为寺院服务的俗众事务,人事任命也来自政府。宋敏求的《长安志》多有所载。开皇二十年十二月令:"敢有偷盗佛及天尊像,岳镇、海渎神形者,以不道论。沙门废佛像;道士废天尊像者以恶逆论"虽然原始偶像崇拜和道教都受到保护,但只有佛教风靡这个国家。仁寿元年六月,首次宣布将一批圣物舍利分送到指定的数十州珍藏。《隋书·卷1·高祖纪》P8。引发一场僧俗大众宗教热浪,随着陆续得到舍利子的州越来越多,储藏舍利子的优美佛塔在全国各地如雨后春笋蠢立起来。不过,由于宗教性质的相似性,使得本土宗教与外来宗教被民众甚至知识界混为一谈,隋有天下,李士谦就誓言毕志不仕,李氏宗党豪盛,出粟千石以贷乡人。如果年谷不登,借债人前来致歉,他会留人就餐,并当面烧毁借契。这人善谈玄理,曾与一客同坐,来客不信佛家应报之义,以为外典无闻焉。士谦引用所谓:鲧为黄熊,邓艾为牛,此非佛家变受异形之谓邪? 客人又问三教幼劣,士谦曰:佛,日也;道,月也;儒,五星也。客亦不能难而止。《隋书·卷77·隐逸传·李士谦传》P210。杨坚本人诞生于冯翊般若寺,与佛教的渊源对他产生了复杂的影响。佛法宏博,人的心理需求却无法脱离现实,前者时常为人所必须,但又有别于物质需求,皇帝陛下似乎知道满足这种需求与国家的稳定有关,很正常地对宗教保持相对的宽容,他允许普通人选择自己的信仰,却阻止自己儿子终身侍奉佛陀,开皇三年任职秦州总管的秦王杨俊,崇敬佛道,请为沙门,被他父亲断然拒绝。《隋书·卷45·杨俊传》P148。看来,在杨坚的内心深处,永生的幸福过于抽象缥缈,尘世的荣耀伴随一生才更值得追求。

　　杨坚时期的文化动态显示知识被权力垄断现象已经成形,判断对错的是权力,人们通过学业精进谋求政治认同争取合理权利的道路并不通畅,期望值总是大于现实。杨坚意图明确,他无意增加原生态儒家文化在国家政治中的含量,只撷取认为合理成分,热衷《孝经》是因其有益治国,偏爱黄钟为宫是为新皇权增重,出于节俭本性拒绝举办耗费巨大的封禅礼,也不接受汉儒董仲舒有改制无易道的主张。董仲舒《春秋繁露·楚庄王第一》力陈新朝沿用旧制、旧仪,不合天意。传统儒术除非即时有益治道,否则不予采纳。刘焯、刘炫顶尖名儒,却一直官运不通,他们的知识与他们个人的命运同样不可靠,所代表的文化期望成空中楼阁,他们的个人自由不过是个笑话,权力下个人廉价、弱势,绝大部分学人事先经过长期复杂的文化培训,却只有短暂的政治生命,他们不知道是知识的问题还是权力的问题,而两者都光焰万丈,怀疑它们就是犯罪,当时的主流社会还没有意识到主要是民间学者在支付文化成本,被断章取义的文化本身与文化传承者

彼此为敌,这是当时的所谓中国知识界困境,也是杨坚时代的一个现实。其思维的政治后果被当时学者归纳为六点:

a) 利用了自己的身份牟利,但是客观因素起决定的作用。"高祖始以外戚之尊,受托孤之任,与能之议,未为当时所许。是以周室旧臣咸怀愤惋,既而王谦固三蜀之阻,不逾朞月;尉迥举全齐之众,一战而亡。斯乃非止人谋,抑乃天之所赞也。

b) 政治上有所作为。"躬俭平徭赋,仓廪实,法令行,君子咸乐,其生小人,各安其业,强无陵弱,众不暴寡,人物殷阜,朝野欢娱。"

c) 个人文化修养的欠缺,导致对教育的忽视。"素无术学,不悦诗书,废除学校,不能尽下,无宽仁之度,有刻薄之资,暨乎暮年,此风愈扇。又雅好符瑞,暗于大道。……稽其乱亡之兆,起自高祖,成于炀帝,所由来远矣,非一朝一夕,其不祀忽诸,未为不幸。《隋书·高祖纪》P11。帝素不悦学。《资治通鉴·卷177·隋纪一》1176[1]。

d) 对高级官员和有功人员的安置不能出于公心,心胸狭窄,"好比为小数,不达大体。故忠臣义士,莫得尽心竭辞。其草创元勋,及有功诸将,诛夷罪退,罕有存者。

e) 根据个人对一个人的喜好程度决定其意见的优劣。"唯妇言是用,废黜诸子。"

f) 实行严刑苛法。"逮于暮年,持法尤峻,喜怒不常,过于杀戮,尝令左右送西域朝贡使出玉门关,其人所经之处,或受牧宰小物馈遗,鹦鹉、麖皮、马鞭之属,上闻而大怒。又诣武库,见署中芜秽不治,于是执武库令及诸受遗者出开远门外,亲自临决,死者数十人。往往潜令人赂遗令使、府使,有受者必死,无所宽贷。"《隋书·卷2·高祖纪》P9。

贞观四年,贞观的皇帝与萧瑀谈到杨坚,他不同意萧氏给出的"虽非仁明,亦是励精之主。"评价,指出"此人性至察而心不明"。认为这是容易导致被蒙蔽、多疑。原因是"欺孤儿寡妇以得天下,恒恐群臣内怀不服,不肯信任百司,每事皆自决断,虽则劳神苦形,未能尽合于理。朝臣既知其意,亦不敢直言,宰相以下,惟承顺而已。……岂如广任贤良,高居深视,法令严肃,谁敢为非?《贞观政要·政体第二》P15。一个国家的延续是否能取决于个别人的个人智慧?太宗生命辉煌的时期可能得出正确的答案,但做不到。这是一个老问题,聪明勤奋为何远远不能解决国家问题?国家元首如何能做到选择最优秀的人从事行政事物,怎样持适度的监督和法令公正?上述所有问题几乎都可以用同一答案诠释:一个人的聪明不能替代所有人的聪明；所有人的权力不是一个人的权力，由一个人掌控的权力永远不够分配给所有人。杨坚由于只看到专制的好处，没有看到专制的弊端。一个压制自由思想的国度，人心容易变得自以为是、因循守久，盲从，杨坚和他时代的绝大多数人都无法明白这些。不过现实的需求与文化背景的评估是距离很大，前者论证他当一个皇帝是足够的，算得上伟大；后者则认为还不够好。

权利转换中的杨坚主动还是被动？并不是复杂的问题。之前，他是个有准备的人。成为君主之前，他敏感、坚毅、恩怨分明、野心勃勃，有渴望成功的心；之后，他的责任心从未弱化，但他的知识背叛了他，渐渐走进一个干预越多，问题越大的误区。在事物的另一面，杨坚却不是一个无所不在的专制者，即使在他的君主时代，家庭生活仍受妻子严格限制，政治生活受儿子蒙骗，本质上是一个相当低调的人，如果不是宣帝明显地威胁到他的生命，政治管理能力低下导致的北周国家的腐败虚弱，他的活力不会及时并发，他的一个兄弟为安全起见拒绝参与他的叛国计划，不能说是他夸大了实施计划的难度，而是在眼前利益与前景利益两者的比较中，他以自然现实的态度选择前者。尽管前景利益无可限量，但是一半的危险与现实的利益的拉锯中，往往是势均力敌的。这种思维模式不是来自文化，而是普遍的人性，政治、经济决策都不能忽略它。

他获得周室的直观原因是个人能力及与皇家的婚姻关系，后来这些优势在国家稳定时期转变为弊端和或无用因素，他的国家遇到的最大困难在于国家问题没有被真正认识，他与继任者的问题存在内在联系，国家的主要道德就是导致社会发展，他们均自动走上了这条道路，最后背离了初衷，而前者轻视文化与后者狂妄自负乃是殊途同归。杨坚以节俭为国家积累大量财富，个人也好，国家也好，通过节俭致富的情况相当常见，问题是财富的危险性被忽略。支配财富需要智能和知识，文帝显然没有看得那样远，相比之下，北魏几个有作为的皇帝都比他更重视文化，迫使孝文帝经济改革的首先是文化压力，在他们看来，武力占领只是征服的一个组成部分，占领者在一个明显的强势文化区域内，文化歧视无处不在。文帝则没有那样强烈的感受，他从不同的角度理解文化，复杂的文化内涵甚至多样化的文化动态都是不必要的。而且他本人的成功经验本身就是对文化的一种排斥过程：首先他不遵循正统的伦理观，二是即位前后的思想过程是各种行为思想兼蓄并受的过程，三是他入主国家靠的是实力而不是儒家文化。经过不同权力身份的历练，两个时期的杨坚均成绩斐然：

一、作为执政的杨坚任内的主要业绩

1. 获得执政身份
2. 扑灭反对派(王室的和地方)
3. 阻止国家失控

二、作为专制皇帝任内的主要业绩

1. 改革中央政经体系
2. 实施紧缩经济政策
3. 适应和平时期的立法
4. 提升国家安全

全部可以细化为：1. 确立三省六部。2. 吏部主管全国人事,结束辟举。3. 影响深远的《开皇律》。4. 大索貌阅与输籍定样对人口管理具有革命性的意义。5. 创置义仓。6. 改革府兵。7. 武力抵抗突厥。8. 统一国家。9. 奉行紧缩经济给国家财政带来巨额积累。隋文帝对婚姻的忠诚也是同行中所罕见。

他有一个极其矛盾的人格,长期处于亚健康状态,本人受教育有限,知识上的欠缺使其莫辨善恶,容易受蒙蔽,被操纵;不知文化是一种长期的积累过程,对进化中的文明缺陷过于挑剔,如取消律生、处决身体状态出了问题的重量级知识分子,音乐中的学术问题政治解决等;轻视全民教育,大幅裁撤学校学生后,在他的有生之年,学校的规模及普及性再也未得到恢复,学校发展计划既非普及教育也不是培养精英,他始终无法理解精英教育对国家的意义,出于他吝啬的本性,杨坚改进学校不是从学校管理方式着手而是直接大量裁减在校生,这不仅重挫社会向学的氛围,也导致大量学生中途辍学,让更多青少年失去受学校教育的机会,他们不能受到正当、应有的基本教育的弊端很多,由于缺乏准备,实际上就是过早地将他们推入完全不了解的社会,无助于他们形成正确的价值观,从他们中衍生出两类反社会力量:第一类是与社会合拍、成功但不满现状的人;第二类是被社会遗弃的人,大批错过受教育机会的人被留在儿子的时代,其中许多以失败的观念看到君主已经无法驾驭的时代。好的教育助人明确社会是一个有机物,个人、家庭、种族、集团利益都要得到尊重,其后才会令社会有实质上的整体感,社会的本质是人人参与,每个职位都有其重要性,知识可以改变世界;而古典教育精义指惟有政治成就乃全部人生的顶点,它轻视量化和专门职业,把政治变成不确切的危险因素,形成巨大不可遏制的力量,使国家持续陷入动荡,这种方式权利的转移，是一种消耗指数大大高于产出指数的政治工厂，实际是无助社会进步。从杨坚政治的社会后果来看，一个制度政策的制订、管理者不需要十全十美、万分正确，要的是现实客观，有连续性，体恤民意，与管理的对象彼此尊重，尤其是坚定从改善社会福利的点滴做起，就算目光短浅、患得患失，也比好大喜功强。

　　文帝时代形成巨大的文化缺口，自负的炀帝几乎是一个箭步就冲了上来，他是个急于求成的人，外向、有能力，外形俊美的男人。隋炀帝结交、器重、提拔文化人，重视他们的才华。许善心在大业元年担任礼部侍郎，奏儒者徐文达为国子博士，包恺、陆德明、褚徽、鲁文达之辈并加品秩授为学官。《隋书·卷58·许善心传》P171。但是对他们行为的判定不会在自己原有的标准之外另眼相对，即所有人都不能伤及到他眼中的评估标准和根本利益。炀帝本人喜欢辩论，多次专门安排演讲与辩论会，"征天下儒术之士，悉集内史省，相次讲论。"褚辉是其中之一，他博学善辩，无能屈者，由是擢为太学博士。《隋书·卷76·褚辉传》P206。杨汪大业初拜国子祭酒，帝令百僚就学，与汪讲论，天下通儒硕学受邀，群贤毕至，论难锋起，皆不能屈。帝令御史笔录杨汪见解进呈，阅后大悦，赐良马一匹。《隋书·卷56·杨汪传》P167。不仅友好慷慨甚至相当容忍，大业初，著作郎王胄以文词为炀帝所重，尽管诸葛颖嫉妒他，收集他的过失，屡潜于帝，帝爱其才而从不怪罪，只是由于"与玄感有交，坐诛。《隋书·卷76·王胄传》P208。诗人薛道衡与卢思道、李德林齐名，杨坚时因有过失除名，配防岭表。晋王广时在扬州，秘密让人告诉他经扬州，准备奏留之，但薛厌烦王府生活，出江陵道而去，寻有诏征还，直内史省。晋王由是衔之，然爱其才，犹颇见礼。实际上丝毫没有妨碍道衡的个人发展，久在枢要，才名益显，太子诸王争相与交，高颍、杨素雅相推重，声名籍甚，无竞一时。即位早期，炀帝在他的朝廷营造了重学的氛围，薛氏还是他要优待的人，薛道衡时任番州刺史，上表求致仕，帝对内史侍郎虞世基说：道衡将至，当以秘书监待之。不料薛道衡来京后节外生枝，呈上一篇《高祖文皇帝颂》，全篇充斥着对高祖夸大其词、声嘶力竭的赞美，结果弄得自我为中心的炀帝十分不开心，"道衡致美先朝，此《鱼藻》之义也。《诗经·小雅·鱼藻》意思是在讽刺当今处处不如意，于是拜司隶大夫，将置之罪，道衡却根本没有意识到新任命竟是个陷阱，友好的司隶刺史房彦谦经验丰富，知祸必及，劝赶快有所收敛言行，道衡还是不承认自己说了皇帝所认为的错话，结果埋下隐患。《隋书·卷57·薛道衡传》P168。宇文弼在大业初任礼部尚书，由于弼有著作行世，有社会声望，帝也非常在意这一点，一般很迁就他。"时帝渐好声色，尤勤远略，弼谓高颍曰：昔周天元好声色而亡，以今方之，不亦甚乎？又言长城之役，幸非急务。"有人转述炀帝,年届六十二的宇文弼竟判诛死,听说此事的人都认为处罚过分。《隋书·卷56·宇文弼传》P166。大业初,炀帝喜欢写作,没有明显的哲学倾向,对个别儒者的尊重,纯因对个人才华的赏识,不是因为他们的学派或者思想。始终也不认为对学者的管理有必要按他们的自尊程度加以区别,大业初,炀帝组织各郡儒官齐集洛阳,与国子秘书学士就一些学术问题展开辩论,河内郡博士孔颖达是个二十左右的年轻人,表现则最为优异,令到场的不少年高望重的先辈宿儒十分难堪,这群被嫉妒、愤怒冲昏头脑的人竟合伙雇刺客秘密追杀孔颖达,幸亏礼部尚书杨玄感将孔颖达藏于自己家中,才免于一死。《旧唐书·卷73·孔颖达传》P312。疯狂的举措虽未得逞,还是会产生不良影响,可能改变普通人对学术界的看法。段文振弟段文操个性刚严,大业中官居武贲郎将,帝令督秘书省学士,时学士颇存儒雅,文操辄鞭挞之,前后或至千数,时议者鄙之。《隋书·卷60·段文振》P175。他的暴虐行为持续时间长,帝命令这个严厉军人管理文化学术部门一定有他的理由,但对他的行为持完全放任态度,段文操并未因此受到任何处罚。学术的优劣并不取决于年龄名望,人文知识如不经历实践检验难有一致的评估标准,因此容易产生学术垄断的需求,垄断不仅会带来利益,也往往令知识与品行脱节,懒惰、一知半解、虚伪、乖戾的人大量存在于当时学术界,这决非为段德操的暴行张目。杨坚时代的山东六儒与炀帝时代参与暗杀的学术大师们表现出来的病态心理是人文知识一枝独秀、为所欲为的写照,它产生愚妄的学者、轻视学术的君主,制造落后的社会,显示科学缺位对学术进步影响严重,事关国家兴衰。炀帝或许是少数对这些有所察觉的几个人之一,他设法将学术理论变得实用,以此提升知识的价值,"新罗尝遣使朝贡,民部尚书李子雄至朝堂与语,因问其冠制所由。其使者曰:皮弁遗象,安有大国君子而不识皮弁也! 子雄因曰:中国无礼,求诸四夷。使者曰:自至以来,此言之外,未见无礼。"此事发生在大业六年前,李主要是一个军人,担任了一份他特长之外的职务,由于不懂礼仪,被贡使嘲弄,有辱国格。才华出众、自尊的炀帝对此不可能容忍,"宪司以子雄失词,奏劾其事,竟坐免。《隋书·卷70·李子雄传》P194。炀帝鼓励知识的进步、实用,更是敢于视礼乐为单纯娱乐、从中寻求愉悦的人,大业二年十二月,搜集乐工杂技于东京,于是四方散乐大集。六年正月,炀帝大陈百戏于洛阳。二月,再次征发魏、齐、周、陈三万余乐人至京,悉配太常,皆置博士弟子以相传授。他有先见之明,若非提前准备就绪,临时征集达不到同样的效果。虽然是裴蕴的个人设想,但也迎合了君王的思想,体现了文化多样性的一面,否则,大业六年的中国文化成就展就减少观赏性,礼乐的政治性没有因可操作的大幅提升而淡化。

对于外来文化，炀帝并无偏见，他善待宗教，佛道不分高下，在开皇年间，杨广受天台宗创立者智顗菩萨戒，法名"总持"，与智顗书信往来频繁。《全隋文·卷六》P4048。开皇十七年智顗去世，晋王为满足他生前的心愿建天台寺，大业后改称国清寺，弘善寺等亦杨广所外建。炀帝"昔镇扬越，立四道场。"《续高僧传·卷十》P103。道场是大业九年后对寺的改称。"诏改天下寺曰道场"《佛祖统纪校注·卷第四十》P903。三论宗创立者吉藏是应晋王之邀，先在慧日道场，后在日严寺讲经传教。建在洛阳的四个道场，"招天下名僧居焉。其征来者，皆一艺之士，实故法将如林。这些高僧齐聚一堂，有利改善因译文质量造成的双林一味之旨，分成当现二常；大乘不二之宗，析为南北两道分纭争论凡数百年。"的状况。《大慈恩寺三藏法师传·卷第一》P32。这与杨坚的宗教取向密切相关，杨广希望父亲听到自己这些举动后会变得高兴，更有认同感。但是，炀帝似乎从对佛教的高度利用自然过渡到诚心扶植，帮助营造了一个相对宽松环境，智顗最著名的弟子灌顶终于国清寺。《全隋文·卷35·灌顶》P4233。道绰（562—645年）大业五年在并州汶水石壁玄中寺感悟，阐释净土宗之大义。华严宗初祖法顺（557—640年）的奇功异能传闻也大致在这段时间里风靡全国。法琳《辨正论·卷三》中记载炀帝度僧尼16000余人，新铸佛像近4000座，修补残破缺损佛像十万以上座，整理佛经九十余万卷。宗教圣地圣物可以开创、发现，灵魂则难以捉摸，杨广以晋王镇扬州时，听说过道家仙人徐则的传闻，十分向往，手书召之：夫道得众妙，法体自然，包涵二仪，混成万物，人能弘道，道不虚行。于是徐则遂诣扬州，晋王将请受道法，则辞以时日不便，其后夕中，命侍者取香火，如平常朝仪之礼，至于五更而死。《隋书·卷77·隐逸传·徐则传》P211。一份邀请触发了这个人的自杀倾向，不知是来自对晋王的请求厌烦还是对自己无法满足晋王希冀的恐惧，神秘去世也带走了答案。道士王元知在杨广眼中印象极佳，炀帝亲执弟子之礼，敕于都城为之建造玉清玄坛以处之。《旧唐书·卷192·方伎·王远知》P616。大业六年正月，几十个佛家子弟装束，自称弥勒佛的人在洛阳建国门抢夺卫士武器，实施暴乱计划，好像要占领京城，又好像是要以死警示什么，这也是一种自杀行动，与徐则不同的是集体性质。所有的参与者被路过的齐王及其随员所杀，随后在京城展开大规模的搜捕，有千余家连坐，但是没有佛寺、佛教徒因此特别被迫害的记录，也并未改变他对佛教的友好态度，当时国家蒸蒸向荣，国家与教会关系友好，不需要这种激烈的行动。不过国家宏观局面与复杂地方实际比，可能差异悬殊，在国家走向伟大，个人则陷于绝境，于是铤而走险。大业七年炀帝发动辽东战事时,恒山郡丞王文同奉命巡察河北诸郡,文同见沙门斋戒菜食者,以为妖妄,皆收系狱。又在河间郡境逮捕"沙门相聚讲论及长老共为佛会者数百人",文同以为聚结惑众,尽斩之。又悉裸僧、尼,验有淫状非童男女者数千人,复将杀之。郡中士女号哭于路,诸郡惊骇,各奏其事。帝闻而大怒,立即遣使者将文同就地处决,文同棺又被挖开,顷刻间,死者的肉体被因为愤怒而丧失理智的人们哄抢食完。《隋书·卷74·王文同传》P204。这是草菅人命还是无端仇视不同宗教文化的例子?或者兼而有之?炀帝并不比高祖更为残酷,他及时阻止王文同的疯狂行为与他一生中高度蔑视他人生命的个性对比强烈。其实他不过是个容易被利益冲昏头脑的人,国家脆弱法律基本架构在肆意放大的个人利益中不占有固定份额,两者碰撞中总是前者变得支离破碎。杨坚笃信佛法,对道士不屑一顾,但是炀帝并不因与释教那么密切而对道家冷漠,大业中道士讲经以老子为本,其次庄子以及神灵巫术飞升变化隐现之类。即使如此,以术进者甚众,与道士王远知在临朔宫见面时,炀帝亲执弟子礼,为之专门筑建玉清玄坛。但是,炀帝的善意既未得到道法及其神灵的庇佑,道家的著名子弟也抵制他,道学大家孙思邈为等待李世民的治世而拒绝来自隋官方的一切任命,王远知在为密谋叛国的李渊密传符命,打气助威。《旧唐书·卷192·方伎·王远知、孙思邈传》P616。至于原生的相术,他保有持久的虔诚,乙弗弘礼相术精湛,杨广为晋王时,曾召来为自己看相,弘礼以喜悦的口吻告诉他的顾客"大王骨法非常,必为万乘之主。"炀帝即位后,招天下道术人置坊以居,仍令弘礼统摄。《旧唐书·卷191·乙弗弘礼传》P612。对已知的世界和未知的世界抱有同样热情,不论本土文化、外来文化,抽象知识还是实用知识,炀帝都敞开胸怀,无所顾忌,基本是真心实意相信这些知识。

与佛家原则存在严重冲突的《孝经》存续情况在佛教的声浪中并无不妥,它有市场,有强援,根本不需要躲起来。在隋代,孝已经发展成一个极其复杂的概念,涉及政治、伦理、人性等方方面面,渗透于政治中的孝道,经常是决定政治原因和结果的一个要素。开皇十五年(595年)三月,仁寿宫落成,劳役人员累病死者陈尸于道,杨素悉令焚除,帝闻之不悦。独孤皇后了解丈夫的心意,次日趁杨坚在场当面对杨素说:公知吾夫妇老,无以自娱,岂非忠孝!赐钱百万,锦绢三千段。将一种纯粹的奢侈浪费行为解释为孝道就很容易接受,其中惊人的残暴行为也就变成一缕青烟被轻轻拂去,甚至教会杨坚经常从孝道的观点看问题。仁寿二年,文献皇后安葬完毕后,诏以"杨素经营葬事,勤求吉地,论素此心,事极诚孝,岂与夫平戎定寇比?其功业可别封一子义康公,邑万户,并赐田三十顷,绢万段,米万石,金珠绫锦称是。《资治通鉴·卷179·隋纪三》P1191。与平陈功臣的赏赐比较:韩擒虎赐物进位上柱国,赐物八千段。由于放纵士卒对陈宫女犯罪,因此不加爵邑。贺若弼赐物八千段,加位上柱国,进爵宋国公,真食襄邑三千户,加以宝剑、宝带、金瓮、金盘各一,并雉尾扇曲盖杂采二千段,女乐二部,又赐陈叔宝妹为妾,拜右领军大将军,寻转右武侯大将军,时弼兄隆为武都郡公,弟东为万荣郡公,并刺史列将。《隋书·卷52·韩擒虎贺若弼传》P160。他确实认为孝道是一种高于政治军事功勋的美德。只是炀帝与隋文帝作为君主距离很大,前者知识面更宽,奉行追求目标多元函数化,大业五年,薛道衡向炀帝敬献《高祖皇帝颂》一文,大为光火,即使被高度评价的是他生父也不能容忍,竟从此产生了杀机。《资治通鉴·卷181·隋纪五》P1203。这是一次将孝道与政治需要明显区别开来的例子,炀帝的孝道观相对淡薄且讲求实际,这与一度受炀帝庇护的学者兼诗人王胄因交友不慎(受到杨玄感拉拢而被牵连)而丢了性命不同,杨素并不是为了一个优良工程而不顾工人死活的,他的暴虐行为是在支持隋代皇帝业已形成的特权,当这种特权被默认后,他一定会因此受益。如果抵制这种特权,他个人在民意的支持下获益指数要低得多,因为杨坚已掌握了实时可以生效的评判标准,同时也可以制定标准。素了杨玄感处于一个机会更为成熟的时期,价值观也十分合时宜,成功的因素却并未实际完整联系在一起。皇帝显然具有成功的内涵,但不必具备公正的内涵,它是各种机会的有机组合。炀帝心智比其父强劲,所以对情感问题经常自行其事,并不事事拘泥于礼仪规范,也不在乎别人的意见,炀帝的妹夫柳述在立储事件中被逮捕,炀帝(569—618年)即位,柳述竟坐除名,下令与公主(杨坚第五女兰陵公主,573—604年。乐平公主杨丽华561年生,比炀帝年长八岁)离婚,徙述于龙川郡,公主请与述同徙,遭到皇兄拒绝,述孤身前往流放地,并在三十九岁盛年死在那里。《隋书·卷47·柳述传》P152,兰陵公主只活了三十二年。

　　亲情与是非观不一致时,君父、夫妇、母子的排序,没有公认的准则,炀帝长女南阳公主十四岁下嫁宇文述之子宇文士及,宇文述[述616年十月(大业十二年)去世,化及于618年三月逝世。]病重期间,南阳公主亲自护理,尽到儿媳的责任。由于士及之兄右屯卫将军宇文化及是杀死炀帝的主要策划者和参与人,化及失败后,南阳公主与丈夫失散,落入窦建德之手,她的十岁儿子禅师与她同行,一度受到礼遇,不久,窦建德出于政治目的,希望通过复君父仇扩大自己的影响,派属下武贲郎将于士澄对公主宣布窦建德的一个重要决定:宇文化及躬行弑逆,今将族灭其宗。公主之子法当从坐,若不能割爱,亦听留之。主泣曰:武贲既是隋室遗臣,此事何须见问? 建德竟将禅师杀死,公主寻请建德剃发为尼。及建德败,公主将归西京,复与士及遇于东都,公主不与相见,士及就之,请复为夫妻。主拒曰:我与君仇家,今恨不能手刃君者,以谋逆之际,君不预知也。……士及固请,公主怒曰:必就死,可以相见也! 士及知不可屈,乃拜辞而去。"《北史·卷 91·列女传》P321。

在天然的关系与法律关系两种利益之间,前者看来更容易作为首选。用儿子的死来为父亲复仇,或者说以其外孙的死为外公为君王复仇,当然不是在维护法律,除了丧心病狂的哗众取宠,没有任何一种如此特殊的伦理观行得通,人性上也很难找到支点。上述伦理观并不是一种明白无误的利益,没有交易价值,却是一种不可忽略的交易因素。这样一个伦理悲剧的根源在于礼特别是孝道思想,在父女关系与母子关系、夫妻关系中她选择前者。本该成为至爱的儿子与丈夫一下变成陌生人,而且与她有争议的父亲相比,父子二人完全是无辜的。她作出这种选择或许经过痛苦的考虑,不过这绝非偶然,春秋时代的一位妻子在面临丈夫和父亲之间必须二选一的时刻,选择父亲的例子在复杂变化的社会背景下已经衍生出不同的现实发展路径,但血缘的指向性一直强劲、清晰,这种根深蒂固家族观既是孝道的理由也是其危机所在。大业十一年三月,神经近于崩溃的炀帝处决李浑、李敏及宗族三十二人,自三从以上皆徙边,后数月,敏妻亦鸩死。李敏妻宇文氏,周天元之女,帝之姊子也。《资治通鉴·卷 182·隋纪六》P1213。即杨丽华之女,也是炀帝外甥女。微弱的政治猜测也可以突破看似牢固的政治家族观念,这说明没有政治支持的孝道本质脆弱而且意义模糊,实用主义的执政风格又决定在类似的时代,总是倾向于让忠诚大于孝道。有人密告滕王杨纶怨望诅咒,炀帝令黄门侍郎王弘彻查,弘迎合帝意,奏滕王杨纶厌蛊恶逆,坐当死。帝令公卿议之,司徒杨素等曰:纶怀恶之由,积自家世。惟皇运之始,四海同心,在于孔怀,弥须叶力。其先乃离阻大谋,弃同即异,父悖于前,子逆于后,为恶有将(这里有带领之意),其罪莫大,请依前科。帝以皇族不忍,除名,徙边郡。"《北史·卷 71·隋宗室诸王传》P261。其父杨瓒因与北周武帝妹顺阳公主的婚姻关系对杨坚夺位反映迟钝,如果伦出于孝顺延续了他父亲对不良政治持批评态度的正确道路,仍然会遭到公诉,因为怀疑君主就已近让他的忠诚不那么顺眼,文化的发展趋势是几乎所有的社会制度最终都要向孝道概念让步,是非感也不例外。一些有条件的人可以选择绕道而行,极少数人可以在掩饰得相当好的情况下践踏它,至于它的确切作用,实际上主要是维护人性与人身安全基本保障问题。这是任何国家在发展中都会遇到的问题,中国人的处理方法或许有些独特,这完全是由于它在中国人看来作用独特，意义非凡的缘故。实质上，中外有关孝的基本含义相差甚远，由于处理方法的不同，决定了国家不同的发展方向。为何孝不能和谐、可持续地贯穿于动态社会之始终，没有一个稳定的安全边际？是因为它只是一种固定的生活模式而不是一种充满活力的精神或一种容易产生共鸣的价值观，一旦利益碰撞，孝的结构就会支离破碎。而且孝道本身是一种容易引起知识垄断，容易被指谪为向后看的思想体系，教条化诠释孝道，令古代中国文化具有守旧、僵化、迷信权威的特色，技术、政治进程也往往步履艰难。

古典道德观主要是一种娱乐社会的东西，它难以直接创造价值，对人身的保护作用也一直被严重夸大，现存的道德观中只有极少部分是社会实践的总结，其理论依据更多地是建立在对人性与自然的臆测之上。

第二节　科举与教育

炀帝眼中的国家百废待举，与他父亲不同，新君急于恢复学校。大业元年（605年）闰七月恢复学校时，炀帝采纳了旅骑尉刘炫意见，诸郡置学官，及流外给廪。《隋书·卷75·刘炫传》P206。他要一举改变其父抠抠索索的理财方法。兴学有个很直接的心理背景，新君自认为在学识与鉴赏能力上，远优于其父，热心办学，他的个人优势得到发展就是能证明人他登基的合理性。大业初，龙川太守柳旦，根据当地"民居山洞，好相攻击"的现状，开办学校，提倡教育，很快民风大变。此事帝闻而善之，下诏褒美。大业四年，任命柳旦为太常少卿，摄判黄门侍郎事。《隋书·卷47·柳旦传》P152。

"炀帝始建进士科"。《通典·卷一四·选举二》P178。朱熹考证是大业二年七月。大业三年四月，隋炀帝的提出自己人才标准：夫孝悌有闻，人伦之本；德行敦厚，立身之基。或节义可称，或操履清洁，所以激贪励俗，有益风化。强毅正直，执宪不挠；学业优敏，文才美秀，并为廊庙之用，实乃瑚琏之资。才堪将略，则拔之以御侮；臂力骁壮，则任之以爪牙。爰及一艺可取，亦宜采录，众善毕举，与时无弃。以此求治，庶几非远。有职事者五品以上，宜依令十科举人，有一于此，不必求备，朕当待以不次，随才升擢。《隋书·卷3·炀帝纪》P11。简言之，即：1.孝悌、2.仁厚、3.忠义、4.清廉、5.正直、6.秉公执法、7.学业拔尖、8.文理晓畅、9.精通军事、10.武艺出众。共十条，文武职事官五品以上，有权举荐。在职九品以上官员不再参加选拔。五年六月的诏书又加以简化："诸郡学业皆通，才艺优治；臂力骁壮超绝等伦；在官勤奋，堪理政事；立性正直，不避强御，四科举人"。《隋书·卷3·炀帝纪》P11。即1. 学业优秀2. 身体强壮3. 勤于公职工,4 正直无畏。四种类型人才,而且不再限制在职官员的自愿参加选拔。上述观点十分接近曹操的求贤令思想,诏书显得理智而且明白无误。主要在两方面:1. 才德兼备者随时予以擢用。2. 仅有一技之长的偏才亦属国家治化所需。不过这种人事观发展道路崎岖不平,往往导致如下结局:一个不在职的人不必完美无缺,但一个在职官员不能有缺点。大业四年十月,诏立孔子后为绍圣侯,孔子作为重教育的象征,政治上的尊宠有利于社会向学风气的迅速好转。这一连串举措应该受社会欢迎。现在看来,创建进士科启动了科举制,意义称得上伟大,中国作为一个统一国家很大程度上得到它的支持,为满足心理需求,人们需要借助于这一平台自我表现或为国出力,从其相关理论上讲它具有前所未有的公平,是人人的机会,那些自愿同化的人不可能仅靠中华美食就能一揽子解决。问题是它的优点可能并未被君王自己所认清,大业七年二月,"帝自江都行幸涿郡,御龙舟度河,入永济渠。仍敕选部、门下、内史、御史四司之官于船前选补,其受选者三千余人,或徒步随船三千余里,不得处分。冻馁疲顿,因之致死者什一二。"《资治通鉴·卷183·隋纪五》P1204。对待士人是如此粗鲁,既是君官与臣民身份之间的真实反映,也是选举权在吏部还是在皇帝的一个诠释。

科举制与炀帝对文化的兴趣有密切关系,他是北魏以来最具文学修养的君主,即位之初,每当退朝之后,便命柳辩入阁,言宴讽读,终日而罢。《隋书·卷58·柳辩传》。柳辩一度为晋王时的杨广咨议参军,晋王好文雅,召引才学之士诸葛颍、虞世南、王胄、朱玚等百余人以充学士,而辩为之冠。王以师友处之,每有文什,必令其为润色,然后示人自己的作品也挑柳辩作序。柳辩不适合行政工作,炀帝即位却被任命秘书监,他因为对柳辩才华的爱慕变成对一种特殊情感,同榻共席仍嫌不够,还命匠人制作一个形似柳辩的活动木偶,以便晚上陪伴自己,这已经超出君臣、朋友关系,不过仍是个性问题,与他热衷的文化没有必然联系。庾自直在大业初授著作郎,帝有篇章,必先示自直,令其诋诃,自直所难,帝辄改之。或至于再三,俟称其善,然后方出,其见亲礼如此。《隋书·卷76·庾自直传》P209。在成为一国之君后,能者为师的风格并未改变。大业初,虞绰转为秘书学士,与虞世南等撰《长州玉镜》等书十余部,绰所笔削,帝未尝不称善,而官竟不迁。《隋书·卷76·虞绰传》P208。炀帝是有诗文天赋的人,柳辩对他影响很深,原本一直是在仿效虞信文体,与柳辩热络后,文体竟发生改变。"尝朝京师还,作《归藩赋》,词甚典丽。《隋书·卷58·柳辩传》P171。《北史·卷74·柳裘传》P272。大业中,炀帝命曹宪与诸学者撰《桂苑珠丛》一百卷,又训注魏张揖所撰三卷本的《广雅》，分为十卷，炀帝命藏于秘阁。两部书都属于小学，即训诂、音韵方面的语言学专著，后一部则影响更为深远。《旧唐书·卷189上·儒学上·曹宪传》P595，《新唐书·卷198·儒学上·曹宪传》P601。只有炀帝这样酷爱文化有精神追求的人，才懂得健康积极的智力竞争意义重大，殊属有益，科举制在这里诞生也就正当、及时、自然。

科举制是为自己准备的？"炀帝自负才学，每骄天下之士，尝谓侍臣曰：天下当谓朕承藉余绪而有四海耶？设令朕与士大夫高选，亦当为天子矣。谓当世之贤，皆所不逮。"在他的想象中，每一次的第一名都会是自己。"他的自负促成了一个制度——科举制的建立，这样一个公开的智力竞争平台只有他这样野心勃勃、目空一切的人才有力量勾勒，虽然制度最终完善还需要时日，但是他的灵感惊世绝俗，足以让具有不同类型智慧的人感知、捕获、完形。他的傲慢也毁灭了一个政权"《书》云：'谓人莫己若者亡。'帝自矜己以轻天下，能不亡乎？"《隋书·卷二十二·五行志上》P83。综合而论，炀帝的政治生涯其实功大于过，他虽然毁掉了自己的王朝，但一套长期影响惠及后世的制度比一个孤立朝代兴衰更重要。

第三节　信仰与礼仪

一、道德标准—礼乐

礼乐具有新旧交替的象征意义，杨坚对指派从事相关整理修订工作者迟迟没有圆满成功不满正源于此，他低估了创造性工作内涵，创新不可能因需要而按时产生。开皇初，潞州刺史柳昂见天下无事，可以劝学行礼，因此上表：若行礼劝学，道教相催，必当靡然向风，不远而就。家知礼节，人识义方，比屋可封，辄谓非远。隋文帝阅读后表示赞同，专门下诏：建国重道，莫先于学，尊主庇民，莫先于礼。眼下"民丁非役之日，农亩时候之余，若敦以学业，劝以经礼，自可家慕大道，人希至德，岂止知礼节，识廉耻，父慈子孝，兄恭弟顺者乎？始自京师，爰及州郡，宜祗朕意，劝学行礼。《隋书·卷47·柳昂传》P153。隋初，柳彧时任屯田侍郎，当时制度，三品已上门皆列戟，左仆射高颎子弘德封应国公，申牒请戟。彧判曰：仆射之子更不异居，父之戟已列门外，尊有压卑之义，子有避父之礼，岂容外门既设，内阁又施！事竟不行。"颎闻而叹伏。《隋书·卷62·柳彧传》P177。这说明高颎比他的儿子更为熟悉这种礼仪，后者肯定无意违背礼制，只是此类制度繁多，容易忽略了它的存在而已，不过在这种礼节正确的结果无非就是减少了浪费,任何当事人忽略它的危险性则并不可取。高构曾在高祖时担任民部侍郎,当时内史侍郎晋东平与兄子长茂争嫡,尚书省不能断,朝臣三议不能决,高构单独提出一个处理意义,公认合情合理,杨坚采纳这个意见。虽然高构判辞的具体内容并不清楚,但能为杨坚赏识,特意将高构召入内殿褒奖一番:嫡庶者,礼教之所重。我读卿判数遍,词理惬当,意所不能及。《隋书·卷66·高构传》P187。谈话具有很强的专业性,对礼的细微辨析所达到的程度应该是与高祖以孝治天下的理想有关。

孝一直被隋文帝特别关注,对孝道理论有研究,开皇三年,隋文帝曾亲临国立学校开学典礼,宇文弼与学校的博士们公开讨论孝的命题,语言文雅,意境开阔,内容丰富,在场者完全被吸引住了。杨坚高兴地对周围人说:朕今睹周公之制礼,见仲尼之论孝,实慰朕心。《隋书·卷56·宇文弼传》P166。但是,规定永远赶不上变化,孝在实际操作中问题复杂。永宁令李公孝在其四岁丧母,九岁外继,其后父更别娶后妻,开皇十八年这个妻子(即公孝后母)逝世。学者刘炫以她对李公孝无抚育之恩,提议李在服孝期间不需解除职务。"议不解任。"刘子翙对此加以反驳,要点是:《传》曰:继母如母,与母同也。当以配父之尊,居母之位,齐杖之制,皆如亲母。他的长篇大论打动皇帝并采纳了他的意见。《隋书·卷71·刘子翙传》P198。于是李公孝必须离职返家,穿粗麻布丧服为继母服丧三年。而是否按制服完规定的时间,需考虑一系列复杂的原因,仁寿三年(603年),文献皇后逝世,对王公以下人员应该执行何种礼仪制度为准,众说纷纭,一时决定不了。牛弘以"三年之丧,祥禫具有降杀,期服十一月而练者,无所法象。"的意见进呈于高祖。杨坚同意除期、练之礼,正是自牛弘开始。《隋书·卷49·牛弘传》P155。仁寿三年六月在一份长篇幅的诏书中,专门就练一事提出意见,"今十一月而练者,非礼之本,非情之实,由是言之,父存丧母,不宜有练。但依礼十三月而祥,中月而禫,庶以合圣人之心,达孝子之意。《隋书·卷2·高祖纪》P9。诏书中的意见到了相当专业的程度及持久的兴趣,尽管撰文不一定出自杨坚,估计有他的意思并且事先有过目。仁寿二年闰十月,苏威、杨素、牛弘等受命修五礼,仁寿三年,吏部尚书牛弘对有关丧礼专门提出一个意见:礼,诸侯绝傍期,大夫降一等。今之上柱国虽不同古诸侯,比大夫可也,官在第二品,宜降傍亲一等。但刘炫反对:古之仕者,宗一人而已,庶子不得进。而先王重适,其宗子有分禄之义。族人与宗子虽疏远,犹服缌二月,良由受其恩也。今之仕者,位以才升,不限适庶,与古既异,何降之有? 今之贵者,多忽近亲,若或降之,民德之疏,自此始矣。牛弘希望按根据古代大夫以上无缌服(缌服,最轻的一种,三个月)规定,降一等后就不需要为缌服者服丧了,意思是丧事从简。参与讨论者多数认为这个意见很好,可以减少许多公职人员因治丧请假,解决缺少人手以致日常公务办理受阻的问题。刘炫分析,古代只有嫡子进仕,其他不得进,现在以实际才能录用,嫡、庶身份在人事上并不重要,还是尽可能让上柱国按缌服行事。陈寅恪《隋唐制度渊源论稿·之二礼仪》P10。听完他们各自的表述后,杨坚否定了牛弘意见。为维系家族关系的紧密,简化国家人口管理方式,杨坚不在乎这笔成本,要以此告诫国人,孝道是他统治时代最强烈的道德呼唤。《隋书·卷75·刘炫传》P206。

期,即一周年,丧服一周年之服谓期,或称齐衰一年之服为期。

练,小祥之祭亦称练祭。小祥,指父母故后一周年的祭礼。练:小祥主人练冠,即戴白色熟绢帽子。练衣:丧礼,十三月小祥以后之服。

大祥:三年大丧,二周年祭为大祥。大祥后除丧服,服常服。

禫:指三年期的丧家除服之祭。郑玄以二十五月为大祥,二十七月而禫,二十八月而作乐。

可以找到很多例子让人看到一个极其体贴、温情的明君,开皇二年,南方传来陈宣帝逝世的消息,东南道行军元帅长孙览提议乘陈国大丧混乱之际一举推翻它,此前已经出征的攻陈的监军高颎以礼不伐丧为理由而率部返还。《隋书·卷51·长孙览传》P159。估计他要让死者家属和陈国人有充足时间悼念宣帝。如果皇帝坚持以战机为重,空手而回的高颎就不会平安无事。实际做的远不止于此。开皇初,帝闻知薛浚事母至孝,以其母老,赐舆服机杖,四时珍味,当时荣之。后其母疾,浚貌甚忧瘁,亲故弗之识也。薛母故世后,归葬夏阳,于时隆冬寒极,浚衰绖徒跣,冒犯霜雪,自京及乡五百余里,足冻坠指,疮血流离,朝野为之伤痛。由于工作需要,皇帝寻令起视事,浚屡陈诚款,请终丧制,优诏不许。不过薛浚既未违背圣意,也未违背本意,"竟不胜丧,一病不起而辞世,年仅四十二。《隋书·卷72·薛浚传》P199。他不过是一系列走极端自虐者例子中的一个。开皇八年逝世的慈善家李士谦,在西魏时被辟为开府参军事,由于为其母守丧期间严格遵守相关礼仪,一个健康的人陡然变得弱不禁风,而其已嫁的姊姊情绪更为失控,竟不胜哀伤而死。士谦还在丧期过后,将住宅捐赠变为佛寺。这种以生命的代价实践礼仪,为礼仪目空一切的行为在当时受到鼓励。不过这个学识丰富的人恐怕受礼仪与生命孰为第一之类问题的太多困扰,一直没有重新振作起来,此后坚持拒绝接来自各方的任命,直至"隋有天下,毕志不仕。《隋书·卷77·李士谦传》P210。逝世后当地人将他的事迹以书面形式上报朝廷,请求官方的给予谥号,可能是因为对新政权的疏远态度,结果没有回音,当地人仍自发集资为其树碑纪念。而从郑译等的例子看来,他又是在借口礼教,以惩罚忽略家庭价值观入手,唤醒对皇朝的绝对忠诚,郑译自从被政治搁置,私自延请道士章醮为其祈福,希望扭转不利局面,事后其家庭女佣上报他使用妖术。杨坚召见郑译直接以此事责问,后者无言以对,译与母分开居住的事也遭到监察机构弹劾,因此除名,随即后颁布的诏书措辞严厉:若留之于世,在人为不道之臣;戮之于朝,入地为不孝之鬼,有累幽显,无以置之。《隋书·卷38·郑译传》P136。由于暗自求助于宗教人士来满足心灵深处的愿望,更严重的是对母亲奉养不周,结果被开除公职,并强制他每日侍奉母亲左右,天天罚读《孝经》。郭隽则由于"家门雍睦,七叶共居,犬豕同乳,乌鹊通巢,时人以为孝义所感,州、县两级政府上报此事,高祖欣喜之余,连忙遣平昌公宇文弼至家慰问。《隋书·卷72·郭隽传》P200。这是一个回答人是如何与天获得一致性的例子,说明孝是一种天性,天有意志。但是孝的现实世界并不总是如此甜美,它涉及至少两个人,有时是能力,有时是愿望,有时更是个性,会随需要发生变化,使孝的精神无法在实践中落实。隋室宗亲杨弘正是游移于姓杨还是姓郭之间,间接导致母亲和妻子的死亡,杨庆其实处于忠、孝、礼德夹缝中。求生是一种本能,是最基本的需求层次上的正常反应,当它与政府宣称的另一种本能—孝遭遇时,孟子认为应该舍生取义,因为这是人有别于禽兽的地方,但是成为一个人的代价如此昂贵的,可能令人做出其他选择。好的政府就是不向人的基本需求挑战,而是设法正当化并满足所需。聪明的政府也不会对政府的需求直抒胸臆,而是一概解释为个人或自然的需求。作为伦理道德上口诛笔伐的对象,炀帝仍有借助于模式化的伦理结构层次,有序地将其转化为行政要素的成功实例。华秋在当地以孝闻名,大业初,中央大肆征调狐皮,郡县为完成任务组织大规模捕猎。有一兔在围猎者们追逐下逃入华秋家,躲藏在秋之膝下,猎人赶来对眼前的情景大为惊异,一致同意让此兔自由活下去。自此这野兔成为华秋陋室频繁的访客,郡县认为孝所感,两级政府都正式具文上报至炀帝,首都的专使前来慰问,并在当地立碑记录此事。时局动荡之时,人们朝不保夕而道德沦丧,往来留居的盗贼竟仍能仁爱常驻,相互转告"勿犯孝子。"爱屋及乌,这使得本地不少人因为华秋的缘故免受打劫之苦,混乱时世,华秋俨然一道安全屏障。《隋书·卷72·华秋传》P200。大业五年三月,有司奏武功男子史永遵与从父昆弟同居一室生活,实际上是在默默照顾年少的堂房弟妹,炀帝对此大加赞赏,赐织物一百段,在该里巷的入口处刻石永久纪念。《隋书·炀帝纪》P11。)华秋孝行对国家治安的弥补,和史永遵对社会救济缺陷的掩饰,这才是国家鼓励孝悌的初衷。这种鼓励的效果则因人而异，在现实漩涡中，利益是难以回避的选择，杨庆为获得安全与好处而使用不同姓氏并不过分，但是如果因此害死了两个至亲的人，那就要另当别论。《隋书·卷43·河间王杨弘传》P145。唐朝的领袖尊重他的离经叛道的个人选择，显示时代需求与传统有不同内涵。

实施礼制需要成本，对杨坚这样自律的人，一贯节俭的生活方式注定他对礼会有选择地加以应用，早期拖延建明堂，终生不封禅都是例子。开皇三年，牛弘请求按古制修立明堂，表示："窃谓明堂者，所以通神灵，感天地，出教化，崇有德。……夫帝王作事，必师古昔。今造明堂，须以《礼经》为本，形制移于周礼，度数取于《月令》，遗椽之处，参以余书，庶使该详沿革之理。杨坚以国家在初创期，不是当务之急为由，不准将建造明堂工程列入预算。明堂是君王祭祀，诸侯朝见，处理公务的地方，类似国家会议大厅，是使用频繁的重要场所。九年平陈统一全国，大功告成之际，按惯例，"朝野物议咸愿登封。"被杨坚断然拒绝。《隋书·卷1·高祖纪》P7。兖州刺史薛胄以天下太平，登封告禅，帝王盛烈，遂遣博士登泰山观古迹，撰《封禅图》及仪上之，高祖谦让不许。《隋书·卷56·薛胄传》P166。十四年又一次拒绝大臣们的恳请。次年御驾至兖州，杨坚还是没有上泰山，只在山下为坛行礼。《隋书·卷7·礼仪二》P17。皇帝初期，杨坚担心舆论怀疑他的合法性积极寻求祥瑞来支撑信心，而从上可以发现，他显然很快度过了这一心理危机期，对象征意义大于实际作用而开销不小的明堂与封禅持严重消极态度，力排众议，足见他是一个相当有主见的人。如果只看到礼的积极一面，那对一套人为的制度认识就不会是客观全面的，也是人为制度多不能达到的境界，从隋朝涉及礼制的基本事实来看，不能确定当时正在使用的礼均正确有益，而且如果不是专业人员和训练有素的人，可能无所适从。

礼作为一种标准，广泛用于司法审判或裁定中，对权力无边的皇权来说，以礼入律就是赋予其任意裁判权，有些行动多少有些矫枉过正。大业五年（609年），韩擒虎之弟上柱国韩僧寿，从随炀帝巡幸太原，有京兆人达奚通妾王氏，能清歌，朝臣多相会观之，僧寿亦豫焉，坐是除名。《隋书·卷52·韩擒虎传》P160。古代婚姻生活并不是一项个人隐私，国家对个人婚姻状况有监督机制，它涉及不止是两个人的事，所以多角度反映礼与律的内在联系，杨坚皇后成功干涉库狄氏婚姻，是从个人行为干预开始到礼制干预结束的例子。库狄士文堂妹为齐帝高氏嫔，容貌出众，齐灭之后由官方赠给薛公长孙览，览妻郑氏为捍卫自己的爱情，向独孤皇后申诉，两人心灵相通，一拍即合，皇后立即下令长孙览与库狄氏离婚，单身的库狄氏被应州刺史唐君明聘为妻后导致了严重后果，问题出在唐君明当时还处于为其母守丧时期,禁止婚娶等。结果君明、士文一并被御史弹劾,以至刚烈的士文在狱中愤然而死。《北史·卷54·库狄士文》P210。士文可能是公职人员清廉、严格自律的典范,疾恶如仇导致他残暴闻名,二者有时显示具有一定的关连,不过他的这次遭遇完全是因为遇到独孤皇后这样偏执的强大对手。杨坚一方面是个可以纵情讨论经典伦理诠释之细微之处,以展示其卓越人性的人;另一方面又是蔑视他人基本权利的皇帝,两者集于一身,表现在不同时机。

政治冲浪中,婚姻制度中的贞操观仍是一个备受官方鼓励的社会平衡因素,它有时似乎不受利益的影响,从某种程度上反映人们在利益取舍中的不同倾向。主流文化中已婚女性容易落入归属于男方财产的俗套,但在社会层次较高的女性取舍中,通常具有政治意识。"壹与之齐,终身不改,故夫死不嫁。"《礼记正义·卷二十六·郊特牲》P228。刘向《列女传》,班昭《女诫》都以鼓励女性在婚姻上从一而终闻名于世之巨作,这在隋朝之前已经耳熟能详,在每个地方发挥影响。北魏文成帝时期,渤海封卓妻刘氏在丈夫死后,"遂悲叹而死"中书令高允即兴赋诗纪念,其中有云:毕志守穷,誓不二醮,何以验之,殒身是效。《北史·卷91·列女传》P320。对醉心于这套理论的人而言,一生中有幸遇到这样一件事几乎是一种奖赏。隋文帝很在乎这种思维,韩觊妻于氏,十四岁(十四岁经常被定为法定婚龄)嫁韩家后,丈夫从军,死于战场。她父亲以其年幼无子,力劝再婚,她发誓不再嫁。"遂以夫孽子(家庭旁支)世隆为嗣,身自抚育,爱同己出。"过着与世隔绝的生活。隋文帝知道后非常高兴,在她生前即嘉奖其家族,"长安中号节妇门"。另外一个覃姓妇女更走极端"与丈夫相见,未几而夫死,"似乎并未真正成婚,她当时只有十八岁,为维持夫家人的生活,她纺织十年,其间埋葬了八个亲人,深受当地人尊重,故事也终于传到隋文帝那里,他令人送来粮食财物,表其门闾。《北史·卷91·列女传》P322。这个女性的此后的生活可想而知,当然会沿着国家鼓励的道路越走越远,与人性化的生活分道扬镳。忠于丈夫可以有多种原因,最合乎情理的有两点:一是彼此情投意合,感情专一;二是夫家有人需要持养。有些过度悲痛而死的妇女并不能一概认为是受教育的结果,当时婚龄过早,一些已婚妇女不仅心智而且身体尚未完全发育成熟,经济不能独立,形成对丈夫的高度依赖等,心理承受力相当弱,一出现诱因,就易于陷入崩溃。"河北孙神当远戍,主吏配在夏州(今陕西靖边县),……未几神丧,灵柩至,孙神妻陈氏哀恸,一哭而卒。隋文帝诏表其闾。《北史·卷91·列女传》P321。循州柳旦女也,年十余岁,以良家子合相,见娉为襄城王杨恪妃,恪因故被炀帝处死后,柳妃自缢死。"这是殉夫的一类极端例子,不能排除有些完全是出于自愿,也有些是由于周围环境压力过大造成。《北史·卷91·列女传》P321。有些女性在其夫亡故后，愿意摆脱已不再留恋的家，这可能更合符人性。另有女性完全相反，因为娘家或夫家人中从来不乏贪暴之人，买卖女性作劳役奴隶或性奴隶和以她们作婚姻交易的情况相当普遍。他们往往不顾妇女的身心健康与个人意愿，出于牟利的愿望将她随意，即事先不与她们商量或在完全不知情的情况下被出手转让。一些妇女拒绝这种屈辱性质的生活安排，宁愿选择留下枯燥但宁静的日子却无法遂愿。隋初，公卿薨亡，其爱妾侍婢，子孙则嫁卖之，成为风俗。治书侍御史李谔上书抨击这种现象，他的依据是：1. 三年无改，方称为孝。2. 嫁卖的目的是取财。3. 虽然她们地位卑微，毕竟多年同处一室，不仅有服孝的义务，处于变化中的感情也需要慰藉。意见得到杨坚的认可，开皇十六年六月下诏：'九品以上妻，五品以上妾，夫亡不得改嫁。《隋书·卷66·李谔传》P185。日后得到沿袭的婚姻制度受此诏令影响深刻，国家鼓励这种行为，实际上间接给一些完全缺乏自我表现保护能力的妇女提供了一定的保护，使他们可以在国家的名义相对地维护人身自主的权利，对不确定的一组人而言是利大于弊。炀帝即位，牛弘推荐刘炫参与修订律令，炫著文对"九品之妻无得再醮"的规定表示反对，并说服了牛弘，牛弘上报的意见则没有被皇帝接受，不过最终还是需求战胜了秩序，大业十三年九月搜求江都境内寡妇和处女配军人，即当地所有无夫的适龄女性都适用这条诏令，只有炀帝本人才能下这样的命令，它基本反映了当时臣民对自身支配权的一般程度。《隋书·卷66·李谔传》P185。当涉及到国家利益时，皇权干涉家庭婚姻是很常见的，雍州长史库狄士文堂妹的婚姻就酿成人命案。《北史·卷54库狄士文传》P210、《隋书·卷75·刘炫传》P206。

涉及不同身份者时，又有所变通。北齐封子绘，祖父封回曾任魏司空，父历北齐尚书右仆射，本人祠部尚书等职。《北齐书·卷21·封子绘传》P32。妻王楚英，出自太原王氏，他们的四个女儿中，长女嫁过三任丈夫，次女和第三女都嫁过二任丈夫。这发生在北齐、北周以后，王楚英在开皇元年逝世，她的墓志铭中称其"妇德内彰，母仪外朗。"女儿婚姻问题并未产生负面影响。就因为妻族"望尽高门，世为冠族。"《考古通讯》1957年第3期。北周宣帝准备同时册立五皇后，征求著名儒者辛彦之，他老老实实地回答：后与天子匹体齐尊，不宜有五。何妥反驳说：帝喾四妃，舜又二妃，亦何常数？"宣帝接受了这个机会主义者的意见，历史上罕见地同时立五位女性为皇后。独孤皇后可能并不认识何妥，否则将势同水火。隋文帝第五女兰陵公主（573—604年），备受宠爱，初嫁大司徒王谊子仪同王奉孝，奉孝病卒逾年后，谊上表，言公主年少，请除服。王谊立即遭到御史大夫杨素弹劾：臣闻丧服有五,亲疏异节;丧制有四,降杀殊文。王者所以常行,故曰不易之道也,是以贤者不得逾,不肖者不得不及。王奉孝以去年五月身丧,始经一周,而谊便请除释。若纵而不正,恐伤风俗,请付法推科。杨坚虽下诏不立案处理,但自此对王谊明显变得冷淡。《隋书·卷40·王谊传》P140。可见杨坚一度还是严格地实行了相关条格。开皇十年(公元590年),杨坚亲自重新为这个不幸的公主挑选夫君,还亲自咨询观人术的高人,候选者有柳述、萧玚等,晋王杨广希望将兰陵公主嫁给自己萧妃之弟,文帝先是表示同意,结果柳述中选,公主时年十八,年龄上在当时已经是晚婚。晋王提到此事就不高兴,当他成为皇上后,设法办柳述流放罪(仁寿四年,即604年)下令公主与柳述离婚另嫁,坚强的公主表示唯一的愿望是与丈夫一起流放,强调按国家法律丈夫有罪,妻当同坐。炀帝除了将夫妻二人分开,无计可施,公主积忧成疾,死时年仅三十一岁。《北史·卷91·列女传》P321。公主尽量利用对自己有利的条文来主张、维护自己的意愿。问题是国家鼓励贞操观可以做各种理解,其中不免出现一些极端的做法。裴伦死后,其遗孀、二女、一儿妇,皆有美色,考虑到时局动荡,在没有男人保护的情况下,担心她们名节随时会被玷污,所以他们全部自愿赴井而死。《北史·卷91·列女传》P321。炀帝长女南阳公主因为丈夫宇文士及的兄弟宇文化及杀死自己的父亲,断然拒绝无辜的士及苦苦哀求,主动终止了他们的婚姻。《隋书·卷80·列女传》P215。由于两个公主身份特殊,他们所享有的权利使她们在制度面前变得相对主动。相比之下,社会地位的低的女性则无法愉快地支配个人命运,开皇二十年,秦王杨俊死于慢性中毒,是他的夫人崔氏所为,她希望独自一人享有秦王的爱,但秦王爱的和爱秦王的女青年要多得多,事件显然是家族利益走向中的一次脱轨现象。崔氏以及杨坚的独孤皇后,虽然种族不同,对感情的投入却同样坚定、勇敢。一夫一妻制的朦胧愿望对处于弱势的女性而言,经常容易衍生为各种主张权利,寻求心理补偿的过度行为。独孤氏凭个人勇气、智慧以及杨坚对她的爱实现个人婚姻理想,崔氏则采用极端手法,她们二人的选择虽然不是孤立例子,但它毕竟未能形成社会主流,不足以说明：即使在社会习惯强大压力下,人性仍具有自动纠偏能力,实际上崔氏所为在当时被顺理成章地视作一种罪行,人性最基本、而且十分正当的要求被窒息了,唯有铤而走险,或许可纾困于一时。尽管与秦王育有儿子杨浩,她被处死后,根据春秋经义,由于母亲有罪的原因,杨浩也在当时被禁止继承王位。牵连更远的是,太子杨昭妃为郑州刺史崔弘升女,崔氏与弘升是兄妹关系。后秦王崔妃即以蛊毒获谴,昭奏曰：恶逆者乃新妇之姑,请离之。当然离婚成功,而且王妃父襄州总管崔弘升亦坐免官,杨昭另娶滑国公京兆韦寿女为妃。《隋书·卷59·杨昭传》P172,《隋书·卷74·崔弘升传》P204。援引法律规定离婚再嫁的情况与对符合道德最高标准的情况予以奖励的情况其实并行不悖,如果有人因忠贞受益,肯定就会有人因此吃尽苦头。因为憎恨故主北周武帝之妹也是自己的弟(杨瓒)媳,竟要强行离散一个恩爱的家庭,最终将他处死。可见高祖心胸之狭隘、偏执,与他的异族低班生比较,后者就显得直来直去,眼里只有忠诚,"开皇元年,摄图曰:"我周家亲戚也,今隋公自立而不能制,复何面目见可贺敦乎?《隋书·卷51·长孙晟传》P159。他后来进行了一系列自杀式的进攻,绝大多数都被隋军瓦解。政治目的是皇帝亲自干预并破坏家庭完整的主要诱因,个人原因而产生的多重判断标准也可因伦理道德而忽略他人生命,不仅满不在乎而且毫无愧疚。当然妇女的个人生活即使并不传统,有时也视其所属家庭及对社会的危害程度区别对待,虞世基继室孙氏是一个比较极端的例子,再婚的孙氏性骄淫,"世基惑之,恣其奢靡,雕饰器服,无复素士之风。世基允许孙氏前夫子夏侯俨同住,而此人"顽鄙无赖,为其聚敛,鬻官卖狱,贿赂公行,其门如室,金宝盈积。其弟世南,素国士,而清贫不立,未曾有所赡,由是为论者所讥。《隋书·卷67·虞世基传》P188。虞世基享有炀帝的信任,一个成功男人的偏爱给这个妇女带来了自由,作为虞家实际的主人,她改变了丈夫,为取悦母子二人虞世基变得奢华贪婪,并不惜疏远自己人品优秀的弟弟。炀帝萧后去国后,命运一直操纵在她毫无把握的男人手中,她从618年起先后被宇文化及裹挟、窦建德控制、在二代突厥可汗治下的草原饮酪食酥,直到贞观四年(630)被李世民接回京城安置,十八年后才安然去世。多年身不由己的流寓生活与母仪天下的责任尖锐对立起来,在舆论的一片猜疑声中她形象暧昧,女性的声誉岌岌可危。礼、义、忠、节交互影响的男人权力世界给了她实实在在的压力,但是她没有采取激烈、唯美的行动,而按本性生存下来,或者是在自觉围绕家族利益旋转,她做到这一点或许得到身份特权的某种庇护,但个人的意愿作用更大,其行为是人类压力中理性行事的典型例证。她或许能听到赞许,但是等待她投缳殉夫报国的人肯定要多得多,不是人们不喜欢看到她幸福,而是人们习惯于将所有的人生纳入同一种熟悉、规定的模式,这个模式对不同人的效果迥然不同,却是一种设计出来的政治理想,看到不断有人进入预定程式,对设计者,倚赖该设计管理国家的人以及持各种理由的支持者,会有平衡与满足感,个人是否幸福则不在考虑之中。忠孝节义观可以视之为一种力求整齐划一行为、带有强制的政治主张,但是很困惑,忠的渊源何在? 一方面"食君之禄,忠君之事。"一方面"良禽择木而栖"都有成功的例子,使得选择具有多重性。右侯卫大将军赵才对忠诚的演绎就显得曲折而痛苦,具有时代的特征。"时帝有巡幸,才恒为斥候,肃遏奸非,无所回避。在途公卿妻子有违禁者,才辄丑言大骂,多所援及。时人虽患其不逊,然才守正,无如之何。这是一个为君主效忠不顾一切的生动形象,当时政出现乱象时,他抱着"自以荷恩深重,无容坐看亡败"向炀帝进言,结果被毫不领情的炀帝拘留了几天。宇文化及政变时,以假诏书骗他出来效力,尽管赵没有反对化及的行为,他迟钝的反应表现还是让化及生气,再次遭到关押,几天后才释放。在化及举办的庆功欢宴中,赵才向参与叛乱的骨干杨士览等一十八人举杯敬酒,但过于严肃的表情与餐厅气氛极不协调,语气冷峻地说:"十八人止可一度作,勿复余处更为。"残留的忠诚尽管不足以让他像过去一样疾恶如仇、直言不讳,但仍帮助他鼓足勇气公开否定一次已经成功的行为,明确杨士览等一十八人属谋逆。现场无人反对,他们无从下手,因为这句话宇文化及应该会喜欢,它揭示了一个忠实于旧朝的人价值取向正在改变,向新主人靠近,敬告杨士览等下不为例,就是要求他们毕生忠于化及新政权。《隋书·卷65·赵才传》P185。张须陀的悲剧与忠诚之间距离最短,张可能是隋末最具实干精神最有才能的将领,在任齐郡郡臣时,他擅自开仓拯济灾民,声称"若以此获罪,死无所恨。"他战功卓著,称为名将,以功迁齐郡通守,领河南道十二郡黜陟讨捕大使。五十四岁的年龄,仍为国家亲临前线,冲锋陷阵,为救属下四次冲入李密的重围,战死后其所部连续数日昼夜痛哭,即使炀帝的负面传闻甚嚣尘上,他仍然拥有如此卓越的将军和部队,像张须陀一样战死的还有宋老生等,屈突通尽管最后放弃了责任,仍不失为一个品行较好的人,因为符合良禽择木而栖的正统思想。

可以清楚地看到,北魏至隋的道德观并未因时间的推移,战争的洗礼、经济的波动等发生质的变化,但为何又出现胜败?因此可以推知,人们陷于道德困惑时,可能作出与意志相反的抉择,公开的道德标准与实际的道德现状因为存在距离而令道德观不能起到应有的作用,这种社会的发展也好,衰败也好,都会变得很危险,趋向一定失控。人们不是变得冷漠就是易怒,这就是不健康的社会和不健全国家主要特征。道德行举止其实一件非常个人性质的事,国家的文化主流倡导,楷模的效应,严格的禁止令等都无法令所有人循规蹈矩,齐王杨暕的一批手下"访人家有女者,辄矫暕命呼之,载入暕宅,因缘藏隐,恣行淫秽,而后遣之。"《隋书·卷59·齐王暕》P173。看似没有直接损害国家,伤害的只是个人的反道德行为,并不能归咎于缺乏普及教育,他们明知自己行为有害,却倚重齐王的势力,希望得到国家权威的特别保护。因此只能说,放纵行为虽然是自然天性的流露,却是必须严密监督的项目,它的出现与喜怒哀乐一样自然,不会因为教育和禁令而绝迹。肯定不能以纯道德标准衡量一个国家,国家是为利益而不是因道德而组合。最致力于伦理道德观的君主并不能导致国家的极盛,尽管不能因此弃道德于不顾。国家必须提供安全,创造价值,衡量国家效率必须以结果而不是动机放在首位,在一个竞争的世界,落后即不道德。国家政治的低效益也累及个人的发展,个人在这种低效率中可能一事无成就已身心俱疲或者死去。效率、权威、体制、连续性是政治国家运行的四大要素,国家这些特性与集团要素无异,唯一的区别是国家更容易被神化,集团则总是向永恒的利益靠近。形成的集团的原因可分为:1.地域与人种。2.可观的利益前景。3.共同文化背景。譬如忠、信意识。4.对一种新价值观的认同。5.已经构成或正在构成的压倒性力量的挤压。不可能是其中任何单纯的一种,一定是混合型。集团不是满足效率需求的最好形态,而是最现实的。作为一个集团的国家不一定具有传统道德感,但肯定更具有进取精神。如果超越了集团性质,成为婚姻、家庭、种族、价值观的集合体,它就一定需要道德观。

婚姻关系作为一个独立缴税单位时,它对社会产生规模效应,但是将它作为一个整体进行道德评估,结论会有不同。婚姻个体在存续中的际遇不同,对社会的价值千差万别,相当个人化,很难有一致的取向,因此它不会产生经济以外的规模效应,对社会效益的增减不会产生决定性影响。这种分析结果用于评估忠、孝、节、义等各自单独组成的集合体时,也会得出与之相同的结果,以忠诚为例,即国家不会在纯粹的忠诚中长久存在、发展、强盛。忠诚会受到它自身的反制力量的约束,因为人的行为举止不会因为忠诚变得一定正确,而人的活动对社会有意义就是因为其行为的正确性或者至少成为正确性的台阶。

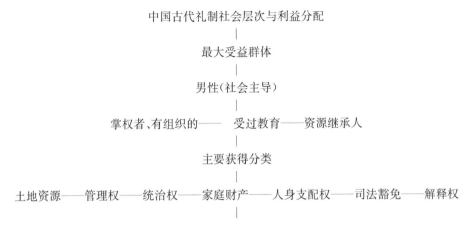

中国古代礼制社会层次与利益分配
|
最大受益群体
|
男性(社会主导)
|
掌权者、有组织的——　受过教育——资源继承人
|
主要获得分类
|
土地资源——管理权——统治权——家庭财产——人身支配权——司法豁免——解释权
|

女性（社会从属）
|
主要获得
|
荣誉称号

女性的社会性由于给予了最大化抽象，因此得到的也是抽象物。男人的世界未知、刻板，但仍然是一个专断的政治温床，必然充满暴力与神秘色彩。人为的不平衡在一个落后的社会中具有诱惑力，在于人类具有施虐于同类的心理常态而且被认为正常，只有教育和富裕才会令他们为此感到羞愧。如果一个国家既愿意建立结构平衡的制度体系，又有良好的指导思想，[注意：两者的顺序没有颠倒！]是否就会有的满意的国家秩序？不能假设最初的意见是建立在坚实基础上的伟大理想，又不能保证最大限度利用全体国民的意见，就无法获得一个满意的国家秩序。但是从女性的实际社会位置看，她们的义务远多于权利，例如税负。被排除在制度管理之外，后宫及其衍生物宦官或者是个例外，因此可以说至少百分之四十九的国人乃至代表实际无权参与制度制定，制度的核心在男性，但女性却要为制度的弊端承担一半责任，古代中国制度失衡，严重缺乏公平自由思想，就是因为基本没有理会人为制造的次等国民的基本人权。但是家庭意义的强化又将她们一一分割为个体，根本不能成形成规模化的力量来影响社会，虽然是家庭必不可少的组成部分，但总是必须服从内部以性别选拔的机制产生的一种支配力量，这使得掌权的男性缺乏协商的平等对象，缺乏智力竞争的社会总是趋于守旧，很少有女性不为这种生存条件深感失望，而忽略她们的感受产生、存续的社会及其制度也决不会完整。

讨论有缺陷的制度前，分析责权有助于了解制度的偏好，作为一种有针对性地运作，它所起的积极作用可能不是制度的本意，但是何时制度会对社会产生正面效益，如何使之延续是重点所在。中国人单纯通过文化思考，尤其是心灵如何适宜社会的方式探讨国家持续发展、强盛的努力是不成功的，现在已经有足够事实理由使国人达成"技术具有无穷无尽潜力"的共识，除工、农业技术外，这种技术还包括经过实践证明宜于规范社会运行的各种管理制度。

第四节　技术难题

文化可以启发思想，不足以用于准确评判是非。

——作者

一、文化影响

1. 主流文化

政治宿主：音乐。文化成本：参加者数 32 人，所花时间 13 年，论题：黄钟与旋相为宫、五声和七声、古典音乐于流行音乐。

乐是国家政治的一部分，不同的场合、时间、官爵演奏不同的音乐，而国家选择哪种类型的乐决定国运，形成高雅音乐和通俗音乐的区别。正儒家经典中的音乐观中陈述了大量人与天的关系，在最著名《礼记》中记载甚丰。他们之间的关系被汉代学者司马迁归纳得很好：凡音之起，由人心生也，人心之动，物使之然也。感于物而动，故形于声；声相应，故生变；变成方，谓之音；比音而乐之，及干戚羽旄，谓之乐也。乐者，音之所由生也，其本在人心感于物也。《史记·卷二十四·乐书第二》P1179。不过，怎样理解音乐雅俗随着时代的变化则多有不同，"边兵每得胜回，则连队抗声凯歌，乃古之遗音也。凯歌词甚多，皆市井鄙俚之语。"《梦溪笔谈·音乐部分注释十九》P24。这里不可避免地出现了一个古典与时尚结合的问题，乐的意义远远超出了它本身的作用，想取得一致的行动意见，即使在这样隋一个奉行专制的新兴国家，亦属不易。遇到的最大困难不是缺少专制的意向，而是知识的本身理解上极其困难，这在修订雅乐问题上表现相当尖锐，面临的问题具体而论可以归纳为：

1）沿用还是创新？

2）教益或欣赏何者是第一位的？

3）技术问题还是政治问题？

2. 音乐的本质

隋开皇二年（公元 582 年），原齐黄门侍郎颜之推上言："礼崩乐坏，由来自久。今太常雅乐并用胡声，请凭梁国旧事，考寻古典。"杨坚表示反对：梁乐，亡国之音，奈何遣我用邪？"是时尚因周乐，命工人齐树提检校乐府，改换声律，益不能通。"齐树提修乐终止不久，柱国郑译提出建议官方集体修订，于是皇帝下令"太常卿牛弘、国子祭酒辛彦之，博士何妥等议正乐。然沦谬既久，音律多乖，积年〔五年〕议不定。"进展令杨坚相当不满，他非常生气地大声斥责"我受天命七年，乐府犹歌前代功德邪？"命御史台的副长官治书侍御史李谔办牛弘等的罪，李谔比较客观，反而对心浮气躁的君王进行了一番劝说，"武王克殷，至周公相成王，始制礼乐，斯事体大，不可速成。"《隋书·卷 15·音乐志》P45。高祖的怒气才慢慢消散，收回成命。此后修乐一事仍进展缓慢，只是留心收集音乐、文献及人才。

万宝常父亲在齐国被处决，他因此降为乐户，他不仅熟悉音乐理论，而且善于制作乐器。受苏夔排挤时，动辄得咎，非常苦闷，一个沙门向万宝常提议，隋文帝喜好祥瑞，你佯称自己曾受教于胡僧，所有音律知识乃佛家菩萨所传，皇帝一定肃然起敬，赏识你，你的音乐观点也会普及。万宝常的确这样回答苏威有关自己音乐师传的提问，结果苏威勃然大怒，"胡僧所传乃是四夷之乐，非中国所宜行也。"《隋书·卷78·万宝常传》P214。既反对失败政权的音乐又抵制外来音乐或胡乐，何妥与苏威意境相当接近。对何妥音乐理论的盲从也让杨坚处境尴尬，清商乐由太常寺清商署管辖，他曾下令太常归何妥节度，修订作清平瑟三调声，（即清调、平调、瑟调三种）又作八佾，鞞、铎、巾、拂四舞。《隋书·卷75·儒林传·何妥传》P205。其中铎舞是杂舞，属东夷之舞。《三国志·魏书卷30·乌丸鲜卑东夷传》P852。清商三调乃是以不同地方民间歌曲为主，北魏孝武帝以来收集整理、流传，总称为清商乐，隋初将其划归七部乐：国伎、清商、高丽、天竺、安国、龟兹、文康。又杂有敕勒、扶南、康国、百济、突厥、新罗、倭国等伎。《隋书·卷15·音乐志》P46。七部乐属于燕乐，为宴饮时所用，燕乐是按民族区域区分，以别于郊庙朝会的雅乐，即正乐。胡乐则主要指西域及其他各族音乐。何氏留三调，作铎舞其实也说明已经很难区分外来音乐对本土音乐的影响，更不用说一概排斥。

开皇九年（589年）平陈之后，获得一批宋、齐旧乐及江南的乐工，帝令当廷演奏，他似乎倾向于南方音乐，听后感觉良好："此华夏正声也。"同时引进原陈国太乐令蔡子元、于普明等，复其旧职，让他们帮助音乐修订。牛弘希望制定新的修乐标准：故知乐名虽随代而改，声韵曲折理应常同。前克荆州得梁雅曲，今平蒋州又得陈氏正乐，史传相承以为合古，且观其曲体用声有次，请修辑之以备雅乐。而魏洛阳之曲，据魏史云是魏太武帝平赫连昌时所得，更无明证；后周所用者皆是新造，杂有边裔之声，戎音乱华皆不可用。请悉停之。《隋书·卷十五·音乐志》P46[1]。杨坚先以国家刚刚南北统一，不宜作太多改动，也无暇顾及为由推托。支持牛弘意见的晋王杨广又上表请求，经过一段时间犹豫，杨坚改变了对梁乐的鄙视态度，采纳牛弘、杨广意见，以梁乐、陈乐为古代文化正统，而以后魏、后周等杂有边裔之声为由，"皆不可用，请悉停之。"皇帝于开皇九年十二月又下令牛弘、许善心（通直散骑常侍）、姚察（秘书丞）《隋书·卷一·高祖纪》P7。及通直郎虞世基《资治通鉴·卷177·隋纪一》1176[2]。仪同三司刘臻《通典·

卷 142·乐二》P1904。参定雅乐，十三年牛弘加派协律郎祖孝孙参定雅乐。开皇十四年三月宣布正乐、雅乐详考已讫。《隋书·卷 1·高祖纪》P8。秘书监牛弘、秘书丞姚察、通直散骑常侍、虞部侍郎侍许善心，仪同三司东宫学士刘臻、兼内史舍人虞世基等奏：金陵建社，朝士南奔，帝则皇规，粲然更备，与中原隔绝，三百年于兹矣。……今南征所获梁、陈乐人既晋、宋旗章宛然俱至，臣等伏奉明诏，详定雅乐，博访知音，旁求儒彦、研校是非，定其去就，取为一代正乐，具在本司，于是并撰歌辞三十首，诏并施用。《隋书·卷 15·音乐志》P47。隋雅乐定稿深受南方音乐影响，只有清乐十四调，由专门设置的清商署主管。《旧唐书·卷 28·音乐志一》P134 继禁止用旋宫后，十四年二月杨坚下令，其前代金石并销毁之，以息异议。……旧工稍尽，其余声律皆不复通。《资治通鉴·卷 178·隋纪二》P1180。十四年四月诏书主要内容是：比命所司，总令研究，正乐雅声，详考已讫，宜即施用，见行者停，民间音乐，流僻日久，弃其旧体，竞造繁声，浮宕不归，遂以成俗，意加禁约，务成其本。"《隋书·卷二·高祖纪》P134。但这套牛弘主持修订，贯穿杨坚、何妥思想的钦定新乐也不尽如人意，听到演奏后，万宝常竟潸然泪下，说："乐声淫厉而哀，天下不久将尽。"时四海全盛，闻者皆谓不然。宝常本人贫而无子，晚景凄凉，临终，他烧毁了毕生的心血写成的乐书。他大约逝世于开皇十五年（595 年）。二十三年后，炀帝恶死，大业辉煌壮丽的宫灯在一场急风骤雨中熄灭，他的预言是得到了验证还是没有得到验证意见的双方都可以据理力争。《资治通鉴·卷 177·隋纪一，178 隋纪二》P1176 又见 P1180。

　　隋乐制定进展令皇帝失望，新版本的新乐也未能让世界焕然一新，实际情况相距甚远，"开皇中，民间盛行龟兹乐，时有曹妙达，王长通，李士衡，郭金荣，安进贵等皆妙绝弦管，新声奇变，朝改暮易，持其音伎，估衒公王之间，举时争相慕尚，高祖病之，谓群臣曰：闻公等皆好新变，所奏无复正声，此不祥之大也。公等对亲宾宴饮，宜奏正声，声不正，何可使儿女闻也。帝虽有此敕，而竟不能救焉。《隋书·卷 15·音乐志》P49。中外音乐相互影响，这是客观现实，其实主观的因素也来自高祖本人。"先是高祖遣内史侍郎李元操，直内史省卢思道等列清庙歌词十二曲，令齐乐人曹妙达于太乐教习以代周歌。"杨坚是如此迫不及待，是担心重蹈周室覆辙？还要让这个刚刚被替代的王朝不留一丝痕迹？至是牛弘等但改其声合于钟律，而词经敕定，不敢易之。《隋书·卷 15·音乐志》P47。杨坚指定的人之一曹妙达来自西胡族，有与中国音乐传统不同的音乐背景。仁寿元年，初为皇太子的炀帝听到李元操、卢思道、曹妙达等谱曲，由父皇钦定的歌曲时公开表示反对，认为辞藻过于华丽，杨坚于是命吏部尚书牛弘、开府仪同三司领太子洗马柳顾言,秘书丞摄太常少卿许善心、内史舍人虞世基、礼部侍郎蔡徵等更详故实,创制雅乐歌辞。《隋书·卷15·音乐志》P47。然而峰回路转,炀帝就职后则大制艳篇,辞极淫绮。"令乐正白明达造新声,帝悦之无已,因语明达,齐氏偏隅,曹妙达犹自封王,我今天下大同,欲贵汝,宜自修谨。《隋书·卷15·音乐志》。这完全违背杨坚的音乐初衷,尽管为独尊、保守、纯粹起见甚至不敢旋相为宫进行音乐创作,一直小心提防的正、僻或胡、华之音水乳交融,两者间的界限却在音乐的自然需求中荡然无存。

3. 七音与五音

郑译"以周代七声废缺,自大隋受命,礼乐宜新,更修七始之义,声调凡八篇,奏之,上嘉美焉。"不久任命岐州刺史,一年多以后复重新受命修乐于太常。《隋书·卷38·郑译传》P136。郑译发现,乐府钟石律吕有宫、商、角、徵、羽、变宫、变徵七声,七声之内有三声乖应,每恒求访,终莫能通。《隋书·卷15·音乐志》P45。龟兹人苏祗婆是个琵琶演奏家,他当年跟随嫁给武帝宇文邕的突厥公主木杆可汗女来中原,受他启发,郑译似乎掌握了解决不谐调音的办法,吸收后者意见并拿出方案,即在黄钟、太簇、林钟、南吕、姑洗五均之外"更立七均,合成十二均,以应十二律,律有七音,音立一调,故成七调十二律,八十四调,合旋转相交,尽皆和合。但用来校太乐时,所奏例皆乖越。又以编悬有八,因作八音之乐,七音之外,更立一声,谓之变声,或曰应声。《隋书·卷15·音乐志》P45。(均通韵)译因作书二十余篇,以明其指,至是郑译以其书宣示朝廷,并立议正之。《文献通考·卷131·乐四》P1166。当时官居太子洗马的苏夔也以通晓音乐著称,他反对郑译理论:《韩诗外传》所载,乐声感人,及《月令》所载,五音中并皆有五,不言变宫、变徵。又《春秋左氏》所云七音、六律以奉五声,准此而言,每宫应立五调,不闻更加变宫、变徵二调为七调,七调之作,所出未详。对于这样一个坚定的五音主义者,郑译的回答是:周有七音之律。《汉书·律历志》。天、地、人及四时谓之七始。黄钟为天始;林钟为地始;太簇为人始,是为三始。姑洗为春;蕤宾为夏;南吕为秋;应钟为冬,是为四时。四时三始是以为七。今若不以二变为调曲,则是冬夏声阙,四时不备,是故每宫须立七调。《隋书·卷十五·音乐志》P45。郑氏的意见得到多数人的赞同,在五音与七音问题上,初步选定后者。后世明人律学大家朱载堉持七音说,认为七音历来就存在,郑译与万宝常"皆托得于胡人所传,何哉?彼徒知神其说,以欺愚夫,殊不知反使愚夫诋七音为胡乐。"朱载堉《律吕精义·外篇卷之四》P927。他的意思是持七音观点并无不妥,但郑译等人因为专业知识不精而缺乏说服力。

4. 郑译与苏夔一致性

1) 郑译苏夔二人认为,"案今乐府黄钟,乃以林钟为调首,失君臣之义。清乐黄钟宫以小吕为变征,乖相生之道。现在请求雅乐黄钟宫以黄钟为调首,清乐去小吕,还用蕤宾为变征,众皆从之。《隋书·卷15·音乐志》P45[3]。清乐是起源于民间的歌曲,包括清商三调等,总称清商乐,别于雅乐、胡乐。隋称清乐,归清商署管辖。

郑苏二人有支持者。黄钟宫的支持者卢贲,颇解钟律,认为古乐宫悬七八,损益不同,历代通儒,议无定准。于是呈书杨坚:殷人以上,通用五音,周武克殷,得鹑火、天驷之应,其音用七。汉兴,加应钟,故十六枚而在一虡。郑玄注《周礼》。二八十六为虡,此则七八之义,其来远矣。然世有沿革,用舍不同,至周武帝复改悬七,以林钟为宫。夫乐者,治之本也,故移风易俗,莫善于乐,是以吴札观而辩兴亡,然则乐也者,所以动天地,感鬼神,情发于声,治乱斯应,周武以林钟为宫,盖将亡之征也。且林钟之管,即黄钟下生之义。黄钟,君也,而生于臣,明为皇家九五之应。又阴者,臣也,而居君位,更显国家登极之祥。斯是冥数相符,非关人事。伏惟陛下握图御宇,道迈前王,功成作乐,焕乎曩策。臣闻五帝不相沿乐,三王不相袭礼,此盖随时改制,而不失雅正者也。"卢贲主张悬八,杨坚接受了他的意见,即改七悬八,以黄钟为宫。随后下诏卢贲与仪同杨庆和删定周、齐音律。《隋书·卷38·卢贲传》P137。著名乐工万宝常也持见解相同,"修洛阳旧曲,自称幼学音律,师于祖孝征,知其上代修调古乐,周之璧翠,殷之崇牙,悬八用七,依周礼备矣,所谓正声,又近前汉之乐,不可废也。"《隋书·卷15·音乐志》P45[3]。

2) 苏夔又与郑译商议,准备实施实测,得出律管的标准数据,"欲累黍(即按一定方式排列黍粒,为分、寸、尺等及音乐律管之长度)立分,正定律吕,时以音律久不通,译、夔等一朝能为之,以为乐声可定。《隋书·卷15·音乐志中》P45。

郑译苏夔的方案遭到很大挫折,著名乐工万宝常没有认可郑苏二人的努力,当郑译等认定的黄钟调制作完成,演奏前隋文帝特意找来万宝常参与评审,但宝常认为:"此亡国之音。"杨坚大为不悦,他接受宝常提出的以水尺(调整五音律吕的仪器,同类尺有五种:火木土金水。五音:宫商角征羽,也叫五声。无六律不能调五声。六律即黄钟等)为律调乐器的建议,似乎想放弃七音理论,万宝常对郑译调进行改编后,"其声淡雅,不为时人所好,太常善声者多排毁之。"更为麻烦的是苏夔十分排斥宝常,当时夔父苏威正是朝政的主要决策者,凡言乐者皆附之而短宝常,宝常乐竟为苏威所抑,他的音乐改编没有被采纳。《隋书·卷78·艺术·万宝常》P214。

何妥自认为当世大儒,在音乐领域听命于郑译、苏夔等是个耻辱,对于郑等利用音乐密切君臣关系十分反感,于是产生了阻止郑译等人有所建树的强烈愿望,遂决定反十二律旋相为宫及七调理论,这就超出了正常的学术争论,乃至埋下隐患。他否定的依据是:经文虽道旋相为宫,恐是直言,其理亦不通。随月用调,是以古来不取,若依郑玄及司马彪,须用六十律方得和韵,今译唯取黄钟之正宫,兼得七始之妙义,非止金石谐韵,亦乃簨(悬钟盘架)簴(悬钟盘木柱,高几)不繁,可以享百神,可以合万舞矣。《隋书·卷14·音乐志》P45。郑译又非七调之义:近代书记所载,缦乐鼓琴吹笛之人多云三调。三调之声由来久矣,请存三调而已。"《隋书·卷14·音乐志》P45。当时修乐总监牛弘对音律所知甚少,而像裴政这样善钟律的人却没有延揽其中,(开皇元年裴为率更令,尝与长孙绍远论乐事,曾与苏威高颎等修律。《北史·卷77·裴政传》他不包括在二十八人之内。)牛弘遇到音乐技术问题时,除了咨询身边的人,再就是上报皇帝。"是时竞为异议,各立朋党,是非之理纷然混淆,或欲令各修造,待成择其善者而从之。何妥恐乐成,善恶易见,乃请高祖张乐试之。遂先说曰:"黄钟以象人君之德。"及奏黄钟之调,杨坚心理好像接受了他的暗示:滔滔和雅,甚与我心会。妥因陈用黄钟一宫,不假余律。高祖大悦,班赐妥等修乐者,自是译议等寝。《隋书·卷15·音乐志》P45。高祖先后听过郑译和苏夔、万宝常、何妥三个版本的黄钟调力排众议,最终采纳何氏,可能既不是何妥版本更优秀,也不是另外的不合正统。而是他的主观倾向。他是外行,从此在音乐思想上受何妥的精神支配,再没有能力对决策进行定量分析。

郑译、苏夔持旋相为宫的观点,平陈后,牛弘因郑译之旧。又请因古五声六律,旋相为宫,雅乐每宫但一调,唯迎气奏五调,谓之五音。缦乐奏用七调,祭祀施用。各依声律尊卑为次。牛弘的初衷估计受到协律郎祖孝孙的影响,祖孝孙主张旋相"每律生五音,五音十二律为六十音,因而六之为三百六十音,分直一岁之日,以配七音而旋相为宫之法,由是著名。"《资治通鉴·卷178·隋纪二》P1180。牛弘等乃请复用旋宫法,"雅乐每宫但一调,唯迎气奏五调,谓之五音,缦乐用七调,祭祀施用,各依声律尊卑为次。"如果十一月不宜黄钟为宫,十二月不以太簇为宫,就是春木不王,夏土不相,岂不阴阳失度,天地不通哉?"《隋书·卷49·牛弘传》P155。"高祖犹忆妥言,注弘奏下,不许作旋宫之乐,但作黄钟一宫而已。"杨坚一直记住何妥的嘱托,在牛弘的奏折下批示,"不许作旋宫之乐,但用黄钟一宫而已。"字样,斩钉截铁,没有任何商量余地。于是牛弘、秘书丞姚察、通直散骑常侍许善心、仪同三司刘臻、通直郎虞世基等再次共同商议,牛弘等虽因外行无力说服皇帝,但完全有能力跟上皇帝思维,立即成了皇帝意图的忠实信徒和解释者,他们翻遍古籍后确认:1. 京房发明的六十律不可行。《隋书·卷49·牛弘传》P155。2. 汉乐宫悬有黄钟均,食举太簇均,止有二均,不相旋为宫。《隋书·卷15·音乐志》P46。3. 明知雅乐悉在宫调,已外徵、羽、角自为谣俗之音耳。至如雅乐,少须以宫为本,历十二均而作,不可分配余调,更成杂乱也。帝并从之。故隋代雅乐唯奏黄钟一宫,郊庙饗用一调,迎气用五调。《隋书·卷15·音乐志》。

何妥与苏夔都是黄钟为调首的支持者,分歧在于是否坚持以旋相为宫。在何妥、万宝常的双重否定下,郑译的意见被无限制搁置。开皇十一年,一生大起大落的郑译逝世,开皇十一年正月,以平陈所得古器"多为妖变,悉命毁之。《隋书·卷2·高祖纪》P7。杨坚这种与唐太宗的做法相左,也可以做这样的理解,杨坚重在领会古器的精神,不过十分勉强。如果所有参与者对何者为宫的争论纯属在音乐原理上纠缠不清,那是有失偏颇的。大业十二年七月,炀帝宣布将第三次巡游江都,乐人王令言之子被安排作为随从前往江南。一天,睡梦中的王令言被户外一曲从未听到过的琴声惊醒,弹琴者是他儿子,令言急切追问此曲何时出现,听说是刚刚出现不久,王令言顿时泪流满面,警告儿子不要随同炀帝前往江南,因为炀帝再也不会回来,一定殒命江南。他向一脸惊愕的儿子解释说,你刚所弹之曲,宫声往而不返,宫即君,道理全在于此。《隋书·卷78·万宝常附王令言传》P214。对音乐预警的作用深信不疑、根深蒂固。

还相为宫即旋相为宫,"五声六律十二管,旋相为宫也。"《礼记·礼运》。何妥是疏忽经典还是不太看重这种观点?何妥由于得到皇帝的支持而成为当时的音乐技术"权威",代价是很大的:1)由于国家采纳何妥方案"故隋代雅乐唯奏黄钟一宫,郊庙饗用一调,迎气用五调,旧工更尽,其余声律皆不复通,或有能为蕤宾之宫者,享祀之际肆之,竟无觉者。《隋书·卷15·音乐志》3294。蕤宾为宫与黄钟为宫听觉效果差异似乎并不大,不易为人所察觉。那些为是否要旋相为宫争执不休的人既可能无中生,有关的理论依据也毫无意义。其次,何者为宫对国家政治的影响纯属臆测。2)在技术屏障前,坚持参与并主导技术领域的皇权变成了笑料,旋宫法在隋代的确遭到政治扼杀,"旋宫之义亡散已久,唐祖孝孙得毛爽之法,以一律生五音十二律,而为六十音,因而六之故,有三百六十音,以当一岁之日。又以十二月旋相为六十声,八十四调。其法因五音生二变,因变徵为正征,因变宫为清宫。七音,起黄钟,终南吕,造为纪纲,一朝复古,自孝孙始。(北宋)孔平仲《中华野史续世说·卷六·术解》P936。祖孝孙在贞观二年完成大唐雅乐。《旧唐书·卷28·音乐志一》P134。这是一个倡导多元文化,兼蓄并收的作品,旋宫法与外来音乐都被引进宫廷音乐中。支持旋相为宫的真正理由,最具声望的明律学家朱载育指出不是纯专业技术原因,而是旋宫法的政治象征意义"旋相既废,黄钟孤立,冬夏声亡,四时失序,无以赞化机而育万物,礼崩乐坏莫斯为甚。遂使庙堂之上,不复得闻治世之音,此则何妥、陈旸之大罪也。(明人陈旸是另一个反对旋相为宫的人)。朱载堉在他《律学新说·卷之一·论有变音无变律第十二》这么明确抨击何妥等,政治权重占比很大,从技术而言,调式的变化使音乐更富有表现力。

这种文明的各个领域最后都得出一位神秘的主宰者。

5. 何妥的奋斗

以学问、善辩素负盛名的何妥"父细胡,通商入蜀,遂家郫县。事梁武陵王纪,主知金帛,因致巨富,号为西州大贾。"显然是个官商,巨额财产也来源不明,妥兄何稠活跃在炀帝时代,以创新制作技艺著称。至于他本人,由于口才出众,成名很早,北周武帝攻陷江陵之后,授太学博士。但是他的价值观是否正统颇有争议,在宣帝是否可以同时立五位皇后的问题上投君主所好,受封襄城县伯,在杨坚即位后,进爵为公,随着信任与名望的增进,他变得越来越敏感、刻薄、自大。何妥与苏威、苏夔父子由音乐而联系在一起,却并非同路人,本来纯技术问题甚至对当时政治产生重大负面影响。苏夔"少有盛名于天下,引致宾客,四海士大夫多归之。"《隋书·卷41·苏威传》P142。而跟随何妥求学习的人也很多,他花很多时间教他们。当时杨坚选派苏夔参议钟律"有所建议,朝士多从之"。杨坚虽然有音乐作品,"龙潜时颇好音乐,常倚琵琶,作歌二首,天高、地厚,取之为房内曲。《隋书·卷十五·音乐志》P46 不能说完全不懂音乐,但不精通。何妥因为学问出名被高祖器重,却高估了他的文化修养,因为它并不代表何妥具有成熟、系统的音乐专业修养,成为隋音乐史有支配力的人物是人为的,专业素养的欠缺使他成了技术上好勇斗狠的人"妥独不同,每言苏夔之短。高祖下其议,朝士多排妥。"《隋书·卷41·苏威传》。一次纳言苏威对皇帝说,"臣先人每诫臣云:只读《孝经》一卷,足可以立身治国,何用多为? 皇帝也表示同意这个意见。但国子博士何妥见是苏威的意见,立即表示异议,"苏威所学非止《孝经》,厥父若信有此言,威不是训,是其不孝;若无此言,而面欺陛下,是其不诚。不诚不孝,何以事君? 且夫子有云:不读诗,无以言;不读礼,无以立。岂容苏绰教子独反圣人之训乎?"苏威当时兼领五职,受到非常的倚重,妥奏威不可靠,掌天律度也不称职,又另上书列举八事,对苏威进行了不指名但露骨的人身攻击,这篇精炼奏折令苏威非常生气,这为他们之间的"矛盾人生"打下了基础,开皇十二年,这种矛盾公开化,"苏威定考文学,与何妥更相诃诋。"两人大吵一顿,双方都觉得人格受到贬低,二人争执不断,进一步加深了已有的隔阂。不久何妥受杨坚指派考定钟律,结论是音乐有奸声、正声之分,他提出的区别两者的方法以及为何要严厉抑制前者的理论都是非常传统的,实际上对音乐的作用有夸大之嫌。此前太常寺所传宗庙雅乐数十年间唯作大吕,废黄钟。(六阴都称吕,第四为大吕。)何妥认为这违背了古典理论,应该是"奏黄钟,歌大吕、舞云门,以祀天神。《周礼·春官大司乐》中有如是记载,奏请恢复黄钟。杨坚下令让朝臣们讨论何妥的意见,由于当时他儿子何蔚犯罪,尽管杨坚亲自干预,杜绝了罪犯本人任何被判死刑的可能,何妥还是被渐渐疏远,开皇六年出任龙州刺史,三年后因病返京后成为国家教育行政部门主管之一时,苏夔正受皇命在太常参与修改钟律,多数朝臣支持苏夔意见的情况深深激怒了他,苏夔有关钟律的任何建议一概遭到何氏反对,由于争论双方均出于私心,是解决技术问题还是报仇雪恨已变得主次不分,何妥在音乐论争中以传统主流文化的代表自居,认为与苏威父子的恩怨是他"进步儒家"人生的生动反映,开始措辞激烈地批评政治,选择对待政敌的方式指斥苏夔人多势众,将他个人在专业上的孤立无援与朋党当道联系起来,他夸大的语言可能相当有蛊惑性,杨坚下令蜀王杨秀、上柱国虞庆则共同审理此案,居然罪名成立。"开皇十二年七月,苏威(尚书右仆射)、卢恺(礼部尚书兼吏部尚书事)、薛道衡(吏部侍郎),王弘(尚书左丞,善于侍候帝意的人)、李同知(考功侍郎)等皆坐得罪。"《隋书·卷75·儒林传·何妥传》P205,又见《苏威传》苏威等遭到贬黜,父子免职,知名之士坐威得罪者百余人。《隋书·卷41·苏威传》P142。十二月内史令杨素接替苏威,显然是出于信任而不是文化素养。何妥本人官至国子祭酒(国子监长官为从三品),此前外放伊州刺史的任命已下,但随后得到国子祭酒一职并死在任上,有《乐要》等多卷著述问世。苏夔"尤以钟律自命。"著有《乐志》十五篇,由于"与沛国公郑译、国子博士何妥议乐,因而得罪,议寝不行。"这段经历。苏夔直到仁寿末年'诏天下达礼乐源者',由于晋王杨广的推荐才重新受到重视,炀帝即位后,以功进位通议大夫,其父苏威(540—621)以诚实得罪触怒了炀帝,遭恶意审判,以奏请忤旨,兼人告其畏怯突厥,被除名为民时,夔亦因"父事除名为民",死时仅四十九岁。《隋书·卷41·苏威传》P142。苏氏父子的最终结局虽然与音乐无直接关系,但苏夔仍可以说终生从事音乐。

长达十二年之久的吵闹论争，以何妥以及他的追随者姚察、许善心、刘臻、虞世基等获胜告终。《隋书·音乐志》说明政治对技术具有统治力时对技术的发展并不利，为了得到想要的结论，当事人追逐权势而不是技术精义，这必然容易导致结论上的南辕北辙。其次，技术本身含量有限也会其畸形发展，隋代音乐理论中就不乏穿凿附会，"牛弘又修皇后房内之乐，皆有钟声。而王肃之意乃言不可，陈统认为女性无外事，尚静，不宜用钟。牛弘采肃、统以取正。"《隋书·卷15·音乐志》P46。将音乐的效用与政治的意蕴生硬地捆绑在一起，极大地降低了技术的独立性、准确性，也扭曲了音乐的价值。

6. 隋代音乐争议的焦点

1）五声与七声。

2）黄钟为宫还是其他，是否旋相为宫。是五声十二律还是七声十二律旋相为宫？

3）正声、清乐、胡乐的政治地位。

意见分类

反对外来音乐者 4 人	不排斥外来音乐者 3 人
颜之推	郑译
牛弘	何妥
杨广	万宝常
苏威	

五声支持者 1 人	七声支持者 2 人
苏夔	郑译
苏祗婆	

旋宫支持者 2 人	反对旋宫者 8 人
万宝常	杨坚
祖孝孙	何妥
许善心	
姚察	
虞世基	
刘臻	
苏夔	

卢贲

利益选择 5 人　　　　　技术选择 2 人

许善心　　　　　　　　万宝常

姚察　　　　　　　　　祖孝孙

牛弘

虞世基

刘臻

第一次集体办公,命下列 4 人参与修订新乐,迟迟未成。

郑译

牛弘

辛彦之

何妥

第二次集体办公,下列五人先主张五声六律旋宫,后在杨坚的左右下改主张用黄钟一宫。

牛弘

姚察

许善心

虞世基

刘臻

第三次集体办公,二人。临时法庭联合审理苏威、苏夔父子案。《苏威传》载事在开皇十年。

杨秀

虞庆则

第四次集体办公,五人。十四年修雅乐完毕,改曲谱使合于声律,歌词则经皇帝亲自审定。

牛弘

姚察

许善心

虞世基

刘臻

第五次集体办公,五人。皇太子杨广批评原歌词过于华丽,奉命修订雅乐歌词。

牛弘

柳顾言

许善心

虞世基

蔡徵

因卷入音乐引起的诸争端者合计 32 人:颜之推、齐树提、郑译、牛弘、辛彦之、何妥、李谔、杨坚、杨广、杨秀、蔡子元、于普明、许善心、姚察、虞世基、刘臻、虞庆泽、苏威、苏夔、卢恺、薛道衡、王弘、李同知、苏祗婆、万宝常、卢贲、祖孝孙、李元操、卢思道、曹妙达、柳顾言、蔡徵。另有知名人士一百余人受到苏威、苏夔案的牵连。

围绕修乐所出现的问题可归纳为:

1):郑译、苏夔的矛盾。

2) 何妥与苏氏父子的矛盾。

3) 万宝常意见

4) 修乐的行政主管牛弘不精音律,摆摇不定。

5) 有声望的学者何妥以狭隘的个人感情来处理修乐中面临的技术问题。

6) 西胡族曹妙达等对雅乐本质的威胁,隋雅乐颁定之前他为乐官,任教习。

7) 皇帝对音乐的理解过于情绪化。杨坚初期并不排斥外来音乐,还任用外来人员,后来看到龟兹音乐流行,由疑虑变为抵制。对失败的国家音乐齐及南方音乐后来又改变初衷加以采用。

7. 争论十二年之久音乐技术问题

五声音阶指宫、商、角、征、羽,它们与现代简谱的对应关系为:

宫　商　角　征　羽

1　2　3　5　6

do　re　mi　sol　la,

由于缺少"4"和"7"两个音,五声调式各音级之间是没有半音的。

宫、商、角、征、羽五音加变宫、变征共七音,它们与现代简谱的对应关系为:

宫、商、角、变征、征、羽、变宫。

1、2、3、 ♯4、 5、6、 7。

1) 五音或者七音是按音的高低排列起来,称五音级或七声音阶,音高随调子转移,而相邻两音的距离固定不变。第一音的音高决定其他各音。(相邻两音的距离始终不变,只要第一级音固定了,其他各级的音高也就固定了,两个音之间的距离叫音程)。

2) 古人常以宫作为音阶的起点,"故音者,宫立而五音形矣。"《诸子集成·淮南子·卷一·原道训》P11。七音中以任何一声为主,就构成一种调式,稳定音中最稳定的称主音。几个音构成一个体系,并以一个音为中心[主音]这个体系称调式。凡以宫声为主的称为"宫",而以其他各声为主者则称为"调",如"商调"、"角调"。二者统称宫调,即宫调式。宫之外,商角征羽都可以作为第一级音。如上《管子》所列为征、羽、宫、商、角,就是以征为第一级音。音阶的第一级音不同,意味着调式的不同,以宫为音阶起点的是宫调式,意思是以宫作为乐曲旋律中最重要的居于核心地位的主音,以征为音阶起点的是征调式即以征作为乐曲旋律中最重要的居于核心地位的主音,余类推。

3) 无论在任何情况下,每个音的音质都是特定的。它们的具体内涵完全来源于人对自然现象的理解与描绘。比如凡听"徵",如负猪豕,觉而骇;凡听"羽",如马在野;凡听"宫",如牛鸣窅中;凡听"商",如离群羊;凡听"角",如雉登木以鸣,音疾以清。《管子·卷十九地员·第五十八》P311。《诸子集成第5册》按照《管子》中专业理论的说法,徵是恐惧的声音,商音凄厉,从而有商秋的意境;宫音是低沉的,如同牛在地窖中鸣叫时产生的轰鸣声等。

旋宫法"以十二律各顺其月,旋相为宫。"《通典·卷143·乐三》P1926。旋相为宫的目的是通过以五声或七声与十二律配合,产生更为复杂丰富的音乐效果。五声音阶的五种调式,用十二律定调,可各得十二调,合称六十调。七声音阶也是如此。所谓十二律是十二个不完全相等的半音律制。分为六阳律,或六律;六阴律,或六吕,合称律吕。律,用来定音的竹管。古人用十二个长度不同的律管,吹出十二个高度不同的标准音。以确定乐音的高低。因此这十二个标准音也就叫做十二律。十二律各有固定的音高和特定的名称。1黄钟(C)、2大吕、3太簇、4夹钟、5姑洗、6中吕、7宾、8林钟、9夷则、10南吕、11无射、12应钟。十二律管的长度有一定数的比例。律管的长度是固定的,长管发音低,短管发音高。以宫调式为例,用黄钟所定的宫音(黄钟为宫)比大吕所定宫低,前者叫黄钟宫,后者叫大吕宫。十二律都可以确定宫的音高,这样就有了十二种不同音高的宫调式。调式是对一组音的描述,组内的几个音按一定关系(音高等)构成一个体系,以其中最稳定的一个音(主音)为中心,这个体系称调式,以宫音为主音的叫宫调式,商音为主音的叫商调式等,因为调式引起的争执起因于是否应该始终只使用一个固定调式,即维持以象征国君的音(它是给定的)为中心或主音创作音乐,用于有国君参与的重大活动,这在讲究天人感应,人体结构、社会结构、政体结构等均与自然一一对应的中国哲学中,尤其在这种哲学影响下的政治与技术实践中意义重大,至于旋律的优美与多样化倒是次要的。

——参阅陈应时《应用律学》

8. 流行的政治理解

1) 音乐的一般意义

广义的乐和狭义的乐与声是古老的话题:'生民之道,乐为大焉。君子曰:礼乐不可斯须去身。"夫乐者,乐也。人情所不能免也。乐必发诸声音,形于动静,人道也。……故人不能无乐,乐不能无形。……故乐者天地之齐,中和之纪,人情之所不能免也。……夫乐者,先王之所以饰喜也;军旅鈇钺,先王之所以饰怒也。故先王之喜怒皆得其齐矣。喜则天下和之,怒则暴乱者畏之。先王之道,礼乐可谓盛矣。……凡音由于人心,天之与人有以想通,如景之象形,响之应声。故为善者,天报之以福;为恶者天与之以殃,其自然者。《史记·卷24·乐书第二》P1235。司马迁举晋平公为例,由于他是个不可救药的音乐迷,对音乐专家师旷的道德忠告置若罔闻,坚持听完纣王时代宫廷音乐人师延所作"靡靡之音",沉湎于某种风格的音乐与他的国家兴衰有直接的联系在现在看来是一种相当牵强的说法,但在当时则相反,因此他在经常被指责为离经叛道。"乐者心声也,是以乐作于上而民化于下,秦汉而降,斯理浸微,声音之道与政治不相通,而民风之俗日趋于靡曼。《明史·卷61·乐志一》P7937。

如此严肃地看待音乐并非偶然,"声者,宫、商、角、徵、羽也。所以作乐者,谐八音,荡涤人之邪意,全其正性,移风易俗也。八音:土曰埙、匏曰笙、皮曰鼓、竹曰管、丝曰弦、石曰盘、金曰钟。木曰柷。五声和,八音谐而乐成。商之为言,章也;物成孰可章度也;角,触也,物触地而出戴芒角也。宫,中也,居中央,畅四方,唱始施生,为四声纲也。征,祉也。物盛大而繁祉也。羽,宇也。物聚藏,宇覆之也。夫声者中于宫,触于角,祉于徵,章于商,宇于羽,故四声为宫纪也。协之五行,则角为木。五常为仁,五事为貌。商为金,为义,为言;徵为火,为礼,为亲;羽为水,为智,为听;宫为土,为信,为思。以君、臣、民、事、物言之,则宫为君,商为臣,角为民,徵为事,羽为物。唱和有象。故言君臣位,事之体也。五声之本,生于黄钟之律。九寸为宫,或损或益,以定商角徵羽。九六相生,阴阳之应也。律十有二,阳六为律;阴六为吕,以统气类物。……黄钟,黄者,中之色。君之服也。钟者,种也,天之中数,五;(韦昭曰:一、三在上,七、九在下)五为声,声上宫,五声莫大焉。地之中数,六。(二、四在上,八、十在下)六为律,律有形有色,色上黄,五色莫盛焉。故阳气施种于黄泉,孳萌万物,为六气元也。以黄色名元气,律者着宫声也,宫以九唱六,(孟康注:黄钟阳九,林钟阴六言阳唱阴和)变动不居,周流六虚。……故黄钟为天统,律长九寸,九者所以究极中和,为万物元也。……立天之道曰阴与阳。……林钟为地统,律长六寸。六者,所以含阳之施;楙之含于六合之内。令刚柔有体也。……立地之道曰刚与柔。……太簇为人统,律长八寸,象八卦。……立人之道曰仁与义。《前汉书·卷二十一上·律历志第一上》P96。附属于政治的音乐理论认为,音律发端于七始,其中黄钟、林钟、太簇,天、地、人之始;姑洗、蕤宾、南宫、应钟,春、夏、秋、冬之始。上述固定的排序更符合自然的逻辑。

就像司马迁所说:凡音者,生人心者也,情动于中,故形于声,声成文谓之音。是故治世之音安以乐,其政和;乱世之音怨以怒,其政乖;亡国之音哀以思,其民困。声音之道,与政通矣。宫为君,商为臣,角为民,征为事,羽为物。五者不乱,则无怗懘(声音不和协)之音矣。……乐者为同,礼者为异。乐由中出,礼自外作乐由中出故静,礼自外作,故文(注犹动)。大乐必易,大礼必简。乐至则无怨,揖让而治天下治,礼乐之谓也。礼至则不争。乐者天地之和也,礼者,天地之序。《史记·卷二十四·乐书第二》P1181,P1193,P1210。乐统同,礼别异。礼乐之说贯乎人情矣。乐者,非谓黄钟、大吕弦歌干扬也,乐之末节也,故童者舞之。《史记·卷二十四·乐书第二》P1204。乐者,心之动也;声者,乐之象也;文采节奏,声之饰也。君子动其本,乐其象,然后治其饰。《史记·卷二十四·乐书第二》P1215。

古代思维中,音乐与时间、方位、星图存在密切联系:一个律历图无论是精密还是粗略都必不可少,以下是较为常见的天地时空系统与律吕的关系:

月份:一　二　三　四　五　六　七　八　九　十　十一　十二

律吕:太簇　夹钟　姑洗　仲吕　蕤宾　林钟　夷则　南吕　无射　应钟黄钟　大吕

时辰:寅　卯　辰　巳　午　未　申　酉　戌　亥　子　丑

十二次:诹訾　降娄　大梁　实沈　鹑首　鹑火　鹑尾　寿星　大火　析木　星纪　玄枵

地理方位与五音、数、颜色、五行的关系:

东　春　角　八　青　木　岁星　寅卯

南　夏　徵　七　赤　火　荧惑　巳午

中央	季夏	宫	五	黄	土	镇星	辰未戌丑
西	秋	商	九	白	金	太白	申酉
北	冬	羽	六	黑	水	辰星	亥子

参见《内经·金匮真言论》，又见《诸子集成·吕氏春秋·仲夏纪第五·季夏纪第六》

"黄钟为宫，林钟为徵，太簇为商，南吕为羽，姑洗为角。《史记·卷二十六·历书》P1260。《汉书·卷二十一·律历志上》又云：此黄钟至尊，亡与并也。"《礼记》认为："宫为君，商为臣，角为民，徵为实，羽为物。"《礼记正义·卷三十七·乐记》P300。杨雄指出：一、六为水，二、七为火；三、八为木；四、九为金；五、十为土。《太玄·第八卷·玄数》P88。照上所示，黄钟在月份上代表夏历中的一年之始，地理上属于中央，在社会中代表君主，宫廷雅乐必须以宫为主音等。由上可见，音乐与其他领域关系复杂，其作用几乎无穷无尽，这些帮助形成了何妥不择手段也要维护的音乐思想。上述天人关系结构图中人工痕迹明显而玄乎，其中夹杂有大量的穿凿附会、无中生有的观点，从未遭到民众有组织、有计划、行之有效的反对，主要是缺乏读者。它们一旦被确认，就会融入行政命令中，怀疑就是犯罪。对现象和抽象概念作出如此硬性划分、配伍的人实际上也无意向世人掩盖自然的真相，它的全部知识内涵作为学者们协商的结果，只有在发展中才会陆续发现它自我妨碍。

乐者，非黄钟大吕弦歌干扬也，乐之末节也。《礼记正义·卷三十八·乐记》P310。宫乱会导致君骄，"商乱官坏，角乱民怨，徵乱则事勤，羽乱则财匮。"《礼记正义·卷三十七·乐记》P300。他们将音乐和政治如此紧密地联系在一起，是专业人员与政治的默契？还是专业人员受到政治蓄意操纵？乐律学内在的科学性在中国古代早期的理论与实践中已经部分凸显出来，但是隋文帝时代中国的乐律文化还处于"是"还是"非"都在自行解释的时期，正确或是错误的思想与创作均无需验证，即可随自己的偏好主观决定。乐律学筚路蓝缕，隋代已经有了杰出的成就，但是这些成就的社会价值当时是由权力决定优劣排序的，决定者们因此完全可以活在自己的世界。

杨坚对天文等自然真实具体的知识讨论得越多，无能为力的感觉就会越强。然而对孝道这种似乎可以自行构造的假设信任程度就越高。

9. 思想家与君主的理解

卫灵公（？—前493年）曾令音乐人师涓将偶然听到的神秘音乐声记载下来，访晋国时与晋平公共同欣赏，在坐的音乐家师旷发现是师延为纣王所作的靡靡之乐，立即要求终中止，"此亡国之声也，不可遂。"但是平公坚持听完。然而这并未满足他的愿望，"音无此最悲乎？"在他的强烈要求下，师旷连续演奏二首，前者引来玄鹤起舞，后者，即黄帝时代大合鬼神的音乐，竟立即召至了狂风暴雨。这次音乐演奏会更严重的后果是"晋国大旱，赤地三年。"《史记·卷二十四·乐第二》P1236。简直令人难以置信。孟子与齐宣王的关于音乐对话则与之相左，齐宣王直言不讳地承认"寡人非能好先王之乐，直好世俗之乐耳。"孟子并没有反感，虽然他始终将音乐一词的概念替换成欢乐一词，但是从他的长篇解释中不难发现，他认为音乐与政治、经济之间的关系并没有此前儒家传统提法中那样密切，在富裕、和平环境中生活的人们不会在乎他们君主所爱的是哪一类音乐，而只在乎带给他们幸福生活的君主是否快乐。甚至可以这样理解，即使是正统的音乐，如果不能给他们英明的国君带来欢乐，臣民们也不会喜欢。孟子就是持这样一种现实、宽容的态度，似乎有点贬低了音乐有过的意义，实际上则校正了音乐的位置。《孟子正义·卷二·梁惠王章句下》P59，《诸子集成第1册》齐宣王（？—前301）即田辟疆，齐威王子。他治下的齐国中兴，恢复稷下之学。现在看来，喜好世俗之乐有可能给他入世的思想增添了活力。

10. 相邻王朝的音乐价值观

北周的长孙绍远初为太常，广召工人，创造乐器，土木丝竹各得其宜，唯黄钟不调，绍远每以为意。尝因退朝，经韩使君佛寺前过，浮图三层上有鸣铎焉，忽闻其音雅合宫调，取而配奏，方始克谐。绍远乃启北周世宗（明帝）行之。当时还是沿用魏乐，没有来得及新造。但去小吕加大吕而已。绍远认为应该改制，其所奏乐，以八为数。前梁黄门侍郎裴政不同意他的意见，上书以为：昔者大舜欲闻七始，下及周武爱创七音，持林钟作黄钟，以为正调之首。诏与绍远详议。裴正辩称，黄钟为天，大吕为地，太簇为人，今悬黄钟而击太簇便是虚天位而专用人。绍远指出，悬黄钟而击太簇，象征天子端拱而群司奉职。然则还相为宫，虽有其义，引礼取证，乃不月别变宫，且黄钟为君，则阳之正位，若随时变易，是君无定位，如果按造你裴正以林钟为正调，便是君臣易位，阴阳相反。经过反复辩论两人各持己见，谁都没有被说服，但君王还是决定，以八为数，授长孙绍远小司空。周武帝读史书时见武王克殷而作七始，又欲废八而悬七，并除黄钟之正宫，用林钟为调首，绍远奏云：天子悬八，肇自先民，百王共轨，万世不易。下逮周武，甫修七始之音；详诸经义，又无废八之典。且黄钟为君天子正位，今欲废之，未见其可。后高祖竟行七音，属绍远遭疾，未获面陈，虑有司遽损乐器，乃书与乐部齐树书阻止废八悬七。后病情加重，命子长孙览转呈意见：夫黄钟者，天子之宫，大吕者，皇后之位。今废黄钟之位是禄去王室,用林钟为首是政出私门。他因此特别担心崇尚西周政治的北周是否也能国运绵长。又上遗表,反对改八从七。周武帝省表,涕零深痛惜之。《北史·卷22·长孙绍远传》P89。尽管对绍远个人充满好感,却没有接受他的音乐主张。

相比之下,炀帝是一个更为复杂的例子,对先前杨坚命人所制清庙十二首的华丽歌词不满,至仁寿中,炀帝为太子时要求另行创制雅乐歌词。炀帝大业元年诏修高祖庙乐,唯新造《高祖歌》九首,仍属戎车(军车泛指军队),不遑刊正,礼乐之事,竟无成功。《通典·卷142·乐二》P1905。政治命令是一回事,创造性思维是一回事。对音乐作用理解的一个相反例子还是涉及杨广,"初高祖不好声技,遣牛弘定乐,非正声清商及九部四舞之色皆罢之,遣从民。杨广即位,"颇耽淫曲",太常少卿裴蕴揣知帝意,奏括天下周、齐、梁、陈乐家子弟皆为乐户,其六品以下至于民庶有善音乐者及倡优、百戏者皆值太常,是后异技淫声咸萃乐府,皆置博士弟子递相教传,增益乐人至三万余。倡优猥杂,咸来萃止。其哀管杂声,淫弦巧奏,皆出邺城之下,高齐之旧曲也。《通典·卷143·乐二》P1905。帝大悦,迁裴蕴民部侍郎。《隋书·卷67·裴蕴传》P189,《通典·卷143·乐二》P1905。大肆搜集不同风格音乐从炀帝的结局来看是如此危险,为何他们知道这些音乐与政治攸关却又忍不住迷恋它们? 唯一的回答是人的天性驱使人们期待并喜欢新的、有时代感、生动、丰富多彩的音乐,真正能给他们带来精神愉悦的作品,尽管有些作品的意境或调式确实令会让某些人消沉乃至颓废。但这不是音乐的必然属性,抛开这些定性分析,就炀帝对音乐多样性的需求而言,可与李世民对雅乐成份的容忍相埒。

按南宋郑樵的意见,断定春秋以来的雅乐到西晋时已亡。郑樵《通志·乐略·乐府总序》。但是绝对的说法中作为其对立面的郑声则几乎没有断流之虞,一个相对宽泛概念的郑声内容丰富而不确定,因其发自心声而最活力,几乎总是具有迎合大众心理的特性,"国家以周隋之后,与陈北齐接近。故音声鼓歌舞杂有四方云。"《唐会要·卷三十三·四夷乐》P722。说的就是一种现实。武德九年始命祖孝孙修订雅乐,贞观二年六月,听完祖孝孙审定的雅乐,太宗表示对礼乐为政事隆替之由表示不理解,御史大夫杜淹指出:"前代兴亡,实由于乐。陈之将亡也,为《玉树后庭花》;齐之将亡也,而为《伴侣曲》,行路闻之,莫不悲泣,所谓亡之音也。以是观之,盖乐之由。"明智的太宗反对这种既将政治简单化又将音乐复杂化的见解"不然,夫音声感人,自然之道也。故欢者闻之则悦,忧者听之则悲,悲悦之情在于人心,非由乐也。将亡之政,其民必苦,然苦心所感,故闻之则悲耳。岂乐声哀怨能使悦者悲乎？"他当时就表示"今《玉树后庭花》、《伴侣》之曲，其声俱存，朕当为公奏之，知公必不悲也。以耿直著称的尚书右丞魏征也大致同意他的意思，"乐在人和，不在音调。《旧唐书·卷28·音乐志一》P134。"孝孙又奏陈、梁旧乐杂用吴楚之音，周齐旧乐多涉胡戎之伎。于是斟酌南北，考以古音，作为大唐雅乐。以十二律各顺其月，旋相为宫。……祭圜丘以黄钟为宫，方泽以林钟为宫，宗庙以太簇为宫，五郊朝贺飨宴则随月用律为宫。"《旧唐书·卷28·音乐志》P134[4]。太宗还是将个人的音乐意趣与作为国家元首的责任区别开来，对郑声不是毫无提防，贞观十一年四月，他明确要求'郑声之乱于雅者，并随违而矫正。"《全唐文·卷6·颁示新乐诏》第一册P24。唐朝的政治发展不管是否受到它兼蓄并收的音乐影响，几乎在各个方面都巩固了隋代成就，许多方面可以称之为伟大。

11. 文化成本（归于音乐）

上述文化意识反过来是如何影响制度的？传统、保守、排外、孤立？当时外界在做什么？开皇初，卢恺除吏部侍郎，八年，杨坚亲自考核百官，以卢恺为上等，因恺谦让未果，一年后恺拜礼部尚书，摄吏部尚书事。当时国子博士何妥与右仆射苏威嫌隙渐深，何氏奏苏威有不法事，卢恺牵连其中，杨坚下令对卢恺进行司法调查，最后确认他有利用权力包庇任用亲友的问题，杨坚在大怒中将卢恺开除公职。《隋书·卷56·卢恺传》P166。对专业技术的不同意经过改造后变成政治安全屏障，技术变成诱饵，当个人意见与君王意见一致时，技术才有生命力，在这种制度下技术只有百分之五十的生存几率。民间专业音乐人士万宝常及其创造的命运是一个制度化的问题，由于音乐成为政治的重要组成部分，从而提高了音乐人的风险，他是否拥有正确的音乐知识或是否拥有合乎时宜的音乐知识容易产生分歧，他的卓越之处正是严格受政治主导的音乐领域，除此之外别无长物，专业知识的衡量受到技术之外的标准制约。乐人，包括演奏家和理论家，他们的社会地位在任何一个时代都是因人而宜的，一些运气较好的人可以因为自己的音乐才华改善自己的物质生活，甚至在政治上也有建树。隋时，乐人社会地位降低则是因为制度化造成，"荆州陷没，周人初不知采用，士人有知音者并没入关中，随例多没为奴婢。《通典·卷142·乐2》P1906。"大业六年，征魏、齐、周、陈乐人悉配太常。《隋书·卷3·炀帝纪》P11。听起来是将音乐人组织起来，实际上形同仆从走卒，方便随时使唤。在唐代，"太常少卿祖孝孙，以教宫人声乐不称旨，受到太宗所斥责。王珪、温彦博谏曰：孝孙雅士，陛下忽为教女乐而怪之，臣恐天下慑愕。"太宗更加愤怒，认为二人没有顺从他的意思是个错误,第二天才有所省悟自己过火。《续世说·卷十·直谏》《中华野史》P954。音乐的重要性并没有提高作为其主要载体的乐人的社会地位甚至人身安全系数,这是必将与其的国民逐渐尖锐对立的专制国家里的普遍现象。乐人如此,军人、农民乃至诚实无欺的知识分子也是如此。郑译张七音,苏夔泥古的思想使之坚持五音,与他们不同,何妥反对旋相,音乐主管部门首长看君主眼色行事,见风使舵,牛弘等因在音乐上的无能在杨坚看来已经触犯刑法,而苏氏父子以及受牵连的百余官员被除名为民,这是音乐影响制度的另一个例子。中央政府的多个部门的高级官员并不是工作在自己的现任职务范围,不得服从以临时委派为主的差遣,皇帝虽然会考虑他们个人能力和兴趣所在,却没有任何因素妨碍皇帝的息怒无常。对所有参与者来说,它既是一种荣耀,又是一条无形绞索。如果一种行政权利强迫人们完成一件工作,任何难度的问题得到解决的可能到达百分之九十,如果行政权作为唯一的是非裁判,那就会最少降低到百分之五十。这是因为在发现和正确应用规律的过程当中,技术的风险远低于政治风险,而一切知识是否普遍应用,在一个专制社会并不是最重要的。只有专横的体制下合理的知识才会遭受制度性的排斥,而一个正常社会主要靠确切知识构成并促进其发展。"祖孝孙依京房旧法,推五音十二律为六十音,明六之有三百六十音,旋相为宫,定庙乐,诸儒论难,竟不施用。"最后还是行政命令而不是技术决定是否旋相。几乎可以说旋宫之争是非技术因素起决定性作用。第二,主要的争论围绕在如何使用还是不使用现成工具这一基础上,而没有及早地考虑现成工具是否可以的问题。他们要等到好几百年后的明朝,借助于朱载堉发现的新法密律也就是十二平均律,十二律自由旋宫转调难题才得以解决。明人朱载堉的音乐成就与隋代论争没有直接关系,但是这种旷日持久的论争可能吸引其注意并产生兴趣,他个人天赋是另一个主要因素。这是文化成本昂贵的一个例子,惟有优化制度,方可令文化发现与革新被及时确认、应用并产生经济和社会效益。我们因此不能说发生在隋朝的旋宫之争徒劳无益,但是过于强大的行政力量对技术进步的干扰是不言而喻的。

行政权力决定技术的真伪必定对资源和独创造成巨大浪费,主要是因为它——政府或者君王无法胜任这份工作。清康熙五十三年,诚亲王胤祉以御制《律吕正义》进呈得旨,律吕、历法、算法三书共为一部,曰《律历渊源》。《清史稿·卷八·圣祖纪》P8850。所谓御制的宏篇巨作涉及诸多十分专业的课题,标注御制无非是强调其权威性,人们以为这是在从事伟大的事业,其实不过是迷信权力的恶果。早在康熙二十一年,皇帝命大学士陈庭敬重撰燕乐诸章,然犹袭明故,虽务典蔚,有似徒歌,五声二变,踵讹夺伦。黄钟为万事根本,臣工无能言之者。帝方谦让,亦未遽革。康熙三十一年,皇帝已有意否决十二律,认为:"十二律之所从出,其义不可知。"五十二年诏修律吕诸书,遇有疑义,帝"亲临决"。《清史稿·卷94·乐志》,P9161。五十三年,这部倚赖"本长畴人之术"P9163的康熙皇帝而编成的书,赐名《律吕正义》,分为三编:1. 正律审音、2. 和声定乐、3. 协均度曲。最后得出十四律,也就是将音律分为七律、七吕共十四个音阶,于是"千载之袭缪,至是乃定。"一批参加编撰的官员升职,事实则只能使是非颠倒情况的变得更明显,敢纠正问题的不见一人,跟着错的则不少。《清史稿·卷94·乐志》,P9163。为何公职人员以政治正确为首选而不顾事实真相,因为不同意见处境一直危险,康熙52年,编修戴名世"著述狂悖,弃市",为书作序的进士方苞也险些送命。《清史稿·卷8·圣祖纪》显示在衡量正确与谬误时,政治意图对技术真相占压倒性的优势。

隋代前期开始的音乐论争是一个制度个案,这是由于单纯技术的缺陷引发政治冲突从而暴露出制度的问题的一个典型例子,它费时长,参与者多,支出浩大,加之行政权力干涉严重,没有确认正确的结果,国家为控制音乐类型而养活大量人口,经济支出与可以期望带来的政治好处完成不相称。具体的一种调式对政治、社会的负面影响可能存在,但如果人民见多识广,这种影响就可以忽略不计;如果人民孤陋寡闻,影响难免产生,大小难以预估,上述迁延多年的调式优劣论争即使不是源自社会封闭,至少是人们坐井观天,这样的社会容易流行谣言,居民自私冷漠,权力易于倾向于残暴。与旷日持久的旋宫之争可以相提并论的还有"封禅"大典,由于涉及到资格、费用、安全等问题,尤其是这一项目着眼于政治布道而技术含量极低,使得朝廷更容易形成众说纷纭的局面,结果这种半宗教半政治性质的游戏成为历代稍有成就王朝一笔天然预算,其昂贵的开销与人民的受益程度基本成反比。

本节参考资料:

马端临《文献通考·卷131乐四》浙江古籍出版社1988年11月第一版
杨雄《太玄经》上海古籍出版社　1990年11月第1版
《隋书·音乐志》
《通典·乐》
《旧唐书·音乐志一》
杨荫浏著《中国音乐史纲》　万叶书店　1953年3月第2版

《册府元龟·卷569·作乐·贞观二年五月》

《明史》

《清史稿·乐志》

(清)董皓等编《全唐文》上海古籍出版社 1990 年十二月第一版

胡企平《中国传统管律文化通论》上海音乐出版社　2003 年 12 月第一版

《诸子集成》

第五节　天象[禨祥]、气象、物象综合体
——不言而喻的启迪

一、律历学

参与者：太常卿卢贲，太史令刘晖、前太史监官员、后任命为大都督的刘孝孙，国子祭酒(从三品)何妥，以云骑尉(勋，二转(即级)视正七品)在太史监当差的张胄玄，司历刘宜援，杨素(尚书右仆射，从二品)、牛弘(开皇六年，除太常卿，九年诏定雅乐(《牛弘传》P156)十九年八月由太常卿进为吏部尚书(高祖纪)太常卿为正三品，管太乐、太卜、郊社等)、通事舍人(属内史省，从六品上)颜愍楚、袁充、通直散骑常侍领太史令(从七品下，炀帝时从五品)庾季才，太史丞一人，司历一人，历博士一人，历助教二人，刘焯时任太学博士(属于国子监，正六品上)。

为何没有直接下令说哪一本历书正确的？ 因为需要在实测中得到检验，音乐就没有这样幸运，没办法验证。

启用一种技术皇帝对发明人的是否有好感很重要，在北周末年，"时杨坚作辅，方行禅代之事，欲以符命曜于天下，道士张宾揣知上意，自云玄相，洞晓星历，因盛言有代谢之征。又称上仪表非人臣相，由是大被知遇，恒在幕府，及受禅之初，擢为华州刺史。钦命太常卿卢贲任总监，组织张宾等一批官员(以下为详细名单)造新历：

仪同刘晖、骠骑将军董琳、索庐县公刘祐、前太史上士马显、太学博士郑元伟、前保章上士任悦、开府掾张徽、前荡边将军张膺之、校书郎衡洪建、太史监侯粟相、太史司历郭翟、刘宜、兼算学博士张乾叙、门下参人王君瑞、苟隆伯等议造新历。《隋书·卷十七·律历志》P55。

宾等依何承天法，微加增损，开皇四年二月撰成奏上，高祖下诏：张宾等存心算数，通洽古今，寔为精密。……宜颁天下，依法施用。"附会张宾的刘晖被升

太史令。批评也接踵而至，刘孝孙、刘焯具体指出六处重大错误，其中之一就是没有引入岁差。张宾、刘晖二人指责孝孙"非毁天历，率意迂怪。刘焯又妄相扶证，惑乱人心。他们显然说服了皇帝，"孝孙等竟以他事斥罢"。《隋书·卷16·律历志上》P54。张宾、刘晖显然没有拿出靠得住的数据，只是骂了刘孝孙、刘焯一顿。

张宾死后，刘孝孙希望重新论证他的历学主张，意见虽被搁置，人则由掖县丞（从八品到从九品不等）"直太史"，即调任太史监上班，工作枯燥且数年没有升职。不知是强烈的学术精神，还是希望在仕途上锐意进取，他突然采取颇为激烈的行动：怀抱其著作与一群弟子抬着一副棺材来到皇宫前，放声大哭，直到遭到逮捕。杨坚惊讶不已，当时国子祭酒何妥正在御前，刘孝孙给他的印象相当正面，风险变为成功，孝孙当日就被授予大都督（隋军职内勋官，大都督为十一等勋官中的第九等。一等为上柱国，最高级），令他校订张宾历。《隋书·卷十七·律历志中》P55。精通术数的张胄玄正以云骑尉在太史监当差，他重视祖冲之的数学研究在律历中的应用，了解律历学上进展，《隋书·卷78·张胄玄传》P213。"参议律历，时辈多出其下"，长期被上司太史令刘晖猜忌，一直默默无闻。由于"命与参定新术"，于是与孝孙联合批评张宾历，引发大规模论争，持续很久。开皇十四年，杨坚提及日食时，杨素高度评价当时天文界成就，"胄玄所克，前后妙衷，时起分数，合若契符；孝孙所克，验亦过半。"于是二人蒙召至御前，圣上慰勉之际，刘孝孙突然提出，想要修订好国家历书，必须先处决刘晖，皇帝认为要求过分，修历之事也就没有进一步讨论。不久刘孝孙逝世，与之关系友好的杨素、牛弘在悲痛之余再次向皇帝推荐张胄玄，这是杨牛二人一次明智的推举。胄玄设法以其专业技术议政，"因言日长影短。"一扫刘孝孙遇挫的阴影，在皇帝面前重新建立了声誉，而且得到丰厚赏赐。刘焯听说胄玄受到器重，又修订刘孝孙历，更名《七曜新术》。由于造历方式与张胄玄之法颇相乖爽，遭到袁充与张胄玄联手攻击、丑化，刘焯又遭罢免。开皇十七年，胄玄历成上奏，杨坚令杨素等组织评审，杨素安排以专题的形式让刘晖与胄玄辩论，司历刘宜援引古史影驳胄玄，没有达到预期目的，《隋书·卷17·律历志》P56。刘晖一派失败的原因主要在三个方面：

1. 刘晖与国子助教王颇等执旧历术，包括张宾历，对张宾十分执着。司历刘宜，也援据古史影驳胄玄，尽管发现"胄玄不能尽中，"但在列举出历学史上六十一道疑难问题中，玄对其中五十四道有合理解释，晖则束手无策。《隋书·卷17·律历志》P56、《隋书·卷78·艺术·张胄玄传》P213。这在旁观者眼中形成鲜明对比。

2. 由于缺乏客观科学标准,双方陷入僵局,"迭相驳难,高祖惑之,逾时不能决。"会通事舍人颜慜楚上书说:汉落下闳改颛顼历作太初历,云后当差一日,八百年当有圣者定之。今相去七百一十年,术者举其成数,圣者之谓其在今乎!《隋书·卷78·艺术·张胄玄传》P213。颜氏对皇帝产生了影响,于是全神贯注地开始寻觅这样的人,至于事实真相倒在其次。

3. 政治权威的作用:"高祖欲神其事,于是下诏:胄玄历数,与七曜符合,太史所行乃多舛。在场群官虽有争议,结果还是随声附和,都宣称胄玄历更为精密。因此太史令刘晖,两个司历,一个骁骑尉,四人"往经修造,致此乖谬"。通直散骑常侍(属门下省,正四品)领太史令庾季才,太史丞一人,司历一人,历博士一人,历助教二人,既是职司,须审疏密,虚行此历,无所发明。论晖等情状,已合科罪,方共饰非护短,不从正法;季才等附下罔上,义实难容,于是晖等五人为首造诈者并除名,季才等六人容荫奸慝,俱见解任,上述十人均被斥为刘晖党羽。胄玄所造历法付有司施行,擢胄玄为员外散骑侍郎领太史令,赐物千段。《隋书·卷78·艺术·张胄玄传》P213。外散骑侍郎即员外郎,七品上。员外散骑常侍为从五品上。通直散骑常侍为正四品,通直散骑侍郎为从五品上。张胄玄从二转、视正七品的勋官云骑尉,擢升七品上的职事官——员外散骑侍郎,仕途上已经出现重大变化。

张胄玄与所引进的袁充经过这一次成功的协同合作,二人从此将个人感情与技术流派混杂一起,共同推进技术的应用。由于胄玄引入祖冲之法,"自兹厥后,克食颇中。开皇十七年所行历术,命冬至起虚五度,后稍觉其疏。阳夏人袁充非平庸之辈,他在陈灭时归隋,在地方上担任过州司马,"好道术,颇解占候,由是领太子令。时上将废皇太子,正穷治东宫官属。充见杨坚偏好符瑞,因此兴风作浪,附会杨坚心意进言:比观玄象,皇太子当废,上然之。《隋书·卷69·袁充传》P193。袁充在以天象鼓励高祖废黜太子得到认同后深感鼓舞,开皇二十年,袁充奏日长影短,主要说隋兴以后,日影渐长。开皇元年冬至(每年中,北半球白昼最短的一天,此后白昼渐长),日影一丈二尺七寸二分,自尔渐短,至十七年冬至,影一丈二尺六寸三分,四年冬至,在洛阳测影在一丈二尺八寸八分。二年夏至(每年中北半球白昼最长的一天,此后白昼渐短),影一尺四寸八分,自尔渐短。至十六年夏至,影一尺四寸五分。周官以土圭之法正日影,日至之影尺有五寸。郑玄云,冬至之影,一丈三尺。今十六年夏至之影短于旧影五分,十七年之影短于旧影三寸七分。日去极近,影短而日长;去极远,则影长而日短。行内道则去极近,外道则去极远。尧典云:日短,星昴以正仲冬。据昴星昏中,则知尧时仲冬日,在须女十度。以历数推之,开皇以来,冬至日在斗十一度,与唐尧之代去极并近。"谨按春秋元命苞云:日月出内道,璇玑得常,天帝崇灵,圣王祖功。京房《别对》曰:太平日行上道,升平行次道,霸道行下道。伏惟大隋启运,上感干元,影短日长,振古之未有也。"《隋书·卷69·袁充传》P193。杨坚大喜过望,激动之余,"告天下将作役工,因加程课,丁匠苦之。被深度麻醉的皇帝因以修订标准历一事交付皇太子操办,特别要求对日照时间加长,太阳投影变短原理进行专门研究,(遣更研详,着日长之候。)于是杨广征天下历算之士齐集于东宫。《隋书·卷18·律历下》P59。袁充提到的土圭是一种可以用于测量日影的木制器具,实际上是一根经过加工、笔直的木杆,测日影时取一根直立,让日光照射木杆,测量杆影投射在地面上的距离,太阳的高度不同决定杆影长短,一年中夏至日正午太阳高度最高,杆影最短,以后杆影逐渐变长,冬至日正午太阳高度最低,杆影最长;此后太阳高度又逐日升高而杆影又逐日减短,到夏至日杆影又最短。杆影最长日定为冬至日,最短之日定为夏至日,冬至白昼最短,称日短至;夏至白昼最长,称为日长至,合称日至。夏至点是太阳运行至黄道上最南端的点位,冬至点则是太阳运行到黄道上最北端的点位,合称二至点。袁氏的数据可能有两个错误:1. 测量时有误差。2. 隋代是大尺,一尺合现在 29.51 厘米左右,周代一尺仅相当于现代 19.91 厘米。最具科学精神的刘焯对袁充用玩弄数字游戏十分反感,仁寿四年,公开指责他的提拔者张胄玄误导皇太子杨广,并对胄玄学术诚实提出疑问,皇室没有重视。《隋书·卷69·袁充传》P193。知识界却产生了回声,大业元年,著作郎(从五品上)王劭、诸葛颖举荐刘焯,刘焯也在其新著《皇极历》中具体指出张胄玄历存在不少问题,受到炀帝赞许,为了证实刘焯的观点,于是下令有关当局将《皇极历》与胄玄历比较,胄玄力争。刘焯时任太学博士,自信自己的水平正处于本专业最前沿,立志让张胄玄威名扫地,丢官去职。由于事关高新技术,内行人太少,一时是非难决,实现志向困难重重,刘焯自己于是称病免职。《隋书·卷18·律历下》P60。大业四年,炀帝听太史奏日食预测无效,召焯欲行其历,袁充当时被炀帝宠信,与太史令胄玄共排斥刘焯,因此焯历被搁置,大业四年(传记说在六年)焯死去。《隋书·卷75·刘焯传》P206。玄胄历本存在错误,刘焯逝世后,张玄胄感到不需要再为维护自己声誉而继续坚持错误,着手改历,由原来的冬至以虚五度为起点改为始于虚七度。《隋书·卷17·律历志》P56,《隋书·卷18·律历志》P60,《隋书·卷75·刘焯传》P206。大业五年张胄玄根据刘焯历修订的《大业历》获准颁布实施。大业历对回归年长度的取值比

《皇极历》精度有所提高,对恒星月长度取值的误差低于此前所有相关数据。一定时间内持续技术短缺是政治变数增量的主要原因之一。

张宾修改何承天历,得到施行任用,而隋代律历学争议中最大获益者是张胄玄,这个严格意义上搭便车的人先后修改主要竞争者刘孝孙著作和刘焯《皇极历》,据为己有,从而装饰了自己的学术生涯,提升了自己的政治层次。影响则更为恶劣,明白无误的宣示:除非运气极佳,创新危险而且没有意义。玄胄所偏爱的袁充"素不晓浑天黄道去极之数,苟役私智,变改旧章,其于施用,未为精密。"《隋书·卷19·天文上》P71。对自己的道德信誉更为冷漠,在技术上基本上个失败者,尽管两者并没有必然联系,却有能力把真正的技术变为笑料。胄玄大业中卒于任上,继承张胄玄精神遗产的袁充并未在玄胄的科学精神方面扬长避短,而是选择在科学领域内自由发挥。仁寿初年,袁充将自己论述杨坚生辰与阴阳律吕合者六十余条的文章上奏,指出:皇帝载诞之初,非止神光瑞气嘉祥感应,至于本命行年,生月生日并与天地、日、月、阴、阳、律、吕运转相符,表里合会,此诞圣之异,宝历之元,今与物更新,改年仁寿。岁月日子还共诞圣之时,并同明合天地之心,得仁寿之理,故制洪基长笫,永永无穷。"杨坚心满意足,这个生活节俭的人对他出手大方,同行中无人能及。炀帝即位后,袁充联手太史丞高智宝再次发挥自己的专长,奏言:去岁冬至,日影逾长,今岁皇帝即位,与尧受命年合。……乃讽齐王率百官拜表奉贺。其后荧惑守太岁者数旬,于时缮治宫室,征役繁重,充上表称陛下修德,荧惑退舍,百僚毕贺。袁德符进一步升温的抽象语言使得炀帝除对他出手阔绰的赏赐外,别无选择。《隋书·卷69·袁充传》P193。时军国多务,充候帝意,欲有所为,便奏称天文见象,须有改作,以是取媚于上。大业六年,袁氏迁内史舍人(属内侍省,正六品上),从征辽,拜朝请大夫、秘书少监(从四品上)。帝初罹雁门之厄,又盗贼益起,帝心乱,充假托天文,陈说大量嘉瑞以媚上,"旋观往政,侧闻前古,彼则异时间出,今则一朝总萃,岂非天赞有道"。炀帝昏头转向,欢欣鼓舞,破格袁氏为秘书令(正三品或从三品),利用他有问题的专业律历及天文知识从事一场生死攸关的政治赌博,秘书令袁充博得炀帝高度信任,每当炀帝准备一次新的征战,袁都能事先搞到一些相关情报,然后从星象分析着手,无一例外地得出此战必要且一定获胜的结论,接受了这种心理暗示的炀帝只会变得更好斗,盲目乐观。《隋书·卷69·袁充传》P193。朝中一些比较老派的官员对之切齿痛恨,但拿他毫无办法,他丰富的天文以及其他杂七杂八的知识总会促使皇帝相信,王朝将逢凶化吉,并帮助他本人加官晋级,获利丰厚。年七十五仍活跃在朝廷,直至与炀帝同被宇文化及顺手所杀,再也不能以谎言胡作非为。《隋书·卷69·袁充传》P193。袁充引用的古籍包括《尧典》、纬书《春秋元命苞》以及汉代学者著作。这些在公开场合也是经典主流的文化，毫无问题，但有各种用法，结果差异会很大。

祖冲之等早就辩证，先秦古籍中多为后人伪托，"周汉之际，畴人丧业，曲技竞设，图纬是繁。或借号帝王以崇其大，或假名圣贤以神其说，是以谶记多虚。"他推断古术之作，包括黄帝历、颛顼历、夏历、殷历、周历、鲁历等，编撰时期皆在"汉初周末，理不得远。"《宋书·卷13·历志》P37[4]，《南齐书·卷52·祖冲之传》P96。因此书中记载数据不是当时实际观测，由此测算天体运动变化周期并不准确，何承天于宋元嘉二十二年（443年）获准颁行的《元嘉历》中提出安排历日使用定朔法，何氏讨论过但没有在历中引入岁差，岁差是晋人虞喜的发现，祖冲之在他的《大明历》中弥补了这一缺陷，却致使他的出版计划变得举步惟艰，从宋孝武帝大明六年（462年）开始，祖冲之与皇帝宠臣，天文学外行戴法兴发生了激烈争执，宫廷中除极个别人看懂了《大明历》的科学价值外，绝大部分为了政治利益附和戴法兴。齐东昏侯永元二年（500年），祖冲之以七十二岁高龄逝世时，他的历书颁行仍遥远无期。《南齐书·卷52·文学·祖冲之传》P96。到梁天监初（天监元年为502年）在其子祖暅努力下，始得颁行。《南史·卷72·文学传·祖冲之传》P96。苦苦等待四十余年之久，而所有天文官僚的努力只是增加皇帝的疑惑或者迷信色彩。

北齐名医张子信利用浑仪在海岛经过三十余年观测，首先发现太阳的视运动不均匀，为定朔研究提供了条件，朔，指月球与太阳的黄经相等的时刻，在朔日，月球运行到地球和太阳之间，和太阳同时出没，呈现新月的月相，朔发生的那一天定为夏历的每月初一日。《北史·卷49·张子信传》P70、《北史·卷89·艺术·张子信传》P314。将太阳和月球黄经相等的那一天定为每月的初一日的方法叫定朔法，它比平朔法更符合天象变化。平朔法取月平均日数为二十九点五天，大月30天，小月29天，用这种方式定出的每月初一日叫平朔。这样，太阳和月亮黄经相等的时刻不一定是在每月初一，因此，日食有时发生在月终的晦日，间或是在初二。何承天（370—447）、刘孝孙都提出要在历法中采用定朔，均未被采纳。刘焯在推算定朔及月、日视运动速度的不均匀性时，创立了等间距二次差的内插法公式，在历法研究中引进了先进的数学成就，为后世历的修订提供了有用的工具。在编制《皇极历》时呼吁用定朔法代替平朔法，仍未能被官方及时采用，比如张胄玄在编辑刘孝孙历时，就特意删去了定朔法。唐618年，傅仁均、崔善为的《戊寅元历》曾一度采用定朔法，施行约二十余年，因反对停止，直到唐高宗麟德元年(664 年)颁行的李淳风撰《麟德历》中才改用定朔,此时距何承天倡去世,已历二百一十六年。参见陈久金《中国古代的立法成就》。

古代推算节气一直用平气法,即将一个回归年平分为二十四等分,对应二十四节气。(从冬至点起算,将黄道一周天均匀分为二十四等分,太阳以实际运行速度,每走到一个分点就交一个节气)节气之间平均为十五天多。刘焯首创"定气法",以太阳在黄道上的位置为标准,自春分点起算,黄经每隔十五度为一个节气。由于太阳在黄道上移行快慢不一,冬至前后太阳移动较快,两节气之间只有十四天多,夏至前后移行较慢,两节气之间有十六天多。节气间的多寡不一,但能表示太阳的真实位置,使春分秋分一定在昼夜平分的那一天。定气法优于平气法,但一直遭冷落,直到清代载顺治二年(公元 1645 年)颁布的《时宪历》才首次正式采用定气法,沿用至今。刘焯的人生与《皇极历》均命运坎坷,堪与祖冲之及其《大明历》遭遇相比,而这还不是创造性技术的个案,北齐时以专业人员担任齐神武(496—547 年)政府公职的綦毋怀文,"造宿铁刀,……斩甲过三十札。今襄国治家所铸宿柔铤是其遗法,作刀尤甚快利,但不能顿截三十札。《北史·卷89·艺术·綦毋怀文传》P314。怀文 543 年参加邙山之战,《北史》于 647 年成书,一百年后,当地的冶炼技术已经达不到綦毋怀文的水准,虽然不能说失传但核心技术明显已经没有被掌握,怀文个人的伟大创制没有得到普遍的认识。有一种思想很典型"治历改宪,经国盛典,爰及汉魏,屡有变革,良由术无常是,取协当时。"这出现在宋时提请皇帝采用《元嘉历》官方檔中。《宋书·卷 13·历志》P32。如果仅就当时发展中的律历而言,无可厚非,怀疑有确切的知识则很危险。"术"包天文、制造以及其他实用知识,綦毋怀文正是"以道术事齐神武",它们的使用价值不仅优先且十分迫切,用途包括政治用途和生活用途,适应当时的需要一方面可以促进技术革新,另一方面也可能导致行政决定使技术创新被否决而谬论流行。因为政治利益的取得无需事实事依赖技术。每当政治对技术的干扰减轻,技术的成长会更直接,应用水平也会更高。

技术选择中暴露出来的问题:

1. 知识产权不能获得专利也没有得到任何保护,原创者未能受益,创新意识备受压抑的情况普遍。

2. 知识评估需要专业技术而不是行政权利。

3. 专业知识应用与转化容易受到技术标准之外的因素阻挠,而普及与应用达到一定规模时才能促进社会进步。

4. 知识的积累与借鉴或者合法有偿使用专利未能形良性互动的原因是理

历届政府对技术潜力缺乏基本认识。

创新技术保护，从而使技术提高生产力，上述条件在中国从未真正形成，所以创造性技术包括音乐、天文学等方面正确意见被排斥是很自然的。刘焯所处的文化环境与祖冲之的时代区别很小，他们凭一己之力产生如此杰出的科学成就堪称奇迹。政治理解力如果更好，他们或许能够更多地感受个人创造力造福于社会的喜悦。

资料来源：

《隋书·卷75·儒林·刘焯传》

《宋书·卷13·历志·何承天传》

《北史·卷89·艺术·张子信、綦毋怀文等传》

《隋书·卷78·张胄玄传》

《辞海·天文部分》

《隋书·卷17·天文志》

吴文俊主编《中国数学史大系》北京师范大学出版社出版1999年7月第1版第四编　南北朝末期，前唐历算　第四节《刘焯二次内插法及其数理分析》

陈遵妫《中国天文学史》上海人民出版社1982年6月第1版

第五节　君主背后的主宰——术士的意愿

符瑞的起源被王夫之归纳为"汉之初为符瑞，其后为谶纬。"《读通鉴论·卷三·武帝·二十二》。这是基本符合事实的结论。它的用途对所有使用者都没有区别，"杨坚初受周惮，恐民心未服，故多称符瑞以耀之，其伪造而献者不可胜计。"开皇十四年，员外散骑侍郎王劭前后上表，言上受命，符瑞甚众，又采民间歌谣，引图书谶纬，捃摭佛经，回易文字，曲加诬饰。撰《皇隋灵感志》三十卷，奏之，上令宣示天下，劭集诸州朝集使，盥手焚香而读之，曲折其声，有如歌咏，经涉旬朔，遍而后罢。上益喜，前后赏赐优洽。《资治通鉴·卷178·隋纪二》P1181。当年从门下省调任秘书省，升任著作曹长官著作郎，从五品上。员外散骑侍郎王劭天花乱坠，从七品上直线升至从五品上。他和他的君主都充满激情。

一、用于预测

来和，少好相术，所言多验。高祖微时，来诣和相，和待人去，对高祖曰：公当王有四海。……开皇末,和上表自陈曰:当时具言至尊膺图受命,光宅区宇,此乃天授,非由人事所及。《隋书·卷七十八·艺术·庾质传》P212。道士张宾也在高祖龙潜时"公当为天子,善自爱。"《隋书·卷七十八·艺术·张宾传》P212。

隋文帝曾应用预测技术选择儿媳,萧皇后梁明帝岿(562—585年在位)之女。(纳女为晋王妃,得专制其国)江南风俗,二月生子者不举。萧后以二月生,由是季父岌收而养之。未几,岌夫妻俱死,转养舅氏张柯。炀帝为晋王时,高祖将为王选妃于梁,遍占诸女,皆不吉,岿乃迎后于舅氏,令使者占之,曰:吉。于是遂策为王妃。后性婉顺,有智慧,好学解属文,颇知占候,高祖大善之,炀帝甚宠敬焉。《隋书·卷36·后妃传》P133。两条有关记载证实,隋文帝真心诚意地喜爱并使用此类工具,一生中取得不少他自己满意的结果,在仁寿元年十一月"有事于南郊,如封禅礼,板文备述前后符瑞,以报谢云。《资治通鉴·卷179·隋纪三》P1190。不论炀帝对自己的婚姻结局是否满意。

迁都

(583年,开皇三年迁都)夜与高颎苏威定议。庾季才旦奏:臣仰观天象,附察图记,龟兆允袭,必有迁都。且汉营此城,经今八百岁,水皆咸卤,不甚宜人,愿为迁徙计。高祖目瞪口呆,谓颎等曰:是何神也!遂发诏施行,还着重强调自己从自此以后,相信有天道命运。孔平仲《续世说·卷六》P936。发生这种事的可能性有四种:1. 可以认为是杨坚与庾季才的预谋。2. 高、苏与虞的预谋。3. 杨坚、高、苏、虞的合谋。4. 虞季才自己根据现实的蛛丝马迹推断可能发生的事,不需要任何奇功异能。而骗人的伎俩却在古代王朝决策中起重要作用,政策的不透明是政治人物缺乏自信的表现。他们要么目的不明确,要么理由不充分,为了维护威望,需要根据事后的结果来确定或修正行为的原因。至于迁都的真正原因,还在于圆梦知识对他的影响。高祖梦洪水淹没都城,意恶之,故迁都大兴。《资治通鉴·卷182·隋纪六》P1213。开皇二年规划,三年三月前期工程竣工。季才因为一个预言获得大批物质,进爵为公。但是世事难料,"张胄玄历行,及袁充言日影长,上以问季才,季才因言充谬。上大怒,由是免职,给半禄归第。《隋书·卷78·庾季才传》P211。

择地

仁寿二年八月,皇后逝世,令仪同三司萧吉奉旨为皇后择葬地,得吉处,云:卜年二千,卜世二百。杨坚表示:凶吉由人,不在于地,高纬葬父,岂不卜乎?俄而国亡,正如我家墓田,若云不吉,朕不当为天子;若云不凶,我弟不当战没。然竟从吉言。萧吉退,告族人肖平仲曰:皇太子遣宇文左率(即述)深谢余云,公前称我当为太子,竟有其验,终不忘也,今卜山陵,务令我早立。我立之后,当以富贵相报。吾语之云后四载,太子御天下,若太子得政,隋其亡乎? 吾前给云,卜年二千者,三十字也;卜世二百者,取世二传也。汝其识之。《资治通鉴·卷179·隋纪三》1191。这样的过程以惊人相似的方式在重复。同时,王劭也没有放过利用独孤皇后之死再次展示才华的搏取功名的机会,上言"佛说人应生天上,及生无量寿国之时,天佛放大光明,以香花妓乐来迎。伏惟大行皇后福善,祯符备诸秘记,皆云是妙善菩萨,臣谨按八月二十二日,仁寿宫内在雨金银花,二十三日大宝殿后夜有神光,二十四日卯时,永安宫北有自然种种音乐,震荡虚空,至夜五更,奄然如寐,遂即升退,与经文所说,事皆符验。上览之,悲喜。《资治通鉴·卷179·隋纪三》1191。

　　出行

　　仁寿四年,术士章仇太翼成功地预测隋文帝大限,当时文帝准备到仁寿宫避暑,章仇太翼劝说文帝不要去,去了恐怕不能再回来,文帝非常生气,将其关进监狱,准备回来后再处决他,不想文帝真的在仁寿宫病危,在弥留之际,文帝后悔没有接受劝告,他命令杨广释放章仇太翼,此人终其一生都侍奉在炀帝左右,他没有停止预言,有过显赫的成就,这帮助他死里逃生,怀疑他是危险的。炀帝也曾真心实意地就一些疑难咨询过他的见解,在整体上尊重他的意见是否就会免于过误? 总之,隋国家并未因他的存在变得更安全、文明些,因为炀帝的所谓咨询与众不同,主要是寻求自己中意和对自己有利的意见。《资治通鉴·卷180·隋纪四》P1193。

　　隋文帝病故于仁寿四年(604年)七月,事前有预示,"四年六月,有星入月中,数日而退。七月乙未,日青无光,八日乃复。《隋书·卷2·高祖纪》P9。杨坚年方四十岁即为国君,四十九岁统一全国,建立国家没有遇到太大问题,个人心理实则很情绪化,一直都十分主动寻求宗教的帮助,自动融入抽象世界,所有公务及私人事务包括迁都、选媳、储君废立、出行、丰歉、生前生后之事等,无一不与自然有关。一个不确切的世界用途如此之广且形式极不统一,中国人没有一套宗教化的礼仪是很奇怪的。

二、用于判断

　　开皇十八年,隋文帝独孤皇后之弟延州刺史独孤陀涉及一桩严重的案件,据说他有一名徐阿尼的婢女,通过精心豢养训练后的猫鬼,可以自如地出入他人住宅,成为可怕的杀人利器,被害者家中财物也会自动转移至畜养猫鬼家,而且完全不为人知。当时独孤后及杨素妻郑氏同时在患病,两人的医生都作了同样诊断:猫鬼疾。杨坚分析,陀是皇后异母弟,陀妻是杨素异母妹,怀疑是陀所为,令高颎等合并审理。高颎神通广大,发现了不可能存在的事,由于审判结果全部属实,杨坚令以犊车载陀夫妻,将赐死。独孤后三日不食,请求免其弟一死:陀若蛊政害民者,妾不敢言,今坐为妾身,敢请其命。陀弟司勋郎独孤整也来到皇宫前哀求,于是免陀死,除名为民,以其妻杨氏为尼。先是有人讼其母为猫鬼所杀者,上以为妖妄,怒而遣之,至是诏诛被讼行猫鬼家。不久又正式颁发诏令:"畜猫鬼、蛊毒厌媚野道家并投于四裔。《资治通鉴·卷178·隋纪二》P1184。确认幻术可以产生实际效果,并专门立法对犯此罪者处以流放罪。

蜀王杨秀由于气宇不凡、武艺出众,朝中官员不少人十分敬畏。不过父皇私下对他有一个主观的推断:"秀必以恶终,我在当无虑,至兄弟必反。"这种预见直接影响了日后他对杨秀的态度,实际上断送了他一生。为了预防其成为不稳定的根源,皇帝对他不仅武断而且过于严厉,随着他落入一个流行文化的陷阱,杨坚似乎也论证了自己的判断。杨广预先在高度保密下制作两个木偶人像,木偶双手均被捆绑,一铁钉正好深深钉入其心脏部位,上面分别书写杨坚及汉王杨谅姓字,它们被埋在华山下,杨素是在杨广准确指定的地点"发现"的。杨坚还看到了一篇措辞激烈的檄文,大意是:朝廷中某些大臣乱用权力现象现在非常严重,陛下已经被完全架空却一无所知。杨秀不能容忍这种情况持续下去,将亲率一支强大的军队前来清理朝政,明显表示出抱怨杨坚年老昏聩,他本人有急于取而代之的意图。皇帝确认杨素等所提供的有关杨秀可怕的证据资料完全可靠,一度被弄得基本失常、极其悲愤,"天下宁有是事邪?"他用非常专业的眼光看待这种常见伎俩,以深信不疑的态度剖析秀罪:……汝地居臣子,情兼家国……我有不和汝便觇俟,望我不起,便有异心。皇太子汝兄也,次当建立,汝假借妖言,乃云不终其位。……自言骨相非人臣,德业堪承重器,妄道清城出圣,欲已当之;诈称益州龙见,托言吉兆;重述木易之姓,更修成都之宫;妄说禾乃之名,以当八千之运;横生京师妖异,以证父兄之灾;妄造蜀地征祥,以符己身之箓;汝岂不欲得国家恶也,天下乱也?辄造白玉之珽,又为白羽之箭,文物服饰,岂似有君?鸠集左道,符书厌镇。汉王于汝,亲则弟也,乃画其形象,题其姓名,缚手钉心,枷锁杻械,乃云请西岳山慈父圣母神兵九亿万骑,收杨琼魂魄闭在华山下,勿令散荡;我之于汝,亲则父也,复云请西岳华山慈父圣母赐为开化,杨坚夫妻回心欢喜。又画我形象,缚手撮头,乃云请西岳神兵收杨坚魂神,如此形状。我今不知杨谅、杨坚是汝何亲也……。"最后，所有的罪恶被完整地归纳为十条。"此十者，灭天理，逆人伦。汝皆为之，不祥之甚也。欲免祸患，长守富贵，其可得乎？"他数落完后，心情似乎慢慢平静下来，也可能明白不能由着自己性子来，因此他毕竟没有对儿子处以极刑，只是宣布废杨秀为庶人，在内侍省软禁，不得与妻子儿女相见，甚至稍后还改变初衷，还满足了自以为必死无疑的杨秀最后见爱子一面的要求。实质上，此后杨秀被软禁，一直被允许与其子同在一起，只是限制了他们的自由，炀帝即位后亦维持这个荒谬的判决，直到被宇文化及所杀。"化及弑逆，欲立秀为帝，群议不许，于是害之，并其诸子。"至于杨秀，他可能至死也不明白当年是父皇不知所云还是自己一直都在梦中，这一方面说明父子兄弟之间缺乏沟通管道，另一方面阴谋者手段简单却效果惊人。这种拙劣的骗术令杨坚深信不疑，相信这种东西对人的生命有实际妨碍作用，而且意图凶险。杨坚既深受幻觉支配，也是迷信皇权必然拥有真相的牺牲品。《资治通鉴·卷179·隋纪三》P1191。《北史·卷71·隋宗室宗室诸王传》P263。杨广则为了自己的野心始终不渝、殚精竭力，这种人很少会不成功的。

汉王杨谅起兵只有一小部分是出于理性，另一部分力量来源于感觉与世俗文化。事发前并州谣言盛行：一张纸，二张纸，客量小儿作天了。当时杨秀成立反中央的政府，自行颁发的官员委任状（伪署官告身）皆一纸，别授则二纸。杨谅闻谣言喜曰：我幼字阿客，量与谅同音，吾于皇家最小，以为应之。《北史·卷71·隋宗室宗室诸王传》P264。他委任的大将军常伦进兵绛州（治所在今山西闻喜东北），遇晋州（今山西临汾）司马仲孝俊之子，谓曰：吾晓天文遁甲，今年起兵得晋地者王。孝俊闻之曰：皇太子常为晋王，故曰晋地，非反徒也。常将军是直奔幻觉中的结果而来，不是考虑这仗是否值得打，如何打赢这场战争。可是连准确地理位置也没弄清楚，将政治地理和自然地理混为一谈，还自称精通天文地理。"时潞州（山西今县）有官羊生羔，二首相背，以为谅之咎也。"这种现象很容易解释为纯兄弟间利益纷争，孰胜孰负没有是非区别。而积极参与其中的人如果不是全部为利益所累，也必然是受到某种前景的诱惑。

三、群星的指引

来自汉文化圈外围的宇文氏即使政权稳固也没有排斥已被替代的政治附属文化，北周武帝保定五年（565年）六月庚申，慧星出三台，入文昌，犯上将后经紫宫、西垣入危，渐长，指室、壁，后百余日稍短，长二尺五寸，在虚、危灭。十天后（辛未）密切注视到这一天象的政府以皇帝名义下诏：江陵人年六十五以上，为官奴婢者已令放免,其公私奴婢年七十以上者,所在官司宜赎为庶人。七月辛巳的日蚀又与九天后"降死罪以下"的赦令有关。武帝天和六年(571年)九月禁止在宫廷演奏外国音乐,后宫织工有五百人同时被裁减。这不是没有缘故的,八月癸未镇星、岁星、太白合于氐。九月庚申月在娄,蚀之既,光不复,十二天后即有此诏。《周书·卷五·武帝纪》P9。对天象反映冷漠的例子也有,天和元年(566年)二月:直接观测到太阳黑子,"日斗,光遂微,日里乌见。"四月南方的陈文帝陈蒨去世,由于天变已应验于陈文帝,北周也没有必要进一步采取相应举措。

炀帝时代之初,利用上述技术的启发引导来处理国家事务已经极为广泛、熟练,大业元年(605年)春正月改元。下诏:"一物失所,乃伤和气。万方存罪,责在朕躬。"大业二年……太史言隋分野有大丧,乃徙杨素为楚公,意言楚与隋同分,欲以厌之。素寝疾,帝每令名医诊候,赐以上药,然密问医者,恒恐不死。素亦自知名位已极,不肯饵药。《资治通鉴·卷180·隋纪四》P1198。隋与随同源,因为隋高祖忌讳走之旁而改,古随国在今湖北,属楚。由于预报准确皇帝重视,并事先采取了恰当应急措施,结果损失降低到最低限度。一个不祥的预言在一个日渐失宠、令人厌倦的勋贵身上应验并就此了结,这使帝室大松了一口气,史官则沉痛记载:"七月,上柱国、司徒、楚国公杨素薨。"

大业三年(607年)三月,国家刚刚宣布大赦不久,五月癸酉,有星孛于文昌,上将星皆动摇。《北史·卷12·炀帝》P50[1右]。斗魁戴匡六星曰文昌宫:上将、次将、贵相、司命、司中、司禄。《史记·卷二十七·天官书第五》P1293。文昌六星在北斗魁前,天之六府也,主集计天道。《晋书·卷十一·志第一·天文上》P291。到七月丙子,上述天象应验:"杀光禄大夫贺若弼、礼部尚书宇文弼、太常卿高颖,尚书左仆射苏威坐事免。同月,发丁男百余万筑长城,西距榆林东至紫河,二旬而罢。《北史·卷十二·炀帝纪》P51。当时帝国北方平安和谐,炀帝刚刚与突厥启民可汗完成了一次伟大的会面,后者愿意帅部族效忠皇帝,修筑长城并非急需。但是,翻开大业三年正月丙子的天文记载,就不难发现君主的行为受到神圣的指引,从当日开始,长星竟天,出于东壁,二旬而止。《北史·卷十二·炀帝》49[4中]。长星与慧星、孛同属,在占候中作用意义类似。东壁指北方壁宿,"东壁二星,星动,则有土功。"《晋书·卷十一·志第一·天文上》P301。心情舒畅的炀帝对这份需求完全可以满口答应,工程时间也不是巧合,以长星活动期为准。不过事先显然没有估计到工程代价,十个筑城人中只有四到五个幸存者。

九年五月丁丑,荧惑入南斗。《北史·卷12·炀帝纪》P51。南斗指南斗六星，即斗属。地理上与之的相应区域是吴、越、扬州，江都宫之所在，是炀帝活动频繁的地方，天象指示应该留意北方。但是，炀帝可能是忙于个人生活体验，并没有采取有效预防措施。六月，在"帝猜忌日甚，内不自安。"的前题下，礼部尚书杨玄感果然在黎阳造反，不过玄感自己公开的说法是自己官高位望又极其富裕，别无所求，一心希望恢复国家的公平和正义。《隋书·杨玄感传》。黎阳在今河南鹤壁市浚县一带，从东汉起，是传统军事要地，贮存有大量作战物质，位于长安及东都的东北方。八月，专门将人已在鸭绿江准备再次对高丽作战宇文述调回国平叛。《隋书·卷61·宇文述传》P175。宇文述击溃了杨玄感，逃亡中玄感虽不像诞生时那么孤独，但他的六个弟弟玄挺、玄奖、玄纵、万硕、民行、善果以及雄壮的大军此时仅剩只剩善果与之同行，两人风声鹤戾、草木皆兵、步履蹒跚。炀帝的国家怨声载道，玄感公开的愿望高尚纯洁，反帝事业的希望如此之大，失败却如此之快，对这些的考量足以令他随时大脑一片空白，不过绝望中的他仍选择了一个勇敢行为，他让善果将自己杀死，名义上是自己不愿受被俘之辱，实际上似乎有以此帮助爱弟敷衍追兵的目的，不过他落空了。无所不能的风水先生萧吉早就预测到这一结局，他精通阴阳算术，炀帝嗣位，拜太府少卿，加位开府。声称看到杨素墓有白气属天，密言丁帝，素家当有兵祸灭亡之象，改葬可以有帮助。帝亲自对玄感说应改葬，玄感亦略知原委，以为吉祥，托以辽东未灭，不遑私门。不久玄感以族灭，萧吉几年后死于任上，炀帝一直对他的才华深信不疑。《北史·卷89·艺术上·萧吉传》P316。杨玄感的公开愿望很好，败于宇文述的原因应该还是个人能力问题，可是官方给他的评估是命中注定，判定他的失败是对预测学缺乏足够的认识，或者说是其父错误的见解影响并陷害了他。可以肯定地说，有关术数的知识及对术士的需求促使这门知识飞速发展，各种阶层人沉浸在它无边的海洋，从那里获得激情、方向、智慧以及慰藉。但是隋室是个错误充斥时代，技术误导导致了各种不良后果，皇帝也不例外。炀帝即位，李穆后裔李浑（字金才）累官至右骁卫大将军，改封郕公，帝十分顾忌这个强盛门族。大业十一年，方士安伽陀声称李氏当代替杨氏为天子，劝帝尽诛海内凡李姓者，浑从子也是炀帝外甥女婿将作监李敏，小名洪儿，帝疑其名应谶，从此经常直言不讳地告诉他自己忧郁所在，希望他自杀。在几经等待未果后，终于断然处决浑、敏、善衡及宗族三十二人，自三从以上皆徙边。《资治通鉴·卷182·隋纪六》P1213。皇帝没有得到正确指导，结果在重大问题上表现出当时圆梦技术有失完备，导致让李氏外延缩小，或者说清障行动刚开始就结束了。与帝国政权一直面临政治"洪水"的威胁不同，大业八年，自然干旱持续威胁这个国家，比它的水利体系更脆弱的公共卫生防卫体系也形势严峻,不少地方流行病肆虐,山东旱灾与疫情最为严重。《资治通鉴·卷181·隋纪五》P1207。"密诏江淮诸郡,阅视民间童女资质端丽者,每岁贡之。《隋书·卷4·炀帝纪》P12。密诏在年底发出,不能认为这是走下坡路的皇帝罔顾臣民死活在不顾一切的追求反常的享受。人民的旱情与帝王的纳妃存在因果关系,前朝几代学者,他们中的一些文化系属不明,引经据典、信誓旦旦确认这是在哲学上可信,操作上安全,是既传统又符合潮流,解决旱涝灾害的最佳理论与方法。当洪涝为患时,一个负责任、有教养的君王会设法清理过于臃肿的后宫,使其中一些人返回她们的家乡过普通人生活,因为属阴的女子过于集中,势必影响气象,产生低气压或空气强对流天气。开皇十八年,河南八州大水,是时独孤皇后干预政事"滥杀宫人,放黜宰相,杨素颇专。水阴气,臣妾盛强之应也。"这里要解决的是强势女性的问题,引发水患的第三个因素是刑罚过于严厉,杨坚晚年急于用刑,结果引发仁寿二年河南、河北诸州严重水灾。《隋书·卷22·五行志》P83。由于炀帝的国家面临的是严重的旱灾,他的相关具体措施没有不当,甚至很及时。这是我国文化环境中个人利益与国家利益兼蓄并收的一个几乎无可挑剔的传统。大业八年是一个重要年份,高丽战争结果对皇帝产生严重负面影响,他的心态在急剧变化,开始变得相对自闭,更加迷信。但是反映出来的却是张扬的个性,迷人的活力。

四、错过的征兆

大业十一年本来有个好开端,正月甲午朔,好热闹的炀帝"大宴百寮",也可能是一种心理释放办法。客人从四面八方蜂拥而来,突厥、新罗等二十五国相继派出使节前来朝贡。帝国准备了马拉松似的宴会,持续处于高度亢奋中的炀帝慷慨地款待所有中外客人,二十一天后,盛会似乎达到了高潮,"设鱼龙蔓延之乐,颁赐各有差。"鱼龙蔓延是一种幻术,惊讶不已的观众看到巨大、可以变化外形的水生物以各种动作取悦于人,大家啧啧称奇、个个手捧皇帝慷慨赠送的精美礼品尽欢而散,这是极其崇高的礼节,炀帝以为如此就可以令各族人永远象在观摩表演时那样友好和平相处,对款待者终身感激。八月情况即发生大逆转,已习惯于以自我为中心的炀帝在雁门遭突厥始毕可汗围困,进退维谷,遇到这种始料未及的尴尬的情况,皇帝威风大损,不得不设法发出急警,号召全国勤王。其实天象是有预警的:十一年七月荧惑守羽林,占曰:卫兵反。但是没有受到应有重视。类似的警示随后出现越来越频繁,不知是否次次都及时向皇帝上报,从结果来看,他在政治上是变得越来越消极,应对措施不是出错就是慢半拍,十一年十二月戊寅，有大流星如斛，坠明月营，破其中车。十二年二月甲子夜，有二大鸟似雕，飞入大业殿，止于御幄，至明而去。《隋书·卷四·炀帝纪》P13 十二年五月初一（丙戌朔），日有食之，既。《资治通鉴·卷183·隋纪7》P1215。描述先是日偏食，随后扩展为日全食。日全食当时是反映严重社会弊端的一种機祥，预示国家的问题已到了积重难返的程度。在西晋行将结束的孝愍帝建兴年间，除了"三日相承，出于西方而东行，三日并照。三日并照作为政治异象，预示的是多头政治。还有麟见于襄平，（出现的麒麟是活的还是已经死了没有说，活的出现是祥瑞，会有圣人出现，死的麒麟预示一个朝代衰落。孔子见麟而叹道穷矣!）'蒲子（地名）马生人等异象。日食亦极其频繁，晋愍帝（313—317 年）建兴四年六月丁卯朔，日有蚀之。十二月乙卯朔，日有蚀之。五年夏五月丙子，日有蚀之。冬十月丙子，日有蚀之。十二月戊戌帝遇弑，崩于平阳，年十八岁，大概是为刘聪所暗算，这样频繁的日蚀意在说明孝愍帝不幸的结局，但是至少有两次是可疑的：五年五月，按长历朔日是壬午，因此本月并无丙子日。十月丙子日蚀条，宋本作十一月丙子。"《晋书·天文志中》"记载相同。《资治通鉴·卷九十·晋纪十二》P604 作十一月己酉，日有蚀之。《晋书·卷第五·帝纪第五·孝愍帝纪》P130—142 注。

　　十二年五月初八[（朔）初一这天还记载：七天后即癸已日，]《北史·卷十二·炀帝纪》P52。"大流星如瓮，陨于吴郡为石。"宿为牛、女，州为扬州，国为吴国。这非常可怕，扬州是个给炀帝带来很多快乐，一个无法取代的地方，这个地方遭到来自天上的入侵，令人难堪又无可奈何。十二年七月己巳，荧惑守羽林，月余乃退。《隋书·卷4·炀帝》P13。冯翊平民孙华自称总管造反，高凉通守也举兵作乱，岭南不少山民响应。八月壬子，有大流星如斗，出王良、阁道，声如坏墙。癸丑，大流星如瓮，出羽林。《隋书·卷4·炀帝纪》P13。"营室为清庙，曰离宫、阁道。汉中四星曰天驷，旁一星曰王良。《史记·卷二十七·天官书第五》P1309。"阁道六星在奎宿，北斗辅，位置在王良北。《史记·卷二十七·天官书》P1291 注。羽林在北方的危、虚两宿之南，是一个星群，称为羽林天军。《史记·卷二十七·天官书第五》P1309。当时人并不认为陨石仅仅是流星在经过在大气层时未燃烧尽的残留物质，而是给陨石赋予了生命，它的降落负有使命。南方、北方、西方均出现巨型陨石，落地时发出巨响，敬告人类已处于一个紧要关头，不管是在政治活动和日常生活中都要倍加警惕。任何类型的灾难出现都是可能的，现在恐怕已经错过了避免灾害的最佳时机，而要如何承受。次月，极具责任感的天象再次向讨厌的炀帝示警，"九月戊午，有二枉矢出北斗《隋书》加魁字),委曲蛇形,注于南斗。《北史·卷 12·隋炀帝纪》P52。矢指箭杆为木制,如为竹制,则称箭。枉矢指不直或弯曲的箭。但这里指的应是一种流星类型。它们往往"蛇行而苍黑,望之有如毛羽然。"《史记·卷二十七·天官书第五》P1289。两颗流星象两条蛇一样从北斗蜿蜒爬行至南斗(斗宿)。枉矢前代已有记载:"晋元帝大兴三年夏四月壬辰,枉矢流于翼轸。《晋书·帝纪第六·元帝纪》分册 P153。翼轸的分野为荆州属楚,晋帝居住范围。九月戊午出现的是一个罕见的天象,不管它们是并行还是前后相随,都反映斗宿分野亦即江、湖(扬、青、并、徐)情况严峻。当时炀帝正在那里享受他作为帝王的最后时光,虽不是安之若泰,但也是得过且过。他在是通过个人努力改变天意? 还是毫无反抗地顺从天意中选择了后者? 有趣的是,如果隋命中注定被唐取代,炀帝的快乐生活又与之何干? 他无需负任何责任。十三年,五月辛酉,有流星如瓮坠于江都,甲子即三天后李渊起兵于太原。如果上述可以肯定是预先得到的天文数据,炀帝就是没有充分利用,或很不应该地忽略了。否则,他有时间预防或者减轻后果。如相关文献系事后的补充记载,那又另当别论。当情况出现崩盘效应时,皇帝也可能只能任其自然,绝无回天之力。十三年九月,彗星见于营、室。营室指北方的营室二星。乃"天子之宫也,一曰玄宫,一曰清庙,又为军粮之府。"《隋书·卷 20·天文志卷中》P73。而李密所陷黎阳仓正在帝国两都的东北方。黎阳隋时地属汲郡,而汲郡属冀州,开皇三年置黎阳仓,一直是重要粮草储存与中转地。公元 617 年(义宁元年),"上起宫丹阳,将逊于江左,有乌鹊来巢幄帐,驱不能止。荧惑犯太微,有石自江浮入于杨子,日光四散,如流血,上甚恶之。《北史·卷 12·炀帝纪》P52,《隋书·卷 4·炀帝纪》P14。改大业十三年(617 年)为义宁元年,大家凝望皇位,纷纷拿起武器,试试自己的运气。义宁元年三月宇文化及杀炀帝,恭帝杨侑时虽发生了上述巨变,却未出现任何异常天象,这充分说明了唐室的合理性。

从炀帝早期的幸福时刻回溯,大业元年五月甲子,荧惑入太微。它与大业十三年李渊正式起事日巧合。《北史·卷 11·隋文帝纪》P46。长孙无忌没有这样写,记为同年六月甲子。是否为有意识将其错开不得而知。《隋书·卷 3·炀帝纪》P10,《隋书·卷 21·天文志》P77。也是六月,荧惑即火星,它与岁星即木星的政治作用完全相反。当时人认为岁星十二年绕天一周,途径每个特定星区域都会个地上相应的分野带来福祉。有关灾祸或幸福的预兆还有其他一些星来具体表示。或战争、生死存亡、饥馑等。大业三年二月己酉,彗星见于东井、文昌,历大陵、五车、北河,入太微扫帝座,前后百余日而止。"《北史·卷 11·隋本纪》

P48,《隋书·卷3·炀帝纪》P11亦有记载。二月已丑,彗星见于奎,扫文昌,历大陵、五车、北河,入太微,扫帝座,前后百余日而止。慧星是又称搀抢,也作搀枪、天搀、天枪。长星、孛、慧星都是同类外观上大同小异,它们在星占上上的作用均可以慧星理解,慧星的总的来说是危险的天象,"荧惑之精,流为天搀。……岁星退如西北三月,生天搀。……搀枪,妖星也。……天搀出,其国为乱。"《开元占经·天搀十二》P902。这次它从南方朱雀井宿现身,银白的光辉划过炀帝在天空的御座,前后历时一百多个昼夜。在这段时间前后,地面上的反映主要有,"三月乙卯,太子太保、河间王,有良吏之美誉的杨弘正常死亡。因为举贤也是减灾的有效办法,所以当时急忙出台一个人才标准十条,放宽了公职人员录用标准。大业三年三月,炀帝没有说是自己参悟天空兆像才有的跟进行动,他表现得很开放,对国人充满期待,话也很高尚"天下之重,非独治所安,帝王之功,岂一士之略？自古明君哲后,立政经邦,何尝不选贤与能,收採幽滞,周称多士,汉号得人。常想前风,载怀钦伫朕负扆夙兴,冕旒待旦。引领岩谷,寔彼周行。冀与群才共康庶绩。"《隋书·卷三·炀帝纪》P11。后面的言辞更为中听,天象让他循规蹈矩,意气风发。

大业四年九月戊寅,彗星出五车,扫文昌至房而灭。《北史·卷11·隋本纪》P50。五车,在毕属,共有五星,也叫五潢。闪亮的慧星从北方的毕属扫过斗魁六星,在房宿消失。房四星为明堂,天子布政之官,亦四辅也。下第一星,上将也;次,次将;次,次相也。上星,上相也。《隋书·卷二十·天文志中·东方》P73。南二星君位,北二星夫人位。在地理上,房星运行的轨迹主要在颖川、汝南、沛郡、梁国、楚国一带。国家的主要对策：免长城役者一年租赋。《隋书·卷3·炀帝纪》P11。四年十月丙午,又立孔子后为绍圣侯,十月乙卯颁新式于天下。《隋书·卷3·炀帝纪》P11。大业四、五、六、七年可能是炀帝最为顺遂的日子,不管是天上还是地下,都没有真正的威胁。局部战争胜多负少,人口土地急剧增加,在战争、文化、法律、政治经济等诸方面齐头并进,却基本上没有出现异象,显得上天对他的成就缺乏认识。不过,河水还是无法掩饰,大放异彩。大业三年正月,武阳郡上言,河水清。《隋书·卷3·炀帝纪》P11。河水指黄河,它的水色由一贯浑浊变得清澈,而且不是由于自然环境的好转或人工治理,只能是预示着一个伟大的时代将如期到来。

知识总是动态的处于发展中,不确切知识可能经常造成对现象与本质的判断理解中出现差异。大业四年五月壬申蜀郡获三足乌,张掖获玄狐各一。《隋书·卷3·炀帝纪》P11。玄狐指皮毛黑中有红色的斑纹或条纹的狐狸,被列入吉兆,不是因其特性而是其颜色罕见。现在得知,三足乌是一种更为难得一见的神禽。外形似长尾野鸡,羽毛五采斑斓,通常与西王母形影相随,身价不菲,意义重大。由于这种飞禽本身是虚构的,它在现实中是如何无中生有的令人困惑。一种可能是:捕获的只是一只外形近似的鸟,但没有人胆敢否认它具有神性。出现这种千载难逢的事,是否与四月份在突厥意利珍豆启民可汗再三恳求下,炀帝终于同意其归化有密切关系?"宜于万寿戌,置城造屋,其帷帐床褥已上,随时量给,务从优厚,称朕意焉。"一个桀骜不驯的种族,尽管极有可能是出于权宜之计而变得恭顺,但这种表面现象毕竟可以掩饰许多问题,鼓舞人心。突厥被比作难得的三足乌?同年七月,将军宇文述破吐谷浑于头曼赤水。大业八年三月乙未,大顿见二大鸟,高丈余,皜身朱足,游泳自若。《隋书·卷4·炀帝》P12。根据描绘与白鹤(crus leucogeranus)近似。炀帝或许有亲眼见到,想必是对此景抱相当乐观的理解,特意命画工临摹,并立铭颂。《隋书·卷4·炀帝纪》P12。不管二只大鸟具有怎样的神奇使命或隐喻,炀帝在愉悦中勾勒出的未来多么赏心悦目,致令他周围的人至此暂时忘却一切烦恼,完全陶醉,它离国家的实际要求仍很遥远,一个皆大欢喜的时局已成泡影。国家就不会象炀帝一样停留在视觉欢娱,要求有实质的内容。而这莫知其名的鸟类似乎与人意正相反,预示着国家以及与之同命运的人将进入一个困难的时期:东方战场令人失望,以个人而言,更无从谈起,大鸟来前,二月壬戌,近亲,司空、京兆尹、光禄大夫观王杨雄逝世,四天前即三月辛卯,兵部尚书段文振去世。之后的从五月起,纳言加近亲杨达逝世。十月甲寅,工部尚书宇文恺,十一月辛巳光禄大夫韩寿死于任上。三天后,从东方战场回来的败将宇文述由于享有炀帝宠爱,南阳公主嫁述子士及等原因幸运免于一死、与属下于仲文同被除名,尚书右丞刘士龙被处决。《隋书·卷4·炀帝》P12。一些国民与周边民族的反抗情绪正在蔓延,人们很容易看到或感觉到这些,越来越多的人已成为"乱匪",更多的人跃跃欲试,准备参与。炀帝并不是占侯、天文谶讳的忠实仆人,无意事事顺从,东方战场的开辟就没有得到神灵的诺许,而是充分发挥料其想象力与主动性,而将糟糕的结果与缺乏神示这一条件联系起来并不能全面反映大隋政策。除了美德,还有什么能抗拒天的意志?十三年七月壬子,荧惑守积尸。《隋书·卷4·炀帝纪》P52。舆鬼五星,中央星为积尸,主死丧祠祀。鬼星不明,百姓散。《晋书·卷十一·志第一·天文上》P303。所有的问题都有预兆,一一对应,可以论证,既令人称奇,更无法拒绝。知识的客观性至此到了无以复加的地步,并未给人带来真实感,而是使上述记载更像是事后根据大事记所做的精心填空,这种知识在这个国家中如此盛行,令人惊讶。国人就是喜欢他们各自以为合理可靠的迷信,当然,标准千差万别,互相矛盾。迷信以各种形式出现,谶纬与祥瑞盛行,是当地人试图一劳永逸地解决无穷的自然疑难和成堆政治的创造性思维活动,问题是过于形式化,很快变成教条。

　　齐国邹衍五德始终说见于他的《终始》《大圣》之篇。他认为,五德不断转移,治各有宜。这种见解在司马迁时代仍被视为"闳大不经."《史记·卷74·孟荀列传》P2344。高诱注引《邹子》曰:"五德之次,从所不胜。故虞土、夏木。《淮南子·卷11·齐俗训》P176。高诱又在同页另两处补充殷为金,周德火。这与史记中的记载基本一致,只是黄帝换成了虞,即舜帝。秦始皇既并天下而王,或曰:"黄帝得土德,黄龙地螾现;夏得木德,青龙止于郊,草木畅茂;殷得金德,银自山溢;周得火德,有赤鸟之符。今秦变周,水德之时。昔秦文公出猎,获黑龙,此其水德之瑞。《史记·卷28·封禅书第六》P1358。秦始皇对此深信不疑,以一贯的果断方式作出决定,将秦与水德捆绑一起,并以法律的形式制订相关政策,基本上没有异议,执行情况也几乎是最好的。汉王朝的确切属性则引发过争论,赤、黑、土三德各有其征兆,一向精力旺盛、雄才大略的君主刘邦偶尔也会感到无所适从,只是由于他随机应变的本性使各种征兆均有利于自己的发展并神化自己。他本人一度接受赤帝的说法,后又以黑帝自居。但最后仍是土德思想得到汉文帝之后大部分西汉君主的认可。这是他所未能预料的。五德次序有多种排列。1.《尚书·洪范》中的五德次序:水、火、木、金、土。这个排序是更注重物质的不同形态区分。2.邹衍相胜序:土、木、金、火、水。《淮南子·卷11·齐俗训》P176。这个次序认为后者必定战胜前者。3.相生序:木、火、土、金、水。《诸子集成管子校正·第四十·四时》P239。这个次序显示后者来源于前者。西汉最著名的学者董仲舒对五行的发挥是"比相生而间相克"观点,即相邻的两种属性前者对后者有衍生作用,对相隔的属性有抑制作用。他同意木、火、土、金、水排列,但同时主张木生火,木又克土。余类推。《春秋繁露·第十三卷》P76反映他们各自选择解释世界的不同方法,目的倒是一致:试图从自然现象中找到社会变革的内在规律。董仲舒又在此基础上另创三统说:黑、白、赤。也称三正说。世界上总共三种类型的王朝循环,周而复始,而"道"即儒家推崇的政治与社会制度永久不变。由于他将这个观点与儒家思想中最重要的概念结合起来。三统说受到重视,但是并未抵消五德始终思想对这个国家作为政治主流思维的影响,该学说通过其次序的不同编排衍生出强大生命力。不管是五德始终还是三统说理论均受到政治现实的严峻挑战,西、东汉是一种属性的延续还是新的属性？并列的割据国家谁有资格进入这个光荣的循环圈，这种争论之多，对立双方差异之大，既反映了对历史与现实可以做多种理解，也反映在当时就要使这种充满假设的学说臻于完善是多么困难。

隋唐就面临这种文化意识的困扰。杨坚初即位，准备改北周制，"朕初受天命，赤雀来仪，兼嫉周已还，于兹六代，三正回复，五德相生，总以言之，并宜火色，……朝会衣裳并宜用赤，昔丹乌木运，姬有大白之旗；黄星土德，曹乘黑首之马。在祀与戎其尚恒异，今之戎服皆可尚黄，在外常所著者通用杂色。祭祀之服须合礼经，宜集通儒，更可详议。《隋书·卷12·礼仪志》P33。享有盛誉的学者官吏李德林曾经在给隋高祖文集《霸朝集》的序中写到：昔岁木行将季，谅闇在辰，火运肇兴，群官在己，有周典八柄之所，大隋纳百揆之日。……《隋书·卷42·李德林传》P143。他作为一代文化典范，与民间的见解别无二致，这既是教育整齐划一的例证，也可看到流行文化与科学脱节的严重性。帝王们在有严重缺失文化的指导下决策，过着亦真亦幻的生活，只是在制度的庇护下，有限理性可以让发展持续。

新兴的政治势力之一，李渊父子作为多支反隋队伍之一，在确定自己的合法性时，除了必胜信心外，有关天意的确认在当时就已是一种必不可少的心理填充物及形象包装，在明确定位时出现的变化，也十分符合李渊的稳健性格，军司以兵起甲子之日，又符谶尚白，请建武王所执白旗，以示突厥，李渊曰，诛纣之旗，牧野临时所仗，永入西郊，无容预执，宜兼以绛，杂半续之。……营壁城垒，幡旗四合，赤白相映若花园。这种景象与当时流传的《桃李子歌》所描绘的意境接近"桃李子，莫浪语，黄鹄绕山飞，宛转花园里。"实际上有关隋的替代者在开皇初就有童谣：法律存，道德在，白旗天子出东海，"一说为白衣天子，为了迎合这种预言，到七月壬子，李渊大军准备入关时，完全换成了白旗。《大唐创业起居注》P43。李渊非常重视符谶，"天下神器，圣人大宝，非符命所属，大功济世，不可妄居。《大唐创业起居注·卷二》P44。绛是隋室的法定代表色，但当时政局混乱，白色的谣传甚嚣尘上，隋炀帝为制止这种可怕、向全国蔓延的心理背叛，自己时常身着白衣，"故隋主恒服白衣，每向江都，拟于东海，常修法律，笔削不停，并以彩画五级木坛，自随以事道。"《大唐创业起居注·卷一》P42。想到要竭力强调、恢复自己正在失去的合法性时，似乎为时已晚。与李渊比较起来，这只使他看来更像一个拙劣的冒充者。对前者而言，白色正是一种诺许"其平旦，有僧俗姓李氏，获白雀而献之，至日未时，又有白雀来止李渊牙前树上，左右复捕获之焉。《大唐创业起居注·卷一》P43。除此之外，更有影响的人物李耳即老子与唐的渊源正在被越来越多的人接受，他既有神性，又有人性，桀傲不训的突厥人也对他的画像顶礼膜拜，这使得李渊的反叛更神圣。他对突厥的行为不失时机地加以渲染、利用，"胡兵相送，天所遣来，敬烦天心，欲存民命。《大唐创业起居注·卷一》P43。不同的种族、天意与人情形成共识，李渊正是表达这种普遍愿望的恰当人选。而白色越来越富有生命色彩，"甲子，出现白衣野老。《大唐创业起居注》P45。这与老子形象的经典的描绘已十分相似了"鹤发龙颜""生而白首"《初学记·卷二十三·道释部》P547—P548。杜光庭记载"皇朝高祖神尧大圣大光孝皇帝（即李渊）于隋末大业十三年感霍山神称：奉太上老君命告唐公，汝当来必得天下。杜光庭《历代崇道记》。《起居注》中也出现有些过火的记载，虔诚的信徒用可能找到的富丽堂皇的语言刻画老子"常有五色云绕其形，五行之兽卫其堂。"唐徐坚《初学记·卷23·道释部·道第一》P547。时隔一千多年，相近的景象竟在李渊身上重现，"有紫云见于天，当帝所坐处，移时不去，即而欲散变为五色，皆若龙虎之象。《起居注卷一》P43。八月丙戌，是日晓，鼓山西北有大浮云，色或紫或赤，似华盖楼阙之形。须臾有暴风吹来，向营而临帝所居帐上。帝指绛城（当时尚未攻克）而谓傍侍曰：风云如此见从，彼何不达之甚。"《大唐创业起居注·卷二》P45。这与北周—隋时顶尖术数家虞季才的《灵台密苑》所描述帝王气的基本构造一致"帝王气，气内赤外黄，或赤云如龙……或加五色，多在晨昏。《望气篇》应用这种技术还要早，范曾让望气的专才对刘邦经过一番仔细观察，得出这样的结论"吾令望其气，皆成龙虎，成五彩，此天子气也。《史记·卷7·项羽本纪》P311。这些改变人类命运的人人有如此相似的生活画面，在于身边有许多人精深如微的观察？还是因过于懒惰在抄袭时不愿作丝毫改动？上述自然景观经过有意识地描绘、解释，已经人性化。实际上也不存在任何批评者，它可能脱胎于美丽传说，人们经常以讹传讹，另一种最大的来源是自由虚构。对所有人都可能构成有支配力的心理暗示"……于龙门县界，见河水清，皇太子李建成又于此界获玄狐。《大唐创业起居注·卷三》P50。人们"进献嘉禾才出，献石龟者又来，"此物"翠石丹文，天然映彻，上方下锐，宛若龟形，神工器物，见者咸惊奇异，帝初弗之信也，乃令水渍磨以验之，所司浸而经宿，久磨其字，愈更鲜明，于是内外毕贺。"P46[右下]。老于世故的李渊不敢低估造神运动对任何想要有所成就者的实际益处。

白色在隋末可能是流行色，不管是官方还是民间，在宗教界，白色也受到推崇"大业六年，正月，有道数十人，皆数冠练衣，焚香执华，自称弥勒佛，入建国门，监门者皆稽首，既而夺卫士仗，将为乱。《隋书·卷3·炀帝纪》P11[4左]。所谓练衣即白色熟绢。为了与达头之孙,都六之子射匮结盟合击处罗汗,大业六年,炀帝郑重其事,取桃竹白羽箭一支,以赐射匮。《隋书·卷84·北狄·突厥传》P224。大业九年十二月,扶风人向海明举兵作乱,建元白乌。《隋书·卷4·炀帝纪》P13。白色既非宗教理由,亦非突厥势力,而是一个虚构、神秘、实用概念。它有一些具体的实物作为载体,晋宣帝青龙四年,司马懿捕获一只白鹿献给宣帝,天子对他说"昔周公旦辅成王,有素雉之贡。今君受陕西之任,有白鹿之献。岂非忠诚协符,千载同契? 俾乂邦家,以永阙休邪?《晋书·帝纪第一·宣帝纪》P9。不难看出,魏明帝曹睿对此物象寄予莫大希望,远远超出国家体制的功能。李渊并不完全模仿模仿周武王,与谶讳也不是一一对应,开皇元年,诏以初受命,赤雀降祥,推五德相生,为火色。其郊及社庙依服冕之仪,而朝会之服旗帜牺牲尽尚赤,戎服尚黄。《北史卷·11·隋文帝纪》P45。"隋开皇十三年,春正月,上祀感生帝。"注曰:隋以火德王,以赤帝赤熛怒为感生帝。《资治通鉴·卷178·隋纪二》P1179。"南方赤帝,赤熛怒之神也。"《晋书·卷十一·志第一·天文志上》P292。他在起兵之日以红白相间旗帜是一种完全实用主义态度,表明他既尊重冥谶,又愿意维持国家秩序,这种矛盾的做法当然也能够迷惑、争取到不少同情,红白色当然是一种过渡,与唐立国后确定的以隋为火,唐为土德的国策也一致。李渊确认自己是童谣的特指对象,心中发誓:"吾当一举千里,以符冥谶。"《《大唐创业起居注·卷一》P42。表面上则极力掩饰"其义士等各以名到先后为次第,泛加宣惠、绥德二尉官。帝解释说:"吾特为此官,示宣行惠,知绥抚以德,使远者知有征无战,见我心焉。《大唐创业起居注·卷二》P44。在贾胡堡屯营时,突厥先行官前来联络联合进攻事宜,李渊也大做文章'地名贾胡,知胡将至。天其假吾此胡,以成王业。《大唐创业起居注·卷二》P45。为了麻痹李密,他在回信中写道"天生蒸民,必有司牧。当今为牧,非子而谁? 老夫年逾知命,愿不及此。欣戴大弟攀鳞附翼,惟冀早膺图箓,以宁兆庶。宗盟之长,属籍见容,复封于唐,斯荣足矣。《大唐创业起居注》P45。好读书的李密并不完全被他迷惑而是被自己的抱负弄得失去判断力,后者看来是比李渊更为迷信图箓具有决定性作用。

看来历史上所有成功的例子中的特殊象征都在应用之列,同时,又不失为有针对性:"大业初,术人章仇太翼表奏云:陛下是木命人。雍州是破木之冲,不可久住,开皇之初有童谣云:修治洛阳还晋家。陛下曾封晋王,此其验也。帝览表,怆然有迁都之意。"(唐)杜宝撰《大业杂记》。金克木的理念与李渊一直竭力表现的"武力行动主要针对隋炀帝的一贯过急行为而非隋室。"的意念,即所谓

"本为社稷，上报高祖，冀终隋氏，不失人臣。《大唐创业起居注·卷三》P49。比较吻合。随着情况的发展势头，后来才与他的文臣武将们恍然大悟，遂有土克火的共识。他公开的政治计划与内心的政治取向恰好相反。在李渊取得君位的最后几步，这一点仍有高超的表演：

1. 义宁元年以为"丞相，进封唐王，位在王公之上。改"教"称"令"，万机百度，礼乐征伐，兵马粮仗，庶绩群官，并责成于相。惟郊祀天地，四时禘祫奏闻。"帝固辞不拜，好像他已完全满足于成为隋室的忠臣。公卿将佐等请曰：公负孺子当朝，岂得辞乎？摄政公不入相，王室何依？临兹大节，义无小让。帝叹曰：王家失鹿，遂使孤同老狼。"乃奉诏受册。

2. 炀帝被杀后，少帝再次提起禅让之事，恳请"今尊故事，逊于旧邸；庶官群后，改事唐朝。"李渊态度坚决，引发了一场数千官员的相率上疏劝进。但李渊只是答应考虑。对这种态度的公开解释是对杨氏持续的忠诚。裴寂又依光武长安同舍人强华奉赤伏符故事，乃奉"神人太原慧化尼、蜀郡卫元嵩等歌谣诗谶。全部都是关于李渊负有君临天下使命的内容，以及对人类的好处。有露骨的直抒己见，也有相当晦涩，经过启发后才能领会。李渊最后才坦承：所以逡巡至于再三者，非徒推让，亦恐群公面谀，退为口实。《大唐创业起居注·卷二三》P51。表面是感情战胜了理智，实际上是蓄谋已久。"五月甲子，即帝位，改义宁元年为武德元年。这样他也就找到了自己真正的政治归属。武士彟早就劝说高祖举兵，自进兵书及符瑞。《旧唐书·卷58·武士彟传》P278。李渊为河东讨捕使时，请大理司直夏侯端为副手，端是夏侯详之孙，善占候及相人。谓渊曰：今玉床摇动，帝座不安，参墟得岁，必有真人起于其分。《资治通鉴·卷183·隋纪七》P1221。大业末，鹰扬府司马许世绪，"语高祖，公姓当图籙，名应歌谣。"不过他随后还说出了两个真实客观的条件，"握五郡之兵，当四战之地，举事则帝业可成，端居则亡不旋踵。"敦请考虑。《资治通鉴·卷183·隋纪七》P1222。个人安全与皇室的乖戾行为历来都是反叛行为的主要口实，李渊被委以重任，为固边而来，但是他一眼就看到，国家本身比边防更为脆弱，他要改变的不是边防现状，而是国家的未来。

相关李姓人的谶讳造就巨大的坟墓，李密是其中最为著名的殉葬品中。自从雍州亡命，一直奔走于民间的实力派之间，说以取天下之策，始皆不信，久之，稍以为然。相谓曰：斯人公卿子弟，志气若是，今人人皆云杨氏将灭，李氏将兴，吾闻王者不死，斯人再三获济，岂非其人乎！由是渐敬密。后来，从东都逃来一个名叫李玄英的人，四处寻访李密，"云斯人当代隋家。人问其故，玄英言：比来民间谣歌,有桃李章曰:桃李子,皇后绕扬州,宛转花园里。勿浪语,谁道许。桃李子谓逃亡后的李氏之子也;皇与后,皆君也;宛转花园里,谓天子在扬州无还日,将转于沟壑也。莫浪语,谁道许者,密也。《资治通鉴·卷183·隋纪七》1216。这对李密的身价只会有提升。其实,胸怀大志的李密一直都在试图启发他不思进取的寨主翟让:刘、项皆起布衣为帝王,今主昏于上,民怨于下,锐兵尽于辽东,和亲绝于突厥,方巡游扬越,委弃东都,此亦刘、项奋起之会也。以足下雄才大略,士马精锐,席卷二京,诛灭暴虐,隋氏不足亡也。翟让谢曰:吾侪群盗,旦夕偷生草间,君之言者,非吾所及也。这番话不能打动翟让就因为内容过于缜密,听起来太严肃。李密马上做出调整,他及时拉拢了贾雄,此人晓阴阳占候,为翟让军师,言无不用,密深结于雄,使之托术数以说让,雄许诺,怀之未发。会让召贾雄,告以密所言,问其可否,对曰:吉不可言,又曰:公自立,恐未必成,若立斯人,事无不济。让曰:如卿言,蒲山公当自立,何来从我?对曰:事有相因,所以来者,将军姓翟,翟者,泽也。蒲非泽不生,故须将军也。让然之。"《资治通鉴·卷183·隋纪七》1216。其实预测的模糊性是引发心理变化的关键。武威鹰扬府司马李轨也自动对号入座,此人"家富好任侠。薛举作乱金城,轨与同郡曹珍、关谨、梁硕,安修仁等谋,'薛举必来侵保暴,郡官庸怯,势不能御,……不若相与并力拒之,保据河右,以待天下之变。'众皆以为然,欲推一人为主,各相让,莫肯当。曹珍曰:久闻图谶李氏当王,今轨在谋中,乃天命也。遂相与拜轨,奉以为主。"《资治通鉴·卷184·隋纪八》P1224。不能低估这些捕风捉影者的能力,他们在一些重大事件中起推波助澜的作用,李密轻易就改变了翟让准备一生打家劫舍的抱负,而李玄英、贾雄之流则以他们极其玄乎而又相当实用的知识让周围所有人形成共识:命运既抽象又真实,不可抗拒。它非常深奥,怀疑它就是无知。这种自负的文化令人人想拯救天下,武力可以改变的往往不过是现状的一小部分,一些无知的人后尾随着大堆的盲从者,他们为生存而大打出手,社会的合理性倒在其次。粗糙的思维模式具有的基本内涵包括:恐吓性、模糊性、强制性、单向性,可以满足个人的特殊要求,难以应付人人的简单要求。一个被控制在通俗文化与江湖术士的国家不会有长期的稳定繁荣,不是完全真实的内容就不会一致,所有的预测均属建议性,用于暗示相关者具有或将失去竞选资格,其理论则千篇一律,经久不变:天命、公平、仁慈。尽管所学内容、名称相大同小异,但他们所有人都是各说一套,任意发挥,结果其内容庞杂,差异很大,有些几乎彼此是不兼容的,由于始终没有确切甚至标准答案,个人倾向有时就成为决定事物或现象本质决定因素,有很大的自由解释空间的理论本身就意味着需要确凿的证据,需求具有很大的控制力量,自由解释的程度相当广泛,容易失控,王世充本西域胡人,随母嫁霸城王氏,因此冒姓王焉,仕至汴州长史。他颇涉经史,尤好兵法及推步之术。"担任越王侗的尚书仆射时,遇到一次伏击李密的良机,恐怕部队作战不力,于是假托鬼神言梦见周公,立祠于洛水,遣巫宣言周公欲令仆射急讨李密,当有大功,不则兵皆疫死。世充兵多楚人,俗信妖言,众皆请战,结果王世充获得成功。《旧唐书·卷54·王世充传》P267。刘师立曾通宵达旦地参加策划玄武门之变,成功之后却有人密告师立,自称"眼有赤光,体有非常之相,姓氏又应符谶"结果被唐太宗严厉质询。《旧唐书·卷57·刘师立传》。望气的技术在隋唐之际进展神速,《大唐创业起居注》的作者本人在改葬祖父时事先请人卜筮风水优劣,筮者说:葬于此地,害兄而福弟。"大雅曰:若得家弟永康,我将含笑入地。"葬讫,岁余卒。弟彦博官至端揆,年六十四;另一弟大有为中书侍郎。(宋)孔平仲撰《续世说·卷一》。大业初,李渊为楼烦郡守,时有望气者云:西北干门有天子气,连太原甚盛"这结论传得很凶,炀帝也不敢怠慢,咨询他的技术顾问后陆续采取了下列对策:于楼烦置宫,以其地当东都西北,因过太原,取龙山风俗道,行幸以厌之云,后又拜代王为郡守以厌之。但他不是细心的人,天子气尾声随李渊,而他竟忽略了这个危险的人物。"大业十三年,岁在丁亥,正月丙子夜,晋阳宫西北有光夜明,自地属天,若大火烧,飞焰炎赫。正当城西龙山上直指西南,极望竟天。俄而山上当童子寺左右,有紫气如虹,横绝火中,上冲北斗,自一更至三更而灭。《起居注》P41。倒是急于求成的马邑军人刘武周在这年二月在马邑郡杀死太守王仁恭称帝,他过于看重有异象的地点,姓氏被忽略,仅仅相信地理环境的优越而不是人的能力是决定性的因素。这显然是行不通的。谶纬、圆梦术、骨相、天象看起来抽象,其实可以改变现实。这是一场旷日持久的数字、形状与颜色的游戏,尽管当时人对此要严肃得多,它的变化给社会的正面作用很不直接,正好可以当作中国制度没有发展只有循环的证明。

　　杨坚虽然禁止儿子秦王俊遁入空门,但是对他的大臣高颎研习佛经并无异议。《北史·卷72高颎传》。极具批评精神的玄学思想经过政治价值观的渗透,增加了了实用性。在李渊父子心中,老子当时并不是一个反社会,被神话的偶像,而是一个有悠久历史影响深远的圣贤,他们对老子的尊崇与西汉对孔子的尊崇目的基本一致。对《世说新语》中记载的嵇康与钟会的著名对话看重的不是其哲学倾向,而是机智的应变能力。当时中国哲学思想所达到的程度已经很高,对君主们有直接的影响。二十七岁的北周明帝因食物中毒病危时下诏:"人生天地之间,禀五常之气,天地有穷已,五常有推移,人安得长生?是以有生有死者物理之必然,处必然之理,修短之间,何足多恨?《北史·卷9·明帝纪》P38。炀帝本人经常谈到生命时与其如出一辙,生命的有限性受到偏爱,虽因留恋生命而时常流露出恐惧,但也不失为有正确认识。可能正是这种思想使其走极端,以异乎寻常的享乐方式来度过自己的一生,传统的评估归咎为由于不胜任崇高的职业而给许多人带来机会。他是桀骜不驯、还是一种根深蒂固的文化循规蹈矩产物,可以有不同的意见,但是他自然创制、应用现存制度的意识,与他对文化的偏好有关。象他父亲一样,对真实世界与抽象世界同样密切关注,结果显示,抽象世界对他采取完全放任的态度,从来没有对他在现实世界中的任何行为予以禁止。这样他也就更愿意生活在虚拟的世界中。

隋室并未以历史最为标新立异君主的生命结束而结束,恭帝义宁二年五月逊位,武德二年,成为唐室名义上的贵宾不到一年死去,时年十五。《隋书·卷5·恭帝纪》P14。对李渊这样社会根基厚重的人来说,如果君主明智对他的进取心而言不是悲哀,只需要提高自己的能量,他是随时都会背叛的,他也不是孤立的例子,杨坚也一定是如此,这是本国文化土壤所决定。而所有充斥宫廷乃至活着的人均认为这一切都显得很圆满,符合由来已久的礼仪、程序以及民意。实际上这已是一种模式,由于利用率奇高,经常的重复使用令其破烂不堪。它始终是一个可以解决问题的器具,人们通过这样一种形式,在一个相对固定的范围和一定程度上沟通、对比、止痛,既可掩饰过去亦可昭示未来。它不可避免地变成大众游戏。可以作一种假设,如果炀帝为一代明君,李渊是否就终身不会造反?这种假设可以有多种回答,较好的王朝就会得到较多的拥护,人民的爱戴就是君王的屏障。可是在大多数时候,人们习惯于将王朝个性化,看一个王朝引入哪些制度,怎样看待历史,文化倾向等,但是王朝或者君主他们必须作出选择:如果选择无误,他们仍可能遭到抵制;如果他个人的价值观出了问题,那仍然代表着一个王朝,一个人的问题要由所有人来承担。所以,一个无辜甚至明智的君主由于象征着一笔巨大的财富,一座熔炉,一个新起点,它的属性令它成为力量、智慧、机遇的交汇点以及觊觎的焦点。个人的品德优劣而不是象征政府的每一代王朝对公众利益的重要性使当事人主要是皇帝们害怕意见与改变。一直相信国家的兴衰不是管理能力的问题而主要是品行问题,它是一个本末倒置、牵强附会的结论。人们最不愿接受的恐怕就是个人的品行遭到怀疑。愿意用鲜血来维护,这也是中国为什么会多次出现用无数的生命维护问题成堆的王朝的原因。结果不是制度的弊端得到改善,而是接受更有影响力的人。个人的品行会因身份的变化随时发生变动。在这种固定的思维模式下,国家的大量资源没有用来完善国家体系，主要是用在维护个人利益，国家的付出与君王的实际贡献往往极不相称。与常规量化不同，国家消灭流行病以及其他应急事件的成本可能远远超出疾病可能造成的损失，甚至根本无法得出长期预防支出是否合理的结论，一切都要取决与事态的变化。但是国家常规活动成本计算越是趋于准确、规范，克服危机的胜算就越大，国家作为组织者的意义就越容易得到体现。

本节结论：

用天人感应的长绳捆扎起来的政体，政治整机与散件不对称，从天文、律历、音乐的确切知识遭遇来看，技术滥用建立在有害的行政权威基础之上，没有极权的需要，就没有它的衍生，国家对皇帝的要求过低与纵容，产生了自我为中心的人格，近视的国家政治迫使科学也变成短期行为。其次，日趋狭隘的本土哲学范围与对外来宗教的宽容，由于宗教的选择往往取决与君主的个人意见，没有达到普遍的共识，也就不能没有帮助纯洁人们的道德观，而是令人绝望。历代君主都受到技术的胁迫，误认为与抽象的天关系比物质世界更密切的君主们，因为盲从充满了失败的例子，坚信政治与技术一体，始终没有发现，两者各自都有正确的道路。技术中参杂的迷信成分既是它盛行的原因也是它停滞的原因。而迷信、流言、错误知识等形成的价值观，在社会的发展中会继续以各种其他形式影响制度的运作。隋两代皇帝按方术远包括命相、天象、谶纬、祥瑞等在内的方术用于择人、择地、择日，回应星象，处理巫术、信息、自然灾害，上述做出的主要十二次对策中，其中五次是无害的，六次得到错误结果，一次因忽略而后果严重，杨玄感和杨谅都因错误地理解预兆而毁灭。但是方术基本不直接用于理解、应用、修改均田、府兵、三省六部、科举等根本制度，上述制度没有严重受到方术干扰部分是出于幸运，因为这些年轻的制度处于感性思维的大环境，并无充足的理性抵御来自外部的反理性心理冲动，而科举笔试本身的确立就很可能与炀帝自己陷入一种经常出现的模态有关：他的考卷一气呵成，完美无缺、力压群雄而拔得头筹，考场上亦是皇帝。当时有足够空间、材料将这些制度神化，但是这些制度核心源于自然的需求，出自最原始的人性，直接而顽固，最关键的是新生制度生龙活虎，蓬勃向上，迎合了大部分人健康的需求，所以神话与虚饰都不能轻易扭曲。对方术的依赖是技术贫乏的反映，技术贫乏又增加了这种需求。如果一连串的技术、经济进步都建立在不稳定的基础上，那政治好局迟早会变成一连串的气泡。它们之间是因果关系，不能倒置。在民俗、皇权、制度或时尚文化决定国家、个人的命运地方，古代制度按上述四项先后排序分四个层次：民俗是礼制的渊源，礼制又是制定法的主要参照物,皇权可以决定制定法能否贯彻,而时尚文化一方面受前三者的深刻影响,一方面又是社会剧变的决定性因素。以杨坚为例,他对子侄兄弟的惩罚不是专心维护制度而是在文化的迷雾中大脑陷入混乱,与北周诸帝不同,他们以明确的问题的杀人,而杨坚的判决多因巫术招惹,可见当时迷信成风,这似乎是杨坚轻视文化的一个后果。一个人一旦认定某种观念,宗教、物质等必需占为己有时,通常会不顾一切,不论它是有益还是有害,科学上正确还是错误,只要这个对象蕴涵了此人最大的需求:精神满足、权势、利益等,对依附、获得该对象可能导致的重大问题熟视无睹,即使是一目了然的问题。追求最大或根本利益时经常罔顾危害是人的共性。一些统治者、蛊惑人沾沾自喜,以为大批的追随者就是自己高度正确的象征,成功教化的影响,其实绝大多数人不过是按自己的人性行事,其中有些是受正确理解的引导,有些不过是固执己见、坚持错误,套用一个成语,即所谓自以为是。杨坚式的独裁专横,更是源自一种类以而且成体系的负面文化意识。

正面的制度与负面的文化并非总是此消彼长,但是它们之间经常自然出现的抵触容易导致功倍事半,半途而废。任何一种文化如果不能保持进步,人为地使之丧失或者抑制其创新能力,停留在欣赏其外在表现形式,这不仅是在禁锢思想而且是在打击有效的社会生产力。这种被固化起来的文化可以轻易转化为成见,成见产生包括政治在内的各种狂热、使盲从的陌生人在一个口号、教条下迅速组织起来,完成一个既定目标。成见的危害则更大,僵化的宗教、哲学体系、政治观、个人权威等都可能成为有害成见的载体,它自以为全知全能,无处不在,不可或缺,习惯于用已有的知识来解释未知,应付一切变化,不管这些知识是否可靠、有益、够用,也不对具体问题作具体分析。成见必然妨碍新知识诞生,旧技术的更新,有时,尽管并非出于恶意,却制造恐怖,带来灾难。它往往以权威自居,甚至是出于善良的愿望,将对他们深信不疑的听众置于危险中,同时也终将自己神化的思想与知识体系变为笑料,乃至成为阻滞知识进步的巨大障碍。儒学经常变身为各种不同的成见,它们在儒术精粹或者因偶然的恰当解释、正确应用而被优化的儒学意境掩饰下四处出入,毒化、奴化人的精神,赞同者为自己一时的收益而窃喜,殊不知被扭曲的知识毒化的体系为害时并无选择,受害者可能是无辜者,也可能正是糟践知识的帮凶本人。

软性制度是情感的深化,它的结构并非完全杂乱无章,却充斥着任意解释,由于释梦、命相等技术可靠性含量低,尽管成文制度已经蔚为大观,如果支持成文制度的确切知识没有能及时跟进,软性制度还是会有效降低或改变政府效能,甚至对成文制度体系造成致命破坏。

人们对准确感应天意的各种尝试不能说是无用甚至多余的，人们一直在或多或少地寻求神灵的帮助，通过各种新途径新技术，这种尝试从未停止，几乎永远也不会消失。

本章参考资料：

董仲舒《春秋繁露》上海古籍出版社　诸子百家丛书1989年9月第1版

《晋书·天文志》

《隋书·天文志》

［唐］瞿昙悉达编《开元占经》岳麓书社1994年十二月第1版

刘安著　高诱注《诸子集成》上海书店影印出版。1986年7月第一版

艾兰（Sarah·Allan）等主编《中国古代思维模式与阴阳五行说探源》　江苏古籍
　出版社1998年6月第一版

温大雅《大唐创业起居注》系出于《中华野史》

第六节　隋杨法律

一、杰出的《开皇律》与法律实践

1. 中央政府的立法活动

新法被新国家视为一件大事，集中相当多的高级官员，立国三年之内至少有两次修订：

隋开皇元年，诏尚书左仆射渤海公高颎，上柱国沛公郑译，上柱国、清河郡公杨素，大理前少卿、平源县公常明、刑部侍郎、保成县公韩濬、比部侍郎李谔（好学，解属文），兼考功侍郎柳雄亮等更定新律。《隋书·卷25·刑法志》P94，《隋书·卷38·郑译传》P136。著名学者李德林，"登阼之日，授内史令。"开皇元年"敕令与太尉任国公于翼、高颎等同修律令。"李德林、于翼、高颎等奉皇命共同修改律令，完工后，新格令获准班颁。《隋书·卷42·李德林传》P144。

柳雄亮，高祖受禅，拜尚书考公侍郎，寻迁给事黄门侍郎。尚书省凡有奏事，雄亮多所驳正，深为公卿所惮《隋书·卷四十七·柳雄亮传》P152。

元楷少与高祖同受业于国子。高祖受禅……进位上大将军，封乐安郡公，邑千户，奉诏修律令。《隋书·卷四十元·楷传》P140。

赵芬少有辨智,颇涉经史。性强济,所居之职,皆有声绩。明习故事,每朝廷有所疑众不能决者,芬辄为评断,莫不称善,"开皇初,……拜尚书左仆射,与郿国公王谊修律令。俄兼内史令,上甚信任之。"《隋书·卷46·赵芬传》P150。王谊,"便弓马,博览群言。"《隋书·卷四十·王谊传》P140。杨坚即位前为大司徒,与杨坚儿女亲家。上述参与修法者是精心挑选出来,兼顾了亲缘、信任、职位、能力等,但是政治倾向上的包容兼顾不是良法的保障。高颎、郑译、杨素、常明、韩濬、李谔、柳雄亮、元楷、赵芬、王谊、李德林、于翼十二人很可能是第一次参与修改律令的人,格令颁后,为什么太子少保兼纳言、民部尚书苏威强烈要求修改,或者就是因为他没有亲自参与的缘故,苏威职务繁多,最多时除本职外身兼五职,可能就没有具体参与修律,看到颁布的律令后,为求精当,"每欲改易事条,德林以为格式已颁,义须画一,纵令小有蹉驳,非过蠹政害民者,不可数有改张"。《隋书·卷42·李德林传》P144。李德林出于大学者的自尊,对有人质疑他们的研究成就大为光火,拒绝任何的改动。但由于参与第一次修律的高颎也不惜自我否定,支持苏威,高祖本来对苏威十分尊崇,加上德高望重高颎与之并肩,皇帝于是站到了高、苏二人一边,因此有了第二次修律。这次新加入的参见者专业性更强。裴政"幼明敏,博闻强记,达于时政,为当时所称。……与卢辩依周礼建六卿,设公卿大夫士,撰次朝仪……又参定周律"担任少司宪,……剖决如流,用法宽平,无有冤滥。开皇元年,转率更令,加位上仪同三司,与诏苏威等修订律令,令政采魏晋刑典,下至齐梁。沇革轻重,取其折中,同撰者十有余人,凡疑滞不通者,皆取决于政。《隋书·卷六十六·裴政传》P186。裴政高度专业,早在北周时就是主要的立法者之一,在地方审判实践中能力出众,享有盛誉。如果裴政第一次就参与了修法,应该不会出现苏威一心想要改动的情况。另一个新加入者苏威则有良好的大局观,"隋承战争之后,宪章蹉驳,上令朝臣厘改旧法,为一代通典,律令格式,多威所定。《隋书·卷四十一·苏威传》P142。以上十四人参与法律修订,但似乎有先后进行了至少两次修订。

定讫,诏颁之。曰:1. 枭缳及鞭,并令去也。2. 流役六年,改为五载。3. 徒刑五岁,变为三祀。《隋书·卷二十五·刑法志》P94。这是皇帝对此次修改律法要点的归纳。具体而言,开元年十月行新律,刑名有五:死、流放、徒刑、杖、笞。废除前代鞭刑及枭首、轘裂(即车裂)之法,唯大逆、谋反、谋叛者,父子兄弟皆斩,家口没官。意即非大逆、谋反、谋叛重罪不以收族论处。又置十恶之条依次为:大逆、谋反、谋叛、恶逆、不道、大不敬、不孝、不睦、不义、内乱。死刑分为二种,流刑为三级,最高的刑减少为五年。徒刑为五等,最高刑为三年。杖刑为五,最低五十,最高一百。《隋书·卷 25·刑法志》P94。

李德林想要稳定具体的法律条文与内涵并不现实,社会需求会迫使法律适应变化,法律确实不断有修改。《隋书·卷二十五·刑法志》P94。开皇三年,命苏威、牛弘等更定新律,共十二卷,五百条。刑网简要,疏而不失。这是一部相对简明扼要,更为完备的刑法典,编撰者集中了名臣苏威、高颎,学者李德林、牛弘,专家裴政、赵芬以及于翼、郑译对杨坚博取君位有重大贡献的人等。这并不是纯法律专才的结构,而是一个基本保证立法科学政治正确的人员结构,隋法经他们集体磋商,三年之内还得以有创新、适时的印象面世,反映了专业精神在立法过程受到了尊重。

从隋制定法的渊源来看,整个南北方国家法律在参考之列,北周的立法活动落后于它的邻国北齐。保定三年,北周朝臣赵肃、拓拨迪奉武帝命撰成《大律》二十五篇,合计 1537 条。宇文泰由于厌恶魏晋浮华文风,规定朝廷文告一律采用《尚书》、《周礼》文体,《大律》也不例外。以至于其篇目、内容被后世评为苛刻严密,“比之齐法,烦而不要。”《隋书·卷 25·刑法志》P92。北齐虽有一套制定得好一些的法律,却没有得到执行,它在北齐国家实际操作中几乎毫无意义,齐立法的优越被运作中的问题抵消。说杨坚的隋朝弃北周律而采北齐律并不确切,裴政“采魏晋刑典,下至齐梁,沿轻重,取其折衷。”但是他来自北周,历北周刑部下大夫,转少宪司,参与制定《周律》,又有实际审判经验,北周时流传有关他的司法天赋传说:簿案盈几,剖决如流,用法宽平,无有冤滥。囚徒犯极刑者,乃许其妻子入狱就之,至冬,将行决,皆曰:裴大夫致我于死,死无所恨。”这种信任得益于裴政信守二项判案原则:凡推事有两:一察情,二据证。《隋书·卷 66·裴政》P186。他根据君主的价值取向而制定制度,这样有助于君主遵守并保护制度延续。在制定隋律者中,裴政业务素质最强,“凡疑滞不通者,皆取决于裴政。”《北史·卷 77·裴政》P279。其所体现出的北周时代司法精神仍具有建设性,这自然会影响其他参与者,他在隋立法活动中明显起主导作用。不过杨坚也在不知不觉中部分继承了齐国实际司法方式——尽管对法律细节争执很尖锐,甚至很高尚,制定新法,新法传递的思想视为要务,但更像是在为颁布了事,实际操作中是否依法办事就很不重要,随意执法,以执法的名义违法的情况时有所见。而像裴政这样一个法律天才,在杨坚时代从未在国家最高司法部门主持司法行政管理,也没有从事国家专业审判工作,甚至还不如他在北周时法律领域中的地位,虽然在襄州总管任内还有机会得以展示其司法审判才华,毕竟只是工作的一部分,又局限于一个狭小的地区,无法完全施展其卓越的能力。说明皇帝陛下还没有意识到司法不断专业化的重要性。《隋书·卷66·裴政》P186。他一度一只脚已踏上了司法专业化的台阶,只因小小的挫折就退了回来。

开皇三年,十二卷五百条版本的新律颁布,杨坚比较满意,认为法律文本已经是刑纲简要、疏而不失。于是置律博士弟子员,要求他们断决大狱时,"皆先牒明法,定其罪名,然后以断。"《隋书·卷25·刑法志》P94[3左]。这本来是一项将司法审判向正规化、量化、专业化方向的举措,却由于一件意外事情导致文帝坚决下令停废律官,起因是现役军人(侍官)慕容天远检举都督田元冒请义仓,举报属实。府兵犯案归住所地管辖,而当地(即始平县)律生辅恩袒护慕容天远的上司,利用自己精通法律的优势设法判天远入狱,由于不久事情暴露,于是辅恩反坐。杨坚闻讯后立即下诏:人命之重悬在律文,刊定科条,俾令易晓,分官命之,恒选循吏,大小之狱,理无疑舛。而因袭往代,别置律官,报刑之人推其为首,杀生之柄常委小人,刑罚所以未清,威福所以妄作,为政之失莫大于斯。其大理律博士、尚书刑部曹明法,州县律生并可停废,时值开皇五年。《隋书·卷25·刑罚志》P94。杨坚因个案而采取了一刀切的过激处理,国家司法进程因此出现倒退,降低法律专业性对国家、公共、个人三方利益是一种持续损害,尽管不一定同时出现后果。

不管是立法还是停废律官,皇权都起绝对主导作用。

2. 司法管辖与皇帝管辖

司法公正离不开明智的制度,也有赖于个人的智慧,后者可以弥补国家司法体制的先天纰漏以及发展中的问题。裴政在审判实践中重视案件的来龙去脉,考察其主观动机与客观结果,讲究证据,依法判决,明智公正,社会影响上佳。《北史·卷77裴政传》P279。这些也是北周推崇的《周官》中明文规定的审判准则,由于参与主导了第二次修订隋律,他的思想体现在隋律令文本中,成文法的重要性在当时的公职人员中已经有一定影响,雍州别驾元肇曾对隋文帝说:有一州吏,受人馈钱三百文,依律合仗一百。"然臣下车之始,就与其为约,"但我到任伊始,就向全体属员申明打击经济犯罪的决心,此吏故违,请从重加徙一年。黄门侍郎刘行本反驳说:律令之行,并发明诏,与民约束。今肇乃敢重其教命,轻忽宪章,欲申己言之必行,忘朝廷之大信,亏法取威,非人臣之礼。杨坚赞同刘行本的意见,赐绢百匹。《隋书·卷62·刘行本传》P177。地方法令不能与国家大法相违,当时的法律精英赵绰亦持同样的观点,他是杨坚登极时的大理丞,由于处法平允,考绩连最而转大理正。处理的案子包括:1. 梁士彦等谋反案。2. 辛亶服饰案。3. 使用劣币案。4. 萧摩诃连坐案等,基本都能依法处理。成文法并非一成不变为优，它的大敌是司法解释任意性，这可以让法律性质改变，国家设立的罚则也令人无所适从。刘昉案的终审判决定为谋反罪，处理结果是"宇文忻、刘昉妻妾、资财、田宅悉没官，昉儿年十五以上远配。"《隋书·卷38·刘昉传》P136。与新修订的隋律比，并未严格执行条文，而近似一个折中方案。柳彧曾得到博陵郡李文博所撰《治道集》十卷，蜀王秀遣人向彧求购，柳彧送之于秀，秀复赐彧奴婢十口。当秀被判有罪时，杨素奏彧以内臣交通诸侯，除名为民，配戍怀远镇。《隋书·卷62·柳彧传》P177。虽然柳彧行至中途即被诏书招回，但还是有了一个前科。交通是指两者带有不利于第三方目的勾结共谋，且一般在暗中进行，柳彧并没有这样的故意，这种罪名唯一的用处就是为国家徒添敌人。

隋各级司法体系虽有专业机构，并不一定有专业审判之人，从而经常可以视作一个业余机构，取而代之的是任何有机会参与审判的在场大臣。杨坚时代，有些官员预先被赋予司法特权，河间王杨弘在蒲州刺史任上，被授权临机处断。当时河东多贼，弘奏为盗者，百余人投之边裔，州内恬然，号为良吏。《北史·卷71·隋宗室诸王传》P261受宠的汉王杨谅开皇十七年出为并州刺史时附带赠与的权利是，"五十二州尽隶焉。特许以便宜，不拘律令。"《北史·卷71·隋宗室诸王传》P263。至于皇帝本人，他需要的权利没有边际，价值观念又很不稳定，让他的司法取向得到纠正一向需要机会。开皇中，亲卫大将军屈突通受命前往陇西核实郡内国有牧场，结果查出被隐瞒的马二万余匹，杨坚大怒，准备将包括太仆卿慕容悉达在内的诸监大小官员一千五百一并处死，在屈突通劝说下杨坚改变主意，所有人得以减死论。《旧唐书·卷59·屈突通传》P278。辛亶事件中杨坚不似掌管一国的人君，更像一个喜怒无常的市井小民。辛氏官居刑部侍郎，因相信穿红裤子有助于官运，被杨坚视为邪术，要立即处死他。时任大理少卿的赵绰认为根据法律不该处死，与坚发生激烈冲突，几乎被杀，赵没有退却，结果杨坚做出让步。《隋书·卷62·赵绰传》P178。开皇中期（大致在开皇十年，）杨坚禁行伪劣钱，有二人在市以恶钱易好钱，武侯（左右武侯）执之以闻，杨坚命令悉数处决。刑部侍郎赵绰认为只当杖刑，杀之非法。听到杨坚对他说"不关卿事"时，赵绰反应强烈，立即反驳：上不以臣愚暗，置在法司，欲妄杀人，岂得不干臣事？"加上得到治书侍御史柳彧声援，皇帝总算让步。《隋书·卷62·赵绰传》P178。赵绰在官居大理少卿时，审理已归顺的陈著名将领萧摩诃子萧世略在江南作乱一案。又是赵绰反对杨坚认为摩诃当从坐的主张，君臣二人对峙起来，最后还是杨坚放弃初衷，不过他是用了一个很体面的说法，"大理其为朕特赦摩诃也，因命左右释之。"他的承诺是有保证的，直到仁寿四年杨坚死去萧摩诃仍毫发未损,只是杨谅在并州反对杨广失败,作为谅的属官,七十三岁的摩诃以谋逆被诛。《陈书·卷31·萧摩诃传》P45。司法权与皇权的合理界限一直就不是一目了然,贯彻一部好的法律,既需要被司法者通读、理解、更重要的是他们有依法办案的愿望和专业素质,中国自从有政府以来一直不缺乏合格的实施法治人选,缺的是对法治精神的普及。

杨坚在政治上有大局观,但是他不具有法律的专业精神,他积极立法,是因为改朝换代时形式需要有新法,至于法的真义,他一直都不甚清楚,也不会接受一个要与他平起平坐的法律。他的法律起点其实很低。于翼开皇初拜太尉,或有告幽州总管于翼云往在幽州,欲同尉迟迥者,隋文召至清(一作请)室,遣理官案验。《周书·卷三十一·于翼传》P50。只要有人告,就可能被关押,于翼作为一名地方大员,也不例外、于寔子于仲文在杨坚称帝时,拜柱国、河南道大行台,由于杨坚即位典礼没有到任,随即因为叔叔于翼受牵连入狱,于仲文在狱中上书,说服了隋文帝。释放了于翼、于仲文叔侄二人。《隋书·卷六十·于仲文传》P174。于翼"寻以无实见原,寻复本位。"《周书·卷三十一·于翼传》P50。复职后一直很平稳,直到开皇三年逝世。是隋文帝经过审讯查证无疑,还是于仲文的上书让他感情用事,不闻其详,杨坚倒是以猜忌心闻名,可能与他不是自己一寸土地一寸土地自己打下的天下有关,他对自己的合法性缺乏自信。怀疑于翼是因为他是宇文泰女婿,怀疑于仲文实属杯弓蛇影,于仲文因为拒绝尉迟迥招诱,三子一女皆被其所杀,当时的丞相杨坚亦曾为之垂泪,现在居然怀疑于仲文的忠诚,可以见他心中只有皇位。不过他还算不上边立法边犯法。法律没有禁止一个皇帝关押一个疑犯。法律起点低,并不妨碍其政治起点高,他如果不在乎于翼是否有叛逆行为,他就不是一个称职的政治家;如果他将法律置于首要位置,他就不会成为皇帝。在主持公正与皇帝两者之间,他当然会选择后者,皇帝与法律多数时候不能兼具。

3. 基层司法管辖

杨坚登极,颁布新令,"五家为保,保五为闾,闾四为族,皆有正,畿外置里正,比闾正,党长,比族正,以相检察。《通典·卷三·食货三》P35。它一开始时是一项有争议的政策,因为涉及地方基层的司法制度,开皇九年二月制,五百家为乡,正一人,百家为里,长一人。苏威奏置五百家乡正,令理人间词讼。《隋书·卷42·李德林传》P144。李德林以为:本废乡官判事,为其里闾亲识,剖断不平,今令乡正专理五百家,恐为害更甚。且今时吏部总选人物,天下不过数百县,于六七百万户内铨简数百县令,犹不能称才,乃欲一乡内选一人能理五百家者,必恐难得。又即要荒小县，有不至五百家者，复不可令两县共管一乡。"敕内外群官就东宫会议，自皇太子以下，多从德林议。不过苏威此次又得到高颎以尤其是隋文帝的支持，乡正得到推广。但是开皇十年，乡正问题等被派往关东诸地巡省使节虞庆则等的报告中反映出来：五百家乡正专理辞讼，不便于民，党与爱憎，公行货贿。"乡正才被废除。《隋书·卷42·李德林传》P145。设立处理简易民事纠纷的专职人员，有可能涉及县令长的权限，在州县两级制度下，管理五百家的独立机构由于没有相关监督不利于依法行政，公平司法。基层的里正们具有实质的司法权，由于古代家族性的群居非常普遍，大姓内德高望重者担任里正很常见，家族法在里正内应用频繁，为维护家族利益对族人中的害群之马使用私刑符合家族整体利益，同样他们也处理家族与家族间的纷争，与前代一样，因此隋朝里正也管控着的国家法治的一个不小的边缘地带。

4. 证据效力

虽然制定了进步的新法，但皇帝内心深处还是倚重办事顺心的人。朔州总官赵仲卿对突厥作战有功，时有表言仲卿酷暴者，杨坚令御史王伟考察，全部属实，杨坚以赵对国家有战功为名，决定免予起诉并亲自慰勉：知公清正，为下所恶。"证据确凿，有罪不判，反而赐人量物品。仁寿中赵仲卿检校司农卿，蜀王秀之得罪，奉诏往益州穷按之，秀宾客经过之处，仲卿必深文致法，州、县长吏坐者太半，上以为能，赏大量物质。《隋书·卷74·酷吏·赵仲卿传》P203。（开皇四年，）御史大夫杨素与他一贯泼辣强悍的妻郑氏在家里为琐事发生争执，杨素张口结舌、节节败退，情急之际，怒吼起来：如果有一天我成了天子，绝不让你成为我的皇后。郑氏将此话转告到皇帝那儿，虽然没有物证，杨素仍被免职。处罚轻的原因不是觉得杨素的问题不严重，而是刚即位不久，自信江山稳固，刻意营造明君形象，对图谋不轨者还比较宽容。其后就变得难以驾驭，"上柱国王世积以罪诛，当推核之际，乃有宫禁中事，云于颎处得之，上欲成颎之罪，闻此大惊。时上柱国贺若弼、吴州总管宇文弼、刑部尚书薛胄、民部尚书斛律孝卿、兵部尚书柳述等明高颎无罪，上逾怒，皆以之属吏，自是朝臣莫敢言者。颎竟坐免，以公就第。《隋书·卷41·高颎传》P141。证据对主审的人并不是做出判决的唯一依据，而可以自由取舍。

5. 得而复失的司法程序

杨坚有时身兼数职，却不是对君位不满，他想象中的国家机构，就像一个大厅，他应该可以畅通无阻。"尝怒一人，将杀之，苏威入阁进谏，不纳；上怒甚，将自出斩之；威当前不去，上避之而出，威又遮止，上拂衣而入。良久，乃召威谢曰：

公若是,吾无忧矣。于是赐马二匹。《隋书·卷41·苏威传》P142。刚才命悬于一发的人在赦令声中抱头鼠窜,侥幸逃生。但不是人人都如此幸运,六月的一天,暑热让新君杨坚心情欠佳,盛怒中忽然要杖杀某人,大理少卿赵绰固争:夏季之月,天地成长庶类,不可以此时诛杀。帝报曰:六月虽曰生长,此时必有雷霆,我则天而行,有何不可?遂杀之。《资治通鉴·卷178 隋纪二》P1183。586年8月(开皇六年),梁士彦、宇文忻、刘昉谋反事件,皇帝亲自审判,在减免不少必要证据,省略不少程序后,主要嫌疑人均被立即处决。地方长官同样具有生杀予夺权力,隋初的襄州总管田式嗜杀,每赦书到州,式未暇读,先召狱卒,杀重囚,然后宣示百姓。尽管如此残暴,也不过遭到杨坚一顿斥责后一度除名免官为百姓,毫发未损,后来又得到任用,死于广州总管任上。《隋书·卷74·酷吏传·田式传》P203。通过长年与具有专业法律知识的官员论争及亲身司法实践,目睹生死存亡决于须臾之间,可能是杨坚有内心感悟,他在法律领域的建树之一是制定了死刑执行程序,使审判与执行之间有所间隔,受到时间、部门限制。十二年八月,制天下死罪,诸州不得便决,皆令大理覆治。十六年八月诏,决死罪者三奏而后行刑。《隋书·卷2·高祖纪》P8。皇帝觉得他需要程序法时,作出一个明智而非错误的决定,但这仍具有偶然性,不必具有专业知识而仰赖人道精神突然激活,因为同样相信享有随时修改、颁布法令、法规权力的皇帝,有时也会认为不具有维护法治的义务。开皇五年前后,社会治安问题问题严重,反映强烈,杨坚准备修改法律,加重惩罚,被赵绰以法令应以保持稳定为宜劝阻。绰曰:陛下行尧、舜之道,多存宽宥,况律者天下之大信。其可失乎!但是皇帝终于没有克制住自己,开皇十五年十二月,诏盗边粮一升以上者斩,家产抄没。十七年二月,文帝又以盗贼繁多为名,命盗一钱以上皆弃市;三人共盗一瓜,事发即死。于是行旅皆晏起早宿,天下懔懔。不久发生一起对公职人员的绑架事件,目的只有一个,就是对上述苛政表示强烈抗议,"有数人劫执事而谓之曰:吾岂求财邪?但为枉人来耳,而为我奏至尊,自古以来,体国立法,未有盗一钱而死者也。而不为我以闻,吾更来,而属无类矣。杨坚闻说,也感到事态严重,下令取消该法。《资治通鉴·卷178·隋纪二》P1182。这是已生效法律被叛逆行为有效终止的范例,地方官员对司法程序的拿捏,自行调整的幅度很大。(杨坚时,)并州刺史辛公义刚抵达任所,就径直前往州监狱,无遮无挡地坐在牢房外审核在押犯人,亲自验问十余日,全部审决或改判。此后经常日以继夜并省略固定的程序,以便将犯人审结,减少羁押时间。《北史·卷86·循吏·辛公义传》P308。他出于减少犯罪、降低囚徒痛苦的善意,改变司法惯例,比如受领新讼,皆不立文案。但这不是值得推广的经验，一些必要的程序省略后容易导致司法过程受个人情绪的操纵，结果偏离事实真相。

二、君与臣，守法与不守法的对比

1. 律法与礼法

解决民事、刑事案件另一重要依据是礼。古代礼、法并没有规定分别解决民、刑问题，也不各自针对特定违法、犯罪问题。礼与法之间有多个桥梁，有时是皇帝，有时是民意，有时是被各自诠释的制度。一个报复杀人的案例可以看到春秋断案在依法治国中的比重，王舜还是个七岁女童时，父为堂兄王长忻所杀，当时她的两个妹妹一个五岁，一个二岁。当她和两个妹妹长大有能力复仇后，三姊妹竟合力杀死了仇人长忻夫妇。事后到官府认罪，三人竞相自称为谋首，将主要责任归于自己，好减轻其他两人的罪责。以至县、州两级对如何给她们定罪都感到棘手，一直上报到中央，杨坚对三位姑娘的行为给予很高评价，要求他的臣属们暂时忘记法律，睁大眼睛看清其中积极的道德意义之所在，专门指示对她们免予处罚。《隋书·卷80·孝女王舜传》P216。陆让在开皇末年任播州刺史，虽然有个好母亲，但他不是一个称职的国家官员，因为严重的贪污行为被判死刑。他悲伤的母亲冯氏上书请求宽大处理，文章甚至引起献皇后注意，也打动了皇帝，于是在朱雀门对召集而来众多京城士庶公开宣布皇命：陆让可减死除名。对冯氏主动行为高度评价，不仅有丰厚的物质奖励，精神奖励的也相当隆重"集命妇与冯相识，以旌宠异。"《北史·卷91·列女传》P322。家人的恰当行为不但减轻罪罚，反而带来荣誉，为之开通进入上流社交圈的通道，这不是当事人本身创造了物质价值，而是国家重视它可能带来的精神价值。与此相反，一位父亲处理不法儿子问题时因方法不当导致严重后果，庆州总管刘昶资历深厚，与隋文帝有良好的个人友谊，担任过不少重要的职位。其子居士任千牛备身，职务重要，却是个肆意妄为的人，"数得罪，上以昶故，特原之，居士转恣。又传言他勾结突厥，皇帝问昶，后者粗枝大叶，只想到自己与皇帝的友谊，没有考虑到一个皇帝基本的责任与利益，语气诙谐又有些忘乎所以地说'黑白在于至尊'。杨坚大怒，逮捕居士党羽，宪司又奏昶事母不孝，判决让刘家惨遭重创，居士被处决，昶赐死于家。《北史·卷91·列女传·刘昶女》P322。刘居士的结局不仅是因为他闹得越来越凶，成为当地治安的一个突出问题，真正导致定罪的原因却是受其父事母不孝牵连，这是法律的规定可判处绞斩刑的重罪，居士主要是打架斗殴、寻衅滋事，最后定罪则风马牛不及，以"谋为不轨"，父子民、刑合并，数罪并罚。《资治通鉴·

卷178·隋纪二》P1183 父子同归于尽,并不是犯了相同的罪,而是掌握他们命运的人对不同罪行的人只接受一种处理办法。

开皇末的制度,流放者一律枷锁传送。齐州行参军王伽被州政府下令押解判处流放的李参等七十余囚犯到京师,由于他仁慈地决定使流放者得以免除重枷,与之约定到达日期后,同意自行赶路,深受感动的囚犯因而没有一个逃跑,全部到达目的地。此事至此都属正常,杨坚召见王伽确认后,高度评价他的擅自作出的危险决定,事后追认合法,并立即采取了更为极端的行动,下令所有流放犯及随行妻儿,赐宴于殿庭而赦之。还由此得出一个有关人性的乐观结论,诏曰:凡在有生,含灵禀性,咸知好恶,并识是非,若临之以至诚,明加劝导,则俗必从化,人皆迁善。《隋书·卷73·王伽》P202。不过这并未妨碍他生命的最后几年实施更为严厉的刑罚。此类极其情绪化的司法手段与前代枉法皇帝并无区别,这与摆在他们面前的成文法优劣则无任何关系,对制定法的存在却每天都构成威胁。牟州刺史辛公义是以德治狱的典型,他更考虑到社会环境对人的行为影响,所持观点比较激进,指出身陷牢狱的人不是因为他们而是因为刺史有问题。他是个性急人,案子不处理完不休息,重速度而不管程序,取得的效果有点令人意想不到,被感动的百姓怕劳累他而相互转告不打官司,这可能只是对自诉案有效,需要国家公诉的重大刑事案件并不取决于个人主观上是否愿意出庭,而是非经国家专门司法机构就得不到处理结案,所以辛公义的司法模式影响力只能部分降低诉讼率。开皇初的平乡令刘旷,因一人单骑上任被视为廉洁。人有争讼者,辄丁宁晓以义理,不加绳劾。各自引咎而去。……在职七年,风教大洽,狱中无系囚,争讼绝息。监狱区杂草丛生,"图吾尽皆生草,庭可张罗。"《隋书·卷73·辛公义传》P201。监狱已经长期无人被关押,只要设网,很容易捕到觅食的鸟。这种司法习惯是古代中国民法得不到发展一个主要因素。不鼓励诉讼,结果有好有坏,好的方面是提高人的自制力与预防争议意识,负面是合理的要求在社会压力下得不到伸张。确认社会矛盾由于公正执法得到缓解还要从大局中求证,没有生存与安全的基本保障,社会矛盾不会因个别人的仁慈与专业精神自动消化吸收。仁慈与专业只不过成为点缀、掩饰。因为制造矛盾的制度与个人是一个现实存在,燕荣是一个骁勇善战的将军,深得杨坚赏识,开皇十年调任幽州总管,当时隋法律制度已经基本完备,但是对他个人的约束相当有限。荣性格严酷,范阳卢氏,代为著姓,荣皆署为吏,卒以屈辱之。对北魏以来高贵门伐公然蔑视。鞭笞左右,动至于千数。流血盈前,饮啖自若。荣闻官人及百姓妻女有美色,辄舍其室而淫之。最后由于残酷虐待被贬黜而来的属下,幽州长史元弘嗣而被赐死。《隋书·卷74·燕荣传》。不过，隋代君臣广泛使用肉刑并非没有依据，李士谦以才华知名，却立志毕生不仕，成了一个隐士，逝世于开皇八年，留下一篇论刑罚的文章残篇；大致是"帝王制法，沿革不同，自可损益，无为顿改，今之赃重者死，是酷而不惩也。语曰：人不畏死，不可以以死恐之。"愚谓此罪宜从肉刑，刖其一趾。再犯者断其右腕；流刑刖去右手三指，又犯者下其腕。小盗宜鲸，又犯则落其所用三指，又不悛下其腕，无不止也。无赖之人窜之边裔，职为乱阶，适所以召戎矣。非求治之道也。博弈淫游，盗之萌也，禁而不止，鲸之则可"。有识者颇以为得治体。他本人仁慈厚道、乐善好施，是坚定的素食主义者，却是一个积极主张肉刑的人。《隋书·卷77·李士谦传》P210。

杨坚在位时并未处理好他关心的重点，诸如法治问题，专门审判机构与行政机构在司法中的关系，皇权是否等于法律等。他无可救药地沉溺于法律如何为政治服务的意境中，他是一个国家的元首，国家权力则是为其一人所置办。他的认知无法摆脱这种思维，他个人对法律理解就是整个国家机器的象征，在他的朝廷和其他地方，与他处于同一法律水平者比比皆是，虽然国家整体司法结果不是他所要的，但变动随意的隋律肯定是他想要的。在法律实践中他错得如此之多，却从未受到任何有效的遏制。这是法律的问题根源之所在。法律得失固然会从政治经济的大局中反映出来，却总是会慢得多，以致隋文帝根本无从发现，乃至从未意识到自己在律法上有何欠缺。虽然他改善了法律条款，人民却不会真正受益，因为实践中得不到执行。法律上，绝大部分皇帝之所以满足于成为形式主义就是因为他们随时都在位拓宽自己的权力做准备，得到一切是否一定有益？皇帝们多半会对问题的前半部分相当憧憬，对后半部分抱有不切实际的幻想。

2. 隋炀帝时代立法与司法

大业二年（607年）十月，杨广以文帝末年法令峻刻，下令复为律令。他动作迅速，大业三年四月，即颁《大业律》，共十八篇。但这并不妨碍他同时继续利用法律重创对手，三年正月癸亥，敕并州（并州总管汉王杨谅仁寿四年八月起兵。）逆党已流配而逃亡者，所获之处即宜斩决。（法律中流放之后逃亡者应被处决。如果处流二千里，规定四十日到达（即行程），如果四十日内到了流放地，遇有恩赦，可以释放。《唐律疏议笺解·卷第三名例流配人在道会赦》P265。行程之内逃亡，虽遇恩赦，不合放免。即逃者身死……《唐律疏议笺解·卷第三名例流配人在道会赦》P266，《隋书·卷三·炀帝纪》P11。此外前后发布二次赦令：大业二年四月，炀帝在东都发出大赦令，大业五年六月，大赦天下，除他弟弟汉王杨谅及在并州一起造反的同党外,开皇以来流配犯一律释放还乡。权威的确立和臣民的忠诚是专制政治的要务,皇帝发布法令时既代表国家,也代表他自己,如果只看法律文字和赦令,新君确实有意营造一个宽松的社会环境,但是他需要杨汪那样精通业务的官员支持他的愿望。炀帝即位,杨汪守大理卿,汪视事二日,帝将视省囚徒,其时系囚二百余人,汪通宵究审,诘朝而奏,曲尽事情,一无遗误。帝满意他的业务素质,却在一年以后让杨汪调离主管教育,国子祭酒甚至比大理卿级别稍低。《隋书·卷56·杨汪传》P167。君主素质却是一个更重要的因素,否则这种情况不能维持,609年(大业五年),"会议新令,久不能决。司隶大夫薛道衡谓朝士曰:向使高颎不死,令决当久行。人有奏帝者,帝怒,汝忆高颎邪?付执法者勘之。道衡自以非大过,促宪司早断,暨于奏日,冀帝赦之。这个过于乐观的人甚至早早吩咐家人大量准备酒食,款待估计随后一定会赶来庆贺自己轻松脱身的大批亲友。但等来的是帝令其自尽的终审,道衡还是不以为然,拒绝自尽,宪司重新上奏,结果被勒死,妻子流放且末,全国一片惋惜。七十年阅历,七十卷文集,生命的最后却留给世界一个凄恻的笑料,个人对法律与司法权力部门对法律的理解如此悬殊,主要原因是皇帝越位,专制者并不天生喜欢错误,他们在类似法律的专业领域经常犯下错误,一是从事了他们不懂的工作;二是感情用事;三是作为政治工具,从法律本身却难以发现这些。法律的严酷可以不表现在律文,而在于实际操作。"善侍人主微意的人"也是公平司法的大敌,御史大夫裴蕴,"若欲罪者,则曲法顺情,锻成其罪;所欲宥者,则附轻典,因而释之。是后大小之狱皆以付蕴,宪部(即刑部)、大理莫敢与夺,必禀承进止,然后决断。"《隋书·卷67·裴蕴传》P189。司法审判中,国家最高审判机构竟遭到排斥,杨玄感一案杀数万人,就是他顺从炀帝意思的结果。司隶台、御史台、谒者台各台大夫为首长,原本是权力平行,业务相近的三个部门,蕴为扩大自己权力范围,说服虞世基上奏,罢司隶刺史以下官属,增致御史百余人。"于是引致奸黠,共为朋党,郡县有不附者,阴中之。"薛道衡、苏威均败在他手下,只要炀帝在位,他的前景一片光明。一些司法机构之外的人员处理司法问题时具有同样特点,对滕王伦的审判是黄门侍郎王弘经办,大业元年他在从江南征求龙船木料到洛阳时,干劲十足,只要皇帝满意,不顾一切,在办理滕王案时同样坚持这个立场。

岑之象在大业末期任邯郸令,蒙冤入狱,久拖未审结,年仅十四岁的儿子岑文本决定前往司隶台试试运气,申诉时措辞谨严,层次清晰,在场的办案人员深感惊讶,要求他当场作莲花赋一首作为测试,文本一气呵成,众人一致好评,其父也得到无罪释放。《旧唐书·卷70·岑文本传》P304。个人办案受情绪影响在当时很普遍,从文本父案看来集体也不例外。宇文述案展现了当时集体办案盛况,大业六年刑部尚书并代理御史大夫的梁毗弹劾宇文述私自役使部兵,大致情况是,述每早晨借本部士兵数十人以供私役,经常一干就是整个上午。"述初付法,推千余人皆称被役,经二十余日。法官候侍上意,乃言役不满日,其数虽多,不合通计,纵令有实,亦当无罪。诸兵士闻之,更云初不被役。上欲释之,付议虚实。百僚咸议为虚,善心以为,述于仗卫之所,抽兵私役,虽不满日,阙于宿卫与常役所部情状乃殊。又兵多下番散还本府,分道追至,不谋同辞。今殆一月,方始翻覆,奸状分明,此何可舍?苏威、杨汪等二十余人同善心之议,其余皆议免罪。《隋书·卷58·许善心传》P171。炀帝出于对宇文述的偏袒,认可免罪之奏。梁氏在开皇时期就任职大理卿,一贯执法平允,深受好评,出于对自己业务能力的自信,梁毗与皇帝发生激烈争,由此忤旨,遂令张衡代为大夫,毗忧愤数月而卒。《北史·卷77·梁毗传》P280。按《许善心传》记载,如果以此案发生在大业元年,梁氏于大业六年十月逝世。《隋书·卷三·炀帝纪》P12。《北史·卷十二·隋炀帝纪》P50。意味此案拖六年之久?如果确认梁在炀帝即位前是散骑常侍大理卿,即位后才进刑部尚书摄御史大夫。《隋书·卷62·梁毗》P177则存在这种可能性。依使用时间长短可判答四十到一年半以下徒刑。参考《唐律疏议笺解·卷十六·擅兴·丁防稽留》P1227。在炀帝时代上述反常情况变得越来越常见,临时的差遣取代了专门机构和原定的责任人。皇帝可能委派自己顺心的人具体负责,这当然会令公平判决更具悬念和偶然性。梁毗父子的情况则是当时社会现状中司法复杂性的典型反映,梁毗因宇文述案丧命后,子梁敬真也从事司法事务,位大理司直。炀帝希望将光禄大夫鱼俱罗定罪,令敬真主审此案,儿子倒是吸取了父亲教训,"遂希旨,陷之极刑。"以枉法暂时弥合了权与法的裂缝,不过换来一种新威胁,自己出现了严重的心理危机。"未几,敬真有疾,见鱼俱罗为祟而死。"《北史·卷77·梁毗传》P280。江都宫工程总监张衡私下对礼部尚书杨玄感说薛道衡实属枉死,江都丞王世充则上奏张衡每日提供的食物越来越差,炀帝竟立即将囚系江都街市准备处死,后改判除名、监视居住。大业八年衡妾上告张衡怨望诽谤朝政,炀帝在没有任何物证,也没有组织任何形式的审判的情况下,亲自下令张衡立即在自己家中自尽。《隋书·卷56·张衡传》P167。这种司法形式其实是一种普遍的情况,贺若弼因为战功确实变得傲慢,开皇后期,贺若弼以怨望获罪下狱,后被(开皇十九年前)获释放。炀帝对他容忍度有限,大业三年七月与高颎、宇文弼同时为炀帝所杀,罪名是"私议得失"。七年内因同一个罪名被两次起诉,更主要的是毫无证据,这已经不是司法行为而是政治谋杀,与梁敬真选择相反,结果却是类似的。贺若敦父子及高颎等享有的言论自由就是必须为自己的每一句话随时准备付出代价,这也是那个时代人人的遭遇。这些人个个年富力强,忽略他们发出的声音既不会妨碍国家的延续,也可以令其继续可以为国家作些贡献,他们均有这个能力。这可以算得上高度专制下完全缺乏异议空间会压制生产力的一个例子。不过宇文护的专制与炀帝的专制比是有区别的,宇文护认为贺若敦的抱怨没有道理,炀帝认为贺若弼与高颎对他国家构成危险,这种危险往往只有他一个人能看得到,宇文护没有因为柳庆等人缺乏恭顺而办他们死罪,炀帝对这种人往往完全缺乏耐心。大业五年五月,发生御马无负载过桥时桥面断裂事故,这本来只是工程质量问题,决非故意破坏,结果负有管理责任的朝散大夫黄亘及督役者九人一并被处决,罪罚极不相称。《隋书·卷三·炀帝纪》P11。过度的严法导致秩序过快松弛,大业后期,依法执行隋律已变得难以为继,刘弘基因为缺少路费无法按期抵达指定集结地点,前往辽东战场参战,为逃避惩罚而逃亡,结果仍被捕获下狱,按律他将被处死,结果此案拖了一年多后出现转机,允许他出钱赎罪,侥幸保住性命的刘弘基结果干出一番事业。《旧唐书·卷58·刘弘基传》P277。

司法领域是炀帝出问题最多的地方,却并不全是其有意所为。他充满对伟大的渴望,将自己的一切情感都与自己早已强烈意识到的某个伟大使命紧密联系在一起,结果得出一种出人意料的结论:他的精神充满力量,将把这个国家带入伟大,违背这种直觉及相关的意愿就是犯罪,他一生都喜欢并忠实于这种非常个人化的感觉。

本节参考资料:

《通典》

《九朝律考》

第七节　杨坚、杨广父子时代的经济

落后即不道德

——作者

政治行为一直就远比经济行为更具风险,只有最为成熟的政治才会自觉将经济行为置于政治行为之上。

一、人口管理

隋建立以家为单元的组织,五家为保,保长;五保为间,间正;四间为族,族正。畿外:五保为里,置里正;四里为党,置党长。以便于治安、税收和人口等管理。隋与其他朝代一样,人口首先是一种资源,在传统意识与文化的背景下,不同的皇帝在使用这种资源时一般只有细微的差别。获得人口是政治的主要目的,历代都是如此:时齐未平,北周大都督郭衍奉诏于天水募人,以镇东境,得乐徙千余家屯于陕城。《隋书·卷61·郭衍》P176,《北史·卷74·郭衍传》P272。此处的乐徙应该是自愿、正常移民,而不是指具有奴隶或半奴隶身份的那种。但是他们负有一定义务,得到优惠的分配的土地同时,有防御东方即北齐人进攻的责任。东魏孝静帝元象,兴和之中(538—539),频岁大穰,谷斛至九钱。……百姓多离旧居,阙于徭赋,高欢乃令孙腾、高隆之分括无籍之户,得六十余万。《隋书·卷23·食货》P89。这是虽然目标是清查不在户籍的人口,实际上是做了一次人口普查,不过原东魏辖区,设法脱离户籍情况一直延续至隋初。杨坚即位,曹州仍沿袭旧俗,民多奸隐,户口簿帐,恒不以实。新任曹州(今山东曹县一带)刺史乞伏慧下车按察,得户数万。转任齐州刺史后,得隐户数千。《隋书·卷55·乞伏慧》P165,开皇二年沧州刺史令狐熙经过查证发现,当时的山东地区仍"承齐之弊,户口簿籍,类不以实。熙晓谕之,令自归首,至者一万户。《隋书·卷56·令狐熙传》P166。事均在高颎定制之前,山东等地"技巧、奸伪、避役惰游者十六、七,四方疲人,或诈老诈小,规免租赋。"《隋书·卷23·食货志》P90。户口脱漏现象比较普遍,并非仅见于齐地辖区山东。这些是隋大索貌阅的先导,开皇五年五月,高祖令州县大索貌阅。具体方法是:

1):户口不实者,正长远配。

2):开相纠之科。

3):大功以下兼令析籍,各为户头,以防容隐。

这几乎收到立竿见影的效果,开皇五年大索貌阅,"于是计帐进四十四万三千丁,新附一百六十四万一千五百口,"隐漏 443000 丁,1641500 口。大业四年大索貌阅,查出隐漏 243000 丁,新附 641500 口,间隔二十三年的两次大索貌阅的意义:国家户籍管控人口增加 2286500 口,新增丁 686000 口。

开皇三年改力役为年二十天,调绢改一匹降为二丈。每丁的年赋税 ×443000(人)。

租：1.5 石

绢：1 丈(一匹等于四丈)

绵：1.5 两

户布：3 丈(一端为六丈)。

调麻：1.5 斤

力役：两次查得人丁数合计×20 日(每丁年二十天)

两次大索貌阅隐漏的正丁一年的赋税可为国家带来的收益包括：年增粮食 664500 石(石与斛同)。布 228667 端,麻 1029000 斤;或绢：171500 匹。绵：1029000 两。劳动日：13720000 个。将正丁折合成劳动日对隋代上层具有政治正确的意义,缺乏基本劳动保护的服役者通常从事危险的工作,加上管理者不可能对服役者一一认识,彼此之间有好感,难免有残忍的行为;开皇十三年 593 年,尚书右仆射杨素"监营仁寿宫,素遂夷山堙谷,督役严急,作者多死,宫侧闻鬼哭之声,及宫成,上令高颎前视之,奏曰,颇伤绮丽,大损人丁。高祖不悦。素忧惧,计无所出,即于北门启独孤皇后。""后颇仁爱,每闻大理决囚,未尝不流涕。"《隋书·卷三十六·后妃传·文献独孤皇后》P133。杨素对文献皇后说："帝王法有离宫、别馆,今天下太平,造此一宫,何足损费。后以此喻上,上意乃解。"高祖对仁寿宫的第一感觉是震撼"及见制度壮丽,大怒曰：杨素殚民力为离宫,为吾结怨天下。独孤皇后劝慰说：公知吾夫妇老,无以自娱,盛饰此宫,岂非忠孝? 赐钱百万,锦绢三千段。《资治通鉴·卷一百七十八·隋纪二》P1181。有分裂人格的独孤皇后如何看待丁口? 更像是一个没有生命的劳动日。被她拯救的杨素仁寿初代高颎为左仆射。……及献皇后崩(仁寿二年逝世,602 年),山陵制度多出于素,上善之。下诏曰：上柱国、尚书左仆射。仁寿宫大监越国公素,智度恢弘,机鉴明远,怀佐时之略,包经略之才。《隋书·卷四十八·杨素传》P154。显然还是一贯铺张的施工办法。杨素究竟是如何使用服役的国民,有比较详细记载"役使严急,丁夫多死,疲蔽颠仆者,推填坑坎,覆以土石,因而筑为平地,死者以万数,宫成,帝行幸焉,时方暑日,而死人相次于道,素乃一切焚除之。《隋书·卷二十四·食货志》P90。活着是工匠,死后是建筑材料,伤病不能劳动者被活埋,遗体付之一炬,在杨素眼中,丁口非常成功地自动转换为劳动日,他对普通战士也是一视同仁："每将临寇,辄求取人过失而斩之,多者百余人,少不下十数,流血盈前,言笑自若。及其对阵,先令一二百人赴敌,陷阵则已,如不能陷阵而还者,无问多少,悉斩之。又令三二百人复进,还如向法。战士股慄,有必死之心,由是战无不胜,称为名将。"《隋书·卷四十八·杨素传》P154。社会上层对人丁的看法有一致性，必须转换为劳动日。大业七年二月，为造船，"官吏督役，……工匠、役丁死者什三四。"《资治通鉴·卷一百八十一·隋纪五》P1204。汉王杨谅为行军元帅，率水陆三十万伐高丽，遇疾疫而还，死十八九。《隋书·卷二·高祖纪》P8。大业七年，隋炀帝为攻击高丽发鹿车夫六十余万，二人共推三石米，"道路险远，不足充糇粮"因为没有给车夫提供足够的口粮（或者口粮是要自己带。），等他们人车到达指定地点时，三石米已经被役夫们在路上吃完，他们无粮可交，只能畏罪逃亡。《资治通鉴·卷一百八十一·隋纪五》P1204。从役夫消耗一百八十公斤粮食这个数量推测，他们在路上的行程超过三十天。役夫就是工作日，没有给他们预留口粮。

从人口切换为劳动日对杨素及其欣赏者有利，不会再在他打造的巍峨宫殿、陵墓前仍有那么大的罪恶感，对旁观者也不会那么真实、刺眼、残酷，产生同感乃至义愤，引起那些麇集在那里，美其名曰正丁的鬼魂们共鸣，社会如何得到进步的真实一面也得以展现。

开皇九年，户：8907536，口：无历史资料（按五口一家计算，折合约：44537680人。）大业五年，8907546户，46019956口，约为五口一家。清查出来的隐漏丁口是一笔很大的财富，开皇救九年户数比大业五年时少十万户。清理得到的正丁占总人口1％。但在全国约9200000正丁中，清理出来的正丁数相当于总数的4.8％，隋文帝看到清单后一定喜出望外。炀帝时代查获的243000正丁，相当于开皇查得的正丁数55％，几乎少了一半，但也有正丁总数的2.6％。另外要提示的是，这些丁口中肯定有些当时已接近老的年龄，马上或将要失去赋税价值，这个比率无法达到精准计算，不过大概数给出的提示已经很有益，如果国家不掌握人口详细信息，就无法取得应有的赋税，人口资源白白流失，就等于国家减少耕地或一年的收成。高颎又以民间课输虽有定分，年常征纳，除注恒多，长吏肆情，文帐出没，复无定簿，难以推校。乃为输籍定样，请遍下诸州。每年正月五日，县令巡人各随便近，五党、三党共为一团，以样定户上下。上从之，自是奸无所容矣。《隋书·卷24·食货志》P90。输籍定样就是国家制定的标准确定户的等级，重新规定纳税的标准，输籍法的制定，使得国民的赋税，具有明确的国家标准，对地方具体管理者包括州县长官和其他官吏随意定夺的行为有抑制作用，开皇五年（585年）在全国施行。1086年英王威廉一世颁布土地、畜牧、农民人口的调查清册——末日裁判书，它是诺曼王朝对土地所有者征收丹麦金的主要依据，比起中国的类似普查，距离五百余年。

有些人口可能无从核对，那就是豪门内的人口，杨坚姊安成长公主与窦荣定结为夫妻,杨坚姐弟关系融洽,前者登基之初,即赐荣定部曲八十户。八十户部曲内的人口增长数可能很不透明。《隋书·卷39·窦荣定传》P138。部曲是具有依附性质的人口,虽比奴隶身份要高,但低于良民。北周静帝母朱皇后,吴人,年长宣帝十余岁。本非良家子,其家坐事没入东宫,由于高质量的婚姻改变身份,乃至班亚杨皇后。《北史·卷14·后妃传》P57。建德六年十一月,周武帝下令所有沦为奴婢者恢复平民身份,但允许他们成为原主的部曲和客女。《周书·卷6·武帝纪》P12。解放虽未一步到位,对于暂时尚未分到土地没有稳定生活来源的人口是恰当的。杨坚的新国家显然掌握着一定数量类似的依附人口,602年(仁寿二年),检校益州总管长史苏沙罗因参与平定举兵反朝廷的越巂人王奉作战立功,赐奴婢百口。《隋书·卷46·苏孝慈传》P151。奴婢是受国家或家主的管理并不改变或者让其身份有升降。维持一个等级社会与当时经济、文明程度相称,解放部分奴隶的同时并未禁止新的人口沦为奴隶,隋代君主并不急于在周武帝的人权基础上有实质进展。

杨坚时代的输籍定样大索貌阅没有制度化,大业初,于时犹承高祖和平之后,"禁网疏阔,户口多漏。或年及成丁,犹诈为小,未至于老,已免租赋,民部侍郎裴蕴曾担任过刺史,素知其情,因是条奏,皆令貌阅。若一人不实,则官司解职,乡正里长皆远流配。又许民相告,若纠得一丁,令被纠之家代输赋役。大业五年,诸郡计帐显示,脱户正丁和新附人口合计89万。坐在大殿当中的炀帝对这个报告心满意足:"前代无好人,致此罔冒。"《隋书·卷62·裴蕴传》P178。裴蕴克敌制胜的武器是对举报者啖以重利,既遏制逃役现象,也可以控制渎职行为。很快提拔为御史大夫。裴蕴的人口统计成就,令炀帝发出感慨!但他忘记高颎。"高颎睹流冗之弊,建输籍之法。于是定其名,轻其数,使人知为浮客,被强家收大半之赋,为编氓奉公上,蒙轻减之征。"浮客是没有登记造册的人口,他们为避税成为豪强的佃户,只负责直接向豪强纳税,税率可能比政府规定的要低。与经常孤立地人口普查相比,高颎之法在管理人口时更容易奏效。高颎减税后显然低于豪强税率,于是吸引大量浮客自动登记为编户。《通典·卷七·食货志·丁中》P81。人口是国家主要资源,人口自然增长增加了劳动力。

585年(开皇五年)进行的全国性户籍清查中,查出隐漏443000丁,新附1641500人。若丁是国家原有人口,新附是增量人口,则上述两个没有直接关联;但这里不妨做一个假设:历史记载的正确数据是:丁443000人来自1641500口之中,丁所占比例则为26.98%。国家刚刚稳定,很多人没有及时得到土地,众多人口不在编也很正常,经过杨坚时代二十年积累,人口稳步自然增加,到炀帝即位的 604 年十月,因户口增幅高而改变丁龄(即提高成丁年龄至二十二岁),显示国家有充足的劳动人口,年龄中位数低,属于年轻型人口结构,二十二岁以下、六十岁以上劳动力相对弱的人群在人口总数比例下降,总数等于或低于 50%,适龄劳动人口明显增加等于或者高于 50%,炀帝早期的经济繁荣与这种人口结构变化所导致的高经济增长密切相关,它给国家带来高额"人口红利",这项收益是这个经济黄金时期的一个重要因素。但是随着东都竣工和其他项目的陆续开工,二十二至五十岁黄金年龄段的人口损失巨大,609 年大业五年的全国性户籍清查统计中,新登记人口 641500 人,其中脱漏丁 243000。丁数占口数比例是 37.9%.与开皇五年丁口的平均比例是 32.44%.大业五年的脱漏户口比开皇五年的脱漏户口少一百万,但是脱漏者中正丁比率却比开皇时高百分之十以上,逃役者增加是普通人如何理解炀帝向消费型经济转型的最好诠释。开皇五年以后的国内人口正丁率是一条不断向上的曲线,从 26.98% 到仁寿四年达到最高等于或大于 50%,大业后开始缓慢下降,大业五年时为 37.9%.仍比开皇五年提高近十一个百分点,下降的曲线比上升曲线相对平缓。大业五年全国总人口 46019956(人),基数大于开皇时期,(北齐二千万,北周九百万,陈二百万,合计三千一百万)庞大的优质劳动人口仍可以有力拉动国家经济增长,但是炀帝似乎一直都没有意识到这条人口曲线呈下降趋势,不清楚发展是人的自然需求,不断发展的社会正是这种需求阶段性满足的产物,君主权威及其个人魅力在经济发展中只有次要作用。任何人如果将这个主次颠倒,都会立即变得狂妄自负,脱离实际。以上计算虽然是基于假设,与隋国家的发展状况曲线十分吻合。

大业元年三月,建东都,一年完工。每月丁夫二百万人,从当年三月开工,605 年实际剩时十个月,只需要考虑满足当年的十个月的人员。由于隋开皇三年起已将服役时间从三十天减为二十天《通典·卷 5·食货五》P53。如果必须保证每月二百万在工地,执行二十天一期的力役法,在该年度剩下的三百天中应有三千万人服役。大业五年全国总人口 46019956(人),意味着全国 65% 的人口都要服劳役。如果以大业元年 46000000 计,大业元年丁口所占的比例按一户五口,五口一正丁计算,一年可出 920399 丁,按 8907546 户,一户一丁计算,出丁数与前者大致接近。参考现行人口结构比例的国际标准计算,发展中国家(新兴国家)人口结构多属于年轻型人口,大业元年时隋立国仅二十五年,非常年轻,年轻型人口标准中,少年儿童所占比例近百分之四十左右,老年则在百分之十以内,由此推论,二十二岁至六十岁人口可以占到总人口的百分之五十,即炀帝当年可用的丁男丁女有 23000000 人,但是与三千万额定人数还有七百万人的缺口,还要除去现役军人、在职官员、各种杂役等,如果炀帝严格遵守制度,不允许役众超期服役,那就找不到三千万人前来轮换服役。炀帝为解决人力缺口可能采取下列变通办法:1. 加役。隋代税法没有规定不准加役,也没有限制加役时间,如果每个人加役十天,那手头上的丁足以应付工地需求。2. 参考开皇十年的五十岁纳庸免役的办法,财政出资雇用所有适龄人口弥补工人需求,有些拿不出庸的五十岁至六十岁的人可能仍在工地劳动,而一些生存力强,能适应工地活的人为了挣钱自愿受雇于政府或者代替亲友,他们可能在工地工作不止一个二十天工期。只要政府同意给钱,并有钱为所需的劳务支付,当然可以顺利实现大轮换,尽管同年还有显仁宫、通济渠(100 万人)、邗沟(十万人)同时开工,龙舟出游江都(约十万人)。因此,役众中一定有为数不少的是被招募者,国家为他们付每天的工钱,少部分资金来自五十岁至六十岁为免役所纳庸,主要部分则是国库支出,当然加役也很现实,免当年租调或付现金对不少极度贫困的人来说值得为之冒险,官方与民间产生此类交易不需要灵感,这种接近市场经济的现象会随供需变化自然产生。上述人丁统计是否正确,涉及仁寿四年即位的炀帝三个月后下令免除奴婢、妇女、部曲之课的执行情况,由于涉及面广,新条令成为固定法规可能性非常小,最多只对当年有效,当年新君登基,急于向全国示好,但是他可能完全不清楚这相当于让国家减少二分之一的收入,因为奴婢、妇女与良人男丁同样授田。炀帝没有受过专业经济训练,缺乏管理全国的经验,不过他是个悟性快的人,能够发现问题,他意识到自己的抱负需要庞大、持续的规模经济支持时,允许有关部门不执行上述免役诏令,次年三月,河南诸郡男、女百万余被征发,前往开挖通济渠。大业四年开永济渠时同样有大量妇女工作在工地。《隋书·卷3·炀帝纪》P10。在世人看来,炀帝自己话音未落就违背诺言无异于愚弄国民,不知这可能不是出自他的本意,只因误信人言,光考虑政治效果,光鲜社会,一时冲动,没有顾及国家收支平衡至少同样重要,所以急忙更正事出必然。至于要真正实施二十二岁成丁的方案则基本上没有问题,不需要跟着修改,成丁才能授田,新年龄规定只是稍微提高了授田标准。因此炀帝的东都工程可以不需强性征发,该年应有的力役加上政策允许的调剂手段基本可以满足人力需求,剩下的二个月工期属于国人 606 年应服的新力役,不计入 605 年统计总数。而除大业二年二月添置舆服动用十万人力是最大的一项征调,四月,炀帝在东京宣布大赦,同时免天下今年租税。《隋书·卷3·炀帝》P10。他并未免力役,本着他一贯部分执行规则的习惯,还是少量动用了民力,连续在同年十月建洛口仓,十二月建回洛仓。全国免租税一年,很像是在对去年举国就役的一个补偿,即使皇帝并未因此违反赋税法之约定,总体而言,该年基本没有重大工程,相对平静,百姓得到休整。大业五年清理出来的脱漏人丁比率,官方资料上的丁显然是笼统地指男女丁,而不是特指男丁,将丁单独列出的目的是区分独立缴税单位,不妨把它作为一个例证来说明大业时期妇女税负一直、至少是断断续存在,取决于官方是否有需要。节节上升逃避登记的大业人口中,逃避登记和脱漏户可能是以边缘人口为主,他们在年龄上接近或者正要脱离丁的行列,是劳动力相对弱的人,还有部分窄乡迁往宽乡者,也不排除夹杂有试图非法自行转变身份人,他们为脱离原属行业必须先脱籍,这些人中的正丁比率可能相对偏低,该比率不是全国人口数与丁数的全貌。逃税出自人的天性,炀帝时代的税负尤其力役因为工作环境危险,死亡率高而令人望而生畏,它促使逃役人数增多。但是纳税环境即使达到最优,逃税现象也不会杜绝,

国家公用建设项目被错误地渲染为个人的情绪化行为,少数项目的盲目性及建设实施中出现的暴虐、浪费每天都在对国家权威加深敌意,累积风险,最终令某个具体的人妖魔化。

值得注意的是,尽管炀帝是在大业五年前完成了他最主要的土建工程,其他方面似乎没有被耽误,下面的统计数字给陛下带来的是令人振奋的信息:

炀帝嗣位,平林邑,置三州;五年,平定吐谷浑,置四郡;五年前后的经济地理显示,全国郡一百九十,县一千二百五十五,户八百九十万七千五百四十六,口四千六百一万九千九百五十六。垦田五千五百八十五万四千四十一顷。东西长九千三百里,南北万四千八百一十五里东南皆至于海,西至且末,北至五原。隋氏之盛极于此也。《隋书·卷29·地理志》P106。隋文帝受禅时,有户三百五十九万九千六百四,至开皇九年平陈,得户五十万,及至是(大业二年)才二十六七年,直增四百八十万七千九百三十二。《通典·卷七·食货七》P75。炀帝以户口浓盛,批准"男子以二十二岁成丁。"《隋书·卷二十四·食货志》P91。上述数据具有很高的真实性,只有垦田数是个例外,55854041顷,以开皇官尺一尺合0.2958米计,按隋一步合六尺,一亩合240平方步计算,即隋代每亩折1.133市亩,55854041顷合63.27亿市亩以上,它远远超过中国1996年耕地总数19.51亿市亩,这显然是一个不可能的数据。梁方仲《中国历代户口、田地、田赋统计·附录·中国历代度量衡变迁表》P540—547。隋国家的整体富足可能只是描绘性质的,至少只是一个局部现象,人口总数增加并不是经济富裕的标志,城市尤其是都市的繁荣也不意味着普遍的幸福。四年八月,炀帝至涿郡及祠恒岳时,当地

父老前来谒见者多数衣冠不整,炀帝大为不满。《隋书·卷56·张衡传》P167。这群衣衫褴褛的欢迎者估计不是故意选出来的,国家的繁荣和人民的富裕并不总是同步。国家原始积累的财富大量集中于专制政府的管控之下,而所有的营造与财政支出都可以通过临时征发、少付钱或不付工资,无偿占有国人财物以及罚没等获得,国家相对稳定使得各行业得以从事生产也是一个原因。隋国家问题的症结不全在炀帝的国家庞大的财政支出政策,而事关因战争失败而丧失殆尽的国家威信,在此前提下,人民看到一向由国家权威维护的均田制、兵制、司法体系、人身安全正与他们的期望渐行渐远,绝望的心情迅速蔓延,在此状况下,任何制度都无济于事。

二、均田

1. 北周以后的均田制

在宇文氏时代,北周由于创置六官制度,土地、租税、力役理论上分别由三个部门管理:

1) 司均,掌田里之政令。……有室者,田百四十亩,丁者田百亩。即已婚成年男子与未婚成年男子都可分到耕地一百亩,已婚妇女为四十亩。《隋书·卷二十四·食货志》P90。

2) 赋调:司赋掌户均之政令。……凡人十八至六十四与轻疾者皆赋之。其赋之法:有室者,岁不过绢一匹,绵八两,粟五斛;丁者半之。其非桑土,有室者布一匹,麻十斤,丁者又半之。丰年则全赋。中年半之。下年一之。皆以时征焉。若艰凶札,则不征其赋。

3) 力役:司役掌力役之政令。……凡人自十八至五十九,皆任于役,丰年不过三旬,中年二旬,下年一旬。其徒役无过一家。有年八十者,一子不从役。百年者,家不从役。废疾病非人不养者,一人不从役,若凶札,又无力征。武帝保定元年,改八丁兵为十二丁兵,率岁一月役。《通典·卷五·食货五》P52,《隋书·卷二十四·食货志》P90。

土地政策和力役问题在北周均有所改进,主要是:1. 划分了按实际收成划出的丰、中、下三个等级。2. 北周成人每年服役一个半月(八丁兵)、十二丁兵即每月服役一个月。他们是为官府服役的民夫不是战士。宇文护缩短国人在官府服力役时间,"保定元年(561年)三月,改八丁兵为十二丁兵,率岁一月役。《周书·卷5·武帝纪》P8。这看起来比六个月内服役一个月的"六丁兵",八个月内服役一个月的"八丁兵"有所缓解,实际上这种时间规定得不到保证,超期服役甚至终身在役是很常见的事。宣帝时,发山东诸州兵,增一月功为四十五日役,以起洛阳宫。并移相州六府于洛阳,称东京六府。同时,法律明文规定保护均田制贯彻实施:正长隐五户及十丁以上,隐地三顷以上者皆死。《周书·卷6·武帝纪》P11。但《隋书·卷25·刑罚志》P92的记载略有不同,更为严厉。通过鼓励登记户籍的方法,保障国民获得土地的权利,均田制的顺利继续改善了人民基本生活条件,提高了国力。后周闵、明二帝,主祭而已,俱以弑崩。武帝诛戮权臣,(指诛宇文护)方览庶政,恭俭节用,考核名实,五六年内,平荡燕齐(灭高齐)。嗣子昏虐,亡不旋踵。《通典·卷七·食货七》P74。大象时期的北周地区有户三百五十九万,口九百万九千六百四。但是宇文护执行稳定国内秩序的政策,武帝执政后能迅速以小搏大,征服了户3032528,口20006880的北齐。北齐的均田制书面文字更为华丽,制度更为考究,但国内政治腐败,田制在实际运作中有失管理,经济、政治效果远逊于北周制。

隋代均田制的传承

均田制与隋室的政治生命同行三十八年,杨坚领导的是一个北方已经统一的国家,他很自然地参考了原高齐地区保存较好的相关制度,齐武成帝河清三年(564年)的田令成为新君的首选:

1. 十家为比邻,五十家为闾,百家为族党。男十八以上六十五以下为丁,十六以上十八以下为中,六十六以上为老,十五以下为小。令男子率以十八受田、输租调。六十六退田、免租调。二十充兵,六十免力役。比北魏降低了成丁年龄,实际上是略提高了受田、纳税年龄。2. 京城四面诸坊之外,三十里内为公田。受公田者,三县代迁户、职事官一品以下逮于羽林武贲,各有差。其外畿郡,华人官第一品以下,羽林武贲以上,各有差。

2. 职事及百姓请垦田者,名为受田。

3. 奴婢受田者,亲王止三百人,嗣王止二百人,第二品嗣王及庶姓王百五十人,正三品以上及皇宗百人,其品以上八十人,八品以下至庶人六十人。奴婢限外不给田者,皆不输。

4. 其方百里外及州人,一夫受露田八十亩,妇人四十亩,奴婢依良人。限数与在京官同。丁牛一头,受田六十亩,限止四牛。每丁给永业二十亩为桑田,其田中种桑五十根、榆三根、枣五根,不在还受之限。非此田者,悉入还受之分,土不宜桑者,给麻田,如桑田法。杜佑《通典·卷二·食货志》P17、《隋书·卷二十四·食货志》P90[1]。

5. 率人一床调绢一匹,绵八两,凡十斤绵中折一斤作丝。垦租二石,义租五斗,奴婢各准良人之半,牛调两尺,垦租一斗,义租五升。垦租送台,义租纳郡。以备水旱。垦租皆依贫富为三枭,共赋税常调则少者直出上户,中者及中户多者及下户。上枭输远,中枭输次远,下枭输当州。人欲输钱者,准上绢收钱。这是一种计口、计资并存的纳税制度,而且授田中存在华人与鲜卑人区别。与北周的均田制比,只存在认识上的优越。比较隋文帝颁布的新令:

1. 五家为保,保五为闾,闾四为族;皆有正。畿外置里正,比闾正,党长,比族正,以相检察。对三长制的实质性补充是:1. 确立了输籍定样制。2. 为准确统计实施大索貌阅。

2. 自诸王以下至于都督,皆给永业田,各有差。多者至百顷,少者至三十顷。其丁男、中男永业、露田,皆遵后齐之制。并课树以桑、榆及枣。其园宅率三口给一亩,奴婢则五口给一亩。京官又给职分田:一品者给田五顷,二至五品则为田三顷,其下每品以五十亩为差。至九品为一顷,外官亦给职分田。又给公廨田以供用。

3. 文帝迁都,发山东丁,毁造宫室,仍依周制,役丁为十二番,匠则六番。丁男一床,租粟三石,桑土调以绢绚,麻土调以布。绢绚以匹加绵三两;布以端,加麻三斤。单丁及仆隶各半之。有品爵及孝子、顺孙、义夫、节妇,并免课役。

隋均田租调之制在"悉尊后齐之制"的基础上有一些改革,而后齐田制的渊源在北魏。《隋书·卷24·食货志》P90。自然算是一种北方的制度。均田制的授受对象上自亲王下至平民,自诸王以下至于都督,皆给永业田,各有不同,多者至一百顷,少者至四十亩。(《通典》作三十顷。)而丁男、中男永业、露田皆尊后齐之制,并课树以桑榆及枣。其园宅率三口给一亩,奴婢则五口给一亩。《隋书·卷24·食货志》。约开皇九年之后几年内,民部侍郎郎茂建议:"身死王事者,子不退田;品官年老,不减地。"这个意见被采纳。开皇九年苏威为右仆射,同年其母去世离职,茂建议应该在此之后。《隋书·卷66·郎茂传》P186。均田制的供需矛盾是与生俱来的,但一开始并未充分意识到问题的严重性。杨坚即位不久,太常卿苏威以"户口滋多,民田不赡,欲减功臣之地以给民。"结果遭到皇帝的儿女亲家大司徒王谊反对:百官者,历时勋贤,方蒙爵土,一旦削之,未见其可。如臣所虑,正恐朝臣功德不建,何患人田有不足? 杨坚表示同意,竟然否决了苏威提议,此前高祖已将第五女嫁王谊子奉孝,高祖与王谊有长期的友谊,不能排除政治选择中的有过多的个人感情成分。《隋书·卷40·王谊传》P140。由于逐渐稳定的政局,人口迅速增长,人口与土地供需矛盾进一步突出,从事农业报酬递减,占全国人口绝大多数的农业人口收入下降,意味着国家总体生活水准在降低。国家一度着手移民减压，隋文帝‘以山东人多流冗，遣使按验。又欲徙人北实边塞。杨勇上书以谏，从政治的角度论述，在山东的流民，多数来自北边，为躲避战争而逃亡，而原籍地方多半受战火影响不宜居住，虽然恋土怀著是人的本性，但现在突然将他们强行移往异乡，必将遭到抵制，引发该地人心动荡。北边的草原种族尽管对中原不停袭扰，但边防整体稳固，兵力足够，无须移民。他认为，等几年各地恢复元气后，那时侨居者会自动高高兴兴返回原籍。《隋书·卷45·杨勇传》P147。晋王杨广也上言不可，结果他们的意见被采纳。其实上述两种分流人口的途径都有助于均田制，结果由于看起来精明实际上谨小慎微的意见使问题被无限期拖延下来，不少流民因为已经适应了当地生活，特别是耕作的土地已经营多年，水利、肥料等年年投入，迁居意味着重大损失。随时间推移，自愿回迁变得越来越不现实。大致在开皇元年至三年之间，国家颁布均田令中以沿袭为主，没有根据当时的情况做相应的处理。《隋书·卷24·食货》P90。开皇十二年的官方统计资料显示，"各地户口岁增，河东、关内、河南、河北地少人多，人民衣食不足。文帝遣使四出均田，情况并不乐观，狭乡每丁只有二十亩，老小又少焉。"《隋书·卷24·食货志》P90。与均田制差距较大开皇中，杨坚以百姓多流亡，令皇甫诞为河南道大使以检括之。《隋书·卷71·皇甫诞传》P197。流亡的显然是少田无田农民。政府希望通过人口普查获得比较接近真实的数据帮助正确决策，弘扬均田制的价值观。这份善良的愿望面前横亘着诸多制约因素：技术方法、土地供求矛盾，狭乡、宽乡供需矛盾，南方北方等悬殊的生产效率，其他如次丁等受田者得到的田亩自然也会减少，大索貌阅作为一项长期经济国策，面临繁重的政治维护需求。

　　隋对均田制的所有改动都是局部的，并未背离均田制的基本思路和理想。均田制的一个容易忽略的问题地少人多，比如新征服的肥沃南方，人口密集，土地昂贵，可分配的土地资源缺额应该很大，只分配到少量土地的农民要想要提高土地的产出水平，就不得不加大土地资本的投入，从而造成土地资本的密集使用，如果管理得当，风调雨顺，产出大于投入，领取自己的份地还算明智之举，但自然灾害难以把控，还要履行赋役，因此农耕风险太大，国家在南方肥沃地区的政治风险也就更大。国家需要更多的人口纳税，又没有源源不断的增量土地，解决这个矛盾的良方的首选是鼓励开垦和移居，但难度较大，人们不愿离开富饶的本土。另一种是限制部分人获得土地。大致成书于486—496年萨利克法典第五十条第五款规定：土地遗产无论如何也不得遗传与妇女，而应把全部土地传给男性，就是兄弟。《萨利克法典》P42。中国均田制没有上述明文规定，妇女有继承土地的空间,比如丈夫逝世,法律没有禁止其妻继续耕种他遗留的永业田,因为国家不要求还受。不过,长此以往,它会造成国家与个人小块土地零乱夹杂在一起,土地所有权变得相当复杂。大面积土地更容易经营,更容易产生规模效应,而国家坚持将土地划分为小块,是否阻碍经济的整体发展?均田制国家有自己的盘算,归纳其看重的正面效果包括:1. 均田制确保人口附着于土地,有益于国家对人口管理。2. 扩大就业可以导致国家稳定。3. 个人土地终身使用权,虽然还不是严格意义上的所有权,刺激人们经营开发土地的愿望,增加国家税源。开皇九年,垦田千九百四十万四千二百六十七顷。19404267 顷。(校者注:隋开皇中,户总 8907536 户按定垦之数,每户合垦田二顷余也。2.17 顷)至大业中,天下垦田 55854040 顷。大业五年户 8900000,平均每户 6.27 顷。人口数未变,力役急剧增多,更多的人脱离土地和农业劳动,却在二十年间使垦田增加近 2.9 倍,总数超过当代全国耕地面积,大业时期垦田数明显有误,但是社会对可耕地持续需要和不断开发土地却是一个实事。负面的问题主要在经营不善者可能最终失去土地,而有能力者却不能因为有需求而合法得到大量土地。这对最终形成稳定的社会富裕阶层,制约肆意扩大的皇权不利。总体而言,均田制下,国家的幸福和人民的风险缠绕在一起,当国家的幸福小一些的时候,人民的风险会变得更大。

均田制在人口与土地的夹缝中行进,仍然作为首选得到推广,人口向密集地迁徙不再象以往容易,因为涉及到与当地人口争可耕地的问题,当地人口自然增长也会加重土地负担。均田制几乎从来就不是一种平均样式,而只是有区别地广泛授田的一种笼统说法。不仅绝大多数具体受田对象实际授田数与钦定分配原则额度有差异,存在不足。太常苏威立议,以户口增多(平陈之后官方一直有这种说法。)在对功臣土地面积的问题上苏威与王谊之争双方并无对错,王谊的见解十分难得,不是哗众取宠的说法,文帝竟敢顶住压力,坚持按计划贯彻。普通人与官吏尤其是高级官吏土地数差异巨大并不是由于错误,国家事先无意制订以公平为唯一原则的土地法。绝对的土地平均制度在不是好注意,不仅有碍合理的奖惩制度,尤其对在和平、稳定的环境中急于发展经济引入竞争机制的国家有害。但是国家持有的土地满足不了应授田人口需要,(开皇十二年)公元592 年,地方自行执行了降低授田面积的办法,它当然是可行的。这些狭乡人口密度比率高的原因多半是因为土地肥沃带来的,在没有严重自然灾害的前提下,按《齐民要术》中记载当时人已掌握的技术,认认真真栽种好二十亩土地还是可以保证衣食无忧。留在狭乡的人事前会充分考虑面积大小和土壤肥力,而在宽乡,贫瘠的土地与恶劣的自然环境容易抵消面积带来的优势。生活在狭乡突出的问题是,相应的赋税还是按预计授田标准折算,这是一种变相加税。这种语气容易唤起敏感类型者的忧郁,他们担心土地面积和税负实际比率与法定比率的不同影响国家信誉,普遍的低产出也导致完成国家税收后的人民生活捉襟见肘。然而还是有一些没有被决策者考虑到又实际存在的积极因素:1. 没有一个最低生活标准。2. 稳定的时局缓解了人民对困难生活的怨言。3. 人不会为进一步获得(比如土地)而冒过高风险的规律对多数人基本有效。

均田制由于具有私有制的部分特点,容许通过劳动获得资本积累,刺激了劳动与占有生产物质的欲望,开皇九年(589 年),任垦田一千九百四十万四千一百七十六顷,(注曰:开皇中户约八百九十万七千五百三十六。户均约 2.17 顷)到大业中天下垦田五千五百八十五万四千四十顷。(注曰:时户八百九十万七千五百三十六,户均 6.2 顷。户均土地数增加 1.8 倍。令人蹊跷的是户数原封未动!与开皇时的基数比"后周静帝未受隋禅,有户三百五十九万九千六百四。至开皇九年平陈,得户五十万合计 4099604 户,总数中另外四百八十万七千九百三十二户(4807932 户)应该主要是北齐人口。《通典·卷二·食货》P17。从 577 年到605 年二十八年间人口处于相对稳定增长期,数字没有激增,显示以往的统计方法经过技术处理后得到的基本准确的数据。

与均田制同时存在的田制还有屯田,为巩固边防军需所设。开皇三年,令朔方总管赵仲卿于长城以北大兴屯田。《通典·卷 2·食货》P28。隋文帝开皇三年(583 年),突厥犯塞,吐谷浑寇边,转输劳弊。乃令朔方总管赵仲卿,于长城以北大兴屯田。《通典·卷 2·食货志》P28。屯田制度主要用于边境地区,不是国家田制的主流。(唐的相关记载在开元以后。)均田制遭到的破坏主要来自国家决策层,"炀帝即位,户口益多,府库盈溢,乃除妇恩及奴婢、部曲之课,其后将事辽、碣,增置军府,埽地为兵,租赋之人益减矣。又频出朔方,西征吐谷浑,三度讨高丽,飞刍挽粟,水陆艰弊。又东西巡幸,无时休息,六宫及禁卫从常十万人,皆仰给州县,天下怨叛,以至于亡。《通典·卷 5·食货志》P54。仁寿四年(604年),炀帝刚即位,立即废除了"妇人奴婢部曲之课。"《隋书·卷二十四·食货志》P91。如果同时仍执行隋文帝初年时的规定"单丁及仆隶各半之。"《通典·卷五·食货志五》P53。是指对全国范围内所有单丁及仆隶纳税人执行降低一半的税负标准,即丁床一半。如果这样理解会显得炀帝过于慷慨大方,倒是可以假定当年妇女、奴婢可以免课是属于当年的临时政策,实际上没有一年接一年地持续下去。

炀帝因为任性带来混乱,因为混乱需要军队镇压,因为大量需要军队而破坏均田制,又因为均田制受损府兵流失转而大肆招募,炀帝失去了均田制这个立足点,产生了一系列问题,他当时并未发现问题的原因所在,认为主要人们嫉妒他把生活过得如此让人妒忌。

唐延续了正确制度方向,北魏"口分、世业之制,唐时犹沿之。"顾炎武《日知录集释·卷十》P357。均田制度本身至今没有片刻中断,大唐武德元年诏:宗绪之情,义越常品,宜加惠泽,以明等级。诸宗有官者,宜在同列之上;未有职任者,不在徭役之限。武德七年三月二十七颁布均田制,规定:

1. 男女十四为小,十六为中,二十一为丁,六十为老。丁男、中男给一百亩;笃疾废疾给四十亩。寡妻妾三十亩,若为户者加二十亩。所授田十分之二为世业,八为口分。

2. 每一丁租粟二石。

1. 调则所乡所产,绫绢絁各两丈,布加五分之一。输绫绢絁者,兼调兼调绵三两,输布者,麻三斤。

2. 凡丁岁役二旬。若不役则收其庸每日三尺。有事而加役者旬五日免其调,三旬则租调俱免。通正役并不过五十日。

3. 若岭南诸州则税米。上户一石二斗,次户八斗,下户六斗;若夷獠之户,皆从半输。蕃人内附者,上户丁税钱十文,次户五文,下户免之;附经二年者,上户输丁羊二口,次户一口,下户三户共一口。

6. 凡水旱虫霜为灾,十分损四以上免租,损六以上免调,损七以上课役俱免。

武德九年三月,令天下户量其资产,诏天下户宜为九等。《旧唐书·卷48·食货志》P250。

国家法律保护均田制:

1. 诸卖口分田者,一亩笞十,二十亩加一等,罪止杖一百。地还本主,财没不追。即应合卖者,不用此律。《唐律疏议卷12·户婚律14》罪止指买口分田达一百八十一亩。合卖者指永业田、赐田等。因突发情况及必要时可以卖。五品以上勋官的永业田亦可以卖。

2. 诸占田过限者,一亩笞十,十亩加一等过杖六十,二十亩加一等。罪止徒一年。若于宽乡之处者则不坐。《唐律疏议·卷13·户婚十八》。占田过限151亩,即为罪止。见唐太宗传。P148。

3. 在官侵夺私田者,一亩以下杖六十,三亩加一等,过杖一百,五亩加一等。

罪止徒二年半。园圃加一等。《唐律疏议·卷十三·户婚十八》。

　　均田制从本质上说就是扩大了就业,满足了社会一种朦胧的平等愿望,只要符合法定年龄,就有就业机会或者有机会获得生产资源,实质上也是就业机会。均田制是国家与居民之间订立的契约,但是在享受权利的同时,人们对义务是否认真完整履行? 答案是否定的。就像国家不能足额、按时给人人分配土地,体力差异、受教育水平,对农业的兴趣,国家的征召等诸多因素也影响人们充分利用土地。与汉田制比,北魏以来的均田制更宜于生活"今一夫挟五口,治田百亩,岁收亩一石半,为粟百五十石,除什一税十五石,余一百三十五石,食人月一石半,五人终岁为粟九十石,余有四十五石,石三十为钱千三百五十,除社闾尝新,春秋之祀,用钱三百,余千五十。衣人率用钱三百,五人终岁用千五百,不足四百五十。不幸疾病死丧之费及上赋敛又未与此。此农夫所以常困,有不劝农之心。而令糴至于甚贵也。《汉书·卷 24 上·食货志上》P112。北魏国家设计的虽然也是悬殊的土地分配方案,但大面积土地兼并现象得到有效抑制,汉武帝时思想家董仲舒所言"富者田连阡陌,贫者亡立足之地,"学者荀悦所说汉代"豪富强人,占田愈多。《通典·卷 1·食货志》P9 的现象并未在北魏、北周、隋形成规模。董氏"限民名田,以澹不足,塞兼并之路。"《汉书·卷 24 上·食货志》P112。的愿望在禁止口分田买卖的均田制下也得以实现。西晋的占田制中,政府并未实际提供占田的土地,只是规定了占田的数量,使抑制疯狂的土地兼并现象有了法律基础,真正打开并确保"细民获生资之利。"的局面是均田制。《通典·卷 1·食货志》P13,尽管在技术落后的农耕时代,有土地保障的人也并不能保障他们的生活质量,绝大多数只是有收入但很低的穷人,但占全国人口绝大多数的他们会支出他们全部收入,收入高者则消费倾向低,大部分收入会用于储积,而现代经济学认为减少和推迟当前消费会导致经济萧条。均田制相对公平地分配资源,年年都有大量贫困人口得到土地以及收成,他们的消费不断给市场注入活力,持续产生乘数效应,这也是均田制对几代经济构成支撑、繁荣要素的原因之一。

　　均田制使人积极参与的一个原因是可以无偿得到一份世袭土地,即永业田。它附属于口分田,因为每个授田者交纳的是同等税额,继承土地后并不增加他的税额,也不减少他个人应分得的土地。永业田或桑、麻田,在继承之后可立即在市场上转让,只要所具有的份额在规定范围之内,即可以卖出多于规定的份额,也可以买进不足份额。不过成为遗产土地的多数会被分割,因为相关法律规定,准《户令》:"应分田宅及财物者,兄弟均分,妻家所得之财,不在分限,兄弟亡者,子承父份。《唐律疏议笺解·卷十二·户婚·同居卑幼私辄用财》P960。中国有悠久的嫡子制度,其要素是正妻所生长子为嫡,他们享有优先继承权,早期制度中妇女无继承权。"无嫡子及有罪疾、立嫡孙,无嫡孙以次立嫡子同母弟,无母弟,立庶子,无庶子立嫡孙通母弟,无母弟,立庶孙,曾玄以下准此。《唐律疏议·卷十二·户婚·立嫡违法》P943。中国人的动产与不动产都可作为遗产归类,嫡子继承身份,而与其他够条件的继承人均分全部遗产。

在古代欧洲,一份遗产中的动产和不动产要区分开来,嫡子继承身份外,继承全部不动产,在封建时代的欧洲。一块土地的所有权往往跟一项公职或军事职务相关,而一项公职或军事职务是不可能在几个人中进行分割的。对于中国授田农民,永业田的分割对他们的生计并无重大影响,他们会有自己的份地。但是可能会引起混乱,因为分割后变得零碎的土地可以出售,子女中可能对是否留存一小块土地意见不一,以致无法完整保有家族财富。至于口分田,严格的不可转让的规定也使得土地不能转入效率最高者手中,从而充分利用地力,虽然客观上可能保护了落后的生产力,但在社会福利与救济制度难以全面建立的当时,个人份地留存对生存权是一种基本保护,社会公平带来的稳定价值对国家产生的整体效益也不应忽视。

土地兼并现象严重是一个社会文明发展的另一种走向,大土地所有者增加对抑制专制有益,可以分散、削弱皇权,但是没有广泛的授田人口,就没有兵源保障。因此,社会用民主与自由的代价换取安全是常见的,这也是和平时期皇权总会相对减弱的原因,皇帝正好利用这一点使得专制变得顺理成章,他要做的只是设法使人民相信这一点。一个明智的独裁者知道,要使自己的地位稳固,如果不是一个帝国主义者,就必须是一个称职(名副其实)的专制者。均田制中,赋予了授田者部分土地所有权——永业田,但是它仍然部分受政府管辖,土地上栽种何种作物受到限制,至于口分田,君主、政府、个人对同一块土地拥有一种权利,君主有获得赋税的权利,个人是土地管辖者,有权分享自己土地产出的份额,政府则行使监督权,禁止出让该土地。原则上个人只是暂时使用保管口分田,土地的真正所有者是皇帝或者政府,两者的界限含糊不清并不影响赋税。由于缴纳的实物是额定品种,受田者如不按要求种植,就必须通过交易得到相应物质,虽然实物税限制了货币发展,由于规定他们不能通过折算交纳货币,使得国家要求种植的项目得到一定保证,希望通过交易弥补相应物资不足的人会发现,高价和无法换得的风险同时存在,需要付出的代价远远超过了自己的生产投入来完成单向支付。均田制中的乙方从甲方国家申请到口分田之日起,实际上等于个人与国家签订了一份长期土地租赁合约,对象明确,租金稳定、一致,除法定优惠、减免外,租赁条件对任何人都没有例外,极大地降低了因为续租、租金增减承租对象等选择、谈判等带来的交易成本,而且这些已写入成文法。

有文献记载反映均田制与租调制特别是唐租庸调制似乎缺乏紧密联系,因为后者出现时间要早于前者,存续时间要长。其实,除唐力役可以用物质折算外,其田赋制度与北魏并无本质区别。它们都建立在均田制的基础上。唐贞元十年(794 年)五月,陆贽说:租庸调的原因是田、家、身,也是正确的。此三者,其敛财也均,其域人也故,其裁规也简。陆贽《均节赋税恤百姓六条》。作者生活在一个动荡时期,两税法的出现是因为人口逃亡严重,而人们为何不愿附属于户籍可能的原因是税负过重,灾荒,以及无土地分配等因素。所以杨炎制定了以人口现居住地、资产两大指标为基础的两税法。它按个人资产分为户等,每等分别按规定纳税。这已经接近魏晋时期的九品混通,既可以认为是经济政策努力适应形势需要,也可以说是一种倒退。每州各取唐代宗大历年间内"一年科率钱数最多者,便为两税定额。"对于目睹两税法弊端的陆贽,充满对租庸调制的怀念。因为它才能基本做到"不以务穑增其税,不以辍稼减其租,则播种多;不以殖产厚其增,不以流寓免其调,则地着固;不以饬励重其役,不以窳惰宽其庸,则功力勤。"比较两税,陆贽就变得尖锐起来,"唯以资产为宗,不以丁身为本,资产少则其税少,资产多则其税多"。而在划分户等时,"藏于襟怀囊箧,物虽贵而人莫能窥;有积于场普囷仓,直虽轻而众以为富;有流通蕃息之货,数虽寡而计日收赢,有庐舍器用之资,价虽高而终岁无利。如此之比,其流失繁,一概计估算缗宜其失平长伪,由是务轻费而转乐徙者,恒脱于徭役,敦本业而树居产者,每困于征求。"其次陆贽还指出操作时的具体问题:1. 代宗大历(大历元年为 766 年)时,率税少多,皆在牧守裁之。2. 定税之数,皆计缗钱,纳税之时多配绫绢。往者纳绢一匹,当钱三千二三百文,现在一匹就只当一千五六百文了。《之一》3. 是缴税期限不合理。蚕事方兴,已输缣税,农工未艾,遽敛谷工。上司之绳则既严,下吏之威暴愈促;有者急卖而耗其半直,无者求假而费其倍酬。《全唐文·卷 460·陆贽均节赋税恤百姓六条》P2102。"盖口分、世业之田坏而为兼并,租庸调之法坏而为两税。《新唐书·卷 51·食货志序》P147。作者的思想与陆贽十分接近。在有关唐代文献中,大量适龄人口并未参加授田,或者无土地有户籍人口,虽常年在外,却被要求同样缴纳赋税,这与炀帝时埽地为兵,导致"租赋之人益减矣。"反映的情况一样,属于非正常情况,它歪曲了制度,不是均田制的本意,也不是均田制从北魏至中唐运行的全貌,更不是它的最佳运行状态。当地土地资源枯竭,地方官员横征暴敛,或为完成当地税收,填补逃亡人口留下的税负缺口,擅自将户籍上的应纳税总额摊在现有人口数中,以及胡涂的经办人造成统计数字的严重差错都可以造成上述情形出现。均田制本身并不完美,而且经常处于边实施边补充边破坏的状态,不过由于其核心内涵具有惊人的活力与使用价值,它见证了一个国家达到一个前所未有的高峰。均田制意义非凡,虽然是一个应急的制度,却有长久的生命力。通过几代人的努力,发展中的许多问题陆续都得到解决,延续它等于延续一个政治优势。均田制更是一种自由运动,成年时取得纳税及个人权力的起点和主要条件,借助于府兵制,赋予的家庭子弟有机会通过从军获得身份提升和社会尊重,科举制则提供一个更广泛的参政机会。

均田制问世以来没有被全面地认识,也就没有全面的加以应用、适时改进,破坏性的力量既来自在民间或好逸恶劳或运气不佳的农民;也来自社会的动荡不安,导致人们流离失所;最主要的破坏力是来自皇帝们,他们有的是因为囿于理解力,有的是行为反常,很少及时跟进对均田制必要、精准的补救方案。从北魏至唐的对比都是如此。

3. 赋役及对象

杨坚即位,苏威为太子太少保,俄兼纳言、民部尚书。苏威之父苏绰在西魏时以国用不足,为征税之法,颇称为重。他个人不满西魏税负重,不胜感慨:今所为者,正如张弓,非平时法也。后之君子,谁能驰乎?威闻其言,每以为己任,至是奏减赋役,务从轻典,上悉从之。《隋书·卷41·苏威传》。隋国家轻徭薄赋的思想是隋经济发展的一个支点,苏威父的思想对苏威经济大局观有影响,但要原原本本得到贯彻,却必须有大环境,苏威只是顺应了时势。

晋以来赋税标准比较:

晋制:男女十六以上至六十为丁,男年十六亦半课,年十八正课,六十六免课。女已嫁者为丁,(即使只有十四岁?)若在室者,年二十乃为丁。其男丁每岁役不过二十日。以上晋制,历宋、齐、梁、陈不改。

北齐:清河三年定令,乃命人居十家为邻,五十家为闾里,百家为族党。男子十八以上六十五以下为丁;十六以上十七以下为中;六十六以上为老,十五以下为小。率以十八授田,输租调,二十充兵,六十免力役,六十六退田,免租调。

北周:十八至六十四与轻瘝者皆赋之。凡人自十八至五十九皆任于役,丰年不过三旬,中年二旬,下则一旬。

隋制:规定男女三岁以下为黄,十岁以下为小,十七以下为中,十八以上为丁,丁从课役,六十为老,乃免。《隋书·卷24·食货志》。与北齐令比,隋下调了老小的年龄,均是六年。《隋书·食货志》。随十岁为小,而北齐十五岁以下犹为小,老的标准则与北周相同。另一项与北周相同的是役,隋文帝霸府初开,尉迟迥、王谦、司马消难相次阻兵,兴师诛讨,赏费巨万,及受禅,又迁都,发山东丁,毁造宫室,仍依周制,役丁为十二番,匠则六番。开皇三年,减十二番每岁为二十日役。《通典·卷5·食货》P53。新制减少十天。

丁男一床,租粟三石,桑土调以绢絁,麻土以布。绢絁以匹,加绵三两;布以端,加麻三斤。单丁及仆隶各半之,未受地者皆不课。有品爵及孝子、顺孙、义夫、节妇并免课役。"力役:仍依周制,役丁为十二番,匠则六番。"《隋书·卷24·食货》。开皇三年正月,初令军人以二十一成丁,减十二番,每岁为二十日役。减调绢一匹为二丈。《通典·卷5·食货》P53。《隋书·卷24·食货》。税种、税率经常会增减,开皇八年,高颎奏诸州无课调处及课州管户数少者,官人禄力乘前以来,恒出随近之州,但判官(地方副职)本为牧人,役力理出所部,请于所管户内计户征税。帝从之,不知它持续多久。《隋书·卷二十四·食货志》P91[2]。它是一种加税。开皇十年,以宇内无事,益宽徭役,百姓年五十者输庸停防。《隋书·卷24·食货志》《隋书·卷一·高祖纪》P7。十年六月,人年五十免役收庸。这个改动的利弊因人而异,一些富裕或体能有问题者欢迎以这个措施,一些身体仍健康而创收无门者则可能有钱物凑措困难之虞,但不改动会对发展产生妨碍。赋税制度鼓励人分家,如实申报人口,这样可以无偿获得土地,只要税负不是难以承受,人们就更愿意耕种自己份地,而不是选择成为流民和荫户。设置成丁年限主要作用是评估授田及赋税人口,但是传统上十四岁很重要,是婚姻、入仕的重要界限,杨坚本人十四岁娶独孤氏,同年被京兆尹薛善辟为功曹,《隋书·卷1·高祖》。在大业九年,十四岁的历城人罗士信加入张须陀的部队对王薄的农民军作战,一战成名。《资治通鉴·卷182·隋纪六》P1208。如果没有成丁,即年满十八,即使已婚四年以上,仍不能授田。

在征与收项目之间,国家有规定但并没有严格划定,普通人所要完纳赋税、力役的量其实并不确定,或者不如说因人而异。地方权力本应是国家机构的一部分,实际上它经常游离于国家权威之外,在地方资金管理、刑罚等方面有一定独立性,形成一个世外桃源。魏德深以个人才华迁贵乡县(河北大名一带)县长,辽东之役时,税种税负猛增,中央派往地方监督征发的使者川流不息,责成郡县按时完纳。于时王纲弛紊,吏多赃贿,所在征敛,下不堪命。唯德深一县,有无相通,不竭其力,所求皆给,百姓不扰,称为大治。《隋书·卷73·酷吏传·魏德深传》P202。魏德深手头国家拨款有限,不可能有充裕的财物满足上方需索,估计他一是通过扩大地方经济规模增加地方收入,有一笔流动资金足以代全县人支付加税,或者是有办法让贪婪腐化的税吏等各色催款人就范,结果只缴纳了法定之税。颍川太守赵元淑因事入朝,不解司农卿为何愁容满面,交谈中被告知,眼下各州租谷上缴进度缓慢,按时足数进入国库相当困难。赵将此事转告炀帝,帝征询元淑,他承诺十天完成全部入库,炀帝当场任命他为新的司农卿,赵也履行了自己的诺言。具体方法没有记载。《隋书·卷70·赵元淑传》P194。地方保护主义与中央税收利益两者间相安无事的情况并不多,受打击最频繁是诚实的富人与穷人,面临三类非常规的征收:

(1)资财:大业六年(610年)十二月,谋攻高丽,课富人买马备战,匹至十万钱。大业九年,课关中富人计其资产出驴,往伊吾、河源、且末运粮,多者至数百头,每头价值万余。《隋书·卷24·食货志》P91。

(2)人力:大业九年,发诸州丁分四番,于辽西柳城营屯,往来艰苦,生业尽罄。《隋书·卷24·食货志》P91。

(3)临时征集:大业二年二月,定舆服仪卫制度,搜索羽毛作为装饰。所役工10万,金银钱帛亿万计。原材料是以摊派的形式向各家定任务,由于求大于供,富有的家庭雇人捕捉鸟禽类,或出高价购买,课天下州县凡骨角齿牙皮革毛羽可饰器堪用为氅旄者,皆责焉。征发仓促,朝令夕办,百姓求捕,网罟遍野,水陆禽兽殆尽,犹不能给,而买于富豪蓄积之家,其价腾踊。《隋书·卷24·食货志》P91。

大业六年(610年)十二月,课富人买马备战,匹至十万钱。魏太宗明元帝元嗣永兴五年(471)正月,诏六十户出戎马一匹。《魏书·卷3·太宗纪》P11。如果将两者加以比较,一百四十年间经济得到惊人发展,现在收入水平相当于一百四十年前六十倍。紧急支付能力比较,魏六十户共同承担供一匹马的责任,炀帝时代一匹马则由一户富人来承担。可能更富有的不止一匹任务,只不过富人的概念十分模糊。可以认为是当时社会更为富裕,家庭有更好的经济承受力。又可以从另一面考虑,指责炀帝为满足需要巧取豪夺,破坏规则,竭泽而渔。力役则有相当高的危险性,缺乏劳动保护,过于繁重的工作和较少的休息时间导致高伤亡率,不下于战争,这在炀帝时代更为明显。大业初,遣木工监元弘嗣往东莱海口监造船,为完成海船三百艘任务,元弘嗣强迫民工在天寒地冻季节不分日夜赶工,诸州役丁苦其捶楚,官人督役昼夜尽立于水中,不敢有片刻懈怠。由于身体长时间浸泡于水中受伤发炎溃烂,自腰以下,无不生蛆,因此致死者达百分之三十到四十左右。《隋书·卷74·酷吏传·元弘嗣传》P204。这已经不在出卖劳力履行赋税责任的正常人,或者雇工获得劳动报酬范畴,更像是因为某种罪过集体受罚,役人水中裸露的受伤皮肤折射出国家对人民一种具有绝对支配权的强势制度可能造成的危害。人口红利越大,可征对象基数就大,越来越多的人离开家庭,对全国的影响就越广泛,加上工地有主要集中在运河、城建、长城等大项,离宫道路水利等,相关地区人口的面临的征发就越多,对未来的迷茫容易产生绝望反抗的情绪。

大业元年三月,建东都,一年完工。每月丁夫二百万人,从当年三月开工,(605 年)实际剩时十个月,只需要考虑满足当年的十个月的人员。由于隋开皇三年起已将服役时间从三十天减为二十天。《通典·卷5·食货五》P53 如果必须保证每月二百万在工地,执行二十天一期的力役法,在该年度剩下的三百天中应有三千万人服役。大业五年全国总人口 46019956（人）如果以大业元年46000000 计,大业元年丁口所占的比例按一户五口,五口一正丁计算,一年可出920399 丁,按 8907546 户,一户一丁计算,出丁数与前者大致接近。

参考现行人口结构比例的国际标准计算,发展中国家（新兴国家）人口结构多属于年轻型人口,大业元年时隋立国仅二十五年,非常年轻,年轻型人口标准中,少年儿童所占比例近百分之四十左右,老年则在百分之十以内,由此推论,二十二岁至六十岁人口可以占到总人口的百分之五十,即炀帝当年可用的丁有23000000 人,但是与三千万额定人数还有七百万人的缺口,还要除去现役军人、在职官员、各种杂役等,如果炀帝严格遵守制度,不允许役众超期服役,那就找不到三千万人前来轮换服役。炀帝为解决人力缺口可能采取下列变通办法：1. 加役。隋代税法没有规定不准加役,也没有限制加役时间,如果每个人加役十天,那手头上的丁足以应付工地需求。2. 参考开皇十年的五十岁纳庸免役的办法,财政出资雇用所有适龄人口弥补工人需求,有些拿不出庸的五十岁至六十岁的人可能仍在工地劳动,而一些生存力强,能适应工地活的人为了挣钱自愿受雇于政府或者代替亲友,他们可能在工地工作不止一个二十天工期。只要政府同意给钱,并有钱为所需的劳务支付,当然可以顺利实现大轮换,尽管同年还有显仁宫、通济渠（100 万人）、邗沟（十万人）同时开工,龙舟出游江都（约十万人）。因此,役众中一定有为数不少的是被招募者,国家为他们付每天的工钱,少部分资金来自五十岁至六十岁为免役所纳庸,主要部分则是国库支出,当然加役也很现实,免当年租调或付现金对不少极度贫困的人来说值得为之冒险,官方与民间产生此类交易不需要灵感,这种接近市场经济的现象会随供需变化自然产生。上述人丁统计是否正确,涉及仁寿四年即位的炀帝三个月后下令免除奴婢、妇女、部曲之课的执行情况,由于涉及面广,新条令成为固定法规可能性非常小,最多只对当年有效,当年新君登基,急于向全国示好,但是他可能完全不清楚这相当于让国家减少二分之一的收入,因为奴婢、妇女与良人男丁同样授田。炀帝没有经济训练,缺乏管理全国的经验,不过他是个悟性快的人,能够发现问题,他意识到自己的抱负需要庞大、持续的规模经济支持时,允许有关部门不执行上述免役诏令,次年三月,河南诸郡男、女百万余被征发,前往开挖通济渠。大业四年开永济渠时同样有大量妇女工作在工地。《隋书·卷3·炀帝纪》P10。在世人看来,炀帝自己话音未落就违背诺言无异于愚弄国民,不知这可能不是出自他的本意,只因误信人言,光考虑政治效果,和谐社会,一时冲动,没有顾及国家收支平衡至少同样重要,所以急忙更正事出必然。至于要真正实施二十二岁成丁的方案则基本上没有问题,不需要跟着修改,成丁才能授田,新年龄规定只是稍微提高了授田标准。因此炀帝的东都工程可以不需强性征发,该年应有的力役加上政策允许的调剂手段基本可以满足人力需求,剩下的二个月工期属于国人606年应服的新力役,不计入605年统计总数。而除大业二年二月添置舆服动用十万人力是最大的一项征调,四月,炀帝在东京宣布大赦,同时免天下今年租税。《隋书·卷3·炀帝》P10。他并未免力役,本着他一贯部分执行规则的习惯,还是少量动用了民力,连续在同年十月建洛口仓,十二月建回洛仓。全国免租税一年,很像是在对去年举国就役的一个补偿,即使皇帝并未因此违反赋税法之约定,总体而言,该年基本没有重大工程,相对平静,百姓得到休整。大业五年清理出来的脱漏人丁比率,官方资料上的丁显然是笼统地指男女丁,而不是特指男丁,将丁单独列出的目的是区分独立缴税单位,不妨把它作为一个例证来说明大业时期妇女税负一直、至少是断断续存在,取决于官方是否有需要。节节上升逃避登记的大业人口中,逃避登记和脱漏户可能是以边缘人口为主,他们在年龄上接近或者正要脱离丁的行列,是劳动力相对弱的人,还有部分窄乡迁往宽乡者,也不排除夹杂有试图非法自行转变身份人,他们为脱离原属行业必须先脱籍,这些人中的正丁比率可能相对偏低,该比率不是全国口数与丁数的全貌。逃税出自人的天性,炀帝时代的税负尤其力役因为工作环境危险,死亡率高而令人望而生畏,它促使逃役人数增多。但是纳税环境即使达到最优,逃税现象也不会杜绝。

3. 国家收支

1)岁入

授田者交纳物和劳役是国家的主要收入。开皇十二年,府藏皆满,无所容,积于廊庑,于是更辟左藏院,以储户调余帛。面对汗牛充栋潮水般涌来的资源,轻易得来的满地财物并没有唤醒皇帝的占有欲,变得更贪婪,而是萌发了"宁积于人，无藏于府库。"(《隋书·卷24·食货志》P90)的信念，下诏河北、河东今年田租三分减一，兵减半，功调全免。(兵授田计亩出功，以修器械，备干粮，今亦减其半)。这似乎对二年前(590年)折庸命令反思后作出的轻微调整，该规定允许全国年满五十者不再服劳役，代之以按日折算缴纳财物。他知道折纳物就杂陈于眼前的堆积如山岁入中，内心却略有不安，这不符合他富民先于富国的主张。五十至六十岁以下的健全人仍是家庭中的主要劳动力，他们出生时间在公元530—540年之间，约548—558年成年，此间北齐、北周先后建立了稳定的国家，南方则处于梁、陈政权转换之际，南北之间，周、齐之间，梁、陈之间，有战争但不是最频繁的时期。杨坚的国家由三个部分组成，北齐577年被兼并，陈在十二年后被兼并时已存在32年，其中相对管理较好的北周是从四面受敌的环境中壮大的，这三个区域由于战争、医疗条件、生活水平等原因人口淘汰率很高。作为新兴国家，隋建国时最少三千二百万人口(北周、北齐、陈最后人口数合计)，按现代人口理论，如果将年长劳动力人口(45—64岁)比重在百分之十二以下或者只有百分之四的人口在65及65以上，划归青年型人口结构，(15—29为青年劳动力人口，30—44为中年，45—64老年)以此为参照，可以大致推论隋五十岁以上，六十岁以下年龄段有力役义务的人数在全国人口总额中比例，保守估计，假设年年稳定保持三十二分比一的底线比率，它低于老年人口占总人口百分之四的年轻型国家人口结构比例，即三十二个人一个处于收庸免役年龄段者，仍有一百万人符合折庸条件，每劳动日折绢三尺，二十日等于六十尺合六丈，即人均年三匹。全国一年三百万，十年就有三千万匹入库，不管杨坚是否喜欢，这都无疑是开皇十年后国家岁入的一个新增长点。第二个增长点是和谐稳定的劳资关系有助于经济发展，养活更多人，全国人口自然增加，正税增加。第三个增长点与589年宣布免除陈国人十年徭役有关，开皇十七年(597年)，形成五年后的第二波岁入高峰，"户口滋盛，中外仓库，无不盈积。所有赉给，不逾经费，京司帑屋既充，积于廊庑之下。"《隋书·卷24·食货》P89。应该是合乎逻辑的记载，因为十七年达到的繁荣主要标志是国家储备激剧增加，589年的陈国有五十万户，二百万人口在籍，南方有大片膏腴丰产之地，农商发达，十年免力役的特许令保证当地人不受征调，不误农时，有足够人力、时间精耕细作，高产丰产，这是税收源源不断按时按量入库的保证。多数时间生活在西北的杨坚现在可以更深切感受南方物种高产、多熟、优质，尤其当地人追逐财富的拼命精神。以不变人口数为基数，按五口中一丁计算，亦有四十万人开始服劳役，一年总共为国家不带薪工作八十万劳动日，这虽是一笔巨款，按唐制每日三尺折算，一百二十万匹绢的价值换来的是整个南方经济高速发展社会稳定,杨坚与南方是这笔交易合算而且互惠。对陈国的政治恩惠与经济特区的建立联系在一起不是偶然的,减税更符合社会急需,让人民生存下来提高他们的生活质量并不会造成与政府争夺财富的态势,只会让国家有更多、更优质的财源。"宁积于人,无藏于府库"的信念可能会造成妨碍将租调制朝租庸调制方向发展,而杨坚时代执行的低投入经济模式避免了租调制过载,完全没有机会让他亲身体验力役大量积压的风险,以他没有发现徭折庸的价值而断定其是一个经济上的平庸皇帝没有说服力,归纳杨坚时代其他增长的因素:1. 户口管理体系建立有益人口监管,减少税源流失。2. 国家在赋税增长的情况下,仍然奉行厉行节约的财政政策。3. 耕地增加。4. 第三温暖期到来,气候转暖,雨水增加,有利于农业。5. 技术和管理水平提高导致生产效率提高。前三条需要国家政治的维护,这足以确认隋文帝为什么是使国家岁入短期内大幅度增加攸关的人,经济史上最锐意进取的君主。《北史》记载开皇三年已经出现"二十一岁成丁,岁役功不过二十日,不役者收庸。"规定。《北史·卷11·隋文帝纪》P46。这与开皇十年时五十岁免役收庸的谕旨并不矛盾,《北史》是唯一有此记载的文献,租庸调制出现在唐朝的结论更可靠。599 年,原陈国地区恢复徭役,日后接管国家的炀帝将很快感受到这股"受迫性人力资源消费"的压力。虽然可以折庸抵役,或大兴土木,让人民完成契约,以力役上缴他们应负的土地租金的一部分,但是皇帝会受到至少两种主要的牵制:1. 与民休息的美德思想。2. 没有适合开工的项目。国家在急需雇佣可雇用对象显然不如应役人口基数大,丁壮也更为强健、优质。公元 605 年,炀帝开凿大运河动用百万役夫(其中有女子服役),数字看起来很惊人,但授田的农民每人法定只有二十天役期,炀帝想要他的工程大军在枯水季节能够尽量多办事,由于时间限制,同时大量征发役夫就很自然。

2)岁出

杨坚的财政支出主要包括四个大项:1. 国家行政经费,2. 社会救济 3. 国家基础设施建设 4. 国防开支。

唐代的魏征在与李世民的一次闲谈中提到:隋代起居舍人崔祖浚、杜之松、蔡允恭、虞世南等应该对杨坚节俭印象深刻。因为虞世南转述崔祖浚话,崔担任舍人,经常在需要记录时没有文具,在杨坚节省的方针下,有关部门对纸、墨、笔等的供应多不及时而且缺货。(唐)王方庆《魏郑公谏录·卷四》。很难理解这是对起居注这项统工作的反感还是出于起节俭的天性,至于去克扣文字工作的必需品。杨坚还表达要对国民消费指导的意图,元年四月太常散乐并放为百姓,禁杂乐百戏。开三年治书侍御史柳彧，建议颁令禁止上元（元宵节）燃灯游乐。见近代以来，都邑百姓每至正月十五日，作角抵之戏，递相夸竞，至于靡糜费财力，上奏请禁绝之。先还只认为浪费资金，随后就变得更严重，"在篝火会上，参加者头戴假面具，化装正各种职业的人，无问贵贱，男女混杂，缁素不分，秽行因此而声，盗贼由斯而起。"柳彧请求，颁行天下，并即禁断，敢有犯者请以故违勒论。"诏可其奏。第一个遭新禁令打击的人是个勤勤恳恳、忠于职守的地方长官长孙平，他开皇五年起在相州为刺史，任内某年正月十五日，当地"百姓大戏，画衣裳为鍪甲之象。"上怒而免之。不久以太常卿判吏部尚书事，卒于仁寿中。《隋书·卷46·长孙平传》P150。杨坚本人一直身体力行，民部尚书苏威"见宫中以银为幔钩，因盛陈节俭之美。"新君深受震动，"雕饰旧物悉命除毁。《隋书·卷41·苏威传》P142。这应该是一次意外，享用了前朝库存或者按皇室礼仪定制的生活用品，此后在也没有出现这种疏忽。皇帝对自己实在不宽厚，"六宫咸服浣洗之衣，乘舆供御有故敝者，随令补用，皆不改作。非享燕之事，所食不过一肉而已，有司尝进干姜，以布袋贮之，帝用为伤费，大加谴责。后进香，覆以毡袋，因笞所司，以为后诫。由是内外率职，府帑充实。《隋书·卷24·食货志》。但并非处处如此，也有让杨坚出手大方的地方，"百官禄赐及赏功臣皆出于丰厚焉。"例如：九年平陈……因行大赏，自门外夹道列牛帛之积达于南郊，以次颁给，所费三百余万段。而且"帝以江表初定，给复十年，自余诸州并免当年租赋。十二年，有司上言库藏皆满，帝曰：朕既薄赋于人，又大经赐用，何得尔也？对曰：用处常出，纳处常入，略计每年赐用至数百万段，曾无减损。他难得地问到财政收入增加的原因，主管人员以国家税收稳定作为回答。他对此表示不满，下令对部分地区平民及全国军人减免税负，受惠之处想必一片欢腾。

当国家财产用于国家与国民时，不管是否恰当，仍然算得上公共支出。但是三者中国家被个人取代的情况也是当时的现实，杨坚即位后的一天，忽然心血来潮，"赐公卿入左藏任取所需。人人尽可能多搬走昂贵的丝织品等，库狄士文不喜欢不劳而获，又不愿让个个汗流浃背的同僚尴尬，只是象征性取走一点，结果受到皇帝称赞，又另行封赏。既下令让别人自由获取，又奖励拿得最少的人，皇帝这种出尔反尔的行为并不是作弄群官，而是传统财富观的正常反映，面对利益诱惑时你要有拒绝的姿态，不管是正当获利还是相反。政治说教、圣贤名言对利益总是爱恨交加。《北史·卷74·酷吏·库狄士文》P203。这是一种错误大于正确的思维，没有敢理直气壮地说正当获利永远是对的，不正当的获利永远是错的。孰对孰错，没有从经济规律上得出结论，最畅通无阻的结论都来自伦理思想,它所形成的官方理论如此强大,使得政治实用性总是战胜科学必然性。其次要注意,皇帝不是在自己的家里慷慨分发私有财产,而是在国库。这种公私不分的情况不是绝无仅有,听说秦王妃生产一男婴,杨坚大喜,颁赐群官。李文博在受赐名单之列,考虑他家一贫如洗,有人对他说遇到这种机会一定高兴,他愤愤不平地说:赏罚之设,功过所归,今王妃生男,于群官何事? 乃妄受赏也!《隋书·卷58·李文博传》P172。杨、李二人同样有正确的思想,两种思想却处于矛盾中。古代中国人就是这样一贯矛盾的心理看待、拥有、支配财富。正统的节俭观念与合理消费成为一个死结。隋文帝以杨俊奢纵免了他并州总管官后以王就第,一下成为一个失业青年。左武卫将军刘升及杨素都劝皇帝,俊过错还不至于此。皇帝辩称,我是五儿之父,非兆人之父,若如公意,何不别制天子儿律? 以周公为人尚诛管蔡,我诚不及周公远矣,安能亏法乎? 他坚持原判。《北史·卷71·隋室诸王传》P263。判决结果或有争议,判词则激动人心。

支配权体现在高度垄断与不可逆的政治强制成为经济的决定因素,其的要点在于:1. 君主决定他的人民居住范围,共同居住的家庭人口数目,共同居住的身份条件。2. 人民如何管理和使用财产的国家规定具有任意性。国家可以限制、禁止个人储藏、交换、赠与其获得物或占有物。3. 国家可以无条件地占用,占有、支配个人时间和财产。4. 国家利益或强势集团利益大于个人利益。与财产权相关的法律总体上是维护君主政治意图。任意加税、限制个人自由、无报酬劳动是其三大特征。这一切毋须事先与人民协商同意即可实施。唯一的限制来自皇帝本人,他从国家大局着眼和个人生活习惯对花费进行不规则的约束。与杨坚节俭成性相比,他儿子们的结局暴露出国家经济纯粹依靠君主自律很难趋于合理。而个人心理则各有选择,坚不一定是吝惜笔、墨经费,可能是一种为所欲为的潜意识作祟,国家对财产的支配权始终是扭曲的。蜀王杨秀在开十二年由于违反人事规则遭到皇帝斥责,与惩罚目的适得其反的是,他在其他方面变得失去节制"渐奢侈,犯制度,车马被服拟于天子。"这些问题似乎未被文帝发现或在意,其经济犯罪问题只是在虚构的重罪十条中附带地提了一下。他的没落在于新太子认为他是一个政治威胁,为他量身订作了一个令被蒙蔽的皇帝信以为真的陷阱。《北史·卷71·隋宗室诸王》263。太子杨勇曾因试穿一套当时以手工精致、材质优良、造价不菲的蜀地所产铠甲受到文帝指责。秦王杨俊更由于生活奢侈,违反制度,又担心招致父皇不满,化费不少钱四处求人在父亲那儿替自己说好话,结果事情越来越糟,弄到受审时"与相连坐者百余人。"这并未令他有所收敛,觉得政治前途无望的秦王反而放开了手脚,征役不已,为的是大兴土木,典型一例是所建造水殿"香涂粉壁,玉砌金阶,梁柱楣栋之间,周以明镜,间以珠宝,极莹饰之美。"修建得美不胜收,开销大手大脚,而且确有些斥巨资打造的手工艺奢侈品既无装饰之美,亦无实用价值。比如为其爱妃制作的七宝幕篱,它看似一种头饰,本意是为佳人花容增色,却扣到骏马的头上。因为事先只顾将贵重珠宝往上堆砌,结果"重不可戴,以马负之而行。"这样的大笔开销事先并没有任何人或机构能对之进行合理有效的监督、制约,这是因为传统上国家、君主在对越轨行为的预防与惩罚方面往往侧重于后者,这也更多地出于道德观和社会形象方面,经济上的考虑倒在其次。武卫将军刘升持异议,他轻描淡写地说:秦王非有它过,但费官物营廨舍而已,臣谓可容。"杨素赞同他的意见,大都督皇甫统也郑重上表求情恢复秦王原职,作父亲的则坚持认为他有罪。有些不能算是错的小节也计算在内:将秦王俊"征役无已",过度使用民力这样的重大问题与置浑天仪,测景表等这样的个人兴趣联系在一起反应当时的政府和皇帝本人对消费缺乏基本认识。他心灵手巧,爱好制作,尽管不一定是他亲自而是他组织的一批人所作。不是因为天文知识及器械在当时作为绝密技术被严格限制,实际问题是认为秦王不务正业,且消费没有一个确切指数,按权利决定或皇帝的兴趣而定。

完全缺乏监督制度的指责并不恰当,为了对国家财政收支预算执行等有效监督,杨坚在他的刑部下设的四个司中,将第三司比部司设置为主要监管机构之一,比部司长官比部郎中,从五品上。比部系曹魏所置,在南方国家宋、齐、梁、陈,比部归吏部尚书管辖,西魏、北周天官内的计部中大夫相当于比部郎中,北魏、北齐由都官尚书所辖,杨坚基本沿袭北魏、北齐制,该司"掌勾司百僚俸料、公廨、赃赎、调敛、徒役课程、逋悬数物,以周知内外之经费而总勾之。"《唐六典·尚书刑部·卷第六》P194,《隋书·卷26—28·百官志》P95。唐沿用的是隋制。比部相当现代审计,权责相当明确,机构、编制固定,归属刑部不仅使该机构具有数据统计管理保密职能,而更重要的是具有司法监督的意义。比部负责对京师仓库三个月审计一次,中央各部每季度一次,地方则一年一次。从"勾会于尚书省。"(《新唐书·卷48·百官志》P133)的规定看,当时主要采取送达审计方式,不过就地稽查也不少见,度支尚书等主管财务的部门、御史台等监察部门都具有部分审计权,一些巡视地方的京官特使(不是比部属员)有权对地方要员、政府的政务和财务进行审查,问题往往直接送达皇帝。大业二年,炀帝斥巨资制定礼仪服制后,受皇帝临时指派对这一重大项目勾覈的主管是兵部侍郎明雅,吏部司长官薛迈。吏部司是吏部下辖四司中的第一司,又称选部。《隋书·卷68·何稠传》。制度监督有利于国家资产合理使用，但是由于货币政策落后，对大量织物、人力折算难度相当大，公廨本钱放贷取息，公廨田稳定的利润回收不仅繁琐而且容易违规，经常出现需要公共权利干预以保护弱势群体利益的现象是很自然的。

除贮存国家大宗财富的京师大型库仓外，重要城市、战略要地等兴建的仓储也是国库的延伸，既是转运站，也有备荒和社会救济的作用，在出现干旱水患等自然灾害的时，国家有应急的救济措施，根据不同灾情或从国库拨发粮食赈灾，或减免租调，开皇二年，杨坚于陕州置常平仓，转输京下。《隋书·卷46·苏孝慈传》P151。常平仓的储备来源于官方资源，最初的作用是在荒年平抑物价，对民间有需要谷种者小额借贷等，后来发展到直接用于赈灾。开皇三年，朝廷以京师仓廪尚虚，议为水旱之备，在卫州置黎阳仓，洛州置河阳仓，陕州置常平仓，华东置广通仓，转相灌注，关东及汾晋之粟，以给京师。《隋书·卷24·食货》P90。上述仓贮存主要是作为中转站满足中央财政需要，来源也是国家税收，而义仓则主要是个人集资性质。义仓发端于北齐，国家强行规定每人每年交义租五斗，建仓储存，作为赈灾的专门储备。（长孙俭子）长孙平开皇三年官拜度支尚书，见天下州县所罹水旱，百姓不给，奏令民间每秋家出粟麦一石以下，贫富差等，储之间巷，以备凶年，名曰义仓。建议被皇帝搁置，不过他吁请"请勒诸州刺史县令，以劝农积谷为务"的意见则深受重视，迅速推广，取得实效，"自是州里丰衍，民多赖焉。"《隋书·卷46·长孙平传》P150。开皇五年五月，工部尚书长孙平再次书面提出社仓问题：去年关内不熟，政府异地调集，开仓救济，解决了一时之急。由于距离有长短、时间有缓急，受运输条件制约，救灾物质不可能总是及时象去年一样按时足额到达，容易引起混乱。认为救灾是经常性的工作，"经国之理，须存定式。"他要求形成一种长期的制度。在"令诸州百姓及军人劝课"的前提下，"当社共立义仓，收获之日，随其所得，劝课出粟及麦于当社，造仓窖贮之。即委社司，执账检校，每年收积，勿使损败，若时或不熟，当社有饥馑者，即以此谷赈给。自是诸州储峙委积。《隋书·卷24·食货志》P91。这次建议终被采纳，五年五月，诏置义仓。《隋书·卷1·高祖纪》P67。作为基础行政单位，社相当于里。早期社仓、义仓存在区别，虽然两者物质的来源是民间自筹，二十五家为社，社仓仓库设立在出粟人当地，由社司管理，国家以此指导民间自救。对仓储的管理尽管事先有预防，问题还是无情地暴露出来，于是先由社司负责的义仓后来改归地方政府管理。开皇十四年，关中大旱，出现饥荒，当时长安则经常是灾情严重。"是时，义仓贮在民间者多有费损，开皇十五年二月诏：云、夏……等州所有义仓杂种并纳本州……"（经核查所引用文字无误）规定需要时应先发放杂种及远年粟。十六年正月，诏秦、迭等义仓各设置于本县。从当社转入州、县，说明储存于社的物质可能在人为损耗，交易出现腐败，一些有权势的人强行或者巧立名目冒领，比如都督田元冒请义仓事件，"大业中年，国用不足，并贷社仓之物以充官费。"《旧唐书·卷四十九·食货志》P254。大业时国家的储备应该是比较充足的，官府随意动用社仓，说明他们有意赋予社仓本身之外的意义。

仓储设施等方面出现的问题普遍而且严重，而容易引起争议的出资比例，形式上产生比较客观公正的配额还要稍迟，"开皇十六年二月，又诏社仓准上中下三等税，上户不过一石，中户不过七斗，下户不过四斗。《隋书·卷24·食货》P91，《通典·卷12·食货》P152。这种按户的富裕程度额外交纳的粮食既可称之为一项附加税，也可理解为应急互助准备金，最重要的是充分考虑了交纳者的承受力，减轻了因额外的征收可能引起的社会问题。建立半官方性质义仓，在名义上没有加税的前提下，另行储备一笔专项基金，也往外令出资人比较容易接受。让在灾害中走投无路的人因此看到一线希望。从社仓这种共济形式转为义仓，是从民间到官方的转移，隋代的义仓强调了国家保管及分配的重要性。苏威还曾拟定另一种救济方案，"又为余粮簿，拟有无相赡。"就是全国每个家庭的财产必须登记造册，必要时由国家同意征用，用于再分配。由于此项建议涉及面太广，难度大，严重侵犯了富裕阶层的隐私、利益，立即遭到强烈反对，民部侍郎郎茂皆以为繁纡不急，皆奏罢之。《隋书·卷66·郎茂传》P186。这个被否决的议案立议方和反对方都具有合理性，也都有自己没有解决的问题。

社会化赈灾设置算是一种先见之明，开皇五年（585 年）以后，关中连年大旱，而青兖等十五州大水，百姓饥馑。建仓的功能恐怕不会如此快地得到发展，但肯定聊胜于无，至少有一条应急处理办法。十六年山东频霖雨，有八州困于水灾。《隋书·卷24·食货志》P91。开皇十八年，山东水灾，前后共享谷 500 余万石。《隋书·卷24·食货志》P91。由于灾情频繁、严重，势必延缓恢复农业生产，从而迫使义仓来源减少，紧急时不得不动用国库。此外，国家可能颁布禁止令，开皇初（开皇五年之前）京师粮食紧缺，禁用粮食酿酒。《隋书·卷38·刘昉传》P136。其实这个国库充实的国家粮食供应问题自建国以来一直时好时坏，长期处于饥馑的边缘，首都也无法幸免。开皇十四年（594 年）八月，关中大旱，义仓的储积杯水车薪，民以豆屑杂糠为食。皇帝率民就食于洛阳，一路上不断有老弱疾患没有撑到目的地就倒毙路边，随从皇帝的饥民中混杂有大量官员，到达目的地后已是饥肠辘辘，暑热中等到不是米粥而是规定：任何人不可因权高位重而多取粮食，而要按人头同等发放口粮，当地储备已经强迫人们精打细算。短期内将受灾人口迁移至风调雨顺地区解决食物,这估计是政府想得出的最后办法。至于另一种公共紧急状态——流行病,则一直没有国家颁布的应急规范,589 年左右,辛公义被任命为岷州刺史(甘肃岷县),当地风俗,如果一人生病,全家回避,遗弃是很平常的。他下令部下巡视所辖地区,凡有因病无人照料者,一律带来统一安置,集体护理,用私人薪俸为他们购药雇医治疗,极大地减少死亡,一举改变旧俗。《北史·卷 86·辛公义》P308。这种必要医疗救济以及公共卫生投入都只能是很个人的行为。开皇十八年,东方战场的军人中爆发瘟疫,人员损失严重,大业八年旱灾、瘟疫造成了山东等地大量人员死亡,缺乏必要的预防体系,一遇危机,整个帝国就显得万分脆弱,当时的医疗技术不能解决这些问题,管理者自然无从着手。

开皇十二年(592 年)从主管部门上报的统计资料显示全国户口年年递增,杨坚却透过层层叠叠、密不透风的财富堆积看到危机:京辅及三河地带人口过于密集,由于受田数少,一些家庭粮食衣物难以为续。国家不得不加紧考虑均田的问题,但狭乡每丁授田仅二十亩,未成年人名下所能得到的耕地还要少。《隋书·卷 24·食货志》P90。失地和少地的人口随处可见,自然灾害仍是大敌,国家对此办法不多,杨坚在采取减免、厉行节约措施之余,还是会意识到对付贫困现象这并不够,富民遂成为杨坚的一项既定政策,开皇十二年诏书上清楚写到:既富而教,方知廉耻。宁积于人,无藏于府库《通典·卷五·食货五》P53。他明确富裕和良好的教育是平安社会的基础,坚持将更多财富储存于民,这种精神蕴涵的悲天悯人的心理加上民间收入总体增收的社会背景,最终将制度性义仓的可行性评估演变成可操作的政策。义仓是个创举,又具有连续性,由此降低国民社会生活风险的可能性是存在的。从开皇十二年国库堆积如山的库存记载中就一下子判定隋朝已经是个富裕社会并不确切。开皇时在职官员李文博长期生活缺衣少食的窘迫中,卭州刺史柳俭于仁寿二年(602 年)去职返乡时,破车瘦马,妻儿衣不遮体,忍饥挨饿,形同难民。《隋书·卷 73·柳俭传》P202。可能有许多因素妨碍他炫耀财富,但对他处罚轻微;如果富有的话,没有什么妨碍他随身带回十多年刺史任上积累的财产,即使他完全清廉,其俸禄也不致于让家人沦落如此。他的官职进入了只占该国极少数的上层,经济现状却在这个国家民众中具有代表性,个人与王朝的经济发展并不同步,只能说是个富裕的朝廷。国家财富由于分配方案等原因大量贮存在某个地方,并不是国家经济现状的整体反映。而生产的核心指标不是产量而是生产率,古代中国衡量一个王朝是否成功往往察看国家库存,即产量,这个生产总量往往和国民整体的生活水平没有关系,国家库存可能得益于某个特定年份丰收，或横征暴敛，而且这些物质恰当、及时发放到急需的人群手中的可能性非常低。杨坚可能是有史以来国有资产最为严厉的看管人之一，前述开皇十四年旱情严重时，"是时仓库盈溢，竟不许赈给，乃令百姓逐粮。"《贞观政要·辩兴亡第三十四》P256。隋文帝因此以"不怜百姓而惜仓库"遭到李世民严厉批评。开皇十六年，合川仓粮食发现少七千石，查证属仓库主管监守自盗，此人被立即处决，家人全部沦为奴婢。后来甚至规定凡盗边粮一斗以上者即领死刑，家口没官。《隋书·卷25·刑法志》P94。杨坚不惜败坏自己声誉而坚持让这些仓库中常满，保留下来的财富虽然蔚为大观，与社会的供求却极不相称，一方面是国家储存的远景规划，一方面是人民有现实急需，两者并存，势同水火，反映隋国家理财经验不够，杨坚的富民政策也还没有见效，二次分配效应乏力，这种经济后果还与产权界定有关，通过政治手段调节财富还是让市场起作用一直是举棋不定，（当时还没有一个清晰的市场概念）私有化与国有产权是历代帝王挠头的事，事关君主的权威和朝廷利益，官方采取了不少办法试图解决这个发展中的大问题，"先是尚依周末之弊，官置酒坊收利，盐池、盐井皆禁百姓采用。开皇三年，至是罢酒坊，通盐池、盐井与百姓共之，远近大悦。《隋书·卷24·食货志》P90。相信北方国家的减免政策有打击南方陈国纳税人心理的政治因素。盐池、井的私有化的行为可能出现的弊端是豪强霸占盐资源，垄断价格，而且没有质量保证，以至需要用更高的价格买到国有时同类的盐，普通人生活水平进一步降低，更重要的是对公共资源的放任只会令其过度开采，过度浪费，过早枯竭。贵金属资源还是属于国有，杨坚时的并州刺史辛公义发现辖区山中有黄铜矿，他以官方名义组织开采出来后上交中央。《北史·卷86·辛公义传》P308。隋文帝的节省是一种伦理美德，更是一种由来已久的社会陋习，简单大量贮积的财富成为人民生活的大阻碍，让辛勤劳动变得徒劳。对贫困潦倒、嗷嗷待哺的普通国民来说，紧缩是恶德的象征。

4. 营建——心灵的扩张

北周大象末年，杨坚以叛逆王谦宅赐予李德林，文书已出，至地官府，忽复改赐崔谦，杨坚同意德林另选或另造，德林乃奏取逆人高阿那肱卫国县市店八十区作为为王谦宅的代替物。不料将近十年之时，这笔房产赠与手续合法性遭到追究。开皇九年，杨坚来到晋阳，店人上表诉称："地是民物，高氏强夺，于内造舍。"杨坚命有关部门对争议标的物作现值评估。处理办法上，苏威的意见不利于德林：高阿那肱以谄媚得幸，作为宰相使国家走向衰亡，通过非法手段获取他人土地，造店出租获利。"德林诬謷，妄自奏入。"李圆通、冯世基等又进云：此店收利如食千户,请计日追赃。杨坚因此指责德林,头昏脑涨的德林请求勘验"逆人文簿及本换宅之意,"被杨坚拒绝。"乃悉追店给所住者",从此对德林更加疏远。《隋书·卷 42·李德林传》P143,《北史·卷 72·李德林传》P267。到后来李德林因其他问题被杨坚面责,重新提到此事,定性为"諂冒取店",将他由内史令贬为湖州刺史。这可谓因福得祸的典型例子,李德林可能并不清楚地产的真正所有者,遭受一场无妄之灾。产权是一个问题,李德林贪恋财富似乎更令杨坚厌恶。不要以此认为杨坚维护私有财产一直会十分牢固,在这个对私有产权的理解五花八门的朝廷,政治需求始终是服务中心。开皇十八年二月,人间有船长三丈以上,悉括入官,它不是合理收购,而极有可能是不支付或少量支付的强行征用。

营造与工艺制造是帝国另一项大宗支付,工程与资源管理——主要工程项目及费用由初粗略预算和事后审计。隋初,"时王业初基,百度伊始,征天下工匠,纤微之巧,无不毕集。"《隋书·卷 46·苏孝慈传》P151。太府卿苏孝慈组织这次备受称赞的大征调,果真如此,全国各地一切与制作与工艺有关的工作恐怕都只能停顿下来。杨坚对他的新国家外貌比内涵的更为重视,大型营造其实必要,经过 370 年的分裂,南北终于统一,需要配得上这个大国的宗教场所、首都、公共设施、边境防御、交通运输及水利灌溉体系等,在这些大宗开销上,杨坚一反个人生活厉行节约的作风,一批预算庞大高标准的建筑先后开工,历时很长,有些甚至要下任帮助完成。按功用将它们分为几大类:

1) 宗教或具有宗教色彩的建筑物。

工艺与工程专家宇文恺受命担任造宗庙副监,营建新庙。仁寿二年,独孤皇后去世,建陵园。

2) 城市建设

营新都原周石州总管,开皇元年大将军、内史监、吏部尚书、京兆尹、彭城郡公虞庆则被任命为营新都总管。《隋书·卷 40·虞庆则传》P140。贺娄子干为副监,但他在十月份即调任工部长官。宇文恺完成宗庙工程后,转任营新都副监,太府少卿张煚兼营新都监丞。《隋书·卷 46·张煚传》P151。

开皇十九年(599 年),令朔州总管赵仲卿督役筑金河、定襄城以居启民。《隋书·卷 74·酷吏·赵仲卿》P203。

3) 水陆运输交通

开皇二年,国家在陕州置常平仓,转输京下。以渭水多沙,流水乍深乍浅,漕运者苦之。于是政府决定在渭河与黄河间开通运河相连,皇帝下令宇文恺总督其事,兵部尚书、太子右卫率苏孝慈督其役,运河开掘成功,受到杨坚好评。屹立于河南省陕县黄河中流的底柱山,对过往船只安全构成严重威胁,十五年六月,下诏凿底柱,确保河道安全、畅通。《隋书·卷2·高祖纪》P5。宇文恺又受命主管鲁班故道修复工程。

4) 御用设施

开皇十三年二月建仁寿宫于陕西歧州之北,宇文恺任仁寿宫监,十五年完成。十八年十二月,在长安至仁寿宫之间新置行宫十二所。

5) 水利灌溉

有三处水利是由中央政府组织计划。开皇初,都官尚书,兼太仆卿元晖,奉诏决杜阳水灌三畤原,溉泻卤(即盐碱地)之地数千顷,人赖其利。《北史·卷15·陈留王虔》P63。明年,转左武候将军,太仆卿如故。寻转兵部尚书,监槽渠之役。《隋书·卷46·元晖传》P150。

开皇四年"开漕自谓达河,以通漕运。"《隋书·卷一·高祖纪》P6。这里开凿的就是广通渠(避杨广讳,称永通渠)开皇七年四月,"于扬州开山阳渎,以通漕运。"《隋书·卷一·高祖纪》P6。这句简单话记载到的是一个划时代的事件,山阳渎是吴王夫差古邗沟,是京杭大运河的一段。是实施重新疏浚河道的大型工程,以其可以实施大规模船运。炀帝即位后,先开通济渠,又重新开山阳渎、新开永济渠,一条从长安——洛阳——北京——扬州——杭州的大运河完成,黄河、长江、淮河、海河、钱塘江几大水系均被连接起来,这个工程为这个国家带来翻天覆地的变化。

一些地方政府官员根据农业发展需求的自发引领水利建设,经费应该是当地自筹,当地人可能被要求出义工:

开皇时,(至少在罢郡后)蒲州刺史杨尚希素有足疾,仍领本州宗团骠骑,在州有惠政。复引瀵水,立堤防,开稻田数千顷,民赖其利。这个工程在开皇十年之前,因为杨尚希开皇十年死于任上。《隋·卷46·杨尚希传》P150。

兖州刺史薛胄鉴于兖州城东沂、泗二水合而南流,泛滥大泽中,遂积石堰之,使决令西注,陂泽尽为良田。又通转运,利尽淮海,百姓赖之,号为薛公丰兖渠。《隋书·卷56·薛胄传》P166。

芍陂旧有五门堰,芜秽不修。原州总管司马赵轨于是劝课人力,更开三十六门,灌田五千余顷,人赖其利。《隋书·卷73·酷吏·赵轨传》P201。

怀州刺史卢贲,决沁水东注,名曰利民渠。又派入温县,名曰温润渠,以溉泻卤,民赖其利。后数年,转齐州刺史。工程实施的具体时间不详。开发水利的目的有二：1. 方便转运，2. 灌溉农田。实际上也产生很好的经济效益。《隋书·卷三十八·卢贲传》P137。在唐代，怀州下辖五个县，齐州下辖八个县，到齐州任职是一种重用，但是如果怀州相当于隋代河内郡，齐州相当于隋代齐郡，那就是平调，因为河内、齐郡两个郡下辖都是十个县。卢贲是个有决断的人，他敢于实施大型水利工程，产生重大经济效益，但是朝廷似乎视而不见。

国防投入最后的但不是最小的项目，开皇六年二月，发丁男十一万修筑长城，二旬而罢。七年二月，发丁男十万修筑长城，二旬而罢。文帝似乎很注意时间限制，力役控制在二十天以内，杨坚时代未再修筑长城，这与突厥开皇七年暂停进攻内地有关，此后隋对突厥作战变得越来越有信心，构建永久防线反而变得次要。隋代大规模造船始于杨坚南方政策，"上方图江表，先是杨素数进取陈策之计，未几，拜信州（今四川奉节治永安镇，到了陈国前线。）总管，赐钱百万，锦千段，马二百匹而遣之。（是经费还是给素私人并不确定）居永安，造大舰，名曰五牙，上起楼五层，高百余尺，左右前后置六拍竿，并高五十尺，容战士八百人，旗帜加于上。次曰黄龙，置兵百人。自余平乘、舴各有差。《隋书·卷48·杨素传》P154。已经能造出五层，容纳八百战士的大型兵船。

投入巨资的城建、水利、国防等项目需要大量技术，整体设计建造的大兴城显示了当时已具有高度的城市规划水平，主管技术的营新都副总管宇文恺毕竟是一个真正规划大师。这与早年的杨坚对技术的认识相对积极有关，有工艺制造特长的人得到善待，耿询可以为例，他追随衡州刺史王勇至岭南，在王勇逝世后，土著推其为首领举事，被王世积镇压，以俘虏身份沦为王世积的家奴，后被当时在太史监当差的友人高智宝收留，他造出了以水力转动的浑天仪，杨坚知道后配为官奴，为太史局服务。其间耿询研制出另一个著名产品——便携式计时器，出名后他被杨坚作为一件礼物赐给蜀王，蜀王被废黜时连累耿询当诛，何稠为保耿询性命极赞其工艺设计能力，终于得到杨坚特赦。炀帝即位，耿询进辕器，帝善之，放为良民。大业七年，对攻辽事提出异议，他的朋友何稠苦苦哀求方免询一死。平壤败后帝以询言为中，令守太史丞，后被化及所杀。《北史·卷89·艺术·耿询传》P316。总体上技术创制行为被社会孤立化，即使个别人因技术上的特殊才能可能会得到皇帝的眷顾，但是总被认为是可有可无，技术开发与奢侈浪费经常连在一起，技术人的命运也就因此而定，因为巧夺天工得到赞扬，因为奇术淫技引诱君王腐化堕落，经常在风险中。对技术的冷漠使国家失去一个巨大的财源，它几乎与当时生产、服务领域能得到的全部收入相抵。开皇初，有波斯人献金绵锦袍，色彩极其艳丽，杨坚命何稠仿制，结果他做出来的成品比波斯绵织物更为鲜丽精美。此外，当时中国琉璃工艺已经失传，"匠人无敢厝意，稠以绿瓷为之，与真不异。"《隋书·卷68·宇文恺传》P190。迟钝的君主并未意识到这是一项多么值钱的技术，如果系统开发成功，成为出口的大宗商品，有可能给他的子民带来巨额的利润，长久的收益，那远比临时性少交纳一、二年赋税要好得多，没有比这更大的恩惠了。

炀帝一生使用人力资源总数是个谜，因为役使的人口数目庞大，具有随意性，给准确统计增加了难度，但是主要项目还有留有多少不等的记载：

1) 国家防务

仁寿四年十一月，发丁男数十万掘堑。自龙门，（今山西河津）东接长平（山西高平北）汲郡（河南汲县）抵临清关，（河南新鲜乡县东）渡河至浚仪（开封）南下至襄城，（河南襄城）西达于上洛（陕西商县）以置关防。"《隋书·卷2·高祖纪》P9。用时不详。大业初，遣木工监元弘嗣受命监造海船三百艘。诸州役丁死者达三、四成。《隋书·卷74·酷吏·元弘嗣传》P204。大业三年七月发丁男百余万筑长城。西距榆林东至紫河。（紫河指内蒙南部山西西北的浑河），工期只有十天，而死者超过一半。大业四年七月再次发丁男二十余万筑长城，自榆谷向东延伸。

2) 城市建设

"建东都，役使促迫，僵仆而毙者十四五。"《隋书·卷68·宇文恺传》P190。服劳役总数约三千万人次，役夫死亡人数近一半，东都工程这个绞肉机里居然有数百上千万人丧命，着实骇人听闻，当时没有任何工地可容纳如此多的役夫，分番上工也做不到，木石等建材需要从全国各地运送，很多人不在东都工地，但殒命王事者数字仍属过大，且大业五年的全国人口总数仅四千六百余万，它还是人口持续上升的峰值，因此大业元年的人口数要少于它。上述死者数已占大业五年总人口三分之一，占大业元年的总人口比率就应该更大。它意味着平均每天死亡五万人，这个数字过于庞大，几乎没有这种可能性。但在东都建设工地及材料运输途中丧生，路途险恶，餐风宿露，劳动保护欠缺，医疗条件简陋，、驻地饮食、环境、气候都对劳动者构成威胁人口损失应该相当惨重，东都城市工程的副总监宇文恺可能会得到过比较准确地统计，庞大的伤亡名单应该可以编辑成册，不过没有保留下来，可能像当年仁寿宫工地上的死者一样，被就地掩埋或焚烧了。宇文恺生平就是隋代的半部营造史，他的工艺甚至比杨素监理下的工程项目死亡率更高并不奇怪，因为设计更复杂用料更考究，工程难度就更大，宇文恺要满足炀帝半艺术家半暴发户般的欣赏力,华丽的嗜好、标新立异的个性,在设备欠缺的条件下,只好以劳工的生命为代价。大业九年三月发丁男十万城大兴,即完成炀帝父亲兴建的大兴城扫尾工程,当时国内已盛行造反。

3)皇家园林及御用建筑。

营建显仁宫。"大业元年三月,于阜涧涧营显仁宫。采海内奇禽、异兽、草木之类以实园苑。徙天下富商大贾数万家于东京。课天下诸州各供草木、花果、奇禽异兽充实仁寿宫苑囿。《隋书·炀帝纪》。大业元年三月,自长安至江都置离宫四十余所。五月,筑西苑。三年八月次太原,诏营晋阳宫。大业四年四月营汾阳宫。用时、人力不详。《北史·卷12·隋炀帝纪》P49。

汾阳宫是一处大型离宫,实际为一建筑群,迟至十一年五月,即竣工之后七年,皇帝才首次用来避暑。《大业杂记》P1102。留守人员俸禄及保养维护都需要不断支出。皇帝的尊严则不容许租借或者其他商业用途来降低建筑物的成本,浪费明显而且严重。五年二月,炀帝在崇德殿之西院,愀然不悦,顾谓左右曰:此先帝之所居,实用增感所未安,宜于此院之西别营一殿。《隋书·炀帝纪》。这听起来是个建议,实际上是一道命令,相信得到确实执行,开支当然由国库负责。十一年五月车驾幸汾阳宫避暑,帝造翠微亭等十二所。《大业杂记》P1102。十二年春正月,敕昆陵(亦称毗陵郡)郡守路道德,集十郡兵近数万人,于郡东南置宫苑。周十二里,其中有离宫十六座。十二年修丹阳宫,欲东巡会稽等郡,群臣皆不欲。《大业杂记》P1102。此宫规模与洛阳西苑相仿,而更为新颖富丽。

1)交通

大业元年,发淮南诸州兵夫十余万,开邗沟。(即山阳渎)邗沟春秋时即已开凿,经炀帝改造后,从扬州至淮安水路可以直达,不需再绕道射阳湖。通济渠、邗沟同属南北大运河的两段。

开通济渠,动用淮北诸郡民100万人。发河南诸郡男女数百万开通济渠。(发河南道诸州郡兵夫五十余万,开通济渠。)自西苑引谷、洛水达于黄河,自板渚(即板城渚口,古时黄河中段重要渡口再由板渚引黄河水入汴、泗而与淮水相通)引河通淮。《通典·卷十·食货十》P115(水路)。

仁寿四年(坚死于七月)十月,炀帝即位,除妇人及奴婢、部曲之课。《通典·卷5·食货五》P54,《隋书·卷二十四·食货志》P91。大业四年元月,诏发河北诸郡男女百余万开永济渠,引沁水,南达于黄河,北通涿郡。(河北诸郡包括19郡)用时不详。丁男不足,始以妇人从役。《大业杂记》、《通典·卷十·食货十》

P115。(大业六年十二月,凿江南河。自京口(镇江)至余杭(杭州)长八百余里,宽十余丈。可通龙舟。(南北运河)[水路]开皇七年,开山阳渎,由山阳县(淮安)达扬州(广陵),南入长江,为攻陈转运战略物资做准备。

大业三年五月,发河北十余郡丁男凿太行山达于并州,以通弛道。用时不详。《隋书·卷三·炀帝纪》P11。

大业三年六月开御道,由愉林北至蓟,长三千里,广百步,突厥举国就役。《资治通鉴·卷180·隋纪四》P1199。

5) 大宗消费

大业初,炀帝对太府丞何稠说:"今天下大定,朕承洪业,服章文物,阙略犹多,卿可讨阅图籍,营造舆服羽仪,送至江都。即日拜太府少卿。于是营黄麾(皇帝仪仗用黄色旌旗),三万六千人杖及车舆辇辂,皇后卤簿(仪仗队),百官仪服,依期而至,送往江都。所役工十余万人,用金银财物巨亿计。《隋书·卷68·何稠传》P191。造龙舟用人、时不详。遣黄门侍郎王弘等往江南采大木引至东都,所经州县递送,往返首尾相属,不绝者千里。造龙舟、凤艒、黄龙、赤舰、楼船等数万艘。幸江都……舳舻相接二百余里。《隋书·卷三·炀帝纪》P10,《隋书·卷24·食货志》P91。大业十一年十月,鉴于原有龙舟在杨玄感事件时焚毁,诏江都再造龙舟,吨位超过以往。有记载说龙舟是由官府按经济情况摊派到相应家庭去做,以至不少人因此一下破产。尽管如此,十二年八月,龙舟还是如数送至东都。《开河记》。

以下是有数字记载的大笔专项支出:

游江都,牵夫8万人。

居可汗帐,护卫甲士五十万。

大业四年八月辛未,征天下鹰师悉集东京,至者万余人。　　　　　(个人需求)

七年二月,下令击高丽,造海船。人数不详。送军需,往往在道人数10万。此外又发鹿车夫六十余万,二人共推米三石,皆惧罪亡命。

八年,出军队113万人。对比开皇八年隋文帝伐陈,兵518000人。用来对付一个五十万户的国家。十八年伐高丽水陆军三十万人。(300000人)(战争)

上述营建分项统计:

离宫:　　　　　　59座,其中一离宫为一建筑群。

水路:　　　　　　五条

防务:　　　　　　三项

道路建设:　　　　三项

亭:	十二座
皇家园林:	一处
殿:	一处
城市建设:	二项,包括一个完整的新城以及另一个新城的续建
大宗消费:	龙船、鹰师、甲士、纤夫,基本具有私人性质。

上述数据可能出现误差的几个原因:

1. 统计计算误差

2. 资料来源差异

3. 数字本身笼统

大业初,炀帝准备巡游魂牵梦萦的扬州,太府少卿何稠主管制造皇家专用车辆旗帜,百官礼服、仪仗及禁卫部队制服,所役工十余万人,用金银财物巨亿计。事后,炀帝委托兵部侍郎明雅、选部郎薛迈等主持对工程所有往来的明细进行审计,簿册堆积如山,会计人员经过数年才完成查帐,核实毫厘无舛。《隋书·卷68·何稠传》P191。这显示其在重大工程项目管理中良好的管理水平,可以认为当时已具有比较固定的一套核算管理制度,不过随机性很大,因为采购、运输、设计、营建规模、工程效率等样样都涉及成本,而帝国作为买方一般不计成本。于是一个项目的效益管理处于何种程度,完全取决于个人,如果立项合法,管理也不受干扰,任命了恰当至少是懂行的管理人,国家的支出就会减少,同时国民收益的也会相对稳定,至少纳税人没有特别明显在被掠夺的同感。因为国家经济的设计为此消彼长结构,皇帝以需要而不是以储备来决定开销,当时固定的预算制度并未形成,凭个人一时兴趣而立项的情况很多,为满足君王,经办者总是愿意尽可能多支出,使营造看起来爽心悦目、制造精良,使用安全,除帝王事先有约束,帝国所有营造都超出预计,事事倾向于奢侈浪费。但这也有一个意外的好处,问题工程很少见记载。

上述舆服器具羽仪制作是出于公共目的,"今天下大定,朕承洪业,服章文物,阙略犹多,卿可讨阅图籍,营造舆服羽仪。《隋书·卷68·何稠传》P191。土木工程有几项也不是为皇帝自己一人享用:1. 修公路 2. 运河 3. 修复长城,4. 东都(受他人蒙蔽,因为章仇太翼说雍州不利于他。这是当时最高级甚至神圣的知识。任何一个人都可能采取炀帝这样趋利避害的行为。)仁寿四年十一月,诏建东京,因为汉王起兵时,山东州县一度沦陷,实由关河悬远,兵不赴急。况复南服遐远(陈故地),东夏(北齐故地)殷大,因机顺动,今其时也。《隋书·卷3·炀帝纪》P10。上述四项,有的是在皇帝主观上,有的则是在客观上,均具有重要的经济与军事用途。皇帝对宫苑的奢好一向令人深恶痛绝，"帝无日不治宫室。"《资治通鉴·卷181·隋纪五》P1201。通常断定为完全无益乃至疯狂之举，一个贬低炀帝的传言说，此人大业五年后开始疏远长安是出于一个噩梦，在梦中看到他已故的兄长杨勇全副武装率领一队士兵出现在大兴城，"问杨广何在？"一直试图捉拿他。于是前往洛阳，从此没有回到长安。《雍录·卷弟三·大兴城》P50。尽管批评不断，炀帝的决心不减，张衡尽管曾为炀帝即位不择手段，也由于对各地不断兴修宫室持有异议，由御史大夫贬为愉林太守，612年（大业八年）被处以极刑。不过盛怒之余，仍可以找出炀帝行宫的合理之处：

1. 处深宫之中，不与百姓相见的前代君主总是速亡。

2. 全国各地气候差异，君主尤其是有大量随行高官不少年事已高，在露天居住不利于健康。

3. 在行宫内更容易保护，也就更安全。取消行宫而提高警戒等级的成本并不一定低于行宫制度。当时社会治安严峻，行宫虽暂时投入高，从长远观点来看，降低了保安成本。

4. 行宫具有相对完善的设施，给生活提供方便。其存在令出行不再仅仅是痛苦、风险与奉献之旅。可从民风民俗山川地貌中获得知识与乐趣。开阔视野，亦可从实际的踏勘中获得真实感。

缺点：一次性投入高，利用率低，需要长期维护。

总之，既尝大斗拔谷的艰辛，又历雁门之危难，并没有使杨广放弃遍访四方的雄心。修筑行宫所费不菲，与国家从中之所得相比，还是利大于弊。如果这笔钱象文帝时的大米一样，李氏唐朝时仍安然无恙地存放在国家的仓库中，而炀帝只是个安于现状、墨守成规、脱离时代的深宫梦游者，那才真是得不偿失。大多数民众并不知道他的想法，在他们看来，登基不久的炀帝忘乎所以，大业元年全年理论上共动用了约 31000000 人，东都工地 30000000，通济渠一百万，邗沟十万人，显仁宫人数不详。三千一百万已经逼近当时全国人口总数，约为三分之二。旁观的老小缧弱、现役军人、公职人员中不少人会以为国家不能在法定范围得到同等数额的力役对象，除了违背均田制规定的丁男年力役二十天的约定别无他法，而且官方违约情况还确有记载：大业十二年在毗陵郡东南筑宫苑时，使用的是集十郡兵数万人。《资治通鉴·卷183·隋纪七》P1215。不过，违背均田制细节并不等于一切皆不合理，作为一种权宜之计，合理雇佣一方面满足国家之急需，另一方面可缓解国家库存压力。当然，无法回避的是，任何社会中身份的差异、力量的强弱，智力的高低以及制度运作时的弊端往往令一批最诚实居民的个人利益最容易被国家需求侵害,其中不乏有人迫于压力在尘土飞扬的工地、危机四伏的路段日复一日地无偿劳动,一些狡黠的官吏少报、虚报出勤统计数的情况也在所难免。

国家公用建设项目被错误地渲染为个人的情绪化行为,少数项目的盲目性及建设实施中出现的暴虐、浪费每天都在对国家权威加深敌意,累积风险,最终令某个具体的人妖魔化。

值得注意的是,尽管炀帝是在大业五年前完成了他最主要的土建工程,其他方面似乎没有被耽误,下面的统计数字给陛下带来的是令人振奋的信息:炀帝嗣位,平林邑,置三州;五年,平定吐谷浑,置四郡;五年前后的经济地理显示,全国郡一百九十,县一千二百五十五,户八百九十万七千五百四十六,口四千六百一万九千九百五十六。垦田五千五百八十五万四千四十一顷。东西长九千三百里,南北万四千八百一十五里东南皆至于海,西至且末,北至五原。隋氏之盛极于此也。《隋书·卷29·地理志》P106。隋文帝受禅时,有户三百五十九万九千六百四,至开皇九年平陈,得户五十万,及至是(大业二年)才二十六七年,直增四百八十万七千九百三十二。《通典·卷七·食货七》P75。炀帝以户口浓盛,批准"男子以二十二岁成丁"。《隋书·卷二十四·食货志》P91。上述数据具有很高的真实性,只有垦田数是个例外,55854041 顷,以开皇官尺一尺合 0.2958 米计,按隋一步合六尺,一亩合 240 平方步计算,隋代每亩折 1.133 市亩,总计合 63.27 亿市亩以上,它远远超过中国 1996 年耕地 19.51 亿市亩,这显然是一个不可能的数据。梁方仲《中国历代户口、田地、田赋统计·附录·中国历代度量衡变迁表》P540—547。隋国家的整体富足可能只是描绘性质的,至少只是一个局部现象,人口总数增加并不是经济富裕的标志,城市尤其是都市的繁荣也不意味着普遍的幸福。四年八月,炀帝至涿郡及祠恒岳时,当地父老前来谒见者多数衣冠不整,炀帝大为不满。《隋书·卷 56·张衡传》P167。这群衣衫褴褛的欢迎者估计不是故意选出来的,国家的繁荣和人民的富裕并不总是同步。国家原始积累的财富大量集中于专制政府的管控之下,而所有的营造与财政支出都可以通过临时征发、少付钱或不付工资,无偿占有国人财物以及罚没等获得,国家相对稳定使得各行业得以从事生产也是一个原因。隋国家问题的症结不全在炀帝的国家庞大的财政支出政策,而事关因战争失败而丧失殆尽的国家威信,在此前提下,人民看到一向由国家权威维护的均田制、兵制、司法体系、人身安全正与他们的期望渐行渐远,绝望的心情迅速蔓延,在此状况下,任何制度都无济于事。

5. 父子共同的事业

1）运河

京杭大运河其自北京,迄于杭州。隋主以渭水多沙,深浅不常,漕者苦之。"开皇三年{公元584年六月,诏太子左庶子宇文恺帅水工凿渠,引渭水自大兴城至潼关,三百余里,名曰广通渠。《资治通鉴·卷176·陈纪10》P1165。三年后又开山阳渎,以通运。杨坚、杨广父子不顾反对及预算昂贵开凿共同完成了京杭大运河、南北大运河。这里用太子属官从事将作大匠的职事。

2）离宫别馆

杨坚的代表作是仁寿宫,炀帝则以汾阳宫为荣。

（1）自豫州至京师八百余里置十四顿。顿有别宫,宫有正殿。顿指停留之所,间隔约九十里建别宫,密度基本相当。

（2）自东都至江都二千余里,树荫相交,每两驿(三十里置驿)置一宫,为停顿之所。沿途兴建约三十三宫。

（3）自京师至江都,离宫四十余所。与前者密度相似。

（4）杨坚建相州伽蓝、译场、舍利塔、五岳僧寺。炀帝为佛教场所营建花费亦不少。

（5）仁寿二年,杨坚为太陵完工大肆赏赐主管杨素,大业三年六月,炀帝下令为其父另建庙宇。

（6）杨坚修复鲁班故道,杨广御道(或驰道)规模更大。

（7）龙船队

两位皇帝都有他们的超级船队,杨坚伐陈舰队中最高的船有五层,容士兵八百人。炀帝的龙船队一行4698艘,这些船应该是统一定制的新船,因为船按不同规格建造。

（8）修长城

两人各自修筑的距离没有准确数字,炀帝时代似乎更为强大,因此更注意改善国内交通与人居环境。隋文帝、隋炀帝共建了三个城市,前者营新都大兴城,西苑可以算是一个花园城市,考虑到炀帝强烈的唯美主义倾向,西苑的装修费用可能不下于建一个城市。按均田制设置,皇帝年动员的最高人力总量与实际用量比较已经过量,但如果存在一个活跃的人力市场,消化大量的闲散劳动力同时使一些便民惠及后世的工程得以完成,那杨坚的储蓄与炀帝大笔支出就具有内在而且必然的联系。

（10）开皇十九年,为启民可汗筑金河、定襄城二城。《隋书·卷74·赵仲卿传》P203[4]。

(11) 隋西京与东京规模：

开皇二年,隋文帝修筑大兴城,分宫城、皇城(子城)、外城,大兴城总面积约八十余平方公里,历史上首次将宫室、官署、商业区、民居分区规划,皇城比宫城稍大,两者之间有一条横街,宽三百步,约合442米宽。外城与前两者一样呈矩形,但面积约相当两者总和的4.5倍,宫城、皇城处于中轴线以北,外城处于线以下,民居、作坊、商业区、风景娱乐区、寺庙等在外城,城市有比较合理的给排水系统,其军事防御功能被优先考虑,整座城都在坚固的城墙以内,它的建成改变了两汉以来民居与宫阙混居情况,具有高标准规划水平。大业九年三月,炀帝发丁男十万续筑大兴城,真正完工要到唐朝。

大业元年,炀帝在洛阳故王城东营建东京。城市规划同样为分宫城、皇城、外城三部分,可能是出于对父皇的敬重,东都规模略小于大兴城,但城市仍由宇文恺督建,因为有了大兴城的模板和经验,且当时国家经济实力空前,炀帝亦有奢华倾向,因此此东京建筑比大兴城内更为宏大壮丽,令人耳目一新。《隋书·卷68·宇文恺传》P191。至唐长寿二年(693年)增筑外郭城,形成整体规模。

1. 东京大城：周回七十三里一百五十步。西拒王城,东越瀍渊,南跨洛川,北逾谷水。

1. 皇城

2. 宫城：东西五里,南北七里

一、东都同期主要建筑与配套工程

街：　　　16 条

坊：　　　131 个

人工渠：4 条

桥：　　　9 座　浮桥 2 座。

大道：　　1 条

门：　　　38 座

重楼：　　11 幢。且民坊一般为多层楼。

华表：　　10 座

宫：　　　2 座

仓：　　　1 个。分东、西两部分。

道场：　　2 个

城：　　　2 座

石泻：　　1

殿：　　　7 座。

院：　　　5 座。

仰观台：2 座

二、炀帝新开发的营造

1. 人工园林,西苑周二百里,其中

宫：5

市：2

里：3

门：1

渠：1

殿：1

池：1

海：1

桥：2

亭：3

观：2

台：2

山：3

院：16

2. 为启民可汗置城造屋。

1. 石泻,前后用工四十万。

三、两代君主赏赐比较

1. 隋文帝即位以后：

1) 住宅：①行宫一所以为庄舍。②宅一区。

2) 土地：140 顷。

3) 人口：①部曲八十户。②吴乐一部。③鼓吹一部。④女乐一部,又女乐五十人。⑤女妓 14 人。⑥后宫四人。⑦公主二人。⑧奴婢 2187 人。注意：女乐即歌舞伎,一列八人。

4) 动物：①官牛 5000 头。②牛羊 1000 头。③羊 3000 只。④马 1841 匹。

5) 粮食：①粟麦 2000 石。②米麦 1000 石。③米粟 11000 石。④粟 28500 石。⑤麦 100 石。⑥米 14400 石。注：粟即小米,米指稻米,属细粮。

6）钱币：①838 万贯。

7）贵金属：①黄金 236 斤，又 100 挺(量词,通脡,意为直。或条？具体重量多少不得而知。)。②银 213 斤,又 100 挺。

8）织物：①物 141250 段。②缣 56400 匹又 3500 段。缣彩 300 匹。③彩物 4300 段又 500 匹。④杂彩 3300 段。⑤布绢 1200 匹。绢 15900 段又 11050 匹。⑥锦绢 8000 段。⑦锦 1000 段。⑧绫锦 500 段。⑨绮罗 1000 匹。⑩帛 5400 匹。

2. 炀帝即位以后：

1）住宅：①东京甲第一区。

2）土地：①宅旁田三十顷。

3）人口：①妓妾 20 人。②女乐 50 人。③女乐一部。④女妓 40 人。⑤奴婢 535 人。

4）动物：马 466 匹。

5）粮食：①米 1700 石。②粟麦 9000 石。③米麦 6000 石。

6）钱币：40 万贯。（一千钱为一贯）

7）贵金属：黄金 6.25 斤

8）织物：①物 282250 段。②缣 18700 匹。彩缣 12000 匹又 600 段。③杂彩 1100 段。④绢 7600 匹又 6000 段。⑤绮罗 1100 匹。⑥帛 6400 匹。

赏赐数额、物件不详者未计入总数。杨坚的赐物从 581 年统计至 604 年,共二十四年,杨广自 605 年统计至 618 年,共十三年。隋文帝时代获赠人共 81 位。炀帝时代 31 位。杨坚时期更频繁,炀帝出手最为大方的一次是大业三年,他虽然拒绝启民要求变服饰,一同华夏的请求,但盛情设宴款待启民及其酋长三千五百人,一次赐物二十万段,这是史无前例的,既具有安抚启民等的作用也像是在炫耀财富。总数虽然惊人,假设平均分摊给赴宴的全体嘉宾,每位仅五十七段,不是平均分配的可能性更大。隋国家收入的五大来源：1：赋税。2：农牧收入。3：战争掳获。4：资源收入。5：罚没。北周、隋的财富很大部分不是创造出来的,而是兼并掠夺性的财富,这一批暴富者虽然是以占有而不是满足市场需求为主,也可以造成社会购买力过剩,市场需求旺盛的假象。这里提供几种物价比：一匹绢相当于 750—900 文钱。丰年时一斛粮食的价值约 9—35 钱。马一匹二万钱左右。羊 1500 文,牛 30000 钱,一等品锦价一匹合 8000 文,黄金一斤 100000 钱。锦与绢的换算：一等品锦一匹合绢九匹,二等七匹,三等四匹。王仲荦《金泥玉屑丛考》。可以看清公职人员正常的职务报酬与特殊贡献有时差异巨大,当时隋受薪阶层中,年薪收入最高者 900 石。京官正一品 900 石,以下每一等减 100 石,至正四品,是为三百石;从四品为 250 石,以下每等减 50 石,至正六品 100 石,从六品为 90 石,以下每等减 10 石,至从八品,为 50 石,食封及官不判事者以及九品官都无俸禄,官吏春、秋二季给禄,即年禄分两次给完,实际上是预支。刺史、太守、县令则计户给禄,各以户数为九等之差,大州六百二十石,其下一每四十石为差,至于下下州,则三百石。大郡三百四十石,其下每以三十石为差,至于下下郡则一百石,大县一百四十石,其下每以十石为差,至于下下,则六十石。其禄唯及刺史二佐及郡守县令。《通典·卷 35·职官十七》P513。皇帝通过慷慨赏赐鼓励为朝廷优质服务的人,开皇九年,因杨素参与征服陈国立功,一次赏赐一万石粮食,这相当于本国最高收入者 11 年的俸禄。《隋书·卷 48·杨素传》P154。

6. 对公帑的理解

大业五年正月制:民间铁叉、搭钩、槊刃皆禁绝之。这包括看起来象兵器的一切金属器具,这道以国家安全为重的禁令正好覆盖了公私财产界线。公私财物不能明确划分的原因不在于国家是否知道未来的需求,无法规范必要的预算。而在于国家习惯于以强迫的方式对所有权的经常性确认,并且不在乎民间可能引起的抱怨。新即位的隋炀帝希望君臣焕然一新,大业二年,课州县送孔雀山鸡等羽毛,犀牛角象牙鳄鱼皮之类可用于制作饰品的一切物品。由于规定限期缴纳,百姓先是合家大小四出寻找鸟兽,由于短时期需求巨大,动物本不多或者因为受到惊吓四处逃散,酿成一场严重的生态危机,仍然有大量无法完成任务的人不得不转而向蓄积丰富家庭高价购买,毫无疑问地导致物价暴涨。"其价腾踊,是岁翟雉尾一值十缣,白鹭鲜半之。"《隋书·卷 24·食货志》P91。皇帝陛下可能一点也没有意识到他在加税有些不适应变得的人因此会改变人生。大业三年炀帝北巡经过代州辖区,州刺史丘和为炀帝准备了精工细作的大量佳肴,但是在朔州,刺史杨廓"独无所献"近似于怠慢,炀帝马上任命丘和为下一站博陵郡太守,让杨廓也前往博陵,意思是让他仿效丘和的后勤补给模式,结果炀帝在博陵过得十分惬意,大饱口福之乐,丘和不惜工本显然达到了效果,他的成就刺激了沿路各地方政府首脑,于是献食者竞为华侈。《旧唐书·卷 59·丘和传》P279。这笔要由地方负担的开销,尽管皇帝后来陆续以免租调的方式予以了补偿,但此事还是凸现他对国家财产与私人财产概念相当模糊,不过他对杨廓的行为似乎没有采取过激行动,可能只是埋怨此人过于呆板,不懂得如何拓宽公廨钱的用途。大业六年,因为缺乏军马,课天下富人量其资产出钱购马,以补足原先编制的马匹数量缺口为准。看起来像临时应急征税，实质上更像是在索要，征收对象是笼统的富人，大大提高了官府对征收对象的随意性。大业十一年十月，计划在江都造龙舟。由于龙舟是由官府按个人经济贫富情况摊派到相应家庭去做，以至不少被过高评估家产摊到重负的人因此一下破产。参阅《炀帝开河记》。定仪卫所需要的羽毛，购买军马，制造龙舟等本改该由国家国防拨款支付，却基本是无偿地转嫁到居民头上，具有浓厚的勒索性质。"炀帝即位，户口益多，府库盈溢，乃除妇人及奴婢、部曲之课。男子以二十二岁成丁。其后将事辽、碣，增置军府，埽地为兵，租赋之人益减。又频出朔方，西征吐谷浑，三度讨高丽，飞刍挽粟，水陆艰弊。又东西巡幸，无时休息，六宫及禁卫从常十万人，皆仰给州县，天下怨叛，以至于亡。《通典·卷五·食货五》P54(参阅《资治通鉴·卷192·唐纪八》。贞观二年正月)。临时性的征召败坏了国家信誉，最坏的是没有节制。但是炀帝可能立即反驳，他所做的是兴盛、捍卫国家，这些子民将会为自己的预付受益。

险象环生的征收体制与支出环节是相称的，皇帝支配财产有时有特定对象，大业三年三月，大赦天下，关内(关内指函谷关、潼关以西，王畿附近，亦称关中，而两关以东地区称关东。)给复三年。《隋书·卷3·炀帝纪》P11。大业四年正月，赐予东都城内居民米各十石。《隋书·卷3·炀帝纪》。大业四年八月，车驾所经郡县免一年租调，大业四年八月诏免长城役者一年租赋。五年六月陇右诸郡给复一年，行经之所给复一年。P11。大业四年，帝欲大汾阳宫，令张衡与纪弘整具图奏之，衡承间进谏：比年劳役繁多，百姓疲敝，伏愿留神，稍加折损。帝明确表示不满。《隋书·卷56·张衡传》P167。元德太子杨昭死后，朝野的目光转向齐王暕，咸以暕当嗣。帝又使吏部尚书牛弘精心挑选官属，公卿由是多进子弟。次年转杨暕任雍州牧，寻徙河南尹、开府仪同三司，元德太子左右二万余人悉隶于暕。人数随机而且不确定，随皇帝的喜怒增减，一切开销来自国家，这必然是国家一笔沉重的开支。大业十年，车驾将自西京前往东都洛阳，太史令虞质站出来反对，认为对高丽的数次战争无论是对国家声誉还是府库都消耗巨大，应该在三到五年之间尽可能减少一切开销，待国家资源充裕，再计划相应活动。他当时的意思是巡省既非急务也无必要，"比岁伐辽，民实劳弊。"这是实事求是的意见。皇帝应该镇抚关内，专注于努力发展经济尤其农业。虞质反感辽东战事，大业八年的合水令虞质、九年的太史令虞质就曾以不同身份，以相同的意见反对炀帝亲征，他内心希望经过几年的搁置，国家对辽东问题或有更好的预案，或者皇帝注意力完全转移，他胆敢坚持主张自己意见并以疾病为由拒绝陪同出巡，代价极其沉重：帝大为不满，下令逮捕入狱，丢了性命。《资治通鉴·卷182·隋纪六》P1213，《隋书·卷78·虞质传》P212。虞质意见中的"民实劳敝，……三五年间，四海少得丰实"的言论与一些有关国家财富的记载并不一致，如果不是他危言耸听，就是国家实际经济状况比传言中的差很多，根本不是有半个世纪以上的储备王朝。

隋国家最主要的储备分藏中央和地方府库，"隋氏资储遍于天下。"《通典·卷7·食货7》P81。炀帝即位时，户口益多，府库盈溢，甚至有所藏粮食可供五十六年之用的说法。《隋书·食货志》具体载有大业二年十月置洛口仓，容积约二千万石，十二月置回洛仓，容积约二百万石。所有粮仓直接受皇帝管控，必须指出的是常规的社会救济并不在国家预算内，"会辽东之役，百姓失业，又属岁饥，谷米踊贵，张须陀将开仓赈给，官属咸曰：须待诏敕，不可擅与。须陀曰：吾以此获罪，死无所恨。先开仓而后上状，帝知之而不责也。《隋书·卷71·张须陀传》P197。张须陀的个人行为可能不是孤立的，但绝对不是普遍的，也不是合法的。大业十二年马邑太守王仁恭面对灾民，没有下开仓赈灾的命令，结果被造反的人当作借口而杀。杨坚时代并不轻易动用国家库存粮食，开皇十四年大旱，杨坚不许赈给，令百姓就食山东。《资治通鉴·卷192·唐纪八·贞观二年正月》P1289。而炀帝则默许了张须陀擅自开仓的行为。一些针对特定人群例如老年人群福利救济举措存在制度缺失，因为君主的关注具有随机性，往往是不定期的，大业五年十月诏：朕永言稽古，用求至治。是以庞眉黄发，更令收叙，务简秩优，无亏药膳。庶等卧治，仁其弘益。今岁耆老赴集者，可于近郡处置。《隋书·卷3·炀帝纪》P11。头发、眉毛花白的老年人要有衣食医疗保障，不过诏书听起来朝廷没有专项资金安排，是要求当地政府支付这笔开支，但地方如何解决资金问题并无明确安排，或者加税或者得到的待遇大打折扣。

国家的另一种财产——自然资源原则上归属国有，它们的天然价值经常容易引起权属争议，导致贵金属金银和重要金属铜容易被盗采，大业初，工部尚书宇文恺、右翊卫大将军于仲文竞争河东银窟管辖权，遭到尚书左丞郎茂弹劾，他的基本立场是"贵贱殊礼，士、农异业。"结果二人被判有罪。《隋书·卷66·郎茂传》。这个判决荒谬，因为工部尚书主管国家营造，争取银矿归属与其职掌有关。但是皇帝经常任意将这些资源奉送给自己在意的某个人，形成严重的货币管理瓶颈，大业以后的货币政策相当失常，"多私铸，初每千犹重二斤，后渐轻至一斤。或以剪铁鍱裁皮糊纸以为钱，相杂用之，货贱物贵，以至于亡。《隋书·卷24·食货志》P92。货币贬值现象严重，人民对国家信用丧失信心，失控的局面直到隋室灭亡，落后的货币思想与造币技术共同导致了这种灾难性的后果。

这还不是唯一的技术盲区,道士潘诞自称年满三百岁,以此迷惑了新君,大业二年,奉命为炀帝合炼金丹,帝为之作嵩阳观,位视三品,常役数千人,凡六年,丹不成"。大业八年正月,被炀帝所杀。《资治通鉴·卷181·隋纪五》P1205。虽然在制定婚姻法时法律家认同了女性十四岁天癸至,即生理成熟的医学观点而制定了婚龄法定下限。《黄帝内经·素问·上古天真论篇第一》。但对人寿上限的科学论断软弱无力,屈服于想象力,所以出现在当时人看来这样摇摆不定乃至事与愿违的结局。难以全面理解征兆也是国人的苦恼,它从未没有因为全民参与发生质的更新。技术盲区大量存在无疑是政治上歧视技术的一个恶果,耿询从其所擅长设计制造中获益,从其所不擅长的政治活动中受害;潘诞错误的技术则不能因为炀帝虔诚而超过预期。杨坚、杨广两代君主对技术不同态度的真实反映并不直观,因为尽管后者本意并不是促进技术进步而是从高度的享乐意境中判断技术是非,客观效果却更好。波斯帝国的伟大君主大流士一世(前558—前486)统一帝国货币时规定皇帝、行省、自治市按行政权力高低区别分别享有铸造金币、银币、铜币的权利,这在中国从未出现,似乎与中国金银等贵金属开采量关系不大,而涉及中国传统家庭型的小规模农业经济体制。

7. 金融管理

设置公廨钱,利用它获得的利息、利润等,作为办公费用,在北周是合法的。北周公廨资金有严格管理,周摇在北周武帝平齐后为晋州总管,时杨坚为定州总管,妻子独孤氏自京师探望丈夫杨坚,途经周摇辖区,款待相当俭约,生性耿直的周摇解释说:公廨甚于财富,限法不敢辄费。又王臣无得效私,……。因此在杨坚朝廷深得赏识。《隋书·卷55·周摇传》P165。周摇公私分明、奉公守法的行为显然受到杨坚的尊重。公廨钱是国家配置的一笔专款,而不是从公款中挪用出来的款项。隋沿用了公廨钱制度,但误被认为是因为在隋初"百僚供费不足"不得已采取的措施。"京官及诸州并给公廨钱,回易取利,以给公用。《隋书·卷24·食货志》。京官指的就是台、省、府、寺等。隋公廨钱的管理中的问题却不是周摇例子中反映的那样正面。开皇十四年,工部尚书苏孝慈以"官民争利,非兴化之道。上表请罢之。请公卿以下,给职田各有差。"上并嘉纳焉。《隋书·卷46·苏孝慈传》P151。这是纯属伦理的视角和过虑的心态。另一种记载显示苏孝慈指出了具体问题,认为,"所在官司因循往昔,以公廨钱物出举(即放贷)兴生,唯利是求。烦扰百姓,败坏风俗,莫斯之甚。于是奏给地营农,回易取利,一皆禁止。《隋书·卷24·食货志》P91。苏氏的意见并未得到采纳(没有采纳错误的意见),一方面是因为需要,另一方面是文帝对周摇可能仍记忆犹新,使用得好的公廨钱是有益无害的。隋书的记载中，废止公廨钱与推广职分田看起来成为因果关系，其实是两个不同的问题。开皇二年令规定，普通人永业田、露田数量按年龄、性别等授予，在职内外官员的永业田与品级相称，最多一百顷，最少四十亩。此外，一品京官给职分田五顷，五十亩为等级差，九品为一顷。内外官也给职分田，内外官署又给公廨田以供公用。这些都有明确概念，并得到确认，说明职分田与公廨田已经存在。唯一的问题是并未按数量分配，而只在少量地区施行。职分田即职田，也称禄田，田秩。北魏起按官职品级授给官吏作俸禄的公田。隋京官、外官，都于世禄田外给职分田。最高的一品官给田五顷，最低九品官给一顷。《隋书·卷24·食货志》P90。公廨田是根据政府级别高低给田多少，用于各级官府以租金包括实物作为办公费的公田。所以文帝虽然对苏氏建议表示理解、鼓励，其意见并未得到采纳、贯彻，十七年（597年）十一月诏书"在京及在外诸司公廨在市回易及诸处兴生并听之，唯禁出举收利云。《隋书·卷24·食货志》P91。禁止利用公廨钱放高利贷，正常利息还是合法。秦王杨俊"出钱求息"曾遭到审查，这可能与他的亲王身份及奢侈罪的影响有关。《北史·卷71·隋宗室诸王传》P263。现代人可能完全不理解国家为何不将各级政府办公经费大致固定下来，更便于统计、管理。就公廨田而言，由于劳动效率与劳动产量可以因被雇佣者的不同或者自然灾害的轻重大相径庭，利息与租金的收入可能相当缺乏透明度，与公廨钱一样产生腐败现象，官府可能强制租赁，并超标准收取年租以及隐瞒收入等，职分田也是如此。因为当时国家并无相关租税标准，也很难硬性规定一致的标准，经济发展水平不同的地区收益差异很大。被雇佣的劳动力价格不是以市场需求而是以社会身份、地位决定。在一个官民从属关系明确而且权利悬殊严重的社会，劳资双方人身关系完全不平等，而造成此原因的根源还是货币制度相当零碎。

新货币是新国家的重要象征，经典政治思想中，旧币应该随时代一起消失，而代之以新币，就象罪过被美德取代一样。"高祖既受国祚，更铸新钱，文曰五铢，重如其文，每钱一千重四斤二两。诏行新钱，以前代旧钱有五行大布、永通万国及齐常平，所在用以贸易不止。开皇元年九月的诏令中申明五铢钱是全国唯一法定流通货币，古钱、私钱一并废除之，关津张贴标准钱样，不合者不准流通。文献记载中没有看到可以用旧钱兑换新钱的法令，如果实际上也没有过，那无疑是掠夺。虽然铜币价值有限，但民间私人手中可能总存量巨大，由于隋政府没有给时间也没有机构为民间个人办理兑换，所有旧钱将一下变成废品。所以，马虎的新朝尽管可能不知道自己的货币政策多么霸道，人民眼中的该政策本身仍是蛮横而无法接受，理所当然遭到强烈反对。当局的处理办法是变得更冷酷、暴力。开皇四年诏：乃依旧不禁者，县令夺半年禄。然百姓惯用已久，尚犹不绝。五年正月诏又严其制，自是钱货始一。所在流布，百姓便之。强制的办法终于令旧钱不再流通。政府面临的下一个问题是伪币制造者，"是时，见用之钱皆须和以锡镴，锡镴既贱，求利者多私铸之钱，不可禁约。……其年诏乃禁出锡镴之处，并不得私有采取，十年乃下恶钱之禁，京师及诸州邸肆之上皆令立榜置样为准，不中样者不得入市。"私人制造工艺粗糙，质量不稳定，但是，国家币制的另一个弊端也冲击了货币流通领域，特许经营的造币机构即藩王们的私人性质的造币机构由于没有统一严格的造弊标准，设备，材料及技术保证，也不断生产出劣质币，并畅通无阻、合法地进入流通领域。开皇十年，"诏晋王听于扬州立五炉；十八年诏，汉王谅于并州立五炉铸钱，晋王又听于鄂州置十炉铸钱，蜀王秀亦被允许于益州立五炉铸钱，是时钱益恶滥。（十八年以后）乃令有司括天下邸肆，见钱非官者皆毁之，其铜入官。"于是在商铺酒店、商业活动繁忙的集市等中经常可以看到一个场景：大批全副武装的官兵突然出现，人们纷纷惊惧逃散，查抄没收伪劣币很快大量堆积，首都等地都有一些持私铸货币交易的人被逮捕乃至被处死。《隋书·卷24·食货志》P92。经过几年加大力度管理，私铸现象有所遏制。行政方式规范经济行为当然是最常规也是最传统的，但总体而言办法不多，特别由于技术落后，货币制造、流通中问题尖锐，由于控制伪造不力，国家信誉严重受损，防伪技术无法跟进，国家基本的商业贸易正常进行变得举步维艰，这是国家的硬伤，人民持币的交易动机和预防动机因此也必然大打折扣。

货币政策的传导机制是货币供应量，现代货币理论认为，货币供应量的年增长率应该等于实际国民收入增长加上通货膨胀率，从而基本保持货币供需平衡，帮助有效生产和交易合理。隋国家实际采取的政策与之对比之下，从君主到各级官员均无以言对，中央政府在主张货币供应权时忽冷忽热、断断续续，从技术上保证质量上显得困难重重。国家没有一个货币管制中心，货币投放量的决策不是出自预设的主管部门而是随机出现的个人。决定数量的不是市场与技术的需要，而是政治热情与对习惯的记忆与仿效。至于国民收入，通胀率以及如何保障适当的货币供应量均不在国家考虑之列。可以相信，杨坚积累大量财富中主要是实物，由于未能及时转入货币的储备形式进而方便地参与再投入——收益的良性循环过程，国家亦无市场性质的商品化流通渠道，如国营商店来经过销售——收购的过程来更新替代、优化府库存量，国家库存的持续积累，对不断增加的保管仓储费用，尤其是物质的腐烂变质等问题的考虑都有可能是日后炀帝时代奢侈特别是军事、土木工程、造船业、宫廷等方面开销惊人的原因之一。

8. 国内贸易与边境贸易

杨坚登基后给刘昉的报酬是进柱国,改封舒国公,这算得上是惩罚性任命,因为导致"闲居无事,不复任使"。不久,因歉收京师粮食严重短缺,皇帝下令禁酒,昉倚仗对杨坚的理解,使其妾公开租赁房屋,"当垆沽酒",遭到治书侍御史梁毗劾奏:臣闻处贵则戒之以奢,持满则守之以约。……何乃规曲蘖之润,竟锥刀之末身昵酒徒,家为逋薮?若不纠绳,何以肃厉!"建议被皇帝拒绝。《隋书·卷38·刘昉传》P136。这不可能是刘昉(死于586年)享有特权,虽然开皇三年已经解除国家盐、酒专营。不过根据特殊情况,对罢酒坊的政令临时作了修正,私人也不准酿酒。梁毗着眼于批评刘昉的道德,不料皇帝特意下诏任其所为,这既可以理解为他仍在感激刘为他登基所做的一切,也可将此视作杨坚对商业活动的宽容,因为刘昉不是孤立的例子。元孝矩子元褒开皇三年任原州总管,有个商人被盗,他怀疑是同宿者所为,自行讲其扭送官府,元褒根据对嫌疑人审讯,知道是一个错误,将其无罪释放。商人诣阙告元褒受贿枉法裁判。杨坚遣使对此事彻查,元褒被带到首都,元褒一直没为自己辩护,被判免官。后来真正的罪犯被异地擒获,杨坚将一个商人利益与一个重臣前途等量齐观,说明他对商业的认识并不传统。《隋书·卷50·元褒传》P158。冀州地区民风强悍,市井多奸诈,刺史赵煚特意制作铜斗铁尺为标准衡器安置于集市,极大地方便了民众。皇帝很赞赏这个创意,要求全国各地仿效,以为常法。《隋书·卷46·赵煚传》P150。全国适用的商业或市场规则当时可能极度匮乏,杨坚却仍愿意支持商业和市场发展下去,他的一些重臣与他的意见并不相同,朝臣苏威曾对临街经营发难,"以临道店舍,乃求利之徒,事业污杂,非敦本之义。遂奏高祖,约遣归农,有愿依旧者,所在州县录附市籍,仍撤毁旧店,并令远道,限以时日。"时值寒冬,被强制拆迁的人苦不堪言,却"莫敢陈诉。"治书侍御史李谔反对这种脱离实际的主张,认为"四民有业,各附所安。逆旅之与旗亭(即酒楼),自古非同一概,即附市籍,于理不可。且行旅之所托,岂容一朝而废,徒为劳扰,于事非宜。遂专决之,并令依旧。"杨坚站在了李谔一边。《隋书·卷66·李谔传》P185。苏威是隋国主要决策者之一,他的意见遭到冷遇,杨坚虽然专制,在做出判断时并不盲从权威(杨坚在纷争中第三次接受了正确意见)。炀帝为太子时,与宇文述长子、太子仆宇文化及关系亲密,化及"常与屠贩者游,以规其利。"《北史·卷79·宇文述传》P284。"刘昉性粗疏,溺于财利,富商大贾,朝夕盈门。《隋书·卷38·刘昉传》P136。他们并未必因此而受到处罚,可能与当时正在形成商业氛围有关,国家的发展需要市场,这又必然增加政府廉洁的难度。卢贲是杨坚赢得执政位置的主要支持者,他在担任齐州刺史时,却由于"民饥,谷米踊贵,闭人粜而自粜之,坐除名。(大致在开皇十一年之前。刘昉于开皇六年,郑译于十一年先后去世。下诏与仪同杨庆和删定音律之后,时间未确定。)《隋书·卷38·卢贲传》P137。显然不是因为卢氏的赢利行为而是因为以权谋私遭处罚。他亲自抛头露面,目标明显,对于那些与商人优势互补、出卖信息、提供保护的官员,有效的制约不多。赵行枢(时间不详)本太常乐户家,家财亿计。宇文述(逝世于炀帝大业十二年,公元616年)谓为义子,受其赂遗,称为骁勇,起家为折冲郎将。《北史·卷79·宇文述传》P28。宇文述寻租的方式经过转折,变得隐蔽,难以摘奸发伏。人们一方面轻视经商获利,一方面歧视穷人,崔子元担任过齐燕州司马,子崔廓却因为少孤贫而母贱,由是不为邦族所齿。《隋书·卷77·隐逸·崔廓》P210。从另一视角,繁荣的商业已经孕育越来越多的富裕者,其地位从主观和客观上都在改变。赵元淑不治产业,家徒壁立,后数岁,授骠骑将军,将之官,无以自给(路费没有着落)。宗连曾仕北周为三原令,当时已是长安富人,"家累千金,有季女,慧而有色,连独奇之,每求贤夫,闻元淑如是,请与相见。"宗连非常低调地对赵说:"鄙人窃不自量,敬慕公子,今有一女,愿为箕帚妾,公子意何如?"元淑同意出任女婿的同时成为富人。《隋书·卷70·赵元淑传》P194。贫穷不是问题,身份、职业才带来麻烦。按照工商不得仕进的规定,宇文述上述行为实属违法。杨坚对商业活动的支持所面临困难还不止于此,因为社会需要商业贸易,无法禁止,为维护商业正常运行的他一再颁发相关命令;从惯性思维,他又歧视经商者,但爱惜人才,尽管何妥父亲号称西州大贾,何妥仍是他信任的大臣。《隋书·卷75·何妥传》P205。社会身份不是对任何人都难以逾越的障碍,道德与商业的矛盾出身于才能的矛盾可能是一种过于直观的认识所引起,令国家制度错综复杂,缺乏内在联系。没有道德原则的商业活动和道德可以替代商业都难以置信的。将两者截然分开的理由存在于两个主要方面:1. 商业是否必然有损个人道德? 2. 政府或公职人员是否应该参与盈利性活动? 国家莫衷一是,从来没有一致的政策。杨坚为商业流通提供制度便利,即位后废除关市税,亦无盐、酒税,(《隋书·卷24·食货志》P90)对国家经济繁荣居功至伟,如果认为优越税制对国家的意义在这里有夸大之嫌,可与南方陈国简单对比,这个地居繁华发达福地的政权一直对酒楼、关口、市场征税,甚至贪婪的陈宣帝也意识到过重过多,太建十一年时试图降减。《陈书·卷5·宣帝纪》P12。五年后却强烈反弹,因为虚荣奢华的陈后主甫登庸,就强烈认为国家当务之急是上马大型土木工程,每日开销浩大,入不敷出，后主酒色无度，为广开财源愿意与任何人密谋，至德二年十一月，（隋开四年，584）在佞幸的中书舍人沈恩卿开导下，正式出台加税诏书"不问士庶，并责关市之估，而又增重其旧。《南史·卷77恩幸传·沈恩卿》P211。这是一剂有损于物质流通、财富积累的毒药，甚至导致国家所有权的迅速转移。隋减税导致国家丰裕，陈加税的结果相反。杨坚废止大部分商业税特产税对流通有益，不是完全无负面效果，它令经商者费用降低，可以暴富，与从事第一产业者形成巨大的报酬悬殊，国家少收或不收，无疑是放弃第二次调节分配杠杆，实际上在在偏袒高收入者，他的国家空前富有，他的法令中对盗瓜等轻微犯罪严刑重责，不是想创造一个君子国，而是社会贫富差距过大，极少数人掌握绝大多数财富的反映。

炀帝看重西域丰富物产，顺应社会需求，将对外贸易合理化、规范化，这个领域他的贡献可归纳为四点：1. 官方建立固定市场。2. 禁止黑市交易及违禁品交易。3. 物价市场导向。4. 强化度量衡监管。大业二年，在张掖设对外市场，裴矩受命前往监管。炀帝为打开商道，要求有关部门和当地政府拨出大笔专项资金为从开放的边境口岸进京者提供方便，向外来商客推介国内大城市对外来商品需求大，购买力强，承诺利润丰厚。给语言不通、不熟悉内地路径、风俗、市场行情的商户提供必要的帮助，所经州县耗费大量人力、财力，仍然是值得的，大量远方商人涌入口岸，出现大规模多边贸易雏形。"自是西域诸蕃往来相继，所经州郡疲于迎送，靡费以万计。"《隋书·卷24·食货志》P91。近视的学者认为国家招商成本过高，是低估了多边贸易的边际效用：新物品、新技术、新营销理念都有助于扩大国民视野，方便生活。走势良好的对外的进出口并不是全方位、全天候的，它禁止私下交易，大业三年，炀帝巡视榆林，随行的宇文化及与弟智及违反禁令私下与突厥人交市，暴怒的炀帝将兄弟囚送京城，准备在都城外将二人斩首示众，两人上身赤裸，辫发已讫，跪在刽子手的面前，围观者越聚越厚。《北史·卷79·宇文述传》P284。若非化及弟媳——炀帝女南阳公主及时出手相救，哥俩难免身首异处。当时隋、突厥关系良好，双方经济结构差异很大，属于补偿性贸易而非竞争性贸易，即位不久的炀帝对双边贸易的重要性虽然有所了解，对宇文兄弟的充满人性的自然之举采取如此激烈的行动，可能是因为他们没有在规定地点进行交易，或者交易了违禁品。物价基本上是放任的，外来物品成本难以估价，只能受市场供求关系支配。市场良好运行，度量衡制度亦至关重要，特别是涉外贸易中可能有语言障碍，一套完整有公信力的度量衡体制为交易所必需。后汉度量衡制沿用时间最长，在魏晋后遭破坏，只有北魏及南方的梁、陈沿用，在杨坚时代发生质的变化，后汉标准与杨坚隋朝度量比率为1：3。大业三年四月,官方宣布改度量衡,并依古式,其中尺度标准比他父亲时代更接近后汉制,容量、重量更是与后汉完全相同。炀帝以巨人般的力量一举将剧烈膨胀的度量衡标准还原,这对一个蓬勃发展的国际市场绝对必要,炀帝本人日后奉行多元的接触行动不可避免地扩大国际交流与国际贸易,人民得到新物品,享受新生活,受益的人数必定随贸易的发展而增多。

9. 公共财政原理与帝国经济实践

1) 预算作为一个管理工具,决定一个政府如何运作,制约政府行为最有效办法是控制监督预算,与历朝一样,隋也没有明确的政府预算,杨坚对自己国家出现大量盈余感到惊讶,杨广则对巨额赤字缺乏准备。赋税的增减完全取决于政府的意见,这决定此类政府行为难以预测与控制。

2) 政府筹集经济资源主要来自单项支付,其中包括直接税以及临时征收项目。原则上从社会筹集到的资金面向整个社会重新分配,使社会发展趋于平衡和稳定。但获取、管理及使用公共财政的过程容易滋生腐败,杨坚将义仓从里社转归州县,就是一个试图减少交易过程防止腐败的尝试,但是它随后演变成国家的一种新的常规税收。第二,当地不良的征税者在本地征税权力不受约束,只要向朝廷完成征税任务,朝廷也基本不会过问征集过程是否合法。炀帝征收羽毛具体到每户每人时理论上有税负有合理分配,实际操作时税负则变得很不确定,部分事先掌握信息的富人有资金及时囤积羽毛,自己得以用较低的成本完成税额,但是无法自然采集到足够数量的穷人在官府的催迫下不得不高价向富人购买,羽毛极度稀缺,价格失控,完全取决于一时的供求关系,本来应该公平的税负变成富人发财的机会,实际上穷人比富人税负更高,此外受贿的税收者还可能私自减免行贿者的税负。这均显示公共财源的常规项目及临时征收与使用的合理性是造成征收对象与征收者之间关系失常的重要原因,自认受到歧视的纳税人不满情绪经过累积,即使不直接抵制税收,也可能通过暴力等方式从其他管道宣泄。

3) 主要以实物征税成本很高,称量、运输、储存等环节都容易出现损耗,公共财政年度实际能支配的与年度征收总量有一定差距。

4) 建立在国家自然资源与税收基础上的公共财政是政府提供各种商品和服务的经济保障,服务范围取决于政府愿望与经济规模,以隋为例:

公共资源:长城、公路、运河

准公共资源:付费皇家园林,它的入场券不是金钱而是身份。

公共服务:为安全建立的军队,间歇性、低成本的转移支付显示社会福利并未实现制度化,小规模公立学校,没有全国性的医疗及公共卫生体系,但政府允许有条件的各级政府和私人自行举办医疗点。

政府职能不断变化,总体巨额投入反映隋政府功能增强,但并不完整,有些项目不是社会亟需,政府的服务质量与承诺一旦缺乏公众监管,偏离公共需求,就会影响公共服务效果,也必然降低政府调控实施二次分配的有效性,比如以服务社会名义举办的义仓和利用国家财政资源定点建立的国家储备,在社会亟需开放时,却受到政府的强力管制。

10. 公共参与

无此机制。

当时的财政结构已经是一种大致固化的制度工具,统治集团可能是自私而狭隘,可能既不狭隘也不自私自利。杨坚时代的经济道德总体上传递了一种向上的情操,杨坚时代的伟大遗产是执行均田制扩大就业的同时奉行节俭,杨坚以国家积累作为要务,以从上而下的方式厉行节约,以管理家庭方式管理国家并无不妥,反而还形成了廉洁政治生态。开皇初年,贝州刺史库狄士文之子曾因为私自吃了官橱的麦饼,士文枷之于狱累日,杖二百,步送还京;僮隶无敢出门,所买盐、菜必于外境,凡有出入必封署其门,亲故绝迹,庆吊不通,法令严肃,吏人股战,道不拾遗。《隋书·卷74·酷吏·库狄士文传》P203。这当然是一种比较极端绝无仅有的情况,不过还是可能与杨坚影响有关。社会公平程度还是比较高,官员自律意识很强。除极少数王公贵族功臣高级官员外,绝大部分国人的收入水平相近。不断增加的积累使得他的国家给人以成就感,他的支出主要来自五个方面:1. 宫廷日常消费(包括子女)2. 国家财政预算。3. 社会福利与减灾。4. 军事支出。5. 预算外支出。包括赏赐与减免。他的经济政策算不上透明,但是节省的天性帮助他自送形成各种栅栏,他的国家也因为有节制而提升了合理性,他制定的预算侧重点是应急事项和现实需求,国家运转基本需求比如在国防、国家基础设施(道路、水利)等方面从未因资金匮乏而停顿下来,但社会救济、教育、法律推广等公共事业经费受到限制、削减,对国家的长期发展不利。隋代的生产、分配、交换、消费等各领域都非常受限,理论上人们可以通过猎取、生产、交换来满足需求,但当可猎取物不够,产量低、缺乏交换物时,人们就不能通过自己的努力满足需求,他们就会体验到低收入的坏处,或者说无法体验到高收入的好处,:好的居住环境,好的教育、好的医疗、好的公共安全保护,好的道路等等。有一套传统理论一直在试图说服人们习惯于低收入社会,隋文帝时代基本具备条件大范围内试验高收入生活模式,但是这个节俭的人错失了难得的机会,他的继任者还是体验了了高收入的好处,但几乎没有其他人能与他同样开心,他的内心因为慷慨的消费变得更为孤独。

权利分配对经济福利的分配有决定性作用,如果享有最高司法权和征用权的政府代表某个特定集团利益而罔顾整体社会福利,就自然而然地会变得自私与狭隘。炀帝选择边缘化的赤字经济,为了项目完成得尽善尽美不惜代价,比如辽东战事。炀帝迷恋的生活构成了典型东方式宫廷奢靡生活主要组成部分,肆意浪费之风骇人听闻、家喻户晓,与当时的国力有关。西苑周二百里,其内为海,周十余里。幸江都,龙舟四重,高四十五尺,长二百丈,上重有正殿、内殿、东西朝堂,中二重,有百二十房。皆饰以金玉。文官乘车,在朝弁服配玉,武官马加珂,戴帻,服袴褶,文物之盛,近世莫及也。《资治通鉴・卷 180・隋纪四》P1198。'时天下承平,百物丰实。《资治通鉴・卷 180・隋纪四》P1200。何稠参会古今,对舆服羽仪多所改创,魏、晋以来的服饰出现了不少改动。他是一个在工艺制造设计等诸方面都极富造诣的难得之才,视寻找服务的机会优于寻找服务的对象,后陆续任职于化及、建德、唐。《隋书・卷 68・何稠传》P191。虚荣透顶的陛下在工艺上的过分考究倾向导致了一场全国性的强征羽翎狂潮,甚至有人为此丢了性命,深宫中的皇帝对实际情况可能一无所知,实际已是恶名远扬。而整体设计、金璧辉煌的洛阳工程并不是出于理性,而是为了助长一种显而易见的不健康情绪,将作大匠宇文恺"揣帝心在宏侈,于是东京制度穷极壮丽,帝大悦之。《隋书・卷 68・宇文恺传》P190。这严重脱离了当时国民的平均收入状况所能理解的投入,一些官员出于各种考虑鼓励皇室大量支出,项目主要包括:公共设施、皇室日常消费额外消费,赏赐,缓免,军费等。炀帝时代的巨大开支有效刺激了经济消费,至少部分带动了市场,以当时状况而论几乎可以说是一个繁荣的国家,重大的工程项目:道路、运河、长城、奢侈品、巨型宫苑、对外战争以及其他一些随心所欲的建筑,提高国家安全度影响力、、经济开发、改善人居环境,运河及主干道开凿与修筑降低了交易成本,扩大了特产以及普通商品的交易范围,惠及周边地区国家。带来的问题也是巨大的,当时的人们对人力消费天然抱抵触情绪,因为它的边际成本很高,如果本年度不征发力役,只需折纳一定税费,而一旦人被征调,远距离出行必然导致家中无法照顾,土地失于管理等。而额外的征调与官方的价格支配与垄断严重挫伤国民生产与积累的积极性,随意性很大的开销完全可以动摇国民个人行为与国家利益的认同感,他们不认为自己会从国家的支出中收益。至于政府,国家正常岁入不能满足欲望时,一些新开辟的财源结果是以牺牲国家利益为代价的。比如,各级官员的升迁取决于向皇帝本人贡献的多少，而对这些诱人财富的来源漠不关心，这就鼓励利用各种权利尤其是政治权利巧取豪夺，这种敛财的方式很快就失去控制，到炀帝大业的末年，它的影响呈辐射状：社会丧失信任、政治腐败、军事萎靡、通货膨胀，经济秩序混乱。最直观的后果是："举天下之人十分之九为盗贼。"《隋书·卷24·食货志》P91。这是极言叛逆情绪来势凶猛，对绝大多数人都有吸引力，好象全国人正在围攻炀帝一人。

　　如果选择与他父亲同样的政策，为积累财富终身奋斗，隋国家是否会延续更长？其实一些必要的选择不一定立即产生相应效果乃至持久影响，但国家的走向在于它是长期着眼于对自己和小集团的利益还是长期着眼于社会整体利益，炀帝的结果是任何自我的君主的结果。而着眼于社会利益，就会通过对国家各种利益的权利合理配置实现社会利益最大化，特定集团利益最大化和社会整体利益最大化是可能同时存在的矛盾愿望，在此前提下保证公共财政的合理性就需要公众智慧，政府服务的范围、等级、对象，如果没有公共参与就难以及时、恰当反映人民的呼声，公共财政缺乏透明度的政府筹集与使用资源的过程一定不会十分公开，恰当，所产生的各种弊端中，公共财富被少数资本实际操纵者按个人偏好肆意处置现象尤为突出，这必将严重妨碍社会重新分配的公平性，也直接影响国家重新配置资源、稳定经济的功能。国家经济资源取、用的不确定性、隐蔽性令当时的社会乃至公共财政制度本身完全不具有约束国家权力机构的能力，这样的政府很难为居民提供满意、恰当、需要的公共商品与服务，它势必影响到公权和人权的合理对称，使官与民之间出现或加深嫌隙，动摇政府权威。政府是人类群居生活之所需，市场失灵时，政府可能有能力优化资源配置，增加社会福利，但一个政府的规模和活动方式是否恰当，则是它能否被全体居民认同的关键所在。任何国家、朝代、君王不管在多大程度承认个人权利，它仍是一个实际存在并深刻影响社会进程。个人寻求自己的利益时冀望国家的公正性庇护，但国家的公正性是比较的结果而非绝对的，统治集团一定会代表一定利益，通过这种利益取向实现其理想。

　　一旦所有单纯从经济的角度来改革的举措均令国家的发展需求难以为续，公共参与已变得不可避免时，无论是宇文泰、宇文护、宇文邕、杨坚、杨广等都望而却步，他们均根据人性的原则尽可能给自己或代表自己的政府放宽管控国家经济的自由度。隋两代皇帝通过整饬经济，难得地使国家统一，社会相对繁荣，但国家为何在未能在政局相对稳定，资本储备充足，内外经济环境已经优化、技术进步的基础上持续发展？原因很多，其中之一是缺乏公共参与尤其是明确的政府预算的公共财政体制模式大行其道,整个国家管理阶层对公共财政制度意义认识相当模糊,从人道精神中衍生的仁政思想帮助国家确立平均使用土地等原则,鼓励生产和理性消费,但对国家持有、处置国有收入的方式、权限等问题一直被划入比较私人的领域内,并给予当权者极大的自由裁量权。君王以及支持这种制度的人误认为那是维系国家权威的安全锁扣,孰不知正是其流失的渠道。

杨帝兴趣广泛,广涉宗教、哲学、艺术等,颇有造诣,曾对僧智永说,"和尚得右军肉,智果得骨。"唐·张怀瑾《书断列传·卷二》来自《中华野史》。仁寿二年,杨广看到曹植书法后表示"字画沉快,而词旨华致,想象其风仪,玩阅不已。《全隋文·卷六·叙曹子建墨迹》P4051。自认比其父文化水平、欣赏力远为优越,渐渐变得妄自尊大,我行我素,最后导致一场全国性的反抗声浪,尽管他的开销大部分都在契约范围内,只是仪仗用羽毛、龙舟等这样的临时税种没有事先在舆论上准备就绪,被人借题发挥。杨帝主要是一个奉行消费型经济模式来解决国家发展的问题君主,与传统消费方式大相径庭,即使在今天,对其正面效果比负面作用估计要低得多,这是杨帝成就中明显被低估的一块。国家不能像平民一样,对家居环境得过且过,可以容忍国家城市现状肮脏难看残破到何种程度,不同的人可以有不同的解读。对此从来没有一致意见。一个凋敝的城市不符合一个新国家振兴的要求。而至少在杨帝内心世界,国际化呼声很高。杨坚、杨广父子私分国家财产,在古代社会政治体制中司空见惯,因为时代经济的特点就是供应朝廷需求的经济,主要是对用途的争议差异大。公众对于积累总是兴趣更浓,对杨帝似的排场则心怀怨忿、畏惧。两个皇帝让他们以为生活在两个世界,其实如果他们的位置换过来,隋代的经济也不会更有起色。杨坚按其本性储存财富,但他没有想到如何使用,使之对社会有益,而杨广选择的是长线,不容易被急需财富或者有足够剩余财富的人所理解。两位君主都亲身感知经济繁荣,但他们的繁荣未能被全体国人所享受到,许多国人长期处于贫困难以自拔,这既与皇帝实施的政策有关,也与居民家庭背景、个人教育、生活际遇有关。

经典儒家思想中明确反对奢侈行为:"不役耳目,百度惟贞;玩人丧德,玩物丧志。……不作无益害有益,功乃成;不贵异物贱用物,民乃足。犬马非其土性不畜,珍禽奇兽不育于国。不宝远物则远人格,所宝惟贤则迩人安。《尚书·周书·旅獒》。孔子在困难的选择中也确认奢侈危害大于吝啬。"奢则不孙,俭则固。与其不孙,宁固。"《论语·述而》。他的意思是由于生活习惯养成的傲慢与偏执两种思维模式中,各有其根源,前者对国家更为有害。《礼记·王制》则将创造性或改进型的制作,娱乐性的音乐视作伤风败俗,断定如果它不是由奢侈欲引起,助长,也是会引发奢侈时尚。所以作者积极倡导更为严厉的处罚:"作淫声、异服、奇技、奇器以疑众,杀!"《礼记·王制》。法家代表人物李克的思想中,高度认识奢侈的危害,魏文侯问李克曰:"刑罚之源安在生?"李克曰;生于奸邪淫佚之行。凡奸邪之心饥寒而起,淫佚者,久饿之诡也。雕文刻镂,害农事者也;锦绣纂组,伤女工者也。农事害,则饥之本也;女工伤,则寒之本也。饥寒并至而能不为奸邪者未尝有也。故上不禁技巧则国贫民奢,国贫者为奸邪,而富足者为淫佚,则驱民而为邪也。民以为邪,因之以法随诛之。不赦其罪,则是为民设陷。刑罚之起有原,"人主不塞其本而替其末,伤国家之道乎?《说苑·卷二十·反质》。他赢得魏文侯喝彩,李克在惩罚的社会功效见解上与与儒家的孔子殊途同归。同样,对奢侈浪费的过度提防也一致地转化成对财富的恐惧。社会与哲学上轻视财富心理源自将人性扭曲与社会激烈竞争归咎于放纵物欲,只看到金钱贿赂公行、垄断市场、操纵政治司法,引发不公与腐化堕落。一个国家如果认清财富因胡作非为对社会、权威造成各种可能有的危害,自己又对财富控制缺乏良策,对个人增收就不会十分热心。给人带来幸福的财富首要旨是被合法使用,一个明智政府的选择是精心打造、维护好自己强有力的法治体系,使之成为抵御金钱坏作用的可靠屏障,而不是将政治重心放在阻止社会和个人的财富增值,被动地维持社会稳定个人纯洁。幸福国家重视人民最基本、最人性的需求并设法满足他们,而不是以抽象的教条、理想化社会来长期敷衍人,那从未见一例成功。

炀帝的消费行为与上述儒法两个正统流派思想显然有不小差距,这构成了他的个人特色。他父亲遵循孔子的教诲,刻意鼓励臣民,个人则极其节俭甚至寒酸。这样厉行节约的结果就是为国家积累大量财富,这些财富转移到炀帝手中后立即变得极其危险,当时人已敏锐地看到并指出了这一点,唐太宗就在贞观二年元月讨论杨坚父子时指出,开皇十四年大旱,隋文帝不许赈给,而令百姓就食山东。比至末年,天下储积可供五十年,炀帝恃其富饶,侈心无厌,卒亡天下。但使仓廪之积足以备凶年,其余何用哉?《资治通鉴·卷192·唐纪八》P1289。严厉抨击前者吝啬成性,后者好大喜功,生活阔绰。但是中原国家的所有羡慕者可能正好是看中了这一点,外族人所享受的免费食宿待遇,马拉松似的宴会,一行行披挂彩色绫罗树木形成的奇异街景,一望无边的雕龙画凤、色彩斑斓的龙船,鬼神莫测、闻所未闻可隐藏千人的巨型机械,以及书面语言称为鱼龙蔓延的大型魔术,与大手大脚的赏赐等共同构成一个亦真亦幻的世界,对莫辨真假的淳朴访客来说,它就是富贵之乡,具有不可抗拒的吸引力。反观他父亲,他也深知经济模式对信仰、发展的重要,但用的是紧缩与聚敛的方式,由此令国家实力大增,更为强盛。越是遮掩财富,外国人甚至大部分国民就越难以感知道他的国家的实力,而其子是以连续支出来体现君主的权威和国家的存在,起到立竿见影的效果。如何动用经济力量在一定种程度上决定国家的生死存亡。他们各自以其知识和感觉作出选择,不管结果多么糟,都不可能是出于恶意。有害的是国家对财产支配权是以任意限制人身自由为基本依据。以我是神或具有神性,你必须服从我为前提。古代中国确认君王权威方法简单,甚至单调。仁慈与武力两方面只要有一方面具有充分表现力就足以惊世骇俗。个人权威通过战争诠势基本上就可以确认。尽管其中许多政治主张并不符合人民的要求,但为了生命的延续和基本的发展,人们会接受不是最急需以及损害自己利益的规定,这是司空见惯的。唐太宗对炀帝的指责符合传统道德,但在经济上是错误的,国家积累的巨额财富不是货币不是贵金属,有保质期,保管费用高昂,他想尽快消费出去是正确的,值得检讨的是国家的货币政策。如果人对自身利益包括他个人和他的国家也完全熟视无睹的话,或处于无奈,或出于因为无知。否则就是在向"人类具有自利本性"的这一基本规则挑战。父子二人可能都不具备这后一种想法,虽然他们关心自己甚于国家,他们可能更多地受制于相关传统哲学以及政治学说。因为缺乏必要的批判精神与灵活性,使得在应用经典理论过程中显得盲从、杂乱无章、本末倒置。国家的体积不仅扭曲变形,个人形象也远比人们预期的狰狞可恶。他们在个性上如此不同,政治后果却具有连续性。一种学说构成压倒性甚至专制也并不可怕,有害的是抱残守缺的思维模式,它使得政治错误不是一种过程,而是一种自然属性。

比较显示,杨坚喜爱文化,对文化人的相对冷淡态度可能是出于谨慎而不是憎恨。在位后期紧缩教育投入,知识分子多受歧视,炀帝时代的知识分子多死于非命,这对政局的影响不同,前者控制人的参与程度,普遍缺少机会;后者个人控制上有所放松,只是大大提高了参与的危险性。现实中,人们可能更多为了机会愿意选择面对风险,而不会为相对的安全而选择只能老死穷生。它显然是一个更为开放的社会。只是由于知识的内涵极其芜杂,一是缺少应用价值,二是难免产生错误的后果,人们的社会实践经常不会得出正确的结果而只能碰运气。值得注意的是,政府中的主要高官不管他们实际文化层次多高,由于涉及重大国家事务,他们个人的身份是多重或者混合的,不再属于单纯文化人,也不是单纯的官僚,他们的遭际不能与上述诸人等同,他们设法逼真模拟君王所需求的类型,成功者却并不多。对于本份臣民,炀帝也不能与之和平相处,薛道衡、王胄均因写出了令人叹为观止的诗句而直接或间接丢掉性命。他习惯于以自己作为衡量事物的标准,"设令朕与士大夫高选,亦当为天子矣。"《资治通鉴·卷182·隋纪六》P1211。炀帝对文化的爱好很大程度上是出于炫耀或虚荣心。在他的脑海里充满竞争者,他在设法表现自己的才华,但不时通过文化而是通过政治途径,这令他的国家不伦不类。

炀帝是否破坏了制度? 或者破坏了继承法? 他卖力建设,营造一个过得去的舒适环境,希望他的国家在流言(关于继位)和刚起步的富庶性萎靡中振作起来,文化、制度、军队、居住环境托成为周边民族的楷模。他没有破坏财会制度因为并没有明确限定皇帝的配额,但他究竟错在哪里? 几乎没有制度可以让他破坏,因为他的任何行为都可以找到正统理由。他背弃的只有建议,与对皇帝有求必应的寄望,造就的自大精神相比,背弃正确的建议只不过是一个微不足道的错误。

两代君主对精致之作明显不同的心态,是两个几乎同样波澜壮阔时代的微观反映,杨坚时代国家经济的主要特点是节俭实用,炀帝则强调工艺的观赏性、吸引力及社会影响,他并非出于恶意。用传统的标准很难对父子二人作出一致的评估,他们一个在道德上相对纯洁,另一个则极力寻求一些实际的变动,其中不乏今天看来仍相当反常的言行,尽管那一切都为当时的政治、文化、社会背景所需求、放纵至少是默许所致。贞观二年,李世民指出杨坚从即位时开始积累,到仁寿四年(604 年),国家储积"得供五六十年"。《贞观政要·卷八·辨兴亡第三十四》P256。意思是所储备财富可以满足整个国家停摆后全国人五六十年间的一切开销,即使仅指支付政府运作的基本消费,这个数字仍然很惊人。尽管经历了炀帝在位十四年的大笔开支,历三十三年后,贞观十一年(637 年),马周证实这一点,他上书提到隋西京府库仍至今未尽。《贞观政要·卷六·奢纵第二十五》P209。唐朝仍继承了杨坚的四分之三以上的遗产。

11. 隋唐二代经济指数简略比较

唐武德元年(618 年)诏:宗绪之情,义越常品,宜加惠泽,以明等级。诸宗有官者,宜在同列之上;未有职任者,不在徭役之限。优先与免役条款的设置使李氏朝廷看起来是一个获利家族模型,是一个以个人——家族——同路人为权利核心的政权。凡官人皆授永业田,最高的亲王一百顷,职事官正一品给田六十顷。《唐六典·尚书户部·卷第三》。内外官员及军队将领另有职分田,最高者达到 12 顷,离任时交还。《唐六典·尚书户部·卷第三》P75,《新唐书·卷五十五·食货志五》P153。这些土地都需要人来耕作,国家、集团、个人如果希望取得最大的利润,必须最大限度降低他人的权利,拥有上千亩土地的王公贵族需要大量廉价的劳动力为他们耕作收获,劳动力越是廉价他们收益就越可观,因此,国家总收入急剧增加并不总是预示人权获得到急剧伸张。根据唐武德七年土地政策,执行的是与隋相同的赋税期和税率,"男女始生为黄,四岁为小,十六为中,二十一为丁,六十为老。《唐六典·尚书户部·卷第三》P74。丁男、中男一顷,老男、笃疾、废疾四十亩,寡妻妾三十亩,若为户者则减丁之半,(即五十亩),道士三十亩,女冠二十亩,僧尼亦如之。丁男授田比隋多二十亩,永业田相同,所授田十分之二为世业,十分之八为口分。世业之田,身死则承户者便授之;口分则收入官,更以给人。《旧唐书·卷48·食货志》P250。武德二年制:每一丁租二石,若岭南诸州则税米。上户一石二斗;次户八斗;下户六斗;若夷獠之户,皆从半输。蕃人内附者,上户丁税钱十文;次户五文,下户免之。附(归附)经二年者,上户输丁羊二口;次户一口,下户三户共一口。凡水旱虫霜之为灾,十分损四分以上,免租;损六以上,免租调;损七分以上,课役俱免。六年三月,令天下户量其资产,定为三等。至九年三月,诏天下户立三等,未尽升降,宜为九等。《通典·卷六·食货六》P55。唐调则随乡土所产,绫、绢、絁各二丈,布加五分之一,输绫、绢、絁者兼调绵三两;输布者,麻三斤。《旧唐书·卷48·食货志》P250。隋丁男一床租粟三石,绢一匹,绵三两或布一端麻三斤。《隋书·卷24·食货志》P90。少于北齐的绢一匹,绵八两,唯租比北齐略高"垦租二石,义租五斗。"

隋初力役的规定是固定的三十天时间,开皇三年改为二十天。唐凡丁岁役二旬,若不役则收其庸,每日三尺,有事而加役者,旬有五日免其调,三旬则租调全免。通正役,并不过五十日。《旧唐书·卷48·食货志》P250。两朝租调并无本质上的差异。589年为庆祝平陈,全国各州免一年租赋,杨坚深信不再需要投入大量人力役于王事,给遭受战乱的陈国人民更大的一个惊喜,一口气免陈境十年徭役。《隋书·卷24·食货志》P90。可能是社会效果(不是经济效果)相当好。激发了杨坚灵感,次年六月制,民年五十以上,免役收庸。《隋书·卷2·高祖》P7。由于是制,可以理解为针对当年国情的临时命令,如果作为一个长期政策看待,此后隋年满五十的纳税人仍需缴纳十年力役折算的庸资,其标准可能会按当年物价变化波动。这是以物资折抵力役的一个开端,但它的出发点是国家稳定,所谓"宇内无事,益宽徭役"《隋书·卷24·食货志》P90。是一种政治优惠行动而不是制度改革。炀帝也没有发挥甚至没能理解这种修改的意义,因此制度停滞不前。他还没有意识到任何制度运作都有其极限,出现类似金属的疲劳损伤,有些制度在半饱和使用与饱和状态使用时的效果完全不同,制度主体或者附件的耐受力不尽相同。以租、庸、调取代北魏至隋以来的租、调、力役是一个成就,租庸调制以前朝为鉴,对力役加以改进,使庸更具操作性,它个人限定一年内力役最高时日,更重要的让国家在减少力役征发后有所补偿,未征调者折缴财物,担心力役过期失效减少国家收入而不当使用力役正是炀帝时代尖锐社会矛盾的主要诱因之一。隋租调力役是国家的主要税源,任何削弱国家经济实力均属不当之举,不管是否符合并有益制度演进,在当时都不是人权思想获得优势的反映。大业五年(609 年),八百九十万户,武德时二百余万户,经济规模下降四分之三以上,唐贞观,户不满三百万。……永徽三年(652 年),三百八十万。《通典·卷 7·食货 7》P75。四十余年后仍不及隋鼎盛期二分之一。炀帝对本朝税收政策满负荷使用,使该制度的弊端一览无余,意外地促进了制度的进步。社会繁荣本身就是制度优越的一种折射,但是促成经济繁荣因素更为复杂,有时并不完全处于遵循还是破坏制度两者之间,唐制的转化却在这里有个明确的位置,唐武德七年规定"每岁一造计账,三年一造户籍,县以籍成于州,州成于省,户部总而领焉。《唐六典·尚书户部·卷第三》P74,《旧唐书·卷 48·食货志》P250。制度如此,但实际情况如何?"租庸调之法以人丁为本。自开元以后,天下户籍久不更造,丁口转死,田亩卖易,贫富升降不实,其后,国家社侈费无节,而大盗起。兵兴而财用益屈,而租庸调法弊坏。《新唐书·卷五十二·食货志二》P148。杨炎也表达了同意思"开元中玄宗修道德,宽仁为理本,故不为版籍之书。人户浸溢,提防不禁,丁口转死,非旧名矣;田亩转换,非旧额矣;贫富升降,非旧第矣。户部徒以空文总其故书,盖得非当时之实。《旧唐书·卷一百一十八·杨炎传》P412。人口户籍管理制度没有跟进,造成对制度的毁灭性破坏,这与租调制没有及时更新是不同的问题,但都体现了制度的重要,其意义远不是任何已有的一种伦理观和经典哲学可包容。

附录

历代两、斤之重量标准变迁

朝代	公元	一两合克数,	一斤合克数	一斤合市斤数
前汉	前 206—后 8	16.14	258.24	0.5165
新莽	9—24	13.92	222.73	0.4455
后汉	25—220	13.92	222.73	0.4455
魏	220—265	13.92	222.73	0.4455

晋	265—420	13.92	222.73	0.4455
南齐	479—502	20.88	334.10	0.6682
梁陈	502—589	13.92	222.73	0.4455
北魏	386—534	13.9	222.73	0.4455
东魏北齐	534—577	27.84	445.46	0.8909
北周（天和以后）	566—581	15.66	250.56	0.5010
隋（大业三年前）	581—606	41.76	668.19	1.3364
隋（大业三年后）	607—618	13.92	222.73	0.4455
唐	618—907	37.30	596.82	1.1936

此后各朝代均无变化，与唐时完全一致。梁方仲《历代户口、田亩赋税统计》P545。

步亩的进位变迁

朝代	公元	一步合尺数	一亩合平步方数	一亩合平方尺数
周以后	公元 223 年以前	6	100	3600
秦至隋	前 350—618	6	240	8640
唐至清	618—1911	5	240	6000

——梁方仲《历代户口、田亩、赋税统计》P546

小亩步百，周制也；中亩二百四十，汉制也；大亩三百六十，齐制也。《全唐文·卷八百六十三·窦俨·上治道事宜疏》P4011。窦俨是后晋人。

升之容量标准变迁

朝代	公元	一升合今毫升数	一升合今升数
前汉	前 206—后 8	342.5	0.3425
新莽	9—24	198.1	0.1981
魏	220—265	202.3	0.2023
晋	265—420	202.3	0.2023
南齐	479—502	297.2	0.2792
北魏北齐	386—577	396.3	0.3963
北周天和以前	557—566	157.2	0.1572
北周（天和以后）	566—581	210.5	0.2105
隋（大业三年前）	581—606	594.4	0.5944
隋（大业三年后）	607—618	198.1	0.1981
唐	618—907	594.4	0.5944

此后历代再没有低于唐上述资料。

——梁方仲《历代户口、田亩、赋税统计》P545

"得时之和，适地之宜，田虽薄恶，收可亩十石。"《汜胜之书》。容量单位：十斗为石（或斛）。重量单位：百二十斤为石。汜胜之的亩收十石可能指的是风调雨顺精耕细作的最好的情况。

本节参考资料：

《隋书•食货志》

梁方仲《中国历代户口、田地、田赋统计》上海人民出版社，1980年8月第1版

司马光《资治通鉴》上海古籍出版社1987年5月第1版

韦述《两京新记》

江平主编《萨利克法典》法律出版社　2000年5月第1版

第八节　隋代的种族战争与府兵

君主的性格或者品格无论是懒惰、好色、贪婪还是勤奋、诚实、高尚，只要时机恰当，都可以给国家带来效益或良机。各种人因此而干各自事，其结果大不相同，但初衷很可能大同小异。这是人们行为动态价值评估难以保持准确的重要原因。

——作者

制度之美——国家制度在战事中的运作效能呈现出来的既不可能是规则的几何图形，也不可能仅仅使用表述语言即可确切表达，战争的画卷既需要图形，需要文字同时还需要道德感方能完整展开。制度是道德的明镜，最好的制度属于道德最高尚的社会，道德在一定情况下会成为致胜的利器，因此，纯暴力内涵的战争行为不会取得完美的结果。

战争的血与火让一些人声威远播，战争带来过正义与公平，但是渲染战争的美德是危险的事，无论是先进的文明还是落后的部落，在一定条件下，都有恃强凌弱的冲动，这种冲动虽然曾给他们各自的社会打开新天地的大门，也令不少强者万劫不复。

1443

一、种族族群

提示：为什么种族融合是制度的融合的前提？周、隋时期种族融合的原因：

1. 结构差异

2. 经济压力

3. 文化入侵

4. 参与分享已有的休闲与消费方式的愿望。

5. 交往的一般方式。

6. 掠夺中原的方式

以下有官方对部分异族人的权威记载，大部分成为决策和交往的依据。不过这些种族来自哪里并不是本节的重点，而是他们各自在这里做了什么？指出他们之间存在的差异并不是要将他们隔离开来，而是通过有区别的理解、融入尤其创新制度的方式与过程分析、确认，所有人作为一个整体时共同机会的真正点位。

二、周边民族

1. 北魏的种族——突厥

2. 北周的种族——鲜卑（匈奴）

3. 隋唐的种族——混血

三、有关种族、地域的几个基本概念

四、同一种政治制度下的几种战争模式和结果

1. 对突厥（其他游牧部落）

2. 国内其他政权

3. 对高丽

4. 对国内农民

5. 对反叛的官吏

要准确给隋代前后冲击边境的游牧人口系属（Attribution）一个精确确定位几乎是不可能的，他们应该是大大小小各类种族征服者汇集而成。其中有积极的征服者，也有被动的征服者，还有纯属被驱赶裹挟而来。

一、北方的种族——追逐财富的候鸟

1. 匈奴

也称獯粥、猃狁、山戎、自秦朝称为匈奴。《史记·卷 110·匈奴列传》P2880。夏称獯粥、殷曰鬼方，周曰猃狁，汉曰匈奴。《晋书·卷 97·匈奴》P2548—2549。匈奴之类，总谓之北狄，……北狄以部落为类，其入居塞者有屠各种、鲜支种、寇头种等十九种，皆有部落，不相杂诸，屠各种最豪贵，故得称单于。《晋书·卷 97·匈奴》P2548—2549 匈奴"居北蛮，随畜牧而转移，逐水草迁徙，毋城郭常处耕田之业，然亦各有分地。毋文书，以言语为约束。贵壮健贱老弱，父死，妻其后母，兄弟死，皆取其妻妻之。"这里记载的却不是绝对的情况，匈奴父亲固然是危险的身份。前 209 年，冒顿杀父自立，后母们也不是一定在丈夫遇难时同步面临新婚姻，冒顿杀其父后，"尽诛其后母与弟及大臣不听从者。"《史记·卷 110·匈奴列传》P2888。习俗的沿袭因人而异。随时代不同，匈奴名称也不断变换"迴纥，其先匈奴之裔，在后魏号铁勒。"《旧唐书·卷 195·迴纥》P624。铁勒并无君长，分属东、西突厥，居无恒所，遂水草流移，其俗大抵与突厥同，唯丈夫婚毕，使就妻家待产乳，男女然后归舍，死者埋殡之。《北史·卷 99·铁勒》P353。但是匈奴绝对是一个复杂的内涵，其成分差异很大，"匈奴宇文莫槐出辽东塞外，其先南单于之远属也，世为东部大人，其语与鲜卑颇异，皆剪发而留其顶，上以为首饰，长过数寸则截短之。《魏书·卷 103·宇文莫槐》P264、《北史·卷 98·匈奴宇文莫槐传》P348。莫槐弟曰普拨，后裔莫廆、逊昵延父子世雄漠北，又先得玉玺三纽，自言为天所指，每自夸大。《北史卷·98·匈奴宇文莫槐传》P348。逊昵延与鲜卑族的慕容廆（269—233 年，燕王）争斗多年，胜少负多。"莫槐弟曰普拨，宇文泰祖先有普回者，因为狩得玉玺三纽，有文曰皇帝，普回心异之，以为天授，其谓天曰宇，谓君曰文。《周书·卷 1·本纪一》P2。《周书》说，"宇文先世雄武多算略，为鲜卑慕之，以为部落大人。"《北史》则强调宇文氏与鲜卑慕容部的长期交战的历史，说明他们至少分属两个部族，但彼此融合程度很高，或者说这是一个以匈奴裔为上层的鲜卑部落。

匈奴比突厥成名更早，这是一个胸怀大志、四海为家的种族。公元 311 年，刘渊第四子刘聪在洛阳俘虏晋怀帝，316 年在长安俘虏晋愍帝，灭西晋，两位皇帝都被迫为刘聪洗碗斟酒。属于羯胡一系的伟大领袖石勒也是匈奴人，在他的率领下于太和元年（公元 328 年）十二月大破前赵军，五万前赵军人被杀，皇帝刘曜被俘，前赵系匈奴族刘渊所建，刘曜为渊族子。公元 329 年前赵亡，次年石勒称帝,他的国家称后赵,后赵历三十三年。刘渊、石勒均具有相当高的汉文化修养,已经可以深入农耕文化带腹地建立稳定的国家政权,而在此之前,游牧为生的匈奴主要对中原国家的边境安全长期构成严重威胁。阿提拉(?—453 年)(434—453 年在位)作为伟大匈奴帝王声威远播,在巴尔干半岛所向披靡,东罗马帝国在他的打击下割地朝贡,他率领下的多种族骑兵在高卢、意大利与罗马帝国军队及其日尔曼盟友作战,取得绝大多数的胜利,匈奴的名字身价倍增。公元562 年,一支匈奴人侵犯高卢,受到克洛维之子西吉贝尔特(Sigebert)有力抵抗,匈奴失败并逃跑。这支匈奴实际上是阿瓦尔人,即中国所称的柔然人。《法兰克人史·第四卷》P164 译注。柔然本为东胡族一支,552 年柔然主阿那瓌在怀荒被土门率领的突厥人大败,六世纪中叶终为突厥所灭。"铁勒之先,匈奴之苗裔也。"《北史·卷 99·铁勒传》P353。隋书持相同观点。将生活习惯大致相似的游牧民族统称为匈奴是常见的做法,丁零在隋书中被称为铁勒则是正确的,丁零、铁勒等均系出一族,高车则是对铁勒人另一种称呼,其他还有狄历、敕勒等。迴纥亦源于丁零,"迴纥其先匈奴之裔也,在后魏号铁勒,部落依托高车,臣属突厥,近谓之特勒。《旧唐书·卷 195·迴纥》P624。隋书将仆骨、迴纥同列为铁勒部落之一,对铁勒的描写中只是在婚俗中与突厥略有不同,《隋书·卷 84·北狄传》P222。九姓迴纥(乌古斯),吾之同族也。《阙特勤碑》《毗伽可汗碑》毗伽可汗与阙特勤两兄弟的碑文中都郑重提到这一点,说明他们对同族不同部落之间没完没了的征战深感痛苦,归咎于天地失序,是不可抗力所致。也有看起来将铁勒与突厥分成两个族群的资料,隋使者崔君肃对不堪铁勒攻击的处罗可汗说,或者向隋称臣或者继续被匈奴打击。《隋书·卷 84·北狄·西突厥传》P224。

2. 乌桓

本东胡,居匈奴之东,匈奴头曼单于的太子冒顿继立时,当时东胡强盛。《史记·卷 110·匈奴列传》P2880。东胡族包括鲜卑、乌桓等,汉初,匈奴冒顿灭齐其国,余类保乌桓山、因以为号。《三国志·魏书·三十卷》P832。1. 贵少贱老,怒则杀父兄,而终不害其母。2. 能理斗讼者推为大人。邑落各有小帅数百,千落自为一部。3. 以穹庐为舍,食肉饮酪。4. 以髡发为轻便,妇人嫁时乃养发。5. 大人以下各自畜牧营产,不相徭役,无世业相继。6 其俗妻后母报寡嫂。7. 锻金铁为兵器。8. 敬鬼神祠天地、明月、星辰、山川及先大人。9. 违大人言者罪至死,一些罪有赎及流刑。《后汉书·卷 90·乌桓》P2976。

可以归纳为尊重生母,杀父兄,娶继母寡嫂,游牧生活,无徭役,奉自然神教,懂冶铁技术。

3. 拓拔氏

"魏初,礼俗纯朴,刑禁疏简。宣帝南迁,复置四部大人坐王庭决辞讼,以言语约束,刻契记事,无图吾圄考讯之法,诸罪犯皆临时决遣。北魏昭成帝什翼犍建国二年(登国元年,386年,道武帝葬昭成帝。):"当死者,听其家献金马以赎;大逆者,亲族男女无少长皆斩。男女不以礼交皆死。民间相杀者,听与死家马牛四十九头及送葬器物以平之,无系讯连逮之坐。盗官物一备五,私则备十。"《魏书·卷111·刑罚志》P321(1)。拓拔氏对已婚未婚妇女权力没有特别区分,不主张同态复仇,重视财富,死罪亦准许以财物赎抵,公私分明,私有财产重于公共财产。拓跋氏部落与突厥主流社会的法律有差别,可能是拓跋氏部落活动范围与另外一些文明接受更深影响的缘故。

4. 鲜卑

依鲜卑山而得名。(地处蒙古科尔沁右翼中旗西,本地人称蒙格。一说在今西伯利亚。《辞海》P283)俗与乌桓同,唯婚姻先髡头。《后汉书·卷90·鲜卑》P2985。鲜卑是以山为族名,而不是以人为名。鲜卑与后来的蒙古族都属东胡,"鲜卑亦东胡之余也,别保鲜卑山,因号焉,其言语习俗与乌丸同。"《三国志·魏书·30卷》P831。北史称同一地方为大鲜卑山。《北史·卷1·魏本纪第一》。乌桓被曹操打败后衰落,鲜卑却逐渐形成慕容、段、宇文、乞伏、秃发等部落。徒何慕容廆,曾祖率诸部入居辽西,238年从司马懿平公孙渊后封率义王,始建国。父涉归以功勋拜鲜卑单于。《魏书·卷95·徒何慕容廆传》。鲜卑乞伏国仁出于陇西,其父拥部落降符坚,以为南单于,国仁创立西秦。《魏书·卷99·鲜卑乞伏国仁传》P253。鲜卑秃发乌孤,八世祖从塞北迁入河西,乌孤私署大单于等。《魏书·卷99·鲜卑秃发乌孤传》P253。其孙建立前燕。西伯利亚(Siberia),指乌拉尔山至太平洋之间的广袤区域,西伯利亚当时完全不是俄罗斯的土地,操突厥语的葛逻逯部八世纪中叶建立的叶护国与西伯利亚西部地区毗邻。建于十五世纪的失必儿(Sibir)汗国是一个突厥——蒙古汗国,首都失必儿城,在今托博尔斯克附近,他们均与鲜卑(Seribi、Sirbi)在语源学上存在某种联系。

虽然以上诸种族中有不少相同的生活习惯,宗教观,饮食婚姻习俗与畜牧业传统,匈奴冒顿弑父自立为单于。《史记·卷110·匈奴列传》P2890。这种情况在匈奴史上时有所见,但是突厥与拓拔族中,没有记载杀父兄习惯,北魏道武帝晚年因过于残暴被次子所杀是一个特例,刑罚惯例也比较神似,正是这批后来汉化很深的突厥人以武力统一北方后,又设法延续古代中国的政治理念。五世纪的周边各族很大程度上已经适应了与中原的交往,产生了一套基本的程序,规则显然系中原所定,因为它基本符合最古老的政治理想,《尚书》《礼记》《周礼》等多有记载。贡献少量的特产换取中原的册封,以及互婚。在实际操作中勉强或者形式主义的情况不少,然而出于自身安全等利益,这种关系往往双方都认为值得维系,尽管难度相当大。因为有时要周旋于几个妄自尊大或急于求成的人之间。

种族的流动在导致血统、姓氏、制度融合增加,特性与共性一直互相影响:

1)汉光武帝建武二十四年,八部大人公议立呼韩邪单于之孙比为呼韩邪单于。《后汉书·卷89·南匈奴列传》P2942。

2)种族间的混血生成新的种群,铁弗特指胡父鲜卑母的混血人群。《魏书·卷95·铁弗刘虎》P236。

3)公元414年,北魏置八大人官,大统十六年(550年),宇文泰置八柱国。八部大人对八大人官、八柱国可能有潜移默化的影响,也可能实际上没有任何的联系,数字相同只是一种巧合。

4)乞伏保,高车部人。《魏书·卷86·乞伏保》P218。乞伏慧,鲜卑人,仕隋。

5)仕于隋的周摇与拓跋北魏同源,本普乃氏,祖辈定居洛阳后改姓周,北周闵帝赐姓车非氏,隋朝又改回周姓。《隋书·卷55·周摇传》P165。周姓比他的拓跋姓更适合他新的生活。

6)突厥泥利可汗娶中国人向氏,生子达漫。《隋书·卷84·北狄》P223。

7)中原人持续面临的是血缘、民俗、文化背景存在差异而行为目的基本一致的多种族的入侵,每次的对手都不是一个纯种族,但是它的领导组织者可能同属某一个部落、姓氏或者一个家族。如果这种见解可靠,就能解释为何来自北方的入侵者互相称对方为匈奴,因为攻守双方族属成分难辨,多少有些是属于匈奴族的战士。达头部落大乱时,长孙晟上书炀帝,说"欲灭匈奴,宜在今日"。而在雁门之围时,炀帝感叹"向使长孙晟在,不令匈奴至此。"这里称突厥人达头、始毕可汗为匈奴。《隋书·卷51·长孙晟》P159。隋时处罗可汗屡遭铁勒攻击,穷于应付,隋使者崔君肃带来诏书要求他向隋称臣,行跪拜礼以便获得隋的帮助,他冷峻地对犹豫不决的可汗解释说,不接受隋的条件,就只能亡于匈奴。《隋书·北狄·西突厥传》P224。处罗汗也当然明白这里的匈奴不是指他而是讨烦的铁勒部。其实,匈奴是对所有游牧者的笼统称呼,他们的族裔成分极其复杂,其中尤以突厥、蒙古种游牧部落剽悍善战。

以上种族的制度欠缺，中国史料记载不全，但是中国凭借自己给自己带来的文明优势产生的文明优越感与之长期对弈并越来越多地战胜他们。

5. 突厥(turks)

1）突厥族本源的历史记载

（1）"其先居西海之右，独为部落，盖匈奴之别种（即分支），姓阿史那氏。《北史·卷99·突厥传》P350，《周书·卷50·异域传》P85。

（2）"或云突厥本平凉杂胡，姓阿史那氏，魏太武皇帝灭渠沮，阿史那以五百家奔蠕蠕。（柔然异译）《北史·卷99·突厥、铁勒传》《隋书·卷84·北狄传》。

（3）或云突厥之先出于索国，在匈奴之北。《周书·卷50·异域下》P85。

（4）世居金山，工于铁作，金山状如兜鍪，俗呼兜鍪为突厥，因以为号。《隋书·卷84·北狄》。兜鍪，即武士头盔。

（5）或云其先国于西海之上。"《隋书·卷84·北狄传》。综上所述，一致的意见有：1. 因突厥祖先性命受到牝狼保护，遂以狼为图腾。2. 姓阿史那（阿史那是小妻之子，一度为主，号阿贤设。《周书·卷50·异域传》P85）。真正的族属和起源不能肯定，只得出一个比较模糊结论，"犹古之匈奴"。《北史·卷99·突厥、铁勒传》。"大抵与匈奴同俗。"《隋书·卷84·北狄》。古代中国对北方周边种族的认识由于语言和技术障碍难以详备，从记载来看，北方诸种族有基本相同的生活习惯，试比较：

"先世源于丁灵、铁勒。"这是古代中国人对突厥人源流的说法，或云突厥之先出于索国，在匈奴之北，以母族为姓。狼头纛，共有十姓，阿史那即其一。或云突厥本平凉杂胡，姓阿史那。《北史·卷99·突厥传》P350。也不能将其与汉朝时叱诧风云的匈奴区别开来，明显的特征是以狼为图腾，姓阿史那的居多。突厥有很多分支。

"魏氏本居朔壤，地远俗殊，赐姓名氏，其事不一。献帝以兄为纥骨氏，后改胡氏，……次兄为拓跋氏，后改长孙氏，力微时余部诸姓内入者：步六孤氏后改陆姓，步鹿根氏后改步氏，普陋茹氏后改茹姓，壹斗眷氏改明氏，屈突氏改为屈氏。吐谷浑氏依旧吐谷浑氏。《魏书·卷113·官氏志》P335。拓跋氏的元晖在北周和隋朝廷任职时都出使过突厥，估计是考虑到他有语言优势。《隋书·卷46·元晖传》P150。虞庆则本姓鱼，祖辈仕于匈奴铁弗族部的赫连氏。《魏书·卷95·刘虎传》P236。于是在灵武定居，世为北边豪杰，父亲虞祥还是北周灵武太守，庆则懂鲜卑语，精通骑射。从开皇二年他以尚书右仆射身份出使突厥的有限描述中,既可认为虞庆则是在直接与突厥人交流,但又没有充分的理由断定他确实会突厥语。虞庆则先辈仕于匈奴族铁弗部赫连勃勃公元407年建立的夏国,这个国家亡于432年,作为亡国者的后裔,因为赫连达曾祖就曾为逃避宗族灭绝而改姓杜。《周书·卷27·赫连达》显示赫连氏破败已久,虞庆则祖辈没有仕夏国的可能性,父亲虞祥则与赫连勃勃后裔赫连达是同时代人,均仕于周,因此可推断虞庆则几乎没有任何机会生活在铁弗部统治时期那种良好的双语家庭环境中,他生辰不详,资料显示在周宣政元年(578年)前已经担任不少州的刺史、总管。《北史·卷73·虞庆则》P268,《周书·卷13·越王盛》P226。估计当时年龄已经不小,不过生活在宇文氏治下,还是有可能从青少年时学会一种外语—鲜卑语,他所通晓的鲜卑语是北周皇室的母语,与出使目的地突厥汗帐内说的语言分属阿尔泰语系的蒙古语族和突厥语族,虽然是两种语言,考虑当时种族通婚、混居情况普遍,只要掌握必要的关键词和基本语法,鲜卑语与突厥语在沟通时仍有一定便利。《隋书·卷40·虞庆则》P140。这还是假定虞庆则父母都是说汉语。他的副手长孙晟源自拓跋氏,这是一个与突厥族有更亲近的渊源的种群或者本身就是突厥人,长孙晟北周时就作为宇文神庆的副手送千金公主至突厥为婚,与摄图汗子弟诸贵人广泛交友、其弟处罗侯(突利设)结下深厚友情,从长孙晟与突厥各阶层的交往史看,显示他们之间并无语言障碍,他生活在唐朝的外孙李承乾仍能说这种语言。《北史·卷73·虞庆则》P268。突厥部落中的步六孤在西方历史中以保加尔(Bulga)命名,是名词的音译,bul在突厥语中具有"混合"之意。Volga一词被指也与保加尔人有关,这个族群曾在波光粼粼的伏尔加河沿岸生息。保加尔人(Bulgars)系属突厥一脉,但今天的保加利亚语则属于印欧语系斯拉夫语族,突厥语族属于阿尔泰语系,它包括鞑靼语、哈萨克语、乌兹别克语等,早期突厥人至少有一部分属于蒙古人种北亚类型。

(6)世居金山,西海之右可能是他们最先的居住地,也可能是迁居途中逗留时间较长的地方之一,突厥原居住地其实已经不能确定。"西突厥斯坦原来不是突厥人的地方,同时东突厥斯坦也是一样,当地的突厥化是在逐步进行的。当地土著人口的突厥化必然是伴随着突厥人的迁徙到定居生活而出现的。"《中亚突厥史十二讲·第二讲·突厥人的史前史》P37。一则汉文字书写的突厥神话倒是可以引起有关确切性的联想:"突厥之先曰射摩舍利海神,神在阿史德窟西。射摩有神异,海神女每日暮,以白鹿迎射摩入海,至明送出,经数十年。……突厥事祆神,无祠庙,刻毡为形,盛于皮袋,行动之处,以脂酥涂之。或系之竿上,四时祀之。《酉阳杂俎·前集·卷之四·境异》P44。段成式的这个记载带有传奇色彩,想象力丰富的文字记载中,有与前面的史料相似的几个要点:突厥的故地近海,方位西方(前文中有西海之说),突厥人事袄神。(鄂尔浑碑文确实记载了突厥皈依基于袄教的摩尼教的证据。)突厥人习惯于火葬是否是对火至死不渝的崇拜的一种体现? 不得而知。

2. 突厥社会

(1)以畜牧射猎为务,贱老贵壮,寡廉耻无礼仪,重兵死耻病终。

(2)祭天神地神,敬鬼神信巫觋。

(3)其书字类胡,至不知年历,惟以草青为记。佗钵可汗 572—581 在位时,在沙门慧琳影响下建一伽蓝,遣使聘齐,求净名、涅磐、华俨等经,十人并诵律,佗钵亦躬自斋戒,绕塔行,道恨不生内地。《北史·卷 99·突厥传》P350。武平四年(573 年)突厥使来求婚。《北齐书·卷 8·后主幼主纪》P13。代人刘世清,能通四夷语,为当时第一,后主(556—578)命世清作突厥语翻涅盘经以遗突厥可汗,敕中书侍郎李德林为其序,世清开皇中卒。《北齐书·卷 20·耶律羡举传》P29。说明突厥人当时已经有比较完备的文字体系。

(4)男有悦爱于女者,归即遣人聘问,其父母多不违也。父兄伯叔死,子弟及侄妻其后母世叔母嫂,唯尊者不得下淫。

(5)男子好摴蒲(掷色子),女子踏鞠,饮马醋取醉。

(6)亲近者亡故,悼念者往往以刀划破自己面颊,血泪俱流。死者火葬后择时掩埋,生前杀一人,则在其坟墓旁立一石,有至千百者。

3. 突厥刑法举要:1.反叛杀人及奸人之妇,盗马绊者皆死。2.淫者割势而腰斩之,奸人女者重责财物,即以其女妻之。3.斗伤人者随轻重输物,伤目者赏以女,无女则输妇财,折支体者输马,盗马及杂物者各十余倍征之。《北史·卷 99·突厥等传》P350。重视家庭婚姻,男子对已婚妇女或未婚妇女构成性犯罪时,对破坏婚姻者惩罚更严厉。重视财富,赎金政策广泛应用。

4. 突厥官制:

叶护、设、特勤、俟利发、吐屯发,下至小官,凡二十八等,皆世为之。《隋书·卷 84·北狄传》P223。上述官职全部是世袭的。这些与中原农耕的行政系统差别明显。差异导致隔阂竞争,但由于紧密的地缘关系,相互频繁接触将克服差异乃至压倒一切。

突厥可汗谱系

552 年,突厥首领土门击败柔然,号伊利可汗,正式建立突厥汗国。室点密,自称可汗,他西征嚈哒功绩卓著,所以土门一起被尊为开国之主。

东突厥
土门（伊利可汗）
|
科罗（土门子，即乙息记）(？—553)——子摄图
|
俟斤（土门子，科罗弟，号木杆可汗,553—572)——
子大逻便
|
佗钵（土门子,572—583)—子庵罗。
步离可汗（佗钵弟旦耨可汗，居西方）
|
摄图（沙钵略可汗，科罗子。统东方,587年死）
庵罗（让位摄图，摄图封为第二可汗）
大逻便（摄图封为阿波可汗。木杆子，泥利可汗，鞅素特勤子，族人推其继阿波位）
处罗侯（突利设，莫何可汗，沙钵略弟。587年继沙钵略位，生擒阿波可汗，处罗侯588年死。）
|
雍虞闾（号都蓝可汗，沙钵略之子，与突利之争导致都蓝与达头联合)600年
都蓝可汗被部下杀，达头自立为步迦可汗603年因内乱投吐谷浑不知所终。
染干（号突利可汗，居北方。一说沙钵略子。实为长孙晟所说处罗侯子，隋封为启民可汗）
|
咄吉（始毕可汗。染干之子，戎狄之盛近代未之有也）
长孙晟的后裔与处罗侯的子孙都有过辉煌，这是意味深长的。
阿波系西突厥
阿波（大逻便，俟斤子）
泥利可汗（鞅素特勤之子，被铁勒击败）

达漫（泥利子，号处罗可汗。继位大致在603—604年之间。605年他打败铁勒，后被铁勒部落打败，被迫西迁，占据西突厥室点密的大片地区，室点密系突厥在处罗压力下向西南迁徙，名义上臣服于处罗可汗。来自东突厥的阿波氏取代了室点密政权在西域的地位与东突厥抗衡。直到室点密系射匮可汗在隋支持下卷土重来，610年（大业十年）打败处罗汗，611处罗率众降隋，处罗于唐初死于长安。《西域通史》。

西突厥汗国

室点密(Istami)攻灭嚈哒的人（土门弟。在约558年，周明帝初元二年稍前，他一度与波斯瓜分嚈哒并联姻，后与拜占庭夹击波斯，占据原属波斯大全部领土并使波斯在突、拜夹击中最后被阿拉伯灭。还败契丹，征服契骨，俘吐谷浑夸吕妻，约在575年末或576年初周建德年间。

室点密
|
玷厥（室点密子，达头可汗，又自称步迦可汗）
|
都六（达头子）
|
射匮可汗（都六子，达头孙）

附注：

1. 木杆以位让弟，开突厥储贰之先河。

2. 佗钵遗命庵罗让位大逻便，摄图等以大逻便母贱反对。

3. 为感谢庵罗让出汗位，摄图以庵罗为第二可汗，又以大逻便为阿波可汗。佗钵死后突厥汗国开始分裂。由于汗位问题引发的矛盾，东突厥西投者包括：阿波可汗、沙钵略从弟地勤察、贪汗可汗等。他们组成了一个由达头为首的反突厥汗国大可汗沙钵略的联盟。在他们的打击下，沙钵略向隋求援。585 年，沙钵略可汗在达头与阿波的合击下难以抵敌，向隋求援，容许寄居白道川内，在隋的支援下打败阿波。

4. 开皇七年（587 年）沙钵略逝世，子处罗侯生擒阿波（阿波为其叔父），处罗侯后远征波斯，中流矢死。

5. 阿波可汗死后，阿波系突厥另立鞅素特勤的儿子为泥利可汗，泥利可汗之子达漫（号处罗可汗，约 603—604 年在位）。在阿波系处罗可汗率领下，最辉煌时一度取代室点密系西突厥政权在西域的地位。609 年由于处罗拒绝西巡途中的炀帝召见引起不满。610 年（大业六年）在隋策划下，室点密曾孙射匮可汗打败处罗。611 年，处罗可汗势力被室点密系赶出西域，降隋，唐初死于长安。615 年（大业十一年）射匮恢复了室点密氏突厥疆域。

6. 都蓝可汗与处罗侯之子突利可汗互相攻击，都蓝得达头援，击败突利可汗，突利归隋，被拜为启民可汗。

7. 土门之后三十年里，突厥大可汗实际统治的虽只是漠北东突厥部，但名义上，土门系仍是东、西突厥的共主，分裂是在佗钵死后的 581 年阿波出走为标志，相反，隋统一中国南北方。

8. 西突厥占据金山以西的地区。室点密虽处于独立地位，表面上一直奉东突厥土门系可汗为突厥汗国大可汗。

9. 600 年，都蓝可汗被部下杀死后，达头可汗自立为步迦可汗，正式成为突厥汗国大可汗，后由于突厥诸部强烈反对，启民可汗积极活动，突厥诸部纷纷归附启民,仁寿三年,即603年,达头兵败投奔吐谷浑,不知所终。达头联盟的泥利可汗约602年或603年初被铁勒所败,这在达头之前。

10. 可汗之子弟谓特勤,别部领军者皆谓设;其大官屈律啜、次阿波、次颉利发、次吐屯、次俟斤,并代居其官,并无员数,父兄死则子弟承袭。《旧唐书·卷194上·突厥传》P619。

中原朝廷对突厥人的制度知道的大致就这么多,中原王朝只知道这么多有个好处,就是认为突厥社会比中原社会落后,从而产生心理优越感,在与之博弈中居高临下,具有必胜的信心,最终以综合实力战胜了军事强者。

二、处理不同种族关系的几种模式

1. 西魏以来的政府与吐谷浑人

吐谷浑族本辽西鲜卑,吐谷浑原是人名,他是徒河涉归的庶子,涉归少子曰若洛廆。涉归死后,若洛廆代统其众,是为慕容氏。吐谷浑与若洛廆不和,是由于两人的马互斗,若洛廆马受伤,因此责怪吐谷浑,后者一怒之下率其部落出走,后来又自立为王,并以吐谷浑为氏。到夸吕立,始自称为可汗,治伏俟城,在青海西十五里(今青海省青海湖西岸十里布哈河河口附近),但是没有居住在城中,恒处穹庐,随水草畜牧,国无常赋,须则税富室商人以充用。……其俗贫多富少。产龙马,出牦牛,多鹦鹉。"风俗颇类突厥。《周书·卷50·异域传》P86。参见《隋书·卷83·吐谷浑》P220。大统(535—551年)中,夸吕再遣使献马及羊牛等,然犹寇抄不止。缘边多被其害。可能由没有正常的物质流通交换管道,又确实缺乏一些必需品所致。魏废帝二年(553年)宇文泰大兵至姑臧(今甘肃武威),夸吕惊惧而遣使贡献特产。553年夸吕又通使于齐,凉州刺史史宁轻骑袭击,俘获一批重要官员和大量物质。魏恭帝二年(555年)。史宁邀集突厥木汗可汗共同袭击夸吕,俘虏其妻子及大量物品。吐谷浑一方是边贡献边寇抄,处于紧要关头时,一定积极寻求与东面的大国和解。西魏则从不主动关闭交往的大门,但保持密切监督,只是有针对性地处理局部一些敌对行为,没有对正在发展的吐谷浑组织全面的封锁或攻势,这种放任政策给了后者发展空间。

北周明帝武成初(共二年,559—560),夸吕已经有能力进攻梁州(今陕西汉中市),导致梁州刺史阵亡。执政宇文护派遣自己亲信的大司马贺兰祥、御正中大夫宇文贵讨伐,"夸吕遣其广定王,钟留王拒战,祥等破之,广定王等逃走。又攻其洮阳、洪和两城,置洮州而还。"《周书·卷50·异域传》。保定中(561—565),前后三次遣使贡方物。天和初(566年为天和元年),部落出现分裂,其龙涸王莫昌率众以降,以其地为扶州。567年周武帝见到来自吐谷浑的使者,接收了他们的礼物。建德五年(576年),部落内乱,武帝下令皇太子出征,军渡青海,至伏俟城,夸吕逃脱,虏其余众而还。577年又再遣使奉献。宣政初,即578年,其赵王他娄屯来降,自是朝献遂绝。《周书·卷50·异域传》P86。由上可见,双力量对比周占绝对优势,但是吐谷浑人的机动性、突然性仍能在局部深入进攻并造成重大破坏,他们对北周人的政治有清楚了解,战或和基本上操在他们手中。不过他们国内分歧严重,先后有两个王投降。最主要的是周武帝锐意进取,没有错过576年的机会,采取打击其有生力量而不占领土地的决策。北周由杨坚主政时,则执行不同的政策,"党项羌,三苗之后裔。……周之际数来扰也。"被周室懦弱的君主赞美得无以复加的杨坚也没有能力改善,"中原多故,因此大为寇掠。蒋公梁睿既平王谦,请因还师以讨之,杨坚多次拒绝开战。《隋书·卷83·西域传》P220。他可能担心开战失败会影响自己的声誉,可能暗自希望入侵者的进攻有助于加紧摇晃北周国家的大厦,北周最有忠诚的人无暇顾及他的计划顺利执行,也可能是他天性包容、退让。

开皇(581—600)初,吐谷浑以兵侵弘州,杨坚以"地广人梗,因而废之。"即撤销了本州的行政管理机构,派上柱国元谐率步骑数万进攻吐谷浑,悉发国中兵的夸吕仍难以抵敌,族人被俘斩甚众。夸吕大惧,率其亲兵远遁,其名王十三人各率部落而降。上以其高宁王移兹裒素得众心,拜为大将军,封河南王,以统降众。挑选得人心的人为新主,表明杨坚在实力远胜对手时仍无意毁灭一个种族部落,而是希望有永久和平的邻居。不久,吐谷浑人又来滋扰,旭州刺史皮子信竟为所杀,汶州总管梁远击杀他们千余人后,才迫使其撤退。稍后吐谷浑一部又攻打廓州,被击退。(北周建德五年取吐谷浑河南地置廓州,治所在浇河故城,今青海贵德县南。)开皇四年,党项有千余家归化,拓拔宁丛等各率众诣旭州内附,授大将军。开皇六年(586年),夸吕太子觇王担心总有一天步其前任后尘,为其反复无常的父王所杀,私下与隋室接洽,准备带五六千人户归隋,请求隋届时派兵接应。他运气不好,隋主根据儒家精义思想后拒绝了他的要求。杨坚对为何拒绝吐谷浑太子归附给大臣们的解释是:"浑贼风俗特异人伦,父既不慈,子复不孝,朕以德训人,何又成其恶逆也?吾当教之以义方耳。乃谓使者曰:朕受命于天,抚育四海,望使一切生人皆以仁义相向。况父子天性,何得不相亲爱也?吐谷浑主既是觇王之父,觇王是吐谷浑王太子,父有不是,子须陈谏,若谏而不从,当令近臣亲戚内外讽论,必不可,泣涕而道之,人皆有情,必当感悟,不可潜谋非法,受不孝之名。溥天之下,皆是朕臣妾,各为善事,即称朕心。觇王既有好意,欲来投朕,朕唯教崑王为臣子之法,不可遣兵马助为恶事。"这一套复杂的理论崑王理解起来定有困难,不管是否同意,最后却只能放弃初衷。似乎异族不同的风俗给杨坚带来的烦恼甚于遭到他们的进攻。《北史·卷96·吐谷浑》P340。开皇八年吐谷浑名王拓拔木弥请以千余家归化,皇帝态度暧昧,并不热心。君臣之义要他拒绝收纳叛臣逆子,人性又让他产生恻隐之心,不忍断然否决。因此,最后给出的处理意见也就不奇怪了:普天之下皆曰朕臣,虽复荒遐,未识风教,朕之抚育,俱以仁教为本。浑贼悟狂,妻子怀怖,并思归化,自救危亡。然叛夫背父,不可收纳。又其本意,正自避死,若今遣拒,又复不仁,若更有意信,但宜慰抚,任其自拔,不须出兵马接之。其妹夫及其甥欲来,亦任其意,不劳劝诱也。《隋书·卷83·西域传·吐谷浑传》P220。看来十分勉强,可有可无的态度是比较典型的隋高祖种族思维,对吐谷浑民风民俗缺乏了解不可避免地影响了他判断力,对北方其他游牧民族也大同小异。

开皇十一年,夸吕死,子伏立,使其兄子无素奉表称藩,并献方物,请以女备后庭,上不许。开皇十六年(597年),以光化公主妻伏,伏上表称公主为天后,上不许。明年其国大乱,国人杀伏,立其弟伏允为主,新王特派使者说明废立之事,并谢专命之罪,且依风俗续娶光华公主,杨坚没有反对,自此朝贡年年按期而至。不过土谷浑经常收集国家信息,杨坚对此十分反感但仍克制,未采取任何反制行动,但是皇帝心里已经烦透了,不过在别人身上找到了机会发泄,开皇十六年,党项复寇会州,诏发陇西兵以讨之,大破其众。党项相率请降,愿为臣妾,遣子弟入朝谢罪,高祖谓之曰:语尔父兄,人生须有定居,养老长幼。而乃乍还乍走,不羞乡里邪?"自是朝贡不绝。《隋书·卷83·西域·党项传》P221。暂时好像是隋主有更为优越的人文思想并取得了实效,其实突厥、吐谷浑等是更大的受益者。他们简练的政治信条都是以实际可行为标准,与自以为是的竞争对手不同,儒家的绝大部分原则在他们眼中是次要的,有可能完全不认同。不过,中原君主听任其他当时相对比较弱小的部落种族各自自然发展的举措在今天仍十分宝贵。它们不能在中原王朝统一、强大时与之争锋,但又必须在隋这类庞然大物旁生存。如何与之保持必要的接触?如何既让种族特性得到保护,又使自己从相对先进的文化中获益?最后以弱胜强,这绝非易事,党项的后裔——西夏人在赵宋朝的政治成就则证明他们做到了这一点。

吐谷浑在迎娶光化公主的次年,即开皇十七年即陷入内讧,世伏被杀,其弟继承了乃兄的汗位与妻子,此后好些年内,在隋边境打家劫舍的大军中没有出现他们矫健的身影。

大业元年(605 年)，伏允遣其子来朝贺炀帝即位，表面上维持着与高祖时的关系。实际上由于君主的更替隋室民族政策正发生实质性变化，时隔二十四年后，炀帝恢复了对弘州的行政管理，扩大防御线。转折点则随着铁勒部与隋在发生边境冲突而凸显，隋将军冯孝慈在防御犯塞的铁勒人时战败(铁勒乃"匈奴之苗裔，种类最多，自西海之东依据山脉，往往不绝。"《北史·卷 99·铁勒传》P353。迴纥，其先匈奴之裔，后魏时号铁勒。《旧唐书·卷 195·迴纥.传》P624。此时中原政府仍未弄清铁勒人的来历，铁勒人大概也清楚一、二次局部的胜利没有决定性的作用，因此也随即积极向隋表明和解诚意。炀帝派黄门侍郎裴矩出使铁勒，大业四年七月，裴矩转达隋主一个出人意外的决定，要求铁勒向土谷浑进攻作为与隋和解的条件，铁勒当即同意，吐谷浑在其袭击中损失惨重，其王伏允向东撤退，据守西平，炀帝又令观德王杨雄出浇河，许公宇文述出西平，宇文述在曼头赤水大胜吐谷浑。《隋书·卷 83·西域》P220。五年 5 月，隋室发四路大军包围吐谷浑主伏允，隋屯卫大将军张定和阵亡，而吐谷浑军崩溃，吐谷浑人口十万余，六畜三十余万降隋，六月奉命追击伏允的左光禄大夫梁默、右翊卫将军李琼等先后战死，伏允带二千余人成功逃至党项，他们的空缺留下的大片土地，东西四千里，南北二千里皆为隋有，成为隋的郡县，拓地数千里，并遣兵戍之。《隋书·卷 3·炀帝纪》P11。自西京诸县及西北诸郡诸转输塞外，每年输送钜万亿计，经途险远，及遇寇抄，人畜死亡。不达者郡县皆破其家，由是百姓失业，西方先困矣。这被认为是破吐谷浑后的一个不良后果。《资治通鉴·卷 181》P1202。不过，隋室扶植的吐谷浑主顺及其副手大宝王泥洛周没有得到其族人的承认，后者被杀，后顺王只得折回内地。《隋书·卷 3·炀帝纪》P11。到大业末，顽强的伏允又回到他的故土，显然受到部落有力的支持，所以才能"屡寇河右，郡县不能制。"《隋书·卷 83·西域·吐谷浑传》P221。他注定要与一个新王朝打交道。裴氏针对吐谷浑的策略基本正确，主要是利用一切武力打击吐谷浑，没有与之和亲，而是消灭这股武装。大业五年隋达到极盛。"是时天下凡有郡一百九十，县 1255。户 890 万有奇。东西长 9300 里，南北 14815 里。《资治通鉴·卷 181·隋纪五》P1202。与之同时进行的是极力笼络或者伺机削弱突厥族，繁荣对外商业贸易及拓殖。

各方矛盾都一直公开化是由于这些民族一直有亟待解决的问题，并因此伤害了对方利益，另一方面则很大程度上由于主要是隋国君主对其抱有误解和不加掩饰的轻蔑态度。政治惰性使之将民族问题视之为经济上的累赘和政治上的麻烦。权利与文化优越感所导致的狭隘、自大、轻率的态度使他，他的继任者们也一样，不断地在失去和平相处的机会。机会的失去不仅意味着影响发展，也同步带来麻烦。杨坚在位早期，仍沿袭着前朝与吐谷浑恩怨难辨的复杂关系，吐谷浑越是频繁的进攻，导致越是沉重的失败，这显示隋室正走向强盛，特别是杨坚统一南北后，吐谷浑主动请求与隋的联姻的举动事例很孤立，可能主要是出于免遭陈国的命运考虑，因为继续与隋公开的对抗已经没有出路。最大的问题则在于他们生产关系过于原始，完全缺乏保证其持续发展的经济基础。隋室边防并不是无可挑剔，双方此消彼长武力一直在起作用，虽然定居者巧妙利用第三种力量一度令吐谷浑严重削弱，但是问题并未得到解决，前朝存在的问题依然存在。

隋文帝对吐谷浑采取的是遏制政策，炀帝即位后，裴矩与炀帝商议后，也可能是他自作主张决定一举解除吐谷浑问题，裴矩亲自导演了铁勒突然进攻吐谷浑的局面，隋以较小的损失，张定和、梁默、李琼三位将领阵亡赢得了巨大的胜利。吐谷浑人、铁勒人本可以与隋相安无事。前两者都没有实力与隋争锋。但是三方都不能始终安静，作为一个国家也好，作为种族特性也好，他们必然要寻求机会，结果最好的时机是裴矩首先看到并抓到了。

看到辉煌的胜利来得如此突然，如此容易，炀帝怦然心动，一场纯杨广式的胜利又会怎样精彩？他决心已下。但不是人人都配拥有胜利，人与人之间本质上有很大不同，通过行为结果很容易加以验证。能力不同，运气就更是差异大，不过炀帝不是碰运气的人，他相信自己，后来只相信自己。拥有裴矩这样的人是他的运气，其他人有不同的能力，对办成事起不可缺少的作用，但炀帝逐渐失去了大视野与客观性，他不是厌倦胜利，而是厌倦了有别人参与的胜利。他杀掉或赶走了几乎所有最有才华朝臣，兴冲冲地一人独撑大局。

裴矩最在意的是自己的能力能否得到实施，他需要各种平台，对职位来者不拒，而且在炀帝隋炀帝逝世十年时自己还活着。

公元 386—543 时期的拓拔氏突厥族，种族与制度的合力。

太延五年（公元 439 年），北魏太武帝拓拔焘统一北方，与南方以汉族为主的政权形成对峙。534 年以后分裂成东、西魏，最后以齐、周命名他们的国家。土门崛起时，拓拔氏已日薄西山，名存实亡，而土们的疆域还十分模糊。

突厥与中原政权的交往最早记载是通过战争进行的。在西魏大统年间以前，每年冰封之后，突厥例行来拓拔氏的北魏边塞抢劫。《周书·卷 27·宇文侧传》P43。他们当时已由于军事失败臣服于蒙古族的柔然人，为他们暴戾的主人日夜打造兵械器具。到一代英才阿史那·土门为突厥主时，突厥人已不仅仅是驯服、熟练的锻奴，也是骁勇的战士。他因向柔然主人揭露同族高车部（铁勒族）可能的反叛企图而自以为有功而向柔然公主求婚，遭拒。土门与西魏联姻的愿望却得到满足。随即在公元552年，怀荒一役，土门让柔然主阿那瓌（北魏孝明帝封其为蠕蠕王）抱恨终身，兵败自杀，再也不能羞辱他。土门随即建立突厥汗国，自号伊利可汗。反叛柔然是突厥民族一个光荣的起点，摆脱了柔然人近百年的奴役。552年土门击败柔然后，柔然裂为东西两部，555年，东部柔然被北齐高洋讨灭，西部柔然投西魏，被木杆可汗所逼，西魏交出了寻求庇护的柔然人，有三千人遭到屠杀，其余配为奴隶，柔然灭亡。经过土门子科罗（即亿息记可汗或逸可汗，阿逸可汗）尤其是科罗之弟木杆大可汗的经营，突厥的版图东自辽海（辽河上游）以西，西至西海（里海）万里，南自沙漠以北，或南临阿姆河（中国称乌浒河），北至北海（今贝加尔湖）五六千里，俨然一个北方大国，而他们直接面对的是分裂的中原，与北周、北齐为邻。这两个国家之间的矛盾非常突出，为了免于成为突厥就近掠夺的对象愿意息事宁人，得过且过。突厥人清楚这一点并坚定地加以利用，结果是突厥人分别从两个国家那里得到的好处越多，周、齐之间的矛盾就越尖锐；周、齐越衰弱，突厥就越强大。在土门之孙、科罗（死于553年）之子沙钵略可汗时代（553—572年，西魏恭帝到北周武帝建德初），一度"地过万里，士马亿数，恒力兼戎夷，抗礼华夏，在于北狄，莫与为大。"《隋书·卷84·北狄突厥传》P223。沙钵略可汗在一封致隋帝的答谢辞中不知不觉流露出来的自大情绪令中原的皇帝听起来不会感到舒服，可当时确实是突厥人种的一个黄金时期。不过，他们对中原王朝整体上的强势呈断断续续之态，这个民族的弱点也随之也暴露无遗。因为落后的经济基础令他们全体族人只有不间断地抢劫才能免于匮乏；抢劫富有的邻居始终是一种国策和本能，非此不能稳定不断膨胀的辖区人口或自然灾害中生存的基本需求，而这种最大胆的行为意味着要冒最大的风险，因为他们南边的定居人口既然可以无限满足对手，所具有的潜能一定巨大。

　　土门、室点密兄弟共同建立了突厥大汗国，西进的室点密在巨大的成就感中不再服从兄长土门，二人缺乏协调的毛病被他们各自的子嗣加以继承，既持续自我削弱，又令对手有机可乘，以至各个击破。土门之子木杆可汗（572年卒）一项有争议的政治改革使得突厥本身的稳定充满变量，他将由可汗之位由父位子续扩容为传弟传侄。增加了继任者的选择余地，也势必加深候选者的矛盾。另外，也有些与中原极不兼容的道德观，对与其他民族迅速建立认同感与互信起妨碍作用。比如，父兄亡故后，母子叔嫂关系的变更虽然对突厥民族的盛衰几乎无任何实际的影响，却衍生了一个可以节外生枝的话题；它其实只是突厥所竭力维护制度的一个象征——显示权利在恰当的范围自然延续。部族确认妇女作为私有财产同时,并不是完全为了贬低她,实际上对身份转换中的妇女并不缺少尊敬。她本人拥有多少财产极具政治意义,木杆汗放弃亲子大逻便而立弟为佗钵可汗,十年后,佗钵又遗命其子庵罗让位于大逻便,只是大逻便母身份低微,国人不服,因此不得继立,庵罗母出身高贵,突厥素来敬重,所以佗钵遗嘱没有得到落实。贵贱可有血统与资财之分,在突厥当时的社会结构中,没有一定的社会地位而富有难以想象,身份高贵而贫贱也同样是如此。木杆汗的一次改弦更张变成了惯例,沙钵略之弟,后来的莫何可汗处罗侯总结说:"我突厥自木杆可汗以来,多以弟代兄,庶夺嫡。失先祖之法,不相敬畏。"《隋书·卷84突厥传》P223[4]。为何这种有害的做法无法刹车?或者后来的可汗对此无所作为可能有3个原因:1.先祖之法有严重缺陷。2.人的意识出现重大变化,再看不到遵循传统的意义。3.没有出现强有力的领袖人物。如果没有出现倒霉的汗位问题,东、西突厥合击分裂之后的北魏,而不是血亲之间争斗不休,就可能产生更伟大的突厥可汗。

2. 宇文氏的周边环境及政策

东方的高丽于大统十二年(546年),其五世孙成,遣使献其方物,成死子汤立。建德六年(577年)汤又遣使来贡,周武帝拜汤为上开府仪同大将军、辽东郡开国公,辽东王。

百济"其先盖马韩之属国,夫余之别种"。看来正奉行一种左右逢源的外事政策,"自晋、宋、齐、梁据江左后,魏宅中原,并遣使称藩兼受封拜,齐氏擅东夏,其王隆亦通使焉。隆死子昌立。建德六年齐灭,昌始遣使献方物,宣政元年(578年)又遣使来献。

高昌:武成元年(559年),保定初(共五年)遣使来献。

龟兹:保定元年(561年),其王遣使来献。

于阗:建德三年(574年)遣使献名马。

嚈哒:保定四年(564年)其王遣使来献。P2667。

稽胡:匈奴之别种,刘元海(即刘渊)五部之苗裔。其俗,土著亦知种田地,少桑蚕,多衣麻布。其丈夫衣服及死亡殡葬与中夏略同,妇人则多贯蜃贝以为耳颈饰,与华人错居。其渠帅颇识文字,言语类夷狄,因译乃通。《北史·卷96·稽胡传》P342,《周书·卷49·异域传》P85。

与突厥关系是宇文氏最重要的对外关系,大统十一年(545年)由于见到宇文泰派来的使者,这个使者是个名叫安诺槃陀的酒泉胡人。参阅《中亚史·第一卷》。其国(突厥)皆相庆曰:今大国使至,我国将兴也。《北史·卷99·突厥等传》P350。大统十二年（546年），时铁勒将伐茹茹（柔然），土门"率所部邀击破之，尽将其众五万余落，恃其强盛，乃求婚于茹茹（柔然）主阿那瓌，不料被辱骂一通，被斥之为打铁的奴隶。土门杀其使者，与之绝而求婚于周。"西魏的铁腕人物宇文泰表示同意，大统十七年（551年），将西魏的长荣公主嫁给他。魏废帝元年（552年），土门进攻茹茹，阿那瓌自杀，其子庵罗奔齐，余众立阿那瓌叔父邓叔子为主，土门遂自号伊利可汗。土门死后，子科罗立（即乙息记可汗），他击败柔然残部邓叔子，科罗死后，其弟俟斤立为木汗可汗，这个杰作的突厥领袖击溃了邓叔子，迫使其率领残部投奔宇文泰的西魏，对邓而言，这显然是一个错误的目的地。木杆又北击败嚈哒，东走契丹，北并契骨，威服塞外诸国。其地东自辽海以西，西自西海万里南自沙漠以北，北自北海五六千里皆属焉。俟斤部众既盛，遣使请诛邓叔子，得到宇文泰的同意，逮捕邓叔子以下三千人付其使者杀于青门外。解决茹茹后，兵锋转向另一对手，554年，俟斤袭击吐谷浑。自从545年至554年这短短不到十年时间内，突厥发展惊人，从一个视西魏为大国的部落，迅速崛起，不仅版图急剧扩大，处于上升期宇文泰及其家族也要认真考虑其意愿，这其中主要原因有两点：

1）突厥包括木汗可汗长期执行与宇文政权保持友好的战略。即使在其突厥事业如日中天时也没有停顿。例：546年"土门遂遣使贡方物。"551年，魏文帝崩，土门遣使来吊，赠马两百匹。西魏废帝二年（553年），科罗遣使献马五万匹。北周明帝二年（558年），俟斤遣使贡方物。保定元年（561年）又三辈遣使贡方物。

2）当是时北周与北齐人争胜，戎车岁动，故每连接之以为外援。

突厥与宇文政权的婚姻是双方联系的一个因素，但不是一个稳定因素。魏恭帝时，俟斤提出"以女许太祖宇文泰，未定而太祖崩，后又许高祖宇文邕。"而当是齐也同时在争取这一盟友时，他们以财物上出手大方吸引了俟斤，使其有毁约之意，由于特使、凉州刺史，经验丰富的谈判专家杨荐等人的出色工作，俟斤绝齐婚周，举国东伐。保定元年（561），自告奋勇的突厥领兵十万与杨忠一万伐齐，次年正月进攻正在晋阳的齐主，刚即位武成帝高湛，没成功，于是俟斤纵兵大掠。失望的杨忠由此得出了一个错误看法，突厥实力名不符实，请求武帝与之绝交，后者在重要参考了宇文护意见后拒绝了杨忠的建议。同年俟斤又主动约伐齐，这次分杨忠、宇文护、突厥三路，护作战不力，突厥人退。《北史·卷99突厥》P351。连续两次联合对齐作战都没有达到被北周上层所预期目的，与突厥本身力量上升有关，齐的存在对突厥有利。武帝保定五年（565年），陈公宇文纯、大司徒宇文贵、神武公窦毅、南安公杨荐前往突厥迎娶新娘,天和二年(567年)陈公纯等至突厥牙帐,但俟斤同时又与齐国使者讨价还价,忽然狂风大作,电闪雷鸣,俟斤认为这完全是天庭因为他的背信而震怒,于是宇文纯侥幸得到承诺。木汗以前的可汗基本与宇文氏保持松散联盟,随着时局的发展,三方形成制约,而突厥逐渐占据了最佳位置,这是因为突厥发现了周、齐的弱点,成功利用了矛盾。"自俟斤以来其国富强,有凌轹中夏志。朝廷(周)既与和亲,岁给缯絮锦彩十万余段,突厥在京师者又待以优礼,衣锦食肉者常以千数。齐人畏惧突厥寇掠,亦倾其府藏以给之。天和四年(569年)继立的他钵弥复骄傲,至乃率其徒属曰:但使我在南两个儿孝顺,何忧无物?(569年之后573年之前)"面对这样一个进取心旺盛,掠夺成性的政治诡计,南方两个君主不可能一无所知,只是有苦难言,因为现在主动权上操在突厥手中。建德二年(573年),他钵遣使向北周献马,公元577年北周灭齐,北周与突厥关系也同时走到尽头,主要原因是齐国灭亡不符合突厥的利益,至此宇文氏与突厥的婚姻也好,对突厥的早期发现、激励也好等都被将淡忘。577年齐文宣帝高洋第三子定州刺史高绍义自马邑奔之,他钵正式立为齐帝,"召集所部,云为复仇。"578年4月,他钵入寇幽州,杀略居民,柱国刘雄战死。高祖亲总六军,将北伐,会帝崩班师。是冬,他钵寇边,围酒泉,大掠而去。大象元年(579年),他钵复请和亲,帝册赵王招女为千金公主以嫁之,并遣执绍义送关,他钵不奉诏,仍寇并州。大象三年,始遣使奉献且迎公主为亲,而绍义尚留不遣。帝又令贺若谊往谕之,始送绍义。《周书·卷7·宣帝纪》P13、《周书·卷59·异域传》P85、《北史·卷99·突厥传》P351。他钵死后,由于继承人问题,给突厥的发展带来了阴影。在处理突厥关系时,宇文氏花费甚巨而且吃力,相比之下,突厥的政治理念更为简洁清晰,任何时候都毫不隐讳自己的需求,而且一般都能达到目的,需要掠夺时,并不妨碍婚姻,这种两条腿走路的政治方式既讲求实际的又易于操作。

3. 突厥军队入侵的缘由

1) 心理期望受挫:"沙钵略勇而得众,北夷皆归附之,及高祖受禅,待之甚薄,北夷大怨。

2) 应用外来文化:开皇元年,摄图曰:我周家亲戚也。今隋公自立而不能制,复何面见可贺敦乎?因与高宝宁攻陷临渝镇,约诸面部落共谋南侵。

3) 受到蓄意蛊惑:沙钵略妻宇文氏之女,曰千金公主,自伤宗祀绝灭,每怀复隋之志。日夜言之于沙钵略。《隋书·卷84·北狄传》P224。

4) 决策故意:皇帝决心离间北夷,故意给予前来迎娶的突利使节以优渥待遇,"遣牛弘、苏威、斛律孝卿相继为使,突厥前后遣使入朝三百七十辈,突利本居北方,以尚主之故,南徙度斤旧镇,锡赉甚厚。都蓝可汗怒曰,我大可汗也,反不如染干? 于是朝贡遂绝,数为边患,《隋书·卷84·北狄传》P224。

5) 不良政治的强烈反弹:"炀帝抚之非道,始有雁门之围,⋯⋯自古蕃夷骄僭未有若斯之甚也。《隋书·卷84 突厥传》P224。

6) 个人行为的负面影响:齐王属下库狄仲琦、陈智伟在陇西榾炙诸胡,责其名马,得数匹。《隋书·卷59·齐王暕传》P173。

上述导致突厥人发起对中原战争行为的理由中有缺乏沟通渠道的问题,突厥人大体上处于相对主动的一方,导致他们南侵有更重要的理由,那就是对财富的渴求。

三、581 以后的中原突厥关系

开皇元年(581 年),突厥人佗钵汗逝世,突厥陷入一个分裂时期,力量却没有减弱,只是它内部对战与和没有达成共识,开皇元年八月,阿波汗遣使来隋敬献地方特产。《隋书·卷1·高祖纪》P5。一些好战的突厥部落对隋境则以小规模的寇抄为事,凉州总管乞伏慧"严警烽燧,远为斥候,虏亦素惮其名,竟不入境。"《隋书·卷55·乞伏慧传》P165。但随突厥加大投入,烽烟四起,

隋的周边民族政策不是一开始就恰如其分,"及高祖受惮,待之甚薄,北夷大怒,沙钵略与叛将营州刺史高玉宁合军陷渝镇。"还准备"约诸面部落谋共南侵。"沙钵略妻就是前已提及的北周皇室赵王宇文招之女千金公主,她认为杨坚不过是一个可恶的窃国者,骗取了她家族的信任,所以她热心地鼓励可汗南侵,她的工作显然产生了效果。除此之外,战前摄图还于百忙之中另找了一条理由:我周家亲戚也,今隋公自立而不能制,复何面目见可贺敦乎?"沙钵略"悉众为寇,控弦之士四十万。"突厥人的弯刀叮叮当当敲打国门时,里面的人尚无准备,一片混乱,驻屯乙弗泊的柱国冯昱部,守卫临洮的兰州总管叱李长义,幽州守军上柱国李崇部队,在周槃(弘化郡弘化县界)扎营的达奚长儒将军,悉数为入侵者打败,胜者随之纵兵自木硖、石门(两关均在弘化郡平高县界)两道来寇,武威、天水、安金城、上郡、弘化、延安六畜咸尽,天子震怒。"《隋书·卷84·北狄》P223。突厥人是天生的战士,尤其还是为公道而来。新即位的隋高祖意识到事情的严重性,"由是大惧,修筑长城。命阴寿镇幽州,虞庆则镇并州,屯兵数万人以为之备。《隋书·卷51·长孙晟传》P159,《隋书·卷1·高祖纪》P5。这发生在开皇元年。

双方在对抗中很快就显露出各自的优势,然而,尽管是两个政权之间的竞争,个人的作用却十分突出,突厥人展现出集体力量有过人之处,隋朝站出来的人独当一边,隋朝逐渐取得了优势。

智力的优势

初期的慌乱之后,隋室还是在长孙晟的帮助下制定出针对突厥基本的方略,长孙晟(552—609)家族在隋唐之际影响深远,长孙晟在北周时曾奉命送千金公主至突厥,由于他人才、武艺出众,不仅傲慢的摄图另眼相待,盛情挽留住了一年,处罗侯也暗中与之结盟。《隋书·卷51·长孙晟传》P159。杨坚时为北周丞相,长孙晟是奉车都尉(从五品下),他的心智比他的职位高很多,一生如此。他"察山川形势,部众强弱,尽皆知之。""长孙晟先知摄图、玷厥、阿波、突利等叔侄兄弟各统强兵,俱号可汗,分居四面,内怀猜忌,外示和同,难以力争,易可离间。"他进一步分析说:玷厥(即达头可汗)之于摄图,兵强而位下,外名相属,内隙已彰。鼓励其情,必将自战。又处罗侯者,摄图之弟,奸多而势弱,曲取众心,国人爱之。因为摄图所忌,其心殊不自安。迹示弥缝,实怀疑惧。又阿波首鼠介在其间,颇畏摄图,受其牵率,唯强是与,未有定心。今宜远交而近攻。离强而合弱。通使玷厥,说合阿波,则摄图回兵自防右地,又引处罗,遣连奚、霫,则摄图分众,还备左方。首尾猜嫌,腹心离阻,十数年后,承衅讨之,必可一举而空其国矣。"《隋书·卷51·长孙晟传》P160。不过,长孙晟提及的上述突厥人物身份在历史记载中并不一致,沙钵略(摄图)立弟处罗侯为继,但处罗侯与沙钵略之子雍虞闾曾互相兼让汗位,并无矛盾,正是处罗侯生擒了阿波,他死后雍虞闾继立。诚如杜佑、长孙晟所说,突利可汗乃是沙钵略弟处罗侯(莫何可汗)之子,名染干,居北方。《通典·卷197·边防十三》P2816,《隋书·卷51·长孙晟传》P160。他不是《隋书·卷84·北狄传》P224中所描述的沙钵略子染干,原号突利可汗,被隋封为启民可汗的那一位,突利可汗也不是处罗侯本人。只有确定突利可汗既不是沙钵略的儿子,也不是沙钵略的弟弟处罗侯本人,而是处罗侯之子,沙钵略侄儿这个结论,上述摄图、占厥、阿波、突利的叔侄关系才成立。而按杨坚当时战前动员令中所描述的"且彼渠帅,其数凡五,昆季争长,父叔相猜。"(《隋书·卷84·北狄传》P223)只是一种鼓动性的演说,并非全部属实,至少核心人物摄图、都蓝可汗这对父子并未相互猜忌。沙钵略在开皇七年(587年)去世后,处罗侯、雍虞闾同时受隋封,前者为莫何可汗,后者为叶护可汗,处罗侯死于开皇八年。长孙晟对突厥社会的了解对隋朝至关重要。隋朝一流的决策层和一流的军队都得到了展示。杨坚按长孙晟的计划推进后确实导致了突厥可汗们的猜忌,授晟正五品的车骑将军,虽然没有越级提拔,对功劳的激励仍然算得上及时、必要,全国人都会看到。这个职位隶属各卫,领府兵。隋文帝最先慢待突厥人,招致进攻,但随后能够接受长孙晟的意见并完全按其计划实施,实属难得。隋文帝对长孙晟的提拔正确而且意义重大,更重要的是长孙晟的建议在隋文帝的支持下得以及时转化为政策,确实执行,这得益于君主的远见卓识,隋君臣的应对计划大致分以下四个步骤:

1) 遣太仆元晖出使伊吾道,拜访玷厥,赐金色狼头旗"谬为钦敬,礼数甚优,玷厥使来,使居摄图使上。反间既行,果相猜贰。"成功离间东西部突厥共同的大可汗摄图(沙钵略)与势力强劲西部玷厥。《隋书·卷51·长孙晟传》P160。以至在开皇二年(582年),摄图四十万大军南侵,在进展顺利的情况下,隋周槃行军总管达奚长儒军被击败时,摄图继续南进的主张没有被玷厥采纳,并擅自领本部人马脱离战场。同时,处罗侯子染干又在长孙晟的挑唆下对摄图谎称铁勒造反,"欲袭其牙。"摄图信以为真,立即回兵。

2) 晟奉命出黄龙道,赍币赐"奚、霫、契丹等,遣为向导,得至处罗侯所。深布腹心,诱使内附。"《隋书·卷51·长孙晟传》P160。

3) 重点打击沙钵略,开皇二年"以河间王杨弘、上柱国豆卢绩、窦荣定,左仆射高颎、右仆射虞庆则并为元帅出塞击之,沙钵略率阿波、贪汗二可汗来拒,战皆败走。《隋书·卷1·高祖纪》P5。

4) 在东突内部制造矛盾。582年之后数年,突厥大举进攻,隋八道元帅分出拒之。阿波一路在凉州屡败于窦荣定;摄图一路则取得连胜,长孙晟对阿波使者分析说:阿波、摄图势力本相近,现在战场上一个连胜,一个屡负,摄图随时可以归罪阿波。对疑虑重重的阿波,长孙晟又进一步建议:今达头与隋连和,摄图不能制,可汗何不依附天子,连结达头,相合为强,此万全之计,阿波表示同意。"因留塞上,"又派人随长孙晟入朝。摄图与隋卫王杨爽军在白道遭遇,败走逃至沙漠。听说阿波事后,他完全失去自制,"乃掩北牙,尽获其众。"并残忍地杀死阿波母亲。她因身份问题连累儿子不能立为大可汗,自己最终也遭侄儿毒手。流离失所的阿波只好投奔西突厥的达头可汗,达头即西方之意,他本人名玷阙,是沙钵略父辈。由于得到玷阙资助,阿波部落人口回归阿波者近十万骑。他的朋友贪汗可汗,对沙钵略无故褫夺他的职位、人马非常生气,自然与阿波联合。沙钵略表弟地勤察也因与沙钵略的私怨反叛,加入到阿波队伍中。十余万复仇大军东击摄图,阿波越战越强,摄图开始处于守势。交战各方都派遣使者至隋请求支持。被一一拒绝。

由于不能抵受这种打击,摄图遣使朝贡,千金公主也不得不抛弃成见,她急中生智,致书隋文帝,"请为一子之例。"请求为帝女,改姓、改封。高祖遣开府徐平和使于沙钵略,晋王杨广时镇并州,对大局把握不清,曾"请因其衅而乘之。"立即遭到杨坚断然拒绝。徐平和带来高祖善意,摄图以天子的名义遣使致书大隋皇帝,首先狂热地谈婚姻关系完全可以弥补种族差异造成的心理距离,"皇帝是妇父,即是翁;此是女夫,即是儿例。两境虽殊,情义是一。今重选亲旧,子子孙孙乃至万世不断。上天为证,终不违负。"其次谈及经济经济的互补性尤其是融合的美好前景:"此国所有羊马,都是皇帝畜牲;彼有缯彩,都是此物。彼此有何异也!"他的语言天真朴质,许下了他根本不能保证兑现的承诺,这就是他真实意思确切表述值得怀疑,高祖的响应稳健又不失积极。开皇四年,584 年二月,突厥苏尼部男女万人请降。突厥可汗阿史那玷(即达头)率其属来降。《隋书·卷一高祖纪》P6,《资治通鉴·卷 176·陈纪十》P1165。胡三省在注注释中提示,当时达头正是强盛之时,"盖文降也。"就是一种其实达头这次只是派使者送来一份表示友好的书信。九月,杨坚派尚书右仆射虞庆则、长孙晟为正副使以探望儿子女儿为名拜会摄图,皇帝的诏书中表示要视沙钵略为儿子,千金公主为女儿。当虞庆则出示皇帝玺书,要求沙钵略按臣礼下跪迎接时,他却称病不能起,以可怕的坦率说"我父伯以来不向人拜。"这在虞庆则、长孙晟看来无异于大逆不道,能否接受中原的道德标准看来变得命运攸关,长孙晟等温和而谦逊对可汗云:"突厥与隋俱是大国天子,不拜,安敢违意。"但他补充说,你的另一身份是帝女婿,不行跪拜就是无礼,后者接受了意见。在他们的劝诱下,"摄图辞屈,乃顿颡,跪受玺书,以戴于首,既而大惭,其群下因相聚恸哭。庆则又遣称臣,摄图谓其属曰:何名为臣,报曰:隋言称臣,犹言称奴耳。"这个被千金公主私下称为"豺狼性,过与争,将啮人。"的可汗,一下变得非常圆滑。"得作大隋天子奴,虞仆射之功也。赠庆则马千匹,并以从妹妻之。"虞临行前高祖曾对他说"我欲存立突厥,彼送公马,但取五三匹。"《隋书·卷 40·虞庆则传》P140。结果带回上千匹,估计公马数没有超过预定的数目。隋使臣超预期地完成使命,虞庆则等没有因此受责备,这可以是对杨坚政策及时、必要地纠偏,也可以说是隋室君臣天才之作,隋上层突厥政策从此走上坦途。开皇五年五月,高祖遣大将军元契使于突厥阿波可汗。《隋书·卷 1·高祖纪》P6。加上长孙晟与处罗侯并未公开又十分牢固的私交,矛盾错综复杂的苏尼部、达头、沙钵略、阿波、处罗侯等都重视与隋的关系,隋的位置越来越好,政策显得游刃有余。沙钵略并非完全因为语言障碍变得讲求实际,他的心理调整都是迫切真实的,"时沙钵略既为达头所困,又东畏契丹。"所以他进一步要求将部落度漠南，寄居白道川内，得到了隋主同意，并指派杨广提供必然的物质与军队帮助。沙钵略因此有条件继续对阿波作战，并取得进展。《隋书·卷84·突厥传》P223。趁火打劫的阿拔国部落掠其妻子，还未来得及为自己欢呼即遭到隋军重创，所缴获阿拔部落的大量物质悉数移赠沙钵略，大喜过望的沙钵略可汗主动提出立约以沙漠为界，开皇五年七月，越来越熟悉中原语境的可汗上表"窃以天无二日，土无二王，伏惟大隋皇帝，真皇帝也。"同意"永为藩附。"《隋书·卷1·高祖纪》P6。不过就一些实际问题有所保留，"至于削衽解辫，革音从律，习俗已旧，未能改变。"并派他第七子窟含真（库合真）等奉表以闻。这是沙钵略第一次书面称臣，隋君臣对此喜出望外，高祖下诏曰：沙钵略称雄漠北，多历世年，百蛮之大，莫过于此。往虽与和，犹是二日，今作君臣，便成一体。……其妻可贺敦，周千金公主，赐姓杨氏，编之属籍，改封大义公主。窟含真为柱国，封安国公，宴于内殿，引见皇后。"看来沙钵略对这样的优渥待遇十分满意。所以才"岁贡不绝。"此后，作为一个突厥大可汗，沙钵略再无作为，于开皇七年公元587年死去。《隋书·卷84·北狄传》P223，《隋书·卷51·长孙晟传》P160。北狄传的次序是虞庆则探访女儿——摄图拒绝跪拜——遣子使隋——受赐杨姓。高祖传是在五年七月，沙钵略上表称臣——子朝。比较合理的次序是公主的请求—才有徐平和之行—沙以天子致皇帝书——虞、长孙之行——拜与不拜—得阿波部财物—称臣—儿子朝拜—赐姓。从沙钵略——一个平等的天子不肯跪拜到公开承认对隋臣服，情绪急剧的变化仅用了十个月。对沙钵略的过程是一个成功策划的案例，首先是隋没有盲目延续周、齐对突厥一贯笼络政策，主观上并不害怕战争，在积极迎战的同时寻求最佳对策；其次是幸运地采纳了长孙晟方案；第三是君臣密配合默契。决策和实际运作中几乎没有出任何错误，很快就由最初因局部失败带来的些许慌乱转守为攻，最终以极小的代价达到了超出预期的目标。

　　继立东突厥汗位的是其弟莫何可汗处罗侯（587—588年），摄图子雍虞闾为叶护可汗。隋遣长孙晟拜处罗侯为莫何可汗，隋确认的重要性旨在宣示隋与新可汗的特殊关系，往往是临时、蓄意附加的一种形式，并不是可汗继立的必要程序。"处罗侯长颐偻背，眉目疏朗，勇而有谋。"他的继立是沙钵略的遗命，沙钵略恭顺的儿子雍虞闾准备完全落实父命，沙钵略一直以为儿子过于懦弱，处罗侯则以现行的嗣位法弊端太多，愿意恢复父子相传的做法，二人经过一番罕见的推让，结果服从惯例，雍闾为叶护可汗，成为突厥人大首领是处罗侯。叔侄二人对汗位的处理完全称得上理智、文明，实际上也完全符合隋的利益，这也是历史上利益对立双方各自采取最佳举措而结果对双方均属最佳的珍贵例子。因为或者处罗侯对局势有清醒的把握，或者是珍惜与长孙晟个人的友情与承诺，从此未作出对隋有害的事，只是延续了自己兄长与堂兄弟阿波可汗的仇恨"处罗侯因通过长孙晟上奏，阿波为天所灭，与五六千骑在山谷间伏。听诏旨，当取之以献。"处罗侯终于擒获造成东突厥分裂，东、西部突厥对抗之元凶阿波后，相当聪明地上书隋帝，请求处置意见。这确实引起了隋大臣的一番争论，乐安公元谐主张对处罗侯就地正法，武阳公李充建议押至京师处死，杨坚征求长孙晟的意见，这个善解人意的人知道"物伤其类"的涵义所在，解释处罗侯、阿波不过是兄弟之间的问题，并未背叛朝庭，处死阿波产生的负面影响不符合国家的长远政策。《隋书·卷51·长孙晟传》P160。左仆射高颎也表示，与其处死一个俘虏，不如用来解释和培养一种哲学观，"骨肉相残，教之蠹也，存养以示宽大。"对阿波个人和隋国家均属幸运的是，皇帝接受长孙与高的观点。《隋书·卷84·北狄传》P223。

开皇八年588年，处罗侯在西征中战死后，雍虞闾受到族人拥戴，号为都蓝可汗，都蓝派使者专程进京面见这里的国君，朝廷给予三千段织品的赐物。《隋书·卷84·北狄传》P223。这位称得上民选的可汗重视与隋的关系，可以推测都蓝即位后至晦气的杨钦到来之前，除了因"都蓝弟钦羽设部落强盛，都蓝忌之，击而斩首于其阵。"《隋书·卷84·北狄传》P224。的暴行外，并无与隋的摩擦记载。因此人们可以相信下列记载：都蓝每岁遣使朝贡，都蓝贡蘍布鱼胶，遣弟褥但特勤献于阗玉杖，隋帝拜褥但柱国、康国公。次年突厥部落大人相率遣使贡，马万匹，羊两万口，驼牛各五百头。又应后者之请，"缘边置市，与中国贸易。"《隋书·卷84·北狄传》P223。不完全是隋、突厥之间相互赠送大量特产成就了两个民族的一段水乳交融的蜜月，其实都有修养生息的需要。然而隋、突平稳关系维系近五年后终于出现波折，偶然因素改变了现状，起因有两点：1. 隋高祖不喜欢大义公主的一首诗，它就题写在陈后主陈叔宝屏风上，这是隋主平陈后赐给她的一件战利品，本意是让身居突厥的公主时刻记住皇恩，不料却引起了相反的结果，这不是一件恰当的礼物，公主从陈国的结局联想到以故国北周的覆灭，心中的积怨难以抚平。她对故园美好的记忆现在被忧怨的思绪代替，于是在屏风写下诗句，真实地描述了她内心的感受。杨坚听说后没有掩饰自己的愤怒，这开启了隋室与突厥之间的信任危机阀门。由于大义公主蔑视隋室皇权的合法性，遭到隋暗算。2. 当时又收集到"公主复与西突厥泥利可汗连结"（《隋书·卷84·北狄传》224）的情报。3. 开皇十三年（593年），流民杨钦逃亡突厥，谎称朝中有宇文氏等将起来反抗朝廷，他敦请原姓宇文的大义公主与雍虞闾可汗在边境回应。《隋书·卷84·北狄传》P224。大义公主与可汗夫妻二人都相信杨钦并庇护他。"乃不修职供。"长孙晟奉命前来考察,发现大义公主不仅对他本人言辞不逊;对隋室不忠;而且对丈夫不忠。经查,她有位名安遂迦的突厥族男友,一直不为人所知,伤风败俗,罪行严重。回京后他如实汇报,隋对此极为重视,随后长孙晟又奉命索要杨钦,雍虞闾极力否认所有问题,公主感情上的背叛行为他可能确实一无所知。朝廷准备下诏废黜公主,"恐都蓝不从,遣奇章公牛弘将美妓四人以啖之。"即以女色作为赠品诱惑他,此计没有奏效,但长孙晟还是设法贿赂了突厥高官,查明真情并亲手抓获,当面揭露公主的隐私,部落上下皆知,一片非议之声,惹起了轩然大波。"公主与从胡私通,长孙晟先发其事,裴矩请出使,说都蓝戮宇文氏,上从之,竟如其言。"《隋书·卷67·裴矩传》P189。长孙晟等拿大义公主的私生活大做文章,弄得他丈夫精神失控,恼羞成怒的可汗火速逮捕有关人员交给晟,隋帝专门派人至可汗帐前残忍地处死公主。"雍虞闾将安遂迦等并付晟,乃遣入藩,莅杀大义公主"。其实为对付大义公主隋还有另一手准备,当时处罗侯子染干,号突利可汗在北方活动,希望与隋联姻,后者表示同意,裴矩代表隋开出的条件是杀死大义公主,隋与突利可汗显然充分并成功利用了传言,在公主私生活事件中起了推波助澜的作用。《隋书·卷51·长孙晟传》P160。都蓝可汗对这个原委一无所知。对于只知道或诚实地奉行一夫一妻制的人而言,却都知道现在都蓝已成了鳏夫,要求从隋另娶的呼声自然很高,因此也值得同情。长孙晟则相反,他认为都蓝反复无常,因为与西部达头有矛盾,所以还有一点利用价值。"但国家纵与为婚,终当必叛。"他的论据是"今若得尚公主,承藉威灵,玷厥、染干必当为其征发,强而更反,后恐难图。且染干者,处罗侯之子,素有诚款,于今两代。臣前与相见,亦乞通婚,不如许之,诏令南徙,兵少力弱,易可抚驯,使敌雍闾,以为捍边。上曰善。又遣慰染干,许尚公主(封宗女为安义公主)。十七年(597年),染干遣五百骑随晟迎娶,晟劝说染干南徙居度斤旧镇。《隋书·卷51·长孙晟传》P160。值得一提的是,长孙晟的处理办法也得到隋另一位杰出人士裴矩的支持(547—627年)此人阅历极其丰富,胸襟开阔,谁给的官都做,百折不挠,为国出力的欲望从不因朝代的变迁而动摇。历北齐兵曹从事,在周,参相府记室事。在隋官至右光禄大夫、宇文化及的尚书右仆射、窦建德尚书右仆射、唐民部尚书,《隋书·卷67·裴矩传》P189。参与相关决策稍晚,他文武兼备、胆识过人,心胸开阔,官居内史侍郎。长孙晟的政治幸福在于,裴矩同样才华卓越,碰巧与他有共识并能够共存,最重要的是同样受到皇帝的高度信任。

有理由怀疑长孙晟偏爱处罗侯父子,排斥都蓝不是完全恰当的政治选择而是感情作用。因为摧毁他付出代价很大，时间很长，不排除他的个人威望可能对整个隋决策层不知不觉中施加了影响，仍基本符合隋以来扶弱锄强、远交近攻的政治思路。而都蓝的举止则带有某种意义上的必然性，就向他父亲沙钵略可汗一样，都蓝为了爱情及其宇文家族家族付出了代价。虽然可能有"忠于感情"的好评与惋惜，政治上却要被评为不合格，因为个人行为导致了种族毁灭性的灾难。在沙钵略可汗困难时期，大义公主利用自己的特殊身份及时与隋建立起特殊关系，使火烧眉毛的沙钵略脱颖而出，获得隋室青睐。从某种意义上说她拯救过东突厥。面对传闻，都蓝可汗在处理此事时表现得很情绪化，丝毫没有看出这或许与某种政治目的存在关联，而误以为是一件孤立的生活丑闻，一件令人烦心的事。于是顺理成章地杀死了一个坚定、有价值的反隋盟友。如果大义公主促成了东、西突厥的和解，潜在的联合对隋计划得以实现，对突厥种族整体而言，肯定是一个难得的发展良机。都蓝可汗缺乏这种对机会的把握能力，或许是出于对公主的仇恨，或许是由于惯性，他继续执行一种错误的对外政策；既与西突厥达头可汗对攻不已，又与如愿从隋室得到安义公主为妻的突利可汗关系破碎，他成了突利、隋两种利益的牺牲品，最后又在盛怒中止向隋室贡献，兵锋直指大隋。隋对北方的小可汗突利厚加礼遇，身为大可汗的雍虞闾却没有得到新妻，恼怒立即淹没了理性，公然强烈不满，不再朝贡，以待机袭击染干为使命，成为边患。知子莫若父，其父不让他登基而让弟弟继位，显示其有先见之明。都蓝可汗的情绪化行为对隋室尽管是一种可以预见的情况，但对策还不是立即有效。开皇十八年，染干通过长孙晟上报雍虞闾谋反。隋兵大出，蜀王杨秀出灵州道。开皇十九年（599年），汉王杨琼、左仆射高颎等出朔州道，右仆射杨素等出灵州，上柱国燕荣出幽州，先后奉命领军进攻都蓝可汗，可汗惧，不过危机中并未混乱，他正确地选择与达头合力攻染干，双方大战于长城下，染干大败，染干子侄兄弟被杀，部落亡散，长孙晟与染干等仅剩的五骑为摆脱追击一整夜狂奔，路上染干先是准备归隋，随后又担心隋蔑视他这个仅以身免的失败者，一度想投奔达头，晟设妙法使其改变注意，与之同行的还有都蓝之弟都速六，他弃妻子与突利归朝，受到嘉奖。身着本族服装的都六速与染干掷骰子为戏，全身汉装的亲卫近臣簇拥着皇帝在旁亲切观看，一幅看起来有点虚假的真实画面。

　　不久，在隋文帝主持下，染干与都蓝可汗使者因头特勤进行辩论导致战争的责任，这应该是一种当面对质，推导结果很快出来："染干辞直，上乃厚待之。"

　　沙钵略子雍誉间称都蓝可汗，是个雄心勃勃扩张者，都蓝可汗没有得到中原妻子的怨恨在突厥突利可汗与开皇十九年四月内附后爆发，每个听到了东方战场隋军是如何狼狈传闻的对手，可能都会精神为之一振，都蓝汗与强悍的达头可汗可能就是这样的听众，二人随即联合犯塞，把对突利的愤怒泄在大隋的平民身上，不过遭到高颎、杨素迎头痛击，重创达头十万大军，本人身负重伤仍杀出重围。

开皇十九年六月，隋室拜染干为意利珍豆启民可汗，高祖随后遣长孙晟领五万人在朔州筑大利城给染干居住，染干安义公主死后，隋又安排他娶义成公主为妻。在软弱的启民可汗遭到都蓝可汗多次进攻后，长孙晟又上奏，说雍虞闾对染干的攻击没有停止过，"不得宁居，请徙五原，以河为固，于夏、胜两州之间，东西至河，南北四百里，掘为横堑，令处其内任情放牧，免于抄略，人必自安。"《隋书·卷84·北狄传》P224。高祖同意这个无微不至、开销不菲的计划，启民部落入塞。不过隋与突厥敌对势力的军事对峙则处于僵持阶段，固执己见的都蓝可汗持续对隋及启民可汗以兵戎相向，在位置变化仍不能解决启民的安全问题时，隋又遣越国公杨素、太平公史万岁、行军总管韩僧寿、大将军姚辩等四路大军分别从灵、庆、燕、河四州与都蓝决战。隋军尚未出塞，可能是慑于未来的打击，达头的主要合作者，惹事生非的都蓝激起众怒，十二月被部下所杀，这是公元600年（开皇二十年）。可汗之死令都蓝部落陷入严重混乱，长孙晟提议趁此时，派染干招诱都蓝部下，获得很大成功。

达头十分不满安义公主去世后隋主于十九年十月又安排义成公主为突利下任妻，突利可汗获启民可汗之号，隋室对达头的轻蔑态度以及突利汗的现实主义态度，成为力量的源泉，被愤怒冲昏头脑的达头十二月份选了一个新汗号——步迦可汗。开皇二十年四月，在这个花团锦簇的季节，草原上绿茵一片的牧草蓬勃向上，向往中原财富的牧人之王已经迫不及待，强大骑兵群迅速集结，一路血与火，分道冲过隋军防线，隋将军史万岁四月从朔州出击，至大斤山与突厥交火，后者不敢应战而逃，还是有二千余突厥军人被斩首；晋王杨广出灵州（今宁夏宁武），长孙晟晟受命为秦川总管，受晋王广节度出讨，达头与晋王列阵相抗，晟提议在上游放毒污染水源，使参战的大量人畜受严重影响，被急昏了头的达头可汗误认为是"天雨恶水。"连夜逃跑，隋追击获大胜。普通突厥战士倒是猜出真相，以闪电霹雳形容长孙晟的心怀。《隋书·卷51·长孙晟传》P160。不敢与隋军正面交锋的达头派遣其子俟领军从沙漠以东攻启民，高祖又另派军帮助启民防御，进攻者无功而返回大漠。

与一再惨遭失败却始终倔强的达头相比，性格相对软弱的突利在隋室温暖的羽翼下，简直是过着无忧无虑的享乐生活。这段时间内所有针对启民可汗的敌对行动均受到隋室有力遏制。这种恶劣的环境持续到仁寿元年,启民也由此知道了隋室维护他的决心到底有多大,他充满感激又刻意讲究修辞方法地上书效忠隋室,"赤心归附,……千万世长与大隋典羊马也。"他并非说说而已,但要长久做到也真不容易,大业三年(607年),炀帝在榆林,晟为先遣,解释帝意,染干被说服,殷勤对帝,举国就役。《隋书·卷51·长孙晟传》P160。

仁寿元年(601年)正月,一股突厥袭扰恒安,并击败柱国韩洪所部隋军;五月,突厥男女九万来降。泥利可汗(即阿波的继任者)及叶护俱被铁勒所败,步迦寻亦大乱,一直以理性见长的长孙晟立即巧妙地变成了一个充满神秘色彩的预言家,"碛北有赤气长百余里,皆如雨,国必且破,王欲灭匈奴,宜在今日。"这显然是捏造的,对他深信不疑的高祖却不顾一切、毫无保留地接受了。"诏杨素为行军元帅,晟为受降使者,送染干北伐。"十一月,杨素、长孙晟助启民可汗攻击步迦,大破步迦骑兵。由于达头控制不了日夜惊惶不安的属下,步迦部落爆发内乱,北面铁勒、仆骨等十余部也都摆脱步迦统治降启民,启民遂有其众,从此成为一个勤勉的朝贡者,周边突厥人口基本统一于隋。

达头改称步迦可汗后一直时运不济,几乎一切不好的事都发生过后,时运也并无好转,绝望中他只好投吐谷浑,从此销声匿迹。此事发生在仁寿二年(公元602年),这是一个重大事件,威震欧亚的西突厥帝国行将就木。

杨坚时代的突厥势力在中原地区没有取得任何重大进展,酷爱乳酪的骑士们主要的危害是袭扰农耕居民、商旅、边境州县,开皇七年之前战争还处于胶着状态"开皇三年……是时突厥犯塞,吐谷浑寇边,军旅数起,转输劳疲。《隋书·卷24·食货志》P90。突厥人对中原的战事好像是半官方半私人的事,是不经意间发起的,但是绝对是精心策划的,突厥人握有和平的主动权,由于随着他们没有在意的个人开始主导战争,胜利的天平相隋朝倾斜。至于吐谷浑,在迎娶光化公主的次年,即开皇十七年即陷入内哄,世伏被杀,其弟继承了他的汗位与妻子,此后好些年内,在隋边境打家劫舍的大军中没有出现他们矫健的身影。

土门弟室点密最初以叶护身份在准葛尔,黑额尔齐斯河和额敏河流域、裕勒都斯河流域、伊梨河流域、楚河流域、怛罗斯(哈萨克斯坦江布尔城)河流域建立起西突厥汗国,西突厥在江布尔与蒙古族的嚈哒人发生重大冲突。嚈哒(Ephthalites)系属复杂,有多种理解:1. 大月氏之种类,亦曰高车之别种。《北史·卷97·西域传》P345。2. 大月氏与匈奴混血,称白匈奴。(血统不明的人,他们可能是吐火罗人,也称车师人,属印欧白种人,后来其部分人口与阿尔泰语族人种有混血。)3. 柔然人、阿瓦尔人不同时期、地方的不同称呼。395年罗马帝国分为东西两部,西罗马帝国末代皇帝于公元476年被日尔曼人废黜后西罗马帝国灭亡,东罗马君士坦丁堡1453年被土耳其攻陷)统一印度北部的笈多王朝在公元400年前后最为强盛,笈多帝国在整个北印度治理有方,一派繁荣,曾经战胜过嚈哒人。萨珊王朝也在科斯洛埃斯一世(Chosroes Ⅰ,531—579年在位)治下走向强盛,在公元五世纪,大月氏人建立的贵霜王国被从北方袭来嚈哒人打败,480年灭亡,它一度是屈指可数的世界强国之一。484年西突厥入侵者继而占领萨珊领土,国王被杀,萨珊成为附庸。500年,不怕失败的嚈哒人进入已现颓势的笈多印度,三十多年后才被赶出去,不过笈多王朝仍于550年灭亡,要等待半个世纪后由戒日王恢复它的光荣。室点密与世仇萨珊人都不愿看到丝绸之路上有嚈哒人当道,在北周明帝宇文毓武成元年即公元559年,萨珊王朝与西突厥人联姻结盟,两面夹击,565年左右,萨珊、突厥联军打垮了来势凶猛的嚈哒人,嚈哒领土被突厥、萨珊瓜分,两个盟友却因利益不同翻脸。567年,室点密出使君士坦丁堡的使者带回佳音,现在科斯洛埃斯一世要为他拒绝与突厥分享对拜占廷的贸易权付出代价,从572年开始,突厥、拜占廷分别向萨珊波斯开战,拜占庭萨珊萨之战直到591年,持续了二十年。不过室点密本人没有打那么久,他于576年逝世,继位的达头(575—603年)因为发现拜占廷另与被其父室点密打败的嚈达人缔结了条约,于577年攻击拜占廷,581兵临赫拉克里亚的刻松城下(Chersonesos),在今塞瓦斯托波尔附近,590年才完全撤出该地区。在与拜占庭争执的同时,588—589年突厥入侵大夏(巴克特里亚或吐火罗斯坦),大致597年该地区就不再属于波斯而属于西突厥。《大唐西域记·卷二·印度总序述》所载,直到630年,时值贞观四年,西行的玄奘还发现吐火罗是突厥王子的封地。玄奘大师在《大唐西域记·卷五》还提到,当时在位的戒日王(590—647年)是印度曷利沙帝国的建立者(606—647年在位),曷利沙帝国恢复了前朝笈多帝国的荣耀。玄奘说戒日王出身吠舍种姓,经过六年征战,征服北印度的大部,象兵十万,骑兵十万。他广兴佛教,国内三十年无战事。戒日王应该是在嚈哒被波斯、突厥联手毁灭,而两个胜利者随后闹翻之后,才建立起对北印度的统治。笃信佛教的戒日王辞世不久,他国家即瓦解。与之相关的一个更大的地理概念是婆罗门国,它是隋唐人对今印度地区的总称。东、西突厥最好的时候统治半个亚洲,但是好运不长,达头本人601年(隋文帝仁寿元年)还有能力威胁隋都长安,602年指挥大军进攻在鄂尔多斯的启民汗部,但在603年(仁寿二年)自己却被逼亡命异乡。一度横扫中亚的西突厥雄狮,先是身影,后是吼声慢慢淡出隋国军民的视线以及记忆。

东突厥的阿波系突厥自出走以来与西突厥合作,但还不能归入西突厥一系。大逻便(即阿波)为处罗侯所执后,其部落立鞅素特勒之子为泥利可汗,泥利去世,子达漫立。达漫母向氏来自汉族,生达漫(即另一个处罗可汗,本文称小处罗可汗)而泥利卒。向氏又嫁泥利弟婆实特勤。开皇末,婆实携向氏入朝,遇达头乱,遂留京师。小处罗可汗平时居无恒处,主要活动区域在乌孙故地。大业初,小处罗可汗治理无方,其国多次出现内讧,同时屡遭铁勒部落攻击,很少获胜纪录。当时黄门侍郎裴矩在敦煌,想让这个失败者来西域,"引致西域,闻知处罗国乱及处罗特别思念其母,一并上奏。炀帝派司朝谒者崔君肃赍书慰谕之。"汉文化对周边民族而言近似于浩瀚无际,当崔君肃给处罗可汗带来隋室诏书时,面对桀骜不训的可汗,他声嘶力竭地向其灌述错综复杂的孝道思想,崔氏身负皇命,威逼利诱,声称是向夫人乞求,天子出于仁慈,才容许可汗内属。"若称藩拜诏,国乃永安,而母得延寿。不然则向夫人为诳天子,比当取戮而传首虏庭,发大隋之兵,资北蕃之众,左提右挈,以击可汗,死亡则无日矣。奈何惜两拜之礼,剿慈母之命;恡一句称臣,丧匈奴国也?"在崔的高压下,小处罗可汗按汉族习俗拜受皇帝诏书,崔满头大汗,总算完成了使命。《隋书·卷84·北狄·西突厥传》P224。

大业5年(609年)来贡方物的有赤土国、高昌、吐谷浑、伊吾、党项羌等。《隋书·卷3·炀帝纪》P11[3]。那些域外风情的物品令炀帝遐想,或者因此开始了艰苦的西巡。隋帝通知小处罗可汗在大斗拔谷与自己会合,因为国人不从,小处罗可汗找借口婉拒,炀帝大怒,恰逢西突厥系得射匮可汗遣使求婚,炀帝时代的黄门侍郎裴矩与长孙晟具有相似的胸襟,先期形成了如何削弱小处罗可汗的成熟思路,他分析说:射匮,都六之子,达头之孙,世为可汗,君临西面。今闻其失职,附隶于处罗,故遣使以结援耳。愿厚礼其使,拜为大可汗,则突厥势分。两从我矣。"炀帝同意。立即派裴矩做射匮使者工作,帝亲自在仁凤殿召见这个使者,指责小处罗固执,射匮理解力强,准备立后者为大可汗,只有一个条件,就是让他从西面发兵袭击处罗可汗。帝取桃竹白羽箭一支,赐射匮,希望射匮立即行动,象箭一样迅疾。尽管这个使者在归途中被处罗俘获,但他懂得编造谎言,于是这个大祸临头的可汗只看出这支箭质量优等,爱不释手,其中包含着怎样的阴谋则一无所知。尽管有这个波折,白羽箭的语言还是经过其他途径传递给了射匮,他毫不迟疑地袭击了小处罗,后者大败,妻离子散,遁于高昌东保时罗漫山。趋炎附势的高昌王麹伯雅立即上报此事,炀帝"遣裴矩将向氏亲要左右赶赴当地,劝说处罗入朝,在裴矩指导下,使者"论朝廷弘养之义,丁宁晓谕之。"这个徘徊于权利与亲情的之间人短期内不会知道是谁将自己置身于一个有得有失的处境,心情沮丧。大业七年(611年)冬,小处罗于临朔宫面君,隋炀帝以自成体系的知识劝解"天上只有一个日照临,莫不宁帖。若有两个、三个日,万物何以得安?"小处罗逐渐变得随和些,只用短短的几十天时间就生吞活剥地接受了这种霸道的杨氏太阳系理论,次年正月,还公开承认这个太阳不是自己而是另有其人。八年,炀帝分突厥小处罗汗为三部,其弟阙度设将羸弱万余居会宁,特勤大奈别将余众居楼烦,小处罗将五百骑常从车驾巡幸,赐号曷婆那可汗。(《隋书》为曷萨那)"《资治通鉴·卷181·隋纪五》P1205。处罗参加了高丽远征,此后他似乎更深地融入了中原,大业九年刚平定杨玄感之变,裴矩受命安抚陇右地区,在会宁的小处罗部落甚至直接接受裴调度,由阙达度设率所部突厥人进攻吐谷浑部,颇有虏获,部落致富,炀帝听说后大为赞赏。《隋书·卷67·裴矩》P189。大业十年,炀帝嫁信义公主给小处罗,还准备帮助恢复其故地,这一是对小处罗忠诚和战功表示谢意,二可以说明炀帝无意改变小处罗原有的生活方式,只是因为辽东之役国家处境艰难,炀帝第二个愿望未能落实。江都兵变,小处罗无所适从,先随宇文化及至河北,后抛弃化及,在回归京师的途中为北蕃突厥所害。《隋书·卷84·北狄·西突厥传》P224。在隋分化瓦解下,充分利用东、西突厥可汗龃龉,突厥一代可汗的权利、自尊、雄心就简短而迅速地被瓦解了,来自东突厥的阿波系可汗们,严格意义上是隋室最大帮手,不仅在东突厥内部制造僵局,在东、西之间也制造僵局,没有阿波系的搅局活动,在与突厥的对峙中,隋面临的困难要大得多。

从隋文帝起为国效劳,长孙晟以忠诚受到杨坚父子信任,是隋突厥计划的主要制定者、解释者和执行者,一个彻头彻尾追逐成功的人,长孙晟的突厥计划周密谨慎,灵活可行,成本最低,其次是着重渲染中国价值观为政治利益服务。这个人根据国力为隋制定的北方政策几乎无可挑剔,他个人的作用则未终止于有隋一代,是真正的国家藩篱,基于中国世界观而形成的政治概念确实取得了效果,隋上述成就几乎可与西突厥在中亚曾经赢得的土地和威望媲美,国家利益不能单以武力占据的土地尺寸大小来衡量。长孙晟也不曾抱怨有过的责任与他得到的报偿是否相称,大业五年(609年)因病逝世,当时官居从三品的右骁卫将军。死神也不能阻止他以多样化的方式拱卫边疆,如独到、行之有效思想、方法等。而象他这样对世事明察秋毫的人,在另一个世界看到其家人与他有共同的事业且功勋卓著,决不会感到奇怪。

裴矩在大义公主被杀后,亲自参加对突厥的军事行动"都蓝与突利可汗构难,屡犯亭鄣,诏太平公史万岁为行军总管,出定襄道,以矩为行军长史,破达头可汗于塞外。万岁被诛,功竟不录。"尽管努力没有得到相应回报,但没有影响他们的忠诚和主动精神。是个人努力而不是由制度化的机制催生的新方法能够在同时代几个人身上延续实属偶然。"炀帝即位,营建东都,矩职修府省,九旬而就。时西域诸蕃多至张掖与中国交市,(607 年,大业三年)帝令矩掌其事。"矩知帝方勤远略,诸商胡至者,矩诱令言其国俗山川险易,撰《西域图记》三卷。"这本一直被错误认为仅仅是为取悦皇帝而编撰的书,对炀帝时代乃至其后的中国历史走向都有重大影响,编者指导思想客观,方法先进,图文并茂,引人入胜,这使本书变得及时而且实用。如果说长孙晟善于解决眼前问题,那裴氏就是在对未来进行规划,前者是实干家,后者堪称战略家,不过他们二人有共同的事业,在他的推进下,隋从应对突厥为主转变为主动向外拓展、

在这本研究地缘政治的书中,他写道:"合四十四国。仍别造地图,穷其要害,从西顷以去,北海之南,纵横所亘,将二万里,谅由富商大贾周游经涉,故诸国之事,罔不遍知。复有幽荒远地,卒访难晓,不可凭虚,是以致阙。而二汉相踵。西域为传,户民数十即称国王,徒有名号,乃乖其实。今者所编,皆余千户,利尽西海,多产珍异,其山居之属,非有国民及部落小者,多亦不载。发自敦煌,至于西海,凡为三道,各有襟带:

1. 北道,从伊吾(哈密)经蒲类海(巴里坤湖)铁勒部,突厥可汗庭,度北流河水(锡尔河。)至拂菻国(伊斯坦布尔),达于西海(地中海)。

2. 中道,从高昌(吐鲁番)、焉耆、龟兹(库车)、疏勒(喀什),度葱岭(帕米尔)又经钹汗(费尔干纳盆地),苏对沙那国(塔吉克斯坦东北部的乌拉秋别)。康国(今乌兹别克撒马尔罕)、曹国(伊什特汗)、何国(撒马尔罕之大小安国之间)、大小安国(乌兹别克斯坦布哈拉)、穆国(土库曼纳巴德),至波斯,达于西海(波斯湾)。

3. 南道:从鄯善(若羌)、于阗(和田)、朱俱波(叶城)、喝盘陀(新疆塔什库尔干)、度葱岭,又经护密(阿富汗东北瓦罕)、吐火罗(阿姆河南,兴都库什山北。又称大夏希腊—巴克特里亚王国,Bactria)、挹怛、帆延(巴米扬)、漕国(阿富汗加兹尼)至北婆罗门(印度北部),达于西海(印度洋)。(以上古今国名对照参考周连宽著《大唐西域记史地研究丛稿》)其三道诸国,亦各自有路,南北交通,其东女国、南婆罗门国等,并随所往诸处得达,故知伊吾、高昌、鄯善,并西域之门户也;总凑敦煌,是其咽喉之地。以国家威德,将士骁雄,泛蒙汜而扬旌,越昆仑而跃马,易如反掌,何往不至!但突厥、吐浑分领羌胡之国,为其拥遏,故朝贡不通,今

并因商人密送诚欵，引领翘首，愿为臣妾。圣情含养，泽及普天，服而抚之，务存安辑，故皇华遣使，弗动兵车，诸蕃既从，浑、厥可灭，混一戎夏，其在兹乎！不有所记，无以表威化之远也。炀帝大悦。《隋书·卷67·裴矩传》190[1]。裴氏所列三条线路都是以到达黑海为目的地。

三条路线以中路最为清晰，它主要是经西域以及昭武诸国、过境波斯向东罗马帝国进发。

南道从今新疆若羌、和田、叶城、塔什库尔干塔吉克自治县，越过帕米尔高原，（克什米尔）取道今阿富汗、这里原为大月氏贵霜（Kushan）翕侯（部落首领之号）丘就却所建贵霜帝国辖区，为丝绸之路必经之地，567年已被波斯萨珊王朝占领，此地是波斯、东罗马、中国经贸往来的枢纽，文化为古印度、波斯、希腊猪体系之混合。

北道线路则比较粗略，从现哈密、巴里坤湖，经危险的铁勒部，西突厥可汗王庭南下，沿塔里木河、喀什噶尔河到庞大的东罗马帝国辖区直至黑海，那里有东罗马帝国的拜占廷王朝。西亚的伊朗当时正处于萨珊王朝[公元226—642年]，公元226年，阿尔达西一世推翻安息王国后建立，因其祖父得名。科斯洛埃斯一世[（Chosroes Ⅰ，531—579年在位。）汉译库萨和，《新唐书·卷221下·波斯传》。]在位时相当于西魏至北周这段时间，是萨珊最伟大的王，也是王朝鼎盛时代。波斯萨珊位于丝绸之路西段，波斯萨珊王朝时代与罗马帝国为了土地、商路、贸易、宗教等经过长达数百年的战争，堪称拜占廷劲敌。五世纪中叶嚈哒威胁解除后，突厥与萨珊王朝的商路战争持续不断，突厥成功的外交将拜占庭拖入战争泥淖，萨珊王朝后来不得不两条线作战，在拜占庭与西突厥的夹击中生存。在萨珊王朝末期，新的危险逼近帝国，在阿拉伯半岛上一股新的力量——伊斯兰教，已经悄然崛起。创始人是麦加贵族后裔穆汗默德先知（公元570—632年）他在公元610年开始传教，622年在麦地那建立第一个伊斯兰国家。伊斯兰教越战越强，日益壮大，信徒从阿拉伯半岛，遍布南亚、中亚、西亚。632年伊斯兰先知穆罕默逝世时，信伊斯兰教的阿拉伯世界已有力量与萨珊抗衡，从没有一种宗教的发展比伊斯兰教更迅猛强劲。萨珊王朝于七世纪遭阿拉伯伊斯兰大军的入侵，632—642年，经过十年战争，尤其是继位的奥马尔哈里发时期（634—644年在位），阿拉伯人取得几次重大胜利。637年阿拉伯军队攻占萨珊帝国首都泰西封（即巴格达），642年属于东罗马帝国的埃及向阿拉伯人投降，埃及人开始接受伊斯兰教。（很有趣，九世纪中叶阿拉伯帝国的图伦王朝（863—905年）建立者艾哈迈德·伊本·图伦（Tulunid，是个突厥人）在尼哈温之战，萨珊军队惨败，伤亡十余万人,波斯全境遍布征服者。尽管突厥人性情凶猛,却让不少在国内坐立不安的波斯感到温暖、向往,曾打败突厥的波斯英雄巴赫拉姆·楚宾因与其国君科斯洛埃斯二世(Chosroes Ⅱ,590—628 年在位)的矛盾,590 年就投奔在这里立帐的西突厥可汗,651 年,穷途末路的国王耶兹迪格德三世(Yazdagird Ⅲ汉译伊嗣俟)(《新唐书·卷 221 下·波斯传》P675)及其子卑路斯也作出同样选择,国王本人在逃往吐火罗的途中被阿拉伯人刺死,后者则幸运地逃进了吐火罗辖区。萨珊王朝随王朝最后的国王同时灭亡,此后逐步由琐罗亚斯特教国家变成一个伊斯兰国家。

突厥人在公元六世纪建立的帝国,即从伊利可汗 552 年击败柔然建立汗国,经科罗(553 年逝世)木杆可汗(553—572 年)到室点密联合波斯 558 年之前瓜分嚈哒领土。不到十年建立了一个东起辽海,西至西海(里海),南至漠北,北至北海(贝加尔湖)东西长万里,南北距离五六千里辽阔的军事占领区。突厥人在黄河、长江文化圈内的政治遗产远不如他们作为一支往往从天而降的军队那样声威显赫。582 年东、西突厥分裂,东支与当地融合,西进是突厥代代相传的事业,公元 1000 年左右,西突厥的一支——塞尔柱人,在酋长塞尔柱的带领下,从中亚逐渐西迁,边打边走,1055 年占领巴格达,建立塞尔柱帝国,1071 年帝国苏丹阿尔普·阿尔斯兰在亚美尼亚湖北打败拜占庭军队,俘虏皇帝罗曼四世(1068—1071 年在位),占领小亚细亚大部。十三世纪,在小亚细亚建立奥斯曼帝国的也是一支突厥人为主导的国家,1453 年,奥斯曼帝国受真主庇佑的大军攻陷君士坦丁堡,都城更名为伊斯兰堡,拜占庭帝国灭亡,它标志突厥势力已成功地完成了从蒙古和中国北部边疆向黑海延伸的运动。

桀骜不驯的突厥人、波斯人、阿拉伯人最后可以摈弃纷争,统一于伊斯兰教,这种广泛地融合能力在中国文化中显得缺乏主动性。对隋王朝而言,裴矩上述所划分的北、中、南三条线是动态的,因为战争一直存在且辖区也无法稳定,实际上外面是一个热火朝天的世界。与伊朗诸王朝有过的辉煌,发展速度惊人的伊斯兰教世界相比,隋室显得封闭以及动作迟缓。不过一些能干的官吏的主动精神极大地弥补了国家意识的不足,妄自尊大的皇帝们在"普天之下,莫非王土"的幻觉中丧失了应有的进取精神,但是险象环生的国家周边地区已经有机会令他们有所触动,其中有人看到危险存在于何处,是否与这国家有关?炀帝对当时尚未伊斯兰化的突厥人的了解主要来自战争接触,对外部世界多为私人、零星考察,部分号称外国使节的人身份可疑,有些介于商人或官方之间,有不少意见出于商业利益考虑,因此得到的知识也就相当零碎。长孙晟、裴矩的个人智能部分弥补了信息缺陷，虽然闭口不谈扩张，却能够以君主应有的尊严、责任、富足、知识面打动了皇帝，抽象文化，如占候等也加以利用。从而有机会实施一系列针对当时极其活跃，有前途的突厥人的削弱对策。而隋室希望打通商路的愿望在当时既现实又有必要。很有趣，隋朝皇帝对外政策的首选不是殖民、同化，而是其他一切权利承诺形式上的隶属后永久相安无事，这是一种讲求实际但不能算是灵活的民族政策。以文明即礼的名义迫使其接受中原的基本价值观。然后又保留他们本民族的生活习惯，既不要求远徙，也不锐意同化。维持他们在原住地的生活方式及活动范围，对归化民族的赋税往往是象征性的，不过遇有重大军情时，可汗有机会率领本部兵马参战，一般是应皇帝要求。仁寿元年，"代州总管韩洪为虏所败于恒安，废为庶人。诏杨素为云州道行军元帅，率启民北征，斛薛等诸姓初附于启民，至是而叛。素驻军河北，值突厥阿忽思力俟斤等南度，掠启民男女六千口，杂畜二十余万而去。素率军转战六十余里，大破俟斤，夺回所有人、资、物归原主。"大业四年，启民病故，其子为始毕可汗。

　　裴矩以他的著作，得到第一批赏赐：物五百段及信任。"帝每日引矩至御坐，亲问西方之事。矩盛言胡中多诸宝物，吐谷浑易可兼并。帝由是甘心，将通西域，四夷经略，咸以委之。转民部侍郎，未视事，迁黄门侍郎。帝复令矩往张掖，引致西蕃，啖之以利。自是西域胡往来相继，所经郡县，疲于迎送，糜费以万万计，卒令中国疲弊，以至于亡，皆矩之唱导也。《隋书·卷68·裴矩传》P189。但是隋也是开放政策的受益者，中原君臣自此开始大量地与世界分享各地特优产品，与高祖不同的是，炀帝有时会主动伸手要求一些比较罕见之物。炀帝四年二月，遣崔毅使突厥处罗致汗血马。（四年七月），不久试图通过优势种群杂交改良本国马的质量，"置马牧于青海渚中，以求龙种，无效而止。"四年三月百济、倭、赤土、迦逻舍国（只有迦罗舍佛：今曼谷湾西北一带）并遣使贡方物。随后有遣常骏使赤土致罗𦊆（毛毡之类），党项羌来贡方物，由于炀帝喜欢异国情调的产品已经名声在外，一些种族投其所好，高昌、吐谷浑、伊吾、党项羌，室韦、赤土、百济先后遣使来朝，大业十一年，突厥、新罗、靺鞨、毕大辞、诃咄（又称骨咄）、傅越、乌那曷、波腊、吐火罗、俱虑建、忽论、诃多、沛汗、龟兹、疎勒、于阗、安国、曹国、何国、穆国、毕、衣密、失范延、伽折、契丹等并遣使朝贡。《隋书·卷4·炀帝纪》P13。也有君王亲自来朝，五年六月高昌王曲伯雅来朝，伊吾吐屯设等待带来的礼物特殊：献西域数千里之地，帝大喜。盛大宴会上，蛮夷陪列者三十余国。这是大业三年就已开始的重要策划：大业三年，矩遣使说高昌王曲伯雅及伊吾吐屯设等，啖以厚利，导使入朝。《资治通鉴·卷181·隋纪五》P1202。十二月，处罗多利可汗(突利)来朝,炀帝欣喜异常,以高规格的礼节予以接待。与外界接触的政策,导致异族的商队与使节接踵而至,炀帝每天都沉浸在节日般的喜悦中。《隋书·卷67·裴矩传》P190。大业五年炀帝西巡,受到高昌王、伊吾(隋末内属)设等西蕃胡二十七国隆重礼遇,谒于道左,皆令配金玉,被锦罽,焚香奏乐,歌舞諠噪。复令武威、张掖士女盛饰纵观,骑乘填咽,周亘数十里,以示中国之盛,帝大悦。大业五年五月,破吐谷浑,拓地数千里,并遣兵戍之。《资治通鉴·卷181·隋纪五》P1202。主要是威逼利诱导致诸蕃慑惧,朝贡相续。帝奖励裴矩有绥怀之略,进位银青光录大夫。这年(大业五年)冬天,裴又以蛮朝贡者多,建议在东都举行类似狂欢节的大型活动,全市装饰一新,尽管有些夸张。美酒佳肴住宿免费,蛮夷嗟叹,谓中国为神仙之乡。帝激动万分地对大臣说:裴矩大识朕意,凡所陈奏,皆朕之成算,未发之顷,矩辄以闻。这是忠心的表现。为了筑伊吾城,令裴与将军薛世雄前往经略。裴通报西域诸国情报时说"天子为蕃人交易悬远,所以城伊吾耳。咸以为然,不复来竞。及还,赐钱四十万。裴矩又主张进攻高丽,炀帝几乎言听计从,裴因参加辽东战役,进位右光禄大夫。

裴矩又以始毕可汗部渐盛,献策分其势,以宗女嫁其弟叱吉设,拜为南面可汗,叱吉不敢受,始毕闻而渐怨。矩又言于帝曰:突厥本淳易可离间,但其内多有群胡,尽皆狡黠,教导之耳。史蜀胡悉尤多奸计,幸于始毕,他提出暗杀胡悉,得到帝同意。于是谎称"天子大出珍物,今在马邑欲共蕃内多作交关,若前来者,即得好物。胡悉贪而信之,没有告诉始毕就率部落连夜赶路,希图抢先互市,裴矩伏兵马邑,斩杀胡悉,然后通报始毕,说胡悉来降,背叛可汗就是背叛大隋,所以处死他。但始毕并不相信他,从此不进京上朝,直到大业十一年兵围雁门。《隋书·卷67·裴矩传》P190。雁门四十一座城被攻下三十九座,传言,因为亲眼看见时有乱箭飞到御坐之前,帝大惧,抱赵王杲而泣,目尽肿。《资治通鉴·卷182·隋纪六》P1214。这是裴矩建议的一个后果,但是如果裴矩没有类似的建议,突厥照样会南下。眼下的局面只能说由于裴矩建议并不到位,增添了始毕的勇气。

大业十二年十二月,突厥犯边,隋炀帝诏指李渊率太原部兵马与马邑郡守王仁恭北上阻击。他接收这个任务非常勉强,私下对人说:匈奴为害,自古患之,周秦及汉魏,历代所不能攘,相为劲敌者也。今上甚惮塞虏,远适江宾。反者多于猬毛,群盗所在蜂起,以此击胡,将何以济?天其或者殄以俾余,我当用长策以驭之,和亲而使之,令其畏威怀惠,在兹一举。《大唐创业起居注·卷一》P40。不过当时没有时间实施他的首选方案,"时突厥方强,李渊、王仁恭两军众不满五千,仁恭患之。渊选善骑射者二千人,使之饮食舍止,一如突厥,或与突厥遇,则伺使击之,前后屡捷,突厥颇惮之。《资治通鉴·卷183·隋纪七》P1218。通过克隆方式组合的一支部队,甚至强于突厥人的作战能力,解决了燃眉之急。突厥人机动性强,人民勇敢善战,即不能谋求一劳永逸的解决边防问题,又不能将自己封闭起来。在这个明智认识基础上,李渊给自己的发展勾勒出长远的规划。他的基本战略是,在北方,突厥不反对自己入关,或者袭击自己的势力范围,他知道即使自己在全国取得胜利,仍要与突厥打交道。但这个游牧种族的生活习惯要在短期内融入中原定居者中并不现实,而要使他们的行为符合中原成套的伦理标准可能更为困难,因此在与他们合作中,李渊心态矛盾,他希望突厥参与他的行动,又提防突厥在灭隋过程中作用过大,成为将来他们提出过分要求的口实。所以在八月癸巳,刘文静,康鞘利带来突厥兵三百,马二千匹前来助战时,"帝喜兵少而来迟,藉之以关陇,谓刘文静曰:吾已及河,突厥始来,人少马多,甚惬本怀。"《大唐创业起居注·卷二》P46［右］。李渊如何取得突厥的军事援助有多种记载,突厥当时正处于一个新的发展阶段,军事实力确有增强,随机的掠夺活动对定居的人民安全构成越来越大的威胁,炀帝在雁门也遭到围困,后来不得不求助于先前远嫁突厥的千金公主协助解围,李渊被派到山西正是隋室为了加强那里的防务。有关李渊与突厥的关系史中不止一书有明确记载,为获得突厥的好感,他本人曾"卑词厚礼",而到突厥求援的特使刘文静则以攻入京师后,"人口土地入唐公,金银财帛入可汗。"《旧唐书·卷57·刘文静传》P275。为条件与他的谈判对手达成这样一笔肮脏的交易。如果刘没有逾越权限,这似乎就足以用于证明,李渊不惜一切也要实现自己野心。从相关记载来看,没有充分的证据说这种条件是事先计划中的内容。"刘文静于唐公名应图谶,闻名天下,……与请连突厥以益兵威,高祖并从之。因遣问静使于始毕可汗,由于文静得到了突厥诺许,高祖相当满意,"非公善词,何以致此!"《旧唐书·卷57·刘文静传》P275。可以说这不是预先的谈判内容也不是预期的结果,而是有点令人意外。当在霍邑待命时,突厥援军只来了几百人,李渊心里很高兴,他知道自己必须履行诺言,突厥人数少,入城后对当地居民的掠夺程度也会有所减少。但是有突厥人参与释放的信号非常丰富,李渊不在乎是否滥用了他与突厥人的关系。

四、同一种政治制度下的几种战争模式和结果

1. 对付割据的陈国

公元580年,平息尉迟迥叛乱不久,梁士彦就提出了平陈策,杨坚当时还不

愿被认为自己好战而拒绝采纳。杨坚有很强烈的道德感,杨素修仁寿宫死人过多让杨坚很不高兴,独孤皇后只好打圆场。不愿接受忤逆的吐谷浑王子投降。这次又否定平陈计划。(他第一次否定设立义仓,是因为对人民漠不关心还是觉得这不是可行的做法均不得而知。)开皇元年三月,以贺若弼为楚州总管,和州刺史韩擒虎为庐州刺史,这两个任命可以看作对陈作战的前期准备。开皇二年正月,隋兵大举,高颎率军伐陈途中,适逢陈宣帝逝世,颎以礼不伐丧,奏请班师。隋军班师后,遣使赴陈吊唁,修敌国之礼。不料新君陈叔宝在回函中失礼,杨坚十分不悦,以其信函展示给朝臣,杨素、贺若弼等都认为国家遭到了羞辱,要求征讨。隋国君臣沉浸于未来的征服计划,高颎见解独到:江北地寒,田收差晚,江南土热,水田早熟。量彼收获之际,微征士马,声言掩袭,贼为屯兵御守,足得废其农时。彼既集兵,我更解甲,再三若此,贼以为常。……又江南土薄,舍多竹茅,所有储积,皆非地窖。密遣行人因风纵火,待彼修立,而更烧之。不出数年,自可财力俱尽。帝用其策。由是陈人益弊。"《隋书·卷41·高颎传》P142。这个恶毒而富有成效的计划显然得到贯彻,时值北方突厥人异常活跃,朝廷明智地避免新辟战线。

沙钵略于开皇七年四月逝世,杨坚充分利用了北方暂时一片寂静这一间隙,开皇七年九月,打垮了寄生的萧梁政权,但是后梁萧瓛、萧岩率梁十万民众归附陈叔宝事件对杨坚刺激很大,决心改变现状,专心处理陈国问题。次年杨坚谈到与陈国关系时一脸霸气:我为百姓父母,岂可限一衣带水而不拯之乎?命大作战船。在场的人建议眼下要注意保密,他厉声说"吾将显行天诛,何密之有?《南史·卷10·陈宣帝后主纪》P35。对陈作战是有隋以来的一个共识,"自隋有天下,德林每赞平陈之计。八年皇帝到同州,德林因病未随行,敕书追之,书后御笔注云:伐陈事意宜自随也。后又指示高颎"宜自至宅取其方略",皇帝将其转给伐陈主帅晋王杨广。《隋书·卷42·李德林传》P145。八年八月,令晋广秦王俊、清河公杨素并为行军元帅以伐陈。分八路,总管九十,兵五十一万八千,皆受晋王节度,十一月出师。九年正月,贺若弼拔京口,韩虎拔陈西豫州,贺若弼败陈师于蒋山,获其将萧摩柯、韩擒虎,入建康,获任蛮奴,陈国末代皇帝陈叔宝也站在一群沮丧、惶恐的俘虏中等候发落。伐陈的收益丰厚,增添州三十一,郡一百,县四百,户五十万,口二百万,南北分离的国家现在真正统一。

2. 对高丽的作战

隋朝人进攻高丽的理由与突厥人进攻隋朝理由的异同

1) 大业七年(611年)诏曰:武有七德,先之以安民;政有六本,兴之以教义。

高丽高元,亏失藩礼,将欲问罪辽左,恢宣胜略。《隋书·卷4·炀帝纪》P12。

5) 帝每欲征讨,术士袁充皆预知,乃假托星象,奖成帝意。《隋书·卷69·袁充传》P193。

3) 大业十年二月,炀帝让文武百官讨论重拟对高丽作战,连续几天,没有人敢表达意见,经过十天耐心等待,炀帝下诏:黄帝五十二战,成汤七十二征,方乃德施诸侯,令行天下。卢芳小盗,汉祖尚且亲戎;隗嚣余烬,光武尤自登陇,岂不欲除暴止戈,劳而后逸者哉! 朕纂成宝业,君临天下,风雨所沾,孰非我臣?《隋书·卷4·炀帝纪》P13。这种战争理由永远不会过时,看得出炀帝还是花费不少心血认真寻求理由,这种思维不会只影响东方战事。

长安政权对高丽的战事具有主动性,以除暴安良、匡扶正义的战争理由构筑、占有道德高地,战争的发起人部分接受神秘的预测,认为打击某个地区是天然责任并一定有成就。第三发起战事是完全的个人意志,甚至是一意孤行。

突厥人对中原的位置与隋朝对高丽的位置相似,理由也接近。但是中原对高丽的战争规模更高:

1. 所派遣的官员类型级别:皇帝。2. 军队规模:百万人级。3. 指挥权在:皇帝,4. 取得的成果:战场失败。

远道而来的长安皇帝到北方来事寻求辉煌人生成就的,他认为具有压倒优势,手到擒来,非常轻敌,思维与对突厥人时几乎相反,这是致命的。

高丽据传出于扶余,扶余王囚禁可爱的河神女儿,后者却因阳光而受孕,生下朱蒙,他建立了高句丽。其后裔汤在北周时遣使朝贡,北周武帝拜汤为"上开府、辽东郡公。"高丽与隋早期关系不存在问题,矛盾是在交往中逐步发展起来的。杨坚即位后,汤几乎立即承认隋的权威,并得到了厚报。"遣使诣阙,进授大将军,改封高丽王,岁遣使贡奉不绝。其国东西二千里,南北千余里,都于平壤。……与新罗每相侵夺,战争不息。"《隋书·卷81·高丽传》P217。但在隋开皇九年(公元589年)平陈后,高丽王汤变得忧郁寡欢,原因是自动与陈国对位,时刻担心同样的命运落在自己身上,在国内作了一些战备工作,如贮备粮食,制造武器等。这些行为令高祖很不开心,认为高丽缺乏恰当的温顺,甚至是完全不明白自己的身份。

在开皇十六年前后,西部和北部的游牧种族力量还是颇具规模,双方的交往还是抑制了大规模冲突。十六年十一月,以光化公主妻吐谷浑世伏可汗,伏上表称公主为天后。《隋书·卷83·西域传》P220。尤其是十七年,以宗女安义公主妻突利汗等这样一些政治目的很强但听起来很甜蜜的生活报导并不是为了联合实际是为了离间两个部落的突厥,短期内吐谷浑、突厥与隋之间和平基数开始丢失。但是依仗着对草原种族的绥靖政策带来的相对稳定,杨坚见缝插针地要与东北方的高丽人打一仗。

还是在开皇十七年(597年)时,高祖派人送去了一封措辞严厉的玺书,主要罪状至少有五个方面,除指责高丽"趋逼靺鞨,固禁契丹"这些对隋依附更为紧密的部族外,还令大隋边民屡遭杀害;厚利引诱隋武功超群尤其善射之人去国并窝藏重用他们;对皇帝派来宣教的使者高度戒备,极不配合,好象他们全是来搜集情报的密探,而大隋则已确认高丽王经常派有大量情报人员潜入大隋境内从事秘密活动。对隋灭陈这样使"遐迩义安,人神胥悦"的义举,高丽王甚至表示有所不满!高祖越说越气愤:"朕若不存含育,责王前愆,命一将军,何待多力?殷勤晓示,许王自新耳,宜得朕怀,自求多福。"《隋书·卷81·高丽传》P217。汤接到书后忧惧不已,未及回复就已死去。其子元继立,应其的请求,高祖封他为王。高祖册元为高丽王的第二年即开皇十八年(598年)二月,他带领一支由万余靺鞨人组成的骑兵部队进攻隋辽西营州,被营州总管韦冲率守军击退。听到简单的呈报,这已足以令隋高祖的尊严和判断力发生强烈的错位,一支仓促组成的部队,号称三十万大军。

开皇十八年二月,汉王杨谅、王世积并为行军元帅,周罗睺为水军总管,并不支持出兵的高颎为元帅长史,估计实际行使统帅监督权,高颎与杨谅二人在这次合作中均很不愉快,三十万大军分水陆两路进发,出征高丽,由于补给困难以及流行病的困扰,部队到达辽水时,对他们的使命已经变得有点力不从心,史载"九月遇疫而返,死伤百分之八十以上"。好在高丽王元只弄清隋军开拔时骇人听闻的人数,不了解军人的质量与现状,及时送来语气谦恭的书信,"辽东粪土臣元。"双方和好,《隋书·卷2·高祖纪》P8,《隋书·卷41·高颎传》P142。

它没有任何实质性的内容,却有实质性结果:隋高祖的面子得到顾全,帝国军人们得以光荣凯旋,高丽与隋之间的关系也得到潦草恢复。事件虽然以和平的方式得到解决,和平的威胁却随时存在,因为已有的约定对他们双方均无约束力,它们仍将按各自利益行事。这是一次意味深长的交锋,既是隋与高丽之间第一次无接触有结果的战斗,也是两地官方不和、猜嫉不断加剧的开端。《隋书·卷81·东夷传》P217。奇怪的是,他们之间就此维持了大局上十七年的和平,直到隋高祖不明真相地死去。

大业三年七月的一天,在突厥大帐内羊羔美酒,被敬若神明的炀帝,在一群恭顺的部落酋长、军事首领、国王之中,炀帝随便清点一下,很容易发现缺席者,炀帝对高元由不满到仇恨的理由极其简单,高昌王、突厥启民可汗都在适当的时候亲诣阙朝贡,高丽王元被隋室作为他们其中理所当然的一员,也收到皇帝征召他入朝的要求,炀帝以傲慢的语气威胁高丽使者带口信给高丽王早来朝见,"归语尔王,当早来朝见,不然者,吾与启民巡彼土矣!《隋书·卷 3·炀帝纪》P11。其实,大业初刚继位的炀帝已潜有取辽东意,并遣木工监元弘嗣往东莱海口监造船。《隋书·卷 74·酷吏传·元弘嗣传》P204。大业四年五月,左翊卫大将军宇文述破吐谷浑。七月,裴矩使铁勒击吐谷浑,可汗伏允南奔雪山,故地皆空,因置郡县镇戍,徙轻罪徒居之。击伊吾,伊吾降。在西部快速、高效削弱敌对势力,对炀帝的信心有推波助澜作用。高元可能是害怕追究他当年袭击营州的事,拒绝了,随之两者间最基本的礼节性往来嘎然中断。大业六年"高丽王怯,藩礼颇阙,帝将讨之。"……"课天下富人买武马,匹至十万钱。"《资治通鉴·卷 181·隋纪五》P1204。

大业七年二月下诏攻高丽,八年正月,出征高丽,总数 1133800 人,号称二百万,分水陆两路进发,其馈运者倍之的隋军,分成二十四军,浩浩荡荡东进,第一军开拔后,终四十四日,引师乃尽。旌旗亘千里,近古出师之盛,未之有也。《隋书·卷 3·炀帝纪》P12。开启了中原皇室与朝鲜半岛上人民大规模作战的战争史。行进在通向前线的路上的军队,舆服上华丽的羽饰迎风招展,与他们风度翩翩的统帅炀帝一样,好像是一次隆重的巡游,完全不知什么样的厄运在等待他们。高丽审时度势,以固守为战术。尽管隋军后勤保障有问题,战事还能推进,水路一部一度突入高丽京城平壤。不过最大的问题是来自在战场上精力旺盛、固执己见的隋炀帝,他对天子的声威一向抱有不切实际的幻想,内服、外服整齐划一的圣王前景也有巨大吸引力,"帝令诸军攻之,又敕诸将:高丽若降者,即宜抚纳,不得纵兵。城将陷,贼辄言请降,诸将奉旨,不敢赴机,先令驰奏。比报至,贼守御亦备,随出拒战。如是者再三,帝不悟。由是食尽师老,转输不继。诸军多败绩,于是班师。"《隋书·卷八十一·东夷传》P217。朝令夕改的炀帝成了参战高丽士兵的笑料,后勤补给紊乱带来的后果严重,随即水陆两路同遭惨败,炀帝没有达到预期的目标就不得不下令撤兵,十月,宣布第一次攻势结束。皇帝遭遇平生第一次重大军事挫折,对这次惨败的回忆持久而且强烈,很容易唤醒他复仇的思想。

九年正月,征天下兵,募民为骁果,集于涿郡,再征高丽。骁果是一支不同于府兵的新军队,军人优选,装备精良,后来成为中央禁军。三月,帝赴辽东督师,代王侑、刑部尚书卫玄镇京师。由于吸取上次的教训,策略改变,取得了明显进展,"贼势日蹙。"然而与这个战场交相辉映的是,六月,礼部尚书杨玄感举兵反,服从其指挥的竟然十万有余,杨玄感叛军在国内军事行动同样进展迅速,消息惊人,火光冲天,彻底打乱了隋军的作战计划,炀帝在惊恐中立即下令六军回撤平乱。由于隋兵部侍郎斛斯政叛逃高丽,帝国首都发生的叛乱情况被原原本本透露给了高丽人,于是仓促撤离的隋军受到高丽军尽情追击,殿后部队损失惨重。旧恨未消,又添新仇,逍遥法外的斛斯政更是眼中钉,而且大国皇帝为荣誉而战也变得日益迫切。最重要的是,面对战争,炀帝从来就不是一个消极的人。所以大业十年(614 年),二月,下诏百官讨论进攻高丽方略,数日无人敢言。皇帝大为不满,"诏曰:黄帝五十二战,成汤二十七征,方乃德施诸侯。"余怒未息的炀帝在国内问题已是相当严重的情况下,仍设法完成了大规模对高丽作战的部署,但在七月时,战争中已元气大伤的高丽为保存实力遣特使乞降,皇帝满意地表示接受,作为和平的一个附属条件,十年十一月,投敌的兵部侍郎斛斯政被引渡回来,理所当然地办他了死罪,被肢解于金光门外。不过,高丽这种乞降与其说是认输不如说是策略,比如:隋军班师后,炀帝试图邀请高丽王元来朝,立即被客客气气地拒绝了,有苦难言的炀帝还梦想着第四次亲征,但他本人已陷入反叛的狂潮中不能自拔。《隋书·卷 81·东夷传》P218。

为什么炀帝在突厥人面前高视阔步,在高丽人面前变得如此窝囊? 有很多原因,令人羞愧的高丽战争开始时,长孙晟(552—609)已逝世两年,炀帝偏爱的处罗之孙始毕正在成为大隋的威胁。隋帝有腹背受敌,两条线作战的危险,代替长孙晟位置的裴矩(547—627 年)已年近七十,精神仍然矫健,力主战争,辽东之役不是炀帝一个人的主意,他得到了最有才华的大臣之一裴矩的支持。六年十二月,裴矩就曾劝说进攻高丽,所以有"大业七年,天下全盛……车驾度辽水,上营于辽东城。"《隋书·卷 81·高丽》P217 的景观。

3. 裴矩开辟东线战场的思想并不是出于顺应时局发展以及国家的需要而是自大情绪,"高丽今乃不臣,别为外域,先帝疾焉,欲征之久矣。但以杨琼不肖,师出无功,当陛下之时,安得不事? 使此冠带之境仍为蛮貊列乎?"炀帝完全按其指点,对高丽使者的话也一字不拉照搬裴矩。斛斯政亡命高丽后,帝命矩兼管军事,以前后度辽之役有功,进位光禄大夫。他的廉洁还表现在不愿与形成利益集团的宇文述、虞世基等有除同僚之外的更紧密的私人关系,上述二人至少利用炀帝的信任或多或少欺骗过他。作为高丽战争发起人的裴矩为为何后来没有深入参与的记载,对处理东方民族问题不内行? 还是受到宇文述、虞世基等人的排斥,或者是出于相对独立的个性,"守常无赃秽之缋,以是为世所称。"《隋书·卷

67·裴矩传》P189。更有可能是皇帝被阿谀奉承者深度吸引，也由于同僚的不合作态度，使裴矩的才华在意见纷纭中被埋没？可以举证的制度化错误越来越频繁导致隋难以作为一个整体运作。肯定不是炀帝每次宣布对高丽的军事行动决定时，一概因为语速太快而让包括裴矩在内的大臣没有任何机会插话，而是皇权跨越了制度，与长孙晟相比，裴矩侍侯的皇帝比前任更情绪化。裴矩是个有实际经验的政治家，参加过平陈之役，次年参加杨素镇压高智慧、汪文进（暴乱，以少胜多。590年江南被杨素平定。炀帝在他的策划下获得过非凡的成就感，依赖裴矩成为惯性，但事事依赖个人难免出差错。裴的突厥政策略逊于长孙晟，因为不得不牺牲信誉，代价沉重。以至在杨玄感乱平息后，看到始毕渐盛，隋欲立其弟以期达到不可告人的目的，立即被客气地拒绝。而隋恭帝在唐武德元年五月逊位时，复兴的突厥已经与中原的力量足以抗衡"时中国避乱者多入突厥，突厥强盛，东至室韦，西尽吐谷浑、高昌，皆臣之，控弦百万余。"《资治通鉴·卷185·唐纪一》P1235。给后世留下一个艰巨的任务。

　　另一个对炀帝构成重大影响的是虞质，太史令庾质是个专业的政治星象专家，庾质的父亲即虞季才，因庾质曾经是失宠的齐王之属官，炀帝大声抱怨他，认为没有直接服务他本人就是不忠，并以此为由将虞质由太史令出为合水县令。大业八年正月，四方兵聚集涿郡时，帝征召合水令，匆匆赶到驻跸地的庾质在临渝谒见时，帝告诉他：朕承先旨，亲事高丽。度其土地人民，才当我一郡，卿以为克不？质对曰：以臣管窥，伐之可克。切有愚见，不愿陛下亲行。炀帝问此次是否可以攻克只相当于隋一郡的高丽？后者认为，胜利的保证是：帝不要亲征与速战速决。炀帝对他的第一个建议不予接受，后一个建议似乎很有影响，后来在两军交战期间发出的令隋军人泄气无所适从的诏令或者就与虞质的意见有关。虞质早已成名，逐步受到炀帝信任"每有灾异，必指事而陈。"与虞质意见相同的还不少，让帝不快的是右尚方署的一个监事耿询，居然也坚持阻止亲征计划，结果险些被杀。大业九年帝复议伐高丽，左光禄大夫郭荣劝帝不要亲征，被断然拒绝。随后，皇帝再次追问庾质：今段如何？对曰：臣实愚迷，犹执前见。陛下若亲动万乘，劳费实多。帝怒曰：我自行犹不克，直遣人去安得有功？因内乱回军时，立即找到庾质说，之前你不要我亲征，一定就是这个原因吧。又急切询问"玄感其有成乎？"其实虞质并无此预测，他不能始终保持独立性，也会适时向皇帝倾斜"天下一家，未易可动，"帝于是发大兵讨玄感。《资治通鉴·卷182·隋纪六》P1209。九年二月，时为兵部尚书的段文振指出：1.不应该让突厥居内，应令出塞。2.不要信用兵曹朗斛斯政。3.高丽如"口陈降欵，毋宜遽受，水淹方降，不可淹迟。"次月段病故,帝对他的逝世十分惋惜,但对他的遗嘱则置若罔闻。车驾渡辽,引处罗可汗及高昌王观战。不仅亲征、重用斛斯政而且"又军事进止,皆须奏闻待报,毋得专擅。《资治通鉴·卷182隋纪》《隋书·卷60·段文振传》。可能有人认为这三次意见没有接受是炀帝失败的关键,但庾质的意见一直模棱两可,段氏的意见只有涉及高丽部分正确,相对较弱的高丽人对隋室能够保持较大的独立性,并不能说明当时隋室的强弱,这是文化知识背景决定的后果,有些知识会产生幻觉,令人胡涂。即使是牢固掌握巨大权利的皇帝,他掌握的知识不一定可靠,尤其是将知识主要用于满足某种特殊心理要求时,它会变得特别危险。而高丽人更多的地是在为生存而战,这显得更为实际,目的也更明确。对弱者来说,没有比讲求实际更好的选择了;对有进取心的人而言,没有好高骛远更糟糕的了。

大业十年,庾质认为连年伐辽已经令兵民疲劳过度,耗资巨大,希望国家安排三五年修整期,令四海少得丰实。《隋书·卷78·虞质传》P212。"令四海少得丰实"的愿望就是待国家资源充裕,如果不是一个蓄意夸大困难以阻止东进的步伐的诡计,唐时马周还声称当时储存可用五六十年的财富的描绘就不真实,因为此后都是一个持续增加班消耗过程。大业五年据说是隋极盛时期,就是这样看起来一个繁荣昌盛的国家,数量占压倒性优势的军队,在没有突厥严重干扰的大好时机,在东方战场遇到前所未有的困难,炀帝的东方战事初期目标不清,必然难以产生有价值的成果。

虞质是因为善于观测天象、预测时有灵验而受到炀帝信任,虞质的意见就相当于天意,炀帝为满足心愿而至少是部分拒绝虞质,实际是置天命于不顾。

杨广时代府兵组成的军队可能是区域内最为强大的军队,炀帝对战场的干预过于严重,即束缚了战争将领的主动性,也不断地打击作战人员的取胜的决心。

顺应潮流就是不与自己的利益作对

——作者

3. 对国内农民

所派遣的官员类型级别:名将。军队:大量临时征募的军队。谁有指挥权:皇帝。取得的成果:有胜有负。

1)将战争引向国内的政府行为与个人行为

在西线对突厥人、吐谷浑人的成就令炀帝的信心扶摇直上,他站在新的地缘结构上看世界,自然可以激发灵感,正确性却仍无十足把握,结果大业七年的高丽战事是形成新的利益关系和与隋分离运动的重要诱因,战事前期准备工作几乎立即就改变了国家大局,整个国家开始为一场预计速战速决却注定旷日持久的战争运转起来,"二月,下诏讨高丽,敕幽州总管元弘嗣往东莱海口造船三百艘,诏天下兵无问远近,俱会于涿郡。又发江淮以南水手一万人,驽手三万人。岭南排镩手三万人,五月敕河南、江南造戎车五万送高阳。五月发河南北民夫以供军需须。七月,发江淮以南民夫及船运黎阳及洛口诸仓米至涿郡。《资治通鉴·卷181·隋纪五》P1204。最南部地区最富庶地区都被动员起来,由于人员涉及面广,物资调配量前所未有,大业二年七月,山东、河南大水,漂没三十余郡,这对炀帝雄心勃勃的计划造成了一定的困扰。形成了一个容易引发骚动的时段。如果事先讲明是一次掠夺性战争,也可能调动一部分贪婪、好斗者的情绪;如果宣布是替天行道,一些要立功,愿效忠的人会蜂拥当先。但炀帝从未公开给出他的真实想法,他后来在战场上亲自布置的战术表明他追求的不是胜率也不是财富,而是对他个人情感的理解,并确认他的战争人道、正确而且必要,高丽人对此绝对难以苟同,炀帝的国人也不理解花费巨大人力物力进行这一战争的真实意图为何如此难以捉摸,炀帝本人也未必清楚。由于意见和利益的差异悬殊,国家开始笼罩在不安之中,七年十二月平民王薄周围集合大批不满的人,王薄意图比他的君主反而大胆、明确、清晰:为生存反战。其宣传效率惊人,叛乱者似乎无边无际,随后,以各种理由反叛君主的人开始在这个国家蔓延,以下是陆续出现问题的郡:

齐郡——平原——清河——信都——东郡——陈留——济阳。以上大业七年高丽战事引发骚动的地区,在上述七郡中出现十二起。以下是每年新增的不稳定区域:

灵武——济北——济阴——河间——渤海——魏郡(黎阳)——余杭——梁郡——吴郡、晋陵——信安——东海——苍悟——东阳——博陵——下邳——北海。以上大业九年,二十三起。

扶风——彭城——延安——琅琊——建安——武安(邯郸)——长平——离石——汲郡——涿郡——以上大业十年,十一起。

北平——上谷——淮南——谯郡——绛郡——以上大业十一年,七起。

雁门——冯翊——高谅——恒山——江都——安定——鄱阳——涿郡。以上为大业十二年,九起。

鲁郡——弘化——朔方——马邑——颍川——榆林——庐江——金城——武威——太原——巴陵。以上大业十三年,十三起。

吴兴郡,以上义宁二年,一起。

上述 59 个郡发生 76 起反叛事件,多者十万余,少者数万人。《资治通鉴·卷 182·隋纪六》P1207。这是一个惊人的数字,以平均五万计算,即达到三百八十万人之巨。由于起事有前后之分,有些被政府迅速打垮,流散、重组合并,但是保守估计,一百万到一百五十万左右的反叛大军持续存在是可能的,这相对于国家另行开辟了一个战场。涉及今天的辽宁(柳城,今辽阳)、山东、山西、北京、河北、河南、陕西、甘肃、宁夏、江苏、浙江、福建、安徽、江西、广东、广西十六个省,它以山东为主,向四方蔓延,其中 10 郡在原北周境内,12 郡在原陈国境内,37 郡起在原北齐境内。这样炽烈、高爆发率的反抗一方面是地缘关系,问题至少表面上来源于下列几个方面:

1. 河北、河南、岭南、江南、江淮地区征用的兵民比率高。

2. 山东、河南的大水导致了三十余郡大面积受灾。

3. 发生在幽州(即罗艺在柳城兵变)以及涿郡的问题也与高丽之役有关。从地理位置上更容易受影响。七年十二月,"时辽东战士及馈运者填咽道路,昼夜不绝。苦役者始为群盗。八年,大军集于涿郡。"《资治通鉴·卷 181·隋纪五》P1205。这些肯定直接影响当地的生活。另一方面是积累的社会问题已形成风险所致。原北齐地区似乎情况尤为严峻。从周武帝 577 年平齐到大业 7 年(611 年)已经过三十余年的治理,北齐境内如此难办,远未治理妥当。相比之下,以下三个特定地区叛乱情况相对温和而且迟缓:

1. 处于炀帝在大业三年四月北巡线路地区

北巡路线:时间:大业三年四月——四年八月

长安——赤岸泽——雁门——马邑——榆林郡——楼烦关(分离石、雁门二郡置楼烦郡)——太原——济源(属河内郡)——东都(洛阳)

四年三月从东都——五原——恒岳(四年八月)

帝所经郡包括:雁门、马邑、榆林、太原、楼烦、河内、五原、恒山等八郡。

2. 处于五年三月西巡线路:时间大业五年三月——五年十一月。

长安——扶风——出临津关——渡黄河至西平——大猎与拔延山——入长宁谷——度星岭——浩亹川——张掖——燕支山——大斗拔谷——西京——东都。

所经郡包括:扶风、枹罕、西平、张掖、武威等五郡。《资治通鉴·卷 181·隋纪五》P1202。炀帝北巡归来后,在四年八月大赦天下,诏所经郡县免一年租调,四年九月诏免长城役者一年租赋。这指的是北巡途中在三年八月的征调,丁男百余万人构筑长城,一旬而罢,死者过半。四年七月再次征召丁男二十余万筑长城。大业五年六月西巡主要线路结束后,帝下诏陇右诸郡给复一年,行经之所给复二年。《隋书·卷3·炀帝纪》P11。

3. 陇右诸郡:古代以西为右,大致指陇山以西地区,今甘肃六盘山以西,黄河以东地区:平凉、安定、会宁、陇西。大陇右还要包括枹罕、金城二郡。

从动荡的59个郡黑名单中,西巡的线路,陇右诸郡范围内,北巡线路均未完全幸免,而是陆续出现问题。但动乱均发生在五年之后的大业十年,(最早的扶风出现在十年二月,暴乱的首领唐弼立李弘芝为天子。《资治通鉴·卷182·隋纪六》P1212。三地赋税上的优惠期已失效,隋国家正在倒塌,前期发生骚动的郡县都是当年遭灾和面临特别征调的地区,对生存的绝望和战争的恐惧自然容易在当地引发普遍的愤怒。而陇右与上述十三郡在第一波的反叛声浪中皆一片沉寂,安然无恙。其实他们刚刚付出的代价十分惊人。巡视途中的皇帝下令,在所有他认为有必要的地方,修建或者重建永久性防御设施,开始时,大型、临时的建筑工程的危险性听起来远低于战争,因此根本没有出现高丽战争在征调中所遇到的那样强烈抵制,其实与战争中的损失几乎一样惨重,总计120万长城役夫中,由于缺少生活必需品、劳动保护、医疗条件、重型器械等,最少有五十万年轻人转瞬即逝,永远不能享受到迟到的皇恩。事后从政府得到的补偿尽管微薄,仍然让当地郡县及幸存者珍惜,亦令必然的怨言并未构成威胁,当地的大局是稳定的,大业十一年八月,炀帝在雁门遭到突厥人的围困时,勤王的队伍远多于趁火打劫的人,虽然炀帝是匆匆中止了最后的北巡,至少是完好无损的在十月返回东都。甚至迟至大业十三年,李渊与马邑郡守王仁恭对突厥作战失利被拘捕时,由于皇帝赦免二人的特使及时赶来,使李渊免于仓促行事。这一切都得益于平安畅通的道路交通"炀帝幸江也,所在路绝,兵马讨捕来往不通,信使、行人无能自达,惟有使江都至于太原,不逢劫掠,依程而至。"《大唐创业起居注·卷一》P41。作者的本意是神话李渊,虚构他受到神无微不至的庇佑,在神的密切关注下,皇帝的使节方能奇迹般地到达目的地。其实他不过是揭示了一个事实:急剧蔓延的反抗怒火仍有死角,而这种盲区的形成并非侥幸,政治安定实质上是一种利益相对均衡状态,不过相对均衡并不意味着持续均匀、普遍。大业六年六月,雁门尉文通聚众起事,随即被打垮。大业九年十月,诏改博陵郡为高阳郡,境内死罪以下给复一年。《隋书·炀帝纪》。但在同年十二月,善于幻术的唐县(属高阳郡)人宋子贤自称弥勒出世,纠集信徒,准备直接袭击皇帝,未遂即被歼灭。《资治通鉴·卷182·隋纪6》P1203。这可以归类为偶发事件,没有认清大局,更没有实力,而是在赌博,所以两个事件都无所作为。它们在合理的政治机率内,说明最成功的政治策划亦不能达到百分之百的效果。

与相对平静的陇右、河东、河西诸郡比关中、河南、江淮地区过于嘈杂,简直炸开了锅。炀帝没有意识到不安全的问题所在,而是归咎于人们突然变得不守法,这让炀帝产生了急躁情绪,他误认为自己对违法现象一向有办法,而忽略这是利益的冲突,以至随后的应变措施大多南辕北辙。大业九年,炀帝总结杨玄感事件时得出的竟是一个错误结论:玄感一呼而从者十万,益知天下人不欲多,多则相聚为盗耳。《资治通鉴·卷182·隋纪六》P1211。他的行为也变得更为神经质,经过一场牵连无辜、肆无忌惮的屠杀后,对行人的观察与他的想象形成巨大反差,"犹大有人在。"或者他因此而认清了法律的作用。大业十二正月,起宫苑于毗陵,壮丽过于东都西苑。《资治通鉴·卷183·隋纪七》P1215。即使到了火烧眉毛,炀帝仍泰然自若,这是一种可能。另外一种可能则是炀帝被他身边的人成功实施了信息封闭,仍生活在幻觉中,听凭可怕的不合作态度在宫中弥漫。"及帝幸江都,臣下离贰。有宫人对萧皇后说:外闻人人欲反。后答:任汝奏之。宫人言于帝,帝大怒曰:非所宜言,遂斩之。后人复白后曰:宿卫者往往偶语谋反。萧后曰:天下事一朝至此,势已然,无可救也。何用言之? 徒令帝忧烦耳! 自是无复言者。《隋书·卷36·后妃传·萧后》P133。虞世基的是在炀帝时升起的政治明星,"炀帝极即位,顾遇弥隆,……迁内史侍郎,……帝重其才,亲礼愈厚,专典机密。"但是他面临的是一个复杂的局面"时天下多事,四方表奏,日有百数,……世基知帝不可谏,又以高颎、张衡等相继诛戮,惧祸及己,虽居近侍,唯诺诺取容。《隋书·卷67·虞世基传》P189。虞世基式的道德与责任感来源何处? 是忠于萧后颓废的见解? 国家基础教育一种后果? 还是人的起码自我保护意识? 责任心弱化已经深刻影响到王朝的存亡。因为他的智力、声望完全可以掩饰他的渎职行为,他作为公职人员存在恰好令设置职位的意义丧失殆尽。因此在这种时候,它正像一支所向披靡的军队,一样出其不意、甚至更有杀伤力,因为它来自内部,几乎看不出到正面冲突。

最早参与对抗隋室的主要的领导者中基本来自民间:

王薄、刘霸道、孙安祖、高士达、张金称、格谦、翟让、孙宣雅、郝孝德。王当仁、王伯当、李公逸、周文举。以上大业七年起事。以下是各年份的起事者:

杜彦冰、白瑜娑、李德逸、韩进洛、孟海公、郭方预、甄宝车、刘元进、韩相国、朱燮、陈填、彭孝才、吴海流、梁慧尚、李三儿、吕明星、宋子贤、向海明、杜伏威、辅公祐、苗海潮、赵破陈。大业九年。

　　唐弼、张大虎、刘迦论、宋世谟、郑文雅、杨公卿、司马长安、刘苗王（胡）、王德仁、孟让、左孝友、卢明月。大业十年。

　　颜宣政、杨仲绪、王须拔、魏刀儿、张起绪、魏麒麟、李子通、朱粲、敬盘陀。大业十一年。

　　翟松柏、卢公暹、孙华、冼瑶、赵万海、沈觅敌、荔非世雄、操师乞、林士弘、窦建德、高开道。大业十二年。

　　徐圆郎、弘化人刭仚成。《隋书·卷4·炀帝纪》P13。大业十三年二月。王子英、郭子和、张子路、李通德、杨世洛、时德叡。大业十三年。

　　上述七十四人中只有二人担任低级公职,窦建德（隋二百人长）,孙安祖（逃兵役）、刘霸道（累世仕宦,资财富厚）、宋子贤（幻术）向海明（桑门）、刘苗王（胡）、李子通（渔民）、朱粲（县佐吏）、翟让（东都法曹）他们并不出于一个阶级。除了少数象李密（贵族）这样为恢复祖上的光荣汲汲以求的人,刘霸道似的蔑视权威、桀骜不驯的人,大多数都是生活在社会底层,这些人或因家贫无以自给,或因遭遇不公正待遇而深受刺激,如：高开道,（他煮盐为生）,郭子和（曾为左翊卫,后犯罪流放,为盗）,以上《旧唐书·卷53—56》。吴郡朱燮,晋陵管崇聚众寇掠江左,燮本还俗道人,涉猎经史,颇知兵法,形容眇小,为昆山县博士。与数学生起兵,民苦役者,赴之如归。崇长大美姿容,志气倜傥,隐居常熟,自言有王者相,故群道相与奉之。《资治通鉴·卷182·隋纪六》P1211。除了冒险家,只有雕虫小技的人也要斗胆一试："唐县人宋子贤善幻术,能变佛形,自称弥勒出世,远近信惑。谋因无遮大会,举兵袭乘舆,事泄伏诛,并诛党羽千余家。《资治通鉴·卷182·隋纪六》P1211。向海明想到了利用宗教,刘黑闼、杜伏威、辅公祏、林士弘、郭子和、高开道、徐圆朗、刘季真,不管他们是平民还是已经称王,被官方一概视作罪犯或盗寇,这些人因战争状态与自然灾害动摇了他们的生活基础,他们中的几个在短期内即拥有十万之众,也不是一昧拦路抢劫的人,有攻坚能力。大业十年六月,建安郡为盗陷,太守杨景祥殉职;也与隋正规军大规模作战,大业十二年四月甄翟儿率十万众攻太原,斩隋将潘文长,孟让的队伍人至数万,如果见到在谈话和书写中引经据典,显得略有文化修养的人,一概处死。《资治通鉴·卷182·隋纪六》P1207。这样看似愚昧病态行为说明当时国家的利益与人民利益严重脱节,以至其执行者和解释者一概被妖魔化。

　　反叛的第二波是在大业十三年形成,主要是在职中高官员,隋大厦将倾,进一步降低了机会成本,他们跃跃欲试,多数人有很大选择余地,却不约而同地参与对他们服务多年的国家摧毁行为,原因是它是各种利益中最大的一份,也就最吸引人。虎贲郎将罗艺,鹰扬郎将梁师都、刘武周(马邑鹰扬府校尉,土豪)、金城府校尉薛举,鹰扬府校尉刘武周、巴陵校尉董景珍、罗川令萧铣、鹰扬府司马李轨。吴兴郡守沈法兴,时德叡(朝散大夫,从五品下文散官)、祖君彦(宿城令)。社会上层则主要有隋司徒、楚公之子杨玄感,西魏司徒、著名八柱国之一李弼曾孙,蒲山公李密,十三年元月,光禄大夫裴仁基从一个本该阻击李密的人变成他的同伙,以及李渊父子。最后形成一定气候的有梁师都、刘武周、李子和、窦建德、李密等。除李密外,前四者均与突厥势力庇护有关,沈法兴世为豪族。大业十二年十二月,李渊被任命为太原留守,十三年五月李渊起兵于太原。江都丞兼领江都宫监王世充本西域人,随母嫁王氏于是姓王,大业十二年为江都通守。越王侗即位,他被任命为吏部尚书,封郑国公。直到后来称帝,他能控制的范围有限,与他个人的雄心差异巨大。义宁二年,他在东都指挥与李密作战,最后击败密迫使其降唐。此后,他本人与其他一些不认同唐朝政权的人还与李唐周旋好几年。北方的突厥人自隋高丽战事以来,生活幸福。他们发现自己正到处受到邀请、拉拢以及巴结。他们不在乎扶植支持的对象是否是互为对手,由于他们能征惯战的声威远播,使其因此而得到的收益与实际努力极不相称。李渊、梁师都、刘武周、郭子和、高开道、刘黑闼等在削弱隋室时都程度不同地依附过突厥势力。被利益冲昏头脑的突厥人无所不在,他们不仅立了几个中原人可汗,义宁元年(618 年)七月,李渊率甲士三万,发晋阳,西突厥阿史那大奈亦率起众以从。《资治通鉴·卷 184·隋纪八》P1224。

在隋宫内造反的人是名副其实的叛乱的第三波,与前者共同实施了对国家的致命一击。宇文述之子化及其实是炀帝宠爱的人,弟弟士及娶帝女南阳公主,他本人担任右屯卫将军,另一弟智及为将作少监,是时李密据洛口,炀帝惧留淮左、不敢还都。(从 616 年七月,离开东都前往江都,至 618 年三月被杀,共十八个月。)从驾骁果多关中人,久客羁旅,见帝无西意,谋欲叛归,时武贲郎将司马德戡统领骁果屯于东城,听到士兵准备脱离岗位的传言,并未引起重视,加以排查。参加密谋的有:右屯卫将军宇文化及、武贲郎将司马德戡、武贲郎将元礼、直阁裴虔通、武勇郎将赵行枢、内史舍人元敏、鹰扬郎将孟景、符玺郎李覆、牛方裕、千牛左右李孝本、弟李孝质、直长许弘仁、薛世良、城门郎唐奉义、医正张恺。他们最初的打算是按德戡建议,于二月十五日举兵,劫十二卫武马,掠居人财物,结党西归。智及反对说,当今实丧隋,英雄并起,同心叛者已数万人,因行大事,此帝王业也。德戡然之。赵行枢请以化及为主,化及的表现十分程式化:先是受惊不能说话,随后无条件接受。一马当先的裴虔通在炀帝为晋王时就以亲信随从左右，后迁监门直阁至通议大夫。他先率兵冲进成象殿，宿卫者皆扔下武器四散，他告诫当值的右屯卫将军独孤盛（与独孤信无亲属关系），只要他不闻不问就可以安然无恙，后者非常生气，表示要忠于职守，率左右十余人抵抗，结果被杀。《隋书·卷71·独孤盛传》P198。受高度信任，被特意安排在这要害之处的独孤皇后侄，千牛（属领左右府）独孤开远有意与叛乱者作战，率属下数百人前往玄武门外，大声扣门请求炀帝出面稳定军心，他有信心平乱，不料没有回声（皇帝不在），左右军士已经不像早期府兵与军主紧密牢固，随之离散，开远被叛军俘虏，随即被敬重他的敌人释放。《资治通鉴·卷185·唐纪一》P1232。叛乱的队伍擒炀帝于西阁。化及等杀炀帝后，却完全模仿炀帝的生活，智力令人大失所望，德戡埋怨行枢出了个坏主意，正如德戡在临刑前悔恨不已，对化及所说：本杀昏主，苦其毒害，推立足下，而又甚之。《隋书·卷85·司马德戡传》P226。行枢表示要除掉化及，被许弘仁知道后密告化及，收德戡支党十余人皆杀之。化及多次败给李密，他以为先杀死选出的皇帝杨浩，自立为帝后连败的情况会有好转，其实不然，不久本人即为窦建德俘虏处决。裴虔通归附李唐，授刺史，随即以隋朝杀逆之罪除名，流放岭表并在那里死去。《隋书·卷85·宇文化及传》P226。上述人自然形成了一个对隋朝的不间断的攻击势头，但是他们起兵理由多有不同，沈法兴以讨伐宇文化及为名起兵，王薄等平民则是为了生存权。有的是为远大的理想，如杨玄感；有的则是因一时的遭际，如郭子和。他们从未形成一个整体，反而，利益冲突很快让他们变得不可调和：李子通曾与杜伏威合并，后又谋杀杜未遂，随后被辅公祏击败，他歼灭了沈法兴后，自己却被杜伏威所擒。徐圆朗在大业十三年起事，先后归属李密、王世充、唐三种不同势力。操师乞的部下林士弘大业十二年称帝后，亦曾与萧铣发生战事，失败。在杀死炀帝后，由于对化及更不满意，司马德戡、李孝本、尹正卿、宇文导谋袭化及，遣人与孟海公结为外助，由于迁延未发，结果反被许弘仁所告。《隋书·卷85·宇文化及等传》P226。反抗者成份复杂，有书生、贫民、官员、亲信等等，说明几乎社会各阶层先后都失去了耐心，或者说是为了机会铤而走险。上述造反者原本都是强势的个人，个性强悍难以合作，结果却形成一场有力的集体反抗运动，组织者正是走下坡路的君主本人，人们认为他做到了最差，所以成为标靶，非常有号召力。君主的行为越来越倾向于暴力，经济压力也越来越大，隋前三十年相对和平繁荣的年代累积了人口，管理的紊乱也累积了高犯罪率，炀帝身逢其时。除此之外，公开与君主对抗是明白无误的不忠，还是择其善者（趋善）而为之的理性行为？两者是否有差别？这因人而异，一些人的激烈行为是抗议弊端，另一些人的激烈性为则纯属受利益的诱惑。个人行为削弱国家在任何时候都应该遭到谴责,问题是国家有时候远比个人更容易产生过激行为,给这种或那种行为下结论均是危险的,国家在趋向于人性化时,人的任何行为都可以导致有益的后果,重要的是对行为的后果有控制能力。一个君主或管理者的优劣仅仅在于,后者只关心自己的愿望,而前者则尽可能照顾别人的意愿。

4. 对反叛的官吏的战争

在该战事中,派遣的官员类型级别,名将。军队:骁果,府兵被边缘化。谁有指挥权:皇帝。取得的成果:灭亡。

与李渊共谋共生的人们生成了一个有机体,不是共同的价值观,可能可以逐步形成共同价值观,可能永远也不会,视事态的发展而定;可能有共同利益,可能没有,取决于事业形态的大小。虽然对象只有一个,但肯定有每个人自认为的利益,代表这些利益的主张则千差万别。这里是市场机制的政治全景,价值观的运行与之并行,李氏以恢复或者建立制度的承诺接管权力。

为优势而改变。

国家的占领者是争夺权力的人,而不是完全摧毁制度的人。

——作者

正在失去皇帝的国家,可能会暂时失去社会等级界限,但是智商会变得更重要。《大唐创业起居注》的描写中不乏惊心动魄的时刻,背叛者们不止一次在短暂的时刻作出命运攸关的决定,而且都必须是正确的,否则将输掉这场竞争。作者尽管并未刻意强调决策的意义多么重要,却间接证明,皇室的背叛者们只是在决策方面具有突出的优越性,才赢得了一个王朝。至少是在唐初,旧王朝的制度几乎完好地得到保留,失败者除了失去生命,什么也没有带走。对一个崩溃的王朝为何还要保持正确的决策?因为它决定谁来接管王朝,以及这个王朝结伴而来的一切机会,至于王朝如何崩溃到是次要的。

唐兴的原因从起事到即位历时短促,隋朝因为战败而灭亡,这是最直观的结果。李唐的成就是在排除道德疑虑、经过一波三折的自我确认后才基本实现,他们不是一开始就稳操胜券,而是牢牢把握了每一个转瞬即失的机会。从捕捉机会的能力来看,他们至少是熟悉自己的文化氛围,尽量使自己行动的每个步骤,都能让人理解、接受,这一点至关重要。相比之下,爱好诗歌的炀帝反而显得粗心马虎,因为职业尤其是个性的关系逐步脱离了自己的文化环境。这终于使他成了一个至少在舆论上极不成功的君主。单从实现为人君的目的来看,他虽然基础不好,但如果选择了一条比较好的路,以此人的才智,应该会有一个体面一些的结果。至于叛乱者们,有各种不同的原因、目的、支持者以及结果。

1)人们是如何主动或者被迫脱离利益集团的?

(1)原因和李渊的真实意图

兴唐中李渊、李世民各自的作用主次,这是个有争议的问题,在一个传统上忌讳反潮流描写的国家,反叛却又是它政治中的一个主题,将反叛描写得既富理性又有主动性,既逼真又详实,不会盲从政治潮流,文化传统却对其有持续影响。史学家的职业训练也不能避免个人的偏好,温大雅作为一个见证人,有提供真实数据的条件,李世民则值得神化,因此,文字记载中的疑点、异同注定与相关史料永久混杂在一起,留下思考和悬念。

① 自我诱发的动机(主观上有背叛的愿望)

大业十一年(615年)四月,李渊被任命为山西、河东抚慰大使,承制黜陟。他的副手夏侯端善于占候及相人,私下对他说:金玉床摇动,此帝座不安。天下不安,能安之者其在明公。但主上晓察,切忌诸李,强者先诛,金才既死,明公岂非其次? 若早为计,则应天福,不然者则诛矣。高祖深然其言。《旧唐书·卷187上·夏侯端传》P586。夏侯端见解与其说是预测不如说是对事实的分析,国家由于高丽战争和杨玄感之乱元气大伤,稍后,也就是十一年八月,炀帝本人也来到更北部的雁门时,今非昔比,几乎立即陷入始毕可汗铁骑的重重包围,他惊魂未定逃回洛阳后就再也没有回来。在这样一个特殊时期,夏侯氏的说法对听者产生持久的影响,李渊受过良好教育,"特善书,工而且疾。尝日注授千许人官,更案遇得好纸,走笔若飞,食顷而讫。……《大唐创业起居注·卷二》P44。他是一个练达的官吏,'发言折中,下笔当理,非奉进旨,所司莫能裁答。……帝处断如流,尝无疑滞……皆叹神明。《大唐创业起居注·卷二》P44。很注意积累个人影响力积累"帝素怀济世之略,有经纶天下之心,接待人伦,不限贵贱,一面相遇,十数年不忘,远近承风,咸思托附。《大唐创业起居注·卷一》P41。大业十一年十二月,民部尚书樊子盖对绛郡反政府者的活理政策,被李渊修改为亲善法,一下吸引了数万人归附。《资治通鉴·卷182·隋纪六》P1214。具备良好职业军人的素质,"山川冲要,一览便忆。"他这样做是忠于职守丑化朝廷,很难知道他的真实意图,从结果来看是倾向于后者。大业十二年十二月,他成功抵御了突厥人的进攻。P41 P1215 大业十三年五月十七日,"突厥数万抄逼太原,入自罗郭北门,取东门而出。"负责突袭突厥人后军的将领康达、杨毛由于对李渊计划执行不坚决,过早出击,结果损失惨重,李渊兵力单薄,他一边安抚文武官员,让他们相信自己有能力处理这次危机,同时派出疑兵以迂回的方式占据城外各处,给敌人造成错觉好象是来自外地的援兵,但尽量勿与敌交火,也不要追击路过的敌人,最令突厥人感到诡异的是城门一直大开,既无官军旗帜亦不见守军,看似不设防,又像是充满杀机。结果疑虑重重的突厥人丧失了这次绝好的进攻机会,选择了逃跑。李渊则赢得几乎所有人的尊重。经过类似以及进一步的沟通,突厥人开始神化李渊,确信其负有特殊使命,愿意帮助他夺取皇权。突厥的支持对李渊的公开与隋炀帝决裂有举足轻重的作用,而且这在当时有实力与隋室较劲的人当中很流行。李渊为人低调,"帝自以姓名着于图箓,太原王者所在,虑彼猜忌,因而祸及。颇有所晦。"P41。却又雄心勃勃,他不可能时刻都掩饰得那么好,著名道士王远知就看出了当时还掩饰得很好而几乎默默无闻的李渊,"尝密传符命。"《旧唐书·卷192·方伎·王远知传》P616。大业十二年十二月,任命李渊担任太原留守,这给他的第一感觉是"唐固吾国,太原即其地焉。今我来斯,是为天与,与而不取,祸将斯及。《大唐创业起居注·卷一》P40。表现出相当强烈的进取心,但是个人愿望在时机不成熟时过于外露时的后果他有预测,当这种阳奉阴违的行为不只是个案而是普遍存在时,就必须考虑制度背景。他有当时最杰出的大局观,个人才华与抱负也是相称的,对隋、突厥具有一流的知识,名副其实的文武兼备。对隋室的忠诚则相当有限,从未忘记谋求自己家族的发展,这倒是他取之不尽的生活动力。在他的内心世界,人生的最高理想远远超出了忠诚范畴,这种心态往往是一触即发。

② 客观上有皇权的威逼和个人过失

李渊和他的家族几乎随时在寻找机会,这并不仅限于李氏一家。君主对他的臣民出现的情绪变化所知甚微,对人民的愿望甚至周围人迫切的愿望持续漠不关心时,原来的君主与人民归属于同一个国家的概念就可能支离破碎,随时都会逼近矛盾爆发的临界点,只要君王依然如故、自行其是,没有转向专心寻求解决问题办法,事情几乎就一定变得不可逆转。大业十二年,突厥数次袭击马邑,这个小事件,成了引爆了帝国的大引信。马邑郡守王仁恭与李渊派来增援的高君雅等由于背离与李渊事先拟定的作战计划,对突厥作战一度失利,渊相信炀帝会小题大做,使自己受迁连。李世民立即开诚布公地提到与彼此提防的皇帝刀兵相向,善于演戏的李渊表现过于夸张,"大惊,'汝安得为此言?吾今执汝以告县官。"即声称要皇帝或朝廷上告以测试他儿子对背叛是否意志坚定。"因取纸笔,欲以为表。"李世民镇定自若,渊随即放弃了,严令其不再提及此事,但是一夜过后,渊思想反而出现重大变化"吾一夕思汝言,亦大有理。今破家亡躯,亦由汝;化家为国,亦由汝。"《资治通鉴·卷183·隋纪七》P1221。十二年四月《资治通鉴·卷183·隋纪七》P1221。在可能的损失面前的选择冒险。炀帝"以李渊与王仁恭未能及时捕虏,纵为边患,遂遣司直弛驿,系帝而斩仁恭(王仁恭于十三年二月被部下建节校尉刘武周所杀,借口是他不准开仓放粮)。"执诣江都。《资治通鉴·卷183·隋纪七》P1221。即要将李渊押解至江都的命令传来,有一定心理准备的渊在最初的慌乱过后,精神面貌焕然一新,对当时在身边的李世民说:"隋历将尽,吾家继膺符命,不早起兵者,顾尔兄弟未集也。今遭羑里之厄,尔昆季须会盟津之师,不得同受孥戮,家破身亡,为英雄所笑。"《起居注》P41。决心要对杨氏采取行动,李世民流着泪请求父亲仿效汉高祖归隐江湖,一同伺机举事的建议却被李渊拒绝,决定自己到临时首都接受调查,他断定如果自己负有特殊使命,炀帝将无法对其构成伤害;否则任何逃避都是徒劳的,反而会连累他们兄弟。他看重时机,不合时宜的行为只会令事情变得更糟,也不符合天意,他强烈地感到,对隋的忠诚只会令本家族与之同归于尽,对李氏家族的未来则深信不疑。这场一触即发的反叛由于江都赶来特使带来了赦免王、李二人的喜讯而中止,李渊也在这场心理博弈中获胜,不过炀帝宽大为怀得到的却是完全相反的结果,对此李渊只愿意感谢命运,对炀帝的报偿是将反隋准备工作更加具体化。李渊曾经谈到:"孤荷文皇殊宠,思报厚恩。"P42。杨坚的确曾令他感到温暖亲切,而与杨广给其他大臣的待遇相比,对他算得上仁慈。可是出于对自身利益的权衡,他选择将感激与忠诚放在次要位置。李渊"雄断英谟,从此遂定。命皇太子于河东潜结英俊,秦王于晋阳密召豪友。太子及王俱禀圣略,倾财赈施,卑身下士。逮乎鬻缯博徒,监门厮养,一技可称,一艺可取,与之抗礼,未尝云倦,故得士庶之心,无不至者。《起居注》P41。作为一个习惯于低调处理自身问题的人,当事情公开化后,李渊恢复本性,变得生龙活虎"战守事机,招募劝赏,军民征发,皆须决于帝。"P41。他是最重要的决策者,他的家世,职务、名望、丰富的人生经验,对大局的把握能力是唐室兴旺的决定因素。其实不管炀帝此后是否招惹他,他一定会背叛这个已经开始倒霉的王朝。在一定条件下,人与人之间可以因为亲近或者时机有共同利益,但这也不过是共同利益的两种因素,不是充分或者必要条件。李氏父子顺应时势而动,融入三波反隋的潮流,最重要的是将一技一艺可取之人团结在一起,了解并尊重他们的意愿。

③ 获得成功的组织结构

命运攸关的 7 个月中,次子李世民始终处于密谋者的核心,作用仅次于李

渊。李世民生于开皇十八年十二月（公元 599 年）。《旧唐书・卷 2・太宗纪》
P11。是个勇敢的战士,大业十一年,炀帝在雁门被突厥人重重围困,他在巨大
的恐惧中怀抱幼子赵王杲泪流不止,眼睛也变得红肿。向全国募兵前来救援,当
时年仅十六岁的李世民应募,向他的直属长官屯卫将军云定兴建议,用军旗和军
乐虚拟行进中的军队,目的是令敌方产生错觉,好象勤王的军队正源源不断开
到,这对紧张局势多少有缓解作用。《资治通鉴・卷 182・隋纪六》P1214。大业
十二年十二月,时任太原留守的李渊奉命向一股强大的农民反叛军进攻,其首领
甄翟儿,在鼠雀谷,人数处于劣势官军遭到农民军顽强抵抗,陷入包围圈中的李
渊,随时可能被射杀或被俘虏,李世民英勇地亲自杀入重围,救出了父亲,也最终
以少胜多,取得战斗胜利。《资治通鉴・卷 183・隋纪七》P1217。与他的智慧、
勇敢比较,他的忠诚就很少闪烁。李世民为了争取晋阳宫副监裴寂赞同他的事
业,巧妙地用金钱博得他的欢心,作为报答,裴寂故意违法安排皇帝离宫里的宫
女与李渊过夜,随后声称事情败露,有性命之虞,目的是迫使其公开背叛隋室,这
个陷阱设计被认为有李世民参与。李渊 617 年在太原起兵时,李世民还不满十
八岁,尚未成年,非常年轻,比绝大部分同龄人专注、主动而且成熟,但是如此阴
险、成人化的计谋恐非他独自经手。

担任隋低级公职的裴寂过着清贫生活,另一个重要的密谋者晋阳令刘文静
与裴寂私交很深,"相与同宿,见城上烽火,寂叹曰:贫贱如此,将何以自存? 文
静笑曰:时事可知,吾二人相得,何忧贫贱!《资治通鉴・卷 183・隋纪七》
P1221。国家奉禄无法带给他满足,无意继续忠于隋室,为自己寻求出路变得十
分自然与现实,最终为了钱而叛国。"渊与裴寂有旧,每相与宴语,或连日
夜。……文静欲因寂关说,乃引寂与世民交,世民出私钱数百万,使龙山令高斌
廉与裴寂赌博,故意输钱,一夜暴富的裴寂大喜。从此与李世民天天聚会,寻欢
作乐,无话不谈,李世民谈自己的志向,裴表示鼎力相助。此后才有"二郎阴养士
马,正为寂以宫人侍公,恐事觉并诛,为此急计耳。"《资治通鉴・卷 183・隋纪
七》P1221。李渊与晋阳宫宫女恋爱事件是一个行之有效的圈套,从此一个无法
释怀的隐忧使李渊心神不宁,恐怕也不是在事后才意识到那已经是对君王尊严
的严重挑战,不能说他是受到这种胁迫才有所行动。李世民、裴寂、刘文静等人
精心设计的陷阱达到了预期目的,为李渊鼓足了勇气。与裴寂相比,并州文水人
武士彟的家境则相反,是一位富商,有政治悟性,他参加政治冒险不是简单地为
了财富。他无疑因慷慨好客而享有李渊的友谊,保荐为行军司铠。武士彟"尝阴
劝高祖举兵,自进兵书及符瑞。"李渊表示愿与之分享将来的政治成就,实际上他

们的关系到了无所不谈的程度。十三年二月,马邑校尉刘武周杀太守王仁恭举兵反,李渊以防御为由募兵,旬日间且一万,这些志愿者中可能有人还以为在保卫皇帝。在李渊任命长期窝藏的重罪人犯刘弘基、长孙顺德等到新募集的军队中任职时,不知就里的王威、高君雅私下对武士彟抱怨说:弘基等皆背征三卫,所犯当死,安得领兵? 吾欲禁身推核。士彟曰:此并唐公之客也,若尔,便大纷纭。王威等因此犹豫不决,忠于职守的留守司兵田德平也准备建议王威等审查募兵真相,士彟力劝德平放弃:讨捕之兵,总隶唐公,王威、高君雅等并寄坐耳,彼何能为?《旧唐书·卷58·武士彟传》P278。劝导起到了效果,智慧与财富在他身上很相称。

刘文静伙同他人陷害忠于隋室的王威、高君雅勾结突厥,是精心策划的另一经典之作。王、高二人对他的们的背叛活动已有所察觉,而且几乎完全不可能跟他们志同道合,他们在此有可能妨碍下一步反隋行动,二人熟悉太原的情况,他们逃走的后果亦极其严重。晋阳乡长刘世龙由裴寂推荐给高祖,这个地位卑微的人对李渊降贵纡尊的召见感激莫名,他设法取得王威、高君雅的信任,利用可以随意出入王、高家庭的机会,为李渊提供了有价值的情报。另一个刘姓人——鹰扬府司马刘政会,也是由裴寂推荐给李氏父子,则扮演原告,"太宗遣政会为急变之书,诣留守告威等二人谋反。"《旧唐书·卷59·刘政会传》P278。五月甲子,刘政会在刘文静的诱导下,急变告王高密通突厥,准备南寇。《旧唐书·卷57·刘文静传》P275。尽管王、高人当场理所当然地大声抗议,在场的人谁也不理会他们的申辩与求救声,他们事实上是过于迟钝,结果立即遭到囚禁,两个无辜的人被判以叛国罪,这是李渊他们想要的罪名,认定是对突厥作战的败绩症结,李渊不假思索地将二人处死,这算是起事的前奏。王威为人清廉仁慈,高君雅在守备高阳郡时,兢兢业业,并无过失,二个有原则有责任心的人被作为障碍被无情清除,入侵的突厥失去内应,国家起码暂时应该变得安全,保卫者为何仍要造反? 平心而论,给王、高安的罪名很愚蠢,欲盖弥彰。为防御刘武周为募聚的军队,并未向北面的马邑进军,而是变身为李渊起兵的主力,结果带头向南杀去的人不是突厥或者叛军而是李渊,这一点全国人都看到了。

李渊的追随者和同路人中,家族、种族、经济利益、价值观都是捆绑他们无形绳索,他留守晋阳,鹰扬府司马太原许世绪游说李渊:公姓在图录,名应歌谣,握五郡之兵,当四战之地,举事则帝业可成,端居则亡不旋踵。"《资治通鉴·卷183·隋纪七》P1222。表现出极其迫切的叛逆心理,太子左勋卫唐宪及弟唐俭与许世绪意见相同。他们有合法身份掩饰背叛行为,希望抓住机会来改变命运。

在隋室深受器重的实干家长孙晟在隋亡后进入唐室的上层,他官职不显赫——右骁卫将军,但关键是李世民娶了他女儿。大业九年长孙皇后与李世民成婚,同年六月即兵部侍郎斛斯政奔高丽,皇后舅高士廉坐与斛斯政交通,从治礼郎谪为朱鸢县主薄。《旧唐书·卷65·高士廉传》P293。在唐室武德、贞观时期左右逢源、德高望重的右勋卫长孙顺德,是长孙晟族弟,即两位的高祖辈是亲兄弟,晟高祖为兄。长孙顺德与右勋侍刘弘基都是避辽东之役亡命来晋阳的,窦炽之孙,右亲卫窦琮,也因亦犯法藏身太原。《旧唐书·卷61·窦琮传》P284。他们这样作不完全是因为胆大妄为,李弼后裔李密成为隋室公开的敌人后,炀帝下令将与其有婚姻关系的晋阳令刘文静关进当地监狱,是李世民将其从狱中擅自释放。炀帝现在对政局解困的办法完全没有,只是急于扩建他的监狱。李氏父子大量窝藏有罪亲友的事,可能一时还不为炀帝所知,也有可能是暂时腾不手。长孙顺德、窦琮、刘弘基,与其他亲属在起义中起了决定性作用。这实际上是古代中国政治的一个死结,家族利益是国家坚持捆绑在一起并极力维护的社会单元,它最容易与国家利益随时尖锐对立,国家在管理上设计最小单位是家庭,一个家族可能因一个人的罪过毁灭,也可能因一个人的成就兴盛。他们中的无论是谁,不管你个人政治取向价值观如何,首先是属于家庭,其次才属于自己,别无选择。所以不仅象李渊父子这样有威望,也非常有希望取得全国胜利的军事力量一旦行动,就意味着整个有婚姻血缘的家族行动,就是象沈法兴这样的没有重大影响的名字宣布脱离隋室时,家族也只好随之行动,很难说是一致同意宁愿放弃平静的生活而选择以生命去冒险,"沈法兴,自代居南土,宗族数千家,为远近所服。《旧唐书·卷56·沈法兴传》P273。这个家族符合传统豪门大族的基本特征,却是个严格意义上的鸟巢,容易毁于一旦。

吸收一切资源反隋是大前提,盟友来者不拒,到了鱼目混杂的程度。李渊起兵太原后,段文振(振逝世于大业八年,时兵部尚书,殁于征高丽军中)次子段伦,时任隋左亲卫,是李渊女婿之一。《资治通鉴·卷184·隋纪八》P1227。李渊堂弟李神通在鄠县(在陕西),女儿、女婿柴绍夫妻在司竹起兵响应,石艾县县长殷开山,后来纠集的贼盗王康达、孙华(属于通过疯狂抢劫握有巨额财产的人)、高阳郡灵寿贼帅郗士俊,李密伯父李仲文是个打家劫舍的头领,手下喽罗近五千人都陆续并入李渊军,当突厥表示有意与李渊连手击隋时,面对周围跃跃欲试的人,他表现得极有分寸,"非有天命,此胡宁岂如此? 但孤为人臣,须尽节,主忧臣辱,当未立功,欲举义兵,欲戴王室,大名自署,长恶无君,可谓乱阶之人。"他说到这里迟疑了一下,不少人声称如果不与突厥联手,缺乏必胜把握,他们将脱离李渊的部队,李渊语气立即温和下来"公等并是隋臣,方来共事,以此劝孤,臣节安在?《起居注》P42。结果他没有干扰与突厥敲定任何可行的协议。不能说这完全是虚伪、口是心非的告白,他所受到的教育,生活的环境迫使他需要有这样一种心态变化过程,这或许是十分理性的,他个人与隋室有千丝万缕的关系,李、杨的友情已历三代,炀帝生母是他的姨妈,李渊的外甥女王氏也是炀帝姬妃,渊本人受隋高祖亲近,炀帝提携,丰衣足食,给李渊的职务也越来越重要。他必须对此有个交代,他需要有机会表示自己为回报隋室重用放弃过机会,他在教育周围的人,忠诚是何等重要,即使是对一个摇摇欲坠的皇朝。因为声望日隆,炀帝因他的一次缺席作为要杀死他的口实,以及对突厥作战失利要将其押送江都受审时,他均以隐忍的方式度过难关,这可能是最明智的选择,他的同谋包括次子李世民则显得急于求成,缺乏必要的稳健。这种稳健在以后的政治决策中依然清晰可见"裴寂等乃因太子、秦王等人入启,请依伊尹放太甲,霍光废昌邑王故事,废皇帝而立代王。《起居注》P42。他的最后答复是"众议既同,孤何能易。"表面上给人印象是李氏对隋室仁至义尽,实则是预谋中有机部分。尽管更立隋主,不出自李渊之口,只能说是因为心腹们理解李渊的心意,将不断膨胀欲望略加收敛,稍加掩饰或加以折衷,既维护了李渊仁者形象,让他更容易接受,又令自己明确看到事情又有了进展,正一步一步接近目标。即使在李氏已牢牢控制隋室后,李渊仍保持稳定的情绪,显得既明智又有教养,并且也不墨守成规。"帝私谓元从府僚曰:少帝今时,可谓吾家所立,本为社稷,上报高祖,冀终隋氏,不失人臣。《起居注》P50。话虽如此,结果是自己在一群有默契的属下簇拥下向帝位迈出一大步。李渊要求自己的任何行为既符合自己的利益,又不会降低社会对自己的评价,这种隐忍并不表示他缺乏决断力,不论他的思维转过多少弯,他的判断力没有让他停止在正确结局之前。李渊利用炀帝赋予他的权利,做了他的职责中本该制止的事,而因此判定他有悖道德却非常困难,隋朝的现状即可以说是炀帝个人的问题,也可以说成机制的问题,反对一个犯有严重错误乃至罪行的君主合乎道德,机制的问题则不那么简单,李渊本人就是机制中的一环,而这些机制也绝非炀帝一个人、一个时代所能制定。

一个半人半神的首脑、一组野心勃勃、精力充沛的亲属,二个卓越的策划者,一群有才华的逃犯,这个新兴集团的成员,从内向外:父子—家族——友好同僚——同路人——投机者,合计人数:难以估计。这是李氏家族组织的基本结构,他们指挥一支仓促招募、缺乏训练的三万余人的军队,就可以打败一个四、五千万人口的王朝? 即使是一个正在崩盘的王朝? 硬件或有形的实力在所有叛军

中只居三流水平,他为何能最终找到胜利归属? 要回答这些问题必须了解对抗的起源:

1. 个人安全。对温饱无忧的李渊父子而言,生命安全是首要问题,李渊曾面临迫在眉睫的生死攸关之时,他无力通过沟通协商方式化解这类威胁,当然公正的审判更是奢望,他的追随者、同谋虽然不是这样直接,同样出于安全考虑的人不在少数。

2. 利益。逃避高丽战事的人并不全是懦弱的人,他们从一个战场来到另一个战场,不是因为后者更为安全,而是他们看到新的利益所在。

3. 成功率。国家的负面现象和前景预测鼓励人们铤而走险,朝廷的对应措施倒是在不断提高反叛的成功率。

4. 新兴国家往往不是新价值观的推崇、传播者,却至少是传统意识、生活方式精华的保护者。

李渊打击的是炀帝个人的理想和生活方式,而不是已有的制度。尽管后者的个人理想与生活方式并非一概错误。他其实没有迎合大众的兴趣,倒是在他身上看到希望所在的人们对他亦步亦趋。

2) 胜利的道路

尽管反对声此起彼伏,大多数人随声附和、随波逐流,但还是有少数例外,李渊下属,太原郡龙山县令高斌廉在赌场上愿意服从李世民的安排,积极参与作弊,政治上却没有迎合甚嚣尘上的叛国潮流,坚持忠于隋室;李渊迟钝的副手王威、高君雅对李渊的动机有所猜忌、准备设法制止时为时已晚,渊羽翼已成;西河郡丞高德儒即使成为孤家寡人,仍然固执己见。李世民随父镇太原时,刘文静鼓动他成就帝业。分析说"太原百姓皆避盗入城。"《资治通鉴·卷 183·隋纪七》P1221。所谓的盗指的是各支非政府军,刘文静自忖对百姓的情况很熟,声称很容易招募到十万人从军反隋,后来实际招募情况没这么乐观,只有三万人入伍。流离失所百姓中可能有部分是随大流,多数人的眼中,起义军比官军的危害要大,为了他们的切身利益所在,所以他们设法逃避并寻求政府的保护,他们围绕早李渊身边只因为他穿着政府的制服。尽管炀帝名声如此败坏,制度破坏严重,政府管辖仍旧是和平居民的首选。

倔强的县令高廉斌对李渊持完全不合作态度,将渊军准备南进的动向以最快速度上报炀帝,幻觉终于变成了现实,皇帝的痛苦可想而知。李氏占据太原,有人会在太原兴起的预言一直令他心烦意乱,但他所能做的也只是要求东都、西京严加提防,严酷的事实让他确认,建立在身份之上的信任即使是至亲,也可能成为一种罪过,不过此结论转而让他陷入另一种错误:拒绝主观以外的一切信息。其实,李渊选择的时机十分恰当,南下没有后顾之忧,著名将领榆林太守董纯,在大业十年就被调往彭城镇压张大虎的农民军,并在十二月被炀帝枉杀。大业十二年,能征善战、功勋卓著的马邑太守王仁恭,被他有野心的下属刘武周以其迟迟不开仓赈灾,激怒民愤为借口而谋杀,自己取而代之。至于突厥,刘文静已亲自与他们达成了一份损人利己的肮脏协议,同意与李渊协同作战。鉴于"西河不时送款。六月甲申,李建成、李世民兄弟受命攻打西河城,兄弟二人与士卒甘苦与共、深得军心,人人奋勇争先,以分化瓦解守城军民为主的战术运用得当,大业十三年六月李世民兵不血刃,攻下西河郡(大业改介州为西河郡),唯一处决的人是郡丞高德儒,他被变节的郡司法书佐朱知瑾抓获(他可能就是向李氏父子传送归降意愿的主使之一),押送给渊。唐军往返合计九天,就安定了西河郡。两个儿子速战速决归来,刺激了李渊的野心:"以此用兵,天下横行可也。"《起居注》P43。他的抱负,一望可知。但问题还是无情地出现:

唐军在灵石县遇到出军以来的第一个困难时期,连绵不断的秋雨使道路泥泞不堪,部队进展迟缓,不得不在距霍邑五十里的贾胡堡安营,霍邑境内有霍山,地势险要,炀帝临时派来的著名将领虎牙郎将(禁卫军)宋老生帅精兵二万驻守霍邑县,左骁卫大将军屈突通帅辽东兵及骁果数万余人(非府兵)据守河东郡,两者互相呼应,他们直接受命于隋西京留守代王,有权调动周边数郡军民财力,隋显然作了充分准备,要阻挡唐军的进攻势头。此前,听说炀帝派来镇压太原事变的将领是宋老生、屈突通,李渊并未被二人的盛名所迷惑、震慑,明智地指出:亿兆离心,此何为也?《起居注》P44。李建成、李世民也充满力量"老生出自微寒,勇而无智。"期待与之决战。李渊对二人的战术安排也给予高度评价,"尔等筹之,妙尽其实。"好像他已经看到,一个已经支离破碎的王朝,只剩下几个英雄人物勉强支撑,已经难以为继。实际情况说明他们有点低估对手和突发情况,进展不顺利时,李渊曾一度准备回军,由于李世民的设法劝谏,才使军队留下来继续待命。《资治通鉴·卷183·隋纪七》。当时情况相当复杂,除天气欠佳外,出现一些变数:一是出使突厥的刘文静迟迟未归,突厥援军不见踪;二是一种可怕的传言在军中蔓延,背信弃义的突厥人与大业十三年二月在马邑称帝的刘武周达成交易,正准备南下,袭击李渊后方基地太原;三是自称魏公的李密,自动对号入座,相信符谶中的李姓非他莫属,其身后的瓦岗军势力势头强劲,也在觊觎皇位,其他各种势力的任意组合、变更,都将极大地改变当时力量对比。李渊曾召集属下讨论局势,比较一致的看法是隋室已失去凝聚力,国家军队正在急速丧失它应有的功能,停止或延缓行动都与大局背道而驰,没有出路,随后陆续出现了一些对他们有利的条件:1. 找到了一条通往霍邑的快捷道。2. 七月,从太原送来的粮车赶到解决了后顾之忧。3. 从七月开始,持续不断的霖雨在八月终于停了下来,更有利于行军作战。4. 李密接受李渊话语笼络,相信李渊是发自内心地拥戴他未来登基,于是一心准备洛阳地区战事,绝意进军首都。最主要的是李氏父子三人对情况的仔细分析预测对比证明,他们的见解基本一致,这令李渊十分高兴,尽管突厥援军迟迟未至,还是指挥对霍邑发动进攻,战事甫始,李渊就令人散布隋军主将宋老生已战死的流言,结果隋军立即陷入混乱,霍邑迅速被占领。随后攻下临汾郡、绛郡。尽管风头正盛,信心百倍,但李渊却不能被神化,亲自进攻屈突通镇守的河东郡行动(大业时改蒲州为河东郡)遭到失败,于是李渊被迫改经龙门县进入陕西,冯翊太守萧造、华阴令李孝常先后投降,后者还提供了储存丰富的永丰仓。太宗率数万人自渭北进入三辅地区,即京兆、冯翊、扶风,所向披靡。十月,抵达至长乐宫时,李渊已拥有二十万之众。大业十三年十月,唐二十万大军包围大兴城,李渊不厌其烦地向住守的隋代王以及将领卫文升、阴世师宣称自己的最终目的是"尊隋夹辅",尽管对方没人相信他的话,己方的将领也焦急地敦促攻城时,李渊一直不许"杀人得城,如何可用?"《起居注》P47。十一月丙辰,攻城变成一种自发的行为。他的阻挠居然没有成功,深厚的生活知识积累要他做出姿态,使双方经历了解此事原委的人都承认,他具有异乎寻常的仁慈,在稳操胜券的前提下,宁愿让胜利溜走,也要设法减少伤亡。

大业十三年五月李渊起兵太原,十一月攻拔京师长安,立代王侑为天子,遥尊炀帝为太上皇,已在陇西称帝的薛举派其子薛仁杲率军向长安进军,他来得稍迟,十二月才出现在扶风,此时李氏已先入为主,薛军遭李世民重创退却,炀帝内弟河池太守萧瑀在李渊占领长安后,致书示好。《旧唐书·卷63·萧瑀传》P288。他与战略家屈突通先后归降,为李氏王朝奠定坚实的基础,实际上一个新的时代已经开始。580年5月,杨坚摄政,六月尉迟迥,七月司马消难,八月王谦相继起兵,到全国平乱结束,周宗室被连根拔除,改杨坚的职位左大丞相为相国,进爵隋王。杨氏、李氏两次通向权力巅峰的运动均在十二月底前完成,所用时间基本相同,都是八个月左右。杨坚在中央指挥平叛,而李氏父子则经历长途奔袭,从太原到长安距离约700余公里,可以称得上一场最直截了当的胜利。胜利是精心策划的结果而不是必然的结局,与在他们前后打响的平民战争比较,只是将纯粹的利益变成是非之争,杨玄感曾做过这种尝试,他失败了。李密的军事成就一度显赫一时,他的错误在于对洛口仓这份巨大财产过于看重而放弃了机会。李氏父子在许多实际比他们更为强大的叛军中脱颖而出，成为唯一的成功者，是因为他找到了一种平衡，军事实力与政治策划不能偏废。武力作用在文化作用之前被考虑，前者作用甚于后者，是因为这种语言更直观，更有说服教育力，文化不能解决的问题，武力可以解决，武力不能解决的问题，只有靠武力解决，这是当时人基本都能接受的观点，荒谬的观点与荒谬的事态大量存在表明一个社会正主要由武力决定、支配。李氏看起来是以家族利益为单位采取一致行动，个人利益才是第一位的。李渊反隋的动力均来自个人因素，如果不是几次面临随时降临的生命威胁，他的反叛行动可能会推迟。虽然以他的社会背景，个人地位、抱负，没有什么能阻止他寻求人生成就的极至。对家族的位置，他人生中最重要的对手也是十分相同。习惯上，姐姐（杨丽华，561—609 年）（杨广，569—618 年）的女婿属于家族中的重要成员，宇文泰、杨坚的女婿们都在关键时候起过重要作用，但李敏的姓氏想起来已经构成威胁时，炀帝一分钟也不能容忍，这就是兄弟一旦成为竞争者后，血缘总是会置于利益之后的真实事例。只是有些利益是从家族开始，随后个人才有机会，不能因此混淆个人、家族这个主次关系，集体行动中两者变身为公共利益题项并主导行动结果。

1）李唐政权成功的理由：

1. 一致的意见。

2. 全力以赴。

3. 整合各种力量，突厥、孙华等。

4. 尊重时尚的道德观，坚持拥立炀帝后裔作为过渡。

5. 重视别人的成功经验。

2）隋炀帝失败的原因：

1. 意见不一致。

2. 炀帝的错误成为所有反对者的标靶。

3. 制度被君主随心所欲地破坏。

4. 府兵被置于次要的位置或者弃而不用。

杨坚、宇文化及、李渊等的竞选运动都不是通过法定的资格参与职位选拔，而是一群志同道合者的自主行动，家族处于核心，成为复杂组织中一股确切能量，是成功的一个因素而远不是全部因素。值得强调的是，李渊的胜利是全方位的胜利，个人、家庭、种族、利益组群、制度等都很完整地被保留下来并参与对炀帝作战，他们最后都获得了自己的一份利益——物质或者精神的满足，制度则生机勃勃。

高丽战场,炀帝亲临战场,他拙劣的指挥令府兵将士的作战能力骤降,军队的规模优势化为乌有。大业末期,国家丧失信誉,府兵也是受害一方,他们来自平民,一定有平民的信仰。炀帝的官军与叛军对峙时跟跟跄跄,很快就被打败,而隋文帝时的官军对付更为强大的突厥骑兵似乎更有办法。招募而来的骁果战斗力比府兵弱,他们是以接受招募而谋生的人,而不是受到各种人身束缚,各种威逼利诱,随时准备战死沙场的府兵。骁果可能看起来更像战士,外形更强壮,装备也更精良,但是他们随时准备擅自脱离战场,赶往另一个招募地。社会下层有充足的理由向统治阶层声索权力,但是他们不能,一是上层社会中的很多人并没有犯错,他们的聪明才智受到了钳制;二是下层社会的人过于贫穷,难以与那些受到良好教育,富裕且社会影响力巨大的家族尤其是统治者竞争,因此,隋末的穷人与统治阶层的抗争很快被李密、李渊之类属于统治阶层中的人(几乎是毫无痕迹)转化为权力斗争,隋末抗议者与镇压者的战争本质上是弱势群体与既得利者的战争,对立双方同属高等级阶层者均不少,是他们的愿望而不是身份决定如何选边。

最重要的是,存在于人人心中的"保留景观"是一切成就的另一重要支点,它有别于价值观,不是受教育的结果,具有更强的个人性,混合了人性、理性、梦想,它既是预置的也是不断调整的。它没有经济基础,也没有种族、组群区别,明知它与现实有永久的距离,仍给人以指引和依赖,保留景观的存在可以令人免于绝望,李渊的成就自然也得益于他激活了人人心中各自的保留景观,李渊本人也成了其中一个组成部分。

3)隋制度与突厥制度核心项目在战争中的对比

(1)突厥人世袭官职,没有选拔,隋朝已经开始了全国性的选拔人才。

(2)突厥军队以部族为主,隋以地域为主。前者不同的部族有不同的切身利益,与其他部族协调性差。开皇二年沙钵略和达头战场上争执之后,各率其部自行其是就是例子。

(3)经济产业单一,隋以农业为核心,产业门类繁多。有分工,但不专业。

(4)突厥人的政治链接中缺乏一些必要的节点:合理分配、稳定的经济收入等,这在与中原的争斗中成为它的薄弱环节,它的社会文化水平也相对低,对长孙晟等人的神化是智力整体间歇性弱势的一个标识,突厥人靠抢劫作为主要生活来源也让他们的内部社会极不稳定。

对周边游牧民族的一般认识是:皆以畜牧为业,侵钞为资,倏来忽往,云飞鸟集。智谋之士议亲于庙堂之上;折冲之臣论奋击于塞垣之下。然事无恒规,权无定势。《隋书·卷84·北狄·突厥传》P223。这是对当时民族关系相当粗略但基本正确的说法。《周书·卷27·宇文测传》P43。阿尔泰语系游牧民族包括早期白皮肤和黄皮肤匈奴,中期的突厥、鲜卑等几乎都曾对汉文化圈的经济、稳定构成过威胁,他们时隐时现的军事优势带给当地农业人口的是挥之不去的隐忧。通过对其经济结构的考察,可以毫不犹豫指出,对他们来说,掠夺极属必要;而对中原政府而言,给他们印象深刻的是两者间的文化差异,这种差异经常被过分夸大,而忽略了经济在游牧民族行为中的决定性作用。只要看看他们同种间的产生隔阂的历史,怨恨存在的原因就不难确认这一点。自大的中原上层人士始终以优越的眼光看待异族的行为与要求,其实,游牧民族在婚姻、司法中的弊端在中原几乎可以事事匹配,或者大同小异,只是前者肆无忌惮,后者讳莫高深。这也是中国人有机会而没有实现国家和民族总体稳步、和谐发展的障碍。从感情上的差异到决策上的混乱一脉相承,制度化的对应措施无法稳定确立,是经常性的敌对状态出现的互补品。

突厥人本有足够的实力与隋朝决一雌雄,但是他们对隋朝的所知甚少,过度看重眼前可以称重的利益,令其犯下致命的错误。中原政权利用突厥人相对诚实,信息不对称的弱势,战胜了民风更为强悍,更具有攻击性的对手。

隋朝对付突厥人时君主对信任的人建议言听计从,而且精英倾巢而出,显示其高度重视与坚定决心,这是智力的胜利,是整体实力的胜利。隋文帝杨坚在处理与突厥人之间的关系中犯的第一个错误是因为对突厥人简慢而遭到沙钵略的强烈抵制,引起对抗。第二个错是对大义公主的过分猜忌。问题都是杨坚引起的,但是他也亲自参与实施了解决方案,打赢突厥人是商量后意见一致的结果。

4)中原的优势

在与中原的拉锯战中,制度放任的一个正面后果是中原居民的个人能力存在着比拟、启动制度的多种契机,包括个人方面:错误解读、出类拔萃者。组织方面:惯性、制度创新或变化,新环境等。

(1)突厥人希望到达中原人口密集地区,以便获得最多的财富,但是必然会面临最激烈的反抗,当地人无论是出于理性还是情感,都不可能与这个打家劫舍的入侵者取得一致。

(2)北周时的将军史宁对突厥作战保持惊人的胜率,以至木汗亲自步送。……突厥以宁所图必破,皆畏惮之,咸曰:此中国神智人也。"《北史·卷61·史宁传》P234。史宁至此已经是一个十分具体象征,因为他的存在,突厥必须事先认真评估每一次针对他的武力冒险的后果,以更客观、平静的态度看待自己可能遭到的失败。而史宁的个人成就有助于国内制定积极的对外方略。

(3)长孙晟(552—609年先世北魏皇族)、突厥降人诉说"大畏长孙总管,闻其弓声,谓为霹雳;见其走马,谓为闪电。"《隋书·卷51·长孙晟传》P160。他以成功对突厥策划分割政策而著称,是隋室在与突厥的对峙中最耀眼的明星之一,思维严谨,措施精到,只有黄门侍郎裴矩——离间计的拥护者和战略家可与媲美。他们由于完全了解对方的思维方式,而使策略达到预期效果,不止一次瓦解突厥对中原可能造成的合击之势。东、西突厥之间,东突和西突内部矛盾重重,不可调和,既有他们本身固有的原因,也有来自中原人的成功设计,几代君主对机会的把握能力也很耀眼,近似灵感,时而会出现,优势社会能够灵敏生成相应优势点:

1. 裴矩的系统思想

2. 整个社会文化的丰富积淀

3. 对应的制度优势

4. 府兵制的效能

府兵制与战争如影随形,大规模大反击战很快产生效果,结果显示综合国力更强一些的一方基本占有主动,三个不同方向战场正面碰撞的结果似乎与隋国家的国力现状与经济发展程度基本相称,战场获胜的另一个重要因素是兵制的适时变革,西魏以来的府兵制府兵由军府统领,573年(建德二年)始改军士为侍官,除其县籍(不列于州县户籍)。590年(开皇十年)出台一个改革方案:"凡是军人可悉属州县,垦田籍帐,一与民同,军府统领,宜依旧式。《隋书·卷二·高祖纪》P7。原府兵制规定府兵及其家属及所分配的土地都与平民分开,不归当地州县管辖。改革后,军人户籍与授田农民同编入州县,土地也编入户籍中,由州县管理。府兵仍无需纳税,但其家属不再免税。属于府兵的军人,仍归军府负责,另有身份一半则归于地方,这是兵归于农,兵农合一的开始。此后,约开皇九年之后几年内,民部侍郎郎茂又建议:"身死王事者,子不退田。《隋书·卷66·郎茂传》P186。这是府兵制的一个重大补充,确认因公致死当然包括战死者家属可以继续占有死者份地,虽然是只利益上的优惠,却能令军人感到人格尊严的提升。兵农合一的改革是隋朝国力增强的产物,此前已统一全国,他对与突厥等民族的边境战争并未引起充分重视,加上他节俭喜欢囤积的个性,自然希望国内的青壮年更多地活跃在农田而不是战场。

由于大量国人舍家从役,"罕蓄仓廪之资,兼损播殖之务。"《隋书·卷4·炀帝纪》P12 受感动的炀帝在大业八年二月下诏:诸行从一品以下,伙飞募人以上家口,郡县宜数存问,若有粮食乏少,宜赈给,或虽有田畴,贫弱不能自耕种,可于多丁富室劝课相助,使夫居者有敛积之丰,行役无顾后之虑。《隋书·卷4·炀帝纪》P12。隋府兵总称卫士,炀帝时隶属十二卫之一的左右侯卫府,军号称伙飞,亦即所部军士称伙飞。司马德戡开皇中从军,从侍官(即府兵),大都督到武贲郎将。《隋书·卷85·司马德戡传》P226,《隋书·卷28·百官志》P106。十二卫各置大将军一人,正三品;将军二人,从三品。每卫护军四人,这是将军的副职,无将军则由其中一人摄,护军后改称武贲郎将,正四品。以下大都督、帅都督、都督等)而侍官慕容天远与都督田元的关系也显示了府兵制发展中的另一个侧面,兵与官从属关系已不那么紧密,不管天远是出于公意还是私心,还是成功将上级军官告倒。《隋书·卷25·刑法志》P94。军需方面,昂贵军马由国家负责统一征集,"课天下富人买武马,匹至十万钱。"舰船也是如此。至于随身军械,则由军人自备,大业六年。"简阅器仗,务令精新,或有滥恶,则使者立斩。《资治通鉴·卷181·隋纪五》P1204。这仍然比较是正统的府兵制,府兵内在的结构在运行,不过,军府将领不再象北周那样固定,将领与府兵之间的关系没有如此紧密。行政职务与军职之间不存在任何障碍,官员的交换相当频繁而且正常"大业八年正月,以兵部尚书段文振为左侯卫大将军。《隋书·卷4·炀帝纪》P12。同月,右侯卫大将军卫玄为刑部尚书。军事实力既不天然随君主品格消长,也不必然是任何政治结构内型一部分,人、政体、军事的相互依存关系有时有明显的划分,它们之间关系既不稳定,也不会单独消失。最后还是兵源先出现问题,人们对从军不再象往年踊跃,一方面是和平的生活的吸引,一方面是北方游牧种族的人口比率降低,尚武精神倡导文治的文化氛围中在淡化,大业七年前后,为准备辽东战事,"增置军府,埽地为兵。"《通典·卷5·食货5》P54。兵农合一后,从军资格高度放开,埽地为兵是对实行义务兵役制的一种贬义说法,其实于后者本质上并无多大区别。大业九年,募天下兵民为骁果,这些可能主要来自授田农民,当然成分越来越复杂,大业十一年炀帝雁门之围,李世民就是应募救援,隶属屯卫将军云定兴。《旧唐书·卷2·太宗纪》P11。原来被排斥在军旅之外的人,例如司马德戡这样的买卖人也顺利进入军府。大业十三年,兵源流失严重,炀帝只好搜求江都人女、寡妇配兵,这样一来稳定军心,二来吸引求偶心切的青壮年入伍。隋国家的军队在大业八年对高丽作战时达到惊人的一百一十三万三千八百人,号称二百万,其馈运者翻倍。即提供后勤保障的人员超过二百万,这些人不是临时雇佣而是受田者,他们有服劳役的义务。

兵源亦以授田农民为主体,必须作出这种假定,炀帝在大业五年诏天下均田时,均田制仍是一个巨大任务不是现状,人口自然增长对均田制构成巨大挑战。由于战场惨败,死亡率过高,令人们对战场望而生畏,国家采取的对应办法又是拉网式征兵,从军由一种特权贵族式的荣誉变成人人自危的强迫行为,从争取到逃避,以致最后"府兵"变成一个侮辱性的名称。其次是领兵的将领与属下士兵的关系大不如前,府兵制中,一支部队就是一个独立作战单位,其领军者原本在战场上高度的自主权已经被皇权取代,战争中的炀帝作为一个战术家远比作为一个皇帝逊色,当他只满足于做皇帝而不是同时又兼任元帅时,他的行为举止正常得多,因为一些内行而优秀大臣将军作出的决策一定更专业,更有可操作性。皇帝为了在战场上贯彻儒家礼仪思想,结果严重违背战争原则,打打停停,一再错失良机。高丽人虽然人数上居劣势,由于对炀帝内心世界一览无余,故而屡屡在战术上占有主动,在贴有"恭顺高丽"标签这个大苹果诱惑下,炀帝始终无意放弃名将角色,事实则无情地证明他力不从心。现在,被炀帝进一步败坏的府兵素质已难以发挥它有过专业素质,也无法重拾往年的荣誉感,而正是它们形成合力,开疆拓土,令敌人闻风丧胆。

随着国家财富的基数增加,安全防御体系的投入扩大势在必行,隋炀时代的兵役如按府兵制的经典设计,六家供一个士兵计算,满员的隋军人数是:8900000(户)中应该有1483333(人)从军,得到一百四十八万的常备军。一人入伍,全家编入军籍,但只有军人本人免租调,其家属仍需交纳租调。所以,虽然除去军人人数,应完赋税户仍为8900000,除去少数享有免税特权者,只是每户纳税人数多少不一。大业中后期国家应服兵役、力役者与适龄人口总数之比跟国家设计的比率相距甚远,原本在兵农合一后,降低了军人职业化程度,国家有更广阔、灵活的征兵空间,但是均田制度下大量受田人口,却在背弃自己的责任义务,越来越多地逃避兵、力役,这一方面是国家在组织管理丁男的技术上存在诸多问题,一些人利用特权庇护或者法律漏洞成功逃避征调,一部分人则被超期或者重复征召。第二,是为高丽战事增置军府,扫地为兵。强劲的需求令征兵制变成重要士兵来源。第三是战场上缺乏卓越的军事领袖,战场上的胜率不高,战场的风险越来越高,从军带来的机会越来越不确定,从军的荣誉感则越来越低。

府兵制的成就十分辉煌,隋军与突厥人的战事因为缺乏战争准备遭遇多处失败,柱国冯昱部,兰州总管叱李长义,上柱国李崇,将军达奚长儒所部,数为入侵者打败,武威、天水、安金城、上郡、弘化、延安等地遭到洗劫。但是,不利的情况很快被遏制,开皇二年四月,大将军韩僧寿破突厥于鸡头山(原州平高县,在今宁夏境内）。他率领的是府兵。上柱国李充冲破突厥于河北山。五月，突厥与高宝宁在帝国东北部出现，进攻平州（治河北卢龙），已经在长城以内，它不过是异教军队大规模入侵的前奏，随后，突厥沙钵略等五位可汗联合率四十万大军越过长城。虽然六月上柱国李充，凉州总管贺娄子干先后各自在马邑（山西朔县）、兰州两地击败突厥，但是突厥主力的攻势令京师也为之不安，十月太子杨勇受命屯兵咸阳以备突厥，十二月，为同一目的，以内史监兼吏部尚书虞庆则为元帅在弘化设防。（上党有沁源县，北魏以此为弘化郡，隋改庆州，内史监兼吏部尚书担任元帅领兵作战不是张冠李戴，虞庆则在北周时担任过石州总管，有丰富的经验，虞庆则的军队在此战获胜后被任命为尚书右仆射）。突厥一部十万余众寇周盘（在弘化县界），行军总管达奚长儒率部殊死搏斗击退进犯者，但是守临洮的兰州总管叱列长义、守幽州的上柱国李崇都败于突厥人，于是草原骑兵从木硖、石门两道入寇，武威、天水、金城、上郡、弘化、延安六郡一块呈上弦月型地区遭到铁骑尽情蹂躏，六畜被掳掠一空。沙钵略准备继续南进，达头反对，自行引所部离开。《资治通鉴·卷175·陈纪九》P1162。这可能是突厥人的一个重要弱点，可汗们按自己的实力消长在平时和战时都具有自由决定的空间，他们可能存在协调上的隐患，从而破坏战场上的优势局面。

三年二月出现的突厥入侵者分别于白道（今呼和浩特西北）、黄龙（今辽宁朝阳），被尚书左仆射兼内史令、卫王杨爽，行军总管阴寿击败，草原骑兵在熟悉原北齐地理的高宝宁率领下虽然另辟蹊径，选择隋东北方向为突破口，也没有如愿。开皇三年四月，火中取粟的吐谷浑杀入临洮（甘肃岷县），洮州刺史皮子信战死，而在战场上吃了苦头的突厥人则开始派使节来长安朝觐。五月，行军总管李晃破突厥于摩那渡口，行军总管窦荣定在凉州击败突厥、吐谷浑联军（甘肃黄河以西地区）。

四年二月突厥苏尼部男女万余人，突厥可汗阿史那玷及其所部先后来降，九月契丹内附。开皇六年七月，沙钵略归隋，于次年四月辞世。从开皇元年至七年，突厥或有突厥参加的对中原进攻五次，两次获胜，隋主动进攻一次，防御中取得三次胜果，基本势均力敌。沙钵略的选择在突厥人中引起震动、猜疑、内耗，这是为何在开皇七年后他们突然停止进攻中原的原因。

炀帝的军事成就在于均势的形成，是综合国力未充分利用或错误应用所致，炀帝的民族政策是外向型的，希望在向远方推进的过程中不断获得实际利益。隋与周边其他地区的互动中双方都是爱恨交加，对弱小的部落也好，对隋帝国也好，双边的互补既是战争的诱因也是交往的要件。《隋书·卷3·炀帝纪》P11。

大业三年二月向突厥处罗汗致函索求汗血马,次月羽骑尉朱宽抵达流求;四年三月,百济、赤土、迦逻舍、倭国等使臣至隋国的都城入贡,炀帝很高兴,只有倭王使者带来一封让他生气的信,不过他的注意力很快转移到别处,同月,派屯田主事常骏出使赤土,希望得到罗䰚,那是当地出产的名贵地毯。五年六月,高昌王曲麹伯雅来朝,伊吾吐屯设等西域二十七国共献西域数千里之地,炀帝划分为西海、鄯善、且末、河源等四郡。十一年正月,26 国遣使朝贡,穿本民族服饰,肤色不同操各种语言的外国人越来越多地出现在长安、洛阳这样一些国际性大都市,当地的居民也时常可以看到或者品尝外来物品,包括奢侈品高级织品、香料、食物、货币、手工艺制品等。并不是所有上层精英人物都同意炀帝的开放思维,大业二年,兵部尚书段文振认为,杨坚时代容纳突厥启民居于塞内,妻以公主,赏赐重迭。及大业初,恩泽弥厚。文振以狼子野心,恐为国患,于是上表:臣闻古者远不间近,夷不乱华,周宣外攘戎狄,秦帝筑城万里,盖远图良算,弗可忘也。……如臣之计,以时喻遣,令出塞外。然后明设烽候,缘边镇防,务令严重,此乃万岁之长策也。对此炀帝自有主见,拒绝接受。(隋炀帝拒绝的重要建议之一,错误的建议。)《隋书·卷 60·段文振》P175。不过他还是相当小心,大业三年正月,启民入朝,深慕隋之礼乐制度,当六月炀帝进入突厥地区时,启民当面要求变华服,未获准许。七月启民入朝,郑重其事上表,请变服,袭冠带,再一次被拒绝,只是提高了启民政治的地位,"诏启民赞名不拜,位在诸王之上。"次年启民逝世,子始毕继立。大业三年十月,帝遣裴矩经略西域;七年十二月,西突射匮遣使求婚,炀帝要求他出兵诛处罗汗,处罗败奔高昌,炀帝遣裴矩规劝处罗母向氏,结果西突厥处罗多利可汗来朝。炀帝大悦,以特殊礼仪破格接待。八年正月,将西突处罗汗部一分为三,会宁、楼烦各一部,处罗汗赐名曷婆那可汗,陪伴炀帝身边。十年正月,以宗女为信义公主嫁处罗汗。

突厥始毕可汗估计听说了炀帝在高丽的军事成就,判断隋处于衰弱之际,不想错过火中取粟的机会,大业十一年八月率骑数十万,谋袭乘舆,义成公主事先曾紧急遣使向隋方密告突厥人计划,帝仍未脱过雁门之厄。这次危机本来有过预警,杨忠族弟杨子崇在炀帝时官至候卫将军,坐事免,未几复检校将军事,从帝幸汾阳宫。子崇知突厥必为寇,屡请帝早还京师,不纳,寻有雁门之围。炀帝显然对突厥实力估计不足,对国家的基本事务缺乏严谨,甚至有些任性,唯独对待君权的维护极度敏感。突厥人退走后,帝对他怒目相向,"子崇怯懦,妄有陈请,惊动我众心,不可居爪牙寄。出为离石郡太守。"《北史·卷 71·离石太守子崇传》P262。这种指责倒显得他本人对潮水般涌来的突厥骑士场景仍心有余悸。

直到大业十一年兵围雁门。《隋书·卷 67·裴矩传》P190。雁门四十一座城被攻下三十九座,传言,因为亲眼看见时有乱箭飞到御坐之前,帝大惧,抱赵王杲而泣,目尽肿。《资治通鉴·卷 182·隋纪六》P1214。这是裴矩建议的一个后果,但是如果裴矩没有类似的建议,突厥照样会南下。眼下的局面只能说由于裴矩建议并不到位,增添了始毕的勇气。

如果深入考察突厥帝国在亚洲欧洲的成就,就会发现,隋代对它的战绩曾经相当出色,炀帝浮躁自大的个性让自己优势尽失。

5)突厥等对魏——周——隋——唐四代兴替的影响

中原与突厥的交流并不是一开始就是一个充满敌意的世界,任何一方都不是稳操胜券,善意的竞争给日常生活带来相对轻松的章节。周宣帝时,突厥"摄图请婚于周,以赵王招女妻之。然周与摄图各相夸竞,妙选骁勇以充使者。因遣晟副汝南公宇文神庆送千金公主至其牙前。后使人数十辈,摄图多不礼,见晟而独爱焉,每共游猎,留之竟岁。……摄图命诸子弟贵人皆相亲友,冀昵近之,以学弹射。其弟处罗侯,号突利设,尤得众心,而为摄图所忌。密托心腹,阴与晟盟。与之游猎,因察山川形势,部众强弱,皆尽知之。《隋书·卷 51·长孙晟传》P159。长孙晟在十八岁就深受隋高祖器重,他曾对人说:长孙郎武艺逸群,适与其言,又多奇略,后之名将,非此子耶!《隋书·卷 51·长孙晟传》P159。当时突厥与外部世界包括讲汉语的人,存在的共同点远比他们已知的多,他们之间的沟渠道没有完全开放,这不是战争的全部原因,也不是种族特性的约束,客观地说,种族特性有一个逐步形成的过程,它是持续扬长避短的选择过程,以及把握机会的能力。

突厥为何对南侵保持活力?作为一个强大的种族为何入主中原后很快失去了特性?是什么使之形成"流动的习俗,封闭的思想?"是什么在妨碍中国人也象突厥人一样,大踏步地走向世界?"强悍的北方种族长于行动,温和的南方居民则精于思想。"不是每个时代都可以通用。经济结构构筑了他们之间一堵奇异的墙,外面的人可以窥视到墙内的财富,却看不见力量贮存之所在。这对敏于行动之种族,或许是一件好事。与突厥人相比,中国人的种族观更为淡化,更重视个人利益,因此前者在生死存亡之时会显得更像一个集体,一个前仆后继的团队。突厥人在与中原王朝对话的与对抗中,充分展示了他们的优势,那是力量的美学,游牧部族尽情甚至有点露骨的炫耀这种天赋,确实一度在中原产生了某种程度上的武力迷信。但没有产生整体、持久的效果。他们为何对中原文化难以适应,而在从东亚到西亚的征战中却坚忍不拔,经久不衰,最后建立了一个人口复杂,一望无际的帝国? 是得益于伊斯兰教化? 他们种族固有的特性? 或者是两者集合才能产生的优势? 与审慎的中华文明截然不同的文化亦可造就激动人心的历史和辉煌的未来,其差异何在? 这可能有多种答案,由此可以得出的最直接启发是,除地域优外,集群的选择及行为能力至少跟天赋一样重要。如果在价值观上持僵化、静止态度,就很难理解世界的发展,融入世界就更难。

突厥是中华文明的共同创造者,突厥思想没有完整在中国文化中扎根、自成体系,汉文化错失一份宝贵的精神补给,突厥人的攻击性、气概、坚韧照耀世界,突厥种族百折不挠,造了饮马黄河,出入华丽的波斯皇宫,驰骋肥沃的印度平原,一代接一代向安纳托利亚拓居历史的可能。自认文明化程度相对较高的中原人只能在短期内略占优势,并不是由于心不在焉,为了胜利他们甚至不惜采取极端乃至恶劣的手段——以剧毒污染水源,导致严重依赖自然环境的游牧民族因人畜饮水困难而严重恐慌,对待至少平民占半数的一个部族就象对待一支怀有深仇大恨的军队。从这点上看,汉文化亦有其他文化的通病,几乎没有任何优越可言。古代文明的脆弱性,在于它很难以直接的方式解决问题,而暴力强制则非常可靠。除此之外,中原王朝高度集权、对全国物质绝对的支配权,人力资源成本低廉等优势形成合力,政治上的分化瓦解,军事上的防守反击,各个击破的策略符合中原人民的实际能力,基本做到了扬长避短。因此,尽管突厥战士舍生忘死,运动速度优势明显,补给方式实用先进。但他们往往取得一次重大胜利后短期改善生活条件有余,政治上长期对内地构成压倒性的态势则不足。

国力取得实质性进展的另一个佐证,是形成了处理游牧民族问题的大局观,通过集体策划而达到预期目的,这是促使中原王朝综合实力对比一度从比较优势发展到竞争优势的要素,与两汉解决边境问题的方式相比,魏晋以后文化参与度更深,智力的比重更大。它与这里的财力,人力资源以及文化积累共同构成获得战争胜利的要件,简言之,是中原文化形成合力的后果。当时举国上下对突厥与中原关系所发生的根本性变化是欢迎的,边民最直接的受益是有机会重享和平生活,官方则另有角度,587 年阿波被擒后,对突厥取得初步成功,高颎在宴会上为已有的成就举杯,发表感言:自轩辕以来,獯粥多为边患,今远穷北海,皆为臣妾,此之盛事,振古未闻。"《隋书·卷 84 北狄突厥传》P224。这是一个单方面的评估,突厥人可能认为自己所做的不过是权宜之计,自己的长期企划在有效推进。但是赞同高颎的人多势众,这类的话以后还会有人说。这不仅意味着出现一条新的相对稳定的边界,也预示着一个新的、强有力的统一国家的形成。问题是,游牧民族单一的经济结构对土地和气候的依赖高于耕作民族,而中原皇室的抚御之道并不能保持与时俱进，这是因为远未形成制度化对策，使得民族间的关系充满变量，战争与和平有时仅在一念之间。突厥民族骁勇善战、掠夺成性，中原有的是地方适宜掠夺，与岁末急于上位的李氏集团某些人达成肮脏的契约，乃是突厥价值观登峰造极之作。掠夺一个王朝，比归顺一个王朝有利。这种选择对他们而言只是一件平常的事，不会产生任何心里压力，这既是受生活的驱使，也是任何一个管理混乱王朝的劫数。

　　不能说两代隋君均对通过突厥作战取得今天成就准备不足，造成国家在一系列战争的正面后果中主要收获往往只是暂时的安全保证，经济利益遭到官方思想排斥，除国家税收外，弥补战争损失微乎其微乃至负值。在一条通向圣王的轨道，古老的内服、外服思想俯拾即是，隋君主的头脑中仍然生动，"国都以外，五百里甸服。"按次距离依次得到侯服、绥服、要服、荒服。《尚书·禹贡》。天下所有人都要通过一成不变的赋税、习俗、语言、种族来确定，来维护一个以中原为中心的君主的完整国家观。到隋时，虽然对距离等没有那样坚持，那样刻板，但精神上则一脉相承。皇帝在不同地方例行巡幸时，必须看到不同的服饰、听到不同语言，这样的国家才完整，君主才高尚。杨坚时代的吐谷浑王夸吕（？—591）喜怒无常，太子动辄被杀。其后太子惧见废辱，遂谋执吕夸而降，请兵于边吏，秦州总管河间王杨弘请将兵迎之，皇帝没有允许。不久，这个倒霉的太子因"谋泄，为其父所杀。"后立的太子即嵬王诃。开皇六年（586年），太子惧其父诛之，谋率部落万五千人户将归国，遣使诣阙，请兵迎接。"高祖对一批大臣就此发表一篇妄自尊大极具文化偏见色彩的演讲，鬼王于是望而却步。同样，二年后（开八年），当其名王拓拔木弥请以千余家归化时，皇帝的表态仍没有本质变化，仍是自满而且完全无所谓的态度。《隋书·卷83·吐谷浑传》P220。这种思想一脉相承，大业三年，启民"乞依大国服饰，法用一同华夏。"当时大部分朝臣认为启民要求合理应予满足，但炀帝反对，原因是"先王建国，夷夏殊风。君子教民，不求变俗。断发纹身，咸安其性。骲裘卉服，各尚所宜，因而利之。其道弘矣。何必化诸，削衽解缨以长缨，岂遂性之至理？非包含之远度。衣服不同，既辨要荒之叙；庶类区别，弥见天地之情。仍玺书答启民，以为碛北未静，犹须征战，但使好心孝顺，何必改变衣服也！"隋炀帝对外族的方式延续了古老的思想惯性，认为松散、形式上自治的管理更有利于保存不同风俗习惯，语言及民族特性等。问题也很明显，一旦失去服从的最基本条件，双边关系就可能重蹈覆辙，重新对立。突厥人有不少成功利用中原国家这一思想弊端的例子：大业四年启民去世后，其子始毕可汗表请尚公主，诏从其俗。十一年元月，二十余国朝见的使者等待面圣时，始毕的使者也夹杂其中。八月,始毕入寇,围帝于雁门。等到援军大至,始毕撤离,至是朝贡遂绝。明年复寇马邑,唐公以兵击走之。隋末离乱,中国人归之者无数,遂大强盛,势凌中夏。迎炀帝萧后置于定襄,薛举、窦建德、王世充、刘武周、梁师都、李轨、高开道之徒虽僭尊号,皆北面称臣,受其可汗之号,使者往来相望于道。《隋书·卷84·突厥传》P223。人员互有去就,这时对立双方已经不是简单的种族对立,而是价值观的争斗,这个例子也适用于中原人与其他民族。长安的皇帝在高丽战场上的表现出来的瞻前顾后、患得患失、封闭自大的哲学观,突厥人在与中原漫长的交往中早已经耳熟能详、运用自如。他们是这种中原主流文化的主要受益者,高丽人用于一次战役,突厥人使用几个朝代。

6)种族流动对国家文化制度的意义

中原民族对周边民族控制与反控制的全部过程中,有得有失。对少数民族是否掌握了正确的知识?看到突厥种族有过的辉煌成就,就会深切感到由于自大而妨碍对别人深入了解的后果严重。同为游牧民族,突厥为何强盛,吐谷浑为何弱小,领袖与决策优劣清晰地反映在两个民族的结局上,前者视野开阔,明白有些利益可能得到,有些利益只能旁观,世界的何处有自己的利益存在。后者则如同藤壶成为边境上的附吸物,而隋对定居者高丽的政策并不是最优选择,战争理想与方式自相矛盾,所以产诞生了以弱胜强的例子。

有关民族特性与纷争都是建立在种族纯洁的假设上,将一个语族与一个民族甚至一个种族混为一谈,在此基础上甚至立足未稳,就急忙推出种族优劣的神话,不仅在语言、生活风俗以自我为中心,文化倾向上也危言耸听,比如一个异族酋长不愿面对中原皇帝充满恩惠内容的诏书下跪,中原人,无论是官员、学者还是监狱中的囚犯,几乎会众口一词地认为这是由于无知的蛮夷戎狄不懂礼的缘故,为此会窃窃私笑。在他们看来,"礼"不仅天经地义、绝对正确而且人人生而知之。由此建立起种族优越的心理有时也可以产生激动人心的效果,但在别的种族看来却是非常幼稚可笑,不堪一击。文化霸权是从来就存在的,但世上从未见一个单一种族利用单一文化能够持续发展。中国的文化至少象中国的种族一样多样化,多样化的过程以局部和细节为模块,渗透式地融入一个人口众多的文化体系中,人口结构和文化内涵都在从未停止的渗透中变化,战胜一个种族很大程度上事先要了解这个种族,相互了解的过程,即使是极端仇视的双方。仍然不能彼此禁止或中断知识的对比与积累。不过倾向性基本是无法禁绝的,这帮助不同种族建立自己判别事物独特的方法、标准以及文明。五胡十六国,魏晋南北朝并不是中国第一个最不稳定的时期,却是第一个真正点燃的民族熔炉。大量高度汉化,精力旺盛,不可遏制、向往文明、富庶福地的异族人交替或并存于传统上不属于他们的土地上,以激烈武装冲突的方式持续着与中原文化的互补融合,它一方面摧毁了大量的生命财产,另一方面又促成了更为完善的制度在中原得到确立。因为只有制度才能调整业已存在的上下、内外关系,不能形成一个脉络相连,通畅的关系,以经济为基础建立起来的文明中心就会荡然无存。结果是有强大经济后劲的中原文明仍然维持主导地位,但与春秋战国是的中原文化特色相比,已经发生了重大的变化。"夷狄之有君,不如诸夏之亡也"。《论语·八佾》。意思是落后地区虽然有君主也不过形同虚设,因为君主的意义不被理解,也无法产生、贯彻制度,社会整体是紊乱的,而只有文明衍生为每个人身上自然流露出来的礼仪规范时,即使一时君位虚悬,制度也没有停摆。现在的局面是,身上流有两种以上血统的人陆续成为华夏杰出的君主,不仅他们,一些与异族混居的中原人返回充满机会的地方,越来越多有外来文化背景的人以纯外来文化或外来与本土文化混合的方法、标准、判断处理问题并取得成功,说明当时国家已具有一定的开放性。与中原王室不同,他们对不适宜农耕的土地不感兴趣,"时吐谷浑寇凉州,诏元谐为行军元帅,……上勑谐曰:公受朝寄,总兵西下,本欲自宁疆境,保全黎庶,非是贪无用之地,害荒服之民,王者之师,意在仁义。浑贼若至界首者,公宜晓示以德,临之以教,谁敢不服也?《隋书·卷40·元谐传》P140。与隋君一心推行自己的价值观不同,游牧民族倒是愿意改变生活习惯在中原定居。他们也确实设法建立了好些个小型王朝,形式上完全模仿中原体例,吸引了一些以汉语为母语的知识分子效终。最开放的政治观点认为,只要一个君主是贤明的,又何必管他的血统和出生地呢? 因为"天命靡常"最好的处世方式是"永言配命"。《诗经·大雅·文王》。唯有德者才能居天子之位,这是一种强调命运与人品同样重要的哲学。

不管当事人是否想继承,种族都在延续,北周文宣皇后叱奴氏,代人,生武帝。《北史·卷14·后妃传》P58。魏恭帝赐杨忠普六如氏,杨坚小名那罗延,杨坚长子杨勇字睍地伐等。这不是汉族的名字,反映的是一种不同文化。杨坚妻独孤氏,生炀帝,隋炀帝自然也有个鲜卑族母亲。独孤氏与李渊母为姊妹,李渊妻是神武公窦毅与周武帝姊襄阳长公主的女儿,也是唐太宗母亲。李渊母亲独孤氏、李世民妻长孙氏均系鲜卑族。李渊妻窦氏(神武公窦毅女)不管鲜卑系蒙古族还是突厥族)属于外来的血统。唐太宗长孙皇后生唐高宗,承乾、泰。《旧唐书·卷76·太宗诸子传》P318。唐太宗娶炀帝女杨妃,生吴王恪,蜀王愔,吴、蜀二王仍然至少有八分之一的有外来血统。这种混血的情况当时并未被刻意强调,既未降低他们的身份,也未明显提高他们的身份。实际上他们本人以及突厥等外族更为重视他们在中原的社会地位,就象太宗后来所做的那样。从他们的思维方式、行为能力来看,多民族生活的阅历与背景使他们思想开阔,敏于行动,经常确有独到见解,国家也因此而充满活力。文化、种族多样化令中国受益匪浅、中国如果没有经历春秋战国五胡十六国的竞争互相掠夺,魏孝文帝融合政策,将种族间差异形成的压力变为动力,傲慢自大地在相当单一的民族文化习俗基础上延续自己的生活,很可能像被摩尔根时代被文化与地域隔离的美洲第安人一样,单纯、安静、精神停滞而且社会落后。顽固地维护一种传统本身就不是好习惯,而且一种需要刻意维护的传统的价值就值得怀疑,这样做如果不是出于被强迫,就是一定是出于盲目,至少经常是盲目的。在两种或多种文化的交相互影中,可以形成五种心理结构:

1. 原生文化主导。

2. 外来文化主导。

3. 原生文化与外来文化优势互动。

4. 原生文化与外来文化优劣无序震荡。

5. 上述四种形态的混合型。

纯类文化心态在文化交流中是罕见的,不管是在封闭还是在开放的社会,强势文化很难在一揽子指标中产生同步影响,就是因为人的切入点或注意力不同。在一个动态社会里,人的精神状态是可调的,知识层面则随机流动,唯一能让社会处于一个相对静止状态的是文化,不止一种文化类型具有这种特点。一个人可以接受一种标准,反映其价值观的又是另一种标准,始终采用单一的标准既有助保护传统,(如果它值得保护的话)也会易于导致思想僵化、封闭、甚至优势退化。多样化过程中的要预防强势与弱势文化群体对弈中出现过度的高压行为完全取代自然竞争规律。不能假设隋代周,唐代隋是完全合理、自然的结果,实际上,一直就有多种因素蓄势待发,只要有恰当的诱因,就会立即产生不同的后果。不同的时代,不同的历史。认为历史事先有个必然趋势和必然性的理论是基于多种假设的,至少是以现在为基础的,这已经使得本末倒置。

国家进步的主要推动力来自内部的制度,还是外部的压力? 或者是两者混合生成的力量? 国家制度主要是用于稳定一个通过武力或者继承而来的管理统治集团的持久利益,生产的发展和制度的优化都是围绕这个往往是有争议的利益的。它是任何一个类似与古代中国这样的政治国家一切利益的中心。中心利益是个不折不扣的禁区,产业发展与制度优化只能绕道而不能穿行,古代学者敏锐地意识到那会对政治威信造成伤害。因为制度化的经济控制不可能达到预期的经济结果。而传统的政治认为,经济不受政治控制时,预示着皇权已经衰弱,这远比经济疲软更令人神经错乱。因此维持国家政治现状首当其冲,经济发展倒在其次。这基本上是一种主次颠倒的政治思维类型,在这种制度下经济持续发展几乎是不可能的。任何一套现成制度即使是最理想的后果都不可能与经济发展始终协调,这也是维护现成制度必须付出的代价,除非这种政体可以适时放弃或增加其部分特性,并且是通过持续运转的政治机制,而不是偶然出现的英雄人物。问题是外来干涉总会造成对综合国力的检验,不论你的政治模型多么优越,甚至在国民中形成了根深蒂固的政治神话。国内矛盾对制度的检验可以被掩饰或者被转嫁,或者通过夸大君主的个人美德来为制度弊端辩护。但是外来影响(军事、文化等)则会形成对比,即使不总是强烈的对比。不同的文化、宗教、政治经济形态在一定条件下,尤其是处于优势时,往往深刻动摇对方信仰的基础,至少变得难以回避。人们通过它认识自己,维护的对象,重新审视已有的价值观,只是这一切思维活动对任何懒惰的政权都显得十分危险。

这并不意味着随时欢迎一切外来干涉,制度的确立并非凭空而来,它受地域和时间的约束,外来文化并不一定意味着更为优越,不同的文化业需要相互适应,主要是要具有发现合理成分的眼力,突厥与吐谷浑生活习惯相似,为何前者的政治成就远远优于后者,高丽幅员比隋小数十倍,却能长时间保持昂扬的斗志?中国文化有他们不具有的弱点,也缺乏他们某些的长处,需要一股力量经常唤醒国家的主动精神,取长补短、祛病强身。这不是某个人能完成的,需要一个健全、积极向上的社会集体承担,至少有一个充满批评精神的精英阶层,通过演绎的方法甚至事后的归纳才能看清事物的本质。长孙晟的接触政策没有像裴矩战略一样奏效的原因是杨坚对物质的淡漠,而炀帝物质至上倾向才能打开贸易之道。

这里列举的事实不是一切都与战争有关,在不同文化种族交流中,战争从来就不是目的,只是常见诸多表达方式中的一种,文明与经济需求的吸引有时更为迫切,更为直截了当。随着隋朝国内相对稳定,国家虽然不断积累财富,传言中的数量却往往严重失真,以讹传讹。追求财富是人类恒久不变的天性,是推动文明发展的伟力。以突厥骑士为主的外来闯入者,虽然来势汹汹,面目狰狞,不过是故意而为,只想吓跑看守者,他们在长距离,时常一路风雨、忍饥挨饿的行程中毫无惧色甚至笑容可掬,是因为内心早已被中原眼花缭乱的各色财富融化。

本章资料来源：

《史记·卷 123·大宛月氏》

《汉书·卷 94·匈奴》

《后汉书·卷 11·8 西域》

《魏书卷 95—103》

《隋书·卷 84·北狄传》

《隋书·卷 83·吐火罗》

《北史·突厥传》

《隋书·东夷传》

《西域通史》佘太山主编　中州古籍出版社 1996 年 6 月第一版

(法)沙畹《西突厥史料》冯承均译　中华书局 1958 年

《通典·东西突厥》

周连宽著《大唐西域记史地研究从丛稿》中华书局 1984 年 2 月第 1 版

《阙特勤碑》

《毗伽可汗碑》

(苏)巴托尔德《中亚突厥史十二讲》罗致平译,中国社会科学出版社 1984 年第 1 版。

王治来著《中亚史》第一卷,中国社会科学出版社 1980 年

(法兰克)格里戈里著《法兰克人史》寿纪瑜　戚国淦译　商务印书馆 1981 年 4 月第 1 版

The Turks Iran and The Caucasus in the middle ages. London 1978.

耿世民《古代突厥文碑铭研究》中央民族大学出版社 2005 年 8 月第一版

(宋)王溥《唐会要》上海古籍出版社 1991 年 1 月第 1 版

(唐)温大雅撰,李季平、李锡厚点校《大唐创业起居注》上海古籍出版社 1983 年 10 月第 1 版

宋敏求《唐大诏令集》商务印书馆 1959 年 4 月第 1 版

(唐)刘肃撰　许德楠、李殿霞点校《大唐新语》中华书局 1984 年 6 月

(五代)王谠撰　周勋初校证《唐语林校证》

(五代)王定保《唐摭言》上海古籍出版社 1984 年 10 月第 1 版

(清)徐松《登科记考》中华书局 1984 年 8 月第 1 版

(唐)长孙无忌等撰,刘俊文点校《唐律疏议》中华书局 1983 年 11 月第 1 版

国家文物局古文献研究室等编《吐鲁番出土文书》文物出版社。1981 年—

1991 年

唐耕耦　陆宏基编《敦煌社会经济文献真迹释录》书目文献出版社第一辑 1986
　　年 11 月,第二辑 1990 年 7 月,第三、第四、第五辑 1990 年 9 月。

徐松撰,张穆校补《唐两京城坊考》中华书局 1985 年 8 月

张弓《唐朝仓廪制度初探》中华书局 1986 年 1 月第 1 版

(宋)王应麟《玉海》江苏古籍出版社,1988 年 3 月第 1 版

玄奘、辩机著　季羡林等校注《大唐西域记校注》中华书局 1985 年 6 月第 1 版。

岑仲勉《突厥集史》中华书局 1958 年 10 月第一版

唐长孺《魏晋南北朝史论丛》河北教育出版社 2000 年 12 月第 1 版

陈寅恪《隋唐制度渊源略论稿》河北教育出版社,2002 年 11 月第 1 版

(清)王庆云《石渠余记》北京古籍出版社 1985 年 2 月第 1 版

杨衒之《洛阳伽蓝记》

刘向撰　向崇鲁　校证《说苑校证》

上海古籍出版社、上海书店编《二十五史》

(宋)司马光编著《资治通鉴》

车吉心　总主编《中华野史》

(清)阮元　校刻《十三经注疏》

(唐)道世　编纂《法苑珠林》

(宋)王钦若等编《宋本册府元龟》

(宋)李昉等撰《太平御览》

王重民等编《敦煌变文集》　人民文学出版社 1957 年 8 月第 1 版

吴承洛《中国度量衡史》　上海书店 1984 年 5 月第 1 版

唐　徐坚《初学记·卷 23·道释部·道第一》(中华书局 1962 年 1 月第 1 版)

(明)朱载堉　撰《律吕精义》　冯文慈点校,人民音乐出版社出版 2006 年 7 月第
　　1 版

第三十六章　隋代政治的运作

一、是谁搬抽走了皇帝的椅子？敌人，朝臣，还是皇帝本人？

一个人不可能因为权力最大而变得最明智，最正确。甚至也不会因为权力越来越大而必然越来越相对正确。权力与正确性没有内在的联系。人们经常偶然地获得权力，因为获得权力的要素比如血统、社会背景、年龄以及支持者的个人偏好等有可能既不稳定也不一致。比如杨坚，他既不是常胜将军，也不是伟大思想的发明者，甚至道德楷模也说不上。女儿杨丽华与北周宣帝的婚姻关系给他带来的好处这时已经因为宣帝的猜忌变得负面，杨坚只有一个优势，就是名声比北周宣帝好些，是一个更好的选择，但还没有好到经典中的最高标准。历史上一些比隋文帝差很多的人也能担任君王，正是一种范围内候选者比较后相对的结果。要这样一个相对的结果，满足社会全体对圣君的期望，从逻辑是悖谬的，结果上是集体上失望的大小不同。

档次最低的专制，是一切（思想、审美和行为）都以是否符合权力的要求为准。

中国的廷议制度很容易得出错误的结论的原因：

1. 君主决策时信息不全或者个人有偏好

2. 臣作为一个有分工的集体运作时不行

个人意见的优劣，分为三种个人意见类型：1. 亲信者，2. 普通人，3. 皇帝本人。

1. 君主的自我定位

什么是君主，他是一个登基之后就万事大吉的人？还是一个从此要变成一个兢兢业业、无私忘我的人？"陈后主每祀郊庙，必称疾不行，……又引江总、孔范等内宴，无复尊卑之序，号为狎客。专以诗酒为娱，不恤国政。秘书监傅縡上书谏曰：人君者，恭事上帝，子爱下人，省嗜欲，远邪佞，未明求衣，日旰忘食，是以泽被区宇，庆流子孙。"《隋书·卷二十二·五行志上》P83。君主的标准已经如此具体，很多君主无法达到如此崇高，一部分人完全无法接受自己必须为一些素不相识的人奉献一生的劝导,君主实际的权力与上述相关的条规有很大不同,不少地方是对立的。一些人出于对君主本义的理解,一些人侧重于关怀自己的本能,一些人缺乏进取心,一些人倾向于个性化发展。因此实际中出现的君主呈各种类型,倒是社会的本质保持相对的一致性。周宣帝喜欢标新立异,即位后不遵守已有的制度,包括国家政体与后宫制度,服饰上也十分随情所致,"高祖思革前弊,大矫其违,唯皇后正位,旁无私宠,妇官称号,未详备也。《隋书·卷三十六·后妃传》P132,高祖的后宫制度确实与宣帝不同,政治制度也没有沿袭宣帝所违背的周六官制,他一一撕掉了宇文泰为国家制度贴上的标签,重回秦汉制度轨道,但是舆服制度却有所保留,开皇元年,内史令李德林奏,"魏、周舆辇乖制,请皆废毁。高祖从之。唯留魏太和时议曹令李韶所制五辂,齐天宝所遵用者,又留魏熙平(孝明帝)中太常卿穆绍议皇后之辂。"《隋书·卷十·礼仪志》P26。"高祖受命,因周、齐宫卫,微有变革。"《隋书·卷十二·礼仪志》P37。隋文帝不知听从了伟大的召唤还是天性如此,具有傅缡概括的君主的很多特点。更多的君主履职情况就差很多,缺乏信仰在政治实践中可能是一个重要的评判标准:

隋制,诸岳崩渎竭,天子素服,避正寝,撤膳三日,遣使祭崩竭之山川,牲用大牢。《隋书·卷八·礼仪志》P21。

隋制,季春晦,傩,碟牲于宫门及城四门外,以禳阴气,秋分前一日,禳阳气。《隋书·卷九·礼仪志》P23。

这些仪式目的相当具体,希望立即产生现实的效用,但肯定不是谋求道德的高尚,探求自然的真相。有些君主或是因为率真,或是因为懒惰而不免感到乏味或者荒诞,尽管在自负的隋炀帝心中所有帝王必须郑重其事的一些活动对他而言很费解,虽然没有嗤之以鼻,但表现出来的也只是相当凑合的态度:大业十年,"冬至祀圆丘,帝不斋于次,诘朝,备法驾,至便行礼,是日大风,帝独献上帝,三公分献五帝,礼毕,御马疾驱而归。《隋书·卷六·礼仪志》P16。这里记载的炀帝好像是一个正在生气的孩童,是被大人们强行押送而来,这个倔强的人只是对自己感兴趣的神行礼,对其他的神不闻不问,匆匆完成后便头也不回地打马返程。大业十三年,"河南大水,漂没三十余郡,帝嗣位以来,未亲郊庙之礼,简宗庙,废祭祀之应也。"《隋书·卷二十二·五行志上》P83。礼仪上敷衍了事的后果如此严重的结论未免牵强,但是一个人心中没有任何神圣的事情是一个危险的信号,一个君主尤其如此。神圣的事物会让一个人有崇高的理想,有节制甚至自知之明。萧衍之所以有惊人的崇拜举措,是因为他希望以此打动神灵帮助他的人生获利。

如果一个君主不是十分在意自己的祷告是否灵验,转而以依靠自身的努力改善国家人民的状况,那倒是容易产生积极效果的可能途径,但是这之间有个陷阱非常隐蔽:满足君主自己是不是就是满足国家? 不同的君主对此认同感不同,但社会的多数尖锐矛盾几乎都是从这里开始的。国家越来越好不是必然导致人民越来越好? 这种思维越是固着于心,国家与人民两者的关系就越是对等。

对那些不管不顾、自行其是的君主人们毫无办法,人们只好附会自然现象,希望能够抑制无法无天的权力。"开皇十八年(七月),河南八州大水",于是独孤皇后干预政事,乱杀宫人,放黜宰相。《隋书·卷二十二·五行志上》P83。部分地方水灾,舆论认为是独孤皇后将杨素赶出朝廷,使其大约两年时间不在相位所致,开皇十八年,"突厥达头犯塞,以尚书右仆射杨素为灵州道行军总管出塞讨之。"杨素一反防守反击的惯例,变阵而与突厥对攻,结果大破达头十万人马,达头多处受伤,隋军赢得一场酣畅淋漓的胜利,这发生在十九年四月。次年后(开皇二十年)晋王杨广为灵朔道行军元帅,素为长史、晋王对杨素十分恭顺。晋王日后能够成为太子,杨素起了决定性作用。仁寿初年,杨素回到朝廷,代替高颎成为尚书左仆射。《隋书·卷四十八·杨素传》P154。从结果看来是一项正确的任命,对杨素个人而言,也是他人生的一段辉煌时期。这也是隋文帝一次合理的人事变动。一些人无中生有,认为是神力所为。最终是独孤皇后的胜利? 杨素的胜利? 隋文帝的胜利? 三人都获得了胜利。从侧面证明水灾本来一种与政治无关的事,但有时会成为原因以及结果。

附会到了到疯狂的程度,是完全没有协商余地的反映? 仁寿二年,河北诸州大水,京房《易传》曰:"颛事有智,诛罚绝理,则厥灾水。"亦由帝用刑严急,臣下有小过,帝或亲临斩决。又先是柱国史万岁以忤旨被戮,诛罚绝理之应也。《隋书·卷二十二·五行志上》P83。"大业初,恒山有牛,四脚膝上各生一蹄。其后建东都,筑长城,开沟洫。"《隋书·卷二十三·五行志下》P87。

君主是神和正确的化身,没有任何力量可以约束君主的设置,因此君主是国家政权决策中一种不确定性力量,如果有人既想继续领取俸禄、得到信任,又想做对事,非常具有难度,因为君主区别对待不同的人。

第一种个人——亲信者

高祖受禅,苏威被"征拜太子太保,兼纳言,民部尚书…复兼大理卿、京兆尹、御史大夫,本官悉如故。治书侍御史梁毗以威令五职。安繁恋剧,无举贤自代之心,抗表劾威。被杨坚拒绝,但"未几拜刑部尚书,解少保,御史大夫之官,后京兆尹废,检校雍州别驾。"《隋书·卷四十一·苏威传》P142。苏威在本官太子少保之外，兼有其他五个职务，都是职事官、主官。苏威是被信任的典型，让人感到皇帝须臾也不能离开他，皇帝恨不得将所有的位置都给他，好像这样就可以万无一失，这样的人尽心为他工作后，在各个重要位置把关，各种敌人就再也对自己的政权无可奈何了。

个人或集体的思维能力不受到额外的影响时，它们的对与错才会真实地呈现。杨坚即位不久"太常卿苏威立议，以户口滋多，民田不赡．欲减功臣之地以给民，谊（王谊）奏曰：百官者，历世勋贤，方蒙爵土，一旦削之，未见其可。如臣所虑，正恐朝臣功德不见，何患人田有不足？ 上然之，竟寝威议。《隋书·卷四十·王谊传》P140。这是一个有分量的意见，对三个单独的人，苏威、杨坚、王谊的智力都是一次考验，假设苏威只代表他自己，这个建议具有批评精神，因为他想要否决现存合理的现象，而且是在向最顶尖的社会阶层挑战。王谊的意见也部分合理，他假设已有的分配制度合理，贡献最大者获得最多，不论是礼制还是商鞅的精神都与之吻合。杨坚需要在两个对立的意见中二选一，选择任何一种，或者分别接受其中的一部分以及不选择，都不会影响他的位置。但是他正好也应该不是碰运气，选择了最合乎时宜也是最优的意见，因为他刚刚即位，国家最需要的是稳定的预期。他不能让自己倚赖的群体开始怀疑，他不能让那些给予了自己帮助的人很快就在经济上受到自己的伤害。不能让社会中最有能力的精英们像当初选择自己一样又要开始考虑选择别人。王奉孝是他女婿，对秦家的信任应该在帮助他选择时出了力。

私下信任可以简化一些本该复杂需要大量耗时的决策程序，开皇元年，高祖夜与高颎、苏威商议迁都事宜，应该还未最后决定，第二天清晨，庾季才前来奏曰：臣夜观天象，俯察图记，龟兆允袭，必有迁都。高祖愕然，谓颎等曰：是何神也。遂发诏施行。……谓季才曰：朕自今已后，信有天道矣。《隋书·卷七十八·艺术·庾季才传》P211。神奇的庾季才让的缺乏准备的杨坚感到突兀，不可思议，他没有参与决策，不了解君上的意图，但是他另有绝招（不排除受到高苏二人的唆使）判断皇帝等人秘密讨论的问题是对还是错。神明的意见不仅打消了杨坚的疑虑，一经公布，也可以让其他非议的人鸦雀无声。这种办法在仁寿元年又被长孙晟使用过，晟表奏："臣夜等城楼，望见碛北有赤气，长百余里，皆入雨足，下垂被地，谨验兵书，此名洒血，其下之国必且破亡，欲灭匈奴，宜在今日。"长孙晟一向稳妥，他发现的异象不管是真是假，这个对付突厥经验丰富的人的意见几乎可以闭着眼睛照做。"诏杨素为行军元帅，晟为受降使者，送染干北伐。仁寿三年，铁勒、思结、伏利具、浑、伏萨、阿拨、仆骨等十余部，尽背达头，请来降附。

达头众大溃,西奔吐谷浑,晟送染干安置于碛口。《隋书·卷五十一·长孙晟传》P160。

迁都和进攻突厥人都是重大事项,因为对庾季才和长孙晟的信任,皇帝都是立即做出了最后的决定,这两个人各自的意见成为了决定性的因素。

亲信者不能保证事事正确,压垮隋朝的最后一根稻草似乎就是一个亲信者。御史大夫裴蕴,善侍人主微意。若欲罪者,则曲法顺情,锻成其罪;所欲宥者,则附从轻典,因而释之。是后大小之狱皆以付蕴,宪部大理莫敢与夺,必秉承进止,然后决断。杨玄感之反也,帝遣蕴推其党与,谓蕴曰:杨玄感一呼而从者十万,益知天下人不欲多,多即相聚为盗耳。不尽加诛,则后无以劝。蕴由是乃峻法治之,所戮者数万人,皆籍没其家,帝大称善,赐奴婢十五口。《隋书·卷六十七·裴蕴传》P189。

在东魏时期曾遭遇腐刑的樊叔略有建筑天赋,高祖时担任过相州刺史,拜司农卿,"朝廷有疑滞,公卿所未能决者,叔略辄为评理,虽无学术,有所依据,然师心独见,暗与理合。甚为上所亲委,高颎、杨素亦礼遇之。叔略虽为司农卿,往往参督九卿事。《隋书·卷七十三·循吏·樊叔略传》P201。樊叔略的情况给人一种成就感,是不是个人意见更容易正确?或者个人更容易做出正确的判断,并且只要自己能得出正确意见与结论,事情就会正常发展?

人臣有可能遇到这种节点,但可能更容易遇到的是,即使是亲信的人,难免遇到君王将正确的拒之门外,错误的却感觉悦耳动人的时候,炀帝大业五年,"车骑西巡至陇川宫,帝将大猎,右武卫大将军李景与左武卫大将军郭衍俱有难言,为人所奏,帝大怒,命左右搒之,竟以坐免,岁余复位。"《隋书·卷六十五·李景传》P183。郭衍、李景二人战功卓著,又一向为炀帝所亲近,偶尔有违君王心愿,即被当众殴打。二人多年积累的官爵,竟然因为私下的顾虑被人告发而一下尽失,虽然一年后得以恢复原职,在等待的煎熬中容易怀疑一切,李圆通的遭遇更可悲"炀帝嗣位,李圆通拜兵部尚书,帝幸扬州,以圆通留守京师,判宇文述田以还民,述诉其受赂,帝怒而征之。见帝于洛阳,坐是免官。圆通忧惧发疾而卒。"《隋书·卷六十四·李圆通传》P181。他们一向倾心侍奉,时刻不想有误,但君主只想随心所至,这样的君王面前人人都会出错。

意见会发生变化是因为君主是否信任你,而不是你的意见当时是否正确。开皇初,元善拜内史侍郎(内史省次官,中书侍郎,正四品)。尝言于上曰:杨素粗疏,苏威怯懦,元胄、元旻正似鸭耳,可以付社稷者,唯独高颎。上初然之,及颎得罪,上以善之言为颎游说,深责望之,善忧惧,先患消渴,于是疾动而卒。《隋书·卷七十五·循吏·元善传》P204。对一个人的评价原本大致正确，后来那人在君主那里失宠，意见就变成了错误的。

庾季才之子庾质，大业初授太史令，炀帝性多刻忌，齐王暕亦被猜嫌。质子俭时为齐王属，帝谓质曰：汝不能一心事我，乃使儿事齐王。何向背如此邪？质曰：臣事陛下，子事齐王，实是一心，不敢有二。帝怒不解，由是出为合水令。《隋书·卷七十八·艺术·庾质传》P211。齐王暕是炀帝的次子，炀帝连自己的儿子都要猜忌，实在令臣下为难。不仅怀疑人的忠诚，而且怀疑制度，这已经不是是否信任的问题，而是心理是否健康的问题。他们忠于职守变为不忠于君主。君主人为将制度与君主本人分离。

第二种个人——普通人

高祖受禅，元岩拜兵部尚书，岩性严重，明达世务，没有奏议，侃然正色，庭诤面折，无所回避，上及公卿，皆敬惮之。《隋书·卷六十二·元岩传》P176。性格刚直者的意见，

上每忧转运不给，于仲文请决渭水，开漕渠。上然之，使仲文总其事。《隋书·卷六十·于仲文传》P174。这样简短清楚的问题还是会接受别人意见。

隋文帝曾亲自在殿前鞭笞一位郎官，门下省次官黄门侍郎刘行本以不计后果的方式劝阻，终于引起隋文帝重视。《隋书·卷六十二·刘行本传》P177。

元寿是尚书右丞（从四品下）。"开府萧摩柯妻患且死，奏请遣子向江南收其家产，御史见而不言，寿奏劾之曰：闻天道不言，功成四序，圣皇垂拱，任在百司。御史之官，义存纠察，直绳莫举。宪典谁寄？今月五日，銮舆徙跸，亲临射苑，开府仪同三司萧摩柯厕行朝行，预观盛礼，奏称请遣子世略暂往江南，重收家产。妻安遇患，弥留有日，安若长逝，世略不合此行。窃以人伦之义，伉俪为重，资爱之道，乌鸟弗亏。摩柯远念资财，近忘匹好，又命其子舍危惙之母。为聚敛之行，一言才发，名教顿尽。而兼殿内侍御史（正八品下）臣韩微之等亲所闻见，竟不弹纠。若知非不举，事涉阿从；如不以为非，岂关理识？谨按仪同三司、太子左庶子，检校治书侍御史（从五品下）臣刘行本、出入宫省，备蒙任遇。摄职宪台，时月稍久，庶能整肃缨冕，澄清风教，而在法司，亏失宪体。瓶罄罍耻，何所逃愆！臣谬膺朝寄。忝居左辖。无容寝默，谨以状闻。其行本、微之等，请付大理。帝嘉纳之。寻授太常少卿（正四品上）。《隋书·卷六十三·元寿传》P179。这件事发生开皇九年以后，高祖赞同元寿有关萧摩柯的见解，但萧摩柯受到隋文帝尊重，应该没有受到此事的拖累，高祖也没有处罚刘行本、韩微之。他对元寿还是给了奖励。而元寿不过是个无事生非的人，萧摩柯是陈国顶级将领，陈后主不

接受他的正确意见才导致被征服,萧摩柯想要表示对隋的诚意,愿意新地方安定下来,提出让儿子前往南方变卖原有财产,并没说一定会同时抛弃自己的患病的妻子,这是效忠新主人的一种方式,高祖心里对此应该是称许的,元寿对御史台不满,是一种履职监督,隋文帝表示支持。只是可能没有元寿想得那么远,甚至没有完全明白元寿这个"颇涉经史"的人所说的全部含义,他不能当场承认自己没有完全听懂那些理论性很强的话,只好既赞赏元寿,又不按他的要求惩罚那些人。

第三种个人——皇帝本人。

有可能自己的直觉或判断正确,比如,隋文帝对长孙晟的信任来源他的直觉,实际上他不是太理解长孙晟的谋略。

有可能因为接受建议而正确,炀帝即位,师源为大理少卿,帝在显仁宫,敕宫外卫士不得辄离所守,有一主帅,私令卫士出外,帝付大理绳之,师据律奏徒,帝令斩之。师奏曰:此人罪诚难恕,若陛下初便杀之,自可不关文墨,既付有司,义归恒典。脱宿卫近侍者更有此犯,将何以加之? 帝乃止,转刑部侍郎。《隋书·卷六十六·师源传》P186。

一半错误一半正确

梁彦光在高祖即位后为岐州刺史,以为治理有方被高祖嘉奖,后转相州刺史。"彦光前在岐州,其俗颇质。以静镇之,合境大化。奏课连最,为天下第一。及居相部,如岐州法,邺都杂俗,人多变诈,为之作歌,称其不能理化,上闻而谴之,竟坐免。岁余,拜赵州刺史。梁彦光向高祖请求让他继续担任相州刺史,得到允许,他这次有备而来,相州得到大治。《隋书·卷七十三·循吏·梁彦光传》P201。

一旦发现是拒绝意见的君主,人民就会纷纷躲藏起来,郎茂在炀帝即位拜尚书左丞,"于时帝每巡,王纲已紊,法令多失。茂既先朝旧臣,明习世事,然善自谋身,无謇谔之节,见帝刻忌,不敢措言,唯窃叹而已。"《隋书·卷六十六·郎茂传》P186。这种人有一个庞大的群体,越是强势的君王越是难以发现他们的存在。

二、独治的坏处

至少有一个皇帝公开正式反对过独治,大业三年诏书:天下之重,非独治所安,帝王之功,岂一士之略。《隋书·卷三·帝纪第三·炀帝上》P11。但是与非,亲与疏,理想与现实的差异让皇帝多元化政治制度运作起来难以顺畅,甚至举步维艰。

　　独治是掌控力强的一种特征,炀帝时,内史侍郎(门下省,正四品)虞世基与纳言苏威、左翊卫大将军宇文述、黄门侍郎裴矩、御史大夫裴蕴等专参掌朝政。官职最低的虞世基尤其受到重视。在廷议中不能决定的事,炀帝往往单独与虞世基在密室中处理,形成定稿的敕令。一方面虞世基确有绝技"日且百纸,无所遗谬,其精审如此。"《隋书·卷六十七·虞世基传》P188。但这不是决策能力,更有大局观的人战略家不在场,炀帝到底想干什么,故意在官员中制造猜忌与矛盾? 以上官员中虞世基官品最低,但最被亲近,他的二位直接上司内史监、令甚至不知踪影。但炀帝显然凌驾于制度,控制了大局,这份独治的情怀极有可能是任性,部分是在追求圣明与神秘感,希望由此突出自己的天分。

　　独断的问题也不小,即使君王有一批追随,如果他们没有或丧失了批评精神,围绕在君主周围的人再多,君主也是一个孤独的人,会因为信息不充分产生误判:大约在开皇九年,卢恺"拜礼部尚书,摄礼部尚书事。会国子博士何妥与右仆射苏威不平,奏威阴事。恺坐与相连,上以恺属吏,宪司奏恺曰:房恭懿者,尉迟迥之党,不当仕进,威、恺二人曲相荐达,累转至海州刺史。又吏部预选者甚多,恺不即授官,皆注色(填写履历)而遣。"威之从父弟彻、肃二人,并以乡正征诣吏部,彻文状后至而先任用,肃左足挛蹇,才用无算,恺以威故,授朝请郎,恺之朋党,事甚明白。上大怒曰:'恺敢将天官以为私惠!'恺免冠顿首曰:皇太子将以通事舍人苏夔为舍人,夔即苏威之子,臣以夔未当迁,固启而止。臣若与威有私,岂当如此! 上曰:苏威之子,朝廷共知,卿乃固执,以徼身幸,至所不知者,便行朋附,奸臣之行也。于是除名为百姓。未几,卒于家。自周氏以降,选无清浊,及恺摄吏部,与薛道衡、陆彦师等甄别士流,固涉党固之谮,遂及于此。《隋书·卷五十六·卢恺传》P166。

　　独断不会提高君主独立的判断力:尉迟迥之乱,恭懿预焉,迥败,废于家。开皇初,吏部尚书苏威荐之,授新丰令,政为三辅之最。……苏威重荐之,超授泽州司马,有异绩授德州司马,在职岁余,卢恺复奏恭懿政为天下之最。高祖因此任命为海州刺史。何妥奏房恭懿是尉迟迥之党,苏卢朋党。"上大怒,配防岭南,未几征还京师,行至洪州,遇患卒,论者于今冤之。"《隋书·卷七十三·循吏·房恭懿传》P201。皇帝不时会无法判断专业意见的对错,苏孝慈有关禁止迥易取利的意见杨坚听起来很美,立即予以执行,下令照办。但后来又因为实施困难而改正。

　　君主也会像普通人因为一时情绪不佳产生误判:乞伏慧文武兼备,又是实干家,所到之处,卓有成效,炀帝即位时年龄已经七十有余,由秦州总管转为天水太守。"大业五年,征吐谷浑,郡滨西境,民苦劳役,又遇帝西巡,坐为道不整,献食疏薄。帝大怒,命左右斩之,见其无发,乃释,除名为民,卒于家。"《隋书·卷五十五·乞伏慧传》P165。乞伏慧基本没有过失,却因为君王个人的情绪不佳而一生毁于一旦。

容易因为无法接受真相而误判:杨广夺储有很多原因,他奉行个人利益至上原则,他没有遵循所受的经典教育规范,出于本性,不惜代价满足个人志趣,从而完成了一个成功的策划。独孤皇后的支持无法替代,杨坚即位,即专门下诏为独孤信正名,高度赞扬其人品才华,赠太师、上柱国、赵国公。《周书·卷16·独孤信传》P27。以信长子独孤罗袭爵,其余兄弟均受封。开皇二年二月,杨坚亲临皇后兄弟赵国公独孤陀第,陀受父案牵连,流放蜀郡十余年,宇文护被杀后才归长安。这个家族在北周度过一个极其困难的时期,磨砺出独孤皇后刚强的个性,从无畏惧,不管是对名臣,对皇帝,还是面对死亡,却掉入一个伪善的陷阱。杨广成功地迷惑了皇后,使后者在自己长子的毁灭中扮演重要角色,仁寿二年八月,皇后独孤氏怀着对次子的美好感觉而离开人世。决策因素中的另一股隐形力量也在后宫,"宣华夫人陈氏,陈宣帝之女。……时独孤皇后性妒,后宫罕得进御,唯陈氏有宠。晋王广之在藩也,阴有夺宗之计,规为内助,每致礼焉。……皇太子废立之际,颇有力焉。及文献皇后崩,进位为贵人,专房擅宠,主断内事,六宫莫与为比。《隋书·卷36·后妃传》P133。杨坚、杨广父子一个害怕女人,另一个则有搜集癖。蒋州刺史郭衍为晋王杨广昵爱,升洪州总管,晋王视其为心腹,遣宇文述密告夺取储位的设想,郭衍是个颠覆专家,北周时就劝执政杨坚尽快杀诸王夺位,深受杨坚赏识。宇文述话音未落,他欣然表示支持:若所谋事果,自可为皇太子;如其事不谐,亦须据淮海,复梁、陈之旧。副君酒客,其如我何?"晋王因此召衍秘密集会,进一步完善计划,"又恐人疑无故来往,托以衍妻患瘿,王妃萧氏有术能疗之。"炀帝计划成功后曾表示"唯有郭衍,与朕心同。……又尝劝帝取乐,五日一规事,无得效高祖空自鸲劳。炀帝从之,益称其孝顺。"《隋书·卷61·郭衍传》P176。炀帝煞费苦心网罗袁充、宣华夫人、郭衍等,在他们合力作用下,终于改变了杨坚的本意。在皇帝临时的病房,摄兵部尚书柳述、黄门侍郎元岩、杨素守护在侧,杨坚弥留之际,令述召见房陵王杨勇,柳述、元岩出外作敕书,结果被杨素、杨广逮捕,炀帝即位后柳述竟然被除名。《隋书·卷47·柳述传》P152。(对比:唐律规定除名者六年内不能任命)当时场景应该十分混乱,如果不是广意志坚定,他基本上已失去了机会,杨广的支持者只有志同道合的人,没有制度许可、没有组织机构声援,没有家族背景,也没有社会舆论支持。

储君的废立是杨坚拖延至最后处理而处理结果希望慎重又违背其意志的事,他成了一个被权利愚弄的人,这个最后被孤立起来的独裁者,不得不孤军奋战又力不从心。如果面临的是一种有机的制度而不是一个人,杨广就不会在如此困难之中轻易成功,他透彻地研究专制的弱点并循此而作出取舍,其实也是用活了制度。不过与由此而产生的利弊关系并不一致。在杨坚最后的意识中,杨广是最坏的选择,是他个人的劫数;对国家而言,杨勇并不一定是比炀帝更好的选择。

大业十二年,帝在洛阳,将幸江都,忠心耿耿的右候卫大将军赵才"见四海土崩,恐为社稷之患,自以荷恩深重,无容坐看亡败,于是入谏曰:今百姓疲惫,府藏空竭。盗贼蜂起,禁令不行。愿陛下还京师,安兆庶。臣虽愚蔽,敢以死请。帝大怒,以才属吏。旬日,帝意颇解,乃令出之。"《隋书·卷六十五·赵才传》P185。只要是皇帝下的命令,任何人都有罪名可以判决。

辛公义,"仁寿元年,追充扬州道黜陟大使,豫章王暕恐其部内官僚犯法,未入州境,预令属公义,公义答曰:奉诏不敢有私。及至扬州,皆无所纵舍,暕衔之。及炀帝即位,扬州长史杨弘入为黄门侍郎,因言公义之短,竟去官。吏人守阙诉冤,相继不绝。后数岁,帝悟,除内史侍郎。《隋书·卷七十三·循吏·辛公义传》P202。

张威在开皇时官至青州总管,"威在青州,颇治产业,遣家奴于民间鬻芦菔根,其奴缘此滋扰百姓,上深加谴责,坐废于家,后从上祠太山,至洛阳。上谓威曰:自朕之有天下,每委公以重镇,可谓推赤心矣。何乃不修名行,唯利是视,岂支孤负朕心,亦且累卿名德。因问威曰:公所执笏今安在?"威顿首曰:臣负罪亏宪,无颜复执。谨藏于家。上曰:可持来。威明日奉笏以见。上曰:公虽不遵法度,功效实多,朕不忘之。今还公笏于是复拜洛州刺史。《隋书·卷五十五·张威传》P165。张威虽然确实有问题,但皇帝心情好时可以让他们重新担任要职。

令狐熙拜桂州总管十七州诸军事,他到任后措施得到认同,社会安定,后以年高请求辞职没有获批。"熙奉诏,令交州渠帅李佛子入朝,佛子欲为乱,请至仲冬上路道,熙意在羁縻,遂从之,有人诣阙讼熙受佛子赂而捨之。上闻而固疑之,既而佛子反问至,上大怒,以为信然,遣使者锁熙诣阙,熙性素刚,郁郁不得志,行至永州,忧愤发病而卒。时年六十三,上怒不解,于是没其家财,及行军总管刘方擒佛子送至京师,言熙实无赃货,上乃悟。于是召其四子听预仕焉。"《隋书·卷五十六·令狐熙传》P166。君主的反省已经比较迟。

帝王的错误有时一错到底：敬肃在大业年间任颍川郡丞，"时左翊卫大将军宇文述当途用事，其邑在颍川，每有书信属肃，肃未尝开封，辄令使者持去。其宾客有犯法者，宇文述给敬肃写信，敬肃从未启封，述宾客有放纵者，以法绳之，无所宽贷，由是述衔之。大业八年，朝于涿郡，帝以其年老有治名，将擢为太守者数也，辄为述所毁，不行。《隋书·卷七十三·循吏·敬肃传》P202。炀帝被奸诈的宇文述蒙蔽，敬肃于大业末逝世，一直没有得到合理提拔。

大业时，刘元进在江南被尊为天子，其兵进攻润州，帝征左屯卫大将军吐万绪讨之，吐万绪连续两次重创刘元进的军队，迫使其撤走包围润州，会稽的军队，炀帝下令吐万绪进攻占据建安的刘元进军，"绪以士卒疲敝，请息甲待至来春。帝不悦，密求绪罪失，有司奏绪怯懦违诏，于是除名为民，配防建安。寻有诏征诣行在所，绪郁郁不得志，还至永嘉，发病而卒。《隋书·卷六十五·吐万绪传》P184。

开皇末，河州刺史领军总管史万岁在大斤山与突厥达头所率军队相遇，达头畏惧史万岁，撤退，史万岁率军追百余里而追上，大破突厥入侵者，斩首千余。杨素害其功，上奏说突厥人本来已经投降，这次是来放牧的。"遂寝其功，万岁数抗表陈状，上未之悟。会上从仁寿宫初还京师，废皇太子，穷东宫党与，上问万岁所在，万岁实在朝堂。杨素见上方怒，因曰："万岁谒东宫矣。"以激怒上，上谓为信然。令召万岁。时所将士卒在朝称怨者数百人。万岁谓之曰：'吾今日为汝极言于上，事当决矣。'既见上，言将士有功，为朝廷所抑。词气愤厉，忤于上，上大怒，命左右暴杀之。既而悔，追之不及，因下诏罪万岁曰：……怀诈要功，便是国贼，朝宪难亏，不可再舍。《隋书·卷五十三·史万岁传》P162。史万岁是一个赫赫有名的常胜将军，与皇帝的沟通却依然相当困难，杨素从中作梗是一个重要因素。但是皇帝本身的语境在理解问题时很有问题，违背他思想与预计的很难被接受，即使是完全真实的。本来已经发现是个错误，因为已经行刑，后来还通过堂皇的方式掩盖自己的罪过。

无论是否被赋予最大权力的最聪明的机构或人，都有可能做出最聪明的决定。相反，不聪明的机构或者人享有最大权力时，极有可能做出最大的错误。君主为何会经常处于不公道，不明智，不客观的状态？就是因为他以自己为中心，个人的想法高于一切。正确的决定来自真才实学以及偶然的运气，而不是一厢情愿。

三、集体意见的优劣

集体的类型：1. 被认为是团伙的集体。2. 临时的组合共识等二种。

1. 团伙，"时高颎、苏威共掌朝政，贲（卢贲时为散骑常侍兼太子右庶子）甚不平之，柱国刘昉时被疏忌，贲因讽昉、上柱国元谐、李询、华州刺史张宾等，谋黜颎、威，五人相与辅政，谋泄，上穷其事，昉等委罪宾、贲等，公卿论二人当坐死，上以龙潜之旧，不忍加诛，并除名为民，宾未几卒。岁余，贲复爵位，检校太常卿。《隋书·卷三十八·卢贲传》P137。门下省的散骑常侍为从三品官，是门下省首长侍中的副职。高颎、苏威是隋文帝最为信重的人，这些能力都不如他们的人可能只是聚在一起议论了执政某些有争议的措施，廷议居然判张宾，卢贲死罪。张宾道术之人，理应知来去；资历浅，该有自知之明。卢贲清楚自己的能力不可以取代高、苏二人中的任何一个，况且自己的职务已经很高。廷臣们看到隋文帝下力追究此事，于是纷纷附和他，但皇帝最后决定只是将二人免为平民。张宾抵受不了这样的波折，很快去世。一年后，卢贲恢复了爵位，给他的太常卿系正三品，虽然是代理，但仍然是赋予了参与重大事务的资格。隋文帝背后说他与刘昉郑译、柳裘、皇甫绩等人一样，是反复无常的人，极不可靠。之所以对其怀有很大耐心，是因为不愿意被人视为不能善待有功之人。卢贲之后主要在地方担任刺史，远离了决策集团。

王谊成功否决苏威减少公卿土地分配给农户的意见后，似乎就已经到达了人生的顶点，"未几，其子奉孝卒，逾年，谊上表，言公主少，宜除服。"王谊的意见遭到御史大夫杨素的弹劾。认为王奉孝逝世一年，就让兰陵公主除服，违背三年之礼。请求批准"付法推科"虽然杨坚拒绝，但此后对王谊冷淡，王谊认为隋文帝误解了自己的好意，他的怨气第一次被告为谋反罪，但缺乏证据，王谊后与在高颎、苏威的较量中失意的元谐凑到一起，据说"言论丑恶"，胡僧以此上告，公卿们集体决定判王谊大逆不道罪，诏书中则出现了王谊觊觎大位的类似文字，隋文帝终于将王谊赐死。《隋书·卷四十·王谊传》P140。隋文帝原本对自己儿女亲家王谊还是相当看重，王谊站在既得利益集团发声，苏威减少功臣土地以分配给无地少地的人户的建议是着眼于国家的大局，他还是选择了前者。王谊请求让儿媳兰陵公主不要继续为已故的丈夫服丧，因为兰陵公主还很年轻，不应该辜负青春年华，可以改嫁。王谊有丧子之痛，也确实违背了礼制，隋文帝如果按杨素弹劾中提出的法办王谊，可能事情会好些。但经过发酵终于酿成人命。

炀帝时，让公卿讨论迁都，李桐客因为持有异议，在百官附合中，善意的独立思考被诠释为讪谤朝政罪,李桐客差点入狱。

上述卢贲、张宾、刘昉、元谐、李询五人案,王谊案,李桐客案中,不论是公开还是私下,公卿集体做出的都是错误的决定。五人案中,假设他们私下针对的是高颎苏威错误的决策,他们没有合适的渠道予以抵制,因为高苏二人享有君主的高度信任。他们只能私下抱怨。为何容易形成群团,是因为他们针对的是上司。只有形成规模才能引起重视。当然五人失败是因为他们针对的是高苏二人的正确的行为,因此他们的行为错误。判王谊有罪的公卿主要的依据是王谊与元谐的言论,没有物证,他们判王谊是因为他可能已经被君主嫌弃甚至抛弃。不再是实际的儿女亲家,被先后被御史大夫弹劾,胡僧告发。公卿作为一个集体在很多情况下都会失去独立判断。随大流比较安全。高祖登阼之日,授李德林内史令。"初,将受禅,虞庆则劝高祖尽诛宇文氏,高颎、杨惠亦依违从之,唯德林固争,以为不可,高祖作色怒云:"君读书人,不足平章此事。"于是遂尽诛之。自是品位不加,出于高、虞之下。唯依班例授上仪同,进爵为子。《隋书·卷四十二·李德林传》P142。李桐客案中的百官都知道炀帝想要迁都,无法阻挡,为了自身安全都随大流,唯独李桐客没有那么圆滑,一心想表现得客观理性,但最后孑然一身,身处险境。集体可能更多、更清楚地意识到危险,更为现实,形成了团伙的群体更容易为集团利益孤立战胜个人,即使后者是正确的,这就是集体讨论容易得出的错误结果原因,上述四例是相当典型的结果。虽然虞庆则等的意见原本形同罪恶,但全体实施,无人可以有效抵制,结果变成了正确的;李德林从他教育背景,发展得健康正常的人性,提出否定的意见原本是绝对正确的,但是与杨坚出于政治安全不留任何隐患的意志相悖,结果测试出李德林对隋朝的忠诚没有达到理想的级别,意见也就变成了错误的。百官对隋朝并不忠诚,但无疑他们将从中获利比李桐客更多。

大业元年,右卫大将军宇文述每旦借本部兵数十人以供私役,常半日而罢,摄御史大夫梁毗奏劾之。上方以腹心委述,初付法推,千余人皆称被役。经二十余日,法官候侍上意,乃言役不满日,其数虽多,不合通计。纵令有实,亦当无罪。诸兵士闻之,更云初不被役。上欲释之,付议虚实。百僚咸议为虚。善心(许善心在高祖杨坚逝世时出为岩州刺史,没有到任)以为述于仗卫之所抽兵私役,虽不满日,阙于宿卫,与常役所部,情状乃殊,又兵多下番,散还本部,不谋同辞,今殆一月,方始翻覆,奸状分明,此何可舍。苏威、杨汪等二十余人同善心议,其余皆议免罪。炀帝可免罪之奏。《隋书·卷五十八·许善心传》P171。许善心的分析基本正确,有二十余人赞同许善心的分析,更多的人持有想反的观点,认为是小题大做,新君杨广接受容易接受大多数人的意见,这一派的解释是错误的。

某几个人形成的集体外观上有一致性,都支持或者反对某事,实际上却不是共识而是不得已而为之。杨坚即位之时,虞庆则建议将北周的皇族全部处决得到高颎、杨惠等人勉强的支持,李德林激烈反对。虞庆则的建议虽然很冷酷,杨坚却热烈响应。事后,高祖受禅,高颎,拜尚书左仆射,兼纳言,进封渤海郡公。杨惠在北周最后的职位是上柱国,高祖受禅,除左卫将军兼宗正卿,俄迁右卫大将军参与朝政,进封广平王,食邑五千户《隋书·卷四十三·观德王杨雄传》P146。虞庆则"开皇元年,进位大将军,迁内史监、吏部尚书、京兆尹,封彭城郡公。"按《通典·卷十九·职官一》P256 载:隋有国王、郡王、国公、郡公、县公、侯、伯、子、男九等。并无其土,加实封,始给租庸。高颎、杨惠、虞庆则的确是因为顺从君意得到的收益比李德林好。三人作为一个集体,给了杨坚一个错觉,认为在皇帝、李德林、等五人中,只有一个人反对。朝代兴替之间,一次大规模屠杀既符合惯例也完全必要。高颎、杨惠是附议者,他们如果选择明确反对,宇文氏或许不至于流那么多血。但是他们为了自己的利益和安全完全顾不上别人。

但是集体行为中"人云亦云"的安全是相对的,凉州总管"王世积以罪诛,当推覈之际,乃有宫禁中事,云于颎处得知。上欲成颎之罪,闻此大惊,时上柱国贺若弼,吴州总管宇文弥,刑部尚书薛胄、民部尚书斛律孝卿、兵部尚书柳述等明颎无罪。"廷议中畅所欲言的下场是:"上逾怒,皆以之属吏,自是朝廷莫敢言者。颎竟坐免,以公就第。《隋书·卷四十一·高炯传》P142,《隋书·卷四十·王世积传》P140。贺若弼等人具有共识,出于对高颎的了解,自己的道德感,认为王世积不过是在受刑讯慌乱之际想借助于高颎的威望为自己遮挡,他们的意见应该是正确的,他们集体作证,本意是希望集合大家的规模力量说服君王,但是隋文帝早已经在想如何给高颎某个罪名,因此他们不过是集体犯错。王世积之死本为错案,但牵连左仆射高颎、左右卫大将军元旻、元胄被免职,那些仗义执言的公卿大臣似乎结果更糟,都被交付到司法部门审讯,诬告王世积的原下属皇甫孝谐则拜上大将军。这似乎是隋文帝一个人的意见战胜了集体智慧,其实是权力的压制扭曲了真相,胜败与是非无关。如果隋文帝的权限与为高颎辩护者的权限是相似的,真相可能会得到还原。

还有一种情况是因为集体的无能,个人才华压倒集体智慧:高祖开皇时,"时内史侍郎晋东平与兄子长茂争嫡,尚书省不能断,朝臣三议不决。民部侍郎高构断而合理,上以为能。召入内殿劳之曰:我闻尚书郎上应列宿,观君才识,方信古人之言信矣。嫡庶者,礼教之所重也。我读卿判数遍,词理惬当,意所不能及。"赐米百石。《隋书·卷六十六·郎茂传》P186。这里要强调的不是因为人多而容易出错,而找出正确意见的人不在人数居多的一方。

集体为何时常愚黯不行? 1. 不行的人私下形成了集体,排斥与他们不同的人,以量胜质。2. 君王所用非人,在规定的时间内得不出正确的答案。3 朝臣整体思维层次远未达到个别卓越领先者的等级。在以上三类情况下,集体是弱势的、杂乱的、晦暗的、无效的;个人是强势的、清晰的,确切的,可信的。

集体正常时为何同样容易犯错? 1. 君王担心他们结伙成群。看到炀帝渐渐不满苏威时,"御史大夫裴蕴希旨,令白衣张行本奏威昔在高阳典选,滥授人官。畏怯突厥,请还京师。帝令按其事,及狱成,下诏曰:威立性朋党,好为异端,怀挟诡道,徼幸名利,抵诃律令,诽讪台省。……于是除名为民。"裴蕴虽然与苏威同时批受到器重,却内心不合,一手策划了对苏威的逮捕,诏书文字纯属编造,苏威一生廉洁审慎,唯一的性格缺陷对辨认是非过于认真,透过诏书,炀帝对朋党的恐惧面容其实已经相当生动、逼真。2. 成群是一种极其具有危险性的社交模式,不论他们是因为价值观正确而行为一致,还是因为追逐单纯的利益而成群结队,都有可能成为帝国与帝王的梦魇,只要一位专制的君主还有常识,就一定会防止集体经常得出正确的结论,这会令一位圣明的君主也被边缘化。因此,在强势的君主管控下,缺乏独立性的集体智慧一定会由高走低,逐渐弱化,因此,帝国朝廷的集体很容易做出错误的决定,对比之下,个人尤其善于钻营的个人机会更大。3. 如果讨论中一方,比如君主有绝对权力,压倒多数,那也容易被众人附和,形成错误的意见。当没有绝对正确的一方,又不能永远争吵下去时,还是需要有人做决定,但应该集体赋权,令其免责。

如果人民遇到的是永远绝对正确的君主,那就要当心! 不论是个人还是集体智慧都可能失真,都不一定安全,都不能一心只想找到正确性。担任公职的人任何时候都需要特别重视客观性,否则极容易被客观现实所毁灭。一位隋代的大臣不论是服务于节制的隋文帝,还是张扬的隋炀帝,他们虽然是有特性的人,但相同的都是君主,不能因为发现了他们的特性迷失于他们的共性中,他们的共性永远野性十足,一触即跳,他们时而是君王大集体中的一员,形体高高在上;时而是一个陌生的个人,精神流连于里巷阡陌,因为他们的要求高于常人,也高于一切人,所以回应挑战的任何举措都不过分,因为着眼的是他的全部利益,而你不在其中,相信这一点的或许可以有机会免于成为下一个无辜者。考虑行为成本,权势可能越来越小;不计成本,权力可能越来越大。其实这条原则对任何一个专制时代都是适用的。专制不一定会必然导致暴政,但是专制是最接近暴政的状态,暴政本质上是在与自己的权势博弈。

本章结论:

隋代是标准的混合制时代:统一的国家或全域混合制。与两汉那种起步期并且断档的混合制不同,混合制的各种要件均已到位,它已经是一个全境化,连续、成熟的混合制国家。类似北魏、北周这样的区域国家在实施混合制时具有天然的残缺。

但是它们的问题如出一辙:

1. 人民的软弱,明显受到强大的压制,唯一的出路就是讨好权力。而且正确的思想和行为还不是可靠的自我拯救的办法。

软弱又与经济承受力有关,一些无力解决社会问题的人,也不会愿意急于解决经济问题,那些诱导人民以忍气吞声、忍辱负重为美德的通常就是为此目的。当人们习惯于贫穷落后,也就会习惯于专制暴政。中国经典中美化贫穷的意识毒性巨大,贫穷并不一定是个人道德所造成,因此,贫穷不一定是高尚所致,贫穷产生于各种原因,这个阶层因此绝对无法一并解放。要留心在贫困阶层形成的各种异见,新穷人是国家的新断层,也就是国家的新问题所在,必须帮助他们,决不能纵容他们。

2. 国家和个人整体缺乏理性。

3. 利益至上,却漠视经济进步。

4. 崇尚暴力,因此决策集团非智慧型。中国的问题主要是决策能力导致的,决策能力低与平民软弱密切相关,长期面对的是一群听天由命的人,决策者的思想会变得懒惰、骄横,最终变得愚妄。决策者的优劣是在与人民的砥砺中形成的,高素质的人民才会有高素质的决策者。

5. 人们不知道自己是如何被奴役的? 为什么理所当然地奴役? 人们被奴役的程度有简单的量化标准,当一个人陌生人可以完全决定你的言行是否正确时,人就处于被彻底地奴役的状态人民普遍被彻底奴役的社会是愚钝、无法保持发展,无法具有持续性的社会。因为知道一切答案的人从来就不存在,被奴役社会的主宰不会自己承认,不会公开自己的全貌,是个不允许任何异议与反驳的社会。文明与落后混为一谈的社会,政权必然会身陷绝境。

6. 是个缺乏牢固信仰的社会。一个国家如果没有任何神圣的信仰,高尚的情操,缺乏严肃的精神,通常都会走向愚昧落后。

7. 是个守旧的社会。如果没有思想领先,就不会带来真正的社会时尚,更不会形成社会持续的创新能力。后汉太学生郭泰,字林宗,因为具有良好的道德声誉,他戴头巾的方式产生社会轰动效应,人们争相仿效,成为风靡一时的林宗巾。人们对林宗巾的美学价值的认同倒在其次,郭林宗出身贫贱、一直拒绝担任任何官职,在他乘船离京返乡之时,驾车至码头送别的士大夫、儒生达数千人。他所处的是东汉末期,他选择不与这个王朝同败,后来也成功而且罕见地避开党锢之祸。灵敏的社会可能是隐隐约约发现了并服膺于他的这种稳健,有预见力的气质。灵、桓帝时代连郭林宗这样的人材都不能包容,那些缺少教育乃至目不识丁的宦官猖獗一时就实属必然。隋代有与之本质雷同的特性,自负的炀帝处死写出了他本人不能写出的那些名句的诗人。

隋代的混合制不可避免地降低了周礼中商量与妥协的内涵份量,进一步强化了专制的力度,虽然是从单一制的秦国那里所借用,但再未曾归还,历代视若珍宝,不离左右,但是专制是一个外强中干的巨灵,几乎毫无例外,安全倚赖它的君主们都因为自己由此变得自行其是而自我终结。

第三十七章　专制制度下的个人、
家庭、种族、组群

第一节　制度下的个人作用放大的价值观和
以个人为属性的政治单元

一、社会关系

才智之士高颎一度是隋室最高机密参与者之一,与杨坚关系特殊。高颎的夫人为贺拔氏可能与同时代高车族的贺拔允、贺拔胜、贺拔岳兄弟存在密切亲缘关系,已有的依据基本可以支持这个推断:独孤信与贺拔兄弟关系密切,贺拔胜出征荆州,特别上书推荐独孤信为大都督,胜弟雍州刺史贺拔岳被秦州侯莫陈悦谋杀后,贺拔胜派出接管贺拔岳余部的是独孤信,只是赵贵等人选举的宇文泰已先期到任,泰与独孤信同乡,交谊颇深,是独孤信满意的继任者,贺拔胜也接受这个结果。《北史·卷61·独孤信传》P231。西魏主要将领多为贺拔兄弟属下,由于贺拔岳不幸被杀导致这些人更为团结,成为一个令人望而生畏、强有力的群体,他们及其后裔不仅成为西魏的开国元勋,而且建立了北周、隋、唐。永熙三年534年,贺拔允、贺拔胜兄弟一年内先后死去都与东魏奠基人高欢有关,双方都决意延续这种仇恨。按魏晋以后的早婚风气,男性十四岁已经是法定年龄,富裕家庭婚龄甚至更早,高宾生于503年,殁于天和六年(571年)。《周书·卷37·高宾传》P63。大统六年(540年)来西魏时年三十七岁,长子高颎应在二十岁左右,估计此时已经与贺拔氏成婚,在东魏官居谏议大夫的高宾躲避所谓"谗言"弃官奔西魏,可能根本原因是作为贺拔家族的亲属在东魏执政高欢的羽翼下动辄得咎、处境艰难,高宾以智慧闻名,逃奔西魏一定是看出了某种苗头。大统九年河桥大战中,贺拔胜一路穷追不舍,几乎将败逃的高欢刺死,惊魂甫定、怒不可遏的高欢回京后将尚滞留在东魏的贺拔胜子嗣一律处死,凶讯致使贺拔胜一病不起,于次年死去。《北史·卷49·贺拔允传》P193。这证明高宾有先见之明,在贺拔家族与高姓关系的大背景下,这种事迟早会发生。独孤信立即任用高宾为高级幕僚,赐姓独孤氏。《北史·卷72·高颎传》P265。估计二人此前已经熟悉且关系友好,否则不会如此信任。杨忠则是生育较晚的例子,他本人生于507年,他的长子杨坚则生于541年,因而由独孤信亲自用红丝带将高颎与贺拔夫人联系在一起亦有可能。在北周,高颎父高宾、独孤信、杨坚父杨忠是关系亲密的同事。独孤信被杀后,独孤皇后以高宾是其父故吏的原因,大胆频繁地往来高家,显然高家也一直冒险接待她。《北史·卷72·高颎传》P265。未来的皇后找到一个精神依托,隋也找到灭北周的另一条理由。高颎平陈之后,第三子高表仁又娶了太子杨勇的女儿,显然是因君臣亲密无间的关系经常会导致的后果之一,独孤皇后可能起了作用,杨、独孤、高氏三家看起来利益更加一致。不过现任太子已现没落之势,名义上的伐陈统帅晋王正冉冉升起。估计杨坚一度很想保住这个太子,所以在太子与晋王的天平上给前者一边加上了高颎这颗法码。高氏与贺拔氏、杨氏联姻是意味深长的,符合宇文泰、高氏、贺拔氏、独孤家族各自的利益,不管是出于自愿还是压力,都反映婚姻政治化的理念既合乎时宜又不违反传统。独孤信与高宾同年,当时已经成名,是一个看重家庭的人,有意无意中将自己的女儿们一个接一个嫁进皇室。至于高颎,从其家系与行为分析,来自是一个既怀旧亦讲求实际的家族,他重视与皇室、独孤氏的这层社会关系,并打算尊重习惯,满足于成为杨氏皇权的主要支持者。

二、信任与制度的错位

杨坚即位后,高颎的个人能力受到尊重"拜尚书左仆射,纳言,封北海郡公。朝臣莫与为比,帝每呼独孤氏而不名也。……以母忧去职,二旬起令视事,颎流涕辞让,不许。"这种对礼仪的挑战出于对高颎的倚赖,以国家的需要为名而逾越礼法是一种特殊尊崇的方式。老资格的将军庞晃、卢贲等先后因对高颎的某些行提出异议而招惹高祖被降级,后者公开宣称:"独孤公犹镜也,每被磨莹,皎然益明。"伐陈期间,朝野之人凡举报高颎有野心的或疑点的,文帝一律处死。这种夸张的举措甚至在高颎征服陈国回朝之后仍只得到部分纠正,开皇九年伐陈成功后,主要参加者高颎添加了功名,也增加了嫉妒者,"尚书都事姜晔、楚州行参军李君才并奏水旱不调,罪由高颎。请废黜之。"《隋书·卷四十一·高颎传》P142。前后四个公开指责高颎的朝臣"俱得罪而去",即使是在储君有力的竞争者面前,高颎仍有一席之地。攻陈国之役,晋王杨广虽享有伐陈元帅头衔,高颎仅为元帅长史,但皇命口谕"三军皆取断于颎"高氏为实际统帅,权力带来的一个危害也在远处静候，那是征服者手中的一个战利品，以高颎的价值观，这份收获日后注定威胁国家安全，实际上伤害到的是高颎个人地位、安全与生命。隋军攻占陈国都建康后，陈后主及宠妃张丽华一并生俘，这个美丽的女俘虏曾与陈后主花前月下、轻歌曼舞、千姿百态、形影相随，她名扬大江南北。她可能不是因为幸福，而是因为恐惧，她不得不尽情展示才华和仪态美，以便保护自己。但眼下就囚禁在隋国大兵严格把守的临时拘留所听候发落，她蜷缩在房间的一角，衣衫不整，前途迷茫与剧变中的惊恐一定让她楚楚动人的脸上更添一份凄美，情感丰富的晋王杨广完全想象得到这些，失去内心的平静。他身为统帅、皇子，健康、年轻、英俊，精力旺盛、野心勃勃，刚刚征服一个大国，前途一片光明，按他的逻辑，任何战败者不论身份高低，原有的婚姻现在已经失去了法律保护，重要的是他爱上她，看不出有任何问题妨碍自己得到她。当时还刻意掩饰，喜欢矫揉造作的杨广选择派建康占领军最高长官之子前来帮助索要，自己则在亢奋中焦急等待。不过，精心的策划没有奏效，高颎出乎意料地没有照办，劈头盖脸地将儿子痛斥一顿，援引妲己对商纣的毁灭性后果，以国家安全为理由立即将张丽华杀死。谋求帝位的炀帝对此有苦难言，心中本对此充满浪漫的期待，现在只得一方面怒气冲冲地接受这件既成事实，另一方面又继续营造与萧后夫妻间持久缠绵、忠诚专一、完全合法的爱情传说，这埋下了杨广对高颎念念不忘、刻骨铭心的仇恨。对待张丽华的美丽，二人均抱着有问题的想法：女性魅力的负面作用被高颎夸大，杨广则完全漠视高颎对新国家的赤诚，尽管建立在错误认识上。《资治通鉴·卷177·隋纪一》P1173。杨广现在必须耐心等待，高颎炙手可热，开皇十年二月，公开抱怨文帝过分宠幸高颎的李君才，竟被杨坚下令在殿内鞭挞致死。

由于享有皇帝的信任，即使当天象异常时，君臣密切配合，继战胜人之后，高颎竟能战胜自然，化险为夷。平陈后出现了对高颎不利的天象"时荧惑入太微，犯左执法。术者刘晖私于高颎曰：天文不利，宰相可修德以禳之。颎不自安，以晖言奏之，上厚加赏慰。"《隋书·卷41·高颎传》P141。杨坚随即制造一个机会，让高颎马上以元帅身份出塞，与入侵的突厥作战。在高颎与突厥作战期间，皇对近臣状告手握强兵，身在边地高颎"欲反"的密奏置之不理，确保高颎安心作战获胜。进而发展到对"神告"竟也置之不理，皇帝说晋王妃听到神谕，晋王将继位，颎一表示反对，皇帝也就默不出声。《北史·卷72·高颎传》P265。杨坚是否对次子的进取心已经开始有了好感？尽管已经听到了他本人亲自按传统礼仪安排的确认的储君计划将遭到破坏，也没有采取任何措施？不管客观情况怎样，高颎始终毫发未损，这是少见的违抗天意，君臣共度难关的例子，完全粉碎了此前有关高氏名利生死的悲观预测。炀帝时代的杨素就没有这种幸福,在他厄运当头时,哪个方位有问题,需要一个与他地位相当的祭品,就安排他去那里。高颎此后继续享有皇帝的信任,他的干练、谦逊、忠诚使这种信任根深蒂固。是君臣信任改变了天意,还是天意乃属虚妄?这是美好的时光,制度与信任并驾齐驱,互不占位,如果没有应用制度,高颎不会成为政府巨人;如果只有皇帝的信任,高颎不可能从心所欲。就是因为高颎已被视作新的执政标准,一面可以作为尺度的镜子,庞晃、卢贲、姜晔、李君才等正是在这面被刻意维护,象征君臣互信范例的镜子面前撞得头破血流!被如此殚精竭虑地维护过的一种关系为何没有带给高颎一个美满结局?才华出众导致被动游离集团核心?明确的不利因素至少有三个:

三、独孤氏的作用

隋高祖独孤皇后性妒忌,后宫莫敢进御。《隋书·卷36·后妃传》P133。杨忠是其父部属,可能给她一些优越感,也可能是天生个性张扬、自立,杨坚对独孤氏充满信任,结婚前二人誓言彼此忠于爱情,为君时将他们的私人情感转化为政治权利的让与。她成为杨广争储的强力拥趸后与高颎的关系就变得晦涩起来。高颎最先面临的困难是他的贺拔氏夫人去世后,皇后出于对高生活关心向皇帝建议为其续娶,不知是忠于爱情还是另有顾忌,高颎婉言谢绝,但不久就传出高颎爱妾产子的喜讯,文帝发自内心地为他的大臣高兴,皇后则抱怨不断,乃至发展到"后见诸王及朝士有妾孕者,必劝上斥之。"《隋书·卷36·后妃传·文献独孤皇后》P133。她由于断定这个不久前还流着泪自称"臣今已老,退朝唯斋居读佛经而已,虽陛下垂哀之深,至于纳室,非臣所愿。"《北史·卷七十二·高颎传》P266。而拒婚的人不仅有一颗年轻的心,还有异心。听任对君主应有的忠诚荡然无存。她将自己的情感追求变成政治标准,后来甚至武断地将高颎出于战略考虑暂缓兴辽东之役的主张与这件婚姻纠纷联系起来"会伐辽东,颎固谏不可,帝不从,以颎为元帅长史,遇淋潦疾疫,不利而还。"隋室不少有经验的政治、军事头面人物认为君臣间的差异仅仅在于如何客观地对待时机问题,皇后的结论则完全不同,断定是主观原因,因为高颎事先反对这次军事行动,皇上坚持出兵,高为了证明自己预见正确,皇帝昏愦,无功而返就在自然不过了。她的分析法对信息和证据取样均不合理,却初步达到羞辱皇帝并开始怀疑自己判断力的目的。接下来的事对高颎相当不利:开皇十八年,独孤皇后同父异母弟独孤佗夫妻涉及一件巫术案,而通过巫术要谋害的是独孤皇后和杨素妻,佗妻又是杨素的同父异母妹，杨坚怀疑是佗所为，令高颎主审，这件看起来不可能的案件被高颎不可思议地办成属实，为顺从皇命罔顾故主和事实，独孤皇后对高颎一定充满怨恨，她绝食三日向丈夫求情，独孤佗才免于一死。《资治通鉴·卷178·隋纪二》1184[1]。同年二月，伐辽东的元帅汉王杨谅因为多次向高颎提建议未被采纳而怀恨在心。他是个公私不分的人，也为了推脱责任，从东方战场逃回来后，竟为此哭诉至皇后面前：免于被高颎所杀，真是万幸！这种夸张的语句经皇后口立即一字不差地传到皇帝耳边，这些事让皇帝真的很生气。

四、国家需求变化

皇帝对高颎优越政治条件的警惕已经开始变成直觉，是出于切身利益的考虑：1.他年事已高。2.有意更换皇太子。3高颎无与伦比的个人威信。开皇十九年上柱国王世积事件，主要是一个泄私愤报复的属下污蔑他图谋皇位，而且左卫将军元旻、右卫将军元胄、左仆射高颎共同与王世积勾结。《隋书·卷40·王世积传》P140。杨坚先有意判高有罪，一大批不明就里的朝臣却纷纷为高颎清白担保，不得已只给停职处分。不久皇帝、皇后在秦王家宴请高颎，在场者心情复杂，有的是事与愿违，有的是因人生难测，有的是随大流，都流下了泪。杨坚对已发生的事得出的结论是高颎过于自负，破坏了他们之间胜似父子的亲情！美酒佳肴、觥筹交错，俨然一道君臣关系复原的彩虹，其实高颎的恶运刚刚开始，不久就有"颎国令上颎阴事，称其子表仁谓颎曰：昔初司马仲达托疾不朝，遂有天下；公今遇此，安知非福？于是帝大怒，囚颎于内侍省而鞠之。宪司又上奏高颎还有其他问题：一是沙门真觉曾对高颎说，明年国有大丧；另一法名令晖的女尼补充"十七八年皇帝有大厄，十九年不可过。"文帝以此引发有关篡位的奇特联想，并得出这样的结论：凭个人的智慧和愿望并不足以得到君位。大圣之才的孔子"作法垂于后代，宁不欲大位邪？天命不可耳！帝王岂可力求！"（几乎背诵了北周武帝劝戒齐王宪的一段话，也可能是史家在抄袭。）盛怒中的皇帝又轻易颠倒了告密中（假设为真）听者与说者的顺序：颎与子言，自比晋帝，此何心乎？"司法部门请求处决高颎等，文帝指出了审讯时高颎父子思想中的荒谬之处，却要别人指出才能发现自己话中的矛盾，假设孔子及其子嗣以自己的智慧想得而没有得到君位，司马父子却的确是依靠精心策划最终达到自己的目的！假定达到目的就是顺应了天意，未达到目的就是背逆了天意，那就变成了纯粹的强盗逻辑。文帝公开表示自己现在不是不想杀高颎，而是去年杀虞庆则（虞庆则历周石州总管，为弟妇所诬谋反，598年被杀，时值开皇十八年），今年刚杀了王世积，若现在又杀高，连杀三个有影响的大臣，全国"不明真相"的人恐怕会议论纷纷。开皇十九年八月高颎除名为平民，同时也加深了对杨勇的嫌隙，终于在开皇二十年废除了一直以来无所适从的皇太子。

五、国君拒绝执行同样的政治标准

每个人的个人选择权都是特定的。高颎没有直接参加夺相位谋划，但他是杨坚改朝换代的主要支持者，故主独孤信在北周的遭遇而支持杨氏不是唯一的原因，其实对于将要面临的博弈，高颎似乎并不十分清楚胜算在哪一边。大象二年，丞相杨坚加紧扩大自己的密谋集团，需要高颎这样精明能干又懂军事的人，于是派杨惠邀请高颎秘密加入，后者欣然同意"愿受驱驰，纵令公事不成，颎亦不辞灭族。"《隋书·卷41·高颎传》P141。这种自由选择并不完整，因为是秘密而非公开在行使权力，拒绝杨坚也具有一定风险。杨坚随后任命他为相府司录，与长史郑译，司马刘昉共事，高颎人品与郑、刘二人区别很大，三人是否有共同的事业乃至话题都值得怀疑，但他们有杨坚这个共同的纽带，遂使不同价值观做出共同的选择，这甚至抑制了他们合作中可能出现的困难，有力推动了杨坚的事业。对张丽华的处置则发出相当主动、公开、明确、个性化的信息，但这不是他个人自由的完整记载，王世积事件之前，高颎本人已感觉到无形的压力，它迫使自己做出被动选择，多次请求解职或让位于他人，他并不是一个沉溺于官场不能自拔的人，而是不能及时找到激流勇退的机会，因为他有见识的母亲曾对他说，"汝富贵已极，但有一斫头耳！"《隋书·卷41·高颎传》P142。母亲给儿子的定位是终身为臣，富贵已极与死亡只差一步，揭示制度病态的一面，因为极度的富贵应该是大量付出，卓越贡献换来，属合法所得，国家有保护之责；如果极度富贵来历不明，则制度合理性可疑。合理的制度下个人富贵应该极具弹性，它们的扩展与社会收益成正比，社会也欢迎这种个人利益的存在，它的巨额增值对社会不是威胁而是福利。炀帝从他极端的个人主义立场出发，为实现权力安全牺牲社会福利。高母将君主利益与公众利益分开并无不妥，话虽刺耳，高颎相信这是只有慈母才能给予的深切关爱，承认正确有效的工作可能危及生命，因此除名的结果对他来说简直是求之不得。但是他无法直接实现自己的愿望，没有任何制度条款可以帮助他，任职年龄和能力都没有硬性规定标准。去职可以换取相对平安，只是这种机会十分偶然，如果他不假装糊涂也不蓄意做错事来达到目的，那就没有其他自我选择的余地，只能坐等所希望的处分。他也不能有太危险的举止促成辞职，否则等来的不是处分而是处决。他更不能公开庆幸自己被停职，因为拒绝为一个皇帝效忠是一种法定罪行。早年杨素等邀请他为国出力时，隋室还是一个不稳定、分裂的半壁江山，他情愿为隋室出生入死。世事难料，现在则亟需更多勇气和智慧争取退出。当信任不可挽回地变成猜忌时，同样的人，同样的成就，却不再相互欣赏，甘之如饴；彼此都感觉别扭，从此难以相处。一直是皇帝的利益界定他是否正在做出错误选择，悬殊的权力对比也足以随时改变个人选择的范围和本质。

他是一个公职人员，职业政治家、立法者、古典学者、将军、一个家仆还是一个帮凶？取决他雇主的品味和需要。从担任公职起到死于炀帝之手，在官三十余年，苏威、杨素、贺若弼、韩擒虎等都曾受到知人善任高颎的奖掖、提拔甚至尊重。大量的规章制度也由他主持制定：乡正、大索貌阅、输籍定样、平陈计划、音乐编撰、立法等，隋室稳定繁荣有他的文治武功。其实他的职务范围始终与其所作所为一致，主要是利用他个人的影响，君主的信任，使他的作用远远超出了职务。时间变化让他变成朝廷的隐患、饱受猜忌、斥责、误解，因为一项罪名才获得人身自由与安全感，如果他保证不想他女婿的遭遇，高颎就可以成为一个开心平民；如果可以自由选择人生，他会有个平静的余生。但杨广即位后立即命令他重返朝廷，明知新雇主是一个怀有敌意、仇恨，导致他亲家精神崩溃、死于非命的人，他也无法拒绝。他不能选择职业，不能选择服务对象，甚至喜好。炀帝居心叵测地对他降职使用，然后控制他，利用他，折磨他，陷害他。任命他官职，这远比放走这样有智慧，有影响，被爱戴的人在民间随意走动更令人放心，因为在职就必须工作，工作有成就是应该的，有差错则可以随时捉拿办罪。

正确的个人选择具有客观性和不确定性，它至少四种界面：1. 你做出正确的选择。2. 你的对手做出错误选择。3. 如果你做出正确选择，你的对手做出正确选择，事情的发展不支持你的选择，等同于错误选择。4. 个人勿毋需在错误选择后果之外被迫另行惩罚自己。高颎所享有的自由决定他的个人选择权具有相对窄的内涵，他有个规定思维范围：1. 总是做出正确的选择。2. 事事迎合君主的心愿。3. 因正确选择而建功立业又不动摇君主权威。否则将降低自己生命安全度。郑译选择杨坚，使颜之仪选择宇文仲具有错误的结果。在邺城外，韦孝宽攻击战场上围观平民是正确选择，使尉迟迥抵抗杨坚的选择具有错误结果。但是，高颎批评朝政与其说是一种错误选择不如说是出于本能，高颎也就此恢复为平常人。绝大多数人做的是自己能做的事，而不是正确的事。

自由选择和自由陈述不是同种权力，前者一定会有后果，后者确保不因为持异议而有性命之虞。自由地表达思想是现代思想中的基本前提，但在高颎的太常卿任内尚属大逆不道,高颖抵制收集北周、北齐旧乐及天下散乐的诏书,认为是弃本逐末,这与炀帝相左,他视流行及外来音乐为最爱;高颖排斥正乐之外的音乐,对部属太常丞李懿私下说,北周宣帝就是好乐而亡国。炀帝发民力大修长城亦为高颖诟病,曾向太府卿何稠私下表示过炀帝善待突厥启民可汗是个错误,认为让一贯不那么友好的外族深入内地,过多暴露帝国地理人文资料可能会造成后患,杨氏宗亲观王杨雄也听高颖亲口说过"近来朝廷殊无纲纪。"这些均被某些人一一上奏,炀帝的法庭判高颖诽谤罪。《隋书·卷41·高颖传》P141。这个判决恰如其分,因为按开皇创制的十恶第六条大不敬罪之规定,议论皇帝过失,暴露政策缺陷从法理上都属于诽谤,除非现任的皇帝豁达大度,能够容忍而不予立案。《唐律疏议》十恶之六大不敬条第七款所包括罪行中明确列出"指斥乘舆,情理切害"属诽谤。高颖的批评确与事实不符,炀帝文化多样性取向,边境防御与民族融合并举的政策符合国家利益,社会发展趋向,而大业三年国家在军事、政治及其他软实力,经济上水平上都处于上升时期,他批评朝纲紊乱,无非是一些政治新局面对固有的政治结构有冲击,对一个精神趋向保守的老人是会产生芒刺在背的感觉。高颖很快被执行死刑,时值大业三年七月。制度的实际运作者们通过现成的司法规则杀害了一个维护制度的人,并不是别出心裁,也不是滥用权利,只因熟识此制度的暗道,知道何处可以摆渡、通行。炀帝无过错,并不意味着高颖罪至必死,法律人为地将君主利益与真实性割裂,如果你忠实君主利益,一昧顺从上意可能导致国家不良结果,但即使为君主利益随时指出真相,亦有风险,因为这是法律禁止行为,除非君主及时赦免。以上还是意见正确的情况,如果意见有异议或者错误,那么个人的安全是完全无保障的,不仅高颖会陷入两难,全国人都可能有同感,贺若弼是隋统一南北方时的主要将领,他写出过对陈作战的可行性计划,率军占领陈国在长江下游军事重镇京口,击败陈军主力,功勋卓著。过去他在北周为官的父亲临刑时曾以锥刀刺舌,留下一生中最刻骨铭心的教训,警告子女说话不是权利而是重任。结果虽然时过境迁,贺若弼还是步其后尘,因口才而死。《隋书·卷52·贺若弼传》P161。薛道衡见新法令迟迟未定,说了句如果高颖还活着,法令一定早有定夺,颁布实施。被积怨在心的炀帝知道后办了死罪。人类天赋的语言能力置人人于射程之内,平生从无机会自由表达意见的人也没人会妒嫉高颖、贺若弼、薛道衡,明知任何言论均可能受罚仍然冒险,以生命的代价换来直抒胸臆,而宁愿将意见隐藏起来,乐意为安全而伪装。生活于此的人都程度不等地具有分裂人格,被压制的意见终将衍变成阳奉阴违、谣言、暴力抗法,形成社会反抗的合力,个人自由就是这样卑贱地与国家长治久安联系在一起,高颎的个人自由不是孤立的例子,它代表当时体制下国民的最高标准,自由选择帮助提升个人价值,崇高地位附属的高度话语权等导致毁灭,这是个模式,它最大的受益人专制者。炀帝可能因为意见高度一致深切体味到权威,却不得不因此生活在一个真假莫辨,难以感知人性真实之美的世界,这样自我的一个政权注定矛盾深刻、动荡不安、生命有限。

高颎家庭生活中充满温情色彩,烧杀行为则出于理性。他至少有一次成功阻止了文帝废黜太子的念头,却又无意中保护、帮助了他女婿最阴险的对手,为了国家统一他出计狠毒并忠于一个暴虐的君主。他断然处决美丽的后主妃时低估了后果的严重性,这是美丽的女性影响历史的一个例子,炀帝永远怀念张丽华,这个不幸的妇女因为美丽而死于非命,是现在可怕而当时常见的罪行,为了皇子不受女色的诱惑这样一个纯洁的目的断送无辜的生命,是高颎人生的一个污点,也是他所受到的教育的必然结果,至少他同样是一个教材受害者。不论他是出于本能还是出于他所受到的人文礼仪教育,理智或者大局,他一直设法确保这种家国、君臣、父子、夫妻错综复杂的关系得以延续。炀帝仇视他是公开的秘密,他不仅继承了父亲对高氏"严加提防"这份遗产,面对的还是已故蒙冤含恨而死储君的儿女亲家。对独孤伦妖术一案,不能假定高颎百分之白受到君权的操纵,当时的文化背景技术条件出现这种判决并不反常,只是高颎这样明智、经验丰富、见多识广的人应该可以得出不同的结论。从某种意义上来说,是为了维护现存这种既是家族关系,又是国家局面的企图断送了他与杨坚夫妻由来已久的信任,皇帝对臣下的信任与对皇后的信任本来就不能相抗衡,更不用说还有一个蓄意陷害现任太子的小集团一直在卓有成效地运转。高颎是一个巨大的障碍,因此密谋者成了高颎最危险的敌人。高氏是一个潜在的权臣? 一个宇文护、宇文宪甚至杨坚式的人物? 如果他不被废黜,次年废杨勇就更困难,由于杨勇不是一个有主见、强有力之人,他未来的君主生涯受到高颎操纵的可能性极高,高颎事件显然使其进一步丧失了辨别力。由于君臣首先是建立在感情上,其次是共同的利益,没有制度保证,所以君臣间关系的松散和紧密程度充满变数。君臣两者前者绝对强势,后者相当被动,因为臣民的人身权利对皇权依赖太深,人民看不到自己的卖身契,皇帝却是俯拾即是、一目了然。制度与个人生活内心的呼声有关是它具有生命力的原因,当个人需要与人人的需要混为一谈时,这种关联就会变得紊乱失控,具有危害性。

高颎的遭遇多大程度与个性有关难下结论,最终成了炀帝时代各种政策最主要的批评者时,炀帝没有再犹豫,以可有可无的罪名处决了他。就像宇文护处死赵贵、武帝处死宇文护、宣帝处死宇文宪,罪行与其个性、教养、事实相去甚远,但炀帝看来是完成了其父的心愿,是在尽孝道。不过高颎究竟是死于他个人出类拔萃的才华?与杨勇的关系?与独孤皇后的恩怨?对张丽华的处理?还是炀帝为所欲为的作风?自相矛盾的社会、法律制度?其实混合了上述诸多因素,判决当然只是主观臆断、恶意歪曲的产物,这不取决于皇帝父子是否有理由。通过合法途径,毁灭了一个毕生制订、维护国家制度的人,证明杨坚、杨广父子均信奉专制全能,国家制度、个人权利在它面前不堪一击。北周于仲文敢于向炙手可热的执政宇文护挑战,力排众议,判执政宠幸的一个刺史有罪而安然无恙。于氏在隋一度也受炀帝器重,只是结果则与炀帝时代的绝大多数同僚相似,平生的努力被自己的个别问题或者炀帝偶然的愤怒毁于一旦。对待高级官吏尚且如此,对待普通百姓更是不在话下。这里的国家权威被个人意志取代,危机意识普遍化的症结在真正的决策者那儿,皇帝应该站出来负担主要责任时,每次都巧妙地规避了,于是问题就不可避免地累积起来并扩大化,在这种权责不分的一统江山,越来越进步的法律也很难与国民个人生活品质同步提高有关。杨坚、杨广父子,前者对皇权百倍警惕,象膝反射那样一触即跳,不容许本家族外的任何人染指;后者则不容许任何败坏、违背自己的情绪的言行,两个人不能说谁更理智或者情绪化,只是他们的个人能力有的用在了恰当的地方,有时候则让情况变得更糟。国家被个人带动如此,并不是一件好事,政权的优劣在于是否妥善利用人性贪财好利的弱点降低得不偿失的行为,减少国家发展方向的偶然性。国家的最大功能是协调各种利益,它从来就不能实现最佳状态,因为任何政府决策都只可能对部分人有益。政府运作中避免招致利益受损的行为(人性可能出现的差错),而人性的精义又得以扩张的尝试令高颎遭到重创,这也是他不少同行们的一个缩影。现代人比当时人在理解上有更大的障碍,后者视之为必然,怀疑这种必然就是犯罪。对那些毫无自我保护能力的平民而言,生存和思想之间的距离是如此大,当他们发现自己生活在偶然性充斥的世界,一切都始料未及时,可能会失声尖叫,真实地感到生存的痛苦,而思想无非是加重这种痛苦而已。于是,极端享乐主义的王朝如此易于建立、风行,因为一切官方政治主张都至少不直接排斥这一点,往往将腐败、奢靡划归个人问题,而制度已经健全,实际上恰恰相反。所以旧的王朝尽管是被竭尽残酷地连根拔起,但是它的灵魂仍有刚劲、强烈的附着力,对于愚昧无知习惯于听天由命的大多数平民来说,新的面孔已经让他们对未来充满幻想,而一年慷慨的减税,一次仁慈的释囚就能让他们品味半生。

高颎是否为一个失败者?他的人生转折有制度的作用,更多的却是人为事件，即使他那样明智练达的人也并不完全熟悉全套规则，他当然不愿儿子有不孝之名，列戟一事中若非柳彧预先指出，他不可能知道礼法与奖赏之间存在陷阱，他的才华为国家所需，命运则掌握在别人手中，他虽然被完好无损地留给后任，未来却实属堪忧。这是制度缺失的必然后果，这种状态会造成对个人才力的过度依赖，当被信任者忘我工作、卓有成效时，随着个人社会影响的提升，同时也会对君位构成威胁，只有特别软弱的君主才会对此熟视无睹。高颎命运的起伏正是一种文化产物。一位面临死亡威胁的君主，临终的祈祷就是渴望当生命再来一次时，成为一个普通男人或女人，这并不是矫情饰意，高颎生前无法听到越王侗发自内心的呼唤，但在他自己前往刑场的路上若被这种念头萦绕也符合常理，他对炀帝给出的判决绝对难以苟同，但此时无论如何这找不出一件工具可以帮助自己加以说明，他或许后悔自己在设置制度没有留下解套的玄机，使任何人都有权利合法地为自己免于不利与危险充分辩护，生命可以受到自己清白与守法的保护，在权力悬殊的对峙中，可以指望公正机制的干预。至少那些不受名位所累，不愿生活在危险中的人，个人有权力决定进退，现有法律则禁止这种选择，服务于现政权与缴纳赋税一样是与生俱来的责任。苏威是与高颎同属一个量级的才智之士，但是也面临智慧和勇气均不能解套的困境，第一次与高颎同遭不法审判后免职，炀帝不久让他重新就职，残酷的是要接替刚过世老友（高颎）太常卿的职务，相信他的心情不仅是难受，虽然其后不断升迁，但是在大业八年辽东之役开始时，已经79岁的苏威要求退休却遭拒绝，次年还要求他随军前往辽东前线。面临越来越糟的政局，他认为最应该负责的是自大的君主，不够传统的君王令诚实也招灾惹祸，当时的炀帝确实宁愿生活在自己幻觉中，苏威不能逃避与炀帝对话，逼迫下苏威陈述的政局实情过于阴暗，炀帝对制造现状制造者比描述现状的人宽容得多，毫不掩饰对他的反感，从此一些为安慰、弥补炀帝的人不断给苏制造罪名，帝乐观其成，将其下狱、除名，不久又因叛国通敌嫌疑被大理寺传唤，苏威否认与突厥人有任何颠覆国家的共谋，一段介于回忆录与效忠信的陈述感染了极具艺术气质元首，唤醒了炀帝怜悯心，释放后准备给新任命，结果被佞臣们阻止。炀帝被杀后，他先后报复性地接受宇文化及、李密、越王侗、王世充任命。621年，八十八岁的苏威因此遭到洛阳占领者年轻气盛的李世民当面斥责，认为他作为隋室宰辅，面临乱政、君弑、国亡、内战、人民流离失所却举止失措，接受宇文化及等叛逆任命尤其难以容忍，于是新政权无情地抛弃了他。苏威被告知，既然你被一个国君选中，不管你是否也选择了对方，就应该殚精竭虑、一生奉献，你不能因政见不同而离开，不管你是否对败局负有责任，你也应该负与你职位相称的责。其实这结论并不客观,李世民当时显然没有弄清苏威所属国家败亡的根源,责任不取决于皇帝一人,也不取决于苏威这样的大臣,他为国家已竭尽所能,是专制君王令他难有作为,而前者对国家发展的雄心与国民的眼前利益不匹配,引发君、臣、人民三方关系空前紧张。在压力下接受颠覆者的任命绝对是一场价值观的冲突,他有求生的愿望,却别无选择。可以身体老迈不便脱逃,或者越是生命的尽头越觉弥足珍贵来解释他政治生命为何陡然黯淡、懦弱,虽然并不高尚,却也并不违背人性。苏威在李世民要求他忠于的国家中长期处于不安全中,如果持续这种忠诚,必将置身于极度危险中,这是李氏父子也未能做到的,他们本有更多的机会和更大的能量拯救炀帝及其政权,但是他们选择了另一条实现自身最佳发展的道路,不是扶持而是亲手推翻了这个政权,他们显得理直气壮、轰轰烈烈,苏威则忍气吞声、形象猥琐,两者其实殊途同归。

高颎身不由己的一生不是孤立的例子,金州刺史卢昌衡以年届七十,上表请求退休,杨坚优诏不许,大业时还是被任命为太子左庶子,七十二岁死于任上。《隋书·卷57·卢昌衡传》P168。卢氏自成年后再也不能自由支配自己的生活还不是最坏的情况,在乡下自行收徒教书的刘焯,接到杨坚要其往蜀王处任职的命令,因为对一项新任命想要稍微推脱一下以示清雅,由于看起来行动迟缓,被认为有抗命之嫌,愤怒的蜀王杨秀派人以刑具囚送至蜀,这位年届半百的杰出学者就被扭送入伍,一下成了轮岗站哨的士兵。《隋书·卷75·刘焯传》P206。乙弗弘礼第一次为晋王杨广相面令晋王对未来充满信心,炀帝即位后,令其主管天下"道术人"事务。大业末,对政局失去信心的炀帝再次强行要求他对自己未来加以解读时,推测到的是不得善终。炀帝从此派专人日夜监视乙弗弘礼,不准他与任何人交谈,估计怀疑此人的忠诚或者是将自己的命运当作国家绝密,唯恐传播出去,人人取乱侮亡,但是选择以严重牺牲个人利益为代价。《旧唐书·卷191·乙弗弘礼传》P612。所有人的利益都至于一个人之下的大环境下并非绝无例外,李士谦自隋立国时即发誓终身不仕,并实现了自己的愿望,并不是皇权无法掌控他,只因他并非亟需之人,甚至不在国家高层视线之内《隋书·卷77·李士谦》P210。医学大家孙思邈则略有不同,北周洛州总管独孤信曾有意辟用,知难而退;北周执政杨坚征为国子博士,邈称病婉拒;应邀前往与太宗李世民会晤,但并未接受职位,下任唐高宗的任命也不例外。《旧唐书·卷191·方伎·孙思邈传》P612。孙思邈喜欢老庄、百家之说、释典,潜心医学,与人为善,对社会、政权均无攻击力,他看来没有受田,不需要躬耕,没有农民的税负,个人经济来源却没问题,几代君主的尊重给他带来一定的特权和人身保护,所以可以长期安然隐居太白山,过着独立又尊严的生活,但是这种人实属凤毛麟角。

高颎身份崇高,他的自由时刻却并不令人向往而是令人揪心,因为它始终摇摇欲坠、时隐时现,忠诚、美德与成就都不能改变。公众利益与君主的欲望差异永恒且不可避免地此消彼长,比较之下,生活在于高颎同时代普通的男人和女人,再没有人可以享有比高颎更多地自由与权力的了,所有贩夫走卒、引车卖浆者,农人、工匠等普通人的生命在每日艰难的求生中消磨,解脱望不到尽头,与高颎所受的约束迥然不同,虽不象他生活中充满危机,却绝非一生万事如意。北魏以来,自三长制建立,人人都得生活在这严密的基层组织中,邻、里、党既具有福利性质,所有孤独癃老笃疾贫穷不能自存者,一律由所属邻里党负责救助;更具有连坐的性质,类似现代法律上的社团法人,对同邻、里、党某一人的违法违规行为负连带责任,高颎推行大索貌阅旨在提高当时人口管理层次,其技术和法治含量仍相当低,族权辈分与主仆隶属关系在处理人际关系时具有绝对支配地位。社会中个人利益最大化是减少社会浪费的首选,社会浪费与集体化倾向成正比,十四岁成婚,担任公职的传统却不是在鼓励个人主义,因为此时的个人还是身份有缺失的人,国家最重要的人群不是已婚者、入仕者而是丁,它是比土地更为重要的资源。北魏太和九年,正丁的年龄定在 15 岁到 70 岁。北齐 18 至 65 为丁,15 以下为小,十六至十七为中,66 以上为老。北周 18 至 64 岁,隋男女 3 岁以下为黄,10 岁以下为小,17 以下为中,18 以上为丁,60 为老。总体上看是不断地缩短了赋役年限,较短的丁龄范围降低个人的赋役时段,是一种德政,而缩短赋役年限就是减少收入或者资本,它是不经济行为,于是一些不成文或者追加的规定与法律同样有约束力,临时征发、延期与安排服役地远近路途所需时间长短不一等边际支出,国人年实际赋役量往往大于法定量,最大的危险是身份的变更,绝大多数人都有可能沦为奴婢,这是更为廉价的资源,得到这种源源不绝资源的通道一直是畅通的,国家获得这种资源不受任何限制。国家在划定经济人与自然人时十分矛盾,承担社会义务的年龄远早于经济义务,但是家庭却是一份不小的经济负担,没有父母家族和国家的帮助,少年新婚夫妻将很难靠自己养家糊口,即使如此,国家仍硬性规定国民必须在法定年龄段结婚,否则追究其父母责任。周建德三年诏,自今男年十五,女年十三以上,爰及鳏寡,所在以时嫁娶。《北史·卷 10·周武帝纪》P41。男年满十四岁即行婚配,女方年龄还要小一些。这是相当温和的诏令,此前的汉惠帝规定,女儿至三十不嫁者父母须缴纳六百钱罚金,这相当于当时一个成丁者五年人头税总和。而晋武帝的命令更粗暴,女年满十七未嫁,即由当地官方做主安排男方人选。北齐后主武平七年二月下令,杂户女年龄十四以上,二十以下未婚者,一律到官方指定地点报到,由一个不道德的皇帝来决定她们的未来,隐匿者家长将被处死刑。《北齐书·卷8·后主纪》P13。隋婚姻法上没有本质改变。而在以家庭或个人为单位获得土地后,年龄和婚姻关系都是纳税条件,北魏人十五即成丁,已婚者可能即适用一夫一妇缴纳租调的国家标准。年满十五是丁龄,但不少人婚龄比成丁年龄要早,长孙皇后大业九年出嫁时年仅十三岁,丈夫李世民时年十四岁左右。如果受田是按婚姻状况而不论年龄,缴纳赋税时年龄也就不是主要依据,已婚夫妇受田后即有税负,并没有一律成丁后开始受田输租调的条款。北齐出现变化,政府明文规定一律从十八岁开始纳税,"率以十八开受田,输租调,20 充兵役,六十免力役。66 退田,免租调。"北周 18 至 59 岁者有力役,十八至六十四岁有赋税,十八到六十四岁包括该年龄段轻度疾患再赋税率上都一视同仁。隋对此加以简化,18 到 60 岁者有租调和力役(即课役)。理论上国家保护婚姻家庭,但是未婚纳税人在赋税上比已婚者享有更优惠的待遇:北魏规定年满十五岁未婚者,只缴纳一夫一妇租调的四分之一;北周的规定是未婚丁缴纳一夫一妇一半之数;隋单丁及仆隶承担一夫一妇租调赋税额的二分之一。《隋书·卷24·食货志》P90。在力役上家庭受到照顾,北周对力役的规定中特别细化了家庭环境:1. 一次征发限每家一人。2. 在北魏"家有年满八十的老人,一子不从役"的规定上,增加了有年满百岁老人之家,全家免役条款。3. 有残障需要健全人照应的家庭,一人免役。至于"饥荒之年,国家暂停征调力役。"条款则对所有适龄者适用。但是隋官方文献中未见这些规定,仅称杨坚即位仍按北周赋役田亩制度,按记载则都作了小规模调整。

    成丁或者受田之日,平民从此受困于租税、力役、以后还有兵役及各种杂税,频繁无情的战争令他们抱头鼠窜、四处藏身,他们总是最大的牺牲品,回到日常生活中又继续被歧视,被掠夺,衣食无着,缺医少药,他们受到所有制度的约束,其中有些一开始就不是他们想要的,经常还临时追加,而制度提供的有限保护抵御制度的弊端时,往往不是自动发挥作用,需要个人对机会具有高度的把握力,绝大多数人缺乏乃至没有这种能力。他们指望制度一直向有利于他们的方向无限延长,这是一种长期心态,顽固而狂热,被历届政府所利用,抑制了制度升级,却给滥用权力以动力。这种社会设计基于最大限度地发挥个人潜能,降低集群行为减少社会浪费的信念。但对具体的个人而言有害,因为他们受教育和学习技能的时间很短,多数人凭人求生的本能生存。只有极少数富裕家庭,才有条件给子女提供良好的教育,政府共办的教育机构只提供给皇亲国戚部分官员子女,即使是在以博学著称于世的刘焯举办的私立教学点,交不上学费者也不能就学。特殊职业如工、商、乐户子女没有职业选择机会,终身不能担任公职,沿袭的《周礼》"均工乐胥,不得预于仕伍"的传统,规定这些人"身终子继,不易其业。"唐高祖不顾反对将擅长舞蹈的外国人安叱奴任命为五品的散骑常侍。《旧唐书·卷62·李纲传》P285。这当然只是个案,从制度上对上述专业人员的仕途略有松弛还是唐朝,武则天神功元年下令"至今以后,本色出身,解天文者,进官不得过太史令;音乐者,不得过太乐鼓吹署令;医药者,不得过尚药奉御,阴阳卜筮者,不得过太仆令;解造食者,不得过司膳署令。"王溥《唐会要·卷六十七·伎术官》P1399。个人的发展除自身原因外受血缘关系的影响巨大,苏威子苏夔器宇轩昂,博学善辩,精通古典文化,起家太子通事舍人(正七品下)起点很高。很快升职,607年担任太子洗马、司朝谒者这类清贵通显的官职。大业三年,苏威卷入高颎案,其父免职,夔亦去官。父亲复职后历鸿胪少卿(正四品上)、大业十一年突厥雁门之围时,苏夔领城东面事,夔率属下在一夜之间赶制出弩楼、车厢、兽圈等防御器械,得到炀帝称赞,以功迁通议大夫(正四品下的文散官),但再次受父亲问题牵连,十二年五月除名为民,丁母忧,不胜哀而卒,年仅四十九。《隋书·卷41·苏夔传》。如果他不是苏威之子,以他的才华,可以有所作为,但是,必须共同承担其他家族成员的行为后果的规定令他的政治生涯断断续续,生活充满变数,自己的生活难以把握,尤其像他这样情感丰富的人,容易产生强烈的挫折感,这远非作为儿子身份的唯一政策性设计问题,平民的头胎子与其他子嗣共同继承遗产的法律让兄弟经常陷入遗产纠纷中,管理者并非故意借此制造矛盾,但历来对此制度弊端熟视无睹。

我国历史风云多变,命运坎坷与上述文化有关,一部分成就自然也来源于它。当时几乎人人知晓,不少人运用自如,以至它就象民族习惯中的一部分,现在看来这些人和事或许会令人羞耻,这是因为你不是生活在当时,没有当时的文化背景,那些可笑的人和事并不与你息息相关。也不能认为上述可悲甚至滑稽的记载乃愚昧造成,陷入绝境的人会寻求一切可能的办法冲出险境,在困惑的时候,寻找自以为对本身有利的蛛丝马迹是人的本能,古代人选择了不可靠的方法,自然得到不可靠的结果。这种事情之所以层出不穷就是因为社会意识对此已形成共识,人人都能感觉到一种无形的压力,有关占卜、天象、谶纬、祥瑞是被研究、掌握得最多传播最广的技术,人人都可能顺手利用其解压,它们也正是最能全面满足人的虚荣心的工具。如果人们诚实一些,这类事或许会有所减少但它不会绝迹而且将持久延续。

隋文帝、隋炀帝父子都具有强烈、不羁的个人性,却要求臣民作为一个整体具有合式、标准的思维。他们像大多数被赋予神性的君主一样,习惯于对自己,对别人使用双重标准,具有分裂人格。

本节参考资料:

陈顾远《中国婚姻史》岳麓书社 1998 年 9 月第 1 版

《隋书·卷 41·高颎传》

二、大型化的家族或更大的家族

1. 制度下的家族——政治亲属的机会成本

作为政治亲属的机会成本:政治生活与日常工作中家族的具体作用——政治是否就是几个家族的各自意识? 血缘纽带——宇文家族

从宇文泰——静帝宇文氏家族谱

1) 宇文家族:

宇文泰父宇文肱,谥德皇帝。四子:颢、连、洛生、泰。

宇文泰长兄宇文颢育有三子,什肥、导、护。

宇文什肥儿子宇文胄位至柱国。

宇文导有五子:广、亮、翼、椿、众。

护(世子)训、深、会、至、静、干嘉、干基、干光、干蔚、干祖、干威等。《周书卷 11 宇文护传》。

德皇帝幼子宇文泰一共育有十三子:姚夫人生世宗宇文毓[1],后宫生宋献公震[2],元皇后生孝闵帝宇文觉[3]。文宣皇后叱奴氏生高祖宇文邕[4],达步干妃生齐王宪[5],卫王直[6],王姬生赵王招[7],后宫生谯王俭[8],陈王纯[9],越王盛[9],代王达[11],冀康公通[12],滕王逌[13]。

北周皇帝谱系

孝闵帝	(542—557)	泰第三子	母元皇后
明帝	(534—560)	泰长子	母姚夫人
武帝	(543—578)	泰第四子	母叱奴太后
宣帝	(559—580)	武帝长子	
静帝	(573—581)	宣帝长子	

2) 旁支亲属:

宇文测:太祖之族子,安东将军。娶宣武帝(元恪,北孝文帝子)女阳平公主。大统十二年因病去世，年 58 岁。宇文测弟宇文深，以智谋为太祖重，比为汉陈平。六官建，拜小吏部下大夫，孝闵即位，进骠骑大将军，……深死于天和三年，正常死亡。从弟神举、神庆，宇文深子孝伯，因劝谏宣帝，被赐死。

宇文肱（德皇帝）从父兄宇文仲卒于代，宇文仲子宇文兴，武帝保定五年拜宗师加大将军，天和二年病逝，武帝亲临丧。宇文兴子宇文洛，建德初，拜使持节车骑大将军仪同三司。杨坚杀静帝后，以洛为介国公，形式上延续了静帝在隋室得到的封号，为隋室宾。《周书·卷 10·虞国公仲传》。

3）死因

（1）宇文家族中的战殁者

宇文颢与卫可孤作战中战死，宇文连随德皇帝战死唐河，宇文洛生为尔朱荣杀，洛生子宇文菩提死于高欢之手，宇文颢子宇文什肥亦为高欢所害。如果说宇文泰与高欢的仇恨单纯是为贺拔岳复仇，那就是将事情简单化。

（2）自然死亡

宇文泰、宇文邕、宇文赟、宇文仲、宇文兴。

宇文震，尚魏文帝女，大统十六年死。

宇文广，天和三年陕州总管，不久病卒。

宇文测，宇文泰之族子，安东将军。尚宣武（元恪。北孝文帝子）女阳平公主。大统十二年因病去世。年 58 岁。

宇文深，以智谋为太祖重，比之于陈平。六官建，拜小吏部下大夫，孝闵即位，进骠骑大将军，自然死亡。宇文神庆，入隋，后卒于家。神庆子静礼娶杨坚女广平公主，历熊州刺史，先于庆卒。《周书·卷 50·宇文庆传》。

谯王俭，武成初封谯国公，邑万户。建得三年进爵为王。五年，以功拜大冢载。是年稽胡反，与齐王宪攻斩胡帅，宣政元年逝世。

冀康公通，武成初封冀国公，邑万户，卒于天和六年十月。

（3）死于宇文护的宇文氏

宇文觉、宇文毓

原因：巩固政府首脑权力。

（4）死于武帝的宇文氏

什肥儿子宇文胄位至柱国，在建德初与他叔叔宇文护一齐被处死。

周武帝六弟卫王宇文直，宇文直子十人坐父诛。

纪王康，保定初封纪国公，邑万户。建德三年进为王，利州刺史。阴有异谋，司录裴融谏之，不听，杀融。建德五年，诏赐康死。

护世子训、深、会、至、静、乾嘉、乾基、乾光、乾蔚、乾祖、乾威等,坐父诛。《北史·卷五十七·周宗室传》P221。

原因:维护皇权。

(5)死于宣帝的宇文氏

宇文泰族子宇文深子宇文孝伯,武帝病重时,召以后事付之,授司卫上大夫,总宿卫兵马事,镇守京师。及宣帝即位,授小冢宰,谏勿杀齐王宪,对宣帝所作所为坚持劝谏,被赐死。宇文深堂弟宇文神举,大成元年(579年),宣帝忌其名望兼以宿憾,被宣帝赐毒死。

在天和(566—572年)以后,年过二十四岁的武帝已慢慢熟悉了权力,处决宇文护之后,高祖召齐王,宇文宪免冠拜谢。帝曰:天下者,太祖之天下,吾嗣守鸿基,常恐失坠。冢宰无君凌上,将图不轨,所以诛之。以安社稷。诏宪往护处,收兵符及诸簿书。寻以宪为大冢宰。时高祖既诛宰臣,亲览朝政,方欲导之以政,齐之以刑,爰及亲亲,亦为刻薄。"宪既为护所委任,自天和之后,威势渐隆,护欲有所陈,多令宪闻奏,其间或有不可,宪虑主相嫌隙,每曲而畅之,高祖亦悉其心,故得无恙。然犹以威名过重,终不能平,虽遥授冢宰,实夺其权也。开府裴文举,宪之侍读,高祖常御内殿引见之,告诉他,晋公不臣之迹,朝野所知,朕所以泣而诛之,安国家利百姓耳。昔太祖匡辅元氏,有周受命,晋公复执威权,积习生常便谓法应须尔。岂有三十岁天子而为人所制乎。且近代以来又有一弊,暂经隶属,便即礼若君臣,此乃乱代之权宜,非经国之治术。诗曰:夙夜匪解,以事一人。一人者,止据天子耳,虽陪侍齐公,不得即同君主,且太祖十儿,宁可悉为天子?卿宜规之以正道,以义方辑,睦我君臣,协和我骨肉,无令兄弟自致嫌疑。裴文举一出去就转告了宪,宪表示只会效忠。《周书·卷12·齐炀王宪传》P2600。

宇文宪及六子坐父诛。《北史·卷58·周室诸王》P224。《周书·卷10·邵惠公等传》P17。

周武帝六弟卫王宇文直对宪一直有偏见,宪则"隐而容之,且以帝之母弟,每加友敬。但在处理宇文护一案时,卫王直坚持在处决名单上加上宪名,由于武帝反对,宇文宪才免于无妄之灾。建德元年与武帝谋杀护,直冀得其位,结果只授大司徒。建德二年三月,高祖母亲文宣皇后叱奴氏逝世,卫王直潜说宪"饮酒肉食,与平日不异。"高祖曰:吾与齐王异生,俱非正嫡,特为吾意,今祖括是同,汝当愧之。何论得失,汝亲太后之子,偏荷慈爱,今但须自助,无假?说人。直乃止。"建德四年,"高祖欲东讨,独与内史王谊谋之,余人莫得知也。"后以诸弟才略无处于宪右,遂告知,"出于对宪的器重,跟他也讨论了大致计划,"宪即赞成其事,表示愿意捐赠一批私财以助军费。被拒绝。"宪足智多谋,善待士卒,战场上又身先士卒,深受部属爱戴。多次对齐作战取得重大胜利,尤为难得的是十分尊重占领区平民及其财产。"宪自以威名日重,潜思屏退,及高祖欲亲征北蕃,乃辞以疾,高祖变色曰:汝若惮行,谁为吾使。……宪诉病,高祖许之,寻而高祖崩。高祖在云阳宫病重时,于建德三年卫王举兵反,高祖令宪为前军,直败俘,被杀。《周书·卷12·齐炀王宪传》P20。

宣帝是北周皇帝中唯一被记载为人品比较成问题的人,在对待有才华的家族成员时,采用了比其父更为简单粗暴的手法,如果说处死宪是在竭力维护皇权稳定,处决亮则是昏聩君主的疯狂行为。宇文亮在护被杀后,心情十分不安,曾因过度饮酒被武帝谴责,宣帝时又受到任用。取得一些战功。但家庭遇到了不顺心的事,主要是儿媳为宣帝夺走。"主上淫纵滋甚,社稷将危。"这种见解使家、国利益紧密联系在一起。他的冒险行为也变得高尚起来。不过他错误估计形势,导致了家庭的灾难,他弟弟宇文翼、以亮子温为后嗣,坐亮伏诛,国除。

原因:猜忌与打击异议。

(6)死于杨坚的宇文氏

宇文震去世后,以明帝第三子宇文寔为嗣,大象中为大前凝,为隋文帝所杀。

陈王纯,武成初封陈国公,邑万户。建德三年(574年)进爵为王。五年进为上柱国,宣政中除雍州牧,迁太傅,大象二年为坚杀,子弟并见杀。

赵王招及其四子被杨坚杀。

越王宇文盛,武成初封越国公,邑万户。天和中(天和一共七年)进爵为王,五年进爵上柱国,宣政八年为大冢宰,大象元年迁大前凝,转太保,二年为隋所杀,子五人并见杀。

代王达,武成初为代国公,邑万户。建德初进柱国、荆州刺史,政绩出色,受到高祖通报嘉奖,品行不错,处事谨慎,天和三年(568年)进王爵。(大致与越王同时进王爵。由此可见,诸王爵禄不全是以年轮,也有以功绩论。)宣帝即位,进位上柱国,大象元年转大右弼,二年被坚杀,及其世子执,弟蕃国公转等。

冀康公宇文通子宇文徇,建德三年进爵为王,大象中为隋文帝所害。

纪王宇文康子宇文湜,为杨坚所杀。

滕王,武成初封为滕国公,邑万户。建德三年进爵为王,宣政元年进为上柱国,大象二年与子弟并被杨坚所杀。

谯王俭子乾恽,大定中为杨坚所害。

明帝三子,徐妃生毕王贤,后宫生酆王贞,宋王寔。宇文贤保定四年封毕国公,建德三年进王,宣政中入为大司空,大象初进位上柱国。宣帝崩,贤性强济有威略,虑坚倾覆宗社,言颇泄露,寻为杨坚所害,并其子弘义、恭道、树孃。

鄪初封鄪国公,建德三年进王。大象初为大冢宰。与其子济阴郡公宇文德文并为所坚杀。

武帝七王,李皇后生宣帝、汉王,赞库汗姬生秦王贽、曹王允,冯姬生道王充,薛世妇生蔡王兑,郑姬生荆王元。

汉王赞,初封汉国公,建德三年进爵为王,大象末进上柱国,右大丞相,转太师,与其子道德、道智、道义并为坚所杀。

秦王贽建德三年进王,上柱国,大冢宰,大右弼,寻与二子并为坚杀。

曹王允建德三年进王,道王充建德六年进王,蔡王兑建德六年进王,荆王元宣政元年进王。四王并为坚杀。

宣帝三子,朱皇后生静帝,王姬生邺王衍,皇甫姬生郢王术。邺、郢二王大象二年封王,并为坚杀。

宇文泰第七子赵王宇文招,与子弟六人同被诛。

宇文逌:泰第十三子,大象二年,朝京,寻为杨坚所杀。

宇文椿在宣帝时历任要职,大司寇、大司徒等,没有卷入亮案,却没有逃脱因姓氏引起的更广泛的株连,大定初其五子并为隋文帝所杀,尽管其弟宇文众是一个智障人,仍与其二子同被安全第一的隋文帝处决,杨坚将杀戮没落王族变成吃定心丸,直到上瘾。即使如此,仍可以查出没有被杨坚清洗掉的宇文家族后裔,德皇帝从父兄宇文仲孙宇文洛,一个罕见的幸存者,建德初,拜使持节车骑大将军仪同三司。静帝死后,隋文帝以宇文洛为介国公,为隋室终身贵宾。《周书·卷10·虞国公仲传》P17。幸存的可能原因是看在洛祖父宇文仲虽然当年曾是颜之仪选择的丞相人选,是否看在洛祖父宇文仲当年没有拼死拼活与之争夺相位的份上?尽管不可能允许自然存续下去,他毕竟暂时幸存下来。

大屠杀原因:国家安全,预防复仇。

(7) 死于宇文化及事件的宇文氏

宇文神庆之孙宇文协,历右翊卫将军,宇文化及动乱中遇害。协弟宇文晶是隋炀帝亲信,化及叛乱时为乱军所杀。《隋书·卷50·宇文庆传》P157。一个政治家族在隋末已经被边缘化。

上述总计110人的随机抽样名册中,以北周王室成员为主体,其中,宇文氏战殁者5人,自然死亡者13人,宇文氏本家族内耗中损失35人,杨坚所杀约57人。分别约占4.5%、11.8%、31.8%、51.8%。持续时间不同划分:1. 宇文氏从

535—579 年四十四年之间人口变动。2. 杨坚在 579—581 三年之间宇文氏人口变动。可以看到，杨氏决定了超过半数宇文氏成员的命运，遂使该家族发生巨变。

宇文护为维护国家专制而不惜消弱皇权，武帝与之相反，强调皇权是第一位的，宣帝延续了这种思维，但是达到神经质的程度，和宇文护相比，杨坚对失败者过于残暴。假如武帝、宇文护、宣帝、宇文宪等不互相残杀，宣帝为所欲为就可能没有机会，宇文护、宇文宪二人连手，或者他们中的任何一个都有办法控制他。如果宇文护自我保护更周到，宣帝可能是宇文护所杀的第三个皇帝，他对皇帝这个职位及其权威缺乏概念和尊重，非有真才实学充实它。一个皇帝要想成为一个真正的皇帝，至少先战胜宇文护，也有能力抑制杨坚集团形成。但是这种情况不会出现，宇文护的性格习惯于挑战皇权。至于宇文宪，他的明智和正确性本身就是危险，权力对才智的容忍总是短暂而易变的。而当知识和正确性取代入侵者成为国家安全的最大敌人时，任何国家都不会在这条道路上走上持久繁荣。

二、女眷

北魏以来，以胜利者身份出现的拓拔家族上层即使在与汉文化接触很久之后，并与汉族为主体的人口长期混居，礼仪制度上大量采纳中原标准，日常生活中仍带有很强的民族色彩，开放地对待婚姻中的意外情况，魏孝武帝之妹平原公主原嫁给开府张欢，由于不堪丈夫虐待，向皇兄哭诉，于是张欢被怒不可遏的孝武帝处死，另封冯翊公主，并改嫁宇文泰，她就是孝闵帝生母。宇文泰的另一个夫人叱奴氏是高祖宇文邕及卫王直的生母，她逝世于建德二年。来自汉族的姚夫人是明帝生母，明帝是宇文泰长子，北周第一个胡、汉混血的皇帝。孝闵帝的皇后是魏文帝第五女，名胡摩，孝闵帝被宇文护废黜后一度出俗为尼，护被杀后，武帝给予她优厚待遇，其他君主也没有为难她，她幸运地一直活到大业十二年。明帝皇后独孤氏，即独孤信女，这个皇后非常不幸，她于明帝二年正月立为后，同年四月即逝世。武帝有两个皇后，分别是突厥血统的阿史那娜（左为冉字，音 na）氏，系木杆可汗俟斤之女。迎娶她颇费周折，她没有生育，开皇二年逝世时也只有三十二岁。武帝的李皇后系江南籍没之女，宇文泰将其赐给武帝，她生育了宣帝，隋开皇二年被迫出俗为尼，改名常悲，表明往王朝的更迭对她影响至深，开皇八年逝世时年已五十二。第二个混血皇帝宣帝还是只有二分之一的汉族血统，是北周个人生活相对开放的一个皇帝，宣帝有五个皇后，杨坚长女杨丽华是其中之一，开皇元（581 年）杨坚考虑她年仅二十四岁，准备将其改嫁，遭到拒绝。

大业五年(609年)随炀帝巡游张掖时逝世,时年四十九。第三个混血皇帝静帝已有四分之三的汉族血统,生母朱皇后本非良家子,"其家坐事,没入东宫。"又年长帝十余岁,但在五位皇后中位置仅次于杨后,隋开皇元年出俗为尼,名法静,五年后死去。其他三位分别是陈后,将军陈山提女,宣帝死后出家为尼,改名华光。元后系元晟第二女,宣帝死后出家为尼,名华胜。尉迟后即尉迟迥孙女,初嫁宇文亮子宇文温,宣帝发现她有出色的容貌后,不顾一切地占有了她,这可能是宇文亮同样不计后果实施谋反计划的一个诱因,因为亮反对宣帝的主要意见是"荒淫",当失败的亮父子被宣帝发落完毕,也就扫清了尉迟皇后入宫的一切障碍。宣帝死后,尉迟皇后出家为尼,名华首,隋开皇十五年死去。

静帝司马皇后是司马消难之女,大象元年(579年)七月纳为皇后,消难是个喜欢在不同政权之间来回跑的人,大象二年九月因为司马皇后父消难投降陈国,被废为庶人,后嫁隋司州刺史李丹。尽管每天都要忍受父亲不幸的政治结局给她带来的伤痛,以及闪电般的宫廷生活的阴影,仍幸运地完成了从皇后到平民的身份换位,活了很长时间,唐贞观还见到她。《北史·卷14·后妃传》P58。所有前任的皇后都得到过隋室的宽大,她们低调的生活基本没有受到干扰,直到天赋与她们的生命时间全部用尽。

皇后是女性在社会中地位最高的人,梦寐以求的身份并不能带来完整、可靠的幸福。北周十二个皇后中有五个曾遁入空门,其中四个以尼姑作为生命的结局,她们都与宣帝有关,宣帝行为不端,民俗氛围都可能影响到她们。在一个男性世界,降低女性社会地位是一种长期观念,还是出于为王国大计,暂时事事寻求节略的短期行为? 有时看起来是男人们思想与现实的一条出路。杨坚可能是改变她们的命运的人,但显然不是由于他的性别,更像是为了纯洁权力内涵,一个以杨氏血亲为核心的权力旋涡正在吞灭没有预先标明属性的异物,相反,血缘的混合至此已变得非常现实,基本上没有构成过多的意识上的困扰。需要指出的是,女方嫁到男方后,并不意味着立即成为男方家庭核心成员,多数女性在传统政治参与线之外,或完全隔离,她们的日常生活生活被安排得容易与国家政治混为一谈,人们实事求是地认为,她们与本家族的利益联系是终身的。当姻亲家族之间发生龃龉乃至重大厉害冲突时,家族背景会自然成为甄别因素,尽管对已为人妇的人来说,两个家族都对她至关重要,利益也融为一体,面临的困难比男性大得多,如果情感因素不能成压倒一切的衡量标准时,她们更容易变得无所适从。

北周宣帝维护皇权的诸多政治举措与希望得到的结果相距甚远,忽略了最大的危险是因为皇帝相信由于联姻与杨坚共同利益变得紧密,显然这个利益被夸大了。杨坚即位三个月时处死静帝,屠杀宇文氏家族的行动达到高潮,从未因婚姻变得心慈手软,杨坚大肆杀戮北周男性宗枝,是希望新国家全凭新制度起作用,而不再过度依赖个人智慧? 其实他是在杜绝那些看起来象自己的人沿着自己成功的道路走下去。对北周制度的态度就客观、和缓得多,大业三年,炀帝欲遵周法,营立七庙,诏有司详定其礼。"今始祖及三祧已具,今后子孙处朕何处? 又下诏唯议别立高祖之庙,属有行役,遂复停寝。"《隋书·卷7·礼仪志》P19。梁、陈、后齐、后周及隋制度相循,皆以其时之日名于其郊迎。《隋书·卷7·礼仪志》P18 右。为稳固他的新王朝,他无法拒绝全部优秀甚至一些他看不出优劣的传统,他着手统一国家,不断修订礼法、改革经济制度,兴修水利工程,开始他二十四年的统治,这些与此前实现自己个人野心的激情无关联,换言之,他并非为治理国家而成为君主,倒是成为君王后激发了他的责任感。

四、隋皇室家族源流

隋杨家族据称为东汉著名学者杨震的直系后裔,史学家认定杨坚"本弘农华阴人,汉太尉杨震十四世孙。"由于先辈中陆续在武川担任公职,"因家于神武树颓焉。"《北史·卷11·隋文帝纪》P44。那是世代官宦、钟鸣鼎食的家族,杨元寿(武川镇司马),——杨惠嘏(太原太守)——杨烈(平原太守)——杨祯(宁远将军)——杨忠——杨坚。从高祖杨元寿起为北魏服务,杨祯魏末避乱中山,自己组织人马与鲜于修礼作战阵亡,到杨坚父亲杨忠成为西魏柱国时,意味着这个古老家族的再一次崛起,他功勋卓著,享有稳定、崇高的社会地位。《北史·卷11·隋文帝纪》P44。《周书·卷19·杨忠传》P31,《隋书·卷1·高祖纪》P4。

反周的杨氏家族不是一下形成,仇恨与计划均经过世代的传承,而且一开始看起来只有忠诚。杨氏经过五代人的努力,在杨忠时打开了通天之路,杨忠本有两次机会成为北周的太傅,保定三年九月,北周与突厥联合攻齐,杨忠为元帅,率大将军杨纂、李穆、王杰、尔朱敏等统领士兵万余人,他们的合作者突厥木汗可汗、控也头可汗、步虽可汗也率领士卒十万人,杨忠一路进展迅速,很快占领齐二十余镇。四年正月,杨忠兵临晋阳,齐精锐尽数冲出晋阳城,齐军的勇气、战斗力的令突厥军人走避于西山之上,不敢出战。当地大雪已历数旬,杨忠率七百人于冰天雪地中与齐人步战,战事惨烈,周军战死者半数以上。而与杨忠同时出兵的达奚武所率领的南路步骑三万人则进展缓慢,没能按期与杨忠会合,于是杨忠退兵。齐人亦不敢逼。回国之后,"武帝厚加宴赐,将以杨忠为太傅,晋公护以其不附己,难之。乃拜总管泾、幽、灵、云、盐、显六州诸军事,泾州刺史。太傅任命没有发表是当时宇文护高度控制朝政的佐证,这种控制力延续,使得杨忠的仕途蹇滞。保定四年,再次奉命与护攻齐,为筹措粮草,忠表现出过人的智慧,护先退兵,他也随后退兵还镇。又以政绩可称,诏赐钱三十万,布五百匹,谷二千斛。天和三年(568年)因病返京,武帝、宇文护多次前来探视,不久辞世。《周书·卷十九·杨忠传》P31。这说明回京时病已沉重。如果可以确认他犯病是在于谨之后,他本来还有一线机会得太傅任命的。"天和三年三月戊午,太傅于谨逝世,四月,以太保达奚武为太傅,大司马尉迟迥为太保,柱国齐王宪为大司马。《北史·卷10·周武帝纪》P40。而六十二岁的杨忠于天和三年(568年)七月病逝。

杨忠六子:坚、整(整死于北周平齐之役)、惠(即滕王瓒,一名慧。大象末大宗伯,死于开皇十一年,时为雍州牧。)、嵩、达、爽《周书·卷19杨忠传》P31。坚诸弟唯整及瓒与帝同生,次弟嵩、达、爽,并异母弟。《隋书·卷44·杨爽传》P147,《北史·卷71·隋宗室诸王》P261。

杨坚五子,勇、广、俊、秀、谅。皆文献独孤皇后所生。

杨广三子:杨昭、齐王暕(二位为萧后所生)、赵王杲(萧嫔所生)

杨昭三子:杨昭元配崔氏未育,韦妃生恭帝杨侑,大刘良娣生燕王倓,小刘良娣生越王侗。《隋书·卷59·炀三子》P172。

杨氏家族的兄弟、儿女、亲属具有不同的国家和利益,拆分他们的主要是利益。

1. 家族事业的支持与捍卫者

杨处纲是杨坚的同族伯叔父,"无才艺而性质直,在官强济,亦为当时所称。"杨坚发表他为新蒲州刺史的任命得到朝野广泛欢迎,在秦州总管任上辞世。杨坚与河间王杨弘有共同的曾祖父,在坚为北周相时常置左右,委以心腹。在赵王招的鸿门宴上,他立于户外,成功护卫文帝。作为隋朝的大将军,行军元帅,出灵州击突厥,重创对手。炀帝嗣位,为太子太保,他没有野心"尚清静",大业二年平静地死去。《北史·卷71·隋宗室诸王传》P261。杨雄初名惠,高祖族子。杨坚初居相位时,是一个困难时期,雍州牧毕王宇文贤图谋阻止杨坚计划实施,观德王杨雄在他属下官居别驾,宇文贤忽略或者忘记了杨雄是杨坚族子,此人不断秘密地为杨坚提供宇文贤最新动向,直接导致贤被处死,以功授柱国、雍州牧。仍领相府虞候,周宣王葬仪期间,防备宇文诸王有变乱,令雄率六千骑送至陵所,进上柱国。《隋书·卷43·观德王杨雄传》P146。杨雄入当心腹,外任爪牙,是杨坚族人中最坚定的盟友,矢志不移,一向被两任皇帝委以重任,直到大业时病故。其弟杨达历周仪同内史下大夫,杨坚时代的给事黄门侍郎,辽东之役时左光禄大夫,死于战场,炀帝闻讯惋惜。《隋书·卷43·观德王杨雄传》P146。蔡王、弘农太守杨智积系杨坚侄,杨整子。在国内最大的暴乱时,忠于家族事业,坚守城池数日,直到与宇文述援军赶到,合力击退攻城的杨玄感叛军。《隋书·卷44·蔡王智积传》P147。杨忠族弟杨子崇因为向炀帝发表正确的意见而遭到斥责,外放为离石郡太守,他没有因抱怨皇帝就背叛隋室,当时突厥频繁入寇边塞,胡贼刘六儿复拥众劫掠郡境,子崇表请兵镇遏,炀帝复大怒,令子崇行长城,子崇行百余里四面路绝,不得进而归。岁余,朔方梁师都,马邑刘武周等各作乱,郡中诸胡复反,子崇患之,言欲朝集,遂与心腹数百人自孟门关将还京师,遇道路隔绝。退归离石。左右闻太原李渊兵起,不复入城,各叛去,子崇悉收叛者父兄斩之。后数日,李渊父子兵至,城中有人接应攻城者,城陷,杨子崇为仇家所杀。《北史·卷·71·隋宗室诸王传》P262。

　　与杨坚血缘更近的三个同父异母的弟弟中,杨嵩很早辞世,杨达曾因功勋得郡公爵位,结局不详。《周书·卷19·杨忠传》P31。幼弟杨爽六岁时杨忠逝世,由嫂嫂文献皇后照料,皇兄敕封爱弟卫王爵,583年以行军元帅身份在白道与突厥作战立功,致沙钵略本人重伤而逃遁。三年后第二次为元帅率步骑十五万出击,突厥尊重他的声誉,避免与其接战。任命为纳言时值开皇七年,二十出头的年轻人被寄予厚望。不久身体有恙,杨坚派来探视的是一个名叫薛荣宗的巫者,给了一个与他职业一致的解释:卫王遭到鬼魂的纠缠,爽立即下令驱鬼,效果欠佳,几天后巫者离奇地死去,卫王随后也结束了二十五岁年轻的生命。《北史·卷71·隋宗室诸王》P262,《隋书·卷44·卫昭王爽传》P147。不能百分之百肯定是嫉妒的晋王设计了这场变故,因为描写中作祟的鬼更像是人,他们二人年龄相仿,但杨爽成名更早。尽管炀帝不象他父亲那样难以相处,他自己的儿子也没有因为他个人反传统的个性更多地受益,元德太子杨昭为杨坚所钟爱,年十二即立为河南王,仁寿初徙为晋王,大业元年立为皇太子。杨昭臂力惊人而性格谦和、节俭、仁孝。大业二年,亟需减肥的太子从京师到洛阳朝见炀帝,可能是应酬太多过劳而需要卧床,太子患病期间,炀帝曾请巫师诊断太子病,出具的结果是伯父杨勇的鬼魂在复仇,侧重术诊治而耽搁了最佳医药治疗时间,当年七月逝世时年仅二十三。此前,太史曾奏言楚分有丧,于是改封越公杨素于楚,及昭薨日,而素亦薨,盖隋楚同分也。"《北史·卷七十一·隋宗室诸王传》P264。同样也未能挽救太子。

　　杨氏在北周有高官也有烈士,但杨坚长女杨丽华的作用并不逊色于杨氏男人们,杨丽华是周宣帝爱恨交加的皇后,她身份特殊,心理复杂。虽然没有参加郑译等阴谋集团,却很早即知道有个对皇室不利的计划,明知父权来历不明,还是乐见其父执政,庆幸大权没有旁落其他家族,不过对其父的进一步活动强烈不满,并且在杨坚面前毫不掩饰这种情绪。但是国家稳定后,她又主动与杨坚分享胜利喜悦,自称缔造隋国有她的重要参与。后来杨家的男人们曾商议让她改嫁,遭到严辞拒绝,结果计划终止。大业五年跟随炀帝巡游至张掖,逝世于河西。《北史·卷14·后妃传》P58。初,刘、郑矫诏以隋坚辅政,后虽不豫谋,然以静帝年幼,恐权在他族,闻昉、译等已达成,心甚悦。不久得知杨坚有异图,意颇不平,及行禅代,愤惋愈甚,坚内甚愧之。静帝母为朱皇后。吴人,本非良家子,低贱。乐平公主杨丽华女婿后历多处刺史,多不临位,常留京师往来宫内侍从,赏赐超于功臣,这种恩宠与公主有功于杨氏新国家有关,公主大功究竟何在? 可能并不只是一次通风报信,细节不详。语焉不详。但是杨坚父女都承认,这种关系使杨坚成为中央政府一个关键人物,他既是可憎的也是不可或缺的,这种弱者与强者的混合类型能够吸引较多的注意力和同情,与他的野心相比,他的能力相对逊色,但正是他以刚柔相济的方式完成了国家权利的转移。显然政治竞争不是单纯智力竞争,是一种综合因素,政治成败既不能归咎他的聪明也不能归咎他的愚蠢。有隋一代,独孤氏不是隋宗室女眷影响政治的孤立例子,宇文述因经济问题对李浑怀有私怨,由于李敏一名洪儿,而谶纬中指示洪字可能威胁帝位,炀帝先是直接告诉敏,希望他自杀,敏惊恐万分,与叔父李浑(字金才,李穆第十子)金才等窃窃私语,一筹莫展。《隋书·卷37·李敏传》P135。利用炀帝对李姓人政治竞争力的恐惧,获准出动宿卫千余人突然包围、搜查李浑等住宅,被逮捕的还有浑堂侄李敏、宇文娥英夫妻。在狱中,宇文述私下力劝李敏妻宇文氏即周宣帝与杨丽华女儿回到家族利益至上的正确轨道上来,夫人是炀帝的外甥女,不怕没有好丈夫,"李敏、李浑身当妖谶,国家杀之无可救也。夫人当自求全,若相用语,身当不坐。"敏妻被说服,于是宇文述以敏妻口吻口述了一封信,篇中李敏等人充满叛逆色彩。这封信声称是敏妻写的密信被交到炀帝手中,他看完后哭了起来,类似劫后余生的表情,"吾宗社几倾,赖亲家公而获全耳。《隋书·卷37·李浑传》P134。结果李浑、敏被杀,李氏宗族三十二人流放岭外。一面是甥舅,一面是夫妻感情,敏妻认为自己与前者而不是李氏家族关系更为紧密,在关键时候选择了娘家,其实她拯救宗族的成就完全是虚拟的。宇文述他的身份也很微妙,其子士及与炀帝女南阳公主结婚,本人是姻亲,却设法让同样的一户姻亲惨遭灭顶之灾。杨坚以北周皇亲身份篡政,令宇文氏始料未及,那是种刻骨铭心的仇恨,从情感而言,李远家族与宇文氏深仇大恨,鉴于其后裔目前的地位与杨坚发迹当年有相似性,炀帝及时铲除了可能的威胁。值得一提的还有义成公主,炀帝死后,萧后被化及乱军裹挟至聊城,化及败,被窦建德俘虏,德妻曹氏妒悍,炀帝妃嫔美人并使出家,萧后置于武强县。当时强大的突厥处罗可汗之可贺敦即隋义成公主,她力主汗王遣使迎接萧后,建德不敢擅留,于是萧后带着孙杨正道(齐王杨暕遗腹子,一名杨愍)及诸女流亡突厥,处罗可汗以杨正道为隋王,规定所有流落突厥的中原人归属于他,安置在定襄城,唐贞观四年破突厥,萧后得以返回京师。于贞观二十一年(648年)逝世,诏以皇后礼于扬州合葬于炀帝陵。《旧唐书·卷3·太宗纪》P14,《北史·卷14·后妃下·萧后》P59。杨愍贞观中担任过尚衣奉御,死于永徽初。《北史·卷71·隋宗室诸王·齐王子杨愍》P265、《隋书·卷59·炀帝三子》P172。义成公主是隋宗室女,她忠于自己的家族,妻事三任汗王,大业十一年,当突厥与炀帝面临冲突时,她先设法遣使报警,后又制造假情报迫使突厥人撤兵,隋避免重大挫折。当隋室覆灭后,她鼓励可汗们进攻唐朝,那里虽然是她的故土,辽阔广大,充满记忆,有她真实姓名的用途,尽管孑然一身,却仍是唯一活着的隋朝巨人,她的勇敢、顽强让唐室不敢有丝毫懈怠。

2. 政治倾向不明

杨坚第三子秦王俊开元年立为秦王,参与伐陈,由于生活奢侈遭冷遇。因为被夫人崔氏下毒"含银银色变,以为遇蛊。"《北史·卷71·隋室诸王传》P263。开皇二十年死,年仅二十六岁。杨坚闻讯仅略哭数声而已,杨坚为何对俊反应冷淡? 可能是因为对杨俊与自己的生活观反差过大有关。秦王俊妻崔氏因毒死丈夫赐死,秦王子杨浩因为为崔氏所生,所以不得立为嗣。炀帝反而比父亲宽容,即位后立浩为秦王,他好象没有忘记他的弟媳毒死丈夫的事,杨玄感叛朝廷,宇文述勒兵讨伐,述修启于浩,浩诣述营,共相往复,有司劾浩以诸侯交通内臣,竟坐废免。"这是诸侯交通内臣错误应用例子,是一种明显不问青红皂白有害的约束。宇文化及弑逆,一度立浩为帝,很快就自己取代他,自僭为帝,因而害之。杨浩弟杨湛初为荥阳太守,坐浩免,兄弟同为化及所杀。《北史·卷71·隋室诸王传》P263。蜀王杨秀及其子均被宇文化及所杀。杨处纲弟杨处乐官至洛州刺史,仁寿四年八月汉王琼反,杨广怀疑他对自己的忠诚,废锢不齿。《北史·卷71·隋宗室诸王传》P262[1右]。大业十三年,炀帝巡视江都,指示在东都的杨侗与数位大臣总留台事,化及杀炀帝,东都群臣商议立越王杨侗,而化及立秦王杨浩。杨侗收纳王世充,招降李密。王世充击败李密后,独揽大权,侗不能禁。炀帝派给他的副手段达以及云定兴等告侗,"天命不常。"暗示他们已有更适合的皇帝人选,杨侗除了对变节者怒目而视别无他法。王世充又谎称他先代替处理世事,安定下来再恢复侗原职。"今海内未定,必得长君,待四方义安,复子明辟,必若前盟,义不违负。侗不得已,逊位于世充,被幽禁。"后来有宇文儒童、裴仁基等谋诛世充,复立侗,事泄被害。世充兄王世浑劝世充处死杨侗以绝后患,结果侗被毒毙,临终前的誓言中充满对平民生活的向往,这是他们完全不了解平民生活的真相所致,不管这些人的生活目的是否明确,个个都为姓氏与家族缘故付出代价。

当然也有名副其实的摇摆人,目的是在得到姓氏好处的同时极力避免姓氏带来的危害。河间王杨弘与杨坚有共同的曾祖父,他比杨坚年龄小。弘父杨元孙在跟随宇文泰、杨忠起事时,为逃避齐人的追捕一度随母亲姓郭,隋立后改回姓杨。杨弘的儿子杨庆表面上是一个敢于玩弄伦理道德、见风使舵的人,不仅拿姓氏当儿戏,还因此而害死妻子和母亲;内心则是一个在剧变的时局中不由自主、懦弱乃至被姓氏所左右的人。杨庆在大业末年官居荥阳太守,李密占据洛阳后,修书敦促投降,还说他本姓郭,言外之意,就是没有必要为杨氏卖命。于是向李密投降,改姓郭。李密为王世充击败后,他归东都洛阳越王杨侗,复为杨姓。越王侗承认他的杨氏宗族人身份,并委任他为主要管理血亲及姻亲事务的宗正卿。王世充为取代杨侗积极准备时,杨庆竟为首率众劝王世充尽快成为替代杨侗,建议被接受,新君就位后却并未对他另眼相待,按失败皇室的族人对待,照例降级,为郇国公,并迫使他重新以郭为姓。王世充将自己的侄女嫁给杨庆作妻子后委以重任,授他荥州刺史,而王世充朝廷岌岌可危、生死存亡之时,杨庆一心想的是如何平安带王姓妻回名义上仍属杨家的长安城,面临不是背叛王氏家族就是忤逆丈夫的抉择,进退两难的妻子只好自杀,但这并未延缓他回归杨氏的步伐。但是他来晚了一步,隋杨已灰飞烟灭,只看到李唐朝廷的入口,他幸运地被作为杨氏成员,李唐王朝以宾客身份予以优待,胜利者往往以此装潢门面,表明自己行动的目的是反对朝廷的错误而不是某个姓氏,他得到宜州刺史的任命,再次认祖归宗姓杨,生活的过程好像是从心所欲。可是,世事的结局完美无缺的例子是很少的,这次也不例外。王世充虽然自己已在悬崖边,还是被杨庆的背叛行为弄得格外残暴,他迁怒于杨庆已双目失明的嫡母元太妃,以杨庆无信为由,杀死了这个无辜的老人。杨庆的行为不知是在被别人愚弄还是他在愚弄世界,虽然杨庆是在杨广猜忌骨肉的前提下反复多变,没有争取到一个美满结局亦无法苛求,但是他与李密、王世充、李渊的合作看出他有牢固的价值观,那就是家族利益只是一个选项,选中一个家族是希望对自己有益。《隋书·卷43·河间王杨弘传》P145。

　　游离家族利益可能因为个性不合,杨坚大弟杨整官居北周车骑将军,杨整随周武帝对齐作战时阵亡,是北周的烈士。尽管不能假设杨氏已经开始区别对待自己的事业或周氏事业,我们还是不能下结论他乐于为宇文氏献身,大家都知道杨整生前与杨坚关系不好,却不知所为何故。不参加集体行动并非反对家族增值,而是要安全获利,杨坚次弟滕王杨瓒,北周以杨忠军功封竟陵郡公,周武帝也十分亲近他,宣帝时迁吏部中大夫,加上仪同。周宣帝死后,杨坚入禁中,将总朝政,令杨勇召之,欲有计议,瓒素与坚不协,闻召不从,曰;作隋国公恐不能保,乃更为灭族事邪?"但是随着杨坚地位稳定升高,他也顺从地接受了有关任命"高祖作相,迁大将军,寻拜大宗伯,典修礼律,进位上柱国、邵国公。不过一直担心出现不良后果,"瓒见高祖执政,群情未一,恐为家祸,阴有图坚之计。杨坚未计较,即位后仍封滕王,又拜雍州牧,后坐事去牧,以王就第。他妻子宇文氏对此非常不满。滕王瓒娶的是北周武帝宇文邕之妹顺阳公主,宇文氏与独孤文献皇后的矛盾根深蒂固,独孤氏姊为明帝皇后,即顺阳公主嫂,文献皇后是宣帝岳母,而顺阳公主是宣帝姑妈,杨瓒很难平衡这种复杂关系。宇文氏可以指责独孤家族为权力牺牲亲情,滥用信任,独孤氏也可抱怨其父的枉死。二人互不相让,演变为不可弥合的仇恨,宇文氏被揭露用恶毒的巫术诅咒独孤氏,当时认为这可以左右被诅咒者的健康、家庭事业等状况,事发后对滕王妃的处罚相当严厉,认为她的言行已符合七出的条件,直接下令滕王立即与她离婚,瓒夫妇感情深厚,滕王多次冒险恳请收回成命,一副任何人也不能说服他的样子,杨坚竟做出让步,于是滕王保住婚姻,但代价很大,有两个负面后果:1. 宇文氏本人名讳最终被清除出杨氏家族名册。2. 由于违背圣旨,皇帝对他更为疏远、冷淡,最后神秘地死去。开皇十一年,滕王陪同杨坚游览栗园,坐树下饮酒,鼻忽流血,当时毙命,年仅四十四,普遍议论是以为被毒死,实际上存在着这样的可能性。《北史·卷71·隋宗室诸王》P261,《隋书·卷44·滕穆王瓒》P146。兄弟之间更大的问题是争议在眷属身上延续,杨整亦不幸娶了尉迟纲女,杨整三子,智积、智明、智才,长子智积为纲女所生,尉迟氏与独孤氏姒娣之间关系紧张。不知杨坚、杨整、杨瓒兄弟不睦与其妻方的社会关系孰为因果,但不可避免地给杨整、杨瓒子女生活带来了阴影。杨整长子智及是最有忧患意识的人之一,采用了极其消极的方式,"是以智积常怀危惧,每自贬损,杨智积有五个儿子,他只允许他们学习《论语》《孝经》,

不准学习其他知识,也不准与外人交往,预防儿子们因为有才能而带来灾祸。除例行的朝觐外,他本人平时闭门自守,形影相吊,过于自闭、自卑的生活态度甚至博得杨坚的同情,终于设法让自己活到了杨广时代,这个时代却并非一顷碧波荡漾的温泉,能带给人安宁与惬意,人又不能始终躲藏于水下,这个曾英勇并成功阻击杨玄感叛军的人内心中对君王不确定性的巨大恐惧感陪伴终生,大业十二年临终前,他以自己没有身首异处而是寿终正寝而万分庆幸。杨瓒次子杨纶就没有这种智慧,他因其父亲对家族利益持骑墙态度,与杨坚不协调的缘故"当文帝时,每不自安。炀帝即位,尤被猜忌。纶忧惧,呼术者王姿问之。"王大师告诉这个神情紧张的人朝前看,"王相禄不凡,滕王的滕即腾也,此字足为善应。被迷惑的杨纶变得从此沉迷于此道,终日胡思乱想,沙门惠恩、崛多等以擅长占侯著称,纶与他们往来密切,为趋福避祸,令此三人为厌胜法,纶似乎接受其飞黄腾达的预言。不久有人上告纶怨望、诅咒,被皇帝操纵的黄门侍郎王弘展开彻查,判定滕王杨纶厌蛊恶逆,坐当死。凭借皇帝的仁慈,他最后只是被判流放。《北史卷·71·隋宗室诸王传》P261。滕王纶坐与卫王杨集案有关联,"炀帝即位,藤王伦、卫王集并以谗构得罪。高阳公智明亦以交游夺爵。"《隋书·卷四十四·蔡王智及传》P147。大致说的就是他被判处流放的事,到大业七年,隋炀帝亲征,辽东战役开始,他上书请求前往战场效力,为流放处当地政府阻止。在混乱的时局中,他几经周折,辗转多处,后得以归国,封为怀化县公,却是大唐的君主所赐。

　　杨纶的弟弟杨坦、三侄:杨猛、杨温、杨诜均是坦子,皆因受牵连被四处流放,作为杨瓒法律上后嗣的杨诜还被宇文化及所杀。《北史·卷71·隋宗室诸王传》P261。杨爽儿子杨集袭卫王爵,也走上了前述堂兄弟们的老路。炀帝时"诸侯王恩礼渐薄,猜防日甚,集忧惧,乃呼术者俞普明、章醮以祈福。有人告集诅咒,宪司希旨,锻成其狱,奏集恶逆,坐当死。诏下其议杨素等曰:集密怀左道,厌蛊君亲,是君父之罪人,非臣子之所赦,请论如律。帝不忍加诛,除名,远徙边郡。天下乱,不知所终。《北史·卷71·隋宗室诸王传》P261。杨智积弟杨智明被夺爵后,智积逾惧,惶惶不可终日。大业七年,在弘农太守任上破杨玄感立功升职后,仍未有效缓解紧张情绪,如此谨慎并忠于家族的利益人,世界在他眼中始终未变,身患重病时,因为顾忌重重而不敢求医,不久病故。杨整、杨瓒他们一度是稳定杨氏在北周利益的重要因素甚至安全保障,但时过境迁,他们不得不最终承认自己沦为新利益的对立面。杨坚的两个同父同母弟都不是与他志同道合的人,与他们娶了过去主要对手家族的妇女关系密切,身份与利益变得模糊不清,隔膜还延续到妻、子身上。独孤氏因为憎恨故主的后裔,竟要强行离散一个恩爱的家庭,杨坚相当坚定地贯彻了这个意图,最终让一对恩爱夫妻死于非命,这是反映杨坚政治受妻子的影响的一个侧面。

两代皇帝自己的子女同样面临变化莫测的政治选择。杨坚出任北周为首辅,杨勇受父命总统原北齐大区军政事务,为皇太子时,"军国政事及尚书死罪以下皆令勇参决",对隋的建立有贡献,但是在皇位的竞争中成为失败者,结果精神一度失常。勇有十子:俨、裕、筠、嶷、恪、该、韶、煚、孝实、孝范。长宁郡王杨俨坐其父罪废,向叔父上表哀求宿卫,炀帝即位后似乎得到转机,编入常从亲随队列,但后来蹊跷地中毒而死,诸弟分别流放岭外,皆敕杀之。《北史·卷71·宗室诸王传》P261。隋文帝第四子蜀王杨秀由于气宇不凡、武艺出众,朝中官员不少人十分敬畏。不过父皇私下对他有一个主观的推断:"秀必以恶终,我在当无虑,至兄弟必反。"这种预见直接影响了日后他对杨秀的态度,实际上断送了他一生。为了预防其成为不稳定的根源,皇帝对他不仅武断而且过于严厉。对于长兄皇太子杨勇被废,秀公开表示不满,新皇太子也对杨秀不满,令杨素收集伪造罪证向杨坚报告,努力效果明显,仁寿二年,杨秀从镇守的蜀地奉命返还京师,长时间不见的父子见面后,受到操纵的皇帝却保持沉默,一言不发,杨秀不知所措。次日又派使者对杨秀严予训斥,被蒙蔽的皇帝对朝廷百官表示一定会公私分明:顷者俊糜费财物,我以父道训之,今秀蠹害生灵,当以君道绳之。下令逮捕杨秀。开府庆整闻言十分诧异,斗胆劝解:"杨勇被废,秦王(第三子杨俊)已逝,陛下儿子现剩三人,秀的问题并不严重,不至于此。且蜀王性格耿直,遭遇如此打击,担心他很难承受。杨坚愤怒升级,不仅声称要割断庆整舌,而且先向群臣宣布判决:当斩秀于市,以谢百姓。然后令杨素、苏威、牛弘、柳述、赵绰共同审讯犯人。这是一个受皇帝预先定罪和皇太子操纵双重压力下的合议庭,审判结果认定使杨秀使用邪术,谋害父母兄弟,觊觎帝位。"乃废为庶人,幽之内侍省,不得与妻子相见。"皇帝确认杨素等所提供的有关杨秀可怕的证据资料完全可靠,实际上他本人被弄得极其悲愤,基本失常,专门下诏剖析秀罪,最后所有的罪恶被完整地归纳为十条,"此十者,灭天理,逆人伦。汝皆为之,不祥之甚也。欲免祸患,长守富贵,其可得乎?"他数落完后,心情似乎慢慢平静下来,也可能明白不能由着自己性子来,因为毕竟没有坚持对他杨秀处以极刑,甚至还满足了自以为必死无疑的杨秀最后见爱子一面的要求,此后杨秀一直被允许与其子女同在一起,只是限制了他们的自由,炀帝即位后亦维持这个荒唐的判决,直到杨秀被宇文化及所杀,秀始终未背叛家族利益。"化及弑逆欲立蜀王杨秀为帝,群议不许,于是害之,并其诸子。"《北史·卷71·隋宗室诸王传》P263。至于杨秀,他可能至死也不明白当年是父皇不知所云还是自己一直都在梦中,这一方面说明即使在父子兄弟之间也缺乏沟通管道,另一方面阴谋者手段非常高级。杨坚是迷信皇权必然拥有真相的牺牲品,杨广则为了自己的野心始终不渝、殚精竭力,这种人很少会不成功。

隋文帝第五子汉王杨谅在开皇后期相当受宠,开皇十七年出为并州刺史,"五十二州尽隶焉。特许以便宜,不拘律令。十八年,辽东之役他为行军元帅,无功而返。十九年,突厥犯塞,以谅为行军元帅,竟不临戎。文帝甚宠爱之"。《北史·卷七十一·隋宗室诸王传》P263。与杨秀心情一样,杨勇被废黜让他变得寡言少语,杨勇与他们二位弟弟相处很好,很受他们爱戴,汉王希望自己有比倒霉的兄长有更好的自卫能力,以防备突厥为名"大发工役,缮修器械,贮纳于并州,召集亡命,左右私人殆将万数,梁将王僧辩之子王頠,陈旧将萧摩诃都成为杨谅心腹之人。得知蜀王因何被废,杨谅日夜心神不安,不知何时同样的厄运落到自己头上。杨坚逝世,朝庭派车骑将军屈突通为专使征召,他对新君持完全不信任态度,相信自己会有去无还,拒绝入朝,随即以杨素谋反为名起兵,有十九个州回应。杨谅起兵只有一小部分是出于理性,支撑力量来源于感觉与世俗文化,主要对流传在并州有关他的谣言,从结果看,不幸的汉王对谣言作了乐观而错误的解释。杨素所率的朝庭军队战斗力更强,指挥更有方,清原大败之后,杨谅自斟难有进展,退守并州,不久投降。朝臣们一直认为杨谅罪行严重,死有余辜,但新君表示"朕终鲜兄弟,情不忍言,欲屈法恕谅一死,于是除名,绝其属籍,竟以幽死。谅子杨颢同时遭禁锢,颢在宇文化及叛乱时被害。杨勇、杨谅均对国家有贡献,勇因为残酷的竞争过早丧失了为国出力的机会,谅背叛家族利益则是无奈之举。炀帝时代道德审判并未出现质的偏转,炀帝的家族整饬行为将汉王杨谅定型为叛乱,杨素的大兵迫使其投降,炀帝给素的信中说:"大义灭亲,《春秋》高义,周旦以诛二叔,汉启乃戮七藩,义在兹乎?事不获已,是以授公戎律,问罪太原。《隋书·卷48·杨素传》P153。这种话听起来很正常,落实起来就很血腥。

炀帝次子齐王杨暕与元德太子杨昭俱是萧后所生,他人才出众,年少时备受祖父杨坚宠爱,却是个在生活方式上备受争议的人。大业二年,元德太子病故,"朝野注望,咸以暕当嗣"。炀帝又令吏部尚书牛弘精心挑选官属,公卿由是多进子弟,明年转雍州牧,寻徙河南伊开府仪同三司。元德太子左右二万人悉隶于暕,宠遇益隆。自乐平公主(即杨丽华,他的姑母)及诸戚属竞来致礼,百官称谒,填咽道路。"但是美好前途并没有促使他理性地规划好眼前的幸福,他交友不慎,与乔令则、刘虔安、裴该、皇甫谌、库狄仲锜、陈智伟沆瀣一气。手下为取悦于他经常以齐王名义闯入民宅，强抢民女，以恣其意。库狄仲锜、陈智伟甚至还"诣陇西，挝炙诸胡，责其名马，得数匹以进于暕。暕令还主，仲锜等诈言齐王所赐，将那些名马带回了家，后续情况杨暕完全蒙在鼓里。年长炀帝八岁的乐平公主甚至有意无意中一手促成炀帝、齐王父子争柳氏女的局面。她先向炀帝推荐柳女的天生丽质，帝当时未置可否，后来她将柳女献给了齐王。一天，炀帝忽然向公主问到柳女，回答是"已在齐王处久矣"。使得炀帝相当扫兴。与炀帝一起围猎时他大有斩获，而帝两手空空，左右都说是齐王人马故意阻拦猎物过来。"帝于是怒求齐王罪失。"结果发现问题还不少：1. 制，县令无故不得出境。伊阙令皇甫诩幸于暕，违禁将之汾阳宫。2. 京兆人达奚通有妾王氏，善歌、贵游宴聚，多或要至，于是辗转亦入王家。御史韦德裕希旨劾暕。帝命甲士千余人大索暕第，因穷其事。暕妃韦氏，户部尚书韦冲女，早卒。暕遂与妃姊元氏妇通，生一女，外人皆不得知。……在齐王府一次狂欢集饮时，一个相士大概是应齐王的要求有幸遍视后庭，指妃姊曰：此产子者当为皇后，贵不可言。时国无储副，暕自谓次当得立。又以元德太子有三子，内常不安，阴挟左道为厌胜事。听到上述揭露，炀帝勃然大怒，佞臣乔令则、韦妃姊等赐死，更多的属员被流放。当时赵王杲还是孩孺，帝对侍臣曰：朕唯有暕一子，不然当肆诸市朝，以明国宪。齐王后虽然职居京尹，实为挂名，不得复关时政。"皇帝派专人（武贲郎将一人）监督其行为举止，任何过失都须上奏。这种软禁的生活最后被宇文化及制止，不过让杨暕为之付出了生命的代价，叛军将他拖至街中处决，时年三十四，至死都误以为是他父亲所为，与他同时被杀的还有他两个儿子。家庭内耗严重损害了家族元气，但对每个组织者和参与者而言，那并不是初衷。《隋书·卷59·炀帝三子》P172。

儒家规定的亲属的范围广大，只要是在服制内，赏罚都可能连片落实。杨坚在位时一个名叫吕永吉的人称自己的吕苦桃姑妈嫁杨忠为妻，现来寻亲，经勘验确认是舅舅之子，此人虽性识庸劣，大业中却已官居上党太守，不能胜任职务，被免职后从此不知去向。吕永吉伯父吕道贵粗鲁无知，动致违忤，缺乏自知之明，死乞白赖地向朝廷伸手，皇帝也无可奈何，乃命高颎厚加供给，不许接对朝士。拜上仪同三司，出为济南太守，令即之任，断其入朝。道贵还至本郡，每与人言，自称皇舅，数将仪卫出入闾里，从故人游宴，官民咸苦之，开皇三年十一月废郡级行政区划后他没有得到新任命，在家去世。《隋书·卷79·外戚传》P214。

杨氏两代皇帝对遗产的处理是异乎寻常的，古代中国人历来只允许一个人继承先辈身份，杨坚为了让最佳的储君即位几乎杀掉所有其他的儿子，炀帝也对其他潜在的竞争者的生死存亡十分淡然，无法确认父子的相似行为是一种偶然还是一种被传染的恶习,在维护身份独占奋斗中,他们不知不觉中在破坏经典的诸子均分财产的传统,古代中国千千万万家庭都遵循的习惯。它令中国始终缺乏另一种具有决定意义的力量,它独立于皇权之外,如果将他们作为一个阶级,就足以与皇权抗衡的大土地、大资产所有者集群,结果一枝独秀的皇权并不能保证国家优良制度的稳定与连续性。不能假设两代君主都具有一种超前的觉悟,希望他们自身的做法称为民间财产的继承法的新模式,可以肯定是他们只希望财产能在下一代更为集中,从而保证有良心的中央专制制度的延续,比如杨坚时代,他留下一个完整的国家,炀帝留下的是科举制的灵感,这也不是他生活方式选择的本意。杨坚、杨广父子对待子嗣亲属的是非似乎更重于血缘,这是处于政治需求还是极端的个人注意? 皇室家族利益一直是国家政治重心。家族的文化背景、应变能力是左右政治的好恶的重要因素,也形成了家族政治变化中的弹性机制。政治中的常量(人)与变量(需求)互为因果,相互转化。杨坚对诸子的苛刻是想挑出最合适的人以及禁止家族中出现害群之马,对宇文氏的苛刻是想杜绝最微小的反扑机会。家族与政治的紧密程度一开始就形成兄弟关系的死结,沿继承权这条危险湍急的河道,孝道疏浚总是跟不上对抗的步伐,家族内部关系整合。当时人的社会地位有三个重要支点:个人能力,婚姻纽带,人口基数庞大的家族。有点出人意外的是,家族中的不和睦甚至仇恨在一些成功的家族里也司空见惯,与官方经典伦理思想以及要求大相径庭。储君一直被认为是家事,从家族和国家付出的巨额成本中,被认为是家事的论断是片面、自欺欺人且不负责任。杨坚与子女之间的问题属于家庭教育还是宫廷政治范畴? 显然是两者兼具。杨坚父子家族不是遵守制度的人,利用了制度的破绽,一些人价值观的混乱也促成了他的事业。他们并不全是为了理性履行承诺,他们的才能往往只是一个方面,而个人利益则是始终如一的。必须有一套规范的制度管理公职人员,如果假设他们有理智而放松专业性质本该很强的管理,付出代价不会低于管理的代价。

杨氏家族主要成员中,有可靠生卒记载的 49 名,将他们死因分为四类:

1. 殁于国事:　　　2 人。

2. 人口自然减少:13 人。

3. 死于竞争者:　　13 人以上。

4. 家族内消耗:　　21 人。

分别占 4.08%、26.53%、26.53%、42.85%。

在四十九人的名单中,家族事业的支持者远多于反对者,明确持反对态度的仅一人,七人涉及与巫术有关,顺阳公主、杨秀、杨谅,杨纶、杨集、杨昭、齐王暕。其中两次与杨坚有关,五次与炀帝有关。杨昭、杨爽遇鬼,杨俨、杨俊、杨瓒均中毒身亡。家族内耗中损失的二十一人中,三人由于杨坚,十八人因为杨广。宇文化及杀杨氏十一人以上,杨浩(杨俊子)、杨湛(浩弟)、杨颢(汉王杨谅子)、杨倓(杨昭子,最为炀帝所喜,为宇文化及所杀,年十六。)、齐王杨暕(并二子,名不可考),大业九年,七岁的杨杲封赵王,十二岁时与炀帝同为宇文化及所杀,杨侗是王世充所杀杨姓人,杨侑则被李唐所杀。由宇文后裔在炀帝身边发难结束隋王朝,不是一次种族性质的复仇,而是一次政治冲动。宇文述代郡人,父宇文盛,其高祖、曾祖、祖父并为沃野镇军主。与其父比,化及只是平庸之辈,他虽然缺乏准备,能力有限,处于一个恰当的时机、位置,一举成功消灭隋王朝首脑机构,完成事先计划不周的一次斩首行动。《北史·卷79·宇文述传》P283。

隋与北周相关数据比较,宇文氏殁于王事者 5 人,自然死亡者 13 人,家族内耗中损失 35 人,死于王位竞争者(杨坚所杀)约 57 人。

分别占 4.5％、11.8％、31.8％、51.8％,与隋的数据 4.08％、26.53％、42.85％、26.53％比例接近。以下还有一组相关数据可与之比较:

3) 结束突厥土族核心成员生命或政治生命的原因

殁于王事者	自然死亡	家族内耗	竞争者
处罗侯	安义公主(染干妻)	阿波母	处罗(被北蕃突厥所害)
(西征波斯死)	泥利	大义公主	
科罗	染干之子侄兄弟(都蓝杀)		
土门	都蓝(部属所杀)		
木杆可汗	大逻便(处罗侯所执)		
	始毕(病故)	沙钵略(与都蓝战败降隋)	
	达头		

室点密、奄罗、步离可汗、都六、射匮结局不详,未计入。

合计十五人:

1. 殁于国事: 1人。

2. 人口自然减少: 6人。

3. 家族内消耗: 7人以上。

4. 死于王位竞争者:1人。

分别占 6.66％、40％、46.66％、6.66％。

　　突厥部落中最大宗的数据是家族内耗,其次是人口自然减少。杨坚与旧王朝决绝的态度坚决,北周的家族内耗指数仅次于由此引起的后果,除此之外,北周、隋、突厥都以家族内耗居人口损失之首,说明家族内耗是王朝主要的潜在隐患,同时发现,如果国家核心家族死于竞争对手人数居首,肯定国家灭亡;如果家族内耗比率居首,国家会衰落,而只有极端的情况才会终止权力的延续。为何内耗会造成家族人口最大宗的损耗?这是因为政治策略试图将家族利益始终摆在最前沿位置,但没有与这种权益相适应的制度贴身制约,因此争权夺利往往成为家族政治取向的靶标,获利的家族成员由于亲疏和智力的优劣自然划分出权力与机会等级,作为一个特权整体,他们有优先利益而不是共同利益,于是机会造成了持久的竞争。不过,家族内耗虽然是影响国家稳定存续的重要指标,但不能说每次都是这种内耗单独破坏了制度,原因在于家族内耗是权力的伴生物,始终都是存在的,只有权力不稳定或者目的出现分歧时内耗才会变得格外危险,而且,内耗诱因也需要甄别善恶,其中既有维护制度至上的思想,也有以破坏制度为目的的行为。核心家族内耗会降低已经确立的一切制度效用,也可能在打开一只发霉的政治囚笼缺口,成功实施一次自救。

　　除政治权力外,获胜家族在婚姻中有更多的自主权满足个人利益,而遵守婚姻道德占更大比例的是妇女尤其是下层妇女,她们有奉命出嫁,为名誉、贞操而牺牲的义务,有服从丈夫的习俗,有生来比男性卑微的法律,她们所属一方任何级别的政治成就或经济提振都不能使这种格局有根本改变。作为家族的支配力量,这是一种制度安排而不是出于实事求是,男性的活动经常可能是盲从的,因为在家族利益中难以离析出自我,自我否定是家族政治中的不可或缺的致瘾剂,株连则是家族利益的重大威胁。部分男性因为恪守孝道名扬四海可能是对父母有真挚的情义,也可能仅仅是在捞取政治资本,并非天下父母子女兄弟姐妹都自然会保持终身融洽,为获得这种融洽而制定、列举的制度只是强调家族和睦的必要性而不能提供所需的充分条件,因此不能以内耗即反常的心态看待和处理它,即使完全脱离政治利益,家族内耗仍会流行,只是它妨碍、影响的不再是政治而是日常生活等。以个人定位的制度国家可以最大限度地摆脱家族政治的弊端,关注的是个人而不是一个家族,这有助于降低国家成本和提高效率。像忠孝节义等概念一样,强调家族的紧密性旨在鼓励集体行动,储备服从者而不是理解者,但是个人利益在任何时候都是一种可以起决定性作用的因素,它可大可小,可隐可现,潜力无限,不容低估,人性的这一特征使得家族的效能经常在紧要关头大打折扣。幸运的是,北魏至隋作为一个完整的时间段,期间家族的作用整体弱于个人，最关键的时刻都是最聪明的个别人最有权势，遂使有价值的制度得到延续。

五、宇文氏、杨氏、李氏的代偿

1. 宇文氏

柱国奠定了宇文氏基业，八柱国有确切记载：宇文泰、元欣、于谨、赵贵、侯莫陈崇、李虎、李弼、独孤信。如果加上最初的十二大将军，这份名单对中国历史的影响难以置信，对这些功高名重的人而言，选择忠诚似乎比背叛更危险，赵贵、独孤信、侯莫陈崇三人的罪名不是充满疑点，就是轻罪重刑。宇文泰婚连帝室，被高度信任，家族地位虽然万分稳定，但宇文氏还是在八大柱国中首先发难，成功攫取了皇权，当时并无争议。继任者宇文护保守的政策破坏了这个人才链构建的基础，转而以依赖家族力量为主，这是以保护家族利益为终极目标的必然发展方向。虽然陆续出现宇文邕、宇文宪等英雄人物，由于均过早死亡，他们的成就与才华被制度弊端与任性家人抵消。杨、李二姓发迹在西魏——北周，前者使宇文氏国家实质发生根本的偏离，后者做了同样的事，两者又多少带有宇文家族政治行为中处事方式的影响，宇文氏婚姻上与元氏更为密切，与杨、李更多的是政治合作，唯一的婚姻记录是宇文泰一个孙子娶杨忠一个孙女。

2. 杨氏家族

杨氏并不是宇文泰时代的核心家族，杨忠（507—528 年）525 年十八岁时作为一个游客在泰山被梁兵所俘，北魏北海王元颢逃避尔朱氏荣暴政来梁，梁武帝立他为魏帝，530 年派兵送归洛阳，杨忠得以随同返回，后以都督身份随独孤信征战，大统三年与信同归宇文泰，泰将杨忠招于帐下。《周书·卷 19·杨忠传》P31。（大统十七年，西魏文帝逝世。）杨忠是宇文泰至周武帝时代兢兢业业的将军，独孤信能干的部属，此后两家一直保持密切关系，独孤信第七女（独孤后（552—602 年仁寿二年享年五十。）《隋书·卷 36·后妃》P132。十四岁嫁杨坚（541—604 年）。时值武帝天和元年（公元 566 年），逼迫独孤信自尽的宇文护似乎没有阻止这门可能对宇文氏未来不利的婚姻，实际上他没有发现杨氏的潜力。而且杨忠在宇文护还有力控制北周时就已受封隋国公，天和三年（公元 568 年）七月杨忠逝世，杨坚袭爵。公元 581 年，杨坚以比较轻松的方式取代了北周静帝宇文衍，由于预先杀死了北周一批宗室，他所遭到地方外部势力反对虽多，但几乎都是不堪一击的，这与其显赫、复杂的社会关系有关。杨坚夫人，后来的文献独孤皇后，其姊即独孤家长女，为周明帝后，帝在藩时纳为夫人，明帝二年正月立王后独孤氏,四月皇后就死了。《北史·卷9·明帝纪》P38。第四女为元贞后(李渊母,杨坚夫妇就是他的姨父姨母)。《北史·卷61·独孤信传》P231。独孤家族三个著名的女儿除故世的明帝皇后外,两个与杨坚关系更为密切,杨坚胞弟杨瓒娶北周武帝之妹顺阳公主,武帝对瓒亲爱有加,瓒因此也是宣帝的姑父。《北史·卷71·隋宗室诸王·滕穆王瓒传》P264。杨坚长女杨丽华在宣正元年立为皇后,即周宣帝后,但杨皇后曾令帝盛怒不已,"赐后死,逼令引决"。后母独孤氏闻讯肝胆俱裂,眼前一片黑暗,前进方向却绝对正确,"诣阁陈谢,叩头流血,"杨丽华因此免于一死。《北史·卷14·后妃传》P58。这是外界多数垂涎于杨氏的荣华富贵的人想象不到的,这种爱恨交加、充满变数的君臣关系,巨大利益和生命严重缺乏安全感交织在一起。两位皇后使杨家几乎就是周室的一个组成部分,亦完全可以说,生活环境既给予杨氏忠于君王的机会,但是明帝皇后的早死与宣帝皇后伤心的经历又令杨氏与皇室若即若离,不仅容易产生信任危机,也为模糊的前途忐忑不安。与年仅八岁的北周静帝宇文阐相比,杨氏捕捉每个机会,在幼稚的皇室信任与庇护下,杨坚小心而迅速地成为一个政治巨人,杨氏在故主周室面临危难时没有选择忠诚,而是焦急地等待着实现权利从宇文氏到杨氏转移的真正机会,实际等待的时间很短,西魏发轫到被周结束是535—556年,北周起讫时间是557—581年,数据上北周更为短促,宇文氏耐心等待的时间却花了超过二十年;隋杨风格不同,581—618年享国三十八年是速战速决的效果。人们出于对正确性或者利益的偏爱,几乎愿意为之挣脱一切束缚,使用一切工具,不过只有极少数人愿意不惜代价。

隋室权利的转移几可以很大程度上印证上述结论的,杨坚五子勇、广、俊、谅、秀都长大成人,隋文帝满心指望一母所生的五兄弟的政治生活也会象他们的出生顺序一样互不干扰,井然有叙。但是残酷不下于战争的阴谋、倾轧,建立在血缘关系、父子关系、兄弟关系之上的信任基础,在他在弥留之际才发现早已崩溃,他本人的死仍是一个疑团,而他所久已依赖的政治理念及其模式则是一个更大的疑团。炀帝三子以及元德太子杨昭三子,兄弟子侄之间虽然避免了倾轧,但是均没有为家族利益出力。《隋书·卷59·炀三子》P172。齐王面对宇文成都的叛兵,以为是他为所欲为的父亲的意图;炀帝则以为宇文成都的人马服从齐王的指令,因为炀帝与儿子齐王生前彼此仇恨,但他们父子至死也未明白真正的死神另有其人。猜忌已蔓延到理论上本该最亲近的人,这正是任何崩溃家庭的遭遇,血统的亲近并不比相同价值观优越,因为血缘融合已成大势,鲜卑或者突厥族的长孙晟祖先出于北魏名门望族,长孙晟娶隋扬州刺史高敬德女,长孙晟去世后,敬德子高士廉将妹妹及长孙无忌、长孙皇后兄妹接回家居住,大业九年作主将十三岁的长孙皇后嫁给李世民,世民有一半独孤家族血统,高士廉妻姓鲜于氏,可能是来自丁零族。《旧唐书·卷65·高士廉传》P293。北魏一脉来自遥远的草原,巍峨王庭早已残颓,却不能被遗忘,年轻的政治巨人体内流淌着它鲜活的血液。

3. 宇文、杨、李家族的亲缘关系

与之雷同情形既发生在炀帝同胞兄弟子侄之间,也发生李渊、杨广这对表兄弟之间。李渊七世祖李暠"晋末据秦凉以自王,是为凉武昭王。暠生歆,歆为沮渠蒙逊所灭,歆生重耳,魏弘农太守,重耳生熙,金门镇将,戍于武川,因留家焉。熙生天赐为幢主,天赐生李虎。西魏时,赐姓大野氏,官至太尉。与李弼等八人佐周代魏有功,皆为柱国,号八柱国。周闵帝受魏,虎已卒,乃追录其功,封唐国公,谥曰襄。襄公生昞,袭封唐公,隋安陆总管,柱国大将军。卒谥曰仁,仁公生高祖,高祖袭封唐公。《新唐书·卷1·高祖纪》P9。从李虎不多的记载中显示,元善见为东魏帝是在 534 年十月。十一月"遣李虎与李弼、赵贵等讨曹泥于灵州,虎引河灌,明年泥降,迁其豪帅于咸阳。《周书·卷2·文帝纪》P4。李渊父李昞与杨坚都娶独孤信女,炀帝与李渊是很近的亲戚关系。(李渊天和元年生,时值公元 566 年,杨广生于 569 年)作为姨母的独孤皇后对李渊特别慈爱。《旧唐书·卷1·高祖纪》P9。炀帝与比他年长三岁的李渊也曾是儿时的玩伴,杨、李二家在定居同州时,两宅相距仅二里左右,出门即可望见对方,有较多的来往。温大雅《起居注》有记载。李渊妻是窦毅与宇文泰第五女襄阳公主婚生女儿,窦氏有三个皇帝舅舅,一个皇帝表哥,静帝则是侄辈。《旧唐书·卷51·后妃传》P259、《北史·卷61·窦毅传》P233。虽然李渊为宇文泰外孙女婿,由于生母的关系,与杨坚从血缘上更容易亲近。窦氏对杨坚的没有成为忠臣而成为皇帝十分生气,只不过当时年幼,有心无力。李渊公开与杨对立应该有她的因素。李唐与隋室另有一层亲戚关系,窦炽子窦荣定,其妻即隋文帝长姊安成长公主,而李渊岳父窦毅与窦荣定为堂兄弟。《北史·卷61·窦炽传》P232。这种关系理论上相对疏远,不足以左右李渊对炀帝采取行动。三姓之间至少享有三代的友谊,但由于政见不同,过早地结束了他们的政治合作。独孤家美丽的女儿们似乎试图三个王朝编织起来,成为一幅美轮美奂的整体图案,但所需材料要在等待中到来,真正让三代具有内在联系的不是婚姻而是制度。从历史角度回牟,隋杨、李唐虽然是兄弟之国,却不愿意为别人的过失赎罪,而是选择迎接一个伟大的新国家。如果利用宇文泰、宇文护、武帝、隋文帝、隋炀帝、李渊、李世民父子做换位实验,他们各自在不同的时代成功的可能性依然很大,因为他们都是善于把握时机的人,道德从来就不是束缚,而是利器。竞争对手从族人、亲信、父子、兄弟,人际关系时远时近,存在于一个密切的范围内。他们人人几乎都有条件成为是彼此最可信赖的人,他们何以觉得生活中权势比友情、亲情更为重要? 在经典著作中并无明断。象八柱国那样一度被高度信任、尽情赏赐的属下,他们为何不满足于信任甚至依赖,为何放弃已有的荣誉,为何会甘愿走向猜忌乃至危险的背叛? 是选择的结果还是无法抗拒的压力使然? 官方赞同的经典思想强烈呼吁重视血缘亲缘关系在社会中的作用,但是在行政上既缺乏保证,在司法上亦行不通。除了传统、环境、阅历的影响,自然的驱力看来在当时人文环境下是既现实又危险,其实它的合理性与必然性在当时都被严重低估。如何利用这种驱力对现状影响很大,对未来影响更大。一个国家的行政成本与产生的经济效益是否相适应,有时并不容易量化,政治效果有时不会立即就全部显现出来,被化解的社会矛盾就很难换算成准确的存量价值,但是矛盾得不到解决,社会风险就会累积,无法遏制的社会增量矛盾与存量矛盾交替冲击下,政权安全系数不仅会呈持续下降趋势,也会阻碍经济发展,窒息一个王朝的政治生命。

在一个缺乏公众认同自动合力维护的基本制度体系下,必定有行为乖张的君臣四处出没。国家制定、或者抄袭的制度再古老、神圣、完善,如果不能得到民意的参与、认同、更新,体现他们的心声,就会丧失生命力,就会妨碍、扭曲良制本身的作用。

这里有血写的诸多纯血统与混血的种族对君权的理解,他们之间或许语言不通,得出的结论则相差无几。外来的强悍种族,以及半文明与高度现代化的种族都不得不承认,以武力或以知识的算术积累不一定可以打通持久发展的坦途。家族的兴亡,城池的坍塌,帝国的失而复得,惨烈或者辉煌都不能像"确切认识"一样引导人类张扬自己的天性,真正享受与身俱乐来的幸福。因此,人民一定紧记自己应该始终享有某些基本权利,它们衍生、承载必要的批评精神,这些权力又可统称"合法反抗的权力"一旦这些权利被剥夺,形成压迫,不管是以多么堂煌的理由,不管是针对他还是她,距离你是否遥远,公义的退败一定与公众利益有关,一定要当即立断,奋起反抗,否则下一个受害的就是你,你的分量可能比你自己想象的大,有时会超过一个整体的社群。然而高压下形成的思维惯性中,这里的人们都希望别人是这个"你",永远如此,那些暴虐的人看到并充分利用这个思维模式,个性不同的专制者或小心翼翼或肆无忌惮地在利用这一点。是否允许、保护"合法反抗的权力"始终存在,适时使用,是进步与落后的明确区别点,因为人民有还是没有这种权力对社会运行的作用力都重大，而暴政总是必然无节制地谋求最大的份额。

中华古代文化为什么没有公开设置"合法反对"的正式条款？保护异议不受惩罚？一是掌权人怀疑自己的合理性，对相关制度天然恐惧。二是认为公开明确设置合法反对的条款是对自己订立的制度缺乏自信。令其历朝都毫无例外地回避完善制度中这一关键细节。三是有约束力的反对条款空缺不是人民天生缺乏相关创制能力，而是大众精神上被欺负太过严重所致。这导致遏制君主罪恶暴行只有非法反对这唯一的有效途径，但"非法反对"系统行为属于资源浪费型，具有巨大的破坏力，经常导致伤及无辜、同归于尽、玉石俱焚的结果。因此，合法反对条款的长期存在比非法反对的权力更为节省社会资源，比无条件支持权力无度扩张，无限容忍乖张的行为更有益，更具进取性，合法反对的条款如果完整、合理、透明、广为人知，能够帮助政权思维更有创意，更正确，保持进步、宜于及时纠错，维护君主权威，俾国家永久昌盛。

禁止反对意见与追求无限扩大专制的人有关，他们臆测，最大的专制与最大的国家利益攸关，是个等式，其实，不是最小的利益集团一定比最大的集团更容易取得成功，国家无论大小，相似的问题始终都在，中央集权国家与诸侯，有各自不同的问题，共同的问题其实更多，类似的集团架构是否紧凑、完备，行动时间是否恰当，结果千差万别，如果不能寻找到正确方向，预期和结果可能永远都不会在一起。而一次行动，一套制度，都必须考虑运行成本，低效率或者没有正收益的行为与制度如果不是外来的偶然的干扰所致，其合理性就应受到质疑，低效率高负债不可持续。这与集体规模的大小无关，也与行动目的的巨细无关。大小利益集团有各自的盲点，未见克服。即使有正确性，告密、松懈、力量对比悬殊等会导致其行动与制度运行失败。

以社会、国家规模大而要求提高专制程度是一种惯性偏执，专制希望扩大权力，就是要获得更多的利益；想要获得更多地利益，先要获得更大的权力。这种思维路径决定了小国、大国之间的转换。

小型集团优于大型集团的要素是利益几乎可以达到高度一致，但它不是成功的充足条件，它会在有益的发展中逐渐扩大，不会始终停留在小型结构内，如果权力不能持续引导、帮助人民满足欲望，并认为唯权力能裁定人民各种欲望正确或错误，在这种逻辑背景下，权力会认为满足与打压国人欲望等于是在做同一件事，国人越是深陷自困，而权力大型化倾向就必然会越强，压制人民欲望的动力也定能同步增大，这三者是相当稳定的互动关系，是一个古老的等式，很难通过后天获得的官方知识加以调整,社会大型化是权力大型化的原因还是结果?是或者不是人类社会必然趋势?这前、后两者是两种可能产生剧烈对峙的见解,但"集权乃特定文化衍生物"是一个肯定的结论,大型化社会的极端类型很容易被装扮成人类的宿命,诱导人们接触、融入、适应它不断膨胀的结构体,让人们接受人与权力的位置可以本末倒置的经典命题。大型化权力也有正当、合意的类型,它是思想与技术相对先进,比较正确的反映,每个人以自己最优的方式在这里获取利益,而个人之间的差异总是包容性存在,因此大型化的集群如果正当有益,就必须有多元、个性选择、私有制昌明的架构,在这里,各种私人利益的天然价值难分高下,而在另一些社会形态中,个人身份高低生死攸关,人人可以在公平前提下合理获得利益的理想化社会从未整体仿制成功,显示社会中的一些重大问题有待解决。古代中国耻言利的教条的教条指引的不是目的而是手段,不追逐利益的人中不乏真心实意的,但是借助这种令他们神往的战略,最有可能获得利益的最大份额,这是该思想的倡导者们由来已久、一厢情愿的想法。

《周书》的作者们对北周国家(即宇文泰的政绩的命运)做如下归纳:……弘农建城濮之勋,沙苑有昆阳之捷,取威定霸,以弱为强。绍元宗之衰绪,创隆周之景命,南清江汉,西举巴蜀,北控沙漠,东据伊瀍(瀍河在河南省)。摈落魏晋,宪章古昔,修六官之废典,成一代之鸿规。德刑并用,勋贤兼叙,远安迩悦,俗阜民和,亿兆之望有归,揖让之期允集。功业若此,人臣以终盛矣哉。……至于渚宫制胜,阖城孥戮,茹茹归命,尽种诛夷,虽事出于权道,而用乖于德教,周祚之不永,或此之由乎?《周书·卷2·文帝纪》P6。武功是第一位,政治改革也值得一提。这是对一个汉文化边缘地带的种族之所以得到发展的原因归纳。唐李世民与魏征有一次谈到北齐与北周的两国君主时,太宗提出这样一个问题:"昨进周、齐史,看末代之主,为恶莫不相似,俱至灭亡,然两主若为优劣?魏征答"二主亡国虽同,其行即别。齐主懦弱,政出多门,上下相蒙,遂至亡国;周主立性凶强,威福在己,亡国之事,皆在其身。以此而论,齐主为劣"。王方庆《魏郑公谏录·卷四》。很明显,魏征属意的是政治上专制的君主类型。人民并不会害怕君主思想进步,尽管那会导致更长久的统治,也不厌倦重复,最担心的是对问题熟视无睹。从结果推论出来的原因中不乏宿命的思想,个人也好,国家也好,其政治取向一定与传统的道德标准密切相关,甚至可以说经过神化的道德标准左右一切政治结局,道德标准是天定的,一成不变,好的行为一定有好的结果,中国古代学者们一直对政治罪恶与生活美德后果错综复杂的真实性讳莫高深,这是民族性格中一个刺眼的弱点,它已成为政治意识中的一个痼疾。将其比拟为中华文明中的肉中之刺也不为过。因为我们知道，随时间的推移，政治结构将越来越深刻地影响一个国家、民族的命运。隋代两个皇帝生活作风迥然，却在政治上形成难得的默契，将长期积累与有效消费有机融为一体，积累与消费是两种思维模式，在古代农耕社会中，不是一个政治人物所能完成的困难任务，两者难以出现均衡点。现在有必要确认，隋代是否比本国历史中其他朝代，同期甚至延续时间长得多的王朝政治成果逊色？人或者国家都一样，需要有一个紧要关头。一个成功者就是一个在面临各种未知数乃至危机时有准备的人，国家也是如此。杨坚生前发现他有盛世，杨广也有发现，唯独后者没有发现问题：即他没有准备也不需要真正的继承人，这是两个著名君主之间的一个著名差别。

以现代知识评论隋文帝立储的功过并无意义，储贰制度虽然存在已久，但基本上仍是一场竞争，总是有胜有负。开皇六年杨坚就吐谷浑太子为保存性命准备逃奔隋的行为所作的评论实际证明低估了政治的复杂性，对人性的正面评价也过于乐观，他的太子杨勇不仅容易被丑化而且几乎没有机会陈述，这一切并不是先天原因造成，也没有必然性，他的长子成为阴谋中的最大牺牲品，自己则在不知不觉中成为帮凶。他在临终时仅仅把这些归咎于个人，如他已故的皇后，而没有看到已有制度的缺陷，很可能根本就没有意识到制度这方面还会有问题：

1. 个人的作用——提升个人意义的途径——有还是无？

2. 经济在社会中的主次作用？

3. 制度的用途——用于决策还是作为奖品

4. 对社会问题的心理准备——有没有解决纠纷的真正机制。

5. 迷信与经验的界定。

6. 知识的正面与负面影响。

7. 作为现实基础的几个方面：传统、舆论、情绪、新知识、新工具、偶然事件。

炀帝以牺牲兄长的代价获得君位，又被迫以王朝加生命的代价，弥补自己、决策错误、道德异议造成的巨大缺口，虽然他本人对这种结局真正到来之前已有所准备，尽管是一味消极地等待结束，但如果可以重新选择的话，他会设法避免重蹈覆辙？他的政治命运是一个意外还是必然的结局，或者两者兼而有之？由于他所生活的特定历史时期适用于与今天完全不同的价值观，很难作出一致接受评价。但是他的历史重要性仍要被刻意回避，人们已经接受了他毁誉参半的人格特征，而且延续了许多年代不变。只有少数人对此持有异议，随着时代的变化，这种异议变得越来越重要。在任何一个封闭社会，君主或朝代的优劣势通过内部的比较得出的，可能比前一个好，比后任者差，也可能相反，在信息严重不对称的时代,这种结论缺乏客观性,所谓明君、盛世往往是相对而言甚至是循环论证的结果,不是经过量化后的验证,炀帝时代是一个开放性的社会,他个人成就、社会开放度与前后任乃至国际同期的君主比较都有其独特优势。

上述政权兴替显示,道德在社会进程中的作用被过高估计的诱因及其危害来源于侧重于对社会财富重新分配的愿望,远胜于对技术增产的期待,不断以政策方式调整财富的方式谋求社会秩序的手段单一,即武力剥夺、转移产权,行为粗暴,技术滞后而且效果不佳。获得、运作、持有大量财富的能力不是可以靠职位、授予变得可靠、优化,权力顶峰的国君很少成为运作财富的顶尖行家,如果他坚持如此,只会白白造成浪费,这个规则对其他各种级别的人都适用。财富的持有状况当然可以通过新政策短期改变,但是它迟早会恢复它的正常情况,这是一种少数人持续分享绝大多数财富的状态,并不为大多数人所喜欢,也就不合乎道德。而道德很大程度建立在天人感应、因果报应伦理基础上,纯"道德"的作用用于自我心理暗示或安慰,当人们由对道德的推崇变为依赖后,就会对一个社会的根基产生毒化作用,动摇其存在基础。对所有人来说,最好的道德并不稳定存在,建立适用性最广、最强的法治虽然是次要的理想却是唯一落实的构件,由此令社会成为一个适宜居住、发展的有机整体,而不是一个个以自我为中心、狭隘、封闭、排外的孤岛。在当时,政治腐败是经济问题之外的另一大的命题,包括经济垄断的合法性,皇权零制约,司法专断。它固然是家族统治覆灭的最直观的原因,思维观念则是其中更重要因素,它也是一个无法回避的话题,其实际作用对比当时人们所了解和估计的要多得多,人们为实现个人的愿望,可以建设一切制度,又随时不惜破坏它们。他们有时是如此理性,最终又是被感情支配的动物,两者都会令其伤害同类。颠覆一个政权的条件是这个政权本身的混乱,但是重要的前提是要有颠覆它的恰当口号,即它所蕴涵的价值观念,它用来说明未来可以解决的问题,尽管以后这些问题并不一定实际得到解决。当然颠覆者人格魅力也有作用,一个王朝有时并不需要倾覆,只需稍加改造即可生气勃勃,但为何颠覆又如此频繁,答案只有一个:就是在转移中各自实现利益最大化。颠覆轻而易举的原因多种多样,要点是,权利越是集中,就越容易招致仇恨。仇恨不足以使人参与反抗,却容易让人冷漠旁观。人们不是不想分享颠覆的利益,而是可能得到的利益份额不等于安全保障时,人们就会选择旁观。

实践政治之缺陷分析:

1. 古代中国人对事物过于表面化,人们满足与评估、批评社会表面现象,对原因的分析止步于王权之前,缺乏勇气将王权作为政治组件中功能多样化的一部分,保持警惕、批评、纠正的机制不要缺失,误以为对王权的尊重就是将其特殊化,错误最大化,一定要让其自由积累到招致全体国人的反抗。

2. 古代中国政治是一个因循守旧维护传统与现状的设计,对政治问题没有长期计划,缺乏针对性,没有形成专题研究的好传统,而且这种研究多数是自发、个人的行为。这种对社会缺陷研究的行为容易与社会现实形成对立面,研究的结论无论对错也因此难于得到及时应用,往往对社会的发展作用微乎其微。从根本上降低了智力开发的价值和人口对文化知识的需求。

3. 以为政治问题是孤立的,总是政治问题政治解决。即使涉及其他问题,也是将非政治问题政治化(比如天文科学在政治中的应用。)。

4. 中国人的原则、政策通常是针对个人的,对社团的约束与支持没有先例,连坐虽然涉及群体,那也必定首先是由个人引起的,而个人权利并不完整,而因此惩罚无辜的设计令政治等同宿命,造成不健康的社会心态。

5. 忠孝观虽然可以视为一种鼓励集体行动的纲领,但是个人在具体操作中可以有多种不同理解。在履行忠孝观时,个人的忠孝选择可能与集体要求的忠孝选择相去甚远,且个人的利益从本质上讲是压倒一切的。

4. 整个封建时期,采用一种主观高度理想化人类情感,而客观上其行为弱点暴露无遗的政治取向,其视点是绝对静态的。

将隋代比拟为历史的长河中一场暴风骤雨,一朵转瞬即逝的玫瑰都并无不妥,人们还是可能会对此窃窃私语,这是因为人们只记住了政治进取中残酷的一面,没有看清一位君主的政治冒险是多么难能可贵,在一个鼓励因循守久的文化氛围内,最大的政治美德其实首先是创意,其次才是社会公平。只有创新才可以突破传统的弊端、敲击刻意营造的经济严重供给不足社会的要害之处,中国人将哲学简单化而形成了迷信的思维传统,随之又导致技术始终难以出现质的飞跃。财富积累与奴役、战争所需要的人口增加带来的经济压力就会成为难以逾越的障碍,这在一定程度上加深了国人懒惰与消极精神。极大地限制了一个政治集群的活动能量与范围。从杨坚开始处决第一个周室宗人赵王招开始,杨氏付出的成本很低,近似于现代政治中的军事政变,相比之下,唐的建国途径就十分危险,具有偶然性。隋炀帝比被北周宣帝更胆大妄为,名声也更坏,为何宣帝的国家几乎一夜之间就崩溃,而炀帝的国家死而不僵? 是杨坚过于残忍? 是否因为隋国家规模更大? 打败一个国家为何仅靠个人智慧即可完成? 说明缺乏制度或者制度是拼凑而成,要不就是已经僵化。一个有机互动的制度必然是正确且合时宜的观念产物,一组过时的人或一套过时的制度不可能相得益彰,他们必然充满矛盾。如果制度得不到及时修改或者人员得不到调整补充,彼此无法容忍时,这种矛盾对外部世界就会变成吸引力,这个制度圈中的人或者更确切地说只是少数受益者本能的防卫抵抗外,外部打击总会得以实践。他们看起来越是迅猛强大,就说明原有价值观越是陈旧落后。在被垄断的官学传统中,制度效用必然被弱化,技术难以成为量化政治优劣的尺度,最大的依靠是突围出来的个人。

隋开皇元年官员来源随机抽样统计

门类	数量(个)	结构比
来自北周在职官员	153	91%
当时未任职而入隋者	16	8.4
杨氏宗室	3	1.8
拒绝入隋者	1	0.06

合计 170 人次,实为 167 人。

隋末唐初人员分流资料随机抽样统计

门类	数量(个)	结构比
1. 本人是隋官员反隋入唐者:	19 人。	11.9%
2. 父辈与本人均为隋官反隋者入唐者:	11 人。	6.9
3. 当时未仕隋职反隋者:	17 人。	10.7
4. 来自割据势力的入唐者:	35 人。	22
5. 来自李氏宗族的反隋者	11 人。	6.9
6. 原无官职亦未反隋但入唐者:	12 人。	7.5
7. 现任官员没有反隋自动归唐者:	22 人。	13.8
8. 为首为盗者:	9 人。	5.6
9. 为保卫或尽职一度抵抗唐军的隋官:	6 人。	3.7
10. 为炀帝举哀者:	6 人。	3.7
11. 自立者:	13 人。	8.1

合计为 161 人次,实为 159 人。实际入唐者 131 人,占总人数的 82.4%

两组数据规模相似,北周皇帝个人声誉优于炀帝,但北周官员比炀帝官员直接进入新朝人数多很多,大象末期,他们曾一度形成抵制杨坚执政的氛围,杨坚本人也清楚地意识到这一点,于是"欲顺物情",将武帝子汉王宇文赞晋为上柱国,右大丞相,其实"外示尊崇,寔无综理。"平定叛军后,舆论适度的抵制随着杨坚地位稳定而微弱,宇文赞立即被转任无权的太师,随即为杨坚所杀。《周书·

卷13·汉王宇文赞》P22。尉迟迥、司马消难与北周有紧密的家族利益，唯一可能出自忠君初衷的是王谦。但是不怕非难，不计后果公开冒险为炀帝举哀者没有出现在北周，这些自发的行动者中可能有人认为炀帝对自己的提拔、恩宠是个人与个人之间的情谊，报答的欲望驱使他不惜与社会对抗，但是其中一定有赞同炀帝政治思维的人，与炀帝对现实的处置或者对未来的判断有共识，在他们眼中，炀帝的成就比他的过失更清晰，更引人入胜。

本章小结：

从列举的跨越几代例子中可以得出，君主专制并不是由君主蓄意造成，没有、至少是缺乏行之有效的制约条款，君主直接专权比权臣专权更危险，原因之一是挑选君主的范围小，标准低，而权臣本人至少有某种过人之处，否则不会委以重任，两者之间存在一种智力优势。北周武帝与隋文帝都是有事业心、理想、原则的君主，他们的事业建立在专制上，然而因储君选择不当毁掉了他们的事业或理想，后者甚至丢了性命。另有部分君主虽有能力控制国家却没有能力控制自己，有的毁誉参半，有的则过早地被情绪化的欲求摧毁了理性。权臣的危险在于他们有进一步的野心时，对于过于弱小的君主，可能导致轻而易举地改变现状。对此可能会引发众多道德上的纷争，但发起人如果迅速让大局得到控制，未尝不可，因为人民可免于长期动乱不失为政治首选。北齐的皇帝们个个掌握类似极权的政府，国家却血雨腥风，最后被弱小的国家消灭。北周权臣大行其道，既使武帝时期，在位约一半的时间受宇文护的制约，其他时间又受相对开明个性和贤明大臣的隐形制约。原因之二，人性总是急于满足现实需求，如果为了媚俗，容易造成短视的民俗，结果往往落入制造神化者的圈套。要强调的是，如果将一个政府企业化，以效益为唯一衡量标准，我们得出的结论可能就变得乐观很多。企业的运营可能千差万别，从企业的整体发展史看，总是在以先进的生产力代替落后生产力，上述几代的兴替完全可以做出同样评判。

第三十八章　一个古代中国人的属性

道德的价值不会以具体,一一对应这样简单、直观的方式在每个人的一次行为之后立即反映出来,但它一定会对人们所有的行为作出反应,可能不会让人人都感到精准,恰如其分,但总体上有它自成体系、无可辩驳、无法拒绝,事关所有人的回应。

——作者

一、一个人的定义

古代中国文化与制度下的个人性是不确定的,他们生来具有天赋的因素:种族、男、女(归属身份);又具有社会的因素:等级、贫富等(获致身份),行为受到礼和法的约束,他的天性会与之冲突,会挣扎,他们的人生是被动的,根据父辈的身份,子女出生之时,礼和法就已经强行地给他或她安排了去向,很少人能强大到按自己的天赋生活,因此,礼法的社会呈现的既是一个人的生命轨迹,也是一群人的生活轨迹,他们从生到死就是某个群体的成员。然而,个人特性与群体共性的彼此雷同率高经常是社会落后、僵化的一个重要表征,相反,一个人与一群人之间的内涵界限越是清晰,各自的定义越是明确和不同,这样的社会越是具有客观性、合理性,也就越是高级,越是能保持进步,就本质而言,这种社会只能由个人自由与自我选择完成。不可能出现的是:社会整体很先进,而一个一个的人却很颓废,很失败。换言之,先进的社会是由一个一个各有优势的先进的个人组成,如果这个指标经不起验证,那这个社会的先进性是虚假的。暴虐的周厉王强迫人们接受一种远逊于预期的政治现实,不遗余力地消灭异议,"防民之口甚于防川",是分封制时代"先进社会"与个人性实际感受差异悬殊的典型例子,浮夸的隋炀帝赋予了他的帝国所不具有的繁盛,"中国丰饶,酒食例不取直",则是均田制时代"先进社会"与个人实际感受之间差异巨大的极端例子。

人的天性总是处于一个不断主动调整试图持续提高自己价值的心理常态中,个人价值的高低变化有的是因为恰当地选择信息,而获得正确判断并受益。部分是来自个人成就引起的社会评估变动,有些则是假象,外界幻象或被虚拟化而赋予其不具有的功能,无论是蓄意还是无意中如此,都有可能导致个人谬误,结果丧失个人自我正确评估的必要基数。不论在何种情况下,个人不要因为选择逆来顺受而默不出声,这样就会成为一种多余的存在,毋需过度在意你的意见是对还是错,只要直抒胸臆,不论你的意见是合乎时宜还是离经叛道,你都是一个有价值的人。古代中国哲学不鼓励人民坦诚相见,害怕争执会损害秩序,但是无法创新,增加社会财富,提升、满足人的精神需求,纯消耗性的秩序即使始终井然有序又有何用? 其实这种秩序也不可能一直安然无恙。

即使对人性的未来高度乐观,但基本的客观性还是产生下列推论:孤立清廉以及低收入的政治设计具有极大的风险:1. 人们可能因为无法养家糊口而不尊重这份职业。2. 因为高级脑力劳动以及超强度的工作与重大社会贡献仍无法过上体面的生活令人萌生去意。3. 缺乏资本积累的个人与家庭容易冲动行事。一个国家提供给人的报酬如果不具有长期的吸引力,甚至比专制社会更不稳定。可以控制资本对个人生存与自尊的基本需求形成压倒优势的只有建立法治基础上的国家权威,在缺乏这个基础时,阶段性的专制君主也是一个选项。

必须尊重人性中大量出现的临时行为,不管是在政治生活还是日常生活中,不要急于剔除你身边的麻烦因素,合理或者不合理,它可能是本生物链中重要的一环,不断给你的行为警示,设置边界,注入活力,激发正直、创新、客观与批评精神,与社会问题一样,人的长处或弊端只要善于运用,都可以变得有益。人的内涵与完善人格是逐步形成,它们创建制度,本身又是制度的一部分,中国居民的这个特性与世界各地的人民没有区别,换句话说,他们存在共性。

二、个人是如何发展至专制的

中国有个专制的文化背景,一块看起来很美的中国制度草坪,它不是自然形成,而是人工的,忠、孝、节、义、礼布满草坪,人们被告知,这些都是神圣的,不仅是生活所必需,也完全正当,这是个不容置疑的文化,塑造了无数不容置疑的人。这还不能说是一种哲学的错,任何一种思想都希望具有统治性,但是具有这种品质的思想极其罕见(中国的本土科学与宗教都没有达到这种普及度)。有些人认为中国古典思想的蕴涵与其有过的地位完全匹配,实践给出的结论则是相反的。几乎很少有人成功通过错综复杂、由道德与非正义同时、共同定义的制度草坪,构它外观很柔美,质地则很坚硬,绿茵一片,色彩宛如长春,其实范围内时常气候凛冽,栅栏时隐时现,你一直在其中,时而会不经意地越境。没有人能安然无恙地通过孝、义、忠等构成纵横的阡陌,类似迷宫,人民有时会听到孝、义、忠等于合法,君主的信任等于合法,言之凿凿,结果却不能一一验证。

如果一个人拥有法律支持的最高级的仁、智、忠、信、节、义,还是并不意味着他会在社会上成功,那这就是一个有问题的知识体系,具有这类知识的不一定比完全不具备这类知识的人生活得更好,知识较多的人也不一定比知识较少的人好,这种比对上升到国家层面时也是如此,一个在最伟大帝国时期的普通人,很有可能不会比生活在动荡不安的朝代的那些普通人更好,前者负载有太多的赋税、徭役以及其他临时摊派的各种使命,后者固然可能漂泊不定,朝纲紊乱各级官府解体而无人理睬而乐得逍遥自在。这必然导致信仰解体,因为一个人有如此多的责任,这个给他们制定了这么多规则的社会却并没有为每个人提供足够的条件以便他们得以顺利履行职责,不是每个人都得到了应得的支持,只给了少数人相应的物质条件,只给了命中注定的人,运气奇佳有意外收获的人,更多的人没有资本、缺乏教育、缺乏技能训练,他们赤手空拳,衣衫褴褛,对目不暇给的义务与责任望洋兴叹,不断地在履职中折损,根本无法品尝人生、生活。这是个近似无弹性的社会,因为它在多数情况下不能满足人的基本需求,多数人的人生是一个不断下沉的趋势,生活会变得越来越差。随后这个社会被发现道德缺失,随之一切都会被否定。

这套制度的设计者总是担心掌权者权力不够用,吃亏受挫。制度设计中绝大多数人人权力高度匮乏,少数人则权力大量剩余。维护一种权力的完备与绝对优势尽管并非毫无益处,但由于不是良制善政增进了社会公益,而是以相对应的被统治者的权力削弱为基础,竞争者双方是通过制度而非能力决定地位高低,权力大小,使得社会经常被真实效能检验评估为价值紊乱。更有才华的个人,更为正确的思想明显被压制,而错误甚至荒谬的决策则层出不穷。身居高位的人不仅动辄得咎,一错再错甚至道德感也低于普通人,唯有血统与祖辈地位高贵,这两样东西对做对事或者正确的思想,高贵的品质均既非必需,也毫无意义。专制是一些不行的人死乞白赖地据有权位的保障,行为保持正确的人不是专制的人,专制者指的是自以为是,明知自己不行却不愿承认甚至坚持错误的人,他们总是认为自己的过误事出有因,或者纯属偶然,实际上他们凭借的只是偶然的成功,往往是这些帮助他们建立绝对的信心,注定会被他们自己的错误全部吞噬。最为强势的专制者很难或者说根本无法面对多数人的合理要求,他们只能从最为自私的角度考虑,权力如何更加巩固,欲望如何更全面更优质地得到满足,他们因此无法让自己变得像一个普通人,可以从他们的处境理解普通人的正常思维。权力大小有差异,而人的幸福感大同小异。如果人民鲜有机会参政,他们的一举一动都必须顺乎国君的命令,一切成就也都归于国君,绝大多数人因此被隐身,很多人就有可能因为被忽略而不大配合政策,政策即使很好也得不到充分的实施。

为什么通常有一定能力的专制者相对温和? 是那些能力不那么行的人热衷于绝对专制? 过于残暴? 这是因为有能力的专制者言行具有基本的一致性,那些能力较差的专制者担心人们不能顺从而实施强制,以至于本木倒置,不是专注于政治计划的结果,而是用更多的精力处心积虑地想要人们如何顺从。但往往他们拿不出好的计划,计划越是有瑕疵,社会的抵制就越强烈越广泛,专制者会失去耐心,会被激怒,然后声色俱厉,最终孤注一掷。理由不充分才会需要专制,压制并消灭异议才会成为常态。中国社会使用模糊的文化知识决策,缺乏科学的准确、量化作为施政依据,所以习惯于专制。在中国,越是具有精确功能和必要的学科比如天文学、会计学,就越是模糊,因为模糊,人民认为政策含混、艰深、歧视;君王则认为人民无知、杂乱、撒谎,强制因此产生,强度因为彼此的认同感降低而增强。

拙劣的专制者永远不理解或者不认同社会运行的真实意蕴是兼顾,兼顾竞争者的思想、利益,兼顾更是一个社会健康存在的灵魂,充分兼顾到不同社会群体的基本生存需求、人格尊严的社会,才有可能保持进步。

为什么不是管仲、孙子、白起、孔子、老子等独树一帜的人成为专制者? 而主要是一批平庸得多的人成为专制者? 前者是因为追求专精而不够全面? 可以认为他们是思想上因为卓越而已经达到专制,但是他们的思想与意见取得压倒一切的优势不是因为接受者受到胁迫而被动接受,他们的意见更容易被理解,被接受,是因为接受他们的意见会带来好处。

三、专制的制度因素

在中国隋代以前,社会还在努力追寻制度,以违背制度为乱。开元天宝后,制度遭到有意的持续攻击,一路向下,沿路洒满破碎的制度。隋代决策中的弊端在秦以后的朝代都出现过,他们使用同样的政治工具,环境也是一样的:

春秋人的基本生活模块

1. 姓氏,2. 婚姻,3. 封邑,4. 礼制(以礼为主)

秦以后人基本生活模块

1. 家族,2. 婚姻,3. 郡县,4. 制度(游离出礼和与礼并存的各种制度)

姓氏标识你的来源,血统,婚姻是繁衍寻求稳定的社会关系的有效模式,食邑是你的社会身份,礼仪是如何存在的工具。后来各种制度取代了简单的食邑,人们似乎可以离开食邑,前往一个打开的新空间,不再简单地属于哪一个人,固着于哪一块土地。但是相关制度既有互补性也有矛盾之处,制度概念包括法律、礼制、均田制、租庸调制、两税制、科举制等。具体的制度虽然越来越多,人的内涵却越来越不确定。比如两个同样身份的人,有同样的国籍,同样的地位,触犯同样的法律,受到同样的处罚,他们会认为这样很公平,但是如果两个不同身份尤其是身份悬殊的人犯同样的罪,他们绝对不可能得到同样的处罚,地位高者会欢迎这样的差异,地位低者重新审视自己的身份后,会更加厌恶这套令自己屈辱的制度而不是自己的罪,是不平等而不是受罚让他们内心过不去,制度让有罪的人沦为囚犯或者免于刑罚,前者理所当然地不会支持这样的制度,但是属于少部分的后者毫无疑问地会支持这种制度,他们更有权势,无法说服国内的异议时,很自然地会借助于手边的暴力工具。这是一种不专制不行,但是专制终将会把一切弄坏的制度背景。

四、专制的意义与成本

当一个人的决定立即或直接可以单方面改变别人的想法乃至命运,这是专制的重要特征。专制迈开第一步时充满诱惑,绝对的支配权力让他们突然发现可以手续更简便,可以肆意放大自身利益;第二阶段才会有苦涩感,即意识到必须对一切问题负全责,尽情享受专制者的思维一般停留在第一步,对第二步缺乏准备。

部门之间权责不清,缺乏制约,是专制国家容易出现的问题。专制者可以有健全的制度,可以有意让权力出现严重倾斜,当权利均衡现象遭破坏后,专制者才会行动自如。明智的君主在权利两端留有空隙,皇帝除咨询大臣外,允许少量低级官员的意见出现,最后可能会以大臣或一个综合的意见为准,允许权臣自由发挥的状态则意味着皇权失控。古典政治制度中皇权与专制政府有时是一个整体,分开时则通常此消彼长,总有一方占绝对优势,所有其他组织包括玄学哲学家、门阀、富人、行会、商人、法律思想、伦理传统都不能与之相提并论,这还并非权力失控的状态,专制的竞争者没有讨价还价的条件,从燕荣专门侮辱高姓大族女性等可以看到,政治权利总是席卷一切,在这种类型的国家,不管是希望获得正当权利还是发展机会,都靠个人实力较量而不能全指望制度,权利的不均衡即使不是出于制度的设置,也是该机制必然导致的权利波动空间。引发专制最具体原因有二:1. 环境的形成(低端素质人群)2. 个人意志的诞生(高端人群或卓越者)有其一即可,有时可能两者同时出现。在专制独裁者眼中,从未有过完整有机的国家制度体系,需求是一切行为的指南,他们像法律至上的人一样鼓吹天然社会是无序的,强制是必须品。问题是高度的文明强制力也不是必然对人人声张正义,从制度的地表下一直生长着强弱大小不同的个人意志,沿着制度缝隙游移,得到充分发展后可以晃动、扭曲、摧毁制度,个人意志不是制度的天敌,但是大多数人总是更倾向于满足心愿而不是维护制度,除非他发现制度更容易帮助自己获利。

判断一个国家是否专制,一是如果看到或发现一个将公众利益总放在首选位置供奉,处于次席的个人利益则所向披靡,一个合格的专制者并不蔑视民意,而是强调自己完全可以代表民意;其次可以考察政府在处理重大问题时依赖于政治手腕还是专业技术,专制思想体系的特色之一就是排斥技术,这是因为专业技术是量化的唯一手段,只有量化才可以彻底辨明真伪,打破节节上升,经久不衰的人格神化。专制国家,即使初期不是,最终也会成为技术短缺的国家,技术创新是技术的生命力,而在专制范围内,人的判断力一定受到某种压力的影响,从而因害怕出错受惩罚而抑制思维活跃度。古代专制思想根源是对人性一知半解,错误估计自己也错误估计别人,处于不同社会地位的人之间的对立性被摆放在明显位置,通过强调对立性不断加大强制性,然后以此建立相互间的经济关系。由于社会结构不是一个直接经济目标,没有真正考虑社会利润(总收益)及各成员的分配问题,而是简单将国民分为应税与非税者,专制国家的人民不太考虑他们应支付的税种,而是他们的承受力;专制君主则相反,暴君们不怕税率看起来十分低,他们可以临时兴发无穷无尽的徭役,考虑到当时危险的道路,可怕的医疗及食品供应,十个出门在外的人,最终有一半返回家园已是奢望,此类成本高昂税种设置仅考虑到可以设置的好处,忽略或不在乎其可能产生的负面影响都符合相关体制特点,有史以来,这种满足专制心态的经济关系很少作大幅度调整。

追求完美的国人对君主专制这一设计投入极其昂贵,用以检验人的天份上限、本能与自制力,其吹毛求疵的作风使社会对这一体制一直抱有幻想,以近于苛刻乃至理想化的审美心态,世世代代等待梦幻般的君主降临,从而证明自己的设计模式完美无缺,永久适用,成为永不枯竭的普遍法则。实际上,中国历代二百多位君主中仅有几名勉强通过这种评估,其他人相距甚远,大部分努力都白费了,他们成了这种非人制度的次品而饱受嘲弄,其实多数人都只是精神正常、身体健康,智力平庸的人。这一举世闻名的挫折已经成了世界政治思想的宝贵财富,世界各地人们由此可以确信:1)一种设计不会因为古老典雅投入源源不断而一定具有现实意义。2)人们从一种成功的变通方式中(君主立宪)得出,任何一种绝对的、无瑕的技术设计都有可能是徒劳的,这种技术设计更有可能是一种另类的文化消费场所,只能让它的主要消费者得到精神的愉悦,不可能给社会带来与投入相称的经济回报。3)最大限度满足现实需要的可能就是好制度。4)任何新制度都要通过是否有益于社会创造价值加以衡量,其必要的支出不应超出国民的心理承受底线,当他们在这种体制下生存困难,冒险反抗时,这种体制就必须做出相应的修正,否则延续下去的必然是高度强化的个人意志。

专制与不自由是并行、对称的,专制制度仍有可能自行过渡为民主,许多自行其是的政治人,并没有因为专制可行变得狂妄自大。这里将中国三代权臣从施政方式上加以比较,宇文泰时期对家族的信用是第一位的,宇文泰在重要时候只信任自己的女婿们,对制度也不冷淡,他创立制度,打击他认为离位的皇帝,这些都得到专制精神的保证;宇文护对宇文泰留下的班子别无选择,面临的是宇文泰绝对的政治权威不散的阴影和一个新制度,更困难的是《周礼》设置中,其中不少官职高低不同,职位权力却几乎同样重要,中央和地方内官外官相对平衡,唯一的选择就是组建一个精悍强势的政府,他恰好做到了这点。一个相对宽容的人专制时也心无旁骛,宇文护在关键时候以泰的外甥尉迟纲与贺兰祥等家族成员作为首批支持考虑,并未顾及他们的个人信仰而是出于对血缘的信赖。同样,宇文护打击有疑点的家族不是为了制度运行,他本人多次对武帝表白至亲不过兄弟,偏袒达奚武破坏制度的行为,很难因此得出宇文护是公义多于私欲的判断。上述都可以认定宇文护的实施专制的精神支撑点来源于随机自行选择,而非制度设计,这种广泛运作权力的空间来自强有力的个性,宇文护智力中等,缺乏开拓精神,趋于守成,性格情绪化,维护宇文氏利益时则毫不含糊,行动起来鲜耻寡廉,毫无道德感。但他的国家却没有完全相同的特性,由于他行动起来总是速战速决,避免扩大化,不仅费用低廉而且对社会动荡较小,遴选君主和安排君主逝世时都一样安安静静,国家相对平稳。北周武帝亲政后,宇文护的行政摊子大体上被武帝接纳,一方面他需要内行的人才支持国家运转,另一方面他需要表现出应有的政治胸襟。例如:尽管其兄陆通在宇文护时代长期担任重要职务,陆逞本人在"天和四年京兆尹,以后历司会中大夫,河州刺史。"由于宇文护赏识,担任中外府司马,不久重新担任司会兼纳言,小司马等重要职务,宇文护被处决后陆逞一度受牵连免职,不过很快起用为纳言,与武帝密切合作,相互理解。《北史·卷69·陆逞传》P255。这说明宇文护为他的政府中挑到过有真才实学的人，他的专制并未以牺牲人才为代价，不是为了让自己的一切主张畅通无阻，让他的宫廷内充斥唯唯诺诺的庸人。杨坚执政，个人的成就与国家的削弱与日俱增，只有当他成为专制者后，个人利益与国家利益才相得益彰，这一切从未能掩盖他对制度的兴趣。

本国传统上倾向于尊王，无论素质如何，对权臣反感。这是一个典型的错误，使得众多不称职的君主被推上断头台。从宇文泰——宇文护——孝闵帝——明帝——武帝——宣帝——静帝——杨坚——杨广，国家元首和政府首脑中有五个人是称职的，个人能力抵消了弱项，从而避免了国家停滞，倒退。任何王朝中新君候选人严格受限，合格者更少，所以难得有优秀者；权臣则来自大得多的范围，是在一群优秀者中杀出一条血路的人。对一个制度匮乏的国家，有利用超级个人能力弥补国家对制度的强烈需求，宇文泰的武川军府及贵族支持者中既有长期合作的将军，近亲中也有见机行事的突然靠近者，还有灵光一现的下层人士，只有比率略有差异。历史上社会最底层并未实际参与利益争斗，因为他们很少能从中受益，只是广被哄骗、利用，在以武力争权夺利时，他们中只有极少数人会得到升迁。宇文护（例如王神欢）集团是如此，武帝、宣帝（例如其子静帝之母原为妓女）杨坚时代也是如此，不取决于个人帝王的智慧与仁慈。以阶级、行业形式出现的争斗，仍然是一种利益集团，摆脱利益集团的人，究竟何时可以选择做一个专制者对社会有益，至少有三个选项：

1. 需要你挺身而出的时候。

2. 不准备利用专制谋取个人利益。

3. 制度缺失。

从来没有一无是处的政治行为，专制也不是在任何时候任何地方都显得面目狰狞，有害无益，一定有它看起来有益，比较起来更好，能够发挥作用的特定时期，在乱局中，专制精神也好，专制者也好往往不仅面带微笑，甚至显得甜美，这是它短短续续，时隐时现的原因。专制社会的弱点之一是它仍属资源浪费型社会，没有获得参与机会的人比例很大，除非社会完全按人的本性运作，但专制者往往易偏离普通的人性需求。综合评估显示，此前历代王朝基本处于同一起点上，政治、经济决策、技术应用、文化的差异细微，没有产生重大的阶段性、泾渭分明的时期。在北魏、西魏、北周、隋、唐形成的政权链中，开始可以看到可贵的连续性，它们时间上先后衔接，价值观彼此容忍，经济积累分配方式也互不排斥，国家的人际关系也好，制度也好，从来没有如此紧密、相似。它得益于制度的延续，也受益于专制补丁，事涉"中国官僚政治体系为何一触即溃，却又死而不僵？"的命题,体制虽是预先的设置,却没有应急机制,只有人是有准备的,个人运用权力的主动性弥补了机制的僵化和欠缺,当时人们看起来不需要制度即可满足一般政治需求。显然,中国的政治制度是一个可以将人的天性、欲望、才智发挥到极致的设计,不是为社会而是为个人准备的,不管是从它的国家理论还是从结果上看都是如此。民众喜欢比较具体的个人,(一定带有神话色彩)以为这可以相对快速地给他本人带来实惠,而不喜欢比较抽象的理念,由于参政机会少,平民无法理解制度的真谛,与个人比起来,它(制度)似乎不对等,难以接近,对话也就更困难,其实它是可以造就优良社会的要素。人世间之最强者总是趋于尽善尽美,尤其是当以历史而不是以方法作为尺度衡量时。战场中的将领决定一切,士兵作用不确定乃至渺小;而当生活形同战场时,专制始终有其机会,一个伟人可以改变一个时代,虽然如此,个人对社会进步的意义仍不是全部而只是不可缺少的一环,社会的改造与制度的形成需要所有人参与才有可能完善,当有细节缺陷时,社会进化不会停顿,只有专制的弊端导致社会广泛抵制,才会威胁专制的存在,一旦专制能量严重落后于需求,就会被无情地淘汰,社会的这种运行模式从未因为鼓励专制而迷惑人民的各种努力而中止。

古代对制度、国家、个人等概念定义绝大部分模糊不清,个人主义被认为是源于集体利益实际上也混同于集体利益,于是在需要完整公正理解个人权利问题时,不可避免地倾向于视为利益集团,这种高度去个人化的官方哲学却导致了一个又一个的极权王朝,除了陈旧的人文知识和大量迷信外,一直拿不出更多更好的东西建设国家,知识分子积极鼓动的政权更迭最终也不过是在一套沿用的制度上换几个新人轮番享受权利给个人和家族带来的无穷好处,由此而诞生任何一个王朝面临的基本问题从未因为对领袖的聪明神化得到终极解决,相比之下,可以用"每个人的成就,每个人的风险。"来诠释其精义的国家几乎就是尽善尽美,无法拒绝。

五、选择

1. 选择是人的天性,一切选择的目的都是幸福

一个中国人是否能够成功自我选择?成功的例子和失败的例子都有。

人的多元生活目的,对自己无法阻止发生、存在试图拥有或者回避的事物等,均需要选择,选择是人类的自然属性,它越来越多地被文明国家认为理应受到保护的秉赋。人类个人行为一直有倾向这种正确性的天性,即使他们以不良的职业为生,或者恶贯满盈,可以发挥人性或善行的偶然机会仍可能导致其至少

一次行为正确，人的每个选择都旨在让自己获益。从决策切入点延伸至各种行为的终端，几乎总可以发现各类价值观，它们永久附着于人、集群、国家发挥影响。不同生活层面的人有各自的承受顶点，优秀的决策就是充分考虑了人的心理极限以及任何新型集团的突然出现及作用，从而避免它的影响力妨碍既定目标的实现。有所选择，并形成集体行动的一种提炼过的思想一定可以取胜，尽管起初处于明显弱势。因为它对抗的并不是一个实际整体，而是千千万万各自不同的第一选择，往往可以各个击破。你能划出哪些决定是在盛怒中作出，哪些又是深思熟虑？不过你也不能预言两者中谁能带来正面的后果，偶然的机遇和超群的能力可以接近、等于预测，但是这两种依据的任何一种都带有冒险性，并不适宜作为普通大众的选择工具。

2. 人只有有限理性，个人背景倾向，信息不对称，都可能妨碍做出正确的选择

人的自然行为具有多元蕴涵：符合经济规律、（即是符合人天性）的选择；符合宗教或伦理精神的选择；合乎特定地域和时代的选择等三大类。人挑选与自己最相似的人分享快乐，也挑选最强者成为他们的对手，他们这样做是或多或少受到曾引起他们嫉妒或者鼓舞的某种潜意识的怂恿，选项在客观上不可避免地加入了非理性成份，而因需求引发的竞争将人变坏的社会背景出现时，所有的倒错行为都是符合逻辑的。这种历来毁誉参半的选择模式正好说明个人利益的离散性质，人只具有有限理性，环境无规则，而且不可能掌握做出正确判断所必需的完整信息。对天赋、地位最原始赤贫的人群而言，眼前的世界处处利益，遍地黄金，个个俊男靓女，样样美味佳肴，一粒钮扣也可以成为值得争执的重大利益。这颗钮扣经过成倍、百倍几何级放大后，成为各种阶层争执对峙的原因，竞争的锦标。这种竞争对其中部分参与者是恰当的，因为他们具有的能力选用的方法，所处位置等都具有优势，他们感到轻而易举，另一部分人则穷于应付，迫使他们参与竞争除虚荣心外别无它物，这是为何有所选择的人会被区分出成功与失败人生的原因，他们的主观愿望取代了人所具有的基本理性，从事了他们所力不能及的工作。如果把他们做为一个整体中的一部分，他们可能作为有价值的牺牲者被提及，作为单纯的个人行为则是得不偿失的，违反了将追逐利益作为第一要务人类基本理性，精神需求的追求并非一无是处，当它们迎合大多数人需要时，它可以转化为物资，人们为宗教舍弃一切财物一方面是缺乏对宗教实质没有整体认识，另一方面是人的贪欲所致，希望在这种交换中得到更多。为了得到诺许了它所不能给与的幸福，在这种坚决、持久的追逐中，经常变得精神与行为一一失控。精神与物质互换,倘佯在理性与非理性之间,人类似乎无法改变这种行为模式,人类的直觉和情感始终趋向于选择最优者,但理性并不总能做到如此。

3. 人人都有第一选择,愿意为第一选择付出代价

第一,社会永远有个利益中心,它时常移动,你不在中心就意味着失败,这迫使人不断做出选择,第一选择或者最迫切的选择,这种选择的叠加就是他们各自的人生,人类需要不断地作出选择的本意是优化他们自身价值。

第二,个人总有个第一选择,人的生存愿望与价值观都可能成为其第一需求,即第一选择。

人具于有限理性。其选择可能是理性的,也可能是非理性的;可能是一桩伟业,也可能是一件琐事。个人的选择有多样性,对个人而言没有错误的,除非有一种以上的利益。

第三,人有完成第一选择的冲动,并愿意为第一选择冒险,有时也并不清楚自己在冒险,在与现存制度、主流意识对立甚至自我伤害,人人具有规避风险与冒险的潜质。

不过,人们经常会发现第一选择不等于最佳适宜的选择,第一选择通常是直觉所决定,完全满足个人的心理需求,这并不正确,人的欲望总是大于实际满意度。第一选择可能中途出现变更,原因是第一选择目标地址被修正,其中有外力的影响和主观愿望。不过,人在第一选择之外,总有备选方案。确切地说,任何个人面临选择时至少有两个选项,摆在第一位的选项往往尽善尽美,过于理想化,容易落空。而备选的方案在选择者心中肯定次于前者,其实它并不一定比前者逊色,相反它们更为真实、确切,贴近现实,是大多数人的真正归属。理性选择存在受挫概率外,人在选择的非理性成份很容易影响选择。人在选择爱人时不一定会以 A,最优。B,优。C,一般。D,差。这样的排序来选择。当未能选择到最优时,不一定按排序选择 B。选择 C 的可能性也很大。因为对 A 的爱变成恨,正是 A 拥有的优点令她或他受伤,于是他们不会选择与 A 优点近似的 B,而选择不具有 A 优点的 C,C 在同一标准中选项中是最差的,但可能具有另一标准中的优点。D 项则与前三项在审美和价值观发生偏转,成为备选项的可能性最小。对于物质的选项,人的选择可以有传递性,即 A、B、C、D 排序因为物质没有对应的情感,不会令人在精神受挫后产生逆反心理。没落王朝的官吏们对新朝代的跟进,不完全是唯利是图,一方面是担心脱离原有、已熟悉的制度平面,从而丧失自我;另一方面存在备选项更符合人的选择习惯,对于自己的备选项即使不是深思熟虑的,也自认为是理所当然的。一个政府应该争取成为多数人的备选

方案,而一个理想国不是太完美就是太遥远,形同骗局。这并不是说,政府不应寻求完美架构和功能,而是组成这样政府的条件从来就不会同时形成,明智的政府应选择多样化发展,以满足当前之所需为主。对普通人而言,优化、精选自己的备选方案或第二选择是明智之举,永远是当务之急。当一个人以得天独厚之条件位列首选时,一是作为大众目标容易遭到攻击,二是他们会产生惰性,不像那些处于弱势位置上追求权位者全力以赴,这些人因为雄心勃勃而精力旺盛,坚持不择手段,不达目的誓不罢休。

4. 成为备选方案的重要性

备选方案指不属于首选的选择方案,首选方案主要来自制度、惯例、第一印象、初衷等,也不排除其中有深思熟虑的推断,备选方案来源于理性、实力、自己创造的机会。它应该是离散选择,即个人只能在有限种可能中做出抉择。如果选择范围和时间都无穷尽,选择则难以落实且无效益。是何种力量使魏孝文帝在没有压力的前提下作出重大选择? 排列他所看到的前景:

1. 大量进入中原的牧人无法占有大量草场从事传统牧业。

2. 成为中原人的象征是改变以往的生活方式。

3. 更多可以征服的土地吸引。

4. 一个在拓跋氏或元氏治理下,无边无际的繁荣帝国。

上述前景促使他做出第一选择:定居化、汉化、农业化、国际化。通过实施,游牧民族理想中大片牧场被小块肥沃的耕地替代,种族世代相传牧业也被农业替代,改变生活方式后已经不再是拓跋族的思维方式。这是一个大打折扣的首选,改革不到四十年,他的国家成为一个分裂的国家,元氏退出政治舞台,征服更多土地,强国梦要由其他姓氏的人完成。但他仍然是个成功者,因为他以伟大的理想实现了中等目标,人们延续他的理想,是因为它符合发展的趋势。

以个人立论,宇文泰是备选方案,宇文护也是如此,虽然比前者能力悬殊,他明智地声称自己遵循的是宇文泰路线后提升了自己的形象,所以维持了很长的统治。武帝形象正面,一个击败了宇文泰事业叛逆的英雄,杨坚也是把自己作为荒谬对立面出现的,不过他私下从事了一些活动使自己看起来更受欢迎,观点更行销,这都坚定了他的信心,杨坚的天赋、家世尤其是活动使其具有独特政治魅力,他拉票寻求支持的努力卓有成效,其中支持票四倍于反对票。三大权臣作为选项时的基本条件比较:

1. 宇文泰通过一组选择人选举,他的能力此前已得到承认,选举获得成功,随后通过个人实践进一步确认了他的地位,说明民意准确无误。

2. 宇文护具有合法的候选人身份,但公信力不够。他物色了有影响的推荐人,确立地位之后,其能力与地位基本相符,说明当选前的异议是合理的。

3. 杨坚得益于政治婚姻,通过私下竞选活动得到许多选票,但最终当选依靠舞弊,因此产生异议,北周立即陷入动荡,他无法在北周正常起作用,于是大改组,产生王朝交替。

三大王朝特质比较:

北周,理想派——选举领袖,恢复建立理想主义的制度。

隋,迷信幻想——杨坚长相和杨广对李姓的猜忌,制度建立与个人主义高涨交错。

唐,利益集团——肯定追求利益合理。

首选与备选方案比较

首　选	备　选
寇洛	宇文泰
胡力(虚构的人)	宇文护
宇文仲	杨坚
杨勇	杨广
李密等一群人	李渊

上述人物中,备选项最后脱颖而出各有其客观因素,根据综合因素评估,他们显然优于排在各自前面的人:寇洛年长于宇文泰二十岁左右,当时年近五十(47岁),在贺拔岳遇刺时年富力壮,但大统五年即经逝世。宇文泰此后还兢兢业业工作十六年,没有这十六年的基业,北周的前途难测。胡力作为一个被神化的虚构人物,当时政治上层认为是被敲定的人选,迷惑了有异图的人,宇文护凭空而降,给人以措手不及。宇文仲是宗族成员,杨勇身为嫡长子,李密享有盛名。他们的年龄、嫡长、才华、血统等优势都被其备选项一一化解。周武帝严格来说也是一个备选项,明帝年龄居长,姚夫人所生,年长闵帝八岁,即位时二十三岁。闵帝长武帝一岁,即位时年十五,武帝即位时已经十七岁。闵帝有血统优势,闵帝母亲是北魏孝武帝之妹,再嫁宇文泰,大统十七年逝世,明帝时被追尊为皇后。西魏文帝元宝炬系北魏孝文帝孙,元宝炬在位十六年,宇文泰对他伟大祖父的亲近感可能是个因素。武帝母亲叱奴氏在天和年间生前被尊为后。如果按年龄,明帝应该成为首选,如果按个人才华周武帝可以优先。但是宇文护没按常理而是按需要发牌,结果作为备选项的武帝成为周室诸君之翘楚。

5. 人的选择既有物质利益也有非物质成份,一个多元均衡发展的国家和人更容易中选，理由是：人有永久的利益，不完全是物质利益，有对某个人和某种观念的认同。当一个观念或人活动一定比例的支持时，如杨坚征询支持者的比例是多数赞同，少数人反对不可避免，却可以忽略不计，如尉迟迥、炀帝时的柳旦等。人们因为某种追求可能伤害一直遵循的制度、价值观，甚至背离私欲。完善的制度最新的价值观，最优的利益预期是管理中的利器，不是必胜工具。人的进化帮助社会的发展，但人本身却不是一种必定持续进化的生物，它沿着从朦胧到文明，从生物的自然状态到组织起来，经个人主义到达他们各自的高峰，然后由极端个人主义变得堕落，良制的作用是即不令他们生活在极权的恐惧中，又可避免在极端个人主义的道路上走向自我毁灭。

5. 如何锁定正确选择？

根据"人类价值观包括物质与精神，全面均衡发展的国家或人更容易中选。"原理，寻求正确选择的应该遵循以下规则：

第一，备选方案可能是最有价值的评估对象，它最适合选择者本人的实际情况，而他们的选择正是他们的需求。备选方案不是指排序上位居第二的方案，使指首选以外其他各种备选项内中选的方案。

第二，个人和国家的道德积分对选择有决定性影响，它同时又是一个不确定因素，每个人的价值观各有不同，但多半是精神与物质的混合物。如果一种管理是以满足物质要求为一切，或者单纯精神满足界定人的全部需求，那以此制定的管理计划或者立法注定会遭到抵制。道德意识一方面可以因匮乏而淡忘，另一方面可以因丰裕而淡忘。比道德意识排名更靠前的利益则在任何时候也不会被忽略，它不是精神的满足就是物质的满足，人们对之总会保持清醒。人们从事发现、发明，冒险成为知名人士乃至伟人，事后才会发现这种冲动从来就不是偶然孤立的，而与本性及世界需求息息相关，与其说他是领先于世界，毋宁说是应运而生。这并不说，这是一个预定的世界，杰作必定降临，人类无法衡量其价值的一个人虽然正在世界的某个角落瑟瑟发抖，而其伟大之处却必定会被理解，身份的卑贱与精神的崇高经常可见错位。人类已经建立起越来越多的体系来衡量自己的同类及事物，其差异之大使对立双方形同水火，除非事先知道人类的结局，现在就预定好一条全人类唯一的通道而摒除其他选项是极其危险的，尤其要提防那些一心以自己成功经验昭示未来的人，听信那些会降低人选择时所必须的敏感和判断力。一个错误的观念远比一个实际的损失更令人烦恼，因为它更危险。

第三，成败立足于个人的政治生态设计是最佳之选。对偶然的政策倾斜的渴望是一个可怕错误,因为它会诱使人们渴望命运的眷顾,体制形成的强势会导致垄断,毁灭竞争机制带来的最广泛参与,而将纯正商贸、诚实、勤奋的经济成果化为乌有。晋张季鹰在京城洛阳齐王司马冏府内任职,"因见秋风起,乃思吴中菰菜、莼羹、鲈鱼脍。曰:人生贵得适志,何能羁宦数千里以要功名乎?遂命驾而归。《晋书·卷92·张翰传》P2384。由于擅自返回家乡吴郡而被除吏名,但在张翰看来仍然是最好的选择,即使有很多人不会同意,但也不能得出他的选择错误的一致意见,选择的好坏因人而异。其中部分对对集体、环境、制度有害。

第四,选择必须有环境支持,国家的政治选择还必须充分考虑周边国家的类型、强弱、贫富、文化差异等来给自己定位,没有周边国家的响应,无法形成规模化,自行其是的国家只是一块孤立的绿洲,正确的思想亦将难以为续。改革后的北魏面临的是南齐的混乱后期和梁萧衍的新国家,却仍然没有形成压倒多数性的优势,尽管萧衍在个人精神生活中要求特殊,消耗的国家财富与效益不成比例,(与国家近期政治生活无关,但南北两国之间仍然只是边境小规模的争战,国家疆域在孝文帝前基本形成,相对稳定。宇文护改变西魏时,绝大部分官员并未公开持异议,很难说他们是有共同的利益或者价值观,他们有选择余地,既不是在规避损失,也不是在面临损失时的风险偏爱。因为他们并不是在面临损失。真正让他们缄默的是,在他们之间,利益有太大的差异。

第五,由于信息不对称,一种选择成为首选与事实最优选项经常有本质上的百分之五十的利益比率符合个人与个人、个人与家庭、个人与集体、个人与国家间的利益最原始公平原理的分配直觉,该预期使上述各方大体上长期保持固定的关联,实际情况一直低于这个预期,比率既可视为利益均势,也可看作语义上的"是"或"不是"两种选边,统计不全以及隐藏信息将破坏这种份额上的稳定。利益让人机警、懦弱;分裂、团结,命运迥然不同,无论作何种选择,都要扣除可能的信息缺陷。

第六,宫廷生活反映看起来最有入选机会的人成功率低,甚至当选后也因难以胜任而被迅速替换,比如北周孝闵帝和明帝等,而看起来最缺乏机会又成功率高,它们均表明为集体做出选择的人与机制不会因备选项多就一定有正确的选择。

人类不可能通过自己高尚的品德,卓越的智慧,就足以把握自己的生活,因为人只具有有限理性。为何有两次个人行动,宇文邕、杨广二人卓有成效的行为为何都没有向自己预期的方向发展?原因也在于此。科学技术进步可以让人类选择准确化,它能将直觉、经验、盲从、压力等旧式判断工具引起的弊端排除,出自个人品味高低的误读、误判也可通过技术的量化分析得出油说服力的比较排位,人生的重大判断可以由掌握技术最优的人给出方案,而减少技术不精的人成为主要决策者的机会。人们对自然的认识得益于技术的提炼,即使是口头表达使用的技术也不例外,丰富的语言配上恰当的技巧令人类变得平和、合作,沟通能力较好的会成为强者,宇文泰自我辩护能力、宇文护外交优先,杨坚即位前的结交术都改变并装饰了他们的人生。

备选项容易被理解为二次选择,即第二次才会正确,其实次序上的第二次选择也不一定保证正确,完全不是量的问题。备选项之所以一开始不被看好,也并非它是一个次要或者中等的方案、品质、人选等,而是被忽略的缘故或者是备选项人为地暂时摆脱了集体选择的视野。但像人类的所有思维、行为活动模式一样,一切皆有例外,有些人的首选带来无限幸福,被钟情一生;有些人则经历三次以上的选择心身才归于平静,因此备选项只是一个统计学上的众数,在现象总体中出现频度最高,它有广泛应用范围,却不能绝对化。

人的选择归于个人想要如何改变与遵循制度。

六、个人是如何与社会构成各种关系

1. 组群的门类

组群指组织起来的人群,一种看似有共同利益的集合体,它是因各种利益而存在,但如果其中确有不同利益,任何结构都不会永久牢固。从时间上利益分为两种,当前利益和预期利益;从份额上分整体与局部利益。利益是整体的纽带,利益的份额和人的取向始终在变化中,当利益变化低于期望或超过个人承受力,利益纽带可自行紧绷或解开,组群会自动重组并小型化,但对利益追求的愿望不会随之衰减。宗教团体是另一种类型的组群,高层次的精神享受以及永生的期望可以抵消尘世利益的诱惑。个人行为总是希望实现自身利益最大化,但他通常离不开一个组群,或许那是一个非常小相当松散的组群,一个合适的头,引领一个好的团队,经常会实现既定的目标,但并不意味成功的队伍一定从事正确的事业,因为需求和价值观都会随时间变化出现变动,一切行动都是它们指引。社会不是预先的设计而是不间断的组群运动的产物,原始组群只有三类:

1. 天然的组群(种族以及家族)它不可能形成百分之百的统一意见。

2. 利益组群(统治管理层等)后天因素形成的集群,他们是为了生计和寻求发展机会而来的人,除非受到强制,内在结构更为松散。

3. 价值观形成的组群(阴谋或利益集团)它可以维持一致,时间上则很难保证。

个人与组群都是有限地受社会公约或血缘限制,出于人自我提升的本能,家庭、家族、价值观形成的组群都会参与涉及上述各层面的各类竞争,但只有运作得最好的组群才会获得社会化成功。一个组群的形成不会是孤立运动,必定与其他团队有关,经过组合从简单到复杂,低级到高级,小型到大型。文明社会有规模的集群运动首先从种族博弈开始,两个有胜有负的种族群会因为互补性强趋向融合,不过完成一纯族群与另一纯族群融合并非易事,族群差异非常顽固、棘手,发生在北魏的有组织地融合(拓跋氏与中原)在利益驱使开始,之所以是有组织的盖因融合潮来自行政命令,违反者承担严重法律后果,但仍历时很长且不彻底,饮食习惯、服装款式、尤其是语言障碍在高压政策下也不能迎刃而解。随后是鲜卑宇文氏与经过元魏和中原人混合族群的互动,宇文部虽是很小的族群,却握有胜利权杖,以外姓获得宇文部落族群姓氏的人意味着社会地位更高,通婚无疑是大奖。下一步即进入血液混合高级阶段,它与任何强制规定无关,纯出于个人自愿,周与隋、隋与唐他们不再以族群而以价值观作为政权转换的钥匙。北周后期开始,元氏、宇文氏族群所有其他的人,包括平民与官员管理层绝大多数不反对换乘新列车抵达新政府,对驾车者种族并无争执,只是具体人选略有异议,尉迟迥因此显得十分落伍,他合理的家族利益、种族利益及价值观均遭排斥,原因是杨氏代表一个新的利益前景,是一块比尉迟家族乃至宇文氏族大得多的鲜美脂肪。文明的进化让利益纵横交错,组群类型复杂化,个人身份的外延显示更多人受到某种组织结构的保护,只要一个人属于其中一部分,伤害袭来,保护就会如期而至,有实质的干预,也有声援。如果一个人属于两个以上的组群,受到的保护就是双重或多重的,他们可能会更有安全感,更多的收益机会,当然也有更多的责任。当人身权利、婚姻制度、私有制、社会分工,司法制度相继完善后,社会就会出现原始组群的复杂形式,它们是类型增加而不是原有组群的形态、内涵出现了质的改变:

血缘构成的组群 ——种族

社会关系构成的组群——家族

志趣构成的组群 ——党派社团

利益构成的组群 ——企业

职业构成的组群 ——行会

发展出五种以上组群的社会也是竞争造成,争夺自然资源、权势、人口以及文化的优势,从无序到有序,竞争让胜出者占有更多资源,更大的个人空间,弱势的群落暂时会退出控制权争夺,等待时机,把握到时机者会陆续出现在胜者之列,原来的胜者也可能因错误的决策或者退化的竞争力被踢出队列,沦为弱势群体。强者和弱者地位不会永久不变,婚姻和个人能力都可以改变身份,北魏孝文帝冯幽后,生母常氏身份原本微贱,因太师冯熙宠幸,(在太师元妃公主逝世后)地位上升,得以主家事。子冯夙为北平公、女封皇后。《魏书·卷13·皇后传》P41。耿询经历从平民——奴隶——官吏的变化,府兵作为一个组群经历了北魏前期社会地位崇高,六镇末期卑微,西魏至唐前期回升且相对稳定的社会身份变迁。至于工、商、乐人等,他们的社会身份在被古代政府一厢情愿固定下来后,随社会的需求变化官方也在调整,天文音乐医术从业者可以担任相关行政管理部门的主官即太史令、太乐、鼓吹署令、尚药奉御。隋时乐人还在被明文规定他们不能为官,现在即唐代的一个乐人则有可能通过合法正当途径担任最高品级为太乐令的职位,从七品下的国家正式在编官员。生命财产权也是如此,北周宣帝头脑高度警惕时,杨坚生命的安全度与本国任何一个奴隶相等,尽管杨坚与奴婢的社会地位、个人财富悬殊,这些对安全没有帮助,只要宣帝愿意,杀他无需任何理由,国内任何一个奴隶比他安全;当杨坚像宣帝一样掌握大权后,身份高贵的宇文氏诸王彼此目睹了一夜之间身份地位的剧烈下滑,姓氏与王位正在令他们的生命变得危险并一无所有,想变身为一个默默无闻、与世无争的贩夫走卒已是奢望。不过,无论此类竞争中个人损失多大,社会总是受益者,成功的人及其创造与失败者的经验都是护佑社会的财富。

各种利益都有自己的饱和指数,利益饱和指数不是指自我满足的上限,而是现有条件能够满足的上限,指数升至上限后立即对外部构成需求,而需求量是个未知数,需求类型包括认知和匮乏,它既出现在利益组群之间,也出现在利益组群之内。与个人价值在社会中的升降一样,取决于供求关系,平行的单元之间一旦利益达到饱和就会出现升降、对峙,或者通过不同单元结盟争取利益:

北周与突厥联盟目标——国家利益

隋朝与突厥对峙目标——种族利益

魏孝文帝与太子元恂,宇文氏与杨氏——家族利益

军人与张彝父子——行业利益

杨庆姓氏变易与隋室兴衰——个人利益

李士谦与新国家——价值观

天然种族指具有同样血统、肤色,操同样语言,有同样的习俗、宗教,长期居住在特定区域的一群人,不过,由上可见,严格意义上的"种族"更接近是文化类别,而不应是生物类别,因为要从生物学角度来定义"种族"基本不可能,它只是

一个"模糊的集合"。种族必须统合家庭、个人的意志才能成为有效率的组群,随着宗教、政治、竞争的引入,它的单独作用持续弱化,不过它历经漫长时间的磨砺,未来仍是一个不容忽视、潜力无限的组群。

家族利益是情感、理性的混合物,比个人更理性,比组群(包括国家)则有更多的情感因素,它取得的胜利因素比个人、组群都要多。古代人认识的家庭是神奇的结构,是高效低廉的组织,甚至无所不能。古代中国人确认上述观点并设立了以家族为基本微粒的社会结构,很明显,在那里,家族利益比个人和国家利益更容易得到发展,个人利益、国家利益在家族利益的需求遭遇中往往居于次要地位或干脆被牺牲掉,因此政府即使是以国家利益出发行事,仍深受局限,往往只有少数家族受益,促使部分家族成为有组织犯罪的基本单元。杨坚举事时有家族成员态度消极,宇文家族也有这样的个人,为何只有个别人在面临获得时规避风险? 个人似乎有了更大的选择权,主动置个人利益于家庭之上是文明进步的象征,何时会出现这种情况? 至少拒绝邀请者不会因此而冒生命危险,否则他宁可冒杀身之祸加入阴谋小组,因此出现异议的前提是生命安全保障。个人拒绝在当时法律制度下并不是理智的选择,因为以家族为主的反叛行为一旦成功,他可能因选择观望而不是同舟共济遭到家族的冷遇;如果失败,也很难逃脱连坐法制裁,即使妻族属于对方王室,被豁免机率也很低。家庭在笃信宗教意识方面可能慢于种族而快于国家,原因是家族中的头人为本家族利益可能控制有亲缘关系而并不一定有共同理想的人,儿童受制于父母,兄弟姐妹熏陶、激励,亲族之间的诱导。在国家中要达到几个人一致时,就没有这种先天优势,完成预定计划或应付急难时如果没有个人之间共同的价值观,就必须具有强制性,家族利益此时比国家利益更优越,理由是为家族利益付出后给国家利益的损害低于为国家利益给家庭利益带来的损害,任何家庭成员都基本会私下认为国家利益比家族利益抽象,一个人品好的战殁者令整个家族人人痛苦悲伤,对国家里许多与烈士不素不相识的人而言,本国多一个军人战死沙场当然令人遗憾,但仅此而已。换言之,尽管勇士是为家庭、国家共同的利益献身,一个战殁者对家庭与国家带来的损失区别甚大,他可能是这个家庭的全部,但永远只是国家最小的一个战斗单位。这还不是为了家庭希望国家破裂的理由,家庭重创可能让国家完整,国家完整家庭就多一层保险,何况国家的安全并不一定以家庭重创为代价。这是国家、家庭主次关系的经典逻辑关系。人性好利,发现利在何处的智慧却是缓慢积累起来的,许多利益当头的价值观也不是自然形成,只能来源于思维惯性、经验、教育,国家因此要兴办教育或营造宗教场所,希望教育让人民思想中形成更为清晰的国家意识,国家利益成为行为首选,但是教育可以令思想丰富以致达到自由,自由思想必定导致创新精神,它却是政府必须认真对待又深感困扰的大问题,因为它是唯一可以将个人、集团、国家利益传统结构模块击碎的要素,如果世界上没有国家也没有一个人从事包括思想与科技的创新,那创新的意义是可以忽略的,如果有国家和人从事发现创造,那么创新在任何地方任何时候都是头等大事,否则国家可能在竞争萎缩成附庸、社区、家庭、个人,最后被强势者完全同化。

　　阶层是一个与家族邻近的概念,是预定的,由先天如血统(名门望族、皇亲国戚等一些含金匙出生的人)、文化背景(宗教上层)因素等构成组群,与后天因素:利益、思想、能力、意趣各自或集体构成的组织同属组群中一个大类,后者成员都是战胜者、学者、经济暴发户之类的社会精英。阶层是组群的种类之一,不过由于血缘、文化背景等产生的共同语言不足以让他们长期合作,需要共同利益加入才能使他们的组织有效率。在具体事务中,集群运行方式和效率最符合国家利益。伟大的国家多由中等资质的人建立、管理,而天才所有的国家一定易于动荡,因为天才的特性就是创意和找到结果,容易危险地逼近事物真相,比如生命的真相除成长的喜悦外,还有死亡的威胁。寻找结局不是普通人的生活,他们的时间无穷无尽,没有紧迫感,更看重过程,个别与个别的静态对比。这样管理者和需求方就会脱节。熟练的管理阶层在治理国家时比天才优越之处在于,它懂得自己的利益所在,如何从别人处获得利益;懂得利用被剥夺者的长处而不是查找短处,营造出协调一致的氛围。为权力结成的其他组群也多半属中人之资,最优秀的人难以成为集群中适应制度、乐于合作的一员。组群不能保持社会始终进化,而可以让国家制度基本维持原样。迎合中等智商思想得实践一次又一次在现实中获胜,就是因为该人群占人口比例最大,这种胜利并不真实,以致今天的自由、民主、法制在人性内涵的对比下仍然相当模糊、狭窄,需要一代一代在生活实践中优化扩充。

　　个人在任何时候都具有旺盛占有欲,个人利益或者蕴涵于利益集团的个人可以无所不在,但它受时空的影响,必然感到限制。一个全新的口号可能为个人赢得一个王朝,却远不会始终见效。总之,利益内涵需要不断对其提升,保证正确,才能使个人或集团利好,取之不尽。最大的障碍是他们为之效忠拼搏的可能不是利益而是自我伤害,炀帝除了在法制上与前任有同样垄断支配欲外,对战争的天赋也盲目自信,他力求达到最上乘的战争效果,结果被弱小狡猾的高丽军打得溃不成军,他的国家利益和个人利益都受损。发展是双刃剑,它拷问任何理想、策划的真相实效,体现公平与规律,对立双方也经常可以在完全竞争的轨道上从实力悬殊达到实力均衡,有时是你的成功和你敌人的失败,有时则是既有你的成功,也有你敌人的成功。人、集团、国家就是这样被淘汰又这样领先的单元,个人作为一个有竞争力单元的最大隐患是不能保证始终具有正确见解,知识型和成就感造成的放任极其危险,它听凭个人为自己为最小利益声嘶力竭,个人的利益虽然应该得到声张,当一滴水等于一条河,一个人的利益等于一个国家的利益时未尝不是个宜人的好世界,但水滴与河流的等式不是处处成立。无限放大个人利益会造成资源浪费,固执己见使合作流产,局面失控;眼高手低令行为的被动、失常,思维惯性也会妨碍接受正确的见解,这些都是个人常见的弱点。人们为一个坏孩子慢慢改良欢欣鼓舞,却容易对一个秉性良善、始终如一的好孩子熟视无睹。人类正是这样不断忽略、错过良制良法同时容忍制度弊端的,这是人性也可能是思维能力的过失,如果想改变这种惯性,防止人权过度滥用,制度必须推陈出新,因为优秀的决策总是充分考虑了任何新兴力量突然出现的一切可能后果,从而成功避免其妨碍既定目标的实现,它不仅是深思熟虑的结果,更倚赖技术进步。占很高比率的个人难以长期保持这种清醒明智,这是所有人或多或少属于某个组群的一个原因,由此而论,组群也算是个人追求安全、成功生活的一个补救设施。尽管面临集体侵犯伤害,零散人群可能个个利益受损,组织起来后却绝非人人获益,这也是理解“人越是自利,越是有益”的必要前提。“君子和而不同,(价值观)小人同而不和。”(组群)《论语·子路》。后者说的是人们一同共事却又各自的打算的现象见于普通人的日常生活,前者指持不同意见却可以和睦相处的人们,他们有更高的精神境界。一致的行动并可能有集体的利益,但不能肯定有该集体中人人的利益,和谐国家虽然是对人人的利益都得到伸张社会的积极描述,但这是个不可以完全平等的环境,除非牺牲部分人的利益,一个社会不会自然和谐。社会如果遵循人的道德评估而不是本性实施管理,带来的问题将会超过预期。

在一个结构丰富、利益错综复杂的社会中,任何一项新政策、决定都可能涉及未知的第三方,比如一项管理措施,它并不只是管理者和被管理者双方之间的问题,如果不能从新措施中收益,就会从中出现事先并未统计到的另一个群体——盟友、国内的反抗,他们要从破坏这种措施中受益。炀帝对高丽之战,本来是他的朝廷与高丽之间的冲突,但是对这项措施的怀疑和反对者,与逃避责任的人们逐渐结成了由松散到紧密的联盟,认为反对本国朝廷更容易获益,更安全,也更有前途,因此形成新的并行战线。任何圆满计划之外都还有至少一处需要补充,炀帝只看到隋与高丽之间显性的力量对比,却对一个潜在的更大也更危险的对手一无所知。他的高丽政策作为一个静态计划时几乎是万无一失的,但是他对政策的效果估计不足,皆因对自己国家缺乏了解。他的死也皆因被经验蒙住了眼睛,没有看到身边成群结队的骁果为什么变得烦躁,为什么对扬州的繁华毫无留念,却急于返回可能家徒四壁的故里? 为何几乎是在转瞬之间从唯命是从变得铤而走险,结果安全变成危险易怒,被遗忘者变得势不可挡、触目惊心? 如果一直追踪计划实施情况,及时作实事求是的调整,使第三方利益被包括在计划之内,事情的结果就有可能更接近初衷。这是因为多包容一种主张,就多得到一份支持,你可能不能独占,或减少愿望的比重以及得到的份额,但这比丧失一切要好。

日常生活行孝的人中,有的名利双收,有的身心俱殒;与李渊争天下的群雄,虽然愿望一致,命运也是有胜有负。这是因为他们中有人直接受挫于对手,有人则是被未知的第三方击败。政策制订者能否清晰地将第三方(可能是隐形的)纳入计划合并考虑,是一个政府、组织、个人是否成熟的标志。

2. 上述几种社会单元的逻辑关系

人通过利益推断来设计、变易个人命运的途径有多样: 1. 通过精选的人类活动方式。2. 如何保护这些方式? 是制度化还是人性化,抑或制度人性化? 隋代音乐、天文、律历学争议的各方是新型的组群,作为其中的任何一个团队,它的成员复杂流动很强。产生的影响是道德纯洁和宗教狂热,这对取得政治成就必属有益。当时几乎所有当政者都深刻认识到这一点。他们利用,有时是无耻利用国人担心被政治边缘化的心理,可以轻而易举地圈定意识形态上的奴役制大国,组群利益沦为政治公害,宗教团体的情绪指数越高,作为一个整体它就越有力量,周武帝废佛并不是出于对宗教的理解,而是一种政治恐惧。(周静帝大象中 579—580 人口,户: 3590000,口 9 百万。)北周近九百余万人口中,宗教狂热和需求是互生的,无论是对国家还是对个人,侍奉宗教的边际成本一直很高,因为直觉不可靠,必然引发疑虑,通过政府组织信众困难重重。武帝一定是对这个畸形发展的组织感到威胁才决意扼杀它无限制的发展。人们依靠个人智慧解决公私问题至今仍不是一个时代特征,而是一些私人的选项。社会问题并不单纯是矛盾双方或者人与人之间问题,政府、种族、家庭、社团、身份不同的个人等适用于不同的法律,导致国家管理水平长期停滞不前,中国人没有考虑到科学价值与其精确性完全可以根植于人、自然及社会的任何细节,使得他们组织起来时弊端丛生。规模行动中,人越少利益越容易一致,人类社会的全部成就都是人类有效组织起来后的创造发明。为何某些民族发展得好,而有的差,唯一可以接受的意见就是前者组织得好,所以更有成就。将形成统合的力量划分为两种:1. 一致同意选项:A. 制度。B. 价值观。2. 绝对服从选项:A. 强权。B. 生存需要。在同等条件下,取得一致意见的可能性微弱,人的生活匮乏比满足状态下更容易令意见一致,但人们为接受一个意见同时丧失其基本安全保证时,可能冒险抵制这个意见。人们形成一致意见的最好状态,与这个意见与维持优化他们想要的制度有关,制度是排斥纷争的利器,而操刀手不是人民本身而是另有其人,如果从公众明显的从众心理,以及他们偏爱直觉的秉性,强调政治尤其政治决策上的人和,以及意见的一致性就很不可取。宇文护没有应用制度,没有形成制度允许下最大范围的一致意见,因此人们也只是推翻他个人,还有许多被推翻者的命运都是如此。

是组群而不是阶层之间的争斗更有力地驱动历史,一个单纯的阶层、行业独立推动力历史的机率很小。更复杂的制订式合作解决了社会进步中的许多问题,但是只能由个人来解决亦不在少数。或许在世界的特定区域存在所谓人人为敌的霍布士丛林,古代中国却没有出现这种稳定、逼真的社会形态,大面积的现象是一部分人反对一部分人,而且这个圈子是不稳定的。阶层是预定的,有先天(如血统)因素,组群是后天(如思想能力)的组合。阶层有过完美的组织,却绝对不是永远铁板一块,古代官僚体制的产生并非为了社会发展、进步一个目的,而是有维护现状之急需,因为那是他们共同利之所在,客观上则因为统合了社会力量为之积累了财富。官僚制中既有阶层利益,也有组群利益,因此试图通过一次性的政治改革解决经济问题是徒劳的,是一种倒退。哪些政治经济模式一开始会有起色,到一定时段必顶停滞不前?哪些越是努力适应,越是适得其反?模式建立在个人之上还是组群之上关系很大,制度尤其是新制度面临的困境是它无法选择它的人群,所有的人都或多或少有经验、文化的积累。人们一旦接受了错误的观念,通常难以作出改变,更不用说接受与之完全不同的(正确)观念,还习惯于以此维护自己的利益。选拔技术落后令古代中国官僚集群具有天然弊端,成为管理者与权威,个人才华只是其中一个参数,外形、家世、迷信则很重要,因此该组织是高垄断,低效率的,只要有选择,个人利益总是第一位的,是非真假则置之脑后。科举制是唯一可能打破这种垄断的办法,这种制度使仅凭偶然机会和入侵式的大换血在一个稳定社会以和平方式选择人才制度化,形成一条通畅的人才走廊,它的弊端与可能起到的作用比,可以忽略不计。

中国伦理中的忠、义、孝等概念成为重点都证明中国历来是一个鼓励集体行动的国家,官方期盼人们在预定概念下一致行动,政府从中渔利,但由于没有充分顾及实际参与者利益,忠、义、孝模式的本质与其华丽的外表极不相称,不是脆弱不堪,就是适得其反。古代亲属间关系危机四伏,说明它作为一个集合体的天然因素对社会的适应性有限,带有强迫性,而家庭作为一个社会单元又具有被动性,深刻约束家庭的礼仪本身并不创造价值,人们将注意力集中在宽容精神,忽略了利益在其中的作用,社会需要的是有助于人格自尊的礼节,而不是人人自危的枷锁。事与愿违,礼制造就的就是这样一个可以因别人的失败而获益的现实社会,人际间的关系因之变得复杂而尖锐,使古代政治缺乏制度设置下的集体行动,个人或少数人的行为造成了人们对忠诚的困惑,一些胡作非为的君主或篡位者让他们的人民根本看不到切身利益迅速得到改变的前景,由于缺乏说得过去的信念,因此被组织起来的人们除了盲从和短期利益期望外,必须欺骗和暴力,最后沦为有组织的犯罪团伙,后者更为普遍和持久。与其说价值观的形成是一种文化,倒不如说它是利益绞碎之后与文化的混合物,透过利益碎片,可以隐约看到文化的走向。权力不能预定人的意识、喜好,人们只有面对他们真正之需时才会接纳、容忍,沉湎于传递真理快乐的人们,不知被迫接受甚于酷刑,假设一个最好的社会制度就在眼前,人们不急于采纳、贯彻是因为生命乃是时间堆积而成,而制度是文字排列,不想把轻易自己放进一个不了解的制度内,尽管文化发轫被形容为相当个人的行为,因为只有个人才能最早具备自发和独创性,文化的创造于重复对集体的规模有要求,否则它将因不被正确理解或者歪曲而中断,而文化的重点就是制度,订立制度的目的就是可以更改它,好的制度时不断优化的结果而非事先成功的预定。我国古代经典哲学家毕生传播,政府大力推行要求人们接受并依赖的伦理观中很大部分内容是出于简化统治而非便利生活,在绝大部分情况下,强行施加的伦理道德并不能个人实际带来任何许诺过的福祉,它们对个人的保护、提携作用远低于法治。

宇文护、杨坚、李渊等是如何突破忠孝节义的牢笼,直接提出个人利益的诉求?谁有最吸引人的构思,谁就有最大的利益集团,谁就有更多成功的机会,人们喜欢美好的面容,强壮的体魄,健全的心智是很自然的,这些优势都可能获得更多。愿意放弃目前最大的利益追梦有时失去比得到更多,这使得有些选择看来完全与利益无关,实际上总是与之关联在一起,因为美好健全总是与成功在一起,杨坚兴起前受到很多人的追捧,并不一定押中他会成功,而是出于对他智力、能力、经验、社会关系的景仰。与父亲杨坚比,杨广是一个想象力丰富,充满幻觉、想要光芒万丈的人,普通人追求一种不确定的感觉是比追求利益时更狂热,而他坚定地将利益放在第一位。炀帝在不涉及切身利益时,尊重礼,家族,但在李浑事件中,他将礼仪家族亲情置之脑后,不计后果。许多伟大的发现和发展都与集团利益无关,有不少技术、发现就是来自个人兴趣或者宗教观,可以说忽略人性是任何时候任何地方对任何人都有危险的,人性不一定能战胜人的社会性,但可以取得更好的位置,更多的份量。至少可以取得两者间前所未有的平衡,这种必要的平衡经常对现有文化知识乃至当局者的理解力构成威胁。文化决定论者认为一切选择都是文化背景在最终起作用,其实是你可以说某次是明显受到利益驱使,但决策人对能否落实利益预期目的没有底,最后还是会将商业行为加以掩饰,成为政治或文化行为。

建立服务于血缘、利益、价值观使之并存和谐发展的国家将兴盛,但是这样的国家不可能长盛不衰,之间的不同会诱发矛盾,利益增减都可以给家族等带来纷扰,宇文护的杀戮行为超越了家族,他维护一种价值观,即宇文泰建立起来的神话以及国家基础,包括周官制、均田制、府兵制等。杨坚摆脱社会关系的羁绊,宇文与杨氏家族从臣属关系变成对立关系除非在强迫下,这个国家的人们总是难以达成共识,显示教育的严重缺失,国人之间利益悬殊,完全缺乏共同发展的基础,同时代、同地区的人审美观、价值观脱节。其次,社会安全度的一个评估点是看个人能否对司法判决有把握,如果只有皇帝一人对法制具有十足把握,那这个社会一定是不安全的,同样,即使不是皇帝个人而是一个因社会关系有共同利益偏好的集团也是如此。

哪一种利益会有美满结局?个人?种族?家族?组群?国家?其中谁会带来永久和平与繁荣?它们是如何帮助人们作出选择正确或错误的?在社会中各人选择(利益)不同时,是何种因素令人们做出大致一致的选择?暴力、习惯、文化、制度?是否必须认清它们每一项的本质才能才能有正确的判断?其实这些利益的内核几乎是可以互换的,他们可能贯穿为一体,宇文护利用一个帮派(组群)提升家族利益;也可能分道扬镳,泾渭分明,宇文直为个人欲望背叛家族,杨玄感为家族与政府反目等都是例证。不可能有永久一致的利益伴随他们每一个人,每一种组织形式,它们之间的竞争远不会是非分明,有不变的敌我界限,有些争斗乃至年年血战的利益双方为之对峙的内涵实质相差无几,有些并存的利益板块则有天壤之别,这个世界不是不允许不同利益存在,而是发现"不同"的人十分困难,人人追逐利益,不知疲倦,也正是他们让利益看起来是如此不同,而所有利益种类有机交织在一起时,个人成功的把握最大,国家更稳定,理论更充实。北魏至隋唐是快速吸收外来文化,制度创新的时代,有勇气和奉献精神,这些带来了政治成就。技术欠缺造成价值观的巨大缺口,使技术未能成为制度的支柱性力量,技术的误导令举国陷入迷信,最后终因制度的败坏而与胜利分手。个人、种族、家族、组群、国家的利益水乳交融,密不可分,保证获益则需成熟价值观的引领。种族(家庭、个人、集团)的特性越是被强调,就越容易暴露其弊端,如果围绕上述概念各自建国,它们各有其无法取代的优势,其统治力也可以不断优化,但只有价值观可以包容它们,涉及最广泛的利益。而且它与个人性并不矛盾,没有清晰、独立的个人性,就不会有任何明确、真实的社会共识。

　　个人、组群、国家等单元的发展和衰落过程是各自扩展兼并制约其他个人、组群、国家或他们之间相互侵扰的过程,为他们的任何一种利益牺牲另一种利益时都会遭到程度不同的抵制,这种抵制有时是单一的力量,有时是混合的,发展得最好的配置是上述单元优势互补。但这是一种极端情况,一个发展中的社会各种利益总是趋向不平衡,力量弱、强的并不是善恶的分界线,但社会保证强势单元有持续发展空间的同时不会对弱势单元构成无度侵占的对策只能是拓宽个人性,个人发展应以每个人法定权利均等为前提,最稳定的社会是个人得到充分发展的社会,每个人充分发挥可以导致相对均势,而以家庭、家族、种族、组群等组织起来的单元为基础则会破坏社会均衡,改变一对一的情况,至少这些单元中的弱势群体利益容易为强者挤占或忽略。法律确认并保护人的“个人性”具有不可替代的价值也符合经济逻辑,因为有最大的个人利益也就可能有最大的国家利益,而有最大的国家利益则不一定有最大的个人利益,这是一个攸关兴衰存亡的排序。价值观组群对社会的安全度仅次于个人主义社会,充分发展的个人是社会稳定均衡持续发展的基础,这与国家利益无实质冲突,当个人感到自身利益扩展需要国家工具时,他们会加以利用,国家形式可以完成个体无法完成的任务,只要这个国家真正具有人性,而任何强加的组织一定含有虚构成分,因此一定有倾轧、背叛。

　　最好的社会一定是个人、家庭、种族、利益等各组群的行为以可以量化的利益为中心运作,获得、持有、传递其所拥有的资本财富过程受到一组法律和自由媒体的严格监督,因为上述各单位一旦按自然人性发展运作,就会受利益最大化磁场的附吸,个个向往最大利润,最大优势。各单元之间取予对象不断转换,利益随时会相互影响、冲突、交替,纯利益争执令他们生活在连串的矛盾中,除非有法律的有效约束以及舆论监督,否则获利和处置资本的任何过程都可能是损人利己的,伤害将无法避免,甚至形成活跃的交易市场,而任何试图否定或扭转人性对利益永久向往的尝试都注定失败。其实这也毫无必要,与无所适从比起来,人类有一个永恒的行为朝向实际上有助于简化、稳定国家管理程序并成为幸福社会发展的依托。

3. 制度的余地

除非极其伪善,才可以将专制遗忘,而专制是中国古代历史与思想无法回避的概念,专制也不是完全贬义的词汇,利大于弊的专制行为与时代都有出现,避免了混乱的专制就是坏事有坏事的好处的一个例子。然而避免专制的好处更多,中国如果没有走上专制起起伏伏的道路,它的政治会更有灵性,更灵敏,更容易融入未来。这不是出于对民智的盲目乐观的推测,而是对个人能力的最理性的评估。

好的专制比坏制度好,好的专制比好制度差,一个让人人有好习惯的制度,与一个可能让国家有好习惯的制度之间的巨大差异。中国的礼制着眼于人人有好习惯,却对国家是否有好习惯相对疏略,国家是利益的产物,为了利益会有好习惯,但是如何让国家保持好习惯,这应该就是通过制度及其优化过程可开拓的空间。

七、国家的延续与利益原则

1. 政治位置基础分析

君主

大臣 → 人民

混合制中,上述三个单元是基础,不变的板块。社会永远是上述三种人及其派生出来的其他人构成。

君主是得到了机会的人,在智力上则是个未知数,大臣具有智慧,民众是直观者和接受命令的人。经典政治理论认为,权力一定以左旋的方向开启,大臣的运作是施加压力确保君主意愿被绝大多数接受,最后将人民的心声转化为君主的选项。在孟子思想中,君主为人民的前驱、大臣为君主的前驱。不过,图形也可以理解为,君主有可能与人民形成对峙,取决于君主个人的性质:掠夺或福利社会。大臣也可能背叛君主和人民,人民利益与大臣和君主冲突,他们并非天敌,但是他们各自的位置决定其有不同利益,皇位等同于一个经济目标。巨大的皇权仅代表个人意愿而非全体利益时,总是十分危险,没有制约的权力往往难以驾驭,这种权力具有掠夺的本质,而人民面临失去时总是甘冒风险,这使得君民之间对峙的机会层出不穷。皇帝的一道命令,可以是一道喜讯,一次机遇,一场亟需的变革,也可能是一次终身难忘打击,一次跨世纪的灾难。原因是上述这种结构不具有代表性，君主可以令大臣从一个群体变成个人，或者迫使他们像一个人一样思维、行动。君主难以听取社会的呼声，人民是唯一被管理对象。在上图中，右旋的可能性是没有的，君主和特权阶层较少或不受制约的现状得到纠正，变为管理的主要参与者，大臣管理经营经过优化的国家管理方案而不是人民。人民已经融入制度，满足社会新需求的唯一办法就是修订制度，它不会导致君权不振，大臣无能。国家的需求不可能与个人的需求保持一致，他们非常近似，自然条件下，存在发展潜质几乎同样强劲。国家利益不可能与人人一致，他们之间是一个单元与无数个单元的区别，但不是一个简单的量的区别，过分旺盛的国家需求将吞并弱势的群体，也必然会伤害个人利益，最终导致国家制度难以为个人所理解。民意得到及时呼应社会的价值在于找到基本满足普通人的需求的路径，确立相关行为准则，并使之确实可行，即使牺牲局部利益也在所不惜，好的制度是使国家权威略低于代表半数国家人口的利益。

在土地人为分割前提下，其中一个国家如果不能对资源实施整体管理配置，那么这个国家的经济增长以及与其他国家间的竞争就决不会是真实与公平的。敌对行动中实力不均衡令资本或具体地说纺织品短期内大量累积与其说是赋税政策，不如说是战争后果。依靠战争获得的经济后果大于或快于赋税政策带来的经济增长，北方国家平齐、平陈后的人口、耕地等经济指数变化可以说明这个结论。在隋朝皇帝的赐物中，织物是最大宗的，它通过政治手段迅速集中，除了使用价值外，其仅次于货币的功能增加了它的交换、储存价值，也是它流通转换加快的原因。土地开垦及精耕细作带来的增值同样惊人，而新开发的稀缺贵金属资源，新技术的引入等一直被认为无法抵消上述政治行为而非制度的效应，这使得国家内涵被过于政治化，认为正确的政治意识才是最重要的国家观念影响这个农业国家数千年，实际上也决定了国家长期在低经济水平层次上运转，因为一直没有通过积极改善经济认识与手段来增加经济效益，政治意识的作用显然夸大了。个人主义的中国历来容易形成一个自私自利、多劳少得、不劳而获的社会氛围，结果是绝大多数人持久处于贫穷落后，官僚们对社会的阻碍之大端在于难以容忍出类拔萃者，以血缘和党羽为重，维护现状才是他们的首选，以致在公共权利运用中极大地妨碍财富分配趋于合理及加速流通的可能，资源公私不分，社会分配不公现象始终十分严重。杨广修建一个新花园，补一段长城，开一条运河，确认其中孰为纯私人利益就有难度。工程造价事先评估程序肯定没有，只要杨广愿意，按需追加，直到国家库存仅存的一石谷物，一尺布帛，而边际成本就难以估量。作为一个隋朝人，杂税和临时的摊派之外，从成丁到免役的四十年间，纳税总额为粮食八十石,绢八十丈,力役八百天。这也是通常他们作为人的价值,牺牲这样一个普通人对国力毫无影响,他们作为个人所能得到的待遇比他们低于被估算的经济价值。人的思维潜力可能创造的价值则难以估量,但如果受到不良政策抑制,这种能量不是难有发挥就是被肆意浪费,使得个人总值更为降低。不过,作为一个从未引入的理论区域,当时的国家资本消费者与实际支付者在均未意识到这种成本存在的前提下对政治的影响减半。相当于一百石谷物的货币作用对不同人作用不同,以国有资产最危险的敌人——专制君主的理财方式而论,选择储蓄还是支出都对大局无关紧要,不可能成为他们最关心的问题,而仅仅一百石就足以改变一个普通国民的命运,持有还是支出? 在自由或者压力下作出选择? 结果会有很大差异。专制体制支持无差异选择,以政权为唯一核算单位,使利益的量化变得毫无必要,而正是通过对收支的量化,才能看出国家利益源自国民个人利益的点滴积累,没有这种连续性积累,国家权力就缺乏竞争性、连续性。因此,国家对个人的善意必须大于个人对国家的善意,如果需要个人对国家的善意大于所获,意味着国家的运作成本过高,管理不善。国家管理成本过于昂贵乃至负债时虽也能延续,不是因为它有足够的支付能力而是以牺牲国家的进步为代价。本国各政治朝代以重蹈覆辙为鲜明特点,它奉行一种政局循环不已的政治观念,这个国家每个王朝或者他们所代表的政府都有相同的文化起点,王朝开局各有不同,结局却基本一样,这是因为国家是按个人意趣设计,经济结构也围绕这种政治思维建立,其结果是人民持续深度物化,法理上国家与个人从来就不可以处于大致对等地位,虽然人民对公平意识在压力下有更多地流露,那倒不是受到它普遍的恩惠,而是经济日益恶化的生存环境唤醒人最基本的天性。

技术型国家,依靠生产方式的变化推进;制度型国家,依靠生产关系推进,它保护合理的生产方式。两者并不排斥或者泾渭分明,制度也会产生类似情感重迭。中国制度和中国技术都曾经走向世界前列,却没有产生伟大的科学体系,原因是政治学者成功说服了所有人,包括君主和平民:政治的作用仅限于兑现天意,至于国家里的社会问题不是天意就是个人所为。国家管理上层乐于接受这种意见,独裁政治天然害怕量化,只有被成功神化的君主,才可以在百弊丛生的国家安然无恙,延续其自私自利的统治,即使如此也有人从中受益,他们是也是国家想要依靠的人。值得注意的是,这样国家的崩溃不是从其本身卓越之处遭到破坏时开始,而是从它的微小弊端,有时一个国家灭亡了,它的卓越之处仍完好无损。换言之,一个王朝的倾覆或许不是从一个皇帝的彻底腐败昏愦开始,而是从一个新的领袖各种条件成熟开始。它既不是国家的管理问题,也不是国家的设施问题,根据公平原则,国家无过错责任。以往国家政权更替的一千种理由中,所有的理由都是人为的,归纳为两个大类:1. 由朝代的所有者自己制造。2. 由觊觎政权的人制造。后者总是多于前者,这就是为什么政治上的超级替补们不需要掌握经济权利甚至政治实权,个人成就即使微乎其微,甚至乏善可陈,只要有"信任",尤其有办法使这种盲目、危险的信任感在一定范围内蔓延,而他的追随者们自然会完成一切必要的工作。从而形成这样的悖论:最具叛逆性的强者,最有可能忠于并延续伟大的事业。宇文护、杨坚、杨广、李世民都是首先摆脱了谦谦君子的诱惑,让个人主动性主导他们的主要政治生活哲学,这种哲学可能并不是无懈可击,具有逻辑上的完整性。

古代继承制度不理智,导致了一个不专业的行政体系,以服务于君主意志为核心运转。如果决策时个人起决定作用,执行时却由一个体制在运作,不少主要执行者对决策的意义不一定赞同甚至了解,过程中又缺乏有效监督机构的政体,就可以称之为孤峰政治。它在设计上具有这样的特点,如果一个人已经站在顶峰,唯一要做的是防止其他人继续攀上来,成为竞争者,规则只允许在下面欢呼以及臣服而不是超越。这类似植物顶端效应:笔直的植物顶端为追求更多的阳光不断争取更高的位置,而对其中下部产生更多遮盖,结果上中下三部受光面积递减,结果整个植株只有顶部生长繁盛,中下部的生长则随着顶端的不断伸展减缓。这是专制政治的后果而不是初衷,却发展成本国历代多数决策者的政治默契乃至理想:只需要一个人做到最佳,从而影响全体并获得事事上佳的效果,不是经济、政治的卓越构思与社会进步引领国家,而是领袖的声誉更为接近皇权,君权神授、流行舆论与暴力等于皇权的观念奇特地混合一起,在权力的传续中各自作用、催化新政权。这些互相矛盾的问题又决定了国家性质及行为指南,后者包括经验、传说、术数、战争等。其实国家兴替的另有原因:1. 国家制度的严重缺陷。2. 国家制度新的补充。国家是否具有持久续航能力主要的是看客观条件,不取决于客观愿望,因为至少可以出现以下情况:1. 君主的堕落。2. 个人意志的转变。没有站在制度平面上深思熟虑,国家的发展不会具有连续性。国家对社会问题的包容性也是有限的,世界有过许多角色国家,真正具有包容性接近完美的国家组织少之又少。它证明社会不可能靠家族、种族、阶级、国家各自单独导致最高阶段。在极权国家,社会可能短期的突飞猛进,最终则会成为一片散沙,停滞不前,就是因为没有机制维持个人的基本权利不受侵犯,维护环境正常运行的天然制度出现故障时,人人都可能沦为极端个人主义者,不是政府脚心泯灭了自我的碎片,就是失控的子弹,即危险又没有效益。而在未来世界,种族也不是一个比个人更有前途的概念,它自身的天然限制有可能令其排斥一切正确的外来物:人或思想,其他令人确信无疑的证据目前尚未出现。至于集团利益,它不同于种族与人,并非天然,是每个个体实现自身愿望的集合体,当社会中积聚了足够共识,形成集团,它可能把人类带至一个前所未有的高度,不过它不可能形成单一的"主义",集团只是暂时一致的价值观,它之中的每个单元会随发展需求各自发生改变,因此它具有兼容性。如果以为卓越的集团或者个人取代国家,那就是在牺牲安全保证。区域集团的辉煌成就仍离安全社会很遥远,安全的社会才有安全的家庭、个人利益。国家不会因为数目上的巨大就能实现最大化,它也不可能取代集团的作用,也不可能取代个人的作用,只有当国家、集团、个人同时尽力发挥,国家才能实现利益最大化,仅凭集团或者个人都不可能带来广泛的安全。因此,国家永远需要法律,无法摆脱战争,它是国家发展基本模式,通常有三大稳定的要素:1. 统治者个人意图。2. 以公众利益为目的。3. 抽象道德观。就三者打造的社会形态而言,第一种最常见,第三种最危险,第二种最优。至此再回到顶端效应问题,如果允许"君主国家"这株果树保持倾斜,使其枝叶相对均匀地接受阳光,不仅果的品质会得到改进,而且也可能会丰产。个人、家族、种族、集群等同属一棵植物上的不同茎枝,解除顶端效应才能枝繁叶茂。在这场阳光之争中,政治顶端倾斜并未改变其在植株上传统位置,却因为增加了其他部分的重要性为其排斥、提防,最后导致顶端与其余部分两败俱伤。一个强国需要家庭、宗族、集群、国家、个人的轮番乃至同时发挥其各自作用,才会将理想变为现实。

是经济破产还是军事失利使炀帝灭亡?客观的看法更容易倾向于后者。这是因为国家在现实与幻觉交织中发展,富庶的国家也不能在没有理想和新希望中长存。新兴国家往往不是新价值观的推崇、传播者,而可能是趋于保守的,至少是传统意识精华的保护者。评估国家兴替的真实要素与虚拟条件,要随事态的发展来看,始终正确的完整结论很少见。你不能让国家或个人尽善尽美,但可以帮助国家与个人辉煌。人的命运类似树叶,凋零之后难再有起色,而给国家注入生命力的政权则似接力,可以积累、赶超。将人与国家的内涵对比,帮助一个国家更实际,人不知厌足,反复无常,而国家的进步可以准确计量。失败的国家就是忽略了种族、集团、个人等的积极因素,使其功能被无益消耗,或者无视它们的作用,听任其无度发展。每一个胜利朝代的奠基者都属于一个进化的新物种,不论胜利的方法何在,他们为胜利而生,为胜利而来,他们就是喜欢胜利,他们的成功不能延续是因为这个物种的进化中断,而不是其他(他们本身的)缘故。由于中国古代思想缺乏严格分类,这就不易发现理论缺乏的发展方向。同时它又缺乏实践,这就是它经久不息,无懈可击的原因,从不需要为国家实践中的过错承担责任,实际上理论与实践一直互相推诿,于是专制时代的国人就养成了说一套做一套的作派人们想以此保护自己,却造成社会功能化的缺陷,这样自利的人越多,个人受害的机率就越大,人人都失去自我时,国家很容易成为一个人的国家。

北魏改革以来制度如此发达,并非都是政府的功绩,制度社会需要个人意识觉醒及不断强化,制度的完善程度是与个人自我意识强弱对应,好的制度可以唤醒人的灵感、激励他们跟上伟人的步伐或者自己成就一番伟业。在炀帝时代,几种基本的社会制度与政治制度定型后,朝代的政治效率就有了量化的依据,一个国家不能保证连续优势的是原因多种多样,强国则总需要有一连串的成就作基础,一群杰出人士的前赴后继连续打拼,一个或几个强势上升但不够完备的组织或区域国家作为前奏,如秦朝为汉的前奏,隋为唐的前奏。前奏性国家有共性:专业但有时会发展至偏执;国家政治具有很强的个人性,没有这个人可能政策就难以为续;制度开始普及。孝文帝至炀帝以及由作为的执政都或多或少受到制度的刺激和约束,这是国家走向强盛的重要条件,盛唐更是受惠于一套前所未有,不断完善的制度,以及一群爱好制度的才智制之士。

本章结论:

全书主要涉及六个政府:

第一专制时期——北魏孝文帝元宏时代

第二专制时期——宇文泰时代

第三专制时期——宇文护

第四专制时期——武帝

第五专制时期——杨坚

第六专制时期——杨广

上述人个性鲜明,各自具体的管理方略不同,大致都本能地从采用高压实施国家管理入手,制度的累积也从未减低高压的效能,但陆续建立的制度过程是专制持续淡化的过程,制度不断在弥补这个发展社会的真正之所需,它们的作用既不能被高压管制替代,又不与专制完全抵触,在被越来越多地理解使用的同时,高压管制在它不少传统的领域的作用逐渐淡化,甚至以和平的方式退出。融入先进文明的勇士孝文帝带来均田制；维护国内稳定的大师宇文泰、宇文护完善了府兵制；北周武帝乃是进取精神与健全的人格的典范，迫使宗教永久附属于世俗政治是一个人君真正的明智之举；隋文帝是帝国的经济加速器，他的三省六部也更加实用，炀帝则主动而不是被迫地，（两者区别很大）走向世界，他的科举制也终于享誉全球。孝文帝以来的全部改革到唐时留下的是残留物还是伟大精神？行政、司法制度化并且繁荣一时的唐朝可以证明一种可贵的精神得到了成功延续，良制不会凭空降临而是点滴成功实践的积累，但上述出类拔萃之辈的出现却极具偶然性，他们的是这个国家的机遇。

假设上述制度从未出现，如果北魏没有带来均田制度，它不过是一群打赢了北方战争并一度占领了北方的游牧乱民，作为一个骁勇善战的种族而昙花一现，就像五胡十六国时期剽悍的北方诸部落一样，最终一定会对有过的胜利充满苦涩。宇文部规模更小，它的上升还借助于对一个没落朝代的忠诚，一个严密组织起来的军事结构固化了它的政治梦想，与高欢比，宇文泰是弱势群体，但是后者打出了致命一击。如果杨坚没有加强均田制的深度，使之在一个南北方组成的统一国家中持续有序运转，他的国家就不会在短期内积累大量财富，就没有巨大的谷仓，宽广、笔直、四方延伸的御道，四通八达运河就不会接连出现在大江南北，与发达、快捷的邮路一起，让国家东西南北联系更紧密，更快捷，时空变短缩小，感觉更像一个国家。财富吸引了纷沓而至的外来访客，国家变得更具国际化色彩，也更开放、外向、庞大、鼎盛期的西突厥汗国也只能命令它骁勇的骑士大军尽量绕过隋国稳固的疆界南进，去攻打、抢劫更遥远、更陌生土地上的和平居民，尽管隋国的臣民并不为此感到心安理得。唐是更具统治力的王朝，它让炀帝还未来得及熟练使用的科举制发扬光大，创造了一个竞争更为平等、重教、制度化管理的文明社会，这种社会类型至今还充满诱惑力。大国为何兴起？在抽取的样本中，存在明确的制度链接，显示其为互动、互补、互惠模式，政治上具有合理性，经济上符合市场规律，表现为开放、有序、赢利。唐国家的兴盛具备这种组织架构，它快速登顶在于帮助国家取得优势的大量实质性工作都在唐兴之前完成了：府兵制、科举制、均田制明确了社会分工；考试制度开辟新的人才途径并提高政府素质与效率；六条诏书等制定专项或者行业管理规范，有益于架构上更为理性、平衡的三省六部制，以及通过制度对政府约束思想的复兴。此外均田制下的土地买卖政策等导致了小型的市场形成。清楚地界定私有，是市场的运作的前提。权利的买卖者为实现得大于失而互定合约，资源的配置会因此达到最高的效用，科斯在他的《社会成本问题》中提到这些。自由市场与部分产权激发人们对财富的欲望,使他们有限的生命更多迪用来为社会增值,这一方面是由于人的本能,另一方面是受惠于相关制度,两者同步开发社会才会呈上升之势。需要指出的是,如果所有的制度都视为文明的一部分,人们就可以发现,在世界的推进中,文明的作用远弱于强权的作用,一遇利益的冲突,温和的劝说往往遭到蔑视,连亲属也不能说服,而禁止令会让人人警觉适应法条。越是饱满的个性越是对制度有持久的需求,而只有发达、为全体人民熟知并处于他们保护下的制度,才有可能对个人强权的形成真正的约束。

这段伟大的时代对宗教总体上是容忍的,实现并维护了均田制大众化,府兵制平民化,科举制公开化理念,三省六部与行政法典的完成与实践过程中,从胜利者的硬性规定内部分复活了权利制衡与依法行政的思想与方法,并加以优化。均田制、府兵制、科举制等各自独立运行的可操作性比同时有机运行是要差,互补中产生的合力足以维护秩序,只是有时间和地点的局限,除非经常可以修改它。北魏、北周、隋这些朝代所代表的国家并未随外部权利的结束而消失,由于共同奉行的精神取代了文化背景原有的位置,延续下来的国家原则令他们各自的生命力不绝如缕,直到催化出伟大的唐朝。

这里所说的并非从不为大众所知的历史,但对上述的历史新解释又可能已帮助揭示出未来最具发展优势的新型社会模型:

金钱社会(个人的行为皆可用金钱准确衡量)

个人主义(有法治,或者制度化的个人主义。)

国家权威(被公众认同)

人总是按自己的本性生活,任何哲学、制度都不能彻底改变它,即使进步的社会也要对相对静态的人性让步,在此前提下,建立在金钱社会和个人主义基础上的国家权威共同构建的社会模式有可能是最优的,可以引领世界实现其终极理想,它比单纯的个人幸福、法治或国家权威社会三者之间有更优越的平衡点,社会是个人幸福的产物,幸福的标准则极其一致,国家权威和法治容易混为一谈,或者导致社会颓废涣散者践踏个人自由,而社会真正的幸福永久和平只能来自三者均衡,而不是其中之一的一枝独秀。

1. 世界将不断进步,而且不会逆转。

2. 人类生存环境的改变是人类自然寻求合理性的结果。

3. 垄断权力可以暂时滞留、改变经济发展的方向,但最终是人性决定世界大势。

4. 人对经济效益的追求是决定一切合理性的圭臬。

一个权力缺乏监督的政府,即使不是立即最终也必然会成与民众多方博弈的对象。政府与公众利益成熟博弈状态最主要特征是政令畅通,此时为何利益不是一边倒态势?是因为公众(个人)仍可以采取消极的方式来维权,比如当不受欢迎的新税来临时,人们可以逃税致政府的愿望落空,这场博弈是互动的,政府虽可以任意加税,却没有完胜的把握,反而可能遭到越来越多的抵制而失去原有利益,因此尽管新税创制时政府因为强势而无须征询公众意见,但风险几乎无所不在,对抗往往超过赋税范围问题,越是强势政府越是愿意而且有必要冒这样的风险,而公众的本性则是统一以最大限度避开责任为优选。公众的社会性参差不齐,需要制度规范,但制度缺乏信誉作为核心时,就只能面临公众的本性而非社会性,实践证明制度既无法对人本性也不能对人们已有认知能力保持控制力,对发展的社会、个人而言,规则永远存在明显缺口。

为何说个性的扩张与国家昌盛有关:姬昌父子、秦始皇、汉武帝、隋炀帝、李世民等,平庸的君主努力扩张也不可能一定换来国家强盛,所有的出类拔萃的人都有一颗渴望胜利的心,尽管他们心中的胜利各有不同,方向必须正确,个人的欲望即使再强烈也要审慎,它可能对,可能是大错。

我们是否还要继续向文景二帝时代,武帝时代,隋文、隋炀帝时代的人学习生活技巧?脱离具体时代、环境时没有任何经典观念与程式绝对有意义;中国古代政治的模式能否让中国人只要因袭就能稳定地在实际生活与学习中变得更聪明,生活更幸福?答案是否定的。

本章参考资料:

《大唐开元礼》民族出版社

《十三经注疏》

陈寅恪《隋唐制度渊源略论稿》河北教育出版社

第八编

李唐部分(解体中的混合制)

铸成大错之人，往往凡是都力求尽善尽美。或者自信无所不能。

——作者

蒙天之恩，允我发现上帝的秘密！

——佚名

人们相信圣君存在的同时，在他们的心中孕育了专制独裁的种子。身陷逆境的人们老以为是自己时运不济，原来却是虚妄的官员们在作祟。一个称职的皇帝既要有理想，又要有理性，还要掌握正确的相关知识，才能得到正确的判断，另外还得加上高度的责任心，才能把事情想对。如果事情需要委托他人执行，这些人也要像皇帝一样有理想、有理性、有正确知识和高度的责任心，可能不需要执行者们有独立判断力，但做对事的前提条件对任何人都算是够多的，做对事着实不易，但良制则总是很稳定，产生的效果如出一辙。

本章主要分析中唐之后，经过一个随心所欲、自私自利的负能量释放的窗口期，制度如何从有益到有害，危害国家社会的各种因素是如何层级地渐渐生成发展。

第三十九章　李唐的政经变革

即使在唐代，政治结构已经相对完善，前期已经出现了一流的君主作为运作制度范例，唐朝的政治制度显示无限的张力，但是皇帝们的实际表现仍然参差不齐，原因在于皇权权柄上含有毒素。

第一节　唐中央与地方格局

一、中央政府机构——三省制

李氏唐朝由西北地区籍贯的军人奠基，当然建立在杨隋的混乱之上。由于产生了伟大的君主，他们不仅屡次在战争中取胜，让人与人之间的理解越过了语言、种族障碍，而且还留下缠绵悱恻、扣人心弦的爱情故事，让人有生命跨越时空的美好感觉，唐因此而备受关注。这个继承了丰富遗产的新国家，具备了走向伟大的诸多要件，儒家、法家、道家的思想不仅已成熟而且有了政治实践经验，又对佛教敞开善意的国门，东汉蔡侯纸经过三国两晋进一步开发，已成为比较成熟、稳定的技术，得到了普及性的应用，这使知识得到广泛传播，精美的手工业品、轻工业产品也象这个国家的诗歌、典章制度等一样成为它的象征，声名远播，民族凝聚力也由此不断增强。因此，这个国家的制度得到完善是有基础的，唐的文官制度、中央政府制度、律发成为这个朝代伟大的象征并由于它的特殊性，如同一座高峰孤立于历史与未来，且将两者形成了合力，从而使王朝变得更具魅力和张力，做到这一点既是由于君主的幸运，也得益于知识与技术的基础，但不能断言卓越是必然的，国家也好，个人也好，许多有相似文化底蕴的人或国家都曾经面临机遇，但在稍纵即逝的机遇面前，有的人或国家牢牢把握住了，成为强盛和令人向往的地方，使世界受益；有的则从此与失败和落后为伍，其存在的历史就是被蹂躏、分割、打击的历史，人民一代又一代的生活在充满辛酸的生活中不能自拔。这当然与它的君主平庸无能有关，它的人民没有定位好其君主也有关系，他们既不能在恰当的时间和地方展现对君主和国家的忠诚，也不能适时有效表达异议，个人或集体的抗争皆不能形成真正的制约力量，君主与他的人民的力量合在一起时不能成为一种建设性的力量，而反倒对彼此有害，这是因为彼此并不理解，缺乏共同的利益甚至不能共同享受生活。幸运的是李唐在历史的紧要几步充满想象力，这也让它的人民感受到不同的喜悦，有觉悟的人以成为它的臣民为荣，它的这种辉越过煌波涛汹涌的海洋和崇山峻岭，也跨越了时空，吸引了全世界的目光，但也有生活在那个伟大时代的伟大国度的人被这种崇高遮住了视线，而变得近视、封闭，不仅养成了个性，而且几乎蔓延到整个种族，这也是每个已经坠入和正将坠入绝境的国家的真正危险。唐以后历代的创见总是少于抄袭，就是因为这种极为有害的由衷的敬佩窒息了创造性、进取心和批评精神，这在有唐一带就已见端倪，只是它的危害还没有开始从整体上形成威胁而已。

唐的行政管理制度从中央到地方与胜代相比只是做了结构上的调整，指导思想没有实质上的变化。中央职官体系出现重大变化是在隋高祖时，这里对比隋制：

三师（不主事，不置府僚，盖与天子坐而论道也）

三公（参议国之大事，置府僚，无其人则阙。祭祀则太尉亚献，司徒奉俎，司空行扫）

三省长官同为宰相。

内史省(监、令各一人,寻废监,置令二人,内史侍郎(正四品)四人,内史舍人八人(正六品上),通事舍人十六人(从六品上)内史省是决策机构。

门下省(纳言二人,给事黄门侍郎四人(正四品上)、散骑常侍(从三品),散骑侍郎(正五品上)、奉朝请(从七品下)隋文帝的门下省是审议机构。

尚书省(无事不总,置令、左右仆射各一人)尚书省下属六曹

吏部 礼部 兵部 都官 度支 工部 各部设尚书一人,侍郎二人。尚书省是执行机构。

其他重要台省

秘书省(监、丞各一郎四人校书郎十二人)

内侍省(内侍、内常侍各二人)

御史台(大夫一人,治书侍御史二人(从五品下),侍御史八人(从七品下),殿内侍御史(正八品下),监察御史(从八品下)

都水台(使者及丞各二人,参军三十人)

太常 光禄 卫尉 宗正 太仆 大理 鸿胪 司农 太府等九寺并置卿、少卿各一人,各置丞录事等员。

国子寺(原隶属太常寺。祭酒一人,属官有主薄)

将作寺(大匠)

居曹有职务者为执事官,无职务者为散官,文、武均有散官。如特进等。

到唐贞观年间形成僚了三省六部为主的中央行政司法体系,即:

尚书省 (尚书令多不置,而以左右仆射为主)

下辖六部:

吏部 户部 礼部 兵部 刑部 工部

六部主管人事、户籍、礼教、国防、司法、产业与建设。各部首长为尚书,次官为侍郎。

中书省(掌公文的封驳)首长为中书令、监。(后废监)

门下省(掌文件诏令的起草)首长为侍中。

二、三省权利的具体划分——职事官

1. 中书省：掌皇帝之命起草。分为七种类型的文书

1) 册书。包括立皇后、皇太子，封诸王。

2) 制书。大赏罚、赦宥虑囚。

3) 慰劳制书。用于褒勉赞劳。

4) 发敕。废置州县，增减官吏、发兵、除免官爵、授六品以上官。

5) 敕旨。百官奏请施行则用之。

6) 论事敕书。戒约臣下则用之。

7) 敕牒。随事承制，不易于旧则用之。《新唐书·卷47·百官志》P134。

中书省的副长官设中书侍郎二人，正三品。"朝廷大政参议焉。"中书省属下的中书舍人按编制有六人，正五品上。这是很重要的职务"掌侍进奏，参议表章，……与门下省的给事中及御史三司鞠冤狱。百司奏议考课，皆预裁焉。以久次者一人为阁老，判本省杂事，又一人知制诰，颛进画，给事于政事堂，其余分署制敕。以六员分押尚书六曹，佐宰相判案。同署乃奏，唯枢密迁授不预。《新唐书·卷47·百官志》P134。

中书省下设机构有：1. 集贤殿书院，置学士、直学士、侍读学士、修撰官。2. 史馆，置修撰四人，掌修国史。《新唐书·卷47·百官志》P134。

2. 门下省

设侍中二人。正二品。掌出纳帝命，缉熙皇极……所谓佐天子而统大政也。凡军国之务，与中书令参而总焉，坐而论之，举而行之。《唐六典·卷八·门下省》P238。

门下省所掌臣下上达之文书，其类有六：

1) 奏钞。以支度国用，授六品以下官、断流以下罪。及除免官之用。

2) 弹奏。

3) 露布。

4) 议。

5) 表。

6) 状。

侍郎二人，正三品。礼仪之职。

左散骑常侍二人，正三品下，"掌规讽过失，侍从顾问。"

左谏议大夫四人，正四品下，"掌谏谕得失，侍从赞相。"

给事中四人,正五品上掌侍左右分判省事。察弘文馆缮写雠校之课。凡百司奏抄,侍中既审,则驳正违失。诏敕不便者,涂窜而奏还,谓之"涂归"。季终,奏驳正之目。凡大事覆奏;小事,署而颁之。三司详决失中,则裁轻重。发驿遣使则与侍郎审其事宜,六品以下拟奏,则校公状殿最,行艺,非其人,则白侍中而更焉。与御史中书舍人听天下怨滞而申理之。《新唐书·卷47·百官志》P134。

门下省附属有弘文馆,置学士,掌详正图籍,教授学徒。朝廷制度沿革,礼仪轻重,皆参议焉。《新唐书·卷47·百官志》P134。弘文馆下属有贵族学校。弘文馆有学士和直学士。

中书省、门下省都有附属的研究机构,显示其专业性得到确认。

门下省的权力,凡百司抄奏。侍中审毕,则驳正违失,凡诏敕有不便者,涂窜而奏还,谓之"涂归"《新唐书·卷四十七·百官志二》P134(2)。

凡制敕有不便于时者,得封奏之;刑狱有未合与理者,得驳正之;天下冤滞无告者,得与御史纠理之;有司选补不当者,得与侍中裁退之。率是而行,号为称职。《全唐文·卷661·白居易·郑覃可给事中制》P2979。

德宗贞元八年,权德舆任起居舍人(中书省,从六品上),岁中兼知制诰,进中书舍人,……,始,德舆知制诰,而徐岱给事中(门下省,正五品上),高郢为舍人(中书舍人)。居数岁,岱卒,郢知礼部,德舆独值两省,数旬一还舍。乃上书言:左右掖垣,承天子诰命,奉行详覆,各有攸司。旧制,分曹十员,以相防检,大抵事有所壅,则吏得为非。四方闻者,或以朝廷为乏士。要重之司,不宜久废。帝曰:非不知卿之劳,但择如君者,未得其人耳。《新唐书·卷165·权德舆传》P536。由于徐岱逝世,高郢调往礼部,权德舆着实体验了一番一个人在两省处理不同类型的文牍的经历。德舆认为中书、门下两省既有共同的事务,也有分属的事务。应该安排足够人员处理,以确保待处理公务不能积压,否则容易被恶意利用。德宗不知是出于客套还是真实想法,他觉得宁缺毋滥。

门下省和中书省之间就有上述相互制约、互补的关系,两省有部分类似的功能,职务的安排上也关联,例如补阙、拾遗均为谏官,分左、右,左属于门下省,右属于中书省。左补阙、左拾遗与右补阙、右拾遗在各自的省履行同样的职责。

3. 尚书省

设尚书令一人'掌总领百官,仪刑端揆天下大事不决者,皆上尚书省。

左右仆射各一人,从二品。为令之贰,令阙则总省事,劾御使纠不当者。

"肃宗至德二年(757年),以左相韦见素为左仆射,中书侍郎、同平章事裴冕为右仆射,并罢政事。"《资治通鉴·卷219·唐纪35》P1495。

左丞一人，正四品上（分管吏、户、礼三部）

右丞一人，正四品下（分管兵、刑、工三部）

属员包括郎中、员外郎、都事、主事。

唐尚书省属下的六部九寺按其长官品级高低、次长人数、次长品级高低可以划分为五级：

1）级部：吏部、太常寺、司天台。其首长正三品，次长二人，正四品上。

2）级部：户部、兵部、御史台。　长官正三品，次长二人，正四品下。

3）级部：礼部、刑部、工部。　长官正三品，次长一人，正四品下。

4）级部：光禄寺、卫尉寺、宗正寺、大理寺、太仆寺、鸿胪寺、司农寺、太府寺以及秘书省、殿中省。长官均为从三品，次长二人，从四品上。

5）级部：国子监、少府监、将作监。长官从三品，次长二人，从四品下。

其余如军器监，置监一人，正四品上，都水监，置使者二人，正五品上，级别较低不列入。

大历元年（代宗大历元年为公元766年）八月甲辰（二十一日），以鱼朝恩行内侍监、判国子监事。中书舍人京兆常衮上言：成均（垂拱元年，改国子监曰成均）之任，当用名儒，不宜以宦官领之。丁未（二十四日），命宰相以下送朝恩上。常衮认为国子监的职位一向都是任命大儒担任，而不应该用宦官充任。代宗对此嗤之以鼻，命令朝中宰相以下的人官员一齐送朝恩上任。《资治通鉴·卷224·唐纪40》P2532。

唐比较固定的人事制度反映："凡九品以上置职事皆带散位，谓之本品。职事则随才录用，或从闲入剧，或去高就卑，迁徙出入，参差不定。下列是主要职事官、勋官、散官的品级：

三公、三司、王　正一品

开府仪同三司太子太师太保太傅嗣王、郡王、国公　从一品

特进（文散官）上柱国（勋官）　正二品

尚书左右仆射　太子少师、少保、少傅，京兆、河南、太原等七府牧、大都督、大都护　光禄大夫、柱国等，从第二品。

侍中、中书令、吏部尚书、门下侍郎、吏部侍郎、户、礼、兵、刑、工六部尚书，太常卿、宗正卿，正第三品。

御史大夫、秘书监，光禄、卫尉、太仆、大理、鸿胪、司农、太府、国子祭酒、殿中监、少府、将作监，从三品。

御史台：御史大夫，从三品。

除以上职事官外,唐又有文散官之号,如开府仪同三司,特进、光禄大夫等,不带职事,但给予俸禄,得与朝会,班列本品之次,皆崇官盛德,罢剧就闲者居之。武散官骠骑将军、车骑将军、辅国大将军等。

其次有勋官:如上柱国、柱国。以酬勋劳,并为散官,实不理事。《通典·卷34·职官十六》P502。

4. 政府——政事堂

政府即政事堂。"宰相门下省议政,谓之政事堂,永淳(高宗永淳年号历一年公元682年)中,裴炎为中书令,始移就中书省,政事印亦改中书门下之印。《南部新书·甲》P87。代宗大历十四年(779年)载"唐初政事堂在门下省,裴炎自侍中迁中书令,乃徙政事堂于中书省,三省长官议事于此"。《资治通鉴·卷225·唐纪41》P1545。

"天宝三年(744年),李林甫领吏部尚书,日在政府,选事悉委侍郎宋遥、苗晋卿……。《资治通鉴·卷215·唐纪31》P1460。大历时,司空、同平章事白敏中对宣宗有云:"臣在政府"。《资治通鉴·卷249·唐纪65》P1714。以上所谓"政府"即政事堂。在政事堂办公的都称为宰相,一份从这里出去的文件需要全部署名,即使有人因其他事务不在场,也需要当值者代签。"初,肃宗(756年即位)之世,天下务殷,宰相常有数人更直决事,或休沐各归私第,诏直事者代署其名而奏之,自是踵为故事"。《资治通鉴·卷225·唐纪41》P1545。刘昫有更为详细的记载"肃宗时,天下事殷,宰相不减三四员,更值掌事。若休沐,各在第。有诏旨出入,非大事不欲历抵诸第,许令值事者一人,假署同列之名以进。遂为故事。《旧唐书·卷119·崔祐甫传》P415。大意是,从肃宗(756年即位)开始,几位宰相轮换值班处理日常事务,并由当班宰相代替不在场者署名,大历十四年(779年)五月,代宗逝世,德宗继位,"时郭子仪、朱泚虽以军功为宰相,皆不预朝政。同中书门下平章事常衮独居政事堂,代二人署名。"中书舍人崔祐甫被贬时,常衮提交的动议上自然有常氏代二人签名。新君德宗不了解这个背景,在追问崔氏丢官的原因时,郭、朱二相声明自己并无过错,德宗反问,你们先上言贬崔,现为何说与你们无关?那奏折上怎会出现你们的名字?二人表示此事从一开始就不知情。实际上如前说述确由常衮一人包办。德宗立即以衮有重大欺骗行为,将常衮贬为潮州刺史,这本是常衮事先为贬黜崔而安排去的地方和职务,而崔祐甫则升任门下侍郎同平章事,与这个人职务上升同步发生的另一个变化是他从此政治上变得一贯正确,"庶政皆委于祐甫,所言无不允。"《资治通鉴·卷225·唐纪41》P1545。君主像发疯似地信任他,这是德宗在对崔氏前任做了错误的处理后可能是为证明自己正确而想到的应对措施。

政事堂是个决策的地方,因此不可能保持一团和气,堂内争执不断,文宗太和八年(834年)八月的一个场景显示,三省在一个大厅办公,而且有两位宰相当班。李吉甫之侄李仲言进士擢第,但后来被因事判处流放,不过他通过李吉甫、郑注、王守澄的运作,见到文宗,文宗立即被他的口才、外形吸引。一天,门下省的给事中(正五品上)郑肃、韩佽退还他们未署名通过的一份任命敕书时,内容是文宗要任命李仲言为四门助教,一直反对这项任命的宰相李德裕正好准备从政事堂出去,临走时对另一宰相王涯说,看到门下省否决了对李仲言的任命,我很高兴。王涯大概是随声附和了他,但等李德裕走后,王涯立即召来郑肃、韩佽,说了与李德裕原意相反的话。郑、韩二人立即按所谓李德裕的意见联署,敕书因此得以通过门下省审核。《资治通鉴·卷245·唐纪61》P1683。王涯显然也有代替李德裕署名。李仲言得到了任命,"自流人入补四门助教。""其年十月,迁国子周易博士,充翰林侍讲学士。""两省谏官伏阁切谏,言训奸邪,海内闻之,不宜令侍宸扆,终不听。"《旧唐书·卷169·李训传》。这是一次群臣与君主面对面的抗争,给事中高铢、郑肃、韩佽谏议大夫郭承嘏、中书舍人权璩都反对任命,参与了据理力争,结果文宗的意见还是得以执行。《资治通鉴·卷245·唐纪61》P1683。李仲言即李训,他得到了一派人的支持,郑肃、韩佽二人签署文件后立即找到李德裕说已经按他的意思处理任命李仲言的敕书,李德裕大惊,王涯居然以欺骗的方式假传他的意见,李德裕也没有采取补救措施,说明文件一旦完成联署,就不能更改。

堂外也是如此。乾元二年(759年)吕諲擢同中书门下平章事,知门下省。翌日复以李岘、李揆、第五琦为宰相,而苗晋卿、王玙罢,……上元(769年为肃宗上元元年)初,以黄门侍郎加同中书门下三品。……諲之相,与李揆不平。既斥,乃用善治闻,揆恐帝复用,即安奏置军(永平军)湖南非便,又阴遣人刺諲过失。諲上疏讼其事,帝怒,逐揆出之,显条其罪。……諲在朝不称任职相,及为荆州,号令明,赋敛均一。《新唐书·卷140·吕諲传》P485。李揆听说吕氏在江陵府尹任上有政绩,认为自己与吕諲意见经常相左,难以合作,担心吕被重新启用,于是设法阻止他回即政事堂,结果自己被罢免。

杜佑说"……盖尚书省以统会众务,举持纲目;门下省以侍从献替规驳非宜;中书省以献纳制策,敷扬宣劳。"转引自《太平御览·职官部一·总称官》P979。这着重是谈了他们的分工,合作机会也是有的,三省长官以及由皇帝指定的官员共同行使宰相之职,通常在门下省的政事堂共商国事。对不具有三省长官职衔又特别受到信任的高级官员,君主会"授予其"参知政事"、"同中书门下平章事"或"同中书门下三品"之称号,令其参与最高决策。"宰相门下省议事谓之政事堂。唐高宗永淳年间,裴炎为中书令,始移就中书省。政事印亦改中书门下之印。"《南部新书·甲》P87。

"初三省长官议事于门下省之政事堂,其后,裴炎自侍中(高宗永隆元年,680年)迁中书令,乃徙政事堂于中书省。开元中,张说为为相,又改政事堂号中书门下,列五房于其后,一曰:吏房,二曰枢机房,三曰兵房,四曰户,五曰刑礼房。分曹以主众务焉。"宰相事无不统,故不以一职名官。自开元以后,常以领它职,实欲重其事,而反轻宰相之体。故时方用兵,则为节度使;时崇儒学,则为大学士;时急财用,则为盐铁转运使。又其甚则为延资库使,至于国史、太清之类,其名颇多,皆不足取法。《新唐书·卷46·百官志》P131。

出入政事堂受严格限制,例如:李岘为黄门侍郎(即门下侍郎)、同中书门下平章事。"宰臣不于政事堂邀客,时海内多务,宰相元载等见中官宣传恩诏至中书省,引之政事堂上,仍置榻坐焉。至,叱左右去其榻。《太平御览·卷205·职官部三·丞相下》P985。李岘要羞辱宦官,就是要他们明白,这里是国家最高决策机构,虽然时局不稳,传统等级高低还是尽量维护的。

政事堂统合了中书、门下、尚书三者的作用,三省之间,同时存在不十分完善可靠的相互牵制监督,重大问题的决策、影响广泛的刑事案件从程序上而言必须有他们的共同参与。不设类似秦朝的权力悬空一位丞相或相,而以人数不固定的一个集体共同行使宰相之职,以此分散相权,为的是避免相权过大,从而威胁皇权。这是一种过敏而可以理解的思想,但这只是宰相成为一个集体的原因之一。在贞观后,国家空前强盛,事务剧增,需要有一个可以信任的集体共同商议,以保证国家决策的准确性和合理性。参与决策的人大致可归纳为三种:一,有显赫的功绩。二,有卓越的才华。三,受君主高度信任。一切任命、黜陟权都掌握在君主手中,尽管如此,看君主的眼色行事不是正确性和保住官职的保证。明智的君主不仅有能力预先发现缺陷,也不害怕纠正不良后果,这是专制君主制条件下,所能够指望的最好政治环境。直率的魏征几次都有性命之虞,皇权却不是受到制度直接有效遏止,而是受贤淑的长孙皇后之启发,仍可看到外部社会先进或者落后对决策者的影响,唯有制度的存在才能平衡先进与落后之间的落差给社会带来的巨幅波动,但是在君主至上的意境中,制度是需要随时隐身的,"皇帝个人的能力有成就或避免了错误,又没有听任制度无所做为。"这才是中国政治思想的最高境界。在这点上唐朝最好的君主与秦始皇时代之间相差无几,他们想让制度变得最优,为自己提供顶级服务,但应该没有想到为一个人服务的制度永远不可能做到最好。国家如果设立一种固定而有效的最高制约力量,可能比个人冥思苦想、碰运气的方式寻求理解更容易减少错误。制度在侧的君王并不会因此而失去他的国家,他的人民,他的权力。有唐一代只有极少的君主能以其过人的明智治理他的国家,这种明智是有限的,也明确地体现在绝大多数政治后果上,不少高度专制化的君主对宗教、传统、储君甚至对未来的都不比他们的大臣更有见识,这说明国家政治的有序发展取决于君主的明智,而君主的明智有又有赖于合理的制度与好的周围环境。唐中后期出现的情况可以证明,宰相的多寡,仍然不是正确性的保证,没有君主的参与,尤其是强有力的君主,那就什么事也办不成。武则天长安四年十二月(704 年)"太后寝疾,居长生院,宰相不得见者累月。"《资治通鉴·卷 207·唐纪 23》P1400。如君主有宠臣,宰相也易于被架空,而比较霸道的宰相之一也可能使其他宰相受到压制。德宗贞元五年(789 年)担任宰相的窦参(中书侍郎同平章事)"刚果削刻,无学术,多权术。每奏事,诸相出,独居后,以奏度支事为辞,实专大政。多引亲党置要地,使为耳目。"另一宰相董晋(门下侍郎、同平章事)"充位而已。"《资治通鉴·卷 233·唐纪 49》P1602。穆宗长庆元年(821 年)任命的宰相王播就是一个"专以承迎为事,未尝言国家安危。"的人。《资治通鉴·卷 268·后梁纪 3》P1662。实际上他的行为对国家安危也考虑甚少,他喜欢大幅度加税,结果引发大规模抗议。《资治通鉴·卷 268·后梁纪 3》P1660。

还有些特殊的宰相,不需要按部就班,但重大事情有知情权。文宗太和四年(830 年)四月,"裴度以高年多疾,恳辞机政。六月丁未,以度为司徒、平章军国重事。"注曰:平章军国重事者,不复烦以细务,与同平章事不同。敬宗宝历二年(826 年),裴度入相,犹守司空,自后未尝迁官至此。《资治通鉴·卷 244·唐纪 60》P1677。任命书中若有"平章军国重事"的文字,指该官员仅参加重大事务的决策,日常工作可以不参与,而"同平章事"的任命则是重大事务和日常工作都需经手。

同平章事在政事堂轮值的安排可能是个漏洞百出的制度,某些人可能利用其他某个宰相不在场而办成某件事,就像王涯为李仲言办事一样。

德宗贞元九年(793 年)二月,德宗专门派人告诉陆贽,不要对赵憬谈任何重要的事,准备上奏的文字一律先密封,以免被窥视。德宗贞元九年(793 年)五月,赵憬为门下侍郎、同中书门下平章事。憬疑陆贽特恩,欲专大政,排己置之门下，多称疾不豫事，由是与贽有隙。陆贽在贞元八年任中书侍郎、同中书门下平章事，赵憬为何对陆贽疑心？他不可能知道三个月前德宗私下对陆贽说的话，主要应该对自己的职位不满。门下省或称东省，右仆射也属于门下省，中书省称西省，而政事堂在中书省。赵憬就是这点差异而胡思乱想，不惜与陆贽明争暗斗？赵憬与贾耽、卢迈执政时确实往往互相推诿，以致国家事务得不到推进，是否在提防陆贽不得而知。陆贽只好恢复宰相每十日一人执笔批文的规则，他的意思是必须要有人负责处理朝廷的事务。（参见《新唐书·卷 157·陆贽传》P517）。《资治通鉴·卷 234·唐纪 50》P1607。

德宗贞元八年（792 年），当是，帝亲揽庶政，重除拜，凡命诸朝，皆手制中下。《新唐书·卷 165·权德舆传》P536。政事堂的作用受到德宗严重冲击。

三、唐地方政府

1. 道—刺史——观察使——县令

在武德年间，郡改称州，太守改称刺史。贞观初，并省州县，将全国分为十道：即关内道、河南道，河东道、河北道、山南道、陇右道、淮南道、江南道、剑南道、岭南道。道主要是作为各级地方政府的监察机构，开元二十一年增为十五道。又在边境置节度史、经略史。共十节度史，三经略捉守。十节度史为：镇西节度史、北庭节度史、河西节度史、范阳节度史、朔方节度史、河东节度史、平卢节度史、陇右节度史、剑南节度史、岭南五府经略史。又有经略节度史三，以防海寇：长乐郡经略史、东莱郡经略史、东牟郡经略史。在玄宗天宝初，又改州为郡，刺史为太守。全国郡府三百二十八个，县一千五百七十三个。羁縻州郡不包括在内，当时唐境东至安东都护府，西至安西都护府，南至日南郡，北至单于都护府，南北如前汉之盛，东则不如，西则过之。《通典·卷 172·州郡二》P2437。隋炀帝和唐太宗不是唯一的也是最大的共同点就是竭力改变东部管辖地带，多次发动大规模的战争，均受到当地人强烈抵制，尽管付出重大牺牲，对胜利的标准太高，以致经常仍要以失败而返。到唐高宗时，军事行动才取得了比较实际的进展。

唐节度使初皆领一道，故以本道为名，若河西、河南、剑南、关内之类是也。厥后分镇浸多，所领不能尽有一道，则有以其地为名，若安西、朔方、渭北、陇右之类是也。又有合数州为名者，如魏博、淄青、泽潞、徐泗之类是也。或因其有军功则赐军号以旌之，若振武、镇国、天雄、定难之类，不可悉数。(宋)徐度《却扫编·卷上》P985。

观察处置使是唐肃宗乾元元年（758 年）所置，原名为采访处置使，简称采访使。这个职能来源于贞观时期派出巡省天下的十位特使,唐中宗神龙二年(706年)以五品以上二十人为十道巡察,按举州、县。唐睿宗景云二年(711年)六月,置十道按察使,同月二十八日制敕,天下分都督府二十四。《唐会要·卷六十八·都督府》P1413。最大的都督府管辖十一个州,最少的五个州,在州县之上增加一级行政机构引起激烈争论,都督府后被取消。开元二年(714年),曰十道按察采访处置使,八年置按察使,秋冬巡视州、县,掌考察州县治理民情。在唐中期以后,采访处置使(观察使)部分为兼职。肃宗乾元元年(758年)四月,以李巨为东京留守、河南尹、充京畿采访处置使。《旧唐书·卷10·肃宗纪》P37(3)。采访处置使一职置于开元二十年,天宝末,又兼黜陟使。唐肃宗乾元元年(758年)五月制,停采访使,改黜陟使为观察使。《资治通鉴·卷220·唐纪36》P1502。也就是758年改称观察处置使。观察使下辖一道或数州,唐文宗开成年间(836—839年)李商隐尉弘农(时任河南道虢州弘农县县尉)"以活囚忤观察使孙简,将罢去,会合(即姚合)来代简,一见大喜,以风雅之契,即谕使还官……。"《唐才子传·卷6·姚合》P345。有些强悍的观察使甚至在与中央政府争夺当地巨额税收时有胜有负。唐文宗太和年间(827—835年)担任利州益昌县令的何易于因为当地人穷困而烧毁加税诏书,山南西道的观察使虽然知情但没有对其予以追究。李德裕于穆宗长庆二年(822年)九月,出为浙西观察使。"润州(原属江南东道,辖十九州,治所镇江)承王国清兵乱之后,前使窦易直倾府藏赏给,军旅寝骄,财用殚竭。德裕俭于自奉,留州所得,尽以瞻军,虽施与不丰,将卒无怨。二年之后,赋舆复集。德裕壮年得位,锐于布政,凡旧俗之害民者悉革其弊。《旧唐书·卷174·李德裕传》P544。由此可见,在未设节度使的地区,观察使成为该地区实际行政长官,统领当地政治、经济、军事等一切事务。

郡守属员主要有别驾、长史、治中。上述三吏通称州府佐吏。别驾是州郡的次官,王府的长史处理府事,其余府大长史即通判,治中是由司马改称而来。是以前主州郡武事之官,在唐其职掌与长史同。又有录事参军,与汉主薄职长同,唐此职在府中主管监察、审核之职。司功、司仓、司户、司兵、司法、司士等六参军,在州为司,在府为曹。即府曰功曹、仓曹等,州曰司功、司仓等。州、郡配置有经学博士、医学博士各一人。《通典·卷33·职官十五》P482。

唐划全国一千五百七十三县,置令一人,置七司,一如郡制。所谓七司即主薄,或录事参军加司功以下六曹。丞为副贰,主薄上辖,尉分理诸曹,录事省守受符历,佐史行其薄书。《通典·卷33·职官十五》P489。

长期以来,地方官相对京官处于十分不利的位置,唐中宗时的兵部尚书韦嗣立曾上疏指出：刺史、县令,理人之首,近年来不存简择,京官有犯及声望下者,方遣州牧。《册府元龟·台省部·奏议第五》P1176。一般而言,中央政府希望吸纳全国最优秀的人才,在那里任职的人也往往以此自诩。虽然其中只有小部分是胜任的。中央政府的建制对个人能力的发展相当不利,主要是权责不明和过多地非制度性牵制,要想一个计划得到完整实施,除了宠臣或权臣以及阴谋,他们达到目的往往以破坏制度为代价,经合法的程序几乎是不可能的,这样的先例也很少。所以中央政府长期的低效率以及重复错误极大地降低个人能力的作用,制度的优势也因难以产生整体的实际效果而得不到应有的关注成为摆设,对它改进的力度与社会发展需要相距甚远。国家向前推进主要力量之一是明智的君主,由于有他们广泛的监督、参与,建立了部分制度,尽管这些制度往往因他们的存在而存在。这已经很重要了,因为它本身就是法律并可能融入制度。并对后世有进取心的君主或决策者产生影响。不过明智的君主可遇而不可求,本应可以依赖的制度又不可靠时,中央政府不仅会变得可有可无,而且会演变为国家混乱的根源。因为没有合理制度的管辖,个人的理性就不足与风俗抗衡,风俗多半是反映人性的,而人性是有很多缺陷的。人性的泛滥不同于有节制的自由,一直是后者帮助社会合理化与可持续发展。因此没有制度与没有中央政府是可以相提并论,即如果没有制度的效果就意味着中央政府没有发挥其基本作用。

　　与朝廷的本意不相称的是,中下层倒是集中了较多优秀的人。由于他们被赋予相应独立的权利,因此有机会做大量有益的工作。这些努力是如此有价值,仅仅是他们的存在,一方的人民受益,从而维护了整个帝国的稳定。担任过益昌县令的何易于的籍贯已不可考,益昌县距刺史治所四十里,他的上司刺史崔朴尝乘春上游,多从宾客,以及饮酒助兴的歌姬舞女,泛嘉陵江而下,饱览两岸春色,这当然是在休闲。船队来到益昌旁时,要求何县令提供拉纤的民工,县令竟立即将他的笏别在腰上,笏既是各级官员的特殊标志物,也用于记事。将纤索套在自己脖子上,示意现在就可以继续上路。刺史对他的举动感到奇怪,后者解释说,现在正是春耕时节,时间紧迫,农人们田里地里,早上夜晚,不得一刻闲,我本人是您的属员,而且暂时也没有公务,正好可以充役。这个刺史也是个比较讲理的人,听完之后,让所有随从下船,走陆路去了。

　　"益昌人多即山种茶,利私自入。会盐铁官奏重榷筦,诏下所在不得为百姓匿。易于示诏曰：益昌不征茶,百姓尚不可活,矧厚其赋以毒民乎？命吏刬去。吏争曰：天子诏所在不得为百姓匿,今刬去,罪愈重,吏止死,明府公宜海裔耶？易于曰；吾宁爱一身以毒一邑民乎？亦不使罪蔓尔曹。即自纵火焚之。观察史闻其状,以易于挺身为民,卒不加劾。……罪小者劝,大者杖,悉立遣之,不以付吏。治益昌三年,狱无系民,民不知役。"境内无公开与官府为敌的人活动。《全唐文·卷795孙樵书何易于》P3694,《新唐书·卷197·何易于传》P600这是一个基层政权正确抵制中央职能部门合规法令的例子,地方主官自发的个人行为,反映法令的合法性与正确性不一致,这种制度设计的实际用途不为多数人所知。

有一个地方的官员同时又相当于工作在中央政权辖区,即京兆尹辖区,官员待遇也比较好。唐德宗(780年即位)时代的姜公辅,登进士第,授左拾遗,召入翰林为学士,岁满当改官。"《旧唐书·卷138·姜公辅传》P457。姜公辅"上书以母老赖禄而养,求兼京兆户曹参军事。"《新唐书·卷152·姜公辅传》P507。他的意思是左拾遗待遇不够他赡养自己的母亲,希望到京兆尹辖下任职,他的请求得到了落实,等级还略有上升。左拾遗为从八品上的官职《唐六典·门下省第八》P247。京兆户曹参军事是正七品下的官职。《唐六典·三府督护州县官吏卷第三十》P742。

吕諲可能是有唐一代最优秀的地方官之一,经历了从中央贬职到地方的苦痛,但是他几乎没有迟疑就振作起来,上元(769年为肃宗上元元年)初,加同中书门下三品。……出为江陵府尹。……諲为治,不急细务,决大事刚果不挠。……既罢,乃用善治闻,……諲在朝不称任职相,及为荆州,号令明,赋敛均一,其治尚威信,故军士用命,阖境无盗贼,民歌咏之。自至德(756年为至德元年)以来,处方面数十人,諲最有名,荆人生构房祠。及殁,吏哀钱十万徙祠府西。《新唐书·卷140·吕諲传》P485。

官员薪俸是大宗的支出,有时会因为财富匮乏,有时是因为机构过于膨胀而精简。地方官员被裁剪的可能性远大于内官。武宗会昌四年(844年)四月,李德裕以州县佐官太冗,令吏部郎中柳仲郢裁剪,六月,柳仲郢奏减1214员。《资治通鉴·卷247·唐纪63》P1705。

2. 公职人员身份限制

宪宗元和元年(806年),新罗人金忠义以技巧进,至少府监,荫其子为两馆生,礼部员外郎韦贯之持其籍不与,曰:工商之子不当仕。忠义以艺通权倖,为请者非一,贯之持之愈坚,既而疏,陈忠义不宜污朝籍,词理恳切,竟罢去。《旧唐书·卷158·韦贯之传》P503。韦贯之坚持工商之子不能进入仕途,结果被否决调职。

宪宗在顺宗永贞元年(805年)八月即位,九月,罢教坊乐人授正员官之制。《旧唐书·卷四·宪宗纪》P56。

3. 考绩制度

考绩是唐在编公职人员履行职务情况的考核制度。理论上这是他们职务升迁的主要依据。考核政绩优良者，嘉奖或升任要职，政绩平庸者不得升迁或处降职，有重大过失或违背礼法事，则褫夺公职乃至被刑事审判。这是指国家定期对公职员的监督，主管人员有皇帝临时指派亲信大臣担任。日常的监督机构也对公职人员随机的监督，宪宗元和五年（810 年），"河南尹房式有不法事，东台（在东都）监察御史元稹奏摄之，擅令停务。朝廷以为不可，罚一季俸，召还西京。"《资治通鉴·卷 238·唐纪 54》P1635。东都监察御史上奏要求将其逮捕，并且擅自令房式停职。朝廷否定元稹的做法，将其召回长安。元稹本是合法履职，但房式受到宦官庇护，以至其在返京途中"至敷水驿，有内侍后至，破驿门呼骂而入，以马鞭击稹伤面，上复引稹前过，贬江陵士曹"宪宗对翰林学士李绛等人的反对意见一概不接受。

王徽为考功员外郎（吏部考功司，主管为郎中，次为员外郎，主事等）时，做了一项改革"故事，考薄以朱注上下为殿最，岁久易漫，吏辄窜易为奸。徽始用墨，遂绝妄欺。《新唐书·卷 185·王徽传》P574。考薄这里是指记载政绩和军功的文档。考绩中人的感情因素占很大比重，主管官员的价值观影响客观事实的情况很常见。

即使是在考绩中完全照章办事，南辕北辙的情况还是很常见的。能力出众、人品高尚的益昌县令何易于的政绩考核只列为第四等，即中上或中等类。问题出在：

1. 督赋时"上请贷期，不欲紧绳百姓。使贱出粟帛。

2. 督役时"度支费不足遂出奉钱，冀优贫民。

3. 在馈给往来权势时，符传外一无所与。

与得上下考即第三等或上等类的对比，差距在于上等类的"能督赋，先期而毕；能督役，省度支费。以厚礼博得往来达官贵人称赞，境内捕获暴民众多，好象惟此可称干练尽职。《全唐文·卷 795·孙樵书何易于》P3694，《新唐书·卷 197·何易于传》P600。参见《四部丛刊·孙樵集·书何易于》。何易于有枉法行为，使符合律令制裁标准的人逍遥法外，但是枉法的结果为何会导致法治的最优效果？民与国家的利益为何会形成尖锐化？他或者只是以一个普通人的良知及主动精神对这种国家分配不公现象过于严重引起必然后果做了最必要的矫正，实际上他基本没有可以借助的国家制度帮助扩展他的理性与人道思想，将他的辖区治理得更适合居住。他的每一个高尚行为都是在拿他的薪俸乃至生命冒险。倒是他不这样做更安全,更有前途,他本人基本上在无声无臭中度过一生。孙樵仍是幸运的,侥幸遇到有难得的容忍精神,刺史、观察使,生前得到过裴度那样的名相的肯定,更幸运的是遇到孙樵这样的学者,他的籍贯年龄前半生均被遗忘,孙樵令其以如此低微之职,青史留名。他是一群中的一个,没有这样一群真正的精英,一个这样文化背景的国家是不可想象的。这些低级的地方官员对国家的贡献是怎样估计也不过分。

4. 俸禄

大唐武德中,外官无禄。贞观二年制,有上考者乃给禄,其后遂定给禄俸之制:京官正一品七百石,从一品六百石;正二品五百石,从二品四百六十石;正三品四百石,从三品三百六十石;正四品三百石,从四品二百六十石;正五品二百石,从五品一百六十石;正六品一百石,从六品九十石;正七品八石石,从七品七十石;正八品六十七石,从八品六十二石;正九品五十七石,从九品五十二石。诸给禄者,三师、三公、及太子三师、三少若在京国诸司,文武职事九品以上并左右千牛备身左右、太子千牛,并依官给,其春夏二季春给,秋冬二季秋给。其在外文武官九品以上准官皆降京官一等给,其文武官在京长上者则不降,降等的方法按正从一品各以五十石为一等;二品三品皆以三十石为一等;四品五品皆以二十石为一等;六品七品皆以五石为一等,八品九品皆以二石五斗为一等。《通典·卷35·职官十七》P514。

5. 官吏退休制度

诸职事官七十听致仕,五品以上上表,六品以下申省奏闻。其五品以上,籍年虽少,形容衰老者,亦听致仕。《通典·卷33·职官十五》P492。

第二节　唐代对周礼的开发——唐六典

公元722年(唐开元十年),玄宗诏书院撰《六典》,时张说为丽正学士。以其事委徐坚。……又说令学士毋婴(《唐六典》作毋煚)等检前史职官,以令式分入六司,以今朝《六典》,象《周官》之职,然用功艰难,绵历数载,其后张九龄委陆善经,李林甫委苑咸,至二十六年始奏上。百僚陈贺,迄今行之。(宪宗时人)刘肃著《大唐新语·卷9·著述第十九》P141。它是唐代的行政法典,规定中央、地方国家机关的机构、编制、职责、人员、品位、待遇等。《唐六典》颁布施行存在争议,参与修书的韦述说,此书于开元"二十六年(738年)奏草上,迄今在直院,亦不行用。《直斋书录解题》。但唐德宗建中二年(781)卢杞请依《六典》"中书舍人、给事中充监中外考使。《唐会要·卷55·中书舍人》P1107。穆宗长庆四年(824年),李渤奏言准《六典》,甀使当以御史中丞及侍御史为之。《唐会要·卷55·省号下·甀》P1124。这与《唐六典》卷九中书省的记载一致。《唐六典·中书省集贤《唐会要·卷57·甀》院史馆甀使卷第九》P282。宣宗大中四年(850)七月御史台奏,司农寺文案少卿不通判,有乖六典。敕旨,自今以后,九寺三监少卿宜与大卿通判文案。《唐会要·卷65·太常寺》P1343。代宗永泰二年(766年)四月十五日制,周有六卿,分掌国柄,各率其属,以宣王化,今之尚书省即六官之位也。……六行之内,众务毕举,事无巨细皆中职司,酌于故实,遵我时宪,凡百在位,悉朕意焉。《唐会要·卷57·尚书省诸司上》P1155。武宗会昌二年(842年),检校司徒兼太子太保牛僧孺关于御史大夫品秩问题的奏状中,要求根据六典标准提高御史大夫的品秩得到皇帝的批准。《唐会要·卷60·御史台上》P1235。《唐六典》颁布之后,作为一种国家标准的地位不能否认,但在具体操作中,历代皇帝的个人喜好与现实需要决定六典的作用,唐馆驿发达,馆驿使人选来源则历经变化,开元二十五年(737年),监查御史郑审,检校两京馆驿,犹为称使。代宗大历五年(770年)九月,杜济除京兆尹,充本府馆驿使,自后京兆常带使,至建中元年(780年德宗)停。大历十四年(779年)九月,门下省奏,两京请委御史台,各定知御史、御史一人,往来勾当,遂称馆驿使。《唐会要·卷61·御史台中》P1249。元和初,中官曹进玉为(馆驿)使,恃恩暴戾,结果宰相李吉甫等论罢之。中官不在出任馆驿使。但宪宗元和十二年(817年)十二月,复以中官位馆驿使,时任左补阙的裴潾上疏表示异议,伏以馆驿之务,每驿各有专知官主当,又有京兆府观察刺史递相监临,台中有御史充馆驿使,专察过阙,……若令宫闱之臣处馆驿之务,则内外务职分各殊,切惟塞侵官之源,绝出位之渐。疏奏,不报。《唐会要·卷61·御史台中·馆驿使》P1251。裴潾说的是馆驿使的一个发展过程,按六典的规定,全国馆驿的主管部门是尚书省兵部的驾部郎中,(从五品上)《唐六典·尚书兵部卷第5》P163。馆驿使人选规定没有得到严格遵守,并不是六典毫无约束力的反映,反映了作为一种行政法典雏形,它的问题十分明显,没有真正可以约束行政权的机构,具有监察作用的御史台并无审判权,而有审判权的专门机构归行政行政首脑管辖,唯一希望是皇帝留意国家政治,并正确使用他享有的国家最高的行政司法审判权。

　　《唐六典》涉及官员的选举、黜陟、国家公职人员规模、职责、俸禄、退休等,与现代意义的行政法差异仍然很大,编撰的主旨不是以政府守法,保护个人利益为目的,实际上是试图寻求一种至善的价值观,相当抽象。从形式上主要的注意力集中在吏治,国家组织形式、配置,责任和程序,官吏不守法的行为被认为属于个人行为,与国家无关。他们又可能受到一个专门系统——御史台的弹劾,经过皇帝同意后,审判嫌犯的可能是专门的司法机构,但他们受行政权力的管辖。也可能是一个混合法庭,在职的行政官员与司法人员共同参与并得出审判结果。终审权经常在皇帝手中,只要他愿意亲自干预。作为一部描述性著作,《唐六典》是对此前国家法、行政及政治现状的基本真实记载。编撰完成颁布乃至唐被替代以后,仍吸引大量消费者。宋神宗锐意变革,不仅从王安石的新思维中也从传统中寻求灵感,他花大量时间研究《唐六典》,最后将六典的模式引入他的政府。"本朝裕陵好观《六典》,元丰官制尽用之,中书造命,门下审覆,尚书奉行。机事往往留滞,上意颇以为悔。(宋)陈振孙《直斋书录解题·卷六》P172。不同部门间相互制约的作用十分明显,只不过当时的政府没有看到制约的好处。对《唐六典》的应用程度具有时代特征,急于求成的皇帝迫切需要一个强有力、高效率的政府,却忽略了他所要解决的问题难度。而错误地将一切问题记在新引入的体制上。

撰定《唐六典》是重大的创举,是伟大的建设性工程,具有深远的影响,顾德章引《定开元六典敕》中原文"法以周官,勒为唐典"。《全唐文·卷七百六十五·顾德章·东都神主议》P3526。模仿周官,与三省六部制一一匹配,是国家的行政法典,确立法制化管理各级政府官吏。

第三节 中唐以后科举制的建设与破坏

一、它来自充分的文化储备

科举制前,中国历代人事管理制度杂驳,世卿世禄制之后的征辟制、九品中正制等个人操纵机率过高,由于人事行为可能涉及巨大利益,容易形成强势集团的垄断,具体操作中充满短期行为,长期呈现混乱无序状态。结果是行政效率低下,受到压抑的个人才华不是白白浪费,就是转化为社会风险。一些帝王和才智之士意识到上述问题,做出过一些局部修改,由于没有形成可持续的制度,往往于事无补。

1. 西周以来的学校与教育主管

西周国学有大、小学之分,包括天子和诸侯设立的各种学校,前者包括成均(南学)、上庠(北学)、辟雍(太学)、东序(东学或东胶)、瞽宗(西学或西雍)后者主要指泮宫。乡学是发达的,分别在乡、州、党、闾设校序、痒、塾。两汉则以官、私学为标志,私学以书馆或经师个人传授为主。在唐朝,国家在中央和地方广设学校,国家与地方政府机关成了最主要的用人单位,培养与录用的渠道直接沟通,很大程度上改变了以前学校的性质,学习的内容越来越有针对性、越来越专业化。《文献通考·卷40·学校考一·太学》P379。类似两汉纠缠不清的门派之争,变得即没有必要,也没有意义。专业化倾向对学术的发展大有帮助,即使不是完全开放,持续时间不长,它仍然是支撑起整个古代中国的重要基石。

2. 南北朝选人制度比较

梁武帝萧衍天监八年(509 年)下诏:"学以从政,殷勤往哲,禄在其中。抑亦前事,朕思阐治纲,每敦儒术,轼闾辟馆,造次以之。故负帙成风,甲科间出,方当置诸周行,饰以青紫。其有能通一经、始末无倦者,策实之后,选可量加叙录,虽复牛监羊肆,寒门后品,并随才试吏,勿有遗隔。《梁书·卷2·武帝纪》P7。这不过是种想法,并未最终形成制度。

科举制是以国家制度的方式广泛选拔公职人员的创举,选拔对象之广此前没有一种制度可与比拟。南朝宋孝武帝为改变国家公职人员来源单一,世家大族世代把持朝政的现状,采取了一个笨拙的方式,以另一种出身的人员——寒门子弟部分替代世族子弟担任要职。南朝的寒人掌机要不是一个有自成体系的制度,而是君主个人意志的产物,在宋、齐一度盛行的典签、中书通事舍人是受到皇帝个人信任的人,他们的产生具有偶然性,利用最接近皇帝的便利和职务优越,尽管职位不高,地位则很关键,获得权利的途径与他们所体面职能的相比是不道德的。他们往往先成为皇帝的弄臣,然后成为隐形的大权在握的人,即国家大权虽然任命有具体大臣,但真正的决策者却不是他们,国家的宰相可能受行政级别上低他们许多级的例如某个中书通事舍人掌控左右,由于舍人们的权力大小是不确定的,要靠察言观色、左右逢源博取,在使用权力时也就难以做到秉德无私。总之,他们盛行时,除极少数外,是一批最有资格代表皇帝又不停在损坏皇帝利益的人。值得一提的是,所谓寒人,与寒族、庶族同意,他们的主体不是一群衣不遮体、食不裹腹的人,而是和与生来必然做官的士族相对应的说法,南朝对寒人任用力度虽然陡然加大,但不是规范、成文的系统制度设计。

比之的主要区别在于,科举制仅对某些职业稍加限制,社会背景和贫富已经不再是限制参加国家考试进入仕途的原因。

在北方,魏人事制度变化发展道路崎岖,英明的君主北魏孝文帝元宏对人材的选拔有其时代局限,太和十九年(495 年)十月,他亲临光极堂大选,对中书监刘昶等说：或曰唯能是寄，不必拘门，朕以为不尔。何者？当今之世，仰祖质朴，清浊同流，混齐一等，君子小人，名品无别，此殊为不可。我今八族以上，士人品第有九，九品之外，小人之官，复有七等。若苟有其人，可起家为三公，正恐贤才难得。不可止为一人，浑我典制。《魏书·卷59·刘昶传》P152。他的话大意是：考察一个人的升迁，家庭背景即士族与寒庶是主要参数、个人才能是次要的。这可能与一个入主中原而文化处于劣势的民族心理有关。维护门资就是保护他们利益的最简捷可靠的办法。直到科举制实施，门阀与寒庶间的差异才得以制度化的消弥。孝文帝与一个统一国家君主的思维境界相距甚远。低估缺少一个相对公平整体感的选拔体系会产生的负面后果。公元515年，北魏宣武帝逝世，5岁的太子元诩(510—528年)嗣位，即肃宗孝明帝。元诩(515—528年在位)年幼无知，宣武帝皇后胡太后临朝实际掌握政权。征西将军、冀州大中正张彝第二子张仲瑀秘密上书，建议"铨别选格，排抑武夫，不使在清品。"由于此奏折被泄漏，惹恼军方，军人们在各种公开场合表示强烈不满，甚至在交通要道人流密集之处张贴告示，明确约定时间，邀请志愿者一同前往击杀张仲瑀等，张彝父子以为说说而已，并未在意。北魏孝明帝神龟二年(519年)二月，羽林、虎贲约千余人，明火执仗涌至尚书省办公地肆意辱骂，要求交出张彝长子尚书郎张始均，未果，于是众人以瓦砾投掷尚书省所在建筑物，内外无人敢阻拦，声如雷霆，京师慑震，莫敢讨抑。随后成群冲至张的私人住所，纷纷投掷手中的火把焚烧其宅第，正在家中的二子张始均、张仲瑀见势逾墙逃命，行动稍微迟缓的张彝则被从藏身内室拖至庭院，肆意凌辱，始均听到父亲的哀叫，转身返回向闯入者下跪求情，叩头流血，希望不要伤害其父，丧失了理智的军人们将始均痛击一顿后，活生生投火中，顷刻化为灰烬。仲瑀受伤后仍幸运逃脱，张彝则在挨过二夜后痛苦万分地死去。政府控制局面后下诏处死其为首行凶的八人，其余大赦。灵太后于是乃命武官得以资入选，然既而官员少而应调者多，选曹无以处之。《魏书·卷64·张彝传》P166《通典·卷14·选举2》P175，《魏书·卷9·肃宗纪》P30。个人前途与制度形成僵局后可能产生的不良后果，令人印象深刻。人的需求层次越过生理、安全界面，定格于自我发展阶段后，政府如果对此无动于衷，或者应对无方，必然会有人铤而走险。真正解决习武者和职业军人合理升迁的途径要迟至武则天长安二年(702年)，武则天在这年增设武举，虽然担任高级军职者传统上一向并不要求个个身体强壮、武艺精通，但是新开辟一条通过考试进入仕途获取功名的途径，对社会有益，对科举制无害。

张氏父子事件让吏部尚书崔亮产生了挫折感，他于北魏孝明帝神龟三年

(520年)"奏为格制,官不问贤愚,以停解日月为断,虽复官须此人,停日后终不得取。庸才下品,年月就者则先擢用。时沉滞者皆称其能。"他的设想得到批准实施。此后相继担任吏部尚书的甄琛、元修义、城阳王元征等不愿招惹是非,得过且过,"利其便己,踵而行之。自是贤愚同贯,泾渭无别,魏之失才,从亮始也。"后来辛雄担任吏部郎中时上疏曰:自神龟以来,专以停年为选,士无善恶,岁久叙用;职无剧易,名到授官。执案之吏,以差次日月为功能;铨衡之人,以简得老旧为平直。《通典・卷14・选举2》P175 停年格是一种以资历为唯一标准的升迁办法,这种办法能够得到施行,显示这个政府已经才智枯竭、无所适从。直到东魏孝静帝元象元年(538年),高澄任吏部尚书,革除此法,重拾曹魏创制的九品中正法,北齐选举,多沿后魏之制,州、郡、县皆置中正,中正也正式成为州郡县等级政府的正式在编官制。不过作为人事选拔的主要工具,九品中正制在此时已出现一些事关重大的变化,"其课试之法,中书策秀才,集书策贡士,考功郎中策贤良。《通典・卷14・选举2》P176。考功郎中(正五品上)开始参与主持国家考试业务,直到贞观以后为考功员外郎代替,开元二十四年礼部侍郎又替代员外郎。"二十四年(736年),以礼部侍郎专知。"《唐摭言・卷十五》P244。

北周以吏部中大夫一人掌选举,吏部下大夫一人以为副协管。苏绰六条诏书中第四条为"擢贤良"。"绰深思本始,惩魏齐之失,罢门资之制。"北周武帝平齐后,广收征求流失于社会的各种人才,专门向山东诸州下诏,举明经干理者,上县六人,中县五人,下县四人。至北周宣帝大成元年(579年),诏诸州举高才博学者为秀才,郡举经明行修者为孝廉,上州、上郡岁一人。其刺史僚佐州吏则自署,府官则命于朝廷。《通典・卷14・选举2》P176。朝廷决心改变改变门资为主任用制度的弊端,新设了以学业水准评估标准的项目举荐,并将一部分录用权下放到地方,好处是考察更方便,任用更灵活更有针对性。缺点是录用尺度的因人而异,加上存世短促,实际上北周不具备实施全国性的统一考试制度。

3. 科举制是一种潜在的需求,但是事出偶然

开皇七年(587)正月制:"诸州岁贡三人。《隋书・卷二・高祖纪》P8。开皇七年(587年)还宣布不再实行九品中正制,但废止它是一个渐进的过程,真正的文官考试制度在隋代起步后,向正确的道路边发展边完善,从未停止,其结果则并不具有必然性。开皇八年开始代理吏部尚书的卢恺与侍郎薛道衡、陆彦师等还是要坚持"甄别士流",即以门第高低作为选举标准,试图扭转"自周氏以降,选无清浊。"即高门、寒门区别渐变模糊的现状,被抨击为朋党行为,结果杨坚在盛怒之下,将他们开除公职贬为平民。《隋书・卷56・卢恺传》。开皇十八年七

月,"诏京官五品以上,总管刺史以志行修谨、清平干济二科举人。"《隋书·卷二·高祖纪》P8。这仍然是举荐制,在隋文帝时代秀才和明经二科考试的基础上,大业八年(612年)九月,炀帝在一份诏书中表达了他有点偏激但有助于推动科举制真正建立的思想:军国异容,文物殊用,匡危拯难,则霸德攸兴;化人成俗,则王道斯贵。……建武(光武帝刘秀)之朝,功臣不参于吏职。自三方未一,四海交争,不遑文教,唯尚武功。设官分职,罕以才授;班朝治人,乃由勋叙。莫非拨足行阵,出自勇夫。敩学之道(即教学之道),既所不习,政事之方,故亦无取。是非暗于在己,威福专于下吏,贪冒货贿,不知纪极,蠹政害民,实由于此。自今以后,诸授勋官者并不得回授文武职事。《隋书·卷4·炀帝纪》P12。这个决定对科举制有加速器的作用。进士科在炀帝时代出现。

幅员较小的北周仿效《周官》极易导致机构过于臃肿,从唐太宗将他的二千多人官员(内官——朝廷的官,不包括地方官)名单减少至640多人来看,北周政府规模适中,这种适中受益于异族接管政权者尚未适应传统汉族政府的繁文缛节,皇帝阔绰的排场远未建立。贞观元年,房玄龄受命等对中央机构进行省并、精简,留文武官总数为六百四十三员。《贞观政要·卷3·择官第七》、《资治通鉴·卷198·唐纪八·贞观元年》P1288。贞观六年,大省内官,凡文武定员,六百四十有二而已。《通典·卷19·职官1》P243。这里记载的是两次省减还是一次并不重要。重要的是明确没有新录用,而是存量人数中选出的最佳人选,相当于一次重新录用。但如果持续没有考试录用新的优秀人才,精简就会令政府瘫痪;如果不精简,国家财政支出也会变得过于沉重。既需考虑要效率,又要保证财政具有相应的支付能力,唯一的办法就是设计一套合理、可行的面向全国录用制度,官方同时认识到了这两点其实不易。

将孔子的教育思想精粹转化为真正形成文字的制度花费了一千多年年,教育成为古代中国人的宗教与这种制度具有内在联系。但是将君子与利小心隔开,排斥计算教育经济收益的经义,使得古代教育脱离实际,缺乏检验的标准,它的价值也就摇摆不定。持续追求高度向政治倾斜的短期效应,而事物的真实性、正确性一直难以成为教育追求的首选,长期任其潜力巨大的实用价值在误解中流失,教育目的越抽象,就越容易导致门派之争与神秘主义,并抑制技术进步。"朝野士庶,咸耻医术之名,多教子弟诵短文,构小策,以求出身之道,医治之术阙而弗论。"孙思邈《备急千金要方·序》。科举制对技术的忽略当然不仅限于医学,当客观知识与创新技术不再成为学术的核心时,就会衍生学术专横,它令普通人望而却步之外的另一个严重后果,是失去广泛的参与,这必将隔断学术与社会需要之间的通道,大众无法理解积累的知识,学术亦无意满足社会的需求,传播就容易变为强迫行为,国家事务没有广泛的参与就意味着专制。教育一直不能为国家带来广泛的利益,社会整体乃至多数个人的教育投入不能得到回报,这不是科举制的问题,也不是某个帝王之错,而是生活在科举制可见的错误中的人们自己的问题,当他们寻找解决、消除这些问题的外部障碍时,几乎什么也不会发现。值得一提的是,古代政治上受尊重的所谓人才,多半是乐意为政治目的或宫廷事务无条件效劳的学者,而非对自然科学与技术进步献身的人。在缺乏新技术和倚赖不可靠技术的前提下,国家不可能持续发展。杨广的失败不在于国家财政问题,而是由于战争失败,作为一个大国君主的威信丧失殆尽。李氏父子对炀帝的作战次数,不如对各路军阀的次数,他对隋室作战不过个姿态,知道炀帝集团正不可避免的分化崩溃。打击的重点是那些跟他有同样想法的人。炀帝的失败纯属他个人的人格缺陷所致,与他所创制、奉行了哪些制度无关。

4. 参考资格与科目设置突然给很多人带来自我改变的机会

经典的科举制对年龄没有限制,报考者不限年龄,所以,"三十老明经,五十少进士。"《唐摭言·卷一》P208。虽然说的是录取时的年龄情况,实际上基本没有年龄上限。明经出身也是进入仕途的一种渠道"贞元中(德宗贞元元年为785年),明经赵业,"选授巴州清化令。"《酉阳杂俎·科举》P893。

身份很重要,有前科者不准应试,开皇七年(587)制:工商不得入仕。十六年六月,又重申工商不得进仕。《隋书·卷2·高祖纪》P8 大业三年(607年),时武夫参选,多授文职。大业八年(612年)下诏,对军职军功担任行政事务官进行限制:诸授勋官者,并不得授文官之职事。《通典·卷14·选举二》P179、《隋书·卷4·炀帝纪下》P12。这意味着吏部任命对象发生重大变革,主要由科举考试录用文化考试成绩优异者为国家行政官员。自从有科举制后,军人的考试资格因时而定。科举制初期,在职官员可以参加考试,成绩优异者自然可以得到职务升迁,随后则作出限制"见其任在九品以上官者,不在举送之限。《隋书·卷3·炀帝纪上》P11(1左)。宗室成员一般不参加科举考试,直到明神宗时才有改变,万历二十二年正月,朱载育上疏,诸宗室皆得儒服就试,毋论中外职,中式者视才品器使,诏允行。《明史·卷119·诸王传四》P374。此前宗室、工匠子弟、商户、军人皆不准参加科举,而占人口约二分之一的女性一直不准参加科举考试。与因为性别歧视而被摒弃在外的女性可以相提并论是多余的避讳制度导致一些人,在某些年份甚至终生都不能参见科举考试。一个特别令人惋惜的牺牲品是著名诗人李贺,《唐才子传》记载其因为父亲的姓名中有晋肃二字,与进士谐音,需要避讳,不能参加考试。因前途渺茫,终生郁郁寡欢,英年早逝,年仅二十八岁,他可能是一个出类拔萃、兢兢业业的公职人员,为李贺争取参加考试,韩愈专写《辩讳》一文,"今贺父名晋肃,贺举进士,为犯二名律乎?为犯嫌名律乎?父名晋肃,子不得举进士;若父名仁,子不得为仁乎?《韩愈全集·文集·卷一·讳辩》P136。文章合乎逻辑,有的放矢,切中时弊,却没有改变任何问题。

早期选举制度中,依个人品行分类选拔,开皇七年(587年),随着中正选拔法废止,考试科目相继建立,开皇十八年(598年),又诏:京官五品以上及总管、刺史,并以志行修谨,清平、干济二科举人。这是分科取士的开始。开皇时期已经有秀才、明经等科,仁寿中,杜正伦与兄正玄、正藏俱以秀才擢第。隋代(每年录取的)秀才止十余人,正伦一家有三秀才,甚为当时称美。正伦善属文,深明释典,任隋为羽骑尉。《旧唐书·卷70·杜正伦传》P305[3]。韦云起,开皇中明经,举授符玺直长。《旧唐书·卷75·韦云起传》P316。炀帝即位,科举考试制度走向进一步普及、完善,大业三年,开始分成十科举人,当年诏:天下之重,非独治所安,帝王之功,岂一士之略。……夫孝悌有闻,人伦之本,(此1)德行敦厚,立身之基。(2)或节义可称。(3)或操履清洁。(4)所以激贫厉俗,有益风化。强毅正直。(5)执宪不挠。(6)学业优敏。(7)文才美秀。(8)并为廊庙之用,实乃瑚琏之资。才堪将略。(9)则拔之以御侮,膂力骁壮。(10)则任之以爪牙。爰及一艺可取,亦宜采录。众善毕举,与时无弃。以此求治,庶几非远。文武有职事者,五品以上,宜依十科举人。有一于此,不必求备。朕当待之以不次,随才擢用。《隋书·卷3·炀帝纪上》P11。"炀帝始置进士科,当时犹试策而已。"《旧唐书·卷119·杨绾传》P413。炀帝设进士科大致在大业中期,另一说则认为在开皇十五或十六年已有了进士科。《通典·卷十四·选举二》P178。例子是高构在开皇十六年(596年),十九年两度担任吏部侍郎,面试进士房玄龄时应该是在十六年,当时房氏十八岁。《隋书·卷66·高构传》P187。允许普通士人应考,以及秀才、明经、进士的设立,科举制初步形成。到唐代则已增为明经、明算、明字、明法、秀才、进士六科。《唐语林·卷八》P435。参加者蔚为大观。

5. 有系统的考试录用方法

开皇十九年(599年)九月牛弘为吏部尚书(《隋书·卷2·高祖纪》P8)高构为侍郎时,共同奉行"选举先德行,次文才。"原则,被赞誉最为称职。当时之制,尚书举其大者,侍郎铨其小者,则六品以下官吏,咸吏部所掌。自是海内一命以上之官,州郡无复署辟矣。《通典·卷14·选举二》P178。大业三年(607年),始置吏部侍郎一人,分掌尚书职事。《通典卷·14·选举2》P179。最初考试规模很小,选拔中考察的先是人品,之后才是学业。《隋书·卷 49·牛弘传》P157。
这仍是半荐举制半考试制,荐举的特点是个人特长、品行、声望优先考虑,文化水
平为次,如果一个人对父母有特别孝顺的名声,即使他识字不多,地方官也可能
向中央推荐,被推荐者再由中央相关部门考察,做出是否或担任何种公职的决
定。但是随着科举制逐步形成,笔试成绩越来越重要,主要对象是地方学校的学
生,参加进士科的考生大致步骤是:1. 通过州郡官方的策试,涉及时局、经义等
方面的笔试。2. 考试合格名单报送中央,中央组织难度更高的文化水平考试。
3. 文化成绩的高低是决定否录用为国家公职人员的主要标准。由此可以看到,
隋代科举制度体系并非凭空而致,而是经举荐制过渡,文化考试则是它骄人的创
意。早期参加考试士子必须由当地官方人员推荐,很久以后它都还没有结束汉
以来为门阀垄断的辟举制度实质性影响,隋经科举录取的人数亦十分有限,采用
科举与举荐的双轨制,"黄门侍朗张衡亦与房彦谦相善,时帝营东都(大业元年
605 年),谦见衡当途而不能匡救,上书衡,批评时政,衡得书叹息而不敢闻奏。
彦谦知朝纲不振,遂去官隐居不仕。会置司隶官,盛选天下知名之士,朝廷征授
他为司隶刺史。彦谦亦慨然有澄清天下之志,凡所举荐,皆人伦表式;其有弹射,
当之者曾无怨言。"《隋书·卷 66·房彦谦传》。房彦谦的主动性起了很好的作
用,但一个人、一个职务,不能解决一套制度才能解决的问题。吏部侍郎高构分
管对低职位候选人进行选拔,授予官职,面试至房玄龄、杜如晦时,发现二人气质
非凡,肃然起敬,不仅待之以平辈的礼节,并设宴款待他们,甚至对他们说:二贤
当兴王佐命,位极人臣,杜年稍减于房耳,愿以子孙为托。《大唐新语·卷 7·知
微第十六》P137。这可能是一个真实的故事,年龄上的差异并不妨碍两人同时
接受吏部面试。即开皇十六年,房玄龄(578—648)十八岁时,本州举进士,授羽
骑尉,校雠秘书省。《新唐书·卷 96·房玄龄杜如晦传》P391。杜如晦(585—
630)在大业中以常调预选,补滏阳尉,寻弃官而归。《旧唐书·卷 66·房玄龄杜
如晦传》。这似乎是一个与科举考试精神背离的个案,主管人事的官员从外表气
质而不是文化成绩预测个人未来,但这个进士还不能等于一种真正的考试成绩,
因为要到炀帝是才设置进士科。它基本反映出隋吏部侍郎在人事任命中的权
责,虽然器重二人,却无权立即给他们更重要的职务,而取得进士身份直接可以
作为入仕的资格等史实。这还不是考试决定一切的时代,但科举制仍是伟大的
一步,因为有中央固定权威部门组织的集体文化测试,考试者是以成为公职人员
而不是区分知识高低等级为目的,但是考试的结果是最重要的录用依据。由于
科举是竞争性设置,获胜者自然会享有智力优越的荣誉,加上人数限额,所以相

当具有挑战性。科举制的就是在种可以满足生活、心理双重需要的背景下逐步形成,不仅是合时宜的也是有益的,自然给当时政治、生活带来深刻影响,开元十七年(729 年),左江监门卫录事参军刘秩论曰:"隋氏罢中正,举选不由乡曲,故里闾无豪族,井邑无衣冠,人不土著,萃处京畿,士不饰行,人弱而愚。"《通典·卷17·选举典·杂议论中》P215。反对的意见似乎听起来还是有合理性。科举制不是必然的产物,人事制度经历漫长、痛苦的发展后,最终由个别高瞻远瞩的人透过错综复杂的官僚体制迷宫,作出了正确选择。

隋室的科举制是一个伟大的创新,如果杨坚没有事先将人事任免权悉数收归中央政府,科举制是不可能的,炀帝的作用关键,由于他在文学上极具天赋,人才的选拔得以建立在个人智力及受教育程度上基础上,以公平、公开的考试成绩作为担任国家公职资格的主要依据,创造了相对合理、文明竞争职位的氛围,因扩大了入仕范围,阶级因素相应淡化,加强了对国人的凝集力。全国公职人员以科举出身、门荫为官、杂色入流形成三大类型中,社会舆论对来源于科举者更为尊重,并不全在于醉心于考试比赛优胜劣汰的游戏,而是普遍发现,更高的教养与更高的效益及更公平的行政能力密切相关。

隋文帝时,选举任用官吏体现先德行,后文才的方法,隋炀帝的进士科已经基本颠倒过来。与其父时代的进士科性质有所不同,其初衷本就是是要与其父亲轻视学人的风格有区别,他优先强调文化修养是最重要的录用标准,这与他在百官黜陟上的意见一致,百官"不得计考增级,其功德行能有昭然者乃擢之。"也就是按部就班的人升迁机会小。这当然不合理,因为每个官员都有个职权范围,履行职守,提防越权是重要的本分,随着战事相对减少,多数人要达到一举成名、功绩卓著实属不易。加上国家行政管理者需要一定的基础教育训练,而当时武夫参选,多授文职,大业八年炀帝诏书再次改变其父的制度,此后授予勋官的人不得再授予文官的职事。《通典·卷14·选举二》P178 这种思想相信对唐文官制度完备有至关重要的影响,科举制在唐得以基本形成与杨隋关系密切,所谓"大唐贡士之法多由隋制。"《通典·卷15·选举三》P180"唐制取士之科,多因隋。然其大要有三:由学馆者曰生徒,由州县者曰乡贡,皆升于有司而进退之。……其天子自诏曰制举。《新唐书·卷44·选举志》P128。按郡的大小规定名额:上郡三人,中郡二人,下郡一人。但又规定有才能者无常数。考试科目为:秀才、明经、进士、明法、明书、明算等。后来发展的情况是,士族最感兴趣的是明经、进士二科。武则天后周载初元年(689 年),策问贡人于洛城殿,这是殿试的开始。唐朝的明经考贴经,进士科除考试策问、贴经外,还要加试文章,玄宗后另加诗赋。进士科由于考试内容给与考生较大的自由发挥余地，容易考出真实才学，成为更受欢迎的科目。大家都以进士出身为自豪，一个人即使已经官至宰相，如果自己不是进士出身，都会引以为憾。《唐摭言·卷1·散序进士》P208。这极大地改变了国家公职人员的素质，这种影响极其深远，考试的内容倒在其次。一个生长在和平年代的有志青年，可以通过自己所学到的知识进入国家公职管理人员之列，为国家出力。这使知识的意义更广泛地为人所理解，以进士科为主的考试制度在知识分子中形成有益的竞争，至少从形式上给定了一个绝大多数人可以接受的标准。其次，它的正常运作极大地提高国家公务人员决策管理能力。与考试制度配套的是全国统一的教材，主要是儒家经典，《诗》《书》《礼》《易》等，有时也考《老子》内容，其余是法律、书法、计算等。国家在中央设国子监，它是全国主管教育的部门，国子监置祭酒一人，从三品；司业二人，从四品下，下辖六学：

1. 国子学：置博士五人，正五品上。生员额三百。入读资格：文武三品，国公子孙、从二品以上官员曾孙。

2. 太学：置博士六人，正六品上。学生定员五百人。五品以上官员子孙。

3. 四门学；置博士六人。学生定额：一千三百人。其中七品以上官员子弟五百人，平民子弟八百人。

4. 书学：博士二人。学习书法。生员三十。八品官以下子弟与贫平民子弟。

5. 律学；博士三人。学习法律。生员数、入学资格均与书学同。

6. 算学，博士二人。学习计算。人数资格同上。

太子东宫设有崇文馆，学生额定在二十，须皇室亲或宰相子弟。门下省设弘文馆，学生数比较稳定时保持在三十名左右。入学资格不详。另有广文馆置博士四人，助教二人。崇玄馆（后为崇玄学）是玄宗时设，专门培养研究《老子》庄子为主的道家经典。太医署、太卜署、司天台的学生主要学习医、卜、及天文知识，学生来源多半世代相传，当然不排除一些个人对此有兴趣的人，他们入读这些学校，学习相关专业，他们的家庭背景必须符合条件。

各地方政府也开办学校，乡有乡学，县有县学、在州也设州学。也容许民间私立学校，这些学校往往由著名人士开办，吸纳的生员又更为广泛，一些贫寒之家的子弟一方面处出于爱好，一方面看出是一条出路，这使得地方和民间学校也极有竞争力。

学生就学与参加考试的资格受一定标准的审查和限制 1."考核资叙郡县乡

里名籍,父祖官名,内外婚姻。"2."刑家子之子,工贾殊类。"《通典·卷15·选举3·历代制下》P185。不得应试。考生来源"由学馆者曰生徒,由州、县者曰乡贡。"通过县、州或府考试的报考者,称"举",这也是参加中央统一考试的必要资格。

6. 给新国家带来巨大的凝聚力

唐沿隋制,并加以扩展。隋置明经、进士科,唐承隋,置秀才、明法、明字、明算,并前六科,主司则以考功郎中,后以考功员外郎。后人所趋,明经、进士二科而已。《唐语林·卷8》P435。武德四年四月十一日,敕诸州学士及白丁,有明经及秀才、俊士,明于事理,为乡曲所称者,委本县考试,州长重复,取上等人,每年十月随物入贡。至五年十月,诸州共贡明经一百四十三人,秀才六人,俊士三十九人,进士三十人。十一月引见,敕付尚书省考试,十二月吏部奏付考功员外郎申世宁考试,秀才一人,俊士十四人,所试并通,敕放选与理入官,其下第人各赐绢五匹,充归粮,各勤修业。自是考功之式,永为例程。《唐摭言·卷十五》P244。

唐武德五年(622年),朝廷宣布士人可以不经过官府和举荐获得报名资格,"投牒自应"这是一个重大事件,参加选举之人可以不受地方政府官员的操纵,自行报名。这个变革实施近一个半世纪后仍有人反对。杨绾说"自古哲后,皆侧席待贤,今之取人,令投牒自举,非经国之体也。"《旧唐书·卷119·杨绾传》P413,杨绾要求取消科举,恢复举孝廉等选举制度。司马光的相关文字更为详细,代宗广德元年(公元763年)六月,礼部侍郎杨绾上疏:以为古之选士,必取行实,近世专属尚文辞。自隋炀帝始置进士科,犹试策而已,高宗时,考功员外郎刘思立始奏进士加杂文,明经加帖。从此积弊,转而成俗,朝之公卿,以此待士家之长老,以此训子。其明经则诵帖括以求侥幸,又举人皆令投牒自应。如此,欲其返淳朴,崇廉让,何可得也?《资治通鉴·卷222·唐纪38》P1521。杨绾没有考虑到,没有公平的统一考试,无法分出学业的优劣,不利于量才录用,不利于在整个社会创建合理的思想学术竞争的氛围。

现在已经不需要在职官员决定一个人是否有资格参加国家考试了,容许更多人参加。常举有秀才、进士、明经、明法、明字、明算、一史、三史、开元礼、道举、童子等科,此外另有皇帝特诏举行的制举。进士科则最为人所重,它始于隋大业中,盛于贞观、永徽之际。科举考试制度让许多普通人受益,通过个人奋斗有机会展示自己才华,为国出力。武德五年,李义琛家素贫乏,与弟义琰、从弟上德,三人同举进士。《唐摭言·卷七·起自孤寒》P224,《旧唐书·卷81·李义琰》P331。王播幼年丧父,曾寄居于扬州惠昭寺木兰院,随众僧就餐,遭诸僧歧视,以致播经常挨饿。《唐摭言·卷7》P224。后来擢进士第,登贤良方正制科,授集贤校理。《旧唐书·卷164·王播传》P515。武则天增加殿试是对科举制度的一个重大贡献,载初元年(690年)中科举者首次举行殿试,由于是女皇亲行主考,进一步提高了考试规格和荣誉,这种皇帝率全国上下举国尊教重考的制度得到延续。此外,武则天对科举做出的另一项重要改革是于长安二年(702)创设武举。与均田制、府兵制、法律等一样,科举制度随时间的变化既有传承又有发展。科举制不是最受国家重视的制度组成部分之一,但是它的价值无法替代,其基本理念具有持久生命力。

5. 中唐以后的科举建设

1) 科举考试的全国性质

高宗显庆四年,二月,上亲策试举人,凡九百人,惟郭侍封、张九龄等五人居上第。令待招弘文馆,随仗供奉。《旧唐书·卷四·高宗纪》P18。

唐开元十七年,反对科举制的左监门卫录事参军刘秩说:"古者以勋赏功,以才莅位。以才莅位,是以职与人宜。近则以职赏功,是以官与人乖。"他高度评价"王畿之外,诸侯之吏,自卿以降,各自举任。……州县佐吏,牧守选辟,主司所选独,只限于甸内之吏,公卿府之属"的时代。而"五服之内,政决王朝,一命免罢,必归吏部"令他烦恼。《通典·卷17·选举五·杂议论中》P216。他所抱怨的问题中,确实有不少正是科举制的特点,如果政府没有全国范围内相对集中的人事权,科举制就不可能具有全国影响,就难以为续。在中央和地方人事双轨制的条件下,对人才的衡量标会产生差异,而且也不利于人才流动。

2) 提高主考级别

科举是国家考试,生徒和乡贡经过地方初试选拔出来的优等生称为举人,他们在京城参加的考试,由尚书省的吏部主管考试,"开元二十四年(736年),考功郎中(吏部,从五品上)李昂,为士子所轻诋,天子以郎署权轻,移职礼部,始置贡院。"《唐国史补·卷下》P595。八年后又转由吏部掌管,"天宝三年(744年),李林甫领吏部尚书,……选事悉委侍郎宋遥、苗晋卿。《资治通鉴·卷215·唐纪31》P1460。吏部、礼部交替主管,都有合理性。由吏部侍郎主管,级别大幅升高。

权德舆历唐德宗、顺宗、宪宗,德宗贞元八年(792年),进中书舍人……久之,知礼部贡举,真拜侍郎。《新唐书·卷165·权德舆传》P536。他在贞元十八年(802年)为礼部侍郎,宪宗元和五年(810年)拜礼部侍郎、同中书门下平章事,元和八年(813年),罢为礼部尚书。柳宗元、刘禹锡投文于其门下。"拜侍郎,凡三岁,甄品详谛,所得士相继为公卿宰相。"《新唐书·卷165·权德舆传》P536。

"权文公德舆,身不由科第,掌贡举三年。门下所出诸生,相继为公相。得人之盛,时论居多。(唐)赵璘《因话录·卷二》P573,权德舆(—818年)他出生于肃宗乾元元年(759年)未冠以文章称诸儒间,后被多位高官交相辟之,德宗爱其材,召为太常博士,改左补阙。权德舆因为有才华,仕途顺利,不需要参加科举,太常博士属太常寺从七品上,左补阙属门下省,从七品上,几乎是一开始就认准了他的能力所在,权德舆后来主管科举,算是一个内行。

3)考试内容与科目的更新

由于教育的划一,对四面八方来的考生可以通用一张试卷。内容以儒家经典为主,标准内容范围在贞观时已经完成。但从优秀答卷来看,经典儒家内容只是其中主要部分,这一方面与官方的价值观或政治倾向有关,主要的方面是儒家思想在两汉经过重大改造,各种学派思想、宗教在不断向其渗透。科目设置大致有:秀才、明经、俊士、进士、明法、明字、明算、一史、三史、开元礼、道举、童子。《新唐书·卷44·选举志》P128。"国初,明经取通两经,先帖本,乃按章疏试墨策十道。秀才试方略策三道,进士试时务策五道。《封氏闻见录·卷三》P308。秀才科水平最高,录取最严,从武德六年(623年)到高宗永徽二年(651年)停秀才科止,在唐朝共试行二十八年,共录秀才二十九人,同期录进士256人。《文献通考·卷29·选举二》P276。"其后举人惮于方略之科,为秀才者殆绝。而多走明经、进士。"《封氏闻见录·卷三》P308。"永徽以前,俊、秀二科犹与进士并列。高宗咸亨之后,凡由文学一举于有司者,竞集于进士矣。由是赵儋等尝删去俊、秀,故目之曰《进士登科记》。《唐摭言·卷1·述进士上篇》P207。

比较规范后的进士、明经考试均考三场,依此为:1试帖经。2进士试诗、赋各一篇。明经试经义(经义即解释指定经典,依据贞观时颁布的学术经典定本。在口试时称口义,改笔试后称墨义)。3.进士试时务策五道,明经试时务策三道,"每一场已,即榜去留。《登科记考·凡例》。进士的考试重点在诗、赋,明经则在贴经、墨义。墨义是问答题部分,贴经是填空题部分。这些考试内容是官方规定的,考试形式表明大量背诵极其重要。

常举之外还有制举,"天子自诏者曰制举,所以待非常之才焉。《新唐书·卷44·选举志》P128。所谓制举者,……自京师外自州县有司常选之士以时而举,而天子又自诏四方德行、才能、文学之士,或高蹈幽隐与其不能自达者,下至军谋将略,翘关拔山,绝艺奇伎,莫不兼取。其为名目,随人主临时所欲而列为定科,诸如贤良方正、直言极谏、博通坟典、达于教化,军谋宏远、堪任将帅,详明政术可以理人之类。"《新唐书·卷44·选举志》P128。考试的对象既包括在职现任官员,也包括有通过高级常科考试尚未任职者,皇帝本人亲自主持考试,也有录取程序,成绩优异者可以给以提拔或赏赐官爵。不少人热衷于这个科目,但地位还是低于进士科。

武后长安二年(702 年),又置武举,考试军事、体育项目,合格者也称为中第,从此有机会担任军职。这给和平时期没有经过战争的尚武的青年提供了担任公职的机会,当然也不乏因有卓越战功而到地方或中央政府担任重要职务者。

4)公布卷面成绩

学习最直接、最主要的目的是成为国家上层管理人员,这尽管缩小了知识的内涵,但这种方式对扩大知识的影响,提高国家公务人员的整体素质作用极其明显。成绩高度就是社会地位官职高度,即使没有马上显示出来,机会还是长期存在。优秀的考试成绩是一种有形的向上引力,但是决定一个人的职位高低因素还有很多:个人意向,政治突发事件以及偶然性等。

进士科的难度从内容、形式上都比明经科为甚,录取人数也小,每年应试进士科者在一、二千左右,但录取率仅为百分之一,明经科报考者录取律则可能达到百分之十。参见《通典·卷15·选举3》P180。明经科的录取不限制名额大致是从德宗时担任礼部侍郎的权德舆开始,"取明经,初不限员。"《新唐书·卷165·权德舆传》P536。

考试成绩是录取的主要标准,获得功名者的人中不乏有才华的人,如历史上第一位状元,唐高祖武德五年(622 年)壬午科状元孙伏伽,文学家柳宗元、诗人杨巨源,贞元五年(789 年),刘太真下第二人及第。《唐才子传·卷5》P340。但是科举考察人德才真实情况的可信度是不稳定的,年仅十六岁的苗台符即进士及第。《唐摭言·卷3》P217。这种缺乏生活历练的人担任行政职务很难说会称职。唐德宗贞元八年(792 年)及第的王涯在经历了十多年的努力。在宪宗时才真正崭露头角。历知制诰、翰林学士,中书侍郎,同中书门下平章事、御史大夫、户部尚书、监盐铁使,进仆射。"涯榷盐苛急,百姓怨之。"王涯曾因为增税遭到广泛反对。自己积累为巨富,个人生活却十分清苦,酷爱珍稀书籍、书法、名画,一旦发现,就要设法占为己有,他于唐文宗太和九年(835 年)甘露之变时被杀。《新唐书·卷179·王涯传》P564。

以进士登科为登龙门,解褐多拜清要,即进士被国家视为最优人才储备,最初授予的官职多半是地位尊贵,权力不大却事关重大,未来有良好去向的优质职务。只要不出意外,"十数年间,拟迹庙堂。"《封氏闻见记·卷三·贡举》P308。

"进士为时所尚久矣,是故俊乂实集其中,由此出者,终身为闻人。……故位极人臣,常十有二三,登显列十有六、七。"李肇《唐国史补·卷下》P595,上述见解有证可据:"开元末(开元最后一年为开元二十九年,公元741年),李揆擢进士第,补陈留尉。献书阙下,试中书,迁右拾遗,再转起居郎,知宗子表疏,以考功郎中知制诰,……拜中书舍人。……乾元二年(758年)……拜礼部侍郎。……拜中书侍郎、同中书门下平章事。《新唐书·卷150·李揆传》P504。他的经历显示,进士及第后,起步是汴州陈留县尉,没有做过地方主官,没有做过中央政府主官,没显赫的政绩,十七年内成为宰相之一,显然是进士及第的显赫身份照亮了他的前程。李绅是宪宗元和元年(806年)进士,补国子助教。穆宗即位,召为翰林学士,累迁中书舍人。武宗即位,拜中书侍郎、平章事。《唐才子传·卷6》P343。进士出身的白居易官至刑部侍郎。李廓是宪宗元和十三年(818年)进士,担任过鄠县令,官至武宁节度使。《唐才子传·卷6》P345。韩愈是德宗贞元八年(792年)擢第,官至兵部侍郎、京兆尹,兼御史大夫。柳宗元贞元九年进士,官至柳州刺史。同年进士刘禹锡迁太子宾客,会昌时加检校礼部侍郎。《唐才子传·卷6》P341。但这样幸福的人毕竟有限,多数科场的胜利者的仕途并不是这样乐观,温宪在昭宗龙纪元年(889年)进士及第,官至郎中。《唐才子传·卷9》P358。李颀开元二十三年进士及第,调新乡县尉,性疏简,厌薄世务,因此只做到比六百石以下的官职。《唐才子传·卷2》P328。麴信陵在德宗贞元元年(785年)及第,最高官职为舒州望江令。《唐才子传·卷5》P340。

有唐一代,李世民对进士概念给予了客观、明智的定义,那份推崇得到了长期的延续,宣宗(847年即位)爱羡进士,每对朝臣,问"登第否?"有以科名对者,必有喜。《唐语林》P400。"……科第之设,草泽望之起家,簪绂望之继世,孤寒失之,其族馁矣;世禄失之,其族绝矣。《唐摭言·卷九》P229。所以尽管科举考试被比作赴汤蹈火、如履薄冰,甚至是徒手空拳与利刃相搏。家庭乃至家族的力量集中在一个人身上,他们只有前赴后继,公乘亿在唐懿宗咸通十三年(872年)登第,不过这种荣耀是否可以一次性抵消已有的伤痛实在很难说,因为此前他已参加了三十余次考试,付出的经济上开销与个人家庭的心力都非常人所能承受。著名诗人孟郊在德宗贞元十二年(796年)荣登"李程榜进士",时年五十岁,还算是年富力强的进士,昭宗天复元年(901年),曹松,王羽,刘象,柯崇,郑希颜及第。前二人时年已七十有余,后三人均年逾耳顺,即六十以上。王定保《唐摭言·卷八》P227/228。而最为不幸的是努力了没有得到好结果的人。或者是能力或者是机会,他们为了考场的人生黯然无光。

一个进士及第的人还需要参加贤良方正、直言极谏以及书判等考评,"凡择人之法有四:1.一曰身,体貌丰伟;二曰言:言辞辨正;三曰书,楷法遒美;四曰判,文理优长。《新唐书·卷45·选举志》P130。上述三科考试合格有利于及早而合理地授予相关职务。贤良方正科测试规格很高,元和三年(809年),诏举贤良,时有皇甫湜对策,其言激切,牛僧孺、李宗闵亦苦诋时政,考官杨于陵(户部侍郎)、韦贯之(吏部员外郎,参见《旧唐书·卷158·韦贯之传》P503)升三子之策皆上第,裴垍居中覆视,无所同异。及为贵倖泣诉,请罪于上,宪宗不得已,出于陵、贯之官,罢垍翰林学士,除户部侍郎。《旧唐书·卷148·裴垍传》P481。贵倖指翰林承旨平章事李吉甫等。与韦贯之同为考策官的左司郎中郑敬、都官郎中李益皆难其词直,贯之独署其奏,遂出为果州刺史,道中黜为巴州刺史。《旧唐书·卷158·韦贯之传》P503。牛僧孺和李吉甫两派旷日持久的争斗也发源于此。

郑亚是进士及第后参加上述各种专门的考试成功例子之一,他在元和十五年(宪宗在位最后一年,820年)擢进士第,又应贤良方正、直言极谏科,吏部调选,又以书判拔萃,数载之内,连中三科。受到翰林学士李德裕赏识,李出镇浙西时,辟郑亚为从事。会昌(唐武宗会昌元年是841年)初,郑亚入朝任监察御史,累迁刑部郎中。中丞李回奏知杂(御史中丞李回奏在台院主管日常事务。),迁谏议大夫、给事中。会昌五年,李德裕罢相,出任桂管观察使,镇渚宫,授亚正议大夫,出为桂州刺史、御史中丞,桂管都防御经略使,宣宗大中二年(848年),吴汝纳诉冤,李德裕再贬潮州刺史,亚亦贬循州刺史,卒于任。《新唐书·卷185·郑畋传》P574(1),《旧唐书·卷178·郑畋传》P558。路岩考取进士后,一路飙升,唐懿宗咸通年间的得到宰相任命时年仅二十六岁。

科场之路极其崎岖艰辛,任涛在乾符(唐僖宗乾符元年为874年)年间,"应数举,每败垂成。"《唐才子传·卷9》P358。其制度设置注定只能少数人得偿所愿,更多的人没有通过科举实现自己的抱负。"圣唐有天下,垂二百年,登进士科者,三千余人。"《唐摭言·卷2·恚恨》P212。个人才华与功名高低会有不对称的现象,国家经常几乎错失或者实际错失不少英才:名相裴度曾经"屡屈名场,"连自己也失去了自信,跑去向相士打听自己的未来。《唐摭言·卷4·节操》P217。"长孙佐辅举进士不第,后卒不仕,隐居以求志。然风流酝藉,一代名儒。《唐才子传·卷5》P342。很多人在科场路途塞滞,流连多年之后仍铩羽而归,"张碧,贞元间举进士,累不第。"其实他"天才卓绝,气韵不凡。"《唐才子传·卷5》P340。他是否是个政治上真正的有用之才,没有机会得到检验,但是他留下

1657

了诗歌集传世,不是一事无成的人。

个人能力与所得职位横向比较往往可见明显反差,"许棠初试进士,与薛能、陆肱齐名,二人先后擢第任职,到许棠登第时,前者已京尹出镇徐州,后者为南康太守。被陆氏召为同侪。《唐语林·卷7》P431。一个人通过层层筛选在科举上获得成功,成为人生重大的转折点,也是家族众望所寄。为了更为出色,顺利,有些人难免背叛自己的学术背景,或屈服于现实,或顺从自己内心的呼唤,考试成绩与人品错位现象也不少见,宪宗元和九年(814年)的状元张又新,"为性倾邪,诌事宰相李逢吉,为之鹰犬。数被贬谪,仕终于左司郎中。"此人曾公开表示"我少年擅美名,意不欲仕宦,惟得美妻,平生足矣。"先娶之妻因其只有内在美,一直引为憾事,后在李绅筵上爱上一歌姬,争取到手后,倒是心满意足,从此相爱,与其度过余生。《唐才子传·卷6·张又新》P343。

6)维护科举考试公平性的制度设置

(1)回避制度公正而且必要

王播弟王炎、王起。王炎子王铎曾为相。他的堂兄弟王龟(父起)子王尧虽然有较高的学术水平"以季父(即王铎)作相,不就科试。"被地方官辟为属员。历侍御史等职,终于右司员外郎。《旧唐书·卷164·王播等传》P516。

李德裕的父李吉甫元和初担任宰相,李德裕苦心力学,尤精《汉书》、《左氏春秋》,耻与诸生同乡赋,不喜科试,不求仕进,元和初以父再秉国钧,避嫌不仕。台省累辟诸府从事,元和十一年,张弘靖罢相,镇太原,辟为掌书记,由大理评事得殿中侍御史,唐穆宗即位(元和十五年,820年)由监察御史召为翰林学士。长庆元年(821年)转考功郎中知制诰,二年二月,转中书舍人学士如故,九月出李德裕为浙西观察使。《旧唐书·卷174·李德裕传》P544。李德裕官居宰相,没有经历科举的人生也曾经荣耀。他与王尧家庭背景相似,一度都是采取暂时"避嫌不仕"的策略,随后愉快地接受辟举。

(2)整饬考风

高郢(九岁通春秋,能属文)改中书舍人,凡九岁,拜礼部侍郎,时应进士举者多务朋游,驰逐声名。每岁冬,州府荐送后,唯追奉谦集,罕肆其业。郢性刚正,尤嫉其风,既领职务,拒绝请托,虽同列通熟,无敢言者,志在经艺,专考程式凡掌贡部,三岁,进幽独,抑浮华朋滥之风,翕然一变。《旧唐书·卷一百四十七·高郢传》P480。权德舆、高郢等人让科举考试变得更有价值。

6. 中唐以后科举制的破坏

科考的弊端:

1) 皇权的干预

一些沉溺于功名的人确实可以单独或者集体舞弊,科举成功后的巨大利益前景易于滋生腐败。进士王如泚,妻翁以伎术供奉,请求玄宗让其婿进士及第,玄宗答应了,并向礼部口谕。当时执政之一李林甫,听到侍郎李暐汇报这一情况后问:此人学术水平是否达到录取水平?回答说属于可录可不录之类。李林甫以罕见的睿智指出,皇帝器重一个人,尽可赏给一官做,而进士能够及第应该以个人能力为准,如果及第也可以赏赐,士人的学习热情将会受到严重挫伤。结果他说服了玄宗,要求王如泚仍需参加考试。满以为进士及第身份已不劳而获的王如泚家车马盈门,已经在大宴宾客。不过,他的梦想被粉碎后,只要他参加考试,还是可能比普通士子有更好的录取机会。这是因为感情因素不仅可以影响录取,而且已成为制度的一部分。

2) 主考以及权势重臣的偏好

除通榜之类公开的弊端外,不严格按成绩标准录取的情况时常出现,其中有些的得到功名纯属偶然,主考郑熏将考生颜标误认为是著名忠臣鲁郡公颜真卿后代,加上当时国家有局部战争,为了激励国人效忠国家,郑主考将颜标定为状元,事后才发现认错了人。《唐摭言·卷8》P227。出众的个人才华与声誉在录取中也有带来负面影响的例子:贞观二十年,王师旦为员外郎,冀州进士张昌龄、王瑾并文辞俊雅,声振京邑。师旦考其文策为下等,举朝不知所以。及闻奏太宗怪无昌龄等名,问师旦。师旦曰:"此辈诚有辞华,然其体轻薄,文章浮艳,必不成令器。臣惧之,恐后生仿效,有变陛下风俗。"上深然之。"事实似乎证明了他的预见,"后昌龄为长安尉,坐赃罪解官。而王瑾亦无所成。"《封氏闻见记·卷3·贡举》P308。尽管如此,这种录取标准还是不足为训,太宗本人就写过艳诗,但他仍是古代中国一个胸怀大志、出类拔萃的人,一个称职的君主。

除了象王师旦等这样出以公心使一些本来成绩合格的人材但落选外,一些能力合格或实践能力更强的人才常因为考试成绩不合格而被拒之门外。

"玄宗时,士子殷盛,每岁进士至省者,常不减千人。在馆诸生更相造诣,互结朋党,以相渔夺,号之为"棚",推声望者为棚头,权门贵戚,无不走谒。以此荧惑主司视听。其不第者率多喧讼,考功不能御。"《封氏闻见记·卷三·贡举》P308。评分标准的公正性遭到质疑一部分是因为考试对每个人的重要性,二是确实不能排除社会影响巨大的人操纵考试。应试者强烈质疑实属正当的反映,被李宗闵待之如骨肉的常州刺史杨虞卿,"每岁铨曹贡部,为举选人驰走取科第,占员阙,无不得其所欲。升降取舍,出其唇吻。"《旧唐书·卷176·杨虞卿传》

P550。唐文宗太和七年(833 年)时"给事中杨虞卿,与从兄中书舍人汝士、弟户部郎中汉公,中书舍人张元夫,给事中萧澣等善交结,依附权要上干执政,下挠有司,为士人求官及科第,无不如意。上闻而恶之。《资治通鉴・卷 244・唐纪 16》P1680。按朝臣李德裕的说法"方今朝士,三分之一为朋党。"同上书 P1680。可见是普遍现象。正是诸如此类的公开秘密形成了整个制度上的薄弱环节。而科举制度上的缺陷与唐国家的经济、司法、人事等雷同,身份一方面受到层层保护,与之对应的必然是受到层层制约:唐懿宗咸通中(860 年为咸通元年),韦保乂以兄在相位,应举不得,特敕赐进士及第。《唐摭言・卷九》P229。"秦韬玉应进士举,出于单素,屡为有司所斥。京兆尹杨损,奏复等列。时在选中,明日将出榜,其夕忽叩试院门,大声曰;大尹有帖!试官沈光发之,曰:闻解榜内有人,曾与路岩作文书者,抑落下。光以韬玉为问,损判曰:正是此。"《唐语林・卷七》P431。路岩在唐僖宗咸通十二年(871 年)罢相,后因为贪赃被被处死。

贡士考试成绩不是好仕途的唯一的凭证。一些知名人士、高官的引荐也十分重要,常见的方式包括:报考人员事先将自己的优秀诗赋文章送给国家有关部门和自己信赖的人士请求重视、评估、阅览、玩赏,这是合法的,称为"纳卷",王定保记载有人因纳卷过多而得恶名,纳卷投到礼部主考的叫做"公卷";投给一些有影响的朝中大臣的叫做"行卷"。纳卷的好处很多,一个人在公众中的影响力可能实际决定录取排名,考试成绩已经居于次要。此即所谓通榜。《唐摭言・卷6・通榜》P226。所得到的评价有时会影响录取结果。如果是高度评价,它的作用就不止录取,有时会改变一个人的命运。白居易带着自己的诗稿拜访当时名学者顾况,顾氏对白氏知之甚少,先还拿他的名字开玩笑,"长安百物皆贵,居大不易。"但读到其"野火烧不尽,春风吹又生"时,顿觉神清气爽,耳目一新。当即向白致歉,盛赞其才华横溢,"有句如此,居天下亦不难。"白居易在贞元十六年成为进士,"拔萃皆中,补校书郎。"《唐才子传・卷 6・白居易》P342。韩文公,皇甫湜,贞元中名价籍甚,亦一代之龙门也。牛僧孺带着自己的作品拜访二位,受到高度评价"吾子之文,不止一第,当垂名耳。"因命于客坊僦一室而居,俟其他适,二公访之,因大署其门曰:"韩愈、皇甫湜同访几官先辈,不遇。"翌日,自遗阙而下,观者如堵,咸投书先谒之。由是僧孺之名,大振天下。《唐摭言・卷六》P221。韩愈的推荐成功率相当高,贞元十六年,权德舆主文,陆修员外通榜帖。韩文公荐十人于修,其上四人曰:侯喜、侯云长、刘述古、韦纾。其次六人:张苰、尉迟汾、李绅、张俊余。而权公凡三榜共放六人,而苰、绅、俊余,不出五年,皆捷矣。《唐摭言・卷八》P226。"韩愈引致后进,为求科第,多有投书请益者,时人谓之韩门弟子。愈后官高,不复为也。"《唐国史补·卷下》595。

宋人苏轼也在《议学校贡举状》一文中批评说"唐之通榜,故是弊法。"

大权在握的宦官也一度可以决定录取名单。文宗太和二年(828年)三月载:"自元和之末,宦官横溢,建置天子,在其掌握;威权出人主之右,人莫敢言。上亲策制举人,贤良方正、昌平刘蕡对策极言其祸,"忠贤无腹心之寄,阉寺持废立之权。"……贤良方正裴休、李郃、李甘、马植、杜牧……等二十二人皆中第,考官左散骑常侍冯宿等见刘蕡策,皆叹服,而畏惧宦官不敢取,诏下,物议嚣然称屈。谏官、御史欲论奏,执政抑之,李郃曰:刘蕡下第,我辈登科,能无厚颜,乃上疏,以为蕡所对策,汉魏以来,无与为比。乞回臣所授,以旌蕡直。不报。蕡由是不得仕于朝。终于使府御史。《资治通鉴·卷243·唐纪59》P1674。使府这里指的是节度使幕府。

3) 考生作弊

考生花样百出、屡禁不止的作弊,相关部门穷于应付。唐肃宗乾元二年(758年),李揆被任命为礼部侍郎,可能是觉得禁堵作弊的方法防不胜防,他曾经提出一个开卷考试的方案:"揆以主司取士多不考实,徒峻其隄防,索其书策,未知艺不至者,文史之囿亦不能摛词。深昧求贤之意也。其试进士文章,请于廷中设《五经》、诸史及《切韵》本于床,而引贡士谓之曰:大国选士,但务得才,经籍在此,请恣寻检。由是数月之间,美声闻于上。未及毕事,迁中书侍郎平章事、集贤殿崇文馆大学士,修国史。《旧唐书·卷126·李揆传》P429。"揆病取士不考实,徒露搜索禁所挟,而迁学陋生,菲枕图史,且不能自措于词。乃大陈书于廷,进诸儒约曰:"上选士,第务得才,可尽说欲言。"由是人人称美……。《新唐书·卷150·李揆传》P504。前段文字说考卷只是个设想,后段文书李揆已付诸实施。这个方案倒是得到了舆论的好评,但是不知是君主不允许这样做而将其从礼部调离?还是因为器重李揆智慧任命他更高的职务而忽略了他的提案?李揆的设想应该没有实际推行。

功名诱惑使科场做弊成为顽症,正派的大臣乃至皇帝有时也难免杯弓蛇影。郑畋举进士时年纪很小(年十八登进士第),以致武宗(840—846年在位)见到他的履历档案时产生怀疑,亲自将他的试卷调来审查后才放心。《新唐书·卷185·郑畋传》P574(1)、《旧唐书卷178·郑畋传》P558。他二十二岁时吏部调选,又以书判拔萃登科。

7. 科场的深层影响力

大多数人对考试的成败都具有健康的心态,但部分人长期浸淫在这种容易过于功利化的考试制度中,还是可能变得病态乃至荒诞不稽,在落选与入选的士子中,都不乏心理不健全的人。进士张繟是汉阳王张柬之曾孙"时初落第,两手捧《登科记》顶戴之,曰:"此千佛名经也。"《封氏闻见记·卷三·贡举》P308。此书之所以在一些应试者心中弥足珍贵,反映对名利的追求压到一切。唐僖宗乾符年间(874 年为乾符元年),久困场屋的温定,"尤愤时之浮薄,"在关宴时将所乘肩舆精心装饰,完全封闭的轿子外观饰物珠光宝气,鲜艳精美,俨然高贵、年轻女宾所乘用。这顶看不清内部的轿子在一群盛装侍女的簇拥下出现在河边,美色和富贵果然吸引了众多与会者的注意,纷纷驱船围观这艳光四射且神秘的轿子,在这个巨大的蜂房周围,文人的矜持和未来官员的庄重、威严均置之度脑后,嬉闹挑逗嘈声一片,兴致勃勃施展男性魅力,直到温定感到厌倦,故意露出男人特征,令一些围观者无地自容。《唐摭言·卷 3》P217。一些学人并没有通过科举考试的前后过程变得更具有道德情操,曾任司空的卢钧任职于衢州时,有一进士携带礼品谒见,"公开卷,阅其文十余篇,皆公所制也。语曰:君何许得此文?对曰:某苦心夏课所为。公云:此文乃某所为,尚能自诵。客乃伏。言,某得此文,不知姓名,不悟员外撰述者。《唐语林·卷七》P428。

贺知章,证圣初(武则天证圣元年,695 年),擢进士,开元十三年(725 年),迁礼部侍郎集贤院学士,晚年尤加纵诞,无复礼度。自号四明狂客。《唐才子传卷 2》P330。

郑光业新及第年,宴次,有子女卒患心病而死,同年皆惶骇,光业撤筵中器物,悉授其母,别征酒器,尽欢而散。《唐摭言·卷三》P216。作者带着欣赏口吻记下这段事,赞誉郑氏处惊不变,沉稳有大度。一方面可以认为是由于功名的到来等待太久,被狂喜冲昏了头脑,另一方面是文化的作用,崇尚虚饰而害怕真实性。实际上,这里看到的不过是一个反常者,天性的自然流露也需要加以掩饰。有些人则选择避世,唐宪宗元和二年(897 年)及第的考生费冠卿,念及自己的父母此时已不在人世,顿觉所得一切都已毫无意义,遂隐于九华。元和十年及第的施肩吾,乾符中及第的皇甫颖均绝意禄位,情愿在寂寞中度过余生。

考场上,进士一科一枝独秀,但是非科举出身者凭借厚实的家族背景也可以通过门荫、辟举获得进阶。李吉甫曾任丞相,其子李德裕尤精《西汉书》、《左氏春秋》,耻与诸生同乡赋,不喜科试。宪宗元和十一年(816 年),张靖镇太原,辟李德裕掌书记,……明年,穆宗即位,召入翰林充学士。"为穆宗起草了大量的诏书。《旧唐书·卷 174·李德裕传》P544。"以己非科第,常嫉进士。及为丞相,权要束手。"《唐语林·卷七》P424。他不仅继承了父姓,也继承了其父与李宗闵、牛僧孺个人的仇恨。他们之间的矛盾,本应仅限于政治见解的差异,但很大程度上情绪化,对抗的范围从哲学原理到生活方式,无所不及。李德裕一派特别热衷于废止进士科。这种仇恨的一小部分又出人意料地演化为对寒门的偏爱,宣宗大中二年(848 年),当他被谪官贬为崖州司户时,有人写出了悲愤的诗篇"八百孤寒齐下泪,一时南望李崖州。"《唐语林·卷七》P224。这既是对个人的怀念,也是对制度的抨击。这实在是一种奇怪现象,李由父荫比较顺利地成为高官,却对通过科举考试辛辛苦苦挤入社会上层的人不屑一顾,他是世家大族,却能吸引孤寒一族的亲近。牛、李之间的类似争端不乏个人偏见,却弄得皇帝也深感头痛,唐文宗感叹说:"去河北贼非难,去此朋党实难。"《旧唐书·卷 176·李宗闵传》P548。将偏见比作匪徒,实属精当。

天宝十三年(754 年),玄宗御勤政楼,试博通坟典,洞晓玄经、辞藻宏丽、军谋出众等举人,取辞藻宏丽外,别试诗赋各一首,制举试诗赋自此始也。时登科者三人,绾为之首。超授右拾遗。肃宗时拜起居舍人、知制诰、历司勋员外郎、司方郎中掌诰如故。迁中书舍人。故事,舍人年深者,谓之阁老。迁礼部侍郎,上疏:条奏贡举之弊:《旧唐书·卷 119·杨绾传》P413。天宝十三年制举第一的杨绾,唐肃宗任礼部侍郎时,却建议废进士科而改举孝廉。他说出了科考中的一些弊端,但是矫枉过正,举孝廉的弊端更为严重。这个人代宗时曾任国子祭酒,一直有意打击太学,这次被代宗改任太常卿。

科举制经过有唐一代的改进,成了唐文官制度的基础,所有及第举子,以及通过门荫捐纳、荐举等取得任官资格者,经过吏部的"释褐式"后合格者可以得到官品,官职则要另外经过相关程序后方可得到任命,重要的是符合用人单位的具体要求。考试的内容包括面试和笔试,面试一是仪表,对才能一般的人而言,身体缺陷以及矮小等对应试者是不利的,二是口才,准确、清楚地表达思想是基本条件。三是熟悉法律,对随机给出的案例作出评判。四是笔试,主要考察书法水平。此即所谓"身、言、书、判四才。《新唐书·卷 44·选举志》P128。唐国家对公务员的监察、考核理论上十分全面,在任职的范围、时间、政绩都有相关约束,但一方面要符合君主的利益,另一方面要符合国家利益。两种利益完全重合是可遇而不可求的。这使得所有制度都变得不太可靠,在实际操作中,官员的应变能力不可或缺,但这又往往形成国家制度最脆弱的部分。国家制度没有起到应有的作用。而个别官吏明智、诚实与勇敢精神往往唤醒沉睡的制度。

在当时的社会经济背景下,科举尤其是进士科是一个政治进步,意义深远,科举考试的巨大机遇和重大挫折并存,通过知识改变命运的成为愈来愈多人的梦想,但仍然只有极少数幸运者将其变为现实,很多人皓首穷经,青春年华乃至生命一点一滴付出,最终完全消蚀在这茫茫幻境,生命以及生存的价值变得十分抽象,一生只有一个愿望,而它又总是可望而不可即。"从十岁读书,学为文章,手写之文,过于千卷。"《唐摭言·卷2·恚恨》P212。这是一个报考者以平淡的口吻描述的日常读书生活,实际上可以说是无数学人的全部生活的缩影。只要想一想他们所必须接触的内容:僵化的形式,程式化的思想,枯燥乏味的教授方法。它不是控诉,却令人望而却步。它最终向八股的发展,以及变成禁锢思想、抑制天性的工具是很自然的。

作为一个整体的科举制度,考试主要科目的内容仅限于文、史、哲、礼仪等知识,与国民经济发展密切相关的农业、医药、工程技术、数学等人才不是无缘参加考试就是无法进入高层决策管理。严重压抑了青少年学习这些科目的积极性,这些专业也就持续在低水平上徘徊,难以得到发展,这是以儒家为主的各种传统思想共同造成的综合效应。它们均轻视技术对社会的影响,幻想政治观念的正确性或最多一经少许更新,即自动成为社会稳定、发展的可靠保障。大量合格人材不能入选,潜能得不到正常发挥。国家人力资源大量浪费成为传统,其危害性在一个缺乏竞争的时代或熟视无睹或无所察觉,但它的负面影响比造成这种现象的制度要长久、顽固得多。科举制就象一座金矿,引起持续增长的狂热,其疯狂程度对制度本身的破坏作用,是制度制定者们所料不及的,一直也未找到有效的制约方式。尽管如此,它仍是和平时期普通人从低层上升到高层的一个主要途径,国家花费大量资金使其制度化、规范化。虽不能说尽善尽美,也是殚精竭力。但它的致命伤恐怕主要不在程序而在内容,如果在哲学上引入竞争,扬长避短,使问题的真实性、准确性得到应有的尊重;适当拓宽考试内容,令知识真正成为生产力。收益者就会更广泛,国家就可能更稳定,制度也会更完善。当然,制度成为静态的模式既是难以避免又是极其危险的,完善的临界点是其本身形成自我纠错的机制。

设计这样一种制度既是社会发展之需,也是当地居民借此可以自我发现的一条通途,科举制需要的前提条件极为繁复,它尽管处于持续的完善与被削弱中,但仍然是一种毫无疑问的重大创新。确保一次这样的科考成功需要高度的管理能力、财力以及专注,尽管如此,科举考试弊端既非绝无仅有,而是不断衍生且长期存在,但这些远远不能抵消它的价值,它的正面意义是第一位的:为年轻人提供了一条相对干净、公平的竞争途径,给精力旺盛、无所事事的人以方向,预防其中一些误入歧途危害社会,机会面向大众,标准化程度高,且无论出身贫富,高蟾在唐僖宗乾符三年(876 年)"及第,蟾本寒士,遑遑于一名,十年始就。"《唐才子传·卷 9》P356。激励积极求学上进的风尚,形成社会共识与认同感。高端、高尚文化的活性、影响力、连续性正是一个国家、族群的凝聚力之所在。更重要的,如同一块精耕细作、肥沃的土地,它能够不断地产生价值。相对因为失败而心智被扭曲的少数人,可以确信有更多的人因为科举制而建立信心、个人尊严以及责任感,个人、家族的荣誉感也因此被有益的激发起来。比起科举制构建的国家行政司法体系,它代表的文化、信仰、精神对社会形成更大的有形与无形的支撑,这种情况因为其考试内容在当时大致正确或比较合理而持续了很久。

科举制的设立为这个国家培养了大批训练有素、学术背景一致的官员,他们的价值观具有共性,他们的出现与存在挑战了勋贵的权威,他们具有的常识经常足以抵御迷信。科举制带来了一种源源不断的力量,一个潜力无限的阶层,既是制度的守护者,又是批评者。科举制的出现对专制者恣意妄为构成威胁,为了抑制这样一种相对理性的力量,霸道的皇权变得更加畸形。

科举制之前,人想要获得个人的成功,至少需要两代人,必须出身良好,或有爵位、土地、资产的传续,一个赤手空拳的人完全不可能完全凭自己的才能白手起家,进入社会的上层。科举制后,很多人,只要符合参加考试的普通人,普通农家子弟,都有希望凭借自己的学识在自己的生命中获得青云直上的机会,这是社会意识的一次巨变。

科举制在府兵制、均田制、租庸调制等制度被破坏后成为这里每个王朝的生命线,即使不是唯一的也是最重要的制度,是对年轻人、家庭和国家最有凝聚力的制度。在这个多数人忍饥挨饿、衣不遮体的国家通过一种竞争相对公平的机制获得个人才华展示的这种机会安抚了千千万万的人,国家也因之得以延续,这显示公平在人民心中即使不是最重要的也至少和粮食、衣物、居所等一样重要。

作为一个体系,上述制度是可以并存的,它们共同推动了古代中国社会运行。

结论

中国人试验了近千年的文官制度,但是一直不能规避使用这种制度的绝大部分风险,多数的问题几乎一直都在重复。为什么不能令其变得完全干净、无害? 不能越来越科学与社会发展需求同步,而是痼疾无法剔除? 不能说是制定者存心不良或偏执的私欲,也不能完全归咎于皇权的干扰,更主要的是能力问题,前瞻性、大局观、尤其是自我批评的能力。如果一个制度的目的不是顺应社会合理的发展需要,就一定会变得支离破碎、荒谬怪诞、空洞无物。

科举制可能是中国最重要的制度,是中国核心实力,文化的主轴。它是一种规范地选拔合格管理政治的有效可靠途径,中国大部分时候是战争分肥的人在掌控,但是,中国人预期中,最杰出人可能出现在他们的身边,通过合法和平的考试遴选出来,可能是他们认识的人,更多的是陌生的人,不论这些人是否熟知,中选者考出了优异成绩,学业水平满足需求,能力值得期待,信任,是国家运行需要的人,隋炀帝因此是中国历史上与周文王、周武王、周公旦、秦始皇、汉武帝、李世民世民等一样居功至伟、不可或缺的人。

科举在武则天之前一直都处于重要的构建过程中,一方面是政治领袖总体上保持建设性的心境,另一个方面是录用的过程具有粉饰治世的功效,他们的理智认定这对政权稳定有益,但这个非凡过程丰富的蕴涵中还有个更为重要的信息:仍处于主动性、积极性支配政治时期的唐国家随着国力蓬勃向上,在政治、经济、工艺技术、文化艺术、宗教以及时尚等各个方面伟大的国际影响力衍生了很多新业务,新需求,亟需大量高素质的公职人员匹配作为一个统一、强盛、幅员辽阔的一流文明国家的形象与尊严。

唐代的科举考试产生了一项答案不完全取决于君王的项目,它的法律还经常达不到这个高度,这一点的重要性常常被低估。

本节主要参考资料:

[五代]王定保《唐摭言》

杜佑《通典》

《旧唐书》

《新唐书·选举志》

[宋]王谠《唐语林》

[唐]封演《封氏闻见记》

[清]徐松《登科记考》

《大唐开元礼》

王泾《大唐郊祀录》

第四十章　唐制附属的礼仪法制与安全

第一节　唐朝君主的信仰

1. 祭祀天地上帝

高宗麟德三年春正月：车驾至泰山顿，是日亲祀昊天上帝于封祀坛，已巳地升山行封禅之礼。庚午，禅于社首，祭皇地祇。《旧唐书·卷五·高宗纪》P19。

武则天天授二年二月，夏四月，令释教在道法之上。僧尼处道士女冠之前。中宗恢复国号后位次又改了过来，"中宗神龙二年，二月，复国号，依旧为唐，社稷、宗庙、陵寝、郊祀、行军旗帜、服色、天地、日月、寺宇、台阁、官名，并依永淳以前故事。……老君依旧为玄元皇帝，令贡举人停习臣轨，依旧习《老子》开元二十一年制令士庶家藏老子一本，每年贡举人量减《尚书》《论语》两条策，加《老子》策，二十九年，制两京诸州并置玄元皇帝庙并崇玄学。置生徒，令习《老子》《庄子》《列子》《文子》每年准明经例考试。天宝元年二月，辛卯、亲享玄元皇帝于新庙，甲午，亲享太庙，丙申，合祭天地于南郊。二年，追尊玄元皇帝为大圣祖玄元皇帝，崇玄学为崇玄馆。天宝十四年十月。颁御注《老子》并《义疏》于天下。《旧唐书·卷九·玄宗纪》P34。

太一神

肃宗至德三年(758 年)六月，开始于圆丘东置太一神坛。

九宫贵神

天宝十年五月：改诸卫幡旗绯色者为赤黄，以符土运。《旧唐书·卷九·玄宗纪》P34。

兴唐圣制，凡祭有三等，曰大祀中祀，小祀，各有差等，昊天上帝，九宫贵神，皇地祇、神州、太清宫、宗庙皆为大祀；日月、社稷、帝社(先农)、先代帝王、岳镇海渎、先蚕、文宣王、武成王、诸太子庙，风师雨师，皆为中祀；司中、司命、司人、司禄、灵星、众星、山林水泽、五龙寺(开元礼中为五龙寺)，并为小祀。王泾《郊祀录·卷第一·凡例上》P728。

与大唐开元礼大祀对比,郊祀录大祀多了九宫贵神和太清宫两项,中祀开元礼多出星辰、孔宣父、齐太公,开元礼中风师、雨师为中祀,《郊祀录》中风师、雨师为小祀,《郊祀录》小祀中多出司人、司禄两个职位。《大唐开元礼卷第一序例上》P12。

上元二年(761年),上亲祀九宫贵神。斋宿于坛所。

九宫贵神是指开元年间祭祀的太一、天一、招摇、轩辕、咸池、青龙、太阴、天符、摄提等九星座之神,属于大祀。

例行公事:

代宗广德二年二月,上亲荐献太清宫,太庙。乙亥,祀昊天上帝于圆丘,即日还宫。

德宗建中元年,己巳上朝太清宫,庚午、谒太庙,辛未有事于郊丘,是日还宫。

宪宗元和二年(802年)正月乙丑朔,上亲献太清宫,太庙。

穆宗长庆元年,正月乙亥朔,上亲荐献太清宫,太庙。

德宗贞元元年(785年)十一月,上亲祀昊天上帝于园丘。

贞元六年十一月上亲祀昊天上帝于园丘。

贞元九年十一月上亲祀昊天上帝于园丘。

宪宗元和二年(802年)正月辛卯,祀昊天上帝于圆丘,即日还宫。

穆宗长庆元年,正月乙亥朔,是日,法驾赴南郊,……辛丑,祀昊天上帝于园丘,即日还宫。敬宗宝历元年(825年),观祀昊天上帝于南郊。

文宗大和三年十一月。亲祀昊天上帝于南郊,此后很少举行类似仪式。

会昌元年,有事于郊庙,会昌五年正月,有事于郊庙。两次都亲自到场。

宣宗大中元年,正月,皇帝有事于郊庙。

唐懿宗咸通元年十一月,上有事于郊庙。

唐僖宗乾符元年十一月,上有事于郊庙。

唐昭宗龙纪元年十一月乙丑朔,将有事于园丘。……辛亥,上宿斋于武德殿。……甲寅,园丘完毕。

文宗开成五年正月二日,文宗暴疾,四日,文宗崩。十四日,武宗即位,八月十七日,葬文宗于章陵。《旧唐书·卷十七下·文宗纪》P78。850年,三十三岁的唐文宗逝世,他的弟弟武宗八个月后安排他的葬礼,比汉代的多数君主逝世、下葬之间间隔的时间都要长。唐玄宗之前,唐代君主葬仪各更接近汉制。

2. 信仰的变化

731年(开元十九年)四月,在两京置太公庙,祭祀如孔子。唐太宗时就在磻溪单独立太公庙,神龙二年在两京始立太公庙,开元十九年(731 年),在两京及天下诸州各置太公庙尚父庙。《旧唐书·卷八·玄宗纪》P31。太公被视为与文圣孔子等级的武圣,这是玄宗思维层次的一种反映。开元二十四年(736 年)七月初置寿星坛,祭老人星及角亢等七宿。"《旧唐书·卷八·玄宗纪》P31。

玄宗是感性的人,有迷信色彩,太庙屋坏时,玄宗以为是神灵的警示,姚崇认为不过是庙建时间日久,自然损坏。玄宗接受了他的意见,改建新庙,车驾按原计划前往东都。玄宗对道教的过分崇尚也是这个国家衰落的重要因素。

武宗会昌五年(845 年),毁寺庙 4600 余,僧尼还俗 260500 人,谁给了武宗的胆量? 他不是因为不迷信,而是心迹有所转移。

唐朝奉行周礼经典,孝道是主要的内核,但是对礼制的不敬已经很普遍,周礼变成了一种强烈的批评精神。吕諲乾元二年(759 年)擢同中书门下平章事,知门下省。……会母丧解,三月复召知门下省,兼判独支还执政,累封须昌县伯,黄门侍郎。上元(760 年为肃宗上元元年)初,加同中书门下三品。当赐门戟,或劝諲以凶服受吉赐不宜,諲释縗拜赐,人讥其失礼。《新唐书·卷 140·吕諲传》P485。

德宗贞元九年(793 年)三月。海州团练使张昇璘以父大祥(二周年忌日),归于定州,尝于公座骂王武俊(兴元元年,784 年降唐,后检校太尉兼中书令),武俊奏之,夏四月丁丑,诏削其官,遣中使杖而因之。《资治通鉴·卷 234·唐纪50》P1608。

官方哲学中,任何关系,置于纯礼仪的范畴之中,都可以成立,关键是经济基础是否可以支撑。新建或破坏礼仪,个人偏好之外,都与经济背景相关。

第二节　一个唐朝人的法律生活

一个唐代人可以过上法治下的生活? 只要君主不要突发奇想,但这个随机概率相当低。因为唐律固然好,但执行起来条件要求高:1. 需要国家处于安全、稳定;2. 经济保持进步;3. 文化开放昌明;4. 君主明智,而且进取心强,对未来有良好的预期。5. 社会相对自由公平。否则唐律就会变成国家的累赘、掣肘,执行起来十分困难,犯同样的罪,得到的判决五花八门,随着权力分割加剧,几乎必然会变得越来越不公平。又因为国家安全得不到基本保障,经济低水平状态运行,君主们喜怒无常,进退失据,令人无法尊重,人们无法进行长远计划,急功近利,社会变得越来越失控,社会中下层以及上层也进退维谷,越来越多的人铤而走险不惜以身试法。这是为什么唐律在中唐以后,整体效果比秦律差的缘故。

一、成文制度渊源与形态

1. 与北魏、北周相邻前朝的法律成就

公元 227 年在卫凯提议下,曹魏明帝时设置专司培养司法官吏的官职……律博士,从八品,隶属廷尉。律博士既是编制体系内的行政官员,又有教学任务,开班上课与以师徒传授的方式并存,开始了比较正规的法学教育。律博士地位起伏不定,北魏初一度为六品,孝文帝太和二十二年(498 年)改九品上,其地位降幅大,隋律学归大理寺管辖。魏明帝制定魏《新律》,以周礼之"八辟"为依据规定了八议制度入律。魏改具律为刑名第一,晋于刑名律中分出法例律。宋、齐、梁及后魏因而不改。爰至北齐,并刑名、法例为名例,后周复为刑名,(对反对魏晋浮风不仅是真心实意,而且一概而论。)隋因北齐更为名例,唐因于隋相承不改。"《唐律疏议·名例疏》。名例即法律文本的体例,晋律以魏律为基础,删定为二十篇,六百二十条。二万七千六百字。晋自泰始四年颁定新律,"刘宋因之。萧齐代兴,王植撰定律章,事未施行,盖断自梁武改律,承用已经三代,凡二百三十七年,六朝诸律中,行世无如是之久者。"《九朝律考·晋律考序》。张斐、杜预为之作注。经晋武帝批准,成为有法律效力的解释,并且出现在《永徽律疏》中。晋律中"准五服以制罪"自晋律确立后,一直沿用。愈亲近,卑犯尊,处罚愈重;尊犯卑处罚愈轻。疏远者,尊犯卑,处罚较亲者为轻;尊犯卑,处罚较亲近者为重。"私人性质著述中对法律解释被沿用。南朝宋齐沿用晋律,梁武代齐,曾令蔡法度、沈约在天监元年修订梁律,梁律是以王植的旧本为依据,陈武帝时,范泉主持的制律也是晋律的继续。三国魏晋南北朝,于律、令之外,又有科、比、格、式等形式出现:

比:援引类似的法律条文及以往的判例定罪量刑的制度。

式:起自汉代的品式章程,公文式,为体制之楷模。大统式是我国最早的一部式的汇编。

源于西周的登闻鼓制度在西晋确立,安置于朝堂外设鼓,称"登闻鼓"有冤屈者可以向皇帝直诉冤情,通过这种直诉制度以补救审级限制产生的弊端。"魏世祖悬登闻鼓以达冤人。"北魏世祖即拓跋焘。吴曾《能改斋漫录·登闻鼓院之始》,《中华野史·宋卷三》P2559。北魏律中的官当制度是法律容许犯罪者以自己的官爵全部或部分抵罪,这不是一个好制度,却长期沿用。

程树德认为:"唐宋以来相沿之律,皆属北系,而寻流溯源,又当以元魏之律

为北系之嚆矢。《九朝律考·后魏律考序》P333。南北朝诸律,北(北朝历 140 年)优于南(南历 160 年),而北朝尤以齐律为最。《九朝律考·北齐律考序》P381。

1) 齐律篇目:

1. 名列。2. 禁卫、3. 婚户,(隋改为户婚)4. 擅兴、5. 违制,6. 诈伪,7. 斗讼 8. 贼盗、9. 捕断,10. 毁损,11. 厩牧,12. 杂。其定罪九百四十九条。《九朝律考·卷六·北齐律考》P397。

二、兼蓄并收的隋唐法律

1. 隋律纪要

1) 开皇时代

开皇元年(581 年)十月,颁布新律《开皇律》,开皇三年此律经过一次修订,陆续参加制定和修订《开皇律》的包括:高颎、苏威、杨素、牛弘、赵芬、裴政、元谐、李德林、赵轨、郑译等。上述人除元谐与坚同在国子受教育,主要因享有与皇帝的友谊进入修订法律圈,其他人都具有相当文化素养,这些人选时恰当的。

(1)开皇律 12 卷,五百条。刑网简要,疏而不失。北齐律 949 条。《隋书·卷 50·刑法志》P255。北周律 1537 条。

(2)周齐虽具十恶之名,而无十恶之目。开皇律创制,始备此科。

(3)除宫刑、鞭刑及枭首、轘裂之法。

(4)除孥戮相坐之法。

(5)开皇令

(6)开皇格

2) 大业时期

炀帝即位,以高祖禁网深刻,又敕修律令,除十恶之条。牛弘受命主撰《大业律》,参见《隋书·卷 75·刘炫传》P206。牛弘来自北周,熟悉或者更愿意采用北周律。大业三年(607 年)四月,新律成,五百条,共十八篇。"五刑之内降从轻典者二百余条,其枷杖决罚讯囚之制,并轻于旧。"但后来情况急转直下,"宪章遐弃,贿赂公行,穷人无告,聚为贼盗。帝乃更立严刑,敕天下窃盗以上,罪无轻重,不待闻奏,皆斩。大业九年又下诏,凡为盗者,籍没其家。"《隋书·卷二十五·刑法志》P94。变动制度产生负面效果,与动机差距甚远。

大业三年,新律成。《隋书·卷二十五·刑法志》P94。大业四年十月,颁新式于天下。《隋书·卷 3·炀帝纪》P11。

三、周、齐、开皇、大业四律篇目异同对比

1. 北周律与北齐律全同篇目：1. 违制。2. 厩牧。3. 杂犯。

2. 开皇律与北齐律全同篇目：1. 名例。2. 擅兴。3. 诈伪。4. 杂。5. 斗讼。6. 婚户。7. 卫禁。

3. 开皇律与北周律全同篇目：1. 杂律。2. 断狱。

4. 大业律与北齐律全同篇目：1. 名例。2. 擅兴、3. 诈伪。4. 杂。5. 违制。6. 厩牧。

5. 大业律与北周律全同篇目：1. 卫宫。2. 违制。3. 断狱。4. 厩牧。5. 杂。

6. 大业律与开皇律全同篇目：1. 名例。2. 擅兴。3. 诈伪。4. 杂。5. 捕亡。6. 断狱。

四、隋《开皇律》《大业律》两律比较

1. 均在早期极力减轻刑罚。

2. 开皇律在体例上接近《北齐律》，均十二篇，《北齐律》捕、断合为一篇，另有毁损篇。《开皇律》去掉毁损篇，又分捕亡和断狱二篇。

3. 大业律增为十八篇，部分参照《北周律》篇名。其中卫宫、违制、断狱、厩牧、杂五篇名相同。北齐、开律贼盗合篇，北边周律将贼与盗分篇，大业律亦雷同。北齐与开皇律均无《告》之篇目，北周律有《告言》篇，大业有《告劾篇》，北齐律、开皇律户婚合篇，北周律户禁与婚姻分篇，大业律同。

4. 篇目上最缺乏共同点的是开皇律与北周律，周、大业律将关市（或津）另列一篇）足见起对跨境行为包括交易的重视，具有开放色彩。户与婚分别，对告（自诉包括举报）单独列篇。

5. 唐武德中，命裴寂、殷开山等定律令，其篇目一准开皇之律，刑名之制又亦略同。唯三流皆加一千里，居作三年、二年半二年皆为一年，以此为异。又除苛细五十三条。十恶之条自武德以来仍遵开皇律，无所损益。贞观初，蜀王法曹参军裴弘书面指出，律令不便于时三十余条。于时，又命长孙无忌房玄龄等厘正，凡为五百条。……永徽中，复撰疏议三十卷，至今并行。《唐六典·尚书刑部卷第六》P183。

唐律篇目与隋开皇律无异：1. 名例、2. 卫禁、3. 职制、4. 户婚、5. 厩库、6. 擅兴、7. 贼盗、8. 斗讼、9. 诈伪、10. 杂律、11. 捕亡、12. 断狱。

　　魏晋南北朝到隋唐的法律制度出现了一些变化，相关制度的确立一方面是由于社会需要，比如格、式，另一方面是出于对儒家经典的理解或偏爱，如北周流刑五等的确立，一些制度的变化理论上可以改变法律的适用性，更好地起到稳定社会的作用。但总体而言，法的改变是为了进一步确认统治者的身份，增添法的使用价值，成为得心应手的工具。至于法律的实际效果，则很大程度取决于君主的个人价值观。问题是法律对君主缺乏约束力，这往往令法律的正确变化成为纸上谈兵、空中楼阁。君主尤其北齐君主精心立法与肆意乱法并行，并形成鲜明对比。周律 1537 条—北齐 949 条—隋 500 条—唐律 502 条。条目减省是因为明智还是奉行简略粗备即可不得而知，可以相信其中裁减部分是因为得到解决的技术问题，或者是人道精神战胜了法律中的落后原则，这些因素肯定存在。当然为了普及与简明牺牲已有的乃至必要的技术细节和对人性化的深度关切，也是有可能的。但是，对财产、人身等权的保护详细分类，以及对程序法个步骤严格规定，可能令受保护得到更周到、确切的保护，在这个基础上又有理由否定所有的法律条文简省都是进步。令人费解的是，无论是在意义重大的《北齐律》诞生的时代，还是在走向完备的唐律时期，为经济行为单独立法的情况罕见。法律形式与内容的进步只能说明制定者力图对国家中的问题考虑更周全，更合时宜，并不必然伴随着具体操作时的准确、公道。隋文、炀两代君主的法律是比前代文明，但实际操作中不乏骇人听闻的残酷，开皇五年在全国范围内停废律官举措对法律普及十分不利，反映对法治外行的皇帝法治的选择免不了情绪化决定，总是极力倾向于维护个人利益，当意识到一种外来的行为可能对自身构成最大威胁时，尽管危险程度纯属虚构，也会无所不用其极，武断、仇恨、欺骗、暴力。而国家的统治者因为从丰富教训中变得更老练，政治的需求随之也会越来越多地压倒个人欲望，除满足暂时需求外，对前景的展望会加深对法律制度的理解，它并不完全是制订者的事，它命系家国民生，法律不断汲取越来越多人的愿望，不是对法律的破坏，而是法律活力的有效保障。从北魏到唐初立法活动看，具有越来越人性化的倾向，法律制度对刑事犯罪的外延定义仍过于宽泛，对意识偏好的内涵定义过于狭窄，对个人的内涵定义模糊不清，人身仍高度依附于家庭，这导致民商法相对萎缩，说明类似普通法中所界定的由个人自由订立协定而产生个人义务的契约社会在这里尚未形成。北魏以来的重大法律变革包括官当、皇帝对死刑的最终审核权，禁止处决孕妇，废止宫刑、门诛、肉刑（间隙性），确立流放刑等七项中，并无一项直接涉及均田制、府兵制、科举制，国家管理层根据各自的理解因应上述制度在时间变化中的新需求，处置时的差异在所难免，不过法制整体对均田制、府兵制等跟进维护中有纲领性作用,基本满足维持这些制度大局的现实司法需要,称得上彼此同步,但制度的成功延续需要更多,牢固地支点不在组群而在个人。人们可能由于"趋同"心理降低或减少对相左意见的抵触,在这种意见达到他们认为勉强公平时,他们就可能妥协,形成一致意见。当一个人、族群或国家做得不够好,另一个人、组群或国家做得不够坏时,是一种怎样的人际关系图谱? 是彼此抱怨缺陷还是赞扬已有的努力? 由于法律对权利维护的着重点不在个人,比如均田制的缴纳租调以户为主,法律上的亲属株连,科举考试资格也涉及到家庭职业背景。与家庭单位相比,法律对个人权利维护就显得漫不经心,古代中国人的个人属性是极不明确的,君、臣? 所有者、财产本身? 或者只是一个偶然? 产权不明导致人际关系紧张,人们不愿为自己负外部性自觉花费成本,形成以邻为壑的社会环境,这是这个国家容易陷入停滞的重要原因。而在明确的产权关系条件下,则可以通过市场实现产权转移,将外部性问题内部化。这虽然不是国家的专门设计,却是广泛引入政府干涉的主要理由。组群与组群,人与政府之间的重大误解,以及攸关利益转移方式过程固然需要政府的强制规定使之趋于公平,也有助于参与者降低成本。但是,公私不分,产权不明不是出于政府的明智,而是过分贪婪所致,飘忽不定的国家权力范围与个人产权不明状况相对称,历届政府均倾向于臣民的人身权利是来自国王的恩赐而不是法定,炀帝不经过任何机构直接向人民强行征税,越过法律逮捕和惩罚人的举动不是创意而是因循惯例,误以为随时予夺的公权可以令皇室利益最大化,孰不知制约机制过大,激励机制比重过小的必然挫伤生产积极性,降低社会预期利润,而社会矛盾也必将更加尖锐复杂。

五、唐律的渊源及其指导思想

唐律与秦汉律有千丝万缕的关系,汉唐律都不同程度强调德的重要性。所谓德主刑辅,出于礼而入于刑,它们间不存在实质性的差异。唐律的完备主要是对前代做了结构性的调整。李悝《法经》六篇,《盗》《贼》《囚》《捕》《杂》《具》经商鞅的实际操作,由萧和扩充至《九章律》添加了《户》《兴》《厩》三章。前六章主要涉及刑事,后三章称为事律。后来又陆续增加《傍律》十八篇,(惠帝时叔孙通制定)、《朝律》六篇,(武帝时赵禹制定)、《越宫律》二十七篇,共六十篇。两汉后期,个人以经义释法蔚为大观,但几乎人人都最终失去了自制,法律条文恶性膨胀到了极其繁琐的程度。唐太宗敏感的意识到了它的危害,因此,他多次强调立法要俭约的主张,"国家法令,惟须简约。"《贞观政要·赦令》。他的真实意图是:一方面,在需要时处处有法可用,另一方面又不至于其内容过于芜杂。这种主张最直接的后果之一在贞观十一年完成颁布的《唐律》上得到了基本体现,它共五百零二条。只有十二篇,分为名例、卫禁、职制、户婚、厩库、擅兴、贼盗、斗讼、诈伪、杂律、捕亡、断狱。《明史·刑法志》认为"唐撰律令,一准乎礼以为出入。"这是指它法理思想而言。一是它根据周礼设置八议之法;而十恶之中:谋反、谋大逆、谋判、谋恶逆、不道、大不敬、不孝、不睦、不义、内乱。犯有此罪或被认定犯有此罪者不得享有"议、请"之特权。这些全与唐国家认定的君臣关系,血缘伦理关系有关。它的渊源是《尚书》、《三礼》等儒家经典,字典如《说文解字》(P85),史书如《左氏春秋》、《国语》(P85)以及当时比较流行的著作。《洪范》曰:天子作民父母,为天下王。圣人取类以正名,而谓君为父母。《汉书·卷二十三·刑法志》P109。《孝经援神契》曰:"圣人制五刑以法五行,"〈疏议,名例一〉。"王者居环极之尊,奉上天之宝命,同二仪之覆载,作兆庶之父母。为子为臣,惟忠惟孝。《唐律疏议·卷一·名例·谋反疏》P56。在儒家学者看来,即使天与人的关系是一种假设,君与民的关系却是千真万确的。时间、意志、环境等都不能将其更改。儒家思想在指导立法时是巨大的力量存在,由于它长期、盘根错节的影响,立法活动甚至被简单地理解为:"失礼之禁,著在刑书。"《全唐文·卷 7·太宗·薄葬诏》P30。由此可见律与刑二字的内涵具有逻辑上的全同关系。

1. 立法的一般机理与特殊机理

1) 天垂象,见凶吉,圣人象之;河出图、洛出书,圣人则之。《十三经注疏·周易正义·卷 7·系辞上》P70。

2) 古之为国者,议事以制,不为刑辟,惧民知争端也。后世作为刑书,惟恐不备,俾民之知所避也。其为法虽殊,而用心则一,盖皆欲民之无犯也。然未知夫导之以德,齐之以礼,而可使民迁善远罪而不自知也。《新唐书·卷65·刑法志》P154。

3) 古之圣人,为人父母,莫不制礼以崇敬,立刑以明威,防闲于未然,惧争心之将作也。……用惩祸乱,兴邦致理。《旧唐书·卷 50·刑法志》P255。

4) 以刑止刑,以杀止杀。刑罚不可弛于国……。《唐律疏议·卷第一·名例·疏议》P1。

5) 维护以神权、君权、父权、夫权、男权为核心的等级社会。合理性的主要象征就是上述核心得到了完全申张。

6) 法关心公平,但不刻意维护它的存在。默认有胜负才有法律的理念。

2. 成文法的形式

1）直接来自君主的思想和要求。

2）政局和经济环境的挤压。

3）官方集体讨论修订。

第三点是成文法产生最基本、最常见的形式。高宗永徽初，敕太尉长孙无忌、司空李勣、左仆射于志宁、右仆射张行成、侍中高季辅，另有黄门侍郎二人，右丞一人，太常少卿一人，吏部、刑部侍郎各一人，给事中一人，中书舍人一人，少府、太府、大理丞各一人，刑部郎中一人，"共撰律、令、格、式，旧制不便者，皆随删改。遂分格为两部：曹司常务为《留司格》，天下所共者为《散颁格》。其散颁格下州县，《留司格》但留本司行用焉。永徽三年，高宗有下诏曰：律学未有定疏，每年所举明法，遂无凭准。宜广召解律人，条义疏闻奏。仍使中书、门下监定太尉长孙无忌、司空李绩，尚书右仆射于志宁，刑部尚书唐临，守大理卿段宝玄，守尚书右丞刘燕客，御史中丞贾敏行等"参撰《律疏》，成三十卷。四年十月奏之，颁行天下。《旧唐书·卷50·刑法志》P256(3)。

这就是著名的《唐律疏议》，整个唐律成文法的特点有六：1. 八议、2. 十恶、3. 官当、4. 绝大部分罪行可以钱物赎。5. 覆奏。6. 律、式、令、格的分类。其余如惩罚的对象、方式、程序、目的与前朝都是相差无几的。

成文法适用于绝大多数场合，也是审判定案的主要依据，它包括律、令、格、式。

德宗建中二年(781年)，罢删定格令使并三司使。先是，以给事中、中书舍人、御史中丞为三司使。至是，中书门下奏请复旧，以刑部、御史台、大理寺为之。其格令委刑部删定。《旧唐书·卷50·刑法志》P258。

王制称，五刑之理，必原父子之亲以权之，慎测浅深之量以别之。春秋之义，原心定罪，周书有训，诸罚有权。《旧唐书·卷50·刑法志》P258。这是着重似乎平淡记叙的是一条重要原则，与秦律形成重大区别。

六、唐律确立的五大原则

第一，省减原则

省减八议等制度是为了鼓励为自己卓越服务，这是吸引最优秀足够多的人竞争官府岗位的重大设计，是必要、有效的举措。

（一）减免的条件：

有八议：亲、故、贤、能、功、贵、勤、宾。

（二）减免的种类：

1. 请章(皇太子妃,大功以上亲)基本规则

上请资格部分涉及身份：

部分只涉及年龄：八十以上,十岁以下及笃疾,犯反、逆、杀人应死者,上请。《唐律疏议·卷第四·名例·老小及疾有犯》P299。

2. 减章(七品以上官)基本规则

1）职事官、散官、卫官(亲卫部队中低级职位,五官从正六品上以下将武职和卫官区别开来。)同为一官；勋官为一官。职事官每阶各为一官,勋官即正从各为一官。《唐律疏议·卷第二·名例·官当》P183。意思是职事官与散官、勋官合班,排序是职事官、文散官、武散官、勋官。

2）"以理去官,与见任同。"疏议解释：若不是因为犯罪解职,比如、致仕、国家裁剪、废州县等解职的官员,遇到司法纠纷、荫子、议、请等待遇问题,享受与现任在职官员同等待遇。

3）"无官犯罪,有官事发,流罪以下,以赎论。"倘若某人在没有担任公职时犯罪,在担任职务后罪行暴露,流放以下的徒刑,允许以财物赎罪。

4）以官当有期徒刑的规定另有细则,分二级：九品以上官一官当徒刑一年。五品以上官一官当徒刑二年。如系因公致罪[即公罪],则五品以上一官当三年,九至六品一官当二年。犯有流罪时,三种流罪均类比四年有期徒刑。《唐律疏议·卷第二·名例·官当》P183。

5）如果人有任三、四品职事官,又带有六品以下勋官,犯罪后应官当的顺序是：1. 职事官。2. 散官。3. 卫官。4. 勋官。不得复从四品职事当之。

6）以官当徒时,罪轻不尽其官时,留官收赎；官少不尽其罪,馀罪收赎。《唐律疏议·卷第三·名例·以官当徒不尽》P242。在职人员有罪判处徒刑的,因为罪轻微,他的罪行不足以免去全部职位的,留任以缴纳赎金免罪。官职不能完全抵罪的,剩下的罪责可以缴纳赎金。

7）诸一人兼有议、请、减,各应得减者,唯得以一高者减之,不得累减。比如一人是皇后小功亲,合议减(议亲),父亲是三品以上官,合请减(议贵),自己是七品以上官,和例减。此人犯流罪以下,都可减一等,但只能以最高的议亲一种减罪。《唐律疏议卷第二兼有议清减》P159。

8）诸八议者,犯死罪,皆条所坐及应议之状,先奏请议,议定奏裁。《唐律疏议·卷第二·八议者》P113。必须是具有八议资格,2. 犯有死罪。3. 报请进入八议程序。4. 皇帝对议定的内耳裁定。

9) 犯十恶者,不在议列,请、减的条件更高、范围更小。

3. 赎章

1) 身份之赎

诸应议、请、减及九品以上官,若官品得减者之祖父母、父母、妻、子、孙犯流罪以下,听赎。

2) 年龄之赎。

诸年七十以上,十五以下及废疾,犯流罪以下,收赎。

"七岁曰悼,十岁合于幼弱,八十是为"老耄"。笃疾"憨愚"之类,并合"三赦"之法。

年七十以上,七十九以下;十五以上下,十一以上,及废疾为矜老、小及疾,故流罪以下收赎。《唐律疏议·卷第四·名例·老小及疾有犯》P299。但其殴父母,虽小及疾、可矜"……于律虽得勿论,准礼仍为不孝。"《唐律疏议·卷第四·名例·老小及疾有犯》P300。

赎的范围归纳:1. 官吏犯流以下罪。2. 假版授官,犯流罪以下。3 无官时犯罪,有官时事发者,犯流罪以下。《唐律疏议·卷第三·名例·应议清减》P2。诸以官当徒者,醉轻不尽其官,留官收赎;官少不尽其罪,余罪收赎。《唐律疏议·卷第三·名例·诸官当徒不尽》P242。3. 有官品及邑号的妇人犯罪者,犯流罪以下,留官收赎。4. 官品得减者祖父母、父母、妻、子孙,流罪以下,听以赎论。

4. 荫法

荫子之法是鼓励人臣终身为君王效力,并据此对家族予以奖赏的公开制度。"三品以上荫曾孙,五品以上荫孙"《唐六典·尚书吏部卷第二》P32。

凡叙阶之法,分为四种:有以封爵,有以勋庸,有以资荫,有以劳考。赠官降正官一等,散官同职事。若三品带勋官者,即以勋官品同职事荫。四品将一等,五品降二等。《唐六典·尚书吏部卷第二》P32。

低贱的工人安金藏玄宗时的最高官职是右骁卫将军(从三品),封代国公(国公爵从一品),逝世后赠兵部尚书(正三品)因为赠官降正官一等,依出身法,安金藏按五品以上标准,可以荫及孙辈,实际上他的家族从他改变了身份。

第二,罪罚法定原则

"犯罪之人,皆有条制。断狱之法,须凭正文。"《唐狱疏议·卷第三十·断狱·断罪不具引律令格式·疏议》P2063。审判必须根据正式颁定的法律条文定罪。但是它们的作用是有差异的。如果"律、令文殊,不可破律从令。"《唐律疏议·卷第六·名例·称日年及众谋·疏议》P516。即律高于令。"诸制敕断罪,临时处分,不为永格者,不得引为后比。若辄引,致罪有出入者,以故失论。"《唐律疏议·卷第三十·断狱·辄引制敕断罪条》P2067 明确界定当时对君主对个案的处理,并不随即自动普遍适用。如果与相应的成文法有出入,律才是主要依据,其目的是要形成所谓一断于律的局面。"刑法审于开塞,一律不可两科。"《唐律疏议·卷第十七·贼盗谋反大逆·疏议》P1239。在实际操作中贯彻着这种思想极其困难,不仅受纯司法审判能力和审判环境的制约,更易受儒家思想的影响,"曹司断狱,多据律文,虽情在可矜,而不敢违法,守文定罪,或恐有冤,自今门下覆理,有据法合死而情有可宥者,宜录状奏。"《旧唐书·卷 50·刑法志》P256。据说这个制度使很多人受益,得以免于一死,但从中可以看到,审判不规范而且在提倡任意解释法。这是原情定罪思想的延伸,与英格兰的衡平法思想近似,但有着本质上的差异。后者建立在"国王的仁慈"之上,这是基于臣民对人身权利的进一步要求。是自下而上的,法律在实际操作中广泛援引,成为法律的一个来源;而唐的则是接受古代尤其是春秋决狱思想中的教条,是自上而下的,并没有制度保证其连续性。唐高宗在永徽五年说:狱讼繁多,皆由刑罚杜滥。故曰刑者成也,一成而不可变。末代断狱之人,皆以苛刻为明,是以秦氏网密秋荼,而获罪者众。今天下无事,四海乂安,欲与公等共行宽政。"《旧唐书·卷 50·刑法志》P256(3)。这是个错误的思想。认为秦朝的失之于法网严密,以致罪行过失事无巨细都不能免于惩罚。实际要求是:制定法任何时候都不会太多,一切如果有法可依,而且事事以法为准则,就不会产生怨恨。

杖与杀的从区别大到变得一致是法外滥刑的重要标志。

唐初规定施以杖刑的具体位置:背、腿部。可以由犯人自己选择。杖刑的数量根据罪行定量。一般情况下确保受刑人活着接受处罚。帝国的臣民们很难保证自己一生不受这种令人倍感屈辱的刑罚,但是这种刑罚是否应该存在他们不能自己决定,杖刑很广泛地在使用。武则天天授年间(690—692 年),"时桓州刺史裴贞杖一判司。"《旧唐书·卷 186 上·酷吏传·侯思止传》P583。这个被施以杖刑的人或是因为无辜或是自尊而对自己受刑十分愤懑,他的报复后来导致很多无辜的人被杀。

唐武则天时期,汴州浚仪人李弘,凶悖无赖,狠戾不仁,每高鞍状马,巡坊历店,吓庸调租船纲典,动盈数百贯,强贷商人巨万,竟无一还,商旅惊波,行纲侧胆,任正理为汴州刺史,上十余日,遣手力捉来责情决六十,杖下而死。《朝野金载·补辑》P35。虽然按律法杖刑的最轻等级的处罚,数量严格遵守规定,但一定没有严格打击规定的身体部位,以致受罚者李弘这个一向以威风凛凛形象示人的市场恶霸身体竟然很快就吃不消,即时殒命杖下。耐受力还有更差的,德宗贞元(贞元元年为785年,贞元年号历二十年)中,邕州经略使刘陈昙怒判官刘缓,杖之二十五而卒。《南部新书·甲》P88。

"肃宗(756—762年在位)时,达奚挚、张岯、李有孚、刘子英、冉大华二十一人于京兆府门决重杖死。"《旧唐书·卷50·刑法志》P258。一次将二十一人重杖而死,与唐律对杖数、所杖部位的规定明显不符。因为受杖刑一般并非死罪。以上孙昕、杨仙玉以及达奚挚等二十一案都属于法外用刑。

开元十年,洛阳主簿王均(最高品级的主簿为从八品上)为张嘉贞(是为中书令)修宅,将以求御史,因受赃事发,上特令朝堂集众决杀之。嘉贞促所由速其刑以灭口,乃归罪于御史大夫韦杭、中丞韦虚心,皆贬黜之。其冬,秘书监(正三品)姜皎犯罪,嘉贞又附会王守一,奏请杖之,皎遂死于路。俄而广州都督(大都督从二品,中都督正三品,下都督从三品。)裴伷先下狱,上召侍臣问当何罪,嘉贞又请杖之。兵部尚书张说进曰:臣闻刑不上大夫,以其近于君也。故曰:士可杀不可辱。臣今秋受诏巡边,中途闻姜皎于朝廷决杖,配流而死,皎官是三品,亦有微功,若其犯,应杀即杀,应流即流,不宜决杖廷辱,以卒伍待之。且律有八议,勋贵在焉,皎事已往,不可追悔,伷先只宜据状流贬,不可轻又决罚。"上然其言。《旧唐书·卷九十九·张嘉贞传》P372。

王均所犯赃罪,按律条可以被判以死刑,尽管审判程序在张嘉贞的操纵下省略了一些环节,罪与罚还是基本符合罪行法定原则。张嘉贞亦有罪,可归属于正赃六种之一:受财不枉法。《唐律疏议·卷第四·名例·以赃入罪》P328。他本人得以成功脱罪,不是他睿智而从技术上规避了法律制裁,而是他正幸运地受到玄宗的信任。

开元四年(716年)正月,"尚衣奉御长孙昕恃以皇后妹婿,与其妹夫杨仙玉殴击御史大夫李杰。上令朝堂斩昕以谢.百官以阳和之月,不可行刑,累表陈情,乃命杖杀之。《旧唐书·卷8·玄宗纪》P28[4]。因为已经立春,据法不应该用判斩杀刑,于是使用杖刑毙命。似乎这既顺应了自然规律,也遵守了法典。

德宗建中元年(780年)三月,前湖南观察使辛京杲以私忿杖杀部曲,有司奏京杲罪当死,上将从之。检校司空、同平章事、奉朝请李忠臣曰:京杲当死久矣,上问其故。忠臣曰京杲诸父兄皆战死,独京杲至今尚存,臣故以为当死久矣。上悯然,左迁京杲诸王傅。《资治通鉴·卷226·唐纪42》P1550。辛京杲使用私刑杖杀部曲,司法部门判其死刑,但是德宗因为其有功,仅仅是降职处理。两个判决差异悬殊。

上述二例看到,杖杀当时虽然已经很常见,仍属法外的私刑。德宗建中三年(782年),刑部侍郎班弘奏:其十恶中谋反、大逆、恶逆、叛四等,请准律用刑,其余犯别罪合处斩者,今后并请重杖一顿处死,以代极法。重杖既然是死刑,诸司使不在奏请决重杖限。敕旨依。《文献统考·卷166·刑5》P1440。得到德宗允许后,法外使用的杖杀变为法定的正刑。

主殴部曲至死者,徒一年,故杀者,加一等。《唐律疏议·卷第二十二·斗讼·主殴部曲死》P1534。即使主人即使是故意杀死无过错的部曲,按律应判处一年半徒刑。如果是部曲有过错被主人杀死,或者主人失手杀死部曲两种情况,法律规定主人都没有罪。有司为何要判辛京杲死刑?德宗的改判也没有执行法律的条文。唯一的解释,这是唐律一个特别混乱时期。

一准于法,这种理念一开始就受到皇权的有力挑战,它只能不肯定地制约部分有反省能力的君主,并随时受到司法者的理解力、情感的滋扰。一准于法实属不易,有了罪名可以按律令判决,但罪名成立的过程经常很不稳妥。武则天天授年间(天授元年为690年),侯思止原为恒州参军高元礼家奴,当时桓州刺史裴贞杖击一位判司,"则天将不利王室,罗反之徒已兴矣。"意思是武则天觊觎皇权,在大力搜罗其支持者。被杖击的判司为泄愤挑唆侯思止诬告舒王李元名及裴贞谋反,周兴刑讯后,两位不幸的被告都被灭族,思止则因为告密有功授游击将军,高元礼对侯思止崇敬有加,从此引与同坐,呼为侯大。告诉侯思止国家现在用人随心所欲,建议他积极向武则天效忠,天授三年(692年),武则天授予这个不识字的人朝散大夫(文官第十三阶、从五品下)、左台侍御史(武则天光宅元年,684年改御史台为左肃政台。)《旧唐书·卷186上·酷吏传·侯思止传》P583。侍御史从六品下,是最为重要的御史,处理皇帝交办的案件以及参与大理寺的审判,主管殿院的殿中侍御史和主管察院的监察御史都没有这个权力。侯思止的审判就是刑讯逼供,但囚徒的罪名却是不缺的。

第三,罪与罚相当原则

罪罚对等原则在商鞅法律之后成为法律思想的主轴,唐律罪罚对等原则来自于人道思想在断案中大量引入,在律条中的表现是提高量化的精细程度。

第四,刑罚与礼教联动原则

唐立国以来,大量的案例最终的裁定并非单纯依据现成的法典,而是深入讨论礼制之后予以判决。比如判决中引入省减等规定,礼法冲突最为典型的是复仇案,比如徐元庆案等,礼仪支持而刑律禁止,或者律条未予规定而礼仪禁止。礼刑并举并非是人性化进步的结果,礼制判决有少数出现谬以千里的个案,多数产生积极的效果,实际上,当局为可以产生最好的制裁效果,倾向于加入更多的礼制审判份额。它与罪罚法定并不会必然地冲突。因为法条主要是从宗法体系中衍生,而宗法又是礼仪的本体。

第五,类比和比附援引原则

刘颂(? —300 年)在晋武帝即位时拜尚书三公郎,"时刘颂为三公尚书,上疏曰:律无正文,依附名例断之,其正文名例所不及,皆勿论。……诸立议者皆当引律令经传,不得直以情言,无所依准,以亏旧典也。……是时帝以权宜从事,尚未能从。"《九朝律考·晋律考中》P260。意思是法律没有明文规定的情况下,比附类比是援引相关律文整条以及判例,确保唐律具有整体控制力。

诸断罪而无正条,其应出罪者,则举重以明轻,其应入罪者,则举轻以明重。《唐律疏议·卷第六·断罪无正条》P486。

第六,刑罚的严格性与可裁量性并存原则

严格性和可裁量性既可以同时出现在刑罚的过程中,也可以反映在结果上。

七、唐律中对个人身份的认定

1. 家庭身份

个人被划分出两种属性:一是家庭属性,尊长是家庭塔尖,辈分越高,权力越大。子是家庭的核心,其尊卑顺序是:嫡长子、嫡长孙、嫡次子、庶子、嫡次孙、庶孙、曾、玄以下,准此。如果"以嫡为庶,以庶为嫡。"就是犯罪。《唐律疏议·卷第四·名例·会赦应改正征收》P355。嫡长子和嫡子具有特权,'诸非正嫡,不应袭爵,而诈伪承袭者,徒两年。非子孙而诈承袭者,从诈假官法,适用刑是流二千里。《唐律疏议·卷第二十五·诈伪·非正嫡诈承袭》P1717。

家庭身份在司法中的应用

家庭身份在绝大多数情况下,从人身安全、家庭财产、赋役、涉及祖父母、父母、名讳的文字到日常生活等,均受刑法约束。

称号:

"诸府号、官称犯祖、父名而冒荣居之;祖父母、父母老疾无侍,委亲之官;即妄增年、状,以求入侍;及冒哀求侍者,徒一年。……若祖父母、父母及夫犯死罪被囚禁而作乐者,徒一年半。《唐律疏议·卷第十·职制·府号官称犯父祖名》P806。

尊长与卑幼权力对比:

"诸略人、略卖人(十岁以下,虽和,亦同略法。)为奴婢者,绞;为部曲者,流三千里;为妻、妾、子、孙者,徒三年。假如斗杀弟、妹,徒三年,杀子、孙,徒一年半;若略买弟、妹为奴婢,同斗杀法,徒三年,《唐律疏议·卷第二十·贼盗·略人略卖人》P1419。

诸略卖期亲以下幼卑为奴婢者(期亲以下幼卑指弟妹子孙及兄弟之子孙,外孙,子孙之妇及从父弟、妹),卖子孙为奴婢,徒一年半。《唐律疏议·卷第二十·贼盗·略买期亲以下幼卑》P1431。

"谋杀缌麻以上尊长者,流二千里。已伤者,绞。已杀者,皆斩。《唐律疏议·卷第十七·贼盗·谋杀期亲尊长》P1263。

谋杀期亲尊长、外祖父母、夫、夫之祖父母、父母者,皆斩。但尊长谋杀卑、幼者,各依故杀罪减二等,已伤者,减一等,已杀者,依故杀法。《唐律疏议·卷第十七·贼盗·谋杀期亲尊长》P1263。

诸残害死尸,及弃尸水中者,各减斗杀罪一等。(缌麻以上尊长,不减。)《唐律疏议·卷第十八·贼盗·残害死尸》P1322。假设将亲属中最疏远的缌麻以上的尊长肢解、焚烧,抛尸体于水中的情节,此人将按斗殴杀人罪处以绞刑。但肢解焚烧、抛尸的人是非亲属尊长,则可以在绞刑减一等,改为加役流,流三千里,三年徒刑。

"故杀官、私马牛者,徒一年半。《唐律疏议·卷第十五·厩库·故杀官私马牛》P1107。"杀缌麻以上亲牛、马者,与主自杀同。《唐律疏议·卷第十五·厩库·杀亲属马牛》P1113。而主自杀马、牛者,徒一年。《唐律疏议·卷第十五·厩库·故杀官私马牛》P1107。

很明显,对本家族内人身安全构成威胁时,将会受到比一般人更为严厉的惩罚;如果侵犯亲属财产,比侵犯普通人财产规定的罪罚要轻,有亲缘关系者属于从轻的一个条件。一般违法案件中,例如,亲属之间冒名顶替服徭役比普通人之间冒名顶替的法定惩罚要轻,"征人冒名相代者,徒二年;同居亲属代者,减二等。《唐律疏议·卷第十六·擅兴·征人冒名相代》P1176。

涉及家族之内的礼仪广泛而严格,等级分明,保护力度逐级加强,目的是保护尊长的权威"诸闻父母若夫之丧匿不举哀者,流二千里;丧制未终释服从吉,若忘哀作乐,(自作,遣人等)徒三年;杂戏,徒一年;即遇乐而听,及参与吉席者,各杖一百。《唐律疏议·卷第十·职制·匿父母夫丧》P799。

"称期亲者,及祖父母者,(包括曾、高祖父母。)居期丧而嫁娶者,杖一百。《唐律疏议·卷第六·名例·称期亲祖父母》P497。

祖父母、父母被囚禁而嫁、娶者,死罪,徒一年半;流罪,减一等;徒罪,杖一百。祖父母、父母命者,不论。《唐律疏议·卷第十三·户婚·居父母囚禁嫁娶》P1027。即父母所犯是死罪,未经父母事先同意,嫁娶者判一年半徒刑,父母犯的是流罪,嫁娶者判一年徒刑;父母犯的是有期徒刑,要将嫁娶者杖一百。但有例外,事先获得祖父母、父母准许者,免于刑事处罚。"居父母及夫丧而嫁娶者,徒三年;妾减三等,各离之。知而共为婚姻者,各减五等;不知者,不坐。《唐律疏议·卷第十三·户婚·居父母夫丧嫁娶》P1023。明知一方居丧,却与其共为婚姻的,可处以杖一百的处罚;不知情者可免于处罚。"取妻为重,娶妾为轻。妾既许卜姓为之,其情理贱也,礼数既别,得罪故轻"。《唐律疏议·卷第十三·户婚·居父母夫丧嫁娶》P1023。禁止嫁娶的范围扩得很大,"居期亲之丧而嫁娶者,杖一百,若死亡者是家族中的卑、幼,违法者可减二等刑(杖七十),若期服内男夫娶妾,女妇作妾嫁人,并不坐。《唐律疏议·卷第十三·户婚·居父母夫丧嫁娶》P1023。

"诸居父母丧生子,及兄弟别籍、异财者,徒一年。《唐律疏议·卷第十二·户婚·居父母丧生子》P939。在其父母、夫丧期内应邀替合法嫁娶之家主婚者,杖一百。若与违规嫁娶者主婚,情节就更为严重。《唐律疏议·卷第十二·户婚·居父母丧生子》P1030。

对伤害、谋杀近亲者,称为恶逆,常赦不免,决不待时。《唐律疏议·卷第一·名例·恶逆》P58。不孝、不睦、不义、内乱,均涉及家庭犯罪,为维护家庭形态,并达到维护现存社会形态,唐国家不惜采取极端手段。作为社会中的一员,服从上司是天经地义的。"为子为臣,惟忠惟孝。"《唐律疏议·卷第一·名例·十恶·谋反》P56。如果反对君主,就是违反天常,悖逆人理。这种关系受地域影响,国家欢迎异域异族人来中原服务,对到国外尤其前往敌国服务的人则不能容忍。《唐律疏议·卷第一·名例·十恶·谋叛》P57。在司法中,家庭中男女之间的主从关系,不是制裁时责任主次可以照搬的对象。反映为时而是相等的社会成员,时而是不平等的。"子孙违犯教令,徒二年,此时男女无别,缘坐者,谓杀一家三人之类,缘坐及妻、子者,女并得免。"《唐律疏议·卷第六·名例·称期亲祖父母》P497。"假有妇人尊长,共男夫卑幼同犯,虽妇人造意,仍以男夫独坐。"《唐律疏议·卷第五·名例·共犯罪造意为首》P416。

从对身份的分类可以看到君主的重要性无以复加、神圣不可侵犯。十恶中四条。《唐律疏议·卫禁律》一章共三十三条,其中二十三条直接涉及君主个人及其家族的安全和利益。名义上是对相关人员的管理制度,实际上是强调了皇权是国家至高无上的特殊存在。从理论上而言,对它维护越是充分,对国家就越有益。然而,这种根深蒂固的思想合理性至今仍见仁见智。因为复杂的亲属关系,犯同类罪受不同惩罚的情况十分常见。

舅舅的身份比较特殊。谋杀凡人是轻,谋杀舅罪乃重。……谋杀凡人,唯极徒坐;谋杀亲舅,罪乃至流。《唐律疏议·卷第五·名例·犯罪未发自首》P367。但对舅舅的起诉只要合理,也会得到无条件支持。如王敬与舅李进争牛案。

家庭尊长对卑幼的诉讼易于受到国家支持。参加过《唐六典》编撰的许敬宗,与妻裴氏生子许昂。昂为太子舍人,裴氏早卒,"裴侍婢有资色,敬宗以为继。假姓虞氏。昂素与之通。"敬宗奏昂不孝,罪名成立,结果被流放岭南。实际上许昂的罪更接近于内乱罪。刘肃《大唐新语·卷9·谀佞第二十一》P142。李杰为河南尹时,有寡妇告其独子不孝。理由是:"子无赖,不顺母。"如果不是案件漏洞太明显,李杰看出破绽,强加的罪名足以判寡妇之子死刑。张鷟《朝野佥载·卷5》P26。

以上是家族内垂直身份在司法中的一般意义,平行的身份中亦涵盖复杂的不平等现象,比如"五服内亲,共他人殴、告所亲,及侵盗财物,虽是共犯,而本罪各别。如果甲伙同外人乙共同殴打甲兄,甲为首,合徒二年半;乙为凡斗,不下手,又减一等,合笞三十。《唐律疏议·卷第五·名例·共犯罪本罪别》P423。弟弟对兄长有服从的义务,招引外人共同殴打其兄,按律要判处二年半的徒刑,惩罚相当重,外人如果参加了殴打按律判笞四十,如果没有动手,笞三十次。乙与甲共同犯罪,虽然有首从之别,但主要因为身份不同获罪等级比甲降幅很大,乙与甲罪行等级相距十一级。

家族中个别犯罪现象,国家一方面给予追究,另一方面鼓励近亲对犯罪者加以保护,尽可能帮助其逃避惩罚。"告祖父母、父母者,绞。"《唐律疏议·卷二十三·斗讼·告祖父母父母》P1623。"大功以上亲及外祖父母、外孙,若孙之妇、夫之兄弟及兄弟妻,有罪相为隐。"《唐律疏议·卷第六·名例·同居相为隐》P466。另外,可以这样做的人还包括:1.同居"谓同财共居,不限籍之同异,虽无服者,并是。"2部曲、奴婢为主隐。以上皆勿论。而远亲比如小功以下,相隐,仍可以减凡人三等。《唐律疏议卷第六名例同居相为隐》P466。如果上告期亲尊长虽属实,上告者也要被判二年徒刑。如过上告的重罪,对上告者减轻相关罪行一等判决。如果上告的事实轻微,不足以判处徒刑,上告者本人也要判处实刑,诬告期亲罪重于二年徒刑者,加所诬罪三等。《唐律疏议·卷二十四·斗讼·告期亲尊长》P1629。或有父不识子,主不识奴,殴打之后然后知悉,须依打子及奴本法,不得以凡斗而论。《唐律疏议·卷第六·名例·本条别有制》P482。

以家族、家庭为单位的集体犯罪,国家的打击对象是家庭主要成员,不在于积极寻求真正的犯罪者,若家人犯罪,止坐尊长,"于法不坐者,归罪于其次尊长。"家庭成员共同犯罪,于法不坐者,首犯年已八十以上,或十岁以下或有严重疾病者,按律不再受审,而是设定,以其次的尊长(即男夫)受罚。假如有女性尊长共男性卑幼同犯,虽然是妇女造意,仍以男夫独坐。《唐律疏议·卷第六·名例·共犯罪造意为首》P416。即家庭犯罪重轻作用一定是以尊卑为顺序的。

相为隐免责是有条件的,犯谋反、谋大逆、谋叛三条重罪者,不适用相为隐允许范围之内,这是比较严格的规定,如果掩护的是一个未经定罪而亡命的人,事先须加以辨认,但这至少会遇到两个问题:1. 被追捕者不一定以实相告。2 亡命者本身是否清楚自己的罪行确切归于那一类并不总是肯定的。有是时取决于事态的发展,有时则取决于审判者的理解甚至主观意图。这在当时习以为常。相为隐的另一种形式是祖父母、父母遭到他人殴打时,子、孙可以积极参与防卫,除非致令对方受折齿以上伤,子、孙可免于刑事处分。《唐律疏议·卷二十三·斗讼·祖父母为人殴击》P1585。对应家人之间相为隐的反向极端是被害人子孙等私下与加害者达成和解协议,"祖父母、父母及夫为人所杀,私和者,流二千里。受害者是其期内亲,处二年有期徒刑。大功以下递减一等,受财重者,各准盗论,虽不私和,知杀期以上亲,经三十日以上不告者,各减二等。《唐律疏议·卷第十七·贼盗·亲属为人杀私和》P1287。子孙私下与加害方和解,可能是出于利益,比如对方满足了补偿要求,也可能是出于个人道德感,怜悯心以及息事宁人的愿望等等,但是国家维护家庭尊长的权益,干预任何晚辈与案犯私下的行为。

身份高低被相应地贴上了权力大小的标签后,形成完全封闭的状态,社会在正确性与身俱来,身份与行为高度关联这种理念的支配下,社会秩序有可能得到巩固,但是代价很大,一方面是同罪不同刑影响了刑罚的客观性准确性,罪罚不当。更重要的是代际流动受到高度管控,持续威胁着整个社会的开放与文明程度的提高。

2. 人的社会属性

"辨天下之四人:使各专其业:凡习学文武者为士,肆力耕桑者为农,功作贸易者为工,屠沽兴贩者为商人,(工商皆家传其业以求利也,缝纫,组钏之类,非也。)工商之家不得预于士,食禄之人不得夺下人之利。《唐六典·尚书户部卷三·户部郎中》P74。

这四种关系很大程度上是可以并行的,主次之间与从属关系是全同关系。人一定具有家庭中的一个身份,从而就自动会有一个社会身份,无论你具有哪一种关系都与君主有关。这是因为家庭中的父母对君主而言仍然是子民,有服从的义务。而对子的内涵尤为重视,明文加以精确划分。

从唐律来看,首先是属于社会的,其次才是家庭的。唐用立法的形式强调这不单纯是一种语词上的分类而具有实际意义,唐律实际上也充分体现捍卫这种划分的决心。

唐律中社会身份细分:

1)君主

2)高级官员

3)一般官员

4)正常途经卸任的官员

5)被褫夺公职的官员,身份仍然高于良人,可以不参加劳役而缴纳庸代替。

6)流外的吏、庶人。

7)僧尼、道士、女冠。

8)特殊情况下的一般人:

"杂户者,……课役不同百姓,依令老免、进丁、受田、依百姓例。《唐律疏议·卷第三·名例·免所居官》P217。杂户主要在课役上不同于平民,但根据法令,享受老年免役,成为正丁,受田等都同于百姓,杂户分别属于不同的官府。《唐律疏议·卷第四·名例·老小及疾有犯》P298。杂户、太常音声人有县贯。《唐律疏议·卷第十七·贼盗·杀人移乡》P1318。

工、乐、官户、奴并谓不属县贯。《唐律疏议·卷第十七·贼盗·杀人移乡》P1318。

奴婢不属县贯,奴婢身份由刑部之都官郎中统一造册。《唐六典·刑部尚书卷第六》P193。

这是自下而上的排列,君主是权力的塔尖。社会地位越高,法律特权就越大。理论上倾向于认为这是自然的法则。君主除了良心自我发现以外,不受其他任何约束,国家现任高级官员以及受国家政策优待的社会上层、名流,虽有八议的庇护,十恶的威胁仍是时时存在。

3. 社会身份的确立

它很大程度上取决于制定法,个人受国家法律哪一级法的保护取决于其身份。就像在家族中尊卑等级关系决定责任一样,社会中的尊卑关系一经认定,责任范围也就同时形成。通过等级关系透视法律,获得其真实意图,不仅是可行的,而且往往是准确无误的。这是因为其所维护的社会结构、价值观,来源于这种业已形成的社会关系,没有这种社会关系就没有现存的法律。没有这种法律的支撑,相关社会结构就随时会解体。这种关系是努力的结果而不是顺应自然。社会身份是如此重要,超出了一个人的天赋、个人努力等后天因素。人们终身奋斗的重心是致力于改变身份而不是寻求合理性,尽管经过这种努力的积极后果亦能促进社会进步,但不是其主要和直接的目的。

4. 涉及刑事时社会身份的意义

1)君臣关系。

它是社会关系中的主导,国家最大的目的之一是保护君主权威,不过这种权威不是以公众利益而是以普遍人性为基准。法律只是其活动的一个领域,实际范围要大得多。君主的人身安全、家族利益、个人尊严、至高无上的权力共同构成法律的基本原则,受到法律的悉心保护。由于上述诸原则的重要性在理论和实际上都显得极其重要,怀疑它就是犯罪。君主渊源在国家发展史上经过有许多假设,但仍是被强调最多、实际作用也极其重要的一个要素。尽管如此,君主的作用与责任仍不明确,国家与君主的主次关系仍是见仁见智,人们虚拟君主,赋予其神性,并使其在道德领域有广阔的活动空间,且都与公众的幸福有关。不过,除非君主自动具备这种意识,君主个人利益与国家利益还是一目了然的。他不能摆脱个性,而道德约束又软弱无力,法律的作用就弥足珍贵。在唐律中对君主的约束是以对国人的严厉开始的。这是逆向思维,即人民的驯善与顺从将可以保证君主的明智以及品行端正,所以法律的重心在君主的绝对安全与尊严上精心设计,将他置身于臣民之外而不是设想为其中一员,一心要达到前述目的,只要随意在相关约束中拣出数条,就一目了然:

诸指斥乘舆,情理切害者,斩。非切害者,徒二年。《唐律疏议·卷第十·职制·指斥乘舆及对捍制使》P810。

盗御宝绞,乘舆服御者,流二千五百里。《唐律疏议·卷第十八·贼盗·盗御宝及乘舆服御物》P1343。

盗园陵内草木,徒二年半。若盗他人墓茔内树者,杖一百。《唐律疏议·卷第十八·贼盗·盗园陵内草木》P1369。

伪造皇帝八宝斩(宝即印)。《唐律疏议·卷第二十五·诈伪·伪造御宝》P1685。

诸诈为制书,及增、减者,绞。《唐律疏议卷第二十五诈伪诈为制书》P1702。

诸对制及奏事、上书,诈不以事者,徒二年。非密而妄言有密者,加一等。《唐律疏议·卷第二十五·诈伪·对制上书不以实》P1705。

诸国忌废务日作乐者,杖一百。《唐律疏议·卷第二十六·杂律·忌日作乐》P1776。

于宫内忿争者,笞五十。声彻御所,及相殴者,徒一年。以刃相向者,徒二年。《唐律疏议·卷二十一·斗讼·宫内忿争》P1496。"殴皇家袒免亲者,徒一年。伤者,徒二年。重伤者,加凡斗二等。缌麻以上,各递加一等。死者,斩。《唐律疏议·卷二十一·斗讼·殴皇家袒免以上亲》P1510。

从对君主的态度延伸下来,君主的各级官吏亦受到类似保护,"对悍制使,而无人臣之礼者,绞。《唐律疏议·卷第十·职制·指斥乘舆及对捍制使》P811。对抗受制命出使者的行为是严重的罪行,按律可处以绞刑。"诸殴制使,若本属(直接的上司之类)府主、刺史、县令及吏、卒谋杀本部五品以上官长者,流二千里,已伤者,绞;已杀者,不问首犯从犯,一律处斩。殴制使本属府主、刺使、县令,及吏、卒殴本部五品以上长官,徒三年。伤者,流二千里。折伤者,绞。辱骂制使以下,本部官长以上徒一年半,若辱骂对象是六品以下官长,杖九十。前提是要被骂者已经亲自听到。《唐律疏议卷·二十一·斗讼·殴制使府主》P1500。最后,上司的父母等也成了从重的原因,殴本属府主、刺使、县令之祖夫母、父母及妻、子者,徒一年。伤重者,加凡斗一等。

九品以上官殴议贵者,徒一年。伤重,及殴伤五品以上,若五品以上殴议贵,各加凡斗伤二等。《斗讼十六》367,《唐律疏议·卷二十二·斗讼·九品以上殴议贵》P1519。

流外官殴议贵者,徒二年;伤者,徒三年;折伤者,流二千里。《斗讼十五》P365,《唐律疏议·卷二十二·斗讼·流外官殴议贵》P1514。

官吏一方面受到法律特权保护,另一方面又很容易受到过度的罪罚。因为在当时的政治环境下,皇帝决定一切,但皇帝变化无常,造成他自己以及别人安全感都非常低,人人自危并非夸张。人们很容易失去一切,因此他们会拼命取悦君王以寻求权力财富,冀望以此得到保护,他们对君主有求必应,设法让其应有尽有,但是皇帝变得难以捉摸、喜怒无常时,他们必然会感受到无边的恐惧,多数臣民会直观地以为是某位君主不好,其实这些都是假设君主神明的制度带来的,为这种制度鞍前马后的臣子们往往又是最先承受君主为所欲为重压首选目标物,这出乎臣子们预料却完全正常。极端的特权导致失控的情绪会倾向尽可能定重罪的意境,使得皇帝等人急于惩罚的人原来享有的任何特权保护措施——失效,代宗大历十三年(778 年)"收元载、王缙于政事堂,各留系本所。……皇帝专门下令判元载自尽,以王缙为从犯,贬职地方。载妻并三子一并处死,已入寺为尼的女儿真一被收入掖庭,又遣中官于万年县黄台乡毁载祖及父母坟,斲棺弃柩及私庙木主,并载大宁里、安仁里二宅,充修百司廨宇。《旧唐书·卷118·元载传》P411。元载是在职的宰相,因为贪婪被判有罪,对他的处罚程度已经无以复加。家庭遭到毁灭性的打击,对元载幸灾乐祸的不少人还认为只是是元载运气不好,当他们自己也面临灭顶之灾时,有人还是会猛然省悟,自己是暴虐自己的帮凶。

2)主仆关系

"主殴杀部曲,徒而二年。奴婢有犯,其主不请官司而杀者,杖一百。《唐律疏议·卷第二十二·斗讼·主杀奴婢》P1531。杀人罪,贬官了结。宣宗大中六年(852 年),十月,骁卫将军张直方坐以小过,屡杀奴婢,贬为恩州司户。《资治通鉴·卷49·唐纪65》P1715。杀奴婢按律有从两年有期徒刑到杖一百,共四个等级的处罚,期亲擅杀奴婢、部曲也适用这条规定。《唐律疏议·卷第六·名例称道士女官》P528。

殴伤杀他人部曲,减凡人一等。奴婢,又减一等。《唐律疏议·卷第六·名例称道士女官》P528。致人受伤,伤者是部曲的比伤者是凡人的减一等,伤者是奴婢的比部曲又减低一等。

部曲殴伤良人者,加凡人一等。《唐律疏议·卷第六·名例·称加减》P521。部曲奴婢杀主者,皆斩。谋杀主之期亲及外祖父母者,绞。已伤者,皆斩。《唐律疏议·卷第十七·贼盗·部曲奴婢谋杀主》P1267。比较:主殴部曲至死者,徒一年。故杀者,加一等。其有愆犯,决罚致死,及过失杀者,各勿论。而部曲、奴婢过失杀主者,绞。伤及詈者,流。"殴主之期亲及外祖父母者,绞;已伤,皆斩。詈者,徒二年。过失杀者,减殴罪二等;伤者又减一等。《唐律疏议·卷第二十二·斗讼·部曲奴婢过失杀伤主》P1536。主杀有罪奴婢,主被人杀,部曲、奴婢私和受财,不告官府,……得罪并同子孙。《唐律疏议·卷第十七·贼盗·亲属为人杀私和》P1387。诸部曲殴伤良人者(官户与部曲同),加凡人一等。奴婢,又加一等。《唐律疏议·卷二十二·斗讼·部曲奴婢良人相殴》奴婢人身权利在实际生活中受到的保护比文字上的规定还要少,"贞观中,濮阳范略妻任氏,略先幸一婢,任以刀截其耳鼻,略不能制。又有骁卫将军梁仁裕爱过一婢,他妒嫉成性又心狠手辣的妻子将此婢捆绑起来后,以重物猛击其头部,导致了这个不幸的女青年死亡。但上述任妻与梁妻均未受到法律的惩罚。《朝野佥载·卷二》P17。中唐以后,对类似案件处理变得似乎严厉些。德宗建中元年(780年),曾为湖南观察使的辛京杲以私忿杖杀部曲,有司奏京杲罪当死,上将从之,检校司空、同平章事、奉朝请李忠臣曰:京杲当死久矣。(此前他还犯行贿罪未追究)上问其故,忠臣曰:京杲诸父兄弟皆战死,独京杲至今尚存,臣故以为死久矣。"意思是他经战颇多,活下来纯属侥幸。他婉转地请求皇帝特别宽恕这些曾为国出生入死之人。皇帝听懂了他的意思,流露出怜悯之意"左迁京杲诸王傅。忠臣乘机救人多此类。"《资治通鉴·卷226·唐纪41》P1549。对毁法救人的意义不是这里要讨论的,由此可以看到,人们对杀死部曲不能象过去那样随便,的确值得谨慎从事。

按唐制,凡反逆相坐没其家为官奴婢,反逆家男女及奴婢没家皆谓之官奴婢,男女十四以下配司农,十五以上者以其年长令远京邑,配岭南为城奴也,一免为番户,再免为杂户,三免为良人。皆因赦宥所及则免之。凡免皆因恩言之,得降一等、二等或直入良人。律令格式有言官户者,是番户、杂户之总号,非谓别有一色。"(南宋)费衮《梁溪漫志·卷9·官户杂户》P1940。"诸律令格式有言官户者,是番户之总号,非谓别有一色。年六十及废疾,虽赦令不该,免为番户,七十则免为良人。《唐六典·尚书刑部卷第六》P193。这两处的记载详简不同,意思大体一致,奴———番户——杂户——良人身份逐渐变高,他们各等级差异巨大。

宪宗元和十年(815年)十二月,河东节度使王锷逝世,十一年十一月,王锷家二奴告锷子稷改父遗表,匿所献家财。上命鞠于内仗,(朝会之仗,三卫番上,分为五仗。号衙内五卫。1. 供奉仗、2. 亲仗、3. 勋仗、4. 翊仗、5. 散手仗。皆带刀提仗,列坐东西廊下,每月以四十六人立内廊阁外,号曰内仗。以左右金吾将军当上,中郎将一人押之。)。遣中使诣东都,检括锷家财。裴度谏曰:王锷既没,其所献之财已为不少。今又因奴告检括其家,臣恐诸将帅闻之,各以身后为忧。上遽止。……以二奴付京兆尹杀之。《资治通鉴·卷239·唐纪55》P1647[1右]。"诸部曲、奴婢告主非谋反、逆、叛,皆绞"。《唐律疏议·卷二十四·斗讼·部曲奴婢告主》P1638。王锷家两个可怜的奴婢是对法律一无所知的人,他们没有告王稷十恶之类的大罪,就已经为自己领了死罪。即使王稷确实隐瞒了家财罪名成立,他们也不会因为王稷入狱得到任何好处,这是法律规定的。另外一种可能是家奴的生活让他们生不如死，于是，为寻求自救，他们为任何看起来像机会的机会而不计后果。

3）宗教等级与俗世等级的对应

观寺部曲、奴婢于三纲，与主之期亲同。《唐律疏议·卷第六·名例·称道士女官》P527。宗教圣职上层人员包括观、寺里的上坐、观主（或寺主）、监斋（或都维那）称为三纲，观、寺部曲、奴婢于三纲有犯，与俗人的期服亲被其部曲、奴婢侵害后按律给予的处罚相同。"寺部曲，殴当观寺余道士、女官、僧、尼各合徒一年，伤重，各加凡人一等。若殴道士等折一齿，即徒二年，奴婢殴，又加一等，徒二年半。《唐律疏议·卷第六·名例·称道士女官》P528。

"若于其师，与伯叔父母同，其于弟子，与兄弟之子同。《唐律疏议·卷第六·名例·称道士女官》P527。"如弟子辱骂其师，与俗人辱骂叔伯父一样，处一年有期徒刑，僧、尼与其师的关系，等于俗界的伯、叔父母。例如："詈伯叔父母者，徒一年。"同样，师侵犯弟子权益，如同俗界侵犯兄弟之子权益《唐律疏议·卷第六·名例·称道士女官》P527。但部曲对三纲犯同样罪，则处两年有期徒刑。

一般而言，宗教界人员的比平民在司法地位上优越，"主殴杀部曲，徒两年。而三纲殴杀观、寺部曲，合徒一年。"值得注意的是，诸道士、女冠时犯奸，还俗后事发，亦依犯时加罪，仍同白丁配徒，不得以告牒当之。《唐律疏议·卷第六·名例·称道士女官》P527。告牒是身份的象征，优于普通俗人身份。只要当道士、女冠犯奸、盗两类罪行时，就会丧失这种优越地位，司法上将其视同于普通人。另一种平等约束是弟子盗窃师主财物，师主盗窃弟子财物，一律按普通人之间盗窃罪处理。《唐律疏议·卷第六·名例·称道士女官》P527。僧惠范恃权势逼夺生人妻，州县不能理。其夫诣台诉冤，中丞薛登，侍御史慕容珣将奏之，台中惧其不捷，请寝其议。登曰：宪司理冤滞，何所回避。朝弹暮黜，亦可矣。"登坐此出为歧州刺史。《大唐新语·卷4·持法》P163。

第三节　唐律是如何将所有人扭结在一起的

一、法与婚姻

国家鼓励一夫多妻，除元配的合法妻子，亦即正妻之外，依《令》：五品以上有滕，庶人以上有妾。《唐律疏议·卷二十二·斗讼·妻殴詈夫》P1547。唐太宗曾送给兵部尚书任瓖两个美貌的宫女，遭到任妻柳氏的强烈反对，设法将两宫女毁容，太宗闻讯赶来，首先对耐心细致地对她宣讲国法"瓖三品，合置姬媵。"发现不得要领，随即威逼利诱，柳氏仍不愿与更多女性分享丈夫，她断然饮干太宗带来的所谓毒酒，决心以死捍卫自己的主张，太宗拿她毫无办法，无奈地对任瓖说"其性如此，朕亦当畏之。"由于相信她麻醉醒后还会折磨那两位非常可爱、完全无辜并将严重威胁她的存在的女青年，他特别下令将二女安置在任瓖认为安全的其他住处。这意味着国家法律不是处处可以行得通。立法和执法者认为，为维护它的存在，值得使用诡计。《朝野佥载·卷3》P18。象柳氏一样完全不配合的妻子是相当少见的，一律称之为"妒"，不符合传统美德，一般被视作另类。由于男女权利并不对等，家长特别是女方家长对婚姻有决定权。涉及国家高级官员或宠臣的婚姻，如果求婚者向君主提出要求，有时也会作为朝廷大事商量，一旦得到君主认可，即使女方家长也不能拒绝。如来俊臣与自己妻离婚，奏请娶太原望族王庆诜女儿。失败的例子也有，游击将军侯思止求娶李自挹女儿等。《旧唐书·卷186·酷吏上·侯思止传》P583，《大唐新语·卷3·公直》P110。

杂户不得娶良人《唐律疏议·卷第十四·户婚·杂户官户与良人为婚》P1067。诸与奴娶良人女为妻者，徒一年半。女家减一等。《唐律疏议·卷第十四·户婚·奴娶良人为妻》P1063。对家庭中的暴力犯罪，男性权利得到优先保护，将妻子殴打致伤，减凡人殴打妇女罪二等处罚。死者，以凡人论。合绞。殴妾折伤以上，减妻二等。殴打妾，非折伤无罪；折伤以上，减妻罪二等。但妻殴夫，则徒一年。媵及妾犯夫者，各加一等。夫妻彼此间的伤害后，需要有对方告诉才会处理。其中一人死亡，"听馀人告。"若妻殴、伤、杀妾，与夫殴、伤、杀妾同。过失杀者，各勿论。这是对丈夫而言，若妻、媵、妾过失杀者，将会被处三年有期徒刑。

妾、媵、妻辱骂其夫也是一种严重罪行，同样，妾不能辱骂正妻，媵也是如此，否则与冒犯丈夫无异。妾也不能辱骂媵。处罚会比发生在普通人之间的人格侮辱更重一等。至于对前夫兄弟姊妹、祖父母、父母等，亦存在类似的惩罚。

户令：杂户、官户皆当色为婚。《唐律疏议·卷第十二·户婚·养杂户男为子孙》P946。同一阶层婚姻对象，有时也受到无所不在的君权干预，高宗时，以太原王，范阳卢，荥阳郑，清河、博陵二崔，陕西赵郡二李等七姓，恃其族望，耻与他姓为婚。乃禁其自婚娶，于是不敢复行婚礼，密装饰其女以送夫家。《隋唐嘉话·卷中》P5。

婚姻一旦形成，就对男女双方有终身影响。当一对夫妻依法解除婚姻后，女方仍受到原先与夫家身份关系的影响,"妻、妾谋杀故夫父母、祖父母者,流二千里。已伤者,绞。已杀者,皆斩。《唐律疏议·卷第十七·贼盗·谋杀故夫祖父母》P1271。因夫亡故而已改嫁的妻、妾殴打、辱骂亡夫父母,"殴者,徒三年;詈者,徒二年;折齿以上者,加役流;死者,斩。文无皆字,即有首从。《唐律疏议·卷第二十二·斗讼·妻妾殴詈夫父母》P1565。对男性而言,殴伤妻前夫子者,减凡人一等。同居者,又减一等。《斗讼三十二》P379《唐律疏议·卷第二十三·斗讼·殴妻前夫子》P1575。

二、不同等级间的收养

收养可以改变一个人的命运,也可能导致礼制紊乱,因此设定一些规则约束收养行为。

若养部曲及奴为子孙者,杖一百,各还正之。《唐律疏议·卷第十二·户婚·养杂户男为子孙》P946。"各还正之"是收养的部曲、奴必须恢复他们本来的奴婢、部曲身份。"诸养杂户为子孙者,徒一年半;养女,杖一百;官户各加一等;与者,亦如之。《唐律疏议·卷第十二·户婚·养杂户男为子孙》P945。收养与送养双方都犯相同的罪。

这里将社会底层的人分为官户(归诸司驱使,州县无户籍。)、杂户(其先人犯罪没官,杂户者,散属诸司上下。即归诸司驱使,户籍附于州县,但赋役与白丁不同)、部曲和奴婢三等。对收养部曲和奴婢者的惩处没有区别,都严格收养关系在于使已经社会确定的社会身份不致于失控,维护现有社会结构。前文《唐六典》的分类是:奴——番户——杂户——良人。

个人一般不能决定自己的身份,太常音声人、杂户、官户、部曲、奴婢、工、乐,除一部分是由于犯罪,一般而言则是世袭,他们赖以生存的技艺、臣属对象以及其低贱的社会地位是与身俱来,有些人显然会觉得突然,唐中宗景龙年间(景龙元年为 707 年,景龙历三年),在泾、歧两州发现隋代蕃户子孙数千家,司农卿赵履温奏悉为官户、奴婢,仍以赐口,以给贵幸。时任左台监察御史的裴子余以为官户承恩始为蕃户,又是子孙,不可抑之为贱。"他与权臣宗楚客党羽赵履温发生了激烈争论,得到至尊的认同——蕃户并非官户,裴氏的人道精神与法律要维护的秩序一致,及时唤醒了君主的仁慈,隋代官户子孙们才免于一天之内集体身份降等。《旧唐书·卷 188·孝友传·裴守真传》P593。

除去前两者,太常音声人和杂户,在地方有户籍。其他并无州县户籍,比如"工乐者,工属少府,乐属太常,并不贯州县。《唐律疏议·卷第三·名例·工乐杂户及妇人犯流决杖》P282。这些人口不管迁居何处，身份不能改变"诸杀人应死，会赦免者，移乡千里外。其工、乐、杂户及官户、奴，并太常音声人，虽移乡，各从本色。《唐律疏议·卷第十八·贼盗·杀人移乡》P318他们向上层阶层的流动基本上没有正常渠道，一切都要等待机会。这些人被视作贱人，有相应的官户法，及奴法。《唐律疏议·卷第三·名例·工乐杂户及妇人犯流决杖》P282。如果主人或所属机构同意将某贱民释放为平民，须通过官方正式手序，"诸放部曲为良而压为贱者，徒两年；若压为部曲，及放奴婢为良，而压为贱者，各减一等。即压为部曲及放为部曲，而压为贱者，又各减一等，各还正之。《唐律疏议·卷第十二·户婚·相冒合户》P956。这里的贱者明显与部曲等有区别，有时是相当细微的，"凡犯反逆相坐，没其为官奴婢。一免为番户；再免为杂户，三免为良人。《唐六典·尚书刑部卷第六》P193。这种区别既不能使部曲比贱者更有优越，也不能令其归于社会中上层。差异的确切所指不明。身份受到限制越多的人，身体承受的压力就会越大。压力对绝大多数人来说是终身的，也总有少数幸运者：高祖即位，以舞胡安叱奴为散骑侍郎。礼部尚书李纲谏曰：臣按《周礼》，均工乐胥，不得参士伍，虽复才如子野，妙等师襄，皆终生寄代，不改其业。《大唐新语·卷二·极谏》P119。李纲的意见不是独出心裁，《左传·昭公二十六年》有云：民不迁，农不移，工商不变。士不滥(不失职)，官不滔(滔指简慢)，大夫不收公利。"

　　例外的情况也是多种多样，韦庶人、安乐公主干政时，"韦庶人微时，乳母王氏本蛮婢也"，由于韦庶人的影响，特封其为莒国夫人。嫁外戚、曾任雍州刺史窦怀贞为妻。《旧唐书·卷51·后妃传》P260。太宗的著名将领郧国公、钱九陇，其父被'没为皇家隶人。"他本人自然是隶人身份。由于武艺出众，受高祖、太宗的赏识，后来上升为实封六百户的贵族。另一位将军樊兴之父则是因犯罪而"配没为皇家隶人。"他继承的遗产中也包括不良的个人身份，由于其忠勇变得不成问题，他生前官至检校右武侯将军，死后恩准配葬献陵。《旧唐书·卷57·钱九陇樊兴传》P276。对普通人而言，这样的好运与才华是可望而不可及的。身份的改变对普通人有严格限制，未经官方容许，私自皈依佛、道之门者，须改正。《唐律疏议·卷第四·名例·会赦应改正征收》P354。意即恢复原来身份。诸妄认良人为奴婢、部曲、妻、妾、子、孙者，以略人论减一等。妄认部曲者又减一等。妄认奴婢及财物者，准盗论，减一等。《唐律疏议·卷第二十五·诈伪·妄认良人为奴婢部曲》P1731。

　　社会人口向上垂直流动超过向下垂直流动的规模，是唐前期的一个特征，中后期尤其天宝之后则具有垂直向下流动加速的趋势，对身份的严格控制主要在于国家力图严格执行对个人过误的惩罚。在降低或确认其卑微的社会身份后,又令其以无偿或接近于无偿的劳动形式向国家补偿。实质上对他们的压榨也是无度的,朝廷内有一个由来已久的误区,认为劳动成本越低对王朝越是有利,其实,经过复杂长期训练的劳动力效率要高很多,知识的累积才会带来持续稳定的发展。问题是,喜欢廉价劳动力已经成为朝廷的心性,廉价劳动力数量的大量增加是经济原因还是政治原因几乎无人关注,廉价劳动人口大量减少倒是会让朝廷在意。这种人口的产生不受任何控制,没有总量标准,朝廷尤其还因为这种人总是最易于管理的一群而窃喜:"官户、官奴婢亡者,一日杖六十,三日加一等,部曲、私奴婢亦同。"《唐律疏议·卷第二十八·捕亡·官户奴婢亡》P1989。这与擅离职守罪行行大致相同。"在官无故亡者,一日笞五十,三日加一等;过杖一百,五日加一等。边之要官加一等。"他们与商品别无二致,"诸相冒名户者,徒二年。无课役者,减二等。"《唐律疏议·卷第二十八·捕亡·在官无故亡》P1992。如果亲属自相杀者,依常律。即比照良人为法。但奴杀奴是重,主求免者尚听;部曲杀奴是轻,主求免者亦得免。上述解释只适用于私家奴婢,官奴不依此律。《唐律疏议·卷第六·名例·官户部曲官私奴婢有犯》P471……同主奴婢自相杀,主求免者,听减死一等。……若部曲杀同主贱人,亦至死罪,主求免死,亦得同减法。《唐律疏议·卷第六·名例·官户部曲官私奴婢有犯》P471。唐律认为:奴婢贱人,律比畜产。《唐律疏议·卷第六·名例·官户部曲官私奴婢有犯》P471。规定奴婢可与马、牛、驼、骡、驴等明码标价,在市场自由买卖。《唐律疏议·卷第二十六·杂律·买卖奴婢牛马不立券》P441。国家明令保护这种交易。

三、连坐法让官员互相监督

在职的一般官员"同职犯公坐者,长官为一等,通判官为一等,主典为一等,各以所由为首。"同职指的是连署之官。如果"同职有私,连坐之官不知情者,以失论。"以大理寺为例:如果以大卿为长官,少卿及二正就是通判官,丞是判官,府吏是主典,共四等。若主典有过失,即以主典为首,丞为第二类从犯,少卿二正为第三从,大卿为第四从,寺中主簿录事亦为第四从。若是丞判断有失,就以少卿、二正为第二从犯,大卿为第三,主典、主簿、录事同列第四从犯。这种定罪顺序主要是以直接责任和直接上级为重定惩罚对象的。有两条重要原则:1 若通判官以上异判有失者,止坐异判以上之官。《唐律疏议·卷第五·名例·同职犯公坐》P397。2."公事失错,应连坐者,一人自觉举,余人亦原之。《唐律疏议·

卷第五·名例·公事失措自觉举》P412。被除名者，官、爵同时褫夺后，"课役从本色"，身份仍由优于庶人，"除名未叙人，免役输庸，并不在杂徭及征防之限。"《唐律疏议·卷第三·名例·除免官当叙法》P226。即他们可以通过丁口每一年服徭役二十天，无事则征丁庸，按每日三尺折算缴纳。被除名的官员优惠之处在于，即使国家有事，他们也可以合法不从事体力劳动，以缴纳织物替代。"免官者，三载之后，降先品二等叙。又有六载之后听叙，依出身法。《唐律疏议·卷第三·名例·除免官当叙法》P227。这里说的六载，是按年头计算。一年中的闰月天数也不加入，即某一年的实际天数超过三百六十五日，仍只能按从正月到十二月，合计十二个月计算成一年。

四、身份在司法中的应用

若涉及缘坐时，家庭辈份的高低适用轻重不同的法律约束。区别在于，谋反及大逆者，父子年十六以上，皆绞。十五岁以下及母、女、妻妾（子妻妾亦同）祖、孙、兄、弟、姊、妹，若部曲、资财，田、宅并没官。男夫年八十及笃疾妇人年六十及废疾者，并免。伯叔父之子皆流三千里，不限籍之同异。《唐律疏议·卷第十七·贼盗·谋反大逆》P1237。还有一种比较特殊惯例：一个死者如无嫡子，就须立其嫡孙继承家业等。（这种继承家业规定与前文兄弟平分家业在理解上存在困难。）与这种身份的变化，也反映到此人适用法律条款的变化，当此人祖父逝世时，他必须比照父母的规格发丧举哀，否则将以不孝之子受到处罚，而不是孙子的身份。如果他"闻祖丧，匿而不举"受到检举后，将被流放二千里。这已是以子而不是以孙的身份受审。但家庭中出现反逆者时，情况有所变化，是用的法律也不同："父、子年十六以上，皆绞，祖、孙没官，若嫡孙承祖，没而不死。"《唐律疏议·卷第六·名例·称期亲祖父母》P479。

连坐溯及过往：中书令郝处俊，反对唐高宗下诏逊位于武则天，高宗当时接受了他的意见。"及天后受命，处俊已殁，孙郝象竟被族诛。《大唐新语·卷2·极谏第三》P120。这是比较孤立的事件，但随时都不能排除其发生的可能。

"诸缘坐非同居者，资财、田宅不在没限。虽同居，非缘坐，及缘坐人子、孙，应免流者，各准分法留还。（老疾得免者，各准一子分法）所谓缘坐非同居的司法解释是指谋反、大逆亲伯叔兄弟已分讫，田宅资财不在没限。虽见同居，准律非缘坐，谓非期以上亲及子孙。据律亦不缘坐。"各准分法留还，"谓未经分异，犯罪之后，并准《户令》分法。其孙妇，虽非缘坐，夫没即合归宗，准法不入分限。《唐律疏议·卷第十七·贼盗·缘坐非同居》P1246。若女许嫁已定，归其夫。

出养，入道及聘妻未成者，不追坐。（出养者，从所养坐。）道士及妇人，若部曲、奴婢犯反逆者，止坐其身。由于杂户及太常音声是各附县贯，受田、进丁、老免，与百姓同，其有反、逆及应缘坐，亦与百姓无别。若工、乐、官户，不附州、县贯者。与部曲例同，止坐其身，更无缘坐。《唐律疏议·卷第十七·贼盗·缘坐非同居》P1246。"凡反逆相坐，没其家为官奴。一免为番户，再免为杂户，三免为良人。良人一步即可成为官奴，想要恢复良人身份，需从番户→杂户→良人三次放免，回到良民的过程比被贬为官奴的过程复杂很多。

连坐中的一个易于混淆的地方是既有"家人共犯，止坐尊长。"《唐律疏议·卷第二十·贼盗·略卖期亲以下卑幼》P1432。似乎连坐只是特殊情况，但问题并不如此简单，在《贼盗律》中规定：凡人（包括馀亲）与家人的适应刑罚不尽相同。所犯律条尽管与家人有关，本条规定应与凡人一致。作出上述限制，并不意味着它们足以成为连坐全部常规。实践中，连坐的应用范围是可以高度延伸的，"张易之母阿臧与凤阁侍郎李迥秀通，逼之也。同饮以碗盏一双，取其常相逐。迥秀畏其盛，嫌其老，乃荒饮无度，昏醉是常，频唤不觉。出为衡州刺史。易之败，阿臧入官，迥秀被坐，降为卫州刺史。《朝野佥载·卷3》P20。非法的关系也被纳入合法的惩罚范围。而并未载入法规之中。对官府而言，这是张易之问题的彻底解决；对李迥秀而言，则是无妄之灾。不过，在连坐这样沉重的话题中，也有带喜剧色彩的事。"睿宗李旦延和年间，沂州出了图谋颠覆朝廷的人，因受牵连而被定罪者有四百多人，这些人按计划要被送到司农寺做苦役，押解令未下前，暂时在沂州监狱内囚禁。时任大理评事的敬道昭可能是出于对这些不幸受牵连者的怜悯，故意曲解、修改有关赦文，未经上司批准就将这批人全部释放。"奈何免反者家口？"上司大发雷霆的间歇，敬道昭对兴师问罪的宰相辩称：赦云见禁囚徒，沂州反者家口并系在州狱，此即见禁也。"执政无法原谅他的作法，却又没办法确认他究竟有什么错。最多只能暗中抱怨赦文逻辑性不强令人有机可乘，不过可以推测，大多数官员对这种结果还是不太反感的。最高兴、最幸运的是哪些死离逃生的人。他们不战而胜，在众目睽睽、光天化日之下集体逃脱了法网，有如奇迹，实属侥幸。《大唐新语·卷4·持法第七》P164。

刑事与经济犯罪使用诛连外，职务犯罪也大量适用。武则天时的春官尚书阎知微出使默啜，商议和亲，经过考察，他的副使司宾丞田归道认为，默啜要的不是和平而更喜欢战争，阎知微的见解恰恰相反。两人在朝廷中的激烈争论人人都听得很清楚。话未落音，默啜的士兵已攻陷了天朝的州县。"天后乃诛知微九族，拜归道夏官侍郎。"两人的争论也就此告一段落。《朝野佥载·卷3》P21。

严重罪行引起的连坐时,相关者积极自首是一个从宽情节,但不是法定的,"李铦,锜从父弟也,为宋州刺史。闻锜反状,恸哭,悉驱妻子奴婢无老幼,量头为枷,自拘于观察使。朝廷悯之,薄贬。《唐语林·卷4·自新》P398。"李铦将全家人妻子、奴婢无论老幼,一一量其颈脖颈,打成枷锁,每人一副,自行驱赶前往观察使府衙囚禁。朝廷怜悯这家人,仅仅给予了轻微贬职。"唐李肇《唐国史补·卷中》P591。谋反是大罪,李铦应急措施效果出人意料,不能复制。

连坐是一项令无辜者们极其难以接受的法律规定,一是它大量伤及无辜,范围的不确定性令人无所适从。这是因为假定犯罪带来的利益会令一切相关人员均沾、分享。个人不一定是审判的具体对象,却绝对是审判的最终承受者。二是没收财产使一个或几个家族几代人的努力顷刻化为泡影。私有财产没有得到明确的承认与合法保护,合法劳动所得也随着各种类型的有罪判决灭失。国家的目的是彻底摧毁他们的基本生存条件。三、它的法律后果合理性成疑。这种恐怖政策在一个文盲占绝大多数,交通不便,信息封闭、贫穷落后的国家的确是一简便、通俗易懂、奏效的方法,而且由于人口众多,这种粗暴、原始的手段确有震撼力。足以帮助人们恢复理性和记忆,对确认国家和君主权威也会相当灵验。问题是一种办法,尽管是好办法,用得太多、太久,就会产生厌倦、麻木心理,以至最终失灵。普通人的生活总是极其窘迫,人们除了强烈感知迷茫、无望外,这一切都足以令其相信,自己的确生来卑微,并无个人尊严可言,没有皇权和国家,自己会更悲惨,法律精神与实质也确认这一点,而这正是人们毫无自信,消沉、自暴自弃、动辄走极端的土壤。

五、身份的转移

"知是赃婢,故买自幸,因而生子,合入何人? ……依律随母还主。《唐律疏议·卷第四·名例·以赃入罪》P329。如果男方是良人,女方是奴婢,因为明知是赃物,还是与之交易,买下了自己看中的女奴,生下的子女应该自动获得其母亲的身份。母子一并归还原主人。

垂直方向尤指向上关系的转移有以下二种主要途经:一是被官、私所有者放免;二是因公授予公职。又如武则天时,太常寺工人安金藏,因为拒绝作伪证陷害时为皇储的睿宗,不惜用刀重伤自己,在玄宗时,破格任命他担任右骁卫将军,封代国公,逝世后赠兵部尚书。《大唐新语·卷5·忠烈》P195。不是人人都能有完全成功的身份转移。前例的侯思止本人基本上是一个文盲,曾经以卖饼糊口,穷困潦倒,虽然身份脱离原来所处的社会下层,但人品及文化背景均不能为上层所接纳,当他奏请娶赵郡李自挹女儿,试图改善生活圈子时,遭到以凤阁侍郎李德昭为首的一批官僚无情讽刺,直呼其为"奴"。认为他有关婚姻的想法完全不切实际,是对国家的羞辱。后来李德昭找机会下令将其乱棒打死。《旧唐书·卷186上·酷吏传上·侯思止传》P583。身份下滑主要是本人犯罪或受牵连,安乐公主改为悖逆庶人,其配入司农后,成了一个货真价实的贱民,"每日士女游观,车马填噎。奉勅,辄到者官人解见任,凡人决一顿,乃止。"《朝野佥载·卷3》P20。"高宗乳母卢氏,本滑州总管杜才干妻,才干以谋逆诛,故卢没入宫中。"《隋唐嘉话》P5。元载之女真一因为父亲失败变身为宫廷的女奴,身份的上下位移,往往与国家利益攸关,不是因发现人价值,而是一个特定的人的能力有益于国。理解人,首先是身份,其次才是人本身。有时,两者有前后差异,身份决定人或人改变身份,但这只能使等级社会格局更清晰,人的意义更模糊。重要的是,一切功罪最终会由身份来体现。人只是国家利益的一个分子,国家与人是一个力量绝对悬殊的对比,国家的设置从逻辑上与理念上均不存对一般个人的合法责任,有的是权利。

六、财产归属的一般思想

初唐,即以家财多少为准,将户分为九等,"凡天下之户,量其资产定为九等,凡诸固藩胡内附者,亦定为九等,四等以上为上户,七等以上为次户,八等以下为下户。"《唐六典·尚书户部卷三·户部郎中》P74。等级的高低与赋税、社会地位相关。这也证明,是以家,而不是个人作为财产归属的最基本单位。

祖父母、父母在,意图别籍、异财者,即属于十恶中不孝。《唐律疏议·卷第一·名例·十恶·不孝》P61,《唐律疏议·户婚律》中又显示,祖父母、父母及曾、高祖父母,只要其中有一位仍健在,别籍、异财者将被处三年有期徒刑。《唐律疏议·卷第六·名例·称期亲祖父母》P497。如果居父母丧时期,兄弟有别籍、异财的情况,将要被处一年有期徒刑。《唐律疏议·卷第十二·户婚·居父母丧生子》P939。诸同居卑、幼,私辄用财者,十匹笞十,最多一百杖。即同居应分,不均平者,计所侵,坐赃论减三等。《唐律疏议·卷第十二·户婚·同居卑幼私辄用财》P960。盗缌麻以上财物,节级减凡盗之罪。《唐律疏议·卷第六·名例·断罪无正条》P486。"应分田宅及财物者,兄弟均分,妻家所得之财不在分限。兄弟亡者,子承父分。"《唐律疏议·卷第十二·户婚·同居卑私辄用财》P960。"兄弟俱亡,则诸子均分。……寡妻妾无男者,承夫分,若夫兄弟皆亡,同一子之分。"《唐律疏议·卷第十二·户婚·同居卑私辄用财》P961。特殊情况下的财产分割,法律有明确规定:"问曰:……假有一人年八十,有三男,十孙,或一孙反、逆,或一男见在,或三男俱死,唯有十孙,老者若为分留? 答曰:男但一人见在,依令作三男分法,添老者一人,即为四分。若三男尽死,依令诸子均分,老人共十孙为十一分,留一分与老者,是为"各准一子分法。"《唐律疏议·卷第十七·贼盗·缘坐非同居》P1247。这里谈到一位八十岁长者分割财产时所能享有的权益,从份额上看尊者似乎没有特殊性,但是有权与十个孙子共分三个已故儿子共同家财的法律安排,是在着重强调一个尊长在一个大家庭中的绝对作用与突出地位。

犯私辄用财物罪者,盗织物达到十匹之数时律定起点是鞭笞十下,"同居卑幼者,私辄用财者,十疋笞十,十疋加一等,罪止杖一百。"《唐律疏议·卷第十二·户婚·同居卑私辄用财》P960。家长的子孙私自动用自家的财产最高可杖一百,显示对尊者财产所有权的高度维护。共同居住的子孙、弟侄与外人共同盗窃自己家的财物,以私辄用财物论加二等。现某家子与外人盗窃自己家织物十匹,将会被处鞭笞三十。卑幼伙同外人盗窃自家财物,卑幼为首,合笞三十;他人为从,合徒一年,又减常盗一等,"诸同居卑幼,将人盗己家财物者,以私辄用财者加二等,他人减常盗罪一等,"《唐律疏议·卷第二十·贼盗·卑幼将人盗己家财》P1408。私有财产的使用权也有限制,必须合法使用"以私财物、奴婢、畜产之类贸易官物者,计其等,准盗论;计所利,以盗论。《唐律疏议·卷第二十·贼盗·以私财奴婢贸易官物》P1414。法律的上述规定中清晰地确立了家长对财产的所用权与使用权的法律地位,用以维护一个尊卑等级分明的社会制度体系。家长对财产的绝对处分权有司法保证,基本无疏漏。广州录事参军柳庆是一个极其精明的理财人,"器用食物并致卧内,奴有私取盐一撮者,柳庆一定要将他们鞭笞至流血才会罢手。对待家人也并不宽和些,安南都护邓祐,韶州人,家巨富,奴婢千人。恒课口腹自供,未曾设客。孙子将一鸭私用,祐以擅破家资,鞭二十。这与法定的处罚是近似的。荆州长史夏侯处信的方法则与上不同,他喜欢食醋,习惯于将醋用小瓶装好,自己随取随用,而家人则一滴也不给,有一天仆人提醒他"醋没有了。"看看能否利用他的疏忽,将瓶底的一点拿给长史的其他家人尝尝。夏侯长史一把拽过瓶子,将瓶口对着自己手掌用力抖动,剩下亮晶晶的几滴滚入手心,他以嘴吮吸完毕。空瓶小心放好,以备下次盛醋之用。虽然始终一言不发,但是,他对财产的绝对支配权已经得到了重申。《朝野金载·卷一》P12。

非同居者亲属间的财产关系不如上述紧密,"部人王敬戍边,留㸬牛六头于舅李进处,养五年,产犊三十头,例十贯已上。敬索还牛,两头已死,只还四头老牛,余并非汝牛生,总不肯还,敬忿之,经县陈牒。县令裴子云送敬府狱禁,教追盗牛贼李进。进惶怖至县,县令慌称进与人共盗人牛三十头,又将王敬以布蒙头,称其为同伙对证。李进不得已承认牛的真实来源,又承认王敬为其外甥。最后判进还王敬牛,但给李进几头牛(数目不详)作为补偿。《朝野佥载·卷五》P26。从这个判决中看不出原、被告双方有超出普通人关系的地方,判决没有受到他们之间亲属关系的影响。

奴婢是介于人与牲畜之间的财产。但也有比较厚道的主人将他们区别对待:元崇逵为果州司马时,家中的一忠心耿耿的老年女婢寿终正寝,元司马决心像普通人一样安葬她,但他本人穷得连一具棺材也买不起,只好到典当铺去赊一口。《大唐新语·卷13·谐谑第28》P503。

君主可以完全占国家财产,这是通过暴力强制来确认的。这种超经济强制与各级官吏分享:定州巨富何明远利用州里三个驿站归自己管的权力,在驿站旁开设只接待外族人的旅店,积累巨额财富,自己还有五百张绫机。"远年老,或不从戎,即家破贫,及如故,即复盛。"《朝野佥载·卷三》P21。《朝野佥载·卷三》P21。另一种比较严重的情况是,国家默许一些受宠者肆意掠夺,"张易之兄弟娇贵,强夺住宅、奴婢、姬妾不可胜数。"《朝野佥载·补辑》P35。由于受到皇权宠幸,他们的不法行为持续时间长,公开而且数额巨大。

德宗建中元年(780年),翰林学士、左散骑常侍张涉,受前湖南观察使辛京杲金,事觉。上怒欲寘于法。"张涉是德宗一度高度信任的人,德宗在东宫时,张涉以国子博士为侍读。即位当日就召入禁中,所以被称为先生。检校司空、同平章事、奉朝请李忠臣言于上曰:陛下贵为天子,而先生以乏财犯法,以臣愚观之,非先生之过也。上意解。……放涉归田里。"《资治通鉴·卷226·唐纪42》P1549。李忠臣暗示,是国家给张涉的俸禄太低,入不敷出,才导致了他经济犯罪。所以只令其免职。如果按此观点司法,那些为免于饿毙而偷盗抢劫的人又该归罪于谁? 李忠言制造混乱,而这在当时,却充分体现皇恩浩荡,仁慈为怀。

德宗建中二年(781年),"初,萧嵩家庙临曲江,玄宗以娱游之地也,非神灵所宅,命徙之。杨炎为相,恶京兆尹严郢,左迁大理卿。卢杞欲陷炎,引郢为御史大夫。先是,炎将营家庙,有宅在东都,赒河南尹赵惠伯卖之,惠伯买以为官廨。郢按之,以为有羡余,杞召大理正田晋议法。晋以为,律,监临官市买有羡利,以乞取论,当夺官。杞怒,贬田衡州司马。更召它吏议法,以为:监主自盗,罪当绞。炎庙正直萧嵩庙地。杞因谮炎云:兹地有王气,故玄宗令嵩徙之,炎有异志,故于其地建庙。"这件事发生在二年(即781年)九月份,十月杨炎"自左仆射

(在二年七月已被卢设法贬为左仆射,罢政事。)贬崖州司马,未至崖州百里,缢杀之。惠伯自河中尹贬费州多田尉。"那块地的去向、用途没有说明,一件房屋买卖中是否有不当得利着手调查,从房屋到民用土地,本来纯属民事问题,或者有轻微经济过失,但在私人意欲难以自制的宰相操纵下,最后的处理既偏离了立案的主题。也脱离了司法轨道。《资治通鉴·卷227·唐纪43》P1556[2]。

对待有争议的私人产业是如此,对明确的私有财产也没有更新的办法"建中三年(782年),时两河用兵,月费百余万缗,府库不支数月,太常博士韦都宾、陈京建议:以为货利所聚,皆在富商,请括富商钱,出万缗者,借其余以供军。计天下不过借一、二千商,则数年之用足矣。上从之,……诏借商人钱,令度支条上(指备文呈上)。判度支杜佑大索长安中商贾所有货,意其不实,辄加搒捶,人不胜苦,有缢死者。长安嚣然如被寇盗。计所得才八十万缗。又括僦柜质钱,凡蓄积钱帛粟麦者,皆借四分之一,封其柜窖,百姓为之罢市,相率遮宰相马自诉,以千万数。卢杞始慰谕之,势不可遏,乃疾驱自他道还。计并借商才二百万缗,人已竭矣。《资治通鉴·卷227·唐纪43》P1560。

习惯上君主代表国家强势利益集团不去从事经营谋利,高宗时,国家司农寺准备将为越冬而储藏现多余的一批蔬菜拿出来卖给百姓,这个想法得到了高宗批准,高宗亲书的命令下到仆射苏良嗣处,遭到奚落,认为这是在与民争利。这批菜最终没能成为商品。《大唐新语·持法》P172。经济思想政治化是引以为荣的,"韦惊为右丞,勾当司农木橦七十价,百姓四十价,奏其隐没。太宗切责有司,召大理卿孙伏伽覆书司农罪,伏伽奏曰:司农无罪。"太宗骇而问之,伏伽曰:只为官木橦贵,所以百姓者贱。向官木橦贱,百姓无由贱。但见司农识大体,不知其过也。"不管这是司农真实的想法,还是孙氏为糊弄太宗让司农免于惩罚的诡辩,太宗是接受了这个解释。《大唐新语·卷9·从善二十》P142。

唐律是如何将所有人扭结在一起的? 还是靠其他独立能量:1.政治? 2.经济? 3.军事? 4.预期?

不是靠单一的政治:唐朝是诸多族群共构的国家,不同族的人民自认为没有一致的生物特性,也不是一个单一的文化类别,一些族群之间宗教不同,语言不通,原本各有传统居住的领地,没有共同认同的祖先,血缘关系上无集体亲近感,历史背景也不同,生活习俗更是千差万别。虽然他们在各自受到的压力下接受一个政治体制,外来族群对相关的制度尤其是繁复的礼制认同度低且被默许可以尽量绕道而行。

不是单一的经济:唐朝是以农业人口为主的国家,但单纯靠农业收入无法给多数普通人带来稳定舒适的幸福生活,非传统的农业人口多数难以适应,望而却步。这里的一些精美的商品固然令各族人都想要拥有,但在世界的其他任何地方拥有、欣赏它们又有何区别呢?

不是靠单一的军事:这里生活的不全是战争的胜利者,也不全是战争的失败者,一些称臣的人是公认的力量和军事上的强者。

一个政治、经济、军事都不能提供稳定安全感的社会很难形成普遍的良好预期,并以其所附属的区域群落高特异性让往来这里的人一方面各自寻求最大利益,一方面又自动对号入座,各安天命。除上述的概念各自奉献的有限社会粘性外,法律设计的"身份"可能是至关重要的凝聚力要素。中原人的种族是一种归属身份,这里传统上按祖先将后代划分成各个种族,执行低等血统法;另一方面又认同种族可以改变,获致身份与归属身份并轨。曾经有外来的征服种族刻意将他们自己与汉人分成两个不同或绝对独立的族群,彼此歧视。但是在唐朝,不同种族之间的文化厌恶现象没有达到全面一致、持续相互敌视、隔离的程度。人们在这里可以通过努力从低级身份转变为高级身份,从异族变为同族,个人的成就能让所有血缘和文化的背景因素都变得次要,人们以在这里获得身份为荣,身份像货币、语言、人文背景广为人知,同样可以辨认系属,甚至比出身更通用。身份也会失去,失去身份涉及的可能不是一个人,会伤及无辜者。但是比起政治高压的屈辱,经济垄垄断会产生的盘剥,军事征服时的血腥,身份法相对中性、温和、更具包容性,具有相对多的和平性质,适合作为多种族群的主要纽带。身份是重要的语言和标志,是彼此认同、确认的归属的可靠方式,身份成功地将人民扭结在一起,构成一个具有很大的政治一致性,生存状态上严重苦乐不均的社会。

第四节 消失中的法治——最原始与最有价值的法条如何并存

一、威慑与自我保护

1. 刑种

(1)笞刑五种。(2)杖刑五种。(1)徒刑五种。一到三年分五等。

(4)流刑三种。犯人被判决流放后,一般期满户籍要在当地入籍,原来的土地自动丧失,判决时的经济损失包括土地上庄稼更不用说。犯流应配者,三流俱役一年,称加役流。《唐律疏议笺解·卷第三·犯流应配》P256。加役流本是死刑。《唐律疏议·卷第四·名例·老小及疾有犯》P299。死刑两种。以上刑种合计二十种。太宗又制，在京见禁囚，刑部每月一奏，从立春至秋分，不得奏决死刑。《旧唐书·卷50·刑法志》P256。处决人犯不限于法律规定的手段，内给事牛仙童受地方官贿赂的事爆光后，玄宗盛怒之中命宦官杨思勖杀之。"思勖缚架之数日，乃探取其心，截去手足，割肉而啖之。《旧唐书·卷184·宦官传·杨思勖传》P573。这是一个新发明的处决方法。

2. 缘坐的意义

缘坐是对个人罚的一种追加形式，强调个人的社会责任，这个刑种无理强迫亲属、上下级之间相互监督，受牵连的人惩罚不一致。缘坐之中，'有男夫年八十及笃疾，妇女年六十，及废疾者，虽免缘坐之官罪，身有官品者，亦各除名。'《唐律疏议·卷第二·名例·除名》P194 肉刑、死刑、连坐等最正宗秦法不能让秦国免于速亡，可以让别的国家、朝代例外？ 一个国家从崛起到灭亡时都存在的那些法条在新国家沿用，是因为所有国家都不可避免地需要，还是只有某些国家需要？谁能摆脱'法律编制得更好，不能阻防范其实践中变得更差。'的宿命？"

由前所述，朝廷倾其所有，构建法理学、礼制、君权神授三位一体政治哲学观，它涵盖朝廷的全部政治智商，既是法律本身，又是法律拟定保护的主要对象，人民既在这种法保护之内，又游移于仁慈的庇护边界，如果你的智商正好心悦诚服，裨其行为动静有度、安分守己；又在这种保护之外，一个唐朝人胆敢自以为是，怀疑三位一体就是非分之想，各色刑具一应俱全。

二、民法特性

1. 契约

国家鼓励使用契约约束当事人双方履行、维护双方真实意思自愿达成的契约。国家保护合法签订的各种契约，但妨碍契约完全的因由很多：1. 文盲率过高。2. 受到官府豪门等压制，弱势的一方屈服而签约。3. 契约品种繁多，官方标准格式较少，容易被任意诠释。

2. 唐户婚律的特点

1）户口与赋税捆绑在一起，脱漏就意味着逃税。这是家庭对国家的义务，个人任何规避行为，家庭都将集体受罚。（《唐律疏议·卷第十二·户婚·私入道》P931）。

2）财产以户籍方式受家长控制，以保证其个人对国家安全使用。确保国家的征收与罚没。《唐律疏议·卷第十二·户婚·子孙别籍异财》P936。同居卑幼私辄用财。《唐律疏议卷第十二户婚同居卑幼私辄用财》P960。这种保证是双重的,"诸部内输课税之物,违期不充者,以十分论,一分笞四十,一分加一等。……课税违限,责在长官。……州、县以下以长官为首,佐职以下节级连坐。户主不充者,笞四十。不据分数为坐。《唐律疏议·卷第十三·户婚·输课税物违期》P1006。

3)鼓励兄弟共同持有财产。成都富商积财巨万,兄弟三人分资不平争诉,长史受其财贿,不决与夺。来蜀巡察的御史韩彦思研究此案后,"令厨者奉乳自饮讫,以其余乳赐争财者,谓之曰,"汝兄弟久禁,当饥渴,可饮此乳。才遍,兄弟窃相语,遂号哭攀援,相咬肩膊,良久不解。但言:"蛮夷不识孝义,恶妻儿离间,以至是。侍御岂不以兄弟同母乳耶?复擗踊号悲不胜,左右莫不流涕,请同居如初。《大唐新语·12》P149。韩思彦对此结果感到满意。同意他们撤诉。

4)伦理观的制高点。

国家-家庭财产-家长-嫡庶-养子-部曲-奴婢。

国家通过确立家长对家庭财产的绝对支配权达到对家庭成员的高度控制,君父的意义以及国家由此得到强力申张。几乎所有处于从属位置的人都默认这种规定,对它的弊端熟视无睹。但是这些规定的依据显得相当脆弱,在实际操作中,包括政治与经济上的几乎一切麻烦都与之有关。因为,促进政治与经济成熟与适应于时代最稳定的因素是个人理性而不是社会形态。一个格局协调甚至美观的社会组织损坏和妨碍个人正常发展并最终导致社会解体的例子是很常见的。

唐律认为它定义的社会关系是天经地义、不容置疑的自然规则,因此对于任何触碰这种关系等级与结构的行为处理严厉,旨在维护一个乐观的社会结构;亦有可能是在以最悲观的方式看待社会关系,毫不掩饰地将人人都设想成仍处于野蛮、蒙昧的状态。表达与维系亲情的强有力手段唯有严刑,人们缺乏对彼此相知相爱的理解,只有通过上述极其形式主义的方式才能使社会的功能和国家的功能同步,虽然法律是在处理例外的情况,建立日常生活秩序,但会令生活秩序与生活意义变得很不一致。这种秩序下的生活是一个未知数,人根本无法有计划地安排自己的生活,在有限的生命中肯定会受到各种意外的狙击。

三、程序法

1. 管辖

各级行政机关即同级审判机关,"凡诸辞诉,皆从下始。"《唐律疏议·卷第二十四·斗讼·越讼》P1674。凡有犯罪者皆从所发州、县推而断之。……即从下而上,如:县、州、府。"在京诸司,则徒以上送大理,杖以下当司断之;若金吾纠获,亦送大理。"《唐六典·尚书刑部卷第六》P189。

犯罪欲自陈首者,皆经所在官司申牒,军府之官不得辄受。其军府之官不得辄受告事辞牒,但如果涉及谋判以上及盗者,听受,即送附近官司。若受,经一日不送者,及越览馀事者,各减本罪三等。……其谋判以上,有须掩捕者,……若满半日不掩,还同知而不告之罪。《唐律疏议·卷第二十四·斗讼·犯罪皆经所在官司首》P1652。《唐律疏议·卷第二十四·斗讼·告人罪需明注年月》P1658 明确各级地方机构是审判各种案件的法定机构,重大案件谋叛、强盗等重罪军府可以受理,但需要及时转送就近的地方行政机构。

唐律不准越级上诉或超越管辖范围受理案件,"诸越诉及受者,各笞四十。《唐律疏议·卷第二十四·斗讼·越诉》P1674。但如越诉,而有司不予受理,诉者亦无罪。如有越过州诉,受理者将案件发回其本县审理,程序上属合法。具体运作也是如此。"大历十四年(779年)八月,德宗(代宗五月逝世),德宗六月下诏,(德宗即位尚未改元)"天下冤滞州府不为理听诣三司使(即御使中丞、中书舍人、给事中)以中丞、舍人、给事中各一人日于朝堂受词。推决尚未尽者,听挝登闻鼓。……于是挝登闻鼓者甚众,右金吾将军裴谞上疏:讼者所争皆细故,若天子一一亲之,则安用吏理乎? 于是悉归有司。"《资治通鉴·卷22·唐纪41》P1546。

对应受理而托词不受理的官吏,处鞭笞五十。如有人请状上诉,当局不给状,以违令论处,处鞭笞五十。《唐律疏议·卷第二十四·斗讼·越诉》P1674。

下列三种情况亦被纳入正常的诉讼途经:1. 在路途上拦君主车驾,请诉怨情。2. 擂响登闻鼓,以求君主垂询。3 直接上表向君主陈诉,请求君主的公正和仁慈。但这样做要避免几点:1. 所陈之事如有不实,杖八十;有故意夸大或隐瞒事实者,处二年有期徒刑。2. 上诉时为求人同情或引人注目而自我毁伤者,不论核查结果是否属实,都要被处数额不等的杖击或鞭笞。3. 拦车驾路上诉而上诉人身体突入君主仪仗队中者,处杖击六十。《唐律疏议·卷第二十四·斗讼·越诉》P1674。在武则天垂拱元年,又设匦制。她试图将其设计为一个功能齐全的装置,匦是一个方形容器,按东、南、西、北所属的四个方位加涂青、红、白、黑四色。东为延恩匦,主要为有真才实学、又希望在政治上有所作为的人所设,他们可以将自我推荐信投入轨中。南匦容纳对国家政策提出批评、建议的书信,所以称为招谏匦;北匦称通玄匦,用于进献颂歌诗赋,以及涉于玄象者投之。西匦亦即申冤匦,怀冤受屈,无辜受刑者可以借助它提出上诉。"在设匦初期,投匦者或不陈事,而谩以嘲戏之言,于是乃置使先阅其书奏,然后投之。"《隋唐嘉话·卷下》P5。专门的官员处理日常事务,即匦使一人,判官一人。由谏议大夫之类的官员充任。但是它容易受到操纵,在万年县城内,张昌期曾白日将一青年妇女当街掳走,其夫抱幼儿追赶绝尘而去类似强盗的大队人马不上,于是多次至匦投书控诉张,均被希图讨好或者害怕张氏兄弟的匦使私下销毁,那个不幸的丈夫反而被张氏兄弟强加以别的罪名,处以死刑。宋李昉《太平广记·无赖第五十三·张易之兄弟》P1405。"太子通事舍人李涉性狂险,投匦上书。……谏议大夫知匦事孔戣见涉疏之副本,不受其章。"《旧唐书·卷184·宦官传·吐突承璀传》P575。匦的构想来自一个叫鱼保宗的人,他心灵手巧,爱好机械制作。上书提出设立匦,正好应合了武则天成天担心被架空的心理。这也可以说是南匦的第一次成功应用。历中宗、睿宗、玄宗、肃宗几朝,名称几经改动,唐肃宗乾元年又恢复原名,而功能则一直大同小异。封演《封氏闻见记·卷4》P310。

2. 诉讼人

起诉以自诉为主,制作文书,"诸告人罪,皆须注明年、月,指陈事实,不得称疑。违者,笞五十。官司受而为理者,减所告一等。即被杀、被盗及水火损败者,亦不得称疑,虽虚,皆不反坐。《唐律疏议·卷第二十四·斗讼·越诉》P1674。"诬告人者,各反坐。"受雇或参与制作诬告状者,"与自诬告同。"《唐律疏议·卷第二十四·斗讼·教令人告事虚》P1666。

鼓励举报,但告人罪不具名或不以实名者,不管所告人罪轻重,告人者都将被科以重罪。收到上述举报书者,应立即焚毁,如果将其完好转送官府者,将被处有期徒刑。官吏受理这类举报的,处二年有期徒刑。由于程序不当,被告者如果确有其事,也免予处分。"若书不原事,以后别有人论告,还合得罪。如果将匿名举报上奏皇帝,加罪四等,即处三年有期徒刑。例外的是涉及谋反或大逆罪的匿名举报,不可擅自焚烧"许送官闻奏。状即是实,便须上请听裁,告若是虚,理依诬告之法。"《唐律疏议·卷第二十四·斗讼·投匿名书告人罪》P1644。"父为子天,有隐无犯。"……告祖父母、父母者,绞死。如果是犯谋反、大逆、谋叛以上罪,皆不为臣,故子孙告,亦无罪。缘坐同首法,故父祖,听捕告。若故告馀罪者,父祖得同首例,子孙处以绞刑。《唐律疏议·卷第二十三·斗讼·告祖父母父母》P1623。

如期亲尊长、外祖父母、夫、夫之父母有罪,虽属实,告者仍将处二年有期徒刑。而按亲亲并相容隐规则,被告之人与自首同。举报罪行重于判处二年有期徒刑的,举报者减所告罪一等处刑。

因犯罪被囚禁者,不得告发他人。谋叛以上重罪例外。《唐律疏议·卷第二十四·斗讼·囚不得告举他事》P1649。

奴婢告主经过一系列变化,在唐太宗时贞观二年"比有奴告主谋逆,此极弊法,特须进禁断。假令有谋反者,必不独成,终将与人计之,众计之事,必有他人论之,岂藉奴告也。自今奴告主者,不须受,尽令斩决。《贞观政要·卷八·刑法第三十一》P239 这使得对身份的强调达到了登峰造极的地步。不过在随后的《唐律疏议》又重新确认国家的安全比身份间的冒犯更为重要。除主有谋反、谋叛、谋大逆罪,禁止部曲、奴婢举报主犯罪。如果奴婢斥良,妄称主压者,徒三年,部曲,减一等。《唐律疏议·卷二十四·斗讼·部曲奴婢告主》P1638。但在武则天时,这种情况发生了变化,"则天朝,奴婢多通外人,辄罗告其主,以求官赏。"这显然与国家积极鼓励有关。润州刺史窦孝谌妻庞氏,在武则天长寿二年(693年)为其户婢所告,声称其趁夜醮时"厌蛊诅咒当朝,不道。"后来认定参与者包括睿宗家眷,即后谥为刘皇后、窦皇后的等人。则天武后命御史薛季旭审判此案,薛缺乏司法人员的基本素质,不仅以讹传讹,而且善于制造气氛,让人主感到他即忠诚办事又有效率。薛定庞氏等罪名成立,断死刑。窦氏家属上诉侍御史(从六品下,但有权参与国家最高级别的审判)徐有功,有功经过审查,明确反对这个判决,几位上流社会妇女,在自己家中夜间祭祀,自己想什么,说什么让奴仆知道的可能性极小,而且是如此重大的问题。诬陷的可能性则极大。徐要求停止行刑并上报武则天。后者下令三司会审,薛季旭为维持原判作了周密的准备,秋官及司刑两曹事先已接受了他的先入之间,都不希望节外生枝,改判对他们人人有害无益。毕竟别人的生命与自己的政治利益比较起来后者更为重要。而且女主已倾向于接受这个审判结果。所以一起压制徐有功的意见。结果庞氏与两位皇妃均被处死。窦孝谌由刺史左迁为罗州司马。徐本人也被武则天亲自以失出罪判处流放。庞氏是唐朝一个重要人物,其女儿即睿宗德妃,遇害后睿宗谥为昭成皇后的窦氏。窦氏育有一子二女,即唐玄宗、金仙、玉真二公主。《旧唐书·卷五十一·后妃传》P260,《大唐新语·卷4·持法》P126。贵为皇妃与国家高级官员正妻,轻易被奴婢告致死罪,其中当然有深刻的政治原因,制度上的变更则是重要因素,司法精神已变得次要。奴婢在司法中越来越重要的作用不能认为是当时的社会平等已有了质的变化,而是一个对自己现在的位置忐忑不安独裁者正加紧强化她的个人权威以及她的国家安全。对失入罪的重判,则是自太宗时就存在的现象。太宗问大理卿刘德威"近来刑网稍密,何也? 刘氏分析说:诚在君上,不由臣下。主好宽则宽,好急则急。律文:失入减三等,失出减五等。今则反是,失入无辜,失出则获戾,所以吏各自爱,竞执深文,畏罪之所致也。《大唐新语·卷4·持法》P142。所以,一般官员容易倾向于简单粗暴对待案件,事先作有罪认定。不过也有倔强而且比较幸运的人,陆象先在蒲州为刺史时,属下有一低级官吏犯罪,按律应处杖,但是被他免予刑事处分。陆氏终身平安无事,这可能是因为犯罪情节不太严重,而且不为上级所知。《大唐新语·卷7·容恕》P137。君王本人对案件审判的正确性是不容怀疑:襄州胡延庆将一龟刻字后伪称神迹,敬献朝廷,冀图赏赐。凤阁侍郎李德昭明察秋毫,判其伪造祥瑞,欺骗君主有罪。武则天则认为造假者本身并无恶意,下令免予刑事处分。《朝野金载·卷3》P21。

诬告反坐《斗讼四十一》P387。但如果以阅兵而误以为意图谋反等而告密,本心无意诬告,可以具状上请,听君主裁决。如果确切知道而不告者,有死罪,听到举报的当局半日内不追捕嫌疑人,与上述各类不告罪行同罪。因调动人马、器械等准备工作而超过半日者除外。《斗讼三十九》P386。

3. 时效

犯罪时未老、疾,以发现时年龄和身体状况为准。《唐律疏议·卷第四·名例·犯时未老疾》P311。

若以赦前事相告言者,以其罪罪之。官司受而为理者,以故入人罪论。《唐律疏议·卷第二十四·斗讼·以赦前事相告言》P1654。有两个例外:1 如果所告是常赦所不免之罪,告属合法。2 若事须追究,不用此律。它包括违律为婚、养奴为子之类,虽会赦。须离之、正之。赦限外藏匿谓会赦应首,及改正、征收,过限不首,若经责簿帐不首、不改正,征收。及应见赃,谓诈盗之赃。虽赦前未发,赦后捉获正赃者,是谓见赃之类,合为追征。《唐律疏议·卷第二十四·斗讼·以赦前事相告言》P1655。

4. 证人、证言、证物

得重事:指经查实比原控告严重的罪行。

事等: 查证的赃物与检控的不同,但价值相似。

类其事:赃物类似但不同。

离其事:查证的与原控告的是不同罪行。《斗讼律》P388,《唐律疏议·卷第二十三·斗讼·告小事虚》P1618。

如果证据来源不合法,一般不能予以采信。例如,太宗听说京师官员受贿现象普遍,就暗中命人故意用财物贿赂其中疑点较大的人,结果司门令史接受了一匹绢的贿赂。听到汇报后,太宗的一个反应是下令将受贿者处以极刑。极刑是不少君主唾手可得、得心应手的工具。大臣裴矩反对这种做法,指出,为求获得犯罪证据而故意设置陷阱的做法,有悖于起码的社会公德。太宗接受了他的观点,结果也就变得比较合理。《大唐新语·卷1·规谏第二》P118。

在有些情况下不需要证据,唐中宗时,桓彦范由于遭到武三思的忌恨,诬陷他谋反。大理寺丞李朝隐坚持定罪要有确切证据,他的上司大理寺卿裴谈则曲奉武三思,在证据不足的情况下,认定桓彦范罪名成立,终于将其杀害,杀人有功的裴谭不久升为刑部尚书。《大唐新语·卷2·刚正第四》P123。

5. 立案到审讯之间时间理论上有规定

囚仇有推决未尽、留系未决者,五日一虑。《唐六典·大理寺鸿胪寺卷第18》P502。应用起来则相当灵活,随主管者的心理而定。河南尹李杰"勤于听理,每有诉列,虽衢路当食,无废处断。由是官无留是,人吏爱之。《旧唐书·卷100·李杰传》P374。而中宗时曾任侍御史的李祥对当时情况所作评论就与之成为鲜明对比,"怯断大案,好勾小稽。隐自不清,疑他总浊。阶前两竞,斗困方休。狱里囚徒,非赦不出。"《大唐新语·持正第四》P90。另一部分则限于个人能力:司刑司直陈希闵,以非才任官,庶事凝滞,司刑府史目之为'高手笔',言秉笔支颐,半日不下故目之曰'高手笔'。又号'案子孔',言窜削至多,纸面穿穴,故名'案孔子'。《南部新书·庚》P102。

6. 回避

凡鞫狱官与被鞫人有亲属、仇嫌者,皆听更之。《唐六典·尚书刑部卷第六》P191。

7. 审判组织

审讯或审判在当时区别不大,由于一贯保持审执合一的特殊性,实际可以从实体法和程序法独立,列为专项。

国家审判机关主要有大理寺,中书、门下省也多有参加会审。贞观元年,太宗下令:"自今以后,大辟罪,皆中书、门下四品以上及尚书九卿议之。"《贞观政要·卷八·刑法第三十一》P239。代宗大历十二年(777年)三月,中书侍郎、同平章事元载专横,黄门侍郎同平章事王缙附之。会有告载、缙夜醮,图为不轨者,庚辰,上御延英殿,命凑收载、缙于政事堂。命吏部尚书刘晏、御史大夫李涵、右散骑常侍萧昕、兵部侍郎袁傪、吏部侍郎常衮、谏议大夫杜亚同推。元载赐自尽,被杀。……王缙初亦赐自尽,刘晏谓李涵等曰:故事,重刑覆奏,况大臣乎?且法有首从,宜更禀进止,涵等从之,上乃贬缙栝州刺史。《资治通鉴·卷225·唐纪 41》P1542,参见《旧唐书·卷 118·元载传》P411。

条、例中如有不一致,以条为准:"本条别有制,与例不同,依本条。"《唐律疏议·卷第二十·贼盗·略卖期亲以下卑幼》P1432。指卫禁以下各篇与《名例律》不同的,依本条。

刑部尚书、御史大夫、大理寺称为三司。三司会审是规格最高的审判机制。君主意图或亲自过问、参与则起决定性作用。

御史台下设三院:

1. 台院。置侍御史六人,从六品下。掌纠举百僚及入阁承诏,知推、弹杂事。

2. 殿院。置殿中侍御史九人,从七品下。掌殿庭供奉之仪,京畿诸州兵皆隶焉。

3. 察院。置监察御史十五人,正八品下。掌分察百僚巡按州县狱讼等。《唐六典·御史台·卷第十三》P377。御史台的审判功能是很明确的,武德时,御史台门北开者,法司主阴,取冬杀之义。《南部新书·丙》P92。还有一种更为细分的命名——五院,"谓监察、殿中、侍御史、中丞、大夫。"《南部新书·乙》P90。

御史大夫的司法责任

玄宗二十二年,房琯"拜监察御史。其年,坐鞫狱不当,贬睦州司户。"《旧唐书·卷 111·房琯传》P400。

御史主弹奏不法,肃清内外。唐兴,宰辅多自宪司登钧轴。故谓御史为宰相。杜鸿渐拜受之日,朝野倾羡。……御史多以清苦介直获进,居常敝服羸马,至于殿庭。开元末,宰相以御史权重,遂制弹奏者先咨中丞、大夫,皆通许,又于中书、门下通状先白,然后得奏。威权大减。天宝中,宰相任人不专清白,朝为清介,暮易其守。顺情希旨,纲维稍紊。"开元以前,诸节制并无宪官,自张守珪为幽州节度,加御史大夫,幕府始带宪官,由是方面威权益重,游宦之士,至以朝廷为闲地,谓幕府为要津。迁腾倏忽,坐致省郎。弹劾之职,遂不复举。《唐语林·卷八》P433。张守珪是玄宗时著名将领,开元二十一年(733 年)担任幽州刺史兼御史中丞。二十三年拜辅国大将军,由羽林大将军兼御史大夫,余官并如故。《旧唐书·卷 103·张守珪传》P385。这项任命对司法制度并不是一个喜讯,人人都可以质疑御史大夫张守珪的专业性。到唐德宗时,这种情况就变得比较普遍,例如:德宗贞元元年(785 年),以工部尚书贾耽兼御史大夫。《旧唐书·卷 13·德宗纪》P51。故事,诸官兼大夫,中丞但升在本官之上。贞元中,元涵为苏州刺史兼御史大夫,便判台事。《南部新书·乙》P90。这是否对是御史大夫一职遭到进一步削弱的证据,没必要匆忙下结论,但可以肯定,此职的专业性与公正性至此已十分值得怀疑。

刑部是国家最高司法管理机关。但它又是国家最高上诉机关之一。"凡狱囚应入议、请者,皆申刑部,集诸司七品以上于都座议之。"《唐六典·尚书刑部卷第六》P191。

大理寺是国家最高审判机关,规定凡诸司百官,所送犯徒刑以上,九品以上犯除、免、官当,庶人犯流、死以上者,详而质之,以上刑部。仍于中书、门下详覆。其杖刑以下皆决之。所有悬而未决的案子都可移至大理寺裁决。《唐六典·大理寺鸿胪寺卷第十八》P501。从县到君主,级级都有资格断人死刑。大理寺之内对一个案件有时会有不同意见,例如,武皇天授年间,李日知时任职司刑丞,曾勘定一死囚罪不至死,他的上司少卿胡元礼则判此囚处死。两人反复激烈争论,谁也不能说服谁,以至双方均变得相当情绪化,"元礼不离刑曹,此囚无活法。""日知不离刑曹,此囚无死法。"问题无望得到解决。最后只好将两份不同的判决上报。从实际情况来看,除非有优秀的个人积极操作,这些机制或习惯并不足以保证案件能得到公正、合法的处理。

三司分工明确。规范履职时,可以产生出人意料的判决,唐昭宗(889—904年在位)在华州时,大理卿是李克助,郑县令崔銮,有民告举放絁绢价,刺史韩建令计以为赃,奏下三司定罪。御史台、刑部奏罪当绞,大理寺数月不奏,建问李尚书:崔令乃亲情耶,何不奏? 克勤曰:禅公之政也。韩云:崔令犯赃,奈何言我之过也? 李云:闻公举放将树万矣。韩曰:我华州刺史,华州民,我民也。李曰:华民乃天子之民,非公之民。若尔,则郑县之民,乃崔令之民也。建服其论,乃舍崔令罪,止责授颖阳县尉。无名氏撰《玉泉子》P629,县令崔銮被举报在本县抬高织物价格,上司华州刺史韩建以贪赃上报三司裁决,御史台和刑部上奏处绞刑,大理寺卿没有联署,他认为华州同类织物价格涨价更为严重,刺史同意撤诉,对崔銮的判决从绞刑到改为降职县尉,尺度过于宽泛,反映刑部和御史台的司法相当失准。

张蕴古案后,后悔不已的君主对房玄龄说:"若据常律,未至极刑。朕当时盛怒,即令处置,公等竟无一言,所司又不覆奏,遂即决之,岂是道理。因诏曰:凡有死刑虽令即决,皆须五覆奏。又补充说;守文定罪,或恐有怨。自今以后,门下省覆,有据法合死而情可矜者,宜錄奏闻。《贞观政要·卷八·刑法第三十一》P240。覆奏形式在稍后的《唐六典》有更明确划分:凡决大辟罪,在京者,行决之四五覆奏;在外者,刑部三覆奏;若犯恶逆以上及部曲、奴婢杀主者唯一覆奏。《唐六典·尚书刑部卷第六》P189。

上述的会审与覆奏的目的在于避免冤案,实际操作中有与这种谨慎、不怕麻烦雷同的例子:刑部奏,张君快、欧阳林谋杀苏志约取银。贞观九年三月赦:劫贼不伤财主,免死,配流。经门下奏定。刑部判"举断合死。"门下省坚持以赦为准判决上奏。太宗得知后,对这种差异不满,令御史重新调查上报,根据案情,太宗认为张君快预先的企图就是劫财杀人,罪已至于杀。魏征则以为如果严格据律断案,刑部判决是不合理的。太宗最后接受了这个意见,将张君快判为流放。王方庆《魏郑公谏录·卷2·谏处张君快等死》P56。这种不存在法理与伦理间重大疑问的案例受到如此关注是不多见的。在君权一支独秀的前提下往往会流于形式,难以成为有效的制度。一些荒谬的错误没有成为残酷的现实,只是由于部分人品较好官员个人智慧得到成功演绎。高宗曾夜遇刺客,惊惧之中,连夜急诏御史大夫、中书、门下三司共同查办此案。由于案情重大,办案者在急于破案的心理支配下,逮捕了大量无辜的人,经过严刑拷打,一些人保住自己的性命绝望中违心自诬有罪。高宗并未履行其最后审核作用,咆哮着要火速将这些不幸的人全部处死。当时任刑部郎中的赵仁恭怀疑审判结果的公正性,因此向高宗请求让这些难免一死的人多活几天。这并不意味着他不关心高宗此时的感受,他让高宗相信,对真正的罪犯他是不会姑息的。这期间他加大侦破力度,不到二十天,终于拿获了真凶。《大唐新语·卷4·持法·第七》P126。另一种更常见的情况是根本不存在这种程序,开元初,时任河南尹的李杰,以明察著称,当他确认告独子不孝,并以愉快的心情等待儿子被处死的寡妇是为了与一不堪道士达到不可告人的目的时,当即将二人就地正法。这件违反程序的判决并未影响他的仕途,而是成了明智断案的典范。《大唐新语·卷4·政能第八》P129。山南道节度使柳公绰曾合并审理二案:有二吏,一犯赃;一舞文,众谓公绰必杀犯赃者。公绰判曰:赃吏犯法,法在案;奸者乱法,法亡。竟诛舞文者。《资治通鉴·卷243·唐纪59》P1668。"徐有功为任职大理寺时,每见武后将杀人,必据法廷争。尝与后反复,辞色愈厉,后大怒,令拽出斩之,犹回顾曰:臣身虽死,法终不可改。至市临刑得免。除名为庶人。《隋唐嘉话·卷下》P5。这些都说明就地正法从中央到地方都在应用。

审讯或刑讯是获得的证据的主要手段之一,清正明智在当时的司法审判中不是对主管人员基本要求而被认为是一种美德。

"张九龄累历刑狱之司,无不察。每有公事,胥吏未敢讯劾,先禀于九龄。召囚面讯曲直,口占案牍,无轻重,皆引服。《唐语林·政事上》P370。

但有幸与这种官吏相遇需要好运,这是因为国家的法律对刑讯逼供与传统观念不持异议,在实际操作中广泛应用。不受时间的限制:"贞观中,卫州板桥店主张迪被杀,当晚在此投宿的杨贞等三人遭到囚禁拷讯,贞等苦毒,遂自诬。《朝野佥载·卷4》P26。由于君主质疑,另派员重新审理,后来证实是他人所为。武则天时的秋官侍郎周兴"推劾残忍,法外苦楚,无所不为,时人号为"牛头阿婆",百姓怨谤,兴乃榜门判曰:被告之人,问皆称枉。斩决之后,咸悉无言。《朝野佥载·卷2》P14。周兴在世已经被称为地狱使者,他的女主人并非一无所知,而是很乐意拥有这样一个审判结果应有尽有、无所不能的审判者。武则天时代超出很多人的理解力,需要一批这样内心只有君主愿望的人。监察御史李嵩、李全交、殿中侍御史王旭京师号为"三豹",皆狼戾不轨,鸩毒无仪,体性狂疏,精神惨刻。每讯囚,必铺棘卧体,削竹签指,方梁压踝,碎瓦搘膝……人不聊生,囚皆乞死。肆情锻炼,证实为非,任意指麾,傅空为实。……被追者皆相谓曰:牵牛付虎,未有出期;缚鼠与猫,终无脱日。妻子永别,友朋长辞。《朝野佥载·卷二》P15。这是无数无罪或罪轻者转为有罪或重罪的原因,并不是秉公执法所致,很多有罪者变无罪的例子是办案者受到贿赂或威胁。例如,唐高宗时,李义府曾一度受到皇帝过分信任,这种信任没有变成为国尽忠的动力,他堕落的生活方式与此有关。淳于氏女子因罪等待大理判决,证据确凿,命运难测。李义府很爱这个美丽的囚犯。他通过大理寺丞毕正义的私人关系设法使她获得释放。这件枉法裁判的事不久被告到了高宗那儿,有诏令让刘仁轨重审此案。李义府害怕此事泄露,将毕正义暗杀于狱中,忠实的侍御史王义方冒险弹劾李义府,但高宗却定王义方毁辱大臣、言词不逊罪,贬为莱州司户,后再也没能回到首都任职。总章二年(669年)默默无闻地死去。《大唐新语·卷二·刚正第四》P121。高宗对李义府深信不疑,认为反对李义府就是反对正确性,于是造成主观上任意司法。这种审讯的结果的判官们主观意图有多大成份,偏离事实的距离就会有多远。另一种背离事实的结果是客观上对法律缺乏全面了解所致。在《魏郑公谏录》中,唐太宗对庆州乐蟠县令盗用官仓案,祖孝孙案,王文楷案,柳雄案,最初都有判罚不当的情况,只是由于他最终接受了正确意见,才恢复了法律。错误时常得到及时纠正,这是与其他君主的一个重大区别。这是最好的唐律是否能够实施的关键所在。《魏郑公谏录·卷1》P56。第三类是制造冤案,武则天圣历(698年为圣历元年)初,陈子昂解官归。……县令段简贪残,闻其富,造诈诬子昂,胁取赂二十万,犹薄之,遂送狱。子昂后以四十三岁盛年死于狱中。《唐才子传·卷1》

P324。第四类似重大误会引起：一次，太宗问大将军蔺谟时事，但蔺氏一言不发，君王认为受到严重蔑视，大怒，立即将其关押起来，事后得知此人耳聋，绝非故意，就尽快释放了他。《魏郑公谏录·卷4》P65。关押与释放都出于君主一人一时的念头，人们为蔺谟庆幸时，不免犹有余悸。

即使在行刑现场，审判也可能继续，这在唐律令、式有相关规定，它们与律具有同等效力所谓"刑人于市，与众共之，……不知其所犯，请详其按，此据令、式也……。如果有人发现其中有不清楚的地方，可以要求解释，行刑官员不得拒绝。武则天时的朱履霜就曾借酒劲闯入刑场警戒线内，凭借其对法律的悟性与出色的口才，不仅发现了其中有两人的证据不足，而且说服了监刑御史将二人免除死罪。他当时没有担任公职，只是一个勤奋的读书人。从他后来多次帮助疑犯家庭分析案情以及上诉并多获成功的情况看，他的行为近似于现代律师。不过是免费的，因为曾有人出于感激送他几两经常会用到的药材黄连，他也推辞了。他后来担任了山阴尉和姑蔑令。《大唐新语·卷四·持法》P127。

录囚是君主的一项特权，对于待决死囚，即使证据确凿，只要君主经过这一过程，动用其至高无上的权力，就可以使之免于一死。"太宗亲录囚，死者二百九十人，令来年秋就刑，及期毕至，悉原之。"《唐语林·卷·1 政事上》P370。另一种无原则破坏法的形式与录囚相似："唐懿宗咸通六年（865 年），沧州盐院吏赵鏻犯罪，至死。既就刑，有女请随父死。……盐院官崔据义之，遂具以事闻。诏哀之，兼减父之死。"钱易《南部新书·丁》P95。这些颇具传奇色彩的故事都以君王绝对司法权为基础。但这也侧面反映出审判中的种种弊端：证据不足、屈打成招、任意办案等。连司法当局本身对谁是真正的罪犯也十分怀疑。在武女皇久视元年（700 年），司刑寺有囚徒三百余人，秋分后无计可作，乃于圜狱外罗墙角边作圣人迹，长五尺，至夜半，三百人一时大叫，内使推问，云：昨夜有圣人见，身长三丈，面作金色，云：'汝等并冤枉，不须惧怕。天子万年，即有恩赦放汝。"把火照之，见有巨迹，即大赦天下，改为大足元年。《朝野佥载·卷 3》P21。这完全是因为对自己作出的判决毫无把握，一有风吹草动，就可以毫无愧色地改弦更张。所以开元盛时的主要缔造者之一，姚崇在新政开始之际，向玄宗提出六条政纲的第三条即无赦宥。《大唐新语·卷 1·匡赞第一》P118。这是针对君主一旦天气异常，重要节庆、以及心血来潮，就往往会滥用大赦，以致真正罪犯抱有侥幸，法律丧失其应有的严肃性而痛下决心。

君主的特权是司法权力中最有力也最为失控的组成部分，这显然不是出于以此来维护法治的目的，而是笃信君主本身就是法律。它对司法的作用是喜忧参半的,君主个人的感情和直觉往往与法制精神风马牛不相及。实质上,或者就是它带动了对法治怀疑,结果君主的仁慈与大臣明智的法律问题政治解决的相关建议对司法变得十分重要:

唐太宗让社会看到希望,人的权力开始得到一些保护,但武后因为政治的需要对法律进行了以自己为中心的开发利用,一度点燃公正的期待很快就破灭了,皇权随心所欲。

唐人的法律从前代哲学中吸取力量,天人感应的思想不仅在形式上还在内容上都是根深蒂固的。贞观时规定,从立春到秋分,不得奏决死刑。其大祭祀及致斋、朔望、下上弦、二十四气、雨未晴、夜未明、断屠日及假日并不得奏决死刑。《旧唐书·卷50刑法志》P256。"决死刑者,徒一年。其所犯虽不待时,若于断屠月日,禁杀日而决者,各杖六十,待时而违者,加二等。"《唐律疏议卷第二十九断狱立春后秋分前不决死刑》P2101。目的之一是顺应天时、取法自然。《易》曰:"天垂象,圣人则之。"观雷电而只成威刑,睹秋霜而有肃杀……。《唐律疏议·卷一·名例》客观上又为判决、执行死刑制造障碍。但其制约作用是因人而异的。贞观初,太宗因交州刺史一职空缺,"思求良牧,朝臣咸言卢祖尚才兼文武,廉平正直,"太宗任命祖尚为交州长官,祖尚先答应了,后考虑到自己生活习惯不能适应交州气侯,婉拒这一任命。太宗就以"我使人不从,何以为天下命?"为理由,将年仅三十余岁的卢祖尚斩之于朝。太宗本人马上就感到后悔,《旧唐书·卷69·卢祖尚传》P303加上以前发生的屈斩大理丞张蕴古案,都与太宗个人一时的盛怒而不是的依法判决有关。所以他并不是从《周礼》三刺三宥获得启示,而是从置直接经验中得到教训,从而提出了对死刑案三覆奏的司法程序。"凡决死刑,虽令即杀,仍三覆奏。"但随后改为五覆奏,所谓五覆奏就是人犯被处决前一日、二日覆奏,处决前的当天又三覆奏,但判恶逆者例外,一覆奏而已,这成为一种制度。当然不仅仅是形式上让有关人员过一下目而已。"死罪囚,不待覆奏报下而决者,流二千里等。《唐律疏议·卷第二十九·断狱死囚覆奏报决》P2105。为了防止一些官员有急于杀犯人的冲动,设立专门条款予以警示,但从上而下,始终都无法正视问题的严重性。

唐太宗贞观四年,一年内全国仅有二十九人受死刑。这个数目与太宗动辄准备杀戮的各种记载同样意味深长,努力降低处决数目一直被主流思想鼓励,重罪犯的多少也是国家综合治理的重要依据。人们安居乐业意味着新的王朝被积极认同,这也是对国家管理者的才智最好奖赏。所以太宗会很乐意听到这样的年终统计,而高宗即位时,听到大理卿唐临告诉他在狱系囚数"见囚五十余人,唯二人合死。"不禁怡然形于颜色一样。《旧唐书·卷50·刑法志》P256。开元十八年(739年)，是岁天下奏死罪止二十四人。《资治通鉴·卷213·唐纪29》P1446[3]。这都是盛唐的辉煌，也只能是个别君主的个别行为，涉及到他的个人经历和文化背景。可以说于当时制定法无关。况且，唐太宗的理智也是周期性的。除了崇高与伟大，他也不时有荒谬之举，并对制度公然蔑视。唐有世界闻名的《唐律疏议》有清楚的律文和权威的司法解释，也与秦法一样其影响力是相当有限的，就以武后时的司法现状来看，不能说当时的唐是个文明国家，周兴、来俊臣等人在武后的默许下，按他们的喜好给人定罪。"则天女主临朝，大臣未附委政狱吏……于是来俊臣等纷纷而出。起告密之刑，制罗制之狱，生人屏息，莫能自固，朝廷累息，无交言者，道路以目。《旧唐书·卷186上·酷吏上·来俊臣传》P582 这种局面出现在永徽颁行不到五十年后，这意味着最现代化的法律也与正确行定因素使权力没有必然的联系。来俊臣、周兴等动辄杀数千人，这使得仁慈的君主们精心设计的改革变得黯然失色，几乎毫无意义。他们谁也没有考虑到，优良的立法如何得到延续的要旨，就是不能让一个人支配它、解释它。从另一个角度来看，武则天女皇也不是一切传统伦理观的伟大叛逆者，她尊重已有的伦理观。她任命著名的孝子元让为太子司仪郎，这样做的理由是认为元让"既能孝于家，必能忠于国。"《旧唐书·卷188·孝友传》P592。但她的思想可能出现的频繁波动总是会及时、强烈地反映到国家的一切事务中。

礼法的融合在唐高度重视，而由忠孝节义引起的法理上的混乱，是唐朝政治上的一个薄弱环节。政府几乎每年都要面临伦理思想与法制的重大冲突。以下是几个比较典型案件，代表了当时法制的矛盾性：

武则天大足元年(701年)，夏官尚书、同平章事李迥秀"性至孝。其母本微贱，其妻崔氏常叱媵婢，母闻之不悦。李迥秀以"取妻本以养亲，今乃违忤颜色。"为理由将其妻休弃。《资治通鉴·卷207·唐纪23》P1396。但国家保护、鼓励这种以践踏他人猎取名声的人，而对一个人的最大伤害并不总以死亡为终极。礼与法的矛盾在思想上造成的混乱渗透于各个领域，唐文宗准备任命韦温为翰林学士，韦以先父遗命为由，恳切推辞，文宗对此提出质疑，类似情况大概不止一次，……上后谓次对官曰：韦温，朕每用之，皆辞诉。又安用韦温？声色俱厉。户部崔侍郎蠡进曰：韦温禀其父遗命耳。上曰：温父不令其子在翰林，是乱命也。岂谓之理乎？崔曰：凡人子能尊理命，已是至孝，况能禀乱命而不改者，此则犹可嘉之，陛下不可怪也。上曰："然。"乃止。赵璘《因话录·卷一》P572。由于法律肯定尊卑间不存在绝对意义的是非观，也就令法律本身的涵义模糊，其意义也暗淡下来。当人们等候判决时,看得到权力无处不在,而在思维时,则离不开传统。在礼法思想的影响下,不仅同类型的个案有多种结局,而且在整个法制体系中埋下了混乱的种子。这种混乱以附着于个人的方式得到延续,对国家的影响更大、更深入,更具毁灭性。一些伦理观上走极端的人仍受到鼓励。

任意性

它只与君主独裁有关,如果没有君主干扰法,就不会有礼在法律中的生命力,而没有礼,也就没有专制的君主。人们看到法在维护君主专制时的作用,但法一当脱离礼的凝聚力,一切法都不再存在有效的约束。"宋法制因唐律、令、格、式……《宋史·卷一百九十九·刑法志》P628。明初,丞相李善长等言:'历代之律,皆以汉《九章》为宗,至唐始集其成。今制宜尊唐旧。'太祖从其言。《明史·卷九十三·刑法志》P252。这是既尊重唐律的渊源也尊重它的优越,所以唐之的基本格式和内容大致得到沿袭。在实际操作中则存在距离,武则天时对魏元忠的审判很典型,大足三年九月,魏元忠为洛州长史,他杖杀了一个暴乱都市的人,由于此人时武女主的宠臣张易之的奴仆,加上在担任宰相后又阻止了对易之弟昌期的一项任命,并以直对张易之张昌宗兄弟表示蔑视。这不仅引起诸张怨恨,而且太后也不高兴。张昌宗诬告与太平公主关系友好的司礼丞高戬与元忠曾私下议论过太后年事以已高,身体欠佳,'不若挟太子为久长。'意即怀疑元忠对太后的忠诚。太后听后勃然大怒,立即将魏元忠高戬关进狱中,并安排昌宗与他们在廷上辩论。昌宗私下让风阁舍人张说按需要作证,事成之后,承诺给张说一优越的官职作为回报,张说当时答应了。作证那天,张说在路上遇到另一凤阁舍人后任宰相的宋璟等。宋对他说"名义至重,鬼神难欺,不可党邪险正,以求苟免。若获罪流窜,其荣多矣。若事由不测,璟当叩阁力争,与子同死。努力为之,万代瞻仰,在此举也。"殿中侍御史张廷珪也给张说打气说:"朝闻道,夕可死矣。"左史刘知几的嘱咐与他的专长有关"无污青史,为子孙累。"元忠还不知道外面一群人对张说的正面作用,非常恐惧,问张说是不是来帮昌宗陷害他的。张说很气愤"元忠为宰相,乃效委巷小人之言。"昌宗认为这是个好兆头,催促张讲出'真象'。但张说讲的出乎他的意外,讲了张昌宗如何对他威逼利诱,令其作伪证。话音刚落,昌宗大叫张说与魏元忠共同谋反。人人的言论武后都听到了,只有这句话引起她的兴趣,她要昌宗告知细节。昌宗提到有一天,张说曾赞扬元忠是伊周。伊尹放太甲,周公摄王位,这不是要造反?唐律中确有相关约束:"诸口陈欲反之言,心无真实之计,而无状可寻者,流二千里。"《唐律疏议·贼盗三·口陈欲反之言》P308。即如疏议所说:没有具体谋反行为,但有妄为狂悖之语。

张说反驳说：伊周二人是忠臣。太后虽然对此无异议，但斥责张说是反覆无常的小人，将其与元忠一并关押，几天后重审，张说的口供仍未改变。太后大怒。第三次审讯也没有太后感到理想的结果。正谏大夫、同平章事朱敬则对此表现抗议，"元忠素称忠正，张说所坐无名。"苏安恒上疏发表尖锐的意见"刑赏失中，窃恐人心不安，别生它变，争锋于朱雀门内，问鼎与大明殿前，陛下将何以谢之？何以御之？"苏安恒的话可能过于尖锐，武后龙颜大怒，在场的人无不大惊失色。若非朱敬则、凤阁舍人恒彦范、著作郎陆泽、魏知古等全力保护，苏恒安险被易之等以法律的名义杀害。但判决的结果是魏元忠贬为高要尉。高戬、张说流放岭南。殿中侍御史王晙对此判决很不满意，准备申请重审，更有生活经验的宋璟劝说："魏公幸已得全，今子复冒威怒，得无狼狈乎？"王晙说出了一个存在于古代中国政治社会的常见而又矛盾的现象"魏公以忠获罪，晙为义所激，颠沛无所恨。"忠诚会变成受惩罚的原因，眼看忠在一时行不通了，还要按义的准则援手。如果忠义是正确的，就不应该被惩罚，如果太容易受伤，那么忠义就不一定是正确的概念。宋璟本人除了叹息，别无它法。当魏元忠离京赴高要时，太子仆崔贞慎等八人在郊外为之饯行。这成了张易之告他们谋反的素材。他们化名柴明告密。太后命监察御史马怀素对他们进行审讯。审讯进行时，太后四次派使者来催问结果。并说"反状昭然，何稽留如此。"马怀素要求提供证人，太后说不知柴明何在，仅根据已提供的情节来审讯就足够了。马怀素只好说那不是谋反而是践行。太后大怒：你想与他们共谋反吗？由于马怀素优秀的应变能力，懂得如何让无意但实际在胡作非为的君主慢慢平静下来恢复理智，最后接受自己的意见。结果太后将此事抛在脑后，崔贞慎等人也得救了。《资治通鉴·卷207·唐纪23》P1398。

　　一位宰相也如此容易陷于诉讼，并且得不到公正审判，平民就可想而知了。这种遭遇不是仅见于一个段落，也不仅见于一个朝代，而是充满了一个民族的整个历史。以至在后世公开刊行的启蒙教材中"饿死莫做贼，气死莫告状。"（《增广贤文》。）的善意告诫也赫然出现。政府好像并不存在，反映国家司法情况一直在恶化，国家对此无能为力，却能长期熟视无睹。在这种恶劣环境下，人的良知，善良社会习惯，或躲躲闪闪、暗然失色，或成为其拥有者的真正负担。

　　参与制定唐律斟酌法条的人，都希望成文法典得到确实执行，但在实际中大相径庭，有三大原因：1. 执法人员心存私念，偏袒其中一方。2. 执法时没有考虑社会地位身份经济等背景对具体法律活动构成动态影响。3. 一些行为是发展中产生的新问题，没有恰当的法条约束。这些都是导致法律现实比不上法律文本的原因。

本章结论：

　　一个唐代人可以过上法治下的生活？只要君主不突发奇想,勿生妄念,就可以平抑上下,让法律自行延展,但这个概率相当低。唐律固然好,但执行起来条件要求高：1. 需要国家处于安全、稳定,2. 经济保持进步,3. 文化开放昌明,4 君主高度明智,而且进取心强,对未来有良好的预期。5. 社会相对自由公平。否则唐律就会变成国家的累赘、掣肘,执行起来十分困难,犯同样的罪,得到的判决五花八门,越来越不公平,法律实践本身变为制造矛盾的重要根由,又因为国家安全得不到基本保障,经济低水平状态运行,君主们喜怒无常,进退失据,令人无法尊重,人们无法进行长远计划,急功近利,社会变得越来越时失控,社会中下层进退维谷,越来越多的人铤而走险不惜以身试法。这是为什么唐律在中唐以后,整体效果比秦律差的缘故。法律层次是否精细清晰,是否条理分明,人民是否愿意信任法意,是衡量当时人生活质量的主要标准。

　　唐律提出了很高立法标准,具有理想的成分,展现了一个文明思维的崇高境界,它的影响力实至名归。伟大的立法不一定与伟大的法律实践同步出现,一个法治国家,既需要伟大的立法、又需要伟大法律实践,享有它们两者中的任何一个都是一个国家的巨大荣耀,两者无论谁先出现,都是国家成功的一种标志。

本节参考资料：

《九朝律考》中华书局 2003 年 1 月第一版

陆心国《晋书·刑法志注释》群众出版社 1986 年月第一版

《隋书·刑法志》

《魏书·刑罚志》

刘俊文　点校《唐律疏议》

刘俊文　笺解《唐律疏议笺解》

(宋)窦仪等撰　吴翊如点校《宋刑统》中华书局 1994 年 6 月第 1 版

方贵龄校注《通制条格校注》中华书局 2001 年 7 月第 1 版

第四十一章　实际的制度运作

第一节　变化中的三省

一、国家官员的任命程序

1. 皇帝有最高的任免权

任免五品以上,需要皇帝经手,肃宗乾元二年(759年)擢吕諲同中书门下平章事,知门下省。翌日复以李岘、李揆、第五琦为宰相,而苗晋卿、王玙罢。《新唐书·卷140·吕諲传》P485,主持门下省的吕諲(不是侍中)、中书侍郎李岘、李揆、户部侍郎第五琦两天内进位同平章事,这样批量任命宰相的权力在三十年后扩展为一切任命,其实,德宗贞元八年(792年)时的皇帝就已经在经手所有的任免,"当是时,帝亲揽庶政,重除拜,凡命诸朝,皆手制中下。"《新唐书·卷165·权德舆传》P536。宣宗可能是有唐一代最喜欢完整任命权的人,刘瑑在大中(宣帝大中元年为847年)初擢为翰林学士,徙河东节度使。未几,以户部侍郎判度支,始瑑在翰林,帝素器遇,至是手诏追还,外无知者。既发太原,人方大惊。后请间帝视案上历,谓瑑:为吾择一令日。瑑跪曰:某日良。帝笑曰:是日卿可遂相。即诏同中书门下平章事,仍领度支。"《新唐书·卷182·刘瑑传》P570。"唐中叶以后,宰相兼判度支最为重任。"(宋)徐度《却扫编·卷上》P992。宣宗大中十年(856年)十月,以户部侍郎、判户部崔慎由为工部尚书、同平章事。上每命相,左右无知者。《资治通鉴·卷259·唐纪65》P1717。皇权霸道不是安全的保障,但是很少皇帝避免于此,很多人甚至根本不愿面对这种批评精神。权力最大或绝对的权力不一定立即出现问题,也不是必然全部都是错误,但最后的结果一定是坏的。

2. 选择错误的类型

标准不合正统。皇帝挑选高级行政官员尺度极不一致,天授三年(692年),武则天授予不识字的侯思止为朝散大夫(文官第十三阶,从五品下)、左台侍御史

《旧唐书・卷186上・酷吏传・侯思止传》P583。侍御史从六品下,是最为重要的御史,处理皇帝交办的案件以及参与大理寺的审判,主管殿院的殿中侍御史和主管察院的监察御史都没有这个权力。他诬告舒王李元名导致其族灭,武则天不是不了解侯思止的文化背景,但是对他的信任战胜了一切。

　　自然有时会看错人,"郑綮好诙谐,多为歇后诗,讥嘲时事。上以为有所蕴,手注班簿,命以为相,闻者大惊。堂吏往告之,綮笑曰:诸君大误,使天下更无人,未至郑綮。吏曰:特出圣意。綮曰:果如是,奈人笑何!既而贺客至,綮搔首言曰:歇后郑五作宰相,时事可知也矣。累让不获,乃视事。《资治通鉴・卷259・唐纪75》P1800。此事发生在昭宗乾宁元年(894年)二月,他当时是右散骑常侍(右散骑常侍二人,属中书省,正三品下,左散骑常侍二人,属门下省,正三品下)。他在同年七月以太子少保致仕。在为相的几个月中,他一直相当尴尬,表现出强烈的自卑感,他对社会有正确的评价,他或许不是一个合适的宰相,但不失为一个正派、有自知之明的人。

　　昭宗乾宁三年(896年),凤翔节度使李茂贞率兵进入长安,目的是要废黜昭宗,昭宗逃往华州,李氏的军队烧掠市场、宫阙而去,昭宗"愤天下之乱,思得奇杰之事,不次用之。"水部郎中何迎,郑重推荐才华横溢的毛诗博士朱朴,称其堪称东晋名相谢安之流。当时特许可随意出入禁中的道士许岩士则盛赞朱有经济才能。三年七月,昭宗面试后也非常满意,十分高兴有了自己的魏征。朱朴是传统文化的研究者,也是一个背叛者。因为他是在放弃了传统文化中仍栩栩如生的独立、诚实、正派的道德追求后,个人在仕途上才有起色的。尽管具有丰富的人生阅历,孔子也只同意他本人经三年运作可以在政治上有成。而朱朴却开了一个"得为宰相,月余可致太平。"的空头支票,昭宗显然对他入了迷,对他的每句话都深信不疑。八月当正式宣布了以朴为"左谏议大夫、同平章事"的任命,这个破格提拔之举让"中外大惊"。《资治通鉴・卷261・唐纪76》P1808。这既可能是一群被迷惑的君臣一致迅速作出的决定,也不排除是皇帝个人意志的完整体现。从社会反映来看更倾向于后者。国家给了朱朴所约定的六倍的时间,结果仍然是"所言皆不效。"《资治通鉴・卷261・唐纪76》P1810。次年二月,皇帝只好尴尬地免除了他宰相之职,但仍给了他一个秘书监的职务。好像是皇帝仍对他还抱有幻想,再次经过六个月时间的等待,八月,朱朴被贬到郴州为司户,一年之内,这颗政治流星的就陨落了,但他最初如果不设法上进,这样短暂的辉煌也是不可能的。怎样避免类似的麻烦一直都是这个国家的一个问题,人治并不是一无是处的政治主张,它着眼于人性的积极因素,只要不被过高估计,就可以有益。

制度不能够单独做一切事，而不合格的人选也往往有办法让国家的预防措施形成空白。皇帝的主动性是一个国家重要的组成部分，他们的见识，胆魄则受其考虑对象的左右，从比较稳定的现象中作出正确的抉择机率相对高，当决策对象变化不定或不时有新的加入者，则会使决策的正确率降低。君主的个人作用与国家决策层的作用并不矛盾，如果认为它们有矛盾，或临时出现矛盾，那问题就会多些。

　　皇帝行使任命权会受到一些制约，这些制约不一定都是制度环节上的。宪宗未登基时，与布衣张宿相处融洽，后者慢慢官至比部员外郎，未经科举、门荫、捐纳亦非公认有特殊才能者，而成为中央部门的职事官一般不多见。元和十二年（817年），宪宗又准备提升他为谏议大夫，当时的宰相李逢吉认为此人心术不正，"如欲用宿，请去臣乃可。"本来皇帝应该从这种强烈的反对意见中提高警觉，寻求异议的症结，或者利用相关制度程序解决问题，但是他竟利用了重臣之间的矛盾落实任命，因为李逢吉与另一宰相裴度关系不睦。《资治通鉴·卷239·唐纪55》P1644。后者在国内平乱中正发挥重要作用，而且比李逢吉资历更老（十年六月得到任命），君主决定一方面向裴度示好，一方面扫除障碍，所以宪宗在这年九月不惜将李逢吉罢为东川节度使。《资治通鉴·卷240·唐纪56》P1649。然后在十月份任命张宿为谏议大夫。另外两位宰相，王涯（十一年十二月任命。）崔群（十二年七月任命）表示反对，皇帝坚持己见。二人见一下无法完全打消皇帝提拔张宿的决心，提出以张宿"权知谏议大夫"变通方案，皇帝在固执的宰相们面前妥协了，同意让给张宿一个试用期。《资治通鉴·卷240·唐纪56》P1650。奇怪的是这些本该属于国家最高级秘密的原委很快就被张宿了解得一清二楚，并埋下了仇恨的种子。

　　偏好的作用——能干的宰相李德裕在两位能干的皇帝眼中天壤之别，武宗倚重李德裕，宣宗即位罢免德裕且死于贬所。宣宗也是一个性情中人，宣宗让让司空、同平章事白敏中为女儿万寿公主选丈夫，白敏中选郑颢，当时郑颢已和卢氏女订婚，走到郑州（离京城约一千二百里）时，被宰相府的堂贴追回，郑颢因此十分怨恨白敏中，多次上书诋毁白敏中，白敏中得到地方官职的任命时对宣宗说：郑颢不乐尚公主，怨臣入骨髓。臣在政府，无如臣何，今臣出外，颢必中伤，臣死无日矣。上曰：朕知之久矣，卿何言之晚邪！命左右于禁中取小柽函以授敏中，曰：此皆郑郎谮卿之书也，朕若信之，岂任卿以至今日？敏中归，持柽函于佛前，焚香事之。《资治通鉴·卷249·唐纪65》P1714"白敏中这时知道没有任何现成的制度能保护他，除神明外，取决于皇帝个人偏好和对外部意见的取舍。

翰林学士——唐文宗太和年间(太和元年为 827 年)进士毕諴'累官驾部员外郎,仓部郎中。故事,要家势人以驾、仓二曹为辱,諴沛然如处美官,无异言,宰相知之,以职方郎中兼侍御史知杂事,召入翰林为学士。《新唐书·卷 183·毕諴传》P571。翰林为学士是重要的职务,在皇帝身边服务,宰相这项任命是已经知会皇帝还是指自己即可给予任命,没有记载,类似的任命是否通过看该宰相的个人份量。

3. 宰相的人事权

德宗贞元八年(792 年)五月陆贽上奏:国朝五品以上,制敕命之,盖宰相商议奏可者也。六品以下,则旨授,盖吏部铨材署职,诏旨画闻而不可否者也。开元中,起居、遗、补、御史等官,犹并列于选曹。《资治通鉴·卷 234·唐纪 50》P1605。三省长官,左右仆射,中书令、侍中并为宰相,其他具有同中书门下三品或同中书门下平章事衔的人可以参与宰相议政,同中书门下平章事的职衔分享宰相之职的安排在肃宗(756—762 年在位)后是同平章事成为知政事的标配,玄宗后左右仆射不再知政事。只要带有同中书门下平章事,或者同平章事名号的官员,都参与处理宰相的事务,这使得宰相成为一个集体,有分散他们权力的作用,也有奖励笼络臣属的作用。武元衡举进士,……德宗(780—804 年在位)"钦其才,诏拜比部员外郎,岁内三迁至右司郎中,以详整任职,擢为御史中丞,尝对延英,帝目送之曰:真宰相器。"君王虽然如此器重但武元衡仍需要等待,唐德宗的太子顺宗于永贞元年(805 年)一月即位,顺宗在位时间短促,没有顾及到武元衡。八月顺宗太子宪宗即位,十二月,宪宗任命郑絪为中书侍郎、同平章事。名单中没有武元衡,直到宪宗元和二年(807 年),武元衡才获得"门下侍郎、同中书门下平章事"头衔。《新唐书·卷 152·武元衡传》P507。随即李吉甫也得到了"中书侍郎、同平章事"任命"。《旧唐书·卷 14·宪宗纪》P58。为什么祖父皇帝对一个人能力的认同到孙辈皇帝时依然有效? 一是可能这个人本身能力出众,第二个可能是德宗的评价在大臣中口口相传,影响了宪宗。

元和二年与武元衡一同发表了裴垍的任命。"考功郎中,知制诰并充翰林学士。"元和三年(808 年)九月,裴垍为中书侍郎、同平章事,代外放淮南节度使的李吉甫主政。"白宪宗,谓藩(给事中李藩)有宰相器,会郑絪罢(元和五年三月后的职位是太子宾客,正三品),由于裴垍的力荐,李藩"拜门下侍郎、同中书门下平章事。"《新唐书·卷 169·李藩传》P545,《旧唐书·卷 159·郑絪传》P504。

前任宰相引荐新相符合习惯,比如大历十四年(德宗 779 年),以道州司马杨炎为门下侍郎,怀州刺史乔琳为御史大夫,并同平章事。杨炎是崔祐甫推荐,乔琳则是由皇帝'事无大小皆咨之'的翰林学士、右散骑常侍张涉推荐,公布后"闻者无不惊骇"。这两个任命都有争议,杨炎独任大政时,尽管专以复恩仇为事,但提出了著名的两税法。而乔琳本人性粗率,喜诙谐、无它长。他无疑享有张涉珍贵的友谊。《资治通鉴·卷226·唐纪42》P1547。

代宗大历九年(774年)泾源节度使马璘入朝,讽将士为己表求平章事,当月就被任命为左仆射。《资治通鉴·卷225·唐纪41》P1529。大历十一年十二月,成德节度使李宝臣,淄青节度使李正己,并加同平章事。加淮西节度使李忠臣同平章事,仍领汴州刺史。《资治通鉴·卷225·唐纪41》P1542。当时国家战乱四起,军人是需要倚重的人,故朝廷对赐予相位毫不吝啬,军人的行为则不大顾及,大历十四年载"淮西节度使李忠臣"贪残好色,将吏妻女美者多逼淫之。悉以军政委妹婿节度副使张惠光,惠光挟势暴横,军州苦之,忠臣复以惠光子为牙将,暴横甚于其父。"《资治通鉴·卷225·唐纪41》P1544。也有失败的例子,唐宪宗时(805—820年在位),河中节度使王锷"由河中入朝求宰相,李藩以为不可,德舆亦奏平章事非序进宜得,比方镇带宰相,必有大忠若勋,否则强不制者,不得已与之,今锷无功,又非姑息时,一假此名,以开后人,不可。帝乃止。此事在宪宗元和五年以后。《新唐书·卷165·权德舆传》P536。王锷自己提出要兼任宰相,李藩表示反对,权德舆认为同平章事不是论资排辈可以获得的职位,方镇带宰相的,必须要有重大功绩和广泛的忠诚声誉,王锷无功,也不是特殊情况下,不能答应王锷,否则以后会有很多人仿效,宪宗同意权德舆的意见。

对那些握有军权的方镇,本人自行提出获取宰相职位并非是不得体的事,虽然与三公九卿、三省六部制度已经相去甚远,但是让人看到在周天子宫廷里担任上卿的诸侯的影子。他们是自己辖区的王者,又是朝廷参与决策的人。这些权倾一时看起来最为风光的人中有人完全是因为不安全而变得跋扈残暴的。

没有带同平章事之号,不是宰相。"天宝十三年(754年)正月,范阳节度使安禄山入朝,时禄山立破奚、契丹功,尤加宠异,禄山求带平章事。事下中书议,(当时李林甫已故,杨接替右相,兼吏部尚书集贤殿大学士等职)杨国忠进言曰:禄山诚立军功,然眼不识字,制命若行,臣恐四邑轻国,玄宗乃止。加左仆射而已。《旧唐书·卷98·张垍传》P368。

"咸通四年(863年),三月,中书侍郎、同平章事毕诚以同列多徇私不法,称疾辞位。四月罢为兵部尚书,五月以翰林学士承旨、兵部侍郎杨收同中书门下平章事。"部门副手是宰相?而主官不是,他们如何共事?这还不是孤立例子,咸通六年,以兵部侍郎徐商同平章事。《资治通鉴·卷250·唐纪66》P1728。

玄宗之后,唐朝尚书左右仆射已经是宰相之一,由带有同平章事的他官组成的一个集体作为宰相。德宗贞元九年(793 年)五月,"以中书侍郎赵憬为门下侍郎同平章事,义成节度使贾耽为右仆射,右丞卢迈守本官,并同平章事。《资治通鉴·卷 234·唐纪 50》P1608。带有同平章事的才是宰相。如果左右仆射带有同平章事,仍然是宰相,唐懿宗咸通三年(862 年),七月,以前西川节度使、同平章事夏侯孜为左仆射、同平章事。《资治通鉴·卷 250·唐纪 66》1725。左、右仆射作为三省六部结构中的一个组成部分,始终未被撤除,"昭宗龙纪元年(龙纪年号历一年,889 年)三月,以右仆射、门下侍郎孔纬守司空、太清宫使、弘文馆大学士、延资库使、领诸道盐铁转运使。以右仆射、门下侍郎、集贤殿大学士杜让能为左仆射、监修国史、判度支。《旧唐书·卷 20 上·昭宗纪》P98。

昭宗天佑元年(904 年)四月,宰相裴枢兼右仆射、诸道盐铁转运等使、监修国史。《旧唐书·卷 20 上·昭宗纪》P104。这里裴枢是以宰相兼右仆射,兼任右仆射不影响他担任宰相,然右仆射显然已不在宰相之列。以下的例子更为明确:崔远在乾宁(昭宗乾宁元年为 894 年)中,以兵部侍郎、同中书门下平章事,迁中书侍郎,从迁洛,罢为尚书右仆射。《新唐书·卷 182·崔远传》P569。在唐早期,崔远这是被提拔;但是在末期,则被贬官。"哀帝天佑二年(905 年)门下侍郎、同平章事裴枢为左仆射,崔远为右仆射,并罢政事。"《资治通鉴·卷 265·唐纪 81》1839。以上例子可以看到,左右仆射的职事官已经被划出了宰相范围,三省六部制已经丧失了核心功能,这是可与地方军政长官兼同中书门下平章事相提并论的一个改动,对三省六部制结构体系是重大变更。

人事任免中涉及的不仅仅是官职的高低,而且涉及政治、经济、司法等一系列特权,这是改善生活最主要、最可靠途径,因此而产生的问题不仅多而且复杂。肃宗至德(756 年为值德元年)以后天下用兵,官爵不能无滥。即永泰以来(代宗永泰仅历一年,元年为 765 年)以来"元载、王缙秉政,四方以贿求官者相属于门,大者出于载、缙,小者出于卓英倩(主书)等,皆如所欲而去。及常衮为相,思革其弊,杜绝侥幸,四方奏请,一切不与。而无所甄别,贤愚同滞。"代宗大历十四年(779 年)五月代宗逝世,德宗继位,崔祐甫代之,欲收时望,推荐引拔,常无虚日,作相未二百日,除官八百人。前后相矫,终不得其适。上尝谓祐甫曰,人或谤卿所用多涉亲故,何也? 对曰;臣为陛下选择百官,不敢不详慎,苟平生未之识,何以谙其才行而用之? 上以为然。"《资治通鉴·卷 225·唐纪 41》P1545。元载、王缙黜陟的方式是按自己的喜好决定职位,常衮矫枉过正,概不录用,贤愚皆令其望而却步。而新任的门下侍郎、同平章事崔祐甫则两百天内任用八百人,德宗私下婉转地问崔祐甫,有人反映你用人多取亲故。崔祐甫回答说,我为陛下选拔的人才,必须了解其背景,如果不熟悉,就不免用非其人。德宗居然欣然接受这个诡辩。

大历(代宗大历元年为766年)年间,因成功打击鱼朝恩而崛起的宰相元载又重蹈鱼朝恩覆辙,因为专权渐渐开始被代宗厌烦。代宗抑制他的办法是设法任命一些元载圈外的人,大历六年八月,"内出制书,以浙西观察使李栖筠为御使大夫。宰相不知,载由是稍绌。"《资治通鉴·卷224·唐纪四十》P1537[2]。君主任命御史大夫的过程宰相一概不知,相权遭到了裁削。

4. 任命程序

"唐制,凡拜将相,先一日,中书纳案,迟明,降麻,于阁门出案。有黄白二色,白麻为重。中晚唐以后,重要的任命即白麻皆由翰林院草制,唐末,宦官监军、枢密使等受到将相一样的待遇,比如唐僖宗广明元年(880年),以枢密使西门思恭为凤翔监军,以宣徽使李顺融为枢密使。皆降白麻,于阁门出案,与将相同。二人的任命时隔一天,所以是单独行文。《资治通鉴·卷253·唐纪69》P1752。

4. 人材来源

1)家族密集型

王播父亲王恕为扬州仓曹参军,起源于低级官吏家庭,播少孤贫。但播与弟炎(子铎、镣)、起(子龟、式。以及龟子荛)皆有名,并擢进士。王播为相时,"专务将迎,居位无所裨益。"《新唐书·卷167·王播传》P541。他的侄子王铎也一度为相,自此形成当时有影响的一个政治家族。《旧唐书·卷164·王式传》P516。

赵郡李氏,三祖之后,元和(宪宗元和元年806年)初,同时各一人为相,蕃南祖,吉甫西祖,绛东祖。而皆第三。至太和、开成间,又各有一人前后在相位,德裕,吉甫之子;固言,蕃再从弟,皆第九,珏亦绛之近从。诸族罕有。"《因话录·卷二》P573,参见《唐语林·卷4·企羡》。

张氏嘉贞生延赏,延赏生弘靖。国朝以来,祖孙三代为相惟此一家。弘靖既拜,荐韩皋自代,韩氏休生滉,滉生皋。二代为相,一为左仆射。终不登廊庙。……苗夫人,其父(苗晋卿)太师也;其舅张河东也;其夫延赏也;其子弘靖也,其子婿韦太尉也。近代衣冠妇人之贵,未如此者。《唐国史补·卷中》P591。"唐人记张延赏妻,苗晋卿女,父为宰相,舅嘉贞、子弘靖,皆宰相,婿韦皋,虽不为真相而食王爵。以为有唐衣冠之盛,一门而已。"宋叶梦得《石林燕语·卷五》P1802。句子提到的张延赏、苗晋卿、张嘉贞皆曾为相。

2)推荐

吕諲,上元(769 年为肃宗上元元年)初,加同中书门下三品。发现了杜鸿渐、元载的才华,推荐他们,后来都担任宰相。《新唐书·卷 140·吕諲传》P485 [2]。

主政的同平章事裴垍向宪宗举荐李藩可以担任宰相,李藩于是得到"门下侍郎同平章事。"的任命,李藩的情况比较特殊,他既未擢第也未入翰林。《新唐书·卷 169·李藩传》P545。

(3) 门荫、荐举

李崖州(即李德裕)曾向武宗(841—847 年在位)以王龟志业堪为谏官。说他是一个处士,有称职的才华。当武宗得知他是王起之子时,拒绝了李的请求。王起是贞元时曾任宰相的王播之弟,起本人在武宗时也任山南西道节度使同中书门下平章事,在宣宗时病故,赠太尉。《新唐书·卷 167·王播王起传》P541。李德裕所做的事就是荐举.龟被推荐时他父亲还在世。武宗的理由是"凡言处士者,当是山野之人。王龟父大僚,安得居山野? 不自合有官?"武宗对处士的定义并不清楚,说以他的家庭社会地位背景一定仕途顺利。但李德裕说的是王龟的性情,龟是一个好清静的人,爱独处。'朔望一归省。…… 未始以人事知之。……武宗雅知之,以左拾遗召。'龟称病没有上任,其父过世后召为右补阙,陆续任过知制诰,同州刺史等职。王起的幼子王式也是以门荫为太子正字,并在懿宗大中年间(唐懿宗在公元 859 年亦即宣宗大中十三年八月继位)为任晋州刺史等职。赵璘《因话录·卷一》P572。宣宗(847—859 年在位)是武宗叔父,也是武宗想要的继位者,但是宣宗的政治理念与武宗基本相反。宣宗即位后,宰相崔慎由提出甄别流品问题,同平章事刘瑑持有不同意见,指出"王夷甫相晋,崇尚浮虚,以述流品,卒致沦夷。今日不循名责实,使百吏各称职,而先流品,未知所以致治也。"在皇帝面前他措辞严厉,崔相无言以对,由是罢相。《新唐书·卷 182·刘瑑传》P570。崔氏甄别门第的想法遭到刘瑑迎头痛击,在科举制蔚为大观后,他坚定地反对开倒车,崔相理屈词穷,结果被解职。崔慎由可能是看到以门资论官的情况很普遍,想要规范管理,但是新帝似乎有意抑制大族。

敬宗立,宣授刘栖楚为刑部侍郎。故事,侍郎无宣授者。《新唐书·卷 176·刘栖楚传》P556。宣授是制定制书,宣布任命。刘栖楚"其出寒鄙,为镇州小史。"霸占着成德节度使位置的王承宗欣赏他,推荐给宰相李逢吉,得到任命。这是一次关键的举荐,否则这个出身低微的人后来很难有机会出任刑部次长。

6. 任职回避制度

徐坚在唐睿宗即位后为"左散骑常侍、俄转黄门侍郎。坚妻即侍中岑羲之妹,坚以与羲近亲,固辞机密,乃转太子詹事。后来羲坐诛,坚竟免坐累,出为绛州刺史,五转复入秘书监,开元十三年再迁左散骑常侍。《旧唐书·卷102·徐坚传》P382。由左右散骑常侍转为太子詹事属于左迁。咸通(唐懿宗咸通元年为860年,咸通年号至874年)末年,王起被任命为知制诰时,其侄王铎"在中书(即现任宰相),不欲在禁掖,改太常少卿。"《旧唐书·卷164·王播传》P516。但有些人不拘小节。上元(769年为肃宗上元元年)初,吕諲加同中书门下三品。諲引妻之父楚宾为卫尉少卿,楚宾儿子震为郎官。他还为一位宦官请托的人得到县尉的职务,肃宗知道后对那位宦官判了相当于凌迟处死的酷刑。《新唐书·卷140·吕諲传》P485。

因为亲缘关系等当事人主动提请回避之外,制度安排上还有诸多的回避,比如出生地外任职,官员服丧期内解职等。

第二节　政府运行机制及其弹性

一、高层的布局

1. 权力的核心

有唐一代,中央政府的权利核心基本建立在中书、门下、尚书之上,他们之间有一个粗略分工,原则上分别司职起草、审核、执行,值得注意的是,门下省不仅审核中书省转发来的文件,也对皇帝的命令有一定否决权"李藩给事中,制敕有不可,遂于黄敕后批之。"同事尽管在形式上略对此有异议,但这种作法基本得到肯定"裴垍言于帝,以为有宰相器。"《旧唐书·卷148·李藩传》P545。《册府元龟·台省部·正直》P1147。韦见素于天宝五年(746年)……拜给事中,驳正绳违,颇振台阁旧典。《新唐书·卷118·韦见素传》P439。

这种权责还是很明确、合法的。不过,中书省、门下省等部门与宰相或君王个人之间的如何起作用,有时有正常、例行的管道,有时因人而宜,"郄高卿为中书舍人,处事不迴。为宰相元载所忌,……请速论奏,载不从,高卿遂以疾辞。"《太平御览·卷222》P1052元载得到宰臣李辅国的帮助,在肃宗逝世前拜同中书门下平章事,代宗即位后升中书侍郎、同平章事,加集贤殿大学士(代宗于762年即位至779年在位,元载逝世于777年)郄高卿处事耿直,鱼朝恩让他的牙将李琮代理管理国家佛教事务的两街功德使,此人极为横暴,对京兆尹崔昭大肆毁辱,郄高卿以为国耻,要求立即处理李琮,他的正确意见被上司元载否决,于是辞职。"韦弘景为给事中,屡有封驳。时有刘士泾以驸马交通佞幸,自检校官穆宗(821年起在位,共四年)用为太仆,弘景执奏不可,中人宣谕再三,弘景不为之廻,帝怒,……令景出使远方。《册府元龟·卷460·台省部·正直》P1147。韦弘景的权力范围被制度给定,又被皇权击破,皇权与制度形成对立主要是皇权相信自己正确而忽略了制度的存在。有时,执政者之间的争议是非之间非常隐晦,皇权的干预也不容易产生效果。德宗贞元五年(789年)前后的宰相窦参"阴狡而愎,恃权而贪。每迁除,多与族子给事中窦申议之。申招权受赂,时人谓之喜鹊。上颇闻之,谓参曰:申必为君累,宜出之以息物议。参再三保其无它。"《资治通鉴·卷234·唐纪五十》P1605。这种行为遭到舆论指责的缘由还不是出于对制度的维护,而是当事者的过分与不良行为。可见职官权责相似,作用则因人而异。元和十四年(819年),宰相皇甫镈奏减内外官俸,以助国用。给事中崔植封还敕书,极论之,乃止。《资治通鉴·卷240·唐纪56》P1652[3]。给事中崔植能够说服宰相皇甫镈,一方面是制度赋予了给事中相关职责,是制度自动运作的效果;另一方面是两位官员都认为,处理国家事务时,寻求问题的合理性解决至关重要。

荒淫者昭愍(唐敬宗李湛,824年即位,在位二年,十八岁时被宦官刘克明所杀,)初即位,李逢吉用事,与翰林学士李绅素不叶,遂诬绅以不测之罪,逐于岭外,绅同职驾部郎中知制诰庞严,司封员外郎知制诰蒋防,坐绅党左迁信、汀等州刺史,黜诏下,于敖(长庆四年入为吏部郎中,其年迁给事中)封还诏书,时人以为与严相善,诉其非罪。皆曰:于给事犯宰执之怒,伸庞、蒋之屈,不亦仁乎! 及驳奏出,乃是论庞严贬黜太轻,中外无不大噱。而逢吉由是奖之,寻转工部侍郎。《旧唐书·卷149·于休烈传附于敖传》P484。于敖履行了给事中的责任,给诏书签署的意见出乎意料,并非主持公道,而是认为判罚过轻。

文宗太和八年(834年)八月,尽管宰相李德裕反对给李仲言任命,文宗还是坚持要任命李仲言,王涯原准备写一份劝阻任命的疏文,见文宗喜欢李仲言仪容谈吐,自己又畏惧李逢吉党羽强盛,于是中途改变想法,文宗还是任命李仲言为四门助教,"给事中郑肃、韩佽封还敕书,李德裕出中书,谓涯曰:且喜给事中封敕。王涯即召肃、佽曰:李公适留语,令二阁老不用封敕。于是,二人即行下(即署名通过)。明日以白德裕,德裕惊曰:德裕不欲封还,当面闻。何必使人传言。且有司封驳,岂复禀宰相意邪? 二人怅恨而去。《资治通鉴·卷245·唐纪61》P1683。郑肃、韩佽两位给事中没有签名同意文宗的任命,但是听宰相王涯说李德裕留下意见,希望二位不要阻扰这次任命,二人同意后署名通过。次日告诉李德裕，李表示，如果是我不希望通过任命，会当面与二位说，不会让人传话，而门下省审议，应该是完全独立的行为，不应取决于宰相的意见。

2. 廷议

廷议是政府运作的基础，皇帝上朝时，规定一些官员前来参与国家事务的讨论，这些有资格面见圣上的人中最主要的是常参官，唐制：文官五品以上，两省供奉官，监察御史，员外郎，太常博士，日参，号常参官。武官三品以上，三日一朝，号九参官。五品以上及新行当番者，五日一朝，号六参官，弘文馆、崇文馆、国子监学生四时参，凡诸王入朝，及恩追至者，日参。其文武职事官九品以上及二王后则朝朔望而已。《资治通鉴·卷二百二十四·唐纪四十》P1531。廷议后决定的事会安排相关部门执行，各部门权力范围不同，但有个权力枢纽。睿宗景云二年（711年）六月制敕：全国除京畿内州外，分置二十四个都督府。引起很多不同意见，诏令九品以上议其事。侍御史宋务光（从六品下）、太子右庶子李景伯（正四品下）、中书舍人卢補（正五品上）、吏部员外郎崔菾（从六品上）参与了这次扩容的廷议并表达各自的意见。《唐会要·卷六十八·都督府》P1411。

3. 同中书门下平章事职务的应用

宪宗时，李藩为门下侍郎、同中书门下平章事，"河东节度使王锷赂权近求兼宰相，密诏中书门下曰："锷可兼宰相"藩遽取笔灭"宰相"字，署其左曰"不可"还奏之，宰相权德舆失色曰：有不可，应为别奏，可以笔涂诏邪？藩曰：势迫矣，出今日便不可止。既而事得寝。《新唐书·卷169·李藩传》P545。

李藩在宪宗（公元805—820年在位）时曾任给事中，"制有不便，就敕尾批却之。吏惊，请联它纸。藩曰：联纸是牒，岂曰敕邪？"《新唐书·卷169·李藩传》P545。李藩动手修改诏敕，下属认为他应该另用一张纸写自己的意见，李藩指出另外用纸写上的意见成了一般公文，不再是诏敕、由此可见给事中一职十分重要。

署名是制度惯例君主当然也会因为其他原因比如不熟悉制度惯例而出错。崔祐甫担任中书舍人时，"时中书侍郎阙，祐甫省事，数为宰相常衮所侵，祐甫不从，衮怒之，奏令分知吏部选，每有拟官，衮多驳下，言数相侵。"二人矛盾虽然已经累积，但代宗（763—779年在位）信任崔祐甫，常衮只能等待，在代宗逝世前后，崔祐甫、常衮又在好几件事上发生冲突，常衮怒不可遏，上奏要求将崔贬为潮州刺史，"内议太重，改为河南少尹。"当时德宗刚即位，常衮按惯例代替郭子仪、朱泚两位不在场的宰相签署对崔祐甫贬职的任命，敕书公布时，郭、朱二人向新君表明既不认为崔祐甫有应该贬黜的过错，也没有表示同意贬崔祐甫，并否定经手签署过贬黜崔祐甫的制敕。不熟悉制度的德宗大怒,将并未违规的常衮贬为河南少尹,将已经动身去地方的崔祐甫召回,任命为门下侍郎、平章事。《旧唐书·卷119·崔祐甫》P414。

宣宗大中九年(855年),十一月,右威卫大将军康季荣前为泾源节度使,擅用官钱二万缗事觉,季荣请以家财偿之,上以季荣开河、湟功,许之。给事中封还敕书,谏官亦上言,十二月,贬季荣蘷州长史。《资治通鉴卷249唐纪65》P1717。给事中、谏官的联合作用下,皇帝改变了自己的意见。但是,相反的例子也可以举出,宣宗大中十三年(859年)十二月,发表"白敏中守司徒、兼门下侍郎、同平章事"。咸通元年(860年)二月,白敏中入朝时不慎摔伤腰部,"白敏中三表辞位,上不许。右补阙王谱上疏:'以为陛下致理之初,乃宰相尽心之日,不可暂缺。敏中自正月卧疾,今四月矣。陛下虽与他相坐语,未尝三刻(一天为100刻,三刻约45分钟)。天下之事,陛下尝暇与之讲论乎?愿听敏中罢去。延访硕德,以听聪明。……贬谱为阳翟令。五月,给事中郑公舆封还贬谱敕书,上令宰相议之,宰相以为谱侵敏中,竟贬之。《资治通鉴·卷250·唐纪66》P17252因为白敏中十二月得到任命二月在入朝时受伤,虽然白敏中因为自己不能正常履职而主动请求辞职,唐懿宗可能是考虑白敏中虽未正式上任,但属上朝途中,可以认为是因公受伤,应该保留其职位,懿宗不接受王谱的这种说法,将其贬至地方担任县令,给事中郑公舆否定了这个任命,懿宗下令宰相讨论,宰相会议支持了懿宗对王谱的意见。懿宗坚持保留受伤的白敏中宰相职务的任命,将持反对意见的王谱贬黜地方,门下省再次对君主的意见提出异议,君主主导下的政事堂决议维持了君主的意愿,这一切都算是三省六部制正常而且合理的运作过程。懿宗李漼的君主生涯饱受批评,虽然是宣宗的长子,但是宣宗喜爱的是第四子夔王李滋,临终前遗命也是委托宦官立夔王。幸福来得太突然懿宗应该还没有准备好为人君,但也不可能完全没有抱负——只愿快乐一生。白敏中是白居易堂弟,进士出身,宣宗时为宰相,西川节度使任上五年,当地在其有效治理下民生改善。他有开阔的政治视野,处理各项政经事务均有建树,堪称名相,懿宗对白敏中的保护完全正确,任用韦保衡、路岩两个宰相完全不正确,二人被舆论形容为恶鬼。不过懿宗上位是宦官矫诏的结果。皇帝本人可能处境困难,多有牵绊,无法保持做正确的事。这里呈现的三省六部的运作程序大致是规范、完整的,评估白敏中一生的成就,该程序甚至很美好,因为正确的意见得到不仅经受了质疑,主见也因为运用制度得到了坚持,最终合法得到了执行。但是同类情况并不多见,因为三省六部,中书、门下、尚书各负其责的体制在唐中后期都在保持延续,在多数情况下,它的初衷与中后期功用两者之间相去甚远,新的权力部门对它们的权利的拖拽力越来越大。

三省格局之外,并不就是权利真空,皇权设计上无所不在。有时皇帝通过间接方式影响决策,有时则直接参与其中,开元三年(715年)紫微令(开元元年改中书令称紫微令。)姚崇奏:紫微每议事,诸舍人同押连署状进讫,凡事有是非,理均与夺,人心既异,所见或殊,抑使雷同,情有不尽。臣今商量其事,执见不同者,望请别作商量状,连本状同奏。若状语交牙,恐烦圣思,臣既是官长,望于两状之后,略言二理优劣,奏听进止。则人各尽能,官无留事。敕曰:可。《太平御览·卷220·职官部18》P1046。虽然姚崇意在设法完善中书省制度,却反映出君主本省文件有常规性的审理程序,其次,中书省出具的不一定是一致性意见,不一定对起草、审议的决定、议案等都做出肯定或否定的结论后转呈,至于这一程序是在门下省复核之前还是之后,不同君主各有流程偏好,至少可见有两种路径。

这是一种规范而刻板、复杂的行政体系,它脱胎于一种古老的哲学体系,强调与哲学体系的对应,与自然现象的平衡的意识深刻反应在这种管理体制上,尽管是着眼于现实的设置,仍在很大程度上屈服于形式主义,因此它面临的困难是多样化的:首先是它的权责具有很大的不确定性,这一方面是人为的,另一方面是制度性的。职位的专业性并是一个完全的盲区,例如"高宗永徽二年,诏弓月道总管高德逸市马,而德逸自取骏马。大理卿李道裕奏云:此马异常,请实中厩。高宗曰:道裕法官,职在决断,进马之事,非其所司,请以马送北门,妄希我意。深乖法官之体……。即黜道裕。《册府元龟·卷57·帝王·明察》P82。高宗认为李道裕越权。高宗父亲时代则推崇积极主动的精神,权万纪在贞观时为历尚书左丞,"梗言廷谏,公卿莫不惮之。"《册府元龟·卷460·台省部·正直》P1145。官员们从事与职位不相合的事,贞观十九年,韦挺以御史大夫从李勣破盖牟城。《册府元龟·卷41·帝王部·宽恕》P38。实际上受到"差遣"从事某事,这是常态,职务的恰当人选经常会被认真考虑,职务的用途则是多方面的,职务的综合应用,在不同的时代有不同的命运。

二、兼职

1. 本部门兼职:德宗建中三年(782年),以户部侍郎赵赞判度支(户部度支郎中),括率富商钱以给军。《册府元龟·帝王部·失政》P410。

2. 跨部门兼职:太宗元年,杜如晦以侍中(门下省)摄吏部尚书。《册府元龟·铨选部·条制》P2023。太宗贞观三年，……令中书舍人（中书省，正五品上）杜正伦、崔敦礼守给事中（门下省，正五品上）。《册府元龟·帝王部·命使》P347。高宗显庆初，刘祥道"为黄门侍郎（门下省），知吏部选事。"文宗开成元年（836年），户部侍郎归融兼御史中丞。《册府元龟·卷474·台省部·奏议》P1179。代宗宝应二年（763年），王仲升为右羽林大将军，知军事，仍兼御史大夫，六军将军兼宪官，自此始也。《唐会要·卷七十二·京城诸军》P1532。

3. 兼职是一种专门的设计而不是应付急务的临时委派，不同部门共同管理一件相关的事，可能会增加其透明度，也可能正好相反，问题在于是否有合理的程序。但中晚唐的兼职逐渐成为一种不良现象，中央政府与地方实力派之间出现了控制与反控制的恶性互动，中央政府希望更紧密地监督、控制地方动向，地方也要求更多地参与中央决策。为求得双方满足和平衡，职位的本来意义与其作用严重脱节。这使得管理国家的机构成为国家混乱的一个根源。宪宗"元和六年（811年），以柳公绰为潭洲刺史（从三品到正四品下）兼御史中丞（正四品下），充湖南观察使。……十一年，入为给事中，十四年起为刑部侍郎，领盐铁转运使，转兵部侍郎兼御史大夫（从三品），领使如故。长庆元年（821年），罢使为京兆尹兼御史大夫，……三年改尚书右丞又拜检校户部尚书。《旧唐书·卷165·柳公绰传》P519。唐以人口的多少将州分为上、中、下三等，各州刺史的品秩分别是从三品、正四品上、正四品下。《唐六典·三府督护州县官吏卷第30》P745。御史中丞是正五品上。《唐六典·御史台卷第13》P378。柳氏是上下兼职。还存在平行兼职？州分为上、中、下三个等级，刺史分别为从三品，正四品上，正四品下。潭洲远离京城，如柳氏在潭洲就职，那不可能参与处理御史台日常事务。如果在御史台主持日常工作，就只能遥领刺史之职。不足二十年内，他在尚书省数部，门下省，御史台，中央和地方频繁调动，往往跨部门兼职。反映当时受到君王信任正在代替原有制度尤其是程序的作用。（他是否正受信任不能完全从职务调整上显示出来）宝应二年（763年，代宗在位）：以淮西节度使（节度使总军旅，无所不统）为右羽林大将军兼御史大夫（御史大夫正三品）。

4. 核心部门与一般职位的异常调动

中宗神龙元年（705年），"时武三思用事。"时任中书舍人（正五品上）的岑羲由于得罪了他，"转秘书少监（从四品上）品级虽由低调高，但实权转成虚位。《册府元龟·卷457·台省部》P1134。

5. 职务本身的作用在不同时代会发生变化

唐敬宗宝历中（宝历共二年，元年为825年），左仆射李绛（正二品）与御史中丞(正四品下)王璠相遇于道,璠车不为之却。这是因为"璠党方盛"后来还"致绛改官,共寝其仪。"这是说李绛尽管向皇上诉说了自己的遭遇,希望象前任宰臣一样受到礼貌对待,要求合情合理,但不仅没有一个象样的回答,而且被不体面地调离现职。《太平御览·卷211·职官部九》P1012。

6. 低级职务处理上级事务

宇文节在贞观中为尚书左丞(从四品),明习法令,以干局见称。时江夏王道宗尝以私事托于节,节遂奏之。太宗大悦,赐绢三百匹,仍劳之曰:朕所以不置左右仆射者,正以卿在省耳。《旧唐书·卷105·宇文融传》P388。

7. 临时参与其他部门事务

"魏征代王珪为侍中(门下省),尚书省滞讼有不决者,诏征评理之,魏性不习法,但性存大体,以情处断,无不悦服。《太平御览·卷219·职官部17·侍中》P1043。魏征由门下省管到了尚书省事务,处理问题可以达到合乎情理,但做不到专业。

经过规范化的职责范围能否发挥作用还往往取决于个人的主动性"崔沔拜中书侍郎。或谓沔曰:今之中书皆是宰相,承宣制命,侍郎虽是副贰,但置位而已,甚无事也。沔曰:不然,设官分职,上下相维,各申所见,岂可俛默偷安,而为怀禄士也!自是每有制敕及曹事,沔多所异同。《太平御览·卷220·职官部18·中书侍郎》P1048。开元时新任中书侍郎崔沔自己对人生有较高的抱负,没有受到外界负面见解的影响,是一个合适的人选。

唐制度的改变是一个渐进的过程,高宗、除武则天时代职官名称出现一些变化,整体结构上看,从太宗到玄宗之前还是相对稳定,自玄宗以后调整、演化,并出现了一些结构性变化:

1. 职务名称的更替:高宗龙朔二年(662年)改门下省为东台左相,高宗咸亨元年(670年)复旧。光宅元年(武则天光宅元年为684年),门下省为鸾台纳言,中宗神龙元年(705年)复旧。开元元年改为黄门监,五年复旧。《唐六典·卷八·门下省》P241。而中书省是武德时由内史省改,高宗龙朔二年(662年)改为西台,令为右相。咸亨元年复旧。光宅二年改中书为风阁令为内史,神龙元年复旧,开元元年(713年)改为紫微令,五年复旧。《唐六典·卷九·中书省》273。一个略有异议的记载"神龙元年(705年)改中书令为紫微令。《太平御览·卷219》P1046。

2. 职务的职责范围屡有伸缩:自武德至长安(武后年号)四年(704年)以

前,仆射并是宰相,……(唐中宗)神龙初(705 年),豆卢钦望为仆射,不带同中书门下三品,不敢参议政事,后加知军国事。韦安石为仆射,东都留守,自后仆射不知政事。《太平御览·卷 211·职官部九·左右仆射》P1013。

德宗建中三年(公元 783 年),中书舍人(正五品上)分署尚书六曹,复旧制也。《太平御览·卷 222·职官部 20·中书舍人》P1056。但这是一个缓慢的恢复过程,直到穆宗在元和十五年一月(820 年)即位时仍下诏:中书舍人,故事分押六曹,佐宰臣判按。废革日久,顿复稍难。宜渐令条举,有须慎重者,便令参议,如关机密者,即且如旧。《太平御览·卷 222·职官部 20·中书舍人》P1056。

3. 反传统性兼职:淮西节度使王仲升在得宠的程元振推荐下,被任命为右羽林大将军兼御史大夫。"将军兼大夫,由仲升始。"《新唐书·卷 207·宦者上·程元振传》P626。

4. 隐形的势力集团:代宗时,工部尚书李栖筠在广德二年(764 年)提出了一份奏折,……京畿诸县,白渠下王公寺观碾硙凡七十余所,有妨农利,并请毁废,计牧田租二百万。言入,帝甚善之,为权臣不便,寝之。《册府元龟·卷 474·台省部·奏议第五》P1176。这是超出正常权利管辖、君权之外的第三种力量在起作用,权臣——它或许不止一人,是混合型势力,有可能长期纠集在一起,有可能是临时组合,但通常是不间断存在并随机起作用。

5. 新式任命法及斜封:"唐僖宗广明元年(880 年)三月:以金吾大将军陈敬瑄(田令孜之兄,田本姓陈)为西川节度使。……瑄因令孜得隶左神策军,数岁累迁至大将军。……令孜奏以敬瑄及其腹心左神策大将军杨师立、牛勖,罗元杲镇三川,上令四人击球赌三川。敬瑄得第一筹,即以为西川节度使。《资治通鉴·卷 253·唐纪 69》P1751。此人后官运亨通"中和元年(881 年)加同平章事。《资治通鉴·卷 254·唐纪 70》P1756。宰相崔胤去世时,昭宗私下许诺时为翰林学士的柳璨为相,"外人无知者。日暮自禁中出,驺士传呼宰相,人皆大惊。明日帝谓学士承旨张文蔚曰:璨才可用,今擢为相,应授何官? 对曰:用贤不计资。帝曰:谏议大夫可呼? 曰;唯唯。遂以谏议大夫同中书门下平章事。起布衣至是不四岁,其暴贵近世所未有。裴枢、独孤损、崔远者宿望旧臣与同位,颇轻之。《新唐书·卷 223 下·奸臣传》P687。

斜封指未经国家常设机构审批而由皇帝直接任命的官吏。通常是有争议的任免名单。柳璨的任命符合斜封的概念,皇帝变得大包大揽,三省六部遭遇强烈冲击。昭宗任命一个从平民入职四年之内官至宰相的人,绝对是一件荒谬的事,与其说是皇帝不拘一格,不如说是这位皇帝已经不再信任他人,收回全部权利才能让自己放心、称心。由于上述政治背景,出现新的权利要素就很自然。

制度没有巨变,皇帝本身已经面目全非。

正是因为皇权神出鬼没,无限扩张,无所适从的人们为求自保而形成了形式各样的权力类型,总体上依附于皇权,或借助于皇权的临时出让,或者自行伪装为皇权,或欺世盗名以谋私利。神策军、翰林院、藩镇等都是皇权失去基本决策能力后的衍生品,皇帝冀望它们能够重建自己,能够因为正确而不断扩大自己的声望,它们其实无法专心为皇帝服务,它们成为皇帝的犄角同时会不时转向皇帝本身,顶伤君王、国家乃至造成致命伤。

第三节　扩展至极限的政治——拥挤的政治殿堂

永贞元年(805 年)八月宪宗即位,十二月,宪宗任命郑絪为中书侍郎、同平章事,裴垍为考功郎中,知制诰并充翰林学士。《旧唐书·卷 14·宪宗纪》P58。同平章事与翰林学士是同时任命的。三年,裴也成为同中书侍郎、同平章事。

一、学士的演变

1. 中书门下两省附属馆的来源

武德四年(621 年),在门下省置修文馆,九年三月,改为弘文馆,最初是一个官方藏书、修书、校书机构。九年九月太宗即位后于弘文殿侧置弘文馆,精选天下贤良文学之士,虞世南、褚亮、姚思廉、欧阳询、蔡允恭、萧德言等,以本官兼学士,令更宿直。听朝之隙,引入内殿,讲论文议,商量政事,或至夜分方罢。令褚遂良检校馆务,号为馆主,因为故事。《唐会要·卷 64·史馆下》P1316。以在职官员为主,他们除正常分管的事务外,还要轮流在院值班,接受君主的咨询,讨论君主关心的问题。褚遂良是第一任弘文馆馆主。

贞观十三年另置有崇贤馆,属于东宫,高宗上元二年(675 年)六月,立雍王李贤为皇太子,避太子李贤讳,改为崇文馆。

2. 集贤院与集贤院学士

唐玄宗时代的集贤院与弘文馆有渊源,集贤殿书院原本也是一个官方藏书、修书、校书机构。"玄宗即位,大校群书,开元五年,于乾元殿东廊下写四部书,以充内库,置校定官四人,置乾元院使。开元六年,乾元院更号丽正修书院,改修书官为丽正殿直学士。以秘书监马怀素、右散骑常侍褚无量充使,七年,驾在东都,于丽正殿置修书使。十一年,置丽正殿修书学士。在《唐六典》中集贤院隶属中书省,右散骑常侍在中书令属下。

开元十三年,中书令张说受诏与右散骑常侍徐坚、太常少卿韦绍等撰《东封仪注》,"旧仪不便者,说多所裁。……玄宗寻召说及礼官、学士等,赐宴于集仙殿。谓说曰:今与卿等贤才,同宴于此,宜改名为集贤殿。因下制改集仙殿丽正书院为集贤殿书院,改修书使为集贤书院学士。其大明宫所置书院,本命妇院,屋宇宏敞。下诏曰:贤者济治之具,当务其实。院内五品以上为学士,六品以下为直学士。以宰相一人为学士,知院事,常侍一人,为副知院事。又置判判院一人,押院中使一人。"授中书令张说集贤院学士,知院事,散骑常侍徐坚为副,礼部侍郎贺知章、中书舍人陆坚并为学士,国子博士康子元为侍讲学士、考功员外郎赵东曦、监察御史咸廙业等为直学士。"《唐会要·卷64·史馆下》P1322、《旧唐书·卷43·职官志》P225。自此中书省集贤殿书院有学士、直学士、侍读学士之分。存在学士、直学士等级的说法可以印证,德宗贞元四年(788年)今请登朝官五品以上准《六典》为学士,六品以下为直学士,学士中取一人最高者判院事,阙学士,即以直学士高者充,自余非登朝官,不问品秩,并为校理,其余名一切勒停,仍永为常式,从之。《唐会要·卷64·史馆下》P1322。"裴垍甫入相,"建言:集贤院官,登朝自五品上为学士,下为直学士,余皆校理。史馆以登朝者为修撰,否者直史馆,以准《六典》。遂著于令。"《新唐书·卷169·裴垍传》P544。裴垍入相在宪宗元和三年(808年),加大学士在元和四年。

在任命张说知院事的同时,时任门下省从三品的左散骑常侍徐坚受命出任副院长,主要成员还有尚书省的礼部侍郎贺知章,来自国子监的康子元,来自吏部的赵东曦,来自御史台的咸廙业,俨然一个微型朝廷。"及将东封,授说为右丞相兼中书令,乾源曜为左丞相兼侍中,……说既遭讪铄,罢知政事,专集贤文史之事,每军国大事,帝遣中使先访其可否。"《旧唐书·卷98·张说传》P368。集贤院本身的功能在玄宗时代远未被发掘出来,是因为张说等人而重视集贤院。在玄宗心目中张说很重要,因此,不论其担任何种职务时都会被重视。开元十七年、十八年徐坚、张说相继逝世后,受到张说生前强力推荐的张九龄开始获得玄宗信任,"诏拜张九龄为秘书少监、集贤院学士,副知院事,再迁中书侍郎。常密有陈奏,多见纳之。《旧唐书·卷99·张九龄传》P373。上述三人的学术成就与学士身份是相称的,他们在取得学士称号前的行政职务显示他们有资格参与最高决策,这与设置集贤院学士的初衷已经发生变化:"掌刊缉古今之经籍,以辨明邦国之大典,凡天下图书之遗逸,贤才之隐滞,则承旨而征求焉。其有筹策之可施于时,著述之可行于代者,较其才艺而考其学术而申表之,凡承旨撰集文章,校理经藉月终进课于内,岁终则考最于外。《旧唐书·卷43·职官志》P225。玄宗出于对文化的尊重,给张说等人一个多少带有荣誉性的称号,对他们的偏爱并非因为盲目或任何一方使用了诡计,只是由于他们君臣更容易接近,加深了相互影响的程度,双方的信任与依赖更深。开元二十六年(738年)"以中书务繁,乃选文学之士号翰林供奉,与集贤学士分掌制诰书命,至是改供奉为学士,别建学士院,专掌内命。……而集贤所掌于是罢息。"《文献通考·卷54·职官8》P490。在帝国全盛时期极为活跃的集贤院自此一度沉寂。

集贤院仍有机会重新崛起,仍至德二年,(757年)置集贤院大学士,以学士一人年高者判院事。《唐六典·中书省集贤院史馆瓯使卷第九》P279。代宗永泰元年(765年)三月,"诏仆射裴冕等十三人每日于集贤院待诏。"德宗建中二年(781年),当时的宰相之一卢杞"引太常博士裴延龄为集贤殿直学士,亲任之。《资治通鉴·卷226·唐纪43》P1554[1]。

元和四年(809年)中书侍郎、同平章事、集贤院大学士裴垍上奏:集贤御书院,请准《六典》,登朝官五品以上为学士,六品以下为直学士;自非登朝官,不问品秩,并为校理,其余名目一切勒停。史馆请登朝官入馆者,并为修撰;非登朝官,并为直史馆,仍永为常式。皆从之。《旧唐书·卷148·裴垍传》P481。

元和四年(809年)"集贤殿御书院学士、直学士皆用五品。"以学士一人年高者判院事。"《资治通鉴·卷246·唐纪62》P1696。

如果上述最后两条记载都正确,那么宪宗自元和四年起提升了充任集贤院学士、直学士的官员品级资格要求。

集贤院学士与宰相互相非常接近,开元后集贤院大学士多见于在任命宰相同时的加官。

"唐制,惟弘文馆、集贤院置学士,宰相得兼外,他官未有兼者,亦别无学士之名。如翰林学士、侍讲学士、侍读学士、侍书学士,乃职事之名尔。(宋)叶梦德《石林燕语·卷五》P1803。比如,唐文宗太和中(太和元年为827年)宰相裴度兼集贤殿大学士。推荐刘禹锡为礼部郎中、集贤直学士。《新唐书·卷168·刘禹锡传》P542[1]。裴垍在元和三年(808年)拜中书侍郎、同平章事,次年,同样加集贤殿大学士,监修国史。《新唐书·卷169·裴垍传》P544[4]。

武宗会昌二年(842年)二月,隶属中书省的右散骑常侍柳公权曾被提名为集贤学士,判院事。《资治通鉴·卷246·唐纪62》P1696。由于门下侍郎、同平章事兼左仆射李德裕"以恩非己出",未予通过。"左迁柳公权为太子詹事"。这说明集贤学士位置重要,开元以来其有过的影响力也重新恢复、延续。

　　值得一提的是,集贤院与崇文馆、弘文馆长期并存,产生诸多不同的官职组合。例如:代宗广德二年(764年)王缙,拜黄门侍郎同平章事,太微宫使、弘文、崇贤馆大学士。《旧唐书·卷118·王缙传》P412。代宗大历时(大历元年即766年)门下侍郎、同平章事、太清、太微宫使、崇文、弘文馆大学士常衮。《旧唐书·卷119·常衮传》P415。代宗大历十二年(777年)"乃拜杨绾中书侍郎、同中书门下平章事、集贤殿、崇文馆大学士。《旧唐书·卷119·杨绾传》P414。

　　"唐以宰相兼昭文馆、集贤院学士,结衔皆在官下,盖兼职亦然。"叶梦得《石林燕语·卷五》P1800。这个昭文馆即弘文馆,避太子李弘讳,他是高宗与武则天二人的长子。

　　以上显示集贤院在加深影响政治,并成为行政决策体系的一个新亮点,集贤院所属人员的地位整体处于持续上升状态。集贤院学士与翰林院都有向皇帝提供咨询、举荐人才,草拟诏敕等职责。以宰相一人知院事,如张说。李泌说学士宜加"大",始于中宗(684年在位一年后退位,705—709年再次在位)时,及张说为之,固辞,乃以学士知院事。李泌本人"加集贤殿崇文馆大学士。……至崔圆复为大学士,亦引李泌为让而止。《新唐书·卷139·李泌传》P484。裴冕"待制集贤院。"玄宗以后,曾入集贤院成为各类学士的知名人士除前已提及的还有:韦见素、裴冕、刘禹锡、牛僧孺、贾𫗧、王铎、关播、元载、常衮、杨绾、裴尊庆、裴延龄等。"唐开元中始聚书集贤院,置学士、直学士、直院总之。又置大学士以崇宰相。自是不废。其后又置弘文馆,亦以宰相为大学士。"(宋)徐度《却扫编·卷上》P983。这里说得很清楚,集贤院和弘文馆学士是对宰相的特殊礼遇,从记载分析,自另建翰林学士院后,集贤院学士功能有一段时间被淡化,似乎一下就丧失了参政的功能,但很快就恢复元气,加上那样的称号(加集贤院学士、弘文馆大学士)仍是一种恩宠,一个有用的光环,但最终目的不是说明这个称号很重要,而是强调这个宰相很重要,尤其是强调宰相受到君主重视。

　　集贤院低级官员因为集贤院学士等的重要地位也日渐升隆。宣宗(847—859年在位)时以令的形式注明"三馆学士不避行台。"这是当是宰相兼集贤殿大学士马植一手促成,源自一个偶然事件"校理杨收道与三院御史遇,不肯避,朝长冯諴录其驺仆辱之。"集贤、弘文、史馆等称三馆。校理是三馆内共九级馆职中的第六级。侍御史所属的台院、殿中侍御史所属的殿院、监察御史所属的察院,统称三院。御史台冯諴逮捕杨收道的车夫以示羞辱,被激怒的三馆学士马植立即向上奏言,御史中丞令狐绹反唇相讥,二人引经据典,均力求取胜,宣宗等他们吵完之后,对双方均未追究,但从结果来看,他倾向于大学士。唐宣宗被称为小太宗，思维比较缜密，做出了明智的决定。《新唐书·卷184·马植传》P572。

3. 翰林学士

玄宗时新设翰林院，"上即位（玄宗）始置翰林院，密迩禁廷，延文章之士，下之僧道书画琴棋数术之工，皆处之，谓翰林待诏、刑部尚书张均及弟太常卿张垍皆翰林供奉。《资治通鉴·卷117·唐记33》P1474。

"翰林故事曰：翰林院者，本在银台门内，以艺能、技术召见者之所处也。玄宗（712年登基）初，置翰林待诏，掌四方表疏批答，应和文章，又以诏敕文告悉出中书，多臃滞，始选朝官有才艺学识者入居翰林，号翰林供奉。《资治通鉴·卷226·唐纪42》P1547。

开元二十六年（738年）以翰林供奉改称学士，别建学士院于翰林苑之南，俾传内命。其后又置东翰林院于金銮殿之西，随上所在。凡学士无定员，下自校书郎，上及诸曹尚书，皆为之。入院一岁则迁知制诰，未知制诰者不作文书，久次者一人为承旨。《资治通鉴·卷226·唐纪42》P1547（1），《资治通鉴卷228唐纪44》P1565，《唐会要·卷57·翰林院》P1145。

翰林待诏、翰林供奉、翰林学士是同一种职位的三个称呼。

翰林学士与集贤院学士功能相似，翰林学士又称内翰。"内翰好才兼好古"。《全唐诗·第十一函·徐夤二·莘下赠屯田何员外诗》P1791。学士是一个笼统的称呼，有多种类型，东宫的崇文馆，中书省的集贤院，门下省的弘文馆均有学士。有具体的名号还是高宗乾封（666年）以后，学士名称经过多次变动：北门学士——翰林待诏——翰林供奉——翰林学士——学士承旨。其有比较清晰的演变过程：

"学士之职，本以文学言语被顾问，出入侍从，因得参谋，议纳谏诤，其礼尤宠。而翰林院者，待诏之所也。唐制，乘舆所在，必有文辞经学之士，下至卜医技术之流，皆直于别院，以备宴见；而文书诏令，则中书舍人掌之。自太宗时，名儒学士时召以草制，然犹未有名号。《文献通考·卷54·职官考8·学士院》P489。《资治通鉴》玄宗天宝十三年（754年）载：

"唐初，诏敕皆中书、门下官有文者为之。高宗乾封（元年为666年）以后，始召文士元万顷、范履冰等草诸文辞，常于北门候进止，谓之北门学士。中宗中宗（683年12月—684年2月在位）之时，上官昭容专其事。〔上官昭容命运大起大落，襁褓中的上官婉儿受父亲牵连与母亲被发配掖庭为奴婢，她的才华受武则天器重,"圣历以后,百司表奏多令参决。698 年为武则天圣历元年,她参与起草诏敕,中宗时被升为昭容,上官昭容尝劝中宗(683 年即位)广置昭文学士,盛引当朝词学之臣。"《旧唐书·卷 51·后妃传·上官昭容传》P260。]上官昭容力劝中宗扩充弘文馆的思路在玄宗时变成了更为具体的目的。"玄宗初置翰林待诏,以张说、陆坚、张九龄等为之,掌四方表疏批答,应和文章,既而又以中书务剧,文书多壅滞,乃选文学之士,号'翰林供奉',与集贤院学士分掌制诏书敕。"开元二十六年改翰林供奉为学士,翰林学士"专掌内命。凡拜免将相,号令征伐,皆用白麻,其后选用益重,而礼遇益亲,至号为内相。又以为天子私人,元充其职者无定员,自诸曹尚书下至校书郎皆得以选。入院一岁则迁知制诰,未知制诰者不作文书,班次各以其官,内宴则居宰相之下,一品之上。宪宗时又置学士承旨。唐之学士,弘文、集贤分隶中书、门下省,而翰林学士独无所属。《文献通考·卷54·职官考 8·学士院》P489、《新唐书·卷 46·百官志》P131。

集贤院属中书省,弘文馆属门下省,翰林学士则是独立机构,不是因为君王的犹豫,而是要体现君主的雄心。

玄宗初置翰林待诏,掌四方表疏批答,应和文章,又以诏敕文告,悉由中书,多壅滞。始选朝官有才艺学识者入居翰林,供奉别旨,然亦未定名,制诏书敕犹或分在集贤。开元二十六年,始以翰林供奉改称学士,……凡学士无定员,下自校书郎,上及诸曹尚书,借为之,入院一岁,则迁知制诰,未知制诰者不作文书,久次者一人为承旨。《资治通鉴·卷 226·唐纪 42》P1547。《资治通鉴·卷 228·唐纪 44》P1565 有类同记载。

开元二十六年,翰林学士有新的学士院后,"以张垍、刘光谦首居之。"专门掌管君主直接发布而不经过外朝讨论的命令,原来集贤院失去了此前分掌的制诏书敕的权力,即"而集贤院所掌于是罢息。"张垍时任太常少卿。《唐会要·卷57·翰林院》P1146。是张说之子,玄宗女儿宁亲公主下嫁张垍,《旧唐书·卷98·张垍传》P368,刘光谦时任起居舍人。《唐会要·卷 57·翰林院》P1146。这是唐朝政治中一件大事。对中书省、门下省属员可能产生了最为强烈的震动,他们是会从此被架空?还是直接成批召入翰林院?毫无准备的人一时面面相觑,瞬时感到前途迷茫。沉静后又会喜忧参半,喜的是刘光谦好在还出自中书省;忧的是张垍只是太常寺副职,出处古怪,但新晋学士院领袖有更为显赫的社会身份:玄宗女婿,张说之子。张说在集贤院长时间耕耘,张垍耳濡目染,应该对自己的新身份有足够的准备。学士院后来不止是按君主意图制定政策,发布命令,还会让外朝各机构功能紊乱,至少中书省主要功能学士院基本具备,而因为引入了各部门的人,整个职官体系都难免受到冲击"自后给事中张淑、中书舍人张渐、窦华等相继而入焉。其后有韩雄、阎伯璵、孟匡朝、陈兼、蒋镇、李白等在翰林中,但假其名而无所职。至德(肃宗至德元年为756年)以后,军国务殷,其入直者并以文辞共掌诏敕,自此北翰林院始无学士之名。其后又置东翰林院,于金銮殿之西。随上之所在而迁,取其便稳。大抵召入者一二人,或三四人,或五六人,出于所命,盖不言数。亦有以鸿生硕学、经术优长、访问质疑,上所以礼者,颇列其中。《文献通考・卷54・职官8》P490。

学士虽然地位崇尊贵,但工作辛苦,轮值的人需要随叫随到,年事较高的人恐怕难以应付。学士名称的转换不是随意的,玄宗鉴于翰林待诏们用起来顺手,于是想到可以用它来改变中书省事务壅滞现象。最初,李隆基翰林院的翰林供奉们还是与集贤院学士分司处理起草诏书等,开元二十六年(738年)进入新建的翰林学士院的称为学士,他们更多地参与草拟诏制,原翰林院的翰林待诏仍称供奉或待诏,也有学士、待侣二名并称者。曾为翰林供奉的张说、张九龄、陆坚、徐安贞又称翰林院待诏。前两者又明确无误的曾任集贤殿书院学士(开元十三年)。翰林院和集贤院有相似的功能,结构也相似,肃宗至德二年(757年),置集贤院大学士,以学士一人年高者判院事。《唐六典・御史台卷・第十三》P279,两者却并未见合并。

学士属于差遣官类型,入选者都带本官,不论是学士还是知院事,都是兼职,时任宰相的张说知院事就是一例。

学士名称的转换是一个被逐渐认同、信任的过程,它给君主带来一种新的渠道,希望借助这个独立于三省六部之外机构的能量让帝国之光更为绚丽。但是事与愿违,翰林学士的出现破坏了制度结构平衡,原本在制度下训练有素的人变得被动、迟疑、观望,那些在君主看来更优秀更有天分的人可能只是因为君主的偏爱,他们的才华并不能得到公认,即使得到公认,他们的作用也不会比制度下中规中矩的文官们更有价值。

4. 翰林院地点的重要性

翰林供奉,翰林院流动性相当大,比如唐天子在大明宫,翰林院在右银台门内;在兴庆宫,就在金明门内;若天子在西门院,翰林学士院就在显福门内;若天子在东都及华清宫,皆有待诏之所。《资治通鉴・卷217・唐纪33》P1474。

开元二十六年,始以翰林供奉改称学士,别建学士院,于翰林苑之南俾专内命。其后又置东翰林院于金銮殿之西,随上所在。

开元二十六年所置的学士院,指在右银台门内的翰林院之外另建新学士院,北翰林指原来的翰林院,新建的称西翰林学士院,在最初的翰林学士院之南,德宗时在大明宫内的金銮殿之西所建的新翰林学士院因为在开元二十六年建的西翰林学士院以东,故称东翰林学士院。参阅《雍录》P72。《类编长安志卷之二京城》。学士院地址"唐禁中有浴堂殿,德宗以来常居之。沈括曰,浴堂殿在在翰林院北。翰林院别设北扉以便于应召。《资治通鉴·卷237·唐纪53》P1629。但这是个有争议的见解。

由于翰林院与皇帝居所不远,只安排了二名宦官充任学士院使或翰林院使,他们奔走于皇帝与学士之间,上传下达。考虑到皇帝对学士是随时咨询,两名宦官或分为日夜二班轮换。

敬宗宝历二年(826年)二月,以裴度为司空同平章事。六月甲子,上御三殿令左右军教坊内园为击毬手搏杂戏,戏酣,有断臂碎首者,夜漏数刻乃罢。……上有好深夜自捕狐狸。六月,索左藏见在银十万两,金千两,悉储内藏,以便赐予。十二月,文宗被宦官刘克明、田务澄、许文端及击毬将军苏佐明等弑。刘克明等矫诏称上旨,命翰林学士路隋草遗制,以绛王悟勾当军国事。刘克明又为王守澄所杀,迎江王涵(即唐文宗李昂,穆宗次子,敬宗弟。穆宗第五子为唐武宗)入宫。王守澄等又以翰林学士韦处厚博通古今,一夕处置,皆与之共议,当时皆从韦处厚的意见,无暇问相关部门。文宗即位,以翰林学士韦处厚为中书侍郎同平章事《资治通鉴·卷243·唐纪59》P1673。

无论是在大明宫,它称东内,兴庆宫(玄宗长期居住的地方,玄宗时代的政治中心,称南内)、太极宫(西内)、东都,翰林院的位置总是与之比较接近。

5. 学士资格与地位

皇帝固定停留的地方皆有待诏之所,"其待诏者有词学、经术、合练、僧道、卜祝、术艺、书弈,各别院以禀之,日晚而退,其所重者词学。玄宗即位以来,张说、陆坚、张九龄、徐安贞、张垍等召入禁中,谓之翰林待诏。王者尊极,一日万机,四方进奏,中外表疏批答,或诏从中出,宸翰所挥,亦资检讨,谓之视草。故常简当。四人以被顾问。至德(肃宗至德元年为756年)以后,天下用兵多务,深谋密诏,皆从中出,名曰翰林学士。得充选者文士为荣,亦如中书舍人。例置学士六人,择年深德重者一人为承旨,所以独当密命故也。德宗好文,尤难其选,贞元以后为学士承旨者,多至宰相。《资治通鉴·卷217·唐纪33》P1474。

玄宗初置翰林待诏,……始选朝官有才艺学识者入居翰林,供奉别旨,然亦未定名,制诏书敕犹或分在集贤。开元二十六年,始以翰林供奉改称学士,别建学士院,凡学士无定员,下自校书郎,上及诸曹尚书,借为之,入院一岁,则迁知制诰,未知制诰者不作文书,久次者一人为承旨。《资治通鉴·卷226·唐纪42》P1547。《资治通鉴·卷228·唐纪44》P1565有类同记载。承旨地位崇高,"唐置翰林学士之初,无承旨。永贞元年(顺宗805年),上始命郑𬘭为承旨,大诰令,大废置,丞相之密画,内外之密奏,上之所甚注意者,莫不专受专对。翰林学士凡十厅,南厅五间,北厅五间,中隔花砖道,承旨居北厅东第一间。《资治通鉴·卷238·唐纪54》P1636。宪宗时翰林学士院在麟德殿之西。《资治通鉴·卷238·唐纪54》P1636还有个记载稍迟,"宪宗(806—819年在位)时又置学士承旨。《新唐书·卷46·百官志》P131说的是翰林学士承旨唐宪宗时始置,顺宗是永贞元年一月即位,宪宗是永贞元年八月继位,说承旨是出现在永贞元年没有问题,记载认为是宪宗的创意。

入院一年,自动升知制诰,没有满一年的学士,不独立制作文书,承旨是学士中入院时间长、人品最受尊重的那个人,一般会得到宰相的任命。得到承旨名号无疑于打开仕途的新空间,乾宁二年(昭宗乾宁二年,895年),陆扆以翰林学士承旨拜中书侍郎平章事。《文献通考·卷54·职官8》P490。

玄宗选出的学士都是名望很高的,但后来加入的人身份职位要求不是那么严格"又以为天子私人,原充其职者,无定员,自诸曹尚书下至校书郎,皆得与选。《新唐书·卷46·百官志》P131。

由于翰林学士为他官兼任,最初没有将翰林学士单列时,他们在朝会时就要回到自己官职所在的位置,"初自德宗建置以来,秩序未正,延觐之际,各趋本列,暨贞元元年(785年)九月,始别敕令,明预班列,与诸司官、知制诰例同。《文献通考·卷54·职官8》P490。德宗贞元元年(785年)九月,明确翰林学士与兼职"知制诰"的官员等位相同。

"唐翰林学士结衔或在官下,无定制,……如大中(宣宗大中元年为847年)中《李藏用碑》撰者言"中散大夫、守尚书户部侍郎、知制诰、翰林学士王源中"则在官下;大中中《王巨碑》撰者言"翰林学士、中散大夫、守中书舍人刘琢"之类则在官上。(宋)叶梦得《石林燕语·卷四》P1800。叶氏指出:"唐制,翰林学士本职在官下。"《资治通鉴·卷259·唐纪75》P1797。

学士不仅能力上受到信任,私人感情也相当容易被皇帝亲近。德宗时,韦绶以左补阙为翰林学士,密政多所参逮,帝尝幸其院,韦妃从。会绶方寝,学士郑𬘭欲驰告之,帝不许。《新唐书·卷169·韦绶传》P545。令狐绹经历的荣宠更为特殊,他是进士出身,因为宣宗对其父亲令狐楚有好感,加上宰相白敏中力荐:"宰相器也",宣宗将其从湖州刺史招为考功郎中,知制诰,入翰林为学士,……进中书舍人……迁御史中丞,再迁兵部侍郎,还为为翰林承旨。曾与宣宗"夜对禁中,烛尽,帝以乘舆金莲华炬送还,院吏望之,以为天子来,及绚至,皆惊。俄同中书门下平章事,辅政十年。"《新唐书·卷166·令狐绹传》P539。

　　有时君主要任命一个学士也比较费劲,宪宗准备让段文昌、张仲素为翰林学士,当时的中书侍郎韦贯之表示反对:"学士所以被顾问,不宜专取辞艺。奏罢之。"太和八年,宰相李逢吉,神策军右军中尉王守澄间接或直接推荐李训,见面后,文宗本人对李训印象非常好,提出让他进翰林院时,立即遭到时为宰相之一的李德裕反对,认为李训来历不明,个人的一些行为准则颇遭非议。李德裕的反对也不是完全没有道理。文宗有点扭捏地说:李逢吉荐之,朕不欲食言也。对言:李逢吉身为宰相,乃荐奸邪以误国,亦罪人也。上曰,然则别除一官? 对曰:亦不可。文宗朝在场的另一宰相王涯示意求援,后者表示同意文宗的主张。德裕暗自向王摆手要求他放弃,这个动作正好被回头看的文宗看见了。皇帝脸色一下变得很难看,但还是暂时中止任命。王涯本来极力反对重用李训,见到文宗坚决又害怕李训的密友们于己不利,而王涯之所以有机会入相,是得到郑注强有力的帮助。所以王涯摇摆起来,但最终倾向于郑注、李训一方。王、李二个宰相在随后对李训的任命过程中的表现颇具戏剧性。太和八年(834年)八月,朝廷拟任命李训为四门助教(从八品),门下省出具了否决的意见,宰相王涯召门下省经办官员来政事堂,谎称宰相李德裕高兴任命通过,门下省遂转而上呈赞同意见。制度设计门下省有权独立做出决定,上级宰相无权干涉。李德裕抱怨门下省未严格行使制度赋予的权力,门下省受到欺骗,也不能将已经上呈的文件取回重新修改。李德裕、门下省还不是最失败的一方,而是对该制度绝对信任的那些人。多数情况下,人们会考虑顾及自己直接上司以及最重要关系人等的意见,因为权力和核心社会关系经常代表正确,制度如果没有针对性的防范设计,它就会经常性地在这里扭曲。同年九、十月,一些对李德裕不利的任命相继发表:1. 李训的密友昭义节度副使郑注被征召至京师。太和九年时他已变得炙手可热,他后相继出任太常卿、工部尚书充翰林侍讲学士。《资治通鉴·卷245·唐纪61》P1684。京城盛传他会担任宰相,一个不驯善的侍御史李甘扬言"白麻出,我必坏于廷。"受到操纵的有关部门马上将李甘贬为封州司马。另一个不信邪的人是翰林学士、户部朗中李珏,他公开对文宗翻郑注的老底,认为皇帝看错、用错了人。几乎是话音刚落,等待他的是连续两次贬职:江州刺史、柳州司户。《资治通鉴·卷245·唐纪61》P1684。2. 德裕的政治对手,山南西道节度使李宗闵被提升为中书侍郎同平章事。这是德裕的原职,给他的新任命是:同平章事,充山南西道节度使。要求前往治所汉中就职。德裕面见皇帝请求留在京城,文宗这次又满足了他的要求,但将他的职务改为兵部尚书,挂职的宰相也被免去。3.在任命李德裕的同一天,任命李训为翰林侍讲学士。给事中高铢、郑肃、韩佽,谏议大夫郭承嘏,中书舍人权璩等人的反对意见根本无法让皇帝改变注意,李训得到任命而制度在皇权重压下支离破碎。《资治通鉴·卷245·唐纪61》P1683。李训是那种因为皇帝欣赏而进入翰林而不是因为是翰林学士而受到皇帝欣赏的例子。在这种亲切关怀下,先后有三个不顺眼的宰相,李德裕、路隋、李宗闵丢掉职位。郑注没有成为宰相的最大、最隐蔽的原因也可能出在李训身上。P1684。尽管他受宠的原因主要是因为与皇帝有一个短期内的共同理想——遏制宦官,但必须承认他具有出色的个性的魅力与才华,职务是用来掩饰他真实身份和目的的。他的职务也变得愈来愈重要,太和九年(835年)七月,国子博士李训为兵部郎中、知制诰、依前侍讲学士。九月,又被任命为礼部侍郎,同平章事,仍命李训三、二日一入翰林讲《易》。"训起流人,期年致位宰相,天子倾意任之。训或中书,或在翰林,天下事皆决于训。王涯辈承顺其风指,惟恐不逮。自中尉、枢密、禁卫诸将,见训皆震慑,迎拜叩首。《资治通鉴·卷245·唐纪61》P1685。这是另一种力量,君王信任的威慑大于他们手中权力的威慑。

在翰林院,集中了一批有影响或特别亲信的知识分子。它不像弘文馆、集贤院隶属某一省,有个基本的工作范围,而是直接由皇帝差遣。他们中发展得最好的那批大致轨迹是:翰林供奉——学士——天子私人—内相。名称的变化正反映它与君主愈来愈紧密的关系发展史。也反映君主对他们越来越多的依赖。学士专掌内命,……班次各以其官,内宴则居宰相之下,一品之上。宪宗时,又置学士承旨。《文献统考·卷54·职官考8·学士院》P498,《新唐书·卷46·百官志一》P130。即使在帝国最后的时期,翰林学士也从未缺少尊崇,昭宗天复元年(901年)六月:上之反正也,中书舍人令狐涣、给事中韩偓皆预其谋,故擢为翰林学士,数召对,访以机密。《资治通鉴·卷262·唐纪78》P1821。但是帝国的稳定却从未因此增加。

一些几乎与政治治理无关的人也差点有机会进入,熊望登进士第,昭愍(李湛即位时十五岁,在位三年)嬉游之隙,学为诗歌。以翰林学士崇重,不可亵狎,乃议别置东头学士,以备曲宴赋诗,令采卑官才堪任学士者为之。……事未行而昭愍崩,文宗即位。《旧唐书·卷154·熊望传》P495。若非唐敬宗(624—827年在位)逝世,东头学士一批专门赋诗唱和的学士,就将问世。这个波折还意味着有的君主心中,学士的身份并不是那样崇高、神圣,不需要能干甚至有益。

6. 翰林学士的子弟——知制诰

知制诰的三个来源

1) "其中书舍人在省,以年深者为阁老,兼判省杂事;一人专掌画,谓之知制诰。得食政事之食,余但分署制敕,凡有章表,皆商量可否,与侍朗及令连署而进奏,其掌画事繁或以诸司官兼者,谓之兼制诰。《唐六典·卷九·中书舍人》P276。

2) 某职事官兼知制诰,如宪宗时李吉甫"以考功郎中召知制诰。"《新唐书·卷146·李吉甫传》P495。这种情况比较普遍。例如韦贯之以都官郎中知制诰,贾𫗧先以考功员外郎知制诰,后又从地方官为太常卿,复知制诰。王璠在穆宗长庆末以职方郎中知制诰等。而开元十二年六月,韩休等五人出为刺史,他的原职是礼部侍郎知制诰,这是带有知制诰最高品级的职事官。《资治通鉴·卷212·唐纪二十八》P1440。咸通十一年被宰相韦保衡逐于岭南的杨知至职务就是比部郎中,知制诰。《资治通鉴·卷250·唐纪68》P1738。

3) 翰林学士带知制诰本于唐朝。自开元末以后,进入学士院者,'入院一岁则迁知制诰,……唐自有知制诰,以中书舍人或前行正郎为之。然唐之学士必带知制诰之三字者,所以别其为文书学士也。南宋·费衮《梁溪漫志·卷二·学士带知制诰》P1912。

知制诰不是一个确切的职务,起草文件,参与决策,提供咨询等都是份内职责。对于带职事官的知制诰,一些具体事务还等着他处理。肃宗乾元元年(758年)五月……张后生兴王佋,才数岁,欲以为嗣,上疑未决。从容谓考功郎中、知制诰李揆曰:成王长且有功,朕欲立为太子,卿意何如? 揆表示赞同,"上喜曰:朕意决矣"。仅隔一天,成王李俶被立为皇太子。《资治通鉴·卷220·唐纪36》P1502。

知制诰的尊贵有一个发展过程,在早期,它主要处理文字工作。开元时韩滉兄韩法知制诰,"草王璵拜官之词,不加虚美,璵颇衔之。及其秉政,诸使奏韩滉兄弟者,必以冗官授之。《旧唐书·卷129·韩滉传》P434。王璵迎合玄宗"方尊道术,靡神不宗"心理,利用自己在祭祀方面的专长获得君王信任,得到官职。王氏将公私混为一谈,不理解韩法的作为是职责所在。由于知制诰又同时可能有多人,也不一定绝对进入最高决策层,在昭宗乾宁元年(894年),朝庭发表了"以翰林学士承旨、礼部尚书李谿同平章事"的任命,刚宣读完,"水部郎中,知制诰刘崇鲁,出班掠麻痛哭。上召崇鲁问其故,对言,"谿奸邪,依附杨复恭、西门君遂。"(君遂为观军容使,已于去年被上处决)《资治通鉴·卷259·唐纪75》P1799。得在翰林。无相业,恐危社稷。谿竟罢太子少傅。……上师谿为文,崔昭纬(崔胤在他的帮助下去年得进相位)恐谿为相分己权,故使崇鲁沮之。谿十表自讼,丑诋崇鲁父符受赃枉法事觉自杀;弟崇望与杨复恭深交,崇鲁庭拜田令孜,为朱玫作劝进表。乃云臣交接内臣,何异抱赃唱贼?且故事缞巾惨带不入禁庭。臣果不才,崇鲁自应上章论列,岂宜于正殿恸哭,为国不祥,无人臣礼,乞正其罪。诏停崇鲁见任(即现任职)。谿犹上表不已,乞行诛窜,表数千言,诟詈无所不至。《资治通鉴·卷259·唐纪75》P1800。贵为翰林学士承旨、礼部尚书、同平章事李谿竟然辱骂的内容无所不至,想必不堪入耳。他还不是孤立的例子。

曾任礼部员外郎、知制诰的司空图弃官后在中条山隐居,昭宗多次征召均被婉拒。在哀帝天祐二年(905年),执政之一柳璨(他及第不到四年即为相,同列的三位宰相:门下侍郎、同平章事裴枢、中书侍郎、同中书门下平章事崔远、门下侍郎、同平章事独孤损都因为他对朱全忠曲意相逢,很鄙视他的为人。《资治通鉴·卷265·唐纪81》P1839、《新唐书·卷182·崔远传》P569。以诏书征之,司空图因为害怕而跑到洛阳晋见柳璨,不过他假装无能,居然骗过了柳丞相,允许他返回隐居地。《资治通鉴·卷265·唐纪81》P1840。实际上他已经看到国家以病入膏肓,这是比较少见从知制诰离职的例子。不是因为履行植职务有困难,而是因为国家已陷入无法容忍的混乱。他是一个有才华的人,在其文章中流露出的思想中,对政治作用的怀疑与对自然回归的向往是并存的。

7. 中书舍人与翰林学士的共性与特性

1)两条平行的顾问咨询系统:

中书舍人与翰林学士在理论上都身兼极其重要的机密事务,但两者谁更重要些?前者有时看起来是一个更高级的职务,从翰林学士升迁为中书舍人有李训、李绅、周墀、令狐楚、李让夷、李德裕、令狐绹、萧邺、陆扆、韩偓等,但是要看到既有刘瞻这样自翰林学士拜中书舍人,进承旨的上升类型,刘邺也是经翰林学士,历中书舍人,选承旨,懿宗时的杨收从中书舍人到翰林学士承旨。也有卢携、郑畋等以户部侍朗进翰林学士承旨的人。而甘露之变的主要参与者郑注在进入翰林时,被太宗时名臣高士廉的六世孙,时任中书舍人的高元裕尽情羞辱了一顿,"郑注之入翰林也,中书舍人高元裕草制,言以医药奉君亲。注衔之。"当是李训、郑注看不顺眼的朝士均被指为李德裕、李宗闵之党羽,"贬逐无虚日,班列殆空,廷中訩訩……"高舍人可能是也无心在朝廷做官,所以有这种大胆乃至疯狂的举动,疯狂后的结局通常不好,高也不例外,郑注"奏元裕尝出郊送李宗闵,他被贬为阆州刺史。《资治通鉴·卷245·唐纪61》P1685。几乎是不费吹灰之力就将其贬到遥远的阆州任职。

中书舍人为什么会被翰林学士边缘化？中唐之后，翰林学士掌内制，外制由中书舍人掌领，进而外制又移位于知制诰格局逐渐形成，这是政府制度功能让位于个性化皇帝的一个结果，两个原因：

一是君主崇尚知识，希望有更高水准的人员加入政府决策层，提高国家威信和工作效率。二是任命了一些不称职的中书舍人。比如庾准："天宝中昵于宰相王缙，缙骤引至职方郎中、知制诰，迁中书舍人。他以"门荫入仕。素寡文学，以柔媚自进，既非儒流，甚为时论所薄。"《旧唐书·卷118·庾准传》P413。庾准不是孤立的例子。

政府中有些人其实不堪其任，司刑丞陈希闵看到文案就犯愁，不知如何下笔，他每天在堆积起来的公文前发呆的情状被谑称为："高下笔"，成为无能官吏的典型。"王玙专以祀事希幸……近于巫觋，由是过承恩遇。"唐肃宗乾元三年（760年）中书令崔圆罢相，乃以王玙为中书侍郎，同中书门下平章事。岁余，罢知政事，为刑部尚书。上元二年（761年）他兼扬州长史、御史大夫，大历三年逝世时官位是太子少师。王玙"以祭祀妖妄致位将相，时以左道进者，往往有之。"《旧唐书·卷130·王玙传》P436。有些宰臣因为偏执而失去自制，对制度、社会的产生不良的效果，令君王着实心烦。王守澄、李仲言、郑注都憎恨李德裕，听说李宗闵与李德裕不睦，文宗立即争取李宗闵，太和八年（834年）十月，以李宗闵为中书侍郎、同平章事，以中书侍郎平章事李德裕同平章事、充山南西道节度使。《资治通鉴·卷245·唐纪61》P1683。皇帝赶走一个宰相而不是将其撤职，因为他可能别的时候又用得上或者不确定自己这次做对了。中书舍人、翰林学士的关系中存在这种不确定性认知，中书舍人被边缘化其全部功能沉寂下来的判断也不尽然，会昌年间，户部员外郎白敏中被宰相李德裕的引荐，武宗批准"即日知制诰，召入翰林充学士，迁中书舍人，累至兵部侍郎、学士承旨。《旧唐书·卷166·白敏中传》P526。这个被至尊权臣一致看好的人不会赋予闲职。皇权打乱了中书舍人、翰林学士、知制诰的流行认知，重新编排了主次关系。

翰林学士的出现是中书省职能不能满足需要的结果，也是一些宰相不称职的结果，

玄宗以后，翰林学士——知制诰——内相——正式的宰相，是一条坦途、当有人认为这也是国家走向毁灭的捷径时，君主不以为然，谁又能怀疑他们维护权力的信念呢？这个顺序不会伤害到谁，有问题的是过程。既然明文规定宰相是

君主之外的最高的决策者,但是君主不遵守规则,额外引进很多人分享相权,真正的决策者往往是他们的属下,甚至属下的属下,宰相们沦为配角,慢慢就会丧失主动性。

翰林院是多余的,他们中很多人其实没有保持正确的能力,只因为他们以五花八门的方式得到皇帝信任。整个帝国职官体系内,信任是最高级的通行证,如果能拿到这份通行证,你就可以出现在任何地方。其余如正确性、效益、合法性等都是次要的。这是个寻求无异议的社会,这是专制帝国崇尚的最高思想与生活境界。这也是君主可以被神话的关联条件,君主之所以被高度神话,无所不能,就是因为只有依靠君主才能创造无异议的社会。而公平、自由的集体讨论可能正确的机率更大。

8. 学士的基本权力及其衍生

"上(指德宗)在东宫也,国子博士河中张涉为侍读,即位之夕,召涉入禁中,事无大小皆咨之,明日置于翰林为学士。亲重无比。"代宗大历十四年(779 年)五月癸卯即五月三日,代宗崩,癸亥日(二十三日),德宗即位。因为亲重,德宗在即位二个月零五天,即大历十四年七月二十八日,张涉被任命为右散骑常侍,仍为学士。《资治通鉴·卷226·唐纪42》P1547。国子监国子博士为正五品,中书省的右散骑常侍为从三品。这种升迁速度是惊人的。

类似的情况也见于宪宗元和七年(812 年),"以库部郎中、翰林学士崔群为中书舍人,学士如故。上嘉群说直,命学士自今奏事,必取崔群连署,然后进之。群曰:翰林举动皆为故事,必如是,后来万一有阿媚之人为之长,则下位进直言,无从而进矣。固不奉诏,章三上,上乃从之。《资治通鉴·卷238·唐纪54》P1639。元和七年(812 年)是宪宗在位中期,崔群当时已经可以发现一个相对完整的政治宪宗,尽管如此,他对未来的构想是建设性,他的谨慎应该是出于积极的心态,是一个文化背景厚实的人过人的智慧和理性,也有部分是出于对情绪化皇帝的积极提防。宪宗元和五年(810 年)"时上每有军国大事,必与诸学士谋之。"但此人情绪不太稳定,一是"尝逾月不见学士。"二是当时为翰林学士的白居易"尝因论事,言陛下错,上色庄而罢。密召承旨李绛,谓白居易小臣不逊,须令出院。"李绛劝说一番,才使其打消了初衷。《资治通鉴·卷238·唐纪54》P1636。

穆宗长庆三年(823 年),九月,李逢吉为相,内结知枢密王守澄,势倾朝野。惟翰林学士李绅每承顾问,常排抑之。拟状自至内廷,(翰林学士院在内廷)绅多所臧否,逢吉患之,而待遇方厚,不能远也。《资治通鉴·卷243·唐纪59》

P1668。虽然后来李逢吉利用御史中丞空缺,极言那里需要李绅的清直,他迷惑了穆宗,同意给李绅新任命,相关的人中,当时只有穆宗一人不了解李绅离开翰林院的意义。

学士分割相权:翰林学士陆贽"及出居艰阻之中,虽有宰臣,而谋猷参决,多出于贽,故当时目为内相。"《旧唐书·卷一百三十艺·陆贽传》P461。"简当代士人,以备顾问。"的翰林院在"至德(肃宗至德元年为756年)以后,天下用兵,军国多务,深谋密诏,皆从中出"。《旧唐书·卷四十三·职官志二》P225。

宋若宪可能是最有分量的女学士,文宗"太和九年(835年)七月,初,李宗闵为吏部侍郎,因驸马都尉沈氏结女学士宋若宪,知枢密杨承和,得为相。宋若宪姊妹皆善属文,德宗召入宫,不以侍妾命之,呼学士。文宗太和九年八月,沈、闵、被贬职、宋被赐死。七年之前,即太和二年,李宗闵已经是中书侍郎、集贤院大学士,太和三年,李宗闵以吏部侍郎同平章事,七年六月,罢宗闵知政事,检校礼部尚书、同平章事。《资治通鉴·卷245·唐纪61》P1684。一位宰相为达到某种目的需要特别交接女学士宋若宪,说明她已经有一定影响力,她虽然能够胜任一般学士的工作,可能还不是正式的学士,而是一种昵称,但是她享有文宗的信任。《旧唐书·卷176·李宗闵传》P549。

分割中书舍人权力的步骤:唐故事:中书用黄、白麻为纶,命轻重之辨,其后翰林学士专掌内命,中书用黄麻,其白皆在翰林院,拜授将相,德音赦宥则用之,宋白曰:唐故事,白麻皆内廷代言,命辅臣,除节将、恤灾患,讨不庭则用之,宰臣于正衙受付若命相之书则中书舍人承旨皆宣讀讫,始下有司。《翰林志》(李肇著)。"凡赦书、德音、立后、建储、行大诛讨,拜免三公、宰相、命将日,并使白麻纸,不使印,双日起草,候阁门钥入,而后进呈。至双日,百僚并班于宣政殿,枢密使引按,自东上阁门出。若拜免宰相,即便付通事舍人,余付中书、门下并通事舍人宣示。若机务急速,亦双日,甚速者,虽休假,亦追班宣示。按,制按也;册,则有册按。册公主亦自阁门出。《资治通鉴·卷235·唐纪51》P1614。

唐中书制诏有四,封拜策书用简,以竹为之;画旨而施行者曰"发日敕",用黄麻纸;乘旨而行者曰"敕牒",用黄藤纸,敕书皆用绢黄纸,始贞观间。……纸以麻为上,藤次之,用此为轻重之辨。学士制不自中书出,故独用白麻纸而已。因谓之"白麻"。《资治通鉴·卷259·唐纪77》P1796。翰林学士受到尊崇,他们"专掌内命,凡拜免将相,号令征伐,皆用白麻。其后选用益重,而礼遇益亲,至号为内相。入院一岁则迁知制诰,未直制诰者不作文书。班次各以其官,内宴则居宰相之下,一品之上。唐之学士,弘文、集贤分隶中书、门下省,而翰林学士独无所属。"《新唐书·卷 46·百官志》P131。

翰林学士加知制诰经手的诏敕,如任免将相大臣、宣布大赦,号令征伐等,军国大事,称为"内制",用白麻纸书写,故又称白麻,这些以前由中书舍人主管,喧宾夺主,中书舍人退而仅负责起草一般臣僚任免及例行文告,称为"外则",用黄麻纸书写。即所谓"凡白麻制诰,皆内廷代言,命辅臣,除节将,恤灾患,讨不廷,则用之,宰臣于正衙受,付通事舍人。若命相之书,则通事舍人、承旨皆宣读讫,始下有司。"《文献通考·卷 54·职官 8》P490。

学士院由两名由宦官充任学士院使,或称翰林院使。在皇帝与翰林学士之间来回传递信息。中书舍人之职被严重削弱理由是当时文牍急剧增大,中书舍人无法承受,危难中的国家离心力加大,信任危机和保密需求同步增长。翰林院、学士院被有意设在君主寝宫内殿,位于麟德殿之西和西南,中书舍人院所在与之还隔着一道宫墙。通过翰林院各种层次的学士这一台阶升为宰执者蔚为大观。如姜公辅、陆贽等,可以统计到的曾进入翰林的五十个人中,有三十二人入相,这显示,翰林院已成为名副其实的宰相孵化器。从这一数据显示的情况来看,翰林院的职务比集贤院更容易得到升迁,随时间的推移,越来越多地取代了它的作用。

宣宗大中九年(855 年),"澳(翰林学士韦澳)在翰林,上或遣中使宣旨草诏,事有不可者,澳辄曰:兹事须降御札,方敢施行。淹留至旦,上疏论之,上多从之。《资治通鉴·卷 49·唐纪 65》P1716。韦澳看到宦官带来诏书有不尽合理处时,设法拖延,次日上书说明原因,皇帝经常被说服而改变初衷。

李绛在元和二年(807 年)被授予翰林学士,随即知制诰。会李锜诛,宪宗将辇取其资。绛与裴垍谏曰:锜僭侈诛求,六州之人怨入骨髓,今元恶传首,若因取其财,恐非遏乱略、惠绥困穷者,愿赐本道,代平民租赋。制:可。后以司门郎中进中书舍人。他提出了一些勇敢、有益的建议,多次受到皇帝褒奖。元和六年,在宪宗对他信任日益加深的情况下,"罢学士,迁户部侍郎,判本司。帝以户部故有献,而绛独无有,何哉?答曰:凡方镇有地则有赋,或啬用度易羡余以为献。臣乃为陛下谨出纳,乌有羡赢哉?若以为献,是徙东库物实西库,进官物结私恩。帝瞿然悟。每有询访,随事补益,所言无不听。"为顺利地任命他为相,一个强有力的反对者,当时正受宠幸的宦官吐突承璀也被皇帝惩罚性地下派到地方为监军。次日李就任中书侍郎同中书门下平章事。《新唐书·卷 152·李绛传》P508[2]。他是在失去学士位置后受到皇帝进一步的信任。可见信任一个人不在于他一定要在某个特定职位。

本人身为翰林学士的陆贽曾经要求限制学士权力,还权于中书省。那是在兴元元年(德宗兴元元年为公元 784 年)。

陆贽奏:学士私臣,玄宗初待诏内廷,止于应和诗赋文章而已。诏诰所出,本中书舍人之职,……"提议还权于中书省,"物议是之"引起立舆论的共鸣。"敬宗(824 年—一月—826 年十二月在位)以翰林学士崇重,不可亵狎,欲别置东头学士,以备曲宴诗赋事,未行而帝崩。"《文献通考·卷 54·职官 8》P490。陆贽的意见是要恢复中书省的权力,但并未具体采纳实施。敬宗似乎则是想整肃翰林院,只保留真正具有议政能力的人。因为他在位时间短促,同样未能执行。

9. 翰林学士效用失灵

1)因为制度上的预先的设计而失灵。

翰林学士没有规定任期,没有责任范围,完全取决于他们受欢迎的程度。他们想要保持发挥自己的作用,证明自己的价值需要得到君王的认同,这是这个工作站的一个重要特性。一旦有一个新的翰林学士崛起,其他学士可能就无事可做。

2)翰林学士的声望对部分君主无效。

太和九年(835 年)三月,以太仆卿郑注为工部尚书,充翰林侍讲学士,上以师友待之。注之初得幸,上尝问翰林学士、户部侍郎李珏:卿知有郑注乎?亦尝与之言乎?对曰:臣岂特知其性命,兼深知其为人,其人奸邪,陛下宠之,恐无益于圣德。臣忝在近密,安敢与此人交通?唐文宗随即将李珏贬为江州刺史。《资治通鉴·卷 245·唐纪 61》P1684。一言不合,就将人驱离,文宗显然忘记了设立翰林学士的原意。

令狐楚以其出色的才华进入翰林。令狐楚进士及第,宪宗时,累擢职方员外郎、知制诰,其为文,于牋奏制令尤善,每一篇成,人皆传讽。……帝召为翰林学士,进中书舍人。方伐蔡,久未下,议者多欲罢兵,帝独与裴度不肯赦。元和十二年(817 年),度以宰相领彰义节度使,楚草制,其辞有所不合,度得其情。时宰相李逢吉与楚善,皆不助度,故帝罢逢吉,停楚学士,但为中书舍人,俄出为华州刺史。"因为有违宪帝意旨,免学士职,保留中书舍人职,随后又外放华州。"后他学士比比宣事不切旨,帝抵其草,思楚之材。皇甫镈既相,荐楚中书侍郎、同中书门下平章事。穆宗即位进门下侍郎,敬宗时为左仆射,会(指文宗太和九年,835 年)李训(时为礼部侍郎、同平章事)乱,将相皆系神策军,文宗夜召令狐楚、郑覃(尚书右仆射)入禁中。楚建言,外有三司(永徽以前御史大夫、中书门下为三司,武则天以后刑部、御史台、大理寺谓三司)、御史,不则大臣杂治,内杖非宰相系所也。《新唐书·卷166·令狐楚传》P539。内杖指宦官。令狐楚认为不应该由宦官审讯宰相等朝廷高官。《新唐书·卷166·令狐楚传》P539[3]。他起草的诏书虽然得到文宗的同意,却有违宦官的意志。文宗之前答应令狐楚为相也落空,调任为盐铁转运使。宪宗尊重令狐楚的名望,却不尊重他的意见。文宗固然尊重令狐楚,却不能保障意见得到实施。

3)不称职的学士。

许康佐是贞元中进士,"以中书舍人为侍讲学士,与王起皆为文宗(826年即位)宠礼,帝读《春秋》,至阍杀吴至余祭,问:阍何人邪?康佐以中官方强,不敢对,帝嬉笑罢。后观书蓬莱典,召李训问之,对曰:古阍寺,今宦人也。康佐知帝指,因辞疾罢为兵部侍郎,迁礼部尚书,卒。《新唐书·卷200·许康佐传》P611。许康佐至死都惧怕宦官,即使帝王的信任与期盼都无法令其鼓足勇气参与对跋扈的宦官抗争,他不是一位完全称职的侍讲学士。

关播在天宝末""举进士,迁左补阙,尤精释氏之学。代宗大历中,神策军使王驾鹤妻关氏以播与同宗,深遇之。德宗建中二年(781年)迁给事中,三年拜银青光禄大夫、中书侍郎、同中书门下平章事,集贤殿、崇文馆大学士,修国史。时政事决在卢杞,播但敛袵取容而已。乏知人之鉴,好大言虚诞者,播必悦而亲信之。淮西节度使李希烈叛乱时,关播向德宗尊重推荐的将相之才李元平为汝州刺史,到任十天内即被李希烈所擒获,汝州被占领。《旧唐书·卷130·关播传》P437。

令君主失望或得罪权臣的翰林学士也时有之。顺宗时期宦官中的实权人物俱文珍对王叔文专权不满,设法削去其翰林之职。虽未完全达到目的,因为王也有些能影响君主的朋友。但也给他心理造相当大压力。《资治通鉴·卷236·唐纪52》P1623。庞严,元和(宪宗元和元年为806年)中登进士第。长庆元年(长庆元年是821年)应制举贤良方正能直言极谏科,入三等,冠制科之首,是月,拜左拾遗,被翰林学士元稹、李绅所知,长庆二年召入翰林为学士,转左补阙,再迁驾部郎中,知制诰。严与右拾遗蒋防俱为稹、绅保荐至谏官内职。《旧唐书·卷166·庞严传》P523。穆宗长庆三年(823年),贬翰林学士庞严为信州刺史。给事中于敖不知是出于何种原因驳回惩处的第一份预案,主动要求提高对庞严的处罚力度,以致庞严一下远离权力核心部门到遥远的信州(也称饶州,今江西上饶)地方任职。不知于敖是否是出于对受宠的翰林学士们集体嫉恨而自然产生的对抗心理。

也有学士遭到冷遇,中书侍郎韦贯之与宰相裴度为是否给张宿银绯待遇发生争论,结果韦遭贬职,翰林学士、左拾遗郭求上书为替韦辩解,尽管这不过是履行职责,郭求仍被免去学士职。出贯之为湖南观察使。《新唐书·卷169·韦贯之传》P545。

"宪宗以段文昌、张仲素为翰林学士,中书侍郎、同中书门下平章事韦贯之谓:学士所以备顾问,不宜专取辞艺。奏罢之。《新唐书·卷169·韦贯之传》P545。韦贯之的意见被拒绝。"宪宗元和十一年(816年),祠部员外郎段文昌守本官充翰林学士。《旧唐书·卷167·段文昌传》P527。

翰林院有侍学士,比如翰林侍读学士韦处厚(注:开元中集贤院置侍读直学士,时翰林有侍读学士,侍书学士。)《资治通鉴·卷243·唐纪59》P1669。比如文宗开成二年(837年),柳公权的正式头衔就是:中书舍人、翰林学士兼侍读。这是因为柳先任翰林侍书学士,现在又以翰林学士兼侍书。《资治通鉴·卷249·唐纪65》P1689。柳氏并非同时兼任中书舍人、翰林学士两职的孤立例子,须昌(山东东平县)人毕諴在宣宗大中六年四月,就身兼翰林学士中书舍人两职。宣宗与他曾就刻不容缓边防问题有过一次开诚布公的谈话,他给君王留下深刻印象。"上欲重其资履,六月壬申先以諴为刑部侍郎,癸酉(第二天)乃除邠宁节度使。《资治通鉴·卷236·唐纪52》P1715。翰林学士在中晚唐的作用也因人而宜的。昭宗天复元年六月,"山之反正也,中书舍人令狐涣、给事中韩偓皆预其谋,故擢为翰林学士,数召对,访以机密。……时上悉以军国事委崔胤。《资治通鉴·卷262·唐纪78》P1821。崔当时是有作为的宰相之一,后半生致力于打击宦官,不计后果,在他不知疲倦的努力下,宦官终于遭了灭顶之灾,但在风雨飘摇中苦苦挣扎的唐王室也同时象秋风中的落叶一样荡然无存。

由于皇帝偏好不同,翰林院的入选者参差不齐。

顺宗仅位一年,利用这转瞬即逝的机会,永贞(顺宗元年,805年),改革中的著名人物王叔文达到了翰林学士的权力极致,他原"以棋伺诏",……"粗知书,好言理道。德宗令值东宫,受太子器重,"宫中之事皆倚之裁决。每对太子言某可为相,某可为将。幸异日用之。与韦执谊、陆质、韩泰、柳宗元,刘禹锡等结为死交。德宗崩,已宣遗诏,时上(顺宗)寝疾,久不复关庶政,深居施帷帷,阉官李忠言、美人牛昭容伺左右,百官上奏,自帷中可其奏。……其日召自右银台门,居于翰林为学士。叔文与吏部侍郎韦执谊相善,请用为宰相,叔文因王伾(顺宗即位,迁左散骑常侍翰林伺书待诏,受顺宗信任,可以出入无问,叔文则不能。),王伾因李忠言;忠言因牛昭容,转相结构,事下翰林,叔文定可否,宣于中书,俾执谊承奏于外。"百官上奏也要经过韦执谊——牛昭容——李忠言——王伾——王叔文这个程序。王叔文推荐韦执谊担任宰相，目的是要韦执谊忠实执行他这个被顺宗信任的翰林学士的意图。……叔文初居翰林，自苏州司功为起居郎，俄兼充独支、盐铁副使……转尚书户部侍郎、领使、学士如故。"内官俱文珍恶其弄权，乃削去学士之职。制出，叔文大骇，谓人曰：叔文须时至此商量公事，若不带此职，无由入内。王伾为之论请，乃许三五日一入翰林，竟削内职。《旧唐书·卷135·王叔文传附王伾传》P451。另一重量级人物的王伾"始为翰林侍书侍诏。顺宗即位，迁左散骑常侍，依前翰林侍诏。伾闒茸不如叔文，……而叔文颇任气自许，粗知诗书好言事，顺宗稍敬之。不得如伾出入无间，叔文入止翰林，而伾入至柿林院？见李忠言，牛昭容等。然各有所主，伾主往来传授，王叔文主决断。《旧唐书·卷135·王叔文传附王伾传》P451。

唐翰林学士中最有影响的是德宗李适时的陆贽。进士出身的陆贽担任过渭南县主薄，监察御史（正八品上），人品很好，受到时人称许。当时还是皇储的李适听说后让他进入翰林院，转祠部员外郎，这是礼部尚书属下，从六品上。"贽性忠，盖既居近密，感人主重知，思有以效报，故政或有缺，巨细必陈。由是顾待益厚。建中四年（德宗，783年），朱泚谋逆，从驾幸奉天，时天下叛乱，机务填委，徵发指踪，千端万绪，一日之内，诏书数百。（贽挥翰起草，思如泉注）由于他的勤勉、驾驭文字的卓越能力，尤其在文章中如何把握好政治分寸做到缜密、不偏不倚、精深入微有独到之处，所以深受同侪爱戴。（学士的重要性与在职的人以及皇上对此人的个人看法攸关）他努力工作得到的报酬是从礼部转到吏部任考功郎中（从五品上）"依前充职。"即指学士之职。德宗很在乎他的各种意见，希望他留在自己身边，所以每次提拔他，都不忘强调一次："……德宗还京，转中书舍人，学士如故。"《旧唐书·卷139·陆贽传》P458。"权知兵部侍郎，依前充学士。"《旧唐书·卷139·陆贽传》P459。恩遇既隆，中外属意为辅弼。而宰相窦参素忌贽……贞元七年（德宗791年），罢学士，正拜兵部侍郎、知供举。……八年，窦参得罪，以贽为中书门下同平章事。这不单纯是因为德宗无比欣赏陆贽的文才，他与德宗感情一度水乳交融、亲密无间，"始贽入翰林，年尚少，以材幸天子，常以辈行呼而不名。……由是帝亲倚，至解衣衣之，同类莫敢望。《新唐书·卷157·陆贽传》P517。"贽初入翰林，特承德宗异顾，歌诗戏狎，朝夕陪游……"在山南道的艰难旅途中，陆贽"扈从不及，与帝相失，一夕不至。上谕军士曰：得贽者，赏千金。翌日贽谒见，上喜形于色，其宠待如此。《旧唐书·卷139·陆贽传》P461。不过这种过于情绪化的君臣关系注定不能长久维持，因为不能苛求一个君主始终明智,因此自然滋生的脱离现实际的期望会令被期望者疲于奔命。赘或实事求是,或委曲求全,或幸运机敏都不能庇护其终生。贞元十年,户部侍郎裴延龄对他的日夜攻击终于起了作用,"除太子宾客(四员,正三品),罢知政事。"贞元十一年,又险些被德宗所杀。尽管他声称"上不负天子,下不负吾所学,不恤其他。"实际上他的一些作为并不可能事事符合他的人生准则,他的知识也不可能帮助他解决所面临的一切实际问题。他在乎别人的评价,君主的举动,这些都涉及切身利益尤其是个人的安全。他生命的最后十年在孤寂、恐惧中度过,到顺宗即位,重新发表对他的任命的消息传来之际,他却以五十二岁盛年辞世。

翰林学士的权利受人为因素影响很大,不是所有学士会自动具有类似陆赘的特殊恩宠、权利,也不是靠一昧恭顺和迎合君王陡然暴发。有人以学士身份成为国家政治的重要参与者,如陆赘;宰相职务得来十分不易,"赘孤立一意为左右权佞所沮短,又盐事无所回讳,阴失帝意,久之不得宰相。还京(从奉天)仅得中书舍人。《新唐书・卷157・陆赘传》P518。其实,他作为学士比作为宰相的作用要大得多。有人借助学士身份达到权利高峰后却开始走下坡路,如姜公辅。他跟随德宗逃往到奉天,拜谏议大夫,不久以本官同中书门下平章事。他对德宗爱女唐安公主葬仪问题上与德宗意见相左,德宗非常气愤,认为厚葬才能聊以自慰,私下对时为翰林学士的陆赘大发了一顿脾气。认为姜氏不能胜任宰相之职。指出是姜发现自己职位可能不保,故意小题大做以博得直谏之名,以此误导视听,目的是保住魅力无穷的宰相权职。而且皇帝以何等规模安葬夭折的长女是家事,他自认为不在相权管辖之内。尽管陆赘公正地多方为姜辩解,仍不能平息德宗愤怒。就这样,一个宰相提出的不同见解被君王严重误解后丢掉职务,被贬为左庶子。《旧唐书・卷138・姜公辅传》P457。也有在成为执政后才获得学士称号,其行为举止与学士流行的做法极不相称,基本无所作为。如刘从一。"德宗居奉天,[时直德宗建中四年(783年)十月至兴元元年(784年)七月。]拜刑部侍郎平章事。……明年六月改中书侍郎平章政事。岁中加集贤殿大学士,修史。上遇之甚厚,以容身远罪而已,不能有所匡辅。"不久辞职并逝世。年仅四十四岁。《旧唐书・卷125・刘从一传》P428。值得强调的是他不是翰林学士。至于陆氏,他日夜寻求君主的信任,很幸运,他如愿以偿,还能以比较正当、正面、积极的方式影响君主,使自己的本意为君主所接受,并且因此有所作为。像所有进入政府的人一样,权利的得失很快左右他的生活。他留恋权利紧随自己的时时刻刻。当他为学士时,并不拒绝事无巨细均有自己的参与,"贞元以后,虽立辅臣至于小官除拟,上必再三详问久之方下。"《旧唐书·卷 139·陆贽传》P459。但在贞元八年他本人知政事后,又不止一次提出改变这种曾令一个学士激动不已的情况:"请许台省长官自荐属官。仍保任之,事有旷败,兼坐举主,上许之。《旧唐书·卷139·陆贽传》P459。这虽然是附条件的,要求举荐者为所举荐对象负连带责任,但已经开始尝试恢复它们有过的权利。所谓台省长官,陆氏指的是仆射、尚书左右丞,侍郎、御史大夫、御史中丞。"等人。《旧唐书·卷 139·陆贽传》P459。

"旧例,宰臣当旬,秉笔决事,每十日一易。贽奏请准故事。《旧唐书·卷139·陆贽传》P459。"尝以词诏所出,中书舍人之职。军兴之际,促迫应务,权令学士代之。朝野乂宁,合归职分。其命将相制诏,却付中书行遣。又言:学士私臣,玄宗初,令侍诏止于唱和文章而已。"这个旨在净化行政秩序本属合理的意见虽因德宗此时对他本人已深怀成见而不加采纳,陆贽已不掩饰对学士取代中书舍人制度的否定心态。

当他被罢知政事后,是否会怀念在翰林院的日子。他以广泛批评开始其政治生涯,又因具体指斥新的宠臣吴通微、吴通玄兄弟而忤逆德宗,陷入沉默。他维护现任君主、传统制度,同时又试图改变他们,不过最后还是扭转回头。是看出学士制度没有前途,还是规范化、程序化政治体制恢复了对他的吸引力? 中央权利核心在德宗时基本实现的转化从尊重文化开始,以权势为标志,麻烦的是共同取决于一个不稳定的标准。陆贽的学历和文化成就都表明他是一个不折不扣的知识分子,可是剥夺他学士资格的理由亦同样充足。他是一个知识分子还是一个学士? 抑或介于两者之间? 他本人恐怕也没有明确答案,这不免令这个历尽沧桑的人心中也充满酸楚。这是一个标准翰林学士的人生:科举出身,人品好,忠诚,能力出众,这是每个君主都想要的人。陆贽最终以失败告终,说明这个制度存在的问题比较大,因为它没有保护到一个洁身自好,价值观牢固,进取,勤勉的人,尽管他不仅仅只有一个翰林身份,完全就是翰林的职位害了他,但是翰林学士的位置是他得以发挥自身价值的地方,让天下看到了他的能量,付出没有得到公正的回报,这个最好的翰林学士最努力的时候国家还是出现了最坏的情况。他还成为一面最逼真的镜子,折射出最隐秘处的君主样貌,感知君主的力量,更了解君王为什么这样而不那样的缘故。他还让世人看到竞争者为什么常常以正确为敌。他是一个最适合做翰林学士的人,他做到了,但没有完全成功。对于笃信命运的人,前面所述毫无意义。

上述所列例子直接或间接说明,学士对相权的分割在唐中晚期并没有形成稳定的制度而且缺乏连续性,有下列三个理由:

1. 国家公职高级职务,形式仍属完整

这里是在代宗永泰元年(765 年)翰林学士的一份大名单:

三月诏:左仆射裴冕,右仆射郭英义,太子少傅裴尊庆,检校太子少保白志贞,太子詹事臧希让,左散骑常侍畅璀,检校刑部尚书王昂、高升,检校工部尚书崔涣,吏部侍郎李季卿、王延昌,礼部侍郎贾至,泾王傅吴令瑶等十三人并集贤院待诏。《旧唐书·卷 11·代宗纪》P40。这些人均地位显赫,不少本身就是台省首长,大多有资格参预国家机密。他们进入集贤院只是额外加上一个称号,偶尔或临时换一个办公地点,顺应这个新时尚。

2. 功能仍比较健全

"唐德宗建中二年(781 年),门下侍郎平章事卢杞奏:准《六典》,中书舍人、给事中充监中外考官使,重其事也。《册府元龟·铨选部·考课》P207。比较德宗贞元元年(785 年):"以刑部尚书关播、吏部侍郎班宏为校内外考使。《册府元龟·铨选部·考课》P2073。在任命李训的问题上,宰相、给事中、中书舍人、谏议大夫都提出异议,履行了自己的职责,君权大于一切的前提下,这些意见没有被采纳也是正常的。至少说明传统政治结构不仅继续存在,而且仍在起作用。只是政治力量的复杂化使其遭到削弱。宋代的学者叶梦得在《石林燕语》指出:"唐(应指中晚唐)诏令虽一出于翰林学士,然遇有边防机要大事,学士所不能尽知者,则多宰相以其处分之要者,自为之辞,而付学士院,使增其首尾常式之言而已,谓之"诏意",故无所更易增损,今犹见于李德裕《郑畋集》中。"这说明翰林学士的权力是在国家机构基本正常前提下行使的。

3. 亲信不等于高级任命

刘从一、姜公辅等才下,不逮贽远甚,徒以单言暂谋偶有合,由下位建台宰。而贽孤立一意,为左右权佞所沮。《新唐书·卷 157·陆贽传》P517。

由于陆续延揽了一些人才,提高了翰林声望。但入选者参差不齐,实际上翰林学士的待遇也时好时坏,深受张九龄器重的李泌'博涉经史,精究易象,善属文,尤工于诗。"在天宝年间受到玄宗召见,令侍诏翰林,乃东宫供奉。……肃宗在灵武即位,遣使访召,……延致卧内,动皆顾问。泌称山人,固辞官秩,特以散官宠之。解褐拜银青光禄大夫,俾掌枢务,至于四方文状,将相迁除,皆与泌参议。权逾宰相。仍判元帅广平王军司马事。肃宗每曰:'卿当上皇天宝中,为朕师友;下判广平王行军,朕父子三人,资卿道义。'其见重如此。寻为中书令崔圆,倖臣李辅国害其能,将有不利于泌。泌乞游衡山,优诏许之。到代宗即位后,召为翰林学士,颇承恩遇,但随即又为相继为宰相元载、常衮所排斥,两次调任地方

官职，直到贞元二年（786年），命运出现转机，拜中书侍郎平章事，集贤崇文馆学士，修国史。他的人品令人怀疑"泌颇有谠直之风，而谈神仙诡道，或云尝与赤松子、王乔、安期、羡门游处，……建中（德宗建中四年是783年，建中年号共历四年）末，寇戎内梗，桑道茂有城奉天之说，上稍以时日禁忌为意，雅闻泌长于鬼道，故自外征还，以至大用，时论不以为惬。及在相位，随时俯仰无足可称。《旧唐书·卷130·李泌传》P436。

没有成为翰林学士的宰相：

程异：宪宗元和三年（808年）九月，工部侍郎、同中书门下平章事。《旧唐书·卷135·程异传》P451。程异没有进入翰林院。

王缙：广德二年（代宗广德二年为764年）拜黄门侍郎，同平章事，太微宫使。弘文、崇贤馆大学士。《旧唐书·卷118·王缙传》P411。

杨炎，"文藻雄丽"征拜起居舍人，起为司勋员外郎，改兵部转礼部郎中、知制诰，迁中书舍人。与常衮并掌綸诰，衮长于除书，炎善为德音，自开元以来，言诏制之美者时称常杨焉。德宗即位，拜银青光禄大夫，门下侍郎、同平章事。德宗建中二年（781年）赐死。《旧唐书·卷118·杨炎传》P412。杨炎没有进士及第的经历，没有进入翰林，他在担任中书舍人之后，"附会元载，时议已薄。"后被赐死，年五十五。《旧唐书·卷118·杨炎传》P413。

杨绾：肃宗（756年即位）即位，拜起居舍人，知制诰。……迁中书舍人，兼修国史。……绾不附和元载，大历十三年，载伏诛，上乃拜绾中书侍郎、同中书门下平章事。集贤殿、崇文馆大学士。兼修国史。《旧唐书·卷119·杨绾传》P414[2]。

崔造：为给事中，德宗贞元二年（786年），与中书舍人齐映各守本官，同平章事。《旧唐书·卷130·崔造传》P437。

崔祐甫：举进士，历起居舍人，迁中书舍人，德宗立，以祐甫为门下侍郎、平章事。《旧唐书·卷119·崔祐甫传》P415。

卢杞：建中初，征为御史中丞，颇有口辩，及居纠弹顾问之地，论奏称旨，迁御史大夫，旬日为门下侍郎、同中书门下平章事。……杨炎以卢貌陋无识，同处台司，心甚不悦。……卢未入集贤院，德宗时病卒。《旧唐书·卷135·卢杞传》P449。

关播的情况与他相似，此人尤精释氏之学。建中三年拜银青光禄大夫，中书侍郎、同中书门下平章事，集贤殿、崇文馆大学士，修国史。时政事决在卢杞，播但敛衽取容而已。……既而卢杞、白志贞等并贬黜,播尚知政事,中外嚣然,以为不可,遂罢。改为刑部尚书,韦伦等大臣坚决反对这一任命,以至于痛哭于朝。这说明关氏自身的弱点比较明显。德宗坚持己见,不过关播在贞元四年出使回纥时有良好表现反映,反映不是宰相而是使节这一身份比较适合他的能力,他死于贞元十三年。《旧唐书·卷·130·关播传》P436。

元载是中唐有影响的人,"博览经史,尤学道书。"玄宗、肃宗都对玄乎的话题怀有浓厚兴趣,他在玄宗时"策入高科",肃宗晚期,在当时"权倾海内,举无违者"的宦官李辅国的协助下,拜同中书门下平章事,代宗是个有谋略的君主,元载仍能伺上意,颇承恩遇。迁中书侍郎、同中书门下平章事,加集贤殿大学士,修国史。李辅国死后,元载复结内侍董秀,多与之金帛,委主书卓英倩潜通密旨,以是上有所属,载必先知之,承意探微,言必玄合,上益信任之。……内侍鱼朝恩负恃权宠,不与载协,载常惮之,代宗大历四年(769),密奏朝恩专权不轨,五年,朝恩伏法。但到大历十三年(778年),他的情况变得更糟,经过审判后作出有罪判决,整个家庭受到当时最严厉的处罚。《旧唐书·卷118·元载传》P411。

裴冕:肃宗即位,以定策功迁中书侍郎、同中书门下平章事。后罢知政事,迁右仆射。……代宗永泰元年(765年),与裴遵庆等并集贤殿侍制,代宗求旧(偏爱故老旧臣),拜冕兼御史大夫,充护山陵使。大历四年卒《旧唐书·卷113·裴冕传》P403。

裴遵庆:上元中(肃宗上元元年为760年)迁黄门侍郎、同中书门下平章事。广德初[代宗宝应二年(763年)正月史赵朝义自杀,安史之乱平定,代宗广德元年为763年十月吐蕃占领长安,历十五日,代宗逃往陕州],伴君回归的裴遵庆为太子少傅。永泰元年,与裴冕并于集贤院侍制,罢知政事。(担任集贤院侍制同时罢相)寻改吏部尚书、右仆射,复知选事,大历十年卒。《旧唐书·卷113·裴遵庆》P404。

肃宗乾元(759年)末,宰相卢杞擢为太常博士,裴延龄为膳部侍郎,集贤院直学士。裴延龄于贞元十二年卒。延龄死,中外相贺,惟德宗悼惜不已。裴延龄一度自以为"必得宰相。"但落空了。尤好慢骂毁诋朝臣,班行为之侧目。《旧唐书·卷135·裴延龄》P450。人品如此不良,却被德宗喜爱,获得君王的亲信即可扫平一切障碍,同时又引发各种问题。

有胜有负的翰林院学士:

韦执谊:进士擢第,应制策高等拜右拾遗,召入翰林为学士,年才二十余,德宗尤宠。顺宗即位,授尚书左丞、同平章事。《旧唐书·卷135·韦执谊传》。

黎干:始以星纬数术进侍诏翰林,累官至谏议大夫。……大历二年(767年)改刑部侍郎,十三年除兵部侍郎。……与中官刘忠冀并处死,忠冀、董秀皆有宠于代宗,天宪在口,势廻日月。《旧唐书·卷118·黎干传》P413。

常衮:宝应二年(763年),选为翰林学士。考中员外郎、知制诰,依前翰林学士。永泰元年(765年),迁中书舍人……代宗甚顾遇之,加集贤院学士。大历元年,迁礼部侍郎仍为学士。时中官刘忠冀权倾内外,泾原节度使马璘又累著功勋,恩宠莫二,各有亲戚干贡部,及求为两馆生,衮皆执理,人皆畏之。……拜衮门下侍郎同平章事。太微宫使,崇文弘文馆大学士,与杨绾同掌枢务。《旧唐书·卷119·常衮传》P415。

陈夷行由进士第擢,"以吏部郎中为翰林学士",在武宗会昌元年(843年)三月为相。《新唐书·卷181·陈夷行传》P567。

路群是路岩之父,"终身不肉食,官累中书舍人,翰林学士承旨。"

路岩咸通初(唐懿宗咸通元年为860年),"自屯田员外郎入翰林为学士。以兵部侍郎同中书门下平章事,年三十六,居位八岁,进至尚书左仆射,于是王政秕僻,宰相得用事,岩顾天子荒闇,且以政委己,乃通赂遗,奢肆不法,俄与韦保衡同当国,二人势动天下,当时人言其如鬼阴恶可畏,赐死。《新唐书·卷184·路岩传》P573。

韦保衡咸通中(唐懿宗咸通元年为860年)、以右拾遗尚通昌公主,迁起居郎驸马都尉,历翰林学士承旨,以兵部侍郎同中书门下平章事自尚主至是,裁再暮,又进门下侍郎尚书右仆射,性浮浅,……所悦即擢,不悦挤之。《新唐书·卷184·路岩传》P573。他是个任人唯亲的宰相。

卢携擢进士第,辟浙东府,入朝为右拾遗,历台省,累进户部侍郎、翰林学士承旨,唐僖宗乾符五年(878年)进同中书门下平章事,俄拜中书侍郎,刑部尚书、弘文馆大学士。

"穆宗立,路隋与韦处厚并擢侍讲学士,再迁中书舍人,翰林学士,每除制出,以金币来谢者,隋却之曰:公事而当私觌邪? 进承旨学士,迁兵部侍郎。文宗(826年即位)嗣位以中书侍郎、同中书门下平章事。《新唐书·卷142·路隋传》P488。到底是中书舍人还是翰林学士对授官的诏令更有影响,很多备选者显然不能确定,因此得到官职的人公开向宣布诏令的中书舍人、翰林学士路隋赠与金币是一件可以理解的事,路隋的对公、私的区分完全合理。这里把大致同时期的翰林学士分为三组,一,王叔文、王伾、韦执宜、常衮、裴度、裴垍、路群、路隋、李吉甫、李绛、李德裕、白敏中、韦处厚、宋锡申、柳公权、陆贽、姜公辅、周墀、白居易。二、黎干、张涉、路岩、韦保衡、萧俛、王涯、李训、柳泌、李绅。三、陈夷行、元稹、卢携、钱徽、令狐楚、庞严、赵宗儒、郑絪、郑注、崔群。名单不完整,是中唐时期活跃的翰林学士,已属当时的政治精英,在一个王朝、一个文明的重要节点上,冀望他们利用国学以及个人灵感能够力挽狂澜,第一组或人品较好,或称职且有成就;第二组品德亏欠或行为结果有破坏性;第三组中性,平庸、观望或过误兼具。履历总体正面的翰林学士约占百分之50%,负面者24%,中性26%,这算是一个与颓势的王朝相匹配的良品率,进取者和失败者(包括中性组)比率总体维持微弱的平衡。然而,全部希望寄托于个人天赋,精心挑选出来的个人成为皇权、国家的最后依赖,反映当时君王已经忘记制度的存在,至少已经不知如何使用制度甚至对制度不抱希望,而翰林学士们多数时候都在穷于应付,最重要的是寄予众望的这个群体只有少数具有具有独创性、建设性尤其执行力,近百分之五十的人成为羁绊或不作为,至少是力不从心。

翰林学士有较多的机会接近君王,是宰相的重要过渡,它分割相权,但不能取代相的作用,尤其在公开场合,宰相仍是公认的政府首脑,当时的士人无不对其充满憧憬。所以在元和二年,翰林学士李吉甫听到自己被任命为中书侍郎,同平章事时,抑制不住心中喜悦,激动得哭了起来,他流着泪对在场的中书舍人裴垍说出了自己今后的抱负,发誓报效国家。他后来确实做了一些有益的工作。《资治通鉴·卷237·唐纪53》1628。而翰林学士承旨、兵部侍郎路岩在懿宗咸通五年被任命为宰相时,只有三十六岁。《资治通·鉴卷250·唐纪66》1727。这恐怕与他们翰林的资历不无关系。

学士受冷遇的例子是少见的,但在武宗会昌三年(843年)出现过这种情况:"每有诏敕,上多命李德裕草之,德裕请委翰林学士。上曰:学士不能尽人意,须卿自为之。《资治通鉴·卷247·唐纪63》P1699。武宗认为唯有一个李德裕能够理解自己,而一群翰林学士都沦为摆设。过于挑剔是一个自我封闭的倾向,君主只考虑自己的感受,而无视不同的意见这是既是一位君王也是一个王朝因为独裁而陷于绝境的前奏。

王涯是个"性啬俭,不畜妓妾,恶卜祝及它方伎……博学的人,写一手好文章,受到陆贽赏识,以左拾遗为翰林学士,进起居舍人(属中书省),元和初,因受其外甥皇甫湜牵连,被免去学士,到地方担任低级职务。宪宗很看重他的才华,重新起用,以兵部员外郎召知制诰,再为翰林学士。宪宗对他寄予很大希望,"帝以其孤进自树,数访逮以私居远或召不时至诏假光宅里官第,诸学士莫敢望。俄拜中书侍郎、同中书门下平章事。"在这种眷顾之下,王涯仍以"循默不称职"被解除宰相职务。长庆年间又受到重用。出任御史大夫,盐铁转运使等要职。由于在盐铁、茶法等特产税执行不稳定、急于求成的政策,遭到纳税人的强烈反对,激化了社会矛盾,但政府与纳税人见解不同,经常提升他的职位。文宗为了抑制当时的奢侈之风,王涯提出的对策是起居服饰等方面在全国范围内恢复古制规范,一律从简。这使一些不愿再走回头路的贵族大为恼火,这种情绪影响了皇帝,他的提议被否定,他的人被处死,甚至惨遭灭族。《新唐书·卷179·王涯传》P564。他的情况不能简单地归入空谈家之类。但是,他的一些施政方略实用价值与他所受到的尊重很不相称。相信有类似遭遇的大有人在。他们的知识确实很出色,这是公认的,而且愿意做一些对国家有益的工作。但为何在应用中难以取得实际进展?根源恐怕在知识结构及其内涵上,已有的那些陈旧、粗泛、停滞不前的知识解决专业性极强的政治、经济等问题是远远不够的,其中可提供的对策有些是南辕北辙,有些则充斥着错误。这使国家传统文化面临相当尴尬的境地,传统上形成的习惯是忠实于它全部知识比掌握它更重要,人们化大量的时间才能对它庞杂的体系有所了解,但是除了沟通、娱乐、考试外,哪些知识是可靠的也长期莫衷一是,众说纷纭,处理具体事务因此需要大量的经验和运气。而这些知识甚至不能保证一个正常人即使在这个特定国度的特有文化氛围中合乎理性、人性、并有尊严地渡过一生。一旦与强有力的外部社会发生接触,不是自我转向封闭,就是支离破碎。享有传统的代价是减缓发展的速度。

翰林学士远没有君主们所期望的那样强大、可靠,翰林学士的努力在细节上让君王看起来更为顺眼、得体,国家结构的主体则在这种惬意中解体。文宗太和四年(830年)六月,上患宦官强盛,宪宗、敬宗弑逆之党,犹有在左右者。中尉王守澄尤专横,招权纳贿,上不能制。尝密与翰林学士宋申锡言之,申锡请渐除其偪,上擢申锡尚书右丞,七月,为同平章事。《资治通鉴·卷244·唐纪60》P1677。太和五年,上与申锡谋诛宦官,申锡引吏部侍郎王璠为京兆尹,以密旨谕之,璠泄其谋,郑注、王守澄阴为之备。甚至成功离间了文宗和宋申锡,后来申锡罢为右庶子。翰林学士宋申锡是大意、愚蠢还是运气不好,总之没有办妥,也可以说是宰相宋申锡犯的错,但是翰林学士错得更多,文宗最先是与翰林学士密谋,没有密谋就没有宰相的任命。有些翰林学士并非考真才实学,太和八年(834年)十月,任命李宗闵为中书侍郎同平章事的当天"是日,以李仲言(后改名李训)为翰林侍讲学士。给事中高铢、郑肃、韩佽,谏议大夫郭承嘏、中书舍人权璩争之,不能得。《资治通鉴·卷245·唐纪61》P1683。反对这个任命的高铢等人或许是知道李训为帮助李逢吉重新获得宰相位的同时以价值数百万的财务贿赂郑注、王守澄等,李训得到了回报,在郑、王的帮助下以见到文宗,受到赏识。文宗任命一个宰相很容易,翰林学士的过程虽然受到质疑,但还是无法阻挡,不论决定是否正确。

如果没有强有力的宰相,霸道的宦者,野心勃勃的藩镇,翰林学士的产生也会成为一个疑问,不过它们都是这个制度的一部分,相互依存又相互制约。但随时间的推移,国家越来越虚弱,宰相工作越来越棘手,至少有一位宰相在工作中猝死。韦处厚,中进士第又擢才识兼茂科。授集贤校书郎举贤良方正异等。穆宗立为翰林侍讲学士,文宗太和二年(828 年)十二月,中书侍郎、同中书门下平章事韦处厚"方奏事,暴疾,仆香案前……。"次日去世,时年五十六。《新唐书·卷 142·韦处厚传》P488。敬宗宝历二年三月,横海节度使李全略逝世,太和元年(827 年),其子李同捷,想要继承其父空出的职务,拒绝兖海节度使一职,"不受诏"。太和元年八月被削爵。但直到太和二年十一月,讨伐李同捷的朝廷诸军"久未成功,江淮为之耗弊。"《资治通鉴·卷 244·唐纪 60》P1675。韦处厚正当上奏的事是否就是此案不得而知,叛逆的节度使以及各路谎报战功勒索朝廷讨伐军队严重打击了国家,确实可以让有责任心忠君的官员过劳,说话间随即晕倒。参见《旧唐书·卷十七·唐文宗上》P72。

比军人捣乱更难以应付的是有翰林学士参与的纠纷,文宗太和八年(834 年)十一月,时李德裕、李宗闵各有朋党,互相挤援,上患之,每曰:去河北贼易,去朝廷朋党难。《资治通鉴·卷 245·唐纪 61》P1683。

没有好的君主与没有好的决策能力既可以同时出现,也可能分别出现。但中书省与其他各省的人员配置基本是平衡的,国家低估了中书省的业务难度。翰林学士也不是给中书省的追加部分,它不是在简单补充中书省的不足,而是主次分明的再次分工,君王想要借助一种新的工作机制提高决策能力,虽然有短期的明显效果,但破坏了整体配套的机制的运行,数代君主君主居然视若不见,或者缺乏大局观,这不是个人智力而是思维惯性造成的问题,总体上反映了决策能力已经无法支撑这种哲学、政治与经济体系。

中书舍人、宰相失宠固然与其职位的定义有天然致命的缺陷有关,但这里要强调的是他们的基本功能失常则是君主有意疏远他们造成的。如果对固有的机制有基本的尊重,情况就会不同,裴垍"举进士,贞元中(德宗贞元元年为 785 年)制举贤良极谏对策第一,授美原县尉,秩满,藩府交辟,皆不就,拜监察御史,转殿中侍御史,尚书礼部考功员外郎。元和(宪宗元和元年为 806 年)初,裴垍被"召入翰林为学士，转考功郎中（从五品上）、知制诰、寻迁中书舍人（正五品上）。"《旧唐书·卷148·裴垍传》P481。裴垍是一个既可以是优秀的翰林学士同时又是杰出的中书舍人的例子。如果没有翰林学士职位的存在，他是一个更有能量更优秀的中书舍人，因为翰林学士这个平台，他得到了自我展示的绝佳机会，对他而言翰林学士、中书舍人的职位设置不可或缺，都极其重要。但是君主在翰林学士的必要性确认中是逐步失去的，当翰林院的大厦越来越牢固、华丽时，国家的制度被削弱得就越来越严重。尽管在君主看来翰林学士有求必应、称心如意，彼此都有锦绣前程，实际上不过是君主们在集体犯错，做了养虎遗患的事。

属于集贤殿的学士、直学士，属于门下省弘文馆的学士、直学士都是职事官，有品级。集贤殿、弘文馆各级学士在唐朝结束之前仍然具有活性，"昭宗龙纪元年（龙纪历一年，889年）三月，以右仆射、门下侍郎孔纬守司空、太清宫使、弘文馆大学士、延资库使、领诸道盐铁转运使。以右仆射、门下侍郎、集贤殿大学士杜让能为左仆射、监修国史、判度支。以中书侍郎、户部尚书、同平章事张濬为集贤殿大学士、判户部事。《旧唐书·卷20上·昭宗纪》P98。昭宗天佑元年（904年），正月，以兵部尚书崔远为中书侍郎、同平章事、集贤殿大学士。《旧唐书·卷20上·昭宗纪》P103。他们确实已经强大到君王也不能轻易约束，反噬能力已经不容忽略。即使翰林院距离皇帝居所如此之近，皇帝的信任感还是不能因为距离及时建立"代宗大历十二年（777年）三月，"中书侍郎、同平章事元载专横，黄门侍郎同平章事王缙附之。上含容累年，载、缙不悛，上欲诛之，恐左右泄露，无可与言者，独与左金吾大将军吴凑谋之，凑，上之舅也。会有告载、缙夜醮，图为不轨者，庚辰，上御延英殿，命凑收载、缙于政事堂。《资治通鉴·卷225·唐纪41》P1542。由于元载在代宗即位后加集贤殿大学士，也是政事堂的一员，代宗没有任何学士、宰臣商议，而是与自己的舅舅吴凑做出决定。

翰林院既不属于中书省也不属于门下省，它是天子直辖的一个独立决策机构。天宝以后，在原来基础上，君臣都在积极尝试一种更灵活、更实用的政治架构，遗憾的是，由于学术倾向严重偏颇，专业性甚至常识性的知识在这个理论上重视知识的国家存在普遍缺乏现象。皇帝本人所负有的责任与其所受到的教育总体看来并不相称，所以，其中不胜任者多于玩忽职守者。实际操作者们对帝国险象环生同样负有不可推卸的责任，他们沉湎于如和何取悦于皇帝，在这方面他们有丰富的心得。以此而不是以获得确切的知识作为国家发展中的行为准则、目标，往往迫使道德品质与政治运行形成对峙，静止的政治模式无法始终为国家必要的发展相适应并提供支持，实际上它建立在一个相当松软的基础上，无法成为一个内涵不断扩充的国家有效载体。从学士享有过的尊重程度上看,这个国家没有理由不强盛、伟大,由于他们的意愿只有极少部分得到贯彻,使国家利益和个人幸福期望值大大降低,充满悲剧色彩。

学士,不论是翰林院还是集贤殿、弘文馆名下的学士,受到亲重,无形中将三省六部制空心化,帮助皇帝获得绝对的权力,三省六部虽未停摆,相关人员实际处于半失业的边缘,学士所受到的尊重,显示了知识型人才对决策的作用逐步取代了唐初有经验、威信的功臣。唐早期文书诏令都中书舍人掌握,或者是中书、门下两省中在职官员中文学修养出色的人负责,文学技术之人主要是备宴见。太宗时一些文学、名儒参与草制,并未成为一个独立的体系,到高宗时参与此类工作的文学名士被称为北门学士,玄宗时被选拔出来的文学之士已经是与集贤院学士分掌制诏书敕,开元末的翰林学士则专掌内命,号为内相。君王没有意识到这种变化有何不好,他们看到的是眼前的急需。

这是一个在学士的注视下失去的帝国。僖宗光启元年(885 年),时朝廷号令所行,惟河西、山南、剑南、岭南数十州而已。《资治通鉴·卷 256·唐纪 72》P1772。令狐涣、韩偓帮助一位君主复位已经殚精竭虑,帝王虽然对他们寄予莫大的希望,但他们仅仅是学士,而不是天赋异禀、开天辟地的人,那些人一直存在于帝国的四面八方,未能被国家及时辨识。

第四节　王座旁的陌生人

一、南衙北司

唐三省六部官署位于皇城内,皇帝与宦官居宫城位于长安城北,中央官署和宫城南北相对,前者因之称南衙、南司,宦官所在的内侍省则称北衙以及北司。

宦官的崛起——最后的巢穴

唐制,内侍省官有内侍四,内常侍六,内谒者监、内给事各十,谒者十二,典引十八,寺伯、寺人各六。"又有五局:即掖庭、宫闱、奚官、内仆、内府。皆有令丞皆宦者为之。太宗诏:内侍省不立三品,官以内侍为之长。阶第四,不仕以事,惟门阁守御、廷内扫除、廪食而已。……中宗时,黄衣乃二千员,……玄宗开元、天宝中,宫嫔大率至四万,宦官黄衣以上三千员,衣朱紫千余人,其称旨者辄拜三品。《新唐书·卷 207·宦者上》P625。贞观时代的克制精神被一个几乎同样伟大的君主所摧毁。

宫廷内的普通宦官身着黄衣,白居易的《卖炭翁》中的黄衣使者描写的就是他们,白衫儿者是宦官随从的装束。自贞元(德宗贞元元年为785年)以来,多令中官强买市人物,谓之宫市。《南部新书·甲》P88。这些宦官是受命而来,皇帝可能完全不知道他们到底在做什么,但是他们所做的一切据说都是皇帝的旨意。

玄宗开元十八年(730年)后的宦官进入一个幸福时期"是时上颇宠任宦官,往往为三品将军……杨思勖、高力士尤贵幸。……十九年,处死王毛仲后,"自是宦官势益盛。高力士尤为上所宠信。尝曰:力士上直,吾寝则安。故力士多留中,稀至外第,四方奏表,皆先呈力士,然后奏御。小者力士即决之,势倾内外。《资治通鉴·卷213·唐纪29》P1447。

宦官兴盛有两个原因:1. 开元、天宝时期,宫嫔与穿制服的宦官之比是10∶1,整个后宫俨然一个世界,每天有大量工作要做,一个宦官伺候平均负责伺候十位宫嫔,这些女性都是特殊的人,好用的宦官稀缺,变得很重要。2. 肃、代二帝加深对宦官的依赖,服务的对象从以后宫为主转移到以皇帝为主;从日常生活转移到政治军事等国家高级机密;从惟命是从的卑贱奴仆转换成皇帝的天然盟友。按《新唐书》的说法,德宗之后,所重用宦官的忠诚、安全系数代替了健全人的职业精神,军事素养,指挥天份等条件,成为帝国学术的解释者,社会的直接管理者,军队的主要指挥者,尤其是未经正式命名的皇家近卫部队—神策军,乃是宦官的乐园,培养了一大批离经叛道、无法无天、个性鲜明的人。这是主流社会一贯蔑视他们的一个后果,国家合法地使他们遭受不人道的际遇,但还是没法控制他们的思想,其强烈、持久负面影响波及国家的每个人,每个地方,直到国家的终结。《新唐书·卷207·宦者上》P625。

天宝十三年(754年)十一月,置内侍监二员,正三品。(注曰:玄宗开唐先例,杨思勖以军功,高力士以恩宠,皆拜大将军,阶至从一品。犹曰勋官。今置内侍监正三品,则职事官也。)《资治通鉴·卷217·唐纪33》P1475。肃宗乾元元年(759年)二月,以殿中监李辅国兼太仆卿。辅国依附张淑妃判元帅府行军司马,势倾朝野。三月立张淑妃为皇后。《资治通鉴·卷220·唐纪35》P1502。代宗(763年即位)尤宠宦官,奉使四方者,不禁其求取。尝使中使赐妃族还,问所得颇少,代宗不悦,以为轻我命,妃惧,遽以私物偿之。由是中使公求赂遗,无所忌惮。《资治通鉴·卷225·唐纪41》P1546。

枢密使出现在代宗永泰年间(元年为765年),它是枢密院长官的名称,并不掌管军事。'始以宦者为之,初不设司局,当有屋三楹,贮文书而已。其职掌唯承受表奏,于内中进呈,若人主有处分,则宣付中书、门下施行而已。……后僖、昭时,杨复恭、西门季元欲夺宰相权,乃于堂状后贴黄,指挥公事,此其始也。……昭宗天复元年(901 年),既诛刘季述,乃敕：近年宰相延英奏事,枢密院侍侧争论,纷然既出,又称上旨未允,复有改易,挠权乱政。自今并依大中(宣宗大中元年为 847 年)旧制,俟宰相奏事毕,方得升殿承受公事。盖当时所谓枢密使者专横如此。《文献通考·卷·58·职官考十二》P523。穆宗长庆元年(821 年),"翰林学士元稹与知枢密魏弘简深相结,求为宰相,由是有宠于上,每事咨访焉。"有威望的大臣裴度,(时任镇州四面行营都招讨使)被元、魏视作主要障碍,"稹无怨于裴度,但以度先达重望,恐其复有功大用,妨己进取,故度所奏画军事,多与弘简从中沮坏之。"裴度相信这对国家的损失更大,"若朝中奸臣尽去,则河烁逆贼不讨自平;若朝中奸贼尚存,则逆贼纵平无益。"他多次上书强烈要求对这种现象予以纠正。"上虽不悦,以度大臣,不得已……以弘简为弓箭库使,元稹为工部侍郎,稹虽解翰林,恩遇如故。"《资治通鉴·卷 242·唐纪 58》P1662。这场公开的较量在穆宗长庆元年(821 年)十月,但在次年二月,毫无政绩的元稹仍被荒诞君王任以工部侍郎、同平章事。而在前线艰苦作战的裴度,在重重束缚下仍设法取得一些进展的情况下,则被元稹解除兵权,在东都安排了一个闲职。《资治通鉴·卷 242·唐纪 58》P1664。他们的专横并没有制度作保证,甚至他们的权力也不是公认的。"宣宗大渐,枢密使王归长、马公儒,等以遗诏立夔王,而左军中尉王宗实等入殿中,以为归长等矫诏,乃迎郓王立之,是为懿宗。久之,遣枢密使杨庆诣中书,独掸当时的宰相杜悰。杜对杨说"上践祚未久,君等秉政,以爱憎杀大臣,公属祸无日矣。"庆色沮去。《新唐书·杜佑传·附诸杜》P538。长庆年间的翰林学士李绅利用穆宗对他的信任,多次给枢密使王守澄结盟的宰相李逢吉制造麻烦。而在王守澄刚刚扶植了一个新君,气傲心高时,开府仪同三司、左卫将军兼内谒者监仇士良请以开府荫其子。唐五品以上皆得荫其子,而开府是从一品。他的权力使其成为一个庞然大物,他的要求也随之变得完全合法。但是事情进展不顺利,不信邪的给事中李中敏在申请书上批下这样的韵文："开府诚宜荫子,谒者监何由得儿?"除了不识字的,任何人都可以看出它具有多么浓烈的挑衅性。弄得仇士良既羞愧又气恼,得到宦官支持而为执政的李德裕乐于报效,以李中敏是杨嗣复之党的罪名将他赶出京城,到遥远的婺州担任刺史。《资治通鉴·卷 246·唐纪 62》P1693。

枢密使广泛参与国家最高决策,文宗开成四年(839 年),文宗病情严重,"命知枢密刘弘逸、薛季稜引杨嗣复、李珏两位在职宰相至禁中,"欲奉太子监国。中尉仇士良、鱼弘志以太子之立,功不在己,乃言太子幼,且有疾,更议所立。李珏曰：太子位已定，岂得中变？士良、弘志遂矫诏立瀍（即颖王）为太弟。是日，士良、弘志将兵诣十六宅，迎颖王至少阳院，百官谒见于思贤殿。"文宗逝世后，颖王即后来的武宗。在仇士良的指使下，太子李成美（他是文宗之兄敬宗第六子）等被赐死。由于对甘露之变一直耿耿于怀，"凡乐工及内侍得幸于文宗者诛贬相继。"武宗即位后，参与立太子的门下侍郎、同平章事杨嗣复丢掉相位，任为吏部尚书。门下侍郎、同平章事李珏坐为山陵使，又因出了一点责任事故，罢为太常卿。除此之外，还有一个疏忽大意的人丢了官。惯例："新天子即位，两省官同署名，谏议大夫裴夷直漏名，出为杭州刺史。"一说是他自己坚持不肯署名，"武宗立，中书舍人裴夷直视册牒不肯署，乃出为杭州刺史。《新唐书·卷148·张茂昭传·附裴夷直传》P499。"不论裴夷直当时是中书舍人还是谏议大夫，都属于两省，需要署名，裴夷直拒绝署名这也是有可能的。由于国家没有规定额定多少人未署名，新天子即属非法，但一个新天子对没有签名支持自己的人肯定会有不好的想法。《资治通鉴·卷246·唐纪62》P1693。[中书省中书舍人正五品上，中书省的右谏议大夫正四品下，门下省的左谏议大夫在代宗大历年间（大历元年为766年）由正五品上升至正四品下。]

大中十年（856年）十月，发表了以户部侍郎、判户部崔慎由为工部尚书、同平章事的"前此一日，令枢密宣旨于学士院，以兵部侍郎、判度支萧邺同平章事。枢密使王归长、马公儒覆奏邺所判度支应罢否？上以为归长等佑之，即手书慎由名及新命付学士院，仍云：落判户部事。《资治通鉴·卷259·唐纪65》P1717。判是高级官员兼任重要的低级官职的专用词。户部四司：户部、度支、金部、仓部。崔慎由担任工部尚书同平章事，次日兵部侍郎、判度支萧邺同平章事，枢密使进一步确认是否应该罢免萧邺判度支的职务，宣宗充分考虑了枢密使的意图，决定崔慎由不再判户部事，而萧邺继续保有度支的重要职位。十一年七月，以兵部侍郎判度支萧邺同平章事，仍判度支，同年十二月才罢判度支。

枢密使职务固然很重要，但是因人而宜。武宗会昌三年（843年）五月，为了让翰林学士承旨崔铉担任中书侍郎、同平章事。"武宗夜召学士韦琮，以铉名授之。令草制。宰相、枢密皆不之知。时枢密使刘行深、杨钦义皆愿悫，不敢预事，老宦者尤之曰：此由刘杨懦怯，堕败旧风故也。《资治通鉴·卷247·唐纪63》P1701。对一个皇帝的忠诚并不意味着对继位者也是可靠的。忠于文宗的知枢密刘弘逸、薛季稜在仇士良的怂恿下被武宗相继赐死。仇并未将他们引为同类。皇帝也没有因他们的职务姑息迁就。《资治通鉴·卷246·唐纪62》P1694。

枢密使的影响曾有长时间中断。

僖宗时有影响的将军杨复光死后,一向对他又怕又恨的宦官田令孜十分高兴,立即将杨将军的兄长枢密使杨复恭降为飞龙使。"令孜专权,人莫与之抗,惟复恭与之争得失,……复恭因称疾归蓝田。"《资治通鉴·卷 255·唐纪 71》1767。唐僖宗中和三年(883 年)正月,当时田令孜的职务是特为他所设:上以令孜为十军兼十卫观军容使。《资治通鉴·卷 255》P1765。"僖宗即位,擢田令孜神策军中尉,……令孜知帝不足惮,则贩鬻官爵,除拜不待旨。……有诏以令孜为十军十二卫观军容制置左右神策护驾使。"《新唐书·卷 208·宦者传·田令孜传》P629。光启二年'田令孜自知不为天下所容,乃荐枢密使杨复恭为左神策中尉观军容使,自除西川监军使。《资治通鉴·卷 256·唐纪 72》P1775。不仅可以推荐高级职务,还可以自己任命自己。而杨复恭在唐昭宗大顺二年(891 年)成为六军十二卫观军容使,左神策军中尉,总宿卫兵,专制朝政。诸假子皆为节度使、刺史,又养宦官子六百人,皆为监军,成为朝庭一个新的问题。《资治通鉴·卷 258·唐纪 74》P1792 昭宗时代的枢密使换了名字,昭宗光化三年(900年):……上素疾宦官枢密使宋道弼、景务脩专横。崔胤(同平章事、充青海节度使)日与上谋去宦官,宦官知之,由是南北司相憎嫉,各结藩镇为援,以相倾夺。时称良相的王抟担心矛盾激化后引起无法控制的动荡,建议皇帝对宦官的处理上采用稳妥而不过于激烈的方法。结果被崔胤、朱全忠联手击败,罪名是与宋道弼、景务脩内外勾结,先后被贬继而赐死。抟已位极人臣,为何还要这样作? 对此中隐情,软弱的昭宗是了解的,但在强藩与跋扈之臣的面前他颤抖起来。《资治通鉴·卷 262》P1816。昭宗天复元年(901 年),枢密使的权力遭到有效遏制,敕曰:近年宰相延英对事,枢密使侍侧,争论纷然,既出,又称上旨未允,复有改易。挠权乱政。自今并依大中(懿宗年号)旧制,俟宰相奏事毕,方得升殿承受公事。《资治通鉴·卷 262·唐纪 78》P1819。这说明一段时间内枢密使实际相当于宰相。天祐二年(905 年,哀帝于天祐元年八月已经继位,未改元。)十二月枢密使被正式取消。《资治通鉴·卷 265·唐纪 81》P1841。最后一任枢密使蒋玄晖被朱全忠所杀,唐国家也比他的命运长不了多少。他被逮捕后还有个王殷"权知枢密,赵殷衡权判宣徽院事。"非正式。《资治通鉴·卷 265·唐纪 81》P1842。

枢密院分东、西两院。东院为上,西院为下。《资治通鉴·卷 263·唐纪 79》P1829。昭宗天复三年(903 年),王知古为上枢密院使,杨虔郎为下枢密院使。

二、宣徽院

唐中世以后,置宣徽院,以宦者主之。其大朝贺及圣节上寿,则宣徽院使宣答。当时,宣徽院的主要官员称供奉。在宪宗元和年间(元和自 806 年至 820 年),宣徽院的身份已足以令普通人闻风丧胆。"宣徽院五坊小使,每岁秋按鹰犬于畿甸,所至官吏必厚邀供饷,小不如意,即恣其须索,百姓畏之如寇盗。先是贞元末,(德宗贞元二十年为 804 年)此辈横暴尤甚,乃至张网罗于民家门及井,不令出入汲水,曰惊我供奉鸟雀。又群集于卖酒食家,肆情饮啖,将去,留蛇一篚,诫之曰:吾以此蛇致供奉鸟雀,可善饲之,无使饥渴。主人赂而谢之,方肯携蛇篚而去。《旧唐书·卷 170·裴度传》P532。穆宗长庆三年(823 年)四月,穆宗"赐宣徽院供奉官钱,紫衣者百二十缗,下至承旨各有差。《资治通鉴·卷 243·唐纪 59》P1667。宣宗时(847—859 年在位),宣徽院已分为南、北院。大中十三年(宣宗大中十三年为 859 年),宣宗为了让偏爱的第三子夔王李滋得以继立,嘱咐亲信的枢密使王归长、马公儒,宣徽南院使王居方来具体操作。此三人与神策军右军中尉王茂玄都为宣宗所器重,只有左军中尉王宗实与前三人合不来。三人将王宗实出为淮南监军,后者已接到调令,但他的副手,左军副使亓元实更有进取精神,在他的帮助下宗实闯入寝殿,发现五十岁的宣宗皇帝已撒手人寰。宗实斥责王归长等矫诏,归长等人顿时变得精神恍惚,以为真的是如此,全部跪下请求宽恕。王宗实于是命令没有参与阴谋的宣徽北院使齐元简迎立宣宗长子郓王,他成为后来的懿宗。大局稍微稳定后,王归长、马公儒、王居方被处死。"宣宗性明察沈断,用法无私,从谏如流,重惜官赏,恭谨节俭,惠爱民物,故大中之政,讫于唐亡,人思泳之,谓之小太宗。"《资治通鉴·卷 249·唐纪 65》1720。但是他肯定是喫酒了医官李玄伯、道士虞紫芝山人王乐研制开发的药以至于"疽发于背。"然后才不治而死。这些药不是为了长生,就是为了满足变态的生理欲望。他将国家储君大事托付给的人全是宦官,仍是一个好国王。降低君主的评估标准,反映社会进一步复杂化和人的精神趋于客观? 还是传统政治理念在治理国家中越来越困难?

"宣徽南、北院使,唐末旧官也。置院在枢密院之北,总内诸司及三班内侍等事。"叶梦得《石林燕语》P1796。不能确定神策军中尉、枢密使、宣徽南北院使的相互是统属关系还是平衡关系,但是宣徽院与枢密院互相兼职"以蒋玄晖为宣徽南院使兼枢密使,王殷为宣徽北院使兼皇城使。《资治通鉴·卷 264·唐纪 80》P1837 在后面的记载中显示,宣徽北院使地位低于南院使。"宣徽副使王殷、赵毅衡疾玄晖权宠,欲得其处。《资治通鉴·卷 265·唐纪 81》P1841。他们的确如愿以偿,玄晖被杀后,二人在天祐二年(905 年,昭宗在位最后一年)十二月得到任命"省枢密使及宣徽南院使,独置宣徽使一员,以王殷为之,赵毅衡为副使。

《资治通鉴·卷265·唐纪81》P1842。废除了枢密使而且宣徽院不再分南北院，宣徽使统管枢密、宣徽两院。

宣徽使所承担的使命可以看到它有过的荣耀，懿宗咸通二年（861年）二月，以中书令白敏中兼中书令，充凤翔节度使。以左仆射判度支杜悰兼门下侍郎、同平章事。一日，两枢密使诣中书，宣徽使杨公庆继至，独揖悰受宣。三相起（指在场的毕諴、杜审权、蒋伸三相），避之西轩。公庆出斜封文书以授悰，发之，乃宣宗大渐时，宦官请郓王监国奏也。且曰当时宰相无名者，当以反法处之。悰反复读，良久曰：圣王登极，万方欣戴。今日此文书，非臣下所宜窥。复封以授公庆。曰：主上欲罪宰相，当于延英面示圣旨，明行诛谴。公庆去。悰复与两枢密坐，谓曰：内外之臣，事犹一体，宰相、枢密共参国政。今主上新践阼，未熟万机，资内外裨补，固当以仁爱为先，刑杀为后，岂得遽赞成杀宰相事？若主上习以性成，则中尉、枢密权重禁闱，岂得不自忧乎？悰受恩六朝，（宪、穆、敬、文、武、宣，说话时懿宗在位）所望致君尧舜，不欲朝廷以爱憎行法。两枢密相顾默然，徐曰：当具以公言白至尊。非公重德，无人及此。惭悚而退。三相复来见悰，微请宣意。悰无言，三相惶怖，乞存家族。悰曰：勿为它虑，既而寂然，无复宣命。及延英开，上色甚悦。《资治通鉴·卷250·唐纪66》P1724。如果不是杜悰头脑清醒、优秀的应变能力，对肆意行事的宣徽使半劝解半威慑，一场屠杀不可避免。

宣徽使一直撑到了唐王朝最后的时刻，始终保持自己的位置并且活跃，僖宗广明元年（880年）"以枢密使西门思恭为凤翔监军，……以宣徽使李顺融为枢密使，皆降白麻于閤门出案，与将相同。《资治通鉴·卷253·唐纪69》P1752，昭宗乾宁三年（896年）七月，宣徽使元公讯召京畿都指挥、安抚制置韩建。《资治通鉴·卷260·唐纪76》P1808，《旧唐书·卷二十上·昭宗纪》P101，昭宗天复三年（903年），宣徽南院使仇承坦为右军中尉。《资治通鉴·卷263·唐纪79》P1829。

宣徽院作为一个机构比一个无数人千方百计呵护的王朝更有生命力。徐度在《却扫编》中写到：宣徽使本唐宦官之官，其所掌皆琐细之事。本朝（指宋）更用士人，品秩亚二府，有南北院，南院资望比北院尤优。然其职犹多因唐之旧。《却扫编·卷下》P1000。参见《资治通鉴·卷243·唐纪59》P1667，它在唐的作用对时局而言是应运而生，奖掖与贬损它均很容易，现在已很难准确理解当时生活在它浓荫中者的感觉，以现在的眼光来看，它是弊大于利，奇怪的是，它与枢密使、大学士对后世政治所产生的深远影响使它看来不仅是一种附着于人类生命的制度，更是人人可以亲历的感受。

宦官其他的重要职务：

1）阁门使：玄宗开元中以监察御史兼巡传驿，至二十五年，以监察御使检校两京馆驿。大历十四年（779 年，当年德宗继代宗位），两京以御使一人知馆驿，号馆驿使。"宪宗元和（元和元年为 806 年）年间，首先启用中人为馆驿使。当时的监察御使薛存诚及不少谏官相继表示反对，结果取消了任命。《资治通鉴·卷 250·唐纪 66》P1726。阁门使后来享有一定的司法权，咸通十三年（872 年，唐懿宗）五月，国子司业韦殷裕诣阁门，告郭淑妃弟内坊使郭敬述阴事。上大怒，杖杀殷裕，籍没其家。阁门使田献铦夺紫，改桥陵使，以其受殷裕状故也。殷裕妻父太府少卿崔元应、从兄中书舍人崔沆、季父君卿皆贬岭南，给事中杜裔休坐与殷裕善，亦贬端州司户。《资治通鉴·卷 252·唐纪 68》P1739。

咸通四年八月，敕以阁门使（唐中世以来阁门使以宦官为之，掌供奉朝会，赞引亲王）宰相、百官藩客朝见，这原本是中书通事舍人之职。过去馆驿使，一般是监察御史充任，宪宗元和以后开始任用宦官为馆驿使）吴德应为馆驿使。台谏上言：故事，御史巡驿，不应以内人代之。上谕以敕命已行，不可复改左拾遗刘蜕上言：自古明君所尚者，从谏如流，岂有已行而不改。且敕自陛下出之，自陛下改之，何为不可？弗听，《资治通鉴·卷 250·唐纪 66》P1726。皇帝始终无法接受意见。

2）馆驿使：唐中世置阁门使，以宦官为之，掌供奉朝会。赞引亲王、宰相、百官、蕃客朝见辞。唐初中书通事舍人之职也。咸通四年（863 年），以阁门使吴德应为馆驿使。台谏上言故事御史巡驿，不应忽以内人代之。上谕以敕命已行，不可复改。尽管不断有人反对，懿宗均拒绝采纳。《资治通鉴·卷 250·唐纪 66》P1726。

3）飞龙使：武则天万岁通天年（即 696 年）时置飞龙闲，以中官为内飞龙使。属殿中省管辖。《新唐书·卷 47·百官志》P135。唐僖宗光启二年（886 年），上复以飞龙使杨复恭为枢密使。这是三年后恢复杨复恭的职位。他弟弟左晓卫上将军杨复光是个忠诚勇敢的将军，在僖宗中和三年（883 年）逝世，田令孜一直畏惧他，杨复光逝世后，田令孜立即免其兄杨复恭枢密使为飞龙使，田令孜非常专权，人莫能与之抗，唯杨复恭与之争得失。《资治通鉴·卷 255·唐纪 71》P1767。

4）闲厩使：设于武后圣历元年（698 年），掌天子舆辇及牛马。

5）五坊使："五坊使杨朝汶妄捕系人，迫以考拷捶，责其息钱，遂转相诬引所系近千人。"引起宰相集团指责，宪宗召见杨"以汝令吾羞见宰相"。赐死。《资治通鉴·卷 240·唐纪 56》P1652。

三、神策军的来源

肃宗上元元年(760年),"初,哥舒翰(天宝十三年,754年)破土蕃于临洮西关磨环川,于其地置神策军。及安禄山反,军使成如璆遣其将卫伯玉将千人赴难。既而军地入土蕃,伯玉留屯于陕,累官至右羽林大将军。八月,以伯玉为神策军节度使。《资治通鉴·卷221·唐纪37》P1512。卫伯玉是一位杰出的将领,多次以少胜多,击败史思明的军队,他并非宦官。统领神策军的第一个宦官是鱼朝恩,"初,肃宗以陕西节度使郭英乂领神策军使,内侍鱼朝恩监其军,英乂为仆射,朝恩专将之,及上幸陕,朝恩举在陕兵与神策军迎扈,天子弟兵幸其营,及军师平,朝恩遂以军归其禁中,自将之,然尚未得与被军齿。至是朝恩以神策军从上屯苑中,其势浸盛。分为左、右厢,居北军之右矣。"《资治通鉴·卷223·唐纪39》P1530。如入无人之境的神策军,是一波政治惊涛,它来自一线涓涓细流:

1. 北军(北衙禁军)配置演变

元从禁军,贞观十二年,置左右屯营,诸卫将军领兵,其兵曰飞骑,其中选拔百骑作为皇帝亲随护卫。武则天永昌元年(689年)改为千骑,睿宗景云元年(710年)又改为万骑。

高宗龙朔二年,取府兵越骑、步射置左右羽林军。《新唐书·卷五十·兵志》P145。武则天时(685年)置左右羽林军,天授二年691年,置左右羽林卫。神龙元年(705年),又改回左右羽林军。开元二十六年(738年),从左右羽林军中分出龙武军,左右万骑营划归其下辖,左右万骑营和左右羽林在玄宗时称为北门四军,肃宗置左右神武军,统称北衙六军。驻扎皇宫之南的十六卫称南衙府兵。

神策军在天宝年间(元年为742年)出现,德宗兴元元年(784年)始分神策军为左右厢,内官分管。德宗贞元二年(786年)改为左右神策军。贞元三年(787年),殿前射声左右厢改左右神威军。"宪宗元和二年(807年),罢左右神威军额,合为一军,号天威军。元和八年天威军废,以其骑士分属左右神策卫。

2. 兵源

中宗景龙元年(707年),停户奴为万骑。玄宗先天二年(713年)诏:卫士二十五岁以上者充,十五年即放出。频经征镇者,十年放出。自今后,羽林飞骑并于卫士中简补。开元十二年,取京旁州府士。《卷一百三十八》P2605。天宝五年(746年)应募飞骑,在各郡县选拔。从德宗贞元四年(788年)诏书说的情况看,各地辄自召补的情况比较严重。肃宗至德二年(757年),左右神武二军中,其中一部分"任于诸色中简取。"诸色即色役身份,对应的为正役。

以上显示,兵源既有各种应募者,也有直接从诸卫抽调军人,对诸卫部队人员的稳定、完整是个危害。

3. 隶属关系

神龙时(元年为 705 年),右羽林将军(武则天大足元年,701 年,左右羽林各增将军一人,从三品。)敬晖为讨张易之、张宗昌向田归道(从三品)借千骑参战,被归道拒绝。敬晖在解决张易之后准备处死田归道,后者据理力争,虽然同为禁军,但属于番号不同的部队,同为从三品,各有隶属。同样,诸卫将军也无权调动禁军。敬晖仍不讲理地免去其职,但田归道得到中宗的认同,获得了太仆少卿的任命。

德宗兴元元年(784 年)始分神策军为左右厢,由内官分管。"旧制,内官为六军辟杖使。监视刑赏,奏察违谬。宪宗元和十三年(818 年),内出印六纽,赐左右三军辟仗使。同年,由于龙武军阙帅,由是命辟仗使主军。《唐会要·卷七十二·京城诸军》P1535。由宦官出任的辟仗使原本无印,现始赐印。神策军中尉一手操办神策军将领职务改转,只需要事后将有关公文直接移送中书、门下省完成手续,君主、省部等被视同无物,这恐怕是自惨烈的甘露之变后,自觉被困绑的唐文宗与宦官之间权力拉锯战中第一次获胜,收回了一点权力,神策军人升迁需要先闻奏,然后走后续的程序。

文宗开成三年(838 年)敕:左右神策所奏将吏改转,比多行碟中书门下,使覆奏处置。今后令军司先具闻奏状到中书,然后勘验进覆。《唐会要·卷七十二·京城诸军》P1536。

4. 作用

神龙元年(705 年),田归道为殿中监,押千骑,宿卫于玄武门。捍卫帝国内廷的劲旅是太宗百骑精兵扩展而成,率领他们的是明经及第的人,田归道和他麾下传统的军人们无法想到的是,这座声名远播的门内外,这支军队性质及其首长身份将发生瞠目结舌的变化。

影响与后果综述:

1. 百骑原本是府兵中的精兵,用于专门护卫君主,北衙部队迅速扩大是以府兵地位被疏远、降低,军队精锐离析为代价。

2. 基于百骑、千骑、万骑的近卫部队有个从制度上从属于到不属于诸卫管辖的过程。

皇帝禁军的地位是随着防备跋扈的权臣和军阀权力的等节节攀升而伸展

的,但是指挥亲军的权力很快被转移到宦官手中,从主管神策军、龙武军,赋予对禁军六军都有高度的监督权,到军队与文职官员的任免都需经过神策军签署,与中书门下形成平行执政的部门甚至权力高于中书门下的机构。以致权力过大的宦官替代权臣军阀成为皇帝新的危险,这是府兵制在不经意中被破坏的一个最为严重的后果。参阅《通典·卷二十八·职官》。禁军的衍变是帝国的缩影,帝王向权力之巅(经常是一个没有固定终点的旅程)进奋时,往往是伴随着对制度的破坏直至摧毁的过程。

当皇权变得越来越大,君主越来越为所欲为、肆无忌惮时,这颗绝无仅有的大苹果也就变得越来越香甜,不论是男人还是女人,好人还是坏人,都希望得到它。君主也会感知到自己的珍贵与危机,有形和无形的真实危险必然越来越多,需要保护的强度和紧迫性也就越来越高。北军也好,神策军也好,他们捍卫的第一目标是君主而不是其他,实际也这也决定了这些军队的性质以及战斗力,他们更容易利用君权攫取私利,贪婪无度、胡作非为,当国家需要军队出力时,那些将领们反而经常是顿时变得被动、颓废,乃至完全丧失行为的目的。是皇权畸形发展产生的宦官专权、皇权破碎社会混乱等一系列的问题。

太宗之后,各种弊端为何都涌现出来? 制度的有效期不是无限的,而一成不变的制度不可能在所有背景下都可以信赖,一旦失效,反而会产生有害物质,毒害社会。

5. 神策军编制

左右卫、左右骁卫、左右武卫、左右威卫、左右领军卫、左右金吾卫,谓之南衙十二卫。这是府兵。

德宗贞元二年(786 年)九月,神策军左右厢改为左右神策军,每军置大将军二人,秩正三品将军各二人,从三品。……其职田、俸钱、手力、粮料等,同六军十二卫。贞元十四年(798 年)诏云:左右神策军特为亲近,宜署统军,以崇禁卫,其品秩俸禄料一事以上,同六军统军例。《唐会要·卷 72·京城诸军》P1534。神策军的左右大将军定为正三品,左右神策军的共四位将军是从三品,与十二卫的大将军将军相同,其装备待遇都与十二卫相同。

宪宗元和三年(808 年),罢左右神威军额,合为一军,号曰:天威军。至八年,废天威军,以其骑士分属左右神策卫。

穆宗长庆二年(822 年),三月诏"神策、六军使及南牙常参武官(指十六卫上将军、大将军、将军)具由历功绩(由者,得官之由;历者,所历职任。即个人简历)牒送中书,量加奖擢,其诸道大将久次及有功者悉奏闻,与除官。应天下诸军,各委本道据守旧额,不得辄有减省。于是商贾胥吏争赂藩镇,牒补列将而荐之,即升朝籍。奏章委积,士大夫皆扼腕叹息。《资治通鉴·卷242·唐纪58》P1665。观察使、节度使这样的藩镇是商贾、低级官员买官的好渠道,方镇收钱后为那些人伪造简历,谎称是本镇军将,上报中书省,由朝廷正式授予官职,领取俸禄。这种行为已经相当公开,君主的本意是优待军人,但是这种腐败杂凑的军队很难形成合格的战斗力,又极大地败坏社会风气。

唐僖宗中和三年(883年)正月,以田令孜为十军兼十二卫观军容使"田令孜从幸蜀,募神策军为五十四部,离为十军,号神策十军。《资治通鉴·卷255·唐纪71》P1765。唐僖宗光启元年(885年)"初,令孜在蜀,募新军五十都,每都千人,分隶两神策,为十军以统之。又南牙北司官共万余员。《资治通鉴·卷255·唐纪71》P1772。

唐僖宗光启元年(885年)四月,以田令孜为左右神策军使,时值蜀中护驾,令孜招募新军五十四都,每都千人,左右神策军各二十七都,分为五军,田令孜总领之。《唐会要·卷72·京城诸军》P1537。左右神策军共54000人,分为五军,每军10800人,神策军左右两军各有二十七部,左右军各27000人。

宦官们习惯于横蛮霸道,滥杀无辜,除了取悦权势,并没有正确解决问题的能力。国家允许这样一些胡作非为的担任重要职务是莫大的错误。

宦官统领军政

德宗贞元八年(792年),左神策大将军柏良器募才勇之士,以易贩鬻者,监军窦文场恶之,会良器妻族饮醉,寓宿宫舍。十二月,良器坐迁右领军,自是宦者始专军政。《资治通鉴·卷234·唐纪50》P1607。柏良器因为引进一批合格的战士,替换神策军中来骗取身份的生意人等,遭到宦官的仇视,将他贬职赶出神策军,宦官窦文场为首开始掌控军政。

神策军护军中尉

贞元十二年(796年)六月,以监勾当左神策窦文场,监勾当右神策霍仙鸣,皆为护军中尉,监左神威军使张尚进,监右神威军使焦希望皆为中护军。这被认为是神策中尉之始。而且是以职事官地位掌禁军,"初上置六统军视六尚书,以处节度使罢镇者。相承用麻纸写制,至是,文场讽宰相比统军降麻。翰林学士郑絪奏言:故事,惟封王命相用白麻,今以命中尉,不识陛下特以宠文场邪?遂为著令也?德宗也感到文场等急于求成,推心置腹对他们说,"武德贞观时,中人不过员外将军同正耳,衣绯者无几。自辅国以来堕坏制度,朕今用尔,不谓无私。

若复以制麻宣告天下,必谓尔胁我为之矣。文场叩头谢,遂焚其麻,命并统军自今中书降敕。明日上谓绅曰:宰相不能拒中人,朕得卿言方悟耳,是时窦、霍势倾中外,藩镇将帅多出神策军,台省清要,亦有出其门者矣。《资治通鉴·卷235·唐纪51》P1614。

这样的例子很多,贞元十二年(796年)五月,邠宁节度使张献甫去世。监军杨明义(宦官)请都虞侯杨朝晟权知留后,月底就发表了以朝晟为邠宁节度使的正式任命。《资治通鉴·卷235·唐纪51》1614。宦官的意见成为了决定。

宦官的势力扰乱军队,德宗贞元十四年(798年),八月置左右神策统军,时禁军戍边,廪赐优厚,诸将多请遥隶神策军,称行营,皆统于中尉。《资治通鉴·卷235·唐纪51》P1616。虽然宠爱非常,由于神策军首长不是以才能而是因爱所得,所以这支开销浩大,人数众多的部队战斗力十分可疑。而在非神策部队中,宦官的参与也增加了混乱程度。贞元十六年,出身于神策军的夏绥节度使韩全义,由于窦文场在皇帝面前的大力推荐,被任命为蔡州四面行营招讨使,十七道兵皆受全义节度。然而大敌当前(敌军吴少诚),重兵在握的"韩全义素无用略,专以巧佞货赂结宦官,得为大帅,每议军事,宦官为监军者数十人坐帐中,争论纷然,莫能决而罢。"《资治通鉴·卷235·唐纪51》P1618。贞元十八年,左神策军中尉,窦文场致仕,以副使杨志廉代之。《资治通鉴·卷236·唐纪52》P1620。贞元十九年,右神策中尉副使孙荣义为中尉,与杨志廉皆骄纵招权,依附者众,宦官势益盛。《资治通鉴·卷236·唐纪52》P1620。顺宗永贞元年(805年),"时顺宗失音,不能决事,常居宫中,施廉帷,独宦官李忠言侍左右,百官奏事,自帷中可其奏。《资治通鉴·卷236·唐纪52》P1622。

神策军的统领成为宦官后,宦官集团能量值发生质的变化,宪宗元和年间(806—820年),当时宦官势力出现两个发展方向;1. 不断拓展地方势力:元和四年(809年),以左神策中尉吐突承璀为左右神策、河中、河阳、浙西、宣歙等道行营兵马使、招讨处置等使。翰林学士白居易对此强烈不满:为国家征伐,当责成将帅,近岁始以中使为监军,自古及今,未有征天下之兵专令中使统领者也。今神策军既不致行营节度使,则承璀乃制将也;又充诸道招讨处置使,则承璀乃都统也。臣恐四方闻之,必窥朝廷,四夷闻之,必笑中国。陛下忍令后代相传云以中官为制将都统自陛下始乎?政治上有成就的宪宗对这个重要的意见没有引起重视,他多次站在胜利之上,却仍然看不清未来。2. 在原有宫廷内势力已经达到控制局面的级别。代宗是宦官所立,穆宗之前的宪宗被宦官所弑。穆宗之后,宦官参与了穆宗(820年即位)、文宗、武宗、宣宗、懿宗、僖宗、昭宗七个皇帝的废立。时间顺序排在穆宗之后的敬宗是个猎狐好手,自己却宦官刘克明所杀。太和九年(835年)九月,"宪宗之崩也,人皆言宦官陈弘志所为,时弘志为山南道监军。李训为上谋召至青泥驿,杖杀之。"《资治通鉴·卷245·唐纪61》P1685。君主死因不明,十五年以后才清算,还是以隐秘谋杀的形式,可能是迟迟未找到证据,也可能是君权已经十分孱弱。

代宗李豫(762—779年在位)是在宦官李辅国、程元振的帮助下才得继立。面临外忧内患。安史之乱未平,拥兵自重的节度使与中央的对抗行为也甚嚣尘上,回纥与吐蕃人对中原州县的冲击波更令政府疲于奔命。由最信赖的人掌管一支可靠、有战斗力的部队,从来没有像现在如此迫切。并甘冒破坏他伟大的祖先辛辛苦苦建立的制度危险。他的时代不乏创新:有些是出于自愿,有些是被迫。

神策军迅速发展过程中也不时遭到一些政治挫折。元和四年(809年),左神策军吏李昱贷长安富人钱八千缗,满三岁不偿,京兆尹许孟容收捕械系,立期使偿,曰期满不足,当死。一军大惊,中尉诉于上,上使中使宣旨付本军,孟容不之遣,中使再至,孟容曰:臣不奉诏,当死。然臣为陛下京畿,非抑制豪强何以肃清辇下?钱未毕偿,昱不可得。上嘉其刚直而许之,京城震栗。《资治通鉴·卷238·唐纪54》P1634。类似的事在元和十一年又在另一任京兆尹的身上重演。十一月,给事中柳公绰为京兆尹,公绰初赴府(指上任)有神策小将跃马横冲前导,公绰驻马杀之。上色甚怒,诘其专杀之状,对曰:陛下不以臣无似(不肖意)使待罪京兆,京兆为辇毂师表今视事之初,而小将敢尔唐突此乃轻陛下诏命,非独慢臣也。臣之杖杀无礼之人,不知其为神策军将也。上曰:何不奏?对曰:臣职当杖之,不当奏。上曰:谁当奏者?对曰本军当奏,若死于街衢,金吾街使当奏,在坊内,左右巡使当奏。上无以罪之,退谓左右曰:汝曹须作意此人,朕亦畏之。《资治通鉴·卷239·唐纪55》P1647。

神策军宦官统领可以说是因为对手逾强是变得越来越强,神策军在挫折中壮大,引起文宗的警觉。太和四年(830年),"上患宦者强盛,宪宗,敬宗弑逆之党犹在左右者。中尉王守澄尤专横,上不能制。"密与翰林学士宋申锡商量对策,宋的意见是不能急于求成,等待时机。《资治通鉴·卷244·唐纪60》P1677。宋申锡不久被文宗任命为相,但他用人不当,泄露了对付宦官的思想,反而被守澄等诬陷,文宗竟然相信构陷词,牛僧孺提出宋已位极人臣,他谋反的目标何在?上似乎有所觉悟,但宋仍被贬职。《资治通鉴·卷244·唐纪60》P1678。文宗没有想到裁撤神策军的编制,或颁布新规管紧宦官,想到的换一批人再试试运气

"李训起流人,期年致为宰相,天子倾意任之,训或在中书,或在翰林,天下事皆决于训。《资治通鉴·卷245·唐纪61》P1685。太和九年(835年)九月."时注(郑注)与李训所恶朝臣,皆指目为二李之党(李德裕、李宗闵)贬逐无虚日,班列殆空,廷中恟恟。"《资治通鉴·卷245·唐纪61》P1685。李、郑二人要对付不同派系官僚,百忙之中又要对付宦官。李训的职务是兵部郎中、知制诰,侍讲学士。郑注的职位是工部尚书,翰林侍讲学士。太和九年五月以士良为左神策中尉。《资治通鉴·卷245·唐纪61》P1684。以"右神策中尉、行右卫上将军、知内侍省事,为左神策观军容使,兼十二卫统军。"这串官衔一下戴在一个人头上,是李训、郑注的才智,是要以虚名尊崇王守澄,实夺其权。《资治通鉴·卷245·唐纪61》P1685。郑注、李训都得到王守澄提携,他们消灭了王守澄,实际上自己仍败于宦官之手,继起的仇士良有过之而无不及,他是仇士良推荐给文宗用于分散王守澄权力的。甘露之变(太和九年十一月)后"数日之间,生杀除拜,皆决于两中尉。时天下事皆决于北司,宰相行文书而已。宦官气益盛,迫胁天子,下视宰相陵暴朝士如草芥。《资治通鉴·卷245·唐纪61》P1687。尽管享有唐文宗绝对的信任赋权,强大如郑注、李训,仍被宦官一击毙命,中尉权力达到极致不仅是竞争对手的能力问题,还有体制本身存在致命的弊端。另外一些机构并不比宦官行事更为严谨客观,公平与不公平,当宦官被作为一个整体贴上标签后,不论不同阶层的宦官之间差异如何大,他们都必须为宦官这个名字奋斗。谁没有绝对权力,谁就会饱受不公。这使得因为身体原因社会声誉处于弱势的宦官集团相对团结,随时准备以命相搏。

文宗大和九年(835年),甘露之变后,"时禁军横暴,京兆尹张仲方不敢诘,宰相以其不胜任,出为华州刺史。以司农卿薛元赏代之,元赏常诣李石第(时任户部侍郎、判度支,同平章事),闻石方坐听事,与一人争辩甚喧,元赏使觇之,云有神策军将诉事。元赏趋入责石曰:相公辅佐天子,纪纲四海,今近不能制一军将,使无礼如此,何以镇服四夷?即趋出,命左右擒军将俟于下马桥。元赏至,则已解衣跣之矣,其党诉于仇士良。士良遣宦者召之曰:"中尉屈大尹"。元赏曰:属有公事,行当继至。遂杖杀之。乃白服见士良,士良曰;痴书生何敢杖杀禁军大将?元赏曰:中尉,大臣也。宰相亦大臣也。宰相之人若无礼于中尉,如之何?中尉之人无礼于宰相,庸可恕乎?中尉与国同体,当为国惜法。元赏已囚服而来,惟中尉死生之。士良知军将已死,无可如何,乃呼酒与元赏欢饮而罢。《资治通鉴·卷245·唐纪61》P1688。

甘露之变后,神策军变得更为霸道,将领与属官升迁毋须向唐文宗上奏批准,直接发文至中书省过一道审核后即予以施行,中书省几乎每天都有神策军属员升迁文件要审核批准。(开成(文宗开成元年为 836 年)以来,神策将吏迁官,多不闻奏,状至中书然后检勘施行,迁改殆无虚日。(注曰:甘露之变后宦官专横遂至于此。)文宗看到宦官风生水起喜忧参半,他是王守澄拥立,和宦官们有共同的甜蜜回忆,但家奴如此嚣张又超出了他的耐性,三年春,仇士良的刺客让宰相李石几乎丧命,文宗的太子在这年九月实际上被废黜,这一年的水害、蝗灾也堪称严重,文宗本该颓丧,但他似乎很振作,支撑来自昭仪节度使刘从谏,想要火中取栗的实力派公开上书支持宦官在甘露之变中已经战胜的敌人,似乎重新崛起的藩镇让风头正劲的仇士良有所收敛,文宗的梦想因之苏醒,开成三年(838 年)九月,要求神策将领官吏的升迁必须先经文宗本人审核(始诏神策将吏改官,皆先闻奏状至中书,然后检勘施行。(注曰:先闻奏于上,禁中以其状付中书,方与检勘由历而施行之。《资治通鉴·卷 246·唐纪 62》P1691。)文宗让宦官守规矩,自己倒想例外,他找到起居舍人魏谟想要违规取《起居注》阅读,被拒绝。宦官权力一个重大特点就是易于违反常规,君权也时常如此,彼此爱恨交加,此消彼长。

昭宗光化三年(900 年),崔胤与昭宗谋尽诸宦官的计划没有实施,但显露痕迹,左右军中尉刘季述、王仲先,枢密使王彦范、薛齐偓等发动兵变,强迫崔胤以下百官连署,废黜昭宗。《资治通鉴·卷 262·唐纪 78》P1818。天复元年(901 年),刘、王彦范、薛齐偓皆被杀。《资治通鉴·卷 262·唐纪 78》P1819。

国家给予神策军优厚的待遇,其支出来自税收,陆贽(754—805 年)指出"衣粮所领,厚逾数等,又有素非禁旅,本是边军,将校诡为媚词,因请遥隶神策,不离旧所,唯改旧名,其于廪赐之饶,遂有三倍之益。《资治通鉴·卷 234·唐纪 50》P1608。神策军在军费方面享有特权的情况没有因为陆贽的批评意见得到任何改变,元和十五年(820 年)正月,宪宗逝世后,中尉梁守谦等宦官共立太子,杀完人后,"赐左右神策军军士钱人五十缗,六军、威远人三十缗,左右金吾人十五缗。《资治通鉴·卷 241·唐纪五十七》P1657。左右龙武、左右神武、左右神策号六军,中唐以后,左右羽林、龙武、神武六军称为北衙六军,神策已经单独列出,赏赐远高于其他受赐者。左右金吾即十二卫中的左右金吾卫,威远是一支隶属鸿胪寺的禁军,汾州刺史贾耽入为鸿胪卿,时左右威远营隶鸿胪卿,耽仍领其使。《旧唐书·卷一百三十八·贾耽传》P456。这支禁军驻扎在南市。"至天宝八载十月五日,西京威远营置南市。"《唐会要·卷八十六·关市》P1873。南市的位置在安善坊。唐高祖时的三万元从禁军因为驻守在皇城北面,称为北衙。唐玄宗时称左右万骑营和左右羽林为北门四军。

在武宗会昌元年(841年),刚刚被仇士良立为皇帝的武宗出人意料地把信任的目光投向了李德裕,而不是为他当皇帝冒了风险的仇士良,令这位宦官很不高兴,他虽然被加观军容使,但这个大局感很强的人仍很不满,会昌二年,骠骑大将军、楚国公仇士良宣称,宰相(主要指李德裕)已与度支商议并草制,减少禁军军需数量。仇士良这样说是为了鼓动禁军们自发专门针对决策者的抗议行动。武宗听到李德裕转述后大怒,立即派中使到神策两军宣谕,没有这样的紧缩计划,"且赦书皆出朕意,非由宰相,尔安得此言?"士良乃惶恐称谢。强硬的武宗让自恃功高、自我陶醉的仇士良从心理上遭到一次重大打击。《资治通鉴·卷246·唐纪62》P1696。狼性实足的仇士良自此萌生去意。

后来国家局势动荡,需要自行抢夺以获得收入"先是,安邑解县两盐池皆隶属盐铁,置官榷之。中和(唐僖宗中和元年为881年)以来河东节度使王重荣专之。岁献三千车以供国用。田令孜奏复如旧制,隶盐铁。光启元年(僖宗885年)四月,令孜自兼两池榷盐使,收其利以赡军。重荣上章论诉不已,五月,令孜徙重荣泰宁节度使。《资治通鉴·卷256·唐纪72》P1772。后来藩镇炙手可热,田令孜也手足无措,唐僖宗光启元年(885年)"是时藩镇各专租税,河南北江淮无复上供,三司转运无调发之所,度支惟收京畿、同、华、凤翔等数州租税,不能赡,赏赉不时,士卒有怨言,田令孜患之,不知所出。《资治通鉴·卷255·唐纪71》P1772。

"初杨复恭为中尉,借度支卖麹一年之利以赡两军,自是不肯复归,至是(天复元年,901年)崔胤草敕,欲抑宦官,听酤者自造麹,但月输榷酤钱,两军先所造麹,趣令减价卖之,过七月无得复卖。(草敕时为四月,昭宗改元的月份)《资治通鉴·卷262·唐纪78》P1820。崔胤时为司空,知政事,一说为司徒,"天复元年(901年)正月,崔胤进位司徒。"《资治通鉴·卷262·唐纪78》P1819。崔胤刚刚把昭宗从囚禁中解救出来,权势如日中天,宦官们对之无能为力,一片沉寂。只有同样受到损失的李茂贞公开表示不满。因为"近镇亦禁之。"《资治通鉴·卷262·唐纪78》P1821。但也好像除了因此与崔结下私怨外,卖酒曲之事也没有更新的发展。

神策军被兼管

早期对神策军的控制还是十分有效的,代宗大历十四年(779年,德宗于次年继位),以神策军都知兵马使、右领军大将军王驾鹤为东都园苑使,以司农卿白琇珪代之。更名志贞,驾鹤典禁兵十余年,权行中外,上恐其生变,崔祐甫(中书舍人)召驾鹤与语,留连久之,琇珪已视事矣。《资治通鉴·卷225·唐纪41》P1546。

德宗建中三年(782年)五月"诏朔方节度使李怀光将朔方及神策步骑万五千人东讨田悦。《资治通鉴·卷227·唐纪43》P1561。李怀光这样的将军可与神策军协同作战。

进士李鄘却急于去掉与神策军相关的封号,"元和(宪宗元和,806—819年)初,复拜京兆,以检效礼部尚书为凤翔陇右节度。《新唐书·卷146·李鄘传》P496。"是镇承前命帅,多用武将,有"神策行营"之号,初受命,必诣军修谒,鄘既受命,表陈其不可。诏遂去"神策行营"字,但为凤翔陇右节度。《旧唐书·卷157·李鄘传》P500。

神策军虽然由宦官总体支配,士兵却来源于社会各阶层。唐僖宗广明元年(880年),"神策军皆长安富家子,赂宦官窜名军籍,厚得禀赐。但华衣怒马,凭势使气,未尝更战阵。闻当出征,父子聚泣,多以金帛雇病坊贫人代行,往往不能操兵。《资治通鉴·卷254·唐纪70》P1754。"初,神策军使白志贞掌召募禁兵,东征死亡者志贞皆隐不以闻,但受市井富儿赂而补之,名在军籍受给赐,而身居市廛为贩鬻。司农卿段秀实上言,禁兵不精其数全少,卒有患难将何待之,不听。至是(德宗建中四年,783年十月)上召禁兵以御贼,竟无一人至者。《资治通鉴·卷228·唐纪44》P1566。神策军既不能将其士兵悉数以宦官充任,将领也不能尽用宦官,需要能干的军人办事,因此神策军将领中多人非宦官,虽然是宦官的军队,却不完全属于他们,这是宦官们一直没有办到的,他们甚至眼睁睁地看到神策军权力旁落,大部队服从旁人的指挥,随时有可能威胁到自己。在唐僖宗广明元年(880年)十一月。以神策军将罗元杲为河阳节度使。《资治通鉴·卷254·唐纪70》P1754。唐僖宗光启二年(886年)邠宁节度使朱玫以田令孜在天子左右,终不可去,自兼左右神策十军使。《资治通鉴·卷256·唐纪72》P1775。朱玫是强悍的藩镇让左右神策军首度不再掌握在宦官手中。身份最显赫的将领是昭宗天佑元年(904年)三月,任命已经大权在握的朱全忠,"兼判左右神策及六军诸卫事。"但他在神策军兼职不是为了拯救这支显赫一时的部队,而正是唐宦官的劫数。宦官的行为方式虽然必然朝坏的结果方向发展,但是终结他们的部分力量本身有问题或者更危险,不是来自道德正确产生的纠错功能。

宦官深度涉足军队的问题其实很容易发现,他们不是职业的军人,又由于人生大志就是争权夺利,故而往往做出匪夷所思的蠢事。但是不接受教训的皇帝还是前赴后继,德宗兴元元年(784年),"鱼朝恩既诛,代宗不复使宦者典兵,上即位,悉以禁兵委白志贞。志贞得罪,复以宦官窦文场代之。从幸山南,两军稍集。上还长安,颇怨宿将握兵多者,稍稍罢之。……以文场监神策军左厢兵马使、王希迁监右厢兵马使。《资治通鉴·卷231·唐纪47》P1586。德宗贞元七年(791年),"初,上还长安,以神策等军有卫从之劳,皆赐名'兴元元从奉天定难功臣',以官领之,抚恤优厚。禁军恃恩骄横,侵暴百姓,陵忽府县,至诟骂官吏,毁裂案牍。府县官有不胜忿而刑之者,朝笞一人,夕贬万里。由是府县虽有公之官,莫得举其职,市井富民,往往行赂寄名军籍,则府县不能制。"国家的对策是"诏神威六军士与百姓讼者委之府县,小事牒本军,大事闻奏,若军士陵忽府县,禁身以闻(即囚之)。委御史台推覆,县吏辄敢笞辱,必从贬谪。《资治通鉴·卷233·唐纪49》P1604。

为什么一支丑闻不断军队又在顽强甚至是幸福地存在? 神策军有它的现实作用,是随机的。穆宗长庆四年(824年)夏四月,两个无畏的冒险者:卜者苏玄明,染坊工人张韶,厌倦了自己的手艺,梦想着皇帝的富贵生活,后者很大程度受到前者蛊惑挑唆,秘密组织了一百余人斩关而来,冲入禁廷,造成一定的混乱,张韶、苏玄明甚至在清思殿坐上了皇帝专用的位子,共同品尝了为皇帝准备的食品。这是他们疯狂玩命行为的主要目的之一。而此前不久,穆宗正在户外满头大汗地击毬,球场上尘土飞扬,专注的穆宗好不容易才听清"宫廷正在受到不明身份者攻击!"这匪夷所思的消息竟然没有让皇上昏厥,君臣慌乱中扔下球杆,赶紧就近逃往左神策军营,当晚就宿于左军。左军中尉马存亮一向受穆宗冷遇,左右两军角技艺比赛时,穆宗总是公开偏袒右军中尉梁守谦,是右军的忠实拥趸。但马存亮可能是宦官中人品较好的一位,苏玄明、张韶事件中他抓住了机会,展示出了能力,他功劳最大,"存亮不自矜,委权求出。"后被任命为淮南监军使。《资治通鉴·卷243·唐纪59》P1670。马中尉指挥左军大将康全艺迅速出击,在右军的协助下,很快平息了骚乱。所有参加暴乱者全部处死,而暴徒所经过的每道门监门宦者依法本都应当判处死刑,但在两位中尉和其他有势力宦官的包庇下,只是处杖刑,而且依旧担任原职。《资治通鉴·卷243·唐纪59》P1670。

神策军最初是严重缺乏皇帝的秘密武器,随时在侧,以备万一,希望它有突发事件时管用,但是享有特权,待遇优厚,难免畸形发展,没有人可以防止它过分强大,它很快就不仅扰乱了秩序,也威胁到了皇帝。

四、观军容使

君王认为有了宦官直接指挥的神策军还不够,国家的主力军队也要像信任的宦官亦步亦趋。肃宗乾元元年（758 年）九月，上以郭子仪、李光弼皆元勋，难相统属，故不置元帅，但以宦官，开府仪同三司鱼朝恩为观军容宣慰处置使，观军容之名自此始。《资治通鉴·卷220·唐纪36》P1504，代宗广德元年（763 年）十月，车驾至华州，官吏奔散，无复供拟，扈从将士不免冻馁。会观军容使鱼朝恩将神策军向陕来迎，上乃幸朝恩营。《资治通鉴·卷224·唐纪40》P1532 观军容使是一个更重要的官职，虽然不能指挥郭子仪、李光弼两个战功卓著的将军，但是代表皇帝的旨意协调二人行动，仍然是重要的责任。重要到肃宗可能想不到，观军容使会有个人好恶，遇事情绪会出现变化，不是原原本本传递圣旨或事情的原委，而是断章取义。为了不被误解，郭、李两位德高望重的将军甚至需要在意一位宦官的个人意图，否则他有可能带给君王错误的信息，贻误战机。这本是不必要的设置，既然有产生这种错误设置的背景，国家一定面临诸多困难。不久后，观军容使的弊端就无情地显露出来。

代宗大历五年（770 年），观军容宣慰处置使、左监门卫大将军兼神策军使、内侍鱼朝恩专典禁兵，宠任无比。上常与议军国事，势倾朝野。朝恩好处广座，恣谈时政，陵侮宰相……元载虽强辩，亦拱然不敢应。……朝恩每奏事，必允为期，朝廷政事有不豫者，辄怒曰：天下事有不由我者邪？上闻之，由是不怿。《资治通鉴·卷224·唐纪40》P1535。君王们的烦恼还在后面，还有一些臭名昭著的人也成了观军容使，武宗会昌元年（841 年）八月，加仇士良观军容使。《资治通鉴·卷249·唐纪61》P1694[3]。君王不是闭着眼睛任命的，但是看到他们的所作所为后，通常会不相信自己的眼睛。帝国最误事的人在其中，唐僖宗广明元年（880 年）十一月，田令孜的正式职称是观军容使，临时兼职为"左右神策军内外八镇及诸道兵马都指挥制置招讨使。"飞龙使杨复恭为副使。《资治通鉴·卷254·唐纪70》P1754。唐懿宗广明元年（880 年）十二月，黄巢大军入关，观军容使田令孜为主策划的阻击战再遭重创，为了推脱责任，他归罪于翰林学士承旨宰相卢携，将其贬为太子宾客。并推荐任命了两位新宰相，以翰林学士承旨、尚书右丞王徽为户部侍郎；翰林学士、户部侍郎裴澈为工部侍郎，并同平章事，卢携当天就服毒自杀以死抗争。但田令孜仍是僖宗最信任的人。《资治通鉴·卷254·唐纪70》P1755。僖宗中和元年（881 年），左拾遗孟昭图对以田令孜为首的宦官集团提出措辞严厉的批评，可归纳为三点：1 去冬车驾西行，不告南司。致使宰相仆射以下，悉为贼所屠，独北司平善。2.……前夕黄头军作乱，陛下独与令孜、敬瑄及诸内臣闭城登楼，并不召王铎以下及收朝臣入城。翌日，又不对宰相，又不宣慰朝臣。臣备位谏官，至今未知圣躬安否，况踈冗乎？倪群臣不顾君上,罪固当诛诛;若陛下不恤群臣,于义安在? 3. 夫天下,高祖、太宗之天下,非北司之天下。天子者,四海九州之天子,非北司之天子。北司未必尽可信,南司未必尽无用,岂天子与宰相了无关涉,朝臣皆路人。如此,恐收复之期,尚劳圣虑。尸禄之士,得以宴安。臣躬被宠荣,职在裨益,虽遂事不谏,而来者可追。上奏转到田令孜处,他看后就私自处理,由他本人以皇帝的名义贬孟昭图嘉州司户,随即派人将其沉入水中淹死。这个上奏与命案传递的信息几乎可以让当时所有人都心灰意冷。《资治通鉴·卷 254·唐纪 70》P1758。最高决策集团则对此熟视无睹,新的任命像乱石一样飞过来:唐僖宗中和元年(881 年)正月,以右神策观军容使西门思恭为诸道行营都都监。《资治通鉴·卷 254·唐纪 70》P1759。唐僖宗文德元年(888 年)三月,僖宗病危,"皇弟吉王保长而贤,群臣属望。十军观军容使杨复恭请立其弟寿王杰,是日下诏,立杰为皇太弟,监军国事。即昭宗。《资治通鉴·卷 257·唐纪 73》P1783。观军容使杨复恭拒绝群臣立年长而且贤德的吉王李保的共识,立提议立寿王李杰,群臣无法拒绝,他就是后来的昭宗,这是观军容使的巅峰之作。

五、宦官之间的矛盾

普通宦官的地位千差万别,那些地位最高的宦官绝非最优秀的人。除所参加的活动范围,社会地位,担任的官职外,另一个可以代表宦官地位上升的标志是服装变化。"昭宗龙纪元年(889 年)正月,以翰林学士承旨、兵部侍郎刘崇望同平章事。十一月,上将祀圆丘,故事,中尉、枢密皆裤衫侍从,僖宗之世,已具襕笏,至是又令有司制法服。孔纬(时为宰相)及谏官、礼官皆以为不可。上出手札谕之曰:卿等所论至当,事有从权,勿以小瑕,遂妨大礼。于是宦官始服剑佩侍祠。"《资治通鉴·卷 245·唐纪 61》P786。他们的装束看起来与朝臣相差无几,但这是少数人,他们进入了特权阶层,他们是极权时代的产物,必然其中的多数人生活悲惨,敬宗宝历元年(825 年),"鄠县县令崔发闻外宣嚣,问之,曰:五坊(属宣徽院)人殴百姓。发怒命擒以人,曳之于庭,时已昏黑,良久诘之,乃中使也。上怒,收发系御史台。是日,发与诸囚立金鸡下,忽有品官数十人,执挺乱捶发,破面折齿,绝气乃去。数刻而苏,有继来求击者,台吏以席蔽之,仅免。上命复系发于台狱,而释诸囚。"……给事中李渤对长时间囚禁崔发提出异议,"县令不应曳中人,中人不应殴御囚。(敕旨所囚系者谓之御囚)其罪一也。县令所犯在赦前,中人所犯在赦后。中人横暴,一至少于此。若不早正刑书,臣恐四方藩镇闻之,则慢易之心生矣。谏议大夫张仲方上言略曰:鸿恩将布天下,而不行于御前;需泽遍被于昆虫,而独遗崔发。自余谏官,论奏其众。上皆不听。"李逢吉尝试从另一个角度进行劝说:崔发辄曳中人,诚大不敬(律以对捍制使,无人臣之礼,为大不敬。今崔发曳中使,故先以此罪坐之。)然其母故相韦贯之之姊也,年垂八十,自发下狱积忧成疾。陛下方以孝理天下,此所宜矜念。上乃愍然曰:此谏官但言发冤,未尝言其不敬,亦不言有老母。如卿所言,朕何不赦之? 即命中使释其罪,送归家仍慰劳其母,母对中使杖发四十。"唐刑法中没有杖四十的刑罚,最低五十,最高一百。但杖刑又高于笞刑,崔发母亲当宦官的面杖击了儿子四十,一位八十岁老人的杖击虽然是象征性的,但是使用杖而且数量是杖刑中没有的安排,实在意味深长。崔发母亲不能使用最低处罚——笞刑,那会引起可能是在暗讽宦官无事生非,再次刺激宦官们;不能不杖击自己无罪的儿子,因为给宦官集团、君王带来了麻烦;不施杖罚可以被认为是在轻视君主无罪释放的巨大恩典,本来没有什么能阻止君主施以重罚。敬宗眼中的崔发有罪,但君主孝道至上,悲天悯人,不忍八十老母悲伤,故此放归囚徒。崔府韦老大人无权对儿子自行处以徒、流以上的重刑,这与君主宽恕严重背离。完全不用刑更是不对,的为那类似是在为儿子洗涮,重申崔发清白无辜,正常履职。用杖 40 是精心、得体的安排。韦贯之出身世家,父亲担任过吏部侍郎,他本人在宪宗元和时任宰相,长庆元年(821 年)逝世前的最新任命是工部尚书,年长他十六岁的姐姐应该家教良好,懂得如何做最好。"游幸无常,昵比群小。视朝月不再三,大臣罕得进见。"的敬宗对此事倒是格外热心,他坚持处罚崔发是出于不尊重宦官,就是不尊重皇帝即他本人的逻辑,但崔发何尝不是国家在职官员? 就因为地方县令所处位置比宫廷中的宦官比皇帝远国家官员就比宦官就更疏远? 敬宗的心中君主比国家大。这件事反映当时宦官整体实力在敬宗的关照下有了实质性的增强,而君权也得到强调。宪宗时的下邽令裴寰与崔发遭遇大致相同,"宣徽五坊小使方秋阅鹰狗,所过挠官司,厚得饷谢乃去。下邽令裴寰,才吏也,不为礼。因构寰出丑言,送诏狱。当大不恭。"宰相武元衡同情裴县令,不过他的侧面劝说显然不得要领,弄得宪宗怒气冲冲的。时任御史中丞的裴度当宪宗面指出裴寰无辜,与宪宗争执起来,后者提起此事还相当恼火,不过他承认并不十分了解案情,在裴度坚持下作出让步,单方面要求约定:寰诚无罪,杖小使;小使无罪,且杖寰。度曰:责若此固宜。第寰为令,惜陛下百姓,安可罪? 帝色霁,乃释寰。《新唐书·卷 173·裴度传》P551。像崔发一样,皇帝的表情变化之后,审判程序也就省略了。只有象裴寰这种"性严刻"的官员以及崔发这种只看到是非没意识到自身安全隐患的人不时冒头,(加上何易于类似的人可能不在少数),宦官才不至于一路忘乎所以。但是两个县令在他们没有过失的前提下以失败结局,案件以这样出人意料又合乎现实的方式解决,说明不仅是个人的基本素质而且整个文化现状与国家发展严重不匹配。他们作为国家的在职官史况且如此,普通百姓遇此后的结果可想而知,绝对没有胜诉机会。这虽属个案,但很具有普遍性。

宦官们也不是一个整体,他们的随利益变化形成千变万化的组合,唐宪宗元和十五年"初,左军中尉吐突承璀谋立澧王恽为太子,上不许。"但是吐突承璀没有放弃,宪宗暴崩后,中尉梁守谦与诸宦官马进潭、刘承偕、韦元素、王守澄等共立太子即唐穆宗(李恽比他小),杀吐突承璀、澧王李恽。《资治通鉴·卷241·唐纪五十七》P1657。

文宗太和七年(833年)文宗憎恨郑注时,侍御史李款弹劾他,神策军右军中尉王守澄继续亲近郑注,在郑困难时王将其藏匿安全地带,左军中尉韦元素、枢密使杨承和、王践言三位宦官都憎恨郑,原本左神策军将领李弘楚与韦元素原本要设计杀郑注:元素伪装患病,诱骗郑注前来探视,然后取其性命。郑注以过人的应变能力使韦氏转而对自己入迷,再也无意伤害他,郑注逃过一劫,李弘楚反而忧急故世。太和八年,郑注倚仗王守澄权势膨胀,让文宗心急火燎,得到郑注帮助得以为宰相的王涯对李款弹劾文本和文宗的心情都进行了冷处理,王守澄完全无视反郑的声浪,奏郑注为侍御史、充右神策判官。复杂的关系中王守澄是绝对的中心,君主、大臣其他敌对宦官处境被动,王氏翻云覆雨,所以朝野骇叹。《资治通鉴·卷244·唐纪60》P1682。郑注后来又帮助文宗杀死王守澄,随即与李训准备一举清除宦官势力,甘露之变时二人俱败亡。《资治通鉴·卷244·唐纪60》P1682。郑注后来又帮助文宗杀死王守澄,随即与李训准备一举清除宦官势力,甘露之变时二人俱败亡。

宦官之间的矛盾是国家混乱的缩影,国家失去了自己传统的价值观,国家制度悉数被破坏,一切行为以眼前最现实,最自私利益组合而不计后果地展开、实施。

六、宦官势力兴盛的后果

1. 它是一个自成一体但相对松散的集团

作为一个国家机构概念也好,行为上的犯罪组织也好,宦官可以表现出默契、精确、反应灵敏的配合,一些人具有无所畏惧的胆魄,这些品质使得他们不能不被君主关注,想要加以利用。不过,宦官是一个巨大的群体,他们之间的矛盾也可以各种方式显露出来。敬宗宝应历元年（825年）十二月，敬宗与宦官刘克明、田务澄、许文端及击毬将军苏佐明、王嘉宪、石从宽、阎惟直等二十八人集饮。"上酒酣，入室更衣，殿上烛忽灭，刘克明等矫诏称上旨，命翰林学士路隋草遗制。"次日，宣读遗制，指定宪宗子绛王李悟勾当军国事。刘克明等人第一个目的实现后，另外一个野心是更换内侍中的主要实权派。这个密谋被泄露了，在任的枢密使王守澄、杨承和、中尉魏从简、梁守谦，即所谓四贵，迅速制定出相关对策，在神策军、飞龙兵的围剿下，刘克明等均被杀，绛王也死于乱军中。值得一提的是翰林学士韦处厚在这场宫廷之变中的作用，他以镇定、学识帮助王守澄找到正义位置之所在，国家所需恰当的人选、必要的礼仪以及此次冒险行为的全部意义。"当时甚从其言，时不假复问有司，凡百仪法，皆出于处厚，无不叶宜。"《资治通鉴·卷243·唐纪59》P1673。是危难中国家的需要使韦学士忘记了身份，还是学士与宦官之间并非天敌？可以作这样的推断，无论是翰林学士也好，宦官也好，他们首先会以身份定位，但决定性因素是本身的利益。卑贱的宦官挺而走险，冒天下之大不韪谋杀神圣的君主，绝非偶然。只有他们最清楚地看到天子的破绽，甚至有普通人的弱点，却无普通人的优点，而宦官们除了忍受别无选择。当他们自行采取行动可能还有一线希望时，人的本能会让他们将生死置之度外，或者根本没考虑后果。翰林学士除了随机应变，当然也可能会考虑到国家利益。对国家利益而言，当他觉得与不顺眼的人临时联合起来好处大于不合作。理智会令其选择前者，尤其对自身利益无害乃至有帮助时更是如此。

文宗末年曾对当直学士周墀有过一次推心置腹的谈话，开成四年（839年）十一月，病中的皇帝希望给自己的政治生涯作一个自我评价，有点脱离实际的周墀以诗一般的语言赞美他有圣德，可与尧、舜媲美。听者本人就冷静、客观多了，自比周赧王、汉献帝二位亡国之君。他甚至进一步论证说"赧、献受制于强诸侯，今朕受制于家奴，以此言之，朕殆不如。"《资治通鉴·卷246》P1692。他身体虚弱、情绪低落，止不住的泪水浸湿了他的衣服，对自己处于宦官的包围控制之中而不能自拔悲观。从此再也没有在办公的大厅和大臣一起讨论公事，（次年，即开成五年正月文宗逝世。）他如此压抑，为何不设法从根本上至少逐步予以解决？或者他的精神已完全被传统囚禁？现实令他现实中他跋胡疐尾，难有作为。由此可见，宦官势力的作为一种真实存在是多么危险，既要能够有作用，又要使其影响得到恰如其分的控制，它游移于有形与无形之间，君主从宦官这种设置中得到的补益因人而宜，往往比预期的小。单纯从国家利益来看，则它完全是多余的。

宦官首先是个人的,其次才是集体的,王守澄杀死同类刘克明等与文宗时仇士良杀死文宗信任的内侍的事例都在提醒国家、集团利益,在人的行为中,无论何时何地都一定有一个真核即根本利益之所在,如果看不到这个根本,你将看不清谁是决定性的力量。

2. 有人乐于交结众吏又有人凌驾于宰相

吕諲历太子通事舍人,性静慎,勤总吏职。诸僚或出游,諲独颓然据案,钩视簿最。……由中人慰荐,肃宗才之,拜御史中丞,所陈事无不顺纳。……上元（769 年为肃宗上元元年）初,吕諲加同中书门下三品。中人马尚言者素昵諲,为人求官,諲奏为蓝田尉。事觉,帝怒,令敬羽穷治。杀尚言,以其肉赐从官,罢諲为太子宾客。《新唐书·卷 140·吕諲传》P485。御史中丞敬羽以审讯方法层出不穷,凶狠酷毒令人闻风丧胆,这个案子实际上在肃宗那里已经判决了,敬羽心领神会,马尚言没有活着出来。

宰相李揆,山东甲族,位居台辅,见辅国执子弟之礼,谓之五父。《旧唐书·卷 184·宦官传·李辅国传》P574。

元稹在元和元年（806 年）获得制科第一,"长庆（长庆元年为 821 年）初,擢祠部郎中,知制诰。……俄迁中书舍人,翰林学士承旨。数召入,礼遇益厚,自谓得言天下事。中人争与稹交。魏弘简在枢密,尤相善,裴度弹劾二人,帝迫群议,乃罢弘简而出稹为工部侍郎,然眷倚不衰,未几,进同中书门下平章事。《新唐书·卷 174·元稹传》P553。

皇权、相权、宦官三种重要势力交织在一起,构成一个晦涩的图景,很难预测其未来。

3. 对行政权的日常干扰

李辅国求为宰丞,肃宗曰:以公勋力,何官不可？但未允朝望,如何？辅国讽仆射裴冕联章荐己。肃宗密谓宰丞萧华曰:辅国欲带平章事,卿等欲有荐章,信乎？华不对,问裴冕,曰:初无此事,吾臂可截,宰相不可得也。华复入奏,上喜曰:冕固勘大用。辅国衔之。《旧唐书·卷 184·宦官传·李辅国传》P574。不仅图谋宰相权柄,而且越俎代庖,对相权、司法权的弥补与干扰经常交替发生令君主又爱又恨:李辅国在肃宗至德二年（757 年）加开府仪同三司,封成国公,实封五百户。宰臣百司不时奏事,皆因辅国上决,常在银台受事,置察事厅子数十人,官吏有小过,无不伺知,即加推讯,府县按鞫,三司制狱,必诣辅国,取决随意,区分称制敕,无敢异议者。《旧唐书·卷 184 宦官传·李辅国传》P574。意气风发的李辅国让整个国家为之颤抖。

4. 对军事行动的干扰

肃宗乾元二年(759 年),史思明在魏州自称大燕王。著名将领李光弼提出,魏州敌军按兵不动是静候我军松懈,然后以精兵攻我军不备,我方应对魏州之敌采取围困紧逼战术,敌人必不敢轻出与我军迎战。这样经过段时间,固守邺城中之敌,就会因无援而陷入绝望、崩溃。建议因立即遭到观军容宣慰处置使鱼朝恩反对而被否决,结果镇西节度使李嗣业在随后攻强邺城之战中被箭射杀。郭子仪率领的九节度使大举攻邺城行动也进展甚微。史思明果然按李光弼所预计率魏州军向邺城运动,叛军成功地实施了骚扰战术,官军严重受挫,六十万官军在安阳河北布阵,与五万叛军决战,居然没有取得任何优势,双方损失相称,倒是官军无故自惊,连连溃退,损失大量军用物资。《资治通鉴·卷 221·唐纪 37》P1505。上元二年(761 年),观军容使鱼朝恩再次干扰李光弼"避敌锋芒、稳固防守、伺机出击"的军事部署,"中使相继督光弼,使出师。光弼不得已,仓促应敌。"加之投靠宦官势力的悍将仆固怀恩又违抗军令,致使官军大败,"死数千人,军资器械尽弃之。"《资治通鉴·卷 222·唐纪 38》P1513。勇敢的将军哥舒翰对吐蕃作战时也常要面临相似的难题。

随着时间的推移,宦官势力在这个境况不幸的王朝中持续扩大渗透。穆宗长庆二年(822 年),由于"诸节度既有监军,其领偏军者,亦置中使监阵,主将不得专号令,战小胜,则飞驿奏捷,自以为功;不胜,则迫胁,以罪归之。悉择军中骁勇以自卫,遣羸懦者就战,故每战多败。又凡用兵举动,皆自进中授以方略,朝令夕改,不知所从。惟督令速战,中使道路如织,驿马不足。掠行人马以继之。人不敢由驿路行。故虽以诸道十五万之众,裴度元臣宿望,乌重胤、李光颜皆当时名将,讨幽镇万余之众,屯守逾年,竟无成功,财竭力尽。《资治通鉴·卷 242·唐纪 58》P1664。

5. 宦官参政至少有四种明显的弱点

1)政治宦官自身学养的障碍。

2)传统思维对参政的禁忌。

3)身体缺陷的对心理健康的潜在影响。

4)民众对宦官认同律低。

越是不健全的人格,越是产生不正当的需求。虽然不能无限夸大生理缺陷对于心理的影响,必然带来人格缺陷,因为宦官中不乏本分、勤恳、忠心耿耿的人;但是这又是个受损的人群,他们中毕竟产生了大批滥用君主信任乃至擅自废立的狂徒。除非有君主的信任,他们没有其他仕途机会,如果没有权力,他们就将面临困难的处境,低级、受虐而且生活无望的,那是为一个特定物种合法设计的牢笼,没有人不想挣脱的困境,他们想要正常的生存。追逐权力是唯一的途径,而正是权力致其于此。他们不时对君主手段残忍,正是源自一种自然的复仇心理,为了一己之乐,不惜戕害他人的身体。

到会昌三年,唐武宗与仇士良的间隙进一步扩大,"上虽外宠士良,内实忌恶之,士良颇觉之,遂以老病求散秩。诏以左卫上将军兼内侍监,知省事。"《资治通鉴·卷247·唐纪63》P1701。

仇士良退休时一批宦官送行,他的临别赠言是:天子不可令闲暇,暇必观书。见儒臣则又纳谏智深减玩好,省游幸,吾属恩且薄,而权轻矣。为诸君谋,莫若殖财货,盛鹰马,日以毬猎声色尽其心,极侈靡使悦不知息,则必轻经术,闇外事,万机在我,恩泽权力欲焉往哉?众再拜,仇士良杀二王一妃,四宰相,贪酷二十年。《新唐书·卷二〇八·宦者传》P28,一年后他在家终老。

引入学士看似重视文化素养,实际上学士以皇帝的品位为尺度,缺乏公开自由专业的辩论,决策失误率更高,学士者在这种背景下已经沦为了普通的人,甚至变得不具有常识。

七、皇权、宰相、学士、宦官以及其他权力要素的纵向与横向关系及案例

想要做到顺从君主的意旨也并非易事,君王主动合作的意愿甚至也不能保障臣民人身稳妥。对君主而言臣民们处于被动的位置,正确或者错误,生与死,要仰仗君主理性与情绪。

政事堂原本是各种势力争夺的终极场所,政事堂的复杂性在于它既是国家的,也是是私人的。

"博涉经史,精究易象,善属文,尤工于诗的李泌曾被肃宗"延致卧内,动皆顾问。……解褐拜银青光禄大夫,俾掌枢务,至于四方文状,将相迁除,皆与泌参议,权愈宰相。……肃宗每曰:卿当上皇天宝中,为朕师友,下判广平王(肃宗长子,代宗李豫)行军,朕父子三人,资卿道义。其见重如此。《旧唐书·卷130·李泌传》P436。帝王将国事引入卧内,大臣将权力置于家旁,天宝十一年(752年),户部侍郎兼御史大夫、京兆尹王鉷,权宠日盛,领二十余使,宅旁为使院,文案盈积,吏更求署一字,累日不得前。中使赐賚不绝于门,虽李林甫亦畏之。"王鉷子甚至对玄宗爱女永穆公主的丈夫恶语相向。《资治通鉴·卷216·唐纪32》P1471[2]。皇权让王鉷几乎与皇权等身。

陆贽在德宗贞元八年(792年)任中书侍郎、同中书门下平章事,贞元九年二月,德宗使人谕陆贽,以"要重之事,勿对赵憬陈论,当密封手疏以闻。"《资治通鉴·卷234·唐纪50》P1608。虽然德宗似乎对赵憬很戒备、疏远,但在德宗贞元九年(793年)五月,赵憬又被任命为门下侍郎、同中书门下平章事,职务虽然已经达到巅峰,但是君主的疑虑似乎并未全消。赵憬像一只警惕的麋鹿,在丰饶飘香的政治田园嗅到了敌意"憬疑陆贽恃恩,欲专大政,排己置之门下,多称疾不豫事,由是与贽有隙。《资治通鉴·卷234·唐纪50》P1608。皇帝为何要结伙疏离自己的大臣,既然不信任为何又要任命为宰相? 但这就是政治现实,君王有自己的喜好,对待"规则、正确、合理、利国利民"这类概念究竟持何种态度? 他的臣民们难以揣摩,因为君主可以做各种选项,做看起来对自己有利的任何选项。对于所有受到委任的官吏来说,个人抱负、才华、进取心能否得到施展比不上升迁、门荫以及在官场上活下去更需要用心更重要,这就构成了帝国政治运作的主轴。李德裕指出,德宗末年(德宗在位最后一年为804年),"所听任者,惟裴延龄辈,宰相署敕而已。此政事之所以日乱也。《资治通鉴·卷246·唐纪62》P1693。此时君主还能将权力牢牢控制在手。君王的主导性多数情况下表现强势,除非年幼、体弱多病或者生性懦弱、愚钝。人类的本能,本土哲学所赋予的神性以及家族的熏陶,都让他们对权力敏感,控制欲强,武宗会昌元年(841年)二月,以御史大夫陈夷行为门下侍郎、同平章事。初,知枢密刘弘逸、薛季稜(二人均为宦官)有宠于文宗,仇士良恶之。上之立(指武宗继位),非二人及宰相意,故杨嗣复出为湖南观察使,李珏出为桂管观察使。士良屡谮弘逸于上,劝上除之,乙未,赐弘逸、李稜死,遣中使就潭桂州诛嗣复及珏。李德裕、崔珙、崔郸、陈夷行(均为宰相)三上奏,又邀枢密使入中书,使入奏。他们举德宗杀刘晏,后来德宗后悔,录其子孙;文宗疑宋锡申交通藩邸,窜谪至死,既而追悔,为之出涕等例子,劝导武宗"今不谋于臣等,遽遣使诛之。人情莫不震骇。愿开延英赐对。"武宗最终同意免杨嗣复、李珏一死。武宗随后向几位宰相抱怨李珏、薛季稜原本想要成王李成美在文宗后继立,杨嗣复、刘弘逸想要立的是安王李溶,武宗认为先掌握的信息可靠,所以他才痛下杀心。李德裕则一直认为缺乏可靠证据。武宗亲自任命的宰相陈夷行也加入了与武宗意见不同的一边,有可能增加武宗对反对意见的好感,这与其他有利因素合力帮助杨嗣复、李珏幸运地捡回性命,各自活着得到刺史的任命。《资治通鉴·卷246·唐纪62》P1694。

武宗会昌三年(843)五月,以翰林学士承旨崔铉为中书侍郎、同平章事,上夜召学士韦琮以铉名授之,命草制,宰相、枢密皆不之知。《资治通鉴·卷247·唐纪 63》P1701。"会昌末,崔铉以本官同平章事,为同列李德裕所嫉,罢相,位陕虢观察使。"《旧唐书·卷 163·崔元略附崔铉传》P514。以武宗任命崔铉为相的程序为例,武宗事先并未知会宰相。当时的宰相有:李德裕、李让夷、李绅、另有一个同平章事、充西川节度使的崔郸。《资治通鉴·卷 246·唐纪 62》P1695。有影响的人物还包括左卫上将军兼内侍监知省事仇士良(此时仇已渐失宠。)《资治通鉴·卷 246·唐纪 62》P1696,《资治通鉴·卷 247·唐纪 63》P1701。会昌元年的宰相陈夷行在去年已经罢相,任命崔铉之前三个月,即会昌三年(843 年),二月,中书侍郎、同平章事崔珙罢为右仆射。《资治通鉴·卷 247·唐纪 63》P1699。

武宗为何不信任这些宰相? 不仅罢黜,要背着在职宰相发布新任命,明显是在调整自己的权力支撑点。《新唐书·百官志》指出:"宰相事无不统,故不以一职名官,自开元以后,常以领它职,实欲重其事,而反轻宰相之体。故时方用兵,则为节度使;时崇儒学,则为大学士;时急财用,则为盐铁转运使。又其甚则为延资库使。至于国史、太清之类,其名颇多,皆不足取法。"这只说对了一部分,国家制度的正常运作秩序被打乱往往是缘于一种应激反应,通常是局部的,持续时间长,这一般是唐早期政治体系适应性欠佳,逻辑结构不够紧致,它们共同形成了一个长时间存在的应激源。与之相反的判断认为,正是因为秩序遭到破坏而衍生大量政治与社会问题,这些问题持续堆积制约,反过来又破坏本来大致合理、有效的制度。事实中,正反两面都存在不少相互矛盾但又同时实际成立的实例:

个人魅力抵消权位作用

吕諲的个人魅力幸运地直接产生效果"所陈事无不顺纳。……乾元二年(759 年)擢同中书门下平章事,知门下省。"《新唐书·卷 140·吕諲传》P485。不久,他又因为与宦官马尚言的友谊,接受其请托,为他人非法谋官,罢为太子宾客。吕諲为何要为一个低级的宦官铤而走险,他的仕途中得到过宦官的襄助,是为了回报? 还是当时赋予了宰相相关基本权力,只不过偶然地遇到肃宗随兴所至、节外生枝? 并不能无凭揣度,但是这里提示政事堂并非置身于世外,一位宰相必须善于处理好各种关系,至于这些关系共振下产生正面还是负面效果,本来主要取决于制度的成色,实际上要看每个人自己的机遇。

郑注是个出身低贱,容貌丑陋,视力差,甚至来历不明的人,成为朝中大臣,是个人能力强大的表现。从另一个角度分析,他又是这个混乱时期才会出现的怪物,他的仕途很少有步骤是通过正当途径,但是他不通过那些非常规方法,事事循规蹈矩,他可能贫贱一生,难以自存。

强势的个性有胜有负

李林甫为相,"谏官言事,皆先白宰相,退则又以所言白之;御史言事,须经大夫同署。"到肃宗至德元年(756年)才加以更改,"又以宰相分直政事笔,承旨,旬日而更。"《资治通鉴·卷217·唐纪33》P1481。李林甫担任宰相时,谏官向君主进谏的,必须事先告诉宰相具体内容,与君主说完后,还要如实向宰相汇报,御史有上奏的,必须与御史大夫同时署名。肃宗决定取消这些规定,这个想要改善现状的新君遏制宰相过度专权的进一步措施是让各位政事堂宰相轮流秉笔批文,十日一更换,以防止宰相擅政或者不作为。但是这种制度上预防措施过于简单。卢杞是德宗时著名的权相,他手中的相权是高度扩展的。卢杞为了使杨炎免相,谎称李希烈的部队进展迟缓是因为怨恨杨炎阻止对自己的高级任命,(其实是久雨不利行军)建议不如先免杨相位,以鼓励李希烈进军,战事平复后,再恢复杨的职位。德宗相信这个拙劣的谎言,建议得到实施。《资治通鉴·卷227·唐纪43》P1555。而杨炎为相时,"恶京兆尹严郢,左迁大理卿。卢杞欲陷炎,引郢为御史大夫。《资治通鉴·卷227·唐纪43》P1556。卢杞认为这样就可以方便地日夜伺机找出杨炎破绽,他们如愿以偿,很快有了绝佳机会,终于令一个在经济思想上有创见的人被陷害致死。而在杨炎案中惟命是从、密切配合的严郢,失去使用价值后,在德宗建中三年(782年),成为卢猜忌对象,卢将其贬为费州刺史,并死在那里。《资治通鉴·卷227·唐纪43》P1561。

"卢杞秉政,知上必更立相,恐其分己权,乘间荐吏部侍郎关播儒厚,可以镇风俗。"结果提名得到采纳,关播入相后,"事皆决于杞,播但敛衽,无所可否。上尝从容与宰相论事,播意有所不可,起立欲言,杞目之而止。还至中书,杞谓播曰:以足下端悫少言,故相引至此。暴者发口欲言邪?播自是不敢复言。《资治通鉴·卷227·唐纪43》P1562。卢杞要关播继续扮演寡言少语仁厚的形象,证明给德宗看。一位宰相形同木偶,二位宰相合伙糊弄君王,这样的人不可能办成利国利民的事。德宗建中四年(783年),经军事实力派李怀光施压,德宗将卢杞贬至新州为司马,不管李怀光个人人品怎样,这一举动在一般官员中应该是得人心的。但是仅一年后,贞元元年(785年)春正月,他遇赦移吉州长史。不久,德宗又拟起用卢杞为饶州刺史。给事中袁高应草制,执以见卢翰、刘从一(二人于德宗兴元年号即784年一同为相。参见《资治通鉴·卷234·唐纪50》P1608注)。曰:卢杞作相,致銮舆播迁,海内疮痍。奈何遽迁大郡?翰等不从,更命它舍人草制。乙卯,制出,高执之不下,且奏杞极恶穷凶,百辟疾之若仇,六军思食其肉。何可复用?上不听。补阙陈京、赵需上疏曰:杞三年擅权。(建中二年入相，四年贬）百揆失叙，天地神祇所知，华夏蛮貊同弃，傥加巨奸之宠，必失万姓之心。丁巳，袁高复于正牙论奏。（唐谓大明宫含光殿为正牙，亦称南牙）上曰：杞已再更赦。高曰：赦者止原其罪，不可为刺史。陈京等亦争之不已，曰：杞之执政，百官常如兵在其头颈，今复用之，则奸党皆唾掌而起。上大怒。左右辟易（言开远而易其故处）谏者稍引却。京顾曰，赵需等勿退，此国之大事，当以死争之。上怒稍解。戊午，上谓宰相，与杞小州刺史，可否？李勉曰：陛下欲与之，虽大州亦可。其如天下失望何？壬戌，以杞为澧州别驾。使谓袁高曰：朕徐思卿言，诚为至当。又谓李泌（帝文化教师，左散骑常侍）曰：朕已可袁高所奏。泌曰，累日外人窃议，比陛下于桓、灵。今承德音，乃尧舜之不逮也。上悦。杞竟卒于澧州。《资治通鉴·卷231·唐纪47》P1588。

卢杞式行为模式带来的问题：1. 降低分权的可信度。2. 制度运行中容易违背平章政事是建立合作精神平台的本意。3. 激活相权比限制权相困难。

要害职务提高人的价值也具有天然的风险

宰相整体作用由于政事堂不断有人进入和退出而具有很大的不稳定性，其次，由于他们不是自由组合而是拼凑起来，他们之间容易产生矛盾，常衮先参与了审判元载，然后为相，杨绾也是在元载死后入相，入相时间相近，担任职务也基本相同：常衮为门下侍郎、同平章事，太清宫使，弘文、崇文馆大学士；杨则中书侍郎、同中书门下平章事。集贤殿崇文馆大学士，兼修国史。由于代宗倾向于杨，杨生前一直在执政中占主导地位。常氏私下多出怨言，在杨死后，常衮才真正当国。《新唐书·卷150·常衮传》P504、《旧唐书·卷119杨绾传》P413、《旧唐书·卷119·常衮杨绾传》P415。长庆三年（823年）九月，李逢吉为相，"内结知枢密王守澄（他四月入知枢密），势倾朝野。唯翰林学士李绅，每承顾问，常排抑之。拟状至内庭，绅多臧否。逢吉患之，而上待遇方厚，不能远也。"拟状就是进状，指政府下一步的人事任免、财经政策等各项目的草案。翰林院在内庭，宰相拿来给皇帝过目时，穆宗往往会征求学士李绅的意见。而李往往采取不合作态度，这令李逢吉及其盟友十分头痛。当时御史中丞一职空缺，别有用心的逢吉"荐绅清直，宜居风宪之地。上以中丞亦次对官，不疑而可之。会绅与京兆尹、御史大夫韩愈争台参及他职事。文移往来，辞语不逊。逢吉奏二人不协。十月丙戌，以愈为兵部侍郎，绅为江西观察使。……辛卯，韩愈、李绅入谢，上各令自叙其事，乃深悟。壬辰，以愈为吏部侍郎，绅为户部侍郎。"次对官，指的是当上朝日，在宰臣奏事完毕后随后奏事的重要官员。穆宗之所以同意让李绅去御史台，就是考虑到他们见面的机会仍很多。他没有想到的是，李逢吉设计了一个圈套。

因为"故事,京尹新除,皆诣台参(京兆尹上人必须前往御史台参见御史大夫,称为台参。因为京畿地区权贵密集,号称难治,以此树立御史台权威),逢吉欲激二人使争,以愈兼御史大夫,免台参。而绅果争。《资治通鉴·卷243·唐纪59》P1668。文宗时淮南节度使李德裕是个能说能做的人,只是两者标准不同。"臣以为正人如松柏,特立不倚;邪人如藤萝,非附它物不能自起。故正人一心事君,而邪人竞为朋党。"他理所当然地以正人自居。但在淮南时,委派到他处的监军杨钦义颇受他的冷遇,武宗即位时朝庭召杨回京,当时纷纷传说杨会被立即任命为知枢密。李德裕重视这个信息,盛宴、厚礼、亲切的交谈,样样令杨监军大喜过望,两人的距离一下拉近了。淮南道的治所在扬州,杨监军走到汴州这么一大段路后,又接到返回淮南的通知,看来有关升迁的传言有误,而没有传言,就没有他们关系的改善,他理解李节度使的心情,于是准备将那些饱含着李德裕各种希望的贵重礼物退还给他,后者拒绝了,这证明是一个改变李德裕命运的举措。杨钦义后来真的成了知枢密,也没有忘记在淮南得到的好处。李德裕在武宗甫即位,即奉命入朝,以门下侍郎、同平章事。《资治通鉴·卷246·唐纪62》P1693。这倾注了杨钦义出于私人感情的帮助。

穆宗长庆元年(821年)十月翰林学士元稹与知枢密魏弘简深相结,由是有宠于上,每事咨访焉。《资治通鉴·卷242·唐纪58》P1662。

不过并不是所有人都愿意走这条捷径。宪宗元和年间,宦官吐突承璀一度相当受宠,元和六年(811年)他荣任淮南监军,当时的淮南节度使李鄘是个性情刚毅、严谨自律的人,监军与节度使两人各自行使自己职责,互不干涉,实际上相互敬畏,因此从未产生磨擦,元和九年,吐突承璀奉调回京,全力推荐李鄘,元和十二年(817年)十月,朝廷任命李鄘为相,即门下侍郎、同平章事。可是"鄘耻由宦官进,……辞疾不视事,百官到门皆辞不见。"次年二月终于辞去了相位,任户部尚书。《资治通鉴·卷240·唐纪56》P1651、《旧唐书·卷157·李鄘传》P500。而在贞元五年(789年),德宗有意起用部侍郎班宏为相,李泌提出异议。自己给出了两个人选,窦参、董晋。德宗尽管很尊重李泌的意见,但这次一口气加以否决,后来李泌病重,又向德宗提出了这两个人选,德宗终于接受了。泌有谋略,而好谈神仙诡诞,故为世所轻。《资治通鉴·卷233·唐纪49》P1603。他强力推荐的两个人分别在贞元七年(窦参),贞元九年(董晋)罢相。《资治通鉴·卷233·唐纪49》P1602。窦阴狡而愎无学术,恃权而贪。这可以视作德宗与李泌个人感情的一种交易,不能从理性的角度加以分析,因为一个决定是新矛盾与弊端的根源。而不是有助公共利益。

代宗时期的中书侍郎、同平章事、集贤殿大学士元载对李辅国、鱼朝恩的覆灭作用重大。

八、制度决定的权责与选择

穆宗时,检校右仆射、守太常卿赵宗儒"太常有五方狮子乐,非大朝会不作,帝嗜声色,宦官领教坊者乃移书取之,宗儒不敢违,以诉宰相,宰相以事专有司,不应关白。以儒不职,罢为太子少师。《新唐书·卷152·赵宗儒传》P506。这是一个有关权责划分的案例,每个职位,制度上都有明确的界定。所以宰相毫不犹豫地以赵宗儒不称职调任一个没有属员的闲职。

1. 皇帝与宦官之间的矛盾

宣宗大中八年(854年),召翰林学士韦澳托以论诗,谈论内侍权力增减情况,韦澳安慰宣宗,但宣宗认为情况更为严重,自己"尚畏之在"韦澳认为交与外廷讨论,恐有太和之变。可以从宦官中选择有才识的人共事,宣宗认为此末策。"衣黄、衣绿、衣绯皆感恩,才衣紫,则相与为一。"意思是当把他们从低到高一级一级提拔起来时都会非常感恩,但升至顶级高官,他们就会与最霸道的宦官勾结在一起,不再听我的话。宣宗还与令狐绹一起讨论如何一次将宦官诛杀干净,令狐绹恐杀无辜,提议坚决惩罚有过恶的宦官,他们的职位有空缺时也不再递补,宦官就会渐渐自然消耗殆尽。这个奏章被宦官偷看到,自此南衙的朝官与北司宦官势若水火。《资治通鉴·卷49·唐纪65》P1716。唐三品以上服紫,四品深绯,五品浅绯,六品深绿、七品浅绿,八品深青,九品浅青,流外官及庶人一度允许服赭黄以外的其他深浅不同的黄色,后来黄色被定义皇室专用。玄宗后宦官三品也像三品以上外朝官一样服紫。

宣宗大中三年(849年)以来被提拔直到宣宗逝世未见免职的宰相包括:崔铉、崔龟从、裴休、萧邺夏、侯孜、令狐绹。翰林学士韦澳、须昌、毕諴、杜慎权等,他们多为宣宗一手提拔,宣宗在大中八年时还分别与韦澳、令狐绹密商如何抑制宦官权利,乃至处死全部宦官的计划,但是在他逝世时,临终的遗命却是托付给三位宦官。这些精心挑选出来的国家栋梁完全束手无策。他们中一定有人内心支持王宗实立长,但是国家大事由一个宦官独断,也不合理。

皇帝与朝臣的矛盾

咸通四年(863年)正月"上(唐懿宗)游宴无节。"左拾遗刘蜕上疏曰:望节娱游,以待远人义安未晚。帝弗听。因为当时南蛮入侵,战事还在继续。游宴开销又大,制度规定谏官有劝谏的责任,但是如果帝不接受,制度进一步的安排是继续劝谏,没有硬性的阻断方法。这种情况不断发生,是因为有了宦官朋友,他们不像一些朝臣那样不近人情,让皇帝体验到了工作之外生命美好的一面?

宰相之间的矛盾完全可与之媲美。

文宗开成三年(838年)正月甲子,宰相李石入朝,遭中途伏击,二次受伤,坐骑被砍断马尾,几乎追杀到他家里。文宗听说十分震惊,亲自下令大肆搜捕嫌犯,但一无所获。第二天,百官来上朝的人只有九人。首都几天后才渐渐平静下来。这主要是甘露之变后,"人情危惧,宦官恣横。"中书侍郎、同平章事李石"忘身徇国,故纪刚粗立,仇士良深恶之。潜遣盗杀之,不果。石惧,累表称疾辞位。上深知其故,而无如之何。"最后只好以李石同平章事、充荆南节度使。虽然李石随即到地方赴任,但在文宗看来,这样或许既让他不完全停止发挥作用,又能确保自身安全。《资治通鉴·卷246·唐纪62》P1690。

杨嗣复为了加强朝中力量,极力怂恿皇帝重新起用遭贬黜而在地方任职的李宗闵,宰相郑覃表示反对,与杨嗣复当着文宗面争吵起来。郑氏的意见没有得到尊重,而是由皇帝提出了一个妥协的意见。当时还有同平章事、充西川节使李固言(文宗开成二年(837年)十月的任命)。《资治通鉴·卷246·唐纪62》P1690。盐铁转运使、户部尚书杨嗣复,户部侍郎判户部李珏,同平章事、充荆南节度使李石,翰淋学士、工部侍朗陈夷行。《资治通鉴·卷245·唐纪61》P1689。

陈夷行"性介直,恶杨嗣复为人,每议政事,多相诋斥"。

"由是郑覃、李石粗能秉政,天子倚之,亦差以自强。"《资治通鉴·卷245·唐纪61》P1688。

四位宰相,意见不同,他们分成的派别是:"李固言与杨嗣复、李珏善,故引居大政,以排郑覃、陈夷行。每议政之际,是非锋起,上不能决也。《资治通鉴·卷246·唐纪62》P1690。争锋相对,绝对不可能短期内取得共识。有时候纷争是一种必要的混乱,但人人如只顾私利,锱铢必较,互不相让,正常的事务就无法推行,这似乎是当时的常态。文宗其实可以限制他们辩论的时间,自己对意见裁决,归纳取舍,但这是一种很高的能力,不是每个君主都具备。

宰相与下属

代宗永泰二年(766年)二月:元载(时为中书侍郎、同平章事)专权,恐奏事者攻讦其私,乃请:"百官凡论事,皆先白长官,长官白宰相,然后闻奏。"乃以上旨谕百官曰：比如诸司奏事烦多，所言多谗毁，故委长官、宰相先定可否。刑部尚书颜真卿表示反对："郎官、御史，陛下之耳目，昔日李林甫虽擅权，群臣有不咨宰相辄奏事者，则托以他事阴中伤之，犹不敢明令百司奏事皆先白宰相。陛下傥不早寤，渐成孤立，后虽悔之，亦无及也。"载闻而恨之，奏真卿诽谤，后被贬为峡州别驾。《资治通鉴·卷二百二四·唐纪四十》P1531。

　　元载大概很不得人心，反对者众多，但他本人自我感觉好，决定以一己之力改变信息传递的传统模式，他想要事先过滤信息，然后传递给君主。但他遭到理直气壮力的反对，他预想似乎没有实现，但他没有彻底退让，将主要反对者颜真卿外派到地方任职。

宦官与宦官之间的矛盾

　　宣宗大中十三年(859年)六月宣宗疽发于背，八月，疽甚，宰相、朝士皆不得见，上密以夔王属枢密使王归长、马公儒，宣徽院使王居方，使立之。三人及右军中尉王茂玄皆平日上之所厚者，左军中尉王宗实素不同心，三人相与谋，出宗实为淮南监军，宗实已受敕在宣化门外，将自银台门出。右军副使亓元实对宗实说：皇上生病已经一个多月，中尉只是隔门询问日常起居，'……今日除改，未可辨也。何不见圣人而出？宗实感悟。'想要入宫时发现各道门都已经增加人手把守，亓元实将王宗实径直引入皇帝寝宫，发现五十岁的宣宗已经逝世(八月逝世)。……'宗实斥归长等，责以矫诏，皆捧足乞命，乃遣宣徽北院使迎接郓王，立为皇太子，收归长、公儒、居方皆杀之。'《资治通鉴·卷250·唐纪66》P1720。

　　开元以后监军由宦官出任成为制度，神策军配置大将军、统军、将军等，而宦官充任的左右护军中尉为实际统领。王崇实为什么能够一言九鼎，当时的宰相群都去干什么了？翰林学士无所作为倒是合情合理，他们是依附于君主而存在，如果没有君主提携，他们就会有任何的主动性。手握一支军队的王崇实虽然实力有限，但对不明真相、一盘散沙的宰相、翰林学士、朝臣们绰绰有余。

朝臣与宦官利益一致

　　文宗开成三年(838年)九月，行为不端的太子位置摇摇欲坠，储君的问题在于：1. 生母王德妃无宠，被受宠的杨贤妃潜言致死。2. 杨贤妃日夜毁之。3. 颇好游宴，昵近小人。上议废之。考虑到这是文宗唯一的儿子，又年少，应该给机会。这几乎是所有朝臣的难得的一次有共识的行为。翰林学士六人，神策军军使十六人复上表论之，以示郑重。十月，太子突然离奇地死去。但新立敬宗的少子李成美为皇太子,由于受遗诏的枢密使刘弘逸等能力有限,无法给予必要的支持,使他遭到排斥,中尉仇士良等强行改立文宗弟李炎为帝(即武宗)。太子李成美则被处死。《资治通鉴·卷246·唐纪62》P1691—P1692。

宦官与朝臣对立

内侍鱼朝恩负恃权宠,不与元载协。载常惮之。代宗大历四年(769年),密奏朝恩专权不轨,次年,朝恩伏法。《旧唐书·卷118·元载传》P411。

宣宗大中九年(855年)五月,郑注求为两省官,中书侍郎同平章事,李宗闵不许。郑注毁之于上,加上李宗闵还有点别的事令皇帝不满,结果被贬为明州刺使。大中九年九月载,"宪宗之崩也,人皆言宦官陈弘志所为。时弘志为山南东道监军,李训为上谋召至青泥驿,封杖杀之。九月,郑注提出当凤翔节度使,门下侍郎同平章事。七月刚刚出任宰相的李固言说了点不同意见,马上被贬到山南西道节度使。而郑得到了凤翔节度使的任命。P1685。文宗太和九年(835年),左神策军中尉韦元素,枢密使杨承、王践言居中用事,与右军中尉王守澄争权不和,李训、郑注将三人发往不同地方充监军。《资治通鉴·卷245·唐纪61》P1684[2]。但郑注、李训这一对在消灭王守澄过程中组合成的黄金搭档本身的矛盾隐蔽存在,在盛传郑不久将出任宰相的情况下,李训的反感与努力卓有成效,郑入相的事终于被淡忘了。《资治通鉴·卷245·唐纪61》P1684。李训身份比较特殊,在太和九年他进翰林学士、兵部郎中、知制诰。居中倚重,实行宰相事。《新唐书·卷179·李训传》P563。

有两个对比鲜明的例子可以凸现出当时宦官时而高视阔步,时而不免尴尬,起伏不断的生活景观。唐懿宗咸通二年(861年),当时"士大夫深疾宦官,事有小相涉,则众共弃之。建州进士叶京尝预宣武军宴,识监军之面,既而及第,在长安与同年出游,遇之于途,马上相揖,因之谤议諠然,遂沉废终身。其不相悦如此!《资治通鉴·卷250·唐纪66》P1724。叶京与宦官只是一面之交,进士及第时与同学出游时偶遇监军,双方仅仅见面施礼,即遭舆论重击,竟导致仕途蹇滞,抱恨终身。

咸通四年(863年)五月,以翰林学士承旨、兵部侍郎杨收同中书门下平章事。……杨收设法使左军中尉宦官杨玄价相信,他们来自一个共同的远祖,从而建立了良好的私人感情,在后者帮助下得以入相,这与进士叶京结识宦官的遭遇完全不同,可能有三个原因:1. 前者属公开而后者是以秘密的形式。前者是无意中的泛泛之交,而后者是务实有利益关系的深交。2. 在中上层人士中有不同的道德观,在社会上层习以为常的事,在中下层视为禁忌。3. 叶京本人虽然通过个人奋斗达到现在的社会成就,缺乏有力的奥援,后劲不足,这已基本是他所能达到的社会顶点,他的仕途与人生只是成千上万与他背景相似的青年人的一个缩影。与宦官熟人的关系不大。不过,由于宦官素质参差不齐,口碑欠佳,尽管他们由于得天独厚的条件容易成为权力的焦点,但正统观念还是令大多数人心存顾忌,尽管宦官随时可能掌权并一直都不缺乏霸道的人,在普通人骨子里还是幻想不要需要讨好宦官并与之共事的时局,明知宦官是生命力强劲的产物,他们还是愿意长期在现实与幻觉中煎熬。僖宗中和元年(881 年)"时百官未集,乏人草制,右拾遗乐朋龟谒田令孜而拜之,由是擢为翰林学士。"张濬先亦拜令孜,令孜尝召宰相及朝贵饮酒,濬耻于众中拜令孜。乃先谒谢酒。及宾客毕集,令孜言曰:令孜与张郎中清浊异流,尝蒙中外,既虑玷辱,何惮改更? 今日于隐处谢酒则又不可。濬惭惧无所容。《资治通鉴·卷 254·唐纪 70》P1756[3]。田令孜当众说,我与张郎中清浊有别,承蒙张郎中垂顾,与我建立交情,既然担心受到中、外交结的名声玷辱自己,您无妨选择改变,可又选僻静处单独给我敬酒,这就不对了。

唐僖宗广明元年(880 年)十二月,以翰林学上承旨、尚书左丞王徽为户部侍郎,翰林学士、户部侍郎裴澈为工部侍郎,并同平章事,以宰相卢携为太子宾客,分司东都,这单任命的原委是田令孜看到黄巢军队已经入关,"恐天下人责己,乃归罪与携而贬之。荐徽、澈为相,是夕,携饮药死。"十一月时,黄巢已经攻陷东都,田令孜当时的官职是汝、洛、晋、绛、同、华都统,受命"将左右军东讨。《资治通鉴·卷 254·唐纪 70》P1755。田令孜的军事才华被黄巢无情羞辱,但权势依然高涨,而且不失幽默感。僖宗执迷不悟,即使宦官的统一指挥下,官军节节败退,落花流水,宦官仍享有君王充分的信任,中和元年(881 年)七月,"上日夕专与宦官同处,议天下事,待外臣殊疏薄。"翰林学士承旨、兵部侍郎韦昭度本月被任为同平章事,田令孜则是行在都指挥处置使。《资治通鉴·卷 254·唐纪 70》P1758。田令孜的实际地位更优越。

宦官与朝臣的争斗无可避免地延伸到地方,会昌三年(843 年)四月,昭义节度使刘从谏累表言仇士良罪恶,仇士良亦言从谏窥伺朝廷。《资治通鉴·卷 247·唐纪 63》P1700。

各种对立利益集团利用皇权争权夺利,中唐以来贯彻始终,各种势力并非始终势如水火、非此即彼,而是分分合合,时而剑拔弩张,以死相拼,时而一团和气、觥筹交错,俨然亲密无间。昭宗天复三年(903 年,昭宗在位最后一年),上与李茂贞(方镇)及宰相、学士、中尉、枢密宴,酒酣,茂贞及韩全诲(宦官)亡去。"朕何以巡幸至此？韦认为是明知故问,没有回答。而昭宗本人醉熏熏,认为韦贻范故意回避他的提问,昭宗时而认为他不称职,时而要对他用刑,"这种人也配当宰相？"他喃喃地说,韦只好不断地给皇帝敬酒,举到了他的嘴前。在场的给事中、翰林学士承旨韩偓看到也听到了。《资治通鉴·卷263·唐纪79》P1824。这个思维细腻,观察入微,感情丰富,充满生活情趣的人难免百感交集,他后来得罪不是宦官而是朱温,被贬职,后来主动彻底离开官场。这是唐中晚期主要决策层难得而又别致的一次集会情景。充分展示了国家上层不称职、不团结、无能的场景,有足够的理由相信,这种领导层不可能有成就。不过,昭宗认为韦贻范"以非道取宰相"倒是事实求实。当他的母亲逝世[时为天复二年(902年)五月]后照例要辞职行丧礼,宦官推荐翰林学士姚洎为相,洎与韩偓(他当时为翰林学士承旨,在翰林院地位更高。但是没有得到宰相任命,是因为居丧)私下商议,韩认为洎现在出任宰相不是最佳时机。所以洎称疾,上亦自不许。六月,以中书舍人苏检为工部侍郎,同平章事。这是藩镇、宦官、宰相共同胁迫皇帝的结果,服丧期中的韦贻范将姚洎与苏检推荐给李茂贞,"上既不用洎,茂贞及宦官恐上自用人,协力荐检,遂用之。《资治通鉴·卷263·唐纪79》P1825。而韦贻范在野仅数月,远未达到礼制额定的时间,但由于他收了不少人的贿赂,背负了不少人情债,在他停职期大量诺许都不能落实,债主们多有怨言,为改变这种不利情况,他急于谋求破例早日复职,左右中尉、枢密及李茂贞,都答应帮忙,但在翰林学士承旨韩偓处受阻,他断然拒绝起草这样的复职文件,"吾腕可断,此制不可草！"随即上疏论韦氏"遭忧未数月,遽令起复实骇物听伤国体。"学士院二中使(中使监督学士院,以防与上密谋兼传宣回奏。)怒曰：学士勿以死为戏。偓以疏授之,解衣而寝,二使不得已奏之。上即命罢草。仍赐敕褒赏之。八月乙亥班定[指百官到齐]无白麻可宣,宦官喧言韩侍郎不肯草麻,闻者大骇,茂贞入见上曰：陛下命相,而学士不肯草麻,与反何异？上曰卿辈荐贻范,朕之不违,学士不草麻,朕亦不之违,况彼所陈事理明白,若之何不从？茂贞不悦而出,至中书见苏检曰：奸邪朋党,宛然如旧。扼腕者良久。贻范犹经营不止。茂贞语人曰：我实不知书生礼数,为贻范所误,会当于邠州安置,贻范乃止。但时隔仅二十多天后,"再起复前户部侍郎同平章事韦贻范,使[学士]姚洎草制,贻范不让,即表谢,明日视事。"《资治通鉴·卷263·唐纪79》P1826。显然君主和礼制都不能抵御现实的压力,不得不作出让步。

学士院使是宦官韩全诲等专门设置,用以监督皇帝与学士之间的行动。天复二年(902年)十一月,上使赵国夫人诇(即侦探)学士院,二使皆不在,趁此机会亟召韩偓、姚洎于土门外,执手相泣,泣请上速还,恐为他人所见。上遽去。《资治通鉴·卷263·唐纪79》P1827。君臣之间见面居然要偷偷摸摸,让皇帝仓促离去,作祟者当然不是某个中使本人,而是中使代表的一种势力,由君主培养生成,现在君主已经无法控制。"河南尹房式有不法事,东台(御史台分司东都,谓之东台)监察御史元稹奏摄(权也)之。擅令停务,朝廷以为不可,罚一季俸。召还西京。至敷水驿。有内侍后至,破驿门呼骂而入,以马鞭击稹,伤面。上复引稹前过,贬江陵士曹。翰林学士李绛、崔群言稹无罪。白居易上言:中使陵辱朝士,不问而稹先贬,恐自今中使出外益暴横,人无敢言者。此事发生在宪宗元和五年(810年),宪宗没有接受学士们的意见。《资治通鉴·卷238·唐纪54》P1635。宪宗看到宦官已经能够独立思想,主动性强似乎很高兴一种新型力量茁壮成长起来。开元自此,近二百年来,中使在政事堂,在翰林院,在州府,在后宫,在帝国的每个重要地方出入,有方方面面因素,如皇帝的信任与不信任,宦官本能攫取权力,制度弊端产生的后果等,但它往往成为骚乱的诱因是他们通常出现在不适当的场合,也不是合格的人选,他们偶然做对,凭此以个人的喜怒剪裁国家利益。只有天神本人和死亡才能了结这错综复杂的关系,人品较好的人置身其中不是变坏就是消沉,或者在抗争中付出生命的代价。社会抨击这种关系很大程度上是制度造成的,却在"制度是人造成的"的命题前戛然而止,古代中国人不愿触及已有制度的缔造者,主要是因为对"神明的本质"保持暧昧。神明是偏好弱肉强食还是高尚理性,仅从社会镜像中无法判定,制度等人为的一切都不会是永恒的,或经不起人类理性的批评,或无法抵御岁月的侵蚀。

朝臣与宦官利益不一致

文宗开成元年(836年),"仇士良请以神策军仗卫殿门。"这本是南衙传统的管辖防卫区域,虽然南衙已名存实亡,一般人还是不希望外朝也要听命于北司,使其势力范围合法扩大,所以在场的谏议大夫冯定表示反对,尽管仇士良当时心高气傲,文宗可能意识到势力均衡对君王亦属有益,接受了冯定的意见。《资治通鉴·卷245·唐纪61》P1688。

唐僖宗中和三年(883年)十二月,武宁节度使时溥因食中毒,疑判官李凝古而杀之。凝古父李损为右散骑常侍,在成都。溥奏凝古与父同谋,田令孜受溥赂,令御史台鞫之,侍御史王华为损论冤。令孜矫诏移损下神策狱。华拒而不遣,萧遘(同中书门下平章事)奏凝古行毒,事出暧昧,已为时溥所杀,父损相别数年,声问不通,安得诬以同谋？溥恃功乱法,陵蔑朝廷,欲杀天子侍臣,若徇其欲,行及臣辈,朝廷何以自立？由是损得免死归田里。时令孜专权,群臣莫敢近视,惟遵屡与争辩,朝廷倚之。《资治通鉴·卷255·唐纪71》P1767。类似这种以言语让宦官权利受到制约例子是零星的。

宦官集群是中国人好心好意设置的一个糟糕的制度成分,它的目的是确保国家储官的万无一失。即使如此,有些君主仍没有子嗣,也有在有子嗣的情况下,以兄终弟及的方式实现权力转换;另一个至少同样重要的目的就是令君主愉快地生活,后来一些有关两性数量与交流方式的不同,可以达到延年益寿目的的谣传和著作陆续问世,这些结论中充斥着不成熟的研究与神话色彩,一些有针对性的理智反驳对君王总是来得太迟,并总是由个别人去承担后果,或蔑视一门学科。而不是尽快改正它的错误,使它发展完善起来。实际上从未找出问题的症结所在,即相关学术上的停滞。人们生活在学术与政治的迷雾中。尽管如此,并没有使这种制度被神话。相反,它的弊端使这个缺医少药的国家平均寿命一直相当低,绝大部分君王们命中注定进入生活放纵的惯性轨道,不可避免大量忽略国家大事,无节制的生活也损害了他们的身体和心理健康,麻烦的是在一些人看来,国王与责任、美德、卓越没有必然联系。人们以本能而不是以品德能力竞争这个光荣的职位,只有少数人提高了它的尊严。在如此之的长时间内,由于制度的关系,使国家重要组成部分——君王不断降低实际标准的例子在世界史上并不多见。

国家对宦官的优渥极致达到了竭尽所能、有求必应的地步,尽情地给予他们荣誉、地位、财富就李辅国而言,肃宗尽管曾婉言拒绝他为相的过分要求。肃宗甚至为这个少年时即为阉的人娶故吏部尚书元希声侄元擢之女为妻,以牺牲一个无辜女青年后半生的幸福来取悦于他。《旧唐书·卷184·李辅国传》P574。宦官作为一种制度,人人熟视无睹或者无异议,而他们的行为则总是毁誉参半,甚至令国家惊慌失措。对这种力量的高度重视,经常引起适得其反的效果。"骆奉先,历右骁卫大将军,数从帝讨伐,尤见幸。广德初,监仆固怀恩军者奉先恃恩贪甚,怀恩不平,既而惧其谮,遂叛。事平,擢奉先军容使,掌畿内兵,权焰炽然。"《新唐书·卷207·宦者传·程元振附骆奉先传》P626。监军的作用是让方面军将领合法行事,但是一个希望循规蹈矩的人却在压力下成为叛逆,相信这不是国家设立监军制度的本意,也不是宦官身份的必然规律,希望只是涉及到个人品德,但不是如此简单。

是制度效果,还是行为选择的问题？这是很明确的。只能是前者！一个由充斥着军事上的外行,政治上不称职的人支撑的国家弥漫着反常情绪倒是正常的。人们批评一个胡作非为的宦官,总在拿一些比较好的宦官作比较,他们相信是这个人不好,违背了皇帝的命令、国家规矩、做人的良心。实际上很少会清楚,过分行为为何层出不穷?为什么这样?为什么不那样?人当然有主观性,如果以为人人清楚人性的极限,总能有效克制自己的欲望,那就是在虚构人性中不存在的本质。为何人们要无休止地忍受这种危险的制度,修改乃至另创造更为有益的制度?(这大概是自闭症心态,房子里的人对自己知道房子是墙壁圈起来的很骄傲,其中有他的一切,他的世界。更骄傲的是清楚自己占有这所房子,却不从不打算接受世界决不只是一间房子的意见。墙壁很厚,而自然空间更厚,人的心灵最厚。)或者这个国家当时不具备这样的条件:一批稳定的批判者,胸怀大志的君王,人性的普遍觉醒。

事后批评一种意见、行为、设置相当容易,但如果甚至这样的批评也不做,就只会照旧做无谓的牺牲。

宦官的兴盛原因一方面是君主寻求安全以及捍卫权利,更大的问题是社会问题得不到及时合理的解决,经济落后,国家政局不稳定导致国家各个地方匮乏现象严重,信任度差造成的。缺吃少穿,人人自危的社会中,君主掌控下的资源变得弥足珍贵,野心、匮乏以及变革的冲动等其中任何一点都可能促使人们铤而走险。为君王而存在的宦官作为最容易接近君主的群体得到更多的机会,他们绝大对数受到的教育不足,但是他们希望展示自己的能力的主动性往往更为强烈,希望自己的缺陷得到弥补,希望以正常人参与国家大事。他们中总是有人跃跃试跳,每当君主有需要时,不论对错,都往往有人一拍即合。只是他们是被制度合法排斥在外的人,他们任何形式的上位都很容易遭到抵制,加上他们中一些人因为学养与生理缺陷造成的心理不健康的缘故,有意无意中很容易逾越制度,因此,他们对君主和国家的价值总是具有巨大的不确定性,他们中有不少弑君者,一方面是因为意识到危险来临时的本能求生反应,更多的情况下是自我膨胀。仇士良得出政治经验很容易看出他们的努力与国家的正常发展方向背道而驰。

玄宗天宝十三年(754年),十一月,置内侍监二员,正三品。《资治通鉴·卷217·唐纪217》P1475。天宝十三年,是岁户部奏天下郡321个,县1538个,乡16829个,户9069154家,口52880488人。《资治通鉴·卷217·唐纪217》P1475。

唐文宗开成四年(839年),是岁,天下户4996752。《资治通鉴·卷246·唐纪 62》P1692。

不足一百年内,消失了近一半的人户,85 年间,4072402 户消失,平均每年消失 48000 户。按上述一户约 6 口人计算,一年消失 288000 人。85 年共失去 24480000 人。约二千五百万人口的赋税又是怎样大的一笔数目? 这些人口是如何失去的? 自然死亡之外,失地、战争消耗、土地兼并成为无地的奴隶,进入寺院、统计遗漏等都是可能的原因。这个时期的一个重要标志是宦官盛极一时,宦官会承认与之有关系吗? 武宗会昌五年(845 年)天下还俗僧尼 265000 人。《唐会要·卷八十四·杂录》P1839。次年武宗逝世,宣宗继立,这位比较贤明的君主让国家有起色,但是水旱之灾与藩镇作乱仍然频发,求生意志让人民寻求相对安全的地方。宣宗大中六年(852 年)十二月,中书门下奏度僧不精,则戒法堕坏,造寺无节,则损费过多,请自今诸州准元敕许置寺外,有胜地灵迹许修复繁会之县许置一院,严禁私度僧尼,若官度僧尼有阙,则择人补之,仍申祠部给牒。其欲远游寻师者,须有本州公验证。从之。《资治通鉴·卷 49·唐纪 65》P1715。是什么促使寺庙需求旺盛? 人们纷纷变身为僧尼? 这已经不是某个人没有做好,是国家原有架构已经破碎,没有人不想逃离危地。

宣宗大中七年(853 年)十二月,度支奏,自河湟平,每岁天下所纳钱九百二十五万余缗,内五百五十万缗租税,八十二万余缗榷酤,二百七十八万余缗盐利。《资治通鉴·卷 49·唐纪 65》P1716。唐肃宗乾元元年(公元 758 年),是开始征收盐税的初年,年入四十万缗。到代宗在位后期,778 年前后,全国的盐税已经年收六百万缗,这些钱是官方穷尽一切手段得来,曾任常州刺史的独孤郁说“今天下困于商税不均,可谓甚矣……公家之税,曾不稍除,督责鞭笞,死亡而后已。”他建议皇帝罢盐铁之官。《全唐文卷·六百八十三·对才识别兼茂名体用策》P3094。但是盐利曾经达到国家收入的一半,国家各项开销高度倚赖这份收入,朝廷既想要税收增加,又想人户增加,基本上是顾此失彼,其实不可兼得。

与平民不同,宦官的逃生的方向不是逃税通道,而是奋力获得正常人的权利,这是正当的精神追求。然而他们的志趣不在公平、正义,在这个权力决定一切的王朝,人们疯狂追逐权利,以为这就是在追逐人生唯一正确的事,权力能带给他们一切。不过首先是宦官的身份,其次使他们受到的教育,所处的环境都限制了他们对正确性的理解能力,宦官成为宦官,制度并未为他们的政治仕途预先筹划,他们想要成为制度不敢有失的因素,君主是他们实现理想的唯一机会,他们本能地讨好君主,一点一点掌握控制权力以保护自己,后来他们发现朝臣的弱点,发现帝王的弱点,与他们一样,甚至更平庸、猥琐,豁然开朗,当他们的信心被点燃后,一眼就发现权力就在身边,每天都在,他们从最不幸的人变成了充满预期的人,那些从前不正眼看他们的人王公大臣甚至会卑躬屈膝,这是权力的机会给他们的,而不是恢复了生理健康,也不是得到道德奖赏。权力于是理所当然地成为宦官们一生的追求。中人从一个弱势群体崛起,心理上强势回归,求胜心与统治欲比许多生理健全男性有过之而无不及,但有两个天然、无形的敌人始终伴随,那就是道德感、利益。宦官理性时无需逾越,他们失控时则从未实现跨越。

任何人、集群、社会一旦将权力和正确混为一谈,无论其血统何等尊贵,制度何等完备、府库何等充裕,边塞何等牢固,传统如何优越,都必将坠入恶道,直至毁灭。因为行为正确是人类发展唯一的通途。

八、多余的新势力——藩镇

肃宗至德元年(756年),改采访使为节度使。《资治通鉴·卷218·唐纪34》P1487。

"自广德(代宗广德元年为763年)以来,垂六十年,藩镇跋扈,河南北三十余州,自除官吏,不供供赋,至是(元和十四年,公元819年)尽尊朝廷约束。《资治通鉴·卷241·唐纪57》P1655。魏博节度使田弘正获得李师道(高丽人李正己之孙,父李纳,兄为淄青节度使李师古,兄死后属下立其为节度使,元和十二年,与吴元济联合,派人刺死宰相武元衡、伤裴度,后为部下所杀,田弘正得父子首级。李正己到李师道父子三世割据山东十二州五十年,吴元济在彰义节度使吴少阳于元和九年死后自行代理其职,据有蔡州为乱,元和十二年,宪宗命宰相裴度统军,攻破蔡州,吴元济被俘问斩。

"唐之方镇得专制一方,甲兵、钱谷、生杀予夺,皆属焉。权任之重自宰相之外,它官盖无与比。故其始拜也,降麻告廷与宰相同。而赐节铸印之礼又为特异,诚以其任重故宠也。"(宋)徐度《却扫编·卷上》P985。

武宗会昌四年(844年)四月,以左仆射王起同平章事,充山南西道节度使。起以文臣未尝执政,直除使相,前无此比,固辞。(唐中世以来节度使同平章事者谓之使相)上曰:宰相无内外之异,朕有阙失,卿飞表以闻。《资治通鉴·卷247·唐纪63》P1705。节度使进入宰相之列的途径实际上更宽广"凡节度使带平章事及检校三省长官、三公、三师者,皆谓之使相。《资治通鉴·卷255·唐纪71》P1767。叶梦得提到使相"自郭元振始,李光弼继之。"《石林燕语·卷四》P1799。郭元振在睿宗景云二年(711年)入相。"太仆卿郭元振,中书侍郎张说,同中书门下平章事。《新唐书·卷5·睿宗纪》P20。

后又有都统之称，"唐乾元中（肃宗乾元元年为 758 年）以户部尚书李峘为都统淮南、江东、江西节度使，始立都统之号。其后以节度使充者，建中二年，李勉以汴州节度使充汴、宋、滑、亳等道都统是也；宰相充者，中和二年（唐僖宗中和二年为 882 年）王铎以司徒、中书令为京城四面诸道行营兵马都统是也。叶梦得《石林燕语·卷四》P1800。

藩镇操纵宰相的任免

德宗建中四年（783 年），有实力打败朱泚并解奉天之围的邠宁节度使兼朔方节度使（《资治通鉴·卷 227·唐纪 43》P1555）李怀光顿兵不进，"数上表暴扬卢杞等罪恶，……上不得已，贬杞为新州司马。"《资治通鉴·卷 229·唐纪 45》P1573。他们是一群手握重兵的实力派，有能力干预朝政。但是也有崔郸这种进士出身比较纯粹的文官，会昌元年（841 年）十一月，以中书侍郎、同平章事崔郸为同平章事，充西川节度使。《资治通鉴·卷 246·唐纪 62》P1695。

司徒、门下侍郎同平章事郑畋虽当播越（流亡），犹谨法度。田令孜为判官吴圆（田之属官）求郎官，畋不许。陈敬瑄（田兄）欲立于宰相之上，畋以故事，使相品秩虽高，皆居真相之下，固争之。田、陈二人唆使凤翔节度使、同平章事李昌言上言：军情猜忌，不可令畋扈从过此。畋急流勇退，本人也多次上表请求辞职。在田、陈二人的压力下，郑畋的请求理所当然地得到批准。他的儿子也同时作了贬黜安排：由兵部侍郎出任彭洲刺史，使之就养。《资治通鉴·卷 255·唐纪 71》P1767。不允许郑畋继续伴随皇帝左右，要求其远离京畿道辖区，立即随同儿子前往任职的地方生活，被赶到遥远的剑南道安身，就为不允许他继续在皇帝身边违背田令孜的意愿。自此以后朝廷进退宰相，皆受制于藩镇。《资治通鉴·卷 255·唐纪 71》P1767。

文宗太和七年（833 年），加昭义节度使刘从谏同平章事，遣归镇。初，从谏以忠义自任，入朝欲请它镇，既至见朝廷事柄不一，又士大夫多请托，心轻朝廷，故归而益骄。《资治通鉴·卷 244·唐纪 60》P1680[1]。

外戚

玄宗以后的杨国忠所达到的高度不可逾越。

宣宗大中八年（854 年），"上自即位以来，治弑宪宗之党，宦官、外戚乃至东宫官属，诛窜甚众。《资治通鉴·卷 249·唐纪 65》P1716。

中国式国家权力的新支点与顶点

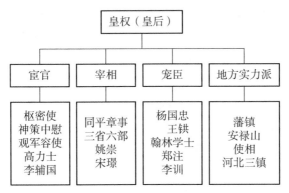

魏晋的门阀退居次要,两汉间一度张牙舞爪的外戚、宦官仍然生命力旺盛,开元天宝时代既出现玄宗这样强有力的君主,出现过杨国忠这样有全国影响外戚,其后可与之相埒者寥寥无几。还有高力士这样的宦官,姚崇宋璟这样的名相。这些人出现在同一历史时期,有一定的偶然性,玄宗作用在其中占很大比重,他有政治天才,有极佳的应变能力,同样有强大的破坏力。因为他不稳定,不断地在被动或主动地选择倾斜的方向。在他的心中,他就是国家;在其他人的心中,国家就是皇帝。有些人知道不能像对待国家一样对待皇帝。有些人则认为不能像对待皇帝一样对待国家,前者相信皇帝无论怎样做都是对的,后者认为国家需要尊重一些规则才不至于毁灭。

可以肯定地说,是上列四种力量与皇帝或者他的名义共同构成了中晚期皇权,他们应该是一个整体,实际上他们的不同点多于共同点。它们本身存在差异,上述任何一种势力都可构成实际而严重的威胁,轻而易举地让整个国家变成一盘散沙,动摇国家的根基。而且这些行为都可以是在以皇帝或国家利益的名义公开进行。权利多样化不是中国君主的本意,除了与原始哲学原理有关外,主要是在行政司法执行程序中而不是立法程序中培养竞争者,避免一个人手中的权力就足以威胁整个王朝,实际上是制度设置的缺陷纵容了这种倾向。这使得行政中的差异、冲突也可能是生死攸关在中国变成政治学的基本前提和常态。因为不知道哪一种力量在维护王朝利益是有足够的忠诚和能量,任何力量都值得保留,在别无良策的情况下,任何建议、主张都值得一试。

传统的政治势力——门阀,在贞观时期尽管受到抑制,仍然是一股不可忽略的力量。不过进入中晚唐,在与宦官等势力的对比中,经常会处于下风。李揆世代为冠族,乾元年间(758—759年)迁中书侍郎平章事,肃宗尝谓揆曰:卿门第、人物、文章皆当代所推,故时人称为三绝。《旧唐书·卷126·李揆传》P429。作为一个现任宰相,见李辅国竟然执子弟礼,称其为五父,这位受宠宦官的近侍们也只是尊称其为五郎。在第一位担任宰相实职的宦官面前,李揆玉树临风,外形俊朗,精神上却是姿势优美地跪拜着。

是翰林学士或神策军等的职位重组了中晚唐中央政治核心? 还是基本支配力量仍来自于君主的传统定位并有赖于旧有行政体系? 证据上倾向于后者。如果说代宗对已比较有名望的陆贽高度信任实属理性的话,对王叔文的重视就属于感情上比较靠近,王氏以棋待诏,只是粗知书,尽管这不意味着他头脑不清醒,没有简明扼要的生活目的。韦执谊有一次在与时为太子的代宗闲聊中,听到后者以相当情绪化的语调对他说:"君知王叔文否? 美才也。《新唐书·卷168·韦执谊传》P541。后来王叔文领导了不成功的永贞改革,没有代宗由来已久的偏爱,他就几乎毫无机会。应该是先有对个人偏爱,与翰林学士的职务功能交织在一起,随后形成了这个机构在人事、办公环境等诸方面优于其他传统部门的现象。实际上它的出现是反常的、多余的,是君主的胆怯、疑虑与国家高级官吏不称职、国家体制关系混乱职务重叠的产物。至于宦官们地位的急剧上升,显赫一时,大部分是对他们的忠诚和冒险的奖赏。不止一次,国家正规军、朝臣们在危难中作鸟兽散时,是宦官中拯救了惊恐、绝望的皇帝以及频临窒息的帝国,宦官们得到违反常规的任命是很自然的,他们滥用职权也是不可避免的。而翰林学士们中相对理性,自视颇高的人居多,通常希望君主正常,时局正常,进取心与自我保护意识几乎同样高,因此面临突发事件时,缺乏宦官们那种孤注一掷的勇气。

9. 以皇帝的名义

想要做官、升职、权重的或想当皇帝的人就在人群之中,中国人的知识、信仰、活力在这类努力中显露无遗。不能成为皇帝的人们设法让自己看起来更像皇帝,绝大多数结果固然令人心碎,过程则时常让人血脉偾张,他们中毕竟曾经有人与皇帝一人一半享有同一张椅子。皇帝的实际辖区时大时小,在政治这块无形的跑道上,有时会显得游刃有余,有时会左右为难,皇权单独作为一种主导力量时,经常不够正确;作为平衡力量时,时时举棋不定;面临急难时,皇帝手头备用选项不多。他本身就是不确定的因素,在多数情况下对宫廷、国家事务举足轻重并不是他的实力而是作为一种虚拟的概念。君王在政治实践中的能力大部分与他们被赋予的能力不相称。敬宗宝历元年(825 年),时任浙西观察使的李德裕献《册扆六箴》:一曰《宵衣》,以讽视朝希晚;二曰《正服》,以讽服御乖异;三曰《罢献》,以讽征求玩好;四曰《纳诲》,以讽侮谠言;五曰《辨邪》,以讽信任群小;

六曰《防微》,以讽轻出游幸。《资治通鉴•卷243•唐纪59》P1671。这些是每个皇帝都可能犯的错误,李德裕具体指出敬宗上朝迟到,喜欢奇装异服,征求珍玩奇物,不能接受劝谏,信任佞幸之徒,任性出游。李德裕还指出社会矛盾还很复杂,君主应该高度重视敌对势力危害国家君主安全。敬宗褒奖李德裕的话写成了文字以诏书发表,刚即位的敬宗十分谦恭。实际上皇帝们面临的问题选项要复杂很多:

1. 权力平衡
2. 后宫
3. 外戚
4. 宦官
5. 朋党
6. 割据
7. 国内经济
8. 外来入侵
9. 国内战争
10. 自然与哲学疑难

它们通常被官方被归纳为这样几组语词、命题包

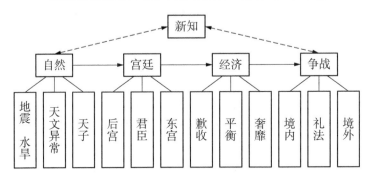

"自然、宫廷、经济、争斗"它们之间哪些种项有一致定义? 与下方排列的子项存在何种关联?

官方对自然的定义:提供人类生存条件的环境,生命的主宰,永远不能为人类所尽知的外部世界。它是一个不清晰的定义,其中有一个多出的子项——天子,而各种事实证明,在紧要关头,被刻意神话的子项也往往泯然众人,根本不是纾困的办法,皇上与上天相等、并列也于事无补。

对宫廷的定义:宫廷理论上是一切正确的起点,可以解释一切,后宫、东宫、

内廷、外廷等被划分出来后,引起各种问题。它不是一切问题的本源,但可以引发多种或一切问题。因为其权力无边,宫廷之外的人指望它一切正确,无所不能,宫廷本能地喜欢这种虚构的外观,但是它先天不足,绝对做不到如此。这一点它本身经常必须自我反复确认。

中书门下等机构是权力设置,但是还有一个覆盖一切的权力存在——皇帝的信任,它大于所有正当机构,但不确定,也不知道特定时间,特定地方,它在何者手中。外廷、宦官、后宫、东宫、外戚等加起来应该小于等于君权,实际上会大于君权,有时甚至各自都大于君权,超过了国家范畴。谁是过界的权力部分?其实他们都没有违法,因为对他们的权责没有明确的限定。宦官是服务机构,后宫、外戚属于家属,君主、外廷、地方政权等才是法定的国家权力组成部分,但当时人们没有停留在这个正确的基础之上,各种单元都尽量向绝对权力靠拢,并往往停留在错误的点位,唐禁军的演变就是君主为了扩大私权而造成公权零散,最终受其所害的例子,所以,只要是人(不包括神)的职位,并不是权力越大越好,宫廷并未赋有神性。

对经济的定义:贫富命中注定,追求财富的君主不是崇高的类型。经济概念高度匹配哲学概念。在这里,尽管经济发展始终是一个紧迫问题,却一直被归类为次要,可以等待解决的问题。错误的习惯选项来源于对权力的错误定义。丰年——歉年——周期轮回规律经常在对自己面对变化无能为力又想保护自己的体面时着重引用,权力在挣扎,每天面临生死存亡,谁会在乎一眼望不到边的穷人?

对争斗的定义:各自评估的体系中权利未定的动态反应,达不成共识的空间就是争斗的区间。重点是这里的君主是天下的中心利益,但是君主的范围很模糊:1.惯性思维下君主的战争正义,否则非正义。反对君主的外部力量是入侵,内部力量是叛乱。2.人们接受或者不接受秩序、礼仪的状态。3.尽管反对的意见只为防微杜渐,铸成大错,维护权威的主观意图则习惯于拒绝任何批评。皇帝对人民,人民对君主的要求都过高,沟通的渠道又太少,对立情况始终比较严峻。4.落后的决策能力乃是社会最大之乱源,但这是正式场合的禁忌。5.迷信权力的人们将全部的精力用于攫取和保卫权力而不是为公众做对事。对权力无微不至,对下层却简单粗暴。手段越是严酷,越是容易达到简单的政治目的,伤人也多。统一的秦朝不是不强大,而是自己的目的太过单一,只有单一的目的确实可以让它迅速强大,也持续性地更孤立,敌人太多,而且不断产生,无穷无尽。很肯定地说,如果一位君主想干什么就干什么,只会距离自己理想越来越远。因为君主和国家只有有限内涵，如果统治者事事君主、国家，不惜代价，国家就会变成嗜血野兽，人民就会没有活路。

自然、争斗通常是这里的人们最接近新知的点位，思想与生死存亡将人们带至各种紧要关头，这种时刻人们出于避险求生的愿望，炫耀之的目，个人野心以及公益精神寻求精神的佳境，无论是个人的还是集体的，但是他们长期缺乏突破性成就，相向的是两条不确定，类似虚拟的路径，养成了习惯性"囿于成见"的脾性，更热衷于已有的知识，排斥新知，人们对经济与宫廷的本质理解相对固化，甚至认为古旧等于正确，难以接受新事物，这让这里的社会长期保持停滞，对任何进步冷嘲热讽，将任何一种细微变化都视为问题。

新知是本国知识体系中不确定的部分，因循守旧的人们不情愿有新的知识妨碍自己的判断，一旦新知出现瑕疵或者效用不如预期，就随时准备退回原有的知识体系中。即使新知被证明有益，也被认为是对旧制、旧知识的恶意挑战，认为已有的知识体系完美够用，不可战胜。

在中国的语境中，天子对水旱、地震、天文异常等有不可推卸的责任，任何专业的术士都能预先发现端倪。现实中一个被如此神化本该对经济不景气、政治混乱责无旁贷的人仍不能解决多数问题，一个君主如果勤勉、清明，那么即使天灾连连，经济每况愈下，那也是天经地义与皇帝无关，因为他能做的都做了。如果一位君主恣意妄为，那就会招致天罚，非常灵验。这是官方认同理论。

从以上可见，这里最为重要的概念几乎都没有完整、清晰、正确的定义，相关的语词没有确切的边界，产生整体的无所适从状态，当它处于不那么严重状态时，一个政权甚至整个社会都可以行为有效，取得进步，这些进步可能是他们不想要的；当严重并持续恶化时，社会最基本的价值观、世代积累财富均会被模糊造成的过恶一次一次地连根拔起、灰飞烟灭。

这里的实际政治生活中，大家认为某个观念、行为是正确或错误是次要的事，他们的共识是：权力乃君主赋予，国家属于君主，所以一切权力属于君主。他们只愿专心取悦君主，惟此才可以确保正确，系统的教科书就是这样规定的。但是，教科书本身是失败的，因为只有完整定义出君主、国家、人民，额外或者多余的权力一出现，才会被及时发现，判定对君主的利弊，是君主失控、权力误用还是没有预判到这种权力在何种情况下一定会出现以及应对办法。古典教课书当然没有能够正确定义，尽管它的定义是绝对权威的，但结果证明就是不正确。

这里的君主有任意行事的权力，国家没有，传统上实施末日审判法，但是君主把各种罪恶犯遍之后，再追究又有何意义？此地的人热衷于围观惩罚一个罪行严重的国君,而不是预防、限制,令其少有过恶,可以保持基本的体面,人生有荣誉感,生命有意义,思想的这处缺省实属道德不端,作为集体和个体均不合格。每个人的作用经常不被积极至少是正式强调是国君出错率高,国家落后的最大原因,将国家的致命问题归咎于理论上权力最大的人,是个由来已久的错误。人性的深处都有投机取巧、不劳而获、坐享其成的根性,他们乐意见到一个无所不能的君王为他们带来源源不断、超额的福祉,不在乎君主为此实施任何不良与恶劣行为,只要不伤及自己。他们放弃了自己维护"普遍合理性"之义务,唯有正确性才是社会、国家进步、幸福的终极因素。预防国家、君王犯错比预防人民犯错更紧迫,捍卫"普遍合理性"需要人人的自觉付出才能完好地建立起来,不应该等待任何人组织督促,也不会为之付酬,因为它本系基本的良知所必备。

综上所述,这里发生的问题症结在于没有清晰定义概念的能力,是所有居民共同犯下的错误,需要共同承担责任和损失。

不确定性社会必定主次不分,涉及民生等重大紧要之事可能被轻描淡写,而一些细微的个人偏好则被小题大做、喋喋不休。不确定性是中国哲学思想的基石所在,但应用在政治上时,不仅仍能反映哲学上的晦涩,又增添操作上的困难。隋朝关于谱曲是否实施旋宫之争并非全无意义,但是没完没了地争论了十多年就比较过分,专业技术含量低,成本如此高昂。而迁都、上百万人的军事行动,几乎就是一夜之间的决定,需要立即做决定的事是不是很重要不需要所有人理解,决定的正当性不清晰,有责任把这些说清楚的人认为这实在很繁琐,他们不是自己也不十分清楚,就是自己认为没有必要让无关的人知悉,且一般不会跟他们这样说。德宗在治丧期间,"时群臣朝夕临,常衮(宰相)哭委顿,从吏或扶之。中书舍人崔祐甫指以示众曰:哭君前有扶礼乎?衮闻益恨之。会议群臣丧服,衮以为:礼,臣为君斩衰三年。汉文权制,犹三十六日。高宗以来,皆尊汉制,及玄宗、肃宗之丧,始服二十七日。今遗诏云:天下吏人三日释服。古者卿大夫从君而服,皇帝二十七日而除。在朝群臣亦当如之。祐甫以为:遗诏无朝臣、庶人之别,朝野内外,莫非天下。凡百执事,孰非吏人?皆应释服,相与力争,声色陵厉。衮不能堪,乃奏祐甫率情变礼,请贬潮州刺史。上以为太重,贬祐甫为河南少尹。事情至此并未结束,衮被贬后,崔氏主政。《资治通鉴·卷225·唐41》P1545。"衮性刚急,为政苛细,不合众心。"《资治通鉴·卷225·唐41》P1545 为何这样一个人在被贬黜后,个人意见仍得到尊重,"群臣丧服竟用衮议。"在人事任免问题上,他的行为可以称之为正派、守法。

与初唐相比,君主们向两个方向发展,一方面是盲目信任,另一方面是正常的舆论监督,建议渠道正被堵塞。懿宗咸通元年(860年),宰相白敏中入朝时意外摔伤,四个月后也未痊愈,他本人以耽误太多公务为由,三次上表请求辞去相位,懿宗断然拒绝,右补阙王谱上疏:以为陛下致理之初,乃宰相尽心之日,不可暂缺。敏中自正月卧疾,今四月矣,陛下虽与他相坐语,未尝三刻,天下之事,陛下尝暇与之讲论乎?愿听敏中罢去,延访硕德,以资聪明。"这是原话,完全没有恶意,也是他的职责所在,想不到几天后王谱得到的调令是被贬为阳翟县令。给事中郑公舆反对这个任命,封还贬谱敕书,懿宗让宰相决定王谱去留,宰相们揣摩君上的意图,一致认为王谱对白敏中不恭,中伤了他,皇帝的贬职决定完全正确。《资治通鉴·卷250·唐纪66》P1722。另一为谏官的命运还要悲惨"僖宗广明元年(880年),……左拾遗侯昌业以盗贼满关东,而上不亲政事,专务游戏,赏赐无度,田令孜专权无上,天文变异,社稷将危,上疏极谏。上大怒,召昌业至内侍省赐死。《资治通鉴·卷253·唐纪69》P1751。僖宗没有就此停止,光启元年(885年),右补阙常濬上疏以为陛下姑息藩镇太甚,是非功过,骈首并足,致天下纷纷若此。……宜稍振典刑,以威四方。田令孜党言于上曰,此疏传于藩镇,岂不致其猜忿。结果僖宗从两种意见中选择了差的一种,将常濬贬官后处死。《资治通鉴·卷256·唐纪72》P1772。侯昌业、常濬二人的职权就是参与讨论,他们没有说错,但是被严惩,让正常议论渠道、咨询机构及其行政制度形同虚设,任何异议受到压制,这显然是个人权力恶性膨胀所致。

不管是来自哪方面的权力,公开场合下均需要君主的信任。有影响的学者陆贽曾指出"治天下者,若身使臂,臂使指,大小适称而不悖。王畿者,四方之本也;京邑者,王畿之本也。其势当京邑如身,王畿如臂而四方如指,此天下大权也。是以前世转天下租税,徙郡县豪杰以实京师,太宗列府兵八百所,而关中五百。举天下不敌关中,则居重驭轻之意。《旧唐书·卷157·陆贽传》P517。这是正统的君权思想,它带动整个国家的运作,但它的实际意义比口头强调的要复杂,其神圣性也不易得到印证。元和十四年(819年),宪宗与他的宰相们谈到治乱问题,崔群的意见颇具代表性,"玄宗用姚崇、宋璟、卢怀慎、苏颋、韩休、张九龄则理;用宇文融、李林甫、杨国忠则乱。古故用人得失。所系非轻。人皆以天宝十四年(755年)安禄山反为乱之始,臣独以为开元二十四年(736年)罢张九龄相专任李林甫,此理乱之所分也。《资治通鉴·卷241·唐纪57》P1657。这群人讨论后得出的结论是:仁君能臣,是国家治乱关键所在,两者缺一不可。但说这仍非问题真正所在,国家兴衰命系是否有一套经得起锤炼的制度,任何制度均需要长期专注地维护。寻找到一个卓越的管理者有可能更为直接,成本更低,立竿见影。但如果与建立制度比较成本,结论会令人困惑,无论是有过的作用还是前景,成套制度经常很不明朗,对所有的人都有妨碍作用,也会让人们感到有章可循。感情用事、盲目的观念必定有其负面效应,有时需要数百年、上千年才能感觉到,虽然它能支配一个国家上千年,也并非一无是处,但人应该始终寻求最优越的生存环境,人类正是由此摆脱蒙昧、匮乏、涣散、不堪一击的窘境,由小到大,由弱到强。

中晚唐的帝王们真正领略到一个世界性大国确切含义的人是不多的,在这个已经在摇摇欲坠的帝国,经济的严重滞后动摇了国家稳定的基础,所谓的开元盛世是一种事先自我封闭后的相对说法,不是这个国家所有人都赞同这一结论,这是不现实的。一些诗人、著作家、官员经常提到这一点可能与他们的个人生活背景有关,他们比这个国家的大多数相对优越,在这个各地区经济条件相差极其悬殊的国家,局部或区域性的增长并不意味着国家考虑年收支的基础上,负责地保证整体从此摆脱了零增长或负增长的恶梦。通过变幻莫测的税收项目,长期的和平以及人口增长确实可以形成一个短期、表面的繁荣现象。在这种前提下,浮躁的中央政府、高级官员、以及皇帝本人得到多于以前的实惠,甚至成为暴发户,在任何一个朝代都做得到。不过,这显然并不意味着国家中所有人都能公平、合理获得经济增长带来的好处。

正是因为国家没有一个经济持续稳定发展的可行计划,人们的价值观同样不稳定,一个有起色、有基础的国家将玄宗近四十年的成功治理变成失败不是偶然的。地方实力派的将军们如何不断地向中央政府提要求几乎变成了一种日常生活,主要是经济利益和政治好处,而不是道德追求,即使不是全部,绝大多数当时的实权派都认为道德是否缺失无关权力的增减,开元皇帝忘乎所以的享乐生活所显示的生活水准几乎是人人都期望的,但同时做为一个在品德上亦被人民寄以厚望的人,那简直是令人气愤、不可饶恕的行为。不管普通人怎样调低自己应有的生活标准,大多数人仍不能保全自己对国家原有的忠诚。信任危机在君主与军队,君主与官员,人民与官员,人民与君主之间错综复杂地滋生,要想让骄横的将军们平静,就必须满足他们更苛刻要求,要想忠诚的军队和源源不断的税收,就不能不依靠将军,冒犯人民。国家的运转有赖于公职人员的智慧,却不得不警惕他们胡作非为。皇帝怎样使国家的权力平衡,缺乏现成的机制,走一步看一步是这个保守乃至僵化的国家政治的一大特色,一方面要沿袭传统,一方面要应付变化,一有机会就回到传统,尽管它零碎、粗糙、往往不合时宜。如果皇帝所受到的教育不够,不能分辨出各种利益间的基本差异,作为一个有机体的国家就会在此出现薄弱环节。比如，宪宗一度被方士柳泌，浮图大通所迷惑。任命柳泌台州刺史，金紫。谏臣固争，以为列圣亦有宠方士，未尝使牧民。帝曰：烦一州而致长年于君父，何爱哉？《新唐书·卷167·皇甫镈传》P541。君王们精心挑选的官吏包括宦官为何会令到国家一步一步走向没落？我，包括君主，朝臣、宦官、普通人，他们尽可能地做好自己时，国家会比较正常，他们都没有做好或者大部分没有做好时，国家一定失控。国家安全—国家军队，国内经济—国家税收、朋党势力与宦官集团，权力制衡与哲学疑难等，这些并不完全成对的矛盾就是这样不失时机地在所有有问题的国家出现，当然包括天宝以后的唐帝国。本应相互依存的关系变成相互对立，天敌则变为合力，……促成这种变化的因素中自然少不了政治、经济，相信还有文化的原因，从谨慎的研究发现，文化的原因重要性可能被严重低估，它是一个非常大的变数。过去习惯于以其附属于政治体制和经济环境是错误的，它们的确可以单独形成思维方式、价值观，而且易于量化。但究其根本，错误的思维方式价值观得不偿失到更改的症结在于人自己。进士邵说在代宗大历末(大历共历十四年，十四年是779年)上言：天道三十年一小变，六十年一大变。《新唐书·卷203·文艺传·邵说传》P617。他对此信以为真，又要说服君主相信这千真万确。这种预定论现在不一定被人人接受，在当时，其消极、惰性的内核及其所附属的文化传统、时尚都相当合拍。失落感强烈的皇帝、负有责任的高级官吏以及咄咄逼人的野心家们听了都会感到很舒服。

风俗(地方性习惯)——刑——礼(全国性习惯)——来世的调整(未经证实，以讹传讹)它们有时会互相矛盾，其虚妄的成分很容易干扰国家。玄宗晚年对鬼神延年飞升这些具有神秘色彩的话题十分入迷。开元时充任过太常博士、侍御史的王玙，"少习礼学，博求祠祭仪注以干时。充任祠祭使时，"玙专以祀事希佞，每行祠祷，或焚纸钱祷祈福祐，迎于巫觋，由是过承恩遇。肃宗即位，……以祠祷每多赐赉。尽管不负众望，仍在肃宗乾元三年(760年)入相。为相时重要的建议之一是"置太一神坛于南郊之东，请上躬行祀事。肃宗尝不预，太仆云崇在山川，玙乃遣女巫分行天下祈祭名山大川，巫皆盛服乘传而行，上令中使监之，因缘为奸所至干托长吏，以邀赂遗。一巫盛年而美，以恶少数十自随，尤为蠹弊。"当他们悉数被黄州刺史左震所杀后(宦官除外)，他们随身所带已至数十万，都是从所过州县得到的贿赂。肃宗应该评估这种宗教以及迷信的实际意义，当他有机会参加这类活动时，仍全身心投入，"肃宗亲谒九宫神，殷勤于祠祷，皆玙所启也。"看来他更看重于目的。王玙死于代宗大历三年(768年)，他"以祭祀妖妄致位将相，时以左道进者，往往有之。"《旧唐书·卷130·王玙传》P436。而在德宗贞元二年(786 年),任命为同中书门下平章事的李泌也是热衷于鬼神的人,他吹嘘自己曾与传说中的仙人赤松子、王乔、安期、羡们等在绝美福地游处,德宗初即位时,并不喜欢这种装神弄鬼的人,在建中(德宗建中历四年,建中四年为 783年)末,面临一个内忧外患的国家,德宗变得手足无措,往日的豪情迅速暗淡下来"雅闻泌长于鬼道,故自外征还,以致大用。时论不以为惬及在相位,随时俯抑,无足可称。"《旧唐书·卷 130·李泌传》P436。敬宗宝历元年(825 年)六月,观沙门文淑俗讲,……道士归真说上以神仙,僧惟贞、齐贤、正简说上以祷词求福,皆出入宫禁上信用其言。《资治通鉴·卷 243·唐纪 59》P1673。一些知识分子起了推波助澜的作用"天宝十三年(754 年),太清宫奏崇玄馆学士李琪见玄元皇帝乘紫云去,告以国祚延昌。《资治通鉴·卷 216·唐纪 32》P1472。代宗大历二年(767 年)时的宰相杜弘鸿渐信佛,"故每饭千僧……三年,上幸章敬寺,度僧尼千人。"《资治通鉴·卷 224·唐纪 40》P1533。宗教心理可以在不同的文化背景中产生,神的观念历来是生活中极其重要的部分。与之相映成趣的是时人的自然观,代宗大历十三年(778 年),"陇右节度使朱泚,献猫鼠同乳不相害者,以为瑞。常衮(宰相)率百官称贺。中书舍人崔祐甫独不贺,曰:物反常为妖,猫捕鼠乃其职也,今同乳,妖也。何乃贺为? 宜戒法吏之不察奸,边吏之不御寇者,以承天意。上嘉之。"《资治通鉴·卷 225·唐纪 41》P1544。在两种同样有问题的意见中,皇帝作出了自己的选择。他们各自对自己掌握的知识,积累的经验深信不疑。并已此在两种错误意见中作出所谓正确的选择,亦即不容再反对或皇帝的意见,像代宗所做的一样,对中国皇帝、官吏、学者而言是一件很平常也很频繁的事。宪宗元和十四年(819 年),刑部侍郎韩愈反对引佛骨的论据是虔诚的梁武帝悲惨的结局,他怀疑存在一个无所不能的神。宪宗大怒,准备办他的死罪,在场的宰相裴度、崔群认为"愈虽狂,发于忠恳,宜宽容以开言路。"韩愈由此逃过一劫,贬为潮州刺史。《资治通鉴·卷 240·唐纪 56》P1653。尽管谋求开明人君而容忍纳谏并不等于宗教宽容,但实际上却有近似的效果。

必须承认,唐国家的宗教宽容与各位君王对生命、命运直率、异乎寻常的关切联系紧密。宗教神职人员的经济特权与南北朝相比大为减少,政治特权则一直存在,只是时隐时现,视君王情绪而定。宗教宽容给唐帝国的带来一些好处,从理解不同宗教入手,理解不同文化时就更容易把握大旨,从而把握住时代的脉搏,有时,哪怕只是经过两者间简单的对比,就会有深刻的发现。

崔胤是中唐以后政治的一个缩影,他出身高门,通过了科举,与宦官有过殊死争斗,后被藩镇所杀。

崔胤是宰相崔慎由子,登进士第之前,仕途已经对其无限开放,昭宗大顺(大顺,890—891 年)中,历兵部、吏部二部侍郎,寻以本官同平章事。昭宗乾宁二年(895 年)登进士第。《旧唐书·卷一百七十七·崔胤传》P552。

昭宗光化(898—900 年)年间,户部郎中、同中书门下平章事,守司空、门下侍郎、同平章事,兼领度支盐铁户部使。《新唐书·卷二百二十三下·奸臣传·崔胤传》P686。

昭宗光化(898—900 年)同平章事崔胤中领三司使务,宦官侧目,不胜其忿。及刘季述幽昭宗于东内(光化三年十一月),以德王监国。崔胤说服了孙德昭,十二月,孙德昭伏兵诛刘季述。昭宗反正(光化四年四月改元天复,901 年),崔胤进位司空,复知政事,兼领度支盐铁三司等使。天复三年(903 年),进位司徒,兼判六军诸侯事。天复四年贬太子宾客,为汴军所杀。《旧唐书·卷一百七十七·崔胤传》P552。

天复元年(901 年)正月,以孙德昭同平章事(因为解救被囚禁的昭宗,帮助复位。),充静海节度使,赐姓李,名李德昭,……以周承海为岭南西道节度使,赐姓李继海,董彦弼为宁远节度使,此赐姓李并同平章事。与李继昭俱留宿卫,时人谓之三使相。《资治通鉴·卷 262·唐记 78》P1819。李继海、李彦弼后来与宦官朋比为奸,孙德昭拒绝这样做。

天复元年(901 年)二月,以翰林学士、户部侍郎王溥为中书侍郎同平章事,以吏部侍郎裴枢为户部侍郎同平章事,溥,正雅之从孙,常在崔胤幕府,故胤引之。《资治通鉴·卷 262·唐记 78》P1820。

天复元年朱全忠已取河中,进逼同华,中尉韩全诲以胤与全忠善,恐导之剪除君侧,乃白罢政事,未及免,卒挟帝幸凤翔(凤翔节度使李茂贞支持韩,后败于朱全忠,在崔胤的坚持下,大杀各地宦官)。胤怨帝见废,不肯从,召全忠以兵迎天子,……崔胤认为高祖太宗之时无内侍典军,天宝后,宦人浸盛,德宗分羽林卫为左右神策军,令宦者主之,以二千人为率,其后参掌机密至内务百司悉归中人共相弥缝为不法,朝廷微弱,祸始于此。他的结论当然是错的,皇帝计穷,求助于宦官,宦官因为君王完全信任而完全,于是放手一搏,以便一心让君主满意,但是他们能力有限,只能做到与他们能力相称的事。这个国家很多事其实并非宦官所致。全忠(汴州刺史,宣武军节度使)令其子友谅围开化坊第,杀胤,汴士人皆突出,市人争投瓦砾击其尸,年五十一。《新唐书·卷 223 下·奸臣·崔胤传》P686。

全忠令汴州军人入关,应募者数百人。

天复元年(901年)正月凤翔彰义节度使李茂贞来朝,加茂贞守尚书令。《资治通鉴·卷262·唐记78》P1819。唐太宗后,郭子仪授此职而不敢受,王行瑜持强求之而不得。李茂贞破此惯例,唐法已经荡然无存。

皇甫镈第进士,以吏道进,既由聚敛句剥为宰相,至虽市道皆嗤之。崔群、裴度以闻,帝怒,不听。他在吐突承璀的帮助获得门下侍郎、同平章事职位,引起一片哗然。穆宗即位后被贬斥地方。《新唐书·卷167·皇甫镈传》P541。

一个王朝衰落所需要的错误一个都没有缺少。

本章结论

尽管有中晚唐权利核心位移之说,一是宰相群体,二为翰林学士,三即宦官势力,四是地方实力派。还有不时冒出的家族力量,外戚、宗教尖子等影响俗世的决策,但后几种在皇权面前均不堪一击,真正有力量左右国家方向的是前四种。中书舍人,给事中,各部首长,同中书门下平章事,代表传统、正规的行政司法权;后起的翰林学士包括知制诰代表一个新的、适应形式的决策机构,它的作用时隐时现,取决于君主对它的理解和认同感;宦官势力指的是神策军中尉,观军容使、宣徽院使以及枢密院使,后两者的崛起既是信任危机中一种惯性趋向,又是正规集团功能紊乱、失控的后果与诱因。三者是否必然形成此消彼长的态势容易引起歧义。史书上的结论与史书上的记载不一致是常见的,三种权力形式却不是偶然的,洞穿历史,可以明白无误地看到。他们共同形成中国的政治的真实构造。在这种体系中,决策核心习惯于以半公开半隐蔽的方式存在或起作用。如果君主因年龄、经验、兴趣被蒙蔽或远离政治中心,他们的作用都会变得复杂、危险,可以归咎于至少以下几种原因:缺乏国家公认的概念;对政府权力来源模糊不清;应用政治中非精英政治彻底落实或亚文化意识的广泛渗透;政治等同于诡计的原始观念强势等。个人或利益集团谋求的政治结果与被广泛理解接受的政治理念距离越来越大,而对这种人为造成距离的罪恶感则越来越小。这些都要以国家制度持续遭到破坏乃至难以修复或始终无法形成为一个有机体,实现完善为代价。这是缺乏透明度、没有均衡、稳定程序的一切国家制度的致命伤。一个政治体系要变得友好、有效,决策阶层的高度的确预见与应变力固然重要,更重要的是他本身要有吸引力,人们漠视它与反对它的作用是一样的,同样或令制度南辕北辙、动辄得咎乃至荡然无存。一个推行中的制度如果有优越之处,即使过程中使用了暴力,它仍可以是有益并令珍惜怀念,一些比人本身更有生命力的制度的存在并不在于它有意义,而在于人在一个没有净化或优化的制度下的付出大部分被抵消,妨碍与个人的发展有关的一切,并非人人不都不愿见到,而有些制度甫被制订之前,就预先设计了这种功用。人人有权得到现实的幸福,也总希望了解实现幸福的具体步骤,制度是唯一直观的。由于是人的制成品,因而较易为人所控制。但是人的偏见、自负、僵化以及习俗等会妨碍人对它的控制程度,或者使其迟迟不能发挥作用,这会让制度变成一种单纯的束缚。自始至终存在于一个充满敌意的环境中。一遇危机就会支离破碎、摇摇欲坠。

中晚唐政治是"历史可以影响未来"这一结论是十分有说服力的例子。任职太久的皇帝失去生活目标,就因为杨贵妃惊世骇俗的个人魅力,杨国忠这样的善于捕捉机会的外戚,安禄山、史思明这样的贪得无厌的地方实力派在君主的感情偏爱、政治疏忽中羽翼丰满至致目空一切。成为国家的麻烦。高力士这样的忠仆就在这环境中产生,而李辅国所享有的高度信任则任其延续,直到被程元振的忠诚淹没,鱼朝恩的价值又使程显得可笑,失去存在的价值。由关爱、信任而引起的内战中,破碎的国家陆续遭到一切有能力实施军事行动的力量打击、洗劫。皇帝就象一场大规模狩猎中的野兽,多次在痛苦、惊恐万状中长途跋涉,左右躲闪,逃避捕捉和屠杀。成德节度使李宝臣,范阳尹李怀仙(李是史朝义将,斩史以降立功)等均是反安史的有功人员。拥兵自重的节度使们特别是著名的河北三镇,他们活跃的程度既超出了国家需要,也刺激了更多的觊觎者。另一些更凶险的国家重臣李茂贞、朱全忠等在解决国家的问题过程中成为国家更大的问题,唐国家最终被后者生吞活剥,只是他实力不济,被迫将一个完整的国家肢解后与另一些食肉巨兽分享。

没有安禄山以及多种族的冲击,就没有皇帝的绝对溃逃,就没有产生翰林学士如此出色发挥作用的必然性,中晚唐进身方式五花八门、身怀绝技的宦官很难有机会轮番表演一番;没有胡作非为的宦官,就不太会引入李训这样敏锐的权臣,而没有中央政府的高度混乱,地方实力派也就不会像雨后春笋,一个比另一个更桀骜难驯。虽然历经二百年,更像是在一夜之间,所有的信念、价值观、善良习俗都被蒸发,只有私欲像飓风一样在强烈旋转。这种现象并不反常,成功的国家只不过是有能力使它尽快得到控制,而中晚唐在这点上显然力不从心。

现在可以确信,国家权威受到广泛尊重多么重要,而要使这种尊重持续集中在有连续性的个人身上又是多么困难!权力过于分散或转换过快对古代中国来说是不祥的,对唐帝国而言,开明的君主、相对透明的政治,品德无暇、学识渊博、经验丰富、个性鲜明的人才广泛参与造就了国家绝大多数的经典决策。而且,这个国家历史上几乎所有比较成功或一度有起色的变革都活跃着有抱负君主的身影。尽管改革内容与改革成功与否是一个完全可与之相提并论的决定因素，但不懈地进行改革的一个重要意义在于，它比静态、因循守旧的政治更有可能避免倒退！

立法活动和司法活动是衡量当时人生活质量的两个主要标准，两者以不同方式影响社会和每个人。

唐以科举制、文官制度、唐律三项独立完整、又互有联系的体系著称于世，但它的代价相当高昂，规定的考试科目使内容成为固态，权力变成知识，知识变成教条。大部分人不幸成为传声筒。建立在科举制度上的文官制，培养出大量圆滑、心胸狭窄的容易脱离实际的官僚，制度看似完好无缺，其实名存实亡。唐律则由于君权的高度介入变得极难操作，一方面它表现出充沛的人道精神，一方面又重申身份特权。对礼制的作用充斥着不切实际的幻想，又习惯于以残暴方式表现仁慈。既妄想时刻太平无事，又对制度与人性的弊端束手无策。法律本应是社会理性与公正的最可靠的屏障，是国家最大的泄洪闸，它会让一个民族健康持久的发展、强盛，但由于无力在有点泛滥成灾的各种思想和精神的作出准确的取舍，而且操作失控，在许多情况使它看来就象自然灾害中的一种，变得不可预测、所向披靡。这是比战争、饥馑、病疫以及所有其他自然灾害更容易给人带来伤害的一种社会现象。法律作为人类的制成品，经常在畜意和无意中偏离甚至背离人民的初衷，这是一切混乱与不幸的一个根源，由于这种状态的长期存在，不存在属于司法中的偶然失误，而是主要以武力获胜了的统治者们人性的肆意自我宣泄，恰恰又采取了卑劣的方式，这一切将国家少数的统治者与他们的人民隔开。不了解人民，就不会有民主的政府。当事态达到无法忍受时，流血的方式将会成为唯一的对话。但人的精力不会集中在如何改变已神化和僵化的政治制度，因为这种制度的危害极其隐蔽而且是随机的，因为来不及适应制度只能随意改变自己的人不仅包括天潢贵胄，而且包括它的绝大部分臣民。通过这种毫无道理的、被迫的适应创造生存的机会，这种改变使人更容易成为制度的驯化物，而无损于制度，不管它曾经是多么有害。

本节主要参考资料：

（五代）王定保《唐摭言》

杜佑《通典》

《旧唐书》

《新唐书·选举志》

(宋)王谠《唐语林》

(唐)封演《封氏闻见记》

(清)徐松《登科记考》

《大唐开元礼》

王泾《大唐郊祀录》

第四十二章　唐开元以后政治归纳

一、开元之后的时局是宿命还是人为

1. 争抢着把持朝政的人越来越坏

翰林、权臣、外戚、宦官、藩镇,他们野心各不相同,做不到休戚与共,皇帝被物化为各种标签,皇帝的事是家事还是公共利益,看解释者有何种需求,无现成答案,也不能因没有答案质疑经典,人们不能逃避有答案自己不知,无答案自己以为有的现实,君主有道德,会变软弱;无道德,会加速灭亡模式倒是明白无误地挂在你没到过的地方。712 年(睿宗太极元年)八月睿宗传位于皇太子,自称太上皇,李隆基登基。开元七年六月(719 年)杨玉环诞生,开元二十二年代王妃,开元二十五年(737 年)入宫,这是个重大事件,这位年轻懵懂的女孩将颠覆了一个王朝,在这个属于她的时代,审美力开始驾驭天下,审美力的偏好对任何强大的帝国都是一种决定性因素,杨玉环、李隆基都无法拒绝被爱与爱,这是审美力影响国家和时代的典型例子,他们没有任何错误,二人只是诚实地承认自己对美好事物认知能力达到何种程度,这种理解力不为多数人所能感知。李隆基早前的明智期过后,纸醉金迷的生活影响了他的政治判断力,审美的高级阶段可能必须这样付出,审美不限于理性活动,但也不一定一改反理性,李隆基美学有帝王特色,从其行为结果来看,他'奉行审美能力越好,政治层级就会越崇高'原则,他这种思辨能力开元二十三年有公开过,为'时望所称'的宰相韩休想要玄宗成为明君,从各种细节上限制君主追求惬意的美好感官生活,看见镜前的玄宗顾影自怜,好搬弄是非的近臣说:"韩休为相,陛下殊瘦于旧,何不逐之?"玄宗曰:"吾貌虽瘦,天下必肥。"他的意思是:"我没有从前英俊了,但国家因此变得美观。"两者没有这样必然的因果关系,但这就是玄宗独有的审美和政治混合思维模式。翰林学士、外戚、宦官、藩镇等几乎都不接受"吾貌虽瘦,天下必肥"的原理,而且他们满可以说完全是受了玄宗慷慨性情的影响,国家美与自己美究竟何者重要,玄宗是这样回答的:韩休三月上任,十月被玄宗免去相权,惩罚性地让奉行节俭、自律的韩休专管大笔开销的国家营造。玄宗的爱情生活被认为是正常的组成部分,外戚、宦官、藩镇等各路人马也想要自己的人生正常甚至比别人更正常:即使其它都做不到,至少自己必须要很美好。在这个大背景下,少数比较务实、无私、称职的大臣姚崇、宋璟等对这个着火的帝国已是杯水车薪,难免顾此失彼。

二、外部入侵

1. 吐蕃人的入侵

开元二年(714年)五月,吐蕃人要求以对等国家的礼仪与唐交往,被拒绝,八月,二十万武装的吐蕃人犯边,被击退,自此以后,吐蕃人军队年复一年潮水般涌来,唐朝需要一支专业、强大的军队御敌,但是朝廷似乎更在乎赋税,因为当时的府兵家庭仍然需要负担杂徭,个人的社会地位大不如前,家境更是如此,军府兵士每天有人脱逃,当时宰相张说的建议被采纳:"先是,边缘镇兵常六十余万,开元八年(720年),兵部尚书、同中书门下三品张说以时无强寇,不假师众,奏罢二十余万,勒还营农。玄宗颇以为疑,说奏曰:臣久在疆场,具悉边事,军将但欲自卫及杂使营私,若御敌制胜,不在多拥冗闲,以妨农务。陛下若以为疑,臣请以阖门百口为保,以陛下之明,四夷威伏,必不虑减兵而召寇也。上乃从之。时当番卫士,浸以贫弱,逃亡略尽,说又建策,请一切招募强壮,令其宿卫,不简色役,优为条例,逋逃者必争来应募。上从之。旬日得精兵一十三万人,分系诸卫,更番上下,以实京师。其后彍骑是也。《旧唐书·卷九十七·张说传》P367。出谋划策且赌性十足的人是正宗的学者、宰相,但确属实实在在的坏主意,帝国后来沿此方向一错到底,鉴于府兵逃亡成为普遍现象,朝臣们或者是说不过张说,或者是束手无策,张说的解决方案得以定型为府兵制替代计划,723年(开元十一年)十一月,选京兆、蒲、同、华、岐等州府兵及白丁十二万为长从宿卫,一年两番,州县不得役使。725年,改长从宿卫为彍骑,分隶十二卫,总十二万人为六番。728年(开元十六年)二月,改彍骑为左右羽林飞骑。

这支新组建的军队战斗力不是那种越战越强的类型,战场越来越多,异族战士冲入边境,围困富裕的州府,出现在帝都近郊,标准的府兵不一定能所向克捷,714年(开元二年)检校左卫大将军薛讷遭遇契丹人(当时契丹人和突厥人结盟谋唐)伏击,十损七八,薛讷被剥夺官爵。717年,陇右节度使郭知运大破吐蕃。而张说政府招募来的士兵与吐蕃人作战有地形、补给时优势,取得了一些胜利:727年(开元十五年),帝国集陇右、河西等道兵十五万防吐蕃。728年,741年(开元二十九年)六月,吐蕃四十万人入边,臧希液以五千人破之。746年(天宝五年)河西陇右节度使王忠嗣大破吐蕃。不仅要与强悍的吐蕃人和突厥人的大规模作战,帝国四而面八方不时会遭到攻击,762 年(肃宗宝应元年)党项掠夺奉天,桂州兵破西原蛮帅吴功曹,一些相对弱小和原始的种族对边民与重要州县的抢劫和入侵行为主要是唐国家本身战争创伤的血腥味吸引了食肉者,军费开销很大,需要开辟新税源,一支军队想要战斗力和有让人源源不断加入的吸引力就需要给与军人优待和荣誉,府兵逃避战场,是因为他们感到被怠慢以及社会地位低级,募集来的军队其实更容易选择从残酷的战场脱离,他们没有府兵那么多的后顾之忧,军队执行力大打折扣,降低了国家的整体防御能力,朝廷威信遭到挑战,中央政府就只能让权给地方实力派,地方强镇又会以实力威胁中央政权,国家就在这样一个恶性循环中浮沉。吐蕃人不知疲倦第冲击这个摇晃的巨人,实现了重要战略目标:代宗广德元年十月(763 年),吐蕃杀入长安,代宗出逃,吐蕃立新皇帝,置百官。

2. 突厥人

716 年(开元四年),西突厥别种突骑施将军苏禄统一中亚,国势强盛。718 年(开元六年),唐以苏禄为金方道经略大使,719 年(开元七年)十月,册突骑施苏禄为忠顺可汗。720 年(开元八年),突厥滋扰甘、凉州,击败唐军。开元二十三年十月突骑施寇北庭及安西拨换城。《旧唐书·卷八·玄宗纪》P31 开元二十七年(739 年),碛西节度使盖嘉运攻击碎叶城,俘虏了突骑施可汗。

三、为什么破坏制度时总有皇帝

给府兵制造成最大冲击的是募兵制出现,募壮士担任宿卫,归各卫所辖,从前的兵农合一自此分开,兵与农成两种不同身份。玄宗轻率接受这个牵一发而动全身的提议看似是因为建议对军队的优化和岁入都有美好预期,实际上对国家未来有致命影响,张说拍胸以全家担保自己的意见正确的方式更是不妥,张说本人曾在开元九年率军大败党项,但是战场获胜的军事韬略和政治智慧是两回事。这是个农业为经济核心,农业人口占绝大多数的国家,让兵制完全脱离土地是一个颠覆性的错误,战争行为不一定直接盈利,战争尤其防御战争很多时候是单纯的支出,但仍不可缺少,不能向战场当地生命财产得到的居民征收战争胜利税,但是国家不可以丝毫懈怠,因为国家必须为国民提供安全保障,然后才有税收。

募兵制后,对府兵制的第二次重大破坏是王鉷对军籍人口铁腕征税,745 年天宝四年,以王鉷为京畿采访使,过去的制度,戍边者免租庸,戍期六年后更换。当时,边将们多不愿上报失败,士卒死者都不申报,籍贯也不除。王鉷为户部郎中,户口色役使,"志在聚敛,以有籍无人皆为避课,成期六年之外,一律按名籍征其租庸,有的人从戍边之日起至到年龄近六十岁时仍在籍,因此最长者需要补征三十年租税。这笔钱起了很大作用,"时后宫赏赐无度,不欲数取之于左藏、右藏,王鉷岁贡额外钱帛百亿万,储于内库,以供宫中赏赐。玄宗以其能富国,以王鉷为御史中丞,京畿采访使。《资治通鉴·卷二百一十五·唐纪三十一》P1462。王鉷的作法有对军队正面的清洗作用,边将隐瞒真实损伤情况,以士卒满员的名册领取国家配发军需钱粮,没有王鉷征收,一切都可以得过且过,但是王鉷征收导致边将要代替死者向朝廷补交租税时,那就有问题,被私吞那些财物的人一定有办法转嫁到下属们身上,而蒙受损失的府兵们会透露出来,会成群结队地抗议,也会变成战斗力很差的军人。749 年(天宝八年),府兵制大坏,"先是,折冲府皆有木契、铜鱼,朝廷征发,下敕书、契、鱼,都督府参验皆合,然后遣之。自募置彍骑,府兵日益堕坏,死及逃亡,有司不复点补,其六驮马牛、器械、糗粮耗散略尽。府兵入宿卫者谓之侍官,言其为天子侍卫也。其后本位多以假人,役使如奴隶,长安人羞之,至以相诟病,其戍边者又多为边将苦使,利其死而没其财,由是应为府兵者皆逃匿。至是(天宝八年)无兵可交。五月,李林甫遂奏停折冲府上下鱼书,是后府兵徒有官吏而已。其折冲、果毅,又历年不迁,士大夫亦耻为之。其彍骑之法,天宝以后稍亦变废,应募皆市井负贩无赖子弟,未尝习兵,时承平日久,议者多谓中国兵可销,于是民间挟兵器者有禁,子弟为武官,父兄摈不耻,猛将精兵皆集于西北,中国无武备矣。《资治通鉴·卷二百一十六·唐纪三十二》P1468

张说、李林甫等人看到的问题都不是府兵制本身的问题,而是不遵守府兵制的人引起的问题。而府兵制因为这些问题被当成问题处理掉了。张说虽然曾担任兵部尚书,打过胜仗(麾下是府兵),仍然是个军事外行,一支农耕人口为主组成部分的军队没有紧密的土地隶属关系,赋税优惠等经济关联,没有荣誉感,没有专业的训练,就不会有精兵强将,在当时经济背景下,募兵制整体上远不如府兵制。1. 它不是一支训练有素的军队。2. 因为兵员来源,成为职业军人的前途,社会评价等统合评估,军人的荣誉感、社会地位均降低。3. 一段相对和平时期让唐王朝误判,这是大规模裁军的良机而且实施。张说显然改错了。

对户口管理懈怠使均田制的基础遭到破坏,自己物质上应有尽有的唯美主义者玄宗相信国人普遍具有道德感,自律守法,以仁慈的名义放松国家制度常规管理,"开元中,玄宗修道德,以宽仁为理本,故不为版籍之书,人户寖溢,堤防不禁,丁口转死,非旧名矣,田亩移换,非旧额矣,贫富升降非旧户矣,户部徒以空文,总其故书,盖得非当时之实。"721(开元九年),有官员提出:天下户口逃移,巧伪甚众,请加检括。二月制:州县逃亡户口,听百日自首,或于所在附籍,或牒归故乡,各从所欲,过期不首。即加检括,谪徙边州,公私敢容庇者抵罪……括逃移户口及籍外田,获巧伪甚众。《资治通鉴·卷二百一十二·唐纪二十八》P1437。官府开出了优惠条件:1. 721年(开元九年)新附客户,免六年赋调。2.开元十二年(724年)六月,听逃户自首,辟所在闲田,随宜收税,毋得差科,征役租庸,以皆蠲免。凶狠的检括专使成就很大,十二年八月,括得逃户八十余万,田亦称是。《资治通鉴·卷二百一十二·唐纪二十八》P1440。但是逃户现象似乎不顾情面地顽固地存在着,736年(开元二十四年),天下逃户于今年内自首,有旧产者令还本贯,超过期限者被查出后一律发配各地充军。《资治通鉴·卷二百一十四·唐纪三十》P1451。奖励和惩罚的条列都没有减少逃户大军。"旧制,人丁戍边者除其租庸,六岁免归,玄宗方事夷狄,戍者多死不返,边将怙宠为讳,不以死申,故其贯籍之名不除,至天宝中,王鉷为户口使,方务聚敛,以丁籍且存,则丁身焉往,是隐课而不出耳,遂按旧籍,计除六年之外,积征其家三十年租庸,天下之人苦而无告,则租庸之法弊久矣。殆至德之后,天下兵起,始以兵役,因之饥疠,征求运输,百役并作,人户凋耗,版图空虚,军国之用,仰给于度支、转运二使,四方征镇,又自给于节度、都团练使,赋敛之司数四,而莫相统摄,于是纲目大坏。朝廷不能覆诸使,诸使不能覆诸州,四方贡献,悉入内库,权臣猾吏因缘为奸,或公托敬献,私为赃盗者动万万计。河南、山东、荆襄、剑南,有重兵处,皆厚自奉养,王赋所入无几。吏职之名,随人署置,俸给厚薄,由其增损,故科敛之名凡数百,废者不削,重者不去,新旧乃积,不知其涯、百姓受命而供之,沥膏血,鬻亲爱,旬输月送无休息,吏因其苛,蚕食千人。凡富人多丁者,率为官为僧,以色免役;贫无所入则丁存,故课免于上,而赋增于下。是以天下残瘁,荡为浮人,乡居地著者,百不四五,如是者殆三十年。《旧唐书·卷一百一十八·杨炎传》P412,三十年前是天宝九年750年,去年玄宗刚刚带领群臣围观左藏,帝国国库钱财堆积如山,丰盛充裕令观众无比震撼、叹为观止,那年恭顺的安禄山入朝。德宗779年5月登基,杨炎八月拜相,当时在左藏现场的人可能无一人会想到三十年后杨炎所说的可怕社会现象。

户籍管理失控对均田制、租庸调制构成持续的冲击。

王鉷是中书舍人王缙侧出子(孽子即庶子,这个身份不至于让他对民生有如此大的敌意。),擢累户部郎中,这个冷酷的顶级敛财者尽情地利用了制度监管出现的巨大豁口,"玄宗以为才,进兼和市和籴、长春宫、户口色役使,拜御史中丞,京畿关内采访黜陟使，…厚诛敛，向天子意，人虽被蠲贷，鉷更奏取脚直，转异货，百姓间关输送，乃倍所赋。又取诸郡高户为租庸脚士，大抵赏业皆破，督责连年，人不赖生。"《新唐书·卷一百三十四·王鉷传》P474

"时有敕给百姓一年复，王鉷即奏征其脚钱，广张其数，又市轻货，乃甚于不放。输纳物者有浸渍，折估皆下本郡征纳。……古制天子六官，皆有品秩，高下其俸物，因有等差，唐法于周隋，妃嫔宫官，位有尊卑，亦随其品而给授，以供衣服鈆粉之费，以奉宸极，玄宗在位多载，妃御承恩多赏赐，不欲频于左右藏取之，鉷探旨意岁进岁进钱宝百亿万，便贮于内库，以恣主恩赐赉，鉷云：此是常年额外物，非征税物。玄宗以鉷有富国之术。《旧唐书·卷一〇五·王鉷传》P389 玄宗"横与别赐，不绝于时"是一条进身路径，被人发现了。这对君臣一个随意开销，一个随性搜刮。前者花销巨大给臣子敛财巨大压力和动力，玄宗慷慨赐予，巨量财富花出去后，让很多人僭越身份等级，开始拥有、使用原本不可以拥有使用的物品，给市场带来巨大的机会。开元是个刺激消费时期，刺激的是纯消费，投放到社会的资本不是以提升经济质量为主加速专项进步的投入，提高产品质量，增加其附加值，获得更好的利润回报，虽然消费等级社会的界限被暂时打破，消费群体扩大了，但国家经济的支点还是农业，农业靠天吃饭，不会因为某个帝王的圣明就足以持续、稳定、增产，粮食需求弹性低，不会因为奢侈品市场火爆而购买量骤升。幸运的是，唐朝恰逢第三温暖期，太平年景，总体产量上升了，但是初级农场品的利润很低，而且谷贱伤农。

以上从不同侧面细节揭示王鉷被赋予任意征税的权力，君王因为自然灾害等免除当地人一年租赋，没等纳税人幸福的笑声停下来，王鉷宣布运输费没免，有租庸调的人原本只需运输自己额定完纳的谷帛到指定仓库，现在要求运送的其它物质量大且多，路途又远，搬运要经过长时间多次辗转，令人疲惫不堪，甚至比交租赋的付出多难度大，如果运送的货物遇雨有水渍或折损，赔偿数目直接下到责任人所在州县官府，让欠账人插翅难逃，市场上交易的织物和贵金属物品王氏都有具体征税名目，又专门任命当地上户担任租庸脚士，这个敛财天才动用的这个职位（很可能是他亲自设计的）很像是个富人陷阱，富人们被要求负责通过漕运押送物质（轻货居多）到京，糟糕的运输条件下，保障货物的完整，人与物的风险都很大，很多人是家中的事无法打理，路途中也时常出现亏损，替官府放债收息作为官俸的胥士是一种色役，租庸脚士跟它一样，有一半的官府身份，摊上这份差事的却苦不堪言。王氏将用类似方式盘剥而来的国民财富奉送给陛下，谎称所有的财富都是经济发展带来的增量收入，与租税没有丝毫关系，确实也是花样翻新的新税和非税收益,玄宗可能真不知道王氏在如何操作,但如果一个君主是称职的,找户部查问就可知大概。王鉷为国聚敛有术,私人也得到了巨大的好处,搜括能力既是自己的天分,也有玄宗的过度慷慨所赐。玄宗对均田制、租庸调制之于帝国的重要性缺乏基本的认识,一个国家出现大笔额外的财富,不是增产也不是资本利得,一定是不当得利,增税或者随意罚没等,他为爱疯狂,无暇顾及,毫无察觉,所以用得心安理。

王鉷(天宝十一年752年时逝世)为皇帝收集财富,按名册,不管戍兵死活,一律补收租庸调的做法,对这个制度构第二波严重冲击。

肃宗时又出现一个王鉷似的人物,"初国家旧制,天下财富纳于左藏库,而太府四时以数闻,尚书比部覆其出入,上下相率辖,无失遗。及第五琦为度支、盐铁使(肃宗乾元元年任此职,时758年),京师豪将,求索无度,琦不能制,乃悉以租赋入大盈内库,以中人主之意,天子以取给为便,故不复出。是以天下公赋,为人君私藏,有司不得窥其多少,国用不能计其盈缩,殆二十年矣,中官以冗名持薄书,领其事者三百人,皆奉给其间,连接根固不可动。《旧唐书·卷一〇五·王鉷传》P389第五琦的错误决定对均田制租庸调制构成第三波冲击,第五琦为免遭各路强悍军事统领勒索,直接将国家租税(王鉷还没有这么做)送入内库,更是遂天子之意,反映国家财产管理惊人混乱,皇室已经离不开王鉷式的收入,背离制度越走越远,也证实皇权与国家不是一个概念。

杨炎希望自己的灵感能够遏制国库乱象。德宗(780年)即位,杨炎拜银青光禄大夫,门下侍郎同平章事。……既炎作相,顿首于上前,论之曰:先朝权制,中人领其职,以五尺竖宦操邦之本,丰俭盈虚,虽大臣不得知。则无以计天下厉害。……请出之以归有司,度宫中经费一岁几何,量数奉入,不敢亏用。诏曰:凡财赋皆归左藏库,一如旧式,每岁于数中量三五十万入大盈,而度支先以其全数闻。"这位君主可以有商量,接受定量,情况似乎出乎意料地好,不过,德宗要求优先给大盈库备足额定的钱财,以供皇帝随时取用,显示他对左藏与大盈库的理解与杨炎不同,稳健的财政政策是量入为出,陛下一心要让自己优先,随时都有钱花,他觉得花钱就是在建设、捍卫国家,可能致死都不明白,自己开销那么大,为自己看来是忠于王朝的各种人和事付费,国家还是变得越来越虚弱。宝历二年(826年),贪婪的敬宗则公开下诏,将国家税收存放处——左藏内现存的银十万两,黄金七千两,转存内藏库,方便赐予。从左藏到内藏,他不在乎舆论,不在乎结果,不接受原先的定量,而且比他的前辈理直气壮。

肃宗乾元二年(759年)任命的宰相第五琦的手法大胆泼辣,令人魂飞魄撒,他实施货币贬值,新铸一当五十的大钱,即重轮乾元钱,一个铜钱重三钱二分,开元通宝每十文重一两,一个铜钱重一钱,乾元钱个重比三个开元通宝,官方规定折合五十个开元通宝,导致市场物价立即急剧上升。米斗钱七千。民间将一当三十、五十的乾元钱称为虚钱。《新唐书·卷五十五·食货志》P152第五宰相并未增税,但是产生了大致相同的效果,他可以强调社会财富剧增,需要大额货币,因为他没有让一当五十以外的钱立即失效。但是额度对比跳跃太大,给市场传递的信息是强烈的通胀预期,不确定性的巨大变故,虽然三年后762年(肃宗宝应元年)四月,代宗即位后重新发布命令,"令乾元大小钱皆一当一(实际即恢复为最初与开元通宝同样的一当十使用)《新唐书·卷五十五·食货志》P152。"结果导致大量私铸,熔化一个乾元钱为开元通宝可以获利三倍以上,币值如此幅度巨大地调整有安定市场的作用,但更多的人是忐忑不安的,对未来满腹狐疑。国家信誉丢失,这对租庸调制形成第三种冲击。

穆宗长庆元年户部尚书杨於陵认为,"王者制钱、以权百货,贸迁有无,变通不倦,使物无甚贵甚贱,其术无它,在上而已。《新唐书·卷五十二·食货志》P149参见《新唐书·卷一百六十三·杨於陵传》P530杨於陵认识到货币既是价值的尺度,权百货,又时流通的手段。但又认为货币职能来自君主,不是其本身所固有。杨於陵是一个货币工具论者或者名目主义者,没有认识到货币的商品性与价值。

德宗时的国家似乎已经智穷力竭的君臣听到杨炎的计划后,其中的部分人包括德宗也打起精神,似乎看到了一线希望,有人看到其中新意,有人只看到财富的光芒。德宗建中元年(780年),杨炎的两税法是"罢一切新旧征科色目。皆因玄宗末年,版籍渐坏,至德(肃宗至德元年为756年)兵起,赋敛无常,率皆逃徙为浮户,其土著者百无四、五。"因此,他们想要以两税法替代租庸调制,租庸调是有田即有租,有身随后有庸,有户则有调的制度,两税法与之不同,有三个要点:

1. 以资产定户,征户税,田亩之税(地税)以大历十四年垦田数为准,均征之。

2. 商家三十税一。

3. 夏秋两季征收。德宗别无选择,不分青红皂白地立即接受了,也有人反对两税法,声音很微弱"掌租赋者沮其非利,言租庸之令四百余年,旧制不可轻改。"抵不过德宗的决心"上行之不疑,天下便之,人不入土断而地著,赋不加敛而增入,版籍不造而得其续虚实,贪吏不诚而无所取,自是轻重之权始归于朝廷。"在租庸调严重瘫痪后,两税法确实替代了它的部分功能,德宗、杨炎等十分满意国库重新开始有了可观得进项,但潜伏的问题很快就会出现。

两税法本身也没有得到逐条落实,780 年隆重推出的商家三十税一,在次年 781 年(德宗建中二年)就增商税为什一,税率转眼之间就变高了。而且还有更糟的情况出现,782 年(德宗建中三年)"时两河用兵,月费百余万缗,府库不支数月,太常博士韦都宾,陈京建议括富商钱,说的是向富有的商人借款,但这之前没有向债权人商量,没有人保证一定会归还,这个急功近利、霸道的建议立即得以实施,在明火执仗类型债务人的高压下,富商中有人情急之下失控自杀。

又因为计所得才八十余万缗,不足一个月军费开销,于是又括僦櫃质钱(类似典当行业),"凡蓄质钱帛粟麦者,皆借四分之一,封其僦窖,百姓为之罢市。"《资治通鉴·卷二百二十七·唐纪四十三》P1560)。官府向民间的这些借用是否能够如期、足额归还,大家都觉得十分可疑。随意增开新税以及以强制方式干扰市场的情况比租庸调时代的市场环境差很多,变得十分恶劣,德宗倒是从此想象力变得更丰富,唯利是图,来者不拒,除陌钱指的是杂税,德宗建中三年,官方于诸道津要置吏税商货,每贯税二十文。竹、木、茶、漆皆什一税,一以充常平之本。这里收的相当于过境税,官方说所收税将会专门用于作常平仓的本金,很多普通纳税人可能不会相信。783 年(德宗建中四年)六月,初税间架,除陌钱,《旧唐书·卷十二·德宗纪》P48。间架税,即房屋两间为一架,上屋税钱二千,中屋千,下屋 500。除陌钱,"公私给予及卖买,每缗官留五十钱,百姓苦之。"除陌钱相当于交易税,一千贯钱物的交易额度需向官方缴纳五十文。以两税法确定租庸调制,是杨炎改错了地方,他看到的问题不是租庸调的问题,而是玄宗以来没有维护这个制度的基础。确切地说,玄宗以来围绕租庸调的产生的相关问题不是租庸调制度的问题,而是该制度遭到破坏后的产生的问题,杨炎误以为是租庸调出现问题,废止了该制度,而改用两税制,新制度刚开始时有短期效果,但实际已经与这个国家政治背景相悖:没有均田制就没有租庸调制,就没有国库稳定的收入,没有府兵制。玄宗恣情肆意个人感情衍生为国家生活,导致国家受到外部挑衅,人民失去安全感,王鉷、杨炎等胡乱增税、改税,所有变革不是优化技术和管理能力而是如何巧立名目针对、掠夺国民,加上玄宗以来,差使剧增,官职与职掌不对称乃至急需升级的制度紊乱,国家迅速衰落是正常的。

二百年户口变化:

726 年(开元十四年),是岁户 7069565,口 41419712,732 年(开元二十年),是岁户 7861236 万,口 45431265 人。740 年(开元二十八年),是岁,州三百二十一,县 1573,户 8412871,口 48143609。

742 年(天宝元年),是岁,县 1528,乡 16829,户 8525763,口 48909800 人。

744 年(天宝三年)初令百姓十八岁为中,二十三为丁。应该是人口增多,不急需适龄青年加入劳役。752 年(天宝十一年)是岁郡 321,县 1538,乡 16829。户 9069154,口 52880488。

开元至天宝十一年,人口一直是上升趋势,但是代宗广德二年(764 年)的户口急剧下降,"是岁户 290 余万,口 1690 余万。"这些数据可能是促使他的儿子德宗即使在困境中也要有一番作为的因素,但后期的一些措施带来严重的问题,比如宦官成为禁军统帅,不断开辟新税种等。效果比较:

是岁(780 年,德宗建中元年),税户 3085076,籍兵(现役)768000,税10898000 余缗,谷 2157000 余斛。793 年(德宗贞元九年),初税茶,估值取什一,岁入四十万缗。807 年(宪宗元和二年),计方镇 48,州府 295,县 1453.,户2440254,租税总入 35151228 贯石。一缗一千文,一贯也是一千文。一石十斗,一斛十斗。853 年(宣宗大中七年),度支奏岁入租税 550 万缗,榷酤(酒专卖)82万余缗,盐利 278 万余缗。共 925 万余缗。代宗大历末(最后一年是 780 年),通天下之财计入所入,总一千二百万贯,而盐利过半,因为刘晏实施盐专卖制度。

税种琳琅满目,但按两河(卢龙、魏博、淄青、成德和淮西节度使在河北、河南叛乱引起的战乱)那样的规模战事,这个年收入仍然不能支撑一年的军费开销。到底是什么重要的利益或思想差异值得化如此多的钱用于彼此生死相搏? 可能很多人都说不清,有人认为国家掌控的用于战争、镇压的钱越多,政治就越正确,社会就越安宁,实际上经常相反。花钱的人多数不是直接创造利润、价值的人,他们迫切希望无论如何也要打赢战争,获胜后会更有钱。剧烈动荡的物价环境中,缺钱是个普遍现象,不仅普通居民,即使在职官吏也会感到生活压力巨大,但是有的帝国即使再富有,仍不能提供安全保障,不能提供基本的生活条件,人民无法生存,帝国也就无法生存,这是因为帝国本身就是问题,几乎参与了各种错事的皇帝就只能和错误在一起,和各种不幸在一起。

四、宦官的进化

713 年(开元元年)七月太平公主与丞相谋废帝,李隆基后来居上,太平公主等谋逆者被赐死,以高力士有功,命为左监事将军、知内侍省事。宦官之盛自此始。748 年(天宝七年),知内侍省氏高力士为骠骑大将军。759 年(肃宗乾元二年),李辅国在肃宗身边,诏旨或不由中书出,李辅国口为制敕,写就付外施行。及李岘为相,切陈制敕应由中书,以及李辅国所造成的乱象,遂停口敕处分。761

年(肃宗上元二年),鱼朝恩愚蠢地迫使李光弼违心地攻打洛阳,结果大败。762年(肃宗宝应元年,该年四月代宗继位),本年玄宗、肃宗先后逝世,宦官李辅国杀张皇后立代宗,六月李辅国兵权被解除,程元振代替了他。

835 年(文宗太和九年),甘露之变。

838 年(文宗开成三年))仇士良使人刺杀宰相李石。

846 年(武宗会昌六年),宦官立宣宗。

859 年,(宣宗大中十三年)宣宗死,宦官王崇实立唐懿宗。

873 年,(唐懿宗咸通十四年)宦官刘行深立僖宗。

宦官成为神策军首脑有很自然简单的缘由,皇帝不安全感增加,需要一直军队就在眼前,不论白天黑夜,随叫随到。757 年(肃宗至德二年)置左右神武军,786 年(德宗贞元二年),改神策左右厢为神策左右军,给予宦官顶级权力后,他们的能力是否匹配? 永泰年元年(765 年),"以鱼朝恩行内侍监判国子监事。中书舍人常衮认为国子监通常任命名儒掌管,"不宜以宦官领之,"代宗对这个意见不屑一顾,"命宰相以下送朝恩上。"《资治通鉴·卷二百二十四·唐纪四十》P153。代宗大历(766 年)元年二月:释奠于国子监,命宰相率常参官,鱼朝恩率六军诸将往听讲,……朝恩既显贵,乃学讲经为文,仅能执笔辨章句,遂自谓才兼文武(洛阳之败忘得一干二净),人莫敢与之抗。《资治通鉴·卷二百二十四·唐纪四十》P1531。代宗又让宦官董秀掌枢密,'是后遂以中官掌枢密使。'《资治通鉴·卷二百二十四·唐纪四十》P1532"李辅国对新君代宗(762 年即位)说,'大家但居禁中,外事听老奴吩咐。'这听起来是一种商量,其实是一种命令,新君尊李为尚父。成为最著名宦官的意义何在? 宦官们对权力趋之若鹜,主要以暴力获取,不是想掌权后合理使用,而是看中了权力可以滥用。

五、藩镇与外戚的相似性

1)政区

719 年(开元七年),置剑南节度使,领益、彭等二十五州,节度使中有的可以看管二十五州。733 年((开元二十一年)).是岁,分全国为十五道,每道置采访处置使,即采访使,以六条察事。两畿领以御史中丞,余择刺史领之。肃宗时改观察黜陟使。758 年(肃宗乾元元年),停采访使,改黜陟使为观察使。使职时指受命临时差遣处理某项事务,事后职务取消的职务。

762 年(肃宗宝应元年)代宗建东都、南都、西都、北都、上都共五都,这不是要隐身,他确实想变身五个皇帝,其一,平定安史之乱,代宗又让安史的旧部担任河北诸镇节度使。其二,打击权臣元载。其三,消灭宦官李辅国、程元振、鱼朝恩,其四,罄竭所有事佛。其五,目睹边防荒废,诸镇割据成型。藩镇既是政区不断调整的产物,也是地方势力恶性膨胀的产物。姚崇宰相任内,实行内外官互换制度,相似等级的刺史、都督入职京官,京官出任刺史、都督,应该有让彼此熟悉不同职位流程和性质,互相更好地协调履职,预防久居一职的弊端,然时态发展让职能权责布局趋于无序:开元二十三年,同中书门下三品李林甫兼领陇右、河西节度使,加吏部尚书,河东节度使安禄山使兵部侍郎吉温知留后,兼御史中丞、京畿采访使,让令人生厌的吉温'内侍朝廷动静'蛛丝马迹都会快马加鞭两天内让安禄山知晓。唐后期的节度使等地方官兼任朝廷大臣风行一时,是权责紊乱,制度失灵的反映。白敏中唐宣宗时入相,851 年出为邠宁节度使,白在唐懿宗时任宰相,861 年出任凤翔节度使,死于节度使任上,这已非姚崇制定内外官制度的本意,而是制度拆解,派系争斗加君主自由发挥的结果。如果一个社会不能恰如其分地或比较合理第给与人们应得工作报酬,而是开始用过分的权力和利益笼络人,这个社会不会立即失败,但一定结局悲惨。

　　2）节度使是些什么人

　　742 年（天宝元年）,分平卢为节度,以安禄山为节度使,是时有十节度使备边。凡镇兵四十九万,马八万。改州为郡,刺史为太守,东、北两都皆称京。747年（天宝六年）,高仙芝为安西四镇节度使,这个任命很正常而且必要,高仙芝是有能力的将军。751 年（天宝十年）,安禄山兼河东节度使,这是个后果严重的任命,754 年（天宝十三年）,安禄山入朝,当时太子、杨国忠皆言安禄山反,玄宗不听。节度使在辖区掌控全部军政大权,763 年代宗广德元年,魏博节度使田承嗣下令辖区内青壮年都当兵,老弱者务农,几年内麾下军人就有十万之众,这些唯命是从的人对同王朝极具威胁,自我为中心,这也是藩镇的核心实力。

　　880 年,宦官田令孜之兄陈敬瑄以赌毬第一,命为西川节度使。

　　882 年（僖宗中和二年）黄巢将领朱温,降唐河中节度使王重荣,以为同华节度使,赐名全忠。

　　896 年,凤翔节度使、秦王李茂贞攻入长安,昭宗逃亡华州,901 年（昭宗天复元年）,李入朝主政,宰相崔胤密除宦官,为甘露之变伸冤,密召朱全忠入长安,李茂贞与宦官韩长海挟持帝至凤翔。904 年（昭宗天祐元年）,朱全忠表请诛宰相崔胤,寻命人杀之,四月又使人杀昭帝,八月立哀帝。次年（哀帝天祐二年）杀昭宗九子。907 年（哀帝天祐四年）唐哀帝禅位于朱全忠,朱全忠书写了藩镇的辉煌。

3）显赫的外戚

745年(天宝四年),杨太真册为贵妃,748年杨氏三姊被封为国夫人,752年(天宝十一年)京兆尹杨国忠(杨玉环堂兄)加御史大夫、京畿关内采访等使,半年后继李林甫为相,前后兼领四十余使。

4）藩镇与外戚的不同点

755年(天宝十四年),安禄山反于范阳以讨杨国忠为名,河北郡县多降安禄山。756年(肃宗至德元年)安禄山称帝。757年(肃宗至德二年),安禄山为其子安庆绪所杀。760年(肃宗上元元年)史思明攻入东京。763年,史朝义自缢死。中唐以后有常设的使职,节度使、转运使、观察使,"开元以前,有事于外,则命使臣,否则止。自置八节度,十采访,始有坐而为使,其后名号益广。大抵生于置兵,盛于兴利,普于衔命,于是为使则重,为官则轻,故天宝末,配印有至四十者,大历中,请俸有至千贯者。"唐李肇《唐国史补·卷下》。使职是制度的附属物,随君王的需求和兴趣起落,最早的使职是王权的一部分或者延伸,后来融入动态的制度,影响、制约、破坏制度乃至失控,藩镇与外戚在这里十分基本相似,杨国忠这个被宠坏的外戚对国家制度的破坏与安禄山对国家安全的破坏难分伯仲,杨国忠为了个人逞能故意刺激安禄山反叛朝廷。

六、行政的战场

1）被扭曲的国家考试

747年(天宝六年),令通一艺者送京,李林甫故意设置困难的考试,无一人及第。于是李林甫表贺野无遗贤,玄宗居然信以为真,玄宗将这种轻信带到政治社会中很多场景,他固然知道吉温是"不良汉",吉温从未成功通过任何国家考试,具有讽刺意味却是太子文学薛嶷将他引荐给玄宗,是大家都默认国家的文化及其考试或许存在某种欠缺?玄宗对他印象恶劣,但一直知道他担任高级公职,曾经差一点成为宰相,在帝国官场高视阔步,大杀四方,与李林甫、杨国忠、高力士、安禄山这样一些头面人物都过从甚密,他与玄宗绝对信任的前述四人之所作所为又有和区别?

2）行政标准不断在变

标准的变化让人们不清楚君主和正确区别何在。宋璟弱冠举进士,奉公守法,是为人刚正,用人公平,重气节的正人君子,不惜冒犯武后宠爱的张易之、张宗昌,武后长安中(长安年间从701—至704年),张易之诬陷御史大夫魏元忠,并要求张说为自己作证,宋璟支持张做对魏元忠有利的证词,令元忠免于被戮。

中宗时，宋璟检校贝州刺史，"时河北频遭水潦，百姓饥馁，三思封邑在贝州，专使征其租赋，璟又拒而不与。《旧唐书·卷九十六·宋璟传传》P364，宋璟是既重礼议又反对厚葬的理性人，最难得的是不随波逐流，甚至很少见同时代人共有的缺点，姚崇与他的特点基本相同：理性、忠诚、明智，考试合格，反对迷信，表现卓越。睿宗(710—712年在位)先天二年(713年，712年八月玄宗即位)姚崇为兵部尚书，同中书门下平章事，复迁紫微令，先是，中宗时，公主外戚皆奏请度人为僧尼，亦有出私财造寺，富户强丁皆经营避役，远近充满。至是(先天二年，开元元年713年)，崇奏曰"佛不在外，求之于心。……何用妄度外，令坏正法？"上纳其言，令有司隐括僧徒，以伪滥还俗者万二千人。《旧唐书·卷九十六·姚崇传》P363在面对蝗虫时，听到'蝗是天灾，岂可制亦人事？又杀虫太多，有伤和气，'的声音，'焚香礼拜设祭祈恩，眼看食苗，手不敢近的行为，'姚崇提出火烧土埋灭蝗，姚崇是理性的人，维护制度的人，开元四年，他推荐宋璟代替自己的职位，元年担任宰相时六十三岁，这是他第三次被任命为相。他最大的政治贡献是不贪恋权职，短期任职后让合适者和平交接，快速退位既非个人能力也非身体原因，他在五年后才过世。姚崇用柔和的方式，着重公益的原则设法让制度得到有益的进化，少数人的政治高见能否衍生为制取决于社会的识鉴，能总是作对事的人不多，而这个社会薄弱的经济背景形成了狭隘的思维模式，人们从各种路径给自己设置对手，协作共进的意识模糊，社会变得极为险恶自私，集体诚信和个人诚信尤其稀缺。

　　开元七年，敕太府寺及府县卖出十万石粮食，回收民间恶钱送少府销毁。宋璟着力打击恶钱，以监察御史肖隐之专职"括恶钱使"，因措施过于严厉起民怨，玄宗不理解打击劣币假币的长期性、专业性，需要政策立体支持，反而撤肖隐之职务，宋璟罢相(开元八年)。禁令失去力度后各种劣币、伪币又开始泛滥，加上铸钱的权力被赐予了中央政府以外的部门或地方，比如天宝九年，安禄山入朝时就带来千缗钱样，这之前皇上批准他在上谷装置五炉，自行铸钱。752年(天宝十一年)，一些贵戚和大商人将江淮地区盛产的劣币用一好钱换五坏钱的比率，运至两京流通，致使市场恶钱泛滥，李林甫请禁，玄宗下令官方用钱购买恶钱，官为换取，期限一个月，违者违法，朝廷原本只知禁与驰，非黑即白，受困与此两种原始的认识与方法，成群商贾在杨国忠的车队前跪地请愿，皆因杨氏受宠且时任判度支、两京出纳租庸铸钱等使，国忠向玄宗转述，诏令改为只禁铅锡钱和穿孔钱，其它可继续用。开元、天宝刺激消费，李林甫舆马被服，颇具鲜华，每出车骑满街，杨国忠考究的生活品质，尤其杨氏姐妹的成功，她们的豪宅、服饰、首饰、化妆品等一概成为时尚,引爆生产消费市场,拉动整个社会经济。杨国忠管理国家赋税、铸币,了解频繁尤其大规模商业交易中货币的好处,随着国家经济体量增大,货币需求上升,他从玄宗那里讨得的妥协方案只是个缓解矛盾的权宜之计,朝廷此时的急务是要政策尤其技术投入维护货币的信誉,调节好货币投放量,只认禁与驰两种管理工具绝对行不通,朝廷思维僵化,止步不前,禁驰因而成了不能解决问题的主要解决办法,成为王朝的政经痼疾。君王对货币政策这样专业的问题忽冷忽热、感情用事,其它事务就会明智些? 开元十八年,裴光庭改选举法,一循资格,不问能否,按年限授官晋级,不得逾越,玄宗允许实施。于是,愚庸的人喜悦,能力强者确实懊恼。李林甫这样的人不会坐以待毙,利用自己结交的宦官和嫔妃得到玄宗全方位的信息,让君主认为他天赋异禀、无所不能、堪当大任,开元二十二年进位宰相,这又是一次灾难性的任命,玄宗不顾率直的宰相张九龄反对,坚持任命不识字的牛仙客为相,还诛杀了反对这一任命的监察御史周子谅,张九龄肯定牛仙客在地方的政绩,只觉牛氏不适合宰相职位,周子谅也是职责所在,为独揽大权,李林甫中伤张九龄,使之被罢免,李贪恋权势任宰相十九年,姚崇仅三年就自行引退。代宗永泰二年 766 年,宰相元载要求百官将所要上奏的内容先提交宰相筛选,再定是否上奏,刑部尚书颜真卿辛辣地讽刺说李林甫虽然专权严重,也没敢公开规定大臣奏事要经他甄选,颜真卿指元载比李林甫更专横,元载奏颜真卿诽谤,致使颜被贬峡州别驾。同年,代宗还力排众议让鱼朝恩风光上任。杨炎是元载外甥并被其提拔,777 年(代宗大历十二年)元载赐死,刘晏审理过元载,杨炎受元载牵连被贬,杨炎得势后先贬刘晏为忠州刺史,后诬刘晏以忠州谋判,780 年(德宗建中元年)清廉的顶级理财大家刘晏被德宗秘密处决,而杨炎本人又被宰相卢杞构陷贬职流放,途中被德宗授意的宦官勒死。唐宪宗 818 年,以贿赂宦官得相位的皇甫镈向宪宗引荐以善于炼丹药的方士柳泌,授为台州刺史,耗费大量人力物力没有炼出不死神药,宪宗服用后性情暴躁,很多人无故被处罚,王守澄等宦官以此谋杀了宪宗。截止到开元十三年,数年丰稔,725 年,东都一斗米十五钱,青、齐低至五钱,粟三钱。代宗(762 年即位)初,时值内安史之乱结束,京城斗米一千钱。参考三十七年间的数据,上述两组可作为同类物品物价上下两个极值(第五琦改货币时斗米七千例外不计,是个人为干预因素。),它处于纯自然波动状态,是个常态,150 余年后,882 年(僖宗中和二年),关中斗米钱三十缗,已经政治无能和社会混乱到了摄人心魄的地步。物价非不能波动,而是政府需要有作为,物价可单靠市场调节,但这里人民赋权的君主建立的是国家有急需时可干预的市场,权力到位的前提下,国民的安全性、生存品质不相称，且在持续乃至剧烈下降，国家基本功能扭曲、失效。由上实例可见，那些觉得只有无限专制下去才有可能办对事的君主、王朝都是无能的、失败的，还很危险，对别人和他们本身都是如此。"

3）朝臣们为不同的利益服务，

利益面前，对错退后。733 年（（开元二十一年），当时在职官员计 17680 人，吏 57416 人。这些人运行整个国家，帝国的官员们固然有过精彩的合作，之间对互相争斗也不能避免，720 年（开元八年）宋璟、苏颋罢知政事，"擢张嘉贞为中书侍郎、同中书门下平章事，数月、加银青光禄大夫，迁中书令。……初张嘉贞为兵部员外郎，张说为兵部侍郎，张说位在张嘉贞之上，及是，说位在张嘉贞下。"张说积欲寻求改变，他的机会很快就到来，张嘉贞的弟弟张嘉祐是玄宗亲自任命的金吾将军，开元十一年，张嘉祐贪赃事发，张说劝张嘉贞"素服待罪，不得入谒。因出为幽州刺史，说遂代为中书令。嘉贞怅恨谓人曰：中书令幸有二员，何相迫之甚也。明年，复拜户部尚书兼益州长史，判都督事。敕嘉贞就中书省与丞相会宴，嘉贞既恨张说挤己，因攘袂勃骂，源乾曜、王晙共和解之。明年，坐与王守一交往，左转台州刺史，复代卢从愿为工部尚书。定州刺史，知北平军事。《旧唐书·卷九十九·张嘉贞传》P372，这些人事变化显然既不能从张说所愿，也不能入张嘉贞所愿，他们唯一能自己决定的是继续为敌。建中二年（781 年）会德宗尝访宰相群臣中可任大事者，杨炎的劲敌卢杞荐张镒、严郢，杨炎举崔昭、赵惠伯，上以炎论议疏阔，遂罢炎相，为左仆射。《旧唐书·卷一百一十八·杨炎传》P412

有些人在取悦君主不知不觉将君主以及自己摆放在多数人的对立面，王鉷鼓励君主扩大消费，基本上靠自己一声不响地找出了赚钱的办法，他的成就是一个"利君不利民"的典型例子，他的更大的错误在于给玄宗一种错觉，国家非常富足，取之不尽。实际反映的情况是，人国人是一种资产，生杀予夺，任人宰杀，个个都很好欺侮。第五琦变得毫无禁忌，天下财富从左藏的有司掌管下，转至尽储于内库，使宦官掌之，由是天子取给为便，宦官蚕食为其中，有司不得窥其多少，历二十年。永泰二年（766 年）十月，开元十四年（726 那年）出生的代宗四十岁生日，"诸道节度使献金帛、器服、珍玩、骏马为寿，共值缗钱二十四万，常衮（中书舍人）上言以为节度使非能男耕女织，必取之于人，敛怨求媚，不可长也，请却之。上不听。"《资治通鉴·卷二百二十四·唐纪四十》P1532。

762 年唐肃宗宝应元年，租庸使元载自己目测"江淮民比中原地区普遍富裕"，下令稽查八年内丁口拖欠租调记录，得出一个要补交的大概数，任命强悍的人为县令实施追账，征收随后演变成抢夺，不管是否欠税，资产多或少，只要发现百姓家里有纺织品和粮食，官府就发人包围住宅，官府取走财物的一半，有些比较泼辣火爆的稽查人员带走百分之九十，这是一种税，称白著。德宗时的白望则是在市场上强取财物的太监，两者都不认为自己违法。代宗广德二年 764，税天下青苗、地头钱用于官俸来源，青苗钱亩十五文，地头钱亩二十五文。(地头税原用于建义仓，中宗时义仓已难觅，地头税则财源滚滚，原地税亩收粮两升，这里新增收二十五文做官俸)舆论如何评估这个税收改变？代宗登基 765 年永泰元年，河东道租庸、盐铁使裴谞入朝，帝问榷酤(酒专利)之利岁入总额，裴心绪难平，所问非所答："我从河东来，一路未见种植菽粟，农人唉声叹气。"君王应该听得出增税给耕作者带来的消极影响。

德宗建中二年，朝廷将商税从三十税一调高到十税一，远不能满足需求，次年 782 年四月"用兵月费百余万缗，府库不支数月，诏借商人钱，判度支杜佑大索长安，如被寇盗。又括僦柜质钱，百姓为之罢市。"二次行动共得到 280 万缗，这笔钱不够支撑军费三个月，五月份，按一个节度使出的主意，全国各道税钱每千钱增二百，又将每斗盐的价格增加一百钱。也不是所有的时候都在增税，也有不增不减的时候，百姓还是不开心，德宗贞元十九年 803 年，司农卿兼京兆尹李实告诉他的君主："今年旱情虽严重但作物长势喜人。"他的谎言让君主决定今年租税照旧，不减免。歉收、绝收的家庭只好拆掉自己的房子卖木瓦，未成熟的麦苗也用于抵税，监察御史韩愈建议让赤贫的人缓一口气，明年再收，就被贬为山阳令，李实还杖杀了以歌谣讽刺他的艺人成辅端，805 年李实被贬通州长史消息传来，城区一片欢呼，大批人身藏石块瓦砾，在交通要道等候目标出现时对准投掷过去，结果狡猾的李石抄小道逃离。还有些人的做法与他相似，不需要逃跑。

723 年(开元十一年)五月，置丽正书院。725 年，更集仙殿为集贤院，直到翰林院崛起，都是皇帝为了巩固政权提高行政效率采取的重大举措。翰林学士本该是专业、智慧、正义、高尚的群体，固然有很多能力强，或一技之长至少是守本分的学士，但是入选者人品还是参差不齐，代宗永泰元年(765 年)三月，诏左仆射裴冕右仆射郭英义，太子少傅裴遵庆，检校太子少保白志贞，太子詹事臧希让左散骑常侍畅璀，检校刑部尚书王昂、高升，检校工部尚书崔涣、吏部侍李季卿、王延昌，礼部侍郎贾至，泾王傅吴令瑶等十三人，并集贤院侍待招。上以勋臣罢节制者京城无职事，乃合于禁门书院，间以文儒公卿，宠之也。《旧唐书·卷十一·代宗纪》P40，集贤院成了一个休闲场所，一方面是皇帝将书院边缘化，另一方面书院中的部分人员变得很不安分，建中元年(780 年)三月，翰林学士左散骑侍郎张涉收授贵金属贿赂事发,而王涯这样的翰林学士显然根本无法信赖,破坏力不小,他们学到的知识中如何管理经济的内容稀缺,那些知识中经济发展的重要性都没有一致意见。翰林院的建立,影响力的扩大与府兵制、均田制、租庸调好不容易建立起来的制度体系被破坏同时进行,绝非偶然,并不是全是学士院的过错,一部分宦官、藩镇的实力和影响力远远超过翰林学士,最有资格提建议的学士们也仰人鼻息,不能以自己的知识积累和独立的思考能力带领国家做正确的事。他们本来是皇帝用于代替外廷的官员功能,只做君王最想做的事,有些官员并不配合,主要是不理解君王,他们心中除了君王还有国家两者没分那么开,学士们其实也在投其所好,奉命制造混乱,不过他们专注为皇帝办事,往往不代表公意,缺乏号召力,这个政治犄角确实也不能代替制度的功能。

外戚、朝臣、翰林学士都在不断出错,不能被持久信任,皇帝可以信赖谁? 朝夕相处的宦官? 大权在握远在各地的藩镇? 他们都有自己天赋的短处,无法满足君王的所有需求。皇帝事无巨细,事必躬亲? 皇帝随时都可能出错,王忠嗣在天宝四年(745 年),拜御史大夫,充河东节度采访使,天宝五年,王忠嗣担任西平太守,判武威郡事,担任河西、陇右节度使,同月,又暂替朔方、河东节度使事,王忠嗣的案头放置四种将印,管辖万里之地,国家精锐重镇多受其调配,权力之高,唐朝建国以来所仅见,不久又授予鸿胪卿,金紫光禄大夫。占领吐谷浑全境后,玄宗要求其攻吐蕃石堡,王忠嗣虽然认为是错误,被迫进攻,结果失败。被李林甫诬陷私下支持太子上位,被玄宗下令逮捕,几乎被刑讯至死,哥舒翰欲替其受罪,玄宗贬王忠嗣为汉阳太守,这个忠心耿耿,出类拔萃的天才将领被皇帝的任性气得半死,天宝八年,年仅四十五岁就突然死去。《旧唐书·卷一〇三·王忠嗣传》P385。皇帝对廷臣凶,对庶民凶,被呵斥、毒打,随时会命悬一线的人转而又对其他人做同样的事,这是一个人人自危的社会。

849 年(宣宗大中三年)李德裕死于崖州,李德裕、牛僧孺等朝廷重臣公私不分,一生忙于缠斗。他们争执的内容重要,还是他们合作起来能做的事重要?

帝国的核心官员由于自行组合度低,彼此缺乏认同感,容易产生嫌隙,皇帝强行为之匹配的官员持续内斗不已,皇帝不愿放弃任命权,同时又保持对官员忠诚度的猜疑,使得国家行政体制不仅效率大打折扣,而且经常南辕北辙。外戚是一种偶然性,配偶用政治奖品与天下分享爱的幸福,越是珍惜它的近亲越是容易变得没有节制;翰林来自一种偶然性,源自执意将政治引入卧室的君主对原生文化不多不少的信任,他们无一例外地用结果表明任何时候都不会对该文化刨根问底;宦官是一种偶然性,他们偶然发现制度缺陷比他们身体的缺陷更致命,不过这种缺陷治愈自己,变得健全;藩镇是一种偶然,既需要中央政权的足够软弱,又需要君主对他们怀有不切实际的幻想,必须同时满足这两个条件。一个国家有如此多的偶然性合法、快乐又乖戾地并存,显示这是一个匮乏且高度不确定性的社会,机制存在有彼此心知肚明的缺陷,欲望在以所有关联方都不知道的方式燃烧。

4)隐藏下来的机构

"受成命行制策,讲典故,行治文事而已"《资治通鉴·卷二百二十四·唐纪四十》。这段话可以用来描述中唐以后每一个炙手可热又失宠的机构、职位,有时是改变机构的性质,职位的轻重,进出机构,入职卸职的人在变,但是做出上述决定的思维一直未变,历代君王、决策者似乎从未察觉,或有所感悟而自觉无能为力而默不出声。

七、改变带来的不变

1)世俗事务的改动

713年(开元元年),令卫士二十五岁入军,五十岁免(720年卫士服役时间有所减少)。723年(开元十一年)是岁改政事堂为中书门下,列五房于后,分掌庶政,政事堂取消。744年(天宝三年),改年曰载。

开元六年,秘书少监崔沔建议,根据州县官俸总数,于百姓常赋之外,微有所加以给之。之前是令富户经手掌管公廨本钱,取息钱为俸州县官俸。722年(开元十年),命收公廨钱,以税充百官俸。下令由有关部门征收公廨钱,用这笔税收用于支付官俸,这里改变了崔沔的加赋获取官俸的做法,不在常赋中,变成一种单独的税。开元十年,收职田,亩给粟二斗。730年(开元十八年),,复给京官职田。大历四年敕有司定天下百姓及王公一下每年税钱分为九等,上上户4000文,上中户3500,上下户3000文,中上户2500,中中户2000,中下户1500,下上户1000,下中户700,下下户500文.其见官一品准上上户,九品准下下户。若一户数处任官,仍每处依品纳税。《旧唐书·卷四十八·食货志》P250,开元十年"停天下公廨钱,其官人料以税户钱充。《旧唐书·卷八·玄宗纪》P29。这里的税户钱就是上文的税钱,是按九等户收的税。此前,常规的做法是赋税入库后国家出资充本,交给府吏、令使、胥士等放贷取利息作为百官俸禄的组成部分,公廨钱固然有弊端:强行放贷,不公平的利息等,但对急需贷款的人还是有帮助,现在停止公廨钱,将百官薪俸完全转变为税收项目实际上是一种增税,大历年间的户税钱上涨,天宝时的下中户税钱452文,下下户222。《通典·卷六·食货六·赋税下》P58。《吐鲁番出土文书》载有开元二十一年,二个唐朝的七等户(下上户)资产:三十五岁的范小义,十九岁的弟弟还有一个七十岁的女婢,资产是宅一区,禾粟十石,四十七岁的张君政和二十一岁的弟弟没有自己的房子,租赁房子住,资产有禾粟五石。按五十文买一石粮的均价计,以大历四年的标准,范小义家的粮食可以用于完纳一年的户税,张君政家的存粮只能抵户税一半,还有一半缺口需要另想办法,张君政是一个卫士,可能会有其它办法赚钱,其次他们还要付房租,范家兄弟和张家兄弟都没有配偶值得一提,另有同样的七等户似乎比范张两户资产更多,户等的划分根据一个家庭人口年龄结构,男女老幼,不动产和耕地面积等全面评估。

天宝八年749年,州县殷富,帑藏充裕,古今罕匹。这个富裕情况应该是指中央和地方政府收入大幅增加,普通人家的收入并不高,与少数最富裕者悬殊:天宝九年,宦官姚思艺检校进食使,贵戚竞相进食,一盘之费中人十家之产。显示少数顶级富豪与普通人资产相当悬殊。

规则的一切变化都朝对权力更方便,权力更多获利,权力更重要的方向变化。

2)信仰的变易

天宝十年五月:改诸卫幡旗绯色者为赤黄,以符土运。《旧唐书·卷九·玄宗纪》P34 兴唐圣制,凡祭有三等,曰大祀中祀,小祀,各有差等,昊天上帝,九宫贵神,皇地祇、神州、太清宫、宗庙皆为大祀;日月、社稷、帝社(先农)、先代帝王、岳镇海渎、先蚕、文宣王、武成王、诸太子庙、风师雨师,皆为中祀;司中、司命、司人、司禄,灵星、众星、山林水泽、五龙寺(开元礼中为五龙寺),并为小祀。王泾《郊祀录·卷第一·凡例上》P728

与大唐开元礼大祀对比,郊祀录大祀多了九宫贵神和太清宫两项,中祀开元礼多出星辰、孔宣父齐太公,开元礼中风师雨师为中祀(郊祀录中风师雨师为小祀),郊祀录小祀中多出司人、司禄,《大唐开元礼卷第一序例上》P12731 年((开元十九年)四月,在两京置太公庙,祭祀如孔子。唐太宗时就在磻溪单独立太公庙,神龙二年在两京始立太公庙,开元十九年,731 年,在两京及天下诸州各置太公庙尚父庙。《旧唐书·卷八·玄宗纪》P31 太公被视为与文圣孔子等级的武圣,这是玄宗思维层次的一种反映。开元二十四年(736 年)七月初置寿星坛,祭老人星及角亢等七宿。"《旧唐书·卷八·玄宗纪》P31 玄宗时感性的人,有迷信色彩,太庙屋坏时,玄宗以为是神灵的警示,一贯不信邪的姚崇认为不过是庙建时间日久,自然损坏。玄宗接受了他的意见,改建新庙,车驾按原计划前往东都。

玄宗对道教的过分崇尚也是这个国家衰落的重要因素。武宗会昌五年845年，毁寺庙4600余，僧尼还俗260500人，谁给了武宗的胆量？他是皇帝中的姚崇，假如他不是因为不迷信，而是心寄有所转移。

除获利的方式变化不断，祭祀的神明小有改变，对权力对财富的信仰从未改变。在这里，一个国家、政权、家庭和个人想要正确行事均并非易事，社会有没有诚信、信仰，价值观是否牢固过于抽象，并不是国之大事，平庸之辈以及坏人得到的机会多大，这个社会的不确定性就有多大，社会治理不善而导致最有能力的人被预先猎杀，或者他们将自己隐藏起来规避厄运，最善于伪装的人则将自己装扮成社会最需要的人，在缺少制度防范的国家，他们中很多是轻易得逞，那些设法创设不需要得到国人普遍认同的格外机制来论证自己最恰当的人，其实是得不到国人承认，也是不够格的人。

贞观、开元的善治是伟大的成功实践，成群的帝国贵胄不能发现、消化其精髓，或者视若无睹，在于复制他们的成功模型具有很大难度，他们或自忖才力不济，无法建立信心，或个人兴趣不在于此，或时代背景已大不相同，或有的想法切入点不同而遇到新问题，无法借鉴前贤，在个性消极、退让的人主看来，贞观帝中年而亡，开元帝身陷穷途，所谓的辉煌，落实到个人的前景似乎并不特别美好，努力并非完全有益。社会普遍贫穷，人们无法从事长远规划，帝王们无不恐惧被替代，自始至终都在寻求盟友以图规避风险，贞观、开元的成功因此显得尤其偶然、晦涩。诸侯秦国的君主为何能前赴后继，有共同的方向？在于它有系统制度的接续。国事绝非一个天才可以包办，一个长盛不衰的国家、政权需要思想的真知灼见成为国民的共识，唯独有力的思想才能给国民提供真正的判断力和演绎能力，变成制度以及他们的日常生活，国家才能避免习惯性、经常性停滞、倒退。君王们把他们精力的重点放在向何种人赋权国家才最好的方向上是个经典错误，任何人都不能保持正确，若非制度稳定运作，一旦君王举棋不定的时间延长，束缚了其他人的手脚，不能按部就班、各负其责，临机处断，国家难免动摇甚至崩塌。

开元之后帝王及其臣僚苛求民众，与民争利更是大错，一个政权老是惦记还有哪些钱没有从民间收上来，哪些人还可以压榨一下，他们认为皇帝拿到了可以让利于民的财富，或者本应归属于普通个人的财富，陛下变得比帝国的任何其他人都富有，是一种胜利，政府任意加税介于强抢和诡计之间，为此出谋划策的人纷纷现身绝非吉兆而是败像，国家最可贵的胜利是成功开辟社会发展新方向，有益更多的个人正当发展。

中唐以后,曾经给帝国带来强有力支撑的均田制、府兵制、租庸调制都被相继抛弃,甚至郡县制也因为藩镇的出现变得不伦不类,科举制倒是幸存。玄宗有其杰出的政治成就,他家喻户晓的爱情空前绝后,更通俗易懂,影响力在君王中无人能及,为这个国家带来亦幻亦真的玫瑰色彩,是一份长期的遗产,给这个充满苦难的国度增添了一份生活情趣,被这位君主疏忽的大多数国民尽管苦不堪言,但因为玄宗不过是为了追求至极的美好爱情,他们多数人都不会怪罪他,而是宁愿把他的政治成就装饰得更好,希望继立者仿效,以便有一天真正的好处落实了最底层的人头上。其实,玄宗对制度的破坏带来了不可弥补的损失,只有像他这样享有巨大威望的君主才来带来这种级别的破坏,玄宗的巨大威信形成了巨大的破坏力。这种教训极其沉痛,因为这些制度尤其是制度所蕴含的相对公道、公开精神再也无法还原。

第四十三章　中国制度论

一、制度的本意

制度的恬静与惊涛骇浪皆制度之本色,既是君王的,也是人民的。

1. 广义的制度涉及规定与禁止

制度涉及研究判定事情的合理性问题及要素、时间、对象,它是一种摒弃概率的目标管理。习俗是制度的渊源,延续下来的制度中有些是对过去实践的认同,也有对未来的期望,后者更多地表现在制定法中。自然法与实在法(即制定法)都不是纯理性的产物,它们的功能是否趋于合理,有赖于人的生存环境和心中的道德原则。基本制度按其功能分为两个类型,一,描述性制度:1. 基于对人与自然的主观估计。2. 不会产生直接的积极后果,如祭祀。二,规范性制度:1. 社会运作的客观需求,婚姻制度、宫廷礼仪等。2. 国家占有者的特权保护。如土地分配方案,嫡长子与荫子制度。公共秩序及刑法介于两者之间,同时具有描述性和规范性。专制体制硬性将所有制度解释为公共物品,无竞争性,无排他性,全体国民共享,其实国民只有与立法者共同承担制度风险的义务,收益则不对等,没有规定皇帝不可以多占、独占,这得到国家宪法、惯例、刑法大纲、民、商法条款的共同保护,它们支持个人垄断,尤其是政治权力下的垄断,那里一切交易的价格随权力意志波动,制度下的交易成本最低,但它基本不被选中,人民尽可能规避制度,是厌恶可能出现的漫天要价的管理者,人们试图控制、减少交易成本,因为制度看管人希望通过职务受益的思维主导,而且多数人认为个人私下交易可以在一定程度保留隐私,以免被不守法的政府巧取豪夺。结果是增加民商纠纷,民事、商业问题得到的不是专业的司法解决而是大量被政治处理,政治人物或行管人员的情绪变化与合同是否有效,赔付的多寡攸关,对不同的当事人而言,它们永远是未知数。由于这种极其松散的契约关系,国民之间必要的交易亦经常得不到及时、到位的保护,借助非生产性商业活动,使劳动与产品增值并实现互利的愿望备受压抑,制度的偏好导致了普遍的仇恨,社会的发展与变革过程几乎是动态地对人口、土地及一堆财物主要以政治手段重新划分、争斗、占有并重复这个过程,以正确与错误价值观之间的对抗作掩饰,充斥暴力掠夺而不是合作竞争。至于以何种组织形式:个人、集体还是被刻画出来的阶级?(一个单纯的阶级不可能协同一致完成一件涉及整体利益的行动。),取决于时代或规模,需求从来就不固定而且总是大于资源,制度虽不鼓励通过公职等非法占有财富,但后者一直是迅速获得、聚敛财富的传统方式,这是专制制度默认的一个副产品,它的高度集权不是来自高度正确,为权力垄断、绝对正确、公信力水平宁愿选择保持低透明度政府并拒绝外部监督。

2. 狭义的制度

法律在中国的发展有两条路径:1. 罚。上级对下级的任何惩罚,不论罪与罚是否相称,都称为法。后来的法逐渐开始强调罪的轻重打下,犯罪的主次之后。法律惩罚的功能更加有针对性、客观性、合理性。2. 早期的法律并不公开。人民并不清楚法律的具体、全部内容,一个人在君主面前说错了话,被君主判处斩首,这是法律;被判处打扫街衢,这也是法律。君王对同一行为的两种处罚判决都是对的。一些学者认为君王应该永远这样自己私下掌握法律的尺度,便于在需要的时候随机应对各种问题。

3. 制度来源与延续

人口土地、种族关系、文化是古代国家生成制度的三大要素,人群在同一生存环境中首先建立了他们的原生态文化,它以沟通为目的,随后才逐步形成了各自有价值并得到延续的制度体系,制度有助于人群的自然关系、社会关系、保持群落的稳定等。所有的制度都是通过不断的修改从草创到各自认为的完善。但制度的确立很少是完全封闭的,必然会受到外来影响,中国的文化体制的确立即以民族或种族间的互动为基础,文化拓展可以凝聚几个或者多个差异明显的种族文化,种族间不同文化交相互影过程形成产生制度的机制是中国制度影响力变大的重要因素,然而这个因素受到古代官方文化政策性、经常化的忽略,强势文化以及它的升级产物——官方文化自大症状的突出表现就是自我封闭,这一定会导致本体内社会多样化的诉求被忽略或者压制,它们有时来自遥远、陌生的地方或顺从的人口群落,有时就在眼前,天子脚下,决策者们经常不愿及时甚至根本不回应人民的呼声,是因为变革对统治阶层无益,他们已经非常好,不能因为改革而变差,这是古典文化延续而缺乏创新能力,制度经常遭到破坏的主要原因。

中国制度包容度低的另一个原因是它的思想成见,传统政治哲学理论中朝代的更替的原因是逻辑合理,物理相克,即正义战胜邪恶,所以,新朝代总是竭力抹去旧朝的痕迹,改变原有的旗帜、服饰、音乐、法律、国家制度等尤其是与失败的朝代完全对立的制度就是正确制度思想的哲学主导了这个国家,以杨坚为例,他具有试图一切"从零做起"的强烈情节,戮力改变之后发现,有些是无法抛弃的,因为没有什么能代替它们,于是他明智地克制自己的情绪,使均田制、府兵制几乎原封不动地在他的朝代存续并发扬光大,而这是文明的胜利。不过除上述制度的精华,意识的糟粕也沿用或导致了许多成规陋习,中国制度臃肿的缘由是哲学脂肪堆积,与皇权无度相关,真正的皇权断断续续,制度则花样翻新,其中有些令个人权力、义务极不平衡,社会负荷过重,维持社会正常运作成本过高。又由于制度设置中为社会服务的机制动态地小于为皇权服务的机制,在各个方面都可以表现出强烈的倾向性,为了某种利益不惜牺牲社会公理。从而使制度容易衍变为社会发展的对立面,制度不能成功简化在于文化,它为竞争机制设置的最大奖品是权力而不是荣誉和财富,单纯的财富不能主导社会发展,倒是每天都可能沦成为政治掠夺的对象。于是比它更坏的情况权力独裁和寻租现象在主导社会,它导致个人的福利优先社会的福利并压倒一切。古代中国可能是为愿望打仗最多的国家,对已有的掌管权力的人的方式不满,正在获得权力的人的方式不满,都可以导致规模不等的战争,通常是多数人受到少数人的鼓动,原则成为爆发的主要催化剂。生存对大多数人来说极其困难,只是这种困状持续时间长,他们早已适应,因此对自己的不幸熟视无睹。他们之所以容易被组织,主要是因为他们过于单纯,而且一无所有,这使他们一开始个个都好像是在为自己而战,结果发现太多的战争都是制度缺失的后果,人人的呼声被其中一个单独的声音淹没后人们因失去自我而一无所获。

在制度之外,规模越大的行动,原因和结果之间至少有一种越有可能是反理性的,差异巨大的参与者也就越不可能有共同利益,除非受到强制操纵,否则不可能达到目的,更不可能有皆大欢喜的结果。隋室健全了社会的主要制度,国家却没有径直走向更大的辉煌,郡县制、均田制、府兵制等成功延续对社会的推动作用巨大,但它们不是万无一失、经久耐用的政治锁扣,因为中国人的社会结构建立在家庭基础上,杨坚治政即以《孝经》为圭臬,没有看到过于强势的家族利益形成的高压会导致严重忽略人性,结果个人的反抗行为还是如期破坏了储君制度,杨家元气大伤。新政治领袖规划自己国家繁荣的道路时,以个人品味为指南,经常出现轻视规则尤其是司法规则的行为,它传递至民间的信息是既然制度如此容易破坏,时时恪守或许并非必要,对制度的维护尊重没有形成社会共识,于是出现一个人人自危的时局,个人利益严重缺失的任何国家制度都难以为续。

炀帝过分看重个人感觉的人格缺陷为世界所诟病，其主观、积极进取的精神却分担了缺陷造成的部分后果，虽然没有完成人生计划，仍为世界留下政治遗产。他一生即使是必要的束缚也不能片刻忍受，始终令国家制度处于边建设边破坏状态，这个自大的人如果发现的制度的效用不逊于世上任何天赋才智之士，或许会对自己的重要性重新评估。

人口土地、种族关系、文化是制度不断更新的主要原因。而各种文化、种族的优越心理多数都是随机的心理反应，个人受个别事例、某些时段的刺激而形成，也有整个种族长期沉湎于同样一份华丽的自我暗示的剧情中的实例。

人民幸福是一个比国家强盛更高的标准，真正标志在于具有完善的包容程度制度，一个奉行孤立主义的国家或一个单边主义国家在中国的春秋战国时代从来没有成功的例子，魏晋南北朝尤其是魏孝文帝改革以来到盛唐时代，越来越多有外来和本土文化背景的人共同参与了这个国家的建设，他们带来了各种新思维、知识和不同价值观，将国家推向兴盛，在兴盛中可以看到灵感，但兴盛的每个细节中都一定有良制。

4. 制度与个人的关系

周礼是来自集体的智慧，商鞅则是以个人能力创制国家制度的人。个人能力对均田制、科举制的产生具有决定性的影响。

个人会以其际遇、情绪或思想，价值观理解、测试制度，形成的感觉有一部分会产生积极的效力，制度下崛起很多成功的人；部分会积聚游离、取代制度的功能。这套陆续建立，经常被部分搁置，表面看起来十分缜密、人道甚至美观的制度还是有固定的弊端：有益的使用比乐观的理解更困难。即人们被告知这是一套好的制度并相信这一点时，却很难，至少，指望它的优越之处带给自己真正之所需对缺乏基本条件（身份、资本、社会关系等）的国人可望而不可即，有些地位卑微的人完全或部分被排除在外，他们一出生就身份低贱，或者是被歧视的性别，制度规定他们不能当选国家官员，不能参加全国科举考试，不能从军，在法律面前也不能平等，等等。总之，制度所能提供的机会他们几乎被完全禁止参与，各种责任和义务倒是不比他们的上等人少，而且必须履行。

在这个基础上，很多人受困于制度，一是它的繁复，二是它的不稳定，三是它的尖锐与自身的矛盾，当一个人处于制度规定的社会底层，当一个人处于人生的低潮，无论他曾经多么显赫，一旦被制度处罚，他们会突然变得孤立无援，很难从自己熟悉的制度中获得援助。在本不严重的问题与错误中就被严厉地置于绝境中时，人们无法从已有的人性化基础上变得更为人性化，想要解困，就面临与制度博弈甚至决裂。

合法批评这种制度则是不现实的,批评者也极不安全,它似乎需要一个将会致自身于死命的弊端伴随才能存续。西方制度下有一个清晰的原始积累过程,承认积累中充满罪恶。此后,他们的制度化进程使社会归于相对公平、公正的目的明确,越来越多人因遵循制度就可以经济宽裕而免于罪过。古代中国却不是一个原始积累会过时的地方,他们受困于至高无上的理想,不是以法规而是以情感来评判政治行为和人物,结果一种普遍的失望和消沉的情绪持续弥漫这个国家,政局不稳困扰着世世代代,原始积累或犯罪也就同时延续。皇帝无重大过错却被废黜的时机一再重复,改朝换代就只有一个目的,即满足个人欲望并启动运行消费性制度:后宫、最高司法权、经济垄断等。它们显然不是为满足社会需求而获准建立,因此它不经济,产生昂贵的社会成本,具有负外部性,承担负面后果的不是该制度消费者本人,而是与实施行为者无关的全体国民。

健康的爱国热情可以在各种条件下被激发,它的出现与存续经常与制度无关,但是爱国热情导致制度的产生并影响其效用。

5. 制度与经济现状的关系

对制度投入收支分析显示利大于弊,因为它可以通过同一种固定模式解决多种纠纷,利用这种公认现成的方法,即使一个管理者或仅当事双方即可自行解决。不利方面在于制度强调人与人的相同之处,差异得不到充分呈现。

经济学研究是要避免一致性的谬误,即假设所有的人都一定具有同样的审美感,价值观、个人能力。社会的层次感是经济不平衡的原因,不平衡是合理的,人人收益完全平衡一定是暂时的,基本上是有问题的。本土经济学之所以在经济发展中始终居于次要位置,是因为当地精英拒绝经济在社会中位置优于政治,固执地认为,经济问题必须通过政治才能最终解决。经济学似乎认可并随时作出妥协,这使古代中国政体成为东方政治的典范,在此体制下,社会常态下政府各司其职,重大抉择则需依靠个人志同道合;另一个重大特征不在于高度专制,而在于对富裕将导致人的发展还是颓废之间始终摆摇不定,不论贫与富的王朝和政府都是如此。

中国人不计成本地试验了近千年的文官制度,但是一直不能规避使用这种制度的绝大部分风险,多数的问题几乎一直都在重复。为什么不能令其变得完全干净、无害?不能越来越科学,而是痼疾无法剔除?不能说是制定者存心不良或偏执私欲,也不能完全归咎于皇权的干扰,更主要的是能力问题。

中国经济的绝大部分支出,更多地在文化思想领域判定是非,结出硕果与全世界分享,产生的社会总收益难以量化,与一度令东方人闻风丧胆的西方工业技术得到的回报相比,没有人会认为中国人的实际投入跟它一直未得到保护的知识产权相称。中国的政治行为不考虑经济效果,可能是中国政治最为危险的一个弊端。

6. 中国文化对制度的影响

古代中国文化存续原因除制度样本外,主要靠对经典新解释,外来文化则是刺激作出这种新解释的诱因,本土文化与外来文化在中国的制度发展中既有制约、互利,又有主次。古代中国的人文知识十分庞杂,其中有精湛的技术成就,但一直没有精确分类和专业化,是因为受制于一套官方哲学,其系统理论完整,迫使科技体系不是没有稳固建立就是在低水平层次重复,错在科技、人文知识的价值的最高评估体系不是专业技术而是政治偏好,而政治实践的轨迹忽高忽低、左右不定,评估标准也就十分紊乱。在这个文化氛围中建立高效率制度并使之有连续性在政治实践中基本没有可能。人品一流的范滂被逮捕前从对自己前途的预测中变成一个绝望、对这种传统文化心有余悸的人,文化所能给人提供的保护可以被轻而易举摧毁,人们与生俱来的勇气根本无法与文化弊端造就的现实抗衡,如果严肃考虑文化与制度的关联,对制度的延续就容易产生疑虑、恐惧和憎恶。大多数国人宁愿使用思维惯性或经验而不按制度行事,如何解释那些有求必应达到繁文缛节的制度为何会充斥社会,只要想到这些制度自存在以来,绝大多数平安无事,稍有改动就会一片混乱就不难知道,它们更多地是作为一种摆设而非实用并经常合乎时宜的工具。奇怪的是这里的居民经常捍卫的就是这些固定的制度,人性次之;工业国家国民守护的则首先是更为抽象的人性,制度次之。结果却完全相反,中国的思想比中国的制度更稳定、一致和更为持久,也缺少变化,而工业国家的制度却因思想变迁得到优化,并未因人性的扩充而两败俱伤。为维护各自的价值观,本国借助于中央确立的政治架构,工业国则倚赖于社会积累起来的资本,将文化艺术、工艺技术、科学体系等智力原创品按社会的需求市场化,通过符合经济秩序的方式,在法律的监督下交易,这种有偿交换的目的不是为占有、囤积,而是最大限度的发现人的真实及潜在需求,挖掘个人的潜能,使人变为最大、最重要的社会单元。古典政治哲学由于不变地将制度固化,因此它的适用性、收益溢出率一般很低,更容易变得偶然、暂时以及成为负值,并习惯性地成为掩饰问题的工具,最后不得不面临急剧的乃至血腥的变革。

7. 中国制度分类

1) 中国制度有预置的穹顶

中国的皇权是国家的穹顶,皇权不容置疑,不论是对政治、日常生活、技术还是自然界,皇权都具有决定性的权威。在这里,人性化高度一直被严厉管控,否则根深蒂固的君主专制制度难以为续,历代的决策者们屈服于"本国君主专制至上"的政治判断,于是省略了制度人性化的过程,直指终极目标,这种急于求成导致的可怕省略可能正是诸多社会问题之所在,社会始终未能从一个完美的开局走到一个更完美结局。

2) 君主需要关于君主行为规范的制度吗?

中国君主本质上是普通人,又被赋予最大的权力,本该有专门的系统制度规范其行为,但是官方哲学定义君主天命所归,君权神圣,为君主制定约束规范与哲学矛盾,因而故意缺省,这是一个无法也不允许逾越的传统。

中国的君主在智力正常的情况下,几乎都会选择专制独裁,而独裁者往往只能独处而不能共处,他越是得不到安全感,越是得不到可靠的人,结果独裁者只能与一群佞妄之徒为伍,处理国事,国事处理不好反而怪罪于人民,国家的情况就会变得越来越差。

3) 中国是否具备自己所需要的制度

中国政治进程中,两种主要政制:单一制和混合制,以及两种制度并行的多种混合类型都得到了试验,它们各有长处,但是它们在一定的区间受到限制,原因在于中国古代只有一种单一的文化信息充实生活在这里的每一个人,他们无法辨认是非真假。因为没有看到别的信息传输进来,他们自然而然地认为中原文化天经地义,完全正确,由此丧失了他们本该有的批评精神,这是可以让该文化变得更合乎现实需求,更强大效能的关键所在。相对先进或落后的异族也这样思维时,他们即使穿戴整齐了这种文化的衣冠,也不会成功践行它们的核心理想,一定有失败的结局。

4) 中国制度没有达到可以匹配其居民能力的专业性

战争时期主要敌人明确,专门执行一个人的主张,追究其对错时一目了然,比如张仪,他的一个主意对,君主给他奖赏;一个主意错,予以处罚。如果他一直在错,就换上正确率高的人,战争的胜者是错得少的人。治理国家却不能时对时错。因此打赢战争的人并不等于有能力治理国家。随着国家的扩大与发展的需要,再也不能像战场杀戮新出现的敌人一样,以杀戮的方式消灭新出现的问题。和平时期的管理比战时更不易,涉及面太多,需要能力不同的多种类型的专业人才,一个人有能力也可能同时有某种缺陷,却是对国家和政权有用的人,因此君主的取舍难度更大,一个有优点也有缺点的人就既有可能做大量正确的事也有可能做出不可饶恕的事,因为他们权力太大,不受约束。如果不采用精确量化与高度专业化,国家很容易逡巡不前、周而复始、往返重复、功败垂成。

中国制度经常是战胜者按照自己愿望组织的人员所制定,由于战胜者会替换,各自有偏好,他们缺乏一致性、客观性,也一定会缺乏专业性。

中国制度的专业性还受制于人才选拔机制:1. 排斥自然科学人才。2. 科考的知识是陈旧的而且长期不变。3. 考试的目的是仕途而不是深入的专业研究。

抑制中国制度专业性的最重要的问题是人们丧失独立性,不能自由思想。人们为了安全而人云亦云,因循守旧,整个社会充斥陈词滥调。

5) 中国是否需要完全是自己独有、排他的制度?

中国的制度经常被外人引用、仿效,赵武灵王采用胡服骑射,拓跋政权设立均田制,鲜卑族带来府兵制。随着中原社会与不同族群被发现的共性越来越多,中国社会也越来越多元化,这帮助中国达到辉煌,中国只能寻求与不同文明的共性与融合,而不是在寻求扩大差异中孤立,这是自我毁灭的道路。中国整体的最大飞跃,获得的最大收益从来就不是因为其独特性而是因为它的包容性。

8. 技术与制度的作用何者为重?

技术与制度的作用何者为重? 技术不能影响制度,亦不能继续创制技术时,制度一定僵化;新技术不能依赖于制度的优越获得,是因为新技术的诞生很大程度是一种非常个人性质的活动,并非所有技术都是理所当然地出现,而技术的推广则有赖于政府和国家得以施行;其次,断定制度不能直接创制技术,是因为制度并不是先进思想和新技术的产生的充分条件,制度的好处是及时发现、应用、保护它,保护新技术所创建的市场机会和与发明有关的创新意识,以及更为精确的衡量标准。纸张的发明固然改变了知识的普及程度和传播速度,有权订立制度的政治家,却从来没有把它作为一种可利用的经济新资源或契机加以重视,通过技术应用于产权保护获得正当经济利益使国家社会个人同时受益,从而改善政治结构、环境和效应。而是以官方愿望为主,大量印刷合乎政治需要的书本、强迫普通人接受大量不切实际的信息尤其是政治理想,新技术在这一过程中扮演了并不光彩的角色,是因为它进一步限制人自由思想,强化抱残守缺,害怕进步的意识,对技术的依赖视之为堕落;另一方面限制技术的方式应用范围,以限制需求的方式进一步造成技术垄断。这是一个中国式僵局,即对技术的需求不一定在于利用技术的长项,不是忽略就是误用造成对科学应用有限,人对一种制度从被迫到乐意接受的过程不是一个发现的过程而是灌输的过程,与某种制度的伴随不是发现了其真正价值,而是别无选择。

　　只要现状能维持基本生存，人们通常会无声无息地接受任何有严重缺陷的制度，循规蹈矩的社会如果不能让人人免于生存威胁，任何东西都无法抑制反抗意识抬头，虽然表达形式可能有强弱之分，但一般都具有破坏性。一套制度得以运行并不意味着它完美无缺，没有修改的余地，除非它的原产地享有持续的言论自由，或者对古代智慧过高估计。对制度建立过程的普遍放任心理是社会的一种自我削弱乃至毁灭的常见方式，而且它总是从个人开始的，个人与制度的形成这样的相互关系：制度越是缺乏，个人作用就越是广泛。

　　看一看历代对人事的配置，无不处心积虑、恩威兼施，事实结果则由于当政忽略了或者无力保证他们获利的期望，不能动态地与人的最大利益期望值保持一致，使得这种安排与效果大相庭径，个人的作用如此重要，贪婪的君王及强有力的个别人在驾驭国家，决定大多数人的利益分配方案以及社会安全与个人自由度。

　　如果制度的设计与配备有利于技术的发展，制度将会更加完善；如果技术在现有制度下受到持续抑制，该制度将会逐渐失效并不可避免地被抛弃。

9. 制度之间的关联性

　　西周的井田制与分封制具有较高的匹配度，但是分封制与郡县制也可以匹配。没有均田制，府兵制达不到它的影响力，唐律对当时的社会是合宜的，首先是它的内在精神，它的启发性，尤其是它必须存在一个有文化比如科举；有信仰比如周礼，有齐备规则，有思想的竞争，有宗教领袖，有牢固政治抱负的制度社会，它的精慎、包容、开放、自信等优越的文化底蕴才能释放。

　　制度之间本身既有联系又有差异，比如礼与法，两者的异同又显示其各自可能有内在的隐患：1. 存在彼此矛盾条款。2. 实施同一条款结果有利有弊。普通人适应礼制时制度可能被法制卡住，例如礼制鼓励报杀父之仇，而法制惩办杀人。如何既成功复仇，又逃避惩罚，有很多途径，成功逃逸者主要是熟悉制度又心存异议的人。唐律规定无论职位高低（皇帝除外）都必须受到法律的约束，罪行必须受到惩罚，但是官当和罚金可以抵消惩罚。

　　另一种制度关联性是没有直接可用的制度时应用间接或不存在的制度，宇文泰启用宇文护继任并不是出于已经存在明确的制度的设计；杨坚担任执政也不是沿引相关预先规定，他们的个人才华并不足以让他们治理好到手的国家，但是宇文护和杨坚了发现制度的短缺，并不是事无巨细皆一一做了规定，利用高度强调他们的合法性来虚拟制度，打开了人民的想象力，从而为自己推开了人性扩展的方便之门，随后成为有创见的人，积极的精神弥补了制度的缺省。

国家的衰败通常伴随着制度的破坏。为什么最坏的事情出现在开元盛世?均田制、租庸调制、府兵制、三省六部制皆是如此,它们接二连三地失去活力是因为他们具有关联。唐玄宗设立翰林院后,租庸调制被王铣对边将滥行征收以供朝廷赏赐破坏。因为招募的飞骑以及龙武军的崛起,府兵从已经没有将领,到后来变得没有士兵。

10. 制度的负面效应

1) 制度的通病

制度会带来一些问题,最具有时代特性的制度最容易被淘汰,最缺乏特性的制度则最容易延续。

基于制度作用的时钟理论假设可以将制度运作中可能出现的不同状态分类:1.走时准确。2.报时准确。3.走时不准。4.报时不准。5.上述缺失的混合状态。6.停摆。这里对应说的是:1.制度制订的适当性。2.实施制度的恰当时机。3.执行制度的人选优劣。4.制度规范的群体所具有的现实条件和理解力。5.各种不确定因素的影响。6.制度的倒置。因为上述五点形成一个整体,密切关联,任何环节的问题都是整体的问题。制度的实施是一个联动的系统工程,如果仅仅将制度编制得很堂煌、大义凛然,应有尽有,就不再顾及其他,无异于没有制度。如果编制制度的人自己看起来很好,受制度规范的人看起来很难受,那叫强迫,而不是约定,后者才是制度的本意,才可以进化为好制度。

哪一种制度缺陷令时钟不准或停摆? 不良的君主厌恶与制度分享权力,喜欢制度停摆,停摆的作用巨大,它可以排除用于鉴别优劣的一切参照物:如技术、自由见解、沿用的惯例、精选的成功模式等,最后将整个国家带入他个人的自由世界——一个恣意妄为、损人利己的天下。不过这还不是世界末日,人人皆具有求生本能,压力下尽管不一定导致一致的抗争,却可能激发出有效的反抗以及英雄的诞生,但这需要昂贵的成本,且有偶然性。一些问题,最有时代特性的制度最容易被淘汰,最缺乏特性的制度则最容易。

2) 中国制度的弊端

制度遭排斥的社会一定是暴君的社会,不稳定的社会。

引起混乱的制度渊源可能是由于不安全的时钟预置:1.帝位是排队设置,诞生时间是重要参数,补位者是一群长幼、血缘上各具优势的候选人。2.以排队者为序,恰当时间即锁定当选对象。3.遵守时间损害竞争者的利益。4.在位者不是人民的选择,却可以立即决定人民的命运。5.不少细则是先辈人的设计,他们却有眼前新的急需。6.君王们没有就未来共同遵循的规则达成一致。设立君主的本意是树立一个楷模,造就一个对国家、公共利益而言全能的人,这种救世主理论的建设者不是高估了个人的才华就是夸大了人的自制力,赋予未经考察的人无边的权力则完全是在冒险,有悖于制度即制衡的精义,成为制度的负面。于是这个国家内始终如一维护制度的君主罕见,当君主打压制度时,人民或者因为软弱放弃为自己利益张目,或者奋起创制新规,看起来是制度受难,不如说是国家受损。

中国政治实践中的问题没有及时跟进有效的解决方案,缺乏专业的精神的缘故,如果形成专业问题专业解决,而不是自欺欺人,自以为是,习惯于抱残守缺,担心更有能力的人染指权力而拒绝引入新思想,如果中国的君主们不是总是从自己既得利益的角度出发,以维护自己的利益作为至高无上的要务,他们存在的时间会变得更长久,形象会更美好。中唐如果不是随意丢弃现有制度,而是剔除积弊,取精用宏,这个最有条件承接前任积淀的伟大政治成就、卓越见识、珍贵实践经验的时代就会变身为点石成金的许逊,让典制破茧成蝶,成功穿越本国政治盛极而衰的魔障,架设好未来的通天大道,以后的历史就要彻底改写,足以创造持久的伟大与辉煌。

古代中国社会不排斥专制,一方面是多数人不知道专制还会有错,自古以来它都位居在国正面功能的前列,质疑它的人被认为是刁钻激进不合群的极少数人;另一方面没有合理、固定的途径批评、拒绝专制。专制给社会最大的困扰不是画地为牢而是无章可循,没有切身体验的人不会感知到它排山倒海的威力,社会排斥暴政更甚于专制,对两个概念意蕴的定义长期存在争议,暴政难免,专制经常看起来有作用,这是两者的一个相似点。西汉所谓"治剧"的地方官员,都达到为所欲为的程度,他们既然可以这样,他们的皇帝更无所谓禁忌。从专制及其后果这样一个整体效果来看,专制的作用是零碎的,最多就是建筑上的铆钉作用,简单、方便,可以应急。崇尚专制的人,则往往将一个专制铆钉的作用看得比整个看得比整幢建筑物的作用还大,无异于本末倒置。铆钉永远不能等于桥梁、宫殿这样的建筑物,而且还有榫卯这样的替代品。专制有即时的作用,有长期的后果,专制无一例外地让绝大多数国民变得唯唯诺诺,阳奉阴违,贫困潦倒,也让专制者渐渐变得头脑简单,蛮横无理,恣意妄为。当一个国家的人民的人品、人格、人力逐渐贬值,在下行通道中不可遏制时,这个国家的国运注定一路变坏,而专制者甚至会认为是胜出的竞争者挡了自己道才致如此。其实,做了正确的事的国家和人无论何时出发,走那一条路,都会胜利,所有的胜利者终将会相逢。

在特定的情况下,有限专制是一种美德,宇文泰、杨坚不是法定的执政,他们均沿用并加紧建设制度,使之与个人才华并轨共同推进国家之类的组织前行,强行并轨的国家看起来跟跟跄跄,但没有不脱轨,甚至达到一个目的,得益于推车人的坚毅与耐力,得益于专制激发的责任心与弘大致远情怀。从这里既可以看清制度功效显著,因为那根单轨就是制度;另一方面又彰显个性的作用强劲,没有人的意志就没有方向和动力。同时,个人行为是否越轨也可以由制度反映出来,制度本身没有自我更新的能力,它成为进步的障碍时,需要突出的个性冲破成规陋习,这似乎可以解释为什么制度断裂处,往往正好是这个国家上升之时。个人主义比制度受到更有力的推崇并不是这里的个人能力比世界其他地方更强,而是制度体系更脆弱,分析中国的常用制度与当时仅存的制度都可以证明这一点。

为什么被国家雇用,领取了国家薪俸的人以及采邑的拥有者,既可能是解决问题的人,也可能是制造问题的人?从受薪者结构来看,他们包括允许被官府聘用的各种人,服务对象不同,对人生有不同的解读和抱负。政治强人包括权臣,成功的后宫、跋扈的藩镇,以及智力不同,职务不同、级别不同、目的不同的宦官。绝对控制权力的时间长短不一,具体身份不确定。可能是一个人,也可能数种权力的组合。有些君主自己就是政治强人。总是需要或者不断出现政治强人的国家通常是失衡的国家,非得超级力量介入不可。实际上,政治强人是可以解决一些问题,但国家、社会中的根本性、传统问题还是需要普通受薪者的参与,需要他们先是合格的,然后是进取的,还需要有牢固价值观,从而展现集体的力量,制度才可能自动纠错,保持合理运行。

专制集权国家享有绝对的立法、司法、行政,决定战争、实施某种国内国外行动以及录用任命的权力等,这些活动允许有天才的参与,但不是非有不可。这可能是专制者的一个成就,他们不喜欢有竞争者,嫉贤妒能业已变为本能,然而,专制者的幸福生活可以这样延续,国家和社会不能这样存在,一个社会和国家如果不能持续地创造价值,就不能持续地发展。

对全体受薪者的初始设计是服务而不是决策,但是社会的实际需求让他们必须有积极的价值观。缺乏勇敢精神,放任制度缺陷或者只愿因袭制度,没有去改变、改善制度以适应发展之需的抱负,对制度实践中的问题不作为或者浅尝辄止,导致这个国家成为对政治强人需求旺盛的国家,而政治强人或者有突出的能力,或者品德高尚,那确实可以应急,但是人们对特定事件或对象保持耐心的时间长度是有限的,准确判断的机率不确定,因此国家问题日常的,程式化的解决方式是化解矛盾与冲突不可或缺的环节,正直、公道、客观的受薪者的专业、理性、正确、持续的集体行动甚至比政治强人的迅雷更为震撼,摧枯拉朽,有其不可替代的价值。

全书结语

本书列举了属于从两周至中唐这一特定时期规范日常政务的主要准则,即主流的和新兴制度。制度正在一个相对巩固社会中需要强制的部分:1. 国家和政府结构与组织。2. 司法。3. 意识的偏好。(包括文化差异教育的缺乏)4. 个人行为与个人代表政府的行为。5. 行业包括军人的管理等被越来越客观的形式加以规范。为何制度在这里出现大量更改?同时面临制度、利益两个选项时,更多地维护后者的倾向?维护制度与必然有胜负的军事争战不同,它起初看来只是一个孤立的问题,其实经常是牵一发而动全局。在制度匮乏的社会,政治问题大都将以不了了之的方式解决,传统思想已经被固化于人的头脑中,不管它是否能解决问题,一出现疑虑,人们总会条件反射般地进入这些种思维模式,对立的双方都是如此。而在内心,是否有谁曾真正理解、喜欢过既非出自他们本意,也不为他们所理解的各种制度,仍是一个谜。这种现象可称之为"人与制度隔离",指的是人对制度起作用,制度对人起作用,但相互之间并完全不认同,以致制度的初衷与最终的结果往往存在很大差异,有心的君主会惊讶地发现,在他治下最偏远的地区和最底层社会,所使用的制度都不是原版而是改版,通常事先未经中央政府许可。出现这种情况不全是由于强制,地方习俗的差异就是一个因素,孝文帝至唐前期的制度极大地降低了制度隔离情况,这种改善只能来自伟大的人和客观的思维方式。

社会发展的精彩部分几乎都与制度关联,其中很多节点都非常个性化,书中已经叙述的部分事例还原了一个农耕国家进步的前景:国民勤劳与智慧的量级。而自然环境、地理位置是次要的因素,古代中国的情况尤其如此。

书中有不同时代的制度对比,选取了有很多因为制度没有得到不偏不倚的实施而产生的案例,古代臣民们面临的是何种困境,无论制度是否增减或者优化,这些困难为何几乎一直存在,原因以及是否有恰当的解决办法。

习俗、指令、条规、刚性法律等在哪些条件下演绎为生活中普遍的良好行为准则?

由于原始记载的资料种类和准确性限制,只能得出相对可靠的研究结果,其中包含一个基本的判断:古代中国人偏爱制度,但是其知识的积累与技术的进步不足以对制度实现及时、必要且合乎理性的更新,古代中国制度很多是在武力以及高压下生成,这些制度的客观性、合理性以及可持续性都受到持续乃至强烈挑战。

　　思想的灵感是构建制度的重要源泉,最为典型的案例是周礼,这个制度的原旨可能是中国命脉之所在,具有着手成春之力。科举制不仅强调系统学习和考核合格的重要性,更重要的是应用所学知识以解决问题的结果。科举制的弊端不在于这个制度架构而在于长期存心使考试内容缺乏新意,是相关制度整体固化所致。因循守旧的人群认为当地居民需要不断剔除个人愿望以适应制度,但是社会进步的本质恰好相反。从书中列举的实例看到,人们对由某一个人心血来潮、几个人一拍即合的制度即使一言不发、亦步亦趋,对个人、群体、国家最终均无好处,全社会最为广泛的参与是制度优越、有益、存续的保障。

　　书中列举的实例诠释:无论是为保护或是为限制国民的制度本身都是双向作用的,秦律的严苛被广为诟病,人民受到制度过度的欺压;但是在另一方面,它的量化程度相当高,从业人员相对专业,这些又对当事人利益可能构成直接或间接的保护。正因为制度的双向性,在一些条件下导致不能确保社会能够持续进步,制度趋于无效,社会停滞时,对偶然性的需求就会过于旺盛。

　　制度都是分享型的。各类人群获得的份额比例得体是制度的一个优势,但不是绝对的优势。与礼制、科举制对比,秦律是一个低度分享性制度,容易引起突发、爆炸性的问题。

　　崇高精神与伟大的实干能力一直都真实、坚定地存在于斯,它们经常不是合法合规的存在,直到外化为具体制度、规则,但即使它们的种类和数量都相对完备时,这些制度也经常不能防止社会变坏。能够有效规范社会秩序的先进制度有赖于:1.社会化的理性思辨能力,2.充分包容的知识体量。3.广泛的社会实践验证。4.批评的机制。缺一不可。书中揭示,缺乏或已丧失上述功能的制度有时会变得远比普通人想象中的强大。

　　创建一个幸福社会或一个伟大时代的前提更为复杂,不仅需要伟大的君主、良制、新技术,经济运作整体稳定盈利,更重要的前提是看到人民是真实的存在及其处境,理解、回应其迫切诉求。对此,制度不能缺位,但不可独自包办,这在本书的事例中得到佐证。

　　人们理解力的不同,并不会因为阅读本书产生的一个异议是:"中国制度文明不是由低级到高级逐步发展形成的。"本书认为,崇高的精神与伟大的制度一直以你可见与不可见的各种形态实际存在于这个地方。

　　这个国家制度的延续性与脆弱性均堪称世界一绝,是由它高度集权下的君臣专横、自私、举棋不定、颓废、懒惰、不专业引起。赵宗儒就比较典型,他历翰林学士、给事中、守太常卿、宰相等,几乎受到德宗至文宗等六位皇帝的一致尊重,但他的工作态度一是："屏居慎静,奉朝请而已";二是缺乏主见,不敢承担责任。三是思想僵化。问题在于,虽曾因不称职而被贬,但文宗对他的好感并不受此影响,在国家经济难止颓势、王权摇摇欲坠时,文宗特意召见他,他所能给文宗的高见是："尧舜之化,慈俭而已"。相信这是他全部才华得出的结论。节俭虽是一个有益的方法,但那个时世已与文宗时代完全不同,国土、边境、人口、思想等方面都有急切需要解决的问题需要及时处置。他一直活到八十七岁高龄,生前死后都享受国家崇高礼遇,但他所能胜任的工作还没有准确定位,国家为雇佣他,花大量辛辛苦苦征集来的赋税给予优厚的俸禄,相当于数百人的年收入,他却三心二意对待几乎人人都可胜任,其中很多人可以做得更多的工作。

权利最为优越(畅通无阻)的地方,人民最容易失去独立性,人民独立性的程度与政府的决策能力密切相关,让人民的意见表现得越充分,对意见的反应越灵敏的政府决策能力就越强,及时战胜随机出现的制度弊端的可能性就越大,确保社会结构基本合理,良性发展。

它已从另一角度证明:适当分割国家权力可以有效扩大权力的正面作用:由于必然更贴近社会,贴近生活,权力带来的荣誉感可以增进其实效性与灵活性,在这个前提下,将其视作为一个整体,妥善保留它们间的层次化、系统化,对国家和人民生活不仅重要而且有益。这个国家所有的政治问题皆因为决策能力不行,这是一条纲领,归咎于中国国家高级管理人员产生的方式不良,有少数人具有灵感,但多数人决策能力跟不上时代的发展。一个社会的稳定发展需要一个思维稳定推进的阶层,这个阶层不一定庞大,但必须有风向标引领作用,因为公平可信激发全体国民寻求随时出现的各种问题的解决办法。春秋战国时期是权力分割效果突显的时期,对某个失败的诸侯国而言,可能大失所望,对周天子的天下尤其是他们子民的后裔而言,这个星空闪耀、群贤毕至的时代带给了他们取之不竭的精神财富。

唐代中期已经透支了已有的制度体系所能给予的全部红利,后来的君主们只要认真读书分析历史的记载,就能发现这条政治通道已到尽头,应该另辟蹊径;即使学养欠缺,光有良好的情操,也会因为对制度性的无效重复心生厌恶而主动寻求改变,但是多数统治者不愿意思想,只想索取,而且是无度的,结果只能是过着盘剥、践踏他人的生活,一次又一次地开历史倒车。皇朝虽然不断翻新,社会总体生活的环境却是越来越可悲,制度结构体系变得破乱不堪,居民的思维与生活质量远远落后于时代。

决策能力与制度完善是一对既可以共生也可能相残的孪生子,西周,秦制度经过无数实践,到中晚唐才最终发现其最大的问题所在,决策能力是最终的因素。

作为一个体系,上述制度可以单独存在,但并存的条件复杂,它们既共同推动了古代中国社会运行,又遏制了它的发展。中国古代制度基本已经走完了各自的生命期,完成了它们各自的使命,未来取决于这里居民的自我意识的变化。

本书参考资料:

李林甫 等撰 陈仲夫 点校《唐六典》中华书局 1992 年 1 月第 1 版

车吉心 主编《中华野史》泰山出版社 2000 年 1 月第 1 版

《全唐诗》上海古籍出版社 1986 年 10 月第 1 版

清 董增龄 撰《国语正义》1985 年影印本巴蜀书社

刘向 集录《战国策》1985 年 3 月第二版 上海古籍出版社出版

《古本竹书纪年辑校》(清)朱右曾 辑 (民国)王国维 校补 黄永年 点校

《今本竹书纪年疏证》(民国)王国维 撰 黄永年 点校 辽宁教育出版社 1997
 年 3 月第 1 版

陈梦家 著《殷墟卜辞综述》中华书局,1988 年 1 月第 1 版

陈梦家 著《汉简缀述》中华书局 1980 年 12 月第 1 版

袁弘 撰 张烈 点校《两汉纪》中华书局 2002 年 6 月第 1 版

唐耕耦、陆宏基 编《敦煌社会经济文献真迹释录》第一辑。书目文献出版社,
 1986 年 11 月版

钱玄、钱兴奇《三礼辞典》江苏古籍出版社 1998 年 3 月第 1 版

黄怀信 等撰《逸周书汇校集注》上海古籍出版社 2007 年 3 月第 1 版

陈直 著《居延汉简研究》中华书局 2009 年 6 月第 1 版

容庚 编著 张振林 马国权 摹补《金文编》中华书局影印 1985 年 7 月第 1 版

宋 普济 著《五灯会元》中华书局 1984 年 10 月第 1 版

《道教大辞典》(影印本)1987 年 10 月第 1 版

清 郝懿行《尔雅义疏》北京市中国书店 1982 年 9 月第 1 版

陈槃 撰《春秋大事表列国爵姓及存灭表譔异》上海古籍出版社、上海世纪出版股
 份有限公司 2009 年 11 月 1 版

司马迁 撰《史记》中华书局 1959 年 9 月第 1 版

马骕《繹史》齐鲁书社 2001 年 6 月第 1 版

何清谷 撰《三辅黄图校释》中华书局 2005 年 6 月第 1 版

骆天骧 撰 黄永年 点校《类编长安志》三秦出版社 2006 年 1 月第 1 版

张枕石 吴树平 编《二十四史纪传人名索引》中华书局 1980 年 5 月第 1 版

汤球 黄石 辑《众家编年体晋史》天津古籍出版社 1989 年 8 月第 1 版

刘珍 等撰 吴树平 校注《东观汉记》中华书局 2008 年 11 月第 1 版

志磐 撰 释道法 校注《佛祖统纪校注》上海古籍出版社 2012 年 11 月第 1 版

戴吾三 编著《考工记图说》山东画报出版社 2003 年 1 月第 1 版

刘向 集录《战国策》上海古籍出版社 1985 年 3 月第 2 版

臧云浦、朱崇业、王云度《历代官制、兵制、科举制表释》江苏古籍出版社 1987 年
　4 月第 1 版

何清谷 撰《三辅黄图校释》中华书局 2005 年 6 月第 1 版

程大昌 撰，黄永年 点校《雍录》2002 年 6 月第 1 版

王溥《唐会要》上海古籍出版社 2006 年 12 月第 2 版

程喜霖 撰《唐代过所研究》中华书局 2000 年 6 月第 1 版

王国维 著《观堂集林》中华书局 1959 年 6 月第 1 版

阮元 校刻《十三经注疏》中华书局 1980 年 9 月第 1 版

刘向 撰，向宗鲁 校證《说苑校證》中华书局 1987 年 7 月第 1 版

杜佑 著《通典》岳麓书社 1995 年 1 月第 1 版

乐史 撰《宋本太平寰宇记》中华书局 2000 年 1 月第 1 版

王钦若 等编《宋本册府元龟》中华书局 1989 年 1 月第 1 版

王明 编《太平经合校》中华书局 1960 年 2 月第 1 版

董诰 等编《全唐文》上海古籍出版社 1990 年 12 月第 1 版

李昉 等撰《太平御览》中华书局 1960 年 2 月第 1 版

严可均 校辑《全上古三代秦汉三国六朝文》1958 年 12 月第 1 版

司马光 编著《资治通鉴》上海古籍出版社 1987 年 5 月第 1 版

刘寅 直解 张实 徐韵真 点校《五经七书直解》岳麓书社 1992 年 6 月第 1 版

马端临 撰《文献通考》浙江古籍出版社 1988 年 11 月第 1 版

张说等《大唐开元礼》民族出版社 2000 年五月第 1 版

陈垣 著《二十史朔闰表》中华书局 1962 年 7 月新 1 版

窦仪 等撰《宋刑统》中华书局 1984 年 6 月第 1 版

许慎 撰《说文解字》中华书局 1963 年 12 月第 1 版

谭其骧 主编《中国历史地图集》中国地图出版社 1982 年 10 月第 1 版

范晔 撰《后汉书》中华书局 1965 年 5 月第 1 版

陆德明　撰《经典释文》上海古籍出版社 1985 年 10 月第 1 版

释慧皎　撰　汤用彤　校注《高僧传》中华书局 1992 年 10 月第 1 版

《宋大诏令集》中华书局 1962 年十月第一版

《二十五史》上海古籍出版社上海书店编 1986 年 12 月第 1 版

李吉甫　撰，贺次君　点校《元和郡县图志》中华书局 1983 年 6 月第 1 版

程树德《九朝律考》中华书局 2003 年 1 月第 1 版

常璩　撰　刘琳　点校《华阳国志校注》巴蜀书社出版 1984 年 7 月第 1 版

班固撰《白虎通德伦》上海古籍出版社 1990 年 11 月第 1 版

睡虎地秦墓竹简整理小组　编《睡虎地秦墓竹简》文物出版社 1978 年 11 月第
　1 版

威廉·巴尔托德　著　罗致平　译《中亚突厥史十二讲》中国社会科学出版社
　1984 年 8 月第 1 版

沙畹　著　冯承钧　译述《西突厥史料》上海社会科学院出版 2016 年 9 月第 1 版

释道宣　撰《宋思溪藏本广弘明》国家图书馆出版社 2018 年 6 月第 1 版

道宣　撰《续高僧传》中华书局 2014 年 9 月第 1 版

徐松　撰　张穆　校补　方嚴　点校《唐两京城坊考》中华书局 1985 年 8 月第
　1 版。

陈彭年　撰《钜宋广韵》上海古籍出版社 2017 年 7 月第 1 版

丁度　等撰《集韵》上海古籍出版社 2017 年 7 月第 1 版

黎靖德　编《朱子语类》岳麓出版 1997 年 11 月第 1 版

王应麟　辑《玉海》广陵书社 2016 年 6 月第 1 版

曾次亮　著《四千年气朔交食速算法》中华书局 1998 年 6 月第 1 版

《诸子集成》上海书店影印出版 1086 年 7 月第 1 版

刘俊文《唐律疏议笺解》中华书局 1996 年 6 月第 1 版

麻赫默德·喀什噶里《突厥语大词典》民族出版社 2002 年 2 月第 1 版

Sir William Smith, Sir John Lockwood 《Chambers Murray Latin-english
　Dictionary》 Print in Great Britain by Morrison & Gibb Let London
　and Edinburgh

Harold T · Betteridge 《Cassell's German—English Dictionary》 Macmillan
　Publishing Co., inc. New York. Cassell & Co. Ltd. London

Direction John Dubois 《Dictionnaire du Français contemporain illustré》
　Librairie Larousse, 1980. Paris

图书在版编目(CIP)数据

中国古代政治制度研究/汪平著.—上海:上海三联书店,
2024.8
ISBN 978-7-5426-7632-0

Ⅰ.①中… Ⅱ.①汪… Ⅲ.①政治制度史－研究－中国－古
代 Ⅳ.①D691

中国版本图书馆 CIP 数据核字(2021)第 246352 号

中国古代政治制度研究

著　　者／汪　平

责任编辑／殷亚平
装帧设计／方　舟
监　　制／姚　军
责任校对／王凌霄

出版发行／上海三联书店
　　　　　(200041)中国上海市静安区威海路 755 号 30 楼
邮　　箱／sdxsanlian@sina.com
联系电话／编辑部:021-22895517
　　　　　发行部:021-22895559
印　　刷／上海盛通时代印刷有限公司

版　　次／2024 年 8 月第 1 版
印　　次／2024 年 8 月第 1 次印刷
开　　本／710mm×1000mm　1/16
字　　数／1970 千字
印　　张／119
书　　号／ISBN 978-7-5426-7632-0/D·519
定　　价／680.00 元(全 3 册)

敬启读者,如发现本书有印装质量问题,请与印刷厂联系 021-37910000

汪平 著

中国古代
政治制度研究

ANCIENT POLITICAL SYSTEM
OF CHINA

（中册）

上海三联书店

总目录

第一编　两周制度模块——单一制（一）/ 1

第一章　先于国家存在的玄想、礼仪、规则及其传承 / 3

第二章　政府制度与社会关系 / 116

第三章　诸侯 / 227

第四章　诸侯国家内部管理 / 267

第五章　土地、农业、经济、金融 / 292

第六章　法律与法治 / 326

第七章　军队 / 339

第八章　政府行政 / 359

第九章　西周、东周诸侯各国的发展 / 420

第十章　整体关联的春秋 / 448

第二编　战国时代（单一制）/ 469

第十一章　周天子的极限生存 / 476

第十二章　精英的背叛 / 485

第十三章　作为一个整体的战国 / 535

第十四章　不同时段的战国 / 573

第十五章　不同方向的战国诸侯 / 590

第十六章　战国形成的原因 / 614

第三编 单一制秦国(单一制) / 627

第十七章 秦国族源和大位传续 / 629

第十八章 经济与法 / 642

第十九章 滚动的制度 / 679

第四编 两汉模块——(混合制) / 719

第二十章 两汉的信仰与文化 / 722

第二十一章 汉代司法 / 744

第二十二章 两汉经济 / 791

第二十三章 两汉军队 / 806

第二十四章 职官体系 / 809

第二十五章 国家行政的具体运作 / 858

第二十六章 来自周礼的错误——各种身份、利益、
愿望构成的集团 / 887

第二十七章 两周秦汉三代的生活消费简略比较 / 917

第五编 北魏卷(混合制) / 943

第二十八章 先进制度的诱惑 / 945

第二十九章 北魏政治运作附属的礼仪、经济和安全 / 983

第三十章 北魏政治运作 / 1023

第六编 北周卷(混合制) / 1051

第三十一章 北周政经变革 / 1053

第三十二章 北周政治运作的附属条件:国家礼仪、
经济、法律与安全 / 1091

第三十三章 北周政治权力的组合与运作 / 1111

第七编　隋杨时代(标准混合制) / 1227

第三十四章　隋朝的政经改革 / 1229

第三十五章　国家哲学礼仪教育经济与安全 / 1285

第三十六章　隋代政治的运作 / 1524

第三十七章　专制制度下的个人、家庭、种族、组群 / 1541

第三十八章　一个古代中国人的属性 / 1588

第八编　李唐部分(解体中的混合制) / 1623

第三十九章　李唐的政经变革 / 1625

第四十章　唐制附属的礼仪法制与安全 / 1667

第四十一章　实际的制度运作 / 1722

第四十二章　唐开元以后政治归纳 / 1828

第四十三章　中国制度论 / 1850

第三编

单一制秦国

一般认为予取予求是强大的核心能力,恰恰相反,这通常是盛极而衰的标志。坚定的意志可以实现梦想。

——作者

　　秦国政治效率高,但它为达到实现高效的胜利穷尽了一切手段,它的胜利随即又让它失去一切。

　　本编分三章:第一章,秦国族源和大位传续。第二章,经济与法。第三章,滚动的制度(行政制度与运作)。

　　周文王、周武王、周公旦认为,忠孝是人类精神顶峰,人类任何时候都不应该违背,因此设置以家族为中枢的系统制度,点滴的家族血缘都至关重要。秦始皇的理想甚至比周文王、周武王、周公旦更为崇高,只要确保他的制度存续,皇储之外的子弟皆可忽略、随时代的起伏而荣辱。

　　秦国历史可以划分为三大块:1. 秦商鞅变法之前。2. 商鞅变法之后。3. 秦实施三公九卿制度之后。

　　随着秦帝国的建立强大的中央专制集权国家,将点滴的权力一一回收聚集于国家元首手中,再也没有强大的诸侯可以对天子表达异议,普通人合法表达不同意见的机会更变得微乎其微,权力有各种理由无视独立的见解。春秋战国时代的精神活力一下被扼杀,没有任何反对意见的权力变得更加蛮横、肆无忌惮且不计后果。

　　秦律已经建立了一个有效的社会,这个社会的重要标志是不完全依靠君王仍然会在制度的作用下运作。

第十七章　秦国族源和大位传续

第一节　秦国的族源、封地和爵位

一、族源

　　"秦之先,帝颛顼之苗裔,孙曰女脩。"《史记·卷五·秦本纪第五》P173。女脩生子大业,即皋陶。秦被认为是传说中帝王颛顼后裔,女脩之子皋陶的父亲无记载,皋陶的身世充满传奇色彩,在舜帝时主管国家司法"皋陶作士以理民。"《史记·卷二·夏本纪第二》P77。

帝禹立而举皋陶荐之,且授予政焉,而皋陶卒。……十年,大禹东巡狩,至于会稽而崩,以天下授益。三年之丧毕,益让帝禹之子启。《史记·卷二·夏本纪第二》P83。大禹曾经想要禅位于皋陶,因为皋陶时已死亡。大禹逝世后传位于伯益。三年后伯益还是让位于禹的儿子夏启。

大业生子大费,而大费(即伯益,或伯翳)擅长饲养鸟兽,这使秦人与西部草原畜牧业有关。大费又曾协助大禹治水,因为有功,舜帝"赐尔皂游",即让他的旌旗上有垂悬的黑色饰边。它近似族徽的作用,是独一无二的象征,伯益被舜赐姓嬴。《史记·卷五·秦本纪第五》P173。伯益在舜帝时代就已经获准以嬴为姓。

"大费生子二人,一曰大廉,实鸟俗氏;二曰若木,实费氏。其玄孙曰费昌(费昌当夏桀之时,去夏归商),子孙或在中国,或在夷狄。"费昌的子孙散居在中原和狄夷区域。其后裔名中滿者,是蜚廉的生父,"在西戎,保西垂。"《史记·卷五·秦本纪第五》P174。这是他们确切的居住地。"蜚廉、恶来父子俱以才力事殷纣,周武王之伐纣,并杀恶来"。《史记·卷五·秦本纪第五》P174。

……蜚廉复有子季胜(恶来是其哥哥,季胜是赵国的祖先。),季胜生孟增,孟增幸于周成王,是为宅皋狼,皋狼生衡父,衡父生造父,造父以善御幸于周穆王(西周第五代君主,?—前921年),穆王以赵城封造父。造父族由此为赵氏。自蜚廉生季胜以下五世至赵父,别居赵,赵衰其后也。"善于驾驶的造父从周穆王那里获得赵城这块封地,居住在赵城。

蜚廉生恶来(亦称恶来革),恶来生女防,女防生旁皋、旁皋生太几,"太几生大骆,大骆生非子,皆以造父宠,蒙赵城(蒙恩住在赵城),姓赵氏。"《史记·卷五·秦本纪第五》P175。恶来第五代后裔非子原住在犬丘,继承了祖先的禀赋,"好马及畜,善养息之。"周孝王有意振兴周室,为强军而发展牧马,被委以重任的非子功绩卓著,得到周孝王〔西周第八代君主,共王弟,周懿王叔,(一说为周懿王之弟)周懿王死,太子软弱,周孝王姬辟方取得王位〕慷慨赏赐,"分土为附庸,邑之秦,使复续嬴氏祀,号曰秦嬴。"即周孝王恩准分出土地封做周围大国的附庸之国,在秦地建城邑,号称秦嬴,使非子延续嬴氏的祭祀。秦邑是秦国之基础。秦嬴(即非子)——秦侯——公伯——秦仲。这是一个父子关系链。恶来、季胜都是蜚廉儿子,秦嬴是恶来一系,造父是季胜一系。

秦侯(秦嬴子,在位十年)——公伯(秦侯子,在位三年)——秦仲(公伯子,在位三年。)秦仲在位三年时,暴虐的周厉王已经变得十分失控,西戎随一些诸侯开始反叛周,西戎反对周王室,灭亡了与秦有血缘关系的犬丘、大骆之族。周宣王(前827—前787年)任命秦仲为大夫,讨伐西戎,"秦仲立二十三年,死于戎。"秦仲的讨伐似乎没有取得任何进展,他本人倒是被西戎所杀。秦仲丧命戎人之后,秦仲的后裔们与戎因为仇恨而更加明显地区分开来。秦仲有五子:长者曰庄公,"周宣王乃召庄公昆弟五人,与兵七千,使伐西戎,破之。"秦仲先人大骆受封的犬丘之地被收复。周宣王鉴于庄公对西戎作战有功,还另行赐予庄公兄弟土地,周天王下令大骆、犬丘两地合并,成为秦仲子庄公等的封地。"于是复予秦仲后,及其先大骆地犬丘并有之,为西垂大夫。"庄公被任命为西垂大夫。不过,他们还不是诸侯而只是周天子直接任命的官员——西垂大夫。《史记·卷五·秦本纪第五》P178。这里聚居的主要是费昌之后裔,秦仲之后的土地主人们显系恶来一脉。

周幽王(前781—前771年在位)时,"诸侯叛,西戎、犬戎与申侯伐周,秦襄公(前777—前766年在位。秦庄公次子)将兵救周,周避犬戎难,东徙雒邑,襄公以兵送周平王(前770—前720年在位),平王封襄公为诸侯,赐之以岐以西之地。曰:戎无道,侵夺我岐、丰之地,秦能攻逐戎,即有其地,与誓,封爵之。襄公于是始国,与诸侯通聘享之礼。《史记·卷五·秦本纪第五》P179。秦国正式被封为诸侯,这是秦国历代首领努力的结果,也是飘摇中的周天子仍然享有的权力之一。

从秦非子(秦嬴)被封为附庸,到秦襄公被封为列侯,经过秦嬴(秦第一代国君)、秦侯、公伯、秦仲、庄公、秦襄公六代人的努力。

二、爵位的传续

1. 太子为继承人

"德公生三十三年而立(前677年继位),立二年卒(前676年逝世)。有子三人,长子宣公,中子成公,少子穆公。长子宣公立。"强有力的君王秦穆公(前659—前621年)在位三十九年,更为惊人的是有四十四个儿子,穆公死后,秦国的继承人太子罃代立,是为康公(前620年继位)。康公死,子共公立。共公死,子桓公立,桓公子景公立。景公死,子哀公立(前501年逝世)。有八十年都执行父子相续,直到秦哀公的孙子顶替其已故的父亲继位为惠公。惠公死后,其子悼公继位(孔子死于悼公十二年,前479年),悼公死后。其子厉共公继位;厉共公死后子躁公立。这一阶段也基本是父子相续。《史记·卷五·秦本纪第五》P197。

2. 太子主动让位

"庄公长子世父,让其弟襄公为太子,庄公死后,襄公立。襄公元年(前777年),以女弟(即襄公妹妹缪嬴)为丰王妻。"《史记·卷五·秦本纪第五》P179。

3. 以嫡孙为继承人

襄公之子文公去世,文公子未继位即已经去世,于是文公之孙成为了秦宁公。同样,秦哀公的太子夷公早逝,没有继位,由夷公的儿子继位。怀公四年(前425年),"大庶长鼌与大臣围怀公,怀公自杀,怀公太子曰昭子,早死,大臣乃立太子昭的儿子,是为灵公,灵公也就是怀公之孙。

还有非长孙继位的情况,昭襄王五十六年(前251年),昭襄王卒,次子孝文王立。孝文王十月即位,三日后卒,子庄襄王立,(前249—前247年,"庄襄王者,孝文王之中子,昭襄王之孙也,名子楚"。《史记·卷六·秦始皇本纪第六》P223)"庄襄王的母亲是夏姬。前249年为庄襄王元年。

4. 幼子与未成年人即位

秦宪公(亦称宁公,前715—前704年在位)有三子:长子武公、次德公,德公同母鲁姬子。《史记·卷五·秦本纪第五》P181。德公母号鲁姬子,生秦武公、秦德公。出公非鲁姬子所生,秦宪公幼子出子得到了部分秦官员的支持,"宁公卒,大庶长弗忌、威垒三父废太子,而立出子(前708年生,前704年即位)为君,出子六年,三父等令人杀出子,出子五岁立,立六年卒,三父复立故太子武公。"秦国的官员违背立长之制度而立幼子为国君。最后还是自行改正,立宁公太子为君。但是制度似乎还是不能严格遵守,武公去世后,儿子没有得以继位。还出现国婴孩继位的情况,秦惠公(前399—前387年在位)秦惠公十二年(前388年),惠公之子出子生。十三年,惠公卒,出子(前386—385年在位)立,年仅二岁。

秦始皇是秦庄襄王子,庄襄王在赵国做过秦国的质子"庄襄王为秦质于赵,见吕不韦姬,悦而取之,生始皇。秦庄襄王四十八年(前259年)正月,他生于邯郸,名为正,姓赵氏。即位时虚岁十三。《史记·卷六·秦始皇本纪第六》223。秦惠文君和昭襄王也都是在继位几年后举行冠礼,不过这两位为君时比秦始皇稍微年长。

5. 兄弟相继

武公之后,继立的是武公的弟弟"武公二十年(前678年)武公卒,有子一人曰白,白不立。立其弟德公(武公同母弟)。秦宪公的四个儿子都分别成为了国君。德公有三个儿子，德公的长子宣公接德公即位，似乎制度又得到了维护。但这只是暂时的。"宣公生子九人，无一人被立为国君，而是立其弟成公，成公在位四年卒。成公有儿子七人，无人为国君，立其弟穆公。"躁公(前442—前429卒，立其弟怀公(前428—前425年)。怀公四年(前425年)，大庶长鼌与一批大臣迫使怀公自杀，怀公太子昭子当时早已不在人世，大臣于是立太子昭的儿子为灵公。灵公卒，子献公不得立，立灵公叔父悼子，是为简公(前414—400年在位)。简公是昭子的弟弟亦即怀公之子。简公死，子惠公立(秦第二个惠公，前399—前387年在位)，秦惠公在位十三年，惠公卒，出子(惠公之子，前386—385年在位)立，出子二年，庶长改迎灵公之子献公(前384—362年在位)于河西而立之，杀出子及其母，沉之渊。《史记·卷五·秦本纪第五》P200。秦国人经过一番周折，终于恢复了常规。但是波折并未结束，武王卒(前310—前307年在位)，立异母弟是为昭襄王(亦称昭王，昭襄王母楚人姓芈氏，号宣太后(昭襄王前306—前251年在位)昭襄王是秦国历史上执政时间最长的君主。

秦始皇自称始皇帝，规定后世以一世、二世等依次排序，看不到他对继任者有何明确、具体的要求，因此至少可以肯定，他对秦国继位乃至周礼中的继位模式没有新主张。司马迁认为秦国的君主变易类型总体上产生了不良的后果。"秦以往者数易君，君臣乖乱故。晋复强，夺秦河西地。"《史记·卷五·秦本纪第五》P200。但这应该不是秦国孤立的问题，周礼中的储君制度本来就具有巨大的变动空间，储君制度实施是好是坏，具体问题需要具体分析，在一定的背景下，坚持一种成规可能是错误的；在另一种背景下，改变制度也是错误的。执行或违背制度可都能引起格外的问题。这是周礼中的现实，也是在这个制度中属于合法存在的矛盾。长期以来，秦国行为模式与其他诸侯国相差无几，即使到秦统一天下，仍不能脱离周礼体系而完全自主，自然也就既具有周礼中的某些优势，也具有周礼中的某些缺陷。

第二节　宗教祭祀与礼仪

秦国的礼仪是其政治生活的重要组成部分，虽然它地处边陲，周平王之后才正式加入在册的诸侯之中，秦国人精神基本活动在周礼系统之中，只是有其地方特色。

一、对天地山川万物的礼仪

1. 秦襄公于前776年即位，在位十二年，开始建造西畤。"自以为主少暤之神,作西畤,祠白帝。"《史记·卷二十八·封禅书第六》P1358。少昊是东夷人的首领,后被敬为五帝中的白帝。子孙分化出嬴、秦、赵等姓,襄公七年(前772年),襄公以兵送周平王,平王封襄公为诸侯。赐之岐以西之地。曰:戎无道,侵夺我岐丰之地,秦能攻逐戎,即有其地。与誓,封爵之。襄公于是始国。与诸侯通使聘享之礼。乃用骊驹、黄牛、羝羊各三,祠上帝西畤。《史记·卷五·秦本纪第五》P179。秦襄公隆重举行祭祀活动,使用赤身黑鬣的马驹,黄色的牛、三岁的白色公羊,各三头,并不是对出于对玄想勾勒得来的上帝的纯精神需求,而是获得大笔实际进项后对祖先神灵慷慨恩赐后充满感激的敬奉。

2. 秦文公(前765—前716年)文公四年,至汧、渭之会,曰昔周邑我先秦嬴于此,后卒获为诸侯,乃卜居之,占曰吉。即营邑之。十年,初为鄜畤。用三牢。《史记·卷五·秦本纪第五》P179。秦文公与秦襄公祭祀时使用牺牲的品种中取消了马而增加了猪,数量上增加为各三头。秦德公则骤然增加,秦德公元年(前677—前676年),……以牺三百牢祠鄜畤。《史记·卷五·秦本纪第五》P184。宰杀牛、羊、猪各三百头,场面庄严宏大,血腥震撼,好在喜欢大场面的德公仅在位二年,否则秦国祭祀会成为长期的大笔支出。秦国人祭祀的热情随着这个国家取得的成就增多而升级。前645年,秦穆公原准备杀被俘的晋惠公祭祀上帝,若无及时的劝阻,他会以屠宰活人作为祭品完成祭祀上帝之礼。

3. 约前672年,秦宣公在渭水南岸建密畤时,他在这里祭祀主管东方的青帝。到前424年秦灵公即位后,他先后在吴阳建上畤,祭祀黄帝;下畤用于祭祀炎帝。秦献公时在栎阳建畦畤,祭祀白帝。

4. 秦昭襄王五十四年(前253年),"王郊见上帝于雍"。《史记·卷五·秦本纪第五》P218。指的是秦王在雍城郊外祭祀,行拜谒上帝之礼。秦始皇三十七年(前214年),上会稽,祭大禹。《史记·卷六·秦始皇本纪第六》P260。秦王祭祀的对象有上帝也有古代真实的贤明君主。

5. 秦始皇亲自前往泰山封禅,祭祀名山大川,还分别祭祀了"其祀绝莫知起时。"天主、地主、兵主、阴主、阳主、月主、日主、四时主的八神。《史记·卷二十八·封禅书第六》P1367。对上述八神何时断绝祭祀没有确切的说法,但秦始皇对八神重拾信心,牺牲统一使用太牢,只是各个寺庙中主持祭典的人使用其他礼器比如玉、帛等时有所不同。

秦始皇逝世后,可能是出于对自己父亲高度的崇拜,新皇帝胡亥下令增加秦始皇的寝庙,增加祭祀时的牺牲以及祭祀山川的贡物。持有异议的群臣集体下跪请求:天子祖庙是七庙,诸侯五庙,大夫三庙。经过万世,这个礼仪也没有变化废除,不应该超过此标准,应该废弃襄公以下的庙,全国只立七庙。二世是个幼稚、鲁莽又缺乏主见的年轻人,群臣的一致行动给他带来了心理压力,他这次没有像其父变更周天子以来的谥法一样坚持自己的主张,执意改变周礼规定的宗庙、牺牲的数量,接受了他多半仍不理解的建议。

在周王室基础上改变的事在秦始皇以前就不断有发生,为秦国带来质变的秦孝公"十二年(前 350 年),作咸阳,……秦徙都之。"十三年,自栎阳迁都咸阳。丰京、镐京隔沣河相望,文王都河西的丰京,武王时迁址河东的镐京,二京合称宗周,秦孝公定都咸阳,虽然没有利用西周的都城,但新都与宗周相距不远。称帝后的秦始皇心中也仍对周天子王城有所留恋,秦始皇三十五年(前 212 年),他仿效周文王、周武王在丰、镐一带建帝都。在渭水南面的上林苑中建宫殿,前殿为阿房宫,以其所在地点阿房命名。这个巨大的工程昭示他对自己的新国家雄心万丈。

秦国历代君主不是出于对周王朝的完全否定态度而兼并诸侯的,西周的一些日常礼仪得到了延续,一些在发生变化:

1. 冠礼

孝公二十四年(前 338 年),孝公卒,子惠文君(名驷)立,惠文君三年(前 335 年),王冠(注曰:礼记云,年二十行冠礼)。《史记卷五·秦本纪第五》P205。

昭襄王三年(前 304 年),昭襄王冠礼。

秦始皇九年(前 238 年),四月己酉,王冠,带剑。《史记卷六·秦始皇本纪第六》P227。秦始皇前 259 年生,前 246 年(十三岁)时即位,二十岁的秦王举行成年加冠的典礼,佩戴剑。

2. 婚姻

正常婚姻的概念比现代人更为宽泛,这不是秦国一个地方的风俗,而是一个时代的现状。社会上层不太看重婚姻双方辈分的情况很常见,穆公十五年(前 645 年),晋惠公太子圉到秦国为质子,秦穆公将自己的女儿文嬴嫁给太子圉,后来太子圉听闻晋惠公生病,为能即位而丢下妻子逃回晋国,招致穆公不满,将文嬴再嫁给来到秦国的重耳,秦穆公是重耳姐夫,理论上文嬴可以称重耳为舅舅,文嬴又是重耳的侄儿媳妇。重耳一度为这个婚事踌躇。但是他是个积极、不拘小节、尊重现实,热爱生活的人,晋国大位的长期追求者,既有求于秦国,又喜欢文嬴,自然也不愿违背穆公,文嬴后来成为了晋文公重耳的正妻。

3. 哀礼

秦武公二十年(前 678 年)死时,秦国在诸侯中仍比较平庸。武公好勇斗狠,但是个特别害怕寂寞的人,从他开始实施人殉,他葬礼从死者有六十六人。孔子说:"始作俑者,其无后乎!"但这个诅咒似乎长时间落空,秦国人丁兴旺、繁荣昌盛,即使后来出现更为血腥的葬礼后也是如此。秦穆公三十九年(前621年)穆公卒,从死者一百七十七人。秦献公在魏国流亡二十九年,他目睹了魏文侯、魏武侯社会变革给国家带来的长足进步。人殉实施三百年后,在外部社会的进步与自身理性垒积的合力下"献公元年(前384年),止从死。"《史记·卷五·秦始皇本纪第五》P201。

秦襄公即位(前777年即位),在位十二年,…葬于西垂(即西犬丘秦都邑),生儿子文公(前765年即位),居住在西垂宫,在位五十年,葬在西垂,儿子静公,没有即位就去世,儿子宪公(前715年即位),在位十二年,居住西新邑,葬在衙县(陕西白水县彭衙村一带),生儿子武公、德公、出子。出子在位六年,居住在西陵,葬在衙县。武公在位二十年,居住在平阳(岐州平阳城)封宫,葬在宣阳聚的东南。这期间三庶长因为罪伏诛,德公即位,在位二年,住在雍地(陕西凤翔县)大郑宫,葬在阳地。生子宣公、成公、穆公,宣公在位十二年,住在阳宫,葬在阳地。成公在位四年,住在雍地的宫中,葬在阳地。穆公在位三十九年,周天子承认他为诸侯之长,葬在雍邑(陕西凤翔县)。穆公曾向宫殿的侍卫学习。生儿子康公,康公在位十二年,居住在雍邑高寝,葬在竘社。儿子共公在位五年,居住在雍邑高寝,葬在康公墓南。儿子桓公在位二十七年,居住在雍地太寝,葬在义里丘北面。儿子景公在位四十年,居住在雍邑高寝,葬在丘里的南面。儿子毕公在位三十六年,葬在车里的北方。儿子夷公,夷公继位,死后葬在左宫。儿子惠公,在位十年,葬在车里。儿子悼公,悼公在位十五年,埋葬在僖公墓的西边。儿子刺龚公,在位三十四年,葬在入里。儿子躁公和怀公,躁公在位十四年,居住在受寝,葬在悼公墓的南面。怀公是从晋国回来为君的,在位四年,葬在栎圉氏。孙子灵公(灵公为怀公的孙子。昭子是怀公的儿子,早夭,立昭子的儿子为君。)被大臣围攻被逼自杀。肃灵公是昭子的儿子,在位十年,住在泾阳,葬在悼公墓的西边。儿子简公,在位十五年,葬在僖公墓的西边。儿子惠公,在位七年时,允许老百姓佩带刀剑。惠公在位十三年,葬在陵圉。儿子出公在位二年,出公自杀,葬在雍邑。献公在位二十三年,葬在嚣圉。儿子孝公在位二十四年,葬在弟圉。儿子惠文王在位第十三年,开始建都咸阳,惠文王在位二十七年,葬在公陵,儿子悼武王在位四年,葬在永陵。昭襄王在位五十六年,葬在芷阳(约在咸阳与临潼之间)。儿子孝文王在位十一年,葬在寿陵。儿子庄襄王,在位三年,葬在芷阳。

秦君主的墓葬群从西垂——西山(陕西宝鸡北)——衙县(陕西白水县彭衙

村一带)——汧、渭水之会(秦文公前 762 年在迁都于此,今陕西眉县)平阳(都城,今陕西岐山县)雍邑(前 677 年德公在位,从平阳迁都于此,陕西凤翔一带)——泾阳(秦灵公在位期间,前 424—前 415 年为秦都)——栎阳(晋陕西富平县)——咸阳(秦孝公十二年作为咸阳,孝公前 361—338 年在位)秦国都,自西(甘肃)向东(陕西)。从发祥地西垂到秦文公的西山、一下远迁都衙县,这个新秦都接近后来秦晋反复争夺的少梁、秦都后又先后回到宝鸡至咸阳途中的眉县、岐山、凤翔,继而又远迁咸阳东北方的泾阳、泾阳东北方的富平县,最后南下至咸阳。

陵墓名称

宣阳聚、丘里、左宫、车里、入里、栎圉氏、陵圉、雍(以上在雍)、嚣圉(栎阳),弟圉(栎阳)、公陵(以下咸阳一带)、永陵、茝阳、寿陵、阳陵。

平阳、栎阳、咸阳等尤其雍邑各自被不止一个君主青睐,但却没有久留,这里仍然有个很清晰的动态线路图,秦国的君主们并没有神话祖茔情节,上述历代秦国君主各自的墓葬地,他们的灵魂崇尚、追随自己前进中的军队,更偏爱将自己安葬在胜利占领的疆土上。

日常礼仪一直都没有被废弃,但不排除或者是因为动荡、战争、匮乏、饥馑等造成疏忽,或者是个人偏好故意省略周礼的情况。

但秦始皇确实想要有一些变化。秦始皇二十六年(前 221 年),"朕为始皇帝,后世以计数,二世三世至于万世,传之无穷。"《史记·卷五·秦始皇本纪第五》P236 记载的是秦始皇本人提出废除周礼中的谥号,不再根据一位君主的生平评估,然后盖棺定论,给出褒或贬的谥号。他自己是秦朝第一代皇帝,后世均以数字区别,一世、二世、直到万世,无穷无尽。面临亟待解决的很多具体问题他都没有开始考虑,唯独对秦朝世系的展望充满遐想。取消周礼中这个设置的真正原因是什么,出于过度自傲? 对郡县制下的中央高度集权的无比信任? 改变一个早已经存在且效果比较好的制度或者惯例对建立一个新制度并非必要,被取消的良制往往成为新制度的缺陷部分。秦二世可能被其父的相关思维控制,绝对相信帝国江山无论如何都会万代相传,这释放了他的精神,行为随性所致。[始皇三十七年(前 210 年)七月,五十一岁的始皇崩于沙丘平台,儿子胡亥即位,二世皇帝即位三年,赵高杀二世,子婴即位一个多月,被诸侯所杀,秦灭亡。《史记·卷六·秦始皇本纪第六》P265。]

4. 周天子与诸侯间的礼仪

秦穆公十五年(前 645 年)秦、晋韩原大战,秦穆公准备杀被俘的晋惠公,在国中发布命令"斋宿,吾将以晋君祀上帝。"周襄王姬郑听闻此事大惊,他对自己的实际权势有客观的评估,并不能给秦国下命令禁止,只能赶紧给秦传话,"曰:'晋我同姓。'为请晋君。《"史记·卷五·秦本纪第五》P189。强调晋与周天子是同姓国家,明确阻止杀晋国君,秦穆公经过全面评估后来改变初衷,晋惠公得到体面、周到的对待。周天子是国家元首,但周天子对诸侯国家的影响力已经大不如前。秦穆公三十七年(前 623 年),穆公开疆拓土,"天子(周襄王姬郑)使召公过贺穆公以金鼓。"《史记·卷五·秦本纪第五》P194。要知道去年秦穆公的军队攻下晋王官、郊两地。周天子现在这样大事张扬地祝贺秦国,无异于公开站在秦国一边,这绝不是忘记了晋是他的同姓,而是对秦国增加十二个附属国,拓地千里的迅猛势头抱有敬畏、笼络的意图。对强者,无论是否喜欢,在缺乏实力竞争时,周王室选择迁就,这种情况后来变得不加掩饰,秦献公二十一年(前 364 年),"与晋战于石门,斩首六万,天子贺以黼黻。"《史记·卷五·秦本纪第五》P201。这次周显王赠送了有精致绣花的礼服作为贺礼,周王已经完全不在乎秦国打败的对象。早在晋桓公(即晋孝公,姬顷,晋烈公之子。前 388—前 369 年在位)即位前,韩、赵、魏三家已经取得了晋公室的大量土地,三家为晋君晋孝公这个政治花瓶不断寻找合适的安放之处,以致他在颠连中在位二十年,前 369 年逝世,儿子继位为晋静公。他是历史上最后一位姬姓晋国君主,对周显王来说,秦献公蹂躏的地方已经不像是姬姓国家,屠杀姬姓诸侯的族人,而是一个完全陌生的晋国。

秦孝公二年(前 360 年),天子致胙(祭肉)。孝公十九年(前 343 年),天子(周显王姬扁)致伯(封为诸侯伯长),二十年,诸侯毕贺。秦使公子少官率师会诸侯逢泽,朝天子。

秦惠文君元年(前 337 年),楚、韩、赵、蜀人来朝,二年,天子贺,四年(前 334 年),天子致文武胙。《史记·卷五·秦本纪第五》P205。文武胙指祭祀周文王、周武王时用过的祭肉,在一定条件下,这也是一种确认君臣地位上下等级关系的礼仪。

秦昭王五十六年秋(前 251 年),昭襄王卒……韩王衰绖入吊祠。诸侯皆使其将相来吊祠,视丧事。《史记·卷五·秦本纪第五》P219。尽管韩桓惠王吊唁的规格最高,却不能阻止秦军向韩国前进的步伐。庄襄王之父孝文王继立仅数月,前 250 年即逝世,其子庄襄王立。国家的连续大丧或者耽搁了秦国出兵。前 249 年,秦庄襄王的军队入侵韩国,占领成皋、荥阳,改置为三川郡。

天子与诸侯之间的礼仪因为强弱发生了巨变:

秦惠文君元年(前337年),齐威王、魏惠王为王。十三年,魏襄王,韩宣慧王为王。《史记·卷五·秦本纪第五》P206。秦昭襄王十九年(前288年),秦王为西帝。齐为东帝(田齐湣王)。

周显王二年(前367年),姬根立于巩,号东周惠公;姬朝朝居王城,号西周惠公。从此东周分出东、西周两个小国。赧王姬延时,东、西周分治,王赧徙都西周。西周武公(《战国策》中作东周武公)共太子死后,立公子咎为太子。高诱注:西周王城今河南,东周成周,故洛阳之地。《史记·卷四·周本纪第四》P160。两个生不逢时的国家遇到的生存难度比它们的诞生的困难大得多。

约前307年,时值周赧王八年(周赧王姬延,前314—256年在位),秦借道两周之间,将以伐韩。周恐借之畏于韩,不借畏于秦。《史记·卷四·周本纪第四》P162。战争不针对它,也还没有开始,东周国已经受到打击。东周可以就此事求助于周赧王主持公道? 完全不可以。一方面周赧王在西周公国的成周王城。东、西周公国分治,双方矛盾累积,沟通不畅;另一方面是周赧王已经是日暮途穷之人,周天子根本指望不上,东、西周君都只能自己想办法。秦昭襄王十七年(前290年)东周君前来朝见秦王。《史记·卷五·秦本纪第五》P212。他们是否做对,在一个强权社会,要看强国的评估。秦昭襄王五十一年(前256年,周赧王五十九年),西周君周武公感到继续对秦国摇尾乞怜也将无法生存,背叛秦国或许尚存一线生机,于是与诸侯联合攻打秦国,秦使将军摎率军攻打西周君封地,西周君举国投降,"西周君(西周君姬咎,也称西周文公)走来自归,顿首受罪,尽献其邑三十六城,口三万。秦王受献,归其君于周。西周武公不久逝世,依附西周君的周赧王也于同年(前256年)逝世。五十二年(前255年),周民东亡,其器九鼎入秦。周朝亡。

"东周君",这里指的是最后一任东周君——东周靖国公姬杰,在万不得已的情况下亦曾与诸侯制订联合抵抗秦国计划,但这个美丽的泡影在秦国的烈日下迅速破灭。庄襄王元年(前249年),"东周君与诸侯谋秦,秦使相国吕不韦诛之,尽入其国。秦不绝其祀,以阳人地赐周君,奉其祭祀。《史记·卷五·秦本纪第五》P219。周赧王是周文王、周武王所建立的周国家最后的天子,这个参与诸侯共同抗衡秦国的东周君不具有周天子的身份,也不是周文王、周武王的周国家的延续,西周君与之身份相同。东周君困兽犹斗,想法积极,可是时运不济,次年即秦庄襄王元年(前248年)四月,魏公子无忌领五国联军击败蒙骜,联军随之解散。五月庄襄王卒,子政立(前246年)。《史记·卷五·秦本纪第五》P220。

5. 占星、预测术对行为的影响力

秦献公十一年(前374年),周太史儋见献公曰:周故与秦国合而别,别五百

岁,复合,合七十七岁而霸王出。《史记·卷五·秦本纪第五》P201。太史儋的预测令献公振奋,献公也会告诉他的儿子孝公,秦国君主们也从此生活有方向。

秦始皇七年(前240年),彗星先出东方,见北方,五月见西方,蒙骜死。彗星复见于西方十六日,夏太后死。(为庄襄王母亲。庄襄王本命异人,也称楚,子楚)《史记·卷六·秦本纪第六》P224。秦始皇九年,慧星见,或竟天。四月,长信侯嫪毐作乱。《史记·卷六·秦本纪第六》P227。东南有天子气,秦始皇因此前往巡视以镇压。《史记·卷八·高祖本纪第八》P348。

始皇推五德始终,以为周为火德,秦代周德,从所不胜,方今水德之始,改年始,朝贺皆自十月朔,衣服旄旌节旗皆上黑,数以六为纪,符、法冠皆六寸,而舆六尺,六尺为步,乘六马。更名河曰德水,以为水德之始。刚毅戾深,事皆决于法,刻削勿仁恩和义气。然后合五德之数。于是急法,久者不赦。《史记·卷五·秦始皇本纪第五》P238。秦始皇以五德始终的原理,秦以水德代替周的火德,对法的理解不在于法律精神而在于法是水德的禀赋,如果他的朝代存在预先安排的是必须"凡是以法办理。"而不是秦始皇对法理有超过其时代背景的极致感悟。秦始皇崇尚黑色,事皆决于法的国家理论并不是源自五行的思想,杰出的司法官皋陶被认为是其始祖,舜帝赐予大费在其旌旗上有黑色垂饰作为其族独有的标识。皋陶是帝舜时的士师,主管刑法,用以正直闻名的始祖职掌作为自己朝代的行为准则,理论框架,不仅显示秦始皇崇尚美德、价值观牢固,忠于传统,而且面对未来积极、主动,总是具有合理、依法解决社会问题的能力。这好像不是秦始皇,但的确是他本人,不要怀疑。这是一个具有双重性格的人,一方面他希望公开表达的尽善尽美、无懈可击,国人事事可以依靠,必须信任;另一方面为达到自己的目的一切可以想到的方法都要争取一试。说到最好和做到最好,有时候可以一致,有时候会截然相反。由于是"法"让秦得天下,让法成为国家运行的主轴,秦始皇认为既合天意,也合心意,又与时代契合。

秦始皇三十六年(前211年)秋,有人持玉璧指定献给"滈池君"。因言,今年祖龙死。使者将其留下的璧给始皇看,皇帝先还是故作镇定地说"山鬼故不过知一岁事也。"心绪不宁的始皇随后还是专门组织对此占卜,结果预示皇帝巡游、迁徙才会吉祥,因此他开始漫长的巡游之旅。《史记·卷六·秦始皇本纪第六》P259。

秦始皇三十六年,"荧惑守心"。荧惑是当时人对火星称呼,天蝎座是十二座黄道星座之一,天蝎座中的心宿二与火星都是亮度等级最高的星,中国的二十八宿中的心宿有三颗星,分别是代表皇帝、皇子。当时人认为荧惑是不吉利的星体,代表战争和死亡,它现在在心宿停了下来,心宿二与荧惑辉耀天空,预示皇室的不幸与国家的灾难将要发生。史料记载的荧惑守心的天象发生在始皇三十六年秋季之前,而火星大约两年一次比较接近地球,这是例行的行动。可能是秦国观测者当时捕捉到火星处于一个相对稳定但极度敏感位置的天象时无法掩饰慌乱,相关知识背景立即让皇帝、重臣们神情凝重,危险天象毫无例外地会吓到他们。

始皇三十六年不仅要应付火星,另外还接到上报"有坠星下东郡,至地为石。""黔首或刻其石曰:始皇帝死而地分。秦始皇闻之,遣御史逐问,莫服。尽取石旁居人诛之,因燔销其石,始皇不乐。"天上掉下的陨石上被人刻上令人生气的字,使博士为《仙真人》诗,在自己巡游时让乐者弹奏和演唱。《史记·卷六·秦始皇本纪第六》P259。是卢生及时给他带来希望,使诅咒声中的皇帝相信真人的存在,他一度自称真人。自然的陨星和伪造的预言令其陡然感到生命无常,与普通人相比,君王只是可以求助的方法多一些而已,思想变得丰富的始皇现在更加仰慕不朽之神灵,不断发出命令并采取行动以确认神灵的存在。

第十八章　经济与法

第一节　经济措施

秦献公在位第七年（前378年），秦国开始设立集市，献公十年（375年），开始编制户籍和设立五家为邻的连坐制度，这些制度与土地分配政策、赋税、徭役、兵役等密切关联。

秦国经济能够形成规模效应与商鞅的农战政策密不可分，"秦孝公十二年（前350年）初为赋，纳商鞅说，开阡陌，制贡赋之法。"《文献通考·卷一·田赋一》P31这里的赋指的是田地税。这是按田亩的数量而收税。它可以追溯到鲁宣公十五年。《春秋公羊传》鲁宣公十五年载："初税亩。"指的是开始以个人耕种的田地亩数而缴纳税，这是对两周的劳役地租的一种改革，是分裂的国家中出现的一种局部变化，实际上还存在多种形式地租。商鞅变革以高压和奖励的双重方式激励国人勤奋劳作，大量开垦土地，必然导致大量增产。

秦惠文王十九岁为君，次年（前336年）开始实行用钱币。

秦昭襄王十九岁为君，第四年（前303年）进一步开辟田间的阡陌。井田土地被划分成更小更多的地块。在秦始皇三十年（前217年），通令全国，使黔首自实田。这是一个在全国普遍实施土地私有化的诏令，这也可以视作比较彻底的税制改革。后世评论说"……秦则不然，舍地而税人，故地数未盈其税必备，是压贫者避赋役而逃逸，富者务兼并而自若。"《文献通考·卷一·田赋一》P31马端临认为秦始皇三十年后的赋税制才是井田制的终结者。他严厉批评了这种制度，认为与土地完全脱离的税收是重要大的错误。一个人没有耕种三十亩土地，他也必须缴纳个人税。而耕种三百亩的也是同样缴纳，这必将导致兼并。但是这种私有化在当时正面的意义更大，鼓励人们争取获得自己的土地，耕种自己的土地，然后国家获得更大的税源。

秦国为大量生产出来的粮食赋予了一条荣誉之路，虽然是在压力之下的灵感，但对秦国成为综合实力一流的国家构建了坚实基础。秦始皇三年（前244

年），岁大饥。……四年十月，蝗虫从东方来，蔽天。天下疫。百姓内粟千石，拜爵一级。"秦始皇二年，瘟疫流行，百姓献上一千石粮食者，授予爵位一级。爵位标价还是很高的。《史记·卷六·秦始皇本纪第六》P224。三十一年（前216年）十二月，始皇在兰池遇盗，盗被杀，在关中地区搜捕了二十一天，米每石一千六百钱。秦始皇九年，有生擒嫪毐者，赐钱百万；杀之，五十万（钱）。《史记·卷六·秦始皇本纪第六》P227。

秦国为何扩张？尤其在商鞅变法之后，大量的土地用于奖励，战争所需各种物质的量急剧增加，有些物质秦国并不生产，因此兼并重新配置是一个自然发生的事。秦国经济活动不是一种独立的活动，而是附属于政治，一切都为满足政治的目的，驾驭了政治，就等于驾驭了经济，达到了经济目的。这不是人人都能接受的理论，但是对当时的社会经济完全独立于政治是反常的。

秦国经济简洁实用，国家全面干预经济，秦国经济不是劫富济贫模式，而是不遗余力地鼓励勤于农事，通过拓荒、兼并获得增量土地，由于精耕细作而单位产量增高，产品也有多种渠道消化，虽然自然灾害多见，但国家积极的经济政策基本能支撑国家激进的政治政策。

第二节　法律

一、开放的法律精神

1. 法律的来源

立法的主体是国家，有认为秦简中法律主体不明，其实毫无疑问，立法是国家的核心权力，不可能有人未经国家的允许、赋权敢于私自挑战国家的这个权力。

秦献公十年（375年），开始编制户籍和设立五家为邻的连坐制度。秦国的法律系统化，商鞅起了最重要作用。商鞅（约前390—前338年）自前356年被任用变法以来，秦国成为战国时期首屈一指的法治国家。商鞅主导参与了秦国立法，他的个人意志影响了秦国立法，他认为法是社会发展的必然产物，其法制思想与其农战政策紧扣，虽然各成体系，但总体上配套，互相依存。商鞅有关法制的见解相当丰富，它们基本可以归纳为五点：1)法律公平。2)法律公开原则。3)精准量化原则。4)罪罚相等原则。5)严刑可致伦理高尚。

秦国法律虽然不是一夜之间完成的天才之作，但是它的主体内容在商鞅时代已经基本形成,陆续增减,有自己比较完备的法制体系,用以规范政府、个人以及他们之间的行为,以《睡虎地秦墓竹简》行世的大量秦国法律资料反映了这个国家在社会各种关系的调整上对法律的巨大依赖性。

二、秦律五大原则

1. 法律公平原则

所谓壹刑者,刑无等级,自卿相将军以至大夫庶人,有不从王令,犯国禁,乱上制者,罪死不赦。有功于前,有败于后,不为损刑。有善于前,有过于后,不为亏法。忠臣孝子,有过必以数断。守法守职之吏,有不行王法者罪死不赦,刑及三族。《诸子集成·商君书·赏刑第十七》P29。

卿相,将军、有功于国者,执法人员、在职官员等,都不能因为他们地位高、功劳大,获得过国家荣誉者等,有罪都不能减免。一定以他们罪行的大小来量刑处罚。

"太子犯法,卫鞅曰:法之不行,自上犯之。将法太子,太子,君嗣也,不可施刑刑其傅公子虔,其师公子贾,明日秦人皆趋令。"《史记·卷六十八·商君传》P2231。

法律特权在秦律中策略性地存在,秦无视西两周法律特权的广泛性、明确性,实际上从立法的角度上看,只有朦胧的法律特权意识,成文法中除前已提及的大夫以上不编入士伍,在职当值官吏不受连坐法的约束外,只有宗室子弟无爵者犯罪应当处赎刑时,法律容许比照公士有罪者减为处赎耐。《法律答问》P231。上造某如盗羊一只尚未判决,又诬人盗一猪,在这种情况下犯人会被处完城旦。《法律答问》P173但这种判决不会出现,因为有"赎官"一说:相当于上造以上爵位的官吏,有罪应准予赎免,如为群盗,可以判其赎鬼薪鋈足;(群盗可能被贬为奴隶并处监管肉刑以上的罪犯服劳役。监管苦役犯也是一种严重处罚。如有罪犯脱逃,监管者将被执行原有的群盗罪,即砍左脚为城旦,如果抓住逃犯,仍要"处隐宫"。《法律答问》P205。隐宫是适用于因刑致残者服劳役的场所,应是指地下室、陵墓之类僻静之处。《秦律十八种·军爵律》P92。如犯有应处宫刑的罪,判为赎宫,其他与群盗一类的重罪也可参照以上处理。《法律答问》P200。公士以下的人以劳役抵偿赎刑、赎死罪的要服城旦、舂的劳役,但不必像普通囚犯一样穿红色囚衣,不强制戴木械、黑索、胫钳。《秦律十八种·司空》P86这既指出了出身高贵的一点好处,又暗示国家中绝大多数人都要避免以身试法。秦武公三年(前695年),诛三父等而夷三族,以其杀出子也。《史记·卷五·秦本纪第五》P182。秦始皇即位后,立即出现了反叛行为,晋阳公开背叛朝廷,形成规模。元年(前 246 年),将军蒙骜亲自前往平叛,他直接毁灭了叛军。八年(前 239 年),秦王弟弟长安君成蟜领军进攻赵国,但是他背叛朝廷,死在屯留城(潞州长子县一带)。《史记卷六·秦始皇本纪第六》P226。随从反叛的军吏被悉数斩杀。前往平叛的将军壁死于军中,屯留、蒲鶮的士卒又发起叛乱,鞭打这位逝世将军的遗体。这两次都没有记载有任何相关的审判活动。对待叛逆的惩罚总是非常严厉的,长信侯造反失败后,与之关联的卫尉竭、内史肆、佐戈竭、中大夫令齐等二十人全被处于绞刑、车裂并示众、杀尽他们的家族、门客,罪轻者罚劳役三年,夺爵、流放蜀地的有四千多家。这也是株连制度真实存在的一个例子,连坐制度虽然涉及如此广泛,但与其最初的设计并无背离。

吕不韦触犯秦王,秦王准备杀死不韦,后改免其相国职,在秦王为所欲为的权势威逼下,吕不韦最后被迫饮鸩自杀。对普通过失,高贵的血统或职务所享有法律的特权是规避作用的,对涉及重大的问题:个人切身利益、国家稳定与安全等没有一个君主主观上会听之任之,任其危险地发展,法律更大程度上是要控制这些具体问题,而不是体现公正,公正只是法律理性中一种不可避免的属性,但又不是法律绝对的附着物。

"商鞅相秦十年,宗室贵戚多怨望者。"《史记·卷六十八·商君传》P2231。引起那些贵族怨恨的原因可能有多种,土地政策,军功政策(宗室非有军功论,不得为属籍。P2230)等,但法律公平性政策肯定是其中的一个重要原因。

秦律的公平性在实践中可能没有做得像商鞅要求的那么好,但仍然是诸侯中最好的,后世也没有来者。

2. 法律公开原则

1)正式颁布国家的法律文本

(1)罪名总论:

主要罪名包括:贼杀人罪,斗杀人罪,纳奸罪,教唆罪,强奸罪,伤害罪,盗窃罪,行贿罪,窝藏罪,帮助脱逃罪,擅立奇祠罪,险害罪,伪写印罪,私铸钱罪。

1. 贼杀人罪是指管治安官吏在追捕罪犯时,罪犯拒捕反而造成政府人员死亡。秦惯例以贼杀人论处。相比之下,仅仅是两个人之间,因各种原因发生斗殴,造成一方死亡,则称之为斗杀人《法律答问》P179。

2. 某甲为罪犯提供条件进入某处,如作案成功,将判某甲纳奸罪,赎耐。如果容人入内准备犯案,在其未得逞时就将其捕获,某甲将可以免罪。《法律答问》P179。

3. 教唆罪指的是某甲主谋遣身高捕满六尺的乙盗窃杀人,并从中分到十钱。犯此罪者将被车裂。《法律答问》P180。如某甲主使乙盗窃。一天,乙准备盗窃某处,还在途中,即被拿获。甲、乙二人都将因此而被处以黥赎。《睡虎地秦墓竹简·法律答问》P152。

4. 强奸罪是指违背妇女意志,以胁迫、暴力等手段强行与妇女发生性行为。

5. 伤害罪。对伤害他人耳、鼻、手指、嘴唇这均处以耐刑。斗殴中造成他人身体青肿或破伤以及咬伤他人面部者,也同样处以耐刑。对斗殴中强行拔掉他人须、眉,砍断他人发髻的均处完未城旦。拔人发另有提的区别,当被拔发者有感觉时,就称为提。提也是一种轻微伤害。《法律答问》P186。以刀、剑相互打斗,虽未伤人,只要拨出刀剑之鞘,仍以使用武器斗殴论处。以针、长针、锥相斗这者,各罚二甲;相斗而伤人者,黥为城旦。《睡虎地秦墓竹简·法律答问》P187。秦国人与境外人发生斗殴。境外人以兵器、棍棒、拳脚伤人,法律规定对伤人者处以罚款。《睡虎地秦墓竹简·法律答问》P190。如果肢体未断,但至少需要二人扶回的伤势,称为"大痍",意谓重伤。《法律答问》P242。

6. 盗窃罪 对盗窃罪的处罚极为严厉,对盗窃未遂者都一概处赎黥。《法律答问》P164。如盗采他人桑叶,尽管价值不到一钱,将会被判处服三个月的徭役。《法律答问》P154。如果甲盗人以一只羊,羊颈上有绳价值一钱,秦法在判决时不会将羊的价值与绳的价值加在一起共同作为赃物总价值,而是以盗窃不超过羊价值的罪论处。《法律答问》P164。甲盗得价值一千钱财物,乙知道甲盗窃但未参与盗窃,甲分给乙赃物价值不过一钱,甲乙被拿获后,二人将会被处以同样重的刑。假设甲盗窃的钱物不值一钱,他来到乙家,如果乙未察觉,乙不会受牵连,如果乙知道甲盗窃而不参与协助捕拿甲,就要罚乙一副盾。《法律答问》P155。同样,甲乙盗窃的钱买丝等物品存放在乙家,如乙确实不知情,即使甲罪事后暴露,乙也不会受罚。《法律答问》P156。两人以上犯盗窃罪,根据不同情况有不同处理:1甲与乙不相识,甲往某处盗窃,刚到目的地,乙来到此处行窃,两人经过交谈相识,随后各展才华,分别盗得价值四百钱的财物,两人离开作案地后均被拿获,对他们的判决应该作这样的区别,如果两人事先合谋,两份的赃物就应合并一起以总数将二人同案并处;如事先没有合谋,则各按所盗赃物数分别论处。《法律答问》P156。2丈夫盗一千钱,案发后在其妻处发现三百,如果妻知道丈夫的钱为盗窃得来而又藏匿,其妻将会被以盗钱三百论处;如她不知钱为赃款,就作收藏。P157。丈夫盗窃三百钱,如实告诉了其妻,其妻用这钱与丈夫大饱口腹之乐,东窗事发后,其妻被确认为事先并未与丈夫预谋盗窃,其罪名同上例,即为收;如事先与丈夫预谋,则与丈夫同罪。丈夫盗窃二百钱,其妻所藏匿的数目超过一半以上,如一百一十钱,妻又知此款系盗窃所得,其妻以盗窃一百一十钱论处,不知情,判其为守赃。《法律答问》P157。丈夫夜间行盗获赃款一百一十其妻、子知情,并以此钱购买了酒食,其妻子同样处以盗窃罪。如窃贼盗有一百五十钱,告甲及甲妻、子,然后共同消费,甲妻、子与甲同罪。《法律答问》P158。盗窃犯将所盗得他人财物,如衣服出卖,然后买到布,随后被抓获,用出卖衣服的钱所换取的一切物品都要归还给被盗者。而买了衣服的人仍可保留衣服。《法律答问》P160。3.生身父亲盗窃儿子的财物,不按盗窃罪论处。义父盗窃义子则以盗窃论处,不为国法所容。《法律答问》P159。4 奴隶盗窃其主人的父母,如果主人的父母与主人居住在一起,就作为盗主否则以普通盗窃论处。P159。男奴甲主谋让女奴乙盗走主人的牛,并将牛卖掉,随后二人准备逃越国境,在边防人员捕获,应按处城旦的方式刺黥,然后交还原主。《法律答问》P153。5.害盗、求盗这一类的公职人员犯盗窃罪将会面临更加严厉的惩罚,一般人犯盗罪会被判处城旦并附加肉刑,但对于犯盗窃罪的害盗、求盗,则会"加罪"。五人以上共同行盗,赃物在一钱以上,断去左脚,黥为城旦。不满五人,所盗超过六百六十钱,黥劓为城旦;不满六百六十钱而在二百二十钱以上者,黥为城旦;不满二百二十钱而在一钱以上,处流放。犯盗窃罪从重的情节包括预谋、昼夜之分,最重要的是合伙犯罪的人数,盗窃公私财物的价值大小倒在其次。人数越多,处罚越重。这是政府方面提防有组织犯罪的手段之一。因为这种倾向易于从纯粹谋求经济利益发展成具有政治意图的杀富济贫以至蔑视、反抗政治权威危险状况。从而觊觎皇位。6.身高六尺的未成年人甲因盗牛被捕入狱,监禁一年,重新测量他的身高,发现他已达到了六尺七寸,这样官府会随后判他完城旦。《法律答问》P153。7.盗窃王室用过的祭祀用品。《法律答问》P163。8.私自挪用县少内(又称府中)的钱财,与盗窃同罪。《法律答问》P165。9.在押囚徒盗窃一百一十钱,随后自首,仍要将其鬓须剃掉,并贬为奴隶。另一种作法是以罚二甲代替。《法律答问》P154。

　　7. 行贿罪　通过金钱物质收买权力人员从而不当得利。这是一种严重的罪行,日后如此人因它罪(如盗窃罪)被捕,同时又发现了他的行贿罪行,将会以行贿罪对他进行审判。《法律答问》P230。秦法规定,犯有两种以上不同罪行的,不采取数罪并罚的形式,而是以最严重的一种对之进行处罚。

　　8. 窝藏罪　明知他人的钱物用于不正当的途径,而代为保管、收藏,尽管钱物已取走,如有人对窝藏者举报,一般将会对其予以处罚。

9. 盗徙封　指私自移动田界标志。犯这款罪者处赎耐。《睡虎地秦墓竹简·语书》P17。

10. 帮助脱逃罪；看守或押解罪犯或可能会被判处实刑的重犯罪嫌疑人，而私自将其放走，以纵囚论处。押送为害一方的坏人而私自将其放走的官吏，将按脱逃罪犯的可能判的罪名被强制服劳役，有爵的人可在官府服役，直到罪犯被捕获为止。《法律答问》P178。

11. 毒言罪　指某些人口舌含有剧毒，而又令人猝不及防。其唾沫触及人脸，就会致人脸肿大、生疮，从其口中喷射出的唾沫能像子弹一样当即杀死树上的鸟，那颗树也不能幸免。他们看上去与平常人无异，无需别的工具，作案隐蔽。只要他愿意，任何与之进食、说话的人将会受到伤害。一旦证据确凿，这种形式的伤害不管是有意还是无意都要受到刑事处罚。《睡虎地秦墓竹简·封诊式·毒言》P277。

12. 逃亡罪　一是针对被看管者，他们离开规定的范围要受惩罚，鬼薪逃亡一月罚盾；一年处耐。《法律答问》P206。二是针对监管者，工作疏忽导致人奴犯人逃脱，自己受刑。《法律答问》P205。第三种情况是"去署"，指在职人员擅离职守。《法律答问》P237。

13. 擅立奇祠罪　王室规定应祭祀的已有，又擅自另立神位。《法律答问》P220。

14. 陷害罪　又称"赃人"。将自己的钱物故意放在他人处，然后告别人盗窃。

15. 私铸钱罪《睡虎地秦墓竹简·封诊式》P253。个人未经官方容许模仿国家流通货币的款式铸造货币。

16. 伪写印罪　即伪造官方印章。《法律答问》P176。只要是伪造了官方印章即予论罪。而是否用伪造的印章实施犯罪，则另当别论。

17. 诽谤罪　投书，即投匿名诽谤信。发现匿名信而没有抓住投书人的，不得拆开阅读，要立即烧毁；抓住投书人的，信不能烧毁，作为对投书人审判定罪时的依据。抓住投书人的，政府将赠送男女奴隶各一人作为奖励。《法律答问》P174。诽谤罪有时也会扩大化使用，"秦二世大杀宗室，……宗室振恐，群臣谏者以为诽谤。"《二十五史·史记·卷六·秦始皇纪》P32。

2. 法律得到普及是广泛公开传播的结果

"商君之法，舍人无验者，坐之。"《史记·卷六十八·商君传》P2236。人民通过法律这个载体，清楚自己应该做什么，不做什么。

3. 精准量化原则

"抉籥，赎黥。可谓抉籥？抉籥者已抉启之乃为抉？且未启者亦为抉？抉之弗能启即去，一日而得，论皆殴？抉之且欲有盗，弗能启即去，若未启而得，当赎黥。抉之非欲盗殴，已启乃为抉，未启当赀二甲。"这段文字可以说是秦律量化的一个典型，撬门锁是一类罪。是已经打开门锁称为撬？还是没有打开就自行离开，当天即被拿获，也称撬？官方给出的法律解释是：撬门锁目的是为盗窃的；撬门锁没能打开；还是在撬之时即被擒获，三种情况都是同样的罪，撬门锁的目的不是为了盗窃的，已经打开才算是撬。没有撬开罚二甲。《法律答问》P164。

国家仓库门缝过大，可以容下手指及粗细类似的工具以致易于为人撬开仓门；门窗不紧密，所贮谷物可以从仓中泄露出来的，罚一甲。空仓中的草垫下遗留有粮食一石以上，贯例是罚粮仓主管一甲，监管的令史则处罚一盾。仓库里有两个鼠洞将会受到警告，有三个鼠洞以上罚一盾，如果是体形比较小的鼹鼠洞，规定三个鼹鼠洞当一个鼠洞。《睡虎地秦墓竹简·法律答问》P217。

秦律细节清晰、精细，人们对自己的行为会产生何种法律后果一般情况下会知道得很清楚，即使是作为囚犯，他们也可以有明确主张自己权利的机会，例如，秦代囚犯早晚各有一餐食物。《睡虎地秦墓竹简·秦律十八种·仓律》P53。如有一次缺少，相关官员就要考虑自己何时会被问责。

4. 罪罚相等原则

"夏侯婴，沛人也，为沛厩司御，……婴已而补试县吏，与高祖相爱。高祖戏而伤婴，人有告高祖，高祖时为亭长，重坐伤人，告故不伤婴，婴证之。移狱覆，婴坐高祖系岁馀，掠笞数百，终脱高祖。"《前汉书·卷四十一·夏侯婴婴传》。秦国时的法律有覆讯程序，需要审核证言证词证据，刘邦和夏侯婴在游戏中前者将后者误伤，被人所告，两个朋友一致对伤害与被伤害之事予以否认，秦在职官员伤人会遭到重判，高祖是误伤，作为他的好友夏侯婴也极力帮助其脱罪，虽然初审蒙哄过关，进入覆讯程序时夏侯婴被发现了纰漏，至少审理者对其证言证据有疑问，居然将夏侯婴在关押牢狱中一年有余，尽管受到严刑拷打，夏侯婴仍坚持初衷，最后高祖还是免于被处以刑罚。审判者为了还原事情真相，让罪行受到合法的处罚，做了例行的工作，显示秦国有一个真实存在的相关制度规范办案人员。但是这种良制在秦后期遭到破坏，李斯父子遇到赵高设置的法庭，虽然管辖地是在秦国，却不具有秦国法庭最主要的特性。

丈夫盗窃一千钱，在其妻处藏匿了三百钱，应该如何处罚这位妻子？法律解释给出的答案是：如果妻子知道丈夫给她的钱是盗窃来的，而又藏匿这些钱，可判处这位妻子盗窃三百钱的处罚；如果她并不知道钱的来源，就应该作为收藏。《法律答问》P157。

里门因为某甲失火而被烧毁，要罚甲缴纳一面盾牌，如果失火引起城门被烧，就应该罚一副铠甲。《法律答问》P219。

不是所有的罪罚都看起来一直完全恰当：受命捉拿应判处轻罪的犯人时，故意用兵器将其刺中，产生两种效果时有两种处理，1. 刺中要害令疑犯死亡的，判处完为城旦；刺伤疑犯的，判处耐为隶臣。《法律答问》P205。这与当时对不同的罪不同的身份有独立评估标准有关。怎样的罪处以怎样的罚，当时人有当时人的对等恰当尺度，与现代人观感不同。

5. 严刑可致伦理高尚

在秦始皇心中，他的国家法律严明公正不单纯是因为严刑，而且高尚伦理精神追求得，在法律审判与执行中贯彻始终，秦始皇二十八年（前219年），始皇帝在梁父祭祀，立石刻碑，石碑大意是："国家制定了昌明法规……一切皆有法规。……贵贱等级分明，男女依礼行事。人人谨遵职守。"建造琅琊台，刻石立碑"法度端正公平……重农抑制工商，百姓因此富足。"二十九在芝罘山刻石立碑"大圣始创治道，建立确定法度，彰明大纲大纪，对外教化诸侯，……六国回避教化，皇帝为了众生遂发讨师，奋扬武德。义诛信义，拯救黔首，周定四极，普施明法，经纬天下，永为仪则。东观刻石的碑文是：开拓一统天下，根除灾难祸害永远停息战乱。三十七年（前210年）十一月在会稽山，祭祀大禹，刻石立碑"秦圣君临天下，始定刑名法度，光扬旧有规章。"这是指秦始皇前的事迹。有子而改嫁被视为叛夫不贞，子女可以因此不认自己的母亲。男女贞洁诚信，丈夫淫于他室，可以杀之无过。人们乐于守法，天下永保太平。

梁父、芝罘山、会稽山三处刻石，对法理、法规和礼仪的定义理论上基本正确。

秦国有上述五个特性，就是一个值得尊敬的法制，很多现代国家在法律实践中都无法达到秦国法律实践中的层次，理论上的客观性和专业性均值得赞美，不过稍不留神，就被秦律拿问，刑网明暗交错，无处不在，是希望人人高尚，洁身自好，还是对人性毫无把握？国家在此已尽告知义务，这既像是国法的优点，又像是缺陷。

三、相对完备的秦律

1. 法律类型

秦简和商鞅的法治思想与实践是秦律的主要组成部分，根据其基本内容，大致可分为实体法和程序法,实体法包括:1. 田律。2. 环境保护法。3. 金布律。4. 市场交易法。5. 刑法。6. 民法。7. 婚姻法。8. 组织人事法。9. 行政法。程序法主要指刑事诉讼法和民事诉讼法,但两者并无明显的差异。在秦律中,上述这些以律、法律答问、封诊式(即式)、廷行事(即例)出现。秦国法律一方面以成文法为本位,所有判决一般只对个案有意义,并不具有普遍的约束力,另一方面它记载大量判例,这些判例由于有专业和权威人士给出的意见,政府的认可,因此具有与法律同等的效力。但在实际操作中,成文法与判例并不总是判决的最终依据。

2. 秦律中实体法分类

1) 田律。政府要求管理农业的官员详细掌握下列情况:1. 农田降雨量。分为两种,一是庄稼生长后的降雨量;二是及时雨的降雨量,要求查明受益的田地顷数。2. 已开垦而没有耕种的田地顷数。3. 庄稼抽穗时的田地顷数。4. 因旱灾、暴风雨、涝灾、蝗灾等自然灾害造成的庄稼损失,准确受灾面积。上述情况都要求形成书面报告,由县收集,在每年农历八月底以前专人送交上级主管部门。

规定每亩田用种子的数量:稻、麻、每亩用二又三分之二斗(所谓二斗又大半斗);谷子、麦子每亩用一斗,黍、荅(即小豆)亩大半斗,菽亩半斗。利田畴,其有不仅此数者,可也。容许农民根据实际情况间种。《秦律十八种·仓律》P43。当时农作物品种按黄、白、青分成三大类,粮食作物以稻、黍、菽、麦、粟为主,经济作物以麻、大豆为主。但这不是所有人都能享用的。就谷子而言,一石六斗又五分之三斗,舂成粝米(即糙米)可得一石;糙米一石舂成(凿)即精米九斗;凿米九斗舂成毇米八斗。《秦律十八种·仓律》P44。稻谷二十斗,舂成米十斗;十斗粲,舂毇米六又三分之二斗。麦十斗,出𪍿,即麦核屑)麦三斗,大豆、小豆麻衣十五斗为一石,领取毇、粺的,一十斗折算为一石。《秦律十八种·仓律》P45。不更、御史的属下,宦官公干可以吃到粺米,即加工最精的米,上造以下爵位及出公差者的随从则只能吃到粝米,也就是糙米。这些米内可能还混有米糠、谷壳、沙石。《秦律十八种·传食律》P102。这还算好,到一定时候,吃粮也会变成为奢望。

粮食供给不足一方面是减产所致,另一方面是大型工程集中大量人口导致当地粮食供给紧张,秦二世二年四月,因为重新营建阿房宫,大量建筑者与士兵集中在咸阳"……当食者多,用不足,下调郡县转输菽、粟、刍藁,皆令自赍粮食,咸阳三百里内不得食其谷。"《史记·卷六·秦始皇本纪第六》P269。这批粮食专供,以咸阳为中心半径三百里以内地区不能擅自调用这些粮食。

由于经常性地担心粮食不足,因此在广大农村,国家禁止农民用粮食酿造酒出卖,违者将受到刑事处罚。《秦律十八种·厩苑律》P30。酿酒后自己饮用似乎没做限制。国家可以酿酒,并会以此作为奖品赏赐评比中名次最优的人员。例如,在正月大课为最的田啬夫,最多可获酒一壶,干肉十条的奖励。《秦律十八种·厩苑律》P32。

2)环境法。周的环境保护法着重点在于保证草木与野生动物的正常生长,确保采集和狩猎的总量达到一定标准。在每年二月到夏季之间,严禁砍伐树木,不准堵塞水道,不准烧草作肥料,不准设置机关陷阱捕捉幼兽、幼鸟,拾取鸟蛋,严禁毒杀鱼鳖。在幼兽繁殖期间,普通人的狗进入禁苑没有追杀兽禽的,不准伤害狗,但狗如果追逐兽禽,则狗必被杀掉。从二月到七月之后,才解除禁令。只与当有人死亡时,他的家属因为安葬的需要而伐木,才不受季节的限制。《秦律十八种·田律》P27。

3)金布律。金、布都是秦时的通用货币,金或者说即半两钱,布则指是布帛。布的长度要求达到八尺,幅宽达到二尺五寸。这时国家制定的尺度,如果达不到这个尺度,或者布的质量不佳,则不准流通。十一钱当作一布。官府收入的钱币,以一千钱装为一畚。钱质好的与差的装在一起,百姓在使用钱币时,质量好的与质量差的混合使用,不准有所选择。对国家作为法定货币的钱和布,在全国各地通用,法律禁止对两种通货有任何拒收现象。以行政强制的方式保持流通货币的信誉和币值稳定。

4)人口管理法

它有三个主要原则:

(1)官方统一制定身份确认标准

官方统一登记人口数据,秦始皇十六年(前231年)初令男子书年。《史记·卷六·秦始皇本纪第六》P232。其实在比这很早以前,人口数据都有官方统计,它是赋税、兵役、赏罚等中所必须。秦对其有效管辖区的人口实行户籍管理,官方随机更新数据,为政治决策提供权威、准确的相关信息。官吏错算人口一户或牛马一头为大误,两户或两头畜牲以上罚一甲。《睡虎地秦墓竹简·效律》P125。

(2)资产、职业是确定身份的基本因素

魏律规定假门、逆旅、赘胥、后父这四种人一不予立户;二不分给田地住宅;三不准当担任公职人员。其子、孙都未继续上述四种身份的其曾孙才可以作官。

但要在其档案上标明,其曾祖父是上述四种卑贱人之一。《为吏之道》P294。与此雷同的规定不见于现有的秦法文献资料,秦对这几种人与其他身份的人区别开来,作为卑贱人的一种加以限制,但这种限制往往针对的是他们中的中下层。"吕不韦者,阳翟大贾人也。往来贩贱卖贵,家累千金,……庄襄王原年以吕不韦为丞相,封文信侯,食河南洛阳十万户……太子政立为王尊吕不韦为相国,号称仲父。《史记·卷八十五·吕不韦列传第二十五》P2505。

(3)奴隶制度合法

奴隶的准确称呼是隶臣(男性)、隶妾(女性)。隶臣妾是对他们的统称。奴隶的种族或有不同,但在这个国家内奴隶是最卑贱的身份,来源主要有四:(1)战争中捕获的俘虏,自然转化为奴。(2),投降的人"寇降,降为隶臣。"《睡虎地秦墓竹简·秦律杂抄》P146。投降的敌人,只能给予隶臣身份。他们可能是国内敌人,也可能外来的异族。(3)罪犯以及罪犯家属罪被罚为奴。(4)父亲为奴的子女也是奴。《法律答问》P225。异族奴隶主要来源是战争,另一可推测的来源是人口贩卖。

(4)规定的社会地位

1)未到役使年龄的隶妾由公家供养,而不是由自己父母。《秦律十八种·仓律》P48 成年登记后仍由公家发给口粮。《秦律十八种·仓律》P50。私家奴婢殴打自己的子女致其伤重而死的父母应处以在面上刺墨处罚。奴婢与其子女都有受伤,双方都要受到处罚。《法律答问》P183。

2)隶臣妾的劳作、人身自由被官府以及他们的私人拥有者支配。隶臣妾工匠只能从事自己的专长,不准安排作杂务。《秦律十八种·均工》P76。女性工匠还不准亲友赎回。二个壮年可以赎一个壮年隶臣;免老隶臣或未成年隶臣妾可用一个壮年来换。来赎人的必须是男性。他本人从此后就自动成为隶臣。无须令行确认。《秦律十八种·仓律》P54。另一种办法前已提到,清白的人愿以戍边五年赎自己的为隶妾的母亲或亲姐妹为庶人的,可获批准。《秦律十八种·司空》P91。这段时间不计入他本人应戍边的时间内,而且他的自由人身份五年后可以恢复。

3)原籍在边远县的被赎后要将户籍迁回原县。《秦律十八种·仓律》P54。

4)隶臣妾损失官有财产无法赔偿的,令居作。《《秦律十八种·金布律》P60。即以劳役抵偿。

5)臣妾告主。《法律答问》P196。臣强与主奸《法律答问》P183。都是从属关系。前者只有公室告的范围内才予以受理,后者与殴打主人同样处理。

6) 有罪耐为司寇的人又以耐隶臣的罪诬告人,要耐为隶臣。那耐为隶臣的人以司寇诬人,当耐为隶臣;又拘禁为城旦六年。《法律答问》P202。由于秦律经过漫长的发展时间隶臣妾由奴婢的专有名词发生了转化。到汉朝已成为一年有期徒刑的特称。在秦是也可能被这样用过,但不是那么确定。另外称为"人貉"的异族奴隶都是世代相传的世袭奴隶,他们只有两个选择,顺从自己的私人主子或者官方的奴役。人貉有一个特权,他们可以向主人缴纳粮食来代替向主人服劳役。《法律答问》P235。爵位在大夫以上的官吏也不编入什伍。除此之外所有人都按居住地编伍。所谓编伍,即以五人为伍,二伍为什。如果一人有罪,其余四人都将负连带责任。但在官府任职的官吏,不因同伍的人有罪而受牵连。而爵位较高的如大夫由于不与普通人合编进伍,不会受比自己职位低级的人低级行为影响。《法律答问》P217。但他们仍有生命危险,吕不韦案中的主要人物之一嫪毐被处死后,迁连大量的官吏,有些人虽因高官享有特权未编入什伍,但逃不脱族的羁绊,被夷三族。李斯被举报有谋反倾向"于是二世乃使高案丞相狱,治罪责斯与子由谋反状。皆收。捕宗族宾客。"《史记·卷八十七·李斯列传第二十七》P2639。国家热情鼓励同伍的人相互举报,但所报与实际不符,将以所报的罪名处罚举报者。"伍人又曰四邻",如果有入甲室抢劫,将甲杀伤,甲大呼有贼,其四邻、里典、伍老都外出而不在家,没有听到家呼救,如果同伍的人的确不在家,而不是听到呼救因害怕伤害而不敢出来援之以手,那他们将不会受到惩罚,但里典、伍老虽确不在家,也应受处罚。《法律答问》P194。这是因为他们是里、伍的负责人,有疏于管理的过失。编伍的稳定性取决于严格户籍管理和连坐制度。无论男女,出生时由官方登记造册,死后除去名籍。国家禁止自由迁徙,对容许游士居住的所在县罚一甲;有游士居住满一年者加以"诛责"。有帮助秦人出境。或脱离政府户籍的,上造以上官员处以鬼薪刑,公士以下处城旦刑。《秦律杂抄》P130。秦法规定属于秦管辖的少数民族人口如父母都是少数民族,以及出生地在他国的称为"真";如父为臣属于秦的其他种族,母为秦人,即有二分之一秦人血统的人,称为夏子。属于秦管辖的少数民族人口,如有因对其酋长、首领不满而想离开秦国境的,不会得到秦主管部门的批准。《法律答问》P227。隐匿敖童,即十五岁以上,而未到十七岁者。《睡虎地秦墓竹简·秦律杂抄》P143。对残废人的上报有差错的里典、伍老处赎耐。百姓不应免老,即无爵位者达到六十岁的法定年龄免除自身赋役或应免老而不加以申报,有欺骗国家行为的,处罚二甲。其所属里典、伍老不加告发的各罚一甲,同伍的人,每家罚一盾,并处流放。《秦律杂抄》P144。在军中,什伍组织也是军队的基本编制,一个义务兵有谎报战功、临阵裹足不前的行为除本人会受到耐刑外,与他编制越近的人惩罚越重,如屯长、同什的人知情不报罚一甲,同伍的人则罚二甲。人死于国事,其子可获爵位,但此人如实际未死,则要夺其子爵位,惩罚这个从战场活着回来的人,使之沦为奴隶,并惩罚同伍的人。《秦律杂抄》P146。犯有盗窃以及类似的罪行的人,其同居要连坐。同居有至少两种比较明确的意思:一,同户为同居。《法律答问》P160。二,指一户中同母的人。三是有疑问的解释,指父母、妻子外,兄弟及兄弟之子等于同事生产、居住者。《秦律十八种·金布律》P63。此外另有室人一词。"室人"有更大的范围,指一家人,有密切血缘关系或许部分并不同居的人。《法律答问》P238。除同伍、同居之外,第三类导致株连的社会关系存在于主仆之间。最深层的株连存在于夫妻之间,丈夫有罪,必然会牵连到妻子。但国家指出,如果丈夫有罪,妻最先告发,则会免除株连,其妻陪嫁的奴婢日用品均会受到国家的保护。《法律答问》P224。但犯流放罪的人,尽管其妻事先自首,仍应随犯夫前往流放地,《法律答问》P178。某人犯罪,当流放,判决已下,但罪犯还没来得及动身就死亡,"其所包当诣迁所。"即依法本应随同流放的家属仍要前往事先指定的流放地。《法律答问》P177。只有一个例外,如果被判流放的罪犯是个作恶多端的啬夫,他的妻子可以不随其前往流放地。《法律答问》P178。令人颇感意外的是,如果奴隶犯罪,主人与之连坐,可能是以此惩罚主人管束不力;主人犯罪,奴隶则不连坐。《法律答问》P160。这可能出于两种考虑:1. 奴隶对主人行为毫无支配权。2. 奴隶不能与主人同样享人的待遇,即使是受司法审判的权力。设想是否会出现这种情况,主人刻薄迫使怨气冲天的奴隶不顾一切犯罪导致主人连坐以报复主人。这种情况是完全可能出现的。那些主人也是罪有应得。但也可能有奴隶过失或纯粹出于个人原因蓄意犯罪,导致清白无辜的主人受牵连。司法人员在实际操作中可能会根据实际情况对无辜的主人给予适当的保护、减免。如果考虑到国家公职人员在公务时间内也不受同伍犯罪的影响而连坐,《法律答问》P217,那么真正受连坐威胁的人主要是平民。他们为国家生产主要的消费品,提供大绝大多数的税收,往往是军队里的中坚力量,但由于国家对他们依赖最大而被实行最严格的管理。秦国家通过上述血缘的同居、室人;地缘的什伍编制,最后什伍连坐的思想与精神蔓延或渗透到甚至人类层次上。法律规定,陌生人在一定条件下也将自动形成一种责任关系:如果见到有人在大道上杀伤人,只要旁观者在百步之内,如没有参加救援,将会被官府罚两副甲胄。《法律答问》P194。整体来看,一个试图对暴力案件袖手旁观的人,尽管他个人可能会心安理得;公众也一时无法予以谴责,政府制度却不会饶恕他。这是最不知疲倦的监督。整体形成从民间到军中密不透风的行政与军事管理组织体系,以严厉而又有点费解的方式,来保证国家和地方的治安以及军队的战斗力,尽管会伤及无辜,令受制者苦不堪言,但政府迷恋它行之有效的威力。结果是,只要将那些无辜者视作战争中的损失,执行时往往就不会有太大的痛苦和内疚。在服从有弊病的制度与命运同时,秦有一些保护处于弟子、属员、辖区人口这样一些具有从属关系身份者利益的制度。同居者,不能同时被征戍边。当地官员如不按戍律操作而出现这种情况,将会受到罚二甲的处罚。《秦律杂抄》P148。对于违反除弟子律的行为包括;无充分理由将弟子从专门的弟子簿籍上除名,或者任用不当,均耐为候;役使弟子严重超过法度,和有鞭笞体罚现象的师长,要被罚一甲,打破皮肤的将被罚二甲。《秦律杂抄》P130。对待一些比较特殊的情况,如一个工匠盗出工场内的东西,被发现后,按一人有罪,集体受罚的原则,本该牵涉盗一些无辜的人,了解本国法规的人除了怪自己运气不好,对此不会又任何怨言。盗窃犯则是例外。对盗窃罪犯周围的人,秦政府显得格外谨慎。因为盗窃本是极为隐蔽的行为,忙于工作的伙伴难以发现身边正在或已经发生的事。政府也谅解这一点。工盗以出,……其曹人当笞不当? 不当笞。《法律答问》P156。真正行成制度性保护,存在于平等关系的自由民之间的规则极具象征性:"甲诬乙通一钱黥城旦罪,问甲同居、典、老当论不当? 不当。"《法律答问》P230。甲因诬告乙行贿而被判有罪,他的家人以及当地里典、伍老不受牵连。立法者在此有点举棋不定,株连政策更具威慑力,可是个人意义在这种重压下又何在? 令人心生疑虑。事关多数的惩罚更有效,但往往使事情变得更复杂。不难看出,在考虑株连时,罪犯以怎样的方式实施犯罪,罪行种类和程度均为是否引起株连的重要依据。身份在涉及株连关系时基本被混淆了。

秦国社会结构部分是意识决定的等级,即一些身份低贱的人群只是因为当时人为的规定才被划入低等级人群,或者是君王一时的风向所至,商鞅得到秦孝公批准后颁布的法令中将工商之人中经营情况最差的那一批"举以为收孥"。《史记·卷六十八·商君列传》P2230。纠举查实后他们的妻子将被没为官奴婢,最为极端的身份变位典型当属白起,他遭受免官惩罚,曾从集群的军事长官免为卒。"免武安君为士伍,迁之阴密。"《史记·卷七十三·白起王翦列传》P2337。更大的一部分来源是出于寻求最廉价劳动力的永恒人性。人总是喜欢少付报酬或者不付报酬来得到自己想要的东西,它是市场由来的重大因素。

5. 公共财产法

1) 公共财物与私人概念的明确性

《效律》中诸多规定以公共财产为主要对象。类似规定虽然还有散见于不同种类的秦法之中，但主旨明确、一致，即竭力保护公共财产合理利用。其深入细致与不厌其烦的成文法让人印象深刻：例如：饲养官方耕牛的人，牛的腰围每瘦一寸，要鞭笞主事者十下。秦一尺合今 0.23 米。这种细微的区别除了精心到吹毛求疵的专业主管人员，一般很难看出来。受当时衡器制造技术限制，称量成年活牛体重显然令人束手无策。所以丈量不失为一种可行的变通手段。《秦律十八种·厩苑律》P30。……有十头牛以上的，一年间死了三分之一的；不满十头牛的，以及领用牛的一年间死了三头以上，主管牛的吏、饲牛的徒和令、丞都有罪。《厩苑律》P35。育龄母牛十头如有六头不产牛犊，罚主管啬夫、佐各一盾，育龄母羊十头，其中四头不产羊羔，罚啬夫、佐各一盾。《秦律杂抄》P145。

《效律》中规定：1. 主管官吏因各种原因去职时，应该与新上任者共同核验官府财产的库存，经核验过的物质在前任已离任之后再发现不足数的情况，由继任者和留任的其他官员共同负担罪责；前任的吏未参加核验而继任者任职未满一年，由前任与留任的官员承担罪责，继任者无责任；如到任已满一年，其前任虽未核验，也由继任者核留任者负责，而前任无须负责。P96 如经核查有多出应有数的，则应交官。《秦律十八种·置吏律》P99。

2. 由官府里的啬夫等具体负责的粮仓，发生因漏雨和通风不良等原因而引起的霉烂变质现象，如果损坏不满百石，啬夫将受到口头警告，一百石以上一千石以下，罚啬夫一甲；超过一千石以上，罚官府啬夫两甲，此外还要估算完全不能食用的粮食数量，由啬夫及群吏共同赔偿损失。清点物质的数目超出和不足的情况，价值在一百一十到二百二十钱的对该官府的啬夫提出严重警告；超过二百二十钱到一千一百钱的，罚啬夫盾牌一面；超过一千一百钱到二百二十钱的罚啬夫一副甲胄；超过二千二百钱以上罚二副甲胄。《睡虎地秦墓竹简·效律》P116。另一种计算方式分两个档次：库存物质出现不足在额定数量的十分之一而不满五分之一，价值超过二百二十钱到一千一百钱的，对主管啬夫给予严重警告，一千一百钱到二千二百钱，罚啬夫一面盾牌，超过程二千二百钱以上，罚啬夫一副甲胄，不足数在百分之一以上不到十分之一，价值在一千一百钱到二千二百钱之间，对啬夫严重警告，超过二千二百钱以上，罚啬夫一面盾牌。这种划分是讲求实际而且合理的，它提出了一个数目总量，当数目总量越大，数字出现误差的可能性就越大，对一定量的物质超过一定比率的损失才会受到处罚，但总量不同的前题下，相同的损失所受到的处罚也不会相同。甲乙两个啬夫，甲管理一大仓，乙管理一小仓，假设他们均出现同样的差额，乙啬夫受到的处罚会重些。《睡虎地秦墓竹简·效律》P117。法律上官方容许有微量的误差,这是因为充分考虑到这种误差既可能由人的疏忽而引起,也可由衡器的精度不够而产生。

3. 对官府仓库里的公共财物额定数量与实际数量有出入、多出或不足而又隐蔽不上报的行为;移花接木,拆东墙补西墙的行为,一经发现,均以盗窃罪论处。大啬夫、丞知情而姑息,按犯盗窃罪处理,并处与仓库管理人员共同赔偿损失。国家制定专门的国有财产赔偿法《赍律》规定了国家对各种器物的指定价格,赔偿以此为标准。如《赍律》没有规定的则另行估价。国有资产出现超出或差额的情况被审核确实之后,如果有数种物质,则应一一估价,对具体责任人按价值最高的一种物质定罪,而不是以几种物质价值累计加在一起论罪。多余的财物上缴。统计人口中出现一户的差错与牛马数有一头误差都属于大误,会被罚一甲,两户或两头的误差则会罚一盾,若是自查发现问题,减罪一等。《睡虎地秦墓竹简·效律》P126。值得注意的是,如果公职人员有意识地虚报民田的数目,譬如某民户有田十亩,实际按十亩收取田赋,而主管人员只上报八亩,这种情况下主管人员将会被以匿田罪论处,如果实有十亩而只收取八亩的田赋,则不属于匿田罪。《睡虎地秦墓竹简·法律答问》P218。过失错漏与有意错漏数量的处罚标准区别何在,未见记载。但其习惯法规定,一个人因弄虚作假而达到罚盾程度后,除了经济惩罚,随即也将永远被排除在公职人员系列之外。《睡虎地秦墓竹简·法律答问》P176。

4. 官有财物应予以统一标示,如发现某官府器物有未标示者,则对该官府啬夫处罚一盾。

5.《传食律》规定了国家大小官员因公出差的生活标准。以不更为例:每餐粺米一斗,酱半升,并可领到刍、稿各半石。宦者与不更待遇相同。这里有不合理之处,口粮的配给是以等级而非实际需要得定,比如出差官员的随从每餐配给粝米即粗粮半斗,驾车的仆,粗粮三分之一斗。《秦律十八种·传食律》P102。主仆食物的质量有区别无可非议,但份量事先定好则难以理解,任何时候也不会出现官职高的必定食量大,职位低的肯定食量小这种绝对化的情况,这势必造成一部分人保持经常性的浪费,另一部分人则持续地处于半饥饿状态。与这种为求等级区别而人为地制造数字上的差异相比,对驿马的使用、给养规定精确到了繁琐的地步。力求做到一匹马也不能挨饿,起程时喂马一次,回程再喂一次,每天至少要喂饱一次。而且八匹马要一起喂,如果马一次跑的路远,还得加喂一次。这种灵活性在对人的配给管理上没有得到体现。实际上,可能是社会地位低微者被等级制度和当时马匹的贵重性挡住了制法者们的视线。

一个明文记载而意义上比较含糊的规定中提及：为朝廷办事的宦者、都官吏、都官人等到县级官府，当地应垫发他们工作日的口粮，并通知他们原来领取俸禄所在地，扣除他们在外出差这段时间内异地已领取的口粮，以避免他们领取双份口粮。各县领取口粮的人数每年都须由同级政府呈报上级加以审核。《秦律十八种·仓律》P43。一个人是否在册，不是随意可以增减的。在核实了他们的真实身份后，如果他们既在原工作地领取了口粮，而出差所在地又发给一份，那么原工作地应以文字通知出差地政府，要求出差人员赔偿多领取的部分。出差地垫支的口粮如何回收没有看到相关规定。不管份额大还是小，原工作地要以实物弥补出差地的支出，这就令支出者难以实现百分之百的回收，如果数目小，易于被债务人有意无意地忽视；如果路途遥远且数目大，则需另加一笔可观运费。还要考虑因天气变化、旅途安全可能会带来的损失，但这仍是值得的。因为这项规定至少客观上一定程度内可以防止地方机构为取悦客人和出差者利用受中央政府派遣这一特殊身份肆意消费，由于他们的支出数目分别受到两个地方的监督并存在利害关系，除非恶意串通，这种可能性也很大。一般情形下应该是行之有效的。值得注意的是：在一个政治关系复杂的社会形态中，上述规定也不是孤立的。规定中可以看到，对于到军队这样独立核算的单位和具有从属关系的县级地方公干的官人，则一律自带口粮，不得以任何形式从它处获取。按月领取口粮者，当月粮食已领而公派出差在旅途中的消费由国家设立的驿站免费提供。所有出差人员，以及休假而在月底未回来报到者，下一月的口粮将会被停发。至到他们重新回来上班再行发给。有秩的人员则不受这一规定的约束。顺便提一句，秦国家在职公职人员假期是带薪的。《秦律十八种·仓律》P46。

6. 赋役与人身保护法

两者存在密切关系，秦法不孤立讨论其中任何一个问题。

1）成年人将服兵役和徭役并将缴纳各种税，

赋税中的主席内容是田赋。《法律答问》P218。徭役是从事大型国家建设，如道路、桥梁、栈道、转运等，适龄青年得知被征时逃亡，称为逋事；已经参加检阅、领取口粮，并已随车到达指定地点后再伺机逃亡的称为乏徭。《法律答问》P222。对于接到应征通知而不来报到者，当事人被官府逮着后，将会有五十下鞭笞等着他。在一年之内任何时候被抓住，鞭笞就随时生效，而且要加多数目。《法律答问》P220。国家对成年应服役者实施严格管理，防止匿户和敖童弗傅（参见《秦律杂抄》P143）的情况出现。这往往是屡禁不止的。这种状况的出现原因是多方面的：1. 徭役过重、过频，国家未能严格遵循与人民的约定，擅自、任意加重徭役。使人民不堪忍受,只有设法逃避。2.不良的官吏通过牺牲国家利益来谋取个人的好处。他们私自减免人民的徭役从而不当得利。3.狡黠之民在年龄、人口上欺骗政府,一心逃避国民应尽的义务。4 国家管理不善,户籍漏洞百出,实际上规避徭役者可能事先并未得到任何通知。

秦法规定男性身高不满六尺五寸,女性身高不满六尺二寸,皆为小。《秦律十八种·仓律》P49。成年岁数定在十七岁。如果某自由民甲身高不满六尺,(还属小,即未成年。)自己牧马,马被人所惊,跑到别人的田地里吃了庄稼一石,引起诉讼,秦法规定,这种情况下某甲无罪也无需赔偿损失。《法律答问》P218。但社会地位分多种层次,奴隶身份不会有助于身体迅速长高,但他们的工作年龄则大为提前,尽管男六尺五寸以下,女六尺二寸以下,皆为小,但一旦他们身高达到五尺二寸,都强制从事劳动。从事农业劳动有别于其他工种,成年男性奴隶最高每月可领取二石半口粮,如从事土建及其他劳作,则男奴二石,女奴一石半。未成年男奴参加劳作的会得到一石半,女奴则少两斗半,因故不能劳动的未成年男女奴每月发给粮食一石,失去母亲的婴儿每月有半石口粮配发,有母亲而随母在官府服劳役的,每月也单独配发半石口粮。未成年男女奴在每年八月通过甄别,达到"傅"的年龄者将重新登记,确认其已成年,此后他们政治、生活中的最大变化是提高口粮和增加劳动量。国家对未满七岁的国有奴隶提供衣食,或者说身高在五尺二寸以下,一般不让其从事体力劳动,但不反对自由民借用女奴。只要借用者为其提供衣食住宿,这个女奴的归属就会变得十分微妙。理论上她仍属于国有,但她的实际生活和劳动与私人借用者保持更密切的关系。随着年龄的增长她将日夜为其所有人操劳,官府则不再役使她。《秦律十八种·仓律》P48。这还不是真正由奴隶转变为自由人,国家给予真正转变的机会,制定了下列规则:如果自愿退还两级爵位,可用于赎免身份为隶臣妾的亲生父母中的任何一人;隶臣由于一定的战功而被授予公士爵既可以自己本身由此成为自由人,也可以退还公士之爵,可用于赎免现为女奴的妻一人。作工匠活的男奴如战斗中斩获敌人首级,或者有人以斩获的敌人首级来赎免他,应免除他的奴隶身份,但仍要从事原来的工匠职业。受过肉刑身体有残缺的男性工匠奴隶,获赎救成为自由人后,要在比较封闭、僻静的场地从事其熟练工作。《秦律十八种·军爵律》P92。普通人的母亲与同胞姐妹为女奴的,本人未犯流放罪而自愿戍边五年,这段时间不计算他应服军戍的时间内,以此为条件可换取女奴一人成为自由民。本人犯有流放罪的,可以赎金折缴刑期,规定每日缴纳八钱。《秦律十八种·司空》P91。如果被处一人流放一年,一年以三百六十五天计算,那么缴

2920 钱这样一笔巨款之后,是否就立即有资格以自愿戍边五年的方式换取家人的自由没有例证。2920 钱的概念如下：官吏计算财物超过 2200 钱,错算人口两户或牛马两头以上罚一甲,错算人口一户或牛马一头以上属于大误。《睡虎地秦墓竹简·效律》P126。与《法律答问》联系起来看,误差在人口一户、牛马一头、钱六百六十钱以上为大误,其余为小误。《法律答问》P242。

秦代对囚犯也有相应的保护条款,规定为囚犯提供一日二餐食物。《睡虎地秦墓竹简·秦律十八种·仓律》P53。

2）私人财物概念

对于所有权的取得,《秦律十八种·田律》规定取得法律允许的时段、空间内砍伐、渔猎、开垦等都是合法取得。《田律》P27。继承、赏赐(《厩苑律》P30)、合法买得之物都属于合法流转取得。

以下所列作为一个比较,或许能多少了解秦政府对公私财物的不同衡量标准：小型家畜因迷路或遭追逐,慌不择路而进入别人房屋,房屋主人以乱棍将其击毙,如果所杀的牲畜价值二百五十钱,那房主将被处罚二甲。《法律答问》P190。这种罚款大致相当于官吏在公物管理核算中出现同类价值误差的二十倍。《睡虎地秦墓竹简·效律》P125。对私有财产保护的强度高于公物,商鞅曾使分了家的父亲对能否借到儿媳家的普通农具毫无把握,因为国家在尽可能充分地保护个人财产所有权与支配权,不分亲疏。也可能是这种完全理性、被斥之为冷酷无情的思想影响被制定并残留下来的有关个人财产拥有、安全的一般措施。但不能由此赞美秦国家对私有财产的认识达到了令人激动的程度,但与这个例子并存基本相反的现象,在《法律答问》中明文规定："父盗子,不为盗。"对财产的剥削变得多样化,如果一个逃亡者被司法人员拿获,他随身携带的钱物,也多数会变成非法所得,归捕获他的司法人员所有。只有一个限制,逃亡者犯有将会被判耐罪以上的刑,而盗一百一十钱即可判耐罪。《法律答问》P166。只要达到这个条件,逃亡人保证会被司法者弄得一贫如洗。可以设想这种情况,一个人携带别人的巨款(六百六十钱以上)逃亡被捕,这笔巨款的原主不可能因逃亡者被捕获而幻想自己的钱失而复得。捕捉到犯人的司法人员可以因此而合法拥有,按秦法规定,犯数条罪以所犯罪中最重者论处。此逃亡者至少将被以盗窃罪起诉。只要核实有六百六十钱就会被处以黥为城旦。《法律答问》P166。商鞅法治建立后,个人对财产的所有权、支配权并不是很强势,但保护一直存在,法律规定,个人欠官府债的,由所居住地的县负责追缴；官府欠百姓债的,如果百姓迁居,也应由官府致函在百姓现在所居住的县,由该县偿还。《秦律十八种·金布律》P60。官方为便利个人责权人,转移债务至债券人迁居地官府,令其偿还。

个人财产权相对萎缩的重要标志是人民小到从如何乘车、穿衣不能按自己的意愿支配自己的财物,不容许庶人穿锦履,这是一种用不同色彩的丝织成,而且绣有花纹的鞋。如果仅仅是鞋帮滚边用锦织作,则不算锦履。但与制作、穿着锦履同罪。《法律答问》P220。对罪犯则一直强调统一着装,这一方面是管理上的需要,另一方面是强调它的惩罚作用,这可以认为是对两周制相关传统的继承。大到自己本身也不是作为国家财产的一部分,土地、人口、库藏通常是并列的,百分之九十九的人也往往处于身不由己的漩涡中。这倒不是法治的精神而是部分君主的偏好所致。在那些专制君主的心目中,一切形式上的财产划分都是暂时、有限制的,你可以拥有一切,但只要我愿意,就可以让你顷刻间一无所有。这可能是真正、广泛、长期用于实际操作的秦法,商鞅的法与之相比没有本质上的区别,但他更倾向于让每个人均受到约束。仅仅是这种思想就会让法变得更富有逻辑性,因此与他有关的法需要一定的承受力才有希望获得理解,它的发展倾向不是更易于个人占有,而是更明于人人的区别。但强大的专制国家也不能顶住继续贯彻这种法的心理压力,只好屈服于看来更合乎情理的解决办法。这主要是源于懒惰和贪欲,并且这两种心理是与生俱来、不可磨灭的。无度的欲望尾随着极端的残暴,它能淹没个性,泯灭人性,使文明陷于停滞。专制的政府通常认为封闭保守和愚昧无知是国家稳定的基础,推进在于形式上的混乱之中的文明每一个过程都不可以被逾越,它必定导致进步,安全。但就是不容易被理解,或者说是不愿被理解,人们在窃窃私语中流露出对它的向往,但难于公开,因为容易发现,文明是自私、贪婪的死敌。任何形式、程度的文明的发展都必将有益于现在或未来的公共福利,这也是任何狭隘的个人与政府所不愿见到的。因为他们只关心他们自己并深信要用绝大多数人的痛苦来交换。实际上,这样做他们的满足也确实来得更快、更容易。当然他们也因此为自己找到了真正而永久的敌人。

7. 婚姻法

秦国家尊重婚姻习俗,原则上实施一夫一妻制。国家主要保护合法的婚姻。有以下例为证:如果妇女甲为人之妻,离家出走,被找回或她自己返回,而她这时不满六尺高,尚未成年。如果甲的婚姻经过官府登记,甲将受法律制裁,如果未经登记,甲会被免予刑事处分。《法律答问》P222。例2 如已婚妇女乙离夫逃走,男子丙也擅自流串,乙丙二人相识后结为夫妻,生了孩子。乙女这才告诉丙自己的真实情况,丙男没有因此休弃乙,继续共同生活。如果后来两人都被捕获,男方被判处黥为城旦;女方黥为舂。《法律答问》P222。实际上这是对二人共犯重婚罪的处理。如果男方并不知情,他们所生的孩子还是应该还给男方。因为秦法规定,妻子有罪被拘留或判刑后,作为有过失的一方,妻子陪嫁过来的男、女奴隶,日常用品将留给男方。平民身份的女子嫁给奴隶身份的男性为合法夫妻。在生有子嗣后,男方逝世,其妻将其子分出,使另居一处,伪称其为自由民,这个妇女不会因此沦为奴隶而是将被处以完刑。《法律答问》P225。监管城旦的男奴,城旦脱逃,会被完为城旦,其妻、子也将会被国家卖掉。《法律答问》P201。秦法似乎容许婚前或婚外性行为。如果甲、乙两男均与女子丙有性关系,甲、乙为争夺丙女相互刺伤,丙对此情的确一无所知的话,丙就不会因乱搞男女关系的事暴露以及因此而引发的斗殴事件而受到任何处罚。《法律答问》P225。实际上也不尽然,一个暖和的日子里,一个秦国守法而又爱管闲事的居民白天发现一男一女在做那苟且偷欢的事,就将两个倒霉的人拿获,用刑具锁住,送到官府。尽管没有留下处理记录,但可想而知,两个青年忘乎所以的行为至少是不合时宜的。有密切血缘关系,如同母异父的人之间的性行为是绝对不容许的。一旦发现均会被处死。违背妇女意志或以暴力强行与妇女发生性行为的将受处罚。如果罪犯是奴隶,将视为殴打主人论处。《法律答问》P183。这是费解的,因为一个男子殴打了祖父母、曾祖父母会判黥为城旦。这很重,对于受凌辱的妇女而言,类似的惩罚简直有点轻描淡写。并没有将女受害者身体的损伤与精神打击加以强调并给予特殊的保护。秦法更倾向于以个人的组合而成的家庭从个人的作用上没有主次之分方向发展,至少没有刻意夸大性别的特殊性对家庭的作用与影响。夫妻之间,由于妻桀傲不驯,被她丈夫拳脚相加,结果耳朵被打破,四肢骨折,手指脱臼,若将此事告到官府,丈夫就会被处以耐刑。如果被打的是丈夫,也同样会将施暴的妻处耐刑。实际上,不仅在家庭之内,在家庭之外它也是普遍适用的。比如男子与男子相斗,女子与女子相殴,只要身份相等,伤害程度相近,犯故意伤害罪的就不能免受耐刑之苦。对于男女同样罪的同样处罚,并不是因为秦国家执意要在当时实现男女平等,一些歧视妇女的法令明确、公开,不加掩饰。例如,妇女不能乘坐安车,即使有资格乘坐此车的国家高级官员的配偶也不例外。但它的政府维护家庭的稳定的决心是很大的,国家保护家庭又没有神化它。它不惜以株连的政策使大量无辜的人备受艰辛,这固然与管理的落后、人性的淡薄有关,主观上也有强制从家庭到社会实现人人相互约束,从而使全体国民成为驯服、盲目忠诚的工具的强烈愿望,但在客观上这个残暴的制度一直都在高效率地维护家庭与国家的稳定。"有子而嫁,倍死不贞。防隔内外,禁止淫佚？男女洁诚,夫为寄豭？杀之无罪,男秉义程,妻为逃嫁,子不得母。"《史记·秦始皇本纪卷第六》P31。这是始皇的个人理想国家,也是最高上层制度形成的初衷。虽然事情的发展与初衷有南辕北辙的转化,但制度并不一定是一堵墙,也可以是道路。文化背景可能有些惯性,使你在错误的方向继续一段,经过明智制度的矫正,至少在结局中总可以看到个人的意义和作用。

8. 组织人事法

1. 秦国制定严格吏治原则,可分为现任国家公职人员的管理和任免制度。官吏及公职人员任免有一套比较严格的程序:

(1) 任免官府属员,在每年十二月初一起至次年三月底止。这是指例行调整和补充。如有死亡或因故空缺的,则可随时补充,不受上述时间规定的限制。

(2) 任用史、尉,必须在正式任命下达后,委派其从事相关事务,如果任命未到而先行使职权,违法论处,上级调任新地,不能带走原来的下属在新地任职。《置吏律》P95。

(3) 任废官者为吏,赀二甲。《秦律杂抄》P127。录用曾被给予撤职永不叙用处罚的人重新担任吏职者,罚二甲。

(4) 担任佐的人必须达到壮年(三十岁),不能任用无爵或刚成年(十七岁)的青年。《秦律十八种·内史杂》P106。

(5) 只有担任史之职者的儿子,才能在学室学习。而对于一个服刑的罪犯,即使他有书写能力,也不准从事史的工作。《内史杂》P107。

(6) 正式任命后才能派其就任以及行使相关职权,如有未经正式任命而令其就职或行使职权的,依法论处。啬夫调任其他官府任职,不准将原任职处的属下带到新官府任职。

(7) 啬夫如被免职,该官府二个月内仍未确定恰当的代替人选,该官府的令、丞将受法律的惩罚。《内史杂》P106。

2) 行政责任的管辖、涉及范围

秦对在职人员有严格的管理,"为吏之道"的主题是强调官吏忠诚、廉洁、公正、爱民"吏有五善:一曰忠信敬上。二曰清廉毋谤。三曰举事审当,四曰喜为善行,五曰恭敬多让。五者毕至,必有大赏。"反之,当然有可能"身及于死。"但在一般情况下,对轻微的罪过,有专门、详细的处理尺度。在秦简中的其他法律文献中多有保留。罪过被分为两大类:一是犯令,二是废令。律文规定不要做的事,做了,称为犯令;律文规定要做的事,没有做,称为废令。从判例来看,两种罪过均按"犯令"论处。如果公职人员犯令或废令罪名成立,即使他事先已免职或

调任,也应予以追究。下面是有关废令和犯令的一些处理意见及规定:

(1) 应发豆、麦,实际未发,而用发谷子来代替豆、麦者,经办人将被处罚一甲。这是因为豆、麦贱而谷子贵。对应停发部分口粮的官府在职人员,仍照常全数发放,经办人将被处以盗窃罪。脏物的数额即多发出的口粮价值。《法律答问》P217。

(2) 对于滥用权力,拒绝或借故不为申请者办理户籍登记的官吏,处罚二副甲胄。《法律答问》P214。

(3) 佐吏以上的官吏,使用官有的等交通运输工具如马匹车辆,及支使官府的低级随员用于个人私事属非法。利用上述的人力、物力为私人经商牟利的一经发现,均处以流放。《睡虎地秦墓竹简·秦律杂抄》P133。

(4) 不准派求盗之类的吏员作迎送之类的事,如上司委派他们做了追捕盗贼以外的事,上司将被罚二甲。《睡虎地秦墓竹简·秦律杂抄》P147。

(5) 公职人员丢失官方文件、符节、契券、官印、衡器的权,将会受到刑事处分。即使日后所丢失的东西失而复得,已经执行的刑事处分也不会被撤销。《睡虎地秦墓竹简·法律答问》P213。

(6) 啬府因故不在,其代理人应该是有爵的令、史一级的官员,而且要求没有在工作中出差错的记录。"毋令官佐、史守。《秦律十八种·置吏律》P95。不要让佐、史代理。

比较重的处罚出现在类似情况下:一是不作为。对朝廷的命书伪装恭敬,洗耳恭听,实际上束之高阁,不予执行的官员,耐为候;对听命书时居傲无礼,不起立的,处罚二副甲胄,撤职而且永不序用。《秦律杂抄》P129。一般来说,官吏弄虚作假,罪在罚盾以上的,执行处罚后,撤职并不许从新录用为公职人员。《法律答问》P176。可执行不许再出任公职这一附加刑的情况还有:1. 不应在军中领粮而冒领的。2. 发出的兵器质量达不到国家标准的经办的丞及该兵库的啬夫和吏除罚二甲外,还禁止重新担任公职,第一种情况与此相同。《秦律杂抄》P135。此外,有前科的史也不能再到官府任职《内史杂》P106。下列情况是一种有限制的重新任命,被处候、司寇、下吏之类徒刑的人员不准作官府的佐、史、和禁苑的宪盗。《秦律十八种·内史杂》P107。

一个郡县所任用的佐,不完全行使其职责,不论这种行为发生在本郡县还是其他郡县,都要按轻微犯令处罚。《法律答问》P212。秦对任用举荐官员责任的规定与实践中有彼此存在矛盾的文献。《史记。卷七十九·范雎列传》记载:"秦之法,任人而所任不善者,各以其罪罪之。"P2417。应侯范雎因任用郑安平代替白起进攻赵国率两万士兵降赵,这类重罪当收三族,应侯本人也"席稿请罪,"由于秦昭王的极力祖护,反而得到周到照顾。后来他举荐的河东太守王稽因"与诸侯交通,坐法诛。"虽然他没有立即受到牵连,但范相国已感到秦王的信任会出现危机,深为忧惧。后以病为口实,自请免相,以蔡泽代己,昭王顺水推舟,确认了这个任命。范雎体面地逃脱了法办。他可能是一个例外,因为在此事件中只看到秦王个人感情的作用而看不见法律的作用。如果认为上述规定基本、普遍得到了执行,是比较符合秦国政治背景的。但认为这是一个传统,具有连续性,就不是确切的说法。因为还有明文规定,如果一人曾保举他人为丞,此丞后被免职。而举荐者本人出任令职,而他曾经保举过的人犯了罪,这个令将不会因此而免职。《法律答问》P213。产生这种情况的原因可能有两种:1. 在不能确定第一种或第而二种规定谁先出现的前提下,其中一种随时间的推移发生了变化,被修改后不再应用。两者从未同时存在。2秦有两套或数套平行适用的法律,它们在不同地方和阶层平行使用。不过这种推测的可能性很小。

秦始皇不仅重视立法,也重视法律执行情况。秦始皇三十四年(前213年),贬谪那些不秉直办理讼狱的人,或前往修长城,或戍守南越地区。

2. 秦国刑种

秦国家刑法规定分为:1死刑。2宫刑。3肉刑。4流放。5徒刑。6废。7降民为奴。8没收财产。9罚金。10短期劳役(拘役)。秦法没有明确划分出主刑或附加刑的概念,但在实际操作中与绝不会令现代人感到完全陌生、无所适从。比如,一个人被判处城旦,(且勿论此人是否确实有罪)那指的是有期徒刑,如黥为城旦,则须先在面部刺字,然后在刺字的地方涂墨。最后被驱赶到需要的地方并在严密监督下做苦役。黥与城旦孰为主刑,要看一个人自己怎样理解,徒刑毕竟有年限,一旦熬过,便重获自由,刺字则永难洗涤,终生受人耻笑。不怕耻笑者,可以认城旦为主刑,不能受一天束缚者,会以城旦为主刑。要指出的是,城旦仍要受到某种意义上的肉刑,怎样实施,没有具体文字提示。它可以独立适用。黥也是如此,所谓"人奴擅杀子,城旦黥之,畀主。"(《法律答问》P183)指的按城旦的方法给予刺面。如果是判处赎耐,那么"耐"是主刑,耐指的是一种广泛意义上的肉刑,需要将判了刑的人头上的鬓须剃去,如果想保住这有关尊严和身份大事的鬓须,政府也给当事人提供了合法的途径,那就是可以让其用钱赎。金钱的多少有灵活性,因人而宜。严格意义上的主刑只有死刑,秦法中没有硬性规定主、附加刑之分,有的罪行将受到斩足而又为城旦的判决。《法律答问》P205。黥城旦、黥劓(《法律答问》P203)等都属此例。有很多情况下是多种刑合并适用的,这与现代两个或两个以上主刑不并用是有区别的。

1) 死刑的类型:

(1) 弃市,在市场人众之地处死。多半是用刀行刑,这是应用得比较多的处决方法。《法律答问》P182。

(2) 磔　将罪犯四肢分别捆绑在四辆车上,然后高速向四个方向驱使。结果犯人身体四分五裂。《法律答问》P180。另一种说法是加上头部共计为五个方向。

(3) 定杀。处定杀的人犯必须有两个先决条件:首先是犯有死罪,其次是患有麻风病,执行时将犯人强行按进水中,使其活活淹死。《法律答问》P203。

(4) 戮,先将活着的犯人实施令围观者和本人都感到耻辱的刑法,然后予以斩首。《法律答问》P173。

死刑绝不限于以上几种,如坑、攘扑等都是盛怒中的君主可能采用以及任何想象出的办法处死令人暴怒的人。

2) 宫刑或曰腐罪。这是一种破坏男女犯人生殖器正常功能的刑罚,以男性为主。刑后除非得到良好照料,否则因感染而死亡的可能性非常高。《法律答问》P200。

3) 迁刑或曰流放　将犯人押解到贫瘠、偏远的地方并在严密监督下囚禁或服劳役。犯人的家属往往必须随之同行,他们也将受到某种程度的监管。P177。流放罪最高刑期为终生流放。《睡虎地秦墓竹简·封诊式》P261。

4) 肉刑　它是对犯人身体合法伤害,包括完、髡、耐、黥、劓、刖、鞭笞等。完是剃去颊和鬓角的毛发,髡是指剃光犯人头发;耐是剃去颊须,不包括上颌、下颌上的胡须;黥是在面颊、额头上刺字并涂墨。劓是割鼻;刖是砍掉犯人的脚;鞭笞是以特制的竹板、荆条或木棍等击打犯人特定部位,以背部、臀部居多。如果以为鞭笞是肉刑中较为轻者那是误解,由于无法确定用力的轻重,如果鞭打的数目判决较多,行刑人员身体格外强壮,精神上对犯人没有好感,或者近来自己个人生活不太顺心,那中间破损或有意剖开的竹板就一定会迅速飞舞,此起彼伏,令人目不暇接。片片肌肤自然会在一片漠然的眼光中被一次又一次的夹起,拉长、破碎,犯人有时会在顷刻间血肉横飞,甚至在剧烈的痛楚中气绝而亡。即使侥幸逃过一死者也会终生难忘这不堪回首的遭遇,再也感觉不到生而为人的乐趣。这基本上也是行刑的一个目的。

5) 徒刑　指判犯人服苦役。一般是筑城,以及在道路、工场、军事防御工事劳动,如城旦;打柴,如鬼薪;碾米,如舂;也有做司寇者,他们被安排在险要关隘,侦察敌情、守卫等。《秦律十八种·司空》P88。司寇一般是二年刑,城旦最高刑期达六年。《法律答问》P202。城旦是以男性犯人为主,舂以女性犯人为主。判处徒刑多与肉刑并处,如:令下三十日不烧,黥为城旦。《史记·卷六·秦始皇纪》。耐为司寇《法律答问》P202。完为城旦(四岁刑),耐为城旦(二岁刑)等。理论上肉刑重于徒刑,例如:应处完为城旦的人,以应黥城旦的罪名诬告他人,由于是罪上加罪,诬陷者将被执行黥刑;应黥城旦的人而以应完城旦的罪名诬陷他人,诬陷者将被执行黥劓。《法律答问》P203。即面额上刺字涂墨,然后割掉鼻子。但比较起来,在服徒刑期间因恶劣的劳动环境、饮食,沉重的体力劳动而致死的应该会不在少数,肉刑的创伤如未发生严重感染,或许会免于一死,又免于牢狱。这容易被犯人视作短期内重获自由的捷径。但受肉刑并处有期徒刑或劳役者,除集中监管外,有些情绪比较稳定温顺者会安排在官署等场合服务,"而坐须贾于堂下,置莝豆其前,令两黥徒夹而马食之。"《史记·卷七十九·范雎传》P2414。可以推断,大部分囚徒过着非人的生活,有些则因个人身体条件优越或头脑比较灵活生活得比较正常。这是因为极少数人占有绝大多数财富,尽管到处充斥着只需极少报酬就愿意过量劳动的人,但这些基本不给报酬的人力资源还是最有吸引力。

6)废。即永远不录用为国家公职人员的意思。通常用做附加刑,一个人犯了罪,或徇私舞弊或盗窃公私财物等,在受到刑事处分后,有时会附加这一处罚。秦惯例显示,现任官吏弄虚作假,严重到罚盾的程度,在执行处罚的同时,还要撤职永不录用。《法律答问》P176。

7)降民为奴　对有前科或在押的人犯,有可能依法降低其社会身份。一个犯有耐为司寇罪行的人,诬告他人,以至罪名成立可令人被耐隶臣的,将判他本人耐为隶臣。当耐为隶臣的,又以司寇罪诬陷他人,本人除照样耐为隶臣外,还要"系城旦六岁",意即拘禁为城旦六年《法律答问》P202。

8)没收　没指没收动产和不动产归官方的意思。"九月,夷嫪毐三族,杀太后所生两子而迁太后于雍。诸嫪毐舍人皆没其家而迁于蜀。《史记·卷八十五·吕不韦列传》P2505。这里的没其家指没收家产而人口强制迁往偏远的蜀地。收指将犯人原本为自由人的妻、子降为奴。如某隶臣妾的有罪被处完为城旦,执行这个判决的同时,他原本为自由人的妻、子也将被收,如果其子太小,不能脱离母亲的照料,但人又肯定要卖,就不能单独只卖母亲。而要合并一起卖掉。《法律答问》P201。如果一个自由人杀人后直到凶犯自己病死后才被侦破,(提示:隶臣的妻有可能是自由人,不因为嫁给隶臣而变动身份,但其子不会因其母的关系而成为自由人。在《法律答问》P225中反映的与此相似,前文已提到:如果在其奴隶身份的丈夫死后,其自由人身份的妻将其子分出另立门户,伪称其子为自由人。秦法禁止这种行为,妻的身份虽不会降为奴,但将她处以完刑。这只有一个解释,隶臣妾是世袭奴隶,而人貉也是一种世袭奴隶,不过与隶臣妾稍有差异,他们可以向其主人缴纳一定实物代替终身劳役,否则一生将被私主或官方驱使。不论其何种归属,他们的身份是不会改变的。人貉是对外来族奴隶的特称。《法律答问》P235。

9)罚金。一种是指缴纳单纯的钱物,如盾、甲等;另一种是判实刑,但容许赎买,如判赎耐,耐刑合多少钱,容许当事者出钱而不受刑,如无钱可出,或有钱不愿出的人就不得不服刑,即被耐。又有赎鬼薪沃足。《法律答问》P200。

10)谇。"甲贼伤人,吏论以斗伤人,吏当论不当?当谇。"(《法律答问》)这是一种口头警告的专业术语。

11)短期拘役 处服劳役三十天。盗采桑叶不盈一钱,何论?赀徭三旬。《法律答问》P154。

12)时效。犯罪者已死亡后发现其罪行的,不起诉也不再受理。《法律答问》P180。

3. 立案与不受理的条件

1)不受理的条件:作案者甲已死而且埋葬,发现甲曾杀人,证据确凿。告到官府,此按将不会被受理。即告不听。《法律答问》P180。对有罪而此时已死的葆子也是如此。《法律答问》P197。

2)州(周,循环之意)告。指控告罪人,已判定所告的罪属不实,又以其他事控告同一个人,这种情况不予受理。而且要以所告不实论罪,专有名词即告不审。《法律答问》P194。

3)公室告与非公室告的区别在于,子女盗窃父母,父母擅自杀死刑伤,髡剃子女或奴婢,从而引起子女控告父母,奴婢控告主人的诉讼,一律不予受理,如果父杀伤人及奴婢,父死后才有人控告;子杀伤以及盗窃父亲的奴婢牲畜,父此时已死,也一概不予受理,这种情况下统称为家罪。《法律答问》P197。从以上不受理案件的情况来看,它们都有一个共同点,就是当犯罪当事人已死亡,就不再受理与之有关的案件,也不牵连其家属。但有例外,如果罪犯被判流放,判决已下而罪犯在此时死去或者逃亡,犯人家属仍须前往流放地。《法律答问》P177。除此之外,只要有诉讼人就会受理。免老自诉子嗣不孝,而被告罪行足以判死刑,这就要免除对罪犯三次原有的程序,马上受理,立即逮捕人犯。《法律答问》P195。

4. 管辖与审判

诉讼者可向"廷"提起诉讼。郡守为廷。《法律答问》P192。要求起诉人先向郡守提起诉讼,而不是都官的司法主管官员"长",和县的司法主管官员"啬夫"。但从《封诊式》中的文件可见,一审的主管部门是县府。《封诊式》真正有资格参与刑事审判的职务还有很多,如御史、谒者、侍中等。重要的案件可由皇帝直接指派信任的官员审理,如对李斯谋反案,二世特意指派郎中令赵高审判,"秦王闻高通于狱法,举以为中车府令。"《史记·卷八十八·蒙恬列传第二十八》P2566。他由此起步,最后官越做越大,心越来越坏,"初,赵高为郎中令,所杀及报私怨众多。"《史记·卷八十七·李斯列传第二十七》P2558。就是这样一个精通法律的人,在以普通办法审判达不到个人政治目的时'使宾客十余辈诈为御史、谒者、侍中更往覆讯斯。"《史记·卷八十七·李斯列传第二十七》P2561。他处理李斯案是纯属恣意妄为。

5. 回避

行政、司法审判人员例无回避规则,在《语书》《封诊式》中多次提及任法唯亲的危害。但正规的回避规则是不存在的。李斯明知被政敌赵高审讯处于不利,但不能提出回避。

4. 附带民事　对许多刑事犯罪予以附带民事处罚的判决。

1) 审讯,"治狱,能以书从迹其言,毋治(笞)谅(掠)而得人请(情)为上;治(笞)谅(掠)为下,有恐为败。《睡虎地秦墓竹简·封诊式》P246。审理案件,能根据当事人口供辨识真相是最好的,实施拷打,是下策,恐吓疑犯,是失败。审讯必须先听完口供,做好笔录。"其律当治(笞)谅(掠)者,乃治(笞)谅(掠)"按法律规定可以实施拷打的,实施拷打,但必须记录犯人经过拷打。《封诊式》P246。

2) 证人、证物与举报制度　由于采用有罪推定,涉及诉讼的当事人如果让审判人员对你有了在狡辩的印象,常常面临拷问。但其法理思想中反映出一种良好的倾向:明确指出能根据记录的口供进行追查,不用拷打而查出真象的,是最可取的;施行拷掠是下策;恐吓受审者则是败着。因受审者多次更改口供而拷打人必须有现场记录。《封诊式》P246。但法律没有强行规定不准拷打,结果拷打自动进入审判程序:"赵高治斯榜掠千余,不胜痛,自诬服。"《史记·李斯传》P288。这种程序的存在也在一定程度上让证据变得可有可无。口供是判决的充分条件。受审人生活或劳作中周围的人都有举报的义务,这是强制性的。乡一级的主管官吏有责任根据县的指示提供与本案有关的犯案人的人证、物证,只要这个人或发案地点与本乡有关。《封诊式》P249。一般而言,只要有人举报,案情达到立案的标准,就具备了实施逮捕的条件。例如一个人向官府自首时供认:他曾与某甲盗窃他人钱一千。凭此某甲就会遭到逮捕。《封诊式》P251。实际上秦国公民遭到随意逮捕的机率是很高的。

3)审判组织 分国家和地方等级别的审判。县丞在司法审判中扮演重要角色。啬夫、吏等参与审理,如某判决有徇私舞弊,尽管吏未参与合谋,仍要受到罚盾的处罚。《法律答问》P192。各级地方政府的主要官员也往往自动具有审判资格。真正有审判资格的还有御史、谒者、侍中等,但对于重大案件,皇帝会亲自或指派他所信任的人审理。如丞相李斯案,二世皇帝特意派赵高审理,"秦王闻高通于狱法,举以为中车府令。"《史记·蒙恬传》P288。由此起步,最后官越做越大,品行越来越差,就是这样一个精通法律的人,在李斯案中,由于以普通办法达不到个人政治目的,所以违法行事。但他们是要自己所希望的东西而不是真相。

4)公诉与自诉 在秦司法概念中已经形成。国家行政人员与司法人员从职务上没有分开,在职能上是有明确划分的。国家的治安、司法人员逮捕侵害国家或个人的利益的罪犯并使之受到审判,同时国家各级司法机构也受理各类自诉的案件。如一位孕妇甲与同里妇女乙斗殴导致流产,甲后来自行到官府告乙一案。《封诊式》P276。

5)上诉与辨护,只有在案件判决以后,对判决不满的当事人才容许"乞鞫",即重新审判,上诉者既可以是被告本人,也可以由与他有关的人代为提出上诉请求。《法律答问》P200。

6)审判监督 规定不能做的事,做了,称之为犯令;规定要做的事,不履行,称为废令。惯例以犯令论处。被判犯有犯令罪的官吏,即使其已被免职或已退休,仍要予以处罚。《法律答问》P212。

7)赦令的作用和意义 如果有人在赦令颁布前盗窃千钱,赦令颁布后将所盗钱全数花费,此时他被拿获,由于赦令的作用,他将被免予刑事处分。《法律答问》P167。

8)惯例与成文法的关系 惯例包括廷行事。《法律答问》P167。和成例两个术语,意义是相近的。惯例与成文法并不一致,但都是司法审判中的法律依据,例如举报人将盗窃犯盗窃一百钱的实事私自改为一百一十钱,律文规定这种情况应罚一盾,但习惯法一般以不审论处,罚二甲。《法律答问》P168。这种做法已被官方、司法人员、民间广泛接受。

9)执行 判处徒刑的人犯一进入执行程序,立即会有三大变化:1. 身着特定的服饰,例如:无论是城旦还是春一律红色囚服,头裹红巾,手足根据罪行带不同刑具。2 强制服役。3 严格限制自由。除老年囚犯外,一律受严格监管。外出服役不准进入市场以及在市场外逗留。城旦春损坏陶器、铁器、木器等立即鞭笞,所损坏器物每值一钱,鞭笞十下,价值二十钱以上,加倍惩处,没有立即鞭笞肇事者的主管官员,将要自己负责赔偿损失的一半,这种情况恐怕从未出现过。《秦律十八种·司空》P90。如系处肉刑又流放的,先施肉刑,由押解的吏和差役随身携带通行证、人犯的资料,送到下一个县并转交合其令、吏。并由此县另派人继续往目的地押解,以此类推,到达流放县所在的郡治,要将人犯资料交到太守处,直至终点。以上情况都要向有关主管详细汇报。《封诊式》P261。如系有罪判缴纳罚金或赎刑者,居住在另县,由判决地发函通知现居住地县府负责追缴。《秦律十八种·金布律》P60。

四、量刑的一般原理

1. 盗国家和个人的财物的被拿获后,其赃物须立即估价,以犯人被抓获时的价格为准,而不以审判时为准。《法律答问》P166。

2. 拒捕者从重。拒捕而杀死捕捉他的人称为贼伤人;二个人因故然打斗,一方杀死另一方称为斗伤人。审判时,将前者当作后者判决的吏要受到警告处分。《法律答问》P203。

3. 诬告反坐。当耐司寇而以耐隶臣诬人,何论? 当耐为隶臣。《法律答问》P202。反坐的绝大部分例子是本身有罪而又控告他人,希冀以此减免罪过的。普通人甲告人盗千钱,实际上只盗六百七十,由于六百六十是秦法"大误"(《法律答问》P242)的下限,盗窃六百七十与千钱同样处罚。如甲告乙盗窃,经审问,乙盗窃三十钱,甲又另举保还盗窃过五十钱,结果只有二十钱属实,甲为此将被罚两副甲胄。《法律答问》P169。由此可见,本人无罪名在身的人控告他人,如有不实,通常被处以罚物质了事。但上述两种情况都不是绝对的。参见《法律答问》P154。

4. 对犯有处徒刑罪的犯人,尚未判决,发现其患有传染病,有两种处理办法:一种是不管他罪行大小,立即处以死刑;另一种是不执行刑事处罚,而是将其迁往隔离区。《法律答问》P204。

5. 对有前科的犯人惩罚的一般标准。犯群盗或别的罪行已被赦免为庶人者,又犯渎职罪,比如自己监管的囚犯逃亡,"以故罪论。"群盗罪就会被斩左足为城旦。换言之,前款已被赦免的罪行在另有新罪的前提下,仍将严格执行。《法律答问》P205。

6. 对同时犯有数罪的,以最重的罪处罚,但犯有一款罪尚未判决,又诬告他人犯罪,如果这项罪比他本人所犯为重,依其所诬告他人的罪名处罚。有时也采取数罪并罚的政策,例如诬告人盗价值二十钱的钱财,诬告罪尚未判决,本人又盗窃价值一百钱的钱物,结果从判决来看,两项罪并罚,处罚一盾二甲。《法律答问》P172。

7. 君王亲戚享有减刑的特权。公内孙(帝王亲戚)无爵者当赎刑,得比公士(二十等爵的第一也是最低级。)赎耐不得? 得比焉。《法律答问》P231。

8. 公职人员出现大误,但自行察觉,可以减罪一等。《效律》P126。

9. 自首 广义的自首在秦法中至少有三种形式,第一是家属对犯罪人的举报,家属可以不按连坐法而受牵连。但如果丈夫犯罪,其妻事发前自首,而丈夫被判的是流放罪,其妻仍要前往流放地。《法律答问》P178。第二种是自己造成大误,自首又自行查觉错误,可以减刑一等。《睡虎地秦墓竹简·效律》P126。第三种是本人自首,司寇盗一百一十钱,自首后判决耐为奴隶臣,另一说为罚二甲。《法律答问》P154。与盗一百钱又诬人盗二十钱判罚二甲一盾比是相近的,自首是从轻的条件。但不明显。

10. 端与不端的思想。端是故意的意思,罪犯如系主观故意,是量刑中从重的一个情节。

11. 累犯。"当耐为隶臣,以司寇诬人,可论? 当耐为隶臣,又系城旦六岁。"《法律答问》P202。为何不以司寇[两年劳役]加罪于诬告者,不以"所辟之罪罪之。"就是因其本已有罪在身,新又犯罪,所以加重处罚。

五、特殊量刑原则——伦理观在司法中的应用

1. 殴打自己的祖父母、曾祖父都将被处以黥为城旦。《法律答问》P185。这与普通人之间用针一类的物品扎伤人的处罚是相同的。《法律答问》P187。

2. 夫妻不和而斗殴,丈夫将妻子的外耳击破,或四肢骨折、脱臼将会被处以耐刑。但普通男女之间斗殴而引起的耳部同样伤势,伤害者,不管男方女方都是处以耐刑。《法律答问》P185。如果丈夫在外与别的女子行夫妻间的事,妻子可以杀死丈夫而不受任何法律惩罚。如果丈夫因它事自杀,其妻、子未报告官府即行埋葬,是不容许的,犯令者应罚一甲。

3. 男奴强奸主人,以殴打主人论处(殴主是死罪。);女奴有杀主人的想法,

没有杀就被捉拿到官,此人将以谋杀主人论罪《法律答问》P184。奴隶如不听从使唤,主人可以自行将其捆绑见官,请求给予其黥劓等的处罚。《封诊式》P260。

4. 私人所有的女奴鞭挞自己的儿子,其子自此染病而死,他母亲将被处黥刑。假如是女奴擅自杀死自己的儿子同样也处黥刑,然后交还其主。如果母子二人相互斗殴,都受了伤,两人都要分别受到相应处罚。《法律答问》P183。

5. 秦人擅自杀死其子,应处黥为城旦舂。但法律规定:如果此子天生畸形,难以过正常人生活,做父母的将其杀掉,国家不会干预;但如果孩子生下来身体健康,智力正常,因考虑家里孩子多,不愿让他或她活下来而将其杀死,做父母的就会被以杀子的罪名而等候判决。《法律答问》P181。

6. 士伍甲无子,过继其兄弟之子为嗣子女,二人共同生活,某日,甲自作主张将其杀害,士伍甲就应该被弃市。

7. 擅自杀死、伤害、髡其嫡长子或经官方认可已正式立为邦国储君、世袭爵位继承人的,都要受到审判定罪。《法律答问》P182。

8. 父盗窃已婚娶而分家别居儿子的钱物,即使告到官府,法律规定,这不属于盗窃行为,不予受理。《法律答问》P159。子女盗窃父母则可能受罚。P195。归私人所有的奴婢,盗窃主人父母财产,若主人父母与主人同住一幢房内,作为盗主处理,若另居一处,按一般盗窃罪处理。《法律答问》P159。

9. 六十岁以上的老人控告子孙不孝,官府要立即派人拿获此人,勿令逃走。《法律答问》P195。

10. 官方有时会完全根据父亲的愿望对其子的处刑罚意见。如某甲请求官府将子某乙处斩足然后终生流放蜀地,其妻子一同前往。结果,官方的判决令某甲的个人愿望完全得到了满足。《封诊式》P261。

六、民法及程序

一般认为秦律中没有单独的民法,但是对一些特定的案件,如债务有其特殊的处理方式,尽管大多数情况下会最终涉及刑事责任。

1) 百姓借用官府器物或负债未还的,有足够的时间收回而未受回的,最后借贷方死亡,就要令该官府啬夫和主管其事的吏代为赔偿。

2) 身份为隶臣妾的人,丢失官方财物者,应从丢失之日起按月扣除隶臣妾的衣食,但不超过衣食的三分之一,如丢失的数目过大,隶臣妾整年的衣食折价也不够赔偿,就应强制该隶臣妾居作,即以劳役抵偿。如果未采用上述办法弥补损失,而该隶臣妾又死亡,则由该官府啬夫和主管吏赔偿全部损失。《秦律十八种·金布律》P60。

3）被免职的啬夫重新得到任命后，因个人负有债务，而又暂时因贫困而无力偿还的，可以分期扣除其俸禄作为赔偿。在职时虽为能及时清理自己债务的啬夫，也不能强制其居作，但他遭到解职后，可以令其居作。在职公务人员的一切债务包括核算时误差，由本官府所属官员分担赔偿，但有罪被捕的，可以免去债务；其余如为官府经营作坊负债的，损失公有财物，居作未完的，都可随债务人的死亡而全部免除，其家属也不负连带责任。《秦律十八种·金布律》P63。

4）服徭役或差役的，借用公物损失，如借者死亡，令服徭役的徒众与官舍舍人赔偿。P71。

5）以劳役抵偿债务的不收取每天的衣食费。P88。每一个劳动日抵偿八钱。《秦律十八种·金司空》P86。

6）以劳役抵债的人，容许在农忙时回家处理自己农田事务。一年内在播种时节给二十天，田间管理也给二十天。《秦律十八种·司空》P88。

7）不能派以劳役抵债务的人监管徒刑犯人。《秦律十八种·司空》P89。由于容易出错，犯人走脱等。实际上也是一种更严厉的惩罚，但可以令他们同样劳动。

8）以劳役抵偿债务的容许以他人代替，只要年龄相当。一家有两个人同时因债务而来服劳役的，如果确实无人照顾家室，可放出一人让他们轮流服役；因债务而服劳役的也可以借助别人来与他一起服劳役；凡不能自备衣服的，官府提供，但要以劳役抵偿衣价；法定的劳役日天数未满，而愿意一部分现金折交的，可以同意；百姓有债务而有一男奴或女奴，或有一牛一马的，要求用其劳役抵偿自己的债务，可以批准。《秦律十八种·司空》P87。

9）百姓间有债务纠纷，不准强行扣押人质。擅自强行扣押人质以及双方同意扣押人质的，双方均处罚二甲。惯例则与律文略有区别：向他人强行索取人质的，问罪；被迫交出人质的一方勿论；双方同意扣押人质来最终解决债务纠纷的，双方都要论罪。《法律答问》P2。

七、法律实践产生的法律后果

首先是直接的后果，法律的威慑是国家大致可按它的愿望与需求办事的保证，秦竭力将它的国民按实际能力划分等级，但有些业已形成的局面非人力所能该改变。法规定做杂活的冗隶臣妾两个人日工作量相当于工匠一人的劳动水平，而更隶臣妾四人才相当于一个工匠的水平，冗隶臣妾与更隶臣妾两者之间并无本质的差异,只是社会身份高低不同。《秦律十八种·工人程》P74。至于假门赘婿,逆旅则纯粹是人为的予以歧视政策,"假门逆旅,赘婿后父,或率民不作,不治室屋寡人弗欲。且杀之,有又不忍其宗族昆弟。今遣从军,将军勿恤视。烹牛食士,赐制参饭而勿与,功城用其不足,将军以堙壕。"这段话虽出自魏国奔命律,但在秦始皇时代则变成现实的生活"三十三年,发诸尝逋亡人,赘婿贾人略取陆梁地"。《史记·卷六·秦始皇本纪》P253。国民不论何种身份随时地服从召唤拿起武器作战。《秦律十八种·工律》P72 每个气喘吁吁跑到郡县武库领取武器的臣民可能是强壮的男子,他们可能抵受战争的残酷,但自己是否有罪并不取决于他们,如何迈出下一步,这种决定权至少有一半不受自己控制。从惩罚性的劳役、徭役、兵役到工场严厉的质量、劳动管理制度以及随时都可能从无罪到身陷囹圄,一切合理与不合理都建立在法之上,没有法的支持,这一切都不可能。反之,高效率、高质量、令行禁止的作风,视死如归的军队,这都是国家的保障,它们不可能完全建立在天然的爱国心、对君主的忠诚以及人人有正常理智从而对未来总有准确判断并能顺应时势的基础上。如何减少强制的同时提高责任感,这历来就是一条狭窄的通道。在这里,每个人的视野都会有差异。

国家通过法律实现其最大利益,第一步就是建立起至高无上的威信,或许它任何时候也不难找到一个君主作为体现这种威信无所不在的化身,这种力量太大以至容易伤害人,只有很少君主真正明晰法律与他本人的相互关系,确认他从属于后者,从而让法治与他们本人都随时间的推移更加美好。更多的是通过自己的一切合理与不合理的愿望都能及时得到实现从而得出他比法更强大的结论。孰不知这种局面是人们对君主的忠诚以及盲目所造成。国家的权威、安全、利益如果还没有成为悬念时,个人才能考虑自己的问题,只有一个要求,必须按国家事先给定的条件思维,尽管这些条件不会经过个人的同意。

除人之外,或者不如说,在现实中的物最有条件按人的价值被准确量化,当物的价值大于人的价值时,物是第一位的。就国家而言,它分配物质不会坚持从平均的角度着眼,公平或许考虑过,但往往有心无力。结果是存在于国家中的最大问题不是他是否全部占有国民财产,而是如何使国家难以控制、分配的财富以债务或债权的方式存在于民间,而国家则满足于做这笔可望而不可及的财富的高级看管人,这种身份赋予国家在税收、罚没、徭役、战争掠夺之外的另一种重要的收入来源。一个人欠私人的债,国家知道后可以令其还债,也可以同时处以劳役,虽然是对不良行为的惩处,国家还是从这种劳役中得到了好处。这几乎是一种无穷无尽的资源,但在当时,专门为债务而设计,开始考虑到个人因素,作为一个单独的问题,异于刑事的特殊处理规则仍是在起步阶段。既具有功能上的明显不足,又不可避免地暴露出物权归属上的意识谬误。说明这些规则具有的内涵,显示物的所有权和使用权的界定仍困扰着当时的智慧之士,由于基于伦理观和政治专制需求的连坐在整个国家畅通无阻,个人与私有仍然是相当模糊的,实行有限个人权力的秦国家不仅以法律的形式限制人的拥有范围,对个人的自我支配权也不作轻易让步,几乎所有的学者、官吏、平民都不怀疑国家对个人作上述限制的依据和假设。或者说,国家与个人如何分享国家权力带来的物质成就,通常认为作这种区别无疑于削弱国家,并习惯于接受这两种被明确区别开来的力量的发展是绝对相对立的结论。结果不难看到,两种力量中的任何一种的过份膨胀都对两方面正常存在构成威胁。但秦国的法制涉及各个领域,有些地方详细到了极端繁琐的地步,这意味着对准确的要求进入了深层次境界,只要专制一打盹,量化的思维就在行政、司法、社会生活等范围起支配作用,这是制度使然。造成这种现象的是信奉专制的秦国家一度漠视了容许法律自然、高度发展的必然后果。结果几乎所有的问题都可以以法的形式得到解决,而且不是仅仅针对被管理者一方,这使秦国家进入半法制的国家,这也是古代中国法制国家理想走得最远的一个时期。自强大的专制君主终于形成以及人治的思想成熟成为主宰后,这种类型的国家就再也没有出现。

秦始皇为什么对自己的王朝提到万世延续? 这是一个激情四溢的政治抱负? 还是一种深思熟虑的推断? 是对自己的史无前例高度中央集权制度统治力的信心? 还是来自郡县制稳定性作用的梦幻遐想? 抑或兼而有之? 秦始皇的秦国无疑已经是一个新型国家,它与西周以来的制度相比有了质的变化,国家的使命已经转型,西周国家的权力主要是监督诸侯国家的行为方式,秦朝的国家权力迁移到国家本身实践。

战国时的秦国不是因为别国不行而成功,是因为自己成功而成功,这样有抱负,有毅力,具有主动性而且重视智力的国家在任何时代都会成功。

秦国法治至上的理念从未被撼动,从秦孝公(前361—前338年在位)作为诸侯的秦国,到秦始皇作为帝国的秦国,历经漫长的近一个半世纪一直如此,秦始皇三十四年(前213年),在咸阳宫的酒会上,再次具体确定了法的位置。李斯建议士人应该学习法令刑禁为主,习法者以官吏为师。三十日内(秦史、医学、卜筮、种植一类除外)烧所有书,皇帝完全同意照办。但是皇帝和他的国家面临的新局面尚未被其引起足够重视,国家的发展至少是一个可以与法治相提并论的课题。秦始皇和李斯等人认为,既然已经武力统一国家,以前一切有赖于个人智慧的谋略等都已经不再需要，个人只需要遵守国家法令即可，不再需要与法令无关的其他知识与思想，而法令的制定则只需要对政权有利。其实这是秦始皇与李斯等莫大的误会。一方面，制定法令需要符合社会的发展，好的法令需要高度的智慧实践和随时代经济发展而变化，其次，稳定、发展一个王朝与建立王朝一样难度同样巨大，更需要知识的交流积累。秦始皇、李斯君臣可能都已经可以随意支配一切，可以在成功征服了一切对手的王朝里坐享其成的想法，这是商鞅以来秦国在立法行为中最致命的决策。

很可能是极度偏执以及对法制的完全依赖害了秦国，如果帝国在咸阳酒会后开始推出一系列能够让全体国人的繁衍、生存、发展变得比过去更容易的方略，帝国下坠的趋势可能会戛然而止。人们在高强度的法治体制的高压下生存一段时间内可表现出良好的耐受性，但不意味着他们可以永久适应，当自我发展的前途阴霾密布，甚至前路被明显封闭时，人们不仅会打击不合理的法，也会摧毁合理的法。

秦国一直都处于战争时期，不稳定的大环境蕴涵着各种可能，它的法律有残忍性并不荒谬，令人惊讶的是它具有罕见的专注、周详、客观，甚至先进。进取者才会追求专业、精微、完备。秦律的五个卓越部分得到执行，就已经比那些完善但实施起来三心二意的法律社会更优越。

本节主要参考资料：
《睡虎地汉墓竹简》

第十九章　滚动的制度

第一节　秦国政经制度的衍生与应用梗概

秦仲是秦国之舵,此人决定了秦国的发展方向,他接受周宣王之命讨伐西戎战死,他的长子庄公率领五个弟弟成功复仇,从周宣王那里获得了土地、名号以及周王室的重视。庄公是个稳健的首领,他在位四十四年。庄公的儿子世父以攻打西戎作为自己的事业,但是西戎仍然是强大的族群,在世父弟弟襄公即位后围攻犬丘,打败了世父率领的军队,俘虏世父,一年多后将其释放。世父的弟弟襄公的主要成就是护送周平王东迁,获得诸侯身份,他的儿子文公继位后继续与西戎作战,并赶走西戎,扩大疆土并建立诛灭三族的刑罚,文公在前716年结束了自己漫长的五十年君主生涯。文公的孙子宁公(前715—前704年)继位,宁公攻打西戎君主亳王所在的城邑荡社,摧毁了此地,亳王逃往戎地,与西戎的作战由此告一段落。

宁公之子武公(前697—前678年在位)继位后,对废除自己太子地位的大庶长三父等施行了诛三族的刑法。武公十年(前688年)初次实施郡县制。武公也是开始使用人殉的秦国君主。德公的儿子宣公即位第四年(前672年)在河阳与晋国发生战斗,战胜了晋国。德公的弟弟成公在位四年后(前660年)逝世,弟弟穆公(前659年)即位,他任命蹇叔为上大夫。第五年(前655年),秦穆公亲自攻打晋国,在河曲展开激战。九年(前651年)齐桓公在葵丘成为盟主。十二年(前648年)管仲,隰朋逝世。十五年(前645年)韩原会战,秦国获胜。十八年(前642年),位四十三年的齐桓公逝世。二十年(前640年)秦灭梁国、芮国。二十二年(前638年),晋国公子圉以母亲的家乡是梁国而秦国吞并梁国,可能会对自己继位不利,逃回晋国成为晋怀公"秦师过周北门,左右免胄而下,超乘者三百乘王孙满尚幼,观之,言于王曰:秦师轻而无礼,必败。谓过天子门不卷甲收兵,超乘示勇。"《春秋左传正义·卷十七》P130。崤山之战是穆公经历的一次惨败。穆公三十七年(前623年),秦国打败晋国,报了崤山之战的耻辱。

三十六年(前 624 年),秦穆公终于让由余离开戎国来到秦国。三十七年,穆公采用由余之策攻击戎国,增加十二个属国,在西戎称霸,三十九年(前 621 年)穆公逝世,晋襄公与秦穆公同年逝世,一百七十七人为秦穆公殉葬。穆公有四十个儿子,太子成为秦康公。秦康公在位十二年。晋襄公弟弟公子雍是秦国宗室女所生,住在秦国。晋国赵盾和秦国想立公子雍,晋国另一些人想立晋襄公儿子,他们攻击护送公子雍回国的秦军,在令狐城打败了秦军,秦康公在位的十二年与晋国在战场上互有胜负。儿子共公在位五年,共公儿子桓公在位二十七年,桓公四年(前 600 年),在位已经十四年的楚庄王称霸。二十六年(前 578 年),晋国率诸侯军队打败秦国。桓公儿子景公十五年(前 562 年)在栎城打败晋国,当时是晋悼公十一年。十八年(前 559 年)晋悼公率诸侯打败秦国。景公没能复仇晋国,在位四十年后,儿子哀公即位,哀公三十一年(前 506 年,时值楚昭王十年),楚国申包胥来到秦国求援,秦哀公发兵五百乘解救楚国,打败吴王阖闾和伍子胥的军队。楚昭王重回郢都,问题则是楚平王引起的。哀公在位三十六年,孙子秦惠公即位。惠公在位十年,儿子秦悼公即位,秦悼公九年(前 482 年),吴王夫差与晋国(晋定公在位)争霸,吴王成为霸主。孔子在秦悼公十二年(前 479年)逝世,秦悼公本人在位十四年(时值前 477 年)逝世。儿子厉共公即位,厉共公二十一年(前 456 年)秦设置频阳县。三十三年(前 444 年),征义渠国,俘虏其王。厉共公在位三十四年后死去,儿子躁公即位,在位十四年。儿子怀公即位,怀公四年(前 425 年),庶长晁和大臣围攻怀公,怀公自杀,怀公孙子即位为灵公。惠公十二年,儿子出子出生,惠公十三年(前 387 年)逝世,两岁的出子继立,出子二年,庶长改立秦灵公的儿子献公,将出子与其母亲杀死沉入深渊。晋国趁秦乱之际夺取了秦河西地区。秦献公元年(前 384 年),废除人殉制度,献公二十一年(前 364 年)秦国与晋国军队在石门山交战,斩杀晋军六万多人。秦献公二十三年(前 362 年)也是他在位的最后一年,秦军与魏晋联军在少梁交战,秦军俘虏了敌将公孙痤。秦献公二十四年逝世,儿子秦孝公即位,时年二十一岁。

第二节　商鞅以后秦制度的发展

一、爵位、官职

商鞅不是出现在秦国危难之时,而是成功上升之期,秦孝公接受商鞅的思想,显示君主及其国家具有主动性。

商鞅崇尚法令是因为他是一个法家学派人物？还是投其所好？他事先研究了秦国历史，秦孝公的祖先中皋陶的尊贵身份和杰出成就给了他启示？商鞅促成了秦国第一次大变更，商鞅制度确立的同时引发的人道危机的严重程度是十分罕见的，与西周崛起时不同，后者是基于政治首领对人性的更加深入、广泛的了解和保护；商鞅以国家利益至上，人性附属于这个概念，秦国君侯乐见其成、君臣彼此信任，换来三套制度：

1. 官爵制。

2. 赏罚制。

3. 行政管理制度。

三套制度间有一定联系，官爵制　包括两个部分：

1）军功爵制度。因其有二十等，又称之为二十等爵。

1. 公士。2. 上造。3. 簪袅。4. 不更。5. 大夫　6. 官大夫。7. 公大夫。8. 公乘。9. 五大夫。10. 左庶长。11. 右庶长。12. 左更。13. 中更。14. 右更。15. 少上造。16. 大良造。17. 驷车庶长。18. 大庶长。19. 关内侯（无封邑，有食邑多少户，收相应户数之租，可世袭。）。20. 彻侯（即通侯或列侯）。这些是商鞅对秦原有官制加以整理、编制而成。与周礼爵位相比，1，2，3，4 等相当于士、5，6，7，8，9 等相当于大夫、10，11，12，13，14，15，16，17，18 等相当于卿、19，20 等相当于诸侯。爵位高者对爵位低者享有审判权，二等爵位犯罪降为一等，一等获罪取消爵位。

这些政策都得到了执行，例如：孝公三年（前 359 年），卫鞅说孝公变法。用鞅法，百姓苦之，居三年，百姓便之。乃拜鞅为左庶长（爵位第十等级）。十年（前352 年），鞅为大良造（爵位第十六级），秦孝公二十二年（前 340 年）鞅以军功封列侯，号商君。商鞅经过二十年的奋斗，从一个外国人白手起家，获封最高等级的爵位。

唯有军功才能获得爵位政策的执行情况在商鞅以后既有稳定的部分。例如，秦始皇九年（前 238 年），昌文君发卒攻嫪毐，战咸阳，斩首数百，皆拜爵，及宦者皆在战中，亦拜爵一级。（有功者都拜升了爵位，参战了的宦官也提升一级爵位。）被夺爵流放蜀地有四千多家。（始皇十二年秋，原本被迁徙到蜀地的四千多家得到了秦始皇的赦免。）

秦国有一些人获得封邑，他们各因何种功勋获封没有记载：昭襄王八年（前299 年），魏公子劲，韩公子长被封为诸侯。[注释：别封之邑，比之诸侯，犹商君，赵长安君然）《史记卷五·秦本纪第五》P211。秦昭襄王十六年（前 291 年），秦王将宛封给了公子市(即泾阳君公子芾),邓邑封给了公子悝。都是昭襄王居长,公子芾、公子悝是他两个弟弟,三人都是宣太后所生。]十二年时魏冉为丞相,十六年被免,但又把陶城封给了他,他们三人都成为了诸侯。《史记·卷五·秦本纪第五》P212。魏冉是宣太后的异父弟弟,宣太后还有一个同父弟弟芈戎,即华阳君。

有些被改动的部分具有临时性,秦王政四年(前243年),"蝗虫灾,天下疫,百姓内粟千石拜一级。"因为灾害性气候导致粮食减产,国家需要粮食救急,所以爵位也可以用粮食来交换。商鞅的理论要求官爵一律通过军功取得。

有一些改动过于剧烈,秦始皇十二年(前235年),文信侯吕不韦死后被门客私下安葬,秦始皇对吕不韦的门客予以集体惩罚:1. 籍贯为三晋地区的门客一律驱逐。2. 参与临丧哭灵俸禄六百石以上的秦国人剥夺官爵并强制定向迁徙。3. 俸禄五百石以下的吕不韦门客,没有参与临丧哭灵的可保留爵位,但仍要将其强行定向迁徙。秦始皇还因此规定,国家高级公务人员有类似嫪毐、吕不韦不忠行为者,全家都要被取消户籍降为奴隶。《史记·卷六·秦本纪第六》P231。

2)军制。

经过商鞅改编的军队序列如下:国之军队分为三军。

1. 壮男为一军。任务:盛食、厉兵、陈而待敌。

2. 壮女为一军,任务:盛食、负垒、陈而待令。

3. 男女之老弱者为一军,任务:使牧牛、马、羊、彘,草木可食者,收而食之,以获其壮男女之食。《商君书·兵守·第十二》。

军官名称	下属士兵数
屯长	五人
百将	百人
五百将军	五百人[另短兵五十人]
千人将军	千人 [另短兵一百人]
六百石官吏	短兵六十人
七百石官吏	短兵七十人
千石官吏	短兵一百人
国尉	短兵一千人
大将	短兵一千人

二、赏罚制

1）"利、禄、官、爵抟出于兵,无有异施也。"《商君书·赏刑》P37。"有军功者,各以率受上爵。……宗室非有军功论,不得为属籍。《史记·卷六十八·商君列传》P2227。"利禄官爵,抟出于兵。富贵之门,必出于兵。"《诸子集成·商君书·赏刑第十七》P28。虽然是这样强调,军功并不是改变生存状况的唯一出路,还是有变通之法:"耕织致粟帛多者复其身"。《史记·卷六十八·商君列传第八》P2230。将赏罚制度与商鞅备受后世争议的"弱民"联系起来,可以看到,在商鞅赏罚之核心制度中,人民可以通过力所能及的行为获得相应的报偿,弱民政策是相对的,并不是唆使王权通过巧取豪夺,最终让全体国人一无所有。

2）连坐:屯五人中,有一人逃脱,罚四人;四人中有人在战斗中获敌首级,则恢复身份。士兵在战斗中获敌人甲士首级一颗的相应奖励:

1. 爵位一级
2. 田地一顷
3. 住宅地九亩
4. 庶子一人

此人从此有资格成为军官和衙门官吏。

敢死队士兵十八人分为一队,如每队获首级五颗,全队每人爵一级。战死者,令其家人承袭其爵;临阵退缩者,处在众人面前行刺面割鼻刑。

军官:屯长、百将在一次战斗中最少应获得三十三颗首级。如一颗未获则被处死。三十三颗首级的任务完成后,百将和屯长都赏赐爵位一级。一位屯长下辖五位士兵,一次战斗至少要获得三十三颗首级难度较大,难免产生屯长与士兵争夺首级的问题,这甚至很容易导致为了完成规定任务伤害无辜者。一位下辖一百个士兵的百将也是执行同样的标准,他的士卒人数是屯长的二十倍,压力自然小很多。这是秦国低级官员易于反叛的一个原因?

朝廷规定:围城战,军队应斩敌首级八千颗以上,野战,军队应斩敌首级二千颗以上。对取得这样胜利的部队,朝廷将给予以下赏赐:军官"操士和校徒以上至大将,都加赏赐。队伍中的官吏的各升一级,升为五大夫者并赏三百户地税,升为左庶长、左更、大良造者,赏三百户封地和三百户地税。大将、车夫、骖乘(尊者在左,这里骖乘指的是车右的配乘)都赏爵三级。小吏则升为县尉,并赏六个奴隶,五千六百钱。小吏以上至大夫如果死去,他的官爵每高一级,他的坟上就多种一颗树。将官殁于战事者,他的短兵将受到惩罚,如果短兵有能斩获敌首级一颗者,则恢复其身份,这说明战争中最为通用的惩罚是针对身份而来。

"所谓壹赏者,利、禄、官、爵抟出于兵,无有异施也。"《诸子集成·商君书·赏刑第十七》P28。利禄官爵等社会等级地位与身份都必须从军功获得。为何将军功设计为人生成功的必由之路?首先在于国家需要在激烈竞争的环境中通过武力发展,这是秦孝公与商鞅的共识。军功制确立产生的另一个重要结果是对传统"世卿世禄"制度的公开而全面的背叛。商鞅认为积贫积弱的国家不在于没有选择智能之士,而在于没有找到真正的有用之才"举贤能,世之所治也,而治之所以乱也。世之所谓贤者,言正也;所以为善正也,党也。听其言也,则以为能,问其党以为然,故贵之不待其有功,诛之不待其有罪也。《诸子集成·商君书·慎法第二十五》P40。这种人事改革尽管仍不彻底,但应合了大多数人的愿望,虽然获得体面的社会地位、政府职位理论上只能靠军功,由于绝大多数人同处于一条起跑线,开始有了比较合理的竞争,而且比起靠思想与学问取得功名应用范围要广泛得多。这种转变经过初期艰难的适应之后,由于得到了不折不扣的贯彻,一次在渭河边处决 700 余人,"渭水尽赤。"唆使太子蔑视新法的太子师公子贾、公子虔也被面额刺字。怀疑、反对的声音遭此重创之后变得越来越隐蔽、微弱。在秦孝公有生之年,商鞅的政策没有势均力敌的反抗,不能说明大多数人内心是满意的,因为缺乏反抗的合法途径,但是从秦国获得的改变而言,人民即使是被迫的但也是逐渐真正地接受了变革。秦国升迁黜陟基本有章可循,对防范完全缺乏行政能力者进入国家管理体系,提高政府威信、办事效率、人员素质都有帮助。一个开始追求政治效能的政权自然会扩大精英人物的影响力。

三、军功制度让秦国变为以战争为利器的国家

并不是商鞅主政之前秦国没有打过胜仗,献公二十三年(前 362 年),与魏、晋战于少梁,虏其将公孙痤。但是商鞅是让秦国军队变得令人生畏的关键之人,商鞅不在的时段,秦国军队甚至越战越强,保持其压倒性的优势,庄襄王二年(前 248 年),使蒙骜攻赵。三年,蒙骜攻取赵国三十七城,四年,魏将无忌(信陵君)帅五国(燕、赵、韩、楚、魏)兵击秦,秦却于河外,蒙骜败,解而去。五年五月,庄襄王卒,子政立。《史记·卷五·秦本纪第五》P221。秦退至黄河以西地区,所向披靡的蒙骜居然失败,这是诸侯有组织大规模地战胜秦国的最后一次。这对秦以外诸侯的国运没有带来任何转机,秦王政二年(前 245 年),麃公攻击魏国,斩首三万。三年,蒙骜攻击韩国韩国,取城邑十三座,四年,蒙骜攻韩国晹、有诡,四年攻克晹、有诡。五年,将军蒙骜攻占魏国二十座城邑。秦王政六年(前 241

年），韩、魏、赵、卫、楚共击秦，夺取寿陵，秦反击，五国联军解散。秦攻克卫国。七年，蒙骜去世。夏太后去世。十三年，桓齮攻击赵国，斩首十四万。韩非出使秦国，利用李斯计扣留韩非，韩非死于云阳。韩王请求成为秦国的藩臣，十七年，内史腾俘获韩王安，全部收纳了韩王土地。十八年，大举进攻赵国。十九年，王翦等俘获赵王。秦始皇的母亲皇太后逝世让秦大军进军的步伐暂时停顿。二十年，孤掷一注的燕太子丹刺秦王失败，二十一年，秦国获得燕太子丹的首级。二十二年，王贲攻魏，俘获魏王，占领魏国全境。二十三年，王翦被重新强行召回，攻击楚国。俘虏楚王，楚将项燕立昌平君为楚王，反秦，王翦、蒙武杀昌平君，项燕自杀。二十五年，王贲攻击燕国，俘获燕王喜，又攻击代国，俘获代王嘉（赵国公子嘉，他自立为代王），王翦平定楚国江南地区，降服了越君。二十六年，王贲从燕地攻击齐国，俘获齐王建，齐灭亡。

　　为何秦国会变成一个擅长作战的国家？是因为当地民风强悍，国民训练有素还是秦国将军们尤其出色？这是一个纯粹依靠超强武力获得全国统一的诸侯国家？最后变得迷信武力乃至滥用武力？严厉的监管是履职的重要途径，昭襄王四十八年，五大夫王陵进攻赵国邯郸，作战不力被免官。四十九年，将军张唐进攻魏国，蔡尉因为没有坚守阵地回国后被张唐所杀。武安君白起也是五十年被贬为士伍强令迁居并自杀的。

　　严格量化的绩效指数将整个秦国变成一台高速运转的机器，秦国成为了一个战斗国家，秦国任何一位君主，只要有基本的自信，延续他祖辈的抱负，这套制度完全可以倚仗，这个战斗国家的秉性就不会改变。

四、行政管理体制

1. 中央政府

　　商鞅的中央政府是以国君为国家元首兼政府首脑的独裁政府，由于法律对国君没有约束力，实际上也就不存在有效的国家监督机构，所有各级官员对国君负责，君主则对自己负责。政府架构与周礼记载的官制体系上没有渊源，受君主信任的官员尽管在朝中地位不是最高，仍然可以主理国事，国家高级职位对更多的人敞开大门，无论国籍、血统、年龄，只要思想符合国家需要，或者在国家组织的武装行动中有功于国，就有希望实质参加国家决策管理。国家行政系统与军队系统官员没有明确的界定，都可以参与行政或指挥军队。这不是机构特别精简，人手缺乏之故，而是对任职官员的个人能力有较高要求。古代中国行政与战争指挥艺术即使在商鞅时代就已经是很高的。

秦武王时代,秦国出现丞相等职位等,秦武王二年(前 309 年),开始设立丞相职位,樗里疾、甘茂为左右丞相。《史记·卷五·秦本纪第五》P209。秦国官员通常是既有官职也有爵位,但官和爵位不一定同时具备,例如魏冉的穰侯爵位在被免相位时得到保留。

2. 地方行政区划与政府

1) 区域的划分

早在秦武公时期,秦国出现了县的建制。武公十年(前 688 年)"伐邽、冀戎,初县之。十一年初,县杜、郑。"建立邽县、冀县、杜县,郑县,初次设立县的地方建制。《史记·卷五·秦本纪第五》P182。商鞅时代的县级政权更为普遍,孝公十二年(前 350 年),"作为咸阳,……秦徙都之。并诸小乡(正义:一万二千五百家为乡)聚(聚相当于村落),集为大县,县一令,四十一县,(共有四十一县)为田开阡陌。"集小都、乡、邑为县,置令,丞。全国凡三十一县。"《史记·卷 68·商君列传第八》P2227。

2) 编伍与赋税

在基层推行编伍政策"令民为什伍,而相牧司连坐。不告奸者腰斩,告奸者与斩敌者同赏,匿奸者与降敌者同罚。强国之民,父遗其子、兄遗其弟、妻遗其夫,皆曰;不得无返。又曰:失法离令,若死,我死。乡治之,行间所逃,迁徙无所逃。行间之治,连以五,辨之以章,束之以令,拙无所处,罢无所生,是三军之众,从令如流,死而不旋踵。《诸子集成·商君书·画策》P31。这种政策一方面是以居住距离为准:五家为伍,十家为什。另一方面是以血缘为轴心:父之于子,兄之于弟,夫之于妻等。军队中的编制可能既不按地域也不按血缘亲疏,以致一些很可能素不相识或者见解不同、平时龃龉不断的人之间由于受制于政治的精心设计,不得不荣辱与共。

"民有二男以上不分异者,倍其赋。"《史记·卷 68·商君列传第八》P2227。所谓二男以上不分异者倍其赋。就是对一个家庭中有两个成年男子的情况予以禁止,不管两个男子的血缘和法律关系如何。即使为父子或兄弟、祖孙乃至养父子等。这个禁令的主要目的是防止逃避赋役。国家重视以家庭为基本单位的社会结构,家庭与家庭之间财产有明确的划分,财产的所有者对自己的财产理论上有完全、充分的使用权和处分权,私有制受到国家公开、谨慎的保护,这个政策贯彻得似乎很彻底、很完整,很刻板。在它的全盛时期,一个秦国父亲或母亲如果想从已成家的儿子家借用一件农具,或任何日常用品,不论其价值多么微不足道,与向陌生人家借并无区别,同样可能遭到无情的拒绝,而社会舆论不会对此有任何异议。这是传统易于迅速被现实要求所阻断、湮没的一个例证。这说明传统既可由民俗习惯也可由政治强制而形成。只要有好的制度,就可以用于替代有弊端的传统。不过,再好的传统也需要有合理的保护才能在不同时代均得到顺利的延续,而一个本身缺乏生命力的传统则不可能最终形成有效的自我保护,而外界屏蔽作用总是次要的。制度与习惯同样如此。

如果将秦国土地赋税制度和军事管理与商鞅行政管理体系分开,那就会使后者变得十分不完整,国家秩序也会随之变得零碎、混乱。这是一个相当适合战时政治、经济的管理体制,商鞅称之为农战,这是十分恰当的。为追求最高效益,他不惜暴露专制政体的全部特点:强制、高压、沉溺于物欲而又不失为富有理想并且是迅速、高效的运转。农战是商鞅的发明,它使国家变得高效而且具有整体性,引发的人道问题也非常多,它属于那种短期内有明显效果,未来一定产生致命隐患的设置。

3)行政思想

(1)独裁的思想"所谓明者,无所不见,则群臣不敢为奸,百姓不敢为非。是以人主,处匡床之上,听丝竹之声,而天下治。所谓明哲,使众不得不为天下胜。天下胜,是故合力。《诸子集成·商君书·画策》P33。国之所以治者三:一曰法、二曰信、三曰权。法者,君臣所以共操也;信者,君国所以共立也;权者,君之所以独制也《诸子集成·商君书·修权十四》P24。但是君主有能力强弱区别,一位贤明的君王总是会受到周围投其所好者的影响,"凡人臣之事君也,多以主所好事君。君好法,则臣以法事君;君好言,则臣以言事君;君好法,则端直之士在前;君好言,则毁誉之臣在侧。"他这里其实是要强调制度的重要性。

(2)功劳决定权位

二十等爵位成为国家官员职位等级的主要标识,而权利决定一切。不过,商鞅对官方机构行为不当可能产生的负面影响也有认识,他强烈意识到监督作用的重要性:百县之治一刑,则从,迁者不敢更其制;过而废者不能匿其举。过举不匿,则官无邪人,迁者不饰,代者不更,则官属少而民不劳。《诸子集成·商君书·垦令》P4。

夫废法度而好私议,则奸臣鬻权以要钓禄,秩官之吏隐下而渔民……故大臣争于私而不顾其民,则下离上。下离上者,国之隙也。秩官之吏隐下以渔百姓,此民之蠹也。故有隙、蠹而不亡者,天下鲜矣。是故明王任法去私,而国无隙、蠹矣。《诸子集成·商君书·修权》P24。

强调各级官吏守法、重视自己的信誉。

（3）分权

今恃多官众吏，官立丞、监，夫置丞立监者，且以禁人之为利也，而丞、监亦欲为利，则何以相禁？故恃丞、监而治者，仅存之治也。通数者，不然也。别其势、难其道。故曰：其势难匿者，虽跖不为非焉。故先王贵势。

夫利异相害不同者，先王所以为保也，故至治。《诸子集成·商君书·禁使》P39。

国家权力进行细分，让不同的人掌管，这可以预防权力为害时权重较小。对权力被滥用的审慎可能影响国家行政效率，商鞅应该考虑到这一点，但是他不得不同时强调分权，他要让国家权力既高效又安全。

（4）重视分工

"民、商、官，国之常食官也。农劈地、商致物、官法民……农有余食，则薄燕于岁；商有淫利，有美好，伤器；官设而不用，志形为卒。《诸子集成·商君书·弱民第二十》P35。但是他可能也忽略了专业的意义。

（5）可能的条件下，顺应民意

政作民之所恶，民弱；政作民之所乐，民强。民弱国强，民强国弱。《商君书·弱民》P36。

即位第三年，时年二十三岁的孝公（前359年）还很青涩，听到商鞅的政治思想时一定会感到很震撼，它新颖，君主的处境会变得更好，而社会福利自上而下，范围扩展又比较周到，冲劲十足的孝公接受了商鞅的变法思想，经过三年的运作，国人适应变化，效果明显。这其中有一系列的改变，涉及巨大利益的得失，孝公和商鞅等无疑都承受了巨大压力。商鞅变法之后的秦国在诸多方面发生变化，商鞅改变了秦国法制，改变了秦国民间法律意识，改变了秦国民俗；商鞅时代已经有越来越多的县，秦国的郡虽然是逐步建立起来的，商鞅时代已经为完成郡的设置做好了全面、坚实的准备。但有个最为重要的地方没有变化：秦国君主与其他诸侯国君主一样，仍然是可以懒惰荒谬，可以精明进取，可以成为傀儡，可以专制蛮横。他们天赋的权力与其他诸侯的天赋权力没有任何区别，都是唯我独尊，专制至上。君主之外，所有人都会感知到无可抵御的变化发生，但秦国君主几乎都具有进取性，只是程度不等。这是因为秦国有好运气？或制度的日夜不停地在推动？一种什么力量让秦国君主前赴后继，无法阻挡？或可简洁地解释为人性对幸福永恒的追求所致，或者归结为一条不解之谜。

商鞅的思想与制度对一个诸侯国家产生了决定性的影响，孝公之前，从秦仲起经历二十六位君主从前841年至前362年，经历四百七十九年。在秦孝公时代之初,仍然被当做夷狄。穆公之后的君主们多少有点方向不明,秦孝公是秦国的新希望,成为打破僵局的人。

秦孝公元年(前361年),黄河与崤山以东的六个强国,秦孝公与齐威王(妫姓,田氏,名因齐)、楚宣王、魏惠王(姬姓,魏氏,名罃。毕公高是周文王第十五子,封于魏地。其后毕万为晋卿)、燕悼侯、韩哀侯(晋韩厥之后)、赵成侯(嬴姓赵氏名仲,造父之后,赵盾的后裔赵烈侯为赵国开国君。周威烈王二十三年,前403年承认三家分晋为诸侯。司马光认为这是战国时代的开始。)并立,秦与魏国楚国地界相连。秦国地处偏僻的雍州,不能参与中原诸侯会盟,诸侯把秦国当成夷狄看待。秦孝公立意强国,下令重奖帮助秦国崛起的人。卫鞅在景监的帮助下觐见孝公,二人并非一拍即合,双方反复试探对方真实意图,孝公三年,秦孝公卫鞅达成共识。七年秦孝公与魏惠王会盟,八年,秦军与魏国军队在元里交战获胜,十年,大良造商鞅率军迫使魏国安邑城投降。十二年,迁都咸阳,设立四十一个县。十四年,实施军赋制度。十九年,周天子封秦孝公为诸侯长。二十年,得到诸侯祝贺。秦率诸侯朝见天子。二十二年,商鞅进攻魏国俘虏公子卬。孝公封商鞅为列侯,赐号商君。二十四年(前338年),与晋国在雁门作战,俘虏魏国将军错。孝公同年逝世,儿子惠文君即位,杀商鞅。

商鞅被杀后,一群人替代了他的作用,商鞅的思想和制度还是具有统治力,秦国像商鞅活着的时候一样,有同样的行动,同样的成就,同样的缺陷。

惠文君(前337年即位)五年,犀首(公孙衍)被任命为大良造;七年,杀魏国首级八万(魏世家记载的数字只有大约一半)。八年,魏献河西地区。十年,张仪被任命为秦相,魏国献上郡十五县给秦国,更元后的第七年(前318年),乐池担任秦国国相。韩、赵、魏、燕、齐与匈奴军联合进攻秦国,秦派庶长疾与联军作战,首八万余。八年,张仪再度任秦相。九年,司马错灭蜀国。秦国连续打败赵国、韩国、攻占义渠国大量土地,秦国军队没有失败记录。十二年,张仪前往楚国担任国相,惠文王逝世,儿子武王继位,韩、魏、齐、楚、越都服从秦。武王二年开始设置左右丞相。武王逝世后,其异母弟为昭襄王。

昭襄王十二年,魏冉被任命为丞相。十四年,左更白起杀韩、魏军队二十四万。十六年,秦王把宛封给了公子市、邓邑给公子悝,陶城给了魏冉,他们成为诸侯。十九年,昭襄王称西帝,齐王称东帝。五十年,武安君白起被贬为士伍,后自戕。五十一年,西周君帅天下诸侯攻秦国,被打败,五十二年,周朝灭亡。五十三年,天下诸侯归服从秦国。五十六年,昭襄王逝世,儿子孝文王即位,三天后去世,儿子庄襄王继位。

庄襄王二年,使蒙骜攻赵,三年,蒙骜攻取赵国三十七城,四年,魏将无忌(信陵君)帅五国(燕、赵、韩、楚、魏)兵击秦,秦却于河外,蒙骜败,解而去。五年五月庄襄王卒,子政立。《史记卷五·秦本纪第五》P221。秦军退至黄河以外,所向披靡的蒙骜居然失败,这也是诸侯有组织地集体战胜秦国的最后一次。

第三节　秦王政与李斯时代

匏有苦叶,济有深涉,深则厉,浅则揭。

——《诗经·邶风·匏有苦叶》

秦始皇的决断力很罕见,需要很多要素有机组合才能形成。其中的很多因子单独放在一边时是刺眼的缺陷,这样伟大的决断力需要特别予以尊重。

——作者

秦始皇虚岁十三岁的时候,昭襄王逝世(前247年),秦政接替为秦王。"当是之时,秦地已并巴蜀,汉中,越宛有郢(越过南阳占有郢都,即楚之江陵),置南郡矣。北收上郡,以东有河东、太原、上党,东至荥阳,灭二周,置三川郡。"秦王政元年是前246年,秦王政即位元年,平晋阳乱。二年,将军麃公进攻魏国,杀三万余人。三年,蒙骜进攻韩国,攻取十三座城。同年十月,蒙骜进攻魏国畼、有诡两地,次年十月攻克。四年,流行病严重,饥荒。五年,蒙骜进攻魏国,共取得二十座城邑。六年,韩魏赵卫楚联合进攻秦国,夺取寿陵,秦国反击,五国联军解体,秦军攻卫国,迫使卫军角迁居。七年,蒙骜逝世。八年,秦王弟弟长安君帅军攻打赵国,叛国。死屯留,前来镇压的将军壁死亡,背叛的士卒侮辱他的遗体。九年秦王政举行成人礼。长信侯假造秦王与太后御玺叛乱。十年,丞相吕不韦因为长信侯案牵连被免职。任命尉缭为国尉,此时李斯已经主管秦国国政。

秦王政即位十年后(前237年),秦王政遇到了李斯。"李斯,楚国上蔡人也,年少时,为郡小吏,……从荀卿学帝王之术,学已成,度楚王不足事,而六国皆弱,无可为建功者,欲西入秦,辞于荀卿曰:"今秦王欲吞天下,称帝而治,此布衣驰骛之时而游说者之秋也,……故诟莫大于卑贱,悲莫甚于穷困。久处卑贱之地困苦之地,非世而恶利,自托于无为,此非士之情也,故斯将西说秦王矣。……至秦,会庄襄王卒,李斯乃求为秦相文信侯吕不韦舍人,不韦贤之,任以为郎。李斯因以得说。他劝说秦王抓住时机,否则诸侯得到喘息机会,统一大业就难度变大,秦王拜为长史。按照李斯的意见,派人到诸侯国结交重要的人,愿意接受秦国财宝的,重金交往,不愿者谋杀之。后来拜李斯为客卿。《史记·卷八十七·李斯列传第二十七》P2539。李斯所学是帝王之术,他是否适应商鞅建立的制度体系? 帝王之学与法制是否矛盾? 这里需要比较商鞅制度建立前后秦国家运作的方式与效率。秦王政十年(前237年),下令驱逐六国客卿,李斯迅速反应,上谏力陈逐客是错误之举,秦王接受李斯建议,取消逐客令,卒用其计谋,官至廷尉,二十余年,竟并天下。尊主为皇帝,李斯为丞相。夷郡县城,销其兵刃,示不复用。使秦无尺土之封,不立子弟为王,功臣为诸侯者,使后无战功之患。"《史记·卷八十七·李斯列传第二十七》P2546。夷郡县城就是指撤除了城邑的围墙。与熔毁兵刃,不立诸侯是关联的举措。由上可见,李斯之于秦王政就像商鞅之于秦孝公。

秦王政十一年(前236年),王翦、桓齮、杨端和攻打赵国邺城,取城九座。攻下了邺(本在魏国境内,魏王不得已交赵国守护)、安阳(属魏)。军中斗食以下低级官员,十人中留下二个从军,其余返国。十三年,桓齮攻打赵国平阳,杀十万人,十四年,攻打赵国平阳,韩非出使秦国,李斯出主意扣留韩非,韩非死于云阳。十五年,秦军攻击韩国,十六年接受韩国所献的南阳地区。十七年,内史腾攻打韩国,俘虏韩安王,占领韩国全境。十七年,秦国饥荒,十八年,王翦、杨端和、羌瘣攻打赵国,次年俘虏赵王,三位将军接下来准备攻打燕国,考虑到此年秦国灾荒严重,饥饿似乎提高了秦国人的战斗力,天下瑟瑟发抖,诸侯们不知自己会因为粮食还是因为错误成为秦国军队的攻击目标。二十年,燕太子丹派荆轲刺秦王。王翦、辛胜进攻燕国,击溃燕、代两国军队。二十一年获得燕太子丹首级。二十二年,王贲攻打魏国,水淹大梁城,魏降,占领魏国全境。二十三年王翦攻打楚国,俘获楚王。楚国将军项燕扶持的昌平君为新楚王。二十四年王翦蒙武攻击楚国,大败楚军,昌平君战死,项燕自杀。二十五年,王贲攻击燕国,俘虏燕王喜,又攻击代国,俘虏代王嘉(赵国公子嘉自立为代王)。王翦也平定楚国江南地区,降服越国。二十六年(前221年),王贲进攻齐国,俘虏齐王建(他在位四十四年)。战国七雄中秦国与楚、韩、魏、赵都接壤,秦与燕、齐不接壤。从惠文君前337年即位以来,到秦始皇扫清六国,有记载的大型战争二十四次,秦国唯一的一次失败在庄襄王时期,魏无忌率领五国联军打败蒙骜军,秦军保持相当高的胜率,划定了一个从有界到无界的疆土。

前391年,齐国田和废黜了齐康公。前386年自立为君,得到周王室周安王册命,从此田氏代姜齐。前288年,齐湣王与秦昭王互称东西帝,这时的齐湣王还可与秦昭王平起平坐,但这已经是他个人的人生高峰,从此要走下坡路,他的国家也是如此。秦齐两国奉行不同的制度,品质相当悬殊。前 284 年,燕国乐毅与秦、赵韩魏进攻齐国,攻下七十余城,仅剩莒与即墨在齐手中。前 279 年,田单收复失地。但齐国元气大伤。再也无法与秦国争衡。人世间虽然再无商鞅,他的灵魂似乎并未远去,有他经手的国家与众不同,商鞅(前 395—前 338 年)仍以其强大的气场能力荫庇秦国。与之相比,楚国不缺少土地、人口,不缺乏君主的进取心,唯独缺乏一个商鞅。爱商鞅的人喜他的思想雷霆万钧,造天下归一;恨商鞅的人,恶其贪狠嗜杀,吞食同类,泯灭自己。楚国的楚悼王任用吴起改革取得重大成效多年后,商鞅还默默无闻,着急地等待自己的政治机会降临。楚肃王、楚宣王两位君主给楚国蓄积了实力,前 339 年楚威王即位,苏秦夸楚威王带甲百万,地方五千余里,粟支十年。楚威王则看到了秦国的存在,"以楚当秦,不见胜也。"楚威王杀越王无强(亦称无疆,前 342—前 306 年在位)楚威王还大败齐国,控制区域向北方大幅扩张,攻杀兼并,过着时尚且与社会合拍的生活;楚悼王时代的楚国比秦国先进,但是楚国就是达不到秦国的高度。可以肯定其中的一个原因是缺乏一个进取者商鞅,这是一个不容易察觉但重大的缺失,楚威王儿子楚怀王成为秦国的囚徒是警示,这不单是个人的失败,更是国家与制度的失败,是忘记以及忽略商鞅及其精神的惩罚,商鞅精神中蕴含重大隐患,但在当时尚未尽数显露出来,早期实践中对当时社会的危害没有后世陆续看到的那样大。

一、秦中央政府

商鞅的变法在商鞅被杀后陆续出现变化,有一些新制度跟进,秦武王(前 310—307 年在位)时出现丞相等职位等。秦始皇的国家土地已经十分辽阔,"地东至海及朝鲜,西至临洮、羌中,南至北向户,北据河为塞。并阴山至辽东。"《史记·卷六·秦始皇本纪第六》P239。统治这样一个庞大的国家,"一法度,衡、石、丈、尺,车同轨,书同文。"实属必要。

尤为重要有二:

1. 郡县制

秦王政立二十六年(前 221 年),秦初并天下,分天下为三十六郡,郡置守尉监,更名民曰黔首。这年,丞相王绾、御史大夫冯劫、廷尉李斯热烈赞美郡县制的创举,认为海内设立郡县,国家法令因此统一,这是自古以来不曾有过的功绩。不过丞相王绾还有与前相悖的建议:燕、齐、楚地偏远,若不设立王国,就无法镇守这些地区,请求封立各位皇子为王。秦始皇将此发给群臣讨论,群臣都认为这样做便于治理,廷尉李斯表示,周文王、周武王所分封的同姓子弟非常多,但是后来宗属关系疏远,他们相互攻击如同仇敌,诸侯们接连不断的互相征伐,周天子不能制止,如今海内赖陛下神灵而统一,各地设立了郡县,各个子弟和功臣用国家的赋税收入重赏他们,这样就很容易控制,使天下没有二心,这样才是安定国家的政术,设置诸侯不便于治理国家。始皇帝说,天下饱受无休无止的战争苦难,就是因为诸侯的存在,现在重新设立诸侯国,是在种下战争的祸根,天下得到安宁发展就很困难。廷尉的意见是对的。天下分为三十六郡,郡中设郡守、郡尉、监。《史记·卷六·秦始皇本纪第六》P239。监指御史一职,监郡。

始皇三十四年(前213年),秦始皇在咸阳设置酒宴,有七十位博士前去祝酒,郡县区划再次被重点讨论,博士周青臣说:诸侯国改为郡县,没有过去诸侯之间频繁的争战祸患,臣民变得更为安全快乐。博士淳于越反驳说:殷周统治一千多年,分封子弟和功臣作为自己的枝叶和辅助,您的子弟却是匹夫平民,没有任何封地可以经营,也就不能成为中央安全的屏障。皇帝将此意见让群臣讨论,李斯表示,五帝三代都是根据自己的具体情况治理,没有重复因袭。他认为就是因为诸侯各争短长,所以才争相招揽游学之士,现在天下平定,士人应该学习法令刑禁,三十日内烧所有书(秦史除外),不烧的书还有医学、卜筮、种植一类,习法者以官吏为师。李斯的话并没有直接回答淳于越的质疑,但是他认为具体情况应该具体分析,不应该将一个新时代重新套上一件旧时代政治衣裳,皇帝表示理解,下令按李斯的意见执行。是秦始皇李斯等共同完备了郡县制度。

杜佑说:暨秦兼天下,建皇帝之号,立百官之职,不师古。始皇罢侯置守,太尉主五兵,丞相总百揆,又置御史大夫,以贰于相。"《通典·卷十九·职官一》P240。这个概括合乎实事。与周礼相比,秦的职官系统有很大改动,不过它经过了复杂的过程,长期的准备。因为在春秋尤其是战国时期,诸侯国家经历了一个"个性化"的发展过程,国家特性得到了张扬。对此主要有两种不同的评估:1. 这使得周礼影响下的人们在文化、意识、体制上的脆弱共性成为有形而无效的维系,国家实际上已遭到无情分割,这种分割与国家结构最初设计者的初衷相比,无疑是背叛。它在形式上,尤其在意识上差异明显。2. 秦国的发展与周礼强调的发展路径迥然不同,但秦国不是为了彻底背叛周礼,而是为了获胜。秦国使用的工具引起了最大的异议,但是秦始皇在刻石上诠释的理想国家与周礼的主要区别主要在礼与法,认为同一个目标可以由不同的方向或方式到达,这也是秦国人对多样性最初的认识。

2. 三公九卿

丞相

（金印紫绶。掌丞天子,助理万机,有左右之分,始皇二十八年琅邪刻石。）

太尉

（金印紫绶,掌武事）

御史大夫

（银印青绶,丞相副职,纠举不法,审讯重案）

九卿

奉常	郎中令	卫尉	太仆	廷尉
（掌宗庙礼仪）	（掌宫殿掖门户）	（掌宫门卫屯）	（掌舆马）	（掌刑辟）

典客
（掌归义蛮夷）

宗正	治粟内史	少府
（掌亲属）	（掌谷货）	（掌山海泽池之税）

以上皆秩中二千石。

中尉	将作少府	詹事	主爵中尉
（徼循京师）	（掌治宫室）	（掌皇后太子家）	（掌列侯）

内史
（掌治京师,率军出征）

以上均为国家高级官员。职位的设置或许还可看到周礼的影子,这些制度经过浓缩后。更适应它的国家体制。

秦在地方置郡、县,郡下辖县。郡置守、尉、监。《史记·卷六·秦始皇本纪》P239。郡的主要官员有:

郡守:掌治其郡,秩二千石。

郡尉:掌郡之武事　秩比二千石。

郡丞:郡守之佐,边郡又有长吏,掌兵马。秩皆六百石。

郡监:郡有监御史,是中央派往郡监督郡内治务的官员,通常带有皇帝的特殊使命,但此官不常置。

县置令、长:掌治其县。万户以上为县令,秩千石至六百石。不足万户为县长。秩五百石至三百石。皆有丞尉。县大率方百里,其民稠则减,稀则旷,乡亭亦如之。"宦及知于王,及六百石吏以上,皆为显大夫。"《睡虎地秦墓竹简·法律答问》P233。

县下设乡、亭、里。

十里为亭,亭有亭长;十亭为乡,乡有三老,啬夫、游徼。三老掌教化,啬夫掌听讼,收赋税;游徼禁盗贼。

列侯所食的县曰国,皇太后、皇后、公主所食的曰邑。有蛮夷的曰道。《汉书·卷十九上·表》P126,参见《通典·卷三十三·职官十五》P491。

秦分全国为三十六郡,凡县、道、国、邑一千五百八十七个,乡千六百二十二个,亭二万九千六百三十五个。在全国推行郡县制是反传统的行为,丞相王绾认为应立即恢复周礼,大肆分封子弟功臣;廷尉李斯则强调那种制度的重大弊端,王绾的崇古一派与廷尉李斯创新制一派争锋相对,后者认为分封制已经毫无价值的判断被至尊接受。兄弟之国为私利动辄反目为仇,诸侯们更是以强凌弱,经常大打出手。天子毫无威信,眼看自己一天天被日益强大起来的诸侯削弱。他大胆建议不要在效仿这种自相矛盾、适得其反的传统,"诸子功臣以公赋税重赏之,甚足易制,"秦始皇深受启发:天下共苦战斗不休,以有侯王,……天下初定,又复立国,是树兵也,而求其宁息,岂不难哉!《史记·卷六·秦始皇本纪第六》P239。结果李斯的意见被采纳,相关制度被后世广为引用。

秦爵二十等,从高到低依次为:彻侯、关内侯、大庶长、驷车庶长、大上造、少上造、右更、中更、左更、有庶长、左庶长、五大夫、公乘、公大夫、官大夫、大夫、不更、簪袅、上造、公士。最高彻侯,乃得食县,其次关内侯,食租税,大庶长以下,则如吏职。《通典卷十九·职官一》P255。这些等级在始皇称帝后,基本被全部取消。有选择的作了一些保留,五大夫一级是特殊的一例:始皇二十八年,在泰山"风雨暴至,休于树下,因封其树为五大夫。"《史记·卷六·秦始皇本纪第六》P242。

秦始皇二十八年,原本低微的五大夫一职再次出现,竟与众位列侯、伦侯、两位丞相、二位卿相提并论:

列侯:武城侯王离,通武侯王贲。

伦侯:建成侯赵亥、昌武侯成、武信侯冯毋择。

丞相:隗林、王绾。

卿:李斯、王戊

五大夫:赵婴、杨樛。《史记·卷六·秦始皇本纪第六》P246。

通候应是彻侯的异称,仍被保留。前210年(秦始皇三十七年)纵横天下的帝国皇帝死于沙丘,李斯决定听命于胡亥,他解释说自己理应回报皇室:"斯上蔡闾巷,布衣也上幸擢为宰相,封为通侯,子孙借至尊位重禄者。"……于是斯乃听高。《史记·卷八十七·李斯列传第二十七》P286。列侯和伦侯之区别在于：列侯有封邑，伦侯无封邑。王离、王贲这样一些战功显赫的著名将领被封为列侯，享有封邑。但子弟封侯者则比周明显减少。按李斯的说法："今海内赖陛下神灵一统，皆为郡县，诸子功臣以公赋税重赏之，甚足易制。"《史记·秦始皇本纪第六》P239。当时秦始皇完全同意李斯的见解，但实际上保留了原有的一些制度，上面讲到的情况就是证明。

在秦制成熟期，将丞相、太尉、御史大夫成为政府官吏的塔尖，取消了周国家纯粹论事、可有可无，荣誉性质的三公。取而代之的是丞相、太尉、御史大夫。相国主管全国的一切行政事务，秦国相国初期享有很高的待遇，"皇帝幸梁山宫，从山上见丞相车骑众，弗善也。"《史记·卷六·秦始皇本纪第六》P257。丞相的随员之多，衣冠之光鲜，连始皇也本人也感到目不暇接，对他的丞相所应有的威仪缺乏心理准备，丞相随员的多寡也要看其眼色行事，不仅如此，他对丞相职能也未能加以明确界定，他本人对丞相事务经常都是以公开的形式、扩大的范围、从容不迫地干预着、进行着。而且丞相的个人能力与忠诚也时刻处于被怀疑状态。变为摆设，"丞相诸大臣皆受成事，倚办于上。"《史记·卷六·秦始皇本纪第六》P258。秦始皇逝世后，赵高游说李斯选边，威胁一旦扶苏立为皇帝，扶苏一定会任命蒙恬为丞相。李斯不仅会丢掉相位，通侯的爵位也得不到保留。《史记·卷八十七·李斯传》。赵高认为蒙恬在能力，功劳、机敏、信誉、与太子扶苏的个人感情深厚，五点李斯都处于劣势。"高固内官之厮役，幸得刀笔之文入秦宫管事二十余年，未尝见免罢丞相功臣有封及二世者也，卒皆以诛亡。《史记·卷八十七·李斯传》P286。赵高认为自己为低级内官，因为熟悉法律而进入秦宫。

太尉主管武事，太尉理论上统领全国兵马，实际上秦国设置太尉一职后一直缺乏一个合适的人选，决定重大军事行动的是皇帝本人，秦国的太尉常常没有合适的人选，实际领军统率是内史、将军等职。领兵出战的是一些将军如"使将军蒙恬发兵三十万人北击胡，略取河南地。"《史记·卷六·秦始皇本纪第六》P252。由于对蒙恬不放心，又令长子扶苏监督其行动。秦国军队的成分令人担心，常由一些未受过专门训练的人充任，"三十三年，发诸尝逋亡人、赘婿、贾人略取陆梁地……。"《史记·卷六·秦始皇本纪第六》P253。这非专业人员都因为做过恶，社会地位卑微而不得不临时充任战士，经历残酷的战争考验，但是在这种惩罚性的军事行为中，求生的本能是他们唯一的保护，国家不会为他们毫无价值的牺牲负责，政府很乐于看到他们在战争中消耗掉，因为他们被视为国家的累赘，不稳定因素。这是秦国这个统一的国家身上的一个污点，由一些声名显赫的将军率领一支支,并非训练有素,往往仓促上阵的业余人员的队伍仍然取得了绝大多数的胜利,这种胜利的频繁次数是令人惊讶的。但早期秦帝国的强大已是不争的实事,他的军队声威远播、所向披靡,以武力统一中国,在于它的国家有足够的经济实力支持战争费用,在于令行禁止高效率的行政能力,在于君主热衷于以战争的方式与人对话,在于他的人民一半是被政府驱赶,一半是由于自我觉醒提早进入新的文明领域,思想也更广泛地感知、参与了战争。战争在无意中也用于普及推广文明的进步,征服者们则是载体。除了有以国家的名义派出军队外,郡、县都有自己的职业军官,郡尉、县尉指挥作战,抵御君主国内、国外的敌人。卫尉和中尉则统率京师的卫戍部队,这是国家的精锐,他们被告之必须以鲜血和生命捍卫国家的君主、主要财产、宗庙以及一些合理的错误。

　　作为副丞国的御史大夫既要协助相国日常工作,同时又受命监察百官工作的执行情况,更重要的是他主管国家的司法,在秦国始皇时代,法被提高到前所未有的高度,这主要是指执行情况而言,秦人对法的理解与现在很不一致,并不积极提倡罪罚一致,国家的现在的安全是压倒一切的,但他们并没有将司法视作政府工作的全部,在秦式的三公中,御史大夫排位第三,具有行政监督与司法审判等职责,但是具体的司法行为可能会绕开了御史大夫。二世皇帝"以赵高位郎中令、常侍中,用事二世。……于是群臣诸公子有罪辄下赵高令鞫治之。杀大臣蒙毅等,公子十二人僇死咸阳中,十公主矺死于社。财物入于县官,相连坐者不可胜数。"《史记·卷八十七·李斯列传第二十七》P2552。十二位公子被诛戮,十位公主被处磔刑,即身体被分割。秦始皇共有二十三个儿子,十个女儿,其中哪些人被杀,没有详细记载,但与扶苏的陨落有关,蹊跷的是,扶苏的嫡长子子婴竟然被他的十八叔胡亥留了下来,是意外疏忽漏网? 还是特意安排的仁慈行为?由于涉及面广,社会地位优渥,如此重大的案件,由主管宫廷掖门户的郎中令一手操办,不是为了增加司法审判的专业性,而是谋求忠实彻底地履行皇帝的意图。赵高并不是擅自超出自己的职权范围,他控制大局又听命于新皇胡亥。这个例子与这个国家以法为中心位置的指导思想相矛盾,但这反映了这个国家的基本情况。即以法治国并不意味着以法为准绳,或者说最高司法权不掌握在法律专业、专职人士手中。一个独裁的君主只要以国家为重,就不可能不成为法律的支持者,如果重心转移到他个人的头上,则易于变庄严为荒谬,这是人的利益与国家利益不一致的地方。秦始皇对国家有抱负,让御史大夫与其他高级官吏以及受宠信的人共同组成秦帝国的最高决策机构。但同时对个人的生活质量也一丝不苟,完全相信自己的常识。经常让御史及其属员,按自己的喜好对人事予以最后裁决。"……赵高有罪,秦王令蒙毅法治之,毅不敢阿法,当赵高罪死,除其官籍,帝以高之敦于事也,赦之,复其官爵。"《史记·卷八十八·蒙恬列传》P2565。而且这样做并无蔑视国家利益的前提,一个爱自己国家并执意让它永久延续的人,亲自为它埋下了迅速灭亡的种子,这也就是事情的悲剧性之所在。

御史大夫是皇帝的高级法律顾问,正常情况下独立执法。御史大夫与廷尉在政府中有崇高的新地位,却是秦国朝政受到批评的焦点之一,舆论认为是一切以法为中心的开端。实际上重法是秦的一个传统,"蒙恬尝掌书狱典文学。"《史记·卷八十八·蒙恬列传》P288。赵高则因精通法律而擢升为中车府令。它是太仆属下,主管乘舆,官秩六百石。周的司寇不过是天、地、春、夏、秋、冬官六人之一,其上还有师保傅这样尊贵的国家重臣。而秦将这种神圣的次序打乱,无疑成了传统的叛逆。"始皇推始终五德之传,以为周得火德,秦代周德,从所不胜,方今水德之始,改年始,朝贺皆自十月朔,衣服旄旌节旗,皆上黑。数以六为纪,符、法冠皆六寸,而舆六尺,六尺为步,乘六马。更名河曰德水,以为水德之始。刚毅戾深,事皆决于法,刻削毋仁恩和义,然后合五德之数。于是急法,久者不赦。(施行残酷的法律犯法者长期都得不到赦免)"《史纪·卷六·秦始皇本纪第六》P237。

秦国急法是有证可查的:"非博士官所职,天下敢有藏《诗》《书》、百家语者,悉诣守、尉烧之。有敢语《诗》《书》者弃市,以古非今者族。吏见知不举者与同罪,令下三十日不烧,黥为城旦。"《史纪·卷六·秦始皇本纪第六》P255。"……见丞相车骑众,弗善也。中人或告丞相,丞相后损车骑。始皇怒曰:'此中人泄吾语。'按问莫服,当是时,诏捕诸时在旁者,皆杀之。"《史记·卷六·秦始皇本纪第六》P257。"三十五年……'卢生等吾尊赐甚厚,今乃诽谤我,以重吾不德也。诸生在咸阳者,吾使人廉问,或为妖言以乱黔首。'于是使御史悉案问诸生,诸生传相告引,乃自除。犯禁者四百六十余人,皆坑之咸阳,使天下知之,以惩后。"《史纪·卷六·秦始皇本纪第六》P258。"三十六年,……有坠星下东郡,至地为石,黔首或刻其石曰:'始皇死而地分。'始皇闻之,遣御史逐问,莫服,尽取石旁居人诛之,因燔销其石。"《史纪·卷六·秦始皇本纪第六》P259。按侯生、卢生的说法,秦始皇专任狱吏,狱吏得亲幸。……乐以刑杀为威。《史记·卷六·秦始皇本纪第六》P258。他的确多次驱使御史任性办案,深文周纳。可是他对不能秉公办案者又实施严厉打击,"三十四年,適治狱吏不直者,筑长城及南越地。"《史记·卷六·秦始皇本纪第六》P253。他矛盾的性格在此可见一斑。但这些都是他个人的行为,不能将其视作整个秦帝国的司法大局。秦始皇鹰视狼顾,政治上

叱咤风云,个人生活却并不顺心,他母亲卷入严重的生活丑闻,他所信任的朝廷
重臣吕不韦等人由于被揭露竟处于丑闻的中心而变得再也令他无法忍受,除了
残酷扩大打击外,他无法选择更为理智方法来恢复尊严、宣泄愤怒。国家尤其是
首都的秩序虽然只经过短暂的混乱而恢复平静,秦始皇内心的创伤则永难抚平。
占卜的结果指示他离开宫廷,他虔诚地听从神的召唤四方巡游,但神似乎也在愚
弄他,道途的坎坷加重了他心灵的负担:二十八年在泰山封禅遇暴雨,渡湘江欲
至湘山祠,遇大风,几不得渡。齐人徐市以蓬莱、方丈、瀛洲三神山欺骗他,卷走
大量人口,财物。二十九年在博浪沙遭人袭击。三十一年,在兰池几乎被谋杀。
三十五年侯生、卢生又效仿韩众、徐市以神仙长生药骗取皇帝信任与大量钱物。
三十七年,"过丹阳,至钱塘。临浙江,水波恶,乃西百二十里从狭中渡。"《史记·
卷六·秦始皇本纪第六》P260。这个法制的理性与命运的神性集于一身的君主
所遇到的这些问题是一个由此而建立之新国家的必然遭遇,还是他个人的劫数?
"始皇为人,天性刚戾自用。"如果没有法律利器,他是否就会变得更仁慈? 法是
助长了他的天性还是对其有所抑制? 很难有一致的解释,因为他要形成前所未
有的权力集中与专制,释放自己的个性之外,还要借助于工具,才能够"起诸侯,
并天下,意得从欲……"《史记·卷六·秦始皇本纪第六》P258。他眼中一个真
实的世界一度可以由其亵玩,极为抽象的法律却不能随意。他甚至不知道这样
一个严峻的事实,他现在的成就和与生俱来的欲望均已到了临界点,两者反目为
仇,他要珍惜成就,就必须放弃大量欲望,要继续放纵欲望,就必定摧毁自己的成
就。他陷入了两难。制度和法治本来可以挽救他,因对它们有严重误解,从一开
始就不得不面临其强烈反弹。"……刑戮妄加,民愁亡聊,亡逃山林,转为盗贼,
赭衣半道,断狱以千万数。"《汉书·卷二十四上·食货志》P113。这还不是法制
过于严苛的问题,而可以追究到经济问题,要在基本停止了对富庶地区战争略夺
后,相对和平时期会迅速造成人口的密集化以及大幅度增长,而经济类型与方式
仍未见根本性的变革,要使从前分散在诸侯国如此多的人口压力集中兵力在一
个政府之上不管是在经验上还是在准备上都是不足的,为了秩序,法律每时每刻
都不能停止,而经济体制则不堪重负。可以责怪秦国家给人民带来苦难,首先是
这个国家的经济管理能力,最后才是它的法律。

　　至于"久者不赦"的结论,也是一种相对的说法,秦昭襄王二十六年(前281
年),赦免一批罪人而将他们迁居,二十七年,赦免罪人而且迁居,二十八年赦免
罪人将其迁往新占领的地区,三十四年将魏国割让的南阳地区中一批被免职人
迁往新设立的上庸郡。孝文王元年(前250年),赦免罪人,庄襄王元年(前249

年),赦免罪人。长信侯案牵连的四千多户在秦始皇九年(前 238 年)被流放蜀地,十二年秋被赦免"复嫪毐舍人迁蜀者"这或许是个特例,因为:"当时之时,天下大旱,六月至八月乃雨。"《史记·卷六·秦始皇本纪第六》P231。六月起无雨,到八月才下雨。可能是因为旱情的印象,一些人建议皇帝用赦免的办法缓解旱情。指责皇帝久者不赦是在始皇帝二十六年(前 221 年),距离赦免嫪毐案的从犯已经有十四年没有记载皇帝宣布赦免。

帝国虽然有一个完备的行政体系,但是专制的皇帝很容易制约它的运行。极端的情况下,整个中央政府机构在始皇的眼里纯粹是累赘。"天下之事无小大皆决于上,上至以衡石量书,日夜有呈,不中呈不得休息。"疑心、专断驱使其呕心沥血,过量劳动。严重伤害了他的身体,心理健全也过早离他而去,最后走向了畸形发展:他本人成为一切唯一的衡量标准。"自是后莫知行之所在。听事,群臣受决事,悉于咸阳宫。"《史记·卷六·秦始皇本纪第六》P257。他个人出于安全考虑行不知所在,并不是他放心地将权力委托给他人,而是以这种方式表明在整个国家中只容许他一个人自由思想。自由让他达到可怕的境界,"始皇卜之,卦得游徙吉。"《史记·卷六·秦始皇本纪第六》P259。秦始皇又因羡慕传说中的所谓真人长生不老,自谓"真人",不称"朕"。……这些都是不祥之兆,既是他个人也是他的国家不幸的开始。

历代秦王的决策哪些是对的,哪些又是错的,这里简略列举重要正确或失误决策的主要条目:

重视发现人材的秦国贤人政治的开启者是秦穆公任好。秦穆公是早期秦君中最有见识的人之一,是一个重要的君主,秉承尚武精神,积极进取"穆公元年(前 659 年)自将伐茅津。"亲帅军队击败当地的戎人。同时又智力出众,看到了君王权威之外一种重要能量——杰出的人,他是第一个大量为秦国引进贤人的君主。

穆公四年(前 656 年,鲁僖公四年),"迎妇于晋,晋太子申生姊也。"当时只是求婚于晋,次年才成婚,(太子申生在鲁僖公四年十二月上吊而死,当时晋献公被骊姬所惑,使太子不堪压力。而齐桓公纠集宋、陈、卫、郑、许、曹数国,先后攻击蔡国和楚成王)。穆公在位第五年,晋献公(晋献公二十二年)灭虞、虢,著名贤臣百里奚是虞国大夫,与贪心的虞君一道被晋献公所俘,百里奚于是成了来自晋国的秦穆公夫人陪嫁中的在册仆役,百里奚在去秦国的路上脱逃,人到他的家乡楚国宛地时,被楚边境守卫拘留。穆公闻百里奚贤明,立刻愿意出重金赎回。秦国君臣考虑到用重金可能会引起楚国怀疑,反而靳固不予,于是提出用五张黑色羊皮赎人,适合这种赎金价格的逃奴多半是为了让他回去受应得的惩罚。到秦国后,秦穆公亲自替他松绑。与他谈论三天后,任命他为大夫,参与秦最高决策。当时百里奚表面看来问题很多:1 亡国大夫。2 被生俘。3 陪嫁品的低贱身份。4. 试图脱逃。5. 时年已七十以上。但在秦缪公眼中,个人才华使这一切不利因素黯然失色,百里奚又满怀感激之情向秦穆公推荐了老练的政治家蹇叔,穆公以隆重礼节和国家高级职位——上大夫,迎接蹇叔的到来。百里奚接受的第一个任务就是护送夷吾回晋国为君,百里奚因为穆公而命运急转。穆公十二年(前648 年),晋国遭遇旱灾,派使者到秦国请求救援,从晋国逃来的丕郑儿子丕豹出于个人怨恨或者纯粹理性,认为这是攻击晋国的良机,百里奚和大夫公孙枝则表示应该借粮给晋国度过难关,丕豹虽然是穆公有意重用的人,但是穆公却接受百里奚、公孙枝的建议,建议的好坏很快就得到检验。

穆公豪爽大度,具有丰富的人性,不时表现出极佳的前瞻性。穆公曾丢失过一匹良马,它是穆公的心爱之物,当追寻的官吏找到它时,只有皮毛与骨骼尚存。是歧下的村野之人三百之众将其杀死食尽。官吏要将他们按成法办罪,穆公说,为了牲畜而伤害人,不是正人君子所赞同。而且他担心吃了马肉不饮酒容易伤身体,于是赐每人一份酒,并赦他们无罪,他并不准备因此得到报赏。穆公十五年(前645 年),秦国面临饥荒时,晋国不仅没有回报秦国的好意,予以援助,反而准备进攻秦国,穆公看出了丕豹的价值,任命丕豹为将军进攻自己的国家,穆公自己亲临出征,在韩原与自己内兄的军队大战,这对秦穆公没有心理障碍,早在穆公五年(前655 年)秋,穆公刚刚娶晋献公女为妻时,就曾在华阴县界的河曲地区与晋军发生激战,穆公本人当时就在战场。晋惠公趁秦国天灾饥荒攻秦,而二年前饥饿的晋国恰恰是得到穆公源源不断的粮食借贷才度过难关。秦、晋两军在韩原作战势均力敌,战况胶着反复,在追击晋国君时,秦穆公过于突前,反被晋军所围,穆公受伤,在危难的时刻,一群默默无闻的小人物改变了历史,歧下三百野人勇敢的冲破晋军重围救出了危难中的穆公,并活捉了忘恩负义、乘人之危的晋惠公夷吾。他与周天子同姓,先祖是周武王之子,成王之弟。穆公夫人是夷吾的姐姐。骊姬之难时,夷吾逃出晋国。即位之前,为了得到秦国的奥援,曾向秦许诺赠以河西之地,后又违背承诺。周天子与穆公夫人均请求免夷吾一死。如何处置被俘的晋惠公,秦穆公的最初的方案如果是事先的策划,那他无疑是智力过人,但这里考虑秦穆公对晋惠公严重失信,恩将仇报的自然反应,他应该愤怒,确实有杀他的理由。除有周天子的反对秦穆公对晋惠公用极刑外,"夷吾姊亦为穆公夫人,夫人闻之,乃衰绖跣,妾兄弟不能相救,以辱君命"穆公因此改变初衷,穆公大度地照顾君臣,即他与周天子,姐弟,夫妇之间的感情,释放了夷吾。这是个高明的决定,周天子感到得到了尊重,捡回性命的晋惠公变得有信用,夷吾回国,九年后逝世。死去之前可能一直都在回忆自己一波三折的生命,穆公从而得到了当初晋惠公三年前承诺给秦国的河西地区,至此,秦国的辖区东部已经达到黄河。

穆公还是个不拘小节的人,穆公十五年(前 645 年),晋惠公太子圉被安排到秦国为质子,秦穆公为亲上加亲,将自己的女儿文嬴嫁给太子圉,后来太子圉听闻晋惠公生病,为即位而逃回晋国,将文嬴留在了秦国。穆公将文嬴再嫁给重耳,重耳在秦国的帮助下回国为君后,杀死了子圉,也就是晋怀公。这算是一种政治婚姻也好,一种巧妙的安排也好,秦穆公确实一箭双雕,假手杀死了抛弃自己女儿的人,让不告而别的人受到教训,让自己的女儿有了新的归宿,也让秦晋这对必然的竞争者之间有了婚姻纽带作为缓冲。

秦晋崤山惨败,三位被俘的秦国将军终于获释回国时,穆公身着素服在郊外迎接,痛哭自己没有接受正确的意见,一切责任在自己,随即恢复了三人的爵位官职。三十四年,孟明视在彭衙地区与晋作战再次失利。三十六年,穆公确认孟明视有真才实学,对他的信任也坚定不移,再次派遣孟明视率军攻击晋国,"取王官及鄗"攻入鄗、王官两城。穆公隆重举行仪式,哀悼崤山阵亡的秦军将士,为自己的错误公开忏悔。

秦穆公三十七年(前 623 年),对于祖籍晋国,现为戎王使节来秦国的由余,穆公被其真知灼见所打动,以最富有人情味的方式礼贤下士,两人亲如一家地坐在一起,共用一件器皿饮食,畅谈西戎人文景观,军事地理等,盛情挽留由余,一年后才与由余话别。之后穆公始终与他保持密切联系,由余最终成为秦臣。在由余的策划下,秦对戎王作战获胜,增加十二属国,拓地千里。秦在西戎称霸。尊重、依靠有创造性、真才实学的人,这是秦国历代政治的一条主线。天子专门派遣召公过给穆公带来一只金鼓作为贺仪。秦穆公善于发现人才,处理正确意见时则有得有失。

穆公重视人才,也亲身感受到专断的失败。他听信郑国叛臣,将为秦军打开城门的诺言,不顾蹇叔、百里奚的强烈反对。派兵袭郑。不知郑国还有爱国商人弦高,他到周卖牛,路遇秦军,国家利益与个人安危骤然紧密联系在一起。他是郑国人,眼前的这支军队要突袭郑国,为防止泄密,可能杀死遇到的任何一个郑国人。于是对秦国将军说,郑国已得知大国将攻郑,郑国上下正准备迎战,这十二头牛是郑君派我专门送来劳军的。秦将认为郑已有所准备,突袭已没有意义,于是放弃攻郑而是顺道灭掉滑邑。它地处晋边境,归晋管辖。当时晋文公丧而未葬,秦军的行为违背了公认的行为准则。愤怒的太子襄公身着丧服领兵在崤山设伏。秦军非死即俘,没有人能逃脱。秦领军人物百里奚之子孟明视,蹇叔之子西乞术、白乙丙被俘,这支军队的结果正如百里奚、蹇叔二人所料,连失败的地点也准确无误。三位将军在心系祖国的晋文公夫人的帮助下返回秦国,穆公得到一个永生难忘的教训,他身穿素服等待在郊外,一看到侥幸归国的三位将军自己就哭了起来,他承认失败的原因是自己拒绝合理的见解,滥用了君主权力。四年后秦军再次出现在崤山,这是一支对晋作战胜利之师,穆公亲临现场,与士兵一起掩埋崤山死难者,向他们致哀。在列队的士兵前,庄严地说"崤山失败是因我拒绝忠言,愿后世永记我过。"他这种坦诚的胸襟在秦国历代君主是不多见的。

穆公对人才的爱好达到偏执的程度。可以作为佐证的是他在前 621 年死时,有一百七十七人为他殉葬。志愿的可能性很小,主要是王权的强制和对殉死者家族利益的补偿。其中有三位良臣。秦国人怀念他们,诗歌《黄鸟》记录了他们的惋惜与哀伤。

在秦缪公时,秦已是一个在局部有影响的实力派国家。

秦穆公之后,在秦孝公之前的时间内,除康公(对晋作战多次胜绩)(孔子在秦悼公十二年卒,当时秦在中原无所作为)稍有作为,秦国君主频繁变易,政治混乱。出子二年,吴起为将的魏国夺去了秦河西地区。在秦献公时,废除了人殉制度,当献公死后,二十一岁的秦孝公即位,他带来了秦辉煌时期,孝公念念不忘的是秦穆公,他是心中的楷模。历代其他君主中,除了他父亲。穆公对他的影响最大,他的早期政治理想是恢复穆公时的秦疆域,穆公时的政治体制。实际上他尊重人才的作法也可见穆公遗风。像穆公成功引进百里奚、蹇叔、由余等人一样,孝公成功引进商鞅。商鞅在当时是一个相当有争议的人物,他出现在秦国宫廷具有一定的偶然性,他的政治成就一部分取决于他的个人才华,另一部分取决于孝公强烈的进取精神。

孝公与商鞅的政治变革主要是:1. 将农业、军事、社会地位、司法紧密连在一起。鼓励丰产、尚武、特权与司法公正。除非持续一定时间,这种政治格局带来的社会矛盾并不会太突出。2. 从栎阳迁都咸阳,都城向西南移动。3. 加速县的建制。县设令。经过三年的痛苦磨合秦国人开始适应商鞅法,这使秦国国力有了质的变化。即使在孝公、商鞅死后,这种体制的精髓仍以半文字半精神的方式代代相传。农战体制。军农一体,"为田开阡陌而赋税平"即同样的土地,同样的赋税。同时又鼓励垦荒，"僇力本业，耕织致粟帛多者，复其身。"鼓励勤农，单人上缴粮食和布帛达到一定数量，可以像五大夫以上级别的官员一样免除徭役。也不是土地多就赋税高，商鞅制定的军赋"舍地而税"，已经不按田亩征收，入粟拜爵的政策是有余粮的人捐赠政府可以获得爵位或者提升爵位，与军功获得爵位是一致的，爵一级者，益田一顷，益宅九亩，益除庶子一人，庶子是指无爵秩的人，即得到一个庶子为自己服无偿劳役。这套政策改变了秦国人对战争的固有认识，提高了他们参战的积极性。因为需要大量的土地赐封，所以整个秦国积极扩张不仅国家受益，人民也受益。

继孝公的惠文君，杀害商鞅被认为是一个绝对的错误，可以有另一种考虑即：当时的秦国社会已经不需要商鞅的存在，认为他的威望有可能妨碍秦国政治开辟一条新途径。惠文君时代，商鞅将秦国变成虎狼之师，天下之仇雠。苏秦合纵成功，为纵约长，并相六国。秦国已经成为众矢之的，外部环境变得极为复杂时，唯有张仪这种特殊才华的人，才能引导秦国步入辉煌。十年（前328年）用张仪为客卿，因为张仪通过外交手段从魏国获得大量土地被任命为秦相。前324年，惠文君更元元年，惠文君正式称王，为秦惠王，此后的秦国君主一律称王。苏秦被赵肃侯封为武安君，乃投从约书于秦，秦兵不敢窥函谷关十五年。《史记·卷六十九·苏秦列传》P2241。张仪成功打破合纵，更元二年，打败魏国，后来陆续以自己的方式迫使韩襄王、赵武灵王、燕昭王等向秦国割地。楚怀王献黔中地，背叛齐国与秦国结盟。选择魏作为主要打击对象，韩、赵、蜀、义渠、楚也在文君时受挫于秦。继立的武王对周王权力表现出浓厚兴趣。他曾经对有传奇色彩的少年丞相甘茂说：寡人欲容车通三川，窥周室，死不恨矣。《史记·卷五·秦本纪》P209。此人是秦国人粗犷、单纯直率、好勇斗狠的典型人物。他不尽心与诸侯比才智而更热衷于与自己的力士比力量，举鼎受伤而死。他无子，异母的昭襄王继位。考虑到昭襄王对秦国的成就，武王的早殁或许是天意。昭襄王在位时人才流动变得十分平常，高级人员经常性转换，好像国家间没有秘密可言。甘茂在昭襄王元年（前306年）离开秦国到魏。九年，齐孟尝君薛文来秦担任秦丞相。十二年襄侯魏冉被任命为丞相。他祖籍楚国，昭襄王母亲宣太后是楚国人，而他是太后的异父弟。昭襄王时代是秦军几乎所向披靡的时代，在他五十六年（他殁于前251年）的漫长统治中各诸侯国均遭到毁灭性的打击，他儿子孝文王、秦庄襄王（孝文王子）、秦王政（庄襄王子），继位时都可以考虑以怎样的方式建立一个统一的国家。尽管七强中六强均为秦王政所灭，他成为一个历史巨人，主要是因为秦穆公、秦孝公、秦昭襄王等这些杰出的君主给他铺平了通向每一条郡县的道路。

秦国社会流动性比较强,一方面是诸侯间激烈竞争所致,都希望延揽到最杰出的人帮助自己的国家迅速发展。昭襄王元年(前306年),严君疾为丞相,甘茂离开秦国去了魏国。昭襄王九年(前298年)孟尝君薛文来秦国担任丞相。次年则因为被诋毁被免职。楼缓担任丞相。十二年楼缓被免,穰侯魏冉被任命为丞相(二十四年魏冉被免,二十六年,再次被任命为丞相,三十二年魏冉帅兵进攻魏国,四十二年九月,穰侯离开秦国都城回到自己的封地居住)。《史记卷五·秦本纪第五》P213。昭襄王五十年(前257年),十月,武安君白起被贬为士伍。另一方面是年轻的秦王放手让自己信任的大臣自行发挥,秦王政即位……吕不韦为相。"王年少,初即位,委国事大臣。"《史记·卷六·秦始皇本纪第六》P223。……招致宾客游士欲以并天下。李斯为舍人(主厩内小吏官名或云侍从宾客谓之舍人也。)蒙骜、王齮、麃公等为将军。《史记·卷六·秦始皇本纪第六》P224。

有些人得到了发展,个人与家庭境遇很快可以变得很好:孝公立(前361年,时年二十一岁)。三年(前359年),卫鞅说孝公变法。用鞅法,百姓苦之,居三年,百姓便之。乃拜鞅为左庶长。十年(前352年),鞅为大良造,秦孝公二十二年(前340年)鞅以军功封列侯,号商君。

嫪毐被秦封为长信侯。封地在山阳,河西太原郡改为毐国,大小国事嫪毐都有参与权。

昌平君乃芈姓,名熊启,母亲为秦国公主,秦昭襄王为其外祖父,战国末期楚公子,受封为昌平君,仕于秦,为秦庄襄王、秦王政之臣,受秦始皇命攻打嫪毐,后被楚将项燕立为楚王,秦王翦等讨,昌平君兵败身亡,楚亡于前223年。

有些人是没有得到机会或者机会得而复失,秦王政九年(前238年),嫪毐乱,令相国昌平君、昌文君发卒攻毐,战咸阳,斩首数百。嫪毐等人悉数被捕。

秦王政八年(前239年),"王弟长安君成蟜将军击赵,反,死屯留。"嬴成蟜是秦始皇同父异母弟,长安君率领军队攻打赵国,反叛,死于屯留,屯留在长平以北,靠近魏国。

2)献公在位第七年(前670年),秦国开始设立集市,这是活跃经济,有无互补的重要途径。秦献公十年,开始编制户籍和设立五家为邻的连坐制度。

3)惠文王十九岁为君,次年开始实行用钱币。

4)昭襄王十九岁为君,第四年开始开辟田间的阡陌。

5)惠文王将大庶长改为相,调动、指挥军队大良造改为将,军队的调动必须凭君主的口头命令和规定的符节,国内其他人无权调动军队。

毁灭西周制度,兼并六国的秦国,既没有显赫的家世,也无优越的经济基础。气候环境相当恶劣,在当时还相当贫瘠的地方,秦的崛起比中原诸侯缺乏更条件,但它选择了恰当的突破口,高瞻远嘱的穆公首先打击了他的背面——西戎,也是整个西周的忧患,解决后顾之忧后,从此就可以说基本上一路埋头向前发展,在国策上简单明了。持续执行基本相同的政策,不受令人眼花缭乱思想干扰、处处禁忌的传统束缚,对腐朽的秩序高度蔑视而终获成功,又由于它的制度是不完善的,理解它的人很少,对完善的要求度也就很低,所以在真正实施管理时就变得很困难。全线打击与统一管理有很大区别。

二、错误的决策

1) 专横君主错误

秦穆公二十八年(前 632 年),晋文公在城濮之战打败楚国,重耳的个人能力在秦穆公之上,秦国的势头明显受到晋国抑制,但他们之间合作起来。穆公三十年,秦帮助晋文公围困郑国,危殆之际,郑文公的使者紧急赶往秦国,告诉秦穆公,如果晋国灭郑,晋国会变得更强,这对晋国的好处远大于秦国,郑国离间秦、晋二国的阴谋得逞,穆公认为对而撤军,晋国也随即撤军,瓦解了两个强国可能是致命的进攻。秦晋因为婚姻关系而密切的政治关系务实而且理性,或许是在仿效重耳,或者是确实觉得郑国对秦国意义重大。穆公无法摆脱郑国的诱惑,决定单独行动,二年后,即秦穆公三十二年,晋文公九年(前 628 年)掌握郑国北门钥匙的杞子与秦穆公取得联系,愿意作为秦国内应。秦穆公为准备袭击郑国而征求百里奚和蹇叔意见,二人认为此事不可行,二人事先甚至预料秦军会在崤山地区遇阻。穆公没有接受两位贤臣的意见,秦穆公已经利令智昏,不顾合理的反对意见,坚持派百里奚的儿子孟明视,蹇叔的二个儿子西乞术、白乙丙领兵袭击郑国。晋文公于穆公三十二年(前 628 年)冬天逝世,秦军是在三十三年春开拔,郑国商人弦高经商途中偶尔遇到了这支行动诡秘的秦国军队,他设法蒙蔽秦军将领,使其误以为郑国已经知道秦国意在袭击,而郑国则做好了充分的应对准备,孟明视他们因此临时改变进攻郑国计划,灭掉了晋国边邑滑城。秦国如果想要进入郑国,需要借道晋、周、楚三者的其中一个。秦军行军路线显然是从北向东。晋襄公气愤自己的父亲尚未安葬,秦国即趁机突袭自己的领地,于是亲自帅晋军在崤山伏击秦军,秦、晋崤山之战秦军遭遇惨败。秦军三位主要将领都被俘虏。

14) 因私废公的君主

同样的一个人做同样事,即使是正确的事,个人的结局也很容易变得很坏。前337年,秦孝公卒,子惠文君立(前337年),是岁诛鞅。因为变法初得罪过惠文君。P205。昭襄王二年(前305年),庶长壮,与诸大臣、诸侯、公子为逆,皆诛。及惠文君后(慧文后)皆不得良死(不得善终)。

15) 商鞅军功制度的破坏

庄襄王因为和吕不韦的姬妾相爱生下秦王政。十三岁的秦王政即位后,吕不韦担任了丞相,封文信侯,食邑十万户。吕不韦没有军功,嫪毐被秦封为长信侯,同样没有军功。

16) 高度的集权

秦皇三十五年(前212年),令咸阳之旁二百里内宫观二百七十复道(空中的复道)甬道(有围墙的甬道)相连,帷帐钟鼓美人充之,各案署不移徙(器具摆设和人的安排登记在册不能移动),行所幸,有言其处者,罪死。始皇复幸梁山宫,从山见丞相车骑众,弗善也、中人或告丞相,丞相后损车骑,始皇怒曰:此中人泄吾语,案问莫服,当是时,诏捕诸时在旁者,皆杀之,自是后莫知行之所在。听事,群臣受决事,悉于咸阳宫。(只在咸阳宫办公事)P257。

秦始皇的六个皇子被秦二世杀死在杜县,皇子公子将闾等三人被囚禁在内宫中,兄弟三人被逼自杀,宗室震怖,群臣中有敢于谏言的就是诽谤朝政。子婴是二世兄长的儿子,子婴做了四十六天的秦王。

右丞相冯去疾,左丞相李斯,将军冯劫,请求停建阿房宫,减税免役,二世引用韩非子的话说"简朴的生活,辛勤的劳作,比如大禹。"但这不是君王的生活,君王应该为所欲为。于是他将三人下狱,二冯自杀,李斯遭受五刑。

5) 制度系统性的破坏:

杀掉商鞅后,"君王的明智"和"基本的制度"两者都尚未被大面积破坏,秦始皇信任蒙氏,疏远其他官员,对制度已经开始造成破坏。"蒙恬大父蒙骜自齐事秦昭王",蒙骜子蒙武,蒙武子蒙恬,蒙恬弟蒙毅。"蒙恬尝书狱典文学。是时蒙恬威震匈奴,始皇甚尊崇蒙氏,信任贤之,而亲近蒙毅位至上卿,出则参乘,入则御前,蒙恬外事,而毅常为内谋,名为忠信,故虽诸将相莫敢与之争焉。"《史记·卷八十八·蒙恬列传第二十八》P2565。蒙氏是有真才实学而忠信的人,因此不至于给国家带来即时的负面影响。但在二世时,这两个基石中仅存的也失去了。二世皇帝元年(前209年),胡亥二十一岁。赵高在始皇帝在世时为中车府令,皇帝发给天子扶苏的书信要经过中车府令加盖符玺,胡亥即位后宠幸赵高并任命他为郎中令。成为中车府令的直接上司,九卿之一,任用赵高是国家政策的重大背离,赵高的下列建议彻底动摇秦国立国基础,以下是赵高和二世一段攸关秦国命运的对话:

二世曰:大臣不服,官吏尚强,及诸公子必与我争,为之奈何?

高曰:臣固愿言而未敢也。先帝之大臣,皆天下之累世名贵人也,积功劳以世相传久矣。今高素小贱,陛下幸称举,令在上位,管中事,大臣鞅鞅,特以貌从臣,其心实不服。今上出,不因此时案郡县守尉而罪者诛之,上以振威天下,下以除去上生平所不可者,今时不师文而决于武力……"《史记·卷六·秦始皇本纪第六》P268。

二世说:大臣不顺从我,国家官吏势力强大,公子们想要与我争夺大位,有什么解决的办法?赵高表示,先帝的大臣都是立有功名的人,为国家累积功业世代劳苦已经很久,而我赵高就是一个无功无业的贱人,得到陛下抬举官居高位,大臣们对此快快不乐,对我只是表面顺从。建立杀掉有罪的郡守、尉,除去对皇帝不满的人,现在不应该提倡效法文治而应该一切取决于武力,重新换一些人担任官职。二世因为无知而很自然接受地接受了这个荒谬的建议,杀掉大臣和公子,牵连许多低级官员。赵高就是一个缺乏基本治国智力的人。"赵高者,生而隐宫,始皇闻其强力,通于狱法,举以为中车府令,使教胡亥决狱,胡亥幸之,赵高有罪,始皇使蒙毅治之,毅当高法应死,始皇以高敏于事,赦之,复其官。《资治通鉴·卷七·秦纪二》P49。秦始皇、秦二世都看错了赵高,对之寄托了不能承受的期望,赋予了他不能完成的使命。如果秦始皇不曾干扰秦法的执行,按照蒙毅的判决,秦帝国或许不至于速亡。赵高是不是一个真正懂法依法行事的人?他首先捏造李斯与其子三川郡守李由反叛,李斯身为丞相,也被严刑拷打,赵高命令他私人容留的宾客装扮成御史、谒者、侍中等国家官员,轮流审讯李斯,迫使其绝望中违心认罪。在李斯与次子被处决前,长子李由已经为国战死疆场。《资治通鉴·卷八·秦纪三》P55。

赵高具有重要的象征意义,他是秦制度被彻底破坏的重要标志,比秦二世的作用更大,无功无成的人成为国家重要官员。其次,因为不称职,他们容易做错事。秦二世三年八月,当章邯在泽源与项羽对峙时,派人请示下一步行动,赵高竟然三天故意不见使者,导致国家最主要的精锐军队最终投降。赵高仰仗二世的信任让许多人蒙冤,赵高担心大臣在朝揭露自己,于是劝二世皇帝不要过多地与大臣接触,因为他还年轻,一旦出现短处,就会在大臣面前丧失威信。皇帝应该只让熟悉法令的侍中们转告大臣的意见,单纯无知的二世竟然采用赵高的建议,不再坐朝接见大臣,常处深宫之中,赵高侍奉左右独揽大权。以致丞相李斯的奏报不能呈报二世,自己也难以见到二世。《资治通鉴·卷八·秦纪三》P54。

高低级官吏为何纷纷背叛强大的秦国? 按理,刚刚统一全国,强大无敌,但不论诸侯、家族成员,还是农民,都有背叛者:

1) 秦王政即位,晋阳反,元年,将军蒙骜定之。《史记·卷六·秦始皇本纪第六》P224。

2) 秦王政八年(前239年),王弟长安君成蟜将军击赵,反,死屯留(嬴成蟜是秦始皇同父异母弟。长安君率领军队攻打赵国,反叛,死于屯留)。

3) 嫪毐封长信侯(封地在山阳,河西太原郡改为毐国),事无大小皆决于毐。秦王政九年(前238年),嫪毐乱,令相国昌平君、昌文君发卒攻毐,战咸阳,斩首数百,皆拜爵,及宦者皆在战中,亦拜爵一级,二十人皆枭首。十年,相国吕不韦坐嫪毐免。桓齮为将军。迎太后于雍而入咸阳。复居甘泉宫。《史记·卷六·秦始皇本纪第六》P227。

4) 宾客:"秦王十二年,文信侯吕不韦死。(索隐,其宾客数千人窃共葬于洛阳北芒山)十六年,初令男子书年。十七年,民大饥,华阳太后卒。十九年,始皇母太后崩。大饥。二十年燕丹子刺秦王。《史记·卷六·秦始皇本纪第六》P231。

秦朝败亡的一个萌芽,可能是吕不韦牵连到嫪毐案,秦王政十年(前237年),"大索,逐客。李斯上书,乃止逐客令。"若非李斯反应迅速,上书劝阻,虽然没有禁止外国访客在秦从事政治等活动,纵观他在称帝后的自我封闭举止,秦王这次应该算是有点侥幸地接受了正确的意见。但这是秦始皇独断的苗头。秦王政十年还能设法用具有批评精神的尉缭为国尉,为自己的国出谋划策。十四年,韩非来秦,他固然是为了韩国的利益,但是秦王政没有保护这位杰出的法家学者,韩非死在了秦国的监狱。秦始皇并未意识到拒绝外部信息和意见的后果,他是否知道自己政治变革的价值? 可能比较朦胧,实际上郡县制度在全国推广的实际意义与他自己的预期差距很大。《史记·卷六·秦始皇本纪第六》P230。

三、为什么叛秦的下层官员众多?

秦国是个流动性很快的国家,频繁的战争导致大量有功人员上升,一些缺乏战争竞争力的人社会地位下降。

秦国时期的身份变动实例三则:

1) 张耳,……尝亡命外黄。外黄富人女甚美,庸奴其夫,亡邸父客,父客谓曰：必欲求贤夫，从张耳。女听，为请决，嫁之。女家厚奉给耳，耳以故致千里客，宦为外黄令。《前汉书·卷三十二·张耳陈馀传》P174。亡命是指失去了名籍。秦灭魏国时，悬赏千金捉拿张耳，五百金捉拿陈馀，二人改名换姓，到陈国一个里为监门。

2）陈胜"少时，尝与人佣耕，……乃立为王，号张楚。《前汉书卷三十一·陈胜传第一》P170。于是诸郡县苦秦吏暴。皆杀其长史，将以应胜（即陈胜）。《前汉书·卷三十一·陈胜项籍传第一》。

3）魏豹，故魏诸公子也。其兄魏咎故魏时封为宁陵君。秦灭魏，为庶人。《前汉书·卷三十三·魏豹传》P175。

反叛秦国的人不是反对秦国的错误，也反对秦国的长处。反叛的队伍主要有以下三种人构成：1：刘邦、陈胜、项羽都是有人生抱负的人，不管国家好坏，他们都会反叛，无论如何也要让自己绽放。

2：吴芮、萧何等人背叛秦国，是因为明智，看到国家大势。

吴芮，秦时番阳令也，甚得江湖间民心，号曰番君，天下之初叛秦也，黥布归芮，芮妻之，因率越人以应诸侯。《前汉书·卷三十四·韩彭英卢吴传第四》P177。

萧何沛人，为沛主吏掾，秦御史监郡者，与从事辩之，何乃给泗水卒史事，第一。秦御史欲入言征何，何固请，得毋行。《前汉书·卷三十九·萧何传》P190。萧何为沛主吏掾，高祖为亭长，常佑之。高祖以吏繇（徭役）咸阳，吏皆送奉钱三，何独以五。秦御史监郡者与从事辨之，何乃给泗水卒史，事第一，秦御史欲入言徵何，何固请得勿行。《前汉书·卷三十九·萧何曹参传》P190。秦御史监督郡县派在泗水郡的官员经过商议，考核萧何为第一，打算提拔他被萧何拒绝，为什么会拒绝提拔？是发现俩秦国致命的问题？认为它即将灭亡？

曹参，沛人，秦时为狱掾，而萧何为主吏，居县为豪吏矣。《前汉书·卷三十九·曹参传》。王陵，沛人也，始为县豪。《前汉书·卷四十·王陵传》P194。

夏侯婴，沛人也，为沛厩司御，婴已而补试县吏。《前汉书·卷四十一·夏侯婴传》P197。

傅宽，以魏五大夫骑将从，为舍人。《前汉书·卷四十一·傅宽传》P198。

靳歙，以中涓从。《前汉书·卷四十一·靳歙传》P198。

周緤，沛人，以舍人从高祖起沛。《前汉书·卷四十一·周緤传》P198。

张苍，阳武人，秦时为御史，主柱下方书，有罪，亡归。及沛公略地过阳武。

苍以客从攻南阳。《前汉书·卷四十二·张苍传》P198。

3：颠连无告的人生活如同地狱。

陈胜是农民，"乃立为王，号张楚。于是诸郡县苦秦吏暴，皆杀其长史，将以应胜（即陈胜）。《前汉书·卷三十一·陈胜项籍传第一》）P170。"大楚兴，陈胜王"的招神术是对秦国的陈宝神逼真的模仿。

周勃出身贫寒。以织薄曲为生。《前汉书·卷四十·周勃传》P195。

樊哙以屠狗为生。《前汉书·卷四十一·樊哙传》P196。

灌婴，睢阳贩缯者。《前汉书·卷四十一·灌婴传》P197。

郦食其陈留高阳人，好读书，家贫落魄，无衣食业。为里监门，然吏县中贤豪不敢役，皆谓之狂生。《前汉书·卷·四十三·郦食其传》P199。

申屠嘉：以材官（勇敢的士兵）蹶张（用脚踩踏发射的强弩）从高帝击项籍。《前汉书·卷四十二·申屠嘉传第四十二》P199。

陆贾，楚人也，以客从高祖定天下。《前汉书·卷四十三·陆贾传》P200。

娄敬，齐人，汉五年，戍陇西。《前汉书·卷四十三·娄敬传》P201。

以上是社会底层的普通人，他们或怀才不遇，不满现状，或生活困窘，三是社会现状让他们难以生存，但是他们铤而走险风险非常高，因为他们起点低，有可能永远不会升到高层，或者还在默默无闻时就在战场上被敌国的某个小卒击中要害，毫无价值地死掉，是生存环境恶劣而产生的绝望心理从而令人不惧死亡。

"诛名而不察实，为害者不必免，而犯恶者未必刑也。是以百官皆饰虚辞而不顾实，外有事君之礼。内有背上之心。"董仲舒认为这是秦国"师申商之法，行韩非之说，憎帝王之道，以贪狼为俗"的结果。《资治通鉴·卷十七·汉纪九》P113。董仲舒认为秦国政治的要害在于丧失了客观性，这个观察十分正确。叔孙通了解秦二世，这位新晋的皇帝被巨大的权力带来的幸福冲昏头脑，失去基本的客观性，"叔孙通，薛人也，秦时以文学征，待诏博士，数岁，陈胜起。二世召博士诸儒生问曰：楚戍卒攻蕲入陈，于公何如？博士诸生三十余人前曰：人臣无将，将则反。罪死无赦。愿陛下急发兵击之。二世怒，作色。通前曰：诸生皆言非，夫天下为一家，毁郡县城，铄其兵，视天下弗复用。且明主在上，法令具于下，吏人人奉职。四方辐辏，安有反者？此特群盗，鼠窃狗盗，何足置齿牙间哉？郡守尉今捕诛之，何足忧？二世喜，尽问诸生，诸生或言反，或言盗，于是二世令御史按诸生言反者下吏，非所宜言。诸生言盗者皆罢之。乃赐通帛二十疋，衣一袭，拜为博士。通已出，反舍，诸生曰：生何言之谀？通曰：公不知，我几不免虎口。乃亡去之薛，薛已降楚矣。及项梁之薛，通从之。汉二年，通降汉王。通儒服,汉王憎之,乃变其服,服短衣,楚制。汉王喜。《前汉书·卷四十三·叔孙通传》P201。叔孙通侥幸获免,这样的权力如同瘟神,触之非死即伤,这是人们披坚执锐甚至赤手空拳也要拼死一搏的原因。

上例可证董仲舒认为秦国速亡是遵循法家思想导致的结果,是一个失之毫厘谬以千里的结论。法治的核心是客观性,但是秦国后期的"法"被改造为"过度惩罚",此时这个失败的秦国与彼时那个成功的秦国已经大不一样。

董仲舒有自己的强烈偏好,但仍不失为一个独立思想,观察力独到的学者,他的确发现了秦国国运短促的关键,"以贪狼为俗",秦国的国策、制度、秦王的抱负等共同激发了秦国人的狼性。这个特性导致秦国是个流动性很快的国家,频繁的战争导致大量有功人员上升,一些缺乏战争竞争力的人社会地位下降。总之,导致了秦国人普遍自我意识显著增强,宫廷里社会上充满了急切寻求机会的人,那里的人民已经习惯了一刀一枪地博取利益,一点一滴为自己积累,什么都要争取一下。上述反叛者中有些人生活其实过得去,但是他们就是喜欢血腥味、喜欢噬咬,一片树叶掉下来,也会让他们虚拟为改天换地的惊雷,一跃而起。这个国家已经形成大小不等的诸多狼群,头狼一旦出现,方向、目标即使完全陌生,也会让他们争先恐后、视死如归。那些一心只想坐享其成的腐儒和庸碌之辈根本无法理解。

而从君王的类型来看,秦国与其他诸侯国没有本质不同,君主的权力是排位于政事的第一位,只是秦国君主始终抓得很紧,整体功能保护得很好。

作为一个薄古厚今的人,秦始皇今天仍魅力四射。他大胆改造生活中大量陋习,给社会带来清新进取的氛围,这也不可避免地损害了许多人的利益,他成了变革带来的利与弊尤其是全部责任的唯一承担者,性急的人们认为他是不彻底的建设者,指责他热心沿袭国家和民族不少固有的弊端;保守势力又将他视作最大的破坏者,他们不仅在民间兴风作浪,在宫廷内,在书本中,在帝国的每个地方都跃跃试跳,暗藏杀机。但遗憾的是秦始皇不能达观、理性地对待逆境,他开始被宿命的思想所囚禁,一个雄才大略的人,被多样化的生活欲望变得消沉,退缩,残暴。在不可药救的暴虐心态中度过余生。盖棺定论,他只是一个皇帝,而不是一个思想家,既不会掩饰也不愿为自己的行为辩护,他很自然地被蓄意作为短命的秦帝国的象征,与崇法捆绑在一起。断言这就是任何短命的帝国,任何类似政治体制的必然结局。后世的学者如贾谊等猛烈抨击他的国家、他的人格,但是他个人既不能等同于他的国家制度,他的行为也不能作为一种制度的必然产物,他有时甚至是他自己制度的破坏者。他只能代表他自己,或者不如说晚期的他。他的努力,他的国家,他的制度仍然有参考价值。实际上,秦国一直都在正常运行。阴谋、颠覆、毁灭只涉及失败了的国家最高统治集团及其追随者们。国民除了一部分可痛切感受到战争的动荡、流血与牺牲外,绝大多数人仍可过着与世无争的生活,一切有过的制度在没有新制度取代之前,仍直接或间接地起作用。这些制度中包括它的政体,其法律制度影响尤为深远。

人们现在已经知道,法律思想有其自身的逻辑,不能与常识混为一谈。秦始皇的国家不承认这一点,这不能归咎于整个决策阶层的无知,而是早期个人主义症结:不是检举国家的瑕疵,而是随时在与整个国家抗衡。自始至终都以完全占有为目的。没办法让这些人相信,国家是必然的产物,而每个人都必须以承担责任的方式默认和服从维系国家的合理规则。于是,不管是合理规则还是陋习,都成了盲目性反抗的对象,这类反抗受欢迎的程度经常会超过国法受欢迎的程度。随后成了整个民族根深蒂固的意识,这种思想一直为国家的混乱、贫瘠、乖戾所燃烧,有时会发出耀眼的光芒,但它仍然只是假象,秦国家对这种假象屈服了,在人性与法意的共同出口处,大鹰折断了翅膀。它曾经走向了伟大,步入过辉煌,距崇高只差一步。

秦亡后,批评它的人蜂拥而上,人们劈头盖脸地批判秦国,每天都可以听到,男人也好,女人也好,抨击秦国政治最终成为这个国家历朝的一个传统甚至风俗,批评它重法“商鞅以重刑峭法为秦国基,故二十世而夺。刑既严峻矣,又作为相坐之法,造诽谤增肉刑,百姓斋粟,不知所措手足也。赋敛既繁数矣,又外禁山泽之源,内设百倍之历利,民无所开说容言,崇利而简义,高力而尚功,非不广壤进地也,然犹人之病水,益水而疾深。知其为秦开帝业,不知为秦致亡道。”《诸子集成·桓宽·盐铁论·非鞅第七》P8。“蒙恬讨乱于外,李斯法治于内,事逾繁,天下逾乱;法逾滋,而奸逾炽。”《诸子集成·陆贾·新语》P7。“礼仪废而任刑也”。《盐铁论·刑德第五十五》P56。“师申商之法,行韩非之说,憎帝王之道,以贪狼为俗,百官皆饰空言虚辞而不顾实。”“好用惨酷之吏,赋敛亡度。竭民财力。”《前汉书·卷五十六·董仲舒传》P234。

董仲舒对汉武帝痛斥它重利:“造伪饰诈,趋利无耻。”《资治通鉴·卷十七·汉纪九》P113。其实他没办法说出一个比秦国更不重利的例子。一些必要的举措也遭人诟病:文学:“常举天之力以事胡越,竭天下之财以奉其用,以百万之师为一夫之任。”《诸子集成·桓宽·盐铁论·复古第六》P7。“秦之时,高为台榭,大为苑囿,远为驰道。”《淮南子·卷第十三·氾论训》P218。唐人所编《瑚玉集》卷十二记载:不堪筑长城之苦的杞良逃出工地后,与孟氏女仲姿在孟家后花园奇遇，不过是在一个比较尴尬的场合。杞梁受到孟女及其家人的友好款待，并与美丽的孟女成亲，新郎可能是感受婚姻的幸福，开始强烈地留恋生活，恢复了生活下去的勇气和力量，他决心不再逃亡，准备回去服完役后再与妻子团聚。但他的好运就此终止了，这次遇到了暴虐的人，"主典怒其逃，乃打杀之，并筑城内。"孟女子然一身，在丈夫不确切的葬身之地，悲不自胜，痛哭声震耳发聋，乃至造成坚固的防御城墙大面积坍塌。孟姜女变文中更有"妇人决烈感山河，大哭即得长城倒。"在倒塌的地方暴露出大量的人类骸骨，混杂一起，孟姜女临时想出了一个分辨的办法"一一捻取自看之，咬指取血从头试。若是儿夫血入骨，不是杞梁血相离。《敦煌变文集·卷一》P33。居然神奇地将杞梁的遗骸完全复员，有东西可以带回家乡安葬，至少给家人一种寄托，一丝安慰，真是不幸中的大幸。另一个记载就悲惨得多："杞梁，植字也，他战死沙场，其妻听到噩耗，悲不自胜，曰："上无考，中无夫，下无子，人之苦至矣。"乃抗声长哭，长城感之，颓。遂投水而死。其妹悲姊之贤贞操，乃为作歌，名曰《杞梁妻贤》。《中华古今注·卷下》P1009。这个血泪斑斑的故事强调：普通人与超自然力都在谴责秦皇。没有外来神秘力量的密切配合，孟氏女个人对城墙是无能为力的。而且，个别人的暴行也自然归咎于秦皇本人。后世几乎毫无异义地达成了这样可怕的共识。为什么没有一种力量，包括天，能阻止秦皇的政策继续不折不扣地贯彻，大家都在痛苦中遗忘了。两则有关孟姜女的传说，抨击的一是秦国的高效人力资源运作，二是战争，两者都是秦王朝崛起最为倚赖的手段，国家行为（无论是否合理）都必然会导致一些家庭悲剧，不会局限于战场、工地，在道路、市场和朝廷内每天都会发生。政治行为在创建幸福、稳定、安全社会的同时一定会有过分的行为，因为政治人物、国家往往不会事先清楚需要付出何种努力才会达到目的，公众幸福的社会建立往往比建立专制独裁与暴政时还要艰难，代价更为昂贵，牺牲者会更多。秦国虽然不是国家典范，批评者误以为它的工地和战场直接引发财富透支，造成了秦国难以为续，好像安全与强大虽然是国家需要，但不应该有财富支出，人力付出，他们梦想着不劳而获。

有批评者甚至荒谬地指责法治导致信用缺失，"张仪，中国之人；卫鞅，康叔之孙也，皆馋佞反覆，交乱四海。"《诸子集成·王符·潜夫论·论荣·第四》P15。猛烈批评秦国因为崇尚法治而变得缺乏道德感"秦知权谋而不知祸福。《淮南子·卷第十三·氾论训》P224。"忠谏者谓之不祥，而道义者谓之狂。"《诸子集成·刘安·淮南子·卷第十三·氾论训》P219。武帝建元元年，君主听到了董仲舒最尖锐的抨击声："秦灭先圣之道，行苟且之治。"从他初并天下，到秦亡仅十四年。"其遗毒余烈至今未灭,使习俗薄恶,人民嚣顽。抵冒殊扞,孰烂如此之甚者也。《资治通鉴·卷十七·汉纪九》P112。将个人对法治的破坏行为当做法治本身的一部分,"故德薄者,恶闻美行;政乱者,恶闻治言,此亡秦之所以诛偶语而坑术士也。《潜夫论·贤雅第五》P17。

贾谊的批评最为系统、著名:1.废先王之道,燔百家之言以愚黔首。2.坠名城、杀豪俊,收天下之兵聚之咸阳,销锋镝以为金人十二,以弱天下之民。《文选·卷五十一·过秦论》P707。秦速亡的原因他归咎于仁义不施。这是针对政府用法太严厉而言的。他似乎还没有意识到,用法严厉有时恰好等于公正司法。事实上又在个人权力平行于法时并不能时常做到公正司法。贾谊则忽略了这个区别。其次他相当留恋礼的功能,"礼者,禁于将然之前,法者禁于已然之后。"这是强调法作为纯粹惩罚力量的另一种说法,与商鞅思想相比也是一种倒退。法的威慑对禁止犯罪至少与礼同样有效。"以礼义治之者积礼义,以刑罚治之者积刑罚。"《前汉书·卷四十八贾谊传》P210。没有认识到公正的刑罚值得付出任何代价,公正的惩罚当然也可能带来积怨,也可能消弥积怨,礼义同样面临这两种可能。至于扬雄的评价,则带有强烈的感情色彩:盛从鞅、仪、韦、斯之邪政,……刬灭古文,刮语烧书,驰礼崩乐,涂民耳目。遂欲流唐漂虞,涤殷荡周,然除仲尼之篇籍,自勒功业改制度轨量,咸稽之于秦纪,是以耆儒硕老抱其书而远逊,礼官博士卷其舌而不谈。萧统《文选·卷四十八·杨雄·剧秦美新》P678。三国时的曹元首分析秦亡的原因时相对比较具体,他说:夏殷周秦一般都经历数十代,为什么秦仅经历两代就灭亡? 他认为:前三代之君,与天下共其民,故天下同其忧;秦王独制其民,故倾危而莫救。夫与人共其乐者,人必忧其忧;与人同其安者,人必拯其危。先王知独治之不能久也,故与人共治之;知独守之不能固也,故与人共守之。……秦观周之弊,将以为以弱见夺,于是废五等之爵,立郡县之官;弃礼乐之教,任苛刻之政。子弟无尺寸之封,功臣无立锥之土,内无宗子以自毗辅,外无诸侯以为蕃卫仁心不加于亲戚。……他个人认为这是秦始皇对自己所占有的优越地理位置和完备、坚固、险要的防御工事对于帝国安全作用做了过于乐观的估计,从而忽略了子孙亲戚的封地和实力才是国家安全的保证。第二,胡亥少习刻薄之教,长遵凶父之业,不能改制易法,宠任兄弟,而乃师谟申商,咨谋赵高,自幽深宫,委政谗贼。《文选·卷五十二·曹元首·六代论》P721。他的结论是:1.郡县制对专制君主的权威具有破坏性作用。2.封建制是国家安全不可分割的一部分。3.以法治国的危害。4.君主轻浮无知,用人不当。他认为秦重法就是不与民共安乐,而是在与民搞对抗。封建制优于郡县制在于地方势力与国家始终具有共同的利益。而由政府任命的各级官吏不容易培养出强烈的忠君爱国思想，非血缘关系必将导致在危难时对责任的放任和遗弃。实际上这种指摘是牵强而没有依据的。

对秦国的憎恶波涛汹涌，又像一条人工运河四处任意开凿又四处通畅地流淌"由三代而上，治出于一，而礼乐达于天下；由三代而下，治出于二，而礼乐为虚名。古者，宫室车舆以为居，衣裳冕弁以为服。尊爵俎豆以为器，金石丝竹以为乐。以适郊庙，以临朝廷，以事神而治民。其岁时聚会以为朝觐、聘问，欢欣交接以为射乡、食飨，合众兴事以为师田、学校，下至里闾田亩，吉凶哀乐，凡民之事，莫不一出于礼。由之以教其民为孝慈、友悌、忠信、仁义者，常不出于居处、动作、衣服、饮食之间，盖其朝夕从事者，无非乎此也。此所谓治出于一，而礼乐达天下，使天下安习而行之，不知所以迁善远罪而成俗也。及三代已亡，遭秦变古。后之有天下者，自天子百官名号位序、、国家制度、宫车服器，一切用秦，其间虽有欲治之主，思所改作，不能超然远复三代之上，而牵其时俗，稍即以损益，大抵安于苟简而已。其朝夕从事，则以簿书、狱讼、兵食为急。曰："此为政也，所以治民。"至于三代礼乐，具其名物而藏于有司，时出而用之郊庙、朝廷，曰："此为礼也，所以教民"此所谓治出于二，而礼乐为虚名。自汉以来，史官所记事物名数、降登揖让、拜俯伏兴之节，皆有司之事尔，所谓礼之末节也。然用之郊庙、朝廷，自缙绅、大夫从事其间者，莫能晓习，而天下之人至于老死未尝见也。况欲识礼乐之盛，晓然喻其意，而被其教化以成俗乎？呜呼！习其器而不知其意，忘其本而存其末，又不能备具，所谓朝觐、、聘问、射乡、食飨、师田、学校、冠婚、丧葬之礼，在者几何？《新唐书·卷十一·礼乐志第一》P37。这是欧阳修的意见。他没有责骂秦国，但是他精神世界的每个角落都充满了对秦国的深仇大恨。

这些人闭眼不见法治给秦国带来的好处，他们只看到任何制度都可能产生的消极面。

贾山的意见比较客观而有针对性，在给汉文帝的冠名《至言》奏章中写道：秦朝在统一天下之后没有及时调整，赋徭仍然居高不下，皇帝漠视人民的迫切愿望，看不到到生活改善迹象的国人充满怨恨，一个勇敢的平民振臂一呼，四方各地都有人响应，反抗君主者陈涉即使家世低微，人民也愿意服从，历史上堪称第一人，陈涉能成为防抗暴秦的领袖，是刚愎自用的秦始皇自己造成的。秦始皇只在乎自己的成就，不关心国民的疾苦。贾山认为这一方面是自以为是的个性，更重要的是与他阻塞言路密切相关，不同的意见都消失之后，政治风险必将骤然而生。《前汉书·卷五十一·贾山等传》P219。

东汉人王符也有类似针对性的意见，"二世过在于不纳卿士之箴规，不受民氓之谣言。自以己贤于简、愍，而赵高贤于二臣。国乱上不知，祸作而不救，自绝于民。"《潜夫论·明闇第六》P23。

唐玄宗至少认为秦始皇"焚书坑儒"作为单独的个案是很坏的事，在天宝元年（742年）下令"改骊山改为会昌山，仍于秦坑儒之所立祠宇，以祀遭难诸儒。"《旧唐书·卷九·玄宗纪》P33。

"小恶不足以妨大美。"《淮南子·卷第十三·氾论训》P226。学者们似乎有个集体默契，这句话决不能用在秦国身上，秦国如此迅速地坍塌把大家都吓到了，他们的视线被秦帝国的残垣断壁遮挡，看不到这个王朝有过的成就。

人们对秦制的指责到了随心所欲的程度，并非是他们找到了根源。而只是对失败充满过分的恐惧感。各种身份各个时代的批评者中不乏有的放矢、义正辞严的人，但是他们之中很少有自己曾办成了一件事，尤其是重要的事情的人。那些缺乏真正成功经验的人，很难体会到要真正做成一件事需要什么。但恰恰就是这类人以美德的名义抨击秦国残酷、贪婪，秦国被忽略的隽永却正是开天辟地第一次在这里逾越了"残忍、贪婪"传统的义项，让最大的权力归还于法之下。

只有那些最具有进取心的个人、国家才会在意法律的完备性、客观性、准确性，与秦国相比，其他诸侯国是保守的、形式主义的，奢靡以及颓废的。秦国的错误不在制度而在方法，这也并不是说它的制度完美无缺，它的制度得到正确使用时可以保证国家仍能正常运行。失败的结局是执政选择了愚蠢的方法处理绝大多数问题，这其中多数是人事问题而不是迫在眉睫的经济、军事问题，这些方法通常是游离于已有的制度之外的。特别是没有治国经验的君主轻信了对政治一知半解的人，或者以私欲假冒政治的人，最后又完全受到其操纵。如何使政治免受个人的操纵，如何避免为个人的利益牺牲绝大多数人的利益的情况发生，这是当时政治的核心问题，商鞅之前，没有出现一种有效而常备不懈的监督机制，甚至没有人提及建立对人人有约束的制度，希望全部寄托于君主的明智。另一个极端是将法制诠释为惩罚而凌架于一切之上，人类的正常理智经常也被包括惩罚对象之内。不能顺应时代的变化而对法律的细则作合理的调节，使之始终保持其合情合理的尺度。在这种情况下，任何国家都会持续削弱。但旧时代真正的毁灭力量来源于一种更富有生气的精神，即个人主义。个人主义的作用在本国的朝代嬗递中的作用总被低估，陈胜、吴广的政治口号毫不掩饰对社会身份的高度敏感，"王侯将相宁有种乎！"他们反对现有秩序的思想倒在其次，而是急于改变自己现有不利的社会地位。项羽对前呼后拥的秦始皇怦然心动，他是个不善言词的人,但他懂得君位意味什么,他全身的热血在在始皇浩浩荡荡驶来的队伍面前突然变得汹涌澎湃"彼可取而代之。"这是他发自肺腑的声音。诱人的目使他完全忽略了他将面临的可能事不可逾越的障碍。同样,对于引起万人空巷的帝王威仪,刘季艳羡不已"大丈夫当如是也。"他们都是受到秦帝国威仪与皇权的深深吸引,而产生了无所畏惧、不知疲倦的力量。他们均希望得到已为自己所看到而别人正在幸福享有的那一切,而不是改变秦国的各种弊端俯手可拾的现状,不是它们激活了反抗精神,而是个人完成了自尊、自信的心理转化过程后精神上得到了重组,顺势的发展是必然寻求个人心理的最大满足,智力的释放、财富的占有、普遍的服从等人类活动最好的结果都在刺激着他们。最终形成他们各自过程迥然不同而又基本相似的个人野心,人类的每个欲望都会很自然地指向幸福,尽管这个幸福的内涵比较广泛,对上述三位而言,就是将赞美变为不折不扣的现实。他们强调或打击由于这些政治弊病早已开始变得支离破碎的国家,最多只是实现目的的需要或不得已而为之。陈胜、项羽、刘邦依次对秦朝形成三轮有效打击,由刘邦而结束不是偶然的,实际上他看到了秦现有体制的优势,也认识到现有的保守势力应该受到尊重,他做了一个前所未有的尝试,将两种不同的制度调合起来,使之并存。结果他成功了。比他更强大的项羽在这场逐鹿中成为失败者,而他至死也不明白,他苦思冥想的结果是:一定存在一种超自然的力量。这种解释大多数人都无异议。刘邦最为高兴,因为他除了已牢牢掌握住他个人的力量外,还凭空得到一种外来的力量即神的力量支持,他并不急于消除这个迷信,当时除了没办法利用这种力量的人,几乎不会有人愿意如此,因为这种看似极为抽象的力量一旦深入人心,就会变得特别可靠。

秦国令行禁止靠什么?君主做出的正确决定,灵魂人物的个人影响力都很重要,但最重要的是那些比偶然的灵感更容易被大众理解的制度。除了公开的制度外,不要忘记隐形的制度,秦国冷酷的刑律主要具有强大的威慑作用,其他更多不那么暴力,没有形成文字的制度也在帮助秦国运转,秦国在诸侯中脱颖而出,不是因为残暴,而是制度相对完备、相对好的一方战胜相对差的一方。

结论:

秦国没有选择多元追求,为了帝国这个单一目的穷尽一切手段,秦国的崛起来自充足理性,故而能在完全竞争中脱颖而出,它是具有创新能力的国家,如何满足社会多层次尤其是前瞻性的需求上,秦国缺乏整体周全的规划,作为一个全新的国家,它青涩而雄心勃勃,疏漏处十分明显,它的敌人与批评者都看到并无情地加以利用。

第四编

两汉模块——(混合制)

西周想要在成功的家族带领下建立社会秩序，秦国的皇帝则想用官僚替代家族达到同样的目的，秦国国君与其他诸侯的行为方式没有任何区别，都是唯我独尊的专制主义。两汉的君主的想法是什么？

一次形成的制度：周礼、秦国官僚体系都是一次形成完备体系，这里的一次不是指所有条款一次出清，而是它自成体系，在一个时间段完整地公诸于世。两汉没有大规模地编制制度，而是在细化已有的各种制度。尚书、侍中拔地而起，御史中丞保持了秦以来的地位，直到晋代下落。

限制君主的尝试在周礼、儒家（孟子）、商鞅那里出现，都是有限的制约，中国历史上从来没有成功地限制君主。不存在无权的君主，或者懒于理政，或者错误地授予他人。他们退居次要时，太后、权臣也是皇帝的一部分，象征皇权的存在，只是被他们覆盖下的君主在局外人看来有优劣之分。大权在握的人，如果缺乏天分，或受教育不够，他们面临复杂问题时会焦躁或者急于求成，越是想单凭君权快速、简单解决社会问题，越是容易趋向暴政。两汉的多数君主都具有同类特性。

权力的边界：

汉武帝打击匈奴的力度最后被自己否定，他在轮台诏书中承认追求个人的理想状态而耗空了国家，不过这还不是权力的最后边界，因为打击入侵者让国家很多人受益，他们的财产和人身安全更有保障，国库固然亏损严重，被保护的纳税人口还能继续纳税，并必然地能充实国库。国家固有的政治模式还在运转，本族文化与习俗在当地居民心中还处于活跃与主导的状态，这不是一位积极履职的君主应该道歉的地方。汉武帝所到达的权力边际是蛊惑之乱，这次行动无论达到何种目的，都只对他一个人有重大意义，达到最好状态也不过是满足他一个人的内心感觉。

中华文明的致命弱点在于：只有思想、议论形成的体系，其中有真知也有舛误，既可以被神化也可以被批评，它不总是可靠，也不是人人可以驾驭，因此既能造福也能产生危害。中华文明中没有形成确切、公认、持续、科学的知识体系，让不同思想倾向在不同时代的人使用它，得出的都是同样的结果，这是中国没有稳定持续发展的原因，在两汉这样的统一大国，这个特定尤为明显。

第二十章 两汉的信仰与文化

第一节 两汉宗教礼仪与文化

一、前汉宗教与礼仪——崇拜的具体有几项？

在周公制定的礼乐中，天子在室内举行的礼仪的地方称为明堂、辟雍，在明堂宗庙祭祀文王以配享上帝。诸侯举行礼仪的地方称泮宫。在室外，郊外祭祀周始祖后稷以配享天，这是已故的祖先。此外，天子祭祀的对象还有天下名山大川和百神。三山五岳以三公礼进行祭祀，四水（长江、黄河、淮河、济水）以诸侯礼进行祭祀。诸侯国在自己的疆域内祭祀名山大川；大夫祭祀门、户、井、灶、宅神，士人、庶人祭祀祖先。《汉书·卷二十五上·郊祀志第五上》P118。根据人当时的身份划分祭祀对象，祭祀规格、地点，这是西周宗教的重要特性之一。

汉时人对人类的外部世界分两层：一是上述自然界中相对抽象的神祇。二是确切存在的神灵。这个宇宙观中，人是可以不灭的，有不同的存在形式。在汉朝的上层，并没严格遵循西周制定的身份与祭祀对象对等的规则，此外，一些新的祭祀内容被开发出来。

汉武帝刘彻是对宗教信仰极为敏感的君主，亳州人薄诱忌（也称薄忌、谬忌）上奏祭祀泰一神的方术："天神贵者泰一，泰一佐五帝（泰一的配祭是五位天帝）。古者以春秋祭泰一东南郊，用太牢，具七日。"于是天子命太祝立祠长安东南郊，常奉祠如忌方。亳州人薄忌的意思是，泰一神是天神中最尊贵的。《汉书·卷二十五上·郊祀志》P121。五帝则是泰一神的辅佐者。《汉书·卷二十五上·郊祀志》P121。汉武帝虔敬地接受薄忌的宗教指引，不仅在长安城的东南方郊外设立祭祀泰一神的祭坛，又在祭坛旁建立祭祀泰一神的祠庙。但是武帝对泰一的概念并不清晰，当有人建议武帝祭祀三一神：天一、地一、泰一，也立即获得批准。原文是："其后有人上言：古者天子三年一用太牢，具祠神山三，天一、地一、泰一。天子许之。命太祝领祠之。……或曰五帝泰一之佐也，宜立泰一而上亲郊之。上疑未定。《史记·卷十二·孝武纪》P50。后来还是参加了祭祀泰一之礼,"郊泰畤",指天子在郊外祭祀泰一神,泰畤坛是专门建立并专用的场所,由太祝主持祭拜,天子参加。武帝元鼎五年(前112年)"十一月辛巳朔旦,冬至,昧爽(朔日早晨交冬至),天子始拜泰一,朝朝日,夕夕月(郑玄在周官中注释:天子春分朝日,秋分朝月。),则揖。(天子就开始在郊外祭祀泰一神,早晨朝拜日神,晚上朝拜月神)而见泰一如雍礼。(见泰一神如雍县之礼)祭拜泰一神的仪式按照在雍县的郊祀礼仪进行)。《史记·卷十二·孝武纪》P52。后元元年(前88年)正月,武帝到甘泉宫,郊祀泰一庙。

泰一是一个独立的神,不同于天、地,"又作甘泉宫,中为台室。画天、地、泰一诸神,而置祭具以致天神。"《史记·卷十二·孝武纪》P51。汉武帝极为虔诚,但期盼中的天神一直未曾在这里出现,好在武帝并没有全部落空,他早已跨越身份的限制,信仰广泛,几乎接受各种可供祭祀的对象,"是时上求神君,舍之上林蹏氏馆。"神君是一位死于难产的女子,她的妯娌感受到她的神异,最先在家里祭祀她,后来民间广泛传说有灵验,武帝的外祖母平原君也曾前往祭祀,"及上(武帝)即位,则厚礼置祠之内中,闻其焉不见其人。"杀李少翁后武帝曾经罹患重病,祭祀神君后,得到的回复很灵验,武帝也身体痊愈,于是设置了神君庙,神君的言论被命名为"画法",在别人看来十分平常的话,武帝却视若珍宝,严格预防泄露。《前汉书·卷二十五上·郊祀志》P120。建元六年(前135年),"治黄老言,不好儒术"的窦太后崩,二年后,即元光二年(前133年),"上初至雍,郊见五畤,后常三岁一郊。"《史记·卷十二·孝武纪》P50。李少君以自己对灶神、谷道神、长生术的顶级造诣引导汉武帝接受了这种相对低级别的信仰,并亲自祭祀灶神。他的人生中既有宗教情绪爆发期,具有狂热特性,也持续很长信仰神圣的事物,而蛊惑之祸则是他的抽象思维水平动态曲线的一个低点。武帝太始三年(前94年)三月,在石闾山祭天,太始四年四月,武帝幸不其县,在交门宫祭祀神人,向坐着的神像祭拜。十二月,到达雍县,祭祀五帝庙。

泰一随后成为重要的祭祀对象,宣帝(生于前91年)本始元年即前73年即位,从他首次去泰一时间上看是在即位十二年之后,似乎长时间有意忽略这位神祇,而从次数上判断该处可能是他最大的宗教兴趣之所在,初始时间要比前往其他祭祀地点早四年,始于神爵元年(前61年),且有多次祭拜的记载:五凤元年(前57年)、甘露元年(前53年)、甘露三年(前51年)、黄龙元年(前49年),均是在正月幸甘泉,郊泰畤。黄龙元年十二月帝崩。《前汉书·卷八·宣帝纪》P27。宣帝祭祀泰一的行动相当迟缓,即位十二年后才有亲自祭祀泰畤的记载,但直到生命的最后一年他依然在祭祀这位尊神。

元帝初元元年(前 48 年)即位,即位第二年即初元二年春正月,至甘泉宫,郊泰畤。四年,至甘泉宫,郊泰畤。永光元年(前 43 年),至甘泉宫,郊泰畤。永光五年。至甘泉宫,郊泰畤。建昭元年,建昭二年春正月甘泉宫,郊泰畤。《前汉书·卷九·元帝纪》P28。元帝年二十七岁即位,竟宁元年(前 33 年)四十三岁的元帝逝世。在位十六年,他去的次数相对多,似乎对泰畤抱有持续的期望。元帝按照礼仪,每隔一年的正月到甘泉宫祭祀泰一神一次,他还前往河东郡祭祀后土,到雍县祭祀五帝。祭祀泰一、后土前后五次。

有些君主也会有自己的偏好,以致祭祀的项目、次序、地点开始有不同,成帝(前 32 年,建始元年即位)初即位,丞相匡衡、御史大夫张谭奏言:

"帝王之事,莫大乎承天之序,承天之序,莫重乎郊祀。故圣王尽心极虑,以建其制。祭天于南郊,就阳之义;瘗地于北郊,即阴之象也。天之于天子也,因其所都而各饗焉。……。昔者周文、武郊于丰、镐,成王郊于雍邑,由此观之,天随王者所居而饗之,可见也。甘泉泰畤、河东后土之祠,亦可徙至长安……。"

这次奏言经过群臣廷议,成帝接受匡衡、张谭的建议。匡衡又言:

"王者各以其礼制事于天地,非因异世所立而继之。晋雍、鄜、密、上、下畤,本秦侯各一其意所立,非礼之所载术也。汉兴之初,仪制未及定,即且因秦故祠,复立北畤,今既稽古,建定天地之大礼,郊见上帝,青、赤、白、黄、黑五方之帝皆毕陈,各有位馔,祭祀备具,诸侯所妄造,王者不当长遵。及北畤未定时所立,不宜复修。天子皆从焉,及陈宝祠,由是皆罢。《前汉书·卷二十五下·郊祀志》P124,《前汉书·卷十·成帝纪》P30。

成帝建始元年(前 32 年)十二月,作长安南北郊,罢甘泉、汾阴祠。汉成帝由此建立了南北郊。在建始二年(前 31 年)前中止前往许多不是严格按西周礼制设立的祠庙祭祀,包括雍县的五帝祠,汾阳县的后土祠,甘泉宫的泰一祠以及陈宝祠等。建始二年(前 31 年),正月。罢雍五畤。辛已,上始郊祀长安南郊。诏曰:乃者徙泰畤、后土于南郊、北郊。朕亲饬躬,郊祀上帝。皇天报应,神光并见。汉成帝(前 32—前 7 年)建始二年(前 31 年)三月,上始祠后土于北郊。《前汉书·卷十·成帝纪第十》P31。因为个人的一些遭际,成帝对后土神的信仰又得以恢复。

成帝建始三年(前 30 年),匡衡被免职后,因为他的建议被君王冷落的甘泉宫其后曾遭受过强风的严重破坏,刘向以此认为是成帝疏离了这个祭祀场所所致,归咎于匡衡出了很坏主意,罢废上述祠殊属不当,成帝拒绝接受这种揣测,但是他被一个更为现实的问题所困扰,成帝二十岁登基,此时在位已经十九年,年近四十尚无子嗣健在,皇太后即成帝母亲王政君,谥号孝元皇后,"春秋六十,未见皇孙,食不甘味,寝不安席,朕甚悼焉,春秋大复古,善顺祀"他可能是将自己的遭际归咎于自己擅自改变祭祀传统所致,永始三年(前14年),以皇太后诏令的形式下令恢复泰一、五畤、后土、陈宝等祠。《前汉书·卷二十五下·郊祀志》P125。

成帝是否废毁了原有的祭祀场所而统一集中至长安南北郊?记载显示在建始二年(前31年)都已经废禁,统一恢复是在成帝永始三年(前14年),永始三年十月,皇太后下诏有司复甘泉泰畤,汾阴后土、雍五畤、陈仓陈宝祠。但是在永始二年(前15年)就有前往凤翔县"祠五畤"的记载。永始二年十一月,开始"幸雍,祠五畤"说明当地的祭祀场所并未废毁,只是中止了祭祀。此后成帝数次幸雍,祠五畤。永始四年(前13年),正月,幸甘泉,郊泰畤。元延二年(前11年)正月幸甘泉,郊泰畤。元延四年(前9年)正月,幸甘泉,郊泰畤。绥和元年(前8年)正月,幸甘泉,郊泰畤,绥和二年(前7年)是成帝最后一次幸甘泉,郊泰畤,二年三月成帝还"幸河东、祠后土。"二年三月成帝驾崩。汉成帝即位后四次参加在甘泉郊祀泰畤,建始二年的祭祀与此后的祭祀间隔较长。以上诸君主生涯中均未见春、秋二季各一次祭祀的记载。成帝永始三年恢复泰一、五畤、后土、陈宝等祠,但没有罢南北郊,它是元帝庶孙哀帝刘欣取消的。汉哀帝建平三年(前4年)十一月,"复甘泉泰畤,汾阴后土祠,罢南北郊。"《前汉书·卷十一·哀帝纪》P32。这不是成帝时代的相关诏令执行不力,而是只中止相关祭祀礼仪。

泰一之外,五帝在汉室君主心中位份几乎同样重要。"二世二年(前208年),东击项藉而还入关,高祖问:故秦时上帝祠何帝也?对曰:四帝。白帝、青帝、黄帝、赤帝之祠。高祖曰:吾闻天有五帝,而有四,何曰?莫知其说。于是高祖曰:吾知之也,乃待我而具五帝也。乃立黑帝祠,命曰北畤,有司进祠,上不亲往。《史记·卷二十八·封禅书》P174。高祖斩白蛇的传说中高祖是赤帝,现在自己立黑帝畤,颜色虽然有点含糊,相信自己将肉身成神是绝对清晰的。畤是人工的建筑"盖天好阴,祠必于高山之下,小山之上。命曰畤。"《史记·卷二十八·封禅书》P173。畤的一种解释是神灵所止之处,另一种解释是为坛以祭祀天地。《史记·卷五·秦本纪第五》P179。五畤是指密畤、鄜畤、上畤、下畤、北畤。前四畤源自秦国,秦襄公八年(前770年)在西垂,作西畤,祠白帝,秦襄公本人葬在西垂。秦文公十年,作鄜畤(鄜县属于冯翊),以三牲祠白帝,宁公、武公、德公三位没有跟进建畤,但是德公即位后在雍地占卜显示吉利,于是在雍地设立国都,雍,秦国故都,在今凤翔县。在雍地开始盛行各种祭祀。《后汉书·卷二十五·郊祀志第五上》秦宣公三年(前 673 年),作密畤于渭南(洛州汜水县),祠青帝。直到前 422 年(秦灵公三年),建吴阳上畤,祠黄帝,建吴阳下畤,祠炎帝。秦献公十八年,作畦畤于栎阳。《前汉书·卷二十五·郊祀志第五上》。畦畤不在秦雍四畤,汉雍五畤之内。

汉文帝十四年(前 166 年),文帝下令增加雍五畤的祭祀规格。文帝十五年,天子始幸雍,郊见五帝。文帝十六年,亲郊见渭阳五帝庙,亦以夏答礼而尚赤。《史记·卷十·孝文纪》P48。景帝在前 157 年即位,中元六年(前 144 年)冬十月,幸雍,郊五畤。第一次在雍地郊祭五帝。这是唯一的一次。《史记·卷十一·孝景纪》P18。武帝元光二年,到雍县祭祀五帝,此后每三年一次亲自前往。参见《前汉书·卷二十五·郊祀志》。

宣帝于本始元年(前 73 年)即位,宣帝五凤元年(前 57 年)三月,幸雍,祠五畤。《前汉书·卷八·宣帝纪》P26。五凤二年三月,幸雍,祠五畤。前 73—前 49 年执政二十四年,前往雍地祭祀仅此二次,一生中对五畤似乎兴趣不大。对后土也是如此,宣帝元康四年(前 62 年)三月,行幸河东,祠后土。《前汉书·卷八·宣帝纪》P26。后土是土地神,当时应该尚未女性化。五凤三年(前 55 年)三月,祠后土。宣帝在神爵元年同时祭祀泰一和后土,而不祭祀五畤是有意为之,原因何在不得而知。

元帝初元五年(前 44 年)三月,幸雍,祠五畤。永光三年(前 41 年)三月,幸雍,祠五畤。元帝建昭元年(前 38 年),三月幸雍,祠五畤。三次都是诗歌两年,显示时间上是精心的安排。《前汉书·卷九·元帝纪》P27。

他们都不是即位后立即祠五畤。他们各自祭祀的对象有选择性。人们的祭祀活动,有一种来自原始的崇拜,一个未知或者朦胧的外部世界,迫使人类生来就要服从,不论祭祀对象何等抽象,实现愿望的可能性何等不确切都需要保持虔敬。另一种祭祀是为了实际的目的:元帝建昭四年(前 35 年)正月,以诛郅支单于,告祠郊庙,赦天下。《前汉书·卷九·元帝纪》P29。汉代的信仰对象有共性也有特性,泰一天地山川的功能有其相似性,也有特性,当时人试图区别他们,实际上,他们对其中任何一个都没有确切的概念。

万物有灵论是流行的思想。在秦文公建鄜畤之后的九年,秦文公获得一块玉,在陈仓以北的山边筑祠祭祀,这位神灵行踪难以捉摸,有时一年数次出现,有时则几年不来,多在夜间出现,像流星一样有光,像野鸡一样鸣叫,而且有一个人间的名字陈宝。《前汉书·卷二十五上·郊祀志》P119。这是一位被人类赋予了生命的神灵，在汉朝被长期祭祀。高祖去陈宝祠5次，文帝26次，武帝75次，宣帝25，元帝20次。《前汉书·卷二十五下·郊祀志》P125。

相对抽象的是对自然万物的祭祀，建武元年（公元25年）六月己未日，光武帝即帝位。……燔燎告天，禋于六宗（祭祀水、火、雷、风、山、泽六神），望于群神（祭祀山川众神）。其祝文曰：皇天上帝，后土神祇，眷顾降命，属秀黎元，为人父母，秀不敢当。……于是建元为建武，大赦天下。《后汉书·卷一上·光武帝纪第一上》P22。光武帝祭祀的众神中这次不包括泰一神。建武二年正月，……始正火德，色尚赤。……八月，祭社稷（土谷之神）。《后汉书·卷一上·光武帝纪第一上》P22。建武十八年三月，进幸蒲板，祠后土。《后汉书·卷一下·光武帝纪第一下》P10。中元二年正月，"初立北郊，祀后土。"《后汉书·卷一下·光武帝纪第一下》P84。

后汉安帝元初六年（119年）三月，始立六宗，祀于洛城西北。（元初六年，以尚书欧阳家说谓六宗者，在天地四方之中，为上下四方之中。以元始［西汉汉平帝元始元年是公元1年，至元始五年（公元5年）止。］中故事，谓六宗《易》六子之气，日、月、雷公、风伯、山、泽者，非也。乃更六宗，祠于戌亥之地，礼比大社也。）《后汉书·卷五·孝安帝纪第五》P230。

六宗是自然万物的一种想具体而没有被统一具体化的神明，也可泛指阴阳之间的一切事物。六宗中具体的自然祭祀对象：山川：武帝元封元年（前110年）正月，武帝下诏祭祀华山，又来到中岳嵩山祭祀。四月又祭祀泰山。

封禅：武帝"太始四年（前93年），三月幸泰山。"《前汉书卷六·武帝纪》P22。

武帝时朝廷组织封禅之事，被武帝咨询的儒生前后五十多人，迟迟定不下方案，倪宽建议武帝自己制定典礼范式，得到武帝赞同。《前汉书·卷五十八·倪宽传》P245。仪式定下来侯，倪宽从左内史被武帝提拔为御史大夫。

章帝元和二年（公元85年）二月诏：今三川鬼神应典礼者，尚未咸秩（尚未全部按次序祭祀），其议增修群祀，以祈丰年。章帝元和二年（公元85年）二月辛未，幸泰山，柴告岱宗。《后汉书·卷三·肃宗孝章帝纪第三》P149。

光武帝中元元年（公元56年，建武中元。不是汉景帝中元年间）春正月丁卯，东巡狩，二月乙卯，幸鲁，进幸太山北海王兴，齐王石朝于东嶽，辛卯，柴望岱宗，登封太山，甲午，禅于梁父。《后汉书·卷一下·光武帝纪第一下》P82。有些祭祀直截了当，有明确的针对性，顺帝阳嘉元年（132年）二月，京师旱，"敕郡国二千石各祷名山岳渎，遣大夫、谒者诣嵩高、首阳山，并祠、河、洛，请雨。戊辰，雩。"《后汉书·卷六·顺冲质帝纪》P259。举行求雨仪式后是否下雨没有记载。有些自然的人类活动则被神化,明帝永平四年(公元 61 年)春,二月诏:朕亲耕藉田,以祈农事。《后汉书·卷二·显宗孝明帝纪第二》P107。

人类精神活力惊人,难以保持适当,"秦德公作伏祠,磔狗邑四门以御蛊灾。"《史记卷二十八·封禅书》P173。参见《史记·卷五·秦本纪》P23。秦德公在夏季的伏日举行祭祀,将狗宰杀后肢解分别挂在城邑的四门,抵御蛊灾。《前汉书·卷六·武帝纪》P22。这是近乎巫术但当时十分正规、先进的祭祀方式,它的形式并未被完整照搬,但其精神本质却不绝如缕。汉文帝笃信方士,相信他们能够改善甚至支配生命的过程与结果,而武帝受到的影响显然更为强烈,开始于武帝征和元年(前 92 年)的巫蛊之案是来源于一种信仰,在狂热的信仰中君主丧失责任、体面以及本能。武帝没有与秦德公一模一样的记载,但是他的灵魂从结构到内涵与之基本相似。

二、人类的升华

一些君主以及杰出人物成为祭祀对象,被赋予了过人的能力。后汉安帝在延光三年(公元 124 年)二月,遣使者祠唐尧于成阳。《后汉书·卷五·孝安帝纪第五》P238。成阳县一代有尧的墓地。

后汉桓帝延熹八年(公元 165 年),正月,遣中常侍左悺之苦县祠老子。《后汉书·卷七·孝桓帝纪第七》P313。十一月,使中常侍管霸之苦县祠老子。九年七月,祠黄、老于濯龙宫。《后汉书·卷七·孝桓帝纪第七》P317。桓帝不是一个孤立的例子,安帝永初三年(公元 109 年)秋,邓太后邓绥"体不安,左右忧惶,祷请祝词辞,愿得代命。太后闻之,即谴怒,切敕掖庭令以下,但使谢过祈福,不得妄生不祥之言"她根本不认为也不允许一个人为恢复自己身体健康而通过牺牲别人的生命的方式而获得,虽然没有明确宣布这是邪术,但是不屑一顾。但是在安帝永初七年(公元 113 年)正月,太后"初入太庙,斋七日"完成祭祀后下诏书从此祭品不许用反季节栽培或尚未成熟的食物,必须按时令自然成熟后方可作祭祀用,一共减少了二十三种物品。《后汉书·卷十上·皇后纪第十上》P424。

上述所有这些祭祀都十分正式、虔诚,只是有些并非具有明确的针对性和实用性,人们对祭祀的重视一方面是因为接受了哲学的结论,另一方面是传统习惯的影响,祭祀是国家之大事,费用纳入国家财政支出,不同的神庇佑不同身份等级的人,也就是不同等级的人祭祀不同对象,但即使是社会最小的单元——家庭的祭祀也并不是最不重要，皇帝就曾直接资助过家庭的祭祀。宣帝元康四年八月，赐已故的右扶风尹翁归之子黄金百斤以奉其祭祀。神爵元年秋，赐已故大司农朱邑子黄金百斤以奉其祭祀。《前汉书·卷八·宣帝纪》P26。祭祀上帝最重要意义，是祭祀最重要的对象如各路神灵是祭祀者自己崇高身份的认同，只有身份最高的人才能为首祭祀最高级的神，否则即亵渎神灵，试图自行改变身份的人既不会被神灵所识所佑，反而会因为制造混乱遭到神灵的惩罚，国人必须谨记。每一次类似的身份确认，都是对国家安全与稳定尤其皇权的一种造势，是一次国家等级排序的普遍性教育。

男人们郑重其事编制、崇尚的神明在一些比他们看起来柔弱的女子眼中归于平常，明帝皇后马氏平生都过着理性的生活。公元79年，"太后其年寝疾，不信巫祝小医，数敕绝祷祀。"当年（章帝建初四年）六月逝世时约四十岁。《后汉书·卷十上·皇后纪第十上》P412。她为何拒绝求生的机会？她地位崇高，生活无忧，刚刚进入中年，不至于已经厌倦生命，不论是国家理论还是现实条件都可以合法地为之举行高级祝祷，一般人都会企望奇迹，争取平复的机会。但是她断然拒绝，她的父亲沙场捐躯，这或许给了这位年轻的女性一种与生俱来的豪气，让她能坦然地对待死生，也可能是出于一种心智的导引，明智理性在决定人生，那些抽象无凭的仪式她就直接省略了。

三、帝王的身后事与汉代礼仪

死亡是另一种生存。从生命消逝的那一刻起，当时严肃而且花销巨大经营每个过程，正是出于对死亡之后生存的高度重视。身体陨落之时灵魂正冉冉升起在一个被人类部分已知的世界。不论是在社会上层，还是社会下层都会有比较隆重的葬仪，明帝永平元年（前58年）春，东海王疆薨。遣司空冯鲂持节视丧事。赐升龙旄头、銮辂、龙旂。《后汉书·卷二·显宗孝明帝纪第二》P99。交龙为旗，唯天子用之。这是看似过分的礼节，但事出有因。刘疆是光武帝长子，郭皇后所生，建武二年（公元26年）曾被立为太子，建武十七年（公元17年）郭皇后被废后，处境尴尬的刘疆主动提出让出太子位，建武十九年东海王刘庄被立为皇太子。而皇太子刘疆成为东海王。明帝为东海王的葬仪赐予了天子器物，一来是东海本可以成为天子，二来他获得皇位与刘疆辞让有关，于是明帝给予东海王超过其本人身份的待遇。殇帝是和帝少子，死时年仅二岁，继任的安帝是在殇帝延平元年（公元106年）八月即位，安帝时年十三岁。安帝之父清河王刘庆是同年十二月逝世。使司空持节吊祭，车骑将军邓骘护丧事。永初元年（公元107

年)三月葬清河孝王,赠龙旗、虎贲。这个葬礼规模相对比较一般。《后汉书·卷五·孝安帝纪第五》P207。永初元年六月,爵皇太后母阴氏为新野君。永初四年十月,新野君阴氏薨,使司空持节护丧事。《后汉书·卷五·孝安帝纪第五》P216。

天地万物的存亡变化,其中蕴含有无限的奥妙,人们希望生命也以不同的方式永恒,西汉皇帝们的葬仪简约、奢华不等,高祖十年,太上皇崩,楚王、梁王皆来送葬。《史记·卷八·高祖纪》P43。文帝后元七年(前157年),夏六月己亥,帝崩。诏曰:令天下吏民,令到出临三日,皆释服。无禁取妇嫁女祠祀饮酒食肉。不许安排百姓哭临,宫中哭灵的只许在早晚举礼时最多哭十五声,其他时间不许哭。不许安排装饰送葬的丧车和送葬的兵器。穿大功的服丧者只许下葬后十五内穿这种服饰,小功十四天,缌麻七天,时间一到一律脱去丧服。后宫中夫人以下的嫔妃一律令其回家与家人团聚。《前汉书·卷四·文帝纪第四》P16。景帝等营建自己的壮丽的陵寝后要在周围设立新的居民安置点,招募或者强行迁徙贵族、富人以及官员前往定居,国库支付一定的安置费。

光武帝建武二十六年(公元50年)初作寿陵,将作大匠窦融上言园陵广袤(东西曰广,南北曰袤)无虑所用。帝曰:古者之葬,皆陶人瓦器,木车茅马(礼曰:塗车刍灵,自古有之。郑玄注:刍灵,束茅为人马也)使后世之人不知其处。……今所制地不过二三顷,无为山陵,陂池裁令流水而已。《后汉书卷一下·光武帝纪第一下》P78。光武帝对自己的后事安排中尽量缩减费用,光武帝中元二年(公元57年)逝世前遗诏:朕无益于百姓,皆如孝文帝制度,务从约省。刺史、二千石长吏皆无离城郭,无遣吏因邮(邮:境上行书舍也)奏。《后汉书·卷一下·光武帝纪第一下》P85。光武帝影响了明帝,永平十八年,显宗孝明帝四十八岁逝世,遗诏无起寝庙,藏主于光烈皇后更衣别室。《后汉书·卷二·显宗孝明帝纪第二》P123。他也影响了章帝,章和二年(公元88年)秋,章帝崩,年三十三,遗诏无起寝庙,一如先帝法则。《后汉书·卷三·肃宗孝章帝纪第三》P159。

这种简约是因为经济困难?还是对生死之间的思想认识现代化的标志?一方面是葬仪大幅节省,另一方面时间上比西周的相关礼仪大幅缩短:

纪元十二年四月二十五,刘邦逝世,同年四月二十八,下葬,时隔3天。

惠帝七年八月戊寅(12号)逝世,九月辛丑(5号)下葬,时隔3天。

汉文帝后元七年,(前157年)六月一日。文帝崩,六月七日,下葬,时隔六天。

汉景帝后元三年正月二十七日,汉景帝逝世,二月初六,下葬,时隔 10 天。

武帝后元二年(前 87 年)二月丁卯,帝崩于五柞宫。入殡于未央宫前殿,三月甲申,葬茂陵。《前汉书·卷六·武帝纪》P22。二月丁卯(14 号)逝世,三月甲申(2 号)下葬,时隔 18 天。

昭帝元平元年(前 74 年)夏四月癸未,昭帝崩于未央宫,六月壬申葬平陵。昭帝死后没有留下后嗣。四月癸未(17 号)逝世,至六月壬申(7 号)下葬,时隔约 50 天。

宣帝黄龙元年十二月甲戌(7 号),宣帝逝世,初元元年正月辛丑(4 号),下葬。时隔 27 天。

元帝竟宁元年(前 33 年)五月壬辰(24 号),汉元帝逝世,七月丙戌(19 号),元帝下葬,时隔 25 天。《前汉书·卷九·元帝纪第九》P28。

成帝绥和二年三月丙戌(十八),成帝逝世,四月己卯(十七号)下葬。时隔一个月。

汉哀帝元寿二年六月戊午(26 号)逝世,九月壬寅下葬。有注云:"自崩至葬凡百五日"《前汉书·卷十一·哀帝纪》P32。时隔 105 日。

平帝元始五年十二月丙午逝世。十四岁的平帝下葬时间不详。

光武帝中元二年(公元 57 年)二月戊戌(五号),帝崩于南宫前殿,年六十二岁。《后汉书·卷一下·光武帝纪第一下》P85。中元二年三月丁卯(五号),葬光武帝于原陵《后汉书·卷二·显宗孝明帝纪第二》P95。时隔一个月。

永康元年(167 年)十二月丁丑(28 号),桓帝崩,建宁元年(168 年)二月辛酉(13 号),葬桓帝。《后汉书·卷八·孝灵帝纪第八》P328。约 45 天。这个逝世时间和安葬时间之间时间长度比光武帝长。皇后类似礼仪也大致如此,桓帝元嘉二年(公元 152 年)四月甲寅(4 号),孝崇皇后匽氏崩,五月辛卯(十二号),葬孝崇皇后于博陵《后汉书·卷七·孝桓帝纪第七》P297。时隔三十八天。

比较两周时期:周桓王姬林前 697 年逝世,到鲁庄公三年 691 年才下葬。时隔约六年。鲁庄公前 662 年八月初五逝世,到前 661 年六月下葬,时隔约十个月。鲁成公前 572 年,逝世日是八月初七,十二月二十六日下葬。时隔四个多月。总体而言,在两汉,去世时间和下葬时间间隔已经比两周时的规定时间大幅缩短。

到后汉桓帝时皇家葬仪有复古之趋势,安帝元初三年(公元 116 年),十一月,听大臣、二千石、刺史行三年丧。《后汉书·卷五·孝安帝纪第五》P226。安帝建光元年(公元 121 年)复断大臣二千石以上服三年丧。《后汉书·卷五·孝安帝纪第五》P234。再次不允许二千石以上官吏执行服三年的丧制。经过三十多年后这条禁制令解除,桓帝永兴二年(154 年)二月,初听刺史、二千石行三年丧服。《后汉书·卷七·孝桓帝纪第七》P399。

在民间,个别十分有主见,个性强势的人,公开背叛相关经典礼仪。杨贵字王孙,"孝武时人,学黄老之术,家业千金,厚自奉养生,亡所不至。"《前汉书·卷六十七·杨王孙传》P269。临终前他要求裸葬,以示返朴归真。其子不忍心这样做,于是去见父亲的朋友祁侯缯它。祁侯给杨贵写了一封信,希望他遵守《孝经》中的礼仪,使用棺椁和专门的服装。杨贵表示,时风讲求攀比,浪费财物,厚葬还不如让物质返朴归真,回归本来。时尚的厚葬毫无道理,不过是执迷不悟罢了。他甚至说服了祁侯,杨王孙也实现了裸葬。

相比之下,张良对家人后事的态度是一种相对理性的态度"张良,其先韩人,秦灭韩,良年少,未宦事韩,韩破,良家僮三百人,弟死不葬,悉以家财求客刺秦王。为韩报仇,以五世相韩故也。《前汉书·卷四十·张良传第四十》P192。

与其他礼仪一样,葬仪也有其明确的政治功能,光武帝中元元年(公元 56 年)十月,"使司空告祀高庙曰:高皇帝与群臣约:非刘氏不王,吕太后贼害三赵(高帝三子),专王吕氏,赖社稷之灵,禄、产伏诛,天命几坠,危朝更安。吕太后不宜配食高庙,同祧至尊。薄太后母德仁慈,孝文皇帝贤明临国,子孙赖福,延祚至今。其上薄太后尊号曰高皇后,配食地祇(与地神一同祭祀)。迁吕太后庙主于园(后妃墓地),四时上祭。"《后汉书·卷一下·光武帝纪第一下》P83。薄太后与地神一同祭祀,将吕后庙主移至后妃墓地,褒贬明确,是基于两位太后各自的政治成就。

武帝后元二年(前 87 年)二月丁卯,武帝巡幸抵达盩厔县(今周至县集贤镇一带)五柞宫。这是个完全世俗的宫殿,武帝就是二月份在这里去世。对于这个无神不拜的人,最后选择到这样一个树荫浓密、鸟语花香、山高水清,景色迷人的地方寿终正寝或有深意?他生前被各种鬼神强烈诱惑,却选择一个无神灵坐镇的地方,只为给自己的人生做一个颠覆性的评估?

后汉灵帝建宁元年(公元 168 年)正月即位时十二岁,二月,拜谒高祖和光武帝庙。熹平四年五月,延陵发生火灾,皇帝使者前往告祭。灵帝一生不见祭祀山川五帝的记载,不可以认为他是因为具有超越时代的理性,因为他在位时的国家,是一个不折不扣的反智社会,党锢事件的核心是对异议极度屏蔽,任何意见都是背叛君王,这是意境是支配一个时代的权力陷入极度荒谬与疯狂时才可以形成的。

四、庙堂的用途

1. 国家庙堂

后汉和帝永元五年（公元 93 年）正月，宗祀五帝于明堂（在明堂祭祀五帝），遂登灵台，望云物（登灵台观看云气），大赦天下。《后汉书卷四·孝和孝殇帝纪第四》P195。除宗庙外，这是他唯一的一次祭祀五帝？

章帝元和二年（公元 85 年）二月壬申，宗祀五帝于汶上明堂。《后汉书卷三·肃宗孝章帝纪第三》P149。

后汉顺帝永和元年（公元 140 年）正月，宗祀明堂。顺帝汉安元年（公元 142 年）正月，宗祀明堂。汉顺帝未见祭祀山川五帝等。《后汉书卷六·孝顺孝冲孝质帝纪第六》P256。

2. 家族庙堂

家族的庙堂严格地说具有半官方半私有的性质，是举行正式典礼的地方，昭帝［即刘弗陵，后元二年（前 87 年）即位］元凤四年（前 77 年）春正月丁亥，昭"帝加元服"（举行冠礼）见于高庙。这种情况以后很常见。汉昭帝刘弗陵是武帝的幼子，登基后立即到高帝庙祭祀。始元六年（前 81 年），因为干旱祈雨。昭帝元凤三年（前 80 年，也是登基后的第九年），到高庙祭祀祖宗。此外不见他参与任何祭祀活动的记载。对比之下，汉哀帝形成巨大反差。因为身体欠佳，热衷于祭祀，在位期恢复被废止的各类祠庙七百余处。一年内祭祀三万七千次。《前汉书·卷二十五下·郊祀志》P125。祭祀的密度惊人，祭祀效果却并不明显，哀帝很年轻就撒手人黄。王莽控制汉室后，祭祀对象变得异常复杂，整个社会生活处于一种非常虚幻的背景中。

后汉章帝建初八年（前 83 年），秋八月，饮酎，高庙祫祭光武皇帝，孝明皇帝。《后汉书·卷三·肃宗孝章帝纪第三》P142。章帝只是祭祀了祖父光武帝和生父明帝（是阴丽华所生，光武帝第四子）章帝是明帝第五子。

后汉明帝永平三年（公元 69 年），冬十月，蒸祭（四季举行的宗庙祭祖）光武庙，初奏文始（文始舞，本舜韶舞，高祖改名文始）、五行（本周舞，秦始皇二十六年改，其舞人冠冕衣服法五行色。）、武德（高祖四年作，舞者执干戚）。《后汉书·卷二·显宗孝明帝纪第二》P107。正式的祭祀中有舞乐。

后汉安帝在延光三年（公元 124 年）二月，告陈留太守（委托）祠南顿君（刘秀之父）、光武帝于济阳。十月祠高庙。四年祠高庙。四年三月，祠章陵园庙。随后帝崩，年三十二岁。《后汉书·卷五·孝安帝纪第五》P238。祀那些著名的虚构的祭祀对象。

后汉桓帝延熹二年(公元 159 年)十月,祠高庙。《后汉书·卷七·孝桓帝纪第七》P306。

皇帝本人亲临举行的祭祀外,也有以女性为主导的祭祀活动。孝安帝永初七年(公元 113 年)正月,皇太后率大臣、命妇谒宗庙。《后汉书·卷五·孝安帝纪第五》P219。君王是家族的神灵,也是国家的神灵,他们在尘世是为命运派遣,体现上天的意志;驾崩后会变身为神,法力则因人而异。活着的人祭祀他们一方面是直抒胸臆,感谢给予自己生命的人;另一方面是奢求、冀望那些在天之灵能够永久护国安民。但祭祀需要大量的资金、物资、时间的投入,而且不是有求必应,这使得祭祀的对象时间变为选项,是否具备永久价值也不时遭质疑。对所有玄想都关乎对人类本身生命的认识,对神灵有长期的信任,祖先的灵魂是否也有长期灵验? 周礼对汉代君王影响程度不等:元帝时(前 49—前 33 年在位),贡禹奏言:

"古者天子七庙,今孝惠、孝景庙皆亲尽(高祖、惠帝、文帝、景帝、武帝、昭帝、宣帝、元帝),宜毁。郡国庙不应古礼,宜正定"。天子是其议,未及施行而禹卒。永光四年(前 40 年)乃下诏先议罢郡国庙,曰:朕闻明王之御世也,遭时为法,因事制宜。……丞相韦玄成等七十人皆曰:

"……春秋之义,父不祭于支庶之宅,君不祭于臣仆之家,王不祭于下土诸侯。臣等愚以为宗庙在郡国宜无修,臣请勿复修。奏可。……后月余,复下诏曰:盖闻明王制礼,立亲庙四:祖宗之庙,万世不毁,所以明尊祖敬宗,著(明之意)亲亲也。朕获承祖宗之重,惟大礼未备,战栗恐惧,不敢自颛。其与将军列侯中二千石,二千石诸大夫博士议。玄成等四十四人奏议曰:礼,王者始受命,诸侯始封之君,皆为太祖,以下五庙而迭毁。(迭,互也。亲尽则毁,故云迭)毁庙之主臧乎太祖,五年而再殷祭,言一禘一祫也。(殷,大也,禘,祭祀鼻祖? 四季之祭),谛也。一。一祭之也。祫,合也。)祫祭(远近祖先的大型合祭)者,毁庙与未毁庙之主皆合食于太祖。父为昭,子为穆。孙复为昭,古之正礼也。祭义曰:王者禘其祖自出(祖所出者也),以其祖配之而立四庙,言始受命而王祭天,以其祖配而不为立庙,亲尽也。立亲庙四,亲亲也,亲尽而迭毁,亲疏之杀(渐降也),示有终也。周之所以七庙者,以后稷始封,文王、武王受命而王,是以三庙不毁,与亲庙四,而七,非由后稷始封,文武受命之功者皆当亲尽而毁,成诚二圣之业,制礼作乐,功德茂盛,庙犹不世,以行为谥而已。礼庙在大门之内,不敢远亲也。臣愚以为,高帝受命定天下,宜为帝者太祖之庙,世世不毁,承后属尽者宜毁,今宗庙异处,昭穆不序,宜入就太祖庙而序昭穆如礼,太上皇、孝惠、孝文、孝景庙皆亲,尽宜毁,皇考庙亲未尽,如故。大司马许嘉等二十九人以为孝文皇帝除诽谤,去肉刑,躬节俭,不受献,罪人不帑,不私其利,出美人,重绝人类,宾(一作赏)赐长老,收恤孤独,德侔天地利,泽施四海,宜为帝者太宗之庙。廷尉尹忠以为孝武皇帝改正朔,易服色,禳四夷,宜为世宗之庙。谏大夫尹更始等十八人以,皇考庙上序于昭穆,非正礼,宜毁。于是上重(重,难也)其事,依违(依违者,不决也)者一年。乃下诏。……高皇帝为汉太祖,孝文皇帝位太宗,世世承祀,传之无穷,朕甚乐之。孝宣皇帝为孝昭皇帝之后,于义一体,(一体谓俱为昭也)孝景皇帝庙及皇考庙皆亲尽其正礼仪。玄成等奏,祖宗之庙,世世不毁。继祖以下,五庙而迭毁,高皇帝为太祖,孝文皇帝为太宗,孝景皇帝为昭,孝武皇帝为穆,孝昭皇帝与孝宣皇帝俱为昭,皇考庙亲未尽,太上、孝惠庙皆亲尽宜毁。太上庙主宜瘗园,孝惠皇帝为穆主,迁于太祖庙,寝园皆无复修。奏可。《前汉书·卷七十三·韦贤之子韦玄成传》P288。

这里阐述庙的重要意义及其原则:

1. 禘、祫是帝王宗庙的大祭。

2. 分昭、穆之序。

3. 既要亲亲,也要"亲尽迭毁",以示有终。

4. 七庙是指四亲(父、祖父、曾祖、高祖),二祧(高祖的父亲,祖父)。以后天子七庙:太祖庙,三昭三穆,共七庙。

5. 周礼中后稷始封,文、武为王,三庙因此不毁。

5. 史皇孙即刘进,是武帝长孙,戾太子刘据之长子。母亲为史良娣,故号。史皇孙生汉宣帝,宣帝生元帝。史皇孙与元帝亲未尽,应该保留。

这些礼仪理论来自周礼。

五、汉元帝时大量废弃陵园,显示统一国家无法承受周礼的排场?

汉元帝永光四年(前40年)九月,罢卫思后园及戾园。十月,罢祖宗庙在郡国者,诸陵分属三辅,永光五年(前39年)十二月,毁太上皇、孝惠帝寝庙园。元帝建昭元年(前38年)寝园。建昭四年(前35年)七月,复太上皇寝庙、原庙、昭灵后、武哀王、昭哀后、卫思后园。元帝竟宁元年(前33年,该年元帝崩成帝即位)三月,复孝惠帝寝庙园,孝文太后、孝昭太后寝园,五月,帝崩(七月葬)。会太上皇孝惠、孝景帝庙。罢孝文、孝昭太后、昭灵后、武哀王、昭哀后寝园。《前汉书·卷九·元帝纪》P28。

建武二十六年(公元 50 年),诏纯(张纯,时任侍中)曰:"禘祫之祭,不行已久矣。"三年不为礼,礼必坏;三年不为乐,乐必崩。"(论语宰我之言)宜据经典,详为其制。"纯奏曰:礼,三年一祫,五年一禘。春秋传曰:"大祫者何? 合祭也"毁庙及未毁庙之主皆登,合食乎太祖,五年而再殷(殷,盛也)。汉旧制三年一祫,毁庙主合食高庙,存庙主未尝合祭。元始五年(平帝元始五年,即前 5 年),诸王公列侯庙会,始为禘祭。又前十八年亲幸长安,亦行此礼。礼说三年一闰,天气小备;五年再闰,天气大备。故三年一祫,五年一禘。禘之为阳言禘,禘定昭、穆尊卑之义也(父为昭,南向,子为穆,北向)。禘祭以夏四月,夏者阳气在上,阴气在下,故正尊卑之义也。祫祭以冬十月,冬者五谷成熟,物备礼成,故合聚饮食也。斯典之废,于兹八年,谓可如礼施行,以时定议。"帝从之,自是禘祫遂定。《后汉书·卷三十五·张纯传》P1195。

"初,哀帝即位,成帝母称太皇太后,成帝赵皇后称皇太后,而上祖母傅太后与母丁后皆在国邸,自以定陶共王为称。"在傅太后的坚持下,定陶共王改为共皇,其他也相应改变。"郎中令冷褒、黄门郎段犹奏言:定陶共皇太后、共皇后皆不宜复引定陶藩国之名以冠大号,车马衣服宜皆称皇之意。置吏二千石以下各供厥职。又宜为共皇立庙京师。上复下其议,有司皆以为宜如褒、犹言。师丹议独曰:今定陶共皇太后、共皇后以定陶共为号者,母从子妻从夫之义也。欲立官置吏,车服与太皇太后并,非所以明尊卑亡二上之义也。定陶共皇谥号已前定,义不得复改。孝成皇帝(汉成帝)圣恩深远,故为共王立后,奉承祭祀。今共皇长为一国太祖,万世不毁,恩义已备。陛下既继体先帝,持重大宗,承宗庙天地社稷之祀,义不得复奉定陶共皇祭入其庙。今欲立其庙于京师,而使臣下祭之,是无主也。又亲尽当毁,空去一国太祖不堕之祀,而就无主当毁不正之礼,非所以尊厚共皇也。师丹由是浸不合上意。《前汉书·卷八十六·师丹传》P324。

宗庙的作用并非仅仅是对神灵和先辈的怀念,元帝曰:朕闻明王之御世也,遭时为法,因事制宜。往者天下初定,远方未宾,因尝所亲以立庙,盖建威销萌,一民之至权也。《前汉书·卷七十三·韦贤之子韦玄成传》P288。上文中"亲"谓亲临幸处也,即皇帝曾经到过的地方。为什么要在那些地方建立宗庙? 就是要树立君主之威信,威慑并消除反叛的势力与隐患,最终强化中央集权。

又罢上林宫馆希幸御者,及省建章、甘泉宫卫卒,减诸侯王庙卫卒省其半,余虽未尽从,然嘉其质直之意,禹又奏欲罢郡国庙,定汉宗庙迭毁之礼,皆未施行。为御史大夫数月后卒。……上追思其议,竟下诏罢郡国庙,定迭毁之礼。然通儒或非之……。《前汉书·卷七十二·贡禹传》P285。汉哀帝对贡禹有良好印象,但是贡禹的部分意见被不少儒学名家所反对，韦玄成传有记载。

六、技术与术数

汉自武帝颇好方术，……后王莽矫用符命，及光武犹信谶言。《后汉书·卷八十二上·方术列传》P2705。专制的君主所好，即其时代之所趋。祥瑞术数是万物有灵论思维的另一类延伸，明帝永平（公元58—75年）中，"时有神雀集宫殿官府，冠羽有五彩色，帝异之，……帝乃召见贾逵，问之，对曰：昔我武王终父之业，鸑鹭（即凤凰）在岐；宣帝威怀戎狄，神雀仍集，此胡降之征也。帝勅兰台给笔札，使作神雀赋，拜为郎，与班固并校秘书，应对左右。《后汉书·卷三十六·郑范陈贾张列传第二十六·贾逵传》P1235。永平时期共历十八年，窦固、耿秉在永平十六年、十七年连续击败北匈奴，汉室重新在西域取得了控制权。贾逵说这段话时汉室对西域的军事行动应该还没有启动，他根据一些自然现象预测未来的做法却不是在装神弄鬼，有意蒙蔽明帝，实际上并非贾逵存心说谎，而是他受到的教育认为这样思想、判断的路径才正确。

"顺帝欲立皇后，而贵人有宠者四人。莫知所建，议欲探筹，以神定选。胡广与尚书郭虔、史敝上疏陈谏曰：窃见诏书以立后事大，谦不自专。欲假之筹策，决疑灵神，篇藉所记，祖宗典故，未尝有也。持神任巫，既不必当贤；就值其人，犹非德选。……宜参良家，简求有德，德同以年，年钧以貌，稽之典经，断之圣虑。帝从之，以梁贵人良家子，定立为皇后。《后汉书·卷四十四·胡广传》P1505。

孝昭元凤三年（前118年）正月，泰山莱芜山南有大石头自立，旁有虫食树叶成文字"公孙病已立"字样，睦弘（字孟）推《春秋》之意，认为是暗示"故废之家公孙氏当复兴也。""先师董仲舒有言，虽有继体守文之君，不害圣人之受命。汉家尧后有传国之运，汉帝宜谁，差天下求索贤人。禅以帝位，而退自封百里，如殷周二王，后以承顺天命。他请内官长名为赐的人上此书，时昭帝幼，大将军霍光当政，下其书廷尉，奏赐、孟妄设妖言，大逆不道，皆伏诛。后五年孝宣皇帝兴于民间，徵睦弘子为郎。《前汉书·卷七十五·睦弘传》P292。睦弘因为预言而失去生命，他的后裔最后又从或者受惠于他预言的宣帝那里得到了补偿。

京房随焦延寿学《易经》，侧重于利用其预测灾变。京房在元帝初元四年（前45年）走上仕途，"初元四年，以孝廉为郎。"《前汉书·卷七十五·京房传》P293。他将灾异引入易学，形成所谓"京氏易学"，将自然现象中的灾异与时政经济等糅合在一起，记载中的有些预测是似乎准确的，但可以肯定的是他因此得到元帝的信任。元帝倾向于延揽类似专门人才"翼奉治齐诗，与萧望之，匡衡同师，三人经术皆明,奉好律历、阴阳之占,元帝初即位,诸儒荐之,徵侍诏宦者署。《前汉书·卷七十五·翼奉传》P293。在两汉时期,预测学变得十分受宠,成为显学,而且它不是一种单纯的学术研究,停留在理论探讨和模型构建,而是实际用于执政实践,一位声誉卓著的学者、官员如果幸运地给出了被上级认可的答案,就可能平步青云。李寻喜好《洪范》灾异,"又学天文月令阴阳,事丞相翟方进,方进亦善于为星历。除寻为吏。……帝舅曲阳侯王根为大司马、骠骑将军,厚遇寻,是时多灾异,根辅政,数虚己问寻,寻见汉家有中衰阨之象,其意以为且有洪水为灾,乃说根曰:天聪明,盖言紫宫极枢通位帝纪(紫宫,天之北宫也。极,天之北极星也,枢是其回转者也。天极其一明者,太一常居也。太一,天皇大帝也,与通极为一体,故曰通位帝纪也)……政治感阴阳,犹铁炭之低仰见效可信者也。(先冬夏至,悬铁炭于衡,各一端,令适停,东阳气至,炭仰而铁低,夏阴气至,炭低而铁仰,以此候二至也)……请徵韩放,掾周敞、王望可与图之。根于是荐寻,哀帝初即位,召寻侍诏黄门。《前汉书·卷七十五·李寻传》P294、P295。

东汉顺帝是被技术的想象空间深深吸引的皇帝:樊英,……习京房易,兼明五经,又善风角,星筹(筹码,算)河洛七纬,推步灾异。……受业者四方而至,州郡前后礼请不至,公卿举贤良方正有道,皆不至。"汉顺帝十岁时在宦官的拥立下登基,时年仅十三岁的汉顺帝为何对此人的才能充满不切实际的幻想,急于招至宫廷之中?在宦官们的严密控制下急于寻求出路?还是受到唆使?不得而知。永建二年(公元127年),顺帝策书备礼,玄纁(黑色和红色的布帛,延聘贤士的礼品)徵之,复固辞疾焉。乃诏切责郡县,驾载上道,英不得已,到京,称病不肯起。乃强舆入殿,犹不以礼屈。帝怒,谓英曰:朕能生君,能杀君,能贵君,能贱君,能富君,能贫君,君何以慢朕命?英曰:臣受命于天,生尽其命,天也;死不得其命,亦天也陛下焉能生臣?焉能杀臣!臣见暴君如仇雠,立其朝犹不肯,可得而贵乎?虽在布衣之列,环堵之中,晏然自得,不易万乘之尊,又可得而贱乎?陛下焉能贵臣,焉能贱臣!臣非礼之禄,虽万种不受,若申其志,虽箪食不厌也。陛下焉能富臣,焉能贱臣?帝不能屈,而敬其名,使出就太医养疾,月致羊酒。《后汉书·卷八十二上·方术樊英传》P2723。顺帝没有得到樊英的技术,但是延揽此人的过程显示顺帝已尽全力,而樊英的学识和人品对这位年幼的君王而言都变得更为迷茫。

自然现象与帝国的关系并非总是处于混沌之中,一些学人左右冲突,似乎发现了自然的武器或某些秘密,不断被改造或者兴起学术理论让君王面临某些场合有规范的应对措施:光武帝建武七年(公元31年)三月癸亥日,是这个三月的最后一天,发生日食,光武帝采取了比较全面的行动应对:1. 避开正殿,2. 停止军事行动,3. 五天之内不听廷臣奏事,4. 下诏自我反省,5. 百官上奏事可以直抒己见,上书的文字一律不准称君王为圣,6. 大赦天下,7. 公、卿、司隶、州牧可以举荐"贤良、方正"各一人,皇帝将安排亲自召见并考核这些被举荐出来的人。《后汉书·卷一下·光武帝纪第一下》P52。不知是因为没有效验荒疏还是而不愿再流于形式,稍后的君主完整延续七项措施的不多,后汉明帝永平十三年(公元70年)冬十月,壬辰晦,日有食之。三公免冠自劾。制曰:冠履勿劾。灾异屡见,咎在朕躬……刺史、太守详刑理冤存恤鳏孤。这就是明帝本次应付日食的全部对策。《后汉书·卷二·显宗孝明帝纪第二》P117。后汉明帝永平十八年(公元75年)十一月甲辰晦日,日有食之。于是避正殿,寝兵,不听事五日,诏有司各上封事。《后汉书·卷三·肃宗孝章帝纪第三》P130。当时章帝已经继位。但是他的应对日食的项目比光武帝有所减少,没有自我反省、举荐贤良方正并亲自考核、大赦天下等三项。

实际产生了损害的地震、旱灾有类似的补救措施。后汉顺帝永建三年(公元128年)正月,京师地震,汉阳地陷裂,甲午,诏实核伤害者,赐年七岁以上钱,人二千,一家被害,郡县为收敛。乙未,诏勿收汉阳今年田租、口赋。《后汉书·卷六·孝顺孝冲孝质帝纪第六》P255。抽象的举措还是不期而至:汉顺帝阳嘉二年(公元133年)四月,京师地震,五月诏:无以奉顺乾坤,协序阴阳,灾眚屡见。地动之异,发自京师,矜矜祇畏,不知所裁,阳嘉三年十二月,京师再次地震,次年即永和元年(公元136年)正月诏曰:朕秉政不明,灾眚屡臻。今日变方远,地摇京师,咎征不虚必有所应。群公百僚其各上封事,指陈得失,靡有所讳。"尽管招数出尽,令皇帝无可奈何的是,地震还是接踵而至,永和二年(公元137年)夏四月,京师再次地震。《后汉书·卷六·孝顺孝冲孝质帝纪第六》P266。后汉顺帝永和三年(公元138年),二月,京师及金城、陇西地震,二郡山岸崩、地陷,夏四月,遣光禄大夫按行金城、陇西,赐压死者年七岁以上钱,人二千。一家皆被害,为收敛之。除今年田租,尤甚者勿收口赋。随后闰四月京师再次地震。国家没有采取其他任何措施:大赦、避正殿、罪己等,主要是经济救助,是已经迷茫还是政治陷入混乱的原因? 顺帝建康元年(144年)八月逝世,年三十岁。《后汉书·卷六·孝顺孝冲孝质帝纪第六》P267。

阳嘉元年(132年)二月,京师大旱,"敕郡国二千石各祷名山岳渎,遣大夫、谒者诣嵩高、首阳山,并祠、河、洛,请雨。戊辰,雩。"《后汉书·卷六·孝顺孝冲孝质帝纪第六》P259。汉顺帝大张旗鼓地下令在全国各地举行祭祀但期盼的雨水没有如期而至,当惨烈的地震接二连三时,当时的人们仍然似乎被某个无形的眼罩所蒙蔽时,奇怪的是人们悉数坐以待毙,或者以讹传讹,从没有对无效的知识质疑或者另辟蹊径,这是十分怪异的。

论曰:汉初天下创定,朝制无文,叔孙通颇采经礼,参酌秦法,虽适物观时,有救崩敝,然先王之容典盖多阙矣。《后汉书·卷三十五·张曹郑列传第二十五》P1205。汉室对秦朝的礼仪、制度并不排斥,封禅以及五帝的祭祀典礼深受秦制的影响,周礼则仍是政治思维之圭臬。

降物:素服。三次:日、月、星、《后汉书·卷三十六·列传第二十六》P1221。

上述专门术语会把人带入特定语境,对自然现象的诸多臆测遂变为确切专门知识,很容易驾驭人的意识,各种技术包括天文、物象又是制约皇权的利器。这对整个封建社会都是极其重要的,没有这个,皇权会变得毫无禁忌、毫无约束。

第二节　两汉国学——国家人才储备库

中国古代的读书人读书是为了做官的,而不是其他,这一点必须予以强调。只有极少数对公职毫无兴趣,而是以学问为乐,但这些在当时属于另类。君王鼓励读书是为了给自己更好地服务,其中极少数认为教育对国家和国民均属有益。

武帝即位的第五年,建元五年(前136年),置五经博士。《前汉书·卷六·武帝纪》P18。武帝元光元年(前134年)冬十一月。诏令郡国举孝廉。每郡诸侯国一个。元帝永光元年(前43年)二月,诏丞相、刺史举质朴敦厚逊让有行者,光禄岁以此科第郎。

汉明帝刘庄"十岁能通《春秋》……建武十九年立为皇太子,师事博士桓荣,学通《尚书》。《后汉书·卷二·显宗孝明帝纪第二》P95。

一些开放的家庭,受教育者不论男女,和帝皇后邓绥从小学习古代经典。后汉顺帝永建六年(公元131年)九月,修建太学。《后汉书·卷六·孝顺帝纪第六》P258。

灵帝建宁四年(171年)三月,诏诸儒正《五经》文字,刻石立于太学门外。《后汉书·卷八·孝灵纪第八》P336。

元朔五年(前124年)夏六月,武帝要求招来天下贤良,太常寺要为博士教学提条件。丞相公孙弘奏请确定博士学员名额,社会开始重视学习。文化传习以私人授课和国家设立的学宫为主,蔡邕,师事太傅胡广,《后汉书·卷六十下·蔡邕传》P1980。

光武帝中元二年(公元 57 年)二月帝崩,初光武帝"每旦视朝,日昃乃罢。数引公卿、郎、将讲论经理,夜分乃寐皇太子(刘庄孝明帝)见帝勤劳怠,承间谏曰:陛下有禹汤之明,而失黄老养性之福,愿颐爱精神,优优游自宁。"帝曰"我自乐此,不为疲也。"《后汉书·卷一下·光武帝纪第一下》P85。

宣帝甘露三年(前 51 年),诏诸儒讲五经同异,太子太傅萧望之等平奏其议,上亲称制临决焉,乃立梁丘易,大小夏侯,谷梁春秋博士。《前汉书·卷八·宣帝纪》P27。梁丘即梁丘贺的《易》、大小夏侯即夏侯胜、夏侯建的《尚书》、穀梁赤的《穀梁春秋》三门博士,他们的研究结论为经学标准,安排博士在国家的学宫讲授。《前汉书·卷八·宣帝纪》P27。

章帝建初四年(79 年)十一月,诏曰:盖三代导人,教学为本。汉承暴秦,褒显儒术,建立《五经》,为置博士。其后学者精进。虽曰师承,亦别名家。孝宣皇帝以为去圣久远,学不厌博,故遂立大、小《夏侯尚书》、后又立《京氏易》,至建武中,复置颜氏、严氏《春秋》、大、小《戴礼》博士,此皆所以扶进微学,尊广道艺也。中元元年(光武帝中元元年,公元 56 年)诏书《五经》章句烦多,议欲减省,至永平元年(明帝,公元 58 年),长水校尉儵奏言,先帝大业,当以时施行。欲使诸儒共正经义颇令学者得以自助。孔子曰:"学之不讲是吾忧也。又曰"博学而笃志,切问而近思,仁在其中也,"於戏,其勉之哉! 于是下太常、将、大夫、博士、议郎、郎官及诸生、诸儒会白虎观,讲议《五经》同异,使五官中郎将魏应承制问,侍中淳于淳奏,帝亲称制临决,如孝宣甘露石渠故事。作《白虎议奏》。《后汉书·卷三·肃宗孝章皇帝纪第三》P137。

宣帝对儒学的重视下产生了一个好学生,宣帝即位,立八岁的刘奭为太子,也是日后的孝元皇帝,元帝是宣帝的嫡长子,年二岁时其父宣帝即位,八岁时被立为太子。在基本懵懂时期完成人生巨大的角色变更。太子"壮大,柔仁好儒,见宣帝所用多文法吏,以刑名绳之下,大臣杨恽、盖宽饶等坐刺讥辞语为罪而诛。尝伺燕从容言:陛下持刑太深,宜用儒生。宣帝作色曰:汉家自有制度,本以霸王道杂之。奈何纯任德教,用周政乎? 且俗儒不达时宜,是古非今,使人眩于名实。不知所守,何足委任? 乃叹曰:日乱我家者,太子也。《前汉书·卷九·元帝纪》P27。宣帝的这段话或可用于诠释两汉的政治:

"及高皇帝诛项籍,引兵围鲁。鲁中诸儒尚讲诵习孔,弦歌之音不绝。岂非圣人遗化好学之国哉? 于是诸儒始得修其经学,讲习大射乡饮之礼。叔孙通作汉礼仪,因为奉常,诸弟子共定者,咸为选首,然后喟然兴于学然尚有干戈,平定四海,未皇痒序之事也。孝惠、高后时,公卿皆武力功臣,孝文时颇登用,然孝文本好刑名之言,及至孝景,不任儒,窦太后又好黄老术,故诸博士具官待任问,未有进者。及窦太后崩,武安君田蚡为丞相,黜黄老、刑名百家之言,延文学儒者以百数,而公孙弘以治春秋为丞相封侯,天下学士靡然乡风矣。"《前汉书·卷八十八·儒林传》P333。宣帝本人对儒学的尊崇并非为了实践,而是主要是一种朝廷重学的姿态。宣帝的霸王之道有明确的证据"文帝初立,闻河南守吴公治平为天下第一,故与李斯同邑,而尝学事焉,征以为廷尉。廷尉乃言贾谊年少,颇通诸家之书。文帝召以为博士。《前汉书·卷四十八·贾谊传第十八》P210。但宣帝对两汉政治形态的解释也并不全对。西汉的宗教与学派已经并轨,人与神合体,而且已经广泛用于政治实践。选择何种道路既有国家大全在握者的主观愿望,如高祖:其所任用的田叔"好剑,学黄老术于乐钜公,为人廉直,……赵人举之赵相赵午,言之赵王张敖,以为郎中。会赵午、贯高等谋弑上事件后,田叔得到皇帝召见,与语,汉廷臣无能出其右者,上说,尽拜为郡守、诸侯相。叔为汉中守十余年。"《前汉书·卷三十七·田叔传第七》P188。窦太后:"窦太后好黄老言,而窦婴、田蚡、赵绾等务隆推儒术,贬道家言,是以窦太后滋不说。二年(建元二年,前139年,武帝即位第二年),御史大夫赵绾请毋奏事东宫,窦太后大怒,……乃罢逐赵绾,王臧而免丞相婴,太尉蚡。……六年,窦太后崩,……上以蚡为丞相,大司农韩安国为御史大夫……。《前汉书·卷五十二·田蚡传》P223,田蚡是推崇儒术的人,他得到了胸怀大志的武帝的任用,或许并不是武帝对儒术的作用抱有奢望,或者只是不愿意继续遵循黄老的引导,为了让他的帝王时代有作为,即位不久的武帝已经开始为实现他的抱负做准备捕捉最恰当的时机。也有亲近的人的影响,西汉名臣陈平少时家贫,好读书,治黄帝、老子之术,有田三十亩,与兄伯居,伯常耕田,纵平使游学。《前汉书·卷四十·陈平传》P193。陈平与田术都有黄老术的学业背景。黄老学、儒学以及宣帝所说的霸王之学不同时代不同程度影响两汉。宣帝说了其中的部分事实。"公孙弘,甾川薛人也。少时为狱吏,有罪,免。家贫,牧豕海上,年四十余,乃学春秋杂说。武帝初即位,复征贤良文学,甾川国复推上弘。……国人固推弘,弘至太常。上策诏诸儒……时对者百余人,太常奏弘第居下。策奏,天子擢弘为第一。召入见,容貌甚丽,拜为博士,待诏金马门。《前汉书·卷五十八·公孙弘传第二十八》P244。他本人器重儒家出身的萧望之,元帝初元二年(公元47年),冬。诏曰:国之将兴,尊师而重傅,故前将军萧望之傅朕八年,道以经书,厥功茂焉,其赐爵关内侯,食邑八百户,朝朔望。十二月,中书令弘恭、石显谮望之,令自杀。《前汉书·卷九·元帝纪》

P28。萧望之时儒学名家,宣帝、元帝均倚重他,他对太子的悲观其实过度。

后汉桓帝似乎有意重温窦太后时代的黄老崇拜盛况,延熹八年(公元165年),正月,十一月,先后派遣中常侍左悺、中常侍管霸专程前往苦县祠老子。《后汉书·卷七·孝桓帝纪第七》P313。延熹九年七月,"祠黄、老于濯龙宫。"《后汉书·卷七·孝桓帝纪第七》P317。孝章帝刘炟是显宗第五子,明帝永平三年(公元60年)立为皇太子,少宽容,好儒术,显宗器重之。永平十八年即皇帝位,年十九岁。建初四年,立皇子庆为皇太子。《后汉书·卷三·肃宗孝章帝纪第三》P129。章帝元和二年三月,在阙里祭祀孔子及其七十二弟子。孔子在西汉成为一个无法回避政治选题。孝景帝与程姬生鲁恭王刘馀,"恭王初好治宫室,坏孔子旧宅以广其宫,闻钟磬琴瑟之声,遂不敢复坏,于其壁中得古文经传。"《前汉书·卷五十三·景十三王传第二十三》P226。

作为一个影响力巨大的学者,班彪比宣帝更善于粉饰王朝"乃著《王命论》,以为汉德承尧,有灵命之符,王者兴祚,非诈力所致。……《后汉书·卷四十上·班彪传》P1324。

一、世俗的礼仪。设定、选择岁首和历法都是皇帝的政治权利。武帝太初元年(前104年)五月,武帝修改历法,此后以正月为岁首。章帝元和二年(公元85年)二月甲寅,始用《四分历》。《后汉书·卷三·肃宗孝章帝纪第三》P149。

汉元帝的傅昭仪生有一子一女,儿子是定陶恭王刘康,汉元帝的冯昭仪生中山孝王刘兴,后来汉元帝、定陶恭王刘康相继逝世,刘康的儿子刘欣继承定陶王位,他是丁姬所生。汉成帝没有子嗣,后来在傅太后贿赂了成帝身边重要的人后,达到目的,定陶王刘欣被立为太子,一个月后,成帝又立楚孝王的孙子刘景为定陶王过继给定陶恭王刘康,奉祀宗庙。太子刘欣要上表向皇帝表示感谢,少府阎崇认为:"《春秋》不以父命废王父命(王父指祖父),为人后之礼不得顾私亲,不当谢。太傅赵玄以为当谢。太子从之。诏问所以谢状,尚书劾奏玄,左迁少府。《前汉书·九十七下·外戚传·孝元傅昭仪》P370。汉成帝母亲是王政君,是刘康异母兄,汉成帝无子,刘康之子继承大宗后,汉成帝因为考虑刘康不能顾及生父生母,于是将楚王的儿子刘景立为定陶王,已经是太子的刘欣为此准备上表向汉成帝表示感谢,少府阎崇认为这不合春秋礼仪,太傅赵玄表示了与之反对意见。太子接受了赵玄的建议。看到致谢的上表后汉成帝很生气,太子似乎仍将他视为一个外人,下诏诘问太子致谢的原因,太傅赵玄遭到弹劾,被降职为少府。《前汉书·卷九十七下外戚传》P370。

第二十一章 汉代司法

一、立法权与审判权

1. 制定、颁布法令的权利

制定法律的环境，根据每个皇帝对法律的理解有所不同。古代中国的试图把君主变成法律的准绳，赋予或者臆想君主具有崇高的法律精神。

这是一种将法律简单化的惯例。法律的来源"客有谓杜周曰：君为天下决平，不循三尺法，专以人主意旨为狱。狱者固如是乎？周曰：三尺安出哉？前主所是著为律，后主所是疏为令。当时为是，何古之法乎？《前汉书·卷六十·杜周传》P248。除帝王之言论外，国家也有制定法：高后元年（前187年）春正月诏：前日孝惠皇帝言欲除三族罪、妖言令，议未决而崩，今除之。《前汉书·卷三·高后纪第三》P13。

指定制订法律的人，张汤"与赵禹共定诸律令，务在深文，拘守职之吏。"《前汉书·卷五十九·张汤传》P246。法律的目的是强化对公职人员的监管，显然受到皇帝的器重，"……张汤以更定律令为廷尉，黯质责汤于上前，曰：公为正卿，上不能褒先帝功业，下不能化天下之邪心，安国富民，使囹圄空虚，何空取高皇帝约束纷更之为？而公以此无种矣。黯时与汤论议，汤辩常在文深小苛。黯愤发骂曰：天下谓刀笔吏不可为公卿，果然必汤也令天下，重足而立，仄目而视矣。《前汉书·卷五十·汲黯传》P218。

陈宠子陈忠，永初（后汉安帝永初年间，公元107—113年）中，廷尉正。"初，父宠在廷尉，上除汉法溢于甫刑者，未施行，及宠免后遂寝，而苛法稍繁。人不堪之。陈忠略依宠意，奏上二十三条，为决事比（例也）以省请谳之敝，又上除蚕室刑，解臧吏三世禁锢，狂易杀人，得减重论母子兄弟相代死，听，赦所代者。事皆施行。《后汉书·卷四十六·陈忠传》P1556。

2. 最高审判的权力。

高祖七年（前200年），制诏御史，"狱之疑者，吏或不敢决，有罪者久而不论，无罪久系不决。自今以来，县、道官狱疑者，各谳所属二千石官，二千石官以其罪名当报之；所不能决者皆移廷尉，廷尉亦当报之；廷尉所不能决，谨具为奏，傅所当比律令以奏。"《前汉书·卷二十三·刑法志》P1114。高祖给御史中丞的诏书，是为减少久羁不决的案子，当时实行县、郡、廷尉、皇帝四级审判制度。这种制度有史料佐证：

1）皇帝亲自审理案件

明帝本人精通法律，亲自参与大量案件审理，论曰：帝善刑理，法令分明。日晏坐朝，幽枉必达。《后汉书·第二·显宗孝明帝纪第二》P124。

有皇帝、大臣参与的案件廷议：依成文法条治罪是一种法律习惯。桓帝延熹五年（前162年），监军使者张敞承宦官旨，奏冯绲将傅婢（即侍婢）二人戎服自随，又辄于江陵刻石纪功，请下吏案理。尚书令黄僬奏议，以为罪无正法，不合致纠。会长沙贼复起，攻桂阳、武陵，绲以军还，盗贼复发，策免。顷之，拜将作大匠，转河南尹。《后汉书·卷三十八·冯绲传》P1284。是长沙贼拯救了冯绲，还是法律的条规？

诏狱

诏狱是指皇帝敕命处理的案子，针对重特大案件，或者是二千石以上高官犯罪者。文帝四年九月，绛侯周勃犯罪，"逮诣廷尉诏狱"。《前汉书·卷四·文帝纪第四》P149。奉君王诏命鞫囚，这里的廷尉是地点，注明被逮捕关进廷尉署衙。

2）廷尉

减宣为左内史，杜周为廷尉，其治大抵放张汤，而善候司。上所欲挤者，因而陷之；上所欲释者，久系待问而微见其冤状。《前汉书·卷六十·杜周传》P248。

3）郡守

郡守、国相均有生杀权。董宣"为司徒侯霸所辟，举高第，累迁北海相。到官，以大姓公孙丹为五官掾，丹新造居宅，而卜工以为当有死者，丹乃令其子杀道行人，置尸舍内。以塞其咎。宣知，即收丹父子杀之。丹宗族亲党三十余人，操兵诣府，称冤叫号，宣以丹前附王莽，虑交通海贼，乃悉收系剧（剧县）狱，使门下书佐水丘岑尽杀之。宣为此一度被征诣廷尉，判死刑，光武帝赦免，有诏左转宣怀令，令青州勿案（水丘）岑罪，岑官至司隶校尉。《后汉书·卷七十七·酷吏列传第六十七·董宣传》P2489。董宣有权处死人犯，但是杀人过多，所以一度被逮捕重判，后被降职使用，另一位具体经办者水丘岑在光武帝的庇护下基本安然无恙。

4）县令被赋予杀戮权

只要不是疑案,县令可以自行处理。魏相年少时学《易》,"为郡卒吏,举贤良,以对策高第,为茂林令。⋯⋯御史大夫桑弘羊客诈称御史止传(传舍)⋯⋯相疑其有奸,收捕,案致其罪,论弃客市。(杀之于市)茂陵大治。后迁河南太守。《前汉书·卷七十四·魏相传》P290。桑弘羊是在汉昭帝(前86—前74年在位)初开始为御史大夫。汉昭帝时的茂林县令对御史大夫桑弘羊的门客冒充御史住宿官办旅馆被其察觉,办了这个人的死罪。

阳平令李章,清河大姓赵刚为在所害,"章与对宴饮有顷,手刃斩刚。《后汉书·卷七十七·酷吏列传第六十七·李章传》P2492。实际上没有逮捕,没有审判,而李章的行为合法。

二、两汉主要罪名

武帝时,律令凡三百五十九章,大辟四百九条,千章八百八十二事死罪,决事比万三千四百七十二事。《前汉书·卷二十三·刑法志》P110。

成帝河平中下诏,曰:甫刑云五刑之属三千,大辟之罚其属二百。《前汉书·卷二十三刑法志》P110。大辟之刑从以前"甫刑"时代的二百多条发展到千有余条。"律令烦多,百又有余万言,奇请它比,日以益滋。自明习者不知所由,欲以晓谕众庶,不亦难乎。《汉书·卷二十三·刑法志》P108、《全汉文·卷八·成帝·减省律令诏》P168。与前代相比新罪名有:

1) 大逆不道和谋反罪。大逆不道是由触犯君王权威衍生的罪。征和二年(前92年)制诏,以涿郡太守刘屈氂为左丞相,⋯⋯是时治巫蛊狱急,内者令郭穰告丞相夫人以丞相数有谴,使巫祠社,祝诅主上,有恶言,及与贰师将军共祷祠,欲令昌邑王为帝,有司奏请按验,罪至大逆不道,有诏载屈氂厨车以徇,要斩东市,妻子枭首华阳街,贰师将军妻子亦收,贰师闻之,降匈奴,宗族遂灭。《前汉书·卷六十六·刘屈氂传》P267。大逆不道是重罪,所以刘屈氂祸至灭族。谋反是同一级别的罪。昭帝元凤元年(前80年)九月,鄂邑长公主、燕王旦、与左将军上官桀、桀子骠骑将军安、御史大夫桑弘羊皆谋反,伏诛。《前汉书·卷七·昭帝纪第七》P23。

昭帝元凤三年(前78年)四月,少府徐仁、廷尉王平,左冯翊贾胜胡因为擅自释放谋反罪犯被捕,徐仁自杀,王平、贾胜胡被腰斩。九卿之一的少府是中二千石,掌管山林水泽的税收,左冯翊是京畿地区地方官,两个不直接管理司法的官员也参与审理。

哀帝即位,成帝母称太皇太后,成帝赵皇后称皇太后。而上祖母傅太后与与母丁后皆在国邸，自以定陶共王为称，高昌侯董宏上书，认为秦昭襄王母亲夏氏，昭襄王本人被华阳夫人收养，昭襄王继承秦王位后，母亲夏氏随即改称太后，哀帝的祖母与母亲也应该援引此例。左将军师丹与大司马王莽共劾董宏"知皇太后至尊之号，天下一统，而称引亡秦以为比喻，诖误圣朝，非所宜言，大不道。哀帝免董宏为庶人。《前汉书·卷八十六·师丹传》P324。

建武元年九月诏："今封更始为淮阳王，吏人敢有贼害者，罪同大逆。"《后汉书·卷一上·光武帝纪第一上》P24。

不道的罪名很重，但有时得来意外，完全不是个人初衷，也没有严重后果。丞相王嘉刚直严毅有威重，哀帝建平三年（前4年）为丞相。廷尉梁相因为审判东平王刘云一案时不如帝意，被免为庶人。（刘云乃汉宣帝之孙，被息夫躬、孙宠诬告图谋帝位，哀帝穷治，尽管梁相认为案件疑点重重，他与尚书令鞠谭、仆射宗伯风达成共识，但三人请求复讯的意见被哀帝否决，东平王被废为庶人，后自杀。）王嘉理解梁相的遭遇，尽管有风险，这个重气节，行事以国家为重的人还是专门上书推荐故廷尉梁相等明习治狱，果然遭到哀帝的斥责。"尚书劾奏嘉言事恣意，迷国罔上，不道。下将军中朝者议，光禄大夫孔光、左将军公孙禄、右将军王安、司直鲍宣、光禄勋马宫、光禄大夫龚等十四人皆以嘉应迷国不道法。胜独书议曰：嘉资性邪僻，所举多贪残吏。位列三公，阴阳不和，诸事并费。咎皆繇嘉。迷国不疑，今举相等，过微薄。"日暮，议者罢。明旦复会，左将军禄问胜，君议亡所据，今奏当上宜何从？胜曰：将军以胜议不可者，通劾之（可以一并劾胜）。博士夏后常见胜应禄不和，起至胜前，谓曰：宜如奏所言（如尚书所劾奏也）。胜以手推常曰：去！《前汉书·卷七十二·龚胜传》P285。参见《汉书·卷八十六·王嘉传》P323。虽然龚胜的反对方式激烈，不惜公开让反对者为此弹劾自己，并对同僚怒吼，但他独木难支，所有其他参与谈论的人都同意"劾嘉迷国罔上，不道，请与廷尉杂治。"胜独以'嘉坐荐相等，微薄。以应迷国罔上，不道，恐不可以示天下。'遂可光等奏。"孔光等人定论王嘉迷国罔上，这正是哀帝自己想要得到的结果，他的丞相落得这个罪名还有其他因素，但王嘉固执地对梁相业务能力的赞誉是最让哀帝愤怒，因为梁相对威胁到自己的帝位的东平王表现得毫无紧迫感，而王嘉还在试图让朝廷重用此人，这个自私而迷信的皇帝对此怒不可遏，直接导致了皇帝任命的国家最高行政长官因为一条正确的建议而陨落，王嘉对自己的选择似乎并不后悔，他的人生至始自终都勇毅过人，命运急转直下之际仍认为自己无愧于心，大义凛然地在狱中绝食而死，平帝元始四年（公元4年）朝廷终于弄清了事件的原委，认可了王嘉的忠诚，于是，"封嘉子为侯，追谥嘉为忠侯。"《汉书·卷八十六·王嘉传》P323。这个有诸多廷议记载的案件对如何澄清案情事实真相,如何合理司法的技术性含量很低,多数人都在揣摩君主之意,导致一个大臣无辜而死。这即使不是两汉整体的司法镜像,也是一种司空见惯的现象。

大不敬罪

"师丹(时为大司空)使吏书奏,吏私写其草,丁(丁后)、傅(傅太后)子弟闻之,使人上书,告师丹上封事,行道人偏持其书,上以闻将军,中朝臣皆曰:忠臣不显谏,大臣奏事不宜露泄,令吏民传写流闻四方。臣不密则失身,宜下廷尉治事。下廷尉,廷尉劾师丹大不敬。"未决,给事中、博士申咸、炔钦上书,言丹经行无比,自近世大臣若丹者少。……奏封事不及深思远虑。使主薄书泄露之,过不在丹。以此贬黜,恐不厌众心。尚书劾咸、钦:知丹社稷重臣,议罪处罚,国之所慎,咸、钦初傅(傅读曰附)经义,以为当治,事以暴列,乃复上书,妄称誉丹,前后相违,不敬。上贬咸、钦秩各二等。遂策免丹……罢归。尚书令唐林上疏未见大过,既以往免爵大重,京师识者咸以为宜复丹爵邑。使奉朝请。上从林言,下诏赐丹爵关内侯,邑三百户。《前汉书·卷八十六·师丹传》P324。师丹先为阻止奏议封傅太后、丁后而弹劾过董宏,得罪丁皇后、傅太后家族,皇帝对其也渐渐不满这次因为师丹所上封事的底稿被属下经手人私藏并流落民间,廷尉将以大不敬罪判决,尚未结案时,朝中官员申咸、炔钦为师丹辩护,二人遭到一位没有留下姓名的尚书的指责,二人先前根据经义认为应该判师丹有罪,现在又维护师丹,国家对大臣的定罪十分慎重,申咸、炔钦二人却前后矛盾,符合不敬罪的条款。哀帝于是将申咸、炔钦二人的薪俸各降低二级。但是尚书令唐林又提出不同意见,认为师丹过失并不明显,对他惩罚过重,哀帝于是给师丹赐爵封食邑。

博士夏侯常曾告诉光禄大夫龚胜高陵县有一个儿子杀死了自己的母亲的伦常悲剧,光禄大夫龚胜没有核实就上报,后来由于尚书追问这件事信息来源,夏侯常、龚胜均无法确认,二人在朝堂上发生争执,御史中丞弹劾二人不敬。于是两个人都遭到降低俸禄一等的惩处。《前汉书·卷七十二·龚胜传》P285。

附上罔下罪

武帝元朔元年(前128年),"附下罔上者死,附上罔下者刑。"《前汉书·卷六·武帝纪》P19。

有河间男子赵腾诣阙上书,指陈得失。帝发怒,遂收考诏狱狱,结义罔上,不道。《后汉书·卷五十四·杨震传》P1759。

腹诽

武帝时造白鹿皮币,大司农颜异"与客语,客语初令下有不便者,异不应,微反唇。"与他有隙的御史大夫张汤劾奏,以颜氏身为九卿,"见令不便,不入言而腹诽,论死。"《前汉书·卷二十四下·食货志》P116。这以后成为一种惯例。属于政治任务产生的罪名,它们的共同特征是不在合理的范畴之内但一定是使用司法手段强制解决的问题。

杀人罪

斗殴罪

坐赃（即贪污罪）

孝质帝永嘉元年(145年)十一月,南阳太守韩昭坐赃下狱死。（东观记曰:强赋一亿五千万,槛车徵下狱)中郎将赵序坐失事弃市。（东观记曰:取缣三百七十五万)《后汉书·卷六·孝质帝纪第六》P279。

故纵罪

昭帝始元四年(前83年),廷尉李种坐故纵罪弃市。

诽谤罪

豫章太守栾巴,字叔元,迁齐相,所在有治迹,徵拜尚书。会帝崩（顺帝公元144年崩),营起宪陵,陵左右或有小人坟冢,主者欲有所侵毁,栾巴连上书苦谏,时梁太后临朝,诏诘巴曰:大行皇帝晏驾有日,卜择陵园,务从省约,茔域所极,裁二十顷,而巴虚言主者坏人冢墓事既非是,寝不报下,巴犹固遂其愚,复上诽谤,苟肆狂瞽,益不可长,巴坐下狱,抵罪,禁锢还家。《后汉书·卷五十七·栾巴传》P1841。

渎职罪

各地官员有守土保境安全的责任,武帝天汉三年(前98年)秋,匈奴入雁门,太守坐畏愞弃市。《前汉书·卷六·武帝纪第六》P386。

诅咒罪

内者令郭穰密告丞相刘屈氂夫人"使巫祠社,祝诅主上,有恶言,及与贰师将军共祷祠,欲令昌邑王为帝,有司奏请按验,罪至大逆不道,有诏载屈氂厨车以徇,要斩东市,妻子枭首华阳街,贰师将军妻子亦收,贰师闻之,降匈奴,宗族遂灭。"《前汉书·卷六十六·刘屈氂传》P267。

轻微罪

丞相司直翟方进随成帝前往甘泉宫,由于翟方进在弛道上行车,被司隶校尉陈庆劾奏,翟方进因此被没收了车马。《前汉书·卷八十四·翟方进传》P316。弛道也称御道天子专用。

但是处罚相当温和。如果弛道普通人也可以使用，人民可能更爱自己的君主。

基本不会予以惩罚的罪还有很多。

三、刑的种类

1）死刑

主要有三种方式：弃市、枭首、腰斩。

2）肉刑

汉初司法体系基本与秦接轨，黥、劓、刖、宫、笞。但改革的思想在文帝时出现重大变化，且又是从肉刑开始，这与太仓令淳于意，缇萦父女有关。文帝十三年（前167年），少女缇萦上书文帝，愿代其父受肉刑之罚。当时的丞相张苍上书除肉刑罪。他力陈肉刑的种种弊端后说：请定律曰：诸当完者，完为城旦舂；当黥者，髡钳为城旦舂；当劓者笞三百，当斩左趾者，笞五百；当斩右趾及杀人先告，及吏坐受赇枉法守县官财物而即盗之，已论命，复有笞罪者，皆弃市。罪人狱已决，完为城旦舂，满三岁为鬼薪白粲，鬼薪、白粲一岁为隶臣妾，隶臣妾一岁，免为庶人。隶臣妾满二岁为司寇；司寇一岁及作如司寇二岁皆免为庶人；其逃亡及有罪耐以上，不用令。前令之刑城旦舂岁而非禁锢者如完为城旦舂，岁数以免。臣昧请。"除张苍外，当时的御史大夫冯敬也持同样看法，这坚定了他改革司法的决心。他不仅同意了这个奏折，并进一步说："夫刑至断肢体，刻肌肤，终身不息，和其刑之楚而不德也。岂称父母之意哉？其除肉刑，有以易之，及今罪人各以轻重不亡逃，有年而免，具为令。"《前汉书·卷二十三·刑法志》P108。但这是一次有严重缺陷的改革，"外有轻刑之名，内实杀人。"《前汉书·卷二十三·刑法志》P108。肉刑精减为三种即笞、宫、斩右趾。汉文帝规定"当斩右趾，皆弃市。"《前汉书卷二十三·刑法志》P108。斩右趾的肉刑成了死罪，实际是只执行两种肉刑。前文已提到的鞭笞数过量与残酷导致受刑者死亡的情多次出现。针对鞭笞在实际操作中的弊病，汉景帝元年下诏：加笞与重罪无异，幸而不死，不可为人，其定律，笞五百曰三百；笞三百曰二百。《前汉书·卷二十三·刑法志》P108。中元六年（前144年）景帝又下诏：加笞者或至死而笞未毕，朕甚怜之其减三百曰二百，二百曰一百。随后制定了箠令。详规定了刑具的选料、尺寸，打击部位，不得中途更换施刑者等，这大大减少了鞭笞中受刑者死亡率，但在实际操作中根本杜绝肉刑是不可能的，这在稍后还会提到。

宫刑或腐刑是肉刑的一种。该刑是破坏男子生殖功能的处罚，比较常见，宫刑在文帝时经过短时期的废止，在景帝时恢复。景帝中元四年，（前 146 年）秋，死刑欲腐者，许之。《汉书·卷五·景帝纪》P17。准许犯有死罪的人可选受宫刑。《前汉书·卷五·景帝纪》P17。光武帝时，一度不实施死刑，代之以宫刑。建武二十八年（公元 52 年）十月，诏令死罪系囚皆一切募下蚕室，其女子宫。时隔两年后有再一次重申"建武三十一年（55 年）秋九月，诏令死罪系囚皆一切募下蚕室，其女子宫。《后汉书·卷一下·光武帝纪第一下》P81。

许皇后是元帝母亲，许皇后的父亲许广汉为郎时，曾跟随武帝前往甘泉，误取另外的郎官马鞍，被弹劾为"从行而盗"。当死，有诏募下蚕室，"误取他人的马鞍装在自己的马上，被判为"作为君主随从而盗窃"，罪判死刑，武帝下诏免其一死，代之以腐刑。《前汉书·卷九十七上·外戚传·孝宣许皇后传》P367。这不是特别对许广汉的优待，有个时期基本上都是用腐刑代替死刑。

司马迁因为说话违背君王意，被施以腐刑，但是死刑犯罪者接受此刑的话，可以以此换取性命，这种刑罚置换当时被看做一种仁慈的减刑，毕竟保留了性命：被刑之后仍然有政治前途，司马迁被刑之后，"为中书令，尊宠任职。"《前汉书卷六十二·司马迁传》P254。武帝的宠妃赵婕妤的父亲，也曾经因为犯法被处以宫刑，成为宦官，掌中黄门职，赵婕妤入宫时其父已经过世，昭帝刘弗陵即位后，追尊外公为顺成侯。《前汉书·卷九十七上·外戚传第六十七上》P365。这种优惠条件在汉光武帝二十八年、三十一年连续重申，认为这相当于一种死亡，罪犯罪行严重不得不处以极刑，实属不得已，不消灭其肉体而代之以腐刑。

3）有期徒刑

劳役与流放有期徒刑最高刑为髡钳城旦春，是五年刑期（简称髡刑），以下依此为完城旦春（四年有期徒刑。"完刑，四岁刑"。作刑三：鬼薪、白粲。皆三年刑期。

许广汉曾任宦者丞，一次奉命搜查上官桀谋反案中嫌疑人居所时，一些重要的物证他没有发现，而被另外的人查找了出来，许广汉因此"坐论鬼薪输掖庭。"在掖庭服劳役。服劳役者可以安排在有不同的地方，因为这个疏忽，被判三年刑期。《前汉书·卷九十七上·外戚传·孝宣许皇后传》P367。

司寇：二年刑期。

罚作：为一年刑期（男为罚作，女为复作）。《九朝律考·汉律考》P46。

东汉桓帝延熹二年（前 159 年），徵，李膺再迁河南尹，时宛陵大姓羊元群罢北海郡，臧罪狼藉，郡舍溷轩（厕房）有奇巧，乃载之以归，膺表欲按其罪，元群行赂宦竖，膺反坐输作左校。初膺与廷尉冯绲、大司农刘佑共同心志，纠犯奸佞。

绲、佑时亦得罪输作。司隶校尉应奉上疏理膺等，……书奏，乃悉免其刑。《后汉书·卷六十七·党锢列传第五十七·李膺传》P2197。

输作左校：

是指在将作大匠的下属机构左校服劳役，左校主管京师地区的工程。

"元初[东汉安帝元初年间(公元 114—119 年)]中，尚书郎张俊，坐泄露事，当伏重刑，已出毂门，复听读鞫，诏书驰救，减罪一等，输作左校。"《全后汉文·卷七十·蔡邕·戍边上章》P858。泄露国家机密可能判处很重的刑，例如"汉元帝建昭二年(前 37 年)，十一月，淮阳王舅张博魏郡太守京房坐窥道诸侯王以邪意，泄露省中语，博腰斩，房弃市。《前汉书·卷九·元帝纪》P29。

耐刑：

"汉令完而不髡曰耐。"《九朝律考·卷一汉律考引》P46。按汉制二、三、四年刑期的统称耐刑。同上书 P47。有耐为司寇，耐为隶臣、耐为鬼薪、耐为城旦，比髡刑为轻。秦早期男女奴的称呼隶臣妾在西汉正式成为一年有期徒刑的代名词，其他与秦律基本雷同。

4) 徒边：一种不定期的刑罚。适用于重罪，它是比较特殊的惩处，犯人在边陲充当军人，从国家领取口粮、服装。其妻子可以随同前往定居。

禁锢：

是对一类人担任公职的限制。一人犯罪，禁至三属。《后汉书·卷三·肃宗孝章帝纪第三·》P146。有不定期、终身、最高可达三世者。《后汉书·卷四十六·陈忠传》P1555。东汉党人遭禁锢的事例表明，禁锢毋须事先审判。

赎刑：

赎罪是汉之罚的重要组成部分，与秦时大不相同。惠帝、景帝时已粗具规模。在武帝时，赎罪得到广泛运用。武帝元朔六年(前 123 年)六月诏"朕闻，五帝不相复礼三代不同法礼，所由殊路而建德一也。日者大将军巡朔方，征匈奴，斩首虏万八千级，诸禁锢及有过者，咸蒙厚赏，得免减罪。晋大将军仍复克获，斩首虏万九千级受爵赏而欲移卖者，无所流弛。其议为令，有司奏置武功赏官，以宠战士。《前汉书·卷六·武帝纪》P19。"《史记·卷三十·平准书》P79。记载了具体的办法：

"有司言：天子曰：日者大将军攻匈奴，斩首虏万九千级，留蹛无所食。议令民得买爵及赎禁锢减免罪。请置赏官，命曰武功爵。级十七万凡值三十万金。诸买武功爵官首者试补吏，先除，千夫如五大夫。其有罪又减二等，爵至乐卿以显军功。武帝九定出预先买爵赎罪的方案，先划定十一级军功爵，比如五级为官首、七级是千夫、乐卿为第八级。最高的是军卫十一级。一金为汉代一万钱。第七级以下可卖到每级十七万钱,当拿得出一百一十九万钱买到第七级者,就可以获得减罪特权。天汉四年(前96年)李广利、公孙敖、韩说、路博德率领步骑共十二万大军分三路进攻匈奴,皆无胜果。由于国家急需资金,武帝降低赎前的数额。"九月,募死罪人入赎钱五十万减死一等。"《前汉书·卷六·武帝纪》P22。

贡禹,宣帝时明经博士,凉州刺史。元帝时官至御史大夫。贡禹要求取消赎罪入金的陈规。称"武帝始临天……遂从嗜欲,用度不足,乃行一切之变,使犯法者赎罪,入谷者补吏……黥劓而髡钳者,犹复攘臂为政于世。……居官而置富者为雄桀,处奸而得利者为壮士。兄劝其弟,父免其子俗之败坏,乃至于是,察其所以然者,皆以犯法得赎罪……今欲兴至治,致太平,宜除赎罪之法。《全汉文·卷三十四·贡禹·赎罪》P315。宣帝地节三年(前67年),京兆尹张敞陈述与他不同的意见:

"令诸盗受财杀人及犯法不得赦者,皆得以差入谷,此八郡赎罪,务益致谷,以预备百姓之急事。"当时的左冯翊萧望之、少府李强与之发生了争论,认为虽然先圣也不能去掉民人的欲利之心,但保持不让人的好义之心屈服与欲利之心"今欲令民量粟以赎罪,如此则富者得生,贫者独死。是贫富异刑而法不壹也。人情贫穷,父兄因执,闻出财得以生活,为人子弟者将不顾死亡之患,败乱之行以赴利求救亲戚,一人得生,十人以丧。"张敞的意见是:免令罪人出财减罪以诛之,其名贤于烦扰良民,横兴赋敛也。又诸盗及杀人犯不道者,百姓所疾苦也,不得赎,首匿见知,纵所不当得为之属。议者或颇言其法可蠲除,今因此令赎其便,明甚何化之所乱?他沿引甫刑法理原则:"刑之罚,小过赦,薄罪赎。"而且吕刑中早就有赎金之科条。现在凉州一带受战事影响,秋天收获季节就出现饿莩,明春青黄不接时,将会出现什么局面,令人不寒而栗。当局应该拿出确实有效的办法做准备,要重视现实,不要拘泥于一般原则。

萧望之,李强进对此进一步反驳,他们举例说:天汉四年(前97年),即汉武帝晚期,如果一个犯有死罪的人出五十万钱就可获减死罪一等,豪强吏民请夺假贷?至为盗贼以赎罪,其后奸邪横暴,群盗并起,至攻城邑,杀郡守,充满山谷,吏不能禁。最后派部队进剿,诛杀过半,才止住这一势头。当时的丞相魏相,御史大夫丙吉也站在萧、李一边,所以张敞的建议未获通过。《前汉书·卷七十八·萧望之传》P304。时过景迁,后汉明帝又对赎罪发生了兴趣。明帝于光武帝中元二年(公元57年)十二月诏曰:'天下亡命殊死以下,听得赎论。死罪入缣二十匹;右趾至髡钳城旦春十匹,完城旦春至司寇作三匹;其未发觉诏书到先自告者半入赎。十五年时,可能要求赎罪的人太多,抬高了价码,死罪须四十匹缣,增加了百分之百;完城旦至司寇一级增加百分之四十。到十八年,唯有死罪一级,降低四分之一,其余则维此原状。《后汉书·卷二·显宗孝明帝纪第二》P98。"章帝建初五年(公元80年)九月再一次调整了赎金,除死罪入缣数增加四匹,其余恢复到明帝中元二年水平。《全后汉文·卷四·章帝·减刑诏》P494。章帝元和元年(公元84年)的政策又在中元二年的基础上,单独将右趾髡钳城旦舂一级赎金降至七匹,不知何故。

女徒顾山:又称雇山。这是汉国家的一个创举,汉平帝元始元年(公元1年)诏书"天下女徒已论,归家,顾山,钱月三百。"《前汉书·卷十二·平帝纪》P33 定轻罪的女性,不囚禁或劳役,只要她们每月出钱三百,官府用以雇人入山砍伐木,代替其应完成的定额,就可以令其归家。这个政策可能是临时性的。城旦舂即部分指女囚所从事的具体劳动——舂米。

物可以赎罪,而人不可以用于赎罪。安帝时有尹次、史玉坐杀人当死。次兄初和尹玉的母亲来到官府提出缇萦类似的要求,不过他们是自愿死而代替自己的亲人免受极刑,两人说完之后就自杀而死。他们运气不好,虽然尚书陈忠以罪疑从轻,提出免尹次、史玉一死。太山太守应劭表示反对。"杀人者死,伤人者刑。此百王之定制,有法之成科。"他认为自杀而死的两个人纯属愚昧,企图因为他二人已死而让尹次、史玉自由。如果国家默认或同意这个结局,那无疑是杀害无罪而活救当死之人。《后汉书·卷三十八·应劭传》P1610。

武帝元狩二年,将军李广,赵食其等因为延误军机,按律当斩,均出钱免死罪废为庶人。武帝天汉四年(前97年)九月,令死罪入赎钱五十万减死一等。即犯有死罪的犯人缴纳五十万钱可以减免死罪一等。

是时长史、二千石听百姓谪罚者输赎,号为"义钱"詑为贫人储。而守令因以聚敛。尚书仆射虞诩上疏曰:元年以来贫百姓章长史受取百万以上者,匈匈不绝,谪罚吏人至数千万,而三公、刺史少所举奏。寻永平、章和中州郡以走卒(指伍佰之类)钱给贷贫人。司空劾案,州及郡县皆坐免黜。今宜遵前典,蠲除权制,于是诏书下诩章,切责州郡,谪罚输赎自此而止。《后汉书·卷五十八·虞诩传》P1872。

另一种是亲属以一件功劳抵某个罪行。"公孙贺之子敬声以皇后姊子骄奢不奉法。征和(前92—前89年)中,擅用北军钱千九百万,发觉,下狱。时诏捕阳陵朱安世不能得,上求之急,贺自请逐捕安世以赎敬声罪,上许之。后果得安世,安世者,京师之大侠也。闻贺欲以赎子罪,笑曰:丞相祸及宗矣。安世于狱中上书告敬声与阳石公主（武帝女）私通，及使人巫祭祠诅上，且上甘泉当驰道埋偶人，祝诅有恶言。下有司按验贺，穷治所犯。遂父子死狱中。家族巫蛊之祸起自朱安世，成于江充，遂及公主、皇后、太子皆败。《前汉书·卷六十六·公孙贺传》P266。

光武帝建武中元二年（公元57年）十二月，汉明帝下诏：天下亡命诛死以下，听得赎论：死罪入缣二十匹，右趾至髡钳城旦舂十匹，完城旦舂至司寇作三匹其未发觉，诏书到先自告者，半入赎。永平九年三月诏：诸郡国死罪囚减罪。与妻子诣五原、朔方占著（登记入当地户籍）所在死者皆赐妻父若男同产一人复终身，其妻无父兄独有母者，赐其母钱六万，又复其口算。《后汉书·卷二·显宗孝明帝纪第二》P98。

景帝元年（前156年）七月诏：无爵，罚金二斤。《前汉书·卷五·景帝纪》P17。张释之奏，犯跸，当罚金。《前汉书·卷五十·张释之传》P217。

以上两例是提及的汉律中的人罚金例子。《九朝律考·汉律考》P49。犯跸是严重的罪可以用罚金处理，也解释了罚金与赎刑的区别。

株连政策

永平二年（公元59年）十二月，"少府阴就子丰杀其妻郦邑公主，就坐自杀。"《后汉书·卷二·显宗孝明帝纪第二》P104。阴丰"杀主，父母当坐，皆自杀，国除。"《后汉书·卷二十二·樊宏阴识列传》P1132。这场家庭惨剧中的第一个死者郦邑公主是光武帝之女刘绥，也是明帝刘庄的妹妹，她或许是因为骄傲的身份与性情使得其丈夫阴丰情绪失控，令其毙命。阴就则是光武帝原配阴丽华弟弟之子，这是出于这种关系，允许其自杀是一种恩惠。

族诛连坐

当三族者，皆先黥劓，斩左右趾，笞杀之，枭其首，菹其骨肉于市，其诽谤詈诅者，又先断舌。《前汉书·卷二十三·刑法志》P19。文帝元年（前179年）十二月，上曰："法者治之正，所以禁暴而率善人也。今犯法者已论，而使毋罪之父母妻子同产坐之及收帑甚弗取，其议之有司。皆曰：民不能自治，故为法以禁之。相坐坐收，所以累其心，使重犯法，所从来远矣。如故便。上曰：朕闻法正则民悫，罪当则民从。且夫牧民而道之以善者，吏也。既不能道，又以不正之法罪之，是法反害于民，为暴者也，何以禁之？"有司皆曰：请奉诏，尽除收帑相坐律令。《史记·卷十·孝文纪》P47，《前汉书·卷四·文帝纪第四》P15，《前汉书·卷二十三·刑法志》P19。文帝下诏废除秦朝遗留的株连法。其实并未干净地废止，这只是他个人的见解，作为一种成熟的刑种，文帝低估了它的生命力。当时的左、右丞相周勃、陈平对文帝的这个决定显得大喜过望"陛下幸加大惠于天下使有罪不收,无罪不相坐,甚盛德,尔等不相及也,臣等谨奉诏,尽除收律相坐法。"但没有在整个官僚层达成共识,没有形成稳定的制度,实际上是来不及。孝文帝二年(前178年),反对连坐的最主要官员,一向比较明智,有能力生活在一个复杂的主流社会又特别向往简单生活的陈平辞世。周勃失去了这个良师益友之后个人生活变得险恶、坎坷。政治观念也发生了错位,他又旧事重提,说出了与自己过去意见相反的话"父母、妻子、同产相坐及收,所以累其心,使重犯法也。收之之道,所有来久矣,臣之愚计。以为如其故便。"《全汉文·卷十四·周勃·奏仍用连坐法》P202。这个建议看来是更易于被各层次的人理解。再也没有遇到类似的阻碍。成帝时,定陵侯淳于长坐大逆诛,长小妾乃始等六人皆以长事未发现觉时弃去或更嫁,及长事发,丞相翟方进、大司空何武议,"令犯法者各以法时律令论之,明有所讫也。长犯大逆时,乃始等见为长妻,已有当坐之罪,与身犯法无异,后乃始弃去,于法无以解。"意思是主张治乃始等人罪。孔光反对这个意见,认为:大逆无道,父母妻子同产无少长者皆弃市,欲惩犯法者也,夫妇之道有义则合,无义则离,长未知当坐大逆之法,而弃去,乃始等或更嫁,义已绝,而欲以为长妻而杀之,名不正,不当坐。《前汉书·卷八十一·孔光传》P310。孔光的意见得到成帝的赞同。淳于长妻子徙合浦,他本人死于狱中。乃始等人则安然无恙。这个案例至少反映出以下问题:1. 在此之前时,法律规定一个人犯罪,其家属也等于同时犯有罪。犯罪时两人的社会关系决定是否共犯。而不是以事发后的社会关系为准。因此,乃始等人在即使在前夫罪行暴露时已嫁作他人妇,仍要对她曾与淳于长为夫妻的经历负责。2. 孔光赞同连坐,他的异议在于引入了儒家思想标准,认为义是夫妻关系存在的纽带,他没说明"义"是婚姻的前提还是婚姻的一种必然反映,但他确认婚姻的解除是义尽的一种反映。这里的义有两层意思:1. 夫妻对事情后果共同负责的义务。这是社会的,其象征是合法的婚姻关系。2. 夫妻间的好感,是个人的。其象征是共同的生活。既然义已尽,他或她就不必对另一人的行为负责。加上乃始等已再嫁,以她作为淳于长妻的身份提起诉讼,势必造成犯罪主体或资格上的矛盾。3 淳于长在遗弃乃始时并不知道自己有一天会被判大逆之罪,可能正相反,他甚至是虚构自己的政治前途不可限量后而萌生乃始等人已配不上他的爱情的思想。随即无情地抛弃她们。不存在淳于氏为保护乃始等人而故意将其离弃的可能。孔光思想中心在于当罪犯被起诉时,其家属可以作为共同犯罪的主体,但当这种关系不复存在时,就不应予以追究。除非这种社会关系是为保护有关的一些人免于刑罚而事先有意加以分割。可以这样说,义的引入在此案中起了积极的作用,它使裁决更合乎情理,也使法律再一次凸现公正。但在很多情况下,义的含混概念导致法的自相矛盾,乖戾乃至荒谬。王莽摄政时期,东郡太守翟义举兵反莽,兵败受磔刑。"莽又坏义第宅,污池之。发父方进及先祖冢在汝南者,烧其棺枢,夷灭三族,诸及种嗣至皆同坑,以棘五毒并葬之。"《前汉书·卷八十四·翟方进传》P319。翟义是自认为"父子受汉恩义,为国讨贼,以安社稷。"王莽也以国家的名义判其死罪。并按义的概念决定受牵连者的范围。

身份等级在司法实践中作用

"彭宠为其苍头所杀。"注曰:秦呼人为黔首,谓奴为苍头者,以别于良人也。《后汉书·卷一上·光武帝纪第一上》P38。汉朝的奴隶称为苍头,必须用深青色的头巾包裹头部。社会等级是法定的,非自由人需要按规定着装。

惠帝即位,赐民爵一级,中郎(秩比六百石)、郎中(秩比二百石)满六岁爵三级,四岁,二级。外郎(散郎)满六岁二级,中郎不满一岁一级。外郎不满二岁赐钱万。宦官尚食比郎中,谒者、执盾、执戟、武士、驺比比外郎。太子御骖乘赐爵五大夫,舍人满五岁二级。《前汉书·卷二·惠帝纪第二》P12。

令民得卖爵。《前汉书·卷二·惠帝纪第二》P12。惠帝元年冬十二月在,民有罪,得买爵爵三十级以免死罪。《前汉书·卷二·惠帝纪第二》P13。爵一级官方价格在行情稳定时相当于二千钱,三十级就是六万钱。"赐民爵,户一级。"《前汉书·卷二·惠帝纪第二》P13。爵是可以买卖的无形资产,可能从皇帝的恩锡中无偿获取,也可事先买下,一旦涉及刑事重罪,可以不直接用钱而是以爵交易,免于死刑。

惠帝三年六月,发诸侯、列侯徒隶二万人城长安。《前汉书·卷二·惠帝纪第二》P13。徒隶指罪犯。

后汉时的法律出现了一种对社会底层人口慎刑的倾向,这并不是司法中不同身份逐渐变得趋向平行。建武十一年(公元35年)春诏曰:天地之性人为贵,其杀奴婢,不得减罪。《后汉书·卷一下·光武帝纪第一下》P57。在追加惩罚力度的同时有提升了对受害者的保护,建武十一年(公元35年)八月,诏:敢炙灼奴婢,论如律,免所炙灼者为庶人。十月,诏:除奴婢射伤人弃市律。《后汉书·卷一下·光武帝纪第一下》P58。

建武十二年(公元36年)三月诏:陇、蜀民被略为奴婢自讼者,及狱官未报(典狱官没有上报的),一切免为庶民。《后汉书·卷一下·光武帝纪第一下》P59。十二年八月诏:敢炙灼奴婢,论如律。免所炙灼者为庶人。十二年十月,诏除奴婢射伤人弃市律。当时大量人口被掠为奴婢,政府想要通过法令予以制止。

社会地位在法律中的作用

光武帝诏:今封更始为淮阳王,吏人敢有贼害者,罪同大逆。《全后汉文·卷一·光武帝·封更始为淮阳王诏》P476。更始虽然不再是天子,危害由天子降级的淮阳王的行为还是如同危害天子一样。

"九卿位亚三事,班在大臣,行有佩玉之节,动有痒序之仪,加以鞭杖。孝明皇帝(公元 58—75 年在位)始有扑罚,皆非古典。"《后汉书·卷六十一·左雄传》P2015。顺帝永建四年(公元 129 年),大司农(中二千石)刘据因为履行职务不力被谴责,诏送尚书台查办,办案人员对刘据一路催促并加以捶击,尚书令(秩千石)左雄因此上言,古代礼法中,九卿以上不受类似的羞辱,明帝时出现这种情况,有违经典。明帝时顺帝接受了他的意见:"帝从而改之,其后九卿无复捶扑者。"《后汉书·卷六十一·左雄传》P2015。

四、临时增加的或被省略的程序

法律随意性的两个源头:任意使用的皇权与缺乏保护的人身权力。人身权是一个极其淡薄的概念,皇帝们重视百姓是重视自己需要赋税、力役,另一个重要原因是忌惮百姓作为一个整体时的力量。

1. 君王签发的逮捕令

"诏所名捕"(诏书有名而特捕者)诏书上拟定的罪犯名单,显然尚未审判,基本上都要做有罪判决。后汉和帝永元四年(公元 92 年)六月,窦宪潜图弑逆,诏收捕宪党,射声校尉郭璜等人,皆下狱死,使谒者仆射收贤宪大将军印绶遣贤及弟窦、景就国,到皆自杀。七年正月,行车骑将军邓鸿、度辽将军朱徽、中郎将杜崇皆下狱死。《后汉书·卷四·孝和孝殇帝纪第四》P180。

2. 无法避免的刑讯逼供

文帝十三年(前 167 年)五月废除肉刑。张汤"劾鼠掠治"是一个正常程序,刑讯逼供可能查出真相,更多的是屈打成招,因为刑讯工具和手段过于残忍、孝章帝元和元年(公元 84 年)七月诏曰:"《律》云:'掠者惟得榜、笞、立。'又《令丙》箠长短有数,自往者大狱以来,掠考多酷,惨苦无极。念其痛毒,怵然动心。《书》曰:'鞭作官刑',岂云若此? 宜及秋冬理狱,明为其禁。"《后汉书·卷三·肃宗孝章帝纪第三》P146。

刑讯逼供导致办案程序可有可无,使得一些基本的有助公平准确判案的制度形同虚设。

3. 有罪设定的原则

导致疑犯在没有人证、物证的情况下产生，取证可以使用各种方式，但定罪不一定需要需要证物，包括证据、证词，至少可以很容易伪造。汉宣帝时的颍川太守赵广汉，善于"钩距"从相关事物关系中获取线索甚至得出结论，又教掾属制作"缿筒"，这是一种告密箱，对投送入内的信件随意窜改。

汉哀帝即位后，孙宝担任司隶校尉时，傅太后（汉哀帝祖母）与中山孝王母冯太后（汉平帝祖母，两位太后都是汉元帝的宠妃，一次有皇帝及其嫔妃出席的闲暇活动中，一头用于斗兽表演的熊突然失控，冲向皇帝，名将冯奉世的女儿冯婕好或者是出于对元帝的真爱，或者是勇敢的基因，在众人惊叫中逃散，汉元帝命在旦夕之际，冯婕好冲上去站在熊与元帝之间，后来熊被救援的人杀死，元帝安然无恙。傅太后当时在场，表现形见相拙，从此与冯婕好有隙，长期被嫉妒燃烧着的傅太后使有司考冯太后，令自杀。冯婕好挡熊护元帝的事已经过去三十多年，傅太后的心结还没有抚平，孙子汉哀帝即位后结余恨终于爆发。孙宝奏请再次审理，傅太后大怒。曰：帝置司隶，主使察我，冯氏反事明白，故欲摘觖（挑拨之意）以扬我恶。我当坐之。上乃顺指下宝狱。尚书仆射唐林争之，上以林朋党比周。左迁敦煌鱼泽障候。大司马傅喜、光禄大夫龚胜固争，上为言太后，出宝复官。《前汉书·卷七十七·孙保传》P302。傅太后说冯太后造反的事实清楚，却完全不能够出具任何证据，她自己倒是在私设法庭，非法审讯，哀帝在大臣的坚持下，恢复了孙宝的职务。

"顷之，郑崇下狱，孙宝上书曰：……按案尚书令昌奏仆射崇下狱，覆治，掠将死，卒无一辞，道路称冤。……臣请治昌，以解众心。书上，天子不说。以宝名臣，不忍诛，乃制诏丞相、大司空，司隶宝奏故尚书仆射崇冤，请狱治尚书令昌。案崇近臣，罪恶暴著，而宝怀邪，附下罔上，以春月作诋欺，遂其奸心，盖国之贼也。传不云乎：恶利口之覆国家。其免宝为庶人。哀帝崩王莽白王太后，微宝以为光禄大夫平帝立，宝为大司农。《前汉书·卷七十七·孙保传》P302。这个例子也是一种日常情况反映，甚还有更严重的状况。后汉章帝建初五年（公元80年）的一道诏书讲到：今吏多不良，擅行喜怒或按部以罪，迫胁无辜，致令自杀者一岁且多于断狱，甚非为人父母也。有司其议赳举之。《后汉书·卷三·肃宗孝章帝纪第三》P140。自杀者数量快要多于审理结案的案件数。实际上已改变了司法机构的性质。这种失控的现象绝非短时期能形成，也非一时能堵绝所以时隔三年，章帝又旧话重提。元和元年七月诏说：自往者大狱以来，掠拷多酷,钻钻之属,惨? 苦无极,念其痛毒,怵然动心。"《后汉书·卷三·肃宗孝章帝纪第三》P146。他说到要改变这种状况,由于难于形成共识,往往流于形式。

4. 先请

指司法部门不得擅自处理某些案件,而要先上奏皇帝裁决。很容易产生完全不专业的判决。

五、审判组织与程序

依法办案的机会并不是总是存在,这是人的理性与利益、礼仪、法律现状等的一种长期博弈:

1. 审判组织——审判资格与与廷尉制度

1)汉朝审判的经典程序

鼠盗肉,汤掘熏得鼠及馀肉,劾鼠掠治,传爱书,讯鞠论报,并取鼠与肉,具狱磔堂下。《前汉书·卷五十九·张汤传》P246。从张汤的审判程序比较一个秦国人与西汉人获得公平审判的机会大小。

"太子军败,南奔覆盎城门,得出。会夜司直部闭城门,坐令太子得出。丞相欲斩仁,御史大夫暴胜之谓丞相曰,司直吏二千石,当先请,奈何擅斩之,丞相释仁。上闻而大怒,下吏。责问御史大夫曰,司直纵反者,丞相斩之,法也。大夫何以擅止之?《前汉书·卷六十六·刘屈氂传》P266。这个案情表明国家元首、政府首脑,都有审判资格。丞相的高级属员司直(秩比二千石)享有先请的特权,即对其判决前需呈报君主。由于这项规定,当时存在另一套判机构或审判标准。但武帝提出丞相有直接处置司直的权力,意味着当时的法存在自相矛盾之处。因为御史大夫所理解的法与之不同。而审判组织的这一变化表明,审判资格的构成不是以专业法律人材为唯一标准。元狩二年,为非作歹的江都王刘建罪行传到朝廷,中央政府派丞相长史,与江都相杂治,即联合办案。司法机关掌握了其罪行要求逮捕并办他的死罪,武帝令列侯吏二千石博士议。合议结果是当以谋反法诛。武帝又派宗正、廷尉亲赴江都审问刘建。刘建自杀。但他一直未被正式逮捕。《前汉书·卷五十三·景帝十三王传》P226。宣帝五凤四年,受光禄勋恽大逆罪牵连,与杨恽友善的官吏多被免职,时任京兆尹的张敞与杨氏友善,受到劾奏,由于宣帝的信任,张敞暂未被解职。但他将被解职的消息已在官吏中流传,张敞属下的一个名叫絮舜的贼捕掾开始拒绝张敞的工作安排,对家人称其为五日京兆,意即马上就要被免职的人。张敞知道后,逮捕絮舜,时冬日未尽,案事吏昼夜验治,办了死罪。敞令人持布告奚落絮舜,一句不得体的话断送了他的前程,也断送了他的生命。絮舜被弃市。死者家属将遗体与敞所制布告梆在一起让有关监督人员控诉,官方认定张敞贼杀不辜。宣帝为保护张敞免受大刑,故意开始审张敞涉及杨恽案的问题,判张免为庶人,至使张敞有机会脱逃。几个月后又被朝廷重新起用。《前汉书·卷七十六·张敞传》P298。

汉存在一个常设的最高司法审判体系,即廷尉制度,廷尉有权审判各级移送的任何案件,也包括君主下诏令其审理的案件,不管受审者的身份如何。宣帝时曾任大司空的彭宣劾奏朱、赵、傅三人:朱博宰相,赵玄上卿,傅晏以外亲封为特进,股肱大臣,上所信任,不思竭诚奉公,……失礼不敬。臣请召谒者召博、玄、晏诣廷尉,诏狱。《全汉文·卷五十五·彭宣劾奏朱博赵玄傅晏》P425。参见《前汉书·卷八十三·朱博传》P315。宦官弘恭在"奏收萧望之等"反映廷尉的这种权限…请谒者召致廷尉。"《全汉文·卷五十七·弘恭·奏收萧望之等》P434。廷尉的决定是有时有决定性作用。前文薛况案中,廷尉及其支持者的意见战胜了丞相、大司空的意见,这虽然士廷尉意见的合理与客观性,另一方面射反映了廷尉位宰司法审判中的关键作用。从广义上说,廷尉对全国司法体系垂直管理,但在地方政府,主要行政长官与主要司法长官是没有区别的,司法是国家政治的最主要的组成部分。人们以各种方式绝大多数的精力寻求稳定,这也是经济不能成为国家唯一中心的原因。但有可能成为个人司法行为中唯一目的。其属员则有明确分工,仍然不一定是受过专门训练的专业人员。人们得到法律知识的途径有三:书本。经验。君主的意愿。这些内容既缺乏连续性也缺乏一致性,所以,审判结果是千差万别的。高祖七年下一道诏书:"狱之疑者吏或不敢决,有罪者而不论,无罪者久系不决。自今以来,县道官狱疑者,各谳所属二千石官,二千石以其罪名当报之,所不能决者,皆移廷尉,廷尉亦当报之;廷尉所不能决者,谨具为奏,傅所当比律令以闻。《全汉文·卷一·高帝·疑狱诏》P129。这道诏书反映以下两个问题:判决前后被拘禁的人没有时间限制,审判者如果认为此案证据不足或责任不清,常遭到无限期搁置。其二是县、郡都有终审权,除非个案有疑问,才呈报上级。这是只有审判机构才有的权力,被告则不享有。只要认定有罪的判决书看起来不前后矛盾,就等于一个人真的犯有罪,这是规则但不是人人都同意的观点。所以,景帝中元五年(前145年)又下诏"诸狱疑虽文致于法,于人心不厌者辄谳之。其后狱吏复避微文,遂其愚心。至后元年?,又下诏曰:狱,重事也,人有愚智,官有上下,狱疑者,谳,有令谳者,已报谳,而后不当谳者,不为失。《前汉书·卷二十三·汉书·刑法志》P111。另见《前汉书·卷五·景帝纪》P17。这是从官方对有疑问的案件呈报上级主管部门,到被告一方都有机会要求重新审理的一个转变。目的是弄清案情的真相。君主已意识到，承认一个被审判的人自己有权力弄清真相是多么重要。但真正呼吁司法进一步规范化,从民间形成司法监督的思想出自宣帝时涿郡太守郑昌"圣主置谏争之臣者,非以崇德,防逸豫之生也;立法明刑者,非以为治,救乱之起也。今明主躬垂明德,虽不置廷平,狱将自正。若开后嗣,不若册定律令,律令一定,愚民知所避,奸吏无所弄也。今不正其本而置廷平以理其末也,政衰听殆,则廷平将招权而为乱首矣。"《全汉文·卷三十三·请删定律令书》,《汉书·卷六十六·郑昌传》P269。廷平,俸禄六百石,员四人。是廷尉派往地方,主要是郡,监督公平审理司法的派出人员。由于廷平被赋予很高的权力,很容易形成暗箱操作。所以郑昌颇为担心,当朝政反常,君主意志游离于政事时,廷平就很容易成为国家司法的一个阴暗面。他建议到不如强化法律的透明度,让人人都清楚审判尺度,从而形成广泛、持续有效的监督,这比派少数政府信任的人奔向四面八方,在一个陌生的环境中,短期内获得正确的结论要牢靠得多。汉光武帝时曾任议郎、给事中的桓谭也有类似建议"……或一时殊法,同罪异论,奸吏得因缘为市,所欲活则出生议,所欲陷则与死比,是为刑开二门也。今可令通义理明习法律校定秤比,一其法度,班下郡国,蠲除故条,如此天下方知,而狱无怨滥矣。"《后汉书·卷二十八上·桓谭传》P958。这个意见并未得到采纳。元帝时丞相翟方进、御史大夫何武也提出的司法改革方案是要求提高内史权限'往者诸侯王断狱治政,内史典狱事,相总纲辅王,中尉奋盗贼,今王不断狱与政,中尉官罢,职并内史,郡国守相委任,所以一统信安百姓也,今内史位卑而权重,威职相愈,不统尊者,难以为治臣,请相位太守,内史如都尉,一顺尊卑之序,平轻重之权。《全汉文·卷四十七·何武·奏请内史为中尉》P381。这个提案得到元帝的认可。中尉是治安官的一种,有权力指挥军队。原是秦京师治安主管。宗族王侯严重不法行为多有由中尉予预审。但汉代除中央政府有中尉,诸侯国也有中尉。内史兼有原诸侯王与中尉两职的事,翟、和二人的意思是提高内史的地位,使其在司法行为中畅通无阻。在处理重大案件涉及高级官吏时,不受权大位低的影响。这是地方政权司法的一项改革。当然不是单纯为了提高法律在政治中的地位,客观上让法律享有更独力的权力。但政治体制已决定了司法水平。

1) 办案主管除皇帝、廷尉、郡守相、县令等外,御史大夫、廷尉属下等均是法定审判人员:

"武安侯(田蚡)为丞相,徵张汤为史,补侍御史,治陈皇后巫蛊狱,深竟党与,上以为能,迁太中大夫,……张汤自杀死后,家产值不过五百金,皆所得奉赐。无他赢（即余也）昆弟诸子欲厚葬，汤母曰：汤为天子大臣，被恶言而死，何厚葬为？载以牛车，有棺而无椁。《前汉书·卷五十九·张汤传》P246。

　　2）公平的判决是一门高度专业技术

　　于定国之父于公，"为县狱史，郡决曹，决狱平，罗（罗，罹也，遭也）文法者，于公所决，皆不恨，郡中为之立生祠。号曰于公祠。"于定国少学法于父，父死后，定国亦为狱史，郡决曹，补廷尉史，以选与御史中丞从事治反者狱，以材高举侍御史，迁御史中丞，宣帝时为廷尉……其决疑平法，务在哀鳏寡，罪疑从轻，加审慎之心，朝廷称之。曰：张释之为廷尉，天下无冤民；于定国为廷尉，民自以为不冤枉。"于定国为廷尉十八岁，迁御史大夫。《前汉书·卷七十一·于定国传》P282。廷尉单独审讯宣判，审判中审慎、宽容以及强调证据的可靠性可保司法公正。于定国的升迁过程也反映出西汉对职务的专业的要求：狱吏——郡决曹——廷尉史（廷尉以下：廷尉正（掌疑狱）、左右监（逮捕）、左右平（平诏狱）——廷尉史、奏谳掾、奏平掾等属员）——侍御史（御史大夫、御史中丞属官，六百石）——御史中丞（千石）——廷尉（中二千石）——御史大夫（三公、丞相副职、中二千石）。于定国的升迁线路也显示在一定情况下对专业性的要求。东汉郭躬，家世衣冠，父弘，习小杜律，与于定国父亲齐名（西汉时杜周之子杜延年，父在武帝时，子在宣帝时为御史大夫），郭躬少传父业，讲授徒众常数百人，历廷尉正，元和三年为廷尉，长子贺顺帝时廷尉，贺弟郭祯亦以能法律至廷尉，后嗣中的贺僖少明习家业，延熹中为廷尉，郭氏自弘后数世皆传法律，子孙至廷尉者七人。《后汉书·卷七十八·郭躬传》P179。

　　顺帝时河南左雄少时家贫，顺帝时为廷尉，其子，其孙三世廷尉，为法名家。《后汉书·卷七十八·郭躬传附左雄传》P179。

　　顺帝时吴雄，三世廷尉，郭躬，数世之中，廷尉六七人。东汉时尚书开始与廷尉共用判案，到唐朝时大理寺审判，刑部复核。

　　但是从元帝即位初对丞相于定国等人的对话中可以发现，国家司法制度本身已经成为社会矛盾的一种原因。以于公经历过的一个自诉案件为例：东海郡一位妇女年轻时即失去丈夫和儿子，但是此后十余年来，这位不幸的妇女一直强颜欢笑，对已故丈夫的母亲也就是公婆十分孝顺，尽自己之力保障公婆不至于匮乏。内心万分感激的公婆见其年轻，多次提议希望她能再嫁，但被儿媳拒绝，公婆自认为自己活着就会拖累这个善良的儿媳，于是自杀而死，她的女儿也就是已故夫的姐妹认为是嫂嫂谋杀了自己母亲，上告到官。"吏捕孝妇，孝妇辞不杀姑，吏验治，孝妇自诬服，具狱上府。"郡决曹于公认为不是孝妇杀害自己的公婆，太守认为是孝妇所杀,于公据理力争,太守坚持己见,于公怀抱判决书在官府痛哭一场后以身体有恙辞职回家,"太守竟论杀孝妇"。《前汉书·卷七十一·于定国传》P282。

为何正确判案变得十分困难? 吏验治是一个重大障碍,法律允许官方对嫌疑人使用重刑,这是一个弊大于利的司法设计,上述孝妇就是因为无法忍受酷刑,于是宁愿求死,所以客观公正就被遗漏在一边,官方以此得以迅速结案,偏听偏信执迷不悟的太守对于公的客观分析完全不愿接受,孝妇竟因为自己的美德断送了自己的性命。

3) 审判中的不确定因素:

(1) 礼法关系

春秋之义的法律作用。"礼之所去,刑之所取。失礼则入刑,相为表里者也。"《后汉书卷·四十六·陈宠传》P1555。

春秋之义,奸以事君,常刑不舍。《前汉书·卷八十三·朱博传》P315。

春秋之义,贬纤介之恶,采毫毛之善。李咸《文选·卷三十五·潘勖·册魏公九锡文注》。

这里选取的三段文字对礼与法关系给出了基本的定位:1. 礼是正常、有益的行为。受法律约束的是非礼、有害的行为。2. 忠于君主,就是尊重法律。3. 春秋义是一种价值观理论,纯正的经义明辨是非,善恶分明并惩恶扬善。

伦理道德在法律中国应用前景拓宽,晁错指控楚王刘戊在景帝前二年为薄太后服丧期间,违反礼仪,居然在其服丧的处所行奸,要求处予其死刑。景帝怀着仁慈的心情给他的惩罚是削东海、薛郡两块封地,但此人后仍与吴王共同造反,最后兵败自杀。楚王刘戊罪行明确,有一些则不容易取得一致意见。原心定罪是春秋决狱的中心思想,指需要充分体验当事人行为的原因何在,而根据其动机与行为结果加以处分。

薛宣为丞相时其弟薛修担任临菑令,后母常从薛修居官,宣迎后母,修不遣。后母病死,修去官持服,宣谓修三年服少能行之者(守孝要三年时间,很少有人能做到),兄弟相悖不可,修遂竟服,由是兄弟不和。到哀帝即位之初(西汉哀帝前6年即位,在位一年),"博士申咸给事中,毁宣不供养行丧服,薄于骨肉,前以不忠孝免,不宜复列封侯在朝省。宣子况为右曹侍郎,数闻其语,赇客杨明,欲令创咸面目,使不居位,会司隶缺,况恐咸为之,遂令明遮斫宫门外,断鼻唇,身八创。事下有司,御史中丞众等奏:

况疑咸受修言以诽谤宣,咸所言皆宣行迹,众人所共见,公家所宜闻。况知咸给事中，恐为司隶举奏宣，而公令明等迫切宫阙，春秋之义，意恶功遂，不免于诛，上浸之源不可长也。况首为恶，明手伤，功意俱恶，皆大不敬。明当以重论，及况皆弃市。廷尉直以为，律曰：斗伤以刃伤人，完为城旦，其贼加罪一等，与谋者同罪。诏书无以诋欺成罪。传曰：遇人不以义而见疻者，与痏人之罪均钧，恶不直也。咸厚善修，而数称宣恶，流闻不谊，不可谓直。况以故伤咸，计谋已定，后闻置司隶。因前谋而趣明，非以恐咸为司隶故造谋也。本争私变，虽于掖门外伤咸道中，与凡民争斗无异。杀人者死，伤人者刑，古今之道也，三代所不易也。……今况为首恶，明手伤为大不敬，公私无差。春秋之义，原心定罪。原况以父见谤发忿怒，无它大恶。加诋欺，辑小过成大辟，陷死刑，违明诏，恐非法意，不可施行。圣王不以怒增刑，明当以贼伤人不直，况与谋者皆爵减完为城旦。上以问公卿议臣，丞相孔光、大司空师丹以中丞议是，自将军以下至博士议郎皆是廷尉议。况竟减罪一等，徙敦煌，宣坐免为庶人，归故郡，卒于家。《前汉书·卷八十三·薛宣传》P314、《全汉文·卷五十六·御史中丞众·薛况罪议》P429。

汉有加官制度，是在原有职务外加领官衔，汉朝的加官名号包括：侍中、左右曹、诸吏、散骑、中常侍、给事中。获加官者为皇帝所亲近，可以每日在君王面前发表意见。丞相薛宣是为争取扶养继母而兄弟失和，被申咸弹劾。丞相薛宣子薛况官居右曹侍郎，不能接受，指使被他收买的打手杨明重伤博士、给事中申咸，以此阻碍此人担任司隶校尉，提起、通过对自己家族不利的建议。给事中申咸遭遇殴击，事关重大，此案在朝廷上讨论。

御史中丞众等认为薛况为首谋害，在宫阙行凶，应以大不敬论处，弃市。这位御史中丞的姓阙，众是其名，哀帝初为御史中丞。

廷尉持反对意见，认为行凶者应判为受贿伤人，薛况及其同谋因为有爵位可以减罪判罚，处完为城旦，即服五年刑。丞相孔光、大司空师丹都同意御史中丞众的意见，将军、博士、议郎等更多的人认廷尉的意见合法。哀帝接受后一种，这个判决是原心定罪精神与法律的完美结合，既突出了薛况挺身卫父是从轻情节，尽管申咸受伤不是普通的刑事案，但总体上薛况是出于孝道，薛况如果被处以极刑，就远远超过了其犯罪造成的后果，杨明实施犯罪的地方敏感，但薛况完全没有冒犯君王的本意，整个案件的起因也是为了尽孝道，兄弟争先恐后赡养母亲是合理的争议，申咸对之以欺诈性的言论施加诋毁，薛况为家族利益阻止申咸履行职责，使用了暴力，行为不当，将小的过恶叠加，判成大不敬罪，有入罪之嫌，是对行为的任意解释，有悖法意，有失公允。廷尉的见解思想更为理性，法律专业技术含量更高。

廷尉巧妙地将申咸的偏颇、过激之处部分抵消了薛况、杨明等在宫阙动武的罪过,宫殿虽然不容冒犯,但也不可枉杀而增加其威严,无论其属性如何神圣,它也是人赋予设定的,暂时牺牲它的尊严而宽恕降低人的过失,不仅保护了人,也捍卫了宫殿本身。宫殿可以一直存在,侵扰过后会恢复原状,而扼杀一个生命只需转瞬之间,且永不回还。

春秋大义很容易被滥用,侯览唆使人上书诬告他心目中的敌人:"司隶李膺,御史中丞陈蕃,汝南范滂、颖川杜密、南阳岑晊等相与结为党,诽谤朝政,迫胁公卿,自相荐举,三桓专鲁,六国分晋,政在大夫,春秋所讥。"袁宏《两汉纪下·后汉纪·孝桓皇帝纪下·卷第二十二》P430。他们用春秋大义将他们的行为包装得很高尚,一心在维护君权,实则打击异己,以便为所欲为。

成帝鸿嘉(前20—前17年)年间,广汉群盗起,孙宝被任命为益州刺史,广汉市益州部下辖的一个郡,广汉太守扈商是大司马车骑将军王音姐姐的儿子,为人软弱,懒散不称职。孙宝到任后亲自到盗贼藏身的山区发布通告,谎称朝廷有命,自行解散可以免责回家务农。平息群盗后孙宝随后自劾矫制,同时又奏扈商没有履行职责,导致辖区民聚众作乱,孙宝因此将扈商称为祸乱之首。"春秋之义,诛首恶而已。"意思要从重窝囊的太守扈商。扈商也上奏孙宝擅自释放的群盗中有负案在身的贼首,应该被判罪。结果扈商被追究下狱。判孙宝放走犯死罪的人犯,被免职。很快就重新安排为丞相司直,当时皇帝舅舅红阳侯王立唆使门客通过荆州部属下的南阳太守李尚占有荒田数百亩。王立、李尚上报为荒地的这些土地,原始少府所管辖的山泽之地,租借给农人开垦耕作,已经成为熟地。王立尚书愿意将这些土地上交朝廷。成帝下诏接收这些土地而按农田给王立作价一万万。孙宝获悉此事后派掾属获取证据,奏王立、李尚"怀奸罔上,狡猾不道"李尚下狱死,王立虽不判罪,但大司马卫将军王商逝世后,按次序应该王立接替,成帝放弃王立而用其弟曲阳侯王根。《前汉书·卷七十七·孙保传》P302。

永信(宫)少府猛等十人以为:圣王断狱,必先原心定罪,探意立情。死者不抱恨而入地,生者不衔怨而受罪。《前汉书·卷八十三·王嘉传》P324。他们之所以这样说,是在为王嘉争权权力和生存的机会。王嘉在汉哀帝时(前7—前1年在位)明经射策考试中通过甲科考试入仕,哀帝建平三年(前4年)接替平当担任丞相,为人刚直。

当时息夫躬、孙宠通过中常侍宋弘上书告发东平王刘云诅咒哀帝,东平王后之舅伍宏(是个侍医,利用为哀帝把脉之际)企图对哀帝不利。刘云等被杀。息夫躬、孙宠得到二千石的任命。董贤是哀帝宠爱的人,哀帝想封其为关内侯,伪造董贤参与了息夫躬等人告发东平王的功绩,哀帝担心王嘉予以阻拦,先让皇后的父亲拿着赐封董贤、息夫躬、孙宠的诏书给丞相王嘉御史大夫贾延看。二人立即向哀帝上书,请求应该按惯例公开封赏的原因,给公卿大夫讨论,然后在确定封赏。哀帝认为他们的意见有理,于是搁置了封赏之事。几个月后,哀帝再次下诏,封董贤等人为列侯。同时指责公卿没有事先发现刘云伍宏等的罪恶,而是董贤息夫躬等立功,于是封董贤为高安侯,南阳太守孙宠为方阳侯左曹光禄大夫息夫躬为宜陵侯。几个月后,出现日食,王嘉上书哀帝揭露驸马都尉董贤种种罪恶,明确指出封赏董贤是一件荒谬的事。但是哀帝置若罔闻,谎称刚过世的傅太后有遗诏,让成帝的母亲王太后下诏至丞相、御史大夫,加封董贤食邑二千户。王嘉密封送还诏书,同时秘密上奏,称董贤是佞幸宠臣,认为哀帝这样做已经导致山摇地动,阴阳失和。

在审理刘云时,廷尉梁相与丞相府长史,御史中丞以及五位二千石官员联合审理时,冬季还有二十多天。

梁相发现口供中有问题,于是上奏朝廷,希望将案件转移到长安来审理,让朝中公卿大夫共同讨论。尚书令鞫谭、仆射宗伯刘凤也有同样的想法。哀帝认为梁相等人是见皇帝身体欠佳,心怀二心,想要拖过冬天后,将刘云减罪免死。没有为皇帝着想速战速决,于是下诏将梁相等免为庶人。几个月后,王嘉又上书推荐梁相、鞫谭、刘凤。哀帝勃然大怒,下诏让王嘉到尚书省,面君,被痛斥。哀帝随后将此事交朝臣讨论,光禄大夫孔光、龚胜等人为王嘉欺君罔上,属不道罪。奏请将王嘉交与廷尉会审,光禄大夫龚胜单独上奏,认为王嘉的问题严重得多,远超不道罪。哀帝没有接受他的个人意见,而是按孔光等人定的罪处置,先定罪,然后再找齐证据。于是孔光等人奏请谒者召王嘉到廷尉署诏狱哀帝制作诏书,曰:"骠骑将军、御史大夫、中二千石,二千石诸大夫、议郎、博士参与讨论。卫尉孙云等五十人认为:按孔光等人的奏议定罪。议郎龚等人认为王嘉不胜任丞相一职,应该褫夺官位、封邑爵位免为庶人;永兴宫少府猛等认为应该定罪,王嘉的罪是推荐梁相等人,虽然有罪,但应该仁慈地对待以为丞相。"哀帝还是下诏,交给谒者符节,诏令丞相到廷尉署诏狱报到。丞相府的人明白使者的来意后,掾吏都痛哭起来,将毒药给王嘉,王嘉拒绝服毒,主簿说,将相不面对廷尉乘数冤情,这是历来的规矩,劝说王嘉接受毒药。使者就在现场威逼王嘉,但他还是拒绝,将毒药摔在地上,对属下说,愿意到万众面前受刑。于是穿上制服随同使者来到廷尉署,廷尉没收了王嘉的丞相和侯爵的印绶,将王嘉捆绑起来送往都船诏狱。哀帝听说王嘉没有自杀而是到廷尉署报到,怒气冲冲,派大臣会审,官员诘问王嘉,王嘉回答断案需要有事实证据,他认为梁相在主持审理东平王刘云案时,行为合理,并重申梁相等人能力人品俱佳,他作为丞相是为国家爱惜人才而没有任何私心。狱吏问王嘉自己所犯何罪,为何来此。王嘉搜索枯肠,认为自己没有引进贤良,贬辞不良之辈。在狱吏的追问下,他提及贤才孔光、何武。恶人董贤。随后在狱中绝食二十余天死去。哀帝的舅舅大司马丁明一向敬重王嘉,因为这个原因被免职让董贤接替丁明。哀帝在王嘉死后看其供词,再次任命孔光担任丞相,何武为御使大夫,平帝元始四年(公元 4 年)封王嘉子王崇为新甫侯,追谥王嘉为忠侯。《前汉书·卷八十六·王嘉传》P323。

东平王刘云的父亲是汉宣帝第四子,东平王是汉宣帝之孙。

息夫躬、孙宠同为待诏,他们伪造了案情陷害刘云,只为自己封侯加官。

梁相发现了问题,但是事情不在他的控制之中。

杀东平王是捍卫自己的皇位,杀王嘉等则是为了对董贤的爱。

皇帝一人令整个朝廷人仰马翻,永兴宫少府猛的话语随风而去,王嘉至死也不清楚,自己认为杰出的人孔光参与了对他的谋杀,而且当哀帝恢复部分理智后孔光又在王嘉灵魂的帮助下光荣地位极人臣。

汉哀帝生于前 27 年,前 7 年时即位,时年二十一岁。已经是是个成年人。但他纵情声色,为了让宠爱的董贤快乐幸福,他不惜毁灭任何可能有碍他达到目的的人,从东平王刘云开始的整个案件完全是无中生有。梁相凭借他基本的人性和理性发现疑点,但是哀帝竟然以慎重是为了规避冬季之前行刑城规,以此挽救东平王的生命,祖护君主的敌人的人就是君主的敌人,以此为由将梁相废黜。又对推荐梁相的王嘉诏狱,朝中大臣多数随声附和君主,相信君主对王嘉所作的有罪预判万无一失,只有少数人鼓起勇气希望怒火中烧的皇帝仁慈地对待一位丞相,他们的呼声太过微弱。权力完全扭曲人性,朝廷内疯狂无以复加,法制荡然无存,原本为剖判是非,惩恶扬善的工具,现在已是皇权随心所欲的凶器。在这个权力的社会,不管你是否愿意,一切都会被权力化,权力定义一切:对或者错、美还是丑,荣或者辱,生还是死等。皇权可以对人随心所欲,之所以拼命捍卫就是有一个基本的道理大家都懂得,可以随便对待别人的权力无论如何不能失去,否则别人就会随心所欲地对待自己。

专制社会中少数明君可以透过视野中的浮光面影发现社会的真相,辨明国家真正之所需,带领人民走上正确的方向。但他们往往凭借的是个人天赋而不是已有制度,制度更多地令人倾向于专制化,君王们成为以自我为中心的危险人群。汉代变得比秦朝更为残暴,善政比暴政持续时间相对零星、短暂,文景之治

（前 179—前 141 年）历三十八年，这是善政一个持续最长的时间段，也是朝廷或者仅仅是皇帝的视野，不大可能整个社会都具有此共识，其他君主在位时也有些零碎的时段在看起来令人眼前豁然，总体而言，暴力失控的时间总计更长，比秦朝更为猛烈。因为秦朝的法制具有很高的量化程度，汉室的君主们以其繁苛为由做出大幅裁撤，法律简要看起来有利于人民理解和记忆，持续促使其专业化的愿望很单薄，即为了普通外行的理解压倒了专业素养和技术合格率的要求。它可以自由解释、裁量带来的危害比它的繁苛严重得多。一般情况下，一个秦朝居民可以清楚自己做了何种错事，大致会受到何种处罚，但是一个汉室居民如果做了同样错事，面临的不确定大得多。

陈留外黄缑氏女玉为父（一说为从父）报仇，"杀夫氏之党（丈夫从母兄李士），吏执玉以告外黄令梁配，配欲论杀玉，蟠时年十五，为诸生，进谏曰：玉之节义，足以感无耻之孙，激忍辱之子。不遭明时，尚当表旌庐墓，况在清听，而不加哀矜！配善其言，乃为谳得减死论乡人称美之。"《后汉书·卷五十三·申屠蟠传》P1750。申屠蟠文中还提及了西汉末期周党案件"昔日太原周党，感春秋之义，辞师复仇，当时论者，尤高其节。"他特别指出缑玉没有受过古典教育，也无人激励帮助，完全靠自己的本性行事"手刃莫大之仇，僵尸流血。当时闻之，人无勇怯，莫不张胆增气，轻身重义，攘袂高谈，称羡其美。"《全后汉文·卷六十一·申屠蟠·奏记外黄令梁配》P806。申屠蟠是桓帝灵帝时代的人，他提到的周党距当时已经近一个半世纪。周党与一个人有仇，但在读书时才从春秋中了解到复仇的积极意义，于是返回报仇，两人搏斗时他反而被仇人重击昏迷，仇人将其抬回自己家，善待周党，后周党等身体复原自行返回，继续学业。虽然没有达到目的，还是尽自己的能力履行了复仇的义务。缑玉杀死了丈夫姨母的儿子，也就是丈夫的表兄李士，外黄令梁配准备处决缑玉。当时年仅十五岁的申屠蟠还只是个诸生，上书县令，强调这个女子勇敢无畏，历来不曾有过，应该得到奖励而不是惩罚。结果县令部分采纳了他意见，缑玉死里逃生。

廷尉上因防年，继母陈氏杀年父，年因杀陈。以律，杀母大逆论，帝疑之，诏问太子，对曰：夫继母如母，明其不及也。缘父之爱，故谓之母尔，今继母无状，手杀其父，下手之日，母恩绝矣，宜与杀人者同，不宜大逆论，帝从之，弃市。景帝中元六年（前 144 年），防年杀死继母。而继母在此前杀死防年之父，汉律，继母如母。杀母当处大逆，廷尉就这么办了。景帝疑惑不定，与年仅十二岁的太子刘彻（前 156 年生）谈到此事，刘彻认为，继母毕竟不是生母，而她杀死亲夫，也就是防年父时，使防年永失父爱，母子就恩义已断。这样尽管法律上母子关系犹存，但已行同陌路。只能以杀一般人论处。景帝接受了这个观点。(明)陆楫《古今说海·汉武故事说荟》清文渊阁四库全书本。刘彻当时只有十二岁,有这种见解并不需要天分,这种理论是周礼的一部分。

董仲舒(前179—前104年)元光元年(前134年)董仲舒被武帝所知,春秋决狱的思想系统地被董仲舒提出。"父仇弗与共戴天"《礼记·曲礼上》。"杀人移乡"《周礼·地官·调人》。防年不是一般的刑事杀人案,按经典理论,他如果不替父报仇,他至少违背了礼。不能假定防年懂得或者不懂得礼,但他无疑出处于一个矛盾的社会,经典理论与社会现实令其陷入两难。其次,周礼中的理论至少在汉武帝之前被边缘化至少是被忽略。

(2)急变讼

这是对非常重要案件的一种称呼。由于涉案人员身份特殊或案情涉及国家安全等,辩护人直接向皇帝书面提出紧急辩护。车千秋《急变讼太子冤》。他伪称做了一个梦,梦见一个白头老人教他对武帝说:"子弄父兵,罪当笞;天子之子,过误杀人,当何罪哉?"《前汉书·卷六十六·车千秋传》P267。他的辩护达到了目的。连梦也被处于心理不稳定时期的皇帝接受了。

4)宣判

(1)行政上级对下级以行政处罚的方式处理刑事罪行。

成帝时,时任左冯翊的薛宣对栎阳县令谢游专门发一个谴责性的公文,也就是文移书:"吏民言令治行烦苛,谪罚作使千人以上,贼取钱财数十万给为非法,买卖听任富吏,贾数不可知,证验已明,欲遣吏考案,恐负举者,耻辱儒士。故使掾平镌令。孔子曰,陈力就列,不能者止。令详思之方调守。谢游得檄,解印绶去。《前汉书·卷八十三·薛宣传》P314。以官职抵罪。左冯翊与郡守官秩相同,享有对所辖县级长官的刑事处罚权。栎阳县东汉时并入万年县,在左冯翊的辖区。谢游不当得利没有对之进行审判的主要原因是谢氏因荐举得官,本身又是儒士,(见颜师古注)这种人受过教育,自尊心较强,而没有考虑到他们属于知法犯法这个情节。

(2)民事案例中的经济处罚

个人居留权。武帝太始元年(前96年)武帝迁徙郡、诸侯王国中的官吏和百姓中的豪杰到茂陵(武帝的陵寝)县和云阳县居住。宣帝本始元年(前73年)正月,募郡国吏民訾百万以上徙平陵(昭帝陵寝地在平陵县)。《前汉书·卷八·宣帝纪第八》P24。成帝鸿嘉二年(前19年)夏。朝廷将家产五百万以上的豪门五千户,从各郡、诸侯国迁徙至昌陵县居住。这两例都增加了迁徙条件,而且显然是强制迁徙,这是皇帝享有一切权利的佐证。

惠帝时(前 194—前 188 年在位)女子年十五以上至三十不嫁,五算。《前汉书·卷二·惠帝纪第二》P129。家庭是当时社会的最小单元,这里为了强调家庭的地位,将个人从家庭中剥离,划分出其单独的责任。

论:决罪曰论。也就是判决中口头宣读的和书面的文字。

报因:谓奏请报决也。报还有另外的解释:报犹论也。指判决囚犯。

5) 死于狱中的情况

由于囚犯过多审判者拖沓,尚未审判的犯罪嫌疑人已经亡故,一般是作为罪犯处理。成帝阳朔元年(前 24 年)冬,京兆尹王章有罪下狱,死于狱中。死于狱中是常见的情况,酷刑、羁押恶劣的环境、恐惧、疾病得不到及时救治等都会导致尚未审判即死去的情况。

六、上诉制度

1. 时高时低的上诉标准

汉景帝在中元五年(前 145 年)九月下诏云:吏或不奉法令,以货赂为市,朋党比周,以苛为察,以刻为明,令亡罪者失职,朕甚怜之,有罪者不伏罪,奸法为暴,甚亡谓也,诸狱疑,若虽文致于法,而于人心不厌者,辄谳之。《全汉文·卷二·景帝·谳狱诏》P139。只要有不服判决的,就可以上诉。实际上就是试图建立一个完善的上诉制度。从而保证上级对下级司法公正的监督。

2. 老弱的特殊待遇

成帝鸿嘉元年(前 20 年),定令,为满七岁,贼斗杀人及犯殊死者,上请廷尉以闻,得减死。《汉书·刑法志》P773 合订本。景帝后元三年(前 141 年)正月诏:"其著年八十以上八岁以下以及孕者未乳,师、侏儒当鞠系者,颂系之。《前汉书·卷二十三·刑法志》P108。颂即不带桎梏。平帝元始四年对老弱妇女的宽赦条件:妇女非身犯法以及男子年八十以上,七岁以下,家非不道,诏所名捕,它皆无得系。"这是一个与个人本意有矛盾的诏书,"全贞信,及眊悼之人,刑罚所不加,圣王之所制也。为了改变"惟苛暴吏多拘系犯法者亲属妇人老弱,构怨伤化,百姓苦之。"的现状对百寮下达的一个明敕。

3. 时效

武帝元朔元年(前 126 年)三月诏:朕嘉唐虞而乐殷周,据旧以鉴新,其赦天下,与民更始,诸逋贷及辞讼在孝景后三年以前,皆勿听治。《前汉书·卷六·武帝纪》P19。

章帝元和二年(公元 85 年)诏:《春秋》于春每月书王者,重三正,慎三微也,律十二月立春,不以报因,月令冬至之后,有顺阳助生之文,而无鞠狱断刑之政,朕谘访儒雅,稽之典籍,以为王者生杀,宜顺时气,其定律,无以十一月、十二月报因。《后汉书·卷三·肃宗孝章帝纪》P148。

审判的时间有时也会根据农时作出调整,建武四年(公元 28 年)侯霸为尚书令,侯霸提出过后来形成制度的议案,即所谓"每春下宽大之诏,奉四时之令"。《后汉书·卷二十六·侯霸传》P902。其内容中重要的组成部分是"方春东作,敬始慎微,动作随之。罪非殊死,且勿案验,皆须麦秋。《后汉书·志第四·礼仪上》P3102。但实际情况是,所有的限制都有例外,"旧制至立秋,乃行薄刑。自永元十五年以来,改用孟夏。他建议大辟之科,尽冬月乃断,其立春在十二月中者,勿以报因。《后汉书·卷二十五·鲁恭传》P879。章帝元和二年(公元 85 年),旱,长水校尉贾宗认为这是因为断狱不尽三冬而引起的阴气昧而阳气发泄。陈宠反对断狱要尽三冬之后的意见:他认为周以十一月为春,殷以十二月,夏以正月为春"周以天元,殷以地元,夏以人元。若以此时行刑,则殷周岁首皆当流血,不合人心,不稽天意。……臣以为,殷周断狱不以三微而化,至康平无有灾害。自元和以前,皆用三冬,而水旱之异往为患,有此言之,灾害自为它应,不一概律秦而为虐政,四时行刑圣。汉初,兴改从简易,萧何草律,季秋论因,俱避立春之月,而不计天地之正。二王之春实颇有违。"《后汉书·卷四十六·陈宠传》P1550。二王指殷周。结果章帝接受了陈宠的意见。

罪行在当时未察觉,数年后也不影响追诉。欧阳歙在建武六年任汝南太守,担任九年太守后晋升大司徒职,不久,他在汝南受贿与贪污达千余万,罪行被发觉后下狱。死于狱中。《后汉书·卷七十九上·欧阳歙传》P2555。王吉"课使郡内各举奸吏豪人有微过酒肉为臧者,虽数十年犹加贬弃,注其名籍。《后汉书·卷七十七·酷吏列传·王吉传》P2501。

第五节　两汉法律的废立

应劭说:具律本章句、尚书旧事、廷尉板令、决事比例,司徒都目、五曹诏书。春秋断狱。《后汉书·卷四十八·应劭传》P1609。这些显然是法律的主要来源。如将其分类则不外乎下列五类:

一、君主以书面或口头甚至情绪变化的方式表达出的个人意志

1. 汉兴，高祖初入关，约法三章，曰：杀人者死；伤人及盗抵罪。《前汉书·卷二十三·刑法志》P110。

2. "犴逐情迁，科随意往。……而将亡之国，典刑咸弃，刊章以急其宪，适意以宽其网，桓灵之季，不其然欤！"《晋书·卷三十·刑法志》P916。狱讼随着人主的情绪变化而变动，法令随其心意而改易。那些即将灭亡的国家，司法常规全然废弃，断章取义以便让刑罚不按正常司法程序得到执行，为了个人的偏好而放宽刑罚尺度。

二、沿袭胜代成文法

汉兴高祖初入关，约法三章曰，杀人者死，伤人及盗抵罪，削烦苛，兆民大悦。其后四民未附，兵革未息，三章之法不足以御奸。于是相国萧何捃摭秦法，取其宜于时者作九章律。《前汉书·卷二十三·刑法志》P110。

三、惯例

安帝时，河间人尹次，颍川人史玉都犯杀人罪应该被处死，尹次之兄尹初，史玉之母军来到官曹请求代为偿命，因此自缢而死，尚书陈忠以："罪疑从轻，议活次、玉。"应劭后来追驳，"陈忠不详制刑之本，而广引八议求生之端，岂有次、玉当罪之科哉？若乃小大以情，原心定罪此为求生，非谓代死可以生也。《后汉书·卷四十八·应劭传》P1609。"安帝永初（公元107—113年）中，陈忠"擢拜尚书，使居三公曹母子兄弟代死，听，赦所代者，事皆施行。《后汉书·卷四十六·陈忠传》P1556。陈忠认为尹次、史玉应该从轻发落，援引的却是八议，但是应劭认为，亲、故、贤、能、功、贵、勤、宾，这些条款都不适合尹次、史玉，但尹次、史玉得以逃生，应劭认为这是一桩错案，追加的驳议中举晁错父子为例。晁错之父认为晁错的政治意识过于激进，一方面是以一种不得已的方式警醒自己的儿子，也希望晁氏为君主服务的代价被发现，一次保护儿子；另一方面是对儿子的政治未来极度悲观，于是以这种自戕的方式保护家族的免遭灭顶之灾。但是晁错的结局显示，父亲的死不能让儿子免责。然而应劭举此例作为自己的论据多有不妥，景帝对晁错的处置未经审判有罪，作为晁错的只要支持者，最初是认可晁错建议的，一当事情的发展不如预期，没有共担责任，而是以晁错为替罪羊，在其毫不知情的情况下以突然袭击的方式处死了他。这是专制政治的一个镜像

而不是法律。

四、官吏的个人意见

"民冗食者,请论以法。"《全汉文·卷十三·孔光·五条诏书敕读比罢遣敕日》P200。景帝时丞相刘舍《请定箠令》。《全后汉文·卷三十三·应劭·奏上删定律令》P657。

陈宠"汉兴义来,三百二年,宪令稍增,科条无限,有律有三家,其说各异,宜令三公廷尉平定律令。《后汉书·卷四十六·陈宠传》P1554。

五、机构

没有常设的立法机构,立法人员都是临时指派。

三公、廷尉等重臣都是立法的关键人选。

两汉的行政与制度是如此深刻地依赖于它的上述法律——思想、结构以及执法者,以至于可以说法律就是它全部政治的缩影。如果仅根据这结论来分析,就会以为它是一个法治的国家。但在具体操作中,法被赋予了千差万别的含义,这不免使之变得支离破碎。对现实生活中的两汉人来说,它是一片无际的陷阱,绝大多数时候充满敌意。管理者和被管理者并不真正需要这种东西,但有无法摆脱。结果是他们均不免于被伤害,这是根据对两汉酷吏的共性分析得出的结论。酷吏是制度所产生,不管是在汉兴盛还是在衰微期,所谓酷吏们都相信通过严厉的打击,将会维护本地区的治安,这不仅是一种思想认识,而且是行动指南。他们之所以形成一个群体,与时代背景、国家法律的真实意图、风俗习惯、成见均有关。两汉时期地方官的一些骇人听闻的残暴行为其实在维护秩序,他们都认为顶级的高压手段才可以保护最多的人:

郅都:济南瞯氏宗人三百余,豪猾,二千石不能制,于是景帝拜都济南守,至则诛瞯氏首恶,余皆股栗。

宁成:其治效郅都

周阳由:所居郡,必夷其豪。

赵禹:及禹为少府九卿,酷急

义纵:迁为河内都尉,至则族灭其豪穰氏之属。为定襄太守,纵至掩定襄狱中重罪二百余人,及宾客昆弟私入相视者,亦二百余人。纵一切捕鞠,曰:为死罪解脱,是日皆报杀四百余人。

王温舒:捕郡中豪猾,相连坐千余家,上书请大者至族,小者乃死,家尽没入偿臧。奏行不过二日,得可事论报,至流血十余里。奸猾穷治,大抵尽糜烂狱中。

尹齐:斩伐不避权贵。

杨仆:治仿尹齐。

咸宣:微文深诋,杀人甚众。

田广明:以杀伐为治。

田延年:诛沮豪强,奸邪不敢发。

严延年:坐杀不辜。冬日,传属县囚,会论府上,流血数里,河南号为"屠伯"。

尹赏:杂举长安中轻薄少年恶子,无市籍商贩、作务而鲜衣凶服持刀兵者,悉籍记之,得数百人,劾之以通行饮食群盗,赏亲阅,见十置一,其余活埋。

董宣:公孙丹父子犯罪,董宣收丹父子杀之。"丹宗族亲党三十余人,操兵诣府叫号,宣以丹前附王莽,虑交通海贼,乃悉以收系狱,使门下书佐水丘岑尽杀之。

樊晔:人有犯其禁者,率不生出狱。

李章:拜阳平令,清河大姓赵纲,为在所害。章到,乃设飨会,而延谒纲。钢带文剑,被羽衣,从士百余人来到。章与对譁饮,有顷,手剑斩纲,伏兵杀其从者。

周纡:收考奸贼,臧无出狱者。为渤海太守,每赦令到郡,辄隐闭不出先遣使属县,尽决刑罪,乃出。

黄昌:人有盗其盖者,昌初无所言,后乃密遣亲客至门下贼曹家掩取得之。悉收其家,一时杀戮。

阳球:收郡中奸吏,尽杀之。球自临考王甫等,五毒俱备。

王吉:凡杀人皆桀尸车上,随其罪目,宣示属县。夏月腐烂,则以绳连其骨,周遍一郡乃止。……视事五年,凡杀万余人。

过于残暴的行为可以由下列原因产生:

1. 希望迅速获得预期的治安效果,以取悦于君王。

2. 没有能力以更恰当的方解决所面临的问题。

3. 纯属个人方面的心理问题。

行政管理的紊乱与经济持续落后于需求,使局势失去控制。任何人都无法过正常的生活,都有充分得理由触犯法律,从而增加了法律的打击面和强度。缺乏一个稳定的环境来维持法的正常限度,从而妨碍它具有现实意义。国家在这种条件下面临失去权威的危险,因此,法的非常时期成为当时司法的重要组成部分。官吏们通过迅速生效的治理获得了实际的好处,人们可以怀疑他们并不是一群真正的法官,因为他们没有表现出正确的审判技术,他们实质上是在进行一场战争,分不清是面对的是有不良倾向的罪犯,还是一群手无寸铁的俘虏。这类的指摘是完全可以找到证据的,但问题并不那么简单他们从自己的行为中获得了实际的好处,这其中当然主要指君主的赞誉、赏赐:

宁成:后长安左右宗族多犯法,上召为中尉。

赵禹:上以为能。

郅都:窦太后怒以危法中都,都免归家。景帝乃使使拜为雁门太守,便道之官,得以便宜从事……。"景帝称赞郅都为忠臣。

义纵:不避权贵,上以为能。

王温舒:至流血十里……上以为能。

杨仆:以敢击行,上以为能。

咸宣:微文深诋,杀者甚众,称为敢决疑。

田广明:上以广明连擒大奸,征为大鸿胪。

田延年:奸邪不敢发,以选大司农。

严延年:诛杀高氏数十人……迁河南太守,赐黄金二十斤。

尹赏,为长安令,盗贼止。不敢阑长安,以赏为江夏太守。

董宣:杀湖阳公主苍头……赐钱三十万。

樊晔:诛讨大姓,盗贼销声匿迹,官数年,迁扬州牧,坐法左转轵长。陇右不安,乃拜晔为天水太守。

黄昌:朝廷举能。

阳球:为高唐令,以严酷过理,郡守收举。……三府上球有理奸才,拜九江太守。

"酷吏"们打击除了少数属于政局不稳时,局部出现的敌对抵抗势力外,绝大多数是和平时期的居民,其中不乏桀傲不驯者,但属于有权得到公正审理的人。由上可见,酷吏们的残暴很大程度上得到君主的默许,只要他们的行为不对社会产生过大的负面影响,君主一般不会予以干涉,即使他们受到他们直接上级的干涉,也通常是暂时的。有时反而扩大他们的个人影响,加快晋升的步伐。实际上有些因各种缘故不太成功的君主需要有时是迫切需要有一种残酷的力量存在,以这种反常的方式加深人们对权威的理解,维护自己摇摇欲坠的朝廷。对有些君主而言,例如景帝、武帝、光武帝,容忍国家官吏的过火行为有助于完善他们的个人形象。更重要的是,一个君主查处一个粗暴的官吏比千方百计预防一个这样的官吏出现可能更省事并且有更好的政治效果。因为秩序得到体现而君主的仁慈又有了强烈的对比,这是政治中积极互补。实际上,这完全可以用于论证君主存在、专制的必要性。因此君主从不害怕酷吏经常出现在他的国家,并活跃一段时间,他们往往划出慧星般耀眼的光芒,但对君主来说他们决不是国家灾难的象征。他们对残酷行为事先知情,熟视无睹,甚至毫不犹豫将他们的职位提升到一定高度,这也是给所有官吏的一个明确信号,只要忠于君主,不论以何种方式,在一定时候都会获得报偿。

法与权没有稳定的边界,以刑罚处理行政问题,或违法行政,只要事先或事后得到君主的默认或首肯,都算合法。国家公职人员的每个行动都可以认为是在司法,以致问题的解决方案中容易出现过火乃至残忍的行为。行政权代表可以干一切事,司法权意味着可以任意执法。人们不同程度地这样理解,可能会被及时纠正,可能永远都不会。法与权两者间界限不明确,看似对官方有利,实际上,这里产生了国家和社会绝大多数的问题。

第六节　地方郡县与诸侯国的司法实践

成帝绥和元年(公元前 8 年),丞相翟方进、大司空何武在上奏时说到:国相处理政事,内史负责监狱,中尉负责防盗,现在诸侯已经不断狱和处理政事,中尉也已经撤销,职权改由内史担任,郡太守和诸侯国的国相由朝廷任命。但是,内史显得位卑而权过重,内史的权力应该和郡都尉一样,成帝表示同意,于是诸侯国中的内史改称中尉。《前汉书·卷八十六·何武传》P322,参见《前汉书·卷八十三·朱博传》P315。

张汤,廷尉,御史大夫,数行丞相事。

宁成:景帝时中尉,武帝时内史。

周阳由,景帝时郡守。武帝时由居二千石中最为酷暴。

赵禹:景帝时为济南太守。后历任廷尉,雁门太守。

义纵:定襄太守,中尉,廷尉史,右内史。

王温舒:河南太守,中尉,少府。

尹齐:中尉,淮阳都尉。

杨仆:主爵都尉、封将梁侯。

咸宣:左内史,御史中丞,右扶风。

田广明:河南都尉　大鸿胪,御史大夫。封昌水侯。

田延年:河东太守。大司农。封阳城侯。

严延年：涿郡太守，南阳太守。

尹赏：长安令（六百石），执金吾。

董宣：北海相。江夏太守，洛阳令。

樊晔：千乘太守，河东都尉，扬州牧，天水太守。

李章：阳平令，琅邪太守。

周纾：齐相，洛阳令，御史中丞，司隶校尉，将作大匠。

黄昌：宛令，蜀郡太守，将作大匠，大司农。

阳球：九江太守，将作大匠，司隶校尉。卫尉。

王吉：沛相。

尽管酷吏们的显赫仕途不全是由残酷的行为得来，但受到君主的重器则是一个普遍现象。他们均担任过中央九卿与地方郡国守、相一类的高级官职，所列十八位中。有十二位实际担任过太守、州牧、国相，三人担任过左右内史，二人担任过首都市长，五人曾任中尉，任卫尉者有一人，大鸿胪一人，少府二人。司隶校尉两人，将作大匠三人，廷尉二人，御史大夫二人，有三人曾被封侯。这些多数是权重且涉及治安的关键部门。虽然没有一个人正式担任中央政府丞相。但九卿一类官在汉代与丞相从属关系很大程度上是形式上的，职务上有上下之分，但个人职掌范围和威信则取决于君主的信任，他们均有大量机会接近君主，所以，活动能力特别强的中央官吏架空丞相的例子时很多的。数行丞相事的张汤就是一例。他比一般丞相更受宠信，更有威望。在地方，郡守、州牧都权倾一方，具备在辖区实施绝对专制的各种先决条件，君主的特别信任是不可避免的，将能"治剧"作为一种才能而不大考虑通过何种方式取的令人费解，很容易预测到它的负面作用必定随时产生。或许可归咎于缺乏政治经验慌不择路以及根深蒂故的自卑情节，自然人与由他们组成的政府总不能摆脱这种心理的折磨、驱使。必须用残暴的方式才能获得自我安全感，不管是否需要达到那样的残暴程度。就像一种热病达到一种高度后它会缓慢下降。同样，所谓治剧者的盛世也只能事阶段性的。当国家政局相当不稳定时，这样的人材就应运而生。从他们的生活经历来看，担任地方官吏时，包括县令、长，郡都尉等职时，最容易使他们生杀予夺权利达到滥用程度，好象辖区人民的荣辱存亡以及一切就掌握在他们的手中，这一点他们自己很清楚，相比之下，对他们自己的命运究竟被谁所掌握就显得模糊的多。两者缺乏必然的联系。君主似乎从不担性擅杀权重危及自己的王朝，而是顾虑过于暴虐会引起动荡。因此，几乎每个君主都欢迎这样的杀伐之臣，并给予他们高度赞扬和政治报偿：无度的权限，显赫的地位。但他的国家同时又需要营造宽和、人人安居乐业国泰民安的总体形象"刑罚威狱,以类天之震曜杀戮也;温慈惠和,易效天之生殖长育也。《前汉书·卷二十三·刑法志》P109。因此,每个"酷吏"都有比较坎坷的人生经历:

张汤:受不良的官吏倾轧而被逼自杀。家产不值五百金,皆所得奉赐,无它业。

宁成:武帝即位时徙尉内史,外戚多毁成之短,抵罪髡钳,是时九卿死即死,少被刑,而成刑极。

周阳由:为河东都尉时,与其郡守争权,形成诉讼。结果两败俱伤,郡守自杀,而由弃市。

郅都:因得罪窦太后,免官归家,后被处斩。

赵禹:尝中废,又以年老徙为燕相,数岁,悖乱有罪,免归。

义纵:以为废格沮事,弃市。

王温舒:数废数为吏。……击东越还,议有不中意,坐以法免…徙右内史,治如其故,奸邪少禁,坐法失官,复为右府行中尉,如故操,岁余,……人有变告温舒受员骑钱它奸利事,罪至族,自杀,两弟及两婚家亦各坐它罪而族。

尹齐:事多废,抵罪。家值不满五十金。诛灭淮阳甚多,及死,仇家欲烧其尸,妻亡去,归葬。

咸宣:数废数起。……中废为右扶风,坐怒其吏成信,信亡藏上林中,宣派人格杀成信,但追捕人员中有人不慎射中苑门。为此事,咸宣被定为大逆罪,当族,自杀。

田广明:所率部队未能按时到达指定地点,引军空还,太守杜延年薄责,广明自杀阙下,国除。广明生前的爵位是昌水侯。

田延年:富人憎恨他,出钱求延年罪。……下丞相府,丞相议奏……延年自刎死。

严延年:……覆劾延年阑内罪人,法至死,延年亡命,会赦出……拜平陵令,坐杀不辜。去官。……上欲征严年,为其名酷,复止……坐选举不实贬秩。丞义年老颇悖,素畏延年,自筮得死卦,忽忽不乐,取告长安,上书延年罪名十事,已拜奏,饮药自杀,以明不欺,事下御史,丞按验有此数事,以结延年。坐怨望诽谤政治不道,弃市。

尹赏:徙频阳令,坐残贼免。

董宣:为江夏太守,外戚阳氏为郡都尉,宣轻漫之,坐免。光武时因立斩湖阳公主苍头,上大怒,召宣,欲箠杀之。

樊晔：坐法左转轵长。

李章：迁千乘太守，坐诛斩盗贼过滥，征下狱，免。后坐度人田不实，征，以章有功，但司寇论，月余免刑归。

周文通：迁齐相，后坐杀不辜，复左转博平令。……诏书坐征诣廷尉，免归。……收周文通送廷尉，诏狱，数日被赦免出狱。……帝知文通奉法，疾奸不事贵戚，然苛惨失中，数为有司所奏。八年免官，后为御史中丞，和帝即位太傅邓彪奏文通过酷，不宜典司京辇，免归田里。永元五年，复征为御史中丞，后迁司隶校尉，永元六年，夏旱。车驾自幸洛阳录囚，徒二人被掠生虫。坐左转骑都尉。七年，迁将作大匠。

黄昌：拜宛令，迁巴郡太守……初昌为书佐，其妇归宁于家，遇贼。遂流转入蜀为人妻。征再迁为陈相，迁河内太守，颍川太守拜将作大匠，进补大司农，左转太中大夫。

阳球：为高唐令，以严苛过理，郡守收举，会赦，迁平原相……时天下大旱，司空张颢等奏长吏苛酷贪污者皆罢免之，球坐严苦，征诣廷尉，当免官，灵帝以球九江时有功，拜议郎，迁将作大匠，坐事论，顷之，拜尚书令。曹节告顺帝球为酷暴，帝乃徙球卫尉……后为张让、曹节所杀，妻子徙边。

王吉：死于洛阳狱。

被以各种罪名判死刑和死于非命的占百分之五十五。他们中有的是被官方正式处死，有的则是自度罪过难免一死以及不愿受辱而自行了断。他们中王温舒及两弟两个婚家被族，阳球妻子徙边，宁成被处以有期徒刑中的最高刑，五年苦役。另有五位正常死于任上，四位病故，耐人寻味的是，他们以暴虐闻名，而影响他们升迁乃至被除以徒刑和死刑的原因多不是由于其残酷屠杀：

宁成：外戚多毁成之短。　　　　　　　　　　　　　　五年刑，政治原因。

周阳由：为河东都尉于太守屠公胜争权。　　　　　　　弃市，个人原因。

郅都：1.窦太后对都有旧怨。2.匈奴患之，乃中都以汉法。

　　　　　　　　　　　　　　　　　　　　　　　　　处斩，政治原因。

义纵：杨可方受告缗，纵以为此乱民，部吏捕其可使者，天子闻使杜式治，以为废格沮事。　　　　　　　　　　　　　　　弃市，违背君意。

王温舒：人有变告温舒受员骑钱它奸利事罪，至族。　　自杀，受贿。

尹齐：轻木疆少文，豪恶吏伏匿，而善吏不能为治，以故事多废，抵罪。

咸宣：射中苑门为大逆，当族。　　　　　　　　　　　自杀，个人原因。

田广明：召受降城已故都尉妻与奸，其亡夫尚未安葬，不至质，引军空还。

自杀，个人原因。

田延年：被告贪污。属实。定罪为不道。　　　　　　　　　　　　自杀

严延年：坐怨望诽谤政治不道。　　　　　　　　　　　　　　　　弃市

阳球：司徒刘郃与阳球准备消灭行为不端的宦官张让、曹节，曹知之，共诬郃等。阳球随即遭逮捕，被囚禁洛阳狱，诛死。　　　　　　　　　　　　死刑

王吉：由于是不良宦官王甫的养子，与王甫等同被逮捕，后被拷打致死。

上述人受惩罚的原因分类：

1. 政治原因：阳球、郅都、宁成、王吉。

2. 对公务的处理不合君意：义纵。

3. 个人过失：严延年、田延年、田广明、咸宣、王温舒、周阳由。

国家显然从未因其嗜血而处决过上述任何一个官吏，国家注意到酷吏们的过火行为，但主要的处罚是警告、左迁和免职，以及中止更高级职务的任命。如王温舒，但这是一个孤立的例子。他们大都在丢官之后被迅速委以重任，这些职务均为中央或地方高级行政、司法职位，以部门和地方的长官居多。有四位死于任上，这是近百分之二十的比例。有的在临终前还有新的任命等待着他，如李章。只要李章本人能设法站起来，这个任命就绝对非他莫属。说明他们如出一辙的行政、司法方式给君主不可磨灭的印象，从未忘记他们，或者换言之，除了生命中短暂的间隙，他们随时有机会以自己对国家的理解方式为国家出力。在这样一个动荡的社会背景下，反复无常的君主们之间尽管差异巨大，但他们认识到"暴政是一种不可或缺的力量，这或许是身为帝王者们的一种共识，这种认识跨越时间的鸿沟。在君主专制的条件下，这种力量在任何时候对君主而言都是安全、易于驾御的。这也为酷吏们保持对君主的绝对忠诚打下良好的基础。尽管不能认为类似的官吏与君主宰杀伐问题上存在默契，但如何谓君主服务，对这些大权在握的人来说是不言而喻的，与其说是在张扬个性不如说这是得到顺利发展的个性的一种深化。君主的愿望更易于成为他们的行为准则，董宣示唯一的一个例外。这也是他们的共性。这是他们生存于社会的方法。以此来索取和回报社会。

与此形成对比的是他们的特性，具有讽刺意味的是，生活在同一个妄自尊大的哲学体系下的绝大多数君主更相信常识乃至直觉并以此来统治国家，一致性更容易成为帝王主观乃至整个国家政治梦寐以求的目标，因此，保持个性必将为之付出代价。但个性的要旨是它难以任意控制，随意剪裁，而且这不随人的年龄与职位的变化而变化：

宁成：好气，为小吏，必陵其上；为人上，操下急如束湿。

周阳由：居二千石最为暴酷骄恣，为守，视都尉如令；为都尉，陵太守夺之治。

郅都：敢直谏，面折大臣于朝。

赵禹：府中皆称其廉平，……极知禹无害，然文深。

义纵：少年时尝与张次公俱攻剽，为群盗。……治敢行，少温藉。

王温舒：为人少文……温舒多谄，善事有势者，即无势视之如奴。有势，家虽有奸如山弗犯；无势，虽贵戚必侵辱。

尹齐：以刀笔吏迁至御史事张汤，汤数称以为廉。斩伐不避权贵。

杨仆：以千夫为吏。这事五大夫一类的职称，武帝时用钱以合法的形式购得。治仿尹齐，以敢击行。

咸宣：微文深诋。

田广明：以杀伐为治。

田延年：昌邑王淫乱，霍将军忧惧，与公卿议废之，莫敢发言，延年按剑廷斥群臣，即日议决。

严延年：年少学法律。为人短小精悍，敏捷于事，虽子贡、冉有通艺，于政事不能绝也。……弹劾霍光擅废立，亡人臣礼，不道。……复劾大司农田延年持兵干属车。结果是判严延年本人"阑内罪人法至死，延年亡命，会赦出。……其治务在摧折毫强，扶助贫弱，贫弱虽陷法曲文义出之，其豪强侵小民者以文内之众人所谓当死者一朝出之，所谓当生者诡杀之，吏民莫能测其意。……疾恶太甚，中伤者多。其弟严彭祖则为著名大儒，官至太子太傅。尹赏：能治剧。

董宣：以诛恶为治。

樊晔：好申、韩法，善恶立断。

李章：五世二千石，习严氏春秋，经明教授。诛斩盗贼过滥。

周文通：为人刻削少恩，好申韩之术。

黄昌：本出孤微，好学。学礼，又晓习文法。

阳球：家世大姓，冠盖，能击剑，习弓马，性严厉，好申韩之学。郡吏有辱其母者，球结少年数十人，杀吏，灭其家。由是知名。初举孝廉补尚书侍郎，闲达故事其章奏处议常为台阁所崇信。

王吉：少好读书，喜名声而性残忍。

上述各位被列位酷吏的原因至少有四种：

1. 个性的影响：宁成（不廉洁，受刑）。义纵（为群盗，其姊以医术见幸太后，纵由此得官。弃市）。严延年（少学法律,被陷害弃市）。郅都（廉洁,既敢面折大臣于当朝又见贾姬危难而不救。死于政治陷害于个人仇恨。处斩）。尹齐（廉洁。病卒）。

2. 受某种思想影响：黄昌早习礼法,一生相对平坦,卒于官。樊晔是光武帝的旧友,好申韩法。教民致富,卒于官）。阳球（好申韩,有善恶感,死于政治争斗。）

3. 政治目的或个人欲望的趋使：周阳由（弃市）。赵禹（自然死亡）。王温舒（少年事椎埋为奸。任内徇私罔法,王温舒罪至灭族,他自杀,他的两个弟弟及其亲家因为各自的罪同时灭族,灭三族的处分这里成了灭五族。家余千金）。咸宣（自杀）。尹赏（卒于官）周紆（廉洁。卒于官）。王吉（好读书,受养父牵连,死于政治争斗）。

4. 职业关系：李章（时为琅琊太守,北海郡下属的安丘县大姓反叛,囚禁太守,琅琊北海两诸侯国同属青州刺史部,李章为平叛擅自出辖区界,由于有两千石不许出界的规定,李章有功免刑,病卒）　董宣（举高第,廉洁,病卒）　尹齐刀笔吏出身。廉洁。病卒）　杨仆（以千夫为吏。病卒）　田延年（有材略,不贪婪、自刎。）田广明（道德污点、弃市）。

由强烈个性所支配的人,尽管颇具法知识、扶弱锄强、廉洁这一些品质,但他们的结局仍是痛苦的,宁成不是不尽职而是伤害了外戚的利益,义纵不能理解、跟上政治的变化,这都他们带来了毁灭性的打击。严延年与郅都是受到蓄意的中伤而成冤魂。

具有某种思想基础如申、韩法或严氏春秋（公羊学）的官吏黄昌、周文通、樊晔、李章、阳球均表现出较有主见,治理有绪、政绩明显且一生相对稳定的特点。五位中三位卒于官,一位在家病故,但此时仍有一个新的任命等待着他。阳球是他们中唯一的例外,他应另当别论,他像许多诚实、爱国的官吏学者一样,无法回避那场全国性的政治灾难。

受个人政治目的与个人欲望支配而形成的杀伐人格则有多样化的结局,周阳由、王温舒咸宣、王吉尹赏均有强烈的个人欲望,视政治仕途为生活本身,除尹赏个人能力特别强,无明显的弱点而死于任上外,其余四人全部没有寿终正寝。这种结局可能不是他们所害怕的,他们的恐惧是落后于人后或没有达到自己的政治目的。这足以使他们不择手段。

由董宣、赵禹、尹齐、杨仆、田延年、田广明组成完全是职业关系而成酷名的人,并不意味着他们有相同的人格,如果在别的职务上,他们也可以很有作为甚至平静地度过一生。但在命运的驱使下,他们身不由己,各自走过了相当不同的人生道路:董宣、赵禹、俱属克尽职守,精通业务的专家,而且都十分廉洁,尹齐虽缺乏管理能力,令人有不称职之讥,但业务娴熟,是一个以工作为重的人,只是由于受命运的播弄。被控工作不力。他们都将终生献给了国家,才华也不例外。杨仆主要是一个军人,田延年、田广明都因各自致命的错误毁灭了自己。对上述各位而言,尽管不能断定他们完全没有受到申韩等思潮的影响,但现实感对他们影响应该是主要的,个人欲望、个性特点对他们各自人生的支配作用也至少在间或起作为。但他们都以严峻的目光看待人生与社会,但社会的目光更为严厉,他们中有人受到不公正的待遇,结局悲惨。完全是社会意识形态决定的。令人惊讶的是多数人的人生经历与他们的品行、才华大致相应,没有完全受政治与社会背景的支配。如果说这与前一个结论是矛盾的,那是因为错误地将当时国家视作一个统一体,而真实的情况是这个国家当时仍未统一于文化思想教育,更不是统一于制度,而是统一于地域。他们就是制度的创造者而对他们的监督极其有限,除了专制君主时有时无、时松时紧的约束,只有死亡才能中止他们过火的行为,这里有极为复杂的原因。是否名列酷吏,教育是一个次要因素:

宁成:以郎、谒者事景帝。

周阳由:景帝时为郡守。

郅都:以郎事文帝。

赵禹:以刀笔吏积劳迁为御史。

义纵:少攻剽为群盗。

王温舒:少椎埋为奸,即杀人越货为业。

尹齐:以刀笔吏稍迁至御史。

杨仆:以千夫为吏。

咸宣:以佐史给事河东守。

田广明:以郎为天水司马。

田延年:以材略给事大将军莫府。

严延年:年少学法律。

尹赏:以郡吏察孝廉为楼烦长,举茂材。

董宣:初为司徒侯霸所辟,举高第。

樊晔:市吏。

李章:五世二千石,习严氏春秋。

周文通:少为廷尉史。

黄昌：本出孤微，就经学，又晓习文法。

阳球：家世大姓，冠盖，能击剑习弓马好申韩之学，初举孝廉。

王吉：中常侍王甫养子，少好读书。

一个人的出身与他的教养并不是他们是否嗜杀的决定因素，还要看他的世界观在一个什么样的环境下形成。一个人既可以有良好的家庭渊源，较高的文化修养同时又可以是冷酷无情以杀戮为治的人。一个人忠于君主、爱国、疾恶如仇，忠于自己的理想，畸形的报复心理、虐待狂、都可以成为支配他不顾后果地实施残杀的原因。从下列情况可以说明这一点。

二 教育与司法实际操作

周阳由：所爱者，挠法活之；所憎者，曲法活之。所居郡，必夷其豪。

郅都：某氏族宗人三百余家，豪猾。二千石不能制。郅都则诛其首恶。

为人有勇气问遗无所受，终不顾妻子矣。行法不避贵戚刘侯宗室见都，侧目而视曰："苍鹰"。临江王征诣中尉府对薄，临江王欲得刀笔为书谢上，而都禁吏弗与。

赵禹：为人廉裾，为史以来，舍无食客。公卿相造请，禹终不行报谢，务在绝知友、宾客之请……见法辄取，亦不覆案求官属阴罪。

义纵：直法行治，不避权贵以捕按太后外孙修成子中？……迁河内都尉至则族灭其豪穰氏之属。为定襄太守，纵至，掩定襄狱中重罪二百余人及宾客昆弟私入相视者亦二百余人，纵一切捕鞠曰：为死罪开脱，是日皆报杀四百余人。……至冬，杨可方受告缗，纵以此为乱民，部吏捕其使者。

王温舒：至广平都尉，择郡中豪敢往吏十余人为爪牙，皆把其阴重罪，而纵使督盗贼，快其意所欲得，此人虽有百罪而弗法；即有避回，夷之亦灭宗。迁河内太守，及往，以九月至，令郡具私马五十匹为驿自河内至长安……捕郡中豪猾相连坐千余家，上书请大者至族，小者乃死，家尽没入偿臧，奏行不过二月得可事论报，至流血十余里。河内皆怪其奏，以为神速。尽十二月，郡中无犬吠之盗，其颇不得，失之旁郡追求，会春，温舒顿足叹曰：嗟呼！令冬月益展一月，足吾事也。善事有势家，即无势，视之如奴；有势家虽有奸如山，弗犯；无势虽贵戚亦侵辱。……奸猾穷治，大抵尽糜烂狱中。

尹齐：张汤数称以为廉。

咸宣：为左内史其治米盐，事大小皆关其手自部署县名曹实物，官吏令丞弗得擅摇，痛以重法绳之。居官数年，壹切为小治辩，然独宣以小治大，能自行之，难以为经。

田广明：迁淮阳太守故城父令公孙勇与客胡倩等谋反……广明发兵捕斩。

田延年：诛诅豪强，奸邪不敢发。

严延年：涿郡太守，遣蠡吾、赵绣按高氏，得其死罪，绣见延年新将，……即为两劾，欲先白其轻者，观延年意怒，乃出其重劾，延年已知其如此矣。赵至，果白其轻者，延年索怀中，得重劾，即收送狱，夜入，晨将至市论杀之，先所按者死，更遣吏分考两高（大姓西高氏东高氏）穷究其奸，诛杀各数十人。……其治务在摧折豪强，扶助贫弱。贫弱虽陷法，曲文以出之；其豪杰侵小民者，以文内之；众人所谓当死者，一朝出之；所谓当生者诡杀之，吏民莫能测其意深浅（有叔向之风。其弟为春秋大家自成一派）按狱皆文致，不可得反。……尤巧为狱文，善史书。所欲诛杀，奏成于手中，主薄亲近史不得闻之，奏可论死，奄忽如神。冬月，传属县囚会论府上，流血数里，河南号曰屠伯。令行禁止，郡中正清。

尹赏，守长安令，修治长安狱，穿地方、深各数丈，令辟为郭，以大石覆其口，名为虎穴。赏分行收捕得数百人，皆劾以通行饮食群盗，见十置一。其余尽以次内虎穴中，百人为辈，覆以大石数日壹发视，皆相枕籍死。

董宣：为洛阳令，时湖阳公主苍头白日杀人，因匿主家，吏不能得。及主出行而已苍头为骖乘，宣于夏门亭候之，乃驻车叩马以刀划地，大言数主之失，叱奴下车，因格杀之。

樊晔：人有犯其禁者，率不生出狱。

周文通：收考奸贼臧无出狱者……迁齐相，善为辞案教，为州内所则。每赦令到郡，辄隐闭不出，先遣史属尽决刑罪，乃出。迁召陵侯相，廷掾惮周纡行严明，欲损其威，乃晨取死人断手足，立寺门，纡闻便往至死人边，若与死人共语状，阴察，视口眼有稻芒乃密问守门人曰，悉谁载藁入城者，门者对唯有廷掾耳。……收廷掾。车驾幸洛阳，录囚徒，二人被掠生虫。

黄昌：拜宛令，政尚严猛，好发奸伏，人有盗其车盖者，昌初无所言，候乃密遣亲客至门下贼曹家掩取得之，悉收其家，一时杀戮。……迁蜀郡太守，昌到，吏人讼者七百余人悉为断理，莫不得所。密捕盗帅一人，胁使条诸县强暴之人姓名、居处，乃分遣掩讨，无有遗脱，宿恶大奸，皆奔走它境。

迁陈相，彭氏旧豪纵造大舍高楼临道，昌每出行县，彭氏妇女辄升楼而观，昌不喜，遂敕收付狱，案杀之。

阳球：球自临考甫，五毒备极……球使以土窒萌口，垂朴交加，父子悉死杖下。

王吉：断绝疑案，发起奸伏，多出众议。使郡内各举奸吏豪人有微过酒肉为臧者,虽数十年,犹加贬弃,其父母合土棘埋之。国家法律视若不见。

在他们所处的时代,他们将一切程序都予以简化,个人的罪过、官吏的喜怒都是限制人自由以及中止生命的决定依据。人们认为董仲书独尊儒术,罢黜百家建议得到武帝的首肯之后,单凭中央的一些宏观政策就足以让这种思想在全国每个角落占垄断地位,这完全是误会,中国皇位是以个用武力容易占领的地方,然而绝对不是一个容易安身的地方,武力纵然可以恣意妄为,但只有正确的思维方式才能与无处不在的抵抗力量和解,是思想而不是武力令其成为不是可以轻易统治的国家,它思想的器官似乎从未增减,但思想的容量在不断变化,是思想而不是武力在最后的防线捍卫这个国家,为何国内却暴力倾向严重? 这一方面是是执政总体上出现误判,或者个人倾向引起的局部行政倾斜。两汉由兴至衰,由于主要以政治顾问出现的董仲舒力主,灾异谶纬一类天人感应的思想得到广泛传播。哲学与政治上的天人合一要在中国实现,必需强调在天与人之间要有媒介——可靠的技术。如果仅凭人的直觉引导政治行动,社会易于陷于荒谬乃至国运危殆,这在中国的政治实践中已得到明证却迟迟难以被确认,形成共识,希冀总是比现实更为丰满。一种新思想的勃兴不一定能悉数毁灭不同的思想,弄得沸沸扬扬的董氏儒学不仅没有窒息黄老,反而让这些思想得到更好的发展,从中央官吏到庶民,黄老思想绵延不绝,而对于上述酷吏,儒家思想,尤其儒家法律思想并未真实地形成系统概念,那些零散芜杂的教条对酷吏中的多数人毫无影响,他们接近于权力中枢,受到君主的信任,如果没有君主首肯或默认,他们没有理由违反官方或更确切地说是钦定哲学,以及既定国策。如此局面的产生,可有两种可能,一是武帝的国策在两汉没有实践的基础,也不能引起其他君主共鸣,以致缺乏连续性,其二是国家一直以隐蔽的方式呈分裂状,交通落后于需求以及信息传递简陋影响了上级对下级,君主不能支配他的各级政府,也不能贯彻自己认为惬意的方略,但必须对整个国家的一切不良后果负责。这可能两汉的现实。现在就可以得出解释,酷吏是以尊重现实为主的人,他们所处的时代不容许他们单纯、超脱于政治执法,必需让法附带政治色彩,为了政治可以牺牲公正。脆弱的政府与生命力顽强的敌对势力总是梦魇般地长相厮守。作为受君之禄的官吏,要务就是保证辖区的平静于正常行政至于审判方式、时间关系、罪名的确立等都是次要的,就现在看来,他们肆无忌惮地杀人,一方面会使人感到痛快,沉疴必以烈药;一方面又感到恼怒,人的生命毫无保障。但如果设想一下自己生活在一个走路也需张弓拨剑才略有安全感的时代,同样也会感到厌烦。在长安这个首善之区,不良分子大规模的热衷于以摸到红丸则去谋杀武官,摸到黑丸者杀文官,摸到白丸者负责为谋杀中丧命者葬事这种疯狂的游戏,反应了政府威信丧失殆尽。尹赏选择一个有效而远非合理的方式来恢复首都的平静。从结果上看是非常及时又行之有效。令人意外的是尹齐的力量既不来源于某种学派的思想,也不是直接来源于对君主的忠诚,他在临终前对子女说:"丈夫为吏正,坐残贼免,追思其功"效"?,则复进用矣。一坐软弱,不胜任免,终生废弃,无有赦时,其羞辱甚于贫污坐臧,慎毋然。《前汉书·卷九十·酷吏传·尹赏传》P340。这实在是以一个出人意外的惊人结论。任何君主可能都不愿听到这种个人主义的自我剖白,但就是这个信念支配了对他个人来说比较成功的一生。与之相比,没有列名酷吏的人其残酷程度也不下于他们。"民称之不容口,自汉兴以来治京兆者莫能及"的赵广汉实际上也不是公平执法的楷模,"苏贤之父上书讼罪告,事下有司……请逮捕广汉,有诏即讯,辞服,会赦,贬秩一等。广汉疑其邑子荣畜教令,后以他法论杀畜?人上书言之事,下丞相史案验甚急。广汉使所亲信长安人为丞相府门卒,微司丞相门内不法事。地节三年七月,中丞相傅婢有过,自绞死。广汉闻之,疑丞相夫人妒杀之。之府,而丞相奉斋酎庙祠。广汉得此,使中郎赵奉寿风晓丞相,欲以胁之,毋令穷正已事。丞相不听,案验逾急。广汉欲告之。先问太史知星气者,言今年当有戮死大臣。广汉即上书告丞相罪。制曰:下京兆尹治。广汉……自将吏卒突入丞相府,召其夫人跪庭下受辞。"真象大白后,宣帝让廷尉审理广汉,坐腰斩。数万人忘记了羞愧在大街上失声痛哭,都是些最不喜欢这个判决结果的人。有人大声表示愿代替赵京兆死。但死刑令最终得到执行。民众这种有失尊严的崇拜显然具一定的盲目性,因为虚饰比较容易让赤贫和在权力的挤压下无所适从的人找到精神寄托,不求完美,只看到与他们切身利益有关的事迹,令其感动的传说。官吏们客观上给他们带来了怎样的实惠,不能更多了!这也是最好的官吏所能给予他们的。但他们的目的令人怀疑,实际上,真正将政治与本身融入普通人生活愿意与之共命运的官吏甚为少见,他们无法仍与他们保持共同的兴趣,已经成了另一个族类。更多的是像酷吏们一样,在孜孜不倦不倦寻求自己的位子。以最负盛名的循吏黄霸为例,此人少学律喜为吏,武帝时象全国大多数有条件的青年一样,花钱补侍郎、谒者,坐同产有罪劾免,他没有放弃追求仕途,后又入粮食成为左冯翊属下年奉二百石的卒史。宣帝时,开始了他人生的转折。因为用法有公平之名成为廷尉正,这是年俸千石的官职。更主要的是它掌平决诏狱,最关键的是因一场意外与著名学者夏侯胜建立了珍贵的友谊。黄霸明知"长信少府夏侯胜非议诏书,霸阿从不举劾,皆下廷尉当死。"《前汉书·卷八十九·循吏传·黄霸传》P336。黄霸在狱中向夏侯胜学习《尚书》。胜曾向倪宽的门人学习。倪宽在武的元封元年担任过御史大夫，与司马迁共定太初历。在牢中呆了三年。夏侯胜出狱后复为谏大夫，由于他的抬举，黄霸被宣帝任为颍川太守，经皇帝特许，黄霸可以乘用经过特殊装饰的车辆。这不是他有何政绩而是对黄氏美德的褒奖。担这种美德有不是一般人所能看到。在颍川他作一些份内的工作，指导农耕养殖扶贫等。力行教化而后诛罚。其中虽也犯了些罪过。大致在颍川八年，辖区内出现了凤凰之类的吉祥物，而一向看不起他的邻郡河南太守严延年那里出现的则是蝗虫。严延年是个残酷的乐观主义者，蝗虫不是凤凰的食物？没有蝗虫哪会有凤凰。他希望有人能理解他的行政管理也同样优越。但君主与他的想法不同，给黄霸的奖励是黄金一百斤，而延年在涿郡政绩突出，只有他同行五分之一，二十斤黄金！黄霸自此后陆续任御史大夫等一些要职，宣帝五凤三年（前55年）代丙吉为相，封建成侯，食邑六百。有一天，丞相府上发现鹖雀，这是一种善斗的鸟。黄霸两眼发光，以为神雀。准备向皇帝报喜，但京兆尹张敞没有象丞相府的那些人已习惯于阿夷奉承的属下们一样应合他，宣布这是他家养逃出来的普通观赏鸟。他特别上奏弹劾黄氏。结束了一场可能的闹剧。黄霸后又推荐侍中、乐陵侯刘高为太尉，这是一种带有私人关系色彩的举荐，遭到宣帝的责备，险些被定罪。黄霸年青时与一相面术士同车，路遇一妇人，相面者言此妇当富贵，不然相书不可以用。黄霸经多方打听，知是一巫家女，黄霸即娶其为妻，与之终生。《前汉书·卷八十九·循吏传·黄霸传》P337。这种人对国家的利弊是同时存在的。一方面他们作了些实际的工作，体谅民情，另一方面他们破坏规则、撒谎、迷信。以他如此崇高身份和名望，而对迷信深信不疑，是荀况以前的儒家思想中所摒弃的。它的影响超出本身，必将影响绝大多数人。这是另一种方式的杀戮，刺中的是一个民族的灵魂，没有血迹，没有呻吟，甚至不能感到痛苦。这是因为它令人失明、麻醉、效果迅速而且影响深远。

在汉代，循吏、吏并不精确地分属礼与刑的作用，少数学者比如陈宠他们清楚两者的细微去区别。礼从来不能主导社会风尚，刑更不是礼的补充，两者间存在着复杂的关系，刑比礼容易产生溢出效应，由此而形成的生活原理缺乏经济上的保障机制而变得似是而非、可有可无。在这样一个从物质到精神样样匮缺的时代，人们更不得不以自己的极限行为获得基本需求以及特殊欲望的满足。我们已经从上看到，只有少数人得到满足。而且今后还会是如此。而对原理则形成各种诠释，不管是亲和的还是叛逆的，可能正是原理的真正内涵。古老的原理可以是整齐甚至唯一的，要千姿百态的人服从同样的规则，随时代的发展已显示弊大于利,社会怎样才能变得更人性化,取决是维护原理延续还是人的日常生活。这是非常模糊的界线,但幸福和偕的生活还非得在两者间作出明智的选择不可。

两汉的刑与罪与秦律比较孰为严厉? 汉朝更为严酷,原因在于人口面临更大的流动,人口更为密集,财富有更多积累,思想更为混乱等。管理西汉这样一个统一的国家,中央政府面临的问题是多重的:1. 秦作为一个兼并诸侯而统一起来的国家仓促失败,人民在罗列秦国带来的各种不适时会放大分封制国家的好处,认为秦国大而不当,从而对与秦国体制大致类同的西汉国产生疑虑。人民即使不公开地聚众对抗政府,但是批评与观望还是多数人使用的自我保护办法。2. 不甘沉沦的诸侯精神在各种有类似追求的人身上过载,他们以各种身份,在各种场合与新生的社会上层或领导者争取权益。有些争执是合理的,有些是不合法的,但是他们希望自己使用的一切手段都可以最终对自己有益。各种因为自己主动的行为而招致毁灭的人其实最初都是基于这一点。3. 一些粗暴幼稚的统治方法导致对社会结构政治体制充满质疑。即使是完全善意的法令也可能因为政治处置方式的瑕疵被舆论完全否定。4. 社会中存在天然的反对因素,政令与制度不论是对的还是错的,一概都在反对之列。

出于一种精神焦虑,秦始皇一次活埋儒生四百人,成为一个重大的罪行,但是这种残忍行为并没有在新国家绝迹。同样是出于一种精神焦虑,汉武帝在巫盅之祸中造成了数万人的毙命。汉朝的定襄太守义纵将狱中囚犯无论轻重一律定为死刑,又将前来探视的二百名亲友一律定为阴谋帮助脱逃罪,上报武帝获批,悉数集体处决。秦始皇在嫪毐以及吕不韦案中,杀戮人数超过了义纵,他是一个开国皇帝,产生这种对伟大与无碍的过度预测可以理解,但义纵不过是北方边疆地区的一个地方长官。义纵获得皇帝奖励的屠杀师出无名,完全没有必要;赢政对两个令皇帝家庭蒙羞的人的愤怒则事出有因,惩罚过头。相比之下,秦汉两代孰为残忍? 明显是后者更甚,因为秦国的法律上君权至高无上,君主的随意性大。汉朝法定的君权与秦朝没有区别,但是汉朝除君主暴虐外,还有臣子的暴虐;而秦朝法律条规量化度高,一般臣子不敢妄为。

人情所不能止者,圣人弗禁。

——西汉　杨恽

第二十二章　两汉经济

第一节　前汉经济

一、帝王的收入来源

少府掌控山林水泽的税收,手工业制造,供皇帝私人开销。哀帝(前6—前1年在位)时,侍中董贤受宠,哀帝让中黄门调武库的武器前后十批,送给董贤和哀帝乳母王阿舍,执金吾毋将隆谏言:武库的兵器,制造和修理经费都是来自大司农,大司农的钱,即使是皇帝本人也不能随意支使,皇上"供养劳赐"所需的开支,应该来于少府。"不以本藏给末用,不以民力共浮费"。《前汉书·卷七十七·毋将隆传》P302。意思是不能以国家的库藏,满足不必要的开支,不能以百姓的财力,用于臣下奢侈浪费。公私要区别对待,这才是皇上应该走的正路。董贤是皇帝的弄臣,奶妈都不是合理持有国家公器的人,臣恳请收回兵器,归还武库,哀帝对此奏议很不高兴。

元帝永光三年冬,冬天,元帝下诏恢复国家专卖盐铁。垄断生意有望为国家带来大笔收入当文帝四年五月,免除有属籍的刘氏宗族的赋役,家无资产者给予救济,赐予诸侯王的儿子每人二千户的食邑。

晁错向文帝建言:一个五口农民之家,至少两个人为官府服徭役,能够耕种的土地不过一百亩,一年的收成一百石,还要服徭役,四季得不到休息,一旦催税,上午通知,下午就要交,有产业的人家半贱卖,没有产业借二倍的高利贷,迫使农民卖田宅卖孩子。文帝接受了他的意见,前元十二年(公元前168年),下诏全国百姓的农田可以减少一倍的田赋,第二年,免除全国的田赋。《前汉书·卷二十四上·食货志》P113。

君主的另类生意是买卖别人不能出售的物品牟利,汉成帝鸿嘉三年,诏令百姓可以买爵,每级爵位一千钱。明码标价,这笔收入很大部分不会上缴国库用于国家财政支出,而是用于皇帝想要的开销。

二、帝王的支出

帝王预算不可能有效管控,奢简取决于君王个人偏好。孝文帝在位二十三年,宫室、苑囿、车骑、服御、巫术增益,有不便者,辄弛以利民。《前汉书·卷四·文帝纪》P16。弛是废字之意,汉文帝精打细算,宁肯自己俭省或者不方便,也要节省开销。"文帝尝欲作露台,召匠计之,直百金。上曰:"百金,中人十家之产也。"终止了计划。《前汉书·卷四·文帝纪第四》P16。

但是有些开销却无法限制,各个帝王的陵寝是一笔极其昂贵的支出:

景帝五年(前 152 年)正月,建阳陵邑,五年夏天,招募百姓迁徙至阳陵居住,每户赐钱二十万。

昭帝始元三年(前 84 年)秋,招募百姓迁居云陵县(在云陵设县)赐予安居的百姓安家费和田宅。《前汉书·卷七·昭帝纪第七》P23。自愿从异地迁徙陵墓所在之县邑的人应该不多,在当地经营的土地不动产朋友等都将放弃,但是在摄于君王的威权,即使地方官有强行的安排,也不敢违背。

元帝(前 48—前 34 年在位)初即位,徵贡禹为谏大夫,数虚已问政事,是时年岁不登,郡国多困,禹奏言:古者宫室有制,宫女不过九人,秣马(秣,养也。以粟米食)不过八匹,墙塗而不彫,木摩而不刻。车舆器服皆不文,画苑囿不过数十里,与民共之,任贤使能,什一而,税,亡它赋敛,繇戍之役,使民岁不过三日,千里之内,自给,千里之外,各置贡职而已(言天子以畿内赋敛自供,千里之外令其以时入贡,不欲烦劳也。)故天下家给人足,颂声并作。至高祖、孝文、孝景皇帝,循古节俭,宫女不过十余,厩马百余匹。文帝衣绨(即厚缯)履革,器亡雕文金银之饰。后世争为奢侈,转转益甚,臣下亦相放效。……故齐使三服官输物不过十笥(三服官主管作天子之服,在齐地。笥是盛衣的竹器)方今齐三服官作工各数千人,一岁费数钜万,蜀广汉主金银器,岁各用五百万,三工官官费五千万(如淳曰:河内怀蜀郡、成都、广汉皆有工官,工官主作银器也。师古曰:如说非也。三工官谓少府之属官,考工室也。左工室也,东园匠也。上已言蜀汉主金银器,是不入三工之数也。)东西织室亦然,厩马食粟将万匹,臣禹尝从之东宫,见赐杯案尽文画金银饰,非当所以赐食臣下也。东宫之费,亦不可胜计。……武帝时又多取好女至数千人,以填后宫,……表示自己不会"阿意顺指,随君上下,"天子纳善其忠,乃下诏令太仆减食穀马,水衡减食肉畜,省宜春下苑以与平民,又罢角抵诸戏及齐三服官,迁禹为光禄大夫。……禹为御史大夫,列为三公……禹以为古民亡赋算,口钱起武帝,征伐四夷,重赋于民,民产子三岁,则出口钱,故民重困。至于生子辄杀,甚可悲痛,宜令儿七岁去齿乃出口钱,年二十乃算。又言古者不以金银为币,专意于农,故有一夫不耕必有受其饥者。今汉家铸钱及诸铁官皆置吏卒徒,攻山取铜铁,一岁功十万人以上,中农食七人,是七十万人常受其饥也。凿地数百丈,销阴气之精。……自五铢钱以来七十余年,民坐盗铸钱被刑者众,富人积钱满室犹亡厌足。……天子下其议,令民产子七岁乃出口钱,自此始。《前汉书·卷七十二·贡禹传》P285。汉元帝愿意专心听贡禹的建议,贡禹很珍惜,他说了很久,言论的大意是,古代圣王时期:1. 君王宫女额定九人。2. 住所车服用料不使用装饰。天子畿内千里之内的日用物质一切由王室自己筹备,千里之外的只提供当地时令产品。尽量减少长途转运。3. 苑囿不过数十里,而且普通人可以入内休闲。4. 任用品德好有真才实学的人。5. 收什一税。3. 使民不过三日。西汉建立之景帝时,宫女不过十余人。比较:武帝时代宫女数千人。为天子制作衣服宫人达数千人。武帝时重赋于民,首次开征口钱,民产子三岁需交口钱。古代没有金银之币,现代大量造币。因为盗铸有大量人受刑。

总体上认为现代人奢侈,贪图享乐,国人税赋加重。不过他对大量使用货币而需要大量人工开发矿藏导致农事荒废,粮食减产,造成大量人口饥饿,贫富悬殊加剧的批评是错误的。

汉成帝鸿嘉元年(前 20 年)二月,以新丰戏乡为昌临县,奉初陵。夏,徙郡国豪杰訾五百万以上五千户于昌陵。汉成帝原本在延陵(注云:在扶风,离长安六十二里)为初陵,只是那些年灾害连年,建初陵的费用一直跟不上,"建始二年(前31 年)正月,闰月,以渭城延陵亭部为初陵。"《前汉书·卷十·成帝纪》P30。动工十年后,仍未建成,汉成帝听从解万年的意见,另建昌陵。但昌陵也五年未成,这不是成帝不愿花钱,"成帝做作延陵,及起庙,窦将军有青竹田在庙南,恐犯蹈之,言作陵不便,乃徙作昌陵,取土十余里,土与粟同价。《太平御览·卷三十七·地部二·土》P176。"永始元年(前 16 年)七月。诏曰:朕执德不固,谋不尽下,过听将作大匠万年(解万年)言昌陵三年可成。作治五年,中陵、司马殿门内尚未加功,天下虚耗,百姓罢劳。……其罢昌陵,及故陵勿徙吏民。十二月,诏曰:前将作大匠万年知昌陵卑下,不可为万岁居。奏请营作,建置郭邑,妄为巧诈积土增高,多赋敛繇役,兴卒暴之作。卒徒蒙辜,死者连属,百姓罢极,天下匮竭。常侍闳(王闳)前为大司农中丞,数言昌陵不可成。侍中、卫尉长(淳于长)数白宜早止,徙家反故处。朕以长言下闳章,公卿议者皆合长计长首建至策,闳典主省大费。民以康宁。闳前赐爵关内侯,黄金百斤,朕以长言下闳章,公卿议者皆合长计。长首建至策,闳典主省大费(司农中丞主管钱谷雇佣)。其赐长爵关内侯,食邑千户。闳五百户。万年佞邪不忠,毒流众庶,海内怨望,至今不息。虽蒙赦令,不宜居京师,其徙万年敦煌郡。《前汉书·卷十·成帝纪第十》P30。耗资巨大的昌陵成一个半途而废的工程,这样的工程是每位君主独自享有的陵园,通常占地面积巨大,一般是一个县规模人口、面积来守护园区,这样的县通常有赋税方面的优惠。只要王朝存在,这个陵园的一切维护、警戒和免役免税等就不会停止。绥和二年(前7年)三月丙戌(三月十八日),帝崩,……四月乙卯(四月十七)葬延陵。《前汉书·卷十·成帝纪第十》P31。

制度允许不计后果,从陵园制度的设置来看,中国的皇帝位置的设计绝对是郑重其事的,制度赋予了皇帝巨大的使命,但是选拔皇帝的范围相当狭窄,最主要的是皇族血统和支持者。不论智力、教育背景,年龄、健康状况以及个人意趣等。多数皇帝得到的报偿远远超过其付出。

国家财政困难是个常态,元帝永光三年冬,由于国家经费不足,又为老百姓多次免除赋税,以致无法安排内外各种徭役。后汉顺帝汉安二年(前143年)十月辛丑,令郡国都官系囚诛死以下出缣赎,各有差,其不能入赎者,遣诣临羌县居作二岁。十月甲辰,减百官俸,禁沽酒,又"诏贷王、侯国租一岁。"《后汉书·卷六·孝顺孝冲孝质帝纪第六》P270。

此外还有一些募集资金的临时措施,成帝永始二年(前15年),下诏:崤山以东的各郡连年歉收,百姓与官员向朝廷缴纳谷物用于赈灾,按照捐出给予官爵:捐物一百万钱,赐右更(第十四等爵)爵位,有意为官的百姓,补为三百石,在职的官员,提升二等职务。捐物三十万以上,赐五大夫爵(第九等爵),在职的官员,提升二等职务。百姓可以补为郎官。捐物达十万以上每家免除三年的赋税,捐物一万钱以上,免除一年的赋税。《前汉书·卷十·成帝纪》P31。官方出售的是稀缺物品,具有垄断性,但真正消费得起得人是少数。

三、节俭或奢靡的价值观

成帝永始四年(前13年),皇帝列举社会奢侈浪费现象和原因,下诏说:圣王明礼制以序尊卑,异车服以章有德。虽有其财而无其尊,不得逾尊,故民兴行,上义而下利。方今世俗奢僭罔极,靡有厌足。公卿列侯,亲属近臣,四方所则。未闻修身尊礼,同心忧国者也。或乃奢侈逸豫,务广第宅,治园池,多畜奴婢,被服绮縠,设钟鼓,备女乐,车服嫁娶,葬埋过制,吏民效慕,寖以成俗。而欲望百姓俭节家给人足,岂不难哉?《前汉书·卷十·成帝纪》P31。奢侈是一种合理还是不合理现象应该因时因人而异。产品质量好的如果也没有市场,就会打击人们高产和生产优质产品的积极性,总体上对国家财富的积累不利。这是当时国家的一个重大误区。但是这是礼制所限,专制国家同样需要等级的存在。奢侈与等级逾越本可以有区别,君主们经常混为一谈,是故意将简单的问题复杂化。

桓帝时(公元 147—167 年在位),王畅拜南阳太守,"……郡中豪杰多以奢靡相尚,畅常布衣皮褥,车马羸败。以骄其敝。同郡刘表时年十七,从畅受学,进谏曰:夫奢不僭上,俭不逼下。循道行礼,贵处可否之间。蘧伯玉耻独为君子。府君不希孔圣之明训,而慕夷、齐之末操,无乃皎然自贵于世乎?畅曰:昔公仪休在鲁,拨园葵,去织妇;孙叔敖相楚,其子被裘刈薪,夫以约失之鲜也(孔子语,俭则无失之意)。闻伯夷之风者,贪夫廉,懦夫有立志,虽以不德,敢慕遗烈。"《后汉书·卷五十六·王畅传》P1825。十七岁的刘表认为,奢华没有超越自己的身份等级,外观上下级比上级更尊贵,节俭时也不逼迫下级一定要效仿自己。贵在能够在可以与否定两者之间,寻求到恰当的分寸。不能让全国的人都效仿伯夷叔齐的廉洁。"奢与俭的尺度,贵在可否之间。"这是一个新的思想,是经济和技术进步后人们对生活提升合理的追求,但是这种见解最多只能私下说说。王畅表示反对,他要求一种个人追求极致的廉洁,实际上忽略了社会需求的关联性。

节俭符合政治的一般思维,公孙弘位居三公(御史大夫),俸禄丰厚,但家中使用的卧俱仍然是布被。武帝问后得到落实。《前汉书·卷五十八·公孙弘传》P244。

第二节　生产的要素

1. 土地

景帝二年(前 155 年),将男子服兵役年龄从过去的二十三岁提前三年。《前汉书·卷五·景帝纪》P17。那么受田的年龄是二十岁,民年二十受田,六十归还。就是"夫"民受上田,夫百亩;中田,夫二百亩;下田,夫三百亩。岁耕种者为不易。上田休一岁者为一易,中田休二岁者为再易,下田三岁更(即互也)耕之。自爱(即"于"意)其处。农民户人已受田,其家众男为余夫。亦以口受田如此。士、工、商受田五口乃当农夫一人。此谓平土可以为法者也。若山林薮泽原陵淳卤之地,各以肥硗多少为差。有赋有税,税谓公田,什一。及工商衡虞之人也。赋共车马甲兵士徒之役。充实府库赐予之用。税给郊社宗庙百神之祀,天子奉养,百官禄食,庶事之费。民年二十受田,六十归田,七十以上,上所养也。《前汉书·卷二十四上·食货志》P112。

商人不能参与分配土地,武帝元狩四年规定,贾人有市籍者及其家属皆无得籍名田,以便农。敢犯令者没入田僮。《史记·卷三十·平准书》P179。有市籍的贾人不能占田。违规者没收田地和僮仆。

有土地的人不能从事其他行业,明帝永平十年(公元67年),"是时下令禁民二业。……刘般上言郡国以官禁二业,至有田者不得渔捕,……夫渔猎之利,为田除害,有助谷食,无关二业也。……帝悉从之。《后汉书·卷二十九·刘般传》P1305。禁止国人二业也就是说农者不允许另外从事商贾,刘般要求允许解禁二业的禁止令,得到批准。

公田和私田并存:

宣帝地节三年(前67年),假郡国贫民田(向郡国贫民出租公田)《前汉书·卷八·宣帝纪》P25。

汉成帝河平四年(前25年),张禹代王商为丞相。……禹为人谨厚,内殖(生也)货财,家以田为业(一作乐字)及富贵,多买田至四百顷。皆泾渭灌溉,极膏腴上贾(读价)它财称是。《前汉书·卷八十一·张禹传》P310。

2. 赋税

贾山不是一个学业专精的"醇儒",孝文帝时谈论国家治乱之道有言:"昔周盖千八百国,以九州之民养千八百国之君,用民之力不过岁三日,什一而藉(师古注:什一,十分中公取一,籍,借也,谓借人力一日为簿籍而税之。)君有余财,民有余力。秦始皇以千八百国之民自养,力罢不能胜其役,财尽不能胜其求?……秦始皇身在之时,天下已坏矣,而弗自知也。《前汉书·卷五十一·明帝纪贾山传》P219。他认为按照周礼十分之一税率,分配财产是最好比率,符合君与民的身份所需要,也能保障社会秩序稳定。汉朝的土地以人口为单位划分,刺激了个人务农的积极性,汉景帝虽然在周朝的税率基础上大幅降低税收,税率只有周朝的三分之一,由于力主国家开销缩减,君有余财,民有余力的情况得到落实。

但是对文景之治的成就重点在于社会相对稳定,降低减少了刑事处罚,财富上的盈余只是相对的,文、景二帝时,匈奴的入侵比较频繁,汉景帝后元二年(前142年)三月,匈奴侵入雁门。五月,旧制,民赀一万纳钱一百二十七,是为一算,今赀算十以上乃得为官。十算积十万。今年新规,减少至四算即可为官。《前汉书·卷五·景帝纪》P18。通过纳钱入官,本意是给富裕的人一个入仕的机会,但景帝降低富人入仕条件是不是因为抵御匈奴的军费开销很大,加上景帝大幅降低国民的税赋,国库捉襟见肘? 但后一种情况的可能性不大,因为武帝即位不久即建元二年开始为自己建立茂陵,在当地设立茂陵邑,赐徙茂陵者户钱二十万,田二顷。茂陵工程浩大,从前 139 年开工到前 87 年竣工,武帝驾崩封土后的茂陵只有秦始皇的骊山可比。2. 初做便门桥。《前汉书·卷六·武帝纪》P18。3. 武帝建元三年(前 138 年),征用农田、草场扩建上林苑。参见《前汉书·卷六十五·东方朔传》P264。4. 元光三年起龙渊宫。5. 六年穿漕渠通渭。武帝大兴土木,有军事交通、便民的项目,也有纯粹出于自身的需要,与发展经济无关。

武帝元狩四年(前 119 年),有关部门向武帝报告,将崤山以东的贫民迁往陇西郡、西河郡、上郡、会稽郡、北地郡的人口总数约七十二万五千余口。地方上需要为安置的人提供衣食,财政上有缺口。有关部门请求收购银锡制造白金币和皮币,在市场上流通,开始征收算缗钱(对商人、高利贷者、车船所有人,手工业者征收的专门税。)武帝元鼎三年(前 114 年),崤山以东十几个郡诸侯国遭遇饥荒,有人吃人的事。武帝元鼎三年十一月,鼓励举报上交算缗不实的商人,被举报者罚没的一半财产奖励给举报人。这是一个相当有害的法令,很多人会受到恶意的举报,调查、罚没以及判刑。武帝的权力不是临时想出来的,没有人质疑他的合法性。

实现国家理想需要用钱又财政匮乏难以为续时,如果不想半途而废,理想破灭,只能加税。元光三年(前 133 年),六月,韩安国、李广率三十万人击匈奴,无功而返,四年后,也就是武帝登基十一年后开始增加税种:元光六年(前 129 年)冬,初算商车(对车船征税)。他开始还十分慎重,仅仅针对商人征税。但是战争所具有的不确定性在任何时候都不能忽略,前 129 年春,匈奴攻入上谷,卫青、公孙敖、公孙贺、李广四将迎击,结果仅卫青一人有功。元朔元年(前 128 年)匈奴入侵数郡,还是被卫青等击退。

元狩四年(前 119 年)初算缗钱,对商人,手工业者、高利贷者和车船所征收的税,课税对象是商品与资产。一贯千钱,出算二十。钱十缗,即十串铜钱,一串为一千文。以下是具体的缴纳对象与方法:

"诸贾人为主作(手工业者),贳贷卖买(高利贷),居邑稽诸物(囤积居奇)以及商以取利者,虽无市场籍,各以其物自占(自行申报)率缗钱二千而一算,诸作有租及铸(以手力所作而卖者),率缗钱四千一算,非力比者三老,北边骑士,轺者以一算,商贾人轺车二算,船五丈以上一算。匿不自占,占不悉,戍边一岁,没入缗钱。有能告者,以其半畀之。贾人有市籍者及其家属皆无得籍名田,以便农。《史记·卷三十·平准书》P179。"武帝的战争耗费巨大,仅元狩二年(前 121 年)

一年,即支出一百亿。"是岁,费百亿巨万。"《史记·卷三十·平准书》P179。

大致在元狩四年(前119年),卫青、霍去病出塞打击匈奴,斩杀及生俘的匈奴人八九万,汉军马就死了十万多匹。"是时财匮,战士颇不得禄矣。"意思是当时国家财政困乏,士兵常常拿不到津贴。《史记·卷三十·平准书》P179。这个时候距离武帝登基二十二年。即使是实施了算缗税法,仍然入不敷出,军费等大额开支极为惊人,一年开支一百亿,以致军队欠薪的事时常发生。次年的开销更为惊人,仅仅汉军马匹的损失就超过四年的全部军费,根据武帝元狩五年的规定,平牡马每匹值二十万,当年汉军作战中马死者十余万匹,即价值二百亿。武帝时期马匹价值相对稳定,武帝太史四年(前93年),梁期侯"坐卖马一匹贾钱十五万,过平,臧五百以上,免。"《前汉书·卷十七·景武昭宣元成哀功臣表》P66。

到东汉中兴,君王有重新起步的设想,希望通过减税安定民心,光武帝建武六年(公元30年)十二月,诏:顷者师旅未解,用度不足,故行什一之税,今军士屯田,粮储差积,其令郡国收见田租三十税一,如旧制(景帝二年,令人田租三十而税一,今依景帝,故云旧制)。放弃战时的什一税(孟子夏五十而贡,殷七十而助,周百亩而彻,其实皆什一也。《后汉书·卷一下·光武帝纪第一下》P50。光武帝效仿景帝从什一制改为三十税一。但是继任的皇帝们中总有人喜欢开征新税:

桓帝延熹八年(公元165年)八月,初令郡国有田者亩敛税钱。(亩十钱也)《后汉书·卷七·孝桓帝纪第七》P315。

灵帝中平二年(公元185年)二月,税天下田(地税钱),亩十钱。《后汉书·卷八·孝灵帝纪》P351。

3. 徭役

惠帝三年(前192年),发长安六百里地男女十四万六千人城长安。三十日罢。五年(前195年)春正月,复发长安六百里地男女十四万五千人城长安,三十日罢。《前汉书·卷二·惠帝纪第二》P13。

免赋税的好处和坏处

建武六年(公元30年)正月丙辰,改春陵县为章陵县。世世复徭役,比丰、沛,无有所豫。《后汉书·卷一下·光武帝纪第一下》。免税、免役是皇帝的特权,可以博取民心,但是国家的收入又来自于此。如果没有周密规划,征收与免除关系就会失衡。前文提到,元帝永光三年(前41年)冬十一月。以用度不足,民多复除,无以给中外繇役。《前汉书·卷九·元帝纪第九》P28。由于国家经费不足,又多次免除百姓赋税,因为服徭役的人数严重不足,朝廷内外很多需要投入人力的项目无法开展。其实有些减免是因为当地遭遇自然灾害赋税无法开征所造成。孝安帝永初四年（公元 110 年）因为遭受寇乱，诏：除三年逋租、过更、口算、刍稿。七年十月再次下诏"诏除三辅三岁田租、更赋、口算。"《后汉书·卷五·孝安帝纪第五》P214。

4. 开辟税源

武帝天汉三年（前 98 年），初榷酒酤。《前汉书·卷六·武帝纪》P22。武帝天汉三年，开始实施酒类由政府专卖。去年李广利、李陵进攻匈奴失利，武帝理性和自尊都不允许自己迟疑和退缩，无法不继续对匈奴作战，这需要有强大的财政支持。汉武帝时代是雄心勃勃的时代，是国家支出急剧扩张的，是广开财源的时代，一度一只脚跨进经典货币体系的大厦，轮台罪己诏又自我否定，朝廷做了一些有价值的事，却得出一个错误的决定，帝国的君臣无法突破定式思维模型，与传统体制有莫大的关系。

昭帝始元六年（前 81 年）春正月，上耕于上林苑。二月，诏有司问郡国所举贤良文学，民所疾苦。议罢盐铁榷酤。"始元六年秋七月，罢榷酤官，令民得以律占租，卖酒升四钱。"《前汉书·卷七·昭帝纪第七》P23（撤销酒类专卖的官员、机构，诏令百姓可以自由买卖酒类，按照销售数量报税，报税不实，依法论处，就是罚金二斤，而且，隐瞒的卖酒的这部分"利"以及这酒的成本全部没收。每升酒，限价四钱）。

元帝永光二年（前 42 年）冬十一月，复盐铁官、博士弟子员。《前汉书·卷九·元帝纪第九》P28。

官营就是国家专营，汉代时有间断，哀帝（前 7—前 2 年在位）时的成都人罗裒为人强悍，"訾至钜万，初，裒贾至京师，随身数十百万，为平陵石氏持钱，其人强力。"成为石氏亲信，石氏"厚资遣之，令往来巴蜀，数年间致千余万，裒举其半赂曲阳、定陵侯，依其权力，赊贷郡国，人莫敢负，擅盐井之利，期年所得自倍，遂殖其货。《前汉书·卷九十一·货值传第六十一》P342。

成帝永始二年（前 13 年）侍中卫尉淳于长因反对继续修建昌陵得到成帝好评而赐爵关内侯。成帝元延二年（前 9 年），成帝封侍中卫尉淳于长为定陵侯。成帝绥和元年（公元前 8 年），定陵侯淳于长犯大逆罪，入狱，死于狱中。《前汉书·卷十·成帝纪第十》P30。

成帝绥和二年（前 7 年，二年三月，成帝死），曲阳侯王根曾建议立成帝立刘欣为皇太子，刘欣是汉元帝的庶孙。哀帝刘欣即位后增加了王根的食邑二千户。成帝绥和二年秋。曲阳侯王根、成都侯王况犯罪，哀帝责令王根回到封国。《前汉书卷十一·哀帝纪第十一》。罗裒居然可以通过王根、淳于长的权力不仅放贷而且从事盐的买卖,时间虽然不长,但利润巨大。

大致在成帝、哀帝之时。盐铁一向是国家专营,成帝河平二年(公元前27年)正月,沛郡铁官冶铁飞(铁水飞溅出来)这是一次显而易见的事故,一炉沸腾的铁水炸裂,火星四溅,在场的十三名工人夺路而逃,或许是铁官为逃避责任,谎称铁花化为一组流星飞上天空,构思出一个异象,或许能逃避惩罚。这有先例,武帝征和二年(前91年),涿郡铁官铸铁,铁销皆飞上去。《二十五史·前汉书·卷二十七上·五行志》P132。冶炼技术要求高,缺乏劳动保护,劳动强度大,这些中小冶铸场所都由军人守卫,中央或地方政府在操持,苦不堪言的工人与在押犯人为了活命经常铤而走险。前22年,颍川铁官刑徒申屠圣等一百八十人反叛。前汉书·卷十·成帝纪》P30。前14年,山阳铁官徒苏令等二百二十八人反叛《前汉书·卷十·成帝纪》P31。记载中发配来的冶铁刑徒不是在集体冶炼,而是在结伙反叛。

文帝十二年(前168年)三月,开放关隘、渡口等,通关等不再需要相关凭证。

5. 货币改革

文帝五年(前175年)四月,废除盗铸钱的法令,重新铸造四铢钱(钱上的字仍是半两)。

前141年正月,景帝逝世,武帝(前141—前87年在位,16岁登基,在位54年,享年70岁)前140年为武帝建元元年,这也是中国皇帝首次使用年号。元年十月,董仲舒对策。二月,行三铢钱。建元五年(前136年),"罢三铢钱,行半两钱。"秦至西汉的一两合今16.14克,而一铢是一两的二十四分之一,面值半两的钱币并不是它总量有25克。它的重量在5.4克到十克之间不等。三铢钱实际重量为八铢,重5.38克,武帝决定使用面额一下增加了四倍的钱币,并且废止了原有的三铢钱,当时的社会一定顿时炸开了锅。元狩五年(前118年)取消半两钱,开始发行五铢钱。《前汉书·卷六·武帝纪》P18。五铢钱重五铢,重3.3625克。它的币重与币值最为接近,币重比三铢钱、半两钱的币重更接近面值。光武帝建武十六年(公元40年),初,王莽乱后,货币杂用布、帛、金、粟,是岁,始行五铢钱。《后汉书·卷一下·光武帝纪第一下》。光武帝下令恢复武帝时的五铢钱。

章帝元和年间(元和共历三年,公元84—86年)通胀现象严重,章帝元和中"是时穀贵,县官经用(即常用)不足,朝廷忧之。尚书张林上言:穀所以贵,由钱贱故也。可尽封钱,一取布帛为租,以通天下之用。又盐,食之急者,虽贵,人不得不须，官可自鬻。又宜因交陛阯、益州上计吏往来，市珍宝，收采其利，武帝时所谓均输者也。"于是诏诸尚书通议，尚书仆射朱晖奏据张林言不可施行，事遂寝。《后汉书·卷四十三·朱晖传》P1460。尚书张林认为货币严重贬值，建议以布帛作为缴纳租税，不再用钱。尚书省讨论后，尚书仆射朱晖予以否决。后来又有人提议，得到章帝的认可，下诏执行，"后陈事者复重述林前议，以为于国诚便，帝然之，有招试行。晖复独奏曰："王曰：天子不言有无，诸侯不言多少，禄实之家不与百姓争利，今均输之法与商贩无异，盐利归官，则下人穷怨，布帛为租，则吏多奸盗，诚非明主所当宜行。"帝卒以林言为然，得晖重议，因发怒，切责诸尚书。晖等皆自系狱。三日，诏敕出之，曰：国家乐闻驳议，黄发无愆，诏书过耳，何故自系？晖因称病笃，不肯复署议，尚书令以下惶怖，谓晖曰：今临得谴让，其祸不细！晖曰：……若心知不可而顺旨雷同，负臣子之义。遂闭口不复言，诸尚书不知所为，乃共劾奏晖。帝意解，寝其事，后数日，诏使直事郎问晖起居，太医视疾，太官赐食，晖乃起谢，复赐钱十万，布百匹，衣十领。后迁为尚书令。《后汉书·卷四十三·朱晖传》P1460。均输之法应该是在汉章帝的强力推行下得到实施。

汉哀帝时（前 6—公元 1 年在位），"会有上书言者以龟贝为货，今以钱易之，民以故贫，宜可改币。上以问大司空师丹，丹对言可改。章下有司议，皆以为行钱以来久，难卒一变。丹老人，忘其前语，后从公卿议。《前汉书·卷八十六·师丹传》P324。

与开征税源的努力相比，国家对提高农田的生产率就很少在意，昭帝始元元年（前 86 年）在钩盾令管辖的农田里耕种。"平帝时（公元 1—5 年在位），天下大蝗，河南二十余县皆被灾，独不入密县界。督邮言之，太守不信，自出案行，见乃服也。"当时卓茂在密县为县令。注释：郡监县有五部，部有督邮掾，以监诸县也。《后汉书·卷二十五·卓茂传》P870。王莽摄政（孺子婴始于公元 6 年，年号居摄，共三年，第三年王莽代行摄政），置大司农六部丞，人部一州，劝垦农桑。《后汉书·卷二十五·卓茂传》P870。这些重视农田生产的行为与所需要的完全不匹配，但当时就是这样一个环境，官方着力于获得土地、人口、督促耕作，完纳赋税，但是没有想到政府还有责任帮助农人提高生产率，所以税收总是跟不上国家需求。人民的贫穷还是会转变为国家的问题，明帝永平十年（公元 67 年），帝欲置常平仓，公卿议者多以为便。刘般对以"常平仓外有利民之名，而内实侵刻百姓，豪由因缘为奸，小民不能得其平，置之不便。帝乃止。《后汉书·卷二十九·刘般传》P1305。

永平九年十年都是丰收之年,"昔岁五谷登衍(登衍分别为成、饶之意),今兹蚕麦善收。"《后汉书·卷二·显宗孝明帝纪第二》P105。明帝因为连续丰收,想设置常平仓,但宗亲刘般的话令其望而却步。必须有的国家救济仅仅因为一个疑难问题就被搁置,这是国家行政能力水平在经济上的恰当反映。

6. 私有财产

折国为郁林太守,徙广汉,……国生像。折国有资财产二亿,家僮八百人。《后汉书·卷八十二上·折像传》P2721。

司马相如的岳父卓王孙家有奴婢八百人,程郑也有奴婢数百人,得到一百奴婢,一百万钱的司马相如卓文君夫妻立即变为富人。《前汉书·卷五十七上·司马相如传第二十七上》。司马相如(前179—前117年)生活在文帝、景帝、武帝时代,一百万钱在武帝时可以买五匹公马,但是他们的主要财产应该是一百个健康有劳动能力的奴婢,司马相如卓文君夫妻要做的就是让私有的奴婢不仅能够养活自己而且能帮助自己创造财富。当时财富的积累方式已经不完全靠农业收成,"张安世尊为公侯,食邑万户,然身衣弋绨,夫人自纺绩,家童七百人,皆有手技作事,内治产业,累积纤微,是以能治其货,富于大将军霍光。《前汉书·卷五十九·张安世传》P247。张安世不仅善于理财,而且十分节俭,全家勤劳。不过财产权具有不确定性:顺帝永和六年(公元141年),七月,诏假民有赀者户钱一千。《后汉书·卷六·孝顺孝冲孝质帝纪第六》P271。听起来是国家向民户富有者借钱,每户一千钱。其实是应该不会偿还,更不会付息。公元前141年登基的武帝,在战争以及工程项目缺钱时是想办法增加税种,二百八十年后,国家还是缺钱,顺帝的朝廷根本不愿寻找理由获得资金,只是使用简单而且粗暴的方式向民间借钱。皇帝希望自己治下的臣民富裕者多,实际上界定贫富的标准很难一致接受,不少家庭在政府的逼迫下拿出一千钱后,家庭会发生颠覆性的变化。

少量存在的富人,是贵族、官员、商人和官员。一线的耕作者,有创新的专业人员则基本不见踪影,这个国家一直都有发现者和在技术领域推陈出新的人,很少获得自己长期精心得到成果的报酬,这与当时的经济思维层次相埒,富人们都不会特别在意生产率还是高低,贵族官吏可以通过强制手段获得自己的赋税,商人则在歉收或丰产时都有赚钱的办法。

秦国与两汉经济的差异

秦国是从小到大,在商鞅时代得到急速发展,它想要保持攻城略地的高度胜率,就需要竞争精神旺盛的国民,它给国民机会,流动性社会不断增大。随着人民总体上的成功,国家也获得成功。

两汉在国家理所当然地应该统一的基础上建国,没有割据还是兼并统一国家的选择,反对外来侵略和打击叛逆势力只是国家存在形态的一种选择,而不是生死攸关的急务。两汉国家从文景之治理以来即高度强调稳定,与民生息,实际上更多的时间内君主和朝廷只是希望人民安分守己,朝廷保持强势而人民弱势的局面,君主没有动力让人民持续改善生存条件,反对外来入侵只是个局部的战场,只需要对少数有功者给予特别奖励,而不需要像商鞅以来的秦国一样,制定面向全体国人的社会行动纲领,从而实现社会整体富裕。

秦国国家的意识形态主要针对其他诸侯国家是否服从,它需要自己国民的强大与智慧;而两汉则盯紧自己的人民,习惯于将国家政策上的疏漏和社会上出现的各种问题理解为是人民的不驯善,乃至对抗所造成,倾向于强化中央权力习惯于寻求最信任、服从的帮手而不是最有智慧的人。

总体而言,即使不是出于国家对人民的善意而是政权自身的需要,秦国还是在经济上给予了国民机会,国民既可以相对公平快速地通过农也可以通过战争改变社会地位与家庭生活,两汉则不然,它禁止人民从事两种或以上的行业,而且随着举荐的条件不断提高,录用人数少,人口中的多数机会渺茫,不免陷入困顿。

两汉国家无法摆脱贫困的根本原因在于,官爵总体上时代相传,无功受禄。功劳很少或者只是满足帝王的个人欲望,稳定皇权,就获得巨大的利益。政治权利成为利益的最大来源而不是个人对社会的杰出贡献。财富的固化程度在两汉时期比秦国时期相对严重。

哪些情况人民会免于匮乏? 文景之治的重要特性是君主个人节省,整体降低国家支出,鼓励生产,社会稳定而降低了冲突,被刑罚者减少,更多的人有比以前更多的时间从事农业等各行业。另一种类型是取消国家正常的赋役。例如,明帝永平十二年(公元 69 年)是岁,天下安平,人无徭役,岁比登稔,百姓殷富,粟斛三千,牛羊被野。《后汉书·卷二·显宗孝明帝纪第二》P115。1. 风调雨顺。2. 君主明智。3. 宏观与微观管理合理。4. 管控社会弊端及时准确。专制国家同时满足上述条件很困难:1. 个人欲望很难恰当控制。2. 技术无法预防自然灾害。3. 社会的意识形态中缺乏公平精神。4. 人道的理性难以普及。

卜式是一个罕见的例子,他通过自己的畜牧天才大量积累财富,各种外因对他个人的财富可能的侵占行为没有产生致命危害,可能是因为他的家族势力庞大,可能是他成功地贿赂了觊觎者,这是一个个人能力致富的典型,比永平十二

年的社会整体富裕真实得多,但同样不具有可持续性,很难复制,有充分地理据来加以证明:

高祖时,曾经非常谨慎、理性,有分寸,有规划,"……量吏禄,度官用,以赋于民。"《前汉书·卷二十四上·食货志》P112。即预先根据全国受薪官员的俸禄总数以及国家的其他开支制定总税收额度。但是君主或有大抱负或野心,奢侈偏好;官吏有急需,有贪婪;国家有大灾害,税入骤降等等,都可能造成国家开销大幅上升或入不敷出。最大的问题是,开征或新增税收的对象对任何时候,任何程度的加税都没有表达异议的机会以及反抗能力,助长了那些随心所欲君主的贪念。两汉的臣民需要缴纳的税负后期统计的项目大致是:

1. 田赋:秦国的农民"或耕豪民之田,见税什五。"是百分之五十的税率。董仲舒认为"汉兴,循而未改。"《前汉书·卷二十四上·食货志》P113。这个税率比秦政府的"泰半之税",即征收三分之二的税要轻。秦汉交替之间,百分之五十的税率很普遍,"汉兴,接秦之弊,高祖轻田租,什五而税一。《前汉书·卷二十四上·食货志》P112。由百分之五十改为十五分之一,汉景帝时降至三十分之一。

2. 地税钱:灵帝税天下田,亩十钱。

3. 人头税:秦朝已经有人头税,两汉人头税分两种:1)高祖时规定十五以上到五十六岁的丁男缴纳,一百二十钱为一算,每人每年出一百二十钱,称算赋(东汉的口算)。

2)七到十四岁的未成年人虽然不服徭役,但要出口钱。汉昭帝元凤四年"(前77年),如淳注:"民年七岁至十四岁出口赋,钱人二十三,二十以食天子,其三钱者,加口赋以备车骑马也。更有三种:有卒更,有践更,有过更。一月一更,是为卒更。出钱由官方雇人,月二千,是为践更;天下人值戍三日,不戍边者出钱三百,是为过更。参见《前汉书·卷七·昭帝纪》P24。

4. 户税:"封者食租税,岁率户二百钱"。《史记·卷一百二十九·货殖列传》P3272。

5. 资产税:国民资产达一万钱者,纳税一百二十七钱。

6. 算缗:对部分非农人口及私人交通运输工具开征的税。

7. 临时开征的税。

8. 君主临时向民众借贷。顺帝永和六年有载,无息,并未有幸见到还钱的记载。

综上所述,两汉人税赋很重,尤其总是在担忧不知道何时又会出现新税,心理压力巨大。土地有限,防灾能力差,时间不完全受自己支配,加上产能低,地方各级不良官员的盘剥，以及纳税人本人及家人身体有恙等，占大多数的农耕人口很少能够富裕，国家整体的富裕更是无从谈起，文景及永平时代的美好是相对的说法。不过，君王遇有不时之需，从大局利益考量，寻求税收、税源的支持，亦无法苛责。

第二十三章　两汉军队

一、军人来源入伍年龄

景帝二年(前 155 年),令天下男子二十始傅。注：旧法二十三。《前汉书·卷五·景帝纪》P17。诏令天下男子满二十岁始服兵役,说明是义务兵制,具有强制性。军队吸引了一些出生良好家世,有特殊军事才能的年轻人自动入伍,"赵充国,始为骑士,以六郡良家子善射补羽林。"《前汉书·卷六十九·赵充国传》P274。但是一些市井无赖以及在押犯人也经常被强征入伍,开辟战场,武帝太初元年(前 104 年),派贰师将军李广利率领有罪而受惩罚的百姓补充进汉军,进攻大宛国。武帝元封二年(前 109 年),武帝下令招募天下死罪囚犯编成军队进攻朝鲜。

后汉安帝建光元年(公元 121 年)十一月,初置渔阳营兵(李贤注：置营兵千人)。《后汉书·卷五·孝安帝纪第五》P234。营兵即常住的屯兵。东汉卫戍京师的北军五校,也称为北军五营,这是国家最主要的常备军。

举荐是部队军官的重要来源,后汉安帝建光元年(公元 121 年)十一月,诏三公、特进、侯、卿、校尉,举武猛堪将帅者各五人。《后汉书·卷五·孝安帝纪第五》P234。

一种是全国范围的招募,桓帝永寿二年(公元 156 年)九月。……初,王莽征天下能为兵法者六十三家数百人(精通兵法的六十三家学派的数百人),并以为军吏。《后汉书·卷一上·光武帝纪第一上》P5。

士兵及低级军官有退役制度即解甲归田,建武七年(公元 31 年)三月,诏：今国有众军,并多精勇,宜且罢轻车、骑士、材官、楼船士及军假吏(临时任命的军官),令还复民伍。《后汉书·卷一下·光武帝纪第一下》P51。

二、外部战争

惠帝三年(前 192 年),以宗室女为公主,嫁与匈奴单于。《前汉书·卷二·惠帝纪第二》P13。

　　文帝后元六年（前158年）冬，匈奴三万骑兵入侵上郡，三万骑兵入侵云中郡，朝廷任命中大夫（郎中令有属官中大夫，比二千石。景帝时改卫尉为中大夫令）令免为车骑将军，驻扎飞狐口防御，任命原楚国相苏意为将军，任命张武为将军，任命河内太守周亚夫为将军，任命宗正刘礼为将军，任命祝兹侯徐厉为将军各自防备一方。《前汉书·卷四·文帝纪》P16。理论上张武是其中唯一的在任将军，其他人都是临时授权。

　　武帝元朔六年（前123年）二月，卫青率六位将军击匈奴获胜。四月。卫青再次出击，属下右将军苏建全军覆灭，苏建只身逃回。[武帝元朔六年（前117年）右将军苏建因为兵败匈奴人，花钱免除死罪，废为庶人]。前将军赵信兵败投降匈奴。

　　武帝太初二年（前103年）秋，武帝遣浚稽将军赵破奴率二万骑兵从朔方郡出击匈奴，全军覆灭，无人返回。《前汉书·卷六·武帝纪第六》P21。

　　武帝元狩二年（前121年）三月，骠骑将军霍去病（元狩六年，前117年去世时任大司马骠骑将军）斩杀匈奴八千。四月，霍去病、公孙敖领兵前进二千余里，抵达居延海，杀匈奴三万余。秋天，匈奴昆邪王杀休屠王，率四万匈奴投降汉朝，武帝在北部边郡设五个属国安置。

　　元狩二年（前121年），卫尉张骞、将军公孙敖因为延误与李广会合时间导致李广部损失四千人，李广独身逃回。按律当斩，花钱赎罪，被废为庶人。元狩四年，延误与友军会合的前将军李广自杀，后将军赵食其花钱赎免死罪。

　　后汉章帝章和二年（公元88年，汉和帝时已经即位）十月，以侍中窦宪为车骑将军，北伐匈奴。……永元元年（公元89年）窦宪、度辽将军邓鸿与北匈奴战于落稽山，大破之。《后汉书·卷四·孝和孝殇帝纪第四》P168。永元二年九月，北匈奴遣使称臣。永元三年十月，诏曰：北狄破灭，名王乃降，西域诸国，纳质内附，岂非祖宗迪哲重光之鸿烈欤？《后汉书·卷四·孝和孝殇帝纪第四》P172。永元六年（公元94年）七月，西域都护班超大破焉耆、尉犁，斩其王，自是西域降服，纳质者五十余国。《后汉书·卷四·孝和孝殇帝纪第四》P179。

　　卫青、霍去病开启胜利之门，窦宪、邓鸿落稽山大破北匈奴，以及班超在西域的壮举，都说明两汉与匈奴的战争漫长而残酷，彼此都有局部的胜利和失败。

三、内部战争

　　武帝元狩元年（前122年），淮南王刘安，衡山王刘赐谋反被处死，参与谋反被处死者达万人。元鼎五年（前112年），西羌十万人谋反，与匈奴通使。元鼎六年武帝征调陇西郡、天水郡、安定郡的骑兵和中尉所部北军,征调河南、河内郡的步兵十万人,派遣将军李息、郎中令徐自为征讨西羌,平定叛乱。

武帝元鼎六年(前 111 年),武帝武帝派去的军队平定南粤国相吕嘉的叛乱,在原南粤国故地设置南海郡、苍梧郡、郁林郡合浦郡、交趾郡、九真郡、日南郡、珠崖郡、儋耳郡,平定西南夷后,在其故地设置武都郡等五郡。

四、内外兼具

武帝元封二年(前 109 年),朝鲜国王袭击杀害辽东郡都尉,武帝下令招募天下死罪囚犯组成汉军,征讨朝鲜。楼船将军杨仆,左将军荀彘,率领罪犯囚徒组成的军队进攻朝鲜。武帝元封三年(前 108 年)夏天,在武帝军队的进攻下,朝鲜人杀死其国王卫右渠投降,武帝在朝鲜故地设置乐浪郡、临屯郡、玄菟郡、真番郡。楼船将军由于部队损失严重被贬为庶人,荀彘由于争功而误事被斩首示众。

两汉军队对将军的才华的依赖度非常高,不是它的士兵素质不行,而是激励机制没有形成完善的制度,屯戍边地的士兵总体上不会像商鞅的士兵那样具有主动性,李广这样积极求战的将军也是少数。汉武帝被匈奴战事的巨大开销弄得几乎崩溃,与汉军的整体战斗力关系不小。

第二十四章 职官体系

第一节 秦与两汉职官对比

一、秦中央部门主要官职

三公：

丞相　　　　金印紫绶

太尉　　　　金印紫绶

御史大夫　　银印青绶

九卿：

奉常　　　　中二千石，银印青绶　　掌宗庙礼仪

郎中令　　　同上　　　　　　　　　掌宫殿掖门户

卫尉　　　　同上　　　　　　　　　掌宫门卫屯兵

太仆　　　　同上　　　　　　　　　章舆马

廷尉　　　　同上　　　　　　　　　掌刑辟

典客　　　　同上　　　　　　　　　掌少数民族事务

宗正　　　　同上　　　　　　　　　掌亲属

治粟内史　　同上　　　　　　　　　掌谷货

少府　　　　同上　　　　　　　　　掌山海池择之税

其他：

中尉：　　　中二千石，银印青绶　　掌徼循京师

将作少府　　二千石　　　　　　　　掌治理宫室

典属国　　　同上（以下同）　　　　掌蛮夷降者

詹事　　　　　　　　　　　　　　　掌皇后太子家

内史　　　　　　　　　　　　　　　掌治京师

主爵中尉　　　　　　　　　　　　　掌列侯

地方：

郡：

监御史，			掌监郡
郡守	二千石	银印青绶	掌治其郡
郡尉	比二千石	银印青绶	掌佐守典武职甲卒
郡丞	六百石	铜印黑绶	掌佐守
长史	同上		掌兵马，边郡设之。

县：

县令(县长)令千石至六百石　铜印黑绶，长五百至六百　铜印黄绶　人口万户以上设令，不足社长。掌治其县。

县丞：四百至二百石，铜印黄绶，丞、尉称为长吏，百石以下有斗食、佐吏等，称为少吏。

县尉：四百至二百石，铜印黄绶，县乡下，十里为亭。有亭长，十亭为? 有三老、有秩、啬夫、游徼。

资料来源

《二十五史·前汉书·卷七十九·百官公卿表》

臧云浦等《历代职官表兵制科举制表释》

二、西汉官制

1. 中央政府与地方政府

师保

太师、太傅、太保　金印紫绶　位在三公之上。不常设

三公

丞相(相国)万石　金印紫绶，相国为金印绿绶。汉高祖时有时置丞相，有时置相国。惠帝时改为左右丞相，其后或置一相或分置二相，哀帝时改为大司马。

太尉(大司马)万石，金印紫绶　武帝建元二年省去太尉，后又置大司马，冠矣将军之号。

御史大夫，　中二千石，银印青绶　成帝时改为大司空，哀帝时复置，后又改为大司空。

高后时曾以王陵为太傅。后汉则以太尉、司徒、御史大夫为三公。杜佑《通典·卷十九·职官一》P256。

将军：大将军,金印紫绶　武帝为卫青而设,有时位在公上,后又加大司马之号。

前、后、左、右将军,金印紫绶　不常设,或有前后,或有左右,另有各种名号将军,如骠骑将军,卫将军等。

九卿：

太常	中二千石	银印青绶	即秦之奉常,景帝时改为太常
光禄勋	以下同上		秦之郎中令,武帝改为光禄勋,属官甚多,有光禄大夫(即中大夫,秩比二千石,)太中大夫(比二千石,议郎、中郎(比六百石)侍郎(比四百石)郎中(比三百石)郎中将(比千石)中郎将(比二千石)仆射(比千石)等。
卫尉			景帝初改为中大夫令,后复之。
太仆			
廷尉(大理)			景帝时改为大理
典客(大鸿胪)			景帝时改为大行令,武帝时改为大鸿胪
宗正(宗伯)			平帝时改为宗伯
治粟内史(大司农)			景帝改为大农令,武帝改为大司农,在郡国、三辅之地设有铁官。
少府			掌山海池泽之税,属官有尚书、中书,谒者等令、丞,其中尚书令、丞是文书保管。成帝时置尚书五人,丞四人,东汉发展为尚书台。
中尉	银印青绶,中二千石		武帝时改为执金吾
典属国	二千石,银印青绶		成帝时并入大鸿胪

内史(京兆尹,左冯翊)二千石,银印青绶掌治京师,景帝二年(前155年),置左、右内史。武帝太初元年(前104年),改右内史为京兆尹,左内史为左冯翊。

主爵中尉	二千石	银印青绶	景帝时改为都尉,武帝时改为右扶风,与京兆尹左冯翊合称"三辅"。
司隶校尉	二千石,银印青绶		武帝征和二年(前89年)初置持节,捕

		巫蛊,督大奸猾,察三辅、三河、弘农。
城门校尉	二千石,银印青绶	司京师城门屯兵,所属有司马,十二城门侯。
京师八校尉	二千石,银印青绶	八校尉为中垒、屯骑、步兵、越骑、长水、胡骑、射声、虎贲率兵拱卫京师。

西汉主要地方部门:

州——刺史(牧)部刺史六百石,牧二千石。武帝设十三部州刺史,以"六条问事"为监督官性质,成帝时曾改称牧,秩二千石。

郡　郡守(太守)银印青绶,二千石　景帝时改称太守

　　郡尉　二千石

　　郡丞　六百石。铜印黑绶

　　长史,六百石　　　　　　　　边郡设。

王国

王侯掌治国,有太傅辅佐诸侯王,内史治国民,中尉掌武职,丞相统众官。群卿大夫都官如汉朝,景帝中元五年(前145年),令诸侯王不得复治国,天子为置吏,改丞相为相,省去御史大夫,廷尉,少府宗正,博士官,大夫,谒者,郎,诸官长丞皆省去其员,武帝以后王国主体大如郡,侯大体如县,由朝廷派相以理行政,其地位与郡守或县令长相当。

县:县令、长　令千石至六百石,　县以下有乡、亭、里,同秦制

　　　　　　　长五百至三百石

县丞(长吏)　四百至二百石

县尉《少吏》　四百至二百石　　　大县两人,长安置四人。

斗食(沙吏)　百石以下

佐史(少吏)

乡官:三老(教化)、有秩(乡长)、啬夫(司法)、游徼(巡查,追捕纠察)。以上每乡设一人。亭长

边地:

西域都护　比二千石　　　　　宣帝时初置,为加官,以骑都尉、谏大夫使护西域三十六国。

戊己校尉　　　　　　　　　　元帝时置,统西域诸国。

——《汉书·百官公卿表》

太常、光禄勋、卫尉、廷尉、太仆、大鸿胪、宗正、大司农、少府以上被称为九寺

大卿。显然西汉官职与秦制有密切的渊源，类似情形在此后的各朝代俯拾皆是。在一片对秦的辱骂声中多方模仿秦制，远少于对后世周制采用中所须的社会与国家强制。实际上人们乐此不疲。不仅限于行政制度，然而同时又设法掩饰：炀帝曾对他的起部郎阎毗说：

开皇之日，属车十有二乘，于事亦得；今八十一乘，以牛驾车，不足以益文物。朕欲减之，从何为可？毗对曰：臣初定数，共宇文恺参详故实，据汉胡伯始、蔡邕等议，属车八十一乘，此起于秦，遂为后式。故张衡赋为九九是也。次及法驾，三分减一，为三十六乘，此汉制也；又据宋孝建时，有司奏议晋迁江左，惟设五乘，尚书令建平王宏曰：八十一乘，议兼九，大国三十六乘，无所准凭。江左五乘，俭不中礼，但帝王文物旌旒之数，爰及冕玉，皆同十二，今宜准此，设十二乘。开皇平陈，因以为法。今宪章往古，大驾依秦，法驾依汉，小驾依宋，以为差等。帝曰；何用秦法乎？大驾宜三十六；法驾宜十二，小驾除之。毗精研故事皆此类也。《隋书·卷68·阎毗传》P191，参见《旧唐书·卷四十五·舆服志》P233。时隔八百余年，隋炀帝仍然在设法抵制秦制，其实无法摆脱，他是矫揉造作？还是在盲目回避一切秦制？隋炀帝至少要有这种姿态。

后汉明帝永平三年（公元60年）十月，蒸祭光武庙，初奏文始、五行、武德之舞。《后汉书·卷二·显宗孝明帝纪第二》P107。文始原本是舜的韶舞，汉高祖六年更名为文始。五行者，本周舞也，秦始皇二十六年更名为五行。武德是高祖四年所作。这是后汉光武中兴以来第一次奏礼乐。周礼受到重视，永平二年三月明帝临辟雍，初行大射礼。《后汉书·卷二·显宗孝明帝纪第二》P102。中的大射礼秦制的要旨被保留下来，郡县、中央集权的行政体系等。这不因为使用者不再担心重蹈秦的覆辙，奇怪的是为何对《周礼》熟视无睹？被圣贤确认的制度没有被整体移植，他们对孔学关于制度的精义却不敢漠视：'行夏之时，乘殷之辂，服周之冕，……。《诸子集成·论语正义·卫灵公第十五》P338。实际上就是扬长避短，照搬了方式：太常是在汉景帝时改自奉常，光禄勋是汉武帝时改自郎中令，卫尉景帝时曾改为中大夫令，后又恢复原名；廷尉在景帝时曾更名为大理，武帝时恢复为廷尉，哀帝时再次更为大理。太仆秦沿袭周，汉因秦；大鸿胪为武帝时改自典客，宗正一直沿用到平帝时更名为宗伯。景帝将秦的治粟内史更为大农令，武帝时改为大司农。少府为秦官，汉因之。《通典·卷十九·职官一》P237。成帝时改御史大夫为大司空。《通典·卷二十一·职官三》P278。汉哀帝时罢丞相，置大司徒。《通典·卷二十·职官二》P269。以司徒、太尉、司空为三公，三公并为丞相。九卿分属三司：

太常　光禄勋　卫尉三卿并为太尉所部

太仆　廷尉　大鸿胪三卿并为司徒所部

宗正　大司农　少府三卿并为司空所部《通典·卷十九·职官一》P237。《通典卷二十五·职官七》P355。这是缺乏关联、牵强的从属关系，既不同于周制也不同于秦制。到哀帝元寿二年更名丞相为大司徒，有时只称司徒，这一改变沿用直魏、晋。汉初丞相一般列侯充任，如赞侯萧何，曲逆侯陈平等，武帝时，公孙弘由布衣为丞相后，才被封为平津侯。这在后来成为一个惯例，担任丞相一职者，一般会被封为侯。《通典·卷二十一·职官三》P278。

2. 行政区划

汉行政区划是封建制、郡县制并存。郡的设置受到时局的影响，武帝元朔三年（前126年）撤销苍海郡。

郡县一级又分中央政府管辖下的郡县与诸侯王国所管辖的郡县。一般将诸侯王国属下的郡称支郡，颜师古则解析支郡指的是地处各诸侯国边缘地带的郡。御史大夫晁错建议"请诸侯之罪过，削其支郡。"《前汉书·卷四十九·晁错传》P215。诸侯王国又分同姓王与异姓王。这种分封不是成熟的政治决策，出于战时大局的需要，这些人之所以被封王，主要是由于他们的实力，"徼一时之权变，以诈力成功。"《前汉书·卷三十四·韩信等传赞》P180。其次才是奖赏。从政治结果来看，这个措施有得有失，而同姓王的分封则是这个错误的延续。它带来大量的麻烦，在武帝时才基本得到纠正。汉高祖五年（前202年），刘邦在垓下获得决定性胜利后称帝，建都长安，在这年，经他手分封的异姓王已达七位，分别是楚王韩信，韩王韩信，淮南王英布，梁王彭越，燕王臧荼，长沙王吴芮，赵王张耳。臧荼同年七月因谋反被杀，九月高祖以最为亲信的同乡卢绾为燕王。其中燕辖六郡，楚五郡，淮南四郡，赵三郡，长沙两郡，梁、韩各一郡。共二十二郡，大致相当于汉郡国总数的五分之一。由于高祖的抑制政策，以及不可避免的相互猜忌，中央与诸侯间本该相互依存的关系随着信任危机的加巨而变成了直接对抗，高祖以被歼灭的异王封地赐给其近亲，他相信秦帝国昙花一现的症结，乃是在于未做到这一点。在他死去的前195年，刘氏王已有九位受封，异姓唯长沙王吴芮硕果仅存。国家行政区划格局在不断修改，国家政策也发生重大变化，高祖生前迫使他的主要大臣接受这种修改，"非有功不得封侯，非刘氏不得为王。"但是这个愿望没有得到全部贯彻，在吕后听政时代，受封为王的吕姓人有几个。

汉制，列侯所食曰国，皇太后、公主所食曰邑。有蛮夷曰道，凡县万户以上设县令，不足于万户的县设县长。诸侯国设相。《通典·卷三十三·职官十五》

P486。这些都是因袭秦制。但其王侯国规模则与传统有所区别,"然高祖封建,地过古制。大者跨州兼域,小者连城数十,上下无别,权侔京室,有吴楚七国之患。"《文选·卷五十二·曹冏·六代论》P723。班固也表示过相似的不满,认为诸侯国面积"跨州兼郡,宫室百官,制同京师。"《文选·卷五十二·曹冏·六代论》P723。显然是矫枉过正。县之上为郡,秦裂全国三十六郡,后为四十郡,长官为内史。汉的郡一级有州、郡两种名号,郡置郡守,即太守,领取国家官员第三等俸禄:二千石,按月计为 120 斛粮食。中二千石月入 180 斛,真二千石月入 150 斛,比二千石月入 100 斛,各等级实际俸禄皆见有例外。诸侯王的国家享有很大自治权,最突出的有二:一,得赋敛。自行制定赋税率、征收赋税。二是二千石以下官员的任命权。文、景、武三帝时代,中央还花大量时间,出台许多相关政策应付封建制引发的诸多问题,比如以亲制疏法、分地法、削藩法等,均不得要领,不驯服的诸侯势力膨胀的势头没有止住,终于形成一场危险的叛乱,战争成为政治的决定性因素。支郡划归中央直辖,王国特权除收取赋税外均被剥夺,王国由中央任命的内史治理,与郡无异。武帝继续执行强干弱枝的方略,逐步形成了一套制约封建制的制度,主要有左官律、推恩令、附益法。均在武帝年间产生,左官律规定在诸侯国任职的官吏待遇低于在郡县担任同级职务的官吏。推恩令的重点在于规定王国诸侯王嫡长子以外的子弟可以在王国内得到封地,封号经过朝廷的命名确认后,诸侯无权更改或废除。而且这些所分封出来的封地行政上归郡管辖,封君不得过问政事,仅受其中赋税。附益法的重点是禁止朝臣与诸侯结为联盟,左右、危害朝政。这些对策随着诸侯国家的不断削弱发挥越来越大的作用。

在汉惠帝三年(前 192 年),制定对三辅监察。"相国奏遣御史监三辅不法事,有:辞讼者、盗贼者、铸伪钱者、狱不直者、徭赋不平者、吏不廉者、吏苛刻者、逾侈及弩力十石以上者、非所当服者,凡九条。"《唐六典·御史台卷十三》P379。对中央所辖郡一级地方的主要监督在武帝时是以刺使为象征的。刺使秩六百石,相当于县令。无治所,奉诏巡行诸郡,以六条问事。将所考察到的各郡情况如实上报朝廷。六条问事的主要内容三:1. 打击以强凌弱、田宅逾制的强宗豪右。2. 监督地方高级官吏依法行政、司法。公正选拔人才。3. 严禁国家高级公职人员家属为谋私利而干扰公务。严厉与歧视政策没有从根本上解决这法与礼制的妥协而产生、有点畸形的制度所带来各种问题。刺史制度经过演变,在东汉末已发生巨大变化:1. 更名州牧。2. 秩达到二千石,行政级别高于郡。3. 有固定属员和治所。4. 以亲信重臣出任。这种制度体现国家政治不稳定与短期行为倾向,位高权重的地方势力是异姓诸侯的另一种存在形式,其规模比早期异姓王小,但它对朝廷可能构成的威胁是相似的。创建它的本意是在地方作为一种稳定势力,结果事与愿违,后世的模仿者都难免有挫折感,事实证明,它是古代中国的一个痼疾。对政治的安全正常运行的伤害绝不低于单纯严厉的司法制度。这也是儒家思想不能解决的一个矛盾,国家是个人能力的产物,而个人能力又是一个变数,如何让个人能力得到充实和持续,或者为了应付急难,除了立即将司法变成一个未知数外,经济利益和行政权利的分享既是制度的补充,又不是制度的一部分,因为它极不稳定,而且几乎无章可循。一个地方,如州牧,势力发展良好,既是他受中央器重的基础,又是可能是他的致命伤。

西汉的全盛时期在文、景、武三帝之时,它在行政制度上与秦大同小异,行政管理体制从汉兴到武帝时才作大的调整,这种调整也主要是在名称上,当时对九卿中百分之三十六的名称作了更改。政治上引入了黄老学派主静的思想,这在战后百业凋敝,人民需要休养生息有关,是很自然的,不需要哲学思想的启发。在文化上,流行的是带有巫蛊气质的时尚。当时的知识界与高级行政管理人员思想在董仲舒的指导下仍比较混乱。他们或多或少充满幻想。它更易倾向于虚无。符瑞、谶纬、祭祀、方士、斋戒等充斥着日常生活。尤其在东汉明帝时代,佛教开始传入中国,知识界和高级官吏阶层尽管对佛教似懂非懂,一部分是翻译的原因,因为尽可能借用了当时现有的汉字和词汇来表述,使之与本土正在加速宗教化的几种主流哲学思想混为一谈,但仍欢天喜地接受它的基本理论。而自此以后,决策阶层一直在细节上争执不休,君主的更迭也不能阻止。然始终不能确定究竟谁拥有绝对真理,以及正确的排位。在法制上,省刑薄罚主要是一种个别行为,一种断断续续的向往。实际的治安环境则严峻得多。以西周礼制为样本,还是以刑罚精神贯穿国策。汉昭帝始元六年(前81年),御史大夫桑弘羊与当时的文化俊彦(即文学贤良)唐生、鲁万生等六十余人的对话。主题虽围绕只是盐铁官营等经济问题,实际涉及面要宽,前者代表一部分实干派的国家官员的思想,后者表述的是儒家基本精神。彼此直抒己见,他们之间的思想差异显然比他们之间坐的距离远得多。宣帝时治公羊春秋的学者、曾任庐江太守丞的桓宽根据会议记录整理成《盐铁论》一书,其中记载了他们争执的主要内容,就法律方面而言,双方就存在明显区别:

大夫认为:"令严而民慎,法设而奸禁。……古者作五刑,刻肌肤而民不逾矩。"主张商鞅式的严刑构成行之有效的威慑。

与之对立的文学则强调礼的预防效能,轻柔、简化的刑为辅:"故王者制法,昭乎如日月,故民不迷,旷乎如大路,故民不惑。……昔秦法繁于秋荼,而网密于凝脂,然而上下相遁,奸伪萌生。有司法之,若救烂扑焦,不能禁非,网疏而罪漏,礼仪废而刑罚任也。方今律令,百有余篇,文章繁,罪名重,郡国用之疑惑,或浅或深,自吏明习者,不知所处,而况愚民乎。律令尘蠹于栈,阁吏不能遍睹。而况于愚民乎,此断狱所以滋众而民犯禁也。大夫的反驳有点离题"商君刑弃灰于道而秦民治。故盗马者死,盗牛者加。所以重本而绝轻疾之资也。……盗伤与杀同罪,所以累其心而责其意也。犹鲁以楚师伐齐,而春秋恶之,故轻之为重,浅之为深,有缘而然,故法之微者,故非众人之所知也。文学反对说"深之可以死,轻之可以免,非法禁之意。法者,缘人情而制,非设罪以陷人也。故春秋之治狱,论心定罪,志善而违于法者免,志恶而合于法者诛。"《盐铁论·刑德第五十五》P56。大夫强调法的存在必要性,重刑轻罪。反对法律透明,执法者有权自行处置。文学则强调公开的重要性,注重考虑动机。这后来出乎意料地成了任意司法的一个渠道。

大夫认为商鞅相秦时通过严厉的法律国家治安稳定,收山泽之税使经济繁荣,加对外扩张时采掠夺占领区满足军需,不需要对本国人民另行征税,所以战争并未直接成为本国人民的一种负担,所以战争也能受到欢迎。《盐铁论·非鞅第七》P8。但又认为"古者经井田,制廛里,丈夫治其田,女子治其麻枲,无旷地,无游人,非工商不得食于利,非良农不得食于收获,非执政不得食于官爵。今儒者释耒耜而学不验之语,旷日弥久而无益于理。往来浮游不耕而食不蚕而衣,巧为良民,以夺农妨政。"

文学的理由是,孔子修王道,作春秋垂之万载之后,他的个人作用不能与从事农耕的普通男女相比。非君子莫治小人,非小人无以养君子……君子耕而不学,则乱之道也。《盐铁论·相刺第二十》P23。

大夫认为,刚者折,柔者卷。故季路以强梁死,宰我以柔弱杀。使二者不学,未必不得其死。《讼贤》P25。参加辩论的丞相表现出急功近利的思想,"先王之道佚,人而难复,贤良文学之言,深远而难行夫称上圣之高行,道至德之美,言非当时之所能及也。愿闻方今之急务。可复行于政,使百姓咸足于衣食,无困乏之忧。风雨时,五谷熟,螟螣不生。天下安乐,盗贼不起。流人还归,各返其田里。吏皆廉正,故以奉职,元元各得其理也。《诸子集成·盐铁论·执务》P42。这实际上是要求全国各阶层共同配合的事。是治本的事,丞相却当成急务,要求速成。大夫也认识到秦并天下后四夷舟车所通,足迹所及,靡不毕至,非服其德,畏其威力也。力多则人朝,力寡则朝人矣。文学则沉醉于"夫礼让为国者,若江海流,弥久不竭。"这种假设,好象所有灭亡之国都是缺乏礼让。《盐铁论·诛秦第四十四》P46。讨论的结果,最终象这个国家的绝大多数事一样,不能通过协商的方式达成共识。他们有时会在文字和口头上给人他们将合作的意向,实际上他们更迷恋差异,成见在关键时刻起定向作用。大夫的意见被朝廷采纳,在于政治上的需求与紧迫性,并不是由此否定一种思想倾向。他们间的区别除了门派之见,还受所代表的利益集团左右。是对利害的权衡而不是对真伪的客观性决定他们的思想。辩论双方彼此不是对手,而是有共同的对手,他们同属社会上层,有机会参与政治决策,分享权利。两者之间的实际区别比他们自己所认为的要小。这是因为各种思想交互影响、吸收,使过去那种泾渭分明的状况慢慢模糊、消失了。

实际操作中,预先的规定往往缺乏应有的约束力。这在国家的司法体系中有明确的反映。两汉的司法思想建立在不明确的哲学、政治目的上,除了国祚的延续,一切都是次要的。

两汉的法律思想与秦法没有本质上区别,同属治安稳定为主,司法公正为辅类型。但汉采用不同方式,其特点是政治背景仍能满足于绝大多数学者、官吏沉迷于礼治的幻觉。"以礼仪治之者,积礼仪;以刑罚治之者,积刑罚。刑罚积而民怨背,礼仪积而民和亲故世主欲民之善同,而所以使民善者或异。或道之以德教,或驱之以法令。道之以德教者,德教洽而民气乐,驱之以法令者,法令极而民风哀。哀乐之感,福祸之应也。……今或言礼义之不如法令,教化之不如刑罚,人主胡不引殷周秦事以观之。人主之尊比如堂,群臣比如陛,众庶比如地……高者难攀,卑者易陵,理势然也。故古者圣王制为等列,内忧宫卿大夫士,外有公侯伯子男,然后有官师、小吏,延及庶人,等级分明而天子加焉,故其尊不可及也。……廉耻节礼,以治君子,故有赐死而无戮辱,是以黥劓之罪不及大夫,以其离主上不远也。……君之宠臣,虽或有过,刑戮之罪,不加其身者尊君之故也。此所以为主上豫远不敬。……今自王侯三公之贵,皆天子之改容而礼之也,故天子之所谓伯父、伯舅也,而今与众庶同黥劓髡刖笞傌弃市之法,然则堂不亡陛虖,被戮辱者不泰迫虖廉耻不行大臣,无乃握重权大官阿有徒隶亡耻之心虖……夫尝已在贵宠之位,天子改容而礼貌之矣,吏民尝俯伏以敬畏之也,今而有过,帝令废之可也,退之可也,赐之死可也。若夫束缚之,系绁之,输之司寇,编之徒官。司寇小吏,詈骂而榜笞之。殆非所以令众庶见也,夫卑贱者习知尊贵者之一日吾亦乃可以加之此也,非所以习天下也,非尊尊贵贵之化也。古者礼不及庶人,刑不至大夫,所以厉宠臣之节也。古者大臣有坐不廉而废者,不谓不廉,曰簠簋不饰；左污秽淫乱男女无法别者，不曰污秽，曰帷薄不修，坐罢软不胜任者，不谓罢软，曰下官不职。故贵大臣定有其罪矣。犹未斥然正以呼之也，尚迁就而为之讳。故其在大谴大何之域者，闻谴何则白冠牦缨，盘水加剑造请室而请罪尔。上不执缚系音引而行也。其有中罪者，闻命自驰上部使人颈盭而加也，其有大罪者，闻命则北面再拜，跪而自裁，上不使捽抑而刑之也。曰子大夫自有过尔，吾遇子有礼矣，遇有礼故群臣自喜婴以廉耻，故人矜节行。上设廉耻礼义以遇其臣，而臣不以节行报其上，则非人类也。《全汉文·贾谊·上疏陈政事》P212。年青而缺乏政治经验的贾谊认为法必导致悲剧，最令他感兴趣的是如何形成一个真正的特权阶层。他认为将范围定在现有的中高级官吏最为适合，他们可免受各种刑具，否则他们在庶民中的威信将受到削弱。其次对他们使用特定的罪名，特定的方式，主要是主动地根据本人罪行采取相应的自我惩罚行动。从娇柔造作地供罪，到优美地死去，一切都应该是无伤大雅的。他的假设是君对臣有礼，臣就会为此避免犯罪，否则就禽兽不如。这当然是正统的儒家思想。孟子对那些无理冒犯别人又一再被容忍仍不知收敛的人也视之为禽兽。贾谊不仅看重君主的最高司法权，也认为礼优于刑。晁错强调"其为法令者，合于人情而后行之。"《全汉文·卷十八·贤良文学对策》P225。董仲舒前已论及，他深信君主的产生具有超出人类理解力的意义，所以他鼓励人民与君主建立其类似父子的感情，如果失败，就会举步维艰。陷入德与刑的迷津。他在元光元年写道："废德教而任刑罚，刑罚不中则生邪气，邪气积于下，怨恶畜于上，上下不和，则阴阳谬盩。而妖孽生矣，此灾异所缘起也。……天道之大者在阴阳，阳为德，阴为刑，刑主杀而德主生。……天之任德不任刑也，天使阳出，布施于上，而主岁功。使阴入伏藏于下，而时出佐阳，阳不得阴之助，亦不能独成岁。《全汉文·卷十八·举贤良对策》P250。他批判刑，但又不敢漠视刑的存在。这使他变得非常矛盾，这种精神状态让许多受其影响的政府变得犹豫不决。曾任宰相的公孙弘针对刑深重而奸不止的情况，在元光五年指出：其上不正，遇民不信也。《全汉文·卷十八·举贤良对策》P259。公孙弘并非纯儒家，但他很看重"躬率以正，而遇民信也。"的君主，国家信誉丧失殆尽时，人民就可会自动解除服从。所以他既不赞成贵爵厚赏，也不赞成刑罚，如果一定要有赏罚，那么"画衣冠异章服"则深为可取。同样担任过宰相的魏相，认为犯罪是社会问题"君动静以道，顺阴阳，则日月光明，风雨时节，寒暑调和，三者得叙，则灾害不生。……夫风雨不时，则伤农桑，农桑伤，则民饥寒，饥寒在身，则亡廉耻，寇贼奸宄，所由生也。《全汉文·卷二十九·魏相·表奏采易阴阳明堂月令》P288。刘向则认为刑罚是不可避免的，"……自古明圣未有无诛而治者也,故舜有四放之罚,而孔子有两观之诛,然后圣化可得而行也。《前汉书·卷三十六·楚元王交附刘向传》P183。《全汉文·卷三十六·刘向·条灾异封事》P326。他认为"教化所持以为治也,刑法所以助治也。今所持而独立其助,非所以致太平也,自京师有悖逆不顺之子孙至于陷大辟受刑戮者不决绝,由不习五常之道。"他认为礼乐是完善人的,是主要的,刑是次要的,现在司法机构要求制定修改法令,"笔则笔,删则删,救时务也。"不管删节还是增补,都是为治理现状。他们对于礼乐得完善,则敬而远之,声称不敢触及,这是一种"敢于杀人不敢于养人"的心态。《全汉文·卷三十六·刘向·说成帝定礼乐》P330。刘安的意思是犯罪是教育不力的结果。桓谭认为"无制令刑罚谓之皇,有制令而无刑罚谓之帝。"桓谭《新论·王霸第二》P2。后汉光帝时官至太中大夫的梁统以为"法令既轻,下奸不胜,宜重刑罚,以尊旧典。"他先提到元帝初元五年,轻殊死刑三十四事,哀帝建平元年轻殊死刑八十一事。其四十二事手杀死人者减死一等。自是以后,著为常准。"故人轻视犯法,吏随意杀人。所以他认为刑罚在中,无取于轻。即不轻不重。又说"刑轻之作反生大患,惠加奸轨而害及良善也,故臣统愿陛下采择贤臣孔光、师丹等议。《后汉书·卷三十四·梁统传》P1166。注一。尽管他祭出了哀帝时的孔光、师丹,他的建议还是被光武搁置。

综上所述,两汉人对犯罪的原因已有了更深层次的认识,尽管这种认识过程显得比较被动。压力下的选择,并不乏理智的成份。犯罪大致可归咎于下列方面:1. 君主的个人行为影响 2. 社会与经济因素 3. 教育的缺陷 4. 个人品质。解决的方法有较大的差异,有加强礼仪的教育,有要求君主成为偶像或君主主动罪己,谋求人人为之动容并成为国人仿效的楷模,人人从此变得有克制力。如文帝"今有肉刑三而罪不止,其咎安在,非乃朕德之薄而教不明与? 吾甚自愧。"《前汉书·卷二十三·刑法志》P109。也有的表现出解决重大社会、经济问题的有助缓和社会矛盾的见解。但往往囿于门派之见,不能对社会现象做出公正全面的评估。实际上两种正确的解决方法也有因学派的不同形成对立的态势,他们不是在合作而是在无益的争执中让社会弊端延续,扩大从而影响到个人生活乃至削弱国家。两汉并没有比较成熟、固定的司法制度,除了因袭秦制,一切都在争执中产生,在争执中延续。

他们为何没有研究用经济方法解决社会问题,是因为完全否定、排斥经济方法能够改良人性? 君王们就没有因为经济宽裕而变个个贤明、伟大,中国的贤哲们或许有一个默契:出类拔萃来自精神而不是物质条件? 他们所以忽略用直接的单纯的经济方式解决社会问题。虽然社会看起来已经是那么贫困,经济问题如此直观、逼人,普通人大多数时候生活的窘状如此令人痛心,政治领袖却熟视无睹,他们相信自己的圣上或许有办法,他们的教育背景令其往往是对自己半信半疑的人,又只愿意让自己掌握解释权,习惯于用简单直接方式解决问题。然而,政府提供的用于解决一切问题的人(包括各级行政官员、司法官、军官等),大多数往往都还没有准备好,他们不仅没有形成共识,个人缺乏足够的知识储备,朝廷应该为他们提供的必要工具也不充足。

三、东汉官职

1. 中央部门主要官职

太傅,上公一人。不常设。

太尉,公一人。世祖即位,改为大司马。建武二十七年改为太尉。万石,玉印紫绶

司徒,公一人。世祖即位,改为大司徒,建武二十七年,去"大"。

司空,公一人,世祖即位,改为大司空,建武二十七年,去"大"。

东汉末董卓自认太师位在太傅上,太尉掌四方兵马,国之大事于司徒司空论之,灵帝时大司马与太尉并置。

司徒丞相	同上	掌人民大事,与太尉司徒同议。光武初称大司徒。献帝建安时,改置丞相,遂置三公官。
司空	同上	掌水土事,国有大事与太尉司徒同议,光武时称大司空,献帝建安十三年,罢司空,置御史大夫,职如司空,不领侍御史。

将军,不常置,比公者四:第一大将军,次骠骑将军,次车骑将军,次卫将军,又有前后左右将军。《后汉书·志第二十四·百官一》P3555。

九卿

太常

卿一人,　　中二千石　犀印青授　　掌礼仪祭祀

丞一人　　　比千石　犀印黑授

属有太史令、博士祭酒、太祝令、太窄令、大予乐令、高庙令,世祖庙令先帝各陵园令,先帝各陵园食官令各一人。六百石,犀印黑授。

宗正卿一人,中二千石。

光禄勋：

卿一人　　中二千石　犀印青授。

丞一人　　比千石　犀印黑授。

属官有五官中郎将一人,左中郎将、右中郎将、虎贲中郎将,羽林中郎将若干

人　比二千石　犀印青授

凡郎官皆主更值执戟,宿卫诸殿门,出充车骑。唯议郎不在值中。

光禄大夫若干人　比二千石　犀印青授　凡大夫、议郎皆掌顾问应对。

太中大夫若干人　千石　　　犀印黑授

中散大夫　　　　　六百石　　犀印黑授

谏议大夫

议郎若干人

谒者仆射一人　　比千石　　犀印黑授

中尉一人,比二千石。

卫尉

卿一人　中二千石　犀印青授　掌宫门卫士,宫中徼循事

丞一人　比千石　　犀印黑授

属有公车司马令、南宫卫士令、北宫卫士令、左都侯、右都侯各一人、六百石

犀印黑授

宫掖门每门司马一人　比千石　犀印黑授

太仆

卿一人　中二千石　犀印青授　掌车马

丞一人　比千石　　犀印黑授

属有考工令、东府林、未央厩令各一人。六百石　犀印黑授

廷尉
卿一人　中二千石　犀印青授　　　　掌平狱
属有正监、左监、左平各一人。六百石　犀印黑授

大鸿胪
卿一人，中二千石《后汉书·卷二十五·百官二》P3582。　犀印青授　掌宗室名籍事务
丞一人　比千石　犀印黑授
属有诸公主，每主家令一人。六百石　犀印黑授

大司农：
卿一人　　中二千石　犀印青授　掌钱谷金帛诸货币。
丞一人　　比千石　　犀印黑授
部丞一人　六百石　　犀印黑授　主帑藏
属有太仓令、平准令、导官令各一人六百石　犀印黑授

少府
卿一人　中二千石　犀印青授　分管宫廷医药、饮食、纸、笔墨及苑中禽兽诸事。
丞一人　比千石　　犀印黑授
属有太医令、太官令、守官令，上林苑令，各一人　六百石　犀印黑授
侍中若干人　比二千石　犀印青授　掌侍左右，赞导众事，顾问应对。
中常侍若干人，千石　犀印黑授。注：宦者，无员，后增秩比二千石。常侍左右，从入内宫，赞导内众事，顾问应对给事。

黄门侍郎、小黄门若干人。六百石　犀印黑授　宦者，掌侍左右
黄门令一人，六百石　犀印黑授，宦者，掌主省中诸宦者
中黄门，比百石，宦者。

换门署长、画室署长、玉堂署长各一人,丙署长七人,四百石,犀印黄授。宦者,各主中宫别处。

中黄门冗从仆一人,六百石　犀印黑授,宦者,主中黄门冗从。

中黄门若干人　比百石后增至三百石,牙印黄授。

掖庭令、永苍令、御府令、内者令、尚方令各一人,六百石　犀印黑授,宦者,分掌宫廷事务,器物制作。

尚书令一人:千石　犀印黑授　本秦所置,武帝用宦者,更为中书谒者令,成帝用士人,复故。掌凡选署及奏下尚书曹文书事。东汉光武时,少府中之尚书台职权渐重,组织亦大,三公形同虚设。

尚书仆射一人　六百石　犀印黑授　署尚书事,令不在则奏下众事。

尚书六人　　　六百石　犀印黑授。注:成帝初置尚书四人,分为四曹:常侍曹尚书主公卿事。二千石曹尚书主郡国二千石事;民曹尚书主凡吏上书事。客曹尚书主外国狄夷事。《后汉书·卷二十六·百官三》P3579。

符节令一人　　　六百石　　　犀印黑授　　　为符节台率　主符节事

御史中丞一人,　　千石　　　犀印黑授

治书侍御史二人　六百石　　　犀印黑授　　　凡天下诸献疑事,掌以法律当其是非。

侍御史十五人　　六百石　　　犀印黑授　　　掌察举非法,受公卿群吏奏事,有违失举劾之、

兰台令史　　　　六百石　　　犀印黑授　　　掌奏及印工文书

其他

执金吾　中二千石　犀印青授　掌宫外非常水火事。主兵器。卫尉巡行宫中,则金吾徼于外,相为表里,以擒奸讨猾。

将作大匠:二千石　　犀印青授　掌修作宗庙路寝宫室陵园土木之功。

司隶校尉　比二千石　犀印青授　掌察举百官以下,及京师近郡犯法者。并领一州(即司州)

谒者仆射一人,比千石。

五官中郎将一人，比二千石。（辖五官中朗，比六百石，无员，五官侍郎比四百石，无员，五官郎中比三百石，无员。凡郎官皆主更值执戟。宿卫诸殿门，出充车骑，唯议郎不在值中。左中郎将右中郎将，虎贲中郎将，羽林中郎将，均比二千石。光禄大夫，比二千石，太中大夫，千石。中散大夫、谏议大夫、议郎，均六百石，无员。

侍中，比二千石。

御史中丞，一人，千石。注曰：御史大夫之丞也，旧别监御史在殿中，密举非法。（注曰：若周礼中的小宰，它掌建邦之宫刑，以主王宫之政令。）P3599。

兰台令史，六百石，章奏及印工文书。《后汉书·卷二十六·百官三》P3600。

大长秋，二千石，承秦将行，宦者，景帝更为大长秋，或用士人。

太子太傅：　　中二千石。

太子少傅：　　二千石。

太子率更令：　千石。

太子庶子：　　四百石。

太子舍人：　　二百石。

太子家令一人：千石。

太子中庶子：　六百石。

太子洗马：　　比六百石。

东汉主要地方官职

河南尹一人，主京都，特奉朝请，其京兆尹、左冯翊、右扶风三人，汉初都长安，皆秩中二千石，谓之三辅。中兴都洛阳，更以河南郡为尹，以三辅陵庙所在，不改其号，但减其秩。《后汉书·志第二十七·百官四》P3614。

州

刺史（牧）　六百石　犀印黑授（二千石　犀印青授）。

东汉有外十二州，州置一刺史，六百石。司隶校尉领一州，（不在十二州之内）秩比二千石，东汉将西汉朔州合入并州，东汉末年州刺史改称州牧，其秩升为二千石、东汉王子封王，其郡为国，置傅、相各一，皆二千石，列侯所封县为侯国，置相一人,秩如本县。

本注：秦有监御史,监诸郡,汉兴省之。但遣丞相史分刺诸州。无常官)孝武帝初置刺史十三人,秩六百石,成帝更为牧,秩二千石。建武十八年,复为刺史,十二人各主一州,其一州属司隶校尉,诸州"常以八月巡行所部郡国,录囚徒,考殿最,初岁尽诣京都奏事,中兴但因计吏,不复自诣京师,虽父母之丧,不得去职。"杜佑这里说的是刺史在两汉的变迁："汉刺史乘传周行郡国,无适所治,中兴所治有定处。"杜佑《通典·卷三十二·职官十四》P464。州由监察区变为一级行政区,时间是在东汉。

郡：
太守　二千石　犀印青授　在东都洛阳置"河南尹",秩二千石。
丞(边郡为长史)　六百石
县；令长　令秩千石,其次置长,四百石,小者置长,三百石。侯国之相,秩次亦如之。
县丞　四百或三百石或二百石
县尉　四百或三百石或二百石
每县、邑、道,大者置令一人,千石

事例：地皇三年(王莽帝凰三年,公元 22 年),天下连岁灾蝗,群盗蜂起……光武避吏新野。十月起兵后陆续杀新野尉,湖阳尉。《后汉书·卷一上·光武帝纪第一上》P2。

县下有乡,乡置有秩、郡所署,秩百石,长一乡人,其乡小者,县置啬夫一人、三老(掌教化)、游徼(掌徼循,禁司奸道。)

乡下有亭。亭有亭长,以禁盗贼。
里有里魁,掌一里百家之事。
亭有亭长,里有里魁(掌一百家),民有什伍(什主十家,伍主五家)。
边境少数民族之县称为"道"。
军职：
城门校尉一人,比二千石。

屯骑校尉一人，比二千石。

越骑校尉一人，比二千石

步兵校尉一人，比二千石

长水校尉一人，比二千石

射声校尉一人，比二千石

司隶校尉一人，比二千石

边地：

使匈奴中郎将	比二千石	犀印青授	掌匈奴之事
使乌桓校尉	比二千石	犀印青授	掌乌桓族之事
护羌校尉	比二千石	犀印青授	掌羌族之事

其他

盐官	比二千石	设于产盐地区	主盐税
铁官	比二千石	设于产铁地区	主鼓铸
工官	比二千石	设于工匠多的地区，主工税	

其他

都水官　比二千石，设于有水利渝利之处，主平水收鱼税。

百官受俸例：大将军，三公奉，月三百五十斛，中二千石奉，月百八十斛，二千石，月百二十斛，比二千石奉，月百斛，千石奉，月八十斛。六百石奉，月七十斛，比六百石，月五十，四百石奉，月四十五，比四百石奉，月四十。三百石奉，月四十斛。比三百石奉，月三十七斛，二百石奉，月三十斛，比二百石奉，月二十七斛，一百石奉，月十六斛，斗食奉，月十一斛。佐吏奉，月八斛，凡诸受奉，皆半钱半穀。《后汉书·卷二十八·百官五》P3632。

光武二十六年春正月，诏有司增百官俸，其千石以上者，减于西京旧制，六百石以下，增于旧制。《后汉书·卷一下·光武帝纪第一下》P77。

二十七年五月，诏曰：昔契作司徒，禹作司空，皆无大名。其令二府去"大"。又改大司马为太尉。《后汉书·卷一下·光武帝纪第一下》P77。

资料来源：

《前汉书·卷十九·百官公卿表》P73

《后汉书·卷三十四·百官志》P78

《后汉书·卷三十九·舆服志》P84

2. 区划建制

1) 元帝建昭二年(前 37 年)三月,益三河郡太守秩,户十二万为大郡。建昭三年(前 36 年)夏,令三辅都尉,大郡都尉秩皆二千石。《前汉书·卷九·元帝纪第九》P28。

2) 基层地方官职:

三老(高帝置)、孝悌、力田(高后置),三者皆乡官之名。《后汉书·卷二·显宗孝明帝纪第二》P97。李贤注。

前汉地方组织结构。刘玄更始元年(公元 23 年)十月,光武持节北渡河,所到部县,辄见二千石,(郡守)长吏(县令长及丞尉),三老(即乡官,高祖所置年五十以上,品行好,置以为三老,每乡一人,择乡三老为县三老,与令长丞尉以事相教,复其徭役)官属,下至佐吏。……除王莽苛政,复汉官名。《后汉书·卷一上·光武帝纪第一上》P10。

孝安帝永初三年(公元 109 年)帝加元服,大赦天下,赐"王、公、贵人、公、卿以下金帛各有差;男子为父后,及三老、孝悌、力田人爵三级,流民欲占人一级(占著或占籍,即入报户口,在当地入籍成为定居者)。《后汉书·卷五·孝安帝纪第五》P1294。

赐予民的爵位到第八级止,之上的官、吏爵位级别,不会赐予普通平民。

第二节 帝系

一、模糊的规则

谋士沮授(对袁绍说)曰:年均以贤,德均则卜。古之制也。《后汉书·卷七十四上·袁绍传》P2383。这是一条相当脆弱的古代规则,随时可能被破坏。不断有人一直在试图改变上述看起来周到、得体的制度。李固以清河王蒜年长有德,欲立之。谓梁冀曰:"今当立帝,宜择长年高明有德,任亲政事者,愿将军审详大计,察周(周勃)、霍(霍光)立文、宣,戒邓(即邓太后立殇帝、安帝)阎(阎太后立北乡侯即少帝刘懿,章帝之孙,济北惠王刘寿的儿子,太后阎姬与其兄阎显所立,在位七个月。其年病故。后宦官孙程杀阎显兄弟,立济阴王刘保为汉顺帝。)之利幼弱。"冀不从，立八岁的质帝，质帝后来被毒死。"因议立嗣，李固与司徒胡广，司空赵戒，大鸿胪杜乔希望立清河王刘蒜，中常侍曹腾等劝梁冀立蠡吾侯刘志，是为桓帝。李固则被梁冀所杀。《后汉书·卷六十三·李固传》P2086。

这是制度被改变的第一种原因。

二、外部对当事人的影响力或压力

景帝即位，孝文皇后从兄子窦婴为詹事（服务于皇后太子的二千石官职），帝弟梁孝王，母窦太后爱之，孝王朝，因燕昆弟饮。是时，上未立太子，酒酣，上从容曰，千秋万岁后传王。太后驩（通欢）。婴引卮进上曰：天下者，高祖天下，父子相传，汉之约也。上何得以传梁王？太后由是憎婴。《前汉书·卷五十二·窦婴传》P223。

三、强有力的支持者

孝和帝刘肇，建初七年（公元 82 年）立为皇太子。章和二年（公元 88 年）即皇帝位，年十岁，窦太后临朝。《后汉书·卷四·孝和帝孝殇帝纪第四》P165。帝崩年二十七岁，立皇子刘隆为皇太子。《后汉书·卷四·孝和帝孝殇帝纪第四》P194。

后汉殇帝刘隆是和帝少子，元兴元年（公元 105 年）即皇帝位，殇帝即位时出生刚满百日。邓太后临朝听政。殇帝在位八个月夭折，崩时未满二岁，是个流星般的皇帝。《后汉书·卷四·孝和帝孝殇帝纪第四》P195。邓太后绥不是殇帝生母，有养母之名，立这个婴儿，是为立丈夫的儿子还是效仿窦太后？汉和帝刘肇是汉章帝的第四子，生母为梁贵人，后汉功臣梁统孙女，被无子的窦皇后陷害自杀，刘肇成为皇后窦氏的养子，年仅三十一岁的章帝逝世后，在窦皇后的一力操办下，刘肇继位，窦太后临朝，其兄窦宪掌权。

刘庆是章帝两位宋贵人中的姐姐所生，汉章帝即位，两姊妹都封为贵人。刘庆曾被立为皇太子，后被废为清河王。孝安帝刘祜是章帝之孙，清河孝王刘庆之子，母左小娥。安帝年十三岁时即皇帝位，邓太后仍在执政。她与窦太后不同，与宦官保持良好的关系。与东汉那些年幼无知、有名无实的皇帝相比，她才华出众，不愧为邓禹之后。

安帝与宫人李氏生了唯一的儿子刘保，安帝皇后阎姬没有生子。她废刘保，刘保的生母李氏被阎氏所毒杀。立刘懿为帝，自己临朝听制。刘保后为汉顺帝。)《后汉书·卷五·孝安帝纪第五》P204。邓太后和其兄车骑将军邓骘决定立安帝。

延光四年(公元 124 年),安帝突然逝世,太子刘保去年已经被废为济阴王,安帝皇后阎氏及其兄弟阎显,策划立汉章帝之孙,刘寿之子刘懿为少帝,自己临朝称制。

顺帝之子冲帝刘炳公元 144 年即位,年二岁,以李固为太尉,与梁冀参录尚书事,明年帝崩。永嘉元年(公元 145 年)春,冲帝逝世,在位五个月。汉顺帝的皇后梁妠,冲帝即位后为皇太后,临朝听政。

三岁的冲帝逝世后,清河王刘蒜被徵至京师。《后汉书·卷六·冲帝纪》P276。"清河王为人严重,动止有法度,公卿皆归心焉。太尉李固谓大将军梁冀曰:今当立帝,宜择长年,高明有德任亲政事者,……冀不从,与太后定策禁中,立质帝,当时质帝刘缵年仅八岁。《资治通鉴·卷五十二·汉纪四十四》P356。太尉李固让大将军梁冀知道自己想要立清河王刘庆。东汉时权力归尚书台,太尉位居三公,李固也参录尚书事,但大将军位在三公之上,所以李固的意见被同样参录尚书事的梁冀单独否决,然后梁妠与兄梁冀立质帝,梁妠秉政。

孝桓帝本初元年(公元 146 年),梁太后徵帝到夏门亭,将妻以女弟,会质帝崩,太后遂与兄大将军冀定策禁中,迎帝入南宫,其日即皇帝位,其年十五,太后犹临政。《后汉书·卷七·孝桓帝纪第七》P287。梁太后的妹妹即后来的懿献皇后梁女莹,桓帝是否是违心地接受梁女莹,娶梁太后妹妹是否是换取皇位的一个条件不得而知。桓帝生于 132 年,当时只有十四岁,心智尚未完全成熟,从桓帝后来对自己的第一任皇后生前身后的态度分析,他们之间似乎没有真挚的情感,梁冀、梁妠、梁女莹均执金吾梁商之儿女,梁妠是汉顺帝刘保的皇后,无子,汉顺帝与汉桓帝刘志都是汉章帝曾孙,梁妠让自己的妹妹嫁刘志辈分上没有问题,质帝公元 145 年即位,146 年被毒杀,年仅九岁。本初元年(公元 146 年)梁冀毒杀质帝后立桓帝刘志,桓帝继位第五年,和平元年(公元 150 年),梁太后还政与桓帝,同年逝世,年四十五岁。

立十四岁的孝桓帝已经是近期皇帝中年岁较大的了,梁太后因为其内心的孱弱而将自己定位于低龄人群等级,她控制大局时的智商与她所占据的社会地位无法匹配。窦太后差不多也是一位自卑且缺乏安全感的人,认为成熟的成年人难以控制;同时又是类似梁太后占有欲强烈的人,同样有控制力。"桓帝崩,无子,皇太后与父城门校尉窦武定策禁中……。帝(灵帝刘宏)即位时(公元 167 年)十二岁。改元建宁,以前太尉陈蕃为太傅,与窦武及司徒胡广参录尚书事。《后汉书·卷八·孝灵帝纪第八》P328。

汉灵帝中平五年(公元 188 年)，初置西园八校尉，以袁绍为佐军校尉。灵帝崩，董卓议欲废立，谓袁绍曰：董侯(指刘协)似可，今当立之。绍曰：今上富于春秋，未有不善宣于天下，若公违礼任情，废嫡立庶，恐众议不安。卓按剑斥绍曰：竖子敢然！天下之事，岂不在我？我欲为之，谁敢不从？《后汉书·卷七十四上·袁绍传》P2374。结果没有立刘协，刘辩得立为少帝，少帝刘辩是灵帝与何皇后的嫡长子，唯一的儿子，后来为君的汉献帝刘协与其同父异母，刘协乃王美人所生，王美人被何皇后毒杀。少帝在位一年后刘协立为汉献帝。他在位二十五年，在位时间在东汉时代仅次于光武帝。

四、非嫡长子即位

高后四年(前 184 年)夏，少帝刘恭(惠帝庶长子，周美人所生)自知非皇后子，皇太后幽之于永巷。五月立恒山王弘(惠帝第四子，后少帝刘弘)为皇帝。《前汉书·卷三·高后纪第三》P13。

汉武帝不是汉景帝嫡长子，被立为太子，后继位。汉景帝的皇后是薄氏，无子，庶长子刘荣是栗姬所生，刘荣被立为太子后栗姬并未被立为皇后，前元七年(前 150 年)太子被废为临江王，栗姬也被汉景帝疏远，随后立王氏为皇后，刘彻为太子。刘彻的母亲王皇后入宫之前曾嫁人生女，王皇后母亲臧儿拆散这对夫妻，将女儿送往太子宫，与汉景帝刘启生下刘彻。

武帝元狩元年(前 122 年)四月立刘据为太子。武帝后元二年(前 87 年)二月乙丑，立皇子刘弗陵为皇太子。武帝的幼子刘弗陵即位时年仅八岁，母亲为钩弋赵婕妤，当时已故。他尊姐姐鄂邑公主为长公主，由其照顾昭帝的日常生活，大将军霍光摄政、车骑将军金日磾，左将军上官桀辅助霍光。

孝宗(汉章帝)刘炟，孝明帝第五子，母贾贵人，永平三年立为皇太子，十九岁即皇帝位。《后汉书·卷四·孝和帝孝殇帝纪第四》P194。

五、非嫡长子立储失败的例子

刘屈氂是武帝庶兄中山靖王子。不知其所以进，征和二年(前 91 年)武帝侄子左丞相刘屈氂，为即将领兵出击匈奴的李广利(李延年之兄弟，同胞李夫人系武帝宠姬)送行。二人商议立昌邑王为太子。昌邑王即武帝第五子刘髆，系武帝与李皇后所生，李广利外甥。前 97 年为昌邑王，在位十年(前 88 年)死去。爵昌邑哀王。征和二年(前 91 年)太子刘据因蛊祸自杀，未立新太子，刘系"贰师将军女弟李夫人之子，贰师女为屈氂子妻，故共欲立焉。"李广利希望立侄儿刘髆为太子,李广利与刘屈氂密商是因为他们为儿女亲家。(时值征和三年,前90年),"是时,治巫蛊狱急,内者令郭穰告丞相夫人诅咒武帝,刘屈氂、李广利谋立昌邑王为帝,罪名成立,刘屈氂夫妻被杀,引兵对匈奴作战的李广利降匈奴。《前汉书·卷六十六·刘屈氂传》P267。不过有一位昌邑王还是短暂地成为皇帝,刘贺于前87年袭父刘髆爵为昌邑王,论辈分是汉昭帝刘弗陵哥哥的儿子,因为汉昭帝无子,霍光、张安世等立刘贺为帝,在位27天。被废,为汉废帝,汉宣帝封其为第一代海昏侯,封地在豫章郡海昏县。

孝安帝是肃宗之孙,父清河孝王刘庆,母左姬,为邓太后与兄邓骘所立,即皇帝位时年十三岁,太后犹临朝。《后汉书·卷五·孝安帝纪第六》P204。

六、嫡长子未能即位

光武帝建武二年(公元26年)立郭氏为皇后,她所生的儿子刘疆立为太子。建武十七年,废郭皇后。光武帝建武十九年(公元43年)六月,诏书:春秋之义,立子以贵,东海王阳(即刘秀第四子明帝刘庄),皇后(阴丽华)之子,宜承大统。皇太子疆,崇执谦退,原备藩国,父子之情,重久违之,其以疆为东海王,立阳为皇太子,改名庄。(公羊传曰:立嫡以长不以贤,立子以贵不以长。桓公何以归,母贵也。)《后汉书·卷一下·光武帝纪第一下》P71。刘庄在刘秀子女中年齿排第七。

东汉为何会进入幼主＋太后＋外戚＋宦官的模式? 它既是对西周礼制的否定,也是对秦制的否定。这倒不是出于一种创新的系统政治思想,而更多来自存量势力的博弈。两汉以来,女主不请自来,高后堪称先锋,在东汉形成潮流,但政治效果差,没有成年的皇帝们成为真正的傀儡,不过,地位崇高的皇后、皇太后们只有极少数具有独立应对一切政治问题的能力,她们在多数情况下需求教于男性,这不是她们天禀的限制,而是已经长期固化的男性社会结构所决定,男性力量认为有问题的,女性的正确行为也容易遭到否决、挫败。为什么皇太后们的主要信任者一般局限在少数家人而不是朝中众多的大臣? 这是因为长期被压抑的女性思维模式所造成的,她们受教育的机会少,融入社会活动的空间狭窄,她们作为人的作用早已被传统社会凭空从意识形态上定性、扭曲、缩小、限制,最高美德是感性、顺从、付出、牺牲,而不是自我表现、创造、理性与掌控大局。她们的主要能力来自基因、直觉、个人偏好和家族势力的厚度,这些都决定女性掌权者无论处于任何等级的权力位置,都无法摆脱依赖性,家人以及身边持续选对了边的宦官,朝廷中的大臣只要一有机会就会否定、扭转权力旁落的状况出现和存在,他们更多地会习惯于维护制度而不是个人满足需求,因此,皇太后们通常会至少部分与之疏远。皇太后、外戚、宦官这些都是经典理论上原本没有重大政治机会和位置的边缘人,除非是高度的偶然性带来重大的命运转机,比如卫青。他们对自己的新身份会十分上心,这样提升了他们的人生价值。最重要的是,女性、外戚、宦官同样都面临从事政治的资格问题令他们程度不等感到自卑、疑虑,因此他们都是密谋的好对象,对政治动态机构运行正常情况下的弱势群体来说,密谋是他们政治上的全部机会。

两汉幼主＋太后＋外戚＋宦官的模式的得失不可以一概而论,第一它不是最优秀的人适得其所,光武帝的郭皇后是一个能力更强的女性,她败给了更为女性化的阴丽华;冯婕妤比定陶傅太后人品更好,但她们之间的胜者是傅太后,文帝皇后窦漪、邓绥是杰出的女性,虽然她们是国家的权宜之计,但是她们比国家正式合法的设计显得更有优势,实际上也更有成就。当时的国家缺乏一种机制让她们自动获得最高权力,比如设置一些前提条件,基本满足即可:1. 皇帝突然辞世。2 没有合适的储君人选。3. 皇后皇太后年富力强,学养优良,为众人所尊重。4. 主观上有从政的愿望。这不会引起更多的人哄抢皇位,因为大部分幼稚的皇帝都是人为的选择,即使在合格人选欠缺的情况下,合格的皇太后也不会应有尽有。

当时的国人不知受到何种意识的束缚,总是无法摆脱这种窠臼:幼主＋太后＋外戚＋宦官。这种毛遂自荐的摄政者出现频率高问题不是皇帝后嗣上,而是对皇位人选缺乏一种合理的监管。

幼主＋太后＋外戚＋宦官。是失败的模式,让很多治国能力不行的人利用了制度的漏洞,虽然礼制上不允许,但认为事出有因,临机处断,不得已的情况下可以作为权宜之计,但是它终归成了常态,一个无论相距远或近的人都能看出明显弊端的现状如何能够令人放心? 只相信自己亲密关系的人又怎么能够顾及到陌生人? 而大多数"幼主＋太后＋外戚＋宦官"圈外的人都与之素昧平生,他们的迫切需求被及时理解的可能性微乎其微,绝大多数是痴心妄想。最大的挑战是所有皇太后临朝称制的做法从一开始就是不合法的,除非太后有特别的掌控力,她们的行为已经是不守本分,必然面临严厉质疑。她们中的一部分之所以得逞,站稳脚跟,是因为或机遇巧合或蓄谋已久,更多的时候会带来政局动荡,任何人都有理由批评,对抗皇天后集团。或者人们敢怒不敢言,除非皇太后们及其支持者很快能取得进展,抵消抑制了社会的反抗情绪。如果不能尽快取得政治进展,皇太后集团也可以通过高压支撑很长时间,但基本上都会在消磨与打击中败亡。对一个国家而言,这种曲折而多余的过程是通常会造成巨大的浪费,完全可以通过制度的简单调整而变得有建设性。

第三节 两汉皇帝——诸侯——宗族

一、诸侯

1. 同姓诸侯

两汉诸侯国的规模大小不等,著名的淮南王国在高祖幼子刘长为淮南王时,下辖九江、庐江、衡山、豫章四郡,高祖英布为淮南王时还包括会稽郡,面积广大。光武帝建武二年(公元 26 年),封功臣皆为列侯,大国四县,余各有差。……博士丁恭议曰:古帝王封诸侯不过百里,故利以建侯,取法于雷(屯卦震下坎上,初九曰"利建侯"又曰"雷惊百里"故封诸侯地方百里以法雷也。)强干弱枝,多所以为治也。今封诸侯四县,不合古法。帝曰:古之亡国皆以无道,未尝闻功臣地多而灭亡者"乃遣谒者即授印绶,策曰:在上不骄,高而不危,制节谨度,满而不溢,敬之戒之。传尔子孙,长为汉藩。《后汉书·卷一上·光武帝纪第一上》P26。光武帝显然拒绝了丁恭的意见。丁恭所谓诸侯不过百里的说法与西周分封的实际情况不一致。

高祖十二年(前 195 年)三月,诏"吾立为天子,帝有天下,十二年于今矣,与天下之豪士贤大夫共定天下,同安辑之。其有功者,上致之王,次为列侯,下乃食邑。而重臣之亲,或为列侯,皆令自置吏,得赋敛,女子公主,为列侯食邑者,皆佩之印,赐大第室。吏之二千石徙长安,受小第室。入蜀汉,定三秦者,皆世世复。《前汉书·卷一下·高帝纪》P11。

高祖认为自己是在一批杰出人士的辅佐下才得以赢得政权,承诺根据各自的功劳分封王、侯以及食邑。十二年的诏书虽未凸显家族的概念,不过高祖的近亲在政治实践中享有优越的条件。同姓诸侯之所以得以获封,首要是血缘亲疏,其次才考虑对汉廷的贡献大小。高帝十三年四月崩,孝惠皇帝五月即帝位。"惠帝三年五月,立闽越君摇为东海王。"《前汉书·卷二惠帝纪》P13。闽越君为勾践后裔,率百越帮助高祖有功,封王,违背高祖生前的约定,这闽越君是惠帝在位期间唯一受封为王的人,高后时出现了吕氏的王:梁王吕产,赵王吕禄等。

光武帝时的朝臣们曾明确谈到同姓分封的意义,建武十五年(公元 39 年),

大司马吴汉上书请封皇子,不许。重奏连岁,三月,乃诏群臣议,大司空融,固始侯通,胶东侯复,高密侯禹,太常登等奏议曰:"古者封建诸侯,以藩国屏京师,周封八百,同姓诸姬并为建国,夹辅王室,尊事天子,享国永长,为后世法。……制曰:可。四月,封皇子刘辅等十人为公。《后汉书·卷一下·光武帝纪第一下》P65。

等级高低不同疆域大小不一的大量同姓诸侯分布各地:

荆王刘贾,高帝从父兄也。……燕王刘泽,高祖从祖昆弟。……吴王刘濞,高帝兄仲之子。《前汉书·卷三十五·荆燕吴传》P180。

楚元王刘交,高祖同父少弟。《前汉书·卷三十六·楚元王传》P182。

高皇帝八男,吕后生孝惠帝,曹夫人生齐悼惠王刘肥,薄姬生孝文帝,戚夫人生赵隐王如意。赵姬生淮南厉王刘长,诸姬生赵幽王刘友,赵共王恢,燕灵王建。《前汉书·卷三十八·高五王传》P189。

淮南厉王刘长,高帝少子。《前汉书·卷四十四·淮南王传》P202。

文帝元年(前179年)十二月,封赵幽王的儿子赵遂为赵,改封琅琊王刘泽为燕王,收回吕氏侵占的齐、楚封国。

文帝二年(前178年)三月,在打击诸吕时立功的齐悼惠王的儿子朱虚侯刘章赐封城阳王,赵王刘遂的儿子刘辟强为河间王,东牟侯刘兴居济北王,文帝自己的儿子刘武为代王,刘参为太原王,刘揖为梁王。文帝四年(前176年)七月封齐悼惠王的七个儿子为列侯,文帝八年夏分淮南厉王刘长的四个儿子为列侯。文帝十六年(前164年)五月,封齐悼惠王刘肥的六个儿子为诸侯王,封淮南厉王刘长的三个儿子为诸侯王。文帝十二年(前168年)正月,赐诸侯王的女儿每人二千户食邑。

三种爵的比较

列侯,所食县为侯国。有实封的食邑。光武帝建武二年十二月下诏,宗室列侯被王莽所废者,已经逝世的,由其子孙所在县提供名单,封爵授官。他要恢复宗室列侯的世袭功能。

关内侯,无土。寄食所在县,民租多少各有户数为限。

赐天下长子当为父后者爵,人一级。《后汉书·卷一上·光武帝纪第一上》P33。

赐予嫡长子爵一级,这是民爵,不可以改变身份,有罪得以减。

在一个封国内重新划分成多个小块,分封多个王,景帝中元六年(前144年)四月梁王薨,分梁国为五国,立孝王子五人皆为王,(梁孝王)《前汉书·卷五·景帝纪第五》P17。后汉安帝延平元年(公元106年)八月即位后,他父亲清河王十二月逝世。次年,即永初元年(公元107年)二月,分清河国,封帝弟常保为广川王,永初二年七月,广川王常保薨,无子,国除。但清河王国还是继续存在。《后汉书·卷五·孝安帝纪第五》P210。这是一个相当短暂的王国。

中大夫主父偃向武帝建议:古者诸侯地不过百里,强弱之形易制。今诸侯或连城数十,地方千里,缓则骄奢易为淫乱,急则阻其强而合从。以逆京师,今以法割削则逆节萌起,前日晁错是也。今诸侯子弟或十数,而適嗣代立,余虽骨肉无尺土之封,则仁孝之道不宣。愿陛下下令诸侯得推恩分子弟,以地侯之,彼人人喜得所愿。上以德施实分其国,必稍自销弱矣。于是上从其计。《前汉书·卷六十四上·主父偃传》P260。

武帝元朔二年(前127年)春正月,武帝批准梁王刘襄、城阳王刘延提出将自己的封国分封给子弟的请求。武帝表示其他诸侯国都可以以此办理,申请,经过皇帝批准,藩国的子弟受封为列侯。

汉初,诸侯在自己的封地内实施自治:"汉兴,诸侯王皆自治民,聘贤(诸侯王可以自行聘用贤能授予官职在封地治理),吴王刘濞招致四方游士,邹阳与吴严忌、枚乘等俱仕于吴。皆以文辩著名。《前汉书·卷五十一·邹阳传》P220。吴王听不邹阳等人意见,他们转投景帝弟弟梁孝王刘武。野心勃勃的梁孝王想谋求帝位。《前汉书·卷五十一·贾山邹阳等传》P219。

问题很快就陆续出现,文帝二年(前178年),诏书曰:上古时,诸侯都守候在各自的封国里,按时入贡,运输量较小,一切顺畅。现今汉朝的列侯大部分住在长安,为他们输送输送器物费用高昂,而且不能教导自己封国的人民。要求这些封国的诸侯回到封地,在长安有职务不能回去的,须将太子送回封国。文帝要求诸侯在封国的诏令部分得到执行。文王三年夏四月,淮南王刘长杀辟阳侯审食其。高祖一度宠爱的赵姬是赵王张敖所献,她因为赵王谋反之事受牵连入狱,赵姬的家人曾请求审食其向吕后求情予以释放,未能如愿。赵姬生下刘长后自杀。深受吕后亲近的左丞相审食其在诸吕被诛后免职,这个变得相当失意的人记忆力似乎也出现空白,贸然到访淮南王国,立即被淮南王所杀,刘长对审食其没有尽心救援其生母始终难以释怀,刘长当时就是在自己的封国内,淮南王的行为还有升级,文帝六年(前174年)十一月,淮南王刘长因为谋反被废黜王位,将其贬谪到蜀地严道(四川余安安荥经县),死在途中,地点是雍县。文帝三年(前

177 年)十一月,下诏,此前下诏要求诸侯回到封国,但是很少有人执行,丞相应该带头执行,于是免周勃丞相职务,要求其回到封国,十二月,任命太尉颖阴侯灌婴为丞相,撤销太尉,由丞相兼任太尉。灌婴在位刚好一年,次年十二月逝世。四年九月周勃入狱。文帝七年(前 173 年)冬天文帝下诏不得擅自逮捕列侯的母亲,夫人,诸侯王的儿子以及二千石官员。文帝临终对太子推荐重用周勃之子周亚夫,其时任中尉。

诸侯王有来京师朝见皇帝的义务,天汉四年(前 97 年),武帝在甘泉宫接见来长安朝见皇帝的诸侯王。建武二十八年(公元 52 年),东海王疆、沛王辅、楚王英、济南王康,淮阳王延始就国。《后汉书·卷一下·光武帝纪第一下》P80。中元元年春正月东海王疆、沛王辅、楚王英、济南王康,淮阳王延赵王盱皆来朝.《后汉书·卷一下·光武帝纪第一下》P81。

永平二年(59 年)秋九月,沛王辅、楚王英、济南王康,淮阳王延、东海王政皆来朝。《后汉书·卷二·孝宗孝明帝纪第二》P102。永平六年春正月,沛王辅、楚王英、济南王康,淮阳王延、琅琊王京、东海王政、赵王盱、北海王兴、齐王石来朝。《后汉书·卷二·显宗孝明帝纪第二》P109。

有人被免除了朝见的义务,武帝元朔二年冬(前 127 年)赐淮阳王甾川王几杖,毋朝。即特批可以不来京师朝见。《前汉书·卷六·武帝纪第六》P19。

建武二十四年(公元 48 年)七月,诏有司申明旧制阿附蕃王法。《后汉书·卷一下·光武帝纪第一下》P76。

明帝永平元年(公元 58 年),封马援第三女为皇后,永平十五年,帝案地图,将封皇子,悉半诸国,马皇后见而言曰:诸子裁食数县,于制不已俭乎? 帝曰:我子岂宜与先帝子等乎? 岁给二千万足矣。《后汉书·卷十上·皇妃纪第十上》P410。众皇子食邑不过几个县,对比规则岂不是太过俭约? 结果明帝坚持只给诸子相当于诸侯国一半面积的土地。

2. 异姓诸侯

太子刘恭立为皇帝,年幼,太后临朝称制,大赦天下,乃立兄子吕台、产、禄,台子通四人为王,封诸吕六人为列侯。《前汉书·卷三·高后纪第三》P13。高后八年(前 180 年)春,封中谒者张释卿为列侯,诸中官、宦者令丞皆赐爵关内侯,食邑。《前汉书·卷三·高后纪第三》P13。

"绛侯周勃有罪,逮诣廷尉狱。"《前汉书·卷四·文帝纪》P15。文帝四年九月,绛侯周勃犯罪,被逮捕关进廷尉署诏狱。这是中国历史上第一次"诏狱"。

田蚡是孝景帝王皇后之同母弟。武帝初即位,蚡以舅(武帝舅舅身份)封武安侯。弟田胜为周阳侯。《前汉书·卷五十二·田蚡传》P223。

张安世子张延寿"延寿已历位九卿,既嗣,侯国在陈留,别邑在魏郡,租入岁千余万,延寿自以为身无功德,何以能久堪先人大国。数上书让减户邑。又因弟阳都侯彭祖口陈至诚天子以为有让,乃徙封,平原,并一国,户口如故而租税减半,甍谥爱侯。《前汉书·卷五十九·张延寿传》P247。

武帝元鼎五年,御史大夫石庆伟丞相,封牧丘侯。《前汉书·卷四十六·石奋传》P207。

王商,商父武,武兄无故,皆以宣帝舅封,无故为平昌侯,武为荣昌侯,……商少为太子中庶子,……父甍,商嗣为侯,……成帝即位,……商徙为左将军,而帝元舅大司马大将军王凤颛权,行多骄僭。商论议不能平,凤知之,亦疏商。后官至丞相,免官三日而死。《前汉书·卷八十二·王商传》P312。

成帝河平二年(前 27 年),六月,一天之内,成帝封舅舅王谭、王商、王立、王根、王逢时为侯。《前汉书·卷十·成帝纪第十》P30。

光武帝建武十三年(公元 37 年),天下平定,定封邓禹高密侯,食高密、昌安、夷安、淳于四县。……显宗永平元年,邓禹逝世后,帝分禹封为三国,长子震为高密侯,袭为昌安侯,珍为夷安侯。《后汉书·卷十六·邓寇列传第六》P605。各食一县,淳于县应该已经收回。

邓骘"位次在三公下,特进、侯上。"(在特进及列侯之上)《后汉书·卷十六·邓寇列传第六》P615。

邓氏自中兴后,凡侯者二十九人,公二人,大将军以下十三人,中二千石十四人,列校二十二人,州牧、郡守四十八人,其余侍中、将、大夫、郎、谒者不可胜数,东京莫与为比。《后汉书·卷十六·邓寇列传第六》P619。

汉桓帝永兴二年(公元 154 年),封(梁统后裔)梁"冀一门前后七封侯,三皇后,六贵人,二大将军,夫人、女食邑称君者七人,尚公主者三人,其余卿、将、尹、校五十七人在位二十余年,穷极满盛,威行内外,百僚侧目,莫敢违命。天子恭己而不得有所亲豫。《后汉书·卷三十四·梁统列传第二十四》P1185。延熹元年"收冀财货,县官斥卖合三十余万万。以充王府,用减天下税租之半。《后汉书·卷三十四·梁统列传第二十四》P1187。

秦国的诸侯随着朝代的败亡而失去政治身份,有些也没有立即受到处罚,"召平者,故秦东陵侯,秦破,为布衣,贫,种瓜长城东,瓜美,故世谓"东陵瓜"从召平始也。"《前汉书·卷三十九·萧何传》P190。

诸侯王的废立是半公半私的事,皇帝按自己的意愿独立决定诸侯王的废立,命令一出就变成是官方的决定。元鼎三年(前114年),常山王刘舜去世,子刘勃继承王位,武帝废黜刘勃王位,贬至房山县居住,封国废绝。实际上诸侯的存在是国家制度重要的组成部分,两汉的诸侯分封都事先经过群臣的提案和廷议,大臣们的责任是确定分封是否应该王朝制度组成部分,皇帝在诸侯如何存在方面享有独断权。

元武帝鼎四年(前113年),封方士栾大为乐通侯,职位相当于上将军。

宗族:

文帝四年(前176年),五月,免去所有有属籍刘氏宗族的赋税,家里没有资产的给予救济,赐予诸侯王的儿子每人食邑二千户。

"自吴楚诛后,稍夺诸侯权,左官、附益、阿党之法设,其后诸侯唯得衣食租税,贫者或乘牛车。《前汉书·卷三十八·高五王传》P190。

太史公曰:高祖时诸侯皆赋(一国所有的收获皆入于王),得自除内史以下,汉独为置丞相,黄金印。诸侯自除御史、廷尉正、博士,拟于天子。自吴楚反后,五宗王世汉为置二千石,去丞相曰相,银印,诸侯独得衣食租税夺之权。其后诸侯贫者或乘牛车也。《史记·卷五十九·五宗世家》P243。

汉景帝有十三个儿子封为王,分别由五位母亲所生,同母的称宗亲,汉景帝平定吴楚七国后,规定诸侯不得治民补吏,即诸侯不能参与自己封地内的行政管理,也不能任命官员,五宗封王的时代,诸侯国家的剩余的行政、人事权力还在不断收缩,还有一些措施实际上在降低诸侯国家的等级地位。比如,诸侯国的丞相简化为相,传统的金印改成了银印,丧失行政人事权后,诸侯的经济收入立即大幅减少,显示诸侯国的纯产业经济收入相当差。

武帝后元二年(前87年)正月,武帝在甘泉宫接见长安朝见的诸侯王,赏赐宗室。

武帝后元二年(前87年,还是武帝年号,昭帝在这年即位)二月"以宗室毋在位者"一些宗室成员尚未担任职位,刘辟强,刘长乐二人举茂才,均担任光禄大夫,刘辟强代理长乐宫的卫尉。《前汉书·卷七·昭帝纪第七》P23。

诸侯理论上享有法律特权,武帝元鼎元年(前116年)济东王刘彭离杀人定罪,被废黜,贬至上庸县居住。他贵为诸侯王,竟然纠集不良青年杀人越货,罪行严重,只是废为庶人,离开其封国。刘彭离以及有罪的刘勃均未入狱。不过不是所有诸侯都是如此,文王四年九月,绛侯周勃犯罪,"逮诣廷尉诏狱"。《前汉书·卷四·文帝纪第四》P15。诏狱是指皇帝敕命处理的案子,被逮捕关进廷尉署。

后汉光武帝建武六年(公元30年)十二月,始遣列侯就国。《后汉书·卷一下·光武帝纪第一下》P51。光武帝针对列侯中不少人虽有封国,却不愿离开京师,不利于当地的管理,为列侯输送所需物资也是兴师动众的事。但是他的命令有监督执行的时候可能有人会返回封国,否则,待在京师这个政治中心,他们会觉得不至于被边缘化,而且是帝国物质最为丰富之地,生活也更舒适。

第四节　行政的构件

一、官职的增减变更

1. 变更

1. 合理变更汉惠帝六年(前 189 年)置太尉官,以周勃为太尉。《前汉书·卷四十·周勃传》P195。

征和二年(前 91 年)制诏:分丞相长史为两府,以待天下远方之选。夫亲亲任贤,周唐之道也。《前汉书·卷六十六·刘屈氂传》P267。就是分出左右丞相。当时丞相公孙贺已被法办,涿郡太守刘屈氂被任命为左丞相。(师古曰:待得贤人,当拜右丞相)不一定左右丞相都总是备齐,没有合适的人选时会空缺出来。《前汉书·卷六十六·刘屈氂传》P267。

汉成帝元延四年(前 9 年)二月罢司隶校尉官。绥和元年(前 8 年)四月,以大司马骠骑将军为大司马,罢将军官。御使大夫为大司空,封为列侯,益大司马、大司空奉,如丞相。十二月,罢部刺史,更置州牧。秩二千石。《前汉书·卷十·成帝纪第十》P30。

中元三年(前 147 年),罢诸侯御史大夫官。《前汉书·卷五·景帝纪》P17。

灵帝中平五年(公元 188 年)八月,始置西园八校尉。

中平五年(公元 188 年),改刺史,新置牧(州牧)。

2. 异动

大部分异动都是被皇帝或者执政者亲近或者边缘化而产生的后果。这本属非正常情况,但实际成为官职变革的主流之一。

二、王国官员与中央政府直管官员是两套系统

彭宣,"治《易》,事张禹,举为博士,迁东平太傅,禹以帝师见尊信,禹荐宣经明有威重,可任政事,繇是入为右扶风,迁廷尉,以王国人(汉制,王国人不得在京师)出为太原太守。数年复入为大司农,光禄勋,右将军,哀帝即位,徙为左将军,

岁余,上欲令丁、傅处爪牙官,乃策宣曰:有司数奏言,诸侯国人不得宿卫,将军不宜典兵马,处大位。朕唯将军任汉将之重,而子又娶淮阳王女,婚姻不绝,非国之制,使光禄大夫曼赐将军黄金五十斤,安车驷马,其上左将军印绶,以关内侯归家。"宣罢数岁之后,在汉哀帝元寿元年(前 2 年),重新得到任命:为光禄大夫,迁御史大夫,转大司空。……哀帝崩,新都侯王莽为大司马秉政专权,宣上书言:三公鼎足承君,一足不任,则覆乱美实(美实谓鼎中之实也)彭宣表示自己想要病退,得到允许。《前汉书·卷七十一·彭宣传》P282。彭宣因为任东平王的太傅,属于诸侯王的官吏,因此不能在京师任职。

武原县人龚舍,被楚王聘任担任过侍从,因为更愿意继续求学,于是不久后辞职去了长安。他的朋友龚胜,也是隶属楚国(楚国共有七个县,信都国有十七个县)的武原人,龚胜曾担任郡吏,三次举孝廉,"以王国人不得宿卫,补吏,再为尉,壹为丞。胜至官乃去,后举茂才,为重泉令。病去官。大司空何武,执金吾阎充荐胜,哀帝自为定陶王,故已闻其名,徵为谏大夫,引见。胜荐龚舍及亢父宁寿、济阴侯嘉,有诏皆徵。"《前汉书·卷七十二·龚胜龚舍传》P285。亢父县属于东平国,济阴郡治所在定陶。济阴东平同属兖州刺史部。由于龚胜是楚国辖区的户籍,不能在中央职官系统内担任官职,这里是因为王国户籍身份规定只能补吏,就是外迁和下迁。另有一种补吏安排:太学学生也称博士子弟等,学成后有个重要考试,按成绩分为甲、乙两科,"甲郎乙吏",甲科者以郎进入中央政府,乙科补吏,只能到地方政府担任掾属,甲乙科规定在实践中有很多例外。龚胜得到举荐,二次任命为县尉、一次任命为县丞,但都是担任后不久就离任,州内新的举荐让他得到了重泉县令的任命。因为身体问题而辞职。何武、阎崇地位崇高,直接向哀帝推荐了龚胜,哀帝早前以定陶王居藩时就听闻龚胜之名,于是做出了破格的录用,又因为是龚胜所推荐,东平国的宁寿,楚国的龚舍也先后得到了谏议大夫职位,宁寿称病未至。

3. 薪俸

汉朝享有俸禄的吏员,额从佐使到丞相,全国共十三万零二百八十五人。《前汉书·卷十九下·百官公卿表》P75。

汉成帝绥和元年(前 8 年)四月,益大司马、大司空奉,如丞相。《前汉书·卷十·成帝纪第十》P30。大司马和大司空的俸禄增加至与丞相一样。

旧制度在到处延续,后汉仍保留下来的一些与秦制相同之处:建武三年(公元 27 年)七月诏曰:吏不满六百石,下至墨绶,长、相,有罪先请。(县大者置一令,千石;其次置长,四百石,小者三百石。侯国之相亦如之。皆掌理人,并秦制。)《后汉书·卷一上·光武帝纪第一上》P35。

建武二十六年正月,诏有司增百官奉,其千石以上,减于西京旧制;六百石以上,增于旧制。《后汉书·卷一下·光武帝纪第一下》P77。千石以上的官员俸禄比西汉旧制有所减少,六百石以上的官员比西汉旧制有所增加。这里可以理解为,二十六年的增俸禄普遍增加,只是千石以上没有增加到西汉时俸禄的标准,千石以下至六百石以上者则超过了西汉俸禄。可能是光武帝认为千石以下至六百石等级内官员的俸禄过于偏低。

元帝建昭三年(前36年)夏,令三辅都尉,大郡都尉,秩皆二千石。《前汉书·卷九·元帝纪》P29。

叔孙通,秦时以文学徵侍诏博士(于博士中侍诏)《前汉书·卷四十三·叔孙通传》P201。

后汉安帝永初六年(公元112年),五月,诏令中二千石下至黄绶,一切复秩还赎,赐爵各有差(中二千石以下至黄绶官吏恢复俸秩,并赐爵数量各不等。还赎:指归还赎罪的钱财。)《后汉书·卷五·孝安帝纪第五》P218。

后汉明帝中元二年二月即位,四月诏:中二千石下至黄绶,贬秩赎论者,悉皆复秩还赎。《后汉书·卷二·明帝纪第二》P96。

郎官是无俸禄的职位,汉宣帝(前73—前49年在位)任命杨恽为中郎将,"郎官故事。令郎出钱市财用给文书,乃得出名,曰山郎。(山,财用之所出,)移病尽一日辄偿一沐,或至岁除不得沐,其豪富郎日出游戏,或行钱得善部。货赂流行,传相放效,恽为中郎,将罢山郎,移长度大司农以给财用,其疾病休谒洗沐皆以法令,从事郎、谒者有罪过辄奏免,荐举其高第有行能者至郡守、九卿,郎官化之,莫不自励,绝请谒货赂之端,令行禁止。宫殿之内翕然同声,由是擢为诸吏光禄勋。《前汉书·卷六十六·杨恽传》P267。将郎官府衙的财政开支,全部移交大司农,由大司农负责管理全年支出。郎官病假休及假日均按法令执行。杨恽是汉宣帝时人。

郎官需由家中出钱,支付自己在任上的一切公务开销。工作没有重大差错,才有机会得到任命,郎官没有病假,生病一天皆需要在假日时补上。家庭富有的郎官并不需要自己工作,可以出钱让人代为打理自己的份内工作,自己享受闲暇。他们出得起钱贿赂有关部门官员,以便得到好的职位、杨恽解决了这个积弊。因为职务不同,郎分为议郎、郎中、中郎、外郎、侍郎,属郎中令管辖。其来源有察举、任子、军功、訾选等,察举在武帝时代渐盛,举孝廉明经者多经对策为郎,郎因此与皇帝关系密切,任职满一定时间后可以委用为内外官职,"台郎显职,仕之通阶"。《后汉书·卷五十八·虞诩传》P1872。

三、获得公职的途径

1) 必须要有一定资产

景帝后元二年(前142年),五月:诏曰:今訾算十以上乃得宦,廉士算不必众(不受家产的限制)。有市籍不得宦(商人不得录用),无訾又不得宦,(没有财产的也不得录用),朕甚愍之,訾算四得宦(有四算家产的人可以录用),亡令廉士久失职,贪夫长利。《汉书·卷五·景帝纪第五》。一直是要求十算以上资财才能为官,景帝改为四算即可,其余规则不变。

2) 年龄与身份的限制

武帝时,终军年十八选为博士弟子。张安世的兄长张贺的孙子张霸年仅七岁,宣帝任命为散骑中郎,关内侯,食邑三百户。"安世以父子封侯,在位大盛,乃辞禄。"诏都内别藏张氏无名钱(私人官俸归公者)以百万数。《前汉书·卷五十九·张安世传》P247。

建武元年郭圣通弟弟郭况年始十六,拜黄门侍郎(六百石)。《后汉书·卷十上·皇后纪第十上》P402。

后汉顺帝时,有人要大幅修改年龄规则"时尚书令左雄议改察举之制,限年四十四岁以上。儒者试经学,文吏试章奏。胡广等人反对,认为贾谊等很多人都在比这年轻得多时,就有杰出成就,顺帝没有接受胡广的意见。《后汉书·卷四十四·胡广传》P1506。杨震年五十乃始任州郡。《后汉书·卷五十四·杨震传》P1760。

良家子弟以及合格身份的重要性

侯霸的族父侯渊,以宦者有才辨。任职元帝时,"佐石显等领中书,号曰大常侍。成帝时,任霸为太子舍人。《后汉书·卷二十六·侯霸传》P901。太子舍人,秩二百石,选良家之子孙任此职,这里没有说家世好就自动任职,还是在家世好而个人人品又好的人群中选拔。无法保证荐举中不受客观因素的影响,冯绲"家富好施,赈赴穷急,为州里所归爱(意思是尊重敬爱)。初举孝廉,七迁为广汉属国都尉。《后汉书·卷三十八·冯绲传》P1280。

明帝永平十八年(75年),帝遵循建武制度,无敢违者。后宫之家,不敢封侯与政。馆陶公主(光武帝女)为子求郎,不许,而赐千万。谓群臣曰:"郎官上应列宿(太微宫后二十五星郎位也),出宰百里,有非其人,则民受其殃。是以难之。"故吏称其官,民安其业,远近肃服户口滋殖焉。《后汉书·卷二·显宗孝明帝纪第二》P124。宦官作为一个特殊群体,曾被硬性规定不能入仕,也不能封侯。宦官子弟也不能担任某些职务,河南尹冯绲上言"旧典,中官子弟不得为牧人职。"帝不纳。《后汉书·卷三十八·冯绲传》P1284。不时会出现例外,冯绲意见没有被桓帝采纳。

质帝本初元年(公元 146 年)桓帝七月诏:臧吏子孙,不得察举。《后汉书·卷七·孝桓帝记第七》。赃官子孙不能通过察举担任。

3) 个人获得职位有例行的测试。

匡衡射策甲科,以不应令除为太常掌故(投射得甲科之策,而所对文不应令条也。岁课甲科为郎,中乙科为太子舍人,景科(即丙科)补文学掌故,今不应令是不中甲科之令,所以止为掌故。)《前汉书·卷八十一·匡衡传》P308。

马宫治春秋严氏。以射策甲科为郎,为楚长史,免官,为丞相史司直,师丹荐宫行能高洁,迁廷尉平,青州刺史,汝南九江太守。后官至太师大司徒。宫为王莽所厚。《前汉书·卷八十一·马宫传》P312。

翟方进,以射策甲科为郎。二三岁举明经迁议郎。《前汉书·卷八十四·翟方进传》P317。

兒宽,以射策为掌故,功次补廷尉文学卒史。……时张汤为廷尉,廷尉府尽用文史法律之吏。而宽以儒生在其间,见谓不习事不署曹(不署为列曹也)除为从吏。《前汉书·卷五十八·兒鷪传》P245。在当时这种例行的考试已经比较普遍,但仍只是一种附属的入仕途径。

后汉顺帝阳嘉元年(公元 132 年),七月,史官始作候风地动铜仪。七月,以太学新成,试明经下第者补弟子,增甲、乙科员各十人。除郡国耆儒九十人补郎、舍人。十一月,初令郡国举孝廉,限年四十以上,诸生通章句,文吏能跟牋奏,乃得应选。其有,茂才异行,若颜渊、子奇不拘年齿。……十二月闰月,令诸以诏除为郎,年四十以上课试如孝廉者(课试如同孝廉科目者,可以参见孝廉选举),得参廉选,岁举一人。阳嘉二年三月,除京师耆儒年六十以上四十八人补郎,舍人及诸王国郎。《后汉书·卷六·孝顺帝纪第六》P260。

范式的被辟举的几个节点:受业太学,三府并辟,不应。举州茂才,四迁荆州刺史。"《后汉书·卷八十一·独行列传·范式传》P2678。胡广,察孝廉,既到京师,试以章奏。安帝以广为天下第一,旬月拜尚书郎,五迁尚书仆射。《后汉书·卷四十四·胡广传》P1505。

二、举荐

高祖十一年（前196年，前195年四月高祖逝世。次年五月惠帝就登基了。高祖下诏求贤。他以天下的主人自居"贤人已与我共平之矣，而不与我共安利之，可乎？贤士大夫，有肯从我游者，吾能尊显之。布告天下，使明知朕意。"御史大夫昌（注释曰：当时周昌已经为赵相，御史大夫当为赵尧）下相国，酂侯相国下诸侯王，御史中执法（即御史中丞的别称）下郡守。其有意称明德者，必身劝（亲自劝导），为之驾（为其驾车），遣诣相国府署行（行状即履历）义年（义同仪，外貌和年纪）有而弗觉者，免。年老癃病不遣勿。《前汉书·卷一下·高帝纪》P11。御史大夫将此诏令通告相国，相国传达诸侯王，御史中丞通告郡守。

要求地方长官鼓励辖区人口举荐，自己要亲自查实，并驾车送至相国府，登记个人相关信息，作为国家人才储备，被判定举荐不力者一律免官。文帝二年（前178年）十一月诏：举贤良方正能直言极谏议者，以匡朕之不逮。文帝十五年再次下诏表达同样意思。景帝后元三年（公元前141年），正月景帝逝世，武帝是景帝排行居中的儿子，母亲王美人。正月甲子即位，十月，建元元年（前140年）十月，诏丞相、御史、列侯、中二千石、二千石、诸侯相，举贤良方正直言极谏之士。《前汉书·卷六·武帝纪第六》P18。丞相卫绾表示举荐的贤良中有不少崇尚申不害、商鞅、韩非的法家，和纵横家张仪、苏秦的门徒，这些言论与汉家治国理念不同，请求终止这次全国性的人才举荐。武帝接受了卫绾的奏章取消来举荐？还是仅仅将上述专业出身者除名？并无诠释。《前汉书卷·六武帝纪第六》P18。但是七年后，武帝元光元年（前134年）五月，重新开始征集贤良，他因此听到了董仲舒的天人三策。察举选官制度始于汉初，定制于武帝，由君主下达命令，按一定标准录用公职人员。董仲舒认为任子和赀选不能称职，元光元年（前134年）十一月，"初令郡国举孝、廉各一人。"举孝廉的对象既可以是平民，也可以是在职官员。质帝本初元年（公元146年）十五岁的桓帝即位，七月诏：孝廉、廉吏皆当典城牧民，禁奸人举善，兴化之本，恒必由此。其令秩满百石，十岁以上（官职满百石任职十年以上），有殊才异行，乃得参选。臧吏子孙，不得察举《后汉书·卷七·孝桓帝记第七》P288。

哀帝时的丞相王嘉，建平三年（前4年）"嘉因荐儒者公孙光，满昌及能吏肖咸、薛修，皆故二千石有名称，天子纳而用之。"《前汉书卷八十六·王嘉传》P323。

光武帝建武七年（公元31年）四月，公、卿、司隶、州牧举贤良方正各一人。

《后汉书·卷一下·光武帝纪第一下》P52。

章帝建初二年(公元78年),初举孝廉、郎中,宽博有谋,任(堪任使)典(主也)城者,以补长、相。(长谓县长,相谓侯相。)《后汉书·卷三·肃宗孝章帝纪第三》P134。从孝廉、郎中之中选拔出众的人担任县长和诸侯国相,这里定出何种能力的人这次获得举荐,有订制之意。

后汉安帝建光元年(公元121年),四月,安帝诏令公卿特进、侯、中二千石、郡国守相,荐举有道之士各一人。《后汉书·卷五·孝安帝纪第五》P232。

地方或朝廷官员的辟举是公开、正常的录用途径,体现了对舆论的重视,作为一种主流选拔途径它有天然的缺陷,但作为辅助途径,它几乎是必不可少的。

举荐是一种权力象征,权力越大,受到君王信任越高,被其举荐者就会越有可靠性,桓帝建和元年(147年),益封梁翼万三千户,增大将军府举高第茂才,官属倍于三公,(汉官仪:三公府有长史一人,司徒府掾属三十一人,令史及御属三十六人也。《后汉书·卷三十四·梁统列传》P1179。大将军府额外增加了举荐高第茂才的权利,这种权利一般是文官主管的。但是后来大将军辟除人员很常见。

王吉少好学,"明经,以郡吏举孝廉为郎,补若庐右臣。"《前汉书·卷七十二·王吉传》P282。

辟举是具有私人性质的政治选拔,某位高官对一个平民或者低级官员有好感,对之予以举荐或任命,因为这是国家授权在先,所以举荐者虽然表现出的是私人的喜好,却是国家行为。桓鸾年四十余,时太守向苗有名迹,乃举鸾孝廉,迁为胶东令,《后汉书·卷三十七·桓荣丁鸿列传》P1259。杨震"大将军邓骘闻其贤而辟之,举茂才,四迁荆州刺史、东莱太守。元初四年,徵入为太仆,迁太常。《后汉书·卷五十四·杨震传》P1760。"天知、神知、我知、子知,何谓无知。"这是杨震的名言,对任何参与密谋的人都有警示作用。比杨震升迁快的人很多,章帝建初元年(76年)初,肃宗诏举贤良方正,大司农刘宽举鲁丕,(其父鲁恭,永初元年为司徒)时对策者百有余人,唯丕在高第,除为议郎,迁新野令,视事朞年,州课第一,擢拜青州刺史。《后汉书·卷二十五·列传第十五·鲁丕传》P883。胡广的情况算是最快的之一,"察孝廉,既到京师,试以章奏。安帝以广为天下第一,旬月拜尚书郎,五迁尚书仆射。《后汉书·卷四十四·胡广传》P1505。为了举荐一个合适的人,官方有时还会勉强其接受一定条件,刘矩的叔父刘光,顺帝时为司徒,"矩少有高洁,以父叔辽未得仕进,遂绝州郡之命,太尉朱宠,太傅桓焉嘉其志义,故叔辽以此为诸公所辟,拜议郎。矩乃举孝廉。《后汉书·卷七十六·循吏列传第六十六·刘矩传》P2476。叔父得到任命后，自己才愿意接受举荐。

可以被反复举荐

师丹，治诗，事匡衡，举孝廉为郎，元帝（前48至前39年在位）末，为博士，免。建始[汉成帝时（前32年为建始元年）]中，州举茂材，复补博士。出为东平王太傅。《前汉书·卷八十六·师丹传》P324。

龚舍为龚胜荐，征为谏大夫，病免；复征为博士，又病去。顷之，哀帝遣使者即楚拜舍为太山太守。龚胜前后被五次举荐。《前汉书·卷七十二·龚胜传》P285。

举荐是出于公平、公道、合理的国家原则，张安世对无名氏的举荐力图体现这一原则：宣帝（前73—前49年）时，"更为卫将军，两宫卫尉（两宫指未央宫、长信宫）、城门（护卫）、北军兵属焉。"即整个北军隶属张安世统领。"尝有所荐，其人来谢，安世大恨，以为举贤达能，岂有私谢邪？绝勿复为通。有郎功高不调，自言，安世应曰：君之功高，明主所知。人臣执事，何长短而自言乎？绝不许（拒绝提拔此人），已而郎果迁（这个郎官后来调换了职务）。莫府（莫通幕，指军政大吏的府署。）长史迁，辞去之官，安世问以过失，长史曰：将军为明主股肱，而士无所进，论者以为讥。安世曰：明主在上，贤不肖较然，臣下自修而已，何知士而荐之？其欲匿名迹远权势如此。《前汉书·卷五十九·张安世传》P247。举荐权是一种可以改变别人生活的重大权力，但一些人出于个人信念在此方面非常自律。孔光比张安世有过之而无不及，"孔光凡为御史大夫、丞相各再，壹为大司徒、太傅、太师，历三世，居公辅位前后十七年。自为尚书，止不教授，后为卿，时会门下大生讲问疑难，举大义云。其弟子都成就为博士、大夫者，见师居大位，几得其助力，光终无所荐举，至或怨之，其公如此。《前汉书·卷八十一·孔光传》P310。相比之下，陈蕃比孔光做得更好，后汉桓帝延熹六年（163年）"自陈蕃为光禄勋，与五官中郎将黄琬共典选举，不偏权富，而为势家郎谮诉，坐免归。……延熹九年李膺等以党事下狱考实。《后汉书·卷六十六·陈蕃传》P2166。

是否得到合理任用具有很大的不确定性，难免有情绪化的处理。汉顺帝建康元年（公元144年）三十岁的顺帝逝世，两岁的皇太子刘炳在当年四月时即位，太尉赵峻为太傅，大司农李固谓太尉、参录尚书事。九月，皇太后临朝。诏举贤良方正之士，策问之。皇甫规对曰：大将军（梁冀）冀、河南尹不疑宜增修谦节、辅以儒术,省去游娱不急之务,割减庐第无益之饰。梁冀愤之,以规为下第,拜郎中,托疾免归,州郡承冀旨,几陷死者再三,遂沉废于家,积十余年。《资治通鉴·卷五十二·汉纪四十四》P355。皇甫规在被举荐的名单上,但是他在策问中直抒己见,批评了大将军梁冀,愤怒的梁冀将其评为最低一等,又假称皇甫规有病在身,免去其职,当地的州郡官员附和梁冀之意,回到原籍皇甫规的人生活从此变得极其悲惨,不仅几次陷入生死危难之际,十余年也没有得到任用。

三、非正当途径获得举荐

因为得不到当地官员的正面评价,依附有权势的宦官也可以走上仕途,度尚家贫,不修学行,不为乡里所推举。积困穷,乃为宦者同郡侯览视田,得为郡上计吏,拜郎中,除上虞长。《后汉书·卷三十八·度尚传》P1284。

四、可以选择性地接受或不接受任命

匡衡"父世农夫,至衡好学,家贫,庸作以供资用。诸儒为之语曰:'无说诗,匡鼎来;匡说诗,解人颐。'射策甲科,以不应令除太常掌故,调补平原文学。《前汉书·卷八十一·匡衡传》P308。

杨震"常客居于湖,不答州郡礼命数十年。"《后汉书·卷五十四·杨震传》P1760。承宫的情况就更为极端"三府更辟,皆不应。"《后汉书·卷二十七·承宫传》P944。这是一位孤儿,八岁即为人放牧。同乡徐子盛讲授《春秋经》,学生达数百人,承宫先是在课堂外旁听后来得到徐子盛允许听课,他经苦学精通了儒家经典后开始收徒教授儒学,因为极为宽厚的行为(自己耕作的空地在丰收时全部让给来前来认领土地的人)获得声誉,国家最高机构征召曾一律回绝,直到汉庄帝永平时才终于接受任命。

吴良,初为郡史,岁旦与掾史入贺门下掾王望举觞上寿,谄称太守公德,良公开表示太守应该拒绝这种言过其实乃至无耻的吹捧,宴会结束后。"转良为功曹,耻以言受进,终不肯谒"《后汉书·卷二十七·吴良传》P942。太守是个正派人,他决定提拔吴良是权力之内,吴良自己认为只是说了句真话而得到提拔奖励太重,始终不肯谒见太守。

董卓迁都长安,公卿举郑玄为赵相,道断不至。建安元年(196年),自徐州还高密,道遇黄巾贼数万人,见玄皆拜,相约不敢入县境。《后汉书·卷三十五·张曹郑列传第二十五》P1209。大将军袁绍举郑玄茂才,表为左中郎将,皆不就。公车徵为大司农,给安车一乘,所过长吏送迎,玄乃以病自乞还家。《后汉书卷三

十五·郑玄传·》P1211。

也有不成功的举荐，张禹"举为郡文学，甘露（宣帝甘露年间，前53—前50年）中，诸儒荐禹，有诏太子太傅萧望之问禹，对易及论语大义，望之善焉，奏禹经学精习，有师法，可试事奏寝罢，归故官。《前汉书·卷八十一·张禹传》P310。宣帝既然让萧望之测试张禹的学术素养，得到好评后又为何不接受萧望之的意见让张禹试以职事，即担任职事官？张禹原为为郡中文学，进京后相信原本满怀希望，不料宣帝没有安排新职务，他只好回到原职。"久之，试为博士。"到元帝时，张禹一度为元帝的皇太子讲授《论语》，后来才相继担任光禄大夫、东平国内史，估计元帝和皇太子都对他的服务满意。张禹担任的最高职务是丞相。

东汉国家曾经出台买卖官爵的政策，这是半公开的，具体措施不完整，记载中有可以从哪一类的官爵购买，部分职务的价格，但是，获得各种职务是否需要相应资质（人品、教育背景、犯罪记录等）付之阙如，灵帝光和元年（公元178年），开始在西邸买官爵，"自关内侯、虎贲、羽林（开始），入钱各有差，私令左右卖公卿，公千万，卿五百万。中平四年（公元187年）卖关内侯，假金印紫绶（暂时给予金印紫绶），传世，入钱五百万（即可以传给后代，买者交钱五百万）。"《后汉书·卷八·灵帝纪》P342。灵帝或许乃商业天才，他身为国君，对生意买卖兴趣着实浓厚，光和四年（181年）宫内出现了一个市场，有各类商铺，宫人受命持不同物品进行买卖，灵帝本人身着商人服装嬉戏其间。官职与日常用物品列为同类，产生了一个共同属性，即都有可以盈利。宫廷中卖官与卖商品都是灵帝的发明，灵帝开始卖官是二十二岁，已经成年，但是皇权的威力无比巨大，足以让一个本该成熟、负责、正常的人，干出荒谬的事又不能批评其不正确，至少是不自知，站在灵帝的位置考虑，卖官可能是朝廷资金上有迫切的需要，这是非常严肃的谋划，建立市场则主要是枯燥的君王生活需要有不同的事来调剂。其他的影响一定会陆续产生，灵帝对此已无暇顾及，烦心的事已经够多，着手卖官的日子，一大堆党人还关在狱中。

四、选举中监督与自查

选举是当时最重要的社会与政治生活之一，受到广泛关注，由于是否被举荐涉及利益巨大，因此有人不惜一切达到目的，公职人员中难免鱼龙混珠，选举者和被选举者均很难保持理性和客观性，对一个国家公职人员资格：孝、廉以及才具的评估保持客观合理性很困难，一位官员是否称职不容易检验，不过，选举中蓄意以次充好是需要考虑代价的，很多人因为选举中的倾向性而被处以各种惩

罚。国家事先也制定了录用中的禁止行为,比较严重的有二:

1) 选举不实。赵温为司徒,录尚书事,汉献帝建安十三年(208 年),以辟司空曹操子曹丕为掾。操怒,奏温辟臣子弟,选举不实,免官。《后汉书·卷二十七·赵温传》P950。如果选举不实,经办者可以被免官。但是这里涉及到的人比较复杂。司徒选拔同僚司空之子,多少会有感情的因素在内。赵温辟曹丕一定有曹操的关系,曹操大权在握,"建安元年,曹操自为司空,行车骑将军事,百官总己以听。《后汉书卷九·汉献帝纪第九》P379。但录用并非不合理,曹丕是汉灵帝中平四年(公元 187 年)冬出生,建安十三年他已经二十一岁,他的代表作七言诗《燕歌行》大致写于建安十二年,曹丕身体健康,文武兼具,名副其实,当然有资格获得录用。但是赵温的难处在于他对曹丕不闻不问也会有渎职的嫌疑,因为合格的人选没有进入公职人员系统。赵温是建安十三年正月免职,建安十三年,正月,汉罢三公官,置丞相、御史大夫。六月以公为丞相。《三国志·卷一·魏书·武帝纪第一》P30。《后汉书》记载"汉罢三公官,置丞相、御史大夫。六月以公为丞相。"《后汉书·卷九·汉献帝第九》P385。这个职官调整是在六月。赵温免职时曹操尚未担任丞相,但司空曹操是实际控制朝廷百官的人,他下令让侍中郗虑策免赵温。赵温不是没有原则的人,原董卓部将李傕挟持献帝与另一位将军郭汜在长安混战时,赵温致书李傕,措辞激烈,几乎被李傕所杀。刻意低调的曹操对赵温的严厉行为要了他的性命,被免当年,七十二岁的赵温死去。仅仅三年后,曹操不再加任何掩饰,"建安十六年,曹丕为五官中郎将、副丞相。"《三国志·魏书卷二·文帝纪第二》P57。赵温或者是在正常履行职责,没有想到曹操有更远大的志向。赵温面临的问题在整个朝代和相关制度存续期间,大小官员中不少人应该都曾遭遇过。许多人因为制度本身的不确定性而无法对恰当地选择对的人和对的时候。

汉元帝(前 49 年即位)"时二千石选举不实,是以在位多不任职。"《前汉书卷七十一·于定国传》。

"先是博士选举多不以实,杨震举荐明经名士陈留杨伦等,显传学业,诸儒称之。"《后汉书卷五十四·杨震传》P1760。杨震的客观性在举荐制度中本属必要。但是世事显然要比制度内涵复杂得多,杨震的客观性在当时极为罕见,利与义持续碰撞,难免有流血的举荐,后汉安帝延光二年(公元 122 年),"帝舅大鸿胪耿宝荐中常侍李闰兄于震,(当时杨震是太尉)震不从,宝乃自往候震曰:李常侍国家所重,欲令公辟其兄,宝唯传上旨耳。震曰:如朝廷欲令三府(指太尉、司徒、司空,三公可以开府,故曰开府)辟召,故宜有尚书敕。遂拒不许。宝大恨而去。皇后兄执金吾阎显亦曾荐所亲厚于震,震又不从。司空刘授闻之,即辟此二人,旬日中皆见拔擢。由是震益见怨,延光三年,帝东巡岱宗,樊丰(宦官,安帝时中常侍)等因乘舆在外,竞修第宅,震部掾高舒召大匠令史考校之,得丰等诈诏书,具奏。丰等闻,惧怖,会太史言星变逆行,遂共谮震,及车驾行还,夜遣使者策收震太尉印绶。樊丰、耿宝进一步奏震不服,心怀怨望。"有诏遣归本郡。"杨震对自己的人生有比较高的定位,认为被免官只是恶人操控的荒谬时政下密集败坏制度合理性的一个危险开端,他不愿降格与其所鄙夷的人深度纠缠,于是断然服毒结束了自己的生命。《后汉书·卷五十四·杨震传》P1760。

选举不实项目下可以衍生多种类型的问题:该录用者未录,不该录用的入仕,卓越之英才长期得不到理解、升迁,庸碌者则扶摇直上危害朝政与社会等。世袭的等级社会中,权力中的很大比例不掌握在恰当的人手中,少数精英控制局面时,社会仍具有主动性和客观性,精英们处于守势时,权力就难以正常使用,造成大量的权力失常,资源的浪费,权力的意图尤其容易被社会扭曲,不仅不能解决社会问题,反而引发新的社会问题。

举荐作为重要组成部分的人事制度,决定国家官员不可能以全体国民作为服务对象,这不是因为话语权总是掌握在少数人那里,而是权力被不对的人掌握。少数有两种类型:1. 少数精英。他们是能做对事的人。2. 窃取了权力但不实际合格的少数掌权人,他们是做错事的人。在举荐作为选拔公职人员的主流方式社会中,这两种少数人掌权的模式经常是不定期交替出现。这样的政治结构下,社会舆论均容易被权力操纵,这是一个重大的局限,虽然总是能够把事情搞定的人几乎在任何条件下都具有强大的执行力,社会舆论正面还是负面,但是,主要只能搞破坏的人经常是让社会变得更自私和难以捉摸,这是他们产生的主要效果。汉朝以及此类政权的混乱和低效多归因于此。这里的制度结构经常看起来因人而异,陌生而霸道,人民的意愿多被或者一直被忽略,政权的安危与国民的幸福缺少必然、直接的关联,国家的安全与延续甚至是以牺牲普通人利益为基础,它的兴与衰都是国人的血泪书写,除了希望,没有实用价值,也无必要性。

五、职务的变动

1) 君王的赏识

任命亲眷正当而且合理,君王以及长官直接任用"万石君"石奋"年十五,为小吏,侍高祖,⋯⋯高祖召其姊为美人,以奋为中涓受书谒。徙其家长安中戚里。以姊为美人故也。奋积功劳,孝文时官至太中大夫,无文学,恭谨举无与比,⋯⋯

皆推奋为太子太傅,及孝景帝即位,以奋为九卿。奋四子,皆官至二千石。于是景帝曰:石君及四子皆二千石,人臣尊宠乃举集其门。凡号奋为万石君。元狩元年,上立太子,选石奋第四子石庆自沛(郡太守)守为太子太傅,七岁,迁御史大夫,元鼎五年,丞相赵周坐酎金律免,制诏……以御史大夫庆为丞相,封牧丘侯。《前汉书·卷四十六·石奋传》P207。石奋在与高祖交谈后性格为高祖所喜欢,其姐姐被高祖召入宫中,石奋成高祖亲随的侍从中涓,传递文书,并安排在帝王姻亲聚居的里巷安家。

公孙贺,少为骑士,从军数有功,武帝为太子时,贺为舍人,及武帝即位,迁至太仆,贺夫人君孺,卫皇后姊也,贺由是有宠。《前汉书·卷六十六·公孙贺传》P266。

公孙贺、石奋都因为与皇室的婚姻关系而仕途平坦。

2)血缘

刘屈氂是武帝庶兄中山靖王子。不知其所以进,征和二年制诏……其以涿郡太守屈氂为左丞相,……以澎户二千二百封左丞相为澎侯。昌邑王,贰师将军女弟之子,贰师女为屈氂子妻,故共欲立焉。《前汉书·卷六十六·刘屈氂传》P267。

3)个人能力受到器重

朱买臣,家贫,常艾薪樵卖以给食。后遂随上计吏为卒,将重车至长安,诣阙上书,久不报,待诏公车,粮用乏,上计吏卒更乞匄之,会邑子严助贵幸,荐买臣,召见,说《春秋》,言《楚辞》,帝(武帝)甚悦之。拜买臣为中大夫,与严助俱侍中。《前汉书·卷六十四上·朱买臣传》P259。

主父偃,学长短纵横术,晚乃学《易》《春秋》百家之言。武帝元光元年(前134年),上书得到任用,拜郎中,迁谒者中郎,中大夫,岁中四迁。《前汉书·卷六十四上·主父偃传》P260。

博士弟子终军来到长安,上书言事,武帝异其文,拜军为谒者,给事中,从上幸雍,祠五畤。《前汉书·卷六十四上·终军传》P261。

东方朔,武帝初即位,徵天下举方正贤良文学材力之士,待以不次之位。《前汉书·卷六十五·东方朔传》P263。

严助,郡举贤良对策百余人,武帝善助对,繇是独擢助为中大夫。后得朱买臣、吾丘寿王、司马相如、主父偃、徐乐、严安、东方朔、枚皋、膠仓、终军、严葱奇等,并在左右。时征伐四夷,开置边郡,军旅数发,内改制度,朝廷多事,屡举贤良文学之士。公孙弘起徒步,数年至丞相。开东阁,延贤人与谋议,朝觐奏事。因言国家便宜。上令助等与大臣辩论，中外相应，以义理之文，大臣数拙。《前汉书·卷六十四上·严助传》P258。前文说的中，指天子宾客如严助等，外指的是公卿大夫。武帝通过引入一批贤良，他们的思想似乎更有开阔有冲击力，相比之下，朝中的大臣们有明显的弱点。武帝的朝廷也变得具有贤良的特性，积极、充满活力，波澜壮阔，起伏巨大。

武帝任用新官员时不拘一格，大胆泼辣，难免有不对的人成为幸运者获得俸禄与权位。车千秋是高寝郎，即守卫高陵的郎官，"会卫太子为江充所谮败，久之，千秋上急变讼太子冤，曰：子弄父兵，当笞。天子之子，过误杀人当何罪哉！臣梦一白头翁教臣言。是时上颇知太子惶恐，无他意，乃大感寤，召见千秋，千秋至前，千秋长八尺余，体貌甚丽，武帝见而悦之。谓曰：父子之间，人所难言也，公独明其不然，此高庙神灵使公教我，公当遂为吾辅佐，立拜千秋为大鸿胪。数月遂代刘屈氂为丞相。封富民侯。千秋无他材能术学，又无阀阅功劳，特以一言寤意，旬月取宰相封侯，世未尝有也。……武帝崩，昭帝初即位，未任听政，政事壹决于大将军光，千秋居丞相位，谨厚有仁德，每公卿朝会，光谓千秋曰：始与君侯俱受先帝遗诏，今光治内，君治外，宜有教督，使光毋负天下。秋千曰：唯将军留意，即天下幸甚。终不肯有所言。光以此重之。

疏广少好学，明《春秋》，家居教授，学者自远方至，（宣帝本初年间）徵为博士，太中大夫，地节三年（前 197 年），立皇太子，选丙吉为太傅，广为少傅，数月，吉迁御史大夫，广为太傅。这是一种手续简单的录用升迁方式。

蔡义"以明经给事大将军莫府，家贫，……好事者相合为义买犊车，令乘之。数岁迁补覆盎城门候，久之，诏求能为《韩诗》者。徵义侍诏，久不进见。义上疏曰：……上召见义，说诗甚说之。擢为光禄大夫，给事中进授昭帝。数岁拜为少府，迁御史大夫，代杨敞为丞相。"他担任丞相时年八十，需两人扶持乃能行，"时大将军光秉政，议者或言光置宰相，不选贤，苟用颛制者。光闻之，谓侍中左右及官属曰：以人主师当为宰相，何谓云云此语不可使天下闻也。《前汉书·卷六十六·蔡义传》P268。蔡义被任为丞相时已经不能自行走路，但霍光不承认舆论所批评的，他没有选择贤者任职，而是选择自己所能控制的人。霍光认为自己选择君主老师担任丞相完全符合贤能的概念，舆论的批评不正确。此外，霍光确认由他来确定丞相人选并不是属于专制。

特殊情况下的录用，皇帝因为自然变化有可能临时增加选拨令，东汉和帝永元七年（95 年）四月辛亥朔，日有食之。帝引见公卿言得失，令将、大夫、御史、谒者、博士、议郎、郎官会廷中，各言封事。诏曰：元首不明，化流无良，政失于民，谪见于天。深为庶事,五教在宽,是以旧典因孝廉之举,以求其人。有司详选郎官宽博有谋,才任典城者三十人,既而悉以所选郎出补长(县长)、相(侯相)。《后汉书·卷四·孝和孝殇帝纪第四》P180。

安帝元初六年(公元 119 年)二月乙巳,京师和四十二个郡国地震,上报有地裂和地下水涌出。壬子,安帝下诏,三公府选掾属品第高,能惠民牧养者各五人,光禄勋和中郎将选孝廉宽博有谋,清白行高者五十人,外放地方令、长、丞、尉等官。《后汉书·卷五·孝安帝纪第五》P229。

帝王的人事权经常被削弱,但一般都被虚伪地认为这是非正常情况。冯奉世之子冯野王,少以父任太子中庶子,年十八,上书愿试守长安令,宣帝奇其志,问丞相魏相,相以为不可。许后以功次捕迁为栎阳令。《前汉书·卷七十九·冯奉世传》P306。宣帝的意见受阻。

成帝(前 33 年即位至前 7 年)即位,刘向以故九卿召拜为中郎,使领护三辅都水。数奏封事,迁光禄大夫。是时帝元舅阳平侯王凤为大将军秉政,倚太后,专国政,兄弟七人皆封为列侯。刘向多次上书,引起成帝重视,以向为中垒校尉。向自见信于上,故常显讼宗室,讥刺王氏既在位大臣,其言多痛彻,发于至诚。上数欲用向为九卿,辄不为王氏居位者及丞相、御史所持,故终不迁,居列大夫官前后三十余年,年七十二卒。卒后十三岁而王氏代汉。《前汉书·卷三十六·楚元王传第六》P183。成帝受到王氏掣肘,任命刘向担任九卿的想法直到刘向去世也没有实现。

2) 高官的偏爱是升迁的一个捷径

萧望之"从夏侯胜问《论语》礼服,京师诸儒称述焉。是时大将军霍光秉政,长史丙吉荐儒生王仲翁、望之等数人,皆召见之。"由于霍光之前经历未遂谋杀,所有谒见者见他需要严格搜身检查,萧望之拒绝。于是萧望之没有得到霍光的录用,王仲翁等则皆得补大将军史,后者三年之间,仲翁至光禄大夫给事中。萧望之以射策甲科为郎,署小苑东门侯。《前汉书·卷七十·八萧望之传》P304。同样被丙吉推荐,萧望之甚至更有才华,但是对比之下,他没有霍光的庇护,与有霍光庇护的王仲翁在仕途上一度相形见绌。

汉顺帝永和三年(公元 138 年)八月,初,尚书令左雄荐冀州刺史周举为尚书,既而雄为司隶校尉,举故冀州刺史冯直任将帅,直坐臧受罪,举以此弹奏雄。雄曰:诏书令为选武猛,不使我选清高。举曰:诏书使君选武猛,不使君选贪污也。雄曰:进君,适所以自伐也。举曰:昔赵宣子任韩厥为司马,厥以军法戮宣子仆,宣子谓诸大夫曰:可贺我矣! 吉选爵以任其事。今君不以举之不才误升诸朝,不敢阿君以为君羞;不寤君之意与宣子殊也。雄悦,谢曰:吾尝事冯直之父,又与直善,今宣光以此奏吾,是吾之过也。天下益以此贤之。《资治通鉴·卷五十二·汉纪四十四》P352。

3) 家世、父荫与重要的亲缘关系

匡衡出身时代农夫之家,匡衡成为家中家族中第一个好学的人,家贫,给人帮庸糊口养家。射策甲科,以不应令除太常掌故,调补平原文学。《前汉书·卷八十一·匡衡传》P308。匡衡出身贫寒,文化考试一等,任命了三等成绩的职位。

张汤子张安世,少以父任为郎。《前汉书·卷五十九·张安世传》P247。张安世是获得了父荫。

李广利妹妹李夫人有宠于武帝,生下昌邑哀王。武帝太初元年(前 96 年),以广利为贰师将军,发属国六千骑及郡国恶少年数万以往,期至贰师将城,取善马,故号贰师将军。《前汉书·卷六十一·李广利传》P251。

自杨震至杨彪(震子扬秉,秉子杨赐,赐子杨彪,都担任过太尉),四世太尉,德业相继……。《后汉书·卷五十四·杨震列传》P1790。

4) 亲友家人保举

高后时爱盎为吕禄舍人,孝文即位,盎兄哙任盎为郎中。《前汉书·卷四十九·爱盎传》P214。爱盎的哥哥爱哙保举袁盎做了郎中。还有一种或许是利用了自己的权力和社会关系帮助自己的亲友谋取公职或升迁。孝景帝时,郑当时任太子舍人,武帝即位后,郑当时历鲁国中尉,济南太守、江都国相,后至九卿,为右内史(右内史相当于九卿)、大司农等职,后任职丞相府长史,转任汝南郡太守。死于任上。昆弟因为郑当时在官的原因,有六七个都做到了二千石官职。《前汉书·卷五十·郑当时传》P218。家族履历的影响重大。"孔光字子夏,孔子十四世之孙也。忠生武及安国,武生延年,延年生霸,霸生光。安国、延年皆以治《尚书》为武帝博士,安国至临淮太守,霸亦治《尚书》,事太傅夏侯胜。……成帝初即位,举(光)博士,……是时博士选三科高位尚书(三科高第)有诏光周密谨慎,未尝有过,加诸吏官,以子勇放为侍郎,给事黄门,数年迁诸吏,光禄大夫。《前汉书·卷八十一·孔光传》P310。

5) 能力和政绩被重视强调

对于官职得以升迁尽管上司的好感很重要,个人能力也很重要。安帝延光元年(公元 122 年)八月,诏三公、中二千石,举刺史、二千石、令、长、相视事一岁以上至十岁,清白爱利,能敕身率下,防奸理烦,有益于人者,无拘官簿(不必拘泥于资历、品秩)。刺史举所部,郡国太守举墨绶(县级官职的代称,县长、令皆铜印墨绶),隐亲悉心,勿取浮华。《后汉书·卷五·孝安帝纪第五》P236。

武帝即位,举贤良文学之士,前后百数,而董仲舒以贤良对策焉。《前汉书·卷五十六·董仲舒传》P236。

公孙弘少时为狱吏,有罪免,家贫,牧豕海上,年四十余乃学春秋杂说,武帝初即位,招贤良文学士,是时弘年六十,以贤良徵为博士《前汉书·卷五十八·公孙弘传》P244。

后汉安帝延光二年(公元123年)正月,下诏令三署郎(五官中郎将、左中郎将、右中郎将分别统领郎官,称为三署,所统郎官为三署郎。'及吏人能通《古文尚书》《毛诗》《穀梁春秋》各一人。八月,初令三署郎通经术任牧民者,视事三岁以上,皆得察举。'《后汉书·卷五·孝安帝纪第五》P237。三署郎的郎官在察举制度下,成为升迁的优质平台,他们主要是权富子弟,"多以人事得举",时任五官中郎将的黄琬、光禄勋陈蕃想要扭转这种局面,让"贫约守志者"也能分享机会,二人遂被权富郎官们中伤,黄琬被禁锢,五官署或就是因此与他一起沉沦,后形成安排五十岁以上郎官进入五官署的惯例,它从此失去了政治竞争力,快速升迁只归于左署和右署的中郎。《后汉书·卷九十一·黄琬传》P221。

6)资产可以换到职位。

张释之与兄仲同居,以赀为骑郎,事文帝,十年不得调。张释之对文帝说:"且秦以任刀笔之吏,争以亟疾苛察相高。其敝徒文具(即具文之意)亡恻隐之实。《前汉书·卷五十·张释之传》P217。

司马相如"以赀为郎,事孝景帝为武骑常侍。《前汉书·卷五十七上·司马相如传》P237。

卜式的初衷应该不是买官,但是他的资产起到类似作用。"卜式以田畜为事,……式入山牧十余年,羊至千余头买田宅……时汉方事匈奴,式上书愿输家财半助边。上(武帝)使使问式欲为官乎?式曰:自小牧羊,不习仕宦,不愿也。使者曰:家岂有冤欲言事乎?卜表示没有。使者曰:苟子何欲?卜式曰:天子诛匈奴,愚以为贤者宜死节,有财者宜输之。如此而匈奴可灭也。使者以闻,上以语丞相公孙弘,弘曰:此非人情不轨(不法也)之臣,不可以为化而乱法,愿陛下勿许。上不报(没有答复卜式,几年后不了了之),数岁乃罢式。式归复田牧。后来浑邪等降,县官费众仓府空。贫民大徙皆印给县官,无以尽瞻,卜式复持钱二十万与河南太守,以给徙民。河南上富人助贫民者,上识式姓名,曰:是固前欲输其家半财助边。乃赐式外繇四百人，（外繇谓戍边也，一人出三百钱谓之过更，式岁得十二万钱也。一说在县役之外得复除四百人。）式又尽复与官。是时富豪皆争匿财，唯式欲助费，上乃召拜式为中郎，赐爵左庶长，田十顷。卜式初拒绝出任，但武帝坚持，卜式后陆续出任县令，武帝任命他为齐王太傅、齐国相，担任御史大夫，后因为反对盐铁专营，加上不熟悉封禅礼仪，被武帝贬为太子太傅，死于任上。《前汉书·卷五十八·卜式传》P245。"是时诸侯王相，在郡守上。"当时的诸侯国国相，职务高于郡太守。《前汉书·卷八十一·孔光传》P310。

卜式分别担任了等级高于郡守的地方大员以及中央政府的御史大夫等要职，体现了国家元首对他的尊重，这是国家给予一位慷慨馈赠与无比忠诚于政权的国民的礼遇，也符合国家任用的现行制度。

结论：国家录用公职人员以及延揽人才的方式是多元的，显示国家与个人的沟通渠道多层次，相当丰富，国家公职能够吸引社会的主流群体，对降低社会对抗性，减少社会结构安全隐患，保持国家稳定发展的作用至关重要。但是，由于缺乏社会的广泛、普遍的监督与制约，相关的制度与方式都很容易被破坏，从而成为引发社会动荡的原因。

第二十五章 国家行政的具体运作

第一节 权责的划分——信任与疏离

一、君王在制度安排上的主导作用

君主权责在制度上的安排过于灵活宽泛,破坏了君主的有效作用。章帝元和七年(公元82年)十月,帝曰:上无明天子,下无贤方伯。《后汉书·卷三·显宗孝章帝纪第三》P144。为什么君主错臣属就一定出错? 臣属无错是君主一定正确的结果吗? 这不是一个规整的悖论,而是一个历久弥新的中国哲学命题。

君王可以根据自己的需要设置官职,宣帝元康元年(前65年)冬,在建章宫设置卫尉。

君主之上的权利是一种随机的权力存在:武帝建元二年(前139年),御史大夫王琯、郎中令王臧因为奏请皇帝不必向太皇太后(即窦氏,建元六年窦氏去世。)奏事,两个人都被下狱。他们是在正常履行职务,没有超越职权范围,御史大夫是三公之一,有纠察非法的职责。郎中令位列九卿,虽然具体职掌是安全,但对朝廷大事有发言权。王琯、王臧认为常情况下皇帝不需要向皇太后奏事,希望纠正一个错误,他们虽然是正常履职,但恢复正常的尝试立即遭受重创。

延熹二年(公元159年),李膺拜司隶校尉,……是时朝廷日乱,纲纪颓弛,膺独持风裁,以名声自高。士有被其容接者,名为登龙门。及遭党争,当考实膺等。案经三府,太尉陈蕃却之,曰:今所考案,皆海内人誉,忧国忠公之臣,此等犹将十世宥也(见耿弇传)岂有罪名不章而收掠者乎? 不肯平署。(犹连署)帝逾怒,遂下膺等于黄门北寺狱,膺等颇引宦官弟子,宦官多惧,请帝以天时宜赦,于是大叔赦天下,膺免归乡里,居阳城山中,天下士大夫皆高尚其道,而汙汙秽朝廷。《后汉书·卷六十七·党锢列传第·李膺传》P2197。

李膺案经过三公府依次审讯,太尉陈蕃不肯联署,眼看要被搁置,桓帝当机立断,亲自干预,立即将李膺收监,三公府的权力顿时被合法抵消了。

桓帝延熹六年（公元163年）周景为司空，是时宦官任人及子弟充塞列位，景初视事，与太尉杨秉举奏诸奸猾，自将军牧守以下，免者五十余人，遂连及中常侍房防东侯览、东武阳侯具瑗皆，坐黜。朝廷莫不称之。《后汉书·卷四十五·周景传》P1538。太尉、司空共同行动，三公有其二，他们是代表最高权力机构，是一种正常的政府行为。不是桓帝默许下的权力斗争。他在司空位置上两年，因地震被免职，延熹九年七月陈蕃被免去太尉职务，九月周景接替陈蕃的太尉职务，灵帝建宁元年（公元168年）逝世。周景显然没有参见陈蕃他们对宦官的战斗。

二、臣属职务的范围

1. 丞相的职务

丞相与御史大夫的责任区分"会有人盗发孝文园瘗钱，丞相青翟朝，与汤约俱谢，至前，汤念独丞相以时行园，当谢，汤无与也，不谢。丞相谢，上使御史按其事，汤欲致其文丞相见知，丞相患之。三长史欲害汤，欲陷之。《前汉书·卷五十九·张汤传》P246。有人盗窃文帝陵园内埋下的陪葬的铜钱，丞相庄青翟在朝堂上与御史大夫张汤约好要在武帝面前承担责任，在武帝面前时，张汤改变主意，认为丞相具体负责文帝陵园的护卫，一切财物与设施的安保均有丞相负责，因此，丞相应该承担责任，御史大夫没有直接责任，无需与丞相分担。结果丞相主动向武帝介绍盗窃案表示自己有责任后，武帝决定严肃对待此事，让御史大夫认真调查，张汤决定依法处理，未曾预料到的局面令丞相惶恐不安，丞相府的三位长史朱买臣、王朝、边通因此非常憎恨张汤，决心采取行动，他们三人曾经职位都在张汤之上，担任丞相府长史后，受到武帝信任的张汤处理一部分丞相的事务，三位长史都曾受到张汤的不公平对待，张汤对庄青翟的背叛成了三人愤怒的导火索。三人设法让张汤遭到武帝怀疑，最后自杀。

张汤死后，武帝处决了三长史，庄青翟也入狱，后自杀。感觉杀错了人的武帝后来对张汤之子张安世多次提拔。这个改错方式对下次继续出同样的错没有任何预防作用。

征和二年（前91年）武帝制诏书予御史中丞……，（当时丞相公孙贺被法办）其以涿郡太守屈氂为左丞相，分丞相长史分为两府，以待天下远方之选。（师古曰：待得贤人当拜右丞相）夫亲亲任贤，周唐之道也。以澎户二千二百封左丞相为澎侯。《前汉书·卷六十六·刘屈氂传》P267。武帝是开始分左、右丞相。文帝陵园内的殉葬品丢失也在丞相庄青翟的权力管辖范围内，这个有问题的制度设置丞相的权力事无巨细,但这种安排不仅没有体现人尽其才的原则,也违背分工负责的原理。当然也不能排除是武帝一时性起,突然变得过于苛求,迁怒无辜的人。

汉朝的丞相很权力广泛,职位尊贵,有可能很安全。车千秋为相十二年薨。《前汉书·卷六十六·车千秋传》P267。车千秋担任丞相十二年,前103年已在位九年的丞相石庆逝世。都实属难得。其实,丞相很容易死去,他的权与责任经常很不对称,甚至合法性也是相应的,性命也可以说朝不保夕。武帝元光四年(前131年),丞相、魏其侯窦婴有罪弃市。《前汉书·卷六·武帝纪》P19。太尉田蚡被免职。田蚡是武帝母亲皇太后王氏(元朔三年,前126年逝世)的同父异母弟弟,也就是武帝的舅舅。元光四年(前131年)春三月,与窦婴之死有关的丞相田蚡因惊惧中神经错乱而去世。

武帝元狩五年(前118年),丞相李蔡自杀。前115年十二月,丞相庄青翟因罪下狱,死在狱中。前103年担任丞相的公孙贺本来在职时间也比较长,却因为其子被诬告以巫术诅咒武帝受牵连,入狱,次年父子死于狱中,整个家族竟为此遭受灭顶之灾。《前汉书·卷六十六·公孙贺传》P266。

其他职位也同样危险,前118年十一月,御史大夫张汤获罪自杀。武帝天汉三年(前98年),御史大夫王卿有罪,自杀。等等。

2. 大将军等职务

从武帝开始,西汉大将军、骠骑将军通常为大司马兼任,是三公之一,昭帝始元元年(前86年)九月,车骑将军金日磾逝世。金日磾能力出众,又受到信任,可以冠之以大司马车骑将军,属三公之一。

桑弘羊为御史大夫八年,至以为国家兴榷筦之利,伐其功,欲为子弟得官,怨望霍光,遂与上官桀谋反,诛灭。《前汉书·卷六十六·车千秋传》P267。西汉的御史大夫与丞相、太尉同为三公,也丞相的副职,与霍光、金日磾、左将军上官桀四人同受武帝遗诏,但是大将军霍光明显在控制大局。

武帝以后,外戚执政者常冠以大司马或大将军的名号,实际权力高于丞相。东汉时,大将军位置仍稳稳地处于三公之上,骠骑、车骑、卫将军也已经与三公地位相同。

两汉权力的转移有三种主要类型:第一类是独立出来权力迁移,主管武事的太尉或大司马系列的军职最后凌驾于主管行政的丞相、大司徒、御史大夫之上。第二类是大将军、骠骑将军、车骑将军等职务主要由外戚担任。霍氏、王氏、大将军梁商等。第三种是从原主管部门分出了部分权力:

1）尚书分出了三公府的权力

成帝建始四年（前 29 年）春，罢中书宦官，初置尚书员五人。成帝河平元年（前 28 年）六月，罢典属国并大鸿胪。《前汉书卷十·成帝纪第十》P30。这里新设的尚书职能来自宦官，任用正规选拔的公职人员代替宦官处理皇帝交办的事务。尚书的权力很快就自成体系，哀帝时，光禄大夫龚胜将博士夏侯常说给他听的一则传言说高陵县居民中有儿子杀死了自己的母亲。未经查证就上报，尚书追问信息来源。龚胜告知是来自夏侯常，尚书让龚胜请夏侯常确认，后者说信息来自一位平民，但又讥笑龚胜"奏事不详。"胜穷，亡以对尚书，因自劾，奏与常争言，涝辱朝廷。事下御史中丞，召诘问，劾奏胜"二千石，常位大夫，皆幸得给事中，与议论，不崇礼仪，而居公门下相非恨，疾言辩讼。婿谩亡状，皆不敬。制曰：贬秩各一等。胜谢罪，乞骨骸。上复加赐赏，出胜渤海太守。胜谢病不任之官，积六月免归。哀帝在世与后任君主都尊重龚胜，最后荣归故里。《前汉书·卷七十二·龚胜传》P285。龚胜曾抨击董贤扰乱国家秩序，让哀帝很不愉快，这次因为一点小事儿遭到比较重的处罚，可以看出哀帝还在因为董贤的事生龚胜的气。

东汉光武帝开始尝试政归台阁，是为了防备君主的权力下移，保障政策法令出自君主。这的确可以预防掌权的大臣擅权，但是国家的最高职务成为虚职，改由一群身份地位很低的人对全国发号施令，国家无疑出现了两套行政系统。地位高的只享有高等级的待遇，但政治的中心地段已经迁移至台阁。东汉其实为台阁发挥作用做了准备，东汉的尚书郎来自尚书台的令史（二百石），后从孝廉中选拔，蔡质《汉仪》云：初上台称守尚书郎中，中岁满（即满一年）称尚书郎，三年称侍郎（四百石）。《后汉书·志第二十六·百官三》P3598。从尚书台的令史与孝廉录用的尚书郎中，试用一年后称职，转为尚书郎。

到东汉汉安帝时，尚书喧宾夺主，光武帝的英灵可能看到了"政归台阁"的景象，汉安帝元初三年（公元 116 年），"时三府任轻，机事专委尚书。陈忠上疏谏曰：尚书决事，多违故典，罪法无例，诋欺为先。"《后汉书·卷四十六·陈忠传》P1565。陈忠虽然对台阁履职能力持批评态度，但是权力却已经按光武帝的愿望归于台阁。三府就是三公府，尚书接管了三府的部分权力，陈忠批评尚书处理朝政经常违背传统规则和惯例。三公权力向尚书过渡时有尚书行政乖谬的问题，实际上这些问题由三公府处理时也不可能完全没有问题。得到权力和失去权力的部门与个人都会出现彼此排斥的情况。权力允许迁移，随后变成了竞争。尚书的部分权力又被中常侍抢占。

"大将军梁商特辟（王畅）举茂才，四迁尚书令，出为齐相。徵拜司隶校尉，转渔阳太守,所在以严明为称,坐事免官。是时政事多归尚书,桓帝(公元146年即位)特诏三公。令高选庸(功也)能,太尉陈蕃荐畅清方公正,有不可犯之色,由是复为尚书。寻拜南阳太守。《后汉书·卷五十六·王畅传》P1825。

2) 宦官及其子弟抢占了部分权力

两汉中最先任用宦官掌握机要的是汉宣帝。"初宣帝不甚从儒术,任用法律,而中书宦官用事,中书令弘恭、石显,久典枢机。"《前汉书·卷七十八·萧望之传》P304。

因为宦官受宠的缘故,原本也使用士人的中常侍之职,变得一概只任用宦官身份的人。中常侍延熹五年(前162年),尚书朱穆上书言:汉故事,中常侍或用士人,建武以来,乃悉用宦者。《两汉纪·后汉纪·孝桓帝纪下卷第二十二》P421。是时(桓帝延熹七年,公元164年)中常侍侯览、具瑗骄横最甚,选举不实,政以贿成。太尉杨秉奏请将其免官理罪。尚书诘秉掾曰:夫分官设职,各有司承,三公统外,御史察内。今约左右,何所依据?其开公具对。杨秉令人转达,除君之恶,惟力是视。桓帝后来免去侯览等职。(东晋)袁宏撰,张烈点校《两汉纪·后汉纪·孝桓帝纪下卷第二十二》P423。

在《汉书》中有与袁宏的大致一致的记载,东汉桓帝延熹五年(公元162年),杨秉担任太尉时,正值宦官势力兴盛,杨秉与司空周景想要加以控制,上奏:内外吏职,多非其人。自顷所征,皆特拜不试。致盗窃纵恣,怨讼纷错。旧典,中臣子弟不得居位秉势,而今枝叶宾客布列职署,或年少庸人,典据守宰。延熹七年,中常侍侯览的弟弟益州刺史侯参被太尉杨秉上奏弹劾,用囚车押送廷尉途中,侯参惶恐自杀,杨秉随即弹劾侯览和具瑗两位中常侍,其文章指出,按国家传统制度,宦官本是宫中守夜役使的下等人,由于君主的宠爱,让他们参与执政,他们中有很多因为掌权后违法不道的人,这些人不能秉公执法,"请免官送归本部"书奏,尚书召见杨秉的属吏,说"公府外职,而奏劾近官,经典汉制有故事乎?"杨秉派人对这个尚书说"汉世故事,三公之职,无所不统"这个尚书并不清楚是否有这么个规则,即使有疑惑但学养不够不能反驳。弹劾的威力随即发挥出来,"帝不得已,竟免览官,而削瑗国。《后汉书·卷五十四·杨秉传》P1772。二个人指出了三个问题:1. 近期录用的人很多没有参见国家正式资格考试,仅仅是经过特别任命封拜即入职,一些能力品行不合格的人造成了不良的社会影响。2. 宦官大量参与国家重大决策和执政。3. 宦官子弟原本禁止担任国家重要职务,但现在重要官职的不少。他们的上奏移送尚书后,尚书竟然专门召见太尉府的属员,指出三公府是外职,弹劾内官的人有越界之嫌,诘问汉代经典内是否有相关陈规？杨秉强硬地回答,三公的职务,统摄全国所有官员,所有在职官员都必须接受管辖。实际上宦官以及尚书之类的近臣因为与皇帝的私交密切而获得了更多的权力。

3）司隶校尉的职务

成帝时,北地的一位大商人被义渠县长逮捕,但这个人侥幸脱逃,义渠县长抓来他的母亲,将其与公猪一起捆绑当地传舍内,这位巨商后来召集亲朋冒充司隶部属和长安县尉,杀死了义渠县长的妻子儿女六人逃走。丞相、御史请求派掾属和司隶校尉、部刺史合力追捕案犯,让凶徒尽快归案,获得成帝批准。司隶校尉涓勋上奏说:

"《春秋》之义,王人微者序乎诸侯之上,尊王命也。臣幸得奉,以督察公卿以下为职。今丞相薛宣请遣掾吏,以宰士督察天子奉使命大夫,甚悖逆顺之理……愿下中朝特进、列侯将军以下,正国法度。"《前汉书·卷八十四·翟方进传》P316。《全汉文·卷四十九·涓勋·奏劾薛宣》P394。

涓勋说的是根据春秋义理,王室的卑官也要排在诸侯之上,这是为了尊重周天子。我有幸得到天子的任命,职务范围就是专门监督公卿以下的官员。现在丞相薛宣请求派掾属,让宰相的属官来监督天子的司隶如何处理公务(原文以宰士督查天子奉使命大夫,甚悖逆顺之理。),有违制度和春秋之义。他认为义渠县长的不幸不过是一家人遭遇不幸的刑事案件,薛宣这样大张旗鼓做只是想专权。他请求将此案交与中朝(即汉武帝以来由信任的尚书、常侍、散骑常侍等组成宫内决策班子以及大司马前后左右将军为内朝或中朝,丞相以下至六百石等为外朝。参见《前汉书·卷七十七·刘辅传》P301。)特进列侯将军以下裁断。对此评估的结果认为丞相掾不应该移送文书催促司隶。巨商被逮捕处决,强行将其家属迁徙。

3. 九卿

充任将军的大鸿胪

西汉昭帝始元四年(前83年),朝廷派大鸿胪田广明击益州(平叛)东汉已经无丞相之称号,太尉、司徒、司空为三公,西汉时管理山林水泽的少府在东汉成为管理皇帝的御服珍玩的人,但是他的几位的属官未来将崛起,在国家政治举足轻重：1. 侍中,比二千石。2. 中常侍(有原来的千石改为比二千石)。3. 尚书令(千石,)尚书仆射(六百石,尚书,西汉时四人,东汉六人,另有左右丞三十六侍郎,令史等)。4. 御史中丞(千石,御史大夫改为大司空后,中丞留兰台,为御史台之长,后改属少府。汉代兰台为藏书之处,历来为御史中丞所官,后称御史台为兰台。)少府下辖的上述四个部门显示对皇帝全方位服务是当时政治的核心。

汉哀帝时(前6—前1年在位),龚胜、龚舍都是楚人,"楚王入朝,闻舍高名,聘舍为常侍。不得已随王归国。固辞,愿卒学,复至长安。而胜为郡吏,三举孝廉,以王国人不得宿卫补吏。"《前汉书·卷七十二·龚胜龚舍传》P285。

4. 事务性官员与荣誉体系官员

1) 职务有内外之分:光武即位,知伏湛名儒旧臣,欲令干任内职,徵拜尚书,使典旧职。时大司徒邓禹西征关中,帝以湛才任宰相,拜为司直,行大司徒事。车驾每出征伐,常留镇守,统摄群司。《后汉书·卷二十六·伏湛传》P894。

2) 拨烦吏与荣誉性职位之区别:拨烦吏处理例行公事和应急状况,治理日常事务需要迅速做出决定,面对复杂的问题既需要敏锐的判断力,又要有独当一面的勇气。龚胜虽然不是治理地方的合适人选,但是他有见识,思想相对独立,价值观固定。龚胜在朝廷中辩论是非真假,敢于直面不同意见。君王给他安排在朝廷的工作基本出于了解,并无偏见。呈现出不同类型的个人能力,但都是从事必要的工作。君王调整龚胜的职务是量才录用,各尽所长,不存在歧视或者贬低,龚胜后来在履职中表现得也很得当,是一个合理的任命。光禄大夫与谏议大夫之类同属事务性官职。

加官是本官之外的另一种兼职,赋予其特别的任务和权力。汉代的加官有六种:侍中(丞相的属官)、左右曹(参与处理尚书事务)、诸吏(参与司法)、散骑、中常侍皆加官。所加或列侯、将军、卿大夫、将、都尉、尚书、太医、太官令至郎中,亡员,多至数十人。侍中、中常侍得入禁中,诸曹受尚书事,诸吏得举法,散骑骑并乘舆车,给事中亦加官,所加或大夫、博士、议郎,掌顾问应对,位次中常侍。《前汉书·卷十九上·百官公卿表》P74。西汉的加官皆为内朝官,皇帝所亲信的人。例如,哀帝建平四年(公元前3年)三月,侍中、驸马都尉董贤、左曹给事中、光禄大夫息夫躬、南阳太守孙宠都皆以告东平王封列侯,各食邑千户。《前汉书卷十一·哀帝纪第十一》P32。龚胜的诸吏给事中,董贤的侍中职务都给了他们参与国家重大政事的身份和权力。受到皇帝亲近,并不意味着持久的信任,他的处理事务的结果以及个人意见是否正确不是决定性的,取决于是否合乎皇帝的意图。光禄大夫任龚胜,"守右扶风,数月,上知胜非拨烦吏,乃复还胜光禄大夫,诸吏给事中。胜言董贤乱制度,繇是逆上指。《前汉书·卷七十二·龚胜传》P285。董贤容貌跌丽,一生为哀帝所宠,龚胜抨击董贤破坏制度,意见虽然正确,却被哀帝憎恶。孙宠、息夫躬等以无盐石头自行竖立起来捏造东平王刘云诅咒哀帝,图谋大位。却得以被哀帝亲重。可见被皇帝信任的职位并不一定做对皇帝有利的事。

杨恽是司马迁女儿之子，汉宣帝时被廷尉判大逆不道，司法部门上奏中有云："杨恽幸得列九卿诸吏（身居九卿的，担任诸吏光禄卿），宿卫近臣（皇上的宿卫近臣），上所信任，与闻政事。"《前汉书·卷六十六·杨恽传》P268。加这六种官职者皆可出入、居住省中，与闻政事、参与国家大政。他们跟中朝、内朝的存在密切关系，

有些加官是临时性的，安帝时代的太尉没有加"参录尚书事"一职，如安帝建光元年（公元121年）八月，前司徒刘恺为太尉，二年十月，刘恺免，司徒杨震为太尉。安帝延光三年（公元124年）三月太尉杨震免。四月任命光禄勋冯石为太尉。延光四年（公元125年），三月，安帝逝世，太后听政，车骑将军阎显立刘懿为皇帝（即少帝，在位七个月），四月以太尉冯石为太傅（上公，高于三公，无常职），任命司徒刘熹为太尉，录尚书事。光武帝时没这么做，安帝以后开始多见，皇帝让太尉参录尚书事，后成为惯例。后汉顺帝永建元年（公元126年）正月，太尉刘熹被免职，二月大鸿胪朱宠被任命为太尉，参录尚书事；顺帝永建元年（公元126年）九月，初令三公、尚书入奏事，扩大了奏事者的人数和机会。永建二年（公元127年）七月，太尉朱宠罢，太常刘光为太尉，参录尚书事。刘光的任期到永建四年（公元129年）八月结束，刘被罢免。九月大鸿胪庞参为太尉，录尚书事。顺帝阳嘉二年（公元133年）七月，庞参被免。大鸿胪施延为太尉。没有了同时"参录尚书事"的任命。顺帝阳嘉四年（公元135年）四月，太尉施延免，前太尉庞参为太尉。永和元年（公元136年）十一月，太尉庞参罢。十二月，前司空王龚为太尉。永和五年（公元140年九月，太尉王龚罢，桓焉为太尉。汉安元年（公元142年）十月，桓焉罢，十一月，司隶校尉赵峻为太尉，大司农胡广为司徒。冲帝建康元年（公元144年）八月，太尉赵峻为太傅，大司农李固谓太尉，参录尚书事，（间隔十一年后，重新恢复任命太尉，同时"参录尚书事。"的惯例。但在质帝本初元年（公元146年）闰六月，太尉李固免职，任命司徒胡广为太尉时，又不再参录尚书事。

加官是一个错误的设计，它本身具有很大的随意性，直接破坏了制度所需要的稳定性与连续性。职位完备规整时有明确的分工，分工就有可能导致趋向精细的专业化，达到一定程度时就有希望变得合理化程度高，操作简洁有效。名副其实分工的另一个效用是不同权力部门相互间有制约作用，但是加官的设计很大程度破坏了分工和部门制约功能，出现一批被君主亲信但职位稍低的官员享有比他们的直接上司更多的接触皇帝的机会，甚至行使着更为重要的权力。他

们对平级或下属部门的冲击也相当大。加官是专制的重要工具,君主可以利用它提拔重用一些与自己投缘但职级不够或囿于资历不能过快提拔的人而压制那些倔强、刚直乃至与自己正面冲突的高级官员,从而实现自己的主张,这些主张中很多被证实是错的。

5. 职能的变动

武帝元封五年(前 106 年),武帝开始设置十三州部刺史。汉成帝建始四年(前 29 年)罢中书宦官,(注曰:汉初中人有中谒者令,孝武帝加中谒者令为中书谒者令,置仆射,宣帝时任中书官弘恭为令,石显为仆射。元帝即位数年,弘恭死,石显代为中书令,专权用事,至成帝乃罢其官)初置尚书员五人。师古曰:汉旧仪云:尚书四人。为四曹:常侍尚书主丞相御史事;二千石尚书主刺史二千石事;户曹尚书主庶人上书事;主客尚书主外国事。成帝置五人,有三公曹,主断狱事。《前汉书·卷十·成帝纪》P30。汉成帝时的中谒者令为使用士人。

东汉的尚书台已经有六曹:吏曹尚书主管公卿事;二千石曹主管郡国二千石事;民曹主管官吏上书事务;三公曹主刑狱(一说三公曹分两曹,加主客曹为六曹,主客曹后分南北后仍称六曹);南主客曹、北主客曹主管异族与对外交际事务,尚书令、仆射、六曹尚书统称八座。(尚书前加某曹是在汉灵帝时,书法家梁鹄被任命为选部尚书。张怀瑾著《书断》)后汉光武帝建武六年(公元 30 年)十二月,初罢郡国都尉官。七年二月,罢护漕都尉官。建武七年,省长水、射声二校尉官。《后汉书·卷一下·光武帝纪第一下》P50—53。十一年四月,省大司徒司直官。建武十八年,罢州牧,置刺史。

第二节　行政程序与习惯

一、独断与密谋

必要的独断专行成帝阳朔二年(前 23 年)五月,成帝将官吏的俸禄消减,除吏八百石,五百石秩。(即八百石减为六百石,五百石减为四百石,元帝任命京房为魏郡太守,俸禄为八百石。参见京房传。)《前汉书·卷十·成帝纪第十》P30。没有成帝与朝臣们商议减俸的记载。成帝平生的大事就是让自己幸福,像成帝一样如此自行其是的皇帝在当时的文化背景下要承受极大地压力,皇帝们不仅身体是国家的组成部分,一言一行也必然会被无限诠释,尽管如此,在这个国家里自由度最高皇帝们中,他仍然是个性明显、独立特行的一个,他爱的人包括两种性别，是"温柔乡"的发现者或原创，他使赵飞燕、赵合德姐妹作为汉成帝的女人闻名遐迩；其生母王政君的兄弟们虽然在元帝时代已纷纷平步青云，王氏篡夺刘汉政权的事业则是从成帝这里起步。因此，第一种可能是这是谁的提议是否得当他并不在意，成帝批准只是因此合他的心意。第二，为何降低一批官员俸禄在成帝看来是根本无须讨论的枝节问题，可以不在廷议事项之列，成帝出面通知让相关部门立即确实执行倒是为其所最看重。列为第三的是最不可能的情况：成帝顾及政权的稳定，官员体系团结与效率，考虑涉及他们中一批人的切身利益，皇帝特意不将这个相对棘手的问题让集体讨论，而是明确提示，此乃皇帝本人单独决定，这反而不会让被降薪者对表态赞同降薪的那些官员产生意见、抵触乃至导致嫌隙长期存在。

元帝（前48—至前33年在位）初即位，徵贡禹为谏大夫，数虚已（谓听受其言也）问政事，是时年岁不登，郡国多困，禹奏言：……民产子三岁，则出口钱，故民重困。……天子下其议，令民产子七岁乃出口钱，自此始。又罢上林宫馆希幸御者，及省建章、甘泉宫卫卒，减诸侯王庙卫卒省其半，余虽未尽从，然嘉其质直之意，禹又奏欲罢郡国庙，定汉宗庙迭毁之礼，皆未施行。为御史大夫数月后卒，……上追思其议，竟下诏罢郡国庙，定迭毁之礼。《前汉书·卷七十二·贡禹传》P285。尽管一些意见没有被采纳，或者没有被立即采纳，贡禹的君主享有何种权力还是淋漓尽致的。

独断是历代包括汉代君主们的重要功课，其主流文化中的精英人物都期待君王们无所不能，十全十美，他们的理论就建立在这个最重要的基石之上，制度体系的弱点也正在于此，因为是为完美的君主设计，所以制度的很大部分是由君主决定可与否的，制度设计。客观地说，他们的梦想也曾断断续续地实现过，有些人惊鸿一瞥，但平庸迷茫的君王为数众多，虽然其中许多是该文化的优等生，却有个愚妄、一事无成的君王人生。制度体系中的刚性部分少，需要高度的专注和应变力，实践中，君王们或因懒惰而缺乏主动性，或判断力不佳而无所适从，多数时间内他们隐身于君王华丽的仪容之下，猥琐而幼稚，一心幻想奇迹或得过且过。该体制下，无论独裁还是放任，信任坚定抑或随时准备逃避责任，委事众臣的君主反而业绩，这种文化和制度均无法控制、改变。

二、经典个人决策——一项制度推行的曲折经历

1. 获得信任

京房（原本姓李，根据自己推算的卦象改姓京）一度作为一个有预知能力的

超人被元帝尊崇,过程具有偶然性。元帝初元四年(前45年),京房以孝廉为郎。元帝永光、建昭(前38—前34年)间,"西羌反,日蚀,又久青亡光,阴雾不精。(精谓日光,精明也)京房数上疏,先言其将然,近数月,远一岁,所言屡中,天子说之。"京房连续几次预测日食变化都大致准确,吸引了元帝的注意力,京房的意见被重视。

2. 制定方案

元帝"数召见问房。房对曰:古帝王以功举贤,则万化成瑞应著,末世以惠誉取人,故功业废而至灾异,宜令百官各试其功,灾异可息。"京房上疏认为最近天文现象反映出国家对公职人员履职情况管理未尽其善,导致灾异频现。提出"百官试功",强化吏治,他的建议得到了元帝的响应,诏使房作其事(下诏让京房做成此事)元帝令其整理成文,京房交出的定稿是"《考功课吏法》",《考功课吏法》的方案史料记载仅见轮廓:晋灼曰:令、丞、尉治一县,崇教化,亡犯法者辄迁,有盗贼满三日不觉者则尉事也。令觉之,自除,二尉负其辜(罪也),率相准如此法。)县令、县丞、县尉在本县内对自己管辖区所有事务负全责,辖区内推崇教化,犯罪率最低的地区长官升迁。发生盗抢案件二日没有捕获犯人,追究县尉责任,县令自己发现问题,县丞、县尉要被追究失职责任。与常见模棱两可的规定不同,这是份个人单独提出考功法,严厉到可能令人人自危。

3. 实施的前期准备

廷议不是可有可无的过程,但是元帝重视该方案,命令朝廷大臣具体讨论方案实施的可行性,他急于改变政府现状的心情可以理解,但对提出一个意见有合理性但极有可能招致仇恨,以致忠于君王的人成为嫉恨的公开目标而缺乏必要的保护。"令公卿朝臣与房会议温室(殿名),皆以房言烦碎,令上下相司,不可许。上意乡之。时,部刺史奏事京师,上召见诸刺史,令房晓以课事,刺史复以为不可行。惟御史大夫郑弘,光禄大夫周堪初言不可,后善之。京房最强硬的对手石显、五鹿充宗学业有相同的渊源"时中书令石显颛权,显友人五鹿充宗为尚书令,与房同经,论议相非。二人用事。石显握有实权,京房计划被否决。京房也是一个有执着的人,仍在利用每一个机会巩固元帝对计划的好感。"房尝宴见(以闲宴时而入见天子)问上曰:幽、厉之君何以危,所任者何人也,上曰:君不明而所任者巧佞。房曰:知其巧佞而用之,邪将以为贤也。上曰:贤之。房曰:然则今何以知其不贤?上曰:以其时乱而君危知之。房曰:若是任贤必治,任不肖,必乱,必然之道也。幽、厉何不觉寤而更求贤,曷为卒(即终也),任不肖以至于是?上曰:临乱之君,各贤其臣,令皆觉寤,天下安得危亡之君? 房曰、:齐桓公、秦二世亦尝闻此君而非笑之，然则任刁竖、赵高，政治日乱，盗贼满山，何不以幽、厉卜之而觉悟乎？上曰：唯有道者，能以往知来。……后上令房上弟子晓知考功课吏事者，欲试用之。房上中郎任良、姚平，愿以为刺史，试考功法。臣得通籍殿中，为奏事以防壅塞。京房的努力没有白费，坚定了元帝的信心，尽管齐聚京师奏事的各部刺史众口一致地反对京房的《考功课吏法》，元帝很意外地没有从地方大员那里得到支持，且朝中大臣中反对者也居多，仅御史大夫郑弘、光禄大夫周堪从反对转而支持《考功课吏法》，不知是从理性上确认该法实施有助于加强国家行政效率和执行力，还是揣摩到了元帝的心意而改变。元帝的此时对京房的好感超过反对意见的全部份量，尽管中央和地方大臣基本反对，仍力排众议，让京房在他的弟子中推荐对考功课吏法最为精通的人，准备先选择部分地方实施。京房推荐任良、姚平，建议任命二人为刺史，他本人留在朝廷，方便二人将考功课吏法实施的情况及时、真实地上报。

4. 真正的阻力

看到考功课吏法推进出人意料的迅速，中书令石显、尚书令五鹿充宗对京房的不满与日俱增，"石显、五鹿充宗皆疾房，欲远之。建言宜试以房为郡守，元帝于是以房为魏郡太守，秩八百石，居得以考功法治郡。房自请愿无属刺史，得除用他郡人，自第吏千石以下，（令长属县，自课第殿最，岁竟乘传奏事。天子许焉。他们暂时附和元帝假装支持实施京房计划，但狡诈地设法让元帝任命京房为魏郡太守，在魏郡试验《考功课吏法》，京房离开元帝是他们的破坏行动的主要步骤，京房失去元帝及时的保护。京房听到元帝的任命，敏感地判断出机会与危机同步逼近，请求：1. 部刺史不要干预他在魏郡的行动。2. 他可以在其他郡挑选一批官员，协助自己对本郡官员进行考察，一年后向元帝上报考察结果。得到了元帝的准许。京房随即前往地方赴任。

5. 获罪

京房虽然作了很多准备，但仍然低估了对手的实力与决心，"……淮阳宪王舅张博从房学，以女妻房。房与相亲，每朝见，辄为博道其语（指天子说了什么）以为上欲用房议，而群臣恶其害己，故为众所排。……房与张博一次谈话中提到朝廷大臣，房曰：中书令石显，尚书令五鹿君相与合同，巧佞之人也，事县官十余年，及丞相韦侯（即韦玄成）皆久亡补于民，可谓亡功矣。此尤不欲行考功者也。"京房离京一个月后即遭逮捕，估计尚未到任。石显告京房"诽谤政治，归恶天子，诖误诸侯。"被砍头示众。他的《考功课吏法》有商鞅余韵，可能导致人人自危，故不为多数人所喜。石显等人下狠手则可能是得到元帝信任的京房是个入侵者，让其做大有可能发现国家存在一些积弊,让石显等大权在握等人失去部分权力。《前汉书·卷七十五·京房传》P293。

考功课吏法胎死腹中,一方面是因为这个方案有感觉上的缺陷,支持者少,元帝之所以接受,估计很大部分是因为京房此前在天文方面的表现震撼了他,爱屋及乌,误以为此人一切都会如此正确、超常。反对者夸大了一个孤立的吏治计划对他们控制大局的危害,因此即使方案并未实施,也没有给任何人带来损失,还是迅速处决了京房、张博,后者是淮阳宪王刘钦(也是元帝的亲弟弟)的舅舅,也是京房的岳父,他支持京房,与京房、张博接近的御使大夫郑弘也被免为庶人。这是件典型个人决策的案例:1. 制定方案的不是相关部门,而是一个受宠的低级官员的独出心裁。2. 皇帝询问过的所有大臣几乎都众口一致地表示反对,元帝还是坚持独自强行予以推进。3. 这个吏治监督方案并未实施,却是王朝一次改变的尝试,既得利者成功狙击了这次改变,不是通过论证说服而是非正常手段。4. 元帝之前已经从京房那里知道石显是导致国家灾异频现的原因,却不直接对其采取措施,而是要转弯抹角地从地方着手改善吏治,揭示他只会有选择性地采用考功课吏法。5. 他了解信任京房,又准许石显等人对京房判处重罪,这位君王的个人性而不是合理性在这个时期一直都在主导他自己利益以及他的国家路径,独断与密谋经常是并存的。

京房在汉元帝初元元年(前 48 年)间提出的"百官试功",即《考功课吏法》,是一个没有实施的官员监督方案,具体内容已经亡轶。元帝有意推行的方案估计监管力度大而且一定易于操作,会有效限制了实权人物的权利空间,因此遭到不顾一切的反对。他们对方案否定,对方案制定者予以毁灭性的打击。在这种政治环境下,做出正确决定的非常困难。原因在于体制结构下必然存在的利益集团只在乎利益,不在乎正确性。

东汉的尚书令左雄建议监督重点放在录用之前,议改察举之制,"限年四十以上,儒者试以经学,文吏试章奏。尚书仆射胡广与尚书郭虔、史敞上书驳之:六奇之策,不出经学;郑(子产在郑国)、阿(晏子在东阿)非必奏章。"至于年龄的限制,胡广认为更是毫无理由。"汉承周、秦,兼览殷、夏,祖德师经,参杂霸轨圣主贤臣,世以致理,贡举之制,莫或回革。今以一臣之言,划戾旧章,矫枉变常,政之所重,而不访台司,不谋卿士"。《后汉书·卷四十四·胡广传》P1506。顺帝没有接受胡广等人的意见。胡广后出为济阴太守。因为举吏不实(即徐淑类似,济阴、广陵二郡)免职。后复为汝南太守。顺帝拒绝胡广意见是对的,胡氏理解上有偏颇:1. 左雄并不完全排斥四十岁以下的人,但要名副其实。左雄设立年龄上的限制是根据孔子"四十不惑"见解,左雄"上言曰:请自今孝廉年不满四十,不得察举皆先诣公府,诸生试家法,文吏课笺奏。副(即送副本于中央)之端门,练其虚实,以观异能,以美风俗。有不承课令者,正其罪法。若有茂才异行,自可不拘年齿。"帝从之,于是颁下郡国。广陵推举的孝廉徐淑因为年龄没有达到四十岁,"年未及举台郎疑而诘之,对曰:"诏书曰:有如颜回、子奇,不拘年齿。是故本郡以臣充选,"郎不能屈。雄诘之曰:昔颜回闻一知十,孝廉闻一知几邪?淑无以对。乃遣却郡,于是济阴太守胡广等十余人皆坐谬举免黜"自是牧守畏栗,迄于永熹(冲帝年号,公元 145 年)察选清平,多得其人。《后汉书·卷六十一·左雄传》P2020。最让胡广反对的是该察举法没有经过台司的讨论,即颁发全国。

左雄还有跟进的计划,又奏徵海内名儒为博士,使公卿子弟为诸生,有志操者,加其俸禄,及汝南谢廉,河南赵建,年始十二,各能通经,雄并奏拜童子郎于是负书来学,云集京师。《后汉书·卷六十一·左雄传》P2021。左雄的改革意见强调真才实学,但是他似乎只着眼于书本知识,称得上有矫枉过正之嫌,"初,顺帝时所除官多不以次(不按制度),及(太尉李固)固在事,奏免百余人。"《资治通鉴·卷五十二·汉纪四十四》P356。左雄见到不称职的人太多,因此尝试做一些硬性规定快速抑制,未免伤及无辜。

二、集体决策

霍光以昭帝的名义举行盐铁会议。昭帝始元六年(前 81 年),"诏郡国举贤良文学士,问以民所疾苦,于是盐铁之议起焉。《前汉书·卷六十六·车千秋传》P267。

宣帝甘露三年(前 51 年)三月,在长安未央宫的石渠阁,"诏诸儒讲五经同异,太子太傅萧望之等平奏其议,上亲称制临决焉,乃立梁丘《易》、大、小夏侯《尚书》、穀梁《春秋》博士。《前汉书·卷八·宣帝纪第八》P27。章帝建初四年(公元 79 年)十一月,白虎观会议:"太常、将、大夫、博士、议郎、郎官及诸生、诸儒会白虎观,讲义五经同异,使五官中郎将魏应承制问,侍中淳于恭奏,帝亲称制临决,如孝宣甘露石渠故事。作白虎奏议。《后汉书·卷三·显宗孝章帝纪第三》P138。这是一场马拉松式的会议,"建初中,大会诸儒于白虎观,考详同异,连月乃罢。肃宗亲临称制,如石渠故事。"《后汉书·卷七十九上·儒林列传第六十九》P2546。

以上三例中,皇帝、大臣、诸儒讨论的问题有学术问题,抽象的和现实的问题,这里讨论的内容虽然现在不是政事,却是政治的一部分。通过这次讨论后作出的决定极其重要,而且决定基本是正确的。形式也与廷议相似,与会者可以提出自己的见解,接受别人的质疑,最后作出决定。但是必须指出:无论是见解、质疑还是结论,经过讨论后得出的结论并不总是正确,这与未经过讨论得出的结论是否正确甚至没有概率上的大小区别。《白虎通德伦》是班固根据白虎观会议资料整理汇编,当时人认为正确有用的知识都被汇聚,作为国家决策的依据。不论是讨论部分还是判断部分,尽管绝对是郑重其事,都无法被所有在场者或者独立思考的人完全接受,这是个意见本身和表达意见皆充满不确定性的时代,作为决策者,他们对自己的抱负、意见及其执行力并无可靠的工具。

三、廷议是集体决策的主要形式

廷议是指上朝时允许讨论的问题,集体参与并寻求解决办法,有时候立即取得共识,得到好结果,有时则过程曲折,结局尚好;有些则完全失败,乃至成为悲剧。徵鲍宣为谏大夫,"宣每居位,常上书谏争,其言少文多实,是时帝祖母傅太后欲与成帝母俱称尊号,封爵亲属,丞相孔光,大司空师丹、何武,大司马傅喜执正议,失傅太后指,皆免官。丁、傅子弟并进,董贤贵幸,宣以谏大夫从其后上书谏曰:窃见孝成皇帝时,外亲持权,人人牵引,所私以充塞朝廷,妨贤人路,浊乱天下。……上感大异,纳宣言。《前汉书·卷七十二·鲍宣传》P286。国家公职人员中地位最高的四位在朝廷上提出了自己的意见,意见正确、理性,但被一心追求最高身份哀帝祖母傅太后否决,四位三公都被撤职。但是谏议大夫鲍宣的一些想法意外地被汉哀帝采纳。

龚胜是个有独立见解,但比较冲动,行事不够审慎的人,他与同僚十四人共同论辩,为身陷诏狱的王嘉定性,只有他一个人持正确意见,但并不为皇帝接受。《前汉书·卷七十二·龚胜传》P285。王嘉案中朝臣们是根据哀帝的主观愿望定罪。

王嘉案之后不久的一天,朝臣讨论内容是王朝的庙宇"复会议可复孝惠、孝景庙不,议者皆曰宜复。胜曰:当如礼。常(夏侯常)复谓胜:礼有变。胜疾言曰:去!是时之变。(言时人意自变尔,礼不变也)常恚谓胜曰:我视君何若(无所似也)君欲小与众异,外以采名,君乃申徒狄属尔……。《前汉书·卷七十二·龚胜传》P285。汉孝惠帝、孝景帝的庙能否得以恢复,多病的哀帝恢复大量被前任们禁废的诸神祠官,乞求神灵保全自己身体康宁,龚胜的意见被夏侯常认为是为捞取声誉故意让自己与众不同,公事变成了私人之间的龃龉。按礼制龚胜的意见是正确的，但是大家似乎看出哀帝心意，似乎比较一致地支持哀帝，龚胜是正确的失败者，不过未曾见恢复的记载。

章帝元和（元和共历三年，公元 84—86 年）中一天，如何解决缺乏粮食的问题在朝廷重点讨论，"是时榖贵，县官经（即常用）用不足，朝廷忧之。尚书张林上言：榖所以贵，由钱贱故也。可尽封钱，一取布帛为租，以通天下之用。又盐，食之急者，虽贵，人不得不须，官可自鬻。又宜因交阯址、益州上计吏往来，市珍宝，收采其利，武帝时所谓均输者也。"于是诏诸尚书通议，尚书仆射朱晖奏据张林言不可施行，事遂寝。《后汉书·卷四十三·朱晖传》P1460。尚书张林认为粮食腾贵乃货币严重贬值之故，建议以布帛作为缴纳租税，不再用钱。建议二是盐由官方专卖。建议之三是行均输之法。各郡设均输官，应交之物及运费折价交均输官，由其在价低处购买相应数量上交朝廷，剩余在价格高处卖出盈利。均输之法从节省运费开始，到官方贱买贵卖贩运货物获利止，其实在解决运输问题的同时会产生新问题，比如物价波动时如何折算实物和运费？公平合理性难以保证。尚书省讨论后，尚书仆射朱晖予以否决。"后陈事者复重述林前议，以为于国诚便，帝然之，有诏试行。晖复独奏曰："王曰：天子不言有无，诸侯不言多少，禄实之家不与百姓争利，今均输之法与商贩无异，盐利归官，则下人穷怨，布帛为租，则吏多奸盗，诚非明主所当宜行。"帝卒以林言为然，得晖重议，因发怒，切责诸尚书。晖等皆自系狱。三日，诏敕出之。曰：国家乐闻驳议黄发无愆，诏书过耳，何故自系？晖因称病笃，不肯复署议，尚书令以下惶怖，谓晖曰：今临得遣让，其祸不细！晖曰：若心知不可而顺旨雷同，负臣子之义。遂闭口不复言，诸尚书不知所为，乃共劾奏晖。帝意解，寝其事，后数日，诏使直事郎问晖起居，太医视疾，太官赐食，晖乃起谢，复赐钱十万，布百匹，衣十领。后迁为尚书令。《后汉书·卷四十三·朱晖传》P1460。张林和朱晖的意见同样有问题，但是章帝意下准备接受张林的意见，朱晖的意见令章帝气恼，尚书仆射朱晖等因为发现自己的见解惹怒了章帝后，也不准备进一步说服君王，竟然自行入狱，等待君主问罪。章帝是一个比较愿意听到不同意见的人，虽然自己的意愿没有得到贯彻，仍然对主要反对者释放善意，予以重用。

"顺帝欲立皇后，而贵人有宠者四人，莫知所建，议欲探筹，以神定选。"顺帝不能确定自己最想要让哪一位贵人为皇后已有时日。一天他突发奇想，准备抽签而让神做出决定，他将自己的主意告诉了大臣们，不过他没有听到齐声喝彩，尚书仆射胡广、尚书郭虔、史敝上疏陈谏曰："窃见诏书以立后事大，谦不自专。欲假之筹策，决疑灵神，篇籍所记，祖宗典故，未尝有也。持神任巫，既不必当贤；

就值其人,犹非德选。……宜参良家,简求有德,德同以年,年钧以貌,稽之典经,断之圣虑。"帝从之,以梁贵人良家子(家世出身高贵),定立为皇后。《后汉书·卷四十四·胡广传》P1505。虽然不能断定这否是属于集体讨论的结果?顺帝接受它或者这就是顺帝想要的决定,如果不是,他可以提出自己最想要的决定让相关部门执行,正确的决定也会有人反对,假设朝廷理性的,执行起来阻力就会最小,但顺帝如果坚持要选择一个明显错误的决定,全国上下也没有万无一失的阻止办法。

四、讨论的后果

两汉的廷议对重大国策和日常琐事均有指导意义,政治讨论中直接产生了很多决议和制度,而不会再经过专门部门做专业性论证,廷议内容起为社会结构定型以及不断影响改变着社会生活的作用。允许就重大敏感问题在朝廷上公开讨论的一种情况是君王自认为遇到棘手的问题,自己力不所及,独自无法解决,求助于众人的智慧。二是对一个问题有不同的争议,需要以多种方式确认是否合理,如何遵循、修改。第三种是君主暗示或公开自己的选择和计划,不论是对还是错都要求接受执行。

引导两汉的朝廷讨论思路的还有文化背景、现状以及个人偏好,有些人的才华得到展示,但有些人的意见正确却结果悲惨,错在大家,也可能只是君主一人,比如王嘉。公开的讨论不能得出正确结论的原因现在看来大部分是因为智力所限,由于无法逾越自身的品行、利益局限,人们要坚持或者要反对的是其实是正确的或错误的。

两汉人为何没有急于寻求公认可靠的标准来减少生活中的压力和对立?这种要求其实总是很迫切,最大的阻力来自皇权,制度设计了皇权的自由空间,只要皇权不在乎后果,他的空间是无边无际。如果有一套比皇帝正确可靠的标准存在,对皇权的挑战会难以计算的,它甚至会令皇权边缘化,皇权本能上会意识到这一点。

理性的皇权原本是对社会持续造就福利的范围内,宽容皇权的这种能力中断或者迟到,就像容忍一个标准的缺陷存在,具有客观性和善意,但缺陷产生的问题有时会大于它带来的好处。

庄严辉煌的朝廷上讨论的鲜有时尚、食物的品味,消磨闲暇时光的游戏规则等的话题,主要是继承、黜陟、案件、时局等,当时人认为原来越多地关注后者就是在改善国民的生活,而对于类似前者与国人生活更密切相关也更直接的生活内容却往往讳莫如深，即使不能说这是本末倒置，却是重大的认识错位，如果政权实际关注的首选不是持续改变人的生活，制度的缺陷就必然会长期存在，而且只会越来越多地脱离、扭曲生活，从而变成生活的羁绊，对弈与毁灭的惹眼选项。

第三节　职务的迁移与履职方式

一、任命与罢免手续

按惯例，丞相、大司马等职任命同时，会封爵。任命的如果是一个九卿职务，会同时授予一份军职，例如，哀帝初即位时，傅喜为卫尉，左将军。

安帝延光三年（公元 124 年）八月，大鸿胪耿宝为大将军。安帝延光四年三月，任命大将军耿宝行太尉事。大将军是军职，太尉管国家军事，他们的职权基本重合。

宣帝时张敞为京兆尹（二千石，汉景帝分左右内史，右内史为京兆尹、右扶风，左内史为左冯翊），朝廷每有大议，引古今处便宜，公卿皆服，天子数从之。上爱其能，……然（张敞）终不得大位。《前汉书·卷七十六·张敞传》P299。

安帝建光元年（公元 121 年）八月，刘恺被任命为太尉，二年十月，刘恺免，担任太尉十四个月。杨震接任为太尉，安帝延光三年（公元 124 年）三月，杨震担任太尉十九个被免职。次年四月，任命冯石为太尉，在职一年。延光四年（公元 125 年），四月，任命刘熹为太尉。后汉顺帝永建元年（公元 126 年）正月，太尉刘熹被免职，在职八个月。二月，朱宠被任命为太尉，永建二年（公元 127 年）七月，太尉朱宠罢，在职十七个月。太常刘光为太尉。刘光的任期到永建四年（公元 129 年）八月结束，刘光被罢免，在职二十五个月。九月庞参为太尉，顺帝阳嘉二年（公元 133 年）七月，庞参被免是已经担任太尉三年十月。施延为太尉。顺帝阳嘉四年（公元 135 年）四月，太尉施延免，在职二十一个月。前太尉庞参为太尉，他是第二次次担任太尉。顺帝永和元年（公元 136）年十一月，太尉庞参罢，在职十九个月。十二月王龚为太尉，永和五年（公元 140 年）九月，太尉王龚罢。在职四年九个月。同年九月，桓焉为太尉。汉安元年（公元 142 年）十月，桓焉罢，在位二十五个月。同年十一月，赵峻为太尉。冲帝建康元年（公元 144 年）八月，担任太尉二十一个月的赵峻转任司徒，李固为太尉。质帝本初元年（公元 146 年）闰六月，太尉李固免职，在职二十三个月。胡广为太尉。《后汉书·卷六·顺冲质帝纪录》P23。建和元年(公元147年)六月,太尉胡广罢。《后汉书·卷七·桓帝纪》P26。胡广在职一年。

公元121—147年,共任命十三位太尉。按照各位太尉在位时间长短排序:

太尉王龚。在职57个月。

太尉庞参,在职46个月。

太尉刘光,在职25个月。

太尉桓焉,在位25个月。

为尉赵峻,在职21月。

太尉施延,在职21月。

杨震太尉,在职19个。

太尉庞参,在职19个月。

太尉朱宠,在职17个月。

太尉刘恺,在职14个月。

太尉冯石,在职12个月。

太尉胡广,在职12个月。

太尉刘嘉,在职8个月。

在这份样本中,二十六年时间内,任命十三位太尉,人均在任上两年,安帝、顺帝、冲帝、质帝、桓帝在位时都受到明显的掣肘,但程度、时间很不同:汉安帝被邓太后、邓骘所立,在邓太后逝世后,又利用宦官摧毁邓氏,从此成为宦官的保护伞,在位二十年。汉顺帝,宦官所立,在位二十年的时间里一直都受制于宦官以及外戚梁商、梁冀父子。汉冲帝系汉顺帝之子,冲帝二岁即位,汉顺帝皇后梁讷以皇天后身份临朝称制,汉冲帝在位半年后病故;汉质帝八岁即位,在位一年半,一生都在梁太后、梁冀兄妹的羽翼颤抖,后被毒杀。汉桓帝亦梁太后、梁冀兄妹所立,在位二十一年,其间外戚和宦官先后播弄朝政,在位时期大批党人遭到禁锢。朝纲紊乱,社会黑暗。这期间是外戚、宦官登峰造极之时,皇帝在位时间最短的比太尉在任时间还要仓促。在位时间最长的皇帝比在任时间最短的太尉要长很多,皇帝有天然的优势,在多数人心理上,皇帝总是正面与正确的象征,国家的问题自然会归咎于他人。

在任时间最长的王龚和最短大刘嘉都是顺帝时代的人。五位皇帝中桓帝在位二十年最长,安帝十八年,顺帝十八年。幼儿汉冲帝、汉质帝在位时间短促,朝中大臣是帝国的宫廷内仍依靠最有威信能力的处理日常事务,他们虽然处于不断被动调整中,似乎也大体上稳定,这是因为他们已经被边缘化,他们的意见已经并不重要,作用也已经很小。但他们仍然是技术行家,是深负众望的社会名流。无论哪一边控制国家,他们都是各自所需要的帮手。

二、职务的转移

1. 升迁规则

因为上司的信任而升迁,张汤子张安世,少以父任为郎,……上奇其才,擢为尚书令(汉成帝建始四年开始置尚书令,尚书四人,常侍、二千石、民、客四曹,东汉光武帝时三公权力渐渐被尚书台取代),迁光禄大夫。昭帝即位,大将军霍光秉政,光以安世笃行,光亲重之,会左将军上官桀父子及御史大夫桑弘羊皆与燕王、盖主谋反诛,光以朝无旧臣,白用安世为右将军,光禄勋,以自副焉。久之,天子下诏,右将军光禄勋安世辅政宿卫,肃敬不怠,十有三年,咸以康宁,夫亲亲任贤,唐虞之道也,其封安世为富平侯,明年昭帝崩。未葬,大将军光白太后徙安世为车骑将军,与共徵立昌邑王。王行淫乱,光与安世谋废王,尊立宣帝。《前汉书·卷五十九·张安世传》P247。

隽不疑,治《春秋》,为郡文学,进退必以礼,名闻州郡。武帝末,郡国盗贼群起,暴胜之为直指使者,衣绣衣,持斧,逐捕盗贼,督课郡国,东至海。以军兴诛不从命者(诛伐皆依军兴之制),威震州郡。隽不疑主动拜谒暴胜之,隽不疑认为"凡为吏,太刚则折,太柔则废。"胜之专门向尚书推荐,征诣公车,拜为青州刺史。《前汉书·卷七十一·隽不疑传》P281。

2. 个人政绩出色

武帝即位,汲黯为谒者……迁东海太守,黯学黄老言,治官民好清静,择丞史任之,责大指而已,不细苛,黯多病卧阁内,不出岁余,东海大治,称之。上闻召为主爵都尉,列于九卿。治务在无为而已,引大体,不拘文法,为人性倨少礼。面折不能容人之过,合己者善待之,不合己者弗能忍见。士亦以此不附焉。《前汉书·卷五十·汲黯传》P218。汲黯有矛盾的个性,一方面好清静,一方面又缺乏容忍性,以个人为评判是非的标准,既主观又专横。

3. 亲友的提携

孝景帝时,郑当时为太子舍人,当时好黄老言,其幕长者,如恐不称(恐不称其意,非常殷勤地对待长者)。虽然他喜好黄帝、老子思想,但同时也喜欢通宵达旦地聚饮。武帝即位,郑当时历鲁国中尉、济南太守、江都国相,后至九卿,为右内史。(右内史相当于九卿),任大司农期间有罪免职为平民,但后又获准任职于丞相府担任长史,转任汝南郡太守。死于任上。昆弟因为郑当时在官,有六七个都做到了二千石。《前汉书·卷五十·郑当时传》P218。

政绩之外另有许多升迁途径:平当对灾异理论方面的丰富知识对自己的仕途作用重大。平当"少为大行治礼丞,功次补大鸿胪文学,察廉为顺阳长,栒邑令,以明经为博士,公卿荐当论议通明,给事中。每有灾异,当辄傅经术言得失。哀帝即位,徵当为光禄大夫诸史散骑,复为光禄勋,御史大夫至丞相。《前汉书·卷七十一·平当传》P282。

4. 学术名流

延笃以精通典籍在京师洛阳闻名,桓帝以博士徵延笃,"拜议郎……稍迁侍中。帝数问政事,笃诡词密对,动依典仪。"《后汉书·卷六十四·延笃传》P210。桓帝多次向延笃咨询政事,每当有人打听与皇帝谈话的具体内容,延笃从不以实告人,谨慎、守法。博士是仕途的重要平台,侍中在东汉隶属少府,比二千石,侍中之中有的是侍从皇帝左右,随时向皇帝提供咨询的外戚或学术名流,也有部分侍中侍候皇帝日常生活琐事。但因为有较多的机会与皇帝相处接近,他们容易受到内外的重视。侍中准许进入禁中或不能入禁中取决于不同的皇帝的偏好。参见《通典·卷二十七·职官九》P392。

5. 有一种约定俗成的惯例,皇血统是进入官场的优越条件

刘屈氂是武帝庶兄中山靖王之子。不知其所以进,征和二年(前91年)制诏……其以涿郡太守屈氂为左丞相,……以澎户二千二百封左丞相为澎侯。《前汉书·卷六十六·刘屈氂传》P267。刘屈氂是以何种途径进入官场的? 官方没有记载,身份即可以决定。在汉武帝为君五十年时破格任命他的侄子为唯一的丞相。

6. 有试用期的安排

赵广汉,举茂才为平准令,察廉为阳翟令。以治行尤异,迁京辅都尉,守京兆尹。……迁颍川太守。郡大姓原、褚宗族横恣,宾客犯为盗贼,前二千石莫能擒。广汉既至,数月诛原、褚首恶。本始二年(宣帝本始二年,前72年),汉发五将军击匈奴,徵广汉以太守将兵,属蒲类将军赵充国。从军还,复用守京兆尹,满岁为真。《前汉书·卷七十六·赵广汉传》P297。赵广汉担任平准令时有廉洁的令誉,提拔为阳翟县令,在县令任内政绩出色,升任京辅都尉,试用为京兆尹,随后任命为颍川太守,在颍川任内一度引兵出征匈奴,归赵充国管辖,后返回京兆尹任上,直到得到正式任命。守指试用期,真为正式任命。

东汉的尚书郎来自尚书台的令史（二百石），后从孝廉中选拔，蔡质《汉仪》云：初上台称守尚书郎中，中岁满（即满一年）称尚书郎，三年称侍郎（四百石）。《后汉书·志第二十六·百官三》P3598。试用一年称职，转为尚书郎。

7. 基层官吏的升迁

一些有勇气的行为也可以冲抵没有在地方基层主政的缺陷，得到高级职务任命。张敞后随宣帝徙杜陵，敞本以乡有秩（乡有秩者，啬夫之类也）补太守卒史，察廉为甘泉仓长，稍迁太仆丞。杜延年（时为太仆）甚奇之。会昌邑王徵即位，动作不由法度。敞上书谏……后十余日，王贺废。敞以切谏显名，擢为豫州刺史（六百石），以数上事有忠言，宣帝征敞为太中大夫，与于定国并平尚书事。以正违忤大将军霍光，而使主兵车出军省减用度（被委派掌管军费支出），复出为函谷关都尉，宣帝初即位。废王贺在昌邑，上心惮之，徙敞为山阳太守。（昌邑国原为山阳郡）。《前汉书·卷七十六·张敞传》P299。张敞从有百石俸禄的乡长——太守卒史——甘泉仓长——太仆丞——豫州刺史——太中大夫——函谷关都尉——山阳太守（二千石）。

一个自己完全信任的人安排在被废黜的昌邑王刘贺那儿担任地方官，才会让宣帝感到安全，这是一个来自皇帝的直接任命。可以说张敞得到高级职务的任命与宣帝的信任关系很大。张敞起点低，但有个前提，他履职能力没有问题。

主父偃起点更低，但升迁进度可与张敞媲美，齐国临淄人主父偃爱读书，家庭贫困，在齐国无法立足。武帝元光元年（前134年），主父偃来到长安，求见卫青，卫青多次向武帝推荐，但没有得到武帝的重视，眼看随身钱财即将用尽，他直接上书武帝，文章的重点是律法，最后一项是汉朝与匈奴关系。武帝看重他的想法，主父偃与大致同时上书的人徐乐、严安等都被任命为郎中，主父偃随后又多次上书，又升任谒者、中郎、中大夫。一年内升迁四次。《前汉书·卷六十四上·主父偃传》P260。宣帝任用张敞是出于信任，武帝则是重效率的人，他对勤奋、思想活跃的人抱有高度好感，有时候不免认为即使是错误的新主意也比懒惰的墨守成规要好。

个人的升迁产生的负效果有可能不是来自个人缺乏履职能力，不是君主的猜疑或者使用不顺意，而是来自嫉妒或者过分紧张的竞争对手。"成帝建始四年（前29年）五月，中谒者丞陈临杀司隶校尉辕丰于殿中。"二人一直有怨，辕丰在长安令位置上有出色政绩，提拔为司隶校尉，陈临见其上升，害怕对自己不利，派人刺杀成功。《前汉书·卷十·成帝纪》P30。陈临大致已经精神失控，杀手居然在大殿之内杀还大臣。他还是雇请的人，而不是自己，说明他还想作案后侥幸免罪。

因为一个人在某个领域特别出众以及成就而擢升是正常现象,但是他们的专长以及有过的成就并不能保证他们未来正确处理事情。丞相于定国家传法律专长,自己在长期主管司法部门,多有建树,国家高官厚禄,对他们寄予莫大的希望,但是实践证明他们是常人,能力有限,或者缺乏监督而责任心懈怠,或者因为年事已高而懒慵;或者因为自负而失去必要的敏捷,或者是思维落后而丧失必要的应对能力。宣帝甘露(甘露元年为前53年)中,于定国"代黄霸为丞相。宣帝崩(黄龙元年,前49年),元帝立,时陈万年为御史大夫,与定国并位八年,议论无所拂(言不相违戾也)后贡禹代御史大夫,数处驳议(与于定国意见不合)定国明习政事,率常丞相议可(天子皆可定国所言)然上始即位(前49年即位),关中连年被灾害,民流入官,言事者归咎于大臣。上由是数以朝日(五日一听朝)引见御史、丞相入受诏,条责以职事。"元帝就治安、吏治、赈灾等问题向他的大臣们寻求答案,丞相于定国竟然束手无策,只能消极地上书谢罪。元帝即位的第六年,即永光元年(前43年)自然灾害比较严重,窘迫中的国人以至于父子竟然都不能互相顾及,元帝责问为何没有听到国家中央和地方管理机构的通报和解决方案。于定国惶恐,"上书自劾,归侯印,乞骨骸。"元帝的本意是希望于定国等人加强对中央与地方政权的管理,而不是怪罪于他,但于定国只是个好法官,不是治国之大才,因在需要他挺身而出,表现担当全力赈灾济困时,只求自己保命。见于定国去意已决,元帝最后接受了他的请求,赐予丰厚赏赐,允许立即去职退休。《前汉书·卷七十一·于定国传》P282。于定国是一个因为个人安全第一的官员代表,这种类型为数不少,他们总体上是来消费这个国家,官职的待遇让让他们过得舒舒服服,他们的意志已经被政治风云消磨殆尽,元帝的眼中只是一个幻觉,君主与国家遇到思维障碍,行动选择困难时,他们已经退化成只会随声附和的生物,需要决断和奉献精神的竞争平台上基本无法感觉到他们的存在,成为一群专门领取俸禄的幽灵。

汉武帝会如何对待于定国这样的官员?定型为不称职?不称职的积弊与危害对于人生大起大落的武帝来说是他在应该有反对和批评的声音听不到反对与拒绝。人民屈服于权力,事无巨细顺从权力的意志,被认为是君主制度的最佳状态,经典理论中论证只有君主十全十美时国家才能进入这一罕见而珍贵的状态,实际上,君主可以通过悖理的方式达到这种状态,而他们自己还认为这样做并无不当。这种政治生态会产生一种最直接的后果:在最需要独立思考的精神,需要力排众议的勇气,需要正确的意见时,整个国家鸦雀无声,令君主恐慌的甚至不是人民的公开反抗而是精神麻木,木然地对待国家的衰败以及自己的存亡。

汉武帝一度认为自己代替全体国人思想,决定一切行为的方式而志得意满,后来又发现人的一切过误都会遭到惩罚,而且必须自己以及不仅仅是自己一人承担。后世不像他一样认为他的轮台诏书完全正确,但其中有一点是肯定的,"任何人都不能包办一切!"这一点他光荣地认识到了。帝位的继任者和国人既不理解他的伟大,也不理解其伤痛的人如此之多,最为极端的意见更倾向于将他的人生视为一场不必要的闹剧,武帝对自己的文化怀有百分之百的善意,却成为一个间隙性精神谵妄者,是生吞活剥、不加选择地接受并热爱这种文化的必然结果?还是武帝本身心智脆弱达不到该文化的高度与厚度而被无情愚弄所致?发疯君王,疯狂的事例,自欺欺人、自相残杀与自甘落后的现象层出不穷,与这种文化有何种关联?所有这里发生的一切,坏事和好事,受害者与受益者,是单纯的理性还是特定的文化赋予了他们各自的胜负?

8. 高级职务的任期长短不一,因人而异。

建武元年(公元25年)七月,邓禹为大司徒,吴汉为大司马,王梁为大司空,建武二年二月,大司空王梁免(任职七个月),太中大夫宋弘为大司空。建武三年闰正月,邓禹因与赤眉战败被免大司徒职务(任职十六个月)。同年三月,大司徒司直伏湛为大司徒。建武五年,十月,使大司空祀孔子。十一月,大司徒伏湛免(在职二年八个月)。尚书令侯霸为大司徒,建武六年十二月大司空宋弘免(四年十个月)。七年五月,前将军李通为大司空。《后汉书·卷一下·光武帝纪第一下》P50—53。

建武十三年,大司徒侯霸薨(在职八年)。三月沛郡太守韩歆为大司徒,行大司空马成罢。四月冀州牧窦融为大司空。十五年大司徒韩歆免,自杀。十五年正月,汝阳太守欧阳歙为大司徒。十五年十一月。大司徒欧阳歙下狱死(在职十个月)。十二月关内侯戴涉为大司徒。建武二十年四月,大司徒戴涉下狱死(四年四个月),二十年四月大司空窦融免(在职七年整),五月大司马吴汉薨(在职近二十年)。六月,广汉太守蔡茂为大司徒,太仆朱浮为大司空。骠骑将军刘隆行大司马事,二十二年七月,司隶校尉苏邺下狱死。二十二年十月,大司空朱浮免(二年四个月)。光禄勋杜林为大司空。二十三年五月,大司徒蔡茂薨(三年差一个月),八月大司空杜林薨(在职十个月),九月陈留太守玉况为大司徒,十月,太仆张纯为大司空。二十七年四月,大司徒玉况薨(三年七个月),五月,司徒、司空去大字。又改大司马为太尉,骠骑大将军行大司马刘隆即日免,以太仆赵熹为太尉,大司农冯勤为司徒。中元元年,司隶校尉李䜣为司徒。光武帝中元元年,三月,司空张纯薨(在职近五年),六月太仆冯鲂为司空,数日后司徒冯勤薨(在职二年）。十月，司隶校尉李䜣为司徒。中元二年光武帝崩。《后汉书·卷一下·光武帝纪第一下》P83。光武帝至死也没有吐露，或者尚未领悟，频繁地黜陟高官是否是解决问题的办法？抑或只是在回避问题？甚至是问题从未被他和他的智囊们真正发现？

对比光武帝之后诸帝高层任职时间：

安帝建光元年（公元121年）七月太尉马英逝世，八月任命前司徒刘恺为太尉，延光元年（公元122年），十月刘恺免职（任职十四个月），同月司徒杨震为太尉。安帝延光三年（公元124年）三月太尉杨震免（任职十七个月）。四月任命光禄勋冯石为太尉（任职十二个月），延光四年（公元125年），三月，安帝逝世，太后听政，阎显为车骑将军，立刘懿为皇帝（即少帝，在位七个月），四月以太尉冯石为太傅，任命司徒刘熹为太尉，后汉顺帝永建元年（公元126年）正月（任职九个月），太尉刘熹被免职，二月大鸿胪朱宠被任命为太尉，永建二年（公元127年）七月，太尉朱宠罢（任职十七个月），太常刘光为太尉，刘光的任期到永建四年（公元129年）八月结束，刘被罢免（任职二十五个月）。九月大鸿胪庞参为太尉，录尚书事。顺帝阳嘉二年（公元133年）七月，庞参被免（任期三年零十个月，任期之最）。大鸿胪施延为太尉。顺帝阳嘉四年（公元135年）四月，太尉施延免，前太尉庞参为太尉。永和元年（公元136）年十一月，太尉庞参罢（任职十八个月）。十二月前司空王龚为太尉，永和五年（公元140年）九月（任职三年九个月），太尉王龚罢。九月，桓焉为太尉。汉安元年（公元142年）十月，桓焉罢（任职十三个月），十一月，司隶校尉赵峻为太尉，大司农胡广为司徒。冲帝建康元年（公元144年），八月，太尉赵峻为太傅（二十一个月），大司农李固为太尉，质帝本初元年（公元146年）闰六月，太尉李固免（二十二个月），司徒胡广为太尉。桓帝建和元年（147年）即位，六月，太尉胡广罢（约一年），大司农杜乔为太尉，九月太尉杜乔免（任职三个月）。十月，司徒赵戒为太尉，司空袁汤为司徒，前太尉胡广为司空。建和元年十一月，前太尉李固、杜乔皆下狱死。《后汉书·卷七·孝桓帝纪第七》P291。桓帝建和三年（公元149年）十月，太尉赵戒免（约二年），司徒袁汤为太尉，大司农河内张歆为司徒。P294，和平元年（公元150年）二月甲寅，皇太后梁氏崩。三月甲午，葬顺烈皇后（梁妠）《后汉书卷七·孝桓帝纪第七》P296。元嘉元年（公元151年）四月，司徒张歆罢。光禄勋吴雄为司徒、十月，司空胡广罢。《后汉书·卷七·孝桓帝纪第七》P297。元嘉二年十一月司空黄琼免，十二月，特进赵戒为司空。永兴元年（公元153年）十月，太尉袁汤免（约四年），太常胡广为太尉。司徒吴雄，司空赵戒免。以太仆黄琼为司徒，光禄勋房植为司空。（频繁调职)《后汉书·卷七·孝桓帝纪第七》P298。时隔六年,胡广再次被任命为同职——太尉。有第二次重新启用一个人担任太尉的例子:顺帝阳嘉四年(公元 135 年)太尉施延被免职,前太尉庞参重新担任太尉。

吴汉是在职时间最长的大司马,在所有高级官员中担任同一职务时间最长,光武帝之后,大臣在职时间普遍变短,杜乔在位近三个月即被免职。

地方官有些长期在一个地方任职,汉哀帝刚即位时,王嘉上书指出:孝文帝时,官吏在一个地方任职,任职时间太久,子孙竟然有些以官职作为姓氏,例如仓氏、库氏,即是负责管理仓库官员的后代。《前汉书·卷八十六·王嘉传》P323。

三、任职的一般性风险——制度性的,常态的风险

1) 皇权对行政权力的认同程度决定职务的风险程度,皇权理性与理想具有不确定性与随机性,均可能成为稳固或者摧毁行政体系的力量。

文帝四年(前 176 年)绛侯周勃犯罪关入廷尉署诏狱。(周勃本无罪,入狱是被误解造成,后释放。)

汉景帝三年(前 154 年)正月,为平息七国之乱杀御史大夫晁错。

景帝后元元年(前 143 年)五月,条侯周亚夫获罪被捕入狱,死在狱中。无罪入狱,绝食而死。

武帝元狩五年(前 118 年),丞相李蔡自杀(他是李广的从弟)。

武帝元鼎二年(前 115 年),冬十一月,御史大夫张汤获罪自杀,十二月,丞相庄青翟因罪下狱,死在狱中。

武帝元封五年(前 106 年),大司马大将军卫青逝世。

武帝太初二年(前 103 年),丞相石庆逝世。

武帝天汉三年(前 98 年),御史大夫王卿有罪。自杀。

武帝征和二年(前 91 年)正月,丞相公孙贺被捕入狱,死在狱中。

征和二年(前 91 年),制诏……其以涿郡太守屈氂为左丞相,……以澎户二千二百封左丞相为澎侯。昌邑王,贰师将军女弟之子,贰师女为屈氂子妻,故共欲立焉。是时治巫蛊狱急,内者令郭穰告丞相夫人以丞相数有谴,使巫祠社,祝诅主上,有恶言,及与贰师将军共祷祠,欲令昌邑王为帝,有司奏请按验,罪至大逆不道,有诏载屈氂厨车以徇,要斩东市,妻子枭首华阳街,贰师将军妻子亦收,贰师闻之,降匈奴,宗族遂灭。《前汉书·卷六十六·刘屈氂传》P267。

建武十五年(公元 39 年),大司徒韩歆免,自杀,他的错误是直率。十五年,著名儒学大家,汝阳太守欧阳歙为大司徒。由于在任职郡守期间职务贪污。十

五年十一月,就职不到一年的大司徒欧阳歙下狱,死欲狱中。

孝明帝永平十一年(前68年),七月司隶校尉郭霸下狱死。十二月,司隶校尉王康下狱死。《后汉书·卷二·孝宗孝明帝纪第二》P114。

武帝的抱负激活了他的朝廷,导致这个时代的大臣压力巨大,他们有的执行力不够,有的是因为皇帝的过度猜忌,还有的死于完全是无中生有的诬告。前118年丞相李蔡自杀。前115年冬十一月,御史大夫张汤获罪自杀,十二月,丞相庄青翟因罪下狱,死在狱中。前103年以谨慎出名的丞相石庆逝世。他担任丞相时,"公家用少"桑弘羊等致利王舒温之属于峻法,兒宽等推文学,九卿更进用事,事不关决于庆,庆醇谨而已。在位九岁,无能有所匡言。石庆决定改变这种状态,让高祖以来最有抱负、活力君王对他有一种积极进取的印象"尝欲请治上所近臣所忠、九卿咸宜,不能服,反受其过,赎罪。桑弘羊等务实派架空了他这个曾经"出为齐相,不治而齐国大治"的丞相。石庆在逝世前曾因罪以钱赎免。《前汉书·卷四十六·石庆传》P207。前98年,御史大夫王卿有罪自杀。

武帝为太子时,公孙贺(贺夫人君孺,卫皇后姊也)为舍人,武帝即位,贺迁至太仆,后五岁,以车骑将军从大将军卫青出有功,封南窌侯。后再以左将军出定襄无功,坐酎金,失侯。复以浮沮将军出五原无功。(有功封侯,无功没有受罚)后八岁,遂代石庆为丞相,封葛绎侯。时朝廷多事,督责大臣,自公孙弘后,丞相李蔡、严青翟、赵周三人比坐事死。石庆虽以谨得终,然数被谴。初贺引拜为丞相,不受印绶,后勉强接受任命,贺子敬声代贺为太仆,父子并居公卿位。《前汉书卷六十六·公孙贺传》P266。前92年,公孙敬声有罪下狱,公孙贺急火攻心,请求捕捉侠客朱安世赎子之罪,朱安世抢先一步,告公孙敬声用巫术诅咒武帝,公孙贺被牵连入狱。前91年,父子死于狱中,

桓帝延熹八年(公元165年)七月,太中大夫陈蕃为太尉。九月,京师发生地震,司空周景免,周景免司空职务后,担任光禄勋。P315。延熹九年七月,太尉陈蕃免。光禄勋周景为太尉。九月,南阳太守成瑨、太原太守刘质并以谮弃市,司空刘茂免。《后汉书·卷七·孝桓帝纪第七》P317。延熹九年十二月,"司隶校尉李膺等二百余人受诬为党人,并坐下狱,书名王府。"这是一个严重扭曲的社会,在国家政治上代表主流学派,客观、理性的阶层遭到灭顶之灾,预示一种惨烈的社会震荡即将到来,国家理性的全方位缺失令社会各阶层均处于迷失状态,到处都是不恰当的人在从事与他们能力不相符的工作,相当于一种有职务的失业现象,从事政治决策的可能是一个无知的宦官,他即使错得离谱也不能纠正。因为他们所认为正确的决定多半是他们能够想到的最高明的注意。批评他们的意

见就意味着蔑视他们的社会地位和权力。

五、履职的特殊风险,随机性的,偶发的

国家行政司法体系被任意支配的另一种类型是国家制度被一种抽象的精神所替代,武帝征和二年(前 91 年)正月,丞相公孙贺被捕入狱,死在狱中。二年闰四月,诸邑公主、阳石公主陷入巫蛊案,被处死。二年秋七月,按道侯韩说,使者江充在太子宫中挖掘巫蛊,太子与皇后共谋杀死江充,太子以皇帝符节调动汉军,与丞相刘屈氂在长安城中大战,死者达数万人,太子逃亡,皇后自杀。御史大夫暴胜之、司直田仁由于在巫蛊案中失职,造成混乱,暴胜之自杀,田仁被腰,后来太子自杀。三年六月,丞相刘屈氂被捕入狱,判腰斩,妻子杀头。武帝后元元年(前 88 年)六月,御史大夫商丘成有罪自杀。

四年之内二位丞相二位公主被处死,二位御史大夫自杀,贤德的卫子夫卫皇后自杀,卫皇后之子太子刘据逃亡,卫子夫弟弟卫青,侄儿霍去病都是武帝倚仗的人。一个国家如何承受这样的际遇? 武帝可能还在把这当做自己的家事,但这是一个国家都无法承受的惨重损失,何况一个家庭? 武帝此时已经走到了他生命的最后时期,而他的精神已经先于肌体提前失控。

权力百无禁忌,无所不能是一个重要的标志,意味着将出现一个无人能驾驭的政治状态。“正常的反常”,是出于一种病态的逻辑:没有任何过错是一种罪过,必须惩罚仅仅是做对了事的人,以此让社会、事态相对正常,尤其自己可以接受。

六、吏治监督

1. 制度监督

建宁三年,初,朝议以州郡相党,人情比周,乃制婚姻之家及两州人士不得对相监临,至是复有三互法禁忌转密,选用艰难。愿陛下上则先帝,蠲除近禁其诸州刺史器用可换者,无拘日月三互,以差厥中。书奏不省。《后汉书·卷六十下·蔡邕传》P1990。

哀帝建平三年(公元前 3 年)王嘉代平当为丞相,哀帝初立,王嘉上书:“孝文时,吏居官者或长子孙(延长到了子孙继续担任同一职),以官为氏,仓氏、库氏则仓库吏之后也。其二千石长吏亦安官乐职,然后上下相望,莫有苟且之意。其后稍稍变易,公卿以下传相促急,又数改更政事,司隶、部刺史察过悉劾,发扬阴私,吏或居官数月而退送故迎新,交错道路。《前汉书·卷八十六·王嘉传》P323。

建武六年,执金吾朱浮上疏问:按旧制。州牧奏二千石长吏不任位者,事皆

先下三公,三公遣掾吏按验,然后黜退。帝时用明察,不复委任三府,而权归刺举(即州牧)之吏。窃见陛下疾往者上威不行,下专国命,即位以来,不用旧典,信刺举之官,黜鼎辅之任(即废除三公之职),至于有所劾奏,(针对二千石大吏)便加免退,覆案不由三府,罪谴不经澄察,陛下以使者为腹心,而使者以从事为耳目。是为尚书之平,决于百石之吏,故群下苛刻,各自为能。《后汉书·卷三十三·朱浮传》P1145。这个上疏没有得到回复。

2. 职务内的禁止行为与变通之法

君臣关系已经变得更加客观和实际。相互挑选时国家建构的核心,论曰:夫变通之世,君臣相择。(家语孔子曰:君择臣而任之,臣亦择君而事之。《后汉书·卷十六·邓寇列传第六》P607。

武帝时,郑当时任大司农期间,聘用自己的宾客,造成巨额亏损,被淮阳郡太守司马安举报后被免职,赎为庶人。《前汉书·卷五十·郑当时传》P218。

韦彪上疏:"……其二千石视事虽久,而为吏民所便安者,宜增秩重赏,勿妄迁徙。惟留圣心。"书奏,帝纳之。P919《后汉书·卷二十六·韦彪传》。

成帝建始四年(前29年)十月由于"河决东郡金堤,冬十月,御使大夫尹忠以河决不忧职,自杀。"决口导致二个州被淹没。次年即河平元年三月,在校尉王延世的统领下堵住黄河决口,朝廷为庆祝改元河平。《前汉书·卷10·成帝纪》P30。

某些时段(约三十年之间),密集地黜陟乃至将重臣处死,是国家行政系统已经沦为被支配角色的一种反映,其原有的责权已经被一种崛起的力量以不公开或半公开的形式被取代。后来宦官作为一个集群,越来越具有活力,他们已经成为权力的中心。

3. 退休

宣帝本始三年(前71年),韦贤:代蔡义为丞相,封扶阳侯,食邑七百户,时贤七十余,地结三年(前67年),以老病乞骨骸,赐黄金百斤,罢归,加赐第一区,丞相致仕自贤始。《前汉书·卷73·韦贤传》P287。

设置退休制度的主要作用是让年事已高的人让位于年富力强的人,保障政权效率,一个次要的作用是鼓励官员终身卓越服务,这个作用是制度监督的一部分。

第二十六章　来自周礼的错误——各种身份、利益、愿望构成的集团

第一节　贴身的权力

周天子与秦始皇的共同点：1. 都是国家的元首。2. 设定君位由家族成员继承。3. 使用宦官。不同点：1. 周天子将权力划为小块分配给诸侯。皇帝们的事业是设法将权力尽可能集中。2. 历代周天子致力于维护制度细节，皇帝们则不断修改制度。

为什么周天子与皇帝们的天下观大同小异，制度结构则截然不同？为何皇帝们的权力已经无人能及却拼命攫取权力？皇帝的权力是否有个最优值？不是越多越好？周天子对权力的节制带来了哪些坏处？

1) 参政的宦官

汉兴，仍袭秦制，置中常侍官，然亦引用士人，以参其选。《后汉书·卷七十八·宦者列传序》P2508。

灌婴曾为中谒者。《前汉书·卷四十一·灌婴传》P197。武帝改尚书令为中谒者令，"尚书令一人，千石。本注：承秦所置，武帝用宦官，更为中书谒者令。成帝用士人，复故。"《后汉书·志第二十六·百官三》P3596。汉武帝实际上没有完全使用宦官担任尚书令"张安世，给事尚书也。（师古注：于尚书中给事也，给，供也。）上奇其才，擢为尚书令，迁光禄大夫。《前汉书·卷五十九·张安世传》P247。张安世原本是个在尚书省供职的郎官，因为记忆力惊人被武帝赏识，任命为尚书令。汉武帝时尚书令是中书令的属官，或者确切说尚书令是中书令的谒者，故称中书谒者令。

"初，宣帝不甚从儒术，任用法律，而中书宦官用事，中书令弘恭、石显久典枢机，望之以为中书政本，宜以贤明之选，自武帝游宴后庭，故用宦者，非国旧制，又违古不近刑人之义，白欲更置士人。《前汉书·卷七十八·萧望之传》P304。萧望之因此与石显、弘恭等人结下怨仇。"石显、弘恭皆少坐法腐刑，为中黄门，以

选为中尚书。宣帝时,任中书官,恭为令,显为仆射。元帝即位数年,恭死,显代为中书令。是时元帝(前38—前33年在位)被疾,不亲政事,方隆好于音乐,以显久典事,中人无外党,(颜师古注:少有骨肉之亲,无婚姻之家也)精专可信任,遂委以政,事无大小,因显白决,贵幸倾朝,百僚皆敬事显。初元(前48—前44年)中,前将军(品秩与大将军同,万石。大将军若录尚书事则地位高于丞相)萧望之及光禄大夫周堪,宗正刘更生皆给事中,望之领尚书事,知显专权邪辟,建白以为“尚书百官之本,国家枢机,宜以通明公正处之,武帝游宴后庭,故用宦者,非古制也,宜罢中书宦官,应古不近刑人。元帝不听,由是大与显忤。后皆害焉,望之自杀,堪、更生废锢,不得复进用。《前汉书·卷九十三·佞幸传·石显传》P345。汉元帝时,有实权的中书令可以令丞相胆怯,“初,元帝时,中书令石显用事,自前相韦玄成及衡皆畏显,不敢失其意。”《前汉书·卷八十一·匡衡传》P310。

萧望之想改变武帝以来尚书令由中书令掌管的制度,不能让宦官担任中书令,中书令职位保留。他的理由是武帝任用宦官并不合古制,但是他不理解元帝重用宦官的苦心,元帝是想抑制外戚干政的现象,宦官没有婚姻,没有眷属,加上石显又特别善解人意,但是他们受教育少,身体残缺对大部分宦官都造成了心理影响,有残缺的人可能会更希望在别的方面强于健全人,他们追求权力的初衷并非为了做坏事,但是一些生理、心理不健康且教育不完整的宦官在大权在握时难免迷失,放纵自己,正常的人在权倾一时的时候也难以把持自己,但是他们能够权倾一时是制度赋予的权力,与他们的能力职位基本匹配。而中书省的宦官地位低权力却大于国家的最高官员,这种别扭的情况让国家体制断裂。萧望之可以说是开启了外朝与内朝官员权力争斗之闸。宦官权力来自武帝和元帝。前者因为喜欢闲暇的时光,对言听计从的宦官有需求,元帝这是想以宦官控制外戚问题。

接替元帝的成帝或许意识到了宦官的问题,在登基的第四年着手清理中书省的宦官。汉成帝建始四年(前29年)春,罢中书宦官,初置尚书员五人。即不在中书省使用宦官,新设置五位尚书,各具体负责一方面的朝中事务。中书省清除了在职的宦官,官员的素质并不会立即得到提升,普遍存在基本人性之中的善恶得失感出于某些时点会让某些人铤而走险,士人与宦官们作为一个集体而犯的错误相比,类型、程度不会有本质的差异。身份纯洁后的中书省仍有人眼中看得到无法并存的同僚,这种仇恨绝对不会随宦官们而去,建始四年(前29年)五月,中谒者丞陈临杀司隶校尉辕丰于殿中。《前汉书·卷十·成帝纪》P30。司隶校尉是国家重臣,中谒者丞陈临竟然在大殿内杀之。陈临不是宦官,这次谋杀事件是孤立的刑事案,与取消宦官在中书省担任职务的诏令无关,不代表中书省在改制后集体情感,而是个人行为,一种对政敌单纯而愚蠢的预防,与宦官唯一的关联是罪犯来自中书省而且事发在取消宦官在中书省任职资格不久的敏感时段内,但是在中书省职务之外,各种身份的宦官仍活力四射,导致政治演绎过程波动剧烈。

东汉没有中书令,宦官权力仍然是国家的核心问题,东汉储君制度的巨变,皇帝们越来越年幼,离经叛道的也不在少数,宦官成为不可或缺但极其危险的群体。"中兴之初,宦官悉用阉人,不复杂调他士。至永平中,始置员数,中常侍四人,小黄门十人。和帝即祚幼弱,而窦宪兄弟专总权威,内外臣僚,莫由亲接,所与居者,唯庵宦而已。故郑众得专谋禁中,终除大憝(大恶也,指窦宪),遂享分土之封,超登公卿之位,于是中宫始盛焉。自明帝(永平元年,公元58年)以后,迄乎延平(汉殇帝延平元年,公元106年)中常侍至有十人,小黄门二十人……兼领卿署之职,邓后以女主临政,……称制下令,不出房闱之间,不得不委用刑人,寄之国命。手握王爵,口含天宪,非复掖庭永巷之职,闺牖房闼之任也。阿旨曲求,则光宠三族;直情忤意,则参夷五宗。《后汉书·卷七十八·宦者列传序》P2509。

宦官权力的是非具有复杂性,从听命于人的宦官到发号施令的宦官是需要的产物。汉章帝时,郑众"迁中常侍,和帝初(公元88年在位),加位钩盾令。时窦太后秉政,后兄大将军宪等并窃权威,朝臣上下莫不附之。而郑众一心王室,不事豪党,帝亲信焉。及宪兄弟图作不轨,众遂首谋诛之,以功迁大长秋,策勋班赏,每辞多受少,由是常与议事,中官用权,自众始焉。《后汉书·卷七十八·宦者列传·郑众传》P2512。皇帝对宦官的有效需求是制度过度乖离造成的,是抵御另一种非正常宫廷势力威胁皇权而生成的孽生物。宦官势力得以勃发是君主专制制度的宿命,它的畸形发展导致其从职务范围到身体缺陷都得到政治上的弥补,后汉顺帝阳嘉四年(135年)二月,初听中官得以养子为后,世袭封爵。《后汉书·卷六·孝顺帝纪第六》P264。桓帝(公元146年即位)时彭城令魏朗曾上奏"时中官子弟为国相。"《后汉书·卷六十七·党锢列传第五十七·魏朗传》P3200。不仅宦官本身,他们还是孽生了亲属,这超出了元帝对宦官做出的"少有骨肉之亲,婚姻之家"等眷属干政的判断。

桓帝延熹五年(公元162年),冯绲因为平定已经叛乱五年之久的长沙蛮以及新起的武陵蛮,激动万分的桓帝要慷慨奖励冯绲一亿钱,冯绲拒绝接受,又主动将功劳让给自己的下属,但仍遭宦官暗算,奏折中编造其冯绲各种罪行,竟被策免。"顷之,拜将作大匠,转河南尹。上言'旧典,中官子弟不得为牧人职。'帝不纳。"《后汉书·卷三十八·冯绲传》P1284。他的意见没有被桓帝采纳是有原因的,当时"山阳太守单迁以罪系狱,绲考致其死。"单迁系宦官单超弟,单超势力庞大,早在桓帝延熹二年(159年)八月,中常侍单超、徐璜、具瑗、左悺、唐衡、尚书令尹勋因为战胜外戚梁翼,封单超等五人为县侯,勋等七人为亭侯。《后汉书·卷七·孝桓帝纪第七》P305。同年十一月,中常侍单超为还被任命为车骑将军。《后汉书·卷七·孝桓帝纪第七》P306。虽然延熹三年正月单超已经逝世,但他的势力仍对功绩卓著的冯绲构成威胁,当时的国家行政系统的官员们仍然低估了皇帝对宦官的需求为何如此旺盛。

桓帝永兴元年(153年),尚书朱穆上疏曰:案汉故事,中常侍参选士人。建武以后,乃悉用宦者。自延平以来,侵溢贵盛,假貂珰之饰,处常伯之任。(常伯即侍中,东汉侍中属少府下辖,比二千石)天朝政事,一更其手,权倾海内,宠贵无极,……愚臣以为可悉罢省,遵复往初,率由旧章,更选海内清淳之士,明达国体者,以补其处。……帝不纳。后穆因进见,口复陈曰:臣闻汉家旧典,置侍中、中常侍(中常侍属少府管辖,千石。)各一人,省(即览)尚书事。黄门侍郎一人(全称给事黄门侍郎,属少府,六百石)。《后汉书·志第二十六·百官三》P3592。传发书奏,皆用姓族(士人有族望者)。自和熹太后以女主称制,不接公卿,乃以阉人为常侍。小黄门通命两宫自此以来,权倾人主,穷困天下。"桓帝怒,不应。《后汉书·卷四十三·朱穆传》P1472。朱穆的话是准确的,他们牢记前代对宦官的种种约束,理智上推导出宦官干政的弊端,却只能眼睁睁地看到宦官们陆续被授予高级职务,桓帝之后的灵帝时代,对所谓的"旧典"已经毫不在乎,建宁二年(169年)十一月,是岁,长乐太仆曹节为骑车将军,百余日罢。《后汉书·卷八·孝灵纪第八》P331。曹节竟然也像单超一样担任了相当于公一级别等级的车骑将军。熹平元年(公元172年)长乐太仆侯览有罪,自杀。熹平四年(公元175年)十月,改平准(平准令秩六百石)为中准,使宦者为令,列于内署,自是诸署悉以阉人为令、丞。《后汉书·卷八·灵帝纪》P337。

一些听从个人偏好乃至放纵自己的政治野心的宦官因为对局面估计不足而恣意妄为导致朝政混乱,曹节"其本魏郡人,世吏二千石,顺帝初,以西园骑迁小黄门,桓帝时,迁中常侍,奉车都尉。建宁元年(灵帝建宁元年,公元168年),持节将中黄门虎贲羽林千人,北迎灵帝,陪乘入宫,及即位,以定策封长安乡侯,六百户。《后汉书·卷七十八·宦者列传第六十八·曹节传》P2524。曹节出身高官之家，身为宦官，仍然不甘居人后，宦官与朝臣们矛盾激化的高峰期，处危难之际，曹节几乎毫无惧色，"时窦太后临朝，后父大将军窦武与太傅陈蕃谋诛中官，节等……矫诏以长乐食盐王甫为黄门令，将兵诛武、蕃等。"《后汉书·卷七十八·宦者列传第六十八·曹节传》P2524。在生死攸关之际，人的本能完全支配了自己时的宦官们看起来毫无底线，灵帝建宁元年（公元 168 年）九月，中常侍曹节矫诏诛太傅陈蕃、大将军窦武及尚书令尹勋、侍中刘瑜、屯骑校尉冯述，皆夷其族。……司徒胡广为太傅，录尚书事。司空刘宠为司徒，大鸿胪许栩为司空。《后汉书·卷第八·孝灵帝纪第八》P329。他们是国家最高官员，整个国家机构基本被摧毁。尤其是将自己的利益与皇权安危混为一谈时手段更是无所不至。因为张俭检举侯览及其母罪恶，上奏章请予以诛杀，奏章被侯览所扣，"张俭乡人朱并，承望中常侍侯览旨意，上书告张俭与同乡二十四人别相署号，共为部党，图危社稷。……灵帝诏刊章捕俭等。大长秋因此讽有司奏捕前党故司空虞放、太仆杜密、长乐少府李膺、司隶校尉朱寓、颍川太守巴肃、沛相荀昱、河内太守魏朗、山阳太守翟超、任城相刘儒、太尉掾范滂等百余人，皆死狱中。余或先殁不及，或亡命获免。自此诸为怨隙者，因相陷害，睚眦之忿，滥入党中，又州郡承旨，或有未尝交关，亦离祸毒，其死徙废禁者，六、七百人。《后汉书·卷六十七·党锢列传第五十七》P2189。

　　桓帝延熹九年（公元 166 年）七月，太尉陈蕃免，九月，光禄勋周景为太尉。《后汉书·卷第七·孝桓帝纪第七》P317。九年十二月，（术士张成负案在身，被李膺逮捕杀，其弟子河内牢脩于是诬告李膺。参见《后汉书·卷六十七·党锢列传·刘淑传》P2190）司隶校尉李膺等二百余人受诬为党人，并坐下狱，书名王府。《后汉书·卷七·孝桓帝纪第七》P318。

　　次年，即桓帝永康元年（公元 167 年）六月，桓帝"大赦天下，悉除党锢，改元永康。"《后汉书·卷七·孝桓帝纪第七》。永康元年十二月，三十六岁的桓帝逝世，灵帝建宁元年（公元 168 年）二月辛酉，葬桓帝。《后汉书·卷第八·孝灵帝纪第八》P328。桓帝无子。灵帝于次年即建宁元年（公元 168 年）正月即位。桓帝虽已物化，灵帝与桓帝虽非父子，对党人的执念与戒备却一脉相承，逝者的意见以及留下问题均在灵帝那里放大，打压手段有过之而无不及。第二次党锢之祸发起人为侯览，灵帝建宁二年（169 年）十月，中常侍侯览讽有司奏前司空虞放、太仆杜密、长乐少府李膺、司隶校尉朱寓、颍川太守巴肃、沛相荀昱、河内太守魏朗、山阳太守翟超皆为钩党，下狱，死者百余人。妻子徙边。诸附从者锢及五属,制诏州郡大举钩党,于是天下豪杰及儒学行义者,一切皆为党人。《后汉书·卷八·孝灵纪第八》P330。

灵帝建宁四年(公元 171 年)正月,帝加元服,大赦天下,唯独党人不赦免。熹平元年(公元 172 年)六月,宦官暗讽司隶校尉段颎捕太学诸生千余人。《后汉书·卷八·孝灵帝纪》P333。卷入党锢之祸中的著名人士有:

刘淑,少学明《五经》遂隐居,立精舍讲授,诸生常数百人。桓帝闻淑高名,切责州郡使舆病诣京师,淑不得已而赴洛阳,对策为天下第一,拜议郎,又陈时政得失,灾异之占,皆得效验。又再迁侍中,虎贲中郎将,上疏以为宜罢宦官,辞甚切直。帝虽不能用,亦不罪焉。……每有疑事,常密咨问之。灵帝即位,宦官谮淑与窦武等通谋,下狱自杀。《后汉书·卷六十七·党锢列传·第五十七》P2190。

宦官强大在于他们战胜的是强大的对手:1. 太傅陈蕃,2. 大将军窦武,3. 司隶校尉李膺。4. 桓帝崩,陈蕃为太傅,与大将军窦武共秉朝政,连谋诛诸宦官,故引用天下名士。灵帝建年元年(公元 168 年)九月,太傅陈蕃,大将军窦武、尚书令尹勋、侍中刘瑜、屯骑校尉冯述,皆夷其族。与窦武图谋宦官的皇太后被迁于南宫。

有关李膺资料显示他与众不同:1)文武足备,任乌桓校尉,"鲜卑数犯塞,膺常蒙矢石,每破走之,虏甚惮慑。"2)学养深厚,"以公事免官,迁居纶氏,教授上千人。"3)品行高尚,"后张俭事起。收捕钩党,他不愿逃走。"乃诣诏狱。考死,妻子徙边,门生、故吏及其父兄并被禁锢。"4)具有崇高的社会声望,"是时朝廷日乱,纲纪颓弛,膺独持风裁,以名声自高。士有被其容接者,名为登龙门。"个人人身安全却毫无保障。5)以国家利益为重,嫉恶如仇。例如处理羊元群案,与廷尉冯绲、大司农刘佑共同心志,纠犯奸佞等。《后汉书·卷六十七·党锢列传第五十七·李膺传》P2197。

2) 宦官带来的问题:

1. 有最高人事任命的直接或间接权力,顺从宦官可以带来政治经济好处。例如樊陵。2. 干预操纵司法,河南尹要审判羊元群的罪行,结果自己反而被羊元群的宦官朋友判处劳役。在司隶校尉应奉的帮助下方得免于刑罚。3. 太尉陈蕃认为犯罪证据不足而拒绝批准将李膺等收监,受到宦官撺掇的皇帝立即亲自出动,"帝逾怒,遂下膺等于黄门北寺狱"轻而易举地排除了宦官面前的一切障碍。4. 宦官有与皇帝亲密相处的优越条件,完全有机会迷惑皇帝,不惧怕任何对手。如果皇帝本心怀有执念,宦官就更轻松顺遂。

当时的社会环境:桓帝时代虽然朝政混乱,社会舆论却重视名节,1)"南阳樊陵求为门徒,李膺谢不受,陵后以阿附宦官,致位太尉,为志节者所羞。"2)膺免归乡里,居阳城山中,天下士大夫皆高尚其道,而汙秽朝廷。3)及陈、窦之败,膺等复废。后张俭事起。收捕鉤党,他不愿逃走。"乃诣诏狱。考死,妻子徙边,门生、故吏及其父兄并被禁锢。时侍御史蜀郡景毅之子景愿为膺门徒,而未有录牒,故不及于谴,毅乃慨然曰:本谓膺贤,遣子师之,岂可以漏夺名籍,苟安而已! 遂自表免归,时人义之。《后汉书·卷六十七·党锢列传第五十七·李膺传》P2197。

宦官为何与大批官员产生矛盾? 是因为他们的身份还是因为他们的罪过? 或两者兼而有之? 宦官们因为权力心智发生变化,大部分从谨小慎微的人变成肆无忌惮的人。

（2）宦官行为带来的敌人

刘祐,为僚类所归。三转（三次迁转）为大司农,时中常侍苏康、管霸用事于内,遂固天下良田美业,山林湖泽。民庶穷苦,州郡累气。祐移书所在,依科品没人之。（令按不同品类没收）桓帝大怒,论祐输左校。灵帝初陈蕃辅政,以祐为河南尹,及蕃败,祐黜归,卒于家,明年,大诛党人,幸不及祸。《后汉书·卷六十七·党锢列传第五十七·刘祐传》P2199。

蔡邕与司徒刘郃有隙,叔父卫尉蔡质又与将作大匠阳球有隙,球即中常侍程璜之女夫也,遭到璜等飞章诽谤。于是诏下尚书,召邕诘状。于是下邕、质于洛阳狱,劾仇怨奉公,议害大臣,大不敬,弃市。事奏,中常侍吕强愍邕无罪,请之,帝亦更思其章,有诏减死一等,与家属髡钳徙朔方,不得以赦令除。阳球使客刺追路刺邕,客感其义,皆莫为用。球又赂其部主使加毒害,所赂反以其情戒邕,故每得免焉。《后汉书·卷六十下·蔡邕传》P2003。

有些人的个人性的行为触犯了宦官利益,因此被强行贴上党人的标签。桓帝时出任过公职的魏朗以为兄长复仇而闻名。是李膺等名流也争着想要收的门生,他担任彭城令时,"时中官子弟为国相,多行非法。"对宦官子弟的不法行为一再上奏,招致怨恨。后来为河内太守后。尚书令陈蕃荐朗公忠亮直,宜在机密,复征为尚书,会被党议,免归家。后窦武等诛,朗以党被急征,于途中自杀。《后汉书·卷六十七·党锢列传第五十七·魏朗传》P2201。

（3）宦官身份带来的敌人

有些是完全无辜的人,夏馥,"桓帝初,举直言,不就。馥虽不交时宦（在位的官吏）,然以声名为中官所惮,遂与范滂、张俭等俱被诬陷,诏下州郡,捕为党魁。"《后汉书·卷六十七·党锢列传第五十七·夏馥传》。

蔡邕流放五原郡安阳县九个月后，"遇大赦，邕得以准许返回本郡，五原太守王智践行，酒酣，智起舞属邕，邕不为报，智者，中常侍王甫弟也，素骄贵，憨于宾客，诉邕曰：徒敢轻我！邕拂衣而去，智衔之，密告邕怨于囚放，谤讪朝政，内宠恶之。邕虑卒不免，乃亡命江海，远及吴会。亡命的生活历时十二年。直到中平六年灵帝驾崩，被董卓所辟，他还一度称疾不愿就职，董卓大怒，公然放言要灭其家族，蔡邕不得已就职。"《后汉书·卷六十下蔡邕传》P2003。王智虽是宦官之弟，起初对蔡邕并无恶意，只是巴结不成反被羞辱后，才顿起杀心。

杜密是发现郑玄的人，桓帝徵拜杜密为尚书令，"转太傅，党事起，免归本部（本部指本郡），与李膺俱坐。而名行相次，故时人亦称李杜焉。后太傅陈蕃辅政，复为太仆，明年，坐党事被徵，自杀。"《后汉书·卷六十七·党锢列传第五十七·杜密传》P2198。

宦官中有少数人没有因为权力地位而失常，例如中常侍吕强。但大体上社会已经习惯于将宦官视为一个整体。

宦官势力的兴盛令国家分裂。曹鸾是感觉国家形态扭曲主动挺身而出的人，灵帝熹平五年（公元176年），永昌太守曹鸾上书大讼党人，言甚方切。帝省奏大怒，即诏司隶（司隶校尉）、益州（永昌郡属益州）槛车收鸾，送槐里狱掠杀之。于是又诏州郡更考党人，门生、故吏、父子、兄弟，其在位者，免官禁锢，爰及五属。永昌太守曹鸾为党人申理冤狱弃市而殃及五属，刑罚殊属惨痛，三年后，即灵帝光和二年（公元179年），上禄（县，属于武都郡）长和海再也无法沉寂，上言："礼，从祖兄弟别居异财，恩义已轻，服属疏末。而今党人锢及五亲族，既乖典训之文，有谬经常之法。帝览而悟之，党人自从祖以下，皆得解释。《后汉书·卷六十七·党锢列传第五十七》P2189。他的勇敢帮助一些人从禁锢中解脱。

灵帝熹平元年（公元172年）六月，皇太后窦氏崩，七月，宦官讽司隶校尉段颎捕系太学诸生千余人。次年（公元173年）五月段颎为太尉，十二月太尉段颎罢。嘉平二年五月代替李咸为太尉，同年十二月被罢免，其后陈耽、许训、刘宽、孟戫、张颢、陈球、桥玄接任太尉，直到光和二年（公元179年）三月段颎重新被任命为太尉，四月死于狱中。段颎与宦官合作，得到了酬劳，但他的仕途依然起伏跌宕，两任太尉，时间加起来仅仅八个月左右。灵帝光和二年（公元179年）四月辛已，中常侍王甫及太尉段颎并下狱死。这两堵高墙的倒塌让禁闭的大门打开，解禁的曙光乍泄，四月丁酉，大赦天下，诸党人禁锢小功以下皆除之。《后汉书·卷八·灵帝纪》P343。党人亲族被禁锢不得为官的范围有所缩小，小功以下的亲族解除禁锢。

这归因于灵帝政治上变得颓废还是因为发掘出自己的新爱好,内心深处喜欢交易?"光和四年(公元 181 年),是岁,帝作列肆于后宫,使诸采女贩卖,更相盗窃争斗,帝著商估服,饮宴为乐。又于西园弄狗,著进贤冠,带绶,又驾四驴,帝躬身操辔,驱驰周旋,京师转相放效。"还是新得志的宦官们认为党人作为已故政治势力已经不复存在而已掌控局面,现在可以随情顺意? 看起来更像后者,宦官依然受到亲近,"光和六年(公元 183 年)二月,始置圃囿署,以宦者为令。"党禁虽然已解,宦官与朝臣并未和解。"中平元年(公元 184 年)侍中向栩、张钧坐言宦官(非议宦官),下狱死。"《后汉书·卷八·孝灵帝纪第八》P348。

中常侍吕强的劝告时机和方法都比较恰当,让灵帝更容易接受,吕强"为人清忠奉公,灵帝时,例封宦者,以强为都乡侯。强坚持婉拒,帝乃听之。"他有些好的意见上疏皇帝"书奏不省"。《后汉书·卷七十八·宦者列传第六十八·吕强传》P2532。不为皇帝所重视。中平元年(灵帝,公元 184 年),黄巾贼起,中常侍吕疆言于帝曰:党锢久积,人情多怨,若久不赦宥,轻与张角合谋,为变滋大,悔之无救。帝惧其言,乃大赦党人,诛徙之家皆归故里。其后黄巾遂盛,朝野崩离,纲纪文章荡然矣。《后汉书·卷六十七·党锢列传第五十七》P2189。党锢之祸与黄巾并没有直接的关联,但是宦官的行为造成政权威信大失,动摇了最稳定的国民阶层。"凡党事起于甘陵、汝南,成于李膺、张俭,海内涂炭,二十余年,诸所蔓衍,皆天下善士。《后汉书·卷六十七·党锢列传第五十七》P2189。被害的人包括社会各个阶层,失去了民心,动摇了国家根基。

直到灵帝驾崩,他的宦官仍然生龙活虎,中平六年(公元 189 年)四月。灵帝崩,年三十四。皇子刘辩继位,年十七岁。尊皇后为皇太后,太后临朝听政,改元光熹。光熹元年(少帝刘辩,公元 189 年)八月,中常侍张让、段珪杀大将军何进。将军因为大权独揽或者大权在握而威胁到皇权,皇帝联合朝夕相处的宦官清除这种威胁是自然的选择,君主可以利用宦官抑制、除掉跋扈的大臣,但同时会纵容立功以及得到重要的宦官,得势的宦官会分去朝臣们权力,这是后者不愿看到也不愿分享的。对宦官、朝臣、皇权来说,黄雀始终在后。握有实权或重兵的大臣、军人不可能对宦官如此炫目地存在而听之任之,尤其是对被边缘化或者有远大政治抱负的人而言,忠君爱国的思想在极端的情况下会令其对君王的威胁比宦官更大。光熹元年(189 年)九月,董卓废少帝刘辩为弘农王,董卓是个蛮横霸道的军官,他没有就此停手。献帝初平元年(公元 190 年),少帝被董卓所杀。《后汉书·卷八·孝灵帝纪第八》。相比之下,宦官没有胆大妄为至杀皇帝,大臣则勇于突破这个禁忌。

　　灵帝中平六年(公元189年)在位二十二年的灵帝死后,上军校尉蹇硕下狱死。《后汉书·卷八·孝灵帝纪》P357。上军校尉是统领西园八校尉,他是一个统领一支军队的宦官。这是灵帝为了分大将军外戚何进的兵权专门组建的一支军队,直接听命于灵帝,何进也不得不在乎蹇硕的心意的变化。但是一切针对宦官的行动一是基于宦官掌握的大权,二是因为宦官犯下错误,但是宦官不是犯罪的同义词,宦官中也有与世无争的人,他们被命运支配,在现实生活中身不由己,才能也用于正途。和帝即位,蔡伦以小黄门转中常侍,"豫参帷幄"《后汉书·卷七十八·宦者列传·蔡伦传》P2513。如果有好的上司,合理的制度,慎重的监管,宦官也不至于行为过分。其他士人作为一个集群,犯下的罪过也毫不逊色。

　　党锢之祸得以解禁是思想开明的曙光还是汉室的皇帝们已经无力顾及这些人? 前人描绘的理想镜像现已破碎,各种丑陋的事实虽然都曾出现,神圣的帝王仍需要被置于所有人之上,生活还得继续,公元189年,年仅九岁的孝献皇帝刘协继位,他在位时间三十一年,这么长的时间仍然不够用于整饬国家,使其重新生气勃勃,皇权得以延续却似乎一无是处,在于他的国家虽已半身不遂,他却未能找出问题之所在。延康元年(公元220年),献帝在万般无奈中逊位于曹丕,他将这一结归咎于命运,其实不然。桓帝、灵帝们如果遵循规则:品德高尚,远离明显的过恶以及佞邪之徒,像一个真正勤政的帝王甚至一个正常的普通人一样生活,明智、独立、有前瞻性,责任心,甚至根本不需要具有圣性,国家就可能克服神话、哲学、制度、现状、周边环境等的一切弊端,让更多的人感受到自己的存在有意义。桓帝、灵帝们如果能选择性地执行规则,扬长避短,对一个权力如此巨大人,定能兴利除害,国家的境况比周边地区可能会好很多。他们就是做不到(他们恰恰受到制度弊端的诱惑,数不清的女人,无处不在的财富、甜言蜜语,让他们多半情况下处于失常状态中,即使如此,他们的一言一行还都被严格执行,一笑一颦都会令相关者生死攸关,他们自己实际上无法或者说即使愿意也不能保持正确。因为社会的需求太不一致,因为皇帝个人如法感知到他的国家、他的人民迫切的需求真正所在,他们往往认为自己遵循制度最好的时候,或者自己对该制度最有创意的时候,国人会最幸福,其实,制度时常与老百姓的具体幸福无关,君主给人民提供的条件以及因此要求其履行义务通常是不匹配的。多数国民的有生之年中只有最强壮年龄段才能勉强度日。朝廷感到充盈的时候,并不是来自于国人的合理分配,多数人完纳赋税后,自己的生活已经没有了保障,因为制度另有问题:实施制度中的每一个组成部分都可能构成负面社会效果,比如法律赋权对象不全是专业人员,执铎者有皇帝的宠臣,有行政长官临时兼任司法审判职掌，缺乏专业性的判决即使偶尔在律法上是合理的，也经常是不合理的，因为受到高度神化的君主及其统治阶层基本上不能为人民营造与他们的神性匹配的生存条件，人民存在的环境不鼓励守法，礼制也往往会引起正当的报复，因为国家鼓励复仇，国家的理论基础存在冲突，皇权一部分是私人的，一部分是公共的，却在任何时候都被视为最高利益，父权、夫权都是家庭的诸侯，可是像皇权一样经常缺乏保障，它们各自的边界在制度那里也始终无法清晰起来，倒是经常需要有龌龊的手段维系。这不是个抽象的悖论，而是个事实。

王权君主至上与皇权肆无忌惮两者之间的差异如何区别把握？君主权利的气泡在这里一直被无限吹大，有认为这样做是在让臣民坚定信心，作为一种辅助方式，精神上安抚和鼓舞是君王的责任，方式也是没错的，问题在于它经常被当成政治的目的，或者是想法太梦幻，或者能力太拙劣，不少君主的人生因此是无所事事的人生，是气泡的人生，直到气泡破裂，他们中还有人认为本可以更大、更圆，这次运气不好或者是方法不对。政治行为中有多种赌局，其中很多不应该出现，但类似气泡模式，它们就是出现了。

汉元帝重用宦官不是毫无理性，却与光武帝政归台阁的构想犯了同样的错：只考虑掌控权力，没有考虑到如何做对事，忘记了政治的最高品德是做对事，没有顾及到做出正确决定的难度，以为有了最大的权力一定能做最对的事，这是重大的误区，同样的权力，交给不同的人，会产生完全不同的效果。任何人都不能保证权力总是在做正确的事，但是如果它缺乏监管，又所用非人，它就随时都能对国家和人民造成危害。最有智慧、成就、社会声望的获得最高职位，又让能力远逊于他们的掌控实权，这是光武帝造成政治局面，是东汉多数皇帝接受的错误想法，这个东汉政策与唯才是举的理念完全相悖，因此，尽管皇权似乎始终是唯我独尊，似乎是奉行一种正确的追求，国家却每况愈下。

第二节　惟家之索

前汉：前 206 年—前 9 年，王莽始建国元年（前 9 年）历 197 年。
后汉：建武元年（公元 25 年）——献帝元康元年（220 年）历 195 年。
皇太后执政的日子共多少年？

一、后宫与外戚制度

后宫是皇帝专属的领域，进入后宫的女人有机会与皇帝生下子嗣。外戚这里指皇帝女人们的娘家人。

1.皇帝后宫有一个完整的体系,这是一个古代的传统设置。"《周礼》王者立后,三夫人、九嫔、二十七世妇,八十一女御(后宫五个等级),以被内职焉。……"秦并天下,多自傲大,宫备七国,爵列八品(后宫嫔妃分为八个等级)。汉兴,因循其号而妇制莫釐。……武、元之后,世增淫费,至掖庭三千,增级十四。(后宫发展到三千人,嫔妃品级达十四等。)《后汉书·卷十上·皇后纪第十上》P399。"《周礼》的后宫标准设置是五个等级,秦国后宫嫔妃分为八个等级。汉朝嫔妃品级达十四等。归属于皇帝的女性虽然分成十四个等级,享受不同的爵位待遇,主要责任则完全一样,即为皇帝生育后嗣,"汉兴,因秦之称号,帝母称皇太后,祖母称太皇太后,適称皇后,妾皆称夫人,又有美人、良人、八子、七子、长使、少使之号焉。至武帝制婕妤、娙娥、傛华、充依各有爵位,而元帝加昭仪之号。凡十四等云。昭仪位视丞相,爵比诸侯王。婕妤视上卿,比列侯,娙娥视中二千石,比关内侯,傛华视真二千石,比大上造美人视二千石,比少上造,八子视千比中更;充依视千石,比左更;七子视八百石,比右庶长;良人视八百石比左庶长;长使视六百石比五大夫,少使视四百石,比公乘;五官视三百石,顺常视二百石,无涓、共和、娱灵、保林、良使、夜者皆视百石,上家人子、中家人子视有秩,皆斗食云五官以下葬司马门外。《前汉书·卷九十七上·外戚传》P365。

以上显示,两周以来,皇帝的后宫呈逐渐扩大之势,但东汉时突然出现了停滞"及光武中兴,……六宫称号,唯皇后、贵人,贵人金印紫绶,奉不过粟数十斛。又置美人、宫人、采女三等。并无爵秩,岁时赏赐充给而已。《后汉书·卷十上·皇后纪第十》P400。这是一个极端,桓帝等是另一个极端"帝多内嬖,博采宫女至五六千人,及驱役从使复兼倍于此。"《后汉书·卷十上·皇后纪第十下》P445。汉桓帝的大胆行为令一些本分的大臣焦虑不安,延熹八年(165年),太尉杨秉举刘瑜为贤良方正,刚到到京师,刘瑜迫不及待地上书陈事,曰:盖诸侯之位,上法四七(二十八宿)……古者天子一娶九女,……今女嬖令色充积闺帷。皆当盛其玩饰……劳散精神,生长六疾"《后汉书·卷五十七·刘瑜传》P1855。善于预测的刘瑜以此会引起严重水旱警告朝廷,桓帝急忙召见了他,对他的意见不采纳,但拜为议郎。皇帝对女性的人数欲望急剧膨胀,已经远远地超过经典礼仪的界限,刘瑜冒着极大地风险对比今古皇帝的私生活,他认为这是帝国的一个重大隐患。他确实发现了问题,后宫的急剧扩张与宦官势力膨胀存在必然的关联。

太子的妾有三等:妃、良娣、孺子。她们生下来的儿子都称皇孙。《前汉书·卷九十七上·外戚·卫太子史良娣传》P367。

2. 皇后与皇太后

成为皇后需要很多条件：1. 成功生育子嗣并长大。即使刘启与阿娇青梅竹马的恋人，武帝元光五年（前130年）废黜了皇后阿娇，元朔元年（前128年）立卫子夫为皇后。阿娇无子，武帝有理由这样做。2. 受尊重，比如光武帝的郭圣通和阴丽华。3. 皇后的家世是重要考量选择。灵帝即位……初桓帝欲立所幸田贵人为皇后，陈蕃以田氏卑微，窦家良族，争之甚固，帝不得已，乃立窦后。及后临朝，故委用于蕃。《后汉书·卷六十六·陈蕃传》P2169。这是一个双向关系，当母亲一系身份高贵或者受到宠爱时，受封皇后的可能性就大，同时其子获得储君地位的机会就高。郭氏生育有光武帝嫡长子，于是被立为皇后，儿子被立为皇太子，但阴丽华战胜了郭皇后，获得皇后地位，孝明帝刘庄系光武帝第四子，阴丽华所生。虽然不是嫡长子，因为母亲受宠，在与皇太子刘疆的博弈中胜出，获得帝位。《后汉书·卷二·显宗孝明帝纪第二》P95。

皇帝祖母即太皇太后。太皇太后、皇太后，是权力的象征，享有崇高的待遇，因为孝道是国家政治的组成部分。皇太后是帝国一个重要的存在，她们虽然辈分高于现任皇帝，但多数晋升为皇太后时年纪尚青。皇帝即使对皇太后的意旨心存异议，但坚决执行的情况很常见。但外祖母与祖母有区别，封立多是礼节性的。宣帝地节四年（前66年），封外祖母为博平君。《前汉书·卷八·宣帝纪》P257。赐一万二千户为汤沐邑，可以在那里收取赋税。博平君王媪，生女王翁须，王翁须系武帝孙媳妇，宣帝生母，死于巫蛊之祸，谥号悼皇后，似乎在以此慰藉外祖母失去爱女的哀伤。宣帝祖母史良娣当时已故。

皇后中人品好而广受尊重的不少，光武帝原配是阴丽华，后因政治需要娶郭圣通，郭氏生太子刘疆，立郭为皇后，立阴为贵人，后郭氏被废，阴丽华封为皇后。两位皇后各生有五子，光武帝第四子汉明帝刘庄是阴后所生。阴后的仁慈、贤惠也会自然地构成一种权威。

汉明帝刘庄的马皇后是马援第三女，为人贤德，没有生子。汉章帝是她侄子，也是她的养子，章帝即位后马皇后成为皇太后。章帝建初元年（公元76年）章帝打算封各位舅舅，被太后拒绝。"明年夏，大旱。言事者以为不封外戚之故。有司以此上奏，宜依旧典。太后诏曰：凡言事者皆欲媚朕以要福耳。昔王氏五侯同日俱封，其时黄雾四塞，不闻澍雨之应。又田蚡、窦婴，宠贵横恣倾覆之祸为世所传。故先帝防慎舅氏，不令在枢机之位。诸子之封，裁令半楚、淮阳诸国常谓：'我子不当与先帝子等'"马太后坚持不许封自己的兄弟，章帝看到诏书后十分伤感，表示"汉兴，舅氏之封侯，犹皇子之为王也。"皇太后答复说：昔窦太后欲封王皇后之兄,丞相条侯言受高祖约,无军功,非刘氏不侯,今马氏无功于国,岂得与阴、郭中兴之后等邪? 依然表示不允。直到建初四年,帝封三舅,马廖、马防、马光为列侯,并辞让,愿就关内侯。但是皇太后依旧表示坚持初衷,三位兄弟"受封爵而退位归第焉"。《后汉书·卷十上·皇后纪第十上》P412。

3. 临朝听政与私下干预朝政的皇太后们

惠帝崩(惠帝皇后张嫣,是惠帝同父同母姐姐鲁元公主与赵王张敖的女儿,惠帝是皇后的舅舅),太子(太子刘恭,惠帝长子,即少帝)立为皇帝,年幼,太后临朝称制,大赦天下,乃立兄子吕台、产、禄,台子通四人为王,封诸吕六人为列侯。《汉书卷三·高后纪第三》P13。高后四年(前184年)夏,少帝自知非皇后子,皇太后幽之于永巷。五月立恒山王弘(惠帝第四子,后少帝刘弘)为皇帝。八年(前180年)春,封中谒者张释卿为列侯,诸中官、宦者令丞皆赐爵关内侯,食邑。八年(前180年)七月,皇太后崩于未央宫。皇太后立孝惠皇帝姐姐鲁元公主之女为皇后,无子。《前汉书·卷三·高后纪第三》P13。吕后立皇帝皇后,封异姓王与侯。基本上自行其是。

窦太后好黄老言,而婴、蚡、赵绾等务隆推儒术,贬道家言,是以窦太后滋不说。二年(武帝建元二年,前139年),御史大夫赵绾请毋奏事东宫,窦太后大怒,……乃罢逐赵绾、王臧而免丞相婴、太尉蚡。……六年(武帝建元六年,前135年),窦太后崩,……上以蚡为丞相,大司农韩安国为御史大夫……。《前汉书·卷五十二·田蚡传》P223。窦漪房窦太后是文帝皇后,生景帝刘启和梁王刘武,女儿馆陶长公主,窦太后强势得很有理由,因此可以只记载做主将御史大夫、郎中令罢免驱逐,将丞相、太尉免职。

汉章帝窦皇后是大司空窦融曾孙,窦皇后无子,章帝逝世,和帝即位,和帝是梁贵人建初四年(公元79年)所生,梁贵人是亲愍侯梁竦的女儿,窦皇后收养和帝为自己的儿子,为打击梁氏,用匿名信诬陷梁竦得逞,梁贵人和她的一同选入宫中姊姊因此抑郁而终。和帝即位后,尊窦皇后为皇太后,窦太后兄宪、弟窦笃、窦景都称为显贵,专权并图谋不轨,永元四年(公元92年)谋泄被杀。永元九年窦太后逝世,在位十八年。

和帝时代的窦太后和兄长窦宪膨胀不已的权力欲有区别的是,桓帝的窦皇后窦妙和自己父亲窦武联手对付宦官。永康元年,桓帝逝世,建宁元年(公元168年)十二岁的灵帝即位,已经成为窦太后的窦妙下诏,窦武杀中常侍管霸、苏康,中常侍曹节也不满外戚窦武专权,也在准备反扑。当大将军窦武、太傅陈蕃联络刘瑜、尹勋意图共同大批消灭宦官时,志趣相同的尹勋被窦武举荐为尚书令、刘瑜为侍中、冯述为屯骑校尉,前遭废黜的名士前司隶校尉李膺、宗正刘猛、太仆杜密等都因为窦武而重新列于朝廷为官。但是这些人行动迟缓,宦官精准打击,尹勋被王甫所杀,窦武、窦绍兄弟兵败自杀,与刘瑜、冯述等惨遭灭族。《后汉书·卷六十九·窦武传》P2239。刘瑜确实是有先见之明的人,但他们都低估了宦官,他们多年来在国民心中造成了高压态势,比起士大夫来,宦官在国人心中的更团结,更心狠手毒,也更容易获胜。两汉的宦官与外戚改变了制度的路径,从其政治实践中可以看到,外戚或者宦官控制大权时,国家执政水平会大幅降低。

傅太后是汉元帝的婕妤,生定陶恭王后进为昭仪,傅太后是汉哀帝祖母。王政君是汉元帝的皇后,汉成帝的生母。哀帝是成帝的养子,被立为太子,成帝虽不是哀帝生父,两人有共同的癖好,沉湎于女色。傅太后地位低于王政君,因此她想获得与王政君同样尊号,遭到丞相孔光,大司马傅喜、大司空师丹的反对,傅太后竟然免去师丹职位企图在震慑傅喜,由于傅喜不屈服,颁发策书免傅喜的官职,傅太后后来还准备夺他爵位,哀帝没有听从。

公元1年即位的汉平帝,乃元帝庶孙,中山孝王之子,祖母昭仪冯媛,生母卫姬,即位时年仅九岁,太皇太后王政君临朝听政。大司马王莽秉政。王政君下诏,立即罢免汉哀帝的男宠董贤大司马之职,当时他年仅二十二岁。这是罢免他的诏书中所列出的原因之一"年少,不合众心。"《前汉书·卷十二·平帝纪第十二》P33。其实年少只是其中一个适合公开的理由,王政君无法容忍一个不是通过当时正当途径获取的高官,这份诏书得到执行并迫使董贤当日自杀。汉平帝娶王莽的女儿,立其为皇后。

两汉最有才华的女性应该归属邓绥〔生于章帝建初六年(公元81年)——殁于安帝建光元年(121年)〕。是汉光武时代的重臣邓禹之孙女,母亲乃是阴丽华堂弟的女儿,故姓阴。邓绥先是和帝的贵人,和帝的第一任皇后亦姓阴,邓绥有条不紊地击败了阴皇后,令其神经错乱,做出愚蠢的行为,乃至被和帝废黜(永元十四年,公元102年被废)。邓绥成为皇后,公元105年年仅二十七的汉和帝(公元89—105年在位)突然逝世,国家君主青年亡故,儿子或痼疾或幼弱,国家亟需以为强有力的任务稳住大局,二十五岁的邓绥面前突然出现了一个美妙的权力空间,她在国家困难的时候挺身而立,应声崛起,临朝称制十六年,及时填补了和帝猝然亡故留下的空隙,做出了比男人君主还要好的一番事业。

1)选立新君。因为和帝长子刘胜有痼疾不能继立,和帝幼子刘隆被邓绥立从民间迎回(为避免被迫害,和帝将自己的儿子秘密养于民间)立为皇帝,即位时刚满百日,还在襁褓中,这个不幸的婴儿八个月后死去。邓太后与其兄车骑将军(殇帝即位后为车骑将军)邓骘决定立汉章帝孙,清河王刘庆与左小娥之子刘祜即汉安帝,即位时年十三岁。永初元年(107 年)十一月,司空周章密谋废立,策免、自杀。

2)贤惠孝顺 后汉安帝永初元年(公元 107 年),新野君(邓太后母亲阴氏)病,皇太后(邓绥)车驾幸其第。太傅张禹与司徒夏勤、司空张敏惧上表言:"新野君不安,车驾连日宿止,臣闻王者动设先至,止则交戟,清道而后行,清室内而后御,离宫不宿,所以重宿卫也。陛下体烝烝之至孝。亲省方药,恩情发中,久处单外,百官露止议者所不安。宜且还宫,上为宗庙社稷,下为王国子民。"比三上,固争,乃还宫。《后汉书·卷四十四·张禹传》P1499。

3)赈灾救贫 安帝永初元年 107 年,是岁,郡国十八地震,四十一雨水,或山水暴至,二十八大风,雨雹。二年六月,京师及郡国四十大水,打风,雨雹。延光元年(122 年),是岁,京师及郡国二十七雨水,大风,杀人。三年,是岁,京师及郡国二十三地震,三十六雨水、疾风、雨雹。《后汉书·卷五·孝安帝纪第五》。永初四年(公元 110 年)正月,安帝下诏减百官及州郡县官吏秩俸数量各不等。《后汉书·卷五·孝安帝纪第五》。

4)抵御外敌内乱。过程很艰难,安帝永初元年(公元 107 年)六月,先零种羌叛,断陇道大为寇掠,遣车骑将军邓骘,征西校尉任尚讨之。永初二年,车骑将军邓骘为种羌所败。二年十月,任尚与先零羌战于平襄,尚军败绩。十一月,拜邓骘为大将军,征还京师,留任尚屯陇右,先零羌滇零称天子于北地,遂寇三辅。四年十月,大将军邓骘罢。永初六年,先零羌滇零死,子零昌复袭伪号。元初三年五、六月,度辽将军邓遵、中郎将任尚,先后击败先零羌。九月护羌校尉任尚使客刺杀叛羌零昌。四年(公元 117 年)十二月,任尚与骑都尉马贤一同领军与先零羌战于富平上河,大破之。虔人羌率众降,陇右平。延光元年 122 年虔人羌叛,度辽将军耿夔讨破之。元初五年十二月,从羌人入侵起到平定羌人一直在前线作战的中郎将任尚竟然因为被判有罪遭弃市。邓太后还带领国家击退鲜卑入侵,以及平息武陵蛮、合浦蛮等发动的内乱。

5)选贤任能 永初六年(公元 112 年),二月,诏三府选掾属高第能惠利牧养者各五人,光禄勋与中郎将选孝廉郎宽博有谋,清白行高者各五十人,出补令、长、丞、尉。)邓太后,受良好教育,议欲律己。汉和帝时代,和帝多次想给内兄邓骘升职,邓太后都予以回绝,以致在和帝时,邓骘最高就是虎贲中郎将。邓太后对剿乡侯宦官郑众、尚方令蔡伦最为信任,二人的智力和忠诚都配得上这种信任? 邓骘为种羌所败之后,次年即离开前线,永初四年被免去大将军之职。

6)重教　延光三年(公元 124 年)三月戊戌,祀孔子及七十二弟子与阙里,自鲁相、令、丞尉及孔氏亲属、妇女、诸生悉会,赐褒成侯以下帛各有差。壬戌车驾还京师,幸太学,邓绥创立了可能是本国最早男、女合校的教学机构。

7)区别对待宦官

邓骘、邓绥兄妹跟一些外戚不同,没有与宦官自然对立,其中有些宦官与朝臣的矛盾并非出自私心,贪得无厌,例如郑众"和帝初,加钩盾令,时窦太后秉政,后兄大将军窦宪并窃威权,朝臣上下莫不附之,而众一心王室,不事豪党,帝亲信焉。及宪兄弟图作不轨,众遂首谋诛之,以功迁大长秋,策勋班赏,每辞多受少,由是常与议事,中官用权,自郑众始。后封剿乡侯。《后汉书·卷七十六·宦者列传》P2512。在安帝即位之初,邓太后兄妹与宦官剿乡侯郑众,尚方令蔡伦相互信任,安帝即位第一年,永初元年(公元 107 年)"周章为司空,是时中常侍郑众,蔡伦等皆秉执豫政,章等不满邓太后立安帝,遂密谋诛车骑将军兄弟及郑众、蔡伦,劫尚书,废太后于南宫,封帝为远国王,而立平原王胜。《后汉书·卷三十三·周景传》P1158。周章联络了一些憎恨皇太后、外戚、宦官把持朝政局面的朝臣,准备打击宦官、邓骘家族,废黜安帝,另立平原王刘胜为新帝。谋划泄露,邓绥毫不手软,立即解决了阴谋者。永初元年(公元 107 年)十一月,司空周章密谋废立,策免,自杀。《后汉书·卷五·安帝纪》P209。说的就是上述的事件。异议也出自一些低级官员,永初元年,杜根为郎中,"时邓后临朝,权在外戚,根以安帝年长,宜亲政事,"杜根上书后被邓太后下令扑杀。执法吏认为杜根有一定社会知名度,私下让经办人捶击时不要用力过重,结果侥幸未死,隐姓埋名躲藏十五年,太后逝世后他才重新公开露面。《后汉书·卷八十七·杜根传》P204。邓太后对堂弟越骑校尉邓康曾经关爱有加"永初六年(公元 112 年)绍封康为夷安侯时诸绍封者皆食故国半租,康以皇太后戚属,独三分食二,以待嗣侯为越骑校尉。永宁元年(公元 120 年)邓康其实并不理解自己的堂姐,竟然"以太后久临朝政,宗门盛满,数上书长乐宫谏争,宜崇公室,自损私权。"太后不听,邓康劝太后不再继续干预政治倒是没有受到严厉的责罚,但因为他不诚实的问题,邓太后对他重罚:"免官,遣归国,绝属籍。"即失去官职,除去家族的籍贯,不准在京城逗留,但保留了爵位。《后汉书卷四十六·邓康传》P99。

安帝即位的第十五年,建光元年(公元 121 年)邓绥逝世,年四十一,在皇太后位十五年,其中有国家极为艰难的水旱十年,她节俭克制,明智清醒,一度坚决不让和帝对邓家封官赐爵,邓太后的兄长邓骘在和帝时代一直只是虎贲中郎将。

安帝永初二年(公元108年)十一月邓绥已是太后第二年,邓骘成为大将军。邓太后仁慈守法,有清晰、高远的政治大局观。临朝称制时正值年富力强,是女性中罕见的杰出者,"自太后临朝,水旱十载,四夷外侵,盗贼内起。"《后汉书·卷十上·皇后纪第十上》P418。邓太后逝世后安帝亲政,政事有得有失,不如邓太后之时。

邓太后于安帝建光元年(公元121年)三月逝世,但是安帝登基已经十四年,邓太后逝世后安帝才亲政。延光四年(公元125年),安帝薨于南巡返京的路上,虽然逝世时年仅三十二岁,却是自然而死。论曰:"安帝虽称尊享御,而权归邓氏"安帝似乎不认同自己生活在邓绥时代,邓绥死后,安帝相信邓氏曾有意废黜安帝的挑拨,致使邓氏家族惨遭重创。邓骘、邓风绝食而死,与羌人作战时立有战功的邓骘堂兄弟邓遵等自杀。邓氏中被降职、爵免为庶人,流放者不少,后来安帝又在大司农朱宠为首的群臣,尤其舆论的反对声中解除对邓氏的处罚。安帝如此缺乏判断力,基本不能独立思考,其在位期间国家得以大局稳定、进步应该主要得益于邓绥。

二、外戚

外戚是政治上的一种不确定性势力,作用大小取决于皇后、皇太后的影响力以及他们个人的品行、能力。吕后立太子刘恭为少帝时,临朝听制,立吕氏四位王,六位侯,他们在战争年代都没有出色表现,但是因为是皇帝母亲的亲眷,得以正式进入社会顶级阶层,他们不单是享受相关荣誉,还要从事他们肯定力所不能及的事,因为他们本不是因为业绩和声誉入职。吕后做主立二位皇帝,四位异性王,一位皇后,实属两汉第一代女主,她称霸朝廷,威震国家,既有制度赋予她的机会,更因为她个性极其强势。

1. 皇太后与其父母兄弟联合专权是一个比较固定的组合

窦皇后窦漪房出身平民,先是吕后的宫女,后为代王刘恒的美人,生女刘嫖,子刘启、刘武,后成为代王王后,皇后,前157年文帝逝世后,兄窦长君,弟窦广国,由于窦后着力培养,成为谦恭的人。"文帝崩,景帝立皇后为皇太后,乃封广国为章武侯,长君先死,乃封其子彭祖为南皮侯,吴楚反,时太后从昆弟子窦婴侠,喜士,为大将军,破吴、楚,封魏其侯,窦氏侯者凡三人。窦太后好黄帝、老子言,景帝及诸窦不得不读老子,尊其术,太后后景帝六岁,凡立五十一年,元光六年(武帝元光六年为前129年)崩(师古认为实际应为武帝建元六年,前135年去世)。《前汉书·卷九十七上·外戚传》P366。

顺帝的梁皇后梁妠是大将军梁商之女，梁皇后无子，建康元年（公元 144 年）顺帝逝世，美人虞氏子刘炳立为冲帝，梁妠为皇太后，太后临朝，冲帝寻崩，复立质帝（在位一个年头），犹秉朝政。桓帝和平元年（公元 150 年）归政于帝。这是桓帝在位的第四年。梁太后不久逝世，在位十九年，年四十五岁。桓帝梁皇后梁女莹是顺帝皇后梁妠的妹妹，她是一个极为邪恶的皇后，桓帝建和元年（公元 147 年）六月始入掖庭，八月立为皇后。梁女莹无子，"每宫人孕育，鲜得全者，"梁女莹延熹二年逝世，是年诛杀专朝的梁冀。《后汉书·卷十下·皇后纪第十下》P443。因为自己没有生育，看到皇帝别的女人生育时就会心生怒火，于是她就以杀婴为事，否则一天也不会安心。

窦皇后窦妙，桓帝延熹八年（公元 165 年）立为皇后，桓帝无嗣，桓帝崩，后为皇太后，太后临朝定策，立刘宏为汉灵帝。太后父大将军窦武谋诛宦官，被中常侍曹节矫诏所杀。《后汉书·卷十下·皇后纪第十下》P445。

后汉冲帝，顺帝之子，建康元年立为皇太子，其年八月即皇帝位。年二岁。尊顺帝皇后梁氏为皇太后，太后临朝听政。永熹元年（145 年）冲帝死，年三岁。质帝年八岁即皇帝位。为大将军梁冀和皇太后所立，第二年被梁冀鸩杀，年九岁。

何皇后，中平六年帝崩，皇子刘辩即位，尊何皇后为皇太后，临朝听政，后兄大将军何进将诛宦官反而被杀，军人董卓非少帝刘辩，立献帝刘协，何太后被毒死。

2. 外戚与宦官的联合

早期的邓绥、邓骘兄妹与一些比较正派的宦官联手实施正当的行动计划，汉室外戚与宦官的分合取决于各自的需求意愿，他们的联合没有天然基础，运作中倒是有相对固定的模式。

耿宝妹妹的儿子被邓太后立为安帝，耿宝因此是汉安帝之舅。他与中常侍樊丰、李闰关系密切，曾经向太尉杨震推荐李闰之兄，被拒绝，安帝延光三年（公元 124 年）耿宝为大将军，于是设法向安帝陷害杨震，后者因此被免职，自杀。

3. 外戚与外戚、朝臣、宦官的敌对

安帝皇后阎姬在安帝逝世后晋升皇太后，阎氏和车骑将军阎显兄妹遇到与邓骘邓绥、兄妹遇到的情况类似，在汉安帝逝世后，皇太后阎氏与其兄车骑将军阎显做主立汉章帝之孙，济北寿王刘寿之子，北乡侯刘懿为皇帝，即少帝。汉安帝也是章帝之孙，与刘懿辈分相同。阎显忌惮大将军耿宝，于是让有司奏耿宝与中常侍樊丰、虎贲中郎将谢恽，恽弟侍中谢笃，笃弟大将军长史谢宓、侍中周广

等,耿宝自杀,樊丰、谢恽、周广下狱死。阎显弟弟阎景为卫尉,弟弟阎耀为城门校尉,阎晏为执金吾。少帝死后,阎氏兄妹的主张遭到抵制,中黄门孙程等十九人杀阎显的支持者江京、中常侍刘安、陈达等,其间经历一场流血的战斗,阎显弟弟卫尉阎景被斩杀,阎显及其弟弟城门校尉阎耀、执金吾阎晏并下狱诛。胜利者们立安帝之子,亦即原皇太子刘保,当时已被废为济阴王。刘保即位时年十一岁。孙程等人的行为是为了秩序? 还是阎氏兄妹处理问题手法不到位因此与阎氏势力血战? 两者应该都是原因。

4. 外戚与朝臣的联合

立质帝后,梁太后"委政宰辅,太尉李固所言,太后多从之,黄门宦官为恶者一皆斥遣,天下咸望治平,而梁冀深忌疾之。初,顺帝时所除官多不以次,及(太尉李固)固在事,奏免百余人。"《资治通鉴·卷五十二·汉纪四十四》P356。这种模式的结果一般不好,即使邓绥、邓骘这样家庭教养好,本人受过良好教育,为人勤勉谨慎者也不例外。

外戚窦武与太尉陈蕃等的联合。

延熹二年(159年)七月丙午,皇后梁氏(梁女莹)崩。乙丑,葬懿献皇后于懿陵。大将军梁冀谋为乱。八月丁丑,帝御前殿,诏司隶校尉张彪将兵围冀第,收大将军印绶,冀与妻皆自杀。卫尉梁淑、河南尹梁胤、屯骑校尉梁让、越骑校尉梁忠、长水校尉梁戟,及中外宗亲数十人,皆伏诛。太尉胡广坐免,司徒韩縯、司空孙郎下狱。《后汉书·卷七·孝桓帝纪第七》P304。

桓帝对自己不喜欢的梁女莹亲属出手猛击,梁姓的卫尉、河南尹、三位宿卫的梁姓将军与梁冀同时被处决还可以说是属于外戚势力,桓帝的太尉、司徒、司空三公或免职或下狱,说明梁冀鼎盛时可以左右朝廷且争取到了部分朝臣。

5. 独立行事的外戚

上官皇后的祖父是上官桀,上官桀儿子上官安娶霍光女儿为妻,汉昭帝娶上官安的女儿,立为皇后,年仅六岁。上官桀、上官安父子谋反被族诛,皇后年幼且系霍光外孙女,没有被牵连,宣帝即位后被上官皇太后被尊为太皇太后,前75年昭帝去世,他的上官皇后又活了三十七年,到五十二岁时去世,与昭帝合葬,显示霍光势力非常强大。

霍光夫妻是非常贪婪的一对。上官安的女儿也是霍光夫妻外孙女六岁时就被立为汉昭帝的皇后,史称孝昭上官皇后。让一个六岁的女孩成为十二岁皇帝的皇后,霍光为了让皇后独享昭帝的宠爱,为昭帝生子,指使能够接近昭帝的太医、侍者等劝多病的昭帝不近女色,命令宫女在着装上改变常规,裤子上原有的开口处一律要求被缝严实，加系各种腰带，目的是不准后宫中的其他女孩子有任何机会与昭帝接近交配，然而上官皇后也没有得逞，二十一岁的昭帝逝世时，上官皇后当时只有十五岁，昭帝也并无任何子嗣，估计上官皇后年幼，身体仍尚未成熟是一个原因，昭帝的身体本身也有问题。昌邑王刘贺即皇帝位，上官皇后成为皇太后，霍光又与上官太后废黜刘贺，立宣帝，上官皇太后成为太皇太后。霍光夫妻狠毒的目光又瞄准了宣帝的许皇后许平君，许皇后是元帝母亲，父亲许广汉，他们是苦命的父女。许广汉因为过失被施以腐刑，第二次因为疏漏被处三年劳役。许皇后有身孕后，霍光的夫人显派女医官将其毒死，这桩罪行后来被查出。霍光夫妻这样就是为了让自己的女儿霍成君顺利入宫专享宣帝之重，不要有任何的障碍，竟然敢毒杀腹中的皇子。《前汉书·卷九十七上·外戚传·孝宣许皇后传》P367。

哀帝为太子时，汉成帝选择傅喜为太子庶子，哀帝即位，傅喜任职卫尉、左将军。"时王莽为大司马，乞骸骨，避帝外家。上既听莽退，众庶归望于喜，喜从弟孔相乡侯晏亲与喜等，（傅晏与哀帝的关系和傅喜一样，俱傅太后从父弟。）而女为皇后，又帝舅阳安侯丁明，皆亲以外属封。（亲当为新，也是以外戚身份封侯）喜执谦称疾，傅太后始与政事，喜数谏之。由是傅太后不欲令喜辅政。上于是用左将军师丹代王莽为大司马，赐喜黄金百斤，上将军印绶，以光禄大夫养病。……明年正月，乃徙师丹为大司空，而拜喜为大司马，封高武侯。……傅太后欲求尊号，与成帝母（王政君）齐尊，喜与丞相孔光，大司空师丹共执正议，傅太后大怒，上不得已，先免师丹以感动喜，喜终不顺，后数月，遂策免喜。……其上大司马印绶就第。傅太后又自诏丞相、御史曰：高武侯无功而封，内怀不忠，附下罔上，……其遣就国，后又欲夺喜侯，上亦不听。……哀帝崩，平帝即位，王莽用事，免傅氏官爵，归故郡，晏将妻子徙合浦。王莽白太后下诏，高度评价喜。喜以寿终。《前汉书·卷八十二·傅喜传》P313。傅喜虽然是傅太后的堂兄弟，却基本没有迎合傅太后，惹恼了傅太后，结果遭到免职。

窦宪是个孤立的外戚，不是因为其身份，而是处事不当。和帝（公元89年即位）初，窦太后兄大将军窦宪的外戚势力炙热繁盛，朝臣匍匐在其脚下，司徒袁安提及唯有悲伤。和帝与外朝的联系被切断，最后宦官郑众为首将其除灭。《后汉书·卷七十八·宦者列传·郑众传》P2512。国家的权力被外戚势力霸占，国家权力通过正常渠道无法解困时，宦官是一种可以起作用的力量。

在光武帝时代，曾经制定具体规章限制后宫获得权爵，在一些比较明智的君主那里得到了执行,汉明帝刘庄"尊奉建武制度,无敢违者,后宫之家不得封侯与政,馆陶公主为子求郎,不许,而赐钱千万。谓群臣曰:"郎官上应列宿,出宰百里,有非其人,而民受其殃,是以难之。故吏称其官,民安其业远近肃服,户口滋殖焉"帝善刑理,法令分明,日晏坐朝,内外无幸曲之私,在上无矜大之色。断狱得情,号居前代十二。《后汉书·卷二·显宗孝明帝纪第二》。后汉明帝对儒家、道家、法家都有涉猎,知识面比较全面,而且人品好,是一个出色的君王。馆陶公主是刘秀之女,是刘庄同父的姐姐或妹妹。

这种禁止太有必要但太难实施,华丽的制度更多的时候被付之阙如,外戚成为国家的重要力量组成部分自吕后时代已经开始形成,吕后的家族四位吕氏封王,六位吕氏成员封侯,他们在战争年代都没有出色表现,但是因为是皇帝母亲的亲眷,得以正式进入社会顶级阶层,他们不单是享受相关荣誉,还要从事他们肯定力所不能及的事,因为他们本不是因为业绩和声誉入职。吕后做主立二位皇帝,四位异性王,一位皇后,实属两汉第一代女主,她称霸朝廷,既有制度赋予她的机会,尤其是她个性极其强势。母亲娘家人因为亲缘即可能受到重用很容易变成天经地义的事,田蚡是孝景帝王皇后之同母弟。武帝初即位,蚡以舅(武帝舅舅的身份)封武安侯。弟田胜为周阳侯。《前汉书·卷五十二·田蚡传》P223。"蚡新用事,卑下宾客,进名士家居者贵之(滞在里巷未仕者)欲以倾诸将相(倾谓逾越而胜之)上所填抚,多蚡宾客计策。……窦婴(丞相)、田蚡(太尉)好儒术,推毂赵绾为御史大夫,王臧为郎中令,迎鲁申公,欲设明堂,令列侯就国,除关。(除关禁也。谓除去关门之税),以礼为服制,以兴太平,举谪诸窦,宗室无行者除其属籍(销除其宗室属籍),诸外家为列侯,多尚公主,皆不欲就国,以故毁日至。《前汉书·卷五十二·田蚡传》P223。

外戚作为一个群体被正统思想所诟病,但是他们中有些人的作用相当于最杰出的君主。

杰出女性在政治上没有正常的参与机会,是这个国家人力资源上的一个巨大浪费,她们的机会来自偶然的时机,邓绥从狭窄的政治缝隙中脱颖而出,留下不可磨灭的政治成就,从其生涯评估当时女性从政可能性路径与得失,可以看到,女性只有从婚姻这唯一的一条崎岖道路可以有机会展示自己的政治才华,她们中有些人政治上的病态表现,只是她们长期受到压抑的自然反应。当时人夸大了男女之间性别以及性别而产生的其他区别,实际上这种区别不是天然的,帝国宫廷内的男女之间因此必然地产生博弈,虽然不是那么公开、对等、合法,但是对于有见识的宫廷女性来说,客观、蔑视乃至驾驭一直控制着她们的男性社会是很自然的行为。

外戚、朝臣、宦官自相残杀，他们本该为共同的目标——国家出力，实际上权力将他们切割了，他们没有因此变得更具体，他们无法认清权力的本质，不得不陷入明争暗斗与残杀，他们中的不少人倒是因为错误的思想与行为彻底失去了自己。

6. 外戚的登峰造极之作——颠覆皇权以及西周制度的复辟

孝元皇后，王莽之姑也。《前汉书·卷九十八·元后传》P372。即王政君，汉元帝的皇后，汉成帝的生母，以前曾与他人婚配但未过门，后入宫，成为汉宣帝皇太子刘奭的妃子，后生下刘骜即汉成帝，汉元帝刘奭即位为汉元帝，王政君先封婕妤，三天后为皇后。之前，刘奭不如傅昭仪所生的定陶恭王刘康令元帝喜爱，一度想改立刘康为皇太子，王政君以及大臣师丹让元帝维持不变，终于让汉元帝得立。姑母王政君是王莽最大的靠山，王莽本人的成就几乎可以忽略不计，他虽然因为节俭勤学获得虚名，博得一群名士的推重，这些人究竟是出于对王政君的尊重还是出于对王莽本人的尊重，不得而知。王莽，"孝元皇后之弟子也。元后父及兄皆以元、成世封侯，居位辅政，家凡九侯，五大司马，……唯莽父蔓早死不侯，莽群兄弟皆将军五侯子，乘（因也）时奢靡，……莽独孤贫，因折节为恭俭，受礼经，师事陈郡陈参，勤身博学，被服如儒生。……久之，叔父、成都侯王商上书愿分户邑以封莽。及长乐少府戴崇、侍中金涉、胡骑校尉箕闳、上谷都尉阳并、中尉陈汤，皆当时名士，咸为莽上言，上由是贤莽。"他出身豪门巨族，却如此矫情饰意，显示他城府极深，心志大乎寻常。从此以后他几乎心想事成。他知道如何建立自己的声誉，只要声誉节节上升，升迁也就会轻而易举。永始元年（汉成帝，前16年）封莽为新都侯……千五百户。迁骑都尉、光禄大夫、侍中宿卫谨敕，爵位益尊，节操逾谦……王根因乞骸骨，荐莽自代，上遂擢为大司马，是岁，绥和元年（成帝，前8年），年三十八矣。……成帝崩，哀帝即位。尊皇太后为太皇太后（王政君），太后诏莽就第，避帝外家，莽上书乞骸骨。又前丞相孔光、大司空何武、左将军师丹、卫尉傅喜白太后曰：皇帝闻太后诏，甚悲，大司马（指王莽）即不起，皇帝即不敢听政，太后复令莽视事。

哀帝即位，哀帝祖母傅太后，即傅昭仪，是汉元帝的嫔妃，生育定陶王刘康，定陶王是哀帝的生父，其与早年所纳之妾丁姬生汉哀帝，汉成帝无子，立哀帝、哀帝皇后是傅晏之女，傅太后堂侄女，也称孝哀傅皇后。师丹代王莽为大司徒，月余，徙大司空。"上（哀帝）少在国，见成帝委政外家，王氏僭盛，常内邑邑。即位，多欲有所匡正,封拜丁、傅,夺王氏权。《前汉书·卷八十六·师丹传》P324。哀帝通过间接方式削弱王氏以发泄不满,但师丹为哀帝太傅,受哀帝信任,却显得多少有些昏庸,他在抑制王莽与支持王莽之间游移,是有意还是无意? 无从论证。"时哀帝祖母定陶傅太后,母丁姬在。高昌侯董宏上书言《春秋》之义:"母以子贵,丁姬应上尊号。莽与师丹共劾宏误朝不道。"丁姬是哀帝的生母,但只是定陶恭王刘康之妾,提出封丁姬为皇太后,他引用的是"秦庄襄王母本夏氏,而为华阳夫人所子,及即位后,俱称太后。"时师丹以左将军与大司马王莽弹劾提议者"知皇太后至尊之号,天下一统,而称引亡秦以为比喻。讠误圣朝。非所宜言,大不道。"哀帝不得已免董弘为庶人。傅太后大怒,要上必欲称尊号。"傅太后的坚持哀帝或许内心是赞成的"上于是追尊定陶共王为共皇,尊傅太后为共皇太后,丁后为共皇后。"《前汉书·卷八十六·师丹传》P324。

在哀帝即位之初,汉成帝母亲王政君称太皇太后、成帝的赵皇后称皇太后,而哀帝祖母傅太后与母丁后皆在国邸,自以定陶共王为称。"定陶共王改为共皇,傅氏太皇太后、丁皇后其就位后,郎中令冷褒、黄门郎段犹奏言:1.太皇太后、皇后等名号前不要在冠以藩国名。2:定陶共皇太后、共皇后皆不宜复引定陶藩国之名,车马、衣服等相应器物应该皇家礼制。设置吏二千石以下官员。3.为共皇在京师立庙。哀帝将此建议让朝臣商议,相关部门认为二人的提议合乎常规、应予以执行,师丹议独曰:认为应该傅氏不应该与成帝母亲并称,她们的待遇也不应该执行相关皇家礼制。继续加藩国号,不应该为共皇立庙。师丹这些说法有违哀帝的心意。《前汉书·卷八十六·师丹传》P324。

"后日,未央宫置酒,内者令为傅太后张幄坐于太皇太后旁,莽案行,责内者令曰:定陶太后藩妾。何得与至尊并? 彻去更设坐。傅太后闻之大怒,不肯会(会,谓至酒所也)重恚莽。莽复乞骨骸,哀帝赐黄金五百金斤,安车驷马罢就第。公卿大夫多称之者,上乃加恩宠,置使家中黄门,使黄门在其家中为使令。"王政君是汉成帝的生母,但傅太后是哀帝的祖母,都是汉元帝的女人,若论与哀帝的亲疏,傅太后更加亲近,但王政君地位更高,是汉元帝皇后,傅氏是昭仪。王莽通过一次宴席座位排序,建立自己的美名,继而让声誉变为利器,仕途上不需要任何的其他功绩即可致胜。他与姑母王政君之间变得更具有政治意义……元始元年(平帝,前1年),莽为大司马。……太后(王政君)乃下诏曰:大司马新都侯莽三世为三公,典周公之职,建万世之策。……以莽为太傅,干四辅之事。号安汉公。上言……说曰(说特指经义也)周公服天子之冕,南面而朝群臣,发号施令,常称王命,召公贤人不知圣人之意,故不说(悦也)。礼明堂记曰:周公朝诸侯于明堂,天子负斧依南面而立,谓周公践天子位六年,朝诸侯,制礼作乐而天下大服也。召公不说,时武王也崩,缫纁未除,由是言之,周公始摄则居天子之位,非乃六年而践祚也。……有天下之号曰新,……以十二月朔癸酉为建国元年,以鸡鸣为时,服色配德上黄,牺牲应正用白,使节之旄旛皆纯黄,其署曰"新使五威节",以承皇天上帝威命也。《前汉书·卷九十九上·王莽传》P374、P379。汉代原以夜半(子时)为一天的开始,王莽改以鸡鸣(丑时),晚一个时辰。建丑,丑匹配白色,因此祭祀供奉用白色的牲畜。五帝指青、赤、白、黑、黄五帝。王政君生于前71年,公元13年王莽始建国5年逝世,她目睹了曾经让她震怒的变化接踵而至。

始建国元年(王莽,公元9年),以第四子临(前二子被逼自杀,第三子不肖)为皇太子。安(即第三子王安)为新嘉辟(辟,君也,谓之辟者,为国君之义也)。以太傅、左辅骠骑将军、安阳侯王舜为太师,封新安公;大司徒就德侯平晏为太傅、就新公;少阿羲和京兆尹、红休侯刘歆为国师,嘉新公;广汉梓潼哀章为国将,美新公。是为四辅,位上公。太保、后丞、承阳侯甄邯为大司马,承新公;丕进侯王寻为大司徒,章新公,步兵将军成都侯王邑为大司空,隆新公。是为三公。大阿、右拂、大司空、卫将军、广阳侯甄封为更始将军,广新公;京兆王兴为卫将军,奉新公;轻车将军、成武侯孙建为立国将军,成新公;京兆王盛(王盛者卖饼,莽案符命,求得此姓名十余人,两人容貌应卜相,径从布衣登用,以视神焉。)为前将军、崇新公,是为四将。……置大司马司允,大司徒司直,大司空司若,位皆孤卿。更名大司农羲和,后更为纳言。大理作士,太常曰秩宗,大鸿胪曰典乐。少府曰共工,水衡都尉曰予虞,与三公司卿凡九卿,分属三公,每一卿置大夫三人,一大夫置元士三人,凡二十七大夫,八十一元士。分主中都官诸职。更名光禄勋曰司中,太仆曰太御,卫尉曰太卫,执金吾曰奋武,中尉曰军正。又置大赘官,主乘舆服御物,后又典兵秩,位皆上卿,号曰六监。改郡太守曰太尹,都尉曰太尉,县令长曰宰,御史曰执法,公车司马曰王路四门,长乐宫曰室,未央宫曰寿成室,前殿曰王路堂,长安曰常安,更名秩百石曰庶士,三百石曰下士,四百石曰中士,五百石曰命石,六百石曰元士,千石曰下大夫,比二千石曰中大夫,二千石曰上大夫,中二千石曰卿,……又置司恭、司徒、司明、司聪,司中大夫,及诵诗工,彻膳宰,以司过。……策曰:令王路设进善之旌,诽谤之木。欲谏之鼓,谏大夫四人,常坐王路门受言事者。封王氏齐缞之属为侯,大功为伯,小功为子,缌麻为男,其女皆充任,(任,充也,男服之义,男亦任也)……汉氏诸侯或称王,至于四夷亦如之。违于古典,缪于一统,其定诸侯王之号皆称公,及四夷僭号称王者皆更为侯,《前汉书·卷九十九下·王莽传》P380—384。

周文武王都是有治国成功经验和实际战功的人,加上他们人品好,所以保家兴国。王莽所作所为几乎毫无意义,以形式主义和孝道等礼节为治国之宝,别无它物,国家的蕴涵要比形式主义、孝道等丰富复杂得多,因此,他即使是绝对虔诚也无法达到目的,何况评估王莽的虔诚甚至会令其自己窃笑。

三、后宫——宦官——外戚的关联性

桓帝多内宠,博采宫女至五六千人。及驺役从使,复兼倍于此。《后汉书·卷十下·皇后纪第十下》P445。

后汉的君主们为何不少早夭? 与急剧扩大的后宫有关,年少的皇帝们受到成年人的怂恿,在身体尚未成熟时纵情声色,六岁左右成为别人的妻子或十岁上下成为别人的丈夫的情况屡见不鲜,他们缺乏自我健康保护的基本教育,也没有合格的医疗指导。这比出现不足岁的皇帝更令人惶惑,他们都在从事自己说不能胜任的事,后宫与大臣们为讨好皇帝或者使其在皇位上特别出色想出的奖励方式就是为后宫填塞年轻女性,拥有数目巨大,皇帝陛下本人都难以一一记忆每个佳丽面孔的高招其实弊大于利,至少有得有失。与外朝的大臣们相比,内朝的近侍有更多的时候接近皇帝,一般情况下,他们必须取悦于皇帝,皇帝得到快乐后才会信任,宦官们通常扮演困难的角色——做对事,对皇帝,对朝臣,对外戚,对一切竞争者。

汉高祖前195年去世,吕氏为皇太后,惠帝前188年逝世,吕太后临直接当政,直到180年逝世。15年。

文帝即位,他母亲是薄姬。前180年为皇太后,前155年逝世,在位25年,没有干政。

孝文窦皇后窦漪房,前157年,文帝逝世,景帝即位,窦皇后为皇太后,她喜欢黄帝老子,景帝在前141年去世。六年后,窦太后前135年逝世(时值武帝建元六年也就是武帝即位的第六年),窦婴是窦太后的堂兄弟的儿子,吴楚之乱后,景帝封窦婴为魏其侯,窦氏家族受封列侯的有三人。窦漪房作为皇太后在位22年,支配了整个景帝时代,武帝也有六年时间接受其督导。

孝景帝王皇后,是刘彻的母亲。前141年为皇太后,前126年逝世,在皇太后位15年,没有亲自干政。

孝昭上官皇后,昭帝崩(前74年),为皇太后,宣帝即位(前73年),尊为太皇太后。前37年崩。在皇太后位36年,没有干政记载。

王政君前 33 年为皇太后,前 13 年逝世。在位 20 年。

哀帝祖母傅昭仪,哀帝即位时值公元前 7 年,封其为恭皇太后,傅太后父亲有四兄弟,侄子傅喜、傅晏都担任过大司马,太后同母异父的弟弟郑恽此前已经逝世,哀帝封郑恽的儿子郑业为侯,又追封郑恽。傅氏、郑氏家族受封列侯六人,担任大司马二人,担任九卿二千石官员的六人。傅太后很骄横,称汉成帝的母亲王政君为老太婆。又迫使元帝另一个昭仪冯太后,也是汉平帝祖母自杀,傅太后死于前 2 年,在皇太后位 5 年。

孝平王皇后,王莽之女,九岁的平帝即位后,成帝的母亲太皇太后王政君临朝,王莽在朝中执政,王莽女儿立为平帝皇后,一年多后(公元 5 年),平帝逝世。王莽居摄,他女儿为皇天后,又称安定公太后。她反对王莽篡夺汉室,王莽被杀后,她自称无面见汉家列祖列宗,投火身亡。

公元 75 年,马皇后尊为皇太后,79 年逝世。4 年。

公元 88 年,尊窦皇后为皇太后,97 年逝世。9 年。

105 年,尊邓绥为皇太后,临朝听政,121 年逝世,16 年。

125 年,阎姬为皇太后,临朝听政,与兄阎显专政,125 年,顺帝立,阎显被诛,次年迁太后离宫,在位 1 年。

公元 144 年,梁妠为皇太后,太后临朝,145 年立质帝,犹秉朝政,太后前期重用太尉李固,后兄梁冀误导太后立桓帝,杀李固。150 年归政,去世,在位 6 年。

167 年,窦妙为皇太后,临朝听政,立灵帝,168 年窦武被杀,皇太后失势。在位 2 年。

189 年,少帝刘辩立,何皇后尊为皇太后,临朝听制,同年后兄何进欲杀宦官,反被所害,同年董卓立献帝,何太后被毒死,在位 1 年。

两汉时期的皇后、皇太后临朝称制或在后台实际控制朝政的有 11 人:高后、窦漪房、马太后、傅太后、王政君、窦太后、邓绥、阎太后、梁妠、窦妙、何太后。她们实际干政时间为 101 年。相当于两汉四分之一的时间,这是个不低的数字,考虑到除吕后、窦漪房、邓绥、王政君等临朝的时间具有连续性,相对于这部分进取的皇后,还有很多局限于非常小的活动范围,几乎看不到她们有任何的主动性,基本不参加公开性的政治活动,决策、选拔、祭祀等等,还有一些干脆隐身,做一些与君王身份完全不同的事。

四、戎狄——边疆民族与国家的女儿

夫戎狄者,四方之异气。蹲夷(平)踞肆(放),与鸟兽无别。若杂居中国,则错失天气,汙辱善人,是以圣王之制,羁縻不绝而已。《后汉书·卷二十五·鲁恭传》P876。比较:金日磾本匈奴休屠王太子。《前汉书·卷六十八·霍光金日磾传》P283。

惠帝三年(前192年),以宗室女为公主,嫁与匈奴单于。《前汉书·卷二·惠帝纪第二》P12。

建武二十三年十二月,匈奴薁鞬日逐王比帅部曲遣使诣西河内属。二十四年十月,匈奴薁鞬日逐王比自立为南单于,于是分为南北匈奴。《后汉书·卷一下·光武帝纪第一下》P76。二十五年,乌桓大人率众内属,诣阙朝贡。《后汉书·卷一下·光武帝纪第一下》P77。

二十八年冬十月,北匈奴遣使贡献,乞和亲。《后汉书·卷一下·光武帝纪第一下》P80。

安帝延光四年(公元125年)七月,西域长史班勇,击车师后王,斩之。《后汉书·卷五·孝安帝纪第五》P242。

戎狄是一种常态的外来力量,两周以来是如此,两汉也是如此,为这个国家政治带来的弹性无法测量,只是戎狄兼有正反两种效果。

夷狄对两汉社会政治影响巨大,既造就了两汉辉煌,也给汉室带来莫大的屈辱。汉室多次利用了和婚来打通夷狄首领的脉道,产生了政治、经济、军事不能到达的效果,但这主要还是消极的办法。作为国家的女儿,和亲的女孩子们很少婚前有幸与自己的未来的丈夫见面,经过自愿恋爱后走入婚姻的。她们嫁给陌生人,前往国外定居,不是自己的而是国家的决定。她们中很多人对政治一无所知,对现状无能为力,却因为国家的挑选成为与国家利益乃至生死存亡息息相关的人,她们中还有人成了政权的救星。她们中有人不属于后宫,但全部都属于皇帝和国家,她们中很多人是一夜之间完全洞悉帝国的真正实力厚度,这些被要求挺身而出的女子脆弱的肩膀在不经意中扛起了外强中干的整个帝国。女人成为一个国家、政权的武器,显示两汉的政治能力比秦帝国弱化。

本章结论:

对一个国家制度最有挑战性的是外部打击和内部混乱。匈奴对汉室和党锢、外戚、宦官对制度冲击何者更为强烈? 考验和并改变制度? 宦官制度是中央专制集权的必需品,宦官也是一个重要的参照物,其最为活跃的时期君主最为无能,而权力最为集中? 只是真实地掌握权力的已不是君主,而是戴着君主面具的一小部分僭越者。

国内的战争、社会动荡、政治与司法滥权等中牺牲的人口远大于在对外战争中的损失,原因何在? 两汉时代政体的外壳看似与秦是同一模式,但本质上已经不是秦始皇时代的君主专制,至少不是连贯的专制,君王或多或少将权力让渡给外戚、宦官,这是中国执政体中两个知识总量相对最小的群体,或者盲目极端地维护皇权,或者疯狂地利用皇权牟利。他们参与或者支配的决策层次低,效果差,社会与朝廷的分裂度则往往最高,相比之下,西周的分封制对各诸侯国构成基本合理的竞争结构,辖区大小和爵位等级高低不是发展快慢的支配因素。谁制定出最好的制度,获得最好的人才,谁就有最大的机会和最好的社会地位。一些胡作非为的诸侯明显可以看到自己是为何被边缘化的,明智的诸侯和能臣掌握的诸侯国的成就辉煌,原因则有目共睹。

秦始皇以来的君主高度专制体制下,君主如果明智,会产生奇效,君主如果软弱、迟疑,统一国家就会比诸侯国家更为危险,因为在统一国家内,相比于区域性的诸侯国,有更多的宗族、宗教、经济水平差异更大等,这些都可能对国家稳定产生正、负面的影响。

集体盲目服从权力的社会是危险的社会,他们崇尚绝对的平等,又为自己享有的特权而陶醉,他们习惯性地排斥在自己的阶层中增加陌生人,而是更愿意接受亲友。他们往往不存在共识,利益将他们扭结在一起。而在有共识的群落,没有利益一致的整体。人们会接受个人能力不同而产生的地位、待遇偏差。合理的待遇会令人心安理得而又勤奋进取,一方面体现个人的能力,另一方面对社会有贡献而获得广泛认同。

制度的设计者们信任君王的判断力、自制力以及美德,顺帝阳嘉三年(公元134年)五月,太史令张衡上疏言:前年京师地震地裂。裂者,威分;震者,民扰也。窃惧圣思厌倦,制不专己,恩不忍割,与众共威。威不可分,德不可共,愿陛下思唯所以稽古率旧,勿使刑德八柄不由天子,然后神望充塞(神明威望得以充溢),灾消不至矣!《资治通鉴·卷五十二·汉纪四十四》P350。他们的理论推断中认为君主得以最大限度的专制对国家最好,一切问题都是没有作到这一点而引起的,似乎设立君王的禁止行为条款对君王的能力构成自我否定意境,有损君王自尊和威望,于是君王一定具有健全的人格的假设,君主的迷惑和游离一般都是罪在佞臣。

两汉是个缺乏牢固价值观的时代,君主们并无一致遵循的法则,而是相对自由地取舍传统。君主们对祭祀活动的个人偏好显示国家既没有在政策上有积极的强制性,在思想意识上也高度缺乏共识。现存的礼仪虽然不是基本无章可循,但由于实际上是各自定义,已有的其他相关规则实属已极具不确定性,祭祀礼仪从精神上最具神性,君王们况且难以达成共识,行动协调一致,让国民形成通用的信仰,既然信仰也可怀疑,其他制度更是可以选用。

两汉没有改变秦以来的社会基本结构,在汉简中发现的行政命令中,管理模式,行为语气非常类似秦秦简,它接受了秦律中的基本思想,两汉的地方管理很类似秦国。生活在两汉其实不易,甚至难于秦国,平民的反抗渐渐增多,汉成帝阳朔三年六月,颍川铁官属下的申屠圣等一百八十人杀害郡府长史,抢夺武库中的兵器按军兴罪惩治。全部抓获后被处死。汉成帝鸿嘉三年十一月,广汉郡男子郑躬率六十余人攻打官府,劫持囚犯,抢夺兵器。自封为山君。但是颠覆国家的这次不是社会底层,在职高官王莽用伪善窃取国家政权,汉室官员曹操父子则是彻底颠覆了汉室,秦国的错误是君主罪过造成,而汉室的错不在于君主,而在于权臣。

第二十七章 两周秦汉三代的生活消费简略比较

第一节 各自的制度异同对比

一、两周以前的生活

1. 祭祀是生活的重要组成部分，是人们完成自我定位后一种相对稳定、规范的精神活动。祭祀有明确对象、地点、程序、专用品以及目的。

（1）筑建祭坛，也有针对特定对象临时选择的地点，如山泽。（2）重要的祭祀对象：天、地、祖先、龙。（3）规定的牺牲与专用祭器。

祭祀可分为独祭（单独祭祀某位祖先）、合祭（多位祖先同时祭祀，在到祭的顺序上可分为顺祀和逆祀，顺祀也称为从祀。合祭中的逆祀是长幼、尊卑颠倒，视逆祀为失礼。

2. 器具材质和餐饮习惯

稻为南方主食，在北方地区，粮食主要是粟（又称稷，去壳后称其小米，"米，粟实也。"《通艺录·九谷考》P5。）"禾，粟之有藁者，其实，粟也：其米，粱也。"《通艺录·九谷考》P5，黍（又称穈，脱壳后称为小黄米）、麦、大豆、高粱（即秫）等。"黍稷重穋，禾麻菽麦。"见《诗经·国风·豳风·七月》。这里的禾就是指小米。《诗经》中说，黍米、高粱接连成熟，还要收获豆、麦、稻、麻。这些作物在两周已经大规模种植，两周前实际上已经是当地人的主要食物。犁地全用人力，这种方式部不分南北，显示农耕是高强度的力气活。

炊具：鬲、鼎、甑、罐、甗，均为陶制品。

饮器：斝、爵、盉、觚、杯。

食器：簋、豆、钵。

一般平民使用陶制品，贵族使用白陶，舜帝时木制髤漆器出现，为权贵所专用。商代服饰衣料主要是麻与丝织品，葛布在商代应该比较常见。

商代人一日二餐,上午、下午各一餐,上午称大食,下午称小食。

3. 居住建造:

商朝的夯土技术已经十分成熟,能建筑相当大的宫室和陵墓。《中国古代建筑史》P2。

4. 嫁娶

商代已经进入一夫一妻社会,是在父权制族外婚姻形态中逐渐形成的。嫁娶礼仪:

(1) 议婚

(2) 订婚

(3) 请期

(4) 亲迎

大事用甲骨占卜,占卜婚姻、战争、诉讼等的成败等。

二、两周生活

分封制就是将自己的子弟、同姓等重要社会关系划定他们的封国、采邑领地,以屏藩宗周、周天子,分封制的基础是宗法,宗法的核心是嫡长子继承制。

1. 生产的要素

西周的诸侯从周天子获得土地,各国贵族从诸侯那里获得采邑,采邑上的农人耕作土地,有井田之制,井田制下的农民,负担战时的兵役。这些农人附属于土地,归属随土地转移,百姓的劳动收获分为三份,二份上缴,一份用于维持自己的衣食。《春秋左传正义·卷四十二》P329。他们供养贵族的衣食住行和力役。与奴隶无异。每家耕作的土地大致为百亩,缴纳粮食和刍藁(草料)。

农业是最重要的生产部门,畜牧在经济中的比重较商代下降,早期西周的还使用石蚌、骨木制成的农具,有一些青铜农具。铁器广泛使用后,牛耕施肥、水利应用于农业,农业生产显著提高。冶铁、制铜、陶器、漆器、纺织等手工业得到相当发展。在南方的楚国,钢制品(武器和工具)最先使用。

司马迁说"楚越之地,地广人稀,饭稻羹鱼,或火耕而水耨。"这不是比北方落后的耕作方式,这是在不适合平原地区大面积耕作方式的地方经过优选的耕作方式,当地农业发达,推进了楚国整体的发展。

伴随私田垦辟增加,井田制遭到破坏。《孙子·佚文·吴问篇》所载,赵国的先人在春秋晚期已经废弃井田制,而采用二百四十步为亩的大亩制,税赋很轻。

藏富于民。《水利拾遗》中说到李悝在魏国改革时，废除土地共耕制度，允许私人拥有土地，租税制也随之改变。

春秋时的税与赋有区别，税征收粮食，赋征收军事物质。税赋都以土地作为对象，战国时逐渐合二为一。农人的负担有赋有徭。《诸子集成·孟子正义·卷十四·尽心章句下》P587。孟子曰：有布缕之征，粟米之征，力役之征。

秦律规定，每顷土地交刍三石，藁二石。不论是否得到足够的土地，一律按授田的顷数完纳。

户赋：口赋就是秦简中的户征收户赋，以家庭人口数为准。

更卒：在地方服役，每年一个月。

正卒，服兵役一年。

屯戍，即戍边地一年。

商税：关市之税：市赋百取二，关赋百取一。《管子·卷三·幼官第八》P39，参见《鄂君启节》。

山泽之税：商君相秦，收山泽之税。

上计制度：每年年初，要将一年的预算上报国君，年终，将预算执行情况统计上报，国君考核。

十分之一的农业税，魏国"是时李悝为为魏文侯作尽地力之教……一夫挟五口，治田百亩，岁收亩一石半，为粟百五十石，除什一之税十五石。"《汉书·卷二十四上·食货志》P112。可见魏国收的是什一之税。"地虽大而税必寡"。《诸子集成·荀子集解·卷十·议兵篇第十五》P180。为了国用不得不经常增加赋税，魏文侯时，租赋增倍于常，或有贺者。文侯曰：即户口不加，而租赋岁倍，此由课多也。《通典·卷四·食货四》P43。以致出现"租赋倍于常"。

还有比什一之税还低的税率："田租百取五"即百分之中取五分。《管子·卷三·幼官第八》P39。作者认为齐桓公在第三次会合诸侯时已经宣布这样的税率。

战国人税率不高，但税种很多，赋税很重，按人头纳税，成年人徭役每年一个月，一生中至少服兵役一年。

2. 陆续兴建一些大中型水利工程

a）引漳工程（魏文侯时期，前 445—前 396 年在位）前 422 年，魏文侯在七雄中率先改革。

b）鸿沟工程魏惠王迁都大梁后的第二年即 360 年，这是一条运河，引黄河水入颍河。

c) 都江堰,战国末期,李冰修建。

d) 郑国渠,韩桓惠王为使秦国精力耗尽,让水工郑国说服秦王,在秦始皇元年(前246年)郑国渠长300余里。这是一个坏事变好事的例子,灌田四万余顷,收皆亩一钟。秦益富饶,是秦王政元年。前244年,秦大饥。说明秦国面积日益增大,粮食供给能力仍不能抵御自然灾害,但改善了灌溉条件,帮助土地稳产高产,为普通人提高了防风险能力。

水利工程等可以提高整体产量,一些可喜的技术进步,铁器、铁制农具有些是铸铁,普遍使用,采掘已经变成专门的产业,铜器制作、青铜兵器、陶瓷、漆器、玻璃制品、造船业、纺织业、盐业等,产品的增多和新、旧行业迅速崛起发展是因为有效需求扩大,另外还有一个原因更重要"苏秦者,东周雒阳人也。""周人之俗,治产业,力工商,逐什二以为务。"《史记·卷六十·苏秦列传》P2241。他们寻求百分之二十的利润,甚至不止。这与战国富豪表中显示的很一致,没有纯粹的农耕者:白圭(周人,经商,低买高卖赚取差价)、猗顿(鲁人,盐商)、巴寡妇清(秦人,采矿)、郭纵(赵人,冶铁)、乌氏倮(秦人,畜牧)、卓氏之先(赵人,铁矿冶炼)、宛孔氏先(魏人,冶铁)、曹邴氏(冶铁)。

3. 生活现状

农民的生活会在耕作环境以及技术进步中有变化,但不会有质的变化,战国上层社会生活与民间绝大多数人的日常生活的物质条件其实是在继续拉大,社会流动性在加速,有三点作为参照:

(1) 城市人口激增:"赵奢曰:古者,四海之内分为万国,城虽大,无过三百丈者;人虽多,无过三千家者。千丈之城,万家之邑相望。东周君描绘的韩国宜阳是一个战略重镇"城方八里,材士十万,粟支十年"。《战国策·东周策·秦攻宜阳》P5。韩国有二十万援军增援,楚国的军队也前往救援。因此东周君认为它不可能被秦国攻下,实际上秦国随后攻占了宜阳。与之相比,齐国临淄更庞大,有七万户,而周东都洛阳则有十万户。

(2) 身份的变化:西周统一管理具有奴隶身份的所有工商业者,规定其生产经营范围,限制商品交易的范围,从事商业的是奴隶或相当于奴隶的身份者,贵族不能降低身份与他们接触,需要物质通过下人购买,社会不允许贵族进入市场参与交易。随着社会的发展,富裕的商人兼并破产农民土地,农民舍本(农)逐末(商)现象不断增加,许多国家公开严厉的重农抑商方案。主观的政治决策无法扭转社会自然发展的方向,自耕农、手工业者、商人各自具有的独立身份客观上与政治意图逆向运动,社会仍大量使用奴隶,但出现了出卖劳力的雇佣工。宗法贵族分化,成为享有俸禄的各种官员和各种士。贵族的身份还发生进一步变化:栾、郤、胥、原、狐、续、庆、伯降在皂隶。前五姓的都曾为卿,后三姓也曾出任大夫。现在都沦为卑贱的吏役。民闻公命,如逃寇仇,政在私家,民无所依。政在私家(大夫专政),君日不悛,以乐慆忧。(君主不肯稍加改变,以寻欢作乐排遣忧愁)《春秋左传正义·卷四十二》P329。以上是春秋时齐晏婴对晋叔向所说,两位都是杰出的政治人物,内容应该可靠。在战国时期,这已经成为常态,很多杰出的人在社会上迅速上升,吴起的例子非常典型,他原本出身豪富,但为了寻求政治出路,一度花光家财,穷困潦倒但仕途仍毫无着落,但他最后还是进入了社会上层,不过不是靠金钱所买到,而是靠他杰出的能力。

（3）货币大量流通:战国时期使用各种造型的货币周、秦使用圜钱,晋用布币、燕国、齐国用刀币,楚国人用贝(铜铸)以及黄金币郢爰,货币品种很丰富,但交易中换算不便,限制了不同国人民的流通使用。一个饥肠辘辘的卫国国人虽然有钱,但在韩国的市场上可能买不到食物充饥,因为卖家不认识卫国人手中的是哪一国的钱,不知真假,也就不好换算,就难以成交。

一个战国人很容易遇到名人,张仪(?—前 309 年)、苏秦(?—前 284 年)、苏代、苏厉、李悝(前 455—前 395 年)、甘茂、商鞅、秦昭王、秦孝公、白起、犀首(公孙衍)、赵武灵王、燕昭王、魏文侯、宣太后、乐毅等等。中国历史上没有哪一个时代如此密集地出现这样多的杰出人物,他们如果是生活在一个平庸的时代,他们可能就是一个普通人,战国时期是个欲望爆发的年代,很多君王也并不觉得有欲望是不好的事,很乐看到天下最有才华的人,带给自己迅速繁荣昌盛的办法,以满足更大更多的需求,于是形成了人才激烈竞争的局面。

4. 西周的服饰

（1）衣料　有皮毛、丝织品,麻葛。褐是指兽毛或粗麻编制的短衣,制作粗劣,低贱者的装束。

（2）首服　有冕、弁、冠、巾、帻多种。首服是帽子的统称。

（3）体衣即衣裳,上身为衣,下裙为裳。

（4）单衣单亦作禅,单是指没有里衬的上衣,质地有贵贱,多为内衣,也有作为外衣用。

（5）足衣　指鞋袜。

（6）马王堆的那种素纱禅衣在战国时期上流社会已经可以体验拥有。

"服以旌礼,礼以行事,事有其物,物有其容"。《春秋左传正义·卷四十五》P355。这句话的意思是服装除遮体,保暖避寒外,也具有广泛的礼仪功能,"君子小人,物有章服,贵有常尊,贱有等威。"《春秋左传正义·卷二十三》P177。

5. 两周时的建筑

(1) 都城的规划

王城的形制呈正方形,每面各长九里,四面每边开三门,共十二座城门。城周长 36 里,面积 81 平方里,城垣高七雉(丈),城隅高九雉,建筑的墙高是厚度的三倍。"城壁用夯土筑造,宫室多建筑在高大的夯土台上,木构架结构为主。"《中国古代建筑史·绪论》P299。

宫城位置处于王城的正中,宗庙、社稷置于宫前左右。左立宗庙,国都的宗庙区由七庙组成,诸侯城的宗庙区由五庙组成,即只有大庙和四亲庙,无祧庙。卿大夫采邑的宗庙区则为三庙制,即只有大庙和两亲庙。右立社稷,社与稷是合起来设坛祭祀的,坛的四周建有矮墙,一个祭坛,同一坛内又分社坛和稷坛。王宫前面是处理政事的三朝(外朝、路门外的治朝、路门内的燕朝),后面是市场。

宫城的南北中轴线即王城的主轴线,该轴线从王城正南门起,经外朝、宫城、市、到王城正北门止,门、朝、寝、市依次坐落在这条主轴线上。

国中九经九纬,经涂九轨,左祖右社,面朝后市。"《周礼注疏·卷四十一·冬官考工记下》P298。"全城有三条南北干道,三条东西干道,即经纬涂制。涂即道路,经涂就是纵向,是南北向;纬涂是横向,即东西向。环城道称环涂,城外的道路称野涂,经纬涂宽九轨,一轨约八尺,环涂七轨,野涂宽五轨,道路宽窄固定,不可加减。

城与廓分离。城是指宫城、王城、内城;廓是指外城,大城,手工业区、商业区、居民区设置在此。

前 673 年,郑庄公在宫门西的城楼上向周惠王敬献礼物,这个地点在当时称为阙。

(2) 民用建筑

贵族有楼房建筑与大型宅院。

平民的建筑:

1. 北方有土窑式和半地穴式(地窝)。

2. 南方干栏式建筑

3. 在南方,战国时的楚国带有园林的高楼已经很常见。

春秋战国时期民宅基本上是一堂二室。建筑物中出现了砖和彩画。

6. 婚姻形式

（1）一夫一妻制。虽有多娶，但正式的嫡妻只有一个。

（2）配媵制。

诸侯一聘九女是当时婚姻制度的一部分，指诸侯或世子娶其他诸侯之女为正妻，同时安排女方待嫁的姊妹二人作为陪嫁，如果没有适婚的姐妹，从女方国君的侄女中选配二人，另外女方同姓的两个诸侯国君的女儿或侄女各三人同嫁，一妻八媵共同完成婚姻，这是所谓诸侯一聘九女，同姓媵之。诸侯不再娶，指其正妻逝世后不再娶夫人，媵的身份原本高贵，地位仅次于正妻。战国时期，代之的妾，地位低于媵。异姓国来媵，三国来媵，都属非礼。

（3）烝报制

烝是儿子在父亲死后娶媵即后母的制度。报是侄儿娶伯父、叔父之妾为妻，以及弟在兄死之后娶嫂嫂为妻。烝报都是合法的婚姻。

（4）婚姻规定：

1. 适婚年龄，一般男 20 岁，女 15 岁。

2. 父母之命，媒妁之言。

3. 同姓不婚。

4. 先奸不婚。

5. 婚不用乐。

（5）程序

六礼：

纳采、问名、纳吉、纳征、请期、亲迎。

离婚：有七出（七种离婚条件满足其一即可），全部针对女性。

7. 西周教育

1）国学

小学：太子入国学的年龄是 8 岁，公卿大夫之家子弟入国学的年龄是 10 到 13 岁。平民孩子入小学的年龄是 15 岁，小学学习七年。

大学：贵族大臣子弟方能入学，入学年龄 15—20 岁。大学学程九年。

2）乡学　地方学校。

学德、艺、行，六德：知仁、圣、义、忠、和。六行：孝、友、睦、姻、任、恤。艺指六艺：礼、乐、射、御、书、数。

3）私学

由学者自行举办的收费学校，几乎接受各种被公立学校拒绝的人。

8. 礼仪

1) 成人礼俗

(1) 冠礼　古代二十岁行冠礼。周天子特殊,12 至 15 岁行冠礼。

(2) 笄礼,女子十五行笄礼。

2) 周代生与死:

养老

(1) 提高长者的生活待遇。

(2) 免除赋役。人年五十起不服徭役,同时规定年八十起允许一个儿子不服徭役,九十以上免除全家劳役,这主要在西周和春秋前期实施。

(3) 政治上给予优待。"古者五十而爵"。《仪礼·士冠礼》。

丧葬礼仪:

《礼记·王制》:天子七日而殡,七月而葬;诸侯五日而殡,五月而葬;大夫三日而殡,三月而葬。

公墓是王室国君等贵族的墓地,由冢人掌管。

邦墓是埋葬国人(平民)的墓地,由墓大夫掌管。

9. 食物

1) 两周的粮食结构组合:

粟、黍、麻、菽、稻、麦、禾(即稷一称谷子,分黄白青三种)。另有苣、赤豆、薏苡、麻子、芋。

2) 水果:

桃、李、枣、棘、梨、柤、栗、榛、梅、柚、橄榄、苹果、杏核桃、李、樱、橘、柿棣、郁(山楂)、蘡(山葡萄)、荔枝、龙眼、枇杷等等。还有桑葚、甘棠等野生水果。

(3) 蔬菜

文献记载的有二十余种。其中栽培有葵、韭、藿、薤、葱、芸、甜瓜、瓠、葑、姜、笋、蒲、芹、莲、藕、荽、茨、菲、芋、姜、葵、壶(葫芦)菘(白菜)、芦菔(萝卜)等。野生的有蕨、荠、荼等。

屈原记载战国时南方人已经与现代人一样享用蔗糖、蜜糖、饴糖三大类糖,还有泡制的酸菜,冷饮可供享用。

11. 饮食方式

(1) 下层社会一日两餐。

(2) 中上层一日三餐。

（3）进餐前象征性荐祭先人，称为泛祭。

（4）大酺：也称赐酺，是在有禁酒令的情况下，因为改朝换代或有喜庆大事下诏特许全国或者局部地区饮酒的日子。

12. 家居饮食器具

成公二年孔子曰："器以藏礼"，《春秋左传正义·卷二十五》P192，车服器具能够表现尊卑等级。青铜器制品常见于贵族的日常生活中，类型丰富：

（1）炊器　鼎、鬲、甑（蒸锅）、鏊等。

（2）食器　簋、簠、盨、豆、敦、铺、盂、盆、鉴、匕、梜（即箸）等。

（3）酒器　尊、爵、壶、角、觚、觯、罍、杯、罍等。

鼎以青铜器为原材料，鼎的形制、纹饰从早期的不同到中期时逐步相同，大小规格也逐步定型为依次递减。分为镬鼎、升鼎、羞鼎（陪鼎）三大类。用鼎制度就是这三类鼎使用规范以及与鼎、簋的相配制度，列鼎制度细则：

（1）在重要的场合比如祭祀、礼聘、宴飨，相应身份的人使用相应的礼器，例如："礼祭，天子九鼎，诸侯七，卿大夫五，元士三也。"《春秋公羊传注疏·卷四》P20，桓公二年，何休注。

（2）镬鼎是专用的炊具。牛、羊、猪、鱼等各自有专用的镬鼎。

（3）升鼎又名正鼎，是用鼎制度的核心，升鼎所盛为白煮肉。

（4）羞鼎匹陪正鼎而用，又称配鼎。羞鼎内的肉羹带有各种调味剂。

（5）鼎与簋的相配制度规定：鼎盛牲肉，簋置黍稷。鼎与簋配比的数量标准是鼎用奇数、簋用偶数，即九鼎配八簋，七鼎六簋，五鼎四簋，三鼎二簋。

（6）鼎、簋外，豆（木盘）也能体现礼制。"上公黍稷十簋，肉羹四十豆；侯伯的相应数字为八簋，三十二豆；子男六簋，二十四豆。"《周礼注疏·卷三十八·秋官·掌客》P262。

早期的祭祀中使用木制器皿和瓦器"卬盛于豆，于豆于登，其香始升，上帝居歆。"《诗经·大雅·生民》。这里描述的是用木盘盛祭肉祭祀上帝。

（7）列鼎制度不仅用于祭祀等，也用于墓葬中，随葬品显示墓主的等级身份。

青铜器之外，楚国还使用黑陶和琉璃制品作为器皿和饰物，很可能是当地原产品。楚国髹漆工艺居于当时领先水平。

13. 战国民间时期休闲的快乐：

齐威王（前356—前320年在位）淳于髡齐国赘婿，但是机智幽默的人，被当时"淫乐长夜之饮"齐王召至宫中，齐威王八年（前349年）楚国派大军进攻齐国。

齐威王派淳于髡前往赵国求援,赵肃侯同意派兵十万增援齐国,楚军随即撤回,齐威王为淳于髡在后宫举办盛大酒会庆功,淳于髡向齐威王讲述自己在哪种情景下酒量最好,其中描述到当时的社交场合"若乃州闾之会,男女杂坐,行酒稽留,六博投壶,相引为曹,握手无罚,目眙不禁。前有堕珥,后有遗簪,髡窃乐此,饮可八斗而醉过二参。日暮酒阑,合尊促坐,男女同席,履舄交错,杯盘狼藉。堂上灯灭,主人留髡而送客,罗襦襟解,微闻芗泽,当此之时,髡心最欢,能饮一石。故曰酒极则乱,乐极则悲。万事尽然。《史记·卷一百二十六·滑稽列传》P3199。州闾即乡里。这里出现了汉代的两种社交场景:一是乡里普通青年男女的聚会,可饮酒、下棋、投壶。酒酣的男女星眸低缬,结对成双,相依相偎,醺然中离场后,不时可见无主的金玉佩饰遗落在地上。另一种是上流社会室内的社交活动,明烛高悬,男女同席,大家紧挨着坐在一起,佳肴馔珍、芬香淑郁、纸迷金醉。显示帝国的一部分人有闲暇,有余财,日常生活方式有一定自由度。

三、秦汉时代生活

1. 战国后消失的官爵

客卿:位在相国之下。

秦国的二十级军功爵。

右师:齐职

亚卿:燕国高级职务

执圭:楚国最高爵位

令尹:楚国令尹就是其他国家的丞相,当时楚国的令尹经常带兵出征。需要文武兼备,能力要求相当高,对战场胜负负全责,有楚国令尹因为战场失败而自杀。

秦国的内史也经常充任领兵的将领。

上柱国、柱国:柱国相当于将军,楚国最高军事长官这个职称后来成为府兵中的重要名号。

莫敖:大莫敖。楚国高级军职。

执珪:楚国高级爵位。

相邦:赵国相国

2. 财富分类

(1)家庭财富

大家:家财百万以上,千万,巨万亿;中家:家赀十万以上;小家:家赀十万以下。而三万以下，被视为低收入者或细民。鸿嘉四年，水灾严重，诏令诏令重灾区减租赋，"民赀不满二万者，毋令出赋。"《前汉书·卷十·成帝纪》P30。

大家不是生产之家，明帝永平十五年（公元72年），明帝"案舆地图，将封皇子，悉半诸国，后见而言曰：诸子食数县，于制不已俭乎？帝曰：我子岂宜与先帝子等乎？岁给二千万足矣。《二十四史·后汉书卷十上·皇后纪·马皇后纪》P410。"明帝案舆地图，皇后在旁，言巨鹿、乐成、广平等各数县租谷百万，帝令满二千万即止《东观汉记校注·卷二·纪二·显宗孝明皇帝》P58。大量的赏赐，这是皇帝们将租赋收入随意分配给王侯私人支配的一个渠道。

诏"封梁冀妻孙寿为襄城君，兼食阳翟租，岁入五千万。冀用寿言，多斥夺诸梁在位者，外以谦让，实宠孙氏宗亲，冒名而为侍中、卿、校尉、郡守、长史者十余人，皆贪叨凶淫，各遣私客籍属县富人，被以他罪，闭狱拷掠，使出钱自赎。钱物少者至死徒。"扶风人士孙奋居富而性吝，冀因以马乘遗之，从贷钱五千万，奋以三千万与之，冀大怒，乃告郡县，遂收考奋兄弟，死于狱中。悉没资财亿七千余万。《后汉书·卷34·梁统列传》P1181。

孝文帝时粟石数十钱，宣帝时一石谷五十钱，但在王莽米一石达到二千钱。一匹绢可以卖到五百钱，一件单衣约五百钱，马价有五千五百钱一匹，高的时候达十五至二十万一匹。上等家庭，中等家庭，下等家庭的评估标准。

"今一夫挟五口，治田百亩，岁收亩一石半为粟，百五十石，除十一之税，十五石，余百三十五石，食人月一石半，五人终岁九十石，余四十五石，石三十，为钱千三百五十。"《前汉书·卷24上·食货志》P112。

五口之家，有田一百亩，亩产1.5石，一年可收粮150石，交十分之一的税，共15石。余下135石，平均每人一个月食用1.5石，一年全家五口需要九十石粮食，余下四十五石，每石三十钱，可得1350钱。按此年收入积累，不添置新衣，不生病，不交际，仍需要七十四年才能积累到十万钱。当时人很少能活到七十以上。所以，前文所说的十万算是下等家庭，那人口占多数的农民都不被排除在等级之外。他们的收入还是在不遇到水旱等自然灾害这个前提。"至武帝之初，七十年间，国家亡事，非遇水旱，则民人给家足，都鄙廪庾尽满，而府库余财，京师之钱累百巨万，贯朽而不可校，太仓之粟，陈陈相因充溢露积于外，腐败不可食。《前汉书·卷二十四上·食货志》P113。朝廷富裕与百姓富裕是两回事，征服有钱时加入一场战争，无论盈亏对它毫无影响，可以加税、摊派，挪用次年租税以及借贷，但是一个普通的家庭经过一次战争，也许就是一千钱的损失，那就是他们全家赖以生存的财富之所在，意外地失去了这笔钱全家就面临灭顶之灾。

在井田制度下,劳役地租有一个很大的优势,服役者只需要出卖自己的劳动力,完成劳动量,不需要操心收成,在两汉以后,授田者必须按规定的土地份额缴纳,农民必须非常在意气候变化,收成得失。

"先王制土处民,富而教之,大略也。民三年耕而余一年之蓄,衣食足而知荣辱。《前汉书·卷二十四上·食货志》P112。民耕三年有一年收成可以作为储蓄,这是非常乐观的说法。多数情况下不能有结余。因为收入不稳定,很多人不愿耕作,力田是汉代察举的重要科目,吕后元年(前187年)令每郡举一人,遂成定制。力田本身没有秩禄,但可以免除自己的徭役。

技术进步的收益:

武帝末,以赵过为搜粟都尉"过能为代田,一亩三甽,岁代处,故曰代田,古法也。后稷始甽,田,以二铝为耦,广尺、深尺曰甽,长终亩。一亩三甽,一夫三百甽,而播种于三甽中。……用耦犁,二牛三人,一岁之收常过缦田(缦田就是没有甽也就是没有垄沟者)亩一斛以上,善者倍之。令命家田三辅公田,又教边郡及居延城,是后边城、河东、弘农、三辅太常民皆便代田,用力少而得谷多。《前汉书·卷二十四上·食货志》P113。一尺高,一尺宽,一亩长的垄和沟,一亩犁出三道这样的垄沟。汉时二百四十步为亩。

三犁共一牛或二犁共一牛都称为耦耕,但前者日耕种面积达一顷,后者耕地约二十五亩。崔寔《政论》中提到赵过以此新技术帮助当地农民耕作。但这种进步是局部的,一些丘陵地带没有大块的土地可以三犁同时并进。

章帝建初八年(83年),王景,迁庐江太守,先是百姓不知牛耕,致地力有余而食常不足,郡界有楚相叔孙敖所起芍陂稻田,景乃驱率吏民,修起芜废,教用犁耕,由是垦辟倍多,境内丰给。"《后汉书·卷一百零六·循吏·王景传》。

2) 宫廷的财富:

太官、汤官经用岁且二万万。《后汉书·卷十上·皇后纪》P422。皇帝、皇后每年膳食开销达二万万,也就是需要两个亿,相当于汉代中等水平人家二万户的资产,也就是说中等水平的人家平均一万钱。太后邓绥做主大幅降减,省去数千万。

有统计汉代国家的总收入约六十余亿,皇室膳食消费即达三十分之一,或者超过了国家岁入的3%以上。

3) 国家财富

汉代国家的总收入约六十余万万。P28。

国家因为政策红利增加收入:"遭值文景玄默,养民五世,天下殷富,财才有余,士马强盛。《前汉书·卷九十六下·西域传》P364。这就是司马迁所记载的是一个时期"窦后好黄帝、老子言,帝季天子诸窦不得不读黄帝、老子,尊其术。"《史记·卷四十九·外戚传》。窦太后武帝建元六年(前135年)逝世,此前孝文帝前180年登基,前157年逝世,为孝文帝皇后23年,汉景帝在位十六年。皇太后16年,太皇太后6年,共45年,这是与民休息政策得到贯彻的近半个世纪。

3. 收入的分类

1) 俸禄:《汉简辍述》汉简所见奉例,佐元康夫《居延汉简月奉考》:

"孝惠高后时,量吏禄,度官用,以赋于民,而山川园池市井租税之人,自天子以至封君汤沐邑,皆各为私奉养焉,不领于天下之经费。《史记·卷三十·平准书》P1418。

元狩四年,大将军、骠骑击胡,得首虏八九万级。……是时财匮,战士颇不得禄矣。《史记·卷三十·平准书》P1428。

宁成历任郡都尉、中尉、内史:仕不至二千石,贾不至千万,安可比人乎?"赊贷买陂田千余顷,假贫民,役数千家,《史记·卷122·酷吏列传·宁成传》P3135。

2) 土地收入与资本收入:

汉代大土地所有者将土地出租和自己经营,出租土地地租相当高,什五之税。即缴纳百分之五十。"或耕豪民之田,见税什五"《前汉书·食货志》董仲舒言论。古者税民不过什一,其求易共;使民不过三日,其力易足。民财内足以养老尽孝,外足以事上共税。下足以蓄妻子极爱。故民说从上。至秦则不然,用商鞅之法,改帝王之制,除井田,民得买卖,富者田连阡陌,贫者无立锥之地。又颛川泽之利。管山林之饶,荒淫越制,逾侈以相高,:邑有人君之尊,里有公猴之富,小民安得不困?又月为更卒,已,复为正一岁,屯戍一岁,力役三十倍于古。田租口赋,盐铁之利,二十倍于古,或耕豪民之田,见税什五。故贫民常衣牛马之衣,而食犬彘之食,重以贪暴之吏,刑戮妄加,民愁亡聊,亡逃山林,转为盗贼,赭衣半道,断狱岁以千万数。汉兴,循而未改。古井田法虽难卒行,宜少近古,限民名田,以淡不足,塞兼并之路,盐铁皆归于民。去奴婢,除专杀之威,薄赋敛,省徭役,以宽民力,然后可善治也。《前汉书·卷二十四上·食货志》P171。

3) 手工业制造

纺织生活,赶工增加收入。"冬,民既入,妇人同巷,相从夜绩,女工一月得四十五日,必相从者,所以省费燎火,同巧拙而合习俗也。男女有不得其所者,因相与歌咏,各言其伤。《前汉书·卷二十四上·食货志》P112。

4) 赏赐与罚没

赏罚是皇帝存在的重要象征。钟离意,"少为郡都邮,太守甚贤之,任以县事。显宗即位(后汉明帝光武建武中元二年即位,公元57年),钟离意为尚书,时交阯太守张恢,坐臧千金,征还伏法,以资物簿入大司农。诏班赐群臣。意得珠玑,悉以委地而不拜赐。钟离意在回答皇帝不解的提问说,赐臧秽之宝,诚不敢拜。帝磋叹曰:清乎尚书之言。乃更以库钱三十万赐意,转为尚书仆射。《后汉书·卷四十一·钟离意传》P1406。钟离意固执地认为赃款经过大司农后仍未完全漂白,汉明帝成全他的高洁志向,于是动用国库钱另外给了一笔赏赐。

5) 不明收入

永平(东汉明帝)时,第五轮迁蜀郡太守,蜀地肥饶,人吏富贵,掾吏家赀多至千万。皆鲜车怒马。以财货自达(注曰:以财相货曰赇)伦悉简其丰赡者遣还之,更选孤贫志行之人以处曹任。……肃宗初立代牟融为司空,帝以明德太后故,尊崇舅氏马廖,兄弟并居职任。第五轮以后族过盛,欲令朝廷抑损其权,上疏曰:……臣窃闻卫尉以布三千匹,城门校尉防以钱三百万,私赡三辅衣冠,知与不知,莫不毕给,又闻腊日又遗其在洛中者钱各五千。越骑校尉光,腊用羊三百头,米四百斛,肉五千斤。臣愚以为不应经义。惶恐不敢不以闻。……并不见省用。《后汉书·卷四十一·第五轮传》P1398。

4. 赋税

封者食租税,岁率户二百,千户之君则二十万,朝觐聘享皆出其中,庶民农工商者贾,率亦岁万,息二千,百万之家则二十万。《史记·卷129·货殖列传》P3272。按每户每年的租税二百钱,千户的封邑的封君就年收入二十万。庶民百姓,农民商人,如果家有一万钱,放贷可收息钱二千。达到百分之二十。千户的封君可有八千的利息收入。拥有百万钱的就是二十万。"汉初……大侯不过万家,小者五六百户。……故逮文景四五世间,流民既归,户口亦息,列侯大者至三四万户,小国倍之。富厚如之。《汉书·卷十六·高惠高后文功臣表》P55。一个达到三四万户的封君,年租税不仅十分惊人,而且放贷的利息同样十分丰厚。

西汉初年,以户均占田67亩,亩产2石,三十税一的税率计算,田租4.5石,谷石三十钱计算,田租折合铜钱为135钱、万户侯(通常是虚数,这里以一万户计算)一年租税就是135×10000等于1350000万钱。但随着人口增加,大小诸侯的租税都有增加。而三十钱一石的谷价并不是一个稳定的价格。

5. 市场与货币

西汉早期继续重农抑商"孝惠高后时，天下初定，复驰商贾之律，然市井（市场之意）之子孙亦不得仕宦为吏。《史记·卷三十·平准书》P1418。但是市场是社会的需求，固定或流动的交易地点，商人、货币，都因为集居生活而自然形成"金有三等，黄金为上，白金次之，赤金（铜钱）为下。"

元狩四年（前119年）"天子苑有白鹿，以其皮为币，以发祥瑞，造白金焉。注引食货志：皮币以白鹿皮方之，缘以缋，以荐璧，得以黄金一斤代之。《史记·卷12·孝武帝本纪》P457。皮币被现代理论划分为信用货币，它有三大特点：1. 不以任何贵金属为基础。2. 国家强制流通。3. 独立发挥货币作用。

6. 消费的各种动因

（1）刚性需求，食品、药品、御寒等日用品。缺医少药的时代，健康长大成人必须庆贺，否则可能是一笔无法支付的开销。

（2）国家对个人财产定位的变动。

（3）弊政"杨可告缗遍天下，中家以上大抵皆遇告。……即治郡国缗钱，得民财物以亿计。奴婢以下千万数，田大县数百顷，小县百余顷，宅亦如之。于是商贾中家以上大率破。民偷甘食好衣，不事畜藏之产业，而县官有盐铁缗钱之故，用益饶矣。《史记·卷三十·平准书》P1435。杨可告缗的一个后果是人民不愿积累财富，而是积极消费，导致追求衣食高级奢靡。

7. 一个汉朝人合法的生活乐趣——帝王的闲暇与平民的帝国生活

（1）居住环境

汉代住宅有平房、楼房，"初到县，市无屋，意出奉钱帅人作屋，人赍茅竹或持材木，争起趋作，浃日而成。《后汉书·卷四十一·钟离意传》P1411。浃日就是十日，没有提到烧制的砖或者瓦，显然是茅草和木结构的。

富人之宅，以一丈之地为内，内中所有，柙匮所赢，缣布丝帛也。贫人之宅，亦以一丈为内，内中空虚，徒四壁立，故名曰贫。王充《论衡·卷十三·别通第三十八》P207。

一位受到审讯而查封的士伍家产之一房子的结构："一宇二内，内室皆瓦盖……"《睡虎地秦墓竹简·封诊式》P249。这或许是等级相同的士伍之家住宅结构基本样式。

晁错谈论他的"以实广虚"的移民计划时说：先为筑室，家有一堂二内（二内解释为二房），门户之闭。《前汉书·卷四十九·晁错传》P215。即：二个房，一个厅堂,厅有大门的建筑结构是当时一般平民的标准住宅结构。西汉时高台建筑很多,东汉以后,宫室已经很少使用这种建筑了,大量使用成组的斗拱,木构楼阁增多,砖石建筑的发展与之密切相关。《中国古代建筑史》。

(2) 舆服衣食

乘舆六玺,秦制也,曰皇帝行玺,皇帝之玺,皇帝行玺,天子行玺,天子之玺,天子信玺。《晋书·卷二十五·舆服志》P88。秦始皇发明皇帝之称,六玺作用也各自不同。

东汉孝明帝永平二年(59年),明帝初诏有司采《周官》《礼记》《尚书皋陶篇》,乘舆服从欧阳氏说,公卿以下从大小夏侯说。……汉承秦故,至世祖(光武帝)践祚,都于土中,始修三雍,正兆七郊,显宗(明帝)遂就大业,初服缫冕,衣裳文章,赤舄绚屦,以祠天地……《后汉书·志第三十·舆服下》P3663。"夫礼服之兴也,所以报功彰德,尊仁尚贤,故礼尊尊贵贵,不得相逾,所以为礼也。非其人不得服齐服,所以顺礼也。……至周夷王下堂而迎诸侯,此天子失礼,微弱之始也。自是诸侯宫悬乐食,祭以白牡,击玉磬,朱干设锡,冕而僭大武。大夫台门旅树反坫,繡黼丹朱中衣缕篡朱纮,此大夫之僭诸侯礼也。《诗》刺"彼己之子,不称其服"伤其败化。《易》讥"负且乘,致寇至。"言小人乘君子器,盗思夺之矣。自是礼制大乱,兵革并作,上下无法,诸侯配臣,山棨藻棁。降及战国。削灭礼籍,盖恶有害己之语,竞修奇丽之服,饰其舆马,文罽玉婴,象镳金鞍,以相夸上。争锥刀之利,杀人若刈草然。其宗祀亦旋夷灭。荣利在己,虽死不悔。及秦并天下,揽其舆服上选以供御,其次以赐百官。汉兴,文学既缺,时亦草创,承秦之制,后稍改定参稽《六经》,近于雅正。《后汉书·志第二十九·舆服上》P3640。"载玄载黄,我朱孔阳。"《诗经·国风·豳风》里说的是将丝麻染成了黑色、黄色和朱红色。在春秋时的染色技术已经比较厚实,色谱更丰富的马王堆出土丝织品染织技术则展现出了惊人的创意。服饰的款式及其变化有下列原因:1.思想,2.时尚,3.新材料,4.新设备。

先秦时,限制平民穿丝织衣服,古者,庶人耆老而后衣丝,其余则麻枲而已,故命曰布衣。及其后,则丝里枲表,直领无袆袍合不缘,夫罗纨文绣者,人君后妃之服也。蚕绁缣练者,婚姻之嘉饰也。是以文绘薄织,不粥于市;今富者缛绣罗纨,中者素绨锦冰,常民而被后妃之服,褒人而君婚姻之饰。《诸子集成·盐铁论·散不足》P33。高祖时天下已平,高祖下令贾人不得衣丝乘车,重租税以困辱之。《史记·卷三十·平准书》P1418。禁止令稍有松弛,富商大贾衣着以精美丝织品现象就普遍。西汉昭帝、宣帝之间的人陈宝光妻制出的蒲桃锦、散花绫是只有上层人才消费的起的高档商品,其所使用的织机"机用一百二十镊,六十日成一匹,匹值万钱。"葛洪撰《中华野史·西京杂记·卷一》P277中记载的是一部相当复杂的提花机。

"自二千石夫人以上至皇后,皆以蚕衣为朝服。《后汉书·志第三十·舆服下》P3677。武帝泰始初,衣服上俭下丰,著衣者皆厌腰,此君弱臣放纵,元康(汉宣帝)末,妇人出两裆加平(乎)交领之上,此内出外也,下掩上之象也。《晋书·卷二十七·志第十七·五行上》P832。

单底的称为履。丝履、锦履、麻履、草履,造型有圆头、方头、歧头、笏头等式样。鞋底上加一层木板的鞋称为"舄"鞋面料多以丝制成。高官出席祭祀等活动所穿。

雨鞋称"屐",后来不限于雨天,女性出嫁时穿着彩色的系带的屐。"初作屐者,妇人头圆、男子头方。圆者顺之义,所以别男女也。至太康初,妇人屐乃头方,与男子无别,此贾侯专妒之征也。《晋书·卷二十七·五行志上》P94。一种新潮款式的鞋样,被牵强附会的哲学精神附体后,立即显现出强烈的政治寓意,大街小巷,高门内室,随处可见。

尉佗平南越,因王之,高祖使贾赐佗印为南越王。贾至,尉佗"魋结箕居"见贾,贾因说佗曰:"足下中国人,亲戚昆弟坟墓在真定,今足下反天性,弃冠带"。《前汉书·卷四十三·陆贾传》P200。魋结是指尉佗发髻在头顶上结成椎形,而汉文明的传统坐法是双膝跪下,臀部坐在自己脚后跟上,箕居则是臀部坐地,双膝平放或者微曲,双腿分开前伸,形同簸箕外形,尉佗的这种装束坐姿遭到陆贾指责,其实,凡交阯所统,虽置郡县,而言语各异。人如禽兽。长幼无别。项髻徒跣,以布贯头而著之。《后汉书·卷八十六·南蛮西南夷列传》P2836。尉佗不过是入乡随俗,他大致被当地人同化,因为要到光武帝中兴后,任延等才将汉文化逐步引入:"教其耕稼,制为冠履,初设媒聘,始知姻娶,建立学校,导之礼仪。《后汉书·卷八十六·南蛮西南夷列传》P2836。

有些服饰不是来自传统,而是来自时尚,"樊哈冠,广九寸,高七寸,前后出各四寸,制似平冕,昔楚汉会,昔楚汉会于鸿门,项藉图危高祖,樊哈常持铁楯,闻急,乃裂裳苞楯,戴以为冠,排入羽营。因数羽罪,汉王乘间得出。后人壮其意,乃制冠象焉。凡殿门司马卫士服之。《晋书·卷二十五·舆服志》P88。樊哈舍生忘死,拯救了危急中的主公,他的英雄主义精神被社会敬慕,于是有很多人仿效他的帽子式样。

董偃因为疑心自己与馆陶公主的事泄露,于是馆陶公主在设宴款待武帝后,二人向武帝恭敬致礼,董君绿帻(颜师古认为绿帻是贱人之服,应劭认为是宰人之服)傅韝,随主(女友馆陶公主)前伏殿下。《前汉书·卷六十五·东方朔传》P265。二人的关系得到了武帝的默认。帻是用头巾四周包裹头发,露出头顶头发的装束,董氏手臂上还戴着皮袖套。

古者天子二十带剑,诸侯三十带剑,大夫四十带剑,庶人有事得带剑,无事不得带剑,《初学记·卷二十二》引贾谊《新书》"汉制,自天子至于百官,无不配剑,其后惟朝带剑。《晋书·卷二十五·舆服志》P88。

(3) 休闲娱乐

其一:天子之乐

是时二世在甘泉,方作觳抵优俳之观。《史记·卷八十七·李斯列传》P2560。应劭认为"战国时,稍增讲武之礼,以为戏乐,用相夸示,而秦更名为角抵。"觳抵也就是角抵。

故能睹犀布、玳瑁则建珠崖七郡,感枸酱、竹杖,则开牂柯、越嶲,闻天马、蒲陶,则通大宛安息。自是之后,明珠、文甲通犀、翠羽之珍充盈后宫,蒲梢、龙文、鱼目、汗血之马充于黄门,巨象、师子、猛犬、大雀之群食于外圃。殊方异物,四面而至。《前汉书·卷九十六下·西域传》P364。

武帝元封三年(前108年)春,作角抵戏,三百里皆来观。元封六年,夏,京师民观角抵于上林平乐馆。《前汉书·卷六·武帝纪》P21。

汉宣帝元康二年(前64年),天子自临平乐观,会匈奴使者外国君长,大角抵设乐而遣之。《前汉书·卷九十六下·西域传·乌孙国》P362。角抵很受皇室欢迎,成为重要活动的保留表演项目。

宣帝甘露二年(前52年)冬十二月。宣帝巡幸萯阳(在鄠县)宫的属玉观。(属玉是一种水鸟名)《前汉书·卷八·宣帝纪》P27。

是时上方数巡狩海上,乃悉从外国客,大都多人则过之。散财帛以赏之,厚具以饶给之,以览视汉富厚焉。于是大觳抵出奇戏诸怪物,多聚观者,行赏赐,酒池肉林,令外国客遍观各仓库府藏之积,见汉之广大,倾骇之。及加眩者之工,而觳抵奇戏岁增变,甚盛益兴,自此始。《史记·卷123·大宛列传》P3173。

"宛左右以蒲陶为酒,马嗜苜蓿。汉使取其实来,于是天子始种苜蓿、蒲陶肥饶地。自大宛以西至安息,其地皆无丝漆,不知铸钱器,及汉使亡卒降,教铸作它兵器,得汉黄白金,辄以为器,不用为币。《史记·卷123·大宛列传》P3174。

灵帝引领时尚"好胡床,京都贵戚皆竞为之。"

(2) 富人之乐

杨恽被叛大逆不道,免为庶人,既失爵位,家居治产业,起宅室,以财自娱。在给友人定西太守孙会宗的信中写到:身率妻子,戮力耕桑,灌园治产,以给公上(充县官之赋敛也)……臣之得罪已三年矣,田家作苦,岁时伏腊,亨羊炮羔,斗酒自劳。家本秦也,能为秦声,妇,赵女也。雅善鼓瑟,奴婢歌者数人,酒后耳热,仰天扣缶而呼乌乌。其诗曰:……人生行乐尔。须富贵何时!是日也,拂衣而喜,奋袖低仰,顿足起舞,诚荒淫无度,不知其不可也。恽幸有余禄,方糴贱贩,贵逐什一之利。此贾竖之之事,污辱之处,恽亲行之,下流之人,众毁所归,不寒而栗。《前汉书·卷六十六·杨恽传》P268。

(3) 平民之乐

"古者燔黍食稗,而捭豚以相飨。其后,乡人饮酒,老者重豆。少者立食,一酱一肉。旅饮而已,及其后,婚宴相召,则豆羹白饭,綦脍熟肉。今民间酒食,殽旅重叠,燔炙满案,臑鳖脍鲤,麑卵鹑鷃橙拘,鲐鳢醢醯,众物杂味。"汉·桓宽《诸子集成·盐铁论·散不足第二十九》P33。

秦汉人的主食包括禾、黎、稻、麻、粟、稗、荞麦、大麦、小麦、大豆(菽)、小豆、高粱、糜子蒲陶、安石榴、胡桃、卢吉(枇杷)、杨梅、离枝、龙眼、林檎、槟榔、留求子、千岁子、橄榄。

食品加工中最早的炊具是陶器,后来是青铜器,汉代出现铁器炊具。

7. 教育

男子一般在十三岁入学,杜安、杨终、邓禹、都是在十三岁入学,有些更迟。学时 3—5 年。教育不普及,只有少数人有机会受到完整教育。

8. 重要礼仪

1) 冠礼

孝景帝后元三年(前 141 年),正月甲寅日,皇太子举行冠礼。甲子日,孝景皇帝逝世。《史记·卷十一孝·光景本纪第十一》P173。汉昭帝元风三年(前 78 年),加冠礼。宣帝五凤元年(前 57 年),春正月,皇太子举行加冠礼。

董偃,年十八而冠。不是二十岁。《前汉书·卷六十五·东方朔传》P264。

2) 婚礼

两汉男子婚龄 14—20 岁,女子 13—16 岁。惠帝六年,女子十五以上至三十不嫁,五算。《前汉书·卷二·惠帝纪》P13。一算一百二十钱,惠帝娶姐姐鲁元公主女为妻。

婚姻程序:

1. 议婚

2. 问名占卜

3. 订婚聘礼

4. 选择婚期

5. 迎亲

6. 婚礼

"桓帝初为蠡吾侯,梁太后征,欲与后(即梁女莹)为婚,未及嘉礼,会质帝崩,因以立帝,明年,有司奏太后曰:《春秋》迎王后于纪,在途则称后。今大将军冀女弟,膺绍神善。结婚之际,有命既集,宜备礼章,时进征币。请下三公、太常案仪礼。奏可。于是悉依孝惠纳后故事,聘黄金二万斤,纳采雁璧,乘马束帛,一如旧典,建和元年(桓帝建和年,公元147年)六月始入掖庭,八月立为皇后。《后汉书·卷十下·皇后纪第十下》P443。

后汉的君王们为何早夭? 与急剧扩大的后宫有关? 制度的设计者或者极力讨好皇权的大臣们帮助皇帝拥有众多的佳丽,满足其占有欲,获得超越常人的审美体验,随之变得神明。然而后嗣缺失的恐惧中理性与非理性成分交织、碰撞,挤垮了制度设计者与制度的主人固有的人性架构,两者都必然失去自控。

(3) 丧礼

养后母孝谨,后母卒,服丧三年。《前汉书·公孙弘传》。

三年服,少能行之者。《前汉书·薛宣传》。

时又少行三年丧者。《前汉书·游侠传·原涉传》。

安帝原初三年,(116年)有诏,大臣得行三年丧,服阙还职。《后汉书·卷四十六·陈宠列传附子忠传》P1560。

(4) 祭祀

祭祀是重要的消费项目

汉制,一岁五郊,天子与执事者所服各如方色,百官不执事者服常服,绛衣以从。《晋书·卷二十五·舆服志》P88。

《四民月令》记载诸多家祀活动。

高祖十年春,有司清令县常以春二月及腊祠稷以羊,彘,民里社各自裁以祠。制曰:可。《前汉书·卷二十五上·郊祀志》P120。

东汉邴原,拾到钱后系在一棵树上,跟着在树上系钱的人越来越多,以致该树被当做社树,"原恶其由己而成妄祀,乃辩之。于是里中遂敛其钱,以为社供。"《太平御览·卷五百三十二·礼仪部十一·社稷》P2416。这里的祭祀风靡一时不是因为人们的精神无助所致,而是有一些人对高尚情操有无限追求的本能。

他们崇尚善行,自动纠错,党锢事件是这种纠错能力对一个特定社会失灵的例子。构成社会谬误的力量本身也可能有他们自己圣神的祭祀对象,可能根本没有,正是毫无禁忌,所以飞扬跋扈,他们自己成为了自己的神。

（5）交际

武帝征和二年(前 91 年)"丞相为祖道,送至渭桥。"(师古曰：祖者,送行之祭,因设宴饮焉。)武帝侄子左丞相刘屈氂,为即将领兵出击匈奴的李广利送行。《前汉书·卷六十六·刘屈氂传》P267。

与各式的祭祀相比,两汉时期的人们世俗活动相对少很多,比如冠礼、角抵戏以及巡游,是单纯的世俗活动,具有休闲性质,基本与宗教完全无关。

这是一个比以前更为世俗化的世界,《盐铁论·散不足》集中对西汉之前的生活状况与桓宽时的社会生活状况加以比较,虽然时间划分上比较笼统,但两者对比出现了大致可以分为以下十一个方面的变化：

1. 以前卿、大夫、士、平民的房子内外装饰需要根据身份等级建造装点,西汉人对自己的居所做何种装饰主要根据自己的经济承受力。过去人们的服饰有礼制规定,现在的富人根据自己的财富购置首饰、服装,过去只有皇室可以有的高档丝织品,现在已经十分普及,富人拥有稀有的高档皮草,寝具也比从前舒适美观。富裕和中等收入的人有私家的马车,装饰堪比从前的君主,富人可以自行举办大型纯属娱乐的活动,百戏在日常生活中已经很常见。

2. 从前只有用于祭祀的礼器才雕花,上红色油漆,但现在的富人使用的是金银玉质器皿,中等收入的家庭倒是还在使用漆器。过去的士大夫才有管、磬之类乐器,士有琴瑟。现在的富人家里经常有大型乐队,钟鼓齐鸣,还有儿童列队表演。

3. 先前卿大夫都不随意宰杀(《礼记·王制》),诸侯不得无故杀牛,大夫无故不杀羊,士无故不杀豕古代无故不饮酒,只有重要时候才会屠宰猪等,现代人随意宰杀,餐桌鱼肉重叠,菜肴丰盛。古代祭祀时不饮酒吃肉,现代如果有访客不大摆筵席就相当于失礼。古代百姓用鱼和豆类祭祀,不允许有家门以外的祭祀,现在的有钱人居然私自祭祀名山大川,屠牛击鼓,安排大型演艺活动。中等人家屠狗杀羊,即使贫穷的人也用到宰杀鸡猪。

4. 古代社会寻求善行,算卦人少。现代人不讲礼仪,只重钱财,不寻求理性而笃信卜筮、鬼。

5. 古代没有卖熟食的,不在市场买即食之物,现在市场熟食酒类大量供应,琳琅满目,人们集众饮酒。

6. 古代对男子妻、妾数目有规定,诸侯的在个位数之内,现在有钱人随意娶妻纳妾,有的是一个男子是上百女子的丈夫的情况。

7. 葬仪互相攀比,奢侈成风,殉葬品都穿丝绸服装。

8. 富人饲养的宠物穿戴比普通人还高档,食品也更高级。

9. 一些新技术应用于日常生活中,比如温室种植技术,提升了消费水平。

10. 百姓衣不遮体,食物朝不保夕。

归纳:西汉的中央集权国家为确保皇权在广袤的帝国领土上畅通无阻,权力高度集中,巨额资本也会猬集在都市区,刺激形成了一个巨大的消费市场,从桓宽描述的情况来看,内所揭示当时社会现状,基本真实、可靠。消费升级一方面是社会发展的正常反映,一方面与当时社会的思潮有关,开始质疑、背离固化的、节省的生活理念。国家统一的条件下,社会相对稳定、中外贸易与新技术形成经济支柱,炒钢工艺在西汉出现,出产熟铁和低碳钢,但有时也可能从中得到一些中、高碳钢,这有助于获得优质农机具,提高劳动效率。和桓宽同时代的陈宝光妻的具有垄断性质的提花机产出高端商品,与有一个强劲的消费市场存续关系重大,人们如果不能从技术更新中获利,创新就难以为继。桓宽的记载反映了当时的消费市场急剧扩张,桓宽误认为这一切变化都属于社会弊端,其实只需规范好社会合法消费,这个由客观自然的需求产生的市场对国家和人民不仅是必需的,也绝对是利大于弊的。主要的问题在于社会财富的分配方式是否可以改善,以及是否是在正确引导理性的消费。

桓宽等人认为这个时期的西汉人既不遵循礼制,是一个在不断打破禁忌的社会;也大量违反本朝法度,高祖时有规定贾人不得衣锦绣等,汉文帝还规定三人以上无故群饮酒,罚金四两。他统称的富人中多数应该是贵族、高官,他们的财富一方面是他们法定收入高,但权力寻租带来的好处也相当大;一部分是富人包括商人,在缺乏私法保护的时代环境下,他们的合法经营就是和权力处理好关系。物欲横流有其他因素,但可能也是未来不确定性大,不安全感强的一种反映,贫富差距越来越大则意味着社会结构性的矛盾,缺乏公平性,这倒是一个特权社会的基础与标准配置。整个社会在发展,但绝大多人贫困的现象与前代并无本质区别。社会的进步方向不受时好时坏的决策能力掌控,而是社会的理性所决定,武帝权力无边,巫蛊之祸的进程中虽然权力不可阻挡,但他最后不得不以自我否定的方式接受正确、必然的结果。轮台诏则是对权力错误地全面自我否定的例子。

在一个统一的国家的社会整体进步中,有些人是受了益,参与分肥,成功的集团以及国家需要的专业人员等，但绝大多数无法分享，西周时的井田农民"无衣无褐"（《诗经·国风·豳风·七月》）自陈粗布衣也没有，西汉也有人是如此，《盐铁论·散不足》为百姓百姓转诉"或短褐不完，糟糠不接。"（与西周时人一样，都是还有劳动能力的人）同样也看不到进步之所在。看不到的原因是存在权利壁垒，它挡住了低等社会群体的视线，这些权利中部分是由来已久，部分是为了维护特权而不得产生的新权利，因为特权社会永远就是一个分配不公，贫富悬殊的社会。桓宽在散不足中对贫困现象虽然轻描淡写，但全景已经呈现。在相对平均的社会，绝对的贫困可能仍会产生幸福感；在贫富悬殊强烈对比的社会，相对的贫困甚至会更令人痛苦，难以忍受。

中国政治历来以权力争斗为主，明争暗斗或者直接诉诸武力，人民的权力被忽略是个常态，过多的伤害也是会招致人民的反抗，导致部分人的生活临时或长期的改善，但不会改变人民主体的生存状况。中国历史进程中虽然有些时期社会各阶层均出现上升，但一定是参差不齐的，只占总人口很小的比例，不是严格意义上的社会整体进步，永远都存在毋庸置疑的社会下层，基数是各阶层中最大的。

本章结论

生活质量有区域性，社会贫富差异大，这是个常态，技术进步让部分相关的人受益，但是技术普及以及规模化程度低。政治强制不同职业的人衣着不同，或者不能从事哪些工作以及诸如此类的规定只能造成生活上的困扰，决不会产生惩恶扬善的结果，带来社会进步。一切可以交易的物品，对富裕的阶层来说，任何层级的限制都总有例外，都可能买到，富裕是一种特权，他们主要是非农人口。而绝大多数人农耕及奴隶无法保证温饱的生活，在强大的帝国时代，这种情况比较突出。战争胜利不能给全体国民人人都带来直接的福利，但事先的付出往往是巨大的。在文景时代，人民生活相对幸福就是因为战争较少，社会相对稳定，征发与赋敛较少的缘故。秦汉人富裕阶层的半径比前代大，虽然它是不稳定，起伏大以及间隙性的，仍然弥足珍贵，给一批幸运者带来生存的机会，发展的出口。这是社会趋势的胜利，是个人的胜利。是开放的胜利，是制度结构部分优化的胜利，是战国精英们的胜利。一个国家是否可以达到文明的最高境界，全在于是否具有保持对最杰出人士及时发现、启用、信任的机制。国家需要战争保障边境安全，平定国内无法无天的暴乱，解决各种棘手的社会问题，尽管有很多现成工具，但是，如果决策者不是卓越的，国内大多数人终日汗流浃背、日以继夜的努力就一定会化为泡影,智慧不够的人很容易破坏没有他们也很管用、够用的制度。人民的生活不会随着君主的高度独裁、战争的胜利、不断兼并的土地,虏获大量的人口而必然得到本质、持续性的改变。在行政命令下,人民生活可能有即时短期的改观,但不能解决根本问题,因为在落后的决策与管理之下,产生的任何级别的收益都一定低于支出的费用。一个勤勉的农民不能决定自己的收成,而债权人则有权决定自己的税率。

决策错误的成本总是非常高,决策者越是想要降低成本,让最少的人参与决策,以最简洁的方式完成决策,就越有可能导致最严重的失误。两汉以前的人民生活的对比也能明确地说明这一点,最独断、铁腕的君主时代不是普通平民最幸福的时刻。当然,许多行为的正面效应可能要经过很久之后才能渐渐凸现、发散。假如国家获得荣誉、安全、延续的模式本质不变,任何新王朝,新时代获得的技术增值、产量提高,商品具有不断扩大的市场等都将是海市蜃楼,搞定了国家大部分具体事务,不可或缺,每天推动国家运行的那些寂寂无闻的国人们却难以自存、民不聊生就会成为常态化,国家整体上时好时坏,多数情况下坏的情况对上述一类制度来说就是与身俱来的,就永远也不会改变。

本编资料来源:

前汉书引用《二十五史·前汉书》 上海古籍出版社,上海书店出版 1986 年 12 月第 1 版

《后汉书》 中华书局(宋)范晔撰 (唐)李贤等注 中华书局出版 1965 年 5 月第 1 版

程树德《九朝律考》中华书局,2003 年 1 月第 1 版

《唐六典》唐 李林甫等撰 陈仲夫点校 中华书局 1992 年 1 月第 1 版

《全上古三代秦汉三国六朝文》(清)严可均校辑 中华书局 1958 年 12 月第 1 版

《文选》梁 萧统编 唐 李善注

《诸子集成》上海书店影印出版 1986 年 7 月第 1 版

《华阳国志校注》

东汉刘珍等撰 吴树平校注《东观汉记校注》中华书局 2008 年 11 月第 1 版

王充《论衡·卷十三·别通第三十八》岳麓书社 1991 年 8 月第 1 版

《居延汉简甲乙编》中国社会科学院考古研究所 1980 年版

《东观汉记校注》东汉 刘珍等撰。吴树平校注 中华书局,2008 年 11 月第

1 版

沈从文《中国服饰史》

班固撰《白虎通义》

刘敦桢主编《中国古代建筑史》中国建筑工业出版社 1984 年 6 月第 2 版

程瑶田撰，陈冠明等　点校《程瑶田全集》黄山书社 2008 年 12 月第 1 版

徐坚等著《初学记》中华书局 1962 年 1 月第 1 版

许慎撰《说文解字》中华书局 1963 年 12 月第 1 版

黄奭辑《神农本草经》中医古籍出版社 1982 年 5 月第 1 版

郝懿行撰《尔雅义疏》北京市中国书店 1982 年 9 月第 1 版

《诸子集成·盐铁论》

《吕氏春秋》

朱熹《楚辞集注》

《诗经》

《淮南子》

第五编

北魏卷(混合制)

秦始皇、汉武帝等时代表现出来的强大,国家整体经济体量,遭受重创后的再生能力等令不少异族首领激动不已,他们也想要达到甚至超过那些声威远播的时代。北孝文帝、宇文泰的子孙们如此不计后果、心无旁骛地拥抱新文化,最初的原动力或者就在于此。他们不是只想安心、本分地仿效、传播新文化,而是以为这种工具有异乎寻常的功力,他们即使没有神话这种文化,至少是对之抱有很多不切实际的幻想。汉族人在该文化中遇到的瓶颈他们也必然地遇到,而且同样无法解决。

崇近宗教一方面可能是因为感知到宗教的伟大,另一方面可能是他们本身亟需神话。不过,越是需要神话的人,可能就属于越是不行的人。如果一个国家的政治永远正确,权威绝对不容挑战,对权力的神话永远是光鲜的,那这个国家的人民就会陷入持久的浑噩,国家基本上就不会有真正整体上的进步。

失败君主们的错误如出一辙。

——作者

第二十八章　先进制度的诱惑

在局外人看来,这些人没有真正的信仰,他们对各种神灵的信仰都是为了私利,满足更大欲望,而不是为了真相、诚信、合理性与大众福祉。加上经济上缺吃少穿,以及内外隐形的竞争者和公开的敌人,掌握国家权力的人只会变得越来越现实、自利,在缺乏高尚精神与实际磨砺的前提下,他们会发现自己制定各种政策、制度都会引起混乱,一般会认为是人民对其充满敌意或者不可靠导致的,往往是直到失败时他们才会发现自己制定的规则内在的问题。

制度的诱惑是如此巨大,让一些人在尚未理解它之前就接受了它,为什么必须需要新制度的原因对每个人都各有不同,唯一的一点可能是他们自己决心寻求改变。

拓跋猛兽在自己雄浑的喘息声中一路冲撞,这个张牙舞爪在北方无敌的种族,在妩媚的制度美女前骤然停下,猛兽的情绪时而如临大敌,时而不屑一顾,狂躁与冷隽交替,似乎在思忖着是要用利爪撕碎她?还是拥抱她?最终在制度结成的绳网前变得好奇、温顺,安静并停留下来。

新崛起的拓跋氏首领们具有使命感且精力旺盛,不仅持续地攻击敌人,还愿意接受新事物,一个种族的融入行为在孝文帝时代达到高潮,为一个有针对性地目的,推动整个种族的变革运动并改变了种族运动的性质。

第一节 北魏政经改革的内容

一、元宏前后的改革—北朝政治实力的坚实基础以及没有准备好的人,改革前的君主们

1. 北魏的种族与文化

北魏建立者是道武帝拓跋珪,属鲜卑族或突厥族存在争议,这是一个汉字历史资料中姓拓跋的家族,他们被诠释归属鲜卑族,史料中又有与突厥人相似的习俗,自刺的民俗:

娄提,代人也,显祖(北魏献文帝)时为内三郎,显祖暴崩,提谓人曰:圣主升遐,安用活为。遂引佩刀自刺,几至于死。文明太后诏赐帛二百匹。《魏书·卷八十七·节义·娄提传》P218。

孝明帝正光元年(520 年)七月,清河王怿被元叉等杀,"朝野贵贱、知与不知,含悲丧气,惊振远近,夷人在京及归,闻怿之丧,为之劈面(以刀刺破面皮的习俗)者数百人。《魏书·卷二十三·孝文五王》P70。

东汉人耿秉在章帝建初元年(公元 76 年)拜度辽将军,"视事七年,匈奴怀其恩信"。和帝永元三年(公元 91 年)匈奴听闻耿秉死讯"举国号哭,或至黎(同黧)面流血。"《后汉书·卷十九·耿秉传》P718。这里说的是匈奴人。对突厥人也有类似记载"死者停尸于帐,子孙诸亲属男女各杀羊马陈于帐前祭之,绕帐走马七匝,一诣帐门,以刀劙面且哭,血泪俱流,如此者七度乃止。"《周书·卷五十·异域传·突厥传》P86。

《隋书》所载突厥民俗中亦有"为逝者绕帐号呼,以刀劃面,血泪交下,七度而止。"《隋书·卷八十四·突厥传》P223。这样的描写,与《周书》大致相同,两书应该并不是简单地转抄,而是对民俗或事实的客观记录。突厥人认为刺面的行为是亲近的表示,甚至对一些有特殊关系的客人提出这种要求。

北周王庆出使突厥,遇到其可汗逝世,突厥谓庆曰:前后使来,逢我国丧者,皆劈面表哀,况今二国和亲,岂得不行此事?庆抗辞不从,突厥见其守正,卒不敢相逼。武帝闻而嘉之,录庆前后使功,迁兵部大夫。《周书·卷33·王庆传》P54。

拓跋氏是游牧的种族,世祖(太武帝)之平统万,定秦陇,以河西水草善,乃以为牧地。……高祖(孝文帝)即位之后,复以河阳为牧场《魏书·卷一百一十·食货志》P319。随着拓跋部落占领区的南移,河西、河阳地区的天然大型牧场陆续成为提供生活用品的基地,以游牧狩猎为主的生活方式得以延续,太武帝神䴥四年(公元431年)十一月,北部敕勒莫弗(酋长)库若干率其部数万骑,驱鹿数百万,诣行在所,帝因而大狩。《魏书·卷四上·世祖纪》P14。但是他们已经部分接受了农耕生产生活方式,太宗明元帝神瑞二年(415年),秋谷不登,太史令王亮等人劝太宗迁都,崔浩等人向太宗进言反对,担心族人水土不服,尤其分散后会遭异族攻击"东州之人,常谓国家居广漠之地,民畜无算,号称牛毛之众。"认为只要挺过冬天,"至春草生,乳酪将出,兼有菜果,足接来秋。"《魏书·卷三十五·崔浩传》P94。这说明拓跋部落逐渐成为游牧、农耕混合的部落。

拓跋部人口复杂,天兴二年(公元399年)二月,破高车杂种三十余部,获七万余口。《魏书·卷二·太祖纪》P9。天兴三年十一月,高车别帅敕力犍,帅九百余落内属。《魏书·卷二·太祖纪》P9。天兴四年正月,高车别帅帅三千余落内属。《魏书·卷二·太祖纪》P10。太武帝拓跋焘太延五年(439年)六月,车驾西讨沮渠牧犍,九月牧犍降,收其城内户口二十余万。《魏书·卷四下·世祖纪》P15。沮渠是匈奴支系的卢水胡。拓跋族是北魏社会顶端的群体,由此而下统治的是种族复杂,等级明显的复杂社群,本就需要一个统一的制度解决大量文化背景有差异的人融入问题,作为征服者进入了一个制度化已久、文化级别更高的社会。他们无法回避中原文化。要接受中原文化,却有一个曲折的过程。

庙号"始祖"的力微在曹奂景元二年(公元261年)遣子沙漠汗到曹魏,以国太子身份留住洛阳十六年,沙漠汗回到故地,由于援弹飞丸射落天空中的鸟,时国俗无弹,众咸大惊。乃相谓曰:太子风采被服同于南夏,兼奇术绝世,若继国统,变易旧俗,吾等必不得志,不若在国诸子习本淳朴。咸以为然。于是对始祖说太子才艺非常,引空弓而落飞鸟,是似得晋人异法怪术,乱国害民之兆,惟愿察之。他们说服了力微,沙漠汗不久遇害。《魏书·卷一·序纪》P6。孝文帝变革之际面临的政治环境与此并无特别差异,个人利益有可能包装成维护种族特性的神圣职责。对反对者而言,这是一次触及一个种族的根本,痛彻入骨的巨变,轻易就可以启动部族中一直存在的反沙漠汗精神。

几代北魏酋长开疆拓土,执行南下的政策,从无人的土地运动至有人民居住的领土边界,其行动既具有移民性质,又具有征服性质,它也不是一个突发事件,而是一个漫长的过程,于是出现了两种或多种文化接触砥砺的必然性。以汉文化严格的标准来看,北魏的创建者拓跋珪是个粗俗的皇帝,对外来文化很情绪化,缺乏一致性,十分小心地接受不同文化。北魏道武帝天兴元年(公元398年,也是东晋安帝司马德宗隆安二年),"魏主拓跋珪议国号,皆曰:周、秦以前,皆自诸侯升为天子,因以其国为天下号;汉氏以来,皆无尺土之资。我国家百世相承,开基代北,遂抚有方夏,今宜以"代"为号。黄门侍郎崔宏曰:昔商人不常厥居,故两称殷、商,代虽旧邦,其名维新,登国之初,已更曰魏,夫魏者大名,神州之上国也。(战国时魏为大国,中国谓之神州)宜称魏如故。珪从之。《资治通鉴·卷110·晋纪32》P738。天兴二年(399年)三月。珪分尚书三十六曹及外署,凡置三百六十曹,令八部大夫主之。吏部尚书崔宏通署三十六曹,如令、仆统事。置五经博士,增国子太学生员合三千人。《资治通鉴·卷111·晋纪33》P742。随后拓跋珪又向博士李先提出"天下何物最善,可以益人神智?"这么一个问题,回答是:莫若书籍,珪曰:书籍凡有几何?如何可集?对曰:书契以来,世有滋益,以至于今,不可胜计。苟人主所好,何忧不集?珪从之命郡县大索书籍,悉送平城。"《资治通鉴·卷111·晋纪33》P742。这种富有激情的行为本该做正面的评价,问题是他并不能立即从中吸取有益部分,反而被似是而非的新知识所困,于是也免不了迷茫和痛苦。北魏道武帝拓跋珪天兴三年,即公元400年,"太史屡奏天文垂乱,魏主拓跋珪自览占书,多云改王易政。乃下诏风励群下,以帝王继统,皆有天命,不可妄干。又数变易官名,欲以厌塞灾异。仪曹郎董谧献《服饵仙经》,珪置仙人博士,立仙坊,煮炼百药,封西山以供薪蒸。药成,令死罪者试服之,多死不验,而珪犹信之,访求不已。《资治通鉴·卷112·晋纪34》P748。上述言行举止可以明显看出新环境文化的强烈影响,与一个普通的本土君主别无二致,但就是同一个人,不久后又十分坚决抵制外来文化,天兴五年(402年),"魏遣北部大人贺狄干献马千匹求婚于姚秦,秦王姚兴闻珪已立慕容后,止狄干而绝其婚。《资治通鉴·卷112·晋纪34》P752。贺狄干被扣为人质,在长安住了五个年头,在道武帝天赐四年(即407年)回到平城。"贺狄干久在长安,常幽闭,因习读经史,举止如儒者。及还,魏王珪见其语言、衣服皆类秦人(指羌人服饰),以为慕而效之,怒,并其弟贺狄归杀之。《资治通鉴·卷114·晋纪36》P765,《魏书·卷28·贺狄干传》P80。姚秦是羌族人的政权,当时受汉化的影响已经很深。拓跋珪的方式生硬且不人道，显得对此完全缺乏准备。决定当然事出有因，他头脑中设计的是他种族的一切或被别人接受或者接受的不是来自一个特定的对象，而不愿见到这种先期而来的文化入侵。不过他的认识并没有停滞不前，实际上也采取了谨慎的步骤：

1. 道武帝天兴元年（公元 398 年）十一月诏：尚书吏部郎中典官职，立爵品，定律吕，协音乐；议曹郎中董谧撰郊庙、社稷、朝觐、飨宴之仪；三公郎中王德定律令，申科禁；太史令晁崇造浑仪考天象，吏部尚书崔玄伯总而裁之。《魏书·卷二·太祖纪》P9。天兴二年（399 年）三月，初令《五经》群书各置博士，增国子太学生员三千人。《魏书·卷二·太祖纪》P9。

2. 东晋元兴二年（403 年），即珪天兴六年，东晋安帝司马德宗一如既往地举止失常，宫廷里暮气沉沉，国家摇摇欲坠时，北方一派生机勃勃的景象，战场上不断取得实效使君主变得富有建设性，"魏王珪始命有司制冠服，以品秩为差。然法度草创，多不稽古。《资治通鉴·卷 113·晋纪 35》P757。

3. 道武帝天赐元年（公元 404 年），魏王临昭阳殿，……列爵四等，王封大郡，公封小郡，侯封大县，伯封小县。其品第一至第四，旧臣有功无爵者追封之，宗室疏远及异姓袭封者，降爵有差。又置散官五等，其品第五至第九，文官造士才能秀异，武官堪为将帅者，其品亦比第五至第九。百官有阙，则取其中以补之。其官名多不用汉魏之旧，仿上古龙官、鸟官，谓诸曹之使为凫鸭，取其飞之迅疾也；谓侯官伺察者为白鹭，取其延颈远望也，余皆类此。《资治通鉴·卷 114·晋纪 36》761。

4. 公元 404 年十一月，"魏王珪"宗室置宗师，八国（八国姓族）置大师、小师，州郡亦各置师，以辨宗党，举才行。如魏晋中正之职。《资治通鉴·卷 113·晋纪 35》P76。

从 1. 法度"多不稽古。2."其官名多不用汉魏之旧，到"如魏晋中正之职。"当面临新的局面变革必须发生时，变革仍主要是按个人的意愿品鉴谨慎地推行，这种改动本民族色彩仍然强烈，但也可看做试探性地开始了"文化资源共享"。珪的例子很典型，因为他不得不承认，自己事业的兴旺发展与战场上失败者或潜在的对手那里寻求文明填充物的必要性成正比。不能肯定是文化逐渐多样化使无所适从的国君晚年个性乖张，残暴无比，还是他本性如此，外来文化背景与汉文化价值观形成的差异在这个新政权中一直赫然存在。

从可以统计的皇帝谱系上看，理论上历十二帝。像所有王朝一样，虽然系出一脉，国家的建设者和破坏者尽出其中。北魏是一个发展迅速、成就巨大的种族在中原竭力发挥的产物,有影响的几位皇帝文化倾向各有不同,前396年,道武帝迁都平城,仿效长安、洛阳等城市规划建立起都城,依照中原职官体系建立其政权制度,实施按居住地人口编户计划,使其按血缘形成的部落组织解体。太武帝拓跋焘(408—452年)在崔浩的影响下崇信寇谦之(365—448年)的天师道,这是深度融入中原文明一个非常好的切入点。天师道源自五斗米道,原本是中原的经典哲学,中原人创立的一个道教支派,经过寇谦之的整饬后,部分引入了儒家和佛教的思想与规仪,对准备进入异族的土地拓跋氏来说,似乎是为其量身定做,快速广泛传播其合法性最有效途径。寇谦之在太武帝初年主动来到平城,声称辅佐北方的天平真君是他的天职。寇氏影响力在439年北方统一后更为明显,太平真君的年号从公元440年起,使用了十二年。不过现实政治与宗教教义很难保持平行,拓跋焘在力挺道教同时,又残忍地对待佛教;重用崔浩,又于450年处死他。既可以借此说太武帝受困于文化的复杂性,也可以说是他的精神上已近疯狂。

喧宾夺主的首领们多少有点盲目崇拜,其历代君主都以周礼为圭臬,对周礼的本质的认识很大程度上受到汉族文化学者以及官员的引导,由于汉文化系统体量大,层次丰富,内涵芜杂,容易产生歧义,新进入者很容易受到操纵,他们对相距时间较近的秦汉历史掌握的也只是大致正确。天兴元年(公元398年)六月,诏有司议定国号:昔日周、秦以前,世居所生之土,有国有家,及王天下,即承为号。自汉以来,罢侯为守,世无所继,其应运而起者,皆不由尺土之资。《魏书·卷二·太祖纪》P9。细节中不乏明显的误解:"太宗明元皇帝拓跋嗣,太祖(太祖道武帝拓跋珪)长子,母曰刘贵人,初,帝母刘贵人赐死,太祖告帝曰:'昔汉武帝将立其子而杀其母,不令妇人后与国政,使外家为乱,汝当继统,故吾远同汉武,为长久之计。'"《魏书·卷三·太宗纪》P11。道武帝提到的汉武帝第六子刘弗陵生亲赵婕妤的死因有不同记载:"左右知武帝意欲立少子也,后数日,帝谴责钩弋夫人,夫人脱簪珥叩头帝曰:引去送掖庭狱。夫人还顾,帝曰:趣行,汝不得活。夫人死云阳宫。……左右对曰:人言且立其子,何去其母乎?……帝曰:'然是非儿曹愚人所知。往古国家所以乱也,由主少母壮也。女主独居骄蹇,淫乱自恣,莫能禁也。女不闻吕氏邪?'故诸为武帝子者,无男女其母无不谴死,岂可谓非圣贤哉?昭然远见,为后世计虑。《史记·卷四十九·外戚世家》P232。司马迁大致与汉武帝同于前87年逝世,这些记载在《史记·卷十二·孝文纪》中没有出现。对比《汉纪》:"初,上欲立钩弋夫人子为太子,以其母年少,女主持政,心难之,会钩弋有过,乃谴,以忧死。后元二年二月乙酉,立皇子弗陵为皇太子,丁丑,帝崩于五柞宫。《两汉纪·汉纪·孝武皇帝纪六卷第十五》P270",武帝认为少子刘弗陵心性与他类似,"心欲立焉,以其年稚母少,恐女主颛恣乱国家,犹與久之。鉤弋婕妤从幸甘泉,有过见谴,以忧死,因葬云阳。"《汉书·卷九十七上·外戚传》P367。班固在《汉书》中的记载与荀悦在《汉纪》中的记载相近,写得很清楚,汉武帝没有立与他类似的刘弗陵是因为考虑赵婕妤年轻(逝世当年约二十五岁),儿子幼小。赵婕妤在前94年,也是武帝太始三年生刘弗陵,后元元年(前88年)离世。荀悦和班固都倾向于认为赵婕妤死于偶然的因素,不是汉武帝特意的安排。是褚少孙或《史记·外戚世家》中一个孤立的说法,并且将赵婕妤的例子放大成汉武帝殚精竭虑想出来预防后宫干预朝政的新招数。按照道武帝如此诠释此例,其已经导致了与中国礼制中的孝道严重冲突,尽管现实的需要十分急迫,也不能以此扭曲孝道中蕴涵的合理成分。但是孝道也可能衍生出"太后的意见不管是正确还是错误都无法阻止。"政治困局,道武帝有风险控制意识,从经验中受到启发,选用的则是最为粗暴的方法。道武帝的例子真实地反映了一个以武力获胜的种族新接受被征服者文化时会遇到的困境:他们完全信任并拥抱一种新的文化,以为它处处绝对优越,其实,新文明中存在着自己文化中所没有的谬误乃至致命陷阱。道武帝对此是绝对认真的,新规后来得到了执行:

确立储君后,他的生母将同时被处决。"魏故事,后宫产子,将为储贰,其母皆赐死。"《北史·后妃传·道武帝穆皇后刘氏》P54。道武帝宣穆皇后刘氏,先后生华阴公主、太宗,"太祖末年,后以旧法薨。"《魏书·卷十三·皇后传》P40。

高宗文成皇帝拓拔浚,恭宗长子,母郁久闾氏,真君元年(440年)生高宗,世祖太武帝末年薨(太武帝在位最后一年是451年,高宗文成帝在452年即帝位)。高宗系太武帝长孙。

文成帝元皇后李氏于顿丘王李峻之妹。文成帝兴光元年(公元454年)七月生,生显祖献文帝,文成帝太安二年(公元456年)二月,此子被立为皇子。献文帝立储同时,她按习俗而死,谥为元皇后。《北史·卷13·后妃传》P55。

献文思皇后李氏,显宗即位,为夫人,皇兴元年八月生高祖,皇兴三年(469年)薨,高祖于皇兴三年六月立为皇太子。

高祖太子元恂生母林皇后,(平原人,皇后叔父起自阉官,官至尚书、平凉公。)皇后生子恂,以其将为储君,孝文帝太和七年(483年)以旧制薨,以致太子婴儿时期就失去生母。在孝文帝的伟大的改革中也没有能被废止。开明的孝文帝本不希望沿袭旧规,请求文明太后,未蒙获准。《魏书·卷13·皇后传》P41。

以上几位因为道武帝对中原制度生硬地理解的缘故,确是因为自己的儿子成为储君而被杀,但是这项规定对后宫干政没有特效。后宫干政有多种途径。

有本该等死的人侥幸逃离一死,世祖太武皇帝拓跋焘,系太宗明元皇帝拓跋嗣长子,母杜贵嫔。"明元密皇后杜氏,生世祖,及太宗即位,拜贵嫔,泰常五年薨。(即 420 年,当时太武帝十二岁,二年后,杜氏的儿子封泰平王,受命监国。)世祖即位(423—452 年在位),追尊号。《魏书·卷十三·皇后传》P40。杜贵嫔应该不是因为立储杀母制度而死,她去世二年后儿子才封王监国。杜贵嫔看到了儿子出生,残酷的制度尚未降临自己头上时就已往生,其实三年后她儿子就成为了皇帝,太武帝在当年十月即位,十二月追尊生母为密皇太后。比之排位更靠前的昭哀皇后姚氏在泰常五年(420 年)就已经故世。献文帝即位后立即追封生母李皇后为皇太后。而太武帝两个月后才想起追尊自己的母亲。太武帝并未刻意回避制度,但不仅他母亲,他的夫人也都碰巧免遭制度的戕害。

太武敬哀皇后贺氏生恭宗,神䴥元年(太武帝神䴥元年为公元 428 年)薨。恭宗拓跋晃,太武帝长子母贺夫人,延和元年(432 年)立为皇太子,时年五岁,《魏书卷五恭宗纪》P17。恭宗穆皇帝拓跋晃,太武皇帝长子,母贺夫人,神䴥元年 428 年薨,拓跋晃于当年出生,延和元年晃四岁时立为太子。他太武帝正平元年(451 年),薨于东宫,时年二十三岁。《魏书·卷四下·恭宗纪》P17。贺夫人在儿子尚未立为太子四年前已经去世。应该不是被相关制度吓死的,而是因为自己身体的原因。

以上二位情况相同,在儿子立为储君前已经逝世,应该都是自然死亡。

道武帝的预防后宫专权新规的效果并不好,可以从两个方面评估:

1. 后宫有政治技能娴熟的人,不亚于男性

"太宗命窦氏为世祖保姆,世祖感其恩训,奉养不异所生,及即位尊为保太后,又尊为皇太后。封其弟漏头为辽东王……世祖征凉州,蠕蠕吴提入寇,太后命诸将击走之。真君元年(太武帝太平真君元年为 440 年)崩。《魏书·卷十三·皇后传·明元密皇后传》P40。

文明太后冯氏,这是一个毋庸置疑的政治家。三岁的孝文帝被立为皇天子时,生母即被按规定被杀,此后是冯太后抚养的孝文帝,文明太后并未生子,辈分上作为孝文帝祖母,规避了储君母亲被消灭的节点,从孝文帝五岁(471 年)即位开始,冯太后风光而且相当成功地临朝听政二十年,她像个男人一样地抛头露面。太和三年,苟颓征迁征北大将军、司空公、进爵河东王,(同被任命还有侍中、司徒东阳王拓跋丕为太尉,侍中、尚书右仆射陈建为司徒,《资治通鉴·卷一百三十五·齐纪一》P901)……大驾行幸三川(孝文帝),颓留守京师。沙门法秀造

反,颊率禁卫收掩毕获,内外晏然。《魏书·卷四十四·苟颊传》P115。驾还饮至,即返回平城的庆典中,文明太后对参与宴会的众公卿高度褒奖苟颊,但是全国人,无论是宫内还是宫外,都没有听到孝文帝任何的声音。当时有人建议将处死所有僧人,被也是冯太后阻止"议者欲尽杀道人,冯太后不可,乃止"《资治通鉴·卷一百三十五·齐纪一》P903。太和七年下令苟颊"自兹以后,可永受复除。"的诏书是文明太后还是孝文帝的旨意并不确切。"太和十年正月,帝始服衮服,朝飨万国。"《魏书·卷七下·高祖纪下》P23。这时的他仍然只是是名义上的皇帝,冯太后对其耳提面命。太和十三年冬,苟颊逝世,"高祖痛悼者久之。"高祖似乎开始取得了一些表现的机会。太和十四年(490年),冯太后逝世,三年后,相当于为冯太后守了三年重孝候,孝文帝才真实地开始亲政。冯太后不仅是有养育之恩的祖母,而且是他的精神导师。从冯太后的例子看,北魏太武帝从汉武帝那里得到的启发不仅不正确而且是多余的。但是,支持道武帝应该冷酷的例子也很有力。

2. 来自后宫为非作歹的人

肃宗孝明帝于延昌四年(宣武帝延昌四年为公元515年)正月即位,改元熙平,二月尊皇后高氏为皇太后,尊胡充华为皇太妃。三月皇太后高氏出俗为尼,徙御金墉。……八月,尊皇太妃(胡充华)为皇太后,……(数天后)帝朝皇太后于宣光殿。九月,皇太后亲览万机。《魏书·卷九·肃宗纪》P29。胡太后临朝听政的危害被认为十分巨大,孝明帝武泰元年(528年)二月,帝(孝明帝)崩,时年十九。史臣曰:魏自宣武以后,政纲不张,肃宗冲龄统业,灵后妇人专制,委用非人,赏罚乖舛。于是衅起四方,祸延畿甸,卒于享国不长。《魏书·卷九·肃宗纪》P33,这个意见大体正确。

文明太后既非生母也非嫡亲的祖母,而极端的例子是高宗乳母常氏,常氏在高宗即位先后成为保太后,皇太后。执行赐死献文帝生母李贵人的昭太后,是高宗文成帝乳母,宗爱之乱时常氏救护了高宗,高宗即位后,尊为保太后,寻为皇太后。《魏书·卷十三·皇后传高宗乳母常氏》P40。和平元年(文成帝和平元年为公元460年)逝世,谥曰昭。昭太后本人没有子嗣成为君主,她执行赐死李贵人也不能算是干预朝政。皇太后监督执行杀死皇储的母亲程序在当时并非行恶,但常太后除此之外还在后宫发力,让自己信任的宦官金间担任尚书并获得平凉公爵位。道武帝肯定想不到她也能崛起,只要看清方向,要突破他的制度防御带易如反掌。常太后利用了高宗对他救助的感激;文明太后利用自己没有子嗣而免受储君母亲生存条款的约束;胡太后则利用自己渐渐上升的身份以及笼络

953

到的公卿大臣们的维护,这些都足以说明道武帝的后宫方略漏洞颇多,不能真正解决问题,并非良策。胡太后坚定地抵制这种愚妄的制度,不会因为她的太后生涯败笔迭出而降低其价值。

"初,文明太后幽高祖于别室,欲谋黜废。定州刺史穆泰(穆崇之孙)"切谏方止。高祖德之,锡以山河,宠待隆至。"《魏书·卷二十七·穆崇传》P78。文明太后催生了均田制是卓越的成就,但并不意味着不会犯任何错。穆泰的劝导为什么能让文明太后接受?穆崇曾经两次救道武帝于危难,官至太尉,但后来又背叛道武帝。其子穆真先尚长城公主,后来"纳文明太后姊",穆真是穆泰的父亲,穆崇尚章武长公主。章武公主与文成帝拓拔濬同属拓跋晃的长女和长子。若不是穆泰家族与皇室有如此深厚的关系,文明太后是否会改变初衷,高祖得以延续自己的政治生命,有机会寻求"远追商、周"的梦想,文明太后是出于省悟还是个人感情不得而知,但是她确实可以选择扼杀高祖的前途,令其成为平庸之辈乃至夭折。

3. 不良的后果

有些皇帝可能天生不适合皇帝这份职业,思想倾向令其作出选择,主动寻找自己职位的替代者,"帝(显祖献文帝 465—470 年在位)雅薄世务,常有遗世之心,欲禅位于叔父京兆王子推,……群臣固请,乃止"。《魏书·卷六·显祖纪》P19。"延兴中(孝文帝延兴元年八月即位。时值 471 年),显祖集群僚欲禅位于京兆王子推,王公卿士莫敢先言,任城王云进曰:……父子相传其来久矣,皇魏之兴,未之有革,皇储正统,圣德凤彰,……天下是祖宗之天下,而陛下辄改神器,上乖七庙之灵,下长奸乱之道。……"太尉源贺又进曰:陛下今欲外选诸王而禅位于皇叔者,臣恐春秋蒸尝有乱,脱万世之后,必有逆飨之讥。《魏书·卷十九中·任城王传》P55。文成帝长子献文帝在文成帝和平六年(465 年)五月即位,十月征入朝的诸王中就有京兆王子推。"子推性沉雅,善于绥接,秦雍之人,服其威惠,入为中都大官,察狱有称。《魏书·卷十九上·京兆王传》P53。献文帝似乎还不是随意指定的一个人,而是指向一个有一定能力、声誉的人,并且亲眼见过。这个插曲没有对京兆王子推的生活产生重大影响,作为孝文帝曾经的皇位竞争者,他可能是被动的,没有给孝文帝造成实际的负面作用,孝文帝即位后仍善待他。献文帝皇兴元年(467 年)八月,高祖孝文皇帝拓跋宏生,他是献文帝的嫡长子,母李夫人,三年立为皇太子,皇兴五年(471 年)八月,献文帝将帝位传给儿子,自己专心佛事。皇兴五年被改元延兴元年。《魏书·卷七上·高祖纪上》P20。献文帝十一岁即位,在位只有五年,于孝文帝承明元年(476 年)辞世,死因不明,还不满二十三岁。文成帝兴光元年(公元 454 年)出生,文成帝太安二年(456 年)二月,二岁的献文帝拓跋弘立为皇太子,太后令依故事,"令后具条记在南兄弟及引所结宗兄洪之,悉以付托,临诀,每一称兄弟,辄拊膺恸泣,遂薨。《魏书·卷十三·皇后传·文成元皇后李氏》P41。诀别的过程经过一整天。这里几乎全景色地勾勒出一个皇储的母亲为制度而死去时悲惨、绝望的镜像,这位年轻的母亲是如此留恋生命,留恋自己的亲人,因为战乱阻隔,亲属唯有同宗(是否同宗都有疑问)的兄长李洪之为之送行。

由于是生母必须为儿子立为皇太子而死去,献文帝似乎很嫌弃自己这个用母亲生命换来的帝位,由此可以理解为何他想禅让给京兆王子推,不能实施后又在自己年富力强时让位于太子。他似乎以此抗议,痛恨导致他美丽的母亲无辜而死的储君制度。文成元皇后这位气质出众的女子被合法地处死很可能给情感丰富的儿子献文帝造成了巨大的心灵伤痛,以致不断设法逃避母亲生命换来的皇位? 拓跋弘怀念母亲,始终不理解自己的尊荣为何必须要用母亲生命交换,皇位变成他想要设法逃离的地方。他成为与佛法最为投缘的君主之一,多大程度上与之有关不得而知。

与李贵人相比,林皇后的死几乎毫无代价,"孝文贞皇后林氏,叔父金闾起自阉官,有宠于常太后,官至尚书、平凉公。后生皇子恂,以恂将为储贰,太和七年,依旧制薨,高祖仁恕,不欲袭前事,而禀文明太后,意故不果行。及恂以罪赐死,有司奏追废后为庶人。《魏书·卷十三·皇后传》P41。林皇后虽然为儿子成为储君而丧命,儿子拓跋恂后来又被孝文帝所废黜,甚至林皇后被追废为庶人。

4. 储君母子逆向生存规则的终结

北魏宫廷中的妇女人人都祈祷愿生诸王、公主,不愿生储君,直到一个偶然的事件使之改变,时为宣武帝(公元 500—515 年在位)妃的胡充华拒绝了其他嫔妃的友情提示,执意生下一个储君候选人,即使被处决也在所不惜,这对宣武帝产生了影响,结果这种陋习没有执行。"宣武灵皇后胡氏,及肃宗在孕,同列犹以故事相恐,劝为诸计,后固意确然,幽夜独誓云:但使所怀是男,次第当长子,子生身死,所不辞也。《魏书·卷十三·皇后传·宣武帝灵皇后胡氏传》P42。

"胡充华有娠,同列劝去之,充华不可,私誓曰:"若幸而生子,身死不恨。"果然于 510 年生下后来的孝明帝元诩,他是宣武帝次子,延昌元年(512 年)立为太子,515 年六岁时即位。"自是子立不复杀母。"《中华野史·晋五胡指掌·卷下》P436。"及诞肃宗,进为充华嫔,……及肃宗践祚,尊为皇太妃,后尊为皇太后。临朝听政,犹曰殿下,下令行事。后改令称诏,群臣上书称陛下,自称朕。《魏书·卷十三·皇后传·宣武帝灵皇后胡氏传》P42。胡氏冒险的勇气感动了求子心切的宣武帝,胡后显然得到了宣武帝全力的保护,并为此不惜破坏制度。儿子肃宗即帝位一个月后,具有冒险精神的胡氏立为皇太妃。胡太后临朝称制,还以肃宗年幼为由,要求代行祭礼,这虽然被礼官、博士等否定,但得到善于察言观色的侍中崔光支持,她于是得寸进尺,无所不为,继不计后果产子之后,她又做了一件疯狂的事,狂热地爱上了自己丈夫的弟弟,英俊聪明的清河王元怿,导致了一系列恶劣的后果。她以一种有得有失的方式终结了北魏的弊端,但北魏经她之手后也元气大伤。

这是个人勇气或许还有智慧改变制度的一个例子,说明社会变革存在诸多诱因:政治上的成就,文化上的差距,君主的注意力,并意识到亟待解决的问题所在。当然,这种制度改变的后果另当别论。当时的北魏人虽然已经统一北方,但是对自己的未来尚未明确,保留了本族较多原有的习俗。

结论:

北魏皇帝的女人们因为道武帝一时的心血来潮卷入一场生死之争,她们不能拒绝皇帝的到来,不能拒绝儿子的到来,不能拒绝皇储的到来,也不能拒绝死于非命。这是一项不必要的制度设计,因为它不能解决想要解决的问题。被敌视的皇储生母并非问题之所在,她们本身没有那么大作用,而是君主的权力太大,皇后不过是走在老虎之前的孔雀,君主不愿意自我限制,于是转移人们的视线。其次君主们或许想要把事情办好,但是又只愿意用自己的想出来的办法,认为只要有一批对自己惟命是从的人,自己的想法就都算是对的。这是专横的君王经常决策的模式,越是自我,越是高深莫测,也会让他们越是孤傲。越是孤陋寡闻,越是会固执己见。这类个人智慧与偏好衍化的社会决策即使具有一定的正确性,最终也会被其本身的其他谬误所抵消,道武帝的储君制度具有明显的弊端:1. 杀一位皇后,就会同时产生潜在或公开的敌人。2. 补偿皇储以外的人,将其解释为国家制度安排也好,条件反射也好,会奖励储君母系的亲属,囿于自己各自的处境,一些人容易被高官厚禄所诱惑,不再憎恨杀死至亲的制度,并立即与这种制度和解,献文帝即位后,慷慨地提携伴陪母亲生命最后时刻的李洪之。李洪之"少为沙门,晚乃还俗。真君中,会永昌王仁(太武帝之之侄拓跋仁)随世祖南征,得元后姊妹二人,洪之以宗人潜相餉遗,结为兄弟,遂便如亲,颇得元后在南兄弟名字,乃改名洪之。……元后入宫得幸于高宗,生显祖,元后临崩,昭太后问其亲,因言洪之为兄,与相诀经日。《魏书·卷八十九·酷吏传·李洪之传》P221。李洪之成为献文帝认可的舅舅，不久后以外戚为河内太守进爵任城侯，威仪一同刺史。加上他个人能力出众，后来官至泰、益二州刺史。与其说这是君王对李洪之的赏识，不如说是顾念自己的母亲。但是这种眷顾难以稳定，或因帝王更替，或由于受惠者本人失措，"始洪之托为元后兄，公私自同外戚，至此罪后，高祖乃稍对百官辨其诬假。而诸李（即李元后的兄弟）犹善相视，恩纪如亲。《魏书·卷八十九·酷吏传·李洪之传》P221。李元后的兄弟们和献文帝的情感很一致，唯有通过李洪之的传递，他们才能感受到大家共同、无限眷念的李元皇后气息，这是他们为何亲善李洪之的原因，李洪之的敌人也自然会被他们憎恨。高祖无法理解其父对生母以及对李洪之爱屋及乌的情感，以并不是必须处决的罪名终结了李洪之的生命。但一位至亲死于非命不是人人都能接受。不更是人人都必然会被收买，像李洪之那样尽量合作的有，但也有一些人肯定会成为这个制度的批评者，随后会成为这个王朝危险的敌人。杀死储君生母的制度并不能根除后宫在国家政治中的负面作用，为后宫女性提供良好的教育可能更为有效。

　　道武帝制定这项规则的初衷是真心实意想解决问题，他很复杂，对中原文化喜爱到不加选择，或者就是按标签接收，王宪，苻坚丞相王猛之孙。父休，河东太守，宪幼孤，随伯父永在邺，苻丕称尊号，复以永为丞相。永为慕容永所杀。宪奔清河，匿于民家，皇始（道武帝皇始元年为396年）中，御驾次赵郡之高邑，宪乃归诚，太祖（拓跋珪）见之，曰：此王猛孙也。厚礼待之，以为本州中正，领选曹事，兼掌门下。《魏书·卷三十三·王宪传》P90。但他显然又是一个对历史生吞活剥，缺乏批评精神的粗人，一个人决定这项奇特、残忍的规定，并没有真正能防御外戚以及后宫擅权，没有胡太后，残暴的尔朱荣同样会冲入宫阙，同样会出现各种姓氏重创这个王朝的人，敌人既会因为你孱弱出现，也会因为你强大令人压抑，不堪忍受而出现。强大不是因为没有遭到攻击，而是总能以令人信服的方式取胜。因为单单一位胡太后就变得萧瑟的王朝本身就一定已经存在重大问题。而且人有野心是天性，有些人会善于利用制度，当发现自己的身份可以规避制度约束后，就会很乐意维护、执行这种规则并从中获益，比如文明太后，她否决了孝文帝求情，坚持杀死孝文帝太子元恂的生母林氏，常太后经手处死了献文帝生母李氏。为什么要留下一个潜在的竞争者？问题的症结不在于皇帝的生母或太后是否一直活着，而在于皇权是否一直法力无边，使得人们总是免不了有求于皇权，更坏的是以最自私的方式诠释皇权的边际。道武帝的储贰与生母二选一的设计说得上是一个既愚蠢又致命的制度安排。

　　两周时的诸侯各国经常可见后宫构成重大政治影响力，但周天子那里就很少见,至少是零星的。究其原因,周天子权力有限,权力中心所能留给皇后皇太后的位置很小,她们也就鲜有人直接获得产生重大政治影响力的机会。实际上,随着周天子的权力不断萎缩,一个良好的现象却渐变清晰、稳定,那就是后宫被限制得相当成功,很少有天子的后宫愿意为不是特别看好的政治利益冒巨大风险。

北魏第六任君主孝文帝拓跋宏(生 467 年,499 年卒,公元 471—499 年在位)是献文帝长子,他亲政之前,北魏另一个有影响的人物冯太后(442 年生,490 年卒)已经熠熠生辉,文成文明太后冯氏,是文成帝的皇后,孝文帝承明元年(476 年),文明太后开始临朝听政,文明是谥号。文明太后废除宗主督护制,推行三长制、均田制、俸禄制,这些虽然表面上侧重于经济,但是其政治重要性逐步发散,对国家政权产生重大影响。文明太后能够从不同的意见中选择正确的方向,个人能力十分重要。

文明太后(441 年生,490 年卒)是汉族,她的祖父冯弘是北燕第二代君主,而北燕的建立者是冯弘之兄冯跋,文明太后乃北魏第四任君主高宗文成帝拓跋浚的皇后,与献文、孝文两代皇帝均无血缘关系。显祖献文帝拓跋弘(454—476 年)是文成帝长子,文成帝元皇后李氏所生。和平六年(465 年)文成帝死后,时年 11 岁的献文帝即位,冯氏被尊为皇太后。她以皇帝年幼临朝秉政,按她处死谋反丞相乙浑的果决,不失为一个铁腕人物,但是她的情感世界也极其复杂,因为献文帝杀死了她的男内宠李奕,她一直无法忘记也无法原谅。李奕是李顺之子,英俊体贴,才华出众,占据了她情感的关键空间。《魏书·卷 36·李奕传》P98。李奕的好友,朝臣李欣在盛怒的献文帝强压下,被迫收集李奕兄弟罪证,否则他本人必死。结果求生的愿望压倒一切,凭一堆真假莫辩的罪证,李奕兄弟被处死。《魏书·卷 46·李欣传》P121。可怜的太后顿失所爱,五内俱焚,迷失在爱的旷野上,李欣则从此备受内心的煎熬。献文帝在皇兴五年(471)帝传位给四岁的太子,自称太上皇。看似远离了政治,其实锋利无比的政治匕首已抵近了他的后背。延兴六年(476 年),献文帝被积怨已久的冯太后毒死。太和(太和元年为 477 年)初,因追念李奕兄弟,文明太后又处死李欣。《魏书·卷 36·李奕》P98。《魏书·卷 37·文成文明太后冯氏》P40。这作为她政治上的一个污点也好,忠实于情感的伟大范例也好,均值得一提,因为给一场政经改革提速的人值得特别留意乃至尊重。伟大的情感和伟大的理性有时贮存于同一个人身上,二者中只要有一得到发挥,就会产生深远影响。如果她不是这样一个水火兼容的人,可能也就不会有她的政治成就:重用有才华的汉人政治家李冲,制定禁止拓跋氏同姓结婚法令,推行奉禄制、均田制、三长制、租调制,俸禄制,整顿吏治;既要极力维护元氏家族的政权基础,又要在此之上建立有效的秩序,更重要的是还要反传统,公开或隐形的既得利益集团,这位柔情似水的贵妇政治上极为强悍,直到她死后,元宏始得亲政。她留下的是一个有前途的国家,一条清晰而富有魅力的社会变革轨迹。她个人的一些既富有激情又不失为理性的行为举措,不仅必要、及时而且有新意,这些都是孝文帝全面推行改革的前奏。

相比建立弊政的道武帝,文明太后是一个更为人性化的人,从她对男友炽热的爱以及对制度的关怀分析,其中既有具体到个别的爱恋,也有对普遍的仁爱,都足以说明这一点。"太和三年,律:枉法十匹,义赃二百匹大辟。至八年,始立班禄制,更定义赃(官吏收授馈赠)一匹,枉法无多少皆死。是秋遣使者巡行天下,纠守宰之不法,坐赃死者四十余人。食禄者跼蹐,赇谒之路殆绝。"《魏书·卷一一一·刑罚志》P321。文明太后将五年前公布的枉法和义赃律条大幅修改,可能是旧规效果不佳需要严刑震慑,李洪之"素非廉清,每多受纳。时高祖始建禄制,法禁严峻"遂镴洪之赴京……,高祖亲临数之,以其大臣,听在家自裁。"。《魏书·卷八十九·酷吏传·李洪之传》P221。李洪之可能还没有调整过来,因为当时担任公职的费用需要自筹。他可能从一些非法渠道筹措办公以及养家的资金,李洪之即使不是第一个也是第一批次被孝文帝严厉实施针对"义赃"即官吏收授馈赠的专项行动的惩罚对象。设立班禄制更是进一步加深融入中原的步骤,开始严厉吏治的前奏就是实施班禄制,这是魏国官吏领取俸禄的制度,此前北魏的官员以前并无俸禄,这与两汉时期的官员待遇不同。上述纠举不法是在实施严格的吏治,但这个短期行为,并不是每个皇帝都愿意在这个问题上用心,即使如孝文帝这样上进的君主,也不能保持常态。

对孝文而言,文明天后首先是一个政治家,其次才是一个祖母,在她的安排下,年少的孝文受到比较完整的汉文化教育,最早培养了他对文化融合的信心,太和十年(486年)正月,"帝始服衮冕,朝飨万国。"《魏书·卷七下·高祖纪》P23。衮冕乃汉族皇帝之服,后者耳濡目染她的富有建设性的政治理念,而爱憎分明、大胆泼辣行为方法也启发终生。

二、均田制之前的制度铺垫

1. 均田制远不是一气呵成,之前有近八十年准备期,先在小块地区和特定人口内均田

1)登国六年(道武帝登国六年为391年),既定中山,分徙吏民及徒河种人、

工伎巧十万余家以充京都,各给耕牛、计口授田。

2) 公元 398 年(天兴元年)首先于代京实施了计口授田的办法,二月,诏给内徙新民耕牛,计口授田。《魏书·卷2·太祖纪》P8。

3) 公元 413 年,太宗明元帝元嗣(永兴五年)七月,行左丞相奚斤破越勒倍泥部,徙两万余家于大宁,计口授田。《魏书·卷29·奚斤传》P81[4]同年八月,太宗置新民于大宁川,给农器,计口授田。《魏书·卷3·太宗纪》P11[3]

4) 初,恭宗(太武帝之子,太武帝正平元年,451 年逝世。恭宗没有即位)监国,会令曰:……其制有司课畿内之民使无牛家一人种田二十二亩,偿以私锄功七亩,如是为差,至与小老无牛家种田七亩,小老者偿以锄功二亩,皆以五口下贫家者为率,各列家别口数,所劝种顷亩明立薄目所种者,于地首标题姓名,以辨种植之功。《魏书·卷四下·恭宗纪》P17。

太和元年(477 年)三月,"其敕在所督课农田,有牛者加勤于常岁,无牛者倍庸于余年,一夫制治田四十亩,中男二十亩,无令人有力,田有遗利。《魏书·卷七上·高祖纪上》P21。

随着时机的成熟,即元魏在整个北方的政治军事成就而向全国不断扩大均田制。

2. 均田制的现实基础

拓跋集团的部分人很早就有意改变自己的生活方式。"和跋,代人,世领部落,……从平中原。"后官至平原太守,深受太祖道武帝器重。因为性尤其奢淫,太祖道武帝决定处死他,允许和跋在行刑前与弟弟和毗等诀别,他给兄弟们的临终遗言第一部分竟然是劝导他们以农耕为主:澶北地瘠,可居水南,就耕良田,广为产业……。《魏书·卷二十八·和跋传》P80。和跋的给亲属们的建议是彻底抛弃传统习俗。

国家掌握大量土地,部分来自不断地征服占领,登国十年公元 395 年,"既定中山,分徙吏民及徒何种人工伎巧十余万家,以充京都,各给耕牛、计口授田。"《魏书·卷一百一十·食货志》P318。天兴(天兴元年为 398 年)初,制定京邑,东至代郡,西及善无,南极阴馆,北尽参合,为畿内之田,其余四方四维置八部帅以监之。《魏书·卷一百一十·食货志》P318。上文的'畿内之田'和'籍田'明显具有井田制特征,这是均田制的存量土地。官方甚至还进一步加强土地使用监管力度,道武帝天兴时(天兴历六年,公元 398—403 年)劝课农耕,量校收入,以为殿最。《魏书·卷一百一十·食货志》P318。"又躬耕籍田,率先百姓,自后比岁大熟,匹中八十余斛,是时戎车不息,虽频有年,犹未足以赡矣。《魏书·卷一百一十·食货志》P318。由于能直观地看到效益无法满足，看不出有什么可以确实可以妨碍计口授田的人口、面积持续扩大实施的因素。

个人占有大量土地现象比较常见，高允，"还家教授，受业者千余人。……迁侍郎。世祖引允与论刑政，言甚称旨，因问允曰：万机之务，何者为先？时多禁封良田，又京师游食者众，允因言曰：臣少也贱，所知唯田，请言农事。古人曰，方一里则为田三顷七十亩，百里则为三万七千顷。若勤之，则亩益三斗，不勤则亩损三斗。方百里损益之率，为粟二百二十二万斛，况以天下之广乎？若公私有储，虽遇饥年，复何忧哉？世祖（太武帝，423—451年在位）善之，遂除田禁，悉以授民。"《魏书·卷四十八·高允传》P124。这一次解除了多少官方封存的田地没有确切数字，这既可以认为官方田地有一定储备，也可以认为均田制断断续续，保持动态的均田，新占领地区的人口，新迁徙来的人口以及新成丁的人口没有及时分到田地。少数上层首领占有大量土地，恭宗贵为嫡长子，商业意识很超前，"恭宗（恭宗景穆皇帝拓跋晃太武帝长子）季年，颇亲近左右，营立田园，以取其利。高允谏曰：今殿下国之储贰，四海属心。言行举动，万方所则，而营立私田，畜养鸡犬，乃至贩酤市鄽，与民争利。……夫天下者，殿下之天下，富有四海，何求而不获，何欲而弗从。而与贩夫贩妇竞此尺寸。高允建议"多字田园，分给贫下，畜产贩卖，以时收散。"恭宗不纳。《魏书·卷四十八·高允传》P124。高允时为中书侍郎。

"上谷民上书言园囿过度，民无田业。乞减大半，以赐贫人。"尚书令古弼阅读后立即前往太武帝处，适逢太武帝正与给事中刘树对弈，久等后失去耐心的古弼起身将正为棋局苦思冥想的给事中暴揍一顿，"朝廷不治，实尔之罪。"古弼的斥责虽然是指着给事中，太武帝也被震撼。慌忙听取古弼奏事"皆可其奏，以丐百姓。"《魏书·卷二十八·古弼传》P81。太祖可能还没有意识到人民无田业的重要性，只想将这个打岔的人快点打发走，好让自己安静地完成一盘棋。

高崇之父高潜，"显祖（献文帝，465—470年在位）时归国，诏以沮渠牧犍女妻之，封武威公主，拜驸马都尉，加宁远将军。"高潜死后，留下巨大家业，"家资富厚，僮仆千余。"《魏书·卷七十七·高崇传》P198。均田制没有损害他们的既得利益，国家承认他们私有土地的合法性，从而很容易得到他们的支持。

3. 均田所用增量土地

增量土地来自新征服的地区。

4. 投入产出持续增加

孝文帝时代的北魏已完成了大规模社会变革必要的经济准备，孝文帝之前的几代君王陆续大量积累了变革的经济所需,并非所有的积累都是为了变革,但客观上有助于实现孝文帝的理想。拓拔族有自己的经济特色,即应时征用重于官方积累,对战争的物质储备、补给往往更快捷。明元帝拓跋嗣泰常六年(421)下诏:"六部民羊满百口,调戎马一匹。"《魏书·卷110·食货志》P318。易进入最佳战争状态。改变一向在对外战争中取得优势的传统生活习惯,是在冒险,必然有更大的利益或者期待对他们具有持久吸引力,一个更庞大不以战争为主导国家轮廓渐渐依稀可辩。在此前提下,从宏观上意识到未来的经济压力并不困难,不能仅靠游牧经济就拉动全局或自己抢劫自己越来越大的辖区,越来越多人口,而是要尽快建立理想国家,国家决策层精英们对此显然达成了可贵的默契。国家经济也适时转型,主要来源有三个方面:

1) 战争收入:登国六年(公元 391 年),破卫辰,收其珍宝畜产名马三十余万,牛羊四百余万,渐增国用。太武帝神䴥二年(公元 429 年),对西域蠕蠕、焉耆、龟兹等作战,获其奇宝异货以亿计算,驼马杂畜不可胜数。所以说,"自太祖定中原,世祖平方难,收获珍宝,府藏盈积。"并不夸张。《魏书·卷一百一十·食货志》P318。

2) 技术进步:技术工人增加从而提高产品效益与质量。

3) 积累。文成帝拓拔浚(一名拓跋濬,452—465 年在位)时期,和平二年461 年,已经有大量贵金属如黄金、白银器用来制作生活奢侈品,国库中纺织品也有了大量贮存,这年冬季闲暇时,皇帝批准"出内库绫锦布帛二十万匹,令内外百官分曹赌射。"这是一笔惊人的数字,二十万匹纺织品约相当于六千户一年调的岁入。尽管献文帝时由于自然灾害,出现了通货膨胀,"天安、皇兴间(466—471 年,时献文帝拓跋弘在位。),频岁大旱,匹绢千钱。"但总体上看,大局还算稳定。

拓跋族放弃传统的畜牧转而对农业感兴趣,农业立时成为最重要的部门,国家要求其他行业为其让路,所有非农人口想要转行从事农耕的,予以授田。"延兴二年(孝文帝延兴元年为公元 471 年)四月,诏工商杂伎,尽听赴农。《魏书·卷七上·高祖纪上》P20。这些不善农事的人参与授田后,一定会雇用农民甚至强迫奴仆无偿耕种。

5. 没有均田制,户口就可能无序流动

世祖时,仇洛齐为给事黄门侍郎"魏初禁网疏阔,民户隐匿脱漏者多,东州既平,绫罗户民乐葵因是请采漏户,供为纶锦。自是逃户占为细茧罗谷者非一,于是杂、营户帅遍于天下,不属守宰。发赋轻易,民多私附。户口错乱,不可检括,洛齐奏议罢之，一属州县。"仇洛齐后来至冀州刺史。《魏书·卷九十四·阉官·仇洛齐传》P232。

6. 均田制文献与条制

公元 477 年，魏孝文帝（467—499 年）太和元年，李孝伯之子李安世（443—493 年），高祖时任主客给事中，"时民饥流散，豪右多有侵夺。安世乃上疏曰：窃见州郡之民，或因年俭流移，弃卖田宅，漂居异乡，事涉数世。三长既立，始返旧墟，庐井荒毁，桑榆改植。事已历远，易生假冒。强宗豪族，肆其侵凌……。《魏书·卷五十三·李孝伯附李安世传》P136。

在他的《均田疏》中提出三条建议：

1）全国人口统一编制户籍，"臣闻量地画野，经国大式；邑地相参，致治之本。井税之兴，其来日久。田莱之数，制之以限。盖欲使土不旷功，民罔游力。雄擅之家，不独膏腴之美；单陋之夫，亦有顷亩之分。所以恤彼贫微，抑兹贪欲，同富约之不均，一齐民于编户。"

2）制定国家统一的土地划分标准。"愚谓今虽桑井难复，宜更均量，审其径术，令分艺有准，力业相称，细民获资生之利，豪右靡余地之盈。则无私之泽，乃播均于兆庶；如阜如山，可有积于比户矣。"

3）禁止非法占有土地。"又所争之田，宜限年断，事久难明，悉属今主。然后虚妄之民，绝望于觊觎；守分之士，永免于凌夺矣。《通典·食货一》P12，《册府元龟·卷 495·邦计部·田制》P1250。"高祖深纳之，后均田之制起于此矣。"《魏书·卷 53·李安世传》P136。

李针对土地兼并现象普遍而严重的事实，抱着帮助普通人获得基本生活资源的愿望，人人只能合法拥有土地的信念等衍生均田制，改变了此前大量土地被极少数人占有的现状。不过，说这种占有完全负面则与事实不符，出现兼并有以下主要几种情况：1. 豪门大族对弱势群体的巧取豪夺，最终占有他人土地。2. 战争导致大量居民离散，土地荒芜。定居者无偿占有了大面积土地。3. 因贫、病、懒惰以及缺乏劳动力导致土地闲置或流转，本人则沦为佃户或流民失业者。兼并后的土地由于有充足资金对土地持续投入，管理上更有规划或整体性，往往可以实现减员增效。上述情况都可能导致"富强者并兼山泽，贫弱者望绝于一廛"的现象。《魏书·卷七上·高祖纪》。有居处就十分侥幸了。不过，此文何时问世没有确切时间记载，孝文帝能够理解此文真实意思应该年纪更大一些，而不是在年仅十岁时。如果相信魏收"后均田之制起于此矣。"之言，那是公元 477 年（太和元年）则是合乎逻辑的文章面世时间。

均田建议被采纳后,当局有具体跟进行动:1. 李安世随即被出任外职,安平将军、相州刺史、假节、赵郡公,敦劝农桑,禁断淫祀。《魏书·卷53·李安世传》P136。这有助于进一步实地考察,为启动土地改革计划作好前期准备。2. 477年三月诏:一夫制田四十亩,中男二十亩。无令人有余力,地有遗利。《北史·卷3高祖纪》P14[3])[注:《魏书·卷7上·高祖纪》这份诏书只是以皇帝名义发布,因为当时他只是个十岁的少年,他祖母冯太后,文成帝的皇后,从465年起以献文帝年幼为名秉政。471年,献文为做太上皇,传位孝文帝,冯太后又于476年毒死献文,称太皇太后,重新临朝称制。3. 太和九年(485年)10月孝文帝(467—499年)(471—499年在位)时年十八岁。颁布均田诏,"今遣使者循行州郡,与牧守均给天下之田,还受以生死为断。"《魏书·卷7上·高祖纪》P22。正式颁布的均田令基本内容:

"后高祖与文明太后引见王公以下,高祖曰:比年方割畿内既京城三部,于百姓颇有益否? 南部尚书公孙邃对曰:先者人民离散,主司猥多,至于督察,实难齐整。自方割以来,众赋易办,实有大益。太后曰:诸人多言无益,卿言可谓识治机矣。"《魏书·卷三十三·公孙表传附公孙邃传》P91。将京畿和京城三部的流民转为当地的编户,在公孙邃看来,人民离散,主管方太多,督察管理难以有序。国家将京畿京城的部分地区划为流民安置区,公孙邃认为这一改变对提高与稳定国家税入有好处。这作为一个系统工程,以上宏观与微观的思想和意见都来得适逢其时,恰到好处,为均田制所必须。

均田制能够顺利推进,还因为它有现成的摹本,与均田制比较,晋朝占田制是以限制占田面积的为主,重点是对现有土地归属权布局不合理状态提出温和的整改要求,并没有像均田制强调人人拥有土地的合法性。占田制具体规定包括四个方面:

1. 贵族与现任官员的占田限制。

2. 世族荫附劳动力的限制。

3. 一般民的占田课田。

4. 关于户调的规定。

一、土地面积规定

1. 诸侯占田限制:国公、公侯京城有一宅之处,近郊田大国十五顷,次国十顷,小国七顷。

2. 在职官员占田限制:品级为标准,一品占田50顷,每低一品减少5顷,最低的九品占田十顷。

3. 对世家豪族阴附的人口分为衣食客和佃客两种。品第六以上得荫衣食客三人,第七、八品二人。第九品一人。品第一、二允许有佃客 15 户,三品 10 户,四品 7 户,五品 5 户,六品 3 户,七品 3 户,八、九品 1 户。

4. 男子占田 70 亩,课 50 亩;女 30 亩,课 20 亩,次丁男半之,女则不课。

二、赋税分类

1. 凡民丁课田,夫 50 亩,收租 4 斛,绢 3 匹,绵 3 斤。

2. 户调。由算赋(钱)改为实物(即户调),丁男之户岁输绢 3 匹,绵 3 斤。女及次丁男为户者半输。以此为基础,其他边郡或三分之二,远者三分之一。此后这种税制推行六、七百年,只是在数量上略有变化,租赋以缴纳实物为主,偶尔也收过货币。

3. 远夷不课田者输义米,户 3 斛,远者 5 升,极远者输算钱,人 28 文。

三、赋税年龄性别远近差异

1. 男女年 16 以上至 60 为正丁,15 岁以下至 13,61 岁以上至 65 岁为次丁,12 岁以下,66 岁以上为老小,不事。

2. 女性比男性税负轻,边远地区经济相对落后的少数民族比国内其他地区税负轻。

《晋书·卷二十六·食货志》P89。

完整版的均田制与占田制区别明显,前者规定、区分了土地的使用权和所有权,除对指导思想"占"与"均"可以有不同解释外,一些数据上亦有差异。司马氏的晋朝有六等爵位,封王者众多,他们人数众多,不可避免地成为大土地所有者,荫户和奴隶实际生活中很多,在人身安全缺乏基本保护的时代,很多人不得已甚至自愿成为荫户甚至奴隶,成为丧失人身自由和被剥削最深的人群。两晋一方面无法管控这种趋势或者任其发展,另一方面又无限扩大上流社会的人群,因此,晋朝的占田制不是一种严格意义上的均田制。均田制度下,有国家规范的户籍制度,国家明文规定限制国人的土地,被迫依附于豪门世家的人相对少。

太和九年(485 年)诏:"均天下民之田。"均田制细则:

1. 男夫年十五以上受露田四十亩,妇人二十亩。奴婢受田数同于良人,丁牛每头受田三十亩,限四牛。所授之田率倍之,三易之田再倍之。(正田之外,再加倍或加两倍授给倍田,)以供休耕及还受之盈缩。

2. 严禁买卖露田,人年及课则受田,老免及身没则还田。在享有露田的法定年龄外:男年满十五至年满六十六者,(一说为七十岁),或者受田者身死时,归还官府。个人拥有的奴婢和丁牛所分配的露田则随有无还授。

3. 首次受田者,男夫受桑田二十亩,(课莳余),额定种桑五十树、榆三根、枣五株。非桑之(徒)土,夫给一亩,依法栽种榆枣,奴各依良。限三年毕,不毕,夺其不毕之地。于桑榆地分杂莳余果及多种桑榆者不禁。(即规定在三年之内种上最低限额,否则,没有及时栽种的土地将被政府收回。允许栽种数与品种都可以超过额定数。女性不分配桑田。

4. 露田不得种植桑、榆、枣果等,种者以违令论,地入还分。

5. 严格区分桑田和露田性质,家庭现有桑田尽管超过法定分配数,"于分虽盈,不得以充露田之数。"即不能用以抵应授露田数。《通典·卷1·食货·田制上》P2。

6. 诸桑田皆为代业,老免及身没皆不在还受之限,原有桑田超过应授田数的,(有盈者)无受无还,但要通入倍分田,政府不再授或少授倍田;不足者按规定授田。桑田可以买卖,"盈者得卖其盈,不足者得买所不足。但不得卖其分,亦不得买过所足。"

7. (不宜种桑地区。)诸麻布之乡,男夫及课,别给麻田四十亩,妇人五亩,奴婢依良,皆从还受之法。

8. 诸有举户老小残疾无受田者,年十一以上及废疾者,各授半夫田。年逾七十者,不还所受。寡妇守志者,虽免课亦受妇田。

9. 诸还受民田,恒以正月,若始受田而身亡,及卖买奴婢、牛者皆至明年正月乃得还受。

10. 诸土广人稀之所,人可以"随力所及"向政府请借受田之外的土地耕种。新来定居者均可以正式登记受田。(后有来居者,依法封授。)

11. 诸地狭之处,有进丁授田而不乐迁者,则以其家桑田为正分田,又不足者不给倍田。又不足者家内人别减分。无桑之乡,准此为法。土地不敷分配的狭乡之民,"乐迁者听逐空荒。不限异州它郡,(居民可以向空旷的地区迁徙,)唯不听避劳就逸。其地足之处,(土广民稀的宽乡)得无故而移。

12. 诸人有新居者,三口给地一亩,以为居室。奴婢五口给一亩。男女十五以上,因其地分,口课种菜五分亩之一。

13. 诸一人之分,正从正,倍从倍。不得隔越它畔。进丁受田者,恒从所近。若同时俱受,先贫后富,再倍之田,放此为法。

14. 诸远流配谪无子孙及户绝者,其墟宅、桑榆尽为公田,以供授受。授受之次,给其所亲;未授之间,亦借其所亲。"

15. 诸宰人之官,各随近给公田,刺史十五顷,太守十顷,治中、别驾各八顷,县令、郡丞六郡,更代相付,卖者坐如律。《通典·卷一·食货志》P14,参阅《魏书·卷110·食货志》《文献通考·卷二·历代田赋之制》。

太和九年(485年),皇帝对均田决定作了说明:朕承乾在位,十有五年,每览先王之典,经纶百氏,储畜既积,黎元永安。爰暨季叶,斯道陵替,富强者兼并山泽,贫弱者望绝于一廛,致令地有遗利,民无余财。或争亩畔以亡身,或因饥馑以弃业,而欲天下太平,百姓丰足,安可得哉?今遣使者,循行州郡,与牧守均给天下之田,还受以生死为断,劝课农桑,兴富民之本。《魏书·卷七上·高祖纪上》P22。他主要说明的是:1.国家按人口制定授田面积,国家维护授田人口土地使用权与所有权,禁止暴力侵占。2.授田条件由国家制定。3.全国各地实施均田制。当年全国划为三十八州,经济差异很大,不可能执行统一的标准,不过仍可以看作全国性均田开始。

赋税率也随即制定出来,太和十年(486年)内秘书令、南部给事中李冲(450—498年)上言,制定出赋役标准:

1.其民调,一夫一妇帛一匹,粟二石。民年十五以上未娶者,四人出一夫一妇之调。奴任耕,婢任绩者,八口当未娶者四;耕牛二十头当奴婢八。其麻布之乡,一夫一妇布一匹,下至牛,以此为降。大率十匹为公调,二匹为调外费,三匹为内外百官俸,此外杂调。

2.民年八十以上,听一子不从役。

3.孤独癃老笃疾贫穷不能自存者,三长内迭养食之。《魏书·卷110·食货志》P318。参阅《通典·卷5·食货五》P50。

与前代税制已有明显差异,实际上已不再采用前代税制,比较魏晋户调制:"天下户以九品混通,户调帛二匹,絮二斤、丝一斤、粟二十石,又入帛一匹一丈,委之州库,以供调外之费。"九品混通就是"九品相通",是一种根据家庭资产定税的方式。先以户为单位按贫富分为九等。可以假定由国家先根据量入为出的原则,拟年平均租调定额,定出每等一年实际应交纳的租调额度。对家庭资产进行评估工作量大而且复杂,评估定等后基本不再更改。对富裕家庭是十分有利。如果在宗主督护机制上依旧沿袭魏晋之户调制,则国家肯定无法维系必要的收入以及稳定:1."五十、三十方为一户,民多隐冒。"《魏书·卷53·李冲传》P137。2.有权决定户等定义税负的宗主,其社会公信力早已今非昔比。太和赋税方案既可以减少定户等时为降低税负人为作弊,二是规定没有授田者没有赋税的原则。均田制的制定者们考虑到了宗主督护制已不合时宜,太和十年(486)二月。李冲提出废止宗主督护制,立三长制。宜准五家立一邻长,五邻立一里长,五里立一党长,长取乡人强谨者。《魏书·卷110·食货志》。主要目的是建立与均田制配套的人口管理体系。冯太后力排众议,强烈支持"立三长则课有常准,赋有恒分。苞荫之户可出,侥幸之人可止,何为而不可?《魏书·卷53·李冲传》P137。从太后对三长制的理解程度来看,可见并不是因为对李冲的个人好感,而是对三长有正确的认识。李冲计划得到实施,当年二月,初立党、里、邻三长,定人户籍"。《魏书·卷七下·高祖纪》P7。三长制、户调制、均田制是有关联的三个环节,从目的来看,可以统称为均田制。

作为一个占人口少数的外来主导民族,对到手的大量战利品——土地、人口,一方面本身满怀信心要完成从游牧到农耕生活方式的转变,另一方面对土地的重新划分意味着对土地归属的一次公开确认以及分享。新旧交替往往面临棘手的工作,甚至在均田令颁布后的太和十一年(487)均田制也进展缓慢。当时京都出现严重饥荒,齐州刺史韩麒麟上奏孝文帝,指出"京师民庶,不田者多;游食之口,三分居二。"如果贯彻"天下男女计口授田。"政策,"宰司四时巡行,台使岁一按检,勤相劝课,严加赏罚,数年之间,必有盈赡,虽遇灾凶,免于流亡矣。往年校比户贯,租赋轻少,臣所统齐州,租赋才可给俸,略无入仓,虽于民为利,而不可长久。脱有戎役或遭天灾,恐供给之方,无所取济。"建议一定要加强人口管理,让均田制落实到所有适龄者,避免农业人口减少;正确制定税额,正常的岁入量应在保障公务人员俸禄之外,国家还要有留存;还建议减少额定赋税中的纺织品量而增加粮食,从而增加国家粮食储备。《魏书·卷60·韩麒麟传》P156。均田制在地域上是从局部到整体,从内容上是从简单到完备。随后出现多次微调,仍可能存在许多问题:1. 赋税年收入总量过低。2. 测量上系统误差和偶然误差不可避免。3. 法制不配套。4. 历史遗留问题中大土地所有者的处置。5. 对均田之后的土地实际使用情况的监管。上述问题时隐时现,有些与均田制相始终。

李安世《均田疏》最终导致孝文帝开启了影响中国历史三百年土地改革,李氏所说的"悉属今主"说明已经看出了战乱是使主权频繁更迭,资本私有缺乏时间保证原因之一。不过,现在敦请君主优先考虑的是土地的用益权问题,均田制作为融入了许多人智慧的个人设计,在实际运作中与社会的摩擦从未消弭,敦煌文书中西魏大统十三年的均田数据显示,完整的簿帐,必须登载性别、身份(良贱)、年龄、户等(上、中、下)、新、旧授田者,已授田和未授田,牛数、田亩数、租、调、台资(指担任公职只纳调不纳税者)等。见唐耕耦《西魏敦煌计帐文书以及若干有关问题》。资料中有足额授田的人户,授田不足的情况则更为普遍,这是一个合乎逻辑的现象,反映了均田制的在各地区、不同时间内不均衡发展的真实状态。它作为当时社会背景下国家资本资源一种新型整合工具,产生了前所未有的效应。它的基本精神绵延不绝,是因为几代君臣统一于需要。李安世、李冲之外,需要纪念的还有两个重要的人:文明太皇太后冯氏,孝文帝太和十四年(490年)九月去世。文明太后为光大家族,后续有人,生前极力延揽太师冯熙氏二女入宫,虽然都成了孝文帝皇后,但后来一个被废为庶人,另一个被赐死。《魏书·卷13·皇后传》P41,《北史·卷3·北魏孝文帝纪》P17。[4]她们的才识、意志、鉴赏力以及姓氏都不能成为延续文明太后的风范,这凸现文明太后的魄力、胆略和进取心实属罕有,她是均田制的一次伟大机遇,突出的个人作用令均田制思想转化为政府的共同目标。孝文帝做出了正确的选择,并迈出了一大步,他于太和二十三年逝世时,均田制已蔚为大观,"后魏虽起朔漠,据有中原,然其垦田、均田之制有足为后世法者。"顾炎武《日知录集释·卷十》P357。作为占领者,北魏不仅接受了占领区的语言、文化、习俗,而且主动从游牧民变身为农业拓殖者,政策的指导下越来越多的土地得到开发,生产方式的转换与增加并改进了原有单一产出模式,强烈的政治抱负有了基本匹配的经济结构,人口持续增长带来了财富、稳定、增强了政治向心力,从占领者向管理者过渡正是均田制最重要的组成部分。

"然观其立法,所受者露田,诸桑田不在还受之限,意桑田必是人户世业,是以栽植桑榆在上,而露田不栽树,则似所种者皆荒闲无主之田,必诸远流配嫡无子孙及户绝者,墟宅桑榆,尽为公田。以供授受,则固非尽夺富者之田以予贫人也。又令有盈者无受不还,不足者受种如法,盈者得卖其盈,不足者得买所不足,不得卖其分,亦不得买过所足。是令其从便买卖,以合均给之数,则又非强夺之以为公田而授无田之人。"《文献通考·卷二·田赋二》P40。

均田制设计的是私有土地和国有并轨的土地制度,强调个人获得土地的合法性,但实质是从国家有偿获得土地长期用益权。土地分为桑田(永业田),露田(口分田)两种,前者可以世袭,"归还子孙,不在收授之限";后者是终身制,须归还。理论上个人可以分配到一定份额世袭土地,家庭无继承者在外。而子女由于成丁以及单独立户,必然会分到自己的份地,另外继承父辈永业田就会与国家均田制的个人(或户)土地拥有标准不符,加上在周围面积里,土地无法与人口增长同步,如果没有土地回收,可以用于第二、三乃至第 N 次分配,当地土地资源就会很快枯竭。其次,人口自由、死亡与迁徙空闲出来的地盘也不可能保证国家给当地自然增长的人口分配应得份地。"盈者得卖其所盈,不足者得买其所不足。"土地的买卖可以合法形成市场,使得贫弱缺劳力的家庭人口以及逃避耕作的人放弃土地使用权,转租和出让土地。而另一方面可供分配的土地又供给不足。这就势必国家信誉,给整个社会、带来严重失业问题。当然,由于北魏的均田制实行时间不长,除了授田严重不足,暴露出的其他问题不足以立即构成毁灭性的影响。

这里对均田制的概括有以下要点:1. 适龄的国民自然获得授予土地的资格。2. 授田的过程是免费的,不是即时的现款交易。3. 根据授田的实际亩数缴纳统一标准的赋税,长期固定不变。4. 用于分配的土地来源主要是:1)国家新占领的土地。2)无主之地。3)户绝土地等。不是从土地多者手中获取后分配给无土地或土地少的人。5. 土地多的人不参与授田,田地较多的人可以卖出自己的田,不足的人可以购买。但买或卖都要按官方规定的授田标准执行,即不能卖出田地后自有田地数低于官方规定的授田标准,买者也不能超过该标准。6. 桑田是世业,不需要归还官方。露田则需要在规定时间到期后归还。7. 按授田标准买田地的那部分款项由谁支付这里没有清晰表述。

四、宗主都护制与三长制

太和十年发布的三长制是均田制的标配置。原生态的拓跋人不具备农耕社会乡村生活管理经验,他们原有的生活方式帮助他们在战场上不断取胜,对未来的向往又让他们想要自我改变,在与农耕社会持续的接触中精神上虽然若即若离,走走停停,行动方向上却大致保持不变。"先是,禁网疏阔,民多逃隐,天兴中(道武帝天兴元年为 398 年)诏採诸漏户,令输纶锦,自后诸逃户占为细茧、罗谷者甚众,于是杂、营户帅遍于天下,不隶守宰,赋役不周,户口错乱,始光三年(太武帝始光三年为 426 年)诏一切罢之,以属郡县。"《魏书·卷一百一十·食货志》P318。细茧户、罗谷户都属于杂户,身份高于番户。牧户、屯人、工匠、伎乐,罪犯等统称杂户,身份地位在平民与奴隶之间。营户隶属军府,身份地位也处于平民与奴隶之间的贱民,世代服役,其人口来源是被房掠的和不得已投募的平民。平民成为杂户或番户可能会一步到位,但番户、杂户还原为平民理论上需要分步走。番户、杂户、良人三者之间的关系为:一免为番户,再免为杂户,三免为良人。取代营帅、户帅的宗主督护制是一种与之类似的状态,这种归属关系的人口不向国家纳税、服役。太武帝并不能让辖区人口全部隶属郡县,宗主督护制明显不适应均田制。均田制颁布后随即宣布废止宗主督护制"旧无三长，惟立宗主监护，所以民多冒隐，五十、三十家方为一户。冲（李冲）以三正治民，所由来远，于是创三长之制而上之。文明太后览而称善，引公卿议之。中书令郑义、秘书令高祐等曰：冲求立三长者，乃欲混天下一法，言似可用，事实难行。郑义威胁只会失败，但没有说出任何理由。太尉元丕曰：臣闻此法若行，于公私有益。咸称方今有事之月，校比民户，新旧未分，民必劳怨。……著作郎傅思益进曰：民俗既异，险易不同，九品差调为日已久，一旦改法，恐成扰乱。太后曰：立三长则课有常准，赋有恒分，苞荫之户可出，侥幸之人可止。何为不可？群议虽有乖异然惟以变法为难，更无异议，遂立三长，公私便之。《魏书・卷53・李冲传》P137。李冲时任内秘书令、南部给事中。宗主相当于地方割据者，宗主控制的荫户没有正式的户籍，也不完纳国家赋税，只为宗主私有，任凭宗主驱使，国家对宗主征税时，宗主为了避税多数以虚假的人数，少报或者不报实际的荫户。三长制在太和十年（486年）建立，李冲提案，冯太后做出了最终的决定。

中书令、秘书令、太尉、著作郎四人当场反对，李冲则得到文明太后的支持，"遂立三长。公私便之。"李冲迁中书令、加散骑常侍、给事中如故。赐爵顺阳侯。寻转南部尚书。冲为文明太后所幸，恩宠日盛，赏赐月至数十万进爵陇西公，密致珍宝御物以充其第，外人莫得而知焉，冲家素清贫，于是始得为富室。《魏书・卷五十三・李冲传》137。三长制在太和十年提出、实施，是均田制所必须的组成部分。长期存在的宗主督护制同时废除。

五、均田制的国家收益与个人收益

北魏前期，执行与占田制不同的标准，献文帝466—471年间，由于歉收，"帝因民贫富，制三等九品之制，千里内纳粟，千里外纳米；上三品户入京师，中三品户如入他州要仓，下三品入本州。"《魏书・卷一百一十・食货志》P318。实行的近似是全额累进税制，国家的岁入既不足，也不稳定，公职人员没有固定的薪俸。

孝文帝延兴三年（473年）六月，诏河南六州，户收绢一匹，绵一斤，租三十石。……冬十月，太上皇帝（禅位后的献文帝）亲将南讨，诏州郡之民，十丁取一以充行，户收租五十石，以备军粮。《魏书・卷七上・高祖纪上》P20。这个四个月内的两道诏令有重叠部分，前者还有限定词——河南六州，仍留下疑难，河南六州的人是仍按前诏交三十石，还是要像其他州郡的人民一样改交五十石？征收一下大幅度上升，在原定租赋额度上涨百分之六十，让纳税者可能憎恨战争，既而发展到憎恨国家。如果军事经费可以轻易得到，国家也可能因此愿意发动战争,变得好大喜功。如果国家想要减少将军与官员的因为没有俸禄而惯性出现的掠夺行为,就要为他们履职提供薪俸。太和八年(公元 484 年),"始准古班百官之禄,以品第各有差。先是,天下户九品混同,户调帛二匹,絮二斤,丝一斤,粟二十石。又入帛一匹二丈,委之州库,以供调外之费。至是户增帛三匹,粟二石九斗,以为官司之禄。后增帛满二匹,所调各随其土所出。《魏书·卷一百一十·食货志》P318。公职人员俸禄执行国家统一标准,这也保证民间除完纳法定的赋税外,不再受各级政府和官员的公开而且合法的抢劫,这个诏令明确了为官员俸禄额外征收的份额,规定官方征收从此应该合理、有度。这虽然只是规范管理的开始,而且维护过程困难,几乎不能避免违法、随意的征收现象,但现在至少有了一个法律依据,一个起点。

收取以及增加赋税的方案可能会愉快地通过,但是好收成从来就不可以轻松获取。

均田制及其配套制度大致齐备,实践中却不是制度一颁布,一切问题都迎刃而解,中原国家以相似政治经济模式想要实现收支平衡一直都要碰运气,农耕生活一点也不比游牧轻松,北魏国家如此重视农业,但它的回报却经常逊于预期,太和十一年(487 年)七月,诏:今年谷不登,听民出关就食。冬十月,出宫人不执机杼者。《魏书·卷七下·高祖纪下》P23。

由于没有缺少货币,实物支付的赋税对土地承人是沉重的负累,向沃野、怀朔、柔玄、怀荒、御夷等六镇运输粮食的艰难最终导致国家实施屯粮计划实施,太平真君五年(444 年),薄骨律镇将刁雍上表:"督课诸屯,以为储积"。七年又上表"奉诏高平、安定、统万及臣所统四镇出车五千乘运屯谷五十万石付沃野镇,以供军粮。"《魏书·卷三十八·刁雍传》P101。以薄骨律、高平(高平郡约 11200户,人口约 26000 人。高平镇的情况不明。)等四镇供应一个沃野镇。六镇平均大致需要二十四个高平那样规模的镇提供军粮。一车载粮食重一百石,四镇中薄骨律是距离沃野最近的镇,也有八百里。按正常的年租三十石征收,一个军镇需要 17000 户提供粮食,平均下来六镇就需要 102000 户,约六十万人一年的耕作提供后勤保障。北魏的总人口是孝明帝正光年以前,约 500 万户,30000000人口,相当于一户有六口人。而高平郡曾经一户平均只有二个人左右。北方的边防需要约五十分之一以上国家税入的粮食。后来国家在六镇采用屯田制度,有可能是借鉴曹魏屯田制度,解决当地军民的粮食问题。"时州镇戍兵,赀绢自随,不入公库.任其私用,常苦饥寒。"开府、徐州刺史虎子(薛野睹之子薛虎子)上表曰:窃惟在镇之兵不减数万,资粮之绢,人十二匹。即自随身,用度无准,未及代下,未免饥寒。建议"以兵绢市牛,分减戍卒,……兴力公田,……半兵耘植,半兵余兵尚众,且耕且守,不妨捍边。一年之收,过于十年之绢,暂时之耕,足充数载之食。高祖纳之。《魏书·卷四十四·薛野腊传》P116。

想要所有应该缴纳的赋税一一征收上来,具有较大难度。户籍税收管理面临的是复杂的种族文化经济背景,一方面是纳税人不依法交税:

"肃宗(孝明帝516—528年在位)初,元遥累迁左光禄大夫,仍领护军,迁冀州刺史,遥以诸胡先无籍贯,奸良莫辨、悉令造籍。又以诸胡设籍,当欲税之,以充军用。胡人不愿,乃共构遥,云取纳金马。御史按验,事与胡同,遥坐除名,遥陈枉不已,敕有司重究,乃披雪。《魏书·卷十九上·景穆十二王》P53。

另一方面是一些地方官员不依法收税。熙平(孝明帝熙平元年为516年)初,卢同转尚书左丞,加征虏将军,时相州刺史奚康生征民岁调,皆七八十尺,以邀奉公之誉,部内患之,同于岁禄官给长绢,同乃举按康生度外征调,书奏,诏科康生之罪。《魏书·卷七十六·卢同传》P195。任意乱加赋税的还是温和的做法,高遵担任中书侍郎时,每假归山东,必借备骡马,将从百余,屯逼民家求丝缣,不满意则诟骂不去,强相征求,旬月之间,缣布数千,邦邑苦之。《魏书·卷八十九·酷吏·高遵传》P221。一个中央官员在地方为强行征求物质以污言秽语威逼乡民,形同劫匪。

还有制度上的问题,越来越多的人挤进公职体系之内,不仅受薪系统变得臃肿,国家俸禄支出增加,同时国家岁入减少:世祖太武皇帝孙元孝友。尝奏曰:令制,百家为党族,二十家为闾,五家为比邻,有帅二十五,徵发皆免。苦乐不均,羊少狼多,复有蚕食,此为之弊久矣。京邑诸坊七八百家,唯一里正、二史,庶事无缺,而况外州乎?,请依旧置,三正之名不改。而百家为四闾。闾二比。计族省十二丁,得十二匹赀绢,略计见管之户,应二万余族,一岁出赀绢二十四万匹。十五丁出一番兵。计得一万六千兵,此富国安人之道也。《魏书·卷十八·太武帝五王传》P1。元孝友的意思是,一百家就有二十五人是合法免赋税无徭役的人。京城的里巷七八百家也只安排一个里正、二史,事情都可以安排妥帖。京城之外的州县也应该完全没有问题。我的意见是保持党正、里正、邻正也就是三正(即三长制,五家为邻,五邻为里,五里为党邻长可免一夫征戍,里长可免二夫征戍,党长可免三丁征戍。)的设置不变,一百家为族,一族二闾(即闾五十家),一闾二比(一比二十五家)这样总共每族减少十二个免赋役的正丁,征收户调十二匹丝绢绵,大略现管之户共二万余族(即二百万家)一年交出丝绢二十四万匹。十五名壮丁中出一名从军,共得一万六千人,这是富国安民的办法。他的意思是一百家省出十二壮丁,让他们加入赋税,那么总共二百万家一年就可以多交出二十四万匹。从二百万家中新加入赋税的二十四万正丁中,每十五人出一人从军,那么国家就可以额外获得 16000 个军人。元孝友只是调整了地方组织结构,就可以新得大量人力和财富。如何通过技术进步增产,则想都没有想过,像这里的绝大多数人一样,他们目不转睛地盯着人口的增减。

六、哪些人真正受益于高祖的变革?

"及高祖崩,禧(咸阳王元禧)受遗辅政,虽为宰辅之首,而从容推委,无所是非。而潜受贿赂,阴为威惠者,禧特甚焉。……禧性骄奢,贪淫财色,姬妾数十,意尚不已,衣被绣绮,车乘鲜丽,犹远有简娉,以恣其情,由是昧求货贿。奴婢千数,田业盐铁遍于远近,臣吏僮隶,相继经营,世宗颇恶之。《魏书·卷二十一上·献文六王传》P63。禧在世宗时谋反事泄赐死。

"李崇,迁尚书令,加侍中,然性好财货,贩肆聚敛,家资巨万,营求不息,子世哲为相州刺史,亦无清白状,邺洛市廛。收擅其利,为时论所鄙。《魏书·卷六十六·李崇传》P170。李崇孝昌元年(孝明帝孝昌元年为 525 年)逝世。世哲至相州,斥逐细人,迁徙佛寺,逼买其地,广兴第宅,百姓患之。……御史高道穆毁发其宅,表其罪过。《魏书·卷六十六·李崇传》P170。但基本安然无恙,没有受到相应的处罚。

王叡是深受高祖、文明太后器重的人,逝世后"高祖、文明太后亲临哀恸。其子王椿,正始(宣武帝正始元年为 504 年)初,拜中散,出为太原太守,加镇远将军,坐事免。椿僮仆千余,园宅华广,声妓自适,无乏于时,或有劝椿仕者,椿笑而不答。雅有巧思,凡所营制,可为后法。由是正光中,元叉欲营明堂、辟雍欲征椿为将作大匠,椿闻而以疾辞。《魏书·卷九十三·恩倖·王叡附王椿传》P229。椿性严察,下不容奸,此人的聪明才智被他不信任的社会耽误了。有少数人享受到了孝文帝的成就。王椿这样丰衣足食富甲一方的人,没有大量的土地,难以安置养活千余数的僮仆。他的人生很成功,按照自己的想法生活,孝文帝则不能做到。

宦官抱嶷在太和十九年为泾州刺史,"自以故老前宦,为政多守往法,不能尊用新制侮慢旧族,简于接礼"他是不接受变化的人。抱嶷从弟,宦官、积射将军抱老寿死后,奴婢尚六七百人。《魏书·卷九十四·阉官·仇洛齐传》P232。这些人拥有大量奴隶,占有的田地也相应多,如此多的奴婢既是廉价的人力资源,也反应社会贫富悬殊。

没有受益于均田制的大量人群

以下是文明太后均田制后的真实情况。均田制颁布后,很多人没有意识到自己的职业发生转变:从牧人变为农人,他们没有意识到时节的重要性,很多人应该是在无意中就错过农时。不愿或者嫌弃农耕的人大量存在,就有原住民,也有拓跋部民。太和十一年,京都大饥,齐州刺史表陈时务曰:古先哲王经国立治。积储九稔谓之太平,故躬耕千亩,以励百姓,用能衣食滋茂,礼教兴行。逮于中代,邑崇斯业,入粟者与斩敌同爵,力田者与孝悌同赏。实百王之常轨,为治之所先。今京师民庶,不田者多,游食之口,三分居二。盖一夫不耕,或受其饥况于今者,动以万计。"他希望国家采取措施,其中最重要的是"计口授田,宰司四时巡行,台使岁一按检。勤相劝课,严加赏罚。《魏书·卷六十·韩麒麟传》P154。他是地方大员,反映的是地方真实情况。太和十一年均田制刚刚开始不久,一方面是均田制实施的进度可能令很多人还没有分到土地,另一方面是很多还在犹豫,是否应该前往土地最肥沃,土地存量与人口比例最好,可以得到足额授田的地方,涌入京师平城的人口中很多又可能是为求更大人生机会的,他们有很多并不急于将职业稳定下来。

秘书丞李彪在孝文帝初年提出过关于防灾的书面意见"臣以为宜析州郡常调九分之二,京都度支岁用之余,各立官司,年丰籴积于仓,岁俭则加私之二,粜之于人。如此,民必力田以买官绢。又务贮财以取官粟。年登则长积,岁俭则直给。又别立农官,取州郡户十分之一以为屯人,相水陆之宜料郡亩之数,以赃赎杂物余财市牛科给,令其肆力,一夫之田,岁责六十斛。蠲其正课并征戍杂役。行此二事,则谷积而人足,虽灾不为害。"《魏书·卷六十二·李彪传》P160。他的运气好,"高祖览而善之,寻皆施行。"执行情况不会太好,一是生产技术达不到整体温饱,而是国家战争、国内开支巨大等导致粮食入不敷出,多数情况下紧缺。太和十一年,京都大饥,齐州刺史韩麒麟表陈时务时表示要改变税收比例:往年校比户贯,租赋轻少……虽于民为利,而不可长久,脱有戍役,或遭天灾。恐供给之方,无所取济。可减绢布,增益谷租。年丰多积。岁俭出赈所谓私民之谷,寄积于官,官有宿积,则民无荒年矣。"《魏书·卷六十·韩麒麟传》P154。他的意见没有回声,应该是未被采纳,韩麒麟次年逝世,也无法继续呼吁。不过,他的办法也不太可行,在百姓看来就是个加税方案。景明(宣武帝景明元年为500年,去年孝文帝去世。)初,豫州大饥。豫州刺史薛真度上表:去岁不收,饥馑十五。今又灾雪三尺。民人萎馁枚,无以济之,臣辄日别出州仓米五十斛为粥,救其甚者。《魏书·卷六十一·薛安都附薛真度传》P157。赈灾的效果明显不够好。
"初,真度有女妓数十人,每集宾客,辄命奏之,丝竹歌舞,不辍于前,尽声色之适
应。真度逝世后,庶长子怀吉居丧过周,以父妓十余人并乐器献之,世宗(宣武
帝,都是平常的凡人)纳焉。"《魏书·卷六十一·薛安都附薛真度传》P157。

徐州刺史薛虎子"又上疏曰:臣窃寻居边之民,蒙化日浅,戎马之所,资计素
微。小户者一丁而已,计其征调之费,终岁乃有七缣,去年征责不备,或有货易田
宅,质妻买子,呻吟道路,不可忍闻。今淮南之人,思慕圣化,延颈企足,恐闻赋
重,更怀进退,非惟损皇风之盛,虑伤慕义之心。且臣所居,与南连接,民情去就,
实所谙知。特宜宽省,以召未至。其小郡太守,数户而已。一请止六尺绢,岁不
满匹。既委边捍,取其必死,邀之士重,何吝君轻? 今班制已行,布之天下,不宜
忤冒,以乱朝章,但猥藉恩私,备位蕃岳,忧责之地,敢不尽言? 书奏,文明太后令
曰:俸制已行,不可以小有不平,便亏通式。……在州十一载,太和十五年卒,年
五十一岁,《魏书·卷四十四·薛野䐗传》P116。文明太后太和十四年(490 年)
逝世,薛虎子在太和四年担任徐州刺史,他上奏所谈及的问题是太和八年至太和
十四年之间的事,他敢于揭示真实的现象,冯太后虽然没有接受他的意见,但也
没有感到被忤逆。

卢昶,世宗[世宗宣武帝景明元年为 500 年,卢昶描述的是太和 23 年也是太
和年号最后一年(499 年)之后的社会]时的散骑常侍,兼尚书。卢昶奏曰:窃惟
一夫之耕,食裁充口,一妇之织,衣止蔽形。年租岁调,则为常理。此外征求,于
何取足? 然自比年以来,兵革屡动,汝颍之地,率户从戎;河冀之境,连丁转运。
又战不必胜,加之退负,死丧离旷,十室而九。细役繁徭,日月滋甚。他认为种种
惨状皆由于牧守令长多失其人。当时洛阳县得到白鼠,卢昶的解释白鼠的出现
是地方官员失职所致。世宗公开表示要接受他的意见,但是他基本上无能为力。
《魏书·卷四十七·卢玄附卢昶传》P123。

贫困现象自始至终都挥之不去,太中大夫张恂,神瑞三年(416 年)卒,恂性
清俭,不营产业,身死之日,家无余财。太宗(明元帝)悼惜之。《魏书·卷八十
八·良吏·张恂传》P219。

北魏明元帝泰常年间(416—423 年),张蒲为南中郎将、南蛮校尉诏加陈兵
将军,济南刺史。"世祖即位,以蒲清贫,妻子衣食不给,乃出为相州刺史。始光
三年(426 年)卒于州。吏民痛惜之。《魏书·卷三十三·张蒲传》P91。太武帝
时期,因为没有实施班禄制,一位人品好,自我节制刺史完全有可能无法为自己
妻子儿女提供基本生活保障。

高允此前为侍郎,高宗(文成皇帝,452—464 年在位)时,拜允中书令,司徒陆丽说:"高允虽蒙宠待,而家贫布衣,妻子不立。高宗怒曰:何不先言,今见朕用之,方言其贫。是日幸允第,唯草屋数间,布被缊袍,厨中盐菜而已。高宗叹息曰:古人之清贫岂有此乎! 即赐帛五百匹,粟千斛。拜长子为绥远将军,长乐太守。允频表固让,高宗不许。初与允同征游雅等多至通官封侯,及允部下吏百数十人亦至刺史二千石,而允为郎二十七年不徙官,时百官无禄,允常使诸子樵采自给。《魏书·卷四十八·高允传》P125。

在实施均田制后,班禄制有让受薪者有基本的保障,但是绝非可靠,一些清廉的官员的法定收入可能仍然入不敷出。太和十二年春,齐州刺史韩麒麟卒,"遗敕其子,殡以素棺,事从俭约。……临终之日,唯有俸绢数十匹,其清贫如此。《魏书·卷六十·韩麒麟传》P154。

阳固在世宗时除给事中,领侍御史,转治书(治书侍御史,正六品),"初世宗委任群下,不甚亲览,好桑门之法(醉心于佛法),尚书令高肇以外戚权宠专决政事,又咸阳王禧并有衅故,宗室大臣,相见疏薄,而王畿民庶,劳敝益甚。……固刚直雅正,不畏强御,居官清洁,家无余财,终殁之日,室徒四壁,无以供丧,亲故为其相敛焉。《魏书·卷七十二·阳尼传附阳固传》P186。均田制已经是实施近二十年,一位在职的官员为国家服务所的薪俸不能养家甚至自己的身后事也难以周全,可能还不是国家无情,而是执行力不够。

崔亮在高祖时迁中书侍郎,兼丞相左丞。"亮虽历显任,其妻不免亲事春簸,高祖闻之,嘉其清贫,加带野王令。"《魏书·卷六十六·崔亮传》P171。当时人生活水平很差。

肃宗时人山伟,"仆射元顺领选,表荐(山伟)为谏议大夫。伟不营产业,身亡之后,卖宅营葬,妻子不免漂泊,士友叹愍之。《魏书·卷八十一·山伟传》P208。

普泰(节闵帝普泰元年为 531 年)初,除车骑将军、右光禄大夫、秘书监,天平初(孝静帝天平元年为 534 年,历四年。)迁邺,常景匹马从驾(这匹马还是别人看他困难凑钱为他买的),是时诏下三日,户四十万户狼狈就道。收百官马,尚书丞郎以下非配从者尽乘驴。齐献武王以景清贫,特给车牛四乘,妻孥方得达邺。《魏书·卷八十二·常景传》P209。北魏末期普遍的贫困现象已经是触目惊心。

平民的生活更加拮据,前文中薛虎子谈到的呻吟于道路的是这个国家最底层人,在整个国家人口比例中很大。世宗(宣武帝)初,司马悦担任豫州刺史,当地一位叫董毛奴的人被杀,随身所带五千钱也消失,发掘一个嫌疑人的家墓时恰好有藏有五千钱,但司马悦不认为这个嫌疑人是真凶,后来查证是一个名叫董及祖的人所为,他被捕时甚至还将死者的一件上衣即"皁襦"穿在自己身上。《魏书·卷三十七·司马楚之传》P100。杀人者随身穿戴罪证,不是因为糊涂就是因为极端贫困所至。宣武帝沉溺于宗教晦涩的部分而不能自己,留下巨大的权力空间,争权夺利的人蜂拥而至,多数无暇顾及民生。孝昌年间(孝明帝孝昌元年为525年),河阴县令高谦之上疏:况且频年以来,多有征发,民不堪命,动致流离。苟保妻子,竞逃王役,不复顾其桑井,惮比刑书。正由还有必困之理,归无自安之路。若听归其本业,徭役微征,则还者必众,垦田增辟,数年之后,大获课民。今不务以理还之,但欲严符切勒,恐数年之后,走者更多,安业无几。……灵太后得其疏,以责左右近侍,诸宠要者由是疾之,乃启天后云:兼之有学艺,宜在国学,以训胄子。诏从之,除国子博士。《魏书·卷七十七·高谦之传》P199。高兼之是一个基层官员,看到很多人因为征发频繁无法安心农耕,不惜抛弃了文明太后、孝文帝等隆重赋予他们的土地,逃往异地以躲避征发。灵太后以高兼之的上奏责备自己的宠臣们没有让自己知道这些问题,这些成事不足败事有余的人不是去想办法解决问题,而是设法将高兼之调任一个闲职。清楚地方基层真实状况的高道穆提出的过度征发问题没有得到解决,但他本人却成了灵太后宠臣们的一个问题,因此北魏在成功制定制度后,由于实施过程中出现问题后得不到及时处理,甚至根本无人问津,结果问题不断积累,以致政权的执行力越来越弱,虽然制度的轮廓依然存在,国家只会是一路下滑,基本面越来越差,最终被堆积的问题压垮。

班禄制是北魏国家必须有的创制,但是它像这个国家的许多制度一样,也面临两难境地:"往年校比户贯,租赋轻少,……。"为了减轻纳税人负担,制定了非常轻的税率,看起来对纳税人极其仁慈的做法其实有弊端。齐州刺史韩麒麟解释说:"臣所统齐州,租粟才可给俸,略无入仓。虽于民为利,而不可长久。《魏书·卷六十·韩麒麟传》P154。各地官员薪俸出自各自所辖地方,因为没有剩余,一旦遇到战事和自然灾害,一贫如洗的当地政府一筹莫展,若非国家迅速跟进拨款赈灾,地方完全无法提供及时有力的援助。齐州治历城,领六郡三十五县,约七万八千户。《魏书·卷一百零六中·地形志》P287。最少有二十余万人口的一个州,收上来的租粟发放薪俸之后就没有剩余,看起来受薪的人员也不少。

国家改革的成就为何让孝文帝的国家、国民还是无法兴奋起来?"自承平日久,丰穰积年,竞相矜夸,遂成侈俗。车服第宅,奢僭无限,丧葬婚娶,为费实多。

富贵之家，童妾袨服。工商之族，玉食锦衣。农夫餔糟糠，蚕妇乏短褐。故令耕者日少，田有荒芜，谷帛罄于府库，宝货盈于市里。衣食匮于室，丽服溢于路。《魏书·卷六十·韩麒麟传》P154。这是太和十一年齐州刺史韩麒麟上表中的部分内容，次年这位刺史即辞世。他提到的现象应该是局部的情况，但"丰穰积年"不会是全凭均田制所带来，太和九年颁布均田，土地划定分配，人口造册，落实到每个家庭有个过程，荒芜的土地既有可能是授田者撂荒的，也有可能是尚未分配的无主之地。上表所述的富足应该与"承平日久"关系更为密切，减少了战争开销，无需服役，人民可有更多时间从事日常的营生，逐步有了积累。授田者则境况欠佳"农夫餔糟糠，蚕妇乏短褐。故令耕者日少，田有荒芜。"真正农民的日子其实难捱，好的是富贵、工商之家。均田之后，终北魏一朝，这种社会状况应该都不曾改变。

国力也尚未出现重大改观。太和二十一年十月，"四面进攻，不克。诏左右军筑长围以守之。"《魏书·卷七下·高祖纪下》P25。国家没有因为孝文帝的励志变得令四邻钦慕，繁荣昌盛、所向披靡。太和二十二年，对萧鸾作战一度取得进展，陆续攻克新野、宛北。二十三年（499 年），萧宝卷遣太尉陈显达进攻北魏荆州，陈显达连败北魏著名将领元英，围困并攻克马圈城。北魏与南齐辖区规模大致相近，在中原地区分庭抗礼，孝文帝当时三十三岁，萧宝卷十七岁，这位残暴荒谬的君主让国家人人自危，陈显达最后也走上叛逆之路，这样一个国家与北魏竞争亦有胜算，与陈显达这样能干的将军有关，也与北魏社会变革效果不能达到期望有关。萧宝卷让他最杰出的将军率领的军队只有四万人，却因为马圈城的胜利迫使孝文帝同年三月抱病亲征，统领三十万大军，寻求与陈显达决战，终于击败陈显达。这是孝文帝最后的胜利，这是来自南齐少年皇帝萧宝卷的礼物。来不及返回在孝文帝现在看起来已经是如此遥远的都城，这位为理想僶俯从事的君主即病逝于谷塘原行宫，这个行宫地点距离激战之地马圈城、均口都相当近，几乎是刚刚脱离战场。北魏以如此惨痛的代价击退南齐人的入侵，基本不能算是一场胜利，却可能是胡作非为的萧宝卷人生中最大的成就。

均田制不会因为上述问题而遮挡其光芒，瑕不掩瑜，伟大的均田制不仅提供了货币体系尚未真正主宰流通领域时代最实用的分配、生产、赋税一体的先进、方便、可行的组合方案，土地的本质是国有，但其中部分赋予个人长期的用益权，激发了受田者的生产能力，推动社会有序发展，而社会相对公平的生活变得接近于可能。例如，当时的农业技术的显著进步可能与文孝文帝改革成就相关。贾思勰《齐民要术》大致成书于 533—544 年之间，时值北魏孝武帝在位。记载的应该是北魏此前的农业技术现状,农用工具、选种、耕作技术等均出现长足进步,这些可贵创新中一部分的直接诱因应该是均田制。大量授田人口从政府获得土地后,部分土地的经营使用权,部分享有甚至被赋予所有权,从此容易产生当家作主的模糊感觉,人们愿意经营好自己名下的土地,自身消费的需求与税赋的压力都促使他们在有限的土地上设法获得最高产量,从而产生持久的技术竞争,相对稳定的社会制度环境,使技术变革传播迅速,广泛应用,不断普及,帮助在西北碛薄土地上实现增收。北魏均田制从太和九年至唐中期,持续三百余年,不是碌碌无为,为了粉饰政治的三百年,既与时代饱含对它蕴涵的期许,也与它本身的实用性无法替代有关,它的生命才得以延续。关键是它有效地超越了井田制,比占田制远为全面、透彻,从而很大程度上迎合了社会发展的需求。

七、均田制的破坏

魏令:职分公田,不问贵贱,一人一顷,以供刍秣。自宣武(宣武帝元恪)出猎以来,始以永赐,得听卖买。迁邺之始,滥职众多,所得公田,悉从贸易。《通典·卷二·食货二》P16。

北魏孝武帝永熙三年(534年),高欢立孝静帝,改元天平,迁都于邺。"天平初,(孝静帝天平初年为534年)时初给民田,贵势皆占良美,贫弱咸受瘠薄。隆之(高隆之,时任尚书令右仆射)启高祖(即北齐神武皇帝高欢),悉更反易,乃得均平。"《北齐书·卷十八·高隆之传》P26。

宣武帝以后,允许买卖公田,这种情况后来变得非常普遍,而在北魏最后的君主孝武帝时,豪强兼并了大量膏腴之地,普通人得到只是贫瘠的土地,情况相当失控,均田制的遭到毁灭性的破坏。

"正光(孝明帝正光元年为520年)后,四方多事,加以水旱,国用不足,预折天下六年租调而征之。百姓怨苦,民不堪命。"《魏书·卷一百一十·食货志》P320。国家需要提前征收六年的租调才能应急,这样的皇命无法得到人民积极正面的理解和响应,倒是让北魏后期的均田制残存于普通人心中公平、普惠、适度的温馨之感即时破碎,荡然无存,税赋已经变异成全体国人前所未见,面目狰狞、陌生又不知餍足的怪兽,它却是国家合法豢养,每一寸国土都是它的保护地,它四处出没,肆意践踏,纳税人无不闻风丧胆。

结论:

孝文帝让善于放牧的民族改为农耕人口,对于传统游牧为业的人口来说,这相当于接受了相对落后的生产方式,而且当时的农耕水平仍相当落后,产量低。而畜牧产品营养更为丰富,附加值更高,所以一些南迁的拓跋公卿贵族将大块耕地改为牧场,一方面是延续自己已经习惯了的生活方式,另一方面也是他们短期内不可能接受农耕技术,表面上接受均田制并不是因为已经理解其意义而是因为被强加而不得已而为之。

但是,拓跋部落是强悍的种族,征服了大量的土地、人口,采用均田制是适应管理不断扩大的占领区民俗的需要,均田制是一种适应军事占领大量土地,征服大量农耕人口后,为统一管理一个国家初步实施的应对方案,均田制想要取得正面效果面临复杂的技术问题,与农业生产密切相关的天气变化只能根据二十四节气这样的观测经验从宏观上预测,小气候的变化只能根据物候有限现象随机应变,抵御自然灾害的手段非常少而且效果欠佳。高祖即位后的情况"延兴三年九月,州镇十一水旱,诏免其田租,开仓赈乏,"太和十年八月,有星落如流火三道。……先是,有客星大如斗,在参东,似字。占曰:大臣有执主之命者,且岁旱籴贵。十年九月,荧惑犯岁星,岁主农事,火星以乱气干之,五稼旱伤之象也占曰:元阳以馑,人不安。自八年至十一月(太和十年十一月),黎人阻饥,且仍岁旱灾。……八年(太和八年)冬,州镇十五水旱,人饥。九年……是岁冀定数州大水,人有鬻男女者。京师及州镇十三水旱伤稼。十三年,是岁年谷不登,听人出关就食,明年,州镇十五皆大饥。诏开仓赈乏。十二年,是岁,两雍及豫州旱饥,明年州镇十五大馑。《魏书·卷105·天象志·天象一之三》P277。

孝昌(孝明帝孝昌元年为525年,历三年)中,卢义僖除散骑常侍,义僖少时,幽州频遭水旱,先有谷数万石贷民,义僖以年谷不熟,乃燔其契,州间阅其恩德。兴和(孝静帝兴和元年是539年)中卒。《魏书·卷四十七·卢玄附卢义僖传》P122。

还有一种长期用来改善气候条件的办法是哲学见解:"时文明太后崩,已过期月,高祖毁瘠犹甚。"穆亮专门上表劝谏。高祖反而变得更加愧疚,认为当时久旱不雨,自己责任重大"时雨不降,实由诚慕未浓,幽显无感也。"《魏书·卷二十七·穆崇传附穆亮传》P78。

这些含混不清的理论不仅无助于问题的解决,还阻碍确实可行的解决办法得到实施,一些缺乏长期农耕经验的游牧人口对农耕丧失信心,严重妨碍粮食与其他经济作物产量稳产、增产。观测天象的部门已经非常尽心,官府智穷力竭,使出浑身解数,但是问题还是蜂拥而至,君主没有解决办法,普通农民只能自求多福。肃宗熙平二年(孝明帝熙平二年为517年),幽州大饥。死者数千人。《魏书·卷 105·天象志·天象一之四》P279。类似的记载不是一个年岁而是绝大多数年份都在重复的话题。

非干旱问题比如社会动荡,遭到入侵等也会因为躲避战火而人民离散而耽误农时,这种情况具体的记载少,但一定难以避免。

改革获得的正面效用还不能抵消自然灾害、兵灾、错误政治决策等带来的负面效用。国民只是通过均田制得到了土地,有地方可以出力,但实际上的收益却很不确定。决策能力差不是他们从未做对,他们甚至还伟大过。这里的差,是决策错误导致了最终无法挽回的失败。

第二十九章　北魏政治运作附属的礼仪、经济和安全

对玄乎、很懂以及不懂的事情如何做决定？

第一节　玄乎的事物

北魏制度中的一部分是自然延续下来的习俗，自然生成体系；置身变革巨浪中的这个种族其实保留了一些与汉文化格格不入的制度细节，其中既有约定俗成，也有早期从异族习得，另一部分是人们为达到某种目的专门制订。然而，尽管有权力，却不一定具有相应的决策能力，北魏祖先为后宫制订的铸金人立后之规则就是把册立皇后变成一种竞争，皇后候选人先要手工雕刻完成一个金人像，成功者当选。"魏故事，将立皇后，必令手铸金人，以成者为吉，不则不得立也。《资治通鉴·卷111·晋纪33》P746。这项既不科学也不人性的法规执行起来毫不含糊：

道武帝皇后慕容氏，……左丞相卫王仪等奏请立皇后，帝从群臣议，令后铸金人，成，乃立之。《魏书·卷十三·皇后传》P40。

道武帝宣穆皇后刘氏，先后生华阴公主、太宗，以铸金人不成，乃不得登后位。《魏书·卷十三·皇后传》P40。

明元昭哀皇后姚氏，后以铸金人未成，未升尊位。《魏书·卷十三·皇后传》P40。这个铸金人制度有何必要？出于何种目的？均不得而知，但就是因为有这项制度的存在。

北魏的后宫这个不大而且有限的场所陡增变数，赋予生活在那里的人无限空间、欲望、能力、背景、机遇、勇气激烈碰撞，火光四溅。皇帝的嫔妃们在宫廷的位置想要提高，需要有君主的宠爱、有子嗣，还要有好运气。

因此良制良法是为产生具有一定的偶然性。即使是北魏最为著名的改革者文明太后与孝文帝祖孙二人，也并非天生和洽，文明太后曾经想要黜废孝文帝，

定州刺史穆泰设法让其打消了这个念头。《魏书·卷二十七·穆崇传》P78。文明太后原本并不认为她的社会变革必须具有连续性,也不清楚那些人能够做正确的事,她对现状不满意而变革,却不是因为能够看清未来。这是个本可以把它变得越来越清楚的问题,结果自己让自己因此变得糊涂。

一、佛教信仰与寺院经济

弃世的佛教是如何在政治闹市中沸腾的? 人类需要宗教,君王加入后,个人与官方的冀望叠加,宗教似乎可以也应该有求必应,终致出现声势浩大、无处不在的盛况。

1. 佛教政治

显祖(献文帝,465—470 在位)即位,笃信尤深,览诸经论,好老庄。太和十年,有司又奏,'前被敕以勒籍之初,愚民侥幸,假称入道,以避输课。其以无籍僧尼罢以还俗,重被旨。所检僧尼、寺主、维那当寺隐审,其有道行精勤者,听仍在道,为行凡粗者,有籍无籍,悉罢归齐民。今依旨简遣,其诸州还俗者,僧尼合一千三百二十七人。'奏可。《魏书·卷一一四·释老志》P338。

2. 佛教人口

在佛祖的面前,昙曜等人利令智昏,公然请求世俗君主恩准他们按资产贡献将不同的信众划分等级,"和平初(文成帝和平元年为 460 年)道人统师贤卒,昙曜代之,更名为沙门统。昙曜奏:平齐户及诸民,有能岁输谷六十斛入僧曹者,即为'僧祇户',粟为'僧祇粟'。至于俭岁,赈给饥民。又请民犯重罪及官奴以为'佛图户'以供诸寺扫洒,岁兼营田输粟。高宗(文成帝,452 年—464 年在位)并许之。于是僧祇户、粟、寺遍于州镇矣。僧侣上层也没有被政策遗忘,积极公平的交易后也会获得宝贵的升迁机会,"诸沙门有输粟四千石如京仓者,授本州统;若无本州者,授大州都;若不入京仓,入外州郡仓者三千石,畿郡都统,依州格。若输五百石入京仓者,授本郡维那,其无本郡者,授以外郡。粟入外州郡仓七百石者,京仓三百石者,授县维那。《魏书·卷 110·食货志》P320。与僧侣早已成为一个举足轻重的社会阶层有关。宗教投入过热,虽然断断续续,却是有增无减。《魏书·卷 114·释老志》P337。

寺院中得到的资产,无法用于贫苦有急难之人。宣武帝永平四年(511 年)夏,诏曰:僧祇之粟,本期济施,俭年出贷,丰年收入,山林僧尼,随以给施,民有窘弊,亦即赈之。但主司冒利,规取赢息,及其征责,不计水旱。或偿利过本,或翻改契券,侵蠹群下吗,莫知纪极。细民嗟毒,岁月滋深。……自今以后不得专委维那、都尉,可令刺史共加监括。《魏书·卷一一四·释老志》P338。

3. 寺塔与寺庙

文成帝拓跋濬和平初(公元 460 年)时任国家的佛职最高职务沙门统的昙曜,经帝同意开始在今大同云岗大规模开凿佛像,而献文帝(466 年即位)在天宫寺所造的释迦立像高四十三尺,用赤金十万余斤,黄金六百斤。石材需求陡增显示国家人力耗损同时会急剧攀升,社会整体负担更加沉重,大量使用贵金属尤其稀有金属可以理解为:1,税收新高后官方阔绰,2,举国宗教热情高涨,3,政治非理性成分大幅上扬。国家做这些既是政治也是生活,既想以此解决难题,又无法阻止其同时滋生新问题。太和元年(477 年),京城(平城)内寺新旧且百所,僧尼2000 人,四方诸寺六千四百七十八,僧尼七万七千二百五十八人。延昌中,(512—515 年)天下州、郡僧尼等(寺)积有一万三千七百二十七所(37 年之内,从6478 所增加到 13727 所,增加 112﹪,平均每年建造 196 所,平均不到两天就有一所新的寺庙落成。),徒侣逾众。(当时人口比较,考虑到人口总量增加。熙平间 5000000 户。主要是佛教信众过多集中于京师,)献文帝天安二年,造永宁寺,七级佛图,高三百余尺,基架博敞,为天下第一。《魏书·卷 114·释老志》P337虽然对公、私造寺规模,政府一度也有限制,作用很小。景明初,世宗诏于伊阙山营石窟二所,永平中又加造一所,这是洛阳龙门石窟,从景明元年动工至正光四年六月以前,开凿了二十余年,用功八十万二千三百六十六。熙平(孝明帝熙平元年为 516 年,历两年)中,于洛阳城内起永宁寺,胡太后亲率百僚表基立刹,佛图九层,高四十余丈,耗费之多不可胜计。《魏书·卷 114·释老志》P338。佛教成为潮流文化,尤其以京城为甚。北魏改革期间,由于改革者及改革消费者均未对之引起足够的认识,本该投入到生产中的资本大量流失,被固着于不直接产生任何经济效益的项目,导致国家出现严重结构性经济问题,并长期处于这种僵局中。对宗教的领悟停留在物质上,或多或少背叛了宗教的原旨,形成了一场过火的、旷日持久的投入竞争。从政府到平民,经济支出的首选用于满足宗教开销,赶潮流的人中,资金雄厚者建造寺庙,稍逊的舍家为寺,贫穷的则为佛寺奉献虔诚与体力。田园荒芜,产值锐减,寺院中纯消费的人口则急剧膨胀。北魏都洛凡四十年(495—534 年)上行下效,佛法风行一时,与磕磕绊绊的梁国(502—557年)在价值观等方面雷同,而萧衍个人的政治生命(502—549 年在位)甚至比以富有激情的改革开始,极具国际色彩的洛阳为首都的新北魏更长一点,多少有点令人意外和惋惜。

延昌中(宣武帝延昌年号,512—515 年)中,天下州郡僧尼寺,积有一万三千七百二十七所。《魏书·卷一一四·释老志》P338。

北魏至少是从形式上创造了一个佛教盛世：永宁（地名）中，寺塔大兴，经营务广，灵太后曾幸作所，凡所陈问。熠（步兵校尉张熠）敷指陈画，无所遗阙，太后善之。《魏书·卷七十九·张熠传》P205，此人清廉，善于营造，是灵太后的卓越之选。不仅最有才华的人，国家的主要精力都投入到缥缈的事业之中，"灵太后曾幸邙山，集僧尼斋会，公卿尽在座。《魏书·卷七十七·羊深传》P197。

《洛阳珈蓝记》记载洛阳城内公私建造的寺庙众多，国家大量资金花在宗教信仰之上，还有大量获得国家批准免租免赋役的僧尼，僧众最多时近八万人"是时民多绝户而为沙门。"正主簿李瑒上言，"故三千之罪，莫大不孝。不孝之大，无过绝祀。……安有弃堂堂之政，而从鬼教乎？沙门都统僧暹忿瑒鬼教之言，以瑒以谤毁佛法，泣诉灵太后。"瑒自我辩护用的是周礼，"《礼》曰：明则有礼乐，幽则有鬼神。"灵太后虽知瑒言为允，然不免暹等之意，犹罚瑒金一两。"《魏书·卷五十三·李孝伯附李瑒传》P136。"明则有礼乐，幽则有鬼神。"出自《礼记正义·卷三十七·乐记第十九》P302。《十三经注疏》有些人意识到一个国家如果以供奉佛事为务，恐怕有悖政治国家的责任。但是公职人员李瑒的方法不好，使用了侮辱性的言辞，遭到灵太后象征性罚款。上述例子来看佛教、道教、儒家彼此之间存在不可调和的矛盾，但是它们都在希望与危机中存在，北魏的信仰总体在道教、佛教之中交替游移，儒家教条仍然是重要的行为准则，孝文帝又一次谈到一个天气炎热的日子。突然飘来大量很厚的云层，咸阳王禧恭维陛下德感天地，故云物凝采。……他极力奉承。高祖曰：伊洛南北之中，此乃天地氤氲，阴阳风雨之所交会，自然之应也。非寡德所能致此。《魏书·卷二十一上·献文六王传·咸阳王禧传》P63。文明太后诛乙浑后，"引允禁中，参决大政。……允表曰：陛下兴周礼之绝业，……崇建学校以立风俗。显祖（献文帝465—470年在位）从之，郡国立学，自此始也。《魏书·卷四十八·高允传》P125。高允活了九十八岁。孝明帝正光三年（522年），帝耕籍田。《魏书·卷九·肃宗纪》P31。

不能凭借上述君主仿效儒家经典的个别乃至零星的行为作为参考从而判断北魏的贯彻始终的价值观标准是中原主导型的，以及具体都有哪些。他们是霸道的征服者，也是脆弱的文化皈依者，思想徜徉在成就感与顺从之间，他们想要将别人以及自己新创的一切制度都了然于心乃至得心应手，在时间略感仓促，但其决断与雄心令后世敬重。

第二节　很懂的事

一、后宫的配置

道武帝皇后慕容氏、道武帝宣穆皇后刘氏。明元昭哀皇后姚氏，明元密皇后杜氏、孝文贞皇后林氏、孝文废皇后冯氏，孝文幽皇后冯氏。君主基本达到周礼的要求、世宗宣武皇帝元恪，孝文帝第二子，母曰高夫人，被人所害。……二十三年八月戊申，尊遗诏（高祖遗诏），高祖三夫人以下悉归家。《魏书·卷八·世宗纪》P26。

这些婚姻在临淮王、沧州刺史元孝友看来才算是正常，因为这与礼大致相符。纳妾情况不理想会产生不良后果，而上述北魏全国早期君主的婚姻状况应该是元孝友所指群体中的例外。北魏末期，忧心忡忡的元孝友指出，国家在职人员疏远礼数，不孝的情况相当普遍。他尝奏表曰："古诸侯娶九女，士有一妻二妾，《晋令》：诸王置八妾，郡公、侯六妾。《官品令》：第一、第二品有四妾，第三、第四品有三妾，第五、第六品有二妾。第七第八品有一妾。所以阴教聿修，继嗣有广。广继嗣，孝也；修阴教，礼也。然圣朝忽弃此数，由来渐久。将相多尚公主，王侯亦娶后族，故无妾媵习以为常，妇人多幸、生逢今世，举朝略是无妾。天下殆皆一妻。请以王公第一品娶八，通妻九女。称事二品备七，三品、四品备五，五品；六品则一妻二妾。限以一周，悉令充数。若不充数及待妾非礼，使妻妒加棰挞，免所居官；其妻无子不娶妾，斯则自绝，无以血食祖父。请科不孝之罪，离遣其妻。诏付有司，议奏不同。《魏书·卷十八·太武五王传·临淮王》P51。元孝友袭爵临淮王，累迁沧州刺史，孝静帝（东魏孝静帝 534—559 年在位）时人。孝静帝天平元年（534 年）是北魏孝武帝永熙三年，也是北魏最后的年月，元孝友在这大厦将倾的严峻时刻一本正经地上表请求皇帝下令高官多娶妾，以此弘扬礼与孝道。这份亦庄亦谐的提案是否引起哄笑和抨击，不见于记载。但是在此表中揭示了一个现象：当时人一夫一妻的现象比较普遍，这可能是拓跋族的原始风格所造就。"汉因秦制，帝之祖母曰太皇太后，帝之母曰皇太后，妃曰皇后，其余曰夫人。随时增损，非如《周礼》有夫人、嫔妇、御妻之定数焉。魏晋相因，时有升降。……魏氏王业之兆虽始于神元，至于昭成之前，世崇俭质，妃嫔嫔御，率多阙焉，惟以次第为称，而章、平、思、昭、穆、惠、炀、烈八帝，妃后无闻。太祖追尊祖妣，皆以帝谥谥为皇后，始立中宫，余妾或称夫人。多少无限，然皆有品次。世祖稍增左右昭仪及贵人椒房、中式数等,后庭渐已多矣。《魏书·卷十三·皇后传》P40。所谓"世崇俭质,妃嫱嫔御,率多阙焉"可能是拓跋族的民风。后世的隋文帝文献独孤皇后,"性尤妒忌,后宫莫敢进御。"听说尉迟迥孙女被丈夫杨坚秘密而深情地爱上,可以焚烧一切的烈火腾地一下在独孤皇后心中点燃,她一刻也没有耽搁,竟然谋杀了这个不幸而无辜的女子,她对此很坦然,她认为没有人比自己更热爱丈夫,更愿意把丈夫变得完美,她非常清楚,很多人都低估了她这种心性高强女性独有的感觉。她的行动迫使一国之主在伤心、愤懑中孤身一人离家出走。独孤皇后此后似乎变本加厉,打击的对象无限扩大,不论是自己同族还是有娶妾传统的汉族,不论是公开合法还是私密纳妾者,"后见诸王及朝士有妾孕者,必劝上斥之。"《隋书·卷三十六·后妃传》P133。独孤氏与拓跋部族源相近或者完全同源,她可能不过是惯性思维,在自己的文化背景下很自然地坚持自己种族的风尚,不愿与中原社会的落后习俗妥协。举朝几乎无妾在崇尚周礼的元孝友眼中是不合礼的现象,在国家岌岌可危的严峻时刻,他似乎想要找到问题的症结,力挽狂澜,也可能是看到朝廷极度沉闷,想要活跃一下气氛。元孝友的建议折射拓跋社会中不合礼仪,不受鼓励但似乎在族群的多数人中仍顽强延续的一个生活细节,它本是拓跋族的一个优点,在所谓先进的文化中却变成了问题。但是可以很肯定地说,拓跋族不论有多少人紧急学会了中原文化中的类似陋习,对正在衰亡的国家都于事无补。

张普惠是世宗宣武帝时的羽林监,羽林监是皇帝亲近的侍从武官之一,虽然太和二十三年这个职位已自从四品上降至六品,已是低级职位,人却是一个受尊崇的学者。"任城王元澄遭太妃忧,臣僚为立碑颂,题碑欲云:"康王元妃之碑"澄访于普惠,答曰:谨寻朝典,但有王妃,而无元字,鲁夫人孟子称"元妃"者,欲下与"继室声子"相对,今烈懿作配先王,更无声子、仲子相之嫌,窃谓不假元字以别名位,且以氏配姓,愚以为在生之称,故《春秋》'夫人姜氏至自齐'既葬,以谥配姓,故经书曰'葬我小君文姜氏'。又曰:'来归夫人成风之隧'皆以谥配姓,古者妇人从夫谥,今烈懿太妃德冠一世,故特蒙褒锡。乃万代之高事,岂容于定名之重,而不称烈懿乎?"澄从之《魏书·卷七十八·张普惠传》P200。

元妃死后,次妃摄内事,但不能称夫人,孟子、声子、仲子皆宋国之女子,声子生鲁隐公,仲子生鲁桓公。鲁襄公"经二年秋七月己丑,葬我小君齐姜氏。《春秋左传正义·卷二十九》P226。谥号与氏配。谥法规定:执心克庄曰齐。齐释义为恭敬庄重之意。成风是鲁庄公的妾,哀姜才是鲁庄公夫人,哀姜与鲁庄公封弟弟庆父私通,杀妹妹叔姜的儿子鲁闵公,准备立庆父。成风排位在哀姜、叔姜之后,成风生鲁僖公,这是一代聪明之君。"文公九年(前 618 年)冬,秦人来归僖公、成风之隧,"前 627 年鲁僖公逝世,前 623 年冬成风逝世。鲁文公九年收到秦国吊唁的馈赠,距鲁僖公逝世已经九年,距成风逝世已经五年,这仍然是合礼的。"秦人弗夫人也,即外之弗夫人而见正焉。"《春秋谷梁传注疏·卷十一》P44。意思是《春秋》经文借助秦国不称成风是夫人的记载,来强调不能将妾作为正妻的礼制。秦国人同时做的另一件合礼的事是对成风的书面正式称呼规范、正确。

二、高祖自主创设的制度

太和十四年(490 年)冯太后逝世。开始独立自主的政孝文帝为王朝带来争议、骚动以及新机会的变革,主要是延续冯太后的政治理念并陆续有效地推行一揽子汉化计划,包括语言、服饰、姓氏、籍贯、婚姻制度、门第高低的勘定标准以及迁都(493 年从平城迁往洛阳)等。北魏南下的过程中一路得到李顺、崔浩、李先等诸多汉族人的支持,中原的意识形态在宫廷形成良好的氛围,为拓跋部族自上而下地融入做好了先期的文化铺垫。因为新文化的吸引,高祖曾被怀疑自己正在疏远自己的族人"初,高祖将议革变旧风,大臣并有难色,又每引刘芳、郭祚密与规谟,共论时政,而国戚谓遂疏己.,怏怏有不平之色。乃命凯(陆凯,时正平太守)私喻之曰:至尊但欲广知前事,直当问其古式尔,终无亲彼而相疏也。国戚旧人意乃稍解。《魏书·卷四十·陆俟传》P105。迁都洛阳的原因理由:高祖将创迁都之计,诏引侍臣访以古事,诏对曰:洛阳九鼎旧所,七百攸基,地则土中,实则朝贡,惟王建国,莫尚于此。高祖称善。《魏书·卷三十九·李宝传》P103。大鸿胪卿李韶告诉高祖洛阳会为他的国家带来哪些优势的言论对高祖迁都有决定性的作用,像高祖一样接受李韶意见的人并不多,高祖的迁都的具体如果事先允许广泛讨论,反对的声音会占主流,但高祖是一个专制的君主,他有权力实施自己的想法,不会在乎他人的意见,不过他相对温和,为了预防反对的人站出来后遭到毁灭性的打击,他不给反对者机会。"高祖初谋南迁,恐众心恋旧,乃示为大举,因以协定群情,外名南伐,其实迁也。旧人怀土,多所不愿,内惮南征,无敢言者,于是定都洛阳。冲言于高祖曰:陛下方修周公之制,定鼎成周。《魏书·卷五十三·李冲传》P137。李冲等先是反对,在坚定的高祖面前后来妥协,只是劝高祖暂时返回平城,等洛阳建好后正式迁都,意见被高祖拒绝,不希望有任何的变数。南迁计划得以执行取决于高祖坚定意志,深思熟虑,这是君主一个人的力量转动整个国家的一个典型例子。

反对的意见并非都是错误,迁都是个系统工程,人人首先都面临精神上艰难的选择,祖茔就是一个重要的因素。太和十九年九月,"六宫及文武尽迁洛阳,⋯⋯帝行幸邺⋯⋯诏曰:诸有旧墓,铭记见存,昭然为世人所知者,三公及位从公者去墓三十步;尚书令仆、九列十五步;黄门、五校十步,各不听垦殖。《魏书·卷七下·高祖纪下》P25。诏令这样规定,显示大量无人看管的墓地已经荒废甚至夷为平地。

对孝文帝的迁都计划普遍持反对态度,不仅需要迁离者有反对,留居者的反对毫不逊色"广陵王羽,太和九年封。⋯⋯羽为大理,加卫将军,典决京师狱讼,微有声誉。⋯⋯迁特进、尚书左仆射,又为太子太保,录尚书事。⋯⋯迁都议定,诏羽兼太尉,告于庙社,迁京之后,北蕃人夷多有未悟,羽镇抚代京,内外肃整。《魏书·卷二十一上·献文六王传》P65。被替换的平城一度变得充满非议,十分凶险,广陵王元羽丝毫不敢懈怠,方保旧都平稳过渡。

反对迁都的高官贵族更是相当激烈。不过可以断定的是穆崇不能善始善终的人生轨迹奇特地传导至自己的孙子,穆泰确实雷同地走上反叛的道路,或者是反叛的种子萌芽,或者是因为独立的理性判断,他与一些人似乎一拍即合,穆泰对高祖有拯救之恩,但以尚书右仆射出任恒州刺史时反对高祖迁都,他到任时原恒州刺史陆叡尚未到任定州刺史,于是穆泰说服陆叡加入谋叛,有"安乐侯元敬、抚冥镇将、鲁郡侯元业、骁骑将军元超、阳平侯贺头、射声校尉元乐平、前彭城镇将元拨、代郡太守元珍、镇北将军、乐陵王思誉等谋推朔州刺史、阳平王颐和为主,颐不从。伪许以安之,密表其事。"《魏书·卷二十七·穆崇传》P78。叛臣们被悉数被任城王澄所率军捕获,穆泰被处决。与其结局相同的还有更重磅的人,太子恂体貌肥大,深忌河南暑热,意每追乐北方。《魏书·卷二十二·废太子传》P70。由于一心回到故土,做了过分的事,这个年仅十五岁的少年竟然被其父赐死。他应该没有想到变革会如此痛苦,不能理解父亲对自己的一个想法比对自己的儿子更为看重。迁都对孝文帝的家庭甚至这个家族数代的后裔们而言是极其沉重的话题,太子元恂因迁都而丧命,他年轻美丽的皇后高照容(高肇之妹),也是宣武帝元恪的生母在迁都洛阳途中暴病逝世(死因可能不是旅途劳顿而是被谋害),年仅二十三岁,她不幸青年亡故,不论她承受的巨大压力,至少与迁都在时间上有关联。

1. 拓跋社会改换姓氏

"太和二十年正月,诏改姓为元氏。《魏书·卷七下·高祖纪下》P25。元氏主要是皇族,其他不同社会等级者赐予不同姓氏。姓氏成为身份的象征,不仅区分社会地位,也区分种族。"拓拔氏改为长孙氏,达奚氏改为奚氏,乙旃氏改为叔孙氏,丘穆陵氏改为穆氏,步六孤氏改为陆氏、贺赖氏改为贺氏,独孤氏改为刘氏,贺楼氏改为楼氏,勿忸于氏改为于氏,尉迟氏改尉氏其余所改不可胜记。"《资治通鉴·卷一百十四·齐纪六》P935,《魏书·卷一百一十三·官氏志》P335。

2. 定郡姓门第等级

制度随政治权利的伸缩也随主政者个人倾向摇摆,皇室沿袭定郡姓时的思维,但对种族全面融合则至今仍有所保留,试图让身份的变动限制在一定范围内,宣武帝永平元年(508年)十二月诏,五等诸侯,比无选式,作出下列区别:

(一):同姓出身:公,正六下;侯,从六上;伯,从六下;子,正七上;男,正七下。

(二):异族出身:公,从七上;侯,从七下;伯,正八上;子,正八下;男,从八上。

(三):清修出身:公从八下,侯正九上;伯正九下,子从九上,男从九下。《魏书·卷6·世宗纪》P28。

清修出身主要指清白显贵门第,而不是个人品行节藻。设计上安排规定同姓、异姓出身等级有所不同是个很大的错误,这是从周礼中的合理性意蕴和商鞅以来绩效至上制度的一次倒退。孝文帝还明确规定高姓家族的人员必须出任清贵的官职,婚姻也讲求门当户对。太和二十年(496年),"魏王雅重门族,以范阳卢敏、清河崔宗伯、荥阳郑羲、太原王琼四姓,衣冠所推,咸纳其女以充后宫。陇西李冲以才识见任,当朝贵重,所结姻连,莫非清望。帝亦以其女为夫人。诏黄门郎、司徒左长史宋弁定诸州士族,多所升降。又诏为'代人其穆、陆、贺、刘、楼、于、嵇、尉八姓,自太祖以降,勋著当时,位尽王公,灼然可知者,可下司州、吏部,勿充猥官,一同四姓。……魏旧制,王国舍人皆应娶八族及清修之门,咸阳王禧娶隶户(没入奴隶之户)为之,帝深责之。因下诏为六弟聘室,'前都所纳,可为姜媵咸阳王禧,可聘陇西太守李辅女。为其他五人河南王干、广陵王羽、颍川王雍、始平王、北海王分别聘娶代郡穆明乐,荥阳郑平城、范阳卢神宝、陇西李冲,荥阳郑懿(郑羲之子)的女儿为妻。'"《资治通鉴·卷一百四十·齐纪六》P935。这是一个时代的时尚,这种新的价值美感既具有细腻、玄象的意境,也有震撼、专断的效应。适应变化与忠于自己意趣的人会有截然不同的体验。这也是一个可以快速理解价值、正误、国家权力与个人理性的竞技场,政治规则决定个人思想偏好的优劣胜负。

孝明帝熙平二年(517年)八月戊戌,宴太祖以来宗室年十五以上于显阳殿。己亥,诏庶族子弟年未十五不听入仕。《魏书·卷九·肃宗纪》P30。不足十天内,君主对宗室和庶族的亲热与疏远对比明显。问题不在于君主不想让宗族一己之力掌控大局,妥帖地捍卫国家权力,严禁他人染指,而在于真正能把事情搞定的人可能有各种出身背景,"孝明帝(516—528 年在位)时,清河王元怿以官人失序,上表曰:孝文帝制:出身之人,本以门品高下有恒,若准资荫,自公卿令仆之子,甲乙丙丁之族,上则散骑秘著,下逮御史长兼,皆条列昭然,文无亏没。自此,或非三事(地方行政、选举、司法长官即常伯、常任、准人)之子,解褐公府正佐;地非甲乙之类,而得上宰行僚。自兹以降,亦多乖舛。"《通典·卷十六·选举四》P203。孝文帝逝世到孝明帝即位不过二十年,官员起家与升迁规则就发生颠覆性变化,清河王怿深感痛心"所以州置中正之官,清定门胄,品藻高低,四海画一。……今之所指,多非其人,乞明为敕制,使官人选才,备依先旨……。"灵太后诏依表施行,然终不能用。九品中正制是讲究门第的选举制度。清河王对这个制度的幻想十分朦胧,他没有提到前代在实施九品中正制中出现的问题,爱慕他的灵太后投其所好,不分青红皂白地全部接受并实施,但效果并不好。

既要选出最卓越的人,又要设定前提条件,这当然是困难的事,基本当不能实现。按照一个人出身姓氏、门第、血统决定其社会地位,一个身处社会顶端者很自然地会这样思考,他必须关照自己的家族和最亲近的人,好让自己在有需要时有可靠的帮手。其次,因为一切都是按事先规划发展,事事都可自己掌控,这是一个君王的基本之需。但是人的绝大部分能力是习得的,有人可能在极其困难的环境中掌握独门技艺,比如张仪、苏秦、商鞅、孙子等,成为决定性的力量。九品中正制没有借鉴已有的经验,忽略了一个重要的群体存在,他们是天赋异禀,学有专精、矢志不移或勇不可当的人,没有他们的参与,社会将在动荡中迷失。正因为没有考虑这个要素,中正制在一个虚拟的政治环境中运行,尽管有筛选的机制,却以出身为优先,由于出身高贵与做对事没有必然联系因此它的命运蹇滞,生命虽不断促,负面的作用居多。

3. 官方语言

将汉语定为全国通用语言倒是经过廷议,此时高祖已经建立自己的威信,估计反对者有限"高祖引见朝臣,诏之曰:"卿等欲令魏齐美于殷周。为令汉、晋独擅于上代?"献文帝次子也是高祖的弟弟咸阳王元禧曰:"陛下圣明御运,实愿迈迹前王。高祖曰:若然,将以何事致之? 为欲修身改事,为欲染前事。禧对曰:宜应改旧,以成日新之美。高祖曰:为欲止在一身,为欲传之子孙? 禧对曰:既卜世灵长,愿欲传之来叶。高祖曰:若然,必须改作,卿等当各从之,不得违也。禧对曰:上命下从,如风靡草。高祖曰:自上古以来及诸经籍,焉有不先正名,而得行礼乎？今欲断诸北语,一从正音,年三十以上,习性已久,容或不可卒革;三十以下,见在朝廷之人,语音不听仍旧。若有故为,当降爵黜官。各宜深戒。如此渐习,风华可新。若仍旧俗,恐数世之后,伊洛之下,复成被发之人。王公卿士,咸以然不？禧对曰：实如圣旨,宜应改易。高祖曰：朕尝与李冲此,冲言,四方之言,竟知谁是？帝者言之,即为正矣。何必改旧从新？冲之此言,应合死罪。乃谓冲曰："卿实负社稷,合令御史牵下。"冲免冠陈谢。《魏书·卷二十一上·献文六王传》P63。从高祖对持有异议的李冲的态度对在场的所有人都会有震慑作用,虽然是让群臣讨论,实际上是要让别人无条件接受。自己的母语丧失功能是重大的事件,孝文帝希望自己因为改革而变得优越让其后裔始终处于顶端位置,实际上这相当于慢性自杀,一个种族丧失了自己的语言无疑是丧失自己文明基础,不会再有自己本民族独特的文学艺术,自己的历史将会因为越只有越来越少的本族人能够阅读而被遗忘。

拓跋人统治阶层虽然决意放弃自己语言与传统,但拓跋族社会的行为方式以合乎时宜的方式在延续,"宇文福,河南洛阳人,其先南单于之远属,世为擁部大人。福太和初拜羽林郎,太和十七年,敕福检行牧马之所,福规石济以西,河内以东,拒黄河南北千里为牧地,事寻施行,今马场是也。及从代移,杂畜于牧所,福善于将养,并无损耗。《魏书·卷四十四·宇文福传》P116。有些习俗伴陪终生。北魏景穆皇帝拓跋晃玄孙元晖,孝静帝时"晖以时运渐谢,不复图全,唯事饮啗,一日一羊,三日一犊。《北齐书·卷二十八·元晖业传》P42。这样大量食肉的习俗是游牧社会的标志之一。

汉化诸项目没有像均田制那样稳步地推行,而是充满激情,有些项目比较突然的开始。由于这一切在元宏心中都是迈向文明,必定给族人和国家带来福祉,因此他是不惜代价的,为此他经常处于与反对变革朝臣激烈争辩乃至阴谋中亦泰然自若,坚决反对汉化的皇太子,他公开的理由包括故土难离以及自己身体肥胖,害怕南方的暑热等,被孝文帝下令处决,他并不在意其制度变迁过程日后被描绘为强制性变迁,主要的汉化措施包括六项：1. 禁胡语(讲汉语)、2. 易胡服(穿中原服饰)、3. 改籍贯(以现居住地为籍贯)、4. 定姓族。根据现任职务高低冠姓氏,规定汉、拓跋两族十二姓为特权阶层,确立门阀,这是一项令一些人狂喜,更多的人感觉很坏的改革。5. 通婚姻(鼓励种族间通婚),通婚的要旨除了种族融合。甲族与寒庶门第之分已有历史,两者之间区别明显,婚姻门第的对称事关重大,东晋安帝隆安二年(398年)"杨佺期自以先汉太尉杨震至父杨亮,九世以才德著名,矜其门地,谓江左莫及。有以比王珣者,佺期犹恚恨。而时流以其晚过江,婚宦失类。(其父亮及伜期皆以武力为官,又与伧荒即当地家族为婚,故云失类)《资治通鉴·卷110·晋纪33》P739。现状虽然偏离了设置门第的预期,却不是孝文所急于改变,孝文帝完好地保留了门阀之间戒备森严的婚姻惯例。6. 修改制度。指的是政治、司法、礼仪制度。他利用南方知识分子王肃实施立法。(王肃464—501年。因其父为齐武帝杀,永明十一年(493年)从南齐奔北魏,受孝文帝器重,变胡风国俗为魏晋典章。)7. 改姓氏,改为汉姓。改变姓氏条款让一些比较次要、没有资格改姓元家族成员,选择了汉族中最常见的大姓等。在魏、北周、隋均担任公职的周摇,祖先与北魏同源,拓跋族。初为普乃氏,及居洛阳,改姓周氏;北周闵帝赐其姓车非氏,到隋文帝时,回到周氏。象周摇这种情况融入就已经相当深,移民与通婚足以改变他们的血缘成份生活习惯,返回拓跋族的几率越来越小。《隋书·卷55·周摇传》P165。元宏改革坚决,措施有力,尽管没有立即弥合草原游牧文明到内地农耕文明之间的巨大差异,却以其胆魄和远见卓识昭示国人,融入一种新文化不一定立即失去特性,对君权也有好处。改革是着眼于未来,极具力度。政治、经济上的影响深远,相对当时的南方而言,北方治理更有条理,北方的经济在大步向前,洛阳成为隋、唐两代君主们向往的地方。

客观分析,只有学习汉语,改定籍贯,接受汉政治制度三条是融入中原文化圈生活所必须的,但是大权在握的孝文帝当时考虑得最多的是形似。拓跋族为何要汉化,是出于自卑避免中原人辨认后文化歧视? 还是对异族文化的盲目向往? 或者是政治战略还是身不由己? 是什么原因帮助他们形成了类似“完成军事征服后,以当地人的方式管理他们”这样一个信念? 产生影响深远的伟大转折? 同样,孝文帝支持变革的精神动力何在难以确认,“诸禁忌襄厌之方,非典籍所载者,一皆除罢。好读书,手不释卷,五经之义,览之便讲,学不师受,探其精奥,史传百家无不该涉。善谈庄老,尤精释义。才藻富赡,好为文章,诗赋铭颂,任兴而作。有大文笔,马上口授,及其成也,不改一字。自太和十年以后,诏册皆帝文也,自余文章,百有余篇,爱奇好士,情如饥渴;待纳朝贤,随才轻重。常寄以布素之意,悠然玄迈,不以世务婴心。”他武艺出众,十岁时猎狩时,箭矢所指皆应弦而倒,但十五岁后就不复杀生。《北史·卷四·北孝文帝纪》P18、《魏书·卷七下·高祖纪》P26。太和二十一年(497年)七月,帝亲为群臣讲《礼记·丧服》于清徽堂。”以上都可以视作孝文帝本人汉文化水平的一个标志,他为人君的作风和愿望,不能一定来自汉文化熏陶,但已经恰当地以汉文化方式表达出来,二十三年,“世宗尊高祖遗诏,高祖三夫人以下悉归家。”《魏书·卷八·世宗纪》

P26。诏书下令后宫内的王后，三位夫人，以下包括九嫔、二十一世妇，八十一御女，无论其当时是否足数，这些后妃都予以遣散，循旧例这些人不可能享受到普通家庭的生活。孝文帝"每言人君患于不均，不能推诚御物，苟能均诚？胡越之人，亦可亲如兄弟。《魏书·卷七下·高祖纪》P26。曾要求史官准确、实事求是地记载国君好恶，而这正是中原国家的一个传统，两个种族，两种文化在孝文帝身上正融为一体。博览群书不是政治追求的充足理由，破除迷信倒是与他不盲从，不因循守旧的做法有联系，他希望成为一种伟大文化中的一个环节。太和二十年（496年）五月，遣使以太牢祭汉光武、明及章三帝陵，又诏汉魏晋诸帝陵各方百步，不得樵苏践籍。二十一年二月，以太牢祭唐尧。四月，又分别以太牢祭夏禹、虞舜。《北史·卷三·孝文帝纪》P17。这样做的目的是确认自己已经进入并根植于这个传统体系，另外，有文化有抱负的年轻人建功立业的思想也应该有正面作用。与过去引入新文化新技术者的遭遇相比，孝文帝变革是不顾一切的。

孝文帝的改革不是苦思冥想的结果，他具有过人天赋，专注于胜利，但他的政治文化改革不是他唯一的灵感，"高祖自邺还京，泛舟洪池，乃从容谓冲曰：朕欲从此地通洛，南伐之日，何容不从此入洛，从洛入河，从河入汴从汴入清，以至于淮。"《魏书·卷五十三·李冲传》P138。

高祖从邺城还京后，一次在洪池泛舟时，他语速平缓地对李冲说：我想在这里开挖直通洛阳的水渠，开始南伐时，就可以从这里进入洛阳，从洛阳进入汴河，从汴河进入清河，一直通到淮河。这样将士下船即可战斗，如同在家门口作战一样节省力气。君臣二人当时似乎一拍即合。高祖还估算了人工，一日需要二万人，六十日即可完工。从河入汴是将黄河与淮河沟通，这是吴王夫差邗沟以来新的大运河设想，相当于后来隋大运河中段计划的一部分。以这个计划比照北魏系统的社会变革，实在都是既必要又隽永。

第三节　始终一知半解乃至完全不懂的事

一、北魏——北周法律与其他王朝法的比较

1. 北魏的民商和刑法成就

北魏的法律并不例外，为夯实和扩大皇帝的权力存在与发展。

北魏早期，北魏太祖拓跋珪于天兴元年（398年），令三公郎中王德定律令、

申科禁。历世祖、高宗、高祖至世宗。大致为398—516年近一百二十年。北魏皇帝多次下令召集大臣、学者如崔浩、高允参与讨论、编撰新法,之间有过五次重大的立法活动,密度是前代所没有过。太武帝正平元年(451年)诏:刑网太密,犯者更众,于是改定律制。《魏书·卷111·刑法志》P321。孝文帝十分重视立法,亲自参加修订律法。"高祖虽自下笔,无不访决焉。"《魏书·卷41·李冲》,公元495年即太和十九年,时值颁布均田制十年,均田制自485年出台以来国家人口居住与经济运作模式已经渐渐稳定下来,太常博士常景等最后撰定《北魏律》共二十篇。其中十五篇可考:1.刑名。2.法例。3.宫卫。4.违制。5.户律。6.厩牧。7.擅兴。8.贼律。9.盗律。10.斗律。11.系讯。12.诈伪。13.杂律。14.捕亡。15断狱。参见《九朝律考·卷十五、六》。它是一个集体研究的成果,频繁的立法活动不一定立即普及法律知识,但是法律技术上的点滴进步有助与人民对法律精神的把握。《魏书·卷111·刑罚志》P321,《魏书·卷82·常景传》P208。

1. 北魏和南方的陈国规定有"官当"制度。世祖(太武帝)"王官阶九品得以官爵除刑。《魏书·卷111·刑罚志》P321。

2. 北魏时规定死刑必须报请皇帝批准,太武帝时,"当死者部案闻奏。……惧监官不能平,狱成,皆呈帝亲临问。……诸州国之大辟,皆先谳报乃施行。"《魏书·卷111·刑罚志》P321[2中]。

3. 北魏时,基本形成鞭、杖、徒、流、死五刑,死刑只分为斩、绞两等。为隋笞、杖、徒、流、死五刑制建立奠定了基础。

4. 汉文帝废肉刑,宫刑亦于同时废止,但旋又恢复。魏晋和南朝法律都无宫刑,北魏和东魏则有腐刑记载,太武帝诏崔浩定律令,"大逆不道腰斩,诛其同籍,年十四以下腐刑(即十四以下可免一死),而以女子没县官。《魏书·刑罚志》P321。西魏大统十三年二月,(547年)诏:自今宫刑者,直没官,勿刑。《北史·卷5·西魏文帝纪》P223。北齐后主天统五年(569),诏:为宫刑者,普免刑为官口。《北齐书·卷8·后主纪》P12。至此才真正结束了宫刑历史。

5. 魏延兴四年(474年),自非大逆干纪者罪止其身,罢门房之诛。《魏书·卷111·刑罚志》P321。太和五年(481)修律毕,凡八百三十二章,门房之诛十有六。太和十一年(487)诏:前命公卿论定刑典,而门房之诛犹在。律策违失周书父子异罪。推故求情,意甚无可取,更议之,删除繁酷。《魏书·刑罚志》。门(一门)房(一房)之诛由此从法典上剔除。

6. 世祖(太武帝)定制,妇人当刑而孕,产后百日乃决。《魏书·卷111·刑罚志》P321。《九朝律考》永平元年（508），孝文帝子、京兆王、冀州刺史元愉，在冀州谋反称帝，其宠妾李氏被封为皇后，愉寻被擒，李氏被叛死刑。同年秋行刑前，中书令崔光考虑李氏怀有身孕，请求等其分娩之后在再行刑，得到世宗（宣武帝）同意。《魏书·卷55·崔光传》P383。永平二年（509）冬十一月，诏禁屠杀含孕，以为永制。《魏书·卷8·世宗纪》P26。

7. 科：通常作为附属法。北魏始以格代科，将律无正文者编为《别条权格》与律并行。

从辞讼以言语约束，刻契纪事，无图圄考讯之法，诸犯罪者皆临时决遣的游牧种族司法习惯，到慢慢靠近以稳定的司法制度处理相关事务，这符合定居和经济收入稳定后的自然变化。

二、北齐、北周时期的法律比较

1. 北齐

格是北魏末年出现的一种法律形式，源自魏晋时的"科"。科同课，指对犯人处以刑罚，是汉代的刑事法规（律、令、科、品式）之一，是刑律的附属法，所谓附定于律。亦称"事条"、"科条"。梁科有三十卷，蔡法度所删定。太昌元年（公元532年）五月，北魏孝武曾下诏令执事官四品以上，集于都省，议定条格。与之比较，东魏以格（《麟趾格》）代科，《麟趾格》名称来源于地址，东魏孝静帝天平年间，诏高澄与封述在麟趾阁议定新格，于兴和三年（公元541年）编成，同年颁行天下，从此以》出名。值得注意的是，东魏制定《麟趾格》北齐沿袭魏制立格，北齐高洋下令李浑等修订《麟趾格》。562年，河清元年，北齐平秦王高归彦谋反，"需有约罪，律无正条，于是遂有别条权格，与律并行。"《隋书·卷25·刑法志》P93，《北齐书·卷7·武成帝纪》P11。格变为独立的法典，此格是刑事法规，其效力高于律。而在隋唐以后，格主要是作为行政法规。隋即援用格规范行政、户婚制度，杨坚"：以刀笔吏类多小人，年久长奸，势使然也。又以风俗陵迟，妇人无节，于是立格，规定"州县佐史，三年而代之，九品妻无得再醮。《隋书·卷41·刘炫传》。这里的格就涉及了行政法、婚姻法。房玄龄删定十八卷本《贞观格》约七百余条，这个版本受到李唐历代君主重视，而"格"也作为一种重要的法典形式为历朝所沿用，但是并不是所有以格出现的法都属于行政法规或者补充法，元朝的《至元新格》就是国家最重要的法典，而《通制条格》则是元英宗时颁布的法律汇编《大元通制》的一部分，其中涉及到户令、学令、仪制、衣服、禄令、仓库、厩牧、赋役、关市、医药、赏令、假宁、田令、选举、捕亡、军防、杂令、僧道、营缮等，涉及法律门类相当多,其中不少相似内容在大宋法典《宋刑统》的三十卷五百零二条中可以找到。

《北齐律》总体有所简化,北齐代东魏之初,仍沿用《麟趾格》,至天保元年,(公元550年)诏命群臣议定新律,其间反复讨论修订,历时十四年。于武成帝河清三年(公元564年)由尚书(534—569,高欢侄。)高叡等撰成,分:1. 名例律、2. 禁卫律、3. 户婚律(一作婚户律)、4. 擅兴律、5. 违制律、6. 诈伪律、7. 斗讼律、8. 贼盗律(一作盗贼)、9. 捕断律、10. 毁损律、11. 厩牧律、12. 杂律。十二篇,共949条。(与唐制12篇对比:1. 名例、2. 卫禁、3. 职制、4. 户婚、5. 厩库、6. 擅兴、7. 贼盗、8. 斗讼、9. 诈伪、10. 杂律、11. 捕亡、12. 断狱。)

北齐律的特点:

(1)进一步修正了以往法典的体例将《刑名》《法例》合并为《名例律》,冠于篇首,具有定罪制、正刑量、举纲目、立原则的重要意义,从改革《法经》的《具律》到确立《名例律》,北齐完成了封建法典总则的工作。

(2)将《宫卫》改为《禁卫律》将原来的皇宫保护扩及关禁,增加了《违制律》完善了有关吏治的法律规定。

(3)确立重罪十条:即1. 反逆。2. 大逆。3. 叛。4. 降。5. 恶逆。6. 不道。7. 不敬。8. 不孝。9. 不义。10. 内乱。虽然这些规定在秦汉以来已经入律,但《北齐律》率先将其作为重罪合并为一篇之内,其后演变为"十恶"。(与唐十恶对比:1谋反、2谋大逆、3谋叛、4恶逆、5不道、6大不敬、7不孝、8不睦、9不义、10内乱。)去降条加不睦条。只作了细微的修改。此外,北齐还有令五十卷,取尚书二十八曹为其篇名,此外还有"权令"和格与律并行,唐代律、令、格、式并行,盖沿齐制。《九朝律考·卷6·北齐律考》P407。北齐将廷尉改称大理寺卿,设大理寺,为专门的审核刑案的官署,是最高司法审判机构。世长律学的渤海封氏家族封述、封隆之、封绘等分别参加了《北齐律》、《麟趾格》的编制审定,对实现其"法令明审,科条简要"《隋书·卷25·刑法志》P93。有很好的贡献,《北齐律》深刻影响隋成文法的制定。北齐为何会出现一部良法,而无须伟大完美的君主?只求遇到杰出的人材、国家政权有短暂的热情,这是必要但非充分条件。在南朝,宋、齐、梁均有过法律修纂活动,也出现过像蔡法度这样的法律家,还有一些对立法抱有不切实际幻想的君主,但多无创见,对后世影响不大。

检视北魏法律编撰活动,北魏法律具有更新的特点,也有守旧的特点,传统与变革的反复冲击中带来强烈的新旧对比。北魏刑法的重要的第一步,是定性费羊皮的行为是盗还是掠?然后根据相关刑律判刑。北魏的法律在制度变革中没有形成技术上的帮助，均田制是重要的制度，没有在法律保护上跟进，文明太后和孝文帝两位自上而下强力推进的社会政治经济变革均遭遇可行性的挑战，但是附属于皇权的法律产生了威慑性的效果，制度基本得以一一到位。

三、北魏的经济智商

冯太后和孝文帝的社会制度变革对拓跋人口乃至整个中华文明核心地带都是重大事件，对操拓跋本族语言的人而言变革的幅度巨大，从一种完全不同的生产方式整体转换，需要时日，涉及太多的方面。最为积极的改革者即使有激情，有坚毅的精神，在理解中原文化本身理解不够透彻的问题上，也不会出现超越。社会变革之路，不是强有力的意志就可以纵横天下，一切问题都迎刃而解。拓跋人的领袖眼中的汉文化社会几乎没有重大缺陷，相当完美，但其中的一些痼疾有目共睹，汉文化社会早有共识，囿于各种原因，这些弊端已经见怪不怪，甚至成为合理的存在，长期危害汉族社会的发展却一直也没有得到解决。

1. 铸币与伪币——周围的坏人与坏币

社会稳定与农业为主的产品增收也凸现当时工商及流通政策已不能满足发展之需，杨衒之《洛阳伽蓝记》（约成书于547年，时值西魏大统十三年。）反映了北魏生活的另一面，国家出现了一个高消费群，同姓王、朝中大臣等个人生活方式显示其具有雄厚的个人经济实力，京都洛阳规模惊人，城内划行归市，商业发达，普通市民经商蔚然成风。不过，货币政策落后于实际需求，孝文太和之前并不使用货币，太和五铢、永平五铢（宣武帝永平三年，公元510年）永安五铢（庄帝永安二年，公元529年）陆续出现，并没有一个完善、严谨生产管理计划。官民并铸，从货币质量来看，北魏时代的货币均差强人意，并无精良之作。为何一个可以建筑大量美仑美幻庙宇的国家，造不出优质货币？究其原因，不在于技术而在于认识，国家没有意识到货币的意义，对货币的铸造与流通中的管控都相当情绪化，这会制约商业贸易的发展。"魏初至太和（太和元年时值公元477年），钱、货无所周流。"在于商业流通中并不使用货币，一律以实物作为价值标准，一篇国家物资调运中陆路与水路运输的成本评估报告对此有明确的表述："自徐、扬（献文帝天安元年（466年），宋徐州刺史薛安都以彭城内属）内附之后，乃经略江淮，于是转运中州，以实边镇。百姓疲于道路，乃令番戍之兵营起屯田，又收内郡兵资与民和籴，积为边备。有司又请于水运之次，随便置仓，乃于小平右门、白马津、漳涯、黑水、陈郡、济州、陈郡、大梁，凡八所，各立邸阁，每军国有须，应机漕引，自此费役微省。三门都将薛钦上言，计京西水次汾、华二州，恒农、河北、河东、正平、平阳五郡年常绵、绢及贽麻皆折公物,雇车牛送京,道险人敝,费公损私,略计华州一车,官酬绢八匹三丈九尺。别有私民雇价,布六十匹。(官民价比为1：6.6)。河东一车,官酬绢五匹二丈,别有私民雇,布价五十匹。(1：9)自余州郡,虽未练多少,推之远近,应不减此。今求车取雇,绢三匹。市材造船,不劳采斫,计船一艘举十三车,车取三匹,合有三十九匹,雇作手并匠及船上杂具食直,足以成船。计一船剩绢七十八匹,布七百八十匹。又租车一乘,官格四十斛成载,私民雇价远者五斗,布一匹;近者一石,布一匹。准其私费,一车布,远者八十匹,近者四十匹。造船一艘,计举七百石,准其雇价,应有一千四百匹。今取布三百匹造船一艘,并船上覆治杂事,计一船有剩布一千一百。又其造船之处,借需锯材人功,并削船茹,依功多少,即给当州郡门兵,不假更召。汾州有租调之处,去汾不过百里,华州去河不满六十,并令计程,依旧酬价,车送船所。船之所运,唯达雷陂,其陆路至仓库,调一车雇绢一匹;租一车布五匹,则于公私为便。”《魏书·卷一百一十·食货志》P319。尽管商业交易普遍存在,承担运输业务的不是公办机构而是私营,不是强行征调而是甲乙双方的合法买卖,费用一概使用实物:织物、粮食。通篇没有提及货币,没有因为不方便的任何抱怨,可见当时已普遍沿袭并适应这种交易模式,官方在商业等支付方式上仍缺乏追求,至于绢布的质量,幅度是否足数,大额实物报酬来回转运的损耗,官方出价是否合理,均不在话下,因此引发的商业与劳务纠纷需要当事者自行消化。货币在流通中作用的严重缺失是在本国金融管理由来已久的问题,监管制造部门与工艺技术均不稳定,原料也得不到保证,魏孝文帝时下诏提倡使用货币,太和十九年(496年)“冶铸粗备,文曰太和五铢。诏京师及诸州皆通行之。内外百官俸禄一律准绢给钱,一匹绢法定价值二百钱。在所遣钱工备炉冶,民有欲铸听就铸之,但要求“铜必精炼,无所和杂。”也应该是与官方铸币标准款式相仿,但是明显将一个涉及高技术、行政管理、法律保护、铸币准入机制、民间普及教育等复杂的问题简单化。新货币成为标准在全国流通,“太和之钱,高祖留心创制,后与五铢并行,此乃不刊之式。”《魏书·卷一百一十·食货志》P320。国家铸币当局以其掌握金属铜等资源加工为货币,币面值与实际价值大致相等,或略低于实际价值,铜金属本身的价值以及国家规定这些货币为“法定货币”的措施,保证货币被接受和它的流通、使用价值,发行方还规定一匹绢也就是四丈,相当于二百钱,比如面值当十的钱二十枚可以换一匹绢。可能由于官方手中掌握的铜原料不足,同时又容许民间自行铸造货币,这是一个错误,因为精铜价位高,私人为降低成本谋取最大利润,必然降低质量优先使用劣质替代品制造货币,使货币的质量和份量得不到保证,直接降低了币值及其信誉。严重后果很快就凸显出来,熙平元年(516年),肃宗元诩(孝明帝)即位后,"京师及诸州镇或铸或否,或有止用古钱,不行新铸,致商货不通,贸迁颇隔。"结果是官方和民间造币都遭到市场抵制,而且受国家权力管辖范围及货币本身购买力等所限,法定货币在政权边缘地带和与外地通商经常不被认可,于是国家面临禁用还是选用的选择,熙平初(起516年),尚书令任城王澄上言:臣窃闻之,君子行礼,不求变俗,因其所宜,顺而致用。太和五铢,虽利于京邑制肆,而不入徐、扬之市。……去永平三年(510年),都座奏断天下用钱不依准式者,时被敕云:不行之钱,虽有常禁,其先用之处,权可听行,至年末悉令断之。"延昌二年(513年),徐州地区严重歉收,"刺史启奏:求行土钱。旨听权依旧用,谨寻不行之钱,律有明示式,指谓鹅眼、环凿,更无余禁。……自古以来,钱品不一,累代易变无常,且钱之为名,欲泉流不已。愚意谓今之太和与新铸五铢及诸古钱,方俗所便用者,虽有大小之异,并得通行,贵贱之差自依乡价,庶货环海内,公私无壅。其不行之钱及盗铸毁大为小,巧伪不如法者,据律罪之。宣武帝部分接受了他的建议,下诏:钱行已久,今东尚有事,且依旧用。元澄随即还比较了钱与布帛、谷物在流通中的优劣"布帛不可尺寸而裂,五谷则有负担之难。钱之为用,贯绳相属,不假斗斛之器,不劳秤尺之平,济世之宜,谓为深允。请并下诸方州镇,其太和及新铸五铢并古钱,内外全好者,不限大小悉听之;鸡眼镮凿,依律而禁。使用新币,同时也没有立即替换旧钱的设想,而是选择合格的品种。他还谈到了对钱品种的规范加强钱的管理打击伪币制造使用者,《魏书·卷一百一十·食货志》P320。发生在465年,即文成帝拓跋濬和平六年的一次灾难性的通货膨胀他们或许早有所闻并印象深刻。元宏以后,魏国面临的金融困境不是孤立的例子,南方国家出现的金融危机主要也是币制混乱引起。

2. 国家无序管理——境外的坏人

北魏不是独出心裁,选择错误的道路,其实是整个大局如此。南朝刘宋王朝疯狂的皇帝刘子业永光元年(465年,北魏献文帝和平六年),沈庆之启通私铸,由是钱货乱改,一千钱长不盈三寸,大小称此,谓之鹅眼钱;劣于此者,谓之綖环钱。入水不沉,随手破碎。市井不复断数,十万钱不盈一掬,斗米万钱,商货不行。萧衍的梁国虽称国家,号令却不一,因地方不同,有分别以七十、八十、九十为一佰者。535年,天子乃诏通用足佰,诏下而人不从,钱佰益少,至于末年,遂以三十五为佰。《通典·卷九·食货九》P101。

萧梁普通元年(公元520年),即北魏孝明帝正光元年,"梁议尽罢铜钱,更铸铁钱,人以铁钱易得,并皆私铸。萧梁大同元年535年以后,私铸泛滥,质量杂驳,铜钱反而被废弃。结果通货急剧膨胀,人们交易中以车载铁钱,不复计数,而唯论贯。《通典·卷九·食货九》P101。后来这些钱的实用价值江河日下,通胀加剧,交易结算时发展到论车而不以贯论。

"魏初至太和,钱货无所周流,高祖始诏天下用钱焉,十九年,治铸粗备,文曰"太和五铢"诏京师及诸州镇皆行之,内外百官禄准绢给钱,绢匹为钱二百,在所遣钱工备炉冶。民有欲铸,听就铸之,铜必精炼,无所和杂。世宗永平三年(510年)冬,又铸五铢钱,肃宗初,京师及诸镇或铸或否,或止用古钱,不行新铸,致商货不通,贸迁颇隔。……建义(孝庄帝建义元年为528年)初,重盗铸之禁,开纠赏之格,至永安二年(孝庄帝永安二年为公元529年,孝庄帝永熙三年即534年,这是北魏最后的年号,接下来的是西魏大统元年535年)秋,诏更改铸,文曰"永安五铢",官自立炉,起自九月至三年正月而止,官欲贵钱,乃出藏绢,分遣使人于二市赏之,绢匹止钱二百,而私市者犹三百,利之所在,盗铸弥众,巧伪既多,轻重非一,四方州镇,用各不同。《魏书·卷一百一十·食货志》P318。为什么国家的货币在地下交易中严重贬值? 一是国家信誉已经相当差,二是铸币质量不稳定,没有建立有公信力的货币兑换与货与币的交易市场,即使有范围也非常小。三是铸币技术含量低,容易仿制。监管不力,没有及时打击伪币。

孝庄帝时(528—529年在位)大量出现私铸在于可望有丰厚的回报,"于时用钱稍薄,御史中尉、给事黄门侍郎高道穆(名恭之,字道穆)上表:"四民之业,钱货为本,救弊改铸,王政所先。自顷以私铸薄滥,官司纠绳,挂网非一。在市铜价,八十文得铜一斤,私造薄钱,斤余二百,既市之以深利,又随之以重刑,惧罪者虽多,奸铸者弥众。今钱徒有五铢之文,而无二铢之实薄甚榆荚,上贯便破,置之水上,殆欲不沉。此乃因循有渐,科防不切,朝廷之,彼复何罪? ……。论今据古,宜改铸大钱,文载年号,以记其始。则一斤所成止七十六文。"后遂用杨侃计,铸永安五铢钱。《魏书·卷七十七·高崇传附高恭之传》P199。

高谦之在灵太后时得到国子博士任命,"于时朝议铸钱,以谦之为铸钱都将长史,谦之上表求铸三铢钱。……诏将从之,事未就,会卒。《魏书·卷七十七·高崇传附高谦之传》P199。

由于容许私铸的灾难性货币政策,以及对私铸质量控制不力,货币的公信力十分低下,通货供给严重滞后导致国民税负不断向上攀升。交易缺乏中介物,引起的连锁反应是交易中过分依赖不可信任的度量衡器。《通典·卷九·食货九》P101。通货膨胀不可避免。这可以在其他物品交易中得到证实"旧制,民间所制绢布皆幅广二尺二寸,长四十尺为一匹,六十尺为一端。后来尺寸趋于混乱,孝文帝延兴三年(473 年)更立严制,一准前式,违者罪各有差,有司不查与同罪。《魏书·卷一百一十·食货志》P319。这是一个与土地改革密切相关的问题,孝文帝时代是否得到贯彻很可疑,太和十九年六月下诏,改长尺大斗,依周礼制度,班之天下。周尺 19.11 厘米。与新莽尺 23.04 比较有 3.93 厘米的区别,不是使用最广泛的度量标准,而度量衡遭破坏是当时的普遍情况,因为高欢主政东魏时,专门作出四十尺一匹的官方决定,无疑是在纠正什么。后来变得失控,孝明帝时,张普惠上书说:孝文帝废大斗,去长尺,改重枰,所以爱百姓,从薄赋。知军国须绵麻之用,故立幅度之规。……自兹以降,渐渐长阔,百姓怨嗟闻于朝野。《通典·卷 5·食货五》P51。皇帝对此意见如何措施怎样并无下文。由于货币一开始就走入困局,对矿产资源的依赖越来越严重,加紧勘探、发现新的资源是国家的当务之急,宣武帝延昌三年(514)春,有司奏长安骊山发现银矿;其年秋,恒州又上言白登山有银矿;孝明帝熙平二年(517)冬,尚书崔亮奏恒农郡铜青谷有铜矿。《魏书·卷一百一十·食货志》P320。以上对这些发现的合理运用比发现更为困难,金属货币数据短缺和低水平造币技术妨碍了货币发行与流通,从而极大地降低了生产环节增产增收的意义。不过,在低生产力水平下,如果没有强烈的增产、增收、资本积累的欲望,实物经济模式加上贵金属参与流通,勉强可以弥补铸币不足,在当时社会经济规模下,产生正确的货币思想的条件尚不成熟。

　　货币信誉低和过度征发,引发了连串的后果,灵太后及其宠臣们若能够解决其中一个项,很多问题都可以化解,比如如果货币供应得到保障,人民就可以利用货币折算每年的赋税,免去运输、储存以及上缴实物时货物的质量成色被人为压低以及称量中出现份量欠缺等问题。可以为此责备他们没有创新的动力,没有信心,没有勇气以及没有解决问题的智力,其实最为直接的问题是他们缺乏铜材,缺乏防伪技术,缺乏必要的社会信誉,因此他们面临有关支付问题时,他们只能面面相觑,望而却步。均田制的初衷在北魏时代被严重扭曲,在于缺乏解决问题能力的人,这种人不是现成的,只有在最优秀的人才得到重用的机率非常高的前提下,持续、合理的竞争中才会出现。

3. 国家总体信誉危机

　　秦汉以来,度量衡在赋税中意义重大,西汉刘歆利用比较合理的方法制定出度量衡标准后,近五百余年相对稳定,出现最大变化在北魏。新莽时期一尺折合23.04 厘米。北魏 386 年的尺为 27.81 厘米(前尺)27.90。(中尺)北魏至西魏386—557 年 29.51 厘米(后尺)。

　　新莽时期一升合 191.83 毫升,魏、晋时期 202.3 毫升。北魏至北齐 386—

577 年已升至 396.3 毫升。容积比新莽时期增长一倍以上。唯一例外的是北魏时期的重量标准与新莽时期保持稳定。衡器如果加宽计量刻度,赋值没有相应调整,等于降低产量,或者提高税率。吴承洛《中国度量衡史》1957 年修订本第一版。

在南方,度量衡的使用比较有序,滥用则见于整个北方和北魏时期,东魏孝静帝天平三年(536 年)时诸州调绢不依旧式,齐献武王(高欢)以其害民,兴和三年(541)冬,请颁海内悉以四十尺为度,天下利焉。《魏书·卷 110·食货志》P320[1]。南北双方国家规模相仿,主要出现在北方的度量衡问题究其可能大原因,是游牧经济结构体系人口成为国家上层后,由长年迁徙改为定居,生活结构与需求均要随之变化,南方的社会上层往往为世家大族,具有代代积累的“老钱”,经济实力雄厚,维护现存的经济秩序和稳定对他们最为有利,避免竭泽而渔成为共识。北方的占领者从相对原始的生活圈出来,培养公平等价交易的观点尚需时日,而原住民上层奢侈的生活方式又在败坏他们可能有过的朴实价值观,加上对商品经济规律缺乏常识,共同促成了不计后果的聚敛。孝文帝曾对度量衡问题有所约束,但为了他的整改方案得到实施,大局稳定,尤其是英年早逝,情况没得到控制。后任的皇帝们普遍不具有孝文的胸怀,不可能理解也就不会在意政改的成败,不是听之任之就是一筹莫展。更重要的是,他们都不可能完全意识到社会信誉对经济以及整个社会的影响。即使在强权的庇护下,经济行为仍然要服从经济规律,而不会一昧顺从个人意志。社会信誉的缺失比投入错误更危险,它使劳动价值丧失公平合理的衡量,不断地向人的心理承受力底线挑战,生产及创新精神遭到无度掠夺和压抑的最直接结果,就是使除了资源更需要效益来维持的任何社会组织、国家或者政府空心化。

4. 孝文帝改革后的国家状况

1) 北魏国家收支的基本项目对照:

岁入:1. 赋税。2. 自然资源开发。3. 国有土地所得(租金)4. 战争所得。4. 贸易。5. 技术革新。7. 罚没。

岁出:1. 一般行政开支与政府奖励。2. 俸禄支出。3. 战争费用。3. 皇室开销。4. 社会救济。5. 公共设施、物品的添加与维护。6. 非正常消耗。

从北魏孝文帝后期情况来看,国家收支项目都有增加,岁入增加卖官一项,岁出则增加宗教消费和奢侈品消费。在单项支付中,由于受支付标准不稳定的影响,因均田制激发的工作积极性被严重挫伤,国内贸易受错误的货币政策制约,物物交换为主的市场受缺乏中介物而引起的携带、储备、延期支付等诸多不便、不能而备受制约。没有或缺乏中介物,个人财产就无法量化。宗教狂热下的技术往往是软弱无力,昙花一现,少有作为,而且宗教越是趋向狂热,使更多人脱离社会创造性劳动,变成纯消费者,社会生产力自然就越会持续降低。

孝文帝改革运动的主导思想在北魏的后续君主心中并不具有一致性,515年2月胡充华为皇太妃,8月,尊皇太妃为皇太后。群臣奏请皇太后临朝称制,九月皇太后亲览万机。诏:高祖革礼成治,遗泽在民。世宗传承丕业,圣德昭远,……其有先朝旧事寝而不举,顷来便习,不依轨式者,便可疏闻,当加览裁。若益时利治,不拘常制者,自依别例。其明相申约,称朕意焉。《魏书·卷9·肃宗纪》P29。迈出温和地修改孝文制度的第一步,复辟第二步在517年迈开,时值孝明帝熙平二年,十月诏:北京根旧,帝业所基,南迁二纪,犹有留住,怀本乐故,未能自遣。若未迁者,悉可听其人停,安堵永业。门才术艺,自别征引,不在斯例。周之子孙,汉之列族,遍于海内,咸致蕃衍,岂拘南北千里而已哉。P29。容许自行选择居住地。其次,胡太后规定了标新立异的新赋税,孝明帝(510—528年)孝昌二年(526年)十一月,税京师田租亩五升,借赁公田者亩一升。闰月,税市人出入者各一钱,店舍为五等。

涉及人事改革的新制度存在设计缺陷,宣武帝正始二年(505年)四月诏,"八座可审议往代贡士之方,擢贤之体,必使才学并申,资望兼致。"这与高祖只重门资的人事观是有差异的,不过它基本上只是一种想法,随后出台的制度与此风马牛不相及。皇帝有最高人事权难免妨碍了人事制度应有的公平与合理性,延昌三年(514年)八月甲申,帝临朝堂,考百司而加黜陟。这不是一种能保证才学并申的办法,但既然它是现实的,出现类似的制度也就不足为奇。519年2月魏羽林、虎贲(从代地迁来的族人)对选格新法不满,此法规定武职人员不准参加文职官员的选拔,群起搔乱,政府迫于压力调整,但是吏部尚书崔亮牵头制定出的选举模式是"停年格"这样一个坏法,它以人的资历而不考虑能力作为陟黜标准,虽然随后也作出一些人事管理补充办法,例如,孝昌元年(525年)二月诏"劝善黜恶,经国茂典,其令每岁一终,郡守列令长,刺史列守相,以定考课,辩其能否。若有滥谬,以考功失衷论。《魏书·卷9·肃宗纪》P32。还是要辩别其能力的优劣。孝庄帝初,公元528年五月诏曰:自孝昌之季,法令昏泯,怀忠守素,横被疑异,名例无爽,枉见排抑,或选举不平,或赋役烦苛,诸如此者,不可具说。同上书P33。五月壬午,出台一个举贤措施,求德行、文艺、政事、强直者。县令、太守、刺史皆叙其志业,具以表闻。得三人以上者,县令、太守、刺史赏一阶;举其非人,亦黜一阶。又以旧叙军勋不过征虏,自今以后,宜依前式。以上余阶,积而为品。

其从舆驾北来之徒,不在此例,悉不听破品受阶,破阶请帛。《魏书·卷9·肃宗纪》P33。不久后即"以柱国大将军、太原王尔朱荣为天柱大将军"。如果这就是这项被君主寄予莫大希望的人事改革方案最直接后果,不失为对这个朝廷政治决策的一个讽刺,直到北魏终结,停年格仍在施行。

2)人口

就人口数量而论,出现大幅度增长,北魏明帝熙平年间(516—520年)有户五百万,纵向的比较,比西晋太康(晋武帝太康年间,公元280—289年,历十年)年间的全国人口2459840户多出一倍,比刘宋大明八年(464年)的户口906870余户则高出四倍多。但是这种情况持续不长,北魏孝庄帝元子攸永安间(528—530年)有3375368户,分裂后的北魏,北齐承光元年(577年)3032528户,北周大定元年(581年)3599604户,北周、北齐两地合计数又超出孝明帝诏熙平(516—517年)年间的数字百分之二十以上,显然,人口增加与社会变革具有内在的联系。

在此之前,国家没有规划长期性的赋税战略,或因政治原因降低了其经济价值,人口数流失现象严重,主要是逃避赋税和徭役,其他政权治下的情况与之类似。晋隆安三年(399年)十月,会稽世子元显性苛刻,生杀任意,发东土诸郡免奴为客者,号曰乐属,移置京师,以充兵役,东土嚣然,苦之。《资治通鉴·卷一百一十·晋纪三十三》P744。东晋安帝司马德宗元兴二年(403年),南燕主慕容德(336—约405年)平息慕容段达之乱后"优迁徙之民,使之长复不役,民缘此迭相荫冒,或百室合户,或千丁共室籍,以避课役。尚书韩缇请加隐核,德从之,使缇巡行郡县,得荫户五万八千。"《资治通鉴·卷一百一十三·晋纪三十五》P755。清算出的荫户可能只是冰山一角,但免减税负的政策还是吸引了大量人口,兵源有了保证,他的国家一度屡败魏师。公元403年,慕容德征集四十万大军准备进攻东晋,因他本人健康原因作罢。这里描述的虽然不是北魏的情况,却是均田制之前在任何地方都可能发生的问题。孝文帝延兴四年(473年),诏诸州郡之民十丁取一以充行,户收租十五石,以备军粮。《通典·卷五·食货五》P50。这种临时性的征收在均田制前是随机的,之后对人口数据掌握相对更为准确,租有所上调但基本固定下来。

国家因均田制局势相对稳定,人们为了生存越来越多地固着于土地,由于均田制的建立与需要而设计的减免分配计划扭转了人户因政策因素逃离统计有利的弊端,大量隐形人口得到合法的登记,人们为获得土地乐于公开身份。人口密度提高,人口的自然增长,和平年代婴儿相对高的出生率、高成活率乃至大量无节制的生育也是主要原因，而自由迁徙、战争也推动人口的集中度，例如，北魏宣武帝元恪正始二年（505 年，时值梁武帝天监四年）八月，萧衍的沔东太守田青喜率 7 个郡，31 县，10090 户内附。《魏书·卷八·世宗纪》P27。如此大面积的人口统一改变国籍导致北魏数据一次骤增。孝明帝正光（正光元年为 520 年）以前，时惟全盛，户口之数，比夫晋太康倍而余矣。晋武帝太康元年（280 年）2459800 户，16163863 口。《通典·卷 7·食货七》P74。显示北魏人口高峰时超出三千二百余万。

对人口形成长期稳定吸引力的还有人文因素，北魏寺庙林立，太和元年（公元 477 年），"京城（平城）内寺，新旧且百所，僧尼二千人，四方诸寺，六千四百七十八所，僧尼七万七千二百五十八人。《魏书·卷一百一十四·释老志》P338 宣武帝延昌（512—515 年）时的统计，全国州郡僧尼寺一万三千七百二十七所。《魏书·卷 114·释老志》P338。从 495 年迁洛到 534 年东魏京师迁邺，共四十年间，洛阳地区一度高度繁荣，从杨衒之的记载中，那里的寺庙不论是数量还是质量都得到了长足发展。

除比较固定的住寺僧尼外，兴盛的宗教自然强劲吸引邻国前来游学、朝拜的信众，其中可能有人不定期或永久在寺外租赁或自建住所。不过，北魏人口激增作为经济必然发展的核心标志是不可靠的，因为增加的不完全是从事生产的人口，不断填充寺院的人口就正在持续减少了社会劳动总量，降低社会总收益，而产能偏低，生产方式相对单一也会限制人口数增大的作用，孝明帝正光以后，尽管当时总人口呈下降趋势，由于当时京师之类的地方人口过于集中，授田不足是必然的，大量少土地和甚至无土地的人缺乏生存的基本条件，处于半就业和失业状态，由此而衍生社会问题，另外正光以后国家对均田制评估出现下调，501 年寿春的营户得免为民，参与授田，这些营户获得授田资格时孝文帝虽然已经辞世，但他的精神对政治的影响远未消退。而六镇户就没有营户们幸运，孝明帝正光四年（523 年），朝廷高官李崇（本身就是一个大土地所有者）呼吁赦免他们为平民，这一反映六镇户民迫切合理心声的建议则没有下文。

五世纪末的一场涉及国家几乎各个领域的巨变自然不能单从人口数量，货币使用率等指数准确加以衡量，孝文帝拿出的是一个一揽子改革方案，原本是作为纾缓原住民与移民之间经济与人际紧张关系的烈药，却酿就一场旷日持久、惊心动魄的变革，它是导致了本民族的发展？还是由于它实际有助于社会（普遍）制度的建立而必定导致本民族（个别）的衰落？这种因果关系不是必然成立的，需要从几个方面来看：

一、孝文帝的首要目的是管理数量越来越多，民族更复杂，文化背景迥然不同的人口，强行要求代地人口永久性的南迁，迁洛之民，死葬河南，不得迁于北。于是代人南迁者，悉为河南洛阳人。是为了至少在局部保证人口数量上一个保险基数，这对一居统治地位的种族是必要的。孝文帝还有附加措施：皇室改姓汉族姓氏，定为元氏，大量族人同时赐予高规格的门第等级，一方面他的族人从此可以代代天然地取得政治优势，另一方面也有助于立即融入新的环境文化，即在确认那些被征服的古老豪门特权同时又获得认同。

孝文帝延兴四年（474年）诏州郡人十丁取一以充行，户收租十五石，以备军粮。《通典·卷五·食货五》P50。军队编制中二十五人为一行，十丁取一与户收租十五石，均属临时制度，十五石远高于晋占田时期的4石，更高于之后的均田制规定的二石。太和二十年（496）十月，下令代迁之士，皆为羽林、虎贲。同居一地，司州之民待遇就有所不同，"十二夫调一吏，为四年更卒，岁开番假，以供公私力役。"《北史·卷3·北孝文帝纪》P14。更卒是轮流到官府服役的人，通常是在郡县一月服役一月后更换，现改为四年一期，按年给假，人员更为固定。更卒是一种力役，没有军人需求量那样大，所以执行12∶1的比率即可，适龄男丁与从军者之比约为10∶1。国家经济上以增加财政收入为出发点，太和九年公布的均田制是改革计划中经济部分主体，国家通过司法手段维护均田制的必要性，要国人相信，改变生产方式是不仅是真实的而且是有前途的。太和二十年（496年）五月诏："农惟政首，稷实民先，……令畿内严加课督，堕业者申以楚挞，力田者具以名闻。""二十年七月诏，……京民始业农桑为本，田稼多少课督不具以状闻。"《魏书·卷七下·高祖纪》P25。

另外，还废除了盐专卖，二十年十二月"开盐池之禁，与民共之。"《魏书·卷七下·高祖纪》P25。

二、改革的范围大、力度强，一开始就危及原有的利益各方，被改革的反对派视为一场自我否定的运动，首先否定自己的语言。太和十九年六月诏："不得以北俗之语言于朝廷，若有违者，免所居官。"同样，也不能着本民族特色服饰，一切均需另行添置。基本上一刀切的强制迁徙令也使原有的房屋、田地等不动产业拥有者资本、产权流失，国家显然没有拟定任何补偿方案，由于牧场荒芜，游牧涉猎的生活习惯被强迫改变，使得新生活适应起来更为困难。另外由于缺乏严格论证，使得部分改革合理性亦值得怀疑，结果一个充满活力，富有进取心的部族在一场有价值的改革几乎立即失控。皇太子元恂（483—497）与父亲的敌对至少有两点违法：1.借口害怕南方的高温天气。2.固执地喜爱本民族服饰，加上亲手杀死劝告者中庶子高道悦，负有命案。孝文帝认为国家利益比儿子的生命更为重要，于二十年十二月废黜太子，后将其处死，如果考虑他只是个十五岁的少年，这种处罚显得过于严厉，估计他是受到挑唆。公元500年继立的是孝文帝第二子，时年十八岁的元恪，元恪太和七年(483)生，母高夫人，汉族，他是后来的世宗宣武帝。这个看起来刻意的安排几乎有一个完全适得其反的结果，世宗信用的是内兄高肇，此人官至尚书令，"每事任己，本无学识，动违礼度，好改先朝旧制。《魏书·卷83下·外戚·高肇传》。世宗深受高氏影响，在位期间一直对其父政策执行不力，一生致力于修改前代规章。《魏书·卷七·高宗纪》P212。

除了公开的对抗外，还有软性的对抗，如果不是孝文帝充满激情，对自己推动的变革则保持了持续的清醒，监督执行，改革很可能难以为继。太和二十年，孝文帝甫从前线返回洛阳，就召集主要留守官员严予训斥，因为"昨望见妇女之服，仍为夹领小袖，我徂山东，虽不三年，既离寒暑，卿等何为而违前诏？《魏书·卷21上·咸阳王禧传》P63。太和二十三年，从外地返回洛阳的孝文帝召见任城王澄问：朕离京以来，旧俗少变不？对曰：圣化日新。帝曰：朕入城，见车上妇人犹戴帽着小袄，(即小襦袄，是一种短小的女式上衣，《魏书·卷十九·任城王传附澄传》载：妇女冠帽而着小襦袄者。)何谓曰新？对曰：著者少，不著者多。帝曰：任城王此何言也？必欲使满城尽着邪？大惊失色的元澄与留守官皆脱帽致歉。《资治通鉴·卷142·齐纪八》P994。大自然的反映似乎也不看好这场变革，从太和九年均田制颁布，到孝文帝逝世，官方有记载的地震共有十四次，接近平均一年一次。主要集中在并、秦、光、营、兖五州及京师地带，均有震感。其他水旱之灾也多有记载。太和十六年，孝文帝与沙门道登甚至在侍中省亲眼见到鬼，那阴魂设法化成人形，身着黄衫，逡巡侍中省门外，企图不明。好在当即被意气风发的孝文帝厉声斥退。《魏书·卷112·灵征志》P325。所有这些一定有坚锐对立的诠释，仅对这场变革的人会感到鼓舞，自己前后左右有多少人言行相诡、睥睨窥觎？帝当时承受的心理压力着实巨大。由于高祖始终对改革抱有信心，并密切关注其后果，严厉对待公务人员中的消极观望意识，终高祖之世，改革必然会引起的反弹并未能妨碍主要政改措施的推进。他如此在意这些琐碎之事，并不意味着他是一个完美主义者，对革命抱有不切实际的奢望。严峻的事实也申明，文化替换一般不容易全方位看到立竿见影的效果，太和21年，皇帝亲至新野与萧鸾作战，被击败，直到十一月，萧齐十五位将领投降，新野才告破。二十三年四月，年仅三十三岁的孝文帝逝世后，八月，蓄谋已久的南徐州刺史沈陵南叛。十一月幽州民王惠定聚众反,自称明法皇帝,后被刺史李肃捕斩。战争失败与背叛一定有原因,一概镶嵌于改革计划中实属牵强,变革的内容不可能与其政治收益一一对位,积极的后果需要契机才得以呈现,除死角和顽症,国家总体上还是按改革的预定向前推进。

孝文之后的变革在经济上最早产生正面效应,世宗初年,散骑常侍邢峦奏:逮景明(宣武帝年号,公元500年)之初,承升平之业,四疆清晏,远迩来同,于是蕃贡继路,商贾交入,诸所献贸,倍多于常。《魏书·卷65·邢峦传》P166。景明三年(502年)的史料记载中确有大量使者自称代表不同国家前来朝贡,国际声誉源于这个国家不断扩大的影响力,值得注意的是,这位官员随后即指出,“虽加以节约,犹岁损万计。珍货常有余,国用恒不足”。打通的交易渠道,更多地满足奢侈品的进口;打开的经济发展局面,助国家经济实力提高。建有景明寺的宣武帝也重视城市改造,景明二年(501年)九月,发畿内夫五万五千人筑京师323坊,四旬而罢。洛阳城畸形消费热与新都的兴盛相始终,皇帝、贵族、高官、僧侣乃至宦官纷纷出资建造或舍宅为寺庙,多数占地面积大,有配套的庭院,庙宇力求雄伟富丽,形成了蔚为壮观的洛阳寺庙群,其中只有极少数为侨民出资所建。据《洛阳伽蓝记·法云寺》记载,贵族富人攀比斗富,奢侈浪费已达到病态的程度,政府也不得不加以干预,延昌二年(513年)九月,以贵族豪门崇习奢侈,诏尚书严立限级,节其流宕。《魏书·卷8·世宗纪》P29。与自然灾害的影响下的国家其他经济等级人口形成鲜明对比:宣武帝景明二年(501年)开始亲政,三月,青、齐、徐、兖四州大饥,民死者万余口。502年,河州大饥,死者两千余口。宣武帝延昌元年(512)正月,以频水旱,百姓有饥馑,分遣使者赈恤。二月,十一州大水,以京师谷贵,出仓粟八十万石,以赈贫者。后又遇到春旱,诏河北民就谷燕、恒二州,由于饥民数量太大,又诏饥民就谷六镇。四月以旱故,诏食粟之畜皆断(不准喂给粮食)之。五月已卯,“诏天下有粟之家,供年之外,悉贷饥民。”返还期则未定。二月至五月未下雨,六月诏:去岁水灾,今春炎旱,百姓饥馁,救命糜寄。虽经蠲免,不能养绩,今秋输将及,郡县期于责办,尚书可严勒诸州,量民资产,明加检校,以救艰敝。庚辰,出太仓粟五十万石,以赈京师及州郡饥民。因旱情严重,宣武帝本人也减膳撤悬。延昌二年(513年),州、郡十三大水。513年二月,以六镇大乱,开仓赈赡。三月春,民饥饿者数万口;夏四月庚子,以绢十五万匹赈恤河南灾民,怀疑此时粮食供应已经难以为继,而且灾区仍在扩大;五月,寿春大水;六月州郡十三大水;十二月恒、肆地震区免租一年;514年,四月青州发生饥荒,开仓赈恤。另外此前后几年,多次发生破坏严重的地震,国家的救济措施包括运送救灾物资,免去灾区一年租赋,还有减膳,理狱讼,自责、惊慌失措等。

熙平元年(516年)四月,瀛州民饥,开仓;神龟元年(518年),幽州大饥,饥民死者三千七百九十九人,四面八方要求开仓的声音此起彼伏,凄厉而持久,回荡在宫廷内外。均田制对降低社会分配不公问题有一定作用,也是唯一的作用,社会富裕需要更多制度作保障。由于制度的效能是动态的,需要制度的看管人在正确理解的前提实现合理使用,维护它需要成本。景明四年(503)十二月,宣武帝下诏:先朝制立轨式,庶事惟允,但岁积人移,物情乖惰,比或擅有增减,废坠不行,或守旧遗,宜时有舛妨,或职分错乱,互相推诿,其下百司,列其疑阙闻奏。"P27。这可能是大规模修改前朝政策的前奏,因为自孝文帝去世后,均田制维护与破坏是并存的,正始元年(504年)九月丙午,诏缘淮南北所在镇戍,皆令及秋播麦,春种稻,随其土宜,水陆兼用。必使地无遗利,兵无余力,比及来稔,令公、私俱济也。又诏诸州蠲停徭役,不得横有征发。"《魏书·卷八·世宗纪》P26。以诏令形式措辞严厉发文,说明已经出现了严重的违法征发现象。504年十二月,以苑牧公田,分赐代迁之户。513年闰二月辛丑,以苑牧之地赐代迁民无田者。看来土地资源已有严重匮乏之虞,国家不得不以皇家园林为耕地,聊以弥补代迁之户可能因为耕地不够而导致比迁居之前降低了生活水准,或者是因为代迁户不熟悉新地方的土壤特性,缺乏耕作技术以及农具、种子、肥料等农用品而亩产相对更少,因此需要更多的土地。孝明帝孝昌元年(525年)11月,税京师田租亩五升,借赁公田者亩一升。这个标准比均田制低,论亩而不是户并不是说均田制没有得到严格执行,或者试图更改国人税负,只是说明丁租之外,还有地税,税率比三国曹操时代略低。西魏孝文帝大统十一年(545年),大旱,十二年,秘书丞李彪上表,请别立农官,取州郡户十分之一为屯田人,相水陆之宜,料郡亩之数,以赃赎杂物市牛科给,令其肆力。一夫之田,岁责六十斛。甄其正课并征戍杂役。行此二事,数年之中,则谷积而人足矣。帝览而善之,寻施行焉。自此公私丰赡,虽有水旱,不为害也。《通典·食货二·屯田》P28。屯田或许是政策容许的田制之一,但在非边境地区实施与均田制的基本思想不符。

四、清修出身与官爵买卖

孝明帝正光三年(523年)八月诏:庶族子弟年未满十五不听入仕。《魏书·卷9·肃宗纪》P30。此前宣武帝也有同样的诏令,北齐多沿后魏制,"甲族以二十登仕,后门以三十试吏。"南方的梁国需年满二十五入仕,陈国则要求年满三十。《通典·卷十四·选举二》P172。与后者相比,算不上种族歧视。宣武帝延昌二年(513年)闰二月癸卯,"定奴、良之制,以景明(景明元年是500年)为断。"精神上对待社会地位低下的杂户和府户等的态度仍旧霸道,可是由于国家疏于管理,急剧发展的政局以及正在失控的趋势,迫使政府将他们与平民权益永久严格区分的初衷有所松动,令他们中的不少人渐渐自动获得身份上的优待乃至平民身份,宣武帝景明二年(501年)九月,免寿春营户(平民被俘后带回编为户籍,归军队管辖者称营户,从事各种劳动,产品多归军队,有时须从军,身份低于平民)为扬州民。役使奴隶节约国家成本,由于身份低微可以无限施压,必然带来高效率,将他们的身份无条件置换为平民,意味着他们可以立即参与授田,是为了降低人生压迫还是一心为国家开发新的税源,见仁见智,但国家的权威确实是剥夺了军队局部利益。节闵帝普泰元年(531年)下诏,百杂之户贷赐民各官任。《魏书·卷11·前废帝等纪》P35。普泰元年节闵帝三月,诏右卫将军贺拔胜并尚书一人,募伎作户及杂户从征者,正入出身,皆授实官,私马者,优一大阶。《魏书·卷11·前废帝广陵王纪》P35。对孝文帝改革的怀疑主义风气正在形成强烈的反弹,孝明帝正光元年(520年),尚书令李崇请免六镇府户为民的意见没有听到皇帝的响应,却看到了他试图回避的结果,正光四年(523年),怀朔镇的匈奴人破六韩拔陵起事,六镇响应,敕勒等部也加入他们的反魏行列。迫于无奈,孝明帝正光五年(524年)八月下诏改镇为州,附籍于各镇的人口,除因为犯罪而被发配于此者外,凡六镇军籍,一概免为平民,不再是世袭的府户。《魏书·卷9·肃宗纪》P30。废,而府兵制度得以延续。

游移不定的思维方式在对资源的处分中十分明显,宣武帝景明四年(503年)七月,诏还收盐池利以入公,在正始三年(506年)四月,就下诏罢盐池禁。这是官方对孝文帝时期政策第一次明文更改,也是由于出现实际问题:"自迁邺后,于沧、瀛、幽、青四州之境旁海煮盐,沧州置灶1484口,瀛452,幽180口,青州546,又于邯郸置灶。四计终岁合收盐二十万九千七百二斛四升,(209702斛4升),军国所资,得以周赡。《魏书·卷·食货》P32010,河东有盐池,旧立官司以收税利,是时而罢之。而民有富强者专擅其用,贫弱者不得资益,延兴(孝文帝即位初年改元延兴,471—476年)末,复立监司,量其贵贱,节其赋入,于是公私兼利。世宗(宣武帝)即位,政存宽简,复罢其禁,与百姓公之。其国所用,须别为条制,取足而已。……其后更罢更立,以至于永熙末帝,(即孝武帝,合计32年)。节闵帝普泰元年(531年),其税市及税盐之官,可悉废之。《魏书·卷11·前废帝等传》P35。市场没有管理意味着市场缺乏必要制度有效约束,交易成本反而增加。盐政主要是管理缺乏连续性问题引起的混乱，公有与私有，都会出现相关问题，如果管理方缺乏对策，所有问题都会转嫁到平民身上，看似恩德，实为乱政。其实，北魏孝文帝之后，经济失控远远走在政治制度之前，"世祖之平统万，定秦陇，以河西（甘肃青海两省黄河以西，即河西走廊和湟水流域）水草善，乃以为牧地，畜产滋息，马至二百万匹。橐驼将半之，牛羊则无数。高祖即位之后，复以河阳（县名，今河南孟县西，北齐废）为牧场，恒置戎马十万匹，以拟京师军警之备，每岁自河西徙牧于并州，以渐南转，欲其习水土而无死伤也，而河西之牧弥滋矣。正光（北魏孝明帝年号 520—525 年）以后，天下丧乱，遂为群寇所盗掠焉。P319。失去两个著名大牧场不单纯是经济上的巨大损失，而且是这个国家混乱的象征。"自魏德既广，西域、东夷贡其珍物，充于王府，又于南垂立互市，以至南货羽毛齿革，无远不至，神龟、正光之际，（518—524 年间，孝明帝诏）府藏盈溢，灵太后曾下令公卿以下任力负物而取之。又数赉禁内左右，所费不赀，而不能一亏百姓也。"这种大手大脚任意处置国库完全的做法实在成问题，但说的只能是在正光之前国家经济，正光（元年为 520 年）之后，"四方多事，加以水旱，国用不足，预折天下六年租调而征之。百姓怨苦，民不堪命。有司奏断百官常给之酒，计一岁所省，合米五万三千五十四斛五升（53054 斛 5 升），糵谷六千九百六十斛（6960 斛），麦三十万五百九十九斤（300599 斤）。其四时郊庙，百神群祀，依式供营。远蕃使客，不在断限。由于战乱，帑藏益以空竭，"有司又奏，内外官及诸蕃客廪食及肉悉二分减一，计终岁省肉百五十九万九千八百五十六斤（1599856斤），米五万三千九百三十二石。（53932 石）孝昌二年（526 年），终岁京师田租亩五升，借赁公田亩一斗。又税市入者人一钱。其店舍又为五等，收税有差。《魏书·卷 111·食货志》P320。帝（元年 528）初承丧乱之后，"仓廪虚罄，遂班入粟之制。"竭力挽救摇摇欲坠王朝的紧急之际，制度却是仔细制定出来的，俗人分为七个等级，以下是粮食与官爵交易的实施细则：

八千石	赏散侯
六千石	伯
四千石	子
三千石	男
七百石	赏一大阶，授以实官。
白民：	输五百石听以第出身，一千石加一大阶。
无第者：	输五百石听正九品出身，一千石加一大阶。

僧侣上层也没有被政策遗忘，积极公平的交易后也会获得宝贵的升迁机会，

"诸沙门有输粟四千石如京仓者,授本州统;若无本州者,授大州都;若不入京仓,入外州郡仓者三千石,畿郡都统,依州格。若输五百石入京仓者,授本郡维那,其无本郡者,授以外郡。粟入外州郡仓七百石者,京仓三百石者,授县维那。《魏书·卷110·食货志》P320。与僧侣早已成为一个举足轻重的社会阶层有关。宗教投入过热,虽然断断续续,却是有增无减,沙门统的昙曜奏平齐户及诸民友能输谷六十入僧曹者即为僧祗户;民犯重罪及官奴以为佛图户,以供诸寺扫洒岁兼营田输粟。高宗并许之。《魏书·卷114·释老志》P337。文成帝拓跋濬和平初(公元460年)时任国家的佛职最高职务沙门统的昙曜,经帝同意开始在今大同云岗大规模开凿佛像,而献文帝(466年即位)在天宫寺所造的释迦立像高四十三尺,用赤金十万余斤,黄金六百斤。石材需求陡增显示国家人力耗损同时会急剧攀升,社会整体负担更加沉重,大量使用贵金属尤其稀有金属可以理解为:1.税收新高后官方的阔绰。2.举国宗教热情高涨。3.政治非理性成分大幅上扬。国家做这些既是政治也是生活,既想以此解决难题,又无法阻止其同时滋生新问题。太和元年(477年),京城(平城)内寺新旧且百所,僧尼2000人,四方诸寺六千四百七十八,僧尼七万七千二百五十八人。延昌中(512—515年),天下州、郡僧尼等(寺)积有一万三千七百二十七所(37年之内,从6478所增加到13727所,增加112%,平均每年建造196所,平均不到两天就有一所新的寺庙落成。),徒侣逾众。(当时人口比较,考虑到人口总量增加。熙平间5000000户。主要是佛教信众过多集中于京师,)献文帝天安二年,造永宁寺,七级佛图,高三百余尺,基架博敞,为天下第一。《魏书·释老志》P337。虽然对公、私造寺规模,政府一度也有限制,作用很小。景明初,世宗诏于伊阙山营石窟二所,永平中又加造一所,这是洛阳龙门石窟,从景明元年动工至正光四年六月以前,开凿了二十余年。用工八十万二千三百六十六,熙平中,于洛阳城内起永宁寺,胡太后亲率百僚表基立刹,佛图九层,高四十余丈,耗费之多不可胜计。《魏书·卷114·释老志》P338。佛教成为潮流文化,尤其以京城为甚。北魏改革期间,由于改革者及改革消费者均未对之引起足够的认识,本该投入生产中的资本大量流失,被固着于不直接产生任何经济效益的项目,导致国家出现严重结构性经济问题,并长期处于这种僵局中。对宗教的领悟停留在物质上,或多或少背叛了宗教的原旨,形成了一场过火的、旷日持久的投入竞争。从政府到平民,经济支出的首选用于满足宗教开销,赶潮流的人中,资金雄厚者建造寺庙,稍逊的舍家为寺,贫穷的则为佛寺奉献虔诚与体力。田园荒芜,产值锐减,寺院中纯消费的人口则急剧膨胀。北魏都洛凡四十年(495—534年)上行下效,佛法风行一时,与磕磕绊绊的梁国（502—557年）在价值观等方面雷同，而萧衍个人的政治生命（502—549年在位）甚至比以富有激情的改革开始，极具国际色彩的洛阳为首都的新北魏更长一点，多少有点令人意外和惋惜。

除制度设置和经济水平制约外，还可以从意识形态领域找到政治混乱的因果关系，古典文化乃是国家管理的灵感所在，(506)正始三年十一月，宣武帝为清河王等四王讲《孝经》，熙平二年（517年）五月，胡太后的国家"重申天文之禁。"正光二年（521）二月，孝明帝，幸国子学，讲《孝经》。外来文化加大了精神的振动幅度，新文化生气勃勃，永平元年（508）十一月，帝于式干殿为众僧、朝臣讲《维摩诘经》，外来文化惠及政治，十一月，禁屠杀含孕以为永式；也刺激佛教的发展，鉴于境外来魏传习佛教之人甚众，敕造永明寺作为居所，这诱发了一场全国性的造寺运动，佛寺用来研习经义，又是避难所，孝明帝肃宗515年即位，二月尊皇后高氏（名英）为皇太后，她在皇太妃胡充华的有力竞争下落败，三月，皇太后高氏出俗为尼，四个月后（八月）她的位置被胡充华取代。神龟元年（518年）九月，饱受冷落，心情悒戚的皇太后高氏在娘家被杀，遗体随即送往摇光寺，十月以女尼礼节安葬，次年十月又改葬。515年六月，沙门法庆聚众冀州造反，这个组织有一个虚构的新佛，因此视现有佛寺、出家人、经像为众魔，所到之处，悉数毁灭，七月派兵讨，平乱历时两个月。这是个信号，说明沙门作为有组织的团体已经有能力武力对抗国家。《魏书·卷9肃宗纪》。九月，胡太后临朝称制后，佛教在这个国家享有更高地位，518年10月，魏遣宋云、惠生赴西域求佛经，522年，二人自西域干罗国取佛经一百七十部回洛阳。孝明帝523年龙门山佛笼部分完成，共享十八万二千余工。佛寺也是杀人场所，永安三年（530年），尔朱兆为报复孝庄帝谋杀其父尔朱荣，在洛阳，皇子及司徒等一批重臣血染巍峨雄壮、工艺精良的永宁寺，又将孝庄帝驱赶至太原城内三级佛寺内绞杀，时年二十四。与孝文帝所受的教育与政治期望相悖，佛法深刻地影响着这个国家，宗教成为了手段、生活中心、重要消费对象以及归宿。

制度的随意性以及经济低迷总是尾随着造反者，此时也不例外。正光元年（520年）七月，元叉、刘腾等矫太后诏……乃幽皇太后于北宫，杀太傅领太尉清河王怿，帝加元服，大赦改年。正光五年以后，胡太后掌控下的北魏失去了活力，柔然主阿那环、葛荣、鲜于修礼、杜洛周、莫折天生为颠覆北魏公开积极奔走，到武泰元年（528年），时局已十分混乱，反叛流行。武泰元年二月，胡太后毒死冒险生下的儿子孝明帝，不幸的皇帝年仅十九岁，她本人则于同年被尔朱荣所杀。资深宫廷历史学家认为：自宣武以后，政纲不振张，肃宗冲龄统业，灵后妇人专制,委用非人,常罚乖舛,于是衅起四方。《魏书·卷9·肃宗纪》P30。与现象相符,但是个人的作用仍被放在首位,制度问题被认为是个人软弱无能所造成,其实是制度缺陷从而导致不称职的人大权在握。528年五月己巳,齐州郡民贾结聚众反;六月,邢杲率河北流民十余万户反于青州之北海;七月,高平镇人万俟丑奴僭称大位,置百官。随后,北魏最后的帝王陆续出现在人们的视野,在已现残破之相的宫廷里,他们毫无例外地步履蹒跚、心怀恐惧、目光黯然:1. 孝庄帝元攸,彭城王勰第三子,母李妃,改武泰元年为建义元年(528年),在位两年,享年二十三岁。2. 前废帝元恭,广陵王元羽之子,母王氏。改建明二年为普泰元年531,太昌初,帝死,年三十五,时已被废。3. 后废帝元朗,死时二十。4. 出帝元修为宇文泰所害,年二十五。史载:广陵废于前,中兴废于后,平阳猜惑,自绝宗庙,普泰(531年以后节闵帝)雅道居多,永熙(孝武帝532年以后)悖德为甚,是俱之灭,天下所异欤。《魏书·卷11·诸帝》P37。这里,个人的修养对国家的生死存亡作用甚微,残暴和乖戾行为充斥反映心态普遍恶化,他们举止反常,行为短视,不顾一切。正常情况下,人们面向未来时更多的不是维护旧制度而是向往新制度,但在压力下为自身生存与前途作出选择时就不那么一致。

究竟是孝文帝改革之前或者之后拓跋族达到他们自身进步的一个巅峰?还是改革令这个种族陷入一场前所未有的僵局?从结果中难以得出一致结论,绝大多数拓跋族人并未直接从社会变革中获利,而是继续受益于战争成果,这与国家高层的预期存在差异,因此一些原始的改革项目不断被修正,象一个漫游在陌生地域的行者,为寻求最好的归宿探求,最终全族还是融入了孝文帝引入的潮流——从文化兼容与种族融合中保证种族精神的延续。孝文帝个人的伟大贡献在于没有以先辈军事上的一时辉煌来定位本族永恒的梦想,不是用权势而是用理性为他的种族、政权做出重大选择,他真诚、实际,没有因热爱本族的语言、文化、传统而又囿于成见、利令智昏,像王莽一样开历史倒车,徒劳地用相对落后的文化取代明显进化的文明,孝文帝尝试像满足自己一样满足国人的基本生存需求并不断提升,存在于他制度中的人人都是彼此利益攸关方的精神适用于任何谋求发展的人、种族、集群、国家,他是北魏第一个已经开始从人性的角度思考问题的人,集哲人、勇士、人君于一身。

五、导致拓跋人政权毁灭的可能与染上中原的一些陋习有关

北魏上升时期,太和十一年的齐州刺史韩麒麟就提到当时社会的奢靡之风。北魏后期,游牧社会基本上业已颠覆,成为中原文化的一个缩影。"临淮王、沧州

刺史元孝友又言：今人生皂隶，葬拟王侯。存没异途，无复节制，崇壮丘垄，盛饰祭仪邻里相荣，称为至孝。又夫妇之始，王化所先，共食合瓢，足以成礼，今之富者弥奢。同牢之设，甚于祭飨，累鱼成山，山有林木，林木之上，鸾凤斯存。徒有烦劳，终成委弃，唯仰大意，期或不然，请自兹以后，若婚丧有过礼者，以违旨论，官司不加纠劾，即与同罪。《魏书·卷十八·太武五王传·临淮王》P51。这个自己以法自守，但缺乏骨气，善事权贵的人批评北魏社会的奢靡攀比之风，婚丧大肆操办导致家庭贫乏。

北魏上层立意适应一个自己陌生的制度与文化体系，这样一个战斗种族选择一种自己并不是最擅长的生活方式，他们被丰富治国的理念所吸引，但是无法保证选择的都是正确实用的成分，他们不仅延续了自己的一些陋习，也接受了中原文化的陋习，比如上述的奢靡之风。均田制在这个王朝并无法展示出其最大的价值，这个改革是有价值的，但北魏最终都没有实现其伟大的预期。

韩麒麟子著作佐郎兼中书侍郎韩显宗上书，"伏见京洛之制，居民以官位相从，不依族类，然官位非常有，朝荣而夕悴。则衣冠沦于厮竖之邑，臧获腾于膏腴之里，物之颠倒，或至于斯。古之圣王，必令四民异居者，欲其业定而志传。"《魏书·卷六十·韩显宗传》P155。他的意见得到了高祖赞许。

本章结论

纸面上的制度可以改写、替换，但那些习惯了或者受益于旧制度的人将心里的旧制度视作生命，他们不愿改变，皇太子可能没有预料自己将有灭顶之灾，但是孝文帝的太子的反抗不是他一个人的反抗，这是一种明白无误的异议，代表是一个集体，社会中各种反对的呼声，孝文帝如果把反对意见当做合理的产品，加入他的新国家计划中，他的国家是否会更辽阔，更巩固？

孝文帝得到的是权力的胜利，那些被压制、被淹没的异议可能对这个种族亦有合理价值甚至同样正确，对这个国家则不然，孝文帝的胜利可能不是他的种族全部需要的，它是一个征服的种族，它只能到达这一步——武力征服，这已经是一个弱势文明对高级文明的最高层次，是巅峰之作。战争的成功经验不可能一一转化为治国能力，在管理国家的事务中，多数武功技能是无用的。

孝文帝的儿子是反对这个政改最有实力的人，反对者们都没有任何制度途径可以无害自由且安全地表达异议，他们必须变得狰狞血腥，他是整个国家内反变革人们最大也是最后的希望，但绝对权力具有压倒一切的统治力，异议终归被孝文帝的巨浪席卷，全社会只能猜测孝文帝不顾一切的含义，理解的程度各有不同：

1. 儿子的反对。对胜者最好的诠释：仅仅是家事。

2. 举起刀剑者的绝望者的反对——普通民众的反对。官方诠释：无法跟上孝文帝的崇高思想的乌合之众。

3. 热爱自己语言、衣饰等一切传统的人。官方诠释：一群因循守旧、懵懂无知、不知变通、不思进取的人，是社会进步的阻力。

专制的回报：

1. 国家利益无论大小都可以随时牺牲几乎每个人利益。

2. 人民的盲目服从即在为"君王智力第一"的虚拟支票背书。

3. 确认权力的大小与政治智商的高低是一组毋庸置疑的等式。

所有的变革都具有自我否定的因子，北魏均田制、语言、服饰、等变革都城的迁徙是必须的，是成功的吗？如何判定是孝文帝一个人的胜利？还是全国人的失败？太和十四年九月，太皇太后冯氏逝世，十五年正月，帝始得亲政。这场历经两代人交接，女人和男人协同的变革结果中具有下列特性：

1. 变革必要而且急需

孝文帝即位第二年，延兴二年二月诏书：尼父禀达圣之姿，体生知之量，穷理尽性，道光四海，淮、徐未宾……。当地对孔庙的管理使用与孔子的祭祀等活动完全走样，女巫男觋装神弄鬼，将祭祀活动变得血腥淫秽。诏书要求官方进行干预，务必庄重合礼。这份诏书是冯太后主导，透露出至少一个重大信息：作为一个君临天下，上升期的王朝，它需要一个整体上所有最熟悉的语境。接受原生文明并以此纠正思维的越界行为是寻求最佳话语权、解释权的最好切入点。这是紧迫但需要常抓不懈的事务，太和九年正月，下诏，焚毁图谶等书籍。禁止凭借这些书妄说凶吉。"非坟典所载者，严加禁断。"《魏书·卷七上·高祖帝纪上》P22。太和十六年二月（二月甲午）初八，亲政后的孝文帝，"初朝日于东郊，遂以为常。二月丁酉，诏祭唐尧、虞舜、夏禹、周文，改宣尼为文圣尼父。三月乙亥（十九），车驾初迎气于南郊，自以为常。"上述宗教礼仪活动让这个皇帝与与一个循规蹈矩的中原皇帝别无二致。

太和十七年，六月诏曰："六职备于周经，九列炳于汉晋，务必有恒，人守其职。……远依往籍，近采时宜，作《职员令》二十一卷，……且可释滞目前，釐整时务……权可付外施行。其有当局所疑，而令文不载者，随事以闻，当更附之。"《魏书·卷七下·高祖帝纪下》P24。《职员令》又称职令，孝文帝所制，二十三年再次修订，宣武帝颁行，该令沿袭中原官制，特殊在于正品之外分从品，魏书官氏志载有部分内容。这些都显示他们要在统治下的地区一心一意安顿下来,他们要加速融入,从人的内心到外部都与原住民无法区分。

2. 国家从内部到外部的安全性都不高

(1) 内部：延兴元年九月,青州高阳民封辩自号齐王,聚党千余,州军讨灭之。延兴元年十月,沃野、统万二州敕勒叛,诏太尉陇西王源贺追击至枹罕,灭之,斩首三万,延兴元年十月,凉州朔方民曹平原召集不逞之徒攻破石楼堡,杀军将。延兴元年十一月郁洲妖贼司马小君反于平陵,齐州刺史将其擒获。

延兴二年,统万镇胡民相率北叛。被官军消灭。

延兴二年三月,连川敕勒叛,被镇压。

延兴二年七月,光州民孙晏聚党千余人叛。

三年十二月,沙门慧隐谋反伏诛。妖人刘举自称天子,被杀。

五年,洛阳人贾伯奴自陈恒农万,豫州人田智度自称上洛王,被郡守镇压。

承明元年五月,冀州民宋伏龙自称南平王被杀。

太和元年正月,秦州略阳人王元寿聚众造反,被秦、益二州刺史击败。

太和五年二月,沙门法秀,兰台令史张求等一百多人,集结奴隶谋反伏诛。被处以族诛。

十二年三月,中散大夫梁保等人谋反,被杀。

太和十四年,四月,僧人司马御惠自称圣王,攻打平原郡被捕杀。

(2) 外部：孝文帝延兴元年十一月,南朝宋皇帝刘彧将领垣崇祖率二万人攻击东兖州。次年一月才被刺史于洛侯击退。延兴二年,二月柔然人入侵,太上皇拓跋弘亲自率军追击。三年十二月,柔然犯边,柔玄镇二部敕勒响应。

在职官员和普通百姓,原住民和异族,敌国以及遁入空门的和尚僧人,都有参与叛乱与战争,有些规模很大,足以威胁国家;有些叛逆者规模很小,与政府力量悬殊,形同自杀。以刀兵相向,一是诉求无法满足,二是国家与他们协商的渠道单一或者没有,有急难而颠连无告。

3. 国家所有行为都需要钱来运转,变革可能提高税收收益的总量,因此有求变的迫切性。

(1) 改对的地方

延兴二年四月,诏令工商杂伎尽听赴农。更多的人进入生产领域可能直接创造价值。

孝文帝承明元年(476 年)六月尊皇太后为太皇太后,临朝称制。是否有政治天分比性别更为重要。

太和五年因为沙门法秀、在职官员张求谋反。皇帝下令,其五族者,降止同祖(只杀同祖父者);三族,止一门(一门);门诛,止身(本人)。君王的仁慈往往比残暴更容易稳定国家。

太和八年六月,准备班禄(始班俸禄,罢诸商人,以简民事。免去中间的商人以简省民事),每户增收调赋三匹(户增调三匹),谷物二斛九斗(谷二斛九斗),作为官吏的俸禄(以为官司之用),户丁平均交调赋二匹布(均预调为二匹之赋),作为商用(即兼商用)。九月开始发俸禄。

太和九年八月朝廷下令太和六年以来定、冀、幽、相四州因为水灾卖出和离散的(买的是良口),所在户应该全部归还亲人,受聘为妻妾的没有以礼相待和感情不好的,可以离婚。(虽聘为妻妾,遇之非礼,情不乐者,亦离之。)国家的干预非常正当,如果严格监督执行,因自然灾害而离散的平民可与家人团聚。

因为灾害情况严重,太和十一年十月诏,罢起部(西晋时置,主管营建、工匠等。)无益之作,出宫人不执机杼者。减少和停止一些建筑工程项目,宫人也有纺织任务。实际无法令行禁止,不劳而获者以及无业游民继续在增加,太和十六年四月诏中有"京师之民,游食者众。"国家能做的实际上只能是暂时禁止而不能解决这一现象,这是国家经济结构与体量决定。

太和十三年八月,诏诸州镇有水田之处,各同灌溉,遣匠者所在指授。《魏书卷七下·高祖帝纪下》P23。国家派专业技术人员指导各地灌溉。

高祖废大斗,去长升,改重秤。统一、标准度量衡有助重建或增加国家信誉。

(2)改错的地方

太和元年八月诏,工商皂隶,各有阙分,而有司纵滥,或染清流,自今户内工役者,唯止本部丞,以下准次而授,若阶藉元勋以劳定国者不从此制。《魏书·卷七上·高祖帝纪上》P21。有司放纵杂滥,让一些工商等低级身份的人成为清流中人,从今以后,户内有工匠差役的,只能在本部丞以下官员中依次授给爵级。

(3)被忽略的地方

延兴三年七月诏令河南六州,每户收绢一匹,绵絮一斤,租三十石。与后来太和十年即十三年后李冲提出的民调"一夫一妇帛一匹,粟二石"悬殊。均田制后的标准是二十石,班禄制实施后加二石九斗。对比之下,延兴税令高,延兴税收诏令中,部分相当于在征收杂调。杂调指不属于已有制定、公布的税收方案,是在规定的赋税之外收取,所以又被社会称为横调。文成帝、献文帝时代就已经很滥,成为问题而君王想要废止,但一直都存在。丁指正役,杂徭则是正役之外的徭役。冯太后、孝文帝的改革中没有提到这些顽症的解决方案。孝文帝延兴三年十月,太上皇即献文帝拓跋弘率军南讨,对杂调杂徭很敏感的献文帝听到的诏令是:州郡之民十丁取一以充行,户收租五十石以充军粮。他没有听错,十一月的一份诏令也可以确认,对鳏寡孤独贫穷不能自存者复其杂徭。《魏书·卷七上·高祖帝纪上》P20。显示杂徭、杂租一直合法存在,大肆张扬地免一部分人的杂徭自认为是一种德政。冯太后、孝文帝这样的名君也不能禁断杂调、杂徭,其他对自己的定位不那么崇高的君主就随心所欲了。肃宗孝明帝孝昌二年十一月"税京师田租亩五升,借赁公田者亩一斗。这是均田制一夫一妇的户调之外,按亩加征的田租。十升为斗,十斗为石斛。一百亩土地交五十石,租赁的翻倍,交一百石,非常苛重的税负。在均田制没有宣布取消的前提下,这可以视作杂调,孝昌二年闰十一月,"税市人出入者各一钱。"《魏书·卷九·肃宗纪》P32。这是新想出来的税。这些被忽略的问题在一定的时候足以抵消变革带来的红利。

4. 不断生成的错误与问题及其机制

延兴四年,州镇中十三处发生饥荒。

太和二年十二月,以州郡八水旱蝗,民饥,开仓放赈。

太和四年,以州郡十八水旱民饥放赈。

太和五年十二月,州镇十二处发生饥荒。

太和六年七月,发州郡五万人治灵丘道。

太和七年,六月,定州上奏,以施粥救活的人九十四万余人,九月冀州上奏的以施粥救活的七十五万余人。十二月,以州郡十三民饥开仓放赈(整个国家都在饥饿中)。

太和八年十二月,以州镇十五水旱民饥放赈。

太和九年八月九州水灾,有卖儿卖女。

十年,汝南颍川大饥,开仓赈。

太和十一年六月,泰州饥饿,开仓,诏曰,春旱至今,野无青草。

十三年四月,州镇十五大饥荒,放赈。

二十年,西北诸郡旱灾,放赈。

因为通过战争、刑罚以及政策不断大量生成低等级人口,会扰乱资产与价值定位,严重阻碍社会进步。延兴元年十月,沃野、统万二州敕勒与政府开战,生俘人口在冀、定、相三州变为营户,延兴二年反叛的敕勒俘虏后全部徙配为营户。孝文帝承明元年(476年),二月,司空、东郡王陆定国被褫夺爵位充当士兵。而限制工商等低等级人口进入高等级阶层的诏令,实际上是降低并固化大量人口获得基本人权的资格。将人口强行分出等级是解决社会矛盾的猛药,但其一定会带来更大的问题。

《洛阳珈蓝记阳》作者经过洛阳时,正值孝武帝永熙年间(532—533 年),当时洛阳珈蓝大部已经毁。但是洛阳寺庙壮丽的建筑群可能受益于孝文帝的社会变革,当然造价高昂的各大寺庙的资金不可能全部是国家和国人多余的闲钱,亟需宗教的人们可能即使自己饥寒交迫也愿意将自己最后的一块布,一个钱币投进功德箱。

变革增加了国家军事厚度,太和十八年开始积极准备南征,二十一年发兵二十一万南征,十月初三四面进攻新野,到二十二年正月初五攻克。总体上,孝文帝亲眼见到的改革经济效果明显比国家军事实力变化的不确定性大,起伏多:太和二十二年七月,下诏皇后财产减半,(后之私府,便可损半,)六宫嫔妃,五服男女,常恤恒供(五服内的皇亲男女的正常供给和抚恤),亦令减半,在戎皇亲(现在担任军职的皇室亲属),三分省一,以供赏。《魏书·卷七上·下高祖纪》P26。就是要腾出作为赏赐用。这可能是孝文帝逝世前不久(二十三年四月,499 年逝世)国库的真实现状:府库没有结余,大笔支出需要临时筹措。北魏改革的经济效果显示虽然曲折、缓慢但仍然是最先显现出来,最重要的变化之一,比改革带给军事等其他方面的效果明显都早而且大。变革遗漏的问题和变革本身的问题也同样触目惊心,它们后来形成合力压倒、抵消了社会变革的成就并造成了本身无解的持续混乱局面。

第三十章　北魏政治运作

第一节　国家政权的基本结构

如果认为任何人都能担任不同的官职，或者说，一个官职想给谁就给谁，给谁都一样，不考虑他是否称职，官职的专业性不仅得不到持续拓展，甚至无从谈起，那么这个王朝就开启了失败加速的时候。

北魏帝谱

太祖：道武帝珪

太宗：明元帝嗣

世祖：太武帝焘

恭宗：景穆皇帝晃

南安王：拓拔余

高宗：文成帝濬

显祖：献文帝弘

高祖：孝文帝宏

世宗：宣武帝恪

肃宗：明皇帝翊

孝庄帝：元子攸

长广王：元晔

节闵帝：元恭

安定王：元朗

孝武帝：元修

重要年份：太和十九年即公元495年。从道武帝登国元年（386年），至孝武帝永熙三年（534年），拓拔氏享国149年。

昭成帝即拓跋什翼犍,被其子拓跋寔君所杀。其孙道武帝拓跋珪追尊其为昭成皇帝,庙号高祖。

世宗宣武帝元恪孝文帝第二子,太和二十一年立为皇太子,二十三年(499年)四月即帝位。世宗宣武帝于延昌四年(515年)逝世,年三十三。《魏书·卷八·世宗纪》P26。即位时已经成年。

肃宗孝明帝元诩,宣武帝第二子,母曰胡充华,永平三年生,延昌元年立为皇太子,四年(515年)正月即皇帝位,随即下令太保、高阳王雍入居西柏堂,决庶政。又诏任城王澄为尚书令,百官总己听于二王。六月沙门法庆聚众反于冀州,杀阜城令,自称大乘。《魏书·卷九·肃宗纪》P29。时冀州法门法庆既为妖幻,遂说渤海人李归伯,归伯说家人从之,召率乡人,推法庆为主,法庆以归伯为十住菩萨、平魔军司、定汉王,自号大乘。杀一人者为一住菩萨,杀十人者为十住菩萨。《魏书·卷十九上·景穆十二王》P53。

孝庄皇帝元子攸,彭城王勰第三子,母曰李妃。《魏书·卷十·孝庄纪》P33。尔朱荣此时谋废立,与帝阴通。尔朱荣立了孝庄帝,孝庄帝又杀死了尔朱荣,尔朱荣被庄帝手刃。《魏书·卷七十·四尔朱荣传》P192。孝庄帝后被尔朱荣侄子尔朱兆虏获并杀害,年二十四岁。前废帝元恭逝世年三十五。

一、北魏职务设置

北魏对中原制度都是逐步缓慢地接受的,既有随情所致的部分,也有客观需要的产物。皇始元年(道武帝皇始元年为396年),始建曹省,备置百官,封拜五等,外官则刺史、太守、令长以下有未备者,随而置之。天兴元年(道武帝天兴元年为398年)十一月,诏吏部郎邓渊典官职,立爵品。十二月,置八部大人、散骑常侍、待招等官,其八部大夫于皇城四方四维面置一人,以拟八座,谓之八国。常侍、待诏待直左右,出入王命。《魏书·卷一一三·官氏志》P331。天兴二年(399年),分尚书三十六曹及诸外署,凡置三百六十曹,令大夫主之。天兴三年(400年),置蒙恩、受养、长德、训士四官,分别比特进、光禄大夫、中散大夫、谏议大夫,前三者均无常员,谏议大夫可能有员额,主讽谏。另外置仙人博士官,典主炼百药。《魏书·卷一一三·官氏志》P331。天兴四年(401年),复尚书三十六曹,曹置代人令史一人,译令史一人,书令史二人。

天赐元年(404年),八月,"初置六谒官,准古六卿,其秩五品。属官大夫,其秩六品。大夫以下元士(七品)、署令长(八品)、署丞(九品)。九月,减五等之爵,始分为四,曰王、公、侯、子,减伯、男。

明元帝拓跋嗣神瑞元年(公元 414 年)置"八大人官",大人下置三属官,总理万机,故世号八公云。泰常二年(明元帝泰常二年为 417 年),置六部大人官,有天部、地部、东部、西部、南部、北部,皆以诸公为之,大人置三属官。《魏书·卷一百一十三·官氏志》P331。这是皇帝之下最高国家官僚群,具有鲜明的北魏特性。

太武帝"神䴥元年(428 年),置左右仆射,左右丞诸曹尚书十余人,各居别寺。《魏书·卷一百一十三·官氏志》P331。太和十五年(491 年),置侍中、黄门各四人,又置散骑常侍、侍郎员各四人。通直散骑常侍、侍郎。员外散骑常侍、侍郎各六人。《魏书·卷一百一十三·官氏志》P331。

北魏部分沿用晋制,亦设中书监、中书令、尚书令尚书仆射及尚书三十六曹,置尚书大行台,别置官署,以镇军事要地。北魏中枢三省门下、侍中权力颇重,多以辅政,为枢密之任。置内侍长四人,主顾问、拾遗应对,若今之侍中,散骑常侍也。《魏书·卷一百一十三·官氏志》P331。

道武帝曾经很想保留自己主要的特性,天兴三年(400 年),初帝(道武帝)欲法古纯质,每于制定官号,多不依周汉旧号,或取诸身,或取诸物,或以民事,皆拟远古云鸟之义。诸曹走使谓之凫鸭,取飞之迅疾……。《魏书·卷一一三·官氏志》P331。他很失败,这些官号既不严谨又佶屈聱牙,很快被人忽略。他可能是与孝文帝思想差异最大的北魏君主。

北魏诸君虽然对中原的职官三心二意、挑挑拣拣,官职体系上倒是越来越具有中原色彩,自道武帝以来,在中正制这个节点上例外,他们对之几乎是一见如故,但却为之吃尽了苦头,"宣武帝正始元年(504 年)十一月,罢郡中正。……正光元年(孝明帝正光元年为 520 年)罢诸州中正。郡县定姓族,后复。《魏书·卷一一三·官氏志》P334。上述宣武、孝明二位努力兴废的例子可以为证,北魏人原有的生活方式并不契合中正制,但是他们统治大片农耕居民土地后,很愿意让自己看起来与中原居住别无二致。皇始中(道武帝皇始年号历二年,公元 396—397 年),"宪乃归诚,太祖见之,曰:'此王猛孙也。'厚礼待之,以为本州中正,领选曹事,兼掌门下。《魏书·卷三十三·王宪传》P90。宪指王猛之孙王宪,因为崇仰王猛,道武帝看不到"上品无寒门,下品无士族"这根尖利的刺",一口吞下了"中正"这条色彩斑斓的鱼,太祖对中正充满希望,精心挑选任职者,皇始初,李先归顺太祖,此人文武兼具,屡立战功,又引导太祖崇尚知识,是太祖信任的人,他被任命为定州大中正。《魏书·卷三十三·李先传》P92。然而,中正的作用力发散后产生北魏君主们所料未及的效果,"其后,中正久任,爱憎由己,而九品之法渐弊。《通

1025

典·卷十四·选举二》P169。虽然这指的是西晋的情况,却广泛适用。"及宣武、孝明之时,州无大小,必置中正,既不可以悉得其人,固或有藩落庸鄙操铨核之权,而选举颓紊。《通典·卷十四·选举二》P174。从而使得宣武、孝明等时兴时废,然而在当时,因为无可取代,中正制还算是那种问题成堆的"好制度"。

二、勋、爵的赐与封

天赐元年(404年)设四等爵王、公、侯、子,废伯、男二等爵,各爵定品级:王为一品,公为二品,侯为三品,子为四品。又置散官五等,由五品至九品。

旧制,以勋赐官爵者,子孙世袭军号。太和十六年,改降五等,始革之,止袭爵而已。《魏书·卷一百一十三·官氏志》P331。上述意为以勋赐爵是没有食邑的,从原本其后裔还可以世袭军号,到太和十六年时规定仅仅只能袭爵。

三、品与位

后魏置九品,品各置从,凡十八品。自四品以下,每品分为上下阶,凡三十阶。《通典·卷十九·职官一》P250。"案晋《官品令》所制九品,皆无正从,……今皇朝官令皆有正从。《魏书·卷一〇八·礼志·四》P312。"太和二十三年,复定《职令》详列九品之官,宣武帝时颁行,定为永制。九品之中,有正品、从品之分,从第四品以下,各品又加设'上阶',如廷尉为正四品上阶。合计正品、从品及各品上阶,共为三十级。《魏书·卷一百一十三·官氏志》P331。"前世职次,皆无从品,魏氏始置之。亦一代之别制也"。《魏书·卷一百一十三·官氏志》P334。

过去以"石"计禄秩之制已经不再沿用,官位与品级结合,三师:太师、太傅、太保为上公、第一品,大司马、大将军为第一品,尚书令为二品,尚书左右仆射各一人,从二品。中书监为从二品,中书令、侍中、列曹尚书为三品等。门下省的侍中(置员六人)为第三品,散骑常侍从三品,给事黄门侍郎第四品上,通直散骑常侍第四品下阶。

四、北魏的地方官

州、郡、县三级:

司州牧从二品,上州刺史(第三品)、中州刺史(从三品)、下州刺史(第四品下为推行三长制,诸州设三刺史,宗室一人,异姓二人,均为第六品。

上郡太守(第四品下)、中郡太守(第五品下)、下郡太守(第六品下)郡置三太守北，魏的郡太守，上有刺史（州），下有令长（县），虽置而未临民，形同虚设。

上县令（第六品下）、中县令（第七品下）、下县令（第八品下）县置三令长。

——参阅《魏书·官氏志》《通典·职官》

——黄本骥《历代职官表》P26

五、皇权的特征

彭城王元勰不得已接受世宗对他的太师任命，"世宗后频幸勰第，及京兆（京兆王元愉）、广平（广平王）暴虐不法，诏宿卫队主帅羽林虎贲，幽守诸位于其第，勰上表切谏，世宗不纳。《魏书·卷二十一下·献文六王传彭城王勰》P69。这就是皇权的不确定性。一位王爵可以得到皇帝的信任，甚至千方百计让这位彭城王元勰接受高级任命，但是皇帝不一定接受他的意见，这一次拒绝结果证明是世宗对，但皇帝出错的时候很多，接受的或者自己想出的是错误意见。

1. 门下省的诏旨——皇权的衍生

肃宗初，诏高阳王、太保元雍"入居太极西柏堂，咨决大政"，领军于忠，擅权专恣。仆射郭祚劝雍出之，忠怒矫诏杀祚及尚书裴植，废雍，以王归第……忠寻复矫诏将欲杀雍，以闻侍中崔光，光拒之。乃止。未几灵太后临朝，出忠为冀州刺史。雍表曰：臣初入西柏堂，见诏旨一行皆由门下，而臣出君行不以悛意，每览伤矜，视之惨目。深知不可，不能禁制，臣之罪一也。臣近忝内枢，兼尸师傅，宜保护圣躬，温清晨夕。而于忠身居武司，禁勒自在，限以内外，朝谒简绝。皇居寝食，所在不知。社稷安危，又亦不预，出入柏堂，尸立而已。臣之罪二。又令仆卿相，任情进黜。迁官授职，多不经旬。斥退贤良，专纳心腹，威震百僚，势倾朝野。臣见其如此，欲出忠为雍州刺史，镇抚关右，在心未行，反为忠废。……今陛下践阼，年未半周，杀仆射、尚书，如夭一草，是忠秉权矫旨。擅行诛戮。臣知不能救，是臣之罪六也。灵太后感忠保护之勋，不问其罪，增雍封户一千，除侍中、太师，以本官领司州牧。《魏书·卷二十一上·献文六王传·高阳王雍传》P66。领军是掌握禁军将领，通常是君主亲信之人，因此可以他出示的诏令容易被外人认为是皇帝自主的意见，因此伪造的神旨可以斩杀尚书省的仆射和尚书等，废黜一名王爵的太保职务。于忠后来想要致元雍于死地，又想通过正式的途径，将此事通报门下省的侍中崔光，被拒绝。于忠的行为虽然超过权力范围，灵太后因为个人感情偏袒他，没有受到应有的处置。

只要被君王宠爱，可以迅速上升。赵修父为都曹史，积劳补阳武令。修本给事东宫，为白衣左右。颇有臂力，世宗践阼，仍充禁士，爱遇日隆。然天性暗塞。

1027

不闲书疏,是故不参文墨,世宗亲政,旬月之间,颇有转授,历员外通直散骑侍郎、征东将军、光禄卿,每受除设宴,世宗亲幸其宅。……(修)或与宾客奸掠妇女裸观,……赵修起自贱伍,暴致富贵,奢傲无礼,物情所疾。《魏书·卷九十三·恩佞·赵修传》P229。赵修人品很低劣,国家惩办姗姗来迟,却与赵修一贯的做法有相似之处。赵修起自贱伍,高阳王贵为王爵,二人虽是敌手,学养人品上却是同类的人。"雍(高阳王雍)识怀短浅,又无学识,虽位居朝首,不为时情所推,既以亲尊,地当宰辅,自熙平(孝明帝熙平元年,516 年即位)以后,朝政褪落,不能守政匡弼,唯唯而已。及清河王怿死,元又专政,天下大归责焉。《魏书·卷二十一上·献文六王传》P66。

宗爱,不知其所由来,以罪为阉人,历碎职至中常侍,正平元年(太武帝正平元年为 451 年)元月,世祖大会于江上,班赏群臣,以爱为泰郡公。恭宗不喜欢宗爱,给事仇尼道盛、侍郎任平城平任职东宫,二人与宗爱不睦,宗爱构告其罪,导致世祖震怒,二人被诏斩于都街,恭宗竟然忧死。被宗爱蒙蔽的世祖悼念恭宗,宗爱畏惧自己被追究,遂谋逆,正平二年春,世祖暴薨,系宗爱所为。宗爱又杀尚书左仆射兰延、侍中吴兴公和疋、侍中太原公薛提。秦王翰等。立吴王余,即南安王。宗爱总览军政大权,封冯翊王。南安王开始怀疑宗爱,宗爱又杀南安王,高宗立,诛宗爱,夷三族。《魏书·卷九十四·阉官·宗爱传》P231。宗爱居然杀死了国家最高行政长官、现任君主以及自己所拥立的君主等,他的权力来自何方?一个臣子、一个宦官所能达到的极致。"魏氏则宗爱杀帝害王,刘腾废后戮相。其间窃官爵,盗财贿,乘势使气,为朝野之患者,何可胜举。"《魏书·卷九十四·阉官》P231。宗爱活力极不寻常,他好像天生就是一个政治头面人物,这既是他本人的错觉,也是他的真实生活。

北魏世宗飞快地提拔自己宠爱之人的现实,对一些有真才实学品行端方数十年得不到任何提拔的人而言是沉重的打击,对整个社会也是灾难性的,导致人们看不到努力的方向。从这个意义上看,停年格又是有价值的,世宗仍不是真正地理解中原制度,本有梯度、张驰之制度,失动态精准与具体,一片狼藉,实乃纵情自适的超级权力使然,因此这个制度无论如何也不会好到哪儿去。

之所以会出现宗爱这样的人,是皇权过大而造成的,皇权始终都在冲击国家机构正常运行,不知道何时会引起制度链上出现断裂,国家最高级别的官员们不知道自己的权力,从没有安全感,他们本能地侍候皇帝,但还是另外有一些人可能代表皇帝发号施令,他们通常在尚不清楚这些人传递是真实或伪造的皇帝旨意时就丢了性命,如果没有将皇权设置得无所不能,一个没有过错的人遇到不合理或者威胁自己生命的状况时会自动抵制以及积极寻求自我保护，相关制度也会自动预警、处置突发或不测事件，这样的体制才是正常的。但是皇权的膨胀会破坏一切，这类政体之下，国家权力机构存在与专横始终在角力，权力很容易被个人控制的地方，无论是君主本人还是君主的化身，后者有两种：1. 代表君主真实意愿。2. 伪造成代表君主真实意愿。北魏君主虽然很小心地保护自己的特性，但是他们还是采用中原权力运作模式，权力很容易集中在某个人或几个人手中，这是该类型制度惯性的错误，北魏也无法独善其身。受害的或害人的可能是各种人。彭城王勰"性仁孝，言于朝廷，以其舅潘僧固为冀州乐陵太守，京兆王愉（确实自行称帝建号）构逆，僧固见逼从之。尚书令高肇（时为帝舅）性既凶愎，贼害俊贤。又肇之兄（高偃）女，入为夫人，顺皇后（宣武帝皇后于氏）崩，世宗欲以为后（希望立舅舅的女儿为后），勰固执以为不可，于是肇屡潜勰于世宗，世宗不纳。因僧固之同愉逆，肇诬勰北与愉通，南召蛮贼。勰国郎中令魏偃，前防阁高祖珍希肇提携，构成共事。肇初令侍中元晖以奏世宗，晖不从，令左卫元珍言之。世宗访之于晖，晖明勰无此，世宗更以问肇，肇以魏偃、祖珍为证，世宗乃信之。永平元年（宣武帝永平元年为 508 年）九月，召勰及高阳王雍、广阳王嘉、清河王怿、广平王怀及高肇等入，（当时勰乘坐牛车，）……宴于禁中，至夜皆醉，各就别所消息。俄而元珍将武士赍毒酒而至，勰曰：吾忠于朝廷，何罪见杀，一见至尊，死无很也，珍曰：至尊何可复见！王但饮酒。勰曰：至尊圣明，不应无事杀我，求与告我者一对曲直。"《魏书·卷二十一上·献文六王传》P69。他的要求被拒绝。武士强迫他饮下毒酒，然后将其杀死，将尸体送给家属，说是因醉酒而死。彭城王参与制定法律，执行处罚的却是元勰不了解的人和规则，勰在参与斟酌法律时只考虑哪些可行，却未料到没有不可行的，全凭权力决定是非曲直时，几乎所有的人都有可能会成为失败者。有些人官职远远不及他们实际行使的权力那样大，他们的权力来自其他人对皇权无限的评估，于是他们得以轻易做出了骇人听闻的事：世宗时左仆射郭祚被领军于忠矫诏所杀。《魏书·卷六十四·郭祚传》P164。刘腾本平原城民，幼时坐事受刑，高祖时太府卿。肃宗（孝明帝）即位后，与领军元叉谋害清河王怿，废灵太后，将其幽禁于宣光殿，自己掌管钥匙，肃宗也见不到灵太后。四年之中，生杀大权，决于叉、腾之手，"八座、九卿，旦造腾宅，参其颜色，然后方赴省府，亦有历日不能见者。私属请，唯在财货。舟车之利，水陆无遗，山泽之饶，所在固护，剥削六镇，交通互市，岁入利息以巨万亿。又颇设嫔余，时有征求，妇女器物，公然纳受。逼夺邻居，广开屋宇，天下苦患之。"《魏书·卷九十四·阉官·刘腾传》P233。刘腾生时张狂，孝明帝正光四年（523

年)去世,刘腾身体变得僵硬后也无人干敢于向其挑战,他继续得到哪些以为他不会真的死去的人,害怕他的党羽和鬼魂的人等的继续膜拜,他得到厚葬。整个国家机构被刘腾及其同伙彻底瘫痪,丧失制度赋予的正常功能,国家隆重任命的各级官员在他们的淫威下集体颤抖,毫无反抗能力。很多在刘腾统治下显然已经麻木并适应了他们一伙恣意妄为的政治生活,令他们完全屈从的不是刘腾等人有什么过人的能耐,而是他们的身上附着有皇权的幽灵,甚至连皇帝本身都对其怀有莫名的恐惧。没有人包括君王正式赋任何人这种特权,一切混乱都源自谣传与误解,这是此类体制的一种正常现象? 这是权力偏移的极端例子。

时刻都要敬畏皇权是对君权最透彻、最虔诚、最理想的境界,也是皇权最终想要的结果,但往往是臆想中社会最开化的状态产生最为可怕的政治乱象。

在社会实践中,只需要很小的财力、军力,即可控制大量人口、地区的生活方式。用暴力控制人民很容易办到,用精神感召人民才是治理国家。

当时人的所谓大志就是当大官? 这确实是很多人生活态度的现状。社会舆论既单纯又总体上压倒性地认为官位越高,得到认同就越高级,行为的正确性也就越真实。但另有一些人纯属精神扭曲,得到高级职务成为人生绝对的目的并为此无所不用其极。

六、政府官吏

1. 选拔黜陟

君王封爵的过程是一个任命的过程,血统是一个重要的指标,但是单凭这种资源获得的管理者无法应对中原社会的社群,也无法应对处于新环境中的同族人。北魏的宫廷必须接纳娴熟制度的专业人员,拥抱他们的专长,又要警惕他们的忠诚度。官员的稳定收入与社会地位吸引全国的人,竞争激烈。

卖官鬻爵合法,可以通过现金交易的方式获得官职,个人的能力是次要的。元晖在孝文帝子宣武帝(500—515 年在位)时曾主管人事,元晖"迁吏部尚书,纳货用官,皆有定价,大郡二千匹,次郡一千匹,小郡五百匹,其余官职各有差。天下号曰"市曹"出为冀州刺史,下州之日,连车载物,发信州,至汤阴间,首尾相继,道路不断。《魏书·卷十五·昭成子孙传》P46。就是这样一个聚敛无极的人在肃宗(孝明帝元诩,516—527 年在位)初拜为尚书左仆射,诏摄吏部选事。《魏书·卷十五·昭成子孙传》P46。后来他的职务越来越大,得到善终,国家官员的素质也就可想而知。

胡太后不是一个有能力的政治家,她的选择对北魏构成不可逆转的伤害。

冀州大中正张彝第二子仲禹上封事，"求铨选别格，排抑武人，不使预在清品。由是众口喧喧，谤讟盈路，立榜大巷，克期会集，屠害其家，彝殊无畏避之意。父子安然。神龟二年二月，羽林虎贲几将千人，相率至尚书省诟骂，求其长子尚书郎始均，不获。（始均忿军士以首级为功）后来暴民们冲入张彝私宅，致其重伤不治，始均被活活烧死，仲禹则侥幸逃脱。《魏书·卷六十四·张彝传》P165。这个事件后，胡太后决定向军人妥协。当时崔亮新任吏部尚书，"时羽林新害张彝之后，灵太后令武官得依资入选。官员既少，应选者多，前尚书张韶循常举人，百姓大为嗟怨，亮乃奏为格制，不问士之贤愚，专以停解日月为断，虽复官需此人，停日后者终于不得。庸才下品，年月久者灼然先用，沉滞者皆称其能。亮外甥司空咨议刘景安书规亮曰：殷周以乡塾贡士，两汉由州郡荐才，魏晋因循，有置中正。谛观在昔，莫不慎举，虽未尽美，十收六七。而朝廷贡才，只求其文，不取理，察孝廉唯论句，不取治道；立中正不考人才行业，空辨氏姓高下，至于取士之途不溥。沙汰之理未精。而舅属当权衡，宜需改张易调，如之何反为停年格以限之，天下士子，谁复修厉名行哉？亮答书曰：汝所言乃有深致，吾乘时邀幸，得为吏部尚书，当其壮也，尚不如人，况今老朽而居帝难之任，常思同升举直，以报明主之恩，尽忠竭力，不为贻厥之累，昨为此格，有由而然。今已为汝所怪，千载之后，谁知我哉。可静念吾言，当为汝论之。吾兼正六为吏部郎，三为尚书。铨衡所宜，颇知之矣。但古今不同，时宜须异。何者，昔有中正，品其才第，上之尚书，尚书据状，量人授职，此乃与天下群贤共爵人也，吾谓当尔之时，无遗才，无滥举矣，而汝犹云十收六七。况今日之选专归尚书，以一人之鉴照察天下，刘毅所云：一吏部，二郎中，而欲究竟人物，何异以管窥天。而求其博哉！今勋人甚多，又羽林入选，武夫崛起，不解书计。唯可骧弩前驱，指踪捕噬而已。忽令垂组乘轩，求其烹鲜之效，未曾抄刀，而使专割。又武人至多，官员至少，不可周溥设令十人共一官，犹无官可授，况一人望一官，何由可不怨哉？吾近面执，不宜使武人入选，请赐其爵，厚其禄，既不见从，是以权立此格，限以停年尔。昔子产铸刑书以救弊，叔向讥之以正法，何异汝以古礼难权宜哉！后甄琛、元修义，城阳王徽相继为吏部尚书，利其便己，踵而行之。自是贤愚同贯，泾渭无别，魏之失才，从亮始也。《魏书·卷六十六·崔亮传》P171。停年格给社会带来不好的预期，没有任何能力和功绩的人可以稳定获得提拔。这还不是最坏的，崔光韶、崔光伯是孪生兄弟，崔光韶初除奉朝请……遂经吏部尚书李冲，让官于光伯，辞色恳至，冲为奏闻，高祖嘉而许之。太和二十年。以光韶为司空行参军，复请让从叔和……高祖善之，遂以和为广陵国常侍，寻敕光韶兼秘书郎，掌校华林御书。《魏书·卷六十六·崔亮传》P171。崔光韶的手法其实可以反复使用，当然，崔光韶后来证明是一位出色的官员，不枉高祖花大代价。

河南洛阳人山伟，字仲才，其祖先为代人，肃宗时迁员外郎，廷尉评。"肃宗初，时天下无事，进仕路难，代迁之人，多不沾预，既六镇陇西二方起逆，领军元义欲用代来寒人为传诏以慰悦之，而牧守子孙投状求者百余人，又欲杜之，因奏立勋附队，令各依资出身，自是北人悉被收讫。伟遂奏记，赞义德美，义素不识伟，访侍中安丰王延明、黄门郎延顺，顺等因称荐之，义令仆射元钦引伟兼尚书二千石郎。后正名士郎，修《起居注》，仆射元顺领选，表荐为谏议大夫。《魏书·卷八十一·山伟传》P208。元义不想让牧守的子孙担任传诏，奏请立勋附队，令各依以门第出身，从代南迁的人都被录用。

上述二例都发生在胡太后临朝听政时代，从停年格到专门录用某个地区的人，都对真才实学的人起到阻碍作用，胡太后没有意识到由此可能产生的负面影响，不过她对自己的智力从来就深信不疑，愚妄的政策得以出台实施则是狂妄与自卑双重影响的结果。

2. 考绩

考绩是监督官员履职的重要手段，很多人从考绩中受益，高宗（文成帝）时，冀州刺史源贺"时考殿最，贺治为第一，赐衣马器物，班宣天下，贺上表请代，朝议以贺得民情，不许。"在州七年，乃征拜太尉。《魏书·卷四十一·源贺传》P107。

除非具有必要的条件：1. 标准一致。2. 评估方具有相对独立性，3. 过程公开公道。考绩有可能流于形式，甚至沦为徇私舞弊、排除异己的工具。考绩不能真实地反映一个人的工作能力与品行。前秦的名相王猛孙王宪，世祖太武帝拓跋焘即位时，"行廷尉卿。……出为并州刺史，加安南将军，进爵北海公。天安初卒，年八十九。《魏书·卷三十三·王宪传》P90。王宪经历道武帝、明元帝、太武帝、南安王、文成帝、献文帝（465年即位，466年为天安元年，天安年号仅历一年。）王宪担任地方官时，有'清身率下，风华大行'，'境内清肃'的赞誉，司法中'断狱称旨'，是王宪为人机灵还是北魏诸君保护一个有才华的家族？王宪之子王嶷任南部尚书时"终日在座，昏睡而已。李诉、邓宗庆等号为明察，勤理世务，而二人终见诛戮，余十数人或黜或免，唯嶷卒得自保，时人谓之语曰：实痴实昏，终得保存。"……后入为内都大官，卒。《魏书·卷三十三·王宪传》P90。王宪父子都是既胜任工作，又能得到善终的类型，但是他们各自在生活中表现应该是个人智慧所致。

太和十六年，降五等之爵，以丽勋著前朝，……（尚书左仆射陆叡）行尚书令,……高祖大考百官,夺尚书令禄一周。《魏书·卷四十·陆俟传附陆叡传》P106。高祖一方面将五等爵位者普遍下调一等,后来陆叡母亲去世,陆叡解官服丧,适逢高祖准备南征,启用陆叡,改授为征南将军,陆叡坚决辞让,要求为亡母服完丧期。高祖对此不满,诏曰:睿犹执私痛,致违往旨。金革方驰,何宜曲遂也。"认为陆叡违背旨意,大考百官之后,扣除陆叡一整年的俸禄,惩罚还很重。陆叡如果不重视其母丧期,他就与经典相悖;如果他顺从御旨,又会遭到包括舆论在内的各种抨击。

世宗诏曰:考在上中者,得泛以前,有六年以上迁一阶,三年以上迁半阶,残年悉除。考在上下者,得泛以前,六年以上迁半阶,不满者除。其得泛以后。考在上下者,六年以上升半阶,三年迁一阶。散官从卢昶。《魏书·卷六十四·郭祚传》P164。宣武帝景明元年为公元500年,有颁布考格,考绩有上中,上下等之分,时间计算上以六年、三年划界。满六年或满三年,超过三年不满六年以三年计。不满三年不计。获得上中的六年以上升一级,三年以上升半级。考绩获得上下,六年升半阶。其职期满以后,考绩在上下者,三年迁一阶。作为量化的标准,考绩可以有效督促官员积极履职。但是考绩多半只能管到本分的官员,征西将军、尚书右丞郭祚因为不满领军在朝廷专横跋扈,游说高阳王元雍将于忠转任地方之职,被愤怒的于忠矫诏杀害。高阳王元雍太和九年封颍川王,后改封高阳,食邑二千户。高阳王以下的话估计于忠会赞同"世宗初,世宗行考陟之法,雍上奏曰:今考格始宣,怀怨者众,臣窃观之,亦谓不可,有光国典,改之何难?《魏书·卷二十一上·献文六王传》P65。

考绩很容易变得流于形式,延昌二年(宣武帝延昌二年为513年),将大考百僚,鸿(员外散骑常侍崔鸿)以考令于体例不通,乃建议曰:窃惟王者为官求才,使人以器,黜陟幽明,激扬清浊,故绩效能官,才必称位者朝升夕进,年岁数迁,岂拘一阶半级,阁以僚等位者哉。二汉以降,太和以前,苟必官需此人,人称此职,或超腾升陟,数岁而至公卿,或长兼、试守称允而迁进者,被卷则人人而是,举目则朝贵皆然,故能时收多士之誉,国号丰贤之美,窃见景明(宣武帝元年为景明元年,500年)以来考格,三年成一考,一考转一阶。贵贱内外,万有余人,自非犯罪,不问贤愚,莫不中上。才与不肖,比肩同转。虽有善政如黄裳,儒学如黄王郑,史才如班马,文章如张蔡,得一分一寸必为常流所攀,选曹亦抑为一概,不曾甄别,琴瑟不调,改而更张,虽明旨已行,犹宜消息。世宗不从。虽然崔鸿要求停止下来,世宗宣武帝予以断然拒绝。《魏书·卷六十七·崔光传》P174。

考绩是必要的,尽管考绩也受到重视,吏治总体情况仍然在多数时候很差。太和十八年春,"广陵王羽表辞廷尉,不许。羽奏:外考令文,每岁终,周镇列牧守治状,及至再考,随其品第,以彰黜陟。去十五年中,在京百僚,已经考为三等,此年已是三载,虽外有成令,而内令未颁,内外考察,理应同等。臣辄推准外考,以定京官治行。诏曰:虽内考未宣,绩已久著。故《明堂》、《月令》载公卿大夫论考属官之治,职区分著。三公疑尚书三载殿最之义,此之考内,已为明矣。但论考之事,理不在轻,问绩之方,应关朕听,辄尔轻发,殊为躁也。每考之义,应在年终,何得春初也!今始维夏,且待至秋后。……后高祖临朝堂,……顾谓羽曰:上下二等,可为三品;中等但为一品。所以然者,上下是黜陟之科,故旌丝发之美,中等守本,事可大通。《魏书·卷二十一上·献文六王传》P65。羽后来因为奸淫员外郎冯俊兴之妻,夜因私游时为冯俊兴重伤至死。世宗这时变得毫无道德感,亲临致哀,隆重安葬。

有些官员职务得来并不是凭自己的能力,职务可以自行让与别人:平昌太守裴询,"时太原长公主寡居,与询私奸,肃宗(孝明帝元诩)乃诏询尚焉,寻以主婿,除散骑常侍。时本邑中正阙,司徒召询为之,询族叔晒自陈情愿此官,询遂让焉。时论善之。寻监起居事,迁秘书监。《魏书·卷四十五·裴骏传》P119 非夫妻之间的男女关系本该受惩罚的"窦遵善,官至尚书郎,濮阳太守,多所受纳,其子窦僧演,奸通民妇,为民贾邈所告,免官。后以善书,拜库部令。卒官《魏书·卷四十六·窦瑾传》P120。窦瑾在兴光(文成帝兴光元年是454年,兴光历一年)初年父子四人伏诛,少子窦遵善逃匿。窦遵善在书道成名,道德败坏,是否称职也成问题。

有些人利令智昏,造假现象十分普遍:"肃宗时,朝政稍衰,人多窃冒军功,同阅吏部尚书,因加检覆,核得窃阶者三百余人。卢同上书肃宗,"臣聊尔拣拣,已得三百余人,明知隐而未露者,动有千数。"《魏书·卷七十六·卢同传》P195。卢同认为是"良由吏部无簿。"提出建立严格的审核录入制度,得到肃宗同意。

第二节 行政运作方式与国家现状的关系

一、政治的运作过程

1. 权力的分工
除非特别有个性专业的履职者,否则权力的分工不容易得到体现。

贾秀在恭宗逝世后掌吏曹事,高宗时进爵阳都子,加振威将军。时丞相乙浑擅作威福,多所杀害,浑妻庶姓而求公主号,屡言于秀,秀默然。浑曰:公事无所不从,我请公主,不应何意? 秀慷慨大言,对曰:公主之号,王姬之称,尊宠之极,非庶族所宜。若假窃此号,当必自咎,秀宁死于今朝,不取笑于后日。"浑左右莫不失色,为之震惧。而秀神色自若,浑夫妻默默含忿。他日,乃书太医给事杨惠富臂"老奴官悭"字,令以示秀。浑每欲伺隙陷之,会浑伏诛,遂得免难。《魏书·卷三十三·贾彝传》P92。这是一个权力与职务划分的例子,贾秀是一个专业称职的人,他的顶头上司而且是极其专横的人,也无法绕过他,贾秀为坚守规则,有不惜付出生命代价的决心。那些做不到贾秀这样,明哲保身的人可能是绝大多数,应该会满足丞相类似甚至更为过分的私欲。

2. 决策的方式

1) 全体参与讨论

太和十四年(490年)八月诏:丘泽初志,配尚宜定,五德相袭,分叙有常,然异同之论,著于往汉,未详之说,疑在今史。群官百辟,可议其所应,比令合衷,以成万代之式。中书监高闾议以为:弃秦之暴,越恶承善,不以世次为正也,故(汉)以承周为火德,……魏承汉,火生土,故魏为土德晋承魏,土生金,晋为金德。赵承晋,金生水,故赵为水德,燕承赵,水生木。故燕为木德。秦承燕,木生火,故秦为火德。……若继晋,晋亡已久,若弃秦,则中原有寄。推此而言,承秦之理,事为明验。故以魏承秦,魏为土德,……若秦赵及燕,虽非明圣,各正号赤县。统有中土,……今若并弃三家,远承晋氏,则灭中原正次之实,……臣愚以为,为官宜从尚黄,定为土德。

秘书监李彪、著作郎崔光等以为:……秦并天下,革创法度,汉仍其制,少所变易。犹仰推五运,竞踵隆姬。而况刘、石、苻、燕,世业促褊,纲纪弗立。魏接其弊,自有彝典,岂可异汉之承木,舍晋而为土焉?……绍晋定德,庶曰不可? 而欲次之伪僭,岂非惑乎?

太和十五年年,侍中、司空长乐王穆亮、侍中、尚书左仆射、平原王陆叡、侍中、吏部尚书、中山王王元生、侍中、尚书、驸马都尉南平王冯、散骑常侍、都曹尚书、新泰侯游明根、散骑常侍、南部令邓侍祖、秘书中散李恺、尚书左臣郭祚、右丞、霸城子卫庆,中书侍郎封琳、中书郎、泰昌子崔挺、中书侍郎贾元寿等言:"臣等受敕议中书监高闾,秘书兼李彪皇魏行次,"高闾等排出的次序是:晋——石勒(水)——燕(木)——后秦(火)——北魏(土)。"皆以地据中夏,以为得统之征皇魏建号,事接秦末,晋既灭亡,天命在我,固因中原有寄,既而承之。彪等据神元皇帝与晋武并时,桓、穆二帝,仍修旧好,始自平文,逮于太祖,抗衡秦、赵,终平慕容,晋祚终于秦方,大魏兴起于云朔。据汉弃秦承周之义,以皇魏承晋为水德。二家之论,大略如此。臣等谨共参论,伏惟皇魏世王玄朔,下迄魏、晋、赵、秦、二燕,虽地据中华,德祚微浅并获推叙,于理未惬。又国家积德修长,道光万载彪等职主东观,详究图史所据之理,其至难夺。今欲从彪等所议,宜承晋为水德。诏曰:越近承远,情所未安,然考次推时,颇亦难继。朝贤所议,岂朕能有违夺?便可依为水德,祖申腊辰。"《魏书·卷一百零八之一·志第十·礼四之一》P307。

学术与传统可以共同讨论,利益面前则必须分道扬镳。这既是个人偏好所决定,制度对决定的方式并无约束。

2)国家重大事务可能是指定的人员

议定律令的参与者:时彭城王勰为太师,"议定律令,勰与高阳王雍、八座、朝士有才学者五日一集,参论规制应否之宜。"《魏书·卷二十一上·献文六王传》P66。

3)专题的讨论

永平三年(宣武帝永平三年为510年),尚书李平奏:冀州阜城民费羊皮母亡,家贫无以葬,卖七岁子与同城人张回为婢,回转卖于鄃县梁定之,而不言良状。案盗律'掠人、掠卖人、和卖人为奴隶者,死。回故买羊皮女,谋以转卖,依律处绞刑。诏曰:律称和卖人者,谓两人诈取他财,今羊皮卖女,告回陈称良。张回利贱,知良公买,诚于律俱乖。而两各非诈,此女虽父卖为婢,体本是良,回转卖之日,应有迟疑,而'决从真卖,于情不可。'更推例以为永式。

廷尉少卿杨钧议曰:谨详盗律:'掠人、掠卖人、和卖人为奴隶者,皆死'别条'麦子孙者,一岁刑。'麦良是一,而刑死悬殊者,由缘情制罚。则致罪有差。又详'君盗强盗,首从皆同。'和掠之罪,固应不异。及'知人掠盗之物,而故买者,以随从论。'然五服相卖,皆有明条,买者之罪,律所不载。窃谓同凡从法。其缘服相减者,宜有差。买者之罪,不得过于卖者之咎也,但羊皮卖女为婢,不言追赎,张回真买,谓同家财,至于转鬻之日,不复疑虑,缘其买之于女父,便卖之于他人,准其和掠,此有因缘之类也。又详恐喝条注'尊长与之与决,恐喝幼贱求之'恐喝体同,而不受恐喝之罪者,以尊长以之与决故也。而张回本买婢于羊皮,乃真卖定之,准此条例,得先有由,推之因缘,理颇相类。即状准条,处流为允。

三公郎(即尚书三公郎)崔鸿议曰:案律'卖子有一岁刑,卖五服内亲属,在尊长者死,期亲及妾与子妇流'唯买者无罪文。然'卖者既已有罪,买者不得不坐。但卖者以天性难夺,支属易移,尊卑不同,故罪有异。'……知人掠良,从其宜买,罪止于流,然其亲属相卖,坐殊凡掠至于买者,亦宜不等。若处同流坐,于法为深,准律斟降,合刑五岁。……至如买者……按其罪状,与掠无异。……今谓买人亲属而复决卖,不告前人良状由绪,处同掠罪。太保、高阳王雍议:州处张回,专从盗律,检回所犯,本非和掠。保证明然,去盗远矣,今引以盗律之条,处以和掠之罪,原情究律,实为乖当。入臣钧之议,知买掠良人者,本无罪文,何以言之?……臣鸿以转卖流漂,罪与掠等。可谓罪人斯得。……窃谓五服相卖,俱是良人,所以容有差等之罪者,明去掠盗里远,故从亲属为差级,尊卑为轻重。依律,‘诸共犯罪,皆以发意为首,明卖买之元有由,魁末之坐宜定。若羊皮不云卖,则回无买心,则羊皮为元首,张回为从坐。首有沾刑之科,从有极墨之戾。推之宪律,法刑无据。买者之罪,亦各从卖者之坐。’又详臣鸿之议,有从他亲属买的良人,而复真卖,不语后人由状者,处同掠罪,既一为婢,卖与不卖,俱非良人。何必以不卖为可原,转卖为难恕,张回之怨,宜鞭一百,卖子葬亲,孝诚可美,而表赏之议未闻,刑罚之科已降。恐非敦风厉俗,以德导民之谓。请免羊皮之罪,公酬卖值。诏曰:羊皮卖女葬母,孝诚可嘉,便可特原,张回虽买之于父,不应转卖,可刑五岁。《魏书·卷111·刑罚志》P321。

三公郎崔鸿的意见应该最为专业,法律条文禁止卖子女,否则判一年徒刑。张回应该判处五年徒刑。

4) 讨论一个议案的可能没有直接的主管人员参加

合适的人参与论证管理,意义与其他人员参与完全不同,不仅可以得出透彻、正确的结论,处理各类问题也会很得体,不会出现解决一个问题而出现一个新问题。世宗时的通直散骑常侍甄琛上表曰:今者,天为黔首生盐,国与黔首障护,假获其利,是犹富专口断不及四体也,且天下夫妇岁贡粟帛,四海之有,备奉一人,军国之资,取给百姓,天子亦何患乎贫,而苟禁一池也。……每观上古爱民之迹,时读中叶骤税之书,未尝不叹彼远大,惜此近狭。……且善藏者藏于民,不善藏者藏于府。藏于民者民兴而君富,藏于府者国怨而民贫,国怨则示化有亏,民贫则君无所取,愿弛兹盐禁。依《周礼》置川衡之法,使之监导而已。

诏:民利在斯,深如所陈,付八座议可否以闻。

司徒、兼尚书,彭城王勰,尚书邢峦等奏:琛之所言,富夫有言,首尾大备,或无可贬。但恐坐谈则理高,行之则事阙。是用迟回,未谓为可。……所谓集天下之产,惠天地之民,藉造物之复,赈造物之贫。彻商贾给戎战,赋四民赡军国,取乎用乎,各有义已。禁此渊池,不专大官之御;敛此匹帛,岂为后宫之资?既润不在己,彼我理一,犹积而散之,将焉所齐?且税之本意,事有可求,固以希济生民,非为富贿藏货。不尔者,故昔之君子何为然哉? 是以后来经图,未之或改。故先朝商校,大小以情,降鉴之流,疑兴复盐禁。然自行以来,典司多怠,出入之间,事不如法。遂令细民怨嗟,商贩轻议,此乃用之者无方,非兴之者有谬。致使朝廷明识,听营其间,今而罢之,惧失前旨。一行一改,法若易棋,参论理要,宜依前式。

诏曰:司盐之税,乃自古通典,然兴制利民,亦代或不同,苟可以富氓益化,唯理所在。甄琛之表,实所谓助争毗止治者也,可从其前计,使公私并利,川利无拥,尚书严为禁豪强之制也。

这里讨论的是如何对重要的自然资源——盐进行监管,是社会的物质分配问题,也是权益问题,是满足需求与获得税收之间如何平衡问题。这也是当时决策的一个典型例子,提出议案,君主批准在哪个层级论证,最后否决或者批准实施。上述中参与提案、评估、决策的人能力都很强,因此没有相关部门主管人员出现,也没有影响结论的正确性。这是因为他们运气好,一是只涉及政策框架,没有实施细节,监管的方案等。

5) 有风险的议政

重大决策并非严格意义上的集体讨论"显宗将禅位京兆王子推,任城王云、陇西王源贺等并皆固谏,时任选台尚书的陆馛抗言曰:皇太子圣德承基,四海属望,不可横议,干国之纪。臣请刎颈殿庭,有死无贰。"久之,帝意乃解。《魏书·卷四十·陆俟传》P105。

6) 政治商议后的错误决定

世宗(孝文帝第二子子宣武帝元恪)时的大宗正卿,河南邑中正元匡(高祖孝文帝称其为叔父),字建扶,与尚书令高肇不平,常无降下之色。时世宗委政于肇,朝廷倾惮,唯匡与肇抗衡。曾经制作一副棺材,准备抬带朝廷上,不顾一切历数高肇的问题,然后自己自杀。肇闻而恶之。后因与太常刘芳议争权量,遂与肇声色。元匡因为想要提出一套新的计量标准,加上其他一些问题,遭到御史中尉王显强烈质疑,以下王显弹劾元匡长文的主要部分:"高祖睿思玄深,参考经记,以一黍之大,用成分体,准之为尺,宣布施行。暨正始(宣武帝正始元年,504年,历四年)中,故太乐令公孙崇辄自立意,以黍十二为寸,别造尺度,定律刊钟。皆向成讫。表求观试。时敕太常卿臣芳,以崇造既成,请集朝英,以议得否,芳疑崇尺度与先朝不同,察其作者,于经史复异,推造勘据,非所宜行。时尚书令臣肇、清河王怿等以崇造乖谬,与《周礼》不同,遂奏臣芳依《周礼》更造,成讫量校,从其善者。而芳以先朝尺度,事合古典,乃依前诏书,以黍刊寸。并呈朝廷,用裁金石。于时议者,多云芳是。唯黄门侍郎臣孙惠蔚与崇扶同。二途参差,频经考议，而尚书令臣肇以芳造。崇物故之后，而惠蔚亦造一尺，仍云扶。以比崇尺，自相乖背。量省二三，谓芳为得。而尚书臣匡表云刘孙二尺，长短相倾，稽考两律，所容殊异。言取中黍，校彼二家，云并参差。仰中无所，自立一途。请求判议。当时议者，或是于匡。两途驳舛，未及时定。肇又云，权斛斗尺，班行已久，今者所论，岂喻先旨。宜仰依先朝故尺为定。

自尔以后，而匡与肇厉言都座，声色相加，高下失其常论。

然匡职当出纳，献替所在，斗尺权度，正是所司。……况匡表云：所据铜权，形如古志，明是汉作，非莽别造。请以肇、匡并禁尚书，推穷其原，付廷尉定罪。

诏曰：可。有司奏匡诬肇，奏匡死刑。世宗恕死，降为光禄大夫。又兼任宗正卿，出为兖州刺史，匡临发，帝引见于东堂，老勉之，匡犹以尺度金石之事，国之大经，前虽南台，所弹然犹许更议，若议之日，愿听臣暂赴。世宗曰：刘芳学高一时，深明典故，其所据者，与先朝尺乃寸过一黍，何得复云先朝之意也？兖州既所执不经，后议之日，何待赴都也。肃宗初入为御史中尉，匡严于弹纠，始奏于忠，次弹高聪以免官，灵太后并不许，以违以纠恶之心，又虑匡辞解，欲奖安之，进号南安将军，后加镇东将军。

匡屡请请更权衡不已，于是诏曰：谨权审度，自昔令典，定章革历，往代良规。匡宗室贤良，留心既久，可令更集儒贵，以时验决，必务权衡得衷，令寸龠不舛。

匡所制尺度讫，请集朝士议定是非。诏付门下、尚书三府九列议定以闻。太师高阳王雍等议曰：伏惟高祖创改权量已定，匡今新造微有参差，且匡云所造尺度与《汉志》王莽权斛不殊，又晋中书监荀勖云：后汉至魏，尺长于古四分有余，于是依《周礼》，积黍以起度量，惟古玉律及钟，遂改正之。寻勖所造之尺与高祖所定，毫厘略同。又侍中崔光得古象尺，于时亦准议令施用。仰惟孝文皇帝，德迈前王，睿明下烛，不刊之式，事难变改，臣等参论，请停匡议。永遵先皇之制。诏从之。《魏书·卷十九上·景穆十二王》P54。

本次君臣对话后元匡立即被廷尉定为死罪，随后得到世宗的赦免，如果元匡所造尺度确与王莽权斛相同，就可能比以黍基准的尺度更为精准，由于整个朝廷缺乏对专业的尊重，对《周礼》和孝文帝也就是经典与权力盲目崇拜，结果元匡在本次朝议后被国家最高司法主管部门长官廷尉定了死罪，世宗随后仁慈地赦免了他，只是给降职处分。他为什么能够在一次普通、没有发生严重冲突自己没有过失的朝议后变成众矢之的？世宗先是批准审判元匡，后又为何又让其死里逃生，世宗没有具体说明。

这不是一个孤立的案例,这种议事方式看起来综合不同的意见,国家各部门最高级长官、高等贵族参加,但是在多大程度上得出合理的意见则十分不确定,如果君主、权臣有个可以察觉的取向,意见就会向那边倾斜,只有极少时候出现唯有真实性所向披靡的情况。文明太后决定实施均田制的过程:提出方案,然后廷议,批准,是一个比较典型又比较成功的案例,但是文明太后掺杂有强烈的个人因素,使一个从文字到实践都高度利国利民的制度提案总体的设计、完整、彻底得到贯彻,文明太后喜欢这个提案,基于对提案者的高度信赖。所以讨论的过程中规中矩,合理性得到了尊重。

延昌(宣武帝延昌年号自 512 到 515 年)中,给事中孙绍上表曰:……伏惟大魏应天明命,兆启无穷,毕世后仁,祚隆七百,今二虢京门,了无严防,南北二中,复阙严守,长安、邺城,股肱之寄,穰城、上党腹背所凭,四军五校之轨,领、护分事之式,征兵储粟之要,舟车水陆之资,山河要害之权,缓急去来之用,持平赴救之方,节用应时之法,特宜修置,以固堂堂之基。持盈之体,何得而忽。居安之辰,固应危惧矣。必造祸源者,北边镇戍之人也。《魏书·卷七十八·孙绍传》P200。此表所涉及的是重要的防御点缺乏大战准备,中还谈到官员黜陟等问题,如果这些重镇都缺乏基本的防御,说明宣武帝时代政治已经在急剧滑坡。孙绍还谈到其他如人事安排等弊端,但没有回应,孙绍只关注到问题的表面,元孝友倒是观察到问题的本质,元孝友袭爵临淮王,时任沧州刺史,孝静帝天平元年(534 年)北魏孝武帝永熙三年上表:

臣之赤心,义唯家国,欲使凶吉无不合礼,贵贱各有其宜。省人率以出兵丁,立仓储以丰穀食。设赏格以擒奸道,行典令以示朝章,庶使足食足兵,人信之矣。又冒申妻妾之数,使王侯将相,功臣子弟,苗胤满朝,传祚无穷,此臣之志也。《魏书·卷十八·太武五王传·临淮王》P51。他以礼为准则,希望国家恢复礼仪,建立等级社会,解决社会总体缺乏信任感的问题。他的抱负是维护现有的社会既得利益阶层,在国家已经失控时提出这类总体解决方案,一是发现了问题,另一方面是想要国家中兴,他的一些方法可行,目的却极其狭隘,与孝文帝理想基本背离。这个意见因为缺乏现实基础立即被忽略了。

3. 影响决策的个别人

1) 不乏有文化又有执行力的人

郦道元就是一个有文化的酷吏,太和中为尚书主客郎,后除安南将军,御史中尉。道元素有严猛之称。撰注《水经》四十卷。《魏书·卷八十九·酷吏·郦道元传》P222。暴力与文化高低无关。他的本意是维护国家权威,行为不合法,但不会因此受到与自己过误相当的惩罚。

2）温和而守法的宦官

世祖时，仇洛齐为给事黄门侍郎，仇洛齐后来至冀州刺史。此人天生部分缺乏男性体征，虽然曾官居高位，没有做什么坏事，《魏书·卷九十四·阉官·仇洛齐传》P232。也不能以一个群体一概而论。

上述两类个性的人对决策的实施至关重要，第二种人可能对决策的完整实施更为需要，也更为有益。第一种则极不安分，正确的决策可能变得满目全非。这种类型的人在北魏时代的政治界面上占比很大，他们经常都在扭曲国家的政治决策的实施路径。

直到国家倾覆，强悍的民风也依然鲜活，北魏景穆皇帝拓跋晃玄孙元晖业年少时是问题青年，与寇盗交友，年长后酷爱经史，慷慨有志节。历司空、太尉，加特进，领中书监，录尚书事。（高欢长子高澄在东魏孝静帝武定七年(549年)，图谋禅代，遇刺死。弟高洋代魏后追谥文襄）天宝二年(北齐高洋天宝二年为550年)，徙驾至晋阳位宫门外，骂元韶曰：尔不及一老妪，背负玺与人，何不打碎之？文宣(高洋)闻而杀之，亦斩临淮公元孝友。元韶是孝庄帝侄，为高欢女婿，这个人后来被高洋百般羞辱，天宝十年北魏元氏尽被诛，韶饿死牢中。《北齐书·卷二十八·元晖业传》P42。同处逆境，元晖业(字绍远)突然公开怀念祖辈拓跋珪、孝文帝的基业而拖累多人一同丢了性命，北魏是优化了一些制度，其真实优劣各在何处，元晖业未必清楚，北魏后续走向就是孝文帝变革直接的结果？抑或是严重偏离孝文帝变革精神的所致？仅靠一次变革不可能确保国祚无限绵延，求新求变成为社会的常态，国家才会形成有益的稳定。

北魏本族旧的错误未改：铸金人立后；又铸成新错，立皇储杀母。北魏能够指望立子杀母制，手铸金人成者得为皇后的制度，均田制，迁都改变服饰语言定姓氏这套组合制度能支撑起这个王朝？所有用得上新旧制度中，哪些是完全无害的？它们各自分别都有何种作用？

北魏的各种新制度整合起来不能支撑起这个王朝？不可能支撑所有的人，支撑多数人？或者它只能支撑仅仅上社会最上层的人那一小部分人？

二、北魏制度整合起来后是一个怎样的政治布局？这些问题得到何种程度的解决要看制度具体运作加以检验

1. 战争的检验：战争是国家的综合能力，战争的机会十分频繁

1）第一阶段，公元414年，崔浩开始得到拓跋嗣的亲信，秘密参与军国大

事。十年后,道士寇谦之得到新即位的太武帝信任,他不是一下就全部接受道教并改变自己,北魏的军队十分犀利,两年后,连续攻占了夏的长安、统万,虽然长安后来失手,429 年,大败柔然,436 年灭北燕,三年后灭北凉,统一整个北方。442 年,太武帝亲至道坛接受符箓,此后这成为了惯例,道家的思想没有束缚拓跋族的翅膀,他们变得更为骁勇善战。在寇谦之的请求下,静轮宫开工,要高到听不到鸡犬之声,以便迎接天神,开销巨大,仍然没有完成。虽然没有接到天神,乌洛侯国的使者首次来见太武帝,声称发现拓跋人远祖在北荒留下的神迹,那里或许就是拓跋人的发祥地,太武帝一心南下。佛教徒被认为支持了起事的卢水胡盖吴,太武帝下令禁佛。禁佛也受到了偏爱道教的崔浩操纵。但四年后崔浩被太武帝所杀。450 年之后,北魏攻击南朝的宋国,宋国夺地失守,北魏士兵留下残暴野蛮的恶名。

2) 第二阶段,452 年,是北魏的一个重要节点,太武帝被宗爱所杀,立南安王,后又杀南安王。皇孙拓跋濬被立为文成帝,杀宗爱。文成帝太安四年(458年),北魏增加内外侯官,侦查百官过失。469 年,免除上中下三品九等输租赋的条例和一些杂调,对人民有补益,472 年有司奏祭祀场所有一千七十五所,一年需要为祭祀宰杀牲口七万五千六百头、下令除天地、宗庙、社稷皆不准使用现宰杀的牲口,以肉干或水果干等替代。用其他脯。477 年,工商皂隶,自今无勋劳者,叙官不得超过本部丞。班禄制户增调帛三匹,谷二斛九斗以为官之俸禄。增调外帛二匹。495 年,魏改长尺大斗,其法依《汉志》为之。496 年,太子恂,恒州太守穆泰被重罚。

498 年七月,为攻击齐国筹措军费,诏,减皇亲国戚及在军者俸禄三分之一,皇后私府六宫嫔妃,五服男女也减半。以供军需。499 年(太和二十三年)三月,齐四万攻魏,孝文帝亲征伐,杀齐军三万,四月孝文帝逝世。500 年(宣武帝景明元年),魏大败齐军。

471 年献文帝传位于太子拓跋宏,五年后,冯太后毒死了太上皇献文帝,自己称太皇太后,临朝听政。二十四年后,太皇太后逝世,孝文帝亲政。太和十七年,从齐国来的王肃为北魏制定了礼制。六年后,493 年(一说为 499 年)王肃又以南方国家为摹本,制定了北魏官品制度,共九品,分正、从。

3) 第三阶段,506 年,梁军在洛口大败于魏。507 年,距孝文帝逝世八年,北魏与萧衍的梁国在钟离大战,北魏大败二十万人被杀,五万被俘虏。509 年,魏佛教大盛、515 年,宣武帝逝世,七岁的孝明帝即位,胡太后临朝听政,胡太后学佛,518 年,魏都洛阳之中寺庙逾五百,占夺民居三分之一。534 年,高欢占领洛阳,这不会比佛占领好,但是佛为何让高欢占领一个如此崇尚依赖佛的都城?

514 年年后被元叉幽禁五年后再次临朝,孝明帝找来尔朱荣对付胡太后,结果孝明帝自己被杀,尔朱荣兽性大发,胡太后,新立的国君元钊,朝中大臣二千余人被杀。导致魏国靠近梁国许郡县降梁。孝庄帝杀尔朱荣,尔朱兆又杀孝庄帝,抵受不了折腾的北魏在 534 年分裂为东西魏,与原来的北魏基本上已经不是一个概念。

啃噬制度的野兽之王是谁? 君主,权臣,实力派,道德感? 向南进军时拓跋族生龙活虎,胜多负少,但孝文帝后,赢得战场上的胜利已经十分吃力。终于一场惨败扑面而来。不适应他选择的制度,该制度天然的内生的破坏性适时起作用,或者制度有自动的安全开关,禁止发挥其全部的功能。

占有一个国家是一回事,管理一个国家是另一回事,两者有时并没有可比性。制度维护的是礼的话,那么生活就是礼的生活,追求的如果是利益,那生活的中心就一定利益。

道武帝是个有先见之明的人? 后世是因为没有接受他的训导而孵化了胡太后? 还是胡太后是道武帝规则的恶果? 如果献文帝的生母没有因为制度条款丧命,他可能不会过早变得消沉。胡太后兴风作浪,是导致后果对她本人而言十分沉痛。

三、谁是中国政治巨灵的最危险的野兽? 让北魏君臣集体变得愚蠢的是制度设计的错误,还是外来的宗教?

1. 如果没有人杀死献文帝母亲,就不会有人禅位,这是一个制度错误

均田制是一个系统,有严谨的户籍制度,班禄制(官员的俸禄来自授田农民),有鼓励耕种禁止游食的法令,占田制就没有达到它所具有体系的完备。当时均田制遭到人为的破坏,至少是监管者懈怠。"魏自永安以后(孝庄帝永安元年为 528 年),政道陵夷,寇乱实繁,农商失业。官有征伐,皆权调于人,犹不足以相资奉,乃令所在迭相纠发,百姓愁怨,无复聊生。《隋书·卷二十四·食货志》P89。

为什么人们不愿共同协力管好一个好制度,至少是一个暂时无可替代的制度? 一方面没有广泛形成共识,另一方面这个制度使其有更多的人获益,从而没有有效形成有层级的保护,一旦触犯它的细节,即可被最外层最小受益者敏锐地发现,向内层传导需要改善的细节以及制度本身需要尝试适应的社会新理念都缺乏通畅的渠道。而均田制只是个粗放的政治经济的制度,不涵盖促进技术进

步与保护的必要的相关法条。当普遍歉收，赋税不能及时入库时，这套制度就很容易遭到抨击而不是导致歉收的真正原因，均田制本身是提供人民生活的基本条件。问题是这些条件一是不充足而是很容易被意外或突发情况所改变。制度本身做到了它能做的，但却承受了不属于其责任范围弊端的所要遭受的打击。

制度一旦选定，不论种族、文化背景、个人意愿，制度都会以压倒性的影响支配政治与生活，少数敏锐、有大局观的人或许可以偶尔甚至一直能成功规避其中的弊端以及风险，但当社会整体上会被制度驱动，一致、惯性的行动难免出现细节上的瑕疵乃至集体不辨是非的时段。制度可能会抑制思维的主动性，正确的意见会显得突兀和生僻，孝文帝和胡充华的想法都因为不合群而被否定，但两者都固执己见，又不计后果，意外地导致了制度的事实上被修改。他们的方向正确，但制度的正确部分尚未能形成压倒一切力量，跟进的支持制度又远远不够充分、及时、合体，因此，正确的制度在实践中也与错误的变革混淆。

北魏的致命的问题根源还是制度设计缺陷，权力误置是这个国家最危险的野兽，举国崇佛主要还只是社会问题导致的结果之一。

第三节　北魏改革后的制度都有哪些欠缺？

一、北魏的陷落——一个诱人的政治目标

1. 权臣主导的两魏概论

家族利益是个人利益的延伸，堪称政治公平之劲敌，以古代中国的政治结构，家族利益可以随时动摇国家基础。高欢比宇文泰在北魏地位高，他们各自的成功则要从高欢与宇文家族的恩怨开始。这也是高与贺拔岳恩怨的延续，宇文泰则继承了这种恩怨，并终身与高氏为敌。两个实力派人物的对峙形成新国家，也决定了他们会相互制约。贺拔岳与高欢同时服务于尔朱荣，在河阴，尔朱荣沉杀多才多艺而缺乏严谨生活作风的胡太后以及大批朝士时，高欢在荣军中担任都督，劝荣趁机称帝，左右多半随声附和。荣犹豫之间，贺拔岳反对，荣几经权衡，接受了岳的意见，乃立孝庄帝。但是贺拔岳提出的杀死高欢的建议遭到在场多数同僚的反对，认为当前乃用人之际，高欢则不失为一个有才能的人。尔朱荣再次陷入长时间考虑，终于未杀高欢。对尔朱荣这样一个残暴的人，在同一个人的两条意见中接受一个又否定一个的过程已经显得有点复杂，克制自己杀戮奢好亦极属不易。一定要求他作出作出正确的选择实在强人所难。因此，即使他

的上述选择从结果上看绝对不能算是一个聪明的举措,也不能批评他,但他仍是一个不合格的政治人物。政治人物的美德就是要善于捕捉机会,而他是给家族留下隐患,因为就是他的决定导致后来高欢有机会"(神武既)除尔朱氏,遂专朝政。"更多的不是维护旧制度而是向往新制度。《北史·卷九·周帝纪上》P2696。而且导致两大家族世代为仇,间接导致一个国家分裂。

魏孝武帝即位后,永熙二年(533年),"密令岳图齐神武高欢,遂刺心血以寄岳,……齐神武既忌岳兄弟功名。岳惧,乃与宇文泰协契。永熙三年,岳召侯莫陈悦讨之,悦为前驱,而悦受神武密旨图岳,岳一无所知。悦诱岳入营论事,令女婿元洪景斩岳。灵州刺史曹泥怀有野心,贺拔岳约侯莫陈悦前往镇压,都督赵贵事先奉命去夏州与泰商议此事,泰认为岳弄错了对象,重点是侯莫陈悦而非曹泥。岳没有重视这个意见,仍决定与悦共同讨伐曹泥,而悦针对的是岳,贺拔岳被杀后,宇文泰成为他的继承人。高欢与泰的仇恨不来源于两人的政见,利益的差异之外,泰需要做的只是为贺拔岳报仇,而不需理由,他在报仇之前就已经得到了报赏。忠诚尚未履行完毕,行为则出于对社会评价的重视,显然,这是一种需要维护的仇恨,强烈的复仇心理地延续着他们的对峙。岳兄贺拔胜为宇文泰属下,在一次战斗中胜奋力追高欢达数里远,"刃垂及之,"不料胜坐骑为流矢所杀,而胜又偶尔未带弓箭,使得高欢侥幸逃脱,惊魂甫定的高欢疯狂地寻找一切可以找到的与贺拔氏有关的人肆意屠杀,其中包括贺拔胜兄贺拔允。"诸子在东魏者,多未幸免。"胜因此而感气疾,死于大统十年。《北史·卷九·周帝纪上》P2603。可以相信,对于忠于贺拔家族的部属、门生甚至普通怜悯者而言,仇恨延续下去是多么顺理成章,正是这种仇恨,最终把国家劈为两半。贺拔岳之死之所以成为摇摇欲坠的北魏政权一个重大事件,并不是他个人多么重要。而是其遗留下的武川军对宇文氏的未来极其宝贵(高欢出自怀朔镇)。因为它凸现了宇文泰的实力,以及这种个人影响力是如何填补制度的空白,尽管一大批有才华的人用文明乃至暴力的方式使这套制度刚刚被刷新,人的智慧可以不断地完善制度,也可以让最完备的制度形同虚设。不过贺拔岳子贺拔纬一直得到宇文氏善待,保定中,"录岳旧德,进纬爵霍国公,尚太祖女。"《周书·卷14贺拔岳》P2604。

北魏的丞相高欢迫使孝武帝出走入关后,另立北孝文帝曾孙清河王元亶子元善见(524—552?)为帝,他是个十岁大的孩子,在邺(今河北临漳西南)建立了都城,史称东魏,东孝静帝名义上享国十七年,实际上高欢对他的高度控制下的十七个春夏秋冬,不仅令其看不到皇权究竟在何处,人生的意义也一片模糊,他对自己的处境恨之入骨,这促使他挺而走险,试图对高欢的继承者高澄发难,那是在武定五年(547年),努力的结果得到的是自己的幽禁,三年后被迫禅位给现任丞相高洋,高欢满足于权利,子孙们则期待着皇权名号。次年,即北齐天保二年(551年),东魏一个朝代唯一的皇帝,在历史上的诸皇朝中也是绝无仅有的现象,被毒死,享年二十九岁。高欢这样一个急于求成的人为何能忍受一个皇帝尽管是名义上的皇帝达六千二百余天之久?不管他有多么堂皇的理由,他没有亲自坐上皇帝的那把专用椅子上不能用维护皇权和忠诚来解释,但是一张仿制的椅子足以乱真,迷惑、吸引了更多的人,这或许给高欢以极大的满足。目的相同是政治雷同的原因,制度近似则不足以产生一致的政治效果。宇文泰也好,高欢也好,他们是为一个诱人政治目标而忍气吞声,屈己待人,他们是将生活目标等同于生命意义的人,这是高欢控制的北齐与宇文泰的西魏政治基本对等、可比之处。北齐甚至还有一个更具胆识的女性,她就是历史上的娄太后,当她疯狂地爱上衣衫烂缕的高欢后,不是在一旁偷偷张望、紧张、叹息、感伤、矜持、欲言又止,而是立即采取行之有效的办法并实现了自己的愿望。她属于面临突然的死亡也能泰然自若的人,胸襟开阔、不拘小节,支持并促成了高欢与柔然公主的政治婚姻,还是国家大事不知疲倦的优秀顾问,唯一的争议之处就是对汉族人持不加掩饰的轻蔑态度。娄氏的儿子中,一个是国家的实际统治者高澄,另外还是三个真正的皇帝:高洋、高演、高湛。高洋肯定是一个有道德污点的君主,但是在种族问题上他还是一个有见识的人,"及帝将建中宫,高隆之,高德正言汉妇人不可为天下母,宜更择美配。杨愔请依汉魏故事,不改元妃。而德正犹固请废后而立段昭仪,欲以结勋贵之援。帝竟不从,而立后焉。"《北史·卷十四·后妃下》P57。这里所册立的李氏皇后即赵郡李希宗女李祖娥,汉族,系著名将领太原公王思政遗媚,"容德甚美"。高澄在大统十五年被刺客所杀,其弟高洋成功擒获凶手,次年,高洋废黜元善见自立,高洋的行为无疑是北周建立国家的一副催化剂。

西魏的情况似乎是一个翻版,公元535年,宇文泰毒死了前来投奔他的孝武帝后,立元宝炬(507—551年)为帝,被称为西魏文帝,他也是北孝文帝孙,建都长安。东、西魏疆域的是以洛阳以东、以西的北魏原有领土来划分的,东魏大致在北纬42度,南纬32.5度东经122.5度,西经119.5度左右的地区,包括今北京、河北、山东、河南大部,山西、江苏一小部分。西魏则在约西经94度,东经113度北纬43度,南纬32.5的地区。主要是内蒙、陕西、甘肃地区。只是扩张的西魏——北周后来还陆续囊括益州、襄阳等地区。(地图未标记,而是北周陆续扩大的地域图。)谭其骧主编《中国历史地图集》。宇文泰对孝文帝重点防范，不仅是因为他即位时年满二十八岁，属于活力四射，极其危险的年龄段，而且东边的对手也有一张同样的牌，高欢与他终身为敌，同样才华出众，同样野心勃勃，谁也不愿出错牌。东魏孝静帝在550年禅位后，551年12月被毒死。但是西魏文帝非常恭顺，不过这也是他唯一能选择的政治态度，甚至生活态度，即使他是一个皇帝。他活了四十四年，在他的家族成群接队的皇帝们中算是一个长寿的人，与北魏太武帝(408—452年)并驾齐驱，没有记载他死于暴力或高压，但在盛年与东魏的孝静帝同年毙命，耐人寻味，看来宇文氏与高欢的子孙们虽然几乎连连血战，针锋相对、不共戴天，但至少在如何对待一个过时的人物问题上，有一次难得的共识。西魏废帝(535—554年)即元钦(551—554年在位)，恭帝(537—556年)即元廓(554—556年在位)，前者因图谋杀害太师宇文泰而被废，被毒死，后者则因556年十月，宇文泰死去，而这时的宇文氏失去了最后的禁忌，年底皇帝即被迫禅位于宇文觉，次年被杀。

宇文泰为何放弃自己加冕的机会，而选择万分耐心地执政二十余年？绝不是因为他的思想过于传统，忠诚不是他的突出美德，高欢或许是一个现成的对比甚至一个尺度，两人都在等待最佳时机，看谁会最终出错牌，这个人就立即会被对方宣布为一个叛逆，成为全国的敌人。因此，与个人眼前的实际的利益和家族可能的美好前景相比，没有人愿意首先迈开这决定性的一步。高欢的人臣人生如果在长安被逾越，可能有害于他后裔们的基业，他成为一个英雄人物比成为一个皇帝对家族更有益，这不一定就是他的想法，却可以做为一种有保留价值解释。高欢和宇文泰二人中任何一方在此问题上的错误认识都有可能导致国家重新统一，而正是他们的正确与稳健导致了北魏的分裂，不过在东、西两边，拓跋氏被以另一种方式延续，北周孝闵帝宇文觉生母乃北魏孝武帝元修之妹。东魏孝静帝元善见(524—552年)即北魏孝文帝曾孙，清河王元亶子。元善见的妹妹被孝武帝封为冯翊公主(孝武帝即元修，生于510年，卒于534年，公元532—534年在位。他是广平王元怀第三子，怀为孝文帝第三子，北魏最后的君主，高欢所立，投宇文泰被宇文泰毒杀)。《北史·卷十九·孝文六王传》P77。冯翊公主嫁高欢长子高澄。《北齐书·卷九·文襄元后传》P14。北魏血脉在两个新国家缓缓流淌，虽然这是一种实质上的延续，统治权的转移使延续变得毫无意义，元氏已经退出了历史舞台，再也不能左右时局，甚至不能左右自己。

尔朱荣、贺拔岳、高欢、宇文泰的个人决定当然不能完全脱离社会环境孤立地来看，但由于当时他们各自的选择余地是如此之大，完全没有绝对的、形成压倒优势的外来压力影响他们的独立判断，因此可以说，这是个人的决定影响历史的重要事例，关键人物创造历史在古代中国的文化背景、政治体制中屡见不鲜，并不是个人实力过于强大，而是人民过于软弱。

本章结论

孝文帝改革原因在于文化压力还是同化作用？

从孝文帝改革后果来看，不是自上而下大规模的改革，尤其是强迫性的就会立即见效，而是必须有一种机制，不断接受、消化、满足人民的愿望。在汉文化圈中始终表现得极为不适的元氏家族在北魏分崩离析后之所以仍以其他的方式存在，是出于侥幸，还别人的忍让？潜在的君主合法化至少受到了两个因素制约：一是政治条件不成熟；二是汉文化氛围习惯的威慑。从道武帝386年即帝位时起，到孝武帝534年死去，经历148年，传统上过着游牧生活的突厥人成为中原农耕定居人口的主导，说明一个强大的文化如汉文化，一旦出现急剧弱化乃至僵化后，先进技术和思想体系是不足以弥补天然的地缘因素、民族习惯、尤其生存需求招致的外来武力冲击和占领，外来文化的成就与怀疑精神成正比，而且总是需要大量时间才能得到真正的恢复，良好的制度体系在这种恢复过程中可以起到催化剂作用，它才是文明的精华，在任何一个有活力的国家明显占主导地位。

孝文帝崇尚儒学，献文帝尤其是宣武帝（483—515年，孝文帝次子）笃信佛教。北魏由盛转衰则从宣武帝起，很大一部分原因在于宣武帝对佛事过于投入，个人精力和国家财政等方面的支出惊人。在当时的大气候下，除了局外人，很难把握这个尺度，宗教信仰方面更是如此，它的作用不可以量化。君王们在宗教上的摇摆性，是寻求政治合理的心理强势表现，希望有益于治道。其进一步的发展就辐射到基本生活方式的方方面面。从社会背景而论，孝文帝的变革带有必然性，个人的作用仍极其重要。帝王以外，官吏对宗教的优劣各有其判断，终北魏之期，一直存在激烈争论。但是民众面临的具体困难更多，对宗教的需求更甚，信众也是一涌而上，层出不穷。而所谓政治改革并不是从元宏开始，他的汉化政策中只有少部分对均田制有推进作用，一系列的变革可以让他的族人以全新的思维视角适应、专注于新生活。

纵观北魏诸君命运，充满血腥色彩，道武帝自己被次子所杀，太武帝为既奸诈又凶险的中常侍宗爱所杀，宗爱所立的南安王余几乎是立即就遭遇同样命运，宗爱本人则被愤怒的大臣处决。如果说这些还算是宫廷政治暴力，那此后的情况就几乎每况愈下，节闵帝以后，北魏的君主已沦为变成卑贱的球员，如果不按教谕意图的踢球，随时可能被撤换，此生再也不能上场。北魏史上有四位皇帝被毒死：献文帝、孝明帝、节闵帝、孝武帝，孝庄帝元子攸被缢死，后废帝元郎被杀。劳累过度与精神压力也是直指君王的无形匕首，孝文帝病逝时仅 32 岁，还是个年轻人，宣武帝也是殁于同样年龄，因为这些在中原的宫廷里也时有耳闻，至此，它就已经与其种族特性无关，而更像是制度性的产物。国家治理比战场上获胜的难度大很多，世俗对这两种成就的评估恰好相反，认为战场上的胜者就是国家治理的合适人选，或者自动对号入座，结果，认为战胜后成为国家领袖天经地义而且他们的错误与失败也就成了人民的命运。北魏是个新制度盛行的地方，似乎始终在制定制度，生活中出现问题后再制定新制度，不论是否定还是完善旧制度，但经常被制度的制定者忽略的是，只要制定制度的人不是最优秀的，制度就会被破坏，这是积极且必要的破坏，而且不会停止。

北魏陷落时面临一个不确定未来，本身已失去活力，它依靠高欢和宇文泰的二人的歧见而存在。孝文帝的种族运动本身是积极的，对其后裔的影响则不确定，因为一个优良的政策必须跟进，但是北魏制度的跟进并不成功，孝文帝希望融合政策为他的种族增添羽翼，使之更强有力，更有特性。事与愿违，他的后裔们看到的是另一个更强大的民族国家，不过这里有他们的光荣参与。

本章参考资料：

唐耕耦、陆宏基《敦煌社会经济文献真迹释录》第一辑书目文献出版社 1986 年版

沙知　孔祥星选编《敦煌吐鲁番文书研究》（系论文集）1984 年 4 月第 1 版　甘肃人民出版社。重点参阅了该书唐耕耦所撰《西魏敦煌计帐文书以及若干有关问题》一文

梁方仲《中国历代户口、田地、田赋统计》上海人民出版社　1980 年 8 月第 1 版

《吐鲁番出土文书》文物出版社 1985 年第 1 版

《全唐文·卷 460》P2102［清］董诰等编　上海古籍出版社出版　1990 年 12 月第 1 版

赵翼《陔余丛考·卷十六》《二十二史劄记·卷十四》

（东汉）荀悦撰　张烈点校《汉纪》中华书局　2002 年 6 月第 1 版

（清）顾炎武　著　［清］黄汝成　集释《日知录集释》岳麓书社 1994 年 5 月第 1 版

沈从文等《中国服饰史》陕西师范大学出版社，2004 年第 1 版

第六编

北周卷(混合制)

　　中国历史主要是权力斗争为主流，是礼与非礼，法与非法为主流的抗衡转换历史。下层社会很难与掌权的阶层抗衡，他们天然的需求是为进入统治集团，之前的一切努力与批判都是为准入而不是为否定上层社会在做准备。中国社会的发展的主要推动力是权力的斗争。阶级之间的斗争没有成为社会变革的内生动能，原因有四：1：中国当时以家族为主生活，每一个家族都有自己的上等人。2. 中国的普通人受到的约束非常多，很难腾出手来争取权力。3. 多数人近似赤贫，根本无力反抗富有的统治者。4 法律对平民不利，他们动辄得咎。

　　国民越是具有个人性，社会就越是会趋于合理、真实以及相对的稳定。极度的皇权只有一种情况下是有益无害的，那就是邂逅了智慧无边的皇帝。这两种情况都提示落后和穷困是缺乏能力的后果。

第三十一章　北周政经变革

　　信任女婿们的宇文泰思想朴实，原本对生活没有奢望，但别人发现了他的能力。

　　宇文泰推动三项制度启动运行：1. 大统式。2. 建立周礼模式的六官行政体系。3. 府兵制。作为一个有远见的政治家，宇文泰有主动精神和建设性，意识到吏治的重要，从西魏文帝元宝炬大统元年（公元 535 年）开始，至大统十年，他以当家作主的姿态着力于制定、完善行政管理办法，颁布了《大统式》。废帝三年（554 年），始作九命之典，以叙内外官爵。以第一品为九命，第九品为一命，改流外品为九秩，亦以九为上"。恭帝三年（556 年）正月行周《六官》（宇文泰死于同年九月）这些主要涉及政权管理的制度并不是为元氏君主订立，而可以看做他对自己未来国家的理想。他为他的政策所做的变更提前好几年就做了说明：天下广大，不是一个人所能独自治理，受命担任公职的人，惟有兢兢业业，上匡人主，下安百姓，公而忘私。于是人主赐之以俸禄，尊之以轩冕，而不以为惠也；贤臣受之，亦不以为德也。位不虚加，禄不妄赐。为人君者，诚能以此道授官；为人臣者，诚能以此情受位，则天下之大，可不言而治。后世衰微，此道遂废，乃以官职为私恩，爵禄为荣惠。人君之授官，亲则授之，爱则任之。人臣之受位也，可以尊身而润屋者，则迁道而求之；损身而利物者，则巧言而辞之。于是公之道没，而奸之道生,导致天下不治。他希望从此以后,"才堪者则审己而当之,不堪者则收短而避之。使天官不妄加,王官不虚受,则淳素之风,庶几可反。"《周书·卷一·文帝纪》P5。返回一个从未经历理想时代的强烈愿望并未使之变得盲从,正因为此,宇文泰及宇文家族并未采取孝文帝似的激烈的现代化改革方式:1. 允许继续使用鲜卑语,主要是口语,(直到武帝时,仍多次在不同场合使用鲜卑语,他周围应该有不少人还能听得懂)。2. 文告采用理解困难的尚书语体,通用汉字。3. 采用复杂古雅的《六官》制度。对于一个外来族群而言,使用它们遇到的困难与当地普通的使用者遇到的困难可能相差无几,因为中原一般居民所受到的古典教育同样不够,这是新主人所必要的,它会带来积极的心理平衡。而不同于元宏时代,解释权乃至话语权在最后期限截至时刻,即有立即散失之虞,大部分被牢牢掌握在中原人手中。4. 确立府兵制。这个制度帮助他建立了一支利益明确又为荣誉而战的强悍军队。

第一节 《周礼》——北周《六官》与唐六典

一、《大统式》——最早的式汇编

大统式是行政法典。大统元年(535 年)三月,宇文泰"以戎役屡兴,民吏劳弊,乃命所司,斟酌古今,参考变通,可以益国、利民、便时、适治者为二十四条新制,奏魏帝行之。《周书·卷 2·文帝纪》P4。大统七年(541 年)苏绰撰定六条,获准以诏书形式施行。宇文泰与苏绰在精神上的共同之处在很大程度上激发苏绰的灵感,六条诏书以皇帝的文字名义颁行,实际上是宇文泰与苏绰之间,权利与理念之间有价值的一次协调,其核心是人治的思想,也是儒家德主刑辅,行仁政的价值观。《六条诏书》涉及行政司法准则,施行受严格监督"非通六书,不得为官。"

1) 修心:凡今之方伯令守,皆受命天朝,出临下国,论其尊重并古之诸侯。是以前代帝王,每称其理天下者,唯良宰守耳。明知百僚卿尹,虽各有所司,然其理人之本,莫若守宰之重也。凡理人之本当先理己心,心者一生之主也。他提出从君主到各级官员人人有心为世之楷模的思想,强调社会公平的重要性。为人君应该躬行仁义、孝悌、忠信、礼让、廉平、俭约、无倦、明察。

2) 敦教化:信奉人性善的思想,但发现"性无常守,随化而迁。"而且由于"世道雕丧已数百年,大乱滋甚且二十载。人不见德,唯兵革是闻。"解决的办法主要是：凡诸牧守令长，各宜洗心革意。上承朝旨，下宜教化……教之以孝悌，使人敬让慈爱；教之一仁顺，使人和睦；教之以礼仪，使人敬让。慈爱则不遗其亲；和睦则无怨于人；敬让则不竞于物。三者既备则王道成矣。此之谓教也。先王之所以移风易俗，还淳返素，垂拱而临天下，以至于太平者，莫不由此，此之谓要道也。

3）尽地利：如果缺乏最起码的生存条件，还要求人人讲究礼让，那是强人所难。主张"先足其衣食，然后教化随之。衣食——地利——劝课有方。由于人的智、力、勤、惰不齐，所以各级官员责任重大"……每至岁首，必戒敕部人无文少长但能操持农器者，皆令就田，垦发以时"对与游手好闲者'则正长牒名，郡县守令随时加罚。夫政为不欲过碎，碎则人烦，劝课亦不容太简，简则人息。善为政者，必消息时宜，而适烦简之中。

4）擢贤良：人不能自化，必立君以理之，人君不能独理，必置臣以佐之"。重视官员的来源，一是注重中央政府对官员的任命，二是主张德才兼备取人。避免单凭门第、家产或世袭而来"今之选举者，当不限资荫，唯在得人。提倡推荐与实地考察并举。

5）恤狱讼：只有罪大恶极的才适用死刑。对审判的具体意见是：通过仔细分析证据，罪罚相当有罪者口服心服，无罪者尊重法律。为上判。有公正执法的愿望，"有疑则从轻，未审不妄罚，随事断理，狱无停滞。为中等。下等是贪赃枉法刑讯逼供。"今宰守当勤于中科，而慕其上善，如在下条，则刑所不赦。"

6）均赋役：圣人大宝——位——仁——有组织的人——财。以财聚人，以仁守位。国而无财，位不可守。这是他的权、领导者、组织与财的逻辑关系，赋税原则是国家必须征税，国家规定的纳税者按贫富划分等级，收缴皆有度，税负趋于合理。该文件特别强调地方官员对国家良好税收环境的关键作用"租税之时，虽有大式，至于斟酌贫富，差次先后，皆事起于正长，而系之于守令。"官员容易滥用权力"差发徭役，多不存意，致令贫弱者或重徭而远戍；富强者或轻使而近防。《周书·卷23·苏绰传》P38。结果是拉大贫富差距，损坏国家经济的合理性，败坏国家形象。

六条诏书展示的国家关系是中央集权模式，中央对人事、经济、与司法等有高度控制权，但是对君主的权利没有设定，寄望于君主的自制，诏书本身对君主的具体权利范围有一个模糊尺度——垂拱而治，这与当时西魏的政治现状相称，国家的实际支配者是宇文泰，君主是政治旋涡中的一个不由自主的政治旁观者。六条诏书充满仁治的思想，与传统的儒家观一致，起草者苏绰接触过法家理论，但象所有希望文明地管理国家的人一样,对刑法相当慎重,十分关注民生与社会公平。诏书鼓励经济发展,这不仅涉及到国家稳定,实际上事关政权存亡。苏绰极其明智,提出都是急务和上下可以接受的改革,六条中吏治虽然是核心,但是已经触及到政府守法的问题。文件整体受到宇文泰重视,实际上可能与宇文泰事先的要求或暗示有关。总而言之,这是一份重要的文件,西魏尤其是北周的人民长久都受益于它。大统七年(541年)十一月,宇文泰奏行十二条制。恐百官不勉于职事,又下令申明之。《周书·卷2·文帝》P5。大统十年(544年)七月,魏帝以宇文泰前后所上二十四条及十二条新制为《中兴永式》,命苏绰进一步修订、整理后合为五卷本的《大统式》,在全国颁布。于是搜简贤才以为牧、守、令、长,皆依新制而遣焉,数年之间,百姓便之。《周书·卷2·文帝纪》P5,《北史·卷9·周文帝纪》P37。"式"成为法典新的形式,从此在古代中国得到沿用。《大统式》甚至吸引了盛唐的君主,导致"式"的建设制度化,发展成类似现代行政法,式成为古代法律的四大形式之一。

北周《周官》的指导者与整理者一直面临维护传统与适应发展的矛盾,但最终逐渐选择了后者,从试探到大踏步前进,大统十二年(公元546年)到西魏恭帝拓跋廓三年(公元556年)的十余年间,不寻常的一步最终正面启发了《唐六典》这一划时代的行政法典。

546年(大统十二年),改三十六曹为十二部。《周书·卷22·柳庆传》P36。前者是尚书省的各部直属机构总称,十二部指天官府膳部、计部,地官民部,春官礼部、乐部,夏官吏部、兵部、驾部,秋官刑部、蕃部、宾部,冬官工部。魏废帝三年(554年),"始作九命之典,以叙内外官爵。"以第一品为九命,第九品为一命。改流外品为九秩,亦以九为上。每命分为正从两级共十八级,九命之典将官和爵、品挂钩,同时又明确将其与法律特权联系起来,这样在国家形成一个层次不等的特权阶层。他们即使不再担任公职,仍可根据"命"之高低享受特权。对"式"的发展也并未停止,魏恭帝三年(公元556年),行《周礼》,建六官。即太师、太傅、太保三太,六官指大冢宰、大司徒、大宗伯、大司马、大司寇、大司空。这种官制设置自周以来历代都曾有所借鉴,但基本照搬的在此之前只有王莽,王氏是急于以表面现象掩饰差异太大的实际内容。魏恭帝复辟周礼的动机不详,应该只与宇文泰的个人意愿有关,他在魏恭帝三年十月死去。十二月,魏帝诏以歧阳之地封宇文觉为周公。经正统学者加工修饰之后,周礼、周公之间显然有内在的联系,但是这并不意味着周礼的核心思想得到延续,魏恭帝三年,宇文泰死后,其第三子,十三岁的宇文觉立即自动嗣位,完整地继承了他父亲生前的官爵:太师,大冢宰。《周书·卷3·孝闵帝纪》P6。周礼设立这种显赫官位的意图是奖励有德高望重、特殊功勋的人，是国家吸引高级人才战略主要组成部分，与财产等有形资产不同，上述资质不可以继承。

周太祖"命尚书令卢辩，远师周制建职。置三公三孤，以为论道之官。次置六卿，以分司庶务。其所制班序，内命，谓王朝之臣，三公九命，三孤八命，六卿七命，上大夫六命，中大夫五命，下大夫四命。上士三命，中士再命，下士一命。外命，谓诸侯及其臣。……其制禄秩下士一百二十五石，中士以上，至于上大夫，各倍之。上大夫是为四千石。卿二分，孤三分，公四分。各益其一，公因盈数为一万石，其九秩为一百二十石。八秩至于七秩，每二秩六分而下各去其一，二秩一秩俱为四十石。凡颁禄，视年之上下，亩至四釜为上年，上年班其正；三釜为中年，中年班其半，二釜为下年，下年班其一。无年为凶荒，不班禄。六官所制如此。制度既毕，太祖以魏恭帝三年（恭帝拓跋廓三年为556年，当年十二月禅位于北周孝闵帝）始命行之，所设官名，讫于周末，多有更改。"《隋书·卷二十八·百官志中》P102。

宇文泰建立六官的目的不止是拨乱反正，也是统一各族文化差异的尝试。北魏初期官职混乱，泰以汉、魏官繁，魏道武帝天赐元年（404年）八月魏初置六谒官，准古六卿。其官名多不用汉、魏之旧，仿上古龙官、鸟官。《资治通鉴·卷113·晋纪35》P760，天赐二年（405年）拓跋珪罢尚书三十六曹。（三十六曹始见于魏皇始二年397年）《资治通鉴·卷114·晋纪36》P762。大统十一年三月令：古之帝王所以外建诸侯，内立百官者，非欲一富其身而尊重之，盖以天下至广，非一人所能独治也。《周书·卷2·文帝纪》P2585。于是有志于改良。在这种思想指导下，大统十二年（546年）改为十二曹时，已经与周官制度相去不远，大统十二年前，宇文泰就开始为实施周官体系作准备，命苏绰专掌其事，未几而绰卒，乃命卢辩成之。《周书·卷24·卢辩传》P2619。随后崔猷也加入创修六官的前期准备工作。《北史·卷32·崔猷传》P126。西魏废帝元钦元年（552年），"朝廷方改物创制，欲行周礼，宇文泰令裴政与中书令薛寘、小宗伯卢辩斟酌古今，共详定之。依《周礼》建六官，并撰次朝仪、车服、器用，尊古礼，革汉魏之法，事并施行之。《北史·卷77·裴政传》P279。卢辩等人于是依周礼建六官，置公卿大夫，并撰次朝仪，车服器用多依古礼，革汉、魏之法，事并施行。崔猷是《四民月令》一书作者崔寔之后，深受晋公宇文护器重，护收养猷第三女为己女，封富平公主。有趣的是，崔猷既与卢辩等共修六官，又反对周礼。《周书·卷35·崔猷传》

P85。卢辩所述《六官》基本结构与周官雷同，天官府（设冢宰等众职）、地官府（领司徒等众职）、春（宗伯）、夏（司马）、秋（司寇）、冬（司空）。以下是部分名号及其命数：柱国大将军大将军（右正九命）。骠骑车骑等大将军开府仪同三司，雍州牧（右正九命）。骠骑车骑将军左右光禄大夫，户三万以上州刺史，右正八命。《周书·卷24·卢辩传》P39。魏恭帝拓跋廓三年（556年）正月，初行周礼建六官。以宇文泰为太师、大冢宰，柱国李弼为太傅、大司徒，赵贵为太保大宗伯，独孤信为大司马，于谨为大司寇，侯莫陈崇为大司空。宇文泰"思革前弊，大统中，乃命苏绰、卢辩以周制改创其事，寻亦置六卿官，然为撰次未成，众务犹归台阁，至是始毕，乃命行之。"《周书·卷2·魏恭帝纪》P6。这已经与《周官》非常靠近。宇文氏继承了北魏早期的传统，即不采用汉魏制度，但他们的目标迥异，前者旨在自我展示，后者立意融入，改动也就在所难免，北周明帝即位时依《周礼》称天王，又不建年号，崔猷表示不同意见，指应该因时制宜，称皇帝建年号为好，朝议接受了他的意见。《周书·卷35·崔猷》P85。制度也在经常的补充之中，明帝时将御正更崇其秩，为上大夫，正六命，号大御正。在封建制度方面，保定三年（563年）九月，"初令世袭郡县者改为五等爵，州封伯，郡封子，县封男。"《周书·卷5·武帝纪》P9。保定五年三月诏：左右武伯各置中大夫一人。宣帝时期《六官》制度执行情况欠佳，"卢辩所述六官，太祖以魏恭帝三年始命行之，自兹厥后，世有损益。宣帝嗣位，事不师古，官员班品随意变革，至如初置四辅官及六府诸司，复置中大夫并御正、内史，增置上大夫等，则载于外史，余则朝出夕改，莫能详录。于时虽行周礼，其内外众职又兼用秦。"《周书·卷24·卢辩传》P39。

保定元年，武帝的诏书中明确表达出进一步对《周礼》在国家政治中的地位的决心。"我太祖文皇帝禀纯和之气，挺天纵之英德，配干元，侔造化。故能舍末世之弊风，蹈隆周之叡典"。同时还看出六官制度从修订到采用为宇文泰一手包办。"保定元年正月己巳，祀太庙，班太祖所述六官焉。"《周书·卷五·武帝纪》P8。宇文泰复制周礼，是像武帝所说认为周礼是叡智的经典？武帝坚定地维护其父的思想、制度，而当时宇文护牢牢掌握着国家大权，他一直执行的正是这样一条路线。但实际情况是，宇文泰只是一条腿跨进周礼的大门，秦汉制度还是实质性地存在、运转，尽管北周用周礼装饰一新，使用那些与周礼配套的名号，国家还是按秦汉的模式在运作。

二、制度表面

宇文护对宇文泰精神的继承是从制度开始的，宇文泰主政时期的绝唱就是公元 556 年(恭帝三年)启动的六官制,宇文泰逝世后孝闵帝于 557 年即位,实际掌管国家的宇文护沿用了六官制度的基本形式。

1. 天官

柳庆(517—566 年)六官建,拜司会中大夫(这个位置权力变动性大,具体职掌是国家收支,受到大冢宰信任是可能成为其副手)。柳庆性格耿直出名,护一度想要吸引他成为自己的核心盟友,被柳庆拒绝。柳氏与杨宽有过节,宽参知政事后,柳氏遂见疏。杨宽在世宗即位后进入天官(小冢宰转御正中大夫),柳应该是在此后才出为万州刺史。

裴尼,建六官制时为御正下大夫,寻以疾卒。

李和,建六官前给事黄门侍郎,闵帝即位为兵部中大夫,治御正。

于翼,六官建,除左宫伯。(宫伯,中士二人,主管贵族子弟事务)孝闵帝即位时于翼去地方任职。

李基,建六官制时御正中大夫。孝闵帝即位后去地方任海州刺史。《周书·卷二十五·李基传》P40。《北史·卷 59·李基传》P226 载为淅州刺史,这是两个地方,海州在今江苏省内,淅州在今河南省内。

皇甫璠,建六官制时计部下大夫。后周计部中大夫(属天官冢宰府),孝闵帝即位,守庙下大夫,去了春官所部。计部下大夫《通典》、《唐六典》划定为刑部属下,相当于比部郎中。

樊叔略:叔略父观仕魏为南兖州刺史,河阳侯。为高氏所杀,叔略被腐刑,奔关西,周太祖见而器之,引置左右,寻授都督,袭爵为侯,去秋官所部。天官的七人:留任三人中一人寻病故,去地方二人,二人去别府。

西魏恭帝元年(554 年),库狄峙征拜侍中。《周书·卷三十三·库狄峙》P53。这里出现的御伯职务显然是由侍中改变而来。孝闵帝践祚(557 年),杨荐除御伯大夫,进爵姚谷县公,仍使突厥结婚。《周书·卷三十三·杨荐传》P53。侍中改称御伯,天官下属。

2. 地官

宇文贵(字永贵,不是宇文宪之子宇文贵),小司徒。孝闵帝即位,进柱国,去天官。

王勇,六官建,拜稍伯中大夫,寻进大将军。

库狄昌:六官建,授稍伯中大夫。《周官》中只有稍人,职位下士,四人,掌井田出车徒的禁令,即车辆及司驾人员。孝闵帝即位时,大将军。

侯植,武艺绝伦,大统元年赐姓侯伏侯氏。六官建,拜司仓下大夫,孝闵帝即位时进郡公,增邑。孝闵即位,时帝幼冲,晋护执政,植从兄龙恩为所亲任。

赫连达:六官建,授左遂伯(地官中有遂人、遂伯职)出为陇州刺史(未标明确切时间)。保定初迁夏州总管,好法官。

郭彦:六官建,拜民部中大夫。去地方。

地官六人:一人去别府,三人留任,二人去地方。

3. 春官

尉迟迥,小宗伯,孝闵帝即位,进柱国大将军。

唐瑾:……六官建,授礼部中大夫。出为蔡州刺史,转荆州总管府长史,入为吏部中大夫(北周属夏官),历御正纳言中大夫,曾未十旬,遂迁四职,搢绅以为荣。久之除司宗中大夫兼内史,寻卒。《周书·卷32》。废帝排序在恭帝之前。恭帝三年(556年)正月建六官,十月宇文泰死,次年正月闵帝登基。

元伟,建六官制时,师氏下大夫,孝闵帝即位,晋公宇文护府司录。

柳敏;建六官建,拜礼部中大夫。孝闵帝即位,公爵。……迁小宗伯,监修国史,转小司马,又监修律令。

长孙绍远:建六官制,大司乐,孝闵帝即位,封上党公。

长孙兕,六时,司乐中大夫。进骠骑大将军开府(无仪同三司)。

斛斯征,六官建,拜司乐中大夫。孝闵帝即位后未见调整。宣帝时内史中大夫,因力谏宣帝被囚,狱卒张元同情他,私自放走他,而自己被严刑拷打也未泄露一字。后征遇赦得免。隋文帝任命为太子太傅。《周书·卷26·斛斯征传》P41。

李昶……六官建拜内史下大夫,进爵侯,迁内史中大夫(无明确时间)。

赵纲,建六官时的膳部中大夫,孝闵帝即位,出利州总管。

贺拔仲华,建六官时守庙下大夫,孝闵帝即位,利州刺史,大象末江陵总管。

卢柔,黄门侍郎,加中书监,孝闵帝即位任小内史,升内史大夫。留在了春官。

春官十一人:二人入天官,七人留任,二人去地方。

4. 夏官

蔡佑,六官建,兵部中大夫。孝闵帝即位,少保。

李彦:六官建,授军司马。(下大夫四人)留任。

宇文深,吏部下大夫。孝闵帝即位,吏部中大夫,在本部升迁。

薛端,建六官时,军司马。工部中大夫转民部中大夫。因对废孝闵帝不满,出为蔡州刺史。

陆通，孝闵帝即位前，太仆卿（《周礼·夏官》有太仆下大夫），孝闵帝即位时，小司空。

夏官五人：二人留任，三人去别府。

5. 秋官

李远，建六官时小司寇，孝闵帝即位，柱国大将军。

达奚寔：建六官时，蕃部中大夫，加骠骑大将军，孝闵帝即位时未调职。

随侯景归附北周的辛昂建六官之际入为司隶上士，估计孝闵帝即位时未迁《周书·卷三十九》。被护亲待，立功不少受护牵连，被高祖肉刑致死。屈突尚，被捕（护的终身追随者）。

杨敷，建六官制前廷尉少卿，孝闵帝即位，小载师下大夫（地官）。

元晖，宾部下大夫（属秋官），护引为长史。

秋官五人：三人留任，一人去天官，一人去别府。

6. 冬官

厍狄峙，孝闵帝即位前小司空，孝闵帝即位后小司寇。

薛善，六官建，拜工部中大夫，寻除御正中大夫，转民部中大夫。因为批评护专制，被杀。

卢光：六官建授小匠师下大夫。升中大夫。

冬官三人：二人去别府，一人留任。

7. 地方

宇文毓，岐州刺史。

史宁，废帝元年，凉州刺史，三年拜大将军。孝闵帝即位，小司徒，出为荆州刺史。

韦孝宽，六官前尚书右仆射，镇玉壁城，（防御东魏的边境重镇）孝闵帝即位，小司徒。（去地官）。保定初在麟殿参加学士典籍。

权景宜，孝闵帝即位前，安州刺史，孝闵帝即位，司宪中大夫，寻除江陵防主，加大将军。

赵芬，宇文泰时即官居熊州刺史，加开府仪同三司。大冢宰护引为中外府掾，不久迁吏部下大夫。

冯迁，行六官制前，汉东郡守，孝闵帝即位，为宇文护掾，护诛除名。

叱罗协,六官制前南歧州刺史,护杀植后为军司马,转御正,又为护长史,护诛未受牵连。

陆腾,恭帝三年,江州刺史。无孝闵帝即位后的确切记载,武成元年前为潼州刺史。他可能一直在地方带兵打仗。是个战功赫赫、一心在战场立功不愿担任内职的人。

杨篡,孝闵帝即位前岐州刺史,即位后进郡公。

段永,废帝时恒州刺史,孝闵帝即位进爵郡公。历文瓜二州刺史,户部中大夫。保定四年大将军。

常善,恭帝二年蔚州刺史,孝闵帝即位,大将军,宁州总管。

宇文盛(字保兴不是越王盛),盐州刺史,不能肯定这是在闵前。告赵贵后得泾州都督。(他是一个地方刺史如何知道赵贵在中央谋反? 盐州,西魏废帝改西安州置,以盐池得名。治所五原,今陕西定边。西安与榆林地区的定边相距遥远。)

辛威,孝闵帝即位前,河州刺史,孝闵帝即位,大将军。

窦炽,废帝元年除大都督、原州刺史,在州十年,政绩显著(并不是单指在原州,也指此前如从原州算就应该到武成年间了)。孝闵帝即位时,仅增邑。

崔谦: 行六官前,利州刺史,保定二年利州总管。

豆卢永恩,成州刺史,孝闵帝即位,刺鄜州。

梁椿,行六官制前为清州刺史,刺华州。

裴果,行六官制前,陵州刺史,孝闵帝即位,隆州刺史。

韦填,行六官制前,瓜州刺史,防御边境有功,孝闵帝即位,仅进爵增邑。

郭贤,行益州事。未调。

高琳,高句丽人。鄜州刺史。孝闵帝即位,未调。

杨绍,闵前鄜州刺史(一说为衡州刺史),孝闵帝即位,郡公,大将军。

贺若敦,子弼,弟谊。敦任过典祀中大夫,寻为金州都督,当时蛮帅向白处占信州,他与田弘讨平,这是孝闵帝即位前。无孝闵帝即位后确切记载,武成元年为军司马。

司马裔,孝闵帝即位前使持节、车骑大将军开府仪同三司、散骑常侍,本郡中正。孝闵帝即位巴州刺史。

地方可检索到的二十三人:六人进入中央各府,十七人仍留在地方。

建置六官前有军职、加官以及仅有文武散官、勋官称号者：

杨荐：行六官制前，骠骑将军开府仪同三司，孝闵帝即位，御伯大夫（北周改侍中为御伯，属天官）。

令狐整（513—573 年）：出身豪门。宇文泰曾对他说：卿勋同娄、项，义等骨肉。立身敦雅，可以范人。赐其姓宇文氏，并赐名为整，宗人二百户并列属籍。六官制前骠骑大将军开府仪同三司，孝闵帝即位，司宪中大夫（属于秋官）。

王悦：六官制前，仪同，孝闵帝即位，郢州刺史。

王杰：行六官制前骠骑大将军开府仪同三司，孝闵帝即位进郡公，出为河州刺史。

梁壹：废帝时使持节骠骑大将军开府仪同三司加侍中，孝闵帝即位，进郡公。

裴宽：车骑大将军、散骑常侍，孝闵帝即位，进子爵。

寇俊：行六官制前，车骑大将军、开府仪同三司，散骑常侍，孝闵帝即位，子爵。

郑孝穆：孝闵帝即位前中书令，寻以疾免，孝闵帝即位，加骠骑大将军开府仪同三司。

梁昕：孝闵帝即位前，车骑大将军、开府仪同三司。孝闵帝即位，进骠骑大将军开府仪同三司。

军职、加官与文武散官、勋官九人：二人进中央，二人任地方刺史，三人进爵，二人进品阶。

以下七人在六官制度启动时职务不明：

豆卢宁，恭帝时尚书左仆射，孝闵帝即位，柱国大将军。

元晖，魏宗室，宇文泰时，武伯下大夫（属夏官）。时突厥为边患，出使成功，大汗大悦，遣使随同贡献。拜仪同三司、宾部下大夫（属秋官）。

申徽，废帝二年，进爵为公，正右仆射，一度出为襄州刺史，时南方初附，旧俗官人皆通饷遗，徽拒绝，由此受好评。明帝时为大御正，专门为他增设上大夫。

崔仲方年仅十五，周太祖见而异之，令与诸子同就学。时周武帝亦在其中，由是与高祖少相款密。（宇文护时到天官府任职）。

杜整：周太祖引为亲信，护执政时任职于天官。

张羡父张羡，少好学，多所通涉，历雍州刺史，司成大夫（大司成？主管贵族子弟教育），典国史。后退休，杨坚即位，以书召见，共宴，羡上书劝以俭约。优诏答之。不久逝世。

张羡，宇文泰时引为外兵曹，孝闵即位时，加前将军，明、武帝时历膳部大夫，大冢宰司录。他父亲逝世时羡官居太府少卿，营新都监丞，丁父忧去职，柴毁骨立，未葬而起令视事，固让不许。后为冀州刺史，吏民悦之，称为良二千石。仁寿四年死，74岁。《隋书·卷47》。

北周人事任命中，辟举是主要的手段，如果一个在职官员对某个未入仕者感觉良好，考察对象在身份上亦无可挑剔，就可以举荐。杨坚就是被京兆尹薛善辟为功曹。（全称：功曹参军事，地方佐史，最低正八品下。）前辈功勋也是任职的理由，因为父亲杨忠缘故，杨坚年十五岁时授散骑常侍车骑大将军仪同三司，封成纪县公。十六岁迁骠骑大将军加开府。担任公职的法定起始年龄应该是十四岁。《隋书·卷一·高祖纪》P3。

三、宇文护时期——闵帝即位时得到任命的人及基本配置

1. 天官

宇文贵，（昌黎大棘人今辽宁义县西北）宗室，孝闵帝即位前除益州刺史，未就，拜小司徒。孝闵即位，进位柱国，拜御正大夫，天和二年死。子善、忻、恺。史

元伟：魏昭成之后，河南洛阳人，大统十七年幽州都督府长史，建六官时司氏下大夫，孝闵即位，除晋公府司录。《周书·卷38·元伟传》P65。

柳彧：父仲礼，梁败见因于周，彧少好学，颇涉经史，周大冢宰护引为中外府记室，久而出为宁州总管掾。

杨荐：……著名外交家。孝闵即位，除御伯大夫。P73。与突厥、茹茹（柔然）关系史的重要人物，荐死于天和三年。

伊娄穆：行六官制前，给事黄门侍郎，（属天官）孝闵帝即位，兵部中大夫，治御正。

李和，行六官制前给事黄门侍郎，孝闵帝即位，兵部中大夫，治御正。（《北史》无此记载）保定二年司宪中大夫。《北史》。

王庆，大统十年授殿中将军，孝闵帝即位，护引为典鉴，庆枢机明辩。

杜叔毗，晋公宇文护辟为中外府乐曹参军，建六官时职位无记载。与卫王宇文直伐陈被俘，不屈被杀。

裴鸿，行六官制前历官内外，职务不明。孝闵即位，拜辅城公（武帝）司马。为晋公护雍州治中，后与卫公宇文直南征，军败被俘，卒于陈。时间天和二年

567年,增援后梁,与陈军战于沌口,失利卫直免官。

高宾,保定初计部中大夫,治中外府从事中郎,转太府中大夫。

裴文举在建六官制前系中外府参军事,孝闵帝即位就不见于名单,被宇文护淘汰,转入骠骑大将军、开府仪同三司宇文宪幕府为司录。

天官府十一人,行六官制初的七人中,柳庆不合作,裴尼逝世,唯李和尚在,其他均离开了天官府。因此,护在天官府新引入了十人。

武帝保定四年(564年)六月改御伯为纳言。《周书·卷五·武帝纪上》P9。

2. 地官

王勇,行六官制时任稍伯中大夫,孝闵帝即位时没有他的任职记载,寻进大将军。没有他父祖辈的记载,估计他是白手起家。

于寔,民部中大夫。

梁彦光:周受禅,迁舍人上士,御正上大夫。《隋书·卷七十三·梁彦光传》P201。

杨敷:杨宽兄。行六官制前,廷尉少卿。孝闵帝即位,除小载师下大夫(属地官)。……每岁奏课居最,高祖时被齐俘虏,拒绝担任齐职,病卒。

豆卢绩,周孝闵帝受禅,授稍伯下大夫(属地官)、开府仪同三司,改封郡公。

裴侠,行六官制前雍州别驾,孝闵帝即位,司邑下大夫。加骠骑大将军开府仪同三司。

宇文泰时地官府六人,一人去天官,二人去地方,三人未动,孝闵帝即位,宇文护增加除王勇外的上述五人。厍狄昌、侯植、王勇留任。

3. 春官

柳敏:礼部中大夫。

卢柔,行六官制前为中书监,孝闵帝即位,小内史大夫。

李昶,世宗之前,迁内史中大夫。

皇甫璠:行六官制时计部下大夫,孝闵帝即位,即位,转守庙下大夫。(庙与祧通,周礼春官属下有守祧之职。)

樊深,行六官制时,太学助教,迁博士,加车骑大将军开三司。天和二年,迁县伯中大夫。闵帝即位时无记载。

刘雄,行六官制前,中书舍人,孝闵帝即位,加大都督,司市下大夫。

泰时春官十人,二人去天官,二人去地方,七人留任。护新调入三人。

武帝保定四年(564年)四月,改礼部为司宗,大司礼为礼部,大司乐为乐部。《周书·卷五·武帝纪上》P9。

4. 夏官

王谦，孝闵帝践阼，治右小武伯下大夫。

贺若谊：孝闵帝即位，除司射大夫（与《周礼·夏官》射人，西周有司射一职。）

李彦，行六官制时为军司马，孝闵帝即位未调整，不久病故。

宇文泰时所置夏官三人留任，二人去别府，护新引入上述三人。

5. 秋官

令狐整，司宪中大夫

樊叔略，大冢宰宇文护执政是引为中尉，（即御史中丞简称或司宪中大夫？唐六典）渐被亲信，兼督内外，位开府仪同三司。《北史卷86樊叔略传》。

厍狄峙，孝闵即位，转小司寇。天和三年入为少师，五年卒。

乐逊，恭帝二年，太学助教，孝闵帝即位，秋官府上士。

达奚寔：行六官制时蕃部中大夫，加骠骑大将军开府仪同三司。武成二年御正中大夫治民部兼护司马。

宇文泰的秋官属员中除李远、达奚寔、辛昂留任，上述前四位均为护新任命。

6. 冬官

卢光，小匠师下大夫。（六官时的任命）孝闵帝即位，匠师中大夫，教国武帝文化，崇佛道。

薛端，孝闵帝即位，工部中大夫，转民部中大夫。

王悦：此前任何职？曾因其子骚扰下属婚礼，父子同被处名。孝闵即位，依例复官。拜使持节骠骑大将军开府仪同三司，大都督，司水中大夫。迁司宪中大夫，县公。性俭约不营生业，虽出入荣显，家徒四壁而已。保定元年卒。

泰时冬官卢光留任，除薛善短时留任，一人去别府，新引入二人。

宇文护执政向他的中央政府新引入23人，天官7人为最多。作为天官大冢宰，他将自己信任的人充实其中，以便在需要的时候得到及时有力的支援。

7. 地方

郭彦，孝闵帝即位，出为澧州刺史，来自民部，死于天和四年。

（刘志，北周武帝时历延寿郡守，天和五年卒。子刘子明，北周绛州别驾，隋文九五，顺阳郡守。子明弟子陵，北周凉州别驾，开皇初姑臧郡守。《隋书》《北史》无记载。见《周书·卷三十六·刘志传》P2641。）

于翼，孝闵即位，出为渭州刺史。

阎庆:孝闵即位,出为河州刺史。

赫连达,出为陇州刺史,来自地官。

赵纲:孝闵即位,进郡公,出利州总管,沙州氏持险逆命,纲讨服之。方州生獠自此始从赋役。

陈忻:恭帝二年,骠大开三司,宜阳邑大中正。孝闵即位,征入朝,进伯爵。

史宁,恭帝元年(552年),除凉州刺史,破柔然,联突厥大败吐谷浑,俘其征南王,北周初任荆州刺史。史宁被外族人称为"中国神智人"。闵九,拜小司徒。宁卒于保定三年卒(563年)。子雄尚太祖女永富公主,司驭中大夫。卒于军,年24岁。他弟史祥活跃在隋高祖炀帝时代。

段永:废帝时恒州刺史,孝闵即位,进郡公,转文州刺史,入为工部中大夫。天和四年,位小司寇。高祖亲临丧。

崔谦:恭帝初,利州刺史。直到保定二年才有调动利州总管。天和三年迁荆州刺史,有良牧之誉,每年考绩常为天下最。屡有褒美,天和四年卒于州。

杨纂:孝闵帝即位前歧州刺史,闵九进郡公。保定元年陇州刺史,天和六年华州刺史。进大将军,勇敢,不识字。卒于州。目不识丁的人。

裴果,孝闵帝在位时,隆州刺史,使持节开府仪同三司,进爵为公,增邑一千户。性严猛能决断,号称职,天和二年卒于位。

梁椿,孝闵帝即位为华州刺史。

豆卢永恩,宁弟,鄀州刺史。

司马裔,行六官制前使持节,骠开三司本郡中正。孝闵帝即位,巴州刺史。保定六年卒于京。

郭贤:孝闵帝即位前益州长史,行始州事。即位后,进骠大将军开府仪同三司。

韩雄:寻迁骠大将军开仪三司,侍中,河南邑中正,孝闵即位,进公爵。

韦瑱魏恭帝三年瓜州刺史,孝闵即位,进伯爵。

地方机构中,二人入朝。十人留任地方。有五位从中央政府部门到地方任职。

8. 文武散官、勋官

大将军,北周始为勋官,居第四等,正九命。

魏玄:车骑大将军仪同三司,孝闵即位进伯。

梁昕:孝闵即位,进骠骑大将军开府仪同三司。保定元年,迁中州刺史,天和初,工部中大夫,出为陕西总管府长史,卒于位。

库狄昌：鲜卑族。孝闵即位，拜大将军，以疾卒。

辛威：孝闵即位，拜大将军。

宗懔：孝闵即位，拜车骑大将军开府仪同三司。

裴宽：车骑大将军仪同三司散骑常侍。孝闵帝即位，进子爵。

王勇，孝闵帝即位时没有立即升职，后进位大将军。

尉迟迥：行六官制时小宗伯，孝闵帝即位，进位柱国大将军。

杨绍：孝闵帝即位闵前衡州刺史，孝闵帝即位进大将军。

王雅：孝闵帝即位前，骠骑大将军开府仪同三司，世宗初汾州刺史。

元定，废帝二年以宗室为郡王，六官建时例降为郡公。直到世宗初拜为岷州刺史。泰的重要战斗每战皆为前锋，战无不胜。

韦佑，行六官制前骠大开三司侍中，河南邑中正，闵九增邑。

上述十二人孝闵帝即位时未获得职事官或未在原部门上升迁，或增邑晋爵，或被授予文武散官、勋官。

可以看出，北周《六官》体制与西周官制差异不小，也没有照搬《周礼》一书。一：与《周礼》中乡师下大夫责任相似的民部中大夫见于北周六官，而《周官》中无此职。地官中司仓下大夫与《周礼》中的廪人下大夫职能类似，名称不同。二，《周礼》体系中六部长官不仅有分工，也被设计为共同执政，天、地、春、夏、秋、冬六官中每个部门都既有分管的重要行政权力，也有交叉共管的权力部分，主要体现在两个方面：1. 两部或两部以上所属部分职能是重迭的，夏官的吏部大夫掌握选举，司士下大夫主管考核官员，这些又是天官（后称吏部）权力的主要部分。春官御史中士除具有内史中大夫的部分职能，即起草诏书法令外，还有责任协助冢宰从事公职人员管理。司法权利虽然主要集中在秋官府，但春官大史下大夫也是具有司法权力的重要职位。2. 六官职能明显的权力分散，互相制约的特点，比如，天官御伯中大夫职能，后来演变为门下省机构，长官纳言或侍中。春官中的内史中大夫，后来演变为内史省或中书省机构，首长内史令或中书监、令。御史台的主要职能划归秋官司宪中大夫（北周职称，中大夫二人。）掌控。御史中丞在北魏称御史中尉，从三品，简称中尉。职能重迭之外还有兼职，武成元年，高宾既在天官府担任御正下大夫，处理诏书，参与重大刑事审理，又在地官府兼任小载师，从事土地赋税等行政管理。身兼两个不同部门的职能不同的职务，不是从精简人员出发，而多半是考虑某些人多方面的能力，或者受到执政特殊的信任。三，北周特色，当五府总于天官时，司会中大夫，后来往往成为大冢宰的副手，实际行政权力高于其他五官。出现这种情况说明权力高度集中态势已经形成,权力分散制衡原则也因此发生质的转变。另外,名称方面也做了些调整,比如,地官中的民部中大夫或称户部中大夫,正五命,主管人口统计,其职能与周官地官中的乡师类近。小司徒中大夫也主管户籍。在工部设置了司水大夫一职。《唐六典·卷7工部》。在运用阶段,也会适时作出修改,保定四年五月,改礼部为司宗,大司礼为礼部,大司乐为乐部。六月改御伯为纳言。《周书·卷五·武帝纪》P9。纳言一名的来源于《尚书·尧典》,命汝作纳言,夙夜出纳朕命。武帝保定四年六月改御伯为纳言。武帝虽然发言捍卫北周的《周官》体制,却并不意味着终身原封不动地守护它。其四,宇文泰时的"周代公卿,类多武将,唯典国史的张羡以"素业自通,甚为当时所重。"《隋书·卷四十六·张羡传》。象在地方担任刺史多年的杨篡就目不识丁。普遍偏低文化层次对于理解《周礼》这样一种文化背景复杂、成熟的制度肯定陌生而且困难,辛彦之与周太祖第一次相见就受到其赏识,时国家草创,百度伊始,朝贵多出武人,修定仪注,唯彦之而已。闵帝即位,中书侍郎彦之与少宗伯卢辩专掌仪制。……宣帝即位,辛彦之拜少宗伯。《隋书·卷75·辛彦之》。朝廷专门安排组织讲学,设法提高在职公职人员整体水平,以适应新制,国子博士熊安生曾专以三礼教授子弟"时朝廷既行周礼,公卿以下多习其业,有宿疑礩滞者数十条,皆莫能详辨。天和三年,齐请通好,兵部尹公正使焉。他对《周礼》有广博的知识,将上述疑问向齐国子博士《周礼》研究权威熊安生咨询,安生皆为一一演说,咸究其根本。公正深所嗟服。还,具言高祖,高祖大钦重之。及高祖入邺,(平齐)亲自至熊宅,赐大批物质。宣政元年,尽管当时熊年已八十,仍拜露门学博士下大夫,不久退休病故。《周书·卷45·儒林传·熊安生》。宇文泰在条件看起来完全不成熟的情况下,以至十数年后,对作为行政母本的《周礼》仍存在理解上的问题。采取激烈的保守态度,选择最具理想色彩的《周礼》作为政治起点,可能主要考虑有效抑制武人力量对未来国家的控制程度,下决心实施文治。参与制定政制卢辩等自然也颇费斟酌,一方面要符合泰个人具有建设性的政治理念,另一方面又要设法使新制度具有操作性。宇文护对制度改动甚少,与泰的不同点在操作方式。他的地位逐渐稳固后,开始选拔一批有才华的人进入他的天官府,保定初,以近侍清要,盛选国华,乃以李昶及安昌公元则、中都公陆逞、临淄公唐瑾等并为纳言,寻进公爵。保定五年李昶为昌州刺史,五十岁时因病去世,宇文泰、宇文护均对他重用。《周书·卷38·李昶传》其五,齐在天统二年即周天和元年(566),才开始使用士人为县令,改变过去多用厮役之俗。北周甫建,即沿用运作不到一年尚处于实验阶段实际上是宇文泰为新国家准备的周官制,公职人员除理论上人人可正常地享有司法、经济特权,福利待遇,晋升机会外,有利于提高他的公职人员素质,从而提高政府威信。宇文护对这套制度充满期待,对宇文泰主导建立的西魏六官制度基本原样移植,柳庆因为公开不合作,被调离中央去地方,薛善不满护执政被处决,李贤子李基,于谨子于翼被外放地方,其余基本没有异常变动。从六官初置到孝闵帝登基,护对各部门人选的安排上十分在意,甚至可以说是精心,制度本身也基本完备和平衡。但为何制度不能起到足够作用? 比如说,让意见相对公开化,权力透明化等,这是因为权力的分配仍然不能减少以往的主观性、倾向性,有些部门权力虚拟化,必然导致另一些部门权力膨胀,政治权利的误用抵消经济收益极其常见,将政治而不是经济功能置于国家之首的政治设计从没有而且将来也不会得到逻辑论证。六官制正是典型的政治至上的行政法典,因此奉行(此类)理念的国家在运行中,制度之外,还需要其他补充手段:家族、帮派、个人智慧、偶然性等。对制度的机能缺乏整体上的认知,绝大多数人都需要有个适应期,这其中有部分人是真心实意愿意适应新制度,有一部分人持观望态度,对抗者则从来就不缺少。

《周礼》中的官员人数比较:

天、地、春、夏、秋、冬六官可以统计到的官员数约 2276 人,可以假定这是周礼为周王室及其直管地区编制的官员体系,即中央政府及直辖区官员。《周官》统计遵循下列原则:

1. 只计入职位在下士以上者。

2. 员额人数机动的不计入。例:每国上士……、每遂下大夫……。

3. 冬官无数据,取天、地、春、夏、秋五官之平均数。

因为缺乏相关资料,这不是精准的统计数,与《通典》记载的周内官 2643 人存在差异,此外,北周内、外官员总数 2989 人,与本文得到的《周官》官吏的 2276 人相差 713 人,周内官及北周内外官都属于中央政府部门及直接管理的编制,从框架上看北周六官制是《周官》的当代版本。周官编制内人员与隋唐统一国家规模相仿,后者可能受北周六官制架构政治惯性的影响:隋内官 2581 人,外郡县官 9995 人,唐内官 2621 人,外郡县官 16185 人。《通典·卷 19·职官一》P236。差异在一百人以内,隋炀帝时的人口与内外官员数比是 3657:1,周静帝时的人口与官员比是 3011:1,两者差异并不大,但北周与隋比不是个富裕国家,而且还是一个区域国家,北周即使在兼并北齐后,仍只有古代中国完整版图的半壁江山,而《周官》的行政体系是按一个统一国家设置的,为了与《周官》形似,北周可能确实存在过近三千人的官员编制,它组成了中央政府和地方政府的肌体,《周书》有记载的北周官员则是血液。不过《周官》设计的内外官整体,即中央政府加上它的诸侯国官员总数达六万余人,这样一个政府编制过于庞大,并不是北周所需,如此重负何以令一个弱国强盛? 从逻辑上推论,这样的赘物北周难以负载,它根本无法按《周官》原型运作。所以,宇文护在如何减少财政负担与忠于前任政治理想之间存在巨大冲突,但他似乎处理得很好。

北周开国后延续二十四年,在北周担任公职因重要职位、作用、个人特色被记载的官员合计296人。孝闵帝元年三月,省六府士员,三分减一。《周书·卷3·闵帝纪》。赵㫤从春官府副职调整到地方刺史,赵芬从中外府被调整到夏官去升任新职,小司徒史宇出镇地方,民部中大夫郭彦出任澧州刺史,膳部中大夫赵刚出为利州总管,于翼以左宫伯出为刺史等,有些是工作需要,有些定属裁减的一部分,其中有些被替代的地方官可能自此失去职位,同时上述人空出来的中央政府职位也不是会立即一一补齐,从护执政的557—572年的十五年内,他任内的官员数在文献中有确切记载的共180人,这180人应该是三分减一后活跃的员额,另一部分沉没的员额或者平庸没有适合记载的动人过往,或者部分职位随机空缺,即宇文护的政府机构有很多动态空位。从数量上比较,《通典》记载中北周内官数不详,从2989人中离析出内官数没有直接的办法,而本节手工统计到的周内官规模数字偏小,《通典》提供的2643人数偏大,如果取隋唐内外官的平均比值则较为合理,北周比较严格按周官体系建立自己的行政体系,2989人是它内外官总数,从数量看,北周职官体系与周官体系神似。"北周官员总数2989人中,外官占82.74%,为2473人;内官17.23%,为515人。宇文护执政初以515人为基础裁减中央六府员额的三分之一,约170余人被裁,实际上只保留约350人,其中180人活跃在各级组织,除去因亡故、致仕、新任命等,这180人成为国家运作的中坚,另外的170人也成为宇文护主政时间段神圣的政府结构完整性不可缺少的因素,虽然分属中央政府和地方政府,却都由中央政府直接管辖,只有姬周内官性质,尽管频繁调任,从中央向地方流动时也无周外官的特性。主要由这些有影响的人在决定北周国家政治的运作,这是个小而精干的政府,比较符合小规模的北周经济特点,也符合来自边疆,纯朴耿直,一心创业的鲜卑人性格。这种缩编措施在宇文护时代具有连续性,他以统治北周百分之63%的时间内任用、调配整个北周61%的官员,其中绝大多数是继承而来,有一部分肯定非宇文护所喜,且大部分被继任者沿用,说明他们可能确属恰当人选,国家官员主体还是功臣与贵族。他真正偏爱的人数很小,作用有限。由此不难看出,他的专制在部分领域还是相当温和的。当然,他所任用的人一定有选择性,忠诚将被优先考虑,必须忠于他本人,就象他忠于宇文泰一样。每个执政者在挑选任职者时都自然会考虑是否符合他们完成任内计划之所需,所有留任与改任者都是因时代需求不同而变化。唐太宗裁减唐武德时留下的各级官员二千多人,留文武总六百四十三员。《资治通鉴·卷196·贞观十七年》。与贞观比,宇文护裁减前约是其员额的80%,裁减后约是它的55%",他们都应该是内官,宇文护时代内官数不到它的三分之一,与政治昌明的贞观时期官员数比,北周的国家机构仍是一个精简的机构,这预示它必然进步。此外,北周还有一个与南方国家很不同的特性,几乎没有宦官与佞臣的政治活动空间,为政治廉洁、高效、节省带来便利,不知是宇文泰的传统还是宇文护选择了一条正确路线,它不是社会进步的全部凭据或充足条件,却是一个重要因素。

西周考究繁琐的行政编制,恭顺的天人意识,并不能真正体现在具体日常行政方式上为国民所感知。与其公开宣称的恰好相反,它是一个为少数人服务的政府设计,立足并且依赖于专制维护其统治。或许它有仁慈的一面,但在整体行政中仅居次要位置,但这恰恰是它不可或缺的支点。我们确信,被人们关怀的一切问题由制度解决替代随机解决,才是制度的轴心并令其有活力。西晋泰始四年(286年),晋武帝颁布了贾充等人编撰的《泰始律》共二十篇,着重点在刑事犯罪及处罚。《晋令》四十卷,篇幅约相当于前者四倍,涉及组织结构、人事、户籍、土地、赋税管理、军法等。《泰始律》与《晋令》的区分在于两者约束的内容有别,律相对稳定,需要日后随时准备更改或除去的为令。所有违律、违令者则一律依法治罪。官员数额远比北周庞大的西晋忙于对违法、违令条规的订制,精简的北周政府比之明显进步,自然变得对自己政府的高效与正确踌躇满志。

宇文泰的《周官》容易被指为一种幼稚的政治尝试,是对当时风俗的一种矫枉过正。545年(大统十一年)五月,"晋氏以来,文章竞为浮华,魏丞相泰欲革其弊,六月魏主飨太庙,泰命大行台度支尚书领著作苏绰作诰,宣示群臣,戒以政事,仍命自今文章,皆一此体。《资治通鉴·卷159·梁纪十五》P1051。参见赵翼《二十二史札记》这项命令基本得到执行。周文告基本仿尚书文体,根据法乎其上往往只能取乎其中的定律,这种看起来全盘复古、返朴归真的政治思想,对土著文化既生疏又热爱的外来统治集团既正当又合适。宇文泰推行六官架构是成功的,他似乎发现了一个中性的行政体系对任何政权尤其是和平时期国家长治久安的价值所在。大统时期的行政官员经北周诸君至隋唐,在人员结构上具有相当高的延续性,一方面是由于古代的庇荫制,更重要的是行政技术特性使大部分专业人员得以留任。从事专业事务者自有其业务素质标准,不必具有改朝换代者的同样价值观的思想在开明的执政者中慢慢形成，这是中低层行政人员从政权核心中剥离的前提，科举制产生的官员并不是冒着政治巨大风险夺取政权的人，他们以合法的形式分享权利，因为国家管理中需要他们的专业素质，非经训练，对公文、事态等恰如其分的理解力和处置方式不会在全国各级机构以内整齐划一。当他们所占成份比越来越大时，国家就越稳定。必须说明是，"凡律以正刑定罪，令以设规立制，格以禁危正邪，式以轨物程事。《唐六典·尚书刑部卷第六》P185。律、令、格在实际应用中差异很小，式则与之不同，主要涉及的是行政秩序，北周《大统式》的颁行与意《周官》为蓝本的行政体制实施共同对《唐六典》的形成产生深刻影响。但是，唐代对违反律、令、格、式的情况一概依据刑法处置，在《唐律疏议》中可以见到不少具体的相关规定。

普通法系中没有单独的成文宪法，它散见于大量制定法、判例、宪法惯例等中。或者说宪法由正式的法律规则与非正式的宪法传统构成。由于英国公民的权利不是来自宪法而是由法院判例等形成，因此宪法是该国普通法（案例法。与古代中国以法律条文作为判案基础不同）的结果。N·麦考尼克、O·魏因贝格尔《制度法论》P211。A·V·戴雪认为英国宪法体现二个重要原则 1. 议会至上。2. 法治。议会主权是普通法原则之一，而不是通过议会立法而产生，英国法院支持并维护这一原则。议会主权体现在它可以就任何问题制定新法律，任何机构或个人不得对议会已通过的法律进行审查，法官亦不能强迫议会修改法律。戴雪给出的法治具有下列意义：1. 法是解决人与人，人与行政部门之间冲突的最高准则。2 政府依法行政。3. 政府人员职务行为与公民的个人行为一样都要受同一法院的管辖，适用同一原则。实际上它与现代民主国家宪法内涵相似，即 1. 国家的结构和主要原则。2. 政府权限。3. 公民权利定义与保障。政府守法或依法行政是宪法的主要原则之一，而现代行政法则是根据该原则衍生的施行细则。英美法系规定行政机构不得干预法院行使司法职能，而行政部门发生违法行为时，法院可以进行干预，普通法院可以宣判公共行政当局的行为是否符合法律，在法国，政府不得干预法院，法院也不能检查行政，自中央和地方专门设立的行政法庭解决行政机构与公民的争执并作出判决，行政法庭的成员不是职业法官而是行政官员，这种法庭属于行政系统而不属于普通法系统。

中华法系同样没有制定成文宪法的传统，全部法律主要源于礼制。翻遍周礼，没有约束君主行为的任何书面制度，只有零碎的思想，由于理解的差异使方法变得五花八门。礼制立足于人与人的交往，人与政府机构的交往一直不能处于平等的地位，这与千方百计建立朝廷威信的思维撞车。对官员的约束侧重点在伦理道德而不是政府行为的合法性与效率。但是,从北周的人事制度可以看到,周官体制作为一种程式化、专业化的组织人事法在北周得到体现,它的官员很少带有强烈价值和思想倾向来为某个特定的人服务,选择的也不是一定会忠诚的对象和一生都要服务的工作。当政权纵向更迭时,他们的选择基本一致,冷酷、理性,个人利益安全生存保障总是处于第一位。不论系出高门大户还是一般官吏都是如此,为历朝构建一支稳定专业管理群。《唐六典》可以称为一部准行政法,已经对执政的皇帝以外所有国家人员产生约束力,由此看到国家职能朝量化、规范性轨道行进的趋势。不过同时必须指出,在古代中国出现的这部行政法不是本着现代宪法的精神力图伸张社会正义,而是出于政治事务的实际需求,旨在强调作为个人和家族政治胜利报偿的国家绝对控制权神圣不可侵犯,因此包括该行政法在内的普通法没有导致宪法是很自然的,社会正义的概念不是保持政府日常行为事事规范而只着力于阻遏长期过分的政府反常行为,时刻凌驾于君王之上的法,比突然的改朝换代更难以承受,因此这里一直不具备产生类似现代议会机构的条件。国家刑法和许多特别法中规定君主、政府部门、个人具有不同等级的社会身份,享有不同权力利,行政法适用对象不同时约束效果并不一致,因此它们与一部货真价实的行政法并存是很矛盾的。尽管如此,《唐六典》的正面后果却不能低估,它使得国家政权作为一部服务个人发展的可靠设置对人权的呼吁与发展具有强烈象征意义,朝实际产生庇护功能迈开一大步。

本节参考书目:

李林甫等撰《唐六典》　　　　　中华书局　　1992 年 1 月第 1 版

(宋)王溥《唐会要》　　　　　　中华书局　　1955 年 6 月第 1 版

《隋书·百官志》

《通典》

清　马骕撰　刘晓东等点校《绎史》齐鲁书社　　2001 年 6 月第 1 版

第二节　府兵制

西魏尽管国祚短促,但出台了至少在三个方面有影响的改革方案:1. 完全模仿周礼实际建立中央行政、司法体制,包括九命之典,二十四条新制与大统式的行政立法。2. 府兵制,3. 对北魏均田制的升级维护。

一、府兵制——影响深远的兵制

驻屯边境是北魏早期设置军府的目的之一，早期府兵需经过资格选拔。"缘边诸镇控摄长远，当时初置，地广人稀。或征发中原强宗子弟，或国之肺腑，寄以爪牙。"独孤信祖上为部落大人，独孤信祖父大约在北魏文成帝和平中期约463年，以良家子从军，离开家乡云中驻守武川镇，从此在武川定居。《北史·卷61·独孤信传》P231。"中年以来，有司乖实，号曰府户，役同厮养。"《北齐书·卷23·魏兰根传》P36。这是魏臣魏兰根（？—死于东魏天平二年即535年，时值北魏后期），正光末年（约524—525年）对府户历史与现状的简短评估，指出北魏中期以后，府户地位已经明显衰弱。其中主要原因之一是魏孝文帝迁都后，国家中心后移，六镇作用减弱，这是北魏改革的一个意外。北魏孝明帝元诩正光三年（公元522年），时年六十九岁的尚书令李崇请求改六镇为州兵编户，孝明帝以旧典难革为由拒绝了他。魏正光四年（523年），沃野镇民民破六韩拔陵暴动，孝明帝认为正是李崇的改州兵为编户的想法传来后，成为失望的军户兵变的诱因。魏临淮王元彧在五原惨败，安北将军李叔仁亦败于白道。《北史·卷43·李崇传》P173。北道大都督广陵王元渊，东道都督崔暹均归70岁的主帅、尚书令李崇节制。李崇率军出征后，东道都督崔暹又在白道被打败，李崇、元渊两人作战有功，多次获胜，与叛军相持至冬，乃返回平城。《北史·卷43·李崇传》P173、广陵王。《魏书·卷66·李崇传》P171。亲身经历让元渊感慨良多，上书分析说：边竖构逆，以成纷梗，其所由来，非止一朝也。昔皇始以移防为重，盛简亲贤，拥麾作镇，配以高门子弟，以死防遏。不但不废仕宦，至乃偏得复除，当时人物，忻慕为之。及太和在历，仆射李冲当官任事，凉州土人悉免厮役，丰沛旧门仍防边戍。自非得罪，当世莫肯与之为伍。征镇驱使，但为虞候、白直，一生推迁，不过军主（一军之主帅）。然其往世房分留居京者，得上品通官，在镇者便为清途所隔。《魏书·卷18·太武五王传》P52。这种原型府兵与西魏府兵有渊源关系，不过这还不是严格意义上的府兵制。

具有相对稳定制度并在全国推行的府兵制，始建于西魏大统年间，这已经不是首创而是重建。府兵制是维护传统与顺应时代的产物，"魏氏之初，统国三十六，大姓九十九，后多绝灭，至是以诸将功高者为三十六国，后次功者为九十九姓，所统军人亦改从姓。"《周书·卷2·文帝纪》P6[2]。西魏至北周的统治者不断地赐予相关人员鲜卑姓氏，具有延续这些国、姓的意图。所部军人具有姓他们统领的姓氏显示官兵间有强烈的从属性质，三十六国等最后衍生出首都平城内外八部大夫,天兴元年十二月,置八部大夫,于皇城四方四维面置一人,以拟八座,谓之八国。《魏书·卷113·官氏志》P331。他们一边管理所属部民,一边接受君王委派管理国家事务,主管三百六十曹。西魏府兵制采用鲜卑八部之制。"大统八年(542年)三月,初置六军。"《北史·卷5·西魏文帝纪》P23。西魏大统八年(542年),宇文泰仿周典置六军,合为百府。《钦定四库全书·子部·玉海·卷137·兵制·魏六军·府兵》P177。大统十六年(550年),宇文泰设立了八个柱国大将军,其中宇文泰本人总督之外,广陵王元欣挂名而已,实际上为六柱国,与《周礼》六军之礼对称,这年应是府兵制系统的确立时间。府兵初期,设计的军制结构为:六柱国统十二大将军,每一大将军统二开府,共二十四开府。开府各领一军,计二十四军。兵士属于军府,不编入户籍。《北史·卷60·李弼传》P227、《新唐书·卷50·兵志》P144。府兵不入军民籍,另立军籍,编入单独系列,从军者可免除赋役。当府兵者,自备武器(弩由官府提供),但不负担其他课役。这对军人的管理,使其专业化,提高士兵的作战能力均属有益。

兵员有一定标准,府兵制早期主要吸引大户子弟参军,大统九年"广募关陇豪右,以增军旅。"《周书·卷二·文帝纪下》P4。将一批占有部曲家兵的汉族豪强加上帅都督、大都督官号,把他们的部曲纳入府兵系统,大统十六年,以民之有材力者为府兵。《玉海·卷137》P2591,《周书·卷2·文帝纪》P5。初置府兵,皆于六户中等已上,家有三丁者,选材力一人。《玉海卷138·兵制3引邺侯家传》以充府兵,把府兵扩大到中等以上富裕家庭。所有府兵免租庸调,郡守农隙教试阅。兵仗、衣驮、牛驴及粮(即干粮)粮,六家共备,抚养训导有如子弟,故能以寡克众。《玉海·卷138·兵制3引邺侯家传》P2601。六户指九等之户,上上、上中、上下、中上、中中、中下、下上、下中、下下。西魏、北周除府兵外,还有乡兵和乡团。但府兵是常备军,是国家精锐。

《周书·卷十六·侯莫陈崇传》P28录八柱国,十二大将军名录:

使持节、太尉、柱国大将军、大都督、尚书左仆射陇右行台少师陇西郡开国公李虎

使持节、太傅、朱国大将军、大宗伯大司徒广陵王元欣

使持节、太保、柱国大将军、大都督、大宗伯赵郡开国公李弼

使持节、柱国大将军、大都督、大司马河内郡开国公独孤信

使持节、柱国大将军、大都督、大司寇南阳郡开国公赵贵

使持节、柱国大将军、大都督、大司空常山郡开国公于谨

使持节、柱国大将军、大都督、少傅彭城郡开国公侯莫陈崇

使持节、柱国大将军、大都督、尚书左仆射？宇文泰

八柱国和十二大将军都具有使持节名号，八柱国称柱国大将军，十二大将军称大将军，除八柱国中的元欣为大宗师。独孤信为大司马、赵贵为大司寇，于谨为大司空，侯莫陈崇为少傅外，加十二大将军，均有大都督名号。十二大将军各统开府二名每一开府领一镇兵共二十四军。《周书·卷十六·侯莫陈崇传》P28。十二大将军都有大将军、大都督名号，广平王元赞、淮王元育、齐王元廓、阳平公李远外，其他八位均有开国公之爵。

二、府兵制度下军事成就

1. 实际军事首脑及宇文护的政治控制力

北周除府兵外，还有州郡地方保安部队以及大量预备役人员，必要时还可征调各附庸国军队。保定四年护受命东征之时，"征二十四军及左右厢散隶及秦陇巴蜀之兵诸蕃国之众。"《周书·卷11·晋荡公护传》P18。（坊指城内，厢指近城。）府兵制与均田制、人事制度都关系密切，闵帝元年八月有诏书"帝王之治天下，罔弗博求众才，以乂厥民（都会广求人才以治理人民）。今二十四军，宜举贤良堪治民者，军列九人。被举之人，于后不称厥任者，所举官司皆治其罪。《周书·卷三·闵帝纪》P6。一列可以选拔九人，大量在军中优异服务者有机会得到从政升迁机会，可以令人愿意从军。北周府兵制度下，有一支不断壮大的军队。作为军队统帅的皇帝，由于宇文护在明帝有生之年一直未将最高军事大权交还，明帝对作为一个皇帝的理解因此不可能是全面的，而实际的统帅宇文护并不擅长军事。孝闵帝刚即位，齐军即来侵犯北周东部边境，小宗伯杨忠出镇蒲阪。《周书·卷19·杨忠传》P31。明帝二年三月，齐北豫州刺史司马消难举州归附。明帝二年七月，遣柱国宁蜀公尉迟迥率众于河南筑安乐城。武成二年，齐将耶律光率万骑攻占了周文侯镇。北周立国五年之内，保持守势。

突厥在西魏恭帝二年公元（555年）急剧强大，为北方大国，宇文护不敢忽略这样一个强有力的邻居，保定初，大冢宰宇文护任命元晖为中外府长史，武帝之聘突厥皇后，遣元晖致礼，来自拓拨氏的元晖母语是突厥语，沟通起来有语言优势。这虽然是宇文泰和木杆可汗俟斤定下的旧亲，现在却有现实的政治意义。当得知突厥与周和亲许纳女为后时，齐国一片恐慌，"惧成合纵之势，亦遣使求婚，财馈甚厚。"突厥可汗动摇了，因此转而准备同意齐的求婚。北周朝臣商议的结果是：大统元年，蠕蠕主曾与宇文泰达成联姻决定，结果受东魏重金诱惑的蠕蠕主一度差点将求婚西魏的使者下狱。《周书·卷33·杨荐》P53。为避免重蹈

覆辙,落实周、突厥军事联盟,保定二年,以御伯大夫杨荐为正使,左武伯王庆为副,出使突厥,这是一次及时的外交行动,达成了重要协议。次年,北周杨忠军与突厥联合攻北齐的行动就是这次协议的一部分,也是建国六年之后,北周先发动了第一次出击。563年(保定三年),九月,遣柱国杨忠为元帅,率李穆等四大将军,元寿等三位开府,一万骑出北道,会同突厥人十万伐齐,南道达奚武另率一路三万人出平阳郡,策应杨忠,准备会师晋阳。但到四年正月,由于天降大雪,东进的军队遭到殊死抵抗而无法前进,加上南路受到北齐斛律光所率三万人的成功阻击,没有如期合击。杨忠等破坏齐一段防御设施,即齐长城至晋阳而返国。突厥则有更感兴趣的事情,对晋阳以北七百余里人口财物实施连根拔除式的抢劫后造成了无人地带,尝到甜头的杨忠与突厥人约定来年再次合击,南北相应。但是只过了几个月,保定四年八月,杨忠就又率师与突厥东伐,至北河(即内蒙乌加河)而还。《北史·卷10·周武帝纪》P40。对突厥式访问记忆犹新的齐武成帝高湛对周与突厥的联合进攻寝食难安,他决定利用手头的那些重要人质,包括宇文"护母阎姬、皇第四姑及诸戚属并滞留齐,皆被幽系。"是在东、西魏分裂之时,没来得及逃出东魏。宇文护居宰相职之后,经常遣间使找寻其母,莫知音息。高湛派使者向护承诺,允许他们自由定居北周,条件就是周、齐从此建立睦邻友好关系,齐人行动很快,(因为韦孝宽立功玉壁,改玉壁为勋州)遣使至边境的玉壁,求通互市,护以为相持日久,绝无使命,一日忽来求交易,疑别有故,遂命司门下大夫(属地官)尹公正至,与勋州刺史韦孝宽详议,看能否借此将滞留在东魏的皇姑皇世母迎归。韦孝宽是一个有远见的将领,此前一支被北周人称为汾州胡的种族频繁骚扰东魏边境地区,抄略到的人口愿意与韦孝宽分享,宽总是主动将自己分到那些被俘边民送回东魏,让他们与家人团聚。齐使者与尹公正到玉壁后,他亲自安排相当正式的场面,使双方都感到融恰,效果很好。宽请北齐使者带去他的亲笔信,表示和睦相处的是两国领袖和人民的愿望。《周书·卷31·韦孝宽》P51。随后,大冢宰护又专门派出了多才善辩的长史元晖与千乘公崔睦俱使齐,正式与齐人签盟结好,护领导下的中央与地方达到高度默契。由于元晖出色完成使命,晋升振武中大夫。北周与齐通和不是所有人高兴的事,"突厥闻之,复致疑阻。"于是又遣王庆往喻之,可汗感悦,遂和好如初。狡黠的齐国人肯定是了解到了护急于求成,就象柳庆说的以孝治天下。为了更高的要价节外生枝,以护母语气伪造了一封感人肺腑的信,从信中可以得知宇文护母亲一共育有三男三女,今日却目下不睹一人。"护性至孝,观之悲不自胜,左右莫能仰视。"齐朝并不急于缓解护的悲伤,扣留不许起程,另写信给护,要求给予重报。使者信涵往返再三,母子仍不能见面。周的官员们都抱怨齐国无信用,显然是奉护的旨意,周相关部门以国家的名义草拟一封措辞严厉的信,"要子责诚,质亲求报,实伤和气,有悖天经。我之周室,太祖之天下也。焉可捐国顾家?"信中不可避免地将国家实力拼命炫耀一番,不过这封充满怨恨和威吓的信未送出,护母等就已从齐归来,估计齐主不愿到手的和平毁于一旦。保定四年九月以皇世母(宇文护母亲)阎氏自齐至,大赦天下,为了庆祝宇文护母子相见"凡所资奉,穷极华盛,四时伏猎,高祖率诸亲戚行家人之礼。称觞上寿,荣贵之极,振古未闻。而突厥使者带来的信息让宇文护从佳肴飘香、欢声笑语的宴会厅回到寂静的相府,深秋的凉意阵阵袭来,执政陷入内心的矛盾中。好战的草原大军将如期而至,敦促北周出师再次合力攻齐。护一方面以齐氏刚送回国亲,不想立即就征讨;另一方面又忧虑"失信番夷,更生边患,不得已,遂请东征。"他的顾虑也不是没有道理,理智让他放弃个人感情,没有因家捐国,但战事的准备明显不足,"时晋护欲东讨,韦孝宽时为勋州刺史,辖境与齐接壤,与齐人互市。熟悉齐情况,专门派人来京禀告宇文护,现在不是出兵的恰当时机,没有采纳。宽明帝初参麟趾阁学士,考校图籍,但他是个实干家,这个错误很快得到纠正,被宇文护委以重任,受到武帝器重恩遇,日后与隋文帝也合作愉快。总体而言,他是一个文武双全,适应变化,品德高尚的人。《周书·卷31·韦孝宽传》P50。保定四年十月诏护东伐,护亲率二十万大军出兵伐齐,齐王宪等军于芒山,"宪以尉迟迥为前锋,包围洛阳。十二月齐师渡过黄河,晨至洛阳,齐兵数万奄出军后,诸军惶骇,并各退散,惟宪与王雄、达奚武拒之。"在甚山,58岁的柱国王雄(王谦父)抱病英勇作战,几乎活捉齐著名将领斛律光(字明月)之际,反而为其射杀。雄战死的信息让周三军震惧,宪亲自督励,才勉强稳定大局。前锋尉迟迥率麾下数十骑断后,成功阻击了敌人,于是诸将遂得全师而归。《北史·卷62·尉迟迥传》。在轵关(河南济源,洛阳以北),方面军指挥、少师杨檦轻敌冒进,深入敌境,士卒万余被击溃,自己降齐。《北史·卷58·周室诸王传》P223。唯一的亮点是权景宜所率山南兵包围豫州,齐豫州(治今驻马店地区汝南县)刺史王士良以州降。《周书·卷五·武帝纪》P9。载于保定四年。授大将军,小司徒。《北史·卷67·王士良传》P251。所占领的豫州,后也因统一班师而放弃。"护性无戎略,且此行也,又非其本心。"因为齐已放归其母,"故出师虽久,无所克获。"护班师后与诸将稽首请罪,帝弗之责。《周书·卷11·宇文护传》P19。对敌情缺乏了解也是一个原因,保定三年四月北齐名将斛律光曾率部骑二万"筑勋掌城于轵关西,仍筑长城二百里,置十三戍。《北齐书·卷17·斛律光传》P24。北齐显然加强了防务。护母的情况比较特殊,政治原因使骨肉隔离,护没有为实践团聚滥用权力,但是由于他的三心二意,白白浪费了国家财力。事前,勋州刺史韦孝宽曾试图劝阻宇文护这一形式主义的行动,没有成功。东伐致使孔城陷落,宜阳被围。事后,宽认为弃崤东来换取汾北的计划将导致本国疆土进一步受到侵扰,建议从速在华谷至长秋筑城,韦派使者带来绘好的草图见护,不料遭到护的无情奚落,他让长史叱罗协转告使者说:"韦公子孙虽多,数不满百,汾北筑城,遣谁固守?"韦孝宽的计划落空,虽然事出有因,但也过于尖刻。如何对老资格的职业军人的意见,护似乎更重视他们的声望而非实际可行性,他重视于谨的意见,但对地位稍逊的人,经常就会变得傲慢。《北史·卷64·韦孝宽传》P244。此时,双方实力仍基本均衡,对齐之战严重损害了护的威望,直接导致周室对齐政策以及周边国家政策发生变化。虽然与北齐形成僵持,但与突厥关系继续取得进展。保定五年二月,北周郑重其事,派出陈公宇文纯为首,宇文贵、窦毅、王庆等公卿、随员一百二十人组成的庞大迎亲队伍,带大量的聘礼来到可汗的牙帐迎接日后的突厥族皇后。《隋书·卷46·元晖传》P150、《北史·卷15·陈留王虔附元晖传》P63。一场马拉松式的婚姻终于圆满完成,周、突厥同盟得到巩固。由于两种文化的差异,与突厥人交往也并非风平浪静,在突厥人中信誉卓著的左武伯王庆受宇文护委派,"频岁出使。后更至突厥,属其可汗暴死,突厥要求王庆像以前的使者一样,遇到突厥大丧,就要像突厥人一样刺面致哀,加上北周与突厥又已经联姻。王庆予以拒绝。突厥人没有强逼王庆。武帝满意王庆不辱使命,提拔为兵部大夫。《周书·卷33·王庆传》P54。"初,太祖创业,即与突厥和亲,谋为倚角,共图高氏。"宇文护显然在执行一个既定方针,在护时代,基本继承宇文泰连突厥抗齐的政治方略,设法维持与突厥的军事同盟关系,这是一条正确的国策。其次可以看到,与突厥的联合是一项成功的集体策划,利益关系维持中个人的政治智慧也显得作用重大,与突厥的军事同盟是北周军事实力的重要补充,因为突厥的参与,基本维持了北周与北齐的实力平衡。与军事成就相比,宇文护治下的北周外交更为成功。保定五年四月,周遣使聘于陈,五月,突厥遣使通于齐,此前四月,齐武成帝已让位于太子,即齐后主。天和二年四月,齐遣使聘于陈。天和三年齐来聘请和亲,诏军司马陆逞报聘。四年正月又派司会李纶参加齐武成帝葬礼。不过周、齐之间的对话并不如此单调,天和四年十二月,北周军队包围齐宜阳,断绝齐的粮食通道,宜阳却坚守五个月未失守,斛律光于天和五年五月帅军击败了北周包围宜阳之师。齐在天和四年攻击周汾北,次年六月齐段孝先攻陷汾州及四成。天和五年十二月,齐将斛律光侵边。天和六年正月,(王杰于天和三年任宜州刺史),大将军、张掖公王杰从齐王宇文宪东进抵御北齐名将斛律明月，北周此役保持攻势，夺取数城，明月退却。在这场强强对话中，王杰打出声威，称为万人敌。"王杰少从军旅，不习吏事，以忠恕为心，以是颇为百姓所慕，建德初年官居泾州刺史。《周书·卷二十九·王杰传》P46。天和六年四月，北周终于攻陷宜阳，但这都是局部、小规模的争端，周、齐的互访并未中断。天和六年十月，周遣右武伯谷会琨使于齐，十一月齐人来聘。直到护被杀，与齐一直有正常往来。《周书·卷5·周武帝纪》P40。

　　宇文护对北齐的战事举步维艰，南方战场也进展困难，平江陵后，巴、湘之地尽归周，安排由梁人守备。武成元年，陈将侯瑱围困湘州，军司马贺若敦受命率军增援，但陈军强大，北周军经商定由侯提供船只，敦率余部全军而还，周军人病死者一半以上，宇文护以贺若敦失地无功，除名为民。天和二年五月，陈湘州刺史华皎附后梁，潜结北周。天和二年九月卫王与陈将淳于量、吴明彻在沌口作战惨败，数千先遣将士渡河与后续部队联系被切断，向陈投降。上述两次对陈国的军事行动，北周人留下的都是屈辱的回忆。此前御正崔猷曾劝宇文护避免两条线作战，宇文护没有在意。武成二年（560年）之前，崔猷第三女，北史说为第二女就已被宇文护收养为女儿，封富平公主。宇文护和崔猷有如亲密的关系，从宇文护的以上的决策看，显然不是认识到了崔猷的智慧。《周书·卷三十五·崔猷传》P58，《北史·卷三十二·崔猷传》P126。现在看来，对陈国采取外交优先的政策正确，自保定元年六月宇文护遣治御正殷不害等出使陈，至建德二年前，除边境时有刀兵相向外，双方往来频繁，友好是主流。宇文护明智地设法使北周边境长期保持和平，自己避免了两条线作战，兵锋最终被引向齐国。建德二年，齐后主武平三年三月（573年），陈吴明彻率十万人攻齐，占领了江北、淮泗等大片土地，齐的溃败固然有内在的不利因素，但宣帝陈顼的国力堪称强敌，选择政治解决与南方邻国的问题乃是北周人的福祉，否则以宇文护的军事素质，北周将不堪设想。与东征、南下的道路相比，西边的战场却十分通顺，武成元年（559年）三月，吐谷浑寇边，凉州刺史战死。遣大司马贺兰祥率众讨之，五月贺兰祥攻拔洮阳、洪和二城，吐谷浑人遁走。《周书·卷19·宇文贵传》P31。武成二年，行小宾部王庆，出使吐谷浑与共分疆，仍论和好之事，浑主悦服，遣所亲随庆贡献。《周书·卷33·王庆传》P54。武帝天和元年（566年）五月，吐谷浑龙涸王莫昌率户内附，以其地为扶州。（在四川境内）除上述外，还有一些零星的战斗，武成初同州刺史豆卢宁，（前燕支庶，慕容氏，鲜卑族），破稽胡。稽胡是匈奴的一支。《周书·卷19·豆卢宁传》P31。保定四年（564年），岷州刺史田弘灭羌族人宕昌王梁弥定,以其地置宕州。(甘肃成县)《周书·卷27·田弘传》P43,天和五年(570年),周将军郑恪击降越巂夷,设置西宁州(今四川西昌)。这些战事规模都不大,战争的胜负很大程度取决于战场指挥者的个人才华,与宇文护政府的决策没有密切联系。当时的局部战争几乎并不增加财政负担,兵员都是常备的,需要国家临时支出的数目也不大,比如对军队调动的支出等,另一方面战争还具有掠夺的本质,宇文护对皇室的控制在建德元年以前之所以相当稳固,是因为国家享有基本的安全。可以说宇文泰精心策划的与突厥连手夹击北齐的战略除军事外还有重要的政治价值,护的错误是领导组织不当,计划不周,也没有充分任用对过去齐作战与交往中经验丰富、已经建立声誉的人,突厥人的武力也就没有得到充分展示,在第三次伐齐之后这个同盟即宣告破裂。不过这种更侧重于政治效果的战略已经帮助北周由弱到强,度过了最为困难的时期,赢得了一个相对稳定的周边环境,甚至北齐的友谊。相比之下,北齐后主在位的十二年,从年幼无知到荒淫无耻,令北齐国民尝尽苦头,对待这个政权以及南方的陈国,武帝与宇文护相同之处在于,都不能稳操胜券;不同的是武帝信心十足,求胜心切而且敢于冒险。就是他的这种个人品格,帮助北周成为一个令对手恐惧的邻居。

2. 战争的检验——平齐

与齐国的对抗中,多位重要将领和大臣一去不返或者战死沙场：王雄(谦父)战死,大将军元定因战败抱病而亡,汾州刺史杨敷是杨素之父,没于齐。《隋书·卷四十八·杨素传》P153。保定四年,对齐作战中的常胜将军,少师杨㯹因为轻敌被齐俘虏投降后,国家并没有深究,仍然记录他的战功。甚至还容许他的儿子袭爵,这是因为国家知道对齐作战是以弱击强,战争极其残酷。保定二年,北齐被周公卿一致认为"齐氏地半天下,国富兵强。《周书·卷19·杨忠传》P31。仇恨与发展使得两个邻国持续高度戒备,各不相让。建德之后,亲政的武帝志在平齐,尽管开始是并未张扬,一些有眼光的大臣还是有多察觉。柱国勋州刺史韦孝宽献三策：1. 与陈共为掎角。2 齐氏昏暴,政出多门,国家的崩溃不会太久,以扩大当地屯田,边境骚扰为主,疲惫齐力。3. 宜还崇邻好,申其盟约,安人和众,通商惠工,畜锐养威,侍机而动。《北史·卷64·韦孝宽传》P241。与保定四年宇文护看到韦孝宽御齐建议时不屑一顾不同,武帝几乎毫无保留地接受了,立即派大臣以重金与齐和好。在伐齐策略细节上听从了韦孝宽的建议,高祖也常与太傅窦炽等讨论军国大事。他考虑的主要是意见本身价值而不是提出意见者的权位高低,这也是武帝与护的一个重要区别。不过这还只能说他具有良好认知习惯,英明皇帝善于区分建议的优劣,培养准确的判断力需要长期积累经验,而管理国家的完备知识不是一加一地累积到一定数量即水到渠成,需要融会贯通,应用知识的能力更为重要。因此,在制度匮乏的年代,就国家的稳定性而言,君主专制逊于大臣专制,因为前者的权力往往来自继承,后者的成功则来自个人奋斗,此类成功人经常涌现,而明智进取的君主则不常有,武帝是北周的一次机遇,抓住了这个机遇的北周得到了稳定、发展、未来。

陈宣帝太建五年,即北周武帝建德二年(公元573年)三月,陈国将军吴明彻在一片反对声中说服本国君主后率十万人两路攻齐,到十月已攻陷北齐秦、泾、和、合四州,寿阳等地。参阅《北史·卷八·齐后主纪·武平四年》P34,《南史·卷10·陈本纪下·宣帝纪》P34,《南史·卷67·徐度传、程灵洗等传》P179。经十个月的战斗,攻下齐数十城戍,在江北淮泗收复大量失地。齐被严重削弱正是武帝希望看到,他力排众议急于伐齐也可能担心陈在弱齐中更为强大,使北周失去机会,正是吴明彻在天和二年九月,让卫王直在沌口吃了败仗。陈人的胜利对武帝触动很大,随即在天和二年十月帝亲率六军讲武于城南;陈国在江北的重大胜利则直接加快对武帝对齐作战的步伐,甚至出兵人数都很接近,建德二年十一月,帝亲率大军讲武于城东。仅隔一天,集诸军都督以上五十人于道会苑大射,帝亲临射宫,大备军容;三年正月盛宴款待“二十四军督将以下,试以军旅之法,纵酒尽欢”;三月,帝生母皇太后叱奴氏逝世,经过八个月的沉寂,欢宴与赏赐重新激活;十二月大会卫官及军人以上,按军阶高低赏赐钱帛。并下诏:荆、襄、安、延、夏五州总管内,有能率其从军者授官有差,其贫下户给复三年。降低了入伍者家资门坎,并提高军人待遇,已近似募兵制。前三州在周的东南(今湖北境内),后二州在东北(陕西、宁夏境内),均靠近齐境。随后下令改称诸军军士为侍官,在临皋集诸军举行大规模军事演习,而早在建德二年六月,诸军新旗帜一律按皇帝要求统一添加了猛兽、猛禽图案,建德四年十月,初置上柱国,上大将军官。改开府仪同三司为开府仪同,大将军仪同三司为仪同大将军。又置上开府,上仪同官。上柱国正九命,名列勋官之首,实为散秩,无所统御;上大将军正九命,为勋官第三等;上开府仪同大将军九命,为勋官第五等;上仪同大将军正九命,为勋第七等。在重大战事前,突击提拔一批将领和提高军队待遇是必要的,记载中最先被任命的上柱国是宇文宪和尉迟迥。576年(建德五年)十二月发表的第二批上柱国中包括:招、纯、盛、亮,四位宇文氏,侯莫陈芮、王谦、寇绍、达奚震四位外姓。六年九月宣布的第三批上柱国,窦炽、李穆二人加入其中。建德四年(575年),“帝将东伐,独与内史王谊谋之,余人莫知,后以诸弟才略无出宪右,遂告之,宪即赞成其事。《北史·卷58·周室诸王·宇文宪传》P223。公元575

(建德四年)七月,召大将军以上于大德殿讨论伐齐,……群臣咸称善。窦炽年已衰老,仍表达出强烈立功求战的决心,为自己不能亲自参战抱憾,武帝感激他的精神支持,武帝任命其次子窦恭担任一路军指挥,亲率六军,众六万直指河阴。八月进入齐境,攻克河阴大城(河阴在河南孟津东北),攻击子城时则遭到成功阻击。九月,武帝患病班师。次年七月解决吐谷浑之后,十月再次讨论伐齐,武帝认为晋州(今临汾)是高欢所兴起之地,镇摄要重,今往攻之,彼必来援,严军以待,击之必克。然后乘破竹之势,鼓行而东,足以穷其巢穴。然而诸将多不愿行,帝曰:机者事之微,不可失矣。沮吾军事者,以军法裁之。《北史·卷10·武帝》P41。具有讽刺意味的是这次是真理掌握在少数人手里,这是一次改变历史的军事行动。建德五年十月,北周十四万五千人,以杨坚领右军,丘崇等领左军,齐王宪为前军,齐晋州(治白马城今临汾)齐晋州刺史崔景嵩在无后援的情况下夜派密使致意,高祖最信任的上开府王轨迎接并亲自与之敲定授降事宜,率众未明登城,齐声高呼,齐众在惊慌中溃散,兵不血刃占领战略重地晋州,以上开府梁士彦为晋州刺史镇守。武帝这次改变主攻线路是正确的,立即吸引了齐后主,而且战事的发展使他很快就不能承受越来越严重的心理压力,举止失控,甚至在宣誓出征的军队前突然无故狂笑不止,不少原本准备为国慷慨赴死的将士大惊失色,一下变得心灰意冷,失败的情绪在这个国家的军民中迅速蔓延。

对梁士彦的任用在灭齐中起了作用关键,"周世以军功拜仪同三司,武帝将有事东夏,闻其勇决,自扶风郡守除九曲镇将,进位上开府。……齐人甚惮焉,寻迁熊州刺史。建德五年,以熊州刺史从武帝占领齐晋州后,担任那里的刺史。十一月己卯,齐主自并州率众来援,武帝认为这股新锐恐难抵敌,为避开其锋芒,(以其兵新集,且避之)下诏诸军班师返回长安,留齐王宪屯诸军于涑水为晋州声援,齐主遂围晋州。"晋州刺史梁士彦身先士卒、视死如归,激励守城军民坚守待援,确保城池不失守。十一月中,武帝返回京师,在宗庙举行了一个凯旋仪式后,将带回的齐俘一律释放令其自由返回原籍,经过短暂的四天休整,帝再次开赴东部前线,四天后渡过黄河与诸军会合,十二月他的大军出现在晋州外围,在抵达晋州的第三天即一举击溃齐军。《北史·卷10·武帝》P41。晋州解围之后,武帝准备班师,士彦立即表示异议,主张不应放弃乘胜前进的绝佳时机,士彦"叩马谏,帝从之,执其手曰:朕有晋州,为平齐之基,宜善守之。如果不是梁士彦这个当时的功臣,武帝心中最有份量的人给出的意见,武帝可能会带着一场不大不小的胜利会回去,而不是带着被解除武装沮丧的齐国君臣,他可能终身没有机会接受窦炽等人在欣赏北齐故都邺城宫殿时，对武帝的成就发自内心的赞美。所以武帝对梁士彦很慷慨"及齐平，进郕国公、上柱国、雍州总管。直到他随大流入职隋朝之前，北周一直待他不薄。《周书·卷31·梁士彦》P52。从576年十一月起，齐帝高纬（时值武平七年）亲自率领的援军面对一座孤城耗费一个月时间竟不能有所作为，十二月从晋州（即平阳）退却后，又在高梁桥大败，与随心所欲的天子生活不同，战场上险象环生，胜负难测，齐后主心烦意乱，帝位令他兴趣索然，可能是为了转移追兵视线，周齐战争爆发不满两个月，齐后主就将皇位让给八岁的皇太子，即幼主，次年正月，幼主又禅位于任城王高湝，不久周军攻陷京师邺城，在青州一个偏僻的乡村俘获惊魂未定、一路狂奔的齐后主及幼主，577年二月（建德六年）攻陷赢州，俘虏任城王，齐亡。获州五十五，郡162，县385，户3302528。口：20006686。以杨坚为隋州总管。周以不足十五万人的军队征服了两千余万人口的国家，一方面是齐国的君主严重不负责任，信息闭塞，互不信任，已经腐朽的国家架构无法根本无法承受外力冲击，只要稍微一推，就呼然倒下。另一方面是周军训练有素，装备和士气一流，与周军相比之下，齐只能算是三流军队。周军的战斗力不仅对北方占优，经过平齐战争的洗礼，军队的自信，战略战术，独得到提升。南方的战局也出现改观，建德六年十月，陈名将吴明彻入侵吕梁，周徐州总管梁士彦作战失利，乃退保州城，不敢复出，吴遂堰清水以灌之，列船舰于城下，以图攻取。王轨受武王命救援，结果吴及三万将士被俘，只有将军萧摩诃及士卒二千人逃脱，陈精锐尽歼，损失大量物质，这是一场决定性战斗，陈与周在此后的交战中很少获胜，平齐之后，帝召窦炽一同游览相州（齐称司州，灭齐后改相）宫殿，炽拜贺曰：陛下真不负先帝也。帝大悦，对这个一直支持他征服齐国的人充满感激，进炽上挂国。

　　武帝的个人意愿成为灭齐的重要因素，没有他，统一北方还要推迟。578年六月，一代温和专制的君主宇文邕病危，死于返京的车上，年仅三十六，在位十九年，其中有十二年处于与宇文护的权力争斗之中，武帝似乎比护更关行政成本和社会经济问题，而护关心的要点在国家稳定，护一昧强调责任，武帝令国家从优选择的行动中得到经济实惠。武帝执政后，立储、废佛、伐齐（以及对卫王宇文直的处理）都显得独裁、执着，但是他的个人魅力、人品、智慧弥补了可能出现的危险，武帝为他的北方战事作了大量准备工作，终身奋斗落实在实现了对北齐的兼并，这种努力物有所值，对腐朽的北齐政权是一种解脱，对北齐人民是一种解放，给北方人民是带来团聚，对南方是一个召唤。齐国这个明确实施种族歧视的政府，习惯于以流血政变篡权的王朝，现在得到了公平的对待。

武帝亲自奏响军队整改的前奏,武帝从诸将手中将军队集中到中央由他本人实际控制,建德三年,(574年)十二月:改诸军士并为侍官。府兵之军士改称侍官,从制度上自此要求他们全体进入宫廷换防体系,从目的上讲是明确其隶属于君主,侍官的意思完全可以解释为侍卫皇帝之意,这是府兵服从中央统一管理开始,同时又扩大兵源。平齐是一场实打实的大胜,不会因为齐国君个人的荒谬而降低这场胜利的等级,这是一场源于积极主动寻求变革的胜利,这是一场将理想、理性成功转换为制度的胜利。府兵制可能衍生有其他诸多社会问题,但它孕育了当时最专业,最适合当时社会特性,最骁勇善战的一支军队。

3. 府兵制的变化

北周宇文护对府兵制所作的改动主要有二:1. 提高二十四开府将军的地位,并直接由中央控制。2. 增加柱国和大将军的人数。增加柱国和大将军数的原因可能有几种考虑:1. 为统一北方乃至全国而不断扩充军队的需要更多的军事将领。2. 在总兵力不变的前提下,分配在各柱国、大将军属下军人减少,从而降低他们的实权,中央进一步收拢军权。后者是最有可能、最有针对性的一种愿望,希望至少慢慢降低府兵仍具有的强烈从属依附性质。安康郡公李迁哲累世豪雄,建德三年去世时其第六子李敬猷嗣,"还统父兵,起家大都督。"《周书·卷44·李迁哲传》P75。但随着兵源扩大,官兵之间的密切程度变得不如从前,天和五年(570年)三月,宇文护就以他典型的疑心作风发布军令,"初令宿卫官住关外者将家累入京,不乐者解宿卫。"在关外离宫担任宿卫的军人如果不同意将他们的家属送到京师作为人质,就不准担任宿卫。《周书·卷5·武帝》P8。这也是兵源拓宽后,传统将士紧密关系松动的一个正常反映。周武帝主政后,又广募包括贫下户的"百姓"以充府兵,征募对象又扩大到一般农户。府兵从隶属相府,到北周武帝建德二年,(573年)"改诸军士为侍官,募百姓充之,除其县籍,是后夏人半为兵矣。"《周书·卷5·武帝纪》P8、《隋书·卷24·食货志》P90。使他们具有皇帝侍卫性质,作战时,临时命将配兵,二十四开府将军的权力又有所削弱。显示出军权从相对独立的军主到君主的位移,周武帝的时代的府兵仍是需要国家专项财政支出职业军人,但是府兵将士的出身资格明显降低,李圆通没有合法父亲,为杨坚家收养的家仆,由于出色的忠诚责任心,又长于武用,杨坚北周为相时,封其男爵、帅都督。《隋书·卷64·李圆通传》P181。炀帝时代府兵的政治前途仍然光明,张定和出身贫贱,初为侍官,588年平陈时张定和所在军府被征发,出发令下,他穷得没钱给自己置办一套行装,也没有路费,妻子坚持不愿拿出自己那点嫁妆让他换钱,定和无奈,却设法没让自己掉队,这个装备不齐甚至衣冠不整的人斗志昂扬,作战极其勇敢,以功拜仪同,(赐帛千匹,遂弃其妻,)后数以军功加上开府、骠骑将军、进上柱国、武安县侯。炀帝嗣位后拜宜州刺史,河内太守,左屯卫大将军,大业五年,随炀帝进攻吐谷浑时战死。《隋书·卷 64·张定和传》P181。

隋将兵府变身为十二卫,各置大将军一人,将军一人,以总府事,盖魏、周十二大将军之遗制。《通典·卷 18·职官 10》P405。左右卫、左右武卫、左右候、左右武候、左右领军、左右率府,各有大将军一人,大将军正三品,北齐大将军位视三公,隋十二大将军直为武职,位左右省台之下……。开皇末年罢十二大将军员。《唐六典·卷 24·左右卫大将军注引》P610。隋两代卫府各有名号,炀帝在文帝卫府名号基础略有改动,下列为新旧名称对应表:

杨坚时代:左右卫、左右备身(监门)、左右武卫、左右领军、左右武候、左右领左右府。

炀帝时代:左右翊卫、左右骁卫、左右武卫、左右屯卫、左右候卫、左右御卫。

十二卫中,每卫设大将军一人,将军二人,以总管本府之事,军人统称卫士。《通典·卷 18·职官 10》。炀帝将十二军府扩为十六卫,左右监门、左右备身不领府兵,专掌御前侍卫和宫门警卫,只有领府兵的各卫称十二卫。《隋书·卷 26·百官志》P95。国家常备军规模不大,费用不高,战斗力却不差。

开皇九年(589 年)四月,平陈的远征军回国后,杨坚下诏:以天下既平,诸方无事,除毁民间兵杖。在一个和平年代已经开始的思想指导下,十年五月下诏:魏末丧乱,宇县瓜分,役车岁动,未遑休息,兵士军人权置坊府,南征北伐,居无定所,恒为流寓之人,竟无乡里之号,朕甚愍之。凡是军人,可悉属州县,垦田籍帐,一与民同。军府统领,宜依旧式。罢山东、河南及北方边缘之地新置兵府。《隋书·卷 2·高祖纪下》P7。前后两份诏书的思想有矛盾,因为府兵的装备历来自备,估计前份诏书特指非现役军人所持有的武器。征募农民战时打仗,农闲教习军事,士兵平时散居,兵农合一。符合隋平陈以后国家相对稳定的局势。府兵受田,虽不纳赋役,但有责任计亩出功,从事农业生产,以便自备军需。府兵户籍隶属于州县,在折冲府注册军籍。府兵平时分散居住,基本上不脱离户籍所在地。开皇十二年十二月,由于国家库存急剧增加,下诏"河北、河东今年田租三分减一,兵减半功,调全免。《隋书·卷 20·食货志》P90[4]。由国家加大财政支持。

兵制与田制存在必然的联系,"盖古者兵法起于井田,自周衰,王制坏而不复。至于府兵,始一寓之于农,其居处、教养、畜材、待事、动作休息,皆有节目,虽不能尽合古法,盖得其大意焉。此高祖、太宗之所以盛也。"《新唐书·卷50·兵志》P144。"唐制,凡兵三年一拣点,一入军籍,即为终身。民年二十为兵,六十而免。拣点之时,依资产、材力、丁口三项标准而行,"财均者取强,力均者取富,财力又均,先取多丁。《唐律疏议笺解·卷16·擅兴》P1175。唐高宗龙朔三年(663年)七月制:卫士八等以下,每年五十八放令出军,仍免庸调。《通典·卷6·食货6》P55。卫士即府兵,是隋唐对府兵的改称。这里描绘的依然是相当典型的府兵制,不过在时代的变化中,基本的尚武精神与军制都遭到破坏,"唐有天下二百余年而兵之大势三变:其始盛时有府兵,府兵废后有彍骑,彍骑又废,而方镇之兵盛矣。及其末也,强臣悍兵布天下,而天子亦自置兵与京师,曰禁军。其后天子弱,方镇强,而唐遂以灭亡者,措置之势使然也。《新唐书·卷50·兵志》P145。保证一支精锐部队纪律严明、举止恰当,既不危害住所地利益,也不威胁中央权威,需要高超管理技巧。它是迄今为止职业化程度最高,战斗力最强部队之一。被设计为义务兵役制的府兵制在初期阶段具有自愿接受选拔的性质,主要缺陷是:士军逐渐变成吉芬商品,对军人的需求程度越高越普遍,其就越地位低下,终身制的安排,家属一并被编入户籍等,比从来就无法降低的战争危险,更容易持续伤害从军的荣誉感。这种制度虽在后世时有调整,但本制度的基本精神还是惊人相似"太宗既定天下,以兵不可去,农不可废,于是当要冲一开府,因隙地以营田,府有常官,田有常业,俾平时而讲武,岁以劝农,分上下之番,递劳逸之叙序,故有虞则为战卒,无事则散为农夫。不待征战而封域有备矣,不劳馈饷而军食自给矣。《白氏长庆集·卷64·策林三·45复府兵置屯田》P1569。经过贞观鼎盛期,在唐天宝以后由于配套制度—均田制的解体,人口流散而基本被淘汰。安史之乱后"天下残瘁,荡为浮人,乡居地著者百不四、五,如是者殆三十年。"《旧唐书·卷118·杨炎传》P412。但至此它被沿用近二百年,这时均田制已被租庸调制取代。与均田制不同,均田制以土地为核心,有田才有赋税。租庸调制以丁身为本,户税则按户征收。租庸调的财政收入以租庸调为主要支柱,再结合三种附加税:1. 户税,计户按资出税,唐初分户九等,户税收钱。2. 地税(贞观二年设,亩税二升,本为预作义仓之用,后成为正税,也称地租。)。3. 资税或资课,唐征收的免役钱,以缴纳现金免役。役指色役,其性质与庸基本相同,但内容有别:1. 纳庸者是农户成丁,纳资课者除普通民丁外,品官弟子、中男、残疾者,工匠、乐人等均应负担,职责是为官衙及各级品官担任仆役。2. 庸以绢布折算应役日数,资课以钱折算应役时间。3. 庸有统一税率,资课因名目而不同,无统一税率,作为代役金,完纳资与课者需根据本人身份，相应承担的事务，缴纳相应的费，三者对应，有书面规定。《唐六典·尚书户部卷第3》P76。等税目构成国家财政预算收入，此三项附加税在唐玄宗时逐渐演变为正式税收，先是与租庸调并轨，开元六年五月四日敕文有云：诸州每年应输庸调资课及诸色钱物等……。《唐会要·卷58·户部尚书》P1186。后在帝国绝大部分地区取代了租庸调制，直到780年杨炎的两税法颁布实施。两税法的征收原则是"户无主客，以见居为簿；人无丁中，以贫富为差。"最先是因为人口失控动摇均田制基础，接着是税负标准发生变化，而与之密切相关的府兵制也就难以为续。府兵制从大统八年（542年）至天宝年间（约742—756）停废，历时约二百年。均田制从太和九年（385年）到唐建中元年（780年）废弛前后约四百年，两种制度息息相关。

1. 府兵制的兵源来源：1.富裕、多子家庭背景、身体条件优越的成年人。

1. 成为府兵的好处：1.本人免赋税。2.荣誉。3.升迁机会。

2. 府兵的义务：1.受政府指挥作战。2.终身服役。

3. 从六家供给一名战士的马畜粮备，到府兵耕种自己的份地，战时自备粮食，粮食的来源在于必须确保有自己的一份可耕地，即均田制基础，否则府兵制就难以为续。这种发展是"战争优先"政治直觉的完美结果，构建的整体意蕴既专横又务实。

均田制为何衰落？府兵制为何衰落？

1. 随着国家的统一稳定，耕作生活的收益变大，受益增大，从军的边际损失递减。

2. 战争、战场胜利的机会越少，通过战争迅速上升的机会就越小。

3. 唐的节度使制度导致地方割据势力权利剧增，中央政府全力严重萎缩，任何全国性的制度都难以为续。

府兵制兵员来源发生变化与授田人口增多相关，相对稳定的生活越来越多地吸引人从事农业，平等分配的土地让大部分国民收入相对均衡，富裕的前提被逐渐淡化。其次与中原人对军事荣誉的意识有关，他们重视行政职务胜于从军，而入主中原的宇文部族留下的主要是制度，职业军人的精神则随时间推移与君主的人格起伏不定，年轻人以担任军职，战场获胜为崇高的时尚，存在于特定的种族，特定体制以及特定的领袖之时。

本节所引用主要书目：

王应麟《玉海》　广陵书社

李林甫等撰《唐六典》 中华书局 1992 年 1 月第 1 版

《北史·卷 60·李延寿论》

《通典》

《魏书·官氏志》《周书》《新唐书·百官志》

(宋)王钦若等编《册府元龟》 中华书局 1989 年 1 月第 1 版

(宋)李昉等撰《太平御览》中华书局 1960 年 2 月第 1 版

白居易撰写《百氏长庆集·卷 64·策林三·45 复府兵置屯田》文学古籍刊行社出版 1955 年 6 月北京第 1 版,三册本

第三十二章　北周政治运作的附属条件；
国家礼仪、经济、法律与安全

对最具有惰性的那批君王们来说，礼与法是统治愚昧的群众最简洁的语言，而且几乎永远不需要调整。即使统治者和被统治者都不清楚礼法的具体内容时上述判断依然有效，因为对礼法的敬畏很大程度上不来自其合理性，而来自其强制性。因此，无论礼法被官方如何解释，它们都毋庸置疑。

第一节　北周人的精神生活

以天命与德作为要件的游戏已经发展出很多玩法，参与者的条件、规则、技巧适时而变，北周时代似乎相当娴熟。"魏恭帝三年（556 年）十二月，魏帝诏以昭阳之地封帝为周公，诏曰：予闻皇天之命不予常，惟归于德，故尧授舜，舜授禹，时其宜也。使大宗伯赵贵持节奉册书曰：嗟尔周公，帝王之位弗有常，有德者受命，时乃天道。《周书·卷三·魏恭帝纪》P6。

西魏恭帝退位时被代笔的诏书中极其平静谈到天命与德。德具有丰富的内涵，表示机会、能力、影响力等，最重要指的是必然性。一个早已存在、不可忽略的要点是：一切发展都是在遵循天意，天命与德之间有很大的相似之处。如果你感到天意不直观，就可以设法感知德真实的存在：一个普通人变身为天子，这是有德，一个不称职的人变为君主，这是天命。国家或人做了一件很好的事是有德，做了一件坏事是命中注定。天命与德是一套逻辑组合，有时候看起来结构蕴涵均清晰简洁，有时候会变得复杂、炫目，不那么理直气壮，形同搪塞和诡辩。但是在紧要关头，不管是否有人听，或者是否有人相信，当事者都要说一下，一是程序因此看起来正式、到位。二是发现即使自己力量可以轻易毁灭一切，但是总不能一直过自己统治自己的单调生活，总是需要被统治者，给出的解释尽管晦涩抽象，只要总体上大致说得通，能够产生不同的人有不同的理解，国家的事情会变得好办得多。对宇文泰的神话就相当有节制，是对真实见闻的描述，听起来很有诚意："生而有黑气，如盖，下覆其身，……背有黑子，宛转若龙盘之形。……初岳营于河曲，有军吏独行，忽见一老翁鬓眉皓素，谓之曰：贺拔岳虽复据有此众，然终无所成，当有一宇文氏从东北来，后必大盛，言讫不见。此吏恒与所亲言之，至是方验。《周书·卷一·文帝纪》P3。退位禅让诏书念完之后，宇文觉推辞了一番，大臣们争先恐后、力劝宇文觉接受自然的安排，唾手可得的祥瑞也被及时、耐心地一一展示出来。新皇帝礼仪上的推辞，百官真心实意的苦苦相劝，密切相关、鼓舞人心的自然现象一一具备，目的是使王朝的更替符合礼仪而且合法。当天一切交接手续都在大司马府办理完毕，没有出现有力的反对者。新国家并不是年仅十五岁的宇文觉凭个人能力特殊贡献争取到的，而是接受了他父亲间接留下的一份遗产，性情刚毅的孝闵帝并不能预测到，自己刚刚步入的一套制度中，地位升迁并不意味着个人自由的扩张。次年他正式即天王位，这也是极力仿效周室的做法。"今魏历告终，周室受命，以木承水，实当行录正，用夏时，式遵圣道，惟文王（宇文泰）诞玄气之祥，有黑水之谶，服色亦乌。《周书·卷3·孝闵帝纪》P7。录指采用，正指农历一年的第一个月。意思是鼓励宇文尽早登基。这些在使得很多攀龙附凤的人在宇文氏登基时集体变得特别聪明敏感，至少新皇帝的支持者们认为周代魏别无选择。

武帝是北周最为明智的君主，其行为也没有脱离上述这个基础，北周武帝（543年生，578年卒）560—578年在位，共十九年。他与日后的宣帝父子二人在位期间是个新时期，对文化具有各自的特殊审视，武帝重视教育："保定三年（563年）四月，武帝幸太学；天和元年（566年）七月诏：诸胄子入学，但束修于师，不劳释奠，自今即为恒式。《周书·卷5·武帝纪》P8。次年七月立露门学，置生七十二人。对儒家文化的鼓励是武帝业已稳定的思想倾向的一个反映，不过他没有意识"有教无类"即普及教育的儒家思想精义，满足于对贵族及高级臣僚子弟的教育及现有的有一定知名度人士欣赏，武帝时辛公义被召为露门学，令受道义。每月集御前，令与大儒讲论，数被嗟异，时辈慕之。建德初，授宣纳中士。《隋书·卷73·辛公义》P202。武帝即位初期主要从事文化礼仪活动，他首先是一个看重中原文化的人，其次才定位于儒家文化，如何看待李德林问题上，即可清楚地知道他心目中优秀学者的位置，李德林原任职于齐，为仪同三司。及周武帝克齐（577年），入邺之日，敕小司马唐道和宣旨慰喻云：平齐之利，唯在于尔。朕本畏尔逐齐王东走，今闻犹在，大以慰怀，宜即入相见。"道和引之入内。……授内史上士。自此以后，诏诰格式，及用山东人物，一以委之。武帝又曾于云阳宫操鲜卑语对群臣说：我常日唯闻李德林名，及见其与齐朝作诏书移檄，我正谓其是天上人。岂言今日得其驱使，复为我作文书，极为大异。"神武公窦毅答：臣闻明王圣主，得骐麟凤凰为瑞，是圣德所感，非力能致之，瑞物虽来，不堪使用。如李德林来受驱使，亦陛下圣德所感致，有大才用，无所不堪，胜于骐麟凤凰远矣。武帝大笑曰："诚如公言。"毫不迟掩饰他发自内心的喜悦。李德林被武帝视为有生之年一大收获，宣政末，授德林御政下大夫。《隋书·卷42·李德林》P143。既委以重任，又高度信任。在武帝亲政之后，逐渐显示出多样化兴趣，武帝也是喜欢抽象思维的人："建德初，武帝尚道法，尤好玄言"。由于武帝征求学兼经史、善于谈论者为通道馆学士，长孙炽应其选，与英俊并游，通涉弥博。《隋书·卷51·长孙炽》P159。柳裘在周明帝、武帝间，自麟趾学士累迁太子侍读。《隋书·卷38·柳裘》P136。齐中书侍郎陆爽，及齐灭，周武帝闻其名，与阳休之、袁叔德等十余人俱征入关。诸人多将辎重，爽独载书数千卷。在武帝的努力下，北周陆续集中了一大批学者，形成了良好的学术氛围。（第一次）天和元年（566年）武帝五月集群臣亲讲《礼记》。（第二次）天和三年八月帝御大德殿，集沙门、道士讲《礼记》。（第三次）四年二月，在同样的地点召集沙门、道士等讨论释老义。原留事梁王萧詧的学者沈重学问人品受武帝推崇，专门致函借来，天和中沈氏于紫极殿讲三教义，朝士、儒生、桑门、道士出席者超过二千人，沈重"凡所解释，咸为诸儒生所推。"估计他的思想倾向于儒家，并对武帝有正面影响，否则不会安排他为皇太子专门开讲。天和六年，授沈氏骠骑大将军开仪三司、露门博士。武帝不仅尊重学者、知识，还尊重他们个人的愿望，当沈氏要求还梁时，武帝遵守租借承诺，予以批准，这个淡泊的学者开皇三年辞世时已84岁高龄。天和四年五月，帝制《象经》成，集百僚讲说。（第三次）572年（建德元年）正月，帝幸玄都观，亲御法座讲说，公卿、道、俗论杂事。这次文化讨论直接导致一场特赦。"幸玄都观毕，还宫，降死罪及流罪一等，其五岁刑以下并宥之。"置身于行政权力中心之外，流连于寺观学人之间，可能是出于内心的好奇与偏爱，或许亦以此来麻醉宇文护的心理？因为武帝基本接受的是人性善的儒家观点，建德三年574二月诏：民生而静，纯懿之性本均；感物而迁，嗜欲之情斯起。由于这种人性善或社会决定论的主张很可能是他积极行政的诱因，六月诏：淳离朴散，形气斯乖，遂使三墨八儒，朱紫竞交，九流七略，异说相腾，道隐小成，其来旧矣，不有会归，争驱靡息。今可立通道观，圣哲微言，先贤典训，金科玉篆，秘迹玄文，所以济养黎元，扶成教义者，并宜弘阐。一以贯之，俾夫玩培塿者，识嵩岱之崇崛，守磧砾者，悟渤澥之泓澄，不亦可乎。"《周书·卷五·武帝纪》

P11。这时已经表现出明显的文化倾向性,也符合他个人讲求实际的作风。

武帝的文化倾向迅速形成是知识面相对狭窄引起的,北方君主对文化的态度深受利益牵制,由于他们的政治利益在中原,因此更容易倾向于善待中原本土文化,他们将这种文化想象得比实际完美,实际上那里已被严重宗教化的哲学体系本质上也的确更贴近世俗生活,他们需要这些帮助他们占领、殖民及治理新土地,当然他们其中不乏疯狂偏执的人。北朝北魏道武帝由于执行过激的废佛措施,宗教胜地到处残垣断壁,信众血流满地;北周宇文部入主宫廷后,自宇文泰起,从皇帝到执政,有礼佛的传统,只有武帝带着怀疑的眼光看待磅礴于大江南北的宗教热潮,他年少时曾受业于卢光,此人在武成二年起担任虞州刺史、陕西总管府长史,因为与武帝师生关系,天和二年六十二岁逝世时"赠赙有加恒典。"其实"光性崇佛道,至诚信敬"。不过,又"撰《道德经章句》行于世"。《周书·卷45·儒林传·卢光传》P76。当时在一部分皈依者心中,佛、道并不是截然不同,高祖倒是未受其宗教观之影响,如何区别不同宗教的实质,老师终身没有弄清,他的君王学生则为此困惑多年。天和二年,还俗的佛教徒卫元嵩上书,建议废佛教,分政治经济两个原因,1. 唐虞无佛图而国安,齐梁有寺舍而祚失,建议早建平延大寺,无选道俗,冈择亲疏,以城隍为寺塔,即周主是如来。2. 认为经济上相对富裕的佛教信徒反而可以免丁停课,已经给国家的带来严重问题。《全后周文·卷24·卫元嵩》P4008。他以其宗教怀疑主义思想,呼吁建立政教合一的国家,君主置于神之上,公平合理的国家就是佛国。道士张宾也对佛教迅猛发展势头十分不满,要求政治解决。天和三年八月,帝于大德殿集沙门、道士讲《礼记》;天和四年二月初八,武帝临大德殿,召僧道名儒文武约两千余人辩论三教优劣,这次,一生专心儒学的沈重成为儒生的中心。《北史·卷82·沈重传》P293。同年三月至四月又连续三次辩论会,武帝每次均到场,只是在建德以前,他从未表示对佛教有任何不满,倒是亲自任命了一些重要佛事职务:"县崇禅师德行无玷,精悟独绝,所预学徒,未闻有犯,当是导以德义,故能众绝形清,可为周国三藏,并任陟岵寺主。《全后周文·卷3·武帝·敕昙宗为国用三藏》P3896。释道安,就是武帝专门下敕,安置在中兴寺。《全后周文·卷二十三·释氏·释道安》P3998。天和中担任过司隶大夫的释徒甄鸾的名著《笑道论》则对道教进行了全方位讽刺。《全后周文·卷二十·甄鸾》P3978。这应该是此前武帝组织论争的产物,对佛教而言这本书是灾难性的。天和五年,在武帝召集第五次辩论大会,这本小册子成了论争的主题,结果武帝主导的评估认定它恶意羞辱了道教,下令当场烧毁。建德元年正月，帝亲临玄德观，在一个道教场所与公卿、僧、道讨论宗教哲学问题，建德二年十月，六代乐修订完成，帝集合百官于崇信殿观赏演奏，从驾临道教的玄德观到召集百官聆听儒家的雅乐，聪明的佛教信仰者应该可以看出迹象。建德二年（573）十二月，集群臣既沙门、道士等，帝升高座，辩释三教先后。以儒先、道次、佛为后。《周书·卷5·武帝纪》P10。公元574年（建德三年）五月武帝让道士张宾与僧智炫直接辩论，结果张宾败北，而胜者得到的奖赏则出乎意料，形势急转直下，先是武帝严予训斥，次日：初断佛、道二教，经像悉毁罢，沙门、道士并令还民，并禁诸淫祀，礼典所不载者并除之。《周书·卷5·武帝纪》P10。这是灭佛的正式诏令，此诏令之前的佛教，由于不清楚武帝灭佛的底线，高压之下，不满的宗教人士组织的各种形式的反抗十分微弱，作为一个实质习惯的政治障碍，正在迅速解体。不管多大代价也要让国家强盛，乃是武帝的雄心之所在。

针对一种特定宗教的政治强势，并不是要让这个国家一切异见归零，个性独立，一生拒绝担任公职的学者韦夐（死于宣政元年）富有庄子之风，在有关儒、佛、道，即本土文化和外来文化问题上持温和宽容态度，建德五年，北周灭佛运动声势浩大时，武帝要求他就三教异同给出自己的见解时，他仍提出了三教"殆无等级，同归于善。"的书面意见，文章受到武帝称道，但未采纳。《周书·卷31·韦夐传》P2631。次年，北齐崩溃，武帝在邺城宣布将执行与北周同样的佛教政策，惠远由于内心痛苦而尖叫起来，他以威胁的口吻厉声指责武帝是邪见人，说："阿鼻地狱不简贵贱，陛下何得不怖？"凡是对阿鼻地狱的惩罚功能只有肤浅了解的人都是注定要后悔不迭的，武帝勃然作色大怒，直视于远曰："但令百姓得乐，朕亦不辞地狱诸苦。"其实后者此前已经在普惠而非自我的精神支撑下设法战胜了地狱的恐怖。释道宣《广弘明集·卷第十·辩惑篇第二》P88。对于武帝这种不以宗教的眼光看世界的人，佛教或其他宗教信徒为个人利益或者心灵的满足而全身心投入，以及对抽象世界比对实现世界有更为精确理解的思维模式，超出了他的理解力，他们有各自不同的世界。与大张旗鼓、来势凶猛的灭佛运动不协调的是，对普通僧众信仰活动采取的主要是取缔组织存在方式而不是消灭个人的办法。灭佛初，武帝立通道观，置学士一百二十人，令儒、道、佛中的名士充任，研究相关的宗教哲学著作，不过他们不再代表他们曾信仰的宗教派别，而是代表官方作学术研究，他们一概长发留须身穿官服。574年以后，北方佛教高级僧侣并未顿时销声匿迹，周辖区的昙崇是得到武帝任命世俗职务大人之一。原北齐地区灭佛后，高级僧人转任行政职务任命的也有证可查,天竺人法智任北齐僧官昭玄都,齐国平,佛法同毁,"智因僧职转任俗官,册授洋州洋川郡守。"费长房《历代三宝记·卷第十二》P126。中兴寺的释道安在建德三年灭佛时逃亡,武帝逝世后,北周朝廷还准备让他担任公职,遭抵制。一些逃往南方的信徒建立了新流派,反而扩大了佛教的影响。事后证明,灭佛事件对北周政治、经济的影响远远超过对宗教的影响。与竭斯底里的惠远所悲观预测的不同,除了寺院财产损失,终止了教徒集体祈祷和有组织的生活方式外,绝大部分教徒毫发未损,这与血腥的北魏太武帝大相径庭。

君王对宗教性质的理解对佛教发展有决定性作用,建德六年诏曰:"佛生西域,寄传东夏,原其风教,殊乖中国,……朕非五胡,心无敬事,既非正教,所以废之。《广弘明集·卷第十·辩惑篇第二》P90。废佛是武帝个人偏好,也是一个典型的政治行为;既不是因为佛教的弊端,也不是武帝心智反常。在所有反对废佛者中流行的一个观点认为,为消灭北齐,好战的武帝贪婪的目光盯住了北周一百万僧众,万余所寺院的财富,释昙积讥讽武帝'求兵与僧众之间,取地于塔庙之下"的企图必定是徒劳无益,"顽僧任役,未足加兵;寺地给民,岂能富国?《全后周文·卷二十二释昙积·谏周祖沙汰僧表》P3995。但他的预言有误,周武帝亲自宣布,灭佛后出现的是:"民役稍稀、租调年增,兵师日盛。东平齐国,西定妖戎,国安民乐,岂非有益"局面。《广弘明集·卷第十·辩惑篇第二》P90。从建德三年五月宣布禁止佛教,到建德六年正月,攻克北齐首都邺城,仅三年时间。因此容易将废佛的经济效应与灭北齐,统一北方联系起来,说灭佛是北周单纯为了统一北方不是客观的说法,北周当时人口不足一千万,僧人约一百万,北齐人口约二千万,僧人约三百万,大约总人口百分之十五,这意味着佛教信徒成为国家最大的社团,如果蛊惑成功,基本上可以不听命于国君而有所作为,从政治角度看这极其危险,不管武帝是否伐齐,它都是一个实实在在的问题。北齐僧徒众多,国家为宗教支出昂贵,却无法免于战场上惨败的命运。是吴明彻大胜齐人使武帝灭佛提速?还是武帝听到了命运的召唤?都可以忽略不计,总之,它是一次支出极低,受益颇丰的冒险。当武在建德三年终于摊牌时,他不可能预计到它的全部社会意义:提升社会公平程度以及国民对政府的信心,增加税源,遏制了一个可能组织更加严密,弱化中央专制,甚至成为分离力量的社团,他们蓄势待发,随时有力量在国内造成动荡。至于新增加可支配的一百万人,并不是战胜齐决定性的力量,武帝既然敢处分他们,就一定考虑过如何能控制局面,对这一股潜在的敌对力量,应该作好了最坏打算,包括对峙、暴乱、流散等,至于他们能否从事生产，投身军旅，那是意外收获。因为即使如此，齐在人口上仍占绝对优势，建德三年北周灭佛到六年北方统一，北周境内约为一百万僧人，齐境约三百万，四年内重新成为编户共四百万人。由于减少大量毋须缴纳赋税的人口，迫使还俗的僧人从事劳动，或进入军旅，佛寺的产业亦收归国有，就连卫王直的宅邸划归东宫后，他相中的也是一处被废的佛寺，估计尚未入住，因建德三年五月灭佛，他七月即举兵反。北齐王朝倾覆后，寺庙被充公，佛门弟子被强迫还俗，由于这是一笔可观的收入，对武帝的北伐事业必然会有所支持，但武帝的确不是人数、财力而靠对政局的准确估计，战术以及士气打赢这场仗，如果人数和财富是战争的决定性因素，北齐的相对数字都要大得多，否则胜者就不是北周。由于齐国政治露洞百出，陈国军队多次对齐作战取胜，如果陈兼并齐，那么周的前途就会变得渺茫。从结果上看，灭佛作为一次临时性的政治举措，其孤立衡量的价值难以量化，但是从北周走向全国胜利大局分析，它是一连串政治行为中不可或缺的组成部分。武帝在灭齐后意识到这一点，在占领区继续执行废佛政策，建德六年正月下诏，其东山南园及三台可并毁撤，瓦木诸物凡入用者，尽赐下民，山园之田各还本主。《周书·卷6·武帝纪》P12。三台指的是在曹操在邺城建筑的铜雀台、金虎台、冰井台三台。徐坚《初学记·卷二十四·台第六》P574。北齐文宣帝高洋在原址基础上重建，是著名景观建筑，后主于天统五年元月"以金凤三台未入寺者施大兴圣寺，"金凤台是铜雀台的改称。"五年四月以并州尚书省为大基圣寺，晋祠为大崇皇寺。《北齐书·卷8·后主》P12。晋祠在太原郊外，一直是祭祀周武王次子唐叔虞专门场所，并州行台尚书省则相当于管理数州的大区政府办公地，均被后主分别施舍给了佛寺，他在位期间建造过不少精美的佛寺，但仍觉不够虔诚，于是把手伸向名胜古迹。由于对齐战争的胜利，废佛被赋予战争、政治、经济、社会、文化等诸多方面的意义。周武帝分析，自其父宇文泰以来一直与北齐对敌，没有随本国佛教自然发展同步形成军事优势，"朕废佛法，若是危害，亦可亡身。"但正是他在废佛之后取得压倒性的军事成就，武帝郑重地对任道林说，这说明废佛是合理的。《广弘明集·卷第十·辩惑篇第二》。于是就在平齐当年，不顾当地政局未稳，下令废佛，四万寺院收归国有重新分配，三百万僧登记为编户。《广弘明集·卷第十·辩惑篇第二》P89。八州寺庙出四十千，尽赐王公充为第宅。三方释子减三百万，皆复军民还归编户。《历代三宝记·卷十一》P112。

宇文泰、宇文护都是礼佛的人，武帝处理宗教问题的标准估计不是出于外来文化或本土文化的偏见，573年由于以武帝统一北方作为参照物，即以灭佛作为统一北方的合理代价,这种仅以结果为唯一衡量标准价值观不可能十全十美。虽然是在延续泰以来的北方政策,但武帝在宗教观上是一个叛逆,十分霸道而危险,与时尚背道而驰,同时远比宇文护好战,无所不在的宗教意识使他日夜承受着无限的心理压力,这在很大程度上动摇着他的统治,只是个人能力极大地抵消了他作为一个专制君主的危险。战争胜利当然稳定他的地位,其实这种稳定极其短暂,他生命的最后时期一直在尝试妥协。公元392年,罗马皇帝狄奥多西以罗马帝国的名义正式宣布基督教为国教。一百多年前发生在欧洲的宗教变故或确认,似乎与武帝对宗教的裁决存在着某种政治联系,即皇权已经意识到,离开了宗教的政治是不完整的政治,但是既要让宗教于政治有益,又要令其在政治可控制范围之内。

武帝心中,包括有法家原则类型的儒家思想乃是文明之精华所在,治世所必需,因为它既能受到辖区内人口多数的汉文化圈广泛理解,又非常实用。前汉宣帝刘询对此也不讳言,整饬皇权,强国富民可能是其更直观的宗教。公元前70年,他处决了有废帝自立企图的霍光之子大司马霍禹,庞大的霍氏势力遭到毁灭性打击,宣帝以霸术位核心的内外政策均取得实效,实现了汉室中兴。无法断言武帝一定清楚汉朝历史并模仿了汉宣帝,但他成为一个有进取心有成就的君主,不是全凭勇气或者运气,还有融法家精神儒家外衣为一体者的明智。577年八月,郑州献一据称是九尾狐标本,"皮肉销尽,骨体犹具。"武帝比较冷静地处理此事。他下令将其焚烧了事,他解释说,如果说是祥瑞,那应该在国泰民安时出现,但现实情况与之尚有明显距离,"今无其时,恐非实录。"《周书·卷六·武帝纪》P12。如果国家出现可能引起麻烦的现象,高祖会不假思索地采取比较抽象的对策,如急于亲审核囚犯、大赦、减税赋等,对属于锦上添花或明显有讨好、浮夸之嫌的情况,就显得客观很多。但他政策上仍是一个坚定、热心、圆滑的儒家,释放儒家影响的手法在他执政后期已相当成熟。建德七年(578年)二月,武帝刚刚失去了一个弟弟,时官居大冢宰的谯王宇文俭。四月,初令遭父母丧者听终制。此前是因为局势复杂、动荡不安,需要确保充足人员在岗,他本人在叱奴皇太后过世时(建德三年,公元574年三月),由于"时有未谐,不得全制。……就没有条件一丝不苟、完整履行儒家复杂的礼仪。现在看来情况有好转,才使得家有变故者完成礼仪所规定的假期。与他天和时亲讲《礼记》保定时发出按时令讨论时事的诏令相应。总体而言,传统文化涵盖的不是单一人文知识领域,兼顾了自然知识的方方面面,尽管技术被忽略了,仍对政治有好处。废佛事件虽然令他充满争议,却是明显的权宜之计,齐国刚遭到南方军队的沉重打击,北周面临重大机遇,他急需有人倾听他在尘世的声音而不是陶醉于天国的召唤。

自即位起,武帝虽然从未停止过发号施令,但随在位时间推移,他越来越多地出现在公众面前,前期主要局限于礼节场合上,总揽国家权力严格说是在护消逝在政坛之后,他以完全当家作主的态度看待自己与他人、国家、天地万物之间的关系。建德元年五月,武帝因为大旱,召公卿百官于庭,"盛农之节,亢阳不雨,气序愆度,盖不徒然,岂朕德薄,刑赏乖中欤?将公卿大臣或非其人欤?"尽管这些不能确定,他还是宁肯信其有,即司法公正和人事管理,着眼于错误的气象知识,他提出了这两个严肃的问题,要求大臣畅所欲言,不得有所顾忌。公卿们驾轻就熟,各自引咎自责。由于君臣们的对策处置得当,"其夜澍雨。"而后在建德二年,"自春末不雨至七月。壬申,皇帝大集百官与大德殿,问以政治得失。此次大象没有因人们焦虑的催促而反应更迅速些,十六天后即戊子日才下了雨。建德元年十二月:帝御正武殿亲录囚徒,至夜乃罢。有时时间更长,二年十二月,"听讼于正武殿,自旦及夜,继之以烛。"从帝对天人感应的重视情况来看导致他日以继夜审读案卷的不是对法制的重视,也不是解决国内司法的问题最好办法,而更像是一种姿态。他主动将自己置身于上苍的监督之下,像所有受传统文化氛围从精神上控制的皇帝一样,毫不掩饰对超自然现象的依赖心态。儒家文化因为这种玄乎的特色在他心中的位置开始变得稳固突出,尽管在精神上与汉族的君主别无出二致,面临的现实则有所不同。建德三年三月叱奴氏皇太后逝世后,安排太子宇文赟总庶政,帝本人居倚庐,朝夕共一溢米,群臣表请累旬乃止。五月安葬太后,他下诏说他愿意尊守行三年之丧的礼仪,但现在情况特殊,军国务重,庶自总朝,缞麻之节,苦庐之礼,率尊前典。……百僚上表固请,俯就权制,过葬即吉。帝不许,于是申三年之制,五服之内亦令依礼。《周书·卷五·武帝纪》P10。但他似乎对儒家礼仪的复杂性估计不足,在礼法规定为其母守孝期间,一天他装束整齐,全副武装,居然大队人马准备前去享受狩猎的乐趣。太学生张衡发现后大惊失色,"露发舆榇,扣马切谏。帝嘉焉,赐衣一袭,马一匹,擢拜汉王侍读。《北史·卷74·张衡传》P272。大逆不道的猎狩计划估计就此终止,不过他马上找到更为有益的替代方式,积极为次年东征作前期准备。

相术大师来和,周畿伯下大夫,杨坚身份低微时,来诣和相,和待人去,谓高祖曰:公当王有四海。及为丞相,拜(来和)仪同。既受禅,进爵为子。《隋书·卷78·来和传》P212。庞晃也预知杨坚非常人,深自结纳。从随州刺史离任返京的杨坚在襄邑受到上仪同庞晃款待,后者对他说:"公相貌非常,名在图箓,九五之日,幸愿不忘。"听者笑着说:"何妄言也!"顷之,有一雄稚鸣于庭,高祖命晃射之,曰:中则有赏,然富贵之日,持以为验。晃当即一箭中的,高祖抚掌大笑,曰：此是天意。公能感之而中也。因以二婢赐之,情契甚密。"场面十分愉快。杨坚即位时主动提及此事,以十分自满的口吻对晃说:"射稚之符今日验不?"晃再拜曰:陛下应天顺民,君临宇内,犹亿囊时之言,不胜庆跃。寻加上开府。拜右卫将军。《隋书·卷50·庞晃传》P158。周齐王宇文宪曾对武帝说杨坚相貌"臣每当见之,不觉自失,恐非人臣,请早除之。"武帝则误认为"此止可为将尔"。王轨也表示过大致相似的意见"太子非社稷主,坚有反相。武帝不悦,反问:必天命,将若之何? 这些话陆续传到坚耳中,他对自己的言行更加谨慎,注意伪装。《北史·卷11·隋文帝纪》P45。郭荣,少与高祖亲狎,情契甚欢。尝与高祖夜坐月下,因从容谓荣曰:吾仰观玄象,俯察人事,周历已尽,我其代之。"荣深自结纳,宣帝崩,高祖总百揆,召荣,抚其背而笑曰:吾言验未? 即拜相府乐曹参军,俄以本官复领蕃部大夫,即位后又引为内史舍人。周民部中大夫李礼成,发现"高祖有非常之表"后,选择一种更为牢靠的方式靠近这个前程无可限量的人,"礼成妻窦氏早没,遂聘高祖妹为继室,情契甚欢。及高祖受禅,拜陕州刺史,……寻征为左卫将军,迁右武卫大将军。"周天官都上士李谔,见高祖有奇表,深自结纳。自578年7月杨坚为大司马时起,就一直劝杨坚尽量不要离开京城,耐心等待机会。从结果来看,李谔是有先见之明的人,杨坚事后也十分感激他,通过类似以上的心理暗示,有助于提升、增强杨坚的冒险信心。

假定选择杨坚的人个个都具有相术方面的知识背景,同样的宿命论哲学,为何不是人人都选中他? 看来人们运用了演绎而不是归纳的行为选择方式,同时又受到忠君的思想牵制。

北周人的精神是分裂的,一方面竭力靠拢中原文化,一方面自己的思想又被自己的文化背景所掌控,后齐(北齐)"后主末年,祭非其鬼,至于躬自鼓儛,以事胡天。邺中遂多淫祀,后周(北周)欲招来西域,又有拜胡天制,皇帝亲焉,其仪并从夷俗,淫僻不可纪也。"《隋书·卷七·礼仪志》P20。北周的统治者们最终还是会回到自己的传统,因为一种文明的包容度,大致就是外来者的融入度。

本节参考资料：

《广弘明集》
费长房《历代三宝记》
《续高僧传》
(宋)释志磐《佛祖统纪》江苏广陵古籍刻印社 1992 年 3 月第 1 版
(唐)道宣 撰 范祥雍 点校《大慈恩寺三藏法师传》中华书局 2006 年 4 月版

第二节　北周国家的经济与日常生活

一、宇文护时期经济

1. 官方主导的省、减免、督促农业生产的基本经济方略

北魏孝昌二年（526 年），设立于市门税，对入市者税一钱，以此弥补国家财政的窘迫。557 年，北周孝闵帝元年正月废止了市门税，北周这一举措不失为客观上有助于市场开放的政策。中央政府为满足流通需要，整个国家经贸发展需要许多先决条件，宇文护政府在帮助这些条件如何逐渐成熟方面采取跟进措施，但是这不是稳定的经济共识。静帝大象二年（580）正月，重新开始征收市门税，不过仅收了五个月，就宣布废止，不知是人民抵制以致市场出现不好的变化，还是官方本身意识到这不是办法而自动放弃。

政治与天象存在密切联系是一个共识，而许多经济行为是在迎合天象，这是当时的一个现实。几乎与靠天吃饭的农业人口结伴而行的是难得风调雨，水旱一直是一个国家问题：

明帝二年（558 年）二月诏："自元年以来有被掠入贼者，悉可放免。"（东、西魏双方相互捉拿人口）"自冬不雨，至是方大雪。"《周书·卷四·明帝纪》P7。这应该理解为，由于去年冬季到今年二月一直干旱，于是明帝的国家发布了这样一个决定。虽然知道天人之间人类的补偿行为有效，但不总是可以直接采取应对办法。明帝武成元年（559 年）六月，大霖雨。诏书说：……朕抚运应图，作民父母，弗敢怠荒，以求民瘼。而霖雨作沴，害麦伤苗，颓屋漂垣，泊于昏垫（陷溺，迷惘无所适从），谅朕不德，苍生何咎？刑政所失，罔失厥由。苦恼迷惘的君主要求有关人员畅所欲言，"朕将览察，以答天遣。"《周书·卷四·明帝纪》P7。真心实意希望查出到底是谁的问题。武帝保定元年（561 年）七月，天下热浪滚滚，旱灾扑面而来，诏曰：亢旱历时，嘉苗殄悴，岂狱失理，刑罚乖衷欤！所见囚死以下一岁刑以上，各降本罪一等，百鞭以下悉原免之。《周书·卷 5·武帝》P8。武帝明确提出是司法不公引起，极大地减轻皇帝的责任，比明帝一味自责聪明的多。水旱之灾交叠，粮食歉收，会带动物价上涨，一种大额面值的货币"布泉"应运而生。帝王的上述应对措施并未及时奏效，自然灾害依旧如地到来，保定二年（562 年）二月，以久不雨，降宥罪人，京城三十里内禁酒。（梁王萧詧死。）《周书·卷五·武帝纪》P8。保定二年四月，又因为严重干旱全国禁止屠宰，保定三年四月帝御

正武殿录囚,估计是旱情所迫。五月甲子朔避正寝,不受朝,旱故也,九天后终于盼到了久违的雨点。水旱等自然灾害之外,流行病也是一大威胁,"天和六年(571年)冬天,牛大疫,死者十六、七。"《周书·卷5·武帝》P10。牛群出现大规模疫病爆发,死亡率高达百分之六、七十。

在流通领域,对货币作用的理解仍然滞后,561年(保定元年)七月,仿大统五铢更铸钱,武帝曾铸重4.5公分的钱,称为布泉,以一枚当大统五铢钱五枚,与五铢并行。这是一种大钱,在加速流通中需要大面额,有时又是显示通货膨胀的征兆,或者它的面世直接催生通货膨胀。布泉之后,574年(建德三年)六月,更铸五行大布钱,以一当十,与布钱并行。五行大布与布泉重量相似,这种币值的大型化并不出于经济合理性考虑,而是源自一种幼稚的政治自尊心,既然克服了一个王朝,货币也应该更优越、更昂贵。西魏文帝大统五铢仿北魏孝庄帝的永安五铢,后者重3.4公分,大统五铢又分大统六年的五铢和大统十二年的五铢两种,份量有差异,十二年的五铢已经减重,五行大布当布泉十,等于减重为十分之一,后再减重到二公分以下。建德四年七月,下令"禁五行大布钱不得出关,布泉钱听入而不听出。"人为地限制了货币的自由流通,加上官方发行的货币防伪技术简陋,对伪币打击不力,私铸盛行。建德五年元月只好下令"废布泉钱。初令铸钱者绞,其从者远配为民。"从布泉的使用范围缩小到废止过于短促,给储存及使用者都带来损失,不符合公众利益。周钱工艺品质均佳,但民间流通不畅,更乐于接受是绢帛、金银或外国金银币,这与周对货币的限制多且币制不稳定有关。千家驹、郭彦刚著《货币发展简史和表解》P20,P72。另外一个问题更为严重,其实到了积重难返地步,国家只能穷于应付,577年8月:"议定权衡度量,颁于天下。其不依新式者悉追停。"因货币政策落后,度量衡在全国广泛使用,赋税比率、交易都因此变得与实际规定很不一致。单凭行政命令解决经济问题,明显是将复杂问题简单化。由于担心上述命令得不到有效贯彻,577建德六年十一月颁布执行一部相对严厉的刑法《刑书要制》。《周书·卷6·武帝纪》P12。它强化了打击力度:持杖群强盗一匹以上,不持杖群强盗五匹以上,监临主掌自盗二十匹以上,小盗及诈伪请官物三十匹以上,正长隐五户及十丁以上,隐地三顷以上者至死,刑书所不载者自依律科。《周书·卷6·武帝》P12。用于解决治安可能有短期作用,用于解决经济问题则是南辕北辙。

比金融问题与解决方案更为脱节的是天象变异,整个国家都十分敏感,官方对付水旱灾时疫等的办法则仍然很经典:1减刑罚。2禁屠宰、禁酒等。3避正寝。具体解决灾情的办法没有人顾及,大家都认为至此问题已经解决,其实问题还是旁若无人地继续出现。国家也曾兴修水利，保定二年春正月，"于蒲州（山西永济县蒲州镇）开河渠，同州（陕西大荔）开龙首渠，（自陕西澄城西南引洛水东南流，至大荔西入洛）以广灌溉。"《周书·卷五·武帝纪》P8。但规模偏小，对自然灾害的抵御能力脆弱，当时的经济顾问一遇到类似问题很容易变得抽象，使得皇帝一下变得极其孤独，罪行严重而且自艾自怨。因为只有皇帝才能感应天象，君主的问题才能给百姓的生存带来如此大的麻烦，这对解决问题几乎毫无帮助。

均田制度下，土地分配给个人，生产经营权利自主，国家本不应该过多直接管理生产，但当时的国家显然享有对民间私有财产的部分处置权，它发布的相关禁止令客观上对预防奢侈起抑制作用，思维传统的朝廷尤其武帝崇尚节俭，是出自个人理智和喜好的节省，武帝保定元年（561年）二月，省舆辇，去百戏。保定二年十月诏：凡是供朕衣服、饮食、四时所须爰及宫内调度，朕手自减削。由于大笔减少了以皇室为主的支出，必然节约了人力。天和六年（571年）九月：省掖庭四夷乐，后宫罗绮工人五百人。当时的君主只要没有明显的品行问题或者恶名，经济不景气不会立即导致国家倾覆。名声具有现实的效用，就会成为追逐的对象，结果人们会渐渐轻视有针对性行为的效果，趋于伪善。中央政府具有减免地方租税的权利，主要是对受灾地区。孝闵帝元年（557年）三月庚子下诏："去岁浙江不登，厥民饥馑，其当州租输未毕者，悉免之。兼遣使巡，检有穷馁者并加赈给。"另一种减免来自政治性、投机性都很强的君臣互动，虽然只是临时性的降低税收，与增产无关，但存在这样一种相反的因果关系的可能，是先有降低税收的需求，而后才有报导并贡献三足乌的灵感。保定二年四月，南阳献三足乌，五月南阳宛县三足乌所集，免今年役及租赋之半。这违背了减免的济贫性质，南阳等地能搭上减免的便车，是皇权对经济具有高度强制性的反映。尽管一些英明的君主并不滥用这种强权，受利益诱惑的人还是愿意一试运气，保定三年二月，渭州献三足乌，三月益州献三足乌，五年九月，益州献三足乌，天和元年益州献三足乌，益州人持之以恒、不厌其烦的恭敬并没有得到他们本也不应该得到的利益报赏。

一些在地方的官员中，经济现状是考察执政能力的主要量化点，因此相对具有主动性。557年，孝闵登基初年，民部中大夫郭彦出为澧州刺史，发现当地均田制推广并不乐观，"蛮左生梗，未尊朝宪，至于赋税，违命者多。聚散无恒，不营农业。由于郭强令他们事农，"禁其游猎，乃至家有余粮，亡命之徒稍从赋役。"以前，澧州粮储乏少，每令荆州递送，自郭就职后，仓庾充实，无复转输之劳。《周书·卷37·郭彦传》P63。在刺史的努力下，把原本一个需要国家救济的州，转变为自给自足的地方,地方税收也得到解决。保定四年(564 年)李贤任河州总管(此前河州并非总管,至是创置)、河州刺史,由于边境屯田成功,着实减轻了一味依赖漕运的巨额损耗和费用,稳定的军需供应和训练提高他的军队的作战能力,还设立了一套比较完整的预警系统,能够比较准确预测边境上成规模的入侵者动向,极大地降低了习惯于掠夺的游牧民族进犯次数等级。在洮州刺史任内,对羌、吐谷浑作战中大败对手。在特殊或军事区域实施非均田制,并不意味着均田制度被破坏。一些政策间接巩固均田制,保定五年六月皇帝下诏:江陵人年六十五以上,为官奴婢者已令放免,其公私奴婢年七十以上者,所在官司宜赎为庶人。《周书·卷5·武帝》P9。上述人都会因为身份的变更获得政策允许的土地。武帝保定元年三月,改八丁兵为十二丁兵,率岁一月役。《周书·卷5·武帝》P8。八丁兵则一年服役 45 天,即一个半月,一年少服役十五天,个人有更多的时间以用来生产或休养,这样人口基本就固着于土地,北周闵帝时,安武太守于义受理一桩民事纠纷,郡民张善安、王叔儿因为财产权归属诉至衙门,于义认为是自己作为太守教化失职,以致人民争斗,取自己的两倍于诉讼标的财产,分给原告、被告二人,甲乙双方都因为愧疚"移贯它州。"《隋书·卷三十九·于义等传》P173 移贯它州其实难度很大,因为他们的土地、赋役都在当地,如果去的是宽乡,土地比较充足之地,经过两地官府批准之后,可以重新定居下来,或者改换身份,在权贵的帮助从事其它谋生的行业。

对个人获利的意义,当时的思想界态度并不端正,裴文举在六官制启动前任中外府参军事,明帝(557 年 9 月—560 年四月在位)初,没有受到宇文护的眷顾,离开中外府随宇文宪镇守剑南,文举为益州总管府中郎,武成二年(560 年),加使持节车大将军仪三司。当时农商一片繁荣,所谓"蜀土沃饶,商贩百倍。"或有劝文举以利者。文举答曰:利之为贵,莫若安身,身安则道隆。非货之谓,是以不为,非恶才也。宪矜其贫窭,每欲支给之,举恒自谦逊,辞多受少。保定三年(563 年)升任绛州刺史,上司总管韦孝宽特别欣赏他的节俭之风,天和六年(571 年)奉调中央,入为司宪中大夫,建德六年(577 年)为南青州刺史,终生享有武帝的荣宠,与武帝同殁于宣正元年(578 年)时,仍是在职的刺史。《周书·卷 37·裴文举传》P63,《北史·卷 38·裴文举传》P151。很能反映国人对经济所受的传统教育,奉行裴文举生活理想的大有人在。虽然宇文护本人有奢华倾向,但官员内只是极少数,这对国民经济的正常发展并不构成实质性威胁,却是忽略"使国内生产、消费形成良性循环意义重大"的根源之一,真正导致的问题是生产力在低水平上重复。宇文护时代采用的是经济放任政策,取消了一些管理支出,中央处理重大影响国计民生的问题为主，地方则督促生产、税收。但是中央往往在资金、技术上准备不足，甚至无法应付一个农业为主国家的自然经济中产生的基本问题，于是应付事态变化成为他们本该用大部分精力来处理的主要事务，变成附带问题。

天和末（天和六年最后一年为571年），国家实施的类似赤字经济，天和五年（570年）六月，由于皇女诞生，"降宥罪人，并免逋（拖欠的）租、"悬调"（预支）等。"《周书·卷5·武帝》P9。宇文泰及宇文护主政早、中期，国家积累了一些财富，社会相对稳定必然导致经济发展繁荣。达奚武在557年孝闵帝即位时官居大司寇，所管国库存有万钉金带一条，当时被视为国宝级收藏，武视察该库时，爱不释手，遂私自带回占为己有。官库管理者紧急上报执政，宇文护却称达奚武有功于国，以维护一个人的声誉为名，轻易就下令将这条昂贵的金带赐予达奚武，以不光彩的手段轻易获得一笔巨额国家财富的事件在宫廷及京城内造成不小的震动，社会舆论对达奚武的评价相当负面。不过此事亦折射出当时经济实力强劲，宇文护手中丰裕，才会有如此豪举，但在护执政末期，国家税入已经变得捉襟见肘。

建德二年（573年）武帝主政后奉行经济紧缩政策，最初的行动比较极端，建德元年（572）十二月："幸道会苑，以上善殿壮丽，遂焚之。"《周书·卷5·武帝纪》P10。针对婚嫁开销攀升的社会现象，于次年八月下诏"政在节财，礼唯宁俭。而顷者婚嫁竞为奢靡，牢羞之资，罄竭资财，甚乖典训之理。有司宜加宣勒，使咸遵礼制。建德三年正月，又下了一个更详细的诏书：自今以后，男年十五，女年十三以上，爰及鳏寡，所在军民，以时嫁娶，务从节俭，勿为财币稽留"。《周书·卷5·武帝纪》P10。强调国家监督民间婚姻状况，适龄青年必须及时婚配，家庭需量力而行，禁止因财物问题阻碍完成嫁娶。不过国家鼓励婚姻与人口增长也肯定会带来社会矛盾，因此建德六年五月又做了相关补充规定：自今以后，悉不得娶母同姓以为妾，其已定未成者，即令改聘。《周书·卷六·武帝纪》P12。这项规定可能有两个目的：1. 维护礼制。2. 由于男女比例失衡，扩大婚配对象。人口增长对当时来说是最主要的经济增长办法，它可以提供赋税、兵源，表面上是出于道德考虑，更可能是适婚男女人数比例悬殊，于是又制定缩小男性合法婚配妇女的范围之规定，预防豪强以响应国家号召为名，无度占有适龄女性作为家属，间接地给更多的人提供了婚姻机会。增加国家受赋对象的措施不止婚姻，577年建德六年八月诏曰：以刑止刑，世轻世重，罪不及嗣者，皆有定科。杂役之徒，独异常宪，一人罪配，百世不免，罚既无穷，刑何以措？道有沿革，宜从宽典。凡诸杂户,悉放为民,配杂之科,因之永削。六年十一月诏书宣布一项重大的人权政策:永熙三年(北魏孝武帝元修永熙年间 532—534 年)七月以来去年十月以前,东土之民被抄略在化内为奴婢者,及平江陵之后,良人没为奴婢者并宜放免,所在附藉,一同民伍,若旧主人犹须共居,听留为部曲及客女"。宣政元年三月再一次下令,已故的豆卢宁征江南、武陵、南平等郡所有民庶为人奴婢者,悉依江陵放免。《周书·卷六·武帝纪》P12。武帝成为了北周乃至整个北方和部分南方地区主要的解放者,他的指导思想也确实比较人道,虽然通过数次放免令,彻底解决奴婢问题可能是不够的,但由于受到重视,使得违反上述命令即属非法,受益者一定随时间推移成上升趋势,更重要的是从根本上改变了北周国家的战争性质,使其军事行动在获得人口、土地财富的同时还推行了新的价值观。建德六年十一月,他特别立法保证个人受田权利不受侵占,严格监管土地,平衡供求,"正长隐五户及十丁以上,隐地三顷以上者至死。《周书·卷六·武帝纪》P12。他在遗书中写道:人肖形天地,禀质五常,修短之期,莫非命也。嫔妃以下无子者,悉放还家。《北史·卷十·武帝纪》P42。这不是一时心血来潮,与他平生思想相通。

北周官员的生存状况能够反映大致经济的波动

"王罴性率,不事边幅,尝有台使,罴为其设食,使乃裂其薄饼缘,罴曰:耕种收获,其功已深,春爨造成,用力不少。乃尔选择,当是未饥。命左右撤之去,使者愕然大惭。又有客与罴食瓜,客削瓜侵皮稍厚,罴意嫌之,及瓜皮落地,乃引手就地,取而食之,客甚有愧色。性又严急,尝有吏夹私陈事者,罴不暇命捶扑,乃手自取靴履,持以击之。每至享会,亲自秤量酒肉,分给将士,时人尚其均平,嗤其鄙碎。"《周书·卷十八·王罴传》P29。担任过泾州刺史,大都督,镇华州的王罴逝世于西魏文帝大统七年(541 年),宇文泰主政时期,战乱与自然灾害频繁,这是一个匮乏时代,作为一个刺史级别的高官,他的节省可能部分出自个人的习性,更有可能与多少人的饥寒交迫有关。少数人是富足的,王思政曾任中军大将军、大都督,总宿卫兵,大统(大统元年为 535 年)以后,思政虽被委任,自以非相府之旧,太祖曾在同州,与群公宴集,出锦杂绫绢数段,命诸将樗蒲取之。物既尽,太祖又解所服金带,令诸人遍掷,曰:得卢者,即与之。群公将遍,莫有得者。次至思政,乃敛容跪坐而自誓曰:思政羁旅归朝,蒙宰相国士之遇,方愿尽心效命,上报知己,若此诚有实,令宰相赐知者,愿掷即为卢,若内怀不尽,神灵亦当明之。使不作也,便当杀身以谢所奉。辞气慷慨,一坐尽惊,即拔所配刀,横于膝上,揽樗蒲,拊髀掷之,比太祖止之,已掷为卢矣,徐乃拜而受。《周书·卷十八·

王思政传》P29。樗蒱，类似掷骰子，以大小为序选取绢帛的游戏，"卢"指一次掷出了最大牌，赢了所有的人，少数人可以像王思政一样阔绰，但是绝大多人包括高官收入很低，清廉者甚至有饥馁之虞。

孝闵帝践祚（557年），裴侠迁民部中大夫，"时有奸吏，主守仓储，积年隐没至千万者，及侠在官，励精发摘，数旬之内，奸盗略尽。转工部中大夫（中大夫二人为长官），有大司空掌钱物典李贵乃于府中悲泣，或问其故，对曰：所掌官物，多有费用，裴公清严有名，惧遭罪责，所以泣尔。侠闻之，许其自首，贵言隐费钱五百万。……初，侠尝遇疾沉顿，大司空许国公宇文贵，小司空北海公申徽（都是直接上级）并来侯侠疾。侠所居茅屋，不免风寒，贵等还，言之于帝，帝矜其贫苦，乃为起宅，并赐良田十顷，奴婢、耕牛、粮粟，莫不备足，搢绅咸以为荣。武成元年（明帝五成元年为559年）卒于位。《周书·卷三十五·裴侠传》P58。

赫连达是保定初（保定元年为561年）的夏州总管，性格廉俭，"边境胡民或馈达以羊者，达欲招异类，报以缯帛。主司请用官物，达曰：羊入我厨，物出官库，是欺上也。命取私帛与之。《周书·卷二十七·赫连达传》P42。在赫连达的坚持下，使用私人的物品与胡民交换。他很廉洁，似乎还比较宽裕，这里反映的是宇文护专制时经济生活的个案。

武帝天和五年（570年），司马裔从信州刺史调任潼州刺史。六年征拜大将军，除西宁州刺史，未及之部，卒于京师。裔性清约，不事生业，所得俸禄，并散之亲戚，身死之日，家无余财，宅宇卑陋，丧庭无所。有诏为起祠堂焉。《周书·卷三十六·司马裔传》P61。郭贤在世宗初已官居迎师中大夫，保定三年陕州刺史，天和元年去世。此人平时衣服饮食虽以俭约自处，而居家丰丽，室有余赀，时论讥其诈。《周书·卷28·郭贤传》P46[3]。他连续担任国家高级官员十年，生前生活俭朴，逝世时家里有看到有点余资，结果都遭到舆论批评。建德六年五月平齐之后，武帝在诏书中提到，居住环境优越可能导致道德水平下降，富足与道德的矛盾在他眼中十分尖锐，不可调和。下令将齐的部分看起来过于高档的建筑予以拆除，所得建材杂物分给穷民，"三农之隙别渐，营构止蔽风雨，务在卑狭。"《北史·卷10·武帝纪》P41。标准的人生应是是尽量节俭地生活、拼命工作，即使效忠的是一个极不称职的皇上，表里如一是一个社会主流舆论监督标准。武帝的上述政治经济政策都是以实现国家的强盛为目的，首要的一步就是兼并从前的强邻北齐。

北周时期，整体上国民生活没有明显改善，只有少数掌握资源和权力的人享受优裕的生活。

二、北周法律生活

杀楚国公赵贵之后,诏曰:法者,天下之法,朕既为天下守法,安敢以私情废之。《周书·卷三·魏恭帝纪》P7。这份诏书执行的是宇文护的意愿,他的生平中无法做到公私分明,但是他主政的时代前后,西魏宇文泰主政时期,宇文邕亲政时期都在立法上推进某些领域的进步,包括继承法、婚姻法、刑法等实体法在内,鲜卑族人的司法习惯对北周法律影响程度有限,当地人原有的法律受到占领者尊重:

1. 西魏文帝大统九年(543年),"禁中外及从母兄弟姊妹为婚。"十二年又下诏规定:女性年满十三岁为最低法定婚姻年龄。其中禁止近亲结婚十分明智。十三年二月(547年)的诏书取消宫刑,相关的减刑措施"自今应宫者,直没官,勿刑。《北史·卷5·西魏文帝纪》P23。在北齐,相关制度迟了二十二年,天统五年(569年),诏应宫刑者,普免刑为官口。《北齐书·卷8·后主纪》P12。取消了宫刑,同时对逃跑的奴婢取消了肉刑。大统十三年二月的诏书:亡奴婢应黥者,止科亡罪。《北史·卷5·西魏文帝纪》P23。

西魏大统十一年(545年)五月诏"诸鞠大辟狱,皆命三公覆审,然后加刑。《北史·卷5·西魏文帝纪》P23。虽然不能杜绝形式主义,走过场,从法律上增加一道程序还是有益于提高司法公正、信任度。西魏立法都是在宇文泰主导下的政府行为。

2. 北周武帝宇文邕拓拔迪、赵肃等奉命撰定法律,保定三年(563年)三月修成,颁行《大律》二十五篇。1537条。(北齐律12篇,949条)五刑之属各有五,合二十五等,不云十恶之目,而重恶逆、不道、大不敬、不孝、不义、内乱之罪。《隋书·卷50·刑法志》P255。最严重的罪行十恶中剔除了四条,谋反、谋大逆、谋叛、不睦被取消。

3. 秦汉律无流刑,汉以徙(或迁)为死刑减等之法,多施用于王公大臣的宽免,而且也没有按道里远近分为差等的制度,流刑作为常用刑,是南北朝以后的事。北魏、北齐律依据"赦死从流"的原则都已将流刑列为定刑。北周《大律》依《尚书》"五流有宅,五宅三居。"之义,把流刑分为卫、要、荒、镇、蕃五服。以去皇畿二千五百里到四千里为五等,每等相差五百里,服流刑者均加鞭笞。沈家本说,开皇元年定律,流为五刑之一,实因于魏、周,自唐以下,历代相沿,莫之改也。沈家本《刑法分考》。

司法权

1. 皇帝司法权与执政司法权的界定

闵帝元年(557年)三月,诏死罪以下各降一等。七月,帝听讼于右寝,多所哀宥。八月他还下诏书说:朕甫临大位,政教未孚,使我民农,多陷刑纲,今秋律已应,将行大戮,言念群生,责在于朕,宜从肆眚(意指宽赦有罪人),与其更新。其犯者亦降从流,流以下各降一等,不在赦限者不从此降。《周书·卷三·孝闵帝纪》P6。帝性刚果,不满足于做护的传声筒,由于积极争取,他享有一定司法权,对宇文护往往越俎代庖执政方式,疑虑很深。明帝的司法权仅具有象征意义,明帝二年四月庚午,"荧惑入轩辕。"这是古典教科书中指出的一个强臣将不利于君主的天象,明帝对此束手无策,只是作出了一个南辕北辙的决定,次日下诏"降死罪一等,五岁刑以下皆原之。"之后就默不出声。武帝未亲政前,与他的两位兄长的司法权大同小异,保定元年七月:诏:亢阳历时,嘉苗殄悴,岂狱犴失理,刑罚乖衷欤?其所在见囚,死以下,一岁刑以上,各降本罪一等,百鞭以下悉原之。保定二年二月,以久不雨,降宥罪人,似乎没有外界的干涉,皇帝就只配做司法管理的边缘人。与之相比,宇文护支配了国家司法活动,保定二年二月,护的政府颁布司宪大夫拓跋迪编撰的《大律》十五篇。保定三年春正月"太保梁国公侯莫陈崇赐死,虽然是以皇帝的名义,实为晋护主张,包围崇宅的人正是护所派遣,作风强悍。保定五年,中州刺史贺若敦以与他资历相似的人都获得了大将军称号,自己一个人却是个例外,而且武成元年(559年)组织湖湘之军全军而返,没有奖励反遭贬斥,于是口出怨言,致使宇文护盛怒中逼令自杀。这个不幸的将军临刑前对其子贺若弼说了一番勉励建功立业的话后,紧接着极其痛苦地告诫儿子"吾以舌而死,汝不可不思。"因引锥弼舌出血,诫以慎口。《周书·卷28·贺若敦传》P45,《隋书·卷52·贺若弼传》P161。贺若敦弟贺若谊早年为略阳公(闵帝)府长史,担任过州总管,受兄敦牵连,免官。诽谤罪是一项可以判处高级官员死刑的罪名,口出怨言是否有违宇文护早年曾经声张的"法者,天下之法"的精神?可以给出漂亮的辩护,因为天下与他本人代表的皇权是一致的,所以,宇文护使用起来一直得心应手,侯莫陈崇、贺若敦等虽身居显位,却不堪一击。

武帝保定三年(563年)四月颁布了禁止复仇的法律,违犯者以杀人论处。不久即出现一桩棘手命案,大致的案情是:几年前,司会柳庆之兄柳桧在魏兴郡守任上为贼匪黄宝所杀,时桧三子尚幼,无力复仇,后黄宝投降朝廷,备受优待。保定三年,柳桧次子柳雄白天于长安城中将黄宝刺死。宇文护闻而大怒,禁令在柳庆侄复仇案之前已颁布,执政对抗令鼓励复仇的柳庆十分恼火,逮捕了柳庆及诸子侄,指责庆曰:国家宪纲,皆君等所为,虽有私怨,宁得擅杀人也?对曰:庆闻父母之仇不同天,昆弟之仇不同国。公以孝治天下,何乃责于此乎?二人发生激烈争论,"护愈怒,庆辞色无所屈。"显然,他俩没有说到一起,护着眼点是法制,庆偷题换论,变成了礼制,习惯上它们都可以作为法看待,但仍然只是有紧密联系的两个不同方面,可贵的是,护没有被他的狡辩弄胡涂,坚持自己正确见解。尽管柳庆一向拒绝在政治上向护靠近,又有如此口实,但宇文护并未将其以杀人论处。《周书·卷22·柳庆传》。宇文护欣赏柳庆个人才华,为了维护制度放弃了个人情感,反映了护人品的另一面。不过尚未弄清柳庆是否有参与之前就将其逮捕下狱多有不妥。刘志在武帝即位后得到刑部中大夫任命,他是代表北周司法公平的一个亮点,当他转任地方行政首脑后,作为前中央高等法院理想的法官,专业司法精神也要让位于礼法来应付政治需要,在延寿郡守任内,他宣布对辖区内所有犯有结伙抢劫罪的人,只要主动向官府自首,一概免于处分,结果一下恢复了当地治安。转任成州刺史,至到天和五年逝世,他的履历上一片赞誉。《周书·卷三十六·刘志传》P61。

很少见到因为破坏六官制、府兵制被审判流程完整的案例。

第三十三章　北周政治权力的组合与运作

1. 建议的提出
2. 评估。私下和公开的两种。
3. 决定（可能是最弱的环节，因为参与者是指定的。）
4. 执行力的监督及其对结果的评审
5. 道德无用的原因？

第一节　北周的三代权臣

权臣的类型大致有温和和专制的两种，北周三代权臣，宇文泰、杨坚是半公开半隐秘的类型，宇文护是全公开性类型。三人都是名副其实的权臣，宇文泰是温和的，杨坚是专横的，宇文护既全公开的又是专横的，达到权臣的极致。宇文护符合一个专制者的全部要素：如何将权力一一收拢，如何将对国家责任的转化为对自己的服从，如何做到以全部私欲驾驭整个制度体系，如何将不利于自己的一切判定为不合法。所有的权臣都做这样的事，"他们迟早会而且随时准备背叛制度，无论制度好还是坏"是权臣们相同的生存法则。动用一切手段消灭批评的声音是是权臣标准的特性，这一点皇权还没有如此典型。

权臣、皇权运行中在很多情况下与制度的存在相悖。他们经常不相容，又同时存在。权臣会招致机构的反对，也会招致理性的反对。皇权也是如此。当权臣支配一切，皇权还有何用？制度有何用？在中国古代社会，与权臣、皇权在政治中的戏份相比，制度的份额明显小很多。

一、宇文泰——为北周服务的西魏人

身居高位是权臣的主要优势，宇文泰掌控大局之时，君臣俨然一体，无论是多么个人性的偏好，都有可能在全国范围得到实施。高位者的倾向就是命令"初，太祖欲行周官，命苏绰专掌其事，为未几而绰卒。乃令辩（卢辩）成之。于是依《周礼》建六官，置公、卿、大夫、士，并撰次朝仪，车服器用，多依古礼，革汉、魏

之法。事并施行。……辩所述六官，太祖以魏恭帝三年（556 年）始命行之。"《周书·卷二十四·卢辩传》P39。动议提出后，君主和国家相关部门可能出现的质疑声没有形成真正的阻力，新的国家制度很快就颁发实施。

虽然是一揽子的变革，但总体制度的连续性差，一方面是总有一些人显得举棋不定，不适应变化，更重要的一个缺乏时代感，又缺乏广泛社会基础的制度虽然自上而下地推行，遇到具体的问题或者权利迁移时，制度就会出偏转。有些是看似细节，却是一种颠覆性的更改。世宗明帝宇文毓即位（557—560 年在位），崔猷"征拜御正中大夫。时依《周礼》称天王，又不建年号。崔猷以世有浇淳，运有治乱，故帝王以之延革，圣哲因时制宜，今天子称王，不足以威天下，请遵秦汉称皇帝，建年号，朝议从之。《周书·卷三十五·崔猷传》P58。"自兹厥后，世有损益。宣帝嗣位，事不师古，官员班品，随意变革。……于时虽行《周礼》，其内外众职，又兼用秦、汉等官。《周书·卷二十四·卢辩传》P39。

崔猷的这个建议与国家实施的政治准则并不相称，却在公开的讨论中形成共识，明帝在内的诸多大臣对实施周礼并不是那么坚定，甚至并不理解为何要这样做。他们很容易倾向于以最为自我，最为现实的态度做出抉择。武成二年（明帝武成二年为 560 年，当年四月武帝继位），崔猷"除司会中大夫，御正（御正中大夫）如故。世宗崩，遗诏立高祖，晋公护谓猷曰：鲁国公（即武帝）秉性宽人，太祖诸子中，年居长，今奉尊遗旨，翊戴为主，君以为如何？猷对曰：殷道尊尊，周道亲亲，今朝廷既尊《周礼》，无容辄违此义。护曰：天下事大，但恐毕公（宇文贤）冲幼尔。猷曰：昔周公辅成王以朝诸侯，今明公亲贤莫二，若行周公事，方为不负顾托。"事虽不行，当时称其正。《周书·卷三十五·崔猷传》P58。宇文护与御正中大夫崔猷商议，两者有密切的工作关系，更是亲近的人，他们有共同的女儿，前者为义父，后者为生父。明帝立下遗诏，立弟弟宇文邕为帝，宇文邕当时已经十八岁，性格宽仁，而明帝的儿子宇文贤去年出生，可能未满周岁，您对此有何意见？崔猷认为，国家既然政体上效仿西周，就不应该违背亲亲的原则，大位应该传儿子。宇文护认为，宇文贤是明帝长子，资格上不容置疑，但问题还是婴儿。崔猷认为，周公辅佐的年幼的成王是现成的例子，已经成为经典。他建议宇文护应该立宇文贤，然后辅佐他。这是看国家是否真实地采纳周官的模式与精神最有说服力的部分。崔猷没有说服宇文护，但是他的建议被广为人知，多数人认为他的说法正确合礼。但是崔猷本人亦缺乏一致性，明帝依周礼称天王时，他表示反对，认为应该仿效秦、汉称皇帝，那次朝廷接受了他的建议，这里又认为对周礼的仿效不仅要形似还要神似。

二、宇文护——坚定的专制者

1. 一切都要顺乎其心

消弭自己认为的不稳定因素,即使一个人或一种状况并不至于威胁、妨碍到自己,只要它们对自己产生类似的臆想,就会按自己心意去做。

赵贵案与其说是一个偶然的政治发现,还不如说是一个有预谋的精心之作。孝闵元年(557)春正月辛丑即天王位,二月丁亥,赵贵谋反伏诛。宇文护年富力强,时年四十二岁,这只食肉的鲜卑之鹰展开了他强劲有力的翅膀,一开始就非常精心、大胆地执行起他保护宇文家族利益的使命。孝闵元年(557年),一个新的王朝刚刚成立,需要采取一些强有力的手段来证明新国家既符合逻辑又贴近民意,既坚决又毫不手软,尤其是对待异议,他的优先捕获对象是对宇文氏的兴起至关重要的赵贵(？—557年)以及名臣独孤信等。实际上赵贵近期内情绪的确不佳,与改朝换代而带来的举国欢腾局面极不协调,完全有可能制造麻烦。所以他采取断然措施,恰逢宇文盛、宇文丘兄弟密告赵贵谋反。与赵贵相比,宇文护是通过血缘而不是资历而一下变得地位显赫,六官初建时,赵贵为太保,独孤信为大司马,宇文护地位则相对逊色,官居小司空,严格地讲他归侯莫陈崇管辖。"初贵与独孤信等皆与太祖等夷,及孝闵即位,晋护摄政,贵自以为元勋佐命,每怀怏怏,有不平之色。乃与信谋杀护。及期,贵欲发,信止之。寻为开府宇文盛所告。……护因贵入朝,遂执之,党羽皆伏诛。至于独孤信,"寻为开府宇文盛所告。"贵当时为盐州刺史,与京师有一定距离。独孤信后被逼自缢,赵贵则要受到事先已有结论的审判与公开处决的凌辱,罪名是"与万俟几通、叱奴兴、王龙仁,长孙僧衍等阴相假署,图危社稷。"以及"谋袭护。"被处死。并专门颁布一个诏令指出:"法者天下之法。朕既为天下守法,安敢一以私情废之。书曰:善善及后世,恶恶止其身……贵、通、兴、龙仁罪止一家,僧衍罪止一房,余皆不问。"《周书·卷3·孝闵帝》P7。年少厚道的孝闵帝对此估计准备不足,可能在并不知情或者违背自己意愿情况下发表这通文告。

宇文护为何在孝闵帝即位不到二个月,就急于杀赵贵？可能的原因可以归纳为以下几条:

1. 赵氏是北周奠基的头号功臣,首先提出拥戴宇文泰为贺拔岳继承人,声望隆重,他的存在对新国家具有潜在的危险。

2. 在河桥、邙山之役中,赵贵率领的左军两次均作战不力,使全军遭致败绩。但他明显受到宇文泰的偏袒,没有影响他的仕途。

3. 在邙山之战中,正是赵贵的首先溃退使得身为先锋的宇文护陷入重围,侥幸得救逃生,冲锋在前勇敢作战的宇文护反而一度被免官。

4. 赵贵在孝闵即位后地位显赫,顶替了宇文泰的位置,宇文护自己掌握的实际权力与其职位不相称。赵贵成为宇文护最大的障碍。

5. 赵贵居功自傲,目中无人,思想僵化,已完全不适应变化。

6. 赵贵的汉族血统是否也是一个问题? 考虑宇文护当时缺乏政治经验,敏感乃致过度紧张,一切现实或潜在的因素都容易趋向于作悲观考量而且扩大化。

在废黜孝闵帝前,护对大臣们说,孝闵帝自即位以来,就有"大臣重将,咸欲诛夷。"的意图。如果赵贵、独孤信之死,认为是护在执行闵帝的指令,是君臣二人的一次密切合作,缺乏证据,如果将孝闵帝换成是他本人,则比较贴近现实。赵贵究竟准备反对宇文护还是反对新兴的北周,如果从明帝时代赦免一批赵贵案的元氏从犯看,有后者的因素。罪名总的来说缺少确凿证据,难有一致意见。与于谨比较,后者要灵活得多。

逼死独孤信的步骤又有不同,"时太保独孤信有罪免。三月赐死。"与赵贵同时定罪,犹豫了几十天才作出处理。显示此事十分棘手,当局信心不足:

1. 在独孤信案发前,他女儿已嫁后来的北周明帝宇文毓(534—560),明帝当时已经二十三岁,是宇文泰长子而非嫡子,一度是储君位置有力的竞争者,杀他可以稳固孝闵帝的地位。

2. 信功勋卓著,仪表出众,魅力非凡,深受民意好评。

3. 独孤信与太祖乡里,少相友善。建六官时拜大司马,孝闵即位,迁太保,大宗伯,身经百战,地位崇高,有可能一呼百应。

4. 信子独孤罗先在东魏,以次子独孤善为嗣,及罗至,善卒,又以罗为嗣,罗在大象末授仪同大将军,(善子伏陁,以父负罪,久废于家。保定三年乃授龙州刺史,……从高祖东讨,以功授上开府,后为兖州刺史,卒于位,年三十八。)独孤信女儿们个个出众,儿子们似乎不足为虑。

5. 怪异的是,宇文护既悍然枉杀独孤信,又敢于立其婿为皇帝。

李远的遭遇表面是受到其子的牵连,实际原因还有很多:其所属的李氏家族祖籍陇西成纪,地处约在今甘肃静宁西南一带,鲜卑族。李贤、李远、李穆三兄弟在贺拔岳被害后,秘密迎接贺拔岳属下侯莫陈崇加入了宇文泰军。魏孝武西迁就是李贤迎接并担任保卫。他是宇文泰高度信任的人,武帝(出生于543年)与齐王宇文宪(出生于544年,大统元年是535年)尚在襁褓时,为安全起见,在贤家居住了六年。保定三年七月,高祖为此回报了大量的赏赐。在著名的沙苑之战中,李远功居最,被宇文泰视为臂膀,不仅是出色的将军,还善于管理地方行政,有良好的政绩。"泰又以第十一子代王达令远子之。"可以认为是过继给李远。在宇文泰立储的过程中,远表现出惊人的魄力,起了关键性的作用。在宇文护的印象中,远必然会忠于孝闵帝,加上远在立储时的表现,李远保护闵帝既自然又有利。三人中最小的李穆与兄长们相比毫不逊色,邙山之战,宇文泰中箭坠地,敌兵扑面而来,穆机智地以鞭击泰身大骂,好似在斥责一个卑微的小兵,因此迷惑了敌人,"不疑贵人,舍之,穆与泰俱免。"……因功,迁原州(宁夏固原至甘肃平凉市一带)刺史,拜世子惇为仪同三司,以之李贤子为平高郡守,远子为平高县令。并加鼓吹,叔侄一家三人皆牧宰乡里,令时人非常羡慕。《周书·卷二十五·李贤》。受李远牵连,穆本当从坐。此前,李穆知李植非保家之主,经常劝远除去此人,远无法接受。远临刑时,流着泪对弟弟李穆说十分后悔没有听从他的劝告,"吾悔不用汝言,以至于此,将复奈何?"李远甚至死于他拼命帮助册立的储君之前,被废黜闵帝听到了他的死讯不知作何感想。穆以此获免,除名为民,及子弟亦免官。植弟基为浙州刺史,当坐戮,穆请以二子代基之命,护义而两释焉。世宗即位,复拜李穆直州刺史,复爵安武郡公。武成二年少保,子弟免官爵者悉复之。保定二年,进大将军,三年小司徒。柱国大将军,五年大司空,天和二年申国公,建德元年太保,寻出为原州总管。六年进上柱国并州总管。《隋书·卷三十七·李穆传》P133、《周书·卷30·李穆传》P50、《北史·卷59·李穆传》P226。这说明护与武帝对李贤兄弟的处理意见不一,这是否与宇文泰曾给李穆"赐以铁券,恕其十死"有关? 李植不是个合格的阴谋家,他的精神支柱可能正是忠君爱国的思想,只是过于充沛。这样的家族社会地位显赫,表面上非常强大,实际上在皇权面前十分脆弱。护充分地利用了李植的愚蠢,处决李远、李植父子后,李贤、李穆也分别被除名,虽然兄弟二人后来先后又被起用,但已经有效遏制了这个家族的发展势头,通过打击李氏家族来作为一种预防措施,宇文护认为完全必要的,实际上也迎合了新君,明帝本人确有积怨要发,当年在讨论立储时,李远声色俱厉、杀气腾腾,弄得他本人与皇后家骤然有性命之虞。

与屠杀赵贵等排除异己,树立权威的目的不同,侯莫陈崇兄弟是一个新目标,兄长侯莫陈顺与泰是邻居,一直友好。年轻时追随贺拔岳,在西魏战功卓著,泰曾亲赐的金镂玉粱带,孝闵即位,拜少师,进位柱国,只是已经死于孝闵即位同年。弟琼561年官居金州刺史,大将军。琼弟凯在崇事件时亦贵为礼部中大夫、刺史。与宇文泰资历相当的侯莫陈崇十五岁即随贺拔岳从军。六官制度建立时,拜大司空。现存的兄弟三人均担任重要职务,令宇文护不得不特别留意。柱国侯莫陈崇勋高望重，但性格率直，不能容物，利口伤人，有时还真让人受不了。一次与众将领一同谒见晋公宇文护，"闻大将军王勇数论人之短，乃于众中折辱之，勇遂惭恚，因疽发背而卒。"一番话居然杀死一名剽悍的将军，想必是辞色俱厉，言语攻击的威力巨大。保定二年（562 年），崇随高祖至原州，"高祖夜还，京师窃怪其故，崇谓所亲人常升曰：吾闻卜噬者言晋公今年不利，车驾今忽夜还，不过是晋公死耳。于是众皆传之，或有发其事者。武帝召诸公卿于大德殿训斥崇，实际上是在辟谣，崇也惶恐谢罪。不过，事情没有如此简单地过去"其夜护遣使将兵包围崇宅，逼令自杀，礼葬如常仪。"《周书·卷 16·侯莫陈崇传》P27。崇因为预言宇文护将有可怕结局而触犯当局，但子女兄弟并未受到牵连，崇不喜欢护，对他的未来恐怕有点幸灾乐祸。后者受到流言的刺激后已经没有心力去顾及、调整自己的安全系数，而是被愤怒控制了，于是激情杀人。完好地留下崇两个弟弟，这也并不是宇文护一下变得软弱起来，而是护第二天恢复了理智，觉得清除崇之后国家安全已经有了保证。但宇文护似乎没有过多地牵连其亲属，崇子侯莫陈颖大统末年即为侯爵，开府仪同三司，崇事件应该是令他沉寂了一段时间，直到宇文护死五年后的周武帝建德六年，他的名字才重新出现在官场，这年十一月他跟随齐王宪、藤王等征讨稽胡刘没铎。《周书·卷十四·武帝诸子藤王传》P22。后以功迁振威中大夫。杨坚为丞相时职昌都刺史，死于隋南海太守任上。《隋书·卷 55·侯莫陈颖传》P165。赵贵、独孤信、李远、侯莫陈崇以上四人是死于护手的北周最高级别重臣，他们反对宇文护除了官方记载并无事实依据，唯一公开的信号是侯莫陈崇心直口快的一句话，联系到王勇之死，也是一位剽悍武夫率性而为，只有泄密罪名勉强可以扣上，这可能正好反映了当时的政治走向，一个强有力的受到皇帝支持的反宇文护联盟已经呼之欲出，只是他没有选择好在一个恰当的时候说出来，四位佐命元勋之死可以肯定是由于宇文护心理始终过于紧张。

为何赵贵家族被宇文护一举摧毁，他的后裔从此在北周政治中销声匿迹，独孤信家族男丁也仕途塞涩，李氏家族则在短暂的挫折后，又得到保护发展？李远子李基为宇文泰女婿，代王宇文达是李远养子，穆持有泰颁发的免十次死罪的铁券，李贤对未来的高祖及齐王有抚养之恩。李、宇文两个家族关系盘根错节，如果宇文护是一个更有魄力的政治家，这些可能都不重要。问题是他尊重宇文泰，决心按他的愿望看守这个新国家，这也是他平生所能意识到的最大利益。古代中国政治人物很少有纯经济的角度考虑发展问题，看重的是眼前政治利益，它包括了社会的方方面面，从发展角度审视，其中有些可能微不足道。这种你中有我，我中有你的利益关系模式，最终缩小政治利益的范围——局限于家族而不是国家范畴。它与打击强宗豪族，强化皇权无关，就是一种应用政治。这一切都是为了家族政权的稳定，排除异议，树立个人威信而作。这种有些过分的行为并未招致反对，倒是集合了更多效忠者，或许在北周首任皇帝心中，赵贵也是一个潜在的、可恶的竞争者，宇文护积极操办，皇帝也乐观其成，这也可能是君臣二人为政中难得的一次默契。勇于杀戮也成了他日后执政的一个特色，这是一个繁忙的角色，也使他忽略了执政的另一个重要使命：调整国家结构并不断优化。值得注意的是，被清除的国家重臣很难说是出自预先的安排，但参与行动的人选是精心挑选的，宇文护杀赵贵时，联络的是贺兰祥等，（武帝处决宇文护行动联络的是他同母弟卫王宇文直）他们除了血缘、种族相同，他们之间有最小的利益差异，却有很大的语言空间。因为只有使用最隐密的语言才可以谈论最大利益，规避任何潜在危险。护在这方面表现出来的运筹能力还是令人刮目相看。

政治道德就是不停地寻找完整的敌人：经济落后、混乱、不安全、社会不公等。政治人物应对的往往只是精选的敌人，日常生活则须应对所有的敌人。这是政治生活比日常生活更优越的原因，社会中非法牟利的行为之所以容易得逞，在于政治行为选择总是小于社会急需。宇文护为通过稳定的途径令国家发展，他发现并制造敌人，很大程度上完成了自己的政治任务，代价是很多无辜的人因此无法继续正常生活。

顺便说一句，他是历史上杀皇帝最多的人，共三位。

2. 决策中自己信任具体选定的个人，而不是依赖制度预先设计的相关机构

宇文泰逝世后，立宇文氏为帝是大势所趋，宇文泰为本家族奠定了一个良好的社会基础，最大的问题是宇文护作为宇文泰继任者的位望受到质疑，虽然不是赤手空拳，按传统论资排辈的习惯，他资历明显容易手到挑战。"及太祖崩，孝闵尚幼，护虽受顾命，而名位素下，群公各图执政，莫相率服，护深忧之。"但他作出了正确地选择，秘密拜访于谨，于谨是见存元勋中最有智慧的人，"尤好孙子兵书，兼解诸国语"。《北史·卷23·于栗磾传》P90。而且地位崇高"六官建，拜大司徒。"于谨欢迎他的访客："夙蒙丞相殊眷，情深骨肉。今日之事，必以死争之。若对众人定策，公必不得辞让。"获得其支持是护重大的公关成就，次日群臣会议，于谨开宗明义："昔帝室倾危，人图问鼎，丞相志在匡救，投袂荷戈，故得国祚中兴，群生遂性。今上天降祸，奄弃庶寮。嗣子虽幼，而中山公亲则犹子，兼受顾托，军国之事，理须归之。"辞色抗厉，众皆悚动。于谨在朝廷上措辞严厉表明他的立场。《周书·卷15·于谨传》P26。但这番言辞逻辑混乱，宇文泰对西魏的匡救是他一生中最耀眼的地方,也是进身之阶,但这与孝闵帝的宫廷必须由宇文护摄政没有必然联系。在这种紧张状况情绪中,护不失时机转移论题:"此是家事,素虽庸昧,何敢有辞。"(此是家事,护何敢有辞。《北史·卷23·于谨传》P91。谨既太祖等夷,护每申礼敬。"至是,谨乃趋而言曰:公若统领军国,谨等便有所依,遂再拜。群公迫于谨,亦再拜。"显然是慑于于谨的个人威望,"因是众议始定。"《周书·卷15·于谨传》P25。利用其他人的威信或者使用武力相威胁来申明主使者的意图,这已经十分接近宇文泰的商议模式,结果证明于谨处理的很恰当,高度压制措施使事情很快得到圆满解决,宇文护也找到一个控制权力的有效办法:只要能及时获得最有威信大臣的支持,国家机构以及其他人的意见并不重要。从此他可以放心大胆、加速着手推倒一个摇摇欲坠的朝代。于谨在支持宇文护的问题上接近严格意义上的"理性人",他从个人感情上考虑,采用的是一种家庭利益和国家利益兼顾的策略,竭力产生均衡的效果。此前,贺拔岳身故后没有选择贺拔胜而选择宇文泰,这是一种更为纯洁的"理性人"作法。于谨的选择有个人感情、利益因素,在这个基础上选择支持的是否为最合格的人选,已经被置于次要位置。

他不是通过个人成就获得公认,取得相应地位,而是通过身份并排除异己而获得权力。

宇文护对于谨的运作案例有双重的诠释作用:1. 一个地位优越的人来确认他的合理性。2. 他的其他行为因此也一定是正确的。其实这个人的社会地位虽然优越,并不意味他的判断或行为一定合理,真实的情况则可能是,权力确认的过程如果是透明且复杂的,其合理性越高;越是简单甚至粗暴,越是有可能具有僭越性质。另一种判断方式是,如果确认权力的途径是选择自己信任的人,而不是依赖固有的机构与现成的规则,那么得到权力的人其身份或能力多半是可疑的。

公元 557 年是一个复杂的年份,它是西魏恭帝三年,北周孝闵帝元年又是北周明帝元年(明帝于当年九月即位)。二月,赵贵被杀引起的恐慌随之开始在宫中蔓延,闵帝对护的不满早已不是孤立现象,司会李植,军司马孙桓等"在太祖之朝充居权要,见护执政,恐不见容,亦忌护之专。乃密要宫伯乙弗凤、贺拔提、元进等为心腹共同密谋,说帝曰:护谋诛赵贵以来,权威日盛,谋臣宿将争往附之,大小政事,皆决于护。以臣观之,将不守臣节,恐其滋蔓,愿早图之。"请帝诛宇文护,孝闵帝表示同意。他要确保自己的君权完好无损,甚至数将武士于后园,为执缚之势。植等又引宫伯张光洛同谋,光洛不知是出于恐惧还是出于理智,将所有细节告诉了宇文护,护立即将李、孙二人外放梁州、潼州刺史,由于护的成功阻止,皇帝也无法召见主要密谋者。护推心置腹地对疑虑重重的皇帝说"天下至亲不过兄弟,……太祖托臣以后事,臣既情兼家国,寔愿竭其股肱,若使陛下亲览万机,威加四海,臣死之日,犹生之年,但恐除臣之后,奸回得逞其欲,非但不利于陛下,亦恐社稷危亡。臣所以勤勤恳恳,干触天威者,但不负太祖之顾托,保安国家之鼎阼耳。不意陛下不照愚臣款诚,忽生疑阻。且臣既为天子兄,复为国家宰辅,知更何求而怀冀望?"他声泪俱下,恳求皇帝不要受外人的挑拨,皇帝对他的戒备心理未见任何松懈。与祥、纲二人同为禁军将领之一的少保蔡佑并未象他们一样倾向时护,对将会发生的事极其担忧,意识到帝已处于空前的危机中,"佑每泣谏,帝不听。《周书·卷二十七·蔡佑传》P42。更为不安的密谋者乙弗凤等人紧锣密鼓,"奏请帝克日将召群公入醮,执护诛之"。已成为线人的张光洛又及时将此情况报告护,当是小司马尉迟纲总统宿卫兵,护事先得到后者的承诺,可以指望他的全力支持。于是护乃紧急召见自己信任的柱国贺兰祥,禁兵总领小司马尉迟纲两人,他们讨论的结果是废黜皇帝,"令纲入殿中,诈呼凤等论事,及出,以次执送护第,并诛之。纲乃罢散禁兵。帝方悟无左右,独在内殿,令宫人持兵自守。护又遣大司马贺兰祥逼帝逊位,遂幽于旧邸。相信闵帝与李植等确有针对护的密谋。小司寇、柱国大将军李远,在闵帝遭废黜时,镇弘农,护召远及植还朝,远恐有变,沉吟久之,乃曰,大丈夫宁为忠魂,安能作叛臣乎! 遂就征。既至京师,护以功名素重,犹欲全宥之,乃引与相见,谓之曰:公儿有异谋,非止屠戮护身,乃是倾危社稷。叛臣贼子,理宜同疾,公可早为之所,乃以植付远。远素钟爱于植,植又口辩,乃云初无此谋。远谓为信然。诘朝,将植谒护,护谓植已死,乃曰:阳平公何意乃自来也? 左右云:植亦在门外。护大怒,曰:阳平公不信我矣。乃命远同坐,令帝与植相质于远前,植辞穷,谓帝曰,本为此谋,欲安社稷,利至尊耳。今日至此,何事云云。远闻之,自投于床,曰:若尔诚合万死。(于是护乃害植,并逼远令自杀,)远时年五十一。植弟叔谐、叔谦、叔让亦死,余并以年幼得免。《周书·卷二十五·李远传》P40。要废帝就要先解决潜在的最有力支持者,孝闵帝的世子位置正是李远拼来的,没有参与阴谋的李远也没能免于一死,可能是因素之一。

处置了孝闵帝的帮手,于是召公卿毕集,宇文护泪流满面,视力模糊,对国家出现的问题向大臣作了说明,列举出废黜孝闵帝的理由则并不含糊,"以略阳公既居正嫡,与公等立而奉之,革魏兴周,为四海主。自即位以来,荒淫无度,昵近群小,疏忌骨肉,大臣重将,咸欲诛夷。若此谋遂行,社稷必致倾覆,寡人若死,将何面目见先王？今日宁负略阳，不负社稷。尔宁都公年德兼茂，仁孝圣慈，四海归心，万方注意，今欲废昏立明，公等以为如何？群臣咸曰：此公之家事，敢不惟命是听！《周书·卷三·孝闵帝纪》P6，《周书·卷十一·晋荡公护传》P18。既认为是家事，又参与其中，并认同事件的结果，朝臣们推诿、敬而远之的意图以及人性中损人利己的天性溢于言表。事实上对此持异议的人还是有的，民部大夫的薛端在护召群官商议废黜闵帝时，大胆地表示异议，尽管他的意见无人响应，未起任何作用，护也十分不高兴，出人意料的是事后他竟毫发未损，只是将他出为蔡州刺史。《周书·卷三十五·薛端传》P58。听说斩风杀植，自己也将随即被废，闵帝立即面无人色，他是北周第一个真实地意识到皇权被夸大将会导致多么严重问题的皇帝。被软禁月余日后，在位九个月的皇帝宇文觉被杀，年十六岁。《周书·卷三·孝闵帝纪》P7。就这样，未成年的北周第一个皇帝被宇文护以速战速决的方式结束了政治生涯和生命，在这样一个令人眩目的瞬间，命运对这个少年过于残酷，而参与护废闵帝有功的尉迟纲从大将军进为柱国，柱国是所谓"凡功参佐命，望实俱重者，亦得居之。"与尉迟纲同样度过一个不眠之夜的还有其他人，他们承担的是同样的风险，却难以得到同样的报偿。与之巧合的是，同年同月，南方梁相陈霸先废其主萧方智后自立陈武帝，与陈霸先比较，宇文护在君位面前裹足不前，就显得高尚些？他不受血统的束缚勇于取人性命，无论亲疏，与夺人江山比，并无轩轾。

废黜闵帝时的宇文护支持者已不再是于谨、李弼等元老重臣，他们似乎是明智地避开了这个是非之地，取而代之的人是宇文护的两个中表亲，即贺兰祥、尉迟纲二人。贺兰祥，鲜卑族，父亲娶宇文泰姊建安长公主，祥即宇文泰外甥，祥十以岁而孤，受到泰的特别宠爱，六官制度启动时授小司马，孝闵即位，进柱国迁大司马。宇文泰入关时，年龄尚幼的贺兰祥、宇文护同留在晋阳，祥与护中表，少相亲爱，护执政后，军国之事，护皆与祥参谋，（注意；还有与于谨参谋之言，说明他愿意与人沟通，倾听不同意见，或者将征询意见作为一种笼络人心的方式。）及诛赵贵，废孝闵，祥有力焉。《周书·卷二十·贺兰祥传》P33。贺兰氏死于保定四年，年四十八。隋文帝与祥有旧，开皇初，赠上柱国。）尉迟纲，鲜卑族，泰外甥，父尚宇文泰姊昌乐大长公主。尉迟迥、纲系昌乐大长公主所生。（大长公主是皇帝之姑辈，长公主系帝之姊妹，帝女则称公主。）宇文泰视为心膂，作战勇敢。孝闵即位，纲以亲戚掌禁兵，除小司马，又与晋公护废孝闵帝。武成元年（明帝559年），大长公主逝世于京师，纲去职，寻起复本官，武帝天和四年逝世时年五十三，有子运、安、勤、敬（娶明帝女河南公主），第二子安以嫡嗣，安于大象末年进位柱国,入隋,历鸿胪卿,左卫大将军。"利用自己信任的人,而不是运行新建立的国家制度处理重大事件,这是护执政十多年的特色。

有例子可以证明宇文护的能力欠缺,他经常不能选择并接受正确的意见,而是容易任性而为。武帝保定元年(561年),崔猷一度授梁州刺史,"寻复司会(司会中大夫)。……天和二年(武帝年号,公元567年),陈将华皎来附,晋公护议欲南征,公卿莫敢正言,猷独进曰:前岁东征,死伤过半,比虽加抚循,而疮痍未复。近者长星为灾,乃上玄所以垂鉴戒也,诚宜修德以禳天变,岂可穷兵极武重而其责谴负哉?今陈氏保境息民,共敦邻好,无容违盟之重。纳其叛臣,兴无名之师,利其土地,详观前载,非所闻也。"护不从,后水军果败,而裨将元定等遂投江南。《周书·卷三十五·崔猷传》P58。司会中大夫是正五命,属于天官,若天官冢宰得到"五府总于天官"的授权,司会中大夫相当于六府总管的副职,否则只是国家财政部门长官。以晋公护的权力,崔猷应该是他的副手,又是一个女儿共同的父亲。他对现实的情况描叙很真实,利用宇文护不擅长的抽象知识对之进行恫吓,并未起到预期的威慑、阻遏作用,专权的宇文护放大了陈将华皎归降对政治大局可能产生的后果,他的综合实力中缺乏一些打胜仗的要素。但是崔猷那样做有合理的也有玄乎的成分,宇文护不知是拒绝的合理性还是玄乎的成分。

3. 权力无边界

孝闵帝践阼,宇文护拜大司马,两人的通力合作也可能到此而止。闵帝与执政很快在各自权力界限出现裂痕,这一点古代中国从未有任何人、机构敢斗胆明确画定,终于不可弥补。皇权可以理直气壮的加以维护,王谊在周闵帝时位左中侍上士,当时大冢宰宇文护执政,势倾王室,帝拱默无所关预,有朝士于帝侧,微为不恭,谊勃然而进,将击之,其人惶惧请罪,乃止,自是朝士无敢不肃。谊后为隋高官,并与杨坚为儿女亲家。《隋书·卷40·王谊》P140。王谊在担任闵帝近侍时,看到一位朝臣对皇帝本人在某些细节上不恭,立即怒目相向,予以警告,对横行的宇文护也是一个提示。仪同齐轨私下对民部中大夫薛善说:兵马万机须归天子,何因犹在权门?"这次谈话被薛善原原本本密告到宇文护处,大冢宰非常生气,齐轨被迅速处死。《周书·卷35·薛善传》P59。齐轨绝无仅有,因为大家从此知道宇文护遇到质疑时会做些什么,朝廷经常是一片寂静。宇文护以此想要说明:他已经变得绝对正确,就因为他已经掌握了绝对的权力,怀疑这种逻辑就意味着罪恶。

权力的弹性相当大,在宇文护的武力监督下,合适的皇帝人选? 由谁规定皇帝的任务? 皇帝究竟可以做什么? 宇文护均总是胸有成竹,护政府为皇帝制定的主要行为准则包括：1. 享受国家元首生活待遇。2. 签署、颁布执政需要的诏令或重要任命。3. 参加国家大型典礼宗教仪式。4. 为突发事件或不可抗力造成的影响承担责任。为了皇权巩固,宇文护不知不觉凌驾于皇权之上,跨越整个孝闵帝、明帝时期。虽然只是自从北魏恭帝三年十二月(556 年)至北魏明帝武成二年四月(560 年),不满四年。

宇文护杀闵帝后,经过深思熟虑,提议二十三岁的世宗[534 年生—560 年崩,母姚夫人(557—560 年在位)]为新君。由于没有人反对,或者说无人敢反对,晋公护随即遣使迎接在歧州担任刺史的宇文毓,孝闵废的同年,557 年九月癸亥,新帝即天王位。次年,拜宇文护太师,赐辂车冕服,封子至为崇业郡公,初改雍州刺史为牧,以护担任此职,并赐金石之乐。不幸的是,护精心策划的人选随后成了他政治生命中面临的第三个困难,"明帝性聪睿,有识量,护深惮之。"明帝九月甫就职,557 年(明帝元年)十月,64 岁的太师、赵国公李弼逝世,宇文护获政之初,大事皆李弼、于谨等参议,加上弼沉雄有深识,故能以功名终。李弼逝世变成一场宫廷大事,葬礼以九月份刚从歧州抵达京师的明帝为主"即日举哀,比葬,三临其丧,发卒穿冢,给大辂、龙旗,陈军于墓。"这种隆重的待遇没有宇文护的首肯是难以想象的,不能确认李弼是否参加了废黜孝闵帝,可以相信他至少支持了护的主要政治抉择,主要军功人员对国家的贡献比他们行政能力更容易受重视。如果说这还不是一件有争议的事,对十月李远赐死,十二月进宇文邕为柱国等,还只能作为他随波逐流的证据,明帝即位初期的颁布的一些诏书如果确系明帝的真实意思,针对护的逻辑性就很强,看来纯属有预谋的步骤:557 年十一月诏书中指出:"帝王之道,以宽仁为。魏政,诸有轻犯,未至重罪,及村民一家有犯,乃及数家而被远配者,并宜放还。"十二月:"魏氏以德让代,岂容不加隐恤?元氏子女,自坐赵贵等事以来,所有没入官口者,悉宜放免。"赵贵事件发生孝闵帝在位的第一年(557 年)。这道诏令表示:1. 宇文氏为了让人民对元氏禅让充满积极的想法,进一步确认那不是不得已而是自愿的。通过给予元氏这种特殊的待遇,旨在向全国人民进一步强调元——宇文二姓的权利交接完全合法,合乎规律,而对元魏降地标准的做法可能与护有关:元定是魏宗室,实行周六官前为郡王,之后随例改郡公,世宗初元定还担任过岷州刺史,这有利于减少护在政权交替中的粗暴做法给北周国家带来的负面影响,对宇文护的所谓"功勋"也是一种间接否定、打击。2. 赵贵罪行如此严重,其中有些追随者是不甘心失败的一批北魏皇族元氏,明帝竟迫不及待的以如此隐蔽的方式对赵表示同情,这与武成元年(559 年)五月诏书形成对照:比屡有纠发,官司赦前事者,有司自今勿推究,唯库厩仓廪，与海内所共。汉帝有云：朕为天下守财耳。若有侵盗公家财、畜、钱、物者，魏朝之事，年月既远，一不须问；自周有天下以来，虽经赦宥而事迹可知者，有司宜推穷，得实之日，但免其罪，征备如法。《周书·卷四·明帝纪》P7。小小的盗窃罪还要朔及既往，叛国罪却能得到宽恕。似乎尝到甜头，而后明帝就显得肆无忌惮，二年（558）正月，立独孤氏为后，虽然这个不幸的皇后只做了四个月，四月份即去世。但宇文护应该至少是窃喜，因为她是另一个重要罪犯独孤信之女，破获赵贵、独孤信颠覆集团是宇文护的重大政治成就，明帝竟要否认这两个基本事实！宇文护这段时间公务不繁忙，但即使公务再繁重也会有充裕的时间的和精力处理集团犯罪，相信明帝的行为有助于他发现自己的疏漏。武成元年正月，宇文郑重其事"上表归政，帝许之，军国大事尚委于护。《周书·卷十一·晋荡公护传》P18。护上表归政，帝始亲缆万机，随即下令改都督诸州军事为总管。"《周书·卷四·明帝纪》P7。这不是说明帝此前一无所事。明帝时，豆卢绩为夏官左武伯中大夫，绩自以经业未通，请解职游露门学。帝嘉之，敕以本官就学，即保留职务进修。不久，齐王宪纳绩妹为妃，恩礼逾厚。这件事倒是符合明帝的个性，他不仅有智慧而且勤于思考，这种思考对一个称职皇帝本来是有益的，不料对护构成了无法缓解的压力，这次批准也是明帝在位时明白无误的一次行使权力。寇俊的情况也与之类似，其祖、父为官，本人乃儒学大师，孝闵即位时进子爵，明帝武成元年，进骠骑大将军仪同三司，这是因为世宗尚儒重道，对寇氏特别的奖赏。除了李弼隆重的葬礼外，明帝还自主参加清廉的官员长孙澄的身后事，他也是当今皇室的家族成员，行周六官制前长孙澄职骠骑大将军、开府，（无仪同三司）闵帝即位为大将军、玉壁总管。经查证，澄死后家无余财，自初丧及葬，世宗三临之。"君临臣丧，自有节制。"典祀中大夫宇文容认为这有乖礼典，世宗坚持己见。（长孙澄是长孙绍远之弟。长孙览之父。绍远，祖稚，代郡人，鲜卑族。随孝武入关。魏太师，上党文宣王。）从子炽，炽弟晟，晟少子长孙无忌。参见《隋书·卷五十一·长孙炽传》P159。《魏书·卷二十五·长孙道生传》P75。另一个族人长孙俭，（魏之宗，拓拔氏。精通鲜卑语。恭帝元年（554年）江陵平，俭以元谋有功，赏奴婢三百口。）死于夏州总管任上，给明帝留有遗嘱，希望葬于宇文泰旁，后者一口答应了。虽然参见的主要是礼节上的活动，但部分落实了皇权，扩大了明帝的个人影响。

明帝与十六岁即位的闵帝起点不同，登基时已经二十三岁。明帝武成二年（560年），与王褒、庾信等才学之士同补麟趾学士的庾季才以研究命相著称，历任稍伯下大夫、车骑大将军、仪同三司。大冢宰宇文护执政后，有一天问季才：

比目天道,有何征祥?季才回答:荷恩深厚,若不尽言,便同木石。顷上台有变,不利宰辅,公宜归政天子,请老私门,此则自享期颐,而受旦、奭之美,子孙藩屏,终保维城之固。不然者,非复所知。护沉吟久之,谓季才说:"吾本意如此,但辞未获免耳。"经查,宇文护并无正式请辞之举,看来护也象饱尝权利滋味的所有人一样,不愿轻易自动放弃。随后对这个忽略他重要性的术士说"公即王官,可依朝例,无烦别参寡人也。"自是渐疏,不复别见。在宇文护被处决后,"阅其书记,武帝亲自临检,有假托符命,妄造异端者一概被处决,而季才署名的两份呈文,谈的全是纬候灾祥,建议反政归权。帝因此对少宗伯斛斯征说:庾季才至诚谨悫,甚得人臣之礼。因赐粟三百石,帛二百段。迁太史中大夫,诏撰《灵台秘苑》,加上仪同,封临颖伯,邑六百户。这使得庾季才后来有机会为杨坚服务。《隋书·卷七十八·庾季才》P211。如果假设护对权利的贪恋并不完全是出于个人利益,也可以得到一些左证,比如,在他的一些谈话和文章中可以看出他是一个有责任心,但由于能力的欠缺而经常显得比较紧张,时时感到危机四伏,捉襟见肘。他的猜忌心越强烈,个人的意义在他自己心目中就越重要,沉湎于维护个人声望和权利。以至在他漫长的执政时代,几乎没有有确立任何价值的制度,但是对现有制度的破坏也不过度。按理,当时已是武成元年(明帝宇文毓武成元年为559年,武成二年四月武帝继位。),宇文护已经归政天子,由此可见权利交接并不彻底,促使他最终选择废黜明帝的决心,可能是明帝对护的反感态度过于强烈,给护的自尊心造成伤害。以至在他的印象中,国家在他本人而不是君主智慧的掌控中更为安全。这也是明帝的所谓聪明给护的印象。"有李安者,本以鼎俎得宠于护,稍被升擢,位至于膳部下大夫。至是护乃密令安进食于帝,加以毒药。《周书·卷十一·晋荡公护传》P18。公开的说法是,武成二年四月:担任皇帝不到十六个月的明帝食物中毒,因为吃了御膳房提供的一种甜点。《北史·卷九·闵帝纪》P38。二十七岁的明帝在弥留之际说"人生天地之间,禀五常之气,天地有穷已,五常有推移,人安得长在?是以生而有死者,物理之必然;处必然之理,修短之间,何足多恨!《周书·卷四·明帝纪》P8。这是份明帝口授的诏书,言辞老练世故,好象自己已经八十岁,他可能没有意识到被致于死地的真正原因,也可能是另一篇暴露国家机密的遗言被换掉,而代之以温和听天由命、逆来顺受的语气。明帝具有一定的儒学修养,"世宗雅爱儒学"。《周书·卷三十六·刘志传》P61。这种学养让有些人遇事退让,缺乏进取心。它假设人的天性如果没有随时得到恰当掩饰,就一定会有害于社会,而标准的社会范本是静态的,一心要适应它的人则容易变得患得患失。明帝还擅长写作,集公卿以下有文学者八十余人于麟趾阁刊校经史。将明帝所享有的皇权主要控制在在礼仪性的事务范围内,在尺度上,宇文护一度把握得相当好,其实这也不失为明智之举,而习惯法却是以皇帝专权为政治正确。世宗偶尔还是有一点人事权,当柳庆被护疏远拟定出为地方刺史时,世宗知道后还是改变了任命。总体而言,明帝担任皇帝以来,除了承担灾变责任,向国人道歉、出席葬仪,所能做的不多。希望有人敢指出干旱或淫雨真正的责任人时,他总是很失望。许多人在装聋作哑,现在已经知道自己的未来就是忍气吞声。由此看来,明帝是一个重友情,内心丰富的人,而事实如此残酷,诚如不久后的官方学者所说,等待这个有人君之德的人的是:……始则权臣专制,政出私门,终乃鸩毒潜加。"与闵帝不同的是,明帝与护的矛盾并未公开化,但是"帝性聪睿,有识量,护深惮之。"《周书·卷十一·护传》P18。头脑聪明,一般这与死因没有直接关系,宇文护担心明帝因此执行泰的政策不坚决,这样也会断送自己对泰的承诺。有学者风范的君主与政治手腕日益老练的执政之间的较量尽在暗中,很符合他们各自的性格特点。明帝武成元年(559年)八月改称皇帝,九月大封其兄弟,增御正四人,位上大夫,武成二年四月去世,这是他一生可以罗列的大事,平淡、仓促的人生,就因为明帝不是宇文护所想要的君主类型就使他遭到毒杀? 不能说宇文护对皇位有野心才导致了被北周前期君主的快速更替,否则他选择出来的君主不会一个比一个杰出,或者说,只要一个人还有常识,他不会制造一个比一个强悍的敌手。立孝闵帝是积极的,废孝闵帝是被动的,立明帝更需要勇气,因为独孤后"明帝在藩时即已纳为夫人,(二年二月立为皇后,四月崩。)《北史·卷十四·后妃》P58。或许他认为自己所做的一切都是为了国家,终究会得到别人理解。君位离他如此之近,但几乎从未看到护有取而代之的任何企图,他似乎在执行一条道路,而且他确认只有自己最清楚准确的坐标。

皇权支离破碎,为什么会这样? 皇帝尚未成年,心智不够,国家制度在权臣冲击下零散、瘫痪,权臣忘乎所以,等都会导致这样的后果。皇权、权臣在一定的条件都会失去边界,制度若无外来干扰,倒是可以大致守常,进止有度。

4. 权臣会始终受到挑战,对其权力的合法性质疑在其权力最大时会达到峰值。? 消灭一切批评的声音

宇文护高强度的专制是因为迫不得已必须如此,还是因为他的能力被严重质疑所导致? 人们能够容忍权臣,不论他做到何种程度,但不能容忍其能力的缺陷。

天和六年(武帝天和六年为571年),令狐整,进位大将军,……宇文护之初执政也,欲委整以腹心,整辞不敢当,破忤其意。及护诛,附会者咸伏法,而整独保全,时人称其先觉。《周书·卷三十六·令狐整传》P60。当时执政的宇文护希望令狐整站在自己一边,后者予以婉拒,宇文护后来可能为此公开发泄了不满,不知是为自己的统治力尚未完全覆盖以致狐整胆敢拒绝自己,还是为失去一个想要笼络的人——令狐整的私人的情谊而恼怒。宇文护没有意识到,这是一个危险的信号,显示自己的权力远远地越界,个人能力有远逊于外界的预期。人们在回避他,反对在加速积聚。

本节小结:

从权臣宇文泰到权臣宇文护完成了一个权力更为集中的过程,行政体系没有优化,方式各有不同,绝大部分结果显示行之有效。权臣下皇帝的作用所具有一般特征:1. 以元首身份主持参加重大仪式。2. 道义上承担各种责任。3. 按要求签署行政法规、命令。尽管皇帝成了执政的帮手。与泰几乎没有反对者相比,有些人虽然被护任命,却明显并未始终生活在在他强制要求顺从的氛围里,这是护以来的一种变化,虚位的君主和强臣制度化的条件正在形成,持续发展的国家中产生权臣的必然性与优越性。

护对人事的管理方式是互动的,对他本人的怀疑就是对制度的怀疑,他要求属下既忠于制度又忠于他。与一群意见经常相左的人工作起来确实困难,彻底摒弃异议的极端则是完全听不到意见,护两者间难以取舍,两者都做不到。在行政管理中宇文护为什么往往采取更为大胆、激烈的行为?这并不是因为他的权力更集中、稳定,而是他对自己的一份责任无法摆脱的焦虑感,他的政治生涯始终不象宇文泰那样顺理成章、深孚众望,他的对手或者他假设的对手经常是从他的能力、资历等凹陷处——浮现出来,异议与猜疑环绕着他,却忽略了这个人对权力的专注及所拥有权力的危险性,当他一时无法驾驭无边无际的权力时,总令他手段残忍而不是软弱退让,天和以后,他的权力已开始缩水,一些要务通过齐王宪转达武帝,然而即使在他本人岌岌可危时,仍怒气冲冲、火速处决了一个元老重臣,这种进取心与责任感确保了他的政府没有涣散,国家政策始终具有建设性。

无论是君主还是权臣,他们专制的方式不是通过个人能力获得威王,而是屠杀异己。

第三节　北周权臣第三期

人类永远不会在自己的欲望面前无故退缩。

——作者

1. 杨坚是否符合权臣四大特征

如何将权力一一收拢，如何将对国家的责任转化为对自己的服从，如何做到以全部的私欲驾驭整个制度体系，如何将不利于自己的一切判定为不合法，所有权臣都做这样的事，'他们迟早会而且随时准备背叛制度，无论制度好还是坏'。是权臣们相同的生存法则。

对制度的制定、运用的程度特别是制度对国家的影响力比较？文化的是如何帮助制度形成以及在什么情况下将破坏制度？权利转换与管理的基本模式，杨坚的道路：从普通朝臣——执政——君主之路。作为一个担任重要公职的人，必须为公众服务的人，宣帝为自己谋划越多，对属员的关心就会越少，伤害就会越大。根据人性原则，个人利益优先的特性，忠诚教育决不会普遍导致忠诚。他们会为利益背叛，只要利益足够大。支持杨坚的人中，既有逐利者，也有指望杨坚能恢复武帝时代的人，尽管有点胡涂，但肯定不会少。

2. 谋取执政的过程符合权臣的路径，是私下的临时谋划，而非公开制度的事先安排

大象二年（580 年）五月己丑，以上柱国，大前凝隋国公杨坚为扬州总管（不是兼职），暴发足疾而止。《北史·卷十一·隋文帝纪》P44。这个任命本来是让他随后率领一支军队进攻陈国，也是郑译应他的要求特意为他向宣帝争取来，但时过境迁，现在要设法留在京城，杨坚在担任北周丞相前被怀疑时的事迹及应对策略看来很正确。李谔历任比部、考功二曹郎，爵南和伯。杨坚即帝位后回忆说，"朕昔为大司马（宣政元年即 578 年，七月为上柱国、大司马）。每求外职，李谔陈十二策，苦劝不许，朕遂决意在内，今此事业，谔之力也，赐物二千段。"宣帝猜疑杨坚最为严重时，一度着手部署杀死他，事实上杨坚也曾私下请郑译帮助自己设法离开京城，以求免遭无妄之灾。大象二年五月，发表扬州总管的任命时就让他兴奋不起来，几天后的消息显示，宣帝身染沉疴，杨坚最后决定装病留在京城等正在来临的机会。经过六天治疗，他本人的足疾还是未见好转，帝却在天兴宫继续生病，从己丑——甲午夜（五天），帝备法驾，幸天兴宫，乙未，帝不豫，还

1127

宫。诏"隋国公杨坚入侍疾"。命令一下,他立即变得生龙活虎,杨坚是一个有准备的人,他不会错过这样的机会。十三天内皇帝病情仍未见任何好转,(丁未),于是紧急通知赵、陈、越、代、滕五王入朝,一天之后,宣帝血不归经,已陷于弥留之际,不过人们关注的焦点并不是宣帝的病情而是后任人选,适逢其时,杨坚的敢死队不分昼夜地运转起来,御正下大夫刘昉一马当先,见静帝幼冲,不堪负荷,昉素知高祖,又以后父之故,有重名于天下,于是产生人为改变储贰排序的想法,刘昉归纳的三个理由是:1. 静帝年幼。2. 推崇杨坚 3. 皇后之父。内史上大夫郑译力挺杨坚自有原因:1. 高祖与译有同学之旧。2. 素知高祖相表有奇,倾心相结。他们的目的是,趁宣帝病危,谋以隋公受遗辅少主。郑译是宣帝做梦也不会预料到的反叛者,郑译在宣帝的北周处于权利上层,是一个有影响的人。武帝即位,迁御正下大夫〔正四命〕,后为东宫官,受太子失德抨击牵连,被武帝谴责,坐除名,后例复官。太子即位,既以恩旧任遇甚重,朝政机密并得预参,寻迁内史上大夫,进爵沛国公,上大夫之官自译始。北周大象元年 579 年新置内史上大夫之职,正六命。此职参预重大军国刑事大事。与二人选择相似的还有柳裘、周内史大夫韦誉、韦孝宽外孙,时为周御正下大夫皇甫绩(皇甫绩开皇元年豫州刺史,寻拜都官尚书)。《隋书·卷38·皇甫绩传》P136。等同谋引坚,主张机会不能失去。这些人密谋之后,提出杨坚辅政,杨坚起初还有点忸怩,表情诚恳地表示谢绝,刘昉半严肃半幽默地说:公若为,速为之;如不为,昉自为也。"当时御史大夫柳裘亦留待禁中,亦表示:时不可在,机不可失,今事已然,宜早定大计。天与不取,反受其咎,如更迁延,恐贻后悔。"此人原系梁官,江陵平入周,明帝、武帝间自麟趾学士累迁太子侍读。宣帝即位,进为公爵,转御史大夫。《隋书·卷38·柳裘传》P136。《北史·卷 74·刘昉传》P272,《隋书·卷38·刘昉传》P135。柳裘受到北周君主高度信任,宣帝病危时一直获准留待禁中,现在却在全国最安全的地方危害北周的利益。显然是一批像御正大夫刘昉、内史上大夫郑译等朝中的实力派人物经过评估达成共识,他们向认为政治条件最为优越的杨坚保证,由他来组织一个新的王朝是合乎逻辑的,杨坚最终几乎是与他们一拍即合,成功地迈开了从臣民到君主第一步,答应成为唯一候选人。建议被接受让密谋者们都非常愉快,随即共同促成方案大胆,准备精密的"杨坚计划"。不过实施过程中仍然出现二次危险的波折,帝临终之时,郑译与刘昉等没有组织计划抢救方案,而是正设法引导高祖入受顾托。与刘昉并见亲信的御正中大夫颜之仪与一群宦官也在策划,宦官是周末期出现的政治人群,前期很少参与政治。颜之仪一度曾表示中意赵王伦为执政,他们最终拿出的方案是支持大将军宇文仲(宇文泰父亲宇文肱从父兄宇文仲，即泰之堂伯父)辅政,后者也接受了他们的邀请。译听说"仲已至御坐,遽率开府杨惠及刘昉、皇甫绩、柳裘俱入,仲与之仪见译等愕然,逡巡欲出。高祖因执之,于是由刘昉与郑译紧急伪造了一份诏书,随即郑译宣读诏书:以隋国公杨坚受遗辅政。文武百官皆受高祖节度。其实,宣帝此时已经不能说话。'失瘖,不复能言。"《北史·卷74·刘昉等传》P272。当天帝于天德殿去世。从病重到逝世刚刚半个月,时年二十二。这个制度一向可以确保没有得到参与最高机密檔制作者如刘昉、郑译们欢心的国家大臣成为局外人,"及杨坚初被顾托,群情未一,乃引开府仪同三司、司武上士卢贲置左右。"对卢贲的重用并不仓促、盲目,杨坚任大司武时卢可能曾是他的属下,卢贲长期主管宿卫事务,是精锐的御林军军官,经验丰富,曾明确对杨坚说:周历已尽,天人之望,实归明公,愿早应天顺民也。天与不取,反受其咎。"杨坚无比欣慰地领略过他的政治洞察力,现在可以目睹他的应变能力了,在一片惊愕、怀疑、指责、吵嚷声中,杨坚将准备前往东宫,"百官皆不知所去,坚潜令贲部伍仗卫,卢贲因召公卿而谓曰:欲求富贵者,当相随来。"往往偶语,欲有去就。贲严兵而至,众莫敢动,出崇阳门至东宫,门者拒不内,贲谕之,不去,瞋目叱之,门者遂却,既而杨坚得入。《隋书·卷38·卢贲传》P137。宣政末,李德林官居御正下大夫。宣帝病情凶险,"属高祖初受顾命,邗国公杨惠谓德林曰:"朝廷赐令总文武事,经国人重,非群才辅佐,无以克成大业。今欲与公共事,必不得辞。"德林闻之甚喜,乃答云:德林虽庸芃,微诚亦有所在。若曲相提奖,必望以死奉公。"高祖大悦,即召与语。刘昉、郑译初矫诏召高祖受顾命辅少主,总知内外兵马事。诸卫既奉敕,并受高祖节度。郑译、刘昉议,欲授高祖冢宰,郑译自摄大司马,刘昉又求小冢宰。高祖私问德林曰:"欲何以见处?"德林云:即宜作大丞相,假黄钺,都督内外诸军事。不尔,无以压众心。"及发丧,便即依此(宣帝大象二年五月死,七月安葬)。德林的话起了一锤定音的作用。《隋书·卷42·李德林传》P143。如果说第一次波折时,因为郑刘等一方人多,颜之仪败下阵去,第二次紧急时刻,面对卢贲这样一个低级官员,百官竟然无一个挺身而出,任从卢任意驱使、出入,显示他们从属的中央体制已经随疯狂皇帝辞世而瘫痪,随即又出现的国家运转突然加快的原因是新的、替代运转机制正在形成。任何时候,任何地方,作为一个皇帝、执政或行政主管,要清楚自己属下对未来的评估,否则就有挫折、背叛之虞。杨坚将别人对自己有贡献而不是忠诚、能力作为授官首选。例如,夺政计划成功后,杨坚为丞相,皇甫绩进位上开府,拜内史大夫,委以机密。对主要策划者郑、刘二人则相当谨慎、爱恨交加。坚按德林设计取得丞相称号时,译原希望以坚为冢宰,自己摄大司马,昉的目标是小冢宰。结果下来的任命是以译为相府长史,治内史上大夫,昉只是为丞相府司马。译、昉大失所望,从此心怀怨恨。杨坚成为相国总理朝政后,大势已定,才逐渐提高二人待遇,以郑译为天官都府司会,总六府事,出入卧内,言无不从。以昉有定策功之功,拜上大将军,封黄国公,与沛国公郑译皆为心膂,前后赏赐巨万,出入以甲士自卫,朝野倾瞩,称为黄沛。时人为之语曰:刘昉迁前,郑译推后。"司马消难作乱提高了郑译价值,进译上柱国,规定未来新政府可以宽恕其十次死罪。杨坚君临天下,郑则渐渐失势,令译以上柱国、公爵归第,赏赐丰厚。昉进位柱国,改封舒国公。高祖对郑与刘昉并不真正信任,"阴敕官属不得白事于译。"他后因被弹劾与母别居,曾被高祖除名,但他一直工作到开皇十一年病故。《隋书·卷38·郑译传》P136。刘昉的结局要悲惨些,杨坚在事成不久就设法使昉"闲居无事,不复任使。"后大致在开皇六年,因与失意的柱国梁士彦、宇文忻频繁交往,还异想天开地准备推荐士彦为帝,听起来令人难以置信,但昉还是因此被处决。《隋书·卷38·刘昉》P135。密谋成功后,以李德林为丞相府府属,加仪同大将军,到杨坚登阼之日,授德林内史令。《隋书·卷42·李德林传》P143。周武帝在见到此人时喜形于色、如获至宝,现在他要真心实意地效忠于另一个欣赏自己的皇帝。李德林的忠孝观是脱节且极其灵活的,德林"年十六,遭父艰,自驾灵舆,反葬故里,时正严冬,单衰跣足,州里人物由是敬慕之。武平初,因为其母逝世去职,勺饮不入口五日,因发热病,遍体生疮,而哀泣不绝,诸士友陆骞、宋士素,名医张子彦等,为合汤药。德林不肯进,遍体红肿,数日之间,一时顿差,身力平复,诸人皆云孝感所致。太常博士巴叔仁表上其事,朝廷嘉之,才满百日,夺情起复,德林以羸病属疾,请急罢归。《隋书·卷42·李德林传》P144。利益会淹没良知指的是为了个人欲望而违背礼法及习惯,但是个人权利是否值得强调? 或者在价值上一定低于忠诚? 一定会有经典与现实的争论。而上述所有的人都用行动作出了否定的回答。其他在忠诚上有问题的密谋参与者一并授予高官厚禄。隋室兴起中的政治激进派不是一天形成的,周室对杨坚的高度信任也没有对等转化为忠诚。杨坚在宣帝至静帝时代并未立功,职务上的变化有杨皇后的关系,当宣帝还有自制力时,出于个人感情他关照过杨氏家族。其实他生活中的另一面——个人政治魅力也洋溢无穷的吸引力更为重要,至少在三个方面构成优势:杨坚的仪表、才具以及宣帝娶其女的社会关系。杨坚很好地利用了他的每一个长处,任何细节也没有被忽略,都帮助他获得收益。宣帝岳父的身份帮助他获得过高级职务,宣帝不良的名声帮助他获得同盟者。

　　3. 权臣的主要标志是机构的作用被边缘化,代之以私下形成的利益集团。

权力达到峰值的信号很多,达到极致时最为清晰灵敏的信号是任何异议都被极度放大。权臣会尽可能寻求发现别人的缺失加以抨击,不允许对自己有任何异议。

北周宁州总管宇文庆(神举弟)武艺绝伦,大象末为柱国,杨坚与宇文庆相识早,两个老友在一起,几乎无所不谈,一次,坚抑制不住心中的积怨,当宇文庆面肆意辱骂宣帝,预测他短命,将身败名裂。"未几,上言皆验。"坚当政,庆恐上遗忘,不复收用,欲见旧蒙恩顾,具录前言为表而奏之曰:……先天弗违,实圣人之体道;未萌见兆,谅达节之神机。……寻惟圣虑,妙出蓍龟,验一人之庆有征,实太子之言无戏。臣亲闻亲见,实荣实喜。"他达到了目的,开皇初拜左武卫将军,进位上柱国。神庆子静礼,初为太子千牛备身,寻尚高祖女广平公主。《隋书·卷50·宇文庆》P157,《周书·卷40·宇文神举传》P67。神庆为北周宗室,与杨坚谈论本家族没落命运时随声附和、毫无顾忌,说明宣帝的行为产生极为恶劣的影响,对宣帝的问题不满只是一个托辞,他不仅是对宣帝,而是对所有别的皇帝不满,在自己没有总统国家之前不会满意,他对国家的异议很早就有所体现,不过是私下表达。天和四年五月,周武帝所撰《象经》问世,这本书制定一种或者是棋类或者是博弈游戏的规则,总体上是要诠释弘扬传统哲学思想。招集百官讨论。杨坚神色自若、语气平静地对周陈州户曹郎茂说:人主之所为也,感天地,动鬼神,而《象经》多纠法,将何以致治?《隋书·卷六十六·郎茂传》P186。当时宇文护大权在握,武帝贵为君主,杨坚年仅二十八岁,去年刚因父亲去世而继承爵位,他的大胆言论虽然不无偏激,却表现出强烈的当家作主的思想。郎茂私下表示:"此言岂常人之所及也! 乃阴自结纳。《隋书·卷66·郎茂传》P185。

北周仪同、伯爵张奫,自"高祖为丞相,深自推结,高祖以其有干用,甚亲遇之。《隋书·卷46·张奫传》P151。

李圆通为杨坚家收养的家仆,杨坚北周为相,封其男爵、帅都督。长于武用。周氏诸王素惮高祖,每伺高祖之隙,图为不利,赖圆通保护,获免者数矣。高祖深感之,由是参预政事,授相国外兵曹。仍领左亲信,寻授上仪同,高祖受禅,拜内史侍郎,领左卫长史,进爵为伯。《隋书·卷64·李圆通》P181。

杨弘:高祖从祖弟,高祖为丞相,常置左右,委以心腹。高祖诣周赵王宅,将及与难,弘时立于户外,以卫高祖,寻加上开府。《隋书·卷43·杨弘传》P145。

高颎:颎在周为下大夫,以平齐功,拜开府。……高祖得政,素知颎强明,又习兵事,多计略,意欲引之入府,遣邗国公杨惠谕意,颎承旨欣然曰:愿受驱使驰,纵令公事不成,颎亦不辞灭族。"于是为相府司录。《隋书·卷41·高颎传》P141。

崔仲方，周太祖赏识他，令与诸子同就学，杨坚也是同学之一。北周宣帝时少内史，"又见众望有归，阴劝坚应天受命，高祖从之。"高祖登基后为豫州刺史。

元谐：少与高祖同受业于国子，甚相友，后以军功累迁大将军。及高祖为丞相，引至左右，谐白高祖曰："公无党援，譬如水间一堵墙，大危矣，公其勉之。"尉迟迥作乱，遣兵寇小乡，令谐击破之。及高祖受禅，"间墙竟如何也？"于是赐宴极欢。进位上大将军。《隋书·卷40·元谐传》P140。

周室对他郭衍不薄，武帝时加授开府封武强县公，邑一千二百户，赐姓叱罗氏。宣正元年为右中军熊渠中大夫，击败尉迟迥派出的军队后，授上柱国，授武山郡公。密劝高祖杀宇文诸王，早行禅代，由是大被亲昵。"……开皇元年，敕复旧姓为郭姓。《隋书·卷六十一·郭衍传》P176。竟出残忍之言如斯，可见变革的驱力并不都是合理的，有很多是反自然反理性的。而元谐的担忧完全没有必要，他不清楚的是，虽然杨坚从资历和家族上都不是顶尖的，不过有一群志同道合的人，愿意在北周的基础上共谋发展，他们是自愿组合，并不刻意建立在血缘、家族、阶级、资产之上，而是以他们各自的资源——年轻、才能、声望、野心等入股，他们推崇杨坚的个人才华，相信杨氏的事业具有生命力，在这份事业中也有他们每个人的最大利益。杨坚也相应地奖励他们，这些附和过杨坚的人后来都受益，比如"坚当政，宇文庆恐上遗忘，不复收用，欲见旧蒙恩顾，具录前言为表而奏之曰：……先天弗违，实圣人之体道；未萌见兆，谅达节之神机。……寻惟圣虑，妙出蓍龟，验一人之庆有征，实太子之言无戏。臣亲闻亲见，实荣实喜。"他达到了目的，开皇初拜左武卫将军，进位上柱国。神庆子静礼，初为太子千牛备身，寻尚高祖女广平公主。《隋书·卷50·宇文庆》P157、《周书·卷40·宇文神举传》P67。对于郎茂，杨坚为相后亲笔致意，陆续提拔重用。这种私自的接纳会带给私人的好处和给国家的损害应该相称，公开表示异议有困难和危险时，就容易出现阴谋集团，这种集团可能不是主观上刻意组建，而是自然形成。

人们成群结队向杨坚涌来，他们有的从他那里看到合理性、正确性，有的则看到的无尽的利益。杨坚执政时是北周社会的一次重大事件，很多人都可能已经感觉到社会的变革会不止这些，价值观宽幅震荡也就十分正常，大家都急于证明自身价值，但是与一味迎合杨坚的人不同的还大有人在，出现了摇摆人与反对者。

益州总管梁睿将他的前任王谦处斩于市后，威震西川。睿威惠兼着，民夷悦服，声望愈重，高祖阴惮之。薛道衡（随睿征王谦，摄陵州刺史《隋书·卷57·薛道衡传》P168。《北史·卷36·薛道衡传》P143。从军在蜀,因入接宴,说睿曰:天下之望已归于隋,密令劝进。高祖大悦。及受禅,顾待弥隆。"进退维谷的梁睿显然接受了薛氏的建议。《北史·卷59·梁睿传》P227。时睿自以为周代重臣,久居重镇,内不自安,屡请入朝,于是征还京师……。史臣曰:方魏朝之贞烈,有愧王陵;比晋室之忠臣,终渐徐广。《隋书·卷37·梁睿传》P135。而柳昂可能是最阴险的摇摆人,在坚为大丞相时,由于昂积极靠近坚,得以大宗伯相酬。因顾忌重重,举棋不定,想等待后进一步确认真正的胜利者,于是借故避开了任命仪式。直到杨坚即位之时,一切尘埃落地,疑虑才烟消云散,柳昂身体也疾愈,加上开府,拜潞州刺史。《隋书·卷47·柳机等传》P152。

一批人明显不适应变化,宣帝时御正上大夫柳机"见帝失德,屡谏不听,恐祸及己,托于郑译,阴求外出,于是拜华州刺史。及高祖作相,征还京师。时周代旧臣皆劝禅让,柳机独义形于色,无所陈请。于是被外放为卫州刺史。周御正下大夫裴肃,看到杨坚一夜之间为相,独揽大权,国人无出其右,不禁扼腕叹息:"武帝以雄才定六合,坟土未干,而一朝迁革,岂天道欤!"杨坚闻之,甚不悦,由是废于家。宣帝逝世后,宫廷更为混乱,御正中大夫颜之仪明察秋毫,清楚郑译、刘昉等出示的以杨坚辅政的诏书系伪造,于是严词拒绝,颜之仪抱必死之决心,面对刘郑等人威逼,坚决不肯在诏书上联署,刘昉等人知其不能力屈,只得私下代替署名。《周书·卷40·颜之仪》P68。上述对杨坚的进步方式不满的人,并没有坚持己见,也没有遵循道德教材,杨坚践阼后陆续得到或接受了任命,柳机为纳言,《隋书·卷47柳机》P152。颜之仪在杨坚即位后征调回京,进爵郡公,开皇五年为集州刺史,开皇十年离任回京与杨坚再次见面时,此时的文帝已经是一个大国君主,时过境迁,他已经变成了一个欣赏"见危授命,临大节而不可夺"品格的人,决定不再计较十多年前的旧帐,赐给之仪一堆财物,不知是满足还是绝望,颜之仪次年病故。《周书·卷40颜之仪》P68。只有裴肃苦苦等待五年后(开皇五年),才得到一个膳部侍郎的职位,在北周倾覆多年之后重返仕途,他感觉好接受得多,尽管朝野充满了野心家、阴谋家。他从此勤于职守,甚至干出了一番成就,并赢得杨坚的信任。《隋书·卷62·裴肃传》P178。

与上述温和的反对者相比,强烈的反对者对杨坚身份合法性持完全否定态度。杨坚给忠诚的定位和对待就是无情窒息北周反击的呼声,他设法使支持和反对者都相信,他所作的一切纯属出于国家利益,尉迟迥对此嗤之以鼻。宣帝辞世,杨坚辅政的剧变,足以颠倒人在社会中的位置,栋梁之材变成心腹之患。杨坚以"迥望位夙重,惧为异图。"于是以尉迟迥留在京城的人质,迥子魏安公尉迟惇作为特使,从长安带去一份诏书至相州,以会葬为名征调尉迟迥晋京,同时令郧公韦孝宽代迥为总管。尉迟迥有先见之明,坚称杨坚当权后的下一步就是篡夺国家,"遂谋举兵,留惇而不受代。"这时杨坚又派出第二个特使候正破六汗衰至相州重申圣旨,同时带来了给相州总管府长史晋昶等亲信的密函,指示其密切关注尉迟炯动向,预先制定应急计划。迥发现后立即处决了长史及衰。随后集文武士庶登城北楼郑重宣告:杨坚以凡庸之材,藉后父之势,挟幼主而令天下,威礼自己,赏罚无章,不臣之迹,暴于行路。吾居将相,与国舅甥同共戚,义由一礼。先帝处吾于此,本欲寄以安危,今欲与卿等纠合义勇,匡国庇人,进可以享荣名,退可以终臣节,卿等以为如何?他的话至今听起来都相当有道理,所以"众咸从命,莫不感激。"乃自称大总管,承制署置官司。《周书·卷21·尉迟迥传》P34。尉迟迥的断然举措,并不是出于一时激愤,至少有六个理由:

1. 来自代,其先魏之别种,以部落号为姓氏,与皇室同族,与西魏、北周皇室均有婚姻关系。"其父俟兜,娶宇文泰姊昌乐大公主,与公主育有二子,即迥与纲。尉迟迥娶魏文帝女金明公主,沿例拜驸马都尉。孙女(宇文温妻)虽然是被周宣帝强逼入宫,但毕竟被封为天右大皇后。

2. 功勋卓著。从太祖复弘农,破沙苑,皆有功,累迁尚书右仆射兼领军将军,迥聪明有干能,虽任兼文武,颇允时望,深受宇文泰器重。

3. 有独到见解。梁元帝之弟武陵王萧纪在蜀称帝,率众东下准备进攻梁元帝,元帝大惊,致书宇文泰,请求支持。宇文泰认为是一个难得的机会,"取蜀制梁,在此一举。他召集主要的文臣武将讨论此事,许多人的意见与太祖想法不尽相同,只有尉迟迥指出萧纪既然尽出精锐。蜀一定内部空虚,王师临之,必然是有征无战。他的作战方案是以精锐部队突袭,最后他率领一支12000人的小型部队占领蜀国,诏迥为大都督,益潼等十八州诸军事,益州刺史,以平蜀功封一子为公。剑南以南,得承制封拜及黜陟。《周书·卷21·尉迟迥传》P34。

4. 忠孝观对他有影响。他是一个有名的孝顺儿子,身虽在外,每得四时甘脆,必先荐奉,然后敢尝。大长公主年高多病,迥往京师,每退朝参候起居,忧悴形于容色,大长公主每为之和颜进食,以宁迥心。宇文泰知其性格,征迥入朝,以慰其母意。遣大鸿胪郊劳,仍赐迥衮冕之服。

5. 长期治蜀,当地人高度信赖,曾在被征还朝廷期间,造成了一个普遍的情感空位,"蜀人思之,立碑颂德。"

6. 北周历代器重。孝闵帝即位,进柱国大将军,又以迥有平蜀之功,同霍去病冠军之义,封宁蜀公,进蜀公爵,邑万户,宣帝即位,以迥为大前疑,出为相州总管。

由于与北周渊源深厚，他的个性、抱负等，共同促成了他的选择，尉迟迥登高振臂一呼，东、西、南、北方的呼应连成一片：

1. 580 年，大象二年六月甲子，相州总管尉迟迥举兵，不受代，发关中兵。中央以韦孝宽（他本人十一月正常死亡）为行军元帅讨之。（相州，今河北邢台，河南安阳一带）

2. 上柱国毕王贤以谋执政罪在京被诛。

3. 七月，申州刺史李慧起兵（今河南信阳一带）。

4. 荣州（今四川自贡）刺史邵国公宇文胄举兵，遣大将军杨素讨之。（胄为素所杀）。

5. 东楚州（今江苏清江一带宿豫郡）刺史费也利进，东潼州（潼州在江苏东楚州附近）刺史曹孝达各据州应迥。徐州总管司录席毗与前东平郡守毕义绪据兖州及徐州之兰陵郡响应迥，永桥镇将纥豆陵惠以城降迥。《北史·卷 62·尉迟炯》P236。

6. 青州总管尉迟勤举兵（山东益都）。

7. 上大将军、黎州刺史韩明宇尉迟炯同谋（黎州，四川汉源剑南西部边防要地。受迥节制。隋废。）

8. 郧州（鄖，湖北郧县）总管司马消难举兵。以王谊为行军元帅讨之。（由于有诏，司马消难、王谦、尉迟子侄不在赦免中，消难后奔陈。）

9. 豫州、荆州、襄州三总管内诸蛮各率种落反，焚烧村驿攻乱郡县。是因为忠于北周还是取乱侮亡。

10. 益州（成都）总管王谦举兵不受代，梁睿率兵讨。（被梁睿所杀）。

11. 沙州（今甘肃文西县）氐帅杨永安聚众策应王谦，大将军达奚儒讨之。（十一月沙州平。）

这些人起兵各有各的理由，有私人的意愿，有对国家的责任，但他们之间的联系相对松散，也很快被各个击破。

1）北面的战场——尉迟迥集团

尉迟迥是杨坚的主要反对者，时赵王招已入朝，留少子在国（襄国郡大致在邢台一带，相州在邯郸一带，一说为安阳。都在相州辖区），迥又奉以号令。迥弟之子尉迟勤，时为青州总管，起兵应伯父迥。迥所管相、卫、黎、毛、洺、贝、赵、冀、瀛、潞。勤所统青、胶、光、莒诸州皆从之，众数十万。迥又北结高宝宁（原齐营州刺史，不是高欢宗室，他是拥立高绍义的人。《北齐书·卷 41·高宝宁传》P57。

范阳王高绍义齐文宣高洋第三子。奔突厥后称帝《北史·卷52·文宣诸子》P202,《北齐书·卷12·范阳王高绍义传》P18。以通突厥。南连陈人,许割江淮之地。迥殚精竭力、四处奔走,网络了多方力量,却没有达成共识,形成合力,基本上是一盘散沙。

2) 南边的敌人——司马消难集团

河内温人司马消难,父司马子如,为齐神武佐命,位至尚书令,消难为齐北豫州刺史,由齐叛逃而来,授大将军、荥阳公,参加了武帝东伐。大象元年七月,静帝娶其女为皇后。历大后丞,出为郧州(《周书》为交州)总管。《北史·卷54·司马消难传》P209。隋文帝辅政,消难既闻蜀公迥不受代,遂欲与迥合势,亦举兵应之,消难所管郧、随、温、应、土、顺、沔、环、岳九州,鲁山、甑山、沌阳、应城、平靖、武阳、上明、须水八镇并从之。《周书·卷21·司马消难》P34。也有持异议的人,包括总管长史侯莫陈杲、郧州刺史蔡泽(蔡佑弟蔡泽。……澧州刺史,在州受戮,总管代王达以其功臣子弟,密奏贯之,后为邛州刺史。)等在内的四十余人。《周书·卷27·蔡泽传》P44。被消难与其主要支持者开府田广集体处死,遣其子司马泳作为人质留在陈国以换取援助,与尉迟迥的联系却断断续续,这点并不为杨坚所知。

3) 西面的敌人——王谦集团

谦是北周烈士王雄之子,性恭谨,无它才能。以父功累迁骠骑大将军、开府,孝闵帝时右小武伯。王雄从晋公护东讨,为齐人所毙,朝议以谦父陨身行阵,特加殊宠,乃授柱国大将军,以情理未终,固辞不拜,武帝手诏夺情,袭爵庸公,邑万户。后从皇太子讨吐谷浑,力战有功。是时武帝东征,谦又力战,进上柱国、益州总管。时谦令司录贺若昂奉表诣阙,昂还,具陈京师时局。王谦拍案而起,"以世受国恩,将图匡复,遂举兵,署官司。其所管益、潼、新、始、龙、邛、青、泸、戎、宁、汶、陵、遂、合、楚、资、眉、普十八州及嘉、渝、临、渠、蓬、隆、通、兴、武、庸十州之人多从之。总管长史乙弗虔、益州刺史达奚惎(达奚武子惎与王谦据蜀起兵,被诛。)劝谦据险观变。隆州刺史阿史那瓌为谦筹化三策,曰:公亲率精锐直指散关,蜀人知公有勤王之节,必当各思效命,此上策也;出兵梁汉以顾天下,此中策也;坐守剑南发兵自卫,此下策也。谦可能是参加兵变领袖中唯一具有纯洁价值观、积极向上的人,却采用了下策。

4) 杨坚的对策

尽管局面看起来很严峻,但事先并非毫无征兆,尉迟迥举兵前与荥州刺史宇文胄有过开诚布公的讨论,宇文胄试图劝元景山一致行动,没料想得到宇文氏精心周到庇护的元魏后裔之一早已认清了政治大局,景山毫不犹豫地给相府上报,提供了杨坚最急需的情报,他与豆卢绩的道德标准带有相似的时代标志。周东京小宗伯赵芬驻守洛阳,尉迥与司马消难阴谋往来,芬察知之,密白高祖,由是深见亲委。《隋书·卷46·赵芬传》P150。迁东京左仆射,开皇初,拜尚书右仆射,不久兼内史令,深受信任。《北史·卷75·赵芬传》P274密报加上处于中央政府有利位置的杨坚是个有准备的人,没有惊慌失措,有条不紊地对大局做出全盘考虑:

（1）大象二年七月,迥起事后,派遣长孙晟送千金公主至突厥,同时贺若谊贿赂佗钵汗,擒齐范阳王高绍义,七月将绍义送到长安,随后流放至蜀,死于当地。暂时消除了北方的威胁。

（2）妥善处理后梁明帝萧岿

萧岿在华皎事件中,丢失了长沙、巴陵两郡的大片土地后,江陵又遭吴明彻攻击,萧岿请求北周武帝皆租借地方让其安定下来,武帝借出郢州、基州、平州三州,加上荆州共四州组成的附庸国,在萧岿的治理下逐渐有了起色,尉迥乱时,时值后梁主为明帝萧岿在位。后梁鸿胪卿柳庄奉萧岿命进京履行公务,杨坚很担心萧岿受尉迟炯影响铤而走险,在柳庄临行前与之有一次沟通,希望他能设法帮助岿忠于他的政府,"时梁之将帅咸潜请兴师,与尉迥等为连衡之势。进可以尽节于周,退可以席卷江南。唯岿以为不可"。适逢柳庄自长安返回,转述杨坚结托之意,遂言于岿曰:昔袁绍、刘表、王凌、诸葛诞之徒,并一时之雄杰也,及居要害之地,拥哮阚之群,功业莫建,而祸不旋踵者,良有魏武、晋氏挟天子,保京都,仗大义以为名,故取威定霸。今迥虽曰旧将,昏耄已甚,消难、王谦,常人之下者,非有匡合之才。况山东、庸蜀从化日近,周室之恩未恰,在朝将相,多为本身计,竞效节于杨氏。以臣料之,迥等终当覆灭,隋公必移周国,未若保境息民,以观其变。"萧岿深以为然,众议遂止。由于杨坚主动与柳庄的及时沟通,达到事半功倍的效果,从而保持了一方的平静。居功至伟的柳庄在后梁灭亡之后才归隋,那已经是五年以后。（他与苏威、高颍关系良好,但认为与陈茂居相同官职是个侮辱,被陈谗言引发帝的愤怒,以此患病而卒。《隋书·卷66·柳庄传》P186。

（3）稳定李穆家族

尉迟迥遣使联络时任北周大左辅、并州总管的李穆其实是欠考虑的,他的家族在北周遭受重创,感情上应该对北周复仇,可是当时服务于北周,肩负国家重任。所以尉迟炯的举动令李穆对时局深感忧郁,穆的儿子李士荣,"以穆所居天下精兵处,阴劝穆反。"《隋书·卷37穆传》P133。子、李穆侄李崇时任怀州刺史,尉迟迥起事,专门派人与之联络,崇准备响应。夺政计划中的主要参与者柳裘在迥乱时又作为杨坚特使,劝导举棋不定的李穆获成功。(柳裘开皇元年进位大将军,许州刺史。《北史·卷74·柳裘传》P272。李穆彻底否定了儿子与迥联合反杨坚计划,他将迥的使者囚禁起来,将迥的书信,悉数给杨坚,另附送十三环金带,这是天子的服饰。李穆并未就此停顿,还想表现得更完美,"寻以天命有在,密表劝进。"杨坚即位后,穆拜太师,赞名不具,真食成安县三千户。于是穆子孙虽在襁褓,悉拜仪同,其一门执象笏者百余人。《隋书·卷37·李穆》P134。李穆家族自周武帝后再一次成为焦点,按照忠诚观他们应忠于北周,家族利益的羁绊又令他顺从于隋,只有利益是个未知数。听说叔父李穆决定举并州之力挺杨坚,李崇慨然太息曰:合家富贵者数十人,值国家有难,竟不能扶倾继绝,复何面目出天地之间乎?他的情绪可能无意中有所流露,其上司韦孝宽无法不心生疑虑,亲自监管李崇日常起居。崇兄李询当时任职元帅府,时刻告诫弟弟要顺应时势,李崇终于毅然放弃了对北周眷恋,组织参与了对故主残余势力的无情打击:破尉迟惇,拜大将军;平尉迟迥,授徐州总管,寻进位上柱国。他一路冲锋陷阵,强悍势头延续到开皇三年,在幽州总管任内与犯塞的突厥作战阵亡。《隋书·卷37·李穆等传》P134。孝宽元帅的平乱部队中,李贤之子英果中大夫、大将军李询被任命为元帅长史,询是与颖合作最密切的人,在对迥作战中起了关键作用,李询授上柱国,不幸开皇初即死去,李贤有两个儿子在平息动乱中立功。他们显然不是宇文氏的支持者,李远事件对他们打击沉重,却又不得不面对现实,并理智行事。

(4)清除首都等地隐患

大象二年六月,尉迟迥起兵,同月,当时在京上柱国毕王宇文贤以谋执政被诛,他是诸王中最先被杀的人,随后宇文泰的儿孙们陆续被处决。北周右上士李安,杨坚为相时升为职方中大夫,又任命安弟李悊为仪同。安叔父梁州刺史李璋时在京师,与周赵王密谋对付杨坚,诱悊为内应,悊谓安曰:寝之则不忠,言之则不义,失忠与义何以立身?安曰:丞相,父也,其可背乎?李悊于是向杨坚告密。大象二年七月赵王、李璋谋泄伏诛,高祖准备重赏安,安表示不愿以叔父之命求赏,高祖"乃命有司罪止璋身,高祖亦为安隐其事而不言。……杨坚即位,授按内史侍郎,转尚书左丞,黄门侍郎。……高祖后来谈到安兄弟灭亲奉国,专门下诏:先王立教,以义断恩,割亲爱之情,尽事君之道。用能弘奖大节,体此至公。给予兄弟二人丰厚的奖赏,但安对叔父之死愧疚不已,发疾而死。《隋书·卷50·李安传》P158。事件引发的道德与利益冲突在此案例中比较典型。杨坚恐陈王叛乱,命周门正上士崔彭领两骑前往齐州(济南郡为陈国)征宇文纯来朝,崔氏在诱捕陈王宇文纯时机智灵活、冷酷无情,立功。《隋书·卷54·崔彭传》P164。

少数不完全信任的人被紧急替换,杨坚为丞相时贺若弼任寿州刺史(安徽寿县),尉迟迥在邺城举兵,考虑到弼文武兼备,恐弼为变,遣长孙平驰驿代之。《隋书·卷52·贺若弼传》P161。叔父贺若谊被杨坚任命为亳州总管后非常卖力,"西遏司马消难,东距尉迟迥。"《隋书·卷39·贺若谊传》P139。弼父贺若敦早为宇文护逼令自杀,他应该是杨坚的支持者,估计杨坚当时也是杯弓蛇影,处于情绪过度紧张的状态,对外界的信任度整体降低,一些人遭遇过度地怀疑。

1) 东方战场

(1) 攻守双方

尉迟迥开始他的军事部署时,显然兵多将广。遣所署大将军石愻向相州西北方向运动,进攻建州(治今晋城),刺史宇文弁举州投降。西道行台韩长业继续向西北进军,攻陷潞州(治今上党),生擒刺史赵威,任命当地人郭子胜为刺史。

上仪同赫连士猷进攻折向西,晋州(治临汾)遭到所部攻击,取得进展,占领了小乡城。"攻晋州,即据小乡城。"《周书·卷二十一·尉迟迥传》P34。永桥镇将纥豆惠陵的兵锋直向北方,突袭攻陷定州(山西境内晋县西)的巨鹿郡,随即包围恒州(今大同市一带)。

上开府莒州刺史乌丸厄,开府尉迟俊帅胶、光、青、齐、莒、兖之众围沂州(治临沂),这支军队是自东向西运动。《北史·卷62·尉迟炯》P236。

上大将军宇文威率军南下,攻汴州(开封)。东郡太守的于仲文,曾断然拒绝尉迟迥诱惑,还一度重创尉迟迥派来进攻他的宇文威,不过随后于仲文被尉迟迥将宇文胄、宇文威击溃,三子一女被杀。杨坚流着眼泪在他的卧内室接待了这个不幸的父亲,满腔仇恨的仲文随即以河南道行军总管身份参与平乱。《北史·卷23·于栗䃅传》P91。大将军檀让的南下队伍攻陷曹(治曹县)、亳(治今亳县)二州,屯兵梁郡(治今商丘),即抵达现河南商丘一带。大将军东南道行台席毗号众八万,先后攻陷江苏、山东、河南数县后(藩城(彭城郡)兰陵郡昌虑县,梁郡下邑县,丰县。进入现安徽境内。申州(今信阳)刺史李惠从本辖区北上出击,他很谨慎,只是对附近永州发动攻势,纵兵焚烧当地后就快速缩回。宇文胄军抵达于洛口(今巩县),开府梁子康攻怀州(今沁阳),尉迟惇十万人入怀州的武德郡,于沁东安营,韦孝宽等诸军与之隔沁水相持,政府军没有立即进攻。杨坚的政府委任七十二岁的韦孝宽为关东方面军元帅,令其攻击实力最强的叛臣尉迟迥是十分恰当的,这个人与参与过朝中拥立杨坚为丞相的功臣韦誉无关,韦孝宽六月得到这个任命靠的实力,当时正要任命宽代替迥为相州总管,小司徒叱列长文为相州刺史,先令长文赴邺(安阳),宽续进之,在途中发现了迥的反常变化。韦孝宽下辖八位行军总管:梁士彦、元谐、宇文忻、杨素、于仲文、宇文述、崔弘度、李询。七月韦孝宽的大军至河阳后(河南孟县西)向北运动,英果中大夫宇文述、将军贺娄子干(《隋书·卷53·贺娄子干传》P162)将尉迟迥派出围攻怀州的将军薛公礼、李俊击溃,二人受到杨坚手书表彰。宽军进而运动至怀县永桥城之东南,其城地处要冲,防御工事牢固,迥已遣兵据守,诸将分析此城当路,请求首先攻取它,遭到韦孝宽拒绝,他要避免无谓的牺牲。韦孝宽的平乱部队中,元帅长史大将军、行军总管、李贤子李询深受主帅器重,参与核心机密。这支部队现在需要做出选择,而将领对攻守永桥意见不一,甚至风闻韦孝宽的部队中有三位行军总管级别的高级将领有通敌行为,已受到尉迟迥的重金贿赂。询怀疑它的真实性,却一时无法弥补将领之间出现的嫌隙,另外又担心元帅错过战机,众总说纷纭之际,他与韦孝宽取得一致意见,所有相关信息实上报情况,并请委派重臣亲临监军。杨坚不敢懈怠,中意的第一人选是少内史崔仲方,他以其父周少司徒崔猷人在山东为由推辞(战国时秦以外六国称山东,又泛指崤山、华山、或太行山以东的黄河流域地区)。《北史·卷32·崔猷传》P126。第二人选相府司马刘昉以没有指挥作战经验推辞,第三人选长史郑译的理由是母亲年老需要他照顾,直到相府司录高颎主动请缨,杨坚才总算松了一口气。《资治通鉴·卷174·陈纪8》P1155。其实郑刘二人也是量力而行的举措。高颎德高望重,与李询配合默契,元帅府随后修正了作战计划,政府军绕开永桥城,挥师武陟(属怀州),渡沁水桥,先锋宇文忻与宇文述等诸奋勇当先,大破尉迟惇,惇轻骑逃奔邺。《北史·卷64·韦孝宽》P241、《隋书·卷61·宇文述传》P175。韦大军一路追击至邺,拼死一搏的尉迟迥及子惇、祐又纠集十三万人阵于城南,迥别统万人,勤统五万人自青州赴,迥三千精锐在野马岗力设伏,宇文忻以五百悍骑突袭,毙伤其大半。官军前锋在宇文忻率领下,在草桥突破尉迟迥最后一道防线,兵临邺城下。《隋书·卷40·宇文忻传》P139。孤注一掷的尉迟迥背城为阵,在城南一战中,两军主帅初次相接,尉迟迥亲自被甲临阵,麾下三千关中兵英勇善战、气势如虹,致使韦孝宽军失利退却。可由于迥军没有及时疏散平民,以至出现数万人扶老携幼、成群结队涌向战场,"邺中儿女观者如堵"这样戏剧性的场面和严重的错误,高颎、李询发现这个有利情状,立即令部队冲击为相州军喝彩的观众,宇文忻随机应变,令部队提前欢呼胜利,陷入万分惊恐之中的平民四下逃散,场面极度混乱,以为可以保家卫国的尉迟迥军人们因担心伤害自己家人变得十分被动,不少人丢掉武器，一心想在某个安全的地方与家人团聚。政府军因其势追击围歼，李询、贺娄子干麾下冲在最前面，先登北城，迥大败，被隋军包围后绝望自杀，二子惇、佑后被擒杀，黎州刺史韩明因与尉迟迥同谋被处决。迥晚年衰老，惑于后妻王氏，诸子不和，以开府小御正崔达拏为长史，余委任多用齐人。达拏文士，无筹略，举措多失纲纪，不能有所匡救，迥自起兵至败六十八日。《北史·卷62·尉迟炯传》P238，《周书·卷21·尉迟炯传》P34，《周书·卷31·韦孝宽传》P50。上述评论比较客观，尉迟迥举事的道德标准虽高，技术上却是不成熟的，通过高宝宁与突厥联系以及许割地得到陈人的帮助，就像是让一种不合时宜的产品投入生产，尤其还具有叛国行为特征。他的战术经不起推敲：号称百万之师四面开花，又各自为战，不知他原本计划就是要这样攻城略地，以扩大自己的势力范围，还是行动一开始就自动陷入漫无章法的窘境。反叛的军队没有集中打击杨坚要害，倒象在为了营造相互呼应氛围，制造全国跟进的假象，幻想不战而屈人之兵。从东征军遇到的困难看，尉迟迥并非没有机会，可是叛军大面积出现，攻击和平的居民，制造烧杀的场景，宣言句句救国，行为倒象劫匪。而主要的交兵热点在今江苏、山东、河南、河北、山西、安徽等地，都属于原北齐地区，被征服的时间不长，却经常被宣帝的愚蠢惹恼，对专制的中央完全缺乏感情，城市街头，穷乡僻壤，到处是容易被蛊惑的人，他们一方面讨厌战争打搅了他们的日常生活，一方面又痛恨被尉迟迥及其追随者描绘得如此阴险、暴虐的人。既讨厌被征服，又厌倦混乱，除去受蒙骗和身不由己的人，这两种人是敌对的双方重要组成部分。

　　尉迟迥难以预先估计自己选择行为的边际效应，参加者中不乏仕途塞滞的人，辛德源原仕北齐，齐亡归周为宣纳上士。到相州公干时，尉迟叛乱机构强行给他一个任命，他无法推辞只好逃跑。隋立国后，长期得不到任用，隐于林虑山，郁郁不得志。房恭懿仕于齐，齐亡入周一直郁郁不得志，他将升迁的机会下注在参加尉迟迥叛乱，结果南辕北辙，迥失败后，废于家。开皇初，吏部尚书苏威将房恭懿推荐为新丰令，政为三辅之最，威又推荐为德州司马，卢恺奏为天下最，帝说他是天下模范，准备任命为刺史。刻薄的博士何妥奏房为尉迟之党，威、恺与之朋党，帝一怒之下，流放岭南。《隋书·卷73·房恭懿传》P201。杨坚顾不得别人是否议论他心胸狭窄，混乱时局中君臣都心理过于紧张，人际关系变得十分险恶，尉迟迥举事时于顗任广州刺史，乃于仲文之兄，顗与总管赵文表一向不和，又怀疑赵会站在尉迟一边，于是诱杀了文表。于顗娶宇文护女，即使一群侄儿女为尉迟迥所杀，在事情平息很久以后，仍然因自己当时的不当行为受到检控。杨坚称帝，文表弟诣阙称兄无罪。上令案其事，太傅窦炽等议于顗当死。杨坚以门著勋绩,特别予以原宥,贬为开府。开皇初,于仲文叔父于翼拜太尉,或有告于翼云往幽州,欲同尉迟迥者,于翼于是坐事下狱。杨坚召至清室,遣理官按验,寻以无事见原,仍复本位。《周书·卷30·于翼传》P49。一些受到事件负面影响的并不完全是失败者,甚至在平尉迟迥时战功卓著的于仲文也遭到司法起诉倍羁押,于在狱中上书陈诉功绩,杨坚看到后将其与于翼一起释放,在尉迟事件中于氏损失惨重,事后又有如此遭遇,可见宇文忻在永桥与对峙时的担心完全由道理,同对杨坚十分了解。比起尉迟迥,宇文忻更害怕杨坚。虽然他舍身忘死地捍卫新政府,但那不是出于完全自愿。《隋书·卷60·于仲文》P174。(于仲文从父弟于玺,仕周为右勋曹中大夫,寻领右忠义。武帝即位,进位大将军,拜汴州刺史)。宣帝即位,除东南道行台,使持节、徐州总管、三十二州诸军事、徐州刺使。《北史·卷73·梁士彦》P268。梁士彦与王轨擒陈将吴明彻一战成名,相州反叛时,时官居亳州刺史,进攻中梁士彦以家僮梁默等为前锋,一路猛打猛冲、所向披靡,迥平后得到相州刺史任命,不过能力和功劳均受到杨坚猜忌,担心成为第二个尉迟炯于是将他调回京城。梁士彦曾受北周武帝提拔,随韦孝宽击尉迟迥,战争结束后因功授相州刺史,由于猜忌被解职,其甥裴通与他并无私怨,却举报他与宇文忻、刘昉等谋反,罪名成立,七十二岁的梁士彦被判处决,与实际肯定有出入。《隋书·卷40·梁士彦传》P139。在平定尉迟迥的壮举中还有宇文忻的参与,他精通兵法,以豫州总管行军总管参战,大军滞留永桥时,他也是高颎的主要支持者之一,归国后功加上柱国,他为杨坚即位出力,但是被高颎认为有异志,遭到谴责去官,坐与梁士彦谋反被杀。《隋书·卷40·宇文忻传》P139。征讨尉迟迥的八大行军总管之一崔弘度在迥事件中的遭遇具有戏剧性,弘度妹先适尉迟迥子为妻,尽管是姻亲之家,弘度还是设法追上了逃跑的尉迟迥,其实也没办法不努力,以便新当权相信他。他确实追上了这个熟悉的敌人,要狼狈的尉迟迥放下武器,迥掷弓于地,骂大丞相极口而自杀,弘度弟弘升取了迥头。进位上柱国。时行军总管例封国公,而弘度由于没有及早杀迥,致纵恶言,由是降爵一等为武乡郡公。《隋书·卷74·崔弘度传》P203。即认定没有及时杀死迥导致其有机会辱骂丞相罪成立。三个被无端怀疑与尉迟迥私下联络的行军总管梁士彦、宇文忻、崔弘度,崔弘度只是受惊,前两人则结局悲惨,令人容易相信过去的传言仍在影响杨坚。梁睿在平定王谦后,开始为此为自己声威远播担惊受怕,他深知猜忌比战场上的敌人更危险。于是故意贬低自己的形象,大肆收受贿赂,所属军队也疏于管理,由于不断遭到投诉而赢得杨坚的怜悯,出色的个人智慧给他带来平安。从关东战事结束,韦孝宽的胜利之师于静帝大象二年(580年)十月凯旋,他本人十一月在京逝世。在对迥作战中起了关键作用李询授上柱国,次年亦以四十九岁盛年病故。《隋书·卷37·李询传》P134,《周书·卷31·韦孝宽传》P50,《北史·卷62·尉迟迥传》P236。两个带来和平的人配得上一份永久的安宁,只是时间来得过于仓促。美满结局在尉迟迥事件后也还是可以找到,襄州总管王谊迫使迫使消难不战而逃,杨坚充满感激,以第五女兰陵公主嫁谊子王奉孝,进大司寇。《北史·卷61·王谊传》P231。北徐州刺史豆卢通后对尉迟迥作战有功,进位大将军。开皇初以本官典宿卫,娶杨坚妹,陆续担任定州、相州刺史等,死于开皇十七年。《隋书·卷39·豆卢通传》P139,《北史·卷68·豆卢宁传》P252。帝王可以决定别人命运,婚连帝室的人虽然不可能因此掌控自己未来的命运,但在成婚时还是会有成为天下最尊贵之家的幸福感。

2）南方战场

在南方,命襄州总管王谊为元帅(后来杨坚女嫁其子)镇压司马消难。(谊后入隋,后因故被坚疏远,有怨言,被赐死。)发荆襄兵讨之。大象二年(580年)八月,闻王谊军将至,见大势不好的司马消难夜率其麾下仓皇逃奔陈国,陈宣帝委任为司空。九月,他在北周的皇后女儿后被立即安排出家为尼。二十二年前,北周明帝二年(558年),杨忠曾受命迎接投奔北周的司马消难,结为兄弟,情好甚笃,杨坚每以叔礼事之。及陈平,消难至京,特免一死,配为乐户,经二旬放免。犹被旧恩,特蒙引见,寻卒。于家性贪淫,轻于去就,故世之言反复者皆引消难云。其妻高氏,高欢之女,在邺,消难敬重她;及入关,便相弃薄。消难之赴印州,留高氏及三子在京。高氏有先见之明,告诉杨坚,荥阳公司马消难性多变诈,今以新宠自随,必不顾妻子,愿防虑之,消难叛逃入陈,而高氏母子因此获得宽恕。《周书·卷21·司马消难》P34。王谊随后又镇压了追随消难的巴蛮。

参与进攻司马消难的官员中,崔浩家族人崔彦穆也干了一件与于顗类似杀人罪。崔彦穆以善玄言的特长获得公爵,彦穆受命为行军总管从王谊讨司马消难,仅仅因为怀疑荆州总管独孤永业有脱离中央的企图,就擅自将其谋杀,被害者家人上诉,因之坐除名,寻复官爵,死于开皇元年。《周书·卷36·崔彦穆传》P60。这自然是因为当时形式复杂,敌我难辨,人人精神高度紧张之故,不仅在两个战场都有发生,战后也一下没有杜绝。虽然不过是一场局部内战,战区内普通人日常生活的节奏已被打乱,他们受人丁财物征役之苦,流离失所之累,土地荒芜之痛,子弟战殁之殇,所有心灵与肌肤能感知的伤害,都要人来承受。

3）西面战场

益州总管也是不放心的地方,坚事先已计划好让北周开国重臣梁御之子,安州总管梁睿代替王谦的益州总管,任命他作为西边战场指挥具有偶然性。睿上任的队伍行至汉川,王谦反攻始州,堵住了其通道,睿不得进。坚即以梁睿为行军元帅,率于义、张威(威不知何许人也,父为魏太守,在周为京兆尹。坚即位张威为幽州总管。《隋书·卷55·张威传》P165。达奚长儒、梁升、石孝五总管,便发利、凤、文、秦、成诸州兵讨之《周书·卷21·王谦传》,合计有二十万之众。《北史·卷59·梁睿传》P227,《隋书·卷37·梁睿传》P135。行军总管张威,击败谦将赵俨十万人。达奚惎、乙弗虔等率十万攻利州,闻睿至,众溃。睿乘其弊,睿纵兵深入,惎、虔秘密联络梁睿,请为内应以赎罪。谦一无所知,并令二人固守成都。谦先无筹略,承藉父勋,遂居重任。初谋举兵,咸以地有江山之险,进可以立功,退可以自守。且任用多非其才,及闻睿兵奄至,惶惧,乃自率众迎战,又以惎、虔之子为左右军,行数里皆以叛。谦以二十骑奔新都,县令王宝斩之。传首京师,惎、虔以成都降,杨坚以其首谋,斩之,阿史那瓌亦斩。王谦与上述二位不同,没有所谓与皇室家族利益关系需要维护,由于他以厚道老实著称,看不清政局,又缺乏力挽狂澜的能力,他的想法很快化为泡影。

4）其他方向

在洛阳也发生了小规模叛乱,在尉迟反杨坚时,洛阳人梁康、邢流水等举兵应,州治中王文舒与梁、邢联络好,北周洛州刺史元亨发现后将王文舒处决,击破梁、邢人马。元亨父季海、魏司徒、冯翊王,亨母为魏司空政治家李冲之女,亨封平凉王,孝闵即位,例降为公,因为北魏元氏的缘故。现在他似乎很高兴脱离宇文氏的保护,隋立国后,元亨担任太常卿。

尉迟迥与王谦都拒绝接受杨坚的任命,除迥做了力所能及的抵抗,消难与王谦都是一触即溃,迥、消难、王谦分别于六月、七月、八月起兵。到八月,迥败死,消难奔陈,十月谦败死。尉迟迥、王谦、司马消难将利益和愿望混合一起,用冒险甚至丑陋的战斗最后一次燃烧了自己的政治人生。官方对上述人的举动给出的完整定论见于大定元年(581年)正月诏:"去岁以来,屡有妖寇,宰臣英算,咸得清荡。"上述几人被国家定性为妖寇,用于给杨坚的人生锦上添花。这些不计原因的成就完全算在杨坚身上纯属牵强,只有年幼无知的皇帝与心高气盛的杨坚对此毫不在意。他现在可以不再有所顾忌,北周的可能反现政府的全部有生力量至此均被摧毁。一个短暂王朝有九路人马,三个上层人物主动放弃丰裕的物质生活,以生命代价投入前途渺茫的事业中,对任何一个王朝拥有者而言,都不失为一种安慰。不过他们的行为在普通人中能引起多大共鸣值得怀疑,这些人是否选择了最大利益? 如果将上述人的冒险行为说成是忠诚教育与北周国家利益付出的回报,可能会被嗤之以鼻,他们没有共同的价值观,没有统一的行动计划,虽然他们提出的反对意见大致一致,那不过是因为杨坚的意图实在太明显,罪名也骇人听闻。

鉴于杨坚主政时期战事频繁,迅速结束全国战事,振兴经济的呼声很高,周天官都上士李谔是个可以经常和执政深谈的人"甚见亲待,访以得失。"针对当时"兵国屡动,国用虚耗。"谔上《重谷论》反映当务之急,杨坚深表赞同。他也确实履行承诺,平定司马消难后,"西川归附,唯南宁酋帅爨震恃远而不宾,"杨坚尽管认为梁睿的进攻计划缜密可行,并赞赏他稍后平陈计划,但都不许实施。《隋书·卷38·梁睿》P135。其实李谔主要是为新国家着想,因为这种局部的战争往往也会造成社会结构的重大破坏,对民生影响巨大,胜利的辉煌与喧嚣正在消退,日子还得一天天过,留下的世界将另有所属,两人当然知道谁是未来的主人,他们不清楚的是,国家将渐入佳境,进入一个辉煌、伟大的时期。

三、专制者杨坚

北周第五代君主静帝宇文衍后改名阐,宣帝长子,母朱皇后。建德二年(573)六月生于后宫,摆在年仅八岁的宇文阐面前的是一个烂摊子,正是静帝的无所适从给杨坚带来政治春天并帮助他强大起来。杨坚在一个临时组成但高效率的小集团的协助下取得执政的位置后,他没有迟疑,归纳他已经采取的应对行动,细分为下列步骤:

1) 大象二年五月,宣帝病危,杨坚获掌辅政,召赵等五王从采邑赶到内宫时,宣帝已阴阳相隔。估计是杨坚等拖延通知,故意不让宣帝与有实力的宗室见面。七月,诏赵、越、陈、代、滕五王入朝不趋,剑履上殿,这是北周的回光反照。赵王宇文招年龄在宇文泰诸子中居第七,建德元年后历大司空、大司马,三年进爵为王,除雍州牧,五年进位上柱国,宣政中拜为太师,爱好书卷,有文集十卷行世。有地位,有历练。赵王等已听到杨坚奔向帝位的步伐变得越来越快,宇文兄弟等在赵王宅请到杨坚前来参加王家宴,武士埋伏就绪,可是当时兄弟中最为年长的赵王瞻前顾后,当断不断,一次又一次错失良机,结果杨坚死里逃生,反以谋反罪逮捕赵王。宇文招可能是因书生意气,顾忌太多反而犹豫不决,杨坚缺少书本知识此时倒成了优势,行动起来大胆泼辣,破釜沉舟。赵王招主持发起针对杨坚策划是宇文氏最后一次有组织的集体行动,随后的零散反抗不过是自杀。《北史·卷58·周室诸王》P221。由于领导不力,宇文泰的儿孙们个个表现窝囊,甚至无一人光荣地战死:七月壬子赵王招,越王盛谋执政被诛;十月陈王纯以怨执政被诛;十二月代王达、滕王逌并以谋执政被诛。这些都是静帝叔祖父辈,全是年龄、心智已经成熟的人。宇文氏家族的悲惨结局来看,史官特意描述了大象二年六月到十月间两次类似的天象:流星如斗,光焰照亮夜空。《周书·卷8·静帝》P14。意味深长的记载昭示人世,知识的获取与进步往往要经过创伤甚至不止创伤。借助自然的光亮,希望人们能看清楚政治文明也是如此。对宇文氏的屠杀持续时间长、范围广,杨坚事成即位之后,也没有模仿北周善待西魏元氏,对宇文氏的屠杀仍在继续,宇文广子宇文众,字干道,少不慧,为隋文所杀。《北史·卷57·周宗室》P220。周御正中大夫、仪同三司宇文恺初亦在杀中,以其与周本别,兄忻有功于国,使人驰赦之,仅而得免。《隋书·卷68·宇文恺传》P190。如何对待宇文家族这也曾是热心支持改朝换代的追随者与杨坚存在少量有争执的技术问题之一,受禅前夕,丧心病狂的虞庆则劝杨坚尽灭宇文氏,高颎、杨惠亦依违从之,唯李德林固争,以为不可。高祖作色怒云:君读书人,不足平章此事。"于是遂尽诛之。自是品位不加,出于高、虞之下,唯依班例授上仪同,进爵为子。《隋书·卷42·李德林传》P144。

2) 大象二年(580年)五月,宣帝崩不满二个月即安葬,与周礼的规定大为不同。静帝入居天台,废正阳宫,……停洛阳宫作。二年五月,取消入市税钱。这种加税从宣帝大象二年正月到静帝大象二年五月废,估计是最短命的税种,随后,罢诸鱼池及山泽公禁者与百姓共之。对鱼池、山林等公共资源的完全放任态度是一种哗众取宠的做法,短期内可以收买人心,长此以往则造成资源在无序竞争中迅速枯竭,不过只要专制者需要,大型营造、市场税及公共资源的禁令随时可以在一声命令中恢复。

3) 二年五月,柱国、韩王宇文赞为上柱国、右大丞相,上柱国扬州总管隋国公杨坚为假黄钺,左大丞相,柱国秦王贽为上柱国。帝居谅闇,百官总以听于左大丞相。明确了杨坚的执政地位。二年六月提拔柱国宇文善、窦毅、侯莫陈琼、阎庆为上柱国,稍后柱国宇文椿,于寔、贺拔伏恩进为上柱国。六月上柱国秦王贽为大冢宰,杞国公椿为大司徒。柱国梁睿为益州总管。丞相去左右号,杨坚为大丞相。静帝二年(580年)十月:大丞相杨坚为权利与安全起见,加大冢宰,"五府总于天官"。其他重用任命包括:大将军长宁公杨勇为上柱国大司马,小冢宰始平公元孝矩为大司寇。杨坚可能要充分利用元氏积聚已久的不满情绪。宇文泰执政西魏时,元孝矩相当不满,准备用行动来表示时,受到家人的阻止才放弃。后来宇文护娶元孝矩妹为妻,经历了一段尊宠时间,又因护案牵连被流放数年,刑满释放后重新担任公职,杨坚重视他的门第,将矩女娶为杨勇妃。《隋书·卷

50·元孝矩》P158。到580年十二月，突击提拔为十四人为上柱国，这些人应该更符合杨坚新国家的标准，当然也会提高他个人的威信和安全系数。

4）二年六月，诏南定、北光、衡、巴四州民为宇文亮抑为奴婢者，并免为民，复其本业。宇文亮不是皇帝，也可以改变一个人的等级身份？可能是进攻当地时遭到强烈抵抗而对被征服者的附加惩罚。或者纯属私人非法行为。

5）二年六月庚申"复行佛道二教，旧沙门道士精诚自守者，简令入道。有条件地恢复国人的宗教信仰自由。

6）在杨坚授意下，不必要的皇后被悉数清洗。二年五月宣帝生母李氏、太子生母朱氏、以及杨氏三位改封保留，杨氏为皇太后。而天中大皇后陈氏，天右大皇后元氏，天左大皇后尉迟氏并出俗为尼。《周书·卷7·宣帝纪》P14。580年7月，司马消难举兵反，八月战败，逃往陈，九月即废司马皇后为庶人。

7）十二月，颁布了一道北周皇帝赐姓氏者一律恢复旧姓的诏令，《周书·卷8·静帝》P15。这对孤立宇文氏有作用。所有上述政策均行之有效主要还是对这样一个已经政治上百孔千疮的王朝，很容易将人们的疑虑变成政治冷漠，宣帝不仅是他父亲的叛逆，也是他自己欲望的奴隶，强烈希望不再有任何一个权臣可以制约他，现在他可以放手一博，也可以随心所欲，问题是他那倾注了全力、花样翻新个人主义的自我表现对他只是专制君主极其消极的一面。对他的权威和王朝均无益。

杨坚的上述行动并不全都是必要、合理的。但是与他的身份合适，扫清了他走向九五之尊的道路，他已经是一位新崛起的王者，任何障碍都被必然地清除。

北周，557—681年，存续二十四年，出现三位权臣，其中宇文泰534年被授予大丞相，同年杀北魏孝武帝，立元宝炬，史称西魏，此时已经实际建立了北周，宇文泰公元556年逝世。历二十二年。宇文护从556年至571年都是大权在握的人，历十五年。杨坚在北周静帝579年即位时为大丞相，静帝年仅七岁。杨坚两年时间内成为北周实际掌权人。武帝有六年时间主政，宣帝一年，皇权当道共七年，权臣合计占有十七年，皇权占有七年，留给制度称雄的时间零散。

四、三代权臣宇文泰、宇文护、杨坚的对比

西魏到北周的转移中妨碍宇文泰自己称帝的原因不应是他的实力而是对未来的评估，他去世后，宇文氏禁忌解除，夺位时机成熟。其第二子宇文觉被拥戴，这是北周名正言顺的开始，新王朝全面继承了西魏基业。宇文泰的继任者宇文护在地维护家族的利益方面是一个积极的模仿者，问题是由于他的过于谨慎心

理导致了过度猜忌,它是一种相当坏的政治品格,他据此作为行为指南,以无情的屠杀来防范一切可能出现的叛逆或竞争者,暴力适度时,对国家有益,不幸的是像许多相对平庸的人一样,宇文护也难以把握一个恰当的度。正是此时,西魏主要功臣中的一些人开始被当作问题,担心在宇文泰死后他们立即变得桀傲不驯,于谨支持宇文护继任宇文泰职时所讲内容中,肯定叔侄二人具有相同的精神实质,至少宇文护对他叔父模仿逼真,不过宇文护夸大了他在继续权臣之道时的危险。次年二月,宇文护立即着手对赵贵事件危机处理,问题开始即呈扩大化趋势:独孤信赐死,李远赐死,侯莫陈崇赐死。另一种说法是因他们认为自己与宇文泰能力相仿,梦想着同样的政治实惠,结果遭到可耻的失败,后一种说法更为流行。宇文护的权威也不容怀疑,李植为何要反对护控制以及废黜孝闵帝的真正原因可能是忠诚,李植由于谋害宇文护自己被杀,还使他著名的叔父李穆受牵连。这种命运很快就轮到陛下本人,在位不到一年的孝闵帝在宇文护威逼下退位,随后被杀,年仅十六岁。《周书·卷3·孝闵帝纪》P7。被圈定的新皇宇文毓在位五年后死于食物慢性中毒,看来他也不符合国家实力派的要求,好在宇文护所立的君主一个比一个优秀,表面上是遵循了古代的传统——嫡长,其实用心良苦,既考虑到新国君条件的方方面面,也表现他无意弱君强臣,他是一个为理想和责任所困的人,对闵帝所说的有关个人野心的话可能是肺腑之言。相反,闵、明二帝只是强烈地感到他们想象中的君权被制约了,他们心中想要的君权实际上是无边无际的。他们的愿望更多地包含个人志趣,以他们的个人阅历,作为专制者不可能比宇文护干得更好,不能说宇文护毒杀两个皇帝,结束赵贵、独孤信、侯莫陈崇等就断定他是一个嗜血成性的人,北齐高氏处决了元魏宗室七百余人,杨坚也采用了连根拔的政策,唯宇文护对元魏后裔予以保护,对外人比对自己亲近的人更为仁慈,这正是一种由理想积极向上的心态的反映。护的缺点是猜忌甚至狠毒,不过那是权力相对分散环境中的产物,人们对权力的狂热追求又形成了近似病态的权力保护心理,这使得行政环境变的危机四伏,护不是一个旷世伟人,因此他无法战胜环境,成就划时代的人格。在隋朝绝大多数高官来自前朝,其实所有这些人是一个松散的有机集团,一个新皇帝或执政就像是他们新选举出来,并不会太多地损害他们个人利益,只要不威胁皇权,不在关键时候站错队,几乎一切都可以照样延续,这是一个利害关系战胜是非观的典型例子,在守旧国家生活中,人们很少因创见与新思维获益,也是它不会毁于一旦,不会持续发展的缘故。杨忠、于谨在天和三年相继死去后,最具声望的元老重臣荡然无存,认为已掌控大局的宇文护以为从此可以有高质量的睡眠,其实,近视的宇文护没有意识到自己在一点一点地摧毁宇文氏的基业,在重创国家可能的隐患同时,远处的敌人已由远而近,北周国家的根基之所在被蚕食之时,正值宇文护如日中升之日。

发生在建德元年的处死宇文护事件是北周政治新转折点,既反映宇文泰以来的君臣关系已经不再适应形势,权臣要让位于有主见,有能力的君主;又显示一种新型的地缘关系出现端倪。与在对佛教问题上所持激烈的态度相比,武帝在北伐问题上所持观点上就公允、明智得多,正是这两个方面使他成为历史上最有争议的皇帝之一,由于死于三十六岁盛年,他已取得一些成就的北伐宏愿嘎然终止,佛教倒是更深刻地影响着他国家人民的生活,这不是他生前所想象的到的,个人决定是否可以立即奏效和随时终止,这是检验一个国家是否已形成必要的制度程序的标尺。继立的宣帝宇文赟面临诸多问题:1. 征讨吐谷浑。2. 安抚应付突厥。3. 试图恢复信教自由。4. 文字上改革高祖以来过于严厉的法令。5. 不断地给杨坚新任命。6. 加大力度不限量搜罗民女充实后宫。7. 以二十一岁的年龄谋求太上皇位置。他部分放宽了人民的宗教信仰限制,真正做到的是成为历史上可能最年轻的太上皇之一,一年之内要完成上述项目有一定难度,他争分夺秒地做到了,可是这些促使他就在此年离奇地死去。政治新星杨坚女儿是他的皇后,静帝生母朱皇后出生低微,又年长宣帝十多岁,宫廷中的地位低于杨皇后,宣帝去世后,杨丽华是静帝的主要监护人,这个不幸的儿童手脚不停地为杨坚加官进爵也跟不上他的欲望,大定元年,杨坚下决心取代他,结果这个被隋慷慨封为介公的少年 581 年 5 月辞世,时值开皇元年,一个新纪元的曙光温暖而明亮,却不为他而升起。《北史·卷 10·静帝纪》P44。

五、杨坚与宇文邕、宣帝比较(唯一身兼权臣与专制君主两种身份的人)

弘农杨氏家族从武川镇走出,在北周得到发展,最后成为隋朝的建立者,这是秦始皇以来第三个严格意义上的统一国家。杨坚的政府更像一个组织起来的集体,选择的政治体制是一种新制度,与胜代不同,秦国有明确的政治职能分工,但权力集中于一人,是典型的独裁专制国家。皇帝支配一切,并且不再给帝王子孙分封土地作为王国。汉鉴于秦灭亡迅速,大量分封子弟与功臣,结果适得其反,地方不是维护稳定的因素而是引起的动荡根源。北周给子弟的分封地相当狭小,权力主要在中央皇帝或者执政。结果皇帝仍有被铁腕人物虚拟化的危险。杨坚在总结前人的经验修改已有的制度中建立了一个形式上权力更为平衡的中央体制,从制衡的意图与设置来看,是当时世界上最好的制度之一。他的诸王没有人事权,经济活动军事行动也受到中央有效管理,地方难以形成与中央抗衡的割据势力。这来之不易,需要先满足很多条件:1 君主的需求;2 有经验的政治家判断;3 实事求是的智慧学者;4 全民的文化水准;5 实施这种制度的社会经济基础等。如何未能保持其协调一致的话,制度的弊端就会无情地暴露出来。其次,杨坚为遴选出最恰当的继任者对候选者表现出高度的理性甚至冷漠,超出家族利益的范围,实用主义的周武帝也做不到如此。他的政府形态因此达到有效组织起来的组群层次,类似于现代国家。个人、家庭、种族利益都必须在一定制约中发展,只有君王是个例外。发生在杨坚时代很多集体违规例子均源自上述五要素出现的时间不一致,结果往往惩罚的也不是规则的制定者而是社会。由于规则的好坏与君主的眼前利益无关,修改规则的弊端往往出于君主的善意或者兴趣。宣帝为了废止一部他的主要大臣认为严厉的刑法,颁布一部更严厉的刑法,可能只是大臣根据实际需要必须实施后者,因为政局的混乱需要重典的时候,但是他们不能直接告诉宣帝他的国家真实的情况,于是就出现这种南辕北辙的事。而杨坚出于预防打击犯罪而实际执行严刑苛法乃至任意司法,给社会带来的不是安定而是恐慌,与宣帝殊途同归。所以,出现一种好的制度不一定意味着同步运作,传统意识是根深蒂固的,好的体制必须经得起灾害、滥用权力、发展等的冲击与考验。

杨坚身份置换条件与行为只有王莽可以媲美,后者是以促使王朝道德成为一切行为的理由,对结果的考虑倒在其次。前者则被野心驱使,对现状充满敌意,颠覆行为蓄谋已久,结果及事态的发展均超出了他的期望。杨坚没有高尚的动机,有现实的需求,用无情的手段,但延伸一个国家兴盛的道路。武帝统一北方的胜利与他的饱受非议的宗教政策拮抗,功过形成微妙的平衡,而他放浪形骸的儿子则打破了这种平衡,杨坚几乎没有冒多大的风险就获得了一个有潜力的国家,正是凭借这个国家的基础,他统一了整个中国,比宇文泰、宇文护、宇文邕更有大局观,道德与利益之间,总选择后者,更为人性化。

权臣是贡献最大或危害最大的人,在一个国家又经常会成为必需品,这是一个民族的习性所致,既崇拜英雄人物,又嗜赌如命。他们或者觉得自己的灾难深重,或者觉得自己欲望远大强烈,而只有英雄帮助才能创造奇迹,令自己和世界焕然一新。他们又生活在个性被严重抑制的世社会,深刻地意识到个人很容易趋于碌碌无为,不甘平庸一生,于是会很自然地赌一个普通人变得具有神性,或者天生神奇,以致无所不能,从而让国家、人民一跃而起,摆脱一切烦恼和痛苦。但是他们或知道会赌输,他们反正生活得已经很痛苦,不在乎再增加一些。一些反对权臣的人不是为了公平心，甚至不知道自己在与权臣做对，他们只是不愿失去已有的或想要得到更多，而不是为这个国家要保持正确的信念。后一种人零星出现过，但是在一个权力争夺为主轴的社会语境中，他们不免让人看起来离经叛道，心手乖离。

第四节　权力的组合——皇权

皇权是一个上下左右可移动的滑块，人们被告知它有方向和范围，实际上它的位置变化无常，无法预测。

一、帝王的权力

取代西魏皇位的宇文觉是宇文泰第三子，大统八年（542年）生。魏恭帝三年（556年）十二月丁亥，魏帝诏以歧阳之地封帝为周公，庚子（即十二天后）禅位孝闵帝践阼，宇文护拜大司马，封晋国公，邑一万户，二人的身份划定清晰之后，他们的权力界限依旧或反倒更加模糊。像当初王谊那样为维护十五岁的孝闵帝可以理直气壮的情况随着宇文护的地位稳定已再难见到。保定五年，中州刺史贺若敦恃功负气，以有功未赏，对台使口出怨言，宇文护知道后大怒，下令敦还都，逼令自杀。宇文护因为窦炽比自己箭法好而一直心存嫉恨，武帝天和五年（570年），时任大宗伯的窦炽以武帝已经年长（时年已经二十七岁），统揽大权的执政应该归政于天子的言论被宇文护憎恶，将窦炽外放为宜州刺史。在皇帝未成年缺乏政治经验的前提下，宇文护要通过独揽权力强有力地掌控大局必要而且正确，皇权与大冢宰的权力在这个时候可以没有清晰的界线。但是在皇帝快三十岁后，依然依旧贪恋权力的执政是不合理的存在，宇文护没有特殊的能力以致国家不能离开他，恰恰相反，他自证平庸，保定四年（564年），宇文护策划的伐齐归于失败，护以无功与诸将稽首请罪，武帝完全没有责怪的言语，不过，这种认错本就是流于形式。

武帝（543—578年）大统九年生，561—578年在位，年号：保定（5年）、天和（7年）建德（7年）、宣政（1年）。武成二年，世宗明帝遗诏传位于高祖，经过一番推让，百官激烈劝进才勉强接受。同年北齐常山王高演废其主殷，自立为孝昭帝。这里会很自然将北齐与北周比较，北齐的君主与君主之间，君主与执政之间处理问题似乎更为简短粗暴，理论上作了十八年的皇帝，即使是武帝这样个性鲜明的人，也在宇文护的阴影下熬过了十二年。虽然自十八岁即位之日起，他就同时享有皇帝的尊严、责任以及抱负,只是他在后六年时间里显得更有主动性、影响和作为,天和七年(572年),时值武帝三十岁,当时护年已六十。武帝的勇气与护的衰老齐趋并进,从556年他实际掌权至今已十六年,这对人生而言很短暂,驻足于政治巅峰则实属不易,尤其又是在那种急剧动荡的年代。立武帝为何毫无异议?或许同僚已经熟知宇文护的决心就是政策,或者说看清了异议的下场?朝中肯定有人已经被血腥的杀戮吓破了胆。武帝个人魅力可能是一个更大的因素,他应该是朝野普遍能接受的新帝人选。宇文护是否能以积极的心态看待武帝的当选并不重要,重要的是对国家利益而言,他作出了正确的选择。至于他个人的不幸,却并不是这个选择的必然产物。对维护宇文泰既定方针、思想,二人应该有能取得一致。对宇文泰选择的六官制度,宇文护、宇文邕,就像保定元年的诏书中所言,不仅郑重重申并且一直坚定维护。

二、皇权与权臣的竞争——杀宇文护的参与者与过程

武帝执政前的宇文护政治才华超过其军事才华,随着武帝年龄增长,与武帝权力拉锯战逐渐白热化,宇文护的羽翼开始疲软。天和时,开始经常让宇文宪将自己的意见转奏武帝,而不是随时或者直接面陈,说明至少在天和五年(570年)以前,宇文护仍享有广泛权力,只是没有真正意识危险已经来临。护侄宇文广本人举止言行中规中矩,位至柱国。早在天和三年之前,敏感的宇文广以"晋公久擅权威,劝令挹损,护不能纳"。《周书·卷十·宇文广传》P17。他大概是天和五年左右病逝,没有看到自己担心的事变为现实。估计王轨是最早参与密谋倒护的人之一,他是汉司徒王允之后,也象他的先辈一样敢作敢为,热衷于阴谋,但他是成功的人。高祖即位,授前侍下士,俄转左侍上士,颇被识顾,累迁内史下大夫,自此恩遇弥重,遂处腹心之任,护专制,高祖密欲图之,以王轨沉毅有识度,堪属以大事,遂问可否,轨赞成之。另一个重要的盟友系同胞兄弟卫王宇文直,血统亲近,然而来之不易,原因是他缺乏牢固的价值观。卫王一向巴结执政宇文护而与兄长高祖疏远,"贰于帝而昵于护。"后直与陈国在沌口作战失利回来,因免职而对护不满,于是与护交恶,请求武帝除护,帝多年来对护戒心,现在已经变成了仇恨,表示同意他参与,兄弟二人总算有了共同语言。卫王直的两个属下,宇文庆"以功授都督,卫王直之镇南山也,引为左右。……稍迁车骑大将军、仪同三司、柱国府掾。及诛宇文护,庆有谋焉,进授骠骑大将军,加开府。"《隋书·卷50·宇文庆》P157。以及释褐为卫王侍读的长孙平,"时周武帝逼于宇文护,谋与卫王诛之。作为卫王的秘密使者往来于卫王与武帝之间,这个角色令其收获

颇丰"及护诛，拜开府、乐部大夫"后任隋高官。《隋书·卷46·长孙平传》P150。另外两个主要参与者均来自本家族，泰族子宇文神举深受族兄宇文深赏识，世宗初，起家中侍上士，世宗留意翰林，神举雅好篇什，长伴帝侧。天和元年左宫伯中大夫，高祖将诛护，神举得预其谋。建德元年京兆尹（估计是护死后），三年出为熊州刺史。宇文孝伯，宇文深子，生日与武帝同，与武帝同学，武成元年（559年）拜宗师上士时年仅十六岁。高祖初即位，欲引置左右，时政在冢臣，不得专制，乃托言少与孝伯同业，受经思相启发，由是晋护弗之猜。得入为右侍上士。恒侍读书。天和元年（566年）迁小宗师，领右侍仪同。高祖将他比为汉高祖与卢绾，赐十三环金带，自是恒侍左右，出入卧内，朝之机务皆得预焉。高祖深委信之，当时莫与为比，及高祖将诛护，孝伯得参与。护诛，授开府仪同三司历，司会中大夫、左右小宫伯等。内史下大夫，左宫伯中大夫，小宗师（北周大冢宰属下有宗师中大夫，正五命，管宗室事务）左右侍等这些都是与皇帝非常贴近的职务，他们秘密组织起来代替国家行政当局，或相关机构的作用，效率极高，它们既可以造成制度的巨大空洞，又可以暂时取代制度恢复国家秩序。

天和二年（567年），宇文护母逝世，随后武帝即专门下诏，命令宇文护在服丧期管理国家大事，这违反常礼，护却没有推辞。569年，护巡历北边城镇，至灵州后返京。天和五年（570年）又诏：……光宅曲阜，鲁用郊天之乐；地处参墟，晋有大搜（军队五年一次的检阅）之礼。所以言时计功，昭德纪行。使持节、太师、都督中外诸军事，柱国大将军、大冢宰、晋国公体道居贞含和，诞德地，居戚右，才表栋隆。"《周书·卷五·武帝纪》P10。这是宇文护有生之年最后听到的官方赞美，参考其武功，不免有夸大之嫌。建德元年（572年）二月遣宇文护子，大将军、昌城公宇文深（宇文测，宇文泰族子，测弟亦名深，深字奴干，死于天和三年，深子孝伯《北史·卷57·周宗室》）使于突厥，司宗李际（《周书·卷5·武帝纪》P10为司宾）《周书·卷5·武帝纪》P10。小宾部贺遂礼出使齐国。《北史·卷10·武帝纪》P40。这是针对宇文护计划得一部分，目的是分散其亲属。三月十八日，护自同州返回京师，面见武帝时后者将一封已写好的酒诰交给护，请求护帮助太后戒酒，虽然她年事已高，却显然有过度奢酒的倾向，得到了宇文护赞同，跟随武帝进入含仁殿朝皇太后。护见太后没有觉察到气氛有什么不对，就举起酒诰一字一字地读起来，这时站在他身后武帝以玉珽猛击护身体要害，护立即扑到于地，帝令宦者何泉以刀砍切，泉惶恐不能下手，事先藏匿内的卫王直出来亲自动手，才算大功告成。《周书·卷11·护传》P19。《周书·卷五·武帝纪》P10记载中宇文护亡于三月十四号，（即丙辰日）诛大冢宰宇文护。武帝准备针对护采取行动之初，"王轨、宇文神举、宇文孝伯颇豫其谋，是日王轨等并在外，更无所知者。"说明武帝与他们不仅讨论清除护在国家政治中影响的可能性，具体实施的程序也是精心策划好的，"杀护讫，乃召宫伯长孙览等告之，既令收护子柱国、谭国公会，大将军、莒国公至、崇业公静、正平公干嘉、及干基、干光、干蔚、干祖、干威等，并柱国侯伏侯龙恩，龙恩弟大将军万寿，大将军刘勇，中外府司录尹公正(护曾派他首度联齐)、袁杰、膳部下大夫李安等于殿中杀之。宣布大赦天下，改天和七年(三月改)为建德元年，罢中外府。护世子训为蒲州刺史，其夜武帝遣弟柱国、越国公盛乘传往蒲州征训，赴京师，至同州赐死，护另一子昌城公深正在突厥，遣开府宇文德赍诏书就杀之。《周书·卷11·宇文护传》P19。女婿苏威并未受牵连。

上述遭惩名单是谨慎开列的，齐王宇文贤曾对处决李安表示了疑惑，指出：李安出自皂隶，所典唯庖厨而已，既不预时政，未足加戮。高祖曰：公不知耳，世宗之崩，安所为也。次日诏书历数护等罪，护长史代郡叱罗协、司录弘农冯迁及所亲任者皆除名。早在孝闵帝时代，因薛善密告齐轨对执政有异议，导致齐轨被杀，诛护后，武帝认定齐轨是一个维护王权的正人君子，所以特意给已故的薛善一个贬谥：缪公。受牵连者中辛昂比较无辜，昂家族陇右著姓，世载冠冕。辛昂随侯景归周，六官制初建时为司隶上士，帝即位时没有调整，世宗时天官府上士，或者自此与护有密切接触，但自武成二年出任小职方下大夫(夏官)治小兵部直至被护牵连，遭武帝肉刑致死前，再也没有回到天官府，保定二年，小吏部(夏官)，天和时为通州刺史，进骠骑大将军开府仪同三司。《周书·卷39·辛昂传》P66。他似乎不是护帮派中的核心人员，(当家族不足以信任时，帮派就会盛行。)武成二年后护似乎一度想放弃他，给他职位都不重要。但是这个有出色的个人能力，积累大量战功，因此宇文护执政中后期，昂一直被亲待，周武帝对此不满。辛昂运气不好，及护诛，加以捶楚，没能熬过，因此丢了性命。一些看起来跟宇文护合作得太好乃至亲密无间的人，他本人又以这种关系为荣乃至加以炫耀，遭到感觉自己压抑太久的武帝嫉恨十分自然，元孝矩的情况比较特殊，他是北魏宗室，看到宇文泰专政，日益削弱元氏，孝矩每慨然有兴复社稷之志。私下对家人声称要阻止宇文氏可能的篡国行为，幸运的是其兄设法制止了他的这种疯狂想法付诸实施。护虽然是直接终结元魏的人，却一直善待元氏家族，不过不完全是靠他的仁慈，因为身为宇文泰侄儿，宇文护娶的就是元孝矩妹妹，"情好甚密。及闵帝受禅，护总百揆，孝矩之宠益隆。"及护诛，受牵连的内兄被流放蜀地，几年重新得到益州总管的任命。《隋书·卷50·元孝矩》P158。宇文护执政时，与宇文宪"雅相亲委，参与赏罚。……宪既为护所委任，自天和之后，威势渐隆，护欲有所条陈,多令宪闻奏。"武帝诛护后,以宪为大冢宰,然而"虽遥授冢宰,寔夺其权也。"处理宇文护后,武帝生前对宇文宪甚不放心,专门发表了一通有关君权神授的感言,目的是让宪不要过分相信个人智力的作用为了权力采取不计后果的行为,以免步宇文护后尘。可能就是因为宇文宪跟宇文护的这段关系,卫王直坚持将其列入黑名单,但直到宣帝时才着手处理他,"宣帝既诛宪,无以为辞,故托兴(上大将军安邑公王兴)等与宪结谋,遂加其戮)《周书·卷12·齐殇王宪传》P20。

从557年正式成为宰相以来,至天和七年三月十八日,宇文护自同州返回被诱杀,执政十六年。护之死与他处理的政治问题的手法与结局相似,都有扩大化趋向,他死于阴谋而未经审判,主要是缺乏一种合理的制约制度,它既可以即使矫正他的行政问题考察其行政能力,又可以使其免于重罪。《周书·卷11·宇文护传》P19。几年后,武帝心境趋于平静,对追随或者接近宇文护的官员武帝不再一概而论,建三年574五月,对宇文护案作出了重新评估处理,八月诏:自建德元年八月以前犯罪未被推纠,于后事发,失官爵者并听复旧。这虽然未明确规定是对护事件以来涉案者的特赦,针对的应该就是他们。小司马(上大夫、正六命,管禁兵)陆逞在护时代还是昂首阔步"护雅重其才,颇委任之"《周书·卷32·陆逞传》P52。在护诛后则遭连坐免官,武帝可能很快就意识到上述政策习惯欠妥,一个公职人员难道不听从执政的任命、派遣? 所以"顷之,起为纳言,(中大夫,正五命。)虽然是降职使用,但职位很重要,成绩很明显,武帝显然没有盯住他的前科不放,公开对他表示高度赞赏,他死于武帝时代官位太子太保的任上,是自然死亡,象他这样在国家命运经历波折后个人事业仍有连续性的还大有人在:

樊叔略:宇文护被诛后,齐王宪引为园苑监,平齐有功担任刺史,后入隋。

贺若谊,武帝亲总万机,召谊治熊州刺史。

刘行本:护的中外府记室,武帝亲总万机,转御正中士,兼领起居注。

柳彧,护的中外府记室,出宁州总管。武帝亲政,彧诣阙求试,得到武帝赏识,以为司武中士。平齐赏从官,留守者不预,由于彧上书表示异议,于是留守并加品级。隋文受禅,历尚书虞部、屯田二部侍郎。《北史·卷77·柳彧传》P280(护用人不拘一格)。

武帝亲总万机,拜赵芬内史下大夫,转少御正。芬明习故事,每朝廷有所疑议,众不能决者,芬辄为评断,莫不称善。看来经过君位的变迁,他的风格依旧不改。

武帝亲总万机,韦师转少府大夫,他是一个熟悉周边各国的人,相关知识令四方来使惊讶,在周担任过宾部大夫。入隋为吏部侍郎,受到隋文帝信任。

宇文护就这样以悲剧的方式结束了他的时代,就像他以同样断然的方式终止孝闵帝的政治愿望与生命一样,权利和利益两者既可以互惠,又可以相互削弱。从他孜孜不倦捍卫宇文氏政权的专注程度来看,他的敌人都是预定的,谁有可能损害宇文政权,谁就是敌人,不管是皇帝还是贵族,在国内还是国外,也不管反对的声音中是否有合理的成分。武帝诛护后,遣太师、蜀国公尉迟迥(命运让尉迟迥做了与其弟刚截然不同的事)在南郊举行的祭天仪式,追尊乃兄略阳公为孝闵皇帝。出现象孝闵这样政治上弱不禁风的人,是国家稳定的表现还是不稳的根源?由于很容易因此追究到皇帝的合法性,民众对合法的冷漠。护对闵帝、明帝、武帝早期的控制十分到位,有限君权他做到了,但他没有意识到,如果把决策者从他一个人变成一群人,一个有活力的制度,他就将立即名垂青史,他只差半步,仍是他的时代最好成绩的政治家之一。从孝闵帝的情况来看,他的外表显得过于刚强,明帝则是太聪明,很清楚,权臣政治下的君主既不能刚强也不能聪明。但是对于象武帝这样既刚毅又聪明的皇帝,护却办法不多,再说连续杀害三位堂兄弟又是在职的君主,他不得不三思而后行。他太容易举刀,等到真正的危险降临时,他又失去了原有的勇气、激情、气力。或者武帝正是他所期待的人选,他本人选择退出?这种可能很小,但也不是绝对没有,为侯莫陈崇的昏愦应该引起他的警觉,既然他有能力包围陈崇宅邸,也应该有能力对武帝先发制人。不知是个人理智评估还是疏忽轻敌,他没有作出这种可能导致国家混乱的决定,值得庆幸。带有神秘色彩的术士强练,在宇文护生前曾擅自闯入护宅,发出可怕的预言。学者韦夐多次拒绝宇文泰征召,而对明帝怀有好感,明帝重视知文化,学养良好,所以可以得到知识界青睐。韦夐"志尚夷简,淡于荣利,时人号为居士。"认为儒、佛、道三教殊途,同归于善,其迹似有深浅,其致理殆无等级。在护鼎盛时期,他观察其住宅后说"酣酒嗜音,峻宇雕墙,有一于此,未或弗亡。《周书·卷31·韦夐传》P51。反感执政的家庭生活水平与普通人悬殊,对一个坐在干草堆上或者乱泥中办公的君主可能没有怨言,从对护的华宅深表不满,到将国家的存亡与之紧密联系在一起,可以说是一种流行的错误。其实生活舒适本应该是国家的目的,当所有人感到舒适时,不会产生异议,异议来自差别。一个生活中四平八稳,内心倾向于玄学的人,很大程度上是一个无政府主义者,因此对任何在政府与国家建设中态度积极的人都可能产生反感,对执政的住宅比大多数官人豪华这种沉溺于物质文明现象自然也会深恶痛绝,除非被某个在职人员的个人魅力所吸引,人心就会涣散。护的失败却不是经济问题,如果他愿意,他完全可以过富足而悠闲的生活,地方官员李迁哲国王般的生活方式就从未受到国家的调查,舆论与民众也没有集中批评他。武帝很快以最直接的形式公开表示,他需要剔处的只是护所代表的那种势力，很快就忘记了他个人的烦恼。建德三年五月，诏故晋公护及诸子并追复先封，改葬加谥。《北史·卷10·周武帝纪》P40。谥护曰："荡"《北史·卷57·宇文护传》P20。《周书·卷11·晋荡公护传》P18。八天后开始灭佛。

有关北周的政治，令狐德棻等一群史学家得出结论，也算得上是唐室官方的正式定论，指出：是知因时制宜者，为政之上务也；观民立教者，经国之长策。……由是观之，建侯置守，乃古今之异术，兵权势位，盖安危之所阶乎？晋荡辅政，爱树其党，宗室长幼并据势位，握兵权，虽海内谢隆平之风，而国家有盘石之固矣。认为周武帝杀护是个错误。"悠悠邃古，未闻斯酷。向使宣皇采姬刘之制，览圣贤之术，分明贤戚，布于内外，……何后族（杨坚）之地，而势能窥其神器哉？"《周书·卷13·文闵明武宣诸子》P22。这些人的政治理想是如何帮助一个王朝存续久远，而不是使政治结构在变化的世界中持续合理化，所以他们既要保留宇文护这样的强臣，同时又希望由家族构成的强大地方势力群与之并存。世人喜新厌旧，天下的君王贪婪不公，一种政经结构的盛世，只会适合于一个特定时代，决不会一成不变地反复重来。

第五节　武帝对制度的运作以及如何平衡皇权

武帝认为众多的亲属是一个大包袱或者大问题吗？他们是制度多余的麻烦？还是制度不可或缺的部分？

宇文邕所有推行的活动并不代表种族或家族、集体，是一种特殊的个人特定利益。后世全面评估一个当时对未来一无所知的君王有可能陷入自相矛盾，一方面是一个当时积极开明的人，令一方面又是与现代差异巨大的领袖。而有些只追求幸福的人倒是显得坚定、勇敢、机敏、明智得多。

不论政治制度如何装点、改变，在皇权、权臣的角力中，在实际运作中总是会被最先晾在一边？

一、武帝时人事

武帝即位至诛护前主要人事变动

中央内阁

	首任者	续任者
太师	宇文护	

太傅	于谨		达奚武	尉迟迥	
太保	侯莫陈崇		达奚武	宇文贵	尉迟迥
大冢宰	宇文护（五府总于天官）				
大司徒	宇文贵				
大宗伯	窦炽		宇文盛（		
大司马	贺兰祥		尉迟迥	宇文宪	
大司寇	陆通				
大司空	尉迟纲		杨忠	宇文直	李穆

十二人中有两人非鲜卑族，宇文氏占五人，贺兰祥是姻亲。

地方职务

雍州牧	于谨 宇文直 宇文宪
陕州总管	宇文纯
益州总管	宇文俭
凉州总管	于寔
秦州总管	宇文亮（导子）

地方总管以家族成员为主，于谨家族享有宇文护特殊的信任，应该跟于谨在宇文护执政初期鼎力支持有关。

勋官与军号

大将军： 宇文直、李穆、韦孝宽、长孙俭、陆通、宇文盛（字保兴）、宇文广（导子）辛威、宇文纯、宇文俭、侯伏侯万寿、刘勇。

柱国：   窦炽、宇文直、宇文招、韩果、李穆、韦孝宽、长孙俭、陆通、宇文盛、宇文广、王雄、豆卢宁、辛威、宇文纯、宇文俭、侯伏侯龙恩。

开府李昞、若干凤、斛斯征以上三人均进国公，右宫伯长孙览为国公，护三子会、至、静为国公。

诛宇文护后至武帝逝世之间主要人事变动

中央内阁

职位	首任者	续任者	
太师	尉迟迥		
太傅	窦炽		
太保	李穆	田弘、	陆腾
大冢宰	宇文宪	宇文俭	
大司徒	宇文亮	宇文直	韦孝宽（直与宽谁先未知）

大宗伯	宇文盛(字保兴)	侯莫陈琼、	达奚震
大司马	陆通	宇文招、	侯莫陈芮
大司寇	辛威	司马消难、	独孤永业
大司空	宇文招		

勋官

柱国　　　宇文达、宇文迪、李意、于寔(建德四年被免职)

上柱国　　宇文宪,尉迟迥(首批)宇文招、宇文纯、宇文盛(越王)、宇文亮、侯莫陈芮、王谦、寇绍、达奚震(二批)窦炽、李穆。

封建　　　泰子宇文宪等八兄弟进王爵,武帝子七人进王爵:汉王赞、秦王贽、曹王允、道王充、蔡王兖、荆王元。

重要的地方总管

隋州总管　杨坚

相州总管　宇文盛(越王,平齐后的任命)

亳州总管　元景山

武帝时期的组织人事

诛护的第七天,[即癸亥日]

以太傅、蜀国公尉迟迥为太师,

柱国、邓国公窦炽为太傅,

大司空李穆为太保

齐国公宪为大冢宰

卫国公直　　　　大司徒

柱国宇文盛(天和五年)大宗伯

陆通　　　　　　大司马。(十月陆逝世,十一月以赵招代)陆腾

柱国辛威　　　　大司寇。

赵国公招　　　　大司空。

三位弟弟,五个异姓。后来还有代国公达,滕国公迪为柱国。

建德元年十月,大司马陆通逝世。十一月以大司空赵王召为大司马。建德二年,陆腾拜大司空(顶赵王的缺)宣政元年逝世。建德二年(573年)正月,一口气册八个宇文氏为王:宪、直、招、俭、纯、盛、达、滕国公。二月又有七位宇文氏进爵为王,他们是武帝之子。

建德六年(577 年)五月的重要官员名单：

大冢宰　　宇文俭

大司徒　　宇文亮

大宗伯　　达奚震

大司马　　侯莫陈芮

大司寇　　独孤永业

大司空　　韦孝宽

武帝时代人事制度具有武帝的鲜明特点，任用臣僚的途径：武帝个人欣赏并提拔的人，是国家的需要与个人能力的份量更重。并不像宇文护，除非得到自己感情上的认同，能力与正派也被排斥。杨素曾大冢宰宇文护引为中外记室，后转礼曹，加大都督。……周武帝亲总万机，素以父汾州刺史杨敷守节陷齐，未蒙朝命，上表申理，帝不许，至于再三，帝大怒，命左右斩之。素乃大言："臣事无道天子，死其分也。"帝壮其言，由是赠敷为大将军，谥曰忠壮，拜素为车骑大将军、仪同三司，渐见礼遇。《隋书·卷四十八·杨素传》P153。通过激烈争论，素让武帝印象深刻，不仅改变了自己的初衷，而且满足了杨素的要求，并予以重用。武帝能够对具体问题具体处理，接受不同的意见。苏威(540—621 年)在武帝实际掌控国家时，得到稍伯下大夫任命，但"前后所授，并辞疾不拜。宣帝即位，拜开府。《隋书·卷 41·苏威》142。由于他娶宇文护之女，护的行为方式、结局，换言之，生前与死后都让他务必处处设防，他也不是护的帮凶，实际上没有受到护的牵连，说明武帝对待他是实事求是的，他也没有选择融入武帝大刀阔斧锐意进取的时代，而是在宣帝(578—580 年在位)时代开始他影响历史的政治生涯，当时他已经三十八岁，武帝比他小三岁，宣帝比之年少十九岁。作为一个杰出人士，苏威的切入点耐人寻味，宇文护毕竟是他妻子的父亲，武帝是君王又是杀死他岳父的人，他需要与武帝保持一定距离，在宣帝时代又无法施展自己的才华。像苏威这样睿智的人，他或许能够预料到取代疯狂宣帝的人一定已经在路上，而宣帝会速朽，然后会有自己的机会。

武帝任用有显赫背景的人，东汉灵帝时雁门太守窦统避窦武之祸，亡奔匈奴，遂为部落大人，窦氏累世仕魏，皆至大官，窦炽年轻时学过儒家经典，武成二年官居柱国大将军(正九命勋官，北周时已经无具体职掌)，宇文护被诛后，征拜太傅，他是武帝的主要倾诉者。《北史·卷六十一·窦炽传》P232。如果没有遇到必须改变身份的际遇,窦炽的人生很清白,武帝重视他是因为发现他有比社会背景更重要的东西。宇文盛家族世为沃野镇军主,上柱国、大宗伯宇文盛(字保兴)子宇文述在武帝亲总万机时,历左宫伯、英果中大夫,爵郡公。尉迟迥作乱,述以行军总管,从韦孝宽击之,以功超拜上柱国,开皇初,拜右卫大将军,入隋。《北史·卷79·宇文述传》P283。直率、赤胆忠心的人有一批聚集在武帝周围,武帝储君的主要批评者王轨,建德初转内史中大夫,上开府仪同大将军。封上黄县公,邑一千户,五年,高祖总戎东伐,轨随行,克晋州有功,王轨充当与齐投诚刺史联络之特使,以功进上大将军,国公。王轨地位高,又享有高祖的信任,参与国家军政大事。

二、重视知识界

北齐政权倾覆为周武帝打开了一个人力资源仓,齐中书侍郎陆爽及阳休之、袁叔德等十余人知名人士俱被征入关,陆爽至长安后被授宣纳上士。《隋书·卷58·陆爽》P170。建德初,武帝尚道法,尤好玄言,求学兼经史、善于谈论者为通道馆学士。长孙炽应其选,与英俊并游,通涉弥博。在处决宇文护后,授雍州仓城令,寻转盩厔令,频宰二邑,考绩连最,迁崤郡守,入为御正上士。《隋书·卷51·长孙炽》P159。对学者的偏爱并不意味着一律高官厚禄,阎毗的书、画自成一家,为当时之妙,周武帝见而悦之,命娶清都公主,但是并未因欣赏他的画技而立即给予行政任命,那还要等到宣帝即位之后。武帝的任命名单中不可避免地出现亲属名字,不过大多数立功的人来自家族之外。

卓越才华之士

梁士彦固守晋州,力主对齐战事速战速决,与尉迟迥作战时所向披靡。元景山胆略过人,在周孝闵、武、宣三帝时代均有功。曾跟随武帝攻齐国时屡立战功,拜大将军,封平原郡公,邑二千户,赐女乐一部,帛六千匹,奴婢一百五十口。后为周亳州总管,杨坚即位,梁士彦进上柱国。《隋书·卷39·元景山传》P138。王盟之孙王谊耿介刚直,周闵帝时位左中侍上士,当时大冢宰宇文护将闵帝完全架空,以致一些官员也在言行上有意唐突君主,王谊曾当场呵斥一位朝士对孝闵帝的简慢行为,他"勃然而进,将击之,其人惶惧请罪,乃止,自是朝士无敢不肃。《隋书·卷40·王谊》P140。他的行为比较间接,既不能说是对护的支持,也不能说是在强调孝闵帝个人尊严,既有维护皇权又有支持护的双重作用。武帝可能对他的这一举动印象深刻,认为他至少胆略过人,临终前向儿子强烈推荐王谊,但显然低估了王氏的抱负,王谊经过人生的丰富历练后,见惯了人事更替,变得达观很多,不再固执己见。后为成为隋朝高官,与杨坚结为儿女亲家。其他得到武帝任命人里头有大土地所有者,有以孝悌、仁慈出名的人。小心谨慎、四平八稳的辛威建德初年即拜大司寇,大象二年卒。他有两项特殊的政治资本:1.历官数十年,未尝有过。2.其家门友义,五世同居。皇甫璠在建德元年为民部中大夫,三年,隋州刺史,六年卒,一生清白、守法、号为善人。李迁哲家族世代为山南豪族,家财浩大,是当地举足轻重的家族。他个人生活奢华,沿汉水千余里之间建有不少住宅别墅,妻妾百余人,凡育有子嗣者都被分别安排在不同的居处,各有专职仆人管理生活起居,迁哲前往各处宅第时有乐队在前吹奏,所到之处妻妾子女宴请迎送。儿女共六十九人,子孙人数众多,迁哲需要持一本花名册才能免于张冠李戴或者遗漏,他算的上中国社会生活中的一大景观:

累世豪雄,为乡里所率服,性复华奢,能厚自奉养,妾媵至有百数,男女六十九人。缘汉千余里间,第宅相次,姬人之有子者,分处其中,各有僮仆侍婢奄阍守之,迁哲每鸣笳导从,往来其间,纵酒饮宴,尽平生之乐,子孙参见,或恐忘其姓名,披簿以审之。世宗初授信州刺史,建德二年进郡公,建德三年,六十四岁的李迁哲享尽人间富贵快乐后病故。《周书·卷44·李迁哲传》P74。

武帝毕生积极网罗人才,577年(建德六年)三月,武帝在刚刚征服的北齐地区下令举贤,卓越者不拘数量。在其生命的最后时间,仍然在为儿子的朝廷积极储备。武帝所任命的中级官员中,王谊、赵芬、柳机、郭荣、崔仲方、刘行本等多数是胜任的,他们都曾经为宇文护兢兢业业工作,又与武帝共同经历了大风大浪,见证过非凡的政治变革,同声欢呼过辉煌的军事成就,而面临新的人生选择时,他们又如出一辙:

赵芬,武帝亲总万机,内史下大夫,向杨坚密报尉迟迥动向有功。入隋。《隋书·卷46·赵芬传》P150。

柳机年在十九时,周武帝时为鲁公,引为记室。帝嗣位,自宣纳上士,累迁少纳言、太子宫尹,封县公。武帝平齐后司宗大夫,宣帝即位御正上大夫,看见宣帝胡作非为,暗地里请郑译帮忙,外放为华州刺史。坚为相时征还京师,时周代旧臣皆劝禅让,机独义形于色,无所陈请。出为卫州刺史,杨坚即位后为纳言。《隋书·卷47·柳机传》P152。

郭荣,武帝亲总万机,拜宣纳中士,后入隋。

崔仲方:武帝同学,武帝所信任,后入隋。《隋书·卷60》P172。

刘行本:武帝亲总万机御正中士,后入隋。《隋书·卷62》P177。

韩僧寿:武帝时为侍伯、中旅下大夫,韩擒虎弟。后入隋,开皇初安州刺史。

崔彭:以孝闻,周武帝时,为侍伯上士,累转门正上士。入隋,典宿卫二十年,深受隋文帝赏识。箭法出众,突厥可汗叹服。以孝闻,为政清白。卒年六十三。《隋书·卷五十四·崔彭传》P164。

北周建国以来历任小司马、刺史的柳敏,自建德后,寝疾积年,武帝及宣帝并亲幸其第问疾,开皇元年,进位大将军,太子太保,其年卒。

豆卢绩:会武帝嗣位,拜邛州(在四川)刺史。天和二年,天官府司会,相州刺史。大象二年利州总管。《隋书·卷39·豆卢绩传》P138。入隋。

王士良:祖为平城镇司马,因家于代。保定四年护东伐,齐豫州刺史良举城降,授大将军、小司徒。后为金州刺史。建德元六年,授并州刺史(算是回到故乡),后退休,88岁的士良死于开皇元年。

刘子明历官右侍上上,大都督,绛州别驾,杨坚即位,顺阳郡守。其弟刘子陵凉州别驾,开皇初,姑藏郡守。《周书·卷三十六·刘志传》P61。

袁敞:从萧琮入隋。

王庆:武帝时进爵为公,开皇元年进爵平昌郡公,卒于镇。

高阿那肱:北齐宰相,北周隆州刺史。

以上武帝时代官员名单中,或是宇文护专制时代就已经在职的官员,部分在北周开始自己的政治生涯,部分来自北齐地区,也有来自萧梁集团,虽然武帝主政时他们职务高低不同,在北周继续他们的公职人员生涯几乎毫无障碍。可以看出,只要认定为宇文护核心的圈外人,武帝并不抱恶意和偏见,继续任用并信任即使是苏威那样被宇文护器重并令娶其爱女的人也没有排斥。他们大多数奉公守法,勤于职守,是武帝国家稳定的基石。杨素、苏威的情志对武帝而言不是完全负面,那是他们能力的附属品,对不顺从者因人而异,待之以礼,武帝想要为人君而不是简单地成为一个随情所致的独裁者,霸道、阴鸷、顺我者昌,武帝主动被杨素的固执,苏威的倔强所改变,并没有损失他的帝王气质,能妥当处理好两个未来影响重大的人物,展示了武帝人才观多样化政策,灵活务实的处事作风,尤其是驾驭人才的能力,这也是为什么武帝时代合理利用人力资源的程度比较高,人们愿意为他服务的原因,以至日后有人为一个大势已去的王朝拿自己的生命冒险。杨坚平定内乱后,人气急剧窜升,百官争先签名劝进,唯独上柱国兼雍州牧窦炽拒绝联署。窦氏家族宇文家族有婚姻关系,炽侄窦毅为周上柱国大司马,娶宇文泰第五女襄阳公主。《北史·卷61·窦炽传》P232。身为武帝妹夫的这层关系,并不至于促使了窦炽的抵制行为,而且窦毅本人隋开皇元年即已变身为隋定州总管,次年自然逝世。其实窦炽子窦恭的遭遇对窦炽应该产生负面影响,窦恭在北周以大将军身份跟随武帝平齐有功,授西兖州总管,以罪赐死。(此事不能肯定发生在武帝时)武帝的人事管理并不是一味简单地与人为善,来者不拒。重视人材,只是打好了人治的一个基础,还需要借助制度的力量才可以做到既公正又仁慈,武帝既没有因窦氏与皇家的婚姻关系饶恕罪过,也不因一个人的问题影响其他相关者的发展。如果武帝对窦氏的处理不是公私分明,窦炽对杨坚的抵抗就不会赢得时论的一片喝彩。当然,不可能所有人都象窦炽态度强硬,有人对新国家的反感只是稍微形式了一下,内史中大夫、开府仪同三司柳昂,武帝病危时受遗诏辅政,由于这个关系,一度被神经质的宣帝冷淡,然不离本职。但是在他精心的操持下,与新皇帝热门人选杨坚关系日趋热烈,被后者任命为大宗伯的当日,"遂得偏风,不能视事。"心理障碍或者是故意装病以避开这一尴尬的时刻? 本该誓死捍卫的政权正在易主;义务要求殊死相搏的对手成为主人,需要时间恢复由此失去的内心平衡,他倒是用一种不体面但实用的方式争取到了。文帝受禅,身体痊愈,加上开府,拜潞州刺史。柳昂奏请讲习礼仪的建议被隋室接受,自是天下州县皆置博士习礼焉。《隋书·卷47·柳昂传》P153,《周书·卷32·柳昂传》P53。在社会激变的时代,责任与忠诚难免被忽略,会出现社会公义的叛逆、败类,当然也会产生有争议的人,唐瑾次子唐令则"好篇章,兼解音律,文多轻艳,为时人所传,天和初以齐驭下大夫出使陈国,大象中官至乐部下大夫,仕隋为太子左庶子。"他原任职北齐,转任北周,后进入隋朝廷并不可耻,不好是他满不在乎的品行让他最终成了一个趋炎附势、不知悔改的佞臣,以致在皇太子杨勇废黜时他被处决。《隋书·卷62·刘行本传》P177,《周书·卷32·唐瑾传》P53,《北史·卷67·唐永传》P251。武帝始终没有发现、清除这个病毒,实在是因为人的生活与政治取向在变化的社会中不会一目了然,着实很难把握。上述公职人员中除去在北周时期病故者,几乎没有人拒绝新王朝,陆续都走入隋朝各级政府敞开的大门。窦炽、柳机外,亲信重臣如柳昂,尽管表示出抗拒意图,但也是非常客气,可以说是形式主义的作法,选择入隋,并不就是对武帝的冒犯,大多数人昂首阔步、张开双臂拥抱隋朝,最好的解释是他们已不认为自己是在单纯为一个姓氏效忠,而在谋求为某个有前途的国家出力,这个国家经常改头换面,本质却始终如一,忠于信念比忠于个人更为积极、优越,国家或者个人要想获得忠诚就必须使自身符合发展的自然与社会规律,这是令忠诚永久伴随的最好也是唯一办法。正派的人设法延长自己的政治生命并非只对自己有益,而且会对社会有益,因此既是必然的也是正当的。再说武帝已奄然物化,宣帝抱负与之大不相同。而即使武帝这样贤明的君主,也只能尽情、合理使用精英们的才华,而不能永享他们的忠诚。

武帝的近亲既是他的主要依靠,也可能成事业的劲敌,他一直设法回避出现后者。作为一个雄才大略的人，他敢于直面人生，现实则往往不尽人意，才能与品德，亲情与理性都要人作出取舍。武帝容易相处，远不是狭隘的人，崇尚人尽其才，而人生中遇到的最为困难的任命，却是血统无比亲近的子弟。卫王宇文直(？—574年)是推翻宇文护统治的积极参与者，护死后，帝以齐王宪为大冢宰，这是卫王觊觎的职位。"直既乖本望，又请为大司马。"意欲成为军事首脑，帝揣知其意，"汝兄弟长幼有序，宁可反居下列耶？"偏偏任命为大司徒，建德三年进为王爵。当年武帝以宇文直的府第为东宫，让他另行选址，卫王迟迟未有中意之所，直到发现废佛后空闲出来的陟岵佛寺，让他一见倾心。齐王宇文宪劝他"弟儿女成长，理需宽博。此寺褊小，讵是所宜？直曰：一身尚不自容，何论儿女？宪怪而疑之。在一次与武帝同出狩猎中，宇文直扰乱了队形，遭帝当众鞭打，自是愤怨滋盛。建德三年(574)七月，趁当时武帝在云阳宫避暑，太子监国，阴郁、狂燥的卫王宇文直在京师发动兵变。右宫正(右宫正相当于太子詹事，正三品)兼司武(属夏官，掌内外禁令，司武上大夫正六命，上士正三命，左右司武大夫总宿卫军事)尉迟运(《北史·卷六十二·尉迟纲传》P236。他是尉迟迥弟尉迟纲次子，与其父走了不同的路，纲参与宇文护废孝闵帝，是护信赖的人，但尉迟运的这种背景没有影响武帝对他的信任。)与长孙览(诛宇文护为薛国公，其后历小司空，从平齐进位柱国。)(《隋书·卷五十一·长孙览》)P159。辅皇太子居守，直兵突来，览惧，走行在所。当时运偶在门中，发现直兵急速向肃章门方向呼啸而来，来不及命令左右属下，运亲自关门，门半开半关之际，与欲破门而入的直党争斗中被砍伤手指，他忍痛设法关闭门，杨坚族子杨雄，时为太子司旅下大夫，及时增援，雄"逆拒破之。"《隋书·卷4四十三·观德王雄传》P146。孤注一掷的卫王随即焚烧肃章门，在尉迟运和"委以留府事"的司卫上士(正三命的东宫官，统东宫宿卫)李贤子李询、杨雄的指挥下，立即取来宫中木材甚至木床等堆积门内，浇上膏油，"询于内益火，"火势形成了一道屏障，完全封闭了大门，所以叛乱者无法进入，直的人马无计可施，只好撤退，运即率兵出击，直大败而逃。《周书·卷四十·尉迟运传》P66。卫王直叛乱时，宫尹中士皇甫绩，"在城门已闭，百僚多有遁者时"没有慌乱，绩闻难赴之，于玄武门遇皇太子(日后的宣帝)下楼，执绩手，悲喜交集。武帝闻而善之，迁小宫尹。《北史·卷七十四·皇甫绩传》P272。鉴于尉迟运的关键作用，武帝授他大将军，赠一大批物质，杨雄进位上仪同，李询拜仪同三司。《隋书·卷三十七·李询传》P134。反叛的卫王宇文直不久在荆州被捉拿归案，因于别宫，废为庶人，寻而更有异志，遂诛之，其子十人同受刑，国除。高祖处决自己的堂兄宇文护需要勇气，处决自己的一母所生的胞弟更是如此,这与他敢于公开以明确的方式确定三教次序的个性一脉相承。在他看来,世间的文化、个人既然有所不同,就一定有优劣。

卫王案可作为制度运行的一个例子,几个起关键作用的人其实都是各负其责,小司空上大夫长孙览职掌工程建设,可能属于特别信任而得到临时的任命,估计他弃门而去是为了保护宣帝,而没有一窝蜂地在肃章门与叛军混战。如果卫王有内应,宣帝就会极其危险,宣帝对他的当时的取舍应该是满意的,所以才能在宣帝即位后进上柱国,大司徒,同、泾二州刺史。《隋书·卷五十一·长孙览传》P159。尉迟运、李询都有被武帝疏远的理由,混战中,很难预料他们是否有时间预测哪一方会获胜并作出选择,从结果中也不好断定他们当时的选择是不辜负信任还是为了克尽职守,他们关键的作用则决定了大局。宇文护事件之后,记载中被武帝免职者很少,被牵连者少显示武帝既明智又仁慈。建德四年(575年)二、四月间,柱国李意、于寔相续有罪(罪状无详细记载)免职。不过,意寻复柱国,寔寻复本官,除凉州总管。他们都是很快复职。虽然颁布了严厉的法律(在建德六年),武帝享有最高司法权,但是他更喜欢用儒家经典解决实际问题,柳桧担任郡守时,被盗首黄众宝所杀,次子柳雄亮为蔡国公广记室参军,于京城杀众宝,朝野咸重其志节,被武帝恕之。《周书·卷四十六·柳桧传》P78。这与宇文护对柳庆的做法不一样。容易丢掉性命的反倒主要是宇文家族的人:宇文护、宇文直、宇文康。宇文康乃孝闵帝独生子,也是武帝的侄子,建德五年六月,利州总管纪王宇文康有罪赐死。《周书·卷六·武帝纪》P10。"骄侈无度,遂有异谋,司录裴融谏,康杀之,赐死。子湜嗣,为杨坚所杀。"《北史·卷五十八·周宗室》P224。由于腐败、谋反、及故意杀人三项重罪,而被处死如果证据确凿,当然不能说是无辜。武帝几乎是对家人与朝臣一视同仁,治家甚至更严格,政治宽容的武帝引导的国家比急于求成的弟弟卫王直更被人看好。武帝先后杀死堂兄宇文护、胞弟宇文直、侄子宇文康并非因为嗜杀,而是维护合理性。

三、周礼的馈赠

于谨平江陵时,将一批籍没人口带回长安交执政发落,李娥姿因为姿容出众被宇文泰赐予武帝,后来成为皇后,她就是宣帝生母,(宣政元年七月尊为帝太后。)建德元年四月,嫡长子宇文赟时年十三岁,被立为太子,自此以后东宫内外传出的太子的罪失与丑闻不绝于耳。

北周的国号,行政司法体制都提醒武帝,国家与周礼存在某种关联,武帝有两位皇后,李皇后之外,又娶木杆可汗之女,称阿史那氏,阿史那皇后没有生育子女。武帝在外部对宇文赟一片否定声中,没有考虑李皇后所生的次子汉王宇文赞应该是周礼的约束,周礼中嫡长子是天然、神圣,推崇嫡长子优先这个次序,其次,汉王当时年龄尚幼。

强烈独立意识的武帝这次也无形中陷入思维惯性轨道,他设法想让尚未成年的太子快点成熟,建德二年(573年)九月,为十四岁的太子(559—580年)纳杨坚长女十二岁的杨丽华(561—609年)为妃,(建德三年正式规定的婚龄要比这大一岁),希望家庭概念能够有助于太子思维行事方式,武帝对杨丽华影响力抱有很大希望,多少听说过太子事迹的杨坚还真不知道自己应该是喜还是忧。

另一方面,是在朝臣内挑选一批可靠人到太子身边,希望对太子的品行与人生观有补益,建德二年,武帝召见耿直的万年县丞乐运,让他谈谈他印象中的太子,乐运认为太子综合素质中等,"中人也。"武帝对在场的齐王宇文宪等生气地说:"百官佞我,皆云太子聪明睿知,唯运独云中人,方验运之忠直耳。于是因问中人之状。运对曰:班固以齐桓公为中人,管仲相之则霸,竖貂辅之则乱。谓可与为善,亦可与为恶。帝曰:我知之矣。遂妙选宫官,以匡弼之。乃超拜京兆郡丞。太子闻之,意甚不悦。《周书·卷40·乐运传》P68。这段无可挑剔的回话说明乐运虽直爽却不是头脑简单的人,武帝也听清楚了乐运言语中"太子品德素养亟待改进"的内容实质,与太子更接近的东宫左宫正宇文孝伯,也曾对武帝说"太子四海所属,而德声未闻。"建议挑选有名望的人教育、辅佐他。于是更坚定了武帝将儿子培养成人君的决心,右司卫尉迟运被任命为右宫正,孝伯仍为左宫正。建德五年二月,太子受命率军征吐谷浑,武帝命王轨、宇文孝伯等并从军,"进取皆委轨等,皇储抑成而已。"武帝为太子的成长提供最好的机会和优秀的辅佐,问题却并不远像武帝预计的那样乐观,"时太子宫尹郑译、王端幸于宣帝",在郑译等的影响下,宣帝在军中行为极不检点。军队班师后,高祖急切地找到孝伯问:我儿比来渐长进不?孝伯答曰:太子比惧天威,更无罪失。但同行的徐州总管王轨如实向武帝作了汇报,武帝大怒,太子被挞,郑译被除名,另加肉刑捶楚。后来高祖责怪孝伯,你一直说太子无过失,王轨今天所说的如果属实,你就是欺骗我。孝伯理解他的心意,回答说:臣知陛下不能割情忍爱,遂尔结舌。帝沉默一阵后说,我已经将太子委托你了,你勉励吧。"授孝伯京兆尹,入为左宫伯,寻转右宫伯,左右宫伯中大夫正五命,主管宫内禁卫侍从。或许是看中了孝伯的练达与敏锐,孝伯虽然能发现问题,但不能解决问题,他是右宫伯有自己责任很重的职掌,不是太子的师与傅,不能终日耳提面命,但是武帝类似于请他业余时间教导太子。宇文孝伯终身享有武帝的信任,建德五年十月东伐,武帝放弃了众多职位更高的大臣,令仅官居内史下大夫(正四命,)的孝伯掌留国内军事。《周书·卷四十·宇文孝伯》P67,《周书·卷四十·王轨》P66。

个性更为率直的王轨(在北魏任职时赐姓乌丸)曾与小内史贺若弼言及皇储,说皇太子"不克复负荷,弼深以为然,劝轨陈之。"于是王轨在一次面见武帝时,尽管有多人在场,也迫不及待地说:"皇太子仁孝无闻,复多凉德,恐不了了,陛下家事,愚臣短暗,不足以论是非。陛下恒以贺若弼有文武奇才,识读弘远,而弼比每对臣,深以此事为虑。"他的话非常难听,任何一位父亲听到自己的儿子被外人如此轻蔑,恐怕都受不了。武帝表现出异乎寻常的客观与耐心,"帝呼弼问之,弼知太子不可动摇,恐祸及己,弼乃诡对曰:皇太子养德春宫,未闻有过,未审陛下何从得闻此言。帝嘿然。"退朝后,王轨责怪贺若弼背叛自己,弼说:此公之过也,皇太子国之储副,岂易攸言,事有蹉跌,便至灭门之祸,本谓公密陈臧否,何得遂至昌言? 贺若弼启发一脸木然的王轨说:"君不密则失臣,臣不密则失身。所以不敢轻议。"《隋书·卷五十二·贺若弼传》。轨默然久之,乃曰:吾等专心国家,遂不存私计,向者对众,良是非宜。"他确实容易感情外露,在为武帝举行的祝寿宴会上捋武帝须,"可爱好老公,但恨后嗣弱尔。"帝深以为然。《周书·卷四十·王轨传》P66、《北史·卷十·宣帝纪》P42。由于"太子失德",最恰当的继任者迟迟未得到公认,王轨甚至提出了候补人选"每劝帝废之而立秦王(库汗姬所为武帝所生排行第三的儿子)。《隋书·卷38·郑译传》P136。他几乎说服武帝,"高祖深以为然,但汉王次长,又不才,此外诸子并幼,故不能用其说。"《周书·卷40·王轨传》P66。武帝以缺乏选择的余地为托词婉绝,其实正如贺若弼所推断的那样,武帝根本无心沿用护使用过的兄弟相续的办法,更倾向于子承父业。他可以接受韦孝宽的伐陈意见,但无法接受王轨等人的废储建议,选择人品较好的第三子秦王,也没有选择年龄稍长的次子汉王,几乎从未考虑自己的五弟齐王宪,坚持选择自己的长子。宣帝为储时就发现"秦王为上之爱子,王轨为上之信臣。"《隋书·卷三十八·郑译传》P136。却没发现其父无论如何也要以嫡长子继位的决心。

在这场立储争议中,有两个最无辜的牺牲者,宇文泰族子宇文神举对宣帝人格素无好感,也是"太子非帝王器"论断的支持者,参加过王轨、宇文孝伯等抨击太子的聚会,这已经是公开的秘密。宣政元年四月,突厥攻击周幽州。五月,武帝出兵五路对突厥作战,但高祖在云阳(陕西泾阳北,属咸阳)病情加重,停止军事行动,六月逝世于长安。幽州人卢昌期、祖英伯等错误估计形式,聚众占领范阳公开反叛中央政权。叛军迅速被司武上大夫(武帝增设,正六命)宇文神举镇压,俘虏中包括原齐黄门侍朗卢思道,他被神举认为有才华而予以释放并授命草拟文件,随后神举出任并州总管。神举亲眼看到自己多次批评的宣帝仍不可阻挡地成为君主,心中一直忐忑不安,宣帝不喜欢神举在范阳确立的名望,对神举指责、贬低过他的行为始终无法因亲情、战功以及先帝的信任而释怀,赐毒酒死,年四十八。《周书·卷40·宇文神举传》P67。王轨由于反对声最高,在宣帝眼中达到肆无忌惮的程度,所以结局也最不幸,宣帝即位,立即将王轨处决。富有洞察力的贺若弼则逃过一劫,并在隋朝成就一番事业。《隋书·卷52·贺若弼传》P161。武帝时,在中央政府任职的人中,郑译不是一个合武帝心愿但又经常被提拔的人,这种现象并不绝无仅有。周武帝时,郑译起家给事中士,拜银青光禄大夫,转左侍上士。与仪同刘昉恒侍帝侧,译时丧妻,帝命译尚梁安固公主。及帝总万机,以为御正下大夫,俄转太子宫尹。时太子多失德,内史中大夫王轨每劝帝废太子而立秦王,由是太子恒不自安。主要靠太子宫尹郑译的为其寻找应付对策排解,征吐谷浑回来后郑译"坐褻狎皇太子",一度被武帝除名为民。太子复召之,译戏狎如初,因言于太子曰:殿下何时可得据天下? 太子悦而益昵之。在宣帝即位后,郑译超拜开府、内史下大夫,委以朝政,而且很快晋升内史上大夫,相当于中书令。《隋书·卷38·郑译传》P136。武帝没有认真处理郑译是一个重大失误。同时,他也没有看到未来的周室最主要的威胁,真心实意提携杨氏血亲,且由于在肃章门光荣历史,杨雄仕途光明,大象中已为右司卫上大夫,邘国公。杨坚则为丞相。雍州牧毕王宇文贤谋作乱,上仪同杨雄时为别驾,知其谋,以告杨坚,贤伏诛,以功授柱国、雍州牧。仍领相府虞侯。周宣帝葬,备诸王有变,令杨雄领六千骑送至陵所,进位上柱国。《隋书·卷43·观德王杨雄》P146。武帝用人问题的过误还是很严重的,他没有阻断郑译之类的佞妄之辈,没有做好保护王轨、宇文神举等人的预案,没有发现王朝真正的敌人,是他自己一个将不称职的儿子勉强送上了王座,从而给那些本来会安分守己的人创造了机会。武帝泉下有知,不能责怪杨氏尤其杨坚为什么要做得那么好,做得最像帝王,他能责怪的只有自己没有做到最好,而儿子做到了最差。

武帝早就发现儿子的问题:酗酒、轻浮、作假等,对他管教不可谓不严,曾多次因为小的过失就无情地鞭笞他。又令专职文员亦步亦趋,尾随在身后记载他的一言一行,然后原原本本汇报。但这贴身、高强度呵护只是帮助他更早变成一个见风使舵,阳奉阴违、病态的年轻人,父母的期望与臣民的好建议都被过滤掉了,抵制父亲的管教对其手段则如法炮制,来对付有可能带来麻烦的人。尽管北周立国即声言奉行周礼,但是没有从来没有接受它的精神,他不可能象尧舜那样在子女之外发掘新君,武帝别无选择,正是武帝彻底中断了护在北周推行的兄弟相继的传统,这更接近西周君主的历史。武帝不可能预先知道他的国家必须在一种全新机制下才得延续发展,坚持让一个不太理想,心智不成熟年轻人的入主刚刚土地扩大了一倍以上的国家,则极大地增加了这种概率。武帝的成就固然超过了宇文护,他在续任者上所犯的错误比护的任何错误都更为严重,与护更多地将注意力放在国内不同,武帝忽略甚至是放任了宣帝这样一个有人格缺陷的人作为一个专制君主的危险,虽然从理论上国家由君主本人掌握实权显得更为"正常",但是这只能是指对训练有素的候选人而言,武帝选择范围有限,在很多方面有大胆创意的武帝,在这点上只是一个循规蹈矩、谨小慎微的人,他认真挑选国家所需人才,却给国家行政留下一个巨大隐患。如果武帝设立一些课程,储贰必须修读如何为人君,有关国情、国家资源、经济、国防、危机管理尤其是君主每天的具体责任等一些基本课程合格方能取得资格,好逸恶劳的宣帝也许会知难而退,即使他因为贪恋权势而参与考核,也许会因为测试成绩差引起武帝高度的警觉。武帝没有超越周礼,因此没有找到活创制具体的量化办法,武帝实际上很难通过有关太子的模糊评估做出准确评估,他只能以侥幸的态度指望儿子会渐渐变好。

北周严格意义上讲是在武帝时代已告结束,这与武帝毕生努力的目标和宣帝个人预期的结局都相差甚远。武帝的成就部分得益于宇文护,是他造成了皇权与行政权的分离制约的事实,他的继任者宣帝独立行使皇权,只是毫无制约,立即让国家陷于危机中。武帝后期与宇文护同样对国家起绝对支配作用,但他们各自采取的办法有所不同,保定三年,武帝向于谨问及政治之要,后者的治国思想主要可以归纳为三点:1. 纳谏。2. 为国之本在乎忠信。再三强调言行一致或者朝廷的信用对国家的重要性。3. 治国之道必须有法,赏罚要分明。《周书·卷15·于谨传》P25。从日后武帝亲政行为举措中,可以看到这些对他有持久影响,与护对待韦孝宽的意见形成鲜明对比,实际上他与护的主要区别是节俭和进取心,后者两方面都存在重大欠缺。

第六节　北周余声——宣帝为何成为北周最失败的君主

一个政府、国家被轻而易举地修改。

一、宣帝的专制方式

第四任君主宇文赟(559—580 年),公元 578—579 年在位。高祖长子,武成元年（559年）生于同州，建德元年立为太子，武帝坚持立他为储，不知与他汉族母亲是否有关。建德七年（578年）六月高祖逝世的次日即位，登基后改同年为宣政元年，二十一天后即安葬高祖，"宣帝诏天下公除（因公除服），帝及六宫便议即吉（除去丧服）。"《北史·卷10·武帝》P42。这严重违反儒家礼仪，不明就里的京兆郡丞乐运慌忙上疏表示反对，帝不予理睬。因为武帝遗书中有后事"资用须使俭而合礼，随吉即葬，葬讫公除"的安排。他一眼就发现这个规定是自己需要的。宇文赟敢作敢为，是一个容易引起悬念的君主，他似乎部分继承了其父的创新和叛逆精神，这其中有些在应用变得有益，有些则酿成大错。宣帝在职期间的问题容易罗列，难的是确认问题的大小，换言之，到底是宣帝在哪一点上击中了，当然是误击，北周国家的要害，成为国家的实际终结者。登基同月做了两件有全国影响的事：1. 杀害宇文宪，2. 立杨坚女儿皇后。它们可能是对北周政权最坏的事，但是皇帝在执行过程中心情极其愉快。

　　宣帝即位二十六天后（甲子日）这个刚刚二十岁的年轻人匆忙作出了一个后果严重的决定，决心尽可能快地将他眼中潜在的类似宇文护的铁腕人物，宇文泰第五子他的叔叔齐王宪问题最后解决。宪生母达步干氏，茹茹（柔然）血统，与武帝同父异母，早年立有战功，为宇文护所信任，参与护的赏罚。帝忌齐宪，立刻就积极寻求支持者，明确地对孝伯说："公能为朕图齐王，当以其官位相授。"宇文孝伯在建德六年职位宗师，是武帝信任的人，每车驾巡幸，常令居守其后。后武帝北伐时，在云阳宫病重，驿召孝伯赴行在所，武帝执其手曰：吾自量必无济理，以后事付君。是夜授司卫上大夫，总宿卫兵马事。又令弛驿入京镇守，以备非常。宣帝即位，授孝伯小冢宰。不过宣帝这一计划的开局并不好，他的首次邀请就遭拒绝。孝伯叩头曰：先帝遗诏，不许滥诛骨肉。齐王，陛下之叔父，戚近功高，社稷重臣，栋梁所寄。若妄加刑戮，微臣又顺旨曲从，臣为不忠，陛下为不孝。宣帝碰了个不硬不软的钉子后，从此疏远他。与专制制度一脉相承的是，君主任何荒谬的主意都可能找到同谋并得到确实执行。乃与于智、王端、郑译图之。《周书·卷40·宇文孝伯传》P67。至于孝伯，以为自己已经成功说服了新君。却不知宣帝利用了他忠诚的名声。"时武帝未葬，诸王在内治服，司卫长孙览总兵辅政。而诸王有异志，奏，令开府于智察其动静。及高祖山陵还，诸王归第。帝又令智就宅候宪，因是告宪有谋。于是遣小冢宰宇文孝伯谓宪曰：三公之位，宜属亲贤，今欲以叔为太师，九叔为太傅，十一叔为太保，叔以为如何？"宪表示应用太祖勋臣，"若专用臣兄弟，恐乖物议。"孝伯反命，寻而复来曰：诏王晚共诸王俱至殿门。宪独被引进，帝先伏壮士于别室，执宪，宪与于智当面对质时毫无惧色，目光如炬,对自己的遭遇以及这个世界百思不得其解,明确声明唾弃官职权位,更无惧死亡,唯一的遗憾是无法奉养慈母。鬼迷心窍的宣帝还是将他当场勒死,时年三十五。宣帝倒是履行了诺言,证人开府于智得到了宪的职务,进为上柱国,封齐国公。宣帝随便给宇文宪安上一个罪名,但国人都认为死者完全无辜。与宪关系比较密切的上开府独孤熊、开府豆卢绍等俱被杀。宪一共六个儿子,长子宇文贵建德二年十四岁时成为齐国世子,官至幽州刺史,不过在建德五年十七岁时已死去,除宇文贵一个幸运者外,其余并与宪被杀。《周书·卷十二·齐殇王宪传》P20。宣政元年九月,刚刚随越王讨平稽胡回来的行军总管忠心的宇文孝伯,因为在宇文宪问题上不迎合君主,令宣帝耿耿于怀,于是赐死于家,年三十六。宇文宪显然死于猜忌而不是罪过,所有罪名都是匆忙、强行地加上去的。此人本是其父留给继任者的一道屏障,却被自行拆毁,是宇文家族势力莫大的损失。宇文宪不幸遭遇的原因可以有两种猜测,首先,宣帝不过是在完成其父的私下设计,因为武帝拚死拚活也要保留他的储君地位,似乎即使国家冒多大风险也在所不惜。而宪是继宇文护之后宇文家族中另一个出类拔萃的人,"诸弟才略无出宪右。"《周书·卷12·宇文宪传》P20。宪出类拔萃的才华和成就的闪光点早已经点燃了不信任之火,以至武帝一度要重点提防,以间接的方式告诉宪,强行以个人才华与社会地位对等的尝试不仅不可取,而且十分危险。还比喻说,孔子的智慧与其地位之间悬殊,但凭借其圣人般的睿智聪明意识到是才知与命运交替在主宰世界,从而令圣贤令名与君国利益相安无事。其二,是继承了武帝的隐忧而产生的过度反映? 相比之下属于前者的几率要小,因为孝伯明确引述了武帝的临终遗言,武帝的本意是提防而不是根除,提示周国家值得为宪巨大的个人作用冒政治风险。宣帝无法理解这其中的差异,匆忙中对其父的生前的政治手法做了一次粗暴模仿,不失为政治惯性的一个范例。如果宇文宪不是死于非命,又正是年富力强之时,四年后的杨坚计划就会变得很困难,甚至不会有所谓杨坚计划。提到杨坚,不仅要问,处死宇文宪有没有杨皇后的作用? 宣帝在东宫时,武帝为其纳杨后为皇太子妃。杨皇后宣正元年闰六月纳为皇后,虽然立杨妃为皇后在杀宪之后,但是杨后作为最先册立的皇后,算得上是一直受到宠爱的结果,可爱的宠妃应该可以在宣帝前起作用。此前宪曾认为其杨坚仪表非凡,可能威胁周室的延续,请武帝处决他,杨坚本人对此也略有所知,这样的前因作为杨后积极参与此事的动机并无不适。大象元年(579 年)二月,以洛阳为东京,河阳、幽、相、豫、亳、青、徐七总管受东京六府处分。(大成元年二月以迄,晏驾并移相州六府于洛阳,称东京六府。《周书·卷7·宣帝纪》P13。(相州治邺城,北周建德六年，灭齐后，于相州（治今河北临漳）、并（太原）二总管各置宫及六府官（即天地春夏秋冬官）。宣帝改变区划的目的是扩大中央直接控制地方行政，这个中央正成为杨坚囊中物。与之相反的是减少宇文诸王封地的面积，大象元年五月以洺州（今永年河北邯郸一带）襄国郡为赵国，齐州济南郡为陈国，以丰州（内蒙河套治九原）武当、安富二郡为越国、以潞州（山西）上党郡为代国，以荆州新野郡为滕国，邑各一万，令诸王招、纯、盛、达、滕王就国。在全国五百余郡中，仅以区区六郡之地安置五位叔父，宣帝低估了这些未来殉国者的能量与作用，所以这些人后来死得相当窝囊。与之形成强烈对比的是，静帝时，杨坚爵为隋王，封地达到二十个郡，隋王一人是北周五王之郡三倍以上。

在易变的柔性制度下，实现一个目的可能存在多种不确定的选择，这就意味着蕴藏着多样杀机，宇文宪死于非命，支持宣帝这一自杀行动的不是政府任何一个组织机构的运作，而是几个利欲熏心、居心不良者临时拼凑在一起制造的罪行，当然也就不会有公正的审判。制造罪行与建设性工作不同，后者经常是孤立的举措，前者则往往是一连串的。新君的杀戮行动远未结束，大成元年（579 年）二月不幸降临在徐州总管王轨身上，这个纯粹出于国家利益考虑、肆无忌惮地请求武帝废黜太子的人，现在遭到了报复。宣帝将杀王轨，阻止宣帝滥杀的大臣颜之仪、元岩被当场羞辱，宣帝命令宦官抽打元岩耳光，又将其废为平民。《隋书·卷 62·元岩传》P68。王轨死后，其职务为韦孝宽代替。象王轨这样心地善良、才德兼具有功于国的人因为私怨就可以处死，对待异议就更不在话下。尉迟运在宣帝即位时授上柱国，"运之为宫正也，数进谏于帝，帝不纳，反疏忌之，时运又与王轨，宇文孝伯，等皆为武帝亲待，轨屡言帝失于武帝，帝谓预其事，愈更衔之，及轨被诛，运惧及于祸，寻而得出为秦州总管，至州尤惧不免，遂以忧薨。六官制启动时司乐中大夫斛斯征，后加骠大将军、开府。武帝命太子及诸皇子向其行师礼，宣帝即位他为大宗伯，看见宣帝开始胡作非为，他以师傅身份上疏陈帝失，被郑译所谮，下狱，被狱卒张元所救，又遇赦得免。（他归顺入隋理所当然，杨坚即位，为太子太傅，开皇初死去。）宇文神举，威声甚振，帝亦忌其名，兼以宿憾，于是赐毒酒取神举性命。从护时代起就深受信赖的刘行本，宣帝时为掌朝下大夫，因为对至尊提出批评，忤旨，出为河内太守。《隋书·卷 62·刘行本传》P177。于翼弟于义北周明帝武帝时历任三州刺史，宣帝即位。郑译、刘昉以恩幸当权，因为认为于义不利于自己，于是向帝上奏谮于义，宣帝根据二人的描述就认为于义的言行已经达到"谤讪朝政"的严重程度，若非御正大夫颜之仪劝解及时得当，让宣帝释怀，于义或有性命之虞。令人并不意外的是，颜之仪的行为也曾惹恼皇帝,欲并致之于法,以其谅直无私,乃舍之。《周书·卷41颜之仪》。这反映宣帝判断力时好时坏,以自己为唯一衡量事物的尺度。仅仅是因为皇帝心地狭窄,一下失去赤胆忠心的王轨、元岩、尉迟运、斛斯征、宇文孝伯、宇文神举、刘行本。以宣帝的计算能力,只能算出七人的总额,这个数字在全国三千万人口中可以忽略不计,但是此七人对国家的影响力,肯定远远超出户籍上的七个人口统计数。王轨、宇文神举等之死是一个危险且意味深长的信号,这些更有道德感的人比贺若弼、郑译等的命运更差,不是偶然孤立的事件,而是一系列有关联因素共同造就的必然结果,它昭示北周的国运已经无法逆转。

与龌龊肮脏的宫廷阴谋与现实相比,国家政策从语言文字表面上看起来就舒服多了,几乎算得上沁人心脾,令人口齿留香,宣政元年(578年)八月,宣帝遣大使巡察诸州,诏制九条,宣下州郡,以下略经分类整理:

一:决狱科罪,皆准律文。

二:以杖决罪,悉令依法。

三,母族绝服外者听婚。

四:孝子顺孙义夫节妇表其门闾,才堪任用者即亦申荐。

五,郡县当境贼盗不擒获者,并仰录奏。

六:或昔经驱使名位未达,或沉沦蓬荜文武可施者,亦并采访,具以名奏。

七:伪齐七品以上已敕收用,八品以下爰及流外,若欲入仕皆听预选,降二等授官。

八:州举高才博学者为秀才,郡举经民行修者为孝廉,上州上郡岁一人,下州下郡三岁一人。

九:年七十以上依式授官,鳏、寡、困乏不能自存者,并加廪恤。

从以上这些看起来,宣帝似乎已经从杀害宪的疯狂状态中变得完全正常,其实不然,宇文孝伯就是九月份处死的,这几乎是他唯一正常的重要决定究竟是否与之有关。不妨先将上述内容予以归纳,可分为五条:1. 依法审判,2. 行政问责。3. 礼合于人道。4. 延揽人材。5. 社会救济。它们都十分必要,关键还要考察相关政策落实到何种程度,其实与他日后的行为怎样也无法联系在一起。诏书不可能出自他之手,诏书出台也不能归咎于他可能没有过目,对照他的行为,就可能坚信这种推测。

二、走向歧途的政经变革

1. 宣帝废除北周至武帝时代的法律,大成元年(579年)正月,颁行北周有史以来最为严酷的《刑书圣制》。

2. 实际废止周官行政体系

他父亲对祖父宇文泰推行的周官制度高度评价,刚一即位,(保定元年正月)就公开表示了要延续这套制度的想法。宣帝则不同,大象元年(579 年)正月,受朝于露门,帝服通天冠绛纱袍,群臣皆服汉魏衣冠。这是一个重要的信号,新帝对周礼不是十分热衷,对皇位也是如此,这是他的家人、传统以及所有拥戴他的人所始料不及的。他对皇位的兴趣远不如武帝为确保他能够登基所花费的时间长。随即将大象元年改元大成(579 年)。初置四辅官,即大前疑、大右弼、大左辅、大后丞。以上柱国大冢宰越王盛为大前凝,相州总管蜀国公尉迟迥为大右弼,申国公李穆为大左辅,大司马隋国公杨坚为大后丞。三个异姓两个姻亲。大司徒改为于翼,宇文善为大宗伯,立鲁王宇文衍为皇太子。中央机构设置的变化改变了泰以来的理想。然而这还不是最难以预料的后果,大成元年二月辛已,即位不到九个月,正当二十岁盛年的宣帝几乎立即就有惊人之举,二月份的一份有问题的诏书:……域中之大宝,悬定于杳冥,天下为公,盖不避于内。……朕今传位于衍(573—581 年)579—581 年在位。改大成元年为大象元年。"将皇位传给了太子,但只是卸下了皇帝的责任,特权则一件不少:帝自称天元皇帝,所居称天台,冕有二十四旒,室服旗鼓皆以二十四为节,内史御正皆置上大夫。皇帝衍称正阳宫,置纳言、御正诸卫等官,皆准天台。尊皇太后为天元皇后,封内史上大夫郑译为沛国公。《周书·卷7·宣帝纪》P13。这种离奇的行为极其少见,赵武灵王曾有类似的举动。天元皇帝对传统政治美德的理解是断章取义的,为公以及不避亲友的目的是选拔最恰当的人选,而他本人既非为公,也没有选对人。这基本上是一个错误乃至荒谬的决策,肯定不是一个集体而是由他一个人作出。很难说宣帝是否受到某种压力,如果说出于早一点培养出继人者的愿望那也说不通,因为宇文衍还只有七岁,不可能如此早熟,胜任管理一个国家。对宣帝而言,将自己选定的任何人送上预定位置,是一个专制者的能力显示,但这绝对是一个毁灭性的选择。不过他只是象征性地离开君位,他的继任者年幼无知,所以他执意安排两个君主的双轨计划并未真正妨碍他行使全部皇权,步入通过源源不断的政治利益来享受生活的轨道。随后破天荒地同时册立五个皇后,事先他倒是问过学者们,"宣帝初欲立五后,以问儒者辛彦之,对曰:后与天子匹体齐尊,不宜有五。"过去深受周武帝重视的太常博士何妥反驳说:帝喾四妃,舜又二妃,亦何常数?"见风使舵的何妥因此封县伯。《隋书·卷 75·何妥传》P205。大象二年二月以后天元皇帝从将兴趣从经济文化中转移到皇后身上,一心琢磨出更为考究的名号,所有的名称前均带有天字。二年二月,改制诏为天制,敕为天敕,所有的皇后名称前都必须安个"天"字。大象元年四月立妃朱氏为天元皇后,六月陈山提之女以选入宫,月余拜为天左皇后。七月,司马消难女为正阳宫(即静帝宇文阐,一名宇文衍)皇后(消难迁大后丞,随即她为静帝皇后),尊天元帝太后李氏为天皇太后,改天元帝后朱氏为天皇后。立妃元氏(元晟女)为天右皇后,妃陈氏(陈山提女)为天左天后。八月以天左皇后父大将军陈山提,天右皇后父开府元晟并为上柱国。皇帝本人每对臣下自称为天,不仅如此,大象二年(680年)三月宣帝行幸同州,于是改同州宫为天成宫。甚至鞭笞人的器具也要称天杖,否则就是犯罪。以五色土涂所御天德殿,各随方色,又于后宫与皇后等列坐,用宗庙礼器就餐。群臣朝天台者皆致斋三日,清身一日。车骑章服倍于前王之数,既自比上帝,不欲令人同己,乃至别人的衣帽饰物也不能与自己的有所相同,否则一概去掉,而他的装饰又经常会变,令一些亲近的人因为每天如何安排自己穿衣变得神经错乱。大象二年三月,命令天台侍卫之官皆着五色及红紫绿衣,以杂色为缘,名曰品色衣,有大事与公服间服之。拒绝听到别人有高大之称,姓高的要改别的姓,九族称高祖者改为长祖,曾祖为次长祖;官名中有上及大者改为长,有天者亦改。又令天下车皆以浑成木为轮,禁天下妇人皆不得施粉黛之饰,唯宫人得乘有辐车,加粉黛。由于后宫规模急剧扩大,宦官地位开始重要起来,他的宦官已成为生活与政治之间必不可少的衔接,有周一代,绝无仅有。在改变宫廷政治与日常生活起居制度的同时,个人欲望也得以同步满足,做储宫时慑于父威,还矫情饰意,轻松即位后,立即变得变本加厉,疯狂地追逐女色。大象元年五月,遣使简视京兆及诸州士民之女充后宫。如果只是一州选出一个送京,这肯定不难,不过这个数字远远超过高祖规定的八人。武帝在建德六年十一月下诏:后庭事从简约,可置妃二人,世妇三人,御妻三人,自兹以外,悉宜减省。"宣帝明显地将责任与工作混为一谈,甚至连续十天不离后宫,给一些不明就里的人造成皇帝疯狂勤于政事的假象,大臣的奏事全靠奄官转告。除另行随机在民间公开大量采集民女入宫,对待亲属的女眷也无所顾及忌,最后发展到"宇文亮子温即帝从祖兄子,(堂兄弟的儿媳)其妻尉迟氏有色,因入朝被帝逼淫,导致安州总管宇文亮因恐惧而造反,亮是宇文导之子,当时他与韦孝宽奉命伐陈返回豫州,想到宣帝的所作所为,对他的属下长史杜士峻说,帝是暴君,将危害宇文家族,我是其中一员,不忍心看到国家倾覆。不如袭击韦孝宽,兼并其军,然后请诸父领头,一鼓作气,他的意思是更换君主,国家才会正常。可能是对自己家族因为儿媳(至少在传言中可以有此一说)得到的高官厚禄厌倦透顶。不料他的养马官茹宽密告韦孝宽,袭击计划破产,亮被韦孝宽所杀。《周书·卷10·宇文亮传》P17。子温因其叔父宇文翼无子而为其嗣,也被杀,国除。刚诛杀亮、温、明父子,尉迟氏随即就接到入宫命令,初为妃,不久立为皇后。由于宇文亮、温、明父子一个不留,只好以亮四弟椿为后,继为杞国公。这是个人不道德生活影响国家政治稳定的一个例子,史家绝望地写到,"宣帝每召侍臣论议,唯欲兴造变革,未偿言及治政。"大象元年十月以后,他花样翻新,命散乐、杂戏、魔术等演艺员日夜轮番为妻表演,喜好的另一件事就是让京城少年男扮女装入殿歌舞,与皇后嫔妃等女流之辈共同观赏;大象元年十二月,因为天文异象天元皇帝自我隔离了几天,以平息上天的强烈反应,为了庆祝枯燥日子结束,也作为一种补偿,在正武殿集百官及宫人内外命妇,大列妓乐,又纵胡人乞寒,用水浇沃为戏乐;大象十二月帝在洛阳亲自赶车取乐。宣帝绝对是一个特别好热闹、讲排场的人,大象二年三月行幸同州,增候正前趋戒道为三百六十重,自应门至于赤岸泽数十间,幡旗相蔽,鼓乐俱作。又令清一色手执全金属短矛的骑马武贲全程警卫、清道。到中山祈雨成功返宫时,"壬午,幸中山祈雨,至咸阳宫,雨降,甲申还宫,令京城士女于衢巷作音乐以迎候。"由于他精力过剩,日夜寻欢作乐,以至陪侍之官皆不堪命,叫苦不迭。这些人不明白宣帝的人生目的就是赶紧实现他即位之前的所有生活梦想,对国家的责任就淡然得多,而上述做法在经济承受力上看似没有一点问题,至少从未单独反映出来。其实,从国家的一些新举措中还是可以发现,宣帝实现个人志向的成本已悄然转嫁到国民身上,大成元年二月,半公开地宣布增加劳役,发山东诸州兵增一月功为四十五日役(即将服役时间从一个月改为一个半月),起洛阳宫,从此直到宣帝逝世保持常役四万人左右,即使尚未完成的洛阳宫,极尽奢华的装修也远远超过汉魏时代,它与武帝时代的节俭、紧缩政策大相径庭。并于大象元年十一月铸永通万国钱,以一当五行大布十,合五铢钱五百文,是真正的大钞,与武帝时代的五行大布并行。由于宣帝一心忙于提高自身生活质量,尝试新生活,国家对货币监管立即失控,导致兴起严重的盗铸之风。大象二年春正月,又恢复了入市税,"初税入市者一钱。"估计国库开销有过快增长之嫌,开辟新的财源乃是当务之急,虽然刚刚征服齐国不久,但是对新管辖地一直有给予当年或几年之内免赋税的惯例,所以税入市也不失为一个办法,聊解燃眉之急。

从对佛教的态度来看,他更不是一个忠实执行遗嘱的人,断然改变他父亲一个政治发展潜力乐观的国家对佛教的定位,再兴崇佛之风。大象元年十月,在大众广庭之下安排自己与所造佛陀像、元始天尊像二座一同面南而坐,令国人观摩,由于他本人的表情最为鲜活生动,他或许是想让国人很容易记住这张脸,并像神一样地被崇拜,他觉得自己这次在国民面前比较完整地展示了自己的形象和才华,出尽风头,同时安排大量舞台戏剧、杂耍等表演,鼓励京城士民自由观赏。他可能认为这样既虔诚又人道,其实这种离经叛道对佛、道二教半尊半亵的作法,既可能激怒政治精英,也不会讨好宗教领袖,大多数国民看来简直惊世骇俗,目不忍视。大象二年二月帝幸露门行释奠之礼,追封孔子为邹国公,形式上对儒家姿态上友好,不过对儒术文化中至高无上的力量所在,所谓的天威从来就并不虔诚。大象元年十二月戊午,以灾异屡见,帝御路寝见百官,诏曰:穹昊在上,聪明自下,凶吉由人,妖不自作。朕以寡德,……大道未行,小信非福。……至有金人南斗,木犯轩辕,荧惑干房,又与土合,流星照夜东南而下,然则南斗主于爵禄,轩辕为于后宫,房曰明堂,布政所也。火土则忧孽之兆,流星乃兵凶之验,岂其官人失序,女谒尚行,政事乖方,忧患将至,何其昭著!若斯之甚,上瞻俯察,朕实惧焉!将避正寝、斋居,克念恶衣、减膳、去饰,撤悬披不讳之诚,开直言之路,欲使刑不滥及,赏弗逾等。选举以才,宫闱修德,宜宣诸内外,庶尽弼谐,允叶民心,用消天谴。于是舍仗卫,往天兴宫。百官上表劝复寝膳。(过了五天)甲子还宫。《周书·卷7·宣帝纪》P14。为天体异象斋居时,不知是皇帝本人事先就没有作长期打算,准备敷衍了事,现在一天也难以忍受,于是迫不急待暗中授意群臣积极上表;还是百官认为没有皇帝参与,国家行政系统行将瘫痪,在极短的时间内,情绪就出现剧烈波动。皇帝就是以对比之下,个人行为反差太大的精神状态等待自己难得的严肃举动带来的美满结果,这令他的虔诚显得有些滑稽。大象二年二月是麻烦的期间,出现了黑龙与赤龙搏斗的异像,更不幸的是象征周室的黑龙在搏斗中毙命,关键是这些请况均是被昼夜眼睛不眨,密切注视天空的人观测到的,还是记载了幻觉或传闻,不得而知。这些在当时属于不可抗力的现象是否影响了长期为君的意愿?要用特定文字加重或为皇室的重要性制造气氛的时候,通常都是它已到了岌岌可危的时候,不管命名者是出于重树信心、浮夸还是幼稚心理。大象二年四月有大星出天厨流入紫宫,抵勾陈乃灭。这吓坏了宣帝,下诏声明自己治理国家不善,对奇异天象尤为重视,……朕以寡薄昧于治方,不能使田地休和,阴阳调序……罪责在躬。"虽然兆像凶险,但皇帝毫发未损,因此,天元宣帝第二次就有了经验,没有再去做那费力不讨好的事,对策是简单地宣布大赦。对意义重大设计国家命运的问题亦敷衍了事,在例行公事中反复无常就很容易理解。大成元年正月,由于颁行严酷的《刑书圣制》引发了广泛的异议,以至一位耿直的低级官员乐运,乃"舆榇诣朝堂"就是带来为自己准备的棺材发表异议,表示随时准备被处决。这是官员对皇帝的重大决策、行为等有反对意见时最高级别的应对办法，乐运陈帝八失。1. 独断。2. 好色。3. 不理朝政。4. 滥用刑罚。5. 大兴土木 6. 肆意征税。7. 朦胧的言论自由思想。8. 修政除天变。话音刚落，就险些被杀。乐运曾对武帝说宣帝是"中人"之资，完全有希望为人君，现在轮到他尝尝自己说话模棱两可的滋味，"帝大怒，将戮之，朝臣皆恐惧，莫有救者。"内史中大夫元岩机智又冒险对宣帝解释，说乐运的目不过是为了自己成名，不要落进他圈套，乐运才侥幸获免。第二天睡眼惺忪、一脸疲惫的宣帝又夸他是个忠臣，将令人馋涎欲滴的御食大餐赐给其分享。不过，从北周至隋开皇五年，乐运虽然跨越了王朝，官职则从未超过县令，皆因为人直率。《周书·卷 40·乐运传》P68。

父亲未结束的战事仍在继续，新君的态度则有所调整，宣政元年（578 年）四月，武帝逝世前两个月即四月份，突厥攻幽州，五月武帝发兵五道进攻突，至云阳病因停诸军。宣帝即位后即十一月，突厥攻酒泉。北周与突厥自宇文泰以来的传统结盟关系看来已分崩离析，可能是由于北周因国力强大变得咄咄逼人，也可能是突厥人的某个欲望北周无法满足，但是，宣帝得到稳定突厥人的机会，大象元年二月，突厥佗钵汗向周请和，周同意以赵王招女千金公主和亲，但需执送逃往突厥的齐范阳王高绍义，求婚者认为这个要求难以接受，对北周展开了频频进攻，大象元年五月突厥寇并州，六月周发山东诸民修筑长城，十一月突厥又包围了酒泉，杀掠吏士。《北史·卷 10·宣帝纪》P42。当时周已成为北方大国，木杆可汗逝世后突厥又面临分裂。宇文护及武帝时期与突厥都还算是平等的合作者，突厥不愿意看到统一的北方。武帝对突厥的骚扰没有恐惧，只是因为疾病没有实施他的进攻计划。宣帝则不同，没有立即反击甚至采取积极防御的政策也没有，在始终没有从突厥得到高绍义的前题下，宣帝作出让步，决定以赵王招女千金公主嫁突厥了事。大象二年二月，突厥使至，迎娶齐千斤公主，历时刚好一年。《北史·卷 10·宣帝纪》P42。

南方的战场则一直在比较顺利。宣政元年十二月，以上柱国、河阳总管、滕王逌为行军元帅，率众伐陈。免京师见徒（在押）并令从军。（并未因废佛而兵员充裕）《北史·卷 10·宣帝纪》P42。大象元年二月处决王轨后停南讨诸军，尽管从去年四月起突厥对周的骚扰越来越频繁，但停止伐陈主要可能还是因为宣帝在元年二月要宣布禅位给皇太子衍，以便世界的目光集中于新帝即位。《周书·卷 7·宣帝纪》P13。大象元年（579）九月，令韦孝宽率宇文亮、梁士彦伐陈，十一月分别占领寿阳、黄城、广陵，陈人退走，陈国名将吴明彻为王轨、梁士彦所擒，于是江北全境平定。《北史·卷 10·宣帝纪》P43。北周占领了整个长江以北，宽所到之处,陈人皆密送款,说明厌烦了本国混乱的陈人对正在北方朝廷内发生的荒唐事由于信息管道不畅却所知甚少。南方国民对宣帝治下的北方抱有不切实际的幻想,也是导致陈国家开始瓦解的原因。与陈国人一样,宣帝对陈国内情况的了解几乎一片空白,建立丰功伟绩的良机被白白浪费,从大象二年二月以后,皇帝主要注意力转向了皇后的名号、感官的需求之上,杨坚则大踏步地奔向君位。

宣帝上述诸端举止多半看起来属于反常,言与行判若两人,始终给人一种反复无常、诡计多端、头脑十分混乱的感觉。宣帝对制度的改变不是修正制度的弊端而是增加其弊端,他的双皇帝、五皇后、四辅制度创意不伦不类,令人难以接受。由此也显示,因为没有相关的稳定制度,所以制度才会产生牾角。新皇们既可下相关的诏书来恢复国人的记忆,也可以恣意妄为,偏离正确路线。强调成文法不是一件坏事,依法审判肯定受国民欢迎,但是立法时却不考虑他们的承受力,给出了过于苛刻的标准,比如,大象元年八月,高祖的《刑书要制》被判过于严厉而废除,而替代它的是更严酷的《刑经圣制》,此类逻辑混乱的作法,在宣帝的政治生涯中不胜枚举。后代的学者对他的评价中,勾勒出的是一个暴君形象:唯自尊崇,无所顾惮,国典朝仪,率情变改,后宫位号,莫能详录。摈斥近臣,多所猜忌,又吝于财,略无赐与。恐群臣规谏之,不得行己之志,常遣左右密伺察之,动止所为莫不抄录(这借鉴了他父亲的手法),小有乖违,辄加其罪。自公卿以下,皆被楚挞,其间诛戮黜免者不可胜言。每笞捶人,皆以百二十为度,名曰天杖。宫人、内职亦如之。后妃、嫔御虽被宠嬖,亦多被杖。于是内外恐惧,人不自安,皆求苟免,莫有固志。重足(因恐惧而不敢微动)累息(因恐惧不敢呼吸),以逮于终。《周书·卷7·宣帝纪》P14。"周宣嗣位,不率典章,衣袆翟。称中宫者,凡有五。夫人以下,略无定数。《隋书·卷三十六·后妃传》P132。

五月宣帝死(在位二十二个月)就是这样一个为所欲为的人作为领袖,北周仍在南方的战场控制局面,最后统一长江以北。说明周此时已经比较健全,相对强大,尚在运行的主要制度仍在有降低或效抵消宣帝胡作非为的后果。

578年(宣政元年)六月,宣帝即位后任命的主要官员

中央政府

职位		续任者
太师	宇文招	宇文贤
太傅	宇文纯	
太保	宇文盛	

大冢宰　　宇文盛　　宇文贞

大司徒　　长孙览　　于翼（长孙览以小司空、柱国受武帝遗诏辅政）

大宗伯　　斛斯征　　宇文善

大司马　　杨坚

大司寇　　宇文椿

大司空　　王谊　　　宇文贤

四辅

大前凝　　宇文盛　　尉迟迥　　杨坚

大右弼　　尉迟迥　　宇文达

大左辅　　李穆　　　韩建业　　大左辅

大后丞　　杨坚　　　司马消难

军职

上柱国　　宇文达、宇文逌、尉迟运、长孙览、杨坚、宇文盛、王杰、辛威、韦孝宽

陈山提、元晟。　　于寔

地方

相州总管　　尉迟迥

安州总管　　宇文亮

襄州总管　　王谊

秦州总管　　尉迟运

河阳总管　　宇文逌

徐州总管　　梁士彦

雍州牧　　　宇文贤

扬州总管　　杨坚

南兖州总管　　杨坚（宣政元年七月以前）

洛州刺史　　元亨《北史·卷61·窦炽传》P232

封建

荆王　　　宇文元

宣政元年七月，

小宗伯斛斯征为大宗伯，

以南兖州总管、柱国、隋国公杨坚为上柱国、大司马。

八月

陆续以大司徒亮为安州总管，

上柱国长孙览（是武帝在藩是就亲善的人也是留给宣帝的一份遗产）为大司徒，

柱国王谊（武帝交代要安排在身边的可靠的人）为大司空，

柱国椿为大司寇，

柱国宇文盛、王杰（儿女亲家?）、辛威、韦孝宽为上柱国，皇弟元为荆王。（八月，由长孙览代替宇文亮为大司徒。以王谊为大司空。宇文椿为大司寇，以宇文盛、王杰、辛威、韦孝宽为上柱国。）

十月

以大司空王谊　　　　为襄州总管，

十二月毕王贤　　　　为大司空。

次年正月改为大成，579年。正月，

初置四辅，以上柱国、大冢宰、越王盛为大前凝。

相州总管尉迟迥　　　　为大右弼。

申国公李穆　　　　　　为大左辅。

大司马杨坚　　　　　　为大后丞。

以柱国于翼　　　　　　为大司徒。

柱国宇文善　　　　　　为大宗伯。

立鲁王衍为皇太子。

二月改大成元年为大象元年。

改元后以大前凝越王盛　　为太保，

大右弼尉迟迥　　　　　　　为大前凝，（这是他最好的机会，但是他没有郑译、刘昉之类的协助者，七月就被杨坚取代。）

代王达　　　　　　　　　　为大右弼。

大象元年三月，上柱国长孙览为泾州总管。

大象元年四月，进柱、国毕王贤为上柱国。

七月

以大司空毕王贤　　　　为雍州牧，

大后丞杨坚　　　　　　为大前凝，

柱国司马消难　　　为大后丞。

大象元年八月杨雄也得到国公称号。八月升上柱国雍州牧毕王贤为太师，上柱国韩建业为大左辅。九月以酆王贞为大冢宰。

静帝时期人事任命一览表

大象二年五月宣帝逝世至大象三年二月杨坚即位止

右大丞相　　　宇文赞

左大丞相　　　杨坚(总理国事)

备注：二年九月废左右丞相建制，以杨坚为大丞相。十月又加大冢宰，令五府总于天官。)

大前凝　　　宇文实

大右弼　　　宇文贽

大左辅　　　于寔(时封燕王)

大后丞　　　司马消难(最后一任大后丞，大象元年五月任命)

太师　　　宇文赞　汉王

太傅　　　李穆　申国公

太保

大冢宰　　　宇文贽

大司徒　　　宇文椿

大宗伯　　　杨瓒(一名慧，他反对杨坚执政，担心不成功而受牵连，一度准备谋害坚。但不反对政治分肥。)

大司马　　　窦毅　杨勇

大司寇　　　元孝矩

大司空　　　于智

上柱国：　汉王赞、宇文贽、宇文善、窦毅、侯莫陈琼、阎庆、宇文椿、于寔、贺拔伏恩、于翼、宇文忻、杨雄、王谊、贺兰誉、梁士彦、梁睿、叱列长文，崔弘度、宇文恩、宇文述、和干子、王景、杨锐、李崇、李询、豆卢绩、杨勇。

周大象二年十一位总管：

地区	姓名	任命时间
扬州总管	杨坚(杨忠子)	二月
并州总管	李穆	建德后期
相州总管	尉迟迥(鲜卑族)	宣帝元年六月
青州总管	尉迟勤	大象二年

交州总管	司马消难	（杨坚辅政前）
郧州总管	司马消难（司马子如子）	大象元年二月以后
吴州总管	于寔（于谨）	七月
襄州总管	王谊（王盟兄之孙《北史卷61》）	七月
亳州总管	贺若谊（世为部落大人）	七月
益州总管	王谦（王雄子）	七月
益州总管	梁睿	五月以后
信州总管	王长述（隋卷51长孙炽传）[2]	八月以前
洛州总管	杨勇（坚子）	九月

当然不是当时周代的全部总管，但正是这几个人决定了周、隋的转换过程。可以清楚地看到政治体制的作用范围，实力派之间的较量并不能决定政治格局，（维护原有的格局成为这个国家统治者们的惯性。）但决定政治后果，这毫无疑问。上述名单看起来鲜卑族及宇文氏政权仍很牢固，政府内等权力位置上挤满族人和亲人。

官员名单中大部分人士重复出现，北周人不当隋官可能意味着背叛，其中不乏迫不得已者。窦炽用自己的才华和勇气效忠皇室，作为可与武帝有内心交流的人，在武帝逝世后。他在宣政元年兼雍州牧，宣帝营造东京时窦炽官居京洛将作大监，"宫苑制度皆取决焉。"似乎对他高度信任的武帝还活着。杨坚辅政，中止洛阳宫营造，尉迟迥举兵，炽移入金墉，与洛州刺史元亨同心防守，仍权行洛州镇事。及坚为相，百僚皆劝进，自以累世受周恩，不肯署笺，时人皆高其节。不过这只是一个姿态，杨坚即位后窦炽立即接受太傅职位，担任隋职直到开皇四年死去。《北史·卷六十一·窦炽传》P232。窦炽即效忠于武帝，又对宣帝惟命是从，他们不挑君主，这种人在别的任何君王那里也一定会有发展。

始终是同一批人当官行政可以保持政策特性，也是文化整齐划一的象征，唯一的问题就是窒息了异议，大量的无能之辈既可以对国家的现实问题熟视无睹，也无需为自己的错误负责，而是习惯于让民众全部归咎于君主。文化压力多样性由上可以清楚看到，人们似乎更为看重杨坚的个人魅力，不排除事后的过分渲染，但是人的忠诚与切身利益竞争时，后者总是更具有生命力，人们为了利益比为了忠诚所能做的事多得多。

宣帝时代的北周制度是在为另一个朝代运转，这个结论来自于一个完整的证据链：1. 它脱离了宇文泰至武帝以来的虔诚、进取的精神轨道。2. 运行即可以产生功效的制度结构被拆散。3. 对自己的错误根源一直毫无察觉。

这个时代的制度运作因为具有宣帝的上述个性，积累了大量的反对者，这个缺乏高尚情操的年轻皇帝，误以为这是一件非常个人的事，实际上是这个国家每个人的事，它向所有人传递有关皇帝的负面信息。任何君主的威望最初都有虚拟的成分，有些君主奋力将其转化为真，用自己的智慧、勤劳、坚毅充实了经典概念。然而大多数都很平庸，无法实现与已经赋予他们那样巨大权力相称的目标，只能制造新的幻境乃填充正在破灭的旧幻觉，国家与人民的真实需求倒是无人理睬。

三、武帝、宣帝两代强势君王的异同

1. 武帝日常生活的成功与失败

保定五年二月，北周陈国公宇文纯、许国公宇文贵，神武公窦毅，南安公杨荐等带大量物质和随员一百二十人组团前往突厥，目的是促成当年木杆可汗和宇文泰为各自的子女定下的婚约，木杆可汗一直有悔婚的意图，因为齐国也看中了这门婚事的政治好处，在极力争取迎娶突厥女，木杆也答应了齐人。这个北周使团经过艰苦的努力，加上一些运气，终于不辱使命。天和三年可汗女带着陪嫁在宇文纯等的护送下抵周，武帝亲迎。《北史·卷 14·后妃阿史那氏》P58，《周书·卷 5·武帝纪》P8。这成为孝文帝种族通婚政策以来在北周的又一个高峰，此前孝闵帝的皇后也是西魏文帝元宝炬女，但文帝本人已属混血。强大的突厥汗国女子与中原联姻改变东、西两国的政治力量对比，建德元年，突厥卓越的首领木杆可汗逝世，武帝对这个机会应用是否充分意见不一，但由于与木杆汗的特殊关系，他至少保证了国家的北方边界基本稳定，木杆可汗逝世后，突厥才渐渐失去控制。求婚失败的齐后主以全国关市邸店的收入作为自己固定声色之费，军国所需也不准动用。《通典·卷十一·食货十一》P131。他在此项消费上越多，料理国事的时间就越少。武帝没有给机会让后主与宣帝共同掌管北方，否则他们可能形成攀比之势，尽管没有竞争者，宣帝以其混乱的生活逻辑马不停蹄地制造宫廷乃至国内外政治矛盾，武帝将国家的安危置之度外，为维护储君传统排序力排众议，最终作出了错误选择。

2. 权利的处置与行政的矛盾

对护的处理及对宪的处理都有草率之嫌，但是武帝个人能力可以弥补护的缺失，也大致符合周礼的理想，与国民对君主和执政的传统认识相吻合。对宗教的处理武帝过于严厉，而宣帝近乎儿戏，显然也是一种伤害。不过基本没有停止对南方政权作战。这是宣帝仅有的政绩。

在维护基本制度时，武帝相当坚决，宣帝虽然执政时间短，后果严重，表面上

是宣帝在裸泳,损害的是个人形象,却导致了宇文政权的崩溃,北周的信念、主要制度、节俭风格等则仍能被后世所能接受。宣政元年(578年)五月武帝逝世,宣帝即位,579年正月改元大成元年,二月让位于六岁的静帝,改元大象。580年(大象二年)五月宣帝逝世,杨坚得以总理朝政,十二月为相国。581年(大象三年)正月改为大定元年,二月隋废静帝,周亡,长安国都已历二十五年。隋筑大兴城为国都(陕西西安东南)改开皇元年。宣帝的政治生涯与生命都是那样仓促,从578—581年的短暂时间内,经历四位皇帝的生死存亡的急剧变换,宣帝恰好是一个中轴,他与前任后任都是如此不同,他所倡导的一切不为这两个人任何一个所接受,很难理解他为何竭力回避他父亲带来的成功诸多行为准则,国家的不幸结局并不是他的希望,他没有也不能估计到自己行为的后果,所有与他有类似行为的君主都是如此。武帝出于自私的理由选择了这个没有准备好的年轻人接管一个国家,当然合乎人性。他希望自己的血统、才华、事业、财富在这个与自己血统最近的人身上得到成功延续,君位会给他带来满足,得到磨练,至于他的人格缺陷,当然会危害国家利益,伤及无辜。但是,武帝也没有想到,受损的还有子孙生命的代价和家族奋斗了几代事业。宇文觉有他的宇文护,杨坚却不是宇文衍的宇文护,他当然是另一个宇文泰,宣帝对此却一无所知。如果说武帝将一个不合格的人放在地位上至少是拿儿子生命和国家冒险的话,宣帝将一个儿童置于同样位置就显得十分荒谬。原则上这是一个涉及是否称职带来的问题,没有合格继任人选时无法扩大选择范围,只能退求其次,这种情况必然导致国家起伏不定,除非国家具有稳定的制度和有效的民意。武帝给儿子的国家当然还不够完善,而且武帝还低估了破坏性人格不受公共利益或者私人利益概念的束缚,在两者界限并不清晰时更是如此。

由君主主导的国家失败例子居多,由权臣引起的国家失败的例子很少。原因在于权臣通常是能干、有影响力,有见识的人、成熟的人,国君有些是毫不费力得到的位置,他们中有大量不胜任职务的人。

第七节　权力光谱

一、权力组合——种族

1. 西魏至北周的重要任命一览表

西魏大统十六年以前八柱国名单。全称:使持节柱国大将军

宇文泰　　　总百揆、都中外军

李虎　　　　大都督、尚书左仆射

元欣　　　　大都督、大司徒

李弼　　　　大都督、大宗伯

独孤信　　　大都督、大司马

赵贵　　　　大都督、大司寇

于谨　　　　大都督、大司空

侯莫陈崇　　大都督、少傅

初魏孝庄帝任命尔朱荣为柱国大将军,位在丞相之上。荣败后此官遂废。大统三年魏文帝任命太祖,至大统十六年以前担任此官者共有以上八人。西凉创立者武昭王李嵩——李虎,周受禅追封唐国公,当时已故。子李昞,周安州总管,柱国大将军。子李渊嵩七世孙。

鲜卑比例:50%。汉族比例:37.5%。拓拔比例:12.5%。拓拔鲜卑合计:62.5%

十二大将军名单：　全称：使持节大将军

元赞　　　　拓拔族

元育　　　　拓拔族

元廓　　　　拓拔族

宇文导　　　鲜卑族

侯莫陈顺　　鲜卑族

达奚武　　　鲜卑族

李远　　　　鲜卑族

豆卢宁　　　鲜卑族

宇文贵　　　鲜卑族

贺兰祥　　　鲜卑族

杨忠　　　　汉族

王雄　　　　汉族

鲜卑比例:58.3%。拓拔比例:25%。汉族比例:16.7%

建六官时重要任命名单：　恭帝三年(556年)

职位	姓名	种族	籍贯	结局
太师、大冢宰	宇文泰	鲜卑族	武川	病故
太傅、大司徒	李弼	汉族	辽东襄平	病故

太保、大宗伯	赵贵	汉族	天水南安	极刑
大司马	独孤信	鲜卑族	云中	被逼自杀
大司寇	于谨	鲜卑族	洛阳	病故
大司空	侯莫陈崇	鲜卑族	武川	被逼自杀

鲜卑族比例：66、7％　　汉族33、3％

小冢宰	李穆	鲜卑族	陇西成纪	入隋
小司徒	宇文贵	鲜卑族	昌黎大棘	病故
小宗伯	尉迟迥	鲜卑族	代郡	自杀
小司马	贺兰祥	鲜卑族	代郡武川	病故
小司寇	李远	鲜卑族	陇西成纪	极刑
小司空	宇文护	鲜卑族	代郡武川	谋杀

鲜卑族比例：100％。

上述合计鲜卑族比例：83.3％。汉族比例16.7％。拓拔氏：0％主要其他得到任命者。

2. 北周行《六官》制度时的中央政府

太师、大冢宰	宇文泰
太傅、大司徒	李弼
太保、大宗伯	赵贵
大司马	独故信
大司寇	于谨(493—568年)于栗磾六世孙,太武帝时高官。磾

以折狱闻名,可能是这个原因让谨得到此任命。见《北史·卷23 于谨传》。闵帝即位时迁太傅、大宗伯)

大司空	侯莫陈崇

大将军宁都公宇文毓、高阳公达奚武、武阳公豆卢宁、小司寇阳平公李远、小司马博陵公贺兰祥、小宗伯魏安公尉迟迥等并为柱国。与天、地、春、夏、秋、冬六部长官不同,六位柱国选任清一色的鲜卑人。柱国中山公宇文建立护六官制度时仅为小司空。

孝闵帝践祚主要官员：

职位	姓名	种族	籍贯	结局
太傅、大冢宰	赵贵	汉族	天水南安	极刑
太师、司徒	李弼	汉族	辽东襄平	病故
太保、大宗伯	独孤信	鲜卑族	云中	被逼自杀

大司马	宇文护	鲜卑族	武川	被杀
大司寇	于谨	鲜卑族	河南洛阳	病故
大司空	侯莫陈崇	鲜卑族	武川	被逼自杀
小冢宰	李穆	鲜卑族	陇西成纪	入隋
小司徒	韦孝宽	汉族	京兆杜陵	在隋病故
小司徒	史宁	汉族	建康袁氏(今甘肃)	病故
小宗伯	杨忠	汉族	弘农华阴	病故
小司马	尉迟纲	鲜卑族	代郡	病故
小司寇	库狄峙	鲜卑族	辽东	病故
小司空	陆通	汉族	吴郡	病故
少师	侯莫陈顺	鲜卑族	代郡武川	病故
少傅	王雄	汉族	太原人	战死
少保	蔡佑	汉族	夏州高平	病故

汉族比例:53.3%。鲜卑比例:46.6%。其中,自然死亡:58.8%,战死:5.9%,被刑者:23.5%,入隋:11.8%.近百分之65的人对国家的忠诚毫无问题,百分之三十五的人怀疑或实际叛国。

对种族选项的实际运用

宇文护从单个的人角度考虑人力资源配置时,至少需要考虑其资历、能力、族裔等,孝闵帝宇文觉元年(557)正月:封太师李弼(司徒)为赵国公,太傅赵贵(冢宰)为楚国公,太保独孤信(宗伯)为卫国公,大司寇于谨为燕国公,大司空侯莫陈崇为梁国公,大司马中山公为晋国公,邑各万户。(唐国公李虎是元老中去世最早的人,在宇文氏即位后不久。)宇文护虽然实际掌国家权利,资历问题影响他立即接替泰留下的空缺。所以他几乎是立即就下决心不再准备维护这种政治顶塔尖格局。三月,由于赵贵、独孤信先后丢了性命,马上作了人事调整,赵贵的大冢宰一职由大司马宇文护顶替,于谨为太傅、大宗伯。于谨获得了赵贵三公位职称,补进独孤信留下的空缺,升任大宗伯。大司空侯莫陈崇得到独孤信的三公职称,加太保,仍为大司空。进贺兰祥为大司马,达奚武为大司寇,大将军宇文贵为柱国。这次人事调整是蓄谋已久还是不得已而为之,从结果上看,对德高望重的重要大臣加强了防范,在护登顶中鼎力相助的于谨得到了除护之外位置最高的职务空缺,寡言少语的李弼是六官首长中唯一的汉族,也是唯一职务没有变化的人。人事上进一步鲜卑化,并注意启用宇文氏家族中的核心成员担任要职。从明帝时代护的重大人事调整中不难看到,日后形成了不成文的规定。557年十二月,未来的武帝,大将军、辅城公年仅十四岁的宇文邕成为柱国,开始有更多机会参与政治决策,而大冢宰宇文护的明帝二年(558 年)元月和四月也十分重要,正月宣布为太师,三月份,北齐的刺史司马消难归附,这往往被视作一种成就,显然归功于护,四月他兼任份量相当重的雍州牧一职。明帝二年五月,侯莫陈崇从大司空进为大宗伯,九月大将军杨忠、王雄并为柱国,武成元年正月,明帝已经是二十五岁的青年,宇文护上表归政获准,帝开始亲览万机,但军事之仍归护总领,实际掌握国家大权。

五月份以前的主要官员简表:

大冢宰宇文护

大司徒侯莫陈崇

大宗伯达奚武

大司马贺兰祥

大司寇豆卢宁

大司空宇文邕。

各部首长由清一色的鲜卑族人组成的政府,而于谨当时已设法使自己处于半退休状态。八月借改天王为皇帝,改元武成元年之际,又一口气改封宇文氏十二人为国公,加上宇文贵为许国公,此人不是近亲是同宗。异姓也有达奚武、豆卢宁、贺兰祥、尉迟迥、杨忠、尉迟纲、王雄七人,其中五人是鲜卑族。这是北周高级职务第一次种族化运动,人事任命上,种族尤其是宗族身份有优势,皇室男性成员都能得到任命,工作机会大小则不同,年龄是一个主要问题,能力上也有考谅。

世宗时代中低官员中,汉族人保持较高比率,供职于需要一定文化、技术等专业性强的部门。杨宽祖、父均为政府官员,"恭帝二年除廷尉卿,世宗初拜大将军,增邑,破吐浑,除小冢宰,转御正中大夫。武成二年,诏宽与麟趾学士参定经籍,……历居台阁,有当官之誉,然与柳庆不协,欲按成其罪,时论颇以此讥之。"将能干的将军杨宽引入天官府相信是出于善意,充实那里的力量,并一度从事政策性很强的管理与研究工作,杨宽在保定元年(武帝初年)出梁州刺史,死于当年。地官次长韦孝宽,明帝初以小司徒身份主管麟趾殿学士,考校图籍,这是一份很不适合他的工作,这说明一开始护对行政体制配置不了解,不过保定初年后还是得到了纠正,以韦孝宽立勋玉壁,遂于玉壁置勋州,以孝宽为刺史。没有人比他更适合这个职位了,他独当一面,干得有声有色。以机辩见知的伊娄穆,他父亲在宇文泰时则以武艺出众,受到赏识,官至刺史,穆在孝闵帝即位时为兵部中大夫,治御正(天官),保定初年授军司马(夏官),四年金州总管,天和二年授民部中大夫后(地官),马上随卫王出镇,此后主要在地方镇守或作战。《周书·卷29·伊娄穆》。郑孝穆祖辈世代为官,穆在558年前就以善于治地方出名。明帝二年(558年),改雍州刺史为牧,以宇文护为雍州牧,护穆辟为别驾,曾要求以疾病辞官,看来避免与护过于接近。不过护还是设法在他直接管辖的部门给他安排了职位,武成二年拜御伯中大夫,徙授御正。但在武帝时代即保定三年出为刺史,此后一直在地方担任刺史,他的才华适得其所,"频历数州,皆有政绩"保定五年为少司空,卒于位。《周书·卷35·郑孝穆》P57。另一个政绩突出的地方官员韦瑱,世为三辅著姓,祖、父为官。韦历瓜州刺史,能干而受民人爱戴的官吏,秩满,百姓留十日方的出境,世宗嘉之,进授侍中。(在北周等同的职务是御伯、纳言等),骠骑大将军开府仪同三司,武成三年逝世于任,上时年六十一。《周书·卷39·韦瑱》P65。调任中央职位通常是作为一种奖励,武川人韩果,字阿六拔,少善骑射,贺拔岳引为帐内。明帝武成二年,因功赐奴婢二百口,宁州刺史,保定三年拜少师,进柱国,天和初年为华州刺史,韩果是护时代极其少见的白手起家的人。魏孝文帝的门第思想在护执政时代,其实仍贯彻于其人事观中。在明帝以前,护对人事管理具有随意性,原因是他并不很了解在职官员的个人特点,中央政府内集中了大部分社会精英,好像是为了证明新制度的合理性。随时间的推移,陆续纠正了大部分错误任命,被派往地方,使当地边境防卫、辖区治安、经济甚至社会风俗等都大为改观。

　　武帝时代是以改武成三年为保定元年(561年)作为开始,随后是以大冢宰宇文护为都督中外诸军事,令地、春、夏、秋、冬五府总隶于天官,进一步增加了护的权力。元年四月诏以少傅、吴国公尉迟纲为大司空。很难说是武帝的主意,纲与他兄长孝闵帝的死有关,高祖即位早期并未真正亲政,重用尉迟纲,可能完全是护一手包办。保定元年十一月护不再兼任雍州牧,而以大将军卫国公宇文直代之,他是武帝的另一个兄弟。在北齐,齐昭帝高演是在先废其长兄废帝高殷后即位的(560—561年在位),后又杀死废帝,本人则因外伤与精神错乱叠加而死,弟高湛代立,即武成帝。兄弟相继,是两个政治仇国一个相似之处,不管新君是被挑选的,还是自己制造机会。后来两国还有相似的机会,保定五年二月,齐武成帝高湛,禅位于九岁的太子纬。自称太上皇,这与北周宣帝的做法如出一辙。保定二年闰正月大司马贺兰祥逝世,五月以杨忠为大司空,杨忠是除王雄外,西魏十二大将军中升迁最慢的人,他的前任尉迟纲同月出为陕州总管。不能说纲为大司空不到一年就离开去担任地方职务是武帝与护的较量中获胜,因为在六月其兄尉迟迥出任大司马,护的儿子邵国公宇文会为蒲州总管。十一月大将军卫国公直、赵国公招并为柱国。保定三年四月,以柱国达奚武为太保、大将军韩果为柱国。保定四年五月,以大将军安武公李穆为柱国。韩果资历名望远低于李穆,进柱国倒在穆前,说明宇文护很在意李植案的后续结果,一直很小心地安置他认为应该心怀怨望的人。

　　天和三年三月五位元老中的最后的幸存者太傅、柱国、燕国公于谨在被天子以父兄身份照料八年后逝世,于谨获得三老之尊时,武帝手头权利有限,估计是护对于谨帮助的一个回报。保定四年八月,柱国、齐公宪为雍州牧,许公宇文贵为大司徒(宗室),九月以柱国卫直大司空,九月开府李昞(李虎子)为唐国公。(《周书·卷五·武帝纪》P9)若干凤为徐国公。九、十月以大将军韦孝宽、长孙俭、陆通、宇文盛、蔡国公宇文广并为柱国。十月,大将军宇文护伐齐,柱国王雄(王谦父)战死、少师杨㯹被俘,周师不利。保定五年二月柱国安武公李穆为大司空,绥德公陆通为大司寇,三月柱国、楚国公豆卢宁去世,天和元年六月提拔大将军辛威为柱国,好像是用以填补豆卢宁的空位。次年陈公宇文纯、谯国公宇文俭进柱国,天和二年六月,尊所武帝生母叱奴氏为皇太后(建德三年三月逝世),十一月太保许国公宇文贵逝世。天和三年四月,太保达奚武为太傅,大司马尉迟迥为太保,柱国齐公宪为大司马,柱国杨忠七月逝世,八月,帮助护挫败孝闵帝的柱国吴国公尉迟纲逝世,十一月柱国长孙俭逝世,次年达奚武、幽国公宇文广逝世,两年之内7位国家重臣相继辞世。

　　天和五年四月,柱国宇文盛(字保兴,告赵贵密者。盛有子名宇文述。)为大宗伯,陈国公纯为陕州总管,六月,谯公俭为益州总管。天和六年之前,有九位进柱国,六年陆续有王杰、宇文会(护子)、田弘、李晖(弼子)、司马消难、侯莫陈琼、阎庆(护亲属)、窦毅、叱罗协、侯伏侯龙恩、李昞、宇文训(护世子中山公)、宇文亮(宇文导子)、陆腾、宇文丘(宇文盛之弟,宇文盛字保兴。)丘告赵贵案,得官车骑大将军仪同三司,子爵)、寇绍、宇文善(宇文贵子,善弟忻。)高琳、达奚震、杨纂、于翼、王東(周书为東,北史为秉)、侯莫陈芮、李意(李和:本名庆和赐姓宇文氏,宇文泰赐名意。……天和二年进位大将军,六年进柱国大将军,建德元年以罪免。寻复柱国,泰所爱的人)、宇文盛(越国公)二十五人并为柱国。柱国于寔为凉州总管,大将军宇文亮为秦州总管。开府斛斯政为歧国公、右宫伯长孙览为薛国公。从这份名单中看不出这些人中哪些是忠于宇文护的,哪些可能是武帝特意培植的反宇文护人选,这令人眼花缭乱的人事变动是改革的前奏? 护至少有四个可靠的人在其中:宇文训、宇文会、叱罗协、侯伏侯龙恩,均系其子女及朋友,他们是护的帮派体系的中坚。侯莫陈氏与宇文护有家仇,窦炽不为护所喜,高祖所信任的人并不全在其中,卫王宇文直或许可以算是一个,天和中,与陈国在沌口作战失利,将领元定叛逃,宇文直逃回被宇文护免官,看来至少这次护还是秉公办事,后来卫王直成了反护中坚,则更多的是出自私怨。结果证明,王杰、陆腾、高琳、王崇、田弘、李意、李昞、杨纂、司马消难等是这场迫在眉睫的摊牌中的局外人。可以说这是两派力量妥协的结果,虽然这还不是双方允许出场的完整名单,或者说此外的人就不能参与。

达奚武、达奚震父子的仕途出现一个有趣的比较,前者在孝闵帝即位时,拜柱国、大司寇,武成初转大宗伯,进封郑国公,邑万户,保定三年迁太保,天和三年转太傅,一路受执政宇文护的庇护,直到天和五年逝世。子达奚震,大统初起家员外郎,世宗时华州刺史,少习武艺,导民训俗,颇有治方,天和元年进大将军,建德初袭郑国公,出为金州总管……进上柱国,平齐有功(建德六年577年),赐妾二人,女乐一部,拜大宗伯,震父达奚武此前曾任此官,当时人认为这是特殊的荣誉,达奚震后也带着这些荣耀归顺隋朝。值得一提的是,达奚武从永熙二年533年被贺拔岳引为别将,到559年担任大宗伯,用时二十六年时间。而震从大统初535—577年,奋斗了四十余年左右。震有才华,有战功,爱屋及乌,在其父的庇荫下应该升迁更快,但是在宇文护论资排辈人事风格的有效制约下,多花了近三分之一的时间才得到他父亲位置,当然个人能力、机遇也是影响黜陟的重要因素。

二、权力组合——家族

西周的影子

西周是分封制国家,功臣子弟被分封到大小不一、自治性很强的封地,称诸侯国家,北周所封王侯土地没有那样大,但是对家族的依赖比西周毫不逊色。家族是没有明文规定不可或缺的政治结构组成部分。

1. 宇文护专政的一般方式——宇文家族的依靠者与牺牲者

重大事情发生时家族尤其是豪门望族,会产生溢出效用。作为宇文氏政权的政治支柱家族——李贤、李弼、于谨家族,在北周国家政治利益板块中广泛渗透,他们各自与统治家族保持紧密的纵向关系,相比之下,他们之间的横向关系就要松散得多。李弼(494—557)来自辽东襄平(辽宁辽阳)《周书》陇西成纪人《北史·卷60·李弼传》P227。孝闵践阼,职掌太师、大司徒,进赵国公,邑万户,前后赏赐累巨万。李弼是处于新政权权力塔尖的唯一汉族人,不能说他是护心慈手软才得以留存,宇文护执政初期,朝中大事都要与于谨、李弼、侯莫陈崇等商议。李弼深沉大度,谨言慎行、公而忘私,善于自我保护,加上他在北周建国不到一年即死去,所以免于象赵贵那样遭到灭顶之灾,得以功名终。

有记载的李弼后裔包括六子:曜、晖、衍、纶、晏、椿。四孙:宽、仲威、长雅、憬。重孙一:李密。《北史·卷60·李弼传》P228。

弼长子李曜,弟晖与公主为婚,尊贵身份,被立为嗣。于是不得为嗣,因为弼功重,朝廷另封曜邢国公,子宽为蒲山郡公,号为名将,宽子密。

次子晖,婆宇文泰女义安长公主,晖魏恭帝二年为歧州刺史。天和六年为柱国,建德元年梁州总管。看来他恰当地利用了他与宇文家族的关系和其父的功名。

晖弟衍,周义州刺史,从梁睿平王谦乱,进上大将军,(开皇元年李衍,以平蛮进柱国。)李衍子仲威。

衍弟纶最知名,位至司会中大夫。李纶子长雅,尚杨坚女襄国公主,官至河州刺史。

纶弟晏,开府仪同三司,从平齐战死。晏子憬,袭晏官爵。

李椿,历左宫伯,大象末,开府仪同三司。

李弼仅有一弟李櫞,孝闵帝即位,櫞进大将军,武成时延州总管,死于武成四年。无子,以弼子椿嗣。弼家族婆两代实际开国君主的女儿,备受尊宠,然诸子继承了其父政治上谨慎的作风,尽管人生的成就与影响力远远无法与其父相比,但基本上循规蹈矩,平安一生,很少卷入政治漩涡,北周襄平李氏中有为国捐躯者没有出现一个叛逆,在思想混乱动荡的年代实属不易。弼对北周政治影响甚微,李弼逝世后,襄平李氏至此已经变成了一个次要或相对弱小的家族。在隋代,由于与杨坚联姻的关系,李氏一度有所振作,李密则在隋末以朝政批评者身份昙花一现。

在北周,于氏家族看起来如鱼得水,在孝闵即位时,于谨(493—568年)封燕国公,邑万户,迁太傅,大宗伯。与李弼、侯莫陈崇参议朝政。于谨是鲜卑族,既是一个善战的军人,因破梁的成就,一次性就赏赐奴婢一千人。又多智谋,善于事上,……"朝廷凡与军国之务,多与谨决之。保定二年,于谨谋求以年老退休,武帝断然拒绝:"公若更执谦冲,有司宜断启。"《周书·卷十五·于谨传》P26。武帝甚至要求相关拒绝启奏于谨的类似表奏。于谨子孙繁衍,皆至显达,当时莫与比。保定三年四月,以太傅于谨"为三老而问道焉。"于谨的情况其实有比较敏感的一面,在孝闵时,他是宇文护最强有力的支持者,他是宇文家族的忠臣还是宇文护个人的心腹,武帝并不一定清楚。不过以于谨的智慧,不会选择后者,后者有求于他而且危险。谨逝世于天和三年(568 年),年七十六。高祖亲临丧,与李弼、李贤享受了同样的哀荣。

于谨长子于寔,在孝闵即位时职位民部中大夫,死于隋开皇元年,赠司空。于寔子于颛,大象末吴州总管,颛弟仲文,大将军,郡公。仲文弟象贤,仪同三司,娶北周武帝女。

与李弼情况一样,于氏以次子与宇文泰为婿,于谨次子于翼,年十一,尚宇文泰女平原公主。

翼弟义,上柱国,潼州总管,郡公。

义弟礼,上大将军,赵州刺史,郡公。

弟智,大司空。告密者,诬告齐王宇文贤。

弟初,上柱国,绥州刺史。郡公。

弟绍,上仪同,县公。

弟弼,上仪同,县公

弟兰,上仪同,县公。

弟旷,上仪同。

于谨共有九子:按年龄大小排序,寔、翼、义、礼、智、初、绍、弼、兰、旷。三孙:于寔子:于颛(娶宇文护女)、于仲文、于象贤。他们很自然地进入仕途。在北周享有盛誉,于翼在孝闵帝即位,以左宫伯出为渭州刺史,翼兄寔先莅此州,颇有德政,比之大小冯君。……世宗崩,翼与护同受遗诏立高祖。《周书·卷三十·于翼传》P49。于寔、于翼等又都成为隋朝的高官。对待枝繁叶茂的于氏家族,杨坚十分容忍,大象中,赵文表拜吴州总管,于谨孙,开府于颛为吴州刺史。及隋文执政,尉迟迥举兵……于惧文表图己,乃称疾,表往问之,于遂手刃文表,告表谋反。仍弛告隋文,隋文以诸方未定,恐于为变,遂授于灵州总管,后知文表无异志,虽不罪于,而听文表子仁海袭爵。"《周书·卷十五·于谨传》P25。于谨与北周皇室二代为儿女亲家,与宇文护的婚姻关系并未影响与武帝女婚嫁。于氏家族敢作敢为,善于变通,一般不与自己的利益作对,是北周非宇文氏家族中最为成功的家族之一。

陇西成纪人(甘肃静宁西南)鲜卑族李贤与弟李远、李穆是宇文泰最早的支持者之一。兄长李贤(504—569? 571 年)早年从宇文泰讨侯莫陈悦,以功授抚军大将军。西魏大统年间,久任原州刺史,授骠骑大将军,恭帝元年(554 年)进爵河西郡公。宇文泰在戎马倥偬中,曾出于安全起见将襁褓中的武帝宇文邕与齐王宇文贤兄弟安置在时任瓜州刺史李贤家中,历时六年之久,泰让贤妻姓宇文氏,认作侄女。由此可见,与李贤关系非同一般。高祖即位后,就此事给予李贤家族丰厚物质回报,又拜贤甥库狄荣为仪同,贤门生昔经侍奉者二人授大都督,四人授帅都督,六人别将,奴已免贱者五人授军主,未免贱者,酬替放之。

李贤五子:

端,中洲刺史,从武帝平齐,战死。

吉,仪同三司。

崇,上柱国。

孝轨,开府仪同大将军。

询,大象末,上柱国。

孙:

询子元方。

崇子李敏,入隋,娶北周宣帝与杨丽华所生女。

李崇于李贤诸子中最为优秀,随护伐齐,以功最,授仪同三司,历少侍伯大夫,少承御大夫。武帝平齐国,引参谋议,以勋加开府,郡公。杨坚为相,为怀州刺史,尉迟迥反,召崇,初准备答应,但知道叔父穆以并州附坚,一度非常沮丧,幸而时任韦孝宽长史的其兄李询力劝他拒绝迥,于是归心。迥平,授徐州总管,进上柱国,开皇三年,除幽州总管,与人数占绝对优势的突厥人在沙城血战,部属多战死,崇拒绝投降,战死。《周书·卷 25·李贤》P《北史·卷 59·李贤传》P225,《隋书·卷 37·李崇传》P134。

沙苑之战李远功劳居最,泰以十一子代王宇文达为远养子,又是远决定了北周第一代储君,六官初建时李远官居小司寇,孝闵帝即位,柱国大将军。子植在宇文泰时代已为相府司录,参掌朝政,欲诛护而谋有所泄,乃出远为梁州刺史。六官制度启动时,李基为御正中大夫,孝闵帝即位,出为浙州刺史,应该与李植的外放有影响。557 年,李植案发,弟李基当从坐戮,叔父、51 岁的李穆老泪纵横,求以自己长子悖和次子怡代死,这对李基已经不止偏爱,令人震憾。基贵为泰婿,也是当今皇帝之内兄弟,现在家人也不得不以最原始的办法帮助求生。是因为宇文泰女婿的特殊身份?护动了恻隐之心还是担心舆论对自己的负面影响?护没有坚持己见。李基虽然免于一死,但从此常忧郁寡欢,武成二年任江州刺史,保定元年逝世时,距案发时间也不过多活了三年多。基子威,大象末柱国。《北史·卷 59·李贤传》P225。或者是因为年轻,或者是因为智慧,他倒是走出了家族悲剧的危机。

远五子：

植

叔谐

叔谦

叔让。以上四人因李植案同被处死，余并以年幼得免，究竟多少子女无记载。《周书·卷25·李远》。

基，保定元年辞世，他死于内心深处的哀伤，四年前目睹父兄弟五人一案被处死。

孙：李基子李威，起家右侍上士，大象末位至柱国。

义子：代王达。

李穆（510—586年）在邙山之战中拯救了宇文泰。孝闵帝即位前历任雍州刺史、小冢宰等，孝闵帝即位，封其子。尉迟迥乱，李穆时为并州总管，拒绝参与，时尉迟迥子谊为朔州刺史，被穆囚送京师，又擒获迥任命的潞州刺史，杨坚以穆功劳，同破邺第一勋，加三转。听分授二子荣、才及贤子孝轨，又别封子雄。穆又密劝坚即位。穆长子惇（任周刺史），先于穆死，惇子筠袭祖爵。（李穆孙李筠性吝啬，后于隋仁寿初，为叔父李浑阴遣兄子善衡所杀，求盗不得，高祖大怒，尽禁其亲族。此前筠与从父弟瞿昙不和，时浑有力，遂证瞿昙杀之，瞿昙竟坐斩而善衡获免。仁寿四年，苏威奏筠不义，骨肉相杀，请绝其封，上不许。穆在杨坚即位初达到事业的顶峰，拜太师，子孙虽在襁褓悉拜仪同。一门执象笏者百余人，贵盛当时无比。《北史·卷59·李穆》、P226，《隋书·卷37·李穆》P133，《周书·卷25·李贤传》P39，《周书·卷30·李穆》P50。李穆开皇六年逝世前一直地位崇高，死去后仍能影响在位皇帝的决策。

穆十子。

长子惇，天和三年凤州刺史，卒于位。

怡：官至仪同。早卒。

雅：天和中从元定征江西被俘，归国后历齐州刺史，杨坚为相，拜荆州总管，开皇初进公爵。

桓，官至益州刺史。

荣，官至合州刺史。

才，仪同大将军。

直，官至车骑将军

雄，骠骑将军。

浑,穆第十子。穆诸子中最知名。迥变乱时,恐并州的李穆受迥所诱,杨坚遣浑前往稳定穆,浑做完成了使命。在隋,官至右骁卫大将军。

孙:筠、善衡均入隋。

李远父子事件对幸存的李贤、李穆的政治影响似乎是暂时的,武帝保定二年(562年)诏复官爵,仍授瓜州刺史。保定三年七月武帝西巡原州,亲幸李贤宅,次年大将军李穆进为柱国。遭到重创的李氏慢慢恢复元气,加倍为国家效力,保定四年(564年)李贤除河州总管(此前河州并非总管,至是创置)、河州刺史,由于边境屯田成功,着实减轻了一昧依赖漕运的巨额损耗和费用,在特殊或军事区域实施非均田制,并不意味着均田制度不完善,稳定的军需供应和训练提高他的军队的作战能力,还设立了一套比较完整的预警系统,能够比较准确预测边境上成规模的入侵者动向,极大地降低了习惯于掠夺的游牧民族进犯次数等级。在洮州刺史任内,对羌、吐谷浑作战中大败对手。天和六年(571年),68岁的李贤病逝,武帝亲临丧。(段永故后也有类似待遇)。李氏三杰中只有最年轻的李穆,看到护的以及北周败局,尉迟迥举兵反对杨坚时,穆子李荣准备响应,被穆禁止,武帝给予他的荣宠仍不能令他忘记二兄的死,或者从杨坚巨大的吸引力中加深了对周室绝望,他告诫儿子说:周德既衰,愚智共悉,天时若此,吾岂能违天? 乃遣使谒隋文,并上十三环金带(保定三年武帝赐给李贤),盖天子之服也。后又与尉迟迥作战取胜。除宇文护之外,周室对李穆家族宠遇异常,但是后者对宇文氏的忠诚低于理智。从周室的长远利益来看,宇文护处决李远是一种过急且不必要的行为,如果李穆加入尉迟迥的队伍,可能会推迟杨坚登基时日。护认为李植的行为有李远的唆使,或者李远对闵帝的支持与当初立闵帝时一样坚定而持久,这些都可能导致他被株连。上述三人的共同点是他们都与宇文泰出生入死,很大程度上有共同利益,不过他们之间的利益没有他们的生命长久,在新旧王朝与帝王的选择上,有人迟疑过,但没有一个人拒绝隋朝,拒绝未来。

战功显赫的独孤信仪表出众,养育了一群优秀的女儿。长女,周明帝宇文毓敬后;(只当了四个月皇后)第四女,元贞皇后;(李渊母)第七女,隋文献后(炀帝母)。周、隋皇家三代皆为外戚,自古以来位未之有也。《北史卷·六十一·独孤信传》,还不包括杨坚独孤后之女周宣帝皇后杨丽华。自独孤信遇难后,这个家族很大程度靠女性支撑并影响国家政治。独孤信子独孤陁,仕周胥附上士,坐父徙蜀郡十余年,宇文护被诛,使归长安。后任隋官。《隋书·卷79·独孤陀》。他姐妹为明帝后时,他的问题也没有得到解决,可能是因为皇后逝世太快。

长子独孤罗,一直滞留北齐,平齐后归北周。大象元年郡守、仪同大将军。

善　善子伏。

穆

藏

顺

陁。

大统十四年,独孤信诸子都因信功受爵,善一度作为嗣子,但在齐平后去世,其他几位弟弟估计与陁情况相似,受到独孤信案牵连。有全国影响的家族处于国家权力的高度监督之下,严格预防,通过联姻、共谋获得忠诚。至于地方上的强宗豪族,护根本没有触动,李迁哲式的大土地所有者没有国家诸多周密的保护不可能长期存在。

对待正在失去政治活力的家族,宇文政权政策宽容。孝闵帝即位后,西魏恭帝被杀,但是相应的保护措施尤其在宇文护时代还是基本建立起来,对北魏元氏的保护也有目共睹,保定三年,元伟迁成州刺史。元伟为政尚静,百姓悦附,流民复业者三千余口。天和元年入为匠师中大夫,六年出为隋州刺史,以老不拜,还为司宗,寻以母忧去职。在他的记载中有大量元氏在北周服务并担任重要职务,历史上新旧交替中这种情况比较少见,横向的比较则显得尤为难得,北齐文宣帝高洋执政的最后一年,即齐天保十年(559年)六月,元氏七百二十一人被高洋所杀。

有些家族力量受到宇文护有选择有目的的打压,迫使他们不能作为一个整体影响皇权以及制度,他也并不是以家族为单位原地全部消灭,而是摧毁一个强大家族主要的抗衡力量。赵贵、独孤信与李植罪行相同,赵氏只见一人就戮,独孤氏的儿子只判流放,李植则父子兄弟五人同惨遭灭顶之灾,硕果仅存的李基生存意志也被彻底击垮,很快就变成了一个废人,这是因为李氏家族风头太盛,有咄咄逼人的感觉,让宇文护感到烦恼。他深知家族利益比君王利益更为重要,有永恒的家族利益,没有永久的君臣。李基显然是优秀的青年,宇文泰器重他,因为希望他的才智献给宇文家族;李穆钟爱他,否则不会在毫无压力的条件下做出以牺牲己子来交换他这样违反人性的事。李基病逝后,令李穆念念不忘的还是家族利益不可弥补的损失,"每哭辄悲恸,谓其所亲曰：好儿子舍我去,门户岂是欲兴?《周书·卷25·李远传》P40。在李穆心中,李基是族内唯一具有领袖气质可以带领李氏强盛、辉煌的人,国家利益与家族利益有别,李穆、宇文护恰好都看到了这一点,因此对李基的爱憎,李穆与宇文护完全不同。

2. 杨坚的家庭社会关系

杨坚年仅十四即被京兆尹薛善辟为功曹,十五以其父亲勋授散骑常侍、车骑大将军仪同三司,封成纪县公,十六迁骠骑大将军加开府。《北史·卷十一·隋文帝》P44。父亲的英名及荫子制度帮助他有一个很高的政治起点。杨坚同学,少内史崔仲方智勇双全,武帝宇文邕攻齐前献二十策,受武帝高度赞赏,宣帝去世时他刚出使淮南返回,此时坚已是丞相,与仲方相见,握手极欢,仲方亦归心焉。《隋书·卷60·崔仲方》P173。窦炽侄窦荣定是杨坚的儿时好友,娶了杨坚长姊安成长公主,历北周上开府,前将军,饮飞中大夫。杨坚为相,领左右宫伯,使镇守皇帝的住地天台,总统露门内两厢仗卫,常宿禁中。杨坚受禅后荣定一度坐事除名,寻拜右武侯大将军。死于开皇六年。《隋书·卷39·窦荣定传》P138,《北史·卷61·窦荣定传》P232。杨坚还得到了妹夫李礼成、豆卢通的鼎力支持。与宇文泰相同,杨坚在重大事件中最信任的还是女婿、姐、妹夫等家族核心成员。

对杨坚的任命与信赖中的皇后因素是个十分重要的环节,与杨坚比较起来,朝中比他资历老的人大有人在。李穆兄弟经过宇文护时代挫折后,元气大伤,实际上已一蹶不振,不再是一个有竞争力的家族,但是于氏、独孤氏、侯莫陈氏、窦氏,后崛起的长孙氏都各有优势。杨坚从来没有对宣帝的问题政府做任何补救的愿望,而是利用了这种难得的时机,经过他不懈的努力,他变得越来越正确、公平、神圣。宣帝的死是杨坚专制的开始?还是宣帝开始胡闹时杨坚就已经专制?没有泾渭分明的界线。对杨坚和武帝,他们虽然是儿女亲家,他们的利益却背道而驰。

与帝室联姻有两种基本解读:1. 一种奖励,2. 对重要家族一个人质。杨坚不可能一开始就希望女儿所嫁的是一个自甘堕落的人,亦不能假定坚对女婿一路走下坡路的状况满意,实际上他也曾多次心惊胆战地看到太子处于被废的边缘。只是他没有为试图改变这种事实作出任何徒劳的努力。后来事情的发展变得不在控制中,宣帝有一次忽然无故对杨后大发雷霆,以至怒不可遏,下令杨皇后"自引决"。后母独孤氏心胆俱裂,冒死赶来,向宣帝叩头求情以至血流满面,侥幸免于一死。《北史·卷14·后妃传》P58。由于皇后们争宠,相互诽谤,杨后被中伤,宣帝信以为真,恶狠狠地说要"族灭尔家",曾召见杨坚,嘱咐近侍坚如果神色稍有不自然,就地处决。好在坚表现与平日无异,逃过一劫。《隋书·卷1·高祖纪》P3。彼此间的憎恨自此已变得刻骨铭心"初上龙潜时,尝从容与宇文神庆言及天下事,上谓庆曰:天元(579年,宣帝自称天元皇帝)是实无积德,视其相貌,寿亦不长。加以法令繁苛,耽恣身色。以吾观之,殆将利益会淹没良知。不久,又复诸侯微弱,各令就国,曾无伸根固本之计,羽翮既剪,何能及远哉!《北史·卷57·周宗室·宇文神举、神庆传》P220。这段话大部分听来如同诅咒，只有最后一句听来好像还是一个忧国的忠臣，其实他远大、目空一切的政治抱负在武帝时天和年间就已显露出来，虽然对武帝《象经》否定态度。并不妨碍他日后笑容可掬将女儿嫁给自己蔑视的少年。他深知此关系的重要，他从这种危险的关系中还是多方获益：1. 在宣帝即位后，以杨后父的缘故为上柱国、大司马，这是最重要政治平台，趋炎附势的人看重这种关系。2. 杨皇后与宣帝婚后的遭遇令人同情，流言每天都在恶魔化宣帝。

杨坚对女婿宣帝的批评显示他胸怀大志、积极进取的品格，由于杨坚积累了上述优势，他开始像一块大磁场吸引北周臣民们。必须排除凡是主动亲近杨坚者都是北周失意者的揣测，崔仲方年仅十五时，就获得执政宇文泰欣赏，令特别批准他与自己的儿子一同就学，杨坚亦同届学生之一，从此二人建立良好的友谊。仲方后以明经为宇文护参军事，历记室、司玉大夫，与斛斯征、柳敏同修礼律。武帝高度赞赏他为攻齐所作的特殊贡献，宣帝时仲方任少内史。北周庞晃父亲是周骠骑大将军，庞晃其弟为车骑将军，周武帝时，他本人担任过常山太守，车骑将军等职。晃曾任卫王属掾，武帝天和二年（567年）卫王败于沌口，晃因战被俘，卫王遣人赎回。北周待他可谓仁慈。其余如郑译、刘昉等辈，他们个人优渥生活，个人抱负和兴趣令他们不满足于现状，结果改变了国家。在杨坚私下谋求帝位候选人的活动中，他直接或间接征询意见的二十五人里，有二十人积极支持，选择反对或逃避的只有五人，即百分之八十的支持率，百分之二十的反对率。他们生活在并非完全不可救药的北周宇文王朝，但杨坚的个人才华被利益至上的同事们视为比维护现状更大的获利机会，很明显，在借此改良国家政治的私下筹划中，中央、地方、家族内外很快就发展出他们自己的利益集团。

三、权力的组合——同盟者

1. 宇文护日常行政——亲信政治还是制度政治

好的亲信比血统更可靠，没有人可以完全取代亲信们。

2. 宇文护在各主要部门的亲信及基本运作

在行政权利中枢，宇文护网罗了一大批有真才实学的人，主要集中在中外府，从事决策和重要文件处理工作：赵芬，"明习故事，每朝廷有所疑议，众不能决者，芬辄为评断，莫不称善。"大冢宰宇文护召为中外府掾，很快即迁吏部下大夫（夏官）。韦师在被大冢宰护引为中外府记室，转宾曹参军。元岩初仕周，释褐宣威将军，武贲给事。大冢宰宇文护见而器之，以为中外记室，累迁内史中大夫，昌国县伯。刘行本,周大冢宰护引为记室。著名学者刘臻,大冢宰宇文护辟为中外府记室,军书羽檄多成其手。杨素被大冢宰护引为中外记室,后转礼曹,加大都督。柳彧,大冢宰引为中外府记室,久而出为宁州总管掾,后任隋官。郭荣,大冢宰护引为亲信,护察荣谨厚,擢为中外府水曹参军。段文振初为宇文护亲信,护知其有干用,擢授中外府兵曹。王庆,孝闵即位,晋护引为典签,庆枢机明辨,渐见亲待,授大都督,王庆深受护器重,在与吐谷浑、突厥、柔然关系史中发挥了重要作用。田仁恭为大冢宰宇文护引为中外兵曹,几年后,复以父功拜开府仪同三司,迁中外府掾。从护征伐,数有战功,改封襄武县公,邑五百户。后为隋高官。《隋书·卷54·田仁恭》P163。达奚寔(与达奚武无亲属关系)魏废帝二年除中外府司马。行六官制之初,拜蕃部中大夫,加骠骑大将军,武成二年授御正中大夫治民部,兼宇文护司马,保定元年任文州刺史,同年死于任上。《周书·卷29·达奚寔》P48。崔仲方是宇文泰欣赏的人,武帝同学,后以明经为晋公护参军事,寻转记室。张䂵父重视文化,䂵有其父风,在明帝、武帝时,历膳部大夫,大冢宰司录(司录总录一府之事),子爵,邑四百户。薛善是一个靠出卖同僚进入中外府的人,……转民部中大夫,时晋护执政,仪同齐轨私下对他说:按制度,一切权利都应该归天子,国家军政大权被权臣一手掌控是反常的。善立即将此话转告宇文护,认为受到讥讽的宇文护于是处决了齐轨。薛善则被认为是忠于自己的人,"乃引善为中外府司马,迁司会中大夫,副总六府事。卒于位。《周书·卷35·薛善传》P59。司会大夫,作为护权利最为集中是的副手,事实上进入了最高决策层。元晖在保定初为大冢宰护引为长使,长使掌管中外府事,职事类似总管。会齐人来结盟好,以晖多才辩,与千乘公崔睦俱使于齐,迁振威中大夫,后任隋高官。《隋书·列十一·元晖传》P150。这些人除薛善过早去世,无一例外地成为了北周之后新王朝的建设者。再次证明,明智的人事政策并非万全之策,个人的利益和意志既可以装饰制度,也可以令其面目全非。

他的政府中有一大批令宇文护感觉到一定会忠于他的人,他们本身人品没有问题:李彻为大冢宰护视为亲信,寻拜殿中司马,累迁奉车都尉,护以彻谨厚有才具,甚礼之。护子中山公训为蒲州刺史,护令彻以本官从焉,未几,拜车骑大将军仪同三司。后任隋高官。《隋书·卷五十四·李彻》P164。齐人独孤楷与周作战,为独孤信所擒,配为士伍,给使信家,渐得亲近。他本姓李,因赐姓独孤氏。楷纯朴厚道、习武,由于受护赏识,这个身份卑微的人从开始"为宇文护执刀,累转车骑将军。其后数从征伐,赐爵广阿县公,右侍下大夫,从未受到独孤信事件牵连。《隋书·卷55·独孤楷传》P165,宇文述本姓破野头,役属鲜卑俟豆归,后从其主为宇文氏,父盛,周上柱国。……述以父军功,起家拜开府。大冢宰护甚爱之,以本官领护亲信。陆通,孝闵帝即位,拜小司徒。保定五年,累迁大司寇,建德元年转大司马,其年去世。大冢宰宇文护执政时将樊叔略引为中尉,叔略多计谋,晓习时事,护渐委信之,兼督内外,累迁骠骑大将军、开府仪同三司。豆卢通是豆卢绩之兄,少以父功赐爵临贞县侯,邑千户。寻授大都督,俄迁仪同三司。大冢宰引之令督亲信兵,改封沃野县公,邑四千七百户。后加开府、武贲中大夫、北徐州刺史。勇士崔弘度年仅十七岁即为大冢宰宇文护引为亲信,寻很快就授与都督,累转大都督。时宇文护子中山公宇文训为蒲州刺史,令弘度从焉。尝与训登楼,至上层,去地四五丈,俯临之,训曰:"可畏也。"弘度曰:"此何足畏!"欻然掷下,至地无损伤,训以其拳捷,大奇之。后以战勋,授仪同。《隋书·卷74·崔弘度》P203。崔后任隋官。杜整和宇文护的关系比较间接,"后事护子中山公训,甚被亲遇,俄授都督。《隋书·卷五十四·杜整》P163。杜后任隋高官。上述人除陆通逝世于北周,都通过他们在北周的努力获得在隋朝的认同,宇文护对他们的额外栽培并没有变成持久的忠诚。偏爱或者通过某种有争议的方式取悦于权势者的人,这种成分在宇文护的政府中比率不高:染工上士王神欢者,尝以赂自进,大冢宰宇文护擢为计部下大夫。时为小吏部大夫的卢恺表示异议,"古者能登高赋,可为大夫,求贤审官,理须详慎。今神欢出自染工,更无殊异,徒以家富自通,遂与搢绅并列,实恐惟鹈之刺,闻之外境。"护竟寝其事。《北史·卷三十·卢恺传》P117。"来和少好相术,所言多验。大冢宰宇文护引之左右,由是出入公卿之门,初为少卜上士,购爵安定乡男,迁畿伯下大夫,进封洹水县男。"《北史·卷89·来和传》P316。染工、术士都被宇文护不顾反对地加以录用。高宾的情况比较特殊,他是一位来自北齐的叛臣,在齐官居都督,同僚中有人忌妒其才华名望,潜于齐神武,惧祸,大统六年由东魏归宇文泰;其次,他又是一名罪臣,来西魏后被独孤信引为僚佐,受独孤信案牵连被流放蜀地。杨坚妻子文献皇后独孤氏以高宾乃其父之故吏,经常往高家走动,并不介意外界议论独孤家族与高氏家族私交过于密切。独孤信之子流放多年,而他很快就被宇文护重用,世宗初,宾任咸阳郡守,政存惠简,当地居民和睦相处,世宗闻其能,赐田园。武成元年,御正下大夫,兼小载师,出为益州总管府长史。保定初,计部中大夫,治中外府从事中郎,转太府中大夫。天和二年,郡州刺史,襄州总管府司录,一生得到宇文护的器重,天和六年去世后,子高颎又应运而出。《周书·卷37·高宾传》P63,《北史·卷72·高颎传》P265,《隋书·卷41·高颎传》P141。高宾的人格可能确实有特别吸引人的地方,宇文护的信任更来之不易。

一开始,宇文护就设法将最优秀的人集中在自己直接管辖区周围,这是他对周官制度的一种误解,这个制度崇尚稳定的公职人员队伍以及专业化,对国家实行全方位管理,参与决策、监管的文职人员和称职的地方官员需要不同的才华,而他除了个人的喜好,主要是根据名望选择、安排官职。护也可能对自己的角色缺乏自信,需要随时咨询,这种做法是使优秀人才过于集中,权力也是如此,势必造成地方与国家事务对中央政府的依赖严重。权利过于集中有两种原因,一是州、县结构设置出现问题,导致地方政府无能,中央政府不得不接管原来划分给地方政府的权利。其二是中央政府结构性地侵占地方政府权利范围,结果是地方政府无所适从。宇文护时代的北周应该属于第二种情况,只是地方政府缺位情况还不是那样糟。尽管如此,国家大局还是趋于稳定,因为国民对贯彻一套与过去不同的制度抱有好感乃至奢望,有意无意中在尽力适应它,维护它。经过历年积累,宇文护确实延揽到一批英才,前后有十四人由护安排进入了实际决策机构,陆续以才华或者有亲近感为护所赏识、引进、提拔,他们是护希望亲近的人,成为护为核心的帮派理想人选。在护的政府中还存在除血缘、偏爱的二层核心之外,处于第三层结构中的公职人员群,包括所有服务于或准备服务于北周历届政府的人,他们是出于生活需要被政府召募,分别服务于朝廷或地方,服务的对象是形象模糊的君主或内涵笼统的国家,宇文护对他们过于遥远,无意卷入政治纷争,只想展示自己才能,以及服务于社会。他们的黜陟纯属例行公事,本人也不清楚一生中是否有幸曾被宇文护注意到。杨异年少时曾闭门读书多年,孝闵帝时在距京城遥远的宁都担任太守这样的地方官,他不一定为护直接所任命,或者说执政不会一一过问每一项人事任命。杨异很幸运,出色的个人能力与政绩随后还是被朝廷注意到了,结果被赐昌乐县子爵。以孝闵帝、明帝的朝廷的实际地位,虽然在赐封文件上有帝王的印玺,反而成了越俎代庖的人。《隋书·卷46·杨异传》P151。杨异也视北周历代君主执政对他的提拔为美德和精心服务的报偿,这样,他后来成为隋室高官就显得自然且心安理得。由此可以离析出宇文护时代统治中坚力量主要来自下列几个部分:

1）帮派体系核心人物

2）亲属包括部分族人。

3）忠诚并有志为国出力的人。

4）另有所图而且随机应变的人。

为了得到或者利用他们,宇文护使用过提拔、婚姻以及高压、容忍、欺骗等手段。有时显得求贤若渴,东魏降将陆腾,鲜卑族,骁勇善战。保定元年,武帝以腾母在齐,未令东讨。迨有亲属自东还朝者,晋公护奉令伪告腾云:齐为无道,已诛公家,母兄并从涂炭,盖欲发其怒也。腾乃发哀泣血,一心复仇。保定四年,齐王贤与晋护东征,请腾为副,腾当时跟随赵王招在蜀地,赵王本不同意让陆腾离开自己,晋公宇文护亲笔致信赵王,"且宜借吾也。"尽管东征的败归,没有影响陆腾仕途,天和四年(569年),晋升江陵总管,官至大司空。苏威的情况比较特殊,他为人极其慎重,奉行安全重于一切的原则,对任何不良行政选择采取回避态度,用基本一致的作风服于两个朝代即:不是出于公众利益而是出于安全理由。557年孝闵帝即位时,他年方十六,社会地位也很低,袭爵美阳县公,仕郡功曹(其父大统十二年逝世,他当时五岁)。大冢宰宇文护却见而礼之,虽然种族不同,仍以下令将其女新兴公主许配苏氏为妻,"威见护专权,恐祸及己,逃入山中,为叔父所逼,卒不获免。虽然成为宇文护的女婿,"然威每屏居山寺,以讽读为娱。未几授使持节、车骑大将军、仪同三司,改封怀道县公。《隋书·卷四十一·苏威传》P142。对宇文护的北周而言,没有及时使苏威这种杰出人士发挥管理才能,对北周是一个损失,这与宇文护重守成而不思进取的性格有关,不过苏威这种软拖硬抗的方式始终没有激怒宇文护值得研究,执政的容忍也堪载入史册。

宇文护执政事例反映他对权力的合理使用程度在各时期基本一致,国家政治是一个再清晰不过的利益中心,宇文护乐于看到逐利者充斥于朝廷、地方、军队各个部门,形成以他本人为中心的行政体系,指望他们人人永远只忠于他,实际上做不到。

尽管执政无所不能,还是有敢于对权臣说不的人,有四个人值得一提:

柳庆(517—566年)在周行六官制时得到司会大夫(天官)的任命,孝闵即位,赐宇文氏,拜县公。晋护初摄政,欲引为腹心,庆辞之,颇忤旨。与扬宽有隙,及宽参知政事,庆遂见疏,拟定出为万州刺史,世宗寻悟,设法改动任命,为雍州别驾领京兆尹,死于566年(武帝天和元年)。他是少数敢于拒绝护而且有预见力的人之一。

令狐整在孝闵即位后,官拜司宪中大夫(秋官),处法平允,为当时所称,又是一个善治地方,可以独当一面的人,历御正中大夫、始州刺史,大将军等职。宇文护初执政,欲委整以心膂,整辞不当,颇忤其意,护以此疏之。及护诛,附会者咸伏法,而整独得保全。时人称其先觉,建德二年卒,年六十一。《北史·卷67·令狐整传》P250。

郑孝穆在(约506—565年)孝闵即位时,加骠骑大将军开府仪同三司,进爵为子。晋护为雍州牧,辟为别驾,又以疾固辞。武成二年,征拜御伯中大夫。(御正中大夫,天官,正五命)徙授御正。这是重要职务,草拟诏册文告,近侍枢机,凡诸刑罚爵赏爰及军国大事,皆须参议。明帝时更崇其秩,为上大夫,正六命,号大御正,病逝于保定五年时值 565 年。他们三人虽然没有顺从护却没有立即、直接被伤害,只是被疏远,也还算受到比较文明的对待。不过被执政疏远代价通常也不低,就拿裴汉(裴宽弟)这样一个不爱赶时髦的人来说,善尺牍,尤便簿领是其专长。大统十一年他曾被李远器重,引为司马,历成都上士,司车路下大夫,保定后期,与工部中大夫郭彦(保定四年前的职务)大府(属天官,下大夫)高宾参议格令。受到他们尊敬,加帅都督(勋官正七命)。天和五年,加车骑大将军仪同三司(勋官九命)。时晋护擅权,搢绅等多诣附之,以图仕进,唯裴汉直道固守,八年不徙职。当时职务与爵是分开的,勋位虽时有加赏,行政职务则从未升迁。如果未被赏识,正常的升迁之道就会变得步履艰难,他死于建德元年,年五十九。敦煌人令狐休可能是其兄令狐整的不合作态度而受到牵连的一个例子。令狐休太学生出身,后与令狐整一同起兵驱逐自封的刺史张保而被宇文泰尊重。(指的是孝武西迁时,邓彦窃瓜州不受代,整配合宇文泰使者将其擒获,太祖表整为都督。而城民张保又杀刺史成庆,与凉州刺史宇文仲等构逆。整为当地人望,世为西土冠冕,在整的影响下人们纷纷归附政府,张保只好去投奔土谷浑。此事发生在大统年间。《周书·卷 36·令狐整传》P60。休历都督,累迁大都督、乐安郡守,入为中外府乐曹参军。宇文护看重令狐家族声望及令狐整的个人能力,"整历居内外,所在见称"。最初希望网罗整为心腹,针对当时诸功臣多为本州刺史的背景,以商量的口吻对整说:以公勋望应得本州,但朝廷藉公委任,无容远出,然公门之内,须有衣锦之荣,乃以休为敦煌郡守。但是由于整不愿融入宇文护的核心集团,所以令狐休虽然治郡有政绩,但十余年后才调任合州刺史,不久即死于任上。《北史·卷 67·令狐整传》P250。又是一个十余年未升级的人,这算得上是宇文护式的行政管理典型方式:人应该优先忠于权力,其次是国家利益。既要利用令狐家族在西土部地区的影响力,又要惩罚令狐整对执政的疏远行为。很巧合,柳庆、令狐整、郑孝穆这些人的生命均止步于五十到六十岁左右这一年龄段,全部没有活到隋朝建立。假以时日,这些有独力见解的人是否会随大流入隋?令人猜测,因为另一个与他们心境相似的人给出的答案十分晦涩:阎庆称宇文护母亲为姑妈,天和六年,阎庆进位柱国,"护虽擅朝,而庆未尝阿附。"直到宇文护北处决,周武帝因此十分器重,乃召庆子第十二子阎毗娶帝女清都公主。庆虽位望隆重,婚连帝室,但为人谦慎。周室带给他的恩怨令其心情复杂,在宇文护被处决的次年（573 年），他自行提出的退休请求得到批准，时年六十八岁的他身体已大不如以前，从此"恒婴沉痼。"《周书·卷 20·阎庆》P33。北周静帝、隋文帝特使皇太子都曾先后亲临其家探视，开皇二年（582 年）辞世。严格说，阎庆是被担架从北周抬到隋室，他属于当时已没有能力抗争类型？或者对改朝换代无所谓？他是整个北周公职人员对前途、命运一般认识的一个缩影？或者仅仅是一个偶然？

公开、严重的对立来自豪门于氏，于寔长子于颙"周大冢宰宇文护见而器之，妻以季女，寻以父勋赐爵新野郡公，邑三千户，授大都督，迁车骑将军，其后累以军功，授上开府，历左、右宫伯，郢州刺史。《隋书·卷 60·于仲文等传》P174。他的政治坦途与宇文护的提携不无关系，但是他弟弟于仲文并未因护是其兄岳父就缩手缩脚，始州刺史屈突尚为宇文护之党羽，先坐事下狱，无敢绳之者。固安太守于仲文，至郡穷治，遂竟其狱。不久宇文仲被提升为御正下大夫。于仲文撰有《汉书刊繁》《略览》二书，合计五十卷行世。《隋书·卷 60·于仲文等传》这件事发生在护的权力体系崩溃之前，难以确认的是于仲文幸运还是宇文护的宽容。找准究竟是他们的见识、阅历、个性还是他们的年龄使他们具有独立思考的表现不是容易的事，更看不出这种危险的选择与国家制度的支持有任何关联，只能说这是一种政治冒险，把拒绝当成日常工作的一部分，很难说这是明智的，在个人生命安全与政治前途中作出如此选择却又是必须的。上述诸人中有因宇文护个人原因得罪、受宠，却也不是凡事以执政个人喜恶行事，这可能有社会关系中的其他势力钳制需要顾及有关，但宇文护的权力范围规定他几乎可以做任何事，他仍然算得上具有政治宽容精神，蔡佑明显倾向于孝闵帝很容易察觉，更容易将其随手列为李植一党加以裁决，但肯定他是因个人原因离京担任地方职务的，因病逝世于原州。宇文护对比较温和的批评还是能够容忍，他任用能干的陆腾强烈的愿望、谦卑的方式、从某种程度上可以改变他的执政形象，从陆腾、苏威、于仲文的例子可以得出这样的结论：他的专制方式并不是一贯的，在整个宇文护执政时代，个人升迁中战功和突出行政能力是有帮助的，但论资排辈的情况相当严重。

按护对人事权的控制方式，可分为三个时期：1）自宇文泰为丞相，立左右十二军总属相府。宇文泰去世后，皆受护处分，凡所征发，非护书不行。护第宅兵禁卫盛于宫阙，事无巨细，皆先断后闻。"《周书·卷 11 晋荡公护》P18。名义上五府，没有受天官节制。明帝时代武成元年正月归政后，明帝开始处理政务，但军旅之事护犹总焉。《周书·卷 4·明帝》P7。2）保定元年，以护为都督中外诸军事,令五府总于天官。以及"护性甚宽和,然暗于大体,自恃建立之功,久当权轴。凡所委任,皆非其人,兼诸子贪残,僚属纵逸,恃护威势,莫不蠹政害民,上下相蒙,曾无疑虑。《周书·卷11·晋荡公护》P18。与他骄纵的心态对应是,大量委任不称职的人。3)而保定四年的政治生态显示,护在政治上已经相当老练,更为得心应手。"晋公护执政,与宪雅相亲委,赏罚之际皆得预焉。《北史·卷58·宇文宪传》P223。可以认为是护主动让出部分权利与人分享,也可据此认为是他大权旁落之际。宇文护所选定商议政事的人从李弼、于谨、李远、侯莫陈崇等到宇文宪,皆一时之选,无可非议。全国各部门统一服从护管辖,也意味着皇帝受到他更多制约。武帝即位早期,"时权在冢臣,不得专制。"护高度控制人事权,即使武帝要调动一个低级官员,也必须经过其同意。宇文孝伯与帝同日诞生,且为同学,十六岁拜宗师上士。武帝想让孝伯成为自己身边的右侍上士,为避免宇文护猜疑,也得找个借口,才得到护同意。《周书·卷40·宇文孝伯传》P67。刚接手宇文泰职位时,事无巨细宇文护都亲自处理,那应该是出于谨慎,因为当时情况复杂;当大局已定,他开始松懈,权力管理就出现漏洞;在他乐于与身份恰当的人以商议的方式分享权力时,他的政治行为则显得更为得体。

如果一个专制者能够管理好国家,他的身份是君还是臣又有何区别? 但对权力的管控很难始终有度,由于官位已无以复加,也就有寻求当事人其他贡献的必要,"或有希护旨,云周公德重,鲁立文王之庙。以护功比周公,宜用此礼。于是诏于同州晋国第立德皇帝别庙,使护祭焉。保定三年诏:大冢宰晋国公智周万物,道济天下,所以克成我帝业,赡养我苍生。况亲则懿昆,任当元辅,而可同班群品,齐位众臣? 自今诏诰及百司文书,并不得称公名,以彰殊礼。护抗表固让。《周书·卷11·晋荡公护传》P18。至此名望达到登峰造极的地步,其实还有发展空间,而武帝对通过《周官》体制实施对护有限约束抱有希望,保定三年二月诏:自今举大事行大政,非军机急速,皆宜依月令,以顺天心。这是限制宇文护随心所欲的一个笨拙办法? 还是对《礼记》的虔诚体现? 天和元年五月,武帝召集群臣,亲讲《礼记》。他很愿意尊重已有的制度,过循规蹈矩没有错误的政治生活,不过他不是回避问题的人,不会对障碍绕道而行。宇文护的回答是将权力抓得更紧,柱国、邓国公窦炽在保定四年四月得到大宗伯的任命,同年,作为"前朝忠勋,望实兼重,"的重臣,窦炽受宇文护邀请参加了倒霉的十月东征。天和五年(570年),窦炽被贬为宣州刺史,大宗伯的职位给了赵贵案中的告密者宇文盛,其中原因有二:1. 宇文泰时曾狩猎于渭北,令炽与护分射走兔,炽一日获十七只,护一日获十一只,护耻其不及,因以为嫌。2. 这时炽又以武帝年长,劝护归政,护恶之,故右迁焉。这是护以个人喜怒处理国家公务的一个例子,他似乎比年轻时更缺乏安全感,对权力更加恋恋不舍。当时武帝已二十七岁,二十三岁的明帝即位两年后,护向他交还了部分权力,但是武帝却还需要等待。宇文护孜孜以求的是国家安全,这是实现家族利益的基础,但一厢情愿地将安全寄托在个人美德上,他希望自己行政管理体系中的人都是可以信任的,或者是可以变成可以依靠的人。但是无情的事实证明,这不会以某个人的意愿而以国力为转移,国家的盛衰取决于支持者在国家权利机构中的位置,比例,也取决于反对者在国家机构中的位置、比例。人的天性时时在善恶中摆摇,政治人格的分类至少五种:

1. 忠于个人

2. 忠于理念的人

3. 忠于利益的人

4. 将政治等于智力游戏

5. 闯入者。（由于机遇、婚姻、医道、法术等）

为何一个在某个朝代比如北周工作出色,待遇良好的人,当所服务的皇室大厦将倾时,往往会置之不理,而是成群结队前往新的国家寻找自己的位置？现成的解释是,他们缺乏信念,没有牢固的价值观,或者说绝大多数人不是在为信念工作而是为生存,公职只是一种谋生的工具,以此施展才能,技巧,于是即使一个新国家的建立者道德上并不优于旧君主,他们也愿意为工作职位、升迁机会转换角色。责备这种现状是脱离实际的,人们必须生存、发展,两腿走路。以高颎家族生活轨迹来看,其实还有价值观在影响选择,只要有选择的余地。高颎……其先官北边,没于辽左。曾祖崕在北魏孝文帝太和年间中期自辽东归魏,官至卫尉卿。……父宾,仕东魏谏议大夫,大统元年避谗言,弃官投奔西魏。高宾是为自身安全离开本土,选择服务对象具有随机性,古代学者多以为政治忠诚主要是一个政治问题,其实首先是一个经济问题,但不是经济问题可以一概而论的问题。如果把忠诚比作一艘巨轮,要使它不至于中途沉没,到达目的地,必须考虑其续航能力。这种能力有大、小之别,有主、客观之分,也可简单归纳为两种动能:1.君王的堕落产生连带责任。2.个人意志的转移。客观的因素似乎更单一:国家经济破产。有许多在职官员,因为奉公守法,薪俸只能让他们生活贫穷之中,但他们终身不离不弃。另一方面,护如此强调的是人的作用而不是制度作用,正是因为他很少运用毫发未损的制度,因此,当他失去信任时,人们打击对象的首选是他个人,而决不是制度甚至其明显弊端。推翻的也只是个人而不是制度,制度的主要部分会留存。

人有各种理由使自己屈服于欲望,降低社会纷争的手段是令欲望合乎社会默认的共识,进入理性现实的通道发展,有益于家、国并长期稳定。如果没有精良的制度,道德克制,个人才华,无论何人以一己之力,难以实现这种均衡。在未来隋帝的视野中,宇文护的信任者没有人反对新主人;反对者中也没有拒绝隋任命。社会的管理者如果过于看重个人政治魅力,相信欲望能蒙蔽一切理智,认为只要简单地满足人的私欲就能立国定邦,长治久安,其政治事业就会半途而废。所有在政治领域内揭竿而起或者胆大妄为的人,其实都或多或少明白这一点。

身份进一步变化——认同与边缘化的过程

生活的不过是身份进一步变化的过程。

为隋代服务的主要是北周人,为什么总是会有这样人,他们为何不能尽忠于自己服务的王朝?

1. 来自北周的隋代君主

杨坚的思想从来没有停留在执政位置,曾与王褒、庾信同补麟趾阁学士的庾季才以命相闻名,宣帝时任骠骑大将军、开府仪同三司。杨坚为相,尝夜召季才而问曰:吾以庸虚,受兹顾命,天时人事,卿以为如何? 季才曰:天道精微,难可意察,切以人事卜之,符兆已定,季才纵言不可,公岂复得为箕、颍之事乎?"杨坚默然久之,因举首曰:吾今犹骑兽。诚不得下矣。给季才一批礼物。曰:愧公此意,宜善为思之。大定元年正月,他对高祖解说了时机理论。……"今戊戌平旦,青气如楼阙,见于国城之上,俄而变紫,逆风西行。《气经》云:天不能无云而雨,皇王不能无气而立。今王气已见,须即应之,二月日出卯入酉,居天之正位,谓之二八之门。日者,人君之象。人君正位,宜用二月。其月十三日甲子,甲为六甲之始,子为十二辰之初,甲数九,子数又九,九为天数,其日即是惊蛰,阳气壮发之时。昔周武王以二月甲子定天下,享年八百,汉高帝以二月甲午即帝位,享年四百。故知甲子、甲午为得天数,今月甲子,宜应天受命。"上从之,开皇元年授庾季才通直散骑侍郎。《隋书·卷78·庾季才传》P211。由于这种玄乎的理论不是人人都能掌握,反对杨坚的意识还是时有发现,杨坚龙行虎步,也有人跟不上他的步伐,杨坚任宰相后向颜之仪索取符玺,他再次拒绝,几乎被坚当场杀掉,考虑到他是有一定社会影响的人,只是出任西疆郡守。不过这个看起来最不会屈服的人最后还是担任了隋职。《周书·卷40·颜之仪传》P68。从批评的角度看,他拒绝杨坚并非出于忠诚的思想,而是反应迟钝,等看清事情真的出现了变化,还是会随大流。周载师下大夫、仪同三司荣建绪(荣毗乃荣建绪之弟。)为杨坚旧友,及杨坚为丞相,加开府拜息州刺史。将之官,时杨坚阴有禅代之计,因谓建绪曰：且踟蹰，当共取富贵。"建绪自以周之大夫，因义形于色曰：明公此旨，非仆所闻。"丢下十分尴尬杨坚，建绪自行前往息州上任。开皇初来朝，杨坚还记得他先前的不良表现："卿亦不悔不？建绪稽首曰：臣位非徐广，情类杨彪。"上笑曰："朕虽不解书语，亦知卿此言不逊也。"历始、洪二州刺史。《隋书·卷66·荣建绪》P187。北周末期，苏威与杨坚丞相有过密谈，并在杨坚那儿居住了一个月，但一听说杨准备禅代，立即逃跑。不过禅代仪式后，还是担任了隋高官并成为新国家的主要决策者。周上大将军王世积，在杨坚荣登大宝时，由县公进郡公，高颎十分赞赏他的才华。新职位和高度评价并未改善世积一向以来不爽的心情，"尝密谓颎曰：吾辈俱周之臣子，社稷沦灭，其若之何？颎深拒其言。"王世积本人心存疑虑，仍然健步入隋。"世积见上性忌刻，功臣多获罪，由是纵酒不与执政言及事。上以为有酒疾，舍之宫内，令医者疗之，世积诡称疾愈，始得就第。世积后被诬告陷害，坐诛。《隋书·卷40·王世积》P140。窦炽一度抵制过杨坚，但后来他的名字赫然出现在隋室主要官员名单中，死于开皇四年，年78。房彦谦原为北齐州州治中，周武帝入齐，齐国的灭亡令他愤怒，组织人马准备袭击占领者，结果没有成行，自此赋闲在家，也不接受北周的任命。杨坚即位，房彦谦优游乡曲，誓无仕心。开皇七年，齐州刺史韦艺坚持推荐他，不得已而应命。《隋书·卷66·房彦谦传》P187。这是杨坚从平庸到辉煌的事业中碰到的几次钉子，无伤的软钉子。他们虽然最初略有抵触，但最终还是选择了合作，他们大多回避中间过程，却不排斥职位，既心怀不满又无力回天，他们的委屈、躲闪的姿态反映他们内心的矛盾，折射出文化中的伪善，他们的价值观就是利益，这使得新国家诞生的理由更趋于真实。

尉迟迥、王谦这一群失败者的鲁莽行为迅速澄清、确认了杨坚的身份，让他对权位的索取不是无缘无故，口说无凭，让杨坚的登顶计划变得更顺利更快速，势不可挡。一些新人和新思想也应运而出，在尉迟迥发难之初，李穆即以天命劝进。崔仲方是北周武帝同学，护时代迁司玉大夫，与斛斯征、柳敏同修礼律，一向受到周室厚遇，本该满足于现实，却是个见风使舵、与世俱进的人，他是最早最热心建议杨坚称帝的人之一，也是建议废除周六官恢复汉魏旧制的人。(他得到了满意的回报，在隋担任多年刺史之类的重要职务，在生命的后期(炀帝大业时)一度担任礼部尚书，总之他的政治生涯在隋相当活跃。)《隋书·卷六十·崔仲方传》P173。他们现在鄙弃当初对执政位置的执着，声明杨坚是适合承担国家担子的人。一群像他一样翻云覆雨的人鼓噪助推之下，大定元年二月份这是杨坚名利的丰饶之月：个人封地增至二十个郡，总百揆，位在诸王之上，建天子旌旗，舞八佾(孔子也不能忍受的尊荣也被奉献)等等并依魏晋故事仍不能止住杨坚前进的步伐,杨坚本人道德并无顾忌,条件上也十分成熟,个人意愿一直强烈,所以,几乎任何有关杨坚是合适人选的预测描述当事人都能够接受,杨坚顺应潮流的唯一出路是受禅。大定元年(581年)二月甲子,隋王杨坚称尊号,周御正上士长孙炽、司武上士卢贲率官属先后清宫,即日授长孙炽内史舍人,上仪同三司。寻以本官摄判东宫右庶子,出入两宫,甚被亲委。贲因典宿卫。《隋书·卷38·卢贲传》P137。《隋书·卷51·长孙炽传》P159。581年二月,废静帝为介公,邑万户,车服礼乐一如周制,上书不为表,周亡,历五帝,二十五年。开皇六年五月壬申时年九岁,快懂事了的介公死亡,隋朝的君王已经容忍他太久,他继续存在是不恰当的。《周书·卷8·静帝纪》P14。静帝为谁活着并不确定,但让人一目了然的是,他稚嫩的双肩领受的沉重职位或官衔主要是为杨坚负载的,是北周对未来新君的最后一个贡献。他是一个绝好的、万里挑一的过渡,年幼无知,而且有一个恶名远扬的父皇,如果杨坚直接与宣帝翻脸,他的问题就很大,宣帝虽然生活放纵,鲜耻寡廉,却是一个有主见、敢作敢为的人,而且后宫还扣有杨家的人质,一个成年的皇帝对有野心的大臣的悉心照顾不是特别重要,后者的重要性就没有那样大。

2. 来自北周的隋朝大臣

周武帝即位,王谊授仪同,累迁内史大夫,封杨国公,官至大内史。武帝临崩,谓皇太子曰:王谊社稷臣,宜处以机密,不须远任也。《隋书·卷40·王谊传》P讨平消难后被任命为大司徒,坚即位,顾遇弥厚。

书画家阎毗,周上柱国阎庆之子,周武帝赏识她,让他娶自己女儿清都公主。宣帝时拜仪同三司,授千牛左右。坚即位,毗以技侍东宫。《隋书·卷68·阎毗传》P191。

唐令则大象中官至乐部下大夫,仕隋为太子左庶子,直到因皇太子杨勇废,受牵连被处死。

张煚在宣帝时加仪同,封伯爵,在杨坚即位时拜尚书右丞。《隋书·卷46·张煚传》P151。

杜杲大象元年拜御正中大夫,开皇元年以杲为同州总管,不久迁工部尚书,二年病卒。《周书·卷39·杜杲传》P66。

北周柱国李和,本名李庆和,宇文泰赏识他先赐姓宇文氏,后赐名意。隋开皇元年迁上柱国,李和突然以"意是宇文泰所赐,市朝已革,庆和则父之所命,义不可违,至是遂以和为名。"《周书·卷29·李和传》P47。

于寔大象二年加上柱国,大左辅,隋开皇元年逝世。于寔子于顗大象末上开府,隋吴州总管。顗弟仲文北周东郡太守,隋河南大行台。仲文弟象贤北周仪同三司,尚武帝女。《隋书·卷60·于仲文》P174。《北史·卷23·于寔》P90,《周书·卷15·于寔》P26等等,枝叶繁茂的于氏无人抵制新君。

周门正上士崔彭,在捕杀陈王宇文纯时立功,杨坚即位,迁监门郎将,兼领右卫长史。开皇时有左右监门卫,置将军,大业时改为郎将。

其中有两个是前朝皇帝女婿,其余均荷受周恩,而正是他们构成隋官员的主体,北周在职者成为隋室在职者手续简便,来自被征服北齐的则很少,这是否能够说明隋朝将沿袭北周政治? 结论是否定的。

3. 落伍者

卢思道曾因参与谋反判死刑,受命平乱的周柱国宇文神举因其文名赦免了他,后任周掌教上士。杨坚为相,给武阳太守一职,但他无心仕途,开皇初以母老表请解职,优诏许之。思道自恃才地,多所陵轹,由是官途沦滞。《隋书·卷57·卢思道》P167。与卢思道、李德林齐名友善的薛道衡担任过齐中书侍郎,周司禄上士。杨坚为相,担任过刺史,即位,坐事除名。后被委任内史舍人,他的大作《高祖文皇帝颂》显然是一篇颠倒黑白的文章。该文不为隋炀帝所喜,君王后以其他口实将薛氏吊死。《隋书·卷57·薛道衡传》P168。知识分子在杨坚时代失败的情况很常见,这也是杨坚没有自己的贞观时代的一个重要原因。

4. 终身仕周的人

王杰:宣帝即位,上柱国,大象元年死。

元伟:建德二年,先后任司宗、司会中大夫,民部大夫、迁小司寇,大象二年卒。似乎只有死亡能使人在面临新旧选择用对一个王朝忠诚。

绝大部分具有前朝背景的人都选择与新君合作是否就意味着能够解决这个王朝的政治问题至少是人事问题? 杨坚是有体会并有资格回答的人之一。在他执政数年后,曾因对卢贲(他在新朝极不安分,曾谋废太子立晋王,或者是对职务与功勋不相称有怨言多次免官,下列其他各人也有各种问题。)强烈不满而在盛怒中说:"微刘昉、郑译及贲、柳裘、皇甫绩等,则我不至于此。然则此等皆反复子也。当周宣帝时,以无赖得幸,及帝大渐,颜之仪等请以宗王辅政,此辈行诈,顾命于我。我将为治,又欲乱之。"他表示任用、宽容他们是出于无奈,担心人们议论他忘记功臣,是个薄情寡义的君主,这个名声在当时远比现在可怕得多。《隋书·卷38·卢贲传》P137。当政的经验让杨坚不得不对自己过去选择作出反思,现在他对上述数人的危害的忧郁远高对他们有过的成就评价。人们在进取时总是需要见风使舵、趋炎附势、唯利是图的人来辅佐自己,他们才最懂得如何争取到利益,也才愿意为利益出生入死。而过于旺盛的道德感则有可能令人平庸,有经验的政治管理者都同意这个结论。但为何不一劳永逸地一概选择前者成为国家管理层的永久成员呢?就是因为对利益的偏好,有时是变态的追求最终会使他们变得极其危险,忘记集体和国家,蔑视并冲破一切国家赖以完整与稳定的规条。因此一些政治操守与之完全不同的人在国家相对稳定或没有当务之急时可能会成为急需。从内史大夫元岩不肯在处决王轨的诏书上署名同意,上柱国太傅兼雍州牧窦炽不肯在拥护杨坚即位书上联署的个案中,证实北周存在一种制度,在日常事务中,在国家各部门之间,君臣之间形成制约程序。由于此类制度中始终存在一股压倒一切权利,它来自君主或者执政,这种制约往往就断断续续,十分脆弱。新的法典在未广泛征求意见前予以颁布,就是缺乏沟通途径,以至一个低级的地方官员不得不采取极端的行为表达心声,当他遇险时满朝文武大多噤若寒蝉,一切职务行为可能产生的制约机制荡然无存,制止过失取决于人的良心,异议就等于是在拿自己的生命在冒险。乐运事件中,元岩不得不以哄弄的方式来骗取皇帝的好感以平息怒火,帮助乐运得以侥幸死里逃生。在为王轨案仗义执言时就不是还有如此好运,尽管他不顾大臣身份,当众低三下四匍伏于地哀求君主,王轨仍免不了一死,而他本人则受弄臣的羞辱后被褫夺官职。不附和皇帝意见不行,政治上有成就也会有危险,宇文宪、宇文神举都为此付出生命的代价。宣帝政府让人变得无所适从,极大地降低了社会对武帝缔造的一个新兴大国的评价。

宣帝对皇帝概念的认识是割裂式的,对责任理解模糊,并不十分在意且极力回避它,在权力的应用中则以此谋求个人利益为首选,他对个人利益的范畴同样混乱。武帝追求权力的回归,一直就不轻言放弃,以此使其国家向前。与宣帝刚即位时爆发出的责任心,相距甚远,他对别人的要求对比自己的作为,简直不可比。问题出在如何对行政权力评估,怎样使用行政权才是恰如其分的。在皇帝看来,护有超越权限的问题,而在护看来,皇室家族整体利益重于个人利益。这两端难以确认一个公认的平衡点。忠诚被认为是负责的极致,对一个一时难以确认的问题君臣各执一词时,忠诚就会变为碎片。护与武帝的不同点随事态的发展越来越多,两人的权力之争也注定日益激化,因为谁掌握权力,谁就等于站在正确性一边,并制定标准。宣帝父子的失败是因为失掉了制度还是失掉了名誉?至少有三条值得一提:1. 恶意宣传的后果? 2. 制度的弊端? 3. 从尉迟迥、王谦等的抗争结果,忠诚于人意义低于对制度的维护。宣帝的罪行本来是他个人的行为,但由于将国家与个人混为一谈,他的国家甚至比他更不可容忍。只有解决他的国家才补赎他个人的罪孽成为新宣传的要点,对纯洁的静帝则熟视无睹。

对这样一个已经政治上百孔千疮的王朝,很容易将人们的疑虑变成政治冷漠,宣帝生前不仅是他父亲的叛逆,也是他自己欲望的奴隶,强烈希望不再有任何一个权臣可以制约他,现在他可以放手一博,可以随心所欲。问题是他那倾注了全力、花样翻新、个人主义至上的表现使其专制君主极其消极一面透明化和强化,对他的权威和王朝均属无益。从上也可以看出,宣帝是一个相当情绪化的年轻人,一个专制皇帝情绪化是一个致命弱点,在铁腕的执政中这种情况比较少,因为执政权力很少由继承得来,他们一定经过一定程度的打拼。专制君主中也有理性的,只是比专权的执政比率要低,与其说宣帝是个政治外行,不如说他品行不好;其次,此人对宗教和对异性的狂热同样显得幼稚可笑。作为一个流星似的皇帝,他非常失败,要点在他对国家成功实施了过度控制,却不能控制自己,于是成为北周最为典型的专制皇帝,不过其暴政代价不菲。如果仅仅是一个普通人的话,或许他会正常些? 其实如果他仅仅是一个正常的人,他决不会变得如此反常,因为只要他是皇帝无论多么荒谬的想法都为付诸实施,帝王文化只会对正常的有约束力,对不计后果的君主,对国家控制程度越高,其负面效应就会反应越强。

北周衍化为隋朝是北周的官员集体出卖了国家? 还是一种缺陷性政治机制注定的宿命? 从中难有断然选择。人们理性地(即并不总是正确地)作出选择,从众的心理使得选择的大部分看起来都正确,其实很多时候不过是在看起来有利可图的各种交易中妥协。所以,多数人的共同行为基础是基本杂凑的,他们实现一致的根源反而在于其具有各种背景、动机、目的。所具有的合理性自然并不总是具有说服力和导向性。而君主代表的国家无论怎样谨慎、聪明经营,使生存范围变得舒适、美观、优越甚至牢固,都不能使人们为之牺牲自己所认定的前程或者预测的幸福所在。他们愿意为此冲破任何藩篱,不惜代价,寻求他们所要的哪怕是极其细微的改变。因此可以认为,国家发展、延续需要三个要件:1. 良好的制度。2. 珍惜但不迷信制度的领袖。3. 有前途的价值观。制度约束国家主要群体的行为,领袖维护调整它,第三因素则可有效预防人们东张西望,注意力分散,过早、过多成为叛逆。宇文护在杀戮成功时未看清他的全部敌人,其中最大的敌人是不公正的待遇而产生链式怨恨,它既影响直接的受害者,也影响非受害者。它在适时爆发时可以伤及任何人,宇文护绝对不会想到在宣帝时他的国家就面临生死存亡之时,而自己的短期行为导致了周国家防卫百孔千疮。

西魏至北周的情况略有不同,北周的一大批人曾为了西魏的建立、稳定、延续浴血奋战,尽管并不符合简单、直观的政治道德,却有着自然的合理性。道德纯洁是社会没落最后的遏制力量,在一个制度零乱的地方它又会显得完全缺乏真实感,这是道德为何容易遭破坏,又不断在建立的缘故。大臣杨坚以其辉煌的成就结束了其父子服务的国家的生命,这种拗口的说法一定也是合乎语法的,必须坚信,一个努力为国出力的人也会摧毁自己服务的对象。

从北周入隋的官员们争先恐后,挤作一团,很多人既非出自对旧主的嫌弃,也非出自对新主的爱戴,而是全凭理性的召唤。

5. 做出错误的决定

帝王的权力无法控制。北周宣帝这样在继位前就声誉不佳的人,在北周仿效周礼的官职环境下,并未收到任何有效约束。大象元年(579 年,元年二月静帝即位,宣帝在武帝宣正元年 578 年三月即位),"宣帝令内史杜虔言就徐州杀王轨(轨时任徐州总管),御正中大夫颜之仪切谏,帝不纳,遂诛之。轨立朝忠恕,又有大功,忽以无罪被诛,天下知与不知,无不伤惜。《周书·卷四十·王轨传》P66。就因为王轨如实地向宣帝父亲如实地反映了储君的不端行为,导致被父皇下令鞭笞。宣帝即位后,宣政元年(578 年)转司武上大夫,总宿卫军事,……宣帝即位,授上柱国。运之为宫正也,数进谏于帝,帝不能纳,反疏忌之。时运又与王轨、宇文孝伯等皆为高祖(杨坚)所亲待,轨屡言帝失于高祖,帝谓运预其事,逾更衔之。"王轨被宣帝杀死后,尉迟运为保命设法得到任命到地方担任刺史。《周书·卷四十·尉迟运传》P66。

"初神举见待于高祖,遂处心腹之任,王轨、宇文孝伯屡言于皇太子之短,神举亦颇与焉。及宣帝即位,荒淫无度,神举惧于及祸,怀不自安。初定范阳之后,威声甚振,帝忌其名望(宇文神举平定卢昌期等在范阳发起的反叛,又打败突厥、稽胡联军),兼以宿憾,遂使人赍鸩酒赐之,薨于马邑。宇文神举最后的职务是并州总管。《周书·卷四十·宇文神举传》P67。

"宣帝即位,授(宇文孝伯)小冢宰,帝忌齐王宪,意欲除之。谓孝伯曰:公能为朕图齐王,当以其官位相授。"孝伯当时表示婉拒,后来还是协助宣帝杀死了齐王。《周书·卷四十·宇文孝伯传》P67。

四、权力的组合——制度

1. 周闵帝即位后中央政府

太傅、大冢宰　　　赵贵

太师、大司徒　　　李弼

太保、大宗伯　　　独孤信

　　　大司马　　　宇文护

　　　大司寇　　　于谨

　　　大司空　　　侯莫陈崇

备注：

1）孝闵帝在魏恭帝三年十月太祖逝世时，短暂继承过太祖太师大冢宰之位。P2586。

2）孝闵帝即位，大将军宁都公宇文毓、高阳公达奚武、武阳公豆卢宁、小司寇阳平公李远、小司马伯陵公贺兰祥、小宗伯魏安公尉迟迥并为柱国。《周书》。赵贵死后，二月，以大司马为宇文护为大冢宰。以大司空侯莫陈崇为太保。以柱国贺兰祥为大司马、大司寇为达奚武、大将军化政公宇文贵为柱国。《周书·卷三·孝闵帝纪》P7。由此推论，于谨得到大宗伯任命。三月，独孤信赐死。

2）北周六官的基本结构

天官府：大冢宰一人为长，小冢宰上大夫二人为副。《唐六典》对应为吏部尚书

主要属官有御正大夫（参与军政决策相当与三省制的中书监、令）。

御伯中大夫，属天官府，保定四年改御伯为纳言。纳言大夫（出入侍从，参掌机要，相当于门下侍中）。

给事中士

司会大夫（司会中大夫为国家财政首长，五府总于天官时，此职为统管六府之副职。）

太府中大夫：掌贡赋货贿。以供国用。

宗师中大夫：掌皇族

内史中大夫：北周置，相当于后来的内史令

地官府：北周置大司徒卿，小司徒中大夫为副副职。

民部中大夫：户口田赋职供管理部门首长。

保氏大夫：相当于后谏议大夫

吏部大夫：选举官吏

司士大夫：考核官吏。

司农上士

春官府： 大宗伯卿一人，小宗伯中大夫二人为副。

内史大夫：拟写诏令参议刑罚爵赏军事大事，相当于中书侍朗。

夏官府： 大司马卿一人，小司马二人为副。

兵部中大夫

驾部中大夫

武藏中大夫

太仆下大夫

秋官府：大司寇一人，小司寇中大夫二人为副。

司宪大夫：执法

刑部中大夫：相当于刑部侍郎

小刑部下大夫：量刑

比部侍郎

司调大夫：民事纠纷

计部中大夫：掌诏书、律令、勾检。

司门下大夫：

掌朝大夫：朝仪

司隶大夫：管奴婢与徒刑

蕃部中大夫：诸侯朝见议式。

宾部中大夫：外族朝见。

冬官府：大司空卿一人，小司空上大夫二人为副。

侍郎一人，后工部侍郎

虞部下大夫一人，掌山泽、草木鸟兽。

司内上士：操办后来的内侍省事。

北周以太师、太傅、太保为三师，而不见僚属。

另有少师、少傅、少保。

——参见《唐六典》《通典·职官》

初太祖(宇文泰)以汉魏官繁，思革前弊。大统中乃命苏绰、卢辩以周制改创其事，寻亦置六卿官，然为撰次未成，众务犹归台阁。自是始毕，乃命行之。《周书·卷2·文帝纪下》P6(2右)。这指的是周官制度在大统时期开始颁布，但真正实施还是一个缓慢的过程。北周制度与西周官制存在很大不同，除师保傅，西周太宰、司徒、司马、司空、司寇职能与后世相似，但另外还有在权位上基本平衡的三事大夫，即准人、常任、常伯，分管司法、人事、民政。但是他们与前四司职能重迭。因此明显存在编制体例既结构问题，但操作上应该是可以无碍，这可能是因为上述职位极其重要而采取的分权方式，周王对权力的直接管理制度理论上可以形成有效的监控调节。《周礼》中记载的六官制度，在西周不可能是完整的，其官制称号、中央机构的功能的调整在西周随时代的发展经常变动，很难说曾作为一个完整体系被应用过，只能比较有把握地说，上述官制称号在西周末已经形成，是逐步形成的。春秋及战国时代背景就已经难以适用，秦汉则放弃了它，新莽时大刀阔斧地修改后已面目全非，肯定达不到《周礼》预期的应用效果。北周的六官制可能是一次对它最完整的应用，从恭帝三年建六官开始，到宣帝实际废止这套体系止，效果大体上是积极的，与周礼的精神不同，它倒是强化了中央集权，维护社会基本稳定，国家也得到了实际发展。当然这其中个人的作用明显更为突出，制度的作用则是辅助性的，它的最大作用是安抚了被征服的原住民，尽管征服者是异族，却同样尊重被征服者远古的、非凡的政治理想。而究其实质，北周与历代别无二致，无论采用的是何种制度，对制度使用的频率同样很低，政府的运作主要依靠的不是制度设置而取决于君主对某些人的信任。对相当于一个群体的某一机构低水平应用，不是因为忽略而是出于恐惧。君主或者执政严厉提防他的臣属各种形式的交际，包括内、外官，王官与中央官，中央官与地方官等。这有效地防止一个机构的专业化程度，以及可能形成的整体力量。

七、北周政治运作机制与制度制约机制可能同时失效

北周的政治有效的组成部分具有不确定性，权力的分类的六个板块中，皇权、专制者、种族、家族、同盟者、制度都可能在某个特定时期成为主导力量，都具有合法性、竞争力。

北周政权中皇权、专制者、种族、家族、亲信、体制等单项因素，是可能任意组合的拼图，它们之间的相互关系极为复杂，色调何时倾向于利益，何时倾向于理

想，难以预测，很少能事先看清真正的决定者。

北周权力的内涵超过单一制的两周时代，也超过了单一制的秦帝国时代。他们之间的相同处是都有制度体系，但是在混合制国家，制度的作用在皇权、肆无忌惮的权臣的割据、挤占后即已经变得非常弱小，家族、同盟者（亲信）插手时就更为零散，很容易被忽略、摧毁。"宣帝即位，颜之仪为御正中大夫，宣帝崩，刘昉、郑译矫遗诏，以隋文帝为丞相，辅少主。之仪知非帝旨，拒而弗从，昉等草诏署讫，逼之仪连署"之仪断然拒绝，于是昉等知不可屈，乃代之仪署而行之。隋文帝后来又索取符玺，之仪认为是天子之物，丞相不应该索要，隋文帝想当场就杀死他，考虑之仪名望比较大，出为西疆郡守。《周书·卷四十·颜之仪传》P68。即使有颜之仪这样坚持维护制度人，为所欲为的人还是成功地绕开了他，制度还是遭到破坏，后来颜之仪还是担任了破坏制度者的朝官。隋文帝接受他可能是希望他也这样为自己的制度服务。隋文帝对制度满不在乎，不是因为看到了这个制度的缺陷，而是认为自己力大无穷，制度很容易被自己冲得七零八落，当时，尤其是权臣们认为，权力结构的形成主要是分工，其次才是是制约作用，由上例可见，制度的牵制与约束其实是有效的，隋文帝胜券在握，也被制度的规定弄得满头大汗。

宣帝营造东京时窦炽官居京洛营作大监，"宫苑制度皆取决焉。"杨坚辅政，中止洛阳宫营造，尉迟迥举兵，炽移入金墉，与洛州刺史元亨同心防守，仍权行洛州镇事。及坚为相，百僚皆劝进，自以累世受周恩，不肯署笺，时人皆高其节。不过这只是一个姿态，杨坚即位后窦炽立即接受太傅职位，担任隋职直到开皇四年死去。《北史·卷六十一·窦炽传》P232。

窦炽与颜之仪遇到的是同一件事，二人原本都准备坚守制度规则，但是同意签署的人多势众。

宣帝将诛乌丸轨，内史中大夫元岩不肯署诏，"御正颜之仪切谏不入，岩进继之，脱巾顿颡，三拜三进。帝曰：汝欲党王轨邪？岩曰：臣非轨党，正恐滥诛失天下之望。帝怒，使阉竖搏其面，遂废于家。《隋书·卷62·元岩传》P68。皇权轻易地打败了制度。

即使是武帝，在面临重大抉择、行动时，也是更多地选择笼络朋友和亲族而不是维护、升级制度。对人材的重视会影响追求合理应用行政制度和惯例以平衡政府运作，武帝对原有行政制度运作习惯任何轻微改动都十分慎重，建德四年四月，"初令上书者并为表，于皇太子以下称启。"刘行本担任掌朝大夫时，按北周的规矩，"天子临轩，掌朝典笔砚，持至御坐，则承御大夫取以进之。及行本为掌朝,将进笔于帝,承御复欲取之。行本抗声谓承御曰:"笔不可得。"武帝惊视问之,行本言于帝曰:臣闻设官分职,各有司存。臣既不得配承御刀,承御亦焉得取臣笔?"帝曰:"然"。因令二司各行所职。《隋书·卷62·刘行本》P177。武帝将维护宇文泰以来的程式化内容视为本分,深入到细节,却仍未发现制度的真谛,后宇文护时代,内史中大夫、开府仪同三司柳昂在武帝授意下,"当涂用事,百僚皆出其下。"《周书·卷32·柳昂》P53。这种行政现实有悖于武帝竭力捍卫的制度,周官体系分工具体,等级森严,严格限制超越职权的行为。引入北周时并未发生质变,对完备的制度中明确的规定熟视无睹,这与武帝人才至上的思维不无关系,他对北周制度的真正贡献在于:保护已有制度完好无缺,同时使制度本质更为人性化,不过这不为他的继任者所理解。

北周混合制是一种外观上与周礼相似性很大,客观上差异巨大的体系,宇文氏无法驾驭这种制度,很快就回到了"以自己熟悉的方式行事"的轨道,但是这个外来的种族既然在中原生活,又想按中原的方式成功,因而与之相关的一切政治后果都如期而至:

1. 建议的提出(不被待见的意见可能因之领刑)。

2. 评估。私下和公开的两种。(双方都在评估执行制度与不执行制度的利弊)

3. 决定(可能是最弱的,因为最终做决定的人不确定,也不依据决定是否为最正确的取舍。正确与不正确后果都不确定)

4. 执行力的监督及其对结果的评审(制度缺省)

北周的制度在权臣、皇帝、种族、家族、亲信挤压中成为一块不可缺少的板块,但主要是一种政治信仰和政权图腾,在实际运作中它是最脆弱的部分,北周将西周的服饰穿戴整齐,但几乎看不到两周实体曾经伟岸的影子。

种族的作用变得相对缩小,对于拓跋部、宇文部这样的外来种族而言,他们遇到的最大阻力是不同的文明体系,他们接受了这个体系就是认为它更为优越。他们理智告诫自己,单纯的种族不能帮助他们在异地站稳脚跟,他们需要异族或者当地人的组合,弥补自己的短板,但谁是可靠的人?自己的族人中谁是称职的人?这样的问题在北魏、北周时代的国家元首心中贯彻始终。如果他们作茧自缚,拘泥血统的一致,他们的官场就会缺少大量的员额。

家族是一个比种族更小的界面,北周的决策者一度希望像西周的周礼那样生存,但是他们未能创制一个像周礼一样深邃的理想,他们完全靠模仿,复制周礼的政制,但是当地知识界对周礼更熟练,更全面地了解它的利与弊,因此,北周的君王即使是恢复周礼的领导者,却不得不受到当地出身的专家学者的操作控制。北周的君主得到的周礼是改头换面的周礼,是短斤少两的周礼,还是有得有失的周礼,而不是周礼精华的部分。

同盟者(亲信)是一个好的选项,他们是意见一致的人,可能忠实而且坚定,不论同族、异族,家庭内外,资格高低。选择面相对宽泛。同盟者的问题在于难以得到缺乏货真价实的领袖,尤其是当一个同盟者集团为了达到某种目的而有意摈弃异见时,一群出色的人也很容易集体出错。臣属的建议被误用或者执行力不够的时候很多。

建德(武帝建德元年为 572 年)以后,皇太子稍长,既无令德,唯昵近小人。东宫左宫正宇文孝伯请求高祖"妙选正人,为其师友。"《周书·卷四十·宇文孝伯传》P67。高祖接受了他的意见,挑选尉迟运为右宫正,宇文孝伯继续为左宫正,但这个安排基本上一点效果都没有。武帝接受这样的意见殊属难得,皇太子一定会继位,武帝希望他更像一个储君,实际上皇太子在等待继位过程中本身改变很少。他与自己父亲有一个明显的差异,其父具有批评精神,在意社会的评估。皇太子只注重自己的内心的欲望,只接受偏好一致的人或事。宣帝嗣位(578 年六月—579 年二月在位),郑孝穆之子郑译,"授开府仪同大将军,内史中大夫,封归昌县公,邑千户。既以旧恩,任遇甚重,朝政机密,并得参详。寻迁内史上大夫。上大夫之官,进爵沛国公,自译始也。及宣帝大渐,御正下大夫刘昉乃与译谋,以随公受遗辅少主,隋文帝执政,拜柱国,大丞相府长史,内史如故。寻进位上柱国。"《周书·卷三十五·郑译传》P57。宇文孝伯与武帝同盟,正确的意见无法落实;郑译、刘昉、杨坚同盟,阴谋如愿以偿。

无论是种族、家族、同盟者组成的集团,还是皇帝、专制者,五种政治势力作为独立的个体时,都具有极大的不确定性,因为一个集团的主导人物有时可能认不清制度与人的作用是一致的还是相悖的,也可能弄不清楚谁是真正的盟友,他们即使协调一致也可能因为能力欠缺而无法完成一份共同的事业,何况它们相互抵牾时。因此,在缺乏制度的维系时,他们各自组合的选项经常不同,产生相同的效果;有可能选项的组合相同,带来的效果不同。

皇权、权臣、种族、家族、亲信、制度,唯有制度不亲不党,不蔓不枝,与权力的其他成分天然抵触,但是在实现理想、创新时需要个人的特殊作用,皇权、权臣都可以成就杰出的贡献,只是具有偶然。

北周的制度虽然存在诸多缺陷,但是它曾经自己模仿自己,崇尚优秀文明并对自己的缺陷实施攻击,剩下制度中的合理性比主要对手都多,这成为它有个不太长的时期对大国保持优势并致胜的要素。

自534年北魏裂为东西两国,到547年玉璧之战高欢惨败于韦孝宽并于次年逝世止,两个铁腕人物高欢(496—547年)和宇文泰(505—556年)的国家之间经历十次大战,胜负各半。后续执政的高澄、高洋、高殷、高演与西边的敌人没有发生重大战事。559年(齐天保十年),文宣帝大杀元氏,前后死者七百余人。次年齐孝昭帝高演杀死老练的政治家尚书令杨愔等,二年四月进入武成帝高湛时代,563年(保定三年),周先开启战端,将领杨忠开始进攻齐境失利,次年宇文护率领的北伐大军无功而返。这或许刺激了齐国认真对待看国内问题,564年齐河清三年,齐颁布均田令。改革还是取得一些成效,齐后主高纬武平二年(571),齐仍有实力攻克周汾州,俘虏周刺史,这是齐对周最后一次的胜利,仍然是在宇文护时代。武平六年即周建德四年,周武帝对齐发动攻势,虽然经历一些困难,但取得最终的胜利。从东、西魏时代,到周、齐两国早、中期,双方实力基本均衡,前期互有攻守胜负,中期保持对峙,武帝将北周的制度优势与经济进步和个人雄心有机结合,从而取得压倒性的胜利。北齐田制承上启下,它甚至有一部比北周更好的法律,更多的人口、土地面积,北齐败于周,是自己的独裁专制暴君政治而不是北周独裁者政治。高欢"性深密高岸,终日俨然,人不能测,机权之际,变化若神,至于军国大略,独运怀抱,文武将吏罕有预之。"《北齐书·卷2·神武下》P49。不仅他的国家制度被四处乱扔,他的子嗣们则只是过份地仿效他自负、以自我为中心的个性,政治才华和抱负则相距甚远,几乎个个狂妄自大而且罪孽深重,制度形同虚设。北周宇文氏君临以来,既有宇文护这样足够强大的权臣,亦有宇文邕如此锐意进取的君主,还有一套确实存在,阶段性运行基本正常的行政管理体系,权臣与人君一度维护这种制度的默契浑然天成,形成合力,这是宇文王朝维系的根本,或者说任何家族王朝长久延续的根本。宣帝时代,这两个支撑点都遽然消失,取而代之的是合法君主的少不更事,名义君主不履行责任又滥用权利,私欲令制度支离破碎,对觊觎王朝的人则熟视无睹,除了灭亡,别无它途。食肉兽在食物充足时不会伤害自己同类,必要时则不然,会将习惯置之度外,攻击体型相仿甚至强于自己的对象。

本编结论:

何种类型者居多使国家趋于不稳定? 最好的国家人力资源结构?

政治利益至少可以划分为五级阶梯;1,种族利益。2,家族利益。3,文化背景。4,个人利益。5,道德感。没有一个所有人都认同的从低级到高级的排序,这个排序相对中性,群体认同度上有明显差异:模糊的认同,清晰的认同,理性的认同,特性的认同,预期的认同。古代中国政治一直是典型的家族利益型,从未摆脱其核心宗旨,甚至从未完成第三层次的真实到达,妨碍积极个人主义和集体道德感的是其成功的"家族利益"实践。北魏孝文帝之前看不到有跨越'理性的认同'的稳定形态,到后世的宋元、明清之交,一度与第三级阶梯接近重合,最后还是愿意选用'清晰的认同'即家族利益来理解世界,处理所有问题。与蒙、满上层合作的汉族士子多数怀揣巨大心理障碍而出现在世人面前,他与蒙、满族上层合作的汉族士人们个个怀揣巨大的心理障碍而出现在世人面前,他们是出于个人利益、集体安全、国家体制还是社会福祉? 不可以一概而论。人人希望个人安全获益类型的国家最有可能令国家趋于不稳定,因为对国家存在价值的评估并不是他们最重要的利益所在,在可以随时无限放大的个人幸福概念下,其他利益总是退居其次的,除非有明显的压力和危险制约个人行为。个人选择自由严重不均等现象导致同样的国民收益与幸福感差异巨大,与差异较小的社会结构相比,其不稳定性要高很多。等级社会是一种客观、必然的过程,但如果刻意保护它,绝大部分获利集团都会这样做,效果往往适得其反,因为可以对政权给予实质性支持的只有三样:1. 合理性。2 神秘感。3. 暴力。只要三样中保有一样,短期内延续政权都是可能的,但政权以合理延续为美德,时间越长合理性越充分,越符合人性,越容易发展,国民利益分配的主要依据不是取决于个人贡献而是世袭的国家,必定会越来越低效。当然也有这样一些不伦不类的例子:其政权没有合理性,没有令人眩晕的神秘感,甚至连足够(必要)的暴力也没有,只有政权的愚昧与人民的怜悯,以这种精神状态构造的国家也好、集群也好,政治上多半是消极的,经济上必然浪费的,精神上一定是颓废的。

宇文护的国家与周边政权基本形成僵持,但是北周大致是在稳步发展中,这与护的执政方式有关,按他的行为分析,他的利益观可以简单地分为两个层次:个人利益与眼前利益。他的个人利益就是家族利益,而眼前利益就是长远利益,是最好的利益。抓住了的眼前利益就是长远利益,后者是前者的组合。这种意识使他变成了一个谨小慎微又时而狂躁的人,不理解这种逻辑的人就不会完全理解宇文护时代的政治,这是一个既有与异族融合的长期期待,又有展示本族优越现实急需的特殊时期,他在竭力保持上述两种需求不脱节又相互有益,前者可以责怪他仍不够中原化,后者抱怨他继续损害种族利益。宇文氏的族性在其执政方式中悉数体现出来,虽然种族的利益从未战胜过家族利益,甚至伪造了一份血缘证明,但种族利益是他们的政治起点,家族的利益在很大程度上依赖于种族力量而存在,尽管这批有强烈进取心的鲜卑人汉化过程速度惊人,他们仍然是外来者,有他们自己的思维特色,他们在宗教上相对宽容,生活道德上相对纯洁,泛滥成灾、为非作歹的宦官在这里几乎销声匿迹,谋杀宇文护时宦官何泉无能的表现可能具有代表性。尽管经常处于权臣的高压下,皇帝们仍然有较大的自由空间,不管是汉文化的"帝王优先"思维,还是人的本性,都可以在很大程度上容忍他们的骄逸、放纵,多数仍大致循规蹈矩,只有不幸染上了不良习气的宣帝是个例外。

北周的意义何在? 在中国国家制度发展史地位如何? 作为南北朝时代的尾声,留下的启示极其复杂:1. 政治实力怎样整合而成? 2. 它最终达到的目的为何如出一辙? 3. 秦帝国以来约七个半世纪的文明正在怎样影响这个社会。所到之处,人性的变化清晰地反映在暴戾与文明的对弈中,强调文明在上述历史中的作用极其危险,时代的实际进程中它一直扮演次要的角色,意义重大,作用则相当有限。古代中国政治上的职务和机构合理制约是少见的,形式主义的制度框架除了常见的一两种外,也没有更多的变化形式,过于顾忌一些细节问题以及易变的性格使得制度难以最终趋于合理。人们习惯于以为制度一开始就应该完美无缺而且永久适用,而对在实际操作中适时修改嗤之以鼻,这就是为何只有文化启蒙初期的学者能成为圣人的原因,其实他们不过是一些在想些问题的哲学家或思想者,涉及面非常窄,更多、更深、更难的问题有待后世更聪明的人来解决。人们本着知恩图报、不忘本的情感来处理知识的发现与积累问题,其实容留思想与制度体系中的错误才是对真相的背叛,真相源于人们对事物本来状态在当时最优的选择,无论是发现还是修补,它都是最需要理智来处理的问题。不幸的是除普通人这样做,学者们也不断有人在这样做。结果是,大部分努力都必将是徒劳的,不管是财富的积累还是知识的积累,很容易在缺乏依据的前提下毁于一旦。国家政治长期处于既缺乏新意又无效率状态,对不同职务的人员选派,少部分是出于需要,大部分是当权者的个人喜好,如果当权者稍稍注意一下中选者的质量,那也可以容忍。实际情况是否定的,但国家为何又能延续? 唯一的解释就是个人的作用,靠官吏们的本性中善良部分、常识、自利以及难以抑制的自我表现欲,这是形成政治与社会生活中"私下交易"或"暗中交易"市场的重要条件,市场参与者既不指望制度和君主有像说的那么好,也不苛求必须得到必要的那么多。市场应有尽有,不择手段,以如愿为正当。

北周的臣民是否会庆幸自己生活的地方以及得到或有过的皇帝大臣们? 这种回答一定是五花八门的,每个人都可以在前朝和后世中找到自己的缩影,那些人的生命轨迹与自己有过的完全没有两样,只是姓名不同而已。很显然,对绝大多数平民而言，王朝的兴替只是一种遭遇而不是一种选择，但是，他们还是有人或多或少的感觉得到制度的变革在影响生活：出行更安全、家庭更融洽，地方官吏更讲道理，突如其来的赋税次数与额度在减少，虽然吃力仍能够勉强糊口并生存下去等……。这已经是好生活了，再多就是奢望，普通人不会体谅到这是制度在起作用，而是皇恩浩荡。为什么要具体到一个人而不是需要一群人维护的制度，决不是个人的名字更好记忆，而是思想者与决策者们对人类命运作出了错误的判断。相信人的欲望甚至基本生理需求是社会和谐的敌人，一定要从思想上找到一条解决问题万全之计，实际上它只能从经济发展与技术创新尤其是维护这种信念的制度才能办到，而这早已被本国的精英否决了。

本章参考资料：

《周书》

《北史》

（唐）杜佑《通典》 岳麓书社 1995 年 11 月第一版

（清）马骕撰 刘晓东等点校《绎史·卷23》齐鲁书社 2001 年 6 月第一版

谭其骧主编《中国历史地图集》第四册，中国地图出版社出版 1982 年十月第一版

中国历史地图集编辑组编辑《中国历史地图集》第五册、中华地图学社出版 1975 年第一版

乐史 撰《宋本太平寰宇记》中华书局 2000 年一月第一版